ITALIEN

INHALT

Kartenverzeichnis

Zeichenerklärung für die Karten und Pläne

Autobahn
Asphaltstraße
Piste
Bahnlinie
Strand
Gewässer
Grünanlage

Berggipfel
Kirche/Kapelle
Kloster
Schloss/Festung
Turm
Aussicht
Flughafen/-platz
Campingplatz
Badestrand
Höhle

Information
Parkplatz
Post
Bushaltestelle
Taxistandplatz
Krankenhaus
Museum
Antike Sehenswürdigkeit
Telefon
Sehenswürdigkeit

Idyllische Küstenstädtchen ...

Urlaubsrouten in Italien

Den gesamten Stiefel bereisen: kreuz und quer, von Nord nach Süd, von West nach Ost ... Mit dem Bleifuß auf der Autobahn ist das vielleicht noch ein vergleichsweise einfaches Unterfangen. Doch wenn man unterwegs auch das eine oder andere intensiv sehen und erleben will, wird das Ganze schnell zur aufwendigen Unternehmung. Schließlich besitzt kein Land der Welt noch heute so viele Spuren der Vergangenheit, nirgendwo wurden mehr Kunstwerke gehortet oder gibt es mehr Kirchen.

Man muss also auswählen, um nicht den Überblick zu verlieren. Dieser Führer will mit zahlreichen detaillierten Tipps zum ganzen Land dabei helfen – gleichgültig ob Sie ein bestimmtes Café in Rom suchen, einen frühchristlichen Mosaikboden in Apulien, eine typische Trattoria in Perugia oder das „Abendmahl" von Leonardo da Vinci in Mailand.

Im Folgenden zunächst drei grob gestrickte Routenvorschläge (die natürlich auch kombiniert werden können), um einen „roten Faden" durch Italien zu finden. Die Strecken orientieren sich entlang der beiden Küsten bzw. an der Autobahn im Inland über Florenz und Rom. Denn spätestens in der Poebene muss man sich entscheiden: Will man zur Riviera bzw. italienischen Westküste, geradeaus weiter in die Toskana und nach Rom – oder Richtung Osten zur Adria. Von Küste zu Küste pendeln funktioniert natürlich, ist aber oft langwierig, da Querverbindungen per Autobahn nicht allzu dicht gesät sind und südlich der Poebene immer auch der Apennin überquert werden muss.

... Buchten ohne Rummel

Riviera und Westküste

Zunächst kann man an einem der Alpenseen Station machen, danach vielleicht *Mailand, Turin, Parma* oder eine andere der oberitalienischen Kulturstädte in der Poebene besuchen. Im Anschluss muss der steile *Apennin* überquert werden, z. B. auf der tunnelreichen Autobahn nach *Genua* oder – reizvoller – auf einer von mehreren Staatsstraßen. Entlang der malerischen Riviera Levante lohnen Zwischenstopps vor allem um die Halbinsel von *Portofino* und am berühmten Küstenstreifen *Cinque Terre,* in den sich fünf Dörfer einschmiegen.

Bei *Pisa* (Schiefer Turm) besteht die reizvolle Möglichkeit, Richtung Florenz abzubiegen und das Inland der Toskana zu erkunden (→ Inlandsroute, S. 14). Wenn man dagegen an der Badeküste bleibt, endet südlich von *Livorno* die Autobahn, weiter geht es auf der (meist vierspurigen) Küstenstraße SS 1, die aber zeitweise auch weiter landeinwärts verläuft. Variante für Inselliebhaber: aufs vorgelagerte *Elba* übersetzen bzw. auf die dem Monte Argentario vorgelagerte *Isola del Giglio.*

Ab *Civitavecchia* Autobahn bis *Rom*: Vatikan und Peterskirche, Forum Romanum, Kapitol, Kolosseum, Katakomben, Sixtinische Kapelle, Spanische Treppe – um hier wenigstens einen kleinen Teil der Sehenswürdigkeiten der „Ewigen Stadt“ zu nennen. Durch den Süden Latiums geht es auf Staatsstraßen, besonders reizvoll sind der *Naturpark Monte Circeo* an der Küste und die vorgelagerten *Pontinischen Inseln. Neapel* fasziniert mit seinem südländischen Lebensstil und auch der Golf rundum bietet zahlreiche Anziehungspunkte für mehrere Tage Aufenthalt: der *Vesuv,* die verschütteten Städte *Herculaneum* und *Pompeji,* die Inseln *Capri, Ischia* und *Procida,*

Das Herz der katholischen Kirche – Petersdom und Petersplatz

die Urlaubsstadt *Sorrento* u. a. Nur wenig südlich kann man auf atemberaubend enger Serpentinenstraße die weltberühmte *Costiera Amalfitana* durchfahren, eine der schönsten Küstenlandschaften Italiens, die malerischen Orte *Positano* und *Amalfi* sind hier unbedingt einen Abstecher wert. Es folgen das antike *Paestum* und die landschaftlich vielseitige Küste des *Cilento*. Beliebtester Anlaufpunkt in Kalabrien ist das hübsche Städtchen *Tropea* auf dem „Höcker" vor der Spitze des Stiefels. Von hier sind es nur noch wenige Autobahnkilometer, um den Sprung nach *Sizilien* zu machen.

Inlandsroute

Je nachdem aus welcher Richtung man kommt, wird man zunächst vielleicht *Verona, Mailand* oder *Turin* besuchen wollen. Von *Mailand* führt die berühmte „Autostrada del Sole" (A 1) schnurstracks in die alte Universitätsstadt *Bologna,* von dort mit vielen Tunnels über den Apennin nach *Florenz*. Dies ist die meistgenutzte Anfahrt in die Toskana und nach Umbrien. Die Toskana ist überreich an malerischen Landschaften und kulturhistorisch bedeutenden Städten: neben Florenz vor allem *Siena, Arezzo, Lucca,* das *Chianti-Gebiet, Pisa, Cortona* und *San Gimignano*. Deutlich weniger von Touristen besucht wird dagegen das benachbarte Umbrien. *Perugia* und *Assisi,* die Stadt des heiligen Franz, sind hier die größten Anziehungspunkte.

Von Florenz nach Rom entspannende Fahrt durch liebliche Landschaften, grüne Hügel und Weinberge. Tipp für einen Zwischenstopp: *Orvieto* liegt als Stein gewordene Skulptur unmittelbar neben der Autobahn auf einem hohen Tuffsteinblock. Hier Abfahrt zum nahen *Lago di Bolsena* mit glasklarem Wasser und vie-

Unvergessliches Venedig – die Lagunenstadt gilt als schönste Stadt Italiens

len Campingplätzen. *Rom* allein ist natürlich mehr als eine Reise wert. Doch wer die 3000 Jahre alte Hauptstadt links (bzw. rechts) liegen lassen möchte, sollte unbedingt an der Gabelung etwa 30 km vor dem Zentrum die Autobahnumgehung nutzen und der Beschilderung nach Neapel folgen. Die Ringautobahn *Raccordo* (*G.R.A.*) um Rom versinkt regelmäßig im Chaos, zudem ist erstere Strecke kürzer. Von Rom kann man auf der Autobahn A 24 rasch zur Adria gelangen (→ Adria und Ostküste).

Weiter Richtung Süden geht es von Rom auf der A 1 nach *Neapel* (→ Riviera und Westküste). Um den dicht bevölkerten Großraum Neapel mit seinen ständigen Verkehrsstaus zu umgehen, nimmt man an der Autobahngabelung hinter Caserta den Abzweig auf die A 30 Richtung *Salerno*, ab dort ist die A 3 gebührenfrei.

Die weitere Fahrt Richtung Süden bietet um den Gebirgszug *Monte Pollino* (2267 m) großartige Panoramen, trotzdem ermüdet hier die Fahrt. Schlechter Straßenzustand und zahlreiche Baustellen (z. T. sogar Ableitungen von der Autobahn) senken den Fahrschnitt erheblich. Weiter geht es auf der A 3 nach *Basilikata* und *Kalabrien* bzw. *Sizilien* – oder an der Ionischen Küste (Stiefelsohle) entlang hinüber Richtung *Apulien* (→ Adria und Ostküste).

Adria und Ostküste

Auf dieser Route wird man eines sicher nicht auslassen wollen: *Venedig*. Die Lagunenstadt auf Millionen von Baumpfählen und ehemalige Dogenrepublik ist zweifellos eine der schönsten Städte der Welt. Aber auch die anderen Städte des Veneto wie *Verona, Vicenza, Padua* oder *Treviso* lohnen mit ihren historischen Stadtzentren einen Stopp. Vor allem *Verona* (vielleicht mit Abstecher zum nahen *Gardasee*)

Endlose Weite an der Adriaküste

ist ein reizvolles Ziel. Die berühmten Opernfestspiele in der Arena können einen herrlichen Auftakt für eine Italien-Tour bilden. Von Venedig kann man entlang der Küste durch das in seiner Weite und Leere eigentümliche *Delta des Po* fahren – oder auf der Autobahn über die sympathische Renaissancestadt *Ferrara* ins turbulente *Bologna*. Von hier führt die bestens ausgebaute A 14 schnurstracks zur Küste bei *Rimini* – die gigantische Badestadt ist ein Kapitel für sich. Kurz vorher lohnt unbedingt der Abstecher nach *Ravenna*: byzantinische Mosaiken von Weltrang, dazu schöne, feinsandige Strände, kilometerlange Pineta und zahlreiche Campingplätze.

Die weiteren Badeorte an der mittleren Adria sind in der Regel nicht spektakulär, allerdings lockt südlich der Hafenstadt *Ancona* der malerische *Monte Conero* mit netten, kleinen Badeorten und viel intakter Natur. Interessante Ziele gibt es hier vor allem im Hinterland, z. B. die Renaissancestadt *Urbino*, das Marienheiligtum *Loreto*, *Ascoli Piceno* mit einem der schönsten Plätze Italiens, die spektakuläre Grotte im *Monte Cucco*, der *Gran Sasso d'Italia* und der wunderschöne *Nationalpark der Abruzzen*. Tief im Süden erreicht man endlich den fantastischen *Gargano*, den Sporn des Stiefels – bezüglich Badeurlaub eine der lohnendsten Ecken im Land. Die Region Apulien besitzt aber noch weitere reizvolle Anlaufpunkte, darunter die Barockstadt *Lecce*, das geheimnisvolle *Castel del Monte* Friedrichs II., die eigentümlichen *Trulli-Dörfer* und das malerische *Gallipoli*. Eine eventuelle Weiterfahrt entlang der Stiefelsohle ist langwierig und bringt nur etwas, wenn man sich Zeit nimmt, ins bergige Hinterland Kalabriens und der Basilikata auszuweichen. Ein Höhepunkt ist hier die Höhlenstadt von *Matera*.

Weltkulturerbe der UNESCO

Was sollte man gesehen haben im Land, wo die Zitronen blühen? Als zuverlässige Richtschnur kann die Liste der kulturellen Hinterlassenschaften dienen, die die UNESCO für würdig befunden hat, ins so genannte „Weltkulturerbe“ aufgenommen zu werden. Im Fall Italien sind das allerdings nicht gerade wenige.

1979 Felszeichnungen im Valcamonica (→ S. 312)

1980 Kirche und Kloster Santa Maria delle Grazie in Mailand mit dem weltberühmten Fresko „Das letzte Abendmahl“ von Leonardo da Vinci (→ S. 360)

1980 Historisches Zentrum von Rom einschließlich Petersdom und Vatikanstadt (→ S. 760)

1982 Historisches Zentrum von Florenz (→ S. 594)

1987 Venedig und seine Lagune (→ S. 205)

1987 Piazza dei Miracoli (Piazza del Duomo) in Pisa (→ S. 678)

1990 San Paolo fuori le Mura in Rom (→ S. 808)

1990 Historisches Zentrum von San Gimignano (→ S. 645)

1993 „I Sassi“ in Matera (→ S. 965)

1994 Vicenza und die Pallacio-Villen im Veneto (→ S. 182)

1995 Historisches Zentrum von Siena (→ S. 651)

1995 Die Renaissancestadt Ferrara und das Podelta (→ S. 475 und 241)

1995 Altstadt von Neapel (→ S. 909)

1996 Castel del Monte (→ S. 867)

1996 Die „Trulli“ von Alberobello (→ S. 874)

1996 Die byzantinischen Monumente Ravennas (→ S. 499)

1996 Historisches Zentrum von Pienza (→ S. 663)

1997 Palazzo Reale von Caserta (→ S. 934)

1997 Die Residenzen der savoyischen Könige in und um Turin (→ S. 378 und 393)

1997 Botanischer Garten von Padua (→ S. 202)

1997 Portovenere, Cinque Terre und die Inseln Palmaria, Tino und Tinetto (→ S. 450 und 455)

1997 Dom, Torre Civica und Piazza Grande in Modena (→ S. 473)

1997 Ausgrabungen von Pompeji, Herculaneum und Torre Annunziata (→ S. 921)

1997 Amalfi-Küste (→ S. 938)

1997 Ausgrabungen von Agrigento (→ S. 1040)

1997 Villa Romana del Casale in Sizilien (→ S. 1076)

1998 Nationalpark Cilento e Vallo di Diano, Ausgrabungen von Paestum und Velia sowie Certosa di Lorenzo bei Padula (→ S. 951)

1998 Historisches Zentrum von Urbino (→ S. 531)

1998 Ausgrabungen und Basilika von Aquileia (→ S. 263)

1999 Villa Adriana in Tivoli (→ S. 813)

2000 Eolische Inseln (→ S. 1078)

2000 Assisi, Basilica di San Francesco und andere Stätten der Franziskaner (→ S. 733)

2000 Verona (→ S. 170)

2001 Villa d'Este in Tivoli (→ S. 812)

2002 Barockstädte im Val di Noto im Südosten von Sizilien (→ S. 1033)

2003 „Heilige Berge“ (Sacri Monti) im Piemont und in der Lombardei (→ S. 407 und 343)

2004 Etruskische Totenstädte Cerveteri und Tarquinia (→ S. 817 und 815)

2005 Siracusa (→ S. 1027)

2006 Strade Nuove und Palazzi dei Rolli in Genua (→ S. 418)

2008 Mantua und Sabbioneta (→ S. 303 und 305)

2009 Dolomiten in Südtirol, Trentino und Belluno/Veneto (→ S. 132, 156 und 166).

Anreise

Die Entscheidung fällt bei einem relativ nah gelegenen Ziel wie Italien natürlich meist zugunsten des eigenen Wagens. Staus auf den Alpenstrecken gehören zumindest in der Hauptsaison zur Regel und auch die Parkplatznot in Italien, v. a. in größeren Städten, aber auch in den beliebten Badeorten hat sich in den letzten Jahren eher noch verschärft.

Wer viel von Italien sehen will, den Stiefel kreuz und quer bereisen, und das auch in den abseitigen Bergregionen von Apennin und Alpen, wird ohne eigenes (oder gemietetes) Fahrzeug meist nicht sehr weit kommen, zumindest wenn auch auf Bequemlichkeit ein Minimum an Wert gelegt wird. Wer dagegen eine reine Städtetour plant oder die meiste Zeit an einem Ort bleibt und am Strand liegt, kommt auch ohne eigenes Fahrzeug ganz gut hin. Die *Bahn* lockt mit Billigtarifen, v. a. in den Nachtzügen, und auch die verschiedenen *Airlines* wie Ryanair und Air Berlin machen bei entsprechend früher Buchung durchaus überzeugende Angebote. Wer die lange Fahrt über die Alpen scheut, kommt mit Billigflug und Mietwagen teilweise kaum teurer als bei Anreise mit dem eigenen Wagen. Auch das Bahnfahren ist in Italien nach wie vor ziemlich günstig, das Streckennetz ist – abgesehen von den Bergregionen – dicht und wird durch ein engmaschiges Bussystem ergänzt.

Mit dem Motorino durch die Gassen der Altstadt

Mit dem eigenen Fahrzeug

Je nach Ausgangspunkt und Reiseziel führt die Route entweder über den Brenner oder über die beiden Hauptstrecken in der Schweiz. Wer aus dem östlichen Österreich kommt, reist am bequemsten über Tarvisio an. Zahlreiche Nebenstrecken und Passstraßen sorgen schon bei der Anreise für bleibende Eindrücke, oftmals lassen sich so auch die lästigen Autobahnstaus umfahren.

Das italienische Straßennetz ist hervorragend ausgebaut, mehrere Autobahnen führen an beiden Küsten entlang nach Süden (die A 1 außerdem quasi in der Stiefelmitte nach Rom) und je nach Zielort ist die Anfahrt bequem an einem Tag zu schaffen – es sei denn, man kommt aus Norddeutschland und will bis hinunter nach Süditalien, dann sollte man mindestens eine Zwischenübernachtung in den Alpen einkalkulieren. Aus Österreich können es, je nach Wohnort, sogar nur ein paar Stunden sein, bis man sich in Bella Italia in der Sonne aalen kann.

Fast alle italienischen Autobahnen (bis auf einige Ausnahmen im Süden des Landes) sind allerdings gebührenpflichtig, vielerorts sind die Altstadtzentren für den Verkehr gesperrt, Parken ist teuer, gewöhnungsbedürftig ist zudem das italienische Großstadtchaos.

Autozüge

Wer sich die lange Tour durch deutsche Lande und über die Alpen nicht zumuten will, gleichzeitig einen aktiven Beitrag für den Umweltschutz leisten möchte, für den bieten die Autozüge eine Alternative. Von Berlin-Wannsee, Hamburg-Altona, Hildesheim und Düsseldorf starten sie einmal wöchentlich immer abends (Ankunft am nächsten Morgen) nach **Bozen**; von Berlin, Hamburg und Düsseldorf geht es ebenfalls einmal wöchentlich nach **Verona**; von Hamburg, Hildesheim, Düsseldorf und Neu-Isenburg einmal wöchentlich nach **Alessandria**; und von Berlin, Hamburg, Düsseldorf und Neu-Isenburg einmal wöchentlich nach **Triest**. Die Züge verkehren zwischen Anfang April und Ende Oktober, nach Bozen auch in der Wintersaison, nach Triest nur von Juni bis September. Vor allem für Familien mit Kindern sind die Autozüge ein stressfreier, wenn auch nicht ganz billiger Einstieg in den Urlaub, wobei die Kosten je nach Reisedatum sehr unterschiedlich sind. *Preisbeispiel*: Zwei Erwachsene und zwei Kinder mit Pkw in Standardgröße und eigenem Liegewagenabteil zahlen in der Hochsaison auf der Strecke Hamburg–Alessandria (Fahrtdauer: 18 Std.) **hin und zurück** 796,50 €. *Achtung*: Max. Höhe des Fahrzeugs inkl. Dachaufbauten 183 cm, bei Vans/Geländewagen mit Überbreite 173 cm. Gepäckmitnahme auf dem Fahrzeug ist nicht erlaubt. Details unter www.dbautozug.de sowie unter ✆ 01805/996633 (tägl. 8–22 Uhr, 0,14 €/Min.).

Anreiserouten

Je nachdem, aus welcher Ecke man kommt, muss man die Alpen via Schweiz oder Österreich durchqueren. Die Möglichkeiten sind vielfältig, ebenso die landschaftlichen Eindrücke. Auch eine Übernachtung vor der Grenze kann durchaus reizvoll sein, z. B. im mondänen St. Moritz oder am idyllischen Fernsteinsee.

Generell gilt: Wer sparen will, sollte spätestens ab der italienischen Grenze die Autobahn meiden. Das italienische Autobahnnetz ist zwar hervorragend ausgebaut, jedoch fallen erhebliche Mautgebühren an. Auch für den Transit durch die Schweiz und Österreich muss man Autobahngebühren bezahlen. Einige Varianten, auf denen man den kostspieligen Strecken aus dem Weg gehen kann, sind in den folgenden Routenbeschreibungen aufgeführt. Dabei muss man in der Regel jedoch mit deutlich längeren Fahrtzeiten rechnen.

Aus Ostdeutschland und Bayern über die Brennerautobahn

Die gängigste und bequemste Route ab Süddeutschland führt durch Österreich und über die *Brennerautobahn* mit der 820 m langen und 190 m hohen Europabrücke. Hinter der österreichisch-italienischen Grenze schließt sich dann eine zügige Fahrt auf der A 22 (*Autostrada del Brennero*) durch die lang ausgleitenden Südtiroler Täler an. Begleitet von schroffen Felshängen, Ritterburgen wie aus dem Bilderbuch, sonnendurchfluteten Weingärten und Obstbaumkulturen gelangt man über Bozen und Trento schnell nach Verona, wo die endlose Weite der Poebene beginnt. Bei

Verona trifft die Brennerautobahn auf die A 4: In östliche Richtung geht es hier nach Venetien und Friaul-Julisch Venetien mit den Städten Venedig und Triest und den zahlreichen bekannten Badeorten der oberen Adriaküste. In westliche Richtung führt die A 4 über Mailand nach Turin im Piemont und zu den Westalpen, die A 7 von Mailand hinunter nach Genua (Ligurien). Wer weiter nach Süden will, wechselt erst bei Modena von der A 22 auf die A 1 nach Bologna, die als berühmte *Autostrada del Sole* von Mailand bis Neapel führt.

Bei Bologna muss man sich dann entscheiden: Für alle, die an die Adria und nach Apulien wollen, geht es nun auf der A 14 (*Adriatica*) nach Rimini und mehr oder minder an der Adriaküste entlang bis hinunter nach Bari und Taranto. Wer nach Florenz und in die Toskana, nach Umbrien, Rom und Latium (oder noch weiter südlich nach Neapel, Kampanien, Basilikata und Kalabrien) möchte, bleibt auf der A 1: Ab Bologna wird das Land unvermittelt wieder bergiger. Schroffe Felsen und grüne Bergrücken signalisieren den Beginn des Apennin. Über viele Brücken und durch kaum weniger Tunnels gelangt man nach Florenz.

Autobahngebühren Österreich: Alle österreichischen Autobahnen und Schnellstraßen sind gebührenpflichtig. Die Zehntages-Vignette für Pkw kostet 7,90 €, Zweimonatsvignette 23 €, Jahres-Vignette 76,50 € (Motorrad 4,50 €, 11,50 €, 30,50 €). *Tipp*: Für einen Aufenthalt, der länger als zehn Tage dauert, nicht die Zweimonats-Vignette nehmen, sondern für Hin- und Rückreise je eine Zehntages-Vignette. Vignetten sind bei den Automobilclubs, an grenznahen Raststätten und an der Grenze erhältlich (für die Rückreise auch auf Südtiroler Seite). Separat gezahlt werden muss außerdem die Auffahrt zum **Brenner** mit der eindrucksvollen Europabrücke. Kostenpunkt für Pkw und Kleinbusse bis 3,5 t sowie Motorräder 8 €, Anhänger bis 3,5 t frei, über 3,5 t zahlt man je nach Achsenanzahl ab 31 €!

Fahrzeuge ab 3,5 t müssen für Österreichs Autobahnen statt der Vignette für 5 € eine so genannte „Go-Box" erwerben, die die Gebühren (mittlerweile gestaffelt nach Euro-Emissionsklassen) elektronisch erhebt. Die Verrechnung erfolgt entweder von einem in der Box gespeicherten Guthaben (Pre-Pay) oder der Betrag wird im Nachhinein von einer Debit-, Kredit- oder Tankkarte abgebucht (Post-Pay). Erhältlich ist sie an denselben Verkaufsstellen wie die Vignetten. Weitere Informationen unter www.go-maut.at oder ✆ 0800-40012400.

Autobahngebühren Italien: Brenner – Verona 15,80 €, Brenner – Modena 20,80 €, Brenner – Rom 45,20 €.

Mautfrei über den Brenner

Wer mehr von der Landschaft sehen und gleichzeitig die Mautgebühren sparen will, kann sich für folgende Alternativen entscheiden, die allerdings meist deutlich zeitaufwendiger sind.

• *München → Innsbruck* 1) Von München die **Starnberger Autobahn A 95** nach Garmisch nehmen. Autobahnende 14 km vor Garmisch, auf der Landstraße weiter zum Grenzübergang Mittenwald/Scharnitz. Abenteuerlich dann die Fahrt den **Zirlerberg** hinab nach Innsbruck (15 % Gefälle, in umgekehrter Richtung für Gespanne verboten!), alle paar hundert Meter steile Auslaufspuren. Beeindruckender Blick auf das Inntal und die österreichische Olympiastadt. Zum Ende des Bergs hin Vorsicht: Wenn man auf dieser Straße bleibt, gerät man unweigerlich auf die Inntal-Autobahn! Man muss deshalb vorher nach **Zirl** abbiegen und auf der **B 171** nach Innsbruck fahren. Dort nimmt man die **alte Brennerstraße (B 182)** durchs reizvolle Eisacktal hinauf zum Brenner (→ Innsbruck – Brenner).

2) Oder man fährt auf der **Salzburger Autobahn** bis zum Abzweig Holzkirchen, von dort die **B 318** weiter Richtung Tegernsee. Über Wildbad Kreuth hinauf zum **Achenpass** (20 % Gefälle) mit der österreichischen Grenze. Auf der **B 181** erreicht man dann die Landstraße **B 171** (parallel zur Autobahn) nach **Innsbruck**.

• *Ulm → Innsbruck* Auf der **A 7** bis Autobahnende, dann Landstraße zum Grenzübergang **Pfronten-Reutte**. Danach über den **Fernpass** (1209 m) und auf der **B 171** parallel zur Autobahn nach Innsbruck und die **alte Brennerstraße 182** zum Brenner hinauf.

• *Innsbruck → Brenner* Diese Strecke kann man auch fahren, ohne einen Cent Maut zu zahlen. Etwa eine Stunde länger als die Autobahn ist die Fahrt über die **alte Brennerstraße 182** (für Lkw verboten) neben der Autobahn durch das reizvolle Eisacktal. Dafür in Innsbruck-Süd von der Inntal-Autobahn abfahren und blaue Hinweistafeln beachten. Äußerst kurvenreich, schmale Ortsdurchfahrten, gemütliche Rasthäuser und imposante Panoramen –die mächtige Europabrücke mit ihren gewaltigen Pfeilern aus der Froschperspektive. Wichtig: In den Ortschaften unbedingt Fuß vom Gaspedal, die Bewohner leiden unter dem ständigen Durchgangsverkehr.

• *Brenner → Verona* Neben der gebührenpflichtigen Autobahn kann man die gleiche Strecke über die **Staatsstraße (SS 12)** zurückzulegen. Das kann allerdings deutlich länger dauern, da auch Lkw die teils einspurige Strecke benutzen und es in den Ortschaften oft Staus an den Ampeln gibt.

Abstecher in Italien: Wer nicht bis Verona durchrauschen will, findet im Folgenden zwei landschaftlich lohnende Möglichkeiten, von der Hauptroute durchs Eisack- und Etschtal seitlich auszuweichen.

• *Cortina d'Ampezzo* Bietet sich an, wenn man Venedig bzw. die Adria als Ziel hat, dabei noch etwas Südtirol „mitnehmen" und den berühmten Skiort Cortina d'Ampezzo kennen lernen möchte. Von der Brennerautobahn zweigt man bei Brixen auf die **SS 49** ins breite Pustertal ab, über das reizvolle Städtchen Bruneck geht es nach Toblach, dort die **SS 51** nach Cortina d'Ampezzo und weiter Richtung Süden an Belluno vorbei nach Venedig (ab Belluno Autobahn).

• *Gardasee* Für Beifahrer ein herrliches Erlebnis, für den Fahrer weniger – zahllose Tunnels und viel Verkehr. Wer sich die Zeit nehmen will – bei **Rovereto Sud/Lago di Garda-Nord** von der Autobahn abfahren und hinüber nach **Torbole** an der Nordspitze des Sees. Dort auf der schönen **SS 249** das **Ostufer** entlang über Malcésine und Garda bis zum Südende, bei Peschiera Auffahrt auf die Autobahn **A 4** Richtung Brescia. Oder die ebenso schöne, aber noch abenteuerlichere Straße **SS 45** über Riva am Westufer nehmen (ebenfalls nach Brescia).

Mautkarte entnehmen: gezahlt wird an der nächsten Station

Mautfreie Alternativen zum Brennerpass

Der Brenner ist zwar die schnellste, aber nicht unbedingt die reizvollste Anfahrt. Die folgenden Alternativen sind zudem in Österreich bis auf den Felbertauern-Tunnel mautfrei.

- *Über den Reschenpass* Schöne, aber etwas umständliche Strecke über Garmisch-Partenkirchen, aus Schwaben kommend über Kempten und Füssen. Von Garmisch aus umfährt man das Zugspitzmassiv westlich und hält sich in Richtung **Fernpass** (1209 m). Nach dem Pass kurvt die steile Bergstraße hinunter zum **Schloss Fernstein** am hübschen gleichnamigen See, eine dunkelgrüne Wasserfläche inmitten von Nadelwäldern (gute Stelle zum Rasten bzw. Zwischenübernachtung, Hotel und Campingplatz vorhanden). In **Nassereith** links ab nach Innsbruck oder rechts und durch zwei kilometerlange Tunnels ein Hochtal hinauf zur italienischen Grenze am **Reschenpass** (1504 m). Kurz nach der Grenze der lang gestreckte **Reschensee**, danach der **Haider-See**. In einer langen Schleife geht es nun den attraktiven **Vinschgau** hinunter nach **Meran** und weiter auf einer neuen Schnellstraße nach **Bozen**, dort Auffahrt auf die Autobahn A 22 oder weiter auf der Staatsstraße.

- *Durchs Engadin* Eine interessante Variante, falls man von Bayern aus schnell zum Comer See hinüber will. Bis kurz vor Nauders dieselbe Strecke wie unter Reschenpass beschrieben. Dann in die nahe Schweiz abzweigen (beschildert), auf der *Landstraße 27* ein langes Tal mit Steilhängen (unteres Engadin) entlang und über **Zernez** (bester Ausgangspunkt für Touren im Schweizer Nationalpark) ins obere Engadin mit dem weltberühmten Skikurort **St. Moritz** am gleichnamigen See (Camping Olympiaschanze 2 km westlich vom Ort). Im Sommer ist hier kaum etwas los. Weiter geht es an drei schönen Seen vorbei, über den eindrucksvollen **Malojapass** (1815 m) und in steilen Haarnadelkurven hinunter in die italienische Schweiz mit kleinen, hübschen Orten aus Bruchstein und verwitterten Stein- und Schindeldächern. Über **Chiavenna** gelangt man rasch zum Nordende des **Comer Sees** (→ S. 317).

- *Felbertauernstraße* Eine der landschaftlich reizvollsten Alpenstrecken führt durch den **Nationalpark Hohe Tauern** – von München fast Luftlinie zur Adria! Es geht ab Inntaldreieck auf der *A 93* bis zur letzten Ausfahrt vor der österreichischen Grenze (Kufstein Süd) und weiter auf der Bundesstraße über Kufstein hinüber nach **Kitzbühel**. Auf der *Bundesstraße 161*, dann auf der *B 108* fährt man durch den gut 5 km langen **Felbertauern-Tunnel** (mautpflichtig, Pkw/Wohnmobil 10 €, Motorrad 8 €), Raststätten vor und nach dem Tunnel. Ab **Lienz** auf *B 100*, *B 110* und ab Italien auf der *SS 52bis* nach Tolmezzo und auf der *A 23* in Richtung **Udine** (→ S. 251). Oder wieder hinüber zur Brenneroute (*B 100* bzw. *SS 49*) bzw. über Toblach und Cortina d'Ampezzo auf der *SS 51* in Richtung Venedig.

- *Großglockner Hochalpenstraße* Die Erlebnisstraße Österreichs schlechthin, dementsprechend viel befahren. Wermutstropfen ist die hohe Mautgebühr – doch wegen der überwältigenden Panoramen ist das Geld gut angelegt. Die grandiose Passstraße führt durch den Nationalpark Hohe Tauern mit dem *Großglockner*, dem höchsten Berg Österreichs (3798 m). Sie ist eine der bekanntesten Bergstraßen der Welt und nach Schloss Schönbrunn mit über 1 Mio. Besuchern pro Jahr die meistbesuchte Sehenswürdigkeit Österreichs. Die Straße ist etwa 35 km lang, der Höhenunterschied beträgt 1700 m, ihre durchschnittliche Steigung 9 %, befahrbar ist sie etwa von Mai bis November (Tagesmaut Pkw 28 €, für Motorrad 18 €). Man erreicht die Großglockner Hochalpenstraße wie oben unter „Felbertauernstraße" beschrieben, zweigt aber nicht auf die *B 161* nach Kitzbühel ab, sondern bleibt auf der *B 312* und fährt auf die *B 311* ab, die über Zell am See nach Bruck am Großglockner führt, wo die Hochalpenstraße beginnt. Vom **Fuscher Tal** (805 m) geht es hinauf zu **Fuscher Törl** (2428 m) und **Hochtor** (2505 m) und wieder hinunter nach **Heiligenblut** (1300 m), von dort weiter ins Mölltal, von wo man nach Lienz kommt (→ Felbertauernstraße). Abzweige führen zu den Aussichtspunkten **Edelweißspitze** (2571 m) und **Kaiser-Franz-Josefs-Höhe** (2369 m) mit Blick auf den Großglockner und die Pasterze, den größten Gletscher der gesamten Ostalpen.

Aus Österreich

Je nach Wohnort und Reiseziel bieten sich zwei grundsätzliche Routen an: entweder auf der *A 2* und der *A 23* zur Adria oder die *A 1* über Salzburg nehmen.

Schnellster Einstieg für alle, die aus dem Osten der Alpenrepublik kommen und rasch am Meer sein wollen, ist die *Autobahn A 2* von Wien über Graz nach Klagenfurt und Villach, dann weiter auf der *Alpen-Adria-Autobahn A 23* (Grenzübergang Tarvisio) über Tolmezzo und Udine zur Adria.

Falls man den Westen Norditaliens bzw. die oberitalienischen Seen besuchen will, kann man alternativ dazu die Österreich der Länge nach durchquerende *Autobahn A 1* von Wien nach Salzburg nehmen. Von Salzburg kommt man auf der *A 8* Richtung München bis zum *Inntaldreieck* und über Innsbruck zum *Brenner* (→ oben). Alternativ kann man ab Salzburg die *Tauern-Autobahn A 10* Richtung Süden nehmen (zwei 6 km-Tunnels, mautpflichtig, insgesamt 9,50 €). Ab Villach wechselt man auf die Autobahn *A 23* Richtung Udine oder fährt über Lienz hinüber zur Brennerroute. Alternative dazu wiederum ist die *Felbertauernstraße* (→ oben).

Die berühmte Europabrücke – über 800 m lang und 190 m hoch

Wer mehr von den Alpen sehen will, kann auch die schöne Bergstrecke über den *Semmering*, Bruck an der Mur und Leoben nach *Klagenfurt* wählen, von dort weiter wie oben beschrieben (z. B. auf A 2 und A 23 zur Adria).

Besondere Verkehrsbestimmungen Österreich/Schweiz

In **Österreich** beträgt die Höchstgeschwindigkeit auf Autobahnen generell max. 130 km/h, von 22–5 Uhr nachts auf der Inntalautobahn (A 10) und der Brennerautobahn (A 12) 110 km/h; eine *Warnweste* muss mitgeführt werden; darüber hinaus müssen Motorräder auch tagsüber mit *Abblendlicht* fahren (auch innerorts). In der **Schweiz** liegt die Höchstgeschwindigkeit außerorts bei 80 km/h, auf Schnellstraßen bei 100 km/h, auf Autobahnen bei 120 km/h (Pkw mit Anhänger generell max. 80 km/h, Wohnmobile über 3,5 t generell max. 100 km/h).

Tipp: In Österreich tankt man günstiger als in Deutschland und in Italien, einigermaßen günstig sind die Spritpreise auch in der Schweiz.

Aus der Schweiz und Westdeutschland

Für alle, die aus dem Westen der Republik kommen, ist die Rheinautobahn Frankfurt – Basel die ideale Anfahrt. Weiter geht's landschaftlich eindrucksvoll – aber vignettenpflichtig – auf der berühmten Gotthard-Autobahn (A 2 bzw. E 35) durch die Schweiz und hinunter nach Mailand. Es herrscht allerdings erhebliche Staugefahr – Richtung Italien die Juliwochenenden, zurück im August.

Ab *Basel* führt die Autobahn *A 2* über Luzern (schöne Strecke am Vierwaldstätter See) und durch den *St.-Gotthard-Tunnel*, mit 16,9 km längster Straßentunnel durch die Alpen – gebührenfrei und bekannte Wetterscheide: Auch wenn es am nördlichen Tunneleingang Bindfäden regnet, am südlichen Ausgang bei Airolo lacht meist die Sonne. Ein besonderes Erlebnis ist auch die Fahrt über den *Gotthard-Pass* auf 2108 m Höhe, hierfür verlässt man bei Göschenen/Andermatt die Autobahn. Südlich des Gotthard geht es weiter auf malerischer Strecke mit bereits prächtiger mediterraner Vegetation auf einem Damm über den Luganer See zum schweizerisch-italienischen Grenzübergang *Chiasso*. Unmittelbar nach der Grenze führt die Strecke an *Como* vorbei. Ein Stopp in der Stadt am gleichnamigen fjordartigen See lohnt wegen der hübschen Altstadt und dem eindrucksvollen Dom (→ S. 331). Nach *Mailand* führt zügig die Autobahn durch die flache Poebene, am Autobahnring um die Millionenstadt immer erheblicher Verkehr, oft Staus!

Autobahngebühren Schweiz: Alle Schweizer Autobahnen (Nationalstraßen) und autobahnähnlichen Straßen sind gebührenpflichtig. Pauschal wird der Preis von 40 CHF für eine Vignette (Plakette) erhoben. Die Vignette ist nicht übertragbar und jeweils für 14 Monate gültig (1. Dezember bis 31. Januar des übernächsten Jahres). Für Anhänger wird eine zusätzliche Vignette benötigt. Die Plaketten sind an den Grenzen und auf jeder Schweizer Poststelle erhältlich, man kann sie aber bereits vor der Fahrt bei einem Automobilclub erstehen.

Autobahngebühren Italien: Como – Mailand 3,20 €, Como – Genua 12,50 €, Como – Modena 14,10 €, Como – Rom 38 €.

Varianten: Für diese Hauptstrecke gibt es einige, meist weniger belastete Ausweichrouten.

• *Direttissima Ulm → Mailand* Ein Blick auf die Landkarte zeigt, dass die Strecke von **Ulm** über das **Kreuz Memmingen** nach **Bregenz** (*A 7/A 96*) und weiter auf der *N 13* via **Chur** und durch den **San-Bernardino-Tunnel** (6,6 km, gebührenfrei) fast in direkter Luftlinie nach **Mailand** führt. Allerdings muss man durch Bregenz und bis kurz nach der Schweizer Grenze auf der Bundesstraße fahren (Alternative ist der Pfänder-Tunnel, doch kostet der wiederum österreichische Maut), was bei Stau oftmals bis zu einer Stunde Zeit kosten kann. Auch hier führt eine reizvolle Variante über den *San-Bernardino-Pass* (2065 m), man verlässt bei Hinterrhein kurz vor dem Tunnel die autobahnähnlich ausgebaute *N 13*.

• *Stuttgart → Luzern* Autobahn *A 81* von **Stuttgart** über Rottweil bis zum Autobahnkreuz Singen, weiter auf der Bundesstraße nach Schaffhausen, von dort Autobahn über **Winterthur** nach **Zürich**, auf der Transit-Schnellstraße um das Stadtzentrum herum und nach **Luzern**, wo man auf die oben beschriebene *A 2* durch den St.-Gotthard-Tunnel trifft.

• *Über Bern* Wer in den äußersten **Westen Oberitaliens** will, kann über Bern fahren.

1) Ins **Aostatal** kommt man von **Bern** auf der Autobahn *A 12* zum Genfer See. Dort die *A 9* bis **Martigny** nehmen, weiter die Passstraße über den **Großen St. Bernhard** ins tief eingeschnittene Aostatal am Fuß des Montblanc-Massivs – landschaftlich

eine großartige Strecke! Der Große St. Bernhard ist jedoch fast 2500 m hoch, besitzt Steigungen bis zu 10 % und ist deshalb bis zu fünf Monate im Jahr gesperrt! In diesem Fall den 5,8-km-Tunnel durch den St. Bernhard nehmen, schweizerisch-italienische Zoll- und Passkontrolle bei der Einfahrt. Maut: Pkw 22,10 €, Motorrad 13 €, Kleinbus oder Wohnmobil 34,10 €. Weitere Details zu dieser Strecke → Aostatal S. 414. Ab **Aosta** auf der A 5 nach Turin.

2) Von Bern in Richtung Lago Maggiore besteht außerdem die Möglichkeit, die **Lötschberg-Autoverladung** zu benutzen. In Kandersteg mit dem Auto auf den Zug, 15 Min. später ist man in Goppenstein (Pkw, Wohnmobil bis 3,5 t und Kleinbusse bis neun Sitzplätze kosten je nach Wochentag 20–25 CHF, Motorrad 15 CHF, Europreise nach Tageskurs). Anschließend Weiterfahrt über die nicht allzu steile, sehr gut ausgebaute **Simplon-Passstraße**.

Infos rund um den **italienischen Verkehr** → S. 33.

Reizvolle Küstenstrecke am Gargano, dem Sporn des Stiefels

Mit der Bahn

Zugfahren ist eine umweltverträgliche Art des Reisens und lohnt wegen der vergleichsweise günstigen italienischen Tarife. Zudem ist Italien ein ausgesprochenes Bahnland mit hervorragend ausgebautem Netz und häufigen Verbindungen. Doch auch ab Deutschland kann man bei entsprechend früher Buchung günstig nach Italien reisen, v. a. mit den Nachtreisezügen.

Für die Anreise muss man allerdings etwas Geduld mitbringen – von München nach Verona sind es beispielsweise fünfeinhalb Stunden, nach Florenz acht bis neun, nach Rom zehn bis zwölf. Mit Verspätungen sollte man grundsätzlich rech nen, deshalb für eventuelles Umsteigen immer genügend Zeit einkalkulieren, denn es ist nicht gesagt, dass der Anschlusszug wartet.

Da das Passagieraufkommen über die Alpen nicht zuletzt wegen der wachsenden Billigflugangebote seit einigen Jahren nachlässt, haben die Bahnverwaltungen von

Bahnfahren in Italien: häufig verkehrende Züge und meistens auch preiswert

Deutschland, Österreich, der Schweiz und Italien die Zahl der Verbindungen deutlich reduziert, erfreulicherweise aber auch eine Reihe günstiger (Frühbucher-)Tarife eingeführt. Mit dem "Europa-Spezial"-Tarif kann man zum Beispiel ab 39 € (1. Klasse: ab 69 €) nach Norditalien (u. a. Bozen, Verona und Mailand) reisen, rechtzeitige Buchung ist ratsam! Gültig sind diese Tarife auch in den Nachtzügen von München nach Venedig, Florenz (via Bologna) und Rom (s. unten, "DB-Preise"). Allerdings sind die Angebote kontingentiert und entsprechend schnell ausgebucht. Wer nicht darauf zurückgreifen kann, muss ein wenig tiefer in die Tasche greifen: Der Normaltarif von München bis Bologna liegt derzeit bei 80,10 €.

In **Österreich** bietet die ÖBB (www.oebb.at) einen günstigen Nachttarif z. B. von Wien nach Florenz an; auch in der **Schweiz** werden im Internet günstige Tarife nach Italien angeboten, z. B. die Strecke Basel–Mailand (www.sbb.ch).

• *DB-Preise* **Europa-Spezial**, ab 39 € pro einfache Strecke (2. Klasse), erste Klasse ab 69 €, hinzu kommen 4 € Reservierungszuschlag (1. Klasse: 5 €). Die Europa-Spezial-Tarife sind auch in den Nachtzügen gültig, hier hinzu kommen pro Person 4 € für den normalen Sitzplatz, 10 € für den Schlafsessel, je nach Belegung 20–30 € für den Liegewagen (es gibt auch eigene Damenabteile) bzw. 60 € für den Schlafwagen (Einzelbelegung: 100 €). Natürlich ist das Angebot kontingentiert, d. h. man sollte sich so früh wie möglich um einen Platz kümmern. Nicht ganz so günstig sind die **Normalpreise** für die City-Night-Line-Verbindungen nach Italien: im Abteil 133 €, im Liegewagen 149–159 €, im Schlafwagen 189–258 € pro Person und Strecke, die Einzelbelegung im Schlafwagen kommt auf 229–298 €. Die Bahncard (25 oder 50) vergünstigt den Normalpreis nochmals. Informationen und Buchungen unter ✆ 01805/996633, www.bahn.de, bei den Reisezentren der Deutschen Bahn und Reisebüros mit DB-Lizenz.

• *Sondertarife in Italien* **Carta verde**: Mit dieser ein Jahr gültigen Karte bekommen Reisende unter 26 Jahren 10 % Ermäßigung auf alle Bahnfahrkarten. Gegen Vorlage eines Ausweisdokuments an allen größeren italienischen Bahnhöfen zum Preis von 40 € erhältlich.

Carta d'argento: Das Pendant zur „Grünen Karte" für Reisende über 60 Jahre kostet 30 € und bietet ein Jahr lang 15 % Rabatt auf alle Bahnfahrkarten (jeweils Normaltarif).

InterRail Ein-Land-Pass: Ehemals als *Euro Domino* bekannter Netzfahrschein für Italien, innerhalb eines Monats kann man an 3, 4, 6 oder 8 Tagen in einem Land kreuz und quer Bahn fahren; die Länder sind in Preisgruppen unterteilt, für Italien kostet der Pass für Jugendliche beispielsweise 75–155 €, für Erwachsene 115–235 € (1. Klasse: 175–355 €). Lohnt, wenn man in Italien mehrmals große Strecken zurücklegen möchte und nicht länger als einen Monat bleibt. Weitere Infos unter www.bahn.de.

- *Fahrradmitnahme* → S. 30.

Informationen auch im Internet unter **www.bahn.de** und **www.trenitalia.it**. Wer sich nicht selbst durch den Tarifdschungel kämpfen möchte, dem sei **www.gleisnost.de** empfohlen. Die Bahnkenner finden für Sie die billigsten Verbindungen.

Mit dem Flugzeug

Die Billigflugangebote nach Italien sind sehr erschwinglich geworden, auch Kurztrips von nur wenigen Tagen erfreuen sich großer Beliebtheit. Wichtig ist jedoch die frühzeitige Buchung. Falls man nicht mit öffentlichen Verkehrsmitteln unterwegs sein will, sollte außerdem die Anmietung eines Leihwagens mit einkalkuliert werden.

Das Angebot ist unüberschaubar geworden, von den Billig-Airlines wie z. B. *Ryanair, Air Berlin, Germanwings* und *TUIfly* haben alle diverse Italienziele im Programm, Abflugs- und Zielflughäfen variieren jedoch stark. Das Angebot beschränkt sich nicht mehr nur auf die Urlaubsgebiete im Süden Italiens, auf den Flugplänen ist mittlerweile auch fast jeder größere Flughafen Ober- und Mittelitaliens zu finden, von den klassischen Städtezielen wie Rom, Mailand und Venedig mal ganz abgesehen. Wichtig ist bei allen Billig-Anbietern die frühzeitige Buchung (meist nur Online), um die besten Tarife zu ergattern, während der Ferien- bzw. Hauptreisezeiten erhöhen sich deren Preise jedoch prinzipiell deutlich. Hinzu kommen einige weitere Faktoren, die auf den ersten Blick nicht ersichtlich werden: Die Abflughäfen (man denke nur an den idyllisch gelegenen *Ryanair*-Flughafen Frankfurt-Hahn im Hunsrück), mehr aber noch die italienischen Ziel-Airports liegen oft weit außerhalb der Städte, was z. B. bei Ryanair als Destination „Milano" ausgewiesen wird, liegt irgendwo bei Bergamo, ähnlich verhält es sich mit Bologna (Forlì) usw. Dennoch kann, bei rechtzeitiger Buchung und umsichtiger Wahl des Zielflughafens (sowie eventueller Anmietung eines Leihfahrzeuges direkt ab Airport), die Anreise mit dem Flugzeug durchaus komfortabel *und* günstig sein.

Wer ganz auf Nummer sicher gehen will, sollte einen Linienflug ins Auge fassen. *Alitalia, Lufthansa, Austrian Airlines* und *Swiss* bieten – teilweise sogar recht günstige – Flüge zu den meisten internationalen Flughäfen Italiens an, jedoch muss man oftmals entweder schon in Deutschland umsteigen (bei Lufthansa und Alitalia

Infos zu Flugzeiten und Preisen: Viele der günstigen Tarife müssen im Internet gebucht werden, die Preise variieren stark nach Abflug- bzw. Rückflugtermin, dazu kommen noch die nicht unerheblichen Steuern und Gebühren. *Alitalia*: www.alitalia.com, *Lufthansa*: www.lufthansa.com (Flüge teilweise über *Air Dolomiti*: www.airdolomiti.it), *Austrian Airlines*: www.austrian.com, *Swiss*: www.swiss.com; *Air Berlin*: www.airberlin.com, *Germanwings*: www.germanwings.com, *TUIfly*: www.tuifly.com, *Ryanair*: www.ryanair.com, *On Air*: www.flyonair.it, *EasyJet*: www.easyjet.com, *Luxair*: www.luxair.lu.

Flug über das markante Capo Testa im Norden Sardiniens

z. B. häufig in München), oder aber die Flüge gehen über Mailand bzw. Rom, wo man auf einen Inlandsflug umsteigen muss.

• *In Oberitalien* Dreh- und Angelpunkt ist **Mailand**, das von fast allen Airlines von mehreren Städten direkt angeflogen wird: *Lufthansa, Alitalia, Swiss* und *Austrian Airlines* sowieso, außerdem aber auch von *Air Berlin, TUIfly, Germanwings, Air Dolomiti, Ryanair* und *EasyJet*.

Weiterer wichtiger Flughafen ist **Venedig** – *Air Berlin* fliegt ab 13 deutschen Flughäfen sowie Basel, Zürich, Salzburg, Innsbruck, Wien, Graz und Klagenfurt hierher; mit *TUIfly* ab Berlin, Düsseldorf, Hamburg und Stuttgart (nach Venedig/Treviso auch ab Hannover und Köln/Bonn); außerdem mit *Air Dolomiti* ab Frankfurt und München; mit *EasyJet* ab Berlin und Basel/Mulhouse; mit *Swiss* ab Zürich; mit *Austrian* ab Wien. *Ryanair* fliegt von Bremen, Düsseldorf und Frankfurt/Hahn nach Venedig/Treviso.

Air Dolomiti fliegt außerdem ab Frankfurt/Main, München und Wien **Verona** an, *Germanwings* ab acht deutschen Flughäfen und Wien nach Verona, *Air Berlin* ab 13 deutschen Flughäfen, Salzburg, Wien, Klagenfurt, Basel und Zürich; nach **Bologna** Linienflüge mit *Alitalia, Lufthansa* (bzw. *Air Dolomiti*) und *Austrian Airlines*, Billigflüge nur mit *Ryanair* ab Düsseldorf-Weeze und Frankfurt/Hahn, sowie mit *Germanwings* ab Köln/Bonn; **Rimini** wird ganzjährig von *Ryanair* ab Frankfurt/Hahn angeflogen sowie in den Sommermonaten von *Air Berlin* ab Karlsruhe/Baden-Baden, Nürnberg, Stuttgart, Basel und Zürich.

Eine nur untergeordnete Rolle im Flugverkehr der Billiganbieter spielen **Triest** (mit *Lufthansa* bzw. *Air Dolomiti* mehrmals tägl. ab München) und **Genua**, hier besteht nur ein bescheidenes Angebot.

• *In Mittelitalien* Wichtigstes Ziel Mittelitaliens ist natürlich **Rom**, beide Flughäfen (Ciampino und Fiumicino/Leonardo da Vinci) sind sehr gut an die Innenstadt angebunden. Hier landen nicht nur alle Linienflüge aus Deutschland, Österreich und der Schweiz (zumeist in Fiumicino), sondern auch die Charter-/Low-Cost-Carrier: *Ryanair* ab Düsseldorf-Weeze, Frankfurt-Hahn, Karlsruhe/Baden-Baden; *TUIfly* ab sieben deutschen Flughäfen sowie Wien, *Air Berlin* ab 19 deutschen und fünf österreichischen Flughäfen sowie Basel und Zürich. **Pisa** an der toskanischen Küste wird ebenso recht häufig angeflogen (auch Linie): mit *Ryanair* ab Düsseldorf-Weeze, Frankfurt-Hahn, Hamburg-Lübeck, Memmingen und München; mit *TUIfly* ab Köln-Bonn; mit *Air Dolomiti* ab München und mit *EasyJet* ab Berlin. Eine deutlich untergeordnete Rolle spielen **Florenz** (mit Air Berlin ab Sylt, Hamburg, Hannover, Berlin, Düsseldorf und Stuttgart sowie mit *Lufthansa/Air Dolomiti* ab Frankfurt und München), **Ancona** wird von *Lufthansa/Air Dolomiti* ab München und Ryanair ab Düsseldorf-Weeze angeflogen, **Pescara** mit *Ryanair* ab Frankfurt-Hahn.

• *In Süditalien* **Neapel** als größte Stadt Süditaliens wird – neben den Inseln – am häufigsten angeflogen: mit *Air Berlin* ab 15 deutschen und vier österreichischen Flughäfen sowie Basel und Zürich; mit *TUIfly/Germanwings* ab acht deutschen Flughäfen; mit *EasyJet* ab Berlin und Basel; außerdem mit *Lufthansa/Air Dolomiti* ab München. Häufige Flugverbindungen auf das südliche italienische Festland gibt es auch nach **Lamezia Terme** (Kalabrien) an der Stiefelspitze: mit *Air Berlin* ab 15 deutschen und fünf österreichischen Flughäfen sowie Basel und Zürich; mit *TUIfly* ab neun deutschen Flughäfen sowie Basel und Zürich; mit *Germanwings* ab neun deutschen Flughäfen und Wien. **Bari** wird von *Ryanair* ab Düsseldorf-Weeze angeflogen; außerdem mit *TUIfly* ab Berlin, Düsseldorf, Hannover, Köln-Bonn, München und Stuttgart; mit *Air Berlin* ab Köln-Bonn, München und Stuttgart. Im etwas südlicheren **Brindisi** landet *Air Berlin* (ab München).

Hervorragende Flugverbindungen der Low-Cost-Carrier bestehen zu den Inseln Sardinien und Sizilien. Nach *Sardinien*: **Alghero** mit *Ryanair* ab Düsseldorf-Weeze, Frankfurt-Hahn, Memmingen und München. **Cagliari** mit *Air Berlin* ab zehn deutschen Flughäfen sowie Wien, Innsbruck und Zürich; mit *TUIfly* ab Köln-Bonn, München und Stuttgart; mit *Germanwings* ab Berlin, Dresden, Köln-Bonn, München, Stuttgart, Wien und Zürich. **Olbia** mit *Air Berlin* ab 14 deutschen und vier österreichischen Flughäfen sowie Zürich; mit *TUIfly* ab neun deutschen Flughäfen sowie Wien und Zürich.

Nach *Sizilien*: **Catania** mit *Air Berlin* ab 17 deutschen und vier österreichischen Flughäfen sowie Basel und Zürich; mit *TUIfly* ab neun deutschen Flughäfen sowie Basel und Zürich; mit *Germanwings* ab Hannover. Nach **Palermo** mit *Air Berlin* ab neun deutschen Flughäfen, Wien, Innsbruck und Zürich; außerdem mit *TUIfly* ab Köln-Bonn, München, Stuttgart und Zürich. *Ryanair* fliegt außerdem von Düsseldorf-Weeze, Frankfurt-Hahn und Karlsruhe-Baden nach **Trapani**.

Mietwagen online: Mit einer Vorab-Buchung fährt man oft günstiger als mit einer Anmietung vor Ort. Und auch der juristische Aspekt ist zu bedenken, denn der Gerichtsstand ist immer in dem Land, in dem das Auto gemietet wurde. Einer der derzeit preiswertesten Anbieter ist www.autoeurope.de, andere Adressen sind z. B. www.sungo.de, www.sunnycars.de, www.economycarrentals.com und www.billiger-mietwagen.de (listet Angebote verschiedener Verleihfirmen im Vergleich). Bei den **Billigfluglinien** kann man zusammen mit der Flugbuchung auch einen vergünstigten **Mietwagen** ordern, Abholung am Ankunftsflughafen.

Die großen internationalen und italienischen **Autovermieter** sind in den meisten Flughäfen vertreten, Mietautos sind in der Regel auch im Reisebüro buchbar und müssen dann nur am Zielflughafen in Empfang genommen werden.

Mit dem Fahrrad

Eine schöne Sache – wenn man mal über den Brenner ist, geht es bis in die Poebene quasi ständig bergab. Unterwegs kann man an einem oder mehreren der Alpenseen bequem Stopp machen. Auch nach Venedig bzw. zur Adria herrscht durchwegs flaches Terrain vor. Wer zur Riviera bzw. weiter nach Süden vorstoßen will, sollte dagegen reichlich Kondition mitbringen – der steile Apennin muss durchquert werden.

Italien ist das klassische Land des Radsports. Vor allem in der brettflachen Poebene fährt jeder Rad, dieser Sport ist dort ähnlich populär wie hierzulande. Markierte Radwege gibt es allerdings nur stellenweise – so sind z. B. im Podelta um Ferrara

Mit dem Radl durch die Dolomiten

und Ravenna mittlerweile mehrere hundert Kilometer für Radfahrer ausgebaut, Tendenz steigend. Die meisten Straßen am Stiefel sind problemlos zu befahren – italienische Autofahrer sind im Allgemeinen rücksichtsvoll (entgegen ihrem Ruf), hupen vor dem Überholen kräftig und machen, wenn möglich, einen großen Bogen um den Radler.

Fahrradtransport per Bahn oder Bus: Wer nicht über die Alpen strampeln will, kann sein Fahrrad in vielen *Zügen* mitnehmen, vom Bummelzug bis zum IC. In durchgehenden Zügen mit Fahrradmitnahme nach Italien (gibt es 5-mal tägl. nach Verona) muss zum Preis von 10 € (in Nachtzügen 15 €) eine *Internationale Fahrradkarte* erworben werden, verbunden ist damit eine Reservierung für einen Radstellplatz. Eine frühzeitige Buchung ist anzuraten. In Italien ist eine Reservierung nicht möglich, man sollte die Rückfahrt bereits in Deutschland buchen. Die Deutsche Bahn bietet auf ihrer Internetseite www.bahn.de Fahrradinformationen, außerdem unter ✆ 01805/996633. In Stoßzeiten sind die Zustände in den Fahrradabteilen nicht selten chaotisch, oft werden die Räder bis an die Waggondecke gestapelt. Empfehlung für die Fahrt: Das Rad möglichst an feste Gegenstände anschließen und keine Helme, Fahrradcomputer etc. daran belassen. Ein Fahrrad als *Gepäckstück* aufzugeben und es dann einige Tage später am Zielbahnhof abzuholen, ist nur nach Südtirol möglich (ca. 25 €, Verpackung nötig). Problemlos ist der Transport in speziellen *Fahrradtaschen* (110 x 80 x 40 cm), die in Italien in vielen Zügen mitgenommen werden dürfen, allerdings ist auch dafür eine Fahrradkarte nötig.

Organisierte Radtouren durch Italien bietet z. B. *Natours* an: Untere Eschstr. 15, 49179 Ostercappeln, ✆ 05473/92290, ℻ 05473/8219, www.natours.de.

Fahrradreisen bietet außerdem: *Reisezeit*, Guldeinstr. 29, 80339 München, ✆ 089-505050, ℻ 089-501005, www.reisezeit-online.de.

Auch der **Allgemeine Deutsche Fahrrad-Club (ADFC)** hält einschlägige Informationen bereit (Bundesgeschäftsstelle ADFC, Postfach 107747, 28077 Bremen, ✆ 0421/346290, ℻ 0421/3462950, www.adcf.de.

Weitere Anreisemöglichkeiten

Bus: Die Deutsche Touring GmbH bietet mit ihren Europabussen Fahrten von vielen deutschen Städten zu Zielen in ganz Italien (oftmals aber mit Umsteigen in Mailand oder Bologna) und fährt dabei bis *Apulien* und *Sizilien*. Wenn eine Stadt nur mit Umsteigen zu erreichen ist, verlängert sich die Fahrt deutlich. Einige Preisbeispiele: Frankfurt/M. – Bologna einfach 90 €, hin und zurück 162 €; Hamburg – Bari 128 € (230 €), Köln – Rom 110 € (198 €).

Auskünfte/Buchung in allen **DER-Reisebüros** sowie bei **Deutsche Touring GmbH**, Am Römerhof 17, 60486 Frankfurt/M., ✆ 069/7903501, www.touring.de.

Mitfahrzentralen: Preisgünstige Lösung für Fahrer und Mitfahrer – Ersterer spart Benzinkosten, Letzterer kommt ein ganzes Stück billiger als mit der Bahn über die Alpen. Insgesamt rund hundert Mitfahrzentralen *(MFZ)* gibt es inzwischen in fast allen bundesdeutschen Großstädten, zu finden im Telefonbuch (zum Großteil unter der einheitlichen Telefonnummer ✆ 19440 nach der Ortsvorwahl) oder im Internet unter den einschlägigen Suchbegriffen. Wer nach Italien will, sollte sich frühzeitig um eine Mitfahrgelegenheit bemühen und evtl. auch einen weiter entfernten Abfahrtsort in Kauf nehmen. Ebenso sollten Sie einkalkulieren, dass Sie nicht direkt an den Zielort gelangen, sondern vielleicht schon in Florenz aussteigen müssen, obwohl Sie eigentlich nach Rom wollen. Im Allgemeinen kann man Sonderwünsche anmelden, z. B. Mitfahrt nur bei Frauen/Paaren oder Nichtrauchern.

Der Preis für die Fahrt errechnet sich zum einen aus dem von der MFZ festgelegten **Benzinkostenanteil**, der an den Fahrer zu zahlen ist. Darüber hinaus ist eine von der Entfernung abhängige **Vermittlungsgebühr** an die MFZ zu zahlen. Mitfahrer können über die MFZ eine günstige **Pannen- und Unfallversicherung** abschließen. Gegen Vorlage der Quittungen wird damit die Bahnfahrt ab Unfall- bzw. Pannenort zum Reiseziel erstattet.

Italiens Städte: Kunst aus Jahrhunderten, flotte „ragazzi" und Verkehrsgetümmel

Unterwegs in Italien

Mit dem eigenen Fahrzeug

Ein wenig anders als zu Hause ist es schon noch, das Fahren auf italienischen Straßen, besonders im Stadtverkehr. Doch wenn man sich einmal daran gewöhnt hat, kann das Autofahren in Italien viel Spaß machen. Den Reisenden erwarten außerdem herrliche Berg- und Küstenstrecken.

Grundlegender Unterschied zum streng regelorientierten Verkehr nördlich der Alpen: der individuelle Entscheidungsspielraum des Fahrers ist größer. Durch Vorschriften lässt man sich nicht tyrannisieren, fährt vielmehr nach Gefühl und achtet dabei eher auf die Verkehrspartner als auf Verkehrszeichen. Bezüglich der Beachtung von Verkehrsregeln zeigt sich allerdings ein deutliches Nord-Süd-Gefälle. Fahren Mailänder und Turiner noch recht brav, so gelten in Rom und Neapel schon nicht mehr ganz so strenge Regeln. Generelle Empfehlung: In Großstädten wie *Mailand, Genua, Rom, Neapel, Palermo* oder *Bari* lieber außerhalb parken (Hotel, Camping etc.) und sich in der Innenstadt mit öffentlichen Verkehrsmitteln oder zu Fuß bewegen. Sollte das Zentrum nicht ohnehin schon für den auswärtigen Verkehr gesperrt sein (wie es z. B. in Rom und anderen Großstädten der Fall ist), machen der unaufhörliche Verkehr, die zermürbende Parkplatzsuche, ständige Staus und nicht zuletzt auch die Diebstahlsgefahr das eigene Fahrzeug nicht unbedingt zum Verkehrsmittel der Wahl.

Rund um den italienischen Verkehr

Fahrzeugpapiere/Versicherung: Mitzuführen sind selbstverständlich der nationale Führerschein *(patente di guida)* und der Fahrzeugschein *(libretto di circolazione)*, bei Schadensfällen ist außerdem die Grüne Versicherungskarte (*carta verde*) sehr hilfreich, wenn auch längst keine Pflicht mehr. Auch ein Auslandsschutzbrief ist empfehlenswert (Hilfsleistungen bei Panne, Unfall oder Diebstahl), alle Automobilclubs und Versicherer bieten ihn an, der Jahrespreis liegt bei etwa 40–50 €. Bei neuen Fahrzeugen ist außerdem eine vorübergehende Vollkaskoversicherung in Erwägung zu ziehen, da die Deckungssummen italienischer Haftpflichtversicherer sehr niedrig sind. Bei Diebstahl springen Voll- und Teilkasko ebenfalls ein.

Tankstellen: Es gibt *benzina senza piombo* (Bleifrei), *super senza piombo* (Super) sowie *gasolio* (Diesel). Die Preise liegen ein wenig höher als in Deutschland und deutlich höher als in Österreich. Tankstellen sind an den Autobahnen 24 Std. durchgehend geöffnet, in Ortschaften meist 7–12.30 und 15–19.30 Uhr. Manche Tankstellen haben einen Ruhetag, meist ist es der Sonntag. An vielen Zapfautomaten können Sie aber im „Self-Service"-Verfahren mit unzerknitterten Euroscheinen tanken. Kreditkarten werden an Autobahntankstellen und anderen größeren Tankstellen akzeptiert.

Italienische Verkehrsschilder: *rallentare* = langsam fahren, z. B. wegen *lavori in corso* (Bauarbeiten) oder wegen *pericolo* (Gefahr, oft vor Steigungen und Kreuzungen); *accendere i fari* = Licht einschalten; *attenzione uscita veicoli* = Vorsicht Ausfahrt; *deviazione* = Umleitung; *divieto di accesso* = Zufahrt verboten; *temporamente limitato al percorso* = Durchfahrt vorübergehend verboten; *strada interrotta* = Straße gesperrt; *inizio zona tutelata* = Beginn der Parkverbotszone; *parcheggio* = Parkplatz; *senso unico* = Einbahnstraße; *strada senza uscita* = Sackgasse; *tutte le direzioni* = alle Richtungen; *zona disco* = Parken mit Parkscheibe; *zona a traffico limitato* = Bereich mit eingeschränktem Verkehr; *zona pedonale* = Fußgängerzone; *zona rimorchio* = Abschleppzone.

Höchstgeschwindigkeit: **innerorts** 50 km/h; **außerorts**, Pkw, Motorräder und Wohnmobile bis 3,5 t 90 km/h, Wohnmobile über 3,5 t 80 km/h, Pkw mit Anhänger 70 km/h; **Schnellstraßen** (zwei Spuren in jeder Fahrtrichtung), Pkw, Motorräder und Wohnmobile bis 3,5 t 110 km/h, Wohnmobile über 3,5 t 80 km/h, Pkw mit Anhänger 70 km/h; **Autobahnen**, Pkw/Motorräder 130 km/h, auf dreispurigen Autobahnen bei entsprechender Beschilderung auf der linken Spur 150 km/h, Wohnmobile 100 km/h, Pkw mit Anhänger 80 km/h. Motorräder unter 150 ccm sind auf der Autobahn verboten!

Pannenhilfe/Notrufe: Notrufsäulen stehen in Abständen von 2 km an den Autobahnen. Der Straßenhilfsdienst des italienischen Automobilclubs **ACI** (www.aci.it) ist in ganz Italien rund um die Uhr unter ✆ 803116 zu erreichen (aus den Mobilfunknetzen mit ✆ 800116800). Die Pannenhilfe ist kostenpflichtig, auch für Mitglieder von Automobilclubs.

Polizeinotruf ✆ 112, **Straßenpolizei** ✆ 113, **Unfallrettung** ✆ 118, **deutschsprachiger Notrufdienst des ADAC** in Mailand: ✆ 02/661591 (rund um die Uhr erreichbar).

Stadtverkehr und Parken: Die historisch gewachsenen Stadtzentren Italiens mit ihren engen und verwinkelten Gassen sind dem hohen Verkehrsaufkommen in keiner Weise gewachsen. Fast überall hat man inzwischen drastische Maßnahmen ergriffen: Ganze Altstadtzentren sind zeitweise oder ständig für den Autoverkehr gesperrt (*zona a traffico limitato* – Z.T.L.), nur autorisierte Fahrer und Anwohner dürfen dort hineinfahren und parken. Ärger und Kosten vermeidet man, indem man sich einen Parkplatz außerhalb des „Centro storico" sucht und zu Fuß hineinläuft bzw. einen Bus nimmt. In Fußentfernung zu den Sehenswürdigkeiten gibt es in vielen Städten auch oft **gebührenpflichtige** (und meist bewachte) **Parkplätze** (ca. 1–2 €/Std., bei längerem Aufenthalt wird es billiger). Im Zentrum kann man entweder an Gebührenautomaten oder gratis mit Parkscheibe in der **zona disco** parken. Während der Siestazeit ist das Parken an Stellplätzen mit Parkuhren meistens gratis. **Parkverbot** besteht an schwarz-gelb gekennzeichneten Bordsteinen sowie auf gelb markierten Parkflächen; blaue Markierung steht für einen gebührenpflichtigen Parkplatz, weiße

Markierung für kostenfreies Parken (teilweise aber mit Parkscheibe). Urlaubern ist es gestattet, mit dem Pkw vor Altstadthotels vorzufahren und aus- bzw. bei Abreise wieder einzuladen. Manchmal bekommt man vom Hotel einen **Anwohner-Parkausweis** ausgehändigt. Über eigene Garagen verfügen nur Hotels ab der Drei-Sterne-Kategorie aufwärts.

Unfälle: An der Windschutzscheibe eines in Italien zugelassenen Wagens ist ein Aufkleber mit der Adresse der Versicherungsgesellschaft und der Versicherungsnummer angebracht.

Wichtige Verkehrsvorschriften: **Abblendlicht** ist auch tagsüber auf allen Autobahnen und Landstraßen vorgeschrieben, für Zweiräder gilt generell „Licht an"; **privates Abschleppen** auf Autobahnen ist verboten; **Straßenbahnen** haben grundsätzlich Vorfahrt; die **Promillegrenze** liegt bei 0,5. Achtung, die Strafen bei Alkohol am Steuer sind sehr hoch, neben Bußgeldern bis 6000 € (!) droht auch der sofortige Einzug des Führerscheins; das Telefonieren während der Fahrt ist nur mit einer **Freisprechanlage** gestattet; im **Kreisverkehr** gilt grundsätzlich rechts vor links; Dachlasten und Ladungen, die über das Wagenende hinausragen, müssen mit einem reflektierenden, 50 x 50 cm großen, rot-weiß gestreiften **Aluminiumschild** (kein Kunststoff!) abgesichert werden (erhältlich im deutschen Fachhandel, in Italien an Tankstellen). Fahrrad- oder Lastenträger mit Heckleuchten und Nummernschild, die im Kfz-Schein eingetragen sind, sind von dieser Regelung ausgenommen.

Für den Fall, dass man z. B. wegen Unfall oder Panne auf einer Autobahn das Auto verlässt, muss im Auto eine reflektierende **Sicherheitsweste** (DIN EN 471) zur Hand sein. Erhältlich ist sie bei uns in Tankstellen, Baumärkten etc.

Gut zu wissen!

Die italienischen Bußgelder gehören zu den höchsten in Europa. Parkverstöße, Alkohol am Steuer und Geschwindigkeitsüberschreitungen werden deutlich strenger geahndet als in Deutschland. Die Mindestgebühr für einfaches Falschparken beträgt derzeit 35 €, tagsüber ohne Licht fahren 71 €, Geschwindigkeitsüberschreitungen ab 180 € aufwärts (werden neuerdings immer ins Heimatland zurückverfolgt). Mit Radarkontrollen muss überall gerechnet werden. Bei stark überhöhter Geschwindigkeit und Überschreiten der Promillegrenze können auch Fahrverbote ausgesprochen werden. Die drakonischen Strafen haben Wirkung gezeigt, die italienischen Autofahrer sind disziplinierter geworden und die Unfälle deutlich zurückgegangen.

Autobahnen (autostrade)

Bis auf die obligaten Teilstücke, an denen ständig verbessert oder verbreitert wird, sind sie meist in sehr gutem Zustand. Im Süden muss man sich allerdings auf schlechten Belag und viele Baustellen einrichten, speziell auf der A 3 zwischen Neapel und Reggio di Calabria. Italienische Autobahnen sind kostenpflichtig, gebührenfreie Ausnahmen sind die Strecke Salerno – Reggio di Calabria in Süditalien, die Autobahnen im Inneren und Westen Siziliens und die meisten Ringautobahnen um Großstädte.

Kontrollstellen *(Alt stazione!)* sind am Beginn jeder Autobahn und an jeder Einfahrt eingerichtet, hier wird ein Ticket ausgegeben (gelben bzw. roten Knopf drücken), beim Verlassen oder Wechseln der Autobahn wird zur Kasse gebeten. Geld bzw. Kreditkarte und Ticket griffbereit halten. Achtung: Wer die Karte verloren hat, muss die mögliche Gesamtstrecke zahlen! Auf einigen wenigen Teilstrecken im Land zahlt man nicht nach Länge der zurückgelegten Strecke, sondern einen Pauschalbetrag (z. B. Como – Mailand, Rom – Civitavecchia und Neapel – Salerno).

Den Zahlungsverkehr erleichtert die magnetische *Viacard*, erhältlich im Wert von 25 und 50 € (Verkaufspreis: 25,25 und 50,50 €) bei den Automobilclubs, an Grenzübergängen und großen Raststätten. Für Karteninhaber gibt es an den Zahlstellen Extraspuren, dort werden die Beträge automatisch abgebucht (zunächst Autobahnticket, dann Viacard einführen). Aber *Vorsicht*: immer auf ausreichende Deckung achten bzw. zweite Karte mitführen, denn ein Aufzahlen mit Bargeld ist nicht möglich. Man kann auch die normalen Spuren benutzen und dort vom Personal die Gebühr abbuchen lassen. Wichtig: Auch mit der Viacard muss man bei der Einfahrt auf die Autobahn eine Mautkarte ziehen. Auf vielen Autobahnteilstücken kann mittlerweile auch mit den gängigen Kreditkarten bezahlt werden, man benutzt dafür die eigens ausgewiesenen Spuren. Generell summieren sich die Gebühren bald zu ansehnlichen Beträgen. Wer es nicht eilig hat, sollte ab und an auf die Staatsstraßen (*SS* bzw. *N*) ausweichen, die teilweise vierspurig ausgebaut sind und oft parallel zur Autobahn verlaufen.

Achtung, Zweiradfahrer: Ein Leser hat darauf hingewiesen, dass der Asphalt im Bereich von Mautstellen oft extrem rutschig ist – selbst mit richtigem Schuhwerk ist es nicht leicht, ein beladenes Motorrad zu halten.

Achtung: Falls Sie sich an einer Mautstelle falsch eingeordnet haben, stoßen Sie keinesfalls zurück (hohe Bußgelder!), sondern drücken Sie die Hilfstaste („assistenza" o. Ä.). Sie erhalten dann einen Quittungsstreifen, mit dem Sie die Maut bei einer anderen Mautstelle bezahlen bzw. nachträglich überweisen können.

• *Gebühren* Pkw und Motorräder zahlen denselben Preis, der Preis für zweiachsige Fahrzeuge mit einer Höhe von mehr als 1,30 m an der Vorderachse liegt teilweise etwas höher. Mit einachsigem Wohnwagen muss man etwa 25 % mehr bezahlen, mit zweiachsigem Wohnwagen ca. 50–60 % mehr (aktuelle Daten bei den Automobilclubs).

Preisbeispiele Pkw: Vom Brenner bis Verona 15,80 €, von Como bis Genua 12,50 €, von Mailand nach Venedig 16 € und von Mailand nach Rom 33,70 €.

• *Raststätten* gibt es in ausreichender Zahl, eine Snackbar (meist mit riesigem Panini-Angebot) ist bei jeder Tankstelle vorhanden. Die Self-Service Restaurants (z. B. **Autogrill**) haben ein abwechslungsreiches Angebot, darunter auch ausreichend Salate. Angeschlossen ist in der Regel ein Supermarkt mit allerlei kulinarischen und sonstigen Souvenirs.

Stadtverkehr

Die historisch gewachsenen Stadtzentren Italiens mit ihren engen und verwinkelten Gassen sind dem hohen Verkehrsaufkommen in keiner Weise gewachsen. Zudem wird die wertvolle Bausubstanz empfindlich geschädigt.

Fast überall hat man inzwischen drastische Maßnahmen ergriffen: Ganze Altstadtzentren sind zeitweise oder ständig für den Autoverkehr gesperrt *(zona a traffico limitato)*, nur autorisierte Fahrer und Anwohner dürfen hineinfahren bzw. dort parken. Das gilt für alle Großstädte, aber auch für viele touristisch überlastete Ferienorte. Urlaubern ist es jedoch in der Regel gestattet, mit dem Pkw ein Hotel in der Altstadt suchen bzw. beim gebuchten Hotel Gepäck auszuladen.

Ins Zentrum und wieder hinaus: In allen großen Städten ist die Stadtmitte mit Schildern Richtung *centro* gekennzeichnet und/oder mit dem Zeichen. Wer schnell wieder raus und auf die Autobahn will: kein Problem, so viele Autobahnhinweisschilder wie in Italien findet man selten irgendwo. Und keine Panik, wenn man einmal einen Hinweis überfährt – zwei Ecken weiter kommt garantiert der nächste.

Ampeln: Abbieger bekommen oft eher Grün als die Hauptampel für Geradeausfahrer. Auf Nebenampeln, Pfeile etc. gut achten, sonst gibt es ein melodisches Hupkonzert. Besonders an den großen Ein- und Ausfallstraßen der Großstädte lauern an Ampeln mit langer Wartefrequenz oft Scheibenwäscher, Krimskramsverkäufer und Bettler. Wenn man einen Scheibenwäscher gewähren lässt, sollte man ihm für seine Dienste auch etwas Kleingeld in die Hand drücken.

Parken: In den Zentren der großen Städte ein schwieriges und teures Unterfangen. Unübersehbar kennzeichnen überall Schilder die ausgedehnten Zonen, wo Parken verboten ist. Strafzettel sind schnell ausgestellt und kosten mindestens 35 € (und werden mittlerweile EU-weit eingetrieben), an exponierten Stellen werden Falschparker auch an den Haken genommen. Alljährlich zum Beginn der Touristensaison macht die Polizei verstärkt Jagd auf Parksünder. *Achtung*: An gelb markierten Bordsteinen bzw. auf gelb gerahmten Parkflächen dürfen nur öffentliche Verkehrsmittel wie Busse und Taxis parken, blau gerahmte Parkflächen sind immer gebührenpflichtig, frei bzw. mit Parkscheibe parken kann man nur in den weiß gerahmten Flächen.

Wichtig: Jeder Straßenzug wird einmal pro Woche zu nächtlicher Stunde gereinigt. Beachten Sie das Schild **Pulizia Strada** mit der Angabe des Wochentages. Wer zu dieser Zeit dennoch hier parkt, findet seinen Wagen irgendwo bei der Stadtpolizei wieder und muss tief in die Tasche greifen: Das Bußgeld in Höhe von 35 € ist hierbei noch der geringste Posten, richtig teuer sind die Abschleppgebühren von ca. 100–150 €!

Ärger und Kosten vermeidet man, indem man sich eine Parklücke außerhalb des *Centro storico* sucht und zu Fuß hineinläuft bzw. einen Bus nimmt. Im Zentrum kann man entweder an Gebührenautomaten (ca. 1 €/Std.) oder gratis mit Parkscheibe in der *zona disco* parken, beides jedoch in der Regel nur bis zu einer Stunde. Bei längerem Aufenthalt sind die gebührenpflichtigen (und meist bewachten) *Parkplätze* bequemer, die fast jede Stadt in Fußentfernung zu den Sehenswürdigkeiten anbietet (ca. 1–2 €/Std., bei längerem Aufenthalt wird es billiger). Unterm Strich: Die Kosten summieren sich schnell.

Wer in einem Hotel in der Altstadt untergekommen ist, erhält dort manchmal einen *Anwohner-Parkausweis*. Falls nicht, kann es sein, dass man den Pkw nach dem Entladen wieder aus dem Zentrum entfernen und außerhalb parken muss. Über eigene Garagen oder andere Parkmöglichkeiten verfügen in der Regel nur Hotels der Kategorie *** aufwärts.

Beim Parken in (kleineren, oft privaten) Parkhäusern ist zu beachten, dass man den Autoschlüssel meist mit abgeben muss – geparkt wird hier in aller Regel auch in zweiter und dritter Reihe, sodass die Parkhausmitarbeiter immer wieder die Wagen rangieren müssen, was sie mit großem Geschick und ohne Kratzer hinbekommen.

Fahrzeugdiebstahl: Nur selten werden ganze Autos oder Motorräder gestohlen, falls das passiert, muss man sich von der Polizei den Verlust des Wagens bestätigen lassen. Viel häufiger werden verlockend präsentierte Inhalte zur Beute von Langfingern.

Alternative zum eigenen Gefährt: Mietfahrzeuge, hier auf den Äolischen Inseln

Meist wird in einem solchen Fall die Scheibe eingeschlagen und binnen Sekunden ist das Auto ausgeräumt Ganz wichtig deshalb: Nichts im Fahrzeug lassen, das leere Handschuhfach offen lassen. Generell sollte man in Großstädten im Parkhaus bzw. auf einem bewachten Parkplatz parken, wenn am Straßenrand, dann an einer belebten Straße, auf keinen Fall aber in abgelegenen Seitenstraßen zwielichtiger Viertel.

Bahnfahren in Italien

Ferrovie dello Stato (abgekürzt FS) heißen die italienischen Staatsbahnen. Die Züge sind fast durchgängig modern und komfortabel ausgestattet. Verspätungen sind durchaus möglich und sollten einkalkuliert werden. Sie rühren zum Teil daher, dass die Strecken oft nur eingleisig sind und sich besonders in Nord-Süd-Richtung die Züge auf wenigen Linien drängen.

Die Zugdichte ist hoch und die Preise – mit Ausnahme der modernen *Eurostar*-Flotte – sind niedrig. Faustregel: je länger die Fahrt, desto günstiger der Preis pro Kilometer. Aus den Fahrplänen sollte man sich immer den geeigneten Zug heraussuchen: Die Nahverkehrszüge *Locale* (L) bzw. *Regionale* (R) sind langsam und halten an jeder Station. Etwas flotter bewegt sich der *Interregionale* (IR), der aber ebenfalls häufig hält. Schneller ist man mit den recht komfortablen *Inter/Eurocity-Züge* (IC/EC) unterwegs, allerdings mit Zuschlägen. Die Stars unter den italienischen Zügen ist schließlich der *Eurostar* (ES), den es nunmehr in der superschnellen Version *Frecciarossa* gibt. Die Platzreservierung ist in ES-Zügen obligatorisch („prenotazione obligatoria") und in Fahrplänen mit eingerahmtem „R" vermerkt.

Zwei Preisbeispiele (inkl. Zuschlag): *Mailand – Rom* mit dem IC Fahrtzeit 6–6,5 Std., einfache Strecke 49,50 €, mit dem ES Frecciarossa in sensationellen

3 Stunden, allerdings zum Preis von 89 €; *Rom – Neapel* Fahrtzeit mit dem IC gut 2 Std., einfache Strecke 22 €, mit dem ES Frecciarossa gut 1 Std. für 44 € (alle Preise jeweils 2. Klasse, Stand: Frühjahr 2011).

In der Hauptreisezeit sind die Züge auf allen alpenüberquerenden Linien oft überfüllt. Man sollte sich rechtzeitig eine **Platzkarte** sichern (frühestens drei Monate, spätestens kurz vor Abfahrt möglich), was an großen Bahnhöfen in Deutschland, Österreich und in der Schweiz auch für inneritalienische Züge möglich ist. Auf den meisten Strecken über die Alpen gibt es durchgehende **Schlaf- und Liegewagen**.

Streckennetz der FS: Vor allem in Norditalien sehr gut ausgebaut, praktisch alle größeren Orte sind mit der Bahn schnell und zuverlässig zu erreichen. Ausnahmen stellen lediglich die Alpen- und Apenninregionen dar, deren wenige Bahnlinien aber gleichzeitig zu den schönsten gehören. In den Bergregionen Mittel- und Süditaliens liegen die Bahnhöfe oft weit außerhalb der Ortschaften.

Rückgrat des Bahnsystems ist die Strecke Mailand – Bologna – Florenz – Rom. Diese so genannte *Direttissima*, d. h. eine annähernd geradlinige Ideallinie mit möglichst wenigen zeitraubenden Kurven und Bergüberquerungen, wurde schon zwischen den zwei Weltkriegen für die Strecke Bologna – Florenz fertiggestellt. Mit ihren 29 Tunnels (der längste 19 km!) stellt sie eine gigantische Ingenieursleistung dar. Vor allem zwischen Florenz und Rom ist die Schienenführung nahezu schnurgerade ausgelegt, sodass die Züge voll ausgefahren werden können.

Informationen im Internet unter: **www.trenitalia.com.**

• *Reizvolle Strecken* Die berühmte **Tenda-Bahn**, die sich von Turin durch die Seealpen nach Ventimiglia an der Riviera schlängelt;

die Küstenlinie **von Neapel nach Reggio di Calabria** – kleine Buchten, bizarre Felsformationen und die Bahnlinie immer dicht am Wasser entlang;

die Bergstrecken von **Rom** zur Adria – über Sulmona nach **Pescara** und über Terni nach **Ancona**, beide durchqueren den Apennin;

die **Abruzzenstrecke** von Sulmona nach Isernia (Molise).

Privatbahnen: Außer dem staatlichen Netz gibt es noch eine Handvoll privat geführter Bahnen, die allerdings zusehends Sparmaßnahmen zum Opfer fallen und durch Busse ersetzt werden.

• *Oberitalien* Die reizvolle **Centovallibahn** fährt von Domodossola ins schweizerische Locarno (www.centovalli.ch).

Die **Ferrovie Nord** fährt von Brescia am Ostufer des Lago d'Iseo entlang nach Edolo und von Mailand zum Comer See (www.ferrovienord.it).

Von Bologna fährt die historische Gebirgsbahn **Porrettana** über den Apennin nach Pistoia in der Toskana.

• *Mittelitalien* Die **Ferrovia Centrale Umbra** durchquert mehrmals täglich Umbrien von Nord nach Süd – wichtige Stationen sind Perugia, Todi und Terni (www.fcu.it).

Ab Rom (Bahnhof Roma-Nord) fährt die **Ferrovia Roma – Viterbo** nach Viterbo, nördlich von Rom.

• *Süditalien* Ein ganzes Netz von Privatbahnen wird noch in der Ferse des Stiefels betrieben (Apulien), Knotenpunkt ist Bari: **Ferrovia del Sud-Est/FSE** (www.fseonline.it), auf der Strecke Bari–Barletta die **Ferrovia Nord Barese** (www.ferrovienordbarese.it) und die **Ferrovia Apulo-Lucane/FAL** von

Bari in die Basilikata.

Bei Neapel fungiert die moderne **Ferrovia Circumvesuviana** als viel genutztes Transportmittel den Golf entlang und um den Vesuv (www.vesuviana.it).

Auf Sizilien umrundet die **Ferrovia Circumetnea** den Ätna (www.circumetnea.it).

Ein besonderes Landschaftserlebnis bietet die Schmalspurbahn der **Ferrovie della Calabria** von Cosenza nach Camigliatello Silano (www.ferroviedellacalabria.it).

Tipps für Bahnreisende in Italien

- Am Fahrkartenschalter sagt man: **„Un biglietto (due biglietti) per Milano (Roma, Napoli ...), solo andata (andata/ritorno)“** – „einen Fahrschein (zwei Fahrscheine) nach Mailand (Rom, Neapel ...), einfache Fahrt (hin und zurück)“
- **Wichtig**: Bevor man den Bahnsteig betritt, muss man sein Zugticket an einem der (meist gelben) Automaten **entwerten**, die an den Zugängen aufgestellt sind. Andernfalls gilt man als „Schwarzfahrer“ – und das kostet mindestens 40 €!
- **Nachlösen im Zug** ist in Italien nur möglich, wenn der Schalter des Abfahrtsbahnhofes geschlossen ist und sämtliche Fahrkartenautomaten außer Betrieb sind – ein eher unwahrscheinliches Szenario. Doch auch dann erhöht sich der Preis auf mehr als das Doppelte des regulären Fahrpreises!
- **Zuschlagspflichtige IC-Züge** sind auf den aushängenden Fahrplänen mit gestrichelter Linie gekennzeichnet (Zuschlag = supplemento). **Eurostar-Züge (ES)** sind außerdem reservierungspflichtig (eingerahmtes "R" im Fahrplan) und kosten fast doppelt so viel wie IC/IR.
- Auf den Fahrplänen immer die Spalte „Servizi diretti e annotazioni“ beachten, dort ist vermerkt, ob der betreffende Zug nur **werktags** („si effetua nei giorni lavorativi/feriali“) oder nur **feiertags** („si effetua nei festivi“) fährt.
- Vor allem in größeren Bahnhöfen können die Warteschlangen an den Kartenverkaufsschaltern sehr lang sein. Für den **Kartenkauf** sollte man also immer reichlich Zeit einplanen, um nicht seinen Zug zu verpassen.
- Wenn der Fahrkartenschalter geschlossen ist, gibt es Zugtickets (Regionalverkehr) oft in der **Bahnhofsbar** oder im **Zeitschriften-** bzw. **Tabacchi-Laden**. Immer häufiger ersetzen allerdings auch **Automaten** die Schalter (Anweisungen auch in Deutsch vorhanden). *Achtung*: Manchmal kann nur mit Kreditkarte gezahlt werden oder es wird Restgeld nur bis zu einer bestimmten Höhe zurückgegeben.
- Auf kleineren Bahnhöfen hängen oft zusätzlich die Abfahrts-/Ankunftszeiten der **nächstgrößeren Bahnhöfe** bzw. Städte aus – nicht verwechseln!
- Manchmal werden noch in letzter Minute die **Gleise gewechselt**. Bis zuletzt auf Durchsagen und Mitwartende achten, außerdem immer noch einmal fragen, bevor man einen Zug besteigt.
- Gut zu wissen: **partenza** = Abfahrt, **arrivo** = Ankunft, **binario** = Gleis, **coincidenza** = Anschluss, **orario** = Fahrplan, **prezzo del biglietto** = Fahrpreis.

Verschiedenes

- *Fahrpläne* Die FS gibt einen Fahrplan für ganz Italien heraus, mit etwas Glück bekommt man ihn in Zeitungsläden an italienischen Bahnhöfen. Ansonsten kann man auch auf die „Verkaufsstelle für ausländische Kursbücher“ in St. Gallen zurückgreifen (→ S. 40).

• *Gepäckaufbewahrung* Schließfächer gibt es aus Sicherheitsgründen nicht mehr, allerdings kann man sein Gepäck in größeren Bahnhöfen zum **Deposito bagagli** bringen: 5 Std. kosten pro Gepäckstück ca. 3–4 €, ab der 6. Std. wird es deutlich günstiger. Meist lange Schlangen, daher Zeit und Geduld mitbringen.

• *Kinder* fahren unter 4 Jahren umsonst, bis 12 Jahre ist die Hälfte des Fahrpreises zu zahlen.

• *Kursbücher, Karten und Literatur* Für Bahnfans unverzichtbar ist das umfassende Angebot der **Verkaufsstelle für ausländische Kursbücher**, Bahnhofplatz 8a, Büro 073, CH-9001 St. Gallen, ✆ 071/2226180, 071/2226283, www.timetables.ch.

• *Schlaf- und Liegewagen* in vielen Inlands- und Auslandszügen. Italienische Schlafwagen (carrozza letti) haben in der 1. Klasse 1- oder 2-Bettabteile, in der 2. Klasse zwei oder drei Betten, Liegewagen (carrozza cuccette) gibt es mit vier und sechs Liegeplätzen. Zuviel an Komfort darf man sich nicht erwarten, sie sind aber etwas preiswerter als in BRD, CH und A (Liegewagenplatz im Vierbettabteil z. B. 28 €). Italienische Abteile haben oft Verschlusshebel, die nur von innen zu betätigen sind.

Weitere Transportmöglichkeiten

Inlandsflüge: Alitalia (www.alitalia.it), Meridiana (www.meridiana.it), Air One (www.flyairone.it), Volare (www.volareweb.com) und andere italienische Fluggesellschaften, aber auch Ryanair (www.ryanair.com) und EasyJet (www.easyjet.com) bieten zahlreiche Flüge zwischen *Mailand, Bologna, Genua, Turin, Verona, Venedig, Neapel, Olbia, Cagliari, Catania, Palermo, Bari* und weiteren Flughäfen in ganz Italien. Die genauen Angebote (und Sondertarife, z. B. am Wochenende) sind im Internet zu finden, Ermäßigung gibt es für Personen unter 29 Jahren, Senioren, Familien und Reisegruppen. Lohnt vor allem, wenn man z. B. von Mailand oder Rom schnell nach Sardinien oder Sizilien will, hier gibt es auch häufige und teilweise recht günstige Verbindungen.

Schiffslinien: im Folgenden eine Auflistung der wichtigsten Verbindungen zu den vorgelagerten Inseln. Preise, Häufigkeit der Abfahrten etc. sind unter den jeweiligen Orten zu finden.

Interessant für Sizilienfahrer sind die häufig verkehrenden Fähren der „Grandi Navi Veloci“ (www.gnv.it) von *Genua* und *Civitavecchia* nach *Palermo*, mit denen man die ermüdende Fahrt den ganzen Stiefel entlang vermeiden kann.

Capri, Ischia und Procida (Golf von Neapel): Fähren und Tragflügelboote ab Neapel, Pozzuoli, Sorrento, Positano und Amalfi.

Elba: häufige Fährüberfahrten von Piombino.

Isola del Giglio: Fähren ab Porto San Stefano.

Liparische Inseln: Fähren und Tragflügelboote ab Milazzo und Neapel.

Pontinische Inseln: Fähren und Tragflügelboote ab Terracina, Anzio und Formia.

Sardinien: Verbindungen ab Genua, Piombino, Livorno, Civitavecchia, Neapel, Palermo und Trapani (Sizilien).

Sizilien: häufigste Verbindungen von Villa San Giovanni und Reggio di Calabria über die Meerenge nach Messina, in Villa San Giovanni auch Zugverschiffung. Verbindungen außerdem von Genua, Civitavecchia und Neapel.

Tremiti-Inseln: Fähren von Ortona, Vasto und Termoli, außerdem von Vieste und Manfredonia auf der Gargano-Halbinsel.

Einen Überblick über die Verbindungen gibt: **www.traghettionline.com**.

Überlandbusse: Ein dichtes Netz von Busrouten zahlreicher Gesellschaften ergänzt die Bahnstrecken. Die Benutzung ist in erster Linie sinnvoll für Orte, die keine Schienenverbindung haben bzw. an wenig befahrenen Nebenstrecken liegen. Speziell in den *Alpen- und Apenninregionen, Süditalien* und *Sizilien* wird man häufig auf den Bus umsteigen müssen. Auch kleinste Orte werden angefahren. Oft reist man in solchen Regionen per Bus schneller als mit den selten verkehrenden Bummelzügen. Die Terminals liegen oft in der Nähe des Hauptbahnhofs oder an einem anderen zentralen Platz (Details in den Ortstexten). Fahrscheine rechtzeitig besorgen, die Busse sind oft bis auf den letzten Platz gebucht. An Sonntagen ist der Verkehr stark eingeschränkt.

Stadtbusse: Ein oft etwas chaotisch wirkendes System – Endstationen sind selten an den Bussen angeschrieben, ebenso kann man an den Haltestellen kaum etwas über die Streckenführung, Verkehrszeiten und Häufigkeit der Verbindungen nachlesen. Durchfragen ist angesagt. Kostenpunkt pro Fahrt in den Großstädten meist um 1 €. Wichtig: Die Tickets muss man *vor der Fahrt* an Automaten oder in Kiosken, Tabakläden und Bars kaufen, am besten gleich mehrere auf einmal und natürlich auch im Bus dann abstempeln. In großen Städten gibt es in der Regel Tages- oder Mehrtagespässe für die Benutzung der öffentlichen Verkehrsmittel.

Taxi: Im Prinzip etwas preiswerter als bei uns, allerdings gibt es auf den Grundpreis noch diverse Zuschläge, z. B. für Feiertage, Gepäck, Nachtfahrten, Fahrten von und zum Flughafen etc. (Gebührenliste hängt in den Taxis aus), sodass man doch meist ganz ordentlich zur Kasse gebeten wird. Darauf achten, dass der Taxameter eingeschaltet ist. *Taxistände* sind in den gelben Seiten der Telefonbücher verzeichnet. Bei Ruf eines Funktaxis muss dessen Anfahrt mitbezahlt werden.

Mietfahrzeuge: In allen Städten und Flughäfen, außerdem in vielen großen Touristenorten sind die bekannten internationalen Firmen Avis, Europcar, Hertz etc. vertreten, zusätzlich größere italienische Anbieter wie z. B. Maggiore. Die *Tagestarife* setzen sich meist aus einem Grundbetrag und einer Pauschale pro gefahrenem Kilometer zusammen (oder höherer Tarif ohne Pauschale, der etwa dem Grundbetrag plus Kilometergeld für 100 km entspricht). Wenn man viel unterwegs sein will, fährt man mit dem *Wochentarif* meist günstiger. Bei manchen Firmen gibt es ermäßigte *Wochenendtarife* (Freitagnachmittag bis Montagmorgen). Im Preis inbegriffen ist die Haftpflichtversicherung und manchmal auch Teilkasko mit Selbstbeteiligung (die man gegen Aufpreis wegversichern kann). Generell darf man erst ab 21 Jahren einen Wagen ausleihen, ein Jahr Fahrpraxis ist Bedingung.

Zur Anmietung eines Fahrzeugs schon vor Reisebeginn → S. 29.

In zahlreichen Urlaubsorten gibt es die Möglichkeit, *Roller, Fahrräder* und *Mountainbikes* auszuleihen, z. B. in Südtirol, an den Badeseen, in fast allen Touristenorten an der Adria und der tyrrhenischen Küste, auf den größeren Inseln und in vielen Städten, u. a. Bozen, Brixen, Ferrara, Florenz, Mantua, Meran, Ravenna, Rom, Siena, Turin und Verona.

Die berühmteste Adoptivmutter Italiens: die Wölfin mit Romulus und Remus

Geschichte

Zur Geschichte Italiens fällt einem manches ein: natürlich die „alten Römer", Schlachtreihen mit scheppernden Rüstungen, Wagenrennen im Circus Maximus, Sklavenaufstände, Cäsarenmord – dazu Päpste, Gegenpäpste und Mätressen, Mussolini, Mafia und geschmierte Politiker. Aber: „Italien" gibt es nicht – jedenfalls nicht vor 1870. Vorher gibt es Sardinien und Venetien, Piemont und Kalabrien – die Regionen Italiens haben ihre ganz eigene Geschichte und der Vatikan erst recht. Während am Schaft des Stiefels Ruhe herrscht, ist der Absatz in Aufruhr und umgekehrt.

Dass das römische Weltreich irgendwann „unterging", wissen wir. Warum aber fiel die Metropole Rom in den Schlaf eines Provinznests, während Venedig, Mailand, Florenz reiche Stadtrepubliken wurden? Was hatten die deutschen Kaiser in Sizilien verloren? Warum können die Italiener die Österreicher nicht leiden und warum Hitler Mussolini nicht? Wieso erklärt Italien noch kurz vor dem Ende des Zweiten Weltkriegs Nazideutschland den Krieg? Warum finden Sizilianer die Piemontesen so sympathisch wie die Bayern die „Preußen"? Woher kommt die Mafia – und was hat Berlusconi damit zu tun? Und überhaupt: Was sagt der Papst dazu? Sitzen Sie bequem, schnallen Sie sich an und begeben Sie sich mit uns auf eine kurze, 3000 Jahre lange Zeitreise durch Italiens Geschichte. Viel Spaß und *buon viaggio*!

Wie alles anfing – frühe Kulturen und eingewanderte Völker

Das 20 000 Jahre alte Skelett eines Mannes, das man im apulischen *Altamura* fand, deutet darauf hin, dass Italien schon in der Steinzeit besiedelt war. Auch auf Sardinien hinterließ die Altsteinzeit ihre Spuren, ebenso die Jungsteinzeit. Später mühte sich der Homo sapiens nicht mehr nur mit Stein und Elfenbein ab, sondern beherrschte die Kunst, Metalle zu verarbeiten. In die Bronzezeit datiert man die Anfänge der sardischen *Nuraghe-Kultur* (18. Jh. bis 3 Jh. v. Chr.), die nachfolgende Eisenzeit ist in Italien vor allem als *Villanova-Kultur* (10. bis 5. Jh. v. Chr.) bekannt, benannt nach einem Fundort östlich von Bologna. Ihre reich verzierten Urnen sind heute u. a. im archäologischen Museum von Florenz zu bestaunen. Auf Sizilien wanderten die seefahrenden Völker der *Mykener* (ca. 1400 v. Chr.), *Phönizier* (ca. 1000 v. Chr.) und Griechen (800–600 v. Chr.) ein. Zur Zeit der Villanova-Kultur siedeln auf der Halbinsel viele Stämme: an der Adriaküste *illyrische Völker*, im Landesinneren von Norden eingewanderte *Italiker*, zu denen die *Latiner* (südlich von Rom), die *Umbrer* (Mittelitalien, links des Tiber) und die *Samniten* (oberhalb des Golfs von Neapel) gehören. Prägend für die italienische Geschichte waren jedoch die *Etrusker*, die die Eisenherstellung und -verarbeitung hervorragend beherrschten.

Die Etrusker

Woher die Etrusker kommen, war schon den Römern ein Rätsel, möglicherweise waren sie aus Kleinasien eingewandert, möglicherweise über die Alpen, vielleicht waren sie auch schon immer da. Die heutige Etruskologie tendiert dazu, sie als Mischvolk zwischen alteingesessenen voritalischen und eingewanderten kleinasiatischen Stämmen anzusehen. Die wenigen schriftlichen Zeugnisse lassen darauf schließen, dass die Etrusker nicht indoeuropäisch parlierten. Bekannt ist die etruskische Kultur vor allem durch ihre zahlreichen Grabstätten (Nekropolen), bemalten Vasen und fein gearbeiteten Tonfiguren – die Etrusker stellten Bronze-, Gold- und Silberschmuck her und beherrschten die *Eisenverhüttung*. Die imposantesten etruskische Grabanlagen gibt es in der südlichen Toskana (bei Sovana) und in Orvieto, die größten Sammlungen etruskischer Kunst in den Museen von Volterra und Chiusi.

Ihre ersten Städte gründeten die Etrusker an der toskanischen Küste, u. a. Populonia und Tarquinia. Neben der Ausbeutung der nahen Eisenvorkommen im Monte-Amiata-Gebiet und auf der Insel Elba trieben sie regen Handel über See bis nach Griechenland. Später stießen sie ins Hinterland vor und gründeten Städte, wie Chiusi und Orvieto. Jede dieser Städte hatte ihren eigenen Fürsten, die Nachfolge wurde in matrilinearer Vererbung geregelt. Im *Zwölfstädtebund* fanden die Etrusker eine eher lockere politische Organisationsform, von einem Staat konnte dabei aber keine Rede sein. Das hinderte sie allerdings nicht daran zu expandieren: Richtung Norden bis in die Poebene, Richtung Süden bis Kampanien. Im späten 7. Jh. v. Chr. nahmen die Etrusker Rom ein und stellten dort die letzten drei der sieben Könige, über die man wenig weiß. Die *Römer* übernahmen von ihnen nicht nur den *Haruspex*, den Priester, der aus den Eingeweiden der Opfertiere die Gunst oder Ungunst der Götter herauslas, sondern auch die Toga als Kleidung und das vergnügliche Schauspiel der Streitwagenrennen im Circus.

Neben den Etruskern waren auch die mit den Römern verbündeten *Latiner* mit der Ausdehnung ihres Herrschaftsgebiets beschäftigt. Diese hatten den Etruskern bereits 509 v. Chr. eine empfindliche Niederlage bereitet und die kampanischen Gebiete vom etruskischen Stammgebiet getrennt, im selben Jahr noch jagt Rom den letzten etruskischen König zum Teufel und deklariert sich als Republik. In der *Seeschlacht von Kyme* 474 v. Chr. gegen die Syrakuser stecken die Etrusker eine weitere Niederlage ein, ihr Untergang ist besiegelt. Im Norden erobern die Kelten Gebiete zurück, im *3. Samnitenkrieg* (298–290 v. Chr.) schlagen die Römer ein etruskisch-keltisch-umbrisches Koalitionsheer, 264 v. Chr. nehmen sie als letzte etruskische Stadt Volsinii (Bolsena) ein. Den besiegten etruskischen Fürsten belassen die Römer vorerst noch einige lokale Privilegien, doch bald haben sich die Etrusker im Schmelztiegel der römischen Zivilisation aufgelöst.

Zwillinge, die sich nicht mögen – der Aufstieg Roms

Die Gründung der Stadt Rom fand wohl schon um 750 v. Chr. durch einen Zusammenschluss der hier ansässigen *Latiner* und *Sabiner* statt. Die Legende spricht von den Zwillingen *Romulus und Remus*, die von einer Wölfin gesäugt wurden. Vielleicht wird die Geschichte um einen Deut realistischer, wenn man weiß, dass das lateinische Wort *lupa* sowohl eine Wölfin wie auch eine Prostituierte meinen kann. Wie auch immer, am 21. April 753 v. Chr. sollen die Brüder beschlossen haben, eine Stadt zu gründen. Dieses Datum gilt fortan bei den Geschichtsschreibern als das Gründungsdatum Roms. Doch die Geschichte der Zwillinge nimmt keinen guten Ausgang – Romulus erschlägt Remus und inthronisiert sich als erster römischer König. Damit beginnt die Reihe der sieben Könige von Rom, die bereits ins Reich der realen Geschichte überführen. 509 v. Chr. wurde der Etrusker *Tarquinius Suberbus*, nachdem er zahlreiche römische Adlige ermordet hatte, gestürzt – er war der letzte der sieben Könige. Darauf wurde die *Republik* ausgerufen: Als Regenten fungierten fortan zwei Konsuln mit beschränkter Amtszeit, die dem Senat Rechenschaft abzulegen hatten.

Die Etrusker sind nun erheblich geschwächt, aber dem aufstrebenden Rom stellen sich andere in den Weg: die umliegenden latinischen Städte, die Samniter im Süden, die vorrückenden Kelten im Norden und die (nordafrikanische) Seemacht Karthago. Es folgt eine Zeit der Kriege, Friedensschlüsse und taktischen Koalitionen, in der Rom seinen Einflussbereich ausweiten kann. Als ernst zu nehmender Gegner bleibt bald nur noch *Karthago*, das das gesamte westliche Mittelmeer inklusive der Inseln Korsika, Sardinien und Sizilien beherrscht.

Der Streit zwischen Rom und Karthago um die Vormacht im westlichen Mittelmeerraum entlädt sich in den drei *Punischen Kriegen* (*Poeni* ist das lateinische Synonym für die *Carthagines*, die Karthager), 264–241 v. Chr., 218–201 v. Chr. und 149–146 v. Chr. Trotz der Niederlagen im 2. Punischen Krieg am Trasimenischen See (217 v. Chr.) und im apulischen Cannae (216 v. Chr.) gehen die Römer schließlich als Sieger aus den Kämpfen hervor. Das karthagische Gebiet wird fortan als römische Provinz *Africa* auf der Landkarte verzeichnet. Nachdem Rom auch noch Griechenland unterworfen hat, hat es die Stellung einer Supermacht im Mittelmeerraum.

Den äußeren militärischen Erfolgen folgte eine Krise im Inneren, die römische Gesellschaft polarisierte sich zusehends: Auf der einen Seite häuften Großgrundbesitzer und Adel nicht zuletzt dank eines schier unendlichen Reservoirs an Sklaven immer mehr Reichtümer an, auf der anderen Seite verarmten die Kleinbauern. Zweckbündnisse wurden geschmiedet, Intrigen ausgeheckt, bis sich die Spannungen schließlich in mehreren Bürgerkriegen entluden. Als vorläufiger Sieger ging aus dem Chaos *Julius Cäsar* hervor. Dieser hatte sich 59 v. Chr. zum Konsul wählen lassen. An seine Amtszeit anschließend ließ er sich als Gouverneur der Provinz *Gallia Cisalpina* (südlich der Alpen) einsetzen und eroberte von hier aus das nicht-römische Gallien bis an den Ärmelkanal. Der *Gallische Krieg* brachte Cäsar nicht nur den Ruf eines gewieften Militärstrategen ein, sondern auch immense Reichtümer. Sein früherer Bundesgenosse *Pompeius* erkannte die Gefahr, die von dem ambitionierten Feldherrn ausging, gerierte sich nun als Verteidiger der Republik und veranlasste, dass Cäsar das Kommando über Gallien entzogen wurde. Doch dieser, weit davon entfernt, sich von der Macht verdrängen zu lassen, entschloss sich zur Rebellion. *Alea iacta est* (die Würfel sind gefallen) soll er ausgerufen haben, bevor er mit seinen kriegserfahrenen Legionären den Rubikon, den Grenzfluss zwischen Gallien und dem römischen Stammland, überschritt. Pompeius und ein Großteil des Senats verließen Rom fluchtartig, Cäsar ließ sich 48 v. Chr. zum zweiten Mal als Konsul wählen und schwang sich bald zum Diktator über das Mittelmeerimperium auf.

Das Römische Imperium – unaufhaltsame Größe ...

Formal war das Römische Reich noch immer eine Republik, faktisch aber hatte Cäsar diese unterhöhlt und die Alleinherrschaft an sich gerissen. Ob er je die Monarchie einführen wollte, ist bis heute umstritten. Den Beweis konnte er nicht mehr antreten: Im Jahr 44 v. Chr. zückten die verschworenen Senatoren während einer Sitzung die Dolche – 23 Stiche zählte man in der Leiche Cäsars.

Nach Cäsars Ermordung nimmt der Senat die Leitung des Staats erst einmal in eigene Hände. Doch Caesars potenzielle Nachfolger mischen die Karten neu. Ohne die republikanischen Gesetze auszuhebeln gelingt es *Octavian*, einem in der Bevölkerung beliebten Großneffen Cäsars und von diesem adoptiert, die Macht auf sich zu vereinigen. Der Senat verleiht ihm den Ehrentitel *Augustus* („Der Erhabene"), unter dem er heute besser bekannt ist. Augustus verwaltet das Reich umsichtig, die Wirtschaft blüht auf, ebenso die Dichtkunst. Die bekanntesten römischen Dichter der Epoche sind *Horaz, Ovid* und *Properz,* der wohlhabende *Gaius Cilnius Maecenas* (auf den der Begriff *Mäzen* zurückgeht) sorgt dafür, dass die Dichter nicht am Hungertuch nagen müssen. Die Hauptstadt Rom wird verschönert, u. a. veranlasst Augustus auf dem nach ihm benannten Augustusforum den Bau des Tempels Mars Ultor, dessen Überreste noch heute zu sehen sind. Die insgesamt friedvolle Epoche unter Augustus ging als *Pax Augusta* in die Geschichtsbücher ein.

Als Augustus 14 n. Chr. im Alter von 76 Jahren starb, zweifelte niemand an seinem Recht, seinen Nachfolger selbst zu bestimmen, obwohl dafür nicht die geringste gesetzliche Grundlage vorhanden war. So begründete Augustus das römische Kaisertum, das mit seinem Stiefsohn *Tiberius* den Anfang nahm. Dieser führte anfangs das stiefväterliche Riesenerbe seriös fort, verfiel aber im Alter mehr und mehr dem Cäsarenwahn und erwarb sich durch exzessive Hinrichtungspraxis einen schlechten Ruf. Sein Nachfolger *Caligula* (über den Albert Camus ein großartiges Drama schrieb und Tinto Brass einen fragwürdigen Film drehte) übertraf ihn jedoch bei weitem. Caligula ließ sich schon zu Lebzeiten als Gott anbeten, verlieh seinem Lieblingspferd die Konsulswürde, verspottete die Senatoren, deren Frauen er in sein Bett befahl, und ließ nach Lust und Laune hinrichten. Schließlich fiel er selbst einer Verschwörung zum Opfer. Nachfolger wurde sein Onkel *Claudius,* der von seiner vierten Ehefrau *Agrippina* vergiftet wurde, die damit ihren Sohn *Nero* auf den Thron hievte.

Nero, dessen Erziehung Agrippina dem freundlichen *Seneca* anvertraute (zu seinen Lebzeiten schon ein bekannter Philosoph), bedankte sich später damit, dass er seine Mutter vergiftete und seinen Erzieher zum Selbstmord zwang. Gemeinhin wird Nero mit dem *Stadtbrand von Rom* (64 n. Chr.) in Verbindung gebracht, obwohl er vermutlich nicht der Brandstifter war. Allerdings wusste er aus der zerstörten

Innenstadt Profit zu schlagen, indem er nun Platz für sein megalomanes Bauprojekt der *Domus aurea* (goldenes Haus) hatte, die nach einem weiteren Brand 104 n. Chr. wieder aus dem Stadtbild verschwand. Als Sündenbock für den Brand Roms bot er dem aufgebrachten Volk die wenig beliebten Christen an, die er gleich massenhaft hinrichten ließ.

Nero war der letzte Vertreter der julisch-claudischen Dynastie, der die flavische Dynastie folgte, die unter *Vespasian* erst einmal den zerrütteten Staatshaushalt wieder in Ordnung brachte. Unter anderem fallen in Vespasians Regierungszeit die Anfänge der Eroberung Englands bis zur schottischen Grenze sowie die Eroberung Jerusalems, dessen Tempel er bis auf die noch heute erhaltene „Klagemauer" zerstörte. Als Zeichen des Siegs über die Juden steht der Titusbogen auf dem Forum Romanum in der italienischen Hauptstadt.

Den beiden kaiserlichen Familiendynastien folgten die sechs sogenannten Adoptivkaiser (96–192): Der Herrscher suchte jeweils einen ihm geeignet scheinenden Nachfolger und adoptierte diesen als Sohn. Unter *Trajan* stieß das Römische Reich weiter nach Osten vor: An die wohl wegen der dortigen Goldvorkommen geführten *Dakerkriege* nördlich der Donau (im heutigen Rumänien) erinnert heute in Rom die Trajansäule mit ihrem großartigen Reliefband, das sich 35 m in die Höhe windet; im *Partherkrieg* (114–117) wurden Mesopotamien und Armenien zu römischen Provinzen. Trajans Nachfolger, der reisefreudige und kunstsinnige *Hadrian*, erkannte wohl, dass es klüger war, das Reich zu konsolidieren als es weiter auszudehnen, gab die den Parthern abgetrotzten Gebiete wieder auf und legte den Euphrat als Ostgrenze fest. An Hadrian erinnern heute die Engelsburg in Rom, die er sich als Mausoleum bauen ließ, und vor allem das gigantische Ruinenfeld der Villa Adriana bei Tivoli. (Als Vorbereitung eines Besuchs empfehlen wir die Hadrian-Biografie *Ich zähmte die Wölfin* von Marguerite Yourcenar – ein literarisches Meisterwerk.)

Marc Aurel auf dem Kapitolsplatz

Den Adoptivkaisern folgt das severische Herrscherhaus (193–235) und ihm die so genannten Soldatenkaiser (235–305). Mittlerweile war es immer schwieriger geworden, das Riesenreich in seinen Grenzen zu verteidigen, im Norden drohten berittene Germanen, im Osten die Sassaniden. Die zahlreichen Soldatenkaiser, teils vom Heer gewählt, teils als Gegenkaiser deklariert, herrschten meist nur kurz und wurden beim ersten Misserfolg in der Regel von den eigenen Leuten ermordet. Die ständigen Grenzkämpfe beanspruchten das römische Heer permanent, was regelmäßig zu Steuererhöhungen führte. So kamen zu den Bedrohungen an den Rändern des Imperiums innenpolitische Probleme hinzu. Es war nicht mehr zu übersehen: Das römische Reich befand sich in einer äußerst ernsten Krise.

... und unaufhaltsamer Untergang

Einen letzten großen Versuch, den Niedergang aufzuhalten, unternimmt *Diokletian*, der eine umfassende Reichsreform durchführt, deren wichtigster Teil die so genannte Tetrarchie ist: Statt eines Kaisers regieren zwei Seniorenkaiser, die jeweils einen „Unterkaiser" adoptieren, der später an ihre Stelle treten soll; jeder der vier Regenten erhält einen eigenen Machtbereich. Das System bewährt sich fast 20 Jahre lang, bis Diokletian und sein Mitkaiser 305 zurücktreten, um ihren Unterkaisern (und deren neuen Unterkaisern) den Platz zu überlassen. Unter diesen bricht erneut das Machtgerangel aus, schließlich setzt sich *Konstantin*, Sohn des vom Unter- zum Seniorenkaiser avancierten *Constantius I.*, durch und begründet eine neue Dynastie.

Konstantin schreibt vor allem mit zwei Handlungen Geschichte. Mit dem *Toleranzedikt von Mailand* 313 garantiert er den Christen Religionsfreiheit, auf dem Sterbebett lässt er sich selber taufen, was ihm in der abendländischen Geschichtsschreibung den Beinamen „der Große" einträgt. Kaum haben die Christen die Religionsfreiheit, haben sie auch schon ihren ersten großen theologischen Streit. Im *Konzil von Nicäa* (318–325) wird die arianische Lehre, die Christus nicht als gottgleich ansieht, als Ketzerei verurteilt. Die zweite folgenschwere Handlung Konstantins: Er verlegt die Hauptstadt des Reichs nach Byzanz, das bald den Namen Konstantinopel (heute Istanbul) annimmt.

Die Bedrohung von außen nimmt nicht ab, im Gegenteil, und nach Konstantin bröckelt die kaiserliche Macht schnell: Gegen die im Osten amtierenden Kaiser stellen sich bald Gegenkaiser im Westen – herrscht ein Kaiser im Westen, findet sich bald ein Gegenkaiser im Osten ... Nach diesem Hin und Her und dem Tod von *Theodosius I.*, der das Christentum als Staatsreligion einführt, kommt es 395 zur endgültigen Teilung des paralysierten Imperiums: in ein Oströmisches Reich, das in Byzanz noch über tausend Jahre fortbestehen soll, und ein Weströmisches Reich, das seinem Untergang entgegensieht.

Bereits nach Diokletians Tod residierte der weströmische Kaiser meist in Mailand, nach 402 wurde Ravenna Sitz des kaiserlichen Hofs, auch wenn einige der letzten Kaiser wieder Rom vorzogen. Die von Nordosten ins Reich drängenden germanischen Stämme sind so oder so nicht mehr aufzuhalten. Im Jahr 455 plündern die Vandalen Rom, 476 setzt der germanische Söldnerführer *Odoaker* den letzten römischen Kaiser *Romulus Augustulus* ab. Ende.

Ein ganz und gar unhistorisches, aber schönes Nachwort schrieb der Schweizer Dramatiker Friedrich Dürrenmatt: Romulus Augustulus heißt bei ihm „Romulus der Große" – ein sympathischer Kaiser, der sich lieber seinen Hühnern als dem kränkelnden Staat widmet und das Ende seines Reichs mit stoischer Gelassenheit hinnimmt.

Ostgoten, Langobarden, Franken, Byzantiner und Päpste

Der siegreiche *Odoaker* regierte das krisengeschüttelte Westreich von Ravenna aus weiter, bis der byzantinische Kaiser *Zeno* den Ostgoten *Theoderich* (in der Nibelungensage *Dietrich von Bern*), wie Odoaker ein arianischer Christ, gegen ihn losschickt. Der arg bedrängte Odoaker schließt mit Theoderich einen Pakt der Koregentenschaft, bevor er vom Partner – angeblich bei einem Festessen – eigenhändig umgebracht wird. In seinem ostgotischen Reich hält Theoderich Italien als Einheit noch ein letztes Mal zusammen. Dann fällt das Land als politisches Gebilde auseinander und findet erst über 1300 Jahre später wieder zu einer Einheit. Theoderich stirbt 526, sein Mausoleum steht in Ravenna (seine Gebeine aber sind verschollen).

In den Jahren 535–553 macht sich der byzantinische Kaiser Justinian I. daran, das ostgotische Reich wieder dem oströmischen einzuverleiben. Er schickt seinen Heerführer *Belisar*, dem es gelingt, Ravenna einzunehmen. Die Ostgoten versuchen unter König *Totila* ihren italienischen Besitz zu verteidigen, werden 552 aber in der *Schlacht bei Tadinae* (Gualdo Tadino, Umbrien) von einem Eliteheer unter der Führung des Eunuchen *Narses* besiegt. Italien ist wieder weitgehend in byzantinischer Hand, aber nicht lange.

Ab dem Jahr 568 erscheinen die *Langobarden* in Italien. Es ist der letzte große Treck der Völkerwanderung. Das germanische Volk der Langobarden, ursprünglich in Skandinavien beheimatet, dann im ungarischen Raum, stößt nach Italien vor. Es ist wirklich ein ganzes Volk, das da unterwegs ist, mit Kriegern voran, mit Familien und dem ganzen Gepäck – 130 000 bis 200 000 Personen, schätzen die Historiker. In Friaul machen sie einen Zwischenhalt und bauen das einst römische Lager Cividade zu ihrer ersten Hauptstadt um – noch heute ist dort das „Tempietto Longobardo" mit seinen schönen Großreliefs zu sehen. Bald erreichen die Langobarden die Poebene. Mailand fällt ihnen ohne großes Blutvergießen in die Hände, Pavia wird nach längerer Belagerung erobert und schließlich zur Hauptstadt erkoren. Die Byzantiner leisten den Langobarden nur mäßig Widerstand, sie sind militärisch an ihrer Ostgrenze und auf dem Balkan beschäftigt. So stoßen die Langobarden weiter nach Süden vor, bis nach Umbrien und Kampanien, wo sie die *Herzogtümer Spoleto und Benevent* gründen. Weite Teile Italiens werden langobardisch, den Byzantinern verbleiben neben dem Exarchat von Ravenna vor allem die Küstenregionen Kalabriens und Apuliens, die Städte Genua, Venedig, Rom und Neapel – die Langobarden verstehen nichts von der Seefahrt. Sie sind Bauern und assimilieren sich mehr und mehr – es findet eine germanisch-romanische Verschmelzung statt. Erst als der Langobardenkönig *Aistulf* 751 Ravenna einnimmt, bekommt der bislang von Byzanz abhängige Papst in Rom das große Sausen und ruft eine europäische Weltmacht zu Hilfe: die *Franken*.

Schon 755 hatte *Pippin der Jüngere*, Vater *Karls des Großen*, Ravenna zurückerobert und schenkte das Gebiet dem Papst. Die als *Pippinsche Schenkung* in die Geschichtsbücher eingegangene Gebietsübertragung war die Keimzelle des späteren Kirchenstaats. Die Päpste revanchierten sich, indem sie die karolingischen Kaiser und Könige krönten, d. h. sie als Herrscher des Frankenreichs kirchlich legitimierten.

In den Jahren 773/774 erobert *Karl der Große* das Langobardenreich, nach der Einnahme von Pavia setzt er sich selbst die eiserne Krone auf und nennt sich nun „König der Franken und Langobarden". Er bestätigt die Pippinsche Schenkung und lässt sich im Jahr 800 von Papst *Leo III.* in einem höchstfeierlichen Akt zum Kaiser krönen.

Für die Franken ist das eroberte italienische Gebiet aber eher von zweitrangiger Bedeutung. Das karolingische Lehnswesen wird eingeführt, Herzogtümer werden an den lokalen Adel vergeben. Doch mit dem Tod Karls des Großen bricht das karolingische Reich auseinander, das den Lombarden abgetrotzte Gebiet entgleitet mehr und mehr der Kontrolle von außen, obendrein drohen aus dem Norden die Ungarn.

Erst unter den ostfränkischen Ottonen (Otto I., Otto II., Otto III.) wird das Regime wieder straffer. *Otto I.* schlägt die Ungarn 955 auf dem Lechfeld und lässt sich in Rom zum Kaiser krönen – Nord- und Mittelitalien werden Teil seines deutsch-römischen Imperiums. Nachdem er auf die byzantinischen Gebiete in Kalabrien verzichtet, wird er auch von Byzanz als Kaiser anerkannt. Schließlich gelingt es den Ottonen, das Papsttum unter ihre Kontrolle zu bringen.

Im Süden Italiens verläuft die Entwicklung etwas anders. Hier streiten sich abseits des fränkischen Einflussgebiets das langobardisch verbliebene Herzogtum Benevent und die Byzantiner um die Vorherrschaft. Zudem stehen die Normannen vor der Tür, die im 11. Jh. in Kalabrien ankommen, die Straße von Messina überqueren, um dann in Sizilien, das eben eine fast 200-jährige Herrschaft der Sarazenen hinter sich hat, ein Königreich zu begründen.

Der Machtkampf zwischen Kaiser und Papst

Das 11. Jh. ist in Italien weitgehend vom Konflikt zwischen Kaiser und Papst bestimmt, ein Konflikt, der sich schon zur Zeit der Ottonen klar abzeichnet. Einen ersten Höhepunkt erreicht die Auseinandersetzung mit dem so genannten *Investiturstreit.* Seit dem frühen Mittelalter war es gängige Praxis, dass sich die weltlichen Herrscher als Besitzer der Kirchen sahen und demzufolge die geistlichen Würdenträger nicht nur einsetzten (Investitur), sondern oft auch bestimmten. Dieses Recht macht ihnen nun das Papsttum streitig, das auch die Kaiser und Könige des Heiligen Römischen Reichs als Laien ansieht, denen die Investitur nicht zustünde. Natürlich geht es dabei um die Stärkung des eigenen Machtbereichs, und Loyalität wird mit Pfründen belohnt.

Als *Heinrich IV.*, seines Zeichens König des Heiligen Römischen Reichs, 1071 den erzbischöflichen Stuhl von Mailand neu besetzen will, droht Papst *Gregor VII.* mit Bann und Exkommunikation. Heinrich lässt sich nicht einschüchtern und erklärt zusammen mit den ihm ergebenen deutschen Bischöfen 1076 den Papst für abgesetzt. Gregor erklärt darauf seinerseits Heinrich für abgesetzt und schlägt den renitenten König mit dem kirchlichen Bann. Die päpstliche Strafe verfehlt ihre Wirkung nicht: Zahlreiche deutsche Fürsten rücken vom als gottlos erklärten Heinrich ab. Dieser sieht sich schließlich gezwungen, den Papst um Aufhebung des Banns zu bitten und tritt zu diesem Zweck im Januar 1077 den berühmten schweren *Gang nach Canossa* (in der Emilia-Romagna) an, wo der Papst sich bei seiner mächtigen Freundin *Mathilde von Tuscien* verschanzt hat. Drei Tage lang harrt der König im Büßergewand und barfuß im Schnee vor den Toren der Burg aus, schließlich annulliert Gregor den Bann, doch der Gesichtsverlust des gedemütigten Heinrich bleibt. Zwar ist nun der Kirchenbann aufgehoben, nicht aber die päpstliche Absetzung Heinrichs. Die abtrünnigen deutschen Fürsten wählen *Rudolf von Schwaben* zum Gegenkönig, Heinrich revanchiert sich, indem er einen Gegenpapst wählen lässt, *Klemens III.* Dann nimmt er 1084 Rom ein, plündert die Stadt und lässt sich von Klemens zum Kaiser krönen. Die Absetzung Gregors allerdings gelingt ihm nicht, dieser hat sich in der Engelsburg, dem Mausoleum Kaiser Hadrians, verschanzt.

Mit dem *Wormser Konkordat* von 1122 wird zwischen den Nachfolgern Heinrichs und Gregors der Investiturstreit vorerst gelöst – zugunsten der kirchlichen Macht.

Während Kaiser und Päpste im Streit lagen, wussten die aufstrebenden Städte Nord- und Mittelitaliens die Schwäche der weltlichen Macht für sich zu nutzen: Sie erstarken gegenüber den geschwächten Kaisern, und nicht selten eignet sich der lokale Adel die kaiserlichen Lehen ganz einfach an. Mitte des 12. Jh. versucht Kaiser *Friedrich I.* (wegen seines rötlichen Barts „Barbarossa" genannt) in insgesamt sechs Italienzügen die zentrale Reichsmacht wieder zu festigen, was ihm teilweise auch gelingt. Doch aufzuhalten sind die wirtschaftlich erstarkten Städte nicht mehr, immer öfter kommt es zum Patt, zu Waffenstillständen und Verhandlungen. Bei seinem letzten Italienzug 1186 verheiratet Barbarossa seinen 21-jährigen Spross, *Heinrich VI.*, mit der 32-jährigen *Konstanze von Sizilien* (angeblich keine Schönheit, aber Erbin des sizilianischen Königtums), zwei Jahre später gibt er die Macht an seinen Sohn ab und stellt sich an die Spitze des 3. Kreuzzugs, von dem er nicht mehr zurückkehrt, weil er beim Baden in Anatolien ertrinkt.

Die nord- und mittelitalienischen Städte demonstrieren ihre neue wirtschaftliche Macht mit dem Bau von Geschlechtertürmen, die vor Übergriffen rivalisierender Familien schützen sollen. Über 150 solcher Türme zählte man einst in Florenz, in San Gimignano (Toskana) prägen noch immer 14 von einst 72 Türmen die Skyline des Städtchens. Zusätzlich profitieren die Seestädte Venedig, Pisa und Genua von den Kreuzzügen, mit denen Päpste und Kaiser beschäftigt sind, der Handel mit dem östlichen Mittelmeer und dem Vorderen Orient blüht auf. Doch auch die wirtschaftlich blühenden Städte sind von dem weltlich-kirchlichen Konflikt infiziert – den *kaisertreuen Ghibellinen* stehen die *papsttreuen Guelfen* gegenüber. So sind z. B. Siena, Pistoia, Arezzo, Spoleto und andere ghibellinisch gesinnt, dagegen Brescia, Mantua, Bologna, Orvieto und andere guelfisch. Einige Städte wie Florenz und Parma wechseln im Lauf der Geschichte die Fronten. So findet sich der große Dichter *Dante* zwar in der Florentiner Regierung, ist aber bei den im Stadtgebiet ausgebrochenen Auseinandersetzungen dann auf der „falschen" Seite und muss ins Exil gehen. Die ghibellinisch-guelfischen Kriege zwischen den Städten wüten nicht selten auch in ein und derselben Stadt, und sie werden mit aller Grausamkeit geführt.

Gemäuer vergangener Macht: Geschlechtertürme in San Gimignano

Der Süden Italiens ist von dieser Entwicklung kaum betroffen. Der mit der sizilianischen Erbin verheiratete *Heinrich VI.* macht die Ansprüche der Hohenstaufer auf Süditalien und Sizilien geltend, was vor allem den Neapolitanern nicht passt, doch ihr Widerstand wird gebrochen. Als Heinrich stirbt, ist sein Sohn, *Friedrich II.*, noch keine drei Jahre alt – und schon König von Sizilien. Die Regierungsgeschäfte führt erst seine Mutter Konstanze. Bei ihrem Tod – das Königskind ist jetzt schon vier – übernimmt der von ihr testamentarisch bestimmte Papst *Innozenz III.* die Vormundschaft. Mit 18 Jahren lässt sich Friedrich II. als König von Sizilien bestätigen, 1220 wird er zum Kaiser des Heiligen Römischen Reichs gekrönt. Der äußerst gebildete Friedrich – er spricht Italienisch, Deutsch, Englisch, Französisch, Lateinisch, Griechisch und Arabisch, schreibt Gedichte im sizilianischen Dialekt und ein Buch über die Falkenjagd – verbringt sein Leben mit Vorliebe in Apulien und Sizilien. Abgesehen von seinen Auseinandersetzungen mit den Päpsten (mehrfache Bannung) ist er in Italien vor allem bekannt für die Umwandlung Siziliens in einen modernen Staat mit besoldeten Beamten. Friedrich II. stirbt 1250 und mit ihm das Stauferreich. Seine testamentarisch bestimmten Nachfolger spielen politisch keine Rolle mehr, sie werden vom Papst nicht anerkannt. Stattdessen gibt dieser das sizilianische Königreich als Lehen an *Karl von Anjou*, Bruder des französischen Königs aus dem Haus der Kapetinger. Karl kümmert sich erst einmal um die Vernichtung der letzten noch vorhandenen Staufersprosse und macht sich dann daran, Sizilien auszuplündern. Bei einem Volksaufstand 1282 wird er schließlich von der Insel vertrieben und beschränkt seine Aktivitäten fortan auf das Festland, wo er das Restreich als Königreich Neapel zusammenhält, während auf Sizilien die Herrschaft des spanischen Hauses Aragon folgt.

Aufstieg der Stadtstaaten und Renaissance

Nach den Staufern folgt im Heiligen Römischen Reich Deutscher Nation, wie das deutsch-römische Kaiserreich offiziell heißt, die Zeit des so genannten *Interregnums*, bis 1273 mit *Rudolf* die Habsburger den Thron besetzen, um über ein halbes Jahrtausend fast ununterbrochen auf ihm kleben zu bleiben. Im 14. Jh. wird die Reichspolitik vor allem nördlich der Alpen entschieden, davon ungestört entwi-ckeln sich auf der italienischen Halbinsel einige erstarkte Kommunen zu regelrechten Territorialstaaten, die miteinander rivalisieren und deren Macht mit ihrer Wirtschaftskraft wächst.

Genua: Nachdem die Genuesen 1284 in der *Seeschlacht von Meloria* die pisanische Flotte vernichtet und die Insel Korsika in ihre Herrschaft gebracht haben, erwächst ihnen mit Venedig ein mächtiger Konkurrent zur See, der nach mehreren Gefechten 1381 die Oberhand gewinnt und fortan den einträglichen Handel mit dem Osten dominiert. Das geschwächte Genua fällt darauf in die politische Abhängigkeit von Frankreich und Mailand.

Mailand: Die führende Stadt im lombardischen Städtebund dominiert Ende des 14. Jh. unter dem Geschlecht der *Visconti* praktisch die gesamte Lombardei.

Venedig: Die Lagunenstadt ist nach dem Sieg über Genua die unbestrittene See- und Handelsmacht im Mittelmeer – Kreta, Rhodos, Zypern u. a. sind Stützpunkte des blühenden venezianischen Osthandels. Venedigs Schiffswerft, das Arsenal, ist Dante zufolge der Schlüssel der venezianischen Seemacht und mit 16 000 Arbeitern der größte Arbeitgeber in Europa.

Florenz: Die toskanische Hauptstadt war im Mittelalter durch ihre Tuch- und Wollfabrikation sowie durch den Handel damit reich geworden. Rund 6000 Arbeiter waren einst in diesem Gewerbe beschäftigt, florentinische Händler zogen durch ganz Europa, der florentinische Gulden war ein internationales Zahlungsmittel. Eine Wirtschaftrezession samt nachfolgendem Aufstand der Wollweber, Kriege gegen Pisa, Mailand und den Papst sowie mehrere Pestepidemien machten der Stadt im 14. Jh. schwer zu schaffen. Doch der Sieg über Pisa 1406, der Florenz einen eigenen Hafen bescherte und so vom Wohlwollen Genuas und Venedigs unabhängig machte, trieb den Handel wieder mächtig an. In der Stadt selbst hatte sich bereits im 14. Jh. ein mächtiger Geldadel herausgebildet, deren wichtigste Vertreter die *Medici* waren. Der Aufstieg der berühmten Familie beginnt mit *Giovanni de Medici* (1360–1429), der gegen Ende seines Lebens 90 % des Umsatzes im Bankengeschäft tätigt und als „Bankier des Papstes" in die Geschichte eingeht.

Der Aufstieg von Florenz geht einher mit einem gewaltigen, bald ganz Europa umfassenden kulturgeschichtlichen Umbruch: der *Renaissance.* Der Begriff *Rinascimento* (auch *Rinascità*) geht auf den Kunsthistoriker und Künstler *Giorgio Vasari* (1511–1574) zurück und wurde im 19. Jh. in Frankreich übernommen. Die „Wiedergeburt" antiker Ideale ist dabei nur ein Aspekt. Der neue Zeitgeist stellt den Menschen insgesamt in den Mittelpunkt, was vielleicht am symbolträchtigsten in Da Vincis geometrischer „Proportionsstudie" (Mensch mit ausgebreiteten Armen in Quadrat und Kreis) zum Ausdruck kommt. Die Erfindung des Buchdrucks im 15. Jh. sorgt zusätzlich für die Verbreitung der neuen Ideen. In Italien wird Florenz zur Hauptstadt der Renaissance. Ihre berühmtesten künstlerischen Vertreter – *Leonardo da Vinci, Michelangelo* und *Raffael* – arbeiten hier. Im 16. Jh. locken päpstliche Aufträge dann zahlreiche Renaissancekünstler nach Rom.

Rom nimmt in der Renaissance eine Sonderstellung ein: einerseits durch das Papsttum, das von hier aus seinen Kirchenstaat festigt, andererseits wird Rom überhaupt erst in der Renaissance zu einer modernen Stadt. Im Vergleich zu Florenz, Venedig und Mailand war die ehemalige Weltstadt des Römischen Imperiums im Mittelalter ziemlich heruntergekommen. In Rom wurde weder produziert noch exportiert, die Stadt lebte weitgehend von der päpstlichen Administration und den Pilgerströmen. Zudem hatte das *Große Schisma,* die abendländische Kirchenspaltung, der päpstlichen Macht zu schaffen gemacht – mit den Päpsten in Rom konkurrierten die Gegenpäpste von Avignon. Das änderte sich mit der Renaissance und dem Ausbau des Kirchenstaates. Hatte schon im 14. Jh. der kriegerische Kardinal *Albornoz* weite Teile Umbriens (wo heute noch die mächtigen Burgen in Spoleto und Narni an ihn erinnern) dem Papst gefügig gemacht, gelang es dem 1417 gewählten Papst *Martin V.,* den Kirchenstaat weitgehend zu konsolidieren. Bei seinem Tod waren Bologna, Ancona und Perugia unter päpstlicher Kontrolle, und Rom wuchs zu einer italienischen Großstadt.

Kirchenstaat und Gegenreformation

Der auf die Pippinsche Schenkung von 756 zurückgehende Kirchenstaat wird im 15. Jh. ein ernst zu nehmender politischer Faktor. Unter *Nikolaus V.* wird eine effiziente Armee aufgebaut, auch ist der Papst sehr um höhere Steuereinnahmen bemüht. Das Jahr 1450, zum *Heiligen Jahr* erklärt, bringt große Pilgerströme und zusätzliche Einnahmen (die so genannten Heiligen Jahre waren seit ihrer Einführung im Jahr 1300 stets ein guter Kassenfüller des Vatikans, zum letzten Mal im Jahr 2000). Der Kirchenbau in Rom floriert und mit ihm die Kunst. Letzterer ist besonders der feinsinnige *Pius II.* verpflichtet, auf den die Stadtgründung von Pienza (Toskana) als „Città ideale" zurückgeht. *Sixtus IV.,* der von 1471–1484 auf dem Stuhl Petri sitzt, lässt die Sixtinische Kapelle bauen, in der *Michelangelo* später seine weltberühmte „Erschaffung Adams" an die Decke malt und heute hinter verschlossenen Türen die Papstwahl stattfindet. Kurz: Rom hat Geld, und in der Hochrenaissance geben sich hier die Künstler die Klinke in die Hand. Mit dem neuen päpstlichen Prunk kontrastiert jedoch bald der sittliche Verfall. Vetternwirtschaft ist an der Tagesordnung, Pfründe werden großzügig an Verwandte gegeben, Neffen werden zu Kardinälen ernannt und später selber Päpste; die Nachfolger

Savonarola und das Fegefeuer der Eitelkeiten

Einer, der das weltliche Treiben der Päpste ganz und gar nicht gutheißt, ist der Dominikanermönch *Savonarola*, der als Prior dem Kloster San Marco von Florenz vorsteht. Angesichts des Reichtums der Stadt, der Abwendung der Intelligenz von der Religion hin zur Wissenschaft und der fortschreitenden Verweltlichung der Kirche bis hinauf zum Papst hält er donnernde Predigten gegen die Freizügigkeit in der neuen Kunst, gegen Willkür und Dekadenz. Das Volk nimmt seine Reden mit Begeisterung auf, und Savonarola gewinnt in Florenz zunehmend an Macht, zumal er das Sterbedatum von *Papst Innozenz VIII.* (25. 7. 1492) korrekt vorausgesagt hat. Der sozialrevolutionäre Mönch versucht das Rad der Geschichte zurückzudrehen, wieder demokratischere Zustände herzustellen, den Handel wieder christlichen Gesetzen zu unterwerfen und der zügellosen Geschäftemacherei Einhalt zu gebieten.

Doch die guten Absichten führen, wie so oft, in die Barbarei. Man schreibt den Februar 1497, als auf Savonarolas Geheiß Kinderscharen durch Florenz ziehen, um im Namen Christi zu beschlagnahmen, was des Teufels ist: Schmuck, Luxusgegenstände, teure Kleider, gottlose Schriften, pornografische Bilder, Spielkarten und Spiegel werden am Fastnachtsdienstag auf der Piazza della Signoria auf einen Scheiterhaufen geworden und unter dem Jubel der Bevölkerung im „Fegefeuer der Eitelkeiten“ verbrannt. Einige besonders reuige Christen lassen es sich nicht nehmen, ihre Luxusobjekte eigenhändig anzuliefern und dem Feuer zu überantworten. Selbst der Maler *Sandro Botticelli* wirft einige seiner Bilder in die Flammen – zum Glück für die Nachwelt verschont er „Die Geburt der Venus“.

Papst *Alexander VI.* sieht dem Treiben nicht länger zu. Er verhängt ein Predigtverbot über den radikalen Mönch, das dieser nicht lange einhält. Schließlich wird er exkommuniziert und gefangen genommen. Unter der Folter gesteht Savonarola alle möglichen Verfehlungen und wird anschließend öffentlich gehängt. Seine Leiche wird exakt an derselben Stelle, an der das Fegefeuer der Eitelkeiten loderte, auf einem neuen Scheiterhaufen verbrannt, seine Asche in den Arno geworfen.

Petri haben nicht selten einen zügellosen Lebenswandel. Als herausragendes Beispiel der damaligen Dekadenz gilt *Alexander VI.*, ein potenter Mann. Aus seiner Beziehung mit einer Adligen entstammen fünf Kinder, darunter *Cesare Borgia*, mit 18 Jahren Kardinal und später ein skrupelloser Krieger des Kirchenstaats, sowie *Lucrezia Borgia*, die „Femme fatale“ der Familie; für vier weitere Papst-Kinder werden diverse Mätressen als Mütter verzeichnet.

Dem Künste fördernden, prassenden Papsttum stehen zwei Gefahren ins heilige Haus. Zum einen zieht 1519 mit der Wahl *Karls V.* zum deutschen Kaiser der europäische Konflikt zwischen den Habsburgern und Frankreich herauf, in den auch Italien hineingezogen wird. Zum anderen hat 1517 der Augustinermönch *Martin Luther* 95 Thesen gegen den Ablasshandel an die Schlosskirche zu Wittenberg angeschlagen und damit einen theologischen Sprengsatz mit Langzeitwirkung unter den Papststuhl gelegt.

Gegen das protestantische Gift aus dem Norden zog der Papst gleich mehrere Schubladen. Unter den so genannten Reformpäpsten fand eine katholische Selbsterneuerung, die *Gegenreformation* statt, die im *Konzil von Trient* die wahren Glaubenssätze neu formulierte und sich gegen den Protestantismus abgrenzte. Die Missionstätigkeit wurde forciert, der Baske *Ignatius von Loyola* gründete den Jesuitenorden, der fortan dem Papst zur Ketzerbekämpfung diente und vor allem an Universitäten, Schulen, aber auch an Fürstenhöfen den richtigen Glauben eintrichterte. Schließlich wurde 1542 die römische Inquisition (nicht zu verwechseln mit der spanischen Inquisition) gegründet, die in Glaubensfragen richtete, 1559 wurde der *Index librorum prohibitorum* (Liste der verbotenen Bücher) erstellt, der die Lektüre bestimmter Bücher bei Strafe der Exkommunikation verbot. Der Index wurde übrigens erst 1966 abgeschafft – einer der letzten päpstlich verbotenen Autoren war der französische Philosoph und Schriftsteller Jean-Paul Sartre. Die Gegenreformation trug erheblich dazu bei, dass die protestantische Reformbewegung in Italien nicht Fuß fasste, das Land ist bis heute katholisch geblieben, wenn auch oft nur auf dem Papier.

Für Italiens Geschichte wichtiger als die Reformatoren Luther und Calvin ist die europäische Auseinandersetzung zwischen Frankreich und dem spanisch-habsburgischen Reich.

Spielball zwischen Frankreich und Österreich-Ungarn

Die erste Hälfte des 16. Jh. steht ganz im Zeichen des Kampfs um die Vormachtstellung in Europa: Auf der einen Seite steht das mit dem Papsttum verbündete Frankreich, auf der anderen stehen die Habsburger. Eine Schlüsselrolle dabei spielt das Herzogtum Mailand. Für die Franzosen ist es ein Durchgangskorridor zwischen Frankreich und dem verbündeten Kirchenstaat, der seit der Wahl eines Medici-Papsts (Leo X.) auch die Toskana beherrscht. Für die Habsburger ist es die Verbindung zwischen ihrem Reichsgebiet nördlich der Alpen und Süditalien, das von den verbündeten Spaniern regiert wird. In der *Schlacht von Marignano* 1515 erobern die Franzosen Mailand und bringen dadurch Oberitalien in ihren Einflussbereich.

Als der Habsburger Kaiser *Maximilian I.* 1519 stirbt, bewirbt sich neben dem spanischen König *Karl V.* (ein Enkel Maximilians) auch der erstarkte französische König *Franz I.* um die frei gewordene Kaiserkrone. Den Wahlkampf gewinnt Karl V. mit Hilfe der schwerreichen *Fugger,* die schon die Feldzüge seines Großvaters finanzierten und jetzt ihre Gelder zur Bestechung der Kurfürsten einsetzen. Karl steht nun an der Spitze des römisch-deutschen Reiches, das de facto ein spanisch-habsburgisches Reich ist, in dem nach der Entdeckung und teilweisen Eroberung Amerikas „die Sonne nie untergeht". Doch ist dieses Riesenreich verglichen mit dem starken zentralistischen französischen Nationalstaat sehr locker organisiert.

Der zum Kaiser gekürte *Karl V.* macht sich bald daran, Oberitalien für das Reich zurückzuerobern. Spanische und deutsche Söldner gewinnen 1525 die *Schlacht bei Pavia* und nehmen *Franz I.* gefangen. Der französische König wird nach Spanien verfrachtet, wo er im *Frieden von Madrid* gezwungen wird, die Vorherrschaft Karls über Mailand, Genua und Neapel anzuerkennen. Kaum freigelassen, bricht Franz I. den Vertrag und tritt der vom Papst ins Leben gerufenen *Heiligen Liga von Cognac* bei, deren Ziel es ist, die Macht des Kaisers in Italien zurückzudrängen. Als Antwort fallen deutsche und spanische Söldner in den Morgenstunden des 6. Mai 1527 in Rom ein, ein Ereignis, das als *Sacco di Roma* (Plünderung Roms) in die Geschichtsbücher eingehen wird. Die 1506 gegründete päpstliche Schweizergarde, die sich ihnen in den Weg stellt, hat keine Chance. 147 von 189 Gardisten werden abgestochen, dem Rest gelingt es, mit dem Papst in die Engelsburg zu fliehen. Die

Wut der Landsknechte ist groß, zumal ihr Sold nicht bezahlt ist. Sie plündern die Kirchen, Klöster und Paläste der Stadt gründlich. Menschen werden gefoltert, erstochen, gevierteilt, gehäutet, vergewaltigt. An den Sacco di Roma erinnert noch heute die Schweizergarde, wenn sie jährlich am 6. Mai die neuen Gardisten vereidigt. 1530 lässt *Karl V.* sich zum Kaiser krönen, der gedemütigte Papst muss zu diesem Anlass eigens nach Bologna reisen.

In der Folge verbündet sich *Franz I.* mit dem Osmanischen Reich, das 1529 vor den Toren Wiens steht. Doch für die Geschichte Italiens ist das eher von marginalem Interesse. Die französischen Versuche in den 1550er Jahren, Siena und Neapel der spanischen Herrschaft zu entreißen, schlagen fehl. Mit dem *Frieden von Cateau-Cambrésis* 1559 ist die spanische Oberhoheit in Italien konsolidiert, auf lokaler Ebene überlässt man das Regieren aber weitgehend den mächtigen italienischen Familien bzw. dem lokalen Adel. Karl V. ist fortan vor allem damit beschäftigt, im nördlichen Europa den Religionsfrieden zu wahren.

Eine wichtige Änderung bringt der Friedensschluss im Nordwesten Italiens. Dort wird *Emanuel Philibert*, dessen Großmutter eine Schwester des Kaisers war, über die angestammten Lande (mit Ausnahme von Genf) eingesetzt, er baut *Turin* zur prunkvollen Hauptstadt des *Herzogtums Savoyen* aus. Der solide, absolutistisch regierte Staat wird später, bei der Einigung Italiens, eine große Rolle spielen.

Karls kaiserlicher Nachfolger wird 1556 sein Bruder *Ferdinand*, während sein Sohn *Philipp II.* das Königreich Spanien bekommt. Letzterer ist weitgehend mit Kriegen gegen Frankreich, England und die Türken beschäftigt, die Italiener haben vorerst Ruhe.

17. Jahrhundert – lähmende Stagnation

Das 17. Jh. gilt in Italien allgemein als eine Epoche der Stagnation. Nördlich der Alpen spielt sich der *Dreißigjährige Krieg* (1618–1648) ab, der den Machtzerfall Spaniens beschleunigt und zur Erstarkung Frankreichs führt. Die Italiener bekommen die Auseinandersetzungen vor allem in Form von erhöhten Steuern zu spüren.

Zudem herrscht eine Wirtschaftsflaute. Venedig wird als Hafenstadt von Livorno bedrängt, in Florenz geht der Wollhandel zurück, die sizilianische und neapolitanische Seide verschwinden vom Markt. In Neapel rebelliert das Volk 1647 im *Masaniello-Aufstand* und ruft die Republik aus, aber noch sind die Spanier stark genug, um dem Spuk ein Ende zu machen.

Auch der Kirchenstaat zeigt sich im 17. Jh. geschwächt, was den Papst nicht hindert, am 17. Februar 1600 den Philosophen und Kosmologen *Giordano Bruno* als Ketzer zu verbrennen. Eine Generation später gerät auch der Mathematiker, Physiker und Astronom *Galileo Galilei*, der mit seinem Fernrohr ins Weltall schaut und dort viel Interessantes, aber nicht Gott entdeckt, in die Mühlen der Inquisition. Er redet sich um Kopf und Kragen, widerruft öffentlich und rettet so sein Leben. Eine dramatische Fassung des Geschehens schrieb 1938 der deutsche Dichter Bertolt Brecht, 1992 wurde Galilei schließlich vom Vatikan formal rehabilitiert – eine posthume Entschuldigung, die Giordano Bruno bislang noch nicht widerfuhr.

Nicht zuletzt wütet von 1630 bis 1656 die Pest auf der italienischen Halbinsel, vor allem die Städte der Poebene sind betroffen, Mailand verliert nahezu die Hälfte seiner Bevölkerung. Obendrein gärt es im spanisch-habsburgischen Herrscherhaus auch in genetischer Hinsicht. Ihr letzter Spross, König *Karl II.*, ist infolge der traditionellen Inzucht der Königshäuser so weit degeneriert, dass er regierungsuntauglich ist. Als er 1700 trotz zweier Ehen kinderlos stirbt, melden sowohl der französische Sonnenkönig *Ludwig XIV.* wie auch der österreichische Kaiser *Leopold I.* für ihre Nachkommen Ansprüche auf den spanischen Thron an. Der 62-jährige Ludwig führt seine Ehe mit einer Schwester Karls ins Feld, der 60-jährige Leopold seine Ehe mit einer anderen Schwester Karls (obendrein gleichzeitig Nichte und Cousine des Ehemanns), die beiden Frauen sind zu diesem Zeitpunkt längst verstorben. Die Situation eskaliert im *Spanischen Erbfolgekrieg.*

18. Jahrhundert – die verpasste Aufklärung

Ohne auf die Einzelheiten des spanischen Erbfolgekriegs, der sich von 1701 bis 1714 hinzieht, einzugehen: Bei den abschließenden Friedensverträgen wird, ganz im Sinne Englands, eine Machtbalance auf dem europäischen Kontinent zwischen Spanien, Frankreich und Österreich erreicht. In Italien verliert Spanien seinen Besitz an die Österreicher (Herzogtum Mailand, Neapel) sowie an das Haus Savoyen, das Sizilien bekommt (dieses allerdings 1720 bei den Österreichern gegen Sardinien eintauscht). Fortan ist das aus dem erstarkten Savoyen hervorgegangene Könighaus *Piemont-Sardinien* in der italienischen Politik eine feste Größe.

Auf Regierungsebene ergeben sich im italienischen Mosaik des 18. Jh. einige Machtwechsel. So geht das Königreich Neapel aus österreichischer Hand an *Karl IV.*, einen spanischen Bourbonen; das Großherzogtum Toskana erhält *Franz von Lothringen*, der spätere Gemahl der österreichischen Kaiserin *Maria Theresia*, nachdem 1737 der letzte Medici gestorben ist. Für das einfache Volk ändert sich damit nicht viel. Italien ist ein Land von Bauern, denen das Land nicht gehört. Die feudalen Strukturen verhindern eine effiziente Bewirtschaftung. Adlige Großgrundbesitzer und Kirche lassen ihr Grundeigentum oft einfach verkommen. Die arbeitenden Bauern sind in der Regel Halbpächter, das heißt, sie müssen die Hälfte des Ertrags dem nicht arbeitenden Großgrundbesitzer abliefern (diese so genannte *Mezzadria* wird erst 1950 abgeschafft) – ein System, das jeden Fortschritt verhindert. Zwar gibt es in der Lombardei Reformversuche von einer Gruppe junger Aristokraten, den *Pugni* (Fäuste), denen die aufgeklärte österreichische Monarchin *Maria Theresia* wohlwollend gesonnen ist, zumal sie in ihrem Herrschaftsgebiet darauf achtet, die Macht der Kirche zurückzudrängen. Auch in der Toskana setzt Großherzog *Leopold II.*, Sohn von Maria Theresia, Reformen in Gang. Er schafft Folter und Todesstrafe ab und entlastet die Bauern von Steuern (die sie ohnehin nicht zahlen können). Doch eine von Leopold geplante neue Verfassung für die Toskana bleibt in der Schublade stecken. Letztlich scheitern die aufgeklärten Fürsten am Widerstand der Kirche und des lokalen Adels.

In England erfindet *James Watt* 1765 die Dampfmaschine. Die ersten Zeichen der industriellen Revolution werden auch in Frankreich sichtbar, wo die Aufklärung unter *Diderot* und den *Enzyklopädisten* in voller Blüte steht und *Rousseau* den kommenden Revolutionären geistig den Weg ebnet. Auf der nahen Insel Korsika experimentiert *Pasquale Paoli* mit einer modernen Verfassung, während Italien die Aufklärung und ihre Vorzüge zu verschlafen scheint. Einem Franzosen, dessen Vorfahren von der ligurischen Küste nach Korsika eingewandert waren, bleibt es vorbehalten, das Land jäh aus seiner Lethargie zu reißen – *Napoleon Bonaparte.*

Napoleon – Schlachtenruhm und Vetternwirtschaft

In Paris hat nach der Revolution und der Schreckensherrschaft *Robespierres* das so genannte Direktorium 1795 die Regierungsgeschäfte übernommen; dieses beauftragt den 26-jährigen *Napoleon Bonaparte* mit einem Feldzug nach Italien. Der ehrgeizige kleine Korporal hat eben einen royalistischen Aufstand in Paris niedergeschlagen, sonst ist er militärisch ein noch unbeschriebenes Blatt. Mit seinem Feldzug in Oberitalien 1796/97 reitet er sozusagen direkt in die Weltgeschichte. Dabei hat er eine straffe Armee von 40 000 Mann zur Seite und eine Taktik im Kopf, die sich fortan in vielen seiner Schlachten bewährt: Schnelligkeit, Überraschungsangriff, Täuschung, die feindlichen Heere getrennt schlagen, bevor sie sich vereinigen können. Mailand, Parma, Modena, Mantua – die ganze Lombardei ist in einem Blitzkrieg gegen Österreicher und Piemontesen erobert. In Venedig räumt der letzte Doge das Feld, der traditionelle Karneval wird für die nächsten 100 Jahre ausfallen. 1798 wird der Kirchenstaat zur Römischen Republik ausgerufen. Nebenbei hat Napoleon auch noch ein Auge auf die Kunst: Der Louvre in Paris bekommt zahlreiche Gemälde zur Erweiterung seiner Sammlung zugeschickt.

Nach dem militärischen Sieg gilt es, die eroberten Gebiete zu verwalten, und auch da erweist sich Napoleon als geschickt. Das Piemont wird dem französischen Territorium zugeschlagen. Andere Gebiete werden zu Tochterrepubliken von Napoleons Gnaden umgebaut. Der Sieger proklamiert – eine Anlehnung an Cäsar – die Cisalpinische Republik mit der Hauptstadt Mailand und die Ligurische Republik mit der Hauptstadt Genua. Dafür setzt er Statthalter ein, hat selber keine Zeit, muss auf den Ägyptenfeldzug.

In Ägypten erreicht ihn neben dem Gerücht, dass ihm seine Frau ungetreu geworden sei, auch noch das eines bevorstehenden Umsturzes in Paris. Grund genug, seine Armee im Wüstensand stehen zu lassen, nach Paris zu eilen und dort für Ordnung zu sorgen. Mit der Frau arrangiert er sich (vorläufig), dem angeblichen Umsturz der Regierung kommt er am 9. November 1799 (18. Brumaire des Revolutionskalenders) mit einem eigenen Putsch zuvor. Das Direktorium wird verhaftet und durch eine „Konsularverfassung“ ersetzt. Als „Erster Konsul“ ist der Korse mit dem neu erworbenen italienischen Schlachtenruhm faktisch Alleinherrscher.

Im so genannten *2. Koalitionskrieg* 1799–1802 halten Napoleons neu gegründete Tochterrepubliken dem österreichisch-russischen Ansturm nicht stand. So macht sich Napoleon im Jahr 1800 zu einer neuen italienischen Expedition auf. Mit einer 28 000-Mann-Armee überquert er überraschend am Großen St. Bernhard die Alpen, was sein Hofmaler *Jacques-Louis David* in einem berühmt gewordenen Bild festhält: Der Korse sprengt im wehenden roten Umhang auf seinem Ross bergan (von der Armee ist zwecks Erhöhung des Helden nichts zu sehen). Die Österreicher, die von der Existenz dies Alpenpasses offenbar nicht einmal Kenntnis haben, besiegt er in der *Schlacht bei Marengo* und ordnet in der Folge ganz Italien (mit Ausnahme von Sardinien und Sizilien) neu: Die Toskana wird zur „Etrurischen Republik“, in Neapel, dessen König sich nach Sizilien absetzt, wird die „Parthenopäische Republik“ ausgerufen. Die einstige Cisalpinische Republik wird als „Republik Italien“ reinstalliert – mit Napoleon als Erstem Konsul und dem lombardischen Adligen *Francesco Melzi d'Eril* als Statthalter vor Ort. Der mit Ausrufung der Römischen Republik 1798 annektierte Kirchenstaat wird 1801 in einem Konkordat zwischen Napoleon und Papst *Pius VII.* wiederhergestellt. Zum Dank dafür reist Pius 1804 nach Paris, um ihm in einem feierlichen Zeremoniell die Kaiserkrone hinzuhalten, das Aufsetzen der Krone besorgt der selbstbewusste Napoleon selber.

Als erste Amtshandlung erklärt der frischgebackene Kaiser 1805 die Republik Italien zum Königreich Italien – Vizekönig wird *Eugène de Beauharnais*, ein Spross, den Napoleons erste Gattin mit in die Ehe gebracht hat. Dann macht sich Napoleon daran, in den eroberten Gebieten weitere Familienmitglieder standesgemäß unterzubringen. Nachdem von den Russen unterstützte königstreue Napolitaner der Parthenopäischen Republik den Garaus gemacht haben, wird Neapel 1806 von den Franzosen ein zweites Mal eingenommen, König von Neapel wird Napoleons älterer Bruder *Joseph*. Als er 1808 in das eroberte Spanien wechselt, folgt ihm der mit Napoleons jüngster Schwester *Caroline* verheiratete General *Joachim Murat*. Eine andere Schwester des Kaisers, *Elisa*, wird Prinzessin von Piombino und Großherzogin der Toskana, Napoleons Lieblingsschwester *Pauline* bekommt den Titel einer Herzogin von Parma. Als sich in den Tuilerien 1811 dann der lang ersehnte Nachwuchs einstellt, wird *Napoleon II.* gleich bei seiner Geburt zum König von Rom ausgerufen – regiert hat er nie.

Italien ist nun geeinigt – aber unter Fremdherrschaft. Das französische Zivil- und Strafrecht wird eingeführt, Italien kommt in den Genuss der Errungenschaften der Französischen Revolution, Privilegien des Adels werden abgeschafft, das Schulwesen wird neu organisiert. Das Land wird in Departements, Distrikte und Kommunen unterteilt. Kurzum: Das französische Modell soll auf die Halbinsel übertragen werden, was von einigen aufgeklärten Italienern durchaus begrüßt wird. Andererseits aber bleibt Italien französisches Untertanengebiet und soll dem Expansionsdrang des Kaisers dienstbar sein – die europäischen Feldzüge in Deutschland und Russland wollen finanziert sein, die Kanonen brauchen menschliches Futter. So sind es hauptsächlich hohe Steuerlasten und Zwangsrekrutierung, die immer wieder zu lokalen Revolten gegen die französische Vorherrschaft führen.

Als nach der *Völkerschlacht bei Leipzig* (1813) Napoleons Empire zusammenbricht und der Kaiser 1814 die Abdankungsurkunde unterschreibt, sind die französischen Truppen in Italien zwar noch immer 45 000 Mann stark, doch sie verspüren nicht die geringste Lust, wem auch immer Widerstand zu leisten. Einzig Murat, der König von Neapel, will die Waffen nicht strecken. Er wird 1815 in der *Schlacht bei Tolentino* von den Österreichern besiegt.

Napoleon bekommt bei den Friedensverhandlungen die Insel Elba als Fürstentum zugesprochen, wo er noch knapp zehn Monate lang Mini-Kaiser spielt – man kann dort heute noch seinen Spuren nachgehen. Dann verlässt er Elba und macht sich Richtung Hauptstadt auf, wobei er unterwegs unter den begeisterten Anhängern neue Truppen sammelt. Der in Paris eben eingesetzte König Ludwig XVIII. bekommt Muffensausen und flieht nach Belgien. Noch einmal führt Napoleon ein Heer in die Schlacht, schlägt seinen deutschen Gegner *Blücher* und erlebt dann im Juni 1815 in der *Schlacht bei Waterloo* seine letzte Niederlage. Die Engländer entfernen den Kaiser nach St. Helena in den südlichen Atlantik, wo er 1821 stirbt.

Auf dem *Wiener Kongress* 1815 wird unter Federführung des konservativen Österreichers *Metternich* das europäische Staatensystem neu geordnet – bzw. der alte, vornapoleonische Zustand mehr oder weniger wieder hergestellt, weshalb die Geschichtsschreibung der Epoche den Namen *Restauration* gegeben hat. In der Toskana kehrt Großherzog *Ferdinand III. von Lothringen* aus dem Wiener Exil zurück, König *Vittorio Emanuele I* beendet sein sardisches Exil, steigt wieder auf seinen Thron von Piemont-Sardinien und bekommt obendrein vom Kongress nicht nur die savoyischen Stammlande zurück, sondern wird auch Herrscher über die einstige genuesische Republik. Der gefangengesetzte Papst *Pius VII.*, der Napoleon nicht nur gekrönt, sondern auch exkommuniziert hat, wird befreit und bekommt seinen Kirchenstaat wieder. Aufgrund des mit Napoleon 1814 geschlossenen Vertrags von Fontainebleau (Regelung der Abdankung Napoleons) geht das Herzogtum Parma an *Marie-Louise,* die zweite Frau Napoleons und österreichische Kaisertochter. In Modena folgt dem österreichischen Ferdinand sein Sohn *Ferdinand IV. von Österreich-Este,* und nachdem Napoleons Schwiegersohn *Murat,* der Ex-König von Neapel, exekutiert ist, kehrt der mit der österreichischen Kaisertochter *Maria Karolina* verheiratete Bourbone Ferdinand aus Palermo zurück: Einst nannte er sich Ferdinand IV. von Neapel und Ferdinand III. von Sizilien, ab sofort heißt er *Ferdinand I.,* König „beider Sizilien" – ein Reich, das Sizilien und Süditalien umfasst. Die für Italien einzige große Neuerung des Wiener Kongresses ist die Vereinigung der Lombardei mit Venetien zum *Königreich Lombardo-Venetien,* als dessen König der österreichische Kaiser in Personalunion waltet. Die italienische Welt ist wieder in Ordnung, vor allem aber für Österreich, doch ist diese Ordnung brüchig.

Das Risorgimento – erster Akt und erstes Scheitern

Als *Risorgimento* (Wiedererstehung) wird in Italien die höchst komplexe Epoche nach dem Wiener Kongress bezeichnet, die schließlich in die nationale Einigung – diesmal ohne Fremdherrschaft – mündet.

Als Resultat des Kongresses sind zwar die alten Potentaten wieder eingesetzt und die österreichische Vorherrschaft über weite Teile Nord- und Mittelitaliens ist zementiert, doch entsteht mit Piemont-Sardinien ein relativ starkes Königreich, und was für das Risorgimento noch ausschlaggebender ist: Teile der Intelligenz und des sich hier und dort herausbildenden Bürgertums sind von den französischen Ideen einer modernen Staatsordnung mit einer gerechteren Verfassung, die ihnen Napoleon gebracht hat, infiziert. Republikanisch-liberales Gedankengut geht um, das sich mit dem Staatsverständnis der Restauration auf die Dauer nicht verträgt.

In den italienischen Regionen hinterlässt die Restauration unterschiedlich Spuren. In Piemont und Modena wird das Rad der Geschichte radikal zurückgedreht, die napoleonische Gesetzgebung wird abgeschafft und die alte Ordnung wieder hergestellt – ebenso im Kirchenstaat, wo die theokratische Herrschaft mitsamt Inquisition wieder eingeführt werden. In Parma dagegen gilt die napoleonische Verfassung weiter, während die Toskana zwar zur alten Verfassung zurückkehrt, aber einige republikanische Neuerungen beibehält; insbesondere wird die Abschaffung der Privilegien der Großgrundbesitzer sowie der Verkauf von Kirchengütern als rechtmäßig bestätigt, und die Jesuiten haben weiterhin Agitationsverbot.

Prekär wird die Situation im neu geschaffenen, von Wien direkt regierten Königreich Lombardo-Venetien. Die militärische Zwangsrekrutierung wird hier penibel überwacht, der Wehrdienst, unter Napoleon vier Jahre, wird von den Österreichern auf acht Jahre verlängert. Die Einführung von Handelszöllen behindert die wirtschaftliche Entwicklung, zudem kommen die Zolleinnahmen ausschließlich Wien zugute. Allmählich dämmert den Lombarden die Erkenntnis, dass sie zu Melkkühen Wiens geworden sind.

In diesem Umfeld werden in Freimaurerzirkeln und anderen Geheimbünden, zu denen auch die erst in Neapel, dann in Piemont einflussreichen *Carbonari* (Köhler) zählen, diverse Ideen diskutiert, die auf eine neue Verfassung zielen, die mehr oder weniger der Aufklärung verpflichtet sein soll. Sowohl im Königreich der beiden Sizilien wie auch in Piemont kommt es zu Revolten, die jedoch brutal niedergeschlagen werden. In Piemont dankt der beim Volk äußerst unbeliebte *Vittorio Emanuele I* 1821 zugunsten seines ebenso reaktionären Bruders *Carlo Felice* ab. Der weilt jedoch zurzeit in Modena und überträgt die Regierungsgeschäfte kurzfristig einem Verwandten, dem 23-jährigen *Carlo Alberto*. Dieser, im liberalen Genf und in Paris erzogen, ist den Ideen der „Carbonari" gegenüber aufgeschlossen und verpasst dem Königreich umgehend eine liberalere Verfassung. Lang hält die Euphorie allerdings nicht an: Carlo Felice schreitet mit den Österreichern in Piemont ein, setzt die eben eingeführte Verfassung gleich wieder außer Kraft und übernimmt die Regierungsgeschäfte selber. Der junge Carlo Alberto verschwindet vorläufig, wie viele Liberale seiner Zeit, im Exil.

Mit der Pariser Julirevolution 1830 bekommen die aufrührerischen Ideen in Italien neue Nahrung. In Modena zettelt der Carbonaro *Ciro Menotti* einen Aufstand an, der weitere Städte der Romagna ansteckt. Doch letztlich macht das Volk nicht mit, und als die Österreicher sich zum Durchgreifen entscheiden, haben sie leichtes Spiel und machen dem Spuk schnell ein Ende. Minotti versucht noch, sich seinen Häschern durch einen Sprung aus dem Fenster zu entziehen, stürzt, wird gefangen genommen und hingerichtet. In Modena erinnert heute ein Standbild an den gescheiterten Revolutionär.

Das Risorgimento – zweiter Akt und zweites Scheitern

Als in Piemont im Frühjahr 1931 *Carlo Felice* ohne Nachkommen stirbt und ihm *Carlo Alberto* als nächster Verwandter auf den Thron folgt, schöpfen die Neuerer wieder Hoffnung. Der König setzt erst einmal eine modernere Verfassung durch, senkt die Zollsteuern und umgibt sich mit neuen Beratern. Doch in der Folge wird sich der aufgeklärte Herrscher als sehr wankelmütig erweisen, die liberalen Bürger sind dem Monarchen genauso suspekt wie der österreichische Absolutismus.

Ebenfalls im Frühjahr 1831 sitzt in seinem Exil in Marseille ein gewisser *Giuseppe Mazzini*, nach dem heute in jeder italienischen Stadt eine Straße benannt ist. 1805 wird er in Genua geboren, 1827 tritt er der Carboneria bei und macht sich als politischer Journalist einen Namen. 1830 wird er denunziert und verhaftet, nach dreimonatigem Aufenthalt im Gefängnis von Savona wählt er das französische Exil. Dort studierte er ausführlich die gescheiterten Versuche, Italien zu modernisieren und zu einigen. Er gründet die Bewegung *Giovine Italia* (Junges Italien), die bald auch in Piemont aktiv wird und deren illegale Zeitung für ein demokratisch-republikanisches Italien eintritt. Mazzinis Überlegung ist einfach: Das große Hindernis sind die Fürstenhäuser und die lokale Aufsplitterung des Landes. Ebenso einfach ist seine Antwort: Republik und Einheit. Darüber hinaus – das hatte der Minotti-Aufstand gezeigt – hält er einen Aufstand ohne die Beteiligung der Massen für aussichtslos, die Massen ihrerseits aber brauchen seiner Ansicht nach eine Führung, sonst würden sie sich nicht bewegen. Leichter gesagt als getan. Sein revolutionäres Konzept versucht er erst in Piemont, wo das beabsichtigte Komplott jedoch frühzeitig entdeckt wird. Der sonst aufgeklärte *Carlo Alberto* handelt plötzlich wie ein absolutistischer Herrscher. Die Aufständischen werden gefoltert oder erschossen, Mazzini wird in Abwesenheit zum Tode verurteilt und entkommt in die Schweiz. Von hier will er einen neuen Aufstand anzetteln und versucht, mit Freiwilligen in Savoyen einzumarschieren. Mit dabei ist der junge *Giuseppe Garibaldi*, der als Seemann der Giovine Italia beigetreten ist und es im Lauf der Geschichte noch zu großer Berühmtheit bringen wird. Der Aufstand scheitert, Mazzini flieht erneut in die Schweiz und von dort weiter nach England, Garibaldi – jetzt ebenfalls zum Tode verurteilt – setzt sich nach Südamerika ab.

Die Revolten der 1830er Jahre führen erst einmal zu einer Erstarkung der regionalen Fürstentümer, die aber angesichts der ersten Zeichen der Industrialisierung, forciert durch das neue Transportmittel Eisenbahn, ihre Politik neu überdenken

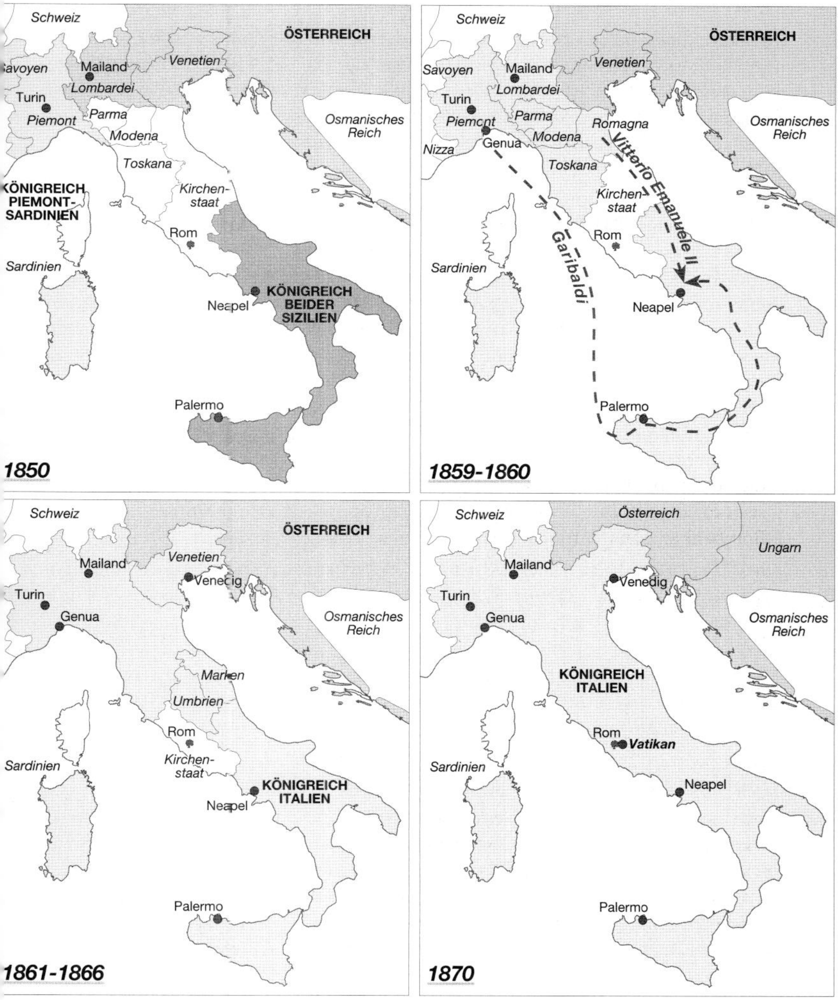

müssen. Vor allem die Zollschranken erweisen sich mehr und mehr als Hindernis für eine agrarpolitische und industrielle Vorwärtsentwicklung. Einige weitsichtige Ökonomen fordern einen einheitlichen italienischen Wirtschaftsraum. 1847 führen *Carlo Alberto* (Piemont-Sardinien), *Leopold II.* (Toskana) und *Pius IX.* (Kirchenstaat) erste Vorverhandlungen für eine Zollunion, Piemont und die Toskana führen die Pressefreiheit ein. Im neuen Feld der Presselandschaft blüht auch eine Zeitung mit dem Namen *Il Risorgimento*, die Zeitung, die der Epoche ihren Namen geben wird. Einer ihrer Herausgeber, der aus einer angesehenen Piemonteser Familie stammende Graf *Camillo Benso von Cavour*, spielt im Prozess der italienischen Einigung fortan eine der Hauptrollen.

Auch im Süden gärt es. Dort zwingt ein Aufstand von Autonomisten den reaktionären *Ferdinand II.*, König beider Sizilien, dem Staat eine liberalere Verfassung zu geben. Das Beispiel macht Schule. Piemont, die Toskana, Mailand und Venedig sehen sich gezwungen, ebenfalls eine neue Verfassung auszuarbeiten, und schließlich muss auch der Kirchenstaat, der in derlei Angelegenheiten nie der Schnellste war, dem Volk mehr Zugeständnisse machen.

Die von liberalen, nationalen und sozialen Forderungen geprägte Revolution von 1848, die weite Teile Europas erfasst, macht auch vor Italien nicht halt. In Mailand bewirkt der so genannte *Fünf-Tage-Aufstand*, dass der österreichische Feldmarschall *Radetzky* mit seinen Truppen vorübergehend das Feld räumt und piemontesische Truppen einmarschieren. Bald darauf erklärt Venedig seine Unabhängigkeit von Österreich und ruft die Republik aus, in Modena und Parma flüchten die Habsburger vor den Aufständischen. Vorerst scheint Piemont von der allgemeinen Erhebung zu profitieren, *Carlo Alberto* träumt bereits von einem Italien unter piemontesischer Vorherrschaft, als die Österreicher zurückschlagen: Im *Waffenstillstand von Salasco* wird Piemont gezwungen, auf die eben eroberte Lombardei zu verzichten. In Rom, wo *Mazzini* kurzfristig Papst *Pius IX.* verjagt und die Republik ausgerufen hat, stellen die vom Papst herbeigerufenen Franzosen die alte Ordnung wieder her. Im Süden setzt *Ferdinand II.* die aufständischen Städte Messina und Palermo einem furchtbaren Bombenhagel aus, der ihm den zweifelhaften Beinamen „Re Bomba" einträgt.

Im März 1849 bricht *Carlo Alberto* den Waffenstillstand von Salasco und marschiert mit 100 000 nicht sonderlich motivierten piemontesischen Soldaten erneut in der Lombardei ein, wird von *Radetzky* in der *Schlacht bei Novara* geschlagen und dankt zugunsten seines Sohnes, *Vittorio Emanuele II*, ab. Resultat: Die österreichische Vorherrschaft über Italien ist gefestigt, die Revolution 1848/49 gescheitert. Den Italienern bleibt davon die bis heute sprichwörtliche Wendung „fare un quarantotto" („ein 48 machen"), was soviel heißt wie: ein heilloses Durcheinander veranstalten ...

Das Risorgimento – letzter Akt: Die italienische Einigung

Nach dem Scheitern der Revolution, das die österreichischen und von Österreich abhängigen Potentaten wieder an die Macht gespült hat, macht man sich im verbliebenen Königsreich Piemont erst einmal daran, die Innenpolitik zu reformieren. Dies überlässt der frischgebackene König Vittorio Emanuele II, der seine Zeit lieber mit der Jagd und der Liebe verbringt als mit Regierungsgeschäften, seinen Ministern. Unter ihnen sticht Graf *Camillo Benso von Cavour* besonders hervor, dem die Ministerien für Industrie und Landwirtschaft, Handel, Marine und schließlich auch die Finanzen unterstehen – heute würde man ihn als Superminister bezeichnen. Cavour bringt erst einmal die piemontesische Ökonomie in Schuss, entwickelt das Eisenbahnnetz und mit Hilfe der *Rothschilds* auch ein modernes Bankensystem. Nebenbei ist er in der vom venezianischen Republikaner *Daniele Manin* 1857 gegründeten *Società nazionale Italiana* aktiv, einer Vereinigung, die für ein unter dem König von Piemont-Sardinien geeintes Italien kämpft.

Im Gegensatz zur Strategie des Republikaners *Mazzini*, der auf eine Einigung Italiens aus eigenen Kräften setzte, berücksichtigt der weit gereiste *Cavour* die internationalen Verflechtungen und Interessen. Dank der piemontesischen Teilnahme am *Krimkrieg* 1855 sitzen die Italiener bei den europäischen Friedensgesprächen in Paris mit am Tisch der Großen, wo Cavour die italienische Frage zur Sprache bringt. Seinem diplomatischen Geschick ist es zu verdanken, dass sich *Napoleon III.* für die italienischen Belange einsetzt. Frankreich favorisiert eine Vier-Staaten-Lösung (Norditalien, Mittelitalien, Süditalien inkl. Sizilien, Kirchenstaat), Cavour hat vor allem die Stärkung der piemontesischen Hausmacht im Auge. Doch von den Ereignissen, die schließlich zur italienischen Einigung führen, werden beide überrollt.

Die gewaltige Galleria Vittorio Emanuele II in Mailand

Mit dem starken Frankreich im Rücken betreibt Piemont erst einmal militärische Aufrüstung, zusätzlich sammelt der aus dem Exil zurückgekehrte *Garibaldi* Freiwillige in ganz Italien. Die Österreicher, die dem feindlichen Treiben anfangs eher gelassen zusehen, verlieren 1859 die Geduld. In einem Ultimatum fordern sie Piemont dazu auf, innerhalb von drei Tagen abzurüsten. Cavour denkt nicht daran, und so erklärt Österreich Piemont den Krieg, wobei diesmal die piemontesisch-französische Allianz zum Tragen kommt. In den *Schlachten von Magenta* und *Solferino* werden die Österreicher geschlagen, doch weigern sich die Franzosen, ihrem Versprechen „Italien frei bis zur Adria" nachzukommen und die Österreicher aus Venetien herauszuwerfen, was die verbündeten Piemontesen als Verrat empfinden. Im *Friedensvertrag von Zürich* (1859) wird der Verbleib Venetiens bei Österreich bestätigt, die Lombardei wird Frankreich zugesprochen. Schon im folgenden Jahr gibt Frankreich nach einer Volksbefragung die Lombardei an Piemont ab und nimmt dafür von Piemont die Stadt Nizza sowie Savoyen entgegen.

Auch die *Società nazionale Italiana* bleibt nicht untätig. Auf ihre Initiative hin werden in ganz Mittelitalien Plebiszite durchgeführt mit dem Resultat, dass sich die Bevölkerung mehrheitlich für ein „konstitutionelles (italienisches) Reich unter dem Zepter König Vittorio Emanueles II" ausspricht, die piemontesische Sache wird allmählich zur gesamtitalienischen.

Bleiben noch Süditalien, Venetien und der Kirchenstaat. *Garibaldi,* ebenfalls Mitglied der *Società,* beschließt mit einer Schar von 1067 Freiwilligen, ihrer roten Hemden wegen „Camicie rosse" genannt, den *Zug der Tausend.* Garibaldis Ziel ist es, im „Königreich der beiden Sizilien" einen Volksaufstand zu provozieren, der der verhassten Bourbonenherrschaft ein Ende bereiten und Süditalien dem künftigen Reich eingliedern soll. Mit seinen Freischärlern segelt er in Genua los und landet eine Woche später, am 11. Mai 1860, in Marsala im Westen Siziliens. Die Rothemden sind angesichts des bourbonischen Heers eine lächerlich kleine Truppe, doch Garibaldi ist ein gewiefter Militärstratege und genießt die Unterstützung der Bevölkerung. Am 15. Mai werden die Bourbonen in der *Schlacht bei Calatafimi* geschlagen, am 27. Mai marschiert Garibaldi in Palermo ein und setzt dann aufs italienische Festland über. Am 7. September zieht er mit seinen Rothemden unter dem Jubel des Volks in Neapel ein, der letzte Bourbone flüchtet, erst im Februar 1861 wird er seine Kapitulation bekannt geben.

Der nun sieggewohnte Garibaldi will weiterziehen und kündigt kühn einen Marsch auf Rom an. Das geht nun den Piemontesen *Vittorio Emanuele II* und *Cavour* zu weit. Sie befürchten internationale Verwicklungen, zudem genießt der Kirchenstaat noch immer den Schutz der verbündeten Franzosen. Piemont schickt ein Heer gegen Süden los, um Garibaldi aufzuhalten, wobei sie unterwegs die Marken und Umbrien für die italienische Sache gewinnen. Garibaldi seinerseits hat in Sizilien und Neapel Plebiszite veranlasst, deren Resultate eindeutig für den Anschluss ans Königreich unter Vittorio Emanuele II sprechen. Als es im Städtchen Teano (nördlich von Neapel) schließlich zur Begegnung zwischen dem König und dem Freiheitskämpfer kommt, verneigt sich Garibaldi tief und übergibt Vittorio Emanuele II die eroberten Gebiete. Der Kirchenstaat, auf Rom und das Latium reduziert, bleibt vorläufig verschont. Am 17. März 1861 wird Vittorio Emanuele II vom gesamtitalienischen Parlament in Turin zum König Italiens ausgerufen.

Bleiben Rom und das immer noch österreichische Venetien. Im Zuge der italienischen Einigung hat sich das Verhältnis der Piemontesen zu den verbündeten Franzosen abgekühlt. Venetien fällt den Italienern im *Frieden von Wien* 1866 praktisch als Geschenk in den Schoß, nachdem Piemont im *Deutschen Krieg* die siegreichen Preußen gegen die Österreicher unterstützt hat. Doch in Rom ist Frankreich immer noch Schutzmacht und hat dort seine Garnison stehen. Zweimal noch, 1862 und 1867, versucht Garibaldi, der wesentlich radikaler ist als die königliche Turiner Regierung, den Marsch auf Rom, beide Male muss er vor den französischen Truppen kapitulieren.

Im September 1870 erleiden die Franzosen im *Deutsch-Französischen Krieg* in der *Schlacht bei Sedan* die entscheidende Niederlage – und die Italiener nutzen das De-

Das Internationale Komitee vom Roten Kreuz

„Es ist ein Kampf Mann gegen Mann, ein entsetzlicher, schrecklicher Kampf. Österreicher und alliierte Soldaten treten sich gegenseitig unter die Füße, machen einander mit Kolbenschlägen nieder, zerschmettern dem Gegner den Schädel, schlitzen einer dem anderen mit Säbel oder Bajonett den Bauch auf. Es gibt keinen Pardon. Es ist ein allgemeines Schlachten, ein Kampf wilder, wütender, blutdürstiger Tiere. Selbst die Verwundeten verteidigen sich bis zum letzten Augenblick. Wer keine Waffen hat, packt den Gegner und zerreißt ihm die Gurgel mit den Zähnen." (Henri Dunant, Eine Erinnerung an Solferino)

Der Genfer Geschäftsmann *Henri Dunant* ist auf der Durchreise, als er zufällig Zeuge der Schlacht von Solferino wird. Auf dem Schlachtfeld bleiben Tausende von Verwundeten und Sterbenden ohne jede Hilfe liegen. Der humanistisch gesinnte Schweizer organisiert eine notdürftige Versorgung vor Ort und richtet ein Notkrankenhaus ein. Später schreibt er das Büchlein „Eine Erinnerung an Solferino", in dem er die Grausamkeiten des Kriegs festhält und gleichzeitig erste Ideen entwickelt, wie die Leiden des Kriegs gelindert werden könnten. Das Buch lässt er auf eigene Kosten drucken und verschickt es an Politiker und Militärs in ganz Europa. Es wird zum Grundstein des *Internationalen Komitees der Hilfsgesellschaften der Verwundetenpflege*, aus dem 1876 das *Internationale Komitee vom Roten Kreuz (IKRK)* hervorgeht, dessen erster Präsident Henri Dunant wird.

bakel: Am 20. September marschieren sie in Rom ein. In einem Plebiszit stimmen die Römer für den Anschluss, Rom wird zur neuen Hauptstadt des Königreichs erklärt, der Papst zieht sich in den Vatikan zurück. Eine ihm angebotene Garantieerklärung der päpstlichen Unabhängigkeit weist *Pius IX.*, der übrigens zwei Monate zuvor die päpstliche Unfehlbarkeit deklarierte, zurück. Er zieht es vor, sich als „Gefangener des Vatikan" zu betrachten und Exkommunikationen gegen die Eroberer zu schleudern.

1870, mit der Einnahme Roms, ist die italienische Einigung abgeschlossen, das Königreich unter Vittorio Emanuele II hat beinahe die Grenzen des heutigen Italien. Einzig Südtirol und Triest müssen noch das Inferno des Ersten Weltkriegs abwarten, bis auch sie italienisch werden.

Hier der Norden, dort der Süden – im „Stiefel" lebt sich's unterschiedlich

Italien ist jetzt politisch geeinigt, aber reibungslos funktioniert der neue Staat keineswegs. *Massimo d'Azeglio*, Schriftsteller und erster Premierminister unter Vittorio Emanuele II, sah das Problem schon in den 1860er Jahren: „Wir haben Italien gemacht, jetzt müssen wir die Italiener machen." Es gibt den Lombarden, den Toskaner, den Römer, den Napolitaner, den Sarden, den Sizilianer usw. – nur den Italiener gibt es nicht. Nicht nur die ökonomischen Unterschiede – das Nord-Süd-Gefälle ist bereits ausgebildet – sind enorm, auch die kulturellen, manchmal auch die rein sprachlichen: Venezianer und Sizilianer verstehen einander kaum im italienischen Parlament. Anfangs hat Piemont im neuen Staat ein politisches Übergewicht, Piemont hat von Frankreich die zentralistische Staatsorganisation gelernt. In den neu hinzugekommenen Gebieten, vor allem in der Toskana, aber auch in Bologna redet man eher einem Föderalismus das Wort. Im Süden kämpft die zentralistische Administration gegen den noch vorhandenen Einfluss der Bourbonen, aber auch Garibaldis radikale Agitation hat ihre Spuren hinterlassen. Bald haben viele Sizilianer das Gefühl, eher besetzt als befreit zu sein. In diesem Klima gedeihen nicht nur die anarchistischen Ideen eines *Bakunin*, der in Neapel eine erste anarchistische Organisation gründet, auch die organisierte Kriminalität findet einen guten Nährboden. Neben der neapolitanischen *Camorra*, die schon älteren Datums ist, macht in Sizilien die *Mafia* von sich reden, die in der ersten Hälfte des 19. Jh. entstanden war und vor allem die Interessen der Großgrundbesitzer vertritt. Angesichts einer möglichen Agrarreform setzt sie zunehmend Terror und Einschüchterung als politische Mittel ein. Auch die Mafia kann so als Reaktion auf das zentralistisch-piemontesische Staatskonzept verstanden werden.
Der Unterschied zwischen dem armen Mezzogiorno und dem vergleichsweise reichen Norden nimmt mit der Industrialisierung in der zweiten Hälfte des 19. Jh. noch zu und bleibt fortan eine feste Größe in der italienischen Politik.

Italiens Weg in den Ersten Weltkrieg

Innenpolitisch ist das geeinte Italien nicht nur vom wirtschaftlichen Nord-Süd-Gefälle geprägt, sondern auch von sozialen Spannungen. Waren die ersten Jahrzehnte nach der Einigung noch stark vom Gegensatz zwischen moderaten Vertretern einer konstitutionellen Monarchie in Cavours Nachfolge und radikalen Republikanern in Mazzinis Nachfolge geprägt, so verbreiten sich im Zuge der Industrialisierung, die in Italien allerdings weit hinter England und Frankreich zurückbleibt, auch auf dem Stiefel sozialistische Ideen. 1892 wird in Genua der *Partito dei Lavoratori Italiani*

Armut als Nährboden der Mafia in Palermo

ins Leben gerufen, Vorgänger des *Partito Socialista Italiano (PSI)* (dessen Niedergang ziemlich genau 100 Jahr später der korrupte *Bettino Craxi* einläuten wird).

Außenpolitisch wird ein ziemlich schlingernder Kurs gefahren. 1882 tritt Italien dem *Zweibund*, einem von *Bismarck* ins Leben gerufenen Bündnis zwischen Deutschland und Österreich-Ungarn bei, der Frankreich isolieren soll und jetzt *Dreibund* genannt wird. Das mag angesichts der traditionellen italienisch-österreichischen Feindschaft erstaunen. Doch ist Frankreich längst nicht mehr der beste Freund, zudem erhofft man sich Unterstützung bei den kommenden Kolonialabenteuern in Abessinien und Somaliland.

Die französische Antwort auf Bismarck ist erst ein Bündnis mit Russland (1894), dann kommt es 1904 überraschend zur gegen Deutschland geschmiedeten *Entente cordiale*, einem Bündnis zwischen den konkurrierenden Kolonialmächten Frankreich und England. Italien, das sich mit seiner langen, ungeschützten Küste einen Konflikt mit der Seemacht England nicht leisten kann, unterzeichnet 1902 einen Geheimvertrag mit Frankreich, in dem es sich für den Fall einer deutsch-französischen Auseinandersetzung zur Neutralität verpflichtet. Damit hat sich Italien praktisch aus dem Dreibund verabschiedet. Im Ersten Weltkrieg verhält sich das Land erst neutral und beteiligt sich dann ab 1915 auf der Seite der Entente.

Für die *Grande Guerra*, wie der Erste Weltkrieg in Italien bis heute genannt wird, ist die italienische Armee kaum vorbereitet, sie besitzt nicht einmal eine Artillerie. Ministerpräsident *Giovanni Giolitti*, ein pragmatischer Mann, der die Politik seit der Jahrhundertwende maßgeblich bestimmt, verteidigt mit der Parlamentsmehrheit die Neutralität Italiens. Als er 1914 zurücktritt, vollzieht der von ihm als Nachfolger vorgeschlagene *Antonio Salandra* eine Kehrtwende und plädiert für den Kriegseintritt. Unterstützt wird er dabei in erster Linie vom Schriftsteller *Gabriele d'Annunzio*, der mit flammenden Reden die Massen aufwiegelt („Schlagt Giolitti tot!") sowie von dessen späterem Freund *Benito Mussolini*, der sich 1914 vom radikalen Sozialismus abwendet und die *Fasci d'Azione Rivoluzionaria* gründet, eine Vorläuferin seiner späteren faschistischen Partei. Schließlich befürwortet auch König *Vittorio Emanuele III* (Nachfolger von *Umberto I,* der 1900 einem Attentat zum Opfer fiel) den Krieg auf Seiten der Entente: Am 24. Mai 1915 erklärt der Monarch Österreich den Krieg.

Die Gebirgszonen des Veneto und des benachbarten Friaul werden Schauplatz erbitterter und extrem verlustreicher Kämpfe. In den *zwölf Isonzo-Schlachten* von Juni 1815 bis Oktober 1917 (benannt nach dem mitten durchs Kriegsgebiet fließenden Fluss Isonzo) finden auf beiden Seiten Hunderttausende von Soldaten den Tod, ohne dass nennenswerte Geländegewinne gemacht werden. Entscheidend ist schließlich der sich abzeichnende Zusammenbruch der Mittelmächte. Später errichten die Faschisten in der Nähe von Gorizia den gigantischen Militärfriedhof von Redipúglia, wo rund 100 000 italienische Soldaten begraben liegen.

Bei den Friedensverhandlungen von 1919 stehen die Italiener auf Seiten der Sieger, sie gewinnen Südtirol, Triest und Istrien (letzteres verlieren sie nach dem Zweiten Weltkrieg wieder). Einige Italiener sind enttäuscht und sprechen vom „verstümmelten Sieg“ – gerne hätten sie sich auch noch die östliche Adriaküste einverleibt.

Einer, der vom Kämpfen noch nicht genug hat, ist *Gabriele d'Annunzio.* Noch während der Friedensverhandlungen besetzt der nationalistische Schriftsteller im September 1919 mit 2500 Freischärlern, den so genannten *Arditi,* in einem Handstreich das heute kroatische Rijeka und ruft sich dort zum Alleinherrscher auf. Erst im November 1920 macht der *Grenzvertrag von Rapallo* zwischen Italien und dem Königreich der Serben, Kroaten und Slowenen dem unheimlichen Spuk, der Züge des Faschismus vorwegnimmt, ein Ende.

Mussolinis Aufstieg

Österreich-Ungarn, der Erzfeind des Risorgimento, ist zusammengebrochen, doch Italiens Siegesrausch ist schnell verflogen, zuhause warten Probleme: Bauern und Arbeiter strömen von der Front zurück und finden sich massenweise in der Arbeitslosigkeit wieder. Das Land ist wirtschaftlich zerrüttet und hoch verschuldet, breite Schichten der Bevölkerung verarmen mehr und mehr – Spannungen, die die politische Radikalisierung fördern: Die Monate nach dem Krieg gehen als *Biennio rosso,* die roten zwei Jahre, in die Geschichtsbücher ein. In den Städten bilden sich Arbeiterräte, Fabriken werden besetzt, Landarbeitergenossenschaften, soziale Zentren und Volkshäuser (*Case del popolo*) schießen aus dem Boden.

Wichtigster Theoretiker der italienischen Rätebewegung ist *Antonio Gramsci,* der zusammen mit *Amadeo Bordiga* und *Palmiro Togliatti* 1921 in Livorno den *Partito Comunista Italiano (PCI)* gründet.

Zur gleichen Zeit beginnt *Benito Mussolini* die nationale Rechte in Kampfbünden (*Squadre fasciste*) zu formieren, die 1921 in die Gründung des *Partito Nazionale Fascista (PNF)* münden. Die faschistischen Trupps begegnen den Linken mit Straßenterror, Gegner werden niedergeknüppelt und gefoltert, zu den beliebten Mitteln gehört das Eintrichtern von Rizinusöl (von Regisseur Fellini in *Amarcord* gezeigt). Die Regierung schaut praktisch tatenlos zu. *Giovanni Giolitti,* seit 1920 wieder Ministerpräsident, hofft, die faschistische Partei in den politischen Prozess integrieren zu können, während der PNF Schlüsselpositionen im Staat zu erobern beginnt. Das Unternehmertum (organisiert in der *Confindustria*) und die Großbauern (organisiert in der *Confagricoltura*) glauben, die Faschisten im Kampf gegen die aufständische Arbeiterschaft benutzen zu können, und unterstützen sie. Auch am Königshof ist man Mussolini nicht abgeneigt, zumal er versichert, die Monarchie zu respektieren, falls sie sich aus den Kämpfen heraushalte. Ende Oktober 1922 fühlt sich der *Duce* stark genug für die Machtübernahme und setzt einen spektakulären *Marsch auf Rom* in Szene. Mit 26 000 Anhängern trifft er in der Hauptstadt ein. König *Vittorio Emanuele III* gibt klein bei und beauftragt ihn nach kurzen Verhandlungen mit der Bildung einer Regierung.

Mussolinis Politik zielt von Anfang auf die Errichtung eines autoritären Staats ab. Erst bindet er noch gemäßigte Nationale und Royalisten in sein Programm ein. Im November 1923 schlägt er im Parlament ein neues Wahlgesetz vor, das einer Liste, die 25 % der Stimmen erreicht, eine Zweidrittelmehrheit im Parlament verschaffen soll. Die Parlamentarier stimmen mehrheitlich zu, was faktisch einem Selbstmord des Parlaments gleichkommt. In den Wahlen 1924 erhält Mussolinis *Listone* (große Liste) 65 % der Stimmen, das Parlament gehorcht fortan dem Duce. Eine letzte parlamentarische Opposition markiert der Sozialist *Giacomo Matteotti*, nach dem heute noch in Italien viele Plätze und Straßen benannt sind. In einer flammenden Rede klagt er die Diktatur Mussolinis an, 14 Tage später wird er von einem faschistischen Trupp verschleppt und ermordet.

Nach der Ausschaltung des Parlaments macht sich Mussolini daran, seinen faschistischen Staat zu zimmern: Die Presse wird gleichgeschaltet, 1926 werden die Parteien aufgelöst, die Kommunisten sind bereits in den Untergrund gegangen. Eine antifaschistische Front zwischen Sozialisten und Kommunisten verhindern letztere selber, in dem sie sich an Stalins Weisung halten und die Sozialisten als „Sozialfaschisten" bekämpfen. Deutschland wird in den 1930er Jahren ähnliche Erfahrungen machen.

Eine gewisse Achtung – vor allem bei Katholiken – verschafft sich Mussolini mit den *Lateranverträgen* von 1929, in denen er dem Papst die Souveränität über die Vatikanstadt zugesteht und das katholische Oberhaupt auf die Gebiete des einstigen Kirchenstaats verzichtet. Damit wird die seit der Auflösung des Kirchenstaats 1870 ungeklärte Situation zwischen Papst und italienischer Regierung staatsrechtlich gelöst, auch wenn die Verträge im Prinzip weitgehend nur den längst vorhandenen De-facto-Zustand bestätigen.

Innenpolitisch verabschiedet sich Mussolini vom bisherigen liberalen Kurs zugunsten einer vom Staat dirigierten Wirtschaft. Die Weltwirtschaftskrise der 1930er Jahre lässt die Exporte zusammenbrechen, zahlreiche Unternehmen werden vom Bankrott dadurch gerettet, dass der Staat ihre Aktien aufkauft. Der wirtschaftlichen Isolation sucht Italien mit Import-Export-Abkommen gegenzusteuern, entsprechende Verträge werden mit Deutschland, Bulgarien und Rumänien geschlossen. Außenpolitisch unternimmt die Regierung 1935 ein militärisches Abenteuer: Italien besetzt und annektiert Abessinien (heute Äthiopien) unter dem Vorwand, dort die Wirtschaft aufzubauen. Der Abessinienfeldzug stößt auf weltweite Ablehnung. Auf der Suche nach möglichen Bündnispartnern bleibt einzig das nationalsozialistische Deutschland, die *Achse Berlin-Rom* zeichnet sich ab. Gemeinsam unterstützen Italiener und Deutsche General *Franco* im *Spanischen Bürgerkrieg*: Die Italiener schicken 70 000 Soldaten, die in Spanien zum Sieg der Diktatur beitragen, Deutschland 19 000 (die Legion Kondor), Franco selbst verfügt nur über 25 000 Mann.

Mit dem Spanischen Bürgerkrieg festigt sich das deutsch-italienische Verhältnis, das schließlich 1939, kurz vor dem Ausbruch des Zweiten Weltkriegs, in einem Freundschafts- und Bündnispakt, dem so genannten *Stahlpakt*, zementiert wird.

Damit hat Mussolini das Schicksal Italiens in verhängnisvoller Weise mit dem von Deutschland verbunden. Im faschistisch-nationalsozialistischen Duett spielt das wirtschaftlich und vor allem militärisch schwächere Italien von Anfang die zweite Geige. Innenpolitisch kostet das Bündnis mit Deutschland und nicht zuletzt die Übernahme rassistischen Gedankenguts Mussolini die Sympathien weiter Kreise der Katholiken – Antisemitismus war bislang in Italien praktisch kein Thema und die aus Deutschland importierten Ideen den Italienern weitgehend fremd. Doch werden jetzt auch in Italien Listen von Juden erstellt. Im Dezember 1943 wird Mussolini, einem Ersuchen des deutschen Außenministers Ribbentrop nachkommend, die Inhaftierung und Verschleppung aller Juden in Konzentrationslager anordnen.

Italien im Zweiten Weltkrieg

Vorerst steht Italien nun bei Nazi-Deutschland in Bündnispflicht, aber die eigenen Kriegsziele sind unklar. Eine Übereinkunft der Partner legt die Interessensphären grob fest: *Hitler* schaut erst einmal nach Osten, Mussolini interessiert sich für den Mittelmeerraum. Erst am 10. Juni 1940 zeigt Italien mit einer Kriegserklärung an Großbritannien und Frankreich seine Solidarität mit Deutschland, um sich selbst – teils mit deutscher Unterstützung – auf der Jagd nach nationalem Prestige in erfolglose Militäraktionen in Griechenland und Nordafrika zu stürzen. Für die deutsche Militärhilfe bedankt sich Mussolini im deutschen Russlandfeldzug mit der Entsendung von 220 000 Soldaten. Hitler revanchiert sich nach den ungeheuren Verlusten an der Ostfront mit der Bemerkung, die Italiener seien eben keine guten Kämpfer.

Die militärischen Misserfolge, vor allem der Sieg der Engländer und Amerikaner in Nordafrika, der zur italienischen Kapitulation im Mai 1943 in Tunis führt, sowie Rationierung der Lebensmittel wegen der hohen Militärausgaben – das alles fördert die Unzufriedenheit im Land. Den Italienern dämmert allmählich, dass sie in diesem Krieg nichts zu gewinnen haben. So wird die Landung der Alliierten am 9. Juli 1943 in Sizilien, bei der amerikanisch-sizilianische Mafiosi logistische Unterstützung leisten, eher als Befreiung denn als Besetzung begriffen. Die Alliierten nehmen Sizilien und Teile Süditaliens mühelos ein. Der Unmut in der Bevölkerung gegen Mussolini wächst, die katholische Opposition rührt sich wieder, und die Kommunisten organisieren aus dem Untergrund einen Streik in Piemont und der Lombardei, an dem sich 300 000 Arbeiter beteiligen. Am 25. Juli 1943 kommt es zu einer Unterredung zwischen Mussolini und König *Vittorio Emanuele III*, der heimlich bereits *Pietro Badoglio*, einen entschiedenen Gegner des „Stahlpakts", als neuen Regierungschef eingesetzt hat. Mussolini ist überrascht und wird beim Verlassen der königlichen Villa gleich verhaftet.

Badoglio bildet eine Regierung ohne die Faschisten (deren Partei wird am 28. Juli aufgelöst). Angesichts der Kriegslage und wohl auch in der Erkenntnis, dass es besser ist, am Schluss zu den Siegern zu gehören, wechselt die neue Regierung die Front. Im September 1943 wird mit den Alliierten ein Waffenstillstand unterzeichnet, im Oktober 1943 erklärt Italien dem einst verbündeten Deutschland den Krieg. Darauf verstärkt die deutsche Wehrmacht ihre Präsenz, nimmt im Norden alle wesentlichen Schlüsselstellungen ein, entwaffnet die italienische Armee und besetzt faktisch ganz Nord- und Mittelitalien.

Kurz zuvor wird Mussolini in einer spektakulären Aktion von deutschen Fallschirmspringern aus seinem schier unzugänglichen Gefängnishotel auf dem Gran Sasso (Abruzzen) befreit, gründet in Salò am Gardasee die *Repubblica Sociale Italiana* (auf die Pier Paolo Pasolini 1975 mit seinem Film *Salò oder die 120 Tage von Sodom* anspielt) und bildet eine Gegenregierung. Fazit: Die vom König eingesetzte

Regierung führt nun zwei Kriege im eigenen Land – einen Bürgerkrieg gegen die Faschisten und einen Krieg gegen die deutsche Wehrmacht, die in Italien zur Besatzungsmacht geworden ist.

Etwa zeitgleich mit der Mussolini-Republik von Salò formiert sich im von Deutschland besetzten Teil der Widerstand. Bewaffnete Partisanen (*partigiani*), teils aus dem Untergrund aufgetauchte Kommunisten, teils desertierte italienische Soldaten, die Angst vor der Deportation nach Deutschland haben, machen Front gegen die Deutschen und die italienischen Faschisten und kooperieren eng mit den Alliierten. Die Kämpfe sind erbittert. Entlang der letzten Rückzugslinie der von der SS verstärkten Wehrmacht, der so genannten *Gotenlinie*, die sich nördlich des Apennins von der Versilia über den Futa-Pass (nördlich von Florenz) bis Rimini zieht, plündern die Deutschen, solange es die Zeit erlaubt, Massaker an der Zivilbevölkerung gehören zur Tagesordnung (ein toter Deutscher hat in der Regel die Liquidation von zehn italienischen Zivilisten zur Folge) – die Deutschen praktizieren eine Politik der verbrannten Erde. In Sant'Anna di Stazzema, ein kleiner Ort im Hinterland der Versilia, erinnert heute eine eindrucksvolle Gedenkstätte an eine Rache-Aktion, bei der 560 Bewohner, darunter auch Frauen und Kinder, von den Deutschen erschossen wurden. Die „Gotenlinie" fiel erst im April 1945, am 2. Mai kapitulierten die deutschen Streitkräfte. Zur gleichen Zeit (am 27. April 1945) wurde Mussolini, der mit seiner Mätresse in die Schweiz flüchten wollte, von kommunistischen Partisanen gestellt und ohne Gerichtsverfahren tags darauf erschossen.

Im Gegensatz zu Deutschland hat sich Italien dank seiner rund 200 000 Partisanen weitgehend aus eigenen Kräften von der Diktatur befreit.

Neubeginn und Kollaps der Ersten Republik

Nach Kriegsende ist Italien in großen Teilen verwüstet, die Wirtschaft liegt am Boden. Immerhin haben es die Partisanen geschafft, die industrielle Infrastruktur des Nordens vor der Zerstörung durch deutsche Truppen zu bewahren. Beim Wiederaufbau des Landes helfen die Gelder des amerikanischen *Marschall-Plans*, der damit in erster Linie die Ausbreitung des Kommunismus in Europa zu verhindern sucht.

Italiens politischer Neubeginn geschieht als Republik. In einer Volksabstimmung im Juni 1946 entscheiden sich wider alle Prognosen 12,7 Mio. gegenüber 10,7 Mio. gegen die Monarchie. *Umberto II*, seit der Abdankung seines Vaters *Vittorio Emanuele III* im Mai 1946 frischgebackener König, wartet das Resultat gar nicht ab, sondern geht gleich ins Exil, wo er sich weiterhin „König von Italien" nennt. Weil er die Republik nicht anerkennt, werden er und das ganze Haus Savoyen in der Verfassung von 1948 mit einem Einreiseverbot belegt.

Der Abstimmung über die Staatsform folgen die ersten Parlamentswahlen der Republik, aus denen die *Democrazia Cristiana (DC)*, eine 1942 gegründete katholische Volkspartei, mit 35,2 % der Stimmen als stärkste politische Kraft hervorgeht. Mit 20,7 % folgen die Sozialisten (*Partito Socialista Italiano, PSI*), die Kommunisten (*Partito Comunista Italiano, PCI*) gewinnen 19 %. Erster Regierungschef wird *Alcide de Gaspari*, der in seiner Regierungszeit (1946–1953) vor allem eine Politik der Westintegration betreibt und zu den Gründervätern des modernen Europa zählt.

So lange wie *De Gaspari* blieb bis heute kein italienischer Ministerpräsident im Amt. Nach ihm prägen zahlreiche Regierungswechsel Italiens Erste Republik, doch mehr oder weniger spülen die Kabinettstrudel immer wieder dieselben Männer nach oben, und eines bleibt sich immer gleich: Christdemokraten und Sozialisten teilen sich die Macht und verteilen die Posten, die kommunistische Partei bleibt außen vor. Auch die Wirtschaft gewöhnt sich allmählich an die ewiggleichen Regierungsköpfe – ein günstiger Boden für Lobbyismus und schließlich für einen dichten Filz aus wirtschaftlicher und politischer Macht.

In den 1970er Jahren, die als „bleierne Jahre" in die Geschichte eingehen, machen die linksradikalen *Brigate Rosse (BR)* von sich reden, die ähnlich wie die deutsche RAF den bewaffneten Kampf propagieren. Am 16. März 1978 entführen sie den ehemaligen Ministerpräsidenten *Aldo Moro*, der am 9. Mai erschossen aufgefunden wird. Die Kommunistische Partei, die derweil unter ihrem Generalsekretär *Enrico Berlinguer* den *historischen Kompromiss* (Compromesso storico), ein Bündnis mit den Christdemokraten sucht, das Italien aus der Stagnation herausführen soll, verurteilt die Ermordung Moros aufs Schärfste. Der „historische Kompromiss" kommt nicht zustande, die Rechte weiß die Politik der Roten Brigaden propagandistisch zu nutzen, indem sie die Kommunisten in die Nähe der Terroristen rückt.

Gefährlicher als die Roten Brigaden ist die Mafia. Sie hat ihre Tentakel in die politische Administration geschlagen. Das so von Wirtschaftsgrößen und Mafiosi geschmierte Kabinett-Karussell dreht munter weiter, bis Anfang der 1990er Jahre die Justiz Sand ins Getriebe schleudert.

Könige ohne Königreich

König *Umberto II* ist gerade 24 Tage im Amt, als das italienische Volk mehrheitlich beschließt, die Monarchie abzuschaffen und durch die republikanische Staatsform zu ersetzen. Was aber macht ein König ohne Königreich? Er geht ins Exil. Umberto II wählt Portugal als neues Domizil, nennt sich weiterhin König, die italienische Republik erkennt er nicht an. Gründe genug, um in Italien 1948 ein Gesetz zu erlassen, das dem Haus Savoyen die Rückkehr nach Italien verbietet.

35 Jahre später, 1983, stirbt Umberto II in einer Genfer Klinik. *Vittorio Emanuele IV*, der vor allem am Genfersee zuhause ist, hat sich schon 1969 die Krone des Hauses Savoyen selbst aufgesetzt. Der Exil-König macht Ende der 1970er Jahre bei einer Schießerei auf der korsischen Insel Cavallo von sich reden, wo sich Nachtclub-Könige, Playboys, die italienische Mafia und Waffenhändler herumtreiben. Ein unbeteiligter Deutscher wird erschossen, Vittorio Emanuele IV wegen unerlaubten Waffenbesitzes zu sechs Monaten auf Bewährung verurteilt.

Das Rückkehrverbot wird 2002 aufgehoben, die Royals kommen zurück. Einige Italiener sorgen sich um die in der Banca Italiana verwahrten Kronjuwelen – geschätzter Wert zwei Milliarden Euro –, aber die bleiben dort verwahrt. Vittorio Emanuele ist anderweitig beschäftigt. Im Juni 2006 wird der mittlerweile 69-jährige Banker in der Nähe des Comer Sees festgenommen – ermittelt wird gegen ihn diesmal wegen Korruption, Glücksspiel und Ausbeutung von Prostituierten.

Nun wird es auch der „Consulta dei Senatori del Regno", die über die Ehre des Hauses Savoyen wacht, zu bunt. Sie setzt Vittorio Emanuele IV ab, begründet dies höflich mit einer nicht standesgemäßen Ehe und erklärt seinen Cousin *Amadeus von Savoyen* zum neuen Oberhaupt des Königshauses. Über ihn ist noch nichts Nachteiliges bekannt.

In Süditalien erschrecken mutige Richter die allmächtige Mafia, indem sie die Finanzkanäle diverser Firmen ausleuchten. In Mailand deckt der Richter-Pool *Mani puliti* (saubere Hände) eine Schmiergeldaffäre nach der anderen auf, und bald gerät das gesamte politische System ins Wanken. Zwar haben sich die Italiener längst daran gewöhnt, dass ihre Politiker geschmiert sind. Aber erst jetzt erfahren sie, in welch gigantischen Ausmaßen dies geschieht. Was das Volk bislang als Kavaliersdelikt zu akzeptieren gewohnt war, entpuppt sich als hochgradige Kriminalität. Ermittelt wird jetzt nicht nur gegen die Generalmanager der Großkonzerne Fiat und Olivetti, sondern fast gegen die gesamte Politikerkaste. 1992 stehen mehr als ein Viertel der italienischen Abgeordneten unter Anklage; der zweimalige Ministerpräsident und Sozialistenchef *Bettino Craxi* flüchtet noch rechtzeitig vor dem Arm des Gesetzes nach Tunesien (wo er im Jahr 2000 stirbt). Gegen den 75-jährigen *Giulio Andreotti,* dreißigmal Minister, siebenmal Regierungschef und in den Augen vieler Italiener ein ehrlicher Christdemokrat, wird wegen mafiöser Bandenbildung und Anstiftung zum Mord ermittelt (der Prozess endete 1999 mit einem Freispruch). Ende 1993 war die Erste Republik moralisch und politisch bankrott.

Zweite Republik – Sua Emittenza und Il Professore

Die Aufdeckung der umfassenden Korruption löst 1993 eine schwere Regierungskrise aus. Die Parteienlandschaft verändert sich danach vollständig, dass man die darauf folgende Zeit als „Zweite Republik" bezeichnet.

Um aus der elenden *Partitocrazia* (Herrschaft der Parteien bzw. der Parteichefs über die Regierung) herauszufinden, wird per Volksentscheid das Wahlgesetz grundlegend geändert: Seit den Wahlen im März 1994 unterstehen drei Viertel aller Abgeordneten der Direktwahl, bei der die einfache Mehrheit genügt.

Die stark angeschlagene Christdemokratische Partei tauft sich in Italienische Volkspartei um (*Partito Popolare Italiano, PPI,* seit 2002 *La Margherita – Democrazia e Libertà*). Bereits 1993 hat sich die Kommunistische Partei in Demokratische Partei der Linken (*Partito Democratico della Sinistra, PDS*) umbenannt (seit 1998 *Democratici di Sinistra, DS*). Auf der vor allem im Süden starken äußersten Rechten geht aus der Italienischen Sozialbewegung (*Movimento Sociale Italiano, MSI*), in der viele unverbesserliche Faschisten Unterschlupf gefunden haben, die Nationale Allianz (*Alleanza Nazionale, AN*) hervor, die ihren faschistischen Stallgeruch loszuwerden sucht.

Neu entsteht im industrialisierten Norden die Bewegung Liga Nord (*Lega Nord*), die nicht länger Entwicklungshilfe für den Mezzogiorno leisten will, zumal die Staatsgelder nicht selten auf die Konten der Mafia fließen. *Umberto Bossi,* Führer der Lega, schimpft auf *Roma ladrona* (das diebische Rom), droht lautstark mit dem Einsatz von Kanonenschiffen gegen afrikanische Flüchtlinge, die illegal an Italiens Gestaden zu landen versuchen, und mit der Gründung eines eigenen Staats namens „Padania" (Land des Po).

Doch nicht nur die alten-neuen Parteien melden sich 1994 zur Wahl, sondern auch Sammelbewegungen ohne Parteistruktur. Eine solche hat drei Monate vor dem Wahltermin der Medienmogul *Silvio Berlusconi,* Italiens reichster Mann und nebenbei Eigentümer des Fußballclubs AC Milano, zusammengezimmert. Seine Bewegung *Vorwärts Italien* (*Forza Italia,* ein Schlachtruf aus der Fußballsprache) verspricht, die Kommunisten von der Macht fernzuhalten und eine Million Arbeitsplätze zu schaffen – natürlich ohne ins Detail zu gehen. Im Übrigen beschränkt sich Berlusconi darauf, ein stets gebräuntes Gesicht mit optimistischem Lächeln zu präsentieren – nicht in natura, sondern über seine privaten Fernsehsender, mit denen er Italiens Wohnzimmer beherrscht. Filmregisseur *Nanni Moretti* trifft den Nagel auf den Kopf: „Die Italiener werden nur rebellisch, wenn man ihnen zwei Dinge wegnimmt: den Fußball und das Fernsehen. Berlusconi gibt ihnen beides, also wählen sie ihn." Im März 1994 wird der politische Newcomer quasi über Nacht zum Regierungschef.

Um sich die parlamentarische Mehrheit zu sichern, muss *Berlusconi* ein Bündnis eingehen. Als Partner bietet sich die postfaschistische *Alleanza Nazionale* an, deren Vorsitzender *Gianfranco Fini* bedauert, Mussolini noch vor kurzem als „größten Staatsmann des Jahrhunderts" bezeichnet zu haben. Der Dritte im Bunde wird die separatistische *Lega Nord* von Umberto Bossi. So hat „Sua Emittenza" (von *emittente* – Sender), wie Journalisten den „Telekraten" Berlusconi gelegentlich nennen, die parlamentarische Mehrheit hinter sich. Doch herrscht in der zusammengewürfelten Koalition bald ein Gezänk wie in guten alten Zeiten, und ganz nebenbei sieht man auch einige abgehalfterte Politprofis wieder auftauchen. Doch sind die Richter von *Mani pulite* in der Zwischenzeit nicht untätig gewesen; sie ermitteln wegen einer Schmiergeldaffäre gegen Berlusconis Bruder Paolo, und der zum Regierungschef aufgestiegene Konzernherr fürchtet zu Recht, selbst auf der Anklagebank zu landen. Kurzum: Der Lack ist ab, und das Gesicht der Zweiten Republik sieht dem der Ersten Republik zum Verwechseln ähnlich.

Berlusconi muss bald feststellen, dass man einen Staat nicht wie einen Konzern regieren kann. Das sonnengebräunte Gesicht auf der Mattscheibe lächelt immer seltener, die versprochene Million an Arbeitsplätzen ist so fern wie eh und je, und einigen Wählern dämmert langsam, dass sie einem Fernsehtraum aufgesessen sind. Im Dezember 1994 versagt die Lega Nord die Unterstützung des Haushaltsentwurfs – Berlusconi muss gehen.

Nach einer Interimsregierung unter dem Finanzexperten *Lamberto Dini* wird im Frühjahr 1996 wieder zu den Wahlen gerufen. Diesmal stehen sich zwei große Blocks gegenüber. Die *Forza Italia* und die *Alleanza Nazionale* schließen das Wahlbündnis *Polo della Libertà* (Pol der Freiheit) mit dem Spitzenkandidaten Berlusconi, die *Lega Nord* tritt daneben unabhängig an. Das Mitte-Links-Lager rauft sich unter dem Namen *L'Ulivo* (Olivenbaum) zusammen, ihm gehört als größte Partei der *Partito Democratico della Sinistra* an, aber auch Teile des *Partito Popolare Italiano* sind mit von der Partie. Hoffnungsträger des Olivenbaums ist der Vertrauen erweckende, von politischen Skandalen unbefleckte, parteilose *Romano Prodi*, Ex-Christdemokrat und Wirtschaftsprofessor aus Bologna. Unabhängig vom Olivenbaum kandidiert auf der linken Seite der von *Fausto Bertinotti* angeführte *Partito della Rifondazione Comunista* (Partei der Kommunistischen Neugründung), bestehend aus Kommunisten, die sich der Umwandlung der alten Kommunistischen Partei in die Demokratische Partei der Linken widersetzt haben. Das Resultat der Wahl ist eindeutig, die Linke jubelt: Romano Prodi, „Il Professore", wird Ministerpräsident. Allerdings ist seine Regierung auf die Tolerierung der Kommunisten angewiesen.

Das große Verdienst von Prodis Regierung ist es, die öffentliche Verschuldung mit eiserner Sparpolitik soweit heruntergeschraubt zu haben, dass Italien die *Maastricht-Kriterien* erfüllt und so bei der Gründung der Euro-Zone mit dabei sein kann. Prodi bleibt bis Herbst 1998 am Ruder, dann versagen ihm die Kommunisten die Unterstützung. Er tritt zurück und setzt seine politische Karriere vorerst in Brüssel fort, wo er 1999–2004 als Präsident der EU-Kommission waltet. Die Ulivo-Regierung wird von *Massimo d'Alema*, Ex-Kommunist und Präsident der Demokratischen Linken, weitergeführt. Nach einer Niederlage der Linken bei den Regionalwahlen im Jahr 2000 gibt D'Alema das Präsidentenamt an den parteilosen Sozialisten *Giuliano Amato* weiter, der bis zu den nächsten Parlamentswahlen durchhält.

Zu den Wahlen von 2001 meldet sich „Sua Emittenza" Silvio Berlusconi zurück. In seinem Bündnis *Casa della libertà* (Haus der Freiheit) versammeln sich neben der *Forza Italia* und der *Alleanza Nazionale* nun auch wieder die *Lega Nord* und einige kleinere Parteien. Dagegen kandidiert der *Ulivo* mit *Francesco Rutelli*, dem beliebten Bürgermeister Roms und erfolgreichen Managers des Heiligen Jahres 2000. Doch der Olivenbaum trägt diesmal keine Früchte, die Wahlen bringen Berlusconi zurück an die Macht.

Die zweite Regierungszeit Berlusconis ist von Skandalen gekennzeichnet. Der Druck, den der Medienzar, der über drei eigene Fernsehsender verfügt, als Regierungschef auf die staatlichen Sender ausübt, wird als Angriff auf die Meinungsfreiheit gewertet. Die Gesetze, die er durchs Parlament peitscht, dienen dazu, sich selbst vor dem Zugriff der Justiz zu schützen: Die Verjährungsfrist wird verkürzt, Bilanzfälschung und Korruption werden zu Kavaliersdelikten herabgestuft. Ein Immunitätsgesetz, mit dem er die fünf höchsten Repräsentanten des Staats (zu denen selbstverständlich auch er zählt) für die Justiz unerreichbar machen will, wird vom Staatspräsidenten allerdings nicht unterzeichnet. Auch auf dem außenpolitischen Parkett macht Berlusconi von sich reden. Bei seinem ersten Auftritt als Präsident des Rats der EU beschimpft er den SPD-Abgeordneten *Martin Schulz*: „Ich weiß, dass es in Italien einen Produzenten gibt, der einen Film über die Konzentrationslager der Nazis macht. Ich werde Sie für die Rolle eines Kapos vorschlagen. Sie sind dafür wie geschaffen." Die chinesische Regierung erfährt von ihm, dass unter Maos Regierung „Babys nicht gegessen, sondern gekocht wurden, um die Felder zu düngen". Als Berlusconi 2002 innenpolitisch versucht, den Paragrafen 18 (Kündigungsschutz) kurzerhand abzuschaffen, erwacht die Linke aus ihrem Koma. Die Gewerkschaften mobilisieren, und auch die kritische Intelligenz, allen voran der Nobelpreisträger *Dario Fo* und der Filmregisseur *Nanni Moretti*, rufen auf Massenkundgebungen zum Widerstand auf. Die Teilnahme Italiens am Irakkrieg – gegen den erklärten Willen der Mehrheit der Italiener – schürt zusätzlich den Unmut. Regenbogenfarbene Protestfahnen mit der Aufschrift „Pace" (Frieden) werden ins

Fenster gehängt, wie es bald auch in Deutschland geschieht. 2005 kommt es bei den Regionalwahlen zur erwarteten Niederlage der Parteien des Mitte-Rechts-Bündnisses – ein fast untrügliches Zeichen für den Umschwung.

Prodis Brüsseler Mandat bei der EU geht rechtzeitig zu Ende, Il Professore kommt nach Italien zurück, wo er bei den Parlamentswahlen im April 2006 zum zweiten Mal gegen Sua Emittenza antritt. Diesmal steht hinter ihm das breite Bündnis *L'Unione*, das neben dem *Ulivo* auch die zentristische *Margherita* und neben kleineren Parteien auch die Kommunistische Partei umfasst. Im Abgeordnetenhaus ist die Mehrheit satt (348 von 630 Sitzen), im Senat aber hauchdünn (158 für Prodis Koalition, 156 für die von Berlusconi).

Eine der ersten Taten der neuen Regierung ist der versprochene Abzug der Truppen aus dem Irak, im Dezember 2006 kehren die letzten italienischen Soldaten nach Hause. Zu einer ersten Krise aber kommt es im Februar 2007. In der Frage der Fortsetzung des italienischen Afghanistan-Einsatzes (1900 Soldaten) verfehlt Prodi beim Senat die notwendige Mehrheit. Zwei linksradikale Senatoren aus den eigenen Reihen wie auch zwei der sieben Senatoren auf Lebenszeit (unter ihnen das politische Fossil *Giulio Andreotti*) verweigern ihm die Gefolgschaft. Der von Prodi eingereichte Rücktritt wird vom Staatspräsidenten nicht angenommen. Es kommt zur Vertrauensabstimmung, die Mitte-Links-Koalition schließt – angesichts eines Berlusconi ante portas – ihre Reihen dicht und gewinnt. Il Professore kann vorerst weiterregieren.

Doch die nächste Regierungskrise lässt nicht lange auf sich warten. Wegen einer Korruptionsaffäre und Verbindungen zur Mafia muss Anfang 2008 Prodis Innenminister *Clemente Mastella* den Hut nehmen, was dazu führt, dass dessen Mini-Partei (Populari-Unione Democratici per l'Europa) der Regierung das Vertrauen entzieht. Prodi gewinnt die darauffolgende Abstimmung zwar in der Abgeordnetenkammer, nicht aber im Senat und reicht entnervt seinen Rücktritt ein. Zu den vorgezogenen Parlamentswahlen im April 2008 tritt er nicht mehr an. Diese gewinnt Stehauf-Showman Berlusconi, der damit seine vierte Amtszeit als Ministerpräsident antritt.

Zweite Republik – wie lange noch?

Im März 2009 fusionieren Berlusconis *Forza Italia* und Gianfranco Finis *Alleanza Nazionale* zur neuen Partei *Popolo della Libertà* (Volk der Freiheit). Das festigt erst die Regierung, doch bald tauchen die bekannten Probleme wieder auf. Berlusconi tritt immer selbstherrlicher auf, er versucht Gesetze durchs Parlament zu peitschen, die ihn als Geschäftsmann vor dem Zugriff der Justiz schützen sollen. Das geht eine Zeitlang gut, bis sein Partner Gianfranco Fini die Nase voll hat und mit einigen Gleichgesinnten die Fraktion *Futuro e Libertà per l'Italia* (Zukunft und Freiheit für Italien) gründet, die je nach Gusto die Regierung unterstützt. Seither ist Berlusconi zunehmend auf die Unterstützung der erstarkten Lega Nord von Umberto Bossi angewiesen, die allerdings ihre eigenen „padanischen" Interessen verfolgt.

Waren es früher vor allem Berlusconis schwer durchschaubare Bestechungs- und Steuerhinterziehungsaffären, die den Justizapparat beschäftigten, so sind es in jüngster Zeit vermehrt seine sexuellen Eskapaden. Im Fall „Rubygate" muss er sich derzeit wegen Amtsmissbrauch – er ließ per Telefonanruf eine Nachtclubtänzerin aus der Haft befreien – und Umgang mit minderjährigen Prostituierten, die er zu Orgien in seine Privatvilla einlud, verantworten. Es sieht ganz so aus, als würde der mittlerweile 75-Jährige, der so viele Finanzskandale überstanden hat, über ein 17-jähriges Mädchen stolpern.

Einer der berühmtesten Plätze Italiens: die Piazza della Signoria in Florenz

Kunst und Architektur

Vom schiefen Turm in Pisa bis zum monströsen Petersplatz in Rom, von Leonardo da Vincis „Mona Lisa“ über Michelangelos „Erschaffung Adams“ bis zu den illusionistischen Deckenfresken von Tiepolo: Alle großen Stilepochen der abendländischen Architektur und Malerei haben auf dem italienischen Stiefel ihre Zeugnisse hinterlassen – mehr als in jedem anderen Land Europas.

Italiens Malerei und Architektur prägt die Kunst in Europa von der Romanik bis zum Klassizismus des 18. Jh. über fast 800 Jahre. Wie die Politik wird auch die Kunst in den großen Städten gemacht: Zwar gibt es eine „sienesische Malerei“ und einen „neapolitanischen Barock“, doch die Zentren der Kunst sind im Florenz der Medici, im Rom der reich gewordenen Renaissance-Päpste und in Venedig – hier fließen die Gelder für große Aufträge. Und ebenso wie die Politik entwickelt sich auch die Kunst ungleichzeitig. Während man sich in Florenz schon von der Gotik verabschiedet hat, baut man in Venedig die *Ca d'Oro*, ein Musterbeispiel der Spätgotik. Die neuen Kunstepochen werden nicht beschlossen, sie kündigen sich schon in der vorhergehenden an, und die Übergänge, z. B. von der Gotik zur Renaissance, sind oft fließend. Zudem hinterlassen vor allem in der Architektur fremde Einflüsse ihre Spuren: byzantinische in Venedig, arabische und normannische auf Sizilien.

Antike und frühchristliche Zeit

Aus den Tagen der *Etrusker* haben die Archäologen manches ans Licht geholt – von verzierten Alabasterurnen über bemalte Amphoren bis zu Beispielen realistischer Porträtkunst. Zu sehen sind die Kunstwerke der rätselhaften etruskischen Kultur im Archäologischen Museum von Florenz, aber auch in den Etruskischen Museen von Volterra und Chiusi.

Aus der Zeit der *griechischen Kolonien* auf Sizilien in Süditalien blieben neben Tempelbauten auch Reliefs und Skulpturen erhalten. Die schönsten Funde zeigen die Nationalen Archäologischen Museen von Palermo und Neapel.

Die *Römer* haben in ihrer langen Herrschaft weitaus mehr hinterlassen: Reliefs, Büsten, Statuen sind in jedem größeren archäologischen Museum zu besichtigen. Weltweit bekannt ist das Archäologische Museum von Neapel, das unzählige Fundstücke aus den Städten Herculaneum und Pompeji präsentiert, die beim Ausbruch des Vesuvs 79 n. Chr. von einem Ascheregen zugeschüttet und erst im 18. und 19. Jh. systematisch ausgegraben wurden. Eine Besonderheit des Museums ist das „Gabinetto segreto" mit weltberühmten Erotica, die lange Zeit vor der neugierigen Öffentlichkeit verschämt versteckt wurden. Zur römischen Gemäldekunst zählen schließlich auch die Mosaiken, denen man überall im ehemaligen Reich begegnet. Die schönsten Beispiele in Italien finden sich in der Villa Casale in Sizilien (bei Piazza Armerina) und natürlich unter den Funden aus Pompeji. Schöne Mosaikböden mit Darstellungen sind u. a. auch in der antiken Ruinenstadt von Ostia (bei Rom) zu sehen.

Aus *frühchristlicher Zeit* stammen der noch in der Tradition der Antike stehende Mosaikboden der Basilika von Aquileia (Friulisch-Venetien) aus dem 4. Jh. mit Motiven aus der christlichen Symbolik, die Basiliken von Ravenna mit ihren Mosaiken, die Darstellungen in den christlichen Katakomben in Rom sowie Krypten und Basiliken in zahlreichen Städten Italiens.

Im Italienischen hört und liest man oft die Bezeichnungen *Duecento, Trecento, Quattrocento, Cinquecento, Seicento, Settecento, Ottocento, Novecento* ... Damit werden die Jahrhunderte im zweiten Jahrtausend n. Chr. bezeichnet, wobei mit *Duecento* das Jahrhundert gemeint ist, das auf das Jahr 1200 folgt, mit *Trecento* das Jahrhundert nach dem Jahr 1300 usw. So ist also das *Duecento* das 13. Jh., das *Trecento* das 14. Jh., das *Quattrocento* das 15. Jh....

Romanik

In Italien wird die Romanik etwa von der Mitte des 11. Jh. bis zur Mitte des 13. Jh. datiert. Der ursprünglich in Frankreich beheimatete Stil breitet sich erst in der Lombardei aus und greift dann auf ganz Italien über, wobei er sich in Venedig mit byzantinischen Einflüssen vermischt, in Sizilien mit sarazenisch-normannischen. Kennzeichnend für die Romanik sind meist dreischiffige Kirchen mit Tonnengewölbe, die noch stark an der Architektur der frühchristlichen Basilika orientiert sind. Im Inneren sind sie dunkel, weil das Langhaus in der Regel fensterlos ist. Die Kapitelle der Säulen zeigen oft biblische Darstellungen oder einfach skulptierten Dekor. Auch die Fassade weist meist Skulpturenschmuck auf. Durchweg charakteristisch ist die Verwendung des Rundbogens in der Architektur. Von der früheren Bemalung im Inneren ist oft nichts mehr oder nur ein kümmerlicher Rest zu sehen. In der Romanik wurde noch *al secco* gemalt, d. h. die Farbe wurde auf die trockene Kirchenwand aufgetragen und blätterte mit den Jahrhunderten ab. Die Freskenmalerei (*al fresco*), bei der die Farbe auf den noch feuchten Putz appliziert

Imposante Bauwerke auf der Piazza dei Miracoli in Pisa

wird und sich mit diesem vermischt (was der Haltbarkeit der Gemälde zugute kommt), war zwar bereits in der Antike bekannt, wurde aber erst in der Gotik wieder aufgenommen.

Klassische Beispiele romanischen Kirchenbaus sind *San Michele in Pavia*, wo die lombardischen Kaiser und Könige sich krönen ließen, sowie *Sant'Ambroggio in Mailand*. In *Pisa* sind der *Dom*, das *Baptisterium* und der berühmte *schiefe Turm* als Beispiele romanischer Bauten zu nennen. Ebenfalls der romanischen Epoche entstammt die *Markuskirche von Venedig*, die aber stark byzantinische Einflüsse zeigt (Kreuzkuppelbau) und deren Fassade später im gotischen Stil „modernisiert" wurde. Eine vom normannischen Baustil durchdrungene Romanik findet sich auf Sizilien, wo als Schulbuchbeispiel der *Dom von Cefalù* (Nordküste) steht, der mit seinen Mosaiken obendrein byzantinischen Einfluss verrät.

Die Bildhauerkunst der Romanik dient ausschließlich der Kirchenausstattung: Fassadenschmuck, Reliefs an Hauptportalen, Taufbecken und Kanzeln. Als herausragender Künstler der hochromanischen Epoche ist *Benedetto Antelami* bekannt, dessen berühmteste Arbeiten die „Kreuzabnahme" im Dom von Parma und das Portal des Baptisteriums von Parma sind. Die meisten romanischen Bildhauer sind namentlich jedoch nicht bekannt.

Gotik

Wie die Romanik breitet sich auch die Gotik von Frankreich nach Süden aus, wo sie ab Mitte des 13. Jh. vor allem in Nord- und in Mittelitalien Fuß fasst. Neben dem charakteristischen Spitzbogen zeichnen sich die gotischen Kirchen insbesondere durch monumentalere Bauten aus, ein Zeichen der wachsenden ökonomischen Macht der Kirche. Allerdings hat die italienische Gotik, mit Ausnahme des *Doms von Mailand*, nie die Flächen auflösende, himmelstürmende Architektur des französischen Kirchenbaus erreicht. Im Gegensatz zur vertikalen, französischen Gotik spielt in Italien die Horizontale weiterhin eine große Rolle, die Decken werden nicht in unheimliche Entfernungen gerückt.

Die Übergänge zwischen Romanik und Gotik sind fließend. Ein schönes Beispiel dafür ist der *Dom von Siena*, der im 12. Jh. als dreischiffige Basilika im romanischen Stil begonnen wurde. Im 14. Jh. – Siena war eine reiche Stadt geworden – beschloss man, den Bau gewaltig zu erweitern, diesmal im gotischen Stil. Aus dieser Zeit stammt die prunkvolle Zuckerbäckerfassade. Doch die hochfliegenden Pläne mussten gestoppt werden, nachdem Pest und Wirtschaftskrise der Stadt zusetzten – der beabsichtigte gotische Monumentalbau blieb unvollendet.

Bei der *Franziskus-Basilika von Assisi* fällt der Turm noch in die romanische Epoche, die gewaltige Oberkirche ist pure Gotik. Der *Dom von Florenz* (begonnen 1296) steht bis auf die berühmte Kuppel von Brunnelleschi ganz im Zeichen der Gotik, und schließlich sei als großartiges Beispiel der italienischen Gotik die reich verzierte Fassade des *Doms von Orvieto* erwähnt.

In Venedig kommt die Gotik erst Mitte des 14. Jh. an und ist wie schon die Romanik stark von der Ornamentik und Farbigkeit des oströmischen Kulturraums geprägt, so dass man von einer speziellen venezianischen Gotik sprechen kann. Die romanische *Markuskirche* wird im neuen Stil verändert, am *Dogenpalast* lösen Spitzbogen die früheren Rundbogen ab, der einst massive Bau wird lockerer. Schönstes Beispiel venezianisch-gotischer Profanarchitektur ist die *Ca d'Oro* am Canal Grande mit ihrer schmucken Fassade.

In der Bildhauerei sind *Nicola Pisano* (ca. 1220 bis ca. 1278) und sein Sohn *Giovanni Pisano* (ca. 1245 bis ca. 1315) die wichtigsten Vertreter der Gotik. Das Hauptwerk des Vaters ist die Kanzel des Baptisteriums von Pisa. Gemeinsame Werke von Vater und Sohn sind die Kanzel des Doms von Siena sowie die Reliefs des Stadtbrunnens von Perugia, der Fontana Maggiore. Von Giovanni Pisano, der nicht nur Bildhauer, sondern auch Architekt war, stammen die Kanzeln des Doms von Pisa und der Kirche Sant'Andrea in Pistoia sowie der Entwurf zur Domfassade von Siena. Während Vater Pisano sich noch stark an der Antike orientiert, ist der stürmischere Sohn mit seinen dramatischen Darstellungen stark von den Vorbildern der französischen Gotik geprägt. In der späten Gotik, an der Schwelle zur Renaissance, taucht *Jacopo della Quercia* (1374–1438) auf, ein einsames Urgestein, das einzuordnen sich die Kunstgeschichte schwer tut. Zu seinen berühmtesten Werken gehört die Fonte Gaia, der schmucke Brunnen auf dem Campo von Siena.

Hatte man es zur Zeit der Romanik in der Malerei meist mit anonymen Künstlern zu tun, so treten in der Gotik Künstler auf, die namentlich bekannt sind und nicht selten eine Linie oder gar eine Schule bilden. Die byzantinischen Einflüsse sind unverkennbar noch dominant: strenge Formen und „unräumliche" Darstellung.

In Siena ist *Duccio di Buoninsegna* (ca. 1255–1319) tätig, dessen Hauptwerk die im Dommuseum von Siena gezeigte „Maestà" ist. Einen Überblick über die „sienesische Schule" gibt die Nationale Pinakothek von Siena: Auf Duccio folgen *Simone Martini* (1284–1344), dessen Reiterbildnis des Heerführers „Guido Riccio" so dekorativ ist, dass es zu den meistverkauften Postkarten der Stadt gehört – zudem ist es eines der frühesten italienischen Bilder der profanen Kunst. Ebenfalls von Duccio beeinflusst sind die Brüder *Pietro Lorenzetti* (ca. 1280–1348) und *Ambrogio Lorenzetti* (ca. 1290–1348). Von letzterem sind neben sakraler Kunst auch großflächige Fresken zu sehen, mit denen er im Beratungssaal den Sieneser Ratsherren die

Folgen einer guten und schlechten Regierung vor Augen führt. Die Brüder Lorenzetti fielen vermutlich beide der Pestepidemie zum Opfer.

In Florenz macht *Cimabue* (1240–1302) von sich reden, der von Dante als bedeutendster Maler seiner Zeit gefeiert wird. In seiner Heimatstadt ist er in den Uffizien mit einer „Maestà" vertreten. Auch das berühmte Kreuz der Santa-Croce-Kirche von Florenz, das 1966, als der Arno über die Ufer trat, schwer beschädigt wurde, stammt von ihm. Mehr von Cimabue sieht man in Assisi, wo er einige Fresken für die Ober- wie auch für die Unterkirche der Franziskus-Basilika malte. Der Legende zufolge traf Cimabue bei einem Spaziergang in der Nähe von Florenz auf einen Jungen, der Schafe hütete und ganz nebenbei eine Ameise (in anderen Versionen eine Fliege, in wieder anderen ein Schaf) so naturgetreu zeichnete, dass der Meister ihn gleich in seine Werkstatt einlud. Der begnadete junge Mann hieß *Giotto di Bondone* (ca. 1267–1337), der später als Wegbereiter der Renaissance in die Kunstgeschichte einging. Mit der dramatischen Bewegtheit seiner Figuren, der Überwindung der zweidimensionalen, flachen Darstellungsweise und seiner Wirklichkeitsnähe streift Giotto die letzten Reste eines steifen, noch byzantinisch beeinflussten Formenkanons ab. Giotto war einer der erfolgreichsten Maler seiner Zeit, er bekam Aufträge aus ganz Italien, war Hausmaler einiger reicher Florentiner Familien, kannte Dante wie auch den König von Neapel und brachte es zu Wohlstand und Reichtum. Dass er im Nebenberuf noch andere Geschäfte trieb, z. B. das Vermieten von Webstühlen an Handwerker, vermehrte das Vermögen des Künstlers zusätzlich. Giottos bedeutendstes Werk findet man heute in Padua, wo er die Wände der Cappella degli Scrovegni bis zur Decke komplett mit Fresken ausstaffierte. Wie Cimabue war er auch an der Ausschmückung der Franziskus-Basilika von Assisi beteiligt, wobei die Zuordnung einiger Fresken umstritten ist. Gelegentlich betätigte sich Giotto auch als Architekt – u. a. geht der Campanile des Florentiner Doms auf seinen Entwurf zurück.

Siena, Schmuckstück der mittelitalienischen Gotik

Vermutlich wichtiger als Cimabue war für Giotto sein anderer Lehrer, *Pietro Cavallini* (ca. 1240 bis ca. 1325) aus Rom, ein Maler und Mosaikkünstler, der auch am Hof von Neapel zugange war. Um Cavallinis noch stark byzantinisch geprägte Arbeiten zu sehen, pilgert man heute am besten ins Trastevere-Viertel von Rom. Dort finden sich in der Santa-Maria-Kirche von ihm geschaffene Mosaiken in leuchtenden Farben. Unweit davon hat er in der Santa-Cecilia-Kirche das Fresko „Das Jüngste Gericht“ hinterlassen.

In Venedig muss man ähnlich wie in Rom die Renaissance abwarten, bis hochkarätige Maler auftauchen. Aus dem ausgehenden Mittelalter ist immerhin *Paolo Veneziano* (ca. 1333 bis ca. 1325) bekannt, der in die venezianisch-byzantinische Malerei unter dem Einfluss Giottos einige spätgotische Stilelemente in seine Bilder aufnimmt. Aus der Werkstatt Paolo Venezianos, die er zusammen mit seinen drei Söhnen unterhielt, stammt die so genannte „Pala feriale“, zwei große bemalte Holztafeln, die früher – ausgenommen an Feiertagen – die weltberühmte „Pala d'oro“, das goldene Altarbild der Markus-Basilika, zudeckten; die Pala feriale ist heute vor Ort ausgestellt.

Renaissance

Die Renaissance ist die zentrale Epoche der italienischen Kunstgeschichte. Die eng mit der Philosophie des Humanismus verknüpfte Erneuerungsbewegung geht von Italien aus und erfasst schließlich ganz Europa. In der italienischen Kunstgeschichte wird die Renaissance in zwei große Epochen aufgeteilt: die Frührenaissance (ca. 1400–1500) mit dem Zentrum Florenz und die Hochrenaissance (ca. 1500–1530), in der sich das Hauptgeschehen ins wieder reich gewordene Rom und nach Venedig verlagert. In ihrer späten Phase geht die Renaissance über in den Manierismus, eine Vorstufe des Barock, wobei die Übergänge wie immer sehr fließend sind.

Der Begriff der Renaissance (Wiedergeburt) geht auf den Künstler und Kulturhistoriker *Giorgio Vasari* (1511–1574) zurück, der mit „Rinascità“ und „Rinascimento“ die Wiedergeburt der Antike und den Abschied vom Mittelalter feiert. Statt auf Gott vertraut man jetzt lieber dem eigenen Verstand. Die leitenden Gedanken von Humanismus und Renaissance sind – neben der Wiederbesinnung auf die Antike – die wissenschaftliche Erforschung der Natur und des Menschen. Zu den wichtigsten Entdeckungen der Renaissance-Kunst gehört die exakt konstruierte Perspektive. Sie spielt sowohl in der Architektur wie auch in der Bildhauerei und Malerei eine zentrale Rolle. Wissenschaft, Technik und Kunst gehen in der Renaissance eine historisch einmalige Synthese ein, als deren Personifizierung *Leonardo da Vinci* (1452–1519) gelten darf: Da Vinci war Maler, Bildhauer, Architekt, Musiker, Anatom, Mathematiker, Mechaniker, Ingenieur, Naturphilosoph, Physiker, Erfinder – der Inbegriff eines Universalgenies.

Florenz ist nicht zufällig Geburtsort der Renaissance. Hier hat sich der Kapitalismus der beginnenden Neuzeit in besonders ausgeprägter Form entwickelt. Im 15. Jh. setzt ein allgemeiner Rationalisierungsprozess in der Wirtschaft ein, die Textilarbeiter werden von den Unternehmern in vorindustriellen „Fabriken“ beschäftigt, in denen profitabler und planbarer gearbeitet werden kann. In der Kunst setzt ein vergleichbarer Rationalisierungsprozess ein, der große Produktionswerkstätten entstehen lässt und die Herstellung von Kunstwerken und das Kunsthandwerk zu einem wichtigen wirtschaftlichen Faktor macht. Nicht zuletzt kostet Kunst auch Geld, und das haben die Medici im Überfluss. Nachdem in Rom die reichen Päpste den Petersdom planen, folgt die Kunst dem Kapital, das Zentrum der Renaissance verlagert sich.

Der Renaissance in Kunst und Architektur gehen bereits im 14. Jh. die Humanisten der italienischen Literatur voraus. Deren wichtigster Vertreter ist *Dante Alighieri* (1265–1321), der in seiner „Divina Commedia“ (Göttliche Komödie) noch einmal die gesamte mittelalterliche Weltanschauung zusammenfasst, aber bereits über

Dante auf der Piazza dei Signori in Verona

diese hinausweist. Dantes Hauptwerk hat nicht nur literatur-, sondern auch sprachgeschichtliche Bedeutung: Es ist das erste große Werk, das in italienischer Sprache verfasst ist, die Dante aus dem Toskanischen ableitete – das heutige Schrift-Italienisch geht also auf das Toskanische zurück, eben wegen Dante. Auch zu den italienischen Humanisten zählen der Dichter *Francesco Petrarca* (1304–1374) und sein Freund *Giovanni Boccaccio* (1313–1375), dessen „Decamerone" in die Weltliteratur eingeht und *Pier Paolo Pasolini* 1970 als Filmvorlage dient. Zu den späteren Dichtern der Renaissance gehören in erster Linie *Ludovico Ariosto* (1474–1533), Autor des „Orlando furioso" (Der rasende Roland), und *Pietro Aretino* (1492–1556), Verfasser berühmter erotischer Sonette, ein großer Spötter und begnadeter Polemiker aus Arezzo.

Frührenaissance: Die Architektur der Frührenaissance greift auf die klaren Formen der römischen Antike zurück. Der maßgebliche Theoretiker, der den Kanon der neuen Architektur schreibt, ist der Humanist, Grammatiker, Mathematiker und Architekt *Leon Battista Alberti* (1404–1472). Er selbst zeichnet für zahlreiche Kirchenbauten verantwortlich, u. a. für die riesige Kirche Sant'Andrea in Mantua und die Fassade der Santa Maria Novella in Florenz. Ob er am Entwurf des Stadtbaus von Pienza beteiligt war, der „Città ideale" von Papst Pius II., deren Reißbrettcharakter noch heute besticht, ist umstritten. Sicher aber darf man in ihm den geistigen Urheber sehen. Ein weiteres großes architektonisches Zeugnis der Frührenaissance ist die von *Filippo Brunelleschi* (1377–1446) entworfene Kuppel des Florentiner Doms.

Auch in der Bildhauerei orientiert sich die Renaissance an der Antike. Die wirklichkeitsgetreue Darstellung des menschlichen Körpers, der bis ins kleinste Detail studiert wird, ist oberstes gestalterisches Prinzip, was manchmal eine heroische Verklärung nicht ausschließt. Zu den frühesten Renaissance-Bildhauern gehören *Lorenzo Ghiberti* (1378–1455), der 1401 gegen seine Konkurrenten Della Quercia und Brunelleschi den berühmten Wettbewerb um die zweite Bronzetür des Baptisteriums von Florenz gewann und dort schließlich auch die dritte und letzte Tür gestaltete. Einer seiner Gehilfen war *Donatello* (1386–1466), der mit seinem bronzenen „David" die Nacktheit wieder in die Kunst einführte und über dessen Werk man sich einen guten Überblick im Bargello von Florenz verschaffen kann. Dort steht neben dem berühmten Bronze-David eine zweite Variante in Marmor. In Donatellos Nachfolge arbeitet *Andrea del Verrocchio* (1436–1488), ein Bildhauer, Maler und Goldschmied, der eine regelrechte Ausbildungswerkstatt unterhält und dessen berühmtester Schüler Leonardo da Vinci sein wird. In der Kirche Orsanmichele von Florenz ist eines der Meisterwerke Del Verrocchios zu sehen, die Statue des ungläubigen Thomas, der seine Hand in die Wunde Christi legt; weitere Werke von ihm finden sich im Bargello (Florenz). Eine Sonderstellung unter den Bildhauern hat *Luca della Robbia* (1400–1482). Seine Spezialität sind glasierte Tonreliefs, meist weiß auf blauem Grund, die noch heute zahlreiche toskanische Altäre schmücken. Die Produktionswerkstatt der Della Robbia war über drei Generationen aktiv und hatte in der Fertigung von Tonreliefs praktisch eine Monopolstellung.

Werkstattausbildung

Auch die besten Maler fallen nicht vom Himmel. Die Ausbildung beginnt in der Regel bei einem mehr oder minder bekannten Meister. Die Rezeptur, das Zubereiten und Mischen der Farben, die Herstellung von Pinseln, das Vorbereiten der Bilder (Grundierung) – all das will gelernt sein, bevor der Schüler an Malstudien, Kopien und Anfertigungen von Details geht. Er soll dazu qualifiziert werden, Teile eines Kunstwerks oder auch ganze Entwürfe selbstständig anzufertigen.

Viele Kunstwerke wurden in den Ateliers in Gemeinschaftsarbeit hergestellt. In Kleinstbetrieben arbeitete der Meister mit zwei, drei oder mehr Gesellen und Schülern. Deshalb ist es heute oft schwierig, die Handschrift des Meisters von der seiner Schüler zu unterscheiden. Ghirlandaio etwa stellte für seine monumentalen Fresken zahlreiche Helfer an. Die großen Bildhauerarbeiten wurden in Werkstätten gefertigt, die eine fast schon fabrikmäßige Ausdehnung hatten. So waren in Ghibertis Bronzegießerei 20 Gehilfen mit der Herstellung der Bronzetüren für das Florentiner Baptisterium beschäftigt.

In der Malerei ist weiterhin das Fresko die beliebteste Technik. Parallel dazu wird aber auch mit der im 15. Jh. aus den Niederlanden eingeführten Ölfarbe gearbeitet, die es erlaubt, Leinwand als Malgrund zu benutzen. Wichtig für eine naturgetreue Wiedergabe ist die Plastizität der Darstellung. Dank der geometrisch exakt konstruierten Zentralperspektive werden die Bilder räumlich. Statt der bisher praktizierten Profilansicht wird nun die Dreiviertelansicht bevorzugt, die den individuellen Zügen der Porträtierten besser Rechnung trägt. Thematisch sind weiterhin religiöse Bilder die Regel, schließlich gehören die Kirchen zu den größten Auftraggebern. Aber die Heiligenfiguren werden jetzt realistischer und auch sinnlicher gestaltet. Die Frührenaissance kennt zahlreiche Maler, vor allem in Florenz, wo laut Zunftverzeichnis allein in der zweiten Hälfte des Quattrocento 41 Malerwerkstätten aktiv sind. Die bedeutendsten Maler der Frührenaissance:

Gentile da Fabriano (ca. 1370–1427): Der aus den Marken stammende Meister steht am Übergang von der gotischen Malerei zur Renaissance. Er ist in Venedig, der Toskana, in Umbrien und Rom beschäftigt und beeinflusst mehrere Schulen. Sein Meisterwerk ist eine „Anbetung der heiligen drei Könige“ aus dem Jahr 1423, das bereits mit der Perspektive arbeitet und heute in den Uffizien in Florenz zu sehen ist.

Masaccio (1401–1428): Er ist der wichtigste Maler der Frührenaissance. Seine Figuren lassen sich mit denen Giottos vergleichen: War bei Giotto die Räumlichkeit schon angedeutet, so unterwirft Masaccio seine Kunst der exakten Perspektive, die er vom Architekten Brunelleschi übernimmt. Ein großartiges Beispiel dafür ist das Dreifaltigkeitsfresko in der Kirche Santa Maria Novella von Florenz. An Stelle der

Linie setzt Masaccio oft die Abgrenzung durch den Kontrast der Farben, eine Technik, die viele Nachahmer findet und später zu einer der Grundlagen der gesamteuropäischen Malerei wird. Masaccio stammt aus San Giovanni Valdarno (Toskana) und stirbt mit 27 Jahren unter mysteriösen Umständen in Rom.

Fra Angelico (1387–1455), auch *Beato Angelico* oder *Fra Giovanni da Fiesole* genannt; der Dominikanermönch ist von Masaccios Werk und dessen Zentralperspektive beeinflusst, doch seine Bilder wirken zarter, heller und strahlen eine tiefe Frömmigkeit aus. Am besten ist sein Werk im Ex-Kloster San Marco in Florenz zu studieren, wo er mit seinen Schülern 44 Mönchszellen mit Fresken ausgestattet hat. Was dabei von seiner Hand und was von seinen Schülern stammt, ist heute nicht mehr auszumachen. Dass er der Spiritus rector des Werks ist, steht aber außer Zweifel. Papst Johannes Paul II. (Karol Wojtyla) sprach den frommen Künstler der Frührenaissance 1982 selig.

Paolo Uccello (1397–1475): Wie Masaccio beschäftigt sich auch Uccello, der anfangs in Ghibertis Werkstatt an den Bronzetüren des Florentiner Baptisteriums arbeitete, mit der Perspektive, die er zeitlebens analysiert. Viele seiner Werke sind verloren gegangen, einige wenige sind in den Uffizien seiner Heimatstadt Florenz zu sehen.

Fra Filippo Lippi (ca. 1406–1469): Unter dem Einfluss von Masaccio arbeitet der Karmelitermönch aus Florenz stark perspektivisch. Seine farbigen, lebensfrohen Bilder sind heute in zahlreichen italienischen, deutschen und amerikanischen Museen zu sehen, in Prato und Spoleto hat er die Dome mit Fresken geschmückt. Lebensfroh wie die Bilder war auch deren Schöpfer. Filippo Lippi entsagt dem Mönchstum und brennt mit einer Nonne, die ihm Modell sitzt, durch. Aus der Verbindung geht *Filippino Lippi* hervor, der ebenfalls Maler wird. Filippo Lippis hauptsächliche Geldgeber waren die Medici, die auch sein Grabmal im Dom von Spoleto finanzierten, wo er während seiner Arbeiten starb.

Piero della Francescas „Herzog von Urbino"

Benozzo Gozzoli (ca. 1420–1497): Der in Florenz geborene farbenfrohe Maler lernt die Kunst in der Werkstatt Fra Angelicos. Zu seinem Hauptwerk gehört der großartige Franziskuszyklus in der Kirche San Francesco in Montefalco (Umbrien).

Piero della Francesca (ca. 1416–1492): Der aus Sansepolcro (Toskana) stammende Maler ist auch als Kunsttheoretiker bekannt, der mit Hilfe der Mathematik und Geometrie die Perspektive zu perfektionieren versucht. Sein Hauptwerk ist der Freskenzyklus „Die Legende des Kreuzes" in der Kirche San Francesco von Arezzo; weitere seiner Werke sind im Museum seiner Geburtsstadt zu sehen sowie im Örtchen Monterchi (bei Arezzo), dort eine schwangere Madonna im blauen Kleid. Piero war ein sehr angesehener Maler und wirkte auch in vielen anderen Städten Italiens, z. B. in

Rimini, Ferrara und Rom. Doch sind die meisten seiner Werke verloren gegangen.

Ausschnitt aus der „Geburt der Venus" von Botticelli

Sandro Botticelli (1445–1510): Eine Zeitlang lernt der Florentiner Maler bei Fra Filippo Lippi und nimmt später zum Dank dessen Sohn Filippino unter seine Fittiche. Botticelli, ein unruhiger Geist, malt sehr empfindsam, manchmal mit einem Hauch ins Fantastische, die Themen sind teils religiös, teils allegorisch. Er ist sowohl bei den Medici als auch beim Papst ein gefragter Künstler, letzterer beauftragt ihn mit drei Wandfresken, die heute noch in der Sixtinischen Kapelle zu sehen sind. Später gerät Botticelli unter den Einfluss des Bußpredigers Savonarola und wirft eigenhändig einige seiner Bilder in dessen „Fegefeuer der Eitelkeiten" (→ Geschichte, Kastentext Savonarola). Sein wohl berühmtestes Werk ist „Die Geburt der Venus", in den Uffizien in Florenz zu besichtigen: Die Göttin der Liebe, ebenso keusch wie sinnlich, scheint auf ihrer Muschelschale zu schweben und wird vom Gott des Windes in die Arme des Frühlings getrieben.

Domenico Ghirlandaio (1449–1494): Auch er ist in Florenz geboren und unterhielt dort eine Werkstatt, in der Michelangelo als 13-Jähriger die Freskokunst lernte und daneben sein erstes Geld verdiente. Ghirlandaios berühmteste Fresken sind in der Hauptkapelle des Chors von Santa Maria Novella in Florenz zu sehen. Einige Mitglieder der schwerreichen Tornabuoni-Familie, denen er den Auftrag verdankte, verewigte er dort in seinen Gemälden und zeigt sich damit als großer Meister auch in der Porträtkunst.

Luca Signorelli (ca. 1445–1523): Er stammt aus Cortona (bei Arezzo) und geht bei Piero della Francesca in die Schule, bei dem er die Perspektive und das Spiel der Farben lernt. Bekannt ist Signorelli für die Plastizität und die betonte Körperlichkeit seiner gelegentlich nackten Figuren, am besten zu studieren in der Brizio-Kapelle im Dom von Orvieto.

Perugino (ca. 1448–1523): Die Lehrmeister des in Città della Pieve (Umbrien) geborenen Malers sind Piero della Francesca und Andrea del Verrocchio, bei dem sich Perugino zusammen mit Leonardo da Vinci ausbildet. Seinen künstlerischen Durchbruch schafft er in Rom, wo er in der Sixtinischen Kapelle sein berühmtestes Fresko malt, die „Schlüsselübergabe von Christus an Petrus". Den frisch erworbenen Ruhm wandelt Perugino in bare Münze um. Er ist äußerst geschäftstüchtig und unterhält gleichzeitig an mehreren Orten Ateliers, um den Aufträgen nachkommen zu können. Einer seiner Schüler ist *Raffael*, der bei ihm die Kunst der harmonischen Madonnendarstellung mit Landschaft im Hintergrund lernt, ein Motiv, das Perugino immer wieder variiert. Zu den schönsten Fresken des umbrischen

Meisters gehört die „Anbetung der Könige" vor dem Hintergrund des Trasimenischen Sees, zu finden in seiner Heimatstadt Città della Pieve.

Ein Nebenzweig der Renaissance-Malerei sprießt in Venedig. Die dortigen Hauptvertreter sind:

Jacopo Bellini (ca. 1400 bis ca. 1470): Der Vater der venezianischen Malerei ist auch Vater zweier Söhne, Gentile und Giovanni, die in seiner vielseitigen Werkstatt zur Schule gehen. Jacopo Bellini lernt bei Gentile da Fabriano, den er vermutlich auch bei seinen Reisen in die Toskana, wo er mit der Renaissance in Berührung kommt, und nach Rom begleitet. Bilder von ihm sind heute in den Museen Venedigs, in den Uffizien und in zahlreichen Museen Europas und Amerikas zu sehen.

Andrea Mantegna (1431–1506): Neben Jacopo Bellini, unter dessen Einfluss er steht und dessen Tochter er heiratet, ist der aus Padua stammende Mantegna der bedeutendste Vertreter der oberitalienischen Frührenaissance. Er orientiert sich stark an den Vorbildern der Antike und arbeitet an mehreren Orten in Oberitalien und der Toskana, obwohl er als Hofmaler in Mantua eine feste Anstellung hat. In Mantua begibt man sich am besten in den Palazzo Ducale, wo Mantegna die „Camera degli Sposi" mit kürzlich restaurierten Fresken ausstattete. Die Kuppel versah er mit einem Trompe-l'oeil-Gemälde: Aus der kreisrunden Himmelsöffnung schauen freundliche Engelchen auf den Besucher herab, eine später oft kopierte Perspektive, die Mantegna als Erster praktiziert.

Giovanni Bellini (ca. 1430–1516): Gelernt hat er die Kunst bei seinem Vater Jacopo und steht anfangs noch stark unter dem Einfluss seines Schwagers Andrea Mantegna. Er wird zum wichtigsten Vertreter der venezianischen Renaissance. In seiner rund 50-jährigen Tätigkeit malte er fast hundert Mal die Muttergottes. Seine Arbeiten am Dogenpalast gingen im Brand von 1557 verloren. Erhalten blieben zahlreiche Altarbilder, Allegorien und Landschaften, denen allesamt eine außergewöhnliche Ausdruckskraft und eine lebendige Ausstrahlung eigen ist. Einen guten Überblick über sein Schaffen gibt die Galleria dell'Accademia in Venedig.

Hochrenaissance und Manierismus: *Leonardo da Vinci, Michelangelo* und *Raffael* – das Dreigestirn am florentinischen Kunsthimmel verkörpert den Höhepunkt der italienischen Renaissance, deren Zentrum sich bald nach Rom verlagert. Dort geht man daran, die größte Kirche der Christenheit zu bauen, den Petersdom, für den die bedeutendsten Baumeister und Maler der Zeit engagiert werden.

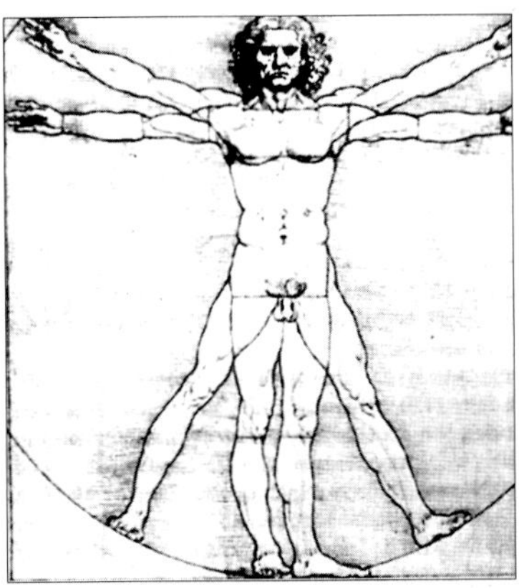

In seinem Spätwerk nimmt Michelangelo Abschied von harmonischen Kompositionen, seine Bilder werden spannungsgeladener, oft dramatisch übersteigert. Er findet darin zahlreiche Nachahmer. Für diese Periode, die dem Barock unmittelbar vorangeht, wurde der Begriff des Manierismus (gelegentlich auch als Spätrenaissance bezeichnet) geprägt.

Auch wenn Leonardo, Michelangelo und Raffael zur gleichen Zeit in Florenz arbeiteten, waren sie nicht, was man als dicke Freunde bezeichnen könnte. Konkurrenzdruck, Ehrgeiz und die Verschiedenheit der Charaktere waren wohl zu groß, als dass man einander öffentlich hätte anerkennen können. Michelangelo schimpfte über Raffael, er hätte keine Begabung, seine Kunst sei nur mühsam angelernt. Und wenn es zu einer der seltenen persönlichen Begegnungen zwischen Leonardo und Michelangelo kam, führte diese oft schnell zum Streit.

„Die Heilige Familie" von Michelangelo

Leonardo da Vinci (1452–1519): Wie kein anderer verkörpert der in der Nähe von Vinci (Toskana) geborene Leonardo die geistige Erneuerung der Zeit, die Kunst, Wissenschaft und Technik umfasst. Leonardo ist unter anderem Ingenieur, Bildhauer, Maler, Anatom, Astronom, Mathematik und Musiker. Im Vordergrund steht dabei seine Tätigkeit als Ingenieur. Zahlreiche Städte suchen seine Hilfe in militärischen Fragen. Leonardo konstruiert Waffen, Befestigungen und Belagerungsmaschinen. Im zivilen Bereich tüftelt er an Flugapparaten, Zeitmessgeräten und anderen nützlichen Dingen. Physikalische Untersuchungen über Statik und Dynamik gehen bei ihm einher mit ästhetischen und kunsttheoretischen Studien. Als Maler geht Leonardo bei *Andrea del Verrocchio* in die Schule. Später wird er mit einem großen Schlachtengemälde für den Florentiner Ratssaal beauftragt. Das nie vollendete Gemälde wurde im 16. Jh. zerstört, erhalten sind noch einige Skizzen und Vorstudien im Codex Atlanticus. Überhaupt ist der malerische Nachlass Leonardos vergleichsweise klein. Sein berühmtestes Bild, die „Mona Lisa", hängt im Pariser Louvre. In den Uffizien von Florenz findet man unter anderem „Die Ankündigung", in der Kirche Santa Maria delle Grazie von Mailand das weltberühmte Fresko „Das Letzte Abendmahl". Leonardo erweist sich als Meister des so genannten Chiaroscuro (Hell-Dunkel-Malerei) und des Sfumato, der Technik der Abgrenzung von Konturen durch zarte Farbabstufungen und getönte Schatten.

Michelangelo Buonarrotti (1475–1564): Der im Casentino (Toskana) geborene Michelangelo verstand sich selbst in erster Linie als Bildhauer. Dass er es auch als Maler zu Berühmtheit brachte, verdankt er vor allem den Deckenfreskos der Sixtinischen Kapelle, ein Auftrag, den er nur widerwillig annahm. Als Jugendlicher arbeitete Michelangelo in der Malerwerkstatt von Domenico Ghirlandaio, die er jedoch bald wieder verließ, um in die Bildhauerschule einzutreten, die Lorenzo de'Medici in seinem Garten eingerichtet hatte. Doch Einflüsse sind kaum auszumachen, Michelangelo ist ein unabhängiger Künstler, hat letztlich weder Lehrer noch Schüler, am liebsten arbeitet er allein, was seinem querköpfigen Charakter entspricht. Wochenlang treibt er sich in den Marmorbrüchen von Carrara herum, um sich die besten Blöcke auszusuchen, und selbst sechs Tage vor seinem Tod, im Alter von 89 Jahren, meißelt er noch an einer Statue. Sein berühmtestes Werk ist der „David", der heute als Kopie die Piazza della Signoria von Florenz ziert. Das Original der 4,34 m hohen Statue ist seit 1873 in der Galleria dell'Accademia zu sehen.

Jahrelang schon schlug Michelangelo sich mit dem Auftrag eines Grabmonuments für Papst Julius II. herum, als er mit den Deckenfresken der Sixtinischen Kapelle beauftragt wurde, eine Arbeit, die ihn von 1508–1512 in Anspruch nahm – mit der „Erschaffung Adams", heute einer der Bestseller im Plakat- und Kunstkartenverkauf, verschaffte er sich als Maler ewigen Ruhm. Rund 30 Jahre später wurde er nochmals für die Sixtinische Kapelle angefordert, um eine neue Altarwand zu malen. In fünf Jahren schuf er dort das „Jüngste Gericht" mit fast 400 oft nackten Darstellern, das von Kunsthistorikern als Beginn des Manierismus gesehen wird. Die Geschlechtsteile der Figuren wurden übrigens noch zu Lebzeiten des Meisters überpinselt und erst bei einer Restauration des Gemäldes 1980–1984 wieder freigelegt. Im Alter von 71 Jahren übernahm er bis zu seinem Tod die Bauleitung des Petersdoms, fegte erst einige Pläne seines Vorgängers beiseite und ist deshalb zu einem großen Teil verantwortlich für das heutige Aussehen der Kirche.

Raffael (1483–1520): Der jüngste des Dreiergespanns wurde in Urbino (Marken) geboren, zog dort aber schon im Alter von 16 Jahren weg, um in Perugia bei *Perugino* in die Lehre zu gehen. Schon bald übertrifft der Schüler den Meister und wechselt 1504 in die Kunstmetropole Florenz. Hier trifft er auf Leonardo und auf Michelangelo, die ihn beide beeindrucken. Vermutlich auf Vermittlung von Bramante, dem Bauleiter des Petersdoms (nach dessen Tod übernimmt Raffael den Job), kommt der junge Künstler 1509 nach Rom, wo er mit der Ausgestaltung der Vatikanischen Stanzen (Privatgemächer des Papstes) beauftragt wird. Seine hier entstandenen Gemälde gelten als Höhepunkt seines Schaffens, ja der Renaissance schlechthin. Ein wunderbares Beispiel für seine harmonischen, ausgeglichenen Kompositionen ist die „Schule von Athen", in der das Ideal der Antike thematisiert wird und die drei Meister der Hochrenaissance direkt in der Philosophenschule Platz nehmen: Leonardo als Plato, Michelangelo als Heraklit, Raffael selbst als Raffael. In Rom häufen sich die Aufträge für den begnadeten, beliebten, wohl auch geschäftstüchtigen und im Gegensatz zu Michelangelo kontaktfreudigen Künstlers, so dass er bald eine große Schar von Schülern beschäftigt. Raffael stirbt im Alter von nur 37 Jahren, seine Kunst gilt aber für die nächsten Jahrhunderte als Inbegriff der italienischen Malerei schlechthin.

Neben dem berühmten Dreigestirn, das die Epoche bestimmt, arbeiten zahlreiche andere Künstler der Hochrenaissance und des Manierismus meist im Raum von Florenz und Rom. Die wichtigsten:

Fra Bartolomeo (1472–1517): Der Florentiner Maler übernimmt von Leonardo die Hell-Dunkel-Malerei (Chiaroscuro), am besten zu studieren am Porträt des Bußpredigers Savonarola (im Ex-Kloster San Marco, Florenz), unter dessen Einfluss Fra Bartolomeo gerät, der Kunst entsagt und sich ins Kloster zurückzieht. Zum Glück für die Nachwelt griff er später doch wieder zum Pinsel.

Andrea del Sarto (1486–1530): Der Florentiner, ein Schüler Fra Bartolomeos, steht unter dem Einfluss sowohl Leonardos wie auch Michelangelos, findet aber seinen eigenen Stil, der sich vor allem durch das Kolorit auszeichnet. Seinen Beinamen „Andrea senza errori" (Andrea ohne Fehler) verdient er sich mit der Perfektion seiner Zeichnungen. Del Sartos Werke sind v. a. in Florenz zu sehen, in den Uffizien, im Palazzo Pitti, in Orsanmichele und weiteren Kirchen

Sodoma (ca. 1477–1549): Der aus dem piemontesischen Vercelli stammende Maler ist ein unruhiger Geist. Er reist viel durch die Lombardei und durch die Toskana und hinterlässt seine Spuren an manchen Orten. Seine Malerei steht unter dem Einfluss Leonardos. Einige Kritiker werfen ihm Oberflächlichkeit und einen Hang

Die Uffizien in Florenz: ein Museum der „Superlative"

zum Schwülstigen vor, der seiner Knabenliebe geschuldet sei. Seine schönsten Bilder sind im berühmten Freskenzyklus von Monte Oliveto Maggiore (Toskana) enthalten, u. a. die Versuchung der Benediktinermönche durch sieben Kurtisanen.

Domenico Beccafumi (1486–1551): Der sienesische Künstler gehört bereits in die manieristische Zeit. Er ist stark von Sodoma, Fra Bartolomeo und auch von Raffael beeinflusst, dessen Stanzen er bei einem Aufenthalt in Rom studiert. Seine wichtigsten Werke sind heute in Siena zu sehen, u. a. „Die Geburt der Jungfrau" in der Pinakothek.

Giorgio Vasari (1511–1574): Seinen Ruhm verdankt der aus Arezzo stammende Vasari weniger seinen Bildern, die in den Uffizien in Florenz zu sehen sind, als vielmehr der schriftstellerischen Tätigkeit. In seinem dreibändigen Werk „Lebensläufe der hervorragendsten Künstler" beschreibt er die Biografien von 88 italienischen Künstlern von Cimabue bis Michelangelo. Obwohl ihm dabei etliche Fehler unterlaufen, bleibt Vasari bis heute die wichtigste Quelle für die Erforschung der italienischen Malerei. Er prägte nicht nur den Begriff des Rinascimento, sondern auch den des Manierismus („manierismo"), dem er von der Nachwelt selbst zugerechnet wird. Als Architekt leitete er den Bau der Uffizien, die er über einen überirdischen Korridor (Vasari-Korridor) mit dem Palazzo Pitti am anderen Arno-Ufer verband. In seiner Geburtsstadt baute er den Palazzo delle Logge, unter dessen Arkaden heute die Touristen im Caffè Vasari beim Campari sitzen.

Giuseppe Arcimboldo (1527–1593): Der Mailänder ist ein Außenseiter des Manierismus und heute vor allem bekannt für seine bizarr-surrealistischen Vexierporträts aus Obst, Gemüse, Wurzeln, Fischen und anderem („Die vier Jahreszeiten"). Ein schönes Beispiel ist das Stillleben „Gemüse in einer Schüssel", das auf den Kopf gestellt einen Gemüsegärtner zeigt – zu sehen im Museo Civico von Cremona (Lombardei).

Ein weiterer Schwerpunkt der Hoch- und Spätrenaissance liegt im Veneto und in Venedig. Für die Architektur ist vor allem *Andrea Palladio* (1508–1580) von Bedeutung. Erst baut er einige Villen im Umland von Vicenza, einige Paläste und ein

Theater in dieser Stadt, wobei er sich vor allem von der Antike, aber auch von Michelangelo und Bramante inspirieren lässt. Später kommt Palladio nach Venedig, wo er mit den Kirchen Santa Maria Maggiore und Il Redentore ausschließlich Sakralbauten realisiert. 1570 veröffentlicht er eine architekturtheoretische Abhandlung, die in der Folgezeit eine als „Palladianismus" bezeichnete klassizistische Strömung in der europäischen Architektur auslöst.

In der venezianischen Malerei bildet sich in der Nachfolge der Bellini-Familie ein eigenständiges Zentrum der Hochrenaissance und des Manierismus heraus:

Giorgione (ca. 1477–1510): Nach einer Lehrzeit bei Giovanni Bellini wird er bald zu einem Meister der harmonischen Verbindung von Licht und Farbe, wobei der Landschaft in seinen Bildern eine wesentliche Rolle zufällt. In seinem kurzen Leben war Giorgione äußerst produktiv, doch sind zahlreiche Zuschreibungen umstritten, so etwa die berühmte schlummernde Venus, die sich seit 1699 in der Gemäldegalerie von Dresden ihrem Schlaf in der Landschaft hingibt und an der zumindest teilweise auch Tizian gearbeitet haben soll. Eindeutig von Giorgione ist „Das Gewitter", in dem sich eine stillende Schönheit im Freien nicht vom Blitz stören lässt, der im Hintergrund durch dräuende Wolken fährt – zu sehen in der Galleria dell'Accademia in Venedig.

Tizian (ca. 1488–1576): Er ist ein Bewunderer Giorgiones, mit dem zusammen er in Giovanni Bellinis Werkstatt in die Schule geht. Nach dem Tod Bellinis wird er dessen Nachfolger als Staatsmaler der venezianischen Republik. Bald schon macht sich Tizian als Europas bester Porträtmaler einen Namen – Päpste, Kaiser, Könige und sämtliche venezianische Dogen seiner Zeit lassen sich von ihm porträtieren. Um Tizians Werk auch nur halbwegs kennen zu lernen, müsste man heute durch halb Italien und Europa reisen. Zu seinen Hauptwerken gehört die „Himmelfahrt Mariä", das monumentale Altarbild in der Frari-Kirche von Venedig: Maria wird von einem Wirbel von Engeln in den Himmel getragen, während unten die verwirrte Apostelschar zurückbleibt.

Tintoretto (1518–1594): Sein Lehrer war Tizian, von dem er sich aber bald trennte – die beiden konnten sich nicht riechen. Tintoretto, der bereits dem Manierismus zugerechnet wird und fast sein ganzes Leben in Venedig verbringt, ist wie sein Leh-

Die von Palladio erbaute Villa Barbaro in Masèr

rer ein sehr produktiver Maler. Sein Leitspruch ist: „die Zeichnung von Michelangelo, die Farben von Tizian". Vom ersten hat er die Bewegtheit seiner Figuren, vom zweiten das Rot und Gold. Eine virtuose Umsetzung dieses Leitspruchs ist das „Markuswunder", heute in der Galleria dell'Accademia in Venedig zu sehen. Mit der Ausschmückung des Renaissance-Palasts Scuola Grande di San Rocco hat sich Tintoretto in der Lagunenstadt sein eigenes Museum geschaffen.

Paolo Veronese (1528–1588): Der nach seinem Geburtsort Verona benannte Künstler wird 1555 nach Venedig gerufen und gehört mit Tizian und Tintoretto zu den großen Drei der venezianischen Spätrenaissance. In seinen sakralen Bildern zeigt er einen Hang für das Üppige und Festliche in monumentaler Architektur. Die besten Beispiele hierfür sind die „Hochzeit zu Kanaa", heute im Pariser Louvre, und das „Gastmahl im Hause des Levi" in der Galleria dell'Accademia in Venedig. Zu Veroneses weiteren großen Werken zählt der „Raub der Europa" (Venedig, Dogenpalast).

Barock

Der geschichtliche Hintergrund des Barock, der in Italien das 17. und die erste Hälfte des 18. Jh. umfasst, ist die Gegenreformation. Deren Speerspitze sind die Jesuiten, und so ist es nicht zufällig, dass in der Architektur der Bau der Jesuitenkirche von Rom (*Il Gesù*) den Beginn des Barock markiert. Um sich von der Schlichtheit des Protestantismus abzuheben, setzt man in der Ausgestaltung auf Reichtum und Pracht. Angeblich ist die Erdkugel über dem monumentalen Grabaltar für Ignatius von Loyola der größte Lapislazuli-Block der Welt. Das breite Kirchenschiff mit den angegliederten Kapellennischen wird zum Vorbild für zahlreiche andere Kirchenbauten im barocken Rom. Die Kirchenausstattung will nicht mehr wie in der Renaissance den individuellen Betrachter ansprechen, sie richtet sich an die Masse. Pathos und Theatralik ersetzen die Ratio, und nicht selten wird der Betrachter ob der üppigen Zier, die sich bis in die ferne Kuppel verliert, erschlagen. Der neue Stil gelangt von Italien aus nach Österreich, Süddeutschland („Oberschwäbische Barockstraße") und in die Schweiz (Kloster Einsiedeln u. a.), aber auch nach Spanien und von dort nach Lateinamerika.

Zu den wichtigsten Baumeistern des Römer Barock zählen die Rivalen *Gianlorenzo Bernini* (1598–1680), der den riesigen Petersplatz mit seinen Kolonnaden entwirft, und der aus dem schweizerischen Tessin stammende *Francesco Borromini* (1599–1667); je nach dem, welcher der häufig wechselnden Päpste gerade an der Macht ist, wird mal der eine, mal der andere mit Aufträgen bedacht. Beide zusammen verändern das Stadtbild Roms nachhaltig.

In Venedig ist es *Baldassare Longhena* (1598–1682), der mit seinem Meisterwerk, der Kirche Santa Maria della Salute, ein monumentales barockes Zeichen setzt; Longhena beglückt die Stadt aber auch mit zahlreichen Palazzi im neuen Stil.

Auch in Neapel hält der Barock Einzug. Dort ist *Cosimo Fanzago* (1591–1678) der unumschränkte Baumeister, der viele Kirchen und Paläste der Stadt im barocken Stil umgestaltet.

Unter den barocken Malern ragen zwei ganz und gar verschiedene Künstler heraus. *Annibale Carracci* (1560–1609), der mit zwei Brüdern und einem Vetter zusammen in Bologna eine Malerschule unterhält, sucht Anregungen bei Michelangelo, Raffael und Tizian und steht für die idealistische Barockmalerei. Seine Kunst ist in zahlreichen Museen Italiens und Europas zu sehen, sehr viele seiner Werke findet man konzentriert im Palazzo Farnese in Rom, wo er die erste Etage mit Fresken aus

Fontana del Moro, der Maurenbrunnen an der Piazza Navona

der griechischen Mythologie ausgeschmückt hat.

Ganz im Gegensatz zu Carracci steht *Caravaggio* (1573–1610). Der im Lombardischen geborene Künstler ist ein jähzorniger, unsteter Charakter, den einige Kritiker in seiner Kunst gespiegelt sehen. Nach einem Totschlag im Affekt muss er aus Rom fliehen, er taucht in Neapel auf, dann auf Malta und in Sizilien. Seine Bilder sind dramatisch bewegt und oft von einem grausamen Realismus geprägt. Die Darstellungen von Jünglingen hingegen sind meist von entrückter Schönheit, was die Kritiker der sexuellen Orientierung des Künstlers zuschreiben. Caravaggio ist ein unerreichter Meister der Hell-Dunkel-Malerei („Chiaroscuro"), seine Gestalten tauchen wie von Bühnenscheinwerfern beleuchtet aus dem Dunkel auf. Sein Werk ist heute über die ganze Welt verstreut; die Galleria Nazionale d'Arte Antica (Palazzo Barberini) in Rom verwahrt „Judith und Holofernes", eine gewalttätige Enthauptungsszene, sowie den verträumten „Narziss", der sich, ins Wasser blickend, in sein eigenes Spiegelbild verliebt.

In der venezianischen Malerei erlebt die Barockkunst einen Höhepunkt mit *Giovanni Battista Tiepolo* (1696–1770). Er beschäftigt sich intensiv mit dem Werk Veroneses und ist ähnlich wie dieser für das Heitere, Prunkvolle und Festliche zu haben. Seine Meisterschaft im Umgang mit der Perspektive zeigt sich vor allem in großartigen illusionistischen Deckenfresken, in denen er seine Figuren in himmlische Räume stürmen lässt. Tiepolo war bald weit über die Grenzen Venedigs hinaus bekannt. 1751/52 hält er sich in Würzburg auf und stattet dort den Kaisersaal der Residenz mit Deckenfresken aus, die bereits dem Rokoko (Spätbarock) zugerechnet werden. In Venedig finden sich mehrere repräsentative Werke Tiepolos in der Galleria dell'Accademia.

Klassizismus

In Italien, wo man in der Renaissance bereits den Idealen der Klassik gehuldigt hatte, wird der Klassizismus meist *Neoclassicismo* genannt. Er ist eine radikale Antwort auf den dekorativ ausufernden Spätbarock und kommt ab der Mitte des 18. Jh. zum Zug. Statt üppigen Dekors wird wieder die klare, schnörkellose Strenge der Antike favorisiert. Zu den architektonischen Bauwerken dieser Epoche gehören die Opernhäuser von Mailand und Venedig, die Scala und das Fenice. Beide waren in den 1770er Jahren abgebrannt und wurden im neuen Stil wiederaufgebaut. Das Fenice in Venedig brannte danach noch zweimal (1836, 1996), stieg aber, seinem Namen Ehre machend, immer wieder als (klassizistischer) Phönix aus der Asche.

Auf klassizistische Bauten trifft man in vielen Städten Italiens, in Turin und Triest spielt der Klassizismus bis in die Stadtplanung hinein, doch eine Bedeutung wie der Barock erreicht er in Italien nicht.

Berühmtester Bildhauer der Epoche ist *Antonio Canova* (1757–1822). Zu seinen Hauptwerken gehört eine in der Galleria Borghese in Rom ausgestellte marmorne Venus in freizügiger Pose, für die Napoleons Lieblingsschwester Paolina Borghese Modell saß. In Canovas Geburtsort Possagno (Venetien) findet man sein von ihm selbst entworfenes monumentales, klassizistisches Grabmal („Tempio di Canova") sowie ein herausragendes Museum, in dem so gut wie alle Modelle seiner Marmorstatuen zu sehen sind.

19. und 20. Jahrhundert

Im 19. Jh. verlagert sich das Kunstgeschehen nach Frankreich. Zwar gibt es auch in Italien weiterhin fähige Architekten und Maler, doch die innovativen Impulse kommen jetzt aus Paris. Eine Ausnahme ist *Giovanni Segantini* (1858–1899), der dem Symbolismus zugerechnet wird. Geboren ist er im damals noch österreichischen Arco am Gardasee, in seinen letzten Jahren lebt er in Graubünden, wo er seine berühmtesten Bilder malt – zu sehen im Segantini-Museum im schweizerischen Jetset-Ort St. Moritz.

Im 20. Jh. macht der Futurismus von sich reden, eine von *Filippo Tommaso Marinetti* (1876–1944) ins Leben gerufene avantgardistische Kunstbewegung, die Literatur, Malerei, Musik, aktionistische Kunst und mehr umfasst und damit als einer der Vorläufer von Dadaismus und Surrealismus gelten kann. Doch tun sich die Futuristen später schwer, sich von der Pariser Avantgarde klar abzugrenzen. Obendrein führen ihre Kriegsverherrlichung und die Nähe zum Mussolini-Faschismus schließlich dazu, dass der Futurismus in der Nachkriegszeit als künstlerische Begleiterscheinung des Faschismus interpretiert wird.

Andere italienische Maler wie *Amadeo Modigliani* (1884–1920), Spezialist für plakative Akte, sind in Paris zugange. Auch *Giorgio de Chirico* (1888–1978), halb Grieche, halb Italiener und Mitbegründer der „Metaphysischen Schule" (von der er sich später wieder verabschiedet), arbeitet zeitweise in Paris. In den 1960er und 1970er Jahren geistert die „Arte Povera„ durch die Kunstwelt, die vor allem mit Alltagsmaterialien (Holz, Textil, Glas usw.) Skulpturen schafft – ihr bekanntester Vertreter ist der in Turin arbeitende Mailänder *Mario Merz* (1925–2003). Als einen Vorläufer der „armen Kunst" kann man *Alberto Burri* (1915–1995) bezeichnen; seinen Bildern, Collagen, Assemblagen und Plastiken sind heute zwei Museen in seiner Heimatstadt Città di Castello (Umbrien) gewidmet. Auch postmoderne Strömungen wie Minimal Art und Concept Art haben ihre italienischen Vertreter, stilbildend sind sie kaum.

Unter den Bildhauern des 20. Jh. sticht *Marino Marini* (1901–1980) mit seinen oft archaisch wirkenden Figuren hervor; sein Reiterstandbild „Engel der Zitadelle" im Garten des Guggenheim-Museums von Venedig ist auch vom Vaporetto aus zu sehen. In Florenz hat Marini in der ehemaligen Kirche San Pancrazio sein eigenes Museum bekommen.

Italiens berühmtester Architekt des 20. Jh. ist *Giovanni Michelucci* (1891–1991), sein Hauptwerk ist der Bahnhof von Florenz (1932–1934). Ebenfalls von ihm entworfen und in der Toskana zu sehen sind die Kirche Santa Maria in Lardarello (1956–1958) sowie die noch heute hypermodern wirkende Autobahnkirche San Gian Battista (1960–1963) nördlich von Florenz an der A 1 (Abzweig Firenze-Mare). In Colle di Val d'Elsa entwarf er das Gebäude der Bank Monte dei Paschi di Siena (1973–1983). Wer sich mit Michelucci ausführlich auseinandersetzen will: Sein Geburtsort Pistoia (Toskana) hat im Palazzo Comunale ein informatives Dokumentationszentrum über sein Schaffen eingerichtet.

Wissenswertes von A bis Z

Ärztliche Versorgung

Der offizielle Weg zu ärztlicher Hilfe führt für gesetzlich Versicherte zunehmend über die *European Health Insurance Card (EHIC)*, die den Auslandskrankenschein bald komplett ersetzen soll. Mit der EHIC kann man im europäischen Ausland direkt zum Arzt gehen, ohne dabei die Kosten vorstrecken zu müssen. Theoretisch zumindest, denn viele niedergelassene Ärzte behandeln nicht im Rahmen des staatlichen Gesundheitssystems, sodass man die Behandlung oftmals bar bezahlen muss. Gegen Vorlage einer detaillierten Quittung *(ricevuta)* des behandelnden Arztes einschließlich Übersetzung werden die Kosten zu Hause erstattet – allerdings nur so weit, wie sie der heimische Gesundheitsdienst getragen hätte. Nähere Auskünfte erteilen die Krankenkassen.

Erste-Hilfe-Behandlungen in staatlichen Krankenhäusern sind kostenlos. In größeren Touristenorten (v. a. an der Küste) gibt es in den Hochsommermonaten oft auch eine Erste-Hilfe-Station der *Guardia Medica Turistica*, bei der man Bagatellfälle gegen einen geringen Betrag behandeln lassen kann (Infos hierzu bei den jeweiligen Touristenbüros).

Wer ganz sicher gehen will, sollte eine – in der Regel sehr günstige – *private Auslandskrankenversicherung* abschließen. Sie deckt neben den Arzt- und Arzneimittelkosten auch einen eventuellen Rücktransport nach Hause ab.

- *Notruf (pronto soccorso)* Notarzt und Krankenwagen erreicht man kostenlos von allen öffentlichen Apparaten in ganz Italien unter ✆ **118** oder ✆ **112** (auch über Handy). Alternativ kann man unter ✆ **113** die Unfallrettung der Straßenpolizei anrufen (*polizia*), diese schickt dann die Ambulanz.
- *Guardia Medica Turistica* In größeren Badeorten werden in den Sommermonaten Erste-Hilfe-Stationen betrieben, genannt *Guardia Medica Turistica*. Urlauber mit der EHIC (s. oben) werden hier in leichteren Fällen kostenfrei ärztlich behandelt.
- *Apotheken (farmacia)* Können bei kleineren Problemen den Arzt ersetzen. Ungefähre Öffnungszeiten Mo–Sa 8.30/9–12.30/13 und 16–19.30 Uhr, Not- und Wochenenddienste sind an jeder Apotheke angeschlagen.
- *Privatversicherung* Falls Sie privat versichert sind, müssen Sie anfallende Rechnungen selbst bezahlen. Gegen genau ausgefüllte, quittierte Rechnungen erstattet Ihre Kasse nach der Rückkehr die aufgewändeten Beträge – allerdings nur soweit, wie sie der italienische Gesundheitsdienst ebenfalls getragen hätte. Prüfen Sie, ob Ihre Kasse auch etwaige Rücktransportkosten übernimmt.

Baden

Im Großen und Ganzen herrscht bezüglich der Sauberkeit des Meerwassers ein deutliches Nord-Süd-Gefälle: je weiter südlich, desto weniger belastet. Zu den saubersten Gebieten gehören die Gewässer um den Gargano, um die Salento-Halbinsel (Apulien), am Ionischen Meer, um die Liparischen Inseln und an der Westküste Sardiniens.

Die Strand- und Wasserqualität italienischer Küsten wird alljährlich strengstens geprüft und bei besonderer Sauberkeit und Umweltfreundlichkeit mit der *Bandiera Blu* („Blaues Band") ausgezeichnet, nachzulesen im Internet unter www.feeitalia.org. Andererseits gibt es natürlich auch eingeschränkt bis gar nicht badetaugliche

Allsommerliches Bild an Italiens Stränden

Küstenabschnitte, z. B. die Industrieregionen Neapel (Kampanien), Taranto (Apulien), Palermo, Siracusa (Sizilien) u. a. Erheblich belastet sind der Bereich der *Po-Mündung*, wo große Mengen an ungeklärten Schadstoffen aus der ganzen Poebene und den großen Binnenstädten eingeleitet werden, außerdem die nahe *Etschmündung* und das Umfeld der Hafenstädte *Genua, Savona* und *La Spezia*. Generell wird vom Baden an großen Flussmündungen, im Umkreis von Industriehäfen und in den industriell geprägten Randgebieten größerer Städte abgeraten. Die Wasserqualität in den Badeorten ist heute fast überall gut und das Baden unbedenklich. Detailliert informieren hier auch die großen Automobilclubs auf ihren Websites (in der Regel nur für ihre Mitglieder).

Im Sommer ist vor allem die obere Adria mit ihren flachen Lagunengewässern ein beliebtes Brutgebiet für **Mücken**. Wer diese Region als Ziel hat, sollte sich darauf einstellen. Auf Campingplätzen wird oft mit dem Aussprühen von Chemikalien versucht, die Plage einzudämmen.

• *Meeresstrände* Zahlreich, teilweise feinsandig und oft kilometerlang. Speziell an der Adria fallen sie flach ins Meer ab – ideal für Kinder. Ganz Italien und halb Europa begibt sich im Sommer ans Meer: Vor allem in Nord- und Mittelitalien, aber auch im gesamten Süden sind die Strände oft bis in den letzten Winkel erschlossen und vor allem in den Monaten Juni, Juli und August entsprechend überfüllt. Gebührenpflichtige Badeanstalten, die so genannten **stabilimenti balneari** oder **bagni**, nehmen mit ihren Sanitäranlagen, Umkleidekabinen und oft 10–20 Liegestuhl-/Sonnenschirmreihen hintereinander gut 90 % aller verfügbaren Flächen ein. Zu zahlen sind pro Tag im Schnitt ca. 20–25 € für zwei Liegen und einen Sonnenschirm sowie die Benutzung aller Serviceeinrichtungen (wer erst am Nachmittag kommt, kann oft einen Rabatt aushandeln). Auch Wochen- und Monatsabonnements sind möglich. Bademeister (ital. *bagnino*) überwachen überall den Betrieb und während der Saison werden diese Strände täglich sauber gehalten. Kostenfreie Strandabschnitte heißen **spiaggia libera**, mindestens einer davon ist in jedem Badeort vorhanden, oft jedoch deutlich außerhalb des Zentrums bzw. der zentralen Uferzone und nicht immer ganz sauber.

Ab September nimmt der Rummel spürbar ab – dann hat man manche Strände für sich allein, sieht aber mit Erschrecken, was hier so alles an Strandgut angeschwemmt wird. Nur im tiefen Süden, z. B. am Ionischen Meer, bleiben einige der großen Strände auch im Sommer menschenleer und ohne Einrichtungen.

Schmerzhafte Begegnung: Quallen im Mittelmeer

Vor allem das Tyrrhenische Meer der Westküste Italiens wird immer wieder von Quallen (ital. *medusa*) heimgesucht. Wind und Strömung spielen für ihr Auftauchen eine Rolle und Experten gehen davon aus, dass das Quallenaufkommen im Mittelmeer generell steigen wird, nicht zuletzt durch die Klima- und Meereserwärmung und das dadurch veränderte Ökosystem des Meeres. Die Nesseltiere kommen im seichteren Wasser in Strandnähe vor. Manche sind harmlos, die Nesseln der Feuerquallen lösen jedoch bei Berührung Hautrötungen und brennende Schmerzen aus. Die fast transparenten Quallen mit ihren teilweise meterlangen Tentakeln sind schwer zu sehen, oft bemerkt man sie erst bei der überaus schmerzhaften Berührung. Heftige Hautreaktionen, teilweise auch Schwindel, Übelkeit, Kopfschmerz und Kreislaufprobleme sind die Folge. Bei großflächigem Hautkontakt sollte man einen Arzt aufsuchen, kleinere und leichtere Verbrennungen können selbst behandelt werden: Stelle mit Meerwasser begießen (auf keinen Fall Süßwasser!), dann trocknen lassen, eventuelle Reste der Tentakel mit einer Pinzette entfernen oder mit einer Kreditkarte o. Ä. abkratzen (auf keinen Fall mit der bloßen Hand!), danach die Haut mit Eis kühlen. Oder man reibt die betroffenen Hautstellen mit Essig oder Rasierschaum ein, lässt danach den Schaum trocknen und reibt die Haut mit einem stumpfen Gegenstand ab, um die Nesseln zu lösen.

Unsere persönliche Hitparade bezüglich Badeurlaub am Meer: **Gargano** (Apulien), **Cilento-Küste** (südlich vom Golf von Neapel), **Monte Conero** (Ancona), **Parco Nazionale del Circeo** (Latium), außerdem die zahlreichen Inseln um den Stiefel.

• *Seen* Die Badeplätze an den **oberitalienischen Seen** sind meist kiesig oder steinig, richtige Sandstrände gibt es nicht, höchstens hier und dort ein paar künstlich aufgeschüttete Stellen. Jedoch erstrecken sich oft weiche Rasenflächen mit schattigen Bäumen direkt an den Ufern. Während der **Gardasee** in den Sommermonaten heftig überlaufen ist, zeigen sich der nahe **Idro-** und **Iseo-See** zur selben Zeit erholsam ruhig. Sehr hübsch, außerdem warm, ist der idyllische kleine **Kalterer See** (Lago di Caldaro) in Südtirol. In ihren nördlichen Abschnitten sind die oberitalienischen Seen generell sauberer – allerdings auch kälter – als in den südlichen Bereichen. Im Südosten des **Gardasees** mussten vor einigen Jahren wegen Fäkalstreptokokken vereinzelt Badeverbote verhängt werden – der Präsident der Tourismusbehörde im Norden des Sees (Provinz Trentino) sprach dagegen etwas vollmundig von „Trinkwasserqualität". In Mittelitalien ist der **Lago di Bolsena** sauberer und weniger touristisch erschlossen als der **Lago di Trasimeno**. Leider fehlen auch an den Seen weitgehend die Kläranlagen.

Diplomatische Vertretungen

In Notfällen, z. B. bei Verlust sämtlicher Reisefinanzen, kann man sich an die Auslandsvertretung seines Heimatlandes wenden. Überbrückungshilfe für die sofortige Heimreise wird jedoch nur gewährt, wenn keine Angehörigen, Freunde etc. einspringen können. Im akuten Notfall gibt es in der Regel ein Bahnticket plus etwas Verpflegungsgeld für unterwegs. Selbstverständlich sind alle Auslagen unverzüglich zurückzuzahlen.

Deutsche Botschaft, Via San Martino della Battaglia 4, I-00185 Roma, ✆ 06/492131, 📠 06/4452672, www.rom.diplo.de.

Generalkonsulat der Bundesrepublik Deutschland (Consolato Generale della Repubblica Federale di Germania), Via Solferino 40, I-20121 Milano, ✆ 02/6231101, 📠 02/6554213, www.mailand.diplo.de.

Generalkonsulat der Bundesrepublik Deutschland (Consolato Generale della Repubblica Federale di Germania), Via Crispi 69, I-80121 Napoli, ✆ 081/2488511, 📠 081/7614687, www.neapel.diplo.de.

Honorarkonsulate gibt es in Bari, Bologna, Bozen, Cagliari, Florenz, Genua, Messina, Palermo, Rimini und Venedig.

Österreichische Botschaft, Via Pergolesi 3, I-00198 Roma, ✆ 06/8440141, 📠 06/8543286, www.aussenministerium.at/rom.

Generalkonsulat der Republik Österreich (Consolato Generale di Austria), Piazza del Liberty 8/4, I-20121 Milano, ✆ 02/783743, 📠 02/783625, www.aussenministerium.at.

Honorarkonsulate in Bari, Bologna, Florenz, Genua, Neapel, Palermo, Triest, Turin, Venedig und Verona.

Schweizer Botschaft, Via Barnaba Oriani 61, I-00197 Roma, ✆ 06/809571, 📠 06/8088510, www.eda.admin.ch/roma.

Generalkonsulat (Consolato Generale di Svizzera), Via Palestro 2, I-20121 Milano, ✆ 02/7779161, 📠 02/76014296, www.eda.admin.ch/milano.

Konsulate in Bari, Bologna, Cagliari, Catania, Florenz, Neapel, Padua, Reggio Calabria, Triest, Turin, Varese und Venedig.

Italienische Botschaften: *Deutschland* – Hiroshimastr. 1, D-10785 Berlin, ✆ 030/254400, 📠 030/25440169, www.ambberlino.esteri.it.

Österreich – Rennweg 27, A-1030 Wien, ✆ 01/7125121, 📠 01/7139719, www.ambvienna.esteri.it.

Schweiz – Elfenstr. 14, CH-3006 Bern, ✆ 031/3500777, 📠 031/3500711, www.ambberna.esteri.it.

Einkaufen

Vor allem für Kulinarisches ist Italien geradezu ein Einkaufsparadies. Auch gibt es hier noch deutlich mehr Einzelhandelsgeschäfte als bei uns, der Tante-Emma-Laden um die Ecke ist noch nicht ausgestorben und beim Stöbern in den engen Altstadtgassen kann man so manche Entdeckung machen.

In den zahlreichen Delikatessenläden läuft einem das Wasser im Munde zusammen, ein Beispiel für viele ist das Feinkostgeschäft „Tamburini" in *Bologna* (→ dort). Schokoladenkonfekt erhält man nirgendwo besseres als in *Perugia*, in *Turin* gibt es „torrone" aus Honig und Haselnüssen und "gianduiotti" aus Schokolade und Nüssen, in *Sulmona* buntes Mandelgebäck namens „confetti", auf den farbenfrohen süditalienischen Märkten stapeln sich eingelegte Früchte und Gemüse, hervorragendes Olivenöl bekommt man in *Ligurien*, Schinken in *Parma* und *San Daniele di Friuli* (Friaul) ... Ansonsten lohnt natürlich überall die Mitnahme eines guten Tropfens aus einer Enoteca (Weinhandlung), Gebäck und auch fantasievolle Nudelsorten bekommt man in der Pasticceria (Konditorei).

Kunsthandwerk aller Sparten findet man in *Venedig* (speziell Glasbläserei und Karnevalsmasken), exklusivste Mode in *Mailand, Rom, Florenz* und (bedingt) *Bologna,*

Süditalienische Märkte: ein Genuss für Augen und Gaumen

Keramik und Porzellan in *Faenza*, Schuhe in *Rom* und *Vigevano* (bei Mailand) und traditionelle Marionettenfiguren in *Palermo*... die Liste ließe sich endlos fortsetzen. *Antiquitätenmärkte* finden regelmäßig in den größeren Städten statt, in Rom gibt es ganze Straßenzüge mit Restauratoren und Möbelschreinern, auch in Verona liegen Antiquitätengeschäfte in einer Altstadtgasse zusammen.

Tipp für Mode- und Preisbewusste: Der **Schlussverkauf** (*saldi*) im Juli/August und Januar/Februar bringt radikale Preisnachlässe von 50 % und mehr!

Einkauf direkt bei der **Fabrik** kann ebenfalls viel Geld sparen helfen. Viele renommierte Firmen bieten ihre Produkte auch direkt an. Schilder „Punto vendita diretto" oder "outlet" weisen den Weg.

Eintrittspreise

Die Eintrittspreise für archäologische Ausgrabungen, Galerien, Museen und historische Bauwerke liegen in der Regel zwischen 1–15 €, je nach touristischem „Wert" des betreffenden Objekts. In staatlichen Einrichtungen wird EU-Bürgern unter 18 und über 65 Jahren freier Eintritt gewährt, zwischen 18 und 25 Jahren erhält man 50 % Ermäßigung. Jedoch muss man fast immer nachfragen, da diese Regelung selten an den Kassen vermerkt ist. Manchmal gibt es auch eintrittsfreie Tage (z. B. bei den Vatikanischen Museen in Rom, dann herrscht aber immenser Andrang!). In verschiedenen Städten kosten auch Kirchen Eintritt, z. B. in Venedig, Verona, Ravenna und Pisa.

Erdbeben

Besonders Mittelitalien ist ein Erdbebengebiet, die verheerenden Erdstöße vom 6. April 2009 in und um L'Aquila in den Abruzzen haben dies wieder schmerzlich ins Bewusstsein gerückt: 308 Menschen kamen ums Leben, Zehntausende wurden obdachlos, dazu kommt der unersetzbare Schaden an zahlreichen Kirchen mit ihren uralten Fresken, die einfach in sich zusammenfielen. Die Aufräum- und Aufbauarbeiten in und um L'Aquila werden noch Jahre dauern. Die Katastrophe hat in Mittelitalien leider Tradition: Ein verheerendes Beben erschütterte im Januar 1915 die Piana del Fucino ebenfalls in den Abruzzen, damals kam es zu rund 30.000 Todesopfern. In der Erinnerung blieb auch das Beben vom 26. September 1997, dessen Epizentrum in Umbrien lag – zwölf Menschen kamen dabei ums Leben, auch die Zerstörung der Oberkirche von Assisi mit Giottos weltberühmten Fresken erschütterte die Kunstwelt.

Essen und Trinken

Die Küche Italiens ist so vielfältig wie die Landschaft seiner zwanzig Regionen. Man schlemmt von den Alpen bis zum Meer, bechert heute in der urigen Trattoria eines abgelegenen Bergdorfs, tafelt morgen auf der historischen Piazza einer Kleinstadt und genießt kurz darauf das Ambiente im Edelristorante einer mondänen Großstadt.

Eine Italienreise ist immer auch eine kulinarische Reise: Tiroler Knödel und Tortellini, üppige Fischsuppe und saftiger Parmaschinken, Risotto mit Meeresfrüchten und geröstete Polenta, *bistecca alla fiorentina* und die leckeren *pasta e fagioli*, dazu fast überall eine Karaffe mit dem preiswerten offenen Wein des Hauses. Die Gerichte sind zahlreich und oft speist man gut – jedoch generell im Binnenland besser als an der Küste, sieht man einmal von den vielen erstklassigen Fischrestaurants ab.

Auf der italienischen Halbinsel hat sich während der römischen Antike die erste Kochkunst auf europäischem Boden entwickelt. In der Renaissance war es *Katharina von Medici*, die bei ihrer Heirat mit dem späteren König von Frankreich ihre Köche mitnahm und so die Geheimnisse der italienischen Küche exportierte. Die Eleganz und verfeinerten Sitten spürt man auch heute noch. Die Italiener nehmen sich zum Speisen viel Zeit, legen Wert auf intensive Beratung und lassen sich das aktuelle Speisenangebot gerne mündlich erzählen. Man geht im großen Familienverband aus und diskutiert ausführlich über die Qualität der Speisen. Das Geld spielt oft nur am Rande eine Rolle – wichtig ist, dass es schmeckt, dafür zahlt man gerne und nicht wenig.

Nicht verschweigen wollen wir, dass die Speisenqualität vor allem in stark touristisch frequentierten Lokalen oft zu wünschen übrig lässt. Nicht selten werden lieblose Allerweltsgerichte serviert – die ewig gleichen Nudeln, die sich nur durch ihre fantasievollen Namen unterscheiden, danach ein zähes Stück Fleisch und ein paar Salatblättchen. Man kann dem bedingt aus dem Weg gehen, wenn man nach der Tagesspezialität fragt – oft steht sie nicht auf der Karte und bietet mehr kulinarischen Genuss als die üblichen Touristen-Standardgerichte.

Speisenabfolge und Preise: Generell begnügt man sich nicht mit einem Hauptgericht – der Magen wird durch diverse Vorspeisen und am besten noch mit einem Aperitivo eingestimmt. Eine Mahlzeit kann sich so über Stunden hinziehen. Zu Recht, denn der volle Reiz der italienischen Küche entfaltet sich tatsächlich erst, wenn man sich an die traditionelle Speisenfolge hält. Zunächst kostet man eines der zahlreichen *antipasti* (Vorspeisen), z. B. geräucherten Schinken mit Melone, zartes Carpaccio (hauchdünne Scheiben rohen Rinderfilets) oder regionale Wurstsorten, beliebt ist auch Bruschetta (geröstete Brotscheiben mit Knoblauch, Tomaten, Basilikum). Dann folgt der *primo piatto* (erster Gang, meist Nudeln oder Reis) oder die *minestra* (Suppe), dann das *secondo* (Hauptgang, Fleisch oder Fisch), zu guter Letzt das Dessert (*dolci*). Das Secondo wird in der Regel ohne *contorni* (Beilagen) serviert. Diese müssen extra bestellt werden.

Wer sich auf ein solch üppiges Menü einlässt, wird bald merken, dass Essen gehen in Italien kein billiger Spaß ist. Unter 25–40 € pro Person wird man bei obiger Menüfolge inkl. Wein kaum noch davonkommen. Allein das Secondo wird meist schon mit gut 10 € aufwärts berechnet, wobei Fisch generell erheblich teurer ist als Fleisch. Sparsame können in Touristenorten jedoch häufig ein so genanntes Festpreismenü *(Menu a prezzo fisso* oder *menu turistico)* wählen. Dieses ist weitaus günstiger als Speisen à la carte, pro Person liegen die Preise bei 15–25 €, aber es kommt hier nicht unbedingt die raffinierte italienische Kochkunst auf den Tisch – Ausnahmen bestätigen die Regel.

Da der Pizzaofen oft erst abends angeschürt wird, ist man mittags gezwungen, im Ristorante, der Osteria oder Trattoria ein größeres Menü einzunehmen. Dabei wird es Ihnen sicher niemand übel nehmen, wenn Sie den einen oder anderen Gang auslassen, zumindest ein Antipasto *oder* Primo und der Hauptgang mit einer Beilage (oder Salat) sowie ein Caffè *oder* Digestiv sollten aber schon dabei sein. Wem das alles immer noch zu viel des Guten ist, dem bleibt eigentlich nur ein Besuch in der *Rosticceria* und *Tavola Calda* oder man nimmt sich eine Pizza auf die Hand mit, genannt *Pizza al Taglio*. In kleineren Orten ländlicher Gegenden finden sich diese Lokale jedoch nicht flächendeckend.

Gut zu wissen

Die **Preisangaben** in diesem Buch beziehen sich auf ein durchschnittliches Menü und sind als Anhaltspunkte gedacht. *Pane e coperto* (Brot und Gedeck) werden extra berechnet, *servizio* (Bedienung, 15 %) ist in der Regel bereits im Preis enthalten. **Trinkgeld** geben nur zufriedene Gäste, dabei ist Aufrunden unüblich, man lässt beim Gehen ein paar Münzen auf dem Tisch (5–10 %).

Achtung: Laut Gesetz müssen Sie die Rechnung (*ricevuta fiscale*), die Ihnen in jedem Restaurant ausgehändigt werden muss, mitnehmen und bis 50 m nach Verlassen des Lokals aufbewahren. Zwar haben wir noch nie von einer Rechnungskontrolle durch die Polizei gehört, dennoch: sicher ist sicher.

Die Lokale: Die Unterschiede zwischen den einzelnen Gattungen verwischen sich zusehends. Gemeinsam ist ihnen, dass sie alle einen gesetzlich vorgeschriebenen Ruhetag in der Woche haben (an der Tür angeschlagen, meist Sonntag oder Montag), der aber in Lokalen, die stark von der Touristensaison abhängig sind, im Sommer nicht eingehalten werden muss. Da sich vor allem im August alles am Meer tummelt, nehmen dann besonders in den großen Städten viele Restaurants ihre Betriebsferien.

Ristorante: das gehobene (auch preislich!) Speiselokal, in das man seine Freunde und Geschäftspartner ausführt. Reiche Auswahl an Antipasti, die oft fein säuberlich in einer Vitrine aufgereiht sind. Geboten sind allgemeine italienische Küche und regionale Spezialitäten, die je nach geografischer Lage ihr Schwergewicht auf Fleisch oder Fisch haben. Das Ristorante gibt es auch in Kombination mit der Pizzeria (Pizza oft nur abends), in aller Regel ist diese Version des Ristorante die wesentlich preisgünstigere.

Trattoria: ursprünglich die einfache, bodenständigere und auch preiswertere Variante. Oft Familienbetriebe seit Generationen, in denen man weiß, was schmeckt und hauptsächlich die regionale Küche pflegt. Inzwischen hat sich manches geändert –

so nennen sich viele Ristoranti Trattoria, sei es, um eine gewisse „Volkstümlichkeit" vorzuspiegeln, sei es, weil man sich wirklich dieser Tradition verpflichtet fühlt und entsprechend arbeitet. Die Bezeichnung Trattoria sagt nichts über die Preise aus, oft isst man dort genauso oder fast genauso teuer wie im Ristorante.

Osteria: traditionell das Gasthaus um die Ecke, wo die Arbeiter und Angestellten in der Mittagspause essen und einen *quartino* (Viertelliter Wein) trinken. Es gibt meist nur eine Handvoll Speisen, die täglich wechseln und stets frisch sind. „Echte" Osterie haben oft nur mittags geöffnet (sonntags geschlossen) und sind immer Familienbetriebe. Gerade in ländlichen und kleinstädtischen Gegenden kann man noch echte Entdeckungen machen. Doch verbirgt sich hinter dem Begriff „Osteria" (oder „Hostaria") manchmal auch ein Luxusrestaurant, in dem einem beim Lesen der Speisekarte schwindlig wird. Daher sollte man auch hier am besten schon vor Betreten des Lokals prüfen, um welche Sorte Osteria es sich handelt.

Pizzeria: Wer auf Nummer Sicher gehen will, preislich wie kulinarisch, kehrt hier ein. Das Angebot ist wenig exotisch und es ist durchaus üblich, auf die Vorspeise zu verzichten und nur ein Gericht zu bestellen, sei es Pizza oder eine Nudelspeise mit Salat. Meist ungezwungene Atmosphäre, oft von jungen Leuten frequentiert.

Birreria: Entgegen dem Namen nicht eine Kneipe, in der nur getrunken wird, sondern ein Bierlokal, in dem ganze Mahlzeiten serviert werden. Man trifft sich hier zum Essen und Biertrinken.

Enoteca, Vineria oder Vinaio: Weinlokal mit großem Angebot an regionalen und überregionalen Weinen, in der edlen Variante der Enoteca werden zur Degustation eine Auswahl an Snacks und kleineren regionalen Gerichten angeboten, in größeren Städten oft auch mit Mittagstisch.

Tavola Calda/Rosticceria: Den ganzen Tag warm gehaltene Speisen, Schwergewicht auf Salaten, Sandwichs *(panini)* etc. Meist relativ preiswert, Speisen oft zum Mitnehmen.

Self-Services: In den Großstädten inzwischen weit verbreitet. Hier gibt es erfreulicherweise oft eine reichhaltige Salatbar und diverse italienische Gerichte, ansonsten auch Pizza vom Blech, Fassbier etc.

Pizza al Taglio: Pizza vom Blech, erfreut sich vor allem bei jüngeren Leuten großer Beliebtheit. Sehr günstiger, schneller Snack.

Einladend: eine Trattoria auf Sizilien

Bar: An jeder Straßenecke – hier kehrt man tagsüber im Vorübergehen ein, um an der Theke einen *caffè*, ein Gläschen Wein oder einen Grappa zu schlürfen, ein paar Worte zu wechseln und sich von der Arbeit zu erholen. Sitzgelegenheiten sind traditionell rar, man diskutiert im Stehen. Inzwischen haben viele Bars aber Stühle und Tische im Gastraum und im Freien *(al tavolo)*, an denen man meist deutlich mehr zahlt als am Tresen *(al banco)*. Wenn man am Tresen konsumieren will, muss man zuerst das Gewünschte an der Kasse bezahlen und dann den Bon *(scontrino)* dem Barkeeper geben.

Caffè: Die Übergänge zur Bar sind fließend. Entspricht unserem Café, meist mit ausgedehnter Freiluftzone an exponierten Plätzen und Straßen. Wenn man Platz nimmt, sind die Preise nicht gerade billig. Relativ günstig fährt man meist mit einem Glas Wein.

Speisen und Grundlagen der italienischen Küche

Hinweise zu den vielfältigen **kulinarischen Spezialitäten** der einzelnen Regionen finden Sie am Beginn der jeweiligen Kapitel.

Im hoch industrialisierten und dicht besiedelten Norden Italiens spielt die Fleischproduktion eine Hauptrolle. Man isst eher schwer, verwendet üppige Soßen, kocht viel mit Butter, Nudeln werden mit Eiern hergestellt. Auch die Gemüsepalette ist reichhaltig. Im wirtschaftlich ärmeren Süden wird mit Olivenöl gekocht, es gibt vergleichsweise wenig Viehzucht und karge Zutaten, dafür spielt Fisch eine größere Rolle. Als Beilagen kommen oft Bohnen, Auberginen und vor allem Tomaten auf den Tisch. Die Salate zeigen sich landesweit stereotyp und ohne spezielle Note. Lecker und nahrhaft sind dagegen die *Vorspeisenbuffets*, die in manchen Restaurants zur Selbstbedienung bereit stehen. Von Meeresfrüchten über diverse Wurstsorten bis zu eingelegtem Gemüse ist dabei alles enthalten.

Frühstück *(prima colazione)*: Kann man sich in Italien abgewöhnen. Kaum ein Italiener frühstückt kräftig, meist reicht ein Hörnchen *(cornetto)* in der nächsten Bar, dazu ein hastig runtergekippter Cappuccino. Dementsprechend gibt es kaum Cafés mit Frühstücksangebot. Man kann sich aber meist ein Toast oder ein belegtes Panino bestellen. In den Hotels wird mittlerweile fast überall ein zumindest kleines Buffet geboten – Brot, Butter, Marmelade/Honig, Kuchen und Gebäck, Joghurt und Früchte und in der Regel auch Käse und Wurst sind dabei.

Fisch und Meeresgetier *(pesce e frutti di mare)*: Obwohl wie überall im Mittelmeer (und mittlerweile auch weltweit) die Fischer Probleme mit ihren leer gefischten Gewässern haben, ist Fisch in fast allen Ristoranti an der Küste zu haben, aber auch in den größeren Städten des Binnenlands. In den oberitalienischen Seen und Alpenflüssen schwimmen zudem reichlich Speisefische. Fisch ist generell teuer: Er wird in den Speisekarten nach Gewicht berechnet, 100 g („un'etto") beginnen bei etwa 5 €, um die 12–15 € zahlt man für eine durchschnittliche Portion. Günstiger, ab ca. 7 €, sind die zahlreichen Nudelgerichte, die mit Muscheln garniert sind – *spaghetti alle vongole, spaghetti con arselle* etc. Ein besonderer Leckerbissen sind die *frutti di mare*: Scampi, Muscheln und kleine Fischchen, die z. B. als üppige Garnierung eines Risotto serviert werden. Die traditionelle Fischsuppe *(cacciucco, burrida* oder *brodetto)* hat in jeder Region ihre eigene Zubereitungsart. Verwendet wird alles, was nicht anderweitig verbraucht werden kann – von Tintenfischen über verschiedene Fischarten bis zu Miesmuscheln und sogar Schnecken. Das Ganze kommt zusammen in einen Topf und wird mit Kräutern, Paprikaschoten und Tomaten kräftig gewürzt, häufig werden aber auch nur Öl, Pfeffer und Essig benutzt.

- *Meeresfische* **Mormora** (Streifenbrasse), **orata** (Goldbarsch), **pesce spada** (Schwertfisch), **sarago** (Ringbrasse), **salmone** (Lachs), **sardine** (Sardine), **sogliola** (Seezunge), **spigola** (Seehecht), **triglia** (Rotbarbe).
- *Seefische* **Carpione** (Gardasee-Forelle), **coregone** (Blaufelchen), **pesce persico** (Barsch), **trota** (Bachforelle).
- *Muscheln und Meeresgetier* **Aragosta** (Languste), **arselle** (Herzmuscheln), **astice** (große blaue Langusten mit Scheren), **cozze** (Miesmuscheln), **gamberoni** (große Krabben, ca. 10 cm lang), **scampi** (kleine Krabben), **seppia** (Tintenfisch), **vongole** (Venusmuscheln).

In den Adriahäfen wird täglich frischer Fisch angeliefert

Fleisch, Wurst und Schinken *(carne, salsiccia e prosciutto)*: Die Poebene ist Zentrum der italienischen Schweinemast und Rinderzucht. Hier dreht sich alles ums Fleisch, die Küche ist oft gehaltvoll und schwer. Vor allem in der Lombardei und in der Emilia-Romagna kann man die typischen Fleischgerichte kosten. Salami und Mortadella sind bekannte Wurstprodukte, an den Apenninhängen bei Parma wird der berühmte Parmaschinken hergestellt. Auf beinahe jeder Speisekarte Italiens wird *costoletta* (Kotelett), *filetto* (Filet), *scaloppina* oder *saltimbocca* (Kalbsmedaillon) geboten. Im September beginnt die Jagdzeit und entsprechend viele arme Kaninchen *(coniglio)* finden den Weg in die Kochtöpfe, oft gibt es auch Wildschwein *(cinghiale)*.

Bistecca alla fiorentina, Beefsteak auf Florentiner Art – deftige Lendenscheiben von Rindern aus dem grünen Chiana-Tal, das reich an Wiesenkräutern ist, mit Öl und Knoblauch eingerieben und mit Rosmarin gewürzt. Dann ohne Fett und ungesalzen (damit der Saft nicht verloren geht) auf den Holzkohlegrill.

Bollito misto wird überall in Oberitalien serviert, hauptsächlich im Binnenland – bis zu sechs verschiedene Fleischsorten (Rind, Kalb, Huhn u. a.), die zusammen geschmort und gekocht werden.

Costoletta alla milanese, das berühmte „Wiener Schnitzel", das eigentlich aus Mailand stammt.

Ossobuco Kalbshaxe mit Knochen, in Scheiben geschnitten und in Wein gegart. Vor allem in der Lombardei verbreitet.

Saltimbocca alla romana, römisches Kalbsschnitzel, mit Schinkenscheiben und Salbei belegt und in Weißwein geschmort.

Spezzatino, Kalbsgulasch, oft mit Erbsen oder anderem Gemüse angereichert.

Zampone, gefüllter Schweinefuß, Spezialität der Emilia-Romagna.

Teigwaren *(pasta)*: Werden als Vor- oder Hauptgericht serviert. Es gibt im Land einige hundert verschiedene Nudelarten, die sich durch Rezeptur, Form oder Füllung unterscheiden. Gute Restaurants verzichten auf die industriell gefertigten Teigwaren und stellen sie selber her – die Erzeugnisse der kleinen „Nudelbäckereien" sind qualitativ besser und haben einen höheren Eigehalt. Weit verbreitet sind die leckeren *pasta e fagioli* (auch: *pasta e fasoi*) – Nudeln und rote Bohnen zu einer dicken Suppe vermengt, schmackhaft und sättigend.

Antipasti-Häppchen gefällig?

Agnolotti, handgemachte Nudeltaschen, die mit Fleisch gefüllt sind. Entsprechen den ligurischen **ravioli**.

Cannelloni, röhrenförmige Nudeln, mit Fleisch und Soße gefüllt.

Cappellacci und **Cappelletti**, gefüllte Nudeltaschen in Hutform.

Crespelle, Crêpes, meist gefüllt mit Schinken oder Käse.

Gnocchi, Griesklößchen aus Hartweizenmehl.

Lasagne (al forno), geschichtete Nudellagen mit Hackfleisch und Käse.

Linguine, schmale Bandnudeln.

Orecchiette, ohrmuschelförmige Nudeln aus Apulien.

Penne, feste, makkaroniartige Nudeln, die man bequem mit der Gabelspitze aufspießen kann. Besonders lecker *all'arrabiata* (scharf).

Rigatoni, dicke Röhrennudeln.

Strangolapreti, die „Priesterwürger" sind kleine grüne Klößchen aus Spinat, Eiern und Mehl.

Tagliatelle, Bandnudeln.

Tortellini, Bologneser Spezialität, kleine Teigringe mit gehacktem Schweinefleisch, Prosciutto (Schinken) oder Käse gefüllt und in klarer Fleischbrühe serviert.

Trenette, eckige Bandnudeln, die vor allem an der ligurischen Riviera gegessen werden.

Trofie, ebenfalls aus Ligurien, werden gedreht und sind *der* Klassiker zum Pesto.

Reis und Mais *(riso e mais)*: Sie bilden hauptsächlich in der Poebene eine wichtige Grundlage vieler Mahlzeiten. Beides wird in großem Maßstab angebaut, Italien ist der bedeutendste Reisproduzent Europas. Risotto-Gerichte sind vor allem im Veneto häufig, z. B. *risotto al nero di seppie* (Reis mit einer Soße aus der schwarzen Tinte vom Tintenfisch). Ansonsten wird in ganz Oberitalien der geröstete Maisbrei bzw. -kuchen *polenta* zu zahlreichen Mahlzeiten gereicht und hat fast die Stellung unserer Kartoffeln.

Suppen *(minestre)*: Am bekanntesten ist der *minestrone*, eine dicke Gemüsesuppe mit Pasta-Einlage und allem, was der Garten zur entsprechenden Jahreszeit hergibt.

Gemüse, Pilze und Salat *(verdure, funghi e insalata)*: Vielfältige Auswahl, je nach Region unterschiedlich. In den höheren Lagen der Alpen und des Apennin wachsen leckere Steinpilze *(funghi porcini)*, die als Beilagen zu zahlreichen Gerichten verwendet werden. Das Piemont ist das berühmte Trüffelland, wo der sündhaft teure, weiße Knollenpilz *tartufo bianco* unterirdisch wächst und – während der Trüffelsaison im Herbst – geraspelt Bestandteil fast jeder Mahlzeit ist. In der Poebene gedeihen zahlreiche Gemüse, darunter Erbsen, Artischocken, Broccoli, wilder Fenchel und dicke Bohnen. Der köstliche, rot-weiß geäderte Salat *radicchio* stammt aus Venetien, in Ligurien wachsen die besten Kräuter und Oliven, im Süden vor allem Auberginen, Peperoncini und Tomaten. Lecker und vielseitig verwendbar als Salat, Pizzabeilage etc. ist *rucola* (Rauke).

Leider enttäuschen die in Restaurants servierten Salate oft. Ein „Dressing" kennt man in Italien nicht, der Salat wird üblicherweise nur mit Salz, Öl und Essig serviert – und die Zusammenstellung der „insalata mista" (gemischter Salat) ist landesweit karg und fantasielos.

Gemüse frisch vom Markt

Öl und Essig *(olio e aceto)*: Das ligurische *Olivenöl* gilt als das beste in Italien, gefolgt von dem aus Lucca (Toskana) und Apulien. Man kann es oft direkt beim Produzenten oder auf Märkten kaufen. *Aceto balsamico*, der berühmte Essig von Modena, wird aus Trebbiano-Trauben hergestellt und jahre-, oft jahrzehntelang in schweren Fässern aus verschiedenen Hölzern gelagert, bis er die nötige Reife bekommt. Jeder Holztyp trägt seinen Anteil zum Geschmack des Aceto bei. Aus 100 kg Trauben werden letztendlich etwa eineinhalb Liter Aceto Balsamico höchster Qualität. Ein Stück Fleisch damit gewürzt – dazu vielleicht einen prickelnden Lambrusco – ist eine Delikatesse. Für den Salat verwendet man diese Kostbarkeit nicht.

Käse *(formaggio)*: In Italien ein echtes Grundnahrungsmittel. Die Käseherstellung ist ein bedeutender Wirtschaftszweig, Kühe werden in erster Linie für die Milchproduktion gezüchtet. Es gibt eine reichhaltige Palette von Varianten.

Bel paese, edler Käse, weich und mild im Aroma.

Fontina, bekanntester Käse des Aostatals, sehr delikat und für Fondue-Gerichte bevorzugt.

Gorgonzola, aus der Poebene, scharf und würzig.

Mozzarella, aus Kuh- oder Büffelmilch, weich und leicht säuerlich. Wird oft als Antipasto oder Pizzabelag gegessen, ist aber eher in Süditalien heimisch.

Parmigiano Reggiano, der berühmte echte Parmesankäse, scharf und salzig, vorzugsweise gerieben zum Würzen verwendet. Seine Herstellung ist aufwändig und verlangt viel Erfahrung. Bis er seine höchste Güte erreicht, muss er über ein Jahr lang reifen.

Ricotta, quarkähnlicher Frischkäse, als Brotbelag geeignet.

Eis *(gelato)*: Das italienische Eis ist bekanntermaßen das beste der Welt. Seine Herstellung gilt fast als Kunst – *gelato artigianato*, wie man oft liest, heißt nicht künstlich hergestellt, sondern vielmehr kunstfertig. Die angebotenen Sorten gehen meist in die Dutzende. Herrlich erfrischend und aromatisch ist auch *granita*, ein flüssigkörniges Eisgemisch, das in großen Rührgeräten den ganzen Tag über frisch gehalten wird, häufige Geschmacksrichtungen sind *menta* (Minze), *fragola* (Erdbeere), *limone* (Zitrone), *aranciata* (Orange) und *caffè*.

Enoteca in Saturnia

Wein

2500 Jahre Weinbau, mehrere hundert Weine und ein riesiges Exportaufkommen in alle Welt. Italien gilt als eine der führenden Weinnationen der Welt. Wer die besten Tropfen aufzählt, kommt nach dem berühmten Chianti aus der Toskana meist schnell auf oberitalienische Weine zu sprechen.

Speziell die Weine aus dem Piemont und Friaul genießen einen ausgezeichneten Ruf und einige der größten und bedeutendsten Anbaugebiete liegen im Norden des Stiefels: bei Cividale del Friuli wird der weiße *Friulano* produziert, um Asti und Alba der rote *Barolo, Barbaresco* und *Barbera,* um Verona und Vicenza *Valpolicella, Amarone* und *Soave,* nördlich von Treviso der Schaumwein *Prosecco,* um Modena *Lambrusco* u. a.

Auch passionierte Biertrinker sollten in Italien auf Wein umsteigen – zumindest preislich ist er eine Alternative und oft passt der Wein auch besser zu den mediterranen Speisen. Tipp: Wenn Sie im Restaurant keinen speziellen Wunsch haben, fragen Sie immer nach dem offen servierten *vino della casa* (Hauswein) – er stammt nicht selten vom Weinberg des Hausherrn und ist wesentlich preiswerter als Flaschenweine (½ l Weißwein = *un mezzo litro di vino bianco,* oder verkürzt: *un mezzo di bianco,* ¾ l = *tre quarti*). In Bars ist das glasweise Bestellen von Wein üblich *(un bicchiere)* und meist billiger als ein Glas Bier.

Für den Weinkauf gibt es eine gut sortierte *enoteca* (Weinhandlung bzw. Weinstube mit Verkauf) in jeder Stadt. Ansonsten kauft man direkt beim Erzeuger natürlich billiger. Die Adressen der Güter erfährt man oft in den Bars der Orte in den Weinlandschaften.

Weinauswahl: Wer einen wirklich guten Tropfen kosten will, sollte immer auf die Ursprungsbezeichnung auf der Flasche achten – Qualitätsweine werden ausgezeichnet mit dem DOC-Prädikat *„denominazione di origine controllata"* (kontrollierte Ursprungsbezeichnung), noch höher ist die Qualtität mit DOCG: *„denominazione di origine controllata e garantita“* (kontrollierte und garantierte Ursprungsbezeichnung). Doch auch die IGT-Weine (*Indicazione geografica tipica*) bringen oft Erstklassiges hervor, verstoßen in der Zusammensetzung der Rebsorten aber gegen die DOC- bzw. DOCG-Kriterien. Das gleiche gilt für die eigentlich schlichteren VDTs (*Vini da Tavola*).

Hier einige besonders bekannte Weine, weitere im Vorspann der einzelnen Regionen:

Amarone della Valpolicella, der edelste aller Veroneser Weine, alkoholreich (15 % vol), voll und schwer im Geschmack, gleichzeitig aber mit burgunderhafter Milde, leicht bitterer Beigeschmack (amaro = bitter). Nach 20-jähriger Lagerung zeigt er portweinähnliche Züge, aber meist trinkt man ihn jünger.

Bardolino, Rotwein vom Ostufer des Gardasees. Weniger edel als vielmehr populär, weil leicht und süffig.

Barolo, der gehaltvolle Rote aus dem Piemont, schwer und aromatisch.

Barbaresco, ähnlich schwer wie der Barolo und auch ähnlich hochwertig und teuer.

Barbera, ein etwas leichterer Rotwein aus dem Piemont, aber ebenfalls oft Spitzenweine.

Brunello di Montalcino, einer der teuersten Weine der Toskana, ein schwerer Rotwein.

Chianti, der berühmteste italienische Wein. Der „Chianti Classico“ stammt aus dem klassischen Anbaugebiet zwischen Florenz und Siena, die anderen Chianti-Weine tragen andere Beinamen.

Frascati, aus den Bergen südlich von Rom, goldgelb, trocken oder lieblich, schmeckt rund und erfrischt.

Friulano, der Hauswein des Friaul, fruchtig und delikat.

Kalterer See, voller, fruchtiger Südtiroler Rotwein mit leichtem Mandelgeschmack.

Lacrimae Christi, gedeiht an den Hängen des Vesuv, produziert wird weiß und rot.

Lambrusco, Spitzenreiter aus der Emilia-Romagna, rot und prickelnd.

Orvieto, angenehm fruchtiger Weißwein, trocken oder lieblich.

Pinot Grigio, trockener Weißer aus dem Grenzgebiet zu Slowenien, fein und delikat, bekanntester Wein des Friaul.

Prosecco, perlender Schaumwein aus Venetien, alkoholarm, leicht und fruchtig, spritzig und prickelnd, in süßen oder trockenen Varianten.

Ravello Rosato, süßer Rosé von der Amalfiküste.

Recioto della Valpolicella, der süße Bruder des Amarone, mit bitterem Unterton, ebenfalls alkoholreich.

Sciacchetrà, der Süßwein aus den Cinque Terre gilt als kostbarster Tropfen Liguriens – eine echte Rarität und sehr teuer. Vorsicht vor Etikettenschwindel.

Soave, populärer Wein aus der Gegend von Verona, mild und leicht.

Valpolicella, ebenfalls aus Verona, schmeckt dunkel und ausgereift am besten. Da weitgehend als Massenwein produziert, Vorsicht vor minderwertigen Produkten.

Verdicchio dei Castelli di Jesi, bekanntester Wein der Marken, trocken und strohgelb mit leicht bitterem Aroma.

Vin santo, süßer Likörwein (*vino liquoroso*) aus luftgetrockneten Trauben (hoher Zukkergehalt), wird praktisch in allen Regionen Italiens produziert, ist in vielen Bars zu haben und oft von minderer Qualität. Ein wesentlich edlerer Tropfen ist die sherryähnliche, trockene (*secco*) Version des *vin santo* – wird lange gelagert und bevorzugt als Aperitif getrunken. Beide haben einen hohen Alkoholgehalt.

Sonstige Getränke

• *Kaffee* Aromatischeren Kaffee als in Italien wird man wohl selten irgendwo in Europa bekommen. Wer **un caffè** bestellt, erhält jedoch keine ordentliche Tasse Kaffee, sondern einen kräftigen Espresso in winziger Tasse, oft nur ein Schlückchen, das es aber in sich hat. Wem dies zuwenig ist, der bestellt einen **caffè doppio** oder **caffè lungo**, einen Espresso mit etwas mehr Wasser.

Caffè corretto, Espresso mit einem Schuss Schnaps, Grappa etc.

Cappuccino, Milchkaffee in „normaler Größe“, halb Milch, halb Kaffee.

Caffè macchiato, Kaffee mit ein paar Tropfen Milch.

• *Wasser* **Acqua minerale** wird in den brütend heißen Sommermonaten hektoliterweise getrunken, entweder *con gas (frizzante)* – mit Kohlensäure also – oder *senza* – ohne – *gas*. Nicht wenige Restaurants servieren Wasser zum Wein sogar unbestellt.

• *Bier* Immer beliebter, fast jedes Restaurant bietet inzwischen Fassbier, einige bekannte internationale Brauereien haben Niederlassungen in Italien. **Moretti** aus Udine (Friaul-Julisch Venetien) ist eins der bekanntesten inländischen Biere. Größen: Wer eine *birra piccola* bestellt, erhält 0,2 oder 0,3 l, *birra media* bedeutet 0,4 oder 0,5 l, *birra grande* ist ein Pokal oder Stiefel voller Bier, mindestens aber 0,66 l.

• *Schaumwein* **Prosecco** aus Venetien, **Asti Spumante** und **Moscato d'Asti** aus dem Piemont und **Franciacorta Brut** aus der Gegend südlich vom Iseo-See (Lombardei).

• *Spirituosen* Jede Bar verfügt über ein Riesenangebot verschiedenster Tropfen – oft knallig bunt eingefärbt, z. B. mit Pfefferminze leuchtend grün.

Grappa, hochprozentiger Schnaps aus gepresstem Trester (Traubenkerne und -haut, keine Stängel), der überall in den „kalten" Regionen im Norden Italiens gebrannt wird.

Amaretto, lombardischer Likör mit Mandelduft und herber Süße, Vanille und viele weitere Aromen runden den Geschmack ab. Kühl trinken, mit Orangensaft oder Kaffee. 25 %.

Cynar, Aperitif aus Artischockensaft und Kräutern, 16,5 %.

Ramazzotti, ein Magenbitter aus über 30 Kräutern, der anfangs extrem süß, dann angenehm bitter schmeckt.

Limoncello, der berühmte Zitronenlikör aus Süditalien hat seinen Siegeszug mittlerweile im ganzen Land angetreten, an der Amalfiküste und in Sorrento ist er in jedem Laden zu haben.

• *Aperitif* Die weltbekannten Aperitifweine **Campari**, **Cinzano** und **Martini** stammen aus Mailand bzw. Turin und wurden im 18./19. Jh. erfunden. Es handelt sich dabei um Weißwein, der mit verschiedenen Aromastoffen angereichert ist.

Feste

So gut wie jeder Ort feiert alljährlich ein oder mehrere Feste, die oft historische oder religiöse Ursprünge haben. Das Fest des jeweiligen Schutzpatrons wird dabei besonders intensiv begangen. Viele Ereignisse lassen sich in ihren Wurzeln bis weit in vorchristliche Zeiten zurückverfolgen.

Höhepunkte in Nord- und Mittelitalien sind die zahlreichen farbenprächtigen Reiterturniere namens *palio*, die berühmtesten finden in Siena (→ Toskana) und Asti (→ Piemont) statt. Eines der ungewöhnlichsten Feste Italiens ist die *processione dei serpari* (Umzug der Schlangenbeschwörer) immer am ersten Donnerstag im Mai in Cocullo (→ Abruzzen). Am 15. August, am Tag von Mariä Himmelfahrt also, wird überall *ferragosto* gefeiert – das größte Familienereignis Italiens und Mittelpunkt der Urlaubssaison, in jedem kleinen Nest gibt es dann Straßenfeste, Musik, Feuerwerk etc. Denken Sie daran, dass an diesem Tag alles andere geschlossen ist. Weitere Hinweise zu ausgesuchten Festen unter den jeweiligen Orten.

Tipp: Lassen Sie sich in jedem Fall vor Ort den aktuellen **Veranstaltungskalender** geben, denn während der Sommermonate ist eigentlich immer irgendwo etwas geboten.

Festspiele

In der warmen Jahreshälfte finden vor allem in den Städten Ober- und Mittelitaliens verschiedene international renommierte Festivals statt. Karten für diese Ereignisse kann man z. T. schon bei uns in großen Reisebüros vorbestellen (gegen Aufpreis).

Zahlreich sind die Trachtenfeste in ganz Italien: hier auf Sardinien

Arena di Verona, die berühmten Opernfestspiele von Verona, Ende Juni bis Anfang September. In der gewaltigen römischen Arena mitten in der Stadt kommen mehrmals wöchentlich die großen Klassiker zur Aufführung: Aida, Nabucco, La Traviata, Rigoletto, Tosca u. a. Ein grandioses Opernerlebnis!

Ferrara Buskers Festival, Ende August, großes Fest der Straßenmusiker in Ferrara.

Estate Ferrara, Mitte Juli bis Mitte September, zahlreiche Veranstaltungen aus allen kulturellen Sparten – Tanz, Theater, klassische Musik, Rock, Jazz u. a.

Festival dei Due Mondi, zwischen Mitte Juni und Mitte Juli in Spoleto (Umbrien). 14 Tage lang ein Riesenangebot an Theater, Musik, Film und Tanz – darunter experimentelle Oper, modernes Ballett.

L'Estate Fiorentina, alljährliches Kulturprogramm zwischen Ende Juni und Mitte August, Jazz, Rock, Folklore, Klassik, Filmfestivals und Dichterlesungen.

L'Estate Romana, alljährliches großes Sommerprogramm für die öffentlichen Plätze und Straßen in Rom.

Maggio Musicale Fiorentino, klassische Musikkonzerte von April bis Anfang Juli an verschiedenen Örtlichkeiten in Florenz.

Mostra Internazionale d'Arte Cinematografica – Biennale, die Filmfestspiele von Venedig finden alle zwei Jahre von Ende August bis Anfang September im Palazzo del Cinema am weltberühmten Lido statt (2011: 31.8.–10.9.). Neue Filme internationaler Regisseure werden vorgestellt und preisgekrönt, das entsprechende Publikum findet sich ein – Stars und Glamour.

Musica Riva, junge Künstler aus aller Welt treffen sich in der zweiten Julihälfte in Riva del Garda.

Musikwochen von Stresa, am Lago Maggiore im Mai, August und September.

Ravenna Festival, Anfang Juni bis Anfang Juli Opern- und Musikaufführungen (klassisch, Orgel, Jazz und Folklore) an verschiedenen Orten in und außerhalb der Stadt.

Rossini Opera Festival, alljährlich im August, musikalisch anspruchsvolles Festival in Pesaro, wo Rossini 1792 geboren wurde.

Sagra Musicale Malatestiana, Musikfest in Rimini, im August und September musiziert ein Aufgebot internationaler Orchester und Musikgruppen, z. T. im berühmten Tempio Malatestiano.

Stagione Lirica, landesweit bekannte Opernfestspiele in Macerata (Marken), alljährlich zwischen Mitte Juli und Mitte August.

Terme di Caracalla, im Juli/August Opernfestival in den antiken Thermen von Rom.

Umbria Jazz, größtes Jazz-Festival Italiens, jeden Juli in Perugia, kleine Winterversion Ende Dezember in Orvieto.

Geld

Dank einheitlicher Währung im Prinzip wie zu Hause. In allen größeren Orten gibt es Geldautomaten (*Bancomat*), wo man mit Bankkarte und Geheimnummer rund um die Uhr problemlos bis mindestens 250 € erhält (Bedienungshinweise meist auch in deutsch). Fast alle Automaten können mit ec-Karte (bzw. maestro-Karte) bedient werden. Falls ein Automat gelegentlich außer Betrieb („fuori servizio") oder leer ist, findet man schnell einen anderen. Eine Abhebung kostet mit der ec-Karte derzeit 4,75 €, mit der Kreditkarte 4 % des Betrages, mindestens aber 5 €.

Für das Einlösen von *Reiseschecks* müssen Sie – mit Ausweisdokument – am Bankschalter vorstellig werden. Wartezeiten sind hier aber die Regel, eine Gebühr wird ebenfalls meist fällig. Italienische Banken haben im Wesentlichen einheitlich geregelte Öffnungszeiten, nämlich Mo–Fr 8.30–13.30 Uhr, regional können die Zeiten leicht schwanken. Wechselstuben gibt es in Italien kaum noch.

Wechselkurs Schweiz (Stand Juli 2011): 1 € = 1,21 CHF, 1 CHF = 0,83 €

Wer nicht allzu viel Bargeld mit sich herumtragen will, kann auch problemlos auf die *Bankkarte* und alle gängigen *Kreditkarten* zurückgreifen, die als Zahlungsmittel weithin akzeptiert werden (z. B. Hotels, Restaurants, Tankstellen, Läden, Fahrzeugvermietungen, Bahn- und Flugtickets).

Im Notfall

Bei Verlust von Geldkarte, Kreditkarte, Reiseschecks etc. diese sofort telefonisch sperren lassen, nach Deutschland unter der einheitlichen Notrufnummer ✆ 0049/116116 (Weiterleitung an die gewünschte Bank), ansonsten kann man die aktuellen Nummern vor der Reise bei der heimischen Bank erfragen. Österreichische EC-/Maestro-Karten können unter ✆ 0800-2048800 gesperrt werden, Schweizer UBS-Karten unter ✆ 0041-848888601, Credit-Suisse-Karten unter ✆ 0041-800800488.

Im Fall eines Totalverlustes an Geld kann man sich über „Western Union Money Transfer" von einer Kontaktperson zu Hause innerhalb weniger Stunden Geld überweisen lassen. Einzahlung u. a. bei allen Filialen der Postbank, die Gebühr für eine Überweisung beträgt allerdings etwa 10 % des Betrages. Dieses Verfahren funktioniert auch ohne einen eventuell abhanden gekommenen Ausweis. Auszahlung bei Postfilialen, bestimmten Banken und Reisebüros. Näheres unter www.westernunion.com. Günstiger ist die Überweisung über „Money Gram" (www.moneygram.com), doch sind hier die Annahme- und Ausgabestellen deutlich dünner gesät.

Hunde

Die Akzeptanz für Hunde – zumal wenn sie wohlerzogen, gepflegt und freundlich sind – ist zwar höher als vielfach angenommen, doch kann es in ganz Italien im Sommer ziemlich heiß werden und für den Hund somit zur Quälerei. Generell besteht für

Hunde im Süden Italiens eine erhöhte Ansteckungsgefahr mit *Leishmaniose*, einer durch Sandflöhe übertragenen Parasiten-Erkrankung, die in fast allen Mittelmeerländern vorkommt; in den nördlicheren Küstenregionen der italienischen Adria wird in den Lagunen- und Feuchtgebieten außerdem auch vor *Schlangenbissen* gewarnt.

Ein mächtiges Tier: der Pastore Abruzzese

Erlaubt sind Hunde in der Regel auf Campingplätzen und in Gartenrestaurants, allerdings nur in einigen Hotels und Apartments. An Stränden mit Strandservice sind Hunde verboten, hier muss man an einen „freien" Strand ohne Einrichtungen ausweichen. Ebenso verboten sind Hunde in edlen Restaurants. Maulkorb und Leine sind immer mitzuführen.

Sollten Sie vorhaben, mit der Bahn anzureisen, sollte Ihr Hund möglichst weniger als sechs Kilo wiegen – dann darf er nämlich im geschlossenen Transportkörbchen auf ihrem Schoß reisen. Wiegt er mehr, wird es kompliziert: Hund und Halter dürfen nur in einem gesonderten Abteil reisen (i. d. R. im letzten Waggon, extra ausgewiesene Plätze), der Hund muss an der Leine sein und einen Maulkorb tragen, neben dem Internationalen Impfpass ist auch eine Steuerbescheinigung (bzw. Steuermarke) für den Hund mitzuführen. Das Hundeticket kostet 50% des regulären Fahrpreises, Blindenhunde fahren kostenlos. Während der Hauptpendlerzeiten Mo–Fr 7–9 Uhr morgens sind Hunde nicht gestattet. Generell nicht mitfahren dürfen Kampfhunde und als gefährlich eingestufte Rassen (u. a. Mastino, Rottweiler, Pitbull, Bullterrier, amerikanische Bulldogge).

Bei der Einreise nach Italien braucht der Hund ein Tollwut-Impfzeugnis, das mind. 30 Tage und max. zwölf Monate vor Einreisedatum ausgestellt sein muss, ebenso einen EU-Heimtierausweis und eine *Identitätskennung* mit einem Mikrochip unter der Haut.

Informationen

Italien betreibt in Deutschland, Österreich und in der Schweiz je ein Fremdenverkehrsbüro der ENIT. Vor der Reise können Sie dort oder über unten stehende Webadresse Prospekte bestellen.

In Italien besitzt jede Provinz der 20 Regionen ein Verkehrsamt, das für die gesamte Provinz zuständig ist und in allen Städten und touristisch bedeutsamen Orten Informationsstellen betreibt, genannt *AIAT (Agenzia di Informazione e Accoglienza Turistica)* oder *IAT (Informazione e Accoglienza Turistica)*, das Hauptbüro der Provinz wird als *APT (Azienda Provinciale per il Turismo)* geführt – fragen Sie einfach nach dem „Ufficio informazioni", das versteht jeder. Die Büros sind in der Regel gut mit Prospekten, Broschüren und Infos jeglicher Art ausgestattet. Erhältlich sind u. a. Stadtpläne und Umgebungskarten, Hinweise zu Sehenswürdigkeiten, Tipps für

Auf Nachrichten aus der Heimat muss man in Italien nicht verzichten

Sport und Freizeit, Veranstaltungskalender sowie Unterkunftslisten. Fragen Sie bei Interesse auch nach Wander- und/oder Radwegkarten zur Umgebung. Oft sprechen die Mitarbeiter auch Deutsch.

Im praktischen Reiseteil sind alle **Informationsadressen** unter den jeweiligen Orten aufgeführt. Achtung: Die angegebenen Öffnungszeiten können sich saisonal ändern!

- *Italienische Fremdenverkehrsbüros* **Deutschland**, Barckhausstr. 10, D-60325 Frankfurt/M., ✆ 069/237434, 📠 069/232894, frankfurt@enit.it. **Österreich**, Kärntnerring 4, A-1010 Wien, ✆ 0043/1/5051639, 📠 0043/1/5050248, vienna@enit.it. **Schweiz**, Uraniastr. 32, CH-8001 Zürich, ✆ 0041/43/4664040, 📠 0041/43/4664041, zurich@enit.it.

- *Südtirol* **Südtirol Tourismus Werbung**, Pfarrplatz 11, I-39100 Bozen, ✆ 0039-0471/999999, info@suedtirol.info, www.suedtirol.info.

Im Internet: www.enit-italia.de.

Internet

Das Webangebot zu Italien ist fast unüberschaubar. Eine kommentierte Auswahl nützlicher Seiten finden Sie auf der Website des Michael Müller Verlags (www.michael-mueller-verlag.de) unter Reisebücher/Südeuropa/Italien/Links. Alle größeren Städte und Badeorte Italiens haben mittlerweile eigene Websites, die Adressen sind in den jeweiligen Kapiteln angegeben bzw. über die einschlägigen Suchmaschinen einfach zu finden. Ihr Informationsgehalt ist recht unterschiedlich und oft sind Italienischkenntnisse nötig, um sie mit Gewinn nutzen zu können.

W-LAN, das in Italien (wie fast überall auf der Welt) *WI-FI* heißt, gibt es mittlerweile in vielen Hotels, Campingplätzen, Cafés und sonstigen Einrichtungen. Man muss sich bei der Rezeption (bzw. am Tresen) anmelden und kann dann kabellos surfen, meist gegen geringe Gebühr, häufig aber auch umsonst.

Kinder

Dass die Italiener sehr kinderfreundlich sind, hat sich auch diesseits der Alpen herumgesprochen. Leider steht die Zahl der vorhandenen Spielplätze in einem traurigen Missverhältnis dazu. Ideale Möglichkeiten für Urlaub mit den Kleinen bieten jedoch die kilometerlangen Sandstrände der *Adria*, die ganz seicht ins Meer abfallen. Hier wird geplanscht, Spielkameraden sind schnell gefunden und jeden Tag gibt es eine neue, noch größere Sandburg. Auch an den *oberitalienischen Seen* ist viel Ablenkung geboten – der Vorteil ist dort, dass die Badeplätze oft an Wiesen mit schattigen Bäumen liegen und die sommerlichen Temperaturen nicht so extrem ausfallen wie an den weiter südlich gelegenen Meeresstränden.

An kindgerechten Attraktionen bietet vor allem Oberitalien eine ganze Reihe von Wasser- und Vergnügungsparks. In Genua kann das größte Seewasseraquarium Europas besichtigt werden, bei Bergamo und in Rimini gibt es Italien als Miniaturausgabe, bei Mailand einen Saurierpark, in Angera am Lago Maggiore ist eine umfangreiche Puppenausstellung zu bewundern, im Safari-Zoo am Gardasee laufen afrikanische Wildtiere frei herum, ebenso im Safari-Park von Fasano (Apulien).

- *Wasserparks* **Canevaworld** bei Lazise am Gardasee; **Sassabanek** am Südende des Iseo-Sees; **Aquasplash** in Lignano (Adria); **Acqua Flash** bei *Ravenna* (Adria); **Atlantica** bei *Cesenatico* (Adria); **Aquafan** in Riccione (Adria); **Acquapark Onda Blu** bei *Tortoreto* (Adria).
- *Vergnügungsparks* **Gardaland** bei Peschiera am Gardasee; **Fantasyworld Minitalia** bei Bergamo; **Parco della preistoria** bei Mailand; **Mirabilandia** bei Ravenna (Adria); **Fiabilandia** bei Rimini; **Italia in miniatura** bei Rimini; Themenpark **Oltremare** bei Riccione (Adria); **Parco di Cavriglia** zwischen Cavriglia und Castelnuova dei Sabbioni in den Chianti-Bergen (Toskana).
- *Sonstiges* **Aquarium** in Genua; **Safari-Zoo** im Süden des Gardasees; **Puppenmuseum** in der Burg von Angera (Lago Maggiore); **Safari-Park** bei Fasano in Apulien.

Klima/Reisezeit

Entsprechend der extremen Nord-Süd-Ausdehnung und der landschaftlichen Vielfalt existiert eine erhebliche Spannweite der Temperaturen – während die Küsten und Tiefebenen in der glühenden Sommersonne brüten, kann es schon 1000 m höher erfrischend kühl sein. In den letzten Jahren haben vor allem im Norden Italiens ungewöhnliche Wetterkapriolen von sich reden gemacht: sintflutartige Sommerregen, schwere Unwetter, Überschwemmungen und Hagel belasteten Landwirtschaft und Urlaubsbranche gleichermaßen. Im Gegensatz dazu steht die akute Trockenheit in Süditalien und Sizilien, verursacht durch die in den letzten Jahren stark zurückgegangenen Niederschläge. Der weltweite Klimawandel durch Erwärmung der Erdatmosphäre zeigt erste nachhaltige Wirkungen.

Lufttemperaturen (Maximum) in Grad Celsius

	April	*Mai*	*Juni*	*Juli*	*Aug.*	*Sept.*	*Okt.*
Mailand	20	22	27	29	29	24	18
Venedig	17	21	25	27	27	24	18
Florenz	19	23	27	31	30	26	21
Rom	20	23	28	31	31	28	23
Palermo	18	22	25	28	29	26	23

Wassertemperaturen (Maximum) in Grad Celsius

	April	Mai	Juni	Juli	Aug.	Sept.	Okt.
Ligur. Meer/Genua	14	16	20	23	23	21	19
Tyrrhen. Meer/Capri	15	18	21	24	25	23	21
Sardinien/Olbia	15	17	20	23	24	23	21
Adria/Lido di Jesolo	13	18	21	23	24	21	18
Adria/Bari	15	17	20	23	24	23	21
Sizilien/Palermo	15	17	21	24	26	24	22

• *Nord- und Mittelitalien* Zu **Ostern** geht es los – zumindest an den oberitalienischen Seen, allen voran am Gardasee. Im **April** und **Mai** grünt und blüht hier alles in fast subtropischer Vielfalt, Surfer finden ideale Windverhältnisse und die Temperaturen sind mild. Zum Baden ist es allerdings noch zu kühl.

Am Meer beginnt die Saison erst einen Monat später, ins Wasser wagen sich Mutige ab Ende **Mai**. Der Mai ist eine wunderbare Zeit für Kultur- und Landschaftsreisende, ebenso die erste **Junihälfte** – es ist warm, aber nicht zu warm. Doch schon im Lauf des Junis kann man spüren, wie es Tag für Tag heißer wird. Im **Juli** liegen die Durchschnittstemperaturen bereits bei 27 Grad, das Meer ist mit 23 Grad ideal badewarm. In den Ebenen wird es jetzt unangenehm heiß, Mückenschwärme belästigen die Camper und Kulturreisende halten sich verdächtig lange in den kühlen Kirchen auf.

Den **August** im Tiefland und an den Küsten sollte man vermeiden, wenn man keine drückende Hitze und Menschenmassen mag – alle Badeorte sind überfüllt, in den Städten ist es leer, dafür kocht der Asphalt. Allerdings findet man jetzt im Apennin, in den Bergen des Aostatals und in Südtirol ideale Verhältnisse.

Im **September** kehrt wieder Ruhe ein, die Saison geht langsam zu Ende, das Meer hat aber noch gut 21 Grad. Viele Campingplätze und Hotels an der Küste schließen Ende des Monats, für Besichtigungsreisen ein guter Monat, aber auch der **Oktober** ist dafür noch geeignet. Im **November** regnet es gern und häufig, die feuchte und nasskalte Witterung hält den Winter über an.

• *Süditalien/Sizilien* Vor allem Sizilien gehört zu den wärmsten und trockensten Zonen Europas. Ab Mitte **Februar** beginnt schon der Frühling mit einer Fülle an Blüten, von **Mai bis September** herrscht Sommer, dann steigen die Temperaturen bis über 40 Grad, Regenfälle sind selten. Gelegentlich streicht aus dem nahen Afrika der Wüstenwind Scirocco herüber, macht Mensch und Tier fast besinnungslos vor Hitze. Nicht umsonst ist zwischen 13 und 16 Uhr in den Ortschaften kaum ein Mensch zu entdecken, sind die Fensterläden zum Schutz vor der Glut des Mittags verschlossen. Erst ab **Oktober** werden die Niederschläge wieder häufiger, die **Winter** sind an der Küste regenreich und mild, in den Hochlagen fällt sogar Schnee.

Öffnungszeiten

Das Grundprinzip bildet nach wie vor die Siesta, auch wenn nicht mehr immer und überall sklavisch daran festgehalten wird. Dafür ist abends oft länger geöffnet, wenn die Hitze nachgelassen hat. Erlaubt sind mittlerweile Ladenöffnungszeiten von Mo–Fr durchgehend bis 22 Uhr (auch an mehreren Sonntagen im Jahr), in Großstädten und touristischen Gebieten kann sogar noch länger geöffnet werden. Fast überall sind die Geschäfte am Montagvormittag geschlossen und öffnen erst um 15 Uhr, manche Läden schließen auch an einem Nachmittag in der Woche.

Geschäfte: in der Regel Mo–Fr vorm. ca. 8/8.30–12.30/13 Uhr, nachm. ca. 16/17–19.30/20 Uhr, Sa 9–13 Uhr, in größeren Städten auch nachmittags. Vor allem Souvenirläden und andere Geschäfte mit touristischem Bedarf schließen ihre Pforten erst sehr spät abends, haben oft auch sonntags geöffnet.

Kirchen: Von 7 Uhr früh bis 12 Uhr mittags fast überall offen. Dann wird geschlossen und frühestens gegen 15, oft erst 16 Uhr wieder aufgemacht, um bis 19 oder 20 Uhr geöffnet zu bleiben. Sonntags während der Messen ist keine Besichtigung möglich.

Museen und Sehenswürdigkeiten: Hier herrschen nicht selten verwirrende Verhältnisse. Meist werden die Zeiten mehrmals jährlich geändert, einzige Konstante ist, dass staatliche Museen, Ausgrabungen etc. am Montag fast immer geschlossen haben und ansonsten meist Di–Fr (oder Sa) vormittags 9–14 Uhr und So 9–13 Uhr geöffnet sind, bedeutendere Museen und Sehenswürdigkeiten zum Teil auch durchgehend Di–So 9–19 Uhr. Kleinere Einrichtungen in abgelegenen Gegenden sind oft nur in den Hochsaisonmonaten Juli und August geöffnet und auch dann manchmal nur an den Wochenenden.

Banken und **Post** → im entsprechenden Abschnitt, **Apotheken** → Ärztliche Versorgung.

Dolce Vita in der Mittagspause

Papiere

Für den Aufenthalt in Italien genügt der Personalausweis (carta d'identità). Wer auf Nummer Sicher gehen will, nimmt außerdem seinen Reisepass (passaporto) mit, zusätzlich Kopien beider Papiere.

Vorteil eines zweiten Ausweises: während ein Papier bei der Hotel- oder Campingplatzrezeption liegt (offiziell nur bis zu 24 Std. erlaubt), kann man mit dem zweiten jederzeit Schecks einlösen, ein Fahrzeug mieten etc. Bei Diebstahl oder Verlust eines Ausweises kann man zudem mit dem anderen problemlos weiterreisen.

Kinder unter 16 Jahren benötigen einen *Kinderausweis* (ab zehn Jahren mit Lichtbild) oder müssen im Pass der Eltern eingetragen sein. Kinder und Jugendliche, die ohne Erwachsene reisen, benötigen außer ihrem Ausweis eine schriftliche *Vollmacht* der Erziehungsberechtigten, die in Englisch oder Französisch abgefasst sein muss.

Diebstahl oder Verlust: Bei der Polizei bekommt man kurzfristig ein Ersatzpapier. Kopien des verloren gegangenen Papiers sind nützlich und helfen der Polizei bei der Identitätsüberprüfung (Nummer des Passes, ausstellende Behörde etc.).

Einreise mit dem eigenen Fahrzeug: Neben dem nationalen Führerschein (*Patente di guida*) braucht man auch den Fahrzeugschein (*Libretto di circolazione*), außerdem wird noch immer die Grüne Versicherungskarte (*Carta verde*) empfohlen.

Beim Transit von Deutschland über Österreich nach Italien gibt es keine Grenzkontrollen mehr, die entsprechenden Einrichtungen stehen leer oder wurden abgebaut. Bei der Anreise über die Schweiz muss man aber nach wie vor einen Ausweis vorzeigen und – bei Grenzübergängen auf der Autobahn – die Schweizer Vignette vorweisen können.

Post

Ein Postamt gibt es in fast jedem Ort. Oft ist es dort allerdings sehr voll, deshalb auf Wartezeiten einstellen. Auch die Karte an die Lieben daheim dauert ihre Zeit, nach Deutschland etwa sechs bis sieben Tage. Eine Postkarte innerhalb der EU und in die Schweiz kostet je 0,75 €.

Historischer Briefkasten

Öffnungszeiten: regional verschieden, meist Mo–Fr 8.30–14 Uhr, Sa 8–13 Uhr. Die Hauptpostämter in Städten sind oft auch nachmittags (ca. 16–19 Uhr) geöffnet.

Briefmarken: „Francobolli" kann man nicht nur bei der Post erstehen, sondern auch in vielen Tabacchi-Läden und Souvenirshops, die Postkarten verkaufen.

Telegrafische Postanweisung: Über „Western Union Money Transfer" oder „Money Gram" kann man sich von einer Kontaktperson zu Hause innerhalb weniger Stunden Geld überweisen lassen (→ S. 110).

Rauchen

In Italien ist das Rauchen in öffentlichen Räumen strikt verboten. Zu öffentlichen Räumen zählen u. a. alle gastrono mischen Betriebe, Hotels, Züge, Kran kenhäuser, Postgebäude, Museen und Wartehallen aller Art (also auch Flug häfen und Bahnhöfe), der Arbeitsplatz an sich und Büros mit Publikumsver kehr. Die Zigarette zur falschen Zeit am falschen Ort kann zwischen 27,50 und 275 € Strafe kosten. Wer neben einer Schwangeren oder Kindern raucht, muss sogar mit dem doppelten Bußgeld rechnen. Wird ein Wirt mit rauchenden Gästen erwischt, zahlt er selbst ebenfalls ein Bußgeld, das zwischen 220 und 2200 € liegt.

Sport

Kein Badestrand ohne provisorisches Volleyball- oder Fußballfeld. Die Italiener sind ballvernarrt, überall wird gekickt, und wer sich interessiert zeigt, wird schnell beteiligt. Aber auch sonst gibt es in den touristischen Küstenorten zahlreiche Möglichkeiten, sich sportlich zu betätigen. Vom Tretbootverleih über Surfschulen bis Wasserski und Fallschirmsegeln ist meist alles geboten. Tennisplätze findet man häufig auf Campinggeländen und bei größeren Hotels bzw. in Feriendörfern. An den Seen sind hauptsächlich Surfer, Mountainbiker und Kletterer anzutreffen, an einigen Stellen auch Drachenflieger.

• *Drachenflieger* Beim Örtchen **Cólico** an der Nordspitze des Comer Sees stürzen sich die waghalsigen Luftgleiter vom 2600 m hohen Monte Legnone in den Auftrieb thermischen Winde, ebenso am **Monte Cucco** in Umbrien (1560 m) und am *Piano Grande* der **Monti Sibillini** (an der Grenze zwischen Marken und Umbrien).

• *Fahrrad* Abgesehen vom Apennin und den höheren Alpenregionen kann man fast überall hervorragend Rad fahren. Speziell in der Poebene gibt es zahllose Möglichkeiten

– um **Ravenna** und **Ferrara** sind mittlerweile 200 km Radwege ausgebaut worden. Landschaftlich reizvoll ist das Gebiet um den **Kalterer See** (Lago di Caldaro). Mountainbiker kommen vor allem um die großen Seen auf ihre Kosten, insbesondere der Norden des **Gardasees** ist berühmt für seine Bikepfade.

Die **Toskana** ist reichlich hüglig, jedoch nicht bergig, mit dem Fahrrad sind die Hauptrouten durchaus zu machen.

Flach ist ein Großteil der **Adria-Küste**, allerdings auch sehr überlaufen und mit viel Verkehr.

In Apulien, im tiefsten Süden Italiens, lohnt die flache Ferse des Stiefels, die so genannte **Salento-Halbinsel** und die Sohle des Stiefels mit langen Stränden am **Ionischen Meer**.

• *Golf* Es gibt Dutzende von Anlagen – alleine vier am **Gardasee**, weitere am **Comer See** und bei **Rimini** an der Adria, auch **Südtirol** besitzt mehrere Plätze.

Genaue Daten sämtlicher italienischer Golfplätze sind im Internet unter www.federgolf.it, der offiziellen Seite des Italienischen Golfverbandes (*Federazione Italiana Golf*) zu finden, dort auf den Button „I golf club" klicken und dann nach Regionen auswählen.

• *Klettern* Free-Climber finden ihr Dorado in **Arco** am Nordende vom Gardasee, wo alljährlich die Weltmeisterschaften veranstaltet werden. Ebenfalls sehr bekannt: die Klettergebiete im Hinterland von **Finale Ligure** (Ligurien).

• *Schlauchboot* Lohnt sehr, speziell an den wilden und felsigen Küsten der **Riviera**, des **Gargano** und des **Monte Conero** bei Ancona. Die Mitnahme des Bootes ist ohne Grenzformalitäten möglich. Bei Außenbordern über 3 PS ist eine Haftpflichtversicherung vorgeschrieben. Vor Ort sollte man sich beim Hafenamt nach eventuellen Vorschriften und Einschränkungen erkundigen.

• *Surfen* Windigste Monate der warmen Jahreshälfte sind April und Oktober, gefolgt von Mai und September. Im Hochsommer ist der Wind dagegen eher flügellahm.

Der **Gardasee** gilt als eines der besten Surfziele Europas, der kleine Ort Torbole an der Nordspitze als das Mekka der Brettflitzer. Die Windverhältnisse im Nordteil des Sees, in der „Düse" zwischen Riva und Torbole, sind so zuverlässig, dass man beinahe die Uhr danach stellen kann: von Mitternacht bis Mittag bläst der leichte Nordwind **Vento** die Alpen herunter, ab Mittag bis Sonnenuntergang kommt die stärkere

Kletterer bei Cala Gonone (Sardinien)

Ora aus dem Süden und erreicht häufig 4–6 Beaufort.

Alternative dazu ist der Norden des **Comer Sees** um Domaso. Auch hier wechseln sich starke Süd- und Nordwinde ab, es gibt mehrere deutsch geleitete Surf-Center.

Die Spots in **Mittel- und Süditalien** sind bei uns nur wirklichen Kennern vertraut. An der Westküste blasen von April bis Juni Maestrale und Ponente aus Nordwest bzw. West, im Herbst der Scirocco aus Südost. An der südlichen Ostküste dominieren die südlichen Winde Scirocco und Libeccio, allerdings vorzugsweise in der kalten Jahreshälfte von Oktober bis April. Sehr geeignet für Winde aus allen Richtungen ist der exponierte **Monte Circeo** im Süden Latiums. Weitere beliebte Spots sind, etwas weiter südlich, der **Lido di Fondi** und der Strand von **Vindicio** bei Formia.

Starkwindrevier an der Ostküste ist natürlich der weit vorspringende Sporn des **Gargano**, beste Jahreszeit ist hier der Herbst, geeignete Strände liegen um den touristischen Hauptort **Vieste**.

Am **Ionischen Meer** bieten die langen Strände auflandige Winde, die sich um Catanzaro im **Golf von Squillace** bis zu Herbststürmen steigern können.

• *Wandern* Neben den unerschöpflichen **Alpenregionen** mit ihren bestens ausgeschilderten Alm- und Höhenwegen ist vor allem das Gebiet der **Cinque Terre** an der Riviera ein hervorragendes Wanderterrain. Cinque Terre, das sind fünf malerische Dörfer, eingebettet in die vegetationsreiche Steilküste östlich von Genua. Gut gekennzeichnete Wanderwege unterschiedlicher Dauer verbinden sie untereinander, zum großen Teil sind sie auch für Kinder geeignet. Die Anfahrt geht am besten per Zug (→ Ligurien). Auch die **Toskana** bietet mit ihren weitgehend sanften Hügeln zahlreiche Möglichkeiten. Bergwanderer kommen in den Nationalparks der **Sibillinischen Berge** und der **Abruzzen** auf ihre Kosten.

• *Wassersportzentren* Mit Sportbecken, Riesenrutschen und Wellenbädern sind sie vor allem in Oberitalien häufig, z. B. in **Lido di Jesolo** (Venetien) und **Lignano Sabbiadoro** (Friaul), bei **Lazise** am Gardasee und bei **Iseo** am Südende des Iseo-Sees. Einige weitere gibt es an der Adriaküste zwischen Ravenna und Rimini.

Sprache

Zahlreiche Italiener, die im Tourismusgeschäft tätig sind, sprechen und verstehen sehr gut Deutsch, vor allem an den großen Alpenseen. Der jahrzehntelange Umgang mit den Besuchern aus dem Norden macht sich hier überall bemerkbar. Anders in den großen Binnenstädten, in der Poebene und in den touristisch kaum erschlossenen Regionen. Mit etwas Glück kommen einem hier ehemalige Gastarbeiter zu Hilfe. Englischkenntnisse findet man in den großen touristischen Zentren, auf dem Land dagegen kaum.

Wer etwas Italienisch üben will, findet unser **Sprachlexikon** am Ende des Buchs. Auch ein Volkshochschulkurs kann nützlich sein. Ansonsten gibt es viele Sprachschulen und Universitätsinstitute, die „vor Ort" **Italienischkurse** für Ausländer anbieten, z. B. in Perugia (→ S. 729), Urbino (→ S. 537) und Otranto (→ S. 888) – eine interessante Möglichkeit, Ferien und Lernaufenthalt miteinander zu kombinieren.

Wer sich eingehender mit dem Thema „Italienisch lernen in Italien" beschäftigen möchte, kann die gleichnamige Broschüre bei der **Aktion Bildungsinformation (ABI)** in Stuttgart bestellen, ein sehr umfangreiches Info-Booklet rund um den Sprachurlaub (16 € inkl. Versand, ins Ausland 21 €). Adresse: Lange Straße 51, D-70174 Stuttgart, ✆ 0711/22021630, 📠 0711/22021640, www.abi-ev.de.

Telefonieren

Fast jeder in Italien hat ein Handy *(telefonino* oder *cellulare),* mit dem auch pausenlos telefoniert wird. Italienische Mobilnummern sind dreistellig und beginnen mit 3 (z. B. 347, 333 etc.). Achten Sie im Reiseteil darauf – diese Nummern anzurufen, kostet Sie deutlich mehr als ein Anruf ins italienische Festnetz. Funklöcher gehören in aller Regel der Vergangenheit an, nur in abgelegenen Berggegenden kann es mal passieren, dass man mit dem Handy kein Netz hat. Ansonsten gibt es noch immer flächendeckend öffentliche Telefonzellen, die mittlerweile fast ausnahmslos mit *Telefonkarten* funktionieren. Die *carta telefonica* kann man für 5 € in Tabacchi- und Zeitschriftenläden und in Bars kaufen. Vor Gebrauch muss die obere, perforierte Ecke abgebrochen werden. Die *Tarife* für Gespräche (Festnetz) von Italien nach Deutschland, Österreich und die Schweiz sind höher als umgekehrt. Am günstigsten telefoniert man werktags nach 22 Uhr und sonntags.

Internationale Vorwahlen von Italien nach Deutschland: ✆ 0049, nach Österreich: ✆ 0043, in die Schweiz: ✆ 0041. Nach Italien aus dem Ausland: ✆ 0039. Die **italienische Auskunft** ist unter ✆ 12 erreichbar (Auslandsauskunft ✆ 176). Die Null der **italienischen Vorwahl** (z. B. 055 für Florenz) muss aus dem Ausland mitgewählt werden, und auch in Italien ist die Vorwahl immer obligatorisch, selbst bei innerörtlichen Gesprächen.

Seit Sommer 2009 gelten folgende neue EU-Richtlinien für Auslandsgebühren: Netz- und betreiberunabhängig kosten abgehende Anrufen maximal 0,35 €/Minute, eingehende Anrufe 0,11 €/Minute, abgehende SMS 0,11 € (ankommende SMS gebührenfrei), hinzu kommt jeweils noch die Mehrwertsteuer.

Für alle, die viel telefonieren oder längere Zeit in Italien bleiben, lohnt sich eventuell der Kauf einer italienischen SIM-Karte von einer der italienischen Mobiltelefongesellschaften. Sie kostet ca. 50 €, hat allerdings auch ein Gesprächsguthaben in derselben Höhe. Man bekommt damit eine italienische Nummer und muss die Gespräche, die aus dem Ausland kommen, nicht mitfinanzieren. Beim Kauf muss man den Personalausweis/Reisepass vorzeigen und eine Adresse (auch Hotel o. Ä.) in Italien haben.

Übernachten

Es gibt kaum einen italienischen Küstenabschnitt, ob See oder Meer, an dem es nicht zahllose Unterkünfte gibt. Von Campingplätzen über einfache Pensionen, B & Bs und Agriturismo-Betriebe bis zu Hotels der gehobenen Kategorie ist alles vertreten. Doch im Landesinneren dünnt das Unterkunftsnetz reichlich aus. Ausnahme bilden die Urlaubsgebiete in den Alpen: Südtirol und Aostatal, außerdem die stark besuchte Toskana, in der vor allem Ferienhäuser und Agriturismo gefragt sind.

Problemmonate für individuell Reisende sind *Juli* und *August*. Vor allem im August, dem traditionellen Reisemonat für italienische Familienferien, sind in den Badeorten – trotz hoher Preise – 90 % der verfügbaren Betten und Stellplätze ausgebucht. Vorbestellung ist dann ratsam, sollte jedoch am besten schon im Winter erfolgen, um Erfolg zu haben. Speziell in *Venedig* bestehen fast das ganze Jahr über Zimmerengpässe, problematisch sind vor allem die unteren Preisklassen.

Lassen Sie sich vom italienischen Fremdenverkehrsamt in Deutschland, Österreich oder der Schweiz (→ S. 112) die alljährlich aktualisierten Unterkunftsverzeichnisse *(Annuario degli Alberghi)* der Region bzw. Stadt schicken, die Sie bereisen wollen.

Das Hotel Forum in Rom – Zimmer mit direktem Blick auf die Antike

Darin sind alle registrierten Hotels, Pensionen und *locande* (Gasthöfe), oft auch Campingplätze und Ferienwohnungen mit Adresse, genauen Preisangaben, Öffnungszeiten und Hinweisen zur Ausstattung verzeichnet. Die angegebenen Preise können jedoch ab 1. Juni des jeweiligen Jahres erhöht werden. Falls nicht vorrätig, erhalten Sie die Prospekte auch kostenlos bei den lokalen Informationsämtern. Diese helfen gelegentlich auch bei der Zimmersuche, in Südtirol fast überall, ansonsten eher sporadisch. In unseren Texten im praktischen Reiseteil finden Sie zahlreiche Unterkunftsempfehlungen, für die nächste Auflage freuen wir uns auch auf Ihre persönlichen Erfahrungen und Tipps!

Hotels/Pensionen/Locande

Die Unterschiede können erheblich sein, besonders zwischen den Hotels verschiedener Klassifikationen, sind aber nicht unbedingt auf den ersten Blick sichtbar. Die günstige, aber bestens gepflegte Familienpension kann es oft mit dem schon etwas heruntergekommenen Drei-Sterne-Hotel nebenan aufnehmen, ebenso kann man in einer frisch renovierten Zwei-Sterne-Unterkunft besser unterkommen als im mehrfach übertünchten und lieblos geführten Drei-Sterne-Haus aus den 1970ern. Die meisten Häuser ab zwei Sternen aufwärts bieten bezüglich Ausstattung und Sauberkeit jedoch einen recht guten Standard. Doch auch die regionalen Unterschiede sind erheblich: Findet man in *Bologna* beispielsweise sehr viele saubere, gut instand gehaltene Unterkünfte, sind die Häuser der gleichen Kategorie in mancher Ecke von *Rom* ziemlich heruntergewirtschaftet und vernachlässigt. In *Südtirol* und am *Gardasee* herrschen gepflegte und adrette Häuser vor, in *Venedig* nagt Salzwasser an den feucht-morbiden Palazzi. Die Badeorte, speziell an der flachen Adria, strahlen mit ihren betonierten Hotelfronten nicht gerade vor Schönheit – ein Haus wie das andere. In *Verona* und *Florenz* kann man dagegen in gut renovierten historischen Häusern mitten im „centro storico“ wohnen. In *Neapel* findet man zahlreiche

Tipps für Hotel- und Pensionsgäste

Folgende Bestimmungen sind gesetzlich geregelt. Das heißt jedoch noch lange nicht, dass diesbezügliche Klagen zum Erfolg führen. Bei Problemen, insbesondere wenn die aushängenden Preise deutlich überzogen sind, können Sie sich an das Tourismusamt der jeweiligen Provinz (**A.P.T.** = Azienda di Promozione Turistica) wenden.

- Die **Zimmerpreise** unterliegen der Überwachung durch die A.P.T. und dürfen die Grenzen, die für die betreffende Kategorie festgelegt sind, nicht überschreiten. Sie müssen sowohl an der Rezeption wie auch in den Zimmern deutlich aushängen (meist an der Innenseite der Tür). Achten Sie darauf, dass im Einzelzimmer nicht der Preis für ein Doppelzimmer aushängt und die Preisliste offiziell bestätigt ist, z. B. mit behördlichem Stempel.
- Die meisten Zimmerpreise gelten mit **Frühstück**. Wer extra Frühstück bestellt, muss mit einem Mehrpreis von 5–10 € pro Person rechnen, im anderen Fall verringert sich der Zimmerpreis jedoch nur unerheblich (bzw. gar nicht), wenn man auf das Frühstück verzichtet. Fragen Sie vorher nach, um unliebsame Überraschungen zu vermeiden. In den unteren Hotelkategorien ist oftmals für das kleine Frühstück die Bar ums Eck vorzuziehen.
- Falls man sich ein **Extrabett** in ein Doppelzimmer stellen lässt, kann der Preis bis zu 35 % erhöht werden.
- Leider besitzen viele Hotels keine **Einzelzimmer**. Falls man als Einzelreisender ein Doppelzimmer zugewiesen bekommt, ohne es ausdrücklich verlangt zu haben, darf dafür in der Regel nur der Einzelzimmerpreis oder bis zu 85 % des Doppelzimmerpreises berechnet werden (diese Regelung ist jedoch von Region zu Region unterschiedlich).
- Viele **Stadtzentren** sind für den motorisierten Verkehr zeitweise oder dauernd gesperrt. Wenn man sein Zimmer bezieht, darf man jedoch bis zum Hotel fahren und das Gepäck ausladen. In der Regel besitzen nur Häuser der Kategorie *** bis ***** eigene Garagen oder Parkmöglichkeit, gelegentlich erhält man vom Hotel auch einen Parkausweis.

Billigunterkünfte, die z. T. vernachlässigt und ungepflegt sind, nur einige Kilometer weiter kann man in *Sorrento* und an der *Amalfiküste* Urlaub vom Feinsten machen.

Auch die Preise weisen regionale Unterschiede auf, sind allerdings fast überall relativ hoch. *Venedig* ist mit Abstand die teuerste Stadt Italiens – 25 % teurer als *Rom* und 18 % teurer als *Florenz*, die beiden Nachfolger in der nationalen Preisskala. Ebenso verlangt man in *Mailand, Bologna* und *Verona*, in *Sorrento*, an der *Amalfiküste*, auf den *Liparischen Inseln* und in *Taormina* (Sizilien) stolze Hotelpreise, während z. B. *Genua* und *Ventimiglia* an der Riviera eher budgetfreundlich sind.

Die Preise im praktischen Reiseteil dieses Buches sind Circa-Preise und beziehen sich auf ein **Doppelzimmer (DZ) mit Bad**. **Zimmer ohne eigenes Bad** sind als solche kenntlich gemacht und verfügen nur über eine Etagendusche. Wenn eine Preisspanne angegeben ist (z. B. DZ ca. 80–120 €), meint die erste Zahl den Zimmerpreis in der **Nebensaison (NS)**, also April, Mai, September und Oktober, die zweite bezieht sich auf die **Hauptsaison (HS)** im Juli/August. Ist keine Preisspanne angegeben, beziehen sich die Preise nur auf die Hauptsaison.

Generell besteht in den Badeorten am Meer in der Hochsaison in praktisch jeder Unterkunft *Pensionspflicht*, d. h. Übernachtung mit Frühstück und mindestens einer Mahlzeit (Halbpension = HP) wird berechnet, außerdem muss man in der Regel mindestens drei Nächte bleiben. Anders in der Nebensaison: Dann sind die Hoteliers froh, ihre Zimmer voll zu bekommen, und man kann hie und da noch ein Schnäppchen machen. Ausnahme sind viel besuchte Städte wie Rom, Florenz und Venedig, in denen es nur noch kurze Phasen der Nebensaison gibt – meist der November und Januar/Februar, teilweise auch noch der März.

Pauschalangebote: Südtirol, Gardasee, Riviera, Adria, Rom, Taormina auf Sizilien sowie die Inseln Ischia und Capri sind Ziele, die von allen großen Reiseveranstaltern angeboten werden. Die Angebote sind meist auf Familien mit Kindern zugeschnitten und preislich oft günstiger, als man sie auf eigene Faust buchen könnte. Besonders auf spezielle Saisonermäßigungen und Sonderangebote sollte man achten.

Außerdem werden spezielle *Städtereisen* angeboten, Venedig, Florenz und Rom sind dabei die Renner. Im Paket sind sie ebenfalls oft günstiger zu haben als bei individueller Buchung – es lohnt unbedingt ein Preisvergleich.

Studienreisen gehen in alle bekannten Kultur- und Tourismusgebiete: u. a. Venetien (Padua, Ravenna, Venedig), Toskana, Umbrien, Rom/Latium, Sorrento und Amalfiküste, Golf von Neapel, Apulien, Sizilien.

Apartments und *Ferienwohnungen* können ebenfalls pauschal gebucht werden (→ unten).

Hotel-Klassifizierung/Preise: Die italienischen Hotels und Pensionen sind von den Tourismusbehörden der Provinzen in fünf Kategorien unterteilt (1–5 Sterne). Wir haben diese Klassifizierung bei den Hotelbeschreibungen als Orientierungshilfe (auch preislich) jeweils mit angegeben, obwohl sie nicht immer etwas über den Zustand bzw. den Service, Freundlichkeit etc. des Hauses aussagen.

***** = **Hotels der Luxusklasse** mit gepflegtem Mobiliar, Klimaanlage, Telefon, Sat-TV und Eisschrank/Frigobar auf dem Zimmer. Sind rar gesät und meist nur in Großstädten und sehr bekannten Touristenorten anzutreffen, oftmals in stilvollen Stadtpalazzi oder sorgfältig renovierten Landvillen untergebracht, nicht selten auch das traditionsreiche *Grand Hotel* eines nicht minder traditionsreichen Badeortes. Ein sehr gutes, manchmal auch sternegekröntes Restaurant mit weithin bekanntem Spitzenkoch gehört mittlerweile zu diesem Standard dazu. Swimmingpool (auch drinnen), Privatstrand, Tennis, Wellnessbereich etc. meist vorhanden. Preisniveau mehr oder minder unbezahlbar, ab ca. 400 € fürs DZ.

**** = **First-class-Hotels**, ebenfalls für gehobene Ansprüche, Preise ab mindestens 200 € fürs DZ, meist aber 250–350 €.

*** bzw. ***S (superiore) = **Mittelklassehotels**, mit ordentlicher bis sehr guter Ausstattung und eigenem Bad, meist mit Restaurant, am Meer oft mit Swimmingpool. TV im Zimmer obligatorisch. Preise 120–250 € für das DZ.

** = **untere Mittelklasse**, Qualitätsunterschiede sind hier besonders deutlich spürbar, von vernachlässigt bis gut. Oft gibt es Zimmer wahlweise mit oder ohne eigenes Bad, meist auch mit TV. Je nach Besitzer viel persönliche Atmosphäre oder eher anonym. DZ mit Bad ca. 80–100 €, mit Etagendusche ca. 60–70 €.

* = **einfache Locande und Pensionen** in meist älteren Häusern. Oft im Inland und in größeren Städten (und hier nicht selten in der Bahnhofsgegend), an der Küste sind sie seltener zu finden. An die Ausstattung sollte man keine Ansprüche stellen und auch unerfreuliche Überraschungen einkalkulieren. Zimmer mit Bad ca. 60–80 €, mit Etagendusche meist ab 50 € aufwärts.

Ferienwohnungen/Apartments: Die preiswerte Alternative zu den oft ziemlich teuren Hotels, ebenfalls von vielen Reiseveranstaltern (meist mit individueller Anfahrt) angeboten – hauptsächlich in der Toskana, außerdem in Südtirol, Venetien, Riviera, Adria, Umbrien, Latium, Kalabrien, Apulien und Sizilien. Eine Ferienwohnung hat Vorteile: Man kann mit dem eigenen Herd die hohen Ristorante-Preise umgehen, und wenn man vor Beginn der eigentlichen Hauptreisesaison bucht und zu mehreren ist, kann ein Aufenthalt durchaus preisgünstig sein. Vor allem für Familien mit Kindern ideal – mehr Freiraum als im Hotel, individuelle Zeiteinteilung unabhängig von Essenszeiten, selbst gekochte Mahlzeiten etc. Nicht wenige Ferienhausanlagen besitzen Swimmingpools.

Bezüglich der Qualität der Ferienhäuser gibt es natürlich diverse Standards, die sich meist im Preis bemerkbar machen. Wer kein eigenes Fahrzeug hat, sollte sich bei der Buchung unbedingt nach der genauen Lage des Objekts bzw. der Entfernung des nächsten Orts erkundigen, denn es ist nicht angenehm, mehrere Kilometer zum Einkaufen laufen zu müssen. Minimalaufenthalt meist eine Woche, im Juli/August teilweise auch zwei Wochen.

• *Anbieter* Der Blick in den Reiseteil überregionaler Zeitungen sowie in Reisezeitschriften kann lohnen: Hier findet sich eine große Auswahl an Apartments und Ferienhäusern, sowohl von den großen Reiseagenturen als auch von Privatleuten.

• *Buchung* Für die Hochsaison unbedingt rechtzeitig vorbuchen (mind. drei Monate vorher), vor Ort wird man im Juli/August große Schwierigkeiten haben, eine freie Wohnung zu finden! In der Vor- und Nachsaison (April/Mai/Juni bzw. Sept./Okt.) kann man dagegen auch direkt vor Ort fündig werden, entweder durch Agenturbüros in den größeren Orten (Auskunft in den Informationsbüros) oder durch Erkundigungen auf eigene Faust. Meist weiß der Pächter der nächsten Bar Bescheid und kennt die Eigentümer.

• *Preise* Die **Wochenpreise** bei günstigen Anbietern beginnen in der Nebensaison bei 400 € aufwärts für ein 4-Personen-Apartment und können sich im Juli/August auf über 1000 € steigern, bei Luxusobjekten auf über 1500 €. Beim Wälzen der Prospekte nicht die **Nebenkosten** (Poolbenutzung, Endreinigung usw.) übersehen. Lassen Sie sich vor Anmietung alle eventuellen Extrakosten genau auflisten.

Reservierungen für Unterkünfte nimmt man am besten **per E-Mail** oder auch **per Fax** vor, hierbei wird oft die Kreditkartennummer und deren Ablaufdatum verlangt, teilweise auch eine Anzahlung (Kreditkarte, Banküberweisung oder Paypal). Außerhalb der Hochsaison reicht oft auch eine kurzfristige telefonische Reservierung (mit Ausnahme von Rom, Florenz und anderen großen Städten, hier wird fast immer eine verbindliche Reservierung verlangt).

Achtung: Laut Gesetz müssen Sie die **Hotelrechnung** (*ricevuta fiscale*) aufbewahren. Bei Missachtung droht eine hohe Geldstrafe.

Privatzimmer: „Bed & Breakfast" gibt es mittlerweile in vielen Orten und Städten, die Informationsbüros verfügen meist über einschlägige Listen und können weitergehende Auskünfte erteilen, vermitteln auch oft Zimmer. Ansonsten kann man sich einfach vor Ort umhören, vielleicht in der nächsten Bar oder dem benachbarten Alimentari-Laden. Gelegentlich sieht man auch Schilder „affitta camere" o. Ä. Die Preise liegen etwa zwischen 60 und 90 € fürs DZ, gelegentlich wird ein Mindestaufenthalt von drei Tagen oder einer Woche verlangt.

Die Organisation **Bed & Breakfast Italia**, der italienweit größte Anbieter, vermittelt mehrere tausend Privatunterkünfte im ganzen Land (DZ je nach Kategorie 50–150 €, auch Einzel- und Dreier-Zimmer). Zentrales Buchungsbüro: Palazzo Sforza Cesarini, Corso Vittorio Emanuele II 282, I-00186 Roma, ✆ 06/6878618 (auch deutschsprachige Mitarbeiter), ✆ 06/6878619, www.bbitalia.it.

Exklusive Privatunterkünfte zu gehobenen Preisen vermittelt **Caffelletto**, Via Rogati 1, I-35122 Padova, ✆ 049/663980, ✆ 049/650899, www.caffelletto.it.

Jugendherbergen (ostelli per la gioventù) und Hostels: Herbergen des italienischen Jugendherbergsverbands (Mitglied der International Youth Hostel Federation = IYHF) gibt es in vielen Großstädten und historischen Zentren, u. a. in *Ancona, Ascoli Piceno, Bari, Bergamo, Bologna, Cortona, Florenz, Genua, Livorno, Lucca, Mailand, Montagnana, Neapel, Palermo, Parma, Perugia, Ravenna, Rimini, Rom, Rovereto, Salerno, Siena, Triest, Turin, Venedig, Verona, Vicenza,* außerdem am *Gardasee* (Riva di Garda), am *Comer See* (Como, Domaso und Menaggio), bei *Erice* und *Castroreale* (Sizilien) sowie auf den Inseln *Lipari* und *Ischia*. An den Meeresküsten sind sie dagegen nur selten anzutreffen. Die Übernachtung kostet in der Regel um die 18 € (Frühstück extra), abendliche Schließzeit ist 23 oder 24 Uhr, oft sind preiswerte Abendmahlzeiten zu bekommen. Übernachtet wird in Schlafsack oder Leihbettwäsche (ca. 1–2 €) im Mehrbettzimmer, das Publikum ist international. Reservierung ist für Juli und August sinnvoll (oft sind die Herbergen dann durch Feriengruppen voll belegt), wird aber nicht von jedem Haus angenommen.

Ergänzt werden die IYHF-Jugendherbergen durch privat oder kirchlich geführte Hostels, z. B. in *Assisi, Florenz, Levanto, Loreto, Macerata, Manarola (Cinque Terre), Matera, Nicolosi (Sizilien), Padua, Parma, Perugia, Pisa, Rom, Rovereto, Trento, Verona* und *Venedig*. Weitere Details unter den jeweiligen Orten. Generell sollte man ein Auge auf sein Gepäck haben und Wertsachen nach Möglichkeit an der Rezeption oder in Schließfächern deponieren.

Agriturismo: „Urlaub auf dem Bauernhof" ist schon seit Jahren in Italien groß in Mode, überall im Land gibt es diese Angebote. Waren es ursprünglich vor allem die landesweit hohen Hotelpreise, die diese interessante Art der Feriengestaltung in den

Fokus gerückt hatten, so sind viele Agriturismohöfe nun selbst in den hochpreisigen Sektor aufgestiegen. Die ursprüngliche Idee, nämlich „Ferien auf dem Bauernhof" anzubieten und dem Gast einen Einblick ins bäuerliche Leben zu verschaffen (z. T. sogar mit der Möglichkeit, aktiv am Arbeitsalltag teilzunehmen), ist dabei oft in den Hintergrund gerückt bzw. noch häufiger ganz verschwunden. Die Betreiber der teils sehr aufwändig renovierten Bauernhäuser buhlen vielmehr mit einer breiten Palette touristischer Annehmlichkeiten um die Gunst potenzieller Urlaubsgäste: Vom Satelliten-TV über Jacuzzi und antike Möbel bis hin zu Swimmingpool und Tennisplatz wird häufig so ziemlich alles geboten, was einen Aufenthalt angenehm machen kann. Besonders hoch sind die Preise, wenn der Agriturismo in einer touristisch beliebten Gegend liegt. Bei günstigen Anbietern kosten Zimmer je nach Saison pro Tag/Kopf ca. 35–50 € mit Frühstück, mit Halbpension (oft gute authentische Landküche) ca. 55–75 €, nach oben ist die Preisskala allerdings ziemlich offen. Im Sommer wird meist ein Mindestaufenthalt von einigen Tagen verlangt. Neben Kost und Logis gibt es oft weiterführende Angebote wie Pferdetrekking, Wandern und Mountainbiking.

• *Kontaktadressen/Buchung* Verschiedene Organisationen bieten Ferien auf dem Bauernhof in allen Teilen Italiens. Bei folgenden Adressen kann man einen Katalog bestellen oder – einfacher – das umfangreiche Angebot auf der Website ansehen und buchen. Bei einer Buchung wird normalerweise eine Teilsumme als Anzahlung verlangt.

Agriturist, Corso Vittorio Emanuele 101, I-00186 Roma, ✆ 06/68801643, 📠 06/68307171, www.agriturist.it.

Turismo Verde, Via Mariano Fortuny 20, I-00196 Roma, ✆ 06/3240111, 📠 06/3235965, www.turismoverde.it.

Südtiroler Bauernbund – Roter Hahn, K.-M.-Gamper-Str. 5, I-39100 Bozen, ✆ 0471/999325, 📠 0471/981171, www.roterhahn.it.

Weitere Websites: www.agriturismo-italia.net, www.terranostra.it, www.agriturismo.com.

Auch viele Informationsbüros vor Ort verfügen über einschlägige Angebote und Broschüren (→ jeweilige Orte).

Rifugi (Berghütten): Für Wanderer und Kletterer bieten mehrere hundert Berghütten Unterkunft, die dem *Club Alpino Italiano* (CAI) angeschlossen sind. Eine Übernachtung in einem Rifugio kostet etwa 12–18 € pro Person. Die Einrichtung ist zwar meist aufs Notwendigste beschränkt (Stockbetten, Matratzenlager), jedoch entschädigt die oft herrliche Lage der Hütten dafür reichlich. Wenn genügend Platz vorhanden ist, haben die Hüttenwirte die Verpflichtung, vorbeikommende Wanderer aufzunehmen. Sinnvoll ist es jedoch, vorher anzurufen oder eine Buchung über CAI vorzunehmen (Hauptsitz: Via Petrella 19, I-20124 Milano, ✆ 02/2057231, 📠 02/205723201, www.cai.it). Ergänzend gibt es noch privat geführte Hütten, die meist ein Stück teurer sind.

Camping

Einige tausend Campingplätze stehen zur Auswahl. Kaum ein Touristenort, der nicht über mindestens ein Gelände verfügt, um die Badezentren am Meer und an den großen oberitalienischen Seen drängen sich sogar viele Dutzend.

Bezüglich Ausstattung und Größe sind alle Spielarten vertreten – vom umfunktionierten Schrebergarten mit wackliger Bretterbar und Containerduschen bis zur viele Hektar großen Zeltstadt, wo die Mitnahme eines Fahrrads sinnvoll erscheint, um schnell auf die Toilette zu gelangen.

Campingurlaub in Italien kann Spaß machen – wenn man den *August* meidet! Dann ziehen ganze Familienverbände mit Sack und Pack aus den Großstädten ans Meer und fast alle Plätze sind randvoll belegt. Im August wird auf vielen Plätzen

Ein Ferienhaus bringt für Familien viele Vorteile

mehr als die Hälfte des Jahresumsatzes gemacht, das geht auf Kosten des Geldbeutels und der Qualität: überhöhte Preise, Wartezeiten, unansehnliche Duschen, Lärm. Im Juli und August findet auf großen Plätzen außerdem allabendlich auf Familien zugeschnittene, lautstarke „Animation" statt – Theater, Tanz, Musikgruppen, Zauberer etc. Mai, Juni und September sind dagegen ideale Campermonate.

Viele Plätze liegen unmittelbar am Strand, jedoch nicht selten kilometerweit von der nächsten Ortschaft. Ohne fahrbaren Untersatz ist man dann verlassen, Busse fahren nur alle paar Stunden, oder, in entlegenen Gegenden, gar nicht.

Die Ausstattung der Plätze ist sehr unterschiedlich: Meist gibt es wenigstens eine Bar und einen Laden, ein platzeigenes Ristorante ist dagegen eher Mangelware. Auch Sportmöglichkeiten, z. B. Tennis, Surfbrett- und Bootsverleih, Boccia und Reiten, sind nicht unbedingt die Regel, ein Swimmingpool ist eher Luxus. Am Strand kann man dagegen oft Sonnenschirme und Liegen leihen. Kostenlose warme Duschen sind im Norden (Trentino-Südtirol) meist vorhanden und nehmen Richtung Süden deutlich ab bzw. funktionieren mit *gettoni*, die man an der Rezeption kaufen muss. Oft besteht die Möglichkeit, Wohnwagen oder einfache Stein- oder Holzbungalows zu mieten (letztere bieten für 2–6 Personen Platz und kosten ab ca. 60–80 € pro Tag). Auf den meisten Plätzen kann man mit dem eigenen Fahrzeug bis zum Stellplatz fahren, ab und an muss man das Fahrzeug jedoch auf einem separaten Parkplatz abstellen.

Wohnmobile: Italien eignet sich im Allgemeinen hervorragend für das Reisen mit dem Wohnmobil. Außerhalb der großen Städte, besonders auf den gut ausgebauten Nebenstraßen, bereitet das Fahren wahren Genuss. Freies Übernachten ist, von der Küste abgesehen, kein Problem, denn fast alle Dörfer und Städte bieten zu diesem Zweck entsprechende Parkplätze an. Außerhalb der Ortschaften gibt es oft bei Burgen, Kirchen und anderen Sehenswürdigkeiten gute Stellplätze. Nicht ganz so einfach ist es, ein Plätzchen in der freien Natur zu finden, da das Befahren von Feldwegen meist verboten ist. An den touristischen Küstenstrichen sind die Parkplätze nicht selten mit Höhenschranken gegen Wohnmobile gesichert. Als Alternative bleiben nur Campingplätze. Informationen im Internet: www.camperweb.it (unter der Rubrik „Sosta Camper" nach Regionen und Provinzen aufgelistet).

Wichtige Campingregionen: Die gesamte Ostküste des *Gardasees* wie auch der Südwesten des Sees sind ein einziger Zeltplatz. Hübsch sind die gras- und baumbestandenen Anlagen am Südufer des *Iseo-See*. Ein besonders bei deutschen Gästen beliebtes Campingzentrum ist das malerische Örtchen *Canobbio* am Lago Maggiore. Am Comer See treffen sich Camper vor allem bei *Domaso* im Nordwesten.

An der oberen und mittleren Adria ballen sich die Plätze z. T. fast flächendeckend – sehr begehrt ist z. B. die Landzunge *Litorale del Cavallino* südöstlich von Venedig, von wo man problemlos Tagesausflüge in die Lagunenstadt unternehmen kann. Geeignet für Camper sind auch *Grado* und die Pineta von *Ravenna* (allerdings liegen die Plätze teilweise weit außerhalb der Orte), natürlich auch der Großraum *Rimini* und die Küstenstriche weiter südlich.

Die Insel *Elba* ist bei Campern sehr beliebt, in Süditalien ist die Halbinsel des *Gargano* eins der großen Campingziele – keine Bucht ohne Zeltplatz. Ebenso gut bestückt ist das *Capo Vaticano*, südlich von Tropea (Kalabrien).

• *Öffnungszeiten* Die meisten Plätze, vor allem an den Seen, sind ab Anfang April bzw. etwa Ostern geöffnet und schließen Ende September. Am Meer wird z. T. erst im Mai aufgemacht. Auf **Sizilien** sind zahlreiche Plätze ganzjährig geöffnet, am Festland dagegen nur einige wenige. Jedoch Vorsicht – auf die offiziellen Öffnungszeiten ist kein Verlass, wenn keine Nachfrage mehr besteht, wird oft rigoros zugemacht.

• *Preise* Gestalten sich durchaus unterschiedlich. Während die Marktführer in touristisch stark entwickelten Regionen reichlich hohe Gebühren verlangen, kann man im touristischen Abseits immer wieder erfreuliche Überraschungen erleben, z. T. allerdings gedämpft durch mangelhafte Einrichtungen. Im Schnitt zahlen 2 Pers. mit Kleinzelt und Pkw in touristischen Gebieten pro Übernachtung etwa 32–38 €, in den Städten im Binnenland dagegen oft nur 25–30 €. Etwas verwirrend ist dabei die unterschiedliche Gestaltung der Preise – mal sind Auto und Stellplatz im Personenpreis inbegriffen, mal geht alles extra.

• *Stellplatzreservierung* Auf den meisten Plätzen können Stellplätze, Wohnwagen und Bungalows gegen Anzahlung reserviert werden, z. T. auch online oder per E-Mail. Auch manche Reiseveranstalter haben Zeltplätze in ihren Katalogen.

Zoll

Innerhalb der EU dürfen Waren zum eigenen Verbrauch unbegrenzt ein- und ausgeführt werden. Es existiert allerdings ein Katalog über Richtmengen von Waren (→ Kasten unten). Überschreitet man diese, muss man im Fall einer Stichprobenkontrolle glaubhaft machen, dass diese Mengen nicht gewerblich genutzt werden, sondern nur für den persönlichen Verbrauch bestimmt sind. Haben Sie also mehr als 90 l Wein dabei, kommen Sie in Beweisnot ...

Achtung: Bei der Rückreise über die *Schweiz* gelten deutlich niedrigere Quoten. Es dürfen nur 200 Zigaretten, 50 Zigarren, 1 l Spirituosen und 2 l Wein zollfrei eingeführt werden. Für Waren, die das Limit überschreiten, muss eine Kaution in Landeswährung hinterlegt werden, die man bei Ausreise zurückerhält.

Richtmengenkatalog EU (Warenmenge pro Person ab 17 Jahre): 800 Zigaretten, 400 Zigarillos, 200 Zigarren, 1 kg Rauchtabak, 10 l Spirituosen, 20 l Zwischenerzeugnisse bis 22 % Alkoholgehalt (z. B. Campari, Cinzano etc.), 90 l Wein (davon höchstens 60 l Schaumwein) und 110 l Bier.

Oberitalien

Von den Alpen bis zu den Sandstränden von Riviera und Adria ein unerhört vielfältiges Gebiet mit den verschiedensten Landschaftsformen – während in den Bergen um Cortina d'Ampezzo noch im Juni Schnee liegt, brütet die Poebene schon unter einer schweren Hitzedecke und sind ganze Liegestuhlgenerationen im Anmarsch auf Lido di Jesolo.

Oberitalien ist der Motor des Landes. Hier ballt sich fast die gesamte Industrie, Großstädte wie *Mailand* und *Turin* sind hektisch und wirken auf den ersten Blick abschreckend. Doch gerade die Städte sind es auch, die kulturelle Highlights bieten. Seit Spätmittelalter und Renaissance prägten ganze Fürstengeschlechter und ihre Baumeister die Gesichter der urbanen Zentren – und glücklicherweise blieben die meisten vor den Bomben des Zweiten Weltkriegs verschont. Die Auswahl an Zielen ist enorm: *Verona* mit seiner bildschönen Piazza Bra, *Bologna*, dessen Bogengänge insgesamt 35 km lang sind, die Renaissancestadt *Ferrara*, die byzantinischen

Mosaike in *Ravenna*, die Werke Palladios in *Vicenza*, Dom und Baptisterium von *Parma*, die Fresken von Mantegna in *Mantua*, die reizvolle „Città alta" von *Bergamo* ... und natürlich, als vielleicht schönste Stadt Italiens, *Venedig* mit seinen zahllosen Kanälen und Palästen.

Wer zum Baden kommt, kann bereits in den Alpen damit beginnen: *Gardasee*, *Lago Maggiore*, *Comer See*, *Iseo-See*, *Lago d'Orta*, der pittoreske *Lago di Molveno*, der warme *Kalterer See* und noch jede Menge kleinerer Gewässerwarten ab April auf Gäste. In wenigen Stunden gelangt man von dort zum Meer, alternativ an die *Adria* oder die *Riviera*. Erstere bietet kilometerlange, flach ins Meer abfallende Sandstrände mit ebenso langen Sonnenschirmbatterien, für Urlaub mit Kindern ideal. *Grado* und *Cáorle*, östlich von Venedig, gehören zu den angenehmsten Zielen, wahre Rummelplätze sind dagegen *Lido di Jesolo*, *Lignano* im Friaul und natürlich das legendäre *Rimini*.

An der Riviera geht alles etwas enger und heimeliger zu. Die Hänge des Apennin-Gebirges reichen hier bis ans Meer und lassen den Badeorten und Städten nur wenig Platz zur Entfaltung. Ein wunderschönes Zusammenspiel aus Bergen und Meer, das aber durch intensive Industrialisierung und Fremdenverkehr Schaden genommen hat. Eine der reizvollsten Regionen ist sicher der Küstenstrich *Cinque Terre* zwischen Genua und La Spezia. Das steile, unwegsame Terrain hat hier den Bau einer durchgehenden Uferstraße verhindert, mit der Bahn kommt man aber gut herum. Alle Orte sind durch Fußwege verbunden: ein kleines, leider mittlerweile kostenpflichtiges Paradies für Wanderer.

Bleiben noch die Berge: In *Südtirol* kann man das reizvolle, allerdings von Spannungen geprägte Miteinander der österreichischen und italienischen Kultur hautnah erleben. Praktisch jeder Ort bietet Fremdenzimmer, wandern ist angesagt. Das *Aostatal* im äußersten Westen zeigt dagegen überall französische Einflüsse – nicht nur, wenn man von der italienischen Seite her die abenteuerliche Seilbahn auf den *Mont Blanc* nimmt.

Am Südufer des Gardasees: Blick auf Sirmione

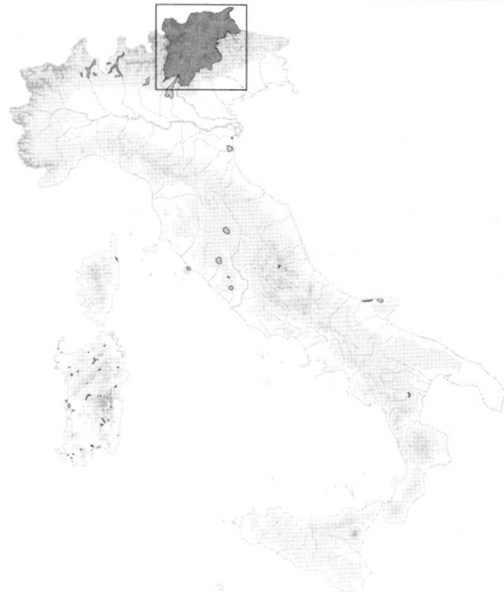

Trentino-Südtirol

Trentino-Alto Adige

SCHÖNE ORTE: Sterzing (S. 135), Brixen (S. 137), Bruneck (S. 138), Meran (S. 143), Bozen (S. 147), Kaltern (S. 155), Trient (S. 157), Rovereto (S. 162).

LANDSCHAFTLICHE HÖHEPUNKTE: Dolomiten, Große Dolomitenstraße (S. 153), Kalterer See (S. 155), Lago di Molveno (S. 163), Bletterbachschlucht (S. 154).

KULTURELL INTERESSANT: Kreuzgang des Doms von Brixen (S. 137), Kloster Neustift bei Brixen (S. 138), Landesmuseum für Volkskunde in Dietenheim (Bruneck, S. 139), Kloster Marienberg im Vinschgau (S. 142), Churburg in Mals (Vinschgau, S. 142), Dominikanerkirche in Bozen (S. 150), Messner Mountain Museum Juval (S. 142) und Messner Mountain Museum Firmian (S. 152), Dom San Vigilius und Castello di Buonconsiglio in Trento (S. 158), Museo degli Usi e Costumi della Gente Trentina (Trientiner Volkskunde- und Trachtenmuseum) in San Michele all'Adige (S. 160), Museo d'Arte Moderna e Contemporanea (Il Mart) und Museo Storico Italiano della Guerra in Rovereto (S. 162), Forte Belvedere Gschwent südlich vom Lago di Caldonazzo (S. 164).

BADEN: in Südtirol im Kalterer See (wärmster Alpensee, S. 155) und in den Montiggler Seen (S. 156), im Trentino in den beiden Seen Lago di Caldonazzo (S. 164) und Lago di Lévico (S. 164) sowie im alpinen Lago di Molveno (S. 163).

KURIOS: das kulturelle und sprachliche Potpourri in Südtirol.

EHER ABZURATEN: die Randbezirke von Bozen und Trento, wo sich viel Industrie angesiedelt hat.

Südtiroler Impressionen: saftige Bergwiesen, mächtige Zweitausender, idyllische Dörfchen

Trentino-Südtirol

Trentino-Alto Adige

Die Doppelregion im „hohen Norden" Italiens – prächtige Alpenszenerie um das lange Tal der Etsch und die einzigartige Gebirgsgruppe der Dolomiten, die von der UNESCO erst 2009 zum Weltnaturerbe erklärt wurde. So richtig italienisch ist es hier noch nicht, aber die idealen klimatischen Bedingungen, die einzigartigen Naturlandschaften und das hohe Niveau der Gastronomie haben eine Fremdenverkehrslandschaft erster Güte entstehen lassen.

Saftige Hochalmen und tiefe Schluchten, schäumende Wildbäche und eisige Gletscher, sonnige Weinterrassen und üppige mediterrane Vegetation, Blütenpracht in den Tälern, Seilbahnen in den ewigen Schnee – die Gegensätze an der Südseite der Alpen sind faszinierend und ziehen seit Generationen Erholungssuchende an. Dass dabei manches zum folkloristischen Zierrat verkommen ist, muss man in Kauf nehmen. Entlang der zahlreichen Haupttäler reihen sich stark besuchte Urlaubsorte, wo man Lärm und Massenbetrieb ausgesetzt ist, hohe Preise zahlt, nicht selten auch endlose Autoschlangen die Straßen verstopfen. Doch in den versteckten Seitenarmen und auf den Bergen oben – erschlossen durch zahlreiche Seilbahnen und Sessellifte – kann man sich mit etwas Geschick und Glück schnell in der Einsamkeit wiederfinden und statt Geschäftstüchtigkeit Gastfreundschaft verspüren.

Südtirol und Trentino sind Urlaubsgebiete, in denen Wandern, Skifahren und Bergsteigen groß geschrieben werden. Gut instand gehaltene und markierte Wanderwege gibt es überall und auch für das immer populärer werdende „Mountainbiking" sind die Bedingungen ideal. Wer Baden will, findet südlich von Bozen den bildhübschen *Kalterer See (Lago di Caldaro)*, seines Zeichens wärmster See der Alpen, bei Trento außerdem das Zweiergespann *Lago di Caldonazzo* und *Lago di Lévico* sowie den hoch gelegenen, aber besonders reizvollen *Lago di Molveno*. Im Herbst zieht dann der berühmte Südtiroler Wein viele Gäste an – „Törggelen„ (Weinprobe) ist angesagt.

Abgesehen von der großartigen Alpenlandschaft fallen die Sehenswürdigkeiten eher bescheiden aus. Zwar stehen allein in Südtirol mehr als 350 Burgen, den Kirchen und historischen Bauten fehlt aber insgesamt die schöpferische Vielfalt und Verspieltheit der italienischen Architektur weiter südlich. Sie sind meist im schlichten alpenländischen Stil gehalten und die großen Kunstbewegungen der Romanik, Gotik und Renaissance haben nur wenige Spuren hinterlassen. Der Dom von *Trento* ist eins der bemerkenswerten Gegenbeispiele. Jedoch besitzen zahlreiche Klöster und Burgen herrliche Wandmalereien aus verschiedenen Epochen.

Südtirols Bevölkerung besteht heute aus etwa 68 % deutschstämmigen Tirolern (ca. 280.000), 28 % Italienern (129.000) und 4 % Ladinern (17.000), letzteres eine rätoromanische Bevölkerungsgruppe, die eine dem Lateinischen verwandte Sprache spricht und vor allem im Grödnertal zu Hause ist (→unten). Die politische Situation ist dementsprechend sensibel. Das seit 1948 autonome „Trentino-Alto Adige“ ist eine Reißbrettkonstruktion aus zwei deutlich unterschiedenen Gebieten, die keine kulturelle Identität besitzen. Während das *Trentino* von 1816–1918 zwar unter österreichischer (Fremd-)Herrschaft stand, aber immer ein echtes Stück Italien war, gehörte *Alto Adige* (Südtirol, eigentlich Oberes Etschland), der südliche Teil Tirols, ganze 600 Jahre lang zu Österreich und wurde erst 1919, nach dem verlorenen Weltkrieg – unfreiwillig – an Italien angeschlossen. Trotz italienischer Staatshoheit hat sich aber seitdem die österreichische Kultur unverfälscht erhalten: Die deutschstämmigen Bewohner sprechen noch fast ausschließlich Deutsch, deutsche bzw. österreichische Gerichte bestimmen die Speisekarten und auch die lästigen Zuschläge für „servizio“ und „coperto“ fehlen in der Regel. Verblüffend immer wieder, wie selbstverständlich und schnell die Sprachen gewechselt werden: Bedienungen sprechen hochdeutsch mit deutschen Gästen, parlieren italienisch mit Urlaubern aus dem Süden und verständigen sich untereinander in ihrem für Außenstehende fast unverständlichen Tiroler Dialekt.

Anfahrt/Verbindungen

• *Pkw* Am Brenner beginnt Südtirol, der Großteil aller Urlauber fährt die **A 22** oder parallel dazu die **SS 12** hinunter. Interessante Alternative zu dieser Haupteinfallschneise ist die Fahrt über den **Reschenpass** den langen Vinschgau (Val Venosta) hinunter nach Meran. Aus dem Westen Österreichs reist man am besten über Lienz und Toblach (Dobbiaco) an.

• *Bahn* Die **Brennerlinie** über Innsbruck, Bozen, Trento und Verona ist auch für Züge das wichtigste Einfallstor. Nach **Bozen** und **Trento** gehen Züge mehrmals tägl. ab Innsbruck und München. Ansonsten ist das Bahnnetz bescheiden ausgebaut: Ab Franzensfeste führt eine Linie das **Pustertal** entlang, ab Bozen kann man stündlich nach **Meran** fahren und mit der neuen Vinschgaubahn bis **Mals**, ab Trento verkehren mehrmals tägl. Züge durch das **Valsugana** (Brenta-Fluss) bis Bassano del Grappa und Padua/Venedig.

• *Bus* Alle Orte in Südtirol und im Trentino sind durch Buslinien verbunden, in Südtirol **SAD** (www.sad.it), im Trentino **Trentino Trasporti** (www.ttspa.it). Regionale Fahrpläne sind in den örtlichen Tourist-Infos erhältlich.

Übernachten

Südtirol und das Trentino haben viele Unterkünfte mit durchweg hohem Standard. Gepflegte Gasthäuser und komfortable Berghotels gibt es fast überall, ebenso Privatzimmer und Ferienwohnungen. Besonders reizvoll sind die vielen **Burgen** und historischen Ansitze, die zu Pensionen oder Hotels ausgebaut wurden. **„Urlaub auf dem Bauernhof"** kann man beim Südtiroler Bauernbund buchen (www.roterhahn.it.). **Berghütten** sind etwa Juni bis Sept. geöffnet, eine Übernachtung kostet ca. 15–25 € pro Pers. **Campingplätze** gibt es fast überall, wo sich Touristen aufhalten, **Jugendherbergen** in Bozen, Brixen, Meran, Toblach und Trento.

Essen & Trinken

Interessante alpin-mediterrane Mischkultur: **Knödel** (*canederli*) in allen Variationen und vielfältige Pastagerichte, **Schlutzkrapfen** (gefüllte Teigtaschen) und Gemüserisotto, deftige Tiroler **Speckplatte** und zarte Antipasti, **polenta** und Pfannkuchen ...

Der bodenständigen Tiroler Küche hat die italienische Verfeinerung gut getan, die Speisekarte ist abwechslungsreich, neben alpinem Wild und Pilzen gibt es dank der nahen Adria auch häufig Fisch, ein besonderer Leckerbissen ist die **Passerforelle** aus dem gleichnamigen Fluss, an dem Meran liegt. Weitere Spezialitäten sind **Kas- und Topfennocken** (gefüllte Grießknödel), **Tiroler Gröstl** (verschiedene Fleisch- und Wurstarten mit Bratkartoffeln), **Terlaner Weinsuppe** und zum Dessert **Apfelstrudel** und **Schwarzplententorte** (aus Buchweizenmehl mit Nüssen und Preiselbeermarmelade).

Typische Gerichte des Trentino sind **minestra di orzo** (Gerstensuppe) aus Rollgerste, geräucherten Schinkenknochen bzw. Selchfleisch, Olivenöl, Zwiebeln, Kartoffeln, Karotten und verschiedenen Gewürzen, **tonco de pontesel** (verschiedene Fleischsorten und Salami zusammengekocht) und Würstchen mit Polenta. Bekannteste Pasta sind die Spinat-Gnocchi mit dem schönen Namen **strangolapreti** (Priesterwürger).

Die berühmten Südtiroler Weine stammen weitgehend von der Vernatsch-Traube (auch Trollinger genannt), sind traditionell rot, zuckerfrei und trocken, besitzen jedoch fast immer überraschend vollmundigen Geschmack. Mittlerweile sind aber auch die Weißweine groß im Kommen, darunter Sylvaner, Weißburgunder, Cabernet und Chardonnay. Spitzenreiter in der Beliebtheit sind der **Kalterer See** (rot) und der **Gewürztraminer** (weiß), beide aus dem riesigen Anbaugebiet um den Kalterer See an der „Südtiroler Weinstraße". Im Herbst trifft man sich überall zum **Törggelen** – so heißt die Kostprobe des frischen Federweißen mit gebratenen Maronen, frischen Hauswürsten und Speck.

Die Trentiner Weine sind großteils weiß, mit hohem Anteil an Chardonnay, wachsende Bedeutung kommt den Schaumweinen zu. Aus der roten Traube Teroldego wird der DOC-Wein **Teroldego Rotaliano** erzeugt, seit Jahrhunderten berühmt ist der rote **Marzemino**, von dem bereits Mozarts „Don Giovanni" schwärmt.

Südtirol

Alto Adige

Südlich vom Alpenhauptmassiv mischt sich die majestätische Bergwelt mit submediterranen Einflüssen. In den Tälern zieht der Frühling schon im Februar mit seiner Blütenpracht ein und noch der Oktober zeigt sich mild und warm. Im klimatisch begünstigten Meran, durch hohe Bergketten nach Norden geschützt, gedeihen Palmen und Zypressen, Aleppokiefern und Myrte, Edelkastanien und Libanonzedern. Doch zur gleichen Zeit kann es in der Eisriesenwelt vom oberen Schnalstal kräftig schneien.

Topografisch besteht Südtirol aus drei mächtigen Gebirgsmassiven: dem Hauptkamm der Alpen im Norden, den Dolomiten im Osten und dem Ortler im Westen. Dazwischen verlaufen zahlreiche Täler, in denen alle Städte und wichtigen Fremdenverkehrsorte liegen: Die größten sind das *Etschtal*, das sich als Vinschgau vom Reschenpass bis Meran zieht und weiter über Bozen bis tief hinunter ins Trentino, das *Eisacktal* vom Brenner nach Bozen und das *Pustertal* im Osten. Dazu kommen die zahlreichen Nebentäler wie Grödner Tal, Passeier Tal, Gader Tal, Ahrntal u. v. a.

Eisacktal

Valle Isarco

Das gewundene Eisacktal vom Brenner hinunter nach Bozen ist schon seit Jahrhunderten eine der wichtigsten Alpen-Transversalen und wird heute extrem vom Verkehr geplagt. Autobahn, Eisenbahn und Staatsstraße zwängen sich durch das stellenweise sehr enge Tal südlich vom Brenner.

Auf der Autobahn reihen sich zahlreiche Tunnels. Schöner ist die parallel verlaufende SS 12, wobei man allerdings diverse Ortsdurchfahrten mit Ampeln einkalkulieren muss. Stopps lohnen vor allem in *Sterzing* und *Brixen*. Die große Autobahn-Mautstelle bei Sterzing ist in Stoßzeiten ein berüchtigtes Nadelöhr am Weg in den Süden. Nördlich von Brixen zweigt das breite *Pustertal* ab, das sich Richtung Osten bis nach Österreich zieht.

Sterzing (Vipiteno): Der schmucke Hauptort des oberen Eisacktals liegt in einer weiten Talebene. Das kompakte Zentrum erstreckt sich entlang der Hauptstraße mit bildschönen Zunfthäusern – 1443 nach einem Brand vollständig neu aufgebaut und deshalb *Neustadt* genannt – und der nördlich sich anschließenden Fußgängerzone namens *Altstadt*. Zwischen Alt- und Neustadt liegt der große, freie Stadtplatz mit dem 46 m hohen *Zwölferturm* und der schlichten weißen *Heiliggeist-Spitalkirche*, die vollständig mit Fresken aus dem 15. Jh. ausgemalt ist.

Schmucke Erkerhäuser an der Hauptstraße von Sterzing

An der Ostseite der Neustadt fällt das gotische *Rathaus* aus dem 15. Jh. mit seinem exponierten Erker auf. Historische Gemälde und Skulpturen zieren die Innenräume, es sind noch alte Holzdecken erhalten und ein schöner Ratssaal, im Innenhof stehen ein Meilenstein und ein Steinaltar aus römischer Zeit. Südlich des historischen Zentrums findet man das *Deutschhaus* mit dem *Stadtmuseum* und dem *Multschermuseum*, in dem Teile eines bedeutenden gotischen Flügelaltars des Ulmer Künstlers Andreas Multscher zu sehen sind.

• *Öffnungszeiten/Eintritt* **Heiliggeist-Spitalkirche**, Mo–Fr 8.30–12, 14.30–18 Uhr, Sa nachm. und So geschl.

Rathaus, Mo–Do 8.15–12.15, 16–17, Fr 8.15–12.30 Uhr, Innenhof Mo–Sa 8–18 Uhr, Eintritt frei.

Multschermuseum/Stadtmuseum, Anfang April bis Ende Okt. Di–Sa 9.30–12.30, 14–18 Uhr, So/Mo geschl., Eintritt ca. 2,50 €.

• *Anfahrt/Verbindungen* **Parkplatz** am Nordende der Altstadt, dort auch **Busstation** für SAD-Busse: Brenner ca. 2- bis 3-mal, Brixen und Bruneck 6- bis 8-mal, Bozen 2-mal tägl.

Bahnhof etwas südöstlich außerhalb vom Zentrum.

• *Information* **Tourismusverein**, Stadtplatz 3, neben der Heiliggeistkirche. Mo–Sa 8.30–12, 14.30–18 Uhr. So geschl. ✆ 0472/765325, 📠 765441, www.sterzing.com.

• *Übernachten* *** **Lamm**, gepflegtes Hotel in zentraler Lage, großer Garten, Tiefgarage und Parkplatz. Sauna und Whirlpool. Zimmer mit TV und Balkonen zur straßenabgewandten Seite. DZ mit Frühstück ca. 86–120 €. Neustadt 16, ✆ 0472/765127, 📠 766860, www.hotellamm.it.

** **Wipptalerhof**, solide Herberge mit gutem Komfort, Gratisstellplatz in einer Garage. DZ mit Frühstück ca. 60–70 €. Neustadt 4 (beim Zwölferturm Gässchen hinein), ✆ 0472/765428, 📠 764307, www.wipptalerhof.it.

** **Villa Maria**, gemütliche Pension mit ruhigem Garten am Nordende der Altstadt (neben Kronenkeller). DZ mit Frühstück ca. 66–74 €. Altstadt 33, ✆ 0472/767622, 📠 767805, www.pension-villa-maria.com.

Camping Gilfenklamm (Racines), ca. 1,5 km von Sterzing in Richtung Gasteig, hübsch gelegen im hohen Nadelwald, viele Dauercamper. ✆ 0472/779132, 📠 768012, www.camping-gilfenklamm.com.

Autocamp Sadobre, bei der LKW-Zollstation südlich von Sterzing, großer Fernfahrerparkplatz, der auch als Übernachtungsplatz für Wohnmobile genutzt wird, mit Restaurant und Sanitäranlagen. Wohnmobil ca. 14 €. ✆ 0472/760620, ✆ 751064, www.hotel-brenner.com/autohof.html.

• Shopping TIPP! **Hofer Market**, zu günstigen Preisen kulinarische Angebote aus ganz Italien, Schwerpunkt ist das Weinsortiment. Di–Sa 8.30–13, 15–19 Uhr. Brennerstr. 21 (im nördlichen Bereich der Umgehungsstraße von Sterzing), www.hofermarket.it.

Sterzing/Umgebung: Im früheren Sumpfgebiet Sterzinger Moos südlich der Stadt thronen drei stolze Burgen – besichtigt werden kann lediglich *Schloss Reifenstein*, das mit seiner authentischen Innenausstattung zu den besterhaltenen Burgen Südtirols zählt.

Öffnungszeiten/Eintritt **Schloss Reifenstein**, Führungen Mai bis August 10.30, 14 und 15 Uhr (August auch 16 Uhr), Sa geschl., ca. 5 €. ✆ 339-2643752.

Brixen

Bressanone • ca. 17.500 Einwohner

Stilvolles Städtchen am Zusammenfluss von Eisack und Rienz. Das Zentrum verkehrsberuhigt und heimelig – enge Gassen, kühle Laubengänge und pastellfarbene Häuser mit Erkern und Treppengiebeln.

Die frühere Fürstbischofsstadt hat bedeutende historische Relikte aufzuweisen: Am weiten Domplatz beeindruckt die große Barockkirche *Mariä Himmelfahrt* mit ihren beiden hohen Kuppeltürmen, im feierlichen Innenraum prangen großflächige Fresken von Paul Troger (18. Jh.). Im benachbarten *Kreuzgang* unbedingt die gotischen Fresken (14.–16. Jh.) ansehen, die den vollständigsten Zyklus von Wandmalereien in Südtirol bilden: 15 Arkaden sind gänzlich ausgemalt mit farbenprächtigen christlichen Bildergeschichten. In der nahen *Hofburg*, dem ehemaligen Bischofspalast, ist das weitläufige *Diözesanmuseum* mit dem Domschatz untergebracht (im Winter mit berühmter Krippenausstellung).

Mit dem *Acquarena* nördlich der Altstadt besitzt Brixen das größte Wellness- und Erholungsbad Südtirols.

• Öffnungszeiten/Eintritt **Dom und Kreuzgang**, von Ostern bis Allerheiligen und im Dez. tägl. 9–18 Uhr, Nov., Jan., Febr. u. März (bis Ostern) 9–12, 15–18 Uhr.

Diözesanmuseum, März bis Ende Okt. Di–So 10–17 Uhr, Mo geschl., Ende Nov. bis Mitte Jan. tägl. 10–17 Uhr; Eintritt ca. 5 €, www.dioezesanmuseum.bz.it.

• Anfahrt/Verbindungen Der Stadtkern innerhalb der Mauer ist für Autos gesperrt, großer gebührenpflichtiger **Parkplatz Acquarena** an der Brennerstraße, nördlich der Altstadt (5 Min. ins Zentrum).

Bahnhof ca. 1 km südwestlich vom Zentrum.

• Information **Tourismusverein**, Regensburger Allee 9. Mo–Fr 8.30–12.30, 14–18 Uhr, Sa 9–12.30 Uhr. ✆ 0472/836401, ✆ 836067, www.brixen.org.

• Übernachten **** **Grüner Baum**, komfortables, aufmerksam geführtes Haus am Ostufer des Eisack, von der Altstadt über die Adlerbrücke zu erreichen. Parkanlage, Liegewiese, Außen- und Innenpool, Sauna, Garage, Fahrradverleih. Das **Biohaus** besitzt 20 holzgetäfelte Zimmer im Bauernstubenstil. DZ mit Frühstück ca. 100–160 €. Stuflergasse 11, ✆ 0472/274100, ✆ 274101, www.gruenerbaum.it.

*** **Grauer Bär**, guter Standard, gepflegte Zimmer, Gartenrestaurant. DZ mit Frühstück ca. 112 €. Altenmarktgasse 27 (nördlicher Zentrumsbereich), ✆ 0472/836472, ✆ 836117, www.grauerbaer.it.

** **Mayrhofer**, kleine, gemütliche Pension mit schönem Garten und Parkmöglichkeit. DZ mit Frühstück ca. 80–90 €. Trattengasse 17 (etwas nördlich vom Zentrum), ✆ 0472/836327, ✆ 200172, www.mayrhofer.it.

Jugendherberge Kassianeum, zentrale Lage um die Ecke vom Domplatz. 33 Ein-, Zwei-, Drei- und Vierbettzimmer mit insgesamt 67 Betten. Übernachtung 19,50 €, mit eigenem Bad 27 €. Brunogasse 2, ✆ 0472/279999, ✆ 279998, www.jugendherberge.it.

Der an das gleichnamige Hotel angeschlossene **Camping Löwenhof** (✆ 0472/836216, ✆ 801337, www.loewenhof.it) und der kleine **Camping Vahrner See** (✆ 0472/832169) liegen wenige Kilometer nördlich von Brixen an der SS 12. Achtung: Letzterer Platz hat eine sehr enge Zufahrt und ist für größere Womos und Gespanne nicht geeignet.

• *Essen & Trinken* **Finsterwirt**, eins der gemütlichsten Lokale am Ort, seit Jahrhunderten in Familienbesitz, Decke und Wände der Wirtsstube holzgetäfelt, hinten schöner Garten mit schattigen Lauben und kleinem Brunnen. Feine Küche mit Fleisch von hervorragender Qualität und viel Gemüse, danach auch der richtige Platz, um noch einen Schoppen zu trinken. So-Abend und Mo geschl. Domgasse 3, ✆ 0472/835343.

Fink, ebenfalls bereits seit drei Generationen in derselben Familie. Verfeinerte Südtiroler Küche beim ambitionierten Gastronom Hans Fink. Di-Abend und Mi geschl. Kleine Lauben 4, ✆ 0472/834883.

Kutscherhof, neben der Hofburg in der ehemaligen Kutscherremise der Fürstbischöfe. Gemütliches Wirtshaus mit Biergarten vor dem Haus. So geschl. ✆ 0472/802674.

• *Unterhaltung/Nachtleben* **Belize Jazzkeller**, an der schmalen Bäckergasse, zu erreichen von den Großen Lauben. Urgemütlich sitzt man in einer hofartigen Erweiterung vor dem Haus, genießt Bruschette, Panini und Bier. Gelegentlich Livemusik. Mo–Sa 10–24 Uhr, So geschl.

Brixen/Umgebung: 3 km nördlich liegt inmitten von Weinbergen das mittelalterliche *Kloster Neustift* mit Anbauten aus späteren Jahrhunderten. Die zinnenbewehrte Michaelskapelle, der gotische Kreuzgang und die riesige Bibliothek im prachtvollen Rokokosaal gehören zu den Attraktionen der Anlage. In der klostereigenen Schenke wird ein hervorragender weißer Sylvaner kredenzt. Eine Bademöglichkeit findet man am nahe gelegenen, allerdings stark verschilften *Vahrner See*, der gleichnamige Campingplatz (→ oben) liegt einige hundert Meter entfernt.
Für Motorradfahrer wie geschaffen ist die *Brixner Dolomitenstraße*, die sich schmal und kurvig über Sankt Andrä und Afers (Eores) hinauf zum *Würzjoch (Passo delle Erbe)* in über 2000 m Höhe schlängelt.

Öffnungszeiten/Eintritt **Kloster Neustift**, Hauptkirche und Kreuzgang frei zugänglich, Führungen durchs Kloster mit Bibliothek Mo–Sa 10, 11, 14, 15 und 16 Uhr, So geschl., Eintritt ca. 5,50 €. ✆ 0472/836189, www.kloster-neustift.it.

Klausen (Chiusa): Der kleine Ort mit seinem unverfälschten mittelalterlichen Zentrum liegt an einer Engstelle des Eisacktals direkt neben der Autobahn. Auf einem steilen Felsen hoch darüber thront das *Kloster Säben* (nicht zugänglich). Man kann in etwa 30 Min. vorbei an Schloss Branzoll (privat, keine Besichtigung) durch Weinberge hinaufsteigen und die vier Klosterkirchen besuchen, darunter die *Heiligkreuzkirche* mit eindrucksvollen Wandmalereien (tägl. 8–17 Uhr).

Pustertal

Val Pusteria

Die SS 49 folgt dem gewundenen, teils dicht bewaldeten Tal nach Osten. Anregendes Zentrum ist das freundliche Städtchen Bruneck.

Bruneck

Brunico • ca. 13.000 Einwohner

Hauptort des Pustertals, sympathisches und lebendiges Städtchen mit jugendlicher und weltoffener Atmosphäre, im eher konservativen Südtirol nicht immer selbstverständlich.

Die zentrale „Stadtgasse“ ist eine der schönsten Fußgängerzonen Tirols, flankiert von historischen Erkerhäusern mit alten Gewölben, Fassadenmalereien und vergoldeten Zunftschildern. Im *Neuhauser Haus* (Nr. 29) lebte und arbeitete der berühmte Bildhauer und Maler *Michael Pacher* (1430–98), dessen Werke zahlreiche Kirchen in Südtirol schmücken. Das schäumende Flüsschen Rienz fließt mitten durchs Zentrum und bietet entlang der Promenade ebenfalls reizvolle Impressionen. Vom

Oberragner Tor gelangt man über den Fluss zum modernen *Stadtmuseum für Grafik* in der Bruder-Willram-Str. 1, in dem es auch eine Dauerausstellung spätgotischer Werke von Michael Pacher gibt.

In der anderen Richtung führt ein Weg vorbei an der doppeltürmigen *Rainkirche* hinauf zu *Schloss Bruneck*. Hier ist für Frühjahr 2011 die Eröffnung des fünften Bergmuseums von Reinholf Messner geplant – das *MMM Ripa* (MMM steht für Messner Mountain Museum, Ripa bedeutet „Bergmensch" in tibetischer Sprache) wird mit Kunstwerken und Exponaten der Alltagskultur verschiedene Bergvölker wie Mongolen, Sherpa und Walser thematisieren.

Tipp: Wer Ende Oktober in Bruneck ist, sollte keinesfalls den größten Markt Südtirols im Ortsteil *Stegen* versäumen.

• *Öffnungszeiten/Eintritt* **Stadtmuseum für Grafik**, ganzjährig Di–Fr 15–18 Uhr, Sa/So 10–12 Uhr, Juli/August auch Sa 15–18 Uhr, Mo geschl.; Eintritt ca. 2,50 €.

• *Anfahrt/Verbindungen* Der **Bahnhof** liegt nordwestlich der Altstadt, die Europastraße führt nach links ins Zentrum. Wer auf der Brennerlinie kommt, muss in Franzensfeste umsteigen. Von dort führtt die Bahnlinie über Bruneck nach Toblach (Dobbiaco) und endet in Innichen (San Cándido).

SAD-Busse fahren ab **Busbahnhof** an der Europastraße (Nähe Bahnhof), tägliche Verbindungen u. a. nach Cortina d'Ampezzo, Brixen und Bozen.

• *Information* **Tourismusverein Bruneck**, Rathausplatz 7, Mo–Fr 9–12.30, 15–18, Sa 9.30–12.30 Uhr, So geschl. ✆ 0474/555722, ℻ 555544, www.bruneck.com.

• *Übernachten* ** **Krone**, historisches Haus aus dem 16. Jh., neu eingerichtete Zimmer, ruhige Lage, nach hinten Rasenfläche, Restaurant/Pizzeria, dazu ein kleines Hallenbad und Sauna. DZ mit Frühstück ca. 68–100 €. Oberragen 8 (kurz nach dem Oberragner Tor am Ostende der Stadtgasse), ✆ 0474/411108, ℻ 553425, www.hotelkrone.info.

Camping Wildberg, 4 km westlich von Bruneck bei Sankt Lorenzen, mit hübschem, kleinem Pool. ✆ 0474/474080, ℻ 474626, www.campingwildberg.com.

Camping Schießstand auf der anderen Seite der Stadt. ✆ 0474/401326.

• *Essen & Trinken* **Zum Goldenen Löwen**, lang gestreckter Gewölbesaal, Treff für Jung und Alt, hinten großer Pizzaofen, im ersten Stock Grillstube. Auch Straßencafé. So geschl. Stadtgasse 32, ✆ 0474/555834.

Herman's, „In"-Lokal in einem mittelalterlichen Gemäuer, cool und jung, Erlebnisgastronomie mit Showküche und innovativen Gerichten von Südtirol bis asiatischen Wok-Gerichten. Koch Markus hat bereits in ersten Häusern in aller Welt gekocht. Mit angesagter Bar. Oberragen 13, ✆ 0474/410601.

Weißes Lamm, ältester Gasthof der Stadt, im ersten Stock die historische „Künstlerstube". Gereicht werden u. a. Nockerln, Risotto, Gröstl und Knödel, Gulasch und Grillfleisch. So und im Juni geschl. Stuckstr. 5 (vom Ostende der Stadtgasse über die Flussbrücke), ✆ 0474/411350.

Enotheque Bernardi, modernes Weinlokal mit Terrasse und Degustationskeller direkt am Fluss, Nähe Stadtmuseum. Stuckstr. 6/b, ✆ 0474/411176.

• *Unterhaltung* **Weinkeller Mayr**, uriger, alter Weinkeller gegenüber vom Stadtmuseum (→ Sehenswertes), zum Wein kann man z. B. Kaminwurzen (geräucherte Salami) und Graukäse genießen. 10–12 und ab 16 Uhr, So geschl. Bruder-Willram-Str. 7.

Pub „Hotel Bruneck", schöner, alter Irish Pub mit gediegener Holztäfelung, Jugend- und Szenetreff. 18–1 Uhr, Fr bis 2 Uhr. Michael-Pacher-Str. 6.

Puka Naka, cooler Club mit internationalen DJs und Livebands am Kapuzinerplatz (www.pukanaka.net).

Bruneck/Umgebung: Im nahen Örtchen Dietenheim (Teodone), etwa 30 Fußminuten ab Bruneck, kann man im *Landesmuseum für Volkskunde* mehr als ein Dutzend traditioneller Bauernhöfe, Scheunen und Ställe betrachten, die aus ganz Tirol stammen, im Ansitz Mair sind mehrere Sammlungen untergebracht.

Schloss Ehrenburg bei Kiens (Chiénes) ist eine prächtig ausgestattete Barockresidenz mit Fresken, Bilderschmuck und historischem Mobiliar, deren Bau von den Fürstbischöfen von Brixen initiiert wurde.

• *Öffnungszeiten/Eintritt* **Landesmuseum für Volkskunde**, Ostern bis Okt. Di–Sa 9.30–17.30, So 14–18 Uhr, Mo geschl. (im August eine Stunde länger und Mo geöffnet); Eintritt ca. 5 €.

Schloss Ehrenburg, Führungen August tägl. 11, 12, 15 und 16 Uhr, Juli Mo–Sa 11, 12, 15 und 16 Uhr, Juni u. Sept. Mo–Sa 11 und 15 Uhr; April, Mai und Okt. nur Mi 15 Uhr. Eintritt ca. 4 €. ✆ 0474/565221.

Von Bruneck nach Cortina d'Ampezzo *(Region Veneto)*: Anfangs geht es noch das weitgehend flache Pustertal entlang. Kurz nach dem See von *Welsberg (Monguelfo)* lohnt ein Abstecher zum tiefgrünen *Pragser Wildsee* zwischen mächtigen Berghängen. Nicht selten ist er bis in den Mai noch zugefroren, im Sommer herrscht dagegen oft reger Andrang. Der Rundweg um den See dauert eine knappe Stunde.

Toblach (Dobbiaco), ein bekannter Fremdenverkehrsort in einer grünen Ebene, besitzt zahlreiche Unterkünfte, meist im typischen Holzstil der Alpen. Die Straße durchs *Höhlensteintal (Val di Landro)* nach Cortina d'Ampezzo führt durch eine dicht bewaldete Klamm, begleitet von einem Wander- und Fahrradweg. Der hübsche *Toblacher See (Lago di Dobbiaco)* (Hotel, Camping, zwei Restaurants, Tretboote) und der tiefgrüne *Dürrensee (Lago di Landro)* liegen direkt an der Straße, beide können zu Fuß umrundet werden.

• *Übernachten* *** **Monica**, im Zentrum von Toblach. Schönes Haus mit Erkerturm, holzgetäfelter Tiroler Stube und Sonnenterrasse. HP pro Pers. ca. 47–75 €. Gebrüder-Baur-Str. 8, ✆ 0474/972216, ℻ 972557, www.hotel-monica.com.

TIPP! Jugendherberge Toblach, im renovierten ehemaligen „Grand Hotel Toblach" aus österreichischer Zeit. Geräumige und komfortable Ein-, Zwei- und Dreibettzimmer, auch für Familien geeignet. Billard, Tischfußball, TV, Bar, Waschmaschinen und Fitnessraum. Übernachtung mit Bad 29–34 €, mit Etagendusche 21–24 €, jeweils mit Frühstück. Dolomitenstraße 29, ✆ 0474/976216, ℻ 973754, www.jugendherberge.it.

Camping Olympia bei Niederdorf (Villabassa), wenige Kilometer in Richtung Bruneck, schöner und komfortabler Platz direkt am Fluss, mit Freibad, Sauna, Restaurant, neu gestaltetem Tierpark und Fahrradverleih. ✆ 0474/972147, ℻ 972713, www.camping-olympia.com.

Camping Toblacher See, schattiger Waldplatz am See, ruhige Lage, gutes Restaurant „Seeschupfe". ✆ 0474/972294, ℻ 976647, www.toblachersee.com.

Grödner Tal

Gherdeina, Val Gardena

Besonders schönes Tal, in dem der Tourismus ganzjährig boomt. Das Grödner Tal ist die Heimat der *Ladiner*, einer rätoromanischen Volksgruppe, die sich bereits zu Beginn unserer Zeitrechnung vor den kampferprobten römischen Legionen in unzugängliche Bergtäler zurückgezogen hatte. Über viele Jahrhunderte hinweg lebten sie fast isoliert von der Außenwelt und bis heute konnte sich ihre Sprache am Leben halten: Das Grödner Tal ist also dreisprachig.

St. Ulrich (Urtijei, Ortisei): viel besuchter Fremdenverkehrsort am Fuß des Langkofel, berühmt für seine Holzschnitzereien (auf Siegel „Gardena Art" achten) und Seilbahnen, Geburtsort und letzte Ruhestätte von Luis Trenker) (1892–1990). Im *Grödner Heimatmuseum* (Kulturzentrum Cesa di Ladins, Antoniusplatz/Rezia Str. 83) gibt es eine umfangreiche Sammlung an traditioneller Holzschnitzerei, daneben archäologische Funde, Gemälde, Mineralien, Flora und Fauna aus dem Grödner Tal, außerdem Erinnerungsstücke an Luis Trenker. Im Untergeschoss des Kongresshauses findet man die *Art52*, eine ständige Musterschau des Grödner Kunsthandwerks.

Der Hausberg *Raschötz* (2282 m) kann mit dem Sessellift erobert werden, oben gibt's eine gute Jausenstation. Besonders komfortabel: Im Ortskern von St. Ulrich führt eine futuristische Open-Air-Rolltreppe (Beginn gleich hinter Hotel Adler) in etwa 3 Min. zur Talstation der Seilbahn auf die *Seceda* (2518 m) mit zahlreichen Wandermöglichkeiten. Eine weitere Seilbahn fährt hinauf auf die berühmte *Seiser Alm (Alpe di Siusi)*, mit 52 qkm die größte Hochebene Europas. 350 km Wanderwege und eine reiche botanische Vielfalt findet man dort oben zwischen den imposanten Kulissen der mächtigen Bergmassive *Langkofel, Plattkofel* und *Schlern* (2564 m).

• *Öffnungszeiten/Eintritt* **Grödner Heimatmuseum**, Mai bis Okt. Mo–Fr 10–12, 14–18, Juli/August auch So 15–20 und Do 20–22 Uhr, Eintritt ca. 5 €.

Musterschau, tägl. 9–22 Uhr, Eintritt frei.

• *Übernachten* ***** **Adler**, unübersehbar direkt an der Hauptstraße, seit sieben Generationen von Familie Sanoner geführt. Geboten werden Komfort, vorzügliche Küche und die größte Poollandschaft der Dolomiten mit einem hervorragenden Wellnessbereich. Man speist auf einer einladenden Freiluftterrasse. Preise auf Anfrage. Streda Rezia 7, ✆ 0471/775001, 📠 775555, www.adler-dolomiti.com.

*** **Pra Palmer**, ruhige Lage im Grünen nahe beim Grödener Bach, alpenländisch-behagliche Ausstattung, großer Garten, Solarium, Fitnessraum, Pool und Hallenbad. DZ mit Frühstück ca. 65–112 €. Streda Promeneda 5, ✆ 0471/796710, 📠 797900, www.prapalmer.com.

** **Planlim**, Garni-Pension mit großem Garten, schönem Blick und Pool, 4 Gehminuten ins Zentrum. Auch Ferienwohnungen. DZ mit Frühstück ca. 55–90 €. Streda Mureda 29, ✆ 0471/797150, 📠 798351, www.planlim.com.

Camping Seiser Alm, Panoramaplatz am Fuß des Naturparks Schlern bei St. Konstantin, gut 20 km südlich von St. Ulrich. Ganzjährig. ✆ 0471/706459, 📠 707382, www.camping-seiseralm.com.

• *Unterhaltung* **Siglu**, die Acrylglaskuppel in Igluform ist der unbestrittene Konzentrationspunkt des Après-Ski, schon nachmittags geht es hoch her. Tägl. 15.30–1 Uhr. Streda Rezia 22 (Fußgängerzone), www.siglu.it.

Von St. Ulrich weiter: Das Grödner Tal bildet eine reizvolle Verbindung vom Eisack-Tal quer durchs Herz der Dolomiten hinüber nach Cortina d'Ampezzo. Es geht über die Urlaubsorte *Santa Christina* und *Wolkenstein* zum Sella-Massiv, das das Grödner Tal eindrucksvoll abschließt. Auffahrt zum 2244 m hohen *Seller Joch (Passo di Sella)*, von dort steil hinunter zur „Großen Dolomitenstraße" (→ S. 153).

Man kann aber auch über das 2121 m hohe *Grödner Joch (Passo di Gardena)* ins - ebenfalls noch ladinische *Hochabtei-Tal (Alta Badia)* mit dem Sommer- und Winterkurort *Corvara* fa hren. Das Tal ist bekannt für seine exzellenten Restaurants, wo man mediterrane Bergküche auf höchstem Niveau genießen kann.

Vinschgau

Val Venosta

Interessante Anreisevariante zum Brenner – über den Reschenpass (Passo di Resia) die Etsch entlang. Das lang gestreckte Tal zieht sich zwischen Ötztaler Alpen und Ortler-Gruppe wunderschön hinunter nach Meran. Aus 1500 m fährt man in sanften Kurven hinunter bis auf 500 m Meereshöhe, ein gut besuchter Fremdenverkehrsort folgt dem anderen. Einzigartig sind die „Waale", ein Netz von Bewässerungskanälen und begleitenden Wegen, das kilometerweit die Hänge überzieht – für Wanderer ein attraktives Betätigungsfeld.

Lohnende Stopps: Unmittelbar nach dem Grenzübergang passiert man den gestauten *Reschensee (Lago di Resia)* mit dem halb versunkenen Turm der Grauner Kirche. Als 1949 die Staumauer gebaut wurde, überflutete der neue See trotz heftiger Proteste das Dorf Graun, das weiter oben neu aufgebaut werden musste (Infos in einem Holzpavillon beim Parkplatz gegenüber vom Turm).

Nach dem fischreichen *Haidersee (Lago della Muta)* geht es in steilen Serpentinen hinunter in den Vinschgau. Oberhalb vom Dorf Burgeis bei *Mals (Malles)* thront kilometerweit sichtbar das *Benediktinerkloster Marienberg*, über Jahrhunderte hinweg kulturelles Zentrum des Vinschgau. Im 2007 eröffneten Klostermuseum sind u. a. die berühmten romanischen Fresken der Krypta auf Großleinwand zu sehen.

Glurns (Glorenza), etwas abseits der SS 40, ist ein schönes, kleines Städtchen mit vollständig erhaltener Ringmauer und Wehrtürmen.

Schluderns (Sluderno) wird überragt von der großen *Churburg* mit prächtig bemaltem Arkadenhof und einer der größten Waffenkammern Europas.

Mit dem Zug durch den Vinschgau

Nach 16-jähriger Schließung wurde 2005 die Vinschgau-Bahn zwischen Mals und Meran neu eröffnet. Die Strecke war bereits 1906 angelegt und 1989 wegen mangelnder Rentabilität stillgelegt worden. Nun transportieren hochmoderne Triebwagen Urlauber und Einheimische auf der 60 km langen Strecke, benötigen dafür nur etwa 1 Std. und sind damit gut 30 Min. schneller als SAD-Busse. Im April 2010 riss ein Erdrutsch einen Zug aus den Schienen, es gab neun Tote.

Im unteren Vinschgau ballt sich der Tourismus. Hinter *Schlanders (Silandro)* und *Latsch (Láces)* passiert man bald den Eingang zum *Schnalstal (Val di Senales)*, Zugang zum ganzjährig nutzbaren Skigebiet von *Kurzras (Corteraso)* in den Ötztaler Alpen. Am Talbeginn liegt hoch über der SS 38 *Schloss Juval* aus dem 13. Jh. Mitte der Achtziger hat es der Extremkletterer und Abenteurer Reinhold Messner gekauft und seitdem Zug um Zug architektonisch reizvoll renoviert. Zu besichtigen sind im MMM Juval u. a. eine reichhaltige Sammlung von Stücken aus Tibet sowie Masken von fünf Kontinenten und eine Galerie mit Bildern von heiligen Bergen.

Sehenswert ist das ruhige Örtchen *Karthaus (Certosa)*, das aus einem im 18. Jh. aufgelösten Kloster entstanden ist. Vorbei am *Vernagter Stausee (Lago di Vernago)* kommt man bald zum Ende des Tals mit der Wintersportsiedlung *Kurzras (Corteraso)* in 2012 m Höhe, wo man in nur 6 Min. mit der höchsten Seilschwebebahn Europas bis auf über 3200 m hinauffahren kann. Hier oben im ewigen Eis wurde 1991 der berühmte „Ötzi" gefunden – erfroren vor ca. 5000 Jahren, jedoch perfekt konserviert samt Haut und Haaren, angetan mit gefütterter Winterkleidung aus Fell, Gras und Leder. In der Bergstation ist die „Ötz Show Gallery" dem legendären Gletschermann gewidmet (er selbst ist im Archäologischen Museum von Bozen zu besichtigen), und mit der Pistenraupe „Ötzi Express" kann man in den Sommermonaten ins ewige Eis fahren.

• *Öffnungszeiten/Eintritt* **Marienberg Museum**, Mo–Sa 10–17, übrige Zeit 13–16 Uhr , Eintritt ca. 5 €, Kinder bis 14 J. frei, Schül./Stud. frei, www.marienberg.it.

Churburg, Ende März bis Ende Okt. Di–So 10–12, 14–16.30 Uhr, Mo geschl., Eintritt (nur mit Führung) ca. 8 €, Kinder (6–14 J.) 6 €, Senioren/Stud. 7 €, www.churburg.com.

MMM Juval (Messner Mountain Museum Juval), Palmsonntag bis 30. Juni und 1. Sept. bis Anfang Nov. Do–Di 10–16 Uhr, Juli/August und Mi geschl.; Führungen auf Deutsch jeweils zur vollen Stunde. Eintritt ca. 7 €, Stud. 6 €, Kinder (6–14 J.) ca. 3 €, Familien 15 €. Achtung: Keine Parkmöglichkeit am Schloss, Shuttle-Bus ab Parkplatz Juval an der Staatstraße zwischen Naturns und Staben (ca. 4 € hin u. zurück). ✆ 0348/4433871, www.messner-mountain-museum.it.

Schnalstaler Gletscherbahnen, Seilbahn

tägl. 7.30–16.30 Uhr, hin/zurück ca. 20–22 €, Kind 15–16,50 €. ☏ 0473/662171, www.schnalstal.com.

Ötzi-Express, tägl. Mitte Juni bis Mitte Sept., Treffpunkt 11 Uhr an der Rezeption des Berghotels Grawand. Dauer ca. 90 Min., Preis ca. 20,50 €, Kind 14,50 €. Anmeldung bei der Hotelrezeption, ☏ 0473/662118, Fax 662172, info@grawand.com.

• *Übernachten* Campingplätze gibt es bei **Mals**, **Tartsch**, **Glurns** und **Latsch**.

Meran

Merano • ca. 34.000 Einwohner

Traditionsreicher Kur- und Fremdenverkehrsort an der Passer – Palmen, Aleppokiefern und Zypressen vor schneebedeckten Hängen, am Fluss eine elegante Flanierpromenade, in deren vollbesetzten Freiluftlokalen allabendlich flotte Live-Rhythmen ertönen.

Schon im 19. Jh. entwickelte sich Meran dank seines milden Klimas (nach Norden durch eine Bergwand geschützt, nach Süden hin das offene Tal der Etsch, die hier mit der Passer zusammenfließt) und wegen der heilkräftigen Quellen am nahen Vigiljoch zu einer der bekanntesten Sommerfrischen der österreichisch-ungarischen Doppelmonarchie.

In Meran wird dem interessierten Publikum immer etwas geboten – die Stadt besitzt 18 km Promenaden und 18 ha Parkanlagen, im Sommer finden fast täglich Konzerte statt und südlich vom Fluss liegt ein großer Park mit einem hochmodernen, ganzjährig geöffneten Thermalbad. In der Umgebung gibt es schier unbegrenzte Wandermöglichkeiten und im Herbst lockt die berühmte „*Traubenkur*“ – täglich 1–2 kg Trauben und man wird (hoffentlich) rank und schlank.

Anfahrt/Verbindungen/Information

• *Anfahrt/Verbindungen* **Pkw**, ab Bozen ist Meran auf der neuen vierspurigen Schnellstraße rasch zu erreichen. Aus Richtung Norden kommend ist das Timmelsjoch (2509 m) nur im Sommer geöffnet, der Jaufenpass (2099 m) kann dagegen auch noch im Herbst befahren werden.

Bahn, Meran war früher Endpunkt der Bahnlinie von Bozen (an der Strecke Innsbruck-Verona), doch seit Mai 2005 verkehrt die neu eröffnete **Vinschgaubahn** bis Mals. Der nostalgische Bahnhof liegt 1 km westlich der Altstadt. In den Sommermonaten fährt samstags der Ferienexpress Meran – München – Meran, außerdem gibt es mehrere ECs mit Kurswagen nach Meran.

Bus, Fernbusse fahren ab Bhf. nach Bozen und in alle größeren Orte des Vinschgaus, z. B. Schlanders.

Fahrrad, kostenloser Verleih April bis Mitte Okt. am Bahnhof und beim Thermalbad. Ausweis und Kaution von 5 €. Mo–Sa 9–19 Uhr. ☏ 0473/250191.

• *Information* **Kurverwaltung** im Kurhaus, Freiheitsstr. 45. ☏ 0473/272000, Fax 235524, www.meran.eu.

Übernachten (siehe Karte S. 145)

Viele Unterkünfte aller Preisklassen, durchweg guter Standard. Die Kurverwaltung hilft bei der Suche, ein Hotelführer mit Abbildungen der Unterkünfte ist gratis erhältlich. Buchung über www.meran.eu.

**** **Villa Tivoli (1)**, das exklusive Refugium von Familie Defranceschi liegt etwa 15 Min. vom Zentrum. Jedes der großzügigen Zimmer ist individuell eingerichtet, alle mit Südlage und Balkon. Herrlicher, 12.000 qm großer Terrassengarten, darin die „Felsenlagune“, ein zwischen zwei Wasserquellen direkt in die Felsen gebauter Pool mit Fernblick, dazu gibt es ein gutes hauseigenes Restaurant. DZ mit Frühstück ca. 160–200 €, Garage 7 €/Tag. Verdistr. 72 (ca. 20 Fußminuten vom Zentrum), ☏ 0473/446282, Fax 446849, www.villativoli.it.

Schmucke Erkerhäuser an der Hauptstraße von Sterzing

*** **Westend (9)**, alte Villa mit Atmosphäre, reiche Vegetation im herrlichen Garten direkt an der Passerpromenade, sonnige Zimmer mit modernem Komfort, kostenlose Fahrräder, Parkplatz. DZ mit Frühstück ca. 90–140 €. Direkt an der Passerpromenade, Einfahrt mit dem Auto in die Speckbacherstr. 9. ✆ 0473/447654, ℻ 222726, www.westend.it.

*** **Villa Freiheim (10)**, schönes, nostalgisches Haus mit Außenpool und kleiner Liegewiese. DZ mit Frühstück ca. 86–92 €. Parinistr. 1 (südlich der Passer), ✆ 0473/237342, ℻ 258185, www.freiheim.it.

* **Tyrol (5)**, 3 Min. vom Zentrum, einfache Pension mit Garten und Parkmöglichkeit, originelle Wirtin. DZ mit Frühstück ca. 45–70 €. 30.-April-Str. 8, ✆ 0473/449719.

TIPP! * **Sonnengarten (2)**, gemütliche Bleibe im Grünen, 20 Min. westlich vom Zentrum (Busstopp in der Nähe), ruhige Lage, Pool, Kinderspielgeräte. DZ mit Frühstück ca. 54–61 €. März bis Okt. Leitergasse 22, ✆ 0473/220177, ℻ 442052, www.sonnengarten.it.

• *Jugendherberge* **Jugendherberge Meran (8)**, 27-Zimmer-Herberge (Ein-, Zwei-, Drei- und Vier-Bettzimmer) in einem ehemaligen Hotel, 2004 eröffnet. TV, Internet, Wasch-, Trocken- und Bügelraum. Übernachtung ca. 20,50 €, Zuschlag für einmalige Übernachtung 2 €, kleiner Pkw-Parkplatz. Carduccistraße 77, ✆ 0473/201475, ℻ 207154, www.jugendherberge.it.

• *Camping* **Meran**, mitten im Stadtgebiet, ca. 10 Fußminuten südlich vom Zentrum. Flacher Wiesenplatz mit kleinem Pool und Einkaufsladen, wenig Schatten. Piavestr. 44, ✆ 0473/231249, ℻ 235524.

Essen & Trinken

Sissi (4), kleines, feines Lokal mit täglich wechselnder Speisekarte. Menü ab 45 € aufwärts. Mo geschl. Via Galilei 44 (wenige Schritte nördlich der Laubengasse), ✆ 0473/231062.

Rainer (3), alteingesessener Gasthof an der Laubengasse, hier sitzt man besonders schön im Innenhof unter Bäumen und kann deftig und relativ preiswert speisen. So geschl. Laubengasse 266, ✆ 0473/236149.

Forsterbräu (7), großzügiger Innenbereich und schöner Garten unter Kastanienbäumen, gute Tiroler Küche, eigene Metzgerei. Di geschl. Freiheitsstr. 90/c (gegenüber dem Kurhaus), ✆ 0473/236535.

Santer Klause (6), alte Wirtsstube mit Gartenlaube und anheimelnder Atmosphäre, besonders beliebt ist d e Speckplatte, dazu gibt es Wein vom eigenen Weinberg. Februar u. Mi/Do geschl. Am Passeirer Tor 36, ✆ 0473/234086.

Sehenswertes

Hauptachse der Innenstadt ist die lebendige *Freiheitsstraße* mit ihren zahlreichen Geschäften und Boutiquen. Parallel dazu verläuft die großzügige *Kurpromenade* mit vielen Freiluftcafés und ihrem prächtigen weißen *Jugendstil-Kurhaus*. Richtung Osten kann man hier einen ausgedehnten Spaziergang den Fluss entlang unternehmen: Zunächst kommt man nach der Postbrücke auf die überdachte *Winterpromenade*. Die schön begrünte *Wandelhalle* ist mit Südtiroler Motiven geschmückt. Alternative dazu ist die Sommerpromenade auf der anderen Flussseite, wo man unter schattigen Bäumen wandelt. Ein Denkmal erinnert an Kaiserin Sissi, die sich hier gerne aufhielt. Nach dem *Steinernen Steg* aus dem 17. Jh. folgt die schattige *Gilfpromenade* mit üppiger subtropischer Vegetation.

Zurück in die Altstadt, kann man durch das *Passeirer Tor* gehen und weiter die Hallergasse entlang zum Pfarrplatz. Hier trifft man auf die große gotische Pfarrkirche

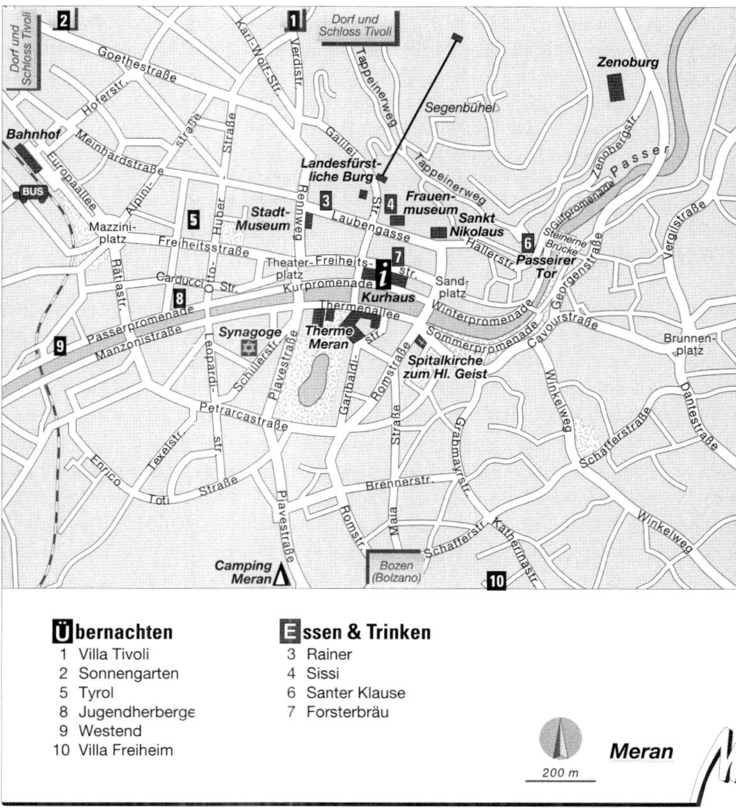

Übernachten
1 Villa Tivoli
2 Sonnengarten
5 Tyrol
8 Jugendherberge
9 Westend
10 Villa Freiheim

Essen & Trinken
3 Rainer
4 Sissi
6 Santer Klause
7 Forsterbräu

200 m

Meran

Sankt Nikolaus, deren 83 m hoher Turm das Wahrzeichen der Stadt ist. Hinter der Kirche sind Grabtafeln in die Mauer eingelassen. Auch die kleine achteckige *Barbara-Kapelle* lohnt dort einen Blick.

Am Kirchplatz beginnt auch die zentrale, etwas gedrungen und düster wirkende *Laubengasse* mit breiten Säulengängen an beiden Seiten. Diese älteste Straße der Stadt datiert bis ins 13. Jh. zurück, schöne alte Läden und Gasthäuser reihen sich zu beiden Seiten.

Die abzweigende Galileigasse führt zur bescheidenen *Landesfürstlichen Burg*, einem kleinen Stadtschloss aus dem 15. Jh., von dessen gotischer Ausstattung vor allem das Schlafzimmer Maximilians I. und die Kapelle mit ihren Fresken interessant sind. Außerdem gibt es eine Sammlung historischer Musikinstrumente. Danach kann man mit dem Sessellift auf den *Segenbühel* (Monte Benedetto) hinaufgleiten.

Das *Städtische Museum* wird demnächst zur Pfarrkirche Sankt Nikolaus umziehen, derzeit ist ein kleiner Teil der Sammlung noch im ehemaligen Hotel Roter Adler am Rennweg 42 zu besichtigen, darunter die Totenmaske Napoleons I.

Südlich der Passer wurde die ehemaligen *Synagoge* in der Schillerstraße 14 zum Museum ausgebaut.

Direkt am Südufer der Passer liegt die 2005 eröffnete *Therme Meran*. Das weltberühmte Meraner Kurbad wurde unter Stararchitekt Matteo Thun von Grund auf neu gebaut. Umgeben von einer Parklandschaft warten in dem Kubus aus Glas und Stahl 25 kleine und große Pools, acht Saunas und Dampfbäder, ein Fitnesscenter und ein innovatives Spa & Vital Center auf Gäste.

• Öffnungszeiten/Eintritt **Landesfürstliche Burg**, Di–Sa 10–17, So 10–13 Uhr, Mo geschl., Eintritt ca. 2 € (Kombiticket mit Städt. Museum ca. 3 €).

Städtisches Museum, wie Landesfürstliche Burg.

Synagoge, Di, Mi 15–18, Do 9–12, Fr 15–17 Uhr, Eintritt frei. ✆ 0473/236127.

Therme Meran, Thermenplatz, tägl. 9–22 Uhr, Eintritt ab ca. 11,50 €. ✆ 0473/252000, 📠 252022, www.thermemeran.it.

Meran/Umgebung: Zum berühmten, 4 km langen *Tappeinerweg* steigt man hinter der Pfarrkirche hinauf oder beginnt den Aufstieg bereits an der Gilfpromenade. Am Hang des Küchelbergs kann man bis zum Dorf Tirol hinaufwandern, aber auch mit dem Sessellift ab Galileistraße auf den Segelbühel fahren (tägl. 9–18 Uhr) und mit dem kostenlosen Bus in den Ort pendeln.

Vom malerisch herausgeputzten Dorf *Tirol (Tirolo)* führt ein 20-minütiger Fußweg zum mittelalterlichen *Schloss Tirol*, von dem das Land seinen Namen hat. Auf großen Wandgemälden ist dort die Geschichte Tirols nachzuvollziehen. Es besitzt frühgotische Fresken und eine eindrucksvolle Kreuzigungsgruppe in der Kapelle sowie eine archäologische Sammlung. Bei einem Erdbeben im Jahr 2001 wurde das Schloss schwer beschädigt, ist aber wieder zur Besichtigung geöffnet.

Im Juni 2001 wurde am sonnigen Hang oberhalb von Meran der Botanische Garten von *Schloss Trauttmansdorff* eröffnet, der mittlerweile zu den meistbesuchten Sehenswürdigkeiten Südtirols gehört. Auf 12 Hektar wachsen hier über 100.000 Pflanzen in vier kunstvoll angelegten Gartenbereichen, die die „ganze Welt" symbolisieren sollen: Wasser- und Terrassengärten, Sonnengärten, Waldgärten und Südtiroler Landschaften mit Weinbergen. Im Schloss selbst ist das originelle *Touriseum* untergebracht, das die Entwicklung des Fremdenverkehrs thematisiert. Busse fahren ab Sandplatz.

Kurz vor Sankt Leonhard im Passeiertal nördlich von Meran steht der Gasthof Sandwirt, wo Andreas Hoferder Nationalheld der Tiroler, 1767 geboren wurde. Er führte die aufständischen Tiroler Anfang des 19. Jh. gegen die Heere Napoleons und die mit ihm verbündeten Bayern. Nach anfänglichen Siegen wurden die Aufständischen jedoch 1809 am Berg Isel vernichtend geschlagen und Hofer im Februar 1810 „zu Mantua“ hingerichtet. Das *Museum Passeier* im ehemaligen Stall des Wirtschaftsgebäudes zeigt Erinnerungsstücke an Hofer und den Tiroler Aufstand, im Freilichtbereich stehen Gebäude aus dem 16.–19. Jh. Seit 2009 wird außerdem in einem unterirdischen Anbau die neue Dauerausstellung „Helden & Hofer“ gezeigt, die Andreas Hofer in einen weiter gefassten europäischen Kontext stellt.

• *Öffnungszeiten/Eintritt* **Schloss Tirol**, März bis Nov. Di–So 10–17 Uhr, Mo geschl.; Eintritt ca. 6 €, Familienkarte 12 €, mehrmals tägl. Führungen (Zuschlag 2 €). ✆ 0473/220221, www.schlosstirol.it.

Schloss Trauttmansdorff, Mitte März bis Mitte Nov. tägl. 9–18 Uhr (letzter Einlass 17.30 Uhr), Mitte Mai bis Mitte Sept. bis 21 Uhr; Eintritt ca. 10,20 €, Familienkarte 20,50 €, ✆ 0473/235730, www.trauttmansdorff.it.

Museum Passeier, Mitte März bis Allerheiligen Di–So 10–18 Uhr, Mo geschl.; Eintritt ca. 7 €, Familienkarte 14 €, um 16 Uhr 90-minütige Führung mit Aufschlag von 2,50 €. ✆ 0473/659086, www.museum.passeier.it.

Bozen

Bolzano • ca. 98.000 Einwohner

Die erste größere Stadt südlich vom Brenner liegt in einem weiten Talkessel inmitten hoher, grüner Bergrücken. Mit ihren barocken Bürgerhäusern, Erkern, langen Laubengängen und hübschen Lichthöfen wirkt die Altstadt noch durch und durch österreichisch.

Der erste Anblick von der Autobahn, die sich auf einem Viadukt quer durch die Stadt zieht, erbaut allerdings wenig – qualmende Schlote, dreckige Fassaden und lärmender Verkehr prägen die Außenviertel. Seit der Zwangsitalianisierung von 1919 wurde in großem Maßstab Industrie angesiedelt, hauptsächlich Metall verarbeitende Betriebe. Das zog Zehntausende von Arbeit suchenden Süditalienern nach Bozen – mit dem beabsichtigten Effekt, dass die deutschsprachige Bevölkerung in der wichtigsten Stadt Südtirols heute deutlich in der Minderheit ist. In der faschistischen Epoche wurde dann die Neustadt westlich vom Zentrum angelegt, mit ihren langen, schnurgeraden Straßenzügen monumental, unpersönlich und langweilig zugleich. Im relativ kleinen historischen Zentrum kann man dagegen schön bummeln, sitzen und beobachten – nach wie vor prallen die Mentalitäten aufeinander: alte Tiroler Bergbauern und geschniegelte Italiener feilschen am Obstmarkt, fesche Dirndlmadeln sprechen unter sich ihren nahezu unverständlichen Dialekt, bedienen deutsche Touristen – sichtlich gern – in hochdeutsch und Italiener – sichtlich ungern – in deren Muttersprache.

Bis Ende der neunziger Jahre waren die Sehenswürdigkeiten Bozens nicht unbedingt hochkarätig zu nennen. Das hat sich radikal geändert, denn der Gletschermann „Ötzi“ im Südtiroler Archäologiemuseum ist eine Weltsensation.

Anfahrt/Verbindungen/Information (siehe Karte S. 149)

• *Pkw* A 22, Ausfahrt Bozen Nord oder Bozen Süd. Achtung: Bozen ist sehr stauanfällig. Vermeiden Sie Stoßzeiten bei der Fahrt ins Zentrum! Das große **Parkhaus Mitte** liegt südlich vom Bahnhof, **Tiefgaragen** gibt es unter dem Waltherplatz und gegenüber vom Bahnhof.

• *Bahn* Der **Bahnhof** ist ein Bau aus faschistischer Zeit am Rand des Zentrums. Häufige Verbindungen nach Trento und Verona, stündlich nach Meran. Die Bahnhofsallee führt schräg gegenüber zum nahen Waltherplatz.

• *Bus* **SAD-Busse** fahren ab Busbahnhof an der Perathoner Str., seitlich der Bahnhofsallee.

• *Fahrrad* Kostenloser **Verleih (14)** (gegen Kaution) Ecke Waltherplatz/Bahnhofsallee.

• *Information* **Städt. Verkehrsamt (AAST)**, reichhaltiges Infomaterial, u. a. umfangreiche Unterkunftsliste (inkl. Privatzimmer und Agriturismo), Restaurantliste, Wander- und Mountainbike-Broschüre. Mo–Fr 9–18.30 Uhr, Sa 9–12.30 Uhr, So geschl. Waltherplatz 8, ✆ 0471/307000, 📠 980128, www.bolzano-bozen.it.

Übernachten

Die Bozener Hotellerie hat eine ganze Reihe guter und gepflegter Häuser vorzuweisen. Preiswerter wohnt man in den hoch gelegenen Ortsteilen Kohlern und St. Magdalena.

****** Greif (12)**, das traditionsreiche Hotel in bester Lage präsentiert sich als erstes „Kunsthotel" Südtirols. Alle Zimmer und Suiten sind mit Werken zeitgenössischer Künstler ausgestattet. DZ mit Frühstück ca. 186–262 €. Waltherplatz 7, ✆ 0471/318000, 📠 318148, www.greif.it.

****** Stiegl (3)**, Hotel aus der Zeit der Jahrhundertwende mit historischem Flair und modernem Komfort. Großer Garten mit Restaurant und Swimmingpool. Eigener Parkplatz und Tiefgarage. DZ mit Frühstück ca. 115–160 €. Brennerstr. 11 (fünf Minuten vom historischen Zentrum), ✆ 0471/976222, 📠 981141, www.scalahot.com.

***** Figl (8)**, traditionelles Stadthaus am stimmungsvollsten Platz im Zentrum, vor einigen Jahren umfassend erneuert, moderne Zimmer mit TV. DZ ca. 120–125 €, Frühstück extra. Kornplatz 9, ✆ 0471/978412, 📠 978413, www.figl.net.

***** Regina A. (16)**, von außen großer, langweiliger Klotz, relativ laut, aber die Zimmer wurden 2009 vollständig renoviert, ordentliches Frühstücksbuffet. Kostenloses Parken im Parkhaus von 20–7 Uhr. DZ mit Frühstück ca. 85–130 €. Rittnerstr. 1 (schräg gegenüber vom Bahnhof), ✆ 0471/972195, 📠 978944, www.hotelreginabz.it.

Kandlerhof (13), Weinbauernhof im Winzerdorf St. Magdalena inmitten von Weinbergen oberhalb von Bozen, wenige Schritte von der Kirche. Seit mehr als 200 Jahren im Besitz der Familie Spornberger, eigene Weine, spektakuläre Sicht bis hinauf in den Rosengarten. Sechs DZ, zwei davon ohne Balkon. DZ mit Frühstück ca. 52–65 €. April bis Nov. St. Magdalena 30, ✆ 0471/973033, www.kandlerhof.it.

• *Jugendherberge* **Bozen (15)**, große, moderne Herberge in der Nähe vom Bahnhof (nicht IYHF). Zimmer mit einem bis vier Betten und jeweils eigenem Bad, Internet, Waschraum, Infothek. Geeignet für junge Leute, aber auch Familien. Übernachtung mit Frühstück ca. 20 €, Zuschlag für eine Nacht 2 €. Rittnerstr. 23, ✆ 0471/300865, 📠 300858, www.jugendherberge.it.

• *Camping* **Moosbauer (2)**, an der SS 38 nach Meran, ca. 5 km vom Zentrum (auf Schilder achten). Relativ kleines Rasengelände mit Bäumen, Pool und Ristorante/Bar, W-Lan und Fahrräder kostenlos. Bus 10a ab Bahnhof. Mitte April bis Dez. ✆ 0471/918492, 📠 204894, www.moosbauer.com.

Steiner (18), an der SS 12 in Leifers (Laives), 7 km südlich von Bozen. Gepflegter Platz zwischen Obstgärten, schattige Stellplätze unter Ulmen. Moderne Sanitäranlagen, Freibad und beheizte Schwimmhalle (im Sommer geschl.), Fahrradverleih, Restaurant im benachbarten Hotel. April bis Okt. ✆ 0471/950105, 📠 593141, www.campingsteiner.com.

Essen & Trinken/Unterhaltung

Um den *Obstplatz* liegen die beliebtesten Treffpunkte, die meisten Restaurants gibt es in der *Bindergasse*. Bedienung zweisprachig, Essen sehr österreichisch: Knödel, Rindergulasch, Apfelstrudel und Schlutzkrapfen.

Roter Adler (11), auch „Vögele" genannt, das historische Wirtshaus beim Obstmarkt serviert in sieben Stuben (im Erdgeschoss die holzgetäfelte Goethestube, in der der Dichterfürst gespeist haben soll) raffinierte Gerichte Südtiroler Art, teils mit internatio-

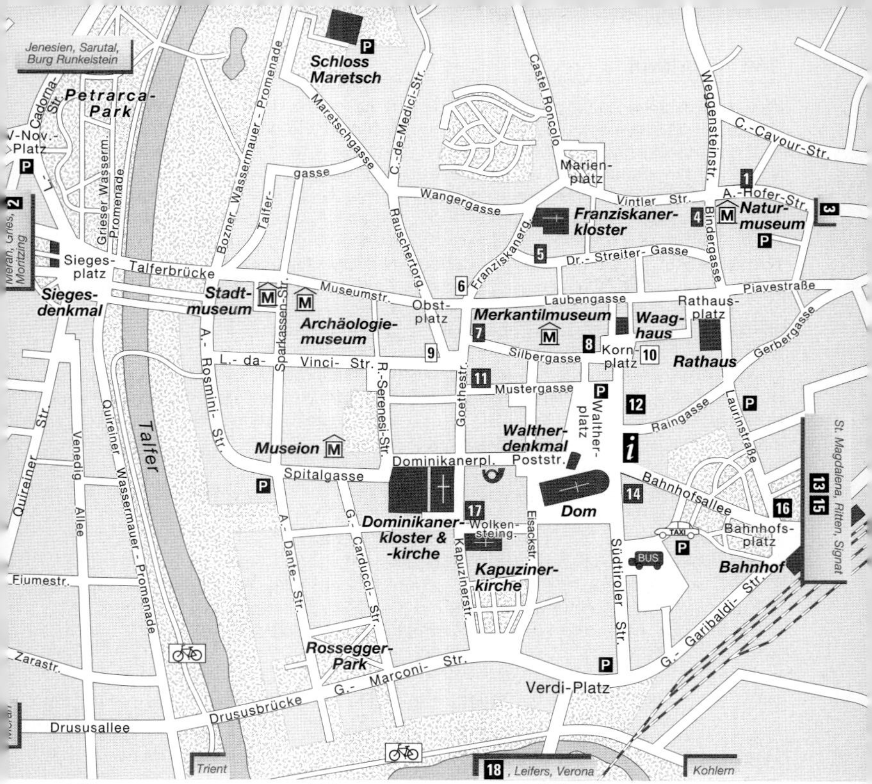

Übernachten
- 2 Camping Moosbauer
- 3 Stiegl
- 8 Figl
- 12 Greif
- 13 Kandlerhof
- 15 Jugendherberge Bozen
- 16 Regina A.
- 18 Camping Steiner

Essen & Trinken
- 1 Batzenhäusl
- 4 Weißes Rössl
- 5 Fischbänke
- 7 Hopfen & Co
- 11 Roter Adler
- 17 Vino Veris

Nachtleben
- 6 Nadamas
- 9 Pogue Mahone's
- 10 Lounge Exil Café

Sonstiges
- 14 Fahrradverleih

100 m

Bozen

nalem Einschlag. Abends sitzt das gut betuchte Jungvolk gern beim Bier oder Wein draußen unter den Arkaden. Geöffnet 8–24 Uhr. Zwei Wochen im Juli, außerdem Sa-Abend und So geschl. Goethestr. 3, ✆ 0471/973938.

Vino Veris (17), angesagtes Weinlokal mit Trattoria in den imposanten mittelalterlichen Kellergewölben des ehemaligen „Heilig-Geist-Spitals". Im Sommer kann man draußen am Platz essen, kleine Karte mit hausgemachten Gerichten, dazu exzellente Weinauswahl. Auch oft Party-Events mit Disco. Tägl. 10–1 Uhr. Dominikanerplatz 3/b, ✆ 0471/300892.

Batzenhäusl (1), seit fast 600 Jahren kann man in der ehemaligen Schänke des Deutschen Ordens für einen „Batzen" seinen Schoppen Wein trinken. Hinter der überrankten Fassade verbirgt sich ein schlichter Gastraum mit Holz, dahinter ein modernisierter Raum mit kleinem Garten. Serviert werden leckere Südtiroler Gerichte für nicht zu teures Geld. Nur abends geöffnet, dafür warme Küche bis mind. 1.30 Uhr nachts. Di geschl. Andreas-Hofer-Str. 30, ✆ 0471/050950.

Weißes Rössl (4), traditionelle Gastwirtschaft mit Atmosphäre und großer Auswahl an Südtiroler Fleischgerichten: Gulasch, Schweinshaxe, Bauernplatte etc. Zu erkennen an der hübsch bemalten Fassade. Juli und So geschl. Bindergasse 6, ✆ 0471/973267.

Fischbänke (5), originelle Location am ehemaligen Fischmarkt, integriert in das Lokal sind die marmornen Fischverkaufstische vor dem Haus, daneben plätschert ein Brunnen. Beliebt zum Brunch: Käse, Bruschetta, Speck am Brett etc. Sa-Abend und So geschl. Dr. Streiter Gasse 26. ✆ 0471/971714.

• *Kneipen/Nachtleben* **Hopfen & Co (7)**, Brauerei mit gemütlichem Café/Pub/Restaurant. Treffpunkt junger Leute, die mit ihrem Bier (das im Keller gebraut wird) oder Wein bis auf die Straße stehen, oft Livemusik. Tagsüber treffen sich hier die Marktbesucher zu einem Plausch. Obstplatz/Ecke Silbergasse 36.

Nadamas (6), bunte Szenekneipe direkt am Obstmarkt, Bruschette, Couscous und griechischer Salat, dazu hoher Geräuschpegel. Bis Mitternacht warme Küche. So geschl. Obstmarkt 43/44.

Weitere beliebte Treffs sind das **Lounge Exil Café (10)** am Kornplatz 2 und der Irish Pub **Pogue Mahone's (9)**, Erbsengasse 10.

Sehenswertes

Stadtführungen: Wegen des großen Interesses an „Ötzi" veranstaltet das Verkehrsamt für ca. 14 € pro Pers. jeden Mittwoch eine Führung mit Besichtigung des Archäologischen Museums. Einen Rundgang ohne Ötzi gibt es ca. 2-mal wöch. für ca. 5 € pro Pers. Anmeldung beim Verkehrsamt.

Zentrum der Stadt ist der angenehm offen gebaute *Waltherplatz* mit prächtigem Blick auf die steilen Hänge ringsum. Dominierend steht in der Platzmitte das Denkmal des berühmten Südtiroler Minnesängers *Walther von der Vogelweide*, der im Vogelweider Hof bei Lajen (Laion) oberhalb von Klausen geboren wurde. Die große *Pfarrkirche*, ein schöner gotischer Baukörper mit mehrfarbigem Dach, wurde nach schweren Weltkriegsbeschädigungen komplett restauriert. Das Innere ist schlicht gehalten – Kreuzrippengewölbe, reliefverzierte Kanzel aus Sandstein, hohe goldene Seitenaltäre, Freskenreste, heller Chorumgang.

Nur wenige Schritte weiter Richtung Westen steht die *Dominikanerkirche* mit angeschlossenem Kloster. Der lange Kirchenraum wird durch einen Lettner in zwei Bereiche geteilt. Die schmale *Johannes-Kapelle* rechts vom hinteren Hauptschiff ist vollständig mit eindrucksvollen bunten Fresken der Giotto-Schule ausgemalt (14. Jh.), die Szenen der biblischen Geschichte darstellen. Ebenso schön geschmückt ist der benachbarte *Kreuzgang* (Eingang Nr. 19/a).

Nördlich vom Waltherplatz liegt der Fußgängerbereich Bozens mit dem lang gestreckten *Obstplatz*, in dessen Buden jeden Vormittag außer sonntags ein malerischer Obst- und Gemüsemarkt stattfindet. Wahrzeichen des Marktes ist der weiße *Neptunbrunnen* an der Ecke zur Laubengasse.

Geradeaus kommt man nach wenigen Metern zur *Franziskanerkirche* mit Kloster. Am eindrucksvollsten ist hier der Kreuzgang, über dem die Zellen der Mönche liegen. Links herum gehend kann man auf naiv anmutenden Ölgemälden in düsteren Farben die Geschichte des Franz von Assisi verfolgen.

Am Obstplatz beginnt auch die schönste Straße der Stadt, die schmale *Laubengasse* mit pastellfarbenen Erkerhäusern und prächtigen Bogengängen, unter denen zahlreiche alteingeführte Geschäfte liegen. Damit eine größtmögliche Zahl an Läden

untergebracht werden konnte, sind sie oft handtuchschmal, ziehen sich aber tief in die Häuser. Dazwischen öffnen sich immer wieder schmale Durchgänge, die zu den typischen Lichthöfen führen. Seitlich von der Laubengasse, auf dem verkehrsberuhigten *Kornplatz,* findet man einige gemütliche Restaurants und Cafés.
Im westlichen Ortsteil Gries (Talfer überqueren und die pompöse Freiheitsstraße entlang) kommt man schließlich zur *Grieser Pfarrkirche* mit dem herrlich geschnitzten Altar des berühmten Südtiroler Bildhauer Michael Pacher.

• *Öffnungszeiten/Eintritt* **Pfarrkirche**, Mo–Sa 10–12, 14–17 Uhr; **Domschatzkammer**, Di–Sa 10–12 Uhr.
Dominikanerkirche, Mo–Sa 9.30–17 Uhr (Kreuzgang 9.30–17, Sa nur bis 12.30 Uhr), So 12–18 Uhr.
Franziskanerkirche, Mo–Sa 10–12, 14.30–18 Uhr.
Grieser Pfarrkirche, April bis Okt. Mo–Fr 10.30–12, 14.30–16 Uhr, Sa/So geschl., ca. 1,50 €.

„Ötzis" letzte Ruhestätte

Erst 1998 wurde das Südtiroler Archäologiemuseum in der Museum-Str. 43 eröffnet. Bei fast 100 % Luftfeuchtigkeit und -6 Grad Celsius liegt hier der 5300 Jahre alte mumifizierte Leichnam von Ötzi hinter Glas. Diese Bedingungen entsprechen exakt den klimatischen Gegebenheiten des Gletschers in 3000 m Höhe, wo ihn ein Nürnberger Ehepaar im Spätsommer 1991 im ewigen Eis entdeckt hatte (→ S. 142). Der Anblick dieses verkrümmten Menschen, der drei Jahrtausende vor Christus lebte, ist ein einzigartiges Erlebnis. Klein und zerbrechlich liegt er da, wirkt fast beseelt. Zum Zeitpunkt seines Todes war er etwa Mitte Vierzig, ein für die Jungsteinzeit sehr hohes Alter. Er litt an Halswirbelabnutzung, Arterienverkalkung und Arthrose der Hüftgelenke. Ums Leben gekommen ist er wahrscheinlich im Kampf, denn an seinem Kupferbeil konnte man mittels Gen-Analyse das Blut mehrerer Menschen nachweisen und er selber wies mehrere Verletzungen auf. Erst 2009 konnte nachgewiesen werden, dass Ötzi ein Pfeil, der ihm von hinten das linke Schulterblatt durchgeschlagen hatte, eine schwere Verletzung zufügte, an der er schließlich verblutete.
Ausgestellt sind auch die umfangreichen Reste seiner Kleidung und Ausrüstung – besonders erstaunlich, wie sorgfältig alle Teile verarbeitet wurden. Ötzi steht im Zusammenhang einer chronologisch aufgebauten Sammlung: Im Erdgeschoss findet man die Steinzeit, im ersten Stock die Kupferzeit (mit Ötzi), darüber Bronze- und Eisenzeit sowie Römerzeit bis zum Frühmittelalter.
Öffnungszeiten/Eintritt Di–So 10–18 Uhr, Juli/August/Dez. auch Mo; Eintritt ca. 9 €, Senioren ab 65 J. u. Schüler/Stud./Auszubildende ca. 7 €, Familienkarte 18 €, Kinder bis 6 J. frei. ✆ 0471/320100, www.iceman.it.

Museen

Museion (Dantestr. 6): Das 1985 gegründete Museum für moderne und zeitgenössische Kunst wurde im Mai 2008 als futuristischer Neubau wiedereröffnet. In mehrmals jährlich wechselnden Ausstellungen werden Künstler des 19. und 20. Jh. präsentiert. Der 54 m lange Kubus mit einer Aluminiumhülle besitzt zwei gläserne Stirnseiten, die sich als „Schaufenster" zur Stadt und zum Fluss Talfer darstellen und symbolisch die Altstadt mit der Neustadt verbinden. Originell, wenn auch umstritten ist die 1,5 Mio. Euro teure Brücke, die von der Neustadtseite zum Museion führt. Sie besteht aus zwei schwingenden Bögen, getrennt für Fußgänger und Radfahrer. Von der obersten Ebene hat man einen schönen Blick auf die Stadt.

Öffnungszeiten/Eintritt Tägl. 10–20 Uhr, Do bis 22 Uhr. Eintritt ca. 6 €, Stud. und über 60 J. 3,50 €. ✆ 0471/223411, www.museion.it.

Merkantilmuseum (Silbergasse 6): prächtiger Renaissancepalast zwischen Silber- und Laubengasse, früher Sitz des städtischen Handelsgerichts. Bei einem Rundgang kann man die Räume mit einer reichhaltigen Sammlung von barocken Gemälden und Möbeln besichtigen.

Öffnungszeiten/Eintritt Mo–Sa 10–12.30 Uhr, So geschl., Eintritt ca. 4 €.

Naturmuseum (Bindergasse 1): Geologie und Lebensräume Südtirols in Dioramen, außerdem Aquarien und Terrarien. Mit Modellen, Spielen und Experimenten kindgerecht aufgemacht, Schulklassen sind dementsprechend häufig zu Besuch.

Öffnungszeiten/Eintritt Di–So 10–18 Uhr, Mo geschl., Eintritt ca. 5 €.

Bozen/Umgebung: Drei Seilbahnen tragen ihre Passagiere in wenigen Minuten aus dem Kessel hinauf in die klare Luft der Berge – auf den *Ritten*, nach *Kohlern* und nach *Jenesien*. Das bis zu 1000 m hohe Hochplateau des *Ritten (Renon)* zwischen Eisack- und Sarntal ist seit Jahrhunderten Sommerfrische der Bozener. Per Seilbahn (2009 neu gebaut) geht es ab Talstation an der Rittnerstr. (ca. 500 m rechts vom Bhf.) in 12 Min. nach *Oberbozen (Soprabolzano)*, von dort zuckelt eine museale Bimmelbahn 7 km bis *Klobenstein (Collalbo)* in 1150 m Höhe. Kurz vor Oberbozen passiert man die sogenannte „Erdpyramiden", bis zu 30 m hohe Erdsäulen, die an der Spitze jeweils einen Deckstein tragen.

Burg Runkelstein thront auf einem steilen Fels am Eingang des Sarntals (gratis Shuttlebus ab Waltherplatz) zu Fuß ca. 30 Min. oder per Rad immer an der Talfer entlang). Im Westhaus ist ein wertvoller Freskenzyklus aus dem 14. Jh. erhalten, der das weltliche Leben an einem mittelalterlichen Hof darstellt. Die schöne Burgschänke lädt zur Rast ein.

Östlich von Bozen ragt die steile Wand des berühmten *Rosengartens* (Catinaccio) auf – so genannt, weil er bei den richtigen klimatischen Bedingungen zum Sonnenaufgang und -untergang fast unwirklich rot glüht.

Öffnungszeiten/Eintritt **Burg Runkelstein**, Di–So 10–18 Uhr, Mo geschl., Eintritt ca. 8 €, Sen./Stud. ca. 5,50 €, Familienkarte 13 €, nur mit Führung. ✆ 0471/329808.

Messner Mountain Museum Firmian in Schloss Sigmundskron

Unübersehbar thront die imposante Ruine südwestlich der Stadt über der Etsch. Reinhold Messner hat hier 2006 nach dreijähriger Sanierung ein großes Bergmuseum eröffnet, die alten Mauern wurden dabei durch eine moderne Konstruktion aus Stahl und Glas ergänzt. Das Museum zeigt auf 1100 qm mit viel treppauf, treppab die Bedeutung der Berge für den Menschen. Thematisiert sind die Geschichte des Alpinismus und die Auswirkungen des Tourismus auf Natur und Umwelt. In einer Grotte wird die Sagenwelt der Dolomiten dargestellt, ein wichtiger Schwerpunkt sind auch die vielen tibetischen Ausstellungsstücke.

Öffnungszeiten/Eintritt März bis Nov. Di–So 10–18 Uhr, letzter Einlass 17 Uhr. Mo geschl. Eintritt ca. 8 €, Kinder 6–14 J. 3 €, Stud. u. Senioren ab 65 J. 6 €, Familienkarte 18 €. ✆ 0471/631264, www.messner-mountain-museum.it.

Eine Tour, die es in sich hat: die Große Dolomitenstraße

Erlebnis Natur: Große Dolomitenstraße

2009 hat die UNESCO die Dolomiten zum Weltnaturerbe erklärt, denn aus geologischer, botanischer und landschaftlicher Sicht sind sie einzigartig und mit keinem anderen Gebirge der Welt zu vergleichen. Die herrliche Panoramastrecke führt von Bozen nach Cortina d'Ampezzo (ca. 110 km), ist allerdings extrem kurvig und weist große Höhenunterschiede auf.

Anfangs zieht sich die SS 241 durch das steilwandige *Eggental (Valle d'Ega)*, später hat man Blick auf den berühmten *Rosengarten*, fährt vorbei am schönen *Karersee* (Rundweg um den See), über den *Karer-Pass* (1745 m) und hinunter ins *Fassa-Tal*. Im viel besuchten Fremdenverkehrsort *Vigo di Fassa* trifft man auf die SS 48. Bei *Canazei* beginnt eine steile Serpentinenstrecke mit herrlichen Panoramen hinauf zum 2239 m hohen *Pordoi-Joch (Passo Pordoi)*. Auf der Passhöhe sollte man die Gelegenheit nutzen und mit der eindrucksvoll konstruierten Seilbahn auf den *Sass Pordoi* hinaufgondeln, die Fahrt auf 2950 m dauert nur wenige Minuten (Ende Mai bis Ende Okt., hin und zurück ca. 14 €, nur hinauf 8 €, Fahrten alle 10 Min.). Unterwegs genießt man fantastische Ausblicke auf die steilen Felswände und die Dreitausender im Umkreis.

In zahllosen Serpentinen kreist man nun vom Pass wieder hinunter, dann zügige Fahrt bis zum Abzweig nach Belluno (SS 203). Richtung Cortina geht es hinauf zum *Passo di Falzarego* (2117 m), wo wieder eine Seilbahn auf den 2752 m hohen *Lagazuoi* lockt (13,50 € hin und zurück, nur hinauf 9,50 €). Der Berg wurde im oberen Bereich zum Freilichtmuseum ausgebaut – dort verlief im Ersten Weltkrieg die Frontlinie, die Bauten und Geschützstellungen wurden restauriert. Ein Stollen von etwa 1 km Länge ist sogar begehbar (gutes Schuhwerk und Taschenlampe!) und man kann hier zum Wanderweg 402 absteigen, der einen in ca. 90 Min. wieder zur Talstation bringt. Im Anschluss geht es in langen Kurven hinunter in die Ebene von Cortina d'Ampezzo (→S. 192).

Wer wieder nach Bozen zurück will, gelangt über Toblach (Dobbiaco) rasch ins Pustertal und schnell zurück zur Brenner-Autobahn bei Brixen.

Von Bozen nach Süden

Das lang nach Süden ausgleitende Tal weitet sich. An den sonnigen Hängen reifen überall Weinreben und der Talgrund steht voller Apfelbäume – eins der größten Obstanbaugebiete Europas.

Wer die Autobahn oder SS 12 hinunterfährt, kann einen interessanten Abstecher zur versteckt gelegenen *Bletterbachschlucht* östlich von Auer (Ora) machen. Diese Tour lohnt hauptsächlich für Wanderer und Naturliebhaber, die die atemberaubende Schlucht „per pedes" erkunden wollen. Westlich der Autobahn verläuft die berühmte *Südtiroler Weinstraße* über Eppan, Kaltern, Tramin und Kurtatsch nach Salurn. Im Herbst sollte man hier eine der vielen Torkelstuben besuchen, um den neuen „Traminer" zu kosten.

Bletterbachschlucht: Der legendäre „Grand Canyon Südtirols" liegt östlich von Auer (Ora) zwischen den beiden Dörfern Aldein (Aldino) und Radein (Redagno). Die 12 km lange Schlucht ist eine der größten und eindrucksvollsten Südtirols. Bis zu 200 m steigen die Felswände z. T. fast senkrecht an, Gesteinsschichten von der Permzeit (299–251 Mio. Jahre) bis zur Gegenwart liegen wie in einer Torte übereinander, viele Fossilien hat man hier gefunden – die Bletterbachschlucht nennt sich deshalb auch stolz „Geoparc".

Schon die Anfahrt ist erlebenswert. Hoch hinauf windet sich aus dem Etschtal die Panoramastraße ins Dörfchen *Aldein (Aldino)*, das in wunderbarer Stille auf einer hügligen Hochebene in 1200 m Höhe liegt. Am höchsten Punkt thront die Pfarrkirche, etwas unterhalb davon liegen der Gasthof Krone, das Informationsbüro und das Dorfmuseum.

Der Abstieg in die Schlucht beginnt am Parkplatz vor der Lahneralm, dort gibt es auch ein *Besucherzentrum*, das die Entstehung des Canyons erläutert. Die Wanderung bis zum Ende der Schlucht dauert etwa 4 Std., wenn man wieder zum Ausgangspunkt zurück möchte, kann man nach dem großen Wasserfall (Butterloch) links zur Schluchtkante hinaufklettern und oben den Weg zurück nehmen. Anderenfalls kann man auch an mehreren Stellen nach *Radein* hinaufsteigen und sich dort das *Geologiemuseum* mit Fossilien aus der Schlucht ansehen, darunter Saurierspuren, versteinerte Fische und Muscheln.

• *Information* Dorf 34, etwas unterhalb vom Hauptplatz. Infos zur Wanderung durch die Bletterbachschlucht sowie Wanderkarten und -führer. Mo–Fr 9–12, 15–18 Uhr, Sa 9–12 Uhr. ✆ 0471/886800, ℻ 886666, www.aldein-radein.com.

Besucherzentrum, Anfang Mai bis Anfang Nov., tägl. 9.30–18 Uhr. Eintritt ca. 2 €. ✆ 0471/886946, www.bletterbach.info.

Geomuseum Radein, Mai bis Okt. Mi, Sa, So 15–17.30 Uhr, Juli/August Di–So 10–11.30, 15–17.30 Uhr. Eintritt ca. 2 €, www.museum-aldein.com.

Schluchtführung mit Zutritt zum Besucherzentrum Mitte Juli bis Mitte Sept. tägl. 10.30 Uhr, April bis Mitte Juli und Mitte Sept. bis Anfang Nov. Di, Do, So 10.30 Uhr. Preis ca. 10 €, Familienkarte (zwei Kinder) 22 €.

• *Übernachten/Essen & Trinken* ** **Krone**, traditionsreicher Gasthof am abschüssigen Hauptplatz, zwei gemütlich-rustikale Speiseräume und Außenterrasse. Typische Südtiroler Gerichte, hauptsächlich mit Produkten aus eigener Landwirtschaft – Weißweinsuppe, Gänsebrustcarpaccio, Käse- und Speckknödel, saurer Kalbskopf. DZ mit Frühstück ca. 120–160 €. ✆ 0471/886825, ℻ 886696, www.gasthof-krone.it.

Camping Wasserfall, gemütlicher, kleiner Platz am Ortsende von Auer, direkt am Schwarzbach. Schattige Stellplätze unter Laubbäumen, Pool, Kinderspielgeräte. ✆ 0471/810519, ℻ 810150, www.campingwasserfall.it.

Ploner, hervorragendes Restaurant mit exquisiter Küche und angemessenem Preis-Leistungs-Verhältnis. Di geschl. Dachselweg 1, ✆ 0471/886556.

Kalterer See

Lago di Caldaro

Kleiner Badesee südlich von Bozen, idyllisches Fleckchen inmitten üppiger Weinhänge.

Der Kalterer See gilt – entgegen seinem Namen – als wärmster Alpensee und ist ausgesprochen angenehm zum Baden, wenn auch die Westseite fast gänzlich verschilft ist (Zugang durch Badestege, am Nordende auch zwei Strandbäder mit Liegewiese). Um den See kann man Radtouren machen, auf die umliegenden Hügelketten führen zahlreiche Spazier- und Wanderwege.

Kaltern (Caldaro): etwa 4 km vom See, wichtiges Zentrum des Weinbaus, freundliches Städtchen mit massiven Steinhäusern, Erkern und weit vorspringenden Rundziegeldächern, die lange Hauptgasse nett zum Bummeln. Im *Südtiroler Weinmuseum* (Goldgasse 1) wird die Geschichte des Südtiroler Weinbaus von den Römern bis heute dargestellt.

• *Öffnungszeiten/Eintritt* **Südtiroler Weinmuseum**, April bis Mitte Nov., Di–Sa 10–17, So 10–12 Uhr, Mo geschl., Eintritt ca. 3 €, bis 27 J. u. über 65 J. 2,20 €.

• *Anfahrt/Verbindungen* Große **Parkplätze** liegen am südlichen Ortseingang und oberhalb vom Ort.

• *Information* **Tourismusverein** an der Oberkante vom Marktplatz. Informatives Unterkunftsverzeichnis, Stadtplan, Broschüren zu Wandern und Biken (kostenpflichtig), Zimmervermittlung. Mo–Fr 9–12.30, 13.30–18, Sa 9.30–12.30, 14–18, So 10–12 Uhr. ✆ 0471/963169, ✆ 963469, www.kaltern.com.

• *Übernachten* *** **Weißes Rössl**, schlossartiges Patrizierhaus mit Erkern und Türmchen, ganz zentral am Marktplatz. Innen behutsam modernisiert, teils gotische Gewölbebögen, Lift, oberes Stockwerk komplett ausgebaut, Zimmer mit Vollholzmöbeln und Teppichböden. Abgeschlossener Parkplatz. DZ mit Frühstück um die 76–85 €. ✆ 0471/963137, ✆ 964069, www.weisses-roessl-kaltern.com.

*** **Roter Adler**, gemütliche Herberge neben dem Weißen Rössl, Zimmer mit TV, abgesperrter Parkplatz, freier Eintritt ins Strandbad am See. DZ mit Frühstück ca. 65–72 €. ✆ 0471/963115, ✆ 964880, www.roter-adler.com.

*** **Torgglhof**, gepflegte Frühstückspension im oberen Ortsteil, sauber und modern, 25 Zimmer und zwei Apartments, kleiner Pool im Garten. DZ mit Frühstück ca. 70–84 €. Saltnerweg 30, ✆ 0471/962316, ✆ 965899, www.torgglhof.it.

Ansonsten gibt es zahlreiche **Privatzimmer** und **Ferienwohnungen** ab etwa 40 €, Vermittlung durch die Information.

• *Essen & Trinken* **Zum Turm**, an der Hauptstraße gegenüber der Kirche, gemütliche Sitzgelegenheiten in einer schlauchförmigen Passage. Spezialität sind die Nudelgerichte in der Pfanne (ab 2 Pers.) und die überbackene Gemüsepfanne. So geschl. Andreas-Hofer-Str. 32, ✆ 0471/963281.

Spuntloch, uriger Gewölbekeller im Ansitz Paterbichl (seit 1731) am Rottenburger Platz, oberhalb vom Zentrum. Serviert werden hauptsächlich Grillgerichte, dienstags gibt es Fisch. Mo–Sa 17–23 Uhr, So geschl. Goldgasse 35, ✆ 0471/961062.

• *Weinkeller* (Buschenschänken) **Torgglkeller**, mitten im Ortszentrum, etwas oberhalb der Hauptstraße, auf der gut besuchten Terrasse kann man reichhaltige Brotzeitplatten zu sich nehmen, ein winziger Kinderspielplatz ist angeschlossen. So geschl. Bichl 2, ✆ 0471/963421.

Drescherkeller, ebenfalls im Ortskern, im früheren Herrensitz „Reich'sches Schlössl", seit 1665 in Familienbesitz. Sitzgelegenheiten im Hof, hervorragender Wein aus eigenem Anbau und kalte Gerichte. 10–20 Uhr, Di geschl. Maria-von-Buolplatz 3, ✆ 0471/963119.

• *Weinverkauf* Im Umkreis des Weinmuseums reihen sich die Verkaufsstellen mehrerer Kellereien, wo man die örtlichen Weine degustieren kann, z. B. **Vinothek Battisti**, **Kellerei Kaltern**, **E & N (Erste und Neue) Kellerei Kaltern**.

Winecenter, im neu erbauten Verkaufsgebäude am nördlichen Ortseingang bieten zahlreiche Winzer ihre Produkte zum Verkauf an. Mo–Sa 9–19, So 9–18 Uhr. Bahnhofstr. 7, ✆ 0471/966067, www.winecenter.it.

St. Gretl: Das touristische Zentrum an der Nordwestspitze des Sees bietet Übernachtungsmöglichkeiten und Restaurants, mehrere Badestrände (darunter das moderne Freibad Lido), Fahrradverleih und Tretboote. Hier beginnt ein (Rad-) Wanderweg um den See, der allerdings weitgehend in ziemlicher Entfernung vom Ufer verläuft.

• *Übernachten* **Camping Gretl**, am Nordwestende des Sees, gut ausgestatteter Platz mit Swimmingpool, modernen Sanitäranlagen und ausreichendem Baumbestand. Eigener Strand und Liegewiese, Strandbad und Restaurant „Gretl am See" gleich daneben. ✆ 0471/960244, 📠 960011, www.camping-gretl.it.

Camping St. Josef, am Südwestufer, einfacher Rasenplatz mit mäßigem Baumbestand, Cafeteria, Laden, deutsche Zeitungen, Sanitäranlagen okay. Ein Badesteg führt durch den Schilfgürtel zum See. ✆ 0471/960170, 📠 960740, www.camping-kalterersee.com.

TIPP! *** **Remichhof**, etwa eine Fußminute vom See, ehemaliger Landsitz zwischen Weinplantagen, grundlegend renoviert. Geräumige Zimmer mit Teppichboden und Vollholzmobiliar, z. T. Balkon, schöne Treppen aus Tonfliesen, unten Frühstücksterrasse, freundlicher Service durch Familie Maran. Freier Eintritt im familieneigenen Strandbad. DZ mit Frühstück ca. 80–93 €. St. Josef am See 27, ✆ 0471/960144, 📠 960011, www.remichhof.it.

• *Essen & Trinken/Shopping* Diverse Adelsgüter kreieren mittlerweile Spitzenprodukte, die mit dem früheren Ruf des „Kalterersee" nichts mehr gemein haben.

Castel Ringberg, ehemaliges Jagdschloss direkt an der Uferstraße, große Terrasse mit herrlichem Panoramablick. Die traditionsreiche Kellerei wird von der Architektin Elena Walch geführt, das renommierte Restaurant vom ambitionierten Koch Stefan Unterkircher. Mo-Abend und Di geschl. St. Josef am See 1, ✆ 0471/960010, www.castel-ringberg.com (Kellerei: ✆ 0471/860172, www.elenawalch.com).

Gut Manincor, in der Nachbarschaft von Castel Ringberg liegt die 400 Jahre alte Renaissanceresidenz von Michael Graf Goëss-Enzenberg. Herzstück ist der unterirdische, drei Stockwerk tiefe Weinkeller, der 2004 eröffnet wurde. Mo–Fr 9.30–19, Sa 10–14 Uhr. ✆ 0471/962230, 📠 960204, www.manincor.it.

Montiggler Seen (Laghi di Monticolo): zwei sensible Kleinode nördlich vom Kalterer See, eingebettet ins satte Grün von Nadel- und Laubwäldern. Am Ufer des größeren Sees liegen ein Freibad, ein Hotel/Restaurant und ein Tretbootverleih. Eine Seeumrundung zu Fuß dauert ca. 1 Std. (Wegbeginn beim Freibad), den anderen See mit Badewiese und hölzerner Plattform kann man in 15 Min. erreichen.

Trentino

Den südlichsten Punkt Südtirols passiert man bei Salurn (Salorno), exakt hier liegt auch die Sprachgrenze und die zweisprachigen Ortsschilder enden abrupt – nördlich von Salurn ist das Deutsche „Muttersprache", südlich das Italienische. Zwar gehörte das Trentino jahrhundertelang zum sogenannten Römischen Reich (deutscher Nation) und danach fast hundert Jahre lang (1816–1918) zu Österreich-Ungarn – trotzdem wurde der ersehnte Anschluss an Italien als „Irredenta" (Erlösung) im 19. Jh. hartnäckig herbeigesehnt und erkämpft.

Im Gegensatz zu Südtirol sind die touristischen Ziele des Trentino bei uns nicht sonderlich populär, eine große Ausnahme bildet natürlich der Nordzipfel des Gardasees (→Lombardei und die Seen). Auch die Hauptstadt Trento führt – zu Unrecht – in der Urlaubergunst eher ein Mauerblümchendasein. Der Erste Weltkrieg hat bis heute in den Bergen nachhaltige Spuren hinterlassen, denn jahrelang verlief hier die erbittert umkämpfte Front zwischen der k.u.k.-Monarchie Österreich-Ungarn und Italien.

Trient

Trento • ca. 103.000 Einwohner

Die Hauptstadt des Trentino liegt wie Bozen in einem weiten Talkessel und ist architektonisch ebenfalls noch weitgehend österreichisch geprägt.

In der Altstadt reihen sich hohe, freskenverzierte Renaissancepaläste mit weit vorspringenden Holzbalkendächern und gedrungenen Laubengängen. Mittelpunkt ist der imposante Domplatz mit der anschließenden Via Belenzani. Das mächtige fürstbischöfliche Kastell liegt nicht weit entfernt.

1545–1563 fand in Trento das weltberühmte Konzil von Trient statt, das als Auslöser der katholischen Gegenreformation in die Geschichte eingegangen ist. Die Stadt an der Nahtstelle zwischen den deutschen und italienischen Gebieten schien für die große Aufgabe der Rekatholisierung prädestiniert. Für dieses Ereignis ging man damals daran, die gesamte mittelalterliche Stadt zu einem prächtigen Renaissancekunstwerk umzugestalten, was bis heute die Atmosphäre des Stadtzentrums prägt.

Anfahrt/Verbindungen/Information

• *Pkw* Trento liegt direkt an der Autobahn A 22 vom Brenner nach Verona. Mehrere **Parkplätze** (gebührenpflichtig) und ein **Parkhaus** (nur Mo–Fr) findet man an der Via Sanseverino parallel zur Etsch, in der Nähe vom Sportplatz.

• *Bahn* Station an der **Brennerlinie** München – Verona. Züge gehen außerdem durchs **Valsugana**, entlang des Flusses Brenta, nach Venedig. Bahnhof nördlich vom Zentrum, ca. 10 Min. zu Fuß zum Domplatz.

• *Bus* **Busse** von Trentino Trasporti fahren ab Busbahnhof (benachbart zum Hauptbahnhof), z. B. stündlich nach Riva del Garda am Gardasee.

• *Information* **APT**, Stadtpläne, Unterkunftsverzeichnis, deutschsprachige Broschüre „Trento". Tägl. 9–19 Uhr. Via Manci 2 (zwischen Bahnhof und Altstadt, Ecke Via Belenzani), ✆ 0461/216000, ℻ 216060, www.apt.trento.it.

Übernachten (siehe Karte S. 159)

Trento ist keine Touristenstadt, die Hotels sind hauptsächlich auf Geschäftsreisende ausgerichtet und entsprechend teuer. Jedoch existiert eine Jugendherberge.

**** **Accademia (6)**, historisches Gemäuer bei der Konzilskirche Santa Maria Maggiore. Das vollständig renovierte Haus besitzt schöne Zimmer im schlichten, modernen Stil mit guten Bädern, TV und Minibar, wahlweise mit Parkett oder Teppichboden, dazu geräumige Suiten. DZ mit Frühstück ca. 150–180 €, Sonderangebote am Wochenende. Vicolo Colico 4/6, ✆ 0461/233600, ℻ 230174, www.accademiahotel.it.

**** **Aquila d'Oro (7)**, ideale Lage wenige Schritte vom Domplatz. Hat vor kurzem einen Stern dazu gewonnen, schick und trendy gestylt, moderne Zimmer mit TV, Telefon und Klimaanlage. Frühstück im obersten Stockwerk mit tollem Blick. Parkplatz. DZ mit Frühstück ca. 153–170 €. Via Belenzani 76, ✆ 0461/986282, ℻ 986292, www.aquiladoro.it.

*** **Albermonaco (1)**, etwas erhöht beim Castello del Buonconsiglio. Größeres Haus in nüchterner Architektur, aber mit schönem Blick auf die Burg, Zimmer mit Balkon. Fitnesscenter, türkisches Bad, Sauna, kostenfreier Parkplatz. DZ mit Frühstück ca. 100 €. Via Torre d'Augusto 25, ✆ 0461/983060, ℻ 983681, www.albermonaco.it.

** & * **Venezia (8)**, die beiden Häuser nehmen von links und rechts das Aquila d'Oro in die Zange. Einfache, aber ordentliche Zimmer mit Holzböden, Bäder okay, vom Zwei-Sterne-Haus Blick direkt auf den Domplatz. DZ mit Bad ca. 74 €, mit Etagendusche ca. 58 €, jeweils mit Frühstück. Piazza Duomo 45 bzw. Via Belanzani 70, ✆ 0461/234559, ℻ 234114, www.hotelveneziatn.it.

• *Jugendherberge* **Ostello Giovane Europa (2)**, zentrale Lage an einer Verkehrsstraße zwischen Bahnhof und Altstadt. Geräumiges, privat geführtes Hostel, etwa 100

Betten in 1- bis 6-Bett-Zimmern, alle mit Du/WC. Übernachtung mit Frühstück pro Pers. zwischen 18 (6-Bett) und 40 € (Einzel). Via Torre Vanga 11, ✆ 0461/263484, ✆ 222517, www.gayaproject.org.

Essen & Trinken

Trento bietet eine gut durchwachsene Mischung von schlicht-bodenständigen und schick-gepflegten Trattorien. Örtliche Spezialität sind die *canederli* (Knödel) und die berühmten „Priesterwürger" namens *strangolapreti* (Spinatgnocchi).

Scrigno del Duomo (9), Osteria direkt am Domplatz. Zwei erfahrene Gastronomen bieten interessante regionale Spezialitäten, dazu gibt es eine riesige Weinauswahl aus aller Welt. Man sitzt im Innenraum mit reich verzierter Holzbalkendecke, im fensterlosen Kellergewölbe oder im Vorhof. Piazza del Duomo 29, ✆ 0461/220030.

Alla Grotta (3), beliebteste Pizzeria der Stadt, viel Platz im Außenbereich, nett zum Sitzen, reichhaltige Portionen und angemessene Preise. So geschl. Piazzetta Bruno Lunelli 5, Nähe Kirche San Pietro, ✆ 0461/987197.

Il Cappello (4), gegenüber auf derselben Piazza, gute Trentiner Küche in feiner Atmosphäre, etwas höhere Preise, Hauptgerichte ab 13 €. So-Abend und Mo geschl. ✆ 0461/235850.

Chisté (5), alteingesessene Trattoria, Fisch und Pizza mitten in der Altstadt, Tische auf der Gasse, schön zum Sitzen. Via delle Orne 4, ✆ 0461/260975.

Orso Grigio (12), in der südlichen Altstadt, Nähe Piazza Fiera. Rundum behagliches Ristorante mit schöner Freilufttterrasse neben dem Haus, wechselnde Spezialitäten, mittlere Preise. Via degli Orti 19, ✆ 0461/984400.

Antica Birreria Pedavena (10), große Gastwirtschaft in einer Brauerei aus dem Mittelalter. Mehrere Räume mit Holztäfelung, auch überdachter Freibereich, hinten kann man die kupferglänzenden Braukessel betrachten. Neben Gulasch, Würstel, Speckknödeln, Wiener Schnitzel und gepökeltem Rindfleisch große Auswahl an Pizza (auch mittags) und sogar ein vegetarischer Teller. Piazza Fiera 13, ebenfalls südlich vom Zentrum, ✆ 0461/986255.

Antica Trattoria al Vòlt (11), schräg gegenüber vom Pedavena, schon seit über hundert Jahren wird hier im schlichten Rahmen eines alten Gewölbes preisgünstige Trentiner Küche serviert. Do-Mittag und So geschl. Via Santa Croce 16, ✆ 0461/983776.

Sehenswertes

Mit der **Trento Card** für 24 (10 €) oder 48 Stunden (15 €) erhält man u. a. freien Eintritt in den Museen, kann kostenlos öffentliche Verkehrsmittel und Fahrräder benutzen und erhält 10 % Rabatt auf Parkplätzen, in Restaurants und Geschäften. Auskünfte im Tourist-Info oder unter www.apt.trento.it.

Der weite, offene *Domplatz* bildet ein beeindruckendes Ensemble: in der Mitte der reich verzierte *Neptunbrunnen* mit allerlei üppigen Gestalten und Wassergetier, linker Hand der burgartige *Palazzo Pretorio*, als mächtiger Blickfang an der Südfront der *Dom San Vigilius*, ein kunstvoller grauer Bau, dessen strenger Charakter durch zahlreiche architektonische Details abgemildert wird. Zur Piazza hin dominiert das Querschiff mit prächtiger Rosette, rundum verläuft eine niedrige Galerie. Das düstere Innere besteht aus einem hohen Schiff mit Kreuzrippengewölben, links und rechts steigen zwei Treppen zur Galerie hinauf. In den Querschiffen und im Altarbereich sieht man Reste alter Fresken aus dem 13.–15. Jh., in der großen Cappella Alberti rechter Hand ein Holzkruzifix, vor dem die Beschlüsse des Konzils verlesen wurden. Im Untergrund sind Grundmauern

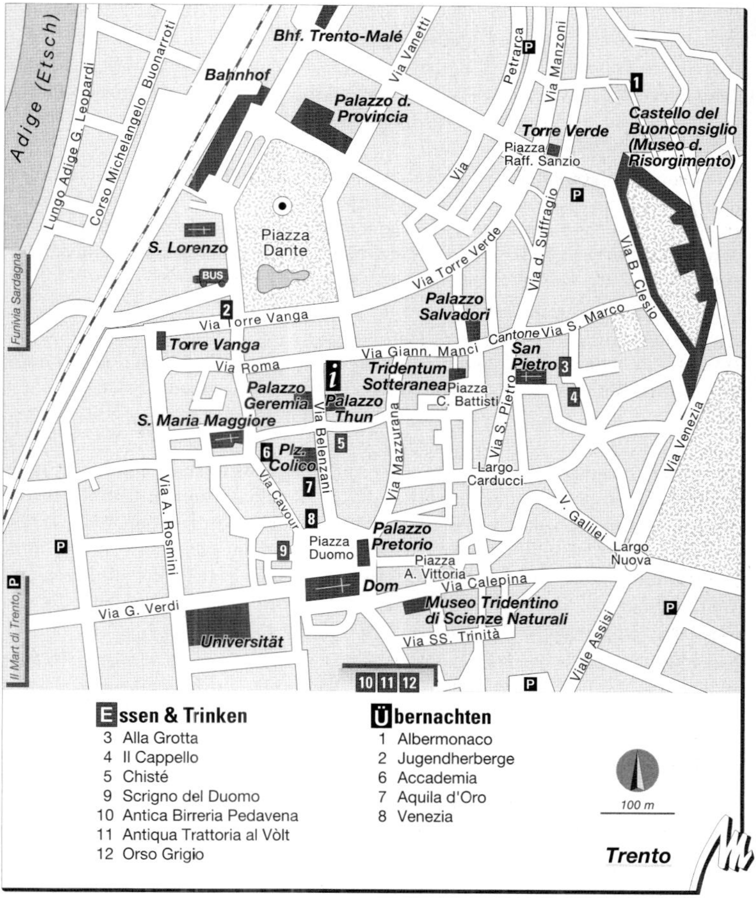

einer *frühchristlichen Basilika* aus dem 6. Jh. erhalten (Eintritt in der Besichtigung des Diözesanmuseums eingeschl.).

Seitlich vom Dom steht der zinnenbewehrte *Palazzo Pretorio*, der ehemalige Bischofspalast, in dem sich heute das *Diözesanmuseum* befindet. Hier kann man Gemälde und große Tafelbilder zum Konzil betrachten, im obersten Stockwerk sind Bischofsgewänder und der Domschatz untergebracht.

Vom Domplatz nach Norden verläuft die von Renaissancepalästen mit schönen Fassadenmalereien gesäumte *Via Belenzani*. Über die Via Manci erreicht man die Piazza Cesare Battisti, unter der ein großer Teil der einstigen römischen Garnisonsstadt Tridentum ausgegraben, genannt *Tridentum sotteranea* (Spazio Archeologico Sotteraneo del Sas). Eindrucksvoll beleuchtet präsentiert sich das unterirdische Viertel mit einem langen Straßenstück aus schweren, rötlichen Pflastersteinen, einem Torturm, Resten von Häusern (teils mit Fußbodenheizung), Kanälen, Mosaikböden und einem tiefen Brunnen.

Castello di Buonconsiglio: Die ehemalige Residenz der Fürstbischöfe thront am Rande der Altstadt. Sie besteht aus mehreren, stilistisch bunt zusammengewürfelten Palazzi aus verschiedenen Jahrhunderten, die von einer Mauer mit Rundtürmen umschlossen sind.

Nach dem Eingang kommt man zunächst in den freskenverzierten mehrstöckigen Innenhof *Cortile del Castelvecchio*. Im Erdgeschoss liegt der Zugang zur erst kürzlich eröffneten *Steinsammlung* mit Fragmenten von Kirchenbauten, im Stockwerk darüber ist eine weit gefächert *archäologische Sammlung* von der Stein-Kupfer-Zeit bis zur römischen Epoche untergebracht.

In den folgenden Gebäudeteilen *Giunta Albertina* (17. Jh.) und *Magno Palazzo* (16. Jh.) durchschreitet man zahlreiche Prunksäle mit schweren Holzdecken, Gemälden und üppigem Freskenschmuck, danach über einen Innenhof die *Loggia Romanino* mit mythologischen und biblischen Fresken von Gerolamo Romanino.

Von der Loggia hat man Zutritt zum einstigen Burggraben *Fossa dei Martiri*, wo am 12. Juni 1916 die Widerstandskämpfer Cesare Battisti und Fabio Filzi von den Österreichern hingerichtet worden, kurz vorher war hier schon Damiano Chiesa getötet worden. Beim Ausgang von der Loggia Romanino in den Garten vor der Burg kommt man wieder an Fresken Romaninos vorbei. Unten können die *Todeszellen* von Battisti, Chiesa und Filzi besichtigt werden, die gerade wegen ihrer Leere und Nüchternheit tief beeindrucken. Durch einen Spaliergang mit Rosen und Weinreben kehrt man anschließend wieder zum Eingang zurück und kann dort im Restaurant zu angemessenen Preisen Pasta und Antipasti essen.

Nur mit Führung ist der Freskenzyklus der „Dodici mesi" (zwölf Monate) aus dem 15. Jh. in der runden *Torre d'Aquila* des Castelvecchio zu besichtigen. Für jeden Monat (der März ist allerdings einer Wendeltreppe zum Opfer gefallen) sind Szenen aus dem Leben des Volks und des Adels einander gegenübergestellt – die Adligen freuen sich des Lebens, die Bauern schuften unermüdlich für den Wohlstand der Herren.

• *Öffnungszeiten/Eintritt* **Diözesanmuseum**, Juni bis Sept. Mi–Mo 9.30–12.30, 14–18 Uhr, übrige Zeit nur bis 17.30 Uhr. Eintritt ca. 4 €, über 65 J. 2,50 €, 12–18 J. 1 € (incl. frühchristl. Basilika);

Frühchristliche Basilika, Mo–Sa 10–12, 14.30–17.30 Uhr. Eintritt ca. 1,50 € (oder 4 € mit Diözesanmuseum).

Tridentum sotteranea, Juni bis Sept. Di–So 9.30–13, 14–18 Uhr, übrige Monate Di–So 9–13, 14–17.30 Uhr, Mo geschl. Eintritt ca. 2 €, Stud. bis 26 J. 1 €, unter 18 und über 65 J. Eintritt frei.

Castello del Buonconsiglio, Mai bis Okt. Di–So 10–18 Uhr, Nov. bis April Di–So 9.30–17 Uhr, Mo geschl.; Eintritt ca. 7 €, Stud. Bis 26 J. 4 €, unter 18 und über 65 J. Eintritt frei, Torre d'Aquila zusätzlich 1 €.

Trento/Umgebung: Eine Fahrt wert ist von Trento die *Funivia* (Seilbahn) ins Dorf *Sardagna* auf 560 m Höhe. Sie startet am Ponte San Lorenzo direkt an der Etsch und bietet herrliche Blicke auf die Stadt. Oben angekommen ist es etwa 1 km bis ins Dorf, dort kann man die Chiesa San Filippo e Giacomo mit ihren venezianischen Fresken besichtigen. Der Rückweg nach Trento zu Fuß dauert ca. 30 Min.

Das Weinbauzentrum *San Michele all'Adige* liegt 15 km nördlich von Trento (eigene Autobahnabfahrt). Im Castello di San Michele, einem früheren Augustinerkloster aus dem 12. Jh., dokumentiert das *Trientiner Volkskunde- und Trachtenmuseum* (Museo degli Usi e Costumi della Gente Trentina) in mehr als vierzig Räumen

Mächtiger Blickfang: Dom und Neptunbrunnen

die landwirtschaftlichen, handwerklichen und kulturellen Traditionen der Region – die bedeutendste Sammlung ihrer Art in Italien.

Südlich von Trento thront kurz vor Rovereto seitlich der Autobahn trutzig das *Castel Beseno*, die größte mittelalterliche Burg des Trentino. Sie schützte die Stadt Trient nach Süden und sicherte das Seitental des Rio Cavallo.

Wer den Gardasee als Ziel hat, kann von Trento die landschaftlich reizvolle SS 45bis nach Riva nehmen. Man durchquert zunächst in einem 1000-m-Tunnel den *Monte Bondone* und kommt dann an der Abfahrt zum kleinen *Lago di Terlago* mit Badestrand, Camping und Albergo vorbei, von dem wiederum eine gut ausgebaute Straße zu den beiden smaragdgrünen, allerdings gänzlich abgelegenen *Laghi di Lamar* führt (ebenfalls Campingplatz). Etwa 16 km nach Trento passiert man den für die Elektrizitätsgewinnung genutzten *Lago di Santa Massenza* und den bildschönen, unter Naturschutz stehenden *Lago di Toblino*. In letzterem thront pittoresk das *Castello di Toblino* auf einer schmalen, grünen Halbinsel, ein Café mit ruhiger Seeterrasse lädt zur Einkehr ein, im Restaurant speist man unter Arkaden oder im freskenbemalten Innenhof (Di geschl.).

• *Öffnungszeiten/Eintritt* **Funivia Sardagna**, Fahrten von 7–22.30 Uhr, etwa alle 15 Min., Fahrtdauer 4 Min., ca. 0,90 € hin u. zurück (Ticket 70 Min. gültig, danach nachlösen).

Museo degli Usi e Costumi della Gente Trentina, Di–So 9–12.30, 14.30–18 Uhr, Mo geschl., Eintritt ca. 5 €, Stud. bis 25 J. 2,50 €.

Castel Beseno, Juni bis Okt. Di–So 10–18 Uhr, März bis Mai 9.30–17 Uhr, Mo geschl., Dez bis Febr. nur Sa/So 9.30–17 Uhr; Eintritt ca. 4 €, Stud. bis 26 J. 2 €, unter 18 und über 60 J. Eintritt frei (Sammelticket mit Castello del Buonconsiglio, Castello di Stenico und Castel Thun 8 €). ✆ 0464/834600.

Riva und der trentinische Teil des Gardasees →S. 284.

Rovereto: einladendes Städtchen in Höhe des nördlichen Gardasees, von dort auch gut im Rahmen eines Tagesausflugs zu besichtigen. Das malerisch verwinkelte Altstadtviertel am Berghang lohnt einen ausgedehnten Bummel. Der Fluss Leno zieht sich quer durch die Stadt, hoch darüber thront ein großes Kastell, in dem 1921 das *Museo Storico Italiano della Guerra* eingerichtet wurde, seitdem das größte Militärmuseum im Land. In 30 Sälen sind Waffen, Uniformen, Gemälde, historische Fotos und Dokumente zum Ersten Weltkrieg und zu früheren kriegerischen Ereignissen ausgestellt. Das *Museo Civico* am Borgo Santa Caterina 41 besitzt eine Vielzahl von paläontologischen, mineralogischen, archäologischen, zoologischen, botanischen und kunsthistorischen Exponaten.

• *Öffnungszeiten/Eintritt* **Museo Storico Italiano della Guerra**, ganzjährig Di–So 10–18 Uhr, Mo geschl.; Eintritt ca. 6,50 €, 6–18 J. 2 €.

Museo Civico, Di–So 9–12, 15–18 Uhr, Mitte Juni bis Mitte Okt. auch Fr u. So 20–22 Uhr, Mo geschl.; Eintritt ca. 5 €, 6–18 und über 60 J. 3 €.

• *Information* **APT**, Corso Rosmini 6. Gut ausgestattetes Büro. Mo–Sa 9–13, 14–18, So geschl. ✆ 0464/430363, 📠 435528, www.visitrovereto.it.

• *Übernachten* **** **Leon d'Oro**, wohnliches Haus nahe der Altstadt, gemütliche Atmosphäre, unten Salon mit Ledersesseln, in den komfortablen Zimmern Teppichboden, bemalte Bauernmöbel, Mini-Bar und TV. Eigener Parkplatz vor dem Haus. DZ verschiedener Kategorien ca. 80–160 €, jeweils mit gutem Frühstücksbüffet. Via G. Tacchi 2, ✆ 0464/437333, 📠 423777, www.hotelleondoro.it.

*** **Sant'Ilario**, größeres Haus mit Pool und Parkplatz an der Zufahrtsstraße von der Autobahn zum Stadtzentrum, etwa 2 km in die Altstadt. DZ mit Frühstück ca. 83–93 €. Viale Trento 68, ✆ 0464/411605, 📠 412922, www.hotelsantilario.com.

• *Essen & Trinken* **Scala della Torre**, traditionelle Gaststätte mit lauschigem Innenhof an einer Treppengasse im historischen Zentrum (von der Piazza Erbe hinauf zur Via della Terra), authentische trentinische („welschtiroler") Küche wie *canederli in brodo, zuppa d'orzetto* und *spezzatino al cinghiale*. So geschl. Via Scala della Torre 7, ✆ 0464/437100.

Il Mart: neuer Star der europäischen Kunstszene

Das hochmoderne *Museo d'Arte Moderna e Contemporanea di Trento e Rovereto* (Il Mart) wurde 2002 in zentraler Lage am Corso Bettini 41 eröffnet. Mittelpunkt des vierstöckigen Baus nach Plänen des Tessiner Stararchitekten Mario Botta ist ein 25 m hoher, mit einer Stahl- und Glaskonstruktion überkuppelter Rundplatz in Form eines Amphitheaters. Es beherbergt auf 6000 qm 9000 Kunstwerke, außerdem gibt es ein großes Archiv und eine wissenschaftliche Bibliothek. Ein Teil der Sammlung ist im Palazzo delle Albere in Trento untergebracht.

Öffnungszeiten/Eintritt Di–So 10–18 (Fr bis 21 Uhr), Mo geschl. Eintritt ca. 10 €. Stud. Bis 26 J. 7 €, unter 18 und über 65 J. Eintritt frei. ✆ 800/397760 (nur innerhalb Italiens, gebührenfrei), von außerhalb ✆ 00390376/281558, www.mart.tn.it.

Rovereto/Umgebung: Die Spuren des Ersten Weltkriegs sind es vor allem, die hier noch immer sichtbar sind. Jahrelang lagen sich italienische Alpini und österreichische Kaiserjäger in den Bergen einander gegenüber. 3 km oberhalb der Stadt ertönt auf dem Colle di Miravalle zu jedem Sonnenuntergang die gewaltige *campana della pace* („Friedensglocke"), um an die Toten aller Kriege zu erinnern. Die Glocke wurde nach dem Ersten Weltkrieg aus Kanonen eingeschmolzen, ist 22.600 kg schwer und gilt als größte frei hängende und täglich geläutete Glocke der Welt.

2 km weiter südlich steht weithin sichtbar auf einem Hügel das riesige *Ossario del Castel Dante*, ein Beinhaus für 20.000 Gefallene des Ersten Weltkriegs, das größte seiner Art in Italien.

• *Öffnungszeiten/Eintritt* **Friedensglocke**, April bis Sept. 9–22 Uhr, März und Okt. 9–18 Uhr, Nov. bis Febr. 9–16.30 Uhr. Eintritt ca. 3 €. **Ossario del Castel Dante**, Di–Sa 9–16 Uhr, Juni bis Sept. auch So 9–12.30, 14–18 Uhr.

Castello di Avio: Das eindrucksvolle mittelalterliche Schloss erhebt sich mit seinem mächtigen Bergfried, dem *Mastio*, 260 m hoch über dem Etschtal bei Sabbionara, zu erreichen ab Autobahnausfahrt Ala-Avio. In den Innenräumen, vor allem im „Mastio“, dem mächtigen Bergfried, und in der „Casa delle Guardie“, dem ehemaligen Wärterhaus, sind prachtvolle Fresken aus dem 14. Jh. erhalten.

Öffnungszeiten/Eintritt März bis Sept. 10–18 Uhr, Okt., Nov. und zweite Februarhälfte 10–17 Uhr, Mo/Di geschl. (August nur Mo geschl.), Dez bis Mitte Febr. geschl.; Eintritt ca. 5 €, Kinder (4–12 J.) 2,50 €.

Lago di Molveno

Der vielleicht schönste See des Trentino – ein glasklares, tiefgrünes Gewässer in 865 m Höhe, direkt am Fuß der mächtigen Brenta-Gruppe nordwestlich von Trento. Wegen seiner Höhenlage ist er allerdings nur im Hochsommer zum Baden geeignet, muss außerdem gelegentlich stark abgelassen werden.

Am nördlichen Seeende liegt zum Hang hin steil ansteigend *Molveno* mit gepflegter alpenländischer Architektur. Nur hier ist der See zugänglich. Eine 10 ha große Wiesen- und Parklandschaft mit Kiesstränden, schattigen Bäumen, Freibad und Sporteinrichtungen bildet das Ufer, ideal zum Sonnen und Baden. Schöner Ausflug mit einer Kübelbahn zur sonnigen *Hochebene von Pradel* (1367 m) und weiter per Sessellift zum *Rifugio Montanara* (1525 m). Die Talstation liegt im oberen Ortsteil (nur Juni bis Sept., nach Pradel ca. 9 € hin/rück, Montanara 12 €).

• *Information* **APT** im Ortskern, Piazza Marconi 5. Mo–Sa 9–13, 15–18.30, So 9.30–12.30 Uhr. ✆ 0461/586924, 📠 586221, www.visitdolomitipaganella.it.

Molveno Holiday, Zimmervermittlung neben dem Informationsbüro. ✆ 0461/586086, 📠 586412, www.dolomitimolveno.com.

• *Übernachten* Geöffnet sind die Hotels Mitte Mai bis Anfang Okt., im Sommer wird fast überall ein Mindestaufenthalt von drei Tagen verlangt, zudem besteht Pflicht zur Halbpension.

*** **Lido**, komfortables Haus in zentraler Lage an der Uferstraße. Großer Garten, behagliche Zimmer mit TV, sehr gute Küche. HP pro Pers. ca. 46–95 €. Via Lungolago 6, ✆ 0461/586932, 📠 586143, www.hotel-lido.it.

*** **Lago Park**, etwas außerhalb, vollkommen ruhige Lage in der nordöstlichen Seeecke, unmittelbar am Wasser. Älteres Traditionshaus mit schattigem Garten, schöner Caféterrasse und kleinem Pool. In den nostalgischen Gemeinschaftsräumen Parkettböden (Olivenholz!) und Kamin, Zimmer modernisiert, mit TV. HP pro Pers. ca. 52–91 €. Via Bettega 12, ✆ 0461/586030, 📠 586403, www.dolomitiparkhotel.com.

** **Bellariva**, neben dem Campingplatz, wenige Meter vom See. Direkter Zugang zum Ufer, großer Garten, Parkplatz, Restaurant/Café. HP pro Pers. ca. 32–60 €. Via Lungolago 23, ✆ 0461/586952, 📠 586338, www.bellariva.com.

Camping Spiaggia Lago di Molveno, großes Gelände direkt am See, 300 m langer Kiesstrand, Kinderspielplatz, Imbissstube. ✆ 0461/586978, 📠 586330, www.campingmolveno.it.

Lago di Caldonazzo/Lago di Lévico

Das Seengebiet liegt einige Kilometer südöstlich von Trento zwischen den hügligen Ausläufern der Dolomiten. Ein dicht bewaldeter Höhenrücken trennt die beiden Gewässer, von denen der Lago di Lévico schöner, der Caldonazzo-See aber besser zum Baden geeignet ist.

Zu erreichen sind die Seen von Trento auf der gut ausgebauten SS 47 durch das Valsugana oder auf der eingleisigen Bahnstrecke am Westufer des Lago di Caldonazzo entlang, die über Lévico Terme und Primolano nach Venedig führt (Ferrovia della Valsugana, Verbindungen ca. 7-mal tägl.). Tipp: Weiterfahrt das malerische Valsugana entlang ins schöne Städtchen *Bassano del Grappa* (→Veneto) und über *Treviso* (→Veneto) nach Venedig.

Lago di Caldonazzo: Ein passabler Standort ist *Calceranica al Lago* auf einer Landzunge am Südende, dort viel Campingtourismus und die besten Bademöglichkeiten. Weitere hübsche Badezonen gibt es im Westen bei *Valcanover* und in *San Cristofero* am Nordufer.

Lago di Lévico: Der reizvolle See liegt eingebettet zwischen steilen, dicht bewaldeten Hängen, die Ufer sind fast völlig unerschlossen, nur oberhalb vom Südende erstreckt sich der Kurort *Lévico Terme* mit Strandbad, mehreren Campingplätzen und zahlreichen Hotels.

• *Information* **APT**, Viale Vittorio Emanuele 3, gegenüber vom Palazzo delle Terme. Tägl. 9–12.30, 15–18.30 Uhr. ✆ 0461/727750, 📠 727799, www.valsugana.info.

• *Übernachten* Kurz bevor man die Seen erreicht, passiert man **Pergine Valsugana** mit einer malerischen Bergfestung aus dem 13. Jh. Heute ist dort das Feinschmeckerlokal **Castel Pergine** untergebracht, geführt vom Ehepaar Verena Neff und Theo Schneider. Im Haus werden auch 21 Zimmer vermietet, HP je nach Ausstattung ca. 56–76 € pro Pers. (Abendessen bei Kerzenlicht im Rittersaal). April bis Okt. ✆ 0461/531158, 📠 531329, www.castelpergine.it.

Camping Nature Village, Camping Lévico, der einzige Platz direkt am gleichnamigen See, bildet zusammen mit dem benachbarten Camping Jolly eine Einheit. ✆/📠 0461/706491, 📠 707735, www.campinglevico.com.

• *Essen & Trinken* **Boivin**, gepflegtes Restaurant/Enoteca in den Gewölben der Seitenfront des Hotels Romanda im Zentrum von Lévico Terme. Sehr gute und fantasievolle Küche, dazu reichhaltige Weinauswahl. Mo geschl. ✆ 0461/701670.

Al Conte, ebenfalls in Lévico Terme, gemütliche und günstige Pizzeria in einem überdachten Innenhof. Via Regia 8, ✆ 0461/702302.

Forte Belvedere Gschwent: Die Schrecken des Krieges

Kulturell wie landschaftlich lohnt der Ausflug vom Lago di Caldonazzo zu dieser 17 km entfernt liegenden Festung des Ersten Weltkriegs, die kürzlich mit audio-visuellen Installationen zum höchst eindrucksvollen Museum ausgebaut wurde und zudem herrliche Ausblicke bietet. Unterwegs kann man in 1100 m Höhe am malerischen Lago di Lavarone Pause machen, wo schon Sigmund Freud einige Sommer verbrachte.

Öffnungszeiten/Eintritt April bis Juni u. Sept./Okt. Di–Fr 10–12, 14.30–18, Sa/So 10–18 Uhr, Juli/August tägl. 10–18 Uhr. Eintritt ca. 6 €, 7–13 J. 4 €, Familie 14 €. ✆ 0464/780005, www.fortebelvedere.org.

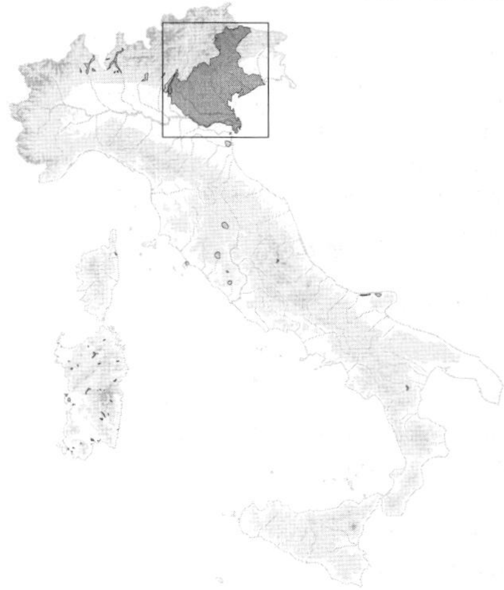

Venetien

Veneto

Schöne Orte: Venedig (S. 205), Verona (S. 170), Vicenza (S. 182), Padua (S. 196), Treviso (S. 194), Bassano del Grappa (S. 188), Ásolo (S. 190), Cáorle (S. 236).

Landschaftliche Höhepunkte: das Podelta (S. 241), die Lagune von Venedig (S. 233), die Euganäischen Hügel bei Padua (S. 203) und die Dolomiten um Cortina d'Ampezzo (S. 192).

Kulturell interessant: Venedig (S. 205), Verona (S. 170), Vicenza (S. 182), Padua (S. 196), Ásolo, Possagno (S. 190/191), Villa Barbaro bei Masèr (S. 191).

Baden: Interessant ist Cáorle (S. 236) mit dem großen Lagunengebiet im Hinterland, aber natürlich gibt es weitaus mehr Möglichkeiten.

Kurios: Ganz Venedig ist auf Holzpfählen ins Wasser der Lagune gebaut – weltweit einzigartig (!); die Kirchen von Verona und Venedig kosten Eintritt; der heilige San Zeno in Verona lächelt und die gut 700 Jahre alte Zunge des Sant'Antonio in Padua ist bis heute nicht verwest.

Eher abzuraten: im Po baden, in Venedig ins erstbeste Restaurant oder Hotel gehen, in Lido di Jesolo in Achterreihen im Liegestuhl dösen.

Venedig: Blick vom Campanile über die Dächer der Stadt

Venetien

Veneto

Wenn man auf der Autobahn vom Brenner kommend die Grenze zum Veneto passiert, hat man bisweilen das Gefühl: Hier beginnt Italien erst wirklich. Die langen Südtiroler und Trentiner Täler gleiten aus, steile Felshänge treten zurück, sanfte Hügel mit Zypressen und zinnengekrönten Palazzi lösen die schlanken alpenländischen Kirchtürme und Holzdächer ab. Der Wechsel von der grandiosen Bergwelt zu üppig mediterraner Vegetation und verspielter Architektur fasziniert jedes mal aufs Neue.

Bereits im Mittelalter begann der Aufstieg der Lagunenstadt Venedig zur mächtigen Großmacht, die ihren Einfluss bis weit ins östliche Mittelmeer ausdehnte, seit dem 15. Jh. aber auch zunehmend ihr Hinterland einbezog. Die meisten Städte unterwarfen sich schnell oder wurden erobert, lediglich Triest stellte sich unter die Schutzherrschaft der Habsburger. Die durch den Asienhandel und Beutezüge im Osten unendlich reich gewordene „Serenissima“ wurde damals zum künstlerischen Mittelpunkt im Norden Italiens. Die bedeutendsten Architekten, Maler und Bildhauer ihrer Zeit fanden hier Aufträge, wie sie sonst nur Florenz oder Rom boten. Venedig und sein Festlandsbesitz, die „terra ferma“, entwickelten sich so zum wahren Freilichtmuseum und noch heute befinden sich, abgesehen von der Toskana, auf dem Gebiet der ehemaligen Dogenrepublik die meisten Kunstwerke innerhalb Italiens. Trotz erheblicher Bausünden der Moderne, trotz Verkehrschaos, starker Zersiedlung, flächendeckender Landwirtschaft und dynamischer Industrialisierung ist es immer wieder ein Vergnügen, die Verspieltheit und Reichhaltigkeit der venezianischen Architektur zu erleben.

Verona ist die erste „wirklich“ italienische Stadt südlich der Alpen. Hier Halt zu machen gibt eine gute Einstimmung auf das Kommende, allein schon wegen der unnachahmlichen südlichen Lebensart, die allabendlich auf der großen Piazza Bra quirlt. Doch Verona ist nur Auftakt. Das Veneto schließt sich wie ein großer Kreis um seinen unbestrittenen Mittelpunkt: *Venedig*. Die Lagunenstadt ist natürlich allein eine Reise wert und gehört zweifellos zu den größten Sehenswürdigkeiten Italiens. Allerdings ist Venedig nicht das Veneto, denn allzu verschieden sind die Landstriche zwischen Alpen und Po. Tatsächlich gibt es in wenigen Regionen Italiens solche ins Auge fallenden Gegensätze – auf der Nordseite beispielsweise *Cortina d'Ampezzo*, mondäner Wintersportort hoch in den Dolomiten, im Süden dagegen die eintönige Landschaft des *Podeltas*, wo der Tourismus nur eine unwesentliche Rolle spielt. Von den Städten sollte man außer Venedig und Verona noch *Vicenza*, *Padua*, *Bassano del Grappa* und *Ásolo* besuchen. Wen die Adria lockt, der kann nach *Cáorle* fahren, dessen sympathischer historischer Kern direkt neben einem langen Sandstrand liegt. Wesentlich mehr Rummel bietet dagegen die „Badegroßstadt“ *Lido di Jesolo*. Einen Kontrast zum Badevergnügen bietet der lärmende Fischerhafen *Chioggia*, der nicht zuletzt wegen seiner authentischen Restaurants einen Besuch lohnt. Und auch das Ostufer des *Gardasees* gehört zum Veneto (um den See aber nicht zu „zerreißen“, finden Sie ihn zusammenhängend im Kapitel „Lombardei und die Seen“).

Anfahrt/Verbindungen

• *Pkw* Über den Brenner und die **A 22** hinunter bzw. die parallel laufende Staatsstraße. Einfacher geht's nicht – fast jeder, der aus Süddeutschland nach Italien fährt, kommt an Verona vorbei. Von dort ist es nur ein Katzensprung auf der **A 4** nach Venedig.

• *Bahn* Dasselbe gilt für Bahnfahrer. Die Brennerlinie über Innsbruck, Bozen, Trento und Verona ist neben der Gotthard-Linie das wichtigste Tor in den Süden. Nach Venedig gibt es auch häufige Direktzüge und Kurswagen ab BRD, CH und A, z. B. mehrmals tägl. ab Basel, München und Wien.

Übernachten

Venedig besitzt über 200 Hotels – eines teurer als das andere! Die Preise in Venedig sind die höchsten am Stiefel. Viel Geld kann man sparen, wenn man sich am Festland einquartiert und nach Venedig hineinpendelt – möglichst mit der Bahn, denn Parken ist fast genauso teuer wie Schlafen. Als Standort bietet sich vor allem das nahe **Padua** an. **Verona** besitzt ebenfalls zahlreiche und nicht ganz billige Unterkünfte. Ebenso herrscht kein Mangel in **Cáorle**, **Bibione** und **Lido di Jesolo**, den wichtigsten Badeorten der Region.

Camper kommen an der Küste östlich von Venedig auf ihre Kosten, außerdem um Cáorle und Bibione.

Jugendherbergen gibt es bei Arquà Petrarca, beim Brenta-Kanal, in Bassano del Grappa, Montagnana, Monsélice, Verona, Venedig und Vicenza.

Essen & Trinken

Die Veneto-Küche ist von zwei Schwerpunkten geprägt: von der Poebene und dem Meer. Als führende Handelsmacht des Mittelmeers kam Venedig als erste europäische Stadt mit den Gewürzen aus Übersee in Berührung. Aber auch Mais, Reis und rote Bohnen wurden hier erstmals auf den Kontinent eingeführt und bald in großem Maßstab angebaut. Jahrhundertelang beherrschte die Republik Venedig einen Großteil der Poebene, die sich ideal zum Reisanbau eignet. Dementsprechend ist die Liste der venezianischen Reisgerichte endlos, mindestens 60 Rezepte gibt es, allen voran **risi e bisi** – Reis und junge Erbsen, in Fleischbouillon gekocht. **Risotto con scampi** (Hummerkrabben aus der Lagune), **riso e tripe** (mit Kutteln) oder **risotto con le seppie** (Reis mit der schwarzen Tinte vom Tintenfisch) sind einige weitere Variationen. Die zweite Grundlage der venezianischen Küche ist **polenta**, der weiße oder gelbliche Maiskuchen bzw. -brei, der zu vielen Gerichten als Beilage serviert wird, z. B. in gerösteten Scheiben zum berühmten **fegato alla veneziana** (Leber mit Zwiebeln). Auch **pasta e fasoi** (oder **pasta e fagioli**) sollte man kosten – die herzhaft-dicke Suppe aus Nudeln und dicken roten Bohnen sättigt und schmeckt.

Zu den typischen Fischen des Veneto zählt der **baccalà** (Stockfisch/Kabeljau), serviert z. B. als **baccalà mantecato** (pürierter Stockfisch in einer weißen Sahnesoße) oder Baccalà in der Art von Vicenza (mit diversen Gewürzen in Milch gekocht). Ansonsten ist der **brodetto** (auch: **broeto**) bekannt und beliebt, eine üppige Suppe aus Fisch und Me*eresgetier. Das venezianische Perlhuhn **faraona** steht im ganzen östlichen Oberitalien auf der Speisekarte und von den einheimischen Gemüsen ist vor allem der knackig-rote, leicht bittere Salat **radicchio trevigiano** aus Treviso ein Begriff.

Die venezianischen Desserts sind weitgehend von der österreichischen Besatzungszeit geprägt (→ Venedig), aus Verona stammt der berühmte **pan d'oro**, ein federleichtes Backwerk mit zartem Vanillegeschmack..

Die Veneto-Weine gehören zu den bekanntesten Italiens, doch nicht alle genießen den besten Ruf. Ein besonders edler Tropfen ist der trockene **Amarone** aus dem Valpolicella-Gebiet. Nach dem Chianti der meistverkaufte Wein Italiens ist der milde weiße **Soave** aus dem Gebiet zwischen Verona und Vicenza. Massenweise produziert wird auch der dunkle fruchtige Rotwein **Valpolicella** von Verona, von dem es leider viel Verschnitt und minderwertige Sorten gibt. Weitgehend von guter Qualität sind die **Prosecco**-Schaumweine aus dem Gebiet nördlich von Treviso zwischen Valdobbiadene und Conegliano. Beliebt ist auch der leichte trockene Rote **Bardolino**, der am Ostufer des Gardasees wächst (→ Lombardei und die Seen).

Brixen (Bressanone)
Brenner
St. Ulrich (Urtijei/ Ortisel)
Corvana in Badia
Cortina d'Ampezzo
S. Stefano
52 bis
Villa Santina
Tomezzo
Arabba
Canazel
Pieve di Cadore
Vigo di Fassa
Friaul-Julisch Venetien
Gemona del Friuli
48
51
Osoppo
13
Predazzo
Longarone
San Daniele del Friuli
S. Martino
Maniago
A 23
Trentino-Alto Adige
Belluno
Montereale
Spilimbergo
Udine
Parco Nazionale delle Dolomiti Bellunesi
Lago di Santa Croce
Dignano
A 27
Pozzuolo
50
Strigno
Fonzaso
Vittorio Veneto
Pordenone
Feltre
Follina
A 28
Prosecco-Region
Sette Comuni
Monte Grappa
Conegliano
Valdobbiacene
Piave
Latisana
Asiago
47
Possagno
Maser
Cornuda
Nervesa
53
Portogruaro
Asolo
Ponte di Piave
Oderzo
Bassano del Grappa
Montebelluna
A 4
14
Bibione
Thiene
Marostica
Treviso
Castelfranco
S. Dona
Cáorle
Cittadella
Sile
Eraclea
Eraclea Mare
Brenta
Mogliano
Scorze
Lido di Jesolo
Vicenza
Mestre
Litorale del Cavallino
Montecchio Magg.
Venedig
Monti Berici
Mira
11
Padua
309
Lonigo
Abano Terme
516
Colli Euganei
Piove di Sacco
Adria
Noventa Vic.
Chioggia
Monselice
10
Este
Pegolotte
Montagnana
A 13
Adige
Podelta
434
Badia Polesine
Adria
Porto Viro
Rovigo
Corbola
Porto Tolle
16
Po
Ficarolo
Mesola
Scardovari
Pomposa
Codigoro
Ferrara
Massa Fiscaglia
Migliarino
Poggio Renatico
10 km
Venetien

Täglicher Markt auf der Piazza delle Erbe

Verona

ca. 262.000 Einwohner

Die weltberühmte Stadt von Romeo und Julia ist die Eingangspforte zum Veneto. Ihr Besuch ist eigentlich ein „Muss“: Veronas Altstadt ist bildschön und besitzt zahlreiche bedeutende Bauten, darunter eine riesige römische Arena, die noch heute für Opernaufführungen unter freiem Himmel genutzt wird. Seit dem Jahr 2000 steht das Stadtzentrum als „Kulturerbe der Menschheit“ unter dem Schutz der UNESCO.

Das verkehrsberuhigte Centro storico schmiegt sich in einen tiefen Bogen der Etsch. Mit den malerischen Mittelalter-Gässchen, prächtigen Kirchen und historischen Palazzi ist es zum Spazierengehen wie geschaffen, weite Teile der Innenstadt wurden zu Fußgängerzonen umgewandelt. Zentraler Platz und immer belebter Treffpunkt ist die Piazza Bra mit ihrer altrömischen Arena. Größte Attraktion der Stadt sind die hier allsommerlich stattfindenden Opernaufführungen: Die unvergleichliche Stimmung unter freiem Himmel, hervorragende Akustik und tolle Beleuchtung garantieren ein unvergessliches Kunsterlebnis. Weiterer Konzentrationspunkt ist die altertümliche Piazza delle Erbe mit ihrem sehenswerten Markt und den malerisch verblichenen Palazzi. Gleich nebenan liegt die Piazza dei Signori, das mittelalterliche Verwaltungszentrum, mit der prunkvollen Szenerie alter städtischer Repräsentationsbauten. Nur ein paar Schritte sind es von hier zur Etsch, die mit ihrem breiten Bett das historische Zentrum von drei Seiten begrenzt. Auch den Hügel von San Pietro auf der anderen Seite sollte man einmal erklimmen und den herrlichen Blick auf die Stadt genießen.

Anfahrt/Verbindungen

• *Pkw* Verona liegt nur wenige Kilometer vom Gardasee und ganz zentral im Schnittpunkt der Autobahnen A 22 vom Brenner (Ausfahrt Verona Nord) und A 4 Mailand – Venedig (Ausfahrt Verona Süd).

Der zentrumsnahe **Parcheggio Tribunale** liegt an der Via dello Zappatore innerhalb der ehemaligen Kaserne Mastino. Tägl. 6.30–18.30 Uhr, erste Std. 1 €, jede weitere 0,80 €.

Am Parkplatz in der **Via Città di Nimes** (Nähe Bhf.) kann man Mo–Sa 6.30–19.30 Uhr parken, das Ticket für ca. 3,50 € berechtigt auch zur ganztägigen Benutzung öffentlicher Verkehrsmittel.

Zentrumsnächster kostenloser Parkplatz ist der **Parcheggio Porta Palio** beim gleichnamigen Stadttor.

Das **Centro storico** ist verkehrsberuhigt (Zona a Traffico Limitato/ZTL) und darf nur Mo–Fr 10–13.30, 16–18 und 20–22 Uhr und Sa/So 10.30–13.30 Uhr befahren werden, ausgenommen ist lediglich die einmalige Zufahrt zu einem Hotel (vom Hotel erhält man eine Parkerlaubnis).

• *Bahn* Verona ist Verkehrsknotenpunkt für die viel befahrenen Linien Brenner – Bologna – Florenz und Mailand – Venedig.

Der Bahnhof **Stazione Porta Nuova** liegt an der Piazza XXV Aprile, ca. 20 Fußminuten von der zentralen Piazza Bra (den Corso Porta Nuova entlang). Die Busse 11, 12, 13 (abends und sonntags 97 und 98) fahren zur Piazza Bra.

Der Flughafen **Aeroporto Valerio Catullo di Villafranca/Verona** liegt 10 km südwestlich von Verona, an der Straße nach Villafranca (Nähe Autobahn). Vom Flughafen fährt man per Bus (alle 20 Min. von 6.10–23 Uhr, ca. 4,50 €) oder Taxi zur Busstation Porta Nuova beim Hauptbahnhof in Verona. ✆ 045/8095666, www.aeroportoverona.it.

• *Bus* In der Stadt verkehren **AMT-Busse** (www.amt.it). Bustickets für ca. 1,10 € gibt es in allen Tabacchi-Läden, bei den Kiosken im Bhf. kann man eine „Tessera 10 biglietti" (Carnet für zehn Fahrten) für 10 € und das „Biglietto giornaliero" (Tagespass) für ca. 3,50 € erwerben. In der Innenstadt wird man aber wohl meist zu Fuß gehen.

APTV-Busse fahren ab Bahnhofsvorplatz in die Umgebung, z. B. zum Gardasee und nach Brescia.

• *Taxi* Standplätze an **Hauptbahnhof** (✆ 045/8004528) und **Piazza Bra** (✆ 045/8030565), Funktaxi unter ✆ 045/532666.

Information

IAT, Via degli Alpini 11, in der Stadtmauer an der Südseite der Piazza Bra, Nähe Rathaus. Mo–Sa 9–19, So 9–15 Uhr. Man spricht Deutsch. Via degli Alpini 11, ✆ 045/8068680, ℻ 8003638, www.tourism.verona.it. Zweigstellen im **Bahnhof** (✆/℻ 045/8000861) und im **Flughafen** (✆/℻ 045/8619163).

Übernachten (siehe Karte S. 173)

Die Veroneser Hotelpreise sind hoch, vor allem in der Opernsaison. Trotzdem sind an Spieltagen die Unterkünfte in der Stadt oft ausgebucht. Die zahlreichen Privatzimmer sind im Unterkunftsverzeichnis des Informationsbüros unter „Bed & Breakfast" aufgeführt.

Eine kostenlose Zimmervermittlung für Zwei- bis Fünf-Sterne-Hotels bietet **CAV** (Cooperativa Albergatori Veronesi), die Vereinigung der Veroneser Hoteliers, Largo Caldera 11. Mo–Sa 9–19, So 14–19 Uhr. ✆ 045/8009844, ℻ 8009372, www.veronapass.com.

*** **Giulietta e Romeo (21)**, direkt hinter der Arena, historischer Palazzo mit modernem Innenleben, schallgedämpfte Zimmer mit Kirschholzmobiliar, Teppichboden, Klimaanlage, Mini-Bar, TV und gratis WiFi, von einigen Zimmern Blick auf die Arena. Mit Garage. DZ mit Frühstück ca. 80–260 €. Vicolo Tre Marchetti 3, ✆ 045/8003554, ✉ 8010862, www.giuliettaeromeo.com.

*** **Locanda Armando (25)**, ruhige Lage, drei Gehminuten östlich der Arena, gehört seit 2009 zur Best-Western-Kette, wurde komplett renoviert und hat einen Stern dazu gewonnen. 28 elegante Zimmer mit Parkettboden, WiFi und Parkmöglichkeit gratis, sehr gutes Frühstücksbuffet. DZ mit Frühstück ca. 80–220 €, bei Onlinebuchung Rabatt. Via Dietro Pallone 1, ✆ 045/8000206, ✉ 8036015, www.hotelarmando.it.

** **Aurora (14)**, ideale Lage direkt an der Piazza delle Erbe, einfach und sauber, mittlerweile fast vollständig renoviert. Große Frühstücksterrasse mit Blick auf die malerische Piazza, 22 Zimmer mit modernen Bädern, ebenfalls großteils Blick auf den Platz. Das Ehepaar, das den Betrieb führt, spricht Deutsch. DZ mit üppigem Frühstücksbuffet ca. 90–150 €, mit Etagendusche etwas günstiger. ✆ 045/594717, ✉ 8010860, www.hotelaurora.biz.

** **Sanmicheli (24)**, etwas außerhalb der Altstadt, 5 Min. zur Arena, vor dem Haus belebte Verkehrsstraße (nachts aber wenig befahren) und kleine Grünanlage, solide Ausstattung, unten nette Frühstücksecke. DZ mit Frühstück ca. 80–110 €. Via delle Valverde 2, ✆ 045/8003749, ✉ 8004508, www.sanmicheli.com.

* **Cavour (22)**, in einer ruhigen Seitengasse zwischen Arena und Skaliger-Kastell, sympathisches Haus mit ordentlicher Ausstattung, sogar mit Parkplatz (16–20 €). DZ mit Bad um die 70–140 €, Frühstück extra. Vicolo Chiodo 4/b, ✆ 045/590166, ✉ 590508, www.hotelcavourverona.it.

Die Leiter ist das Symbol der Skaliger

* **Locanda Catullo (20)**, alteingeführte Pension im dritten Stock eines Altstadthauses, Travellertipp und wegen des günstigen Preises oft ausgebucht. Spartanisch eingerichtet, beleibte Wirtin vom alten Schlag. DZ mit Bad ca. 40–70 €, mit Etagendusche 35–60 €, kein Frühstück. Via Valerio Catullo 1 (Seitengasse der Fußgängerzone Via Mazzini), ✆ 045/8002786, ✉ 596987, locandacatullo@tiscali.it.

* **Ciopeta (23)**, ebenfalls ganz zentral zwischen Arena und Kastell, acht einfache, aber saubere Zimmer mit Klimaanlage über einem Restaurant, familiär geführt (Englischkenntnisse), nur Etagendusche. DZ mit Frühstück ca. 45–80 €. Vicolo Teatro Filarmonico 2, ✆ 045/8006843, ✉ 8033722, ciopeta@iol.it.

• *Jugendherbergen* **Ostello Villa Francescatti (4)**, Renaissancevilla mit herrlichen Fresken und schönem Palmengarten auf der anderen Seite der Etsch am Hang unterhalb vom Kastell San Pietro, sehr sauber, gut in Schuss und freundliche Atmosphäre, Übernachtung inkl. Frühstück ca. 18 €/Pers., Schließzeit 24 Uhr (für Opernbesucher länger), Schlafsäle werden um 17 Uhr geöffnet (man kann sich schon früher anmelden und Gepäck abgeben). Abends gutes und preiswertes Essen (auch für Vegetarier). Ab Bhf. Bus 73 über Ponte Nuovo bis Piazza Isolo, dort beschildert und 300 m zu Fuß (abends 20–23 Uhr und sonntags Bus 91 Richtung San Michele). 100 Betten, ganzjährig geöffnet. Salita Fontana del Ferro 15. ✆ 045/590360, ✉ 8009127, www.ostelloverona.it.

Casa della Giovane (6), zentral in der Altstadt, Nähe Dom, nur für Mädchen und Frauen, im Dreibettzimmer ca. 25–28 €/Pers., im DZ ca. 27–30 €/Pers. Schließzeit 23 Uhr (ausgenommen Opernbesucher). Via Pigna 7, ✆ 045/596880, ✉ 8005449, www.protezionedellagiovane.it.

• *Camping* **TIPP! Camping Castel San Pietro (1)**, an der Nordseite der Etsch, beschildert, kleiner Platz in idyllischer Lage in den Mauern des Kastells hoch über der Stadt, zwei große Terrassen, von der oberen Blick über das historische Verona. Stellplätze stufig versetzt, alles grün überwuchert, viel Baumschatten, sehr ruhig. Für Wohnmobile nur beschränkte Platzmöglichkeiten. Im Haus drei geräumige Nasszellen, jeweils mit Dusche und Toilette (Warmwasser nur vormittags und abends), alles picobello gepflegt. Ab Bahnhof werktags Bus 41, abends

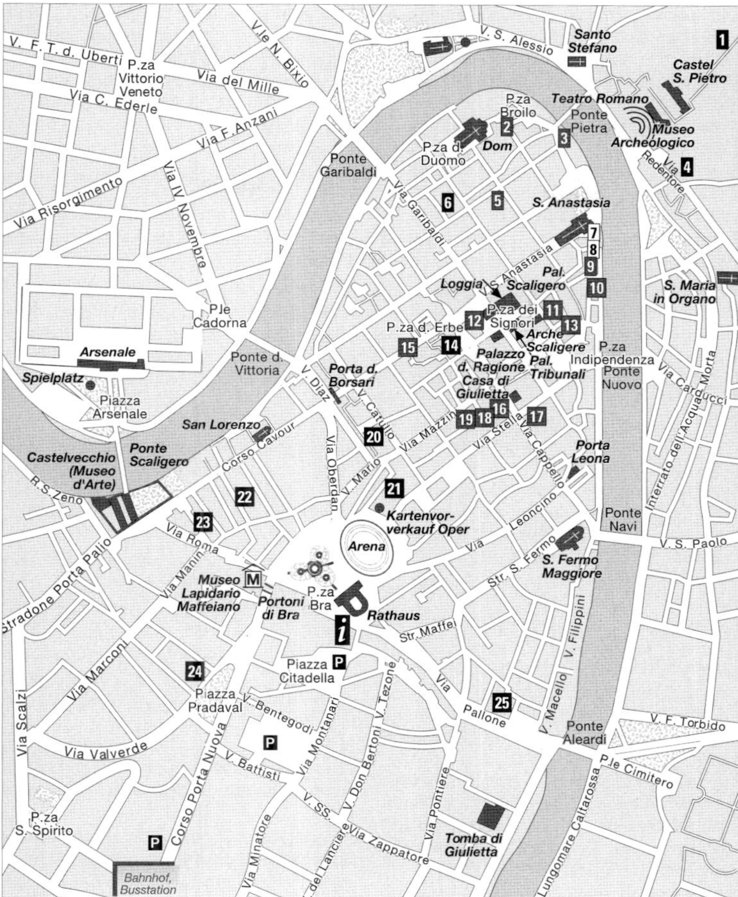

Übernachten

1 Camping Castel San Pietro
4 Jugendherberge
6 Casa della Giovane
14 Aurora
20 Locanda Catullo
21 Giulietta e Romeo
22 Cavour
23 Ciopeta
24 Sanmicheli
25 Locanda Armando

Essen & Trinken

2 Antica Torretta
3 Al Ponte
5 Osteria al Duomo
9 Al Vecio Mulin
10 Osteria Sottoriva
11 Osteria al Duca
12 Antico Caffè Dante
13 Alla Colonna
15 Osteria del Bugiardo
16 Al Pompiere
17 La Taverna di Via Stella
18 Greppia
19 Antica Bottega del Vino

Nachtleben

7 Cappa Café
8 Sottoriva 23

200 m

Verona

und sonntags Bus 95, jeweils Richtung Valdonega bis Via Marsala, zum Platz noch 10 Min. zu Fuß. Ins Zentrum 15 Fußminuten (Treppe zum Ponte Pietra hinunter). Mai bis Sept. ✆/℻ 045/592037, www.campingcastelsanpietro.com.

Area Sosta Camper, Stellplatz für Wohnmobile (mit Wasserversorgung und Entsorgung) beim Stadttor Porta Palio, bequeme Fußentfernung ins Zentrum. Pro Tag ca. 10 €, 4 Std. 5 €.

Essen & Trinken/Unterhaltung (siehe Karte S. 173)

Verona verfügt über eine beachtliche Gastronomie mit einigen behaglichen Trattorien und Osterien, in denen man häufig die Veroneser Spezialität *pastisada de caval* (Gulasch aus Pferdefleisch) kosten kann.

Re Teodorico, elegant und nicht billig, aber die schönste Lage der Stadt, große Terrasse direkt am Castel Pietro auf der nördlichen Flussseite. Menü um die 50–100 €. Mi geschl. Piazzale Castel San Pietro 1, ✆ 045/8349990.

TIPP! Osteria al Duca (11), gepflegte Osteria der alten Art im angeblichen Haus des Romeo, ausgesprochen gemütlich, Sitzplätze auf zwei Stockwerken. Sehr erfreuliche Küche mit großer Auswahl, serviert wird u. a. die Veroneser Spezialität *pastisada de caval con polenta*. Festpreismenü (ohne Wein) um die 15 €. So geschl. Via Arche Scaligeri 4, ✆ 045/594474.

Al Pompiere (16), populäre Trattoria in einem kleinen Seitengässchen der Fußgängerzone Via Mazzini, hübsch aufgemacht mit karierten Decken und historischen Fotos. Serviert wird herzhafte Veroneser und Veneto-Küche, z. B. *pasta e fagioli, bigoli e sarde, gnocchi, tagliatelle* und *risotto, baccalà* und *pastisada de caval*, dazu sehr gute Auswahl an Schinken, Wurst und Käse. Wird schnell voll, frühzeitig kommen! Mo-Mittag und So geschl. Vicolo Regina d'Ungheria 5, ✆ 045/8030537.

Greppia (18), ebenfalls in einer kleinen Seitengasse der Via Mazzini. Hübsch begrünt und angenehm zum Draußensitzen, preislich etwas gehoben. Vicolo Samaritana 3, Mo geschl. ✆ 045/8004577.

TIPP! La Taverna di Via Stella (17), gemütliches Ristorante in zentraler Lage (vom Haus der Julia aus um die Ecke), fröhliche und lebendige Atmosphäre, leckere Veroneser Küche, z. B. *pastisada de caval* und Polenta des Hauses mit Wurst, Käse oder Pilzen. Mo geschl. Via Stella 5, ✆ 045/8008008.

Alla Colonna (13), mehrere Innenräume, abends sitzt man fast ausschließlich unter italienischen Gästen, viel Stimmung, die Preise sind günstig. So geschl. Largo Pescheria Vecchia 4, ✆ 045/596718.

Antica Torretta (2), Terrassenlokal auf einer ruhigen Piazza, wenige Meter vom Ponte Pietra, schön zum Sitzen, allerdings deutlich gehobene Preise, Coperto/Servizio 4 €. So geschl. (Mo im Juli/August). Piazza Broilo 1, ✆ 045/8010099.

Al Vecio Mulin (9), romantische Terrasse an der Etsch, Fischküche aus See und Meer, z. B. *sarde in saor* und *luccio in salsa*. So-Mittag und Mi geschl. Via Sottoriva 42/a, ✆ 045/8065146.

• Cafés/Bars hauptsächlich an der Piazza Bra und der Piazza delle Erbe.

Antico Caffè Dante (12), Veronas Traditionscafé, ehrwürdiger Innenraum mit Marmortischchen, dunkelroten Samtpolstern, schwarzem Lack und viel Stuck. Auch draußen viel Platz. Mo geschl. Piazza dei Signori.

Al Ponte (3), kleine, blumengeschmückte Terrasse direkt an der Etsch. Mi geschl. Via Ponte Pietra 26/a, wenige Meter vom Ponte Pietra.

• Weinstuben (Osterien/Enoteche) **Antica Bottega del Vino (19)**, nur wenige Schritte seitlich der Fußgängerzone Via Mazzini, schöne, alte Weinprobierstube, holzgetäfelt und farbenfroh ausgemalt. Vorne trifft man sich zu einem Glas Wein, während man hinten an einigen wenigen Tischen essen kann – Tortellini, Polenta, Risotto und der leckere *brasato all'Amarone* (Schmorbraten in Amarone), dazu einen Schluck aus dem mehr als üppigen Weinkeller. Das Preisniveau ist hoch. Di geschl., außer Juli/August. Via Scudo di Francia 3, ✆ 045/8004535.

Osteria del Bugiardo (15), neue Szenekneipe, man steht draußen auf der Straße oder sitzt drinnen auf Hockern an kleinen Tischen. Gute Weine (Glas ab 1,80 €) und Kleinigkeiten zum Essen. Mo geschl. Corso Porta Borsari 17/a.

Osteria al Duomo (5), gemütliche Einheimischenkneipe, in der man auch essen kann, z. B. *tagliatelle, bigoli* und *gnocchi*. Do geschl. (im Sommer So). Via Duomo 7/a.

TIPP! **Osteria Sottoriva (10)**, stimmungsvolle Osteria unter den Arkaden der Via Sottoriva (Nr. 9/b), seit einem Besitzerwechsel aufmerksam geführt, zum Wein kann man hier abends angenehm an den kerzenbeleuchteten Tischen im Säulengang essen. Mi geschl.

• *Nachtkneipen* Vor allem in der etwas versteckt gelegenen Via Sottoriva und Umgebung.

Sottoriva 23 (8), unter eben dieser Hausnummer zu finden, populäre Kneipe, studentisches Publikum, abends kann man hier auch schön essen.

Cappa Café (7), ein paar Schritte weiter, die Innenräume zeigen sich mit Polstersitzen orientalisch angehaucht, gelegentlich Jazzmusik live. Tipp ist die Terrasse an der Etsch. Piazzetta Bra Molinari.

Sehenswertes

Bereits in römischer Zeit war Verona dank seiner beherrschenden Lage am Fuß der Alpen ein wichtiger Stützpunkt. Im Mittelalter baute das Geschlecht der Skaliger Verona zu seiner Residenzstadt aus, die Venezianer prägten mit aufwendigen Palästen und massiven Verteidigungsanlagen die folgenden Jahrhunderte. Später kamen die Österreicher, die die Stadt zum wichtigsten Stützpunkt ihres Festungsvierecks in Oberitalien (Verona, Mantua, Legnano und Peschiera) machten.

• Für ca. 10 € kann man die **Verona Card** erwerben. Sie gilt einen Tag lang und bietet freien Eintritt in allen Museen und Kirchen sowie kostenfreie Benutzung der Stadtbusse. Eine Karte für drei Tage (nicht übers Wochenende) kostet ca. 15 €.

• Für die vier wichtigsten **Kirchen** Veronas muss Eintritt bezahlt werden. Etwa 2,50 € kostet jeweils die Besichtigung von Dom (mit Baptisterium und Ausgrabung), Sant'Anastasia, San Zeno und San Fermo, für ca. 5 € erhält man ein Sammelticket, das zum Eintritt in alle fünf genannten Kirchen berechtigt. Die Kirchen sind im Sommer geöffnet Mo–Sa 10–18 Uhr (San Zeno ab 8.30 Uhr, Sant'Anastasia ab 9 Uhr), So 13–18 Uhr (Dom 13.30–17 Uhr), im Winter sind die Zeiten etwas kürzer (www.chieseverona.it).

Piazza Bra: am Eingang zur Altstadt, wunderschöner weiter Platz mit großflächigen Straßenlokalen, aufwändigen Palästen aus mehreren Epochen und der prächtigen Arena, dem größten Amphitheater nach dem Kolosseum in Rom. Trotz der völlig unterschiedlichen Bauten, die von der Antike bis zum 19. Jh. reichen, ist es immer wieder ein Erlebnis, die großzügige Konzeption des Platzes zu genießen. Die breite, „Liston" genannte Promenade vor den Cafés ist mit rosafarbenem Marmor aus dem Valpolicella gepflastert. Abends ist alles festlich illuminiert, ein Springbrunnen sprudelt in der zentralen Parkanlage.

Die äußere Mauer der *Arena* war ursprünglich drei Stockwerke hoch, sie wurde durch Erdbeben fast vollständig zerstört, nur an der Nordwestecke steht noch ein kleines Stück mit vier Arkadenbögen. Ausgezeichnet erhalten ist dagegen der zweistöckige Innenring. Das Amphitheater bietet mit seinen zahlreichen Sitzreihen Platz für über 22.000 Zuschauer, im Sommer finden weithin berühmte Opernaufführungen statt (→ unten).

Der Torbogen *Portoni del Bra*, der jüngst restaurierte klassizistische Palazzo *Gran Guardia*, das archäologische *Museo Maffeiano Lapidario* in der Nr. 28 gleich nach dem Torbogen und Reste der mittelalterlichen Stadtmauer schließen die Piazza nach Süden hin ab. Im Südosten hinter der Parkanlage steht das große ockerfarbene *Rathaus* mit seiner klassizistischen Säulenfassade. Im Norden beginnt neben der Arena die *Via Mazzini*, die wichtigste Fußgängerzeile Veronas, und führt zur Piazza delle Erbe.

• Öffnungszeiten/Eintritt **Arena**, Di–So 8.30–19.30 Uhr (Mo ab 13.30 Uhr), in der Opernsaison nur 8–15.30 Uhr. Eintritt ca. 6 €, 8–14 J. 1 €. **Museo Maffeiano Lapidario**, Di–So 8.30–14 Uhr, Mo 13.30–19.30 Uhr. Eintritt ca. 4,50 €, 8–14 J. 1 €.

Via Mazzini/Via Cappello/Via Leoni: der größte Fußgängerbereich der Stadt. Die *Via Mazzini* ist sozusagen das Schaufenster Veronas, abends lebendige „Passeggiata“, vorbei an der Internationale der Edel-Boutiquen. Nach etwa 400 m trifft man auf die *Via Cappello* – linker Hand die Piazza delle Erbe, rechts auf Nr. 23 die ständig umlagerte Casa Capuletti, besser bekannt als *Casa di Giulietta*. Hier lebte das Mädchen, das Shakespeare in seinem Schauspiel „Romeo und Julia„ verewigte. Durch einen von ganzen Touristengenerationen bis zur Unkenntlichkeit verschmierten Durchgang gelangt man in den hübschen gotischen Hof mit einer Bronzestatue der Julia, deren rechte Brust von zahllosen Touristenhänden blitzblank gerieben ist. Darüber kann man den berühmten *Balkon der Julia* bestaunen, den Romeo einst im Mondschein auf einer Leiter erklettert haben soll, um Julia seine Liebe zu gestehen (allerdings handelt es sich dabei um einen historischen Sarkophag, den man erst im frühen 20. Jh. an die Hausfassade anbaute). Im Inneren sind Requisiten der in Verona gedrehten Shakespeare-Verfilmung „Romeo and Juliet“ von Franco Zeffirelli (1968) zu bewundern, darunter das prächtige Bett der Julia, Kostüme, Mobiliar, Literatur, Fotografien etc.

Weiter Richtung Fluss wird die Via Cappello zur Via Leoni – man kommt an der römischen *Porta Leona* vorbei, im Untergrund der Straße sieht man *römische Ausgrabungen*. Am Ostende der Via Leoni steht direkt an der Etsch (Nähe Ponte Navi) *San Fermo Maggiore*, eine eindrucksvolle gotische Kirche mit niedriger Holzdecke in Form eines umgedrehten Schiffskiels und zahlreichen Resten von mittelalterlichen Wandfresken. Im Untergrund liegt eine ältere romanische Kirche, auf die der gotische Bau aufgesetzt wurde.

Öffnungszeiten/Eintritt **Casa di Giulietta**, Di–So 8.30–19.30 Uhr, Mo 13.30–19.30 Uhr, Eintritt ca. 6 €, 8–14 J. 1 €. **San Fermo** siehe Kasten, S. 175.

Piazza delle Erbe: malerischer Mittelpunkt der Altstadt und einstiger Obst-/Gemüsemarkt (mittlerweile führen die Verkaufsstände fast ausschließlich Souvenirs), dazwischen einige historische Denkmäler. In der Mitte steht der *Capitello*, ein Marmorbaldachin auf vier Säulen, unter dem früher die Ratsherren und der Bürgermeister gewählt wurden – heute vor allem als Ruhepunkt erschöpfter Touristen begehrt, die sich mit dem eiskalten Wasser, das hier hervorsprudelt, Füße und Gaumen kühlen. An der südlichen Schmalseite steht eine hübsche gotische *Marktsäule*, am Nordende eine venezianische *Herrschaftssäule* mit dem Markuslöwen. Interessant ist außerdem der schöne *Marktbrunnen* mit der Madonna Verona, einer grazilen Frauenstatue, die ein Spruchband aus Metall in Händen hält, das die Pracht Veronas preist.

Von den Palästen ringsum beachtenswert sind der *Palazzo Maffei* an der Nordseite mit barocken Statuen auf der Balustrade, die benachbarte *Torre del Gardello* aus dem 14. Jh. (wenn man hier den geschäftigen Corso Porta Borsari Richtung Westen geht, kommt man zum alten römischen Stadttor *Porta Borsari*) und an der Ostseite die *Case Mazzanti* mit ihren verblassten Fassadenfresken. Ein hoher Durchgang, in dessen Wölbung eine einsame Walrippe (!) baumelt (arco = Bogen, costa = Rippe), führt zur Piazza dei Signori. Der Legende nach soll sie auf die erste „gerechte" Person fallen, die den Bogen durchquert – bisher hängt sie noch. Die 83 m hohe *Torre dei Lamberti* überragt die Szene.

Piazza dei Signori (auch: Piazza Dante): das frühere Machtzentrum der Stadt mit den wichtigsten öffentlichen Gebäuden – Rathaus, Skaliger-Residenz, Gerichtsgebäude und Sitz des Stadtrats. Ein äußerst stil- und würdevoller Platz, der von den alten Palazzi vollständig eingeschlossen ist und fast wie ein Innenhof wirkt. Im Zentrum steht mit strenger Denkermiene, Adlerblick und markantem Profil *Dante*, der berühmte Dichter der „Divina Commedia" („Göttliche Komödie"). Dante war einige Jahre Gast der Skaliger, nachdem er als kaisertreuer Ghibelline aus dem guelfischen (päpstlich gesinnten) Florenz fliehen musste.

Rechter Hand steht der *Palazzo della Ragione* mit seiner markanten Streifenfassade, in dessen harmonischem Innenhof eine gotische Freitreppe zum Portal der Amtsräume im ersten Stock führt (nicht zugänglich). Unter dem hohen Laubengang liegt im Erdgeschoss der Zugang zur 83 m hohen *Torre dei Lamberti* – schweißtreibend ist der Aufstieg auf 368 Stufen oder man fährt bequem per Lift, oben bietet sich ein herrlicher Blick über Verona.

Durch einen Bogen mit dem Palazzo verbunden ist das benachbarte Gerichtsgebäude, der *Palazzo dei Tribunali*, mit massivem Backsteinturm. Im Durchgang unter dem Bogen hat man beim Bau einer Tiefgarage die Reste einer römischen Straße entdeckt und mit Glas überdacht. Auch im Innenhof des Gerichts (Cortile del Tribunale) sind Rundöffnungen im Boden verglast, man erkennt einen römischen Mosaikboden und Reste eines mittelalterlichen Turms. Diese unterirdischen Ausgrabungen namens *Scavi Scaligeri* sind zu besichtigen. Dazu gehört das *Centro Internazionale di Fotografia* mit wechselnden Fotoausstellungen.

An der rückwärtigen Seite der Piazza steht der zinnengekrönte *Palazzo Scaligero*, früher die Residenz der Skaliger, heute Sitz der Präfektur und Polizei. Die daneben anschließende *Loggia del Consiglio* gilt als schönste Säulenhalle ihrer Art, hier versammelte sich im 15. Jh. der Rat der Stadt.

Ein kurioses Schmuckstück ist die kleine versteckte Seitengasse *Via Mazzanti* (links von Caffè Dante). Inmitten abenteuerlicher Hausungetüme steht hier ein Brunnen aus römischen Säulen. Mittels noch teilweise erhaltener Seilkonstruktionen wurden hier von den umliegenden Wohnungen Eimer heruntergelassen.

• *Öffnungszeiten/Eintritt* **Torre dei Lamberti**, tägl. 8.30–20.30 Uhr (Juni bis Sept. bis 23 Uhr), mit Lift ca. 6 €, zu Fuß 3 €, 8–14 J. 1 €. **Scavi Scaligeri/Centro Internazionale di Fotografia**, Di–So 10–19 Uhr, Mo geschl. Eintritt ca. 5 €, 8–14 J. 1 €. ✆ 045/8007490.

Skaliger-Gräber und Casa di Romeo: Gegenüber vom Palazzo Scaligero thronen die reich verzierten gotischen Gräber der Skaliger, des einflussreichsten Herrschergeschlechts der Region. Über hundert Jahre hielten sie die Stadt unter ihrer Knute, nicht viel Gutes wird von den Herren mit ihren bezeichnenden Hundenamen berichtet.

Hinter dem schmiedeeisernen Gitter sieht man die beiden Gräber von *Mastino II* („Dogge") und *Cansignorio* („Leithund"), gotisch himmelstürmend mit zahlreichen Spitzbögen, Baldachinen und Statuen. Über dem Eingang der kleinen romanischen Kirche *Santa Maria Antica* thront der Sarkophag von *Cangrande I* („Großer Hund"), gekrönt von einer eindrucksvollen Reiterstatue, dessen Pferd bis zu den Knöcheln mit einer schweren Kampfdecke verhüllt ist – die Statue ist allerdings nur eine Kopie, das Original steht im Skaliger-Kastell (→ unten).

Venetien
Karte S. 168/169

Eine Ecke weiter, Via Arche Scaligeri 4, findet man das angebliche *Haus des Romeo*, einen düsteren Backstein-Palazzo mit Zinnen und einer hübschen, preiswerten Osteria (→ Essen & Trinken).

Grab der Julia: In der Krypta der ehemaligen Kirche *San Francesco al Corso* (Via del Pontiere) mit schönem Kreuzgang steht der so genannte „Sarkophag Julias". Romantiker aus aller Welt kratzen sich hier gerne ein Krümelchen ab, um es als Souvenir mitzunehmen. Im benachbarten Museum werden von den Wänden abgelöste Fresken aus dem 14.–16. Jh. aufbewahrt.

Öffnungszeiten/Eintritt Di–So 9–18.30, Mo 13.30–19.30 Uhr, Eintritt ca. 4,50 €, 8–14 J. 1 €.

Nördliche Altstadt

Das ruhige Viertel im Etsch-Bogen besitzt als schönsten Straßenzug die *Via Sottoriva* parallel zum Fluss. Im breiten Laubengang verstecken sich einige Kneipen und Osterien.

Sant'Anastasia: mächtige gotische Backsteinkirche im Bogen der Etsch, von Dominikanern im 13.–15. Jh. erbaut, die Fassade blieb jedoch unvollendet. Das Innere ist düster, mächtig und hoch, Rundsäulen tragen das Kreuzrippengewölbe. An den ersten Pfeilern krümmen sich schmerzverzerrte Bucklige unter der Last der Weihwasserbecken, in den Seitenkapellen stehen reich ausgestattete Altäre mit Ölgemälden und Fresken. Im *Hauptchor* sieht man links das prächtige Grabmal des Heerführers Contesia Serego, eingerahmt vom Fresko „Verkündigung", und rechts das große Fresko „Das Jüngste Gericht" von Turone (ca. 1360). Rechts vom Hauptchor schließt sich die *Pellegrini-Kapelle* an. Sie enthält zwei gotische Grabmäler und ist vollständig mit Terrakottareliefs von Michele da Firenze bedeckt. Darüber kann man das großartige, leider recht weit entfernte Fresko „Der heilige Georg und die Prinzessin" (um 1435) von Pisanello erkennen, eine verblüffend realistische Darstellung der spätmittelalterlichen Welt – Pisanello wurde damit zum Wegbereiter der oberitalienischen Renaissance.

An der linken Seite des Vorplatzes steht die kleine Kapelle *San Pietro Martire* (auch: San Giorgetto), die vollständig mit Fresken ausgemalt ist (derzeit nicht zugänglich).

Öffnungszeiten/Eintritt → Kasten, S. 175.

Duomo Santa Maria Matricolare: nicht weit von Sant'Anastasia. Der ursprüngliche romanische Bau wurde später gotisch umgebaut, der strahlend weiße Turm erst im 20. Jh. fertiggestellt. Die Außenmauern sind z. T. im schönen Streifenmuster gehalten, das Fassadenportal besitzt bemerkenswerte Reliefs. Im hohen dreischiffigen Innenraum finden sich viele architektonische Details und Wandmalereien, in der ersten Kapelle links „Mariä Himmelfahrt" (1535) von Tizian.

Links vom Dom romanischer Kreuzgang mit römischen Fußbodenmosaiken im Untergrund, außerdem stehen hier die kleine Kirche *Sant'Elena* und das Baptisterium *San Giovanni in Fonte* mit einem herrlichen achteckigen Taufbecken, das aus einem einzigen Marmorblock gehauen wurde. Das *Museo Canonicale* zeigt Bilder und Skulpturen vom 12. bis zum 19. Jh., dazu archäologisches Material aus römischer Zeit bis zum Spätmittelalter, Kirchengeräte, Musikinstrumente und manches mehr.

Öffnungszeiten/Eintritt **Dom** siehe Kasten, S. 175; **Museo Canonicale**, Fr–10–12.30, Sa 10–13, 14.30–18, So 14.30–18 Uhr, Eintritt ca. 2,50 €.

„Arena di Verona": Opernerlebnis unter freiem Himmel

Weltgeltung hat das 1913 zum hundertsten Geburtstag von Giuseppe Verdi gegründete Opernfestival, das seitdem alljährlich in der Arena von Verona stattfindet. Von Mitte Juni bis Anfang September kommen hier alle zwei bis drei Tage die großen Klassiker zur Aufführung: Von Verdi z. B. Aida, Rigoletto, La Traviata und Nabucco, von Puccini Turandot und Tosca, Bizet ist meist mit Carmen vertreten, während Prokofievs Ballett Romeo e Giulietta sozusagen am Originalschauplatz aufgeführt wird. Die Vorstellungen beginnen um 21 Uhr und dauern bis zu vier Stunden und länger! Ausgeruht kommen, Sitzpolster mitbringen und viel Ausdauer (Polster kann man auch gegen Gebühr ausleihen). Nach jedem Akt ca. 20 Min. Pause. Glasflaschen und Getränke in Dosen darf man nicht mitnehmen, Plastikflaschen sind erlaubt. Getränke werden auch für teures Geld in der Arena angeboten. Falls es regnet, werden Eintrittskarten nur zurückerstattet, wenn mit der Oper nicht begonnen werden kann. Sobald ein paar Takte gespielt wurden, gibt es kein Rückgaberecht mehr. Tipp: die billigsten Plätze sind nicht unbedingt die schlechtesten, denn dort bekommt man mehr von der volkstümlichen, lebendig-italienischen Atmosphäre mit als im eher steifen Parkett.

• *Preise* von ca. 21–29 € für **gradinata non numerata** (unnummerierte Rangplätze aus Stein ganz hinten und oben) über 73–104 € für **gradinata numerata** (nummerierte Rangplätze näher am Geschehen) bis zu den sündhaft teuren Plätzen im „Parkett": **poltrona numerata** (2. Parkett) bzw. **poltronissima numerata** (1. Parkett) für 116–127 bzw. 153–198 € (Freitag/Samstag jeweils die teureren Preise). Ermäßigung für Senioren ab 65 und Jugendliche bis 26 J. für die nummerierten und unnummerierten Rangplätze (nicht Fr/Sa). Bis 24 Stunden vor Beginn kommen auf alle Preise 10 % Vorverkaufsgebühr dazu.

• *Abendkasse* Theaterkasse in der Via Dietro Anfiteatro 6/B (schmale Gasse hinter der Arena). Während der Spielzeit an Tagen ohne Vorstellung 10–17.45 Uhr, an Tagen mit Vorstellung 10–21 Uhr, Sept. bis Juni Mo–Fr 9–12, 15.15–17.45, Sa 9–12 Uhr, ✆ 045/596517. Auf jeden Fall schon vormittags kommen, nummerierte teure Plätze sind dann häufig noch vorhanden. Die preiswerten unnummerierten Plätze sind oft von Schwarzhändlern aufgekauft, die die Karten vor dem Büro für ca. 35–40 € anbieten.

• *Informationen* ✆ 045/8005151, ✆ 973499, www.arena.it.

Westlich vom Zentrum

Porta di Borsari: Das pittoreske römische Stadttor aus weißem istrischem Kalk am Corso Porta Borsari war einst das Haupttor der Stadt. Im Mittelalter saß hier ein bischöflicher Steuereintreiber, der einem tief in die Tasche (= *borsa*) griff.

Castelvecchio: Das mittelalterliche Backstein-Kastell der Skaliger wurde 1354 unter dem tyrannischen Cangrande II erbaut. Es war allerdings nicht etwa als Bollwerk gegen Feinde von außen gerichtet, sondern wendete sich gegen die eigene aufbegehrende Stadtbevölkerung, die das despotische Regime der Skaliger nicht mehr ertragen wollte. Der 120 m lange *Ponte Scaligero* sorgte dafür, dass die Skaliger jederzeit die Kontrolle über den wichtigen Etschübergang hatten, aber auch umgehend die Flucht ergreifen konnten. Das Kastell beherbergt das *Museo di Castelvecchio*, eine umfangreiche Kunstsammlung mit Skulpturen, Gemälden und Fresken der Veroneser und Venezianischen Schule, darunter Pisanello, Bellini, Tintoretto, Mantegna und Tiepolo (bemerkenswert z. B. „Madonna mit der Wachtel" von Pisanello), aber auch die eindrucksvolle Originalstatue vom Grab des Cangrande I.

Öffnungszeiten/Eintritt Di–So 8.30–19.30 Uhr, Mo 13.30–19.30 Uhr, Eintritt ca. 6 €, 8–14 J. 1 €.

San Zeno Maggiore: An einem weiten, freien Platz (Parkplatz) steht eine der schönsten romanischen Kirchen Oberitaliens, ein ausgesprochen ästhetischer Bau, elegant und leicht. Die Fassade ist in warmem Gelbton gehalten, die Längsseite rotweiß gestreift. Links steht der Turm der angeschlossenen Abtei, rechts der hohe, frei stehende Glockenturm. Das Portal wird von prächtigen Steinreliefs umrahmt, die bekannte Szenen aus der biblischen Geschichte und der Schöpfungsgeschichte darstellen. Das berühmte *Bronzeportal* stammt aus dem 12 Jh. und besitzt 48 Relieffelder, die auf den hölzernen Untergrund genagelt sind – nach außen ist es oft durch eine Holztür geschützt, kann aber von innen betrachtet werden. Das tiefer liegende Innere ist feierlich und fast leer, massive Pfeiler und Säulen stützen das hohe Kielgewölbe, Licht fällt fast nur durch die Rosette in der Fassade. Überall an den Wänden sind Reste von Fresken erhalten, vor allem im erhöhten Chor über der Krypta. Der *Chor* ist zum Hauptraum durch Statuen von Christus und den Aposteln abgeschlossen, über dem Altar sieht man das Triptychon „Madonna mit Heiligen" von Mantegna. Linker Hand steht die berühmte, verschmitzt schmunzelnde Statue des dunkelhäutigen (?) heiligen Zeno (14. Jh.), genannt „San Zeno che ride" („der lacht").

Seitlich der Kirche liegt ein schöner *Kreuzgang* mit filigranen Doppelsäulen und zahlreichen Grabmälern.

Öffnungszeiten/Eintritt → Kasten, S. 175.

Nördlich der Etsch

Mit wenigen Schritten kommt man vom Dom zum großen Etschbogen an der Nordspitze der Landzunge, wo sich ein herrlicher Blick auf den zypressenbestandenen Hügel an der anderen Flussseite öffnet. Hinüber geht es über den *Ponte Pietra* und zwischen alten Häusern, Bäumen, Treppen und Gärten hinauf zum *Kastell San Pietro* aus dem 19. Jh. (nicht zu besichtigen) – für die Mühe wird man mit einem wunderschönen Blick über ganz Verona belohnt.

An den Hang unterhalb des Kastells schmiegt sich ein *römisches Theater* mit seinen erhaltenen Bühnenaufbauten, in dem oft Veranstaltungen stattfinden. Das ehemalige Kloster San Girolamo darüber ist vom Theater mit einem Lift zu erreichen und beherbergt ein *Archäologisches Museum* mit Skulpturen, Mosaiken und filigranen Bronzefiguren, dazu gehört eine prächtige Aussichtsterrasse.

Etwas südlich vom Hügel steht die gotische Kirche *Santa Maria in Organo*. Die untere Hälfte der unvollendeten Fassade ist ganz mit Marmor verkleidet, im Inneren reiche Renaissance-Ausstattung, Fresken und eine frühmittelalterliche Krypta, berühmt sind die einzigartigen Intarsienarbeiten am Chorgestühl.

200 m weiter liegt versteckt hinter dem Palazzo Giusti der prächtige *Giardino Giusti*, von dem sich schon Goethe beeindruckt zeigte. Der gepflegte Renaissancegarten wird beherrscht von einer schnurgeraden Zypressenallee, auf mehreren Terrassen erstreckt sich ein Labyrinth aus Kieswegen, sorgfältig beschnittenen Buchsbaumhecken, schlanken Säulenzypressen und Marmorskulpturen. Am höchsten Punkt der Anlage thront der „Maskeron", eine mächtige steinerne Maske.

• *Öffnungszeiten/Eintritt* **Römisches Theater und Archäologisches Museum**, Di–So 8.30–19.30 Uhr, Mo 13.30–19.30 Uhr, Eintritt ca. 4,50 €, 8–13 J 1 €.

Santa Maria in Organo, Mo–Sa 8–12, 14.30–18 Uhr (Messe um 10 Uhr).

Giardino Giusti, Winter tägl. 9 Uhr bis Sonnenuntergang, Sommer tägl. 9–20 Uhr, Eintritt ca. 6 €, Schüler 3 €, bis 11 J. frei.

Verona/Umgebung

Valpolicella-Region: Für Liebhaber guter Tropfen lohnt eine Tour durch das bekannte Weinbaugebiet in den Hügeln nordwestlich von Verona. Produziert werden hauptsächlich „Valpolicella", der kräftige und vollmundige „Amarone" und der schwere, süße „Recioto". In den Tälern von Fumane, Marano und Negrar findet man die besten Lagen, bei vielen Winzern kann man direkt degustieren.

• *Übernachten* *** **Villa San Giorgio**, im Örtchen Conca d'Oro, stilvolles Haus mit acht komfortablen Zimmern, elegantem Ristorante und herrlicher Panoramaterrasse, Blick bis zum Gardasee, Parkplatz. DZ mit Frühstück ca. 85–95 €. Via Conca d'Oro 1, ✆ 045/6838170, 📠 6838203, www.villasangiorgio.com.

B & B La Meridiana, in Fumane, wenige Schritte von der Enoteca della Valpolicella (→ Kasten). Sechs geschmackvoll ausgestattete Zimmer in einem restaurierten Haus des 17. Jh., schöne, schmiedeeiserne Bettgestelle. Freundliche Aufnahme durch Carla Marchesini und Ada Riolfi. DZ mit Frühstück ca. 90 €. Via Osan 16/c, ✆ 045/839146, 📠 6831350, www.lameridiana-valpolicella.it.

* **Alla Pesa**, nette Trattoria mit Zimmervermietung an einer ruhigen Piazza in Pedemonte, neun Zimmer, günstige Preise. DZ mit Frühstück ca. 40–55 €. Via della Contea 17, ✆ 045/7701143.

• *Essen & Trinken* **Enoteca della Valpolicella**, die Trattoria in Fumane ist bekannt für ihre solide traditionelle Küche mit zahlreichen Spezialitäten, wobei die Preise durchaus angemessen sind. Dazu kann man die Weine von 70 Produzenten des Valpolicella und hunderte weitere Tropfen aus ganz Italien verkosten. Im Sommer Sitzplätze im Freien. So-Abend und Mo geschl., außerdem zwei Wochen Betriebsferien in Juli o. August. Via Osan 45 (am Ortseingang beschildert), ✆ 045/6839146.

Soave: harmonisch wirkendes Städtchen am Weg von Verona nach Vicenza, nahe der Autobahn, Ursprungsort des berühmten Weißweins. Das Zentrum ist vollständig von einer perfekt erhaltenen Mauer mit 24 Türmen umgeben. Darüber thront eine prächtige alte *Skaligerburg*, vom Zinnengang herrlicher Blick auf Stadt und Poebene.

• *Öffnungszeiten/Eintritt* **Castello di Soave**, Winter Di–So 9–12, 14–16 Uhr (Jan./Febr. nur Sa/So), Sommer Di–So 9–12, 15–18.30 Uhr, Mo geschl., Eintritt ca. 5 €, www.castellodisoave.it.

Venetien Karte S. 168/169

• *Übernachten/Essen & Trinken* * **Al Gambero**, feines und architektonisch gekonnt gestaltetes Fischlokal, faire Preise, Di-Abend und Mi geschl. Auch ordentliche Zimmer werden hier vermietet. DZ mit Frühstück ca. 55–70 €. Corso Vittorio Emanuele 5 (wenige Meter vom Südtor der Stadtmauer), ✆ 045/7680010, ✆ 6198301, www.ristorantealgambero.it.

• *Weinlokale* **Enoteca Casablanca**, zentral gelegenes Lokal, gute Auswahl an Tropfen aus dem Veneto und anderen Regionen. Via Roma 27, ✆ 045/7680673.

Enoteca Il Drago, gemütliche Sitzplätze in der Loggia am Aufgang zur Burg. Angeboten werden z. B. sechs Gläser von verschiedenen Weinen für ca. 8 €. ✆ 045/7680760.

• *Weinverkauf* **Cantina di Soave**, genossenschaftliche Vereinigung seit 1898. Großer Shop von 1000 qm in der Via Borgo Covergnino 7, auch Olivenöl, Grappa, Honig etc. ✆ 045/6139845, www.cantinasoave.it.

Enoteca del Soave, ganz zentral an der Via Roma 19. ✆ 045/7681588.

Cantina del Castello, im Gässchen neben der Enoteca del Soave. Corte Pittora 5, ✆ 045/7680093, www.cantinacastello.it.

Vicenza

ca. 110.00 Einwohner

Auf der Autobahn nur ein Katzensprung von Verona. Das Zentrum ist ausgesprochen hübsch und kompakt und bietet zudem einen erholsamen Kontrast zum Touristenrummel in Verona.

Vicenza ist die Stadt des Renaissance-Architekten *Andrea Palladio* (1508–1580). Im 16. Jh. entwickelte er einen neuen klassizistischen Baustil, der bald die gesamte europäische Architekturentwicklung beeinflusste. Seine zahlreichen Bauten prägen noch heute das Stadtbild, ebenso findet man aber auch prächtige gotisch-venezianische Palazzi, interessante Kirchen und das berühmte Teatro Olimpico, das erste Innenraum-Theater Europas. Schon 1994 wurde Vicenza in die UNESCO-Liste für das Weltkulturerbe aufgenommen.

• *Anfahrt/Verbindungen* **Pkw**, Vicenza liegt an der A 4 von Verona nach Venedig. Das *Centro storico* ist für den Verkehr gesperrt, gebührenpflichtig parken kann man z. B. auf Parkplätzen an der Via Cairoli und am Corso San Felice (beide westlich vom Zentrum), am Viale Verdi (Nähe Bahnhof) am Canove Vecchie und Piazza Matteotti beim Teatro Olimpico (östlicher Zentrumsbereich).

Bahn, der Bahnhof liegt südwestlich vom Zentrum. Man geht von dort den Viale Roma geradeaus bis Piazzale Roma, dann rechts durch die Porta Castello auf die Hauptstraße der Altstadt, den Corso Palladio.

Bus, Station für Busse in die Umgebung linker Hand vom Bahnhof (wenn man rauskommt) am Viale Milano.

• *Information* **IAT 1** im Eingang zum Teatro Olimpico an der Piazza Matteotti 12. Ganzjährig tägl. 9–13, 14–18 Uhr. ✆ 0444/320854, ✆ 327072.

IAT 2, Piazza dei Signori 12, vis-à-vis der Basilika. Ganzjährig tägl. 10–14, 14.30–18 Uhr. ✆ 0444/544122, ✆ 325001, www.vicenzae.org. Erhältlich sind Unterkunftsverzeichnis zur Stadt und Provinz, Stadtpläne (eingezeichnet sind u. a. Hotels und Bauten von Palladio) und deutschsprachige Broschüren zu den Sehenswürdigkeiten.

• *Übernachten* *** **Castello (9)**, gepflegtes Haus in der Nähe vom Dom, solide und funktional möblierte Zimmer mit Teppichböden und TV, Panoramaterrasse, reservierte Parkplätze um die Ecke. DZ mit Frühstück ca. 70–160 €. Contrà Piazza Castello 24, ✆ 0444/323585, ✆ 0444/323583, www.hotelcastelloitaly.it.

*** **Giardini (4)**, modernes Hotel in zentraler Lage, Nähe Teatro Olimpico. Zimmer mit Klimaanlage und Sat-TV, nach vorne ein wenig laut, kleiner Parkplatz. DZ mit Frühstück ca. 70–150 €. Viale Giuriolo 10, ✆ 0444/326458, www.hotelgiardini.com.

** **Due Mori (6)**, alter Palazzo, innen durchgängig renoviert, schlichte, teils geräumige Zimmer mit Fliesenböden und Ventilator, hübscher Frühstücksraum, ruhig, WiFi. DZ mit Bad und Frühstück ca. 90–110 €. Contrà do Rode 26, ✆ 0444/321886, ✆ 0444/326127, www.hotelduemori.com.

TIPP! ** **San Raffaele (12)**, ruhige Lage an der Auffahrt zur Basilika am Monte Bérico, sauber, ordentlich und solide eingerichtet, Garten mit Blick über die Stadt, Terrasse und

Venetien
Karte S. 168/169

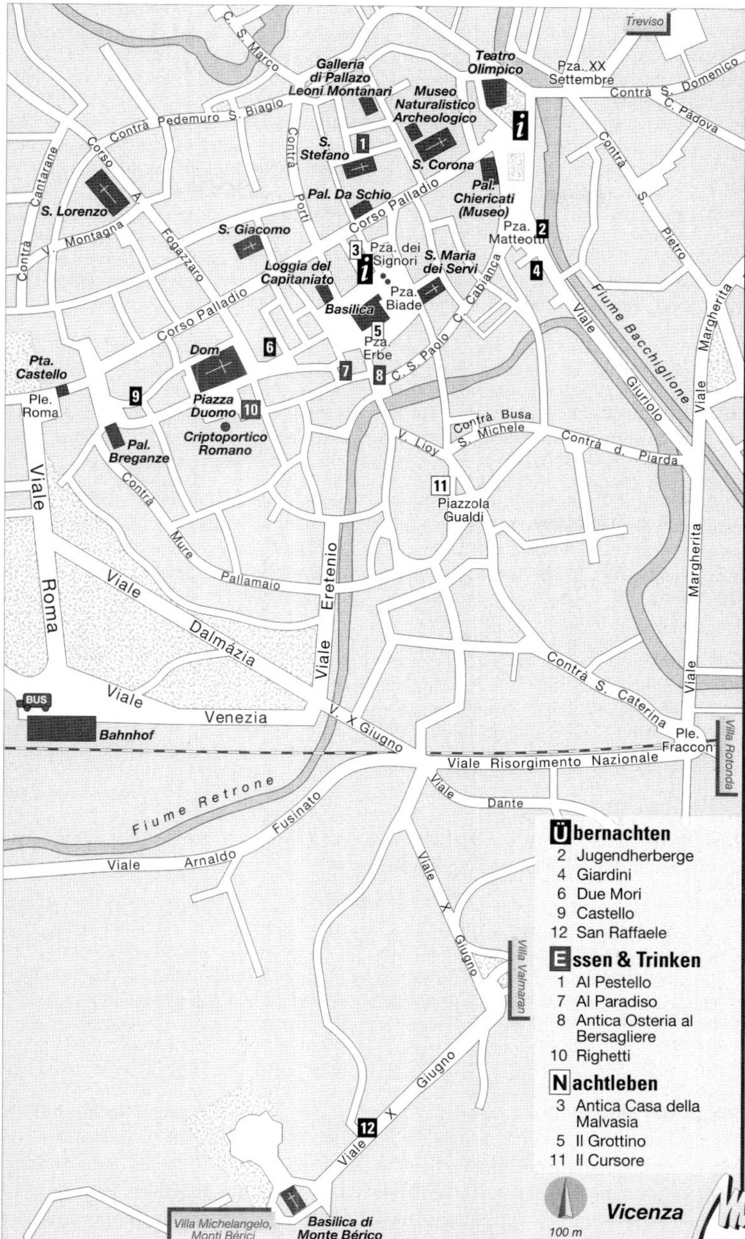

Parkplatz, freundlich geführt. DZ mit Frühstück ca. 55–80 €. Viale X Giugno 10, ☏ 0444/545767, ✆ 0444/542259, www.albergosanraffaele.it.

• *Jugendherberge* **Ostello Olimpico (IYHF) (2)**, Hostel mit 85 Betten am Fluss Bacchiglione, nicht weit vom Teatro Olimpico. Übernachtung im Mehrbettzimmer ca. 20 €/Pers., im DZ mit eigenem Bad ca. 24 €, modern und sauber, WiFi gratis, Küchenbenutzung. Viale Antonio Giuriolo 7–9, ☏ 0444/540222, ✆ 547762, www.ostellovicenza.com.

• *Camping* **Vicenza**, Wiesenplatz unmittelbar bei der Autobahnausfahrt Vicenza Est, etwa 5 km außerhalb, nur mit eigenem Fahrzeug zu empfehlen. Stellplätze z. T. beschattet, Sanitäranlagen geräumig, Waschmaschinen. Angeschlossen ist ein Motel. April bis Sept. ☏ 0444/582311, ✆ 582434, http://web.ascom.vi.it/camping.

Area sosta Camper, Stellplatz für Wohnmobile an der Via Bassano, am Busparkplatz beim Fußballstadion (südöstlich vom Stadtzentrum). ☏ 0444/300814.

• *Essen & Trinken* **TIPP! Antica Osteria al Bersagliere (8)**, beliebte Adresse südlich der Basilika, nur wenige, aber nett gedeckte Tische, serviert wird die typische Vicenzaküche. So-Abend und Mo geschl. Contrà Pescaria 11, ☏ 0444/323507.

Al Pestello (1), die kleine, gemütliche Osteria von Fabio Carta bietet echte Vicenzaküche, die Speisekarte ist im lokalen Dialekt gehalten. Im Sommer stehen auch einige Tische draußen auf der ruhigen Seitenstraße. Reservierung empfohlen, So geschl. Contrà Santo Stefano 3 (Nähe Chiesa Santa Corona), ☏ 0444/323721.

Al Paradiso (7), schöne Lage direkt im Zentrum, zwei Ecken von der Basilika, vor allem Pizza wird hier serviert. Contrà Pescherie Vecchie, ☏ 0444/322320.

TIPP! Righetti (10), großer Self-Service direkt am stillen Domplatz, u. a. gibt es über Holzfeuer gegrilltes Fleisch. Gemütliche Innenräume und große Terrasse im Freien. Sehr günstig. Piazza del Duomo 3, ☏ 0444/543135.

• *Nachtleben* **TIPP! Antica Casa della Malvasia (3)**, historische Osteria, deren Wurzeln bis ins Mittelalter zurückreichen, versteckt in einem Gässchen zwischen Basilika und Corso Andrea Palladio. Viel Stimmung, Außenplätze, große Weinauswahl, warme Gerichte und gute *cicheti* (Appetithappen). Bis 2 Uhr nachts, So-Abend und Mo geschl. Contrà delle Morette 5, ☏ 0444/543704.

Osteria il Grottino (5), lockerer Jugendtreff im Souterrain der Basilika (Südseite), man sitzt mit seinem Glas auf den Stufen zur Basilika. Bis 2 Uhr nachts, Mo geschl. ☏ 0444/320138.

Il Cursore (11), alteingesessene Osteria im südlichen Zentrumsbereich, hauptsächlich junge Gäste, auch Plätze im Freien. Di geschl. Contrà Pozzetto 10.

Sehenswertes

Die „Stadt Palladios" ist ein architektonischer Genuss, zudem ist das historische Zentrum für den Verkehr völlig gesperrt.

> Für den Besuch von Teatro Olimpico, Pinakothek (Palazzo Chiericati), Archäologischem/Naturwissenschaftlichem Museum, Gallerie di Palazzo Leoni Montanari und Museo del Risorgimento e della Resistenza am Monte Bérico (Villa Guiccioli) muss man das drei Tage gültige Kombiticket **Card Musei** erwerben (ca. 8 €, Schül./Stud. 4 €, Familienkarte 12 €). Erhältlich sind die Kombitickets bei den beiden Informationsstellen.

Piazza dei Signori: Das prachtvolle Zentrum der Stadt zeigt sich weit und offen. Platzbeherrschend ist die *„Basilica"*, ein Monumentalwerk Palladios, flankiert von der 80 m hohen, leicht schief stehenden *Torre di Piazza*. Der unermüdliche Baumeister ummantelte das morsche Backsteingemäuer des zentralen Palazzo della Ragione in jahrzehntelanger Arbeit vollständig mit einer eleganten doppelstöckigen Marmorloggia. Vor allem in der oberen Hälfte des Baus kontrastiert der rosa-weiß gemusterte Marmor wirkungsvoll mit dem mächtigen grünen Wölbungsdach. Die

Prächtiger Blickfang im Zentrum: Palladios „Basilica"

imponierenden Ausmaße der Basilica werden einem bewusst, wenn man an der Nordwestecke in den ersten Stock hinaufsteigt und den fast fußballfeldgroßen Innenraum betrachtet. Seine völlige Leere harmoniert herrlich mit dem hohen, geschwungenen Holzdach in Form eines Schiffskiels.

An der Nordseite der Piazza dominiert die *Loggia del Capitaniato*, der ehemalige Sitz des venezianischen Statthalters in Vicenza, ein weiteres Werk Palladios mit reichem Figurenschmuck, zu erkennen an den hohen Arkadenöffnungen und Rundsäulen. Am Ostende der Piazza ragen zwei Säulen empor, gekrönt mit dem venezianischen Löwen und dem Erlöser, hier schließt sich die *Piazza delle Biade* mit der Kirche *Santa Maria dei Servi* an. An der Südseite der Basilica liegt die *Piazza delle Erbe*, der historische Marktplatz der Stadt, wo man an einigen Ständen um den mittelalterlichen Turm Obst, Gemüse und Blumen kaufen kann. Ein großer allgemeiner Markt findet dienstags und donnerstags im Umkreis von Basilica und Dom statt.

Öffnungszeiten/Eintritt **Basilica Palladiana**, derzeit wegen Restaurierung geschl. ✆ 0444/323681.

Dom: Der große Backsteinbau mit seiner hellen Fassade wurde bei Bombenangriffen im letzten Krieg schwer beschädigt, aber wieder weitgehend rekonstruiert. Das helle Innere ist schlicht gehalten, auf den Seitenaltären diverse Gemälde alter Meister.

Corso Andrea Palladio: Die lange, schnurgerade Hauptgeschäftsstraße ist Fußgängerzone und durchzieht die gesamte Altstadt. Sie besticht durch ihre noble Konzeption – ein historischer Palazzo folgt dem anderen, weitgehend kann man unter breiten, schattigen Laubengängen spazieren.

Im Westen beginnt die Straße an der Piazza Castello mit dem Stadttor *Torrione di Porta Castello*, letzter Rest einer früheren Skaligerburg. Unvollendet, aber hübsch ist der schmalbrüstige *Palazzo Porto Breganze* an der Südseite der Piazza, ein typischer Palladiobau. Ein paar Schritte weiter, am Corso Palladio 13, steht der ebenfalls von Palladio entworfene *Palazzo Thiene Bonin Longare.* Ein weiterer Renaissancebau ist der *Palazzo Capra* (Nr. 45), gotisch ist dagegen der *Palazzo Thiene* mit seinen schönen Maßwerkfenstern (Nr. 47). Ein filigraner Bau reinster venezianischer Gotik stellt der *Palazzo Braschi* (Nr. 67) dar. Das Rathaus Vicenzas, der große *Palazzo Trissino Baston* (Nr. 98) auf der anderen Straßenseite, stammt dagegen wieder von Palladio. Besonders eindrucksvoll ist schließlich der *Palazzo da Schio* (Nr. 147), ebenfalls von Palladio, mit seinen verspielten Fassadendetails. Im Durchgang und Hof sind antike Architekturfragmente und Inschriften untergebracht.

Im Osten endet der Corso an der großen *Piazza Matteotti.* Der von Palladio entworfene *Palazzo Chiericati* mit seiner langen Loggia und der statuengeschmückten Fassade beherbergt eine Pinakothek mit Gemälden der venezianischen Schule.

Öffnungszeiten/Eintritt **Pinakothek**, Di–So 9–17, Mo geschl., Zutritt mit „Card Musei".

Teatro Olimpico: das älteste Innenraum-Theater Europas, 1580 erbaut. Eingang im begrünten Hof, rechts davor die Tourist-Info. Der prachtvolle Innenraum wurde von Palladio nach dem Vorbild antiker griechischer Theater entworfen: Die hölzernen Zuschauerränge ziehen sich halbkreisförmig um die Bühne mit einer hohen, statuengeschmückten Wand, in den Öffnungen sind in raffinierter Technik Straßen angelegt, die sich scheinbar perspektivisch in den Hintergrund ziehen. 1584 wurde eröffnet und noch heute finden Aufführungen und Konzerte statt.

Öffnungszeiten/Eintritt Di–So 9–17, Juli/August bis 19 Uhr, Zutritt mit „Card Musei".

Contrà Porti: An dieser geschwungenen Seitenstraße, die vom Corso Palladio nach Norden abzweigt, stehen einige besonders prächtige Palazzi. Der *Palazzo Cavalloni-Thiene* (Nr. 6–10), gleich zu Beginn rechts, ist im gotisch-venezianischen Stil erbaut und wurde kürzlich restauriert. Der benachbarte Renaissancebau *Palazzo Thiene* (Nr. 12) fällt durch sein reich verziertes Portal und die schönen Fresken im Obergeschoss auf, abends wird die Fassade wirkungsvoll illuminiert. Die gotische *Casa Sperotti-Trissino* (Nr. 14) besitzt mehrere filigrane Balkone.

Der *Palazzo Barbaran da Porto* auf der linken Seite (Nr. 11) ist ein typischer Palladio-Bau und besitzt im unteren Teil der aufwändig gestalteten Fassade eine ionische Säulenordnung, oben eine korinthische. Er kann auch von innen besichtigt werden und beherbergt eine Palladio-Studienzentrum mit Bibliothek. Der *Palazzo Porto-Breganze* (Nr. 17) hat elegante gotische Fenster. Als schönster gotisch-venezianischer Palast der Stadt gilt der *Palazzo Colleoni-Porto* (Nr. 19). Der *Palazzo Iseppo da Porto* (Nr. 21) wird wieder Palladio zugeordnet.

Öffnungszeiten/Eintritt **Palazzo Barbaran da Porto**, Mi–So 10–18 Uhr.

Santa Corona: Die gotische Backsteinkirche aus dem 13. Jh. gehört dem Dominikanerorden. Im Inneren gibt es einige wertvolle Gemälde zu sehen, z. B. die anmutige „Taufe Christi" von Bellini (fünfter Altar links) und die „Anbetung der Könige" von Veronese (dritter Altar rechts). Andrea Palladio wurde im Familiengrab seiner Frau beigesetzt (Grabstein am letzten Pfeiler links), im 19. Jh. aber auf den städtischen Friedhof überführt.

Im benachbarten Kreuzgang ist das *Museo Naturalistico Archeologico* untergebracht. Die *Gallerie di Palazzo Leoni Montanari* in der Contrà Santa Corona 25 schräg gegenüber zeigen hunderte russische Ikonen und venezianische Meister des 18. Jh.

• *Öffnungszeiten/Eintritt* **Santa Corona**, Di–So 9–12, 15–17 Uhr, Mo geschl.
Museo Naturalistico Archeologico, Di–So 9–17, Zutritt mit „Card Musei".
Gallerie di Palazzo Leoni Montanari, Di–So 10–18 Uhr, Eintritt ca. 5 € oder „Card Musei" (www.palazzomontanari.com).

Venetien
Karte S. 168/169

Basilica di Monte Bérico: Die große Kreuzkuppelbasilika aus dem 17. Jh. thront dekorativ auf einem Hügel südlich vom Zentrum. Von der Aussichtsterrasse genießt man einen wunderbaren Blick über die ganze Stadt und die nördlich anschließende Hügellandschaft der Voralpen. Die Zufahrtsstraße Viale Dieci Giugno wird flankiert von einem etwa 1 km langen Kolonnadengang. Man kann ihn vom *Arco delle Scalette* – von Palladio in Art eines Triumphbogens als repräsentativer Zugang zum Marienheiligtum errichtet – auch auf einem Treppenweg (Via M. d'Azzelio) erreichen. In der mit Goldprunk und Gemälden byzantinisch prächtig ausgestatteten Basilika wird daran erinnert, dass hier 1428 die Muttergottes einer Bäuerin das sofortige Ende der Pest versprach, wenn man ihr hier ein Heiligtum weihe – Anlass für den Bau einer ersten Kirche. Heute ist sie ein viel besuchtes Pilgerziel mit bedeutenden Kunstwerken, darunter eine „Pietà" von Bartolomeo Montagna (in der Kapelle rechts neben der Apsis) und die „Cena di San Gregorio Magno" (Abendmahl Gregors des Großen) von Veronese im Refektorium.
Anfahrt/Verbindungen Ab Zentrum läuft man ca. 30 Min., Busse fahren ab Busstation Nähe Bahnhof, für Pkw sind reichlich Parkplätze vorhanden.

Museo del Risorgimento e della Resistenza: eindrucksvolle Ausstellung in der Villa Giuccioli, 10 Fußminuten südlich der Basilica. Die Bandbreite reicht vom Kampf gegen die Habsburger bis zum antifaschistischen Widerstand im Zweiten Weltkrieg.
Öffnungszeiten/Eintritt Di–So 9–13, 14.15–17 Uhr, Eintritt ca. 3 € oder „Card Musei".

Vicenza/Umgebung: Palladio hat in Vicenza und Umgebung etwa zwanzig Villen für adlige Familien gebaut. Von der Zufahrtsstraße zur Basilika zweigt eine schmale Straße zur *Villa Valmarana „ai Nani"* ab (ab Basilika zu Fuß ca. 15 Min.). Die Nani (= Zwerge) stehen als groteske Figuren auf der Gartenmauer. Die Legende erzählt, dass die Besitzer ihre zwergwüchsige Tochter mit einer ausschließlich aus Liliputanern bestehenden Dienerschaft umgaben, damit das Kind sich seiner Kleinwüchsigkeit nicht bewusst wurde. Der Palast und das Gästehaus sind mit Fresken von Tiepolo und seinem Sohn ausgeschmückt.
Wenn man von der Villa Valmarana den ungepflasterten Weg zwischen Mauern etwa 200 m weiter den Hügel hinunterläuft (mit dem Wagen die SS 247 nehmen oder Bus 8 ab Bhf.), kommt man zur eleganten *Villa Rotonda*, die neben der „Basilica" zu den berühmtesten Werken Palladios zählt. Der streng symmetrische Zentralbau mit quadratischem Grundriss besitzt ein auffälliges Kuppeldach, das einen kreisrunden Saal überwölbt, der die ganze Höhe des Bauwerks einnimmt. An jeder der vier Außenfronten ist eine große Loggia mit ionischen Säulen und Dreiecksgiebel vorgebaut. Der Innenbereich ist mit Fresken und Skulpturen von Rubini verschwenderisch ausgestattet. Die Kuppelbemalung stammt von Alessandro Maganza, der Bereich unterhalb der Balustrade wurde im 17. Jh. im Stil des illusionistischen Barock ausgestattet.
• *Öffnungszeiten/Eintritt* **Villa Valmarana „ai Nani"**, Mitte März bis Anfang Nov. Di–So 10–12, 15–18 Uhr, übrige Zeit Sa/So 10–12, 14–16.30 Uhr, Mo geschl.; Eintritt ca. 8 €.
Villa Rotonda, Mitte März bis Anfang Nov., **Garten** Di–Do 10–12, 15–18 Uhr, **Villa** nur Mi 10–12, 15–18 Uhr; Eintritt Garten ca. 5 €, Villa u. Garten ca. 10 €.

Der hölzerne Ponte degli Alpini überquert malerisch die Brenta

Anfahrt über Trento und Valsugana

Wer von Norden kommend nach Venedig nicht die übliche Route über Verona nehmen will, kann bei Trento ins *Valsugana* abzweigen, das Tal des Flusses Brenta. Über die beiden Badeseen Lago di Caldonazzo und Lago di Lévico (→ Trentino-Südtirol) geht es das lang gezogene Tal entlang, reizvolle Panoramen öffnen sich dabei immer wieder.

Bassano del Grappa ca. 40.00 Einwohner

Malerisches Städtchen am Südfuß der Alpen, berühmt vor allem wegen seiner überdachten Brücke aus Holz, aber auch wegen der zahlreichen Grappasorten, die hier destilliert werden.

Im überschaubaren Zentrum findet man schöne alte Plätze, Renaissancepalazzi und Gassen mit Laubengängen. An der *Piazza Garibaldi*, überragt von der mittelalterlichen *Torre Civica*, die bestiegen werden kann, steht die Kirche *San Francesco* aus dem 14. Jh. – äußerlich eine recht grobe Backsteinstruktur, in der Eingangsloggia sind jedoch einige Fresken erhalten. Der schlichte, hohe Innenraum mit Holzdecke ist weitgehend kahl, Freskenreste geben allerdings einen Eindruck von früheren Zeiten. Neben der Kirche liegt der große Kreuzgang des ehemaligen Franziskanerklosters, in dem das *Museo Civico* untergebracht ist, u. a. mit reichhaltiger Pinakothek und archäologischen Funden.

Über die benachbarte *Piazza Libertà* und die hübsche *Piazza Montevecchio* mit dem gleichnamigen Palazzo kommt man zum *Palazzo Sturm* in der Via Ferracina direkt an der Brenta. In dem prächtigen Haus mit seinen opulenten Stuckverzierungen und Deckenfresken ist eine wertvolle Keramiksammlung untergebracht.

Wahrzeichen Bassanos und Höhepunkt der Stadtbesichtigung ist die überdachte Holzbrücke *Ponte degli Alpini*, traditionell auch „Ponte Vecchio" genannt. Ursprünglich bereits im 13. Jh. erbaut, wurde sie mehrfach neu konstruiert, u. a. auch vom berühmten Palladio (→ Vicenza). Die Fundamente sind als Schiffsbüge konstruiert und durchpflügen stolz die rauschende Brenta. Im Umkreis haben sich zahlreiche Grapperie, Cafés und Shops angesiedelt. Noch vor der Brücke lädt die Destillerie von Jacopo Poli ein, ihr liebevoll aufgemachtes *Museo della Grappa* zu besuchen (www.poligrappa.com). Im Brückenkopf links findet sich die Verkaufs- und Probierstube des führenden Grappahersteller *Nardini* (seit 1779, www.nardini.it), wo sich schon Hemingway gelabt hat. Am jenseitigen Brückenkopf rechts liegt die Bar „Al Ponte Vecchio" mit Holzbalkon über der Brenta. Im Untergeschoss bewahrt das *Museo degli Alpini* Memorabilien zur Brücke, erinnert aber auch an die heftigen Schlachten des Ersten Weltkriegs am Monte Grappa.

• *Öffnungszeiten/Eintritt* **Torre Civica**, Besteigung Sa 10,12, 15, 17 u. 18.30 Uhr, So 13, 15, 17 u. 18.30 Uhr, Anmeldung im Museo Civico, ca. 1 €.

Museo Civico, Di–Sa 9–18.30, So 10.30–13, 15–18 Uhr, Mo geschl.

Museo della Ceramica, Di–Sa 9–13, 15–18, So 10.30–13, 15–18 Uhr, Mo geschl., Sammelticket für beide Museen ca. 5 €.

Museo della Grappa, tägl. 9–19.30 Uhr, Eintritt frei.

Museo degli Alpini, Di–So 9–20 Uhr, Mo geschl., Eintritt frei.

• *Information* Largo Corona d'Italia 35, etwas versteckt in einer Passage beim breiten Viale delle Fosse. Di–So 9–13, 14–18 Uhr. ✆ 0424/524351, ℻ 525301, infobassano@libero.it.

• *Übernachten* *** **Brennero**, völlig renoviert und ganz ruhig. Kleine, ordentliche Zimmer. Parken kann man auf einem benachbarten Parkplatz, der nachts abgeschlossen wird. DZ mit gutem Frühstück ca. 70–100 €. Via Torino 7 (beim Viale del Fosse, östlich der Altstadt, leicht vom Bhf. zu erreichen), ✆ 0424/228538, ℻ 227021, www.hotelbrennero.com.

*** **Al Castello**, am Platz vor der Burg, fast am höchsten Punkt der Stadt, das einzige Hotel in der Altstadt. Kleineres Haus mit schönem Blick über die Stadt. Unten Frühstücksraum und Café mit rosa Stühlen, Zimmer solide möbliert, teils recht kleine Bäder. DZ mit Frühstück ca. 80–112 €. Parkmöglichkeit vorhanden. Piazza Terraglio 20, ✆/℻ 0424/228665, www.hotelalcastello.it.

*** **Victoria**, modernes, sehr gepflegtes Haus, zwar an einer lauten Verkehrsstraße, aber schallisoliert. Nett eingerichtete Zimmer mit TV, WiFi, Frigobar und Klimaanlage. Familiär geführt, hauseigener Parkplatz, 5 Fußminuten in die Altstadt. DZ mit Frühstück ca. 70–116 €. Viale Diaz 33, ✆ 0424/503620, ℻ 0424/503130, www.hotelvictoria-bassano.com.

Ostello Don Cremona, südlich vom Zentrum, Jugendherberge mit 80 Betten in Zwei- und Mehrbettzimmern, Übernachtung pro Pers. ca. 14 € (ohne Frühstück), im DZ mit eigenem Bad 23 €. Auf Wunsch Frühstück, Mittag-/Abendessen. Großer Parkplatz. Einchecken Mo–Fr 8.30–12.30, 16–22, Sa 8.30–12, 19–22, So 19–22 Uhr. Via Chini 6, ✆/℻ 0424/219137, www.ostellobassanodelgrappa.it.

• *Essen & Trinken* **TIPP! Ottone**, elegantes Ristorante im Laubengang, seit 1870 in Betrieb. Die weit gefächerte Speisekarte bietet *baccalà alla vicentina, fegato alla veneziana*, aber auch Gulasch. Sehr beliebt, viel Atmosphäre. Mo-Abend u. Di geschl. Via Matteotti 40–50, ✆ 0424/522206.

Al Caneseo kleine „Osteria con cucina", zwei winzige Speiseräume, keine Speisekarte, dafür Empfehlungen vom Padrone. Mo geschl. Via Vendramini 20 (führt von der Piazza Garibaldi zur Burg).

Il Garibaldi, sympathische Osteria an der Piazza vor dem Kastell, Terrasse mit Bierbänken vor der Tür. Do geschl. Piazza Terraglio 37, ✆ 0424/523796.

Trattoria del Borgo, gemütliche Osteria ein wenig oberhalb der Piazza Terraglio, rechts neben dem Kastell, auch im Freien kann man hier sitzen. Sa-Mittag u. Mi geschl. Via Margnan 7, ✆ 0424/522155.

Al Ponte, populäres Fischlokal am Westufer der Brenta, wenige Meter unterhalb der überdachten Brücke, Blick auf Fluss und Brücke, im Sommer viele Plätze im Freien. Di-Mittag und Mo geschl. Via Volpato 60, ✆ 0424/219274.

• *Osterien und Bars* **Terraglio**, an der gleichnamigen Piazza vor dem Kastell, hübsch und authentisch im alten Stil aufgemacht, auch schön zum Draußensitzen. Mo geschl.

TIPP! Antica Osteria, wenige Schritte unterhalb vom Terraglio. Vor der Tür steht man mit seinem Glas in geselliger Runde, hinten gibt es auch ein paar Tische. Mo geschl. Via Matteotti 7.

Antica Bar, kleine Weinkneipe zwischen Piazza della Libertà und Alpini-Brücke, gute Weine im offenen Ausschank, die Preise pro Glas sind moderat. Do geschl. Via Menarola 3.

Al Saiso, lockere Birreria/Bruschetteria direkt vor dem Ponte degli Alpini, zu Popmusik lässt man sich die lecker belegten *bruschette* (geröstete Brotscheiben mit Beilagen) schmecken, auch vor der Tür einige Tische.

Ca' Brando, beliebter Treffpunkt in toller Lage rechts unterhalb der überdachten Brücke, direkt am Wasser. Nicht nur Wein, sondern auch „birra in botte" wird hier gerne getrunken. Di–Fr nur abends, Sa/So ab mittags, Mo geschl.

Bassano del Grappa/Umgebung

Monte Grappa: Der 1776 m hohe Berg nördlich von Bassano bietet eine unvergleichliche Aussicht in alle Richtungen, bei klarem Wetter bis Triest und Venedig. Er gilt als Symbol des italienischen Verteidigungswillens. 1917/18 tobten hier erbitterte und letztendlich siegreiche Abwehrschlachten der Italiener gegen die österreichisch-ungarische Armee. Auf der „Strada Cadorna" (SS 141) fährt man ab Romano d'Ezzelino 27 serpentinenreiche Kilometer hinauf bis zum Gipfelparkplatz (Tipp: Nur bei klarem Wetter machen, sonst sieht man unter Umständen nicht die Hand vor Augen). Im *Sacrario Militare di Cima Grappa*, einer monumentalen Gedenkstätte in Form von fünf konzentrischen Kreisen, sind dort die sterblichen Überreste von 12.600 Italienern aufbewahrt, mehr als 10.000 Österreicher ruhen nordöstlich des Römischen Tores (Portale Roma). Eindrucksvoller Überrest der militärischen Befestigungen ist etwas unterhalb der 5 km lange Tunnel *Galleria Vittorio Emanuele III*, von dem zahlreiche Seitentunnel zu Bastionen und Artilleriestellungen im Berg führen (nicht zugänglich). Daneben ist in einer ehemaligen Kaserne das *Museo Caserma Milano* eingerichtet. In der gemütlichen Gipfelraststätte „Rifugio Bassano" kann man sich stärken.

Öffnungszeiten **Museo Caserma Milano**, tägl. 9–12, 13.30–18 Uhr.

Ásolo: „Città dei cento orizzonti" – „Stadt der hundert Horizonte" – wird das reizvolle Städtchen in üppig grüner Hügellandschaft genannt, etwa 17 km östlich von Bassano. Hier lebte die Schauspielerin Eleonora Duse, Gefährtin des Dichters Gabriele d'Annunzio (→ Gardasee, S. 290, und Settignano bei Florenz, S. 620). Im Dom findet man einige Werke von Jacopo Bassano, Sebastiano Bastiani und Lorenzo Lotto. Schräg gegenüber steht die mit Außenfresken bemalte Loggia del Capitano mit dem *Museo Civico*. Es bewahrt Skulpturen von Canova, Gemälde sowie Erinnerungen an Eleonora Duse auf. Ihr *Haus* findet man in der Via Canova 306 (zu erkennen am Bogen, der über die Straße gebaut ist). Vom Domplatz führt die Via Regina Cornaro zum nahe gelegenen *Castello della Regina* hinauf, in dem einst Caterina Cornaro residierte. Vom Palast ist heute jedoch nur noch die mittelalterliche *Torre dell'Orologio* erhalten. Schließlich kann man von der Piazza Brugnoli am Albergo Al Sole vorbei zu den Ruinen der *Rocca* hinaufsteigen.

Tipp: Im Zentrum staut sich der Ausflugsverkehr, unbedingt vor dem Ortseingang am Parkplatz „Forestuzzo" (auch Wohnmobile) oder in der Tiefgarage „Cipressina" parken.

• *Öffnungszeiten/Eintritt* **Museo Civico**, Sa /So 10–12, 15–19 Uhr, Eintritt ca. 4 €, bis 25 J. 3 €, Schüler 2 €, Familien ermäß.

Rocca, Sa 10–12.30, 14–19, So 10–19 Uhr, Eintritt ca. 3 €.

• *Übernachten* **B & B Casa Solana**, unterhalb von Ásolo, wenn man von Casella d'Ásolo an der SS 248 die Via Forestuzzo nach Ásolo hinauf fährt, in die erste Straße links einbiegen. Renoviertes Landhaus aus dem 19. Jh., schöner, großer Garten, ruhige Lage. Das Zentrum von Ásolo ist einen knappen Kilometer entfernt. DZ mit Frühstück ca. 80–90 €. ✆ 0423/55754, ℻ 521843, www.casasolana.it.

• *Essen & Trinken* **Enoteca alle Ore**, sehr schöner Weinausschank unter den Arkaden, wo man auch leckere Kleinigkeiten essen kann. 10–14, 17–2 Uhr, Mo geschl. Via Browning 185.

Al Bacaro, ein paar Schritte weiter die Straße entlang, schummrig-gemütliche Osteria, die schon seit über hundert Jahren existiert. Mi geschl. Via Browning 165.

• *Shopping* Ein **Antiquitätenmarkt**, der zu den bekanntesten in Italien gehört, findet jeweils für zwei Tage am zweiten Wochenende jedes Monats auf der zentralen Piazza Garibaldi statt.

Possagno: Der kleine Ort steht ganz im Zeichen des hier geborenen Bildhauers Antonio Canova (1757–1822), eines Hauptvertreters des italienischen Klassizismus. Sein gewaltiges Grabmal *Tempio di Canova* ist dem Pantheon in Rom nachempfunden und überragt den Ort. Genau gegenüber der Auffahrt zum Tempio kann man das *Museo Canoviano* besichtigen, das aus einer umfangreichen *Gipsoteca* (mit hochmodernem Erweiterungsbau) und dem Geburtshaus des Künstlers besteht. Erstere ist Aufbewahrungsort so gut wie aller Gipsmodelle, die Canova für die verschiedenen Arbeitsprozesse bei der Herstellung seiner Marmorstatuen benötigte. Die *Casa Canova* wurde so rekonstruiert, wie sie in den letzten Lebensjahren Canovas aussah. Hier haben Gemälde, Tempera-Arbeiten, Zeichenstudien sowie Kupferstiche des Künstlers ihren Platz gefunden.

• *Öffnungszeiten/Eintritt* **Tempio di Canova**, April bis Okt. Di–Sa 9–12, 15–18 Uhr, Nov. bis März Di–Sa 9–12, 14–17 Uhr, Mo und während der Messen geschl. Eintritt frei.

Museo Canoviano, Mai bis Sept. Di–So 9.30–18 Uhr, Mo geschl. Eintritt ca. 7 €, über 65 und Stud. unter 25 J. 5 €, www.museocanova.it.

Masèr: Die *Villa Barbaro* aus dem 16. Jh. ist eins der Hauptwerke Palladios und gilt – zu Recht – als eine der schönsten Villen Venetiens. Das Innere schmückte Paolo Veronese mit äußerst kunstvoll und symbolträchtig gestalteten Fresken, am eindrucksvollsten im sogenannten „Saal des Olymp". Für die Besichtigung muss man unförmige Filzpantoffel über die Schuhe streifen, um das historische Parkett zu schonen.

Öffnungszeiten/Eintritt April bis Juni u. Sept./Okt. Di–Sa 10–18, So 11–18, Juli/August Di, Do, Sa 10.30–18, So 11–18, Nov. bis Febr. Sa/So 11–17 Uhr. Eintritt ca. 6 €, Stud. 4,50 €, Kinder (6–14 Jahre) 3 €. ✆ 0423/923004, www.villadimaser.it.

Marostica: wenige Kilometer westlich von Bassano, malerisches Örtchen am Fuß des *Monte Pausolino*, gänzlich von Mauern aus der Skaligerzeit eingeschlossen, die sich bis zur Hügelspitze hinaufziehen. Den Eingangsbereich bildet die zinnenbewehrte Torburg *Castello Inferiore*, in dem das Informationsbüro untergebracht ist. Hinter dem Stadttor öffnet sich die weite *Piazza Marostica*, landesweit berühmt für das in geraden Jahren am zweiten Sonntag im September stattfindende *Schachspiel* mit Menschen in historischen Kostümen des 15. Jh. als Schachfiguren (Eintrittspreise 10–80 €).

• *Information* **Associazione Pro Marostica**, im Castello Inferiore, hier kann man Tickets für das Schachspiel vorbestellen. 9–12, 15–18 Uhr. ✆ 0424/72127, ℻ 72800, www.marosticascacchi.it.

• *Essen & Trinken* **TIPP! Antica Osteria Madonnetta**, urgemütliche Osteria, die im Ersten Weltkrieg schon Hemingway beherbergt hat. Heute neu renoviert, aber im alten Stil, hinten kleiner, grüner Innenhof. Junger, aufmerksamer Wirt, leckere „Cucina tipica veneta" und entsprechender Wein. Do geschl. Via Vajenti 21 (Seitengasse an der westlichen Platzseite), ✆ 0424/75859, www.osteriamadonnetta.it.

Anfahrt über das östliche Südtirol

Von der Brenner-Autobahn abzweigen und durchs *Pustertal* oder auf der *Großen Dolomitenstraße* in den gebirgigen Norden des Veneto vorstoßen. Letztere Strecke benötigt deutlich mehr Zeit und führt über steile Pässe mit vielen Kurven, ist aber eine der schönsten Dolomitenstraßen (→ S. 153).

Cortina d'Ampezzo

ca. 7000 Einwohner

Berühmter Wintersportort, eingebettet zwischen mächtige Dolomitenzinnen. 1956 wurden hier die Olympischen Winterspiele ausgetragen, hohes Preisniveau. Im Sommer reizt die wunderschöne Umgebung mit zahllosen Wandermöglichkeiten, diverse Seilbahnen und Sessellifte erklimmen die Steilhänge rundum.

Als Ort bietet Cortina nicht viel, besitzt aber hübsche alpenländische Architektur mit Holzbalkons und eine lange Fußgängerstraße. Die große *Pfarrkirche* fällt durch ihren schlanken, weißen Turm auf, dessen Glockenspiel Big Ben nachempfunden ist. Bis zu 40.000 Gäste tummeln sich in Cortina im Winter, aber auch im Hochsommer flüchten viele Italiener vor der Hitze in die kühleren Berge.

• *Information* **Ufficio Turistico**, Piazzetta San Francesco 8 (unterhalb der Pfarrkirche). Liste von Hotels und Privatunterkünften, Stadtplan, Umgebungskarte mit Wanderwegen, Sportmöglichkeiten. Mo–Sa 10–13, 14.30–19, So 10–13 Uhr. ✆ 0436/3231, ℻ 3235, www.infodolomiti.it.

• *Übernachten* *** **Villa Gaia**, pieksaubere Zimmer in der Nähe vom südlichen Ortsausgang (von der Via Roma rechts ab). DZ mit Frühstück ca. 90–160 €. Via delle Guide Alpine 96, ✆ 0436/2974, ℻ 862170, www.hotelvillagaia.it.

Wenige Kilometer unterhalb der Stadt auf dem Campo di Sotto bzw. Campo di Sopra am Fluss Boite liegen drei Campingplätze, beschildert an der SS 51: **Cortina** (ganzjährig), **Rocchetta** (Dez. bis Ostern u. Juni bis Sept.) und **Dolomiti** (Juni bis Sept.), von der Stadt stündlich zu erreichen mit Bus 2 ab Piazza Roma. Ein weiterer Platz, **Olympia** (ganzjährig), liegt oberhalb von Cortina d'Ampezzo an der Straße nach Dobbiaco (Toblach).

• *Essen & Trinken* **Baita Fraina**, allein stehendes Haus in ruhiger Hügellage südlich von Cortina, zu erreichen auf schmalem Sträßchen ab SS 51 (beschildert). Bei Familie Menardi fühlen sich vor allem Urlauber mit Kindern wohl, denn es gibt eine große Spielwiese, die man von der Sonnenterrasse einsehen kann. Mit Zimmervermietung. Mo und Mai/Juni sowie Okt./Nov. geschl. ✆ 0436/3634.

TIPP! **Self-Service Stazione**, im Busbahnhof an der Via Marconi (oberhalb vom Zentrum), das preiswerteste Essen in Cortina. Nur mittags 11.30–14.30 Uhr, Sa und im Winter geschl. ✆ 0436/2529.

• *Sport* Mountainbikes, Hallenbad, Golf, Minigolf, Reiten, Tennis, Eisstadion, Rafting, geführte Wanderungen und Fitnesscenter. Spezialbroschüren im Tourist-Büro.

• *Lifte* Eine ganze Reihe, im Sommer tägl. 9–17 Uhr. Die reizvollste Tour startet am Olympiastadion – die Seilbahn „Freccia nel Cielo" geht über Col Druscie und Ra Valles bis auf den 3243 m hohen Gipfel des **Tofana di Mezzo** (hin/zurück ca. 28 €) – bei klarem Wetter kann man bis zum Meer sehen.

Von Cortina d'Ampezzo nach Venedig

Schnellste Verbindung ist die SS 51, die den Fluss Boite entlang über *San Vito di Cadore* schnurstracks nach Süden führt. Im oberen Teil des Tales wird noch Ladi-

Bootsverleih am größeren der beiden Montiggler Seen (Südtirol) (EF) ▲▲
Auf dem 2.950 m hohen Sass Pordoi (Venetien) (EF) ▲

▲▲ Der breite Brenta-Fluss in Bassano del Grappa (EF)
▲ Blick auf den Canal Grande in Venedig (EF)

Das Skaligerkastell von Sirmione ▲▲
(Gardasee) (EF)

In Bardolino (Gardasee) (EF) ▲▲
Gondoliere bei der Rialto-Brücke ▲
(Venedig) (EF)

▲▲ Die pittoreske Einsiedelei von Santa Caterina del Sasso (Lago Maggiore) (EF)
▲ Malerische Hausfassaden am Comer See (EF)

nisch gesprochen (→ S. 140). Bei etwas mehr Zeit kann man auch die SS 48 zum Lago di Misurina nehmen, dann weiter auf der „SS 51 bis“ das Tal des *Ansiei-Flusses* entlang, der an mehreren Stellen gestaut ist. An letzterer Strecke liegt der große Fremdenverkehrsort *Auronzo di Cadore* am hübschen *Lago di Santa Caterina.*

Messner Mountain Museum Dolomites: Südlich von Cortina hat der ehemalige Extrem-Bergsteiger Reinhold Messner auf dem *Monte Rite* in 1281 m Höhe ein mächtiges Fort aus dem Ersten Weltkrieg zum eindrucksvollen Dolomiten-Museum umgebaut, genannt das „Museum in den Wolken“. Man erreicht es auf der SS 51, indem man nach dem Lago di Vodo auf die SS 347 abzweigt und über Cibiana di Cadore bis zum Passo di Cibiana fährt. Von dort zu Fuß in 1,5 Std. oder per Shuttlebus in 15 Min. (hin u. zurück ca. 9 €, Kinder 6 €) zum Gipfel mit umfassendem Dolomitenrundblick.

Öffnungszeiten/Eintritt Anfang Juni bis Anfang Okt. tägl. 10–13, 14–17 Uhr (Juli bis Mitte Sept. bis 18 Uhr), Eintritt ca. 5 €, Kinder 6–14 J. 3 €, Familien 12 €, www.messner-mountain-museum.it.

Lago di Misurina: Dieser malerische, kleine See liegt etwa 15 km von Cortina d'Ampezzo in fast 1800 m Höhe – Lage und Rundumblick gehören zu den schönsten in den Dolomiten.

Eine etwa 8 km lange Panoramastraße (das letzte Stück ist kostenpflichtig) führt hinauf zum wunderbar gelegenen „Rifugio Auronzo“ in 2300 m Höhe vor der majestätischen Kulisse der *Tre Cime di Lavaredo/Drei Zinnen* (2998 m). Von dort führt ein leicht zu bewältigender Wanderweg in etwa 90 Min. zur „Dreizinnenhütte“ an der Nordseite des Massivs, wo man den weltberühmten Dreizinnenblick hat.

• *Übernachten/Essen & Trinken* **Locanda al Lago**, urige Pizzeria mit Zimmervermietung direkt am Nordufer, herrlicher Blick. DZ ca. 75–105 €, Frühstück extra. ✆ 043/539222, www.quinz.net.

Camping Alla Baita, kleines, schattenloses Wiesengelände hinter dem Nordende des Sees. Mitte Juni bis Mitte Sept. Keine Buchung möglich. ✆/℻ 043/539039.

Lago di Pieve di Cadore: lang gestreckter Stausee mit Wiesenufern, hoch darüber *Pieve di Cadore*, der Geburtsort Tizians (1490–1576). Auf der zentralen Piazza Tiziano ist der Meister mit Pinsel und Palette in Bronze verewigt. Etwas unterhalb der Piazza steht sein Geburtshaus, das besichtigt werden kann.

Öffnungszeiten/Eintritt **Casa natale del Tiziano**, Anfang Juni bis Mitte Sept. Di–So 9.30–12.30, 16–19 Uhr, August tägl. geöffnet. Eintritt ca. 2 €. ✆ 0435/32262.

Holz für Venedig

Buchstäblich lebenswichtig waren die Belluneser Dolomiten in früheren Jahrhunderten für das traditionell waldarme Venetien. Hier, in den Waldgebieten um Belluno, die heute als Naturpark „Parco Nazionale delle Dolomiti Bellunesi“ ausgewiesen sind, schlugen Generationen von Holzfällern die starken, harzhaltigen Stämme, auf denen ein Großteil der Lagunenstadt Venedig steht. Mit biegsamen Gerten zu großen Flößen zusammengebunden, wurde das Holz auf dem Piave bis in die Lagune von Venedig verschifft.

Belluno: hübsche Provinzhauptstadt in den südlichen Ausläufern der Alpen, ca. 70 km von Cortina d'Ampezzo. Das beschauliche, alte Zentrum liegt malerisch auf einer Landzunge über dem Piavetal – schöne Gassen mit Laubengängen, der repräsentative Domplatz und die lang gestreckte Piazza Tre Martiri mit ihren eleganten Cafés machen Vorfreude auf den Süden.

Treviso

ca. 87.000 Einwohner

Wohlhabende Stadt mit reizvollem Stadtzentrum innerhalb eines intakten Rings von Mauern und Bastionen – stimmungsvolle Plätze, Häuser mit alten Wandmalereien, rauschende Kanäle und lange Laubengänge. Die Weltfirma Benetton hat hier ihren Stammsitz.

Treviso liegt am Zusammenfluss der Flüsse Sile und Botteniga. Wasser ist das beherrschende Element, auf das man immer wieder trifft – ein Höhepunkt ist der malerische Fisch- und Gemüsemarkt *Pescheria* auf einer Insel im Fluss Botteniga. Mittelpunkt der Stadt ist die *Piazza dei Signori* mit dem gotischen *Palazzo dei Trecento,* in dessen geräumiger Loggia zwei Cafés untergebracht sind. An der Längsseite der Piazza steht der *Palazzo del Podestà,* eine neugotische Konstruktion des 19. Jh. An seiner Rückseite findet man auf der Piazza San Vito die beiden Kapellen *Santa Lucia* und *San Vito,* in denen verschiedene mittelalterliche Fresken und Gemälde erhalten sind.

Die von Laubengängen gesäumte Hauptgasse namens *Calmaggiore* führt zum Dom. Durch eine Passage neben dem Modegeschäft Max Mara (Nr. 10) kommt man zur *Fontana delle Tette,* einer Frauengestalt mit üppigen Brüsten, aus denen heute Wasser sprudelt – früher sollen hier neu gewählte Bürgermeister die Einwohner drei Tage lang mit Rot- und Weißwein aus dem Busen bewirteten haben. Der siebenkuppelige Dom *San Pietro* wirkt mit seiner klassizistischen Vorhalle eher monumental als schön, vom mittelalterlichen Ursprung ist bis auf die Löwen am Fuß der Treppen kaum noch etwas zu spüren. Unmittelbar daneben stehen das *Baptisterium* aus dem 12. Jh. und der Glockenturm, alles aus schlichtem Backstein erbaut. Im Innenraum finden sich in der *Cappella Malchiostro* (am Ende des rechten Seitenschiffs) Fresken des frühen 16. Jh. von Pordenone sowie die „Verkündigung", eins der schönsten Altarbilder von Tizian.

Im südwestlichen Teil des Zentrums steht die gewaltige Backsteinkirche *San Nicolò.* Die stämmigen Rundpfeiler im Innenraum tragen Fresken von Tommaso da Modena (14. Jh.), an den Seitenwänden hängen große Ölgemälde. Im benachbarten *Seminario,* einem ehemaligen Dominikanerkloster, das heute als Priesterseminar fungiert, findet man einen schönen Kreuzgang und Kapitelsaal mit weiteren Fresken von Tommaso, die Dominikanermönche an ihren Schreibtischen darstellen.

• *Öffnungszeiten/Eintritt* **Seminario**, Sommer Mo–Fr 8–18 Uhr, Winter Mo–Fr 8–12.30,15–17.30 Uhr, Eintritt frei.

• *Anfahrt/Verbindungen* **Pkw**, gebührenpflichtige Parkplätze im Zentrum, z. B. Domplatz und Piazza Vittoria (bei der Kirche San Nicolò). Kostenlose Parkmöglichkeiten im Nordosten außerhalb der Stadtmauern beim Fußballstadion (ausgeschildert), von der Piazza dei Signori ca. 15–20 Fußmin. Dort auch ein **Stellplatz für Wohnmobile**.

Bahn, jede halbe Stunde Verbindungen nach Venedig und Udine, stündl. nach Padua. Bahnhof liegt südlich vom Sile, man überquert den Fluss und kommt in wenigen Fußminuten ins Stadtzentrum.

Der Airport **Canova** liegt etwa 2 km westlich vom Zentrum, angeflogen wird er u. a. von Germanwings (Köln-Bonn) und Ryanair (Frankfurt-Hahn). Alle 30 Min. fährt Bus 6 ins Zentrum, außerdem fahren Busse direkt nach Venedig (knapp 30 Min.). ✆ 0422/315111, www.trevisoairport.it.

Venetien
Karte S. 168/169

• *Information* **IAT**, im Palazzo Scotti, Via Sant'Andrea 8, von der Piazza dei Signori beschildert. Mo 9–13, Di–Fr 9–13, 14–18 Uhr, Sa 9–13, 15–18, So 9.30–12.30, 15–18 Uhr. ✆ 0422/547632, ✆ 419092, http://turismo.provincia.treviso.it.

• *Übernachten* Unterkünfte gibt es nur eine Hand voll.

** **Il Focolare**, ganz zentral hinter der Piazza dei Signori, gepflegter Standard, 14 ordentliche Zimmer. DZ mit Bad ca. 100 € Piazza Ancilotto 5, ✆/✆ 0422/56601, www.albergoilfocolare.net.

• *Essen & Trinken* In Treviso gibt es eine ganze Reihe von interessanten und stimmungsvollen Lokalen, um den Fischmarkt auch einige typische Osterien im alten Stil.

TIPP! Toni del Spin, Holzboden, schwere Balken, warmes Licht und freundliche Atmosphäre – eine Trattoria aus dem Bilderbuch. Hier schmecken Fleischgerichte wie *coniglio in taglia al rosmarino* (Kaninchen) oder *stinco di maiale con polenta* (Schweinshaxe), natürlich auch der traditionelle *baccalà*. Mo-Mittag und So geschl. Via Inferiore 7, nicht weit vom Tourist-Info. ✆ 0422/543829.

Osteria al Corder, stilvolles Ambiente in der Fußgängerzone, nahe beim Fischmarkt, prima Weine und gutes Essen zu angemessenen Preisen, dazu netter Service. Mo geschl. Via Palestro 37, ✆ 0422/547747.

Muscoli's, urige Kneipe beim Fischmarkt, hier kehren die Marktverkäufer ein, entsprechend herzhaft ist das Angebot – von Kuttelsuppe bis Meeresgetier. So geschl. Via Pescheria 23, ✆ 0422/583390.

Va' Pensiero, nur wenige Schritte vom „Muscoli's", eine „Tipica Osteria con cucina", zwei gemütliche Innenräume und Tische im Schatten eines Laubengangs direkt beim Fischmarkt. Mi geschl. Via Pescheria 41, ✆ 0422/582719.

TIPP! Osteria da Arman, heimeliges, altes Lokal, in dem hauptsächlich Einheimische aller Altersklassen einkehren. Hervorragende trevisanische „Cucina casalinga" zu günstigen Preisen. Freundliche, junge und engagierte Bedienung. Via Manzoni 27, ✆ 0422/547747.

TIPP! Dai Naneti, nahe der Piazza dei Signori. Liebenswerter Lebensmittelladen und Osteria in einem – Käsespezialitäten, Wurst, Schinken und Würste, Olivenöl und Wein kann man hier kaufen, mittags isst man im Stehen saftige Panini. Mi-Nachmittag u. So geschl. Viccolo Broli 2.

Prosecco-Region: Nördlich von Treviso, zwischen Conegliano und Valdobbiadene, liegen die üppig bewachsenen Hügel, aus denen der perlende Prosecco stammt, den man im Veneto als ein Gläschen „ombra" zu sich nimmt (→ Venedig). Eine Fahrt entlang der Weinstraße zwischen *Conegliano* und *Valdobbiadene* (über San Pietro di Feletto und Farra di Soligo) dauert leicht einen halben Tag oder länger, fast jedes Dorf hat eine „Bottega del Vino", wo man Prosecco degustieren und kaufen kann, bei vielen Winzern ist auch Direkteinkauf möglich. Ein Abstecher lohnt unterwegs zur mittelalterlichen Zisterzienserabtei *Abbazia di Follina*.

Die hübsche Altstadt von *Conegliano* schmiegt sich an einen Hügel. Direkt neben der zentralen Piazza Cima steht die freskenbemalte *Scuola dei Battuti*. Unter den Arkaden befindet sich der Eingang zum *Dom* mit dem Altarbild „Thronende Madonna und Kind" vom einheimischen Maler Cima (1493). Im schmalen Hof neben dem Dom führen Stufen zur *Sala dei Battuti*, dem großen Innenraum der Scuola, hinauf, die vollständig mit Fresken des 16. Jh. ausgemalt ist. Von der Piazza Cima führt auch ein Fußweg zur mittelalterlichen Burg mit weitem Blick in alle Richtungen hinauf.

• *Öffnungszeiten/Eintritt* **Abbazia di Follina**, 6.30–11.50, 14.30–19 Uhr, Eintritt frei.

Sala dei Battuti, Sa/So 10–12, 15–18 Uhr.

• *Übernachten* *** **Vecchio Municipio**, am Ortsausgang von Valdobbiadene an der Straße in Richtung Follina. 20 Zimmer und vier Suiten sind geschmackvoll unter Verwendung von viel Holz eingerichtet, jeweils TV, Frigobar und Internetanschluss. Der Sohn des Hauses betreibt die Trattoria alla Cima (→ unten). Netter Service, es wird auch Deutsch gesprochen. DZ mit Frühstück ca. 80–100 €. Via Berti 6, ✆ 0423/975414, ✆ 974273, www.hotelvecchiomunicipio.com.

B & B Azienda Agricola Roccat, etwa 1 km

außerhalb in Richtung Saccol. Sechs gemütliche Zimmer mit Holzböden und -decken im Weingut der Familie Codello, jeweils TV und Internetanschluss. Via Roccat e Ferrari 1, ✆ 0423/972839, ✆ 971772, www.roccat.com.

• *Essen & Trinken* **Al Contadin**, etwas versteckt in Miane gelegene Osteria, westlich von Follina. Familiär geführt, über dem offenen Kamin werden die typischen traditionellen Fleischspieße gegart, eigenes Weingut. Via Capovilla 17. ✆ 0438/960064.

Locanda Da Condo, im Zentrum des Weinbauerndorfs Col San Martino. Enrico Canel bietet in seiner Trattoria typische Regionalgerichte, dazu trinkt man natürlich Prosecco. Di-Abend und Mi geschl. Via Fontana 134, ✆ 0438/898106.

Osteria dei Colli, genau gegenüber der Locanda da Condo. Die wohl urigste Weinstube im Prosecco-Gebiet, voll gestopft mit Nippes, vor der Tür nettes, schattiges Plätzchen, hinten zwei Tische mit Gedeck. Do geschl. Piazza Fontana 133.

Alla Cima, mitten im Hügelgebiet des Prosecco (beschildert in Valdobbiadene). Geführt von Familie Rebuli, herrlicher Blick ins Piavetal und hervorragende Küche mit saisonabhängigen Produkten der Region, Schwergewicht auf Fleisch vom Grill. Gutes Preis-/Leistungsverhältnis. Mo-Abend und Di geschl. San Pietro di Barbozza, Via Cima 8, ✆ 0423/972711.

Padua

Padova • ca. 230.000 Einwohner

Großes Wirtschafts- und Messezentrum, seit dem 13. Jh. Universitätsstadt, dank der Basilika des heiligen Antonius außerdem eins der wichtigsten Wallfahrtsziele Italiens. Im historischen Zentrum dominieren großzügige Plätze und lange, stimmungsvolle Arkadengänge. Touristen kommen hauptsächlich wegen einiger bedeutender Kunstwerke, allen voran die Giotto-Fresken in der Cappella degli Scrovegni.

In den vierziger Jahren des 19. Jh. war Padua ein wichtiger Versammlungspunkt der liberalen Bürger und Studenten, die die Einigung Italiens anstrebten. Im Februar 1848 lieferte man sich eine Schlacht mit der Polizei der österreichischen Besatzungsmacht, das berühmte Caffè Pedrocchi mit seinen bis heute erhaltenen Einschusslöchern ist ein Zeuge dieser turbulenten Vergangenheit. Dank der ausgeprägten Studentenszene gibt es etliche Kneipen, Ausstellungen und Kinos, die jedoch nur während der Semesterzeit für Abwechslung sorgen.

Tipp: Padua liegt nur eine knappe Zugstunde von Venedig entfernt – als Ausweichquartier für die chronisch überfüllte Lagunenstadt also sehr überlegenswert.

Anfahrt/Verbindungen/Information

• *Anfahrt/Verbindungen* **Pkw**, sehr großer gebührenpflichtiger Parkplatz an der Südseite des Prato della Valle im Süden der Stadt, Nähe Basilica di Sant'Antonio.

Bahn, Bahnhof im Norden der Stadt, der Corso del Popolo (später Corso Garibaldi) führt schnurgerade ins Zentrum, ca. 1,5 km. Häufig Verbindungen nach Venedig.

Bus, APS-Stadtbusse (www.apsholding.it) fahren ab Bahnhof, außerdem eine neue Tramlinie (www.trampadova.it) quer durchs Zentrum zum Prato della Valle. SITA- und ATP-Busse in die Umgebung fahren ab Piazzale Boschetti (vom Bhf. geradeaus und vor dem Fluss links), Bus 15 fährt alle 30 Min. von und zum Flughafen „Marco Polo" (Venedig).

• *Information* **Stazione FS** (Bahnhof). Mo–Sa 9–19, So 9.15–12.30 Uhr. ✆ 049/8752077.

Galleria Cappellato Pedrocchi, im Durchgang neben dem gleichnamigen Café. Mo–Sa 9–13.30, 15–19 Uhr. ✆ 049/8767927.

Piazza del Santo, Kiosk schräg gegenüber der Basilica di Sant'Antonio. April bis Okt. Mo–Sa 9–13.30, 15–18, So 10–13, 15–18 Uhr. ✆ 049/8753087.

Internet: www.turismopadova.it.

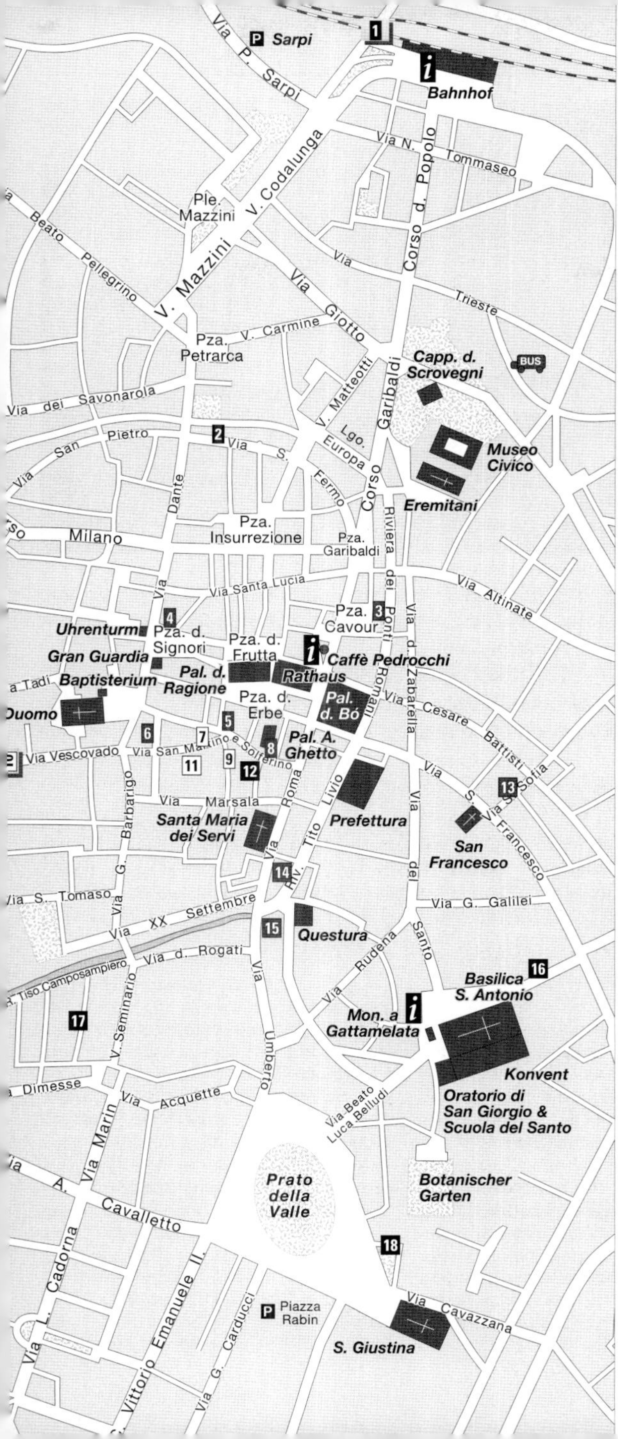

Übernachten

1 B & B Tibetan House
2 Sant'Antonio
12 Majestic Toscanelli
16 Casa del Pellegrino
17 Ostello Città di Padova (Jugendherberge)
18 Al Giardinetto

Essen & Trinken

3 Pepen
4 Grom
5 La Vecchia Enoteca
6 Antica Osteria dal Capo
8 Osteria dei Fabbri
13 Da Nane della Giulia
14 Grom
15 La Bottega di Antonio Ferrari

Nachtleben

7 Antica Osteria L'Anfora
9 Il Gottino
10 Joyce's Pub
11 The Highlander

50 m

Padua

Der Markt Paduas ist einer der größten Italiens

Übernachten (siehe Karte S. 197)

Vieles ist auf Pilger eingestellt, die meisten Möglichkeiten findet man deshalb im Umkreis der Basilika. An Messetagen ist die Stadt nicht selten weitgehend ausgebucht.

**** **Majestic Toscanelli (12)**, komfortable Oase mitten in den kleinen Gassen der Altstadt, sehr ruhig, Parkplatz. DZ mit Frühstück ca. 120–180 €. Via dell'Arco 2/Ecke Via San Martino e Solferino, ✆ 049/663244, ℻ 049/8760025, www.toscanelli.com.

*** **Al Giardinetto (18)**, Mittelklassehaus mit kleinem Park vor dem Haus direkt am Prato delle Valle 54, schräg gegenüber der Kirche Santa Giustina. DZ mit Frühstück ca. 80–120 €. ✆ 049/656766, ℻ 656972, www.hotelalgiardinetto.it

*** **Sant'Antonio (2)**, ordentliches und modern eingerichtetes Albergo in zentrumsnaher und ruhiger Lage, nach hinten Blick auf den Fluss Bacchiglione. DZ mit Bad ca. 82–94 €, Frühstück 7 €/Pers. Via San Fermo 118, ✆ 049/8751393, ℻ 8752508, www.hotelsantantonio.it

TIPP! ** **Casa del Pellegrino (16)**, große Herberge direkt neben der Basilika, mehr als 100 saubere, funktionale Zimmer, viele Pilger finden hier Quartier. Preisgünstiges Abendessen im Restaurant, Parkplatz im Hof (ca. 5 €/Tag). DZ mit Bad ca. 70–80 €, mit Etagendusche ca. 53–58 €, Frühstück ca. 7 €/Pers. Via Cesarotti 21, ✆ 049/8239711, ℻ 8239780, www.casadelpellegrino.com.

• *Privatzimmer* Die Initiative **Koko Nor** von Signora Luisa Chelotti vermittelt Zimmer mit Frühstück in Padua und Umgebung, DZ ca. 60–70 €. Zu empfehlen ist z. B. das hübsche **Tibetan House (1)** (✆ 338-3377912). Koko Nor, ✆/℻ 049/8643394, www.bandb-veneto.it/kokonor.

• *Hostels* **Città di Padova (IYHF) (17)**, gutes Jugendhostel im Zentrum, Nähe Prato della Valle. Mit Tram oder Bus 12, 18 ab Bhf. 112 Betten in 13 Schlafsälen, Gemeinschafts- und TV-Raum. Pro Pers. ca. 17–23 € mit Frühstück. Check-in 16–23 Uhr, ganzjährig geöffnet. Via Aleardo Aleardi 30, ✆ 049/8752219, ℻ 654210, www.ostellopadova.it.

• *Camping* **** **Camping Sporting Center** am nordöstlichen Ortsrand von Montegrotto Terme, ca. 10 km südlich von Padua. Wiesenplatz, teilweise mit Baumschatten, Pool und Thermalbad (ärztliche Indikation), ordentliches Restaurant. Vom Bhf. in Montegrotto Terme gut 2 km zu Fuß. ✆ 049/793400, ℻ 8911551, www.sportingcenter.it.

Essen & Trinken (siehe Karte S. 197)

Pepen (3), elegante Pizzeria/Ristorante in zentraler Lage, schön zum Draußensitzen, große Auswahl, etwas teurer. So geschl. Piazza Cavour 15, ✆ 049/8759483.

La Vecchia Enoteca (5), im ehemaligen jüdischen Viertel, elegantes Ambiente und gehobene Preise, sehr schön kann man auf der ruhigen Straße sitzen. Via San Martino e Solferino 32.

TIPP! **Osteria dei Fabbri (8)**, nur wenige Schritte entfernt, gemütlich wie ein Wohnzimmer, große, kommunikationsfördernde Holztische mit schönem Gedeck, venezianische Gerichte und gute Weine. Via dei Fabbri 13. ✆ 049/650336.

Antica Osteria dal Capo (6), in der Nähe vom Dom, sehr gute Küche, zum Wein leckere Appetithappen. So geschl. Via dei Soncin 43. ✆ 049/663105.

Da Nane della Giulia (13), ein wenig abseits, der Weg lohnt aber. Hübsch traditionell eingerichtete Osteria/Trattoria mit guter Küche, Spezialität *pasta e fagioli*, gelegentlich Livemusik. Nur abends, Mo geschl. Via Santa Sofia 1. ✆ 049/660742.

La Bottega di Antonio Ferrari (15), moderne Enoteca, Caffè und Salumeria, günstiger Mittagstisch, auch schön zum Draußensitzen auf der verkehrsberuhigten Flanierstraße. 7.30–23 Uhr. Via Umberto I 15.

• *Cafés* Zahlreiche Möglichkeiten um den Palazzo della Ragione, wo werktags der große Markt stattfindet.

Caffè Pedrocchi, elegantes Kaffeehaus schräg gegenüber der Uni, wenige Schritte von der Piazza Cavour. Im 19. Jh. Treffpunkt der Anhänger der Widerstandsbewegung gegen Österreich. Drinnen sitzt man auf samtbezogenen Sesseln in Rot, Weiß und Grün (weitgehend Originalmobiliar) zwischen Marmor und „griechischen" Säulen, auch eine Außenterrasse gibt es. Im grünen Salon muss man übrigens nichts bestellen, so wurde es von den Gründern in der revolutionären Zeit um 1831 festgeschrieben – nicht nur Adlige sollten ihre Zeit im Kaffeehaus verbringen können. Im „Piano Nobile" wurde vor einigen Jahren ein Museum eröffnet (→ Sehenswertes). Di–So 8–23.30 Uhr, Mo geschl. Via 8 Febbraio 15.

• *Eis* **Grom (4/14)**, Slow-Food-Eisdiele mit Zutaten aus ausschließlich organischen Anbau, beste Materialien aus ganz Europa. Etwas teurer. Via Roma 101 und Piazza dei Signori 33.

Nachtleben/Shopping (siehe Karte S. 197)

• *Osterien und Kneipen* Die Studentenstadt Padua hat daran keinen Mangel, geöffnet ist mindestens bis Mitternacht, an Wochenenden oft länger.

TIPP! **Antica Osteria L'Anfora (7)**, im ehemaligen jüdischen Viertel, mit dunklem Holz gemütlich eingerichtet, beliebter Treff mit fröhlichen Gästen, an Wochenenden steht man bis auf die Straße. Preiswert, gute Weine und ebensolche Küche. So und Mo-Mittag geschl. Via dei Soncin 13.

Il Gottino (9), gemütliche Wein- und Musikbar ein paar Ecken weiter. So geschl. Via della Piazza 16.

The Highlander (11), groß aufgemachter Scottish Pub, tägl. geöffnet. Via San Martino e Solferino 69.

Joyce's Pub (10), der obligate Irish Pub darf natürlich auch in Padua nicht fehlen. So geschl. Via Euganea 2.

• *Shopping* Mo- bis Fr-Vormittag und Sa ganztägig großer Markt auf der **Piazza delle Erbe** und der **Piazza della Frutta**.

Sehenswertes

Cappella degli Scrovegni und Umgebung: Die äußerlich unscheinbare Kapelle steht inmitten der *Giardini dell'Arena*, einer schönen schattigen Parkanlage nicht weit vom Bahnhof. Ihr hoher Innenraum ist bis zur Decke vollständig mit fantastischen Fresken von Giotto bedeckt – sie begründeten seinen Ruf als Vorläufer der Renaissance. 1303–1305 bemalte Giotto die Seitenwände auf einem tiefblauen Hintergrund in zahlreichen Einzelfeldern mit Szenen aus dem Leben von Maria und

- **Padova Card** (www.padovacard.it): Das Sammelticket „Padova Card" gibt es für 48 Std. (15 €) oder 72 Std. (20 €). Es bietet für einen Erwachsenen und ein Kind unter 14 Jahren freien Eintritt u. a. für Cappella degli Scrovegni, Musei Civici agli Eremitani, Palazzo della Ragione, Piano Nobile im Caffè Pedrocchi und Botanischen Garten, in weiteren Sehenswürdigkeiten ist der Eintritt ermäßigt. Zusätzlich können die städtischen Busse sowie die Tram kostenlos benutzt werden, für die Miete von Fahrrädern am Bhf. gibt es Rabatt. Erhältlich ist die Padova Card bei den Informationsstellen.
- **City Sightseeing Padova**: Ein bunt bemalter Bus mit offenem Oberdeck fährt von März bis Oktober etwa 5-mal tägl. durch das Zentrum von Padua. Das Ticket ist 24 Std. gültig und man kann an elf Stationen beliebig zu- und aussteigen, Preis ca. 13 €, Kind 5–15 J. 6 €, Familie (2 Erw., 2 Kinder) 26 €. Die Tickets gibt es online, im Bus oder bei der Infostelle an der Piazza del Santo. ✆ 049/8704933, www.padova.city-sightseeing.it.

Jesus, darunter setzte er symbolische Darstellungen der Tugenden und Laster und an die Eingangswand ein großes „Jüngstes Gericht". Am Altar stehen Marmorskulpturen von Pisano und der Sarkophag Enrico Scrovegnis, der Kirche und Fresken in Auftrag gab.

Der Eingang zur Kapelle führt durch die *Musei Civici agli Eremitani* im Kreuzgang der gleichnamigen Kirche. Neben Lapidarium und archäologischer Abteilung enthält es eine bemerkenswerte Gemäldesammlung venezianischer Meister des 14.–16. Jh., darunter ein hölzernes Kruzifix von Giotto.

Die *Chiesa degli Eremitani* wurde im Zweiten Weltkrieg durch Bombenangriffe völlig zerstört und wieder aufgebaut – doch die herrlichen Fresken von Mantegna sind großteils unwiederbringlich verloren.

- *Öffnungszeiten/Eintritt* **Cappella degli Scrovegni**, tägl. 9–19 Uhr, im Sommer bis 22 Uhr, Eintritt ca. 13 € (Stud. und Besucher von 6–17 J. 6 €), Mo 8 €, mit Padova Card gratis, Ticket auch gültig für die „Musei Civici agli Eremitani". Achtung: Für den Besuch der Kapelle ist eine Reservierung obligatorisch (mind. 24 Std. vorher), es dürfen jeweils nur 25 Pers. die installierte Luft- und Staubschleuse passieren, Aufenthalt in der Kapelle 20 Min. Reservierung unter ✆ 049/2010020 (Mo–Fr 9–19, Sa 9–18 Uhr) oder www.cappelladegliscrovegni.it. Anmeldegebühr 1 €, Abholung des Tickets 1 Std. vor Termin.

Musei Civici agli Eremitani, Di–So 9–19 Uhr, Mo geschl., Eintritt ca. 10 € (Stud. und Besucher von 6–17 J. 5 €).

Chiesa degli Eremitani, Mo–Fr 8–12.30, Sa/So 9–12.30, 16–19 Uhr, Eintritt frei.

Zentrum: Von Reichtum und Pracht der mittelalterlichen Handelsmetropole zeugt die großartige Komposition der beiden Plätze *Piazza delle Erbe* und *Piazza della Frutta*, letzterer mit täglichem Markt, der zu den größten im Land gehört – sehr erlebenswert. Zwischen den Plätzen prunkt der gewaltige *Palazzo della Ragione* mit offenen Loggien an beiden Längsseiten. Der riesige Innenraum *Il Salone* im Erdgeschoss ist heute mit kulinarischen Verkaufsläden belegt, der Saal darüber ist vollständig mit einem astrologischen und religiösen Freskenzyklus ausgemalt und kann besichtigt werden.

Einen Blick wert ist auch die anschließende hübsche *Piazza dei Signori* mit ihrem Uhrenturm. In der Nähe steht der *Dom* mit unvollendeter Fassade und weitgehend schmucklosem Innenraum. Das benachbarte *Baptisterium* ist vollständig mit Fresken aus dem 14. Jh. ausgemalt, die Szenen aus dem Leben Jesu und Johannes des Täufers darstellen.

Europaweites Pilgerziel: die Basilica di Sant'Antonio

Weiteres Zentrum für Stadtflanierer ist die gemütliche *Piazza Cavour* mit Cafés und Restaurants, dem benachbarten *Caffè Pedrocchi* (→ Essen & Trinken), in dessen Piano Nobile 2004 das *Museo del Risorgimento e dell'Età Contemporanea* eröffnet wurde und dem nahen *Palazzo del Bò*, dem Hauptgebäude der Universität – schon Galileo Galilei hat hier gelehrt. Die *Aula Magna* mit ihren endlosen Wappenreihen von ehemaligen Studentenschaften ist der älteste medizinische Hörsaal („Teatro Anatomico") der Welt und besitzt extrem enge und steile Sitzreihen.

Südlich der Piazza delle Erbe taucht man in die kleinen Altstadtgassen ein, in denen einst das jüdische Ghetto lag. Am Haus Via San Martino e Solferino 13 erinnert eine Tafel an diese Zeiten, in der Via della Piazza wurde die einstige Synagoge restauriert. Heute findet man hier überall kleine, gemütliche Osterien, die zum Einkehren einladen.

• Öffnungszeiten/Eintritt **Palazzo della Ragione**, Febr. bis Okt. Di–Fr 9–19 Uhr, Sa/So 10–12.30, 16.30–19 Uhr, Mo geschl., Eintritt ca. 4 €, Schül./Stud. 2 €, mit Padova Card gratis (bei Ausstellungen 8/4 € und kein Freieintritt mit der Padova Card).

Baptisterium, tägl. 10–18 Uhr, Eintritt ca. 2,80 €, Schül./Stud. 1,80 €.

Museo del Risorgimento e dell'Età Contemporanea, Di–So 9.30–12.30, 15.30–18.30 Uhr, Mo geschl., Eintritt ca. 4 €, Schül./Stud. 2,50 €.

Palazzo del Bò, Führungen Mo, Mi, Fr 15.15, 16.15, 17.15, Di, Do, Sa 9.15, 10.15, 11.15 Uhr; Eintritt ca. 5 € (Schül./Stud. 3,50 €).

Basilica di Sant'Antonio und Umgebung: Die byzantinische Konstruktion aus dem 12.–14. Jh. wirkt mit ihren acht Kuppeln und schlanken Spitztürmchen höchst eigenwillig. *„Il Santo"* wurde zu Ehren des heiligen Antonius errichtet, der in Portugal geboren war und seit Ende des 13. Jh. hier begraben liegt. Die Kirche hat sich seitdem zu einem landesweiten Pilgerziel entwickelt, der Devotionalienhandel blüht. Vor der Kirche steht das berühmte Reiterstandbild des *Gattamelata* – es stammt von Donatello und gilt als eins der bedeutendsten Werke der italienischen Frührenaissance.

Im linken Seitenschiff drängen die Gläubigen in die *Cappella di Sant'Antonio*. Hier ruht Antonius in einem großen Sarkophag, behängt mit zahllosen Medaillons und Fotos, die die Hilfe des Heiligen erflehen. Dramatisch und lebensecht wirken die großen Marmorreliefs an der Rückwand der Kapelle, die Szenen aus seinem Leben darstellen. Benachbart liegen die Kapelle der *Schwarzen Madonna* und die freskengeschmückte Kapelle des *Beato Luca Belludi*.

Im rechten Seitenschiff enthält die *Cappella di San Jacobus* einen berühmten Freskenzyklus von Altichiero (entstanden 1374–79): „Geschichte des heiligen Jakob von Compostela" und „Kreuzigung". Mit der Natürlichkeit seiner Gestalten ohne jegliche Steifheit der Formen war Altichiero ein entscheidender Vorläufer der Renaissance.

Höhepunkt der Pilgerfahrt ist die *Reliquienkapelle* in der Rückfront der Basilika, dort geht es im Gänsemarsch am goldenen Reliquiar mit Antonios nicht verwester Zunge (!) und seinem Unterkiefer mit fünf Zähnen vorbei.

Im Kreuzgang Chiostro delle Mostre rechts neben der Basilika wird eine *Tonbildschau* über das Lebenswerk des Sant'Antonio gezeigt. Außerdem gibt es im benachbarten Chiostro del Beato Luca Belludi das *Museo Antoniano* mit kirchlichen Schätzen, Ölgemälden und konservierten Fresken aus Kirchen und Klöstern sowie das *Museo Devozione Popolare* mit Pilgergaben an den Heiligen.

Zurück auf der Piazza findet man angebaut an die Basilika das *Oratorio di San Giorgio* und die *Scuola di Sant'Antonio* – ersteres ist vollständig mit Fresken von Altichiero ausgemalt, während die Scuola im Obergeschoss Fresken hauptsächlich aus dem 16. Jh. besitzt, einige davon sollen von Tizian stammen.

• *Öffnungszeiten/Eintritt* **Tonbildschau**, tägl. 9–12.30, 14–17.30 Uhr, Eintritt frei, Dauer 25 Min.

Museo Antoniano, Di–So 9–13, 14–18 Uhr, Mo geschl., Eintritt ca. 2,60 €, Schül./Stud. 1,60 €.

Museo Devozione Popolare, Di–So 9–13, 14–18 Uhr, Mo geschl., Eintritt frei. Infos unter www.basilicadelsanto.org.

Oratorio di San Giorgio und **Scuola del Santo**, beide April bis Sept. tägl. 9–12.30, 14.30–19 Uhr (übrige Zeit bis 17 Uhr), Eintritt einzeln ca. 2,50 €, Schül./Stud. 1,50 €, zusammen 4 bzw. 3,50 €.

Orto Botanico: gleich in der Nähe der Basilika, einer der ältesten Botanischen Gärten Europas, gegründet 1545 als Heilpflanzengarten der Medizinischen Fakultät. 1997 wurde er in die UNESCO-Liste des Weltkulturerbes aufgenommen.

Öffnungszeiten/Eintritt tägl. 9–13, 15–19 Uhr, Eintritt ca. 4 €, Schül./Stud. 1 €.

Prato della Valle und Santa Giustina: Der weite, ovale Platz im Süden Paduas – einer der größten Innenstadtplätze Europas – ist mit seinen Grünflächen, dem langen, statuengesäumten Wassergraben und seinem großen, zentralen Springbrunnen die beliebteste Flanier- und Ruhezone der Stadt.

Am Südende steht die mächtige Backsteinkirche *Santa Giustina*. Im monumentalen Innenraum stützen gewaltige Pfeiler die drei Schiffe, das große Altarbild „Martyrium der heiligen Justina" stammt von Veronese. Im linken Querschiff steht ein Sarkophag, der vermutlich die sterblichen Überreste des Evangelisten Lukas enthält. Geboren wurde der Apostel etwa 65 n. Chr. in der syrischen Stadt Antiochia, mit 84 Jahren starb er im griechischen Theben. Anhand neuer genetischer Untersuchungen konnte jüngst festgestellt werden, dass der Körper tatsächlich mit hoher Wahrscheinlichkeit aus dem antiken Syrien stammt und auch sein Alter den Lebensdaten des Evangelisten entspricht. Am Ende des rechten Querschiffs liegt der Zugang zum *Corridoro dei Martiri*, der die Basilika mit der Grabkapelle des heiligen Prosdocimus verbin det, dem ältesten christlichen Bethaus Paduas. Im Korridor steht ein mittelalterlicher Eisenkäfig mit den Überresten des hölzernen Sargs, der einst die Reliquien des heiligen Lukas enthielt.

Öffnungszeiten **Santa Giustina**, Mo–Sa 8–12, 15–20 Uhr, So 6.30–13, 15–20 Uhr.

Padua/Umgebung

Colli Euganei und Umgebung (Euganäische Hügel): Über hundert kegelförmige Erhebungen steigen südlich von Padua unvermittelt aus der Poebene an. Ein Abstecher in die schöne, üppig grüne Landschaft vulkanischen Ursprungs mit kleinen Dörfern und venezianischen Herrenhäusern lohnt sehr. Immer wieder genießt man herrliche Ausblicke, zahlreiche schön gelegene Gasthäuser bieten sich für Pausen an, auch Gelegenheit zur Weinverkostung gibt es und in mehreren Agriturismohöfen kann man übernachten. Am Rand der Hügelregion liegen mehrere gediegene Thermalorte, der bekannteste ist *Abano Terme*. Im malerischen Dorf *Arquà Petrarca* starb am 18. Juli 1374 Francesco Petrarca, neben Dante und Boccaccio der wahrscheinlich berühmteste italienische Dichter. Seine Villa „Casa Petrarca" in der Via Vallesselle enthält eine Fotodokumentation zu seinem Leben und Mobiliar des 16. Jh., z. T. auch noch angebliche Originalstücke von Petrarca, dazu zahlreiche Faksimiles seiner Schriften. Am Hauptplatz steht der *Sarkophag* Petrarcas vor der Kirche *Santa Maria*.

Öffnungszeiten/Eintritt **Casa del Petrarca**, März bis Okt. Di–So 9–12.30, 15–19 Uhr, übrige Zeit 9–12, 14.30–17.30 Uhr, Mo geschl. Eintritt ca. 4 €. ✆ 0429/718294.

Montagnana: südwestlich der Euganäischen Hügel, ca. 35 km von Padua. Das 10.000-Einwohner-Städtchen besitzt eine der schönsten Stadtbefestigungen Europas, perfekt erhalten ist der gesamte Mauerring samt 24 Türmen, vier Toren und einem breiten grünen Wallgraben. Im *Castello di San Zeno* an der Ostseite der Stadtmauer ist ein *Museo Civico* untergebracht, hauptsächlich mit Funden aus vorgeschichtlicher und römischer Zeit. In der Westbastion *Rocca degli Alberi* kann die Jugendherberge besichtigt werden. Der imposante *Dom* aus dem 15. Jh. steht am großen, freien Hauptplatz und besitzt großflächige Ölgemälde, Fresken und ein schönes, altes Chorgestühl.

Am ersten Sonntag im September findet im Graben das große mittelalterliche Reiterturnier *Palio dei 10 Comuni* statt, dessen Ursprünge bis 1259 zurückgehen.

• *Öffnungszeiten/Eintritt* **Museo Civico**, Führungen Mi–Fr 11 Uhr und mehrmals am Sa/So, Mo/Di geschl., Eintritt ca. 3 €. ✆ 0429/804128.

Jugendherberge Rocca degli Alberi, April bis Sept. 10–12, 15–18 Uhr, Eintritt ca. 1,50 €.

• *Übernachten* *** **Aldo Moro**, gepflegtes Albergo mitten in der Altstadt, wenige Schritte vom Hauptplatz. Garage und kleiner Garten. DZ mit Frühstück ca. 90–120 €. ✆ 0429/81351, ✆ 82842, www.hotelaldomoro.com.

TIPP! Ostello Rocca degli Alberi, Jugendherberge im Kastell Rocca degli Alberi, etwa 600 m vom Bhf. Tolle Atmosphäre im alten Turm, davor netter Garten, ruhig. Übernachtung mit Frühstück ca. 16–18 €. April bis Sept. ✆ 0429/804102, www.ostellomontagnana.it.

• *Essen & Trinken* **Da Stona**, gemütliche Trattoria mit Padovaner Hausmannskost und guter Weinauswahl. Nicht teuer. Mo geschl. Via Carrarese 51, ✆ 0429/81532.

Hostaria à la Rocca, „Enoteca con cucina" neben der Jugendherberge, hübsche, kleine Terrasse. ✆ 0429/804199.

Este: kleines Städtchen am Südfuß der Euganäischen Hügel, Stammsitz der gleichnamigen Dynastie. Lohnt einen Stopp wegen des wunderschönen Parks innerhalb der ehemaligen Burgmauern und wegen des Archäologischen Museums *Museo*

Nazionale Atestino am Parkeingang mit reichhaltigen Funden aus vorrömischer und römischer Zeit.

Öffnungszeiten/Eintritt **Museo Nazionale Atestino**, tägl. 9–20 Uhr, Eintritt ca. 4 € (18–25 J. ca. 2 €, unter 18 und über 60 J. frei).

Brenta-Kanal (Padua bis Venedig): Wer die Zeit hat, sollte von Padua nach Venedig bzw. umgekehrt nicht die schnurgerade Autobahn nehmen. Die SS 11 verläuft malerisch entlang des Brenta-Kanals, eine „liebliche" Wiesenlandschaft, in der zahlreiche Villen und Palazzi aus den letzten Jahrhunderten stehen. Der venezianische Adel hatte sich die natürlichen Vorzüge dieser Landschaft nicht entgehen lassen, denn man konnte gänzlich im Grünen wohnen, aber doch nur einen Katzensprung von der Stadt. Im 16. Jh. kanalisierte man die Brenta, die vorher immer wieder für Überschwemmungen gesorgt hatte. Seitdem entstanden am Ufer des Flusses Dutzende von Villen. Heute stehen die Prachtbauten z. T. leer, sind teilweise aber noch immer bewohnt. Einige können im Rahmen einer Führung besichtigt werden, z. B. die große *Villa Pisani* am östlichen Ortsausgang von *Stra*, die mit nahezu schlossartigem Charakter in einem weitläufigen Park liegt. Gekrönte Häupter, Eroberer und Diktatoren ließen sich hier immer gerne blicken, Napoleon erwarb den Palast sogar und 1934 fand hier das erste Treffen von Mussolini und Hitler statt.

• Öffnungszeiten/Eintritt **Villa Pisani**, April bis Sept. Di–So 9–20 Uhr, Okt. 9–18 Uhr, übrige Zeit bis 17 Uhr, Mo geschl.; Eintritt ca. 7,50 € (nur Park 4,50 €), 18–25 J. ermäß., frei unter 18 und über 65 J. ✆ 049/502270, www.villapisani.beniculturali.it.

• Anfahrt/Verbindungen Die **Linienbusse** zwischen Venedig und Padua stoppen an einigen der Villen.

Außerdem fährt von März bis Okt. das Motorschiff **Il Burchiello** 3-mal wöch. auf dem Brenta-Kanal von Venedig nach Padua bzw. umgekehrt (Rückkehr jeweils mit Bus). Dauer der Fahrt: ein ganzer Tag mit Besichtigung von drei Villen. Kostenpunkt je nach Saison ca. 68–81 € pro Pers., für Kinder und Jugendliche von 12–17 J. ca. 54 € (Preise inkl. Besichtigung), auch günstigere Halbtagesfahrten werden angeboten. Buchen kann man in den meisten Reiseagenturen im Umkreis von San Marco.

SITA S.p.A, Via Orlandini 3, I-35131 Padua, ✆ 049/8206910, ℻ 8206923, www.ilburchiello.it.

• Übernachten *** **Riviera dei Dogi**, historisches Haus in Mira, etwas abseits der Durchgangsstraße, 43 ordentliche Zimmer mit TV, freundlich geführt. Gutes Restaurant benachbart, Busstopp nach Venedig 5 Fußminuten entfernt. DZ mit Frühstück ca. 80–160 €. Via Don Minzoni 33, ✆ 041/424466, ℻ 424428, www.rivieradeidogi.com.

Ostello a colori, IYHF-Hostel ca. 5 km südlich von Mira in der Località Giare, nahe der vom WWF geschützten Lagune „Valle Averto". Moderne Jugendherberge mit 56 Betten. Schlafsäle mit acht/vier Betten (ca. 14/17 €/Pers.) und einige DZ (ca. 20 €/Pers.), Frühstück und Bettwäsche inbegriffen. Anreise: Zug bis Venedig, dann Bus ab Piazzale Roma Richtung Sottomarina, in Giare aussteigen und den Schildern 1 km weit folgen Ganzjährig. Via Giare 169, ℻ 041/5676097, ℻ 5679483, www.ostelloacolori.org.

Camping Serenissima → Venedig/Übernachten, S. 213.

Venedig

Venezia • ca. 60.000 Einwohner

Die einzigartige Stadt mitten in der Lagune hat nichts von ihrer Anziehungskraft verloren und gehört noch immer zu den schönsten und faszinierendsten Orten der Welt – trotz Touristenhorden, Nepp und horrenden Preisen. Wasser ist das alles beherrschende Element. Reizvollste Zufahrt: per Schiff von der Punta Sabbioni. Man landet fast unmittelbar in der berauschenden Szenerie um den Markusplatz!

Venedig wurde im 5. Jh. n. Chr. von Flüchtlingen gegründet, die vor den anrückenden Germanenheeren des Nordens auf die zahllosen kleinen Inseln der Lagune flüchteten. Sie bebauten nach und nach mehr als hundert Inseln und säumten die Ufer der dazwischen verlaufenden Wasserwege mit schweren Holzpfählen, auf denen ebenfalls prächtige Palazzi und Kirchen entstanden. Ein schier unglaublicher Kraftakt, der nur noch durch den gigantischen Aufschwung übertroffen wurde, den die Stadt im Mittelalter nahm. Jahrhundertelang war Venedig die mächtigste Seerepublik der bekannten Welt. In einer gewaltigen Expansionsbewegung unterwarf die „Serenissima" die gesamte Adria bis tief ins östliche Mittelmeer. Der Venezianer Marco Polo fand sogar den Weg ins ferne China und erschloss damit den Weg zu den fernöstlichen Gewürzen und Genussmitteln, die zuvor von arabischen Zwischenhändlern vertrieben worden waren. Dank des damit erworbenen Handelsmonopols auf Zucker, Salz, Pfeffer und Kaffee überschwemmten wahre Schätze die Republik. Dazu kamen ständige Beutezüge im Osten. Pracht und Reichtum der Stadt müssen ans Märchenhafte gegrenzt haben. Nur die allerbesten Künstler wurden verpflichtet, wenn es um die Ausstattung der Palazzi und Kirchen ging. Auch wenn diese Zeiten lange vorbei sind und Venedig heute zur Museumsstadt

Nur wenige Brücken überqueren den Canal Grande

degradiert ist, ist es noch immer ein Erlebnis, durch die Stadt zu schlendern. Es gibt über 3000 Gassen auf 118 Inseln, verbunden durch mehr als 400 Brücken und durchzogen von 177 Kanälen. Zahllose Schriftsteller und Künstler haben sich von der unverwechselbaren Atmosphäre dieser großartigen Stadt inspirieren lassen, gefolgt von endlosen Urlauberströmen, die seit dem 19. Jh. Venedig überfallen. Dieser Massentourismus macht Venedig mittlerweile schwer zu schaffen, denn mehr als 12 Millionen Besucher bevölkern alljährlich die Stadt mit ihren nur noch knapp über 60.000 Einwohnern.

Noch größer sind jedoch die Probleme, die vom Meer kommen, denn der Adriaspiegel steigt seit vielen Jahren kontinuierlich an und immer wieder drückt der warme, aus Süden wehende Scirocco riesige Wassermassen in die Lagune. Bis zu hundert Mal jährlich geben die venezianischen Sirenen Hochwasseralarm. Bei der bislang größten Flutkatastrophe im November 1966 stand der Markusplatz – die tiefste Stelle der Stadt – fast 2 m hoch unter Wasser und im Dezember 2008 erreichte der Pegel 1,58 m. Die Wohnverhältnisse in den unteren Stockwerken der morbiden Palazzi sind mittlerweile katastrophal: nasskalte Wohnungen im Winter, feuchtheiß im Sommer, oft steht das Wasser zentimeterhoch. Kein Wunder, dass jährlich an die 3000 Venezianer das sinkende Schiff in Richtung Festland verlassen, einen gewissen Ausgleich schafft lediglich der Zuzug wohlhabender Ausländer. Ein umstrittenes Milliardenprojekt namens „Mose“ (Modello sperimentale elettromeccanico) soll nun frühestens 2014 Abhilfe schaffen. Gebaut wird ein gewaltiges System von 79 mobilen Schleusentoren, das bei den drei Zufahrtskanälen Chioggia, Lido und Malomocco am Grund der Lagune liegt, bei Hochwasser aber mit Pressluft aufgerichtet wird, die Zugänge abriegelt und so Sturmfluten zurückhält. Umweltschützer kritisieren das Projekt heftig, da die toxischen Abwässer, die die petrochemische Industrie von Marghera seit Jahrzehnten in die Lagune pumpt, bei Schließung der Schleusentore nicht nach außen entweichen können

Anfahrt/Verbindungen

Venedig ist für jeglichen Pkw-Verkehr vollkommen gesperrt. Alle Fahrzeuge müssen für teures Geld auf den großen Parkplätzen am Stadteingang abgestellt werden.

Der Flughafen **Marco Polo** liegt etwa 8 km östlich von Mestre, am Rand der Lagune. ✆ 041/2606111, www.veniceairport.it.

Verbindungen von und zur Stadt: **Wassertaxi** (Taxi acqueo), die Fahrten mit den Motorbooten des „Consorzio motoscafi Venezia" kosten ca. 80 €. Zentrale ✆ 041/5222303, 24-Std.-Dienst ✆ 043/2573597, www.motoscafivenezia.it.

Autotaxi, ca. 50 €, ✆ 041/936222;

Alilaguna, rote und blaue Wasserbusse pendeln etwa alle halbe Std. ab Airport (ca. 6–24 Uhr) über Murano und Lido di Venezia nach San Marco Giardinetti (rote Linie fährt weiter nach Zattere Gesuati) und umgekehrt, Dauer ca. 70 Min., ca. 12 €. Außerdem gibt es eine direkte Verbindung vom Airport zur Punta Sabbioni (Litorale del Cavallino). ✆ 041/5416555 oder ✆ 041/5235775 (Hauptbüro), www.alilaguna.com;

ATVO-Bus, Expressbus etwa 2-mal stündl. ab Airport (ca. 8–24 Uhr) bis Piazzale Roma und umgekehrt (ca. 5–20 Uhr), 20 Min. Fahrtzeit, ca. 3 €. ✆ 0421/383672 (Airport), ✆ 0421/383671 (Piazzale Roma), www.atvo.it;

ACTV-Bus 5, alle halbe Stunde ab Airport zum Bahnhof Santa Lucia (werktags ca. 5.30–21.30, sonntags 7–20 Uhr) und umgekehrt (werktags 5.30–20.30, sonntags 6.30–20 Uhr), häufige Stopps, ca. 2,50 €. ✆ 0421/383672 www.actv.it.

• *Pkw* Täglich wälzen sich Autoschlangen und Buskarawanen auf dem Ponte della Libertà über die Lagune nach Venedig. Am Eingang zur Stadt liegen zwei Parkhäuser auf dem **Piazzale Roma**, ein weiteres auf der künstlich aufgeschütteten **Isola Tronchetto** (beschildert). Die Reservierung eines Stellplatzes ist dringend zu empfehlen (auch online möglich).

Autorimessa Comunale, Piazzale Roma, Parkgebühr 24 € für 24 Std. oder einen Teil dieser Zeit. ✆ 041/2727301, www.asmvenezia.it;

Garage San Marco, Piazzale Roma, Parkgebühr 26 € für 12 Std., 30 € für 24 Std. oder einen Teil dieser Zeit. ✆ 041/5232213, www.garagesanmarco.it;

Tronchetto Parking, Isola Nuova del Tronchetto, Parkgebühren ca. 21 € für 24 Std. oder einen Teil dieser Zeit. ✆ 041/5207555, www.veniceparking.it;

Sant'Andrea, Piazzale Roma, bewachter offener Parkplatz für Kurzzeitparker, 2 Std. ca. 4,50 €. ✆ 041/2727304, www.asmvenezia.it.

Verbindungen ins Zentrum: Vom Piazzale Roma zum Markusplatz fährt alle 10 Min. **Vaporetto 1** und hält dabei an fast jeder Station. Schneller geht es mit **Vaporetto 2**, ebenfalls alle 10 Min., der nur an wenigen Stationen am Canal Grande hält. Ein Taxiboot kostet ca. 45 €.

Tipp: Preiswerter als in Venedig parkt man in **Mestre**, der Parkplatz „Parking Stazione" liegt dort genau gegenüber vom Bhf. (bis 3 Std. 4 €, Mo–Fr mehr als 3 Std. 6 €, Sa/So 10 €, Camper bis 12 Std. 10 €, 24 Std. 20 €, ✆ 041/938021). Die Bahnfahrt über den Damm dauert keine zehn Minuten, die Züge verkehren häufig in beiden Richtungen und halten alle in Mestre.

Weitere Parkplätze liegen in der Nähe des Beginns der Autobrücke nach Venedig.

Vor allem für Badeurlauber vom Litorale del Cavallino und aus Lido di Jesolo, Cáorle etc. ist die Anfahrt durch die „Hintertür" sinnvoll, die eigentlich die Vordertür der Seerepublik ist. Man fährt dafür den Litorale del Cavallino entlang bis zum Westende, der **Punta Sabbioni**. Auf den dortigen Parkplätzen zahlt man ca. 7 € pro Tag (bewacht bis ca. 22 Uhr) und kann mindestens stündlich mit dem **Motonave** (Liniendampfer) gemütlich ins Herz der City tuckern. Angelegt wird an der Riva degli Schiavoni,

Karte S. 168/169

ca. 500 m östlich vom Markusplatz. Fahrtdauer ca. 45 Min., letzter Dampfer zurück gegen 23 Uhr.

• *Bahn* Die moderne **Stazione Santa Lucia** liegt direkt am Canal Grande, der Hauptwasserstraße von Venedig. Häufige Verbindungen nach Mestre, Padua, Verona und andere Städte des Veneto.

Vom Bahnhof zum Markusplatz kommt man mit Vaporetto 1 oder 2 (→ Abschnitt „Pkw").

• *Bus* Fernbusbahnhof am **Piazzale Roma**.

Unterwegs in und um Venedig

Es gibt keinen landgebundenen Verkehr, man geht zu Fuß oder nimmt die *vaporetti* bzw. *motoscafi*, ob man ins Theater will oder in die nächste Kneipe.

• *Zu Fuß* Spazieren gehen ist die schönste Art und Weise, die Stadt kennen zu lernen. Wer allerdings eine bestimmte Adresse sucht, ist ohne guten Stadtplan völlig aufgeschmissen (→ Orientierung). **Schilder mit schwarzer Schrift auf gelbem Grund** weisen u. a. den Weg zum Bahnhof (Ferrovia), nach San Marco und Rialto.

> **Spartipp**: Falls man häufiger nach Venedig kommt oder lange bleibt, lohnt sich die Anschaffung der Karte **imob.venezia** (früher: Carta Venezia). Sie ist drei Jahre lang gültig und kostet ca. 40 €, dafür gibt es hohe Ermäßigungen in öffentlichen Verkehrsmitteln. Infos unter www.imob.venezia.it, dort sind auch die Verkaufsstellen angegeben, z. B. auf dem Piazzale Roma.

• *Vaporetti/Motoscafi/Motonavi* Die Wasserbusse der **ACTV** (www.actv.it) sind in der Lagunenstadt allgegenwärtig. **Vaporetti** nennt man die größeren Boote, die bis zu 300 Pers. fassen und hauptsächlich über den Canal Grande fahren. **Motoscafi** sind kleiner und können auch engere Kanäle mit Brücken befahren. **Motonavi** sind richtige Fährschiffe, die weiter entfernte Ziele in der Lagune anfahren.

Die Abfahrtsstellen sind den meisten Stadtplänen zu entnehmen, Knotenpunkte sind Piazzale Roma, Bahnhof Santa Lucia, Rialto-Brücke und San Marco. Akkurate **Liniennetzpläne** gibt es in den Informationsbüros.

Tickets: Eine einfache Fahrt kostet ca. 6,50 € (incl. ein Gepäckstück bis 1,50 m Umfang), das Ticket ist 60 Min. gültig und gilt auf allen Linien außer Alilaguna, Fusina und Clodia. Sehr zu empfehlen sind die Tagespässe namens **Travelcard** bzw. „Biglietto turistico a tempo" (12 Std./16 €, 24 Std./18 €, 36 Std./23 €, 48 Std./28 €, 72 Std./33 €, sieben Tage/50 €), die in allen Wasserbussen (außer Alilaguna, Fusina und Clodia) sowie in allen Bussen in Mestre und am Lido gelten, ein Gepäckstück bis 1,50 m Umfang darf dabei ebenfalls mitgenommen werden. Erhältlich sind die Karten bei den „Hellovenezia"-Verkaufsständen, die über die ganze Stadt verstreut sind (✆ 041/2424, www.hellovenezia.it), Einzeltickets können direkt beim Einsteigen gekauft werden. Tipp: Mit Rolling Venice (→ unten) gibt es eine stark ermäßigte 72-Std.-Karte für ca. 18 €.

Wichtige Linien: **Nr. 1** fährt alle 20 Min. ab Piazzale Roma über Stazione Santa Lucia den Canal Grande entlang nach San Marco und hinüber zum Lido – ideal für den Blick auf die Palazzi am Canal Grande, hält an beinahe jeder Station.

Nr. 2 ist die schnellere Variante durch den Canal Grande (nur wenige Haltestellen), von San Marco über die Insel Giudecca und den Zattere zurück zum Piazzale Roma. Achtung: Auch auf dieser Linie fährt ein Teil der Vaporetti zum Lido.

Nr. 42 und **52** umrunden Venedig im Uhrzeigersinn, **Nr. 41** und **51** fahren in entgegengesetzter Richtung.

Die Motonavi **LN** und **N** fahren von den Fondamente Nuove zu den Inseln Murano, Burano und Torcello hinüber.

• *Traghetti* Diese spottbilligen (0,50 €) Liniengondeln überqueren an mehreren Stellen den Canal Grande, u. a. zwischen der Pescheria und dem Campo Santa Sofia, zwischen San Samuele und Calle del Traghetto (Ca' Rezzonico) sowie zwischen den Giardinetti Reali (Nähe San Marco) und der Fondamenta Dogana (Santa Maria della Salute). Achtung: Betriebszeiten nur morgens bis mittags.

• *Gondeln* Eine Gondelfahrt kostet tagsüber ca. 80 € für 40 Min., abends ca. 100 €. Nicht selten werden noch höhere Preise verlangt bzw. die Zeit wird abgekürzt. Maximal dürfen sechs Personen mitgenommen werden. Den Preis **und** die genaue Fahrtzeit sollte man unbedingt **vor der Fahrt** festmachen.

Information

• *Städtische Informationsbüros* 1) In der **Palazzina del Santo** bei den Giardinetti Reali vor der Piazza San Marco, weißes Gebäude an der Wasserfront. Tägl. 10–18 Uhr.

2) Unter den Arkaden am Ende der **Piazza San Marco** links, Piazzale San Marco 71/f. Mo–Sa 9–15.30 Uhr, So geschl.

3) Im Bahnhof **Santa Lucia**, tägl. 8–18.30 Uhr.

4) Am **Lido**, Gran Viale Santa Maria Elisabetta 6/a, Nähe Vaporetto-Station. Juni bis Sept. tägl. 9–12.30, 15.30–18 Uhr.

5) **Piazzale Roma**, Garage ASM (nördl. Einfahrt neben den Mietwagenfirmen), tägl. 9.30–18.30 Uhr.

6) im Flughafen **Marco Polo**. Mo–Sa 9.30–19.30 Uhr.

Telefonische Auskunft: ✆ 041/5298711; **Internet**: www.turismovenezia.it.

Orientierung

Venedig ist in sechs Bezirke („sestiere") unterteilt: *Cannaregio, Dorsoduro, Castello, Santa Croce, San Polo* und *San Marco* (→ Stadtplan). Jeder dieser Distrikte hat mehrere tausend Hausnummern, die in der Regel nicht nach Straßen geordnet sind. Das bedeutet, man findet in jedem Viertel (eigentlich „Sechstel") Nummern von 1 bis weit über 5000, die nur insofern gegliedert sind, als benachbarte Nummern auch nahe beieinander liegen. Eine Adresse setzt sich aus Bezirk und Hausnummer zusammen, z. B. Dorsoduro 3942. Nur selten wird der Straßenname hinzugefügt, z. B. Beispiel Dorsoduro 3942, Calle Crosera. Unverzichtbar ist also ein guter Stadtplan.

Übernachten (siehe Karte S. 210/211)

In Venedig ist fast das ganze Jahr über Saison, die Zimmerpreise liegen gut 20 % über dem italienischen Durchschnitt. Einzige Ausnahme ist der tiefe Winter (abgesehen von der Weihnachtszeit), doch schon zum berühmten Karneval endet die kurze Flaute. Auf jeden Fall ist es empfehlenswert, Zimmer vorzubestellen. Überlegenswert ist auch, aufs Festland auszuweichen, z. B. nach Mestre oder Padua, und von dort mit dem Zug zu pendeln. Für junge Leute und Rucksacktouristen gibt es eine Reihe von *Hostels*, die nächsten Jugendhostel außerhalb Venedigs gibt es im Umkreis des Brenta-Kanals und in Padua (→ dort).

„Last Minute": Kurzfristig Hotelzimmer buchen kann man über www.veneziasi.it oder ✆ 0039-041-5222264, in Italien gebührenfrei über Numero Verde 800-843006. Vermittlungsstellen gibt es im Bahnhof neben dem Informationsbüro, am Parkplatz Tronchetto, am Parkplatz Piazzale Roma (Garage Comunale und Garage San Marco), am Flughafen Marco Polo und an der Ausfahrt Villabona Sud Marghera von der Autobahn Verona – Venedig.

• *Mittelklasse* *** **Do Pozzi (58)**, absolut zentrale Lage, deswegen nur zum Innenhof ruhig, Zimmer sind altvenezianisch ausgestattet, besitzen aber Minibar und TV. DZ mit Frühstück ca. 120–280 €. San Marco 2373, Calle Larga XXII Marzo, Nähe Teatro La Fenice, ✆ 041/5207855, ℻ 5229413, www.hoteldopozzi.it.

* **Locanda Fiorita (47)**, die rot gestrichene, mit üppigem Grün geschmückte Locanda liegt versteckt an einem hübschen, kleinen Platz in der Nähe des Campo Santo Stefano und besitzt gemütliche Räume, z. T. mit Holzbalkendecken. Im Sommer kann man vor dem Haus frühstücken. Freundliches Personal, es wird Englisch gesprochen. DZ mit Frühstück ca. 80–190 €. San Marco 3457, Campiello Novo, ✆ 041/5234754, ℻ 5228043, www.locandafiorita.com.

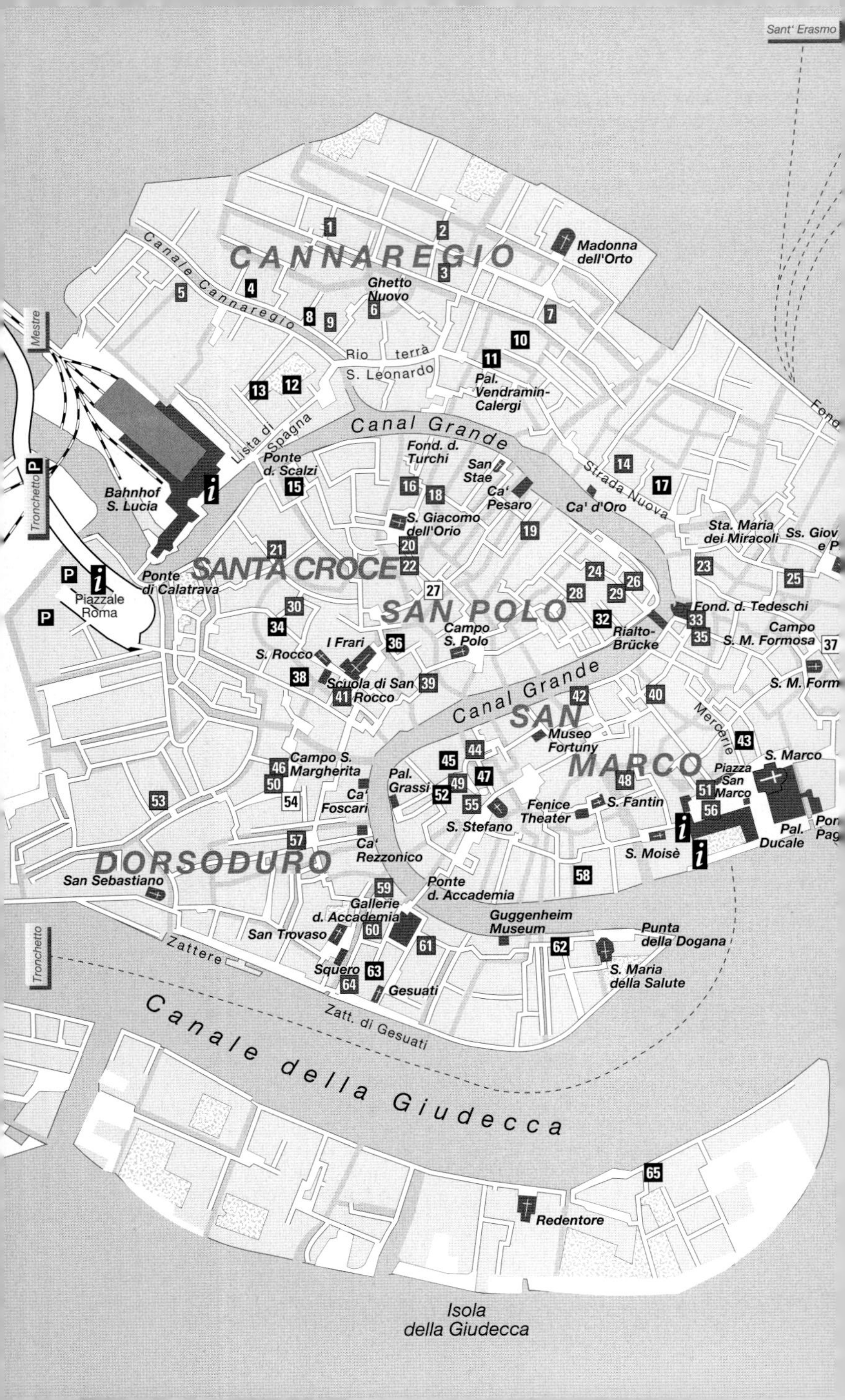
Sant' Erasmo
CANNAREGIO
Canale Cannaregio
Madonna dell'Orto
Ghetto Nuovo
Rio terrà S. Leonardo
Pal. Vendramin-Calergi
Mestre
Tronchetto
Lista di Spagna
Canal Grande
Fond. d. Turchi
Ponte d. Scalzi
Bahnhof S. Lucia
San Stae
Ca' Pesaro
Strada Nuova
Ca' d'Oro
S. Giacomo dell'Orio
Sta. Maria dei Miracoli
Ss. Giov e P
Fond
SANTA CROCE
Ponte di Calatrava
Piazzale Roma
SAN POLO
Fond. d. Tedeschi
Campo S. Polo
Rialto-Brücke
Campo S. M. Formosa
S. M. Form
I Frari
S. Rocco
Scuola di San Rocco
Canal Grande
SAN MARCO
Mercerie
Museo Fortuny
S. Marco
Piazza San Marco
Campo S. Margherita
Pal. Grassi
Ca' Foscari
S. Fantin
Fenice Theater
S. Stefano
Pal. Ducale
Pon Pag
S. Moisè
Ca' Rezzonico
DORSODURO
San Sebastiano
Ponte d. Accademia
Gallerie d. Accademia
Guggenheim Museum
Punta della Dogana
San Trovaso
Zattere
Squero
Gesuati
S. Maria della Salute
Zatt. di Gesuati
Canale della Giudecca
Redentore
Isola della Giudecca
1
2
3
4
5
6
7
8
9
10
11
12
13
14
15
16
17
18
19
20
21
22
23
24
25
26
27
28
29
30
32
33
34
35
36
37
38
39
40
41
42
43
44
45
46
47
48
49
50
51
52
53
54
55
56
57
58
59
60
61
62
63
64
65
P
P
P
i
i
i
i

Übernachten

4 B & B Domus Orsoni
8 B & B Ca`Dogaressa
10 Ostello Santa Fosca
11 Eden
12 Caprera
13 Santa Lucia
15 Ai Due Fanali
17 Bernardi Semenzato
31 Foresteria Valdese
32 Locanda Sturion
34 Domus Civica
36 Alex
38 Casa Peron
43 Ai do Mori
45 San Samuele
47 Locanda Fiorita
52 Domus Ciliota
58 Do Pozzi
62 Locanda Ca' Zose
63 Belle Arti
65 Ostello di Venezia

Cafés

41 Millevoglie
46 Causin dal 1928
50 Il Caffè
51 Caffè Quadri
55 Santo Stefano-Paolin
56 Caffè Florian
64 Da Nico

Nachtleben

7 Al Paradiso Perduto
26 BancoGiro
27 Taverna da Baffo
37 Enoiteca Mascareta
54 Margaret DuChamp

Essen & Trinken

1 Bea Vita
2 Osteria ai 40 Ladroni
3 All'Antica Mola
5 Dalla Marisa
6 Ai Quattro Rusteghi
7 Al Paradiso Perduto
9 Gam Gam
14 Ca' d'Oro 'Alla Vedova
16 Al Ponte di Megio
18 La Zucca
19 Antico Giardinetto
20 Al Prosecco
21 Della Rivetta
22 Ae Oche
23 Al Milion
24 Do Mori
25 Da Alberto
26 BancoGiro
28 Antico Dolo
29 Alla Madonna
30 Osteria del Ponte 'La Patatina'
33 Al Portego
35 Rosticceria Gislon
39 Da Ignazio
40 Osteria a la Campana
42 Al Volto
44 Fiore
48 Chat Qui Rit
49 Al Bacareto
53 Da Codroma
57 Al Casin dei Nobili
59 Taverna San Trovaso
60 Cantina del Vino già Schiavi
61 Ai Cugnai

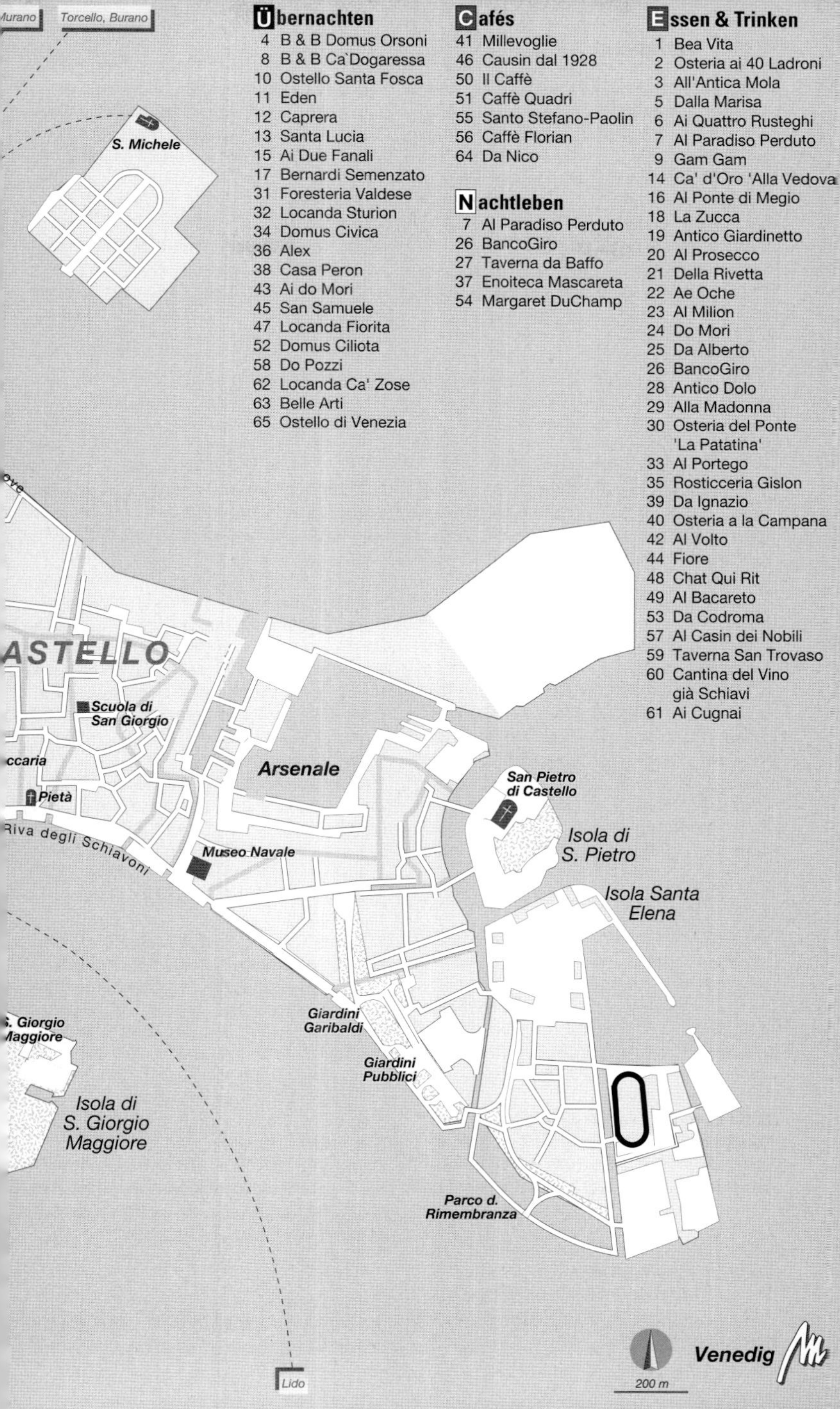

*** **Belle Arti (63)**, zentrale, trotzdem ruhige Lage bei der Accademia, großes Hotel mit gemütlichen Polstermöbeln in der schattigen Loggia, davor ein gepflasterter Hof fürs üppige Frühstücksbuffet. Zimmer elegant im venezianischen Stil. DZ mit Frühstück ca. 150–220 €. Dorsoduro 912/a, Rio Terra M. Foscarini, ✆ 041/5226230, ✉ 5280043, www.hotelbellearti.com.

*** **Locanda Ca' Zose (62)**, renoviertes Gästehaus aus dem 17. Jh., geführt von zwei freundlichen Schwestern, kleine, aber mit Liebe eingerichtete Zimmer im altvenezianischen Stil, jeweils TV und Internetanschluss. DZ mit Frühstück ca. 80–210 €. Dorsoduro 193/b, Calle del Bastion (Nähe Peggy-Guggenheim-Museum), ✆ 041/5226635, ✉ 5226624, www.hotelcazose.com.

*** **Locanda Sturion (32)**, Nähe Rialto-Brücke, Blick auf den Canal Grande! Im dritten Stock eines alten Palazzo und bereits seit dem Mittelalter als Herberge in Betrieb, vor einigen Jahren vollständig renoviert. Einige der geräumigen, im Stil des 18. Jh. eingerichteten Zimmer haben Blick auf den Canal, die Wände sind z. T. mit Seidenstoffen bezogen. DZ mit Frühstück je nach Lage und Ausstattung ca. 100–250 €. San Polo 679, Calle del Sturion, ✆ 041/5236243, ✉ 5228378, www.locandasturion.com.

*** **Ai Due Fanali (15)**, neben der Kirche San Simon Profeta nicht weit vom Bhf., schöne Lage an einer ruhigen Piazza, die an einen Kanal grenzt. Gepflegte Einrichtung, oben hübsche Terrasse fürs Frühstück, Zimmer mit Bad, TV und Internetanschluss. DZ mit Frühstück ca. 95–230 €. Santa Croce 946. ✆ 041/718490, ✉ 2448721, www.aiduefanali.com.

*** **Eden (11)**, kleines, in einem Hof verstecktes Hotel, ruhig gelegen, obwohl die Strada Nova ganz nahe ist. Freundlich geführt, Frühstück okay. DZ mit Frühstück ca. 140–230 €. Cannaregio 2357, Campiello Volto Santo 2357, ✆ 041/5244003, ✉ 720228, www.htleden.com.

B & B Domus Orsoni (4), in einem ruhigen Wohnviertel, nicht weit vom einstigen Ghetto. Familie Orsoni, die die letzte Glaswerkstatt der Altstadt betreibt, vermietet mehrere Zimmer im gehobenen Dekor aus Goldmosaiken und Glasuren, hergestellt von Kunsthandwerkern – prächtig und originell. Sehr freundlich ist die Dame des Hauses. DZ mit Frühstück ca. 100–250 €. Cannaregio 1045, ✆ 041/2759538, ✉ 2759542, www.domusorsoni.it.

B & B Ca' Dogaressa (8), gepflegtes Haus an einem Kanal im Ghettoviertel, sechs Zimmer im altvenezianischen Stil, dazu Marmorbäder, freundlich geführt. DZ mit Frühstück ca. 85–250 €. Cannareggio 1018, Fondamenta di Cannaregio, ✆ 041/2759441, ✉ 2757771, www.cadogaressa.com.

• *Preiswert* * **Santa Lucia (13)**, vom Bahnhof die Lista di Spagna entlang und links einbiegen. Ruhig in einer schmalen Seitengasse, trotzdem ganz zentral, sehr sauber. Man kann gemütlich vor dem Haus sitzen, dort wird auch das Frühstück serviert. Zimmer mit Klimaanlage und Sat-TV. DZ mit Bad ca. 70–115 €, mit Etagendusche 50–90 €, jeweils mit Frühstück. Cannaregio 358, Calle de la Misericordia, ✆ 041/715180, ✉ 710610, www.hotelslucia.com.

** **Caprera (12)**, ordentliches Haus in einer ruhigen Seitengasse der Lista di Spagna, Zimmer mit moderner, funktionaler Einrichtung. DZ mit Bad und Frühstück ca. 80–140 €. Cannaregio 219/220, Calle Gioacchina, ✆ 041/715271, ✉ 715927, www.hotelcaprera.it.

** **Bernardi Semenzato (17)**, nicht weit vom Canal Grande, Zimmer im venezianischen Stil, hilfsbereites Personal. DZ mit Bad ca. 70–120 €, Frühstück extra. Cannaregio 4366, Calle dell'Oca (Nähe Campo S.S. Apostoli), ✆ 041/5227257, ✉ 5222424, www.hotelbernardi.com.

* **Casa Peron (38)**, sauber, einfache Zimmer und gemütliche Dachterrasse. DZ mit Du/WC ca. 60–100 €, nur mit Dusche ca. 50–90 €, jeweils mit Frühstück. Santa Croce 84–85, Salizzada San Pantalon (Nähe Frari-Kirche), ✆ 041/710021, ✉ 711038, www.casaperon.com.

* **Domus Ciliota (52)**, etwas versteckte und ruhige Lage beim Campo Santo Stefano, einfache, saubere Zimmer, netter Innenhof, Blick auf einen Kanal, 10 Min. zum Markusplatz Dorsoduro, Calle delle Muneghe. DZ mit Bad und Frühstück ca. 80–150 €. San Marco 2976, Calle delle Muneghe, ✆ 041/5204888, ✉ 5212730, www.ciliota.it.

* **Alex (36)**, nettes Hotel mit gutem Preis-/Leistungsverhältnis in der Nähe der Frari-Kirche, einfache Zimmer im venezianischen Stil, freundliche Eigentümerin, gutes Frühstück. DZ mit Frühstück ca. 60–120 €, mit Etagendusche ca. 50–90 €. San Polo 2606, ✆/✉ 041/5231341, www.hotelalexinvenice.com.

* **Ai do Mori (43)**, einfaches, aber sauberes Hotel in ganz zentraler Lage, wenige Meter vom Markusplatz, elf Zimmer mit TV, vom oberen Stock Blick auf die Kuppeln von San

Marco, in einem Annex vier weitere Zimmer, fast alle mit eigenem Bad. DZ mit Bad ca. 60–150 €, mit Etagendusche ca. 50–95 €. San Marco 658, Calle Larga, ✆ 041/5204817, 📠 5205328, www.hotela domori.com.

* **San Samuele (45)**, in der zweiten Etage eines alten Hauses, vom Innenhof die Stufen hinauf. Ordentliche, nach vorne raus helle Zimmer, gute Lage, junge, engagierte Leitung. DZ mit Bad 50–140 €, mit Etagendusche ca. 50–90 €, Frühstück extra (ca. 5 € pro Pers.). San Marco 3358, Salizzada San Samuele (Nähe Campo Santo Stefano), ✆ 041/5205165, 📠 5228045, www.albergosansamuele.it.

• *Hostels etc.* **Ostello di Venezia (IYHF) (65)**, auf der Insel Giudecca, schöne Lage mit Blick auf Dogenpalast und Piazzetta. Mit Vaporetto 42 oder 82 vom Hauptbahnhof bis Zitelle, noch 200 m zu Fuß. Straff geführtes Hostel mit 260 Betten in Schlafsälen mit bis zu 15 Betten. Pro Pers. ca. 22 € mit mickrigem Frühstück, Abendessen ca. 10 €. Ganzjährig geöffnet, in der Hochsaison immer voll belegt. Anmeldung 13.30–23 Uhr, Schließzeit 24 Uhr. IYHF-Mitgliedsausweis nötig. Fondamenta Zitelle 86, ✆ 041/5238211, 📠 5235689, www.hostelvenice.org.

Domus Civica (34), günstige Lage etwa 5 Gehminuten vom Bahnhof: über den Canal Grande, links neben der Kirche rein, dann rechts halten, über eine Brücke und den mittleren Weg nehmen. Gut ausgestattet und freundliche Aufnahme. Bett im Zweibettzimmer ca. 25–30 €, auch Einzel- und Dreibettzimmer, mit internat. Stud.-Ausweis oder Rolling-Venice-Card Ermäßigung, kein Frühstück. Check-In 7.30–11.30 Uhr, Schließzeit 0.30 Uhr. Juni bis Sept. San Polo 3082, Ecke Calle Campazzo/Salizzada San Rocco (Nähe Frari-Kirche), ✆ 041/721103, 📠 5227139, www.domuscivica.com.

Foresteria Valdese (31), im schönen Palazzo Cavagnis, dem Gästehaus der protestantischen Waldenserkirche. Bett im Schlafsaal ca. 25–31 €, im DZ ca. 41–50 €, jeweils mit Frühstück. Keine nächtliche Schließzeit. Ganzjährig geöffnet. Castello 5170, Calle Lunga Santa Maria Formosa (Nähe Campo Santa Maria Formosa, nächste Vaporettostation ist Rialto), ✆ 041/5286797, 📠 2416238, www.foresteriavenezia.it.

Ostello Santa Fosca (10), ehemals Kloster, heute Studentenwohnheim und Hostel. Freundliche Aufnahme, hübscher Garten mit Resten einer mittelalterlichen Kirche. Bett im DZ ca. 25–30 € pro Pers., 20–23 € im Schlafsaal (Rabatt mit Rolling Venice Card). Cannaregio 2372 (von Bhf. die Lista di Spagna nach links, Nähe Campo Santa Fosca), ✆/📠 041/715775, www.santafosca.com.

• *Camping* Von folgenden Plätzen kommt man mit öffentlichen Verkehrsmitteln rasch in die Lagunenstadt.

TIPP! **Fusina**, schattiger Wiesenplatz an der Lagune, Restaurant/Pizzeria und Bar mit gelegentlicher Livemusik, häufig sind Jugendgruppen zu Gast. Ideal: Regelmäßige Motoscafo-Verbindung zur Fondamenta delle Zattere am Giudeccakanal (letztes Boot zurück ca. 22.30 Uhr). Vom Bhf. Santa Lucia mit Zug nach Mestre, dort den Bus 11 nach Fusina nehmen. Mit dem Auto biegt man von der SS 309 nach Ravenna bei Malcontenta ab. Ganzjährig. ✆ 041/5470055, 📠 5470050, www.camping-fusina.com.

Serenissima, bei Oriago am Brenta-Kanal (→ S. 204), direkt an der SS 11 von Padua nach Venedig. Kleines, lang gestrecktes Gelände zwischen Häusern, freundliches Personal, Vermietung von Bungalows (mit Bad) und Wohnwagen, Waschmaschinen, Spielgeräte für Kinder. Etwa alle 30 Min. Bus 53 oder „Venezia" zum Piazzale Roma (in umgekehrter Richtung ebenfalls Bus 53 oder „Dolo" bzw. „Padova"), Fahrzeit 20–30 Min. Ostern bis Anfang Nov. Via Padana 334, ✆ 041/921850, 📠 920286, www.campingserenissima.com.

Alba d'Oro, wenige Kilometer vom Flugplatz entfernt. Restaurant, Bar mit gelegentlicher Abendunterhaltung, Swimmingpool. Juni bis Sept. Shuttlebus nach Venedig (30 Min.), sonst Bus 15 bis Airport, dort umsteigen in Bus 5 nach Venedig/Piazzale Roma (in umgekehrter Richtung von Piazzale Roma Sektion A8 rot Bus 5 bis Airport, umsteigen in Bus 15 nach Ca' Noghera, aussteigen an der vierten Haltestelle). Via Triestina 214/b, Tessera, ✆ 041/5415102, 📠 5415971, www.ecvacanze.it.

Weiterhin liegen mehrere große und gut ausgestattete Campingplätze am langen Sandstrand Littorale del Cavallino, der sich in Richtung Lido di Jesolo hinzieht, z. B.

Miramare, exakt 1 km von der Anlegestelle der Motorschiffe nach Venedig (Ostern bis Anfang Nov. ✆ 041/966150, 📠 5301150, www.camping-miramare.it),

der komfortable **Marina di Venezia** (Mitte April bis Sept., ✆ 041/5300955, 📠 966036, www.marinadivenezia.it), der etwas bescheidenere **Ca' Savio** (Mitte April bis Sept.,

✆ 041/966017, ℻ 5300707, www.casavio.it) und der hervorragende **Union Lido** mit allen erdenklichen Einrichtungen, eigenem Naturpark und 5000 qm Wasserlandschaft – der erste Platz bei Venedig konnte 2005 seinen 50. Geburtstag feiern (✆ 041/968080, ℻ 5370355, www.unionlido.com).

Essen & Trinken (siehe Karte S. 210/211)

Auch in Venedig kann man gut und preislich angemessen speisen, allerdings muss man dafür ein Stückchen laufen. Faustregel: je weiter weg von Rialto und Piazza San Marco, desto preiswerter. Im gesamten Zentrum und um den Bahnhof ist Nepp eher die Regel als die Ausnahme. Praktisch alle Lokale bieten *Touristenmenüs* an, die auf den ersten Blick erschwinglich wirken, doch oft sind die Portionen bescheiden und von mäßiger Qualität, nicht selten schrauben zudem versteckte Extras die Preise in die Höhe. Bevor man Platz nimmt, sollte man immer auf der Speisekarte die Gebühren für „servizio" und „coperto" einsehen sowie die Kosten für Getränke. Direkt am Canal Grande zahlt man die höchsten Preise. Eine preiswerte Alternative zum Restaurantessen stellen die *cicheti* genannten Appetithappen dar, die in allen Bars und *bàcari* – so heißen die typisch venezianischen Weinbars – ausliegen (→ Kasten S. 217).

• *San Marco* **TIPP! Ostaria a la Campana (40)**, nettes Lokal mit rustikalem Ambiente, man wartet mit einem Gläschen am Tresen, bis ein Platz frei wird, schlichtes Gedeck. Spezialität ist *nero di seppie con polenta* (schwarzer Tintenfisch), der Hauswein ist einfach, aber schmackhaft. Viele Einheimische kehren hier ein, für Venedig erfreulich günstige Preise. So geschl. San Marco 4720, Calle dei Fabbri, ✆ 041/5285170.

Fiore (44), wenige Schritte vom Campo Santo Stefano, beliebte Osteria mit bester Meeresküche und kleiner Bar, wo sich die Einheimischen auf einen Drink treffen. Di geschl. San Marco 3460, Calle delle Botteghe, ✆ 041/5235310.

Al Bacareto (49), einige Meter weiter, behagliche Trattoria/Osteria mit Außenplätzen und traditioneller venezianischer Küche, z. B. *seppie* oder *fegato*, *cicheti* gibt es im Stehen an der Bar, preislich etwas angehoben. Sa-Abend und So geschl. San Marco 3447, Calle delle Botteghe, ✆ 041/5289336.

TIPP! Al Milion (23), in der Nähe von Rialto, malerische kleine Osteria an einem winzigen Platz, drinnen Tische mit rot-weiß karierten Tischdecken, außerdem einige Tische vor dem Lokal. Gute Qualität, alles frisch, sehr guter Fisch. Am selben Platz soll übrigens Marco Polo gelebt haben – „Il Milione" war die volkstümliche Bezeichnung für ein mittelalterliches Buch mit den Abenteuern des Marco Polo. Mo geschl. Cannaregio 5841, Corte del Milion, Salizzada San Giovanni Crisostomo. ✆ 041/5229302.

• *Dorsoduro* **Ai Cugnai (61)**, authentische Nachbarschaftstrattoria, hinter dem Speiseraum kleiner Hof, alles sehr sauber und angenehm, herzliche Gastgeber, sympathische Umgebung. Mo geschl. Dorsoduro 857, Piscina del Forner (zwischen Gallerie dell'Accademia und Peggy-Guggenheim-Museum), ✆ 041/5289238.

TIPP! Taverna San Trovaso (59), ansprechendes Lokal in der Nähe der Accademia-Brücke, gute Meeresküche und Pizza, freundlicher Service, mittlerweile sehr populär und stets voll, aber preislich noch immer im angenehmen Rahmen, auch Einheimische sieht man hier. Mo geschl. Dorsoduro 1016, Fondamenta Priuli. ✆ 041/5203703.

Al Casin dei Nobili (57), gemütliches Restaurant in der Nähe des Campo di Santa Margherita, sehr beliebt und immer voll. Essen vielfältig, auch die Pizza wird gelobt, preislich allerdings nicht mehr günstig. Dorsoduro 2765, Campo San Barnaba. Mo geschl. ✆ 041/2411841.

• *San Polo* **Alla Madonna (29)**, der „Fischkönig" der Stadt residiert in einer pittoresken Seitengasse, in der sich die überhängenden ersten Etagen beinahe berühren. Großes Lokal mit mehreren Räumen, durch die flinke Kellner eilen, oft rappelvoll, leider keine Sitzgelegenheiten im Freien. Preise für diese Lage im Rahmen. Mi geschl. San Polo 594, Calle della Madonna (Nähe Rialto), ✆ 041/5223824.

BancoGiro (26), im Herzen von Rialto führt Andrea Varisco sein Bàcaro unter den Arkaden am Campo San Giacometto, nur wenige Schritte von Rialto-Brücke und Fischmarkt. Man kann schön und ruhig direkt am Kanal sitzen, den Blick genießen, frischen

Adriafisch, *cicheti* und beste Weine kosten. Der Name geht darauf zurück, dass hier einst eine Geldwechselstube für die Markthändler untergebracht war. Banco Giro und die kleine Piazza sind heute einer der populärsten Abendtreffs in Venedig. So-Abend und Mo geschl. San Polo 122, Campo San Giacometto. ✆ 041/5232061.

Osteria del Ponte „La Patatina" (30), die kleine Osteria hat einen sehr gemütlichen Gastraum und wird schnell voll, Täglich wechselnde Gerichte, Preise zivil. San Polo 2741/a, Calle Saoneri. ✆ 041/5237238.

Da Ignazio (39), in einer engen Gasse versteckt sich dieses angenehme und geräumige Restaurant, hinten lockt ein begrünter Innenhof, in dem die etwas steifen Kellner fast deplatziert wirken. Serviert werden fantasievolle Nudelgerichte, *risotto della casa* und viel Fisch, alles in guter Qualität zu mittleren Preisen. Sa geschl. San Polo 2749, Calle della Saoneri, ✆ 041/5234852.

• *Santa Croce* **TIPP! Al Ponte di Megio (16)**, große, nostalgische Trattoria beim hübschen Campo San Giacomo dell'Orio, wie der Name schon sagt, einladend bei einem kleinen Brückchen gelegen. Blütenweiß gedeckte Tische draußen am Kanal und im hübschen Innenraum, seit Jahrzehnten von Familie Lazzarin geführt. So geschl. Santa Croce 1666, Ponte del Megio. ✆ 041/719777.

La Zucca (18), schräg gegenüber vom Al Ponte, winziges, nett eingerichtetes Lokal mit einfallsreicher Speisekarte, auch Vegetarisches. Vor der Tür eine Handvoll Tische, drinnen einige weitere Plätze mit Blick auf den benachbarten Kanal. So geschl. Santa Croce 1762, Ponte del Megio (Nähe Campo San Giacomo dell'Orio), ✆ 041/5241570.

Ae Oche (22), Pizza in allen Variationen, Tische entlang der ruhigen, schmalen Gasse, große Auswahl, reichhaltige Salate. Mo geschl. Santa Croce 1552, Calle del Tentor, ✆ 041/5241161.

TIPP! Antico Giardinetto (19), kleines Lokal in versteckter Lage, Innenhof mit wenigen Tischen und netter Atmosphäre. Virgilio bietet solide Küche von bester Qualität. Santa Croce 2253, Calle dei Morti. ✆ 041/722882.

• *Cannaregio* **Gam Gam (9)**, direkt am Canale di Cannaregio, hier kann man am Rande des ehemaligen jüdischen Ghettos (→ Sehenswertes) koscher speisen, z. B. Falafel oder Couscous. Täglich geöffnet (Fr-Abend nur bis 18 Uhr, Sa ab 21.30 Uhr). Cannaregio 1122, Sotto Portico di Ghetto Vecchio. ✆ 041/5231495.

I Quattro Rusteghi (6), zentral im jüdischen Viertel, schöne Lage auf dem ruhigen Platz mit dem hebräischen Museum. Hier gibt es auch vegetarische Speisen, Preise relativ günstig. Cannaregio, Campo Ghetto Nuovo. ✆ 041/715160.

TIPP! Ca' d'Oro „Alla Vedova" (14), urige, typisch venezianische Osteria, schon seit dem 19. Jh. trifft man sich hier zum Palavern und nimmt dazu „un'ombra" oder einen „spritz". Berühmt für seine hervorragenden *polpette* und die zahllosen *cicheti*. Abends kann man die venezianischen Spezialitäten kosten: *spaghetti alla busara*, *zuppa di trippe*, *frittura* u. a. So-Mittag und Do geschl. Cannaregio 3912, am Ende der Via Ramo di Ca' d'Oro, kleine Seitengasse der breiten Strada Nova. ✆ 041/5285324.

TIPP! Al Paradiso Perduto (7), lockere, von jungen Leuten geführte Studentenkneipe, gutes Essen, im vorderen Teil Kneipenbetrieb bis spät in die Nacht (→ Nachtleben), auch draußen vor der Tür. Geöffnet bis 2 Uhr nachts. Di/Mi geschl., ebenso erste Augusthälfte. Cannaregio 2540, Fondamenta della Misericordia, ✆ 041/720581.

All'Antica Mola (3), kleine Trattoria mit Innenhof und schönen Plätzen am Kanal. Viele Venezianer kommen hierher, Touristen sind noch nicht in der Überzahl. Risotto und Meeresküche zu nicht zu teuren Preisen. Probieren Sie mal *coda di rospo*. Cannaregio, Fondamenta degli Ormesini 2880, Mi geschl. ✆ 041/717492.

Bea Vita (1), gemütliche, kleine Osteria mit Plätzen am selben Kanal, ein Stück weiter nordwestlich. Gilberto bietet eine häufig wechselnde Speisekarte mit regionalen Produkten vom Rialtomarkt, dazu gute Weine aus dem Friaul, nicht mehr günstig. So geschl. Cannaregio 3082, Fondamenta delle Cappuccine, ✆ 041/2759347.

TIPP! Osteria ai 40 Ladroni (2), weitab der touristischen Trampelpfade, authentische Meeresküche zu günstigen Preisen, z. B. *moleche* (Butterkrebse), *polenta a seppie* und *gnocchi alle grancevole*. Sitzplätze am Kanal und im Innenhof, Barraum maritim bemalt. Mo geschl. Cannaregio 3253, Fondamenta della Sensa, ✆ 041/715736.

TIPP! Dalla Marisa (5), nicht weit vom Bhf., ein alter Lieblingstreff der Gondolieri abseits der Touristenpfade. Signora Marisa, eine italienische Mamma aus dem Bilderbuch, ist traditionell auf Fleisch spezialisiert, bereitet z. B. Braten, Lamm und Wildschwein, mittlerweile aber auch immer mehr Fisch. Nette Atmosphäre, nicht zu teuer. Cannaregio 652/b, Fondamenta San Giobbe. So/Mo geschl. ✆ 041/720211.

• *Self-Services* **Rosticceria Gislon (35)**, große Auswahl und preiswert, auch venezianische Spezialitäten im Angebot. Mo geschl. San Marco 5424/a, Calle della Bissa, Nähe Rialto-Brücke.

Chat Qui Rit (48), passable Auswahl, preislich im Rahmen, warme Küche 11–21.30 Uhr, um die Ecke auch Stehimbiss. Sa geschl. San Marco 1133, Calle Tron/Ecke Frezzeria (westlich der Piazza San Marco).

• *Snacks* **Millevoglie**, Pizzastücke und wagenradgroße Pizzen, preiswert und lecker, angeschlossen eine gute Eisdiele (→ unten). San Polo 3031, Salizzada San Rocco, bei der Frari-Kirche.

TIPP! Cantina del Vino già Schiavi (60), direkt beim malerischen Ponte San Trovaso. Viel besuchter Weinladen mit Ausschank und reicher Auswahl an *cicheti*, an warmen Tagen sitzt und isst man draußen auf dem Mäuerchen am Kanal und genießt das lebhafte Treiben. So geschl. Dorsoduro 992, Fondamenta Nani, ✆ 041/5230034.

• *Bars/Cafés/Konditoreien* Außer am Markusplatz sitzt man am schönsten in den Freiluftcafés an der Promenade del Zattere im Viertel Dorsoduro (Blick auf die Insel Giudecca) und am Campo Santa Margherita. Ein typisch venezianischer Cocktail ist der *Bellini*, eine pikante Mischung aus Pfirsichsaft (1/3) und Prosecco (2/3). Der *Spritz*, ein leichter Weißwein mit einem Schuss Campari oder Aperol, wird als Aperitif getrunken.

Caffè Florian (56), seit dem 18. Jh. das berühmteste Café Venedigs. Drinnen sitzt man in hübschen, kleinen Räumen auf verblichenen, roten Ledersesseln zwischen historischen Bleispiegeln, draußen spielt ganztägig ein routiniertes Orchester die Evergreens von vorgestern. Die altmodisch-noble Atmosphäre hat ihren Preis, ein *cappuccino* kostet gut 8,50 €. Mo geschl. Piazza San Marco.

Caffè Quadri (51), die noble Konkurrenz von gegenüber streitet sich mit dem *Florian*, wer als erster in Venedig türkischen Mokka serviert hat, ebenfalls hauseigenes Orchester und dieselbe Preisgestaltung (ebenso wie in den benachbarten Cafés **Lavena** und **Chioggia**). Mo geschl. Piazza San Marco.

TIPP! Il Caffè (50), hübsche Cafékneipe an einer sympathischen Piazza, abends Zentrum des Nachtlebens. Rot getünchte Außenfront, schöne Holztheke, blank polierte Kaffeemaschine aus Kupfer und viele Spiegel, draußen reichlich Sitzgelegenheiten. 8–24 Uhr, So geschl. Dorsoduro 2963, Campo Santa Margherita.

• *Eis* **Santo Stefano-Paolin (55)**, gilt bei vielen als die beste Gelateria von Venedig, schön zum Draußensitzen. Mo geschl. San Marco 2962/a, Campo Santo Stefano.

Nico (64), herrlicher Ausblick von der Plattform auf den viel befahrenen Kanal. Do geschl. Dorsoduro 922, Zattere ai Gesuati, Nähe Vaporetto-Stopp.

Millevoglie (41), Eisdiele mit leckerer Auswahl, großen Portionen und günstigen Preisen. San Polo 3033, Salizzada San Rocco, bei der Frari-Kirche.

Causin dal 1928 (46), Spezialität ist hier *gianduialli*, Schokoladen-Haselnusseis mit Schlagsahne. Dorsoduro 2996, Campo Santa Margherita.

Nachtleben (siehe Karte S. 210/211)

Nicht viel geboten, lediglich in den diversen Kneipen am großen Campo Santa Margherita treffen sich die jungen Venezianer in Scharen. Ab 24 Uhr schläft Venedig. Ein Spaziergang durch die menschenleeren Gassen lässt einen die Stadt gänzlich anders erleben als in der Hektik des Tages. Lange Schatten, schummrige Silhouetten, irgendwo klappern einsame Schritte – ideal zu verbinden mit einer Vaporetto-Fahrt über dunkle, glucksende Kanäle, in deren Wasser sich im vielleicht der Vollmond spiegelt ...

TIPP! Al Paradiso Perduto (7), viel besuchte Studentenkneipe, eine der wenigen, wo abends Livemusik geboten wird, auch zum Draußensitzen am Kanal. Di/Mi geschl. Cannaregio 2540, Fondamenta della Misericordia, ✆ 041/720581.

Margaret DuChamp (54), schick und trendy, eins der Szenelokale am Campo Santa Margherita, Dorsoduro 3019. Bis 2 Uhr nachts, Mi geschl. ✆ 041/5286255.

Taverna da Baffo (27), rustikaler Innenraum und schöne Plätze am Kanal, zum Bier oder Wein isst man Polenta, *polpette* und diverse Salate. Tägl. bis 2 Uhr geöffnet. San Polo 2346, Campiello Sant'Agostin. ✆ 041/5208862.

Enoiteca Mascareta (37), entspannter Bistrotreff zum Plaudern und Trinken, dank Mauro Lorenzon beste Weinauswahl, dazu leckere Kleinigkeiten zu Essen. Nur abends, geöffnet bis 2 Uhr, So geschl. Castello 5183, Calle Lunga Santa Maria Formosa, ✆ 041/5230744.

Bàcari: Genießen auf venezianisch

In diesen typischen Weinschenken trifft man sich zum „Ciacole", d. h. zum Plaudern, Tratschen etc. Gegessen und getrunken wird an einfachen Holztischen, oft sogar nur im Stehen am Tresen. Im Vorbeigehen schlürft man hier zu jeder Tageszeit eine *ombra* (Schatten) bzw. eine *ombretta*, ein Gläschen prickelnden Prosecco. Dazu kann man eine Vielzahl traditioneller *cicheti* kosten, die in kaum einem Restaurant zu finden sind. Das Angebot wechselt täglich und ist unglaublich reichhaltig: dreieckige, fantasievoll gefüllte *tramezzini* (Sandwiches), Käse- und Wursthappen, verschiedene Gemüse, Fisch- und Fleischbällchen, *seppie* (Tintenfisch) und *folpeti* (kleine Tintenfische), Polenta, Oliven und Schnecken, *baccalà* (Stockfisch) in verschiedenen Zubereitungsarten, *sarde in saor*, kleine Muscheltierchen namens *canoce* (Meeresheuschrecken) und manches andere.

Al Volto (42), nur wenige Schritte vom Canal Grande, nahe der Rialto-Brücke. Hat sich dank seiner engagierten Führung und wegen der ausgezeichneten Weinauswahl vor allem abends zum populären Treffpunkt entwickelt, dekoriert ist es vor allem mit Weinetiketten. Mittags kann man hier auch recht günstig essen. So geschl. San Marco 4081, Calle Cavalli. ✆ 041/5228945.

Da Codroma (53), beliebter Studententreffpunkt, zwischen den alten holzgetäfelten Wänden schmecken *cicheti*, abends gibt es auch einige volle Gerichte. Sa-Mittag u. So-Abend geschl. Dorsoduro 2540, Fondamenta Briati, ✆ 041/5246789.

Do Mori (24), eine der ältesten und typischsten Osterien der Stadt, Treffpunkt der Arbeiter und Angestellten im Umkreis, man isst und trinkt im Stehen, große Auswahl an Weinen und leckeren *cicheti*. So geschl. San Polo 429, Calle dei do Mori, beim Rialtomarkt. ✆ 041-5225401.

Antico Dolo (28), hübsches Bàcaro mit der typischen Küche des Veneto, z. B. Kuttelsuppe und maritime Antipasti. So geschl. San Polo 778, Ruga Vecchia San Giovanni, ebenfalls nicht weit vom Rialtomarkt.

Al Prosecco (20), an die sympathische Piazza in Santa Croce verirren sich nicht allzu viele Touristen, hier sitzt man ruhig bei einem Glas Wein und genießt dazu diverse *cicheti* und Salate. So geschl. Santa Croce 1503, Campo San Giacomo dall'Orio, ✆ 041/5240222.

Della Rivetta (21), versteckte Lage nicht weit vom Bhf., Nachbarschaftstreff, viele *cicheti*, dazu günstiger Wein und viel Stimmung. So geschl. Santa Croce 637/a, Calle Sechera.

Da Alberto (25), populäre Osteria im traditionellen Stil beim Campo Santi Giovanni e Paolo, auf dem Tresen sind diverse Spezialitäten aufgereiht – *bacalà* in verschiedenen Variationen, *sarde in saor*, Gemüsegerichte u. a. So geschl. Cannaregio 5401, Calle Giacinto Gallina,. ✆ 041/5238153.

Al Portego (33), etwas versteckt bei der Chiesa San Lio, nicht weit vom Rialto. Gemütliche Osteria mit großem und sehr leckerem Angebot an *cicheti*, auch warme Gerichte gibt es. So geschl. Castello 6015, Calle Malvasia 6015 (von der Kirche die Calle Carminati nehmern). ✆ 041/5229038.

Shopping

Venedig ist ein Paradies für Liebhaber von Trödel und Antiquitäten. Zahlreiche Künstler und Kunsthandwerker leben in der Stadt, die vielen kleinen Läden und Galerien sind ideal zum Stöbern. Seit Jahrhunderten weltberühmt sind das venezianische *Muranoglas*, die *Spitzen* und *Tuche*, *Marmorpapier* und das geschöpfte *Büttenpapier*, mittlerweile auch die mystisch angehauchten *Karnevalsmasken*. Die meisten Läden ballen sich natürlich im Viertel San Marco. In San Polo, Castello oder Dorsoduro zahlt man für die gleiche Qualität oft deutlich niedrigere Preise.

• *Muranoglas* Beim Kauf dieses bekanntesten venezianischen Exportartikels ist Vorsicht geboten, denn alle Qualitätsstufen sind vertreten – von billigen Imitationen aus China bis zur hochwertigen Rarität. Besonders groß ist das Angebot entlang der **Calle Frezzeria** (San Marco), vor allem aber auf der Insel **Murano** (→ Sehenswertes).

Venini, einer der bekanntesten Produzenten, besticht durch interessante Designs. San Marco 314, Piazzetta Leoncini (www.venini.it).

Galleria Rossella Junck, einige der besten Glaskünstler sind hier ausgestellt, Muranoglas vom 16.–21. Jh. Mo–Sa 10–12.30, 16–19.30 Uhr. San Marco 3463, Calle delle Botteghe (www.rossellajunck.it).

• *Karnevalsmasken* Die venezianische Maskerade gibt es seit gut 900 Jahren. Früher nutzten vor allem junge Aristokraten die Anonymität der Masken für tabulose Späße aller Art – bis Napoleon das bunte Treiben verbot und alle Masken verbrennen ließ. Maskenmacher findet man heute in allen Stadtteilen, natürlich vor allem im von Touristen verstopften San Marco, fündig wird man dort hauptsächlich in der **Calle Frezzeria**.

Einige bekannte Adressen:

Alberto Sarria, San Polo 777, Ruga Vecchia San Giovanni, neben dem bekannten Bàcaro Antico Dolo (www.masksvenice.com).

Artista della Barbaria, Castello 6360, Barbaria delle Tole (http://artistadellabarbaria.jimdo.com).

Bottega dei Mascareri, San Polo 2720, Calle dei Saoneri (www.mascarer.com).

Mondonovo, Dorsoduro 3036, Rio Terrà Canal, beim Campo Santa Margherita (www.mondonovomaschere.it).

• *Kunst/Kunsthandwerk* Zahlreiche **Kunstgalerien** liegen in den Gassen um das Peggy-Guggenheim-Museum.

• *Lebensmittel/Märkte* Jeden Morgen außer sonntags malerischer **Fisch-**, **Gemüse- und Obstmarkt** in San Polo, unmittelbar nördlich der Rialto-Brücke (→ Sehenswertes/San Polo).

Strada Nova, in der Verlängerung der Lista di Spagna am Bahnhof, viele Verkaufsstände aller Art.

• *Marmor- und Büttenpapier* Die Kunst des handbedruckten Marmorpapiers wurde von den Venezianern aus dem Orient mitgebracht.

Angebot vom Feinsten bei:

Antica Legatoria Piazzesi, San Marco 2511, Campiello della Feltrina (www.legatoriapiazzesi.it).

Legatoria Polliero, San Polo 2995, Campo dei Frari.

Il Pavone, San Marco 3287, Salizzada San Samuele.

Paolo Olbi, San Marco 3653, Calle della Mandola (http://olbi.atspace.com).

Sehenswertes

Venedig ist ein einziges Freilichtmuseum, im Folgenden nur ein Ausschnitt aus dem gewaltigen Angebot.

Ziellos durch die Gässchen laufen ist die schönste Art, die Stadt kennen zu lernen. Langweilig wird das nie, denn immer wieder trifft man auf neue, unbekannte Plätze, läuft an romantischen Kanälen entlang oder entdeckt irgendwo einen prächtigen alten Palazzo.

Gut zu wissen: Eintrittspreise, Sammeltickets und Ermäßigungen

- Der **Museums-Pass** für die „Musei Civici Veneziani" kostet ca. 18 € (Kinder 6–14 J., Stud. bis 25 J. und Senioren über 65 J. 12 €; Familienpass für zwei Erw. und mind. ein Kind: einmal voller Preis, die anderen reduziert) und gilt für Palazzo Ducale (Dogenpalast), Museo Civico Correr, Sale Monumentali della Biblioteca Nazionale Marciana, Museo Archeologico Nazionale, Ca' Rezzonico, Palazzo Mocenigo, Palazzo Fortuny, Casa di Carlo Goldoni, Ca' Pesaro (Galleria Internazionale d'Arte Moderna/Museo d'Arte Orientale), Museo del Vetro auf der Insel Murano und Museo del Merletto auf Burano (derzeit geschl.). Die ersten vier Sehenswürdigkeiten können nur mit diesem Sammelticket oder der „Museum Card" besucht werden, die anderen auch einzeln mit separater Eintrittsgebühr.

Weiterhin gibt es eine so genannte **Museum Card** für „I Musei di Piazza San Marco" (Palazzo Ducale, Museo Civico Correr, Museo Archeologico Nazionale und Biblioteca Nazionale Marciana zuzügl. eins der oben genannten Museen), Preis 13 € (für Stud. bis 25 J. und Senioren über 65 J. 7,50 €).

Erhältlich sind die Sammeltickets in allen genannten Museen. Informationen unter www.museiciviciveneziani.it.

- In 16 Kirchen Venedigs muss Eintritt gezahlt werden. Mit dem **Chorus Pass** (www.chorusvenezia.org) für ca. 10 € (für Besitzer der Venice Card und Stud. bis 29 J. 7 €, Familienticket für zwei Erw. mit Kindern 20 €) erhält man überall Einlass, ein Einzelticket kostet jeweils 3 €, d. h. der Pass lohnt sich ab vier Kirchenbesuchen. Geöffnet sind die Kirchen Mo–Sa 10–17 Uhr, So geschl. (Ausnahme: Frari-Kirche). Wichtig: In allen Kirchen gilt ein striktes Kleidungsgebot – keine nackten Schultern, keine Shorts, keine Miniröcke.

- Die **Venice Card Transport** berechtigt drei oder sieben Tage lang zur Benutzung der öffentlichen Verkehrsmittel und Toiletten, bietet außerdem Rabatte auf Parkplätzen, in Museen und Ausstellungen sowie den Transfer von und zum Flughafen. Die **Venice Card Transport & Culture** bietet zusätzlich den freien Eintritt in den städtischen Museen, im Jüdischen Museum und in den 16 Kirchen der Chorus-Vereinigung. Außerdem kann man mit der Venice Card die Wartezeiten an den Sehenswürdigkeiten deutlich verkürzen.

Die Venice Card kann bei den Fahrkartenbüros von HelloVenezia und in den Informationsstellen erworben werden, außerdem an den Flughäfen von Venedig und Treviso. Preise: Venice Card Transport drei Tage 48 € (mit Alilaguna 72 €), sieben Tage 68/92 €, Venice Card Transport & Culture für drei Tage 73/96 €, sieben Tage 96/119 €. Bedenken Sie vorher sorgfältig, ob sich diese recht teure Karte wirklich lohnt. Detaillierte Hinweise unter www.hellovenezia.com/jsp/en/venicecard/index.jsp.

- Die **Rolling Venice Card** gibt es für Venedigbesucher von 14–29 J. gegen Vorlage des Ausweises und eines Passbildes, Kostenpunkt ca. 4 €. Man bekommt damit u. a. Ermäßigungen für öffentliche Verkehrsmittel, in Museen sowie in diversen Hotels und Restaurants. Erhältlich ist der „Rolling Venice"-Pass bei den Informationsstellen (→ oben), außerdem bei allen Verkaufsstellen von HelloVenezia, z. B. auf dem Piazzale Roma (✆ 041/2424).

- Alle **Serviceleistungen**, die von der Stadt Venedig angeboten werden, z. B. Fahrkarten für die öffentlichen Verkehrsmittel, Eintritt in den öffentlichen Museen, Zugang zum städtischen Parkhaus und Benutzung öffentlicher Toiletten, können bis sieben Tage vor Ankunft mit Preisnachlass unter www.veniceconnected.com/de erworben werden.

Panoramablick auf Canal Grande und Santa Maria della Salute

Canal Grande

Die längste und schönste Wasserstraße Venedigs zieht sich in Form eines großen „S" fast 4 km quer durch die Stadt, dicht bebaut mit den vornehmen Palazzi der reichen Kaufmanns- und Adelsfamilien.

Mit dem Vaporetto entlangfahren (am besten per Bummel-Dampfer Nr. 1) macht Spaß. Wer will, kann die Namen der meisten Palazzi der Gratiskarte entnehmen, die es bei der Tourist-Info gibt.

Rundfahrt: Wer am Bahnhof losfährt, kommt zunächst linker Hand an der Kirche *Santa Geremia* vorbei. Gleich danach mündet der breite Canale Cannaregio in den Canal Grande, wenig später steht links der *Palazzo Vendramin Calergi*, einer der schönsten Paläste der frühen Renaissance in Venedig. 1883 starb hier Richard Wagner, heute ist in den luxuriösen Räumlichkeiten das städtische Casino untergebracht. Gegenüber passiert man die byzantinisch verspielte Fassade des *Fondaco dei Turchi* – das frühere Handelshaus der Türken ist heute Sitz des Naturhistorischen Museums.

Kurz darauf stoppt der Vaporetto rechter Hand bei der klassizistisch strengen *Kirche San Stae*. Dann folgt die *Ca' Pesaro*, der bedeutendste Barockpalast der Stadt, mit der „Galleria d'Arte Moderna" und dem „Museo d'Arte Orientale" (→ Santa Croce). Schräg gegenüber, bald nach dem Rio di San Felice, kommt man linker Hand zur gotischen *Ca' d'Oro*, einem der schönsten Paläste Venedigs. Hinter der filigranen Marmorfassade mit leicht orientalischem Einschlag verbirgt sich die „Galleria Franchetti" (→ Cannaregio). Schräg gegenüber folgt die *Pescheria*, der Fischmarkt, und kurz darauf die *Erberia*, der Obst- und Gemüsemarkt.

Genau in der Krümmung des „S“ überquert die berühmte *Rialto-Brücke* (→ San Polo) den Canal. Hier ist eine wichtige Vaporetto-Station, von der aus man in knapp zehn Minuten den Markusplatz erreichen kann. Wenige Meter vor der Brücke steht links der *Fondaco dei Tedeschi*, einst das Hauptquartier der deutschen Kaufleute, die um den nahen Campo San Bartolomeo wohnten, heute ist hier die Hauptpost untergebracht.

Weiter den Canal entlang, sieht man gleich links den *Palazzo Dolfin Manin* von Sansovino (heute Banca d'Italia), etwas später, an der Einmündung des Rio di San Luca, den mächtigen Renaissancebau des *Palazzo Grimani*.
Kurz vor der letzten großen Kanalkurve, *Volta* genannt, steht linker Hand ein ganzes Bündel von aneinandergebauten Palästen, die *Palazzi Mocenigo*. Rechter Hand passiert man die berühmte gotische *Ca' Foscari* aus dem 15. Jh., heute Sitz der Universität, und bald darauf die massive *Ca' Rezzonico* mit dem üppig ausgestatteten „Museo del Settecento Veneziano“ (→ Dorsoduro). Gegenüber steht der klassizistische *Palazzo Grassi*, seit seiner Restaurierung 1986 einer der großen Kulturtempel Venedigs (→ San Marco).

Unter der Akademiebrücke hindurch und an den berühmten *Gallerie dell'Accademia* (→ Dorsoduro) vorbei, fährt man rechts am unvollendeten *Palazzo Venier dei Leoni* mit der Peggy-Guggenheim-Sammlung (→ Dorsoduro) entlang. Gegenüber steht der *Palazzo Corner della Ca' Grande* aus der Hochrenaissance, gefolgt von einer Reihe von Palästen, in denen sich Hotels niedergelassen haben. Gleich darauf sieht man rechts den bildhübschen *Palazzo Dario* mit runden Marmorverzierungen.

Der schmale *Palazzo Contarini-Fasan* mit seinen radförmigen Verzierungen an den Balkonen steht genau gegenüber der gewaltigen Kirche *Santa Maria della Salute* (→ Dorsoduro). Beim ehemaligen Zollamt an der *Punta della Dogana*, in dem seit 2009 ein Kunstmuseum untergebracht ist (→ Dorsoduro), beginnt das offene Meer und es sind nur noch wenige Meter zur Endstation Markusplatz mit einer Vaporettostation vor den *Giardinetti Reali* und einer kurz nach dem Platz, vor der Kirche *San Zaccaria*. Wenn man an letzterer aussteigt und über den *Ponte della Paglia* zum Platz zurückgeht, kommt man am Dogenpalast und der berühmten „Seufzerbrücke“ vorbei.

San Marco

Das repräsentative Zentrum der Stadt. Hier zahlt man die höchsten Preise und findet den meisten Trubel.

Der Markusplatz war einst das Eingangstor Venedigs. Alle Schiffe, die die Adria heraufkamen, landeten vor dieser einmalig prunkvollen Kulisse um die Basilika. Auch heute noch ist die Anfahrt über die Lagune der schönste Einstieg, denn die „Skyline“ Venedigs kann man vom Meer aus am besten betrachten (→ Anfahrt/Verbindungen).

Piazza San Marco *(Markusplatz)*: Tauben, Touristen, Marmor, Cafés, die Basilika, der Campanile, der Dogenpalast ... Es gibt wenige Plätze in der Welt, die so vom internationalen Tourismus eingenommen sind und trotzdem einen derartig reichen Zauber ausstrahlen. Ein Abend auf der Piazza San Marco gehört zu den großen Italien-Erlebnissen. Wenn es langsam dunkel wird, die Kaffeehausorchester aufspielen, warme Windlichter flackern und perfekt livrierte Ober schaumigen Cappuccino servieren, wird der nostalgische Charme des 19. Jh. lebendig.

Tauben und Touristen

„Tauben füttern“ am Markusplatz gehörte bisher zu den Standardfotos aller Venedigurlauber. Doch nun hat die Stadt den Taubenschwärmen den Kampf angesagt, denn die Verschmutzung durch ihren Kot ist nicht mehr hinnehmbar. Die fliegenden Händler, die den Touristen bislang Körner verkauften, dürfen das nicht mehr – und wer beim Füttern erwischt wird, wird ermahnt und muss im Wiederholungsfall mit bis zu 500 € Strafe rechnen.

Die großzügige architektonische Konzeption lässt sich am besten in den frühen Morgenstunden oder spät abends bewundern, denn den ganzen Tag über herrscht hektisches Treiben. Die beiden Längsseiten werden von den *Prokurazien* bestimmt, den Verwaltungsgebäuden der Serenissima, unter den Arkadengängen bieten elegante Geschäfte wertvolle Tuche, Spitzen und venezianisches Glas. Die historischen Cafés *Florian* und *Quadri* liegen einander genau gegenüber. An der rückwärtigen Front des Platzes liegt die *Ala Napoleonica* (Napoleonischer Flügel), die Napoleon errichten ließ, um die beiden Prokurazien miteinander zu verbinden – die Kirche San Geminiano musste dafür weichen.

In der Mitte dieses Flügels liegt heute der gemeinsame Zugang zu *Museo Civico Correr* und *Museo Archeologico*. In ersterem ist neben Skulpturen von Antonio Canova eine umfassende Schau zur Stadtgeschichte und zum venezianischen Leben untergebracht, darunter Waffen, Drucke, Amtstrachten, Stoffe, Keramik, Münzen etc., außerdem eine beachtliche Gemäldeabteilung mit Werken von Jacopo, Bellini, Carpaccio und Lotto. Das *Archäologische Museum* zeigt eine recht kunterbunt zusammengestellte Sammlung von griechischen und römischen Skulpturen, die die Venezianer von ihren Eroberungszügen mitbrachten. Von hier aus hat man Zugang zum Renaissancepalast der *Biblioteca Marciana* an der Piazzetta San Marco (→ unten), erbaut im 16. Jh. von Sansovino. Der große Prachtsaal ist mit Decken- und Wandgemälden von Veronese, Tizian, Tintoretto und Schiavone bedeckt, ausgestellt sind wertvolle Handschriften und Kalligrafien.

• *Öffnungszeiten/Eintritt* **Museo Civico Correr**, **Archäologisches Museum** und **Biblioteca Marciana**, April bis Okt. tägl. 9–19 Uhr (letzter Zutritt 18 Uhr), Nov. bis März 9–17 Uhr (letzter Zutritt 16 Uhr). Eintritt nur mit Museums-Pass „Musei Civici Veneziani“ oder Museum Card „Musei di Piazza San Marco“.

Basilica di San Marco *(Markuskirche)*: Ihre glanzvolle, orientalisch anmutende Zuckerbäckerfassade mit den fünf Kuppeln beherrscht das Platzbild – Sinnbild des Reichtums der ehemaligen Handelsmetropole, die ihre Niederlassungen überall in der Welt hatte.

Die Basilika wurde zwischen 1060 und 1070 im byzantinischen Stil erbaut, jedoch bis ins 16. Jh. ständig verändert und mit Raubstücken ausgeschmückt, die venezianische Söldner von Beutezügen mitbrachten, z. B. das berühmte *Pferdegespann* über dem Hauptportal, das 1204 bei der Eroberung Konstantinopels den Besitzer wechselte. Heute ist es von Grünspan befallen, abmontiert und durch (künstlerisch eher mittelmäßige) Kopien ersetzt. Wegen der starken Luftverschmutzung gefährdet sind auch die großen *Mosaiken* aus dem 17. Jh. in den Bogenöffnungen der Außenfront. Man erwägt ihre Abnahme.

Die *Vorhalle* ist gänzlich mit biblischen Mosaiken ausgeschmückt – passender Auftakt zum überwältigenden Inneren der Basilika: Praktisch der gesamte Innenraum des Kreuzkuppelbaus ist mit byzantinischen *Goldgrund-Mosaiken* aus dem 12. und 13. Jh. bedeckt – ein fantastischer Schatz und die größte zusammenhängende Mosaikfläche der Welt! Trotzdem wirkt der Raum düster, die kleinen Fenster in den Kuppelwölbungen lassen kaum Licht herein. Auch der mittlerweile stark gewellte *Boden* ist ein Meisterwerk der Mosaikkunst mit vielen verblüffenden Mustern und geometrischen Formen aus Marmor, Porphyr und Glas.

Der *Hochaltar* ist durch eine prächtige Chorschranke mit Marmorstatuen vom Hauptraum abgetrennt. Unter dem Baldachin ruhen die Gebeine des Evangelisten Markus, des Namenspatrons der Kirche, die im 9. Jh. nach Venedig überführt wurden. Höhepunkt der Besichtigung ist die blitzende und funkelnde *Pala d'Oro* hinter dem Altar. Die große goldene Tafel ist übersät mit Edelsteinen und Perlen, auf achtzig kunstvollen Emaillebildern sind neben Jesus und Maria Apostel und zahlreiche Heilige dargestellt. Im rechten Seitenschiff befindet sich der Zugang zur *Schatzkammer* (tesoro), in Glasvitrinen sind dort diverse Reliquien und Raubstücke von der Einnahme Konstantinopels ausgestellt.

Tauben füttern am Markusplatz ist jetzt verboten

Auf der rechten Seite der Kirche führt eine schmale Treppe zur *Loggia dei Cavalli* hinauf. Oben stehen die Originale des Pferdegespanns aus Konstantinopel, außerdem kann man auf die Loggia hinaustreten und hat die Mosaiken in Augenhöhe vor sich. Im kleinen *Museo Marciano* sind verschiedene Stücke der Kirchenausstattung ausgestellt.

• *Öffnungszeiten/Eintritt* **Basilica di San Marco**, Mo–Sa 9.45–17 Uhr, Eintritt frei; So von Ostern bis Nov. 14–17 Uhr, übrige Zeit 14–16 Uhr.

Pala d'Oro, Ostern bis Nov. Mo–Sa 9.45 – 17 Uhr, So 14–17 Uhr, übrige Zeit 9.45–16 Uhr, So 14–16 Uhr, Eintritt ca. 2 €.

Tesoro, dieselben Zeiten wie Pala d'Oro, Eintritt ca. 3 €.

Museo di San Marco (Loggia dei Cavalli & Museo Marciano), tägl. 9.45–16.45 Uhr, Eintritt ca. 4 €.

Achtung: Kurze Hosen, Tops etc. werden nicht toleriert. Die Mitnahme von größeren Gepäckstücken ist verboten, Aufbewahrung im Ateneo San Basso an der Piazzetta dei Leoncini vor der Nordfassade. Fotografieren und Filmen sind nicht erlaubt.

Campanile *(Markusturm)*: Er begann seine Existenz im 9. Jh. als Leuchtturm und wurde dann vom 12. bis 16. Jh. zu seiner heutigen Höhe von 99 m hinaufgezogen. Im Sommer 1902 stürzte er beim Einbau eines Liftes in sich zusammen und wurde wieder neu aufgebaut, ebenso wie die kleine Renaissance-Loggetta am Fuß des Turms. Mit einem Fahrstuhl kommt man in die Glockenstube hinauf, phänomenaler Blick über Stadt und Lagune.

Öffnungszeiten/Eintritt Juli bis Sept. tägl. 9–21 Uhr, März bis Juni und Okt. 9–19 Uhr, Nov. bis Ostern 9.30–15.45 Uhr; Eintritt ca. 8 €.

Piazzetta San Marco: Der sich zum Wasser hin öffnende Platzteil war bis zum 12. Jh. noch ein Hafenbecken. An einer Seite ist er flankiert vom großartigen Palazzo Ducale, auf der anderen Seite steht der klassische Renaissancepalast der *Biblioteca Marciana*, die nur durch das Museo Civico Correr betreten werden kann (→ Piazza San Marco). An der Wasserfront liegt einer der wichtigsten Gondelhalteplätze der Stadt. Zwei *Säulen* schließen hier den Platz ab, eine mit dem heiligen Theodor auf der Spitze, dem byzantinischen Schutzpatron der Stadt, der später vom Evangelisten Markus abgelöst wurde. Auf der anderen thront der Markuslöwe. Der Platz dazwischen diente früher als Exekutionsstätte – wenn man ihn betritt, bedeutet das Unglück.

Palazzo Ducale: Der gotische *Dogenpalast* (Palast der Stadtoberen) wurde im 14./15. Jh. erbaut und war das administrative Zentrum der Weltmacht Venedig. Seine großartige, massiv und zugleich verspielt wirkende Fassade ist ganz in rosa schimmerndem Veroneser Marmor und istrischem Kalk gehalten. Perfekte Eleganz spricht aus den beiden unterschiedlichen Säulengängen übereinander. In der filigranen Komposition kann man orientalische Züge erkennen. Die ehemaligen Regierungs- und Amtsräume des Palastes wurden in der jahrhundertelangen Regierungszeit der Dogen von führenden Künstlern ihrer Zeit ausgeschmückt.
Man betritt den Palast durch den meeresseitigen Eingang, die *Porta del Frumento* (Weizentor), und gelangt in den *Cortile* (Innenhof), der für die venezianische Bevölkerung früher frei zugänglich war. Über die mächtige Treppe *Scala dei Giganti*, bewacht von den beiden Giganten Mars und Neptun, gelangt man in den offenen Arkadengang im ersten Stock und über die *Scala d'Oro* mit ihrem reich verzierten Tonnengewölbe in das zweite Obergeschoss. Die dortigen Zimmerfluchten sind vollständig mit Wand- und Deckengemälden von Tintoretto, Tizian, Veronese u. a. bedeckt. Besonders schön sind die *Sala del Collegio* und die daran anschließende *Sala del Senato*. Es folgen die Räume der Sicherheitsbehörden, darunter die *Sala del Consiglio dei Dieci* und die *Sala degli Inquisitori*. Im Flur ist noch einer der berüchtigten Denunziations-Briefkästen zu sehen, mittels derer in den finsteren Zeiten der Republik jedermann unerkannt seinen Nachbarn den Untersuchungsbehörden ans Messer liefern konnte. Nicht unpassend dazu folgt eine große Waffensammlung.

Danach steigt man in den ersten Stock hinunter zum prachtvollsten und größten Raum des Palastes, zur *Sala del Maggior Consiglio* (Sitzungssaal des großen Rats). Hier ist der Höhepunkt des Dogenpalastes untergebracht – das „Paradies" von Tintoretto, eines der größten Ölgemälde der Welt! Ein wirklich unglaubliches Menschengewimmel auf 25 m Länge, entstanden 1588–90 unter tatkräftiger Mithilfe seiner Schüler. Im Deckenfries sind 76 Dogenporträts aneinander gereiht, ein Feld ist jedoch schwarz – der betreffende Doge wurde als Verräter entlarvt und 1355 hingerichtet. An der reich vergoldeten Decke sieht man Gemälde von Veronese,

Die orientalisch anmutende Fassade des Palazzo Ducale

Tintoretto u. a. Vom Fenster hat man einen herrlichen Blick auf die Piazzetta mit den beiden Säulen und der Mole davor.

Über den berühmten *Ponte dei Sospiri* (Seufzerbrücke) gelangt man hinüber in die venezianischen Staatsverliese, die *Prigioni*. Sie sind nur durch einen schmalen Kanal vom Palazzo Ducale getrennt. Die Gefangenen, die durch das filigrane Gitterwerk der Brücke einen letzten Blick in die Freiheit werfen konnten, blieben meist lebenslänglich in den engen Zellen. Der Gefängnisneubau stammt aus dem 16. Jh., doch wurden auch die alten Zellen im Dogenpalast weiterhin genutzt: die stickigen *Pozzi* (Brunnen), deren Feuchtigkeit so mancher Insasse nicht überlebte, und die nicht minder berüchtigten *Piombi*, direkt unter dem bleiernen Dach gelegene Kammern, die im Sommer höllisch heiß wurden. Hier saß 1755 auch Casanova fest, konnte aber schließlich über die Dächer des Palazzo Ducale entkommen.

Durch die *Porta della Carta* (Papiertor), an der wahrscheinlich Erlasse der Stadtregierung angeschlagen waren, verlässt man den Palast auf die Piazzetta San Marco.

• *Öffnungszeiten/Eintritt* April bis Okt. tägl. 9–18.30 Uhr (Zutritt bis 17.30 Uhr), Nov. bis März 9–17 Uhr (Zutritt bis 16 Uhr). Eintritt nur mit Museums-Pass „Musei Civici Veneziani" oder Museum Card „Musei di Piazza San Marco".

Itinerari Segreti, 3-mal tägl. interessante, englischsprachige Führung durch den Palazzo Ducale, einschließlich der Geheimgemächer, darunter Inquisitionszimmer, Folterraum und Pozzi. Eintritt ca. 18 € (6–14 J. und Stud. bis 25 J. ca. 12 €), Anmeldung bei der Kasse oder 48 Std. vorher unter ✆ 848-082000 (vom Ausland ✆ 041/42730892).

Torre dell'Orologio und Mercerie: Neben der Basilica San Marco durchquert man den Torbogen des Uhrturms, auf dessen Dach zwei Mohren die Stunde schlagen. Mit Führung kann der Turm besichtigt werden, er ist aber sehr eng und nur für nicht klaustrophobisch veranlagte Menschen geeignet. Hier beginnen die Mercerie, die Hauptgeschäftsstraße Venedigs, ein touristischer Trampelpfad, der mit etlichen Windungen hinüber zur Rialto-Brücke führt (→ San Polo).

• *Öffnungszeiten* **Torre dell'Orologio**, tägliche Führungen nach Voranmeldung unter ✆ 848-082000 (vom Ausland ✆ 041/ 42730892). Eintritt ca. 12 € (6–14 J., über 65 J. und Stud. bis 25 J. 7 €), eingeschlossen sind Museo Correr, das archäologische Museum und die Sale Monumentali della Biblioteca Marciana.

Teatro La Fenice: Das Ende des 18. Jh. errichtete Haus gehört zu den Renommiertheatern Italiens. Seine glorreichste Zeit erlebte es unter Verdi, damals entstanden hier „Rigoletto“ und „La Traviata“. Im Oktober 1995 brannte La Fenice fast vollständig aus, übrigens zum dritten Mal innerhalb seiner Geschichte – deswegen der bezeichnende Name „La Fenice“ = Phönix (aus der Asche). Noch im selben Jahr wurde mit dem Wiederaufbau begonnen und im Dezember 2003 konnte tatsächlich die neuerliche Eröffnung gefeiert werden. 100 Mio. Euro hat die hervorragend gelungene Rekonstruktion gekostet, die die alte Pracht mit großer Authentizität wiedererstehen ließ.

Öffnungszeiten tägl. 10–18 Uhr 45-minütige Führung mit Kopfhörern, Eintritt ca. 7 € (Stud. bis 26 J. und über 65 J. 5 €). ✆ 041/2424.

Palazzo Grassi: Der französische Milliardär François Pinault erwarb 2005 den Palast aus dem 18. Jh. für 29 Mio. Euro und ließ die Innenräume vom Stararchitekten Tadao Ando umgestalten. Ein Teil seiner umfangreichen Kunstsammlung wird nun hier präsentiert, hauptsächlich moderne Avantgarde von Warhol bis heute, das Schwergewicht wird aber auf großen Wechselausstellungen liegen. Schon im Freien ist das neue Museum kenntlich an dem bunten „Balloon Dog" von Jeff Koons – ein provokativer Akzent in der venezianischen Museumslandschaft.

Öffnungszeiten Mi–So 10–19 Uhr, Di geschl., Eintritt ca. 15 € (12–18 J., über 65 J. und Stud. bis 25 J. 10 €), zusammen mit Punta della Dogana (Dorsoduro) 20 € (ermäß. 14 €). ✆ 199-139139, www.palazzograssi.it.

Sonstiges: Auf dem viel begangenen Weg vom Markusplatz zu den Gallerie dell’Accademia im Viertel Dorsoduro kann man mehrere Kirchen besichtigen, darunter die barocke *San Moisè, San Fantin* beim Teatro La Fenice und *Santo Stefano* am schönen gleichnamigen Platz, in dessen Sakristei drei Gemälde von Tintoretto hängen. In der klassizistischen Kreuzkuppelkirche *San Maurizio* am benachbarten Campo San Maurizio sind wertvolle historische Musikinstrumente ausgestellt (Eintritt frei).

Öffnungszeiten/Eintritt **Santo Stefano**, Mo–Sa 10–17 Uhr, So 13–17 Uhr, Sakristei Eintritt ca. 2,50 € oder Chorus Pass.

Dorsoduro

Im Viertel südwestlich von San Marco liegen zwei der wichtigsten Museen Venedigs und eine der letzten Gondelwerften. Besuchenswert ist auch der *Campo di Santa Margherita*, der trotz seiner Größe intim wirkt wie ein Wohnzimmer. Wegen der nahen Universität hat sich hier und in der näheren Umgebung das Zentrum des venezianischen Nachtlebens entwickelt.

Gallerie dell’Accademia: unmittelbar beim Ponte dell’Accademia. Die wichtigste Gemäldegalerie Venedigs besitzt eine großartige Sammlung von venezianischen Malern des 14.–19. Jh., die in fast 30 Sälen chronologisch geordnet ist, u. a. Bellini, Mantegna, Tintoretto, Tizian, Veronese und Tiepolo. Zu den zahlreichen Höhepunkten gehören die opulenten Bilderbögen des venezianischen Lebens von *Carpaccio* (15. Jh.), vor allem die „Legende der heiligen Ursula“, die sanften Madonnen von *Bellini* (für die angeblich die schönsten Dirnen der Stadt Modell standen), außerdem das „Gastmahl im Haus des Levi“ von *Tintoretto*. Derzeit werden die Gallerie umgebaut und erweitert, sind aber geöffnet.

• *Öffnungszeiten/Eintritt* Mo 8.15–14 Uhr, Di–So 8.15–19.15 Uhr, Zutritt bis 30 Min. vorher; Eintritt ca. 6,50 € (EU-Bürger zwischen 18 und 25 J. 3,25 €, unter 18 und über 65 J. frei). Sammelticket Accademia, Ca' d'Oro und Museo Orientale 11 €, ermäß. 5,50 €. Ticketvorbestellung unter ✆ 041/5200345 (Mo–Fr 9–18, Sa 9–14 Uhr), www.gallerieaccademia.org.

Peggy-Guggenheim-Sammlung: im Palazzo Venier dei Leoni direkt am Canal Grande, Nähe Santa Maria della Salute. Peggy Guggenheim (1898–1979), Kunstsammlerin, Wahlvenezianerin und Ehrenbürgerin der Stadt, erwarb den Palazzo 1949 und richtete hier eine exquisite Kollektion der Kunst aus der ersten Hälfte des 20. Jh. ein. Schwerpunkte sind Surrealismus und Kubismus. Peggy Guggenheim liegt in ihrem Garten begraben, Seite an Seite mit ihren „beloved babies", wie sie ihre Hunde nannte.

Öffnungszeiten/Eintritt Mi–Mo 10–18 Uhr, Di geschl.; Eintritt ca. 12 € (über 65 J. 10 €, Stud. unter 26 J. 7 €, unter 10 J. gratis). ✆ 041/2405411, www.guggenheim-venice.it.

Santa Maria della Salute: Der perfekt symmetrische Zentralbau steht pittoresk auf der hübschen Landspitze am Ausgang des Canal Grande, schräg gegenüber von San Marco (Traghetto Giardini Reali – Fondamenta Dogana). Seit Generationen grüßt die hoch über die Häuser ragende Kuppel die ankommenden Schiffe. Die barocke Kuppelkirche aus weißestem Marmor gilt als das Meisterwerk des venezianischen Architekten Baldassare Longhena. Erbaut wurde sie zu Ehren Marias, nachdem die Pest 1630 die Einwohnerzahl der Stadt um 50.000 Menschen dezimiert hatte. Der runde Innenraum beeindruckt in seiner klar gestalteten Monumentalität. Am dritten Altar links die „Ausgießung des heiligen Geistes" von Tizian. In der Sakristei eine großartige „Hochzeit von Kanaa" von Tintoretto.

Öffnungszeiten/Eintritt tägl. 9–12, 15–17.30 Uhr, bei Sakristeibesuch Spende erbeten.

Punta della Dogana: Im ehemaligen Zollamt an der Landspitze von Dorsoduro hat François Pinault (→ Palazzo Grassi) erst 2009 eine weitere hochkarätige Sammlung zeitgenössischer Kunst eröffnet. Der Japaner Tadao Ando hat das eigentümliche Dreiecksgebäude dafür perfekt umgebaut.

Öffnungszeiten/Eintritt Mi–Mo 10–19 Uhr, Eintrittspreise wie Palazzo Grassi.

Squero von San Trovaso: Am Rio San Trovaso arbeitet eine der letzten Gondelwerften Venedigs. Den Handwerkern über die Schulter schauen kann man allerdings nicht. Man muss sich mit dem Blick vom gegenüberliegenden Kanalufer auf die Holzbaracken und den zum Kanal abfallenden Platz begnügen.

Fondamenta delle Zattere: Die Flanierzone am Südrand des Dorsoduro liegt direkt an einem der Hauptschifffahrtswege der Stadt, Panoramablick übers Wasser auf die vorgelagerte Insel Giudecca. Der Innenraum der Kirche *Santa Maria del Rosario* (auch: Chiesa ai Gesuati) gehört zu den besten Beispielen der Rokokokunst in Venedig und besitzt Gemälde von Sebastiano Ricci, Giambattista Tiepolo und Giovanni Battista Piazzetta. Herausragend sind das Deckengemälde von Tiepolo und eine dramatische „Kreuzigung" von Tintoretto (links vom Altar).

Öffnungszeiten/Eintritt **Chiesa ai Gesuati**, Mo–Sa 10–17 Uhr, Eintritt ca. 3 € oder Chorus Pass.

San Sebastiano: Die Kirche aus dem 16. Jh. steht am gleichnamigen Platz im Westen von Dorsoduro und ist berühmt wegen der zahlreichen Decken-, Wand- und Altargemälde von Paolo Caliari (1528–88), genannt „Veronese", der hier auch begraben liegt (→ Villa Barbaro bei Masèr, S. 191).

Öffnungszeiten/Eintritt Mo–Sa 10–17 Uhr, Eintritt ca. 3 € oder Chorus Pass.

Scuola Grande dei Carmini: An der Westseite des Campo di Santa Margherita trifft man auf die große gotische, später barock umgebaute *Chiesa dei Carmini.* Gleich gegenüber steht die Scuola Grande dei Carmini, Sitz einer Ende des 17. Jh. rund 75.000 Mitglieder zählenden Bruderschaft. Im Hauptsaal des ersten Stocks sind neun auf Leinwand gemalte Deckengemälde von Giambattista Tiepolo erhalten.

Öffnungszeiten/Eintritt April bis Okt. Mo–Sa 9–18 Uhr, So 9–16 Uhr, übrige Zeit tägl. 9–16 Uhr, Eintritt ca. 5 €.

Ca' Rezzonico: Der aufwändig restaurierte Barockpalast am Canal Grande ist Sitz des *Museo del Settecento Veneziano,* dessen reich ausgestattete Räumlichkeiten einen lebendigen Einblick in die Wohn- und Lebenskultur des 18. Jh. geben. Darunter sind auch viele Stücke aus den Villen an der Riviera del Brenta. Einige Säle besitzen Fresken von Giambattista Tiepolo und seinem Sohn Giandomenico. Neu sind im Obergeschoss die *Farmacia Ai Do San Marchi* und die *Pinacoteca Egidio Martini* mit über 300 Werken venetischer Künstler des 17. und 18. Jh.

Öffnungszeiten/Eintritt **Museo del Settecento Veneziano**, April bis Okt. Mi–Mo 10–18 Uhr, übrige Zeit 10–17 Uhr, Di geschl., Eintritt ca. 7 € (6 bis 14 J., über 65 J. und Stud. bis 29 J. 5 €) oder Museums-Pass.

San Polo

Dieses „Sestiere“ ist durch den Canal Grande von San Marco getrennt, die Rialto-Brücke stellt die Verbindung her. Hier findet man die Frari-Kirche, aber auch einige der nettesten Plätze der Stadt.

Rialto-Brücke: Der Ponte di Rialto – der Name kommt von „Rivo alto“, also hohes Ufer, denn es handelt sich um einen der höchstgelegenen Punkte Venedigs – wurde im 16. Jh. auf über 12.000 Pfählen errichtet und war bis ins 19. Jh. der einzige Übergang über den Canal Grande. Er diente als bedeutender Handelsumschlagplatz, denn an den benachbarten Fondamenti, wo sich heute Restaurants reihen, wurden die Waren angelandet und in die umliegenden Kaufmannsniederlassungen verschafft, darunter der *Fondaco dei Tedeschi,* das Haus der deutschen Kaufleute (→ Canal Grande).

Heute ist die 50 m lange Brücke auf ihrer gesamten Länge beidseitig mit Souvenirläden zugebaut. An ihrer Westseite erstreckt sich entlang der Ruga degli Orefici ein langer Budenmarkt bis hin zur Calle della Beccarie mit vormittäglichem Obst- und Gemüsemarkt (Mo–Sa) und dem benachbarten größten Fischmarkt der Stadt. An der Ostseite der Brücke beginnen die *Mercerie,* die wichtigste Geschäftszeile von Venedig. Sie führt direkt zur Piazza San Marco (→ San Marco).

Campo San Polo: Der zentral gelegene Platz gehört zu den größten der Stadt. Abends verwandelt er sich in einen beliebten Treffpunkt und großen Kinderspielplatz. In den Cafés am Platz kann man die Szenerie in aller Ruhe genießen.

Die *Chiesa di San Paolo Apostolo* besitzt einige hochkarätige Gemälde, darunter ein dramatisch bewegtes „Abendmahl“ von Tintoretto. Sehr sehenswert sind aber vor allem die ergreifend und höchst emotional dargestellten 14 Kreuzwegbilder von Giambattistas Sohn Giandomenico Tiepolo, im Narthex (Vorraum).

Öffnungszeiten/Eintritt **Chiesa di San Paolo Apostolo**, Mo–Sa 10–17 Uhr, So 13–17 Uhr; Eintritt ca. 3 € oder Chorus Pass.

Basilica dei Frari: Die gotische Basilika am Campo dei Frari ist eine der bedeutendsten Kirchen Venedigs, denn in ihr befinden sich zahlreiche Grabmäler von Dogen und anderen illustren Venezianern. Die bis auf die Portale völlig schmucklos gehaltene, monumentale Backsteinkirche der Franziskaner ist ein Werk der Gotik. Der gewaltige Innenraum wird dominiert vom marmorverkleideten Chor mit seinem prachtvollen Gestühl und den pompösen Grabdenkmälern im Hauptschiff. Über dem Altar prangt in leuchtenden Farben das berühmte, fast 7 m hohe Tiziangemälde „Mariä Himmelfahrt". Ebenfalls von Tizian ist die „Madonna der Familie Pesaro" am zweiten Altar des linken Seitenschiffs. Tizian soll hier sogar begraben liegen, sein vermeintliches Grabmal ist von der Fassade aus gesehen das zweite rechts im Hauptschiff. Mystisch zeigt sich das pyramidenförmige Mausoleum zu Ehren des Bildhauers Antonio Canova (→ Possagno, S. 191) neben dem heutigen Haupteingang im linken Seitenschiff – eine verschleierte Gestalt verschwindet durch eine halb geöffnete Tür ...

Öffnungszeiten/Eintritt April bis Okt. Mo–Sa 9–18 Uhr, So 13–18 Uhr (übrige Zeit eine Stunde kürzer); Eintritt ca. 3 € oder Chorus Pass.

Scuola Grande di San Rocco: Das ehemalige Hauptgebäude der größten venezianischen „Bruderschaft" steht unmittelbar hinter der Frari-Kirche am Campo San Rocco. Der Venezianer Tintoretto (1518–1594) hat den Renaissancepalast in mehr als zwanzigjähriger Arbeit mit 56 herrlichen Wand- und Deckengemälden ausgeschmückt und sich so gleichsam sein eigenes Museum geschaffen – die größte Tintoretto-Sammlung der Welt. Im oberen Stockwerk findet man die Bilder des jungen Tintoretto, darunter in der *Sala dell'Albergo* dramatische Passionsszenen und eine imposante „Kreuzigung" sowie an der Decke den „Heiligen Rochus", den Schutzpatron der Bruderschaft. Im Erdgeschoss sind die Werke des gereiften Meisters zu betrachten, u. a. eine grandiose „Verkündigung", die opulente „Flucht nach Ägypten" und der „Bethlehemische Kindermord".

In der *Chiesa di San Rocco* gegenüber der Scuola sind ebenfalls mehrere Gemälde von Tintoretto ausgestellt.

Öffnungszeiten/Eintritt **Scuola Grande di San Rocco** & **Chiesa di San Rocco**, tägl. 9.30–17.30 Uhr; Eintritt ca. 7,50 €, 18–25 J. 5 €. ✆ 041/5234864, www.scuolagrandesanrocco.it.

Santa Croce

Mit Bahnhof und Parkplätzen das am wenigsten aufregende Viertel der Stadt. Im 19. Jh. wurden große Teile des „Sestiere" abgerissen, um den Erfordernissen des modernen Verkehrs gerecht zu werden. Neuester Anziehungspunkt ist die 2008 eröffnete Fußgängerbrücke *Ponte della Costituzione*, die zwischen Piazzale Roma und Bahnhof in elegantem Bogen über den Canal Grande führt.

Ca' Pesaro: Der bedeutendste Barockpalast der Stadt steht direkt am Canal Grande. In den Untergeschossen kann man die *Galleria d'Arte Moderna* mit Werken aus dem 19. und 20. Jh. besichtigen, u. a. sind Chagall, Klee, Kandinsky und Klimt vertreten, oben besitzt das *Museo d'Arte Orientale* eine reiche Sammlung fernöstlicher Stücke.

Öffnungszeiten/Eintritt **Internazionale Galleria d'Arte Moderna & Museo d'Arte Orientale**, April bis Okt. Di–So 10–18 Uhr, übrige Zeit 10–17 Uhr, Mo geschl.; Eintritt ca. 8 € (6–14 J., über 65 J. und Stud. bis 25 J. 5,50 €) oder Museums-Pass.

San Stae: von der Ca' Pesaro nur durch zwei Kanäle getrennt. Die klassizistische Komposition verrät Palladios Einfluss, die Seitenaltäre ähneln griechischen Tempeln. Es gibt eine Reihe von Deckengemälden, darunter „Das Martyrium des heiligen Bartolomeus" von Tiepolo. Für den Stifter der Stae-Kirche, Alvise Mocenigo II, wurde eine Grabplatte in den Boden eingelassen: Sensenmänner und Knochen erinnern an die Vergänglichkeit menschlichen Tuns.

Öffnungszeiten/Eintritt Mo–Sa 10–17, Eintritt ca. 3 € oder Chorus Pass.

Palazzo Mocenigo: Etwas landeinwärts von San Stae steht dieser Palazzo an der Salizzada di San Stae. Er beherbergt das *Centro Studi di Storia del Tessuto e del Costume* mit einer Sammlung von historischen Stoffen und Kostümen, Gemälden, antikem Mobiliar und Leuchtern aus Murano-Glas.

Öffnungszeiten/Eintritt April bis Okt. Di–So 10–17 Uhr, übrige Zeit Di–So 10–16 Uhr, Mo geschl.; Eintritt ca. 4,50 € (6 bis 14 J., über 65 J. und Stud. bis 25 J. 3 €) oder Museums-Pass.

Cannaregio

Der ruhige Norden der Stadt erstreckt sich vom Bahnhof weit nach Osten und ist ein reines Wohnviertel mit kleinen Plätzen, schmalen Kanälen und versteckten Gassen. Interessant ist besonders das ehemalige jüdische Viertel im Nordwesten. Die Trattorien bilden einen lohnenden Kontrapunkt zum Trubel im Zentrum.

Lista di Spagna: touristischer Trampelpfad seitlich vom Bahnhof, dessen zweite Hälfte *Strada Nova* heißt. Die einzige wirkliche Straße der Stadt wird flankiert von zahlreichen Restaurants und Hotels, später auch von Markt- und Verkaufsständen.

Ghetto: ein tragisches Relikt. Das erste jüdische „Ghetto" Europas ist vom Bahnhof über die Verlängerung der Lista di Spagna zu erreichen. Benannt ist es nach der Metallgießerei (gettare = gießen), die hier vorher stand. Der Name bürgerte sich später als Bezeichnung für alle Judenviertel ein. Seit 1516 mussten die Juden Venedigs in diesem abgeschlossenen Quartier eingepfercht wohnen. Die Religionsausübung war ihnen im Gegensatz zu vielen anderen Ländern jedoch gestattet, deshalb kamen ständig neue Flüchtlinge an. Wegen Platzmangels wurden die Häuser bis zu acht Stockwerke hoch gebaut, ein Klein-Manhattan in Venedig. Napoleon ließ das Ghetto 1797 öffnen, doch die nachfolgenden Österreicher machten das bald wieder rückgängig. Im Juli 1944 – Italien hatte bereits kapituliert – fielen Nazis und italienische Faschisten gemeinsam ins venezianische Ghetto ein. Eine Gedenktafel und Flachreliefs an der Mauer der *Schola Spagnola* im Ghetto Vecchio erinnern an die Deportationen. Am Campo Ghetto Nuovo, dem großen Platz im Zentrum, steht das *Museo Ebraico*, das auch Führungen in drei der insgesamt fünf erhaltenen Synagogen aus dem 16. Jh. und auf dem jüdischen Friedhof am Lido organisiert.

• Öffnungszeiten/Eintritt **Museo Ebraico**, Juni bis Sept. So–Fr 10–19 Uhr, übrige Zeit 10–18 Uhr, am Sabbat und an jüdischen Feiertagen geschl., Eintritt ca. 3 €; englischsprachige Führungen stündl., deutschsprachige Führungen nach Vereinbarung, ca. 8,50 €. ✆ 041/715359, www.museoebraico.it.

Ca' d'Oro: Direkt am Canal Grande steht dieser ursprünglich gotische Palast mit leicht orientalischem Einschlag und filigranen, sechsbogigen Maßwerkloggien im ersten und zweiten Stock der Fassade. Leider ist von den Goldverzierungen, die dem Palazzo seinen Namen gaben, nichts mehr erhalten. Im schön gestalteten Inneren kann man die *Galleria Franchetti* besuchen mit Mobiliar, Skulpturen und Gemälden, darunter viele zweitrangige und einige bedeutende Stücke, z. B. das Fresko „Heiliger Sebastian" von Mantegna in der ehemaligen Hauskapelle, „Venus am Spiegel" von Tizian und ein Werk von Giorgione, das einst an der Außenfront prangte.

Öffnungszeiten/Eintritt Mo 8.15–14, Di–Sa 8.15–19.15 Uhr; Eintritt ca. 5 € (von 18–25 J. 2,50 €, frei unter 18 und über 65 J.), bei Ausstellungen auch teurer.

Santa Maria dei Miracoli: idyllisches Fleckchen am Zusammenfluss dreier Kanäle und eine der schönsten und ungewöhnlichsten Renaissancekirchen der Stadt. Der Bildhauer und Architekt Lombardo ließ sich 1481–89 allerhand einfallen. Prächtige Inkrustationen schmücken die Fassade und der Marmor wirkt fast wie Stoff mit Batikornamenten, denn er setzte die großen Blöcke mit jeweils gleicher Maserung nebeneinander und wechselte sie nach jedem Fenster. Ins Tonnengewölbe der Decke sind zahlreiche Porträts eingelassen.

Öffnungszeiten/Eintritt Mo–Sa 10–17, Eintritt ca. 3 € oder Chorus Pass.

Madonna dell'Orto: In der rechten Chorkapelle dieser gotischen Kirche im Norden des Cannaregio liegt Tintoretto begraben, mehrere seiner Gemälde schmücken den Innenraum. Sein Wohnhaus, die *Casa di Tintoretto*, liegt ganz in der Nähe an der Fondamenta dei Mori (Cannaregio 3399).

Öffnungszeiten/Eintritt Mo–Sa 10–17, Eintritt ca. 3 € oder Chorus Pass.

Castello

Der östliche Zipfel Venedigs, mit seiner riesigen Werft *(Arsenale)* früher der industrielle Motor der Stadt, ist heute weitgehend ruhig und ohne großartige Sehenswürdigkeiten. Hier gibt es jedoch die einzigen nennenswerten Grünanlagen der Stadt.

Riva degli Schiavoni/Riva dei Sette Martiri: Von San Marco die Uferstraße nach Osten geht es über den *Ponte della Paglia*, wo sich morgens bis abends die Massen drängen, um die berühmte Seufzerbrücke zu knipsen. An den zahlreichen Haltestellen der Vaporetti entlang gelangt man zur *Chiesa della Pietà* mit Deckengemälden von Tiepolo und weiter zum großen *Museo Storico Navale* (→ Arsenale) und zu den öffentlichen Grünanlagen, den *Giardini Publici.*

Chiesa San Zaccaria: von der Riva degli Schiavoni landeinwärts, kurz vor der *Chiesa della Pietà*. Die Kirche mit ihrer blendend weißen Marmorfassade war ursprünglich byzantinisch, hat aber zahlreiche Umbauten erfahren. Im Inneren findet sich am zweiten Altar links eine „Madonna mit Heiligen" von Giovanni Bellini.

Öffnungszeiten Mo–Sa 10–12, 16–18, So 16–18 Uhr; Eintritt frei.

Scuola di San Giorgio degli Schiavoni: Von der Chiesa della Pietà geht man parallel zum Rio della Pietà landeinwärts bis zu dem Marmorpalazzo der 1451 gegründeten Bruderschaft der Dalmatiner, in Venedig „Schiavoni" genannt. 1502 erhielt die Bruderschaft in einem Nachlass die Reliquien des heiligen Georg. *Carpaccio* (→ Gallerie dell'Accademia) schuf daraufhin im Untergeschoss der Bruderschaft einen herrlichen Freskenzyklus mit den Heiligen Hieronymus, Matthäus, Augustinus und natürlich Georg. Besonders hübsch ist das Gemälde „Sant'Agostino in seiner Studierstube", auch sein kleiner Hund ist darin verewigt.

Öffnungszeiten/Eintritt April bis Okt. Di–Sa 9.30–12.30, 15.30–18.30 Uhr, So nur vormittags, übrige Zeit Di–Sa 10–12.30, 15–18 Uhr, So nur vormittags, Mo geschl. Eintritt ca. 4 € (Stud. 2 €). ✆ 041/5228828.

Campo Santa Maria Formosa: Der weite Platz ist praktisch seit der Renaissance unverändert geblieben. Am Südende sind im zweiten Stock des *Palazzo Querini-Stampalia* aus dem 16. Jh. historisches Mobiliar und feinstes Tischporzellan der adligen Eigentümer sowie Gemälde von Bellini, Tiepolo und Pietro Longhi zu besichtigen.

Öffnungszeiten/Eintritt **Chiesa Santa Maria Formosa**, Mo–Sa 10–17, Eintritt ca. 3 € oder Chorus Pass. **Palazzo Querini-Stampalia**, Di–So 10–19 Uhr, Mo geschl., Eintritt ca. 10 €.

Basilica Santi Giovanni e Paolo: Die monumentale gotische Backsteinkirche steht auf einer großen, freien Piazza, nur wenig nördlich vom Campo Santa Maria Formosa. Sie ist der größte Sakralbau Venedigs und wurde vom Dominikanerorden errichtet. Beim Eintreten erscheint die Weite des Raums schier unglaublich. Meterdicke

Säulen tragen das hohe Schiff, in dessen Seitenwänden – wie in der Frari-Kirche – zahlreiche Grabmäler von berühmten Dogen und Feldherren der Republik Venedig eingelassen sind.

Seitlich neben der Kirche ist die *Scuola di San Marco* mit interessanten perspektivischen Reliefs in der Fassade angebaut, dient heute aber als Eingangsbereich des Krankenhauses von Venedig (keine Besichtigung). Vor der Kirche dominiert das mächtige Reiterdenkmal des Bartolomeo Colleoni aus Bergamo (→ dort), 1488 geschaffen vom Florentiner Andrea del Verrocchio. Einige Cafés runden das Gesamtbild ab.

Öffnungszeiten Mo–Sa 9–18 Uhr, So 12–18 Uhr; Eintritt ca. 2,50 €.

Fondamente Nuove: Hier starten die Boote zu den Laguneninseln San Michele, Murano, Burano und Torcello (→ Lagune von Venedig). Blumenstände am Kai signalisieren die Funktion von San Michele: Die Insel ist der Friedhof Venedigs.

Arsenale: Die riesige Werft der expansiven Seerepublik Venedig war noch bis zum Ersten Weltkrieg in Betrieb. Sie war gleichsam eine Stadt in der Stadt, bot einst bis zu 16.000 Menschen Arbeit und war im 18. Jh. eine der größten und leistungsfähigsten der Welt. Der Zutritt zu dem ummauerten Komplex ist leider nur zur Zeit der Biennale möglich (→ Giardini Garibaldi). Am Haupttor wachen drei Löwenskulpturen, Beutekunst aus dem venezianisch besetzten Griechenland.

Das große, preisgünstige *Museo Storico Navale* an der Riva San Biagio zeigt in einem ehemaligen Kornspeicher auf vier Stockwerken Schiffsmodelle, Dokumente zur Geschichte der venezianischen und italienischen Marine, Seekarten, Gemälde, Waffen, nautische Instrumente, Uniformen u. v. m. In der Nähe des Eingangs zum Arsenale kann man im *Padiglione delle Navi* an der Fondamenta della Madonna historische Schiffsbauten betrachten, darunter den „Scalè Reale“ von 1850, der für zeremonielle Zwecke genutzt wurde.

Öffnungszeiten/Eintritt **Museo Storico Navale**, Mo–Fr 8.45–13.30, Sa 8.45–13 Uhr, So geschl., Eintritt ca. 1,60 €, Schüler frei.

Isola di San Pietro: Auf der ruhigen Insel hinter dem Arsenale steht die klassizistische Kirche San Pietro di Castello, die bis Anfang des 19. Jh. der Dom Venedigs war. Der marmorne Bischofssitz hat eine außergewöhnliche Rückenlehne. Es handelt sich um eine Grabstele mit arabischer Ornamentik und auch einigen Schriftzeichen – Koranverse, die hinter dem Rücken des Erzbischofs von Venedig Allahs Lob priesen. Vor der Kirche ein schönes Wiesenstück für die gemütliche Siesta.

Öffnungszeiten/Eintritt **San Pietro di Castello**, Mo–Sa 10–17, Eintritt ca. 2,50 € oder Chorus Pass.

Giardini Garibaldi, Giardini Pubblici, Parco delle Rimembranze: Nach dem Trubel im Zentrum herrscht in den Grünanlagen erholsame Ruhe – abgesehen von der Zeit der Biennale von Venedig, die hier seit 1895 alle zwei Jahre (etwa Mitte Juni bis Anfang November) stattfindet (www.labiennale.org). Mit den Vaporetti 1, 2, 51 und 52 kommt man wieder nach San Marco zurück oder man läuft 20 Min. zu Fuß.

Giudecca und San Giorgio Maggiore

Giudecca: Bis auf die von Palladio anlässlich einer schrecklichen Pestepidemie erbaute *Chiesa Il Redentore* findet man hier keine großen architektonischen Werke. Die Giudecca ist volkstümlich geblieben, ein Viertel, in dem weniger Prominenz als vielmehr in erster Linie Venezianer wohnen. Der Inselcharakter ist auf Giudecca deutlicher spürbar als anderswo in Venedig – und die Preise sind günstiger. Jedes Jahr am dritten Juliwochenende findet eine Wallfahrt zur Kirche statt, die „Festa del Redentore".

Öffnungszeiten/Eintritt **Chiesa Il Redentore**, Mo–Sa 10–17, Eintritt ca. 3 € oder Chorus Pass.

San Giorgio Maggiore: markante Kirche auf der kleinen Insel gegenüber vom Markusplatz, erbaut von Palladio in seinem typischen Stil mit einer Fassade in Form eines antiken Tempels, im Chor zwei Gemälde von *Tintoretto*, „Der Mannaregen" und „Das Abendmahl". Der Rundblick vom Campanile aus ist vielleicht noch umfassender als vom Campanile di San Marco.

An die Kirche schließt sich der Komplex eines früheren Benediktinerklosters an, das an Wochenenden mit Führung besucht werden kann. In den Ausstellungsräumen der *Fondazione Giorgio Cini* links neben der Kirche finden regelmäßig Sonderausstellungen moderner Kunst statt. Zu erreichen ist San Giorgio Maggiore mit Vaporetto-Linie 2 ab San Zaccaria.

Öffnungszeiten/Eintritt **Chiesa San Giorgio Maggiore**, tägl. 9.30–12.30, 14.30–18.30, Okt. bis April nur bis 16.30 Uhr; Eintritt frei, **Campanile** ca. 3 €. Klosterführungen Sa/So, Vereinbarung unter ✆ 041/5240119.

Lagune von Venedig

Die Lagune ist die größte Italiens und bietet zahlreiche Möglichkeiten für Tagesausflüge. Je weiter man sich vom Rummelplatz Venedig entfernt, desto beschaulicher wird die Szenerie.

Von der Riva degli Schiavoni (hinter San Marco) tuckern die Vaporetti 1, 2, 51 und 52 zum vorgelagerten *Lido di Venezia*, auf die Inseln *San Michele* und *Murano* kommt man mit den Nummern 41 und 42 ab den Fondamente Nuove an der Nordseite der Stadt, nach *Murano*, *Burano* und *Torcello* mit den Motonavi LN und N. Für einen Besuch der geschäftigen Hafenstadt *Chioggia* am Südrand der Lagune nimmt man ab Lido di Venezia den Bus Nr. 11 (→ Chioggia).

Lido di Venezia: Die 12 km lange Insel schiebt einen schützenden Riegel vor die Lagune. Der ebenso lange Sandstrand an der Meerseite gilt seit über hundert Jahren als einer der edelsten Badeplätze Italiens, Wer die Novelle „Der Tod in Venedig" von Thomas Mann oder deren Verfilmung von Luchino Visconti kennt, hat bereits einen perfekten Eindruck von der elegant-dekadenten Atmosphäre am Lido um die Jahrhundertwende. Hotels im Liberty-Stil, Restaurants und Souvenirstände stehen dicht an dicht. Der Eintritt zu den „stabilimenti" kostet jedoch ein kleines Vermögen, frei zugängliche Strandpartien gibt es nur an den äußersten Enden des Lido.

Die bequemste Art den Lido zu erkunden bietet ein Fahrrad. Mehrere Verleihstellen gibt es nicht weit vom Vaporetto-Anleger. Sehenswert ist der malerisch verwilderte *Jüdische Friedhof*, den man erreicht, wenn man von der Vaporetto-Station etwa 500 m nach links geht. Das ruhige, von Kanälen umgebene Örtchen *Malamocco* im Südwesten war einst der Hafen Venedigs. Die Kirche Santa Maria Assunta besitzt einen Nachbau des Campanile von San Marco.

Alljährlich Anfang September bringen die Filmfestspiele *Mostra Internazionale del Cinema* Abwechslung an den Lido („Ente Autonoma La Biennale di Venezia", ✆ 041/5218711, 📠 5218747, www.labiennale.org & www.veneziafilmfestival.com).

Öffnungszeiten/Eintritt **Jüdischer Friedhof**, englischsprachige Führungen nach Vereinbarung im Museo Ebraico (→ Cannaregio), meist Fr 10.30 Uhr und So 14.30 Uhr. ✆ 041/715359.

Torcello aus der Vogelperspektive

Isola San Michele: Die Friedhofsinsel liegt nicht weit von den Fondamente Nuove entfernt, dicht vor der Nordküste Venedigs. Die eng belegten Grabfelder vermitteln ein anschauliches Bild der venezianischen Sozialstruktur.

Öffnungszeiten tägl. 8.15–16 Uhr, im Sommer bis 18 Uhr. Bitte keine Shorts.

Isola Murano: Das Inselstädtchen wirkt mit seinen schmalen Kanälen, Brücken und niedrigen Häuschen wie eine Miniaturausgabe von Venedig und ist Standort der berühmten venezianischen Glasindustrie. Bereits seit der Gründung Venedigs im 5. Jh. spielte die Glaserzeugung eine große Rolle. Im Mittelalter verlegte man dann sämtliche Manufakturen aus der brandgefährdeten Stadt nach Murano. Obwohl der politische Niedergang Venedigs die Glasindustrie in eine schwere Krise stürzte, arbeiten noch immer zahlreiche Glasbläsereien (ausgeschildert mit *fornace*, in der Regel bis 16 Uhr).

Im sehenswerten *Museo del Vetro*, untergebracht im Palazzo Giustinian an der gleichnamigen Fondamenta, sind Meisterwerke der Glasbläserei von der Antike bis in die Neuzeit ausgestellt. Die romanische Basilika *Santa Maria e San Donato* fällt durch ihren mächtigen Glockenturm auf, im Inneren schöner Mosaikboden und ein byzantinisches Mosaik in der Apsis. Im Dom *San Pietro Martire*, südlich vom Canal Grande di Murano, gibt es ein wertvolles Bellini-Gemälde „Madonna mit Heiligen“ und prächtige Leuchter aus Kristallglas.

Öffnungszeiten/Eintritt **Museo del Vetro**, April bis Okt. tägl. 10–18 Uhr, übrige Zeit 10–17 Uhr; Eintritt ca. 6,50 € (6–14 J. u. Stud. bis 29 J. 4 €).

Isola Burano: ein malerisches Fleckchen mit farbenfroh bemalten Häusern, ruhig und idyllisch – falls nicht zu viele Touristen unterwegs sind. Man lebt vom Fischfang, außerdem von Herstellung und Verkauf von Spitzen, den Klöpplerinnen kann man bei der Arbeit zusehen (die meisten der heute in Venedig verkauften Spitzen sind jedoch maschinell in Fernost hergestellt und importiert). Besuchenswert ist die *Scuola Merletti*, eine hundert Jahre alte Klöppelschule mit angeschlossenem Museum (derzeit wegen Restaurierung geschl.)

Isola Torcello: schöne Fahrt durch die Lagune zu den Wiesen und Weingärten der abgelegenen kleinen Insel, die noch vor Venedig einst Fluchtpunkt vor den Hunnen war. Im frühen Mittelalter war Torcello Bischofssitz mit über 10.000 Einwohnern, heute leben hier gerade noch eine Handvoll Menschen. Zwei Kirchen und die Grundmauern eines Baptisteriums aus dem 7 Jh. sind die letzten Zeugen vergangener Größe.

An der Piazza Torcello trifft man auf die romanische Kreuzkuppelbasilika *Santa Fosca* aus dem 11. Jh. Durch einen Laubengang kommt man zur benachbarten Kathedrale *Santa Maria Assunta*, die in ihren Anfängen aus dem 7 Jh. stammt und damit als älteste Kirche der Lagune gilt. Der heutige Bau stammt allerdings im Wesentlichen aus dem 11. Jh. Im Inneren findet man prächtige Mosaiken auf Goldgrund. Das Glanzstück unter ihnen ist das über sechs Bilderstreifen verlaufende „Jüngste Gericht" an der Rückwand. Der frei stehende *Campanile* kann bestiegen werden, an klaren Tagen genießt man einen herrlichen Blick über die Lagune. Im gegenüberliegenden *Museo dell'Estuario* sind archäologische Funde aus der Lagune, Kunstgegenstände, Mosaiken und Schmuck zu sehen.

• *Öffnungszeiten/Eintritt* **Santa Maria Assunta**, April bis Okt. tägl. 10.30–17.30 Uhr, übrige Zeit 10–16.30 Uhr; Eintritt ca. 3 €.

Campanile, April bis Okt. tägl. 11–16 Uhr; Eintritt ca. 2 €.

Santa Fosca, dieselben Öffnungszeiten wie Santa Maria Assunta, Eintritt frei.

Museo dell'Estuario, April bis Okt. Di–So 10.30–17 Uhr, übrige Zeit 10–16.30 Uhr, Mo geschl., Eintritt ca. 2 €.

Sammelticket kostet ca. 6 €.

Littorale del Cavallino

Marina di Venezia

Der dicht mit Pinien bestandene Festlandstreifen östlich von Venedig ist mit seinem kilometerlangen Sandstrand Mittelpunkt des gigantischen Badebetriebs um Venedig und Mestre. Über 40 teils sehr komfortable Campingplätze reihen sich aneinander, mit jährlich 6 Mio. Besuchern ist der Littorale eins der meistfrequentierten Campingziele Europas (→ Venedig/Camping). Eindrucksvoll ist die Zufahrtsstraße, die als kilometerlange Pinienallee hinter den Campingplätzen verläuft.

Punta Sabbioni: Landzunge gegenüber Venedig, Vaporetto 14 pendelt mindestens stündlich zum Lido und zur Stadt. Speziell für Badeurlauber aus Jesolo und Umgebung bequeme Venedig-Anfahrt, den Pkw kann man auf mehreren bewachten Parkplätzen abstellen (ca. 7 €/Tag), auch Linienbusse verkehren von den Badeorten. Tipp: der für die Stadtbesichtigung sehr günstige Camping Miramare liegt ca. 1 km von der Anlegestelle der Vaporetti (→ Venedig/Camping).

Lido di Jesolo

Der Traumstrand der fünfziger Jahren ist aktuell wie eh und je. Auf 15 km Länge ziehen sich Hotelfronten und schnurgerade Straßenzüge hinter einem oft bis zum letzten Liegestuhl gefüllten Strand aus feinstem Dolomit-Sand. Vom Fischerdörfchen *Cortellazzo* an der Piavemündung über das üppig grüne *Jesolo Pineta* mit seinem halben Dutzend Campingplätzen und das geschäftig-urbane *Jesolo Centro* bis *Jesolo Faro* mit seinem weithin sichtbaren Leuchtturm an der Mündung des Flusses Sile erstreckt sich die gigantische Urlaubsmaschine. Fast stundenlang kann man hier laufen („Fußgängerzone Jesolos, mit 8 km die längste Europas"), es sieht alles irgendwie gleich aus. Trotzdem erfreut sich diese Mammutbadewanne ungebrochener Beliebtheit. Zur Abwechslung des Badealltags sind Motorschiff-Exkursionen ins nahe Venedig geboten. Nachts tobt das Leben in zwei Dutzend Diskotheken und fast tausend Kneipen.

• *Information* **IAT**, Piazza Brescia 13, großes Büro mit viel Material, es wird Deutsch gesprochen. Mo–Sa 9–19 Uhr, So geschl. ✆ 0421/370601, 📠 370608, www.jesolo.it.

• *Übernachten* Hotels aller Preisklassen wie Sand am Meer.

*** **Trevi**, großes, gepflegtes Haus in zweiter Reihe am Strand, zu erkennen am auffallenden Wandfresko, das den Trevi-Brunnen darstellt. Von Familie Saramin sehr aufmerksam und herzlich geführt, entsprechend viele Stammgäste. Gutes Restaurant, Pool, Privatstrand, Unterwassermassage, Solarium, Parkplatz. DZ mit Frühstück ca. 70–85 €. Via Padova 26, Nähe Piazza Marina, ✆ 0421/971762, 📠 0421/370948, www.hoteltrevivenezia.com.

Fast 20 Agenturen vermitteln **Ferienwohnungen**, z. B. Adriatica, Piazza Marconi, ✆ 0421/93202, 📠 93203, www.adriaticaimmobiliare.com.

Die meisten **Campingplätze** liegen im östlichen Ortsteil Jesolo Pineta. Eine Ausnahme bildet der weiträumige **Camping International** am westlichen Ortsausgang, kurz vor dem Leuchtturm. Das großzügige Baumgelände besitzt einen 5000 qm großen Poolbereich und ein komplettes Sportzentrum. ✆ 0421/971826, 📠 972561, www.jesolointernational.it.

• *Essen & Trinken* **Alla Darsena**, großes Restaurant im Ortsteil Jesolo Pineta, kurz vor Cortellazzo. Viele Sitzplätze im Freien, gute Fischgerichte, etwas höhere Preise. Mitte Mai bis Mitte Sept. tägl., sonst Mi-Abend und Do geschl. ✆ 0421/980081.

La Taverna, mitten im Örtchen Cortellazzo an der Piavemündung. Gianni Bettio bietet frischen Fisch und leckere Meeresfrüchte. Mo-Abend und Di geschl. ✆ 0421/980113.

• *Nachtleben* Die Hauptstraße Via Andrea Bafile wird abends zur kilometerlangen Vergnügungszone, ein Ballungszentrum des Trubels ist die zentrale Piazza Mazzini.

Terrazzamare, sehr beliebte Freiluftbar kurz nach der Einfahrt zum Camping Internationale am Fluss Sile, der am Leuchtturm ins Meer mündet. Eintritt frei. (www.terrazzamare.com).

Sound Garden Hard Rock Café, Rock Club und Diskothek, häufig mit Livemusik, tägl. 22–4 Uhr. Via Aleardi/Piazza Mazzini, www.soundgardencafe.com.

Zwei angesagte Diskotheken sind **Il Muretto**, Via Roma Destra 120, und Cuba Libre, Via Buonarroti 15.

• *Sport & Spiel* Spaßbaden im riesigen Wasserpark **Aqualandia** (Via Buonarroti 15), ausgehen im **Luna Park Jesolandia** (Via Equilio), Abenteuer an Bord des Piratenschiffs **Jolly Roger**, Tennis, Fußball, Basketball und Rollerskater im **Play Village** (Via Roma Destra), außerdem Minigolf, Bocciaspielhalle, Fitnesscenter, Hallenbad und die **Pista Azzurra** (Via Roma Destra), eine der weltweit größten Gokart-Bahnen.

Küste östlich von Venedig

Eine brettflache Landschaft, die an Holland erinnert. Wasserläufe, grüne Wiesen, endlose Felder, sogar die typischen Zugbrücken über die „Grachten" sind hier und dort vertreten. Für ausgedehnte Radtouren bietet sich die Umgebung aller Badeorte an.

Cáorle — ca. 12.000 Einwohner

Ein schmuckes Ferienstädtchen – bunt getünchte Häuser, breite Bummelstraßen, nette Fischerpinten. Der Kanal aus dem Hinterland endet in einem engen Fischerhafen, ein Wald von Masten und Takelage mitten in der Stadt.

Wie Venedig war auch Cáorle eine auf Pfählen errichtete Lagunenstadt. Erst Anfang des 20. Jh. wurden die Kanäle zugeschüttet und sind seitdem Fußgängergassen. Zeugnis der früheren Bedeutung Cáorles ist die romanische *Kathedrale* mit ihrem frei stehenden, runden Glockenturm. Zum Meer hin erstreckt sich ein Prome-

Im Fischerhafen von Cáorle

nierdamm, der den Ortskern gegen Wind und Wellen schützt. Die aufgeschütteten Felsbrocken wurden von jungen Künstlern zu fantasievollen Skulpturen umgeformt.

Beiderseits vom Ort liegen kilometerlange Sandstrände, die auch im Hochsommer nicht überlaufen sind und nur z. T. mit kostenpflichtigen Badeanstalten belegt sind: Im Osten reicht die gut 100 m breite *Spiaggia di Levante* bis zur Einfahrt in die Lagune (Fiume Nicesolo), im Westen zieht sich die *Spiaggia di Ponente* bis zur Livenza-Mündung, die mit der Autofähre überquert werden kann (Alternative: Brücke im Hinterland).

Die weit verzweigte Lagunenlandschaft um Cáorle steht unter Naturschutz. Die verschilften Wasserwege, die „Valli", kann man mit Ausflugsbooten durchkreuzen – bis zur angeblichen „Hütte Hemingways", der der Lagune in seinem Roman „Über den Fluss und in die Wälder" ein Denkmal gesetzt hat.

• Information **IAT**, Calle delle Liburniche 16, etwas versteckt in einer kleinen Gasse im Zentrum (zwischen Ende des Fischerkanals und Hauptgasse). In der Hauptsaison durchgehend 8–20 Uhr geöffnet. Auskünfte in Deutsch. ✆ 0421/81085, ℻ 218623, www.turismovenezia.it/bibionecaorle, www.caorlemare.it.

• Übernachten Fast alle Hotels reihen sich in den Neubauvierteln hinter den beiden Stränden. Im Sommer herrscht weitgehend Pensionspflicht.

*** **International Beach Hotel**, an der Westseite von Cáorle, aufmerksam geführtes Haus mit ausgezeichneter Küche (auch bayer./österr. Abteilung), Pool und kostenlosem Radverleih. DZ mit Frühstück ca. 100–140 €. Viale Santa Margherita 57, ✆ 0421/81112, ℻ 211005, www.internationalbeachhotel.it.

*** **Sara**, ganz zentrumsnah, insofern etwas Verkehr in der Nähe, gleichzeitig nur wenige Meter von der Spiaggia di Levante, von Familie Gusso nett und familiär geführt. DZ mit Frühstück ca. 95–112 €. Piazza Veneto 6, ✆ 0421/81123, ℻ 210378, www.sarahotel.it.

*** **Marco Polo**, am Beginn der Spiaggia di Ponente, nur wenige Meter vom Zentrum, modern und gemütlich, Blick auf den Strand. DZ mit Frühstück ca. 84–106 €. Via L. dal Moro 49, ☏ 0421/81205, 📠 210200, www.hotelmarcopolocaorle.it.

Am Oststrand liegen drei Campingplätze, der Strand ist dort nicht mit kostenpflichtigen Liegestuhlreihen voll gestellt:

Sole, kleiner Platz in der schattigen Pineta, direkt am Meer. ☏ 0421/81908, 📠 81089, www.villaggiosole.it.

Laguna Village, 2 Fußminuten vom Meer entfernt, dichte Pineta und Pappeln, Kinderspielgeräte. ☏ 0421/210165, 📠 217085, www.campinglagunavillage.com.

Falconera, am Ende des Oststrands, an der Einfahrt zur großen Lagune. Stellplätze unter schattigen Pappeln, gute Sanitäranlagen, mehrere Pizzerien gleich vor dem Eingang. ☏/📠 0421/84282, www.campeggiofalconera.com.

Santa Margherita, der einzige Zeltplatz am Weststrand, nahe der Livenza-Mündung, lang gezogenes, schattiges Gelände, zum Meer hin Dünen. ☏ 0421/81276, 📠 83434, www.campingcaorle.it.

• *Essen & Trinken* **Duilio**, beliebtes Fischrestaurant etwas landeinwärts vom Zentrum, ausgezeichnete Qualität und große Weinkarte, etwas höhere Preise. Juni bis Sept. tägl. geöffnet, sonst Mo geschl. Strada Nova 19 (im Hotel Diplomatic), ☏ 0421/81087.

All'Anguilla, aufmerksam geführt, Sitzplätze im Hof und im maritim ausgestatteten Innenraum. Gute Meeresküche: Muscheln, Krabben, Krebse usw. Calle Falconera, wenige Schritte von der Piazza Pio X. ☏ 0421/84222.

De Mauri, urige Fischtrattoria an der stimmungsvollen Piazza Mauri, wenige Meter vom Dom. Draußen einfache Holzbänke, drinnen Ölschinken an den Wänden und Weinkaraffen an der Decke.

Al Bucaniere, großes, im Stil der traditionellen Fischerhütten (casoni) aufgemachtes Fischlokal, authentisch und originell. Via dei Casoni 24 (wenige Schritte hinter Camping Falconera an der Einfahrt zur Lagune), ☏ 0421/210802.

• *Shopping* überdachter **Fischmarkt** beim Fischerhafen am Ende des Kanals (Kreisverkehr).

• *Ausflüge* Täglich fahren Motorschiffe durch die Schilfkanäle hinter dem Porto di Falconera. Zudem gibt es Bootsfahrten ins nahe **Venedig**, zu den Inseln der **venezianischen Lagune** sowie **Nachtfahrten** vor Cáorle. Alle Boote starten im Fischerhafen.

Cáorle/Umgebung: Das ruhige Städtchen *Portogruaro* liegt etwa 30 km landeinwärts. Der stimmungsvolle Altstadtkern gruppiert sich um die zwei arkadengesäumten Hauptstraßen Via del Seminario und Corso Martiri della Libertà mit zahlreichen Palazzi aus Mittelalter und Renaissance. An der Piazza della Repubblica steht der gotische *Palazzo Municipale* mit Schwalbenschwanz-Zinnen und Außentreppe, daneben der mächtige *Dom* mit beachtlich schiefem Glockenturm. Wenige Schritte hinter dem Dom findet man ein malerisches Fleckchen am Flüsschen Lémene, der in mehreren Armen die Stadt durchzieht – eine Loggia mit winziger Fischerkapelle (errichtet von Fischern aus Cáorle) und zwei alte Mühlen unter prächtigen Trauerweiden. Das liebevoll gestaltete *Museo Archeologico Nazionale Concordiese* in der Via del Seminario 22 zeigt Funde aus dem ehemaligen römischen Militärstützpunkt *Concordia Sagittaria*, 2,5 km südlich von Portogruaro.

Öffnungszeiten/Eintritt **Museo Archeologico Nazionale Concordiese**, tägl. 9–20 Uhr, Eintritt ca. 2 €, unter 18 und über 65 J. frei.

Bibione

Zehntausende von *bambini* bauen Sandburgen und planschen im seichten Uferwasser. Bibione ist ein beliebter Familienbadeort, besitzt zwar keinerlei historischen Kern, dafür einen lang gestreckten Pinienwald und einen kilometerlangen, breiten, weichen und weißen Sandstrand, hinter dem auf mehreren Kilometern ein Fußgänger- und Fahrradweg verläuft, der „Lungomare". Es gibt einen großen Zoo mit etwa 1500 Tieren, den Erlebnispark „Gulliverlandia", das Piratenschiff Jolly

Roger, einen Luna Park mit Riesenrad, den Wasserpark „AquaSplash", einen Miniclub in jedem Strandabschnitt, außerdem ein hochmodernes Thermalbad.

Hinter Bibione erstreckt sich ein System von großen Lagunenseen. Hübsch ist ein Radausflug zum Leuchtturm an der Mündung des Tagliamento, dem Grenzfluss zur Region Friaul-Julisch Venetien.

• *Information* **APT**, Via Maja 37/39, ✆ 0431/442111, ✆ 439997, www.bibione.com.

• *Übernachten* Am Kreisverkehr an der Ortseinfahrt liegt **ABA**, die Agentur des Hotelierverbands von Bibione, wo Zimmer vermittelt werden. ✆ 0431/430101, ✆ 439939, www.abaviaggi.it.

*** **Franz**, westlich des großen Thermalbades, nettes Haus mit gemütlichem Barbereich und hübschem Pool im Garten, nicht weit zum Strand. Zimmer nicht sehr groß, aber weitgehend mit kleinem Balkon. DZ mit Frühstück ca. 72–110 €. Via Alemagna 2, ✆ 0431/43518, ✆ 0431/438195, www.hotelfranzbibione.it.

* **Garni Lele**, zentrale Lage, Zimmer mit Balkonen, Frühstücksterrasse im ersten Stock. DZ mit Frühstück ca. 50–75 €. Via Croce del Sud 28, ✆ 0431/43261, hotel.lele@libero.it.

Vier große Campingplätze buhlen um die Gunst der Besucher, alle liegen direkt am Strand: **Internazionale** (✆ 0431/442611, ✆ 43620, www.vti.it), **Il Tridente** (✆ 0431/439600, www.iltridente.com) und **Lido** (✆ 0431/438480, ✆ 439193, www.campinglido.com), außerdem **Capalonga**, ein bestens ausgestattetes und gut beschattetes Gelände in toller Lage am Westende der Halbinsel von Bibione, direkt zwischen Strand und Lagune (✆ 0431/438351, ✆ 438370, www.capalonga.com).

• *Essen & Trinken* **Al Ponte**, am Ortseingang von Bibione, bei der Schwenkbrücke, in der Nähe der Abfahrt nach Lignano. Große, grüne Oase beim Tagliamento, ideal für Familien, eigener Landungssteg, Spielplatz. Via Pineda 1, ✆ 0431/430322.

Ai Casoni, herrliche Lage in Porto Baseleghe am Westende der Halbinsel von Bibione, direkt an der Lagune. Im Ambiente alter Fischerhütten („casoni") werden venezianische Fischspezialitäten serviert, dazu kann man den Sonnenuntergang erleben. April bis Okt. (April, Mai und Okt. Mo geschl.). ✆ 0431/438556.

• *Sonstiges* **Bibione Thermae**, großes, topmodernes Bad, das natriumkarbonat- und fluoridhaltige Mineralwasser entspringt in 400 m Tiefe bei einer Temperatur von 52 Grad. Eintritt ins Schwimmbad 9,50 € (So 10,50 €), Sauna und türkisches Bad dasselbe. Via delle Colonie 3, ✆ 0431/441111, ✆ 441199, www.bibioneterme.it.

Küste südlich von Venedig

Südlich von Chioggia münden die Flüsse Brenta und Etsch in die Adria. Am kilometerlangen Sandstrand südlich davon hat der Pauschaltourismus seine viel besuchten Nischen.

Chioggia ca. 54.000 Einwohner

Geschäftige Stadt am Südrand der Lagune. Einer der größten Fischerhäfen der Adria, laut und nicht sonderlich sauber, jedoch höchst authentisch.

Die Altstadt auf einer Insel ist durch drei Brücken mit dem Festland verbunden. Beherrschend ist die breite Hauptstraße *Corso del Popolo*, im nördlichen Teil Fußgängerzone, mit langen Laubengängen und mehreren Kirchen. Wie die Gräten eines Fischs zweigen davon die schmalen, grauen Seitengässchen mit niedrigen Häuschen ab.

Der malerische *Canale della Vena* verlief bislang östlich parallel zum Corso – 2010 hat man jedoch begonnen, diesen Wasserlauf zuzuschütten! Damit wird ein reizvoller Bereich Chioggias zerstört, doch ergibt sich so die Möglichkeit, eine breite Bummelpromenade für Fußgänger zu bauen – ob die schönen Kanalbrücken

Wurde kürzlich zugeschüttet: Canale della Vena in Chioggia

erhalten bleiben und der große Fisch-, Obst- und Gemüsemarkt weiterhin hier stattfinden wird, bleibt abzuwarten.

Die Neustadt *Sottomarina* erstreckt sich am langen Sandstrand, wo sich das gewohnte Adriabild bietet – Badeanstalten, Pizzerien und Bars in den Sand gesetzt, dahinter Hotelfronten ohne Ende.

Anfahrt/Verbindungen/Information

• *Anfahrt/Verbindungen* **Bahn**, Stichbahn ab Rovigo, vom Bahnhof ca. 1 km über die Brücke Ponte Lungo in die Altstadt, nach Sottomarina mit dem Stadtbus weiterfahren.

Schiff, Chioggia ist von Venedig umständlich zu erreichen. Zunächst mit dem Vaporetto zum Lido, dort Bus 11 bis Alberoni an der Südspitze, wo der Bus per Fähre auf den Litorale di Pellestrina übersetzt und weiter bis Pellestrina fährt. Von dort in 25 Min. mit dem Vaporetto nach Chioggia. Gesamtdauer etwa 1½–2 Std., Abfahrt/Ankunft in Chioggia am Nordende des Corso del Popolo.

• *Übernachten* **** **Grande Italia**, perfekte Lage am Nordende des Corso del Popolo, direkt am Anleger der Motorschiffe nach Venedig. Das Relikt der guten alten Zeit wurde vor einigen Jahren völlig renoviert und zeigt sich nun ausgesprochen edel. DZ mit Frühstück und Blick zur Piazzetta oder Lagune ca. 125–170 €, mit Blick zur benachbarten Gasse ca. 95–140 €. Piazzetta Vigo 1, ✆ 041/400515, 📠 400185, www.hotelgrandeitalia.com.

* **Clodia**, sobald man von Sottomarina kommend die Altstadtinsel erreicht, rechts abbiegen, nach wenigen Metern trifft man auf das Hotel. Zwar liegt es unmittelbar am lauten Hafen, bietet aber gerade deshalb eine interessante und authentische Umgebung. DZ mit Frühstück ca. 55–65 €. Calle Forno Filippini 876, ✆ 041/400813, www.hotelclodia.it.

Am Lungomare Adriatico gibt es zahlreiche Campingplätze, die fast alle direkt am Strand liegen, z. B. **Isamar** bei Sant'Anna, ein großer, komfortabler Platz mit Olympia-Schwimmbecken, ✆ 041/498100, 📠 490440, www.villaggioisamar.com.

• *Essen & Trinken* In Chioggia isst man authentischer und preiswerter als in Venedig, viele Trattorien servieren hervorragende Meeresküche.

TIPP! **La Sgura**, bei der zentralen Kirche San Giacomo rechts ab, schöne Lage am einstigen Canale della Vena, gepflegt und freundlicher Service. Rione San Giacomo 1295, ✆ 041/403232.

Al Bersagliere, linke Seitengasse der Hauptstraße, gegenüber der Barockkirche Sant'Andrea hinein. Seit über 40 Jahren wird hier die typische Chioggia-Küche serviert, netter Innenhof. Di geschl. Via Cesare Battisti 293, ✆ 041/401044.

Locanda Val d'Ostreghe, rechts der Hauptstraße, traditionelle Trattoria mit grün bedachtem Innenhof. Mi geschl. Calle Sant'Andrea 763, ✆ 041/400527.

Osteria Penzo, in einer schmalen Gasse im nördlichen Teil des Corso del Popolo links. Freundlich geführt und nett zum Sitzen, allerdings keine Außenplätze. Mo-Mittag u. Di geschl. Calle Larga Bersaglio 526, ✆ 041/400992.

Podelta

Das weite Mündungsgebiet des größten italienischen Flusses bildet eine stille und eigentümliche Landschaft: schmale Straßen immer dicht an Wasserläufen und auf Deichen, riesige Reisfelder, üppige Wiesen und Schilf, bewaldete Flussinseln, einsame Bauernhäuser.

Das Delta des Po gehört zu den größten Feuchtgebieten Italiens, fast 400 Arten von Wasservögeln haben in dem gewaltigen Biotop ihre Nistplätze. Seit Ende der Achtziger steht ein Großteil der endlosen Schilflandschaft als *Parco Nazionale del Delta del Po* unter Naturschutz. Für einen Badeaufenthalt ist das Podelta nur bedingt geeignet, auch wenn es zwei kilometerlange Strandzonen gibt: die *Spiaggia di Boccasette* im nördlichen Delta und die *Spiaggia di Barricata* auf der Isola della Donzella. Zwar haben moderne Kläranlagen entlang des Po die Wasserqualität des dreckigsten Flusses Italiens in den letzten Jahrzehnten stark verbessert – jedoch leitet Mailand seine Abwässer nach wie vor weitgehend ungeklärt in den Po ein. Trotzdem wurde bei *Porto Barricata* am Flussarm Po delle Tolle ein komfortabler Campingplatz errichtet, der sich als Standort für eingehende Deltatouren zu Fuß oder mit dem Rad anbietet. Zudem gibt es diverse Agriturismi und zwei Jugendherbergen. Besichtigt werden kann das *Museo Regionale della Bonifica* im historischen Pumpwerk von Ca' Vendramin, kurz vor dem Hauptort Porto Tolle, schon von weitem zu erkennen an seinem 60 m hohen Schornstein. Es zeigt riesige Pumpen, die früher bei der Trockenlegung des Deltas zum Einsatz kamen, und die Heizturbinen, die mit dem hier erzeugten Wasserdampf angetrieben wurden.

• *Öffnungszeiten* **Museo Regionale della Bonifica**, März bis Okt. Di–So 9.30–12.30, 15–18 Uhr, Mo geschl.; Eintritt frei. ✆ 0426/81219.

• *Information* **Pro Loco**, in Porto Tolle an der Durchgangsstraße nördliche Straßenseite), Largo Europa 2. Di–Fr 9.30–12.30 Uhr, Sa 9–13, 15–18 Uhr, So 9–13 Uhr. ✆ 0426/247276, ℻ 81150, www.prolocoportotolle.org.

• *Übernachten* *** **Ponte Molo**, am Ortseingang von Porto Tolle, größeres, gut geführtes Haus mit beliebtem Restaurant, das auch gerne für Feiern, Hochzeiten etc. genutzt wird (Mo geschl.). DZ ca. 50–85 €, Frühstück extra. ✆/℻ 0426/81238, pontemolo@deltapocard.it.

La Ca' del Delta, großer Agriturismohof östlich von Ca' Venièr im Grünen, zwölf ordentliche Zimmer mit Klimaanlage (DZ ca. 45 €) und acht Stellplätze für Womos. Gutes Restaurant (Wochenende geöffnet, sonst mit Reservierung), serviert wird z. B. als besonderer Leckerbissen des Deltas *anatra* (Ente). Via Mazzini 1, ✆ 0426/380679, ℻ 382804, www.agriturismolacadeldelta.it.

Rifugio Po di Maistra, Jugendherberge im ehemaligen Pfarrhaus von Boccasette, neben der Kirche. 60 Stockbetten in Mehrbettzimmern und einigen DZ, Garten mit Grillplatz. Für Gruppen werden Bus-, Boots- und Fahrradtouren organisiert. ✆ 0426/385330, ℻ 385951, www.rifugiopodimaistra.com.

Fischerhütten im Podelta

Rifugio Parco Delta del Po, Jugendherberge in der Località Gorino Sullam 43 am Po di Gnocca im südlichen Deltabereich, 54 Betten in neun Zimmern, auch Camping möglich, Fahrrad- und Kanuverleih, Birdwatching. ✆ 0426/388811, 📠 388329, www.rifugioparcodeltadelpo.it.

**** **Villaggio Camping Barricata Beach**, großzügig konzipierte Anlage bei Porto Barricata am Ausfluss des Po delle Tolle. Brettflaches Wiesengelände mit jungen Bäumchen. Zahlreiche Mobilhomes und Bungalows mit Reihenhaus-Charakter stehen zur Vermietung, außerdem gibt es ein Campinggelände mit 50 Stellplätzen, hauptsächlich Wohnmobile sieht man hier. Restaurant, Bar, Pool für Erwachsene und Kinder, Spielplatz, Waschmaschine, Fahrradverleih. ✆ 0426/389270, 📠 389320, www.barricatabeach.com.

Stellplätze für Wohnmobile liegen bei Pila und Boccasette.

• *Unternehmungen* **Bootsfahrten** durch Teile des Naturparks bietet der wettergegerbte Marino Cacciatori, Via G. Matteotti 304, Porto Tolle, ✆ 0426/380314, 📠 391378, www.marinocacciatori.it.

Fahrräder und **Kanus** verleiht in Porto Tolle „Giro Delta" (Vittorio Cacciatori), Via Bologna 1, ✆ 0426/82501.

Führungen durch das Delta bietet Signora Sara Milani, die auch Deutsch spricht. ✆ 349-1278962.

Der Südteil des Deltas gehört zur Region **Emilia-Romagna** (→ ab S. 495).

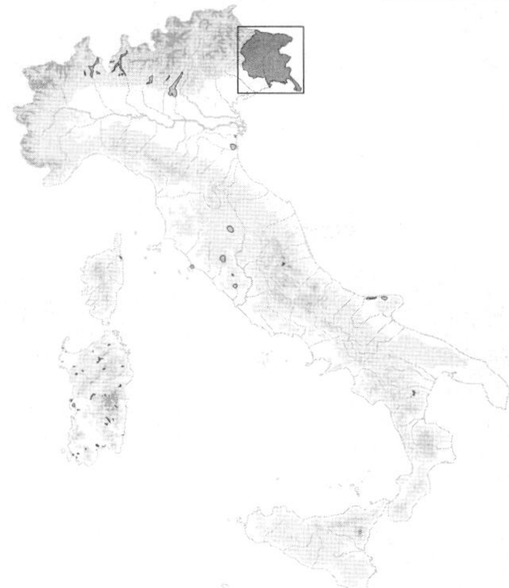

Friaul-Julisch Venetien

Friuli-Venezia Giulia

SCHÖNE ORTE: Triest (S. 269), Udine (S. 251), Grado (S. 256), Cividale del Friuli (S. 257), Venzone (S. 250) und Spilimbergo (S. 256).

LANDSCHAFTLICHE HÖHEPUNKTE: Lago di Cavazzo (S. 250), Lagune von Grado (S. 265), Laghi di Fusine bei Tarvisio (S. 248), Sàuris (S. 247), Santuario del Monte Lussari (S. 248), Tal des Tagliamento (S. 249), Triestiner Riviera (S. 267).

KULTURELL INTERESSANT: Mosaikboden und Ausgrabungen von Aquileia (S. 263), das wieder aufgebaute Venzone (S. 250), die Fresken des Pellegrino di San Daniele in San Daniele del Friuli (S. 255), Castello di Duino (S. 267), Schloss Miramare (S. 268), die Domkirchen von Gemona (S. 249) und Spilimbergo (S. 256), die Sprachinseln Timau und Sàuris (S. 246/247).

BADEN: lange Sandstrände bei Grado (S. 265) und Lignano (S. 261), Felsbuchten und kleinere Strände an der Triestiner Riviera (S. 267).

KURIOS: Festungsstadt Palmanova (S. 259) und die geteilte Stadt Gorizia (Görz) (S. 259).

EHER ABZURATEN: Tarvisio, Lignano im August.

Am Plöckenpass

Friaul-Julisch Venetien

Friuli-Venezia Giulia

Nicht so richtig Italien, nicht Slowenien, nicht Österreich – die Grenzregion am oberen Ende der Adria ist ein eigenständiges Gebiet mit eigener Sprache und einer schwierigen Geschichte, kulturell hin- und hergerissen zwischen dem Stiefel, dem Balkan und der österreichisch-ungarischen k.u.k.-Monarchie. Mit der Alpen-Adria-Autobahn über Tarvisio bietet sich heute vor allem für Österreicher der schnellste Weg zum Mittelmeer.

Das ausgedehnte, üppig grüne Lagunengebiet der Küste setzt einen prächtigen Kontrast zu den nahen Alpen, die bei klarem Wetter nicht selten vom Meer aus sichtbar sind. In den Badeorten *Grado* und *Lignano* ballen sich jeden Sommer Hunderttausende. Im Hinterland ist es deutlich ruhiger. Dort lohnt vor allem eine Fahrt über die Weinstraßen des *Collio* und der *Colli Orientali del Friuli*, die im sanft-hügligen Alpenvorland durch einige der besten Anbaugebiete Italiens führen. Ebenfalls eine Tour wert ist die schon deutlich slowenisch geprägte Hügellandschaft des *Triestiner Karst*. Von den Städten lohnen in erster Linie *Udine* und *Triest* einen Besuch, bedeutendstes kulturelles Highlight ist aber *Aquileia* mit dem größten frühchristlichen Mosaikboden Europas.

Friaul war immer umstrittenes Grenzland, im 19. Jh. Schauplatz der *Irredenta*, die für die Angliederung der italienischsprachigen Gebiete Österreichs kämpften, im Ersten Weltkrieg schlugen sich Österreicher und Italiener in den zwölf Isonzo-

Schlachten die Köpfe ein, Triest wurde im Zweiten Weltkrieg von den jugoslawischen Partisanenarmeen eingenommen, 1947 Freistaat und erst 1954 wieder italienisch. Vor allem aber war Friaul über hundert Jahre lang österreichisch, das hat Spuren hinterlassen. Gerade in der im 19. Jh. so bedeutenden Hafenstadt Triest erkennen Wiener so manches wieder: die monumentale klassizistische Architektur, die Kaffeehäuser, das Wiener Schnitzel und den Strudel.

Anfahrt/Verbindungen

• *Pkw* Ab Wien (A 2) und Salzburg (Tauernautobahn) ist die Adria auf der **Alpen-Adria-Autobahn A 23** schnell und problemlos zu erreichen, Fahrtzeit von der Grenze bis zum Meer ca. 90 Min. Die Autobahn trifft bei Palmanova südlich von Udine auf die **A 4**. Diese führt nach Osten bis kurz vor Triest, Richtung Westen nach Mestre (Venedig) und Padua. Alternative: die **Felbertauernstraße** mit dem gleichnamigen Tunnel und weiter über den **Plöckenpass**. Vom Brenner kommend über **Cortina d'Ampezzo** (Pustertal oder – anstrengender – Grödner Tal).

• *Bahn* Von Norden beste Verbindungen ab **Wien** – nach Udine ca. 5-mal tägl., von dort sehr häufig Weiterfahrt nach Triest bzw. in Richtung Venedig. Eine Küstenlinie gibt es nur nördlich von Triest, die bekannten Badeorte haben keine Bahnverbindung. Aus der BRD kommend über Salzburg und Villach oder die **Brenner-Linie** über Trento und Verona nehmen und über Mestre (Venedig) ins Friaul.

Übernachten

In den Badeorten **Grado** und **Lignano** ballen sich zahllose Hotels und Pensionen, dazu gibt es von Lignano bis Triest ein gutes Dutzend Campingplätze. Im Binnenland findet man zahlreiche Agriturismo- und Bed & Breakfast-Adressen, vor allem in den Weinbaugebieten. **Campingplätze** gibt es in Karnien, bei Gemona und am Lago di Cavazzo, **Jugendherbergen** in Aquileia und beim Schloss Miramare in der Nähe von Triest.

Essen & Trinken

Venezianische, slowenische, österreichische und ungarische Einflüsse durchmischen sich. **Jota**, die schwere Suppe aus Bohnen, Kohl und Speck, stammt aus Slowenien, es gibt **Cevapcici** und **Gulasch**, **Knödel**, **Strudel** und **Wiener Schnitzel**, am Meer aber natürlich auch reichlich Fisch, z. B. **sarde** bzw. **sardelle in saor**, das sind in Zwiebeln und Essigsud eingelegte Sardinen/Sardellen. Eine typische Spezialität des Inlands ist die Gersten-/Bohnensuppe **minestra di orzo e fagioli**. Aus den Karnischen Alpen stammen die **cjarsòns**, Teigtaschen mit deftig-süßer Wurstfüllung. **Frico** ist ein Käsegericht aus der Pfanne, oft wird dafür der typische Montasiokäse verwendet. Der luftgetrocknete **prosciutto San Daniele** wird in der gleichnamigen Stadt nordwestlich von Udine produziert. Nach dem Parmaschinken gilt er als die Nr. 2 der norditalienischen Schinkenproduktion. Häufig als Dessert serviert wird die leckere **gubana**, ein grappagetränkter Nusskuchen mit Rosinen. Ein typisches Utensil der Friaul-Gastronomie ist der Grillofen **Fogher** oder **fogolar**, der mitten in der Küche steht und gleichzeitig wärmt.

Seit den 1970er Jahren hat sich im Friaul ein wahres „Weinwunder" ereignet. Silvio Jermann, Livio Felluga, Josko Gravner, Mario Schiopetto u. a. machten aus dem rückständigen Friaul eins der innovativsten Anbaugebiete Italiens. In den Colli Orientali und im Collio, dem Hügelland an der slowenischen Grenze, werden seitdem Weine produziert, die von Kennern zu den besten Italiens gezählt werden, darunter die Weißen **Friulano**, **Malvasia**, **Ramandolo**, **Ribolla Gialla** und **Picolit** sowie die Roten **Tazzelenghe**, **Refosco**, **Schioppettino** und der rare **Pignolo**. Im Kontrast zu diesen edlen Tropfen steht der herbe rote **Terrano** aus dem Triestiner Karst.

Der Norden des Friaul

Carnia (Karnien) wird der Westen der friulanischen Alpen genannt, das *Tarvisiano* bildet den Nordosten des Friaul. In dieser dünn besiedelten Region liegen die größten zusammenhängenden Waldgebiete Italiens. Von Kärnten aus gibt es zwei Möglichkeiten der Anreise: über den Plöckenpass das Tal des Bût entlang oder über Tarvisio durch das Valcanale. Beide Routen treffen sich im imposanten *Tal des Tagliamento*, das bis zu 2 km breit ist und im Sommer nur von vereinzelten Wasseradern durchflossen wird.

Vom Plöckenpass nach Tolmezzo **Passo di Monte Croce Carnico**

Von Kärnten geht es nach dem hübschen Ort *Kötschach-Mauthen* 12 km in steilen Kehren und durch einen langen Tunnel hinauf zur Grenze am *Plöckenpass* (1360 m). Geschützt durch Steinschlaggalerien zieht sich die SS 52bis mit steilen Haarnadelkurven vom Pass hinunter nach *Timau* (Tischlbong), seit dem 13. Jh. eine deutsche Sprachinsel, die einen eigenen, für uns allerdings kaum verständlichen Dialekt herausgebildet hat. Am nördlichen Ortseingang biegt rechts eine Zufahrt zum *Tempio Ossario* ab, der die sterblichen Überreste von 1764 Soldaten des Ersten Weltkriegs beherbergt – in dieser Region verlief zwei Jahre lang die Front. An der Durchgangsstraße liegt das sehenswerte *Museo Storico della Grande Guerra*, das Relikte, Fotos und Dokumente der Schlachten des Ersten Weltkriegs zeigt.

Über *Paluzza* und den kleinen Kurort *Arta Terme* geht es auf der SS 52bis das Flusstal des Bût entlang bis Tolmezzo. Das Örtchen *Zuglio* war der wichtigste römische Standort im Tal. Die Ausgrabungen des Forums liegen am Ortseingang rechts, ein Museum zeigt Funde.

• Öffnungszeiten **Tempio Ossario**, Juni bis Sept. tägl. 9–12, 14–17, März bis Mai, Oktober und erste Novemberwoche Sa/So 9–12, 14–17 Uhr.

Museo Storico della Grande Guerra, Juni und Okt. Sa/So 9–12, 14–18 Uhr, Juli bis Sept. Di–Fr 14.30–18.30 Uhr, Sa/So 9–12, 14.30–18.30, Mo geschl., August tägl. 9–12, 15–19 Uhr. Nov. bis Mai geschl. Spende erbeten. ✆ 0433/779168.

Civico Museo Archeologico Julium Carnicum, Juni bis Sept. Fr–So 9–12, 15–18 Uhr, Mi/Do 9–12 Uhr, Okt. bis Mai Fr–So 9–12, 15–18 Uhr, Eintritt ca. 2,60 €.

• Übernachten/Essen & Trinken (von Nord nach Süd) **Laghetti**, Trattoria an der SS 52bis nördlich von Timau, großes, freies Gelände mit Stellplätzen an einem kleinen Teich, gut geeignet für Wohnmobile. ✆ 0433/779402.

** **Pace Alpina**, in Ravascletto (bei Paluzza von der SS 52bis abzweigen), direkt an der Taldurchgangsstraße. Ordentliche Unterkunft in einem umgebauten Bauerngehöft, angeschlossen ist der terrassierte **Camping Zoncolan** mit sauberen Sanitäranlagen. DZ mit Frühstück ca. 50–70 €. ✆ 0433/66018, ℻ 66303, www.pacealpina.

Alle Trote, am Westufer des Flusses Bût, zu erreichen über Sùtrio oder Noiàris di Sùtrio. Die angeschlossene Forellenzucht sorgt für Forellen in diversen Variationen. Moderne, aber heimelige Wirtsstube, draußen kann man im Laubengang sitzen. ✆ 0433/778329.

Edelweiss, am Ortseingang von Arta Terme. Nettes Terrassenrestaurant unter Weinranken, bodenständige karnische Küche, z. B. *cjarsòns*, aber auch Pizza. ✆ 0433/92002.

Tolmezzo **ca. 10.500 Einwohner**

Das karnische Zentrum am Zusammenfluss von Tagliamento und Bût besitzt einen hübschen Altstadtkern um die Piazza XX Settembre mit dem Dom *San Martino*. Die Via Roma mit ihren niedrigen Laubengängen ist zum Bummeln geeignet, danach bietet sich ein Besuch des *Museo Carnico delle Arti Popolari* an der Piazza

Garibaldi im nördlichen Altstadtbereich an. Auf drei Stockwerken wurde hier eine umfangreiche Ausstellung karnischen Brauchtums eingerichtet: Mobiliar, Gemälde, Keramik, landwirtschaftliche Geräte, Handwerk u. v. m.

• *Öffnungszeiten* **Museo Carnico delle Arti Popolari**, Di–So 9–13, 15–18 Uhr, Mo geschl. Eintritt ca. 4 €, unter 14 J. 3 €.

• *Übernachten* *** **Roma**, zentral an der Piazza XX Settembre. Vollständig renovierter Stadtpalast, kleine, moderne Zimmer mit Minibar und Sat-TV, geschmackvoll gestaltetes Ristorante, Parkplätze im Innenhof. Gutes Frühstücksbuffet in der hauseigenen Bar. DZ mit Frühstück ca. 100 €. Piazza XX Settembre 14, ✆/℻ 0433/468031, www.albergoromatolmezzo.it.

• *Essen & Trinken* **Posta**, neben der Durchfahrt zum Parkplatz des Albergo Roma im ersten Stock. Sehr beliebt bei den Einheimischen, moderate Preise, auch Pizza. Via Roma 4, ✆ 0433/40801.

Vesuvio, beliebte Pizzeria, geräumig und viel besucht, flinker Service, Riesenauswahl zu günstigen Preisen. Auch einige Tische draußen im Säulengang. Fr geschl. Via Roma 25, ✆ 0433/2789.

Sàuris ca. 500 Einwohner

Die eigenwillig anmutende Sommerfrische mit zahllosen Wandermöglichkeiten liegt versteckt in den Bergen über dem oberen Tagliamento-Tal. Die Häuser bestehen weitgehend aus Holz und bieten prächtige Beispiele für die alpenländische Architektur. Kulinarisch ist Sàuris vor allem für seinen Schinken bekannt, seit 1999 gibt es aber auch ein eigenes Bier, das „Zahre Beer“.

Zwei steile Straßen führen hinauf in die abgelegene Idylle. In 1000 m Höhe angekommen, öffnet sich der Blick unvermittelt auf einen wunderbar türkis schimmernden

Stausee mit mächtiger Staumauer. Ein ganzes Stück höher liegt die Ortschaft *Sàuris di Sotto* (1212 m), noch höher *Sàuris di Sopra* (1400 m), außerdem gibt es noch das abgelegene *Lateis* (1225 m). Die ersten Menschen, die in der unberührten Wildnis siedelten, kamen Mitte des 13. Jh. aus Grenztälern zwischen Kärnten und Tirol. Bis heute hat sich das Saurische („de zahrar sproche") als eigene Sprache erhalten.

• *Information* **Ufficio turistico della Carnia**, im Zentrum Nähe Kirche. Mitte Juni bis Mitte Sept. Mo–Sa 9–12, 16–19, So 9.30–13 Uhr, übrige Zeit 9–12, 15–18 Uhr. ✆ 0433/86076, 📠 866900, www.sauris.com.

• *Übernachten* **TIPP!** *** **Garni Plùeme**, neues Haus, vollständig aus Holz und tadellos gepflegt, originell-behagliche Zimmer verschiedener Zuschnitte. Der junge Luca Schneider führt sein Reich mit Hingabe und Fröhlichkeit. DZ mit Frühstück ca. 60–85 €. Sàuris di Sotto 26/a, ✆ 0433/866374, www.garniplueme.it.

** **Riglarhaus**, im ruhigen Ort Lateis, vom See auf kurviger Straße zu erreichen. Größeres Haus, freundlich geführt, moderner Standard. Auch zum Essen ein Tipp. DZ mit Frühstück ca. 60–75 €. ✆ 0433/86013, 📠 86049, www.riglarhaus.it.

Pa' Mairlan, allein stehendes, typisches Haus aus Tannenholz, drei nette Zimmer (eins mit sonnigem Balkon und eigenem Bad, die anderen zwei teilen sich eines), dazu Apartments in einem ökologisch gestalteten Anbau. Gemeinschaftsraum, Garten und Kinderspielgeräte. Freundliche Führung durch Familie Plozzer, gutes Frühstück mit selbst gebackenem Brot und Kuchen. DZ mit Frühstück ca. 40–70 €. Sàuris di Sopra 42, ✆ 0433/86009, 328-6551216, www.bbcarnia.it/de/mairlan.html.

• *Essen & Trinken* **Alla Pace**, schönes Steinhaus von 1804, mitten in Sàuris di Sotto, im alteingeführten Restaurant werden die interessanten Gerichte weitgehend mit lokalen Produkten zubereitet, Preise durchaus im Rahmen. Mi geschl. (nicht im Sommer). ✆ 0433/86010.

Riglarhaus, Paola Schneider bietet traditionelle karnische Küche, Spezialität des Hauses ist *dunkatle* (Schweinefleisch mit Polenta). Sehr großes Weinsortiment, zum Abschluss wird eine Vielzahl friulanischer Schnäpse angeboten. Di geschl. (nicht im Sommer). ✆ 0433/86013.

• *Shopping* **Wolf**, am oberen Ortsrand von Sàuris di Sotto, nicht zu verfehlen. Seit 1862 wird hier der berühmte *prosciutto di Sàuris* hergestellt. ✆ 0433/86054, www.wolfsauris.it.

Über Tarvisio das Valcanale entlang

Tarvisio, die erste größere Stadt südlich der Grenze, vermittelt dank ihrer Lage im Dreiländereck eher den Charakter eines großen Shoppingcenters, der große, fest installierte Markt an der Via Vittorio Veneto zieht Scharen von Reisebussen an (www.mercatotarvisio.it). In der Umgebung sind die beiden idyllischen *Laghi di Fusine* nahe der slowenischen Grenze einen Abstecher wert. In der Osteria „Belvedere" kann man schön am Lago Inferiore sitzen und Boote leihen. Ein Weg führt in ca. 30 Min. rund herum.

Von Tarvisio aus ziehen sich Autobahn und SS 13 in reizvoller Streckenführung das Tal des Flusses Fella entlang, *Valcanale* genannt. Das beschauliche Marienwallfahrtsörtchen *Santuario del Monte Lussari* liegt auf 1789 m Höhe und besteht nur aus einer Marienkirche und einer Hand voll Häuser. Pilger aus Österreich, Italien und Slowenien kommen gleichermaßen herauf, doch auch viele Touristen schätzen die himmlische Ruhe. Von Camporosso fährt man mit der Seilbahn hinauf (15 Min.).

Der kleine Ort *Malborghetto-Valbruna* besteht im Kern aus einigen malerischen alten Palazzi und der Kirche. Im Palazzo Veneziano ist das *Museo Etnografico* untergebracht, in dem u. a. die Rekonstruktion eines Bergwerksschachts der nahe gelegenen *Miniera di Raibl* (heute: Cave del Predil) zu betrachten ist.

In *Resiutta* gegenüber von *Moggio Udinese* hat sich an der SS 13 ein großer Bikertreff etabliert, wo ein gutes halbes Dutzend Rosticcerie auf motorisierte Kundschaft wartet.

• *Anfahrt/Verbindungen* **Telecabina del Monte Lussari (Seilbahn)**, Mitte Juni bis Mitte Sept. Mo–Sa 9–17.15, So 8.30–18.15 Uhr, außerdem an den Wochenenden von Mai bis Mitte Juni und ab der zweiten Septemberhälfte bis zur ersten Oktoberwoche. Dez. bis März wieder täglich geöffnet. Hin u. zurück ca. 12 €, 8–15 J. und ab 65 J. ca. 10 €. ✆ 0428/653915.

• *Öffnungszeiten* **Museo Etnografico**, Di–So 10.30–12.30, 15–18 Uhr, Mo geschl., Eintritt ca. 5 €.

• *Übernachten* **Edelweiss**, Holzhaus mit Restaurant direkt am Ufer des nördlichen Sees. Frau Laura Pio spricht hervorragend Deutsch und vermietet drei Zimmer, zwei davon mit Balkon. DZ mit Frühstück ca. 80 €. Laghi di Fusine, ✆ 0428/61050, www.albergo-edelweiss.com.

TIPP! **Casa Oberrichter**, ganz zentral in Malborghetto, der Holzkünstler Silvano Nicolavcich und seine Frau Marina Gioitti haben den 600 Jahren alten, rund 70 Jahre leer stehenden und völlig heruntergekommenen Palazzo höchst originell wieder hergerichtet, alle Möbel in der hauseigenen Schreinerei gezimmert und die Wandmalereien gestaltet. Es gibt fünf individuell eingerichtete Zimmer, einen großen Salon, eine Sauna und das hauseigene Restaurant, in dem Sohn Alessio kocht (Mi geschl.). DZ ca. 75–110 €. Via Superiore 4, ✆ 0428/41888, 📠 60177.

• *Essen & Trinken* **Antica Trattoria da Giusi** (bis 2005: Antica Trattoria Schönberg), die historische Gaststätte zelebriert die „cucina storica" des Valcanale mit seinen stark österreichisch geprägten Gerichten, einige Menüs sind nach bekannten Generälen benannt. Es gibt aber auch ein „Pizzaeck", wo Pizzabäcker Bruno 30 Variationen zubereitet. Mo/Di geschl. Via Bamberga 19, ✆ 0428/60014, www.dagiusi.it.

Erdbeben: Die Geißel des Friaul

Am Abend des 6. Mai 1976 bebte im nördlichen Friaul die Erde – zwar dauerte das Beben mit einer Stärke von 6,5 auf der Richter-Skala nur eine einzige Minute, doch die Schäden waren schrecklich. Das Epizentrum lag um die Städte Gemona und Venzone. Insgesamt wurden in 17 Gemeinden etwa 20.000 Wohnungen zerstört und mehr als 50.000 weitere schwer beschädigt, fast tausend Menschen starben.

Gemona del Friuli

ca. 11.000 Einwohner

Das Zentrum des Hauptorts im unteren Tagliamento-Tal liegt hoch über der Flussebene. Beim verheerenden Erdbeben von 1976 wurde es fast vollständig zerstört. In einer einzigartigen Gemeinschaftsleistung hat man das meiste wieder aufgebaut, darunter den berühmten *Dom Santa Maria Assunta* aus dem 14. Jh. mit seiner prachtvollen Fassade: Rechts steht eine 7 m hohe Christophorus-Statue mit Christuskind, über dem Portal sieht man eine gotische Galerie mit der Muttergottes und den Heiligen Drei Königen, darüber eine filigrane Rosette. Vis-à-vis erhebt sich der mächtige Campanile, der beim Erdbeben völlig eingestürzt war und mit altem und neuem Material Stein für Stein wieder aufgebaut wurde. Der mächtige dreischiffige Innenraum der Kirche hat seit dem Erdbeben eine leichte Schräglage, die in Erinnerung an das Beben beibehalten wurde.

• *Information* **Ufficio turistico**, Piazza del Municipio 5, schräg gegenüber vom Palazzo Comunale. Riesenauswahl an Prospekten zur ganzen Provinz Udine. Mi–Mo 9.30–13, 15.30–18.30, Di 9–13 Uhr. ✆ 0432/981441, 📠 983481, www.gemona.fvg.it.

Friaul-Julisch Venetien
Karte S. 247

• *Übernachten* *** **Willy**, aufmerksam geführtes Hotel mit guter, bodenständiger Küche, Zimmer großzügig eingerichtet, großer Garten und Spielplatz. DZ mit Frühstück ca. 80–95 €. Via Bariglaria 164 (im Tal unten nördlich vom Bahnhof, an der Straße parallel zu den Gleisen), ✆ 0432/981733, ℻ 980108, www.hotelwilly.com.

Camping Ai Pioppi, schlauchförmiger Wiesenplatz, 1 km vom Zentrum entfernt (beschildert), keine Dauercamper. Am Eingang gemütliche Bar, wo sich abends die Männerwelt trifft. Mitte März bis Mitte Nov. ✆ 0432/981276, ℻ 980358, www.aipioppi.it.

Venzone: Das malerische 3000-Einwohner-Städtchen nördlich von Gemona ist vollständig von einer imposanten mittelalterlichen Doppelmauer mit 14 Türmen und begrüntem Festungsgraben umgeben. Der weiße Kalkstein, aus dem das ganze Städtchen besteht, bietet einen eindrucksvollen Anblick. Das Erdbeben von 1976 zerstörte die Altstadt völlig, kaum ein Haus blieb stehen. Innerhalb von zehn Jahren wurde Venzone jedoch wieder detailgetreu aufgebaut, teilweise unter Verwendung des früheren Mauerwerks. 1995 konnte auch der große, 1338 geweihte gotische Dom *Sant'Andrea Apostolo* wieder zur Benutzung freigegeben werden. Die Ruine der zweiten Hauptkirche *San Giovanni Battista* blieb hingegen als Mahnmal stehen.

An der zentralen Piazza Municipio steht der gotische *Palazzo Comunale* mit einer nach zwei Seiten offenen Loggia. Hier kann man eine Fotodokumentation zur Zerstörung und den Aufbauarbeiten betrachten. Die größte Sehenswürdigkeit findet sich aber in der Krypta der Rundkapelle *Sant'Michele* neben dem Dom. Dort sind fünf mumifizierte Leichname ausgestellt, deren Zersetzungsprozess durch parasitären Pilzbefall verhindert wurde.

• *Öffnungszeiten/Eintritt* **Le Mummie di Venzone**, Sommer 9–19, Winter 9–17 Uhr, Eintritt ca. 2 €.

• *Übernachten/Essen & Trinken* *** **Carnia**, direkt an der SS 13 nördlich von Venzone, großes Haus mit bekannt guter Küche regionaler Prägung (Mo geschl.), beliebt bei Bikern. DZ mit Frühstück ca. 82 €. Via Canal del Fero 28, ✆ 0432/978013, ℻ 978187, www.hotelcarnia.it.

Locanda al Municipio, das schlichte Gasthaus mit Innenhof bietet hervorragende lokale Küche, z. B. *frico di patate* und hausgemachte Pasta, dazu eine Reihe von Weinen aus dem Collio (Mo geschl.). Einige Gästezimmer werden vermietet. DZ mit Frühstück ca. 50–70 €. Via Glizoio di Mels 4 (bei der Piazza Municipio), ✆ 0432/985801.

Caffè Vecchio, Schmuckstück an der zentralen Piazza Municipio, vorne die Bar mit integrierter Lottoannahmestelle, sehr gutem Kaffee und prima Eis, hinten im Gewölbe der Speiseraum, dort gibt es z. B. leckere Nudelgerichte. Di geschl. Via Mistruzzi 2, ✆ 0432/985011.

Lago di Cavazzo: Der idyllische, von dichtem Grün umgebene See liegt nordwestlich von Gemona auf der anderen Seite des Tagliamento. Er ist der größte See im Friaul, 2,2 km lang und bis zu 36 m tief. Am Südende findet der Bade- und Erholungsbetrieb statt, dort gibt es einen Bootsverleih, mehrere Lokale und einen Kiesstrand. An windreichen Tagen treffen sich hier bereits frühmorgens die Windsurfprofis. Zwei Campingplätze liegen am südlichen Westufer.

• *Übernachten/Essen & Trinken* **Alla Terrazza**, Ristorante/Albergo direkt am Abzweig von der östlichen Uferstraße nach Bordano. Auf der idyllischen Terrasse speist man wunderbar, wenn auch vom Verkehr beeinträchtigt. Die Zimmer im Obergeschoss sind klein und schlicht, besitzen TV und Nasszelle. DZ mit kleinem Frühstück ca. 65 €. ✆/℻ 0432/979139, www.allaterrazza.it.

Alla Darsena, am südlichen Ostufer, legergemütliches Pizzalokal, in der Bar vorne trifft sich abends die Jugend. ✆ 0432/979092.

Camping Lago Tre Comuni, sonniger Wiesenplatz mit wenigen Bäumen. Moderne, saubere Sanitäranlagen, große Bar, Laden, freundliches Personal. ✆ 0432/979464, www.campinglagodeitrecomuni.com.

Camping Val del Lago, kleinerer Platz mit reichlich Baumschatten, ebenfalls sanitär sehr gut, wenn auch etwas wenig Duschmöglichkeiten. ✆ 348-2431337, www.valdellago.it.

Bordano: In dem kleinen Dorf zwischen Lago di Cavazzo und Venzone dreht sich alles um Schmetterlinge. In der *Casa delle Farfalle* leben Tausende der exotischen Farbflügler in einer tropischen Pflanzenwelt, die man auf einem Rundgang durch drei Hallen bewundern kann. Auf 2000 qm können hier sämtliche Lebensphasen von über 400 Schmetterlingsarten aus aller Welt beobachtet werden. Im Eingangsbereich ist die Touristinformation untergebracht, draußen lädt ein überdachter Bereich zum Picknick ein. Zahlreiche Künstler haben das Schmetterlingshaus zum Anlass genommen, die Fassaden im Ort mit fantasievollen Motiven zu bemalen.

Öffnungszeiten/Eintritt **Casa delle Farfalle**, März und Okt. tägl. 9.30–12.30, 14–16 Uhr, April bis Sept. tägl. 9.30–12, 14–17.30 Uhr, Eintritt ca. 7 €, 4–12 J. und über 65 J. ca. 5 €. ✆ 0432/988135, www.casaperlefarfalle.it.

Malerischer Mittelpunkt von Udine: die prächtige Piazza Libertà

Udine

ca. 102.000 Einwohner

Eine rundum angenehme Stadt mit wenig Hektik, gemütlichen Weinkneipen und vielen Fahrradfahrern. Dank ihrer Vergangenheit als Sitz der Patriarchen von Aquileia und später der Statthalter Venedigs findet man bedeutende Bauten der späten Gotik und Renaissance, im Inneren oft geschmückt mit den typischen Rokokogemälden und -fresken des Venezianers Giambattista Tiepolo (1696–1770).

Heute ist Udine eine sichtlich wohlhabende Stadt, in der Alt und Neu eine gelungene Mischung eingehen. Moderne Geschäfte und Boutiquen laden in der verkehrsberuhigten Innenstadt zum Bummeln ein. Wenn es am Abend kühler wird, trifft man sich an der weiten, offenen Piazza Matteotti (tagsüber Markt) oder bummelt über die Piazza Libertà mit den altehrwürdigen Repräsentationsbauten. Besonders hübsch: Ein Kanal – Rest des ehemaligen Mauergrabens der Stadtbefestigung – durchkreuzt das Zentrum. Hier zu sitzen und an schwülen Sommerabenden ein Gläschen Wein, *tajut* genannt, zu genießen, ist eine der Lieblingsbeschäftigungen der Udineser.

• *Anfahrt/Verbindungen* **Pkw**, Udine liegt an der Autobahn A 23 von Österreich nach Triest bzw. Venedig. Großer Parkplatz an der Piazza Primo Maggio (hinter dem Castello).

Bahn, häufige Verbindungen nach Venedig und Triest, der Bahnhof liegt südlich vom Zentrum, die Via Roma führt geradeaus in die Altstadt.

Bus, Busstation rechts vom Bahnhof (wenn man rauskommt), Viale Europa Unità.

• *Information* **Ufficio turistico**, Piazza Primo Maggio 7, großer, freier Platz hinter dem Castello. Mo–Sa 9–13, 15–17 Uhr, So geschl. ✆ 0432/295972, ℻ 504743, info.udine@turismo.fvg.it.

• *Übernachten* ****** Astoria Italia (9)**, bestes Haus am Platz, klassizistischer Palast im Zentrum, seit 1850 als Hotel geführt. Mit Garage. DZ mit Frühstück ca. 120–220 €. Piazza XX Settembre 24, ✆ 0432/505091, ℻ 509070, www.hotelastoria.udine.it.

***** San Giorgio (12)**, gute Mittelkasse südlich vom Zentrum, verkehrsreiche Lage, die schön ausgestatteten Zimmer aber großteils nach hinten, jeweils TV, Minibar und Klimaanlage. Mit Restaurant, wo man gemütlich vor dem Haus sitzt, Parkplatz. DZ mit Frühstück ca. 80–140 €. Piazzale Cella 4, ✆ 0432/505577, ℻ 506110, www.hotelsangiorgioudine.it.

*** Al Fari (11)**, das einzige günstige Albergo der Stadt, leider südlich außerhalb vom Zentrum, noch jenseits der Bahngleise. Einfache Zimmer mit TV und Etagendusche, eigener Parkplatz. DZ ca. 44–48 €, Frühstück möglich. Via Melegnano 41, ✆ 0432/522146, ℻ 612944, fari.ud@libero.it.

• *Essen & Trinken* In den zahlreichen Osterien von Udine kann man gut essen oder auch nur einen „tajut" (Glas Wein) zu sich nehmen. Die bekannten Friauler Spezialitäten werden hier häufig serviert.

TIPP! Al Vecchio Stallo (7), ein „Beisl" (österreichisch: „Wirtshaus") wie aus dem Bilderbuch, historische Fotos, Fußballwimpel und die Galerie von Weinflaschen schaffen Atmosphäre in der früheren Poststation. Hinten ein schöner, kleiner Hof. Auch preislich im angenehmen Rahmen. Mi geschl. (Juli/August So). Via Viola 7, ✆ 0432/21296.

Alla Ghiacciaia (6), Osteria mit Speisenangebot hinter der Kirche San Giacomo an der Piazza Matteoti (Durchgang linker Hand der Kirche). Man sitzt auf einer schmalen, übergrünten Terrasse am Stadtkanal oder

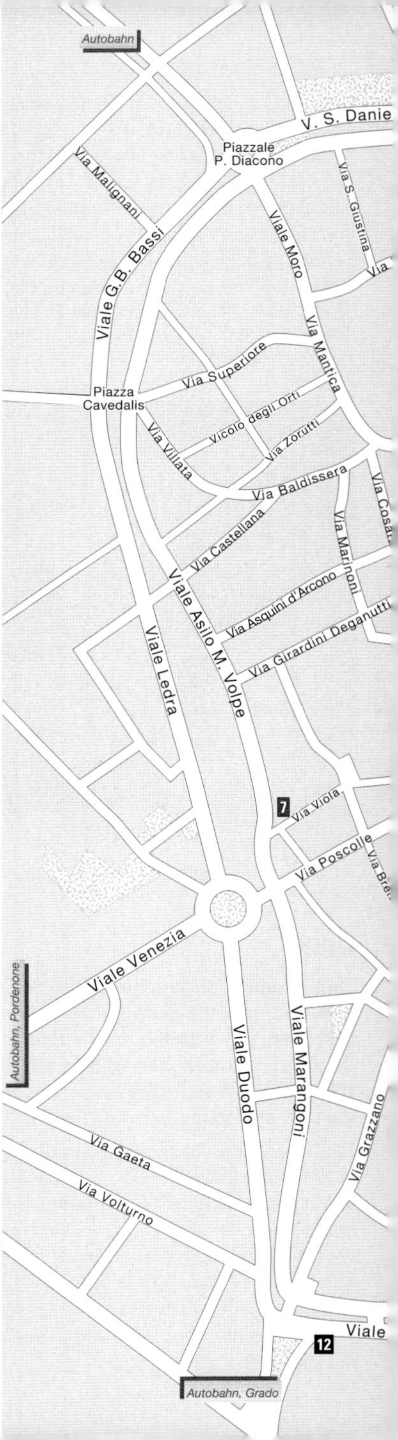

Cividale del Friuli
Viale A. Caccia
Piazzale Osoppo
a di Toppo
Via L. Uccellis
Via Planis
Viale Renati
Viale Arm. Diaz
Deciani
Via Gemona
Viale d. Vittoria
Via S. Agostino
Via Pracchiuso
Via S. Valentino
Via Bersaglio
Viale Trieste
Via Tomadini
Piazzetta Antonini
Palazzo Antonini
Mazzini
Università
Piazza Primo Maggio
Casa della Contadinanza
Piazza Marconi
Castello (Museum)
S. M. di Castello
Via Verdi
Via Cairoli
Via Treppo
Via Petrarca
Via Mercato Vecchio
Loggia di San Giovanni
Via Manin
Piazza Patriarcato
Palazzo Arcivescovile (Diözesanmuseum)
Via P. Scrosoppi
Piazza Matteotti
Piazza Libertà
S. Giacomo
Campanile
Via della Prefettura
Giardino Ricasoli
Palazzo Comunale
Via Cavour
Dom
Via Vittorio Emanuele
Oratorio d. Purità
Via Savorgnana
Via Stringer
Viale Ungheria
Via del Gelso
Piazza XX Settembre
Piazza Venerio
Via Battisti
Via Morpurgo
Piazza Garibaldi
Via Gorghi
Via Carducci
Via Aquileia
Via Crispi
Via Dante
Via Cussignacco
Via Manzoni
Duchi d'Aosta
Piazza Repubblica
Viale Leopardi
Porta Aquileia
Via Ciconi
Piazzale d'Annunzio
BUS
Via Roma
Via Percoto
Via R. Battistig
Via Ciro di Pers
Via Giuseppe Tullio
Via de Rubeis
Via Nievo
Bahnhof
Viale Europa Unita
Via della Cernaia
Triest
erriere
Cisis
100 m
Udine
Übernachten
9 Astoria Italia
11 Al Fari
12 San Giorgio
Essen & Trinken
1 Café Caucigh
2 Ai Frati
3 Sbarco dei Pirati
4 I Piombi
5 Al Cappello
6 Alla Ghiacciaia
7 Al Vecchio Stallo
8 Al Gelso
10 Ai Barnabiti

speist im rustikalen Innenraum. Gute Küche, z. B. *frico con polenta* und *risotto ai fiori di zucca* (Risotto mit Zucchiniblüten). Mo geschl. Via Zanon 13, ✆ 0432/655188.

Sbarco dei Pirati (3), urige „Piratenkneipe" mit gutem Essensangebot, schattiger Gastgarten neben dem Haus, fröhliche Stimmung, alle Speisen in Friulanisch angeschrieben. Unter dem Haus rauscht auch hier der Stadtkanal. Mi geschl. Via Bartolini 12, ✆ 0432/21330.

Al Gelso (8), gemütlich-rustikale Pizzeria, innen 200 Plätze und eine einladende Galerie von Weinfässern, hinten ein großer Innenhof. Via del Gelso 10, ✆ 0432/229392.

TIPP! Ai Frati (2), bildhübsche Osteria an einem kleinen, ruhigen Platz neben dem imposanten Palazzo Antonini, ein wenig nördlich vom Zentrum. Man kann auf zwei Stockwerken oder gemütlich draußen vor dem Haus sitzen. Schwergewicht Fleisch (auch T-Bone-Steak), dazu gute Weinauswahl. Piazzetta Antonini 5, ✆ 0432/506926.

• *Bars & Cafés* **Al Cappello (5)**, hübsches Plätzchen in einer Fußgängerzone, an der Decke hängen zahlreiche Hüte (Name!), vom Gebirgsjägerkäppi bis zum Sommerstrohhut. Auch Sitzplätze im Freien. So-Nachmittag und Mo geschl. Via Paolo Sarpi 5.

I Piombi (4), uriges Lokal in den Kerkern des Schlosses, 190 Plätze im bunt ausstaffierten Keller, man sitzt an alten Holztischen, diverse Biersorten und mitteleuropäische Küche. Vor allem in der kühleren Jahreszeit sehr angesagt. August geschl., Fr–So bis 3 Uhr, sonst bis 1.30 Uhr. Via Daniele Manin 12, ✆ 0432/ 506168.

Ai Barnabiti (10), traditionelle Osteria, in die man gern zum Weintrinken einkehrt, kommunikative Plätze auf der Straße. So geschl. Piazza Garibaldi, ✆ 338-3936214.

Caucigh (1), nördlich vom Zentrum, großes historisches Café mit zwei Gasträumen, in der kalten Jahreszeit gibt es hier jeden Freitag Live Jazz (http://caucigh.com). Mo geschl. Via Gemona 36.

Sehenswertes

Die Venezianer haben im 15. und 16. Jh. das Stadtbild geprägt. Mittelpunkt Udines ist die elegante *Piazza Libertà* am Fuß des Burghügels. Der großzügige *Palazzo Comunale* ähnelt mit seiner weiß-rosa gestreiften Marmorfassade dem Dogenpalast von Venedig, im Untergeschoss die *Loggia del Lionello*, eine luftige Arkadenhalle mit spiegelndem Marmorboden. Gegenüber stehen die lang gestreckte *Loggia di San Giovanni* und der *Uhrenturm*. Zwei Mohren schlagen die Glocke – exakt wie beim venezianischen Vorbild am Markusplatz. Auf der erhöhten Platzmitte sind zwei überlebensgroße Statuen platziert, Herkules und Cacus, flankiert von Justitia und einem Brunnen, auf dem der geflügelte Löwe Venedigs thront.

Linker Hand der Loggia di San Giovanni geht es erst durch den *Arco Bollani*, dann einen gotischen Arkadengang entlang hinauf zum *Castello* aus dem 16. Jh. Im Inneren kann man die *Civici Musei di Storia e Arte del Castello* besichtigen: die Gemäldegalerie *Galleria d'Arte Antica* mit Werken venezianischer und friulanischer Künstler, die *Galleria dei Disegni e delle Stampe* (Stiche und Drucke) sowie ein Archäologisches Museum. Vom Burghügel schöner Blick über die Stadt.

Nur wenige Schritte westlich der Piazza Libertà kommt man zur *Piazza Matteotti*, dem historischen Marktplatz Udines, mit der Kirche *San Giacomo* – dank Kopfsteinpflaster, Marktbuden und langer Laubengänge ein Platz mit viel Atmosphäre.

Ebenfalls nicht weit von der Piazza Libertà steht der *Dom*, leicht zu erkennen an seinem oktogonalen Ziegelturm. Im mächtigen Innenraum mit seinen schweren Pfeilern stehen zahlreiche Altäre mit Ölgemälden, darunter mehrere Werke von Giambattista Tiepolo (von der Fassade aus gesehen z. B. die beiden hinteren Kapellen rechts). Im Campanile zeigt das *Museo del Duomo* eine kleine Kapelle mit Fresken des Vitale da Bologna und den prachtvollen Sarkophag des Patriarchen und Bischofs Beato Bertrando (1265–1350).

Großartige Fresken von Giambattista Tiepolo findet man im *Palazzo Arcivescovile* beim Stadtpark, in dem das *Diözesanmuseum* untergebracht ist. Die Decke des Treppenhauses schmückt das prachtvolle Gemälde „La caduta degli angeli ribelli“ (Fall der aufständischen Engel) – wenn man von unten hinaufblickt, entfaltet das Werk seine ganze Wirkung. Die zweite Etage beherbergt die große *Sala Azzurra* (Baldachinsaal) mit Fresken des Giovanni da Udine, die stuckverzierte *Sala Gialla*, die *Sala Rossa* (Gerichtssaal) mit dem großen Deckenfresko „Salomons Urteil“ von Tiepolo, die *Sala del Trono* (Audienzsaal) mit dem Thron, deren Wände mit hunderten Porträts der Patriarchen geschmückt sind, die herrliche *Bibliothek der Patriarchen* mit unzähligen jahrhundertealten Bänden und dem Deckenfresko „Triumph der Weisheit“ und die berühmte *Galleria degli Ospiti*, deren Wände die bedeutendsten Fresken Tiepolos mit Szenen aus dem Alten Testament schmücken.

• *Öffnungszeiten/Eintritt* **Civici Musei di Storia e Arte del Castello**, Di–Sa 10.30–19, So 9.30–12.30 Uhr, Eintritt ca. 5 €, Schül./Stud. ermäß.

Museo del Duomo, Mo–Sa 10–12, 16–18 Uhr. So 16–18 Uhr; Eintritt frei.

Diözesanmuseum und Tiepolo-Säle, Mi–So 10–12, 15.30–18.30 Uhr, Mo/Di geschl.; Eintritt ca. 5 €.

San Daniele del Friuli

ca. 8000 Einwohner

Die berühmte Schinkenstadt des Friaul liegt etwa 27 km nordwestlich von Udine. Hier dreht sich alles um „prosciutto“.

In den Gassenzügen um die zentrale Piazza mit dem Dom bietet jedes Lokal Schinken bis zum Abwinken, statt Pizzerien gibt es hier „prosciutterie“. Die großen Fabrikhallen für die Schinkenproduktion liegen an der Ausfallstraße nach Süden. Mindestens zwölf Monate muss jede Keule dort reifen, bis sie das begehrte San-Daniele-Siegel erhält. Daneben hat San Daniele aber auch eine wirkliche Top-Sehenswürdigkeit zu bieten, denn in der Kirche *Sant'Antonio Abate* in der Via Garibaldi ist ein einzigartiger Freskenzyklus erhalten, der zu den bedeutendsten im Friaul gehört. Im nahezu leeren Innenraum („Sixtinische Kapelle des Friaul“) kommen die farbenprächtigen Fresken der Apsis hervorragend zur Geltung, an denen Pellegrino da San Daniele von 1497 bis 1522 arbeitete.

Die **Aria di Festa**, das größte Schinkenfest der Welt, findet alljährlich am letzten Juniwochenende statt (Fr–Mo). Tausende von Besuchern sitzen an langen Tischen und verkosten die hauchdünn aufgeschnittenen Scheiben, dazu werden natürlich friulanische Weine kredenzt (Consorzio del Prosciutto di San Daniele, Via Umberto I 26, ✆ 0432/957515, www.prosciuttosandaniele.it).

• *Information* **Ufficio Turistico**, Piazza Pellegrino 4, hinter dem Dom. Mo–Fr 9–13, 14–18 Uhr, Sa/So 10–13, 15.30–18.30 Uhr. ✆/℻ 0432/940765, www.infosandaniele.com.

• *Übernachten* *** **Alla Torre**, gepflegtes Haus ganz zentral beim Hauptplatz. DZ mit Frühstück ca. 100 €. Via del Lago 1, ✆/℻ 0432/954562, www.hotelallatorrefvg.it.

*** **Friuli**, kleiner Stadtpalazzo mit Laubengang, zentrumsnah. DZ mit Frühstück ca. 65 €. Via Garibaldi 35, ✆ 0432/957162.

• *Essen & Trinken* **TIPP! Enoteca La Trappola**, beliebtes Weinlokal in einem schmalen Gässchen beim Dom, altehrwürdiges, von einer Säule gestütztes Gewölbe, vor der Tür Holzbänke unter Sonnenschirmen. Gute Weine und leckere Tagesgerichte. Via Cairoli 2, ✆ 0432/942090.

L'Osteria di Tancredi, frisch renoviertes Weinlokal in einem alten Palazzo, hervorragende Weinauswahl, dazu San-Daniele-Schinken und friulanische Spezialitäten. Mi geschl. Via Monte Sabotino 10 (Seitengasse der Via Garibaldi), ✆ 0432/941594.

Da Scarpan, im Laubengang der Via Garibaldi, sehr modern, trotzdem nicht unbehaglich eingerichtet, professioneller Service und gute Slow-Food-Qualität, beliebt bei den Einheimischen. Di-Abend und Mi geschl. Via Garibaldi 41. ✆ 0432/943066.

Antica Osteria Al Ponte, beliebte Trattoria mit schön überdachtem Garten. Fleisch vom Grill, *orzo e fagioli*, hausgemachte Nudeln. Mo und Di geschl. Via Tagliamento 13 (unterhalb vom Stadthügel), ✆ 0432/954909.

Dok dall'Ava, großes Schinkenzentrum, wo man speisen und natürlich den *prosciutto* auch kaufen kann. Di geschl. Via Gemona 29 (an der Durchgangsstraße unterhalb vom Hügelzentrum), ✆ 0432/940280, www.dallava.com.

Spilimbergo

ca. 11.000 Einwohner

Die kleine Stadt auf einer Terrasse oberhalb des Tagliamento-Tals besitzt ein kompaktes und hübsches Zentrum. Der kieselgepflasterte Corso Roma zieht sich als Fußgängerzone quer durch die Altstadt, flankiert von Arkadengängen und farbenfrohen Hausfassaden. Bekannt ist Spilimbergo für seine Schule der Mosaikkünstler (Scuola mosaicisti del Friuli), überall im Stadtbild trifft man auf farbenfrohe Mosaiken.

Die Fußgängerzone führt nach Osten durch die *Torre Orientale* zum rasenbestandenen Domplatz mit dem mächtigen gotischen Dom *Santa Maria Maggiore* aus dem 13. Jh., der zu den eindrucksvollsten im Friaul gehört. Er besteht aus drei asymmetrischen Schiffen. Die *Porta Moresca* an der Platzseite ist ein besonders schön gestaltetes Reliefportal, die Westfassade besitzt sieben eigentümliche Rosetten. Die schmalen Fenster lassen nur wenig Licht in den Innenraum, der von freskenverzierten Säulen getragen wird. Die Apsis ist vollständig mit Fresken aus der Schule des Vitale da Bologna (14./15. Jh.) ausgemalt. Bemerkenswert ist außerdem die Orgel aus dem 15. Jh., deren Bildwerke von Pordenone stammen.

Vor der Enoteca La Torre in Spilimbergo

Über eine Brücke kommt man in den Innenhof des *Kastells*. Es besteht aus mehreren aneinandergebauten Palazzi, von denen vor allem der *Palazzo Dipinto* („Bemalter Palast") mit seinen farbenfrohen Fassadenfresken aus dem 15. Jh. auffällt.

• *Information* **Ufficio Promozione Turistica**, im Kastell, links neben dem Palazzo Dipinto. 10.30–12.30, 15.30–18.30 Uhr, Mo u. Do geschl. ✆/℻ 0427/2274, www.prospilimbergo.org.

• *Übernachten* **Osteria/Trattoria Da Afro**, Osteria mit acht geschmackvoll eingerichteten Gästezimmern (→ Essen & Trinken).

DZ mit Frühstück ca. 100–120 €. Via Umberto I 14, ✆/℻ 0427/2264.

Consul, ordentliche Unterkunft in einem alten Stadthaus, neun ansprechend modernisierte Apartments mit Küchenzeile, Bad und TV, unten eine Trattoria, in der zu günstigen Preisen Hausmannskost serviert wird (So geschl.). Zimmer mit Kochgelegenheit ca. 50 €. Piazza Borgclucido 28, ✆/℻ 0427/2322, http://albergoconsul.com.

• *Essen & Trinken* **Osteria/Trattoria Da Afro**, wenige Schritte westlich außerhalb des historischen Zentrums. Gepflegte Osteria im alten Stil, dunkle Holztäfelung, lange Bar und Speiseraum, auch Plätze im Freien. Leckere friulanische Küche, dazu große Weinauswahl. So geschl. Via Umberto I 14.

Osteria Bachero, eine Institution seit 1897, authentisch geblieben. Deftige Küche, z. B. *baccalà e trippe con polenta* oder *spezzatino di manzo e patate*, dazu süffiger Hauswein. Mo-Abend und So geschl. Via Pilacorte 5 (Seitengasse des Corso Roma), ✆ 0427/2317, www.osteriabachero.com.

Enoteca La Torre, an der gemütlichen Piazza beim Osttor (Torre Orientale). Beliebter Abendtreff für ein Glas, draußen steht man um große Weinfässer oder sitzt auf Bierbänken, im gemütlichen Innenraum ertönt Jazzmusik. Fr/Sa bis 3 Uhr morgens geöffnet. Di geschl. ✆ 0427/2998.

Cividale del Friuli

ca. 11.500 Einwohner

20 km östlich von Udine liegt der stimmungsvolle Hauptort des DOC-Weinbaugebiets „Colli Orientali del Friuli" am steilen Flusstal des Natisone.

Julius Cäsar gründete hier 50 v. Chr. ein römisches Lager, das später namengebend für die gesamte Region wurde: „Forum Iulii" wurde zu Friaul. Später bauten die Langobarden Cividale zu ihrer Hauptstadt aus.

Zu den bedeutendsten Baudenkmälern zählt der Dom mit dem benachbarten *Museo Cristiano*, dessen wichtigste Sehenswürdigkeiten das oktogonale Taufbecken des Calixtus (8. Jh.) und ein großartig skulptierter Altarblock aus dem frühen Mittelalter sind. Ein hervorragendes *archäologisches Museum* ist im *Palazzo dei Provveditori Veneti* am Domplatz untergebracht, hauptsächlich langobardische Stücke sind hier zu sehen. In malerischer Lage über dem Natisone-Fluss findet man außerdem im ehemaligen Kloster Santa Maria in Valle den überaus sehenswerten *Tempietto Longobardo* aus dem 9. Jh.

Wenn man nun die Hauptgasse zum Fluss hinuntergeht, lädt in der seitlich abzweigenden Via Monastero Maggiore ein Schild ein, das *Ipogeo Celtico* zu besuchen, eine dreiräumige Grabstätte keltischer Fürsten aus vorchristlicher Zeit. Ein ganz besonderer Anziehungspunkt ist schließlich der *Ponte del Diavolo*, der den Natisone überspannt, pittoresk fallen die Steilfelsen zum grünen Flusstal ab.

• *Öffnungszeiten/Eintritt* **Museo Cristiano**, Mi–So 10–13, 15–18 Uhr, Eintritt ca. 4 €, Stud. u. Kinder 8–14 J. 3 €.

Museo Archeologico, Sommer Mo 9–14 Uhr, Di–So 8.30–19.30 Uhr, Winter 8.30–14 Uhr; Eintritt ca. 2 €, 18–25 J. 1 €, frei unter 18 und über 60 J.

Santa Maria in Valle und **Tempietto Longobardo**, April–Sept. 9.30–12.30 und 15–18.30 (So 9.30–13, 15–19.30), Okt.–März 9.30–12 und 15–17 Uhr (So 9.30–12.30, 14.30–18 Uhr); Eintritt Kloster ca. 4 €. (über 65 J. 3 €), mit Tempietto 6 € (4€).

Keltisches Hypogäum, tägl. 8–18 Uhr, falls geschl., ist der Schlüssel in der Bar „All'Ipogeo" erhältlich, Mo im Informationsbüro.

• *Übernachten* *** **Locanda al Castello**, Hotelschloss in ruhiger Hügellage, die 16 komfortablen Zimmer gehören zu einem großen Restaurant mit Terrasse (Mi geschl.), Wellnesszentrum mit Indoorpool und Sauna, Parkplatz. DZ mit Frühstück ca. 80–150 €. Via del Castello 20 (Località Fortino), ✆ 0432/733242, ℻ 700901, www.alcastello.net.

** **Pomo d'Oro**, sympathisches Albergo in der Altstadt, gleich hinter dem Hauptplatz Piazza Diacono, ansprechendes Restaurant (Mi geschl.). In den Zimmern wurde z. T. das mittelalterliche Mauerwerk freigelegt. DZ mit Frühstück ca. 80 €. Piazza San Giovanni 20, ✆ 0432/731489, ℻ 701257, www.alpomodoro.com.

• *Essen & Trinken* **Al Campanile**, schönes Plätzchen direkt unter dem Glockenturm, beschattete Tische vor der Tür, lokale Küche und Weine. Via G. B. Candotti 4, ✆ 0432/732467.

Taverna Longobarda, viel besuchtes Lokal in einer ruhigen Seitengasse im Zentrum, schattige Terrasse, gute Auswahl an Fleisch und Fisch. Do geschl. Via Monastero Maggiore 5, ✆ 0432/731655.

Osteria Ai Tre Re, einladendes Lokal in etwas versteckter Lage, Tische im Hof unter Schilfdächern, vielfältige friulanische Küche, stets frisch zubereitet, z. B. *brasato di cervo* oder *ossobuco*, dazu gute Weine. Di geschl. Via Stretta San Valentino 29, ✆ 0432/700416.

L'Elefante, liebevoll eingerichtete Weinschenke am hinteren Ende der Piazza Diacono, Holztische vor der Tür. Mi geschl. ✆ 0432/700966.

• *Shopping* In den **Pasticcerie** wird frische „gubana" angeboten, ein leckerer Kuchen mit einer Füllung aus Nüssen, Pinienkernen und Grappa, der seinen Ursprung in den Valli Natisone nördlich von Cividale hat.

Tipp: Jeden vierten Sonntag im Monat findet von 8–20 Uhr in Cividale **Il Baule del Diavolo** („Teufelstruhe") statt, einer der größten Trödelmärkte Italiens, u. a. auf der Piazza del Duomo und der Piazza Foro Giulio Cesare.

Cormòns

ca. 7500 Einwohner

Weinbauzentrum des Collio in üppig grüner Umgebung. Hier findet man einige besonders gute Adressen, um die regionale Küche zu kosten und einen Tropfen zu trinken.

• *Übernachten* *** **Felcaro**, nördlich vom Zentrum. Gemütliche Villa aus der Jahrhundertwende mit moderner Dependance, Pool, Tennis, Sauna, Gymnastikraum, Fahrradverleih. Gutes Restaurant, im Sommer sitzt man schön im Freien (Mo geschl.). DZ mit Frühstück ca. 110–125 €. Via San Giovanni 45 (✆ 0481/60214, ℻ 630255, www.hotelfelcaro.it.

La Subida, großes Areal etwas nordöstlich außerhalb (beschildert), zu erreichen über die SS 409. Zwölf stilvoll-rustikale Apartments für ca. 65–90 €, weiterhin Pool, Tennisplatz, Fahrräder, Reitpferde und Kinderspielplatz. Zum Anwesen gehören eine gehobene Trattoria und eine gemütliche Osteria. Apartment für 2 Pers. ca. 90–140 €. Località Monte 22, ✆ 0481/60531, ℻ 61616, www.lasubida.it.

B & B Tana dei Ghiri, schönes Privatquartier mit herrlichem Blick über Cormòns, Familie Gandrus spricht Deutsch und vermietet fünf hübsche Zimmer. DZ ab ca. 77–88 €. Località Monte 40, ✆/℻ 0481/61951, 335-6038612, tanadeighiri@email.it.

TIPP! **B & B La Casa di Alice**, ein paar Minuten südlich vom Zentrum. Anna Brandolin und ihr Partner Massimo vermieten in ihrem komfortabel renovierten Bauernhof drei geräumige Zimmer, Anna kocht fantastisch und spricht Deutsch, Massimo Englisch. Außergewöhnliches Ambiente, wunderbares Frühstück und sehr freundliche Aufnahme. DZ ca. 80–95 €. Via Ara Pacis 22, ✆ 335-377994, ℻ 61743, www.wel.it/alice.

• *Essen & Trinken* **Al Giardinetto**, im Zentrum, kurz unterhalb vom Dom, die weit über die Grenzen des Friaul bekannte Trattoria von Giorgio und Paolo Zoppolatti genießt exzellenten Ruf und bietet kreative Speisen österreichischer und friulanischer Art. Gehobene Preise, aber kein „Schickimicki". Plätze sind limitiert, Reservierung nötig. Mo/Di geschl. Drei Gästezimmer für ca. 75–95 €. Via G. Matteotti 54, (✆ 0481/60257, 630704, algiardinetto@tin.it.

Osteria Caramella, nett zum Sitzen an der zentralen Piazza Libertà, Salate, Suppen und Snacks im Schatten von Kaiser Maximilian I. Via Giacomo Matteotti 1, ✆ 0481/639341.

Enoteca di Cormòns, ganz zentral im Palazzo Locatelli am großen Hauptplatz, die sympathische Enoteca bietet Weine von zwei Dutzend Produzenten. Man kann gemütlich in den Innenräumen oder im schönen Innenhof sitzen. Hier erhält man auch den berühmten „Vino della Pace", der aus fast 600 Rebsorten aus aller Welt gekeltert wird. Mi–So 10–13, 17–21 Uhr, Di geschl. Piazza XXIV Maggio 22, ✆ 0481/630371, enotecadic@virgilio.it.

Il Cantiniere, südlich von Cormòns an der SS 305 Udine – Monfalcone, schöne, alte

Gastwirtschaft mit gemütlichem Garten, zum Wein gibt es lokale Wurst- und Käsesorten, aber auch Schinken aus San Daniele. Di geschl. ✆ 0431/67461.

• *Nachtleben* **Jazz & Wine le bar**, populäre Bar, in der sich alles um Jazz und Wein dreht. Mo geschl. Via Matteotti 78.

Palmanova

ca. 5500 Einwohner

Die Kleinstadt liegt auf halbem Weg zwischen Udine und der Küste um Grado, am Schnittpunkt der Autobahnen nach Venedig, Triest und Udine. Zwar gänzlich überwuchert, aber noch vollständig erhalten ist die Stadtbefestigung mit ihren drei Ringen aus jeweils neun gewaltigen Bastionen, die von den Venezianern im 16. Jh. als Grenzfestung gegen die Habsburger und die Türken in perfekter Sternform angelegt wurde – eine Symmetrie ohne jeden Makel.

Die hochtrabenden Pläne, die die Venezianer mit dem stolzen Bollwerk hatten, wurden allerdings nie Wirklichkeit. Anstatt wichtigster Brückenkopf der Serenissima auf dem Festland und eine der stärksten Festungen Europas zu werden, fristete das Städtchen als unattraktive Garnisonsstadt sein Dasein.

Durch eins der schmalen Tore fährt man hinein und landet auf der riesigen und fast völlig leeren sechsseitigen Piazza Grande mit dem strahlend weißen *Dom*. Sechs Hauptstraßen gehen von hier strahlenförmig aus, die Nebenstraßen wiederholen das Sechseck. Das *Museo Civico* im Palazzo Trevisan am Borgo Udine 4 zeigt Relikte der Stadtgeschichte, im Osttor ist ein *Militärmuseum* untergebracht. Links neben dem Tor kann man auf den dicht mit Gras, Büschen und Bäumen bewachsenen Wall hinaufsteigen.

• *Öffnungszeiten/Eintritt* **Civico Museo Storico**, Di–So 9.30–12.30, Juni bis Aug. auch 16–18 Uhr, Mi geschl., Eintritt ca. 2 €. **Museo Storico Militare**, Mo, Di, Do 9.30–12, 14.30–16.30, Fr 9.30–12, Sa/So 10–12 Uhr, Mi geschl., Eintritt frei.

TIPP! Der Agriturismo **Mulino delle Tolle** liegt in Sevegliano an der Straße nach Aquileia. Hier wird noch alles von der Familie erledigt: Feldbau, Weinerzeugung, Viehmast, Schlachtung und Zubereitung. Vermietet werden gepflegte Zimmer, das Restaurant ist Do–So geöffnet, das hauseigene Weingut liegt etwas außerhalb. Die Tochter des Hauses spricht Deutsch. DZ mit Frühstück ca. 70 €. ✆ 0432/924723, www.mulinodelletolle.it.

Aquileia und **Grado** siehe S. 263.

Gorizia

Görz • ca. 43.000 Einwohner

Die Provinzhauptstadt am Isonzo ist eine geteilte Stadt: Der unter Tito gegründete Ostteil nennt sich Nova Gorica und gehört bereits zu Slowenien, während im historischen Görz mit seiner mittelalterlichen Burg die italienische Flagge weht. Der rege Grenzverkehr zeigt, wie eng die Menschen hier seit dem Beitritt Sloweniens zur EU im Mai 2004 wieder miteinander leben.

Seit dem Mittelalter regierten die aus Tirol stammenden Grafen von Görz über die Stadt. Mit ihrem Aussterben fiel sie Ende des 15. Jh. an die Habsburger. Deren Herrschaft dauerte über 400 Jahre und hat das Stadtbild nachhaltig geprägt: Die zwiebeltürmige Barockkirche *Sant'Ignazio* und die behäbigen Paläste geben Gorizia einen österreichischen Anstrich. Der ansprechend gestaltete, barocke Dom *Santi Ilario e Taziano* beherbergt das Grab des letzten Grafen von Görz.

Über dem Stadtzentrum thront die mittelalterliche Grafenburg, die von den Habsburgern erweitert wurde. Beim Aufstieg durch die Oberstadt kommt man zunächst an den sehenswerten Museen vorbei, die sich alle im selben Haus befinden: *Museo della Grande Guerra* (Isonzo-Schlachten des Ersten Weltkriegs), *Museo della moda e delle arti applicate* (traditionelle Mode, Stoffherstellung und Seidenproduktion der Region) und *Museo di Storia e Arte* (Archäologie und Geschichte). Besonders Ersteres ist sehr eindrucksvoll und mit Sorgfalt arrangiert. Die Burg selbst gehört zu den besterhaltenen der Region, eine Konstruktion wie aus dem Schulbuch.

Nördlich vom Zentrum bildet die verkehrsfreie *Piazza Transalpina* die Grenze zu Slowenien. Genau durch die Platzmitte verlief von 1947 bis 2004 die Demarkationslinie zwischen Ost und West. Der frühere Nordbahnhof Gorizias liegt auf der slowenischen Ostseite der Piazza. Auf der Grenzlinie in der Platzmitte ist eine Metallplatte eingelassen, die an die jahrzehntelange Teilung der Stadt durch den Eisernen Vorhang erinnert.

Gorizia ist Zentrum des hügligen *Collio*, wo die besten Weißweine des Friaul wachsen. Kosten kann man sie in den zahlreichen Weingütern an der *Weinstraße* nördlich der Stadt – entlang der slowenischen Grenze führt sie über San Floriano nach Cormòns (→ S. 258). Gorizia ist aber auch Ausgangspunkt für die Besichtigung der Isonzo-Schlachtfelder, die vor allem südlich der Stadt und im slowenischen Karst liegen.

• *Öffnungszeiten/Eintritt* **Musei Provinciali**, Sommer Di–So 10–19 Uhr, Winter 10–13, 14–19 Uhr, Mo geschl., Eintritt ca. 3,50 €.

Castello, April bis Sept. Di–So 9.30–13, 15–19.30 Uhr, Okt. bis März 9.30–18 Uhr, Mo geschl., Eintritt ca. 4 €.

• *Information* **Ufficio turistico**, Corso Italia 9. Mo–Sa 9–19, So 9–13 Uhr. ✆ 0481/535764, 📠 539294, info.gorizia@turismo.fvg.it.

• *Übernachten* *** **Alla Transalpina**, modernisiertes Haus direkt bei der Piazza Transalpina an der slowenischen Grenze, gut eingerichtete Zimmer mit TV, Gartenrestaurant und Parkplatz. DZ mit Frühstück ca. 84 €. Via Giuseppe Caprin 30, ✆ 0481/280747, 📠 530291, www.hotel-transalpina.com.

* **Locanda da Sandro**, zentrale Lage in einer Nebenstraße des Corso Verdi, anständige Zimmer in einem mit Weinlaub und Puttenstuck hübsch verzierten Haus. Die ältere Dame des Hauses spricht Deutsch als Muttersprache. Ein kleiner Parkplatz liegt gegenüber vom Haus. DZ mit Bad ca. 57 €, Frühstück extra. Via Santa Chiara 18, ✆ 0481/533223.

TIPP! **B & B Palazzo Lantieri**, der Palast entstand 1350 als befestigter Stadtbau mit Namen „Palais Schönhaus", seit 1505 ist er in Besitz der Familie Levetzow-Lantieri. Im Lauf der Jahrhunderte wurde er immer weiter ausgebaut, ist heute über 100 m lang und besitzt einen herrlichen Park. Die freundlichen Gräfinnen Clementina und Carolina Lantieri vermieten ein Dreibettzimmer, ein DZ und ein Einzel. Morgens wird ein leckeres Frühstück mit Obst aus dem Garten serviert. DZ mit Frühstück ca. 130 €. Piazza Sant'Antonio 6. ✆ 0481/533284, 📠 531453, www.palazzo-lantieri.com.

• *Essen & Trinken* **Alla Luna**, alteingesessene und relativ preiswerte Trattoria, urig-rustikal eingerichtet, serviert wird in Tracht. Elena bietet gute traditionelle Küche nach österreichischer Art, natürlich auch Gulasch und zum Nachtisch Strudel. So-Abend und Mo geschl. Via Oberdan 13, ✆ 0481/530374.

Al Chiostro, schattige Tische im Laubengang der Piazza Sant'Antonio, gegenüber vom Palazzo Strassoldo, gemütlich und ruhig. Mo-Abend und Di geschl. ✆ 0481/536430.

Abruzzo, in der Nähe vom Dom, kleines, gemütliches Imbisslokal mit einer Handvoll Sitzgelegenheiten und herzhafter Küche, z. B. *bollito misto, fagiolini* und *cevapcici*. Das Richtige für eine Kleinigkeit zwischendurch. Via Guglielmo Marconi 2, ✆ 0481/81119.

TIPP! **Rosenbar**, die aufmerksam geführte Trattoria liegt beim großen Parco della Rimembranza (→ Sehenswertes), im Gastgarten vor dem Haus kann man schön im Freien sitzen. Hervorragende Fischküche, Preise etwas höher, aber für das Gebotene angemessen. So/Mo geschl. Via Duca d'Aosta 96, ✆ 0481/522700.

Gradisca d'Isonzo: Das Städtchen am Isonzo liegt etwa 10 km südwestlich von Gorizia. Hier sind die Spuren der k.u.k.-Monarchie noch augenfälliger, denn erst 1921 wurde Gradisca italienisch. Von der venezianischen Herrschaft im 15. Jh. sind weite Teile der *Stadtmauer* erhalten, am nördlichen Rundturm prangt noch der Löwe.

- *Übernachten* ** **Al Trieste**, sauberes und freundliches Domizil am südlichen Ende der riesigen Piazza d'Italia. DZ mit Bad ca. 70 €. Viale Trieste 2, ✆/℡ 0481/99100, www.hotelaltrieste.com.
- *Essen & Trinken* **TIPP! Mulin Vecio**, stimmungsvolle Osteria mit Garten in einer ehemaligen Mühle. Schinken, Würste und eingelegtes Gemüse gehören zu den Spezialitäten. Mi und Do geschl. Via Gorizia 2 (jenseits der Grünanlage, die vor der nördlichen Stadtmauer liegt), ✆ 0481/99783.
- *Weinstuben* **La Serenissima**, gute Adresse, um die Weine des Collio zu testen, auch Verkauf. Mo geschl. Via Cesare Battisti (Altstadt), ✆ 0481/99528.

Monte San Michele: Von den zwölf Isonzo-Schlachten wurde die Hälfte auf diesem Hügel ausgetragen, der etwa 4 km östlich von Gradisca liegt. Eine Straße führt durch San Martino del Carso zur Anhöhe *Cima 3* mit Museum und Gedenkstätte im Zentrum der einstigen Kampfhandlungen. Hier oben sieht man weit über die Isonzo-Ebene, auf der anderen Seite bis zum Meer.

Öffnungszeiten/Eintritt **Museum**, Mo–Do 8–12, 13–16, Fr 8–12 Uhr, Eintritt frei.

Militärfriedhof von Redipúglia: 7 km südlich von Gradisca liegt an der Nationalstraße nach Triest Italiens größter Militärfriedhof – ein Beispiel größenwahnsinniger faschistischer Architektur. Eine Treppe von 22 Stufen, jede 2 m hoch und 12 m breit, birgt die Überreste von 40.000 identifizierten Gefallenen der Isonzo-Schlachten. Zuoberst eine Votivkapelle, beidseits von ihr ein Sammelgrab für jeweils weitere 30.000 nicht identifizierte Soldaten. Am Fuß der Treppe ruht unter einem 75 Tonnen schweren Steinblock der *Herzog von Aosta*, Kommandant der 3. Armee, die in den Isonzo-Schlachten eine Hauptrolle spielte. Gegenüber der Gedenkstätte, auf der anderen Straßenseite, wurde ein großes *Museo del Sacrario* mit zahlreichen Relikten der zwölf Isonzo-Schlachten eingerichtet.

Öffnungszeiten/Eintritt **Museum**, Di–So 8.30–12, 13.30–17 Uhr, Eintritt frei.

Küste von Lignano bis Triest

Zwischen den Mündungen des Flusses Tagliamento im Westen und dem Isonzo im Osten erstreckt sich ein riesiges, flaches Lagunengebiet mit Flussläufen, kilometerlangen Stränden, zahllosen Inseln und breiten Sandbänken.

Lignano

ca. 6000 Einwohner

Moderne Badestadt auf einer weit nach Osten vorstoßenden Landzunge, bestehend aus den drei Ortsteilen *Riviera*, *Pineta* und *Sabbiadoro* – letztere ganz an der Zungenspitze und das städtisch-touristische Zentrum Lignanos. Davor ein riesiges Strandareal, gut 8 km lang, mit Uferstraße und dichter Pineta. Im Sommer tobt das Nachtleben, aber auch für Familien mit Kindern ist viel geboten: der Wasser-Vergnügungspark Aquasplash, ein Zoo und ein Lunapark sowie der Themenpark Gulliverlandia, der die Illusion vermittelt, sich inmitten reichhaltiger Meeresfauna zu befinden.

- *Anfahrt/Verbindungen* **Pkw**, gut ausgebaute Schnellstraße ab **Latisana**, von der A 4 Venedig – Triest Ausfahrt Latisana.

Bahn, nächste Bahnstation ist **Latisana** (Lignano-Bibione) an der Strecke Venedig – Triest, von dort fahren häufig Busse (Busabfahrt nicht weit vom Bahnhof).

- *Information* **AIAT**, Via Latisana 42, großes

Büro im Ortsteil Sabbiadoro, viele Prospekte, Zimmervermittlung. Tägl. 8.30–12.30, 15–19 Uhr. ✆ 0431/71821, 📠 70449, 899278. www.aiatlignano.it.

• *Übernachten* Wer im Hochsommer in einem der über 150 Hotels nächtigen will (mehrere Tage Aufenthalt werden in der Regel erwartet), wendet sich am besten an das Booking Center „Lignano Vacanze", Via Latisana 44 (neben Info-Büro), ✆ 0431/723133, 📠 722800, www.lignanovacanze.org.

**** **Marin**, ein Pionier des Lignano-Tourismus, seit 1903 zentral an der Strandstraße, mehrfach modernisiert und vergrößert, netter Garten und Pool, umgeben von üppigem Grün. DZ mit Frühstück ca. 125–150 €. Lungomare Trieste 1, ✆ 0431/71283, 📠 73290, www.hotelmarin.com.

*** **Capanna d'Oro**, ansprechend gestaltete Anlage an der Uferstraße mit großem Garten, von den Zimmern z. T. Blick aufs Meer, hübsche Frühstücksterrasse. DZ mit Frühstück ca. 126–154 €. Lungomare Trieste 124, Sabbiadoro, ✆ 0431/71240, 📠 73816, www.capannadoro.com.

*** **Da Giovanna**, ebenfalls sehr zentral, trotzdem hält sich der Lärm in Grenzen. Von Giovanna nett geführt, alles renoviert, ganz moderne Zimmer im modischen Design, gute Bäder, jeweils Balkon. Unten Ristorante/Bar und Parkplatz. DZ mit Frühstück ca. 90–125 €. Via Centrale 11, ✆/📠 0431/71587, www.hoteldagiovanna.com.

** **La Perla**, ruhige, dennoch zentrale Lage, freundlich und familiär geführt. Moderne Zimmer mit Sat-TV, privater Parkplatz, Restaurant und gutes Frühstücksbuffet, inbegriffen sind Gästefahrräder, der Strand ist 200 m entfernt. DZ mit Frühstück ca. 68–96 €. Via Padana 10, ✆ 0431/71445, 📠 71539, www.hotelperlalignano.com.

* **Ornella**, eins der günstigsten Häuser am Ort, zentrale Lage, 26 Zimmer, Liegestühle/Sonnenschirme am Strand inbegriffen. DZ mit Frühstück ca. 60–85 €. Via Adriatica 11, ✆ 0431/71262, 📠 720133, www.hotelpensioneornella.it.

**** **Camping Sabbiadoro**, großer Platz in zentraler Lage zwischen Pineta und Sabbiadoro, viele österreichische Jugendliche kommen hier unter, reichlich Schatten durch hoch gewachsene Pineta und Laubbäume, großer Pool, 250 m zum Strand. April bis Mitte Sept. ✆ 0431/71455, 📠 721355, www.campingsabbiadoro.it.

**** **Pino Mare**, bei Lignano Riviera, direkt an der beschaulichen Mündung des Tagliamento. Guter Baumbestand und eigener Wasserpark, davor breiter Strand, der hier ein riesiges Dreieck bildet. April bis Mitte Sept. ✆ 0431/428512, 📠 427480, www.campingpinomare.it.

• *Essen & Trinken* **Bidin**, aufmerksam und freundlich geführt, gilt wegen seiner hervorragenden Meeresküche als eins der besten Restaurants der Badestadt. Eine Enoteca ist angeschlossen. Gehobene Preise. Mi-Mittag geschl. Viale Europa 1, ✆ 0431/71988.

Alla Vecchia Finanza, direkt beim Camping Pino Mare an der Tagliamento-Mündung, rustikales Restaurant abseits vom Trubel, ausschließlich Fisch wird hier serviert. ✆ 040/424440.

Da Willy, einige Kilometer landeinwärts vom Ortsteil Pineta (beschildert), am Ufer des Tagliamento. Gemütliches Ambiente in einem schilfgedeckten Haus im Grünen, Fisch und Fleisch vom Holzkohlengrill. Via Casabianca 9, ✆ 0431/428743.

Messico, mexikanische Küche und Pizza mit Meerblick, dazu mexikanische Biere und Tequila, Terrasse zum Meer hin. Lungomare Trieste 110 (an der Uferstraße in Sabbiadoro), ✆ 0431/73517.

TIPP! Storica Vineria da Scarpa, etwas versteckt, aber ganz zentral in Sabbiadoro, seit 1929, mit viel Liebe eingerichtet, historische Fotos, diverse alte Utensilien, karierte Tischdecken. Zum Wein und Bier deftiges Essen wie Wurst, Speck und Schinken, aber auch Bruschette und Frico. Ganzjährig, Mi geschl. Vicolo Marano 9, ✆ 339-6377930.

• *Nachtleben* **Terrazza Mare**, schönes Lokal in der Terrazza Mare, dem auffallenden Wahrzeichen von Lignano im östlichen Strandbereich, wo man sich auf der Terrasse den Seewind um die Nase wehen lassen kann. Schickes Innenleben mit weißem Ledermobiliar. Man kann gut essen, im Sommer häufig Live-Jazz, am Wochenende legt ein DJ auf.

La Nicchia del Mediterraneo, beliebte Weinbar in der Fußgängerzone, große Auswahl und hausgemachte Sangria. Via Tolmezzo 45.

Birreria Vitality, großer, freundlich geführter Pub in der Fußgängerzone, diverse Biersorten und gelegentlich Themenpartys. Via Udine 29.

Tenda Bar, *der* Treff in Pineta, meist rappelvoll, DJs legen auf, oft auch Live-Musik. Piazza Marcello d'Olivo 7, an der zentralen Piazza von Pineta.

Drago, Jugenddisco unter einer Straßenbrücke zwischen Camping Sabbiadoro und Zentrum. Eintritt mit Getränk ca. 7–12 €. Im Hochsommer tägl. Viale Centrale 1, ✆ 0431/71661, www.dragoclub.com.

Marano Lagunare: sympathisches Örtchen mit großem Fischereihafen in reizvoller Lagunenlandschaft. Durch eine kleine Fußgängerzone gelangt man auf die zentrale Piazza Vittorio Emanuele, die heimelig wie ein Wohnzimmer wirkt. Hier steht das Wahrzeichen Maranos, der Uhrturm, genannt *Torre millenaria*. Direkt am westlichen Ortsrand liegt das Naturschutzgebiet „Valle Canal Novo" – netter Spaziergang durch romantische Lagunenlandschaft, über Holzbrücken durch mannshohen Schilf und vorbei an schnatternden Entenfamilien.

• *Öffnungszeiten/Eintritt* **Valle Canal Novo**, Februar bis Mitte Juni Di–So 9–17 Uhr, Sa 9–18 Uhr, So 9–19 Uhr, Mo geschl.; Mitte Juni bis Mitte Sept. Di– So 9–1813.30 Uhr, Mi–So 9–13.30, 16–20 Uhr, Mo geschl., Mitte Sept. bis Januar Di–So 9–17 Uhr, Mo geschl.; Eintritt ca. 3 €, Stud. 2 €. ✆ 0431/67551.

Aquileia

ca. 3500 Einwohner

Das heute unbedeutende Städtchen am stillen Flusslauf besitzt eine monumentale romanische Basilika mit einem einzigartigen Mosaikboden, ist außerdem die wichtigste römische Ausgrabung im Nordosten Italiens. Seit 1998 gehört Aquileia zum Weltkulturerbe der UNESCO.

Das antike Aquileia war wirtschaftliches Zentrum der oberen Adria und zeitweise eine der größten Handelsstädte des römischen Imperiums. Über 100.000 Einwohner lebten hier und trieben über ihren Meereshafen, das heutige Grado, Handel mit dem östlichen Mittelmeer und dem germanischen Norden. An der Küste wurden die ankommenden Waren auf kleine Schiffe verladen, die sie den Fluss Natissa hinauf bis in die Stadt transportierten. Auch in frühchristlicher Zeit konnte Aquileia seine Bedeutung behalten und spielte eine Vorreiterrolle in der Ausbreitung des Christentums, bis die Hunnen Attilas im 5. Jh. die Stadt dem Erdboden gleichmachten. Im 11. Jh. gelangte Aquileia unter dem Patriarchen Poppone zu neuer Blüte, die Basilika entstand.

Größter Mosaikboden aus frühchristlicher Zeit

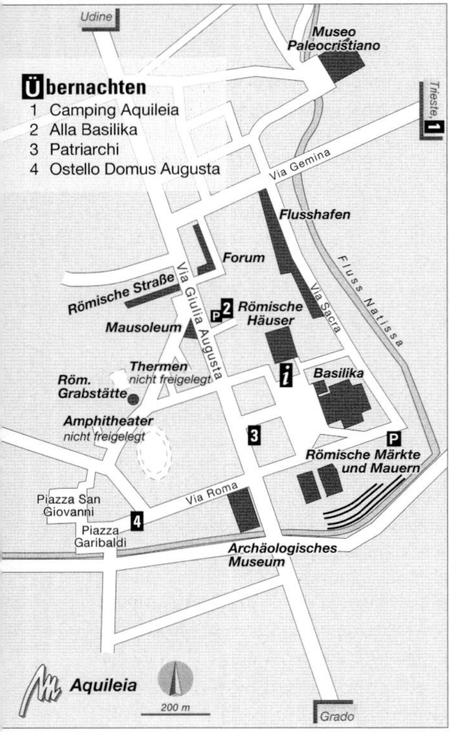

• *Anfahrt/Verbindungen* **Pkw**, Aquileia liegt direkt an der Zufahrtsstraße von Cervignano nach Grado.

Bahn, nächster Bahnhof ist **Cervignano** an der Strecke von Venedig bzw. Udine nach Triest, Busse pendeln nach Aquileia.

• *Information* Am Platz vor der Basilika. 9–18 Uhr, Do geschl. ✆ 0431/919491.

• *Übernachten* *** **Patriarchi (3)**, direkt an der Durchgangsstraße, bei der Einfahrt zur Basilika. 22 gut ausgestattete Zimmer. Mit Parkplatz. DZ mit Frühstück 88–96 €. ✆ 0431/919595, ✆ 919596, www.hotelpatriarchi.it.

* **Alla Basilica (2)**, freundliches Albergo mit zehn Zimmern und Trattoria, ruhige Lage, wenige Schritte von der Basilika. DZ mit Frühstück ca. 70–75 €. Viale della Stazione 2, ✆ 04 31/917449, ✆ 04 31/917217, www.allabasilica.it.

Ostello Domus Augusta (IYHF) (4), Jugendherberge in einer früheren Schule, die Rückfront grenzt direkt an den Flusslauf. Geräumig und gut ausgestattet, 92 Betten in DZ (22,50 € pro Pers.) und Mehrbettzimmern (20 € pro Pers.), Frühstück incl. TV-Raum, Waschmaschine, Fahrradverleih. Via Roma 25, ✆ 0431/91024, ✆ 917105, www.ostelloaquileia.it.

** **Camping Aquileia (1)**, Wiese mit viel Baumschatten, Restaurant, Pool und Kinderbecken. Mitte Mai bis Mitte Sept. Am nördlichen Ortsrand die Straße nach Osten nehmen (beschildert), ✆ 0431/91042, 919583, www.campingaquileia.it.

Sehenswertes

Der weite und lichte *Innenraum* der romanischen Basilika aus dem 11. Jh. wird durch zwei Säulenreihen in drei Schiffe unterteilt. Die Holzdecke in Form eines Schiffskiels stammt aus dem 16. Jh., der Altarraum liegt etwas erhöht und ist mit verblassten byzantinischen Fresken aus dem 11. Jh. ausgemalt. Der wellige *Mosaikboden* zieht sich über die ganze Länge des Kirchenschiffs und stammt aus dem 4. Jh. Er gilt als das *bedeutendste und größte frühchristliche Mosaik Europas* und wurde erst Anfang des 20. Jh. entdeckt – beim Umbau im Mittelalter hatte man einfach einen zweiten Boden über das Meisterwerk gezogen. Dargestellt sind hauptsächlich Meeresszenen, u. a. Engel und Apostel, die auf Fischfang gehen (bekannte christliche Symbolik), die Episoden um Jonas, der von einem Ungeheuer verschlungen (Tod Christi) und wieder ausgespien wird (Auferstehung), der Kampf von Hahn (Christus) und Schildkröte (Mächte der Finsternis), außerdem Fische und Meerestiere aller Art.

Die *Cripta degli Affreschi* unter dem Altar ist mit hübsch bunten, naiv anmutenden Fresken des 12. Jh. ausgemalt. In vergitterten Wandschränken sind reich geschmückte Reliquien aus Knochenresten ausgestellt.

Besonders sehenswert ist die lang gestreckte *Cripta degli Scavi*, links vom Kirchenschiff (Zugang gleich hinter der Fassade). Auf einem gläsernen Steg schreitet man über die weitläufigen Mosaikböden früherer Basiliken und Häuser mit filigranen Mustern von Blumen, Tieren und Ornamenten. Vor allem im hintersten Abschnitt gibt es wunderschöne Darstellungen von bunten Vögeln, Hummern, Widdern, Hahn und Schildkröte etc.

Öffnungszeiten/Eintritt **Kirche**, Mai bis Okt. tägl. 9–19 Uhr, Nov. bis April 8.30–12.30, 14.30–17.30 Uhr, sonntags wegen Messe 10.30–11.15 Uhr nicht zugänglich. Eintritt in die Kirche frei, Sammeleintritt für beide Krypten ca. 3 €.

Römische Stadt: sehr stark zerstört. Was die Hunnen stehen gelassen hatten, nutzten die Venezianer später als Steinbruch. Erhalten sind das eingezäunte *Forum* direkt an der Durchgangsstraße, Reste von Häusern, eine Grabstätte *(sepolcreto)* und der Flusshafen. Schön ist der etwa 1 km lange Spaziergang auf der Zypressenallee *Via Sacra* den halb zugewachsenen Fluss entlang Richtung Norden. Beginn des Wegs hinter der Basilika, man kommt an den Hafenanlagen des *Porto Fluviale Romano* vorbei und endet an der Straße zum Campingplatz Aquileia. Dort in der Nähe kann man noch das *Museo Paleocristiano* besuchen, das hauptsächlich frühchristliche Inschriften und Mosaiken besitzt.

Von der Basilika aus auf der anderen Seite der Durchgangsstraße liegt das *Archäologische Museum* (Eingang Via Roma) mit zahlreichen Funden aus römischer Zeit.

Öffnungszeiten/Eintritt **Museo Paleocristiano**, Di–So 8.30–13.30 Uhr, Eintritt frei; **Museo Archeologico**, Mo 8.30–14, Di–So 8.30–19.30 Uhr, Eintritt ca. 4 €, 18–25 J. 2 €.

Grado

ca. 10.000 Einwohner

Das einstige Fischerdorf weit draußen in der Lagune ist über einen kilometerlangen Autodamm zu erreichen. Es ist zu einer modernen Badestadt gewachsen, deren sympathisch verwinkelter Kern aber ausgezeichnet erhalten und durch einen begehbaren Damm zum Meer hin geschützt ist. Zwei lange Sandstrände liegen zu beiden Seiten benachbart.

Bereits zur k.u.k.-Zeit genoss Grado einen guten Ruf als Thermalkurort, der Adel und das vermögende Bürgertum aus der Habsburger Monarchie kamen zuhauf zur Sommerfrische. Auch heute gibt es einen großen Thermalbereich und der mit Mineralien angereicherte Sand wird für Kuranwendungen genutzt. Die lange *Spiaggia Principale* östlich vom alten Ortskern ist gänzlich mit kostenpflichtigen Badeanstalten belegt, ebenso die *Costa Azzura* an der Inselspitze westlich vom Zentrum. Generell fallen die Strände sehr flach ins Wasser ab, man kann weit hinauslaufen – ideal für Kinder.

• Information **AIAT**, Viale Dante Alighieri 72, Fußgängerzone hinter dem Strand, parallel zum Lungomare. Mo–Sa 9–18, So 9.30–13.30 Uhr. ✆ 0431/877111, ℻ 83509, info.grado@turismo.fvg.it.

• Übernachten *** **Zuberti**, modernes Familienhotel mit fortschrittlicher Öko-Technologie. Herr Zuberti verwöhnt mit hochwertigen Bio-Produkten zum Frühstück, Fahrradverleih gratis, gut ausgestatteter Spielbereich für Kinder. Gepflegte Zimmer und Apartments, freundlich geführt. DZ mit Frühstück ca. 90–130 €. Piazza Carpaccio 31 (Nähe Busstation), ✆ 0431/80196, ℻ 81399, www.hotelzuberti.it.

*** **Alla Spiaggia**, größeres Haus direkt an der Strandpromenade, gleichzeitig nur wenige Schritte von der Altstadt. Zimmer mit Balkon und Meerblick, ruhig, kleiner Garten, Restaurant. DZ mit Frühstück ca. 110–140 €. Via Mazzini 2, ✆/℻ 0431/80162, www.albergoallaspiaggia.it.

*** **Marea**, modernes Albergo direkt am Damm vor der Altstadt, sehr ruhig, vorne raus Panoramablick aufs Meer, ambitionierte Küche im hauseigenen Restaurant mit schöner Terrasse. DZ mit Frühstück ca. 80–140 €. Via dei Provveditori 6, ✆ 0431/81206, ✆ 0431/876104, www.hotelmarea.it.

* **Villa Marin**, dieselben Vorzüge der Lage wie „Marea", sauber und gut geführt, einfache Zimmer mit Balkon und schönem Meerblick, Frühstücksbuffet, günstiges Mittagessen im Haus. DZ mit Frühstück ca. 76–97 €. Via dei Provveditori 20, ✆ 0431/80789, ✆ 85534, www.villamarin.it.

Mehrere Zeltplätze liegen östlich vom Ort direkt am Strand. ** **Al Bosco** mit dichtem Baumbestand ist der nächste (ca. 3 km), sympathische Bar/Trattoria, hübsches Waldgelände, Mai bis Sept. ✆ 0431/80485, ✆ 81008, www.campingalbosco.it.

Etwa 4 km weiter befinden sich die schön gelegenen und komfortabel ausgestatteten Vier-Sterne-Plätze **Punta Spin** (April bis Sept., ✆ 0431/80732, ✆ 83530, www.puntaspin.com), **Europa** (April bis Sept., ✆ 0431/80877, ✆ 82290, www.campingeuropa.it) und **Tenuta Primero** (Mai bis Mitte Sept., ✆ 0431/896900, ✆ 896901, www.tenuta-primero.com).

• *Essen & Trinken* **Spaghetti House**, an der Meerseite der Altstadt, hübsch zum Sitzen und günstige Preise, Pasta und herzhafte Fleischgerichte, aber auch guter Fisch. Via Gradenigo 25, ✆ 0431/82687.

Alla Borsa, alteingesessene Trattoria am Nordrand der Altstadt, authentische Meeresküche. Via Conte di Grado 1, ✆ 0431/80126.

Alla Vittoria, beliebtes Freiluftlokal bei der Ausgrabung der Basilica del Campo (→ Sehenswertes). Piazza Biagio Marin, ✆ 0431/80744.

Al Pontil de Tripoli, großes Holzlokal auf der Bootsmole an der Nordseite der Isola della Schiusa. Bei Familie Zorzini gibt es besten Fisch mit wunderbarem Blick auf die Lagune – vor allem zum Sonnenuntergang ein idealer Platz. Mo geschl. Riva Garibaldi, ✆ 0431/80285.

La Darsena, neu eröffnet im Jachthafen bei der Zufahrt nach Grado, professionell geführt, herrliche Sonnenuntergangslage und wunderbare Fischküche. Testata Mosconi, ✆ 0431/85795.

• *Sport* **Parco Termale Acquatico**, großer Thermalwasser-Park unmittelbar hinter der Strandpromenade. 85 m langes Meerwasserbassin mit Rutschen und künstlichen Wasserfällen, außerdem Hydromassage, Gegenstromkanal, Whirlpool, begrünte Liegeflächen und Spielgelegenheiten für Kinder. Tageskarte für Erw. ca. 12 €, Kinder 9 €.

Sehenswertes: Der malerische kleine *Hafen* ist durch einen langen Kanal mit der Lagune verbunden – hier kann man den zahlreichen Fischern zusehen, die ihre Netze sortieren. Ein interessantes Schauspiel bietet sich werktags jeweils ab 8 und 15 Uhr im *Mercato Ittico* an der Ostseite des langen Hafenkanals, wenn der frische Fang unter den örtlichen Händlern und Gastronomen versteigert wird.

Das historische Zentrum mit seinen geduckten grauen Häusern und engen gepflasterten Gassen ist für den motorisierten Verkehr gesperrt. An einem freien Platz steht die Pfarrkirche *Sant'Eufemia*, ein großer Backsteinbau aus dem 6. Jh., deren gesamter Innenraum von einem herrlichen Mosaikboden eingenommen wird. Gleich daneben befinden sich mächtige römische Sarkophage und ein großes *Baptisterium* mit sechseckigem Taufbecken und ebenfalls Mosaikboden. Wenige Schritte entfernt steht die Kirche *Santa Maria delle Grazie*, in der eine Marienstatue verehrt wird. Ihr ursprünglicher Boden, ebenfalls Mosaik, liegt ein ganzes Stück tiefer als der heutige. Die *Markthalle* findet man an der Piazza Duca d'Aosta, mit wenigen Schritten kommt man von dort zum Damm, der als bevorzugte Flanier- und Sonnenpromenade fungiert. Unmittelbar östlich der Altstadt hat man auf der Piazza Marin die frühchristliche *Basilica del Campo* ausgegraben.

Gediegene Kuratmosphäre herrscht in den modernen Straßenzügen östlich der Altstadt. Am Fischerhafen beginnt der *Viale Europa Unità*, die quirlige Flanier- und Einkaufsstraße mit zahlreichen Cafés, Ristoranti und Boutiquen. Er trifft auf den *Viale Dante*, die lange Fußgängerzone, die sich parallel zum Lungomare und Strand nach Osten zieht. Hier durchquert man bald nach dem Informationsbüro den großen *Parco delle Rose* und trifft auf das Hallenbad, die modernen *Terme Marine* und den großen Thermalwasser-Park *Parco Termale Acquatico* (→ Sport).

„Perdón de Barbana“: Vergebung von Barbana

Barbana ist eine der größten Inseln im Ostteil der Lagune. Von Grado aus sieht man den Turm der Wallfahrtskirche *Santa Maria di Barbana* hervorragen. 1237 bewahrte die heilige Jungfrau die Region um Grado von einer Pestepidemie. Seitdem veranstalten die Bewohner von Grado am ersten Julisonntag eine eindrucksvolle Schiffsprozession nach Barbana.

Riserva Naturale Regionale della Foce dell'Isonzo: Das Mündungsgebiet des Isonzo steht unter Naturschutz. Die *Area Naturale Caneo* am Westufer kann auf Asphalt erreicht werden (beschildert ab Straße zwischen Grado und Monfalcone). Am Ende der Straße steht am Rande eines Schilfgebiets am Isonzoufer das neue, aber bereits wieder geschlossene „Centro Visite Caneo“. Ein überwucherter Holzsteg führt durch das Schilf zu einem Aussichtspunkt am Flussufer.

Auf der *Isola della Cona* an der Ostseite des Isonzo gibt es ein intaktes Besucherzentrum, zu erreichen auf einer Erdpiste. Eine Bar hat geöffnet und eine Ausstellung zeigt die verschiedenen Entenarten. Zu den Casoni (Schilfhütten) an der Flussmündung wandert man ca. 3 Std. hin und zurück.

Öffnungszeiten/Eintritt **Isola della Cona**, Fr–Mi 9–17 Uhr, Do geschl., Eintritt ca. 2 €. ✆ 0432/998133, www.isoladellacona.it.

Riviera Triestina

Östlich der Industriestadt Monfalcone bilden weiße Kalkfelsen und eingelagerte Strände die Küste bis Triest. Von der in den Fels gesprengten Durchgangsstraße hat man immer wieder schöne Panoramablicke.

Castello di Duino: An den schmucken Hafen *Duino* schließt sich Steilküste an. Hier steht exponiert auf einem Felssporn das *Castello di Duino* – es gehört den Thurn und Taxis und kann besichtigt werden, was sich wegen der gediegenen Einrichtung und des schönen Meerpanoramas sehr lohnt. Rilke ließ sich hier zu

Vom Rilke-Pfad gut zu sehen: das Schloss von Duino

den „Duineser Elegien“ inspirieren, einem Meisterwerk deutscher Lyrik. Der *Rilke-Pfad* führt etwa 2,5 km an der Steilküste entlang nach Sistiana, er beginnt bei der östlichen Einfahrt von der SS 14 nach „Duino Centro“ und endet in Sistiana neben dem Informationsbüro.

• *Öffnungszeiten/Eintritt* **Castello di Duino**, zweite Märzhälfte 9.30–16 Uhr, April bis Sept. Mi–Mo 9.30–17.30 Uhr, erste Okt.-Hälfte Mi–Mo 9.30–17 Uhr (zweite bis 16 Uhr), jeweils Di geschl., Nov. bis Mitte März Sa/So 9.30–16 Uhr. Eintritt ca. 7 €, Stud. und über 65-Jährige 4,50 €, 7–16 J. 3 €. ✆ 040/208120, www.castellodiduino.it.

Sistiana: Der zweite Ort der Triestiner Riviera liegt über einer von Karstfelsen umgebenen Bucht. Unten gibt es einen großen Jachthafen mit einem kleinen Kiesstrand, ein größerer Kiesstrand liegt ein Stück weiter östlich. Der Campingplatz „Marepineta“ (****) blickt oberhalb der Steilküste auf Hafen und Strand hinunter (Mai bis Mitte Sept., ✆ 040/299264, 📠 299265, www.marepineta.com), preiswerter ist der kleine, bescheidene Camping „Alle Rose“ (*) weiter landeinwärts (✆ 040/299457).

Schloss Miramare: Das weiße Habsburgerschloss mit seinem wunderschönen Park steht bei *Grignano* auf einem Felsvorsprung direkt am Meer. Der österreichische Erzherzog Maximilian, Bruder von Kaiser Franz Joseph, fand Gefallen an der Triestiner Riviera und wünschte sich hier eine Residenz. 1859 ließ er sich mit seiner knapp 20-jährigen Gemahlin nieder und überwachte die Bauarbeiten persönlich. Doch packte ihn der Ehrgeiz, er nahm die Kaiserkrone von Mexiko an (und verzichtete dafür auf die österreichische Thronfolge), stach 1864 von Miramare aus in See und wurde 1867 in Mexiko von Aufständischen erschossen.

Das Schloss wurde erst 1870 fertig gestellt und steht heute zur Besichtigung frei – die großen Räume mit ihrem prächtigen historischen Mobiliar sind den Besuch unbedingt wert. Reizvoll ist auch ein Spaziergang durch den wunderschön angelegten Park. Die Bepflanzung mit z. T. seltenen Bäumen wurde von Maximilian persönlich veranlasst.

• *Öffnungszeiten/Eintritt* **Schloss**, ganzjährig tägl. 9–18.30 Uhr, Eintritt ca. 4 € (bei Ausstellungen 6 €), von 18–25 J. 2 €, unter 18 und über 65 J. frei. ✆ 040/224143, www.castello-miramare.it.

Schlosspark, April bis Sept. tägl. 8–19 Uhr, Rest des Jahres bis 17 bzw. 18 Uhr, Eintritt frei.

• *Anfahrt/Verbindungen* Man erreicht Schloss Miramare direkt von der SS 14 (Abfahrt beschildert, Parken ca. 1 €) oder mit einem kleinen Spaziergang vom Hafen von Grignano aus. Von Triest fährt Bus Nr. 36 ab Bhf., im Sommer gibt es außerdem Bootsverbindungen ab Triest.

• *Übernachten* * **Mignon**, direkt im Hafen von Grignano, schöner Meerblick. DZ mit Frühstück ca. 90–100 €. Via Junker 12, ✆/📠 040/224611, www.hotelmignon-trieste.it.

TIPP! Jugendherberge Ostello Tergeste (IYHF), großartige Lage in einer Villa direkt am Meer. Übernachtung im Mehrbettzimmer oder DZ mit Etagendusche ca. 16 €/Pers., im DZ mit Bad ca. 22 €, jeweils mit Frühstück. Viale Miramare 331, an der Zufahrt zum Schloss, ✆/📠 040/224102, www.ostellotrieste.135.it.

Von Grignano bis Triest: Hinter dem Schlossfelsen von Miramare zieht sich entlang der Straße eine kilometerlange Promenade bis nach *Bárcola*, das bereits zu Triest gehört. Man stellt den mitgebrachten Liegestuhl aufs Pflaster und springt über die Mauer ins Meer. Der 68 m hohe Leuchtturm *Faro della Vittoria* (einer der höchsten der Welt) steht oberhalb vom Ort und kann bis zur ersten Plattform bestiegen werden.

Öffnungszeiten/Eintritt **Faro della Vittoria**, April bis Sept. Di–So 16–19, Mi u. Do auch 9–12 Uhr, Mo geschl., übrige Zeit nur So 10–15 Uhr; Eintritt frei. ✆ 040/410461.

Am Canal Grande im Zentrum von Triest

Triest

Trieste • ca. 230.000 Einwohner

Hauptstadt der dünn besiedelten Region Friaul-Julisch Venetien, einstmals wichtigster Mittelmeerhafen der Doppelmonarchie Österreich-Ungarn. Eingeschlossen von karstigen Kalkhängen liegt die Stadt in einer halbkreisförmigen Bucht nur wenige Kilometer vor der slowenischen Grenze. Die eigenartige Mischung aus riesigen Hafendocks, prächtigen Palästen der k.u.k.-Monarchie und Kaffeehausromantik prägt ihr Ambiente. Allgegenwärtig sind die Winde, vor allem die Bora, die immer wieder mit bis zu 100 km/h von den umliegenden Hängen herunterfegt.

Die exponierte geografische Lage und die damit verbundene, wechselvolle Geschichte haben das Gesicht der Stadt gezeichnet. Ungarische, slawische und vor allem österreichische Einflüsse sind spürbar: in der Architektur, im alltäglichen Leben, in Kunst und Literatur, nicht zuletzt aber auch in der Küche. Das Zentrum ist in effektvollen klassizistischen Linien gestaltet, zahlreiche monumentale Bauten aus Eklektizismus, Jugendstil und Neugotik spiegeln die Stellung Triests im 18. und 19. Jh. wider, als die Stadt unter den Habsburgern ein bedeutender Freihafen war. Als Zeichen von Reichtum und „Grandezza“ entstanden damals überall prächtige Palazzi, u. a. die Börse, die Theater und das auch heute noch anerkannt gute Opernhaus. Triest wurde zur bedeutenden Kulturmetropole an der Nahtstelle zwischen Ost und West, aber gleichzeitig im Herzen Europas. Schriftsteller wie James Joyce, Italo Svevo und Umberto Saba machten es zu einer Hochburg der Literatur.

Nach dem Ersten Weltkrieg und dem Auseinanderfallen des k.u.k.-Imperiums wurde Triest Italien zugeschlagen und zu einem Zentrum des Schiffbaus, die großen Werften liegen bis heute südlich vom Zentrum. Nach der deutschen Besetzung im

Zweiten Weltkrieg geriet Triest zum Zankapfel zwischen Italien und Jugoslawien. Wirtschaftliche Not und soziale Krisen drohten den Glanz der einstigen Handels- und Wirtschaftsmetropole zu zerstören. Erst 1954 wurde Triest wieder italienisch, wobei das Hinterland jugoslawisch bzw. slowenisch blieb – ein schwieriges Erbe, denn der „Eiserne Vorhang" verhinderte jeglichen wirtschaftlichen Austausch. Seit der Demokratisierung der Balkanstaaten ist man jedoch auf gutem Weg, an die frühere Bedeutung anknüpfen zu können.

Anfahrt/Verbindungen/Information

• *Anfahrt/Verbindungen* **Pkw**, an der Uferfront gibt es viele gebührenpflichtige Stellplätze, das **Parkhaus** „Silos" liegt neben dem Bahnhof, weitere Parkplätze im östlichen Hafenbereich.

Bahn, der Hbf. **Stazione Centrale** liegt an der Piazza della Libertà etwas nördlich von Hafen und Altstadt.

Bus, Busstation schräg gegenüber vom Bahnhof.

• *Information* **AIAT**, im Palazzo del Municipio an der Piazza dell'Unità d'Italia. Mo–Sa 9–19, So 9–13 Uhr. ✆ 040/3478312, 📠 3478320, info.trieste@turismo.fvg.it.

Flug: Der **Aeroporto Friuli Venezia Giulia** liegt etwas außerhalb von Monfalcone, etwa 30 km von Triest. APT-Bus 1 fährt von und nach Gorizia und Grado, Bus 51 von und nach Udine und Triest. ✆ 0481/773224, www.aeroporto.fvg.it.

Übernachten (siehe Karte S. 272/273)

*** **Alla Posta (6)**, elegantes und wohnliches Albergo in einem alten Palazzo, gemütlicher Aufenthaltsraum mit Kamin, 47 gut ausgestattete Zimmer, jeweils mit Klimaanlage und geräumigem Bad. DZ mit Frühstück ca. 130–155 €. Piazza Oberdan 1, ✆ 040/365208, 📠 633720, www.albergopostatrieste.it.

** **Alabarda Flora (10)**, in der Nähe des Canal Grande. Geräumige, helle Räume mit Sat-TV in einem restaurierten Gebäude, familiär geführt. 18 Zimmer, z. T. nur mit Etagendusche. DZ mit Bad ca. 60–80 €, mit Etagendusche ca. 45–60 €, jeweils mit Frühstück. Via Valdirivo 22, ✆ 040/630269, 📠 639284, www.hotelalabarda.it.

** **James Joyce (7)**, charakteristischer Palazzo mitten in der Altstadt, kürzlich modern renoviert. Neun helle und saubere Zimmer mit Holzbalkendecke, Bad und TV. DZ mit Frühstück ca. 90–170 €. Via dei Cavazzeni 7, ✆ 040/311023, 📠 302618, www.hoteljamesjoyce.com.

* **Nuovo Albergo Centro (11)**, Nähe Kanal, alles sauber und in Ordnung, 24 Zimmer mit Sat-TV, Frühstück mager. DZ mit Bad ca. 75 €, mit Etagendusche ca. 55 €, Frühstück incl. Via Roma 13, ✆ 040/3478790, 📠 3475258, www.hotelcentrotrieste.it.

* **Centrale (16)**, Albergo im oberen Stockwerk an einer verkehrsberuhigten Straße am Kopfende des Canal Grande, neben der klassizistischen Kirche Sant'Antonio Taumaturgo. 20 ordentliche Zimmer mit Bad, passables Frühstück. DZ mit Bad ca. 73–80 €, mit Etagendusche 60–65 €, Frühstück incl. Via Ponchielli 1, ✆ 040/639482, 📠 370677, www.triestehotelcentrale.com.

B & B Marta (8), zentrale Lage zwischen Bahnhof und Canal Grande, große Wohnung im zweiten Stock, alle Zimmer mit TV. DZ mit Bad/WC ca. 63 €, nur mit Dusche ca. 55 €, mit Etagendusche 50 €, Frühstück ca. 4 € pro Pers. Via Valdirivo 11, ✆/📠 040/660242, www.hotelmarta.it.

B & B Al Ponterosso (13), direkt beim Canal Grande in einem Palazzo, in dem schon James Joyce gewohnt hat. Drei schön eingerichtete Zimmer mit Bad, DVD, Internet und Minibar, freundliche Betreuung. DZ mit Frühstück ca. 65–85 €. Piazza del Ponterosso 3, ✆ 040/2600312, 349-0925955, www.alponterosso.it.

• *Camping* *** **Pian del Grisa**, bei Villa Opicina, einem Vorort hoch über Triest, etwa 7 km vom Meer (→ S. 277). Moderner Platz in waldreicher Umgebung, Swimmingpool, Tennis, Kinderspielplatz, gutes Restaurant.

Zu erreichen ab Piazza Oberdan mit der „Tranvia/Tram 2" (siehe unter Villa Opicina) und noch 2 km zu Fuß oder mit Bus 4 und 1,2 km zu Fuß. Mitte Mai bis Mitte Sept. ✆ 040/213142, ℻ 2031100, www.piandelgrisa.it.

** **Obelisco**, unterhalb von Villa Opicina, an der Strecke der kabelgezogenen Straßenbahn „Tranvia" ab Piazza Oberdan. Uriger Platz in einem Waldstück an steilem Hang, terrassenförmige Stellplätze, ziemlich eng, für Wohnmobile ungeeignet, ruhig, aber nicht sonderlich gepflegt. Ganzjährig geöffnet. ✆/℻ 040/212744, www.campeggiobelisco.it.

Essen & Trinken (siehe Karte S. 272/273)

In der Triestiner Küche mischen sich venezianische, friulanische, ungarische, slawische, jüdische, griechische und österreichische Einflüsse. Neben den üblichen italienischen Gerichten stehen auch Knödel und Klöße, *porzina* (Kaiserfleisch) und Prager Schinken, Schweinefleisch und Wiener Schnitzel, Gulasch und die dicke Bohnensuppe *jota* auf den Speisekarten. Wer wenig Geld ausgeben, aber dennoch gut und reichlich essen möchte, sollte eins der so genannten „Buffets" aufsuchen, wo hauptsächlich Schweinefleisch in allen erdenklichen Varianten angeboten wird. Auf jeden Fall sollte man einmal einen frisch vom Fass gezapften *Terrano* versuchen, den erdigen, dunkelroten Wein aus dem Karst.

Da Pepi (1), das bekannteste einer ganzen Reihe von „Buffets", mittlerweile 110 Jahre alt. Man kann den ganzen Tag warmes Essen bekommen, vorzugsweise deftige Fleischgerichte vom Schwein mit Sauerkraut, es geht laut und ungezwungen zu. Nur Innenplätze. So geschl. Via della Cassa di Risparmio 3, ✆ 040/366858.

Al Barattolo (14), Ristorante/Pizzeria in schöner Lage direkt am Canal Grande und deshalb sehr beliebt. An warmen Tagen bleibt kein Plätzchen an den Außentischen frei, Straßenmusiker geben dazu ihre Konzerte. Via Rossini 2/d, ✆ 040/631480.

Da Giovanni (15), rustikal eingerichtetes Buffet, wo die Schinken dekorativ von der Decke hängen und eine riesige Mortadella auf der Theke liegt. Man kann schön an Tischen in der Fußgängerzone sitzen. Derzeit einer der angesagtesten Plätze zum abendlichen „Aperitivo", immer viel Trubel. So geschl. Via San Lazzaro 14 (Nähe Canal Grande), ✆ 040/639396.

• *Altstadtviertel Cavana* **El Fornel (9)**, Spezialist in Sachen Fisch, der großzügige Innenraum ist aufwändig maritim gestaltet, man sitzt an riesigen Tischen und wählt aus dem äußerst üppigen Angebot. Via del Fornelli 1a, ✆ 040/3220262.

Da Siora Rosa (20), seit Jahrzehnten kulinarischer Eckpfeiler des Viertels, schlichtes Buffet mit Trattoria, nette Plätze auf der benachbarten Piazza. Auf der täglich neu geschriebenen Speisekarte sind zahlreiche bodenständige Gerichte verzeichnet, dazu trinkt man Terranowein und Tropfen aus dem Collio. Wird abends schnell voll, frühzeitig kommen. Sa/So geschl. ✆ 040/301460.

• *Hinter dem Kastell* **TIPP! Antica Hostaria da Libero (22)**, versteckt an der Rückseite des Hügels von San Giusto, vom Kastell steigt man rasch hinunter. Kleine, gemütliche Osteria, gut hundert Jahre alt und ganz in Holz gehalten, mit vielen Bildern und Nippes, spezialisiert auf Fleischgerichte al forno. So geschl. Via Risorta 7/b, ✆ 040/301113.

Antipastoteca di Mare alla Voliga (21), beim Da Libero um die Ecke. Wie der Name sagt, gibt es keine Hauptgerichte, sondern ausschließlich Meeresantipasti, so kann man hier die wunderbarsten Kombinationen von Fisch, Muscheln und Meeresfrüchten kosten. Lecker und gar nicht teuer. So-Abend und Mo geschl. Via della Fornace 1, ✆ 040/309606.

• *Außerhalb vom Zentrum* **Antica Trattoria Suban**, 1865 als Landgasthaus gegründet und seit langem Garant für die hervorragende Zubereitung typischer Triestiner und slowenischer Spezialitäten. Aus der k.u.k.-Küche wurde der *palacinche* (Palatschinken) in die Gegenwart gerettet. Menü um die 40–50 €. Reservieren und mit dem Taxi hinfahren. Mo-Mittag und Di sowie in der ersten Augusthälfte geschl. Via Comici 2 (im Vorort San Giovanni), ✆ 040/54368.

TIPP! Scabar, von Ami Scabar und ihrer Familie liebevoll geführtes Lokal, ein Ort der „Haute cuisine", wunderbarer Fisch, kreativ zubereitet, dazu die besten Weine der Umgebung. Menü ca. 40–60 €. Mo geschl. Erta Sant'Anna 63 (südlich vom Zentrum, Nähe Krankenhaus), ✆ 040/810368.

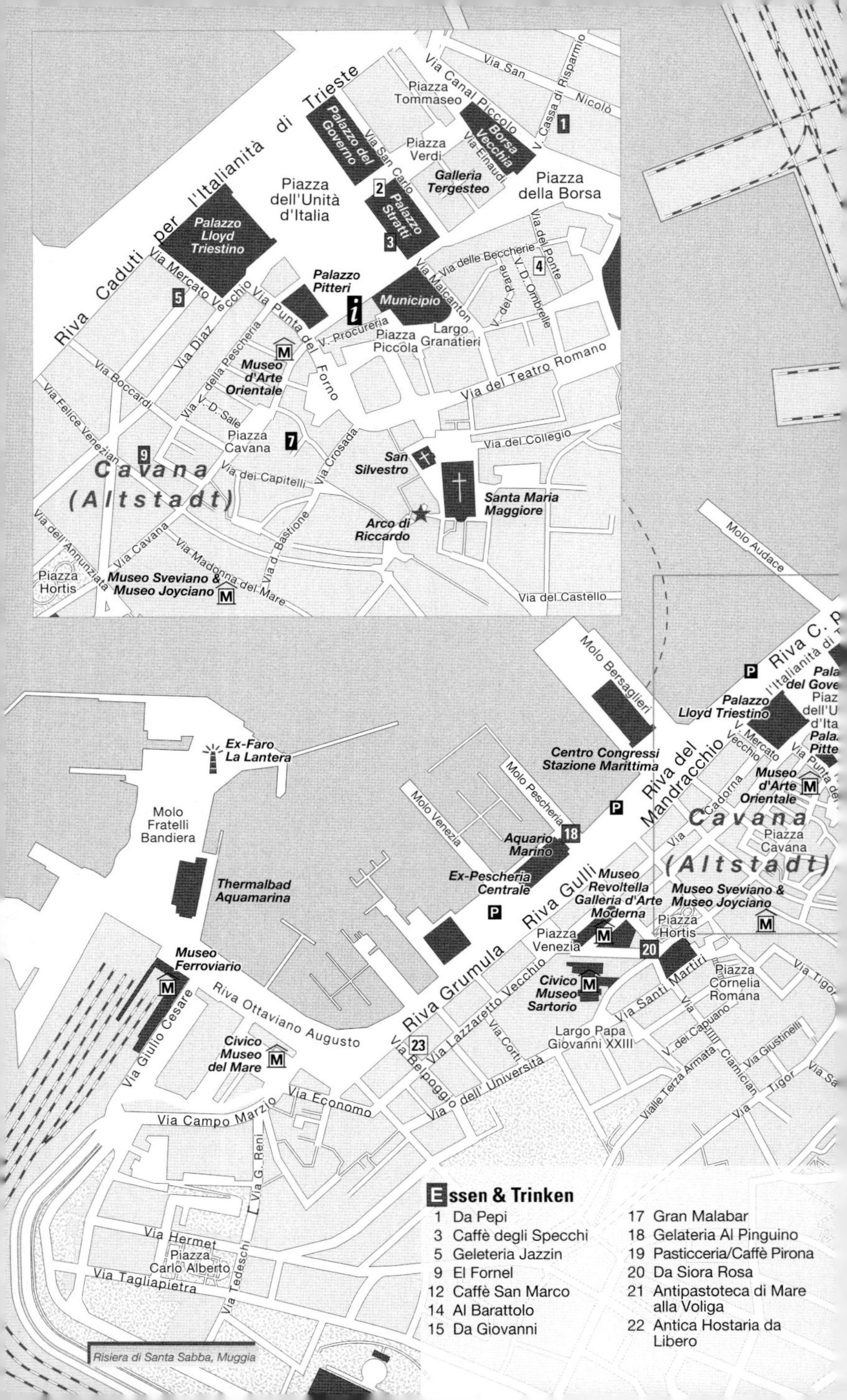

Essen & Trinken

1 Da Pepi
3 Caffè degli Specchi
5 Geleteria Jazzin
9 El Fornel
12 Caffè San Marco
14 Al Barattolo
15 Da Giovanni
17 Gran Malabar
18 Gelateria Al Pinguino
19 Pasticceria/Caffè Pirona
20 Da Siora Rosa
21 Antipastoteca di Mare alla Voliga
22 Antica Hostaria da Libero

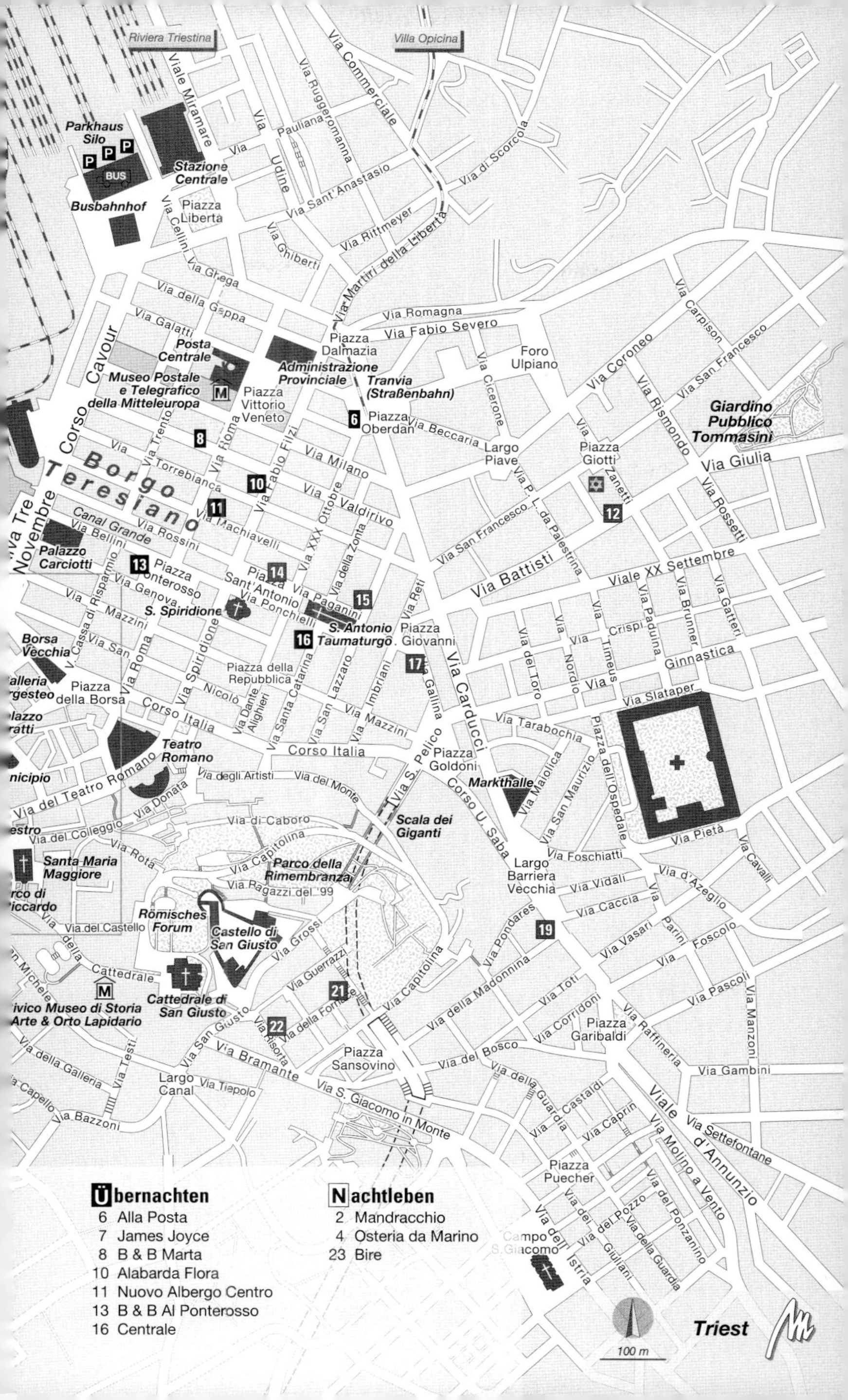
Riviera Triestina
Villa Opicina
Viale Miramare
Via Commerciale
Via Ruggeromanna
Via Pauliana
Via Udine
Via di Scorcola
Via Sant'Anastasio
Parkhaus Silo
P
BUS
Stazione Centrale
Busbahnhof
Piazza Libertà
Via Cellini
Via Ghiberti
Via Rittmeyer
Via Martiri della Libertà
Via Ghega
Via della Geppa
Via Galatti
Via Romagna
Via Fabio Severo
Piazza Dalmazia
Foro Ulpiano
Posta Centrale
Administrazione Provinciale
Tranvia (Straßenbahn)
Corso Cavour
Museo Postale e Telegrafico della Mitteleuropa
M
Piazza Vittorio Veneto
Piazza Oberdan
Via Beccaria
Via Cicerone
Largo Piave
Via Coroneo
Via Carpison
Via San Francesco
Via Rismondo
Giardino Pubblico Tommasini
Via Giulia
Piazza Giotti
Via Zanetti
Via Trento
Via Roma
Via Fabio Filzi
Via Milano
Via Torrebianca
Borgo Teresiano
Via Valdirivo
Via XXX Ottobre
Via Machiavelli
Via della Zonta
Via P. L. da Palestrina
Via San Francesco
Via Battisti
Via Rossetti
Via Tre Novembre
Canal Grande
Via Bellini
Via Rossini
Palazzo Carciotti
Piazza Ponterosso
Piazza Sant'Antonio
Via Paganini
Via Ponchielli
Via Reti
Viale XX Settembre
Via Genova
Via Cassa di Risparmio
Via Mazzini
S. Spiridione
S. Antonio Taumaturgo
Piazza Giovanni
Via Crispi
Via Paduina
Via Brunner
Via Gatteri
Borsa Vecchia
Via San Nicolò
Via Spiridione
Piazza della Repubblica
Via Carducci
Via del Toro
Via Nordio
Via Timeus
Via Ginnastica
Via Slataper
Piazza della Borsa
Via Dante Alighieri
Via Santa Catarina
Via San Lazzaro
Via Imbriani
Via Mazzini
Via Gallina
Via Tarabochia
Piazza dell'Ospedale
Corso Italia
Teatro Romano
Via S. Pelico
Piazza Goldoni
Via degli Artisti
Via del Monte
Via del Teatro Romano
Via Donata
Markthalle
Via Malolica
Via San Maurizio
Corso U. Saba
Via di Caboro
Scala dei Giganti
Via del Collegio
Via Capitolina
Via Rota
Santa Maria Maggiore
Parco della Rimembranza
Via Pietà
Via Foschiatti
Via Cavalli
Largo Barriera Vecchia
Via Vidali
Via d'Azeglio
Via Ragazzi del '99
Via Caccia
Römisches Forum
Via del Castello
Castello di San Giusto
Via Grossi
Via Pondares
Via Vasari
Via Parini
Via Foscolo
Via della Cattedrale
Via Guerrazzi
Via Capitolina
Via della Madonnina
Via Toti
Via Pascoli
Via Manzoni
Cattedrale di San Giusto
Civico Museo di Storia Arte & Orto Lapidario
Via della Fornace
Via Risorta
Via San Giusto
Via Corridoni
Piazza Garibaldi
Via Raffineria
Via della Galleria
Via Testi
Piazza Sansovino
Via del Bosco
Via Bramante
Via Gambini
Largo Canal
Via Tiepolo
Via della Guardia
Via Castaldi
Via Capello
Via Bazzoni
Via S. Giacomo in Monte
Via Caprin
Viale d'Annunzio
Via Settefontane
Via Molino a Vento
Piazza Puecher
Via del Ponzanino
Via dei Giuliani
Via del Pozzo
Via della Guardia
Campo S. Giacomo
Via dell'Istria
Übernachten
6 Alla Posta
7 James Joyce
8 B & B Marta
10 Alabarda Flora
11 Nuovo Albergo Centro
13 B & B Al Ponterosso
16 Centrale
Nachtleben
2 Mandracchio
4 Osteria da Marino
23 Bire
100 m
Triest

• *Cafés* **Caffè degli Specchi (3)**, 1839 an der zentralen Piazza dell'Unità d'Italia eröffnet. Nach mehreren Renovierungen erinnert nicht mehr viel an das frühere Literatencafé, in dem auch Rilke und James Joyce verkehrten. Der Name bedeutet „Café der Spiegel" – und so sieht's denn innen auch aus. Do geschl.

Antico Caffè San Marco (12), berühmtes Jugendstil-Café direkt neben der Synagoge (→ Sehenswertes). Spiegel, Holztäfelung und kaffeebraune Marmortischchen, Klimaanlage, das ideale Zeitungscafé schlechthin. Mi geschl. Via Cesare Battisti 18a (Seitenstraße der Via Carducci).

Pasticceria/Caffè Pirona (19), seit 1900 berühmt für seine Kaffeesorten und die typischen Triestiner Leckereien *presnitz*, *putizza* und *pinza*. James Joyce war Stammgast. Mo geschl. Largo Barriera Vecchia 12, Verlängerung der Via Carducci.

• *Enoteche* **TIPP! Gran Malabar (17)**, legendärer Weinausschank, seit den achtziger Jahren setzt Walter Cusmich bevorzugt auf Weine kleiner und junger Winzer. Tägl. frühmorgens bis 20.30 Uhr. Auch Sitzplätze im Freien. Piazza San Giovanni 6, ✆ 040/636226.

• *Eis/Konditoreien* **Gelateria Al Pinguino (18)**, man sitzt direkt am Kai unter riesengroßen Sonnenschirmen. Molo di Pescheria.

Jazzin (5), Luigi Sartori bietet in seiner sehr stylish eingerichteten „Pasticceria del Gelato" Joghurteis, Eispralinen, Eistörtchen und ähnliche Kunstwerke in ausgefallenen Geschmacksrichtungen. Via Mercato Vecchio 1/d.

Nachtleben/Shopping (siehe Karte S. 272/273)

• *Nachtleben* Im Sommer geht es im Stadtzentrum hoch her. Von Mitte Juni bis Mitte Juli gibt es auf der Piazza dell'Unità d'Italia häufig Livekonzerte.

Osteria da Marino (4), schöne, alte Osteria in einem schmalen Gässchen im alten jüdischen Viertel Nähe Piazza della Borsa. Wein, Bier und leckerer Schinken werden wochentags ab mittags, Sa/So ab 18.30 Uhr serviert. Populärer Anlaufpunkt ab 23 Uhr bis ca. 2.30 Uhr (Wochenende länger). Via del Ponte 5/a.

Mandracchio (2), kleines, „heißes" Lokal mit Blick auf die Piazza dell'Unità d'Italia. Nur Fr/Sa 23–4 Uhr. Passo di Piazza 1.

Bire (23), an der südlichen Uferfront, die ultimative Bierkneipe in einem großen, hallenartigen Raum – Pils, Dunkles oder Radler, alles da. Fr/Sa bis 3 Uhr, sonst bis 1.30 Uhr. Riva Grumula 2.

• *Shopping* **Mercado di Ponterosso**, Di–Sa Obst- und Gemüsemarkt auf der Piazza Ponterosso am Canal Grande, auf derselben Piazza jedes Wochenende großer **Klamotten- und Jeansmarkt**.

Mercato Coperto, Markthalle in der Via Carducci 36, Nähe Piazza Goldoni. Mo 8–14 Uhr, Di–Sa 8–19 Uhr.

Trödel- und Antiquitätenläden sind zahlreich in Triest (hauptsächlich im Altstadtviertel Cavana), in der Via del Bastione laden **Antiquariate** zum Stöbern ein. Ein **Mercatino dell'Antiquariato** findet jeden dritten Sonntag in den Straßen der Altstadt statt.

Sehenswertes

Bekannteste Sehenswürdigkeit ist sicher der malerische *Canal Grande* mit seinen monumentalen Fassaden, Brücken und Booten. Einige Straßen in der Umgebung sind seit geraumer Zeit Fußgängerzonen, was der Stadt sehr gut getan hat. Für den abendlichen Aperitivo gibt es hier eine ganze Reihe von populären Treffpunkten.

Am Kopfende des Kanals steht die klassizistische *Kirche Sant'Antonio Taumaturgo*, daneben die serbisch-orthodoxe *Kirche San Spiridone* aus dem 19. Jh. im neobyzantinischen Stil, am meerseitigen Ende des Kanals der riesige *Palazzo Carciotti*. Auf der anschließenden Piazza Ponterosso herrscht an Wochenenden intensives Markttreiben.

Die weitläufige *Piazza dell'Unità d'Italia* schräg gegenüber der Stazione Marittima ist einer der größten Plätze Italiens und gilt sogar als größter Platz Europas am

Meer. Sie ist der repräsentative Mittelpunkt der Stadt, wunderbar weit und offen angelegt, abends wirkungsvoll illuminiert. Prachtvolle Palazzi umrahmen die Piazza: links vorne der *Palazzo del Governo* mit kunstvollen Fassadenmosaiken, daneben der *Palazzo Stratti* mit dem Caffè degli Specchi (Spiegelcafé), rechts vorne der *Palazzo Llyod Triestino* (heute Sitz der Regionalregierung), danach das Hotel *Duchi d'Aosta* und der barocke *Palazzo Pitteri.* An der Landseite steht der *Palazzo del Municipio* mit prachtvoller Fassadendekoration, davor ein hoher Brunnen, dessen Statuen die vier Kontinente darstellen, sowie eine Säule mit der Statue des Habsburger Kaisers Karl VI., der Triest im 18. Jh. zum Freihafen ernannte.

Auf der Piazza dell'Unità d'Italia

Links hinter der Piazza liegen um die Via delle Beccherie die engen Gassen des einstigen jüdischen Viertels, in denen sich heute einige beliebte Cafés und Kneipen verstecken. Zum Hügel San Giusto ist das Viertel abgegrenzt durch die Via del Teatro Romano, benannt nach dem *römischen Theater* am Fuß des Hügels. Daneben steigt man zum Hügel San Giusto hinauf.

Cavana: Rechter Hand der Piazza dell'Unità d'Italia beginnen die schmalen, abends reichlich düsteren Gassen des kleinen Altstadtviertels. Von der weiträumigen und großzügigen Planung des klassizistischen Zentrums ist hier nichts zu bemerken. Enge, verwinkelte Gassen und hohe, manchmal halb verfallene Häuser prägen das Bild.

Am Fuß des Stadthügels San Giusto stehen die Barockkirche *Santa Maria Maggiore* und gleich daneben das romanische Kirchlein *San Silvestro* aus dem 11. Min., der älteste Sakralbau der Stadt, das seit 1785 die protestantische Glaubensgemeinschaft der Waldenser beherbergt. Ein paar Schritte bergauf erreicht man den *Arco di Riccardo,* ein noch recht imposant wirkendes Tor der römischen Stadtmauer, errichtet 33 v. Chr. Durch ruhige Wohnviertel kann man von hier auf der Via del Castello zur Hügelspitze hinaufsteigen (Alternative: am Bahnhof Bus 24 nehmen).

Hügel von San Giusto: Der Hügel war schon in prähistorischer Zeit besiedelt und ist seit jeher das historische Zentrum der Stadt. Heute bietet sich oben ein bunter Mix aus römischen, mittelalterlichen und venezianischen Überresten.

Die äußerlich schlichte *Cattedrale di San Giusto* aus dem 15. Jh. ist aus zwei Kirchen zusammengebaut, die hier eng nebeneinander standen. Die romanische Fassade ist einfach gehalten, einziger Schmuck ist eine große Rosette. Das Innere besteht aus fünf Schiffen, in einigen der Apsiden sind großartige Mosaike und Fresken erhalten, so in der Hauptapsis die „Krönung Mariens".

Neben dem Dom liegen die Ruinen eines *römischen Forums*, dahinter steht das *Castello San Giusto*, errichtet von den Österreichern unter Erzherzog Maximilian an der Stelle einer früheren mittelalterlichen Burg. In den z. T. original ausgestatteten Räumen wird eine Waffensammlung präsentiert, das eigentliche Highlight liegt aber im Untergrund der Burg (über den Hof gehen). Dort erwartet den Besucher das *Lapidario Tergestino*, eine eindrucksvolle Sammlung römischer Steine, Skulpturen, Inschriften und Mosaikböden mit umfangreichen Dokumentationen – die Menge der Exponate macht einem die Bedeutung Tergestes in römischer Zeit bewusst.

Im *Museo di Storia e Arte* an der Via Cattedrale 15, etwas unterhalb der Kathedrale, sind antike und prähistorischer Funde ausgestellt. Im *Orto Lapidario* daneben (Zugang über das Museum) gibt es eine Inschriften- und Skulpturensammlung unter freiem Himmel. Hier findet man auch das Grab des deutschen Archäologen Winckelmann, der 1768 in Triest ermordet wurde.

• *Öffnungszeiten/Eintritt* **Kathedrale**, tägl. 8–19 Uhr.
Castello, tägl. 9–19 Uhr, Eintritt ca. 5 €.
Civico Museo di Storia ed Arte & Orto Lapidario, Di–So 9–13 Uhr, Mo geschl., Eintritt ca. 3 €, Kind 2 €.

Museen (Auswahl)

Galleria d'Arte Moderna & Museo Revoltella: Die beiden aneinandergebauten Palazzi (Eingang in der Via Armando Diaz 27 neben Piazza Venezia) bilden zweifellos den Höhepunkt unter den Museen Triests. Ersterer wurde innen völlig entkernt und mit viel Beton avantgardistisch-verwinkelt und reichlich verwirrend zur sehenswerten Galerie moderner Maler und Bildhauer des 19. und 20. Jh. umgebaut.

Der benachbarte Palazzo Revoltella gehörte dem Baron *Pasqualle Revoltella* (1795–1869), der mit dem Bau des Kanals von Suez zu Vermögen gekommen war. Heute ist hier auf mehreren Stockwerken eine wunderbar erhaltene Inneneinrichtung des 19. Jh. zu besichtigen: Parkettböden mit Einlegearbeiten und vergoldete Kassettendecken, wertvolle Polstermöbel, Spiegel und Kronleuchter, aufwändige Skulpturengruppen aus Marmor und Gemälde Triestiner Maler.

Öffnungszeiten/Eintritt Mo und Mi–Sa 9–13.30, 16–19, So 10–19 Uhr, Di geschl., Mitte Juli bis Ende August Do–Sa bis Mitternacht geöffnet; Eintritt ca. 5 € (bei Ausstellungen 7 €).

Civico Museo Sartorio: Das Haus des wohlhabenden Getreidehändlers Pietro Sartorio steht am Largo Papa Giovanni XXIII in leichter Hügellage, nicht weit vom Palazzo Revoltella. Noch erhalten ist die prächtige Inneneinrichtung, es gibt wertvolle Keramik und Porzellan zu sehen, im zweiten Stock sind elegante Zeichnungen von Giambattista Tiepolo zu bewundern. Im ehemaligen Stall sind Gipsmodelle zahlreicher Marmorbüsten ausgestellt, darunter einige Canovas, und im Untergrund des Hauses wird eine hochkarätige Sammlung von kirchlichen Gemälden und Kunstgegenständen verwahrt, die im Zweiten Weltkrieg aus Slowenien nach Triest in Sicherheit gebracht worden waren.

Öffnungszeiten/Eintritt Di–So 9–13 Uhr, Mo geschl., Eintritt ca. 5 €, ermäß. 3 €.

Museo d'Arte Orientale: in der Altstadt, Via San Sebastiano 1. Zahlreiche Stücke aus dem asiatischen Raum, hauptsächlich aus China und Japan, darunter Schmuck, Porzellan, Waffen und Musikinstrumente.
Öffnungszeiten/Eintritt Mi u. Sa 9–13 Uhr, Eintritt ca. 3 €.

Acquario Marino: Das Aquarium wirkt mit seiner schummrig-nasskalten Atmosphäre ein wenig trist. Im ersten Stock kann man Schlangenterrarien und Unterwasserfotografien betrachten.
Öffnungszeiten/Eintritt März bis Okt. Di–So 9–19 Uhr, Nov. bis Februar 8.30–13.30 Uhr, Mo geschl., Eintritt ca. 4,20 €.

Museo Ferroviario: In der 1960 stillgelegten Stazione di Campo Marzio der früheren „Wocheinerbahn" nach Österreich haben alte Dampfloks, Triebwagen und Pferdewagen der Triester Straßenbahnen ihre letzte Ruhe gefunden. Dokumente zur Eisenbahngeschichte Triests und eine umfangreiche Modelleisenbahn, die den früheren Bahnknotenpunkt Opicina im Jahre 1910 abbildet, runden die Ausstellung ab.
Öffnungszeiten/Eintritt Mi, Sa, So 9–13 Uhr, Eintritt ca. 5 €.

Außerhalb des Zentrums

Synagoge: Der monumentale, 1912 errichtete Bau steht an der Via Gaetano Donizetti, einer Seitenstraße der Via Cesare Battisti, westlich der Via Carducci.
Öffnungszeiten Mo–Do 10–11 Uhr, So geführte Touren um 10, 11 u. 12 Uhr, Eingang an der Piazza Giotti.

Faro La Lanterna: Der ehemalige Leuchtturm auf der Mole Fratelli Bandiera am Westende des Hafens darf bis zur ersten Plattform bestiegen werden.
Öffnungszeiten/Eintritt April bis Sept. werktags 18–19.30 Uhr. ✆ 040/314265.

Konzentrationslager Risiera di San Sabba: Die deutschen Besatzer erklärten Triest und Hinterland 1943 zu einem großdeutschen Gau und errichteten das einzige Vernichtungslager auf italienischem Boden (Sammellager zum Weitertransport nach Deutschland und Polen gab es mehrere) in einer früheren Reisfabrik südlich vom Triester Stadtzentrum. Seit 1943 wurden dort – unter Regie der deutschen SS – zwischen drei- und fünftausend Menschen ermordet. In den sechziger Jahren wurde die halb zerstörte Risiera zur Gedenkstätte umgebaut, eine Ausstellung erinnert an die Gräuel der Massenvernichtung.

- *Öffnungszeiten/Eintritt* tägl. 9–19 Uhr (25. Dez und 1. Jan. geschl.), Eintritt frei.
- *Anfahrt/Verbindungen* Die Risiera di San Sabba liegt in der Via Ratto della Piliera 43, südöstlich vom Stadtzentrum. Man nimmt die Ausfallstraße am Ostende des Hafens in Richtung Muggia, fährt aber nicht auf die Autobahn ab (genaue Lage auf dem Stadtplan „Entdecken Sie Triest", erhältlich beim Infobüro). Zu erreichen mit Bus 8 bis „Stadio Comunale".

Muggia

ca. 13.000 Einwohner

Venezianisches Küstenstädtchen mit Werftindustrie am Beginn der Halbinsel von Istrien, fast schon in Slowenien. An der zentralen Piazza Marconi steht der gotische *Dom* mit elegant geschwungener Schaufassade, am Wasser unten liegt ein dicht mit Fischerbooten belegtes Hafenbecken. Etwa 30 Fußminuten oberhalb vom Ort steht die romanische Wallfahrtskirche *„Santa Maria Assunta"* mit einigen mittelalterlichen Fresken.

Elegant geformt: der Dom von Muggia

• Anfahrt/Verbindungen Mit dem **Pkw** nimmt man die Ausfallstraße am Ostende des Hafens, fährt dann auf die Autobahn ab und durchquert das riesige, teils verlassene Industrieviertel von Triest. Langsam fahren und die Abfahrt nach Muggia nicht verpassen.

Weniger stressig ist die Fahrt mit **Bus 20**, der tagsüber alle 30 Min. fährt. Schönste Alternative: per **Fähre** ab Molo Bersaglieri übersetzen (hin u. zurück ca. 7 €).

Essen & Trinken **TIPP! Ittiturismo La Terrazza**, das Restaurant der Fischereigenossenschaft von Muggia liegt direkt am Hafen über der Fischhalle. Von der Terrasse im ersten Stock genießt man den schönen Meerblick. Der täglich frisch angelieferte Fisch ist preislich im Rahmen. Mo geschl. ✆ 040/275331.

Triestiner Karst

Eine Tagestour über das dicht bewachsene Karstplateau lohnt landschaftlich wegen der eindrucksvollen Erosionslandschaften und kulinarisch, um in den Osmizze (Buschenschenken) einzukehren, die ihren Wein aus Eigenanbau anbieten.

Villa Opicina: Villenvorort hoch über der Stadt, hinauf mit der kabelgezogenen Straßenbahn namens *Tranvia* ab Piazza Oberdan, sehr reizvolle Fahrt (7–20 Uhr alle 20 Min., ca. 1,20 € einfach). Noch vor dem Ortseingang steht ein 1830 von den Österreichern errichteter *Obelisk* mit schönem Panoramablick auf Triest. Richtung Nordwesten beginnt hier die „Napoleonica", ein etwa 5 km langer Wanderweg entlang des Küstengebirges, der mit herrlichen Ausblicken bis ins Örtchen Prosecco führt. Auf halber Strecke passiert man das *Santuario a Maria Madre e Regina*, eine monumentale und weithin sichtbare Wallfahrtskirche über dem Golf von Triest.

Grotta Gigante: Die mit fast 300 m Länge und 107 m Höhe zu den größten Einraum-Grotten der Welt zählende Tropfsteinhöhle liegt bei *Borgo Grotta Gigante*, etwa 3 km nordwestlich von Villa Opicina und 15 km nördlich von Triest. Zwischen Gewölbe und Höhlengrund sind die zwei längsten Messpendel der Welt befestigt.

• Öffnungszeiten/Eintritt April bis Sept. Di–Sa 10–18 Uhr (Juli/August auch Mo), März u. Okt. 10–16 Uhr, übrige Monate 10–12, 14–16 Uhr, jeweils Mo geschl.; Eintritt ca. 9 €. Besichtigung nur mit Führung. ✆ 040/327312, www.grottagigante.it.

• Anfahrt/Verbindungen Mit der „Tranvia" nach **Villa Opicina** und von der Busstation, die dem Bahnhof gegenüberliegt, weiter mit Bus 42 (2-mal pro Std.). Auch Taxis stehen bereit.

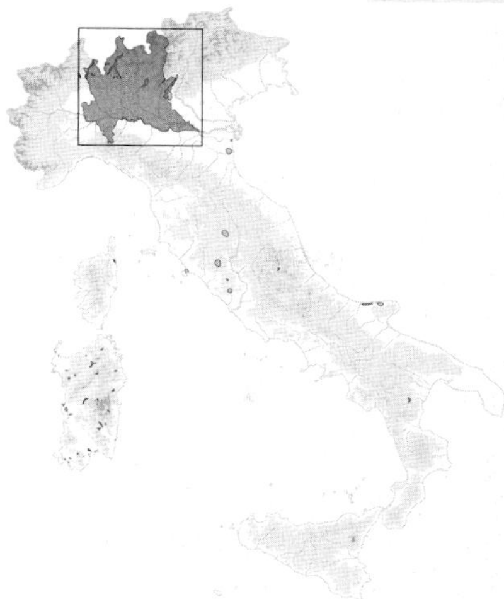

Lombardei

Lombardia

Schöne Orte: Malcésine (S. 293) und Sirmione am Gardasee (S. 299), Iseo am Iseosee (S. 310), Bellagio (S. 323), Menaggio (S. 326) Varenna (S. 320) und Como am Comer See (S. 328), Cannobio (S. 337) und Stresa am Lago Maggiore (S. 340), Orta San Giulio am Ortasee (S. 343), Mantua (S. 303), Bergamo (S. 312), Cremona (S. 368), Pavia (S. 364), Vigevano (S. 363), außerdem bedingt Mailand (S. 345).

Landschaftliche Höhepunkte: alle Seen samt Umgebung.

Kulturell interessant: Mailand (S. 345), Bergamo (S. 312), Brescia (S. 306), Mantua (S 303), Cremona (S. 368), Pavia (S. 364), Vigevano (S. 363), Certosa di Pavia (S. 366).

Baden: an allen Seen.

Kurios: die Insel Monte Isola im Iseosee, hier herrscht absolutes Autoverbot (!); Vigevano mit einem der größten Plätze und Kastelle Italiens; der Campingplatz von Monza direkt neben der Autorennbahn; das düstere Vittoriale degli Italiani von Gabriele d'Annunzio am Gardasee; die Viertel Ticinese und Navigli in Mailand („Klein-Amsterdam"); die fantastischen Wandgemälde der Camera di Amore e Psiche und Sala dei Giganti im Palazzo del Te von Mantua.

Eher abzuraten: Pavia im Hochsommer und die meisten Außenbezirke von Mailand.

Die Seen bilden das touristische Kapital der Lombardei

Lombardei und die Seen — Lombardia

Zusammen mit der Emilia-Romagna das dynamische Herz Norditaliens. Von den wunderschönen oberitalienischen Bergseen bis in die stickige Poebene mit dem „Motor" Mailand reicht diese Region – Kunst, Wirtschaft und Tourismus sind gleichermaßen vertreten.

Anziehungspunkt eins: die großartigen Seen *Lago di Garda, Lago d'Iseo, Lago di Como, Lago Maggiore* und *Lago d'Orta* in den südlichen Ausläufern der Alpen – ein Gedicht im Frühjahr, überlaufen im Sommer, einsam im Winter. Kleiner technischer Hinweis: Die Ufer des Gardasees und des Lago Maggiore gehören teilweise zu den Regionen Piemont und Veneto, der Ortasee liegt sogar ganz in der Region Piemont. Um die Seenliebhaber nicht unnötig blättern zu lassen, haben wir die Seen in der Hauptregion Lombardei zusammengefasst.

Anziehungspunkt zwei: *Mailand*, das Zentrum der Poebene, eine Riesenstadt von fast 2 Mio. Einwohnern. Hier pulst die Wirtschaft Italiens und boomt die Modebranche, trotzdem bleibt Raum für touristische Entdeckungen: Der grandiose Dom, das „Abendmahl" von Leonardo da Vinci, die imposante Galleria Vittorio Emanuele II ...

Anziehungspunkt drei: die Kulturstädte *Pavia, Cremona, Bergamo* und *Mantua*. Jede hat etwas Besonderes zu bieten, und jede ist in ihrer Art eigen. Das schöne Bergamo ist noch weitgehend von den Alpen geprägt, Cremona berühmt für seine Geigen, Pavia besitzt die großartige Abtei *Certosa di Pavia*, Mantua wunderbare Fresken von Mantegna.

Ein Tipp: Im Hochsommer ist es einfach zu heiß, um den Aufenthalt in der Poebene genießen zu können. Ideal ist auch hier das Frühjahr.

Anfahrt/Verbindungen

• *Pkw* Wer aus der östlichen Hälfte Deutschlands kommt, wird meist die **Brenner-Autobahn** benutzen bzw. die parallel laufenden Staatsstraßen. Der Gardasee ist von Süddeutschland leicht an einem Tag zu erreichen. Aus der Schweiz bzw. aus dem Westen Deutschlands kommend, fährt man über Basel (bzw. Zürich) und Luzern (schöne Strecke am Vierwaldstätter See) auf der Autobahn N 2 durch den **St.-Gotthard-Tunnel**, weiter auf malerischer Strecke am Luganer See (Brücke) nach Como am Comer See. Weitere Anreisemöglichkeiten: von Innsbruck über Landeck und **St. Moritz** (Schweiz) zur Nordspitze des Comer Sees; aus der Westschweiz über den **Simplon** zum Lago Maggiore (SS 33).

• *Bahn* Auch hier gibt es zwei Hauptrouten:

1) **Brenner-Linie** (durch Österreich): München-Kufstein-Innsbruck-Brenner-Bozen-Trento-Verona-Bologna-Rom. In Rovereto muss man aussteigen, wenn man zum Gardasee will.

2) **Gotthard-Linie** (durch die Schweiz): Basel-Luzern-Arth/Goldau-Göschenen (Gotthard-Tunnel)-Airolo-Chiasso-Como-Mailand. Die berühmte Alpenstrecke durchsticht mit einem 15-km-Tunnel das Gotthardmassiv (3000 m). 2010 wurde der neue, 57 km lange Gotthard-Basistunnel durchstochen, er wird 2016 für den Verkehr geöffnet. Weiter geht es in den italienischen Teil der Schweiz, über den Nobelkurort Lugano am Luganersee zum Grenzort Chiasso und über Como nach Mailand. Ab Basel SBB hervorragende Verbindungen nach **Mailand**.

Übernachten

Die oberitalienischen Seen gehören zu den am besten ausgestatteten Urlaubsgebieten Italiens. Vom pompösen Grand-Hotel bis zur simplen Pension ist alles reichlich vorhanden. Auch Mailand bietet zahlreiche Unterkünfte aller Kategorien, jedoch zu durchweg hohen Preisen.

Camper finden zahllose **Zeltplätze** am gesamten Gardasee, am Iseosee, um Cannobio am Lago Maggiore, im Nordwesten des Comer Sees, außerdem um Mailand, in Cremona und Pavia.

Jugendherbergen in Mailand, Bergamo und Riva del Garda, außerdem drei Herbergen am Comer See: Como, Domaso und Menaggio.

Essen & Trinken

Die lombardische Küche hat Affinitäten zur französischen und (weniger) zur österreichischen Küche, obwohl die österreichisch-ungarische k.u.k.-Monarchie lange die Lombardei beherrschte. Es wird viel mit Butter gekocht und weniger mit Öl.

Das bekannte **costoletta alla milanese** entspricht zwar in etwa dem Wiener Schnitzel: allerdings wurde das Rezept nicht aus Österreich importiert, sondern gerade umgekehrt – der Feldmarschall Radetzky war es angeblich, der das Gericht in Mailand entdeckte und nach Hause mitbrachte. **Ossobuco** ist ein weiteres bekanntes Gericht der Lombardei – Kalbshaxen mit Knochen, meist in Suppe oder Wein gekocht und mit Reis serviert. Überhaupt ist wie im Veneto und im Piemont Reis ein Kennzeichen der lombardischen Küche – die riesigen Reisfelder am Po sorgen für Nachschub. **Risotto alla milanese** ist mit Safran gewürzt bzw. gefärbt, **minestrone alla milanese**, eine Gemüsesuppe Mailänder Art, wird ebenfalls mit Reiseinlage gereicht. Wie in der Emilia-Romagna und im Piemont sind die **bolliti misti** häufig – verschiedene Fleischarten, zusammen gekocht und geschmort.

Zum Frühstück wird man kaum umhin können, **panettone** zu versuchen – dieses leichte Hefegebäck mit Rosinen und Zitronat wird von den Mailänder Firmen Motta und Alemagna produziert und in ganz Italien vertrieben.

Die lombardischen Weine haben bisher keinen sonderlich hohen Bekanntheitsgrad. Eine rühmliche Ausnahme bilden lediglich die exzellenten Tropfen aus der **Franciacorta** südlich vom Iseosee, von denen besonders der Spumante hervorragende Qualität besitzt. Weitere Anbaugebiete sind **Oltrepò Pavese** (südlich von Pavia), der Süden und Osten vom **Gardasee** und das **Valtellina-Tal** (östlich vom Comer See).

Nicht wegzudenken aus Mailand ist dagegen der **Campari** – 1867 eröffnete Gaspare Campari sein Café in der Galleria Vittorio Emanuele am Domplatz. 20 Jahre später erfand sein Sohn den heute weltberühmten roten Aperitif. Das Café existiert heute noch (→ Mailand).

Gardasee Lago di Garda

Malerischer, lang gestreckter Alpensee mit mediterranem Klima, Eldorado aller Windsurfer und mit Abstand meistbesuchter See Oberitaliens. Man spricht Deutsch – wer will, kann hier seinen Urlaub verbringen, ohne ein einziges Wort Italienisch zu sprechen.

Die Kulisse ist einmalig: auf der einen Seite die steil ansteigenden, grauen Felsen, auf dem tiefblauen Wasser die bunten Surfsegel. Dazu die grandiose Vegetation – dunkelgrüne Zypressen, silbrige Oliven, rosig blühender Oleander, saftig gelbe Zitronen ... Am reizvollsten ist das von schroffen Felsrücken völlig eingerahmte Nordende, gegen Süden hin werden die Hügel sanfter, die Vegetation zunehmend mediterran und üppig.

Der obere Gardasee ist des deutschen Surfers Paradies. Grund dafür sind die fast idealen Windverhältnisse. Sie sind so zuverlässig, dass man beinahe die Uhr danach stellen kann: von Mitternacht bis Mittag bläst ein leichter Nordwind die Alpen herunter, mittags ab ca. 13 Uhr kommt die stärkere *Ora* aus dem Süden, die 4–5 Beaufort erreicht. Im flacheren Süden wird dagegen hauptsächlich Familienurlaub gemacht, zahlreiche Strandbäder, Pensionen und Campingplätze sind auf die Bedürfnisse ihrer kleinen und großen Gäste eingestellt.

Für Autofahrer ungemein lohnend, allerdings wegen des hohen Verkehrsaufkommens nicht immer angenehm zu fahren: die berühmten Uferstraßen am Gardasee! Großartig vor allem die Weststraße *Gardesana Occidentale* – teilweise ist sie direkt durch die Uferfelsen gesprengt und führt mit zahllosen Galerien und unbeleuchteten Tunnels hart am See entlang.

Kein Wunder also, dass die ganze Seeregion völlig vom Tourismus eingenommen ist, viele Unterkünfte werden lange im Voraus gebucht. Wer in der Hochsaison auf

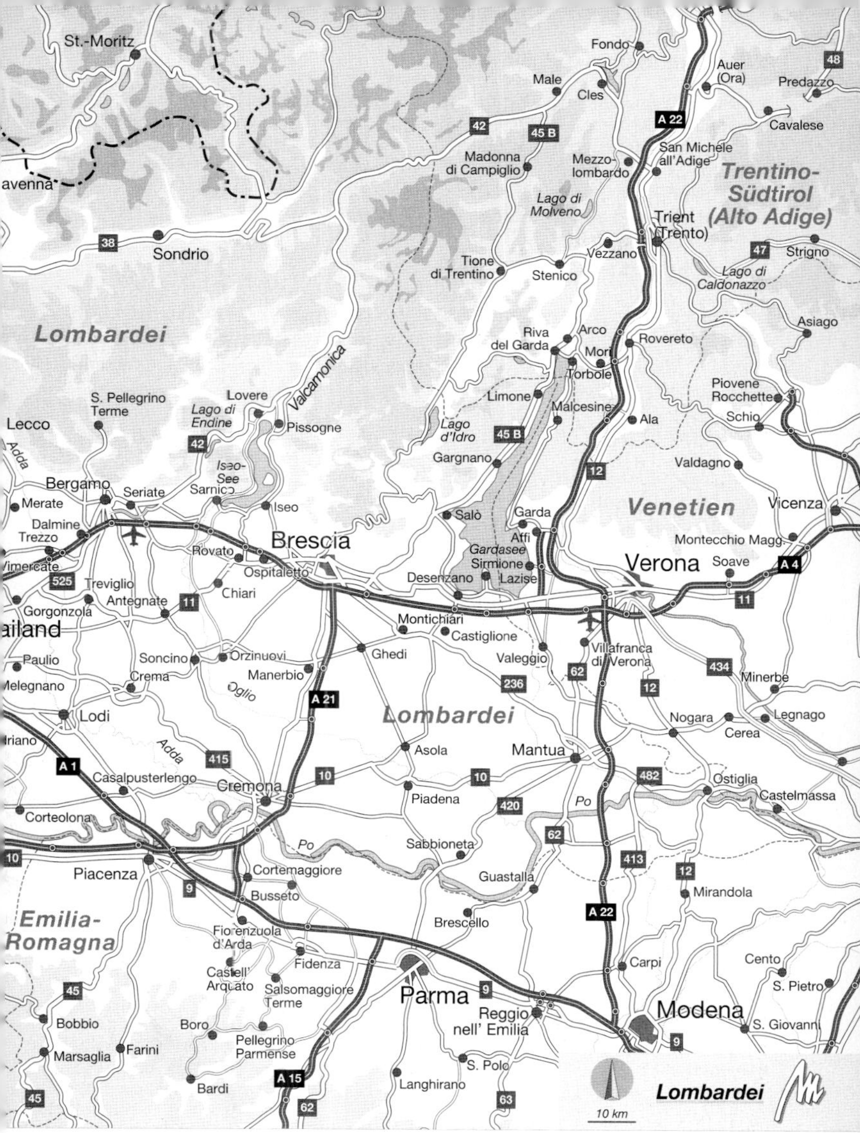

gut Glück anreist, sollte sich auf längeres Suchen einstellen, auch die zahlreichen Campingplätze sind dann großteils voll.

• *Anfahrt/Verbindungen* **Pkw**, Ausfahrten von der Brenner-Autobahn sind **Lago di Garda Nord** (südlich von Rovereto, 15 Min. bis zum See) und **Affi-Lago di Garda Sud** (9 km nördlich von Verona).

Bahn, es gibt nur zwei Bahnstationen am Südende des Sees: **Desenzano** und **Peschiera**, beide an der Bahnlinie Venedig-Verona-Mailand. Von **Verona** ist man in einer knappen halben Stunde dort und kann mit Bussen oder per Schiff in alle Seeorte weiterfahren. Wer in den Norden will: Von **Rovereto** an der Bahnlinie Brenner-Verona kommt man per Bus schnell ins nahe Riva del Garda.

Schiff, die Fähren und Tragflügelboote der **Navigazione sul Lago di Garda** (www.navigazionelaghi.it) pendeln zwischen allen Orten am See, **Fahrradtransport** ist auf allen Fähren möglich. Regelmäßiger **Autotransport** zwischen Torri del Benaco (Ostufer) und Maderno (Westufer), Abfahrten alle 1–2 Std.

Westufer (Nord nach Süd)

Gegenüber dem flacheren Ostufer hält sich der Trubel noch in Grenzen. *Riva del Garda* ist der wichtigste Anlaufpunkt, *Limone* ein viel besuchter Ausflugsort und *Gardone Riviera* besitzt mit dem Vittoriale degli Italiani eine der interessantesten Sehenswürdigkeit am See.

Riva del Garda

ca. 14.000 Einwohner

„Hauptstadt" der nördlichen Seehälfte, geschäftiges Zentrum mit recht großer Altstadt, gehörte bis 1919 zu Tirol. Touristisch für jeden etwas – Schwimmen und Surfen am langen, gepflegten Kiesstrand, dazu Radeln, Klettern und Wandern und das Flair einer hübschen, lebhaften Kleinstadt.

Die malerische *Piazza 3 Novembre* am See ist eingefasst von Laubengängen. Dominierend ist der 34 m hohe Stadtturm *Torre Apponale* aus dem 14. Jh., der Aufstieg im hölzernen Treppenhaus ist von Ostern bis Oktober möglich. Ein paar Ecken weiter steht, von einem Wassergraben umgeben, die mittelalterliche *Rocca*. Im Inneren gibt es ein großes *Museo Civico* mit einer Pinakothek, einer archäologischen Abteilung sowie einer Sammlung von Dokumenten, Fotografien und Funden zur geschichtlichen Entwicklung des Gardasees. Als *Mastio* wird der höchste der vier Türme der Rocca bezeichnet, auch er kann beim Museumsrundgang bestiegen werden. Interessanteste Kirche ist die achteckige *Inviolata* an der Umgehungsstraße um die Altstadt. Konstruiert von einem unbekannten portugiesischen Architekten, birgt sie im barock überladenen Innenraum fantasievolle Stuckdekorationen, prächtige Fresken, Altäre und Gemälde.

Nachbarstädtchen **Torbole** → S. 292

Anfahrt/Verbindungen/Information/Öffnungszeiten

- *Anfahrt/Verbindungen* **Pkw**, großer gebührenpflichtiger Parkplatz östlich der Rocca, bei der Busstation am Viale Fabio Filzi.

Bahn, nächste Bahnstation ist Rovereto (→ Trentino) an der Brenner-Linie, von dort häufige Busse.

Bus, Busstation am Viale F. Filzi östlich der Rocca.

Fähren, fast stündlich über Torbole und Limone nach Malcésine am Ostufer, außerdem mehrmals tägl. entlang des Westufers (z. T. auch Ostufer) zu den Orten im Süden des Gardasees, dazu 2-mal tägl. eine Fähre mit Autotransport nach Desenzano am Südende des Sees.

- *Information* **APT**, Largo Medaglie d'Oro al Valore Militare 5, östlich der Rocca, im Gebäude beim großen Parkplatz. Mai bis Sept. tägl. 9–19 Uhr. ✆ 0464/554444, 📠 520308, www.gardatrentino.it.

- *Öffnungszeiten/Eintritt* **Torre Apponale**, ab Ostern bis Ende Juni & Sept./Okt. Di–So 10–18 Uhr, Mo geschl., Juli bis Ende August tägl. 10–18 Uhr, Eintritt ca. 1 €, bis 16 und über 65 J. frei.

Museo Civico, Mai/Juni u. Okt. Di–So 10–12.30, 13.30–18 Uhr, Mo geschl., Juli/Aug. tägl. 10–12.30, 13.30–18 Uhr. Eintritt ca. 2 €, bis 16 und über 65 J. frei.

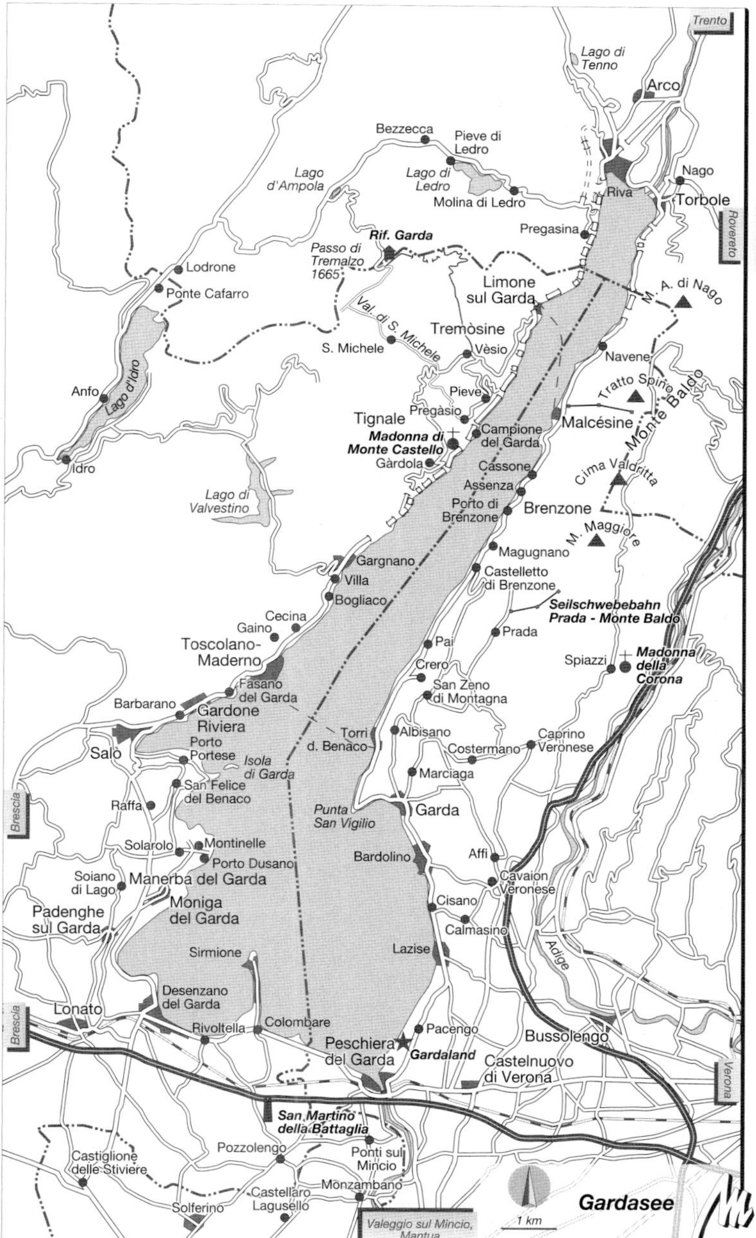

Lombardei und die Seen
Karte S. 282/283

Übernachten

Viele Unterkünfte im Zentrum und Umkreis, trotzdem im Sommer meist ausgebucht, das Infobüro hilft. Weiter außerhalb kann man z. T. schön ruhig unterkommen, Surfer wohnen gerne direkt am Strand.

*** **Bellariva**, im Grünen gelegenes Haus mit 30 Zimmern, nur durch eine Liegewiese vom See getrennt, kleiner Whirlpool. Ideal für Surfer, da benachbart zum Surf-Center am Camping Bavaria. DZ mit Frühstück ca. 110–140 €. Via Franz Kafka 13, ☏ 0464/553620, ℻ 556633, www.hotelbellariva.com.

* **La Montanara**, in einer schmalen Gasse der Altstadt, neun Zimmer, einfach und sauber, unten gemütliche Trattoria (→ Essen & Trinken). DZ mit Bad und Frühstück ca. 55 €, mit Etagendusche ca. 47 €. Via Montanara 18–20, ☏ 0464/554857, ℻ 561552, montanarait@yahoo.it.

* **Rita**, unterhalb vom Monte Brione, knapp 2 km vom See an einer wenig befahrenen Straße. Beliebte Pension, sonnig und ruhig, Frühstücksterrasse, Parkplatz, Raum für Mountainbikes und Windsurfgeräte, Swimmingpool mit Kinderbecken. Derzeit wird die Pension durch einen großen Neubau auf dem Grundstück erweitert. DZ mit Frühstück ca. 68–80 €. Via Brione 19, ☏/℻ 0464/551798, www.garnirita.com.

Agritur Girardelli, etwa 3 km landeinwärts vom Zentrum, zu erreichen von der S.P. 37 nach Tenno und zum Valle di Ledro. Das ehemalige Bauernhaus von Familie Girardelli besitzt zehn Zimmer, alles ist neu und ansprechend eingerichtet, leckeres Frühstück, Whirlpool, Sauna, HP möglich (dreigängiges Menü). DZ mit Frühstück ca. 76–85 €. Via Marone, ☏ 0464/521642, ℻ 521642, www.agriturgirardelli.it.

TIPP! Residence La Colombera, ein Stück landeinwärts vom Camping Brione. Renoviertes Landschloss aus dem 16. Jh., vermietet werden neun geräumige und liebevoll eingerichtete Zwei- und Dreizimmer-Apartments für 2–4 und 4–5 Pers., jeweils mit Sat-TV, z. T. mit Balkon. Großes Grundstück mit Weinstöcken und Olivenbäumen, Parkplatz, Abstellraum für Mountainbikes und Surf-/Segelmaterial, Waschmaschine, Spielgeräte für Kinder. Auch zum Essen ein Tipp (→ Essen & Trinken). Apartment für 2 Pers ca. 52–86 €, für 4 Pers. ca. 62–118 €. Frazione Sant'Alessandro, Via Rovigo 30, ☏ 0464/556033, ℻ 561506, www.lacolombera.it.

• *Jugendherberge* **Ostello Benacus (IYHF)**, 120 Betten in DZ, 4- und 6-Bett-Zimmern sowie einem Schlafsaal mit 16 Betten. Internet Point, Waschmaschine, Parkplatz. Übernachtung mit Frühstück im Mehrbettzimmer ca. 16 €. April bis Okt., Check-in 15–23 Uhr. Piazza Cavour 10 (neben der Kirche Santa Maria Assunta im Hinterhaus), ☏ 0464/554911, ℻ 559966, www.ostelloriva.com.

• *Camping* Vier Zeltplätze gibt es, aber nur zwei direkt am See.

Bavaria, stadtnächster Platz, ca. 3 km östlich vom Zentrum am Viale Rovereto, kleines Gelände unter hohen Bäumen, sanitär einfach, guter Kiesstrand direkt davor, Surfcenter. ☏ 0464/552524, ℻ 559126, www.bavarianet.it.

Al Lago, ein Stück weiter in Richtung Torbole, etwas größeres Gelände. ☏ 0464/553186, ℻ 559772, www.campingallago.com.

Monte Brione, bestausgestatteter Platz bei Riva, landeinwärts der Straße, 350 m zum Strand, großer Swimmingpool. ☏ 0464/520885, ℻ 520890, www.campingbrione.com.

Garda, kleines Gelände mit 19 Stellplätzen neben Camping Monte Brione, preiswert. ☏/℻ 0464/552038, www.villasperanza-rivadelgarda.it.

• *Wohnmobile* **Area di Sosta**, gegenüber den beiden letztgenannten Zeltplätzen. Aufenthalt max. 48 Std., pro Std. ca. 0,50 €. ☏ 0464/557675.

Essen & Trinken/Nachtleben

Osteria de l'Anzolim, neue Adresse an der zentralen Seepiazza, geführt von einem Venezianer, der hier gute Meeresküche kreiert, die Bedienung ist freundlich. Mo geschl. Piazza 3 Novembre 11, ☏ 0464/554317.

Vaticano, beim Domplatz, nett und familiär, Mama nimmt die Bestellung auf, bezahlt wird am Tresen. Obligatorisch der kostenfreie Grappa nach dem Essen. Di geschl. Via Santa Maria 8, ☏ 0464/554262.

La Montanara, kleine engagiert geführte Trattoria, in der man sehr gutes Essen zu fairen Preisen bekommt. Mi geschl. Via Montanara 18, ✆ 0464/554857.

Alpino, an einer kleinen, versteckten Piazza, zu erreichen über die Via Florida. Einfaches, preiswertes Lokal, das auch von Einheimischen besucht wird, ruhige Außenterrasse. Via del Corvo 6, ✆ 0464/552245.

La Colombera, historisches Landschloss, gar nicht weit vom Zentrum. Sitzplätze im Gewölbe mit Kamin oder draußen unter Weinreben, die Speisenauswahl ist reichhaltig und authentisch. Frazione Sant'Alessandro, Via Rovigo 30, ✆ 0464/556033.

Osteria La Servite, im Örtchen San Giorgo, ein wenig nördlich außerhalb. Wunderbare Lage neben Weinfeldern, umgeben von Rebstöcken, dahinter ragt die pittoreske Burg von Arco empor. Täglich wird *costata taglio Fiorentino* (Florentiner Rumpsteak) serviert, ansonsten kann man lokale Spezialitäten, Wurstwaren und Käse kosten, Teigwaren und Brot sind hausgemacht. 16–23.30 Uhr. Mo geschl. (Okt. bis März nur Mi–Sa geöffnet). ✆ 0464/557411.

• *Nachtleben* **Pub all'Oca**, gemütlich ausstaffierte Kneipe im typischen Pubstil, Ledersofas laden zum Sitzen ein. 18–2 Uhr, Mo geschl. Via Santa Maria 9, gegenüber der Pfarrkirche.

Tetley's Pub Houses, kürzlich von der lauten Hauptstraße ins ländliche Hinterland umgezogen, beliebter Bikertreff, gemütliche Pubatmosphäre, diverse Biersorten. Ortsteil La Grotta, Via Monte Brione 3, Mi geschl.

Erlebnis Natur: Wasserfall Cascata Varone

Wenige Kilometer nördlich von Riva hat man die Gelegenheit, ein überwältigendes Naturschauspiel zu beobachten: Mit unglaublicher Wucht stürzt sich ein fast 100 m hoher Wasserfall durch einen turmhohen Spalt im Fels, ausgehöhlt in einer 20.000 Jahre dauernden Erosion. Verantwortlich dafür ist der darüber liegende Tennosee, dessen abfließendes Wasser einfach im Berg verschwindet. In zwei Stollen, die in den Fels gegraben sind, kann man ganz nah an den Sturzbach herankommen. Binnen kurzem ist man von der Gischt nass bis auf die Haut bei Temperaturen wie in einem Kühlschrank – besonders an heißen Sommertagen eine echte Wohltat.

Öffnungszeiten/Eintritt Nov. bis Febr. nur sonntags 10–17 Uhr; März und Okt. tägl. 9–17 Uhr; April und Sept. tägl. 9–18 Uhr; Mai–August tägl. 9–19 Uhr. Eintritt ca. 5 €, Kinder bis 5 J. gratis, sonst voller Preis.

Riva/Umgebung

Eindrucksvoll thront über der Stadt der steile *Monte Rocchetta* mit einem venezianischen Rundturm in 200 m Höhe (30 Min. zu Fuß) und der *Chiesa Santa Barbara* in 620 m Höhe (ca. 1,5 Std.).

Auf der anderen Seite schiebt sich der 374 m hohe *Monte Brione* wie ein gewaltiger Riegel zwischen Riva und Torbole. Die Westflanke steigt leicht an und bildet einen einzigen großen Olivenhain. An der Ostseite fällt der Fels dagegen senkrecht ab, dort liegen eine Reihe österreichischer Festungen, Bunkeranlagen und Schießstellungen aus der zweiten Hälfte des 19. Jh. und dem Ersten Weltkrieg. Der panoramareiche Aufstieg sollte für rüstige Rivaurlauber fast ein „Muss" sein.

Arco: Das reizvolle Kurstädtchen liegt 6 km nördlich von Riva und besitzt eins der auffallendsten Ortsbilder in Seenähe – das alte Zentrum schmiegt sich eng an einen markanten Steilfels, gekrönt von einer malerisch verfallenen Burganlage, die bereits 1495 vom jungen Dürer verewigt wurde. Auf schmalen Pfaden kann man in etwa 20 Min. durch malerische Olivenhaine hinaufsteigen.

Öffnungszeiten/Eintritt April bis Sept. 10–19 Uhr, Okt. bis März 10–16 Uhr, Januar nur Sa/So. Eintritt ca. 2,50 €, von 12 bis 18 J. und über 65 J. ca. 1,50 €. ✆ 0464/510156.

Lago di Ledro (Ledro-See): Der kleine, malerische Alpensee liegt fast 600 m höher als der Gardasee. 1929 sorgte der stille, tiefblaue See für eine archäologische Sensation. Als man ihn damals für die Wasserversorgung von Riva anzapfte, sank der Wasserspiegel und die Reste einer fast 4000 Jahre alten Pfahlbausiedlung kamen zum Vorschein. Das schön gestaltete *Museo delle Palafitte* in Molina di Ledro zeigt heute einen Großteil der Funde samt dem Nachbau einer Pfahlhütte. Am See gibt es mehrere Campingplätze.

Öffnungszeiten/Eintritt März bis Juni und Sept. bis Nov. Di–So 10–17 Uhr, Mo geschl., Juli/August tägl. 10–18 Uhr, Dez., Jan. und Febr. geschl. Eintritt ca. 3 €, Stud. bis 26 J. 2 €, über 65 J. frei, Familienkarte ca. 6 €. ✆ 0464/508182, www.palafitteledro.it.

Limone, Blick von der Gardesana auf den malerischen Ort

Limone

ca. 1000 Einwohner

Das Örtchen zwängt sich malerisch unterhalb der Steilfelsen ans Ufer des Gardasees – dank seiner herrlichen Lage, wegen der üppigen Blumenpracht und der großen Zitronengewächshäuser ist es Ziel zahlloser Reisegruppen, die ständig mit Bus und Schiff angekarrt werden und die kleine Altstadt überschwemmen.

- *Anfahrt/Verbindungen* Ein kostenpflichtiger Parkplatz liegt wenige Meter oberhalb der Durchgangsstraße (bei der Tourist-Info einbiegen und links), ein weiterer großer Platz am neuen Hafen unten.
- *Information* **IAT**, beim Parkplatz Caldogno, direkt an der Gardesana Occidentale. Reichlich Prospektmaterial in Deutsch. Tägl. 8–22 Uhr. Via IV Novembre 29/L, ✆ 0365/918987, ℻ 954720, www.visitlimonesulgarda.com.

Weiteres Infobüro am **Parkplatz** am neuen Hafen. ✆ 0365/954265.

- *Übernachten* Viele Hotels arbeiten mit Reiseagenturen zusammen.

TIPP! *** **Monte Baldo**, die Herberge am malerischen alten Hafenbecken wurde kürzlich grundlegend renoviert. Gut ausgestattete Zimmer, die meisten mit Balkon und Meerblick, ausgezeichnetes Ristorante (10 % Ermäßigung für Hausgäste) und gut sortierter Weinkeller. DZ mit Frühstück ca. 90–140 €, ohne Seeblick günstiger. Corso Zanardelli 110, ✆/℻ 0365/954021, www.montebaldolimone.it.

*** **Al Rio Se**, familiär geführtes Albergo mit kleinem Pool und gutem Restaurant, hervorzuheben die schöne Panoramaterrasse. Durch einen Weingarten steigt man hinunter zum Seeufer mit schmalem Kiesstrand. Parkplatz. DZ mit Frühstück ca. 84–107 €. Via Nova 12 (etwa 800 m nördlich vom Zentrum), ✆ 0365/954182, 📠 0365/954693, www.hotelalriose.com.

Südlich vom Zentrum liegt **Camping Garda** mit Pool (www.hghotels.com) sowie **Camping Nanzel** (www.campingnanzel.it).

Von Limone nach Gardone Riviera

Die Uferstraße verläuft durch zahlreichen Tunnels. Das kleine Dorf *Campione del Garda* liegt auf einer Landzunge unter senkrecht ansteigenden Felsen. Eine historische Baumwollspinnerei prägte bislang das Ortsbild, doch seit einigen Jahren wird der gesamte Komplex zu einer exklusiven Ferienanlage mit Yachthafen umgebaut, was den Charakter von Campione entscheidend verändern wird. Wiesenflächen unter Oliven- und Laubbäumen liegen an der Ostseite der Halbinsel, am Kiesstrand davor wird gebadet und eine Windsurfschule bietet ihre Dienste an.

Nördlich von Campione führt eine steile, teilweise sehr enge Straße hinauf ins Bergdörfchen *Pieve di Tremosine*. Das Terrassencafé „Miralago" ist fast 400 m über dem Gardasee direkt in die senkrecht abfallende Felswand gebaut – spektakulärer kann ein Ausblick kaum sein.

Gargnano: kleines, ruhiges Städtchen mit nettem Hafenbecken, sehenswert ist die Kirche *San Francesco* mit hübschem Kreuzgang, dessen Kapitelle steinerne Orangen und Zitronen zieren. Der *Palazzo Feltrinelli* etwas nördlich vom Hafen war 1943–45 Sitz der faschistischen „Republik von Salò" unter Hitlers Marionette Mussolini (→ Salò). Seinen Wohnsitz hatte der Duce in der noch weiter nördlich liegenden *Villa Feltrinelli*, die zum Luxushotel ausgebaut wurde.

• *Übernachten* *** **Gardenia al Lago**, im südlich anschließenden Ortsteil Villa, großes Albergo in einem restaurierten Palazzo, elegante Räumlichkeiten, schönes Restaurant in einem Vorbau zum See, Liegeterrasse, Garten mit Olivenbäumen. Die 30 Zimmer sehr unterschiedlich ausgestattet, z. T. Standard, teilweise mit antikem Mobiliar. DZ mit Frühstück je nach Ausstattung ca. 82–290 €. Via Colletta 53, ✆ 0365/71195, 📠 72594, www.hotel-gardenia.it.

** **Riviera**, direkt an der Seepromenade über der Pizzeria da Giorgio (→ Essen & Trinken). Komplett renoviert, stilvolle Einrichtung, freundlich geführt, Frühstücksterrasse zum See. DZ mit Frühstück und Seeblick ca. 80–90 €, sonst ca. 63–73 €. Via Roma 1, ✆ 0365/72292, 📠 791561, www.garniriviera.it.

Camping Rucc, kleiner Grasplatz oberhalb vom Parco Fontanella, 2 Min. zum See. ✆/📠 0365/71805.

• *Essen & Trinken* **Al Lago**, zentral gelegene Pizzeria seitlich vom Hafenbecken, Sitzplätze stimmungsvoll auf einer Plattform über dem See. Mi geschl. ✆ 0365/72759.

Toscolano-Maderno: Doppelort nördlich und südlich vom Toscolano-Fluss, regelmäßige Autofähre nach *Torri del Benaco* am Ostufer. Vor den alten Siedlungskernen hat der Fluss eine ausgedehnte Schwemmlandebene in Form einer Halbinsel gebildet, Campingfreunde finden an beiden Seiten der Flussmündung ansprechende Zeltplätze, auch gibt es dort mehrere Strände.

Das *Valle delle Cartiere* (Tal der Papiermühlen) entlang des Toscolano-Flusses hinter Toscolano-Maderno war im Mittelalter eins der bedeutendsten Zentren der Papierherstellung in Norditalien und blieb es bis ins 19. Jh. Die alten Papiermühlen sind großteils verfallen – eine jedoch wurde zu einem sehr sehenswerten Museum ausgebaut. Das idyllisch grüne Flusstal lässt sich gut zu Fuß (oder per Fahrrad) entdecken, ein Stück weit kann man auch mit dem Pkw fahren – oder man nimmt das Touristenzüglein, das von der Anlegestelle in Maderno etwa 8- bis 12-mal tägl. bis kurz hinter das Museum fährt (ca. 2 € hin/zurück). Zu Fuß braucht man bis zum Museum und wieder zurück ca. 1 ½–2 Std. (Lageplan im Informationsbüro).

Öffnungszeiten/Eintritt **Papiermuseum**, Anfang Juli bis Mitte Sept. Di–So 10.30–17 Uhr, Mai, Juni u. Ende Sept. bis Mitte Okt. Sa/So 10.30–17 Uhr, Eintritt ca. 5 € (für Zugfahrer und unter 18 und über 65 J. 3 €), ✆ 0365/641050.

Gardone Riviera

ca. 3000 Einwohner

Der einstige Nobelurlaubsort der Belle Epoque ist bekannt für seine prachtvolle Vegetation, stolze Zypressen, wertvolle Nadelhölzer und üppige Bananenstauden ziehen sich die steilen Hänge hinauf. Am See unten stehen das altehrwürdige Grand Hotel mit seiner 300 m langen Seeterrasse und eine Reihe weiterer 5-Sterne-Häuser. Heute ist Gardone Riviera ein populäres Ausflugsziel, der berühmte „Vittoriale" und der Botanische Garten locken jährlich Hunderttausende an.

Il Vittoriale degli Italiani: Die Behausung des exzentrischen und faschistisch gesinnten Poeten, Kriegs- und Weiberhelden *Gabriele d'Annunzio* ist wohl die originellste Sight-Seeing-Attraktion am See. Das *Haus* wirkt wie eine Mischung aus Kuriositätenkabinett, Antiquariat und Trödelmarkt. Die engen Gänge und düsteren Räume werden durch bunte Bleiglasfenster nur schummrig erleuchtet und sind voll gestopft mit orientalisch anmutenden Polsterlagern, zahllosen Büchern jeglichen Alters, christlichen Heiligen- und indischen Buddhafiguren. In der benachbarten *Casa Schifamondo* ist noch eine *d'Annunzio-Ausstellung* mit Notizen, politischen und literarischen Entwürfen, Karikaturen, Fotos und Büsten zu bewundern sowie ein ziemlich zusammengewürfeltes und vergleichsweise uninteressantes *Kriegsmuseum* (separate Eintrittsgebühr). Der *Doppeldecker*, mit dem d'Annunzio während des Ersten Weltkriegs in einer gewagten Aktion von Padua bis Wien mitflog, um dort Flugblätter abzuwerfen, hängt in der Kuppel eines Mini-Pantheons. In der ausgedehnten Gartenanlage findet man das *Mausoleum* des Dichters und den eindrucksvoll in den Berghang zementierten Schiffsbug der *Puglia*, mit der der wackere Poet noch kurz nach Beendigung des Kriegs einen Zipfel italienischen Lands zurückerobern wollte, der Jugoslawien zugesprochen worden war.

• *Öffnungszeiten/Eintritt* **Vittoriale** (Gartenanlage), April bis Sept. tägl. 8.30–20 Uhr, Okt. bis März 9–17 Uhr; Eintritt ca. 7 € (Schüler/Stud.-Gruppen, Senioren über 65 und Kinder von 7–12 J. ca. 5 €).

Villa Cargnacco (Prioria) und Vittoriale, April bis Sept. Di–So 9.30–19 Uhr, Okt. bis März Di–So 9–13, 14–17 Uhr, Mo geschl.; Eintritt ca. 12 € (ermäß. ca. 8 €), mit **Il Museo della Guerra** (Kriegsmuseum) ca. 16 € (ermäß. 12 €). Kriegsmuseum April bis Sept. nur Do–Di 9.30–19 Uhr, Mi geschl. ✆ 0365/296511, www.vittoriale.it

Botanischer Garten: Der *Giardino Hruska* liegt wenige Minuten unterhalb des Vittoriale. Anfang des 20. Jh. vom deutschen Zahnarzt Arthur Hruska entworfen, wachsen hier tausende tropischer, subtropischer und alpenländischer Pflanzen zwischen künstlichen Bächen und wilden Kalkfelsen.

Öffnungszeiten/Eintritt März bis Okt. tägl. 9–19 Uhr. Eintritt ca. 9 €, Kinder von 6–11 J. ca. 5 €. ✆ 336-410877, www.hellergarden.com.

Südlich von Gardone Riviera treten die Berge vom Ufer zurück, der flache Südteil des Gardasees beginnt. Bis auf Salò gibt es hier keine größere Stadt und auch die Durchgangsstraße verläuft nicht direkt am See.

Salò

ca. 11.000 Einwohner

Größerer Ort in einer weiten geschützten Bucht – kein Touristenziel, dafür die authentische Atmosphäre eines quirligen Städtchens, in dem Italiener noch die

Hauptrolle spielen. Die lange, schmale Fußgängerzone schlängelt sich parallel zur breiten Uferpromenade vom Uhrturm zur zentralen Piazza Vittoria am See. Der Dom *Santa Maria Annunziata* besitzt einige wertvolle Gemälde, darunter an der linken Seitenwand einen „Heiligen Antonius von Padua“ (16. Jh.).

• *Übernachten* *** **Benaco**, modernes, nicht allzu großes Haus im zentralen Bereich der Promenade, Zimmer mit TV und Seeblick, unten fein aufgemachtes Restaurant. DZ mit Frühstück ca. 95–120 €. Lungolago Zanardelli 44, ✆ 0365/20308, ℻ 21049, www.benacohotel.com.

*** **Lepanto**, hübsche Lage am Ostende der Promenade, in Domnähe. Neun ordentliche Zimmer, meist mit schönem Seeblick, unten im Haus ein Restaurant – wenn man sich durch die damit verbundenen Geräusche nicht stören lässt, eine gute Wahl. DZ mit Frühstück ca. 85 €. Lungolago Zanardelli 67, ✆ 0365/20428, ℻ 20548, www.hotelristorantelepanto.it.

Mehrere Campingplätze liegen an der Südseite der Bucht, zu empfehlen sind **Al Weekend** und **Eden** (www.camping-eden.it).

• *Essen & Trinken* **La Campagnola**, ein Stück zurück von der Durchgangsstraße, im Hinterhaus mit überdachtem Hof, etwas beengte Platzverhältnisse. Die „Osteria con cucina“ bietet hervorragende Seeküche und Pasta aus eigener Produktion, dazu eine der besten Weinkarten weit und breit. Mo und Di-Mittag geschl. Via Brunati 11, ✆ 0365/22153.

Osteria dell'Orologio, ganz zentral in der Fußgängerzone, schöne Osteria im traditionellen Stil, unten großer Tresen und eine Handvoll Tische, im ersten Stock Restaurant mit guter regionaler Küche. Mittags ca. 12–16 Uhr, abends ab 20 Uhr, Mi geschl. Via Butturini 26/a, ✆ 0365/290158.

TIPP! Riolet, nördlich außerhalb am oberen Ortsrand von Fasano Sopra, gemütliche Trattoria hoch über dem See. Schöne Außenterrasse, auch Sitzplätze im Garten, herrlicher Seeblick. Herzhaft traditionelle Küche, hausgemachte Pasta und Süßspeisen, der Holzkohlengrill steht inmitten der Gaststube, günstige Preise. Mi geschl. An warmen Sommerabenden Reservierung sinnvoll, ✆ 0365/20545.

Marionette Hitlers: Die Republik von Salò

Juli 1943. Nach dem Sieg in Nordafrika erobern die Alliierten Sizilien und bereiten die Landung auf dem italienischen Festland vor. „Schluss mit dem Krieg“, diese Meinung breitet sich immer mehr aus. Die faschistische Partei wird aufgelöst, Mussolini zum Rücktritt gezwungen und auf Befehl Königs Vittorio Emanuele III. in einem Berghotel auf dem Gran Sasso in den Abruzzen inhaftiert (→ Region Abruzzen). Am 12. September 1943 befreien ihn von dort in einer spektakulären Aktion deutsche Luftlandetruppen in Lastenseglern. Bereits wenige Tage später muss der ehemalige Duce auf Betreiben Hitlers die faschistische „Repubblica Sociale Italiana“ gründen. Als Standort der Marionettenregierung werden Salò und das nahe Gargnano am Gardasee gewählt. Im April 1945 nähern sich die alliierten Streitkräfte den Alpen. Mussolini flieht zum Comer See, um von dort in die neutrale Schweiz zu gelangen. Doch kurz vor der Grenze wird er von italienischen Partisanen erkannt und zwei Tage später zusammen mit seiner Geliebten Claretta Petacci etwas oberhalb vom See erschossen (→ Comer See, S. 317).

Von Salò nach Desenzano: grüne Wiesen- und Weinlandschaft, sanft hüglig und ohne große Ortschaften, jedoch ziemlich zersiedelt. Es gibt keine durchgehende Uferstraße, sondern schmale Stichstraßen führen zu Kiesstränden mit vielen Dutzend Campingplätzen.

Desenzano siehe S. 301.

Lago d'Idro (Idro-See): beschauliche Alternative zum Rummelplatz Gardasee. Obwohl keine Autostunde entfernt, tut sich hier eine andere, ruhige und erholsame Welt auf. Der lang gestreckte See liegt etwa 390 m über dem Meeresspiegel, eingebettet in bergige Hänge inmitten üppig grüner Wald- und Wiesenvegetation. Wegen der Höhenlage ist das Wasser etwas frisch. Bis auf einige gut besuchte Campingplätze findet man nur wenige touristische Einrichtungen.

Ostufer (Nord nach Süd)

Hier spielt sich der eigentliche Massentourismus ab. Vom steilwandigen Norden um Torbole und Malcésine bis zum flachen Süden um Bardolino gibt es kaum noch unerschlossene Ecken. Campingplätze ziehen sich zu Dutzenden das gesamte Ufer entlang.

Torbole

ca. 900 Einwohner

4 km östlich von Riva del Garda und von diesem durch einen Straßentunnel getrennt. Nur eine Handvoll Häuser unterhalb steiler Felsen, umgeben von einer stetig wachsenden Zahl von Hotels. Als Ort an sich unspektakulär, aber landschaftlich hübsch und das absolute Surferzentrum am See – ein ganzer langer Strandabschnitt ist für das windige Vergnügen reserviert.

Landeinwärts der viel befahrenen Durchgangsstraße liegt das winzige „Altstadtviertel" mit der kleinen Piazza Vittorio Veneto (Casa Alberti mit Gedenktafel an Goethe) und einer einzigen bescheidenen Fußgängergasse. Um das Hafenbecken haben sich vis-à-vis der ehemaligen österreichischen Zollstation nette Ristoranti und Cafés etabliert.

• *Information* **APT**, gut ausgestattetes Büro am südlichen Ortsausgang. Mo–Sa 9–19, So 9–13, 15–19 Uhr. Via Lungolago Verona 19, ✆ 0464/505177, 📠 505643, www.gardatrentino.it.

• *Übernachten* **TIPP!** *** **Villa Stella**, gepflegtes Haus mit Garten und Pool, weit zurück von der Durchgangsstraße, ruhige Lage. Zimmer pikobello, Bike-/Surfdepot, Gymnastikraum, Lift. Die freundliche Frau des Hausherrn stammt aus Holland. DZ mit Frühstück ca. 78–115 €, Family Suite (vier Betten) ca. 125–160 €. Via Strada Grande 42, ✆ 0464/505354, 📠 505053, www.villastella.it.

*** **Casa Romani**, familiäres Albergo mit Zimmern und Apartments, die Chefin spricht fließend Deutsch, netter, kleiner Garten. DZ mit Frühstück ca. 64–72 €, Apartment ca. 60–62 € (2 Pers.) bzw. 90–92 € (4 Pers.). Via Pescicoltura 35 (schräg hinter dem Informationsbüro), ✆ 0464/505113, 📠 548760, www.casaromani.it.

*** **Aktivhotel Santalucia**, das beliebte, farbenfroh gestrichene Haus liegt am oberen Ortsende, am Beginn des Fußwegs nach Nago. Nach einem Besitzerwechsel wurde es vor kurzem ansprechend renoviert und besitzt einen großen, üppigen Garten mit Pool.. Moderne Zimmer, z. T. mit Balkon, deutschsprachige Rezeption, Wellnessbereich, Surf- und Bikegarage, Internetzugang. DZ mit reichhaltigem Frühstücksbuffet ca. 92–120 €. Via Santa Lucia 12, ✆ 0464/505140, 📠 505509, www.aktivhotel.it.

** **Casa Nataly**, in der Altstadt, freundliche und saubere Pension, ruhig, Zimmer mit Balkon und teils Seeblick, Surf- und Bikegarage. DZ mit Frühstück ca. 56–70 €. Piazza Alpini 10, ✆ 0464/505341, 📠 506223, www.gardaqui.net/casanataly.

Die Campingplätze am Ort sind zu 90 % mit Surfern belegt, z. B. **Camping Europa** direkt am Surferstrand, außerdem **Al Porto** und **Al Cor**, beide ebenfalls nah am See.

• *Essen & Trinken* **La Terrazza**, vom Hafen aus wenige Schritte in Richtung Strand, ver-

Ab mittags Wind: Surferhochburg Torbole

glaste Veranda und interessante Speisekarte, auf der u. a. Wels, Barsch, Stör und Hecht angeboten werden. Juli bis Sept. tägl., sonst Di geschl. Via Pasubio 15, ✆ 0464/506083.

• *Nachtleben* **Wind's Bar**, zentral an der Durchgangsstraße, an Augustabenden stehen die Menschen in großen Trauben auf der Straße. Hinten ein paar Stufen hinunter zu einer kleinen Tanzfläche mit Videoschirmen und Bar.

Moby Dick, schräg hinter der Wind's Bar, unter der efeuberankten Fassade mit üppiger Galionsfigur sitzt man gemütlich und trinkt Weißbier.

• *Sport* Die schmale „Düse" am Nordende des Sees gilt als eins der besten Surfreviere der Welt. Hier spürt man nachdrücklich jede Brise, kann Tempo machen und sich im Speedrausch aalen, aber auch unerfahrene Neulinge kommen auf ihre Kosten. Frühmorgens geht es meist gemächlich mit dem **Vento** los – der Alpenwind aus den Bergen im Norden ist oft nur ein mildes Lüftchen und gut für Anfänger geeignet. Er flaut gegen Mittag ab und die **Ora** setzt unvermittelt und heftig aus Süden ein, meist gegen 13 Uhr – dieser Wind ist es, weswegen die Surfcracks kommen.

Die großen Surfcenter liegen im **Parco Pavese** hinter dem Surfstrand, unmittelbar bei Torbole.

Riva siehe S. 284.

Malcésine

ca. 3500 Einwohner

Einer der malerischsten Orte am See. Wahrscheinlich empfand das auch Johann Wolfgang von Goethe so, als er sich hier niederließ, um das Kastell abzumalen und dabei fast als vermeintlicher österreichischer Spion verhaftet worden wäre.

Alt-Malcésine zieht sich den Hang eines Hügels hinauf, der zum See hin steil abfällt. Auf der Spitze thront ein weitläufiges *Skaliger-Kastell*, in dem das sehr informative *Museo di Storia Naturale* die Flora und Fauna des Monte-Baldo-Gebietes zeigt und Entstehung, Geologie und Geomorphologie des Gardasees erklärt. Darunter erstreckt sich ein Gewirr von engen, teils holprigen und sehr steilen Pflasterwegen, kleinen Plätzen und überwölbten Durchgängen. Besonders hübsch ist das Hafenbecken.

Über Malcésine erhebt sich der *Monte Baldo*, mit über 2000 m das höchste Bergmassiv am Gardasee. Die Fahrt mit der Seilbahn auf 1760 m Höhe ist teuer, aber ein Muss.

• *Öffnungszeiten/Eintritt* **Skaliger-Kastell**, April bis Okt. tägl. 9.30–20 Uhr (letzter Einlass 19 Uhr), übrige Zeit nur Sa/So und Feiertage 11–16 Uhr. Eintritt ca. 5 €, über 65 J. 3,50 €, Kinder von 6–13 J. 2 €.

Seilbahn, tägl. 8–18.45 Uhr (Anfang April bis Mitte Sept.), 8–17.45 Uhr (Mitte Sept. bis Mitte Okt.), 8–16.45 Uhr (Mitte Okt. bis Anfang Nov.). Abfahrten alle halbe Stunde. Hin-/Rückfahrt ca. 18 € (einfach 12 €), nur bis Mittelstation ca. 9 € (einfach 5 €). Ermäßigung für Familien ab 3 zahlenden Pers., Kinder von 1–1,40 m und Senioren über 65 J. ✆/✆ 045/7400206, www.funiviedelbaldo.it.

• *Anfahrt/Verbindungen* Das enge Zentrum ist für den motorisierten Verkehr gesperrt, eine Reihe gebührenpflichtiger **Parkplätze** liegt oberhalb der Durchgangsstraße, kostenlos parken kann man neben der **Pfarrkirche**.

• *Information* **IAT**, an der Via Capitanato 6–8, wenige Schritte vom Hafen. Mo–Sa 9.30–12.30, 15–18 Uhr, So 9.30–12.30 Uhr. ✆ 045/7400837, ✆ 6570963, www.malcesinepiu.it.

Weitere **Informationsstelle** (Mo/Di 9–13, 14–18 Uhr, Mi–Sa 9–18 Uhr, So 10–16 Uhr) und **Zimmervermittlung** (Mo 14–18 Uhr, Di–So 11–19 Uhr, So 14–18 Uhr) beim Busstopp an der Gardesana. ✆/✆ 045/7400373, www.gardaportal.de.

• *Übernachten* ****** Casa Barca**, gepflegtes und gastliches Haus, 2007 komplett renoviert, mit schönem Pool und Garage für Mountainbiker und Motorräder, kleiner Wellnessraum mit Sauna, Whirlpool und Dampfsauna. Moderne Zimmer mit Klimaanlage, Sat-TV und Balkon. Freundliche Führung. DZ mit Frühstück ca. 120–160 €. Strada Panoramica 15, ✆ 045/7400842, ✆ 045/6570763, www.casabarca.com.

***** Capri**, das moderne Hotel von Familie Bergonzini steht unterhalb der Strada Panoramica, herrlich unverbauter Seeblick, Dachterrasse, Pool, Parkplatz. Zimmer mit Balkon und TV, gute Küche, die auch Angebote für Vegetarier bereithält. DZ mit Frühstück ca. 90–160 €. Strada Panoramica 26, ✆ 045/7400385, ✆ 7400825, www.hotelcapri.com.

**** Catullo**, wenige Schritte vor der Seilbahnstation zum Monte Baldo, großer Olivengarten mit Pool, ruhig, familiär geführt. DZ mit Frühstück ca. 80–150 €. Via Prori 11, ✆ 045/7400352, ✆ 6583030, www.catullo.com.

**** Casa Bianca**, Garni-Haus mit großem Garten und Parkplatz, geführt von einer deutsch-italienischen Familie. DZ mit Frühstück ca. 64–80 €. Strada Panoramica 47, ✆/✆ 045/7400601, www.casa-bianca.com.

*** Villa Nadia**, ruhiges, familiär geführtes Haus mit Garten und Garage, Zimmer z. T. mit Balkon oder Terrasse, auch Apartments. DZ mit Frühstück ca. 60–80 €. Via Navene Vecchia 54, ✆ 045/7400088, ✆ 6583693, www.villanadia.it.

Zahlreiche Campingplätze im Umkreis von Malcésine, direkt beim Zentrum liegt **Priori** (✆ 045/7400503, ✆ 6583098, www.appartement-prioriantonio.it), weiter nördlich **Tonini**, **Campagnola** und **Claudia**, Richtung Süden **Panorama** und **Bellavista**.

• *Essen & Trinken* **La Pace**, an der kleinen Piazza Magenta (Porto Vecchio) direkt am See, beschauliche Atmosphäre, Seeblick und gute Fischgerichte, wird schnell voll. Di geschl. ✆ 045/7400057.

Osteria alla Rosa, rustikale Osteria/Trattoria mit karierten Decken in einer schlauchförmigen Passage im nördlichen Altstadtbereich. Zu empfehlen sind die hausgemachten Polenta- und Pastagerichte, vor allem die Seefischravioli. Bei schönem Wetter sitzt man im Freien unter Weinreben. Piazzetta Boccara 5, ✆ 045/6570783.

Lido Sopri, Strandlokal in herrlicher Panoramalage am Ende der südlichen Uferpromenade, günstige Pizza, auf den satten Rasenflächen kann man Liegestühle und Sonnenschirme leihen. ✆ 045/7401595.

• *Nachtleben* **Bottega del Vino**, populärer Abendtreff im Zentrum. Hier kann man Gardasee-Weine, Grappa und Liköre kaufen – oder sie gleich an Ort und Stelle trinken, dazu werden kalte Platten, hausgemachte Nudeln und Pizzen gereicht. Corso Garibaldi 19.

ViDoc Enoteca, gemütlich-elegantes Plätzchen abseits vom Trubel, ausgewählte Weine und gute regionale Küche. Gelegentlich Jazz und Folkmusik live. Via Dosso 1, ✆ 045/6570000, www.vidoc.it.

Rockcafé, kleiner, populärer Pub unter einem düsteren Torbogen. Gute Stimmung bis 2 Uhr nachts. Vicolo Porticchetti 16.

Von Malcésine nach Torri del Benaco: weitgehend flache Küste, hinter der aber schnell der steile *Monte Baldo* aufsteigt. Unmittelbar südlich von Malcésine schönes Bild kleiner vorgelagerter Inseln, danach verläuft die Straße fast durchgehend dicht am Wasser – begleitet von einer ununterbrochenen Folge kleiner Campingplätze, Pensionen und Hotels.

Torri del Benaco: Die flache Altstadt wird von einer langen Hauptgasse durchzogen, südlich davon das hübsche Hafenbecken und eine stolze *Skaligerburg*, in der ein sehenswertes Museum untergebracht ist (prähistorische Felszeichnungen, Seefischerei, Olivenverarbeitung), außerdem an der Südmauer eins der letzten funktionsfähigen Zitronengewächshäuser am See. Die Bademöglichkeiten sind gut, vor allem am baumbestandenen Nordstrand *Baia dei Pini*.

• *Öffnungszeiten/Eintritt* **Museum**, April/Mai und Okt. Di–So 9.30–12.30, 14.30–18 Uhr, Juni–Sept. Di–So 9.30–13, 16.30–19.30 Uhr, Mo geschl. Eintritt ca. 3 €, ermäß. 2 €. ✆ 045/6296111.

• *Anfahrt/Verbindungen* Regelmäßige Autofähren gehen nach **Maderno** am Westufer.

• *Übernachten* TIPP! ** **Villa Susy**, am nördlichen Ortsrand zwischen Straße und See, saubere Zimmer mit Balkonen, malerische Seeterrasse unter hohen Zypressen, hervorragende Küche und sehr freundliche Betreuung durch Familie Veronesi, die Hausherrin stammt aus Vorarlberg. Nur mit HP, pro Pers. ca. 57–70 €. Via Gardesana 119, ✆ 045/7225965, ℻ 7225022, www.villasusy.com.

* **Belvedere**, netter Familienbetrieb mit großem Garten und schönem Blick, etwas oberhalb der Gardesana an der Straße nach Albisano. 21 Zimmer, Garage. DZ mit Frühstück ca. 80–105 €. ✆/℻ 045/7225088, www.belvederetorri.com.

TIPP! * **Onda**, an der Straße nach Albisano, fünf Minuten vom Ortszentrum. Freundlich und sauber, 26 Zimmer, alle mit Balkon oder Terrasse, außerdem drei große Apartments für Familien. Frühstücksbuffet auf einer Terrasse im Freien. Parkplatz und Tiefgarage. DZ mit Frühstück ca. 65–80 €. ✆/℻ 045/7225895, www.garnionda.com.

Die beiden einfachen Campingplätze **Oliveti** und **San Remo** liegen in Terrassen am südlichen Ortsausgang über der Gardesana.

TIPP! **Osteria da Ago e Rita**, etwas nördlich außerhalb, direkt an der Gardesana. Traditionelle Küche zu günstigen Preisen, z. B. *pinzimonio* (Dippschale mit Saisongemüse), danach leckere Pasta, zum Schluss Parmaschinken mit frisch gebackenen Brötchen. Nur abends, Mi geschl.

Punta San Vigilio: markante Landzunge zwischen Torri del Benaco und Garda, von der Durchgangsstraße über eine Stichstraße zu erreichen. In der exklusiven *Locanda San Vigilio* aus dem 16. Jh. mit einem der besten Restaurants am Gardasee (Di geschl.) übernachteten schon Otto Hahn, Winston Churchill und Prinz Charles.

In der Nähe findet man die *Baia delle Sirene*, einen schönen Kiesstrand mit Rasen unter alten Olivenbäumen (Duschen, Umkleidekabinen, Tischtennis u. a., Eintritt je nach Saison bis 11 €).

Südlich der Punta San Vigilio treten die Berge zurück und der Lago di Garda weitet sich zum breiten Südteil mit grünen Wiesen, Weinbergen, Olivenbäumen und sanften Hügeln. Gewaltig wie ein Meer wirkt er hier.

Garda

ca. 3300 Einwohner

Viel besuchter Ferienort in idealer Lage, nach Süden und Norden geschützt durch steile Bergrücken mit üppiger mediterraner Vegetation und Zypressen.

An der prächtigen, langen Promenade reihen sich zahlreiche Cafés, Restaurants und Gelaterie, gleich dahinter erstreckt sich der stimmungsvoll verwinkelte Altstadtkern mit überwölbten Wegen und zwei Tortürmen, zwischen denen die Hauptgasse verläuft. Ein Badestrand schließt sich unmittelbar südlich an die Promenade an.

Ruhige Ecke in der Altstadt von Garda

• *Anfahrt/Verbindungen* Großer gebührenpflichtiger **Parkplatz** an der Durchgangsstraße, von dort 2 Min. in die Altstadt.

• *Information* **IAT**, Piazza Donatori di Sangue 1, an der Straße nach Costermano. Mo/Di 9–13, 15–19 Uhr, Mi–Sa 9–19 Uhr, So 10–16 Uhr. ✆ 045/6270384, ℻ 7256720, www.tourism.verona.it, iatgarda@provinvia.vr.it. **Zimmervermittlung** gleich daneben.

• *Übernachten* ** **Degli Olivi**, das familiär geführte Haus liegt mitten im Grünen, landeinwärts der Durchgangsstraße. Vermietet werden Zimmer in drei unterschiedlichen Kategorien (zum See hin mit Balkon bzw. große und kleine Zimmer nach hinten), dazu gibt es gute Küche, denn die „Mamma" kocht selber. DZ mit Frühstück ca. 80–100 €. Via Olivai 2–4, ✆ 045/7255637, ℻ 7255495, www.hoteldegliolivi.it.

** **San Marco**, am Südende der Promenade, kurz vor dem Badestrand. Schmuckes Haus mit grünen Fensterläden, innen sehr behaglich, Frühstücks-/Aufenthaltsraum ähnelt einer Gemäldegalerie, davor Restauranttterrasse. DZ mit Frühstück ca. 70–86 €. Largo Pisanello, ✆ 045/7255008, ℻ 7256749, www.hotelsanmarcogarda.it.

** **Alla Torre**, schlichtes, sauberes Hotel im Stadtzentrum, direkt neben dem südlichen Torturm. In der Bar unten im Haus gelegentlich Livemusik, hinter dem Haus kann man auch draußen sitzen. DZ mit Frühstück ca. 80–100 €. Piazza Calderini, ✆ 045/7256589, ℻ 7255731, www.garda-tourist.com.

Zwischen Garda und dem südlich benachbarten Bardolino liegen mehrere große und gut ausgestattete Campingplätze direkt am Strand (→ Bardolino).

• *Essen & Trinken* **Da Graspo**, zwei kleine, dunkle Räume, ein paar Stühle vor der Tür, eine offene Küche, in der es dampft und brodelt. Es gibt keine Speisekarte – „Das Menü bin ich", sagt Wirt Luca in Anlehnung an das bekannte Zitat des Sonnenkönigs. Dass Qualität und Ambiente stimmen, zeigen der rege Zuspruch und die gute Laune, die hier herrschen. Di geschl. Piazzale Calderini 12 (bei der Hauptkreuzung der Gardesana), ✆ 045/7256046.

Il Giardino delle rane, direkt an der Seepromenade, gleich beim Rathaus. Das Restaurant ist vom Boden bis zur Decke übersät mit Froschfiguren in allen Variationen, vom Porzellanfrosch bis hin zur bestickten Socke – eine Leidenschaft der Inhaberin, die sich durch den Verkauf der Figuren für ein Afrikaprojekt einsetzt. Trotz zentraler Lage prima Küche ohne Affinität zum Massentourismus, Preise okay. ✆ 045/7255278.

La Sirena del Lago, originelles Ristorante mit Bar direkt am Seeufer vor Camping La Rocca, 1963 aus kleinsten Anfängen als Strandbar entstanden. Kitschig-gemütlich, freundlich geführt, gute Seeküche. Im Rahmen eines kleinen Uferspaziergangs gut zu erreichen. ✆ 045/6210015, www.barsirena.it.

TIPP! Hostaria La Cross, mehrere Leserempfehlungen für die gemütliche Osteria von Andrea und Fausto. Jeden Tag wird aus der Karte ein anderes Menü zusammengestellt. Lecker z. B. die hausgemachten Tortellini mit Ricotta und Trüffel. Di geschl. Via della Pace 4 (neben einem Kreisverkehr in Richtung Costermano), ✆ 045/7255795.

• *Shopping* Jeden Fr 6–15 Uhr großer **Markt** an der Uferfront.

Bardolino

ca. 5500 Einwohner

Beliebter Ferienort mit freundlicher Altstadt, in den breiten, weitgehend rechtwinkligen Gassen kann man gemütlich bummeln. Am See lange Promenade zwischen zwei weit vorspringenden Halbinseln – schön zum Spazierengehen, man kann am Wasser entlang sogar bis Garda laufen. Badestrände gibt es zu beiden Seiten des Orts, teils gebührenpflichtig. Im Nachbarort Cisano präsentiert das *Museo dell'Olio* anhand vieler Exponate die Geschichte der Olivenölgewinnung.

Bardolino ist bekannt für den gleichnamigen Rotwein, ein einfacher, süffiger Tropfen, der in den Plantagen um den Ort wächst.

• *Öffnungszeiten/Eintritt* **Museo dell'Olio**, Mo–Sa 9–12.30, 14.30–19, So 9–12.30 Uhr, Eintritt frei.

• *Anfahrt/Verbindungen* Großer **Parkplatz** an der Durchgangsstraße, landeinwärts der Kirche San Severo.

• *Information* **IAT**, direkt an der Gardesana, Piazzale Aldo Moro 5. Mo/Di 9–13, 15–19 Uhr, Mi–Sa 9–19 Uhr, So 10–16 Uhr. ✆ 045/7210078, ✆ 7210872, www.tourism.verona.it, iat.bardolino@provincia.vr.it.

Zimmervermittlung gleich daneben.

• *Übernachten* *** **Quattro Stagioni**, mitten in der Altstadt, doch sehr ruhig, herrlicher Garten mit üppiger mediterraner Vegetation und hübschem Pool, Wellnesscenter, großer, schattiger Parkplatz. Einrichtung z. T. mit Antiquitäten, gemütlich. DZ mit Frühstück ca. 100–150 €. Borgo Garibaldi 25, ✆ 045/7210036, ✆ 7211017, www.hotel4stagioni.it.

*** **Alla Riviera**, Villa aus dem 19. Jh. zentral im Ortskern direkt an der Seepromenade. Die ansprechenden Zimmer besitzen Teppichboden und sind z. T. modern, teils mit Stilmöbeln eingerichtet, jeweils Föhn, Sat-TV und kleiner Balkon. Große Sonnenterrasse und Kiesgarten mit Palmen. Sergio spricht gut Deutsch. Parken ca. 5–9 €. DZ mit Frühstück ca. 80–125 €. Lungolago Lenotti 12, ✆/✆ 045/6212600, www.allariviera.it.

* **Valbella**, nettes Haus mit Garten in den Hügeln 2 km vom Zentrum. Wunderschöner Seeblick, Parkplatz. DZ mit Frühstück ca. 75 €. Via San Colombano 38, ✆/✆ 045/6212483, www.valbellabardolino.com.

B & B SoleLuna, mitten im Grünen, etwa 15 Fußmin. vom Zentrum. Großer, üppiger Garten, gepflegte Zimmer, Pool. DZ mit gutem Frühstücksbuffet ca. 75–80 €. Contrada Ceole 19, ✆ 045/7210065, www.bb-soleluna.com.

Vor allem nördlich von Bardolino liegen einige große und gut ausgestattete Campingplätze mit langen Badezonen:

Comunale San Nicolò, der stadtnächste Platz, schmaler Strand mit Badesteg, nur z. T. schattige Stellplätze. ✆/✆ 045/7210051, www.campeggiobardolino.it.

Continental, schattiger Platz mit Pappeln und Olivenbäumen, davor schöne Strandzone mit Grasböschung. ✆ 045/7210192, ✆ 7211756, www.campingarda.it.

Serenella, großes Gelände, gut beschattet durch Laubbäume, großer Pool mit Kinderbecken, Kinderspielplatz, 250 m langer Strand. Keine Motorräder! ✆ 045/7211333, ✆ 7211552, www.camping-serenella.it.

La Rocca, riesiger Platz südlich unterhalb der Rocca von Garda, durch die Gardesana in zwei Teile getrennt. Großer Pool und Kinderbecken, 300 m Strand. ✆ 045/7211111, ✆ 7211300, www.campinglarocca.com.

• *Essen & Trinken* **Al Giardino delle Esperidi**, kleine, feine Enoteca mit Plätzen im Hinterhof unter einer Pergola. Einfallsreiche Küche. Mi-Mittag und Di geschl. Via Mameli 1, ✆ 045/6210477.

La Strambata, gut eingeführtes und dementsprechend touristisches Grillrestaurant mit Pizzeria. Hausspezialität ist die *pizza a metro*, aber auch sonst große Auswahl: Risotto, Spaghetti, Forelle, Spiedino misto, Speck vom Schneidebrett. Flinker Service. Via Fosse 27, ✆ 045/7210110.

Ca'del Vini (Vini Veronesi e Nazionali), nett

aufgemachtes Lokal in einer kleinen Sackgasse des Corso Umberto. Kompetente und freundliche Beratung, zu den Weinen werden *bruschette*, aber auch Hauptgänge gereicht. Via Palestro 12, ✆ 045/6210006.

Da Angelo, im Nachbarort Cisano führt ein schmales Gässchen von der Gardesana etwa 100 m hinauf zu dieser ruhigen und unscheinbaren Trattoria. Hier isst man zu unschlagbar günstigen Preisen (Primo 4,50 €, Secondo ab 7 €). Meist wird eine Hand voll Fleischgerichte angeboten, dazu eine Auswahl an Saisongemüse sowie Pasta und Minestrone. Fisch und Pizza gibt es nicht. Mi geschl.

• Nachtleben **Hollywood**, populäre Disco etwas landeinwärts vom Zentrum. Geöffnet Do–So. Via Montavoletta 11, ✆ 045/7210580, www.hollywood.it.

• Shopping Jeden Do riesiger **Markt** an der Promenade.

Lazise: sehenswerter, kleiner Ort innerhalb einer prächtig erhaltenen Stadtmauer mit Wehrtürmen und drei Toren, benachbart eine große *Skaligerburg*. Viel Platz auf der breiten Promenade, dort auch der intime kleine Hafen, wo nebeneinander eine alte venezianische Zollstation *(Dogana Veneta)* und die romanische Kirche *San Nicolò* stehen. Langer Strand (mit Eintritt) südlich vom Ort.

2 km weiter liegt *Canevaworld*, der größte Wasserpark im Gardaseegebiet, und kurz vor Peschiera der berühmte Vergnügungspark *Gardaland*.

• Information **IAT** am Hafen rechts, neben Hotel Alla Grotta. Mo–Sa 9–13, 15–19, So 9–13 Uhr. ✆ 045/7400555 o. 7580114, ℻ 7581040, www.tourism.verona.it, iatlazise@provincia.vr.it.

• Übernachten *** **Sirena**, großes Haus am Nordende der Promenade, Pool im Garten, Parkplatz, Ristorante, Seeblick. DZ mit Frühstück ca. 70–135 €. Via Roma 4/6, ✆ 045/7580094, ℻ 6470597, www.hotelsirenalazise.com.

* **Santa Marta**, ca. 1 km südlich vom Ortszentrum, Einfahrt von der Gardesana aus, Garage. Das große, üppig grüne Anwesen liegt zwischen Weinreben und Obstbäumen, solide eingerichtete Zimmer, nette Frühstücksterrasse, schnell ist man am Strand. DZ mit Frühstück ca. 70–110 €. Via Sentieri 13, ✆ 045/7580026, ℻ 7580639.

La Tinassara, das historische Residence-Haus liegt in den Hügeln, etwas oberhalb von Lazise. Die geräumigen Zimmer sind mit Holz rustikal eingerichtet, Blick auf den Garten oder auf den See. Im Garten kleiner Pool. DZ mit Frühstück ca. 80–120 €. Via Vallesana 18, ✆ 045/6470088, ℻ 6470098, www.latinassara.com.

Im Umkreis liegen außerdem zahlreiche Campingplätze:

Municipale, der einzige Platz nördlich vom Zentrum, durch die Promenade vom See getrennt. ✆ 045/7580020, ℻ 7580549.

Du Parc, unmittelbar südlich vom Ortskern, direkt am 300 m langen Strand. ✆ 045/7580127, ℻ 6470150, www.campingduparc.it.

Weiter südlich findet man die besonders großen und gut ausgestatteten Plätze **Spiaggia d'Oro** (www.campingspiaggiadoro.com), **La Quercia** (www.laquercia.it) und **Ideal** (www.camping-ideal.it), auf denen keine Motorräder erlaubt sind.

Piani di Clodia, Vier-Sterne-Platz, modern und großzügig, tolle Poollandschaft. ✆ 045/7590456, ℻ 7590939, www.pianidiclodia.it.

• Essen & Trinken **TIPP!** **Al Castello**, Pizzeria in einer schönen Loggia neben dem südlichen Stadttor, Sitzplätze in einem großen Garten, oft bis auf den letzten Platz belegt, trotzdem meist guter Service und leckere Pizzen. ✆ 045/6471022.

Südufer (Ost nach West)

Flache Wiesen- und Waldlandschaft und drei Ortschaften mit der Tendenz zur Zersiedlung. Wegen der nahen Städten Verona und Brescia sind die Strände im Sommer überfüllt.

Peschiera del Garda: geschäftige Stadt mit großen Werften. Die Altstadt – in einer venezianischen, später von den Österreichern ausgebauten Festung mit baumbewachsenen Bastionen und Mauern in Form eines fünfzackigen Sterns – liegt unmittelbar in der Mündung des Mincio-Flusses und ist völlig von Wasser umgeben. Hier hielt sich im 19. Jh. der letzte österreichische Widerstand gegen die Freiheitskämpfer in Oberitalien. Ein langer Kiesstrand liegt westlich vom Ortskern, dort gibt es auch mehrere Campingplätze.

Gardaland – Lass Dich überraschen ...

Der abwechslungsreiche, Disneyland nachempfundene Vergnügungspark nördlich von Peschiera ist der Anziehungspunkt am südlichen Gardasee – Achterbahnen, Afrika-Safari und Wildwasserfahrten zwischen Tal der Könige, Grand Canyon, Merlins Burg, Flying Island und Korsarenschiff. Neu seit 2009 ist die 19.000 qm große Aquarienlandschaft.

Öffnungszeiten/Eintritt Anfang April bis Anfang Okt. tägl. 10–18 Uhr, Ende Juni bis Mitte Sept. 9–23 Uhr (mit nächtlichen Lasershows), Okt. und Nov. nur an Wochenenden 10–18 Uhr. Eintritt ca. 35 € (Erw.) bzw. 29 € (Kinder über 1 m Größe bis zu 10 J.). Abendeintritt (ab 20 Uhr) 22 €, Kinder 20 €. Schwerbehinderte (100 %) und Kinder bis 1 m Größe frei. ✆ 045/6449777, www.gardaland.it.

Sirmione

ca. 5000 Einwohner

Einer der meistbesuchten Orte am See, die kleine, liebevoll herausgeputzte Altstadt liegt äußerst malerisch am Ende einer kilometerlangen, steil ins Wasser ragenden Halbinsel. Ein echtes Städtchen für Fußgänger, denn nur wenige autorisierte Fahrer dürfen ihre Benzinkutschen durch die engen Kopfsteinpflastergässchen bugsieren.

Den Eingang zur Altstadt bildet ein imposantes *Skaliger-Kastell,* das ganz von Wasser umgeben ist. Hinter dem kompakten Centro storico erstrecken sich baumreiche Gärten bis zur Spitze der Landzunge. Ganz am Ende liegen die *Grotten des Catull,* die weitläufigen Ruinen einer römischen Palastanlage aus der Kaiserzeit mit aufwändigen Thermalanlagen und hohen Gewölben (im Hochsommer Anfahrt mit Elektrobahn möglich). Gute Bademöglichkeiten findet man an mehreren kleinen und großen Stränden um die Stadt (→ Baden).

Die Wasserburg von Sirmione

Anfahrt/Verbindungen/Information/Öffnungszeiten

• *Anfahrt/Verbindungen* Am Zufahrtsdamm, ca. 500 m vor der Altstadt, liegen mehrere große **Parkplätze** mit hohen Preisen. Direkt vor der Altstadt weitere Parkbuchten mit Parkuhren, es wird intensiv kontrolliert.

• *Information* **IAT**, Viale Marconi 2, am Zufahrtsdamm, wenige hundert Meter vor der Skaligerburg. ✆ 030/916114, ℻ 916222, www.bresciaholiday.com, iat.sirmione@tiscali.it. **Auskunftsbüro der Hoteliersvereinigung**

(Associazione Albergatori) nur im Sommer am Beginn vom Damm rechts, Località Colombare. ✆ 030/919322, www.sirmionehotel.com.

• *Öffnungszeiten/Eintritt* **Burg**, Di–So 8.30–19 Uhr, Mo bis 13 Uhr, im Winter 8.30–16.30 Uhr. Eintritt ca. 5 €.

Grotten des Catull, März bis Mitte Okt. Di–So 8.30–19.30 Uhr, So 9–18 Uhr, Mo geschl., übrige Monate bis 17 Uhr, So bis 14 Uhr. Eintritt ca. 6 €, frei unter 18 und über 65 J.

Übernachten

Die gehobenen Hotels verstecken sich an der Spitze der Halbinsel im Grünen, am Zufahrtsdamm liegen auch einfachere Quartiere. Besonders stimmungsvoll wohnt man direkt in der Altstadt (An- und Abfahrt nur mit Passierschein vom Tourist-Info).

*** **Degli Oleandri**, in der Gasse hinter der Burg, hübsche Herberge mit geschmackvoll-antiker Einrichtung, Speisesaal mit gewölbter Decke, kleine Dachterrasse. DZ mit Frühstück ca. 80–120 €. Via Dante 31, ✆ 030/9905780, ℻ 916139, www.hoteldeglioleandri.it.

*** **Garten Lido**, an der Westseite der Halbinsel, 15 Fußminuten ins Zentrum. Ruhig gelegenes Haus mit eigenem kleinem Strand, Badesteg und Garten, vor dem Haus Parkplatz. Restaurant und Bar. Zimmer mit TV, z. T. Balkon. DZ mit Frühstück ca. 80–150 €. Via XXV Aprile 4, ✆ 030/916102, ℻ 916170, www.hotelgartenlido.com.

** **Bagner**, in Colombare in der Nähe vom Sporthafen, nicht weit vom Wasser. Ruhig gelegenes, familiär geführtes Albergo mit kleinem Pool und Garten. DZ mit Frühstück ca. 55–80 €. Via G. Leopardi 1, ✆ 030/9196146, ℻ 9904208, www.hotelbagner.com.

• *Feriendörfer* **The Garda Village**, westlich von Colombare am Fuß der Halbinsel, neben Camping San Francesco. Großzügig konzipierte Feriensiedlung direkt am See. Reihenbungalows (jeweils TV mit deutschem Programm) und geräumige Mobil Homes inmitten satter Wiesenflächen. Vor der Anlage Kiesstrand, außerdem schöne Poolanlage. Kinderspielplatz, Sportmöglichkeiten, großzügiges Restaurant mit Seeblick, allabendliche Performance im Amphitheater. Im Hochsommer durch Reiseveranstalter belegt, in der NS aber auch Platz für Individualbucher. Standardbungalow ca. 60–137 €, Komfortbungalow 72–162 €, Mobil Home 50–115 €. ✆ 030/9904552, ℻ 9904560, www.gardavillage.it.

• *Camping* **San Francesco**, großer, aufmerksam geführter Platz westlich vom Zufahrtsdamm nach Sirmione. Dichte Pappeln ziehen sich bis zum Wasser hinunter, dort ist schattiges Baden möglich. Große Poolanlage, Sporteinrichtungen, sehr gute Sanitäranlagen (Einzelwaschkabinen), gemütliches Restaurant mit Enoteca ✆ 030/9110245, ℻ 9119464, www.campingsanfrancesco.com.

Sirmione, in Colombare, Lido Galeazzi (bei Tourist-Info in Colombare östlich abzweigen). Gut ausgestatteter Platz mit Bungalows, Pools, Strand und Surfschule. Via Sirmioncino 9, ✆ 030/9904665, ℻ 919045, www.camping-sirmione.com.

Essen & Trinken

In zahllosen Restaurants, Eisdielen und Bars kann man sich verwöhnen lassen, zahlt aber oft reichlich für eher mittelmäßige Qualität.

La Nuova Botte, hier stimmt alles – riesige Pizzen, gut angemachte Nudeln und wunderbare Fleisch- und Fischgerichte, dazu eine wirklich aufmerksame Bedienung. Leider nur wenige Außenplätze. Di geschl. Via Antiche Mura 21, ✆ 030/916273.

TIPP! **Al Torcol**, Osteria in sehr hübscher Lage mitten im Ort, man sitzt an einigen Tischen auf terrassenförmigen Stufen vor dem Haus oder gegenüber im idyllischen, kleinen Garten unter Weinranken. Hausgemachte Pasta mit außergewöhnlichen Saucen, Fischgerichte und gute internationale Weinauswahl, beste Bedienung und gehobener Standard. ✆ 030/9904605.

Al Porticciolo, am Zufahrtsdamm, beim kleinen Sporthafen Porto Galeazzi, beliebtes Ristorante hinter schützender Verglasung, davor verläuft der Uferweg. Oft bis auf den letzten Platz besetzt. ✆ 030/9196161.

Lido delle Bionde, nettes Restaurant mit tollem Seeblick am gleichnamigen Strand, nicht teuer, hier kann man auch in Badekleidung essen. ✆ 030/916495.

Baden

Spiaggia Parrocchiale, direkt im Ort die Via Antiche Mura an der Kirche Santa Maria Maggiore vorbei bis zum Ende, dort mächtiger Wachturm und breite Kiesfläche mit kleinem Strand (Bar La Torre mit herrlichem Seeblick). Hier beginnt auch ein Panoramaweg am Ufer entlang Richtung Norden.

Lido delle Bionde, viel besuchter Kiesstrand mit Olivenbaumwiesen, am Nordende begrenzt von einem senkrechten Uferabbruch. Es gibt einen langen Badesteg und ein Restaurant/Bar.

Lido Brema: westlich vom Fuß der Halbinsel, eine besonders entspannende Ecke. Eingelagert zwischen weiten Rasenflächen und Schilfzonen liegt der kleine, ruhige Kiesstrand mit der netten Bar „Il Fiore".

Desenzano: Größte Stadt am See, sehr lebendig, Tourismus spielt noch nicht die Hauptrolle. Die lange Durchgangsstraße läuft unmittelbar am See entlang, dort liegen der große, neue Hafen und das intime alte Hafenbecken. Wenige Schritte landeinwärts findet man den Dom *Santa Maria Maddalena* mit zahlreichen hochkarätigen Gemälden („Abendmahl" von Tiepolo in der zweiten Kapelle links) und die geräumige *Fußgängerzone* mit tiefen Laubengängen. Sehr sehenswert sind westlich vom Dom die weitläufigen Ausgrabungen einer *römischen Villa* mit einem großen Mosaikfußboden.

• *Öffnungszeiten/Eintritt* **Römische Villa**, März bis Okt. 9–18.30 Uhr, Nov. bis Februar 9–17 Uhr (nur Antiquarium). Eintritt ca. 4 €, bis 18 und über 65 J. frei.

• *Anfahrt/Verbindungen* **Pkw**, ein gebührenpflichtiger Parkplatz liegt neben der Busstation an der Uferstraße, zwei weitere an der Via Antonio Gramsci westlich vom Hafen, Nähe römische Villa.

Bahn, Desenzano liegt an der Bahnlinie Venedig-Verona-Mailand (ab Verona ca. 30 Min.). Bahnhof liegt etwas südlich vom Zentrum, der Viale Cavour und seine Fortsetzung führen genau geradeaus zum Alten Hafen.

• *Information* **IAT** im Palazzo Todeschini am Alten Hafen. Mo/Di und Do–Sa 9–18 Uhr, Mi 9–15 Uhr, So geschl. ✆ 030/9141510, ℻ 9144209, www.bresciaholiday.com,

• *Übernachten* *** **Mayer e Splendid**, altehrwürdiges Haus am Hauptplatz beim Hafen, schon länger nicht modernisiert, aber gerade deshalb mit Charme. Breite Treppenaufgänge und ordentliche Zimmer mit TV, teils Balkon mit schönem Blick auf Platz und See. DZ mit Frühstück ca. 80–98 €, Parken ca. 5 €. ✆ 030/9142253, ℻ 9142324, www.hotelmayeresplendid.com.

• *Essen & Trinken* **Corte Pozzi**, originelle Lage in einem Innenhof, umgeben von dreistöckigen Fassaden. Schwergewicht auf Gegrilltem, z. B. Spieß nach Art von Brescia und Florentiner Steak, dazu eine große Auswahl an Weinen. Mi geschl. Via Stretta Castello 12, ✆ 030/9141980.

La Cantina dè Corte Pozzi, gepflegte Weinkneipe, wo die Schinken von der Decke baumeln und auf der Theke verführerische Leckereien aufgereiht sind. Via Castello 15. ✆ 030/9141980.

Wenige Kilometer östlich vom Gardasee liegt das Ausflugsziel **Verona** mit dem Balkon der Julia und der riesigen römischen Arena (→ Venetien, S. 170).

Südlich vom Gardasee

Die ruhige, hüglige Landschaft mit Wiesen und Weinfeldern lässt heute nicht mehr ahnen, dass hier vor über hundert Jahren erbitterte Kämpfe stattfanden – die italienischen Befreiungskriege gegen die Österreicher. Doch auf Spuren der Schlachten trifft man noch überall, vor allem im kleinen Ort Solferino, der zum Symbol geworden ist.

Solferino: „Hier wurde die Idee des Roten Kreuzes geboren“, steht auf den Ortsschildern zu lesen. Im Juni 1859 tobte die blutige Schlacht von Solferino, in der die piemontesischen (italienischen) und französischen Truppen die Österreicher entscheidend schlugen. Nach dem Kampf lagen 40.000 Tote und Schwerverwundete ohne hinreichende Versorgung auf dem Schlachtfeld. Dieses schreckliche Erlebnis rüttelte den Schweizer Kaufmann Henri Dunant so auf, dass er fortan hartnäckig und voller Engagement die Gründung einer internationalen Hilfsorganisation verfolgte. Im Ortskern steht ein *Museo Storico Risorgimentale* mit den Relikten des Krieges von 1859. Daneben führt eine Zypressenallee hinauf zur *Chiesa Ossario* (Beinhaus), bis zur Decke gestapelt ruhen darin die Gebeine der Gefallenen aller Nationen. Auf dem Burghügel steht die *Rocca*, ein Viereckstürm mit Erinnerungstücken an die Schlacht.

• *Öffnungszeiten/Eintritt* **Museo Storico Risorgimentale**, März bis Sept. Di–So 9–12.30, 14.30–19 Uhr, Mo geschl., übrige Zeit des Jahres nach Vereinbarung (✆ 376-854019); Eintritt ca. 3 €, Kinder 1,50 €. **Rocca**, Di–So 9–12, 14–18 Uhr, Mo geschl. Eintritt ca. 2,50 €, Kind. 6–13 J. 1 €.

San Martino della Battaglia: Etwas außerhalb thront auf einer Anhöhe das *Monumento della Battaglia*, ein 74 m hoher, trutziger Turm, der in eindrucksvollen Wandgemälden die Geschichte der italienischen Einigungsbewegung darstellt. Hinter dem Turm steht das Kriegsmuseum *Museo della Battaglia* und an der Zufahrtstraße kann man zum *Ossario* (Gebeinhaus) hinübergehen.

• *Öffnungszeiten/Eintritt* **Monumento e Museo della Battaglia**, März bis Sept. tägl. 9–12.30, 14.30–19 Uhr, Okt. bis Febr. Di–So 9–12.30, 14–17.30 Uhr (Mo geschl.), Eintritt ca. 5 €, Kinder 6–13 J. 2 €.

• *Übernachten/Essen & Trinken* **TIPP! Le Preseglie**, gepflegter Agriturismo mit Swimmingpool und Wellnessbereich auf einem Weingut, ausgezeichnete Apartments im höherpreisigen Bereich. Christina ist sehr gastfreundlich und spricht gut Deutsch. Das ausgezeichnete Restaurant **Fenil Conter** liegt 2 km entfernt und wird von ihren Eltern betrieben. Località Preseglie, ✆ 030/9108195, 📠 9108768, www.agriturismolepreseglie.com.

Valeggio sul Mincio: etwa 8 km südlich von Peschiera del Garda. Kleine, im Zentrum recht hübsche Stadt, überragt von einer großen Skaligerburg. Hauptsehenswürdigkeit ist der 50 ha große *Parco Giardino Sigurtà*. In 40-jähriger Arbeit hat der Conte Carlo Sigurta mit dem Wasser des Mincio ein trockenes Hügelgebiet in eine fruchtbare mediterrane Landschaft mit prächtiger Wald- und Wiesenflora und kleinen Teichen verwandelt. Besichtigung nur zu Fuß, per Fahrrad, Golfmobil, Elektrodreirad („Biga“) oder mit einer Bimmelbahn, die das Gelände in einer guten halben Stunde durchquert.

Öffnungszeiten/Eintritt **Parco Giardino Sigurtà**, April bis Sept. tägl. 9–19 Uhr, März, Okt. und Nov. bis 18 Uhr, Eintritt ca. 12 € pro Pers., Kind (5–14 J.) 6 €, über 65 J. 8,50 €, Trenino ca. 2,50 € (bis 5 J. gratis). ✆ 045/6371033, www.sigurta.it.

Borghetto di Valeggio sul Mincio: Das kleine Örtchen am Mincio besitzt ein malerisches altes Mühlenviertel mitten im Fluss sowie ein eindrucksvolles Monument des ausgehenden 14. Jh. – der 600 m lange *Ponte Visconti* zieht sich als gewaltiges Backsteinbauwerk über den Mincio, die Straße nach Solferino führt darüber. Was heute als Brücke fungiert, war allerdings ursprünglich ein gigantischer Staudamm. Der Visconti-Herrscher Giangaleazzo hatte nämlich die perfide Idee, das Wasser des Mincio zu stauen und so den schützenden See um die weiter südlich gelegene Gonzagastadt Mantua trocken zu legen.

• *Essen & Trinken* **Enoteca Divin Osteria**, exponierte Lage im Mühlenbezirk, gute Tropfen mit Bruschetta. Do geschl.

TIPP! Antica Locanda del Mincio, traditionsreiches Ristorante an der Westseite des Flusses, historischer Innenraum, draußen sitzt man lauschig unter Linden. Zu den Spezialitäten zählen Mincio-Aal und andere Flussfische, außerdem die mit Kürbisbrei gefüllten Tortellini, eine Spezialität der Region. Mi-Abend und Do geschl. ✆ 045/7950059.

La Vecchia Bottega, direkt neben der Antica Locanda del Mincio, leckere hausgemachte Kürbistortellini und wunderschön zum Sitzen. Auch Verkauf von Spezialitäten. Mo geschl. ✆ 045/6370183.

Mantua

Mantova • ca. 60.000 Einwohner

Nur knapp 40 km südlich vom Gardasee liegt die ehemalige Residenzstadt der Gonzaga-Herzöge auf einer Halbinsel im Flussknie des Mincio.

Das historische Zentrum besteht aus mehreren aufeinanderfolgenden Plätzen, eingefasst von schönen, alten Bürgerhäusern mit Laubengängen. Die verschwenderisch geschmückten Palazzi waren seinerzeit bedeutende Zentren der Renaissance und noch heute sind hier einige der schönsten Meisterwerke dieser Epoche zu betrachten: die herrlichen Fresken von Andrea Mantegna (1431–1506) im Palazzo Ducale und die fantastisch-allegorische Ausstattung des Palazzo del Te.

• *Anfahrt/Verbindungen* **Pkw**, Mantua liegt an der A 22 von Verona nach Modena, Ausfahrt Mantova Nord. Parkplätze gibt es östlich (Lungolago dei Gonzaga) und nördlich vom Zentrum (Viale Mincio).

Bahn, Bahnhof am Fluss (Lago Superiore) westlich vom Zentrum. In die Altstadt die Via Solferino schräg nach links nehmen, ca. 10 Min.

• *Information* **IAT**, Piazza Mantegna 6, rechts um die Ecke der Kirche Sant'Andrea. Es wird Deutsch gesprochen. Tägl. 9–18 Uhr. ✆ 0376/432432, ℻ 432433, www.turismo.mantova.it.

• *Übernachten* *** **Bianchi Stazione**, direkt vor dem Bahnhof, geschmackvolle Ausstattung, Zimmer ansprechend modern, jeweils Klimaanlage, hinten begrünter Innenhof zum Sitzen. DZ ca. 90–110 €, Frühstück extra, kostenpflichtiger Parkplatz. Piazza Don Leoni 24, ✆ 0376/326465, ℻ 321504, www.albergobianchi.com.

B & B Corte Posta, nördlich der Stadt, in Mantova Nord von der Autobahn abfahren. Gepflegtes Haus mit schönen Zimmern und großem Garten, Fahrradverleih, WiFi gratis. DZ mit Frühstück ca. 45–100 €. Via Ostiglia 1, ✆/℻ 0376/370422, www.corteposta.it.

Camping Corte Chiara, kleiner Agricamping mit Pool und Spielgeräten nördlich von Mantua, zu erreichen von der SS 62 nach Verona. März bis Okt. Strada Tezze 1, Località Sant'Antonio di Porto Mantovano, ✆/℻ 0376/390804, www.agriturismocortechiara.com.

• *Essen & Trinken* **Antica Osteria Broletto**, in einem überwölbten Durchgang am Nordende der Piazza Broletto, populär und gemütlich, vom Mittagsimbiss bis zum Menü ist hier alles zu haben, z. B. *salame Mantovana con polenta, luccio in salsa verde, stracotto Mantovano* und *tortelli di zucca*. Di geschl. ✆ 0376/225420.

Antica Hostaria Leoncino Rosso, nett eingerichtete Trattoria unter einem hohen Torbogen an der Rückfront der Piazza Broletto, im Sommer auch draußen einige Tische. So-Abend geschl. Via Giustiziati 33, ✆ 0376/323277.

Jeden Donnerstagvormittag findet in Mantua ein riesiger **Markt** statt, der einen großen Teil der Innenstadt in Beschlag nimmt.

Sehenswertes

An der kleinen Piazza Mantegna steht die gewaltige Kirche *Sant'Andrea*, ein gigantischer Renaissancebau mit gotischem Campanile, Riesenkuppel und turmhohem Eingangsportal, dessen Rundung sich in der Tonnenwölbung des monumentalen Innenraums fortsetzt. In der ersten Seitenkapelle links liegt das Grab Mantegnas.

Die Piazza Sordello ist mit Palazzo Ducale, Dom und zinnenbewehrten Stadtpalästen das repräsentative Zentrum der Stadt. Der *Dom* zeigt sich als eine Mixtur verschiedenster Epochen – klassizistische Fassade, gotische Elemente, romanischer Glockenturm. Das Innere ist in streng klassischen Formen gehalten, korinthische Säulen trennen die fünf Schiffe voneinander ab.

Palazzo Ducale: Die gewaltige Ausdehnung dieses Palastes, der mit seinen 500 (!) Räumen der größte Italiens ist und nahezu stadtähnliche Ausmaße hat, lässt sich von außen kaum erahnen. Die zahlreichen Gebäudeflügel der Gonzaga-Residenz wurden im Lauf mehrerer Jahrhunderte aneinander angeschlossen und ergeben architektonisch ein ziemlich kunterbuntes Bild. Sie gruppieren sich um mehrere Innenhöfe bzw. Gartenanlagen und stehen mit dem mittelalterlichen Castello di San Giorgio in Verbindung. Nur ein Teil der Räume, Säle und Galerien kann besucht werden, trotzdem ist der Rundgang relativ lang und genügt, um einen Eindruck von der Prachtentfaltung der Renaissance- und Barockfürsten zu bekommen.

Ein Höhepunkt ist die „Camera degli Sposi" mit den Fresken Mantegnas. Gerade mal 3 Min. darf man sich hier aufhalten, denn die Bilder könnten durch die Feuchtigkeit des menschlichen Atems beschädigt werden. Zwei große Gemälde mit Themen aus dem Leben der Gonzaga beherrschen die Wände des Raums, ihre Wirklichkeitsnähe und detailgetreue Darstellung sind faszinierend. An der Decke erblickt man eine gemalte kreisrunde Öffnung, von deren Rand freundlich lächelnde Mädchen und Puttenengel auf den Betrachter herunterschauen.

Palazzo del Te: Die zweite große Sehenswürdigkeit Mantuas ist dieser Palast, der im 16. Jh. weit außerhalb der damaligen Stadt erbaut wurde (ca. 20 Min. zu Fuß ab Palazzo Ducale). Ursprünglich sollte er nur eine Villa werden, in der sich Federico II di Gonzaga zu vergnügen gedachte. Der Architekt und Innenausstatter Giulio Romano aber schoss weit über dieses Ziel hinaus. Er entwarf einen eleganten, für seine Zeit hochmodernen Palast, dessen lang gestreckte Flügel sich heute inmitten eines großen Parks ausbreiten. Im Inneren schuf Romano eine Vielzahl fantastisch-allegorischer Fresken, die zu den Glanzstücken des italienischen Manierismus gehören. Die *Camera di Amore e Psiche* ist eine einzige Farborgie und opulenter Tummelplatz nackter Jünglinge, holder Maiden und listiger Satyrn. In der benachbarten *Camera dei Venti* sind in runden Medaillons Szenen aus Jagd und Kampf festgehalten, die *Camera degli Stucchi* besitzt sehr schöne Stuckreliefs auf schwarzem Grund, in der *Sala dei Cavalli* sind die Lieblingspferde Federicos verewigt. Am spektakulärsten ist aber die nach oben wie eine Kuppel zusammenlaufende *Sala dei Giganti*, die von

Üppige Wandfresken in der Sala di Psiche

einem einzigen großen Gemälde eingenommen wird, der „Rebellion der Giganten" (nach Ovid): Die Giganten, riesige bärbeißige Knurrhähne mit finsteren Gesichtern, werden unter einem Inferno zusammenstürzender Bauten begraben, ausgelöst durch den Blitze schleudernden Zeus. Von einem Rundbau hoch oben blicken die olympischen Götter fasziniert auf das himmlische Strafgericht herunter.

• *Öffnungszeiten/Eintritt* **Palazzo Ducale**, Di–So 8.30–19.15 Uhr (letzter Eintritt 18.20 Uhr), Mo geschl.; Eintritt ca. 6,50 €, von 18–25 J. 3,25 €, unter 18 und über 65 J. frei. **Palazzo del Te**, Di–So 9–18 Uhr, Mo 13–18 Uhr; Eintritt ca. 8 €, über 60 J. 5 €, 12–18 u. Stud. 2,50 €, bis 11 J. frei.

Mantova Fashion District: Bei der Autobahnausfahrt Mantova Sud liegt einer der größten Outlet-Komplexe Italiens. Auf über 100.000 qm finden sich hier mehr als 50 Shops mit reduzierter Ware (www.fashiondistrict.it).

Mantua/Umgebung

Curtatone: 8 km westlich am Mincio, kleiner Ort mit bedeutender Wallfahrtskirche *Santa Maria della Grazie*. Als 1390 die Pest in Mantua ausbrach, schwor einer der Gonzagaherzöge, eine große Kirche errichten zu lassen, falls die Seuche glimpflich abliefe. Das Innere beherbergt die wundertätige Statue der *Madonna delle Grazie*: Von „Geheilten" wurden Dutzende Krücken zurückgelassen, in den Seitennischen außerdem zahlreiche Standbilder aus Holz, Wachs und anderen Materialien – sie stellen angeblich zum Tode Verurteilte dar, die die Madonna errettet hat.

Fiera di Grazie: Fest der Straßenmaler

Mehrtägiges Straßenfest vom 13. August abends bis 16. August abends auf dem großen Platz vor der Kirche. Höhepunkt ist der Wettbewerb der „Madonnari" (Pflastermaler), die in Italien noch häufig aus ausschließlich religiösen Gründen tätig sind. Aus ganz Europa treffen sich hunderte von Straßenkünstlern und malen 24 Std. lang (!) – vom 15. morgens bis 16. morgens – ununterbrochen ein selbst gewähltes Thema auf den Asphalt vor der Kirche. Die Kunstwerke werden anschließend prämiert.

Sabbioneta: 33 km südwestlich von Mantua. Herzog Vespasiano Gonzaga begann im 16. Jh., das kleine, schläfrige Städtchen zur „idealen Renaissancestadt" auszubauen, um seine Verwandten im nahen Mantua zu übertrumpfen. Nach seinem Tod stoppte man alle geplanten Projekte, die prunkvolle Residenz wurde wieder zur bescheidenen Landwirtschaftssiedlung, die sie noch heute ist.

An der Südseite der Piazza d'Armi führt die Säulenhalle *Galleria degli Antichi* zum ehemaligen Lustschloss *Palazzo del Giardino*, in dem das Informationsbüro seinen Sitz hat. Das Erdgeschoss des fast 100 m langen Säulengangs besteht vollständig aus schlichten roten Ziegeln, doch der erste Stock ist mit Wandgemälden aufwändig geschmückt – einst war hier die umfangreiche Antikensammlung Vespasianos untergebracht. Das „Pro Loco" organisiert Stadtführungen mit Innenbesichtigung der wichtigsten Gebäude.

Information **Pro Loco** im Palazzo del Giardino an der Piazza d'Armi, Di–Sa 9.30–13, 14.30–18 Uhr, Sa/So 9.30–13, 14.30–18.30 Uhr. Mo geschl. ✆/℻ 0375/52039, www.sabbioneta.org.

Vom Gardasee nach Westen

Roter Faden ist die Autobahn A 4, die immer am Rand der letzten Alpenhügel entlangführt.

Brescia

ca. 190.000 Einwohner

Die geschäftige Stadt westlich vom Gardasee gehört nicht zu den großen Touristenzielen im Norden Italiens. Die Peripherie ist von Industrie geprägt und mit der Firma Beretta im nahen Val Tròmpia ist Brescia seit 500 Jahren die größte und älteste Waffenschmiede Italiens.

Doch die Altstadt ist zweifellos einen Bummel wert: Zwar erlebt man hier eine ziemlich ungewöhnliche Mischung von römischen Tempeln, mittelalterlichen Gässchen, breiten Laubengängen, klassizistischen Prunkbauten und kalter Faschismus-Architektur, irgendwie hat das Ganze aber Stil. Und nicht zuletzt sind es die hochkarätigen Museen, die einen Tagesausflug lohnen.

• *Anfahrt/Verbindungen* **Pkw**, Brescia liegt an der A 4 auf halbem Weg zwischen Gardasee und Iseo-See. Tiefgarage unter der zentralen Piazza Vittorio (6–1.30 Uhr), außerdem gut beschilderter „Autosilo Uno" an der Via Vittorio Emanuele II (Mo–Sa 7–24 Uhr).

Bahn, Brescia liegt an der viel befahrenen FS-Bahnlinie von Verona nach Mailand. Die privat betriebene Nebenlinie **FMN** fährt etwa stündl. zum Iseo-See.

Bus, gegenüber vom Bhf. fahren SIA-Busse u. a. zum Gardasee, nach Verona und Mantua, nach Mailand und zum Iseo-See.

• *Information* **Infopoint**, Piazza della Loggia 6. Sehr gute und umfassende Informationen über die Stadt. Juni bis Sept. Mo–Sa 9.30–18.30, So 10–18 Uhr. Es wird Deutsch gesprochen. ✆ 030/2400357, ℻ 3773773, infopoint@comune.brescia.it.

• *Übernachten* *** **Orologio**, ideale Lage, wenige Schritte nördlich vom Domplatz. Hübsches Boutiquehotel in einem alten Stadthaus, kürzlich renoviert, 16 liebevoll eingerichtete Zimmer, guter Komfort. DZ mit Frühstück ca. 120–160 €. Via Beccaria 17, ✆ 030/3755411, ℻ 2404805, www.albergoorologio.it.

** **Stazione**, DZ mit Bad ca. 60 €, mit Etagendusche ca. 40 €. Vicolo Stazione 15/17, ✆ 030/3773995, ℻ 3774614.

• *Essen & Trinken* Nördlich vom Domplatz liegt die Fressmeile der Stadt.

Vasco da Gama, originell eingerichtetes Restaurant mit vielen Antiquitäten oberhalb der Piazza della Loggia, auch Plätze im Freien. Di-Mittag geschl. Via dei Musei 4. ✆ 030/3754039.

TIPP! Osteria al Bianchi, wenige Schritte nördlich der Piazza della Loggia. Typische Osteria im alten Stil, zum Wein kann man z. B. deftige Bratengerichte kosten. Di-Abend und Mi geschl. Via Gasparo da Salò 32, ✆ 030/292328.

Osteria La Grotta, vom Domplatz aus noch südlich vom Corso Magenta. Eine der ältesten Osterien der Stadt, mit Wandmalereien schön gestaltet, auch nette Plätze draußen. Mi geschl. Vicolo del Prezzemelo 10, ✆ 030/44068.

Sehenswertes

Die Fußgängergassen von Brescia lohnen einen Streifzug, z. B. der *Corso Mameli*, der am Westende von einem imposanten Mittelalterturm mit schönem Brunnen abgeschlossen wird, der *Corso Palestro*, der sich anschließende breite *Corso Zanardelli* mit seinen malerischen Arkadengängen und als besonderer Leckerbissen der urig-schmale *Corsetto di Sant'Agata* links neben der Post. Die mittelalterliche *Piazza della Vittoria* wurde dagegen Anfang der 1930er Jahre mit einem brutalen Kahlschlag zum faschistischen „Musterplatz" umgebaut.

Brescia und die Mille Miglia

Brescia ist die Wiege des italienischen Motorsports, seit 1899 gab es hier bereits Rennen und 1927 wurde erstmals die Mille Miglia gestartet. Eine große Schleife führte 1600 km (bzw. 1000 Meilen) über die wichtigen Straßen des Landes bis Rom und zurück. 30 Jahre später war Schluss mit der Raserei, denn die schon ziemlich leistungsfähigen Renner waren einfach zu schnell geworden. Erst 1982 wurde das Rennen als Zuverlässigkeitsfahrt für Oldtimer reanimiert und hat sich bis heute zur mit Abstand bedeutendsten Veranstaltung für klassische Automobile entwickelt.

Im *Museo della Mille Miglia* in Sant'Eufemia, Viale della Rimembranza 3 (östlicher Stadtrand), kann man die Rennsportatmosphäre vergangener Tage erleben. In großen Dioramen um 20 erlesene Oldtimer herum entfaltet sich dabei die Geschichte automobiler Fahrfreude im 20. Jh.

Öffnungszeiten/Eintritt Museo della Mille Miglia, Mai bis Sept. 9.30–18.30, Okt. bis März 9–18 Uhr, jeden dritten Freitag im Monat bis 21.30 bzw. 22 Uhr, Mo geschl. Eintritt ca. 10 €, ermäß. 8 €. ✆ 030-3365631, www.museomillemiglia.it, www.millemiglia.it.

Nördlich der Piazza della Vittoria liegt die *Piazza della Loggia*, ein typisch venezianischer Platz aus der Zeit, als Brescia zur Republik von Venedig gehörte (15.–17. Jh.). Beherrschend ist die große *Loggia*, an der unverkennbar Palladio mitgewirkt hat. Gegenüber steht der *Uhrenturm*, nach dem Vorbild am venezianischen Markusplatz mit den „Macc del le ure" (Verrückte der Stunden), die seit 1581 die Stunden auf der Glocke schlagen. Beim Durchgang unter dem Turm ist ein *Mahnmal* für die Opfer eines rechtsextremistischen Bombenanschlags eingerichtet, bei dem am 8. Mai 1974 acht Menschen getötet und 103 verletzt wurden.

Der *Duomo Nuovo* (Neuer Dom) aus dem 18. Jh. thront mit seiner hohen Kuppel und der riesenhaften klassizistischen Fassade östlich der Piazza della Loggia. Unmittelbar rechts davon steht, wie eingesunken im Pflaster, auf dem früheren Bodenniveau des Platzes der *Duomo Vecchio* (Alter Dom) aus dem 12. Jh., wegen seiner ungewöhnlichen Rundform *Rotonda* genannt. Links vom Dom erhebt sich der romanische *Broletto*, ein kommunaler Palazzo mit hohem Turm und schönem Innenhof.

An der Via dei Musei östlich der Piazza della Loggia liegen die imposant wirkenden Reste der römischen Stadt *Brixia*. Die Fassade des Tempio Capitolino, des größten erhalten gebliebenen Tempels im nördlichen Italien, wurde mit Ziegelwerk teilweise rekonstruiert.

Öffnungszeiten **Duomo Vecchio**, April bis Okt. Di–So 9–12, 15–19 Uhr, Nov. bis März Di–So 10–12, 15–18 Uhr, Mo geschl.; **Tempio Capitolino**, Di–So 11–16 Uhr, Mo geschl., Eintritt frei.

Monastero di Santa Giulia: Nur wenige Meter östlich vom Tempio Capitolino steht der Stolz Brescias, ein großer mittelalterlicher Klosterkomplex mit mehreren Kreuzgängen und drei freskenverzierten Kirchen aus verschiedenen Epochen: die langobardische Basilika *San Salvatore*, die romanische Kirche *Santa Maria in Solario* und die Renaissancekirche *Santa Giulia*. Diese Gebäude bilden einen wirkungsvollen Rahmen für das derzeit wohl bedeutendste historische Museum Norditaliens, das hier 1999 als *Stadtmuseum Santa Giulia* eröffnet wurde. Über 11.000 Stücke aus allen Epochen der Geschichte veranschaulichen die Geschichte Brescias und der gesamten Region. Gleich am Anfang kann man das römische Stadtviertel besichtigen, das unter dem Komplex ausgegraben wurde. Ein Höhepunkt des Rundgangs ist das vollständig mit Fresken ausgemalte Oratorium der Kirche *Santa Maria in Solario*, in dem zwei der Prunkstücke des Museums stehen: das edelsteinbesetzte Kreuz des Langobardenkönigs Rothari Desiderius vom Ende des 8. Jh. n. Chr. und die „Lipsanoteca" aus dem 4. Jh. n. Chr., ein wunderschönes, mit Reliefschnitzereien versehenes Reliquiar aus Elfenbein.

Öffnungszeiten/Eintritt Juni bis Sept. Di–So 10–18 Uhr, Okt. bis Mai Di–So 9.30–17.30 Uhr, Mo geschl. Eintritt ca. 8 €, Jugendliche von 14–18 und Senioren über 65 J. 4 €.

Castello: Von der Piazzetta Tito Speri, etwas östlich der Piazza della Loggia, führt die schmale Contrada Sant'Urbana auf den Cidneo-Hügel mit dem Kastell (ein weiterer Zugang ist die Via Piamarta neben dem Museo di Santa Giulia). In römischer Zeit stand hier oben ein Tempel, im Mittelalter begannen die Visconti den Hügel zu befestigen. Später bauten die Venezianer die Burg mehrfach um und erweiterten sie. Heute beherbergt die große Anlage ein *Waffenmuseum*, das zu den bedeutendsten in Europa zählt, ein *Museo del Risorgimento* und eine Sternwarte.

Öffnungszeiten/Eintritt **Museo Civico delle Armi Antiche „Luigi Marzoli"** (Waffenmuseum) und **Museo del Risorgimento**, Juni bis Sept. Di–So 10.30–18 Uhr, Okt. bis Mai 9.30–17 Uhr, Mo geschl.; Eintritt ca. 5 €, Jugendliche von 14–18 und Senioren über 65 J. 4 €.

Ein typischer Palladio-Bau: die Loggia von Brescia

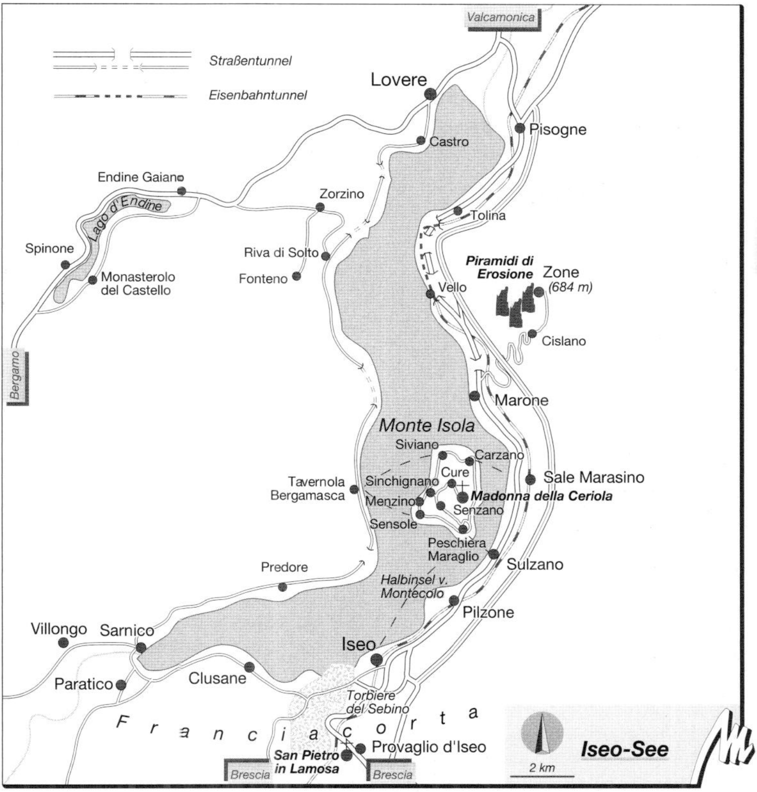

Iseo-See

Lago d'Iseo

Der kleinste der vier großen oberitalienischen Alpenseen ist auch der am wenigsten bekannte.

Im Norden rahmen weitgehend steile Felsufer die schmale Wasserfläche ein, der breite Süden mit seiner mediterran anmutenden Vegetation ist das eigentliche Touristenzentrum. Um das freundliche Städtchen Iseo liegen zahlreiche Hotels und Campingplätze, letztere so gut wie immer direkt am See und meist mit guten Bademöglichkeiten. Größter Leckerbissen für Individualisten ist der *Monte Isola*, eine steil aufragende und vollständig bewaldete Insel dicht vor dem Ostufer.

• *Anfahrt/Verbindungen* **Pkw**, am besten auf der Autobahn A 4 von Verona oder Mailand nach Iseo am Südende vom See. Die SS 42 ab Bolzano führt das Valcamonica hinunter und trifft in Lóvere ans Nordende des Sees, ist aber äußerst langwierig.

Bahn, ab Brescia privat betriebene Nebenlinie **FMN** am Ostufer entlang und das Val Camonica hinauf bis Édolo. Verbindungen etwa stündl.

Schiff, die Fähren der **Navigazione sul Lago d'Iseo** (www.navigazionelagoiseo.it) laufen etwa stündl. die meisten Orte am See an, außerdem die Insel Monte Isola (→ unten).

Iseo

ca. 8000 Einwohner

Rundum gemütliches Urlaubsstädtchen, bei weitem das beste Standquartier am See. Beliebt bei Deutschen und Niederländern, an Wochenenden auch Ausflugsziel für die Bewohner der nahen Städte Bergamo und Brescia. Nicht immer geht es hier leise zu.

Hinter der Uferpromenade mit Palmen, an der sich tagsüber Angler und Spaziergänger treffen, erstreckt sich ein kleines, verkehrsberuhigtes Altstadtviertel mit engen Gassen und der zentralen Piazza Garibaldi, auf der ein moosbewachsener Steinklotz mit der Statue des Risorgimento-Helden steht. Am Freitagvormittag findet hier der Wochenmarkt statt. Ein Freibad liegt westlich vom Ort.

Zwischen Iseo und dem Nachbarort Clusane erstreckt sich am Seeufer das Naturschutzgebiet *Torbiere del Sebino*, ein etwa 2 qkm großes Torfmoor mit Fischbecken, vielen seltenen Pflanzen, Schilf und Wasservögeln. Das Feuchtraumbiotop bietet interessante Spaziergänge auf schilfgesäumten Wegen. *Clusane* selbst ist bekannt für seine Spezialität „tinca ripiena al forno“ (mit Polenta gefüllte Schleie aus dem Backofen) und besitzt viele gute Trattorien.

• *Information* **IAT**, am See, Lungolago Marconi 2 c/d. Hotelverzeichnis, exzellente Seekarte mit Fußwegen und diverses Prospektmaterial. Es wird Deutsch gesprochen. Mo–Sa 9–12.30, 15.30–18.30, So 9–12.30 Uhr. ✆ 030/9868533, ℻ 9868304, www.agenzialagoiseofranciacorta.it.

• *Übernachten* ** **Milano**, gepflegtes Haus direkt am See, breite Gänge und komfortable Zimmer mit Teppichböden, TV und geschmackvoll-rustikalem Mobiliar, niederländisch-italienische Leitung. Zimmer nach hinten sind wegen der dortigen Nachtbars recht laut, deshalb Zimmer zum See verlangen. DZ mit Frühstück ca. 70–90 €. Lungolago Marconi 4, ✆ 030/980449, ℻ 9821903, www.hotelmilano.info.

*** **Rosa**, ordentlich eingerichteter und geführter Familienbetrieb an einer Durchgangsstraße, nicht direkt am See, aber nur wenige Fußminuten ins Zentrum. Es gibt Gästefahrräder und ein gutes Frühstücksbuffet. DZ mit Frühstück ca. 70–85 €. Via Roma 47, ✆ 030/980053, ℻ 9821445, albergorosa@itscalinet.it.

Camping Del Sole, ca. 1 km westlich von Iseo, einer der besten Plätze am See, flaches Wiesengelände mit Bäumen, Stellplätze teils direkt am See, Bungalows, Tennis, Pool, ✆ 030/980288, ℻ 9821721, www.campingdelsole.it.

Caravan Camping Sassabanek, westlich benachbart zu Del Sole, Wiesenfläche mit Bäumen, benachbart großes Sportzentrum mit mehreren Tennisplätzen und drei großen Pools (für Camper gratis). ✆ 030/980300, ℻ 9821360, www.sassabanek.it.

Weitere Plätze in Richtung Clusane sind **Le Bettulle**, **Clusane** und **Girasole**, östlich von Iseo liegen u. a. die Plätze **Iseo**, **Quai**, **Punta d'Oro** und **Covelo** zwischen See und Bahnlinie.

• *Essen & Trinken* **Il Bruco**, zentrale Lage, schöner Blick aufs Wasser, überdachte Terrasse, aufmerksamer Wirt – immer voll. Solide Hausmannskost in großen Portionen und günstiger Hauswein. Lungolago Marconi 20, ✆ 030/980784.

Il Volto, etwas zurück vom See an der Hauptgasse landeinwärts. Schöne Osteria mit rustikalem Ambiente, guter Küche und exquisiter Weinauswahl. Mi und Do-Mittag geschl. Via Mirolte 33, ✆ 030/981462.

Ca'de Cindri, schlichte, kleine Osteria, netter Wirt, nicht so touristisch und leckeres Essen, z. B. die hausgemachten Nudeln. Via Duomo 46.

TIPP! **Al Porto**, im Nachbarort Clusane, direkt beim Hafen. Liebevoll und gemütlich eingerichtete Trattoria mit mehreren Speiseräumen, seit 1862 in Familienbesitz. Mi geschl. Via Porto dei Peschatori 12, ✆ 030/989014, www.alportoclusane.it.

• *Weinlokale* Südlich des Iseo-Sees erstreckt sich das Weinbaugebiet Franciacorta.

Enoteca Teatro Eden, in einem ehemaligen Kino unter den Arkaden der Piazza Garibaldi, vorne klassisches Café, hinten gemütliche Enoteca.

• *Sport* **Sassabanek**, großes Sportzentrum

westlich vom Ort, mehrere Schwimmbecken, Tennis, Liegewiese, Badestrand, Sauna, Wasserski-, Segel- und Windsurfschule, Tretboote u. a. Eintritt je nach Saison 10–13 €.

Lido Belvedere, Freibad westlich vom Ort, 150 m Strand, Liegewiese, Pool mit Rutsche und Kinderspielplatz. Mai bis Sept., Eintritt je nach Saison ca. 8,50–11 €.

Eine Fahrt von Iseo nach Norden lohnt wegen der Impressionen – immer wieder der Klotz des Monte Isola im Blickfeld, im Norden rücken die Felswände beider Ufer immer enger zusammen. Leider herrscht meist viel Durchgangsverkehr. Das Ostufer entlang kann man bis Pisogne auch mit den schmucken Züglein fahren, die hier regelmäßig verkehren.

Monte Isola: Das Juwel am Iseo-See, eine dicht bewaldete, steil aufragende Insel mit mehreren einfachen Fischerdörfern – die größte in einem italienischen See. Schon die Überfahrt macht viel Spaß, zwischen Sulzano und Peschiera Maraglio pendeln hauptsächlich Inselbewohner. Eine Straße umrundet das ganze Massiv, jeder Insulaner besitzt ein Mofa oder einen Roller, Autos sind auf Monte Isola verboten! Abgesehen von dem sporadischen Geknatter herrscht jedoch himmlische Ruhe.

Da weitgehend Steilküsten vorherrschen, gibt es kaum richtige Badestrände, jedoch immer wieder Stellen, wo man ins Wasser steigen kann. Die Wandermöglichkeiten sind zahlreich. Die Inselumrundung dauert ca. 2–3 Std. (8 km) und von allen Orten führen Wege hinauf zur Wallfahrtskirche *Santuario di Madonna della Ceriola*, die in 800 m Höhe auf der Spitze der Insel thront.

• *Anfahrt/Verbindungen* Die kürzeste Verbindung besteht ab **Sulzano** am Ostufer nach **Peschiera Maraglio**, eine Fähre pendelt auf der nur 800 m langen Strecke alle 15 Min.

Etwa stündlich gibt es außerdem Verbindungen von **Sale Marasino** nach **Carzano**, außerdem am Westufer etwa stündlich von **Tavernola** nach **Sensole** und **Siviano**.

Im Übrigen laufen fast alle sonstigen Seefähren die Insel an – mehrmals täglich fahren z. B. Schiffe direkt ab **Iseo**, **Sarnico** und anderen Küstenorten.

• *Unterwegs auf Monte Isola* In der Saison verkehrt von frühmorgens bis Mitternacht mindestens stündl. (oft häufiger) der Inselbus **Pulmino**. Im Sommer dürfen keine **Fahrräder** vom Festland auf die Insel gebracht werden, es gibt aber mehrere **Verleihstationen**.

• *Übernachten* * **La Foresta**, in Peschiera Maraglio (von der Anlegestelle ca. 200 m nach links). Familiäres Haus mit schattigem Garten direkt am Wasser, zehn Zimmer, große Balkone mit Seeblick, wunderbar ruhig, mit Ristorante (Mi geschl.). DZ mit Frühstück ca. 75 €. Via Peschiera Maraglio 174, ✆ 030/9886210, 📠 9886455.

Je ein weiteres Hotel gibt es in Carzano und Sensole, in Siviano zwei, in Sensole außerdem noch Apartments.

Camping Monte Isola, terrassierter Platz am nordwestlichen Ortsende von Carzano, unmittelbar hinter dem Parco pubblico am Seeufer. Nicht allzu viel Platz, da großteils von Dauercampern in Beschlag genommen, für Zelte gibt es ein eigenes Rasenstück. Mit Restaurant. April bis Okt. ✆ 030/9825221.

• *Essen & Trinken* Fisch aus dem See wird in allen Insellokalen angeboten.

Milano, direkt an der Seepromenade, leckere Fischspezialitäten aus dem See und den Flüssen des Umlands, Mo geschl. Via Peschiera Maraglio 144, ✆ 030/9886134.

La Spiaggetta, am Südufer, kurz nach dem Albergo La Foresta. Wunderschön überwachsene Terrasse am See. Di geschl. Via Sensole 26, ✆ 030/9886141.

Lago d'Endine: idyllisch anmutender, lang gestreckter Badesee nordöstlich vom Iseo-See. Es gibt kaum Hotels und gerade mal einen einzigen Campingplatz namens „La Tartufaia" (✆ 035/819259, www.latartufaia.com). Nettester Ort ist das ruhige *Monasterolo del Castello* am südlichen Ostufer, dort liegt auch eine einladende Badewiese.

Valcamonica: Im breiten Tal, das sich vom Iseo-See nach Norden fortsetzt, finden sich in mehreren Nationalparks und Museen über 100.000 prähistorische Felszeichnungen von den keltischen Camunen der Jungsteinzeit bis zur Besetzung durch die Römer. Diese einzigartigen Zeugnisse der frühen Bevölkerung des Tals werden seit 1979 von der UNESCO als Erbe der Menschheit geschützt. Die Sgraffiti befinden sich hauptsächlich im *Parco Nazionale delle Incisioni rupestri* (Nationalpark der Felszeichnungen) um Capo di Ponte sowie in der *Riserva Naturale delle Incisioni Rupestri di Ceto-Cimbergo e Paspardo* um Nadro, Ceto, Cimbergo und Paspardo. Die dazugehörigen Museen liegen in den Orten *Capo di Ponte, Nadro, Cimbergo, Paspardo, Ceto* und *Cemmo*. Alle Nationalparks und Museen sind an der SS 42 ausgeschildert.

Ein großes Freilichtmuseum namens „Archeopark" gibt es im Thermalort *Boario Terme* am südlichen Talbeginn. Hier hat man versucht, die vorgeschichtlichen Verhältnisse im Valcamonica zu rekonstruieren.

Öffnungszeiten/Eintritt **Archeopark**, März bis Nov. tägl. 9–17.30 Uhr (im Hochsommer auch abends), Eintritt ca. 8 €, ermäß. 7 €. ✆ 0364/529552, www.archeopark.net

Bergamo

ca. 125.000 Einwohner

Die schöne historische Stadt liegt in den hügligen Ausläufern der Südalpen. Sie besteht aus zwei völlig getrennten Bereichen: Die Altstadt („città alta") ist perfekt erhalten und thront auf einem hohen Plateau über der „città bassa", der geschäftigen Neustadt in der Ebene. Besonders reizvoll: man kann mit einer Standseilbahn hinauffahren.

Das Centro storico ist für den Autoverkehr weitgehend gesperrt und erholsam ruhig geblieben. Mailand liegt jedoch nur einen Katzensprung entfernt und an Wochenenden wimmelt es von Städtern, die dem heißen Asphaltdschungel entfliehen, um hier die etwas kühlere Bergluft zu genießen. Auf Touristen ist man eingerichtet, die alten Pflastergassen sind mit stilvollen Restaurants, Cafés, Enoteche und Boutiquen gesäumt.

Der ehedem recht überschaubare Provinzflughafen *Orio al Serio* ist seit einigen Jahren Zielflughafen für Billigfluglinien und hat Bergamo zu einer wichtigen Drehscheibe im Reiseverkehr an die oberitalienischen Seen gemacht.

Anfahrt/Verbindungen

Oriocenter: Das größte Shopping Center Norditaliens liegt an der A 4 beim Flughafen (auf der anderen Seite der Autobahn), von dort zu erreichen auf einem unterirdischen Fußweg. 200 Läden, Restaurants, Bars, Supermarkt etc., vom Café und den Restaurants im oberen Stock Blick auf Flughafen und Bergamo. Mo–Fr 9–22 Uhr, Sa 8.30–21 Uhr, So 9–20 Uhr, www.oriocenter.it.

• *Flug* Bergamos Flughafen **Orio al Serio** (✆ 035/326111, 📠 326339, www.sacbo.it), in Flugplänen häufig geführt als Milano/Orio al Serio (BGY), wird aus Deutschland von Low-Cost-Carriers angeflogen, vor allem von **Ryanair**.

Vom Flughafen fährt 2–3 x stündl. ein Shuttlebus der Gesellschaft ATB (www.atb.bergamo.it) zum **Hauptbahnhof** in der Stadt (Fahrtzeit ca. 15 Min., ca. 1,80 €, 90 Min. gültig, auch für weitere Fahrten im Stadtbereich, incl. Standseilbahn). Alternativ gibt es ein 24-Std.-Ticket (mit Gepäck) für ca. 4 € und ein 72-Std.-Ticket für 6 €. Tickets können am Automaten gezogen werden.

Weiterhin fahren 2–3 x stündl. Pendelbusse von Autostradale (www.autostradale.it) und Orioshuttle (www.orioshuttle.com) zur Stazione Centrale in **Mailand** (ca. 1 Std., ca. 10 €), außerdem nach **Brescia**.

• *Pkw* Auf halbem Weg in die Oberstadt liegt am Viale Vittorio Emanuele die Talstation der **Standseilbahn**, dort gibt es allerdings kaum Stellplätze. Man kann auch den langen, gebogenen Viale Vittorio Emanuele direkt in die Città Alta hinauffahren und oben gebührenpflichtig parken.

• *Bahn* Vom Bahnhof führt der Viale Giovanni XXIII geradeaus ins Zentrum der Neustadt. Wer direkt in die Altstadt will, nimmt Bus 1, der unterwegs an der Talstation der Standseilbahn stoppt (→ Sehenswertes).

Information

IAT, Città Bassa, Piazzale Marconi (Bahnhof). Mo–Fr 9–12.30, 14–17.30 Uhr. ✆ 035/210204, 📠 230184, www.apt.bergamo.it.

IAT, Città Alta, in der hohen Torre di Gombito, Via Gombito 13, Hauptgasse der Altstadt, kurz vor der Piazza Vecchia. Dieselben Öffnungszeiten wie in der Unterstadt, aber auch am Wochenende offen. ✆ 035/242226, 📠 242994.

Übernachten (siehe Karte S. 314/315)

Das Preisniveau ist hoch, bis auf die Jugendherberge gibt es keine billigen Schlafplätze.

*** **Il Gourmet (1)**, sieben komfortable Zimmer in einer alten Villa mit großem Restaurant, reizvolle, ruhige Lage hoch über der Oberstadt, zu erreichen mit dem Auto (steile Anfahrt) bzw. per Funicolare. DZ ca. 120 €, Frühstück extra. Via San Vigilio, 1 ✆/📠 035/4373004, www.gourmet-bg.it.

** **Agnello d'Oro (7)**, schmales, historisches Haus aus dem 17. Jh. an der Hauptgasse der Oberstadt, unten Ristorante, plüschig eingerichtet, Zimmer mit TV. DZ um die 92 €, Frühstück extra. Via Gombito 22, ✆ 035/249883, 📠 235612, www.agnellodoro.it.

** **Sole (5)**, ebenfalls in der Città Alta, originelles Haus, ausstaffiert wie ein Museum, unten Ristorante (→ Essen & Trinken), dahinter das verwinkelte Innenleben mit ordentlichen Zimmern und guten Bädern. DZ ca. 85 €, Frühstück extra. Via Colleoni 1/ Ecke Piazza Vecchia, ✆ 035/218238, 📠 240011.

** **San Giorgio (10)**, einfaches, aber vollständig renoviertes Haus, Zimmer mit TV und Internetzugang. Oben schöner Frühstücksraum mit Panoramablick. DZ mit Bad ca. 80 €, mit Etagendusche 65 €, jeweils mit Frühstück. Via San Giorgio 10, ✆ 035/212043, 📠 310072, www.sangiorgioalbergo.it.

• *Jugendherberge* **Nuovo Ostello di Bergamo (IYHF) (2)**, etwas außerhalb, schöne Lage mit Blick auf die Altstadt, Garten, 84 Betten, alle Zimmer mit Bad. Ab Flughafen Bus 1 C bis Porta Nuova, weiter mit Bus 6 in Richtung Stadion (aussteigen an der vorletzten Haltestelle). Verbindung von und zur historischen Oberstadt mit Bus 3. Übernachtung im Schlafsaal etwa 18 € pro Pers., es gibt auch Dreibettzimmer für ca. 20 € pro Pers. und DZ für 25 € pro Pers., Preis jeweils mit Frühstück. Via Gallileo Ferrarsi 1, ✆/📠 035/361724, www.ostellodibergamo.it.

Essen & Trinken (siehe Karte S. 314/315)

Die Restaurants in der Oberstadt reihen sich an der langen Hauptgasse, sind durchwegs einladend und hübsch eingerichtet, viele haben nach hinten einen Garten. Eine Bergamasker Spezialität sind die leckeren *casoncelli (casonsei) alla bergamasca*, eine Art gefüllter Ravioli, und Risotto mit Steinpilzen *(funghi porcini)*. Die berühmte Leckere *polenta e öseii*, eine Kalorienbombe aus gelbem Teig, gekrönt von Schokoladenvögeln, ziert die Auslagen zahlreicher Konditoreien.

• *Città Alta* **TIPP! Donizetti (8)**, Via Gombito 17/a, Enoteca mit schönen Plätzen in einer Loggia, riesige Weinauswahl, dazu stimmungsvolle Degustation von Käse, Wurst und Schinken, großes Angebot, auch warme Küche. ✆ 035/242661.

Da Franco (6), nettes Ristorante/Pizzeria auf einer kleinen Piazza an der Hauptgasse, viele Spezialitäten der Region werden serviert, sehr lecker die hausgemachten *casoncelli alla bergamasca*. Mo geschl. Via Colleoni 8, ✆ 035/238565.

San Vigilio (3), ein echter Klassiker, sehr großes Terrassenlokal hoch über der Oberstadt, hauptsächlich Einheimische kommen hierher. Auch ordentliche Pizzen. Via San Vigilio 34, ✆ 035/253188.

• *Cafés & Bars* **Vineria Cozzi (4)**, Via Colleoni 22 (Oberstadt), Schmuckstück mit prächtiger altertümlicher Einrichtung, man trinkt sein Gläschen an der Theke, oft geht es hoch her. Mi geschl.

Café della Funicolare (9), in der Funicolare-Station (Oberstadt), wunderbarer Blick über die ganze Stadt. Di geschl.

Sehenswertes

Um in die Altstadt zu kommen, gibt es mehrere Möglichkeiten: mit dem Wagen oder Bus 1 direkt hinauf, mit dem Funicolare ab der Station am Viale Vittorio Emanuele II (alle 10 Min., ca. 1,10 € einfach, Tagespass ca. 3 €, mit Flughafenanbindung 4 €, Dreitagespass ca. 6 €) oder aber den romantischen Treppenweg nehmen, der unmittelbar hinter der Talstation beginnt (ca. 15 Min.).

Città Alta

Hügliges Auf und Ab, alles mit dunkelrotem Stein gepflastert, die venezianische Stadtmauer aus dem 16. Jh. ist noch vollständig erhalten. Der Funicolare endet am früheren Marktplatz, *Mercato delle Scarpe*. Vom Café in der Station nicht den Superblick auf die Unterstadt versäumen. Beim Bummel die lange Hauptgasse entlang fallen die vielen gepflegten, oft altertümlich eingerichteten Läden, Cafés und Pasticcerie auf.

Piazza Vecchia: das harmonische Zentrum der Altstadt, dominierend ist der quergestellte gotische *Palazzo della Ragione*, das frühere Rathaus, mit einer breiten Säulenhalle im Erdgeschoss, die man durchquert, um auf den Domplatz zu gelangen. Quer durch die Halle zieht

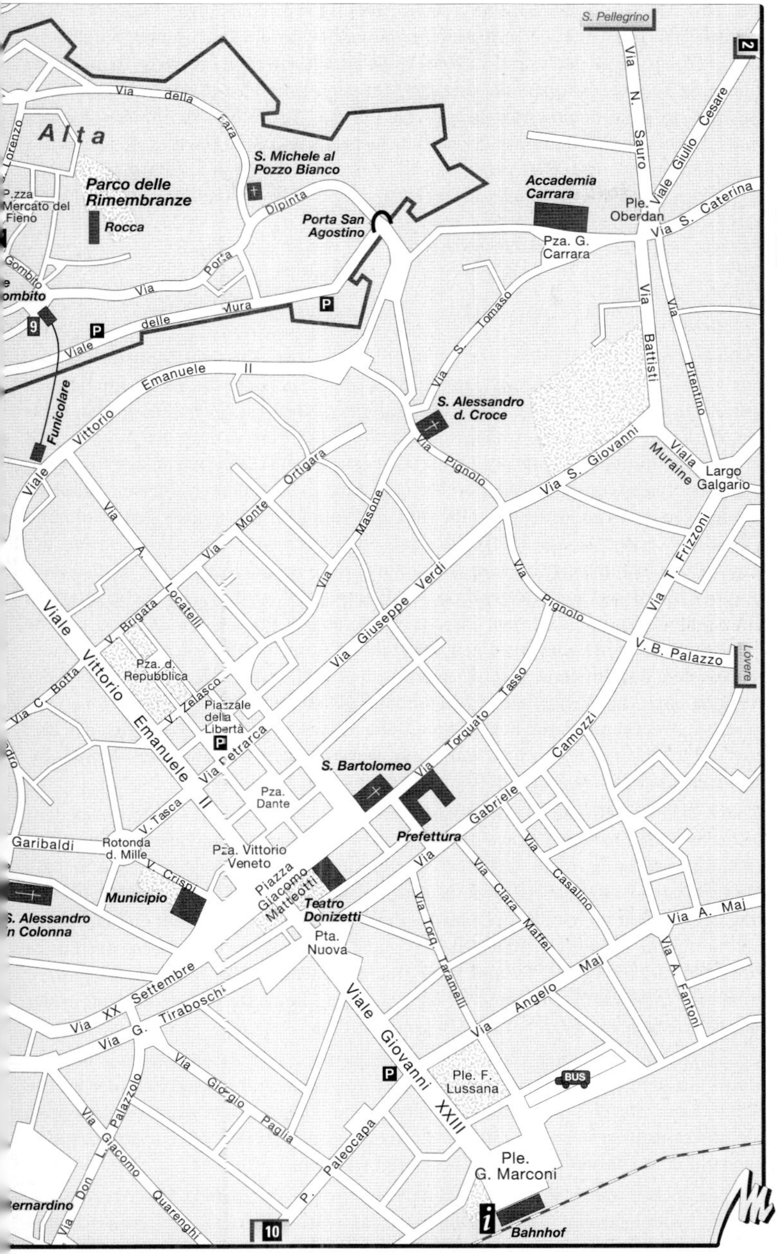
S. Pellegrino
Via della Fara
Alta
Lorenzo
Parco delle Rimembranze
Rocca
P.zza Mercato del Fieno
Gombito
S. Michele al Pozzo Bianco
Porta San Agostino
Via Porta Dipinta
Viale delle Mura
Funicolare
Accademia Carrara
Pza. G. Carrara
Ple. Oberdan
Via S. Caterina
Via N. Sauro
Viale Giulio Cesare
Via S. Tomaso
Via Battisti
Via Pitentino
S. Alessandro d. Croce
Via Pignolo
Viale Vittorio Emanuele II
Via Monte Ortigara
Via Masone
Via S. Giovanni
Viala Muraine
Largo Galgario
Via T. Frizzoni
Via A. Locatelli
V. Brigata
Via Giuseppe Verdi
Via Pignolo
V. B. Palazzo
Lóvere
Pza. d. Repubblica
Via C. Botta
V. Zelasco
Piazzale della Libertà
Via Torquato Tasso
Via Petrarca
S. Bartolomeo
Via Camozzi
Pza. Dante
Prefettura
Via Gabriele
Garibaldi
Rotonda d. Mille
V. Tasca
Pza. Vittorio Veneto
V. Crispi
Municipio
Piazza Giacomo Matteotti
Teatro Donizetti
S. Alessandro in Colonna
Pta. Nuova
Via Casalino
Via Clara Maffei
Via Torq. Taramelli
Via A. Maj
Via A. Fantoni
Via XX Settembre
Via G. Tiraboschi
Viale Giovanni XXIII
Via Angelo Maj
Via Giorgio Paglia
Ple. F. Lussana
BUS
Via L. Palazzolo
Via Giacomo Quarenghi
P. Paleocapa
Ple. G. Marconi
Via Don
Bernardino
Bahnhof
10
9
2

sich eine Art *Sonnenuhr* mit Tierkreiszeichen und ellipsenförmigen Bögen. Die Zeit konnte man mit Hilfe eines Apparats ablesen, der unter den Arkaden aufgehängt war. Seitlich steht der exakt 52,76 m hohe Stadtturm *Torre Civica*, dank seiner schweren Glocke „Campanone“ genannt, der per Lift besichtigt werden kann.

Im Palazzo della Ragione ist derzeit ein Teil der Werke der berühmten *Accademia Carrara* zu besichtigen, die seit einigen Jahren restauriert wird. Die große Gemäldesammlung besitzt venezianische, florentinische und lombardische Meister, darunter Bellini, Botticelli, Raffael, Carpaccio, Lotto, Pisanello, Tizian, Tintoretto und Tiepolo.

• Öffnungszeiten/Eintritt **Palazzo della Ragione**, Juni bis Sept. Di–Fr 10–21, Sa/So 10–23 Uhr, Okt. bis Mai Di–Fr 9.30–17.30, Sa/So 10–18 Uhr, Mo geschl.; Eintritt ca. 5 €, über 60 J. und Stud. bis 25 J. 3 €.
Torre Civica, März bis Okt. Mo–Fr 9.30–19, Sa/So 9.30–21.30 Uhr; übrige Zeit nur Sa/So 9.30–17.30 Uhr; Eintritt ca. 3 €.

Piazzetta del Duomo: prächtiger, kleiner Platz mit zwei Kirchen, Baptisterium und der Grabkapelle der Colleoni. Linker Hand der klassizistische *Dom*, im Inneren großzügig und hell, reichlich Goldverzierungen, zahlreiche Gemälde, in der Apsis ein Werk von Tiepolo. Die romanische Kirche *Santa Maria Maggiore* geradeaus ist ungleich monumentaler als der Dom. Die Fassade fehlt, man betritt den imposanten Innenraum von der Seite durch einen reich geschmückten Torbau. Teppiche schmücken die Wände, die Gewölbe sind über und über mit Stuckengeln, Gold und Gemälden verziert, an der Decke der Apsis ein monumentales Fresko „Krönung der Jungfrau“, links und rechts vom Altarraum zwei vergoldete Fürstenlogen. Besonders beachtenswert sind die geschnitzten Chorschranken, deren herrliche Intarsien eine Bilderfolge mit Themen aus der Bibel zeigen (u. a. „Sintflut“ und „Arche Noah“), geschaffen vom gebürtigen Venezianer Lorenzo Lotto (ca. 1480–1557), und die ältesten Wandmalereien der Kirche aus dem 14. Jh.: „Szenen aus dem Leben des heiligen Eligio“ und „Das Letzte Abendmahl“ gleich beim Eingang sowie genau gegenüber „Der Stammbaum der heiligen Bonaventura“. Im hinteren Bereich der Kirche (vom Eingang aus rechts) wurde für den beliebten Bergamasker Opernkomponisten *Gaetano Donizetti* (1797–1848) ein Grabmal errichtet.

Angebaut an die Kirche ist die Renaissancefassade der *Cappella Colleoni*, eine fantastische Filigranarbeit aus weißem und rosa Marmor mit zahllosen Details und Dekorationsformen, nicht unähnlich der berühmten Certosa di Pavia (→ S. 366), die vom selben Künstler – Giovanni Antonio Amadeo – bearbeitet wurde. In Auftrag gegeben hat die Grabkapelle im 15. Jh. *Bartolomeo Colleoni*, ein einheimischer Söldnerführer, der in Diensten Venedigs stand (Denkmal in Venedig auf der Piazza Santi Giovanni e Paole). Er und seine Tochter Medea (gestorben mit 15 Jahren) ruhen im Innenraum, Blickfang ist die vergoldete Reiterstatue des Recken, in der Kuppel Fresken von Giambattista Tiepolo.

Das *Baptisterium* rechter Hand stammt aus dem 14. Jh., besteht aber nur noch in Teilen aus dem originalen Mauerwerk. Ursprünglich stand es innerhalb der Kirche Santa Maria Maggiore, als aber die Taufen in den Dom verlegt wurden, baute man die funktionslos gewordene Taufkapelle 1660 ab und erst 200 Jahre später draußen wieder auf. Das Innere kann nicht besichtigt werden.

Ein paar Ecken weiter, in der Via Arena 9, steht der Palazzo della Misericordia, das frühere Wohnhaus von Gaetano Donizetti, das heute als *Museo Donizettiano* eingerichtet ist. Das Geburtshaus des Komponisten, der aus ärmlichen Verhältnissen stammte und zum geachteten Bürger aufstieg, ist die kürzlich restaurierte *Casa Natale di Gaetano Donizetti* in der Via Borgo Canale 14, oberhalb der Città Alta.

• *Öffnungszeiten* **Dom**, tägl. 7.30–12, 15–18.30 Uhr.

Santa Maria Maggiore, April bis Okt. Mo–Sa 9–12.30, 14.30–18 Uhr, So 9–13, 15–18 Uhr, übrige Zeit Mo–Fr 9–12.30, 14.30–17 Uhr, Sa 9–12.30, 14.30–18 Uhr, So 9–13, 15–18 Uhr.

Cappella Colleoni, März bis Okt. Di–So 9–12.30, 14–18.30 Uhr, übrige Monate nur bis 16.30 Uhr, Mo geschl.

Museo Donizettiano, Juni bis Sept. Di–So 9.30–13, 14–17.30 Uhr, übrige Zeit Mo–Fr 9.30–13 Uhr, Sa/So 9.30–13, 14–17.30 Uhr, Mo geschl.

Casa Natale di Gaetano Donizetti, Sa/So 10–13, 15–18 Uhr. ✆ 035/244483.

Von der Piazza Vecchia zur Citadella: Wenn man von der Piazza Vecchia die Hauptgasse Via Colleoni weiterläuft, trifft man am Ende der Altstadt auf die Reste der *Cittadella*, von der noch ein Turm steht. Im Inneren gibt es ein kleines *Naturgeschichtliches Museum* und ein *Archäologisches Museum*.

• *Öffnungszeiten/Eintritt* **Archäologisches Museum & Naturgesch. Museum**, April bis Sept. Di–Fr 9–12.30, 14.30–18 Uhr; Sa/So 9–19 Uhr, übrige Zeit Di–So 9–12.30, 14–17.30 Uhr, Mo geschl., Eintritt frei.

Minitalia – Italien im Taschenformat

Wer nicht die Zeit hat, ganz Italien zu bereisen: bei der Autobahnausfahrt *Capriate* liegt in einem großen Vergnügungspark der Stiefel im Kleinformat, in kurzer Zeit kann man ihn zur Gänze durchwandern. Von Bozen bis Bari, dazu Sardinien und Sizilien – alle Landschaften und berühmten Bauwerke sind detailgetreu dargestellt, sodass man einen lebendigen Eindruck von der kulturellen Vielseitigkeit des Landes bekommt. Daneben gibt es im Vergnügungspark „Fantasyworld" zahlreiche Attraktionen für kleine Gäste: Minibahn, elektrische Autos, Wasserboote, Schaukeln etc.

Öffnungszeiten/Eintritt März und zweite Septemberhälfte 9.30–18 Uhr, April bis Juli und erste Septemberhälfte tägl. 9.30–19 Uhr, August 9.30–20 Uhr; Eintritt ca. 22 €, Kinder ab 1 m bis 1,40 m Größe und Senioren über 65 J. ca. 17 €, www.minitalia.com.

Comer See

Lago di Como

Schon in der Antike „besungen" wie kein zweiter Alpensee, ist der von den Einheimischen Lario (vom lateinischen „Lacus Larius") genannte See seit Jahrhunderten Refugium der Schönen, Reichen und Dichter. Kardinäle, gekrönte Häupter, Unternehmer und Hollywoodstars ließen sich Schlösser an seinen Gestaden erbauen, und prachtvolle Villen mit opulenten Gartenanlagen verstecken sich überall an den steilen Hängen und Seeufern. Sprichwörtlich ist sein mildes Klima mit der üppig mediterranen Vegetation, die vor allem die Seemitte prägt, während sich der Norden eher rau und alpin zeigt.

Noch immer besticht die natürliche Schönheit des 55 km langen, fjordartig eingeschnittenen Alpensees, der mit 410 m einer der tiefsten in Europa ist und einen sehr ungewöhnlichen „Grundriss" besitzt: Etwa in der Mitte spaltet er sich wie ein umgekehrtes Y unversehens in zwei gleich lange Ausläufer, an deren Enden die beiden größten Städte Lecco und Como liegen. Der Tourismus hat eine lange Tradition, in den Informationsbüros wird man auf Deutsch beraten, Service und Standard der Unterkünfte sind hoch, die Preise ebenfalls gehoben. Waren es seit dem 19. Jh. vorwiegend Briten, die den Orten an der Seemitte und im Süden ihren Stempel aufdrückten, sind es mittlerweile vorwiegend Italiener, die hier Urlaub machen. Die Nähe zu Mailand macht sich vor allem im Hochsommer bemerkbar, wenn der nostalgische Belle-Epoque-Charme mancher Küstenstädtchen – vor allem in der Südhälfte vom See – von den Massen überrannt wird und die Uferstraßen völlig vom Durchgangsverkehr verstopft sind. Doch der Comer See ist beileibe nicht nur Feriengebiet. Vor allem um Como und Lecco im Süden des Sees ballt sich auch Industrie. Weltberühmt seit langem sind vor allem die hiesigen Seidenmanufakturen, die einen Großteil der gesamten Weltproduktion herstellen.

Im touristisch weniger „hoch gerüsteten" Norden um *Domaso* treffen sich die deutschen Camper und Surfer, während die Seemitte auch am Comer See die goldene Mitte ist: In *Menaggio* am Westufer kann man sogar im August noch frei atmen und die Atmosphäre eines freundlichen, gut ausgestatteten Touristenorts verspüren. *Bellagio,* in traumhafter Lage an der Spitze der Halbinsel zwischen den beiden Seearmen, ist einen Tagesausflug wert – so viel (liebenswerten) Kitsch der guten, alten Zeit erlebt man nicht mehr häufig. Und auch das idyllische Örtchen *Varenna* am Ostufer sollte man sich nicht entgehen lassen. Wer mehr sehen will, kann dank der gut organisierten Seeschifffahrt per Fähre oder Tragflügelboot bequem und schnell so gut wie alle Küstenorte besuchen.

• *Anfahrt/Verbindungen* **Pkw**, von der Schweiz kommend, am schnellsten über St. Moritz und Chiavenna. Von Mailand Autobahnzubringer nach Como und Lecco. Die autobahnähnlich ausgebaute SS 36 läuft das gesamte Ostufer entlang (→ Ostufer).

Bahn, von der Schweiz die viel befahrene **Gotthard-Linie** nach Como: Basel-Luzern-Bellinzona-Lugano-Chiasso-Como. Von **Mailand** nach Como entweder die staatliche FS nehmen oder mit der privaten Ferrovia Nord **Mailand** fahren. Am Ostufer entlang führt eine Strecke von **Chiavenna** nahe der ital./schweiz. Grenze nach **Lecco**, von dort häufige Verbindungen nach **Mailand**.

Schiff, zwischen allen wichtigen Orten am See verkehren die Fähren und Tragflügelboote der **Navigazione Lago di Como** (www.navigazionelaghi.it), Abfahrten mind. 1-mal stündl. Zwischen Varenna, Bellagio, Cadenabbia und Menaggio im Zentrum des Sees pendeln ebenfalls fast stündl. **Autofähren** – eine gute und obendrein reizvolle Möglichkeit, den See zu überqueren. Preis der einfachen Überfahrt für Pkw je nach Länge ca. 6–12 €.

Ostufer (Nord nach Süd)

Touristisch wird es eher mäßig frequentiert, eine Ausnahme bildet lediglich das Dörfchen *Varenna,* dessen malerisches Ortsbild zu den schönsten am See gehört. Quer durch die bewaldeten Hänge verläuft mit zahlreichen Tunnels die autobahnähnlich ausgebaute SS 36 Richtung Mailand, die nur drei Abfahrten besitzt: Nord, Mitte und Süd. Die alte Uferstraße ist entschieden interessanter.

Cólico: Nah an der Mündung des Flusses Adda, nördliche Endstation der Seeschifffahrt. Hat bezüglich Ortsbild nicht allzu viel zu bieten, jedoch zeigt sich nach der Alpendurchquerung erstmals das mächtige Seepanorama in voller Schönheit. Im nördlichen Ortsbereich öffentlicher Badestrand, hier warten täglich viele Surfer auf den regelmäßig wehenden Südwind Beva. Ein weiterer Strand mit Strandbad und Campingplatz liegt südlich der Anlegestelle.

Nördlich von Cólico erstreckt sich zwischen den Mündungen der Flüsse Adda und Mera der *Pian di Spagna*, eins der letzten Sumpfgebiete Italiens.

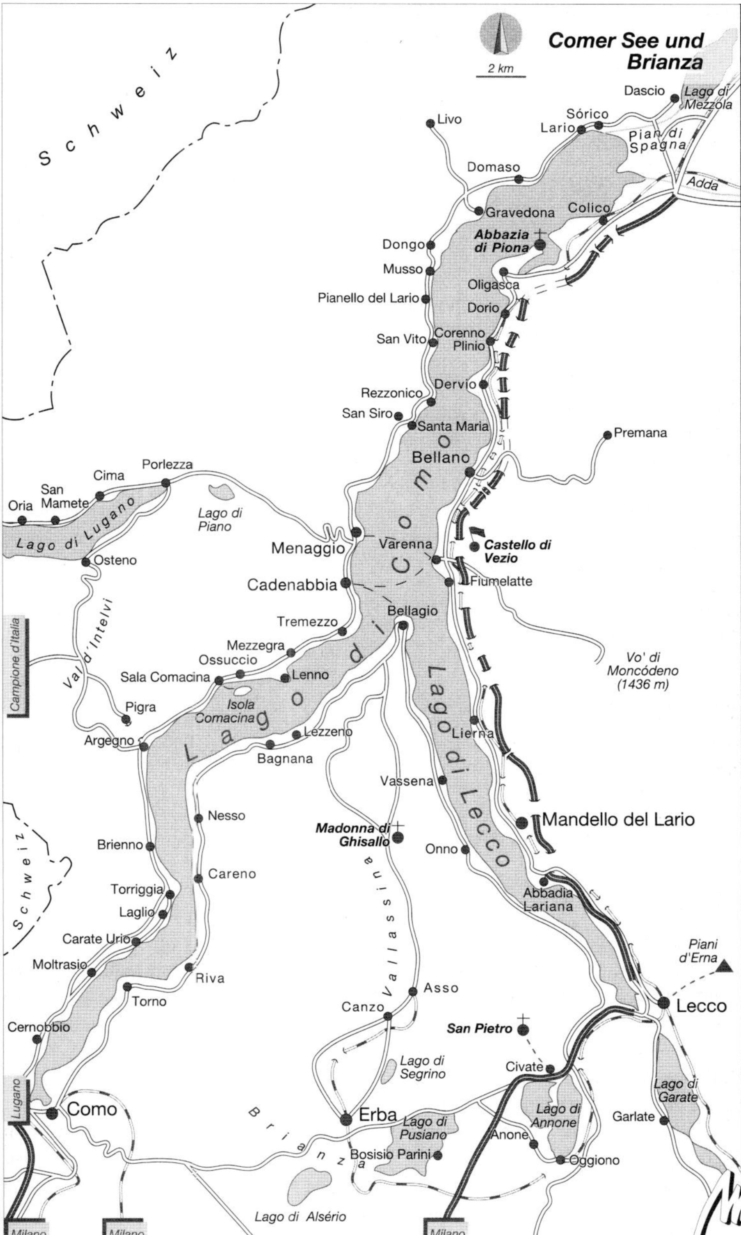
Comer See und Brianza
2 km
Schweiz
Dascio
Lago di Mezzola
Sórico
Lario
Livo
Pian di Spagna
Domaso
Adda
Gravedona
Colico
Abbazia di Piona
Dongo
Musso
Oligasca
Pianello del Lario
Dorio
San Vito
Corenno Plinio
Rezzonico
Dervio
San Siro
Santa Maria
Premana
Bellano
Porlezza
Cima
San Mamete
Oria
Lago di Lugano
Lago di Piano
Menaggio
Varenna
Castello di Vezio
Osteno
Cadenabbia
Fiumelatte
Val d'Intelvi
Tremezzo
Bellagio
Campione d'Italia
Mezzegra
Ossuccio
Vo' di Moncódeno (1436 m)
Sala Comacina
Lenno
Isola Comacina
Pigra
Lago di Como
Lago di Lecco
Lierna
Argegno
Lezzeno
Bagnana
Vassena
Nesso
Madonna di Ghisallo
Mandello del Lario
Brienno
Onno
Careno
Torriggia
Abbadia Lariana
Laglio
Carate Urio
Vallassina
Piani d'Erna
Moltrasio
Riva
Asso
Torno
Lecco
Canzo
San Pietro
Cernobbio
Lago di Segrino
Civate
Lago di Garate
Lugano
Como
Brianza
Erba
Lago di Annone
Garlate
Lago di Pusiano
Anone
Bosisio Parini
Oggiono
Lago di Alsério
Milano
Milano
Milano

• *Übernachten* **Agriturismo La Fiorita**, landeinwärts von Cólico (bei der Esso-Tankstelle abbiegen, über den Kreisverkehr und rechts). Großer Garten und Pool, es gibt mehrere Zimmer mit Balkon, außerdem Apartments, schöner Seeblick. DZ mit Frühstück ca. 70–80 €. Fahrradverleih und Kinderspielgeräte. Ostern bis Okt. Via Borgonuovo 6, ✆ 0341/933128, 338-3989262, www.agriturismolafiorita.com.

Camping Lido, einfacher Platz südlich vom Ort direkt am See, gute Bademöglichkeiten. ✆ 0341/941393, www.lidocolico.it.

Piona: Die weit in den See vorspringende, dicht bewaldete Halbinsel von Piona bildet wenige Kilometer südlich von Cólico (vom Zentrum in 30 Fußminuten zu erreichen) fast einen kleinen, abgeschlossenen See, den *Laghetto di Piona*. Hier gibt es einen Badestrand mit Rasenflächen, benachbart liegen die drei kleinen Campingplätze „Piona", „Green Village" und „Baia di Piona" (überall viele Dauercamper), außerdem der „Agricamping El Logasc", ein ummauertes Wiesenstück mit Ristorante, wo man gemütlich unter einer Pergola sitzt (✆ 0341/933139).

An der Durchgangsstraße weist ein unscheinbares Schild zur *Abbazia di Piona*, einem großen Zisterzienserkloster aus dem 13. Jh. Das einst weltabgeschiedene Kloster ist heute ein populäres Ausflugsziel, die Mönche verkaufen Kräuterliköre, verschiedene Tees und Honig.

• *Öffnungszeiten* **Abbazia di Piona**, tägl. 9–20 Uhr (Kirche und Kreuzgang 12.30–13.30 Uhr geschl.), Klosterladen tägl. 9.15–12, 14.15–17 Uhr.

• *Übernachten* *** **Conca Azzurra**, schöne, alte Villa im Weiler Olgiasca auf der Halbinsel von Piona, abgelegen und ruhig, herrlicher Blick, schöner Garten und ein verglastes Terrassenlokal. DZ mit Frühstück 70–80 €. ✆/℻ 0341/931984, www.concazzurra.com.

Bellano: Freundliches Kleinstädtchen, das nicht vom Tourismus lebt. Hinter der Uferpromenade mit Kastanienbäumen münden handtuchschmale Gässchen in die winklige Altstadt, die sich steil den Berg hinaufzieht. Ab der Kirche Santi Nazari e Celso ist der Weg zum *L'Orrido* beschildert, einem eindrucksvollen Wasserfall, der in einem dicken Strahl gleich hinter dem Ortskern aus dem Fels bricht. In einem tief eingeschnittenen Flussbett strömt das Wasser in Richtung See und wird mittels Rohrleitung in ein Turbinenwerk geleitet.

• *Öffnungszeiten/Eintritt* **L'Orrido**, April bis Juni u. Sept. tägl. 10–13, 14.30–19, Juli bis Sept. auch 20.45–22, Okt. bis März Sa/So 10–12.30, 14.30–17 Uhr, Eintritt ca. 2,50 €, 3–14 J. 2 €.

• *Übernachten* *** **Meridiana**, exponiert stehende Villa am Nordende des Orts, direkt an der Durchgangsstraße, schöne Zimmer, Garten direkt am See, Garage. DZ mit Frühstück um die 110–120 €. ✆ 0341/821126, ℻ 821261, www.meridianotel.it.

Varenna: Kleiner Urlaubsort mit Flair – alte Villen zwischen üppigen Zypressen, autofreie Kieselgässchen, ein idyllischer Fischerhafen, fröhlich bunt gestrichene Häuser, großartiger Seeblick. Ein Refugium für Ruhe Suchende, im Sommer verliert sich die Beschaulichkeit allerdings im Rummel der Tagesausflügler, denn unbekannt ist Varenna nicht mehr.

Vom Hauptplatz an der Durchgangsstraße zieht sich eine Handvoll verwinkelter Gassen hinunter zum halbrunden Hafenbecken mit zwei traumhaft gelegenen Cafés. Wenige Schritte südlich der Piazza kommt man zur *Villa Cipressi*, die heute als Hotel betrieben wird, und gleich darauf zur Eingangsloggia der *Villa Monastero*, eines früheren Zisterzienserklosters und späteren Adelsresidenz, mit großartigem Blick auf die Uferberge weiter südlich. Die Gärten beider Häuser können besichtigt werden, an den Wochenenden auch die Villa Monastero selbst mit ihrer historischen Inneneinrichtung. In jedem Fall lohnt der Besuch des Gartens der Villa Monastero, der sich mit seiner großartigen Vegetation am Seeufer weit nach Süden zieht.

• Öffnungszeiten/Eintritt **Villa Monastero**, Garten Juni bis Aug. Mo–Do 9–19, Fr 9–13, Sa/So 10–19 Uhr, März bis Mai u. Sept. bis Nov. Mo–Fr 9–18 Uhr, Sa/So 9–13, 14–18 Uhr, Haus/Museum Juni bis Aug. Fr 14–19, Sa/So 10–19 Uhr, März bis Mai u. Sept. bis Nov. Sa/So 9–13, 14–18 Uhr; Eintritt Garten ca. 5 € (Kind 7–13 und über 65 J. 2 €), Garten u. Haus 8 € (über 65 J. 4 €, Kind 7–13 3 €).

Villa Cipressi, tagsüber zu den Öffnungszeiten der Rezeption, Garten ca. 4 € (bis 10 J. und über 65 J. 2 €).

• Anfahrt/Verbindungen Varenna ist ein wichtiger Anlaufpunkt für Autofahrer – Fähren mit Pkw-Transport pendeln hinüber nach **Menaggio** am Westufer, außerdem nach **Bellagio** an der Spitze der Halbinsel zwischen den beiden Seearmen. Der Fährhafen liegt nördlich vom Fischerhafen und ist mit diesem durch einen befestigten Uferweg verbunden.

• Information Am Hauptplatz an der Durchgangsstraße neben der Kirche. Piazza San Giorgio. ✆ 0341/830367, ✆ 831203, www.varennaitaly.com.

• Übernachten **TIPP!** *** **Milano**, am See zwischen Fähranleger und Ortszentrum, beschildert ab Hauptplatz. Von Bettina und Egidio Mallone freundlich und aufmerksam geführt. Saubere Zimmer, alle mit Seeblick, z. T. Terrasse oder Balkon, moderne Bäder. Gutes Frühstück im hauseigenen Restaurant auf einer Terrasse mit herrlichem Seeblick. DZ mit Frühstück ca. 130–160 €. Via XX Settembre 29, ✆/✆ 0341/830298, www.varenna.net.

• Essen & Trinken **Cavallino**, hübsches Terrassenlokal beim Fähranleger, Barsch, Forelle und Blaufelchen aus dem See, dazu hausgemachte Pasta, z. B. *gnocchetti di patate*. Mittlere Preise. ✆ 0341/815219.

TIPP! Borgovino, die kleine, urgemütliche Osteria von Mara liegt in einer schmalen Gasse, schräg gegenüber vom Hotel Milano. Freundlicher Service und günstige Preise. Via XX Settembre 12. ✆ 338-7654926.

Die beiden sonnigen Cafés **Il Molo** und **Nilus** liegen am winzigen Fischerhafen, schöner kann man kaum sitzen.

Castello di Vezio: Logenplatz über dem Comer See

Hoch über Varenna liegt das Örtchen Vezio, zu erreichen per Pkw auf kurviger Straße oder zu Fuß (Einstieg bei Hotel Montecodeno an der Uferstraße nördlich von Varenna, Dauer etwa 40 Min.). Vor dem Ortseingang muss man sich einen Parkplatz suchen, läuft dann durch den verwinkelten Ort und kommt bald zum Eingang des Castello di Vezio. Erhalten sind inmitten von Olivenbäumen ein Mauerviereck und ein Turm, den man erklimmen kann. Dass die Burg an einem strategischen Platz allererster Güte erbaut ist, erkennt man von der oberen Plattform aus: Bei klarem Wetter genießt man einen schier überwältigenden Blick über alle drei Arme des Comer Sees.

Öffnungszeiten/Eintritt April bis Okt. Mo–Fr 10–18, Sa/So 10–19 (Juli/Aug. bis 20 Uhr), März u. Okt. Mo–Fr 10–17, Sa/So 10–18 Uhr; Eintritt ca. 4 €, Erw. über 60 J. 3 €, Kinder 6–12 J. 2 €.

Fiumelatte: Ein milchweißer Wildbach mündet südlich von Varenna in den See, man überquert ihn auf einer Brücke. Seine Farbe rührt vom Kalkgestein her, das er aus den Tiefen des Bergs mit sich bringt.

Lierna: Wunderschön sitzt man auf der überwachsenen Säulenterrasse des Restaurants „Sottovento" neben der Fähranlegestelle (Mi geschl., ✆ 0341/740005, www.sottovento lierna.it).

Mandello del Lario: große, labyrinthisch anmutende Altstadt mit Laubengängen und schlichten Steinhäusern. Mandello ist Stammsitz der *Moto-Guzzi-Werke*, die

Karte S. 282/283

hier seit Anfang der zwanziger Jahre ihre legendären Motorräder produzieren. Im Werksmuseum (Via Parodi 57) kommen Liebhaber der zweirädrigen Flitzer auf ihre Kosten.

• *Öffnungszeiten/Eintritt* **Moto-Guzzi-Museum**, Mo–Fr Führung jeweils um 15 Uhr, Eintritt frei, Auskünfte unter ✆ 0341/709111.

• *Übernachten/Essen & Trinken* *** **Grigna**, Albergo mit zehn Zimmern an der Durchgangsstraße, schräg gegenüber vom Bahnhof. Im Restaurant gute und abwechslungsreich belegte Pizza. Zimmer nach hinten nehmen, vorne verläuft die laute Straße. DZ mit Frühstück ca. 65–75 €. Via Statale 29, ✆ 0341/731105, ✆ 702748, www.albergogrigna.it.

Camping Continental, uriger und preiswerter Platz, viele Häuschen, die an eine Schrebergartensiedlung erinnern. Nur wenige Stellflächen für Durchreisende, sanitär bescheiden. Tipp ist das große, volkstümliche Restaurant, wo sich abends alles trifft. ✆ 0341/731323.

Camping Spiaggia, kleiner Platz mit netter Rezeption. Hübsch gelegene Bar mit Seeblick, davor ein Kiesstrand. Ebenfalls wenig Platz für Durchreisende, aber mit Zimmervermietung. ✆ 0341/731621, ✆ 1880114, www.campingspiaggia.com.

Le Piramidi, solide Pizzeria am Nordrand der Altstadt, im überdachten Hof hinten sitzt man gemütlich, Preise moderat. Di geschl. (außer im Sommer). Piazza Garibaldi 4, ✆ 0341/732463.

Lecco: Die lärmende Industrielandschaft zwischen Lago Lecco und dem südlich anschließenden kleinen *Lago di Garlate* kann zunächst wie ein Schock wirken. Das Zentrum Leccos zeigt sich dagegen beeindruckend mondän, strahlt Gediegenheit und Wohlstand aus. Am See verläuft eine lange Promenade mit Bäumen. Die Gassen dahinter sind weitgehend Fußgängerzone mit eleganten Geschäften und Cafés.

Der Dichter *Alessandro Manzoni* (1785–1873) wuchs in Lecco auf und hat seinen in Italien berühmten Roman „I Promessi Sposi" („Die Verlobten") hier und in den Orten der Umgebung angesiedelt. Die *Villa Manzoni*, in der er wohnte, steht verkehrsumtost am Largo Caleotto (Kreuzung von Via Mendola und Via Marconi) und beherbergt das *Museo Manzoni* mit Erstausgaben, Manuskripten, historischem Mobiliar und Erinnerungsstücken sowie die *Galleria Comunale d'Arte* mit Gemälden und Drucken einheimischer bzw. in Lecco ansässiger Künstler vom 16. bis zum 20. Jh. Interessant ist auch der große Weinkeller, wo historische Weinpressen, Mahlsteine und Brunnen erhalten sind.

• *Öffnungszeiten/Eintritt* **Villa Manzoni**, Di–So 9.30–17.30 Uhr, Mo geschl., ca. 5 €, unter 18 und über 65 J. 3 €.

• *Anfahrt/Verbindungen* **Bahn**, der Bahnhof liegt ein Stück landeinwärts vom See, häufige Verbindungen nach Mailand, Bergamo und das östliche Seeufer entlang bis Chiavenna, kurz vor der Schweizer Grenze. Stadtbusse starten vor dem Bhf., die Fußgängerzone Via Cavour führt ins Zentrum.

• *Information* **Ufficio Informazioni**, Via Nazario Sauro 6, in einer Gasse hinter der Uferfront. 9–12.30, 14.30–18 Uhr. ✆ 0341/295720, ✆ 295730, www.turismo.provincia.lecco.it.

• *Übernachten* *** **Don Abbondio**, in Pescarenico, am Ufer der Adda zwischen Comer See und Lago di Garlate, südlich des Ponte Azzone Visconti. Familiär geführtes Haus mit 18 Zimmern, schöner Flussblick. DZ mit Frühstück ca. 90–120 €. Piazza Era 10, ✆ 0341/366315, ✆ 362563, www.donabbondio.com.

• *Essen & Trinken* **Vecchia Pescarenico**, gemütliche Trattoria im gleichnamigen Ortsteil, Seefisch in vielen Varianten. Mo geschl. Via Pescatori 8, ✆ 0341/368330.

TIPP! Antica Osteria „Casa di Lucia", historische und rundum gemütliche Trattoria mit hervorragendem Weinkeller und vielen leckeren, kleinen Gerichten: Polenta, Pasta, Käse, natürlich auch Fisch. Der Lokalname spielt auf Lucia an, die Heldin des Romans „I Promessi Sposi", denn man nimmt an, dass es dieses Haus war, das Manzoni als ihr Wohnhaus beschrieben hat. Sa-Mittag und So geschl. Via Lucia 27 (im Ortsteil Acquate, etwa 2 km vom Zentrum), ✆ 0341/494594.

• *Cafés* **Colonne Commercio**, viel besuchte Kneipe, abends **der** Treff, Tische draußen auf der Piazza, drinnen Kronleuchter, alte Holztische und Spiegel. Piazza XX Settembre 8.

Südufer (Lecco bis Como)

Das Dreieck zwischen den beiden Seearmen ist bis auf Bellagio vom Urlaubsverkehr noch nicht gänzlich in Beschlag genommen – vor allem die wenig erschlossene Ostseite zwischen Bellagio und Lecco. Wichtig: Auf den Küstenstraßen besonders vorsichtig fahren, denn sie sind abenteuerlich schmal.

Bellagio

ca. 3500 Einwohner

Ein Hauch von Belle Epoque schwebt über dem ehemaligen Fischerdörfchen im geografischen Zentrum des Comer Sees. Große Hotels mit klangvollen Namen nutzen bereits seit dem 19. Jh. die wundervolle Lage an der Spitze zwischen den beiden Seearmen, um Prominenz anzuziehen.

Bis heute hat sich hier eine heile Welt des Tourismus alter Schule erhalten – an der Promenade liegen breite Laubengänge und Traditionscafés, in denen man sich in Ruhe die Times, Le Monde und das Wall Street Journal zu Gemüte führen kann, dahinter steigen enge Treppengässchen zum Ortskern hinauf, in denen sich Boutiquen, Souvenirshops und Restaurants aneinanderreihen. Insgesamt ein Örtchen mit Stil und sehr beliebtes Ziel für Ausflugsbusse, deren Insassen in Scharen durch das winklige Dorf schwärmen. Vor allem US-Amerikaner zählen häufig zu den Gästen – laut Statistik kommt jeder zweite Gast aus Übersee.

An der Piazza im oberen Ortsbereich steht die romanische Basilika *San Giacomo* aus grobem Bruchstein. Oberhalb davon erstreckt sich die *Villa Serbelloni*, deren kunstvolle Gartenanlagen zweimal täglich (außer Mo) im Rahmen einer Führung besichtig werden können – herrlicher Blick auf die beiden Arme des Sees. Die *Villa Melzi* liegt südlich vom Ort, an der Straße nach Como, und ist von einer großzügigen Gartenanlage mit zahlreichen Skulpturen umgeben.

Blick auf Bellagio

Anfahrt/Verbindungen/Information/Öffnungszeiten

• *Anfahrt/Verbindungen* **Pkw**, der Ortskern ist für den Durchgangsverkehr gesperrt. Wer jedoch ein Hotel ansteuert, kann mit dem Pkw die handtuchschmale Hauptstraße benutzen, die im Bogen zur Promenade hinunterführt. Parkmöglichkeit gibt es auf dem Kirchplatz im oberen Ortsbereich und unten an der südlichen Seepromenade.

Schiff, häufige Autofähren pendeln hinüber nach Varenna, Cadenabbia und Menaggio.

Der **Trombetta Express** schaukelt Urlauber stündlich durch Ort und Umgebung. Abfahrt an der Uferpromenade. ✆ 338-8889847.

• *Information* **IAT**, in der Fähranlegestelle, Piazza Mazzini. Umfangreicher Ortsprospekt „Bellagio Dove". April bis Okt. 9–12, 15–18 Uhr, So-Nachmittag geschl. ✆ 031/950204, prombell@tin.it, www.bellagiolakecomo.com.

• *Öffnungszeiten/Eintritt* **Villa Serbelloni**, Führungen März bis Anfang Nov. Di–So 11 und 15.30 Uhr, Mo geschl.; Eintritt ca. 8,50 €, Kinder (7–13 J.) 4,50 €, Tickets in der Torre San Giacomo.

Villa Melzi, März bis Anfang Nov. tägl. 9.30–18.30 Uhr, ca. 6 €, Kinder unter 6 J. frei.

Übernachten

Am schönsten (und teuersten) sind die Hotels an der Promenade mit prächtigem Seeblick.

*** **Florence**, am Nordende der Promenade, architektonisch eins der interessantesten Hotels, seit über 100 Jahren in Besitz der Familie Ketzlar. Die Rezeption in einem Gewölbe mit Granitsäulen, schweren Holzbalken und Kamin. Auch in den Zimmern Holzbalkendecke, teils mit historischem Mobiliar, schicke Cocktailbar im vorgelagerten Rundbau, Restaurant/Frühstücksterrasse am See, Wellness. DZ mit Frühstück je nach Ausstattung und Blick ca. 140–200 €. ✆ 031/950342, ℻ 951722, www.hotelflorencebellagio.it.

*** **Du Lac**, neben Florence, ebenfalls historisches Haus, gepflegte Einrichtung, Restaurant im ersten Stock, großer, sonniger Dachgarten mit herrlichem Seeblick, hübsch eingerichtete Zimmer mit TV. DZ mit Frühstück je nach Saison und Blick ca. 160–195 €, gelegentlich Sonderangebote. ✆ 031/950320, ℻ 951624, www.bellagiohoteldulac.com.

* **Suisse**, wer weniger Geld ausgeben, aber trotzdem an der schönen Promenade wohnen will, ist hier richtig. Älteres Haus, zehn Zimmer, einfache Ausstattung. DZ mit Frühstück ca. 85–135 €. Ohne Reservierung im Sommer wenig Chancen. ✆ 031/950335, ℻ 951755, www.hotelsuissebellagio.com.

** **Bellagio**, gleich hinter dem Hotel Suisse, vor einigen Jahren grundlegend renoviert, Zimmer mit Klimaanlage, von den meisten schöner Seeblick, besonders in den oberen Stockwerken. DZ mit Frühstück ca. 80–165 €. Salita Grandi 6, ✆ 031/952202, ℻ 951966, www.hotelbellagio.it.

* **Giardinetto**, einfaches Haus im oberen Ortsbereich, beim Kirchplatz eine kleine Gasse hinein, tolle und ganz ruhige Lage mit herrlichem Seeblick, Zimmer durchgängig renoviert, teils sehr geräumig, auch die Bäder. Freundliche Wirtsleute. DZ ca. 65–70 €, Frühstück extra. Via Roncati 12, ✆ 031/950168, giardinetto@aol.it.

• *Außerhalb vom Zentrum* **TIPP!** *** **Silvio**, in Loppia, südwestlich von Bellagio. Schlichtes, sauberes Albergo mit herrlichem Seeblick, ruhige Lage, seit vier Generationen im Besitz einer ehemaligen Fischerfamilie, freundliche Aufnahme. Zum Haus gehört ein gutes Fischrestaurant mit großer, offener Terrasse. DZ mit Frühstück ca. 80–130 €. Via Carcano 12 (schräg oberhalb der Villa Melzi), ✆ 031/950322, ℻ 950912, www.bellagiosilvio.com.

• *Camping* **Agricampeggio Elisabeth Clarke**, in Visgnola, in Hügellage einige Kilometer südlich von Bellagio. Kleiner Agriturismo-Hof mit Zeltmöglichkeit, geführt von Elisabeth Clarke. April bis Okt. ✆ 031/951325.

Essen & Trinken

Babayaga, Steakhouse/Pizzeria am Weg zur Punta Spartivento, der Spitze der Landzunge von Bellagio (von der Kirche geradeaus weitergehen). Freundlich geführt und sehr beliebt wegen seiner großen Pizzen, die auf Holzbrettern serviert werden. Mi geschl. Via Eugenio Vitali 8, ✆ 031/951915.

La Punta, gepflegtes Lokal direkt an der Punta Spartivento, hier lebt man in erster Linie von der herrlichen Lage und kann höhere Preise verlangen. ✆ 031/951888.

La Pergola, im Fischerdörfchen Pescallo, 500-jähriges Haus mit kleiner, idyllischer Terrasse direkt am See, spezialisiert auf Fisch. An Wochenenden besser reservieren. Man kann im Haus auch Zimmer mieten (DZ mit Frühstück ca. 74–90 €). ✆ 031/950263.

Westufer (Nord nach Süd)

Der Norden bis Menaggio ist die weniger hochgestochene Ecke des Sees – keine Grand Hotels, dafür reichlich Campingplätze und Privatzimmervermietung, bekannt und beliebt als *das* Surfrevier am Comer See. Die *Tremezzina*, die Seemitte um Menaggio und Tremezzo, bietet das mildeste Klima und die üppigste Vegetation, die mit Palmen, blühenden Azaleen und Rhododendren teils subtropisch anmutet. Dementsprechend war dieser Seeabschnitt schon im 19. Jh. viel besuchtes Reiseziel begüterter Mitteleuropäer und Briten.

Domaso

Um das schöne alte Dorf im äußersten Norden des Sees treten die Berge weit vom See zurück, dementsprechend ist die Ecke bei Windsurfern beliebt, der Südwind Breva und der böig-heftige Föhnwind Tivano aus Norden bieten hier durchaus eine Alternative zum Gardasee. Der Strand ist lang, im Sommer trotzdem oft restlos überfüllt.

• *Übernachten* ** **Europa**, am gleichnamigen Campingplatz. Kleine Zimmer mit Bad, außerdem schön gemauerte Bungalows mit viel Grün davor. Gutes Frühstücksbüffet, Swimmingpool, Bar, Zugang zum Strand vor der Anlage. DZ mit Frühstück ca. 70–90 €. ✆ 0344/96044, ℻ 96024, www.hotelcampingeuropa.com.

Ansonsten viel Zimmervermietung, meist mit Küche, Strandzutritt etc., z. B. recht schön am **Camping Gardenia** direkt am See (→ unten) oder in der **Residence Geranio** (✆ 0344/95031, ℻ 96313).

Ostello Domaso, kürzlich renovierte Jugendherberge direkt am See, vier 8-Bett-zimmer, ca. 18–20 € pro Pers. Via Carse Sparse 4, ✆ 0344/96094.

Zwölf Campingplätze am See bieten Platz, sind aber z. T. recht klein und beengt, im Sommer zudem gnadenlos überfüllt. Größter Platz ist **Gardenia** mit gut sortiertem Laden und Zimmervermietung in einem Haus direkt am Strand. ✆ 0344/96262, ℻ 83381, www.domaso.biz.

Weitere Plätze liegen um **Sórico** und **Gera Lario** weiter nördlich.

• *Essen & Trinken* **Pescatori**, am nördlichen Ortsausgang, preislich gehobenes Fischlokal, schöne Lage am See, gute Weine. Mi geschl. Via Case Sparse 219, ✆ 0344/96088.

Madonnina, beliebte Pizzeria neben dem gleichnamigen Campingplatz (der einzige südlich vom Fluss Livo). Man sitzt im Garten hinter dem Haus, davor liegt ein grasbewachsenes Uferstück, wo die Kinder tollen können. ✆ 0344/96294.

Da Mario, im Zentrum an der Uferstraße, gemütlich im Laubengang, lockere Atmosphäre, familiär geführt, leckerer Fisch. Mo geschl. ✆ 0344/96309.

Da Ruffino, alteingesessene Trattoria im Ortskern, man isst im Innenhof, Treffpunkt der Fischer, günstig. Mo geschl. Via Venini 2, ✆ 0344/95184.

TIPP! **San Silvestro**, am nördlichen Ortsausgang die Straße nach Vercana hinauffahren. Ländlich-ruhig, schöne Plätze auf der Terrasse, kreative regionale Küche, dazu lokale Weine aus Domaso (!). Do geschl. (außer im Sommer). ✆ 0344/95274.

• *Sport* **Windsurfcenter Domaso** am Strand vor Camping Paradiso, geführt von Isabel und Ralf Hartmann aus der Schweiz. ✆ 380-7000010, www.breva.ch.

Dongo: größerer Ort mit langer Durchgangsstraße, ein Stück oberhalb vom See. Das *Museo della Resistenza Domasca* im Rathaus an der zentralen Piazza ist den

Partisanen des Zweiten Weltkriegs und ihrem größten Erfolg gewidmet, der Gefangennahme Mussolinis (→ Riviera Tremezzina).

• *Öffnungszeiten/Eintritt* **Museo della Resistenza Domasca**, Mo–Sa 9.30–12.30, 15.30–18 Uhr, Eintritt frei, ✆ 0344/82572.

• *Essen & Trinken* **TIPP!** **Il Giardinetto**, gemütliches Lokal in Consiglio di Rumo, etwas erhöht über dem See, vom Freisitz hinter dem Haus toller Blick. Kleine, aber feine Karte, wirklich gute italienische Küche. Via Prestino 31/a. Mi geschl. ✆ 0344/81861.

Menaggio

ca. 3200 Einwohner

Freundlicher Ort mit hübschem Zentrum und hohem Touristenaufkommen, die beiden Grand Hotels liegen aber dezent am Rande.

Am Wasser unten viel Platz, sehr gepflegte Promenade mit schattigen Bäumen, Rasen und Blumenbeeten, anschließend das edle Grand Hotel Victoria, davor ein schmaler Kiesstrand, etwas nördlich der *Lido Giardino*, ein gut eingerichtetes Strandbad mit großem Pool. Landeinwärts kommt man durch einige Altstadtgassen zur Hauptkirche von Menaggio, links davon auf Kieselsteinpflaster hinauf zum *Castello* auf der Hügelspitze.

• *Information* **IAT**, zentral an der Piazza Garibaldi, wenige Schritte hinter der Promenade. Freundlich und hilfsbereit, engagierte Auskünfte in deutsch. Auch Infos über Wanderwege. Mo–Sa 9–12.30, 14.30–18 Uhr, So geschl. ✆/℻ 0344/32924, www.menaggio.com.

• *Übernachten* ** **Corona**, ganz zentral bei der Piazza, geräumige Zimmer, die meisten mit Balkon und Seeblick, gute Betten. Freundlich geführt, es wird auch Deutsch gesprochen. DZ mit Frühstück ca. 70–100 €. ✆ 0344/32006, ℻ 30564, www.hotelgarnicorona.com.

TIPP! * **Il Vapore**, einfache Pension neben Hotel Corona, gutes Preis-/Leistungs-Verhältnis, Seeblick (Zimmer 25 und 26 mit Balkon), zeitweise etwas laut, unten Restaurant, Speiseterrasse vor dem Haus (→ Essen & Trinken). Die Wirtin spricht Deutsch, netter Service. DZ mit Bad ca. 60–65 €, Frühstück extra. ✆ 0344/32229, ℻ 34850, www.italiaabc.it/a/ilvapore.

Jugendherberge La Primula (IYHF), modernes ockerfarbenes Haus am südlichen Ortsausgang, direkt am See. Volle Mahlzeiten, Fahrradverleih, Waschmaschine. Übernachtung mit Frühstück im Mehrbettzimmer ca. 16 € pro Pers., auch Familienzimmer und DZ. Mitte März bis Mitte Nov. ✆/℻ 0344/32356, www.menaggiohostel.com.

Camping Europa, am nördlichen Ortsende direkt am Wasser, allerdings großteils von Dauercampern belegt. Via dei Cipressi 16, ✆ 0344/31187.

• *Essen & Trinken* **Il Ristorante**, gepflegtes Ristorante mit Terrasse im Hotel Corona, leckere Gerichte gehobener Preisklasse, Ober in schwarzer Livree. Wenn nicht zu voll, guter und freundlicher Service. Di geschl. ✆ 0344/32133.

Il Vapore, in der Pension neben dem Hotel Corona (→ Übernachten), einfach, typische Gerichte in familiärer Atmosphäre, man kann auch problemlos nur einen Primo Piatto (z. B. nur Spaghetti) bestellen. Mi geschl.

Osteria il Pozzo, ganz zentral an einer Ecke der Piazza Garibaldi. Sehr beliebt, weil locker geführt bei guter Küche. Neben lokalen Gerichten gibt es auch Spezialitäten aus anderen Regionen. Mi geschl. ✆ 0344/32333.

Von Menaggio zum Luganer See: Direkt im Zentrum windet sich eine Straße hoch den Hang hinauf, in einer knappen halben Stunde kommt man hinüber zum nahen Luganer See (→ unten).

Riviera Tremezzina

Hier, im klimatisch wärmsten Teil des Sees von Cadenabbia bis Lenno, reihen sich zahlreiche prächtige Villen inmitten von Gärten und Parkanlagen mit üppigster Vegetation. In *Cadenabbia* vertrieb sich Alt-Bundeskanzler Adenauer jahrelang seine

Urlaubszeit mit Boccia spielen. Er wohnte in der wunderschön gelegenen *Villa La Collina* mit herrlichem Garten, die heute im Besitz der Konrad-Adenauer-Stiftung ist (www.kas.de/villalacollina).

Villa Carlotta: Etwas nördlich von *Tremezzo* liegt die berühmte Villa direkt an der Uferstraße. Sie gehört zu den populärsten Ausflugszielen am See. Eine großzügige Freitreppe führt hinauf zu dem klassizistischen Herrschaftshaus aus dem 18. Jh., das lange im Besitz der preußischen Prinzessin Charlotte war. In den Innenräumen finden sich monumentale Ölgemälde, historische Uhren, Marmorskulpturen und -reliefs (u. a. von Canova und Thorvaldsen) sowie Wandteppiche. Einen ausgedehnten Spaziergang ist der weitläufige botanische Park der Villa wert, in dem u. a. Palmen, Mammutbäume, riesige Gummibäume, Bambus, Zedern, Azaleen, Seerosen und Orangen gedeihen.

Ein Stück weiter südlich (schräg gegenüber der großen Kirche) bietet sich der schöne *Parco Teresio Olivelli* mit seinem prächtigen Baumbestand und den gepflegten Rasenflächen zur Pause an. Über einen breiten Treppenzugang kommt man zum See, den herrlichen Blick auf das andere Ufer kann man auch von einer Bar mit Aussichtsplattform genießen.

Öffnungszeiten/Eintritt **Villa Carlotta**, April bis Mitte Okt. tägl. 9–18, zweite Okt.-Hälfte tägl. 10–17, Mitte bis Ende März und erste Nov.-Hälfte tägl. 10–16 Uhr; Eintritt ca. 8,50 €, Stud. und Senioren über 65 Jahre 4,50 €.

28. April 1945: Der letzte Tag des „Duce“

Südlich von Tremezzo führt von Mezzegra eine schmale Straße in den kleinen Ort *Giulino di Mezzegra* hinauf, ab der Durchgangsstraße beschildert mit braunem Schild „Fatto Storico – Historical Sight“. Nach etwa 300 m sieht man ein Kreuz direkt rechts neben der Straße. An dieser Stelle sollen Benito Mussolini und seine Geliebte Claretta Petacci am 28. April 1945 von Partisanen erschossen worden sein. Zwei Tage zuvor war er in Musso bei Dongo gefasst worden, als er in einem deutschen Lastwagen in die Schweiz fliehen wollte. Eine Augenzeugin hat diese Darstellung jedoch Ende der neunziger Jahre widerlegt. Nach ihrer Aussage wurde der Duce schon am Vormittag von einem führenden Funktionär der KPI im Hof eines nahen Bauernhauses erschossen – im Gegensatz zu einer Absprache mit den Alliierten, die Mussolini vor Gericht bringen wollten.

Lenno: kleiner, ruhiger Ort in schöner Lage am Fuß der bewaldeten Halbinsel *Punta Balbianello*. Dort steht die *Villa del Balbianello* aus dem 18. Jh., eine ehemalige Kardinalsvilla mit herrlichem Terrassengarten. Im Inneren kann man chinesische, afrikanische und präkolumbianische Kunstwerke besichtigen, außerdem hat der letzte Besitzer Stücke von seinen Nordpol- und Everest-Expeditionen ausgestellt. Auf diesem schönen Fleckchen Erde drehte George Lucas im Frühherbst 2000 Szenen für den Kultfilm „Star Wars“, nämlich die romantische Hochzeit von Anakin und Amidala. Taxiboote fahren an Besuchstagen etwa alle 30 Min. ab Lenno und Sala Comacina (✆ 0334/57093, www.taxiboat.net) hinüber, Di, Sa und So kann man auch zu Fuß laufen, ab dem Kirchplatz in Lenno sind es etwa 800 m, der Weg ist ausgeschildert.

• Öffnungszeiten/Eintritt **Villa del Balbianello**, Mitte März bis Mitte Nov. 10–18 Uhr, Mo und Mi geschl.; Eintritt Garten ca. 5 €, Villa und Garten 11 €, Kinder (4–12 J.) ca. 2,50 € bzw. 6 €.

• Übernachten/Essen & Trinken **TIPP!**
*** **Rusall**, hoch über Tremezzo, am Rand des kleinen Weilers Rogaro, sehr ruhig mit großartigem Seeblick, DZ ca. 94–104 €, im Ristorante vorzügliches Essen mit großen Portionen. ✆ 0344/40408, ℻ 40447, www.rusallhotel.com.
*** **San Giorgio**, in Lenno, erbaut nach dem Ersten Weltkrieg und seitdem in mittlerweile in vierter Familiengeneration als Hotel geführt. Tolle Lage, schöner Garten direkt am Wasser, Kiesstrand, nostalgische Einrichtung und viel Ruhe. DZ ca. 125–160 €, Frühstück ca. 10 €/Pers. Via Regina 81, ✆ 0344/40415, ℻ 41595, www.sangiorgiolenno.com.

Isola Comacina: Die einzige Insel im Comer See liegt dicht vor der Westküste. Man erreicht sie mit Motorbooten, die ständig von Sala Comacina hinüberpendeln. Eine Handvoll Kirchen und Reste alter Festungsmauern verstecken sich im dichtem Grün, ein Rundgang dauert ca. 30 Min. In den Zeiten der Völkerwanderung war die Insel immer wieder Rückzugsort vor Eroberern, doch 1169 machte die Stadtrepublik Como auf der mit Mailand verbündeten Insel alles dem Erdboden gleich.

Argegno: kleines Örtchen an der Mündung des Flusses Telo. An der Flussmündung Strandbad mit schön gelegener Pizzeria, daneben ein Bootshafen. Besonders gut isst man auf der Kiesterrasse des „Crotto dei Platani“, etwas südlich vom Ort direkt unterhalb der Straße (Mi-Mittag und Di geschl., ✆ 031/814038). Hier auch Auffahrt ins Intelvi-Tal und Weiterfahrt zum Luganer See.

Cernobbio: geschäftiges Örtchen, das mit Como fast zusammengewachsen ist. Weltbekanntes Refugium der Schönen und Reichen ist das *Grand Hotel Villa d'Este*, eins der großen Luxushotels Italiens (DZ in der Saison über 600 €!).

Auch das nahe gelegene Uferdorf *Laglio* ist seit kurzem in der Welt des Jet Sets ein Begriff, denn George Clooney hat sich anlässlich der Filmaufnahmen für „Ocean's Twelve“ eine Millionenvilla am See gekauft, die *Villa Oleandra* – andere Prominente, wie z. B. Sting, haben mittlerweile nachgezogen.

Como

ca. 100.000 Einwohner

Weitläufige und elegante Stadt, die Skyline dominiert von der grünen Domkupppel. In den Randbezirken hat sich einiges an Industrie angesiedelt, vor allem Seiden- und Kunstseidenfabrikation. Das schöne historische Zentrum ist dagegen ideal zum Bummeln und gepflegten Shopping.

Am See bildet die Piazza Cavour mit ihren Rasenflächen einen weiten, offenen Platz, dort legen die Fähren an. Dahinter erstreckt sich auf dem Grundriss einer einstigen römischen Garnison die überschaubare Altstadt mit ihren weitgehend rechtwinklig zueinander angelegten Pflastergassen, heute zum Großteil Fußgängerzonen. Reste der mittelalterlichen Stadtmauer sind am Viale Lecco erhalten, an der Landseite der Altstadt stehen sogar noch drei Tortürme.
Entlang des Ufers verläuft eine lange, baumbestandene Promenade. Nach Westen gehend passiert man den auffallenden, Alessandro Volta gewidmeten *Tempio Voltiano* und kommt zur prachtvollen *Villa dell'Olmo* mit ihrem repräsentativen Garten. Como besitzt aber nicht nur Industrie und Kultur, auch die Erholung kommt nicht zu kurz. Es gibt zwei gepflegte Strandbäder, nämlich bei der Villa dell'Olmo am Westufer und am Ostufer bei der Villa Geno – und die Auffahrt mit der Standseilbahn nach Brunate ist fast ein Muss.

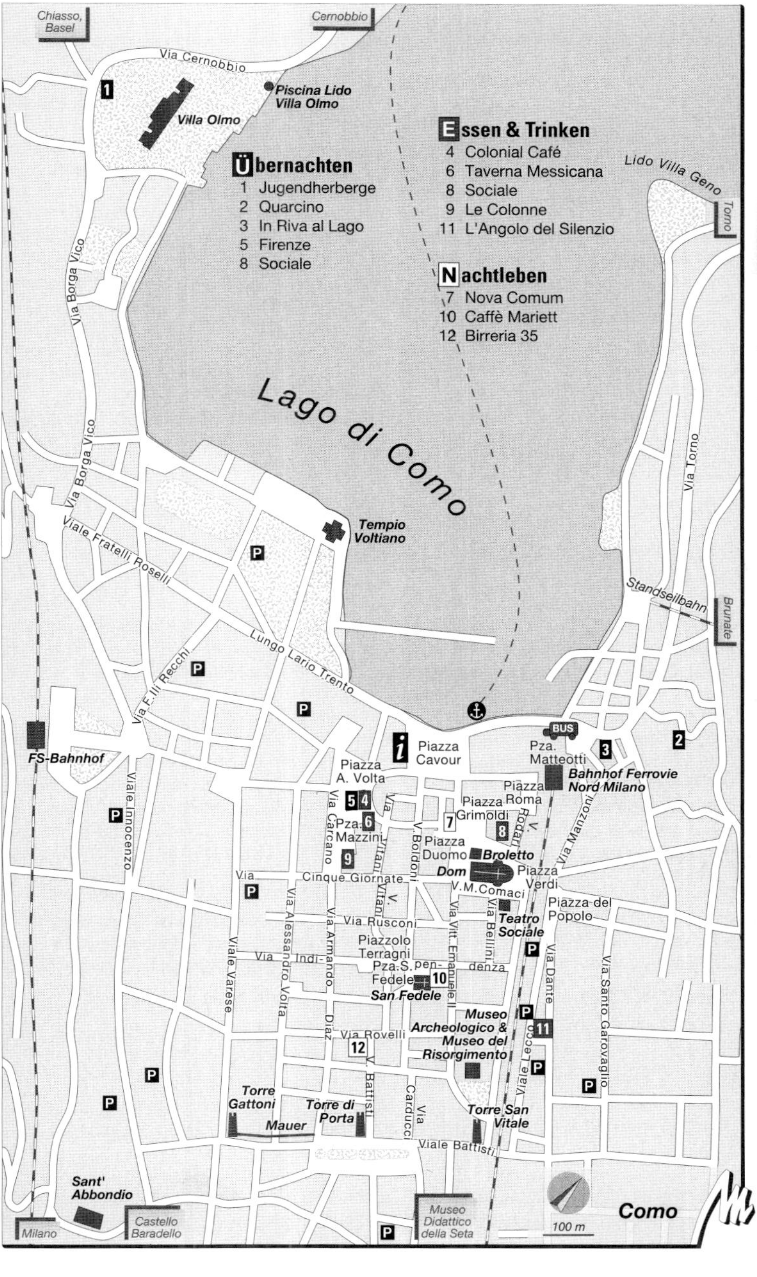

Lombardei und die Seen
Karte S. 282/283

Anfahrt/Verbindungen/Information

• *Pkw* Autobahn ab **Mailand**. Die Innenstadt ist für den Verkehr gesperrt, Zufahrt nur für Autorisierte und Hotelgäste. Gebührenpflichtig parken kann man entlang des langen Viale Lecco. Ein großes **Parkhaus** steht in einer Seitengasse des Viale C. Battisti (beschildert), Nähe landseitiges Stadttor.

• *Bahn* Como ist Station an der internationalen **Gotthard-Linie** von Basel nach Mailand, eine der wichtigsten Strecken im alpenüberquerenden Verkehr. Nahverkehrszüge gehen hinüber nach **Lecco**. Der FS-Bahnhof liegt westlich vom Zentrum am Piazzale Gottardo, in die Altstadt geht es geradeaus die Via Gallio entlang.

Auf der anderen Seite der Altstadt, an der Piazza Matteotti, wenige Meter vom See, liegt der Bahnhof der privaten **Ferrovie Nord Milano (FNM)** mit etwa halbstündlichen Verbindungen von und nach **Mailand Nord** (M2: Cadorna), Fahrtdauer ca. 45 Min.

• *Bus* Busse in die wichtigsten Ortschaften starten am See ab **Piazza Matteotti**, z. B. nach Menaggio und Bellagio. Verbindungen gibt es auch nach Mailand, zum Flughafen Malpensa und zum Flughafen Orio al Serio (Bergamo).

• *Fähren* Tägliche Abfahrten an der zentralen **Piazza Cavour**.

• *Information* **IAT** zentral am großen Platz an der Seefront, Piazza Cavour 17. Mo–Sa 9–13, 14.30–18, So 10–13, 14–17 Uhr. ✆ 031/3300128, ℻ 240111, www.lakecomo.it.

Zweigstelle im **FS-Bahnhof**, Piazzale San Gottardo. ✆ 031/267214.

Übernachten (siehe Karte S. 329)

Como ist ein teures Pflaster, für gehobene Ansprüche gibt es allein acht Vier-Sterne-Hotels.

*** **Firenze (5)**, modernes Hotel in einem historischen Gebäude, ruhige Lage im Fußgängerbereich. Freundlich geführt, schick und ansprechend in klaren Linien gestaltet, Zimmer mit Parkettböden, Klimaanlage, Sat-TV, sehr gute Bäder, leider kein Parkplatz. DZ mit Frühstück ca. 115–140 €. Piazza Volta 16, ✆ 031/300333, ℻ 300101, www.centrohotelslagocomo.it.

** **Quarcino (2)**, bei der Kirche San Agostino, nicht weit von der Standseilbahn. Freundlich geführtes Haus mit Garten und Parkplatz. 150 m zum See, aber nicht alle Zimmer mit Aussicht. Gutes Frühstücksbuffet. DZ mit Frühstück und Parkplatz ca. 75–85 €. Salita Quarcino 4, ✆ 031/303934, ℻ 304678, www.hotelquarcino.it.

TIPP! In Riva al Lago (3), zentrale Lage etwa 100 m vom See. Ein ganzes Haus mit Zimmern und Apartments verschiedener Größe, beliebt bei Rucksacktouristen und auch für Familien geeignet. Tageweise, aber auch wochen- und monatsweise Vermietung, DZ mit Bad ca. 55–65 €, mit Etagendusche ca. 45–60 €, jeweils mit Frühstück. Piazza Matteoti 4 (beim Bhf. der Ferrovie Nord Milano), ✆ 031/302333, ℻ 30016, www.inrivaallago.com.

• *Jugendherberge* **Ostello dell'Olmo (IYHF) (1)**, beliebte Herberge bei der Villa Olmo am Westufer, ca. 1,5 km vom FS-Bhf., Bus 1 oder 6. Anmeldung ab 16 Uhr, im Sommer oft voll. Etwa 16 € pro Pers. mit Frühstück. Fahrradverleih, Waschmaschine. März bis Mitte Nov. Via Bellinzona 2, ✆/℻ 031/573800, www.aighostels.com.

• *Camping* **International Como Sud**, günstiger Übernachtungsplatz an der Auf-/Abfahrt Como Sud der Autobahn Chiasso-Mailand, ca. 3 km vom Zentrum. Dicht beschattete Stellplätze unter Bäumen, Kinderspielplatz, kleiner Pool, Bar/Pizzeria. Ostern bis Mitte Okt. ✆ 031/521435.

Essen & Trinken/Nachtleben/Shopping (siehe Karte S. 329)

Auch beim Essen muss man oft tief in die Tasche greifen, vor allem die besseren Ristoranti sind teuer. Mittags bieten die meisten Lokale etwas preiswertere Menüs.

Osteria L'Angolo del Silenzio (11), an einer viel befahrenen Straße nordöstlich der alten Stadtmauer, trotzdem ein „Winkel der Stille", da man in den Gasträumen davon nichts mitbekommt. Hinten kann man auch im Freien sitzen. Gute und typische lom-

Der Broletto, das frühere Rathaus von Como

bardische Küche, Fisch und Fleisch gleichermaßen. Di-Mittag und Mo geschl. Viale Lecco 25, ✆ 031/3372157.

Le Colonne (9), beliebte Pizzeria an einem ruhigen Platz, schön zum Sitzen. Di geschl. Piazza Mazzini 12, ✆ 031/266166.

Taverna Messicana (6), gemütliche Alternative am selben Platz, winziger Innenraum, wo man hautnah mit dem Pizzabäcker flirten kann, daneben kleiner Innenhof, auch vor dem Haus kann man sitzen. Große, leckere Pizzen und einige mexikanische Gerichte. Oft sehr voll. Piazza Mazzini 6, ✆ 031/266204.

TIPP! **Sociale (8)**, ansprechendes Ristorante in einer ruhigen Gasse an der Rückseite vom Dom. Unten Backsteinwände und ein Innenhof, im ersten Stock freskenverzierter Saal mit Kamin. Im Obergeschoss Vermietung von guten Apartments ab 70 € (www.lestanzedellago.com). Di geschl. Via Rodari 6, ✆ 031/264042.

• *Cafés* **Colonial Café (4)**, originell ausgestattet, gemütliche Lounge-Atmosphäre, Ledersitze und Hocker. Piazza Mazzini, neben Pizzeria Messicana.

Caffè Mariett (10), seit 1887, der Treff zum Aperitivo, wer drinnen keinen Platz mehr findet, steht draußen. Via Vittorio Emanuele 86.

• *Nachtleben* **Nova Comum (7)**, populäres Café in der Via Ballarini/Ecke Piazza del Duomo. Hier geht es abends oft fröhlich und laut zu, mit seinem Bier in der Hand steht man auf der Straße.

Birreria 35 (12), gemütliche Kneipe mit viel Holz, Jazzmusik und Musikinstrumenten an den Wänden. Via Giuseppe Rovelli 35.

• *Shopping* Ein großer **Markt** findet am Di und Do vormittags statt, außerdem Sa den ganzen Tag.

Sehenswertes: Der Dom *Santa Maggiore* steht äußerst dekorativ an einem weiten Platz in Seenähe. Direkt angebaut ist der *Broletto*, das ehemalige Rathaus mit Stadtturm aus dem 13. Jh., mit einer schönen romanischen Loggia im Zebramuster. In seiner gelungenen Mischung aus Gotik- und Renaissanceelementen gehört der Dom zu den bedeutendsten Kirchen Oberitaliens. Die aufwändig verzierte Fassade aus weißem Marmor besitzt senkrechte Skulpturenleisten und Türmchen, reich geschmückte Portale und hohe Fenster. Wohl geborgen hinter Glas sieht man zu beiden Seiten des Haupttors die Statuen von Plinius dem Älteren und Plinius dem Jüngeren, beide in Como geboren. Im Innern grenzen mächtige Wandteppiche die

Seitenschiffe vom Hauptschiff ab, sparsam bestuhlt kommt die Weite des Baus zum Tragen. Auffallend sind die vielen bunten Glasfenster, die spitze Kuppel von Filippo Juvarra (→ Turin) wirkt fast himmelhoch. An den Seitenaltären Reliefs der Gebrüder Rodari und mehrere Gemälde, zu den bedeutendsten zählen die „Anbetung der Heiligen Drei Könige“ und „Der heilige Hieronymus“ von Luini sowie die „Flucht nach Ägypten“ und die „Vermählung der heiligen Jungfrau“ von Gaudenzio Ferrari.

Die Via Luini führt von der großen Piazza Cavour am Wasser zur beschaulichen *Piazza San Fedele* mit der gleichnamigen Kirche. Die kleine Basilika im lombardischen Stil besitzt in der Fassade eine Rosette, die Seitenemporen und die Decke stammen teils aus der Renaissance, während die romanische Apsis gut erhalten ist.

Die große Basilika *Sant'Abbondio* steht westlich außerhalb der Stadtmauern in einem reichlich unattraktiven Umfeld, gilt aber als eins der bedeutendsten Werke der lombardischen Romanik. Das fünfschiffige Innere mit Säulen und Pfeilern ist schlicht gehalten, lediglich in der Apsis sind herrliche Fresken aus dem 14. Jh. erhalten, über denen sich ein prächtiger Sternenhimmel wölbt.

Schließlich bietet sich ein Spaziergang zur prachtvollen *Villa dell'Olmo* aus dem 18. Jh. am westlichen Seeufer an. Der klassizistische Palast wird heute für Kongresse und Ausstellungen genutzt. Zwischen Palast und See liegt ein italienischer Park, hinter dem Haus ein Garten im englischen Stil.

Öffnungszeiten **Dom**, 7–12, 15–19 Uhr; **Villa dell'Olmo**, Garten April bis Okt. 8–23, sonst 9–19 Uhr, Palast nur während Ausstellungen zugänglich.

Tempio Voltiano: Der architektonisch auffallende „Tempel“ direkt am See ist dem aus Como stammenden Physiker Alessandro Volta gewidmet. Hunderte von Erinnerungsstücken an den Wegbereiter der elektrischen Batterie liegen hier ausgebreitet, fein säuberlich dokumentiert in einer deutschsprachigen Broschüre.

Öffnungszeiten/Eintritt Di–So 10–12, 15–18 Uhr (Winter 14–16 Uhr), Mo geschl., Eintritt ca. 3 €.

Museo Didattico della Seta: Das anschaulich gestaltete Seidenmuseum wurde 1990 in einer alten Seidenspinnerei südlich außerhalb vom Zentrum eröffnet, Via Castelnuovo 9. Alle Arbeitsgänge der Seidenherstellung werden an Hand von Originalgeräten ausführlich dargestellt.

Öffnungszeiten/Eintritt Di–Fr 9–12, 15–18 Uhr, Eintritt ca. 8 €. ✆ 031/303180.

Museo Archeologico und **Museo Storico „Giuseppe Garibaldi“**, beide an der Piazza Medaglie d'Oro im südöstlichen Bereich der Altstadt.

Öffnungszeiten/Eintritt Di–Sa 9.30–12.30, 14–17 (Mi 9.30–17), So 10–13 Uhr, Mo geschl., ca. 3 €.

Como/Umgebung: *Brunate* ist ein kleiner Hügelort hoch über Como, schön zum Spazierengehen und Wandern, prächtiger Blick auf die Stadt. Zu erreichen per Standseilbahn ab Ostende des Lungo Lario Trieste (fährt etwa alle 15 Min., Dauer ca. 7 Min., hin/zurück ca. 4 €, letzter Zug ca. 22.30 Uhr, im Sommer bis Mitternacht).

Fox Town: riesiges Designer Outlet im nahen Mendrisio (Schweiz), von Como in Richtung Lugano fahren. 130 Shops, alle großen Marken sind vertreten, Ersparnis bis zu 50 %. Tägl. 11–19 Uhr.

Fox Town, Via Angelo Maspoli 18, CH-06850 Mendrisio, ✆ 0041/848-828888, www.foxtown.ch.

Lago Maggiore

Der westlichste der drei großen italienischen Alpenseen ist nach dem Gardasee der zweitgrößte, 66 km lang und bis zu 12 km breit. Der nördlichste Zipfel – etwa ein Sechstel vom gesamten See – gehört zum Schweizer Tessin.

In seiner touristischen Struktur ähnelt der Lago Maggiore dem Comer See: Im Nordwesten treffen sich die (deutschsprachigen) Camper, in der Seemitte prangt herrliche Vegetation mit Palmen und üppigen botanischen Gärten. Das Westufer, das bereits zur Region Piemont gehört, war seit jeher die Vorzeigeseite des Sees. Schon seit dem Ende des 18. Jh. zogen sich begüterte Mailänder Adelsfamilien hierher zurück, später entstanden die großen Paläste und Jugendstilvillen reich gewordener Großindustrieller. Zu den schönsten Orten zählt das relativ weit im Norden gelegene *Cannobio*, während *Stresa* mit seinen Grand Hotels seit dem 19. Jh. Sinnbild für die gehobenen Urlaubsfreuden der angelsächsischen „upper class" wurde. Sogar gekrönte Häupter wie Queen Victoria reisten zur Sommerfrische an – nicht zuletzt angezogen vom Ruf der einzigartigen *Borromäischen Inseln*, die vollendet stilvoll in der Seemitte vor Baveno und Stresa ruhen.

• *Anfahrt/Verbindungen* **Pkw**, von Norden kommend ist die Schweizer Autobahn N 2 durch den Gotthard-Tunnel die ideale Anfahrt, Abfahrt zur Nordspitze in Bellinzona. Von der Westschweiz über Brig und durch den Simplontunnel, von Domodossola ist es nicht mehr weit.

Bahn, das Westufer ist von der Schweiz auf der **Lötschberg/Simplon-Strecke** über Brig und Domodossola zu erreichen, unterwegs wird der Simplon-Tunnel durchquert. Die Bahnstrecke trifft bei **Baveno** an den See und führt das südwestliche Ufer entlang.

Den Osten kann man von Norden kommend, auf der **Gotthard-Bahn** anfahren, wobei meist in Bellinzona umgestiegen werden muss. Die Bahnlinie führt das gesamte Ostufer entlang.

Von Mailand kann man mit der privaten **Ferrovia Nord Milano (FNM)** über Varese nach Laveno Mombello am mittleren Ostufer fahren.

Schiff, alle wichtigen Orte werden von den Personenfähren und Tragflügelbooten der **Navigazione sul Lago Maggiore** angelaufen (www.navigazionelaghi.it). In der Seemitte zwischen **Laveno** (Ostufer) und **Intra** (Westufer) verkehren 2- bis 3-mal stündl. Autofähren, Dauer der reizvollen Überfahrt ca. 20 Min.

Ostufer (Nord nach Süd)

Das nördliche Stück gehört noch zur Schweiz, danach folgt eine im Gegensatz zum üppigen Westen mit seinem Belle-Époque-Charakter wenig verbaute, großteils ruhige und naturbelassene Uferlandschaft mit vielen kleinen und größeren Stränden – im Norden eher bewaldet, im Süden auch viel Schilf. Grand Hotels, prächtige Villen und Parks wie in Stresa und Umgebung wird man hier vergebens suchen.

Maccagno: freundliches Örtchen an einem Landvorsprung unter turmhohen Felsen, geräumige Badezone mit schattigen Bäumen am See, zwei gute Campingplätze und viele Ferienwohnungen. Beliebt beim deutschen Publikum.

• *Übernachten* * **Paradiso**, gemütliche Pension mit Liegewiese und kleinem Pool im Garten. DZ mit Bad ca. 55–65 €. Via Verdi 5 (an der Zufahrt zum Camping Lido), ✆/✆ 0332/560128, www.pensioneparadiso.it.

Azur Parkcamping, beliebter Platz am Seeufer unter hohen Laubbäumen, deutsche Leitung. ✆ 0332/560203, ✆ 561263, www.azur-camping.de.

Camping Lido, auch dieser gepflegte Platz im nördlichen Ortsbereich liegt direkt am See, holländische Leitung. ✆/✆ 0332/560250, www.boschettoholiday.de/lido.

Lago d'Elio: Der Stausee in 930 m Höhe ist von Maccagno auf einer 9 km langen, äußerst schmalen, steilen und kurvenreichen Straße mit herrlichen Seepanoramen zu erreichen, vorsichtig fahren. Der See besitzt an beiden Seiten eine Staumauer, es gibt einen beliebten Picknickplatz und am Nordende das rustikale Albergo/Ristorante „Diana" (✆ 0332-566102, www.albergo-diana.it). Auf einem Fußweg kann man den See umrunden.

Luino: Kleinstadt mit lebendigem Zentrum. Etwas versteckt gegenüber der Anlegestelle zieht sich landeinwärts der Durchgangsstraße das Altstadtviertel einen Hügel hinauf. Sehr besuchenswert ist jeden Mittwochvormittag der riesige *Wochenmarkt*, der in seinen Ursprüngen bis 1541 zurückgeht. Parken gestaltet sich dann allerdings schwierig – möglichst frühzeitig kommen.

• *Übernachten* **** **Camin Hotel Luino**, prächtige Jugendstilvilla im südlichen Ortsbereich an der Durchgangsstraße, gediegene Einrichtung, Deckenmalereien, bunte Bleiglasfenster, schöner Garten mit gemütlichem Café. DZ mit Frühstück ca. 160–190 €. ✆ 0332/530118, ✆ 537226, www.caminhotelluino.com.

• *Essen & Trinken* **Tre Re**, Via Alessandro Manzoni 29, in der Altstadt, gemütliches Restaurant mit schöner Terrasse nach hinten, ruhig, gute Küche, auch Pizza (nur abends). Mo geschl. ✆ 0332/531147.

Castelveccana: Der Abstecher in den kleinen Hafen lohnt vor allem wegen der schönen Bademöglichkeiten am langen Kiesstrand. Wenn man den in den See mündenden Fluss Froda auf der Holzbrücke nach Norden überquert, erreicht man ein reizvolles Ufergebiet mit zwei großen, alten Kalkbrennöfen. Der Zugang ist zwar offiziell verboten, doch kaum jemand hält sich daran.

Weiter südlich ist an der SP 69 die Badestelle *Cinque Arcate* beschildert, eine malerische Bucht mit schattigen Bäumen, Fels und Kies. Ein längerer Kiesstrand liegt unterhalb vom empfehlenswerten Ristorante/Pizzeria „Montesole" (Juli/Aug. tägl., sonst Do geschl., ✆ 0332/548134).

Laveno: unspektakuläres Städtchen, überragt vom bewaldeten *Sasso del Ferro*, im 19. Jh. bekannt für seine Keramikfabriken. Herrlich ist der Ausflug mit den offenen Stehgondeln der Funivia bis kurz unterhalb der Spitze des 1062 m hohen *Monte Sasso del Ferro*, (hin/zurück ca. 9 €), weiter zum Gipfel geht es in 30 Min. zu Fuß.

Die traumhafte *Villa della Porta Bozzolo* aus dem 16. Jh. findet sich in *Casalzuigno*, etwa 10 km östlich von Laveno. Umgeben ist sie von einer üppig grünen Parkanlage, die sich mit großzügigen Freitreppen, Terrassen und Brunnen einen bewaldeten Hügel hinaufzieht.

• *Öffnungszeiten/Eintritt* **Villa della Porta Bozzolo**, März bis Sept. 10–18, Okt., Nov. und zweite Febr.-Hälfte 10–17 Uhr, Mo/Di und Dez. bis Mitte Febr. geschl.; Eintritt ca. 6 €, Kinder bis 10 J. 2,50 €. ✆ 0332/624136.

• *Anfahrt/Verbindungen* Die **FS-Station** liegt ein Stück landeinwärts, Züge nach Mailand, Novara, Bellinzona und Locarno (Schweiz). Die private **Ferrovie Nord Milano (FNM)** bietet über Varese häufige Verbindungen von und nach Mailand (Stazione Milano Nord) und hat ihren Bahnhof gleich am Hafen, wo Autofähren und Tragflügelboote ins gegenüberliegende **Verbania-Intra** abfahren.

• *Übernachten* ** **Poggio Sant'Elsa**, auf dem Monte Sasso del Ferro oberhalb von Laveno. Hotel mit Restaurant, großer Terrasse und herrlichem Panoramablick. DZ mit Frühstück ca. 60 €. ✆ 0332/610303, www.funiviedellagomaggiore.it.

Von Laveno nach Angera

Cerro: 3 km südlich von Laveno, beliebter Badeort mit einem Sandstrand (!), der an Sommerwochenenden aus allen Nähten platzt. Im *Museo Internazionale Design*

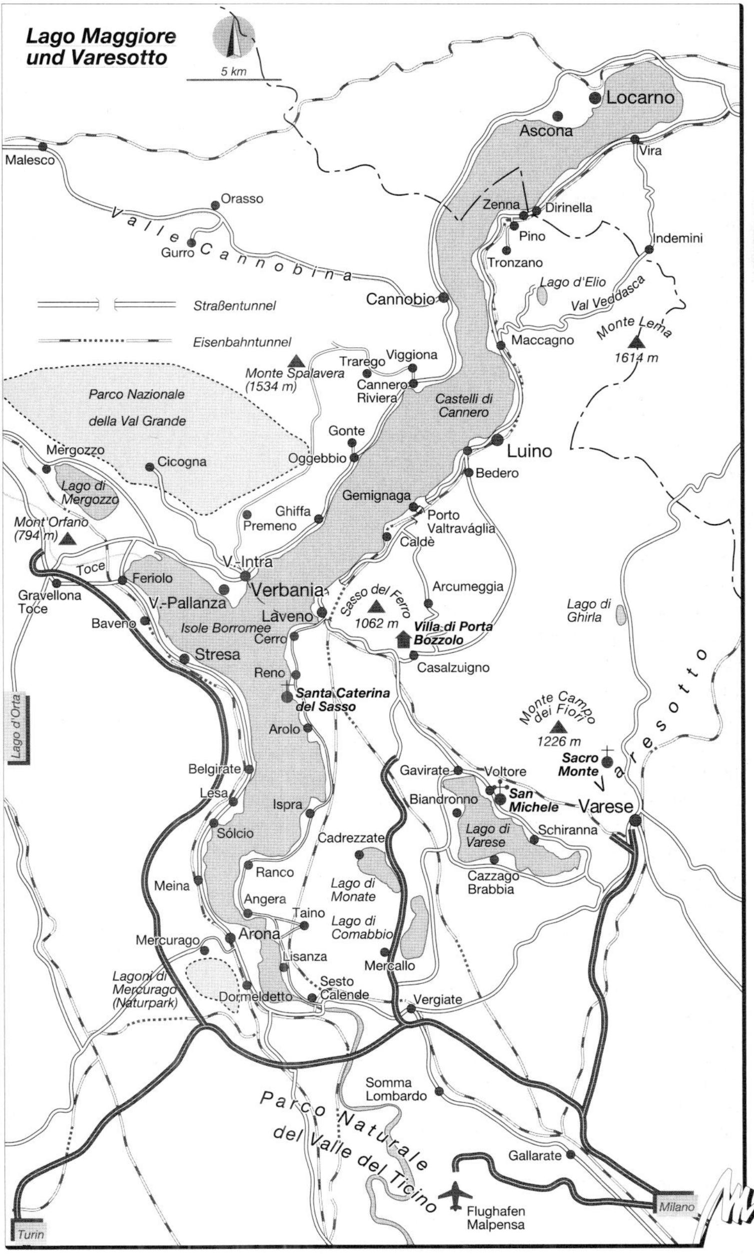

Lombardei und die Seen
Karte S. 282/283

Ceramico am Beginn der Uferpromenade gibt es eine schöne Keramiksammlung aus dem 19. und 20. Jh.

• Öffnungszeiten/Eintritt **Museo della Terraglia**, Di 10–12.30, Mi–Fr 10–12.30, 14.30–17.30 Uhr, Juni bis Sept. auch Sa/So 15–18 Uhr (übrige Zeit 14.30–17.30 Uhr). Mo geschl.; Eintritt ca. 5 €. ✆ 0332/666530.

• Übernachten ** **L'Angolo di Pescatori**, einfaches Albergo neben dem kleinen Hafenbecken. Unten viel besuchte Bar, im ersten Stock Ristorante, darüber die Zimmer mit Bad und Balkon, nach vorne herrlicher Seeblick. DZ mit Frühstück ca. 68–85 €. Via dei Pescatori 2, ✆ 0332/668342, 661071, www.langolodeipescatori.it.

Reno di Leggiuno: Auch hier findet sich eine schöne Uferzone mit Kiesstrand, wo nicht ganz soviel Betrieb herrscht wie in Cerro. Das Albergo Riva bietet eine dicht begrünte Terrasse mit Panoramablick.

• Übernachten **TIPP!** *** **Riva**, ruhige Lage direkt am Strand, schöne Außenterrasse unter Bäumen, Zimmer mit Balkon und tollem Blick auf See und Monte-Rosa-Massiv. Kein Ristorante, aber Barbetrieb. DZ mit Frühstück und Seeblick ca. 80–100 €. Via Lungolago 14, ✆/ 0332/647170, www.lagomaggiore-reno.it.

Santa Caterina del Sasso: Kurz nach dem Örtchen Reno erreicht man eins der beliebtesten Ausflugsziele am Lago Maggiore. Eine in ihren Ursprüngen bis ins Mittelalter zurückreichende Kirche mit ehemaligen Klostergebäuden schmiegt sich wenige Meter über dem Wasserspiegel an die steile Felswand des Ufers. Vom Parkplatz oberhalb steigt man über Stufen hinunter zu dem versteckten Komplex, dessen Entstehung ins Jahr 1170 zurückgeht. Damals war ein reicher Kaufmann namens Albertus Besozzi auf dem See in einen heftigen Sturm geraten und schwor der heiligen Caterina von Alexandrien (3. Jh.), er wolle im Fall seiner Errettung fortan als Eremit zu ihren Ehren in einer Uferhöhle leben. Dies tat er auch tatsächlich und wurde von der Bevölkerung bald als Heiliger verehrt. Damit war der Grundstein für das Heiligtum gelegt, das seit dem 14. Jh. von Mönchen bewohnt wurde.

Durch die Räume des ehemaligen Klosters, in dessen *Kapitelsaal* noch schöne Freskenreste erhalten sind, erreicht man zunächst einen Hof, danach geht man durch den *Conventino*, einen parallel zur Uferlinie erbauten Bogengang, an dessen Wänden ein verblasster, aus zehn Bildern bestehender Totentanz-Zyklus des 17. Jh. erhalten ist. Durch einen Säulengang mit Heiligendarstellungen des 16. Jh. betritt man die Kirche. Zur Landseite hin liegen drei Kapellen nebeneinander, in der *Cappella San Nicolà*, der ersten neben dem Altar, sind noch frühe Fresken des 14. Jh. erhalten, darunter an der Wand eine erst 1991 unter späteren Malereien entdeckte Kreuzigung sowie im Gewölbe Christus in der Mandorla. Am Südende der Kirche liegt auf tieferem Niveau die *Kapelle des heiligen Albertus*, wo der mumifizierte Leichnam des Einsiedlers aufgebahrt ist. Dahinter liegt noch tiefer die *Gedächtniskapelle*, die wohl bereits 1195 entstand und der älteste Teil der gesamten Anlage ist.

Öffnungszeiten April bis Okt. tägl. 8.30–12 und 14.30–18 Uhr, März tägl. 9–12 und 14–17 Uhr, Nov. Sa/So 9–12 und 14–17 Uhr. ✆ 0332/647172.

Ranco: idyllisches Nest am See, Tipp für einen ruhigen und erholsamen Urlaub. Mehrere Hotels, verschiedene Bademöglichkeiten. Ein Besuch lohnt im *Museo del Trasporto Ogliari*, ein labyrinthisches Sammelsurium von Lokomotiven, Zahnradbahnen etc.

• Öffnungszeiten/Eintritt **Museo del Trasporto Ogliari**, der Beschilderung in Ranco folgen, Di–So 10–12 und 14–16.30 Uhr, Mo geschl., Eintritt frei.

• Übernachten/Essen & Trinken **TIPP!** *** **Belvedere**, sympathisches Mittelklassehaus,

Gruppenbild mit Mailänder Dom (FF)

▲▲ Mondänes Portofino (SB)
▲ Der Bigo am Hafen von Genua (ST)

Malerisches Portovenere (SB) ▲▲
Fischer am Strand von Noli (KV) ▲

▲▲ Die Burg von San Marino (SB)
▲ Das Denkmal Savanarolas in Ferrara (EF)
▲▲ Der Dom von San Leo (bei San Marino) (EF)

freundlich geführt. Restaurant mit schöner Terrasse unter Weinlaub und wunderbarem Seeblick (Mi geschl.). Gut eingerichtete Zimmer mit Sat-TV. DZ mit Frühstück ca. 100–130 €. ✆ 0331/975260, ℻ 975773, www.hotelristorantebelvedere.it.

• *Unterhaltung* **Molo 203**, gemütliches Weinlokal/Bar am See, man sitzt an rustikalen Holztischen im Freien. Zum Wein werden Käse und Wurstwaren gereicht. Geöffnet mittags bis 1 Uhr nachts. ✆ 0331/975190.

Angera: ruhige Kleinstadt in der grünen Uferlandschaft des südlichen Lago Maggiore, der hier wie ein breiter Fluss wirkt. Über Angera thront die gut erhaltene Burg *Rocca di Angera* mit weithin sichtbarem Wehrturm, großem Innenhof und hohen, gewölbten Sälen, deren Wände alte Fresken schmücken. Im Inneren ist das hübsche *Museo della Bambola e Museo della Moda Infantile* untergebracht, das historische Puppen, Spielzeug und Kinderkleider zeigt. Von der Brüstung vor der Burg genießt man einen herrlichen Rundblick über den Süden des Sees.

• *Öffnungszeiten/Eintritt* **Rocca di Angera**, Mitte März bis Mitte Okt. tägl. 9–17.30 Uhr; Eintritt ca. 7,50 €.

• *Übernachten* *** **Lido**, an der Uferstraße von Angera nach Ranco, großes Haus mit schönem Garten direkt am See. Vor dem Haus schmaler Kiesstrand, großflächig verglastes Restaurant mit Panoramaterrasse und Seeblick. Gelegentlich sind Hochzeitsgesellschaften im Haus, dann wird es laut. DZ mit Frühstück ca. 110 €. Viale Libertà 11, ✆ 0331/930232, ℻ 932044, www.hotellido.it.

Camping Città di Angera, großer Platz südlich vom Ort am See, ca. 100 m langer Strand, großer Pool und Kinderbecken, Ristorante/Pizzeria. Holprige Anfahrt über eine Staubpiste, im Sommer Animation. ✆ 0331/930736, ℻ 960367, www.campingcittadiangera.it.

• *Essen & Trinken* **Nettare di Giuggiole**, nette, kleine „Enoteca con cucina" in der Altstadt von Angera. Via Maria Greppi 43, ✆ 0331/932037.

Agriturismo La Rocca, an der Auffahrt zur Burg (beschildert). Umgebauter Bauernhof mit großem Speisesaal und Außenterrasse, schön zum Sitzen und gute Auswahl. Im Sommer mittags und abends geöffnet. Di-Abend und Mi geschl. ✆ 0331/930338.

Westufer (Nord nach Süd)

Während sich im Norden um das schöne Städtchen Cannobio zahlreiche Campingplätze ballen, bietet die Seemitte um Stresa dank ihres milden Klimas Belle-Époque-Atmosphäre mit prunkvollen Palasthotels, Palmenpromenaden und zahlreichen berühmten Gästen aus Adel und Politik.

Cannobio

ca. 6000 Einwohner

Einer der schönsten Orte am See und das Camperzentrum schlechthin, gut acht Plätze liegen in der Flussebene nördlich vom Ort, dort erstreckt sich auch ein langer Kiesstrand.

Im Zentrum reihen sich an der langen Seepromenade pastellfarbene Hausfronten mit schmiedeisernen Balkonen und wunderschön unverbautem Blick, gemütliche Cafés und Restaurants laden zum Essen ein. Gleich dahinter der krasse Gegensatz: Hier krümmen sich dunkle und enge Treppenwege mit überwölbten Durchgängen.

Wenige Meter von der Anlegestelle entfernt steht die Kirche *Il Santuario della Santissima Pietà*, das bedeutendste Heiligtum der westlichen Seehälfte. Erbaut wurde der mit Stuck, Gold und Fresken überreich ausgestattete Kuppelbau nach einem wundersamen Ereignis vom 8. Januar 1522. Damals flossen Blut und Tränen aus der Pietà, einem kleinen ikonenartigen Bildnis, das Jesus zusammen mit Maria und Johannes zeigt. Das Blut wird in einem gläsernen Reliquienschrein unter dem Hauptaltar aufbewahrt.

• *Information* **IAT**, Via Antonio Giovanola 25, im Rathaus am Anfang der Hauptgasse durch den Ortskern, neben der Kirche. Mo–Sa 9–12, 15–19.30 Uhr (Mi nur bis 12 Uhr), So 9–12 Uhr. ✆/℻ 0323/71212, www.procannobio.it.

• *Übernachten* **** **Cannobio**, Traditionshaus direkt am Wasser, nach Umbau nun zu Recht in der gehobenen Kategorie, toller Blick, hauseigenes Ristorante in schöner Lage am See, Garage (15 €). DZ mit Frühstück ca. 165–180 €. Piazza Vittorio Emanuele III 6, ✆ 0323/739639, ℻ 739596, www.hotelcannobio.com.

TIPP! *** **Villa Belvedere**, etwas außerhalb vom Ort (am südlichen Ortseingang landeinwärts abbiegen). Repräsentatives Anwesen mit großem Garten und Swimmingpool. Die meisten der komfortablen Zimmer sind in einer lang gestreckten Residence mit Seeblick untergebracht. DZ mit Frühstück ca. 140–155 €, Superior bis 170 €. Via Casali Cuserina 2, ✆ 0323/70159, ℻ 71991, www.villabelvederehotel.it.

Villa Margherita, saubere und sehr gepflegte Villa mit DZ und Apartments, besonders schöner Garten und Liegewiese, zum Strand sind es nur wenige Schritte. DZ mit reichhaltigem Frühstücksbuffet ca. 78–110 €. Via Darbedo 2/4, ✆ 0323/70252, ℻ 70260, www.villamargheritacannobio.com.

Die Zeltplätze **Campagna**, **Internazionale**, **Pedro** und **Riviera** liegen einer neben dem anderen, ca. 3 km nördl. vom Ort, an einem langen Strand und sind fest in deutscher Hand. Viel Schatten durch verschiedene Laub- und Nadelbäume.

An der Promenade von Cannobio

• *Essen & Trinken* **TIPP! Della Streccia**, kleines, gepflegt-rustikales Ristorante einige Meter von der Uferpromenade zurückgesetzt in einer engen Treppengasse. Gute Küche und ebensolcher Service, dazu eine ambitionierte Weinkarte, man kann allerdings nicht draußen sitzen. Do geschl. Via Merzagora 5, ✆ 0323/70575.

Villa Maria, schöne, alte Villa an der südlichen Ortspromenade, von der Terrasse kann man wunderbar den Blick über den Lago genießen. Seeküche, aber auch Pizza. Piazza 27/28 Maggio 1, ✆ 0323/70160.

Cannobio/Umgebung: Das lange Wildbachtal *Valle Cannobina* windet sich eng und kurvenreich durch raue Berglandschaften. Kurz nach dem Restaurant „Antico Sempione" kommt man an der eingefassten Quelle *Fonte Carlina* vorbei. Wenig später findet man bei *Traffiume* erfrischende Flussbadestellen, die im Sommer immer gut besucht sind. Ein besonders reizvolles Ausflugsziel ist kurz darauf die spektakuläre Klamm *Orrido di Sant'Anna* mit dem gleichnamigen Kirchlein aus dem 17. Jh. und dem Lokal „Grotto Sant'Anna" (Mo geschl. ✆ 0323/70682) in bestechender Lage.

Cannero Riviera: ein hübscher Ort mit Stil, der sich unterhalb der Seestraße ans Ufer schmiegt – lange, enge Treppenwege und eine verkehrsberuhigte Promenade. Tipp ist der ausgezeichnete Strand mit seinen Liegewiesen am südlichen Ortsende. Nördlich von Cannero liegen die kleinen, ummauerten Inseln *Castelli di Cannero* pittoresk vor dem Ufer. Seit Längerem sind hier umstrittene Renovierungsarbeiten in Gange.

• *Übernachten* **TIPP!** *** **Cannero**, seit 1902 dient dieses komfortabel eingerichtete Hotel seinen Gästen als behagliches Domizil mit freundlichem Service. Parkplatz, Restaurant mit Terrasse und Seeblick, Swimmingpool, Solarium. DZ mit Frühstück ca. 100–140 €. ✆ 0323/788046, ℻ 788048, www.hotelcannero.com.

Camping Lido, beliebter Ferienplatz hinter dem Ortsstrand. ✆ 0323/787148, www.campinglidocannero.com.

• *Essen & Trinken* **Ca' Bianca**, herrlich am Wasser gelegenes Restaurant, optimaler Blick auf die Burginseln. ✆ 0323/788038.

Verbania

ca. 30.000 Einwohner

Größte Stadt am See, besteht aus den beiden Ortsteilen Intra und Pallanza, die durch eine Landzunge getrennt sind. Nicht unbedingt ein Urlaubsort, eher etwas zum Durchbummeln im Rahmen eines Tagesausflugs.

Im nördlichen Ortsteil *Intra* ist die Anlegestelle der Autofähren, die alle 20 Min. ans gegenüberliegende Ufer nach Laveno pendeln. Hinter der langen Uferstraße zieht sich ein labyrinthisches Altstadtviertel einen leichten Hügel zum Dom mit freistehendem Glockenturm hinauf.

Ein großer Anziehungspunkt sind die *Giardini di Villa Taranto* auf der Landzunge Punta della Castagnola zwischen Intra und Pallanza. Der 16 Hektar große Park mit einer Unmenge prächtiger exotischer Pflanzen und Bäume sowie verspielten Wasserbecken, Brunnen und Terrassen, wurde 1931 von einem Schotten gegründet, der den Ehrgeiz hatte, hier einen der besten Botanischen Gärten der Welt anzulegen.

Westlich der Landspitze liegt der hübschere Ortsteil *Pallanza*. Von der Promenade hat man einen schönen Blick hinüber nach Stresa und auf die nahen Isole Borromee, auf die von hier auch Boote fahren. Das *Museo del Paesaggio* im Palazzo Dugnani (Ecke Via Cavour/Via Ruga) zeigt Skulpturmodelle aus Gips des in Verbania geborenen Bildhauers Trubetzkoj, außerdem archäologische Funde und viele Gemälde.

• *Öffnungszeiten/Eintritt* **Giardini di Villa Taranto**, Ende März bis Sept. tägl. 8.30–18.30 Uhr, Okt. bis 17 Uhr, ca. 9 €.

Museo del Paesaggio, April bis Okt. Di–So 10–12, 15.30–18.30 Uhr, Mo geschl., ca. 5 €, bis 14 und über 65 J. 2,50 €.

• *Übernachten* **Agriturismo Il Monterosso**, zahllose allerengste Haarnadelkurven geht es hinauf zu dem mehr als hundert Jahre alten Turmhaus. Neun funktionale Zimmer, aber auch üppige piemontesische Menüs. Bei klarer Sicht Blick bis Mailand. DZ mit Frühstück 70–80 €. Via al Monterosso 30, ✆ 0323/556510, ℻ 519706, www.ilmonterosso.it.

Ostello Verbania (IYHF), Jugendherberge in einer schönen, alten Villa, 85 Betten, Übernachtung mit Frühstück ca. 16 € pro Pers., DZ ohne Bad ca. 50 €, mit Bad 56 €. Ganzjährig. Via alle Rose 7, ✆ 0323/501648, ℻ 507877, www.ostelloverbania.com.

• *Essen & Trinken* **Osteria del Castello**, hübsch altertümliche Osteria an der gleichnamigen Piazza im Stadtkern von Intra. Gute Weinauswahl und deftige Imbisse zu günstigen Preisen. So geschl. ✆ 0323/516579.

Bolongaro, in Pallanza, zentrale Lage gegenüber der Fähranlegestelle und bekannt für seine großen, schmackhaften Pizzen, fast immer voll. Mo geschl. Piazza IV Novembre 9, ✆ 0323/503254.

Parco Nazionale della Val Grande: Das größte Wildnisgebiet Italiens erstreckt sich in den Bergen oberhalb von Verbania. Einsamkeit und Urtümlichkeit der nahezu unbewohnten Region sind faszinierend, besonders im Frühjahr, wenn alles grünt und blüht. Der Einstieg führt auf einer 16 km langen, sehr schmalen Serpentinenstraße nach *Cicogna*, dem letzten bewohnten Ort des Nationalparks. Dort beginnen mehrere Wanderwege, die „Sentieri Natura" von etwa 1 bis 3 Std. Dauer, an denen Hinweistafeln zu Naturphänomenen und geschichtlichen Ereignissen stehen.

Mündung des Toce: Südlich von Verbania bildet der Fluss Toce eine flache Niederung mit reichem Baumbestand. Hier ist neben Cannobio ein weiteres Campingzentrum mit mehreren großflächigen Zeltplätzen entstanden, u. a. Isolino, Continental, Conca d'Oro und Europa.

Besuchenswert ist das hübsche Örtchen *Feriolo* mit seiner einladenden Uferpromenade.

Casa della Resistenza: Partisanenmuseum am Lago

Im Fondotoce steht beim Kreisverkehr am Beginn der Straße zum Lago di Mergozzo das Partisanenmuseum und Dokumentationszentrum „Casa della Resistenza" im 16.000 qm großen „Parco della Memoria e della Pace". Gegründet wurde es zur Erinnerung an das Massaker vom 20. Juni 1944, als hier von den deutschen Truppen 42 Partisanen erschossen wurden.

Öffnungszeiten Casa della Resistenza, Via Turati 9, Di–So 15–18.30 Uhr. Eintritt frei, Spende erbeten. ✆ 0323/586802, www.casadellaresistenza.it.

Lago di Mergozzo: kleiner, ruhiger Badesee, etwa 1 km landeinwärts. Das Örtchen *Mergozzo* lockt mit hübschen, bunten Fassaden um den geschwungenen Hafen und einem viel besuchten Strandbad, kurz vorher liegt Camping „La Quiete" (✆ 0323/496013, www.campinglaquiete.it).

Baveno: eleganter Urlaubsort, wie das südlich benachbarte Stresa bereits im 19. Jh. vom Adel entdeckt. Von der palmengesäumten Uferstraße hat man einen schönen Blick auf die Isole Borromee. Im alten Ortskern oberhalb der Uferstraße stehen die Pfarrkirche *Santissimi Gervasio e Protasio* mit hohem Campanile und ein achteckiges Baptisterium aus der Renaissance.

• *Übernachten* **TIPP!** *** **Rigoli**, nettes Mittelklassehaus direkt am See, etwas nördlich vom Zentrum. Eigener Badeabschnitt, schöne Terrasse, ansprechend eingerichtete Zimmer und gutes Restaurant. DZ mit Frühstück und Seeblick ca. 124 €, ohne Blick ca. 114 €. Via Piave 48, ✆ 0323/924756, ✆ 925156, www.hotelrigoli.com.

Camping Tranquilla, großer Platz am Hang oberhalb von Baveno. Zwar etwa 2 km vom See, trotzdem sehr beliebt. Gute Ausstattung, Pool und Kinderspielgeräte. ✆ 0323/923452, www.tranquilla.com.

• *Essen & Trinken* **Il Gabbiano**, im Ortsteil Oltrefiume, winzig kleines Ristorante mit nur 16 Sitzplätzen, ambitionierte Küche lokaler Prägung und hervorragende Weinauswahl, von Cinzia und Alvaro Beltrami familiär geführt. Reservierung angebracht. ✆ 0323/924496.

Stresa

ca. 6000 Einwohner

Mittelpunkt des Lago-Maggiore-Tourismus. Gewaltige Hotelpaläste des 19. Jh. säumen das Ufer, in perfekt ausgestatteten Tea-Rooms nimmt man seine Drinks, Kristallleuchter sind ein Muss. Die Seepromenade ist mit ihrer reichen Vegetation ein Genuss, besonders schön ist der Blick auf die vorgelagerten Borromäischen Inseln.

Dank seines milden Klimas hat sich Stresa seit dem 19. Jh. kometengleich zum Anziehungspunkt der Upper Class entwickelt. Doch abseits der pompösen Promenade ist Stresa bescheiden und einfach geblieben. In der Altstadt ist von Grand Hotels und Belle Époque nichts mehr zu bemerken, hier wirkt alles schlicht und bodenständig.

• *Anfahrt/Verbindungen* Großer gebührenpflichtiger **Parkplatz** an der Uferstraße um den Fähranleger. Der **Bahnhof** liegt ein Stück landeinwärts.

• *Information* **Ufficio Turistico**, Piazza Marconi 16, direkt im Büro der Fähranlegestelle. Tägl. 10–12.30, 15–18.30 Uhr. ✆ 0323/31308, ✆ 32561, www.stresaturismo.it.

• *Übernachten* Es macht Spaß, die glitzernden Prunkpaläste im nördlichen Ortsbereich zu bewundern – Hotel des Iles Borromées, Regina Palace, Grand Hotel Bristol u. a.

*** **Du Parc**, eigentlich ruhige Lage im oberen Teil von Stresa, allerdings führt die Bahnlinie direkt vorbei (daher am besten ein Zimmer nach vorne nehmen). Gepflegtes Anwesen mit Haupt- und Nebenhaus, stilvolles Ambiente mit historischem Mobiliar und Parkettboden, im Haupthaus Klimaanlage. DZ mit Frühstück ca. 90–150 €. Via Gignous 1, ✆ 0323/30335, ℻ 33596, www.duparc.it.

*** **La Fontana**, nördlich vom Zentrum an der Durchgangsstraße. Ältere, repräsentative Villa mit schönem, großem Garten und Springbrunnen, unten ein wenig altmodisch, Zimmer aber ansprechend, in den oberen Stockwerken Seeblick. DZ mit Frühstück ca. 120 €. Via Sempione Nord 1, ✆ 0323/32707, 32708, www.lafontanahotel.com.

** **Fiorentino**, kleines Stadthotel hinter der Piazza Cadorna, jüngst renovierte Zimmer. DZ mit Frühstück ca. 75–85 €. Via Bolongaro 9, ✆ 0323/30254, 933822, www.hotelfiorentino.com.

• *Essen & Trinken* TIPP! **Taverna del Pappagallo**, große populäre Pizzeria mit Hinterhofgarten. Via Principessa Margherita 46, ✆ 0323/30411.

Stresa/Umgebung: Am Nordende von Stresa liegt der Piazzale Lido mit der die Talstation der Seilbahn auf den 1491 m hohen *Monte Mottarone* (Abfahrten etwa alle 20 Min., mittags eine Stunde Pause, ca. 17,50 € hin und zurück, Kinder 4–12 J. 11 €). Der Gipfel ist auf einer etwa 20 km langen Panoramastraße auch mit dem Auto zu erreichen (die letzten Kilometer mautpflichtig, Auto ca. 6 €, Motorrad 3,50 €).

Schönheit im See: die Schlossinsel Isola Bella

Borromäische Inseln

Isole Borromee

Die drei Inseln dominieren die Seemitte und gehören zu den beliebtesten Ausflugszielen. Etwa halbstündlich fahren Fähren, außerdem pendeln von Stresa etwas teurere Motorboote ständig hinüber.

Isola Bella, die „schöne Insel“, ist von Stresa aus die nächste und meistbesuchte. Die Insel präsentiert sich als Gesamtkunstwerk: Im 17. Jh. errichtete die Borromeo-Familie auf der damals kahlen Insel einen Palast mit prachtvollen Gartenanlagen.

Die zahlreichen Säle und Wandelhallen sind aufwändig eingerichtet und bergen barocken Prunk, im Untergeschoss gibt es künstliche Grotten. Die üppigen Gärten sind mit Statuen und Brunnen in zehn Terrassen übereinander angelegt. An der Spitze ein reich verzierter Steinbau mit bizarr-kitschigen Plastiken.

Die *Isola dei Pescatori* besitzt keinen Palast, sondern ein „idyllisches Fischerdorf" – tagtäglich strömen Touristenmassen zwischen bunten Souvenirshops, Snackbars, Cafés und Restaurants durch die engen Gassen. Noch vor fünfzig Jahren gab es hier so gut wie keine Besucher, die idyllische Terrasse des Hotels Verbano war Stammplatz des Meisterdirigenten Arturo Toscanini und auch Hemingway fühlte sich hier wohl.

Die *Isola Madre* liegt weit draußen im See und ist die größte und ruhigste der drei. Auch hier gibt es einen eleganter *Palazzo Borromeo*, der zahlreiche Porträts der Borromeo-Familie, eine Keramikausstellung und eine große Marionettensammlung besitzt. Er ist umgeben von einem prächtigen Garten, in dem weiße Pfauen, Papageien und Fasane leben.

• *Verbindungen* **Isola dei Pescatori** ca. 3,60 €, **Isola Bella** ca. 6,80 €, **Isola Madre** 9 €, zwei Inseln 9,80 €, drei Inseln 12 € (jeweils hin und zurück). Häufige Verbindungen gibt es auch von Baveno und Pallanza, außerdem von Lavello am Ostufer. Auch die regulären Linienschiffe legen auf den Inseln an.

• *Öffnungszeiten/Eintritt* Mitte März bis Mitte Okt. tägl. 9–17.30 Uhr; Eintritt ca. 12 €, Kinder (6–15 J.) 5 € (Sammelticket für Isola Bella und Isola Madre ca. 17,50 €, Kinder 7,50 €). ✆ 0323/932483, www.borromeoturismo.it

Auf dem Monte San Salvatore: Der See von oben

Von Lesa zwischen Stresa und Arona führt eine Serpentinenstraße über Massino Visconti mit einer der Stammburgen der Visconti auf den *Monte San Salvatore.* Am Ende der Straße liegt im Wald die namensgebende Wallfahrtskirche. Dahinter hat in den Räumlichkeiten des angeschlossenen ehemaligen Klosters die Trattoria „San Salvatore" ihren Sitz – ein populäres Ausflugsziel mit einer großartigen Panoramaterrasse, wo einem der Süden des Lago Maggiore zu Füßen liegt (So-Abend u. Mo geschl., Reservierung erwünscht, ✆ 0322/219301, www.trattoriasansalvatore.it).

Arona

Größte Stadt im Süden des Sees. Von der großzügigen Piazza del Popolo mit der *Casa del Podestà* (ehemaliger Statthalterpalast) und der Renaissancekirche *Madonna di Piazza* hat man einen schönen Blick auf die imposante Burg von Angera am nahen Ostufer. Hier beginnt auch die lange, schmale Fußgängerzone durch die Altstadt.

Fährt man nach Ghevio hinauf, sieht man sich auf einmal hoch über dem See der über 30 m hohen Kupferstatue *San Carlone* gegenüber. Ende des 17. Jh. hat man auf diese Weise den Kardinal Carlo Borromeo verewigt, der sich um die Gegenreformation verdient gemacht hatte. Die Statue ist hohl, man kann im Innern bis zum Kopf hinaufklettern und aus den Augen auf den See blicken.

Öffnungszeiten/Eintritt **San Carlone**, April bis Anfang Okt. tägl. 9–12.30, 14–18.15 Uhr, Okt. nur Sa/So 9–12.30, 14–18.15 Uhr, Nov.u. März nur Sa/So 9–12.30, 14–16.30 Uhr, Dez. nur So 9–12.30, 14–16.30 Uhr, Jan./Febr. geschl. Eintritt ca. 4 €, Kinder bis 6 J. frei. ✆ 0322/249669.

Lago d'Orta

Ein hübscher See, westlich vom Lago Maggiore hinter Hügelketten versteckt. Eine durchgehende Küstenstraße verläuft am Ostufer, dort gibt es auch mehrere Badeplätze.

Schönster und einzig reizvoller Ort ist *Orta San Giulio* auf einer weit in den See ragenden Halbinsel am Ostufer, ein kleines Juwel, das allein die Anfahrt lohnt – allerdings nicht mehr unbekannt ist.

• *Anfahrt/Verbindungen* **Pkw**, vom Lago Maggiore entweder über Verbania in der Seemitte oder über Arona im Süden zu erreichen.

Bahn, der Orta-See liegt an der Strecke von Brig über Domodossola nach Novara, Stationen u. a. in Omegna und Orta San Giulio.

Schiff, die Fähren der **Navigazione Lago d'Orta** (www.navigazionelagodorta.it) pendeln tägl. mehrmals von Omegna nach Orta und fahren auch hinüber zur Isola San Giulio.

Orta San Giulio

ca. 1500 Einwohner

An der Spitze einer grünen Halbinsel ein Meer von grauen Schindeldächern, unmittelbar davor eine runde Insel mit schlossartigen Gemäuern.

Über Treppen steigt man hinunter in das Bilderbuchstädtchen, Spaziergang durch enge, dunkle Gassen mit Kieselsteinpflaster und hohen, barocken Gemäuern, die oft erstaunliche Innenhöfe und Säulengänge verbergen. Plötzlich steht man auf der weiten, offenen Piazza Mario Motta mit dichten Baumreihen am See, umgeben von malerischen Patrizierhäusern mit Blick auf die geheimnisvolle Insel gegenüber.

Oberhalb der Piazza thront am Ende einer steilen Pflastergasse die Pfarrkirche *Santa Maria Assunta*. Das Innere prangt mit barockem Zierrat und ist ausgemalt mit Heiligenfiguren. Rechter Hand der Kirche schöner Spaziergang auf den *Sacro Monte*, ca. 30 Min. ab Piazza Motta. Seit dem 16. Jh. wurden hier um ein Kapuzinerkloster zwanzig Kapellen errichtet, die dem Franz von Assisi geweiht sind. Einige hundert lebensgroße Terrakotta-Statuen und großflächige Farbfresken stellen Szenen aus dem Leben des Heiligen dar.

• *Anfahrt/Verbindungen* **Pkw** muss oberhalb von Orta auf einem Parkplatz abgestellt werden, in wenigen Minuten gelangt man zu Fuß in den Ortskern. Der **Bahnhof** liegt weit außerhalb.

• *Information* **Pro Loco**, im Palazzo Comunale, kurz vor der zentralen Piazza Motta. ✆ 0322/90155, www.prolocoortasangiulio.it.

• *Übernachten* *** **Leon d'Oro**, ganz zentral an der Piazza Motta, direkt am Wasser, kürzlich geschmackvoll renoviert und seitdem wieder einen Aufenthalt wert. Restaurantterrasse am Wasser. DZ mit Frühstück ca. 110–140 €. ✆ 0322/911991, ℻ 90303, www.orta.net/leondoro.

TIPP! **B & B Tempi Lontani**, familiäre Unterkunft im Dörfchen Miasino, 2 km oberhalb vom See, geführt von einer jungen, auch Englisch sprechenden Familie. DZ mit Frühstück ca. 55–85 €. ✆ 0322/91599, www.tempilontani.com.

** **Camping Orta**, etwa 1,5 km außerhalb, Wiesengrundstück in Terrassen am Beginn der Halbinsel, ein Teil mit Badestrand direkt am See, der andere auf der Landseite der SS 229 (Fußgängertunnel). Ganzjährig geöffnet. ✆/℻ 0322/90267, www.campingorta.it.

** **Camping Cusio**, kleiner Platz am Hügel landeinwärts von Orta San Giulio (vom Kreisel an der Villa Crespi der Beschilderung folgen), schattig und sehr ruhig. Mit kleinem Pool. 15 Fußminuten in den Ort. Via Don Bosco 5, ✆/℻ 390322/90290, www.campingcusio.it.

• *Essen & Trinken* **Sacro Monte**, schöne Lage auf dem Sacro Monte, gute piemontesische Küche, angenehmes und gepflegtes Ambiente, mittlere Preise. Di geschl. ✆ 0322/90220.

Enoteca Re di Coppe, alte Osteria am Beginn der Piazza, zwei Tische vor der Tür, drinnen ein gemütlicher Raum, hinter der Theke ein Lager für Rotwein. So richtig geschaffen für ein Gläschen zu zweit. Piazza Motta 32, ✆ 0322/915871.

Berimbao, ausgezeichnete Pizza, ein paar Kilometer außerhalb in Crabbia di Pettenasco, Via Francisca 4, 0323/89367.

• *Shopping* Jeden Mi **Markt** auf der Piazza Motta.

Alessi: Omegna am nördlichen Seeende ist ein Zentrum der Herstellung von hochwertigen Haushaltsgeräten. Der geschmackvoll aufgemachte Outletstore der bekannten Firma Alessi liegt im benachbarten Crusinallo. Im Fabrikverkauf erhält man hier Rabatte zwischen 20 und 50 %.

Alessi, Mo–Fr 9.30–18, Sa 10–18 Uhr. Via Privata Alessi 6, Crusinallo di Omegna, ✆ 0323/868611, www.alessi.com.

Isola San Giulio: Die kleine, ovale Insel ist fast vollständig bebaut, durch schmale Gassen kann man einmal rundum schlendern, begleitet von viersprachigen Sinnsprüchen, die sich hauptsächlich um Stille und „Erkenne dich selbst" drehen. Die Silhouette wird beherrscht vom mächtigen ehemaligen Bischofspalast (heute Priesterseminar) und der *Basilica San Giulio*, deren Gründung auf einen wundertätigen Griechen namens Julius zurückgeht, der die Insel im 4. Jh. von Drachen und Schlangen befreit haben soll. Die romanische Basilika ist üppig barock ausgestattet, einige ältere Freskenreste sind erhalten, vor der Altarschranke thront die prächtige romanische Kanzel aus schwarzem Marmor, die mit großen Reliefs verziert ist – kämpfende Fabeltiere, Adler und Heiligenfiguren. In der Krypta ruht Julius mit Goldmaske in einem gläsernen Schneewittchensarg.

Verbindungen In der Saison fahren ständig Motorboote von der Piazza Mari Motta zur Insel, ca. 4 € hin/rück.

Hier starten die Boote zur Isola San Giulio

Auf dem Domdach: Blick über die Dächer von Mailand

Mailand

Milano • ca. 1,3 Mio. Einwohner

Mailand ist die zweitgrößte, aber die wohlhabendste und kosmopolitischste Stadt Italiens und in vieler Hinsicht die heimliche Hauptstadt. Die riesige Industrie- und Geschäftsmetropole ist außerdem Banken-, Mode und Medienzentrum des Landes. Hier werden Trends gesetzt und mit Effizienz vermarktet. Eleganz ist angesagt in den breiten Fußgängerzonen um den Domplatz, besonders zur Zeit der „fiere", der großen Modemessen im März und Oktober.

Mailand zeigt sich dem Besucher allerdings zunächst in erster Linie als unpersönliche Großstadt – nicht abreißender Stop-and-go-Verkehr, Lärm und mitteleuropäische Nüchternheit prägen weite Teile der Stadt. An der Peripherie ist seit den fünfziger Jahren des 20. Jh. ein weiter Ring von gesichtslosen Betonvorstädten entstanden, um den gewaltigen Strom von Zuwanderern aus dem Süden Italiens aufzunehmen. Im Bahnhofsviertel dominieren moderne Stahlbetonbauten, Hochhäuser und riesige, kahle Plätze. Imposant und sehenswert ist dagegen die Innenstadt, obwohl auch hier die moderne Stahl- und Betonbauweise um sich greift. Die zentralen Boulevards sind voller Leben, grandios wirken auf der weiten *Piazza del Duomo* der gewaltige Dom und die benachbarte Galleria Vittorio Emanuele II. Das elegante Modeviertel mit den Läden weltberühmter Designer liegt um die *Via Montenapoleone*, etwa zwischen Piazza della Scala und dem Stadtpark. Ganz in der Nähe findet man das ehemalige Künstlerviertel *Brera* mit der gleichnamigen Kunstgalerie, heute ein Zentrum des Nachtlebens. Und auch entlang der malerischen alten *Navigli* (Kanäle) um die Porta Ticinese südlich vom Zentrum ist ein großes Vergnügungsviertel entstanden. Tür an Tür liegen dort zahlreiche Restaurants, Kneipen, Osterien und Musikbars, die allabendlich tausende von Mailändern anziehen.

Anfahrt/Verbindungen

• *Pkw* **Park & Ride**, an den großen Einfahrtsstraßen weisen Anzeigetafeln auf die nächstgelegenen Parkplätze bei U-Bahnstationen und die Zahl der noch freien Stellplätze hin (7–20 Uhr, acht Stunden Parkzeit ca. 4 €). Fahren Sie nach Möglichkeit nicht in die Innenstadt, es herrscht dichter Verkehr und viele Straßen sind verstopft. Ansonsten ist es sinnvoll, sich in einem Hotel mit Garage einzumieten oder vom Campingplatz per Bus und Metro in die Stadt zu pendeln.

• *Bahn* Der Hauptbahnhof **Stazione Centrale** beeindruckt in seiner Monumentalität. Das typische Beispiel protziger Faschistenarchitektur wurde 1931 fertig gestellt. Die U-Bahn 3 (M3 Richtung San Donato) fährt zum Domplatz.

Tourist-Info in der oberen Halle links, wenn man von den Zügen kommt (→ Information).

Gepäckaufbewahrung ebenfalls in der oberen Halle rechts, ca. 4 € pro Gepäckstück für die ersten fünf Std., danach 0,60 € pro Std. ✆ 02/63712212.

Ticketbüro für **Flughafenbusse** in der östlichen Außenfront, Piazza Luigi di Savoia. Weitere Verkaufsstellen in der Bahnhofshalle.

Weitere Bahnhöfe: **Stazione Porta Garibaldi** (M2: Garibaldi FS), Züge zum Lago Maggiore und nach Varese.

Stazione Milano Nord, die „Ferrovie Nord Milano" (FNM) hat einen eigenen Bahnhof südlich vom Parco Sempione (M2: Cadorna). Züge fahren halbstündlich zum Flughafen Malpensa und mindestens stündl. nach Como am Comer See.

Stazione Porto Genova, im Viertel Navigli, südlich vom Zentrum (M2: Porta Genova FS). Stündliche Züge in Richtung Vigevano und Alessandria.

Stazione Lambrate, östlich vom Zentrum (M2: Lambrate FS). Züge nach Pavia (einige auch ab Stazione Centrale).

• *Flug* Der Großflughafen **Malpensa** liegt 45 km nordwestlich der Stadt bei Gallarate, nicht weit vom Südende des Lago Maggiore. ✆ 02/232323, www.sea-aeroportimilano.it. Busse der Gesellschaften „Malpensa Shuttle" (etwa 4.30–0.15 Uhr, www.malpensashuttle.it) und „Malpensa Bus Express" (ca. 6–0.30 Uhr, www.autostradale.it) pendeln alle 20 Min. zur **Piazza Luigi di Savoia** neben dem Hauptbahnhof bzw. umgekehrt. Transferdauer ca. 50 Min., Fahrpreis ca. 7,50 €. Züge von Malpensa Express (www.malpensaexpress.it) pendeln 2-mal stündl. zwischen **Stazione Milano Nord** (M2: Cadorna) und Malpensa. Transferdauer ca. 40 Min, Fahrpreis ca. 11 €.

Häufige Busverbindungen gibt es auch zu den Oberitalienischen Seen.

Der Airport **Linate** liegt nur etwa 6 km östlich vom Zentrum (✆ 02/232323, www.sea-aeroportimilano.it). Busse von „Starfly" (www.starfly.net) fahren von 6–23 Uhr alle 30 Min. zur Piazza Luigi di Savoia neben dem Hauptbahnhof bzw. umgekehrt. Transferdauer ca. 25 Min., ca. 5 €. Außerdem fahren „ATM-Busse" (www.atm-mi.it) von ca. 6–1 Uhr alle 10 Min. zur Piazza San Babila (ca. 1,50 €). Tickets für beide Busse gibt es im Büro am Busstopp, Piazza Luigi di Savoia.

Information

IAT, Piazza Duomo 19/a (links vom Dom, wenn man auf die Fassade blickt), Ecke Via Silvio Pellico, im Tiefparterre (dahinter wird ein "Urban Living Room" für die Expo 2015 eingerichtet). Stadtplan mit Öffnungszeiten der Museen und Prospektmaterial, viele Infos in den englischsprachigen Broschüren „Hello Milano" und „Milano mese". Für die Unterkunftssuche das „Guide book of hotels in Milan" geben lassen. Keine Zimmervermittlung! Mo–Sa 8.45–13, 14–18, So 9–13, 14–17 Uhr (im Winter kürzer) ✆ 02/77404343, ✆ 77404333, www.visitamilano.it/turismo.

Zweigstelle im ersten Stock der **Stazione Centrale**. Dieses Büro hilft bei der Quartiersuche, wenn nicht zuviel Andrang herrscht. Mo–Sa 9–18, So 9–13, 14–17 Uhr. ✆ 02/77404318-9.

Internet: www.hellomilano.it, www.ciaomilano.it, www.milano24ore.de.

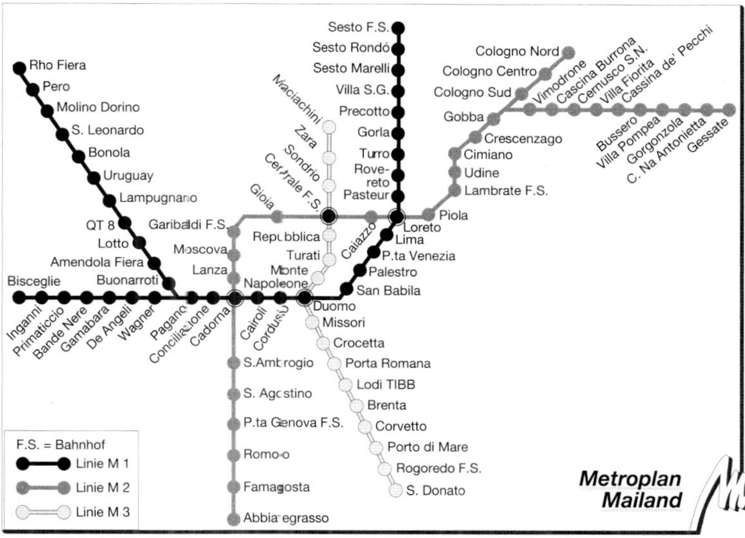

Lombardei und die Seen
Karte S. 282/283

Unterwegs in Mailand

• *U-Bahn, Busse & Trams* Die U-Bahn **Metropolitana Milano** (MM) der Verkehrsbetriebe ATM (www.atm-mi.it) besteht aus den drei Linien **M1**, **M2**, **M3** und ist ein ideales Verkehrsmittel, um die großen Entfernungen in der Stadt schnell zu überbrücken. Fahrtzeiten von etwa 6.15 Uhr bis kurz nach Mitternacht. Außerdem gibt es **Busse** und ein gutes **Tramsystem**.

Einzelticket kostet ca. 1 € (Carnet für 10 Fahrten ca. 9,20 €), erhältlich in Zeitungs-/Tabacchi-Läden und Automaten (gültig 75 Min. lang für eine einzige Metrofahrt und beliebig viele Fahrten mit Bus und Tram). In den ATM-Büros der Metrostationen Duomo, Loreto, Romolo und Stazione Centrale gibt es preiswerte **24-Std.-Karten** (ca. 3 €) und **48-Std.-Karten** (ca. 5,50 €) zu kaufen, die in allen öffentlichen Verkehrsmitteln gelten.

• *Taxi* Funktaxi über ✆ 02/4040, 6767, 6969 oder 8585.

Übernachten (siehe Karte S. 348/349)

Mailand ist eins der teuersten Pflaster Italiens, DZ mit Bad kosten in * Pensionen ab gut 70 €, für *** zahlt man mit Frühstück mindestens 140 €, meist deutlich mehr. Zu den zahlreichen Messezeiten ist die Stadt oft völlig ausgebucht. Man sollte immer versuchen, zu reservieren, in den * und ** Pensionen ist das allerdings oft nicht möglich. *** Hotels besitzen entweder eine Garage (Stellplatz ca. 15–30 €) oder haben zum selben Preis Stellplätze in nahen Parkhäusern gemietet. Von Fr–So gibt es in vielen Hotels günstige Wochenendtarife. Zahlreiche Hotels und Pensionen aller Preisklassen findet man im Viertel um den Hauptbahnhof. Ein halbes Dutzend stereotyp moderner und sauberer *** Hotels liegt nebeneinander in der Via Napo Torriani schräg gegenüber vom Hauptbahnhof. Fast immer Platz gibt es in der großen Jugendherberge und am Campingplatz Città di Milano.

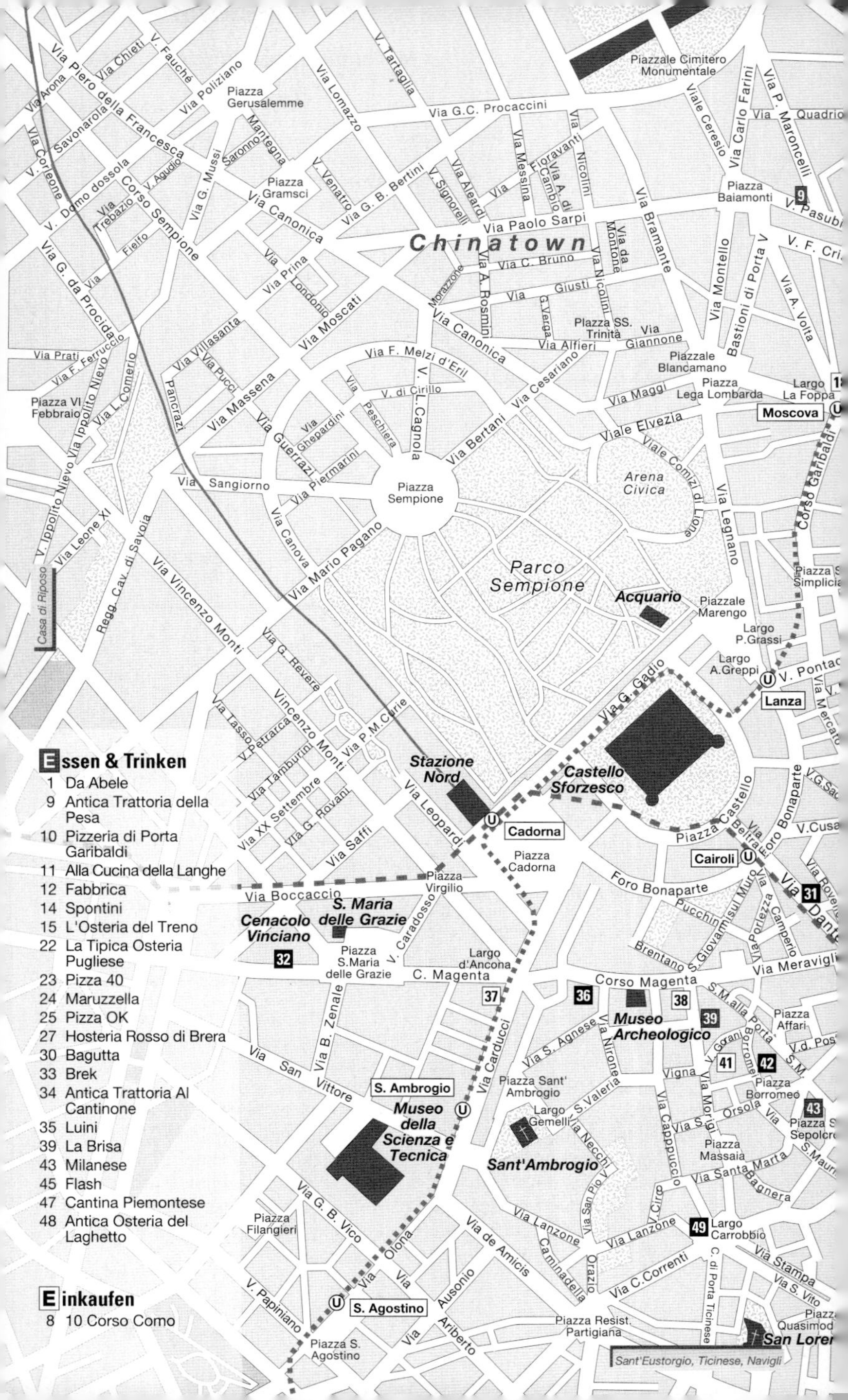

Essen & Trinken

1 Da Abele
9 Antica Trattoria della Pesa
10 Pizzeria di Porta Garibaldi
11 Alla Cucina della Langhe
12 Fabbrica
14 Spontini
15 L'Osteria del Treno
22 La Tipica Osteria Pugliese
23 Pizza 40
24 Maruzzella
25 Pizza OK
27 Hosteria Rosso di Brera
30 Bagutta
33 Brek
34 Antica Trattoria Al Cantinone
35 Luini
39 La Brisa
43 Milanese
45 Flash
47 Cantina Piemontese
48 Antica Osteria del Laghetto

Einkaufen

8 10 Corso Como

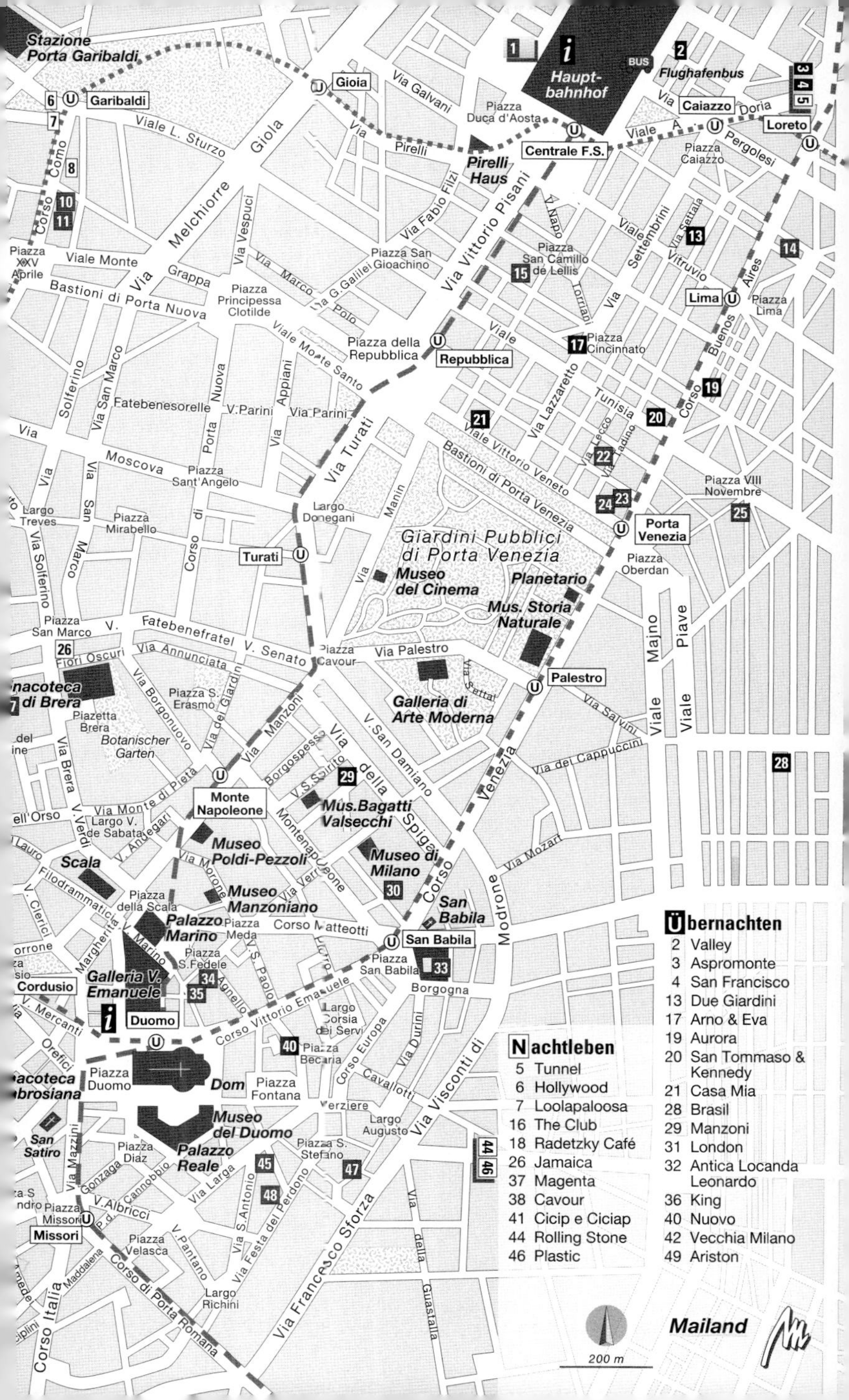
Stazione Porta Garibaldi
Garibaldi
Gioia
Via Galvani
Hauptbahnhof
BUS
Flughafenbus
Piazza Duca d'Aosta
Pirelli Haus
Centrale F.S.
Via Caiazzo
Viale A. Doria
Loreto
Piazza Caiazzo
Pergolesi
Viale L. Sturzo
Gioia
Via Pirelli
Corso Como
Via Fabio Filzi
Via Vittorio Pisani
V. Napo
Viale Settembrini
Via Settala
Vitruvio
Aires
Via Melchiorre
Via Vespucci
Piazza San Gioachino
Piazza San Camillo de Lellis
Torriani
Piazza XXV Aprile
Viale Monte Grappa
Via Marco Polo
Via G.Galilei
Lima
Piazza Lima
Bastioni di Porta Nuova
Piazza Principessa Clotilde
Viale Monte Santo
Piazza della Repubblica
Repubblica
Viale
Piazza Cincinnato
Buenos
Corso
Solferino
Via San Marco
Fatebenesorelle
V.Parini
Via Parini
Via Appiani
Porta Nuova
Via Turati
Via Lazzaretto
Tunisia
Viale Vittorio Veneto
Via Lecco
Via Tadino
Bastioni di Porta Venezia
Via Moscova
Piazza Sant'Angelo
Corso di
Largo Treves
Via Solferino
Via San Marco
Piazza Mirabello
Largo Donegani
Manin
Piazza VIII Novembre
Porta Venezia
Piazza Oberdan
Turati
Giardini Pubblici di Porta Venezia
Museo del Cinema
Planetario
Mus. Storia Naturale
Via
Piazza San Marco
V. Fatebenefratel
V. Senato
Via Annunciata
Fiori Oscuri
Piazza Cavour
Via Palestro
Palestro
Majno
Piave
Viale
Viale
Pinacoteca di Brera
Via Borgonuovo
Piazza S. Erasmo
Via dei Giardini
Via Sett...
Galleria di Arte Moderna
Via Salvini
Piazzetta Brera
Botanischer Garten
Via Manzoni
Via della Spiga
V.San Damiano
Via dei Cappuccini
Via Brera
Via Monte di Pietà
Monte Napoleone
Borgospesso
V.S.Spirito
Mus.Bagatti Valsecchi
Venezia
V.Verdi
Largo V. de Sabata
V. Andegari
Montenapoleone
Museo Poldi-Pezzoli
Via Morone
Museo di Milano
Via Mozart
Scala
Filodrammatici
Piazza della Scala
Museo Manzoniano
Via Verri
Corso
San Babila
Modrone
V. Clerici
Palazzo Marino
Piazza Meda
Corso Matteotti
Margherita
V. Marino
Piazza S.Fedele
V.S. Paolo
San Babila
Piazza San Babila
Cordusio
Galleria V. Emanuele
Agnello
Borgogna
V. Mercanti
Duomo
Corso Vittorio Emanuele
Largo Corsia dei Servi
Orefici
Piazza Beccaria
Corso Europa
Via Durini
Via Visconti di
Pinacoteca Ambrosiana
Piazza Duomo
Dom
Piazza Fontana
Cavallotti
Verziere
Museo del Duomo
Largo Augusto
San Satiro
Piazza Diaz
Palazzo Reale
Piazza S. Stefano
Via Mazzini
Gonzaga
Cannobbio
Via Larga
Via S.Antonio
Via Festa del Perdono
Via della Guastalla
Piazza Missori
Missori
V.Albricci
Piazza Velasca
V. Pantano
Maddalena
Corso di Porta Romana
Via Francesco Sforza
Largo Richini
Corso Italia
Übernachten
2 Valley
3 Aspromonte
4 San Francisco
13 Due Giardini
17 Arno & Eva
19 Aurora
20 San Tommaso & Kennedy
21 Casa Mia
28 Brasil
29 Manzoni
31 London
32 Antica Locanda Leonardo
36 King
40 Nuovo
42 Vecchia Milano
49 Ariston
Nachtleben
5 Tunnel
6 Hollywood
7 Loolapaloosa
16 The Club
18 Radetzky Café
26 Jamaica
37 Magenta
38 Cavour
41 Cicip e Ciciap
44 Rolling Stone
46 Plastic
200 m
Mailand

**** **Manzoni (29)**, beliebtes 50-Zimmer-Haus im Modeviertel. Gut ausgestattet und solide möbliert, geräumige Zimmer mit Flachbildschirm und Wi-Fi-Internetanschluss, Garage (ca. 12–25 €, je nach Länge des Pkw). DZ mit Frühstück ca. 160–250 €. Via Santo Spirito 20 (M3: Montenapoleone), ✆ 02/76005700, 📠 784212, www.hotelmanzoni.com.

**** **King (36)**, Hotel der altehrwürdigen Sorte in einem prächtigen, alten Palazzo, gemütliche Lobby mit Polstersesseln und Läufern, Zimmer hübsch eingerichtet, z. T. historisches Mobiliar, z. T. modern. Mit Garage. DZ mit Frühstück ca. 230–340 €. Corso Magenta 19, Nähe Castello Sforzesco (M1/M2: Cadorna), ✆ 02/874432, 📠 89010798, www.hotelkingmilano.com.

*** **Ariston (49)**, ein vollständig nach Umweltkriterien eingerichtetes Haus im minimalistischen Stil, natürliche Materialien ohne Giftstoffe, Luftreiniger in jedem Zimmer, schlicht-elegantes Ambiente, Wi-Fi-Anschluss. Mit Parkplatz und kostenlosen Gästefahrrädern. DZ mit Ökofrühstück ca. 220–290 €. Largo Carrobbio 2, am Südende der Va Torino (M1/M3: Duomo), ✆ 02/72000556, 📠 72000914, www.aristonhotel.com.

*** **Antica Locanda Leonardo (32)**, nur wenige Meter von Leonardo da Vincis Abendmahl (→ Sehenswertes). Ruhige Lage im rückwärtigen Gebäude, schöne Zimmer mit Parkettböden und modernen Bädern, alle unterschiedlich eingerichtet. Kleiner Frühstücksraum, hinten hübsche Terrasse. Seit mehr als vierzig Jahren geführt vom kommunikativen Signore Mario Frefel mit seiner japanischen Frau. Tram 24 hält vor der Tür und fährt in wenigen Minuten zum Domplatz. Auto kann man auf der Straße abstellen (sichere Gegend) oder in einer nahen Garage. Reservieren angebracht. DZ mit Frühstück ca. 165–245 €. Corso Magenta 78 (M1: Conciliazione), ✆ 02/48014197, 📠 48019012, www.anticalocandaleonardo.com.

*** **Vecchia Milano (42)**, renoviertes Altstadthaus in einer engen Gasse südlich vom Corso Magenta. Modernisierte Zimmer mit TV, Garage 50 m entfernt. DZ ca. 90–160 €, Frühstück extra. Via Borromei 4 (M1: Cordusio), ✆ 02/875042, 📠 86454292, www.hotelvecchiamilan.com.

** **London (31)**, günstige Lage in einer ruhigen Seitengasse, wenige Schritte von der Fußgängerzone Via Dante, nicht weit vom Castello Sforzesco. Familienbetrieb, hübsche Lobby mit Polstermöbeln, oben eher einfach gehalten, Zimmer mit Teppichböden, TV und winzigen Balkonen. DZ mit Bad ca. 90–180 €, Frühstück extra. Via Rovello 3 (M1: Cairoli), ✆ 02/72020166, 📠 8057037, www.hotel-london-milan.com.

*** **Aspromonte (3)**, sauberes und gepflegtes Haus an einer netten baumbestandenen Piazza, 19 Zimmer mit LCD-TV, Wi-Fi-Anschluss und Klimaanlage, hinten kleiner Frühstücksgarten. DZ ca. 60–190 €, Frühstück extra. Piazza Aspromonte 12, östlich vom Corso Buenos Aires, Fußentfernung zum Hauptbahnhof (M1/M2: Loreto), ✆ 02/2361119, 📠 2367621, www.hotelaspromonte.it.

** **San Francisco (4)**, schönes, altes Haus an einer Alleestraße, eins der wenigen Hotels in Mailand mit schattigem Garten, prima zum Frühstücken. Zimmer und Bäder mit TV und Klimaanlage. DZ mit Frühstück ca. 80–140 €. Viale Lombardia 55, östlich des Piazzale Loreto (M1/M2: Loreto), ✆ 02/2360302, 📠 26680377, www.hotel-sanfrancisco.it.

** **Casa Mia (21)**, ordentliche Zimmer mit TV, Wi-Fi-Anschluss und Klimaanlage, freundlicher Service. DZ mit Frühstück ca. 60–160 €. Viale Vittorio Veneto 30, bei der Piazza Repubblica, vom Bhf. 15 Min. geradeaus (M1: Porta Venezia/M3: Repubblica), ✆ 02/6575249, 📠 6552228, www.casamiahotel.it.

• _Preiswert_ * **Nuovo (40)**, zentrale Lage, alter Palazzo mit neuem Innenleben, von den Eigentümern selbst geführt. DZ mit Bad ca. 60–150 €, Frühstück extra. Piazza Cesare Beccaria 6 (M1/M3: Duomo), ✆ 02/86464444, 📠 72001752, www.hotelnuovomilano.com.

* **Brasil (28)**, schöne, saubere Unterkunft im vierten Stock eines Jugendstilgebäudes, gut geführt, freundliche Atmosphäre. Zwölf Zimmer, DZ mit Bad ca. 50–100 €, mit Etagendusche ca. 40–70 €. Via Gustavo Modena 20, östlich von Stadtpark und Porta Venezia (M1: Palestro), ✆/📠 02/7492482, www.hotelbrasilmilano.it.

* **Valley (2)**, aufmerksam geführt, saubere Zimmer. DZ mit TV und eigenem Bad oder Etagendusche für ca. 50–110 €. Via Soperga 19, Verlängerung der Via Lepetit, in unmittelbarer Nähe vom Hauptbahnhof (M3: Centrale), ✆/📠 02/66987252, www.hotelvalley.it.

** **Due Giardini (13)**, kürzlich renoviert, ordentliche Zimmer mit eigenem Bad, von jungen Leuten aufmerksam geführt. Nach hinten schöner Garten. DZ mit Bad ca. 70–

160 €. Via Settala 46, ebenfalls Nähe Hauptbahnhof (M3: Centrale), ✆ 02/29521093, ℻ 29516933, www.hotelduegiardini.it.

* **Arno (17)**, schlichtes Albergo im vierten Stock, Nähe Hauptbahnhof (M3: Centrale), wegen der günstigen Lage oft voll. DZ mit Bad ca. 65–80 €, mit Etagendusche ca. 55–65 €. Via Lazzaretto 17, ✆/℻ 02/6705509, www.hotelarno.com.

* **Eva (17)**, im selben Haus wie Arno, modernisierte Zimmer. DZ mit Bad ca. 55–95 €, mit Etagendusche ca. 50–80 €. Via Lazzaretto 17, ✆ 02/6706093, ℻ 02/6705907, www.hotelevamilano.com.

* **Aurora (19)**, gut in Schuss, trotz der lauten Straße erträglich, nach vorne schallisolierte Zimmer, hinten Blick auf einen ruhigen Hof, moderne Zimmer mit Klimaanlage und TV. DZ mit Frühstück ca. 75–130 €. Corso Buenos Aires 18 (M1: Porta Venezia), ✆ 02/2047960, ℻ 2049285, www.hotelaurorasrl.com.

* **San Tomaso (20)**, guter Standard, freundlich geführt, sauber. DZ mit Bad ca. 60–125 €, sonst 50–95 €. Viale Tunisia 6, laute Verkehrsstraße seitlich des Corso Buenos Aires (M1: Porta Venezia), ✆/℻ 02/29514747, www.hotelsantomaso.com.

Kennedy (20), im selben Haus wie San Tomaso, mit ganztägig geöffneter Bar. DZ mit Bad ca. 65–150 €, mit Etagendusche ca. 55–100 €. Viale Tunisia 6 (M1: Porta Venezia), ✆ 02/29400934, ℻ 29401253, www.kennedyhotel.it.

• _Jugendherberge_ **Ostello Pierro Rotta (IYHF)**, ziemlich weit außerhalb, M1 Richtung Molino Dorino bis Station QT8 (Quartiere T8) und noch 500 m zu Fuß. Moderne JH mit 376 Betten, guten Einrichtungen und Garten, allerdings an einer lauten Durchgangsstraße. Geöffnet morgens 7–9 Uhr, nachm. ab 16 Uhr (Check-In nur nachm.). Keine Reservierung, wegen der Größe ist für Individualreisende aber fast immer Platz. Pro Pers. ca. 19,50 € mit Frühstück, Bett im DZ ca. 26 €. Via Martino Bassi 2, ✆ 02/39267095, ℻ 33000191, www.aighostels.com.

• _Camping_ **Città di Milano**, großer Platz an der westlichen Peripherie Mailands, direkt neben dem Wassersportzentrum „Acquatica". Flacher Wiesenplatz mit annähernd ausreichendem Schatten, Sanitäranlagen großzügig, Bar vorhanden. Im Westen Mailands beschildert – wenn man auf der Autobahn kommt, von der Westtangente Abfahrt San Siro nehmen. Verbindungen in die Stadt: Bus 72 (Busstopp ca. 200 m vom Platz) bis Piazza de Angeli, dort Metroanschluss, mit M1 ins Zentrum, z. B. bis zum Dom. Von der Stadt zum Camping: M1 Richtung Inganni bis Piazza de Angeli, dort Bus 72 Richtung Bisceglie bis Via Trivulzio (oder Taxi). Ganzjährig geöffnet. Via Gaetano Airaghi 61, ✆ 02/48207017, ℻ 48202999, www.campingmilano.it.

Lombardei und die Seen
Karte S. 282/283

Essen & Trinken (siehe Karte S. 348/349)

Zu den Milaneser Spezialitäten zählt natürlich das weltberühmte *costoletta alla milanese*, aber auch Risotto in verschiedensten Abwandlungen, außerdem *ossobuco* (Kalbshaxen). Am schönsten isst man in Mailand im Viertel *Ticinese*, wo im Umkreis der beiden langen Kanäle *Naviglio Grande* und *Naviglio Pavese* zahlreiche stimmungsvolle Osterien und Ristoranti um die Gunst der Mailänder wetteifern und jährlich neue eröffnet werden (M2: Porta Genova). Typisch für Mailand sind ansonsten die zahlreichen volkstümlichen Pizzerien, wo man an langen Tischen hautnah zwischen Familien und Freundesgruppen sitzt. Achtung: an Wochenenden sind zahlreiche Lokale überfüllt, rechtzeitig kommen. Siehe auch unter Nachtleben, Stichwort „Aperitivo"!

• _Zentrum_ **Antica Trattoria dei Magnani „Al Cantinone" (34)**, altes Mailänder Lokal mit langer Theke und mehreren Speiseräumen, gute lombardische Küche, z. B. *ossobuco* und Risotto, günstiger Mittagtisch. Sa-Mittag und So geschl. Via Agnello (Seitengasse des Corso Vittorio Emanuele), ✆ 02/86464980.

La Brisa (39), südlich vom Corso Magenta, in der Nähe der Börse, hervorragende Mailänder Küche zu mittleren Preisen, auch Plätze im Freien. So-Mittag und Sa geschl. Via Brisa 15, ✆ 02/86450521.

Milanese (43), nicht weit vom La Brisa, geräumige, typische Mailänder Trattoria in einer kleinen, engen Gasse, angenehme Atmosphäre, familiär geführt, mittlere Preise. Di geschl. Via Santa Marta 11, ✆ 02/86451991.

Flash (45), südlich vom Dom. Die echte neapolitanische Pizza (angeblich die größten im Zentrum), dazu Spezialitäten aus den Abruzzen. Moderate Preise, kein Ruhetag. Via Larga/Ecke Via Bergamini, ✆ 02/58304489.

Antica Osteria del Laghetto (48), in der Straße hinter dem „Flash". Trotz der zentralen Lage ganz ruhige Ecke. Freundliches Lokal mit hausgemachten Nudeln und großer Auswahl an Fisch. Mi geschl. Via Festa del Perdono 4, ✆ 02/58307404.

Cantina Piemontese (47), wenige Schritte weiter, seit 1908 bei der Uni südöstlich vom Domplatz. Gemütliche Ecke, im Sommer kann man hier unbelästigt vom Straßenverkehr vor dem Haus sitzen. Vicolo Laghetto 2, ✆ 02/784618.

Bagutta (30), ein Bodenmosaik weist auf der Via Montenapoleone den Weg in diese Trattoria, der ihr Ruf als Künstlerlokal vorauseilt. Die verschiedenen Räumlichkeiten sind von oben bis unten mit Büchern sowie Gemälden, Karikaturen und Zeichnungen bekannter und unbekannter Maler geschmückt. Auf der Speisekarte stehen Gerichte lombardischer und toskanischer Küche zu gehobenen Preisen. Im Sommer kann man im großen Innengarten speisen. So geschl. Via Bagutta 14, ✆ 02/76000902.

• Brera-Viertel (Via Brera, Corso Como, Corso Garibaldi) **Hostaria Rosso di Brera (27)**, ruhige Lage auf einer länglichen Piazza vor einer Kirche, schön zum draußen Sitzen. Mo geschl. Via Marco Formentini 7, ✆ 02/80509363.

Fabbrica (12), nette Pizzastube mit kleinen Marmortischen, an Wochenenden bilden sich oft lange Schlangen. Filiale auch an den Navigli (→ unten). Viale Pasubio 2 (M2: Moscova), ✆ 02/6552771.

Alla Cucina della Langhe (11), gepflegte und etwas teurere Trattoria in der beliebten Nachtmeile, lombardische und piemontesische Küche, beste Risotti, *brasato al Barolo* und *cotoletta alla Milanese*, auch viele Salate. Corso Como 6, ✆ 02/6554279.

Pizzeria di Porta Garibaldi (10), seit über fünfzig Jahren, bekannt gute Pizza aus dem holzbefeuerten Ofen. So-Mittag und Mo geschl. Corso Como 6, ✆ 02/6551926.

Antica Trattoria della Pesa (9), seit 1880, die schöne Osteria im alten Stil hat bereits so berühmte Gäste wie Maria Callas und den Regisseur Visconti gesehen. Typische Mailänder Küche, z. B. *risotto alla milanese* oder *ossobuco*, allerdings zu deutlich gehobenen Preisen. Keine Plätze im Freien. So geschl. Viale Pasubio 10 (M2: Moscova), ✆ 02/6555741.

• Bahnhofsviertel und Corso Buenos Aires **L'Osteria del Treno (15)**, die Kantine der Eisenbahner hat sich zum schicken In-Treff entwickelt. Mittags speist man hier günstig (Self-Service), abends zu höheren Preisen regionale und überregionale Spezialitäten. Im Sommer kann man auch im Freien sitzen. So-Mittag und Sa geschl. Via San Gregorio 46, ✆ 02/6700479.

Da Abele (1), nordöstlich vom Bahnhof. Traditionelle Trattoria mit freundlicher Atmosphäre, viel gerühmte Spezialität ist Risotto, das es in dutzenden von Abwandlungen gibt, dazu reiche Weinauswahl. Nicht mehr billig. Nur abends. Mo geschl. Via Temperanza 5 (M1: Pasteur), ✆ 02/2613855.

Spontini (14), seit 1953, populäre Pizzastube, nur eine Sorte Pizza vom laufenden Band, oft großer Andrang mit Wartezeiten, da preislich sehr günstig. Hinten sitzt man an langen Holztischen. Di-Mittag und Mo geschl. Via Spontini 60 (Kreuzung mit Corso Buenos Aires), ✆ 02/2047444.

TIPP! Pizza 40 (23), Nähe Porta Venezia. Süditalienisch anmutende Pizzastube, man sitzt auf Hockern an langen Tischen und isst in lockerer Atmosphäre Lasagne und Pizza. Di-Abend und Mi geschl. Via Pangilo Castaldi 40, ✆ 02/29401272.

La Tipica Osteria Pugliese (22), stuckverzierter Raum mit schlanken Säulen, von oben bis unten mit großformatigen Fotos zufriedener Gäste geschmückt. In mehreren Speiseräumen kann man ein umfangreiches Buffet und apulische Küche genießen. An Wochenenden sehr voll. So geschl. Via Alessandro Tadino 5, ✆ 02/29522574.

TIPP! Maruzzella (24), direkt bei der Porta Venezia. Seit 1978, großes, fröhliches Lokal mit umfangreicher Speisekarte, auch Pizza, immer voll, preislich sehr korrekt. Mi geschl. Piazza Giuglielmo Oberdan 3, ✆ 02/29525729.

Pizza OK (25), diese einfache Trattoria serviert die angeblich größten Pizzen der Stadt in fast hundert, teilweise sehr originellen Geschmacksrichtungen, es geht immer sehr geschäftig zu. Via Lambro 15/Ecke Piazza Otto Novembre 1917, ✆ 02/29401272.

• Naviglio Grande (Ticinese) **Premiata Pizzeria**, große, immer gut besuchte Pizzeria, drinnen schönes, altes Mobiliar und Marmortische, davor eine offene, im Winter abgedeckte Terrasse. Große Auswahl an Pizza und Focaccia. Mi geschl. Via Alzaia Naviglio Grande 2. ✆ 02/89400648.

El Brellin, stilvoll eingerichtetes Ristorante in einem prächtig restaurierten historischen

Gutshaus. Im Sommer auch Sitzplätze an einem schmalen, überdachten Seitenkanal, in früheren Zeiten Waschplatz der Frauen des Viertels. Gehobene Preise. Vicolo Privato Lavandai, ✆ 02/58101351.

Officina 12, sehr angesagte Pizzeria ganz in rot, vorne eine kleine, lauschige Terrasse, dahinter ein erstaunlich großer, verwinkelter Innenbereich mit Hinterhaus und überdachtem Hof. Höhere Preise, trotzdem gut gefüllt. Alzaia Naviglio Grande 12, ✆ 02/89422261.

Osteria dei Formaggi, hier gibt es alles auf Käsebasis, z. B. *Fonduta valdostana* (Aosta-Tal), dazu Grappa-Sorten aus allen Regionen Italiens. Uralte Radios füllen den ganzen Raum, im Sommer stehen auch Tische auf einer schwimmenden Plattform. So geschl. Via Alzaia Naviglio Grande 54 (kurz nach der Eisenbrücke), ✆ 02/89409415.

Anema e Cozze, an der Ecke zur Via Casale, „Sea & Pizza" heißt hier das Schlagwort, klinisch weiß gehalten, die Küche mit gut einsehbarer Glastür – Erlebnisgastronomie, die ankommt, bereits acht Filialen in Mailand. ✆ 02/8375459.

Fabbrica (12), Pizzaabfütterung über zwei Stockwerke in einer früheren Fabrikhalle, laut und fröhlich geht es hier immer zu. Via Alzaia Naviglio Grande 70, ✆ 02/8358297.

Conconi, ein paar Schritte weiter, mit viel Holzinterieur ansprechend aufgemachte Trattoria. Auf der Speisekarte z. B. *cinghiale*, *lepre* und Risotto. Via Alzaia Naviglio Grande 82, ✆ 02/89406587.

Pizzeria Tradizionale con Cucina di Pesce, hauptsächlich junges Publikum trifft sich im gemütlichen Speiseraum, im Angebot Pizza und Focaccia, aber auch Fischgerichte. Mi geschl. Ripa di Porta Ticinese 7, ✆ 02/8395133.

Al Pont de Ferr, wie der Name sagt, kurz vor einer Eisenbrücke über den Kanal. Hübsche Osteria mit hohen Räumen, nostalgisch-gemütlich eingerichtet. Sehr persönliches Ambiente und ebensolche Küche, ausgezeichnete Weinauswahl, alles zu zivilen Preisen. Bis spätabends kann man hier essen, z. B. *pasta e fagioli*, *faraona* (Perlhuhn) oder *stracotto d'asino* (Eselsschmorbraten). So geschl. Ripa di Porta Ticinese 55, ✆ 02/89406277.

• *Naviglio Pavese* (Ticinese) **Delle Mole**, großes Freiluftlokal am Beginn des Naviglio Pavese, Ecke Viale Gorizia/Via Ascanio Sforza. Im Sommer sehr beliebt bei den Mailändern, die hier allabendlich im Familienverband Pizza essen. ✆ 02/8323810.

TIPP! Osteria Grand Hotel, etwas versteckt weitab vom Rummel, noch südlich vom Viale Liguria, doch der Weg lohnt sich. Ein origineller Name für diese Osteria, in der man im stilvoll-gemütlichen Rahmen variantenreiche Gerichte und hervorragende Weine kosten kann. Im Sommer sitzt man sehr schön auf einer Terrasse neben dem Haus. Nur abends, Mo geschl. Via Ascanio Sforza 75, ✆ 02/89511586.

• *Self-Services & Snacks* **Brek (33)**, gute Self-Service-Kette mit mehreren Filialen, z. B. Piazzetta Umberto Giordano 1 (bei Piazza San Babila). So geschl.

McDonalds, tolle Lage mitten in der Galleria Vittorio Emanuele.

Lesertipp: „Im zweiten Stock der **Galleria Vittorio Emanuele** (über dem Burger King) isst man extrem günstig – Self-Service, Primi Piatti, täglich wechselnd und frisch zubereitet."

TIPP! Luini (35), in und vor diesem winzigen Laden, 1949 gegründet, treffen sich die Mailänder nach dem Einkaufsbummel oder Kinobesuch. Spezialität sind *panzerotti*, eine Art Mini-Calzone. Mo geschl. Via Radegonda 16, neben dem Kaufhaus La Rinascente.

Ghireria Greca Kalliopi, griechische Gyros-Kneipe inmitten der Osterien am Naviglio Grande (Ticinese), beliebt bei der Jugend. Ripa di Porta Ticinese 13.

• *Traditionelle Cafés* Ganz stilvoll sitzt man zu hohen und höchsten Preisen in den Freiluftcafés der eleganten Galleria Vittorio Emanuele. Abends trifft man sich dann an den Kanälen im Stadtteil Ticinese (→ Nachtleben).

Zucca in Galleria, am Eingang vom Domplatz. Hier im früheren „Camparino" wurde der Campari erfunden. Im ersten Stock Jugendstilsalon mit Blick auf die Galleria.

Antica Cremeria San Carlo al Corso, schöne Sitzgelegenheiten an einem kleinen Platz vor der gleichnamigen Kirche, direkt an der Fußgängerzone Corso Vittorio Emanuele.

Cova, 1841 eröffnet, der österreichisch-ungarische Charme des 19. Jh. wurde hier bis heute konserviert, teuer und elegant. So geschl. Via Montenapoleone 8.

Biffi, nicht weit von Leonardo da Vincis Abendmahl (→ Sehenswertes), traditionelles Café mit Kronleuchtern und exzellenten Kuchen und Torten. Corso Magenta 87.

Armani, im neuen Armani Megastore, der Platz für Modeliebhaber. Via Manzoni 31.

• *Eis* **Viel**, das bekannteste Eis der Stadt, hübsch bunt aufgemacht, Eis und Fruchtsäfte. Corso Buenos Aires 15, Corso Garibaldi 12, Viale Abruzzi 23.

Grom, Öko"-Eis, garantiert ohne chemische Zusatzstoffe und mit besten Materialien. Fünf Filialen in Mailand, z. B. Via Santa Margherita 16 (100 m vom Teatro alla Scala) und Corso di Porta Ticinese 51.

La Bottega del Gelato, Riesenauswahl und tolle Geschmacksrichtungen mit Schwergewicht auf exotischen Früchten. Via Pergolesi 3.

Rinomata, nostalgisches Ambiente am Beginn des Naviglio Pavese, kunstvoll türmen sich die Eiswaffeln in Glasvitrinen, das Eis wird aus traditionellen Deckelbehältern der fünfziger Jahre geschöpft.

Nachtleben (siehe Karte S. 348/349)

Zahllose Nachtkneipen, Osterien und Clubs findet man an den Kanälen (Navigli) im Viertel Ticinese, vor allem am Naviglio Pavese (M2: Porta Genova). Zur „Happy Hour" (ca. 18–22 Uhr) gibt es fast überall günstiges Essen vom Buffet, genannt „Aperitivo" (ca. 7–9 €) – man zahlt ein Getränk und kann soviel essen, wie man will. Eintritt in Clubs ca. 15–25 €, Drink ca. 6–10 €. Tipp: Für (Erasmus-)Studenten ist fast täglich in einem der Clubs der Eintritt frei. Veranstaltungskalender täglich in der Zeitung *Corriere della Sera* und donnerstags im Magazin „Tutto Milano" der Zeitung *La Repubblica*.

• *Brera-Viertel* (Via Brera, Corso Como, Corso Garibaldi) **Jamaica (26)**, früherer Künstlertreff im Modeviertel, kleiner Innenraum und winzige Tische, daneben ein im Sommer offener Wintergarten. Mittags genießen die smarten Angestellten der Umgebung leckere Salate und Tortellini, nachts geht es bei großer Getränkeauswahl schon mal hoch her. So geschl. Via Brera 32. Eine gute Alternative ist auch das gegenüberliegende **Brera Café**.

Radetzky Café (18), beliebtes In-Café, coole Einrichtung, schon morgens zum Frühstück geöffnet. So geschl. Corso Garibaldi 105.

TIPP! The Club (16), Party auf mehreren Etagen, Livemusik und mehrmals wöch. Disco. Mo geschl. (www.theclubmilano.com). Corso Garibaldi 97.

Loolapaloosa (7), Nähe Stazione Garibaldi, fröhlicher, oft extrem voller Treff, Mädels tanzen auf den Tischen, aber auch die Barkeeper. Tägl. bis 4 Uhr morgens (www.loolapaloosa.com). Corso Como 15.

• *Zentrum* **Magenta (37)**, schöne Jugendstil-Bar mit nostalgischem Flair, sehr angesagt, Sitzplätze auch im Freien, Mittags- und Abendbuffet. Wenn es drinnen zu voll wird, isst man eben draußen vor der Tür. Ganztägig bis 3 Uhr nachts. Mo geschl. Via Carducci 13/Corso Magenta (M1/M2: Cadorna).

Cavour (38), Tradition seit dem 19. Jh., heute eine angesagte Cocktailbar, hinten sitzt man gemütlich, junges Publikum. Corso Magenta/Ecke Via Brisa.

Cicip e Ciciap (41), in einem großen, leer stehenden Gebäude, seit vielen Jahren eine Kneipe nur für Frauen, mit Kulturprogramm, aber auch essen kann man hier. Mo/Di geschl. Via Gorani 9, ✆ 393-8987215, www.cicipeciciap.org.

• *Navigli* (südlich vom Zentrum) **Luca e Andrea**, Cafébar mit Tischen draußen am Kanal, was es hier sonst kaum gibt, Essen zu recht günstigen Preisen. Alzaia Naviglio Grande 34.

Antica Osteria della Briosca, Nachtkneipe mit Essen, bis 2 Uhr warme Küche. Mo geschl. Via Ascanio Sforza 13.

El Tropico Latino, großer, populärer Mexikaner, Cafeteria, Kneipe und Speiselokal in einem. Mo geschl. Via Ascanio Sforza 33.

Movida, weitere angesagte Kneipe am Naviglio Pavese. Mo geschl. Via Ascanio Sforza 39.

I Dolci di Poldina, schönes Café/Birreria. Via Ascanio Sforza 43.

• *Livemusik* **Tunnel (5)**, interessante Location in einer ehemaligen Lagerhalle der Bahn, ein ganzes Stück westlich hinter dem Hauptbahnhof. Täglich Livemusik, hauptsächlich Indie – von Rock bis Grunge, Techno und drum'n'bass ist alles vertreten. Tessera kostet ca. 10 €. So/Mo geschl. Via Sammartini 30, www.tunnel-milano.it.

TIPP! Le Trottoir à La Darsena, viel besuchte Kneipe an der zentralen Piazza im Navigli-Viertel, geschmückt mit Kunstwerken, am späteren Abend häufig Livemusik. Piazza XXIV Maggio 1, www.letrottoir.it.

La Bodeguita del Medio, seit zwanzig Jah ren im Viertel Ticinese. Kubanische Kneipe mit kreolischer Küche und fantasievollen Cocktails, fröhliche Stimmung, Gitarrenmusik, Aperitivo. So geschl. Viale Col di Lana 3.

TIPP! **Blues Canal**, großer Irish Pub mit Restaurant, tägl. Livemusik – Folk, Reggae, Jazz, Coverrock. Mo geschl. Via Casale 7, Naviglio Grande, www.bluescanal.com.

Le Scimmie, einer der populärsten Jazztreffs von Mailand, täglich ab 22.30 Uhr Livemusik – Jazz, Folk und Rhythm'n'Blues, aber auch Ethno. Auf dem Boot davor ein bunt ausstaffiertes Nachtcafé. Di geschl. Via Ascanio Sforza 49, Naviglio Pavese, www.scimmie.it.

• *Discos* Mailand hat eine ausgeprägte Discoszene, die jedoch ihr Geld kostet (ca. 10–25 €, erstes Getränk frei).

Magazzini Generali, Großdisco und multifunktionales Zentrum in einer früheren Lagerhalle östlich der Navigli. Diverse kulturelle Aktivitäten – Mode, Avantgardekunst, Livemusik. Eintritt 10–16 €, Mi frei. Mo/Di geschl. Via Pietrasanta 16, ✆ 02/5393948, www.magazzinigenerali.it.

Rolling Stone (44), vom Dom Richtung Osten (Bus 62), alteingesessen (seit 1981) und ebenfalls riesig, alle Musikrichtungen, Sonntags oft Livemusik, vorwiegend Rock. Mo geschl. Corso XXII Marzo 32, ✆ 02/733172, www.rollingstone.it.

Plastic (46), schicker Avantgardetreff, immer hart am Wind, alle neuen internationalen Trends werden verbreitet. Auch bei Gays beliebt. Geöffnet Do–So. Viale Umbria 120 (M3: Lodi), www.thisisplastic.com.

Hollywood (6), im Brera-Viertel, In-Disco der High Society, bei der Modewelt beliebt, schicke Klamotten Bedingung. Mo geschl. Corso Como 15 (M2: Stazione Garibaldi), ✆ 02/6598996, www.discotecahollywood.it.

Alcatraz, Großdisco in einem ehemaligen Fabrikgebäude nördlich vom Zentrum, auch Livemusik. Via Valtellina 21, ✆ 02/69016352, www.alcatrazmilano.com.

• *Im Freien* In der kleinen Sackgasse **Via Vetere**, die vom Corso di Porta Ticinese abzweigt, treffen sich allabendlich hunderte von Jugendlichen vor der Bar **Coquetel** (So geschl.) am Rand vom Parco delle Basiliche.

Lombardei und die Seen
Karte S. 282/283

Shopping (siehe Karte S. 348/349)

• *Märkte* **Mercato Papiano**, am Viale Papiano im Viertel Ticinese findet jeden Di und Sa am Vormittag einer der größten der zahlreichen Märkte Mailands statt, hauptsächlich Lebensmittel und Textilien (M2: Sant' Agostino).

Fiera di Senigallia, altehrwürdiger Flohmarkt im Viale d'Annunzio am alten Kanalhafen Darsena im Navigli-Viertel. Jeden Sa 8.30–17 Uhr.

Mercatone del Naviglio Grande, pittoresker Antiquitätenmarkt am Naviglio Grande, sehr sehenswert, außer im Juli jeden letzten So im Monat.

Mercato d'Antiquariato di Brera, Antiquitätenmarkt um die Via Foiri Chiari im Brera-Viertel, jeder dritte So im Monat.

• *Mode* Das Teuerste, was die Designer weltweit zu bieten haben, findet man im „Goldenen Dreieck" der Straßen **Via Montenapoleone**, **Via della Spiga** und **Via San Andrea** (→ Sehenswertes), außerdem am mondänen **Corso Vittorio Emanuele**. Preiswerter kann man in der **Via Torino** und am 2 km langen **Corso Buenos Aires** kaufen.

10 Corso Como (8), unter eben dieser Adresse in der beliebten Fußgängerzone, ein Haus voller Jasmin mit schönem Innenhof – auf zwei Stockwerken Kunstgalerie, Boutique für Design und Mode, Salon de Thé, Bar, Restaurant, Buchladen und Musikstore.

Tipp: Einige Modehäuser verkaufen Designer-Textilien der letzten Saison in den so genannten „Stocks" um einiges billiger, z. B. **Il Salvagente**, Via Fratelli Bronzetti 16, beim Corso Porta Vittoria (www.salvagentemilano.it).

> Schnäppchen sind in Mailand zur Zeit des **Sommerschlussverkaufs** *(soldi)* im Juli zu machen.

• *Sonstiges* **Buscemi**, Riesenauswahl an CDs und Schallplatten. Corso Magenta 31 (www.buscemi.com).

Mondadori Multicenter, drei Etagen: unten Software, Games und Handys, in der Mitte Bücher, oben Café und Internet. Mo 13–24, Di–So 10–24 Uhr. Via Marghera 28 (M 2 Richtung Bisceglie: Wagner).

Hoepli, größte Buchhandlung der Stadt, vier Stockwerke, unter Schweizer Leitung. Via Hoepli 5. Ebenfalls zu empfehlen: **Rizzoli** in der Galleria Vittorio Emanuele, Nähe Ausgang zur Piazza della Scala.

La Rinascente, elegantes Riesenkaufhaus in der Via Santa Radegonda, 3, direkt an der Piazza del Duomo. Auf acht Stockwerken Designerstücke, Wohnaccessoires und Textilien vom Feinsten, ganz oben Café und großartiger Blick über die Stadt.

Profumeria Vecchia Milano, modernes Angebot einer über hundert Jahre alten Drogerie. Via San Giovanni sul Muro 8 (Seitenstraße des Corso Magenta).

Sehenswertes

Die Altstadt liegt innerhalb zweier konzentrischer Straßenzüge, Mittelpunkt zu jeder Tages- und Nachtzeit ist natürlich der Domplatz, sehenswert und voller buntem Leben sind aber auch die Fußgängerzonen und Hauptgeschäftsstraßen: Via Dante, Corso Vittorio Emanuele II, Via Torino, Corso Magenta u. a.

Giro della Città: dreistündige Busrundfahrt mit deutschsprachigen Informationen über Kopfhörer, incl. Besichtigung des „Abendmahls" von Leonardo da Vinci. Abfahrt Di–So 9.30 Uhr am Domplatz in der Nähe vom Taxistand beim Dom (englischsprachige Touren außerdem Mi 13 Uhr und Fr/Sa 14.15 Uhr). Infos und Tickets bei Autostradale, Piazza Duomo 19/a (Nähe Infobüro), ✆ 02/80581354, www.autostradale.it.

Domplatz und Umgebung

Der weite riesige Platz wird dominiert von der himmelstürmenden Gotik des Doms und der triumphbogenähnlichen Öffnung der Galleria Vittorio Emanuele II. Gegenüber vom Dom steht das imposante Bronzedenkmal Vittorio Emanueles.

Dom: ein Werk der Superlative – größter gotischer Bau Italiens und viertgrößte Kirche der Welt (nach dem Petersdom, seiner Kopie an der Elfenbeinküste und der Kathedrale von Sevilla). Seitdem ein Visconti-Fürst im Jahre 1386 den Baubeginn verfügte, hat man über 500 Jahre an der Fertigstellung gearbeitet. Der gesamte Baukörper bietet mit seinen Tausenden von Spitzen, Verzierungen und Skulpturen einen faszinierenden Anblick. Fast 160 m ist er lang, der Turm mit der 4 m großen, vergoldeten *Madonnina* misst exakt 108,50 m, 3400 Statuen wurden geschaffen.
Die völlig aus Marmor gefertigte *Fassade* bietet eine großartige Mischung aus Gotik und Barockelementen, die prächtigen Skulpturen lohnen das nähere Hinsehen, z. B. die gequälten Menschlein auf den Sockeln. Auch die fünf Bronzetore sind prall gefüllt mit lebensfrohen und realistischen Reliefs christlicher und stadtgeschichtlicher Thematik.

Im gewaltigen fünfschiffigen Innenraum herrscht zwischen turmhohen Säulen ein geheimnisvolles, grünlich-diffuses Licht. Faszinierend gleich nach dem Haupteingang der lange *Meridian* im Boden – durch ein winziges Loch fällt das Sonnenlicht darauf und man sieht den Strahl fast in Sekundenschnelle wandern. Die langen, schmalen *Kirchenfenster* sind die schönsten Italiens und gehören zu den größten der Welt. Teilweise sind riesige Einzelbildnisse dargestellt, z. T. sind auf den Flächen zahlreiche Einzelszenen zusammengefasst. Schaurig-faszinierend wirkt im rechten Querschiff die Statue des *heiligen Bartolomäus*, geschaffen 1562 von Marco d'Agrate, der seine vom Körper abgeschälte Haut wie eine Toga um sich geschlungen hat, so dass Muskeln, Adern und Knochen sichtbar sind.

Hoch in der Apsis hängt ein *Kreuz*, das die wertvollste Reliquie des Doms umschließt, einen Nagel vom Kreuz Christi. Alljährlich am zweiten Sonntag im September lässt sich der Erzbischof mit einem von Leonardo da Vinci konstruierten Aufzug hinauffahren und holt den Nagel herunter, um ihn zwei Tage lang öffentlich auszustellen. Unter dem Chor befindet sich der *Scurolo di San Carlo* mit dem Sarkophag des heiligen Borromäus, im 16. Jh. Erzbischof von Mailand. Benachbart kann man den *Domschatz* mit Silber- und Elfenbeinarbeiten besichtigen. An der Innenfassade gibt es einen Zugang zu den Ausgrabungen unter der Piazza mit Resten der Vorgängerkirche *Santa Tecla* und des Baptisteriums *San Giovanni alle Fonti* (4. Jh.), in dem der Kirchenvater Augustinus getauft wurde.

Die zweifellos originellste „Fußgängerzone" der Stadt ist das *Dach* des Doms (Treppe/Aufzug an der linken Außenseite des Doms). Oben findet man sich hautnah im filigranen Dschungel von gotischen Spitzen, Verzierungen und Ornamenten und hat einen herrlichen Blick über die Stadt.

Das Museo del Duomo im nahen Palazzo Reale ist seit Längerem wegen Restaurierung geschlossen.

• *Öffnungszeiten/Eintritt* **Dom**, tägl. 9–19 Uhr. **Domschatz**, Mo–Fr 9–13, 14–18, Sa 9.30–13.30, 14–17, So 13.30–16 Uhr, Eintritt ca. 1 €. **Ausgrabungen**, tägl. 9.30–17.30 Uhr, Mo geschl., Eintritt ca. 4 €.

Die berühmteste Fußgängerzone der Stadt liegt auf dem Dach des Doms

Dach, April bis Okt. tägl. 9–22 Uhr, sonst bis 16.45/17.45 Uhr. Treppe ca. 5 €, Fahrstuhl ca. 8 €, Familienticket (Treppe) 10 €. Onlinebuchung über www.duomomilano.it erspart Wartezeiten (ca. 1,50 €).

Corso Vittorio Emanuele II: Die mondänste Fußgängerzone der Stadt beginnt hinter dem Dom und führt breit und bequem zur *Piazza San Babila*. Die hohen, modernen Laubengänge sind ein Eldorado für Modefreaks, ein schicker Laden drängt sich an den anderen.

Galleria Vittorio Emanuele II: Am Domplatz liegt der Haupteingang zur größten, mit einer Glas- und Eisenkonstruktion überdachten Passage Europas (siehe Foto S. 361) – der „Salon" Mailands. Die elegante kreuzförmige Halle mit riesiger Zentralkuppel und Ein-/Ausgang in jeder Himmelsrichtung wurde in der zweiten Hälfte des 19. Jh. als Prunkstück des modernen Mailand erbaut und beherbergt elegante Geschäfte, Buchhandlungen und teure Cafés. (Wenn man sich auf den Hoden des Stiers im Bodenmosaik des zentralen Oktagons auf den Hacken einmal um die eigene Achse dreht, soll das Glück bringen.)

Piazza della Scala und Umgebung: Der Nordausgang der Galleria führt zum *Teatro alla Scala*, dem berühmtesten Opernhaus der Welt. Nach der gewaltigen Galleria wirkt das 1778 eröffnete Haus ziemlich unscheinbar, ist aber bekannt für seine exzellente Akustik. 2004 öffnete es nach jahrelanger Renovierung wieder seine Pforten. Das hausinterne *Museo Teatrale alla Scala* besitzt eine umfangreiche Sammlung von Erinnerungsstücken, Gemälden, Dokumenten, Fotografien und Instrumenten zur Geschichte der Oper und des Opernhauses.

Auf der gegenüberliegenden Platzseite steht der *Palazzo Marino*, heute Sitz der Stadtregierung und eins der bedeutendsten Bauwerke der Spätrenaissance in Mailand. Zu besichtigen ist er nur 1-mal wöch. mit Führung.

Zwei Museen liegen ganz in der Nähe. Das *Museo Manzoniano* in der Via Morone 1 dokumentiert Leben und Schaffen des bedeutenden Mailänder Schriftstellers Alessandro Manzoni (→ Comer See/Lecco) aus dem 19. Jh., der in diesem Haus lebte. Und das ausgezeichnete *Museo Poldi Pezzoli*, Via Manzoni 12, beherbergt in 25 Räumen eine umfassende Kunstsammlung vom 15.–19. Jh. – Tapisserie, Glas, Möbel und Schmuck, aber vor allem wertvolle Gemälde, u. a. von Mantegna, Botticelli, Bellini und Piero della Francesca, darunter auch das berühmte „Porträt einer jungen Frau“ von Pollaiolo.

• *Öffnungszeiten/Eintritt* **Museo Teatrale alla Scala**, tägl. 9–12.30, 13.30–17.30 Uhr, Eintritt ca. 5 €.

Museo Manzoniano, Di–Fr 9–12, 14–16 Uhr, Eintritt frei.

Museo Poldi Pezzoli, Mi–Mo 10–18 Uhr, Di geschl., Eintritt ca. 8 €, unter 18 und über 60 J. 5,50 €. Sammelticket mit Museo Teatrale alla Scala ca. 9 €.

San Satiro: Meisterwerk von Bramante am Beginn der Via Torino, südwestlich vom Domplatz. Typischer Renaissancebau, Mittelschiff und Querhaus mit Tonnengewölben, der Chor mit illusionistischen Mitteln geschickt verlängert.

Öffnungszeiten/Eintritt 9–11.30, 15.30–18.30 Uhr, Eintritt frei.

Biblioteca e Pinacoteca Ambrosiana: Das sehr besuchenswerte und jüngst restaurierte Museum liegt an der Piazza Pio XI 2, westlich vom Domplatz. 1607 von Kardinal Federico Borromeo als Bibliothek eröffnet, bestückte sie der Kunst liebende Kirchenmann wenig später mit Bildern aus seiner Privatsammlung. Die *Pinakothek* zeigt in 24 Sälen Werke von Caravaggio, Tizian und Botticelli, das Gemälde „Portrait eines Musikers“ von Leonardo da Vinci, den Entwurfskarton Raffaels für seine berühmte „Schule von Athen“ (heute in den Vatikanischen Museen/Rom) sowie Skulpturen von Canova und Thorvaldsen. Die *Bibliothek* besitzt 600.000 Bände, zahllose Handschriften, Briefe und historische Dokumente. Ein Rundgang dauert ca. 90 Min.

Öffnungszeiten/Eintritt Di–So 9–19 Uhr, Mo geschl., Eintritt ca. 10 €. ✆ 051/5881589.

Modeviertel und Umgebung

Das teuerste und exklusivste Modeviertel Europas ist das „Goldene Dreieck“ zwischen *Via Montenapoleone, Via della Spiga* und *Via Sant'Andrea* (alles Fußgängerzone). In den Palazzi aus dem 18./19. Jh. haben sich die berühmtesten Designer des 20. Jh. niedergelassen – Versace, Armani, Valentino, Ungaro, Krizia, Gaultier, Saint Laurent, Kenzo ... Besuchenswert ist vor allem der kühl-futuristisch wirkende *Armani Megastore* in der Via Manzoni 31.

Das *Museo Bagatti Valsecchi* ist in einem Palazzo mit zwei eleganten mosaikgeschmückten Innenhöfen untergebracht (zwei Eingänge: Via Santo Spirito 10 und Via Gesù 5). Die Gebrüder Bagatti Valsecchi haben hier im 19. Jh. eine reichhaltige Sammlung von Renaissancestücken zusammengetragen – ein „Museum im Museum“, denn auch der Palast selber ist sehenswert. Im *Museo di Milano* in der Via

Sant'Andrea 6 ist die Geschichte der Stadt dokumentiert.

Öffnungszeiten/Eintritt **Museo Bagatti Valsecchi**, Di–So 13–17.45 Uhr, Mo geschl., Eintritt ca. 8 €, Stud. und über 65 J. 4 €, Mi für alle 4 €. **Museo di Milano**, Di–So 9–13, 14–17.30 Uhr, Mo geschl., Eintritt frei.

Brera: Das ehemalige Künstlerviertel um die Via Brera ist heute ein elegantes Wohnviertel mit ruhigen Seitengassen, vielen Galerien, kleinen Läden und Lokalen. In einem prachtvollen Palazzo in der Via Brera ist die *Pinacoteca di Brera* untergebracht, eine der bedeutendsten Gemäldesammlungen Italiens. Vor allem Werke der lombardischen, venezianischen und mittelitalienischen Schule hängen hier, u. a. von Raffael, Tizian, Tintoretto, Mantegna, Bellini und della Francesca. Berühmte Europäer wie El Greco, Rubens, Rembrandt und Van Dyck ergänzen die Sammlung, eine kleine moderne Abteilung schafft Abwechslung. Zwei besondere Attraktionen: „Sposalizio della Vergine" (Hochzeit der Jungfrau) von Raffael und „Cena in Emmaus" (Abendmahl in Emmaus) von Caravaggio.

Öffnungszeiten/Eintritt **Pinacoteca di Brera**, Di–So 8.30–19.15 Uhr, Mo geschl., Eintritt ca. 5 €, zwischen 18 und 25 J. ca. 2,50 €, EU-Bürger unter 18 und über 65 J. frei.

Lieblingsbeschäftigung vieler Touristen: Tauben füttern vor dem Dom

Giardini Pubblici: Südlich vom großen Stadtpark, einer von ganz wenigen Grünflächen in der großstädtischen Steinwüste, findet man in der Via Palestro 16 die *Galleria d'Arte Moderna* mit lombardischen Werken des 19. Jh., ergänzt durch Cézanne, Renoir, Gauguin und andere Berühmtheiten. An der Ostseite der Giardini Pubblici steht das *Museo Civico di Storia Naturale*, Corso Venezia 55, mit einer umfassenden zoologischen und vorgeschichtlichen Sammlung, darunter Jahrmillionen alte Dinosaurierskelette. Nur wenige Schritte entfernt, am Corso Venezia 57, findet man das große *Planetarium* von Mailand.

An der Westseite des Parks, in der Via Manin 2, beherbergt das *Museo del Cinema* zahlreiche Exponate zur Geschichte des Films.

• Öffnungszeiten/Eintritt **Galleria d'Arte Moderna**, Di–So 9–13, 14–17.30 Uhr, Mo geschl., Eintritt frei.

Museo Civico di Storia Naturale, Di–So 9–17.30, Eintritt ca. 3 €.

Museo del Cinema, Fr–So 15–19 Uhr, Eintritt ca. 3 €.

Castello Sforzesco und Umgebung

Die gewaltige Backsteinfestung wurde Mitte des 15. Jh. erbaut und ab 1911 in fast 20-jähriger Arbeit restauriert. Durch den eigenwillig geformten Turm gelangt man in den immens großen und schön begrünten *Haupthof*. Dahinter liegen zwei weitere Höfe, in deren Flügel die weitläufigen *Musei Civici Castello Sforzesco* untergebracht sind. U. a. sind hier Skulpturen von der Antike bis zur Neuzeit ausgestellt – Höhepunkt ist die unvollendete „Pietà Rondanini“, das letzte Werk Michelangelos. Weiterhin zu sehen sind Waffen, Möbel und Musikinstrumente, im ersten Stock eine Pinakothek mit Werken von Bellini, Mantegna und Tintoretto, ansonsten sind zu besichtigen eine vorgeschichtliche und ägyptische Ausstellung, außerdem eine wertvolle Briefmarkensammlung und Münzen.

Hinter dem Kastell liegt der weitläufige *Parco Sempione*. Das *Acquario Civico* zeigt in einem schönen Art-Nouveau-Gebäude an der Via Gadio 2 mehrere Dutzend Becken mit 75 Fisch- und Amphibienarten.

Öffnungszeiten/Eintritt **Musei Civici Castello Sforzesco**, Di–So 9–17.30 Uhr, Mo geschl., Eintritt ca. 3 € (Fr ab 14 Uhr u. Di–Do u. Sa/So ab 16.30 Uhr Eintritt frei). **Acquario Civico**, Di–So 9.30–13, 14–17.30 Uhr, Mo geschl., Eintritt frei.

Museo Archeologico: griechische, etruskische und römische Funde in einem ehemaligen Nonnenkloster am Corso Magenta 15.

Öffnungszeiten/Eintritt Di–So 9–13, 14–17.30 Uhr, Mo geschl., Eintritt ca. 2 €.

Santa Maria delle Grazie: sehenswerte Kirche am Corso Magenta, einen knappen Kilometer vom Kastell (vom Dom zu erreichen mit Tram 24 ab Via Mazzini oder Piazza Cordusio). Der ursprünglich gotische Bau wurde ab 1492 nach Entwürfen von Bramante verändert – der hohe überkuppelte Chor lässt viel Licht in den hellen Innenraum. Angeschlossen ist ein schöner Kreuzgang.

Im benachbarten Refektorium *(Cenacolo Vinciano)* kann man die Top-Sehenswürdigkeit von Mailand erleben: das weltberühmte *Abendmahl-Fresko* von Leonardo da Vinci, entstanden 1495–98. Es hält den Moment fest, als Jesus seinen Jüngern verkündet: „Einer von euch wird mich verraten“ und gilt als besonders tiefgründige Interpretation dieser Schlüsselstelle. Das Fresko war jedoch von Anfang an gefährdet, denn Leonardo hatte mit einem Gemisch aus Tempera- und Ölfarben auf die trockene Wand gemalt anstatt in den feuchten Putz, wie es in der echten Freskotechnik üblich war. Schon wenige Jahre nach seiner Entstehung blätterte deshalb bereits die Farbe durch Nässe ab, es bildeten sich Schimmelflecken und die Leuchtkraft schwand. Seitdem erlebte das Abendmahl eine 500 Jahre lange Leidensgeschichte. 1978 begann man mit einer umfassenden Restaurierung, die 21 Jahre lang dauern sollte. Das Ergebnis spaltete zwar die Fachwelt (während die einen die überaus sorgfältige Restaurierung lobten und die Sicherung des Werks für lange Zeit sahen, sprachen andere von einer endgültigen Zerstörung des Gemäldes), doch seit Mai 1999 ist es nun wieder in voller Schönheit zu sehen.

Jesus als Papa?

Der Bestseller „The Da Vinci Code“ („Sakrileg“) hat das Fresko weltweit in den Fokus der Aufmerksamkeit gerückt – Autor Dan Brown behauptet darin, die weiblich anmutende Person links neben Jesus (vom Betrachter aus gesehen) wäre Maria Magdalena, mit der Jesus Kinder gehabt haben soll, deren Nachkommen bis heute leben. Diese mehr als abenteuerliche Spekulation wird allerdings von keinem ernst zu nehmenden Fachmann geteilt.

Festival Internazionale dell'Ambiente

• *Öffnungszeiten/Eintritt* **Cenacolo Vinciano**, Di–So 8.15–19 Uhr; Eintritt ca. 6,50 €, 18 bis 25 J. 3,25 €, unter 18 und über 65 J. frei (jeweils zzgl. 1,50 € für Reservierung). Wegen etwaiger Schäden durch die Feuchtigkeit des menschlichen Atems werden nur 25 Pers. gleichzeitig für jeweils 15 Min. eingelassen und man darf das Bild nur aus großer Entfernung betrachten. Reservierung ist obligatorisch unter ✆ 02/800360 (Mo–Sa 8–18.30 Uhr) oder www.cenacolo vinciano.net. Man lässt sich eine verbindliche Besichtigungszeit geben und muss 20 Min. vorher erscheinen, sonst verfällt der Termin. Achtung: So früh wie möglich reservieren, Wartezeiten von einigen Wochen sind keine Seltenheit!

Sant'Ambrogio: wunderschöne mittelalterliche Basilika, die das Vorbild zahlreicher ähnlicher lombardischer Kirchenbauten war. Gegründet als Märtyrerkirche der für ihren Glauben hingerichteten römischen Soldaten Gervasius und Protasius, die beide in der Krypta begraben liegen. Außerdem über Jahrhunderte Krönungskirche zahlreicher Kaiser des römisch-deutschen Reiches, die sich hier zu Königen der Lombardei weihen ließen. Durch ein arkadengesäumtes *Atrium* gelangt man in den mächtigen dreischiffigen Innenraum mit Vierungskuppel und großem Chor. Im Hauptschiff links vorne sieht man die prächtige romanische Kanzel. Über dem Hochaltar mit wertvollem Reliefvorsatz aus Gold und Silber thront ein säulengestützter Baldachin, in der Apsis sind frühmittelalterliche Mosaike von einem Vorgängerbau erhalten.

Vom rechten Seitenschiff kommt man in das *Sacello di San Vittore in Ciel d'Oro* aus dem 4. Jh., das mit frühchristlichen Mosaiken und Fresken ausgestattet ist. Auch der Kirchenschatz ist hier untergebracht.

Ans linke Seitenschiff ist der *Portico della Canonica* angeschlossen, ein unvollendeter Kreuzgang von Bramante.

Öffnungszeiten/Eintritt **Sacello di San Vittore in Ciel d'Oro**, Di–So 9.30–11.45, 14.30–18, Sa/So 15–17 Uhr, Di geschl., Eintritt ca. 2 €.

Museo Nazionale della Scienza e della Tecnica (Via San Vittore 21): riesiges Technikmuseum mit zahlreichen Abteilungen verschiedenster Art – von den Erfindungen Leonardo da Vincis bis zu modernen E-Loks und Luftschiffen.

Öffnungszeiten/Eintritt Di–Fr 9.30–17, Sa/So 9.30–18.30 Uhr, Mo geschl., Eintritt ca. 8 €, bis 25 J. 6 €, über 65 J. 3 €, ermäß. Familienkarten.

Weitere Viertel

Bahnhofsviertel: Der *Bahnhof* ist eine imposante Konstruktion der 1920er und 30er Jahre mit deutlichen Anleihen bei der klassischen Antike. Ansonsten dominieren hier wuchtige Hochhausklötze, der größte ist mit über 127 m das windschnittig geformte *Pirelli-Haus*, einer der höchsten Wolkenkratzer in Europa und Sitz der lombardischen Regionalregierung. Interessantester Straßenzug ist der breite *Corso Buenos Aires*, ein geschäftiger, rund um die Uhr vom Verkehrsinfarkt bedrohter Großstadtboulevard mit Läden aller Art, in dessen Seitenstraßen man Restaurants und Pizzerien findet. Das Südende markiert die große *Porta Venezia*, wo der Stadtpark beginnt. Am Nordende liegt der *Piazzale Loreto*, dort wurde 1945 der Leichnam des am Comer See von Partisanen erschossenen „Duce" zusammen mit seiner Geliebten Claretta Petacci mit dem Kopf nach unten an einer Tankstelle aufgehängt (→ S. 327).

Chinatown: Die Via Paolo Sarpi liegt nördlich vom Parco Sempione. In ihrer Umgebung leben mittlerweile mehr als fünfzehntausend Chinesen, Mailand ist damit nach London und Paris die europäische Stadt mit dem höchsten chinesischen Bevölkerungsanteil. Wer einkaufen will, findet hier deutlich niedrigere Preise als im teuren Zentrum, auch das Straßenleben ist den Abstecher wert.

Cimitero Monumentale: Nur wenig nördlich von Chinatown liegt der städtische Friedhof. Er wurde im 19. Jh. außerhalb der Stadtmauern angelegt und ist ein wahrhaftes Gesamtkunstwerk mit architektonisch imponierenden Grabbauten, darunter z. B. das Grab des Schriftstellers Alessandro Manzoni.

Öffnungszeiten Di–So 9–17 Uhr, Mo geschl.

Ticinese/Navigli: Stadtteil im Südwesten (M2: Porta Genova). Hier findet man noch am ehesten Spuren des „alten" Mailand und sogar ein wenig „Amsterdam-Feeling", denn auf den beiden langen Kanäle *Naviglio Grande* und *Naviglio Pavese* ankern Hausboote, hier und dort führen kleine Brücken über die „Grachten". In diesem noch weitgehend volkstümlichen Stadtteil hat sich das Vergnügungsviertel Mailands etabliert – viele Kneipen, stilvolle Osterie und Musiklokale, Secondhand-Shops, Kunsthandwerker etc.

Hauptachse des Viertels ist der Corso di Porta Ticinese. An der Piazza XXIV Maggio steht der *Arco di Porta Ticinese*, ein Triumphbogen, der zu Ehren Napoleons errichtet wurde. Ein Stück die Straße hinauf steht die mittelalterliche Kirche *Sant'Eustorgio*, deren Cappella Portinari reich mit Fresken geschmückt ist und das Marmorgrab des Märtyrers Petrus (Petrus aus Verona) aus dem 13. Jh. birgt.

Noch ein Stück in Richtung Stadtmitte kommt man zum Stadttor *Porta Ticinese* und kurz darauf zu der wunderschönen Anlage von *San Lorenzo Maggiore*, einem Zentralkuppelbau mit Ecktürmen aus dem 16. Jh. Malerisch beleuchtet sind allabendlich die römischen Tempelsäulen an der Straße unmittelbar davor – beliebter Treff, bevor man sich ins Nachtleben stürzt. Eine Straßenbahn kurvt mitten durch das Gelände. Die *Cappella di San Aquillino* besitzt wertvolle spätantike Mosaiken, hinter dem Altar führt eine Treppe hinunter zu den Ruinen eines römischen Amphitheaters.

Öffnungszeiten/Eintritt **Museo di Sant'Eustorgio** (Cappella Portinari), 10–18 Uhr, Eintritt ca. 6 €, über 60 J. 3 €; **Cappella di San Aquillino**, tägl. 9.30–12.30, 14.30–18.30 Uhr, Eintritt ca. 2 €.

Mailand/Umgebung

Vigevano

ca. 63.000 Einwohner

Die Kleinstadt, 35 km südwestlich von Mailand, gilt als Zentrum der italienischen Schuhproduktion, besitzt aber auch einen der eindrucksvollsten Plätze im ganzen Land und eine Burganlage, deren Ausmaße einen tatsächlich zum Staunen bringen.

Die *Piazza Ducale* ist ein gewaltiges längliches Rechteck, vollständig mit Granitkieseln gepflastert und an drei Seiten eingefasst von bemalten Arkaden, deren 84 Säulenkapitelle alle voneinander verschieden sind. Die vierte Platzseite bildet der *Dom* aus dem 16. Jh. mit einer höchst dekorativ geschwungenen Barockfassade. Entworfen wurde der Platz Ende des 15. Jh. vom berühmten Bramante, Baumeister des Petersdoms in Rom. Auftraggeber war Sforzaherzog Ludovico il Moro, der für sein Jagdschloss einen Vorplatz brauchte. Dessen zinnenbewehrter Turm, die *Torre del Bramante*, überragt pittoresk die Szenerie. Hier liegt auch einer der drei Eingänge zum Kastell, über Stufen steigt man hinauf, durchquert den Turm und steht im riesenhaften Hof des *Castello Sforzesco*. Linker Hand sieht man den großen dreiflügeligen Hauptpalast der Anlage, *Maschio* genannt, mit schönen gotischen Doppelfenstern. Die mächtige *Strada Coperta*, ein 164 m langer und 7 m breiter, doppelstöckiger Gang führt von dort hinunter in die Stadt. Die lang gestreckten *Scuderie* um den Schlosshof wurden als gigantische Pferdeställe genutzt, bis zu tausend (!) Pferde konnten hier untergebracht werden. Heute ist hier das Schuhmuseum *Museo della Calzatura e della Tecnica Calzaturiera* untergebracht, in dem neben einheimischem Schuhwerk vergangener Epochen auch Schuhe aus der ganzen Welt ausgestellt sind. Zu den Attraktionen gehören Schuhe von Mussolini und Papst Pius XI. sowie die Nachbildung des Schuhwerks von Karl dem Großen.

• *Anfahrt/Verbindungen* Häufige Züge ab **Milano Stazione Porta Genova** (M2: Porta Genova) im Navigli-Viertel.

• *Information* **Infopoint Castello**, Piazza Ducale (beim Eingang zum Castello), April bis Okt. Di–Fr 10–13, 14–17 Uhr, Sa/So 10–13, 15–18 Uhr, Mo geschl. Führungen Castello Sforzesco und Piazza Ducale mehrmals tägl. ✆ 0381/691636, infopointcastello@comune.vigevano.pv.it.

• *Öffnungszeiten/Eintritt* **Castello**, Mo–Sa 8–18 und So 8–19 Uhr (im Sommer auch länger), Eingang an der Rocca Vecchia, am unteren Ende der Strada Coperta.

Torre del Bramante, April bis Okt. Di–Fr 10–13, 14–17 Uhr, Sa/So 10–13, 15–18 Uhr, Mo geschl., Eintritt ca. 2 €.

Museo della Calzatura e della Tecnica Calzaturiera, Di–Fr 10–12.30, 14–17, Mo geschl., Eintritt ca. 3 €. ✆ 0381/693952.

Pavia

ca. 80.000 Einwohner

Ruhige Stadt am malerischen Ticino, 30 km südlich von Mailand. Nur wenige Neubauten stören das Centro storico, an Mittelalteratmosphäre blieb vieles erhalten: alte Gassen mit Backsteinbauten, eine Handvoll hoher „Geschlechtertürme“, lange Arkadengänge und holpriges Pflaster, darüber die imposante Kuppel des Doms. Bereits seit 1361 bringt die große Universität Leben in den Alltag – sie ist nach Bologna die zweitälteste Italiens.

Zentrum der Stadt ist die lang gestreckte *Piazza Vittoria*, eingerahmt von teils sorgfältig restaurierten Palazzi mit langen Laubengängen. Im Untergrund liegt der *Nuovo Mercato*, eine bunt gefächerte Ladenzeile mit Supermarkt. An der Südkante steht der *Palazzo Broletto*, das alte Rathaus der Stadt. Dahinter ragt die stolze Kuppel des *Doms*, ein Renaissancebau in Form eines griechischen Kreuzes. Bis Ende der Achtziger besaß er einen 50 m hohen Glockenturm mit 1,5 m dicken Mauern – im März 1989 brach er aus rätselhaften Gründen innerhalb weniger Sekunden zusammen (Wiederaufbau seitdem geplant). Wegen grundlegender Überarbeitung der Statik ist derzeit nur der Vorraum der Kirche zugänglich.

Wenige Schritte seitlich der Piazza Victoria kreuzen sich die beiden Hauptstraßen *Corso Cavour/Corso Mazzini* und *Strada Nuova*. Letztere führt zum Ticino hinunter – ein Spaziergang lohnt wegen des schönen Blicks auf den Fluss und die überdachte Brücke *Ponte Coperto*. Im 12. und 13. Jh. war Pavia freie Stadtrepublik, aus dieser Blütezeit stammen einige bemerkenswerte romanische Kirchen. Vor allem *San Michele* in Flussnähe ist interessant – hier wurde Friedrich Barbarossa zum Kaiser gekrönt. Großartig ist die Fassade mit Reliefs im weichen Sandstein, die jedoch leider bis zur Unkenntlichkeit verwittert sind.

Im nördlichen Bereich der Strada Nuova liegt der ausgedehnte ockerfarbene Komplex der *Università degli Studi di Pavia*. Um mehrere Innenhöfe gruppieren sich doppelstöckige Säulengänge, geschmückt mit den Statuen ehemaliger Professoren und Rektoren. Man kann ein wenig umherschweifen, die Atmosphäre schnuppern und den Studenten zusehen.

Historischer Waschplatz am Südufer des Ticino

Seit dem 14. Jh. übernahm das Geschlecht der Visconti in Pavia die Macht und ließ ein großes Kastell errichten. Es liegt am Nordende der Strada Nuova, besitzt einen schönen, von Loggien umgebenen Innenhof und die *Musei Civici* mit prähistorischer, archäologischer, mittelalterlicher und ethnografischer Abteilung, dazu Pinakothek, Skulpturen, Mosaiken und Architekturfragmente der städtischen Kirchen, Gipsothek und ein Museo del Risorgimento.

Warnung: Je nachdem, wie feucht oder trocken der Winter ausgefallen ist, leidet Pavia im Sommer wegen der nahen Flussniederungen und der feuchten Reisplantagen in der Umgebung oft unter einer heftiger **Mückenplage**, „zanzare" werden die Biester genannt.

Anfahrt/Verbindungen/Information/Öffnungszeiten

• *Anfahrt/Verbindungen* **Pkw**, Autobahnausfahrt Casteggio-Casatisma. Von Milano/ Ticinese die SS 35 nehmen, in der zweiten Hälfte geht es am Kanal Naviglio di Pavia entlang, dabei kommt man nah an der berühmten Certosa di Pavia vorbei (→ unten). Die Altstadt von Pavia ist für den Verkehr gesperrt, mehrere Parkplätze liegen rundum. **Bahn**, Pavia liegt an der Bahnlinie Mailand-Genua und ist von Mailand in einer halben Stunde zu erreichen. Bahnhof westlich der Altstadt, ca. 1 km ins Zentrum.

• *Information*: **IAT**, im Palazzo Broletto direkt an der zentralen Piazza della Vittoria. Mo–Fr 9–13, 14–17 Uhr. ✆ 0382/597001, ℻ 597011, www.provincia.pv.it.

• *Öffnungszeiten/Eintritt* **Nuovo Mercato**, Di–Sa 8–12.30, 15.30–19.30, Mo 8–12.30 Uhr, Mo-Nachmittag und So geschl.

Musei Civici, Di–So 10–18, Dez., Jan., Juli u. August Di–So 9–13.30 Uhr, Mo geschl.; Eintritt ca. 6 € (Einzelmuseum 4 €).

Übernachten/Essen/Unterhaltung

• *Übernachten* *** **Excelsior**, gegenüber vom Bahnhof, äußerlich nicht schön, innen aber gepflegt und zu empfehlen, gemütlicher Frühstücksraum. DZ ca. 93 €, Frühstück extra, Parkplatz 8 €. Piazzale Stazione 25, ✆ 0382/ 28596, ℻ 26030, www.excelsiorpavia.com.

** **Aurora**, vom Bahnhof wenige Schritte die Straße geradeaus, moderne Zimmer mit guten Betten, Sat-TV, Klimaanlage und WiFi. DZ ca. 80–95 €, Frühstück extra. Viale Vittorio Emanuele 25, ✆ 0382/23664, ✆ 21248, www.albergoaurora.com.

Camping Ticino, einfacher Wiesenplatz westlich vom Zentrum, direkt am nördlichen Flussufer. Bus 4 ab Bhf. Ende März bis Ende Okt. Via Mascherpa 10, ✆ 0382/527094, www.campingticino.it.

• *Essen & Trinken* **Marechiaro**, unvergleichlich schöne Lage an der historischen Piazza Vittoria, gute Küche und korrekter Service, auch Pizza. Mo geschl. ✆ 0382/23739.

La Torre degli Aquila, gemütliche „Osteria con cucina" in einem schmalen Backsteinturm an der Strada Nuova 20. Eine Handvoll Tische auf mehreren Stockwerken, passable Weine, dazu wenige ausgewählte Gerichte. So geschl. ✆ 0382/26335.

TIPP! Hostaria Il Cupolone, wenige Meter vom Dom, sehr gemütlich mit schummrigem Licht, altem Mobiliar, Kupfergeschirr und historischen Fotos an den Wänden, dazu karierte Tischdecken. Das Menü wechselt häufig, je nachdem, was gerade frisch zu haben ist. Via Cardinal Riboldi 2, ✆ 0382/303519, www.hostariailcupolone.it.

Madonna da Peo, kleine, gepflegte Osteria in einem schmalen Gässchen südlich vom Dom, gute Küche. So geschl. Via dei Liguri 28, ✆ 0382/302833.

Antica Osteria del Previ, volkstümliche Trattoria am Südufer des Ticino. Serviert werden regionale Fische und typische Paveser Küche, z. B. *zuppa alla pavese* (Fleischbrühe mit Ei und Käse). So und im August geschl., außerdem mittags im Juli. Via Milazzo 65, ✆ 0382/226203.

• *Cafés/Unterhaltung* **Araldo**, direkt neben der Universität, viel besuchter Studententreff mit hübschem Vorgarten. Corso Carlo Alberto.

Da Cesare, kleine, viel gelobte Bar, neben dem selbst gemachten Eis gehören heiße *cioccolata calda* (Schokolade mit Sahne) und Zabaione zu den Spezialitäten. Corso Garibaldi 15/c.

Vaniglia, Gelateria mit hervorragendem Eis. Corso Cavour 11.

Caffettiamo, angesagtes Café an der Piazza della Minerva.

• *Nachtleben* Als Universitätsstadt besitzt Pavia einige populäre Treffs, während der Semesterferien ist allerdings vieles geschlossen.

Il Broletto, stilvoll eingerichteter Irish Pub im alten Rathaus an der Piazza Vittoria, sieben Sorten Bier vom Fass.

L'Imbarcadero, zur Bar mit Restaurant umgebautes Hausboot auf dem Ticino. Stimmungsvoll, im Sommer allerdings großes Mückenproblem.

Spazio Musica, Musikclub mit häufiger Livemusik, Rock und Indie. Via Faruffini 5, Simone Marchetti, ✆ 333-6510774, www.spaziomusicapavia.it.

Mulino della Frega, 8 km nördlich, in Lardirago. Bei weitem die schönste Disco im Umkreis – eine umgebaute alte Mühle, im Sommer mit Open-Air-Bereich, Pianobar und Swimmingpool. ✆ 0382/94100.

Von Pavia führt die SS 35 in einer halben Stunde direkt ins Navigli-Viertel von Mailand mit zahllosen Restaurants und Osterien (→ S. 363), Tipp für einen anregenden Abend in der Weltstadt.

Certosa di Pavia

Berühmter Klosterkomplex des Kartäuserordens, 10 km nördlich von Pavia. 1396 ließ ihn Gian Galeazzo Visconti, Herzog von Mailand, als Grabstätte für sich und seine Familie erbauen, danach übernahmen die Sforza die weitere Ausgestaltung.

Über 300 Jahre hinweg wurde immer wieder angebaut und vergrößert. Die Marmorfassade der Kirche entstand im 15./16. Jh. und gilt als eins der prächtigsten Kunstwerke der oberitalienischen Frührenaissance. Kurz nach dem Zweiten Welt-

Märchenhafter Bau: die Certosa di Pavia

krieg verließen die Kartäuser die Certosa, heute ist sie im Besitz des Zisterzienserordens. Die Mönche veranstalten Führungen.

Besichtigung: Die *Fassade* ist ein Werk verschiedener Künstler: die Brüder Mantegazza und Giovanni Antonio Amadeo gestalteten die faszinierende untere Hälfte, Lombardo fügte später den etwas einfacheren Überbau an, der Abschluss der Fassade fehlt. Sie mutet fast orientalisch an, verspielt fügen sich zahllose Reliefs und Halbreliefs ineinander. Im Sockel reihen sich Medaillons mit den Porträts römischer Herrscher, darüber liegen Basreliefs mit Porträts und Skulpturen von Heiligen und Aposteln. Im Portal beeindrucken die großartigen Reliefs, die Szenen aus der Geschichte der Certosa und aus dem Leben Marias darstellen. Der hohe gotische *Innenraum* wirkt ausgesprochen harmonisch, die Seitenkapellen enthalten wertvolle Gemälde, z. B. in der zweiten links ein Polyptychon, dessen Mitte ein farbenprächtiger „Segnender Gottesvater" von Perugino einnimmt. Am Gitter, das das *Querschiff* vom Hauptraum abtrennt, wartet man auf die nächste Führung (sobald sich eine größere Gruppe versammelt hat), Dauer ca. 45 Min.

Linker Hand im Transept (Querhaus) liegt das *Grabmal* des Ludovico il Moro aus der Familie der Sforza und der Beatrice d'Este mit zwei lebensgroßen Skulpturen. In der *Alten Sakristei* wertvolle Wandschränke und ein Triptychon aus Elfenbein, im *Presbyterium* ein Großaltar aus Marmor, prächtiges Chorgestühl und barocke Wandfresken. Am rechten Ende des Querschiffs das Grabmal Gian Galeazzo Viscontis und seiner Frau. Jetzt gelangt man in den malerischen *Kleinen Kreuzgang*. An der dem Garten zugewandten Seite dienen viele Hunderte von Terrakottaköpfen als Verzierungen. Äußerst dekorativ ist der Brunnen mit etwa 1 m hohen Figuren in der Nähe des Eingangs zum Refektorium, hier auch eindrucksvoller Blick zurück auf die arkadengesäumte Kirche mit ihrem Turm. Das *Refektorium* ist in zwei Hälften geteilt – vorne speisen die Mönche, hinten die Anwärter. An der Wand hängt ein Abendmahlgemälde. Der *Große Kreuzgang* ist von eindrucksvoller Weite und umgeben von den Zellen der Mönche. Jeder hat ein kleines Gebäude mit zwei Zimmern und einem separaten Hof für sich, die Schornsteine, die sich gleichförmig in den Himmel recken, ergeben ein ausgesprochen ästhetisches Bild. Nach Besichtigung einer Zelle mit Garten endet die Führung im klostereigenen *Verkaufsladen*, wo man u. a. selbst gebrannte Schnäpse, Rum, Liköre, Schokolade und Badezusätze erwerben kann.

Den gehaltvollen Likör, den früher die Mönche produzierten, stellt heute ein Privatunternehmen her. Kosten kann man den 40%igen „Amaro del Povero" in der urigen Bar vor der Certosa. Sein Markenzeichen „Gra-Car" ist die Abkürzung des lateinischen Gratiarum Carthusie (= Certosa delle Grazie).

• *Öffnungszeiten* Mai bis August Di–So 9–11.30, 14.30–18 Uhr (April u. Sept. bis 17.30 Uhr, März u. Okt. bis 17 Uhr, sonstige Monate bis 16.30 Uhr), Mo geschl.; Spende für Führungen erwünscht. ✆ 0382/925613.

• *Anfahrt/Verbindungen* **Pkw**, SS 35 und noch 1 km eine schöne Allee entlang. Großer Parkplatz vor der Certosa, der auch für Wohnmobile als Übernachtungsplatz genutzt werden kann. Pkw ca. 3 €, Wohnmobil ca. 5 €.

Bahn/Bus, die Certosa hat eine Bahnstation an der Strecke von Mailand (Bahnhof an der Rückseite des Komplexes, man muss links herum um die Mauer bis zum Haupteingang gehen, ca. 15 Min.). Busse fahren etwa stündl. ab Busstation beim Bahnhof von Pavia – aussteigen am Anfang der langen Allee und noch 15 Min. zu Fuß.

• *Übernachten* *** **Italia**, in Fußentfernung zur Certosa. Neues, gepflegtes Hotel in einem Gutshof aus dem 18. Jh., sehr ruhig, alle Zimmer zum geschlossenen Innenhof, dort stellt man auch sein Auto ab. Zimmer mit TV, großen Badezimmern und Heizung. Gutes Restaurant/Pizzeria, von Vater und Sohn freundlich geführt. DZ mit Frühstück ca. 65–70 €. Viale Partigiani 48, ✆/℻ 0382/925656, www.italiacertosa.pavia.it.

Cremona

ca. 75.000 Einwohner

Geschäftige Stadt direkt am Po, eingebettet in weite, grüne Uferauen. Hier hängt der Himmel voller Geigen – Cremona ist seit dem 16. Jh. die wichtigste Violinenbauerstadt Italiens, Stradivari ihr berühmtester Sohn. Ein einschlägiges Museum zeigt wertvolle Modelle und historische Arbeitswerkzeuge, es gibt eine internationale Geigenbauerschule und über neunzig Werkstätten.

Aber auch für Nichtmusiker hat Cremona Interessantes zu bieten – der grandiose Dom ist einer der beeindruckendsten am Stiefel, sein Glockenturm gilt als höchster im Land und ist weithin sichtbar. Die Piazza davor fungiert abends als wunderschönes „Wohnzimmer", auf der man „Italien pur" erleben kann – noch dazu fast ohne Touristen.

Anfahrt/Verbindungen/Information

• *Anfahrt/Verbindungen* **Pkw**, Cremona liegt an der A 21 von Brescia nach Piacenza. Etwas suchen muss man schon, bis man einen Parkplatz findet, wenig ausgeschilderte Möglichkeiten.

Bahn, Bahnhof im Norden der Stadt, immer geradeaus die Via Palestro entlang geht es ins Zentrum, ca. 15 Min. (auch Busverbindung).

• *Information* **IAT**, unter den Arkaden des Palazzo del Comune am Domplatz. Reichhaltiges Material, u. a. Stadtplan mit deutschsprachigen Hinweisen und eingezeichneten Hotels. Mo–Sa 9.30–13, 14–17 Uhr, Juli/August So nur 9.30–13 Uhr. Piazza del Comune 5, ✆ 0372/23233, ℻ 534080, http://turismo.provincia.cremona.it.

Antonio Stradivari: Genie der Geigenbauer

1644 in Cremona geboren und 1737 gestorben, wurde er schon zu Lebzeiten berühmt und wohlhabend. Seine Geigen gingen an europäische Fürstenhöfe, an die Medici, an Kardinäle und Päpste. Über 600 „Stradivaris" sind noch erhalten, wie viele er gebaut hat, ist unbekannt. Noch heute konstruiert man in Cremona die Geigen weitgehend nach seiner Vorgabe: Für den Boden verwendet man geflammten Ahorn, der mehrere Jahre luftgetrocknet sein muss. Die Decke besteht aus Holz von Dolomiten-Fichten, die besonders langsam und gleichmäßig wachsen. Geigenhals und Steg sind ebenfalls aus Ahorn, das Griffbrett und die Wirbel aus Ebenholz. Die Böden werden schön geflammt, der Korpus goldgelb grundiert und mit leuchtend rotem Lack überzogen. Vor allem in der Zusammensetzung des Lacks lag wohl das Geheimnis des berühmten Stradivari-Klangs – doch leider hat er dieses Geheimnis mit ins Grab genommen und alle Stradivaris sind schon längst neu lackiert worden.

Lombardei und die Seen
Karte S. 282/283

Übernachten/Essen & Trinken (siehe Karte S. 370/371)

• *Übernachten* **** **Impero (5)**, zentrale Lage an einer für den motorisierten Verkehr gesperrten Piazza hinter dem Rathaus, äußerlich ein strenger und schnörkelloser Bau, innen komfortabel und elegant. Zimmer mit Klimaanlage, Sat-TV und Stilmöbeln, prächtiger Blick auf die Piazza und z. T. auf die nahe Kathedrale. DZ mit Frühstück ca. 120–160 €. Piazza della Pace 21, ✆ 0372/413013, 📠 457295, www.hotelimpero.cr.it.

*** **Duomo (6)**, als Albergo und Ristorante gleichermaßen gefragt, wenige Schritte von der Piazza del Comune. Unten und in den Gängen spiegelnder Granit, Zimmer modern und sachlich, jeweils Klimaanlage, Kühlschrank und Sat-TV. DZ mit Frühstück ca. 70 €. Via Gonfalonieri 13, ✆ 0372/35242, 📠 458392, www.hotelduomocremona.com.

*** **Astoria (4)**, in einem schmalen Seitengässchen in zentraler Lage. Angenehmes, älteres Albergo, gut in Schuss und relativ ruhig, freundlich geführt. In den Zimmern TV und Ventilator. DZ mit Frühstück ca. 70 €. Vicolo Bordigallo 19, ✆ 0372/461616, 📠 461810, www.dinet.it/astoria.

Camping Parco del Po, schöner und preiswerter Platz in den Uferwiesen des Po (gut ausgeschildert), für Zelte separater Platzteil. Sanitäranlagen könnten etwas besser sein. ✆ 0372/21268, 📠 27137, www.campingcremonapo2.it.

• *Essen & Trinken* Man kann gut essen in Cremona, nur leider selten im Freien. *Gnocchi alla cremonese* (Klößchen mit Sesam- und Mohnkörnern) gehören zu den Spezialitäten – und *mostarda di Cremona*, in süßem Senfsirup eingelegte Früchte, serviert zu gekochtem Rindfleisch.

La Sosta (9), nur wenige Schritte vom Domplatz, geschmackvoll eingerichtetes Lokal mit Cremoneser Spezialitäten und leckeren, selbst gemachten Nudeln, z. B. die Gnocchi nach Cremoneser Art oder *ravioli* *di patate* mit Pestosoße, dazu exzellenter roter Hauswein. Etwas teurer, aber das ist es wert. So-Abend und Mo geschl. Via Sicardo 9, ✆ 0372/456656.

Duomo (6), (→ Übernachten), eins der wenigen Lokale, wo man im Zentrum im Freien essen kann, Tische auf der Gasse mit Blick auf den Dom, gute Küche und ebensolcher Service. Via Gonfalonieri 13, ✆ 0372/35242.

Hosteria 700 (1), wunderschöne Räume mit Wand- und Deckenfresken, Gerichte nach Cremoneser Tradition, jeder zweite Donnerstag im Monat ist Risotto-Tag, angemessene Preise. Mo-Abend und Di geschl. Piazza Gallina 1, ✆ 0372/36175.

TIPP! Cerri (2), preisgünstige, trotzdem gute Trattoria an einer ruhigen Piazza, von Einheimischen empfohlen. Di und Mi geschl. Piazza Giovanni XXIII 3, ✆ 0372/22796.

Nachtleben/Shopping

• *Nachtleben* Auf der zentralen **Piazza Pace** liegen mehrere beliebte Cafés und Kneipen.

Lex (7), hinter dem Baptisterium beim Dom (→ Sehenswertes), hier kann man hinter Gittern sitzen, während Justitia hinter dem Tresen mit verbundenen Augen über das Gesetz (lex) wacht. Doch im Sommer spielt sich alles vor der Tür ab.

Antica Osteria del Fico (3), schöne alte Weinkneipe, beliebt bei der Jugend, überdachter Hof mit Feigenbaum. Via Guido Grandi 12.

• *Shopping* großer **Lebensmittel- und Kleidermarkt** jeden Mi und Sa um die Piazza Marconi.

TIPP! Una finestra sul Duomo (8), in optimaler Lage am Domplatz (gegenüber vom Baptisterium) hat das deutschstämmige Ehepaar Gaspar Christian Borchardt und Sibylle Fehr-Borchardt seine Geigenwerkstatt. Sachkundige Beratung in Deutsch ist garantiert. 9–12, 15–19 Uhr. Piazza Sant'Antonio Maria Zaccaria 11, ✆/✆ 0372/31969, borchardtcremona@tin.it.

Sehenswertes

Das historische Zentrum mit seinen engen Pflastergässchen ist klein und kompakt – ganz im Gegensatz zum monumentalen Dom. Die Piazza vor dem Dom präsentiert sich als wunderschönes Stück Mittelalter: der gotische *Palazzo del Comune*, unter dessen Arkaden die Korbstühle eines beliebten Cafés stehen, das schlichte *Baptisterium* und der alles überstrahlende Dom, der abends in warmes Licht getaucht ist. Kinder spielen auf der Piazza, man plauscht und nippt an seinem Campari ...

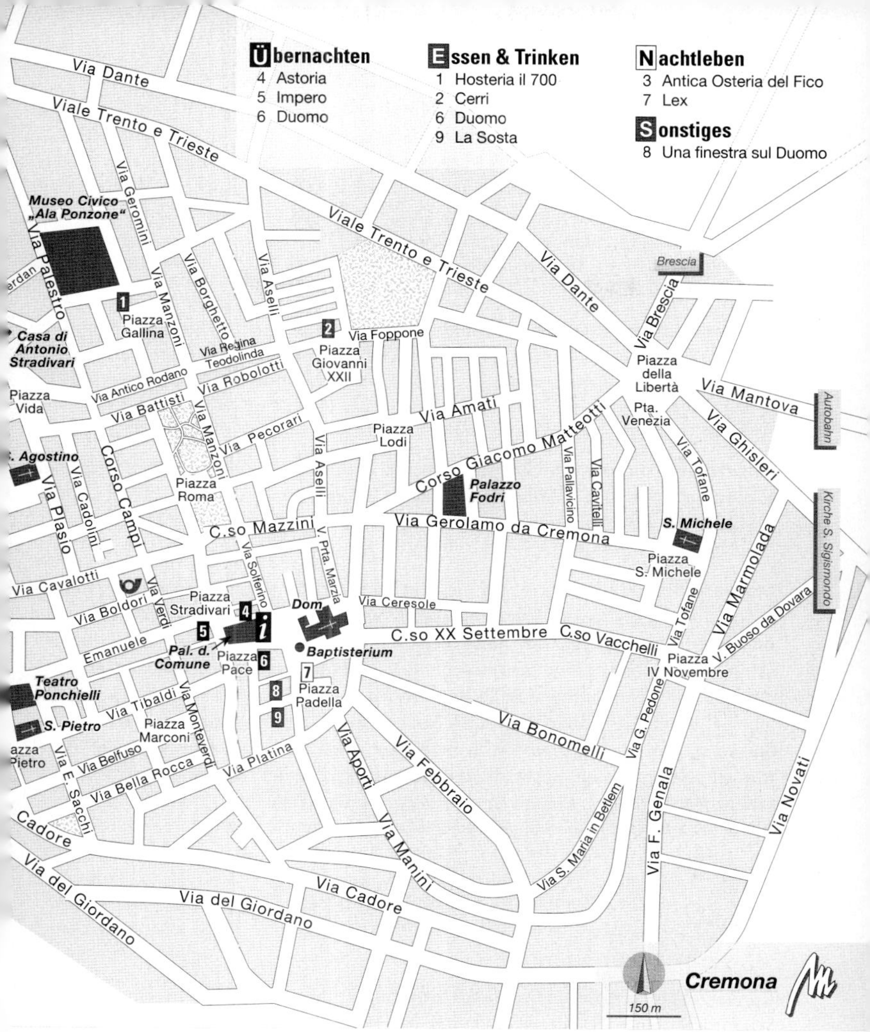

Die prachtvolle Domfassade mit dem riesigen Backstein-Campanile bietet einen erhabenen Anblick – der Turm, „Torrazzo“ genannt, wirkt fast wie ein islamisches Minarett. Stolze 111 m (!) ist er hoch, 500 Stufen führen zum Rondell unter der Spitze hinauf, die astronomische Uhr an der Front stammt aus der Renaissance. Aufstieg ist möglich, im ersten Stock ist eine historische *Geigenwerkstatt* eingerichtet.

Die Fassade zeigt sich als glückliche Synthese aus Romanik und Renaissance – vom Boden bis zur großen Fensterrose ist sie romanisch, der skulpturengeschmückte Giebel wurde dagegen erst im 16. Jh. aufgesetzt, die drei Rundtürme wirken wie das Tüpfelchen auf dem i. Unten verläuft ein schattiger Säulengang, das Portal wird von zwei Löwen flankiert, darüber aufwendiger Überbau mit schöner Figurengruppe und einem Reliefband, das ländliche Arbeiten im Ring der Jahreszeiten darstellt. Das Innere ist düster und feierlich. Riesenhafte goldgerahmte Fresken schmücken das Mittelschiff, über dem Haupteingang eine gewaltige Kreuzigungsszene in den Kostümen des 15./16. Jh., darunter Grablegung und Auferstehung. Zwei prächtige Renaissancekanzeln mit filigranen Reliefs stehen vor dem Altarraum, zahlreiche Seitenaltäre.

Öffnungszeiten/Eintritt **Dom**, Mo–Sa 8–12, 15.30–19 Uhr, So 7.30–12.30,15.30–19 Uhr. **Torrazzo**, 10–12.30, 14.30–17.40 Uhr, Eintritt ca. 5 €.

Baptisterium und Römische Mosaiken: Im Inneren des achteckigen Baptisteriums vor dem Dom ist eine Sammlung romanischer Plastiken zu betrachten, an der benachbarten Piazza Sant'Antonio M. Zaccaria werden römische Mosaiken verwahrt.

Öffnungszeiten/Eintritt 10–12.30, 14.30–17.40 Uhr, Eintritt für Baptisterium und römische Mosaiken zusammen ca. 3 €. ✆ 0372/27386.

Palazzo del Comune: Im Obergeschoss des Rathauses ist die *Civica Collezione di Violini* zu besichtigen. Fünf einzigartige Violinen hängen dort in Schaukästen, darunter die „Cremonese ex Joachim", eine echte *Stradivari* von 1715.

Öffnungszeiten/Eintritt Di–Sa 9–18, So 10–18 Uhr, Mo geschl., Eintritt ca. 6 €.

Museo Civico „Ala Ponzone": An der Via Ugolani Dati steht der mächtige *Palazzo Affaitati* mit großartigem Treppenhaus, erbaut im 16. Jh. für eine Bankiersfamilie. Im ersten Stock ist hier im modernen Rahmen eine sehr beachtliche Gemäldesammlung untergebracht, hauptsächlich von Renaissancekünstlern. Die größten der vielen farbenprächtigen Bildwerke erreichen eine Dimension von 9 x 5 m, dazu gibt es hübsche Holzbilder (bottege). Nach der Pinakothek erreicht man das *Museo Stradivariano* mit zahlreichen Schaukästen voller historischer Violinen, dazu Modelle, Zeichnungen, Entwürfe und Handwerkszeug der Geigenbaumeister. Doch welche Enttäuschung – kaum eine Stradivari ist zu sehen.

Öffnungszeiten/Eintritt Di–Sa 9–18, So 10–18 Uhr, Mo geschl., ca. 7 €.

Ein Sammelticket für alle städtischen Museen incl. Civica Collezione di Violini und Museo Civico „Ala Ponzone" kostet 11 €.

Consorzio Liutai Antonio Stradivari Cremona: An der Piazza Stradivari mit seinem schönen Stradivari-Denkmal hat unter der Nr. 1 das Konsortium der Cremoneser Geigen- und Bogenbauer seinen Sitz. Im Rahmen einer ständigen Ausstellung kann man hier die Geigen der zum Konsortium gehörenden Geigenbauer bewundern, spielen und auch kaufen (✆ 0372/463503, ℻ 464490, www.cremonaliuteria.it).

Museo della Civiltà Contadina: urige, bunt zusammengewürfelte Sammlung bäuerlicher Kultur in der Cascina „Il Cambonino Vecchio", einem ehemaligen landwirtschaftlichen Gut an der Staatsstraße nach Mailand, Via Castelleone 51 (Bus 3 ab Bhf.).

Öffnungszeiten/Eintritt Di–So 9–13 Uhr, Mo geschl.; Eintritt frei.

Piemont und Aostatal

Piemonte e Valle d'Aosta

Schöne Orte: Turin (S. 378), Asti (S. 396), Alba (S. 399), Aosta (S. 408), Cuneo (S. 404), Saluzzo (S. 403).

Landschaftliche Höhepunkte: Monferrato und Langhe (S. 396); das gesamte Aostatal mit Nebentälern – speziell der Gran Paradiso Nationalpark und die spektakuläre Seilbahnroute am Mont-Blanc-Massiv (S. 413).

Kulturell interessant: Turin (S. 378), Asti (S. 390), Alba (S. 399), Aosta (S. 408), die Burgen im Aostatal (S. 407), Sacra di San Michele (S. 394), Saluzzo (S. 403) und der Sacro Monte von Varallo (S. 407).

Baden: im kleinen Lago di Viverone (S. 406) nahe der Autobahn von Turin nach Aosta; die Seen Lago Maggiore und Lago d'Orta finden Sie im Kapitel „Lombardei und die Seen" (s. S. 279).

Kurios: das „Grabtuch von Turin" und die Mole Antonelliana (beides in Turin, S. 388 und 390).

Eher abzuraten: die Außenbezirke von Turin und die etwas eintönige Poebene im östlichen Piemont.

Weinberge soweit das Auge reicht, gekrönt von beschaulichen Dörfern

Piemont und Aostatal

Piemonte e Valle d'Aosta

Die weitgehend flache bis hügelige Landschaft um Turin und die nördlich anschließende Alpenregion Valle d'Aosta bilden den nordwestlichsten Teil Italiens. Architektur, Küche und Sprache sind deutlich von den Nachbarn Frankreich und Schweiz beeinflusst. Das Valle d'Aosta ist offiziell zweisprachig (italienisch und französisch), während im nordöstlichen Seitental Val di Gressoney sogar eine kleine deutschsprachige Minderheit lebt.

Das Piemont liegt am Fuß der Alpen und wird durch die westlichen Ausläufer der Poebene und das Hügelland der Umgebung geprägt. *Turin*, die ehemalige Hauptstadt des piemontesischen „Königreichs Sardinien", hat ihren monumentalen Charakter bis heute bewahrt. Großartige alte Cafés mit dem Charme vergangener Jahrhunderte, zahlreiche prachtvolle Palazzi und ganze 18 km elegante Arkadengänge spiegeln den Glanz der alten Savoyer-Residenz wider. Südlich von Turin bilden die sympathischen Städte *Asti* und *Alba* das Zentrum der großen stimmungsvollen Weinbaulandschaften *Monferrato* und *Langhe*. Einige der größten Weine Italiens stammen aus dieser anmutigen, oft dunstverhangenen Hügelregion mit ihren zahlreichen mittelalterlichen Dörfern und Burgen, darunter die weltbekannten Tropfen Barolo, Barbera und Barbaresco. Alba ist außerdem den Liebhabern des kostbaren Trüffelpilzes „tartufo" ein Begriff – zur Erntezeit im Oktober und November ist die Stadt restlos ausgebucht. Überhaupt kann man in den ausgezeichneten Landrestaurants von Monferrato und Langhe die reichhaltige Speisentradition des Piemont bestens erleben, die zweifellos zu den besten Regionalküchen des Landes gehört – die Organisation „Slowfood" hat ihren Ursprung im Piemont, und das nicht ohne Grund. Das „typische" Italien ist Piemont allerdings nicht unbedingt, die Architektur wirkt oft etwas streng und nüchtern, die Menschen sind zurückhaltender und ruhiger als man es aus anderen Regionen Italiens gewohnt ist und auch der Tourismus spielt nur in einzelnen Gebieten eine Rolle.

Nur ein bis zwei Stunden braucht man mit dem Auto von Turin ins nördlich sich anschließende Valle d'Aosta – ein breites Alpental mit zahlreichen Seitentälern am Fuß des mächtigen Mont-Blanc-Massivs, des Monte Rosa und des Großen San Bernardo. Im Winter ist das Aostatal ein bevorzugtes Skigebiet, aber auch in der warmen Jahreszeit dank der wunderbaren Wandermöglichkeiten in herrlich grüner Berglandschaft viel besucht. Der große *Gran Paradiso Nationalpark* ist eines der schönsten Gebiete, einen weiteren Höhepunkt bildet die Seilbahnfahrt von *La Palud* hinauf auf den Mont Blanc bis auf fast 4000 m Höhe. Während der Hauptort *Aosta* ein hübsches Städtchen mit beachtlicher historischer Vergangenheit ist, sind *Courmayeur* und *Breuil-Cervinia* weitgehend vom – überwiegend recht noblen – Skitourismus geprägt. Malerisch thronen zahlreiche Burgen über dem Aostatal, die im Mittelalter fast alle vom örtlichen Adelsgeschlecht der Challant errichtet wurden, um das strategisch wichtige Transitgebiet zu schützen.

Wanderfreunde finden im Piemont übrigens eine ganz besondere Herausforderung: Auf der *Grande Traversata delle Alpi*, besser bekannt als Fernwanderweg *G.T.A.*, kann man in 68 Tagesetappen den gesamten italienischen Abschnitt des Westalpenbogens durchqueren. Startpunkt ist der Griespass (Nufenenpass) am nördlichsten Zipfel des Piemont, das Ziel heißt Ventimiglia an der ligurischen Riviera, schon an der Grenze zu Frankreich.

Anfahrt/Verbindungen

• *Pkw* Von Norden kommend erreicht man das **Piemont** am besten aus der Schweiz über die berühmte **St.-Gotthard-Autobahn** (N 2 bzw. E 35) oder die **San-Bernardino-Autobahn** (A 13 über Chur) und am Luganer See und Como vorbei nach Mailand. Von Mailand nach Turin verläuft die A 4. Alternativ bietet sich die viel befahrene Strecke am Westufer des Lago Maggiore an, ab Verbania dann auf der A 26 ins südlichere Piemont. Sehr reizvoll ist die Strecke von der französischen Schweiz über den **Großen St. Bernhard** mit 6 km langem Tunnel nach Aosta.

Das **Aostatal** ist von Turin bequem auf der A 5 zu erreichen. Von Frankreich führt ein 12 km langer Tunnel durch den Mont Blanc.

• *Bahn* Von der Schweiz am besten auf der **Gotthard-Linie**, eine der wichtigsten Alpenstrecken mit dem St.-Gotthard-Tunnel (Basel-Luzern-Bellinzona-Lugano-Como-Mailand). Von Mailand etwa stündlich Verbindungen nach Turin. Reizvolle Variante: in Bellinzona nach Locarno umsteigen und von dort die private **Centovalli-Bahn** auf atemberaubender Strecke nach **Domodossola** im Piemont nehmen (www.centovalli.ch). In Domodossola Anschluss an das Bahnnetz der FS.

Oder aus der Westschweiz über Thun-Spiez-Frutigen direkt nach Turin: durch den **Lötschbergtunnel**, weiter ins Wallis über Brig und durch den **Simplontunnel**, über Domodossola und Arona rüber nach Turin.

Übernachten

In **Turin** findet man selbstverständlich zahllose Pensionen und Hotels aller Preisklassen sowie eine Jugendherberge und einen Zeltplatz. **Monferrato** und **Langhe** besitzen eine große Anzahl feiner Landhotels, die oft in Kastellen und historischen Villen untergebracht sind. Man isst und trinkt hier sehr gut, der Weintourismus hat eine lange Tradition.

Im **Aostatal** existiert eine ausgeprägte touristische Infrastruktur mit Sommer- und Wintertourismus. Manche Hotels und Pensionen arbeiten nur auf Basis von Halb- oder Vollpension, viele Pauschalurlauber kommen hier unter. In allen Tälern liegen **Campingplätze**, die meisten im Haupttal zwischen Aosta und Courmayeur. Einige sind ganzjährig geöffnet, in der Regel aber nur von Juni bis September.

Essen & Trinken

Die Küche des Piemont und des Aostatals ist entsprechend der Landesnatur alpenländisch herzhaft, wurde aber durch französische Einflüsse und die lange aristokratische Tradition der Turiner Savoyen-Herrscher immer wieder verfeinert. Besonders die piemontesische Kochkunst zählt heute zu den großen kulinarischen Highlights Italiens.

Getreide wird in großen Mengen angebaut – die **grissini** genannten langen und schmalen Brotstangen werden zu jeder Mahlzeit gereicht (besonders gut sind sie handgezogen) und sind heute in ganz Italien verbreitet. Im Osten des Piemont liegen aber auch die größten Reisfelder Italiens, **risotto** und andere Reisgerichte gehören zu den Standardangeboten vieler Restaurants. Zu den bevorzugten Pasta-Varianten zählen die mit Fleisch gefüllten Nudeltäschchen **agnolotti** und die Bandnudeln namens **tajarin**, die piemontesische Variante der Tagliatelle.

Von den piemontesischen Fleischgerichten sicherlich am gewöhnungsbedürftigsten ist **finanziera**, ein Ragout aus verschiedenen Fleischstücken, hauptsächlich Innereien. Genannt wird das Gericht so, weil es angeblich früher die Finanzbeamten besonders gerne aßen. Ein echter piemontesischer Leckerbissen ist **brasato al Barolo**, Schmorbraten in Barolo-Wein. **Bollito misto** ist in ganz Oberitalien verbreitet und besteht aus verschiedenen gekochten Fleischsorten wie Rind, Huhn und Kalb, die zusammen mit Gemüse geschmort und zubereitet werden; **carne cruda** ist tatsächlich roh, eine Art Tartar vom Kalb, angemacht mit Olivenöl, Knoblauch, Zitrone und Pfeffer. Oft wird Wild serviert, z. B. **petto d'anatra all'aceto balsamico**, Entenbrust in Balsamessig. **Bagna caôda** schließlich ist ein Allerlei aus rohen und gekochten Gemüsen, getunkt in eine schwere Sardellen-Knoblauch-Buttersoße, sie wird vor allem in der kalten Jahreszeit zubereitet.

Die teuerste Spezialität des Piemont sind die begehrten **tartufi** (Trüffel). Diese Pilze wachsen unterirdisch im Wurzelgeflecht von

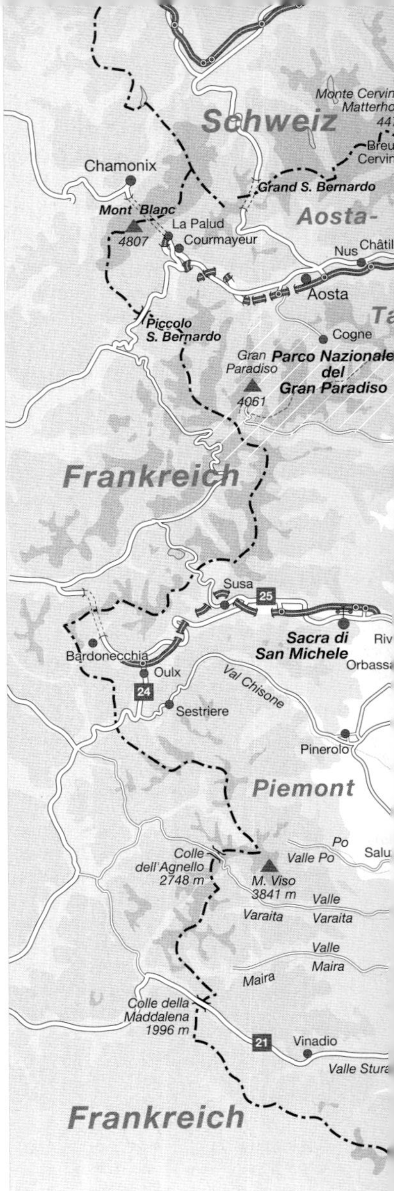

Bäumen. Speziell abgerichtete Hunde können diese Stellen aufspüren. Es gibt schwarze und weiße Trüffel, letztere sind besonders begehrt und stammen meist aus dem Gebiet der Langhe südlich der Stadt Alba. Alba hat den Status einer Trüffelhauptstadt, zur Erntezeit im Herbst kommen Kenner von weither. Trüffel werden meist geschnitten oder gerieben als Geschmacksanreger für viele Gerichte verwendet. Die Preise sind in der Regel leider astronomisch.

Ansonsten spielt im Piemont Käse, besonders Schmelzkäse, eine Hauptrolle – **fontina** oder **fondue alla valdostana** steht oft auf der Speisekarte, gelegentlich mit Trüffel angereichert. Ebenso häufig sind Gerichte mit **funghi porcini** (Steinpilze) und die mit Kartoffelpüree gefüllten und mit Käse überbackenen **gnocchi (alla fontina)**. **Polenta** gibt es ebenfalls überall, zum Mitnehmen werden oft gefüllte **crespelle** (Crêpes) angeboten.

Das Piemont ist eine der führenden Weinbauregionen Italiens. Die besten Weine stammen aus den Anbaugebieten südlich von Turin um Asti und Alba – man hat die Wahl zwischen den begehrten, schweren Rotweinen **Barolo** und **Barbaresco**, dem etwas leichteren **Barbera**, dem fruchtig-frischen **Dolcetto** und dem trockenen **Nebbiolo**. Dazu kommt der bekannte Schaumwein **Asti Spumante** und der edle, süßere **Moscato d'Asti**.

Turin ist neben Mailand auch Zentrum der italienischen Aperitif-Produktion, u. a. haben der berühmte Wermutwein **Cinzano** und der nicht minder bekannte **Martini** hier ihren Ursprung.

Hier schlägt das Herz der Stadt: Piazza Castello

Turin

Torino • ca. 910.000 Einwohner

Eine elegante Stadt und große Industriemetropole Italiens, herrliche Lage in den Ausläufern der Poebene, fast unmittelbar am Fuß der Alpen. Das Zentrum präsentiert sich im prächtigen Barock der Savoyer, die die Stadt ab dem 17. Jh. großzügig ausbauen ließen. Dem Glanz dieser Zeit begegnet man in der Innenstadt auch heute noch an jeder Straßenecke.

Turin war im 16. Jh. Hauptstadt des Herzogtums Savoyen, seit Anfang des 18. Jh. Hauptstadt des „Königreichs Sardinien" (Piemont-Sardinien unter savoyischer Herrschaft) und von 1861–65 die erste Hauptstadt Italiens. Diese Vergangenheit lässt sich bis heute nicht verleugnen – das ausgesprochen elegante Zentrum ist französisch angehaucht und noch weitgehend barock geprägt. Winklige Altstadtgassen finden sich nur vereinzelt, stattdessen bestimmen kilometerlange, schnurgerade und rechtwinklig zueinander verlaufende Straßenzüge mit breiten Laubengängen und pompösen Palazzi das Bild. Zusätzlich verschönert und auf Hochglanz poliert wurde die Stadt für die XX. Olympischen Winterspiele 2006 und noch einmal für *Italia 150,* die Feierlichkeiten zum 150-jährigen Bestehen des italienischen Staates, die man hier von März bis November 2011 mit zahlreichen Veranstaltungen gebührend begeht.

Wer mit dem Zug an der *Stazione Porta Nuova* ankommt, steht schon fast im Herzen der Stadt – hier beginnt die lange Via Roma, die Prachtstraße Turins mit ihren eleganten Geschäften und Straßencafés. Sie führt schnurgerade zur zentralen Piazza Castello mit dem Königsschloss und der nahen Kathedrale, in der das legendäre Grabtuch von Turin verwahrt liegt. Ansonsten lohnen vor allem die Museen, die kuriose Mole Antonelliana (der „Eiffelturm Turins") mit unbedingt sehenswertem Kinomuseum und der erfrischende Parco Valentino am Poufer einen Besuch.

Nicht ganz so schick präsentiert sich Turin in der südlichen Vorstadt *Mirafiori,* hier reihen sich die Hochhausblocks aneinander, ganz dem schlechten, alten Industrie-Image entsprechend. Den besten Blick auf die Stadt und bei gutem Wetter bis hinüber zum gesamten Westalpenbogen hat man übrigens von der Aussichtsplattform der Mole Antonelliana: ein Panorama, das man sich auf keinen Fall entgehen lassen sollte.

Freie Fahrt mit allen öffentlichen Verkehrsmitteln im erweiterten Stadtgebiet hat man mit der **Torino + Piemonte Card**. Dazu kommt noch eine Reihe anderer Leistungen: freier Eintritt zu allen Museen in Turin und Umgebung, kostenlose Nutzung des Panoramalifts in der Mole Antonelliana, eine Bootstour auf dem Po, die Fahrt mit der Zahnradbahn zur Basilica Superga sowie der Shuttle-Bus zum Castello di Rivoli und zur Veneria Reale (→ S. 394). Auf eine Stadtrundfahrt mit dem *City Sightseeing Torino-Bus* gibt es 10 % Ermäßigung, 20 % Ermäßigung auf Stadtführungen, Theater- und Konzertkarten. Preis: 20 € für zwei Tage Gültigkeit, 25 € für drei Tage, 31 € für fünf Tage, 35 € für eine Woche. Kinder unter 12 J. sind kostenlos dabei, die Junior Card (12–18 J.) kostet 10 € für zwei Tage. Erhältlich bei den Info-Büros von *Turismo Torino e Provincia.*

Anfahrt/Verbindungen/Information

• *Anfahrt/Verbindungen* **Pkw**, große Tiefgarage unter der lang gestreckte **Piazza Vittorio Veneto** am Po, *Vittorio Park* (1 €/Std., 15 €/Tag).

Bahn, der Bahnhof **Stazione Porta Nuova** liegt zentrumsnah (zur Piazza Castello geht man die Via Roma geradeaus). Gepäckaufbewahrung 6–22 Uhr (bei Gleis 1), pro Gepäckstück 4 € (6 Std., danach 0,60 € pro Stunde); Information der städtischen Verkehrsbetriebe GTT; Tourist-Info tägl. 9.30–19 Uhr.

Ebenfalls in Zentrumsnähe liegt die **Stazione Porta Susa**, jüngst zum unterirdischen Durchgangsbahnhof umgebaut, hier halten auch die Züge in nördliche und nordöstliche Richtung. Beide Bahnhöfe sind durch Tram und Metro miteinander verbunden.

Der südliche Bahnhof der Stadt heißt **Lingotto**, hier halten Regional- und Interregional und IC-Züge Richtung Asti, Savona und Mailand.

Die meisten **überregionalen Busse** starten an der Station am Corso Vittorio Emanuele II 131/h, Ecke Corso Francesco Ferrucci (✆ 011/4338100, www.autostazionetorino.it).

Der **Flughafen Caselle** liegt 16 km nordwestlich vom Zentrum, ✆ 011/5676361. Shuttlebusse pendeln halbstündlich ab Stazione Porta Susa und Stazione Porta

Nuova (Fahrtdauer ca. 40 Min., 5,50 € einfach). Tickets am Automaten bzw. in den Zeitschriftenläden am jeweiligen Bahnhof.

• *Information* **Turismo Torino**, bestens organisiertes Informationsbüro der Stadt, Hauptsitz an der Piazza Castello (Ecke Via Garibaldi). Info-Pavillons auch im Bahnhof Porta Nuova (bei Gleis 20) und am Flughafen Caselle. Geöffnet tägl. 9.30–19 Uhr, am Flughafen tägl. 8–23 Uhr. ✆ 011/535181, www.turismotorino.org.

Unterwegs in der Stadt

Gutes System von **Bussen** und **Trams**, im Bahnhofsbüro ist ein umfangreicher Linienplan erhältlich. Tickets im Informationsbüro der GTT im Bahnhof Porta Nuova (Mo–Sa 7.15–19, So 10–14.30 Uhr) und in Tabacchi-Läden. Das einfache Ticket kostet 0,90 € und ist 90 Min. gültig, Tagesticket 3 €, 15er-Streifenkarte 12,50 €. Weitere Auskünfte unter ✆ 800-019152 (kostenlos) und ✆ 011/57641, www.gtt.to.it.

Die **Metro Linea 1** von Collegno (Endhaltestelle Fermi) im Westen Turins zur Stazione Porta Nuova ist bereits in Betrieb, ein weiteres Teilstück nach Lingotto soll demnächst folgen. Verbindungen ca. alle 5 Minuten (Mo–Fr 5.30–23.30 Uhr, Sa bis 1.10 Uhr, So 8–22 Uhr), einfaches Ticket 1 €.

Auf dem Po verkehren die Boote der **Navigazione sul Po**. Die Rundfahrten auf dem ruhigen, von üppigem Grün umrahmten Strom bieten eine angenehme Abwechslung. Die Tour führt von den Murazzi (Ponte Vittorio Emanuele I) zum Borgo Medioevale im Parco Valentino (Fahrtdauer 1 Std.) und retour, Preis je nach Wochentag 2–3 €, Kinder unter 1 m Größe frei. Im Sommer Di–So 10–12 und 14.30–17.30 Uhr stündlich ab Murazzi, im Winter eingeschränkt. ✆ 011/576473350.

Taxi unter ✆ 011/5730, 011/5737, 011/3399.

Mit dem roten Doppeldeckerbus **CitySightseeing Torino** ganzjährig Stadtrundfahrten, Abfahrt zu jeder vollen Stunde an der Piazza Castello (Ecke Via Po), im Winter eingeschränkt. Dauer ca. 1 Std., Erläuterungen auch auf Deutsch (über Einweg-Kopfhörer). Erw. 15 €, Kinder 5–15 J. 7,50 €, unter 5 Jahren frei. Tickets im Bus.

Übernachten

Große Auswahl, aber das Preisniveau ist hoch. Zahlreiche Hotels um den Hauptbahnhof, die preiswerten vor allem im Viertel östlich vom Bahnhof.

**** **Victoria (30)**, kleines Hotel im Herzen Turins. Trotz zentraler Lage bleibt die große Stadt weit draußen – der Salon im EG wie ein gemütliches Wohnzimmer im Country-Stil, ebenso gemütlich die Zimmer (einige im alten Teil des Hotels), unterschieden wird zwischen den etwas einfacheren Standard- und den komfortablen De-luxe-Zimmern, alle individuell eingerichtet und mit Bad, TV und z. T. Balkon. Sehr freundlicher und hilfsbereiter Service. EZ 155–190 €, DZ 245–280 €, Frühstück inkl. Via Nino Costa 4, ✆ 011/5611909, ℻ 5611806, www.hotelvictoria-torino.com.

TIPP! **** **Boston (43)**, besonders stilvoll. Im „Art Hotel" Boston vereinen sich gelungenes Design und zeitgenössische Kunst. Großzügige Räumlichkeiten mit Bar im EG, in den Zimmern Parkettboden, Ledersessel und immer wieder auch das eine oder andere Kunstobjekt, luxuriöse Bäder. Ruhige Lage am Rand des Nobelviertels La Crocetta, nicht ganz zentral. EZ ab 115 €, DZ ab 150 € (am Wochenende EZ ab 80 €, DZ ab 110 €), reichhaltiges Frühstück inkl. Via Massena 70, ✆ 011/500359, ℻ 599358, www.hotelbostontorino.it.

*** **Genio (38)**, gleich rechts vom Bahnhof Porta Nuova (wenn man rauskommt). Gepflegte Herberge in einem historischen Palazzo, schön restauriert, elegant und komfortabel, Zimmer mit Klimaanlage, TV und Minibar. Garage in der Nähe wird gegen Gebühr vermittelt. EZ 120 €, DZ 140–160 €, Frühstück inkl. Am Wochenende Sonderangebote. Corso Vittorio Emanuele II 47, ✆ 011/6505771, ℻ 6508264, www.hotelgenio.it.

*** **Dogana Vecchia (7)**, zentrale Lage beim Palazzo di Città, parallel zur Fußgängerzone Via Garibaldi. Großes historisches Haus, hier sollen schon Mozart und Verdi genächtigt haben. Schöne, alte Halle, die Zimmer

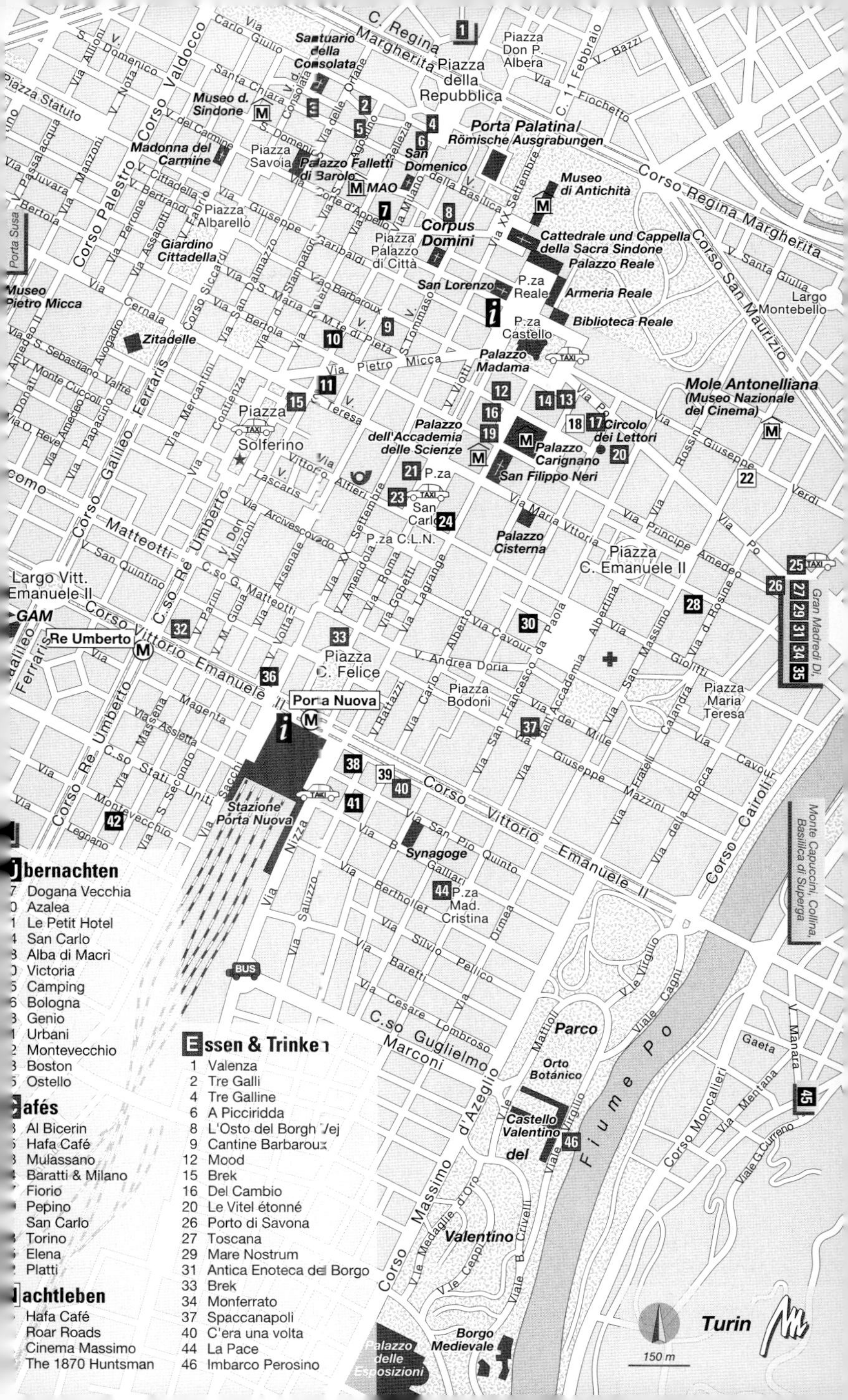

bernachten
7 Dogana Vecchia
0 Azalea
1 Le Petit Hotel
4 San Carlo
3 Alba di Macri
0 Victoria
5 Camping
6 Bologna
3 Genio
1 Urbani
2 Montevecchio
3 Boston
5 Ostello

afés
3 Al Bicerin
3 Hafa Café
3 Mulassano
4 Baratti & Milano
Fiorio
Pepino
San Carlo
Torino
Elena
Platti

achtleben
Hafa Café
Roar Roads
Cinema Massimo
The 1870 Huntsman

Essen & Trinken
1 Valenza
2 Tre Galli
4 Tre Galline
6 A Picciridda
8 L'Osto del Borgh Vej
9 Cantine Barbaroux
12 Mood
15 Brek
16 Del Cambio
20 Le Vitel étonné
26 Porto di Savona
27 Toscana
29 Mare Nostrum
31 Antica Enoteca del Borgo
33 Brek
34 Monferrato
37 Spaccanapoli
40 C'era una volta
44 La Pace
46 Imbarco Perosino

dagegen nüchtern und funktional eingerichtet, EZ 90–125 €, DZ 105–140 €, Dreibettzimmer 125–180 €, Vierbettzimmer 145–190 €, Frühstück inkl. Via Corte d'Appello 4, ✆ 011/4366752, ✆ 4367194, www.hoteldoganavecchia.it.

*** **Le Petit Hotel (11)**, sehr zentrale Lage unweit von Piazza Solferino und Ausgehviertel Quadrilatero Romano, Zimmer mit Fliesenboden, eher schlicht, Restaurant mit im Haus. EZ 100 €, DZ 161 €, Dreibettzimmer 210 €, Frühstück inkl. Via San Francesco d'Assisi 21, 10121 Torino, ✆ 011/5612626, ✆ 5622807, www.lepetithotel.it.

** **Bologna (36)**, Eingang unter den Arkaden schräg gegenüber vom Bahnhof Porta Nuova, ordentliches Albergo, ansprechende und saubere Zimmer mit Bad und TV. EZ 55–78 €, DZ 75–95 €, Dreibettzimmer max. 120 €, mit Frühstück. Corso Vittorio Emanuele II 60, ✆ 011/5620193, www.hotelbolognasrl.it.

** **Montevecchio (42)**, an der ruhigeren Westseite vom Bahnhof Porta Nuova, in der Nähe dennoch einige Restaurants. Ordentliche Zimmer mit Bad und TV, recht schlicht. EZ 90 €, DZ 120 €, Dreibettzimmer 145 €, Frühstück inkl. Via Montevecchio 13, ✆ 011/5620023, ✆ 5623047, www.hotelmontevecchio.com.

*** **Urbani (41)**, auf der Ostseite des Bahnhofs Porta Nuova, 48 Zimmer. EZ ab 60 €, DZ ab 80 €, Frühstück inkl. Via Saluzzo 7, 10125 Torino, ✆ 011/6699047, ✆ 6693226, www.hotelurbani.it.

• *Preiswert* * **Alba di Macri (28)**, zentrale Lage, günstig, die Pension liegt im ersten Stock eines älteren Gebäudes bei der Piazza Carlo Emanuele II. Saubere Zimmer mit TV, teilweise mit eigenem Bad. EZ ohne Bad 50 €, mit Bad 60 €, DZ ohne Bad 62 €, mit Bad 80 €, Dreibettzimmer mit Bad 100 €, Frühstück jeweils inkl. Die Etagenbäder sind sehr sauber. Garage 15 € pro Tag. Via Maria Vittoria 34, ✆ 011/8120208, ✆ 8127981, www.albergoalba.it.

* **San Carlo (24)**, im vierten Stock, ganz zentrale Lage. EZ ohne Bad 40 €, mit Bad 44–50 €, DZ ohne Bad 50–57 €, mit Bad 57–64 €, Dreibettzimmer mit Bad 70–80 €. Piazza San Carlo 197, ✆ 011/5627846, ✆ 538653, www.albergosancarlo.it.

* **Azalea (10)**, relativ ruhig im Kneipenviertel Quadrilatero Romano gelegen, im dritten Stock eines historischen Gebäudes. Fast alle Zimmer mit Bad. EZ ohne Bad 40–50 €, mit Bad 50–55 €, DZ ohne Bad 55–60 €, mit Bad 65–70 €, Dreibettzimmer mit Bad 75–80 €, Vierbettzimmer mit Bad 85–90 €. Via Mercanti 16, ✆/✆ 011/538115, www.hotelazalea.it.

• *Jugendherberge* **Ostello Torino (45)**, gut geführtes Haus in den Hügeln am rechten Poufer, ca. 2 km vom Bahnhof Porta Nuova. Bus 52 bis Piazza Crimea (sonntags Bus 64) und noch ein Stück zu Fuß. 76 Betten, Fahrradverleih, Abendessen. Die Übernachtung im Mehrbettzimmer kostet 15 €, im Drei- oder Vierbettzimmer 18 €, im DZ 21 € und im EZ 22 € pro Pers., Frühstück inkl., Abendessen 10,50 € pro Pers. Im Winter 1,50 € Zuschlag pro Pers. und Nacht. Wer hier übernachten will, muss zuerst eine Tessera (Mitgliedskarte) für 3 € pro Pers. bzw. pro Familie kaufen. Schließzeit 23.30 Uhr (So 23 Uhr). Via Alby 1, ✆ 011/6602939, ✆ 6604445, www.ostellotorino.it.

• *Camping* **Villa Rey (35)**, am rechten Ufer des Po, ruhiges Wiesengelände hoch über der Stadt, beschildert, ziemlich steile Anfahrt. Sanitäranlagen okay und z. T. behindertengerecht ausgestattet, Ristorante am Platz. Pro Pers. 7,50 €, Zelt 7,50 €, Stellplatz Wohnwagen/-mobil 15 €, Auto 2 €. Zu erreichen mit Bus 56 ab Piazza Castello oder Via Po, letzter Bus ca. 24 Uhr (Fahrer fragen, wann man aussteigen muss und dann noch ca. 500 m bergauf laufen). März bis Okt. geöffnet, auf Anfrage auch im Winter. Strada Val San Martino Superiore 27, ✆/✆ 011/8190117, www.campingvillarey.it.

Essen & Trinken (siehe Karte S. 381)

In Turin können Sie ganz ausgezeichnet essen – allerdings um einiges teurer als in den ländlichen Gegenden des Piemont. Während sich gehobene und gediegene Restaurants auf alle Stadtviertel verteilen, findet man vor allem im **Quadrilatero Romano**, dem fast autofreien Gassenviertel zwischen Fußgängerzone Via Garibaldi und Corso Regina Margherita, die etwas legereren und günstigeren Lokale sowie zahlreiche Bars/Enoteche. Reservieren sollte man für Abende am Wochenende, aber auch sonst ist es durchaus üblich, den Besuch im Restaurant telefonisch anzumelden (mittags nicht unbedingt), Ausnahme sind die Lokale im unteren Preissegment. Noch ein Tipp: Das Degustationsmenü, das viele gehobene Restaurants im Angebot haben, ist meist die beste Garantie für ein gelungenes Essen und in der Regel fährt man damit auch günstiger als mit dem großen Menü à la carte.

• *Zentrum* **Del Cambio (16)**, aus dem Jahr 1757, nebenan das alte Teatro Carignano. Graf Cavour hat hier seinerzeit gerne gegessen, heute treffen sich im Del Cambio hoch dotierte Fiat-Manager zum Business-Lunch. Bekannt exquisite piemontesische Küche, Menü um 65–75 €. Dem noblen Ambiente entsprechende Garderobe ist empfehlenswert. So geschl. Piazza Carignano 2, ✆ 011/543760, ✆ 535282.

Monferrato (34), relativ kleines Restaurant am rechten Poufer im Stadtteil Borgo Po. Gehobenes Ambiente, hervorragende piemontesische Küche zu angemessenen Preisen, Antipasti/Primi je um 10 €, Secondi 12–18 €. Menü ca. 40 €, mittags und abends geöffnet, Sa-Mittag und So geschl. Für abends sollte man reservieren. Via Monferrato 6, ✆ 011/8190661.

Mare Nostrum (29), Turins beliebtestes und wahrscheinlich auch bestes Fischrestaurant in der – nomen est omen – Via Pescatore nahe dem Po. Viel gelobte Küche auf gehobenem Niveau, das urgemütliche Lokal ist allabendlich bis auf den letzten Platz besetzt – ohne Reservierung geht hier leider nichts. Bei der Weinkarte liegt der Schwerpunkte auf italienischen Weißweinen. Freundlicher und hilfsbereiter Service. Nur abends geöffnet, So geschl. Via Matteo Pescatore 16, ✆ 011/8394543.

L'Osto del Borgh Vej (8), am kleinen Platz Largo Bottero, wenige Schritte westlich vom Dom. Gemütliche, kleine Osteria mit historischen Fotografien an den Wänden. Feine Küche und nette Stimmung, Degustationsmenüs zu 28, 35 und 40 €, Reservierung ist angebracht. Via Torquato Tasso 7, ✆ 011/4364843. Mittags und abends geöffnet, So geschl.

Tre Galline (4), Traditionslokal aus dem 18. Jh., eines der ältesten der Stadt in der Nähe vom Markt an der Porta Palazzo (→ Shopping). Im Saal mit Parkettboden werden Piemonteser Speisen wie *finanziera*, *bollito misto* und *bagna caôda* serviert. Besondere Abendgerichte für 24 € (wechselnd), ansonsten kommen Antipasti/Primi hier auf 12–14 €, Secondi auf 16–20 €. Mittags und abends geöffnet, Mo-Mittag und So geschl., Reservierung empfohlen! Via Bellezia 37, ✆ 011/4366553.

Le Vitel étonné (20), „Die staunende Kuh" ist ein gemütliches, kleines Ristorante mit angeschlossener Vineria im Untergeschoss, wo man sich die – überwiegend piemontesischen – Weine aus einem großen Angebot aussuchen kann (auch zum Mitnehmen). Köstliches Vitello tonnato für 10 €, das Glas Wein kommt auf ca. 5 €. Sympathische Leitung, ab und zu abends Lesungen und ähnliche Veranstaltungen, beliebt auch zum Aperitivo. Di–Sa 10.30–1 Uhr geöffnet, So 10.30–15.30 Uhr, Mo geschl. Via San Francesco da Paolo 4 (bei der Via Po), ✆ 011/8124621, www.leviteletonne.com.

Porto di Savona (26), erfreuliche Überraschung direkt an der Piazza Vittorio Veneto (Nr. 2). In diesem schönen, alten Gewölbelokal gibt es zu günstigen Preisen eine große Auswahl an Einzelgerichten, vor allem mittags. Einige Tische auch draußen an der Piazza (oberes Ende). Tipp auch für das etwas kleinere Budget. Mittags und abends geöffnet, ✆ 011/8173500.

Toscana (27), nur wenige Schritte von der langen Piazza Vittorio in einer Seitenstraße. Zentrale Lage, bei Touristen, aber auch bei Turinern beliebt und sehr günstig. Einige Tische draußen. Mittags und abends geöffnet, Mo-Abend und Di geschl. Via Vanchiglia 2, ✆ 011/8122914.

• *Bahnhofsviertel* **C'era una volta (40)**, liegt zwar an einer der Hauptverkehrsstraßen Turins, doch im ersten Stock des alten Palazzo sitzt man gut geschützt. Typisch piemontesische Gerichte im gemütlichen Rahmen. Mittlere Preise (Menü 30–35 €). Nur abends geöffnet, August und So geschl. Corso Vittorio Emanuele II 41, ✆ 011/655498.

Urbani (41), nahe des Bahnhofs Porta Nuova am Anfang des Viertels San Salvario liegt dieses ungemein beliebte und somit meistens gut besuchte, volkstümliche Ristorante. Familiäre Atmosphäre, netter Service, großer Raum nach hinten hinaus, gute piemontesische Hausmannskost und andere italienische Gerichte. Auch Pizza. Mittags und abends geöffnet, Fr und Sa nur abends. Via Saluzzo 3, ✆ 011/6699517.

La Pace (44), Alternative fürs kleinere Budget, allerdings nicht in der besten Gegend der Stadt gelegen. Relativ günstig, große

Auswahl. Mittags und abends geöffnet, Mo-Mittag und So geschl. Via Galliari 22, ✆ 011/6505325.

Imbarco Perosino (46), im Parco de Valentino, wunderschön und sehr romantisch sitzt man in diesem Restaurant auf der Terrasse direkt am Fluss (auch Speisesaal). Nicht allzu teure piemontesische Küche, das Menü kommt auf ca. 30–35 €, das Mittagsmenü auf 15 bzw. 24 €. Mittags und abends geöffnet, Mo geschl. Viale Virgilio 53, ✆ 011/657362.

• *Außerhalb vom Zentrum* **Trattoria Valenza (1)**, recht abseits, aber sehr typische, einfache und traditionelle Trattoria zwischen Piazza della Repubblica und dem Fluss Dora Riparia (ein gutes Stück nördlich vom Zentrum nahe Cottolengo). Auf der Speisekarte traditionelle piemontesische Spezialitäten: Carne cruda, Bagna caôda, Vitello tonnato, Angolotti etc., dazu eine gute Auswahl an piemontesischen Weinen. Lohnt den Abstecher unbedingt, Menü um 30 €. Mittags und abends geöffnet, So und Mo geschl., ✆ 011/5213914.

• *Pizzerien im Zentrum* **Spaccanapoli (37)**, beliebte und eher einfache Pizzeria mit kommunikativer Atmosphäre, gute neapolitanische Pizza zu günstigen Preisen (ab 6,50 €). Mittags und abends geöffnet, Di geschl. Via Mazzini 19. ✆ 011/8126694.

A Picciridda (6), günstige und hoch gelobte Pizza unter den Arkaden im südlichen Eck der Piazza della Repubblica. Einfaches Ambiente, ein paar Bierbänke draußen, allabendlich bis auf den letzten Platz besetzt. Sehr freundliche Leute, unkomplizierte Atmosphäre. Auch Pasticceria. *Tipp* fürs kleinere Budget! Mittags und abends geöffnet, Mo-Mittag und So geschl. Piazza della Repubblica 1b, ✆ 011/4367460.

• *Self-Service* **Brek**, gibt es in Turin gleich zweimal – am Bahnhof **(33)** und an der Piazza Solferino **(15)**. Jeden Mittag voll, viele Turiner verbringen hier ihre Mittagspause. Helle und freundliche Einrichtung, große Auswahl, gute Qualität, das Preis-Leistungs-Verhältnis stimmt. Täglich durchgehend bis ca. 22 Uhr geöffnet. Piazza Carlo Felice 22 (Arkaden) mit nettem und schattigem Innenhof und Via Santa Teresa 23 (Ecke Piazza Solferino).

• *Snacks* **Mood (12)**, eigentlich ein Buchladen, bietet aber auch guten und günstigen Mittagstisch – Salate, Risotto, Pasta usw., außerdem Café und Süßes. Terrasse zur autofreien Via Cesare Battisti. Mo–Sa 8–21 Uhr geöffnet, Via Cesare Battisti 3/e, ✆ 011/5188657. Mit Filialen in der Via Lagrange 11/f und der Via Po 35/b.

• *Cafés* Turin hat eine große Kaffeehaustradition. Unter den Arkaden von Piazza San Carlo, Piazza Castello und Piazza Vittorio Veneto finden sich die edelsten Cafés der Stadt, stolze Preise sind eher die Regel als die Ausnahme. *Tipp*: „Marocchino" heißt die Turiner Variante des Cappuccino.

San Carlo (21), eines der ältesten Cafés der Stadt aus dem Jahr 1822. Stuck- und Goldverzierungen im Überfluss, ein riesiger Muranoleuchter, rote Samtstühle. Mo geschl. Piazza San Carlo 156.

Torino (23), nur wenige Schritte vom San Carlo, ebenfalls sehr traditionsreich, draußen bequeme Polsterstühle, innen Kronleuchter, vergoldete Spiegelwände, Marmor und Fresken. Di geschl. Piazza San Carlo 204.

Mulassano (13), unter den Arkaden der Piazza Castello (Nr. 15), winzig kleines, aber prächtiges, altes Café mit medaillonverziertem Tresen, wertvoller Holztäfelung und Spiegeln der guten, alten Zeit. Berühmt sind hier die *Tramezzini*.

Baratti & Milano (14), ebenfalls Piazza Castello, riesig, Kronleuchter, Marmortische und Spiegel, bekannt für seine leckeren Kuchen und Pralinen. Mo geschl.

Platti (32), schönes Jugendstilcafé an der Straße vor dem Bahnhof Porta Nuova, große Auswahl an Feingebäck, auch Restaurant. Corso Vittorio Emanuele II 72.

Elena (25), Nähe Uni, beliebtes Studentencafé im Laubengang der Piazza Vittorio Veneto 5, historische Einrichtung, auch Sitzplätze im Freien, abends populärer Treffpunkt, besonders zum Aperitivo. Mi geschl.

Al Bicerin (3), dieses winzig kleine Café wurde bereits 1763 gegründet. Hier trinkt man einen *bicerin*, eine piemontesische Spezialität, bestehend aus süßer Schokolade, Kaffee und Sahne (5 €). Nur acht Tische, oft voll. Mi geschl. Piazza della Consolata 5.

Hafa Café (5), Nähe Piazza della Repubblica. Schönes marokkanisches Café mit warmer Küche, u. a. Couscous und Grillgerichte, außerdem kann man auf weichen Bodenkissen sitzen und Minztee schlürfen. Sehr beliebt. Angeschlossener Laden mit Wohnaccessoires. Via Sant'Agostino 23/c.

• *Weinstuben (Enoteche)* **Tre Galli (2)**, vor allem bei jüngeren Leuten beliebte Vineria mit Ristorante, im Quadrilatero gelegen. Lockere Atmosphäre, mehr als 500 Weine im Angebot. Im Sommer kann man hier auch schön im Freien sitzen. Mittags und abends (bis ca. 2 Uhr nachts) geöffnet, So geschl. Via Sant'Agostino 25b.

Cantine Barbaroux (9), in einer autofreien Gasse des Quadrilatero Romano, eine der ältesten Weinstuben der Stadt, die sich größter Beliebtheit erfreut, auch Aperitivo mit Buffet, man kann hier aber auch richtig – und in mehreren Gängen – essen. Eher junges Publikum, lässige Atmosphäre. 12–15 und 18.30–24 Uhr geöffnet, So und Mo geschl. Via Barbaroux 13f.

Antica Enoteca del Borgo (31), auf der östlichen Poseite, Nähe Kirche Gran Madre di Dio. Beliebter Treff zum Aperitivo, es gibt leckere Snacks, auch Lesestoff liegt aus. Eher jüngeres, schickes Publikum. Ganztägig geöffnet, Mo-Vormittag und So geschl. Via Monferrato 4.

• *Eis* Zahllose Gelaterie in der Stadt, besonders gehäuft an der Via Roma.

Fiorio (17), eines der beliebtesten Eiscafés der Stadt, Innenraum mit rotem Samt, aber viel lieber trifft man sich draußen unter den Arkaden. Gibt es schon seit 1780, Ministerpräsident Cavour hat hier einst gerne verkehrt, ebenso Nietzsche. Via Po 8/c.

Pepino (19), historische Gelateria, Spezialität ist seit 1884 (!) ein weißes Eis mit dünner Schokoladenschicht, *pinguino* genannt. Außerdem wird eine opulente Kalorienbombe namens *pezzoduro* in vier Geschmacksvarianten produziert. Auch Mittagstisch. Im Sommer kann man draußen sitzen. Piazza Carignano 8.

Das berühmte Caffè Platti am Corso Vittorio Emanuele II

Nachtleben/Shopping (siehe Karte S. 381)

• *Nachtleben* Im Sommer ist v. a. das Flussufer Brennpunkt abendlicher Aktivitäten. An den Kais von **I Murazzi** (unterhalb des Ponte Vittorio Emanuele I) geht jeden Abend die Post ab. Dutzende von Lokalen – Discos, Clubs, Cafés, Pubs etc. – sind hier nebeneinander in die Bootsgaragen gebaut, unzählige Turiner treffen sich hier.

Auch ein Stück flussabwärts, im **Parco del Valentino**, lässt es sich nett in den Lokalen direkt am Fluss sitzen (→ Essen & Trinken).

Ein besonders beliebter Treffpunkt sind die unzähligen Kneipen und Straßencafés im **Quadrilatero Romano** (nördlich der Via Garibaldi).

> Auf aktuelle Veranstaltungen weist *Torinosette* (www.torinosette.it), die Freitagsausgabe der Zeitung *La Stampa*, hin.

• *Theater* **Teatro Regio**, das moderne Opernhaus Turins an der Piazza Castello. Die Biglietteria ist Di–Fr 10.30–18 Uhr und Sa 10.30–16 Uhr geöffnet. Piazza Castello 215, ✆ 011/8815241, ℻ 8815601, www.teatroregio.torino.it.

Das schönste Theater der Stadt ist das **Teatro Carignano** aus dem späten 18. Jh.: edles Ambiente mit Stuckdecken, rotem Samt und drei Rängen mit Logen, auf dem Programm überwiegend Klassiker. Vorverkauf im Teatro Regio (s. o.). Piazza Carignano 6, ✆ 011/5176246, www.teatrostabiletorino.it.

• *Konzerte/Kabarett* **Hiroshima Mon Amour**, eine Institution in Turin: Livemusik, DJs, Theater, Kabarett etc. Leider etwas außerhalb in der Nähe des Bahnhofs Lingotto im Süden der Stadt (Bus Nr. 14 ab Porta Nuova). So/Mo geschl. Via Bossoli 83, ✆ 011/3176636, Programm im Internet unter www.hiroshimamonamour.org.

• *Kino* **Cinema Massimo (22)**, Programmkino neben dem Museo Nazionale del Cinema (Mole Antonelliana). Zu den Sonderausstellungen im Museum werden hier die passenden Filme gezeigt, auch originalsprachige Filme, Themenabende etc. Via Verdi 18, ✆ 011/8138574, www.museocinema.it.

• *Pubs* **The 1870 Huntsman (39)**, großer English Pub beim Bahnhof Porta Nuova, tägl. 12–5 Uhr geöffnet. Corso Vittorio Emanuele II 43d.

Roar Roads (18), weiterer beliebter English Pub mit guter Bierauswahl. So geschl. Via Carlo Alberto 3.

• *Shopping* Mo- bis Fr-Vormittag und Sa ganztägig findet an der Porta Palazzo/Piazza della Repubblica ein riesiger **Obst-, Gemüse- und Textilmarkt** statt – der größte offene Markt Europas!

Samstags gibt es hier auch den populären Flohmarkt **Balòn** (in der Via Borgo Dora und umliegenden Straßen, nordwestlich von der Piazza della Repubblica), jeden zweiten Sonntag im Monat den **Gran Balòn**, einen besonders großen Floh- und Antiquitätenmarkt (ebenfalls Via Borgo Dora und angrenzende Straßen).

Turin ist außerdem eine ideale Einkaufsstadt für **Mode**. Zahlreiche preiswerte Boutiquen und ein großes Kaufhaus mit Einzelläden findet man in der Via Lagrange, in der Via Roma liegen die exklusiven Geschäfte.

Zahlreiche Antiquitätenhändler findet man in der **Via Maria Vittoria**.

An *Pralinen, Schokolade, Kuchen* und anderem Süßem bietet die Stadt ebenfalls eine riesige Auswahl, eine der bekanntesten Adressen für Pralinen und Schokolade ist **Peyrano** auf dem Corso Moncalieri 47 (rechtes Poufer, etwa auf Höhe des Ponte Umberto I und der Piazza Vittorio Veneto) mit Filiale am Corso Vittorio Emanuele II 76 (Mo geschl.). Für seine Gianduiotti berühmt ist die **Confetteria Avvignano**, Piazza Carlo Felice 50 (Bahnhof Porta Nuova), ebenso aber **Giordano** schräg gegenüber von Avvignano, ebenfalls hervorragende Gianduiotti, Piazza Carlo Felice 69.

Sehenswertes

Piazza Castello und Umgebung

An der 40.000 qm großen, autofreien und komplett von Arkaden umgebenen Piazza Castello schlägt das Herz der Stadt: Vor allem in den südlichen Arkaden sind zahlreiche Geschäfte und einige der traditionsreichsten Cafés Turins zu finden (→ Cafés). Die *Prefettura* und die Regionalregierung haben hier ihren Sitz, die wichtigsten Einkaufsstraßen der Stadt (Via Garibaldi, Via Roma und Via Po) zweigen von hier ab und natürlich sind hier auch einige der wichtigsten historischen Bauwerke Turins zu finden – allen voran der mächtige *Palazzo Madama* mitten auf der Piazza, der *Palazzo Reale* (durch die Piazzetta Reale etwas zurückversetzt am Nordende, mit einem schmiedeeisernen Gitter vom großen Platz getrennt) und links dahinter der *Duomo* mit der *Cappella della Sindone*, in der das berühmte Turiner Grabtuch aufbewahrt wird.

Palazzo Madama: Mitten auf der großen, freien Piazza steht dieser monumentale Palast, ein eigenartiger Baukörper mit mächtigen Türmen, auf dessen Rückseite die Reste eines römischen Stadttors und einer mittelalterlichen Burganlage integriert wurden. Die eindrucksvolle Barockfassade stammt vom berühmten Stadtarchitekten Filippo Juvarra. Im Inneren führt ein grandioses Treppenhaus hinauf zum *Museo Civico d'Arte Antica* mit zahlreichen Gemälden sowie vielfältigen Kunstobjekten aus Spätantike, Mittelalter und Renaissance. In der ersten Etage (man beachte hier den prächtigen Ballsaal) befindet sich die *Cafeteria* des Museums, im Erdgeschoss der *Bookshop*.

Öffnungszeiten/Eintritt **Palazzo Madama/Museo Civico d'Arte Antica**, Di–Sa 10–18 Uhr, So bis 20 Uhr, Mo geschl. Das Treppenhaus und die mittelalterlichen Fundamente im Souterrain sind frei zugänglich. Museum 7,50 €, erm. 6 €, www.palazzomadamatorino.it.

Die magische Stadt

Für Esoteriker und Mystiker hat Turin einen ganz besonderen Zauber. Angeblich liegt die Stadt gleich auf zwei magischen Dreiecken: zusammen mit Prag und Lyon auf einem weißen und mit London und San Francisco auf einem schwarzen Dreieck, Turin ist der Schnittpunkt. Das so genannte „Weiße Herz" der Stadt soll hier an der Piazza Castello liegen, das „Schwarze Herz" mitsamt dem Höllentor an der Piazza Statuto. In Gut und Böse soll Turin von den beiden Dioskuren Kastor und Pollux am Eingang zum Palazzo Reale geteilt werden.

Palazzo Reale: Der elegante Bau entstand ab 1646 auf Initiative von Cristina di Francia, der Gattin des 1636 verstorbenen Vittorio Amedeo I und diente den Savoyern bis 1865 als königliche Residenz. Die Prunksäle sind beladen mit den typischen Attributen des 17./18. Jh. – Wandfresken, wertvolle chinesische Porzellanvasen, Gold und Kronleuchter. Kostenlos sind der *Innenhof*, in dem dank der wunderbaren Akustik oft Konzerte stattfinden, und der gepflegte *Park (Giardini Reali)* hinter dem Schloss zu besichtigen.

• *Öffnungszeiten/Eintritt* **Palazzo Reale**, Di–So 9–19.30 Uhr, Mo geschl., nur mit (italienischsprachiger) Führung (2 €), die etwa alle 40 Min. stattfindet, vormittags der zweite Stock, nachmittags der erste Stock (dieser ist sehenswerter); Eintritt jeweils 6,50 €, erm. 3,25 €, unter 18 und über 65 J. frei. **Park**, tägl. 9–18 Uhr, Eintritt frei. **Caffè Reale** im Innenhof.

Armeria Reale: Unter den Arkaden an der Nordseite versteckt sich der Eingang zur Armeria Reale, einer riesigen Waffensammlung mit Exponaten aus der Zeit der alten Rittersleute bis hin zu modernen Handfeuerwaffen. Highlight ist die prachtvolle *Galleria Beaumont*, in der zahlreiche Rüstungen (für Reiter und Pferd) zu sehen sind.

Öffnungszeiten/Eintritt Di–Fr 9–14, Sa/So 13.30–19.30 Uhr, Mo geschl.; Eintritt 4 €, erm. 2 €, unter 18 und über 65 J. frei.

San Lorenzo: Nur wenige Schritte vom Königspalast ist die Kirche nahtlos in die anschließenden Hausfronten eingepasst (bzw. eigentlich dahinter verschwunden, die vorgebaute Fassade gehört zu einem anderen Haus). Das unscheinbare Äußere täuscht aber gewaltig, denn der annähernd runde Innenraum ist eine opulente Marmor-, Stuck- und Goldorgie, gekrönt von einer grandiosen Kuppel mit diffizilen, eleganten Verstrebungen.

Öffnungszeiten Mo–Sa 7.30–12 und 16–19 Uhr, So 9–13 und 15–19.30 Uhr.

Cattedrale di San Giovanni Battista: Durch einen Durchgang neben dem Palazzo Reale zu erreichen, die einzige Renaissancekirche der Stadt, äußerlich allerdings ein weitgehend uninteressanter Kuppelbau und auch im Inneren wenig bemerkenswert – wenn nicht die *Sacra Sindone* wäre (Betonung auf dem „i", von griech. sindón = Linnen), das berühmteste Leinentuch der Welt: In dem sagenumwobenen „Grabtuch von Turin„ wurde angeblich der Leichnam Jesu Christi nach seiner Kreuzigung eingehüllt! Untergebracht war die wertvolle Reliquie früher in einem silbernen Schrein in der *Cappella della Sacra Sindone* hinter dem Altar, 1668 erbaut von Guarino Guarini. 1997 zerstörte ein Großbrand die Kapelle fast völlig, das Tuch konnte jedoch gerettet werden.

Nichts ist bewiesen, alles ist möglich

Das Grabtuch von Turin gibt der Wissenschaft bis heute nicht zu lösende Rätsel auf. Zwar endete eine Untersuchung des Tuchs im April 1988 mittels der Radiokarbondatierung nach der C14-Methode zunächst ernüchternd: durch mehrere Experten wurde unabhängig voneinander festgestellt, dass es aus der Zeit zwischen 1260 und 1390 stammt... nach Christus! Doch schon wenig später äußerten andere Wissenschaftler fundierte Zweifel: Die untersuchten Stellen seien irrtümlicherweise eine Stoffprobe, die erst im Mittelalter bei Ausbesserungsarbeiten in des Gewebe eingefügt worden sei, was die Datierung auf das 13./14. Jh. erkläre. Ikonografische und geschichtliche Untersuchungen kommen zu dem Schluss, dass das Tuch aus der Zeit Jesu stammt. 1973 wurden zudem bei biologischen Untersuchungen im Tuch ein gutes Dutzend von Pollenarten entdeckt, die nur im Nahen Osten vorkommen. Allerdings wurden die Ergebnisse dieser Untersuchungen schon in den 1980er Jahren als fehlerhaft bezeichnet. Frappierend ist jedoch Folgendes: Die Verletzungen, die der vom Tuch bedeckte Mann besaß, sind absolut deckungsgleich mit den in der Bibel überlieferten Wunden Jesu. Es konnten dabei keine anatomischen Unregelmäßigkeit entdeckt werden, d. h. es verhält sich alles so, wie es sich bei einem Gekreuzigten zugetragen haben muss – es handelt sich demnach wohl um keine Fälschung mit der Absicht, gezielten Reliquienbetrug zu begehen. Das größte Problem ist aber, wie der mysteriöse menschliche Abdruck ins Tuch kam. Bis heute ist es nicht gelungen, ihn nachzumachen, weder durch Malen, noch durch chemische Prozesse, noch durch Verdampfung.

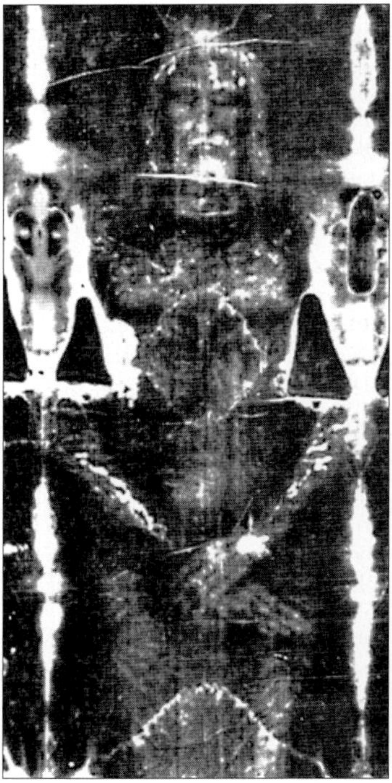

Glaubenssache: das Antlitz Christi auf dem berühmten Grabtuch

Zusammengefasst: Das Tuch stammt laut der (umstrittenen) Pollenbefunde wohl aus dem Nahen Osten. Sein Alter ist ungeklärt. Es zeigt das Abbild eines Gekreuzigten, der dieselben Wundmale trägt, wie sie von Jesus überliefert sind. Ob es tatsächlich der Abdruck eines Menschen ist oder ob die Spuren künstlich ins Tuch manipuliert wurden, ist nicht geklärt. Mehr kann man derzeit nicht mit Sicherheit aussagen. Die Erzdiözese Turin hat jedenfalls weitere Untersuchungen des Grabtuchs angekündigt.

Vor dem Altar kann man eine exakte *(Negativ-)*Kopie des wertvollen Lakens betrachten. Deutlich erkennt man im weißen Stoff die bräunlich verfärbten Körperumrisse eines bärtigen Mannes mit gekreuzten Händen und Füßen. Negativabdruck deshalb, weil dort, wo exponierte Körperstellen wie Nase und Bart das Tuch berührten, es sich stärker verfärbte als z. B. in den tiefer liegenden Augenhöhlen. Das eigentliche Tuch besitzt also einen tatsächlichen Abdruck des Körpers, der wie ein Foto-Negativ wirkt (weiße Augenhöhlen, dunkle Nase), Licht und Schatten sind umgekehrt wiedergegeben. Wenn man das Tuch allerdings fotografiert, erscheint der Gekreuzigte im Negativ logischerweise positiv – und erst dann zeigt sich das Gesicht in seiner vollen Ausdruckskraft.

Öffnungszeiten **Dom**, Mo–Sa 7–12 und 15–19 Uhr, So 8–12 und 15–19 Uhr. Die Cappella della Sacra Sindone ist zurzeit nicht zugänglich. Das Grabtuch selbst soll das nächste Mal im Heiligen Jahr 2025 zu sehen sein.

Römische Ausgrabungen: Etwas unscheinbar mitten im Stadtzentrum liegen gleich links neben dem Dom die Ruinen eines *Theaters*, auf der nahen Piazza Cesare Augusto die Reste einer *gepflasterten Straße* und die mächtige vierbogige *Porta Palatina*, die mit ihren beiden 16eckigen Wehrtürmen früher ein Teil der Stadtmauer war.

Im Quadrilatero Romano

Für viele das schönste Viertel in Turin: Schmale Sträßchen laden zum Umherschlendern ein, dazwischen nette, kleine Plätze, schicke Cafés und Bars, zum Großteil autofrei oder zumindest verkehrsberuhigt. Das mittelalterliche Viertel Turins erstreckt sich grob zwischen Via Pietro Micca und Piazza Repubblica, östlich wird es von der Piazza Castello und westlich etwa vom Corso Palestro/Corso Valdocco begrenzt. Das Quadrilatero Romano zählt zu den beliebtesten Ausgehvierteln Turins.

Via Garibaldi: Die gut 1 km lange Fußgängerzone zieht sich von der Piazza Castello Richtung Westen bis zur Piazza Statuto – eine beliebte Flanierzone mit zahlreichen Bekleidungsgeschäften und ein paar Cafés/Straßenlokalen.

MAO – Museo d'Arte Orientale: Auf fünf Stockwerken befindet sich hier eine bedeutende Ausstellung asiatischer und orientalischer Kunst, die im *Palazzo Mazzonis* aus dem 18. Jh. untergebracht ist. Ausgehend von der südasiatischen Abteilung im Erdgeschoss arbeitet man sich über China, Japan und die Himalaya-Region hinauf in den vierten Stock zur kleinen Ausstellung über die „Islamischen Länder" – in Anbetracht der Fülle an Exponaten sollte man ausreichend Zeit einplanen.

Öffnungszeiten/Eintritt Di–So 10–18 Uhr (Einlass bis 17 Uhr), Mo geschl. Eintritt 7,50 €, erm. 6 €, Kinder unter 10 J. frei. Via San Domenico 11, ✆ 011/4436927, www.maotorino.it.

Santuario di Maria Consolatrice (La Consolata): Dieses Marienheiligtum ist die Lieblingskirche der Turiner. Ursprünglich befand sich hier die romanische Basilika Sant'Andrea, der Campanile aus dem 11. Jh. steht noch. 1678 baute Guarino Guarini die mittelalterlichen Kirche im barocken Stil um, der Hochaltar stammt von Filippo Juvarra (1714). Die klassizistische Fassade wurde erst 1860 hinzugefügt. Im rechten Seitenflügel der Kirche ist eine einzigartige Sammlung von mehreren tausend Votivbildern untergebracht. Vom Boden bis zur Decke sind die Wände dicht mit den Bildern bedeckt, die die Gläubigen hier zum Dank angebracht haben.

Öffnungszeiten 6.30–12.30 und 15–19.30 Uhr. Piazza della Consolata, www.laconsolata.org.

Von der Piazza Castello zum Po

Die arkadengesäumte *Via Po* führt zur lang gestreckten Piazza Vittorio Veneto am Po. Abends eine der zentralen Flanierstraßen, zahlreiche Cafés und Gelaterie reihen sich aneinander, viel junges Publikum, die Universität liegt ebenfalls hier.

Mole Antonelliana: Das pagodenähnliche Wahrzeichen der Stadt, der „Eiffelturm Turins", steht in der Via Montebello, einer Querstraße der Via Po. Der 167,5 m hohe Bau sollte ursprünglich eine Synagoge werden, dann baute sie der exzentrische Architekt Antonelli immer höher, setzte eine Art griechischen Tempel obenauf, der wiederum von einem gläsernem Turm und einem Leuchtwerk an der Spitze gekrönt wurde. Große Attraktion ist die Fahrt im gläsernen Aufzug, der innerhalb des hohlen Baukörpers bis zur Terrasse in 85 m Höhe hinaufschwebt – geeignet nur für Schwindelfreie. Oben bietet sich dann ein wirklich herrlicher Panoramablick auf Turin und die Alpen. Im Inneren zeigt das *Museo Nazionale del Cinema* auf fünf Etagen eine der weltweit reichsten Sammlungen rund um den Film, von den Anfängen bis heute. Ein Tipp für Filmfreunde ist sicherlich auch der Bookshop im Untergeschoss der Mole mit riesiger Auswahl an Filmbüchern und -plakaten, gleich daneben befindet sich das *Cabiria Café* (auch Mittagstisch).

Massiges Wahrzeichen: die Mole Antonelliana

Öffnungszeiten/Eintritt **Aufzug**, Di–Fr 10–20 Uhr, Sa 10–23 Uhr, So 10–20 Uhr, Mo geschl.; Eintritt 5 €, erm.3,50 €. **Museum**, Di–Fr 9–20 Uhr, Sa 9–23 Uhr, So 9–20 Uhr, Mo geschl.; Eintritt 7 €, erm. 5 €. **Kombiticket** für Aufzug und Museum 9 €, erm. 7 €.

Chiesa Gran Madre di Dio: Die große klassizistische Kirche aus der ersten Hälfte des 19. Jh. liegt etwas erhöht am rechten Poufer. Besonders schön ist der Blick von der Piazza Vittorio Veneto. Vorbild für diese Kirche in Form eines Tempels war das Pantheon in Rom; gebaut wurde sie in den Jahren 1818–1831 anlässlich der auf dem Wiener Kongress beschlossenen Rückkehr der Savoyer nach Turin.

Öffnungszeiten Mo–Sa 7.30–12 und 16.30–19 Uhr, So 7.30–12 und 15.30–19 Uhr.

Via Roma und Umgebung

Die Prachtstraße Turins führt von der Piazza Castello schnurgerade zum Bahnhof. Abends wird sie zur gleißenden Neonzeile mit eleganten Schaufensterauslagen der großen Designer und üppigen Eisdielen. Unterwegs überquert man die prächtige *Piazza San Carlo*, eine völlig symmetrische Barockanlage mit Reiterstandbild von

Emanuele Filiberto und den beiden Kirchen Santa Christina und San Carlo. In den beiden langen Säulengängen liegen einige der schönsten Cafés Turins.

Palazzo dell'Accademia delle Scienze: Der mächtige Palast steht nur zwei Ecken von der Piazza San Carlo entfernt und beherbergt zwei bedeutende Museen.

Das *Museo Egizio* (Ägyptisches Museum) ist nach dem Museum von Kairo die größte altägyptische Sammlung der Welt. Ausgestellt sind in den beiden unteren Stockwerken u. a. zahlreiche Königsstatuen, Sarkophage und Mumien, außerdem Kopien vom berühmten „Buch des Todes". Höhepunkt ist die reichhaltige Grabkammer des Architekten Kha und seiner Frau aus dem 14. Jh. v. Chr.

Die bedeutende Pinakothek *Galleria Sabauda* im zweiten und dritten Stock des Palazzo besitzt neben zahlreichen Gemälden italienischer Künstler (u. a. Tintoretto, Tiepolo, Fra Angelico) auch eine Abteilung mit flämischer und holländischer Malerei, z. B. Breughel, Memling, van Dyck und van Eyck. Die Pinakothek soll voraussichtlich 2011 in einen Seitenflügel des Palazzo Reale umziehen und das Ägyptische Museum so deutlich an Raum gewinnen, mit Umbauarbeiten ist also zu rechnen.

• *Öffnungszeiten/Eintritt* **Museo Egizio**, Di–So 8.30–19.30 Uhr (Einlass bis 18.30 Uhr), Mo geschl., Eintritt 7,50 €, erm. 3,50 €, unter 18 und über 65 J. frei, www.museoegizio.it. **Galleria Sabauda**, Di 8.30–14 Uhr, Mi/Do 14–19.30 Uhr, Fr–So 8.30–14 Uhr (Einlass jeweils bis 1 Std. vor Torschluss), Mo geschl.; Eintritt 4 €, erm. 2 €, unter 18 und über 65 J. frei.

Palazzo Carignano: Ein großartiger, innen etwas muffiger Barockpalast an der Piazza Carlo Alberto, beachtlich ist die interessant geschwungene Rückfront an der Via Lagrange. Der Palast ist ein nationales Monument: Er war Sitz des Parlaments des Königreichs Sardinien und am 14. März 1861 wurde hier feierlich das Vereinigte Königreich Italien ausgerufen. Von 1861–65 war der Palazzo Sitz des italienischen Parlaments, bis Florenz und später Rom zur Hauptstadt wurden.

In den 30 Sälen des *Museo Nazionale del Risorgimento* sind Erinnerungen an die Zeit des Risorgimento aufbewahrt, auch die Zeit danach bis zum Zweiten Weltkrieg (Faschismus, deutsche Besetzung, Widerstand) ist vertreten. Zwar illustrieren überdurchschnittlich viele blutrünstige Schlachtgemälde den chronologischen Aufbau der Sammlung, trotzdem ein lohnender Rundgang für alle, die sich für die neuere Geschichte Italiens interessieren – zu sehen sind u. a. eine Rekonstruktion von Cavours Arbeitszimmer und das Sterbezimmer von König Carlo Alberto. Höhepunkt ist der Parlamentssaal des Königreichs Sardiniens, der weitgehend erhalten blieb.

Öffnungszeiten/Eintritt Das Museum ist pünktlich zum 150. Jahrestag der italienischen Einigung wiedereröffnet worden. Di–So 9–19 Uhr, Mo geschl.; Eintritt 7 €, erm. 5 €. www.museorisorgimentotorino.it.

Um den Bahnhof Porta Nuova

Die *Stazione di Porta Nuova*, ein monumentaler Bau des ausgehenden 19. Jh., besitzt eine imposante, filigran verzierte Fassade im neugotischen Stil über einer breiten Säulenhalle. In der Via San Pio V, nur etwa 100 m östlich vom Bahnhof, steht die beeindruckend große *Synagoge* von Turin, in der sich gekonnt die architektonischen Elemente von Kirche, Moschee und Burg vereinen.

GAM – Galleria Civica d'Arte Moderna (Via Magenta 31, westlich vom Bahnhof): Die größte Sammlung ihrer Art in Italien besitzt über 5000 Gemälde vom 18. bis zum 20. Jh. sowie zahlreiche Skulpturen. Neben italienischen Stücken ist aber auch die internationale Avantgarde des 20. Jh. vertreten: von Chagall, Klee und Ernst bis hin zu Andy Warhol. Die Ausstellungen sind thematisch angeordnet und wechseln in regelmäßigen Abständen.

Öffnungszeiten/Eintritt Di–So 9–18 Uhr (Einlass bis 17 Uhr), Mo geschl.; Eintritt für ständige Ausstellungen 7,50 €, erm. 6 €; bei Sonderausstellungen teilweise mehr. Café und Bookshop im EG, www.gamtorino.it.

Museo Civico Pietro Micca e dell'Assedio di Torino del 1706 (Via Guicciardini 7, Nähe Bahnhof Porta Susa): Das Museum erinnert mit Karten, Dokumentationen, Modellen und Relikten anschaulich an die Belagerung Turins durch französische Truppen im Jahr 1706 während des Spanischen Erbfolgekriegs. Die Belagerer gruben damals in 10–20 m Tiefe geheime Gänge unter die Stadt, die Verteidiger versuchten, sie ausfindig zu machen und zu sprengen. Ein gewisser Pietro Micca brachte im August 1706 eine wichtige Verbindungstreppe zwischen zwei Tunnels zum Einsturz, verhinderte so das Eindringen der Franzosen und kam dabei selbst ums Leben. Vom Museum aus können mehrere hundert Tunnelmeter begangen werden.

• Öffnungszeiten/Eintritt Di–So 9–19 Uhr, Mo geschl., Einlass in den Tunnel (begleitet) alle 30 Min. Eintritt 3 €, erm. 2 €. Führungen nur So (10.30–15 und 16.15–17.30 Uhr) in italienischer Sprache. Bus Nr. 65 ab Stazione Porta Nuova oder Metro Nr. 1 (bis Stazione XVIII Dicembre).

Parco del Valentino und Poufer

Ein großer (55 ha), wunderbar grüner Park direkt am Po. Das Freizeitangebot ist vielfältig: Bootstouren, Fahrrad- und Kanuverleih, einige Bars und ein einladendes Ristorante am Ufer (s. unter Essen & Trinken auf S. 384). Das große *Castello del Valentino* ist nach dem Vorbild französischer Schlösser erbaut (keine Besichtigung).

Borgo e Castello Medioevale: Eine Ritterburg aus dem Bilderbuch mit einer richtigen kleinen, mittelalterlichen Ortschaft – erbaut für die Weltausstellung von 1884 und alles perfekt rekonstruiert nach tatsächlichen Vorbildern im Aostatal. In den gotischen Backsteinhäusern mit Zinnen, Wandfresken und Säulengängen sind Kunsthandwerksläden und Souvenirshops untergebracht. Über eine Zugbrücke und durch einen freskengeschmückten Hof (originalgetreue Nachbildung vom Innenhof des Castello di Fenis im Aostatal) kommt man in eine Reihe von Innenräumen, darunter die Küche und die kargen Schlafkammern der Soldaten.

Öffnungszeiten/Eintritt **Borgo**, tägl. 9–19 Uhr (im Sommer 20 Uhr), Eintritt frei. **Castello**, Di–So 10–18 Uhr, Mo geschl.; Eintritt 5 €, erm. 4 €, über 65 und von 18–25 J. 1,50 €, unter 18 J. frei. Nur mit Führung (ca. 30 Min.).

Außerhalb vom Zentrum

Il Lingotto: Unübersehbar an der Via Nizza thront diese ehemalige riesige Autofertigungshalle von Fiat (500 m lang, fünf Stockwerke hoch, mit Teststrecke auf dem Dach!). 1979 geschlossen, wurde der Koloss seit Mitte der 1980er Jahre zu einem gigantischen Kongress- und Messezentrum samt riesigem Einkaufszentrum (*I Portici del Lingotto* mit über 90 Shops) umgebaut. Alle zwei Jahre findet hier die internationale Automobilmesse statt, ebenso im Zwei-Jahres-Turnus die önogastronomische Messe „Salone del Gusto", jährlich im Mai die Buchmesse, aber auch viele weitere Events wie Ausstellungen, Konzerte, Tagungen und Sportereignisse. Als Architekt zeichnet *Renzo Piano* verantwortlich, der u. a. den Hafen von Genua und den Potsdamer Platz in Berlin umgestaltet hat. Lingotto hat eine eigene Bahnstation.

Auf dem Dach des Lingotto-Komplexes werden schließlich in *Lo Scrigno*, der *Pinakothek von Gianni und Marella Agnelli*, Werke aus dem Privatbesitz der Fiat-Familie ausgestellt, u. a. Canova, Renoir, Matisse, Picasso, Modigliani und vor allem Canaletto, der mit sechs Venedig-Ansichten vertreten ist und von Agnelli besonders verehrt wurde. Zur Pinacoteca gehört auch ein Bookshop, die beiden Stockwerke darunter bieten über 1000 qm Fläche für wechselnde Ausstellungen.

• *Öffnungszeiten/Eintritt* Di–So 10–19 Uhr (Einlass bis 18.15 Uhr), Mo geschl.; Eintritt 4 €, erm. 2,50 €, bei Sonderausstellungen 7 €, erm. 6 €, unter 16 J. 3,50 €. Mit dem Aufzug von den Portici del Lingotto bei der *8 Gallery* hinauf in den Bookshop; von dort führt ein weiterer Aufzug hinauf zu den Ausstellungsräumen.

Museo Nazionale dell'Automobile di Torino: Nur wenige Straßenblocks vom Lingotto-Komplex entfernt am Corso Unità d'Italia (Poufer) befindet sich das einzige Automobilmuseum des Landes. Gegründet 1960, wirkte es zuletzt doch schon etwas angestaubt und wird nun unter der Regie des Schweizer Museumsdesigners François Confino (von ihm stammt u. a. die Konzeption für das Kinomuseum in der Mole Antonelliana) neu aufgebaut und deutlich erweitert. Wiedereröffnung soll zu den 150-Jahr-Feierlichkeiten im März 2011 sein. Weitere Infos bei *Turismo Torino e Provincia* (s. S. 380).

Turin/Umgebung

Basilica di Superga: Weithin sichtbar thront das Meisterwerk Juvarras auf einem bewaldeten Hügel am rechten Ufer des Po, 10 km östlich und 660 m über der Stadt. Erbaut wurde die prachtvolle, barock-klassizistische Kuppelkirche anlässlich eines Gelübdes des Savoyen-Königs Vittorio Amadeo während der französischen Belagerung von 1706. In der Krypta ruhen die savoyisch-italienischen Herrscher, ebenso wie die komplette Fußballmannschaft vom AC Torino, genannt „Il Torino" (lokaler Konkurrent von Juventus Turin), deren Flugzeug im Mai 1949 am Superga-Hügel zerschellte. Bei klarem Wetter bietet sich ein schöner Blick über die Stadt. Die Kuppel kann bestiegen werden.

• *Anfahrt* Tram Nr. 15 ab Via XX Settembre bis Endstation Sassi, die Talstation der nostalgischen Zahnradbahn liegt schräg gegenüber. In 20 Min. geht es die etwa 3 km lange Strecke hinauf (stündl., hin/rück 4 €, am Wochenende 5,50 €). Restaurant an der Talstation.

• *Öffnungszeiten/Eintritt* **Kirche**, Mo–Fr 9–12 und 15–17 Uhr, Sa/So bis 18 Uhr; **Kuppel**, Mo–Fr Mo–Fr 9.30–18 Uhr, Sa 9.30–19 Uhr, So 13–19 Uhr, im Winter nur Sa 9.30–18 Uhr und So 12.45–18 Uhr. Eintritt 3 €, erm. 2 € (unter 18 und Rentner über 65 J.), Kinder unter 12 J. frei. **Krypta**, tägl. 9.30–19.30 Uhr, im Winter nur Sa/So 9.30–18.30 Uhr (Einlass jeweils bis 45 Min. vor Torschluss). Eintritt 4 €, erm.3 €, Kombiticket mit Kuppel 5 €.

La Palazzina di Caccia di Stupinigi (Jagdschloss von Stupinigi): 10 km südlich vom Zentrum, ein weiteres Meisterwerk von Juvarra. Aus einem ursprünglich nur als Jagdpavillon geplanten Bau entstand nach und nach eine große, prunkvolle Residenz mit halbkreisförmigen Flügeln. Die Innenräume sind im Stil des ausgehenden 18. Jh. eingerichtet. Auch ein herrlicher Park gehört zum Schloss.

• *Anfahrt* Tram 4 ab Bahnhof Porta Nuova oder Tram 1 ab Piazza Castello bis Piazzale Caio Mario, weiter mit Bus Nr. 41.

• *Öffnungszeiten/Eintritt* Das Schloss soll nach langer Restaurierung voraussichtlich im Frühjahr 2011 wieder eröffnet werden. Infos bei *Turismo Torino e Provincia* (s. S. 380).

Castello di Rivoli: Das Schloss in dem verschlafenen, 12 km westlich gelegenen Vorort beherbergt ein herausragendes Museum für zeitgenössische Kunst (*Museo d'Arte Contemporanea*). Die Werke bilden einen anregenden Kontrast zu den teilweise erhaltenen Stuck- und Deckenmalereien, u. a. vertreten sind Michelangelo

Pistoletto, Rebecca Horn, Mario Merz, Maurizio Cattelan, Gilbert & George und Jeff Koons. Angeschlossen an das Museum sind ein Konferenzzentrum, eine Bibliothek und ein Café.

• *Anfahrt* Mit der **Metro** etwa alle 5 Min. ab Stazione Porta Nuova nach Collegno (Endhaltestelle Fermi), ab hier 4-mal tägl. Shuttle-Bus zum Castello di Rivoli (Ticket inkl. Metro 1,50 €). Oder ab Metrostation Paradiso mit dem **Bus** Nr. 36 bis zur Endstation, ab dort mit dem Shuttle-Bus oder auf dem Fußweg hinauf zum Castello.
• *Öffnungszeiten/Eintritt* Di–Do 10–17, Fr–So 10–21 Uhr, Mo geschl., Eintritt 6,50 €, erm. 4,50 €.

Reggia di Veneria Reale: Die größte Palastanlage in der Umgebung Turins liegt etwa 10 km nördlich der Stadt und wurde ab 1658 nach französischem Vorbild errichtet. 1693 wurde das Jagd- und Lustschloss von französischen Truppen in Brand gesteckt und dabei fast völlig zerstört. Den Wiederaufbau übernahmen Michelangelo Garove und Filippo Juvarra. Prunksaal des Schlosses ist heute die beeindruckende *Galleria di Diana* mit ihren einmaligen Stuckarbeiten. Mit immensem finanziellem Aufwand wurde hier fast ein Jahrzehnt lang restauriert (Eröffnung war 2007), zu sehen sind nun über 50 Räume des Schlosses sowie die Stallungen und die eindrucksvollen *Giardini* – sehr lohnend!

• *Verbindungen/Anfahrt* Ab Stazione Porta Nuova (Via Sacchi, gegenüber dem ehemaligen Turin Palace Hotel, GTT-Schild) mit dem **Shuttle-Bus**: Di–Sa 8.35–18.35 Uhr fast stündlich, sonntags stündlich, einfache Fahrt 3 €, hin und zurück 5 € (mit *Torino e Piemonte Card* frei). **Auto**: Vom Zentrum nördlich Richtung Lanzo Torinese und Stadio delle Alpi, das man aber links liegen lässt. Kurz nach der Autobahn liegt Venaria auf der linken Seite, ausgeschildert ab etwa Porta Susa.
• *Öffnungszeiten/Eintritt* Di–Fr 9–17 Uhr (im August bis 19 Uhr), Fr 9–21 Uhr, Sa 9–23 Uhr, So 9–21 Uhr, Mo geschl., Einlass bis eine Stunde vor Schließung. Eintritt **Schloss** und **Giardini** 12 €, erm. 8 €, Audioguide 4 €.

Steil hinauf: Sacra di San Michele

cra di San Michele: Einer der bedeutendsten Sakralbauten im Piemont und nach dem Mont-Saint-Michel in der Normandie das wichtigste Michaels-Heiligtum Europas. Unübersehbar thront die fast tausend Jahre alte Abtei wie ein steinerner Wärter auf dem hoch aufragenden Monte Pirchiriano, in 962 m Höhe am Eingang des Valle di Susa westlich von Turin. Eng an den Fels geschmiegt, schwingt sich der lange, symbolträchtige *Scalone dei Morti* zur Kirche empor – „Treppe der Toten“

genannt, weil seitlich des Wegs zahlreiche Äbte des Klosters begraben liegen. Hier erkennt man auch, dass der spitze Felsgipfel für den Kirchenraum zu klein ist – die Apsis schwebt, auf einen mächtigen Pfeiler gestützt, fast über dem Abgrund. Der helle Kirchenraum ist romanisch, die Apsiden sind gotisch, Fresken aus dem 15./16. Jh. sind erhalten. Vom Mittelschiff kann man in die Krypta hinuntersteigen, die aus drei alten Kapellen besteht. Von der Terrasse genießt man einen wunderbaren Blick in das Susatal und auf die Alpengipfel.

• *Öffnungszeiten/Eintritt* Di–Sa 9.30–12.30 und 14.30–18 Uhr, So nur 14.40–18.30 Uhr, im Winter nur bis 17 Uhr, Mo geschl. (außer in der Hochsaison); Eintritt 4 €, erm. 3 €.

• *Anfahrt/Verbindungen* Zug bis Station **Condove-Chiusa San Michele**. Schöner als die Straße, die von hinten in Serpentinen hinaufführt, ist der direkte Fußweg ab Chiusa San Michele – Start neben der Kirche, dort Wegweiser, ca. 1 Std. steiler Aufstieg.

Auf dem Weg vom Parkplatz zur Abtei gibt es eine Bar.

Piemont und Aostatal
Karte S. 376/377

Valle Susa

Durch das breite Tal der Dora Riparia verläuft die Autobahn A 32 von Turin zum 13 km langen Frejus-Tunnel (*Traforo del Frejus*), der bei Bardonécchia im Berg verschwindet und beim französischen Modane wieder rauskommt. Auf dem Weg dorthin gelangt man ca. 50 km westlich von Turin nach *Susa* (ca. 6600 Einwohner), ein schlichtes, wettergegerbtes Grenzstädtchen, zwar malerisch am Bergfluss Dora Riparia gelegen, aber kaum eine touristische Attraktion. Sehenswert sind jedoch die baulichen Überreste aus römischer Zeit und der Dom *San Giusto*.

Auf der SS 24 in Richtung Bardonécchia/Frejus-Tunnel ist gleich nach Susa über Serpentinen eine Talstufe zu überwinden, nach insgesamt 14 km erreicht man das Örtchen *Exilles* mit seiner mächtigen mittelalterlichen Festung aus dem 12. Jh., die noch bis 1946 genutzt wurde. Das Bollwerk in einer Talenge markierte über mehrere Jahrhunderte die Grenze zwischen den Savoyern und den Dauphiné. Letztere konnten es mit kurzer Unterbrechung bis ins Jahr 1708 halten. Dann wechselte *Forte Exilles* gewissermaßen die Fronten und diente den Savoyern als piemontesische Grenzfestung gegen Frankreich. Im Jahr 2000 wurde Exilles als Freilichtmuseum wiedereröffnet.

Öffnungszeiten/Eintritt **Forte Exilles**, 15. April bis 30. Sept. Di–So 10–19 Uhr, sonst 10–14 Uhr (Mo geschl.). Eintritt 5 €, unter 18 und über 65 J. 4 €, 5–10 J. 1,50 €, unter 5 J. frei. ✆ 0122/58270. Für die Besichtigung sollte man 1,5–2Std. veranschlagen.

Im oberen Susatal (*Alta Valle di Susa*) gelangt man weiter westlich in das große Skisportgebiet von *Bardonécchia* mit über 100 Pistenkilometern. Über 30 Hotels, zahlreiche Restaurants, Skischulen und -verleiher sowie zwei Campingplätze bieten eine hervorragende wintertouristische Infrastruktur (weitere Infos beim Consorzio Turismo in Bardonécchia, ✆ 0122/902463, www.bardonecchiaski.com).

Ein fast noch besseres Angebot findet sich im weniger bekannten *Sauze d'Oulx* (oberhalb von Oulx). Von dort hat man einen Einstieg in die *Vialattea*, ein riesiges Skigebiet mit rund 400 Pistenkilometern, zu dem auch die olympischen Orte *Claviere, Cesana, San Sicario, Montgenevre* (Frankreich) und *Sestriere* gehören (Infos zur Vialattea: Piazza Agnelli 4, 10058 Sestriere, ✆ 0122/799411, ℻ 0122/799460, www.vialattea.it). Auch in Sauze d'Oulx gibt es zahlreiche Hotels aller Kategorien, nähere Informationen im dortigen Touristbüro (Via Genevris 7, ✆ 0122/858009, www.vialattea.it).

Monferrato und Langhe

Südlich von Turin bilden diese ineinander übergehenden Hügellandschaften eines der größten Weinbaugebiete Italiens, in dem einige der besten Tropfen des Landes produziert werden.

Die Silhouette wird geprägt von zahllosen sanften Weinberge, über denen oft Dunst und Nebel liegen. Kleine historische Städtchen, einsame Bauernhöfe, stolze Kastelle, alte Adelsvillen, kurvige Sträßchen – ein erholsamer Kontrast zur Großstadt Turin und der wohl harmonischste Landstrich im Piemont. Die Küche ist dank der Vielzahl lokaler Produkte ausgezeichnet und vielseitig: Trüffel, Käse, Würste und natürlich – immer und überall – Wein. Genießer haben die Wahl zwischen dem vollen und kräftigen *Barolo*, dem samtigen *Barbaresco*, dem fruchtig-herben *Barbera*, dem frischen *Dolcetto* und dem trockenen und tanninreichen *Nebbiolo*. Wen es mehr zu Weißwein zieht, sollte einmal den fruchtig-leichten *Arneis* probieren. Als Aperitif oder Dessertwein empfehlen sich der fruchtig-süße *Moscato d'Asti* oder der *Asti Spumante*. Die Weinkellereien gehen in die hunderte, ausführliche Informationen hierzu bieten die vielen deutschsprachigen Broschüren, die von den Fremdenverkehrsämtern ausgegeben werden.

Asti

ca. 76.000 Einwohner

Die sympathische Hauptstadt des Monferrato – Heimat guter Weine, des prickelnden Asti Spumante und des tiefroten Barbera d'Asti. Das Stadtbild bietet einiges fürs Auge, man kann hervorragend essen und die Atmosphäre einer touristisch nur wenig frequentierten Stadt genießen.

Von der großen *Piazza Alfieri* mit ihren langen Laubengängen – benannt nach dem einheimischen Dichter Vittorio Alfieri (1749–1803), den die Freiheitsbewegung des 19. Jh. zu ihrem Idol machte – kommt man auf den langen und überwiegend autofreien *Corso Alfieri*, der das ganze Zentrum durchzieht. Seitlich davon öffnen sich die Gässchen und Plätze der malerisch-verwinkelten Altstadt. Südlich vom Corso steht in einer hübschen Ecke die romanisch-gotische Kirche *San Secondo* (13./14. Jh.). Sie ist dem Schutzheiligen von Asti geweiht ist, der hier den Märtyrertod gestorben sein soll. In einer der Kapellen werden die Banner des Palio aufbewahrt, interessant außerdem die alte Krypta mit einem Wald von Säulen. Nördlich der Hauptstraße kann man durch schmale Pflastergassen zur gewaltigen *Cattedrale Santa Maria Assunta* abbiegen. Äußerlich beeindrucken an der gotischen Backsteinkirche vor allem das prachtvolle Portal, die abgesetzte weiße Musterung und die herrliche Fassade mit drei Rosetten. Das Innere ist mit opulenten Rokoko-Fresken ausgeschmückt.

• Öffnungszeiten/Eintritt **San Secondo**, tägl. 8–12.30 und 15.30–19 Uhr. **Cattedrale S. Maria Assunta**, tägl. 8–12 und 15–19 Uhr.

• Anfahrt/Verbindungen **Pkw**, von Turin auf der A 21 schnell zu erreichen. Große gebührenpflichtige Parkplätze im Zentrum sind Piazza Alfieri und Campo del Palio.

Bahn, mindestens stündl. Verbindung mit Turin, außerdem mehrmals von und nach Mailand und Alba – jeweils mit Umsteigen. Bahnhof südlich vom Zentrum, geradeaus über den Campo del Palio zur zentralen Piazza Alfieri.

• Information Asti Turismo im Palazzo della Provincia an der Südseite der zentralen Piazza Alfieri, Nr. 29. Es wird Deutsch gesprochen. Mo–Sa 9–13 und 14.30–18.30 Uhr, So nur 9–13 Uhr. ✆ 0141/530357, www.astiturismo.it.

Palio d'Asti

Höhepunkt des sonst eher gemächlichen Stadtlebens ist zweifelsohne der Palio d'Asti am dritten Sonntag im September mit großem Umzug in historischen Kostümen und anschließendem Pferderennen auf der Piazza Alfieri. Das Rennen findet hier bereits seit dem späten 13. Jh. zu Ehren des Stadtheiligen San Secondo statt. Schon ab der ersten Maiwoche eines jeden Jahres bereiten sich die *Astigiani* auf den Wettkampf vor. Dann nämlich – zum Fest des Stadtpatrons – wird mit großem Pomp das später zu verleihende Siegerbanner enthüllt. Dessen Gestaltung ist an strenge Auflagen gebunden und wird traditionell in die Hände eines renommierten italienischen Künstlers gelegt. In den verschiedenen Stadtvierteln (*rioni*) laufen die Vorbereitungen ab Spätsommer auf Hochtouren: Pferd und Jockey trainieren hart und vor dem großen Rennen wird das Pferd sogar vom Pfarrer des Viertels in der Kirche (!) gesegnet. Die Fahnenschwinger von Asti sollen die besten des Landes sein, sie treten schon ein paar Tage vor dem alles entscheidenden dritten Sonntag im September zum Wettstreit an, ebenso die Schildknappen. Die Rennen beginnen am Palio-Sonntag um 16 Uhr. 21 Teilnehmer aus den verschiedenen Stadtvierteln und Vororten treten zunächst zu drei Vorläufen an, dann kommt es zum alles entscheidenden Schlusslauf – 1200 m, das sind drei Runden um die Piazza, ohne Sattel, aber mit allerlei Tricks und Tritten. Der Sieger kann sich dann ein Jahr lang außer mit Ruhm und Ehre auch mit dem kunstvollen Banner schmücken, der Zweite erhält wie vor über 700 Jahren schon einen Beutel mit Silbermünzen, der Dritte einen lebenden Hahn, das Symboltier der Stadt, und der Letzte, so will es die Tradition, einen Salat mit *einer* Sardelle.

Piemont und Aostatal
Karte S. 376/377

• *Übernachten* **** **Palio**, eines der besten Hotels der Stadt, zentrale Lage in einer Seitenstraße bei der Piazza Campo del Palio. 37 Zimmer, moderne und komfortable Einrichtung, EZ 105 €, DZ 155 €, Dreibettzimmer 170 €, Frühstück inkl. Via Cavour 106, ✆ 0141/34371, ✉ 34373, www.hotelpalio.com.

*** **Aleramo**, neben dem Hotel Palio, neu renoviert, viele Geschäftsreisende. Mit Garage (14 €/Tag). 42 Zimmer, alle mit Bad, TV, Klimaanlage. EZ 80 €, DZ 120–140 €, Dreibettzimmer 160 €, Frühstück inkl. Via E. Filiberto 13, ✆ 0141/595661, ✉ 30039, www.hotel.aleramo.it.

*** **Rainero**, gegenüber dem Aleramo, nicht ganz so neu und dafür etwas günstiger. 54 Zimmer, EZ 60 €, DZ 85–110 €, Dreibettzimmer 150 €, Frühstück 8 € pro Pers., Garage 10 €/Tag. Via Cavour 85, ✆ 0141/353866, ✉ 594985, www.hotelrainero.com.

*** **Reale**, historisches Haus mit Geschichte, seit 1793 als Hotel geführt. Am 13. März 1867 hat Garibaldi vom Balkon gesprochen. Gediegene Eingangshalle mit antiker Ausstattung, jedoch alles nicht mehr ganz neu, mit Garage (10 €/Tag). EZ 65 €, DZ 100–130 €, Dreibettzimmer 145 €, mit Frühstück. Piazza Alfieri 5, ✆ 0141/530240, ✉ 34357, www.hotelristorantereale.it.

** **Cavour**, vis-à-vis vom Bahnhof, günstiges Hotel im Zentrum, deshalb vor allem an Wochenenden schnell ausgebucht. Zimmer mit Bad und Klimaanlage, EZ 54–60 €, DZ 75–87 €, Frühstück inkl. Piazza Marconi 18, ✆/✉ 0141/530222, www.hotelcavour-asti.com.

Camping Umberto Cagni im nordöstlichen Stadtgebiet, Loc. Valmanera 152, ca. 2 km vom Zentrum. Pro Pers. 6 €, Zelt 6,50 €, Wohnwagen 7,50 €, Wohnmobil 8,50 €, Auto 4,50 €, April bis Sept. geöffnet. ✆ 0141/271238, www.campingcagniasti.it.

• *Essen & Trinken* Es gibt zahlreiche gute Restaurants in Asti, im Folgenden nur ein Ausschnitt aus dem großen Angebot.

L'Angolo del Beato, gehobene piemontesische Küche nahe der Piazza Campo del Palio. Spezialität des Hauses ist neben dem

Pasta-Klassiker *Tajarin* der eher derbe Fleischeintopf *Finanziera*. Elegantes Ambiente, Menü 35–45 €. Mittags und abends geöffnet, So geschl. Via Guttuari 12, ✆ 0141/531668.

Il Convivio Vini & Cucina, eines der angenehmsten Lokale in Asti, teilweise mittelalterliches Gebäude in einer Altstadtgasse. Gut sortierte Weinkarte mit großer Auswahl an Barbera. Menü ca. 35–45 €. Mittags und abends geöffnet, So geschl. Via G. Giuliani 4/6, ✆ 0141/594188.

Osteria del Diavolo, neben der ehemaligen Kirche an der ruhigen Piazza San Martino. Sehr gemütliche Osteria, im Sommer auch einige Tische draußen. Täglich wechselndes Menü bei moderatem Preisniveau, Menü um 25 €. Gehört zum Diavolo Rosso nebenan (s. u.). Nur 20–24 Uhr geöffnet, Mo/Di geschl. Piazza San Martino 6, ✆ 0141/30221, www.osteriadeldiavolo.it.

Ristorante/Pizzeria Francese, gegenüber der Kirche San Secondo eine Gasse hinein. Großes Ristorante/Pizzeria mit gutem Weinkeller und gemütlicher Außenterrasse aus Holz. Mittags und abends geöffnet, Mi geschl. Via dei Cappellai 15, ✆ 0141/592321.

• *Nachtleben* **Il Diavolo Rosso**, in der ehemaligen Kirche San Michele in der Nähe der Piazza Roma, wo in sakralem Ambiente u. a. Konzerte, Ausstellungen und Theateraufführungen stattfinden. Meist freier Eintritt. Do–So ab 19.30 Uhr sowie zu Veranstaltungen geöffnet, Piazza San Martino 4, ✆ 0141/355699, www.diavolorosso.it.

• *Shopping* Unter den Lauben der Piazza Alfieri und am Corso Alfieri läuft einem das Wasser im Mund zusammen: besonders die lokalen Weine, der Spumante und das leckere Gebäck *polentina delle tre mandorle* verführen zum Kauf – Letzteres z. B. in der Traditionskonditorei **Giordanino** am Corso Alfieri 254. Den süßen *torrone d'Asti* (weißer Nougat mit piemontesischen Haselnüssen) findet man besonders gut bei **Barbero**, Via Brofferio 84.

Mittwochs und samstags großer Wochenmarkt auf der **Piazza Campo del Palio**.

Asti/Umgebung: In den Weinbergen der Umgebung gibt es zahlreiche Kellereien, die Degustationen anbieten, Informationen erteilt *Asti Turismo* in Asti (s. o.).

Auf halbem Weg nach Alba fällt das mächtige Castello von *Costigliole d'Asti* sofort ins Auge. Hier befindet sich heute das *Italian Culinary Institute for Foreigners* (ICIF), eine renommierte Kochschule für Berufsköche, die aus aller Welt hier zum Kurs anreisen (Infos unter www.icif.com). Im Keller des Rathauses (Via Roma 9) von Costigliole ist Weinverkostung möglich (Cantina Comunale, Di–Fr 10–12 Uhr, Sa/So 10–12 und 16–19 Uhr, im Winter 15–18 Uhr).

Noch ein Stück weiter südlich von Asti gelangt man nach *Canelli* (ca. 10.500 Einwohner), der Hauptstadt des Spumante und lebhaftes Zentrum des südlichen Monferrato am Fluss Belbo. Im Jahr 1865 hat Carlo Gancia hier den ersten Spumante Italiens kreiert, die Sektkellerei Fratelli Gancia gibt es noch heute.

Castelnuovo Don Bosco im nördlichen Astigiano ist ein weltbekannter Wallfahrtsort. Hier wurde 1815 Don Giovanni Bosco geboren, Gründer der Salesianer Institute. Im Ortsteil *Colle Don Bosco*, 4 km südlich vom historischen Zentrum, findet man die große Wallfahrtskirche, zwei Museen und das Geburthaus des 1934 heilig gesprochenen Ordensgründers.

• *Übernachten* *** **Fons Salutis**, in Agliano Terme (ca. 7 km östlich von Costigliole). Hotel und Ristorante inmitten von Weinbergen, benannt nach der gleichnamigen, im Hotelpark entspringenden Sulfatquelle, die Kureinrichtungen befinden sich nebenan. Modern eingerichtet, 2003 renoviert. Nach einem Sprung in den Swimmingpool kann man schön im Freien speisen. EZ 53 €, DZ 80 €, Dreibettzimmer 100 €, Frühstück inkl., Halbpension 50–60 € pro Pers. Via alle Fontane 125, ✆ 0141/954018, ℻ 954554, www.hotelfonssalutis.it.

*** **La Corte**, sehr schön gelegen, mit Garten und Pool (auch Kinderbecken), ideal zum Relaxen. 22 Zimmer, stilvolle Einrichtung. Mit Restaurant (Di–So abends, Sa/So auch mittags, Mo geschl.). Von Canelli Richtung Nizza Monferrato, am Ortseingang von Calamandrana rechts ab den Hügel hinauf (beschildert). EZ 80 €, DZ 115 €, Dreibettzimmer 140 €, Frühstück inkl. ✆ 0141/769109, ℻ 769991, www.agrilacorte.com.

La Mussia, Agriturismo in Castelnuovo Calcea (zwischen Costigliole und Nizza Monferrato geht es ab, beschildert), inmitten der Weinberge. Renoviert, mit Schwimmbad und Tennisplatz, gekocht wird mit Produkten aus eigenem Anbau. EZ 50 €, DZ 80 €, Dreibettzimmer 105 €, jeweils mit Frühstück mit Halbpension kostet das EZ 75 €, das DZ 124 € und das Dreibettzimmer 165 €. Apartment für 4 Pers. 600 €, für 6 Pers. 800 € pro Woche. ✆ 0141/957201, 📠 957402, www.lamussia.it.

La Casa in Collina, Agriturismo etwa 3 km außerhalb von Canelli, mitten in den Weinbergen. Nobles Anwesen, frisch restauriert, nur sechs elegante Zimmer in schönem Ambiente, EZ 90 €, DZ 110 €, Dreibettzimmer 130 €, Frühstück inkl. ✆ 0141/822827, 📠 0141/823543, www.casaincollina.com. Von Norden kommend, gleich am Ortseingang von Canelli rechts ab und den Hügel hinauf (beschildert), der Agriturismo liegt im Ortsteil Sant'Antonio.

Camping Le Fonti, ca. 2 km außerhalb von Agliano Terme, bei den Kureinrichtungen. Swimmingpool, Fahrradverleih, Tennis- und Volleyballplatz. Pro Pers. 7 €, Zelt 6–8 €, Wohnwagen/-mobil 8 €, Auto 3,50 €. Ende April bis Mitte Okt. geöffnet. Via alle Fonti 54, ✆ 0141/954820, www.campinglefonti.it.

• *Essen & Trinken* **San Marco**, in Canelli, eines der besten Restaurants der Gegend, stilvolles Ambiente, freundlicher Service, ausgezeichnete Küche (und ebensolche Weinkarte), mit einem Michelin-Stern gekrönt. Menü zu 43 und 48 €, kleines Mittagsmenü 25 €, Tagesgericht 15 €. Für abends dringend reservieren. Di-Abend und Mi geschl. Via Alba 136 (Straße westlich stadtauswärts), ✆ 0141/823544, www.sanmarcoristorante.it.

• *Wein/Spumante* **Contratto**, Degustation 12 € (Weißwein/Sekte) bzw. 20 € (Rotweine), dabei kann auch der Keller besichtigt werden (Anmeldung erforderlich!). Für einen handgerüttelten Contratto Riserva Brut muss man ab ca. 15 € ausgeben. Daneben sind hier auch Barbera d'Asti, Barolo, Barbaresco, Moscato d'Asti, Gavi und andere Weine zu haben. Mo–Fr 8–12 und 14–18 Uhr. Via G. B. Giuliani 56 (im Zentrum), ✆ 0141/823349, 📠 824650, www.contratto.it.

Alba

ca. 31.000 Einwohner

Im schönen, grünen Hügelland der Langhe liegt eine kleine, mittelalterliche Stadt, die für zwei Dinge berühmt ist: ihre roten Weine und die weißen Trüffel „tartufi".

Alljährlich zur Erntezeit im Herbst bricht in Alba das Trüffelfieber aus – an allen Ecken stehen die kartoffelförmigen Edelpilze sündhaft teuer zum Verkauf. Und zur selben Zeit sind auch die Trauben in den Weinbergen um die Stadt reif, „Cantine" und „Enoteche" mit Besichtigung, Kostproben und Verkauf findet man in den zahlreichen Weindörfern der Umgebung. Aber auch für Nicht-Gourmets lohnt ein Besuch, denn der Kern Albas mit engen Pflastergassen und einigen Geschlechtertürmen, dominiert vom großen Backsteindom, ist noch bestens erhalten und lädt zur Erkundung ein. Besonders reizvoll ist ein Besuch Albas am Samstag – dann findet in der Altstadt der große *Wochenmarkt* statt, der in seinen Ursprüngen bis 1171 zurückgeht.

Wer Anfang Oktober in der Gegend unterwegs ist, sollte sich den *Palio degli Asini*, den Esels-Palio von Alba, nicht entgehen lassen. Am ersten Sonntag im Oktober tritt man hier nämlich zur spöttischen Antwort auf den Palio von Asti an, bei dem Alba, nachdem es zweimal hintereinander gewonnen hatte, nicht mehr mitmachen durfte. Großes, lustiges Spektakel mit opulentem Mittelalterfest, Höhepunkt ist das Eselsrennen am Nachmittag.

• *Anfahrt/Verbindungen* **Pkw**, ab Turin Autobahn A 6 und über Bra nach Alba. Reizvoller ist die direkte Fahrt durchs Hügelland des Monferrato auf der SS 29.

Bahn, Zugverbindungen ab Turin gibt es über **Asti** oder über **Carmagnola-Bra**, jeweils mit Umsteigen.

• *Information* **I.A.T./Consorzio Turistico** an der Piazza Risorgimento 2 (Piazza Duomo), Mo–Fr 9–18.30 Uhr, Sa/So 9.30–18.30 Uhr.

Große Auswahl an Material über ganz Piemont, auch deutschsprachige Prospekte über Weinanbau und Degustation. ✆ 0173/366328, ✉ 220237, www.turismodoc.it.

• Übernachten **** Savona, gepflegtes und gut geführtes Haus direkt an der Piazza Savona. Parkplatz/Garage im Innenhof, empfohlenes Restaurant (Di geschl.). EZ 83 €, DZ 127 €, mit Frühstück. Via Roma 1, ✆ 0173/440440, ✉ 364312, www.hotelsavona.com.

** **San Lorenzo**, nettes, kleines, noch recht neues Hotel direkt hinter dem Dom, elf Zimmer, eines davon mit Balkon zur Piazza. Pasticceria im EG. EZ 75 €, DZ 100 €, Frühstück inkl. Piazza Rossetti 6, ✆ 0173/362406, ✉ 366995, www.albergo-sanlorenzo.it.

Villa La Meridiana, Agriturismo in der Località Altavilla hoch über der Stadt (ca. 1 km nördlich des Zentrums). Historische Villa im Grünen, schöner Blick über Alba und die Hügel der Langhe, Swimmingpool, Fitnessraum, Fahrradverleih, Parkplatz. Vier Zimmer und vier Miniapartments, DZ mit Frühstück ab 90 € (EZ ab 70 €). Loc. Altavilla 9, ✆/✉ 0173/440112, www.villalameridianaalba.it.

• Essen & Trinken **Osteria Lalibera**, unser **TIPP!** Modernes Lokal mit freundlichem, hellem Ambiente in der Parallelstraße der Via Vittorio Emanuele II. Ausgezeichnete hausgemachte *Tajarin* (z. B. *al ragu*), die Tagliata vom Rindsfilet ist zart und auf den Punkt gebraten. Umfangreiche Weinkarte. Für abends besser reservieren, Mo-Mittag und So geschl. Via Pertinace 24, ✆/✉ 0173/293155.

Osteria dell'Arco, gepflegte Trattoria mit ansprechender Atmosphäre, fühlt sich der Slow-Food-Bewegung verpflichtet, interessante Speisekarte mit saisonal wechselnden Gerichten, sehr gut auch hier die hausgemachten Bandnudeln *Tajarin*. Menü 30–35 €. Mittags und abends geöffnet, So/Mo geschl. (außer Herbst). Piazza Savona, etwas versteckt im Hinterhof der Nr. 5/a, ✆ 0173/363947.

Cafés gibt es vor allem an der Piazza Savona (z. B. das **Caffè Savona**), aber auch an der Via Vittorio Emanuele, der Fußgängerzone zum Dom, besonders beliebt ist hier das **Vincafé** (Via Vittorio Emanuele 12), hier auch kleines Mittagsmenü und Aperitivo. Hinter dem Dom befindet sich das ebenfalls sehr einladende **Caffè Rossetti** an der gleichnamigen Piazza.

• Feste Etwa Mitte April bis Anfang Mai findet in Alba die **Weinmesse Vinum** statt: großes Rahmenprogramm, Infos bei der IAT.

Am ersten Sonntag im Oktober markiert der **Palio degli Asini** (s. o.) den Beginn der zweiwöchigen Trüffelmesse **Fiera Internazionale del Tartufo Bianco d'Alba**. Besonders reizvoll ist dabei der große Trüffelmarkt im Cortile della Maddalena, dem Innenhof der gleichnamigen Kirche (Via Vittorio Emanuele 19), am letzten Tag der Messe findet hier die große Trüffel-Versteigerung statt (nähere Infos bei der I.A.T.).

Alba/Umgebung: Im Castello von *Grinzane Cavour* ist die älteste und größte Önothek des Piemont untergebracht, zusammen mit dem hervorragenden, gehobenen Ristorante al Castello (Montagabend und Di geschl.). Außer der genussvollen Weinprobe kann man in der Burg die ehemaligen Gemächer des Ministerpräsidenten Camillo Benso di Cavour besichtigen, der im 19. Jh. maßgeblich die Einigung Italiens vorantrieb – hier war er einst Bürgermeister.

Noch ein Stück weiter südlich liegt *Barolo*, Herkunftsort des berühmten Rotweins, wo im Palazzo Falletti eine weitere angesehene Önothek auf den Besuch von Weinliebhabern wartet.

Das eigentliche Zentrum des „Königs des Weine" ist heute allerdings der Nachbarort *La Morra*, nordwestlich von Barolo auf einem Hügel thronend: In dem kleinen beschaulichen Dorf reihen sich die berühmten Weingüter quasi aneinander. Über 30 % der gesamten Barolo-Produktion findet hier in La Morra ihren Ursprung.

Die ehemalige mittelalterliche Festungsstadt *Cherasco* liegt westlich von La Morra malerisch auf einer Bergterrasse, die mächtigen Maueranlagen sind heute Spazierpromenaden. Cherasco ist landesweit bekannt für den Handel mit Schnecken, die hier als kulinarische Spezialität auf vielen Speisekarten stehen, z. B. als „lumache al barbera" (Schnecken in Rotwein).

Wuchtig: Castello Grinzane Cavour

Weinliebhaber kommen aber auch bei einem Ausflug nordöstlich von Alba auf ihre Kosten: Die beiden benachbarten Orten *Barbaresco* und *Neive* bieten nicht nur eine malerische Lage und beschauliches Dorfleben, sondern auch kulinarische Genüsse auf höchstem Niveau. In einer ehemaligen Barockkirche in Barbaresco befindet sich heute die Enoteca Regionale del Barbaresco.

• *Öffnungszeiten/Eintritt* **Castello Grinzane Cavour**, tägl. 9.30–19 Uhr geöffnet, im Winter bis 18 Uhr, auch an Feiertagen, Di Ruhetag (außer im Okt.), im Januar geschl. Um 10–12 und 14.30–18.30 Uhr etwa stündlich Führungen, Eintritt 4,50 €, erm. 3,50 €. Dauer ca. 40 Min.

Palazzo Falletti, Weinmuseum (s. o.), Mo–Fr 10–18 Uhr, Sa/So 9.30–19.30 Uhr, Do und im Januar geschl. Eintritt 7 €, erm. 5 €, Kinder 6–14 J. 3 €, unter 6 J. frei. ✆ 0173/386697, www.wimubarolo.it.

• *Übernachten* *** **Barolo**, gepflegtes Haus mit Pool, Garten und Parkplatz. Von der Restaurantterrasse Blick auf das Schloss und die Weinberge. EZ 75 €, DZ 100 €, Frühstück 5 €/Pers. In Barolo, Via Lomondo 2, ✆ 0173/56354, ✆ 560026, www.hotelbarolo.it.

B & B La Giolitta, in Barolo, unser **TIPP!** Ruhige Lage im Zentrum (bei der Post). Nur drei nett eingerichtete Zimmer, EZ 50–55 €, DZ 68–75 €, Frühstück inkl. Via Cesare Battisti 13, ✆/✆ 0173/560504, www.lagiolitta.it.

*** **Vecchio Tre Stelle**, sympathischer Familienbetrieb im gleichnamigen Weiler 3 km südlich von Barbaresco. Sehr gute Küche, umfangreiche Weinkarte (nur abends geöffnet, Reservierung ratsam, Mo und Di Ruhetag), DZ mit Frühstück 100 €. Loc. Tre Stelle, Via Rio Sordo 13, ✆ 0173/638192, www.vecchiotrestelle.it.

** **La Contea**, in Neive, an der idyllischen Piazza Cocito. Sehr einladendes Haus, 26 Zimmer, stilvoll mit dunklem, altem Mobiliar eingerichtet. DZ mit Halbpension (sehr empfehlenswert, s. auch Essen & Trinken) 180 €, EZ 90 €, Kinderermäßigung. Mitte Jan. bis Anfang März geschl. Piazza Cocito 8, ✆ 0173/67126, ✆ 67367, www.la-contea.it.

• *Essen & Trinken* **Belvedere**, viel gepriesenes Restaurant im Ortszentrum von La Morra, zählt zu den besten der Region. Risotto und Schmorbraten, beides in Barolo, gehören hier zu den Favoriten. Weiter Blick in die Hügellandschaft. Preise für das Gebotene maßvoll, Menü ab ca. 35 € aufwärts. So-Abend und Mo geschl. Piazza Castello 5, ✆ 0173/50190.

Ristorante Rabayà, in Barbaresco, urgemütliches Ristorante mit schöner Terrasse, im Weinkeller kann man sich den edlen Tropfen selbst aussuchen. Kleines Degustationsmenü 30 €, das große 40 €. Etwa 400 m vom Ortskern entfernt, 200 m Richtung Alba, dann halbrechts (beschildert). Mi Ruhetag. Strada della Stazione 12, ✆ 0173/635223.

Ristorante Antinè, in Barbaresco, neben dem Weingut Gaja. Junge und kreative Küche in stilvollem Ambiente, auch traditionelle Gerichte; umfangreiche Weinkarte, gehobenes Preisniveau, für ein Menü sollte man mit mind. 45 € rechnen. Mittags und abends geöffnet, Mi Ruhetag, ✆ 0173/635294.

La Contea, in Neive, *Tipp* für Feinschmecker! Claudia und Tonino Verro begeistern ihre Gäste mit traditioneller und verfeinerter Langhe-Küche auf allerhöchstem Niveau. Den passenden Rahmen dazu bietet der alte Palazzo aus dem 15. Jh., in dem die festlich gedeckten Tafeln in mehreren Sälen untergebracht sind, im Sommer mit Terrasse. Spitzenweine der Langhe, Degustationsmenü 45 und 59 €, Kindermenü 12 und 16 €, Tagesmenü (mittags) 29 €. Auch Zimmer: EZ 70 €, DZ 90 €, Dreibettzimmer 110 €, Frühstück inkl. So-Abend und Mo geschl. (im Herbst nicht), ebenso von Mitte Februar bis Mitte März. Reservierung empfohlen. Piazza Cocito 8, ✆ 0173/67126, 📠 67367, www.la-contea.it.

• *Wein* **Enoteca Regionale Piemontese Cavour**, im EG des Castello Grinzane Cavour, riesige Auswahl, nicht nur zahlreiche Weine des Piemont, sondern auch Grappa, Torrone und andere *prodotti tipici* der Region. Tägl. 9.30–19 Uhr, im Winter bis 18 Uhr geöffnet, Di geschl. (im Herbst nicht). Verkostung 2–5 €, www.castellogrinzane.com.

Enoteca Regionale del Barolo, im Gewölbekeller des Palazzo Falletti (Castello Comunale) in Barolo. Schwerpunkt Barolo, nur einige wenige Dolcetti und Barbera im Sortiment. Degustation je nach Wein bis zu 10 €. Tägl. 10–12 und 15–18 Uhr geöffnet, Do geschl. Piazza Falletti, ✆ 0173/56277, www.baroloworld.it.

Enoteca Regionale del Barbaresco, in der ehemaligen Kirche San Donato im Zentrum von Barbaresco, Degustation 1,50 €/Glas. Geöffnet Mo–Sa 10–19 Uhr, So 10–13 und 14–19 Uhr (Mi und im Januar geschl.). Piazza del Municipio 7, ✆ 0173/635251, 📠 635942, www.enotecadelbarbaresco.it.

Cantina dei Produttori del Barbaresco, in Barbaresco, Verkaufsstelle der Winzergenossenschaft, gegenüber dem Sarazenenturm gelegen. Verkostung in nüchternem Ambiente, dafür kostenlos, die Flasche Barbaresco kostet hier ab 15 €, Grappa ab 16 €. Mo–Fr 9–12 und 14–18 Uhr, Sa/So 10–12 und 15–18 Uhr (im Juli/August So geschl.). Via Torino 54, ✆ 0173/635139, 📠 635130, www.produttoridelbarbaresco.com.

WiMu – das Museo del Vino in Barolo

Nach langer Restaurierungsphase eröffnete im Herbst 2010 das neue Weinmuseum, kurz *WiMu*, im Castello di Falletti. Während der erste Stock sich der Geschichte des Schlosses in original erhaltener Ausstattung widmet (man beachte z. B. das Arbeitszimmer *Silvio Pellicos*), dreht sich in den oberen beiden Stockwerken dann alles ausschließlich um den Wein – Weingötter und Weingeschichte, Wein im Film und der Musik, in der Küche und in der Literatur, über das Weinmachen und Weintrinken, letzteres beispielsweise an der detailgetreu nachgestellten Tafel des Grafen Cavour. Konzipiert wurde die multimediale und sehr kurzweilige Show von *François Confino*, dem z. B. Turin schon sein sehenswertes Kinomuseum verdankt. Vom obersten Stock bietet außerdem die Panoramaterrasse einen herrlichen Blick, im Untergeschoss können in der *Enoteca Regionale del Barolo* auch Weine verkostet und gekauft werden. Nähere Infos s.o.

Von Turin zur Riviera

Gängigste Route ist die A 6 nach Savona, eine interessante Alternative aber die SS 20 über Cúneo nach Ventimiglia, dabei wird ein Stück Frankreich durchquert.

Auf der SS 20 geht es anfangs durch die flache Poebene, südlich von Cúneo dann in vielen Kurven hinauf in die Seealpen, französische Grenze am *Colle di Tenda* mit langem Straßentunnel (3182 m, *Achtung*: lange Wartezeiten durch Ampelschaltung!), danach folgt die Straße dem gewundenen Flusslauf des Roya. Eine malerische Strecke zwischen hohen Hängen, an denen immer wieder kleine Dörfer kleben.

Tende staffelt sich mit vielen kleinen Gässchen und Treppen den steilen Hang hinauf, überragt von einer Burgruine. Ein weiterer hübscher Ort ist *Breil-sur-Roya*.

Die parallel zur Straße laufende Bahnlinie gilt als eine der schönsten Strecken der Alpen! Verbindungen etwa 5-mal tägl., ca. 4–5 Std. Fahrtzeit (ab Turin), z. T. Umsteigen in Fossano oder Cuneo. Streckenführung: Turin-Fossano-Cúneo-Limone Piemonte-Tende-Breil-Ventimiglia (ab Breil Zweiglinie nach Nizza an der Cote d'Azur).

Saluzzo

ca. 16.000 Einwohner

Die Saluzzer Markgrafen bauten vom Spätmittelalter bis zur Renaissance das Städtchen am westlichen Voralpenrand zur prunkvollen Residenz aus. In der malerischen Oberstadt mit Castello und hohem Stadtturm sind zahlreiche historische Palazzi und Kirchen erhalten. Bekannt ist Saluzzo auch für seine Kunsttischlereien und Restaurierungswerkstätten.

Durch die *Antica Porta Santa Maria*, schräg gegenüber der Kathedrale, betritt man vom Corso Italia aus die ruhige, vom Durchgangsverkehr gänzlich abgeschirmte Altstadt. Die winzige *Piazzetta dei Mondagli* bildet den Beginn der steilen, mit Kieseln gepflasterten *Salita al Castello* zur Burg hinauf. Hier reihen sich mehrere Palazzi aneinander, im oberen Teil rechts passiert man den *Palazzo della Città*, dahinter steht die 48 m hohe *Torre Civica*, die auch bestiegen werden kann. Nach dem Palazzo Comunale folgt der *Palazzo delle Arti Liberali* mit verblassten Resten von Wandmalereien. Das bullige, „La Castiglia" genannte Castello am höchsten Punkt kann nicht besichtigt werden. Wenn man beim Palazzo Comunale von der Salita al Castello abbiegt, gelangt man zur sehenswerten gotischen Kirche *San Giovanni* mit benachbartem Kreuzgang und zur *Casa Cavassa*, einem großzügigen Renaissancepalast, in dessen Innenräumen noch Fresken und schön bemalte Holzdecken erhalten sind.

• Öffnungszeiten/Eintritt **Torre Civica**, März bis Sept. Di–So 10.30–12.30 und 14.30–18.30 Uhr, Mo geschl., im Winter nur Sa/So; Eintritt 1,50 €. **Casa Cavassa**, April bis Sept. Di/Mi nur auf Nachfrage (oder Einlass nur um 11 und 15 Uhr für je 45 Min.), Do–So 10–13 und 14–18 Uhr, im Winter nur bis 17 Uhr, Mo geschl.; Eintritt 4,50 € (mit Torre Civica 5 €), erm. 2 €.

• Information **I.A.T.**, unweit der Kathedrale an der Piazza di Risorgimento 1. Im Sommerhalbjahr tägl. außer Mo 10–13 und 15–18.30 Uhr; im Winter tägl. 10–12.30 und 15–18 Uhr. ✆ 0175/46710, ℻ 46718, www.saluzzoturistica.it.

• Übernachten *** **Griselda**, modernes Hotel in nicht besonders attraktiver Gegend am Fluss, aber überaus komfortabel und zu Fuß nur wenige Minuten ins Zentrum. Freundlicher Service, Parkplatz. EZ 65–85 €, DZ 88–140 €, Dreier 145 €, Frühstück inkl., Garagenstellplatz 10 €. Ab Zentrum beschildert. Corso XXVII Aprile 13, ✆ 0175/47484, ℻ 47489, www.hotelgriselda.it.

Blick auf Saluzzo

*** **Perpoin**, zentral bei der Piazza Risorgimento an der Hauptstraße der Unterstadt, dennoch ruhige Lage im Hinterhof, nicht mehr ganz neu, mit Parkplatz, das angeschlossene Restaurant ist zwar nicht gerade gemütlich, aber beliebt. EZ 60 €, DZ 100 €, Frühstück inkl. Via Spielberg 19, ✆ 0175/42552, 📠 42800, www.hotelsaluzzo.com.

** **Persico**, günstigstes Hotel in Saluzzo, ebenfalls zentrale Lage nahe dem Dom. EZ 43 €, DZ 63 €. Vicolo Mercati 10, Vicolo Mercati 10, ✆ 0175/41213, 📠 248075, www.albergoperisco.net.

• *Übernachten/Außerhalb* *** **Castello Rosso**, in Costigliole Saluzzo (10 km südlich). In einem Schloss aus dem 15./16. Jh., 25 Zimmer bieten feudal-antikisiertes Ambiente, die Dependance dagegen modern. Garten, Pool, Restaurant, Wellness-Bereich. EZ 140 €, DZ 165 €. Via Ammiraglio Reynaudi 5, ✆ 0175/230030, 📠 239315, www.castellorosso.com. Anfahrt: Kaum zu verfehlen, da am höchsten Punkt von Costigliole gelegen, im Borgo Medioevale (beschildert).

B & B Il Giardino dei Semplici, am südlichen Ortsausgang von Manta (wenige Kilometer südlich von Saluzzo). Im Grünen gelegen, günstig, private Atmosphäre und sehr kinderfreundlich, nur drei Gästezimmer, gemeinsame Küche, zwei Badezimmer, EZ 40 €, DZ 60 €, Frühstück inkl. Via San Giacomo 12, ✆ 0175/85744. Anfahrt: Von der SS 589 an der letzten Ampel vor dem südl. Ortsausgang Mantas rechts ab in die Via Dante, die dann in die Via Garibaldi übergeht, mit dem Straßenverlauf nach links, dann das grüne Tor auf der rechten Seite.

• *Essen/Trinken* **L'Ostu dij Baloss**, edles Lokal in einem Renaissance-Palazzo, im Speisesaal Deckenmalereien, traditionell piemontesische Küche und große Weinauswahl, kleines Degustationsmenü 33 €, Kindermenü 10 €. So und Mo mittags geschl. Via Gualtieri 38 (Eingang um die Ecke in der Via San Nicola), ✆ 0175/248618.

La Gargotta del Pellico, elegantes Traditionslokal an der Piazzetta dei Mondagli 5 in der Altstadt. Mittleres Preisniveau, Degustationsmenü 29 €. Mittags und abends geöffnet, Di und Mi-Mittag geschl. ✆ 0175/46833.

Taverna di Porti Scür, gepflegte Trattoria unter den düsteren Laubengängen der Via Porti Scür (Via Volta). Recht kleines Lokal, nettes, helles Ambiente, sehr günstig. Kein Ruhetag. Via Volta 14, ✆ 0175/219483.

Cúneo — ca. 55.000 Einwohner

Die große, geschäftige Stadt liegt auf einem keilförmigen Plateau (cúneo = Keil) zwischen den Flüssen Gesso und Stura. Wegen seiner strategischen Bedeutung wurde sie immer wieder von den Franzosen belagert und besetzt. Das Zentrum zeigt sich reizvoll, mit langen Arkadengängen aus verschiedenen Jahrhunderten entlang der Hauptstraße und einigen mittelalterlichen Gassenzügen. Mittelpunkt ist die repräsentative *Piazza Galimberti*, einer der größten Plätze des Piemont. Mit den Arkadengängen der sie umgebenden Palazzi ähnelt sie ein wenig der Piazza San Carlo in Turin. Sie trennt die klassizistische Neustadt um den Corso Nizza von der mittelalterlichen und barock geprägten Altstadt um die Via Roma. Die *Via Mondovì* ist ein charakteristischer Straßenzug im mittelalterlichen Teil der Stadt. Hier findet man nahtlos eingefügt in die Hauszeilen die *Synagoge* (wird zurzeit restauriert). Das *Museo Civico* im früheren Kloster San Francesco in der Via Santa Maria 10 besitzt ein sehenswertes Sammelsurium historischer und volkskundlicher Stücke aus verschiedenen Epochen.

• *Öffnungszeiten/Eintritt* **Museo Civico**, Di–Fr 9–13 Uhr und 15–17.30 Uhr, Sa 9–13 Uhr und 15–19 Uhr, So nur 15–19 Uhr, Mo geschl., Eintritt 2,60 €, erm. 1,55 €, Via Santa Maria 10.

• *Anfahrt/Verbindungen* Mehrmals tägl. Züge von und nach **Turin**. Vom Bhf. ca. 1,5 km ins Zentrum, Busse mit Aufschrift „Piazza Torino" oder „Via Spineta" fahren in die Altstadt.

• *Information* **I.A.T.**, im EG des Palazzo Comunale, Via Roma 28. Reichhaltiges Info-Material. Mo–Sa 10–12.30 und 15–18.30 Uhr. ✆/℻ 0171/693258, www.cuneoholiday.com.

• *Übernachten* **** **Lovera Palace**, bestes Hotel am Ort, Adelspalast des 18. Jh., in dem sich schon Könige und Päpste einquartiert haben. Historische Ausstattung, gepflegte Eleganz, individuell eingerichtete Zimmer. Fitnesscenter, Sauna, sehr edles Ristorante (Do geschl.), Garage. EZ 85–115 €, DZ 120–140 €, Suite 220 €, Frühstück inkl. Via Roma 37, ✆ 0171/690420, ℻ 603435, www.palazzolovera.com.

*** **Cuneo**, in einer ruhigen Seitenstraße bei der Piazza Galimberti. Renoviert, komfortabel und modern eingerichtet, eher kleine Zimmer, EZ 80 €, DZ 100 €, Frühstück 5 € pro Pers. Via Vittorio Amedeo II 2, ✆ 0171/681960, www.cuneo-hotel.com.

*** **Royal Superga**, wenige Schritte von der zentralen Piazza Galimberti, vis-à-vis von Wochenmarkt und Markthalle. Teils mit historischem Mobiliar, freundlicher Service, WIFI. Privatparkplatz im Hof, Garage 5 €/Tag. EZ 89 €, DZ 129–149 €, Frühstücksbuffet inkl. Via Pascal 3, ✆ 0171/693223, ℻ 699101, www.hotelroyalsuperga.com.

** **Ligure**, geräumiges Haus mitten in der Altstadt, ruhige Lage, seit 1939 in Familienbesitz. Ein paar Parkplätze im Hof. EZ 55 €, DZ 75 €, inkl. Frühstück. Via Savigliano 11, ✆/℻ 0171/634545, www.ligurehotel.com.

• *Essen & Trinken* **Torrismondi**, gegenüber dem Ospedale in der Neustadt (nahe Bahnhof), nicht sehr idyllisch gelegen, aber erstklassige Küche. Nette Atmosphäre, kompetenter Service, Antipasti um 6 €, Primi um 9 €, Secondi um 13 €, eine Flasche Barbera gibt es ab 12 €, Menü ca. 25–30 €, die bestens investiert sind. Mo–Sa mittags geöffnet, Do–Sa auch abends, So geschl. Via M. Coppino 33, ✆ 0171/630861.

Osteria della Chiocciola, moderne Enoteca mit Imbissmöglichkeit mitten in der Altstadt, im ersten Stock heller Speisesaal, kreative Küche zu mittleren bis leicht gehobenen Preisen, Menü um 30 €. So geschl. Via Fossano 1, ✆ 0171/66277.

Osteria dei Morri, freundliche Osteria mit typisch piemontesischer Küche, man sitzt gemütlich unter einem Backsteingewölbe, Menü ohne Getränke 25 €, nur abends geöffnet, Mi Ruhetag. Piazza V. Virginio 9, ✆ 333-3647537 (mobil).

Caffè Roma, günstige Mittagsmenüs gibt es im in der Via Roma 54 (nahe Piazza Galimberti): Salate, Panini etc., man sitzt beschaulich unter den Arkaden. So geschl. ✆ 0171/602067.

• *Shopping* Der große **Wochenmarkt** von Cúneo findet freitags an der Piazza Seminario und dienstags an der Piazza Galimberti statt, dort befindet sich auch die Markthalle mit verführerischen Angeboten aller Art.

Piemont und Aostatal
Karte S. 376/377

Von Turin nach Aosta

Die A 5 schwingt sich im weiten Bogen das Haupttal der Region Valle d'Aosta hinauf, schöner Abstecher aus der flachen Poebene in die Alpen. Die Straße verläuft parallel zum Fluss *Dora Baltea*, der im Herbst 2000 zusammen mit dem Po und zahlreichen Nebenflüssen über die Ufer trat und das Aostatal zur Katastrophenregion machte. Über fast jedem Dorf thront eine Burg, die bekanntesten sind die von Verres, Isogne und Fenis.

Lago di Viverone: Der hübsche See liegt etwas abseits der Hauptroute, nahe der A 26 nach Milano. Ländlich ruhig inmitten sanfter, grüner Hügel, von ausländischen Touristen gänzlich unentdeckt. Tipp für Weinfreunde: das Castello di Roppolo oberhalb am Hang.

• *Wein* **Enoteca Regionale della Serra – Castello di Roppolo**, in der Cantina des Castello finden Sie eine große Auswahl piemontesischer Weine, Schwerpunkt Biellese und Canavese, Aostatal und generell der Norden der Region. Mo–Do 15.30–19.30 Uhr, Fr–So 9.30–12.30 und 15.30–19.30 Uhr geöffnet. Piazza Castello 2, ✆ 0161/987520, ℻ 987510. Anfahrt: Von der SP 228 kurz hinter Viverone Richtung Santhià geht es links bergauf (beschildert).

Ivrea

ca. 24.000 Einwohner

Ein Stück nordwestlich vom Lago Viverone, die beschauliche Kleinstadt mit dem mächtigen Castello am höchsten Punkt der Altstadt ist in ganz Italien für ihren Karneval berühmt: Alljährlich am Faschingsdienstag wird hier zur großen Apfelsinenschlacht geblasen, ein riesiges Spektakel in der ganzen Stadt. Bekannt ist Ivrea aber auch als Standort von *Olivetti*, einst Schreibmaschinen- und heute Hardware-Hersteller, einer der größten Arbeitgeber der Gegend.

• *Information* **A.T.L.**, Corso Vercelli 1, ✆ 0125/618131, ℻ 618140. Mo–Sa 9–12.30 und 14.30–18 Uhr.

• *Verbindungen* Mit der **Bahn** etwa stündlich nach Turin und nach Aosta, nach Biella nur mit Umsteigen. Häufig **Busse** nach Turin.

• *Übernachten/Essen & Trinken* ** **Aquila Nera**, eher einfaches Albergo und beliebtes Ristorante, Zimmer mit Bad, EZ 50 €, DZ 70 € (mit Frühstück). Im Ristorante auch Pizza, Mi geschl. An der südlichen Ausfallstraße (kurz nach der Brücke auf der rechten Seite). Corso Nigra 56, ✆ 0125/641416, ℻ 45519, www.aquilanera.it.

Trattoria Monferrato, im Centro storico, ein Stück oberhalb der Piazza di Città (von der Via Palestro die Via Cattedrale hinauf). Einfaches Ambiente, günstige und bodenständige Küche. So Ruhetag. Via Gariglietti 1, ✆ 0125/641012.

• *Außerhalb* *** **Castello di Pavone**, in Pavone Canavese. Der kleine Nachbarort ca. 4 km südlich von Ivrea wird von einem Bilderbuchkastell überragt, das auch von der Autobahn aus eindrucksvoll zu sehen ist. Stimmungsvolles (und leider reichlich teures) Restaurant mit Tischen im Schlosshof. Es werden auch einige prachtvolle Zimmer in der Burg vermietet, allerdings auch diese zu sehr hohen Preisen: EZ 155 €, DZ 190 € (mit Frühstück). ✆ 0125/672111, ℻ 672114, www.castellodipavone.com.

Biella

ca. 47.000 Einwohner

Die geschäftige Stadt am Fuß der Voralpen ist ein wichtiges Zentrum der Woll- und Textilindustrie. Mit einer Standseilbahn kann man von der belebten Neustadt in die mittelalterliche Oberstadt *Piazzo* hinauffahren, die mit ihren engen Gässchen und Panoramablicken unbedingt einen Abstecher lohnt. Bekleidung aller Art zu stark herabgesetzten Preisen kann man in den zahlreichen Outlets rund um Biella kaufen, z. B. bei „The Place" im Vorort Sandigliano (etwa 5 km auf der S 230 nach Süden Richtung Vercelli, geöffnet Mo 15–19 Uhr, Di–Sa 10–19 Uhr, So 10–19 Uhr).

• *Information* **A.T.L.**, kleines Infogebäude zentral in der Neustadt am Rand der Giardini Zumaglini an der Via Alfonso Lamarmora, ganzjährig Mo–Fr 9–13 und 14.30–18.30 Uhr, Sa 9–13 und 14.30–18.30 Uhr (Mai bis Sept. auch So 9–13 und 14.30–18.30 Uhr, ✆ 015/351128, ℻ 34612, www.atl.biella.it.

• *Übernachten* Gute Auswahl an Hotels in der gehobenen Klasse, für das kleinere Budget leider kaum Angebote. Die großen Hotels bieten teilweise einen günstigeren Wochenendtarif.

**** **Agora Palace**, modernes und komfortables Haus in der Neustadt (gegenüber der Tourist-Info), EZ 100 €, DZ 120 €, Dreier 136 €, Frühstück inkl. Via Lamarmora 13/a, ✆ 015/8407324, 📠 8407423, www.agorapalace.it.

*** **Bugella**, einladendes Haus am Stadtrand (südlich vom Bahnhof, beschildert). Zu Fuß gut 15 Min. ins Zentrum. Nett eingerichtete Zimmer, z. T. unterm Dach. EZ 65 €, DZ 85 €, inkl. Frühstück. Mit Hotelrestaurant (So geschl.). Via Cottolengo 65, ✆/📠 015/405893, www.hotelbugella.it.

• *Essen & Trinken* **Caffè/Ristoro Stazione Cucco**, an der oberen Station der Seilbahn in Piazzo, wirklich nettes Lokal, gute Stimmung, mit Bar und Buchhandlung im ersten Stock (bis spätabends geöffnet). Täglich wechselnde Karte mit nicht allzu großer Auswahl, flinker, freundlicher Service, moderates Preisniveau. Nur abends 17–1 Uhr geöffnet, Di und Mi geschl. Im Sommer auch ein paar Tische draußen. Piazza Cucco 10/b, ✆ 015/26342.

Biella/Umgebung

Oropa: Das große Wallfahrtszentrum liegt nördlich von Biella – eines der bedeutendsten Marienheiligtümer im Land. Die aufwändige Barockanlage mit zahlreichen Gebäuden gruppiert sich um die *Basilica d'Oropa* mit der Statue der schwarzen Madonna, weiter oben liegt die Kuppelkirche *Regina Montium*, die erst 1960 fertig gestellt wurde. Übernachtungsmöglichkeit gibt es in hunderten von Pilgerzimmern. Reizvoll: per Seilbahn auf den *Monte Mucrone* hinaufgondeln und zum nahen *Lago di Mucrone* wandern.

Öffnungszeiten Tägl. 8–20 Uhr, im Winter bis 19 Uhr, Eintritt frei.

Valsesia: Das waldreiche Valsesia zieht sich im weiten Bogen bis zum Fuß des *Monte Rosa* (4637 m) an der Schweizer Grenze. Seit dem 13. Jh. siedelten sich hier deutschsprachige Walser an, die aus dem Schweizer Wallis kamen und religiöse Freiheit suchten. Der Hauptort *Varallo* am Taleingang ist in Italien weithin berühmt wegen seines *Sacro Monte* oberhalb der Stadt. Dieses Bergheiligtum entstand seit Ende des 16. Jh. als sichtbarer Ausdruck der Gegenreformation in einer Region, in der das „Ketzertum" stark vertreten war. Es besteht aus der großen *Basilica Santa Maria Assunta* und 44 Kapellen, in denen mehr als 800 Statuen vor Hintergrundfresken den Lebens- und Leidensweg Christi darstellen. Von Varallo führt auch eine *Seilbahn* hinauf zum Sacro Monte und zur Basilica.

Öffnungszeiten **Basilica Santa Maria Assunta**, tägl. 8–12.20 und 14.15–18.30 Uhr, Eintritt frei.

Burgen im Aostatal

Castello di Bard: Die riesige Festung gleich am Eingang des Aostatals ist nicht zu übersehen. Schwere Bastionen und Kasematten sorgten für den Schutz des Tals, bis Napoleon die Burg 1800 zerstörte. Dreißig Jahre später wurde sie wieder aufgebaut. Heute ist darin unter anderem das *Museum der Alpen* untergebracht.

Öffnungszeiten/Eintritt Di–Fr 10–18 Uhr, Sa/So 10–19.30 Uhr, Mo geschl. Eintritt 8 €, erm. 6 €, Kinder 6 bis 18 J. 4 €. ✆ 0125/833811.

Castello di Verres: Die befestigte Burg der führenden Familie der Challant thront über dem gleichnamigen Ort auf einem wuchtigen Felsen. Sie verteidigte das Tal an diesem strategisch wichtigen Punkt, wo das lange *Val d'Ayas* abzweigt (→ Die Seitentäler). Es handelt sich dabei um eine reine Militäranlage mit Quartieren für Söldner.

Öffnungszeiten/Eintritt März bis Sept. 9–18.30 Uhr (Juli/Aug. bis 19.30 Uhr), im Winter eingeschränkt, Einlass alle halbe Stunde, Eintritt 3 €, erm. 2 €. ✆ 0125/929067.

Trutzig: das Castello di Verres

Castello d'Issogne: Von Verres aus auf der anderen Flussseite, mitten im gleichnamigen Dorf gelegen. Hier ist vor allem das Innenleben lohnend – ein malerischer Hof mit 500 Jahre alten Fresken und einem wunderschönen schmiedeeisernen Brunnen in Form eines Granatapfelbaums, in den Gemächern wertvolles Mobiliar aus der Spätgotik.

Öffnungszeiten/Eintritt März bis Sept. tägl. 9–18.30 Uhr, (Juli/Aug. bis 19.30 Uhr), im Winter eingeschränkt, Einlass alle halbe Stunde Eintritt 5 €, erm. 3,50 €. ✆ 0125/929373.

Castello di Fenis: kurz vor Aosta (Ausfahrt Nus). Äußerlich perfekt erhaltenes Kastell in wunderschöner Lage mit weitem Blick das Tal hinunter. Der doppelte Mauerring mit stolzen Türmen wurde ebenfalls von den Challant erbaut und diente trotz seines wehrhaften Aussehens vornehmlich Wohnzwecken. Eindrucksvoll ist der Innenhof mit prächtigen Fresken, einer geschwungenen Treppe und rundum laufenden Galerien (perfekt nachgebaut im Borgo Medioevale von Turin).

Öffnungszeiten/Eintritt März bis Sept. tägl. 9–18.30 Uhr, (Juli/Aug. bis 19.30 Uhr), im Winter eingeschränkt, Eintritt 5 €, erm. 3,50 €. ✆ 0165/764263.

Aosta

ca. 34.000 Einwohner

Hauptstadt der Region, ein freundliches Alpenstädtchen zwischen Gipfeln, die auch im Sommer schneebedeckt sind – die frische klare Bergluft und die angenehmen Temperaturen bieten einen erholsamen Kontrast zur stickigen Poebene, zudem guter Ausgangspunkt für Ausflüge in die Seitentäler.

Es gibt einiges zu sehen – Aosta war schon in römischer Zeit ein wichtiger Militärstützpunkt. Relikte findet man überall: der streng quadratische Grundriss des alten Lagers, Überreste der Tore, ein großes Theater und Teile der antiken Stadtmauern sind bis heute erhalten – Aosta wird auch das „Rom der Alpen" genannt. Außerdem stehen noch diverse Bauten aus dem Mittelalter. Eine lange Fuß-

gängerzone durchquert das ganze Zentrum, überall bieten Touristenläden die typischen Produkte der Region an – Liköre mit eingelegten Früchten, Grappa, Marmelade und Steinpilze.

Anfahrt/Verbindungen/Information

• *Anfahrt/Verbindungen* **Pkw**, die Autobahn A 5 von Turin endet in Aosta, sehr schöne Fahrt das Tal hinauf. Von Frankreich kommend über Courmayeur auf der SS 26, von der Schweiz auf der SS 27.

Bahn, Bahnhof an der Piazza Manzetti südlich vom Zentrum, parallel zur Stadtmauer. Ins Zentrum sind es ca. 600 m geradeaus.

Busse fahren vor dem Bahnhof ab.

• *Information* **UIT** am Hauptplatz, Piazza E. Chanoux 2. Jede Menge Infomaterial, es wird Deutsch gesprochen. Tägl. 9–19 Uhr, in der Nebensaison 9–18.30 Uhr. ✆ 0165/236627, 📠 34657, www.regione.vda.it/turismo.

Übernachten/Essen & Trinken (siehe Karte S. 410/411)

• *Übernachten* **** **Hotel Europa (4)**, das empfehlenswerteste, aber auch teuerste Hotel in Aosta, mitten im Zentrum, nur wenige Schritte zur zentralen Piazza Chanoux. Moderner, fünfstöckiger Bau, gepflegte, aber nicht mehr ganz neue Zimmer, EZ 70–95 €, DZ 100–150 €, Frühstück inkl. Piazza Narbonne 8, ✆ 0165/236363 📠 40566, www.hoteleuropeaosta.it.

*** **Roma (5)**, zentrale Lage Nähe Porta Pretoria. Gut geführtes Stadthotel, schon etwas älter. EZ 64 €, DZ 96 €, Frühstück inkl. Via Torino 7, ✆ 0165/41000, 📠 32404, www.hotelroma-aosta.it.

** **Bus (8)**, moderner Hochbau mit Parkplatz in zentraler Lage, von den oberen Stock-

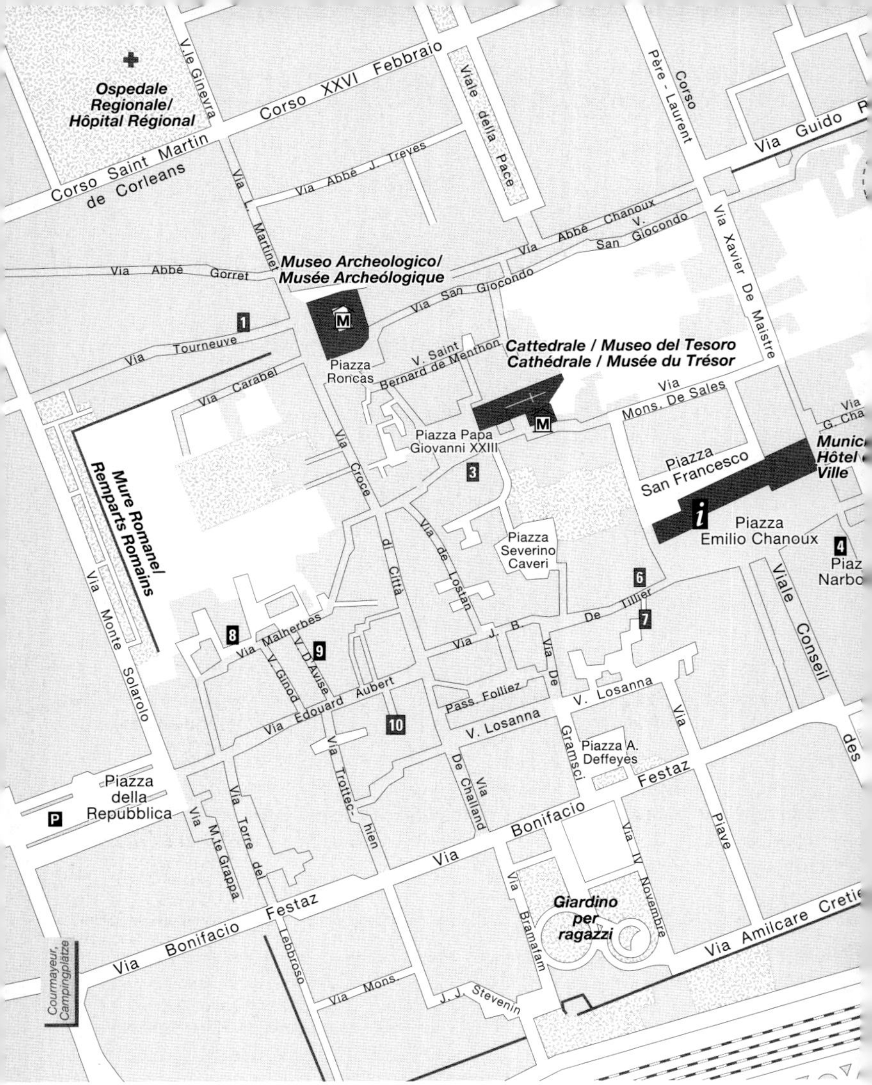

werken schöner Blick in die Berglandschaft. EZ 75 €, DZ 108 €. Via Malherbes 18, ✆ 0165/43645, ℻ 236962, www.hotelbus.it.

*** La Belle Epoque (9)**, schlichte, aber freundliche Herberge in einer handtuchschmalen Seitengasse der Hauptstraße. EZ 34 €, DZ 66 €, mit Etagendusche etwas günstiger. Via d'Avise 18, ✆ 0165/262276, www.hotelbellepoqueaosta.it.

• *Camping* Drei Plätze liegen etwas außerhalb in Sarre (ca. 3 km westlich von Aosta): **Camping Monte Bianco** (Fraz. Saint-Maurice 3, ✆ 0165/257523), **Pineta Sarre** (Fraz. Arensod 6, ✆ 0165/257058) und **Touring** (neben Pineta, ✆ 0165/257061, www.camping touring.com). Auf die Beschilderung achten, alle Plätze liegen zwischen der viel befahrenen SS 26 und dem Fluss Dora Baltea. Nur Mai/Juni bis Sept. geöffnet!

• *Essen & Trinken* **Vecchio Ristoro (1)**, elegantes Lokal in einer alten Mühle nahe der Kathedrale. Kreative Küche, die mit einem

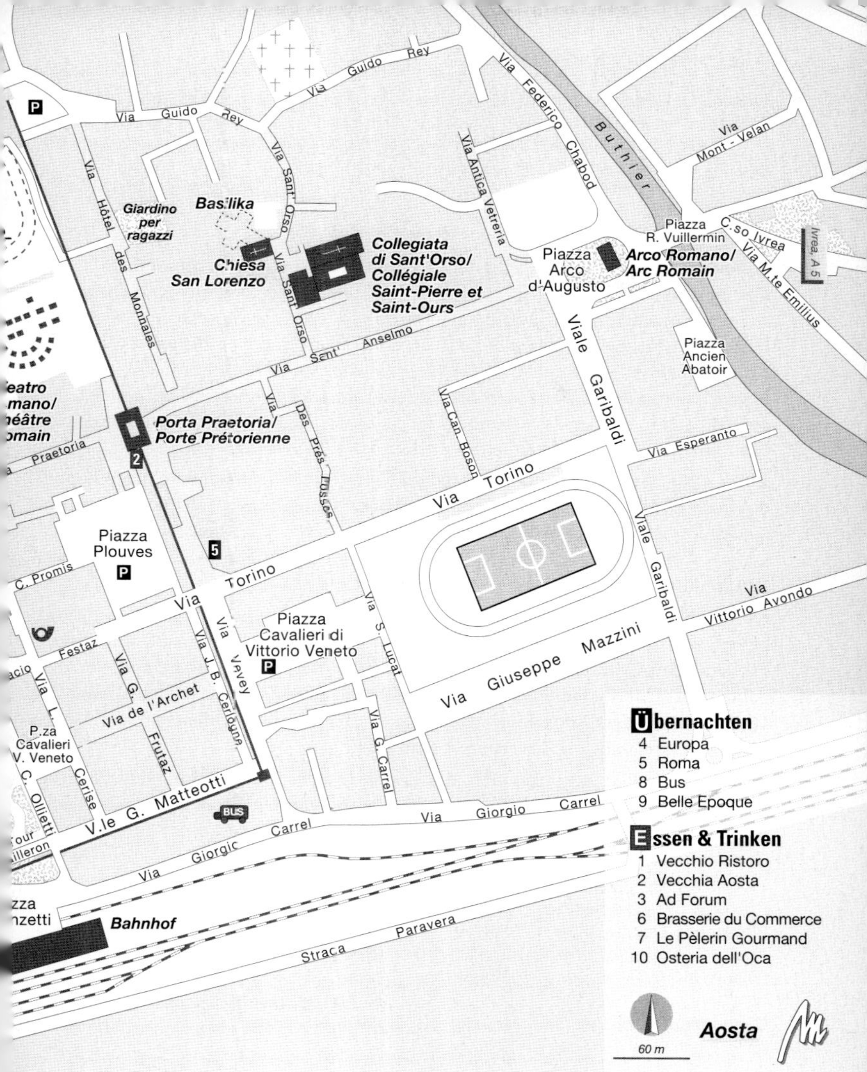

Michelin-Stern ausgezeichnet wurde kleines Menü ab ca. 35 €. So und Mo-Mittag geschl., Reservierung erbeten. Via Tourneuve 4, ✆ 0165/33238.

Vecchia Aosta (2), in der Porta Praetoria. Schickes Ambiente und gehobenes Preisniveau, recht günstig dagegen die Menüs: kleines Menu turistico 21–28 €. Im Sommer auch Terrasse an der Porta Praetoria. So und Mo-Mittag geschl. Piazza Porta Praetoria 4, ✆ 0165/361186.

Osteria dell'Oca (10), sympathisches Lokal mit Garten, viele valdostanische Spezialitäten, auch Pizza, unteres bis mittleres Preisniveau. Mo geschl. Via E. Aubert 15 (von der Fußgängerzone in den Innenhof Piazzetta Cavallo Bianco hinein). ✆ 0165/231419.

Brasserie du Commerce (6), vor allem mittags beliebt, viele junge Leute und Angestellte aus der Umgebung kommen für einen schnellen Lunch. In der Nebensaison So geschl. Via de Tillier 10, ✆ 0165/35613.

Taberna Le Pélerin Gourmand (7), schönes Kellerlokal mit interessanten Gerichten, die sich an der Tradition des Aostatals orientieren, das kleine Menü kostet ab 15 €. Einige Sitzplätze im Freien. So geschl. Via de Tillier 9, ✆ 0165/231850.

• *Wein* **Ad Forum (3)**, das besonders schöne Weinlokal bei der Kathedrale beherbergt gleichzeitig die *Enoteca Regionale Valdostana*, zu den ausgewählten Weinen wird auch beste Küche geboten, die allerdings nicht gerade günstig. Mit nettem Garten. Mo geschl. Piazza della Cattedrale, ✆ 0165/548510.

Sehenswertes: Am Osteingang der Altstadt steht der verkehrsumbrauste *Augustusbogen* aus dem 1. Jh. v. Chr. Geradeaus geht es die Via Sant'Anselmo entlang ins Zentrum, nach ca. 200 m kann man rechts zur *Chiesa Sant'Orso* abzweigen – kleine stille Piazza mit einem hohen Turm, Kollegiatskirche und filigran verziertem Priorenpalast. Die Kirche besitzt eine schlichte Fassade, im Inneren prächtige Kreuzrippengewölbe, Reste alter Fresken und ein reich verziertes Chorgestühl. Besonders schön ist der *Kreuzgang* rechts daneben. Ganz in der Nähe wurden die Grundmauern der frühchristlichen Basilika *San Lorenzo* ausgegraben.

Zurück zur Hauptgasse und weiter bis zur *Porta Pretoria*, einem mächtigen doppelten Torbogen – das Osttor der früheren römischen Garnison. Rechts geht es hier zu den Ruinen des *Römischen Theaters* aus dem 1. Jh. v. Chr. und dem dahinter liegenden *Amphitheater*, geradeaus weiter zur großzügigen *Piazza Chanoux*, wo sich das Freiluftcafé zum verdienten Relaxen anbietet.

Die nahe *Kathedrale* wirkt auf den ersten Blick schlicht, hat aber doch einiges zu bieten, z. B. die hübsche Fassade mit Skulpturengruppe (Abendmahl) und bunten Fresken. Im Mittelgang Blick auf ein altes Baptisterium im Untergrund, vor dem Altar großer Mosaikboden und gotisches Chorgestühl, im Wandelgang dahinter die *Schatzkammer* des Doms. Links neben der Kathedrale der *Criptoportico*, ein langer, bedeckter Arkadengang des Forum Romanum.

An der nahen Piazza Roncas steht das *Archäologische Museum* mit römischen Relikten aus Stadt und Umgebung. Auch die *Stadtmauer* der römischen Stadt ist noch weitgehend erhalten und vor allem im Süden um den Bahnhof gut zu sehen (Via Cretier, Via Matteotti).

• *Öffnungszeiten/Eintritt* **San Lorenzo**, tägl. 9.30–12.30 Uhr und 14–18 Uhr, Eintritt frei.

Römisches Theater, März bis Sept. tägl. 9–19 Uhr, April bis Aug. bis 20 Uhr, Okt. und Februar bis 18.30 Uhr, sonst 9–17 Uhr, Eintritt frei.

Cattedrale (Dom), im Sommer tägl. 7–20 Uhr, sonst tägl. 7–12 und 15–19 Uhr.

Schatzkammer (Dom), April bis Sept. Di–Sa 9–12 und 15–17.30 Uhr, So 15–17.30 Uhr, Mo geschl., Eintritt 3 €.

Criptoportico (Dom), zuletzt wegen Restaurierung geschl.

Archäologisches Museum, tägl. 9–19 Uhr, Eintritt frei. ✆ 0165/275902.

Von Aosta nach Courmayeur: In den Orten an der Straße sieht man immer wieder Schlösser, z. B. die eindrucksvolle Burg von *Sarre*, ein späteres Jagdschloss von König Vittorio Emanuele II, ausstaffiert mit reichlich Jagdpomp und das gegenüberliegende Kastell von *Aymavilles*. In *Saint-Pierre* steht sogar ein wahres Dornröschenschloss mit Zinnen und Erkern, im Inneren ein naturgeschichtliches Museum. Zum Übernachten bieten sich die zahlreichen Campingplätze an, vor allem um *Sarre* am Fluss (s. o. unter „Camping“).

• *Öffnungszeiten/Eintritt* **Castello di Sarre**, März bis Sept. tägl. 9–18.30 Uhr, (Juli/Aug. bis 19.30 Uhr), im Winter eingeschränkt, Einlass alle halbe Stunde, Eintritt 5 €, ✆ 0165/257539; **Castello di Saint-Pierre**, März bis Sept. tägl. 10–12 und 13.30–17.30 Uhr, So bis 18.30 Uhr, Do geschl., im Winter eingeschränkt, Eintritt 3 €, erm. 2 €, ✆ 0165/904689.

Courmayeur

ca. 2800 Einwohner

Einer der bekanntesten Wintersportorte Italiens, herrliche Lage in einem Kessel zwischen hohen Hängen. Nur wenige Kilometer weiter das mächtige Mont-Blanc-Massiv, wo man mit der höchsten Seilbahn Europas bis auf fast 4000 m hinauffahren kann.

Vom Ortsbild her ist nicht viel geboten – wie in den meisten Skidörfern dieser Art dominiert die typische Alpenarchitektur, zahlreiche Hotels liegen verstreut um den kleinen Kern, eine Fußgängerzone bietet etwas Zerstreuung. Im Sommer einiges an Wandertourismus, außerdem lockt die spektakuläre Seilbahn. Hohes Preisniveau.

• *Anfahrt/Verbindungen* **Pkw**, großer Parkplatz unterhalb vom Ortskern am Piazzale Monte Bianco.

Bahn, Endstation der Bahnlinie von Turin ist **Pré Saint Didier**, etwa 4 km südlich von Courmayeur, von dort gibt es regelmäßige Busverbindungen.

Busse, starten am Piazzale Monte Bianco, etwa stündlich nach La Palud (Talstation der Seilbahn), 8-mal tägl. nach Chamonix, außerdem häufig nach Aosta und Turin.

• *Information* **Ufficio de turismo** im modernen Betongebäude am großen Piazzale Monte Bianco unterhalb vom Ortskern, wo auch die Busse halten. Reichhaltiges Material, Fahrpläne und Hilfe bei der Unterkunftssuche. In der Hauptsaison tägl. 9–19 Uhr, in der Nebensaison tägl. 9–12 und 14–18 Uhr. ✆ 0165/842060, ✆ 842072.

• *Übernachten* Da im Sommer diverse Unterkünfte geschlossen haben, sind die verfügbaren Zimmer meist schon Monate im Voraus ausgebucht.

*** **Centrale**, zentrumsnah, gepflegt und großzügig, eigener Parkplatz und Garage, jedoch nur in der Nebensaison eine Chance, ohne Pensionspflicht unterzukommen. EZ 60–99 €, DZ 90–139 €, Frühstück inkl. Via Mario Puchoz 7 (bei der Via Roma), ✆ 0165/846644, ✆ 846403, www.hotelscentrale.it.

Mehrere **Campingplätze** liegen weit außerhalb – um Morgex an der Straße nach Aosta die Plätze **Du Parc** (✆ 0165-809260) und **Arc en Ciel** (✆ 0165-809257), beide ganzjährig. Landschaftlich reizvoller sind die Plätze in den beiden Tälern Val Veny und Val Ferret, die sich von La Palud ausgehend am Fuß des Mont Blanc entlangziehen – z. B. **Aiguille Noire** (✆ 0165/869041) und **La Sorgente** (✆ 0165/869089) im Val Veny sowie **Tronchey** (✆ 0165/869707) im Val Ferret (alle Mitte Juni bis Mitte Sept.).

• *Essen & Trinken* Preisgünstig essen ist in Courmayeur nicht ganz einfach, aber an der zentralen Via Roma (Fußgängerzone) findet man einige Crêperien und Pizzerien, sehr nett ist die **Bar Roma** in der Via Roma 103. Vielfach besteht in den Hotels Verpflichtung zur Halbpension, sodass sich die Suche nach einem Restaurant in Courmayeur von selbst erledigt.

La Palud: 5 km oberhalb von Courmayeur, die letzte Siedlung vor der ganzjährig schneebedeckten Wand des Mont Blanc. Hier öffnet sich der 12 km lange *Autotunnel* nach Chamonix, der im März 1999 Schauplatz eines schrecklichen Brandunglücks mit 40 Toten war und erst im Herbst 2001 wieder eröffnet wurde – unter großem Protest vieler Anwohner, die gegen den ständig wachsenden Lastwagenverkehr protestieren. Und hier beginnt auch die abenteuerliche Seilbahn (nur Juni bis Okt.) zum Dach Europas. Es geht in mehreren Etappen hinauf – von *La Palud* (1306 m) zuerst zum *Pavillon du Mont Fréty* (2173 m), dann zum *Rifugio Torino* (3375 m) und auf die *Punta Hellbronner* (3462 m, Grenze). Wer nicht nach Frankreich rüber will, kann hier wieder den Rückweg antreten (Hin-/Rückfahrt ca. 38 €). Weiter geht es zum *Aiguille du Midi* (3842 m), dem höchsten Punkt der Seilbahn, und im Sommer hinunter nach Frankreich, genauer gesagt nach Chamonix.

Von der Talstation startet die erste **Seilbahn** in der Nebensaison um 8.30 Uhr, in der Hauptsaison um 7.30 Uhr; zurück von Punta Hellbronner 16 Uhr bzw. 16.40 Uhr. Von La Palud nach Punta Hellbronner und zurück 38 € pro Pers., Kinder bis 4 J. frei, 6- bis 15-Jährige die Hälfte. Es gibt auch Familientickets, zwei Erwachsene und zwei

Kinder bis Punta Hellbronner hin und zurück 105 €. Um im Sommer über den Gletscher zu gondeln, müssen allerdings weitere Tickets gelöst werden: Punta Hellbronner nach Aiguille Midi 24 € pro Pers., bis hinab nach Chamonix 55 € (gleiche Ermäßigungen wie oben). Kein günstiger Spaß, aber wann kommt man schon mal ohne Steigeisen auf fast 4000 m? Weitere Infos unter ✆ 0165/89925, 📠 89925, www.montebianco.com.

Bei **schlechtem Wetter**, was häufig vorkommen kann, sind Teile der Strecke gesperrt! Infos hängen an der Talstation in La Palud aus. Warme Sachen mitnehmen, auch im Hochsommer sinkt das Thermometer oft unter null Grad.

Die Seitentäler: *Val di Gressoney*, *Val d'Ayas* und *Valtournenche* wurden mit zahlreichen Skiliften und Pisten vor allem für den Skitourismus ausgebaut, aber auch die Wandermöglichkeiten sind ideal.

Das *Valle del Gran San Bernardo* ist ein jahrtausendealter Transitweg über die Alpen. Sehr schöne, teils einsame Strecke auf moderner Hochstraße durch herrliche Gebirgslandschaften, bei Cerisey Abzweigung auf die kurvige alte Passstraße mit starken Steigungen (fünf Monate im Jahr gesperrt). Die Landesgrenze erreicht man auf einem Pass in 2473 m Höhe, hier ein klarer See und auf der Schweizer Seite das berühmte *Hospiz San Bernardo*, in dem Mönche früher Bernhardiner züchteten, heute ein kleines Museum zur Geschichte des Passes und der Hundezucht. Wer es eilig hat, bleibt auf der gut ausgebauten Hauptstraße und überquert im 5,8 km langen Tunnel *Traforo di San Bernardo* die Grenze.

Öffnungszeiten/Eintritt **Hospiz San Bernardo**, Juni bis Okt. tägl. 10–18 Uhr, Eintritt ca. 10 CHF.

Blick auf das Val di Cogne

Im schönen *Val di Cogne* hat man den besten Zugang zum großartigen *Nationalpark Gran Paradiso*, der sich mit einer Fläche von 720 qkm von den Alpengipfeln bis in die nördlichen Ausläufer der Poebene erstreckt. Das ehemalige königliche Jagdrevier wurde 1922 zum Nationalpark umgewandelt, um den zahlreichen Gämsen und Steinböcken Schutz zu bieten, nachdem der schießwütige Vittorio Emanuele II den Bestand deutlich geschmälert hatte. Das anfangs enge Tal mit Tannenwäldern weitet sich zur Ebene um *Cogne* (häufige Busse ab Aosta), dort Bergwerksmuseum und bester Ausgangspunkt für Wanderungen, z. B. nach *Valnontey*.

- *Information* **Cogne**, Rue de Bougeois 34, ✆ 0165/74040, 📠 74056, www.cogne.org.
- *Übernachten* Mehrere idyllische Wald- und Wiesencampings um **Valnontey** (Juni bis Sept. geöffnet), in **Cogne** mehrere gehobene Hotels.

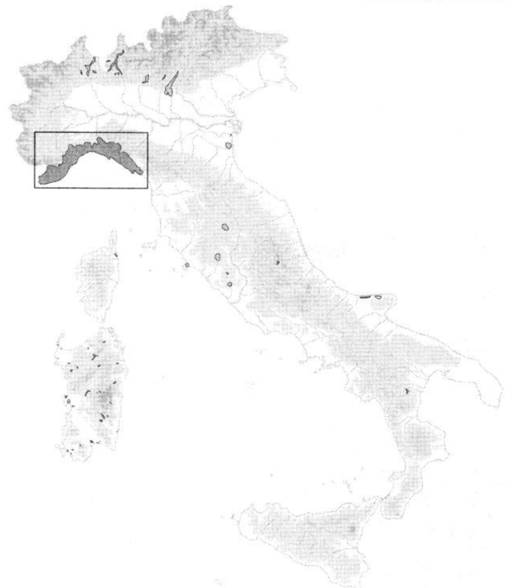

Liguria

Ligurien

Schöne Orte: Noli (S. 430), Finale Ligure (S. 431), Laigueglia (S. 435), Camogli (S. 443), Portofino (S. 446), Santa Margherita Ligure (S. 446), Sestri Levante (S. 447), Vernazza/Corniglia/Manarola/Riomaggiore in der Cinque Terre (S. 450), Portovenere (S. 455), Lerici (S. 457), Tellaro (S. 458).

Landschaftliche Höhepunkte: Cinque Terre (S. 450), Halbinsel von Portofino (S. 443), Naturpark von Montemarcello bei Lerici (S. 458).

Kulturell interessant: Genua (S. 418), Albenga (S. 433).

Baden: lange Sand- und Sand-/Kiesstrände in fast allen Orten der Riviera, im Sommer jedoch oftmals mit gebührenpflichtigen Badeanstalten. Felsbaden in den Cinque Terre.

Kurios: Altstadt von San Remo (die „Kasbah" der Riviera), Portofino (immer noch Jetset und Superyachten), kostenpflichtige Wanderwege in den Cinque Terre.

Eher abzuraten: Savona.

Malerisch: San Pietro in Portovenere

Ligurien

Liguria

Der Küstenstreifen von der französischen Grenze bis zur Toskana ist nach Norden völlig durch den steilen und dicht bewaldeten Apennin abgeschirmt. Hier tut sich tatsächlich eine andere Welt auf – nichts mehr von der glatten Effizienz der norditalienischen Binnenstädte, dafür verwinkelte Altstadtviertel mit düsteren Gassen, Fischerdörfer, die mit ihren Treppen extreme Steilhänge hinaufklettern, leuchtend bunte Hausfassaden im Meeresdunst, lange Sandstrände und wilde Klippenküsten. Die Riviera – ein Zauberwort seit fast 200 Jahren.

Dank der geschützten Lage konnte sich in Ligurien eine üppige mediterrane und subtropische Vegetation entwickeln, die schon im 19. Jh. den Grundstein für den blühenden Tourismus legte. Damals hatte nur der Adel die nötigen Mittel, die Schönheit der Region westlich und östlich von Genua zu genießen, heute ist die Riviera bis auf wenige Ausnahmen ein Massenziel geworden. Namen wie *San Remo, Alassio, Rapallo* oder *Portofino* sind längst ein Begriff, in Italien wie im Ausland. Gleichzeitig expandierte aber die Industrie in dieser wichtigen Landschaft zwischen Südwesteuropa und Italien, Genua wurde zu einem der größten Handelshäfen Europas. Der Zwiespalt ist überall zu spüren – heftig zersiedelte Küstenlandschaften wechseln mit malerischen Örtchen, die vor gar nicht langer Zeit noch kaum erreichbar waren. Das Gebiet der *Cinque Terre* beispielsweise ist einer der letzten Zipfel am italienischen Meer, die mit dem Pkw nur mühsam angefahren werden können. Sie wurden dadurch zum weit verbreiteten „Tipp" für Naturliebhaber und Erholungssuchende, die Rummel scheuen, den man hier heute in der Hochsaison aber wie kaum anderswo in Ligurien antrifft. Schon längst sind nicht mehr alle Orte der Riviera uneingeschränkt zu empfehlen. Wer bis zum letzten

Fleckchen durchorganisiertes und gebührenpflichtiges Strandleben nicht mag, wird nur bedingt auf seine Kosten kommen. Malerisch, d. h. nicht von Beton, Verkehr und Urlaubermassen erdrückt, sind nur noch wenige Ziele, hauptsächlich östlich von Genua an der *Riviera di Levante* – *Camogli* ist neben den Cinque Terre einer der reizvollsten Anlaufpunkte. Wo man aber auch hinfährt, die typisch ligurische Atmosphäre – herzlich und mediterran lässig – ist noch überall zu spüren. Die Küche ist ausgezeichnet und vollständig vom Meer geprägt, das touristische Angebot riesig. Wer Ruhe sucht, muss allerdings in der Regel ins dicht begrünte Hinterland ausweichen. Dort sieht man nicht ganz so viele Urlauber, kann Tropfsteinhöhlen besuchen oder die kleinen, wenig verbauten Bergdörfer.

Anfahrt/Verbindungen

• *Pkw* Roter Faden für die meisten Ligurienreisende sind zunächst die Autobahnen durch die Poebene und anschließend die A 7 durch den Apennin nach **Genua**. Dort entscheidet sich dann der weitere Verlauf der Reise – westlich an die **Riviera di Ponente** oder östlich zur **Riviera di Levante**.

Überlegenswerte Alternative, vor allem mit Ziel Riviera di Levante, ist die Anfahrt über Parma, von dort Autobahn A 15 nach **La Spezia** oder – viel reizvoller – die SS 62 über den hohen Kamm des Apennin.

Aus Richtung Turin bzw. der Westschweiz kommend, nimmt man die A 6 nach **Savona** oder – interessanter – die kurvige SS 20 nach **Ventimiglia**, die über Tenda und Breil durch Frankreich führt.

Die durchgehende **Küstenautobahn** A 10 bzw. A 12 verläuft mit vielen Tunnels und Brücken entweder hoch über der Küste oder ein gutes Stück landeinwärts und ermöglicht so das schnelle Erreichen der Ziele. Die SS 1 (Via Aurelia) schlängelt sich unmittelbar an der Küste entlang, was hautnahes Erleben, jedoch auch viel Stress bei Ortsdurchfahrten und auf verstopften Straßen bedeutet – nur für Geduldige. Die **Cinque Terre** sind mit dem Pkw zwar zu erreichen, vor Ort quält man sich dann aber mit überfüllten und/oder horrend teuren Parkplätzen (→ Cinque Terre).

• *Bahn* **Genua** ist Dreh- und Angelpunkt des Bahnnetzes an der Riviera, Verbindungen von verschiedenen deutschen Städten aus führen entweder über Basel bzw. Zürich oder über den Brenner nach **Mailand**, von Mailand nach Genua etwa stündliche Verbindungen (Dauer je nach Zug ca. 1,5–2 Std.). In Genua gibt es zwei große Bahnhöfe (→ Genua).

Alternative: etwa alle 2 Std. fährt ein Zug von Parma nach **La Spezia**, Dauer ca. 2 Std.

Sehr lohnender Tipp für Bahnfans ist die Anfahrt von Turin mit der berühmten schmalspurigen **Tenda-Bahn**, die sich mehrmals tägl. über die Seealpen nach Ventimiglia schlängelt (→ Piemont).

Übernachten

Riviera di Ponente und Riviera di Levante bieten zahllose **Hotels und Pensionen**, im Sommer herrscht jedoch fast überall Pensionspflicht. In den Cinque Terre gibt es nur eine bescheidene Auswahl an Hotels sowie einige Privatzimmer.

Auch **Campingplätze** sind dicht gesät, wenn auch nicht überall gleichmäßig. Direkt in den Cinque Terre liegen keine Zeltplätze, aber im Nachbarort Levanto, der von den Cinque Terre in wenigen Minuten mit dem Zug zu erreichen ist.

Jugendherbergen in Genua, Levanto und Manarola.

Essen & Trinken

Die ligurische Küche hat sich trotz expandierendem Tourismus ihre Eigenarten bewahren können. Auf den grünen Hängen gedeihen Oliven, Kräuter, Pilze und Wein – das Olivenöl ist von hervorragender Qualität, kann oft direkt vom Bauer gekauft werden und spielt bei allen Gerichten eine wichtige Rolle, ebenso die vielen Kräuter der Küste wie Majoran, Rosmarin, Salbei und vor allem Basilikum.

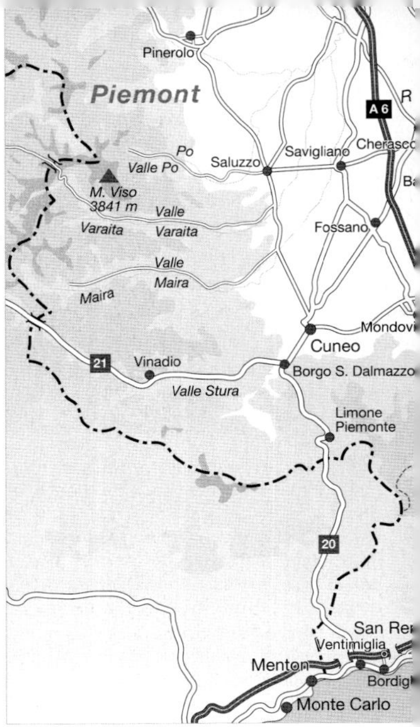

Die Pastavariationen sind vielfältig. Angeblich wurden die **ravioli** in Genua erfunden, weitaus häufiger bekommt man aber die eckigen Bandnudeln namens **trenette**. Ihre Krönung ist fast immer die kalt gerührte, leuchtend grüne Basilikumsoße **pesto** mit Knoblauch, Pinienkernen und Olivenöl, außerdem zwei Sorten Käse – Parmesan und Pecorino aus Sardinien. Alternative dazu sind **trofie**, die mit Kartoffelbrei gefüllten Gnocchi. Sehr geschätzt wird der berühmte **minestrone alla Genovese**, eine sehr üppige und dicke Gemüsesuppe, ebenfalls mit Pesto garniert. An einen Hackbraten oder eine Roulade erinnert die **cima ripiena alla Genovese** – Kalbsbrust, gefüllt mit Kalbfleisch, Erbsen, Pinienkernen, hart gekochten Eiern und Parmesan, gedünstet mit Knoblauch und Zwiebeln.

Natürlich gibt es alle Arten Fisch und Meeresgetier, die meist gegrillt serviert werden. Wie in Venedig gehört **Stockfisch** zu den Spezialitäten, **burrida** heißt der ligurische Fischeintopf.

Torta pasqualina ist eine aus vielen Schichten bestehende Gemüsetorte. **Focaccia**, ein flacher Hefeteig, mit Kartoffeln, Tomaten und Zwiebeln belegt oder einfach mit Salz und Olivenöl (*all'olio*) bestrichen, dient als Brotersatz. Er wird in Öl gebacken und kalt in Stücken gegessen. Eine weitere ligurische Spezialität ist die **farinata**, eine Art Pizza aus Kichererbsen, Weizenmehl, Olivenöl und Wasser. Die oft fast wagenradgroßen Fladen werden im Holzofen knusprig gebraten. Die ligurische Pizza heißt **sardenaira**.

Die Weine Liguriens sind kaum über die Landesgrenzen hinaus bekannt, es gibt zahlreiche kleine Anbaugebiete, die bekanntesten Rebsorten sind der **Rossese di Dolceacqua** aus dem gleichnamigen Ort ganz im Westen der Region und der **Vermentino** aud der Gegend um Imperia, Finale Ligure und Luni an der Grenze zur Toskana, außerdem der weiße **Cinque-Terre-Wein**. Eine exklusive Rarität ist der **Sciacchetrà**, der süße Dessertwein der Cinque Terre. Er ist sehr teuer und oft sogar unverkäuflich.

Genua

Genova • ca. 608.000 Einwohner

Eine Stadt der Gegensätze – aus der Sicht des Anreisenden scheint Genua von endlosen Vororten umgeben. Aber wenn man das Dickicht der Peripherie durchdrungen hat, findet man sich im Zentrum der Kolumbusstadt in einem eindrucksvollen Freilichtmuseum mit unzähligen Palazzi und Baudenkmälern wieder.

Im Zentrum zeigt sich die ehemals mächtige Stadtrepublik, „La Superba" (die Stolze) genannt, voller Kontraste. Die elegante City um Piazza de Ferrari und Via XX Settembre beeindruckt durch monumentale Architektur, historische Palazzi und mondäne Geschäfte, tagsüber pulsiert hier das urbane Leben. Im schroffen Gegensatz dazu zeigt sich das weitläufige alte Hafenviertel heruntergekommen und neapolitanisch anmutend: schmale, verwinkelte Kopfsteinpflaster-Gässchen zwischen verblühten Prachtfassaden, fliegende Händler, Nobeljuweliere, Schuh- und Jeans-

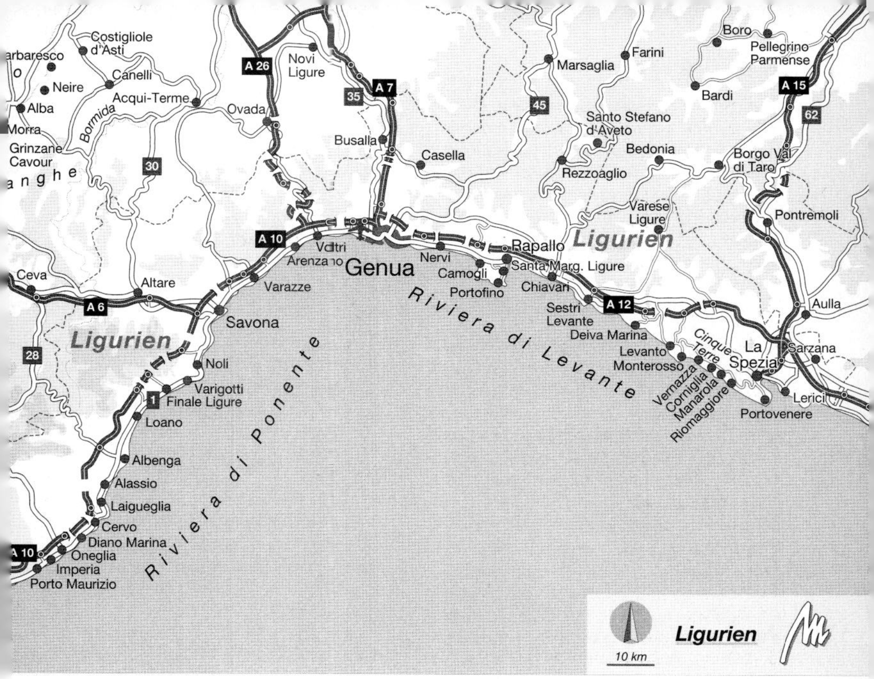

boutiquen dicht an dicht, in den dunklen Seitenwegen oft auch etwas zwielichtig, nicht fehlen darf aber an jeder Ecke ein liebevolles Heiligenbild... Eindrücke, die man schon nach einem kurzen Bummel auf der handtuchschmalen „Hauptstraße" aufspürt, die parallel zum Hafenbecken verläuft. Für die Fünfhundert-Jahr-Feier der Entdeckung Amerikas durch den Genuesen Christoph Kolumbus wurde das alte Hafengebiet Anfang der 1990er Jahre aufwändig saniert und ist seitdem ein touristischer Anlaufpunkt, den man mittlerweile nur noch am späteren Abend meiden sollte. Höhepunkt am weitläufigen Hafen ist das größte Meerwasseraquarium Europas, hinzu kam im Jahr 2006 die Ernennung der *Strade Nuove* (Via Balbi und Via Garibaldi) zum UNESCO-Weltkulturerbe. Hier, zwischen dem volkstümlichen Hafenviertel und den schicken Wohnvierteln an den Hängen, zeigt sich Genua repräsentativ mit hochkarätigen Museen in noblen Stadtpalazzi.

Informationen/Anfahrt/Verbindungen

• *Informationen* **I.A.T.-Besucherzentrum**, Via Garibaldi 12, tägl. 9–13 und 14.30–18.30 Uhr, ✆ 010/5572903, www.genova-turismo.it, Hauptsitz des Fremdenverkehrsamts.

I.A.T.-Büro am Porto antico, nahe Eingang zum Acquario, tägl. 9–18.30 Uhr, ✆ 010/248711.

• *Pkw* Mit dem eigenen Fahrzeug nicht zu empfehlen – die Altstadt selbst ist autofrei, die Parkplätze an ihren Rändern sind beschränkt und teuer. Parken am besten auf dem Großparkplatz am **Porto antico** (1. Std. 2 €, jede folgende 1,60 €, von 24–7 Uhr 1 €/Std.) oder an der Piazza della Vittoria im Südosten der Stadt beim Bahnhof Brignole (auch Tiefgarage).

• *Bahn* Es gibt zwei Bahnhöfe in Genua. Der Hauptbahnhof **Stazione Piazza Principe** liegt im Westen des Zentrums am oberen Ende des alten Hafenviertels, die **Stazione Brignole** im Osten. Die Bahnhöfe sind zwar miteinander verbunden, doch fahren nicht alle Züge auch von beiden ab; wichtiger ist die Stazione Piazza Principe – hier hält quasi jeder Zug: etwa stündlich nach Mailand (einige Züge auch ab Stazione Brignole), Turin (meist auch ab Brignole),

Savona und weiter nach San Remo (nur einige Verbindungen auch ab Brignole) und stündlich nach La Spezia (alle auch ab Brignole). Zwischen den Bahnhöfen verkehren auch Verbindungszüge, sodass man für alle Richtungen zusteigen kann.

• *Schiff* Von der **Stazione Marittima** häufige Fährverbindungen nach Sardinien, Korsika und Sizilien, Abfahrt meist an der Mole Ponte Cristoforo Colombo.

• *Flug* **Flughafen** *Aeroporto Cristoforo Colombo* im Westteil der Stadt, direkt am Wasser gelegen. Flughafenbus (Nr. 100, *Volabus*) ins Zentrum zum Bahnhof Piazza Principe, zwischen 6 und 23 Uhr jede Stunde. Touristinformation am Flughafen.

Unterwegs in der Stadt

• *Stadtbusse* Das Stadtnetz der **AMT** ist sehr übersichtlich; Linienbusse mit digitalen Anzeigen (Nr./Richtung), Haltestellen mit Linienplänen und Frequenzangaben, Einzelfahrkarte (90 Min. gültig) 1,20 €, Ticket im Bus 2 €, 24-Stunden-Ticket 3,50 €, erhältlich an Zeitungskiosken und in Tabacchi-Läden. *Convalidare!* – Beim Einsteigen stempeln, sonst gilt man als Schwarzfahrer.

• *Metro* Seit einigen Jahren hat Genua eine Metrolinie, die auf der Strecke von Brin über Dinegro (beides Vororte) zur Stazione Principe, Darsena und San Giorgio (beide am Porto antico), Sarzano/S. Agostino (südlicher Rand der Altstadt) und Piazza de Ferrari unterwegs ist: werktags 6.30–21.15 Uhr ca. alle 6–9 Min., sonntags 7–21.15 Uhr ca. alle 10–15 Min., einfache Fahrt 1,20 €, 24-Stunden-Ticket 3,50 €, erhältlich am Automaten, an Kiosken und in Tabacchi-Läden.

• *Standseilbahnen/Aufzüge* Zwischen der Unter- und Oberstadt verkehren von 6.40–24 Uhr *Funicolari* (Seilbahnen) und *Ascensori* (Aufzüge), Einzelticket 0,70 €, vier Fahrten 2,50 €. Tickets am Automaten.

• *Hafenrundfahrten* Mit *Cooperativa Battellieri* oder *Alimar*, ab Ponte Spinola/Acquario (zuletzt immer 9.30 Uhr, Dauer 45 Min., Erw. 7,50 €, Kinder frei). Im Sommer finden außerdem mehrmals wöchentlich Ausflugsfahrten statt: bis zu 3-mal tägl. Portofino (20 €), 1-mal wöch. Cinque Terre/ Portovenere (35 €). Weitere Infos: *Battelieri*, ✆ 010/265712, www.liguriaviamare.it; *Alimar*, ✆ 010/255975, www.alimar.ge.it.

• *Bootstouren* **Whale Watching**, März bis Sept. Sa 11 Uhr, im Juli/Aug. auch Di (Abfahrt 13 Uhr), Erw. 33 €, Kinder 3–12 J. 18 €, Via Sottoripa 7/8, ✆ 010/265712 oder 010/256775, www.whalewatchliguria.it.

Tipp für den Stadtverkehr! Am besten fährt man mit einer **Tageskarte** (3,50 €; 24 Std. gültig) für alle AMT-Stadtbusse, Funicolari und Ascensori und für die Nahverkehrszüge bis Voltri und Nervi.

Preisvorteile bringt auch die **Card Musei + Bus** (→ S. 425).

Übernachten (siehe Karte S. 422/423)

TIPP! Locanda di Palazzo Cicala (12), im Herzen der Stadt an der Dompiazza, ohne Sterne zwar, aber auf höchstem Niveau. Vollständig restaurierter historischer Palazzo, elf große Zimmer und sechs Apartments auf drei Ebenen, geschmackvolle Mischung aus Alt und Supermodern, deutsche Leitung. EZ 89–140 €, DZ 99–190 €, Dreibettzimmer 119–230 €. Piazza San Lorenzo 16, ✆ 010/2518824, ℻ 2467414, www.palazzocicala.it.

*** **Agnello d'Oro (2)**, Nähe Bahnhof Principe, in einem alten Palazzo des 16. Jh. Ein wenig nostalgischer Charme, Zimmer dagegen weitgehend modern. Von den oberen Stockwerken Blick auf die Altstadt. EZ 60–110 €, DZ 75–120 €, Dreibettzimmer 85–130 €, Familienzimmer 120–200 €, Frühstück inkl. Vico Monachette 6, ✆ 010/2462084, ℻ 2462327, www.hotelagnellodoro.it.

** **Colombo (20)**, zentrale Lage am Altstadttor Porta Soprana. Nett eingerichtetes Hotel in einem schmalen Altstadtpalazzo, nicht mehr ganz neu, aber gepflegt, freundliche und hilfsbereite Besitzerfamilie. Im siebten Stock Raucherzimmer mit großer Fensterfront und Dachterrasse – schöner Blick über die Altstadt. EZ 88–160 €, DZ 110–170 €, jeweils inkl. kleinem Frühstück. Via Porta Soprana 27, ✆/℻ 010/2513643, www.hotelcolombo.it.

** **Cairoli (4)**, gepflegte Familienpension im dritten Stock eines alten Bürgerhauses, nur zwölf Zimmer, gefrühstückt wird im Sommer auf der Dachterrasse, EZ 60–120 €,

Am Porto antico von Genua

DZ 85–160 €, es gibt auch Drei- und Vierbettzimmer. ✆ 010/2461454, ✆ 2467512, Via Cairoli 14, www.hotelcairoligenova.com.

• *Jugendherberge* **Ostello della gioventù (1)**, Low-Budget-TIPP! Die städtische Herberge in der westlichen Oberstadt erfreut sich großer Beliebtheit. Am besten per Bus Nr. 35 oder 40 vom Bahnhof Principe zu erreichen (Nr. 40 auch ab Bahnhof Brignole). Großer Neubau mit herrlichem Blick über die Stadt und den Hafen; Familien- und Mehrbettzimmer, Übernachtung mit Frühstück im Mehrbettzimmer 16,50–19 €, EZ 23,50 €, DZ 44–49 €, Familienzimmer (3–4 Betten) 18 € pro Pers. Abendessen 9,50 €, Fitnesscenter im Haus. Weihnachten bis 31.1. geschl. Einlass ab 14.30 Uhr. Passo Giovanni Costanzi 10, ✆/✆ 010/2422457, www.ostellogenova.it.

• *Camping* Mehrere Campingplätze liegen im Umkreis der Stadt, freundlich geführt wird der Platz **Villa Doria**, westlich von Genua im Vorort Pegli (Nähe Autobahnausfahrt), gepflegter Terrassenplatz, schattiges Parkgrundstück. 9 €/Pers., Stellplatz 10–13 €. Nur im Januar geschl. Via Al Campeggio Villa Doria 15 n, ✆ 010/6969600.

Essen & Trinken/Nachtleben (siehe Karte S. 422/423)

Cantina del Colombo (18), unser TIPP! Sehr einladendes Lokal an der Porta Soprana, bei den Genuesern äußerst beliebt, günstiger Mittagstisch. Wir probierten die *Trenette al Pesto* wie auch den Schweinebraten mit Pflaumensugo und Salat – empfehlenswert und nicht teuer. Abends unbedingt reservieren. Angenehme Atmosphäre, gute Küche, umfangreiche Weinkarte mit Schwerpunkt Ligurien und Piemont. Sa- und Mo-Mittag und So geschl. Via di Porta Soprana 55/r, ✆ 010/2475959.

Pansön dal 1790 (15), alteingesessenes Lokal an einer hübschen Altstadtpiazza, gute Fischküche, allerdings etwas höhere Preise, Fischmenü ab 30 €. So Ruhetag, Piazza delle Erbe 5/r, ✆ 010/2468903.

Le Cantine di Squarciafico (10), beliebtes Lokal in einem säulengestützten Kellergewölbe beim Dom (ehemalige Wasserzisterne), geführt von jungen Leuten, große Weinauswahl und fantasievolle Gerichte. Gutes Preis-Leistungs-Verhältnis. Mittags und abends geöffnet, kein Ruhetag. Piazza Invrea 3 r, ✆ 010/2470823.

Da Genio (22), alteingesessene Osteria oberhalb der Piazza Dante, eine schweißtreibende Treppengasse führt hinauf.
Heller, freundlicher Speiseraum, nette Atmosphäre, gute lokale Küche, Menü ca. 30 €. So und im August geschl., Salita San Leonardo 61 (Seitengasse der Via Fieschi), ✆ 010/588463.

Ostaia del Castello (21), kleines, unscheinbares Lokal bei der Basilica Santa Maria di Castello. Mittags gibt es in der überaus gemütlichen Osteria ein typisch ligurisches Menü für kleines Geld, am Abend muss man mit ca. 30 € für das Menü rechnen. Freundlicher Service, sehr beliebt. Für abends ist eine Reservierung unbedingt notwendig. So geschl. Salita Santa Maria di Castello 32 r, ✆ 010/2468980.

Antica Trattoria „Sa Pesta" (13),in einer schmalen Gasse der Altstadt, parallel zur Via San Lorenzo. Eins der ältesten Farinata-Lokale der Stadt, herzhafte lokale Küche, stadtbekannt ist die *pasta al pesto*, ebenso die *farinata*. Günstig. Mittags geöffnet, abends nur nach Reservierung, So geschl. Via Giustiniani 16 r, ✆ 010/2468336.

Trattoria (17), diese kleine namenlose Garküchen-Trattoria versprüht den Charme vergangener Zeiten, ein einfaches Lokal und eine echte Nachbarschafts-Trattoria mit schlichter Einrichtung, Papiertischdecken und hemdsärmeliger Atmosphäre. Deftige, gehaltvolle Hausmannskost zu günstigen Preisen. Eine Rechnung gibt es nicht, am Ende überschlägt der Wirt: das Menü kostet ca. 20–25 € pro Pers. – was für das Gebotene auch in Ordnung ist. Nur abends geöffnet, man sollte früh kommen (oder nach 21–21.30 Uhr), da oft voll. Piazza delle Erbe, neben der Bar Berto.

• *In der Oberstadt* **La Barcaccia (3)**, nettes Ristorante in luftiger Höhe am Belvedere di Castelletto. Maritimes Ambiente, ligurische Küche mit Akzent auf Fisch, hervorragende Pastagerichte. Es werden einige Weine auch glasweise angeboten. Menü ca. 28 € (abends), nicht zu teuer. Im Sommer auch einige Tische auf der kleinen Holzterrasse vor dem Lokal. Spianata Castelletto (Fahrstuhl an der Piazza del Portello, oben angekommen nimmt man die mittlere Straße, das Barcaccia befindet sich nach wenigen Metern auf der linken Seite), mittags und abends geöffnet, So Ruhetag. ✆ 010/2465165.

• *Cafés* **Café Mangini (6)**, traditionsreiches Café an der belebten Piazza Corvetto; heiße Schokolade, feines Gebäck und mehr, bis ca. 20 Uhr geöffnet. Piazza Corvetto 3/r (Ecke Via Roma).

Antica Pasticceria Fratelli Klainguti (7), die älteste Konditorei Genuas, mitten im Centro storico, sehr beliebt, gemütliches Ambiente mit viel Patina, Eis und Kuchen vom Feinsten. Es wird auch ein günstiger Mittagstisch angeboten. Piazza Soziglia 98.

Genua
100 m
Übernachten
1 Ostello della gioventù (Jugendherberge)
2 Agnello d'Oro
4 Cairoli
12 Locanda di Palazzo Cicala
20 Colombo
Cafés
6 Café Mangini
7 Fratelli Klainguti
8 Caffé Romanengo
14 Caffé degli Specchi
V. Balaclava
Via Pastore
Dogali
C.so
Via Brignole De Ferrari
Corso Carbonara
Corso Firenze
Sal. sup. S. Gerolamo
Corso Paganini
Via Caffaro
S. Anna
Via Balbi
Via di Pre
Palazzo Reale
Palazzo Durazzo-Pallavicini
SS. Annunziata del Vastato
Museo del Mare
Via Antonio Gramsci
Strada Sopraelevata Aldo Moro
Via Fontane
Via P. Bensa
Largo Zecca
Belvedere Castelletto
Salita Inferiore Sant' Anna
Viale Odino
Staz. Casella
Vico S. Filippo
Vico di Untoria
Via del Campo
Via Lomellini
Via Cairoli
Galleria Garibaldi
Palazzo Doria-Tursi
Dei Cappuccini
Ponte Morosini
Piazza Fossatello
Via S. Siro
San Siro
Palazzo Bianco
Piazza Portello
Villetta di Negro
Porto Antico
Piazza Meridiana
Via Garibaldi
Palazzo Rosso
Piazza Fontane Marose
Ponte Calvi
Palazzo Spinola
Via della Maddalena
San Luca
Piazza Bianchi
V. d. Lepre
Piazza del Ferro
Provincia Prefettura
Staglieno
Salita S. Caterina
Acquario
Ponte Spinola
Biosphäre
Via San Luca
Piazza Lavagra
Via Luccoli
Palazzo S. Giorgio
Piazza Soziglie
Via XV Aprile
l.go Lanfranco
La Città bambini
Ponte Embriaco
Vico Compere
Vico degli Indoratori
Via D. Chiossone
Vico Casana
Via Roma
Bigo
Piazza d. Scuole Pie
Teatro Carlo Felice
Kunstakademie
l.go S. Giuseppe
Palazzo di Giustizia
Porto Antico
Via San Lorenzo
Via Canneto il Lungo
S. Matteo
Palazzo Ducale
Fontana Monumentale
Museo dell'Antaride
Via Turati
San Lorenzo
Piazza Matteotti
Piazza de Ferrari
Via XX Settembre
Casa di Colombo
Staz. Brignole, Staglieno
Mura del Molo
Vico Malatti
Via del Molo
Via di Canneto
San Giorgio
Via dei Giustiniani
Via San Bernardo
Chiesa del Gesù
Via Porta Soprana
Sal. Pollaiuoli
Via Dante
v. Ceccardi
Piazza Embriaci
P.zza delle Erbe
Porta Soprana
Piazza Dante
Corso Maurizio Quadrio
Mura delle Grazie
Via di Mascherona
San Donato
S. Maria di Castello
Via del Colle
Fosso d. Colli
Via Fiesci
sal. S. Leonardo
Museo Sant' Agostino
Piazza Sarzano
Corso Aurelio Saffi
Mura della Marina
Via Eugenia
Piazza Faralli
Via Madre di Dio
Ravasco
Via Innocenzo IV
Piazza Carignano

Traditionsreich: das Caffè Romanengo

Caffè Romanengo (8), Traditionscafé bei der Loggia dei Mercanti, auch hier wird Mittagstisch angeboten. Via degli Orefici 31/r. Gehört zur Pasticceria in der Via Soziglia 74.

Caffè degli Specchi (14), Jugendstilcafé, hier trifft sich ein buntes Genueser Publikum zum Aperitivo – dazu köstliche Häppchen. Bis ca. 21 Uhr geöffnet, am Wochenende bis ca. 24 Uhr. Salita Pollaiuoli 43, nur wenige Schritte von der Piazza Matteotti (Palazzo Ducale).

• *Weinstuben* **Antica Cantina i tre Merli (5)**, die „drei Amseln", eine stilvolle alte Weinstube mit Ableger in New York; große Auswahl an jungen und alten Weinen aus ganz Italien, dazu Käse- und Wurstspezialitäten auf dem Brett, aber auch vollständige Menüs – allerdings gehobenes Preisniveau. Mittags und abends geöffnet, Sa-Mittag und So geschl. Vico del Coro della Maddalena 26 r, Quergasse zur historischen Via Garibaldi, nur wenige Schritte unterhalb davon. ✆ 010/2474095.

• *Nachtleben* Einer der schönsten und stimmungsvollsten Plätze im Centro storico ist die *Piazza delle Erbe* mit ihren Bars und Restaurants. Hier trifft sich allabendlich die Genueser Jugend (und auch die nicht mehr ganz so junge Jugend), bereits bei den ersten frühlingshaften Temperaturen sind die Tische an der leicht abschüssigen Piazza bis auf den letzten Platz besetzt. Weitere Bars finden sich in der Altstadt verteilt, z. T. flaniert man auch am Porto antico (auch hier Bars/Cafés).

Storico (9), zurzeit sehr angesagte Lounge und Cocktailbar, riesige Palmen, coole Musik, schickes Publikum. Zum Aperitivo bedient man sich am äußerst üppigen Buffet, später dann Bar und Kneipe, exotische Drinks. Piazza de Ferrari 34–36/r, ✆ 010/2474548.

Bar Berto (19), junges Publikum, lässige Atmosphäre, laute, harte Musik, lange geöffnet. Piazza delle Erbe 6.

Cantine Embriaci (16), beliebte Studentenkneipe im Castello-Viertel, 19–2 Uhr geöffnet, Salita Torre Embriaci 2, Mo Ruhetag.

Louisiana Jazz Club (11), häufig Live-Jazz, in der Altstadt quasi hinter dem Dom gelegen. Via T. Reggio 34 r.

Sehenswertes

Ein unvergleichliches, labyrinthisches Gassengewirr, unzählige prächtige Palazzi, die oft mit hochkarätigen Museen ausgestattet sind, der in den 1990er Jahren von Stararchitekt *Renzo Piano* neu gestaltete Porto antico mit seinen sehenswerten

Meeresmuseen und prächtigen Kirchen, die so manche Kunstschätze beherbergen – zu sehen gibt es in Genuas Altstadt mehr als genug.

Card Musei

Mit der Museumskarte können insgesamt 22 Museen besichtigt werden, darunter viele der im Kapitel „Sehenswertes in Genua" aufgeführten Häuser (das Acquario allerdings nicht), darüber hinaus wird in weiteren Museen eine Ermäßigung gewährt. Die Karte ist 48 Stunden gültig und kostet 16 €, mit freier Stadtbusbenutzung 20 €. Die 24-Stunden-Karte kostet 12 € (mit Bus 13,50 €), gilt aber nicht für das *Galata Museo del Mare*! Die Jahreskarte für 35 € (Studenten 20 €) lohnt nur, wenn man wirklich nahezu alles in Genua besichtigen will. Verkauf in den angeschlossenen Museen (z. B. Palazzo Rosso, Bianco, Del Principe, Spinola, Reale etc.) und den Touristbüros. Weitere Infos: www.museidigenova.it.

Im Hafenviertel der Altstadt

Die Gegend um den *Carrugio Lungo*, das Rückgrat des mittelalterlichen Stadtkerns, ist eine etwas verwahrloste Gegend, tagsüber quirlig und belebt, abends wie ausgestorben und ein wenig anrüchig. Die über 2 km lange, schmale Fußgängergasse zieht sich mit verschiedenen Namen quer durch die Altstadt: *Via di Prè, Via del Campo, Via di Fossatello* und *Via Santa Luca*. Zwischen den hohen, grauen Häuserfassaden drängt sich ein Laden neben dem anderen, dazu zahlreiche Straßenstände und fast Flohmarktatmosphäre, dann Boutiquen, Schuhgeschäfte, Schmuckläden in endloser Reihe. Auf Höhe des Porto antico verzweigt sich das enge Gassengewirr zwischen Via Garibaldi, Via XXV Aprile und Via San Lorenzo. Am Hafen erstreckt sich die Sottoripa, unter deren dunklen Arkadengängen sich zahllose Verkaufsstände, Bars und Garküchen befinden. Im *Palazzo Spinola* an der Piazza di Pellicceria ist eine bemerkenswerte Gemäldesammlung beheimatet. Teils eingebettet in Fresken (u. a. von Lorenzo de Ferrari) und Stuckdekor und flankiert von historischem Mobiliar, sind genuesische und flämische Meisterwerke zu sehen. Ein Highlight stellt zweifellos der prächtige Spiegelsaal im zweiten Stock dar. In nüchterner Umgebung hängen im dritten Stock schließlich u. a. *Antonello da Messinas* „Ecce homo" und das Portrait Giovanni Carlo Dorias (zu Pferde) von *Peter Paul Rubens*.

Öffnungszeiten/Eintritt Di–Sa 8.30–19.30 Uhr, So 13.30–19.30 Uhr, Mo geschl.; Eintritt 4 €, erm. 2 €, unter 18 J. und mit der Card Musei (→ S. oben) frei, Kombiticket mit Palazzo Reale 6,50 €, erm. 3,25 €. Piazza Pellicceria 1, ✆ 010/2705300, www.palazzospinola.it.

Dom San Lorenzo und Piazza San Matteo

Dom San Lorenzo: Die romanische Säulenbasilika mit ihrem typischen schwarzweißen Streifenmuster wurde nach einem schweren Brand zu Beginn des 13. Jh. im gotischen Stil vollkommen neu konzipiert und bis zum 16. Jh. mehrfach umgebaut. Der über 100 m lange, dreischiffige Kirchenraum wird von romanischen Rundsäulen gegliedert. In der wuchtigen Hauptapsis befindet sich ein reich verziertes Chorgestühl (16. Jh.). Gut erhaltene Fresken, v. a. aus dem 16. und 17. Jh., wölben sich in den Apsiden der Seitenschiffe, das kunstvolle Fresko über dem Hauptportal stammt aus dem Jahr 1312. Im linken Seitenschiff dann die kunstvoll geschmückte *Cappella San Giovanni Battista* mit Heiligenfiguren (15. Jh., Frührenaissance) und dem Goldschrein (13. Jh.), in dem angeblich die Asche Johannes des Täufers verwahrt wird. In der Krypta ist das *Museo del Tesoro* untergebracht. Hier befindet sich der Domschatz von San Lorenzo, bestehend aus kostbaren liturgischen Gerätschaften und Reliquiaren, darunter der *Sacro Catino*, eine sechseckige, grüne Glasschale, die lange als der Heilige Gral galt, wohl aber aus dem 9. Jh. stammt.

• *Öffnungszeiten/Eintritt* **Kathedrale San Lorenzo**, tägl. 8–12 und 15–19 Uhr. **Museo del Tesoro**, Mo–Sa 9–12 und 15–18 Uhr, Eintritt 6 €, erm. oder mit der Card Musei (→ S. 425) 4,50 €. Eine Besichtigung des Turms ist nur im Rahmen einer Führung und bei gutem Wetter möglich; 5 €/Pers. bei mind. drei Teilnehmern.

Piazza San Matteo: Versteckt im Gassengewirr der Altstadt liegt dieser bildhübsche Platz mit einer kleinen romanischen Kirche und den typischen, schwarz-weiß gestreiften Marmorpalazzi der Doria, die in Genua lange Zeit das Sagen hatten. In der Krypta der Kirche ist Andrea Doria begraben. Angeschlossen ist ein gotischer Kreuzgang.

Via Garibaldi und Via Balbi

Die ehemaligen Prachtstraßen Genuas verlaufen oberhalb der Altstadt. Die Via Garibaldi ist eine Fußgängerzone und eine ununterbrochene Folge von Palästen aus dem 16.–18. Jh., darunter der *Palazzo Bianco* und gegenüber der *Palazzo Rosso*, beide mit bemerkenswerten Gemäldegalerien. Die Sammlung im Palazzo Bianco besitzt einige Renaissancegemälde (u. a. Fillipino Lippi), vor allem aber Werke flämischer und italienischer Meister des 16. und 17. Jh., darunter so große Namen wie Caravaggio und Giulio Cesare Procaccini. Die Venezianische Schule des 16. Jh. ist durch keinen Geringeren als Paolo Veronese vertreten. Die bekanntesten unter den zahlreichen flämischen Meistern des 17. Jh. sind zweifellos Peter Paul Rubens und Anton van Dyck. Die *Galleria di Palazzo Rosso* ist thematisch der Nachbar-Galerie ähnlich, überbietet diese jedoch an Umfang und Vielfalt der Sammlung. In den Obergeschossen sind Meisterwerke von der Renaissance bis zum 18. Jh. zu sehen, darunter auch hier einige ganz große Namen wie Albrecht Dürer, Paolo Veronese und Anton van Dyck. Die Sammlung enthält außerdem zahlreiche Werke Genueser Meister des Barock. Das zweite Obergeschoss wurde im 17. und 18. Jh. mit einem grandiosen Freskenzyklus dekoriert.

Unweit der Via Garibaldi führt die *Via Balbi* von der Piazza Nunziata zur Stazione Principe. Sie wurde im Rahmen der Baumaßnahmen für die Kulturhauptstadt „GeNova 04“ verkehrsberuhigt und fußgängerfreundlich umgestaltet, wirkt trotz allem aber deutlich heruntergekommener als die prachtvolle Konkurrenzstraße. Hier findet sich der größte historische Stadtpalast Genuas (17. Jh.), der *Palazzo Reale*, der heute nicht nur die Behörde für Denkmalpflege beherbergt, sondern auch das *Museo di Palazzo Reale*. Die stattliche Gemäldesammlung mit ihren über 100 Werken befindet sich in den mit prunkvollen Fresken, Stuckdekorationen und originalen Möbeln ausgestatteten Sälen des zweiten Obergeschosses; im Rahmen einer etwa einstündigen Führung (nach Voranmeldung auch in Englisch) bekommt man vor allem Meisterwerke des 17. und 18. Jh. zu sehen.

• *Öffnungszeiten/Eintritt* **Palazzo Bianco** und **Palazzo Rosso**, Di–Fr 9–19 Uhr, Sa/So 10–19 Uhr, Mo geschl.; Eintritt 8 € (gilt auch für Palazzo Tursi), erm. 6 €. Freier Eintritt mit der Card Musei (→ S. 425). Via Garibaldi 11, ✆ 010/2476351, www.museidigenova.it.

Palazzo Reale, Di/Mi 9–13.30 Uhr, Do–So 9–19 Uhr, Mo geschl.; Eintritt inkl. Führung 4 €, erm. 2 € (18–25 J.), unter 18 und über 65 J. frei; freier Eintritt mit der Card Musei (→ S. 425). ✆ 010/2710236, hier kann man auch eine englischsprachige Führung reservieren. Weitere Infos: www.palazzorealegenova.it.

Um die Piazza de Ferrari

Dreh- und Angelpunkt des modernen Zentrums ist die gigantische Piazza de Ferrari mit dem riesenhaften, rot schimmernden Börsenpalast, dem Palazzo Ducale, dem Opernhaus und der Kunstakademie. Im *Palazzo Ducale*, dem ehemaligen Dogenpalast der Republik Genua, fand im Juli 2001 die Konferenz der führenden Industrienationen statt (G-8-Gipfel), während außerhalb der Bannmeile schwere Straßenschlachten zwischen Globalisierungsgegnern und Polizei tobten. Das Untergeschoss ist frei zugänglich, ganz oben findet man ein Restaurant (Bar/Café auch im Erdgeschoss). An der Piazza de Ferrari beginnt die *Via XX Settembre*, ein monumentaler, beiderseits mit Arkaden gesäumter Flanierboulevard, dessen prachtvolle Palazzi zahlreiche Kaufhäuser, elegante Geschäfte, Kinos und Cafés beherbergen. Aber auch die große, lebendige Markthalle namens Mercato Orientale findet man hier gegenüber der Einmündung der Via Domenico Fiasella. Eine weitere moderne Geschäftsstraße ist die nach Norden verlaufende *Via Roma*, parallel dazu liegt die glasüberdachte *Galleria Mazzini*, eine traditionsreiche Einkaufspassage.

Wenige Schritte von der Piazza signalisiert die *Porta Soprana*, ein wuchtiges mittelalterliches Stadttor mit zwei halbrunden Wehrtürmen, den Beginn der Altstadt. Kolumbus' Vater war hier einst Torwächter. Die nahe *Casa di Cristoforo Colombo* an der Via Dante wurde auf den Grundmauern des Baus errichtet, in dem der berühmte Amerikaentdecker seine Kindheit verbracht haben soll. Im Innern sind ein paar Dokumente zum Leben des Entdeckers zu besichtigen.

Öffnungszeiten/Eintritt **Casa di Cristoforo Colombo**, tägl. 10–18 Uhr, Eintritt 4 €. Auf einen der beiden Türme der **Porta Soprana** kann man hinaufsteigen, nur Sa/So 9–12 und14–18 Uhr, 4 €, Kinder 2 €.

Im Castello-Viertel (Quartiere Santa Maria di Castello)

Das Stadtviertel südlich des Doms San Lorenzo markiert das älteste Siedlungsgebiet Genuas. Hier findet sich der attraktivste Teil der Altstadt, reich an Patina, aber lebhaft und sympathisch. Die belebte Hauptachse ist die parallel zur Via San Lorenzo verlaufende *Via di Canneto il lungo* mit traditionsreichen kleinen Geschäften und bodenständigen Focacciarien. In ihrem oberen Teil endet die Gasse nahe bei der *Piazza delle Erbe*. Um sie herum findet ein beträchtlicher Teil des Genueser Nachtlebens statt. Die Sehenswürdigkeiten in diesem Teil der Altstadt stehen ein wenig im Schatten des benachbarten Doms und des Porto antico. Dennoch sind vor allem die im Gassengewirr versteckte, schmucke Kirche *Chiesa San Donato* mit dem sehenswerten Flügelaltar des flämischen Künstlers Joos van Cleve (1515) und (für kunsthistorisch Interessierte) das *Museo di Sant'Agostino*, das städtische Skulpturenmuseum, einen Besuch wert.

Öffnungszeiten **San Donato**, tägl. 9–12 und 15–19 Uhr; Eintritt frei. **Museo di Sant' Agostino**, Di–Fr 9–19 Uhr, Sa/So 10–19 Uhr, Mo geschl.; Eintritt 4 €, erm. 2,80 €, mit der Card Musei (→ S. 425) frei; Piazza Sarzano 35, ✆ 010/2511263, www.museidigenova.it.

Alter Hafen (Porto antico)

Der Porto antico bzw. Porto vecchio wurde zu Beginn der 1990er Jahre von dem italienischen Stararchitekten Renzo Piano neu gestaltet und präsentiert sich im Bereich der Piazza delle Feste als turbulente Kultur- und Vergnügungsmeile. Die Attraktionen und Publikumsmagneten sind vor allem das neue Schifffahrtsmuseum,

Ligurien Karte S. 418/419

das große Meerwasseraquarium und der Panoramaaufzug Bigo. Die weitläufige *Piazza Caricamento* stellt in gewisser Weise den Vorhof zum Porto antico dar. Quer über den Hafenplatz führt das wohl seltsamste Bauwerk der Stadt: die Hochstraße – architektonisch und ästhetisch ein Sündenfall, verkehrstechnisch ein Segen. So hässlich sich die Trasse auch über den Platz erhebt und auch den Blick auf den exponierten und altehrwürdigen *Palazzo San Giorgio* verunziert, so fußgängerfreundlich gestaltet sich die Hafenpiazza in ihrem Schatten.

Galata Museo del Mare: Das neue, glänzend ausgestattete und nach eigenen Angaben größte Schifffahrtsmuseum des Mittelmeerraumes kann zu den kulturellen Höhepunkten eines jeden Genuabesuches werden. In einem architektonisch gelungenen Gebäude am nördlichen Ende des alten Hafen wird mittels Modellen, Gemälden, historischen Atlanten und Navigationsgerätschaften, Nachbauten in Originalgröße und mit Multimediaunterstützung ein Bogen von der Zeit der Genueser Galeeren bis zur modernen Dampfschifffahrt geschlagen (Infotafeln auf Italienisch und Englisch).

• Öffnungszeiten/Eintritt März bis Okt. Di–So 10–19.30 Uhr (letzter Einlass 18 Uhr), Nov. bis Febr. Di–Fr 10–18 Uhr (letzter Einlass 17 Uhr), Sa/So 10–19.30 Uhr, Mo geschl. Erw. 10 €, erm. 8 €, Kinder 4–12 J. 5 €, Kombikarte mit Aquarium möglich (Erw. 23 €, Kinder 13 €), der Eintritt ist auch in der Card Musei (→ S. 425) enthalten. Calata de Mari 1, ✆ 010/2345655, www.galatamuseodelmare.it.

Acquario: Auf dem Ponte Spinola am alten Hafen steht seit 1992 eines der größten und modernsten Meeresaquarien Europas. Vier eindrucksvoll beleuchtete Großbecken beherbergen die Stars des Aquariums. Im ersten tummeln sich die Seehunde, das zweite teilen sich Haie, Mondfische, Sägefische und andere Arten, die nicht Gefahr laufen einander aufzufressen. Das dritte Becken gehört den lebhaften Delfinen allein und durch das vierte schweben majestätisch die schweren Meeresschildkröten. Einen weiteren Höhepunkt bilden die quirligen Pinguine in ihrer etwas klein geratenen Antarktis. Optisch eindrucksvoll sind die meterhohen Säulenaquarien, in denen Tiefseequallen schweben oder Clownfische ihre Kreise ziehen. Daneben gibt es zahlreiche kleinere Aquarien und Terrarien mit kleinen Krokodilen, der Unterwasserwelt der Cinque Terre oder der Mangrovenwälder und sogar einen Streichelzoo.

• Öffnungszeiten/Eintritt März bis Juni und Sept./Okt. tägl. 9–19.30 Uhr, Sa/So bis 20.30 Uhr, Juli/Aug. tägl. 9–22 Uhr, Nov. bis Febr. tägl. 9–19.30 Uhr, Sa/So bis 20.30 Uhr, Einlass jeweils bis 90 Min. vor Schließung. Eintritt 18 €, Kinder (4–12 J.) 12 €; Ermäßigung mit der Card Musei, Kombikarte mit Schifffahrtsmuseum 23 €, Kinder 13 €. Der Eintritt in den Kolibriwald kostet 2 € extra (Kinder 1 €), gebührenpflichtige Parkplätze vor dem Museum, darin auch Café und Souvenirladen. Porto antico, Ponte Spinola, ✆ 010/2345678, www.acquariodigenova.it.

Il Bigo: Wie die Arme eines Kraken reckt sich südlich vom Aquarium das weithin sichtbare Gerüst dieser stählernen Krankonstruktion nach allen Seiten. Hoch oben kann man von einer zylindrischen Panoramakapsel aus den Blick über die Stadt genießen.

Öffnungszeiten/Eintritt Tägl. 10–18 Uhr (Mo ab 14 Uhr), Juli/Aug. bis 23 Uhr, Nov. bis Februar nur Sa/So 10–17 Uhr. Ticket 4 €, erm. 3 €, www.acquario.ge.it/bigo.

Museo dell'Antartide: Das Antarktismuseum im ehemaligen Lagerhaus Millo an der Calata Cattaneo führt in die Welt des Südpols, wo die italienische Forschungsstation *Baia Terre Nova* bei minus 50 °C und darunter wissenschaftliche Forschungen betreibt. Faszinierende Bilder, Expeditionsexponate sowie Ton- und Filmdokumente informieren über den Naturraum Antarktis und die Arbeit vor Ort.

Öffnungszeiten/Eintritt Juni bis Sept. Di–So 10.30–18.30 Uhr, Okt. bis Mai Di–Fr 9.45–17.30 Uhr, Sa/So 10–18 Uhr, Mo geschl. Eintritt 5,30 €, erm. 4,30 €, ✆ 010/2543690, www.mna.it.

Riviera di Ponente

Der Küstenstreifen von Genua bis zur französischen Grenze. Die üppig begrünten Berge drängen bis ans Meer, in den Ebenen und Nischen haben sich hektische Hafenstädte und wuchernde Ferienorte breit gemacht – letztere fast immer mit langen Sandstränden der feinsten Sorte. Subtropische Vegetation, Palmen, Blumen, Zitronen- und Orangenbäume bringen Flair an die Küste, leider oft getrübt durch endlose Autoschlangen auf den Durchgangsstraßen.

Wie die benachbarte Côte d'Azur war die italienische Riviera dank ihres milden Klimas schon im 19. Jh. bevorzugtes Reiseziel der High Society. Vor allem russische und englische Adelige fanden hier einen Fluchtpunkt vor den kalten Wintern in der Heimat – und seit den zwanziger Jahren auch vor der russischen Revolution. Die meisten Orte sind seit langem zu 100 % auf Fremdenverkehr eingestellt, trotzdem gibt es neben prunkvollen Haus- und Hotelfassaden aus dem 19. Jh. überall auch noch die typisch ligurischen Altstadtviertel mit engen überwölbten Gassen und viel authentischer Atmosphäre. Im Sommer ist vieles ausgebucht, die überfüllten Strände sind meist bis auf den letzten Fleck mit Badeanstalten belegt.

Ligurien
Karte S. 418/419

• *Anfahrt/Verbindungen* **Pkw**, die SS 1 folgt dem Verlauf der antiken Via Aurelia. Reizvolle Küstenfahrt, unterbrochen durch weniger reizvolle Stadtdurchfahrten, oft Stau. Wer es eilig hat, zu einem bestimmten Ziel zu kommen, sollte unbedingt die Autobahn A 10 wählen. **Bahn**, in mühsamer Arbeit hat man vor einigen Jahren an vielen Orten die Bahn von der Küstenlinie ein Stück landeinwärts versetzt. Die Badegäste freuen sich über die neu gewonnene Ruhe, Bahnfahrer haben das Meer jedoch nur noch abschnittsweise vor Augen, zahlreiche Tunnels.

Von Genua bis Finale Ligure

Arenzano: Der erste Badeort westlich von Genua, doch macht sich hier die Großstadt noch deutlich bemerkbar. Eine hübsche, aber unspektakuläre Altstadt und zahlreiche Stabilimenti am Strand prägen das Bild. 1991 sank 1,5 km vor der Küste von Arenzano der zypriotische Tanker „Haven“, 15.000 Tonnen Öl flossen ins Meer.

Cogoleto: Badeort mit recht reizlosem Strand, angeblich wurde hier Christoph Kolumbus geboren (ein Geburtshaus gibt es jedoch auch in Genua). Seine Büste steht an der zentralen Piazza und sein Konterfei prangt am Rathaus.

Varazze: Eine große Badestadt, die weit in die Umgebung wuchert. Die Uferstraße säumen alte Paläste, davor langer, schmaler Sandstrand und ein großer Yachthafen. Der historische Ortskern hat Atmosphäre, im Mittelalter waren in Varazze große Segelschiffwerften beheimatet. Zahlreiche Hotels.

Celle Ligure: Ein überraschend hübscher Badeort mit farbenfrohen Fassaden, kleinem historischem Kern und langem Strand. Eigentlich besteht Celle aus zwei Teilen: dem alten Celle selbst und dem modernen Ortsteil Piani mit diversen Hotels und regem Strandleben.

Albisola: Die weitläufige Gemeinde besteht aus den Ortsteilen Albisola Marina und Albisola Superiore. Früher war der Ort bekannt für seine Keramikproduktion. Die Uferpromenade *Passeggiata degli Artisti* (Künstlerpromenade) ist durchgehend mit bunten Keramikfliesen verziert, am nördlichen Stadtrand von Albisola Marina liegt die prunkvolle *Villa Faraggiana* inmitten eines gepflegten Parks. Die Innenräume mit Originalmobiliar und vielen Majolikaarbeiten können besichtigt werden.

• *Öffnungszeiten/Eintritt* **Villa Faraggiana**, April bis Sept. Di–So 15–19 Uhr, Mo geschl., die Öffnungszeiten können variieren; Eintritt 8 €, nur Garten 4 €. Im Winter nur nach Voranmeldung. ☏ 019/480622, www.villafaraggiana.it.

• *Übernachten* **** **Garden**, in Albissola Marina, gut geführter Neubau. Restaurant. Relativ teuer. DZ 165 €. Viale Faraggiana 6, 17012 Albissola Marina (SV), ☏ 019/485253, ℻ 485255, www.hotelgardenalbissola.com.

** **Camping Anita**, einziger Platz in Albisola, Terrassenanlage am östlichen Stadtrand, direkt am Felsufer, von der SS 1 aus beschildert. Corso Ferrari 206, ☏ 019/486444.

Savona: Im Zweiten Weltkrieg wurde die 62.000-Einwohner-Stadt völlig zerstört. Heute präsentiert sich eine überwiegend unansehnliche Industrie- und Hafenzone. Lange, schurgerade Straßenzüge umgeben das kleine, einigermaßen beschauliche Altstadtviertel am Hafen, hier auch einige nette Restaurants und Cafés. Etwas oberhalb vom Hafen steht auch die Festung *Priamar*, die weitgehend restauriert wurde. Sie beherbergt das Kunstmuseen „Sandro Pertini“ und das archäologische Museum der Stadt, außerdem ein Ristorante (auch Bar).

• *Öffnungszeiten/Eintritt* **Fortezza del Priamàr** tägl. 9–24 Uhr; **Museo Archeologico**, im Sommer (1.6.–15.9.) Di–Fr 10–12 und 15–17 Uhr, Sa/So 10–12.30 und 17–19 Uhr, Mo 10.30–12.30 Uhr; im Winter Di–So 10–12.30 und 15–17 Uhr, Mo geschl., Eintritt 2,50 €, erm. 1,50 €. **Kunstmuseum „Sandro Pertini“**, nur Sa/So 10–12 Uhr, Eintritt 2,50 €, erm. 1,50 €.

• *Übernachten* **** **Mare Hotel**, ein echter Lichtblick in Savona, außerhalb vom Zentrum an der Straße Richtung Vado Ligure gelegen. Mit empfehlenswertem Restaurant (eher teuer), Pool, Strand und Strandbar (hier auch Mittagstisch). EZ 80–95 €, DZ 125–165 €, Frühstück 6 €, Garage 7 €. Via Nizza 89r, ☏ 019/264065, ℻ 263277, www.marehotel.it.

*** **Riviera Suisse**, zentral in der Innenstadt gelegenes Hotel in einem Palazzo des 19. Jh., Eckhaus an der Piazza del Popolo. Alles schon etwas älter, DZ mit Frühstück 90 €, EZ 70 €. Via Paleocapa 24, ☏ 019/850853, ℻ 853435, www.rivierasuissehotel.it.

** **Savona**, kleine Herberge mit relativ günstigen Preisen, alles etwas ältlich, aber relativ günstig. EZ 42 €, DZ 62 €, Frühstück 4,50 €. Piazza del Popolo 53 r, ☏ 019/821820.

Am westlichen Stadtausgang liegen mehrere triste **Campingplätze**.

• *Essen & Trinken* Am alten Hafen (Vecchia Darsena) reihen sich mehrere Cafés und Restaurants fast aneinander, sehr beliebt z. B. die **Osteria Cù de Beù** (Calata Sbarbaro 34, ☏ 019/821091) oder das **Santa Lucia Café** nur wenige Schritte entfernt (☏ 019/8401341). In der Via Pia 15 (zentrale Altstadtgasse) gibt es in der volkstümlichen Trattoria **Vino e Farinata** selbiges in bester Qualität und nicht teuer, auch Fisch- und Fleischgerichte. So und Mo geschl.

Noli

ca. 3000 Einwohner

Das ruhige, kleine Städtchen liegt am Fuß hoher, grüner Berge. In der sanft geschwungenen Bucht davor erstreckt sich ein langer Sandstrand, der noch nicht völlig mit Badeanstalten zugebaut ist. Das historische Zentrum hinter der viel befahrenen Durchgangsstraße ist bestens erhalten, die engen Gassen öffnen sich zu hübschen, kleinen Plätzen, man findet zahlreiche Reste von Stadtmauern, alten Toren und mächtigen Backsteintürmen aus der Zeit, als Noli eine selbstständige Seerepublik war. Hoch über Noli thront die zerborstene Ruine des *Castello Ursino*, von dem sich eine Festungsmauer mit Wehrgang und Rundtürmen bis in den Ort hinunterzieht. Im westlichen Ortsbereich steht die frühromanische Kirche *San Paragorio* mit Fragmenten alter Fresken, einer Hallenkrypta und einem Baptisterium aus dem 5. Jh.

• *Öffnungszeiten/Eintritt* **San Paragorio**, im Sommer 10–12 und 17–19 Uhr, im Winter Mo–Fr 10–12 und 15.30–17.30 Uhr, Sa/So 11–13 und 15.30–17.30 Uhr; Eintritt 2 €, erm. 1 €. Fotografieren verboten.

• *Information* **I.A.T.**, Corso Italia 8, südwestliches Ende der Durchgangsstraße. ☏ 019/7499003, 📠 7499300, www.comune.noli.sv.it.

• *Übernachten* **Residenza Palazzo Vescovile**, hoch über dem Ort am Hang, nördlicher Ortsausgang (wo die Hauptstraße in einen Tunnel führt). Aufzug hinauf zum Palazzo, dem ehemaligen Sitz des Bischofs von Noli. Insgesamt elf edel ausgestattete Zimmer im historischen Gemäuer, mit gehobenem Restaurant, Frühstück auf der Terrasse. DZ mit Frühstück 140–180 €. Via al Vescovado 13, ☏/📠 019/7499059, www.hotelvescovado.it.

*** **Miramare**, ansprechendes Hotel in einem restaurierten Palazzo aus dem 16. Jh. im Zentrum, nette Zimmer, mit Restaurant. EZ 75 €, DZ 110 €, Frühstück inkl., mit Halbpension 87 € pro Pers. Corso Italia 2, ☏ 019/748926, www.hotelmiramarenoli.it.

* **Romeo**, kleine Pension in der Altstadt, etwas dunkel. DZ mit Bad und Frühstück 70 €, EZ 50 €. Via Colombo 83, ☏ 019/748973.

* **Il Glicine**, betagtes Altstadthotel in ruhiger Lage an der kleinen Piazza Garibaldi, die Fassade völlig überrankt mit blühendem Strauchwerk, gemütliches Restaurant. DZ mit Etagendusche 72 €, Dreibettzimmer 97 €, Frühstück inkl. Piazza Garibaldi 7, ☏/📠 019/748168, www.albergoglicine.eu.
Nächster **Campingplatz** im nahen Varigotti.

Fischer in Noli

• *Essen & Trinken* **Da Sandro**, neapolitanische Pizzeria unter den Kolonnaden der Portici della Repubblica, etwas zurück von der Durchgangsstraße. Auch Tische am Platz, niedrige Preise. Di Ruhetag.

Ligurien
Karte S. 418/419

Varigotti: von der Durchgangsstraße unscheinbar, doch im Kern ein malerisches Fischerdorf, wenn auch für die Gäste sehr sorgfältig hergerichtet. Bekannt ist der besonders feinsandige Strand von Varigotti.

Finale Ligure

ca. 11.700 Einwohner

Seit den 1960er Jahren ist Finale Ligure ein bevorzugter Anlaufpunkt deutscher Urlauber an der Riviera. Deutsches Bier und deutschen Kaffee gibt's an allen Ecken – gut gemischt mit ligurischem Flair in den hübschen Altstadtgassen hinter der gepflegten Strandpromenade.

Finale Ligure ist ein reizvoller Standort für einen Badeaufenthalt, auch wenn man das im Verkehrsgetümmel entlang der viel befahrenen Durchgangsstraße zunächst nicht bemerkt. Doch die Gassen des alten Zentrums sind gemütlich zum Bummeln, direkt davor erstreckt sich ein langer Sandstrand, begleitet von einer breiten Palmenpromenade – abends das Zentrum mit turbulenter „Passeggiata“ und romantischen Bars.

Finale Ligure besteht aus drei verschiedenen Ortsteilen – *Finale Marina* ist der Hauptort hinter dem Strand, hier spielt sich der Großteil des touristischen Lebens ab. Östlich davon, durch den beschaulichen Fluss Sciusa getrennt, liegt das kleine, ruhige *Finalpia*. Ein ganz besonderes Schmuckstück ist schließlich der mittelalterliche Ort *Finalborgo* wenige Kilometer landeinwärts.

Anfahrt/Verbindungen/Information

• *Anfahrt/Verbindungen* **Bahn**, Bahnhof in **Finale Marina**, Piazza Vittorio Veneto (westlicher Stadtrand). Etwa stündlich nach Savona und Genua, ebenso in Gegenrichtung nach Albenga und Alassio. Zum Strand geht es geradeaus, in die Altstadt vom Bahnhofsvorplatz nach links die Via Mazzini (Durchgangsstraße) entlang, nach ca. 500 m rechts. **Bus**, S.A.R.- und A.C.T.S.-Busse fahren ab Busbahnhof beim Bahnhof an der Piazza Vittorio Veneto.

• *Information* **I.A.T.**, an der Uferpromenade nahe des Triumphbogens, viel Prospektmaterial (auch auf Deutsch), Fahrpläne, Infos zu Sportangebot und Exkursionen etc. Im Sommer Mo–Sa 9–12.30 und 16–19.30 Uhr geöffnet, So 9–12 Uhr, im Winter eingeschränkt. Via San Pietro 14, ✆ 019/681019.

Übernachten

**** **Punta Est**, traumhafte Lage am östlichen Ortsausgang oberhalb auf einem Felsen, sehr nobel und mit schönem Garten, Pool, herrliche Ausblicke, Treppen hinunter zum Strand. EZ 140–190 €, DZ 220–260 €, Frühstück inkl. Via Aurelia 1, ✆/℻ 019/600611, www.puntaest.com.

** **Medusa**, in einer schmalen Quergasse zum Lungomare. Gepflegtes Hotel mit Restaurant, Sonnenterrasse und eigenem Strandabschnitt. EZ 95 €, DZ 148–190 €, jeweils inkl. obligatorischer Halbpension. Lungomare di Via Concezione, ✆ 019/692545, ℻ 695679, www.medusahotel.it.

** **Deutsche Familienpension**, so heißt das stattliche Haus am Hang bei der Fortezza – zu Recht, denn bei Pippo finden viele deutsche Gäste ihre Urlaubsbleibe, herrlicher Blick, Sonnenterrasse, freundlich und gut geführt. Treppen hinunter zur Uferpromenade. DZ 95 €, Frühstück inkl., mit Halbpension 126 €, EZ nur in der Nebensaison. Via Generale Caviglia 19, ✆ 019/690615, ℻ 6898825, www.deutschefamilien.it.

• *Camping* Alle drei Zeltplätze liegen östlich vom Zentrum ein Stück landeinwärts.

Del Mulino, strand- und zentrumsnächster Platz (zum Strand 300 m, ins Zentrum 1 km), mehrere Wiesenterrassen auf einem steilen Hügel, für Gespanne ist die Anfahrt sehr steil. Mit Bar, Pizzeria, Laden, Treppen hinunter ins Zentrum. Pro Pers. 7,50 €, Zelt 7 €, Wohnmobil 11 €, Auto 7 €. Anfang April bis Ende Sept. geöffnet. Via Castelli, ✆/℻ 019/601669, www.campingmulino.it.

Tahiti, ca. 200 m weiter als Mulino, niedrigere Hügellage, hinter einem Wohngebiet (ca. 600 m ins Zentrum). Ähnliche Preise, eher einfach, aber nett, mit Bar, Ristorante, kleinem Laden. Via Varese, ✆/℻ 019/600600.

Eurocamping Calvisio, flaches Wiesengelände unter Bäumen, allerdings ca. 1,5 km den Fluss hinauf (im Sommer 8-mal tägl. Shuttle-Bus ins Zentrum), aber mit Pool und Bar. Großer Stellplatz inkl. 4 Pers. 36–45 €, Auto 7 € (extra Parkplatz). Anfang Mai bis Ende Sept. geöffnet. Via Calvisio 37, ✆/℻ 019/601240, www.eurocampingcalvisio.it.

Essen & Trinken

Cervaco Giobatta, schlichte Gemütlichkeit unter dem Portico, leckere Hausmannskost, offener Wein, Bier vom Fass, Menü 25–30 €. Di geschl. Via Roma 41.

La Tavernetta, nett aufgemachte Trattoria, einige Tische draußen auf der Gasse, gute ligurische Land- und Meeresküche, preislich im Rahmen (Menü um 25 €). Via C. Colombo 37, ✆ 019/692010. Mo Ruhetag.

Beigisela, was immer man bei dem Namen erwarten mag, „Beigisela" ist ein modern eingerichtetes Ristorante mit schickem Ambiente und gehobenem Preisniveau. Via Colombo 2, ✆ 019/695275.

Ristorante Da Giuseppe, an der Kirchenpiazza, kleines Lokal mit wenigen Tischen im Freien; relativ preiswerte ligurische Küche, nur abends geöffnet, Sa/So auch mittags. Via Roma 7, ✆ 019/692245.

Zahlreiche Pizzerie am Lungomare, z. B. **I Sapori**, günstige, gute und riesige Pizza ab 3,50 €, im Sommer mit Zelt auf dem Lungomare; mittags und abends geöffnet, Mi Ruhetag. Via S. Pietro 3, ✆ 019/694317.

Ai Torchi, beliebtes und edles Spezialitätenrestaurant in einer ehemaligen Olivenölfabrik in der Altstadt von Finalborgo, vorwiegend Landküche, gepflegtes Ambiente, ziemlich teuer. Di geschl. Via Annunziata 3, Reservierung unter ✆ 019/690531.

Invexendu, ebenfalls in Finalborgo, volkstümliche Trattoria an der Piazza Tribunale, mit schönem Wintergarten, nicht teuer. ✆ 019/690475.

Von Finale Ligure bis San Remo

Die nächsten Badeorte *Pietra Ligure, Loano* und *Borghetto Santo Spirito* sind wenig reizvoll. Eine Ausnahme bildet lediglich der malerische alte Doppelort *Borgio Verezzi.* Zwischen Borghetto Santo Spirito und Albenga lohnen außerdem Abstecher ins Hinterland. In einem Dolomitmassiv oberhalb von Loano, ca. 10 km vom Meer, liegen *Le Grotte di Toirano*, ein riesiger Komplex von Tropfsteinhöhlen, in dem Skelette von Höhlenbären und Spuren von Steinzeitmenschen gefunden wurden. Sehr eindrucksvolle Besichtigung, Busse ab Loano. *Zuccarello* gilt als eines der mittelalterlichen Vorzeigedörfer der Region, die lange Hauptgasse ist beidseitig von Laubengängen gesäumt, essen kann man gut in der gemütlichen „Osteria du Burgu“ (nur abends geöffnet, Mo/Di Ruhetag). Wenn man vor Zuccarello links fährt, kommt man nach ca. 4 km nach *Colletta di Castelbianco.* Das bis in die 1980er Jahre fast völlig verlassene Örtchen gilt heute als das modernste Bergdorf Liguriens, in dem sich hauptsächlich Betuchte niedergelassen haben, die hier via Web ihrem Business nachgehen. Ferienwohnungen kann man über www.colletta.it buchen.

In der Schwemmlandebene um Albenga drängt sich ein Meer von Treibhäusern, in denen Blumen und Gemüse (vorzugsweise Artischocken) reifen. Die hochgradige wirtschaftliche Nutzung hat hier eine völlige Zersiedelung nach sich gezogen.

<u>Öffnungszeiten/Eintritt</u> **Le Grotte di Toirano**, tägl. 9.30–12.30 und 14–17.30 Uhr (im Winter bis 17 Uhr), Eintritt 10 €, Kinder 5–14 J. 7 €, unter 5 J. frei. Mit Führung. ✆ 0182/989968, www.toiranogrotte.it.

Ligurien
Karte S. 418/419

Albenga

ca. 24.000 Einwohner

Weit weniger mondän als viele andere Rivierastädte, trotzdem – oder gerade deshalb – ist Albenga typisch ligurisch. Die Stadt war schon in römischer Zeit eine bedeutende Siedlung. Das mittelalterliche Zentrum besitzt einige interessante Baudenkmäler und lebendige Einkaufsgassen, die nichts von den Boutiquenzeilen der Badestädte an sich haben. Zum Meer hin erstreckt sich dagegen ein recht gesichtsloser Stadtteil mit Strand und Lungomare.

Die historischen Bauten ballen sich um den romanisch-gotischen Dom *San Michele* und präsentieren sich als eindrucksvolles Gesamtensemble mit über zehn historischen Geschlechtertürmen. Hinter der Kirche liegt 3 m unter dem heutigen Bodenniveau ein *Baptisterium* aus dem 5. Jh., das eines der bedeutendsten frühchristlichen Relikte in Ligurien darstellt (Zutritt durch das Museo Ingauno). Benachbart zur Kathedrale steht das alte Rathaus mit der Torre Comunale, unter dessen Arkaden das archäologische *Museo Ingauno* untergebracht ist. Auf der Piazza San Michele gegenüber der Domfassade zeigt das sehr sehenswerte *Museo Navale Romano* die Überreste eines gesunkenen römischen Frachtschiffs und seiner Amphorenladung.

• <u>Öffnungszeiten/Eintritt</u> **Cattedrale San Michele**, Di–So 9–12.30 und 15.30–19.30 Uhr, im Winter 9–12.30 und 14.30–18 Uhr, Mo geschl.; **Civico Museo Ingauno**, Di–So 9.30–12.30 und 15.30–19.30 Uhr (im Winter 14.30–18 Uhr), Mo geschl., Eintritt 3 €, erm. 2 €; **Museo Navale Romano**, Di–So 9–12.30 und 15.30–19.30 Uhr (im Winter 14.30–18 Uhr), Mo geschl., Eintritt 3 €, erm. 2 €, Kinder 1 €.

• <u>Information</u> **I.A.T.**, im Pavillon an der Piazza del Popolo. Mo–Sa 9–12.30 und 15–18.30 Uhr, So 9–12.30 Uhr, im Winter So und Mo geschl. ✆ 0182/558444, 📠 558740, www.inforiviera.it.

Im Centro storico von Albenga

• *Übernachten* Einige Möglichkeiten am Lungomare Cristoforo Colombo, direkt am Strand.

*** **Sole Mare**, an der Uferpromenade, gepflegte Unterkunft, EZ 75 €, DZ 110 €, Früh stück inkl. Lungomare C. Colombo 15, ☎ 0182/51817, 📠 545212, www.albergosolemare.it.

* **Villa Rosa**, beliebte und recht günstige Unterkunft am Lungomare (Nr. 1), man sollte früh buchen. DZ 100 € inkl. Frühstück. ☎ 0182/50529, 📠 544029.

In der Umgebung zahlreiche, meist einfache Campingplätze, z. B. ** **Camping Delfino**, fast am Strand, Mattendächer spenden Schatten. Nach dem Ortsausgang Richtung Alassio links ab, beschildert. Pro Pers. 8 €, Stellplatz 14 €. Via Aurelia 23, ☎ 0182/51998, 📠 555085, www.campingdelfino.it.

• *Essen & Trinken* **Osteria dei Leoni**, gediegenes, großes Restaurant mit Innenhof, aufmerksamer Service, gehobenes Preisniveau. Fast am Ende der Hauptgasse durch die Altstadt gelegen. Vico Avarenna 1, ☎ 0182/51937.

Da Puppo, sehr beliebtes und günstiges Farinata- und Pizzalokal in der Altstadt. Mittags und abends geöffnet, Mo geschl. Via Torlaro 20, ☎ 0182/51853.

Alassio

ca. 11.300 Einwohner

Einer der renommiertesten Urlaubsorte der gesamten Riviera, edle Hotelpaläste in der Neustadt, die Altstadt klein, aber hübsch. Man lebt fast ausschließlich vom Tourismus, kein Winkel in der langen Bucht bleibt dabei ungenutzt. Auch Alassio ist Stammquartier vieler deutscher Gäste. Geboten ist alles, was Urlauberherzen begehren: Es gibt eine endlose Bummelgasse, einen meist ziemlich vollen und verbauten Sandstrand und eine Uferpromenade, die alle Rekorde des gastronomischen Angebots sprengt. Im Sommer kann man nach dem Strandvergnügen das ausgeprägte Nachtleben mit zahlreichen Bars und Diskotheken genießen.

An der Via Dante Alighieri, nicht weit vom Bahnhof, kann man *Il Muretto* bestaunen – eine Mauer, bei der auf bunten Keramikkacheln die Autogramme der High Society eingebrannt sind, die Alassio einen Besuch abgestattet haben, darunter z. B. Thor Heyerdahl, Louis Armstrong, Zarah Leander und Adriano Celentano.

• *Information* **I.A.T.-Büro** in der Via Mazzini 68, Ecke Piazza della Libertà. Freundlich und hilfsbereit, Stadtplan, Hotelliste, aktuelle Veranstaltungshinweise usw. Im Sommer Mo–Sa 9–12.30 und 14.30–18 Uhr, So 9–12 Uhr; im Winter So geschl. ☎ 0182/647027, 📠 647874, www.inforiviera.it.

• *Übernachten* Weit über hundert Hotels zählt man in Alassio, die meisten in der 3-Sterne-Kategorie.

*** **Danio Lungomare**, an der südwestlichen Uferpromenade; nicht ganz so schick und etwas abseits des Geschehens, dafür günstiger, nur über ein schmales Sträßchen zum Strand; empfehlenswertes Ristorante mit Terrasse – hervorragende Pasta und günstige Fischgerichte, freundlicher Service, das Menü nicht über 18–20 € (mittags und abends geöffnet). EZ um 85 €, DZ 150 €, Halbpension obligat. (mind. drei Tage

Aufenthalt). Via Roma 23, ✆ 0182/640683, ✆ 640347, www.hoteldaniolungomare.it.

** **Ambra**, familiäres Albergo, sehr beliebt, gepflegter Gesamteindruck, ruhige Lage am nördlichen Stadtrand. EZ 77 €, DZ 135 €, inkl. Halbpension. Via Garibaldi 123, ✆ 0182/640626, ✆ 643351, www.hotelambra.it.

Camping Monti e Mare, Spitzenadresse ca. 4 km außerhalb Richtung Albenga. Terrassenförmig über dem Meer, riesig, zahlreiche versteckte Winkel, kostenlose Basketball-, Volleyball- und Tennisplätze, kleiner privater Kiesstrand. Ristorante und Pizzeria. Pro Pers. 7 €, Stellplatz 8–14 €, Auto 10 €. Auch einige moderne, gut ausgestattete Appartements (2 Pers. 700 €/ Woche, 4 Pers. 930 €, 6 Pers. 1110–1310 €). Ganzjährig geöffnet. ✆ 0182/643036, ✆ 645601, www.campingmontiemare.it.

• Essen & Trinken **Osteria dei Matetti**, unser *Tipp*: Volkstümlich und stimmungsvoll, eine dekorative Sammlung alter Fotos von Schulklassen ziert die Wände, freundliche Atmosphäre. Typische ligurische Land- und Meeresküche, große Auswahl, Menü 20–25 €. Allerdings keine schöne Lage, im Ostteil der Stadt, an der Durchgangsstraße. Mittags und abends geöffnet. Viale Hanbury 132, ✆ 0182/646680.

Laigueglia: Ein schmaler Küstenort mit freundlichem Ortskern und gutem Strand, kleiner und überschaubarer als Alassio, aber ebenfalls gut besucht – es gibt etwa 50 Hotels. Trotzdem spielt der Fischfang hier noch immer eine Rolle. Die Fischer ziehen ihre Boote unmittelbar vor dem Ortskern aufs Trockene. Eine malerische Gasse mit vielen kleinen Plätzen schlängelt sich durch die enge und belebte Altstadt.

• Information **I.A.T.-Büro** im alten Bahnhofsgebäude am östlichen Ortseingang. 15.6.–15.9. Mo–Sa 9–12.30 und 16–19 Uhr, So 9–12 Uhr, außerhalb der Saison So/Mo geschl. Via Roma 2, ✆ 0182/690059, ✆ 691798, www.inforiviera.it.

• Übernachten **** **Splendid Mare**, Altstadt-Palazzo mit Stil, Charme und viel Komfort, mitten im Ortskern und fast direkt am Strand. Pool und eigener Strandabschnitt, Fahrradverleih. Geöffnet 1.4. bis 30.9. Zimmer mit oblig. Halbpension und mind. sieben Tagen Aufenthalt (bei kürzerem Aufenthalt 6 € Aufschlag), EZ 105–131 €, DZ 200–250 €, in der Nebensaison deutlich günstiger. Piazza Badaro 3, ✆ 0182/690325, ✆ 690894, www.splendidmare.it.

* **Giannina**, Strandhotel mit Restaurant im westlichen Teil der Strandpromenade. Nicht sehr ansehnlicher, schon etwas älterer Neubau, aber sympathisch und gut geführt, viele Gäste nehmen Halb- bzw. Vollpension. EZ 50 €, DZ 80 €, Halbpension 55 € pro Pers. Corso Badaro 4, ✆ 0182/690023, ✆ 691859, www.hotelgiannina.it.

Camping Capo Mele, schattiger Platz am westlichen Ortsrand, schon etwas oberhalb am Hang gelegen. ✆/✆ 0182/499997, www.campingcapomele.it.

• Essen & Trinken Der tägliche Fang kommt in den Restaurants frisch auf den Tisch.

La Prua, vornehmes Fischrestaurant neben dem runden Wehrturm, mit Terrasse und Blick auf die Flaniermole. Menu del giorno 26 €. Mittags und abends geöffnet, Mi Ruhetag. Archivolto Patella 5, ✆ 0182/699195.

Pasta e Pizza, viele Nudelgerichte mit Meeresfrüchten (ca. 7–10 €), uriges Ambiente, wie der Name verkündet, gibt es auch Pizza. Mittags und abends geöffnet, Di Ruhetag. Via Dante 67, ✆ 0182/690517.

Von Laigueglia bis Imperia: Nach dem *Capo Mele* folgt *Marina di Andora* mit großem Yachthafen, danach der einsame *Lido Capo Mimosa*. *Cervo* besitzt einen besonders hübschen mittelalterlichen Ortskern am Steilhang. Gleich darauf passiert man die weiträumige Badesiedlung *Diano Marina* mit sehr schönem Strand und ausgeprägtem Tourismus. Der Camping „Angolo di Sogno“ am westlichen Ortsrand liegt direkt am Meer und ist ganzjährig geöffnet (✆ 0183/497424, www.angolodisogno.com).

Imperia: Die lang gezogene Provinzhauptstadt besteht aus zwei Teilen: im Osten das weitgehend moderne *Oneglia* mit großem Wirtschaftshafen, im Westen *Porto Maurizo*, dessen Altstadt den Hügel hinaufdrängt und einen kurzen Stopp wert ist. Am Eingang zum alten Viertel der monumentale klassizistische *Dom*, steile Treppenwege mit überwölbten Durchgängen führen auf die Hügelkuppe. Ein schöner Aussichtspunkt ist der Vorplatz der barocken Kirche *San Pietro*, ebenso der be-

Ligurien Karte S. 418/419

nachbarte lange Arkadengang des Klosters *Santa Chiara.*

In Oneglia lohnt das *Museo dell'Olivo* in der Via Garessio 13 (Bahnhofsnähe) den Besuch: eine umfassende Ausstellung über die Geschichte des Olivenöls und seine Gewinnung in einer Jugendstilvilla.

Öffnungszeiten/Eintritt **Museo dell'Olivo**, Mo–Sa 9–12.30 und 15–18.30 Uhr, So geschl., Eintritt frei. ✆ 0183/295762, www.museodellolivo.com.

Zwischen Imperia und San Remo liegt das Zentrum des Blumenanbaus an der Riviera di Ponente, deshalb auch *„Riviera dei Fiori"* genannt. In zahlreichen Gewächshäusern reift die bunte Pracht, die zum berühmten Blumenmarkt in Bussana bei San Remo gebracht wird.

San Remo

ca. 57.000 Einwohner

Eine Stadt voller Leben, viel besucht und quirlig, obwohl sich die Attraktionen in Grenzen halten. San Remo lebt noch immer ein wenig von seinem mondänen Ruf als vormalig beliebtester Rivieraort der „Upper Class". Von der High Society ist heute zwar nicht mehr viel zu spüren, doch das alljährliche Musikfestival spielt in Italien nach wie vor eine große Rolle und auch das Spielcasino trägt dazu bei, dem Ruf San Remos gerecht zu werden.

Hauptschlagader der Stadt ist der *Corso Matteotti* mit zahlreichen Nobelboutiquen, Kinos und Discos. Der Dom *San Siro* ist in einfachen, klaren Formen gehalten, mit spätromanischer Fassade und kunstvoll gearbeiteter Fensterrose. Belebte Einkaufsstraße ist die *Via Palazzo* – dort über die Piazza Alberto Nota Einstieg in die unbedingt sehenswerte Altstadt *Città Vecchia*, nach dem Erscheinungsbild ihrer verschlungenen Ziegeldächer „La Pigna" (Pinienzapfen) genannt: auf der Hügelkuppe ein fast labyrinthisch anmutendes Durcheinander von steilen, sich immer wieder ver-

Das berühmte Casino von San Remo

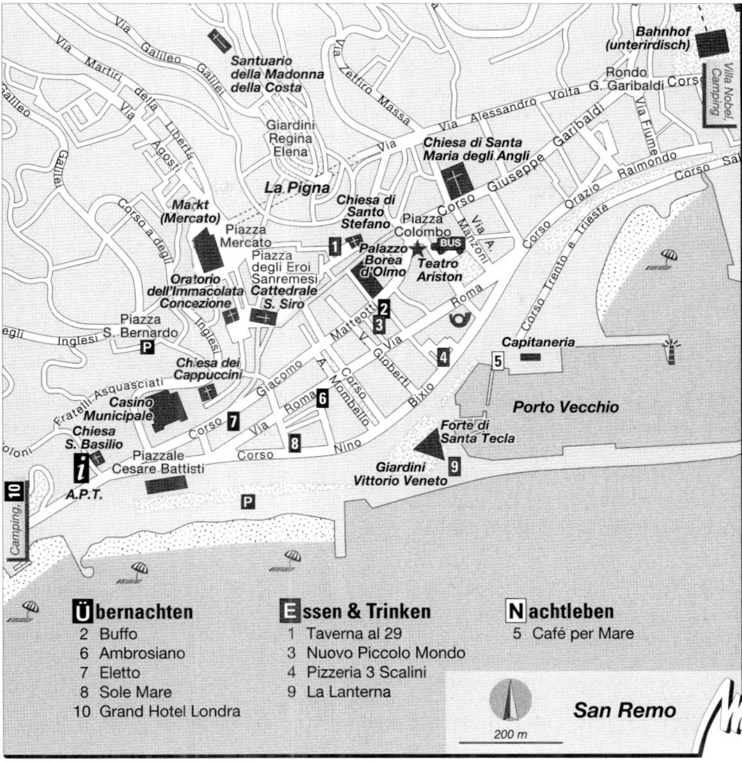

Ligurien Karte S. 418/419

zweigenden Treppengassen, oft unter Häusern hindurch und düster überwölbt, das stark an arabische Souks erinnert. Unterhalb von La Pigna liegt der kleine *Porto Vecchio*. Tagsüber bieten hier Fischhändler ihre Ware an, abends kann man in diversen Restaurants gut essen.

Das prunkvolle weiße *Casino Municipale* schräg gegenüber vom ehemaligen Bahnhof hilft schließlich, die Reisekasse zu erleichtern (Großes Spiel im Obergeschoss mit Kleiderordnung, im Erdgeschoss einarmige Banditen etc.). Gegenüber der Tourist-Info steht die eindrucksvolle russische Kirche *San Basilio*, in den 1920er Jahren von Adligen errichtet, die vor der Oktoberrevolution geflüchtet waren (nur vormittags offen). Hier beginnt Richtung Westen auch der *Corso Imperatrice*, die berühmte Palmenpromenade von San Remo. Der Strand davor ist vollständig von Strandbädern belegt. Am östlichen Stadtrand (an der Hauptstraße) befindet sich schließlich die prachtvolle *Villa Nobel*, heute das Alfred-Nobel-Museum.

• Öffnungszeiten/Eintritt **San Siro**, Mo–Sa 8–11.45 und 15–17.30 Uhr, sonntags jeweils eine Std. länger. **Casino**, tägl. 14.30–2 Uhr, Eintritt frei. Kleiderordnung, Sakko kann gegen Kaution geliehen werden. Zu den Slot Machines kein Gardercbenzwang, schon ab 10 Uhr geöffnet. **San Basilio**, Di–So 9.30–12.30 und 15–18.30 Uhr, Mo geschl. **Alfred-Nobel-Museum**, Di–Sa 10–12.30 Uhr, Fr/Sa auch 15–18 Uhr, So/Mo geschl. Eintritt frei. Corso Cavallotti 116. ✆ 0184-507380, www.villanobel.provincia.imperia.it.

Anfahrt/Verbindungen/Information

• *Anfahrt/Verbindungen* **Pkw**, am Lungomare delle Nazioni (Ufergelände des alten Bahnhofs, Nähe Spielcasino) mit Parkscheinautomat, hier gibt es jedoch auch einen freien Abschnitt (oft belegt). Im Zentrum überall gebührenpflichtig, z. B. an der Piazza Mercato (außer Di und Sa-Vormittag). Tiefgarage an der Piazza Colombo. **Bahn**, der Bahnhof liegt unterirdisch, Zugang vom Corso Cavallotti (beim Rondo Garibaldi), ewig langer Tunnel zu den Gleisen, deshalb immer etwas mehr Zeit einkalkulieren! Sehr gute Zugverbindungen entlang der Küste. **Bus**, Busbahnhof an der zentralen Piazza Colombo, etwa stündl. an der Küste entlang nach Imperia, Diano Marina, Bordighera und Ventimiglia.

• *Information* **A.P.T./I.A.T.**, im verschnörkelten *Palazzo della Riviera* am Corso Imperatrice schräg unterhalb der russischen Kirche. Prospektmaterial zur ganzen Provinz. Mo–Sa 8–19 Uhr, So 9–13 Uhr. Largo Nuvoloni 1, ✆ 0184/59059, 📠 507649, www.rivieradeifiori.org.

Übernachten (siehe Karte S. 437)

Die Hotelpreise liegen über dem Niveau der anderen Blumenriviera-Orte. Preiswerte Pensionen befinden sich vor allem an der Via Roma, die Luxusherbergen am Corso Imperatrice.

**** **Grand Hotel Londra (10)**, Nobelherberge von 1860, prachtvolle Fassade, innen schon etwas verblasste aristokratische Atmosphäre – für Nostalgiker. Mit schönem Pool im palmenbestandenen Garten. EZ 150 €, DZ 190 €, Frühstück inkl. Corso Matuzia 2, ✆ 0184/65511, 📠 668073, www.londrahotelsanremo.it.

*** **Eletto (7)**, hübscher Palazzo aus dem 19. Jh., teils Stilmöbel, hinten kleiner Garten, Parkplatz. EZ 80–95 €, DZ 115–135 €, Frühstück inkl. Via Matteotti 44, ✆ 0184/531548, 📠 531506, www.elettohotel.it.

** **Sole Mare (8)**, kleine Pension in zentraler Lage (im vierten Stock), alle Zimmer mit Bad und TV, Parkplatz vorhanden. EZ 73 €, DZ 130 €, Dreibettzimmer 150 €, Frühstück inkl. Via Carli 23, ✆ 0184/577105, 📠 532778, www.solemarehotel.com.

** **Ambrosiano (6)**, alter Stadtpalazzo an einer lauten Straße, sieben Zimmer im vierten Stock (Lift), zentrale Lage. EZ 95 €, DZ 130 €, Frühstück 5 € pro Pers. Via Roma 36, ✆ 0184/577189, 📠 542715, www.hotelambrosiano.it.

* **Buffo (2)**, zentral gelegenes, kleines Hotel im zweiten Stock, von einem freundlichen Paar familiär geführt. Zimmer sauber und gepflegt, jeweils mit Bad und TV. 5 Min. zum Strand. EZ 50 €, DZ 75 €, Frühstück 5 €/Pers. Corso Matteotti 178, ✆/📠 0184/509650.

• *Camping* *** **Villaggio dei Fiori**, am westlichen Stadtrand, direkt am Strand, schattig, mit Pool, Bar und Ristorante. Stellplatz für 2 Pers. mit Zelt 38 €, großer Stellplatz für max. 4 Pers. 60 €, Bungalows (3–5 Pers.) 105–144 €. Ganzjährig geöffnet. Via Tiro a Volo 3, ✆ 0184/660635, 📠 662377, www.villaggiodeifiori.it.

** **Blue Beach**, Bungalowanlage am östlichen Ortsrand, ebenfalls direkt am Strand und mit Pool. Bungalow für 2 Pers. ab 78 €, für 4 Pers. ab 145 €. Ganzjährig geöffnet. Via al Mare 183, ✆ 0184/513200, 📠 515030, www.bluebeach.it.

Essen & Trinken/Nachtleben (siehe Karte S. 437)

Im Hafenviertel stehen zahlreiche Restaurants zur Auswahl, ebenso um die Piazza Eroi Sanremesi, einige einfachere Lokale findet man im kleinen Altstadtviertel La Pigna.

Antica Trattoria Nuovo Piccolo Mondo (3), unser **TIPP!** In einer Seitengasse des Corso Matteotti liegt diese kleine, gemütliche Trattoria, im Sommer auch einige Tische draußen. Gute regionale Küche, alles frisch, leckere Desserts, gute Weine. Mittlere Preise. So geschl., Mo nur mittags geöffnet. Via Piave 7, ✆ 0184/509012.

Taverna al 29 (1), kleines Lokal am Eingang zur Altstadt La Pigna, leckere lokale Spezialitäten, Menü um 35–40 €. Mittags und abends geöffnet, Mo geschl. Piazza Cassini/Via Morardo 8, ✆ 0184/570034.

Pizzeria 3 Scalini (4), an der lauschigen, kleinen Piazza hinter dem alten Hafen, Tische auch draußen, Holzofenpizza. Mittags und abends geöffnet, Mo Ruhetag. Piazza Sardi 2, ✆ 0184/502301.

La Lanterna (9), Traditionsrestaurant am alten Hafen, Winston Churchill war hier schon zu Gast. Mittags und abends geöffnet. Molo di Ponente, ✆ 0184/506855, Mo geschl.

• *Nachtleben* Viele Clubs und Bars im Stadtgebiet, im Sommer oft Livemusik im Freien.

Café per Mare (5), am alten Hafen, Lounge und Cocktailbar, man kann hier auch essen, sehr modern und schick, Terrasse über dem Hafen. Via Nazario Sauro 42/44, ✆ 0184/503755.

George La Nuit, beliebte Pianobar, Corso Nino Bixio 53.

San Remo/Umgebung: Der berühmte Blumenmarkt von San Remo – der größte seiner Art in Italien – befindet sich heute im benachbarten Küstenort *Bussana*. Das Bergstädtchen *Bussana Vecchia* wurde vor hundert Jahren durch ein Erdbeben zerstört und ist jetzt ein beliebter Wohnort für Künstler, Architekten etc., die die malerischen Ruinen wieder bewohnbar gemacht haben (Bus 14/4 ab Piazza Colombo bis Friedhof von Bussana, von dort noch 30 Min. zu Fuß, letzter Bus zurück nach San Remo gegen 18 Uhr!).

Einen Abstecher wert ist auch das mittelalterliche Vorzeigestädtchen *Taggia* mit seiner imposanten alten Brücke. Ein ausgeschilderter Rundgang führt zu den wichtigsten Baudenkmälern. Höhepunkt ist das Kloster *San Domenico* aus dem späten 15. Jh. mit zahlreichen Kunstwerken in der Kirche, kleinem Museum und blumengeschmücktem Kreuzgang (zu erreichen in 20 Fußminuten ab Piazza Garibaldi).

Landeinwärts von Taggia verläuft die SS 548 durch das Argentina-Tal mit kleinen mittelalterlichen Ortschaften wie *Badalucco*, dessen Fassaden mit farbigen Wandmalereien bedeckt sind und *Molini di Triora*, wo man an der Piazza Roma den urigen Lebensmittelladen „La Bottega di Angela Maria" findet.

• *Öffnungszeiten/Eintritt* **Blumenmarkt**, täglich frühmorgens außer Sonntag. **Kloster San Domenico**, Mo–Sa 9.30–12 Uhr und 15–17.30 Uhr, im Sommer 9–12 Uhr und 15–18 Uhr, So geschl., Eintritt 5 €, erm. 2,50 €.

• *Übernachten/Essen & Trinken* Gut essen kann man in Taggia bei **Castelin**, Via Roma 9, mittags und abends geöffnet, Mo-Abend und Di geschl..

** **Santo Spirito**, alter, sympathischer Gasthof in Molini di Triora, uriges und einfaches Landambiente. EZ 48 €, DZ 68 €, Frühstück inkl., mit Halbpension EZ 55 €, DZ 94 €. Piazza Roma 23, ✆ 0184/94019, ℻ 94092, www.ristorantesantospirito.com.

Bordighera: Badekurort aus der Zeit der Jahrhundertwende mit ca. 11.000 Einwohnern, prächtige Jugendstilvillen posieren mit exotischen Gärten landeinwärts am Hang. Im Umkreis der Stadt üppige Palmenhaine, deren Samen einst der heilige Ampelius aus Ägypten mitgebracht haben soll. Die etwas gesichtslose Neustadt bestimmen schnurgerade Boulevards, der *Corso Italia* wird mit seinen vielen Restaurants und Cafés abends zur lebendigen Fußgängerzone. Großer Pluspunkt: Die einladende, autofreie Uferpromenade ist kilometerlang und flankiert den ebenso langen Kies-/Sandstrand, der erstaunlich viele frei zugängliche Stellen aufweist. Der Lungomare endet im Osten am hügligen *Capo Sant'Ampelio*. Am landseitigen Hang des Kaps, oberhalb vom Yachthafen, befindet sich das hübsche „Centro storico" mit freundlichen Plätzen und engen Gassen, weit weg vom heutigen Mittelpunkt Bordigheras.

Immer Ende April verwandelt sich Bordighera in die *Città dell'umorismo*, ein großes Komikfestival mit zahlreichen Veranstaltungen, Filmen und Ausstellungen.

• *Anfahrt/Verbindungen* Direkter Autobahnanschluss, die A 10 verläuft hier fast an der Küste. Bescheidene Parkmöglichkeiten. **Bahnhof** zentral in Ufernähe zwischen *Aurelia* und Strandpromenade, alle Nahverkehrszüge halten hier, häufig Verbindungen auch nach Genua. **Busbahnhof** am Bahnhof.

Ligurien Karte S. 418/419

• *Information* **I.A.T.-Büro**, im Zentrum an der Hauptstraße. Im Sommer tägl. 9–12.30 und 15–18.30 Uhr geöffnet. Via Vittorio Emanuele 172, ✆ 0184/262322, ✆ 264455, www.bordighera.it.

• *Übernachten* Große Auswahl, viele Hotels haben jedoch im Sommer Pensionspflicht und verlangen mehrere Tage Aufenthalt.

**** **Parigi**, Grandhotel der alten Schule, fast direkt am Strand (hoteleigener Abschnitt). Innen sehr schick, z. T. im historischen Stil eingerichtet, hochmodern dagegen das Wellness-Center und das angeschlossene Restaurant *La Reserve* am Meer. Ganzjährig geöffnet. EZ 133 €, DZ 171–181 €, inkl. Frühstück. Lungomare Argentina 18, ✆ 0184/261405, ✆ 260421, www.hotelparigi.com.

*** **Villa Elisa**, komfortables Ambiente hoch über der Stadt, schöner Garten, Pool, Parkplatz, geführt von einem deutsch-italienischen Ehepaar. Mit Restaurant (mittags und abends geöffnet). EZ 85–115 €, DZ 120–156 €, mit Frühstück, Halbpension ca. 30 €/Pers. Via Romana 70, ✆ 0184/261313, ✆ 261942, www.villaelisa.com.

** **Residence Villa Virginia**, kleine, gepflegte Jugendstilvilla, Apartments mit kleiner Einbauküche und Balkon, relativ günstig: für 2–3 Pers. 520 €, für 3–4 Pers. 600 € pro Woche. Via Romana 55, ✆/✆ 0184/260447, www.villavirginia.net.

• *Essen & Trinken* **Mimmo**, unser Gourmet-Tipp: Etwas zurückversetzt von der Hauptdurchgangsstraße in einem Neubau, daher leicht zu übersehen. Familienbetrieb mit verspielter Einrichtung und nur wenigen Tischen, raffinierte Meeresküche, Menü um 50–60 €. Mi Ruhetag. Via Vittorio Emanuele 302. ✆ 0184/261840.

Antica Trattoria Garibaldi, in einem Gässchen im Centro storico, unweit der Piazza del Popolo. Sympathischer Familienbetrieb, netter Innenhof, hier kann man gut und günstig essen (Secondi um 10–13 €). Mittags und abends geöffnet, Mo geschl. Via della Loggia 5, ✆ 0184/262415.

Pizzeria Laguna Blu, einfache und preiswerte kleine Pizzeria an der belebten Via Vittorio Emanuele (Nr. 116), mittags und abends geöffnet, Mo Ruhetag. ✆ 0184/261260.

Ventimiglia: Die hektische Grenzstadt (ca. 25.500 Einwohner) nahe der französischen Grenze – zweisprachige bzw. französische Ladenschilder sind die Regel – hat vom touristischen Standpunkt her nicht allzu viel zu bieten. Seit der Einführung des Euro ist ein Großteil der wirtschaftlichen Basis weg gebrochen, denn niemand lässt mehr seine Restlira in der Stadt.

Der Fluss Roia trennt XXmiglia (so auf vielen Straßenschildern der Riviera: „venti" = XX) in zwei deutlich unterschiedene Bereiche. In der Neustadt östlich vom Fluss sind die Betonfassaden und z. T. schmuddeligen Gassen wenig erhebend. Jeden Freitag findet jedoch am Flussufer ein riesiger *Wochenmarkt* statt, einer der größten Italiens. In der *Archäologischen Zone* am nordöstlichen Neustadtrand wurden die Ruinen der römischen Stadt Albintimilium ausgegraben, darunter ein großes Theater (nicht zugänglich, jedoch guter Überblick vom Corso Genova). Einen ungewöhnlichen Anblick bietet dagegen die Altstadt am Hügel westlich vom Roia. Teile der mittelalterlichen Stadtmauer ziehen sich die Hänge hinunter, schmale Treppengassen zweigen von der düsteren Hauptstraße Via Garibaldi ab, an der die romanische Kathedrale *Santa Maria Assunta* steht. Fundstücke aus Albintimilium sind im *Archäologischen Museum* des Forte Annunziata an der Küstenstraße untergebracht.

• *Öffnungszeiten/Eintritt* **Archäologisches Museum**, Mo–Sa 9–12.30 und 15–17 Uhr, So 10–12.30 Uhr, Eintritt 3 €, ✆ 0184/351181, www.fortedellannunziata.it.

• *Anfahrt/Verbindungen* **Pkw**, bei Ventimiglia liegt die westlichste Auf-/Abfahrt zur Riviera-Autobahn. Von Norden kommt die SS 20 aus Turin, durchquert einen Zipfel Frankreichs und verläuft am Roia entlang nach Ventimiglia. Dies ist die Hauptverbindungsstrecke vom Piemont (bzw. Schweiz) in den Westen der Riviera.

Bahn, FS-Bahnhof an der Piazza Battisti in der oberen Neustadt, geradeaus trifft man auf die quer verlaufende Haupt- und Durchgangsstraße Via Cavour. Mehrmals tägl. fährt die berühmte schmalspurige **Tenda-Bahn** über Tende und Limone nach Cúneo (→ S. 404), sie gilt als eine der schönsten Bahnlinien der Alpen. Mit Umsteigen kann man bis Turin fahren, ebenso umgekehrt – eventuell interessant als Anreise zur Riviera.

Bus, RT-Busse (Riviera Trasporti) am Anfang des Corso Francia, direkt an der Roiabrücke, z. B. zu den Hanbury-Gärten und Balzi Rossi (→ Ventimiglia/Umgebung).

• *Information* **I.A.T.**, an der Durchgangsstraße, neben der kleinen Kirche Sant'Agostino. Im Sommer Mo–Sa 9–12.30 und 15.30–19 Uhr (im Winter 15–18.30 Uhr), So geschl. Via Cavour 61, ✆ 0184/351183, ✆ 235934, www.visitrivieradeifiori.it.

• *Übernachten* *** **La Riserva**, herrliche Lage auf der Spitze des Castel-d'Appio-Hügels weit oberhalb der Altstadt (ab Forte Annunziata beschildert). Hotelrestaurant, Garten, Pool und toller Blick von der Terrasse. EZ 110 €, DZ 140–155 €, Frühstück 8 € pro Pers. Geöffnet 1.4.–30.9. ✆ 0184/229533, ✆ 229712, www.lariserva.it.

*** **Sole Mare**, gepflegter Neubau mit Terrasse und Parkplatz, an der Ausfahrt des Altstadttunnels, über die Straße zum Meer. Freundliche Einrichtung und ein Service, EZ 105 €, DZ 130 €, Dreibettzimmer 180 €, Vierbettzimmer 220 €, Frühstück inkl. Via Marconi 22, ✆ 0184/351854, ✆ 230988, www.hotelsolemare.it.

*** **Sea Gull**, gleich daneben, am Strand vor der Altstadt, ordentliches Albergo mit Parkplatz und Vorgarten, Restaurant, eigener Strandabschnitt. EZ 90 €, DZ 130 €, Frühstück inkl. Passeggiata Marconi 24, ✆ 0184/351726, ✆ 231217, www.seagullhotel.it.

** **Camping Roma**, Stadtcamping unterhalb der Altstadt, Bahngleise gleich nebenan. Mit Bar, Terrassenrestaurant und Bungalowvermietung. Pro Pers. 10 €, Zelt 13 €, Wohnwagen/-mobil 10 €, Auto 6 €. Nov. und Dez. geschl. Via Freccero 9, ✆ 0184/239007, ✆ 239035, www.campingroma.it.

** **Camping Por la Mar**, in der Ortschaft Latte an der SS 1 zur französischen Grenze, schattiges Hanggelände, etwa 300 m vom Meer, pro Pers. 8 €, Zelt 7 €, Wohnwagen/-mobil ca. 9 €, Auto 4 €. Ganzjährig geöffnet. Corso Nizza 107, ✆ 0184/229626.

• *Essen & Trinken* **Usteria d'a Porta Marina**, schöne Altstadttrattoria mit Plätzen am Fluss, nicht ganz billig, es gibt auch ein Touristenmenü für 20 €. Di geschl. Via Trossarelli 22 (an der Altstadtseite der Fußgängerbrücke), ✆ 0184/351650.

Ligurien Karte S. 418/419

Ecovillaggio Torri Superiore

Im einsamen, bergigen Hinterland von Ventimiglia liegt das Dörfchen Torri mit seinen alten, turmartigen Bauernhäusern. Darüber thront Torri Superiore, ein mittelalterlicher Komplex aus dem 14. Jh. mit ineinander verschachtelten, bis zu fünf Stockwerken hohen Häusern und über 150 Räumen. Anfang der 1980er Jahre begann eine Handvoll ambitionierter Ökologen die seit langem verlassenen Ruinen zu sanieren. 1989 gründeten sie einen Kulturverein zum Erhalt des Ortes, mittlerweile leben hier 16 Personen. Im Gästehaus von Torri Superiore kann man in schlichten Zimmern (1–4 Betten, mit oder ohne Bad) auch übernachten, im zugehörigen Restaurant kommen biologische Produkte aus der Umgebung auf den Tisch. Dazu ein buntes Kursprogramm, Wander- und Trekkingtouren sowie Seminare zu Ökologie und Nachhaltigkeit. Familiäre, lockere Atmosphäre mit internationalem Flair, man ist unter Gleichgesinnten. EZ 48 €, DZ 86–108 €, Vierbettzimmer 140 €, jeweils inkl. Frühstück und Abendessen. Weihnachten bis Ende Februar geschlossen.

• *Kontakt* Associazione Culturale „Torri Superiore", Via Torri Superiore 5, I-18039 Ventimiglia (IM), ✆ 0184/215504, ✆ 215914, www.torri-superiore.org.

• *Anfahrt* Von Ventimiglia auf der S 20 zunächst Richtung Colle di Tenda/Cuneo, dann Richtung Bevera und von dort noch mal ca. 6 km nach Torri. 5-mal tägl. **Busse** von und nach Ventimiglia.

Ventimiglia/Umgebung: Wenige Kilometer westlich liegen bei La Mortola die berühmten *Giardini Botanici Hanbury*, 1867 von Sir Thomas Hanbury gegründet. Tausende von exotischen Pflanzen aus Afrika und Asien machte der Brite hier heimisch, sodass der Park heute zu den bedeutendsten botanischen Gärten Italiens zählt.

2 km weiter, direkt an der Grenze, ragt die Felswand *Balzi Rossi* auf. In elf Wohnhöhlen hat man zahlreiche steinzeitliche Relikte gefunden hat, die ältesten sind über 200.000 Jahre alt. Das meiste davon ist in einem kleinen, anschaulich eingerichteten Museum ausgestellt.

10 km landeinwärts liegt schließlich das schöne mittelalterliche Städtchen *Dolceacqua* am Fluss Nervia, der von einer über 30 m breiten Bogenbrücke überspannt wird. Über dem Ort thront ein mächtiges Kastell der Doria.

• *Öffnungszeiten/Eintritt* **Giardini Hanbury**, 1.3.–15.6. tägl. 9.30–17 Uhr; 16.6.–15.9. tägl. 9.30–18 Uhr; 16.9.–15.10. tägl. 9.30–17 Uhr, 16.10.–28.2. tägl. 9.30–16 Uhr, Auslass jeweils 1 Std. länger. Eintritt 7,50 €, erm. 6 € (über 65 J.), Familienticket 20 €. Corso Montecarlo 43/La Mortola, ✆ 0184/229507, www.giardinihanbury.com.

Balzi Rossi, Di–So 8.30–19 Uhr, Mo geschl.; Eintritt 2 €, erm. 1 €, ✆ 0184/38113.

Castello Doria, nur Sa/So 10–12.30 und 14–17.30 Uhr, Eintritt 5 €, Familienticket 12 €.

• *Übernachten/Essen & Trinken* **Azienda Agrituristica Terre Bianche**, in Arcagna oberhalb von Dolceacqua. Die zu einem großen Weingut gehörige Landherberge bietet geschmackvoll eingerichtete Zimmer und ausgezeichnete Weine. DZ mit Frühstück 90 €, Dreibett-/Vierbettzimmer 100–110 €. ✆ 0184/31426, 📠 31230, www.terrebianche.com.

Riviera di Levante

Östlich von Genua öffnet sich das schönste Stück der italienischen Riviera, eine bizarre, teils dicht bewaldete Felsküstenlandschaft mit üppiger subtropischer Vegetation und zahlreichen tief eingeschnittenen Buchten, in denen malerische Dörfer und Städtchen liegen. Dazwischen findet sich aber auch streckenweise die Tendenz zur Zersiedlung .

Lohnendste Ziele sind die *Halbinsel von Portofino* und die bergige Region der *Cinque Terre*. Orte wie Portofino und Santa Margherita haben eine lange Urlaubstradition, Stammpublikum und erhöhte Preise. Speziell Portofino gilt als einer der exklusivsten italienischen Badeorte und ist ein beliebtes Refugium für sehr Reiche. Tipps für einen Aufenthalt sind *Camogli* am Fuß der Halbinsel von Portofino und *Sestri Levante* ein Stück weiter östlich – und natürlich die *Cinque Terre*. Den so spektakulären wie berühmten Küstestreifen entdeckt man am besten mit dem Zug – oder zu Fuß.

• *Anfahrt/Verbindungen* **Pkw**, die SS 1 ist die lohnende Alternative zur Autobahn, die fast ständig in Tunnels verläuft. Ab Sestri Levante wird es schwierig, hier führt keine durchgehende Küstenstraße mehr entlang, zu den malerischen Dörfern gelangt man nur noch mühsam über Stichstraßen, während sich die Durchgangsstraße hoch oben über die Berge quält.

Bahn, von Genua ab Stazione Porta Principe oder Stazione Brignole Zug nach La Spezia nehmen, abwechslungsreiche Fahrt die Küste entlang, etliche Tunnels, aber auch herrliche Ausblicke.

Halbinsel von Portofino

Eines der malerischsten Fleckchen der gesamten Riviera. Subtropische Pflanzen, Palmen und Blumen gedeihen auf der Halbinsel in verschwenderischer Vielfalt.

Die Urlaubsorte *Portofino* und *Santa Margherita Ligure* an der Ostküste gehören zu den mondänsten in Italien. Einen ganz eigenen Charme versprühen die farbenprächtigen, hoch aufragenden Häuserfassaden des sympathischen Hafenortes *Camogli* im Westen. Dazwischen erstreckt sich die bergige Halbinsel mit ihrer zerklüfteten Küstenlinie. Weitgehend unbesiedelt bietet sich hier eine herrliche Wandergegend, das beliebteste Ziel ist die abgelegene, idyllische Abtei *San Fruttuoso*, die sich aber auch bequemer per Ausflugsboot erreichen lässt.

Camogli

ca. 5600 Einwohner

Bildschöne Fischerstadt in einer weiten Bucht am Beginn der Halbinsel von Portofino. Bunte, sechs- bis siebenstöckige Fassaden ziehen sich den grauen Kiesstrand entlang, ein herrlicher Anblick. Sie sind so hoch gebaut, heißt es, damit die Ehefrauen die heimkehrenden Seeleute und Fischer so früh wie möglich erkennen konnten – daher auch der Ortsname (casa moglie = Haus der Ehefrauen).

Trotz der zahlreichen Tagesbesucher und dem sorgsam gehegten Stadtbild hat Camogli seine Atmosphäre und natürliche Lebendigkeit bei weitem nicht verloren. Auf einem Felsvorsprung über dem Strand thront die Kirche *Santa Maria Assunta*, auf der anderen Seite liegt, bewacht vom Castello, der idyllische kleine Fischerhafen, von dem dunkle Treppengassen zur Hauptstraße Via della Repubblica hinaufklettern. Der Rest des Ortes zieht sich steil die Hänge hinauf, umgeben vom Grün der Oliven und Pinienwäldchen.

• *Anfahrt/Verbindungen* **Pkw**, in der Hochsaison kann es schwer werden einen Parkplatz aufzutreiben, mehrere finden sich an der südöstlichen Ortszufahrt.

Bahn, der Bahnhof liegt 5 Fußminuten vom Strand in der Via XX Settembre.

• *Information* **Pro Loco Camogli**, Via XX Settembre 33 (schräg gegenüber vom Bahnhof), im Sommer tägl. 9–12.30 und 15.30–19 Uhr, im Winter Mo–Sa 9–12.30 und 15–18.30 Uhr, So 9–12.30 Uhr. ✆ 0185/771066, www.prolococamogli.it.

• *Übernachten* **** **Cenobio dei Dogi**, exklusives und sehr teures Nobelhotel über dem südöstlichen Rand des Strandes, Pool mit Blick aufs Meer, schöner Garten, gediegene Zimmer, zwei Restaurants. EZ 135–155 €, DZ 220–320 €. Via N. Cuneo 34, ✆ 0185/7241, 📠 772796, www.cenobio.it.

*** **Casmona**, direkt an der Uferpromenade,

typisches Camogli-Hochhaus, Terrassen unter Pinien, fantastischer Meerblick, ruhig. EZ 105–110 €, DZ 150–175 €, Frühstück 10 €/ Pers. Parkplatz 15 €/Tag. Salita Pineto 13, ✆ 0185/770015, ℻ 775030, www.casmona.com.

** **La Camogliese**, gepflegte Pension am Anfang der Uferpromenade, freundlich geführt, z. T. Meerblick. Nicht nur wegen der vergleichsweise günstigen Preise eine beliebte Unterkunft, daher früh buchen! Es stehen auch einige Parkplätze zur Verfügung (15 €/Tag). EZ 90–95 €, DZ 115 €, Dreibett-Zimmer 120 €, Frühstück inkl. Via Garibaldi 55, ✆ 0185/771402, ℻ 774024, www.lacamogliese.it.

• *Essen & Trinken* **Ristorante Porto Prego**, hoch dekoriertes und entsprechend teures Fischrestaurant direkt am Hafenbecken, es werden auch einfachere Menüs um 20–30 € angeboten. Di Ruhetag. Piazza Colombo 32, ✆ 0185/770242.

Hostaria del Pesce, volkstümliches, kleines Lokal, im Ortskern oberhalb des alten Hafens, beliebt, auf der Karte viel Fisch, ehrliche Preise, für abends reservieren, Do Ruhetag. Via Schiaffino 5, ✆ 0185/775068.

Osteria delle 7 Pance, sympathisches Restaurant mit überdachter Terrasse, etwas versteckt oberhalb des Hafens, relativ günstig (Menü um 20 €), Mo–Do abends, Fr–So auch mittags, im Winter Di Ruhetag. Via Figari 42, ✆ 0185/777961.

TIPP! **La Cucina di Nonna Nina**, urgemütliches, kleines Restaurant im Ortskern von San Rocco (der kleine Ort südlich oberhalb von Camogli), weithin bekannt und beliebt. Ausgezeichnete Land- und Meeresküche, einige Tische im Garten, leicht gehobenes Preisniveau (Menü ca. 30 €), mittags und abends geöffnet, Mi geschl. Via Molfino 126, ✆ 0185/773835 (unbedingt reservieren).

• *Feste* Riesenattraktion ist am zweiten Sonntag im Mai die **Sagra del Pesce**, das traditionelle Fischessen aus riesigen Bratpfannen.

Stella Maris, große Bootsprozession zur Punta Chiappa am ersten Sonntag im August.

Camogli/Umgebung: Vom Fischerhafen fahren in der Saison regelmäßig Ausflugsboote (7 € hin/rück) zur *Punta Chiappa*, einer felsigen Landzunge bei einem hübschen, winzigen Weiler, und weiter zur Benediktinerabtei *San Fruttuoso* (10 € hin/rück), einem der malerischsten Winkel an dieser Küste. Von dort kann man per Boot nach *Portofino* weiterfahren und nach 1 Std. Aufenthalt wieder nach Camogli zurückkehren (15 € hin/rück). San Fruttuoso liegt in einer tief eingeschnittenen Felsbucht mit immergrünen Steilhängen, zwei winzigen Kiesstränden und glasklarem Wasser. Es gibt nicht eben billige Ristoranti direkt am Strand und im Sommer sogar Übernachtungsmöglichkeiten. Ansehen kann man die prächtige *Abtei* (10.–13. Jh.) samt hübscher *Kirche* (11. Jh.), einem *Kreuzgang* und den *Gräbern* der genuesischen Doria, die im 13. Jh. das Kloster in Besitz nahmen.

Tipp: Eine anspruchsvolle Wanderung (nur für Geübte!) führt von Camogli an der Felsküste entlang zur Klosterbucht von San Fruttuoso. Dauer: ca. 3 Stunden.

• *Öffnungszeiten/Eintritt* **Abbazia di San Fruttuoso**, Mai bis Sept. tägl. 10–17.45 Uhr, März, April und Okt. Di–So 10–15.45 Uhr, Mo geschl., in den Wintermonaten Di–So 10–15.45 Uhr, Mo geschl.; Eintritt 7 €, erm. 4 €, ✆ 0185/772703.

• *Übernachten* * **Da Giovanni**, kleines Albergo im ehemaligen Nebengebäude des Klosters, nur Juni bis Sept. Sieben Zimmer, nur Etagendusche. DZ ca. 100 €. Reservierung nötig, ✆/℻ 0185/770047.

Rapallo

ca. 30.500 Einwohner

Seebad am Ostfuß der großen Halbinsel von Portofino. Ein Name, der Assoziationen weckt – berühmter Prominententreff der Belle Époque und Schauplatz des Rapallo-Vertrags von 1922, in dem die Sowjetunion und Deutschland nach dem Weltkrieg erstmals wieder diplomatische Beziehungen aufnahmen. Die heutige Realität ist dann eher enttäuschend: Ein verkehrsreicher Hexenkessel mit kleiner Altstadt und schöner Palmenpromenade, von der man einen herrlichen Blick auf die Bucht

Sympathisches Städtchen: Rapallo

Ligurien
Karte S. 418/419

hat, die Bänke fast immer voll besetzt mit Signori und Signore ab 60 aufwärts – Rapallo ist das bevorzugte Rentnerparadies Italiens.

10 km landeinwärts liegt in etwa 600 m Höhe das *Santuario di Montallegro*, eine reich ausgestattete Wallfahrtskirche aus dem 16. Jh. Man erreicht sie vom nördlichen Stadtrand aus mit der Funivia (Kabinenseilbahn, alle 30 Min., 5,50 € einfach, 8 € hin/rück) und kann das herrliche Berg- und Küstenpanorama genießen.

• *Öffnungszeiten/Eintritt* **Santuario di Montallegro**, April bis Okt. tägl. 7.30–12 und 14.30–19 Uhr, Nov. bis März 8–12 und 14.30–17 Uhr.

• *Information* **I.A.T. Rapallo**, Lungomare Vittorio Veneto 7, an der Hafenpromenade unweit der Piazza Pastene. Im Sommer Mo–Sa 9–12.30 und 14.30–19 Uhr, So 9.30–12.30 und 15–18 Uhr, im Winter Mo–Sa 9.30–12.30 und 14.30–17.30 Uhr, So geschl. ✆ 0185/230346, 📠 63051, www.turismoinliguria.it.

• *Übernachten* *** **Riviera**, älterer Stadtpalazzo am Lungomare, mit Ristorante, vollständig modernisiert und klimatisiert, elegante Einrichtung. DZ mit Frühstück 145 € (mit Meerblick und/oder Balkon 165 €), inkl. Halbpension 98 €/Pers. Im Nov. geschl. Piazza IV Novembre 2, ✆ 0185/50248, 📠 65668, www.hotelrivierarapallo.com.

* **Bandoni**, freundlich geführte Pension nahe der Uferpromenade im zweiten Stock eines alten Palazzos, relativ günstig. Einige Zimmer mit Blick auf die Bucht. EZ ohne Bad 35 €, DZ mit Bad 70 €, Frühstück 5 €/Pers. Via Marsala 24, ✆ 0185/50423, 📠 57206.

* **Camping Miraflores**, bei der Autobahnauffahrt Rapallo, laut, aber passabler Platz. Mit Pool und Ristorante, kleine Terrassenplätze. Geöffnet April bis Mitte Okt. Person 8 €, Zelt 10–12 €, Wohnwagen/-mobil ca. 12–14 €. ✆ 0185/263000, 📠 260938.

* **Camping Rapallo**, Nähe Miraflores, einfacher, aber wesentlich ruhiger, auf Schilder achten. Flacher Rasenplatz, relativ wenig Schatten, mit Pool und Bar. Geöffnet Mai bis Sept. Pers. 6,50 €, Wohnwagen/-mobil 12 €, Stellplatz Zelt 9,50–12,50 €, Bungalow 55–70 €. In der Hochsaison 6 Tage Mindestaufenthalt. Via S. Lazzaro 4, ✆/📠 0185/262018, www.campingrapallo.it.

• *Essen & Trinken* **Da Mario**, mit Terrasse auf der Piazza Garibaldi, Touristenmenü um 25 €, ansonsten um 35 €. Mittags und abends geöffnet, Mi Ruhetag. Piazza Garibaldi 23, ✆ 0185/51736.

La Nave, im Vorort San Michele di Pagana (Richtung S. Margherita), nicht sehr teuer, Pizza nur abends, nette Terrasse fast am Strand. Mittags und abends geöffnet, Mi geschl. Via Pomaro 15, ✆ 0185/51645.

Santa Margherita Ligure

ca. 10.000 Einwohner

3 km südlich von Rapallo, ein sehr hübsches und freundliches Städtchen inmitten prachtvoller Vegetation mit einem Hauch von Exklusivität. Entlang der gewundenen Uferfront finden sich viele schöne Palazzi, Palmen und Pinien sowie ein kleiner, unspektakulärer Stadtstrand. Herrlich ist der Blick auf die Rivieraküste Richtung La Spezia. Über dem Ort liegt inmitten einer herrlichen Parkanlage die *Villa Durazzo* mit historischem Mobiliar und Gemäldegalerie. Abends trifft man sich rund um die weitläufige Piazza *Martiri della Libertà* und in der kleinen, nahen Altstadt.

• *Öffnungszeiten/Eintritt* **Villa Durazzo**, im Sommer tägl. 9–13 und 14.30–18.30 Uhr, im Winter 9–13 und 14–17 Uhr, Eintritt 5,50 €, Kinder 6–12 J. 3 €, unter 6 J. frei. Piazzale San Giacomo 3, ☏ 0185/293135, www.villadurazzo.it. Garten tägl. 9–19 Uhr, im Winter bis 17 Uhr, Eintritt frei.

• *Anfahrt/Verbindungen* **Pkw**, gute Parkmöglichkeiten an der Uferstraße (Parkscheinautomat) oder im Parkhaus **Autoparco Riviera** in der Via Favale: 1.–8. Std. 2 €/Std., 9.–24. Std. frei, lohnt also über Nacht. *Portofino-Tipp*: in Santa Margherita parken, alle 15 Min. fahren Tigullio-Bussen ins benachbarte Portofino (Fahrscheine in Tabacchi-Läden oder an Ticketautomaten an einigen Haltestellen).

Bahn, gute Verbindungen nach Genua und La Spezia. Bahnhof nordöstlich vom Zentrum, 10 Min. zu Fuß zur zentralen Piazza V. Veneto.

• *Information* **I.A.T.-Büro**, Pavillon an der Piazza V. Veneto, im Sommer tägl. 9.30–12.30 und 13–20 Uhr (Mai bis Sept.), im Winter Mo–Sa 9.30–12.30 und 14.30–17.30 Uhr, So geschl. ☏ 0185/287485, ℻ 0185/283034, www.turismoinliguria.it.

• *Übernachten* **** Villa Anita**, unser Tipp: oberhalb des Hafens, kleine, betagte Pension, bestehend aus einer alten Villa und einem neueren Anbau; familiäre, sehr freundliche Atmosphäre, schöne Zimmer, fragen Sie, ob ein Zimmer im alten Teil des Hauses frei ist, am besten mit Balkon! Mit Restaurant (v. a. für Pensionsgäste, deshalb vorbestellen). EZ 85 €, DZ 100 €, Frühstück 10 €/Pers., Halbpension 80 € pro Pers. und Tag. Via Tigullio 10, ☏ 0185/286543, ℻ 283005, www.hotelvillaanita.com.

**** Fasce**, kleines Hotel etwa 10 Min. vom Wasser, etwas versteckt in einer Seitengasse des Corso Matteotti. Modern eingerichtet, schöne Dachterrasse und Parkplatz (18 €/Tag). EZ 100 €, DZ 118 €, Dreibettzimmer 140 €, Vierbettzimmer 160 €, Familienzimmer 175 €, Frühstück jeweils inkl. Via Luigi Bozzo 3, ☏ 0185/286435, ℻ 283580, www.hotelfasce.com.

• *Essen & Trinken* **Da Alfredo**, sehr sympathisches Ristorante unter den Arkaden, freundlicher Service, gute Küche, auch Pizza, angemessene Preise. Di Ruhetag. Piazza Martiri Libertà 37, ☏ 0185/288140.

La Lampara, etwas zurückgesetzt vom Sporthafen südlich des Castellos, gute Fischküche, etwas gehobenes Preisniveau, für das Gebotene nicht teuer, freundlich. Do Ruhetag. Via Maragliano 33, ☏ 0185/288926.

Portofino

ca. 500 Einwohner

Vor Portofino bilden sich oft lange Staus, der Ort ist hoffnungslos überlastet und hat nicht genügend Parkkapazität – deshalb besser mit „Park and Ride" ab Santa Margherita Ligure (1 € einfach) oder mit dem Boot anreisen (mehrmals tägl. Santa Margherita–Portofino, 8,50 € hin/rück).

Das exklusivste Pflaster der Riviera, ein Bilderbuchdorf, dessen hohe Bilderbuchfassaden sich um einen Bilderbuchhafen schmiegen. Illustre Persönlichkeiten residieren in den Prachtvillen der Umgebung. Zu tun gibt es nicht viel: die Atmosphäre in sich aufnehmen, die Superyachten bestaunen und zur leuchtend gelben Kirche *San Giorgio* hinaufsteigen (rechts vom Hafen), um das obligate Portofino-Foto zu schießen. Wer Lust hat, kann bis zum Castello weiterlaufen und von dort in 15 Min. zum Leuchtturm an der *Punta Portofino*, der Südostspitze des Kaps.

Von Rapallo bis *Chiavari* zieht sich die SS 1 durch die Berge, bis sie sich in die große Ebene um Chiavari hinunterzieht.

Sestri Levante

ca. 19.000 Einwohner

Einer der angenehmsten Orte an diesem Küstenstreifen. Die verwinkelte Altstadt setzt sich auf die Halbinsel namens „Isola" fort, flankiert von zwei hübschen Badebuchten.

Die lange Hauptstraße *XXV Aprile* ist von schönen, alten Häusern gesäumt und für den Verkehr gesperrt. Fast parallel dazu erstreckt sich die lange *Baia delle Favole* – im Sommer randvoll mit Badekabinen, Liegestühlen und trocken gelegten Booten, begleitet von einer Palmenpromenade mit einigen prächtigen, alten Palazzi. Erfreulicher Kontrast dazu ist die bildhübsche *Baia di Silenzio*, eine ca. 200 m lange, halbrunde Sandbucht, wo man zwischen Fischerbooten ins Wasser steigt und den Blick auf die steile Küstenlinie genießt.

Ligurien Karte S. 418/419

• *Anfahrt/Verbindungen* **Pkw**, gebührenpflichtige Parkplätze an der Uferstraße der Baia delle Favole (2,50 €/Std.), günstiger parkt man nördlich der Altstadt (Piazza Aldo Moro, 1,50 €/Std.). Frei parken ist fast nicht möglich.

Bahn, der Bahnhof liegt nordwestlich der Altstadt, den Viale Roma entlang, dann Viale Mazzini links bis Piazza Sant'Antonio, dort in den Corso Colombo einbiegen und immer geradeaus.

• *Information* **I.A.T.-Büro**, zentrale Lage zwischen Bahnhof und Altstadt. Ostern bis 30.9. Mo–Sa 9.30–12.30 und 14.30–19 Uhr, So 9.30–12.30 und 15–18 Uhr; im Winter Mo–Sa 9.30–12.30 und 14.30–17.30 Uhr, So geschl. Piazza Sant'Antonio 10, ✆ 0185/457011, ℻ 459575, www.comune.sestri-levante.ge.it.

• *Übernachten* **** **Villa Balbi**, der schönste Palazzo an der Baia delle Favole, zum hoteleigenen Strandabschnitt nur über die Straße. Zimmer überwiegend mit historischem Mobiliar, nach hinten dicht begrünter Garten mit Pool, Terrassencafé zur Straße. Parkplätze im Kiesbett. Viele amerikanische Gäste. EZ 125 €, DZ 180–360 €, Frühstück inkl. Viale Rimembranza 1, ✆ 0185/42941, ℻ 482459, www.villabalbi.it.

*** **Due Mari**, ganz zentral am Fuß der Halbinsel, üppige Ausstattung und Blick auf beide Seiten der Halbinsel (daher der Name). EZ 95–125 €, DZ 115–180 €, Frühstück inkl. Vico del Coro 18, ✆ 0185/ 42695, ℻ 42698, www.duemarihotel.it.

*** **Mira**, bescheiden-schöner Palazzo am Ufer, neben Hotel Villa Balbi; Restaurant im Wintergarten zur Straße. Hunde sind erlaubt (10 €/Tag). EZ 80 €, DZ 140 €, Dreibettzimmer 160 €, Frühstück inkl. Via Rimembranza 15, ✆ 0185/41576, ℻ 450435, www.hotelmira.com.

* **San Pietro**, mitten in der Altstadt bei der Piazza Cavour, Nähe Baia di Silenzio. Freundliches, kleines Albergo, schlicht, aber zentral. EZ um 50 €, DZ mit Bad 65 €, Frühstück inkl. Via Palestro 13, ✆ 0185/41279.

Mehrere Campingplätze im Umkreis, die aber alle nur bedingt zu empfehlen sind – schlechte Lage, oft laut, viele Dauercamper.

• *Essen & Trinken* **Mattana**, helles, nüchtern-modernes Lokal, von jungen Leuten geführt, gute Preise, prompter Service, hoher Durchlauf – nicht unbedingt für das abendfüllende Candle-Light-Dinner geeignet. Di–Do nur abends geöffnet, Fr–So mittags und abends, Mo geschl. Via XXV Aprile 36, ✆ 0185/457633.

Portobello, am oberen Ende der Baia del Silenzio, alteingesessen und stimmungsvoll. Einige Plätze draußen am Wasser. Menü 45–55 €, günstiger ist der Mittagstisch, hier gibt es auch Salate etc. Mi geschl. Via Portobello 16, ✆ 0185/41566.

El Pescador, auf dem Weg zum Hafen, schönes Ambiente, Menü um 40 €. Mittags und abends geöffnet, Di geschl. ✆ 0185/ 42888.

Ristorante San Marco, ganz am Ende des Yachthafens, Blick auf di Baia delle Favole, gar nicht mal so teuer, abends auch Pizza. Mittags und abends geöffnet, Mi Ruhetag. Via Queirolo 27. ✆ 0185/41459.

Uraltes Kulturland: die Terrassenfelder der Cinque Terre

Von Sestri Levante zu den Cinque Terre

Waldreiche Steilküste, in deren Nischen sich einige Badestädtchen mit Sandstränden verbergen – ein kleiner Vorgeschmack auf die Cinque Terre.

Die Orte allerdings haben meist wenig Flair, es dominieren Neubauten und nicht alle sind leicht zu erreichen. Von Riva Trigoso über Moneglia bis Deiva Marina muss man durch zwei kilometerlange, enge Tunnel fahren (*Achtung*: lange Ampelschaltung!), weiter östlich fehlt eine durchgehende Küstenverbindung. Alternative ist die hoch über die Berge schlingernde Via Aurelia, von der lange, kurvige Zufahrten zu den Küstenorten abzweigen. Landschaftlich unbedingt reizvoll: riesige Ginsterbüsche, dichte Laub- und Nadelwälder, Akazien, Steineichen, Bergzypressen, Kastanien. Nur eilig darf man's nicht haben.

Moneglia: Der breite Strand ist durch eine vorgelagerte Mole geschützt, gleich dahinter die freundliche Altstadt mit ihren schmalen Ladengassen. Sehenswert ist die Kirche *San Giorgio* (14. Jh.), in deren angeschlossenem, ehemaligem Kloster heute eine noble, sehr stilvolle Herberge untergebracht ist (Abbadia San Giorgio, ✆ 0185/491119, www.abbadiasangiorgio.com). Natürlich gibt es daneben noch zahlreiche bodenständige Unterkünfte (von * bis ***) sowie, etwas außerhalb und nur durch den Tunnel zu erreichen, den Zeltplatz „Smeraldo“ (Richtung Riva Trigoso, ✆ 0185/49375, www.villaggiosmeraldo.it).

Deiva Marina: Das alte Zentrum liegt ein Stück landeinwärts, am Meer die obligaten Wohnblocks und ca. 300 m Strand. Am Ortsrand von Deiva Marina und etwa 3 km talaufwärts befinden sich inmitten prachtvoller artenreicher Vegetation ein paar Campingplätze.

Bonassola: reizvolle Lage in einem dicht bewachsenen Taleinschnitt, der sich zum Meer hin öffnet und eine Badebucht bildet. Die einzige Zufahrt ist eine steile, schmale Stichstraße mit Haarnadelkurven, unten im alten Fischerdorf dann beschauliche Ruhe ohne viel Verkehr.

Levanto

ca. 5600 Einwohner

Das lebendige Städtchen (Betonung: *Lévanto*) mit seinem breiten Sandstrand ist das Tor zu den Cinque Terre und somit das ideale Standquartier für Ausflüge zu dem berühmten Küstenstreifen. Nach Monterosso fährt man mit der Bahn gerade 5 Min. (per Pkw dauert die Tour deutlich länger). Spektakulärer aber ist der Einstieg in die Cinque Terre über den herrliche Küstenwanderweg nach Monterosso (Dauer ca. 2,5 Std.).

• *Information* **I.A.T.**, Piazza Mazzini 3, im alten Bahnhofsgebäude, im Sommer Mo–Sa 9–13 und 15–19 Uhr, So 9–13 und 15–18 Uhr, im Winter Mo–Sa 9–13 und 14–17 Uhr, So 9–13 Uhr, teilweise auch ganz geschl. ✆/📠 0187/808125, www.comune.levanto.sp.it.

• *Verbindungen* **Bahn**, die mit Abstand schnellste Verbindung zu den Cinque-Terre-Orten: z. B. 5 Min. Fahrtzeit nach Monterosso, 20–30 Min nach Riomaggiore, jeweils etwa halbstündlich; mind. stündlich nach Sesti Levante (ca. 20–30 Min.), je nach Zugart mit Stopp in allen Küstendörfern. Bahnhof am nordwestlichen Stadtrand. *Tipp*: An den regelmäßig unterbesetzten Schaltern im Bahnhof Levanto stehen während der Saison vor allem morgens riesige Schlangen von Cinque-Terre-Reisenden, Zugtickets kann man auch in folgenden Reiseagenturen mit Trenitalia-Lizenz kaufen: **Levantur** am Corso Italia 1/3 und bei der Agenzia **Viaggi Beraldi** in der Via Garibaldi 104 (auf dem Weg zum Bahnhof), hier auch Verkauf der Cinque-Terre-Card und Internetpoint.

Fähre, regelmäßige Verbindung zu den Cinque-Terre-Orten mit dem *Consorzio Marittimo Turistico „5 Terre – Golfo dei Poeti"*, im Sommer mehrmals tägl. 10.30–17.30 Uhr; nach Monterosso 6 €, Vernazza 7 €, Manarola/Riomaggiore 10 €, Portovenere 13 €, jeweils einfache Fahrt, Kinder unter 12 J. erm. Auch Ganztagestouren Cinque Terre/ Portovenere (22–23 €), die gleiche Tour halbtags kostet 17 €. ✆ 0187/732987, www.navigazionegolfodeipoeti.it.

• *Übernachten* *** **Nazionale**, zentral gelegen und seit über hundert Jahren als Hotel geführt, altehrwürdiger Palazzo, mittlerweile vollständig modernisiert. Dachterrasse und Gartenrestaurant, Parkplatz. Zimmer klimatisiert. EZ 85 €, DZ 135 €, mit Frühstück. Via Jacopo da Levanto 20, ✆ 0187/ 808102, 📠 800901, www.nazionale.it.

* **Villa Gentile**, ein nettes, kleines Budget-Hotel im Zentrum, einfache, ordentliche Zimmer, die den *-Stern-Anforderungen voll entsprechen, manche allerdings mit (eigenem) Bad auf dem Flur. Freundliche Signora. Frühstück gibt es in der Bar um die Ecke. Ganzjährig geöffnet. EZ mit Bad 50 €, DZ mit Bad auf dem Flur 65 €, mit Bad im Zimmer 75 €. Via Jacopo di Levanto 27, ✆/📠 0187/808551, ww.villagentile.com.

*** **La Giada del Mesco**, herrliche Lage, 2,5 km außerhalb von Levanto und hoch über der Küste (Shuttle-Service ins Zentrum); mit Pool und Garten sowie Restaurant samt Panoramaterrasse. Anfahrt: zunächst zum Camping Acqua Dolce im Zentrum, diesen links liegen lassen und der Straße hoch und zum Ortsteil Mesco folgen, beschildert. DZ 140–170 €, Dreibettzimmer 160–190 €, Vierbettzimmer 170–210 €, Frühstück inkl. Località Mesco, ✆ 0187/ 802674, 📠 802673, www.lagiadadelmesco.it.

B & B Mare Mesco, ebenfalls ein Stück außerhalb und 100 m über dem Meer gelegene, traumhafte Unterkunft, nur fünf Zimmer, also früh buchen, DZ mit Frühstück 70 €. Anfahrt: wie zu La Giada del Mesco, das B & B liegt ein Stück unterhalb davon, beschildert. Fußweg ins Zentrum. Via Vecchia Mesco 10, ✆ 0187/808154, www.maremesco.it.

Jugendherberge Ospitalia del Mare, moderne Herberge in einem ehemaligen Kloster, zentrale Lage, 200 m vom Strand. Moderne Sanitäreinrichtungen (Bad in jedem Zimmer), Internetzugang. Übernachtung mit Frühstück 21 € pro Pers. DZ 28–30 €/ Pers., Frühstück inkl., ganzjährig geöffnet. Via San Nicolò 1, ✆ 0187/802562, 📠 803696, www.ospitaliadelmare.it.

Camping Acqua Dolce, zentrale Lage: hinter der Piazza Passano rechter Hand (gut beschildert); relativ groß, Olivenbäume spenden Schatten, nebenan plätschert ein Flüsschen zwischen Weinfeldern. Knapp 5 Min. zu Fuß zum Strand, gute und beliebte *Pizzeria L'Igea*, jeden Abend bis auf den letzten Platz besetzt. Besonders auch bei deutschen Campern beliebt. Ganzjährig

Ligurien Karte S. 418/419

geöffnet. Pro Pers. 8,50 €, Zelt 6–14 €, Wohnwagen 12 €, Wohnmobil 14 €, Auto 6 €. Via G. Semenza, ✆ 0187/808465, 📠 807365, www.campingacquadolce.com.

• *Essen & Trinken* **Osteria Tumelin**, Traditionsgaststätte in der historischen *Casa Restani*, großer Speiseraum, ligurische Fischspezialitäten zu leicht gehobenen Preisen, sehr beliebt und meist bis auf den letzten Platz besetzt – für abends unbedingt reservieren. Mittags und abends geöffnet, Do Ruhetag. Via D. Grillo 32, ✆ 0187/808379.

Ristorante da Rino, sympathisches Restaurant mit Terrasse in der Via Garibaldi, gemütlich-rustikale Osteria-Einrichtung, freundlicher Service, gute Küche zu moderaten Preisen, dazu gibt es guten und günstigen Hauswein. Besonders bei Touristen beliebt, Menü um 25–30 €. Reservierung empfohlen. Nur abends ab 19 Uhr geöffnet, Di geschl. Via Garibaldi 10, ✆ 0187/813475.

La Vineria, nette, von jungen Leuten geführte Weinstube an der Piazza Staglieno, Sitzplätze auch im Freien. Wein, Bier, Cocktails, Snacks und mehr, nur abends 18–2 Uhr geöffnet, Do geschl.

Cinque Terre

Ein 12 km langer, felsiger Küstenstreifen mit den fünf Orten Monterosso, Vernazza, Corniglia, Manarola und Riomaggiore – der landschaftliche Höhepunkt der Riviera! In tiefen Einschnitten kleben die abenteuerlich übereinandergestaffelten Dörfer unter üppigen Weinterrassen und wilden Steilhängen. Zwischen bunten Hausfassaden, dunklen Treppenwegen und Fischerbooten herrscht eine raue Atmosphäre, im Kontrast dazu wuchert die herrlich mediterrane Vegetation mit meterhohen Agaven, Pinien und Ölbäumen.

Ein armes Land, das noch in den 1950er Jahren weitgehend auf sich gestellt war – man lebte von Fischfang, Wein- und Olivenanbau. Dementsprechend wirken sowohl Orte wie Umgebung noch heute wie Relikte aus vergangenen Zeiten – die gesamte Region ist Landschaftsschutzgebiet, in dem nichts gebaut und verändert werden darf. „Geheimtipp“ sind die Cinque Terre aber schon lange nicht mehr, eher ein Tipp für Urlauber, die es „ursprünglich“ lieben – auch wenn vieles heute bereits Kulisse ist. Der große Tourismus, wie er an den meisten ligurischen Stränden zu finden ist, kann in den kleinen Dörfern nur schwer Fuß fassen – bis auf Monterosso gibt es nur wenige Hotels und keinen einzigen Campingplatz. Auch die Bademöglichkeiten sind bescheiden, nur zwei Orte verfügen über längere Strände, ansonsten ist Klippenbaden angesagt. Hauptsächlich Tagesausflügler, diese aber in Massen, sind unterwegs, darunter ein hoher Prozentsatz Wanderer. Eine besondere ökologische Rarität im autoverliebten Italien: die Cinque Terre erreicht man leichter mit der Eisenbahn als mit dem Auto! Bis heute gibt es keine durchgehende Küstenstraße, die Durchgangsstraße kurvt im Hinterland hoch über die Berge und erst seit Anfang der 1970er Jahre besitzt das südlichste Dorf Riomaggiore überhaupt einen Anschluss an die Straße. Alle Dörfer sind für Autos gesperrt, man stellt sie am Ortseingang ab (gebührenpflichtig, meist ziemlich teuer!). Unbedingt vermeiden sollte man die Pkw-Anfahrt an Sonntagen, die Zufahrtsstraßen sind dann kilometerweit zugeparkt und alle regulären Parkplätze belegt. *Tipp*: Standquartier in Levanto (→ S. 449) oder Monterosso nehmen und per Zug weiter. Zweifellos die schönste Art der Fortbewegung: den gut markierten Küstenpfad entlang von Ort zu Ort wandern – dauert jeweils 1–2 Std. (Gesamtdauer ca. 6 Std.) und bietet wunderschöne Ausblicke auf die Terrassenplantagen und die bizarr zerrissene Küste, allerdings auch reichlich Begleitung durch Amerikaner, Australier, Japaner ... Man kann die Tour in jedem Ort unterbrechen und in den Zug steigen.

Für die Benutzung der pflegeintensiven Wanderwege wird ein Eintrittsgeld erhoben, 5 € beträgt die Tagesgebühr (2-Tageskarte 8 €, 3 Tage für 10 €, Wochenkarte 20 €), mit Bahntickets kommt die Tageskarte auf 8,50 €, die 2-Tageskarte auf 14,70 €, die 3-Tageskarte auf 19,50 € und die Wochenkarte auf 36,50 €. Kinder (4–12 J.) zahlen jeweils die Hälfte, Rentner über 70 J. erhalten 20 % Rabatt. Darüber hinaus gibt es Familienkarten: 2 Erwachsene und 2 Kinder bis 12 J. kosten 21,30 €/Tag, 2 Tage 36,80 €, 3 Tage 48,80 € und eine Woche 91,30 € (jeweils inkl. Bahnfahrt).

Verkaufsstellen: Die *Carta Cinque Terre* wird in den Bahnhöfen von Levanto, Monterosso, Vernazza, Corniglia, Manarola, Riomaggiore und La Spezia verkauft, ebenso in den I.A.T.- bzw. Pro-Loco-Büros; die Tageskarte für den Wanderweg gibt es auch am Weg selbst.

• *Anfahrt/Verbindungen* **Pkw**, der leichtere Einstieg geht von La Spezia aus, von dort nach Riomaggiore führt eine Panoramastraße mit herrlichen Blicken zurück auf den Golfo di Poeti (→ S. 457). Von Levanto im Westen ist die Anfahrt eine sehr mühselige Angelegenheit.

Bahn, ein „Treno locale" verkehrt mindestens stündl. zwischen Genua und La Spezia, Fahrtzeit etwa 2 Std., hält in allen Orten, Fahrtzeit zwischen den Cinque-Terre-Orten jeweils nur 5–10 Min.

Schiff, das *Consorzio Marittimo „5 Terre Golfo dei Poeti"* und andere Reedereien verbinden mehrmals tägl. alle Orte der Cinque Terre und das nahe Portovenere (→ S. 455) miteinander, allerdings nur von März bis Okt. und nur bei ruhiger See. Tageskarte Cinque Terre 12,50 €, einfache Fahrt 3,50 €. Infos unter ✆ 0187/732987, 📠 730336, www.navigazionegolfodeipoeti.it.

• *Übernachten* Der Großteil der Hotels liegt in Monterosso, einige wenige in Vernazza, Manarola und Riomaggiore. In allen Orten werden Privatzimmer und Apartments angeboten – in Bars fragen funktioniert meistens. Im Sommer ist allerdings vieles restlos ausgebucht. Kein Campingplatz in den Cinque Terre, die nächsten Zeltplätze liegen in und bei **Levanto**, nördlich von Monterosso.

Umfassende Informationen zu den Cinque Terre bietet die Website **www.cinqueterre.it**.

Monterosso

ca. 1500 Einwohner

Der größte und touristischste Ort der Cinque Terre hat nicht den Reiz der anderen vier, die in steilen Flusstälern zum Wasser hinunterklettern. Monterosso liegt flach am Meer, es gibt ein langweiliges Neubauviertel, aber auch einen breiten Sandstrand und zahlreiche Hotels.

Vor dem schönen, alten Kern mit einem Gewirr von Gassen und Treppen liegt ein kleiner Kiesstrand. Ein Tunnel bohrt sich durch den Hügel San Cristoforo, auf dem der *Convento dei Cappuccini* aus dem 17. Jh. steht, hinüber zur agavengesäumten Uferpromenade vor der Neustadt Fegina. Hier erstreckt sich der einzige Sandstrand der Cinque Terre, der sich im Sommer großer Beliebtheit erfreut.

Täglich fahren Boote ins nahe Vernazza, mit der Bahn ist man in wenigen Minuten dort und in den weiteren Nachbarorten. Oder man läuft zu Fuß, nach Vernazza sind es knapp 2 Std. (Ausgangspunkt: Hotel Porto Roca).

• *Parken* Im Ortsteil Fegina gibt es einen gebührenpflichtige Großparkplatz (1,50 €/Std., 12 €/Tag, 65 €/Woche; Wohnmobil 2 €/Std., 18 €/Tag, 120 €/Woche; 5.11.–14.3. kostenlos).

• *Information* **Pro Loco** und **Infobüro des Nationalparks**, im Bahnhofsgebäude, März bis Ende Okt. tägl. 9–19 Uhr geöffnet, im Winter unregelmäßig. ✆ 0187/817506.

• *Übernachten* Etwa 20 Hotels im Ort, im Sommer oft komplett belegt.

*** **Villa Adriana**, nah am Meer, großes, freundliches Albergo im Ortsteil Fegina, eigener Strandabschnitt und Parkplatz. EZ 80 €, DZ 148 €, Frühstück inkl., EZ mit Halbpension 90 €, DZ 172 €. Via IV Novembre 23, ✆ 0187/818109, ✉ 818128, www.villaadriana.info.

*** **Margherita**, frisch renoviertes Hotel in der Altstadt, innen moderner Chic. Anfang März bis Ende Dez. geöffnet. EZ 90 €, DZ 150 €, Dreibettzimmer 180 €, Frühstück inkl. Via Roma 72, ✆ 0187/808002, ✉ 818392, www.hotelmonterosso.it.

* **Meublé Agavi**, stattlicher Palazzo an der lauten Uferpromenade, Nähe Bahnhof, einfache Zimmer, schöner Meerblick, aber relativ teuer: EZ 70 €, DZ 100 €, kein Frühstück. Via Fegina 30, ✆ 0187/817171, ✉ 818264.

• *Essen & Trinken* **La Lampara (Ciak)**, beliebtes Restaurant in schöner Lage mitten in der Altstadt, immer voll, guter Fisch und leckeres Risotto. Menü ab ca. 30 € aufwärts. Piazza Don Minzoni 6, ✆ 0187/817014. Mi geschl.

Belvedere, unter den Bahnarkaden am kleinen Altstadtstrand; Fischspezialitäten, große Auswahl, gehobene Preise. Mittags und abends geöffnet, in der Nebensaison Di Ruhetag. Piazza Garibaldi 38, ✆ 0187/817033.

Vernazza: Hübscher geht es kaum noch – eine kleine Piazza am Wasser, Cafés und Sonnenschirme, flankiert von bunten Häusern, benachbart die schlichte Pfarrkirche aus grauem Stein, die direkt ans Wasser gebaut ist. Davor die Mole und ein kleiner Strand, an dem Kinder planschen und natürlich Fischer ihre Netze flicken – und das Ganze überragt von den Ruinen eines Kastells. Zu dem alten, verwitterten Rundturm sollte man mal hinaufsteigen und das herrliche Panorama genießen (tägl. 10–19 Uhr, Eintritt 1,50 €).

Der Bahnhof liegt am oberen Ende der Hauptstraße, die zum Wasser hinunterführt. Der Fußweg von Vernazza nach Corniglia ist vielleicht der schönste der Cinque Terre und beginnt seitlich der Hauptgasse in der Via M. Carattino, anfangs steiler Anstieg (1,5 Std.).

• *Übernachten* ** **Sorriso**, freundliche Travellerherberge hinter dem Bahnhof wenige Meter die Straße hinauf, kann wegen der Züge etwas laut werden. EZ ohne Bad 55 €, EZ mit Bad 60 €, DZ ohne Bad 80 €, DZ mit Bad 100 €, DZ mit Bad und Klimaanlage 120 €, Frühstück inkl. Via Gavino 4, ✆ 0187/812224, ✉ 821198, www.pensionesorriso.com.

** **Gianni**, an der Hafenpiazza. Gianni Franzi bietet kleine, gemütliche Balkonzimmer direkt unterhalb der Hafenfestung. Auskunft im gleichnamigen Restaurant am Hafen. EZ ohne Bad 50 €, EZ mit Bad 75 €, DZ ohne Bad 85 €, DZ mit Bad 110 €, Frühstück extra. Piazza Marconi 1, ✆ 0187/821003, ✉ 812228, www.giannifranzi.it.

* **Albergo Barbara**, kleine Pension am Kopfende der Hafenpiazza, neun Zimmer, teils mit Meerblick. DZ ohne Bad (zwei Zimmer teilen sich eines) 50 €, mit Bad 60–65 €, großes DZ mit Bad und Meerblick 100 €, kein Frühstück. Piazza Marconi 30, ✆/✉ 0187/812398, www.albergobarbara.it.

• *Essen & Trinken* Einige nette, kleine Trattorien findet man an der Hauptgasse, während die teuren Großlokale am pittoresken Hafen liegen, u. a. das populäre **Gianni Franzi** (Mi geschl.) und die **Taverna del Capitano** (Di geschl.).

Antica Osteria Il Baretto, an der Hauptgasse im Ortskern, Familienbetrieb, Menü um 30 €. Via Roma 31, ✆ 0187/812381. Mo geschl.

Corniglia: Hier ist alles anders – Corniglia liegt hoch über der Küste und ist vom Bahnhof unten am Meer nur über eine schweißtreibende Treppe zu erreichen. Oben angelangt findet man zwischen üppig bewachsenen Weinterrassen den vielleicht noch ursprünglichsten Ort der Cinque Terre, weitgehend isoliert vom Badebetrieb an der Küste. Stille, graue Gassen öffnen sich zu hübschen, kleinen Plätzen, wo man in Ruhe seinen Espresso schlürfen kann. Von vielen Punkten im Ort hat man herrliche Ausblicke auf die tief unten liegende Küste und das Meer.

Corniglia ist ein Ort, an dem sich vor allem Wanderer und Ruhe Suchende treffen. Wer baden will, bleibt meist gleich unten am Bahnhof, neben dem sich der längste

Strand der Cinque Terre erstreckt. Dort beginnt auch der Weg nach Manarola. Man geht östlich vom Bahnhof die Treppe hinunter, unter den Gleisen hindurch und links vorbei an den wenig ansehnlichen baulichen Überresten eines Strandbades mit Bungalows, dann folgt ein markierter Anstieg (ca. 50 Min.). Der Weg nach Vernazza beginnt oben im Ort (ca. 1,5 Std.).

• *Übernachten* Im Ort werden einige Privatzimmer vermietet, beim ziellosen Umherstreifen findet man auch Hinweisschilder, ansonsten durchfragen.

Signora Angela Monti, die Dame bietet mehrere hübsche Apartments unmittelbar am Ortseingang mit kleiner Kochecke und großer Dachterrasse, auf die eine Wendeltreppe führt. DZ ab ca. 70 €. Via alla Stazione 19, ✆ 339/2633849, www.casedicorniglia.com.

Ostello di Corniglia, oberhalb der großen Piazza am Ortseingang, gelbes Gebäude. Modern, jedoch nicht sehr charmant, auch die Zimmer sind alles andere als romantisch. Mit Internet/WI-FI, Waschservice und Fahrradverleih, nur wenige Schritte ins alte Zentrum. Pro Pers. 22 €, mit Frühstück 25 €, DZ 55 €, mit Frühstück 60 €, Dreibettzimmer 77 €, mit Frühstück 80 €. Via alla Stazione 3, ✆ 0187/812559, ✆ 763984 www.ostellocorniglia.com.

La Posada, schönes Gartenrestaurant mit Apartments, für 2 Pers. ab ca. 80 €. Via Fieschi 212 (→ Essen & Trinken), ✆/✆ 0187/812384, www.cinqueterre-laposada.com.

Barrani, Agriturismobetrieb mit Zimmern und Verpflegung, DZ mit Frühstück ca. 90 €, Halbpension 70 € pro Pers. Via Fieschi 14, ✆/✆ 0187/812063, www.barrani.it.

• *Essen & Trinken* **A Cantina de Mananan**, im Palazzo Fieschi an der engen Hauptgasse, traditionelles Bruchsteingewölbe mit einer Handvoll Tische, schöne Atmosphäre. Gekocht wird bei Agostino nach ligurischer Tradition und so weit wie möglich mit eigenen Produkten, man stellt auch eigenen Rot-/Weißwein, Grappa und Dolce her. Via Fieschi 117, ✆ 0187/821166. Mittags und abends geöffnet, Di geschl.

La Posada, Gartenrestaurant unter Palmen mit Meerblick und Bar, Touristenmenü 13 €. Via Fieschi 212, ✆ 0187/812384.

Ligurien
Karte S. 418/419

Manarola: der vielleicht intimste Ort der Cinque Terre. Äußerst pittoresk drängen sich turmhohe Häuser die Steilhänge eines Einschnitts hinunter. Vom Bahnhof im oberen Ortsteil geht man durch einen Tunnel, überquert die Bahnlinie und trifft auf die Hauptstraße, die bergab zum Wasser führt und in einer betonierten Plattform endet, wo sich die Fischerboote zwischen Ristoranti stapeln. Unterhalb davon eine tief verzweigte Bucht, in der Boote ankern und auf deren Klippen gebadet wird.

Rechter Hand vom Hafen führt ein Weg um die Felsnase herum zu einer betonierten Badeplattform mit Blick auf den langen Strand von Corniglia. Wer nach dem Bad nach Corniglia weiterlaufen will, kann hier einen engen Serpentinenweg hinaufklettern und trifft auf den Fußweg nach Corniglia, der in Manarola an der Hauptstraße kurz vor dem Hafen beginnt (beschildert, ca. 50 Min.).

Eines der idyllischen Cinque-Terre-Dörfer: Manarola

• *Übernachten* *** **Marina Piccola**, hübsche Lage direkt am kleinen Hafen, nur sechs gepflegte Zimmer. EZ 87 €, DZ 115 €, Frühstück inkl., EZ mit Halbpension 105 €, DZ 180 €, Via Birolli 120, ✆ 0187/920103, ✆ 920966, www.hotelmarinapiccola.com.

*** **Ca d'Andrean**, am oberen Ende der Hauptgasse, helle, gemütliche Zimmer mit auf die Bucht gerichteten Sonnenbalkonen. EZ 72 €, DZ 98 €, Dreibettzimmer 130 €, Frühstück 6 € pro Pers. Via Discovolo 101, ✆ 0187/920040, ✆ 920452, www.cadandrean.it.

La Torretta, an der Piazza della Chiesa, oberer Ortsteil. In einem Gebäude des 17. Jh., geschmackvolle Zimmer und Apartments mit Balkon/Terrasse und herrlichem Blick. EZ 100 €, DZ 135–180 €, Frühstück inkl. Vico Volto 20, ✆ 0187/920327, ✆ 760024, www.torrettas.com.

Ostello Cinque Terre, private, sympathisch geführte Jugendherberge im oberen Ortsteil, neben der Kirche. Neubau mit schöner Dachterrasse, 48 Betten in Vier- und Sechsbettzimmern. Übernachtung 23 € pro Pers., DZ 65 €, Familienzimmer für 4–6 Pers. 100–144 €, Frühstück 5 € pro Pers. Einlass ab 16 Uhr, Sperrstunde 1 Uhr. Im Sommer unbedingt reservieren. Via B. Riccobaldi 21, ✆ 0187/920215, ✆ 920218, www.hostel5terre.com.

• *Essen & Trinken* Am besten isst man Meeresfrüchte im allerdings relativ teuren **Marina Piccola** am Hafen und in der Trattoria **Il Porticciolo** an der Hauptgasse.

Trattoria Dal Billy, kleine, familiäre Trattoria etwas versteckt im oberen Ortsteil, Panoramaterrasse, Hausmannskost, angemessene Preise, Menü um 25–30 €. Mittags und abends geöffnet, Do geschl. Reservierung unter ✆ 0187/920628. Via Rollandi 122.

Via dell'Amore

Der berühmte, breit ausgebaute „Weg der Liebe“ führt hinüber in den Nachbarort Riomaggiore – ihn können sogar Wandermuffel wagen, man ist gerade 20 Min. zu Fuß unterwegs. Der gut beschilderte Weg beginnt am Bahnhof von Manarola, man überquert zunächst über einem Tunneleingang die Gleise und es geht halbhoch über dem Meer entlang, unterwegs trifft man immer wieder auf betonierte Sitzbänke. Herrliche Ausblicke hat man über meterhohe Agaven die Steilküste hinunter, unten flache Felsplatten, auf denen es sich zahlreiche Badende bequem gemacht haben. Wie auch für die anderen Cinque-Terre-Wanderwege wird für die Benutzung des „Liebespfades“ Wegzoll erhoben.

Riomaggiore: Umgeben von weitläufigen Weinterrassen drängen sich die Häuser dicht nebeneinander ein steiles Tal entlang. Ein breiter Hauptweg führt von der Durchgangsstraße hinunter zum kleinen Hafen, wo bislang keinerlei Zugeständnisse an Touristen gemacht werden – hier ist nur Platz für Boote. Das gesamte öffentliche Leben spielt sich auf der Hauptstraße ab, der Markt findet am Montag statt. Baden kann man in einer Kies-/Sandbucht links vom Ort bzw. unterhalb des Fußwegs nach Manarola. Der Bahnhof liegt unten am Hafen und ist durch einen langen Fußgängertunnel zu erreichen. Hier beginnt die legendäre Via dell'Amore (Brücke über die Bahngleise, beschildert).

• *Anfahrt/Verbindungen* Am oberen Ende der Hauptgasse steht ein riesiges **Parkhaus** mit mehreren hundert Stellplätzen (3 €/Std., ab der 2. Stunde günstiger).

• *Übernachten* *** **Il Saraceno**, außerhalb an der Straße nach La Spezia, Ortsteil Volastra. Sehr ruhig gelegenes Haus mit nur sieben Zimmern zwischen Olivenbäumen und Weinbergen, Garten und Garage. EZ 70 €, DZ 95 €, Dreibettzimmer 125 €, Frühstück inkl. ✆ 0187/760081, ✆ 760791, www.thesaraceno.com.

Locanda Ca' dei Duxi, in einem 300 Jahre alten Haus im Ortszentrum. Sechs klimatisierte Zimmer mit TV, geschmackvoll eingerichtet, z. T. Balkon. DZ mit Frühstück 110–130 €, Parkplatz 10 €/Tag. Via Pecunia 19, ✆/✆ 0187/920036, www.duxi.it.

Weiterhin gibt es einige Privatzimmer (Schilder „affitta camere“ beachten oder in

Bars fragen), manche haben auch Büros in der Hauptgasse, z. B. **Edi Vesigna**, Vermietung von Zimmern (ab ca. 70 €/2 Pers.) und Apartments (ab ca. 120 €/2 Pers.) im Ort. Das Büro ist in der Saison tägl. 8.30–20 Uhr geöffnet. Via Colombo 111, ✆/✆ 0187/920325.

• *Essen & Trinken* **Ripa del Sole**, oberer Ortsteil, gutes Fischrestaurant, Terrasse mit Meerblick, mittlere Preise. Via de'Gasperi 282, ✆ 0187/920143. Mittags und abends geöffnet, Mo geschl.

Trattoria La Lanterna, nettes, kleines Lokal an der Hafenbucht, hier isst man gemütlich auf einer einladenden Terrasse, preislich im Rahmen. Via San Giacomo 46, ✆ 0187/920589.

Portovenere

ca. 4000 Einwohner

An der äußersten Spitze der Halbinsel, die den Golf von La Spezia bildet. Schon der erste ist Anblick großartig – hohe, bunte Hausfassaden flankieren den breiten Hafenkai, darüber thronen die Mauern eines alten Genuesen-Kastells, vorgelagert die dicht begrünte Isola Palmaria. Durch das Zentrum führt der *Caruggio*, die schmale, lange Hauptgasse. Am Ortsausgang auf der äußersten Felsspitze von Portovenere thront das alte Kirchlein *San Pietro* (tägl. 8–19 Uhr), von dem man einen herrlichen Blick die Steilküste entlang Richtung Cinque Terre hat. Mit dem Pendelboot kommt man auf die grüne *Isola Palmaria*, dort finden sich Badebuchten und ein beschilderter Rundweg (ca. 3 Std.).

• *Information* **Pro-Loco-Büro** an der zentralen Piazza Bastreri 7, geöffnet tägl. außer Mi 10–12 und 16–19 Uhr (im Winter nachmittags 15–18 Uhr). ✆ 0187/790691, ✆ 790215, www.portovenere.it.

• *Übernachten* *** **Paradiso**, stattlicher, älterer, aber renovierter Palazzo am Ortseingang, freundlicher Service. Gehobenes Restaurant. DZ 170 €, Frühstück 12 € pro Pers., DZ mit Halbpension ca. 220–240 €. Via Garibaldi 34–40, ✆ 0187/790612, ✆ 792582, www.hotelportovenere.it.

** **Genio**, in der Altstadt direkt neben dem Stadttor, sympathischer Familienbetrieb mit nur sieben gemütlichen, kleinen Zimmern (früh buchen!). EZ 90 €, DZ 120 € inkl. Frühstück. Mitte Jan. bis Mitte Februar geschl. Piazza Bastreri 3, ✆/✆ 0187/790611, www.hotelgenioportovenere.com.

• *Essen & Trinken* **Antico Osteria del Caruggio**, uriges Traditionslokal in der Hauptgasse, man sitzt auf Bänken an langen, dunklen Holztischen, die Wände zieren alte Fotografien, freundlicher Service. Keine Reservierung möglich, daher möglichst früh kommen! Mittags und abends geöffnet, Do Ruhetag. Via Capellini 66, ✆ 0187/790617.

La Medusa, nettes Lokal am kleinen Brunnenplatz des Altstadt-Carrugio; solide Land- und Meeresküche, mittleres Preisniveau. Mittags und abends geöffnet Mo abends und Di Ruhetag. Via Capellini 74, ✆ 0187/790603.

La Pizzaccia, hier werden köstliche Pizza, Focaccia und Farinata zum Mitnehmen gebacken. Via Cappellini 94.

La Spezia

ca. 95.000 Einwohner

Eindrucksvolle Lage am Ende des fjordartigen Golfo della Spezia, lange Promenade mit Palmen, bedeutender Wirtschafts- und Passagierhafen, außerdem ein wichtiger Stützpunkt der italienischen Marine. Für eine Besichtigung genügt ein Tagesausflug von einem der Badeorte in der Umgebung. Pendelfähren verkehren von und nach Portovenere und Lerici, von den Cinque Terre kann man bequem mit dem Zug fahren.

Während La Spezia bis vor wenigen Jahren als touristisch uninteressant galt, genießt die Stadt seit einiger Zeit den Ruf einer Kulturstadt. Rund um das Viertel *Prione*, dem ältesten Stadtteil von La Spezia, sind mehrere sehenswerte Museen untergebracht, allen voran das in einem ehemaligen Kloster in der Via del Prione 234 befindliche *Museo Civico „Amedeo Lia"* mit einer immens großen Kunstsammlung – zahllose Gemälde vom 13. bis 18. Jh., dazu mehr als tausend weitere

Ligurien Karte S. 418/419

Objekte wie Skulpturen, Schmuck, Porzellan etc. Die vom privaten Kunstliebhaber Amedeo Lia der Stadt übereignete Sammlung gilt als eine der wichtigsten ihrer Art in Italien. Im genuesischen *Castello San Giorgio* in exponierter Hügellage (etwa 15 Fußminuten vom Bahnhof) befindet sich das archäologische *Museo del Castello San Giorgio* mit einer großen Sammlung frühgeschichtlicher und antiker Funde der Region, darunter eindrucksvolle Stelenstatuen aus der Eiszeit. Einen Besuch wert ist schließlich auch das *Centro Arte Moderna e Contemporanea (CAMeC)*, das Raum bietet für moderne und zeitgenössische Kunst. Einen Besuch wert ist auch der tägliche *Vormittagsmarkt* an der Piazza Cavour.

Öffnungszeiten/Eintritt **Museo Amedeo Lia**, Via Prione 234, Di–So 10–18 Uhr, Mo geschl., Eintritt 6 €, erm. 4 €; **Museo del Castello San Giorgio**, Mi–Mo 9.30–12.30 und 17–20 Uhr (im Winter nachmittags 15–17 Uhr), Di geschl., Eintritt 5 €, erm. 4 €, Kombiticket mit Museo Amedeo Lia 8 €; **Centro di Arte Moderna e Contemporanea**, Piazza C. Battisti 1, Di–Sa 10–13 und 15–19 Uhr, So 11–19 Uhr, Mo geschl., Eintritt 6 €, erm. 4 €. Das Kombiticket für alle städtischen Museen (außer Museo Navale) kostet 12 €.

Von La Spezia führt eine Panoramastraße an der Innenseite des Golfs nach Portovenere, es eröffnen sich herrliche Blicke zurück auf La Spezia und den Golf – genannt *Golfo dei Poeti*, weil Anfang des 19. Jh. die Dichter Shelley und Lord Byron hier verweilten.

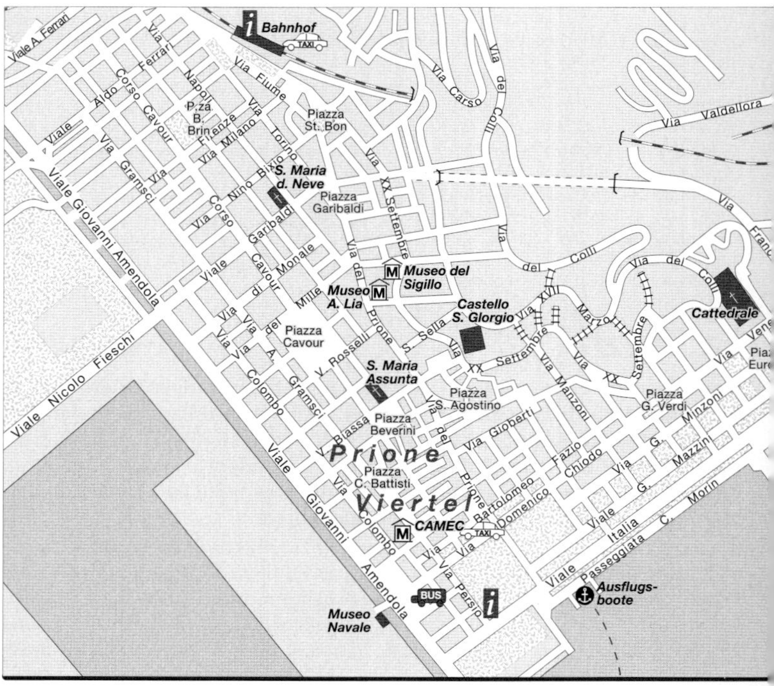

Lerici

ca. 12.000 Einwohner

Hübscher Ferienort in einer großen Bucht am Ausgang des Golfo di Poeti. Spektakulär das Panorama von der Zufahrtsstraße – inmitten steiler Hänge mit üppigster Vegetation thront ein Kastell über dem Bootshafen, weiter vorne schiebt sich die Halbinsel von Portovenere ins Meer.

Hinter der langen, geschwungenen Promenade der alte Ortskern mit einem Gewirr von steilen Treppengassen, an den Hängen dahinter schicke Villen in üppigem Grün. Von der Hafenpiazza führt die Via Zanelli steil hinauf zum tadellos restaurierten *Castello*. Es wurde von den Pisanern im 13. Jh. erbaut und später von den Genuesen erweitert, ein *Museo Geopaleontologico* kann besichtigt werden.

Westlich von Lerici liegt der Zwillingsort *San Terenzo* mit kleinem Sandstrand und einigen preiswerten Unterkünften.

• *Öffnungszeiten/Eintritt* **Castello und Museum**, Juli/Aug. Di–So 10.30–13 und 18–23 Uhr, Mo geschl.; Frühling/Herbst Di–So 10.30–13 und 14.30–18 Uhr, Mo geschl.; im Winter Di–Fr 10.30–12.30 Uhr, Sa/So 10.30–12.30 und 14.30–17.30 Uhr, Mo geschl. Eintritt 5 €, erm. 3,50 € (Kinder 5–12 J.), Familienticket 13,50–22,50 €; www.castellodilerici.it.

• *Anfahrt/Verbindungen* **Pkw**, der Ort ist von 1. Juni bis 30. Sept für den auswärtigen Verkehr gesperrt, große, kostenpflichtige Parkplätze am Ortseingang (1,50 €/Std., 9 €/Tag), dann Shuttlebus in den Ort.

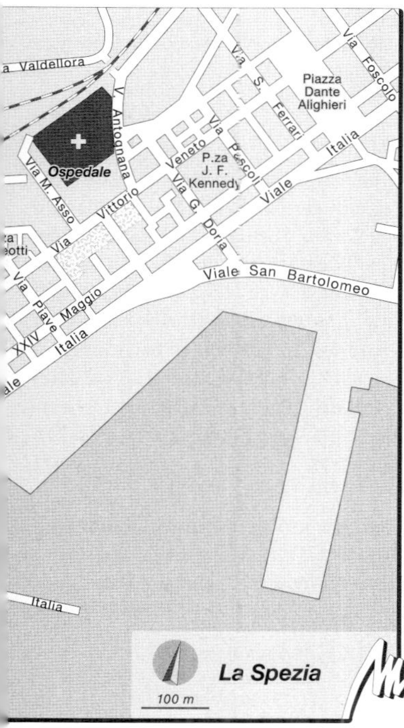

Bahn/Bus, Zug bis **Sarzana** und noch 7 km per Bus oder ATC-Bus direkt ab **La Spezia**, Piazza Chiodo.

• *Information* **I.A.T.**, Container am großen Parkplatz an der Uferpromenade zwischen San Terenzo und Lerici; Juni bis Sept. tägl. Mo–Sa 9–12.30 und 15–18 Uhr, außerhalb der Saison tägl. 9–12 und 15–17 Uhr, im Winter stark eingeschränkt. Via Biaggini 6. ✆ 0187/967346.

Weiterer **Info-Container** am Großparkplatz La Vallata, in der Hochsaison tägl. 9–13 und 16–22 Uhr geöffnet.

• *Übernachten* Die Hotels sind im Sommer lange im Voraus ausgebucht.

*** **Venere Azzurra**, auf halbem Weg zwischen Lerici und San Terenzo, nahe dem zentralen Parkplatz, nur durch die Uferpromenade vom Strand getrennt. Fast alle Zimmer mit Meerblick, viele mit Balkon, herrlicher Blick auf die Bucht und Portovenere, auch vom schönen Frühstücksraum im obersten Stock hat man einen weiten Meerblick. Gepflegte Zimmer, freundlicher Service. EZ 100 €, DZ 130–150 €, Frühstück inkl. Lungomare Biaggini 29, ✆ 0187/966792, 📠 966107, www.hotelvenereazzurra.com.

*** **Doria Park**, konkurrenzlos schön oberhalb von Lerici gelegen, die meisten Zimmer mit Blick auf die Bucht; der graue Neubau selbst ist allerdings weniger ansehnlich; große, komfortable Zimmer, Hotelrestaurant. An der oberen Durchgangsstraße Richtung Tellaro. EZ 130 €, DZ 170 €, Frühstück inkl. Via Doria 2, ✆ 0187/967124, 📠 966459, www.doriaparkhotel.com.

* **Trieste**, preisgünstiges, älteres Hotel in San Terenzo, am Stadtstrand. Zimmer ohne

Ligurien Karte S. 418/419

Bad. Mit Ristorante (Di Ruhetag). EZ 35 €, DZ 60 €, Frühstück 5 €, DZ inkl. Halbpension 90 €. Via Mantegazza 13, ✆/📠 0187/970610.

• *Essen & Trinken* **Golfo dei Poeti**, großes Fischrestaurant in Lerici mit hübsch hergerichteter Terrasse, direkt auf dem breiten Hafenkai, mit Terrasse. Fisch-Secondi um 16 €. Mittags und abends geöffnet, Mo-Mittag geschl., in der Nebensaison Di Ruhetag. Calata Mazzini 19, ✆ 0187/967414.

Il Piccolo Mondo, freundliche Osteria in einer Gasse hinter der Uferpromenade von San Terenzo. Gute *Cucina casalinga*, guter Weißwein, auch die Preise sind anständig (Antipasti ab 7 €, Primi um 9 €). Ein paar Tische draußen auf der Gasse. Mittags und abends geöffnet, Mo Ruhetag. Via Mecconi 14, ✆ 0187/972467.

• *Ausflüge* tägliche Bootsfahrten zu den Orten der Cinque Terre und nach Portovenere sowie Rundfahrten im Golfo dei Poeti.

Tellaro: Von Lerici führt eine kurvige Straße in dieses 5 km entfernte, bildhübsche Örtchen. Unterwegs passiert man *Fiascherino*, wo Treppenwege zu einer besonders schönen Badebucht hinunterführen. Tellaro balanciert auf einer zerklüfteten Landzunge hinunter ans Meer – ein winziger Hafen, über dem die Häuser und Treppenwege zur Piazza hinaufsteigen, einige Geschäfte und die typischen Bars. Alles ist saniert und pikobello gepflegt und seit langem fest in der Hand von Ferienhausbesitzern. Ein Örtchen voller Ruhe und Beschaulichkeit – wenn man die Sommerwochenenden meidet.

• *Übernachten* ** **Miramare**, ruhig gelegener Neubau am Ortseingang, großes, populäres Ristorante. EZ 65 €, DZ 95 €, Vierbettzimmer 130 €, Frühstück inkl., Halbpension 80 €/Pers. Via Fiascherino 22, ✆ 0187/967589, 📠 966534, www.miramaretellaro.com.

*** **Camping Gianna**, kurz vor Tellaro direkt oberhalb der Straße, schöner Platz unter Terrassen mit viel Baumbestand, Swimmingpool. Etwa 10 Min. läuft man bis nach Tellaro und zum dortigen Felsenstrand. Pro Pers. 10 €, Zelt 7–10 €, Wohnwagen 10–12 €. Geöffnet Ostern bis Ende Sept. Via Fiascherino 7, ✆/📠 0187/966411, www.campeggiogianna.com.

Weitere Adressen im Internet unter www.tellaro.net.

• *Essen & Trinken* **N ta'Grita**, direkt an der Dorfpiazza von Tellaro, gemütlicher Speiseraum und Plätze im Innenhof. Beliebt, gute regionale Fischküche. Menü ca. 30 €. Di geschl. Piazza Figoli 3, ✆ 0187/964713.

Täglich frische Farinata in der **Backstube** am Hauptplatz.

Parco Montemarcello: Südöstlich von Lerici überrascht die intakte Landschaft – herrliche Fahrt durch prächtiges Waldgebiet, die Kiefern stehen bis in die bizarren Felsbuchten hinunter, keinerlei Bebauung. Des Rätsels Lösung: Das Küstengebirge ist Naturschutzgebiet. Mehrere gekennzeichnete Wanderwege durchziehen das Gebiet, z. B. gibt es einen Weg von Tellaro nach Ameglia (ca. 1,5 Std.). Karten und Auskünfte sind in den Info-Büros von Lerici und Montemarcello erhältlich.

Die Hauptstraße führt zunächst nach *Montemarcello*. Kurz bevor es nach *Bocca di Magra* hinuntergeht, öffnet sich ein herrlicher Blick auf die Mündung des Flusses Magra. Über das mittelalterliche Hügeldorf *Ameglia*, das sich malerisch um eine Festung schmiegt, kann man zu den berühmten Steinbrüchen von Carrara und an die toskanische Küste weiterfahren (→ S. 669).

Übernachten mehrere **Campingplätze** am westlichen Magraufer.

Luni: versunkene Römerstadt in der Magraebene, die größte antike Ausgrabung Liguriens. Ein Museum zeigt die wichtigsten Fundstücke.

• *Öffnungszeiten/Eintritt* Di–So 9–19 Uhr, Mo geschl., Eintritt 2 €, erm. 1 €, Kinder frei. Vor dem Eintritt ist ein Ticketautomat zu überwinden. Dieser nimmt nur Münzen. Daneben steht ein Wechselautomat, der zwar Scheine nimmt, aber nicht immer Münzen hat.

• *Essen & Trinken* **Taberna Lunae**, neue Bar am Parkplatz des Ausgrabungsgeländes. Ideal für eine Erfrischung nach dem Archäologie-Marathon.

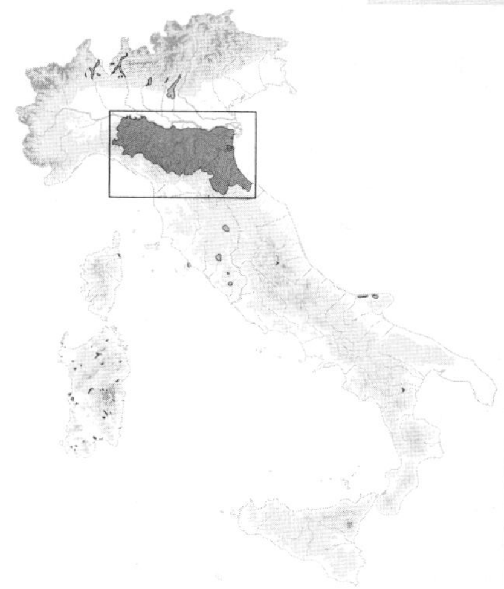

Emilia-Romagna

Schöne Orte: Bologna (S. 481), Cesenatico (S. 504), Ravenna (S. 497), Comacchio (S. 495), Ferrara (S. 475), Parma (S. 464), Rimini (S. 505), Piacenza (S. 462), die selbstständige Republik San Marino (S. 514)

Landschaftliche Höhepunkte: die Hänge des Apennin – z. B. auf der Fahrt nach Canossa, die Pineta von Ravenna, die Valli di Comacchio (S. 495), der Monte Titano in San Marino (S. 514).

Kulturell interessant: Bologna (S. 481), Ravenna (S. 497), Ferrara (S. 475) Modena (S. 471), Parma (S. 464), Rimini (S. 505), San Marino (S. 514).

Kurios: Rimini – längste und belebteste Uferstraße Italiens (S. 505); San Marino – ältester Zwergstaat der Welt (S. 514); Cesenatico – höchster Wolkenkratzer der Adria (S. 504); Brescello – Heimat von Don Camillo und Peppone (S. 469); Precappio – Geburtsort Mussolinis (S. 494).

Baden: Schön sind die Sandstrände von Marina di Ravenna (S. 502) und Cesenatico (S. 504), rappelvoll die von Rimini (S. 505) und Riccione (S. 512). Badeorte mit viel Grün: Milano Marittima (S. 503) und Sette Lidi di Comacchio (S. 496).

Eher abzuraten: im Hochsommer durch die Poebene zu fahren.

Mittelalterliche Basreliefs am Dom von Modena

Emilia-Romagna

Wie ein breiter Riegel schiebt sich die riesige Poebene zwischen das südliche Voralpenland und die Toskana. Zusammen mit den südlich ansteigenden Hügeln des Apennin bildet sie die Doppelregion Emilia-Romagna. Eine fruchtbare, bis zum letzten Winkel erschlossene Landschaft, in der Landwirtschaft und Industrie die Hauptrollen spielen, aber auch einige der bedeutendsten Kulturstädte Italiens liegen.

Im Sommer brennt die sengende Sonne unbarmherzig in die stille Ebene, kein Hauch ist zu spüren. Endlos ist die Fahrt durch die üppigen Wiesen und Weiden. Kilometerlang ziehen sich ewig gleiche Baumalleen, bis zum Horizont reichen die Felder mit ihrer intensiven Bebauung von Mais, Korn und Gemüse. Dazwischen liegen immer wieder kleine Bauerndörfer und landwirtschaftliche Nutzbauten, letztere oft in althergebrachter Backsteinarchitektur. Schnurgerade Kanäle sorgen für die Bewässerung, Pappeln für den Windschutz, schwarz-weiße Kühe bringen etwas flandrische Marschlandstimmung in die flimmernde Hitze. Der gewundene Po bildet die Nordgrenze – eine trübe, lehmig-braune Brühe, die gemächlich zur Adria treibt, flankiert von silbrigen Pappelwäldchen und Myriaden von Mückenschwärmen. Man freut sich, wenn man endlich über enge Sträßchen in die kühlen, teils dicht bewaldeten, teils bizarr erodierten Höhen des Apennin flüchten kann: Südlich von Piacenza, Parma, Modena und Bologna wird das Land unvermittelt hügliger, z. T. fast dramatisch. Schroffe Klippen und grüne Bergrücken signalisieren den Beginn des langen Mittelgebirges mit durchschnittlichen Höhen um 1000 m.

Emilia-Romagna kulinarisch: die Region besitzt genug Grundstoffe, um eine der besten Küchen im Land zu kreieren, denn sie ist die Kornkammer Italiens und Mit-

telpunkt der Schweine- und Rinderzucht, an den Südhängen gedeihen hervorragende Weine, Parmaschinken und Parmesan sind weltberühmt ...
Baden in der Emilia-Romagna: An der brettflachen Adriaküste erstrecken sich kilometerlange weiße Sandstrände mit einigen der renommiertesten Badeorte Italiens – Herzstück ist natürlich das legendäre und international besuchte *Rimini.*
Der Hauptgrund für einen Besuch liegt aber in den grandiosen Kunst- und Architekturschätzen der Städte: die Renaissancestadt *Ferrara, Modena* mit seinem berühmten Dom, Baptisterium und Dom in *Parma*, die einzigartigen byzantinischen Kirchen von *Ravenna*, die Hauptstadt *Bologna* mit ihren kilometerlangen Arkadengängen, hoch in den Bergen die Zwergrepublik *San Marino*. Und wer will, kann auf Verdis Spuren wandeln oder sogar nach *Canossa* gehen ...

Anfahrt/Verbindungen

• *Pkw* Von Verona bzw. vom Brenner kommend, bleibt man immer auf der **A 22**. Beim Verkehrsknotenpunkt Modena trifft man auf die **A 1**, die von Mailand kommend als berühmte „Strada del sole" die ganze Emilia-Romagna der Länge nach durchquert und ab Bologna über Florenz nach Rom führt. Fast alle wichtigen Städte der Emilia-Romagna liegen hier aufgereiht wie an einer Perlenkette.

Ab Bologna geht die wichtige Autobahnachse **A 14** an die Adria und dort immer an der Küste entlang bis Taranto im tiefen Süden.

• *Bahn* Aus dem Norden kommen die viel befahrenen Linien von **Verona**, **Mailand** und **Venedig** und treffen sich alle im Knotenpunkt **Bologna**. Von Bologna geht eine wichtige Linie nach **Rimini** und von dort nach Süden immer dicht am Meer entlang.

Übernachten

An der Adriaküste gibt es zahllose Hotels und Pensionen, aber auch die Kulturstädte im Inland sind gut ausgerüstet. **Bologna** ist wegen seiner vielen Messen eher auf Geschäftsreisende ausgerichtet und teuer.

Campingplätze liegen u. a. bei den Städten Bologna, Modena und Ferrara, in San Marino, außerdem in Mengen an der Adriaküste.

Jugendherbergen in Bologna, Modena, Piacenza, Parma und Ravenna.

Essen & Trinken

Die Emilia-Romagna ist die Feinschmeckerprovinz Italiens, Bologna ihr kulinarischer Mittelpunkt. Schweinefleisch, Sahne und Käse bestimmen die Speisenpalette

Getreide wird in großem Maßstab angebaut, ebenso ist die Region führend in der Schweinezucht. Ersteres ist verantwortlich für die breite Palette von Pastasorten – die leckeren gefüllten **tortellini**, **lasagne**, **tagliatelle**, **tortelloni**, **cappelletti**, **cappellacci** und andere Nudelsorten haben hier ihren Ursprung. Letzteres bedingt eine exzellente Wurst- und Fleischproduktion – die berühmte **mortadella** stammt aus Bologna bzw. ihrer Umgebung und die **spaghetti bolognese** sind jedem ein Begriff, der gern Spaghetti mit Fleischsoße (**al ragu**) isst.

Der fast schon legendäre **prosciutto di Parma** (Parmaschinken) hat seinen Siegeszug in alle Welt angetreten. Seine Herstellung, angefangen von der Schweinezucht und -mast (u. a. mit Molke vom Parmesankäse), ist ein äußerst komplizierter Prozess, seit Jahrhunderten überliefert und ständig verfeinert.

Mindestens genauso bekannt ist natürlich der harte und scharf-würzige Reibekäse **parmigiano-reggiano** (Parmesankäse), der zum Würzen vorzugsweise über Pasta gestreut wird. Auch seine Herstellung in einigen wenigen Orten der Emilia-Romagna wird streng kontrolliert.

Zampone ist eine ureigene Spezialität von Modena – eine Schweinshaxe, deren Knochen herausgelöst und durch Gehacktes ersetzt wird. Ebenfalls aus Modena stammt der **aceto balsamico**, ein aromatischer Kräuteressig, mit dem man weniger Salat, als vielmehr Fleisch herrlich pikant würzt.

Auch **bollito misto** sollte man einmal kosten – mehrere Fleischsorten, die gesotten und mit grüner Kapernsoße serviert werden.

Emilia-Romagna Karte S. 462/463

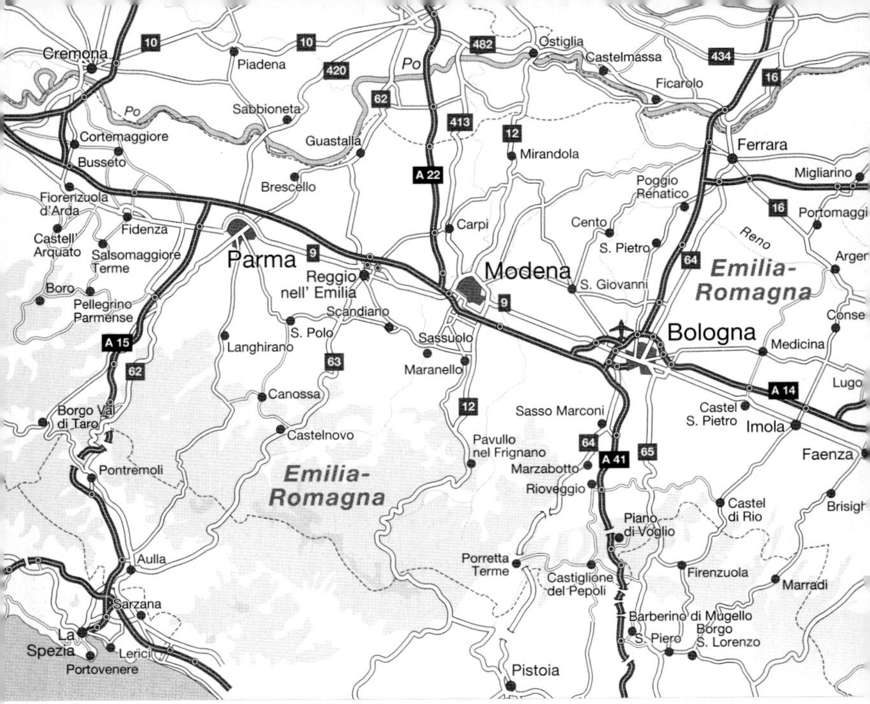

Fische, vor allem **anguille** (Aale), werden in den riesigen Lagunen von Comacchio zwischen Ferrara und Ravenna gezüchtet. Die reichhaltige Fischsuppe **brodetto** ähnelt der von Venedig.

Bezüglich ihrer Weine hat die Emilia-Romagna keinen exzellenten Ruf. Von den Tropfen der Poebene und den südlich anschließenden Apenninhängen ist aber der **Lambrusco** unbedingt einen Versuch wert – mit dem gepanschten Gesöff, das bei uns unter diesem Namen oft in Supermärkten verkauft wird, hat dieser spritzige, stark kohlensäurehaltige Rote nichts gemein. Besonders gut ist er in Modena. Der rote **Sangiovese** gedeiht an den Apenninhängen landeinwärts von Cesenatico und Rimini.

Von Westen nach Osten

Wie an einer Perlenkette aufgereiht liegen von Piacenza bis Rimini alle wichtigen Städte der Region an der *Via Emilia* (SS 9), der ehemaligen römischen Heerstraße durch die Poebene. Die Autobahn A 1 bzw. A 14 verläuft parallel dazu.

Piacenza — ca. 108.000 Einwohner

Sympathische Stadt am Po. Das Zentrum verkehrsberuhigt, wunderschön ist der harmonische Hauptplatz, benachbart eine lange Fußgängerstraße.

Dominierend ist in der Altstadt nicht der Domplatz, sondern die gepflasterte *Piazza dei Cavalli*, flankiert vom ästhetischen *Palazzo il Gotico*, dem früheren Rathaus. Vor dem Palast stehen zwei große *Reiterskulpturen* aus Bronze, die Herzog Alessandro Farnese und seinen Sohn darstellen. Die Kirche *San Francesco* an der Schmalseite der Piazza besitzt ein gotisches Portal, im großen Innenraum spitze gotische Gewölbe und hübsche schmale Glasfenster.

Gleich neben der Kirche beginnt die lebendige Fußgängerzone *Via XX Settembre*, die mit zahlreichen Läden bestückt ist und zum *Dom* hinüberführt, ein prächtiger romanischer Bau, dessen Zwerggalerien an der Fassade sich auch an den Seitenfronten entlang ziehen. Im Inneren tragen Rundsäulen das Hauptschiff und setzen sich im Querschiff fort, in der achteckigen Kuppel Fresken aus dem 17. Jh., die schönen Reliefs der Kanzel in Sichthöhe.

Nur einen Straßenzug südlich steht die bemerkenswerte Kirche *Sant'Antonio*, ein sehr ungewöhnlich geformter Bau ganz aus Backstein. Unmittelbar hinter der Fassade liegt das lange Querschiff, an dessen nördlichem Ende eine türmchengeschmückte Vorhalle angebaut ist, „Paradies" genannt.

Südlich von Sant'Antonio liegt in der Via San Siro 13 die *Galleria d'Arte Moderna „Ricci Oddi"* mit Werken vom 18./19. Jh. bis zur Gegenwart.

Emilia-Romagna
Karte S. 462/463

Im großen Palazzo Farnese am Corso Cavour sind die *Musei Civici* untergebracht. Dazu gehören ein Museo Archeologico, eine Pinacoteca, Mittelalter- und eine Waffenabteilung, ein Kutschenmuseum und ein Museo del Risorgimento. Attraktion im archäologischen Museum ist die etruskische Schafsleber aus Bronze, in der die Namen von Gottheiten eingeritzt sind.

• Öffnungszeiten/Eintritt **Galleria d'Arte Moderna**, Di–Fr 9.30–12.30, Sa/So 9.30–18.30 Uhr, Mo geschl., Eintritt ca. 5 €, über 65 J. 3,50 €.

Musei Civici, Di–So 9–13, Fr–So auch 15–18 Uhr. Je nach Anzahl der besuchten Museen Eintritt ca. 2,50–6 €, unter 18 und über 60 J. ermäß.

• Anfahrt/Verbindungen **Bahn**, der Bahnhof liegt wenige Fußminuten nordöstlich vom Zentrum. Vom Bahnhofsvorplatz rechts am Park entlang und weiter, bis man auf die Via Roma trifft, geradeaus noch wenige Schritte zum Dom.

• Information **IAT** in der Seitenfront des gotischen Rathauses, Piazza Cavalli 7. Di–Sa 9–13, 15–18 Uhr. ✆ 0523/329324, 306727, www.provincia.piacenza.it/turismo.

• Übernachten *** **Astor**, vom Bahnhof links am Park vorbeilaufen und die Via Alberoni überqueren. Schlicht-modernes Albergo in bequemer Fußentfernung zum Zentrum, ruhig, ein wenig verwinkelt, kleines Frühstück in der Rezeption. DZ mit Frühstück ca. 68–98 €. Via Tibini 29/31, ✆ 0523/329296, 313584, www.hotelastorpc.eu.

Ostello Don Zermani, moderne Jugendherberge südwestlich außerhalb vom Zentrum. 55 Betten in EZ, DZ und Mehrbettzimmern, geeignet auch für Familien. Übernachtung mit Frühstück im DZ ca. 23 € pro Pers., im Familien- und Mehrbettzimmer ca. 18 €. Fahrradverleih. Via Zoni 38, ✆/ 0523/712319, www.ostellodipiacenza.it.

• Essen & Trinken **TIPP! Taberna Movida**, geschmackvoll aufgemachte spanische Kneipe, freundlicher Service und fröhliche Atmosphäre. Leckere spanische Küche, fantasievolle Salate und reichhaltige Paella. Via Francesco Daveri 8, Seitengasse der langen Via Roma. ✆ 0523/318131.

Tosello, gute Pizzeria neben der Taverne Movida, den Pizzabäckern kann man zusehen. Via Francesco Daveri 10, ✆ 0523/324824.

Alta Marea, elegant-gemütliches Lokal ein Stück westlich der Piazza dei Cavalli, exzellente Fischgerichte, alles frisch am Großmarkt in Mailand eingekauft – teuer, aber gut. Juni bis Sept. Mo/Di geschl., Okt. bis Mai Mo/Di geschl. Via del Castello 14, ✆ 0523/388951.

Osteria del Trentino, Nähe Piazza Borgo (westlich vom Hauptplatz). Alteingesessenes Lokal mit schön begrüntem Innenhof, gute regionale Küche und passable Weinauswahl. So geschl. Via del Castello 71, ✆ 0523/324260.

Piacenza/Umgebung: 15 km südlich von Piacenza liegt *Grazzano Visconti*, ein auf mittelalterlich getrimmtes Schaudorf mit freskenbemalten Backsteinhäusern, efeubewachsenen Säulenfronten und malerisch gekleideten Menschen. Die Ausgrabungen der römischen Thermalsiedlung *Velleia* aus dem 1./2. Jh. n. Chr. können von Grazzano Visconti über Vigolzone, Ponte dell'Olio und Bettola erreicht werden, ca. 45 km.

Von Piacenza zieht sich die SS 45 das lange, stille *Trebbia-Tal* entlang. Nach einem Besuch von Grazzano Visconti kann man schnell bis zum Hauptort *Bobbio* weiterfahren (ca. 45 km ab Piacenza). Die Kleinstadt besitzt eine frühmittelalterliche Abtei, gegründet vom heiligen Columban aus Irland, der hier auch begraben liegt. Kirche, Krypta und Klostermuseum können besichtigt werden. Malerisch ist der berühmte Ponte Vecchio mit elf Bögen über die Trebbia.

• *Öffnungszeiten/Eintritt* **Velleia**, März bis Okt. Di–So 8–19.30, übrige Zeit 9–15 Uhr, Mo geschl.; Eintritt frei.

• *Übernachten/Essen & Trinken* *** **Piacentino**, gut ausgestattetes Haus in Bobbio, Restaurant, Parkplatz. DZ mit Frühstück ca. 75–95 €. Piazza San Francesco 19/a, ✆ 0523/936563, ✆ 936266, www.hotelpiacentino.it.

Enoteca San Nicola, in einem ehemaligen Nonnenkloster, hervorragender Weinkeller, dazu kleine Happen oder gute Nudel- und Fleischgerichte (Mo/Di geschl.). Vermietung von hübschen Zimmern, DZ ca. 80–90 €. Via San Nicola 11, ✆ 0523/932355.

Parma

ca. 180.000 Einwohner

Messe-, Industrie- und Universitätsstadt in den Ausläufern der Poebene, südlich begrenzt durch die Hänge des Apennin. Geschäftiges Leben und buntes Treiben prägen das Bild. Parma wirkt kein bisschen provinziell, im Gegenteil, fast großstädtische Eleganz und ein gewisses kosmopolitisches Flair sind zu spüren.

Parma besitzt eine der ältesten Universitäten Europas mit der größten medizinischen Fakultät des Landes. Viele Ausländer sind hier eingeschrieben und dank der vielen Studenten gibt es eine abwechslungsreiche Kultur- und Kneipenszene. Unbedingt sehenswert ist das prachtvolle Baptisterium beim Dom, das als bedeutendstes romanisches Bauwerk Italiens gilt.

Parma war stets ein wichtiges kulturelles Zentrum: Giuseppe Verdi und Arturo Toscanini wurden hier geboren, der Geigenvirtuose Paganini lebte und starb in der Stadt, der Maler Correggio und Regisseur Bertolucci wirkten hier. Anfang des 19. Jh. regierte Herzogin Marie-Louise, Tochter des österreichischen Kaisers und Gattin Napoleons, die Stadt. Diese Epoche ging als kulturelle Blütezeit in die Annalen ein.

Und natürlich ist Parma auch kulinarische Metropole – nur hier, an den waldreichen Hängen des Apennin, wehen die Fallwinde so ideal, dass die berühmten Parmaschinken in den Lagerhallen von *Langhirano, Bagni* und *Lesignano* zur Delikatesse reifen können.

Anfahrt/Verbindungen/Information

• *Anfahrt/Verbindungen* **Pkw**, die Innenstadt ist großräumig für Kraftfahrzeuge gesperrt, die nicht in Parma zugelassen sind. Parken am besten westlich vom Fluss oder südlich der Altstadt. Kostenpflichtige Parkplätze u. a. beim Bhf. (Viale Antonio Fratti) und beim Palazzo della Pilotta (Piazzale della Pace).

Bahn, häufige Verbindungen nach Bologna und Mailand. Bahnhof nördlich der Altstadt, die Via Verdi führt parallel zum Fluss geradeaus ins Zentrum (ca. 1 km) oder Bus 1 ab Bahnhofsvorplatz.

Bus, Station für Busse am Viale Toschi, nördlich des Ponte Verdi.

• *Information* **IAT**, Via Melloni 1/b, Nähe Dom. Mo 9–13, 15–19, Di–Sa 9–19, So 9–13 Uhr. ✆ 0521/218889, ✆ 234735, www.turismo.comune.parma.it.

Übernachten (siehe Karte S. 466/467)

Das Preisniveau der besseren Häuser liegt relativ hoch. Je eine preiswerte Pension findet man in Bahnhofsnähe (Zona Stazione) und in der historischen Altstadt (Zona Centro).

**** **Verdi (3)**, komfortable Jugendstilvilla am Westende des Parco Ducale, durch den Park 10 Fußminuten ins Zentrum. Zimmer bestens eingerichtet, elegante Parkettböden, Marmorbäder. DZ ca. 110–220 €, Frühstück 15 € pro Pers. Via Pasini 18, ✆ 0521/293539, ✆ 293559, www.hotelverdi.it.

*** **Torino (8)**, nur wenige Schritte vom Domplatz. Schmuckes, familiär geführtes Haus, gut eingerichtete Zimmer unterschiedlicher Größe mit Klimaanlage, LCD-TV und Wi-Fi. Hinten kleine Terrasse, Garage kostet extra. DZ mit Frühstück ca. 90–130 €. Via A. Mazza 7, ✆ 0521/281046, ✆ 230725, www.hotel-torino.it.

*** **Button (12)**, solides Haus in ruhiger Seitengasse bei der zentralen Piazza Garibaldi. Zimmer im sachlich-modernen Stil mit Klimaanlage und Sat-TV, großer Frühstücksraum, Parkmöglichkeit. DZ mit Frühstück ca. 115 €. Borgo della Salina 7, ✆ 0521/208039, ✆ 238783, www.hotelbutton.it.

* **Lazzaro (9)**, ganz zentral, in der Nähe vom Dom, einige Zimmer über dem gleichnamigen Restaurant (dort nachfragen), ganz oben (Treppen!) Blick über die Dächer. Nicht ganz leise, weil sich die Geräusche in der engen Gasse fangen, nach hinten ruhiger. DZ mit Bad ca. 70 €. Kein Frühstück. Via XX Marzo 14, ✆ 0521/208944, ✆ 385600.

* **Leon d'Oro (2)**, an einer viel befahrenen Straße beim Bahnhof (wenn man rauskommt, links), einfaches Albergo über einem Restaurant, z. T. große Zimmer, nur Etagendusche, vorne raus laut, sauber. Kein Frühstück. DZ ca. 45–60 €. Viale Antonio Fratti 4, ✆ 0521/773182, ✆ 707878.

• *Jugendherbergen* **Ostello di Parma (IYHF) (1)**, 2007 eröffnete Jugendherberge im nördlichen Stadtbereich, 2 km vom Bhf., Bus 13 vom Bhf. nach Norden bis „Centro Torri". Etwa 80 Betten, alle Schlafräume mit eigenem Bad, auch Familienzimmer und DZ vorhanden. Übernachtung mit Frühstück ab ca. 19,50 €. Via San Leonardo 86, ✆ 0521/1917547, ✆ 1917548, www.ostelloparma.it.

Casa della Giovane (13), gute Herberge der katholischen Organisation ACISJF, nur für Mädchen und Frauen, 45 Betten in DZ und Mehrbettzimmern. Auf Langzeitbewohner eingerichtet, es gibt aber auch Platz für Durchreisende (14–26 J.). Schließzeit ca. 23 Uhr. HP ca. 32 € pro Pers. Via del Conservatorio 11, ✆ 0521/283229, ✆ 285923, www.casadellagiovane.it.

Essen & Trinken/Unterhaltung (siehe Karte S. 466/467)

Den berühmten (und auch in Parma sündhaft teuren) Parmaschinken isst man als Vorspeise mit Melone oder anstatt Fleisch. Eine besondere Spezialität ist Pferdefleisch, gegessen entweder als *pesto al cavallo* (Tartar) oder gekocht als *bollito di cavallo*.

Angiol d'Or (6), gepflegtes Restaurant direkt am Domplatz, im Sommer auch Plätze im Freien. Menü ab ca. 40 €. So geschl. ✆ 0521/282632.

Gallo d'Oro (11), in einer ruhigen Gasse nur wenige Schritte von der Piazza Garibaldi, ideal zum Draußensitzen, leckere Gerichte wie *fagottini in salsa gustosa* (Rouladen) oder *bollito misto*. So geschl. Borgo della Salina 3, ✆ 0521/208846.

Dei Corrieri (10), große und viel besuchte Trattoria im alten Stil, leckere traditionelle

Gerichte, z. B. die *tortelli di zucca* (Nudeltaschen mit Kürbisfüllung). So geschl. Via del Conservatorio 1, ✆ 0521/234426.

Al Corsaro (5), populäres und gut geführtes Ristorante/Pizzeria in der Fußgängerzone, nett maritim aufgemacht. Einige Tische im Freien. Reichhaltige Auswahl, auch viel Fisch, dazu große Karaffen mit offenem Wein. Fr geschl. Via Cavour 37, ✆ 0521/235402.

TIPP! **Antica Cereria (4)**, südlich vom Parco Ducale liegt diese hübsche, von jungen Leuten geführte Osteria, in der man interessante Gerichte parmesischer Tradition findet, schöne Sitzplätze auf der ruhigen Straße. Nur abends (außer Sa/So), Mo geschl. Via Borgo Tanzi 5, westlich vom Fluss, ✆ 0521/207387.

Sorelle Picchi (14), südlich der zentralen Piazza Garibaldi. Urig-rustikales Lokal, seit Jahrzehnten unverändert. Vorne Metzgerei und Käseladen, hinten ein paar Tische, wo der berühmte „Culatello"-Schinken verspeist wird, danach folgen z. B. handgemachte *agnolini* (kleine Ravioli in Fleischsoße) oder *tortelli*, gefüllt mit Kürbis, Kartoffeln und Kräutern. Nur mittags geöffnet, So geschl. Strada Farini 27, ✆ 0521/233528.

• *Unterhaltung* Abends trifft man sich auf der Strada Farini, südlich der Piazza, und zieht von Keipe zu Kneipe.

TIPP! **Frank (15)**, Nähe Strada Farini, gemütliche Atmosphäre, Tische im Freien, überwiegend junge Leute und Studenten. Auf der Speisekarte knapp 120 verschiedene Antipasti, dazu Bier vom Fass. Mo geschl. Piazzale San Lorenzo 19/a.

Rangon (7), Szenelokal, in dem fast ausschließlich Einheimische und Schwarzafrikaner verkehren, die in der Umgebung wohnen. Warme Küche bis 23 Uhr, günstige Preise. Borgo delle Colonne 26/a.

Sehenswertes

Zentrum der Stadt ist die elegante *Piazza Garibaldi* mit dem mächtigen Palazzo del Governatore, im Sommer sitzt man bis nach Mitternacht in den großen Freiluftcafés. Gleich um die Ecke beginnt die Fußgängerzone *Via Cavour*.

Madonna della Steccata: Die große Renaissancekirche in Form eines griechischen Kreuzes steht nur einen Block nördlich der Piazza Garibaldi. Der

Essen & Trinken
4 Antica Cereria
5 Al Corsaro
6 Angiol d'Or
7 Rangon
10 Dei Corrieri
11 Gallo d'Oro
14 Sorelle Picchi
15 Frank

Übernachten
1 Ostello di Parma
2 Leon d'Oro
3 Verdi
8 Torino
9 Lazzaro
12 Button
13 Casa della Giovane

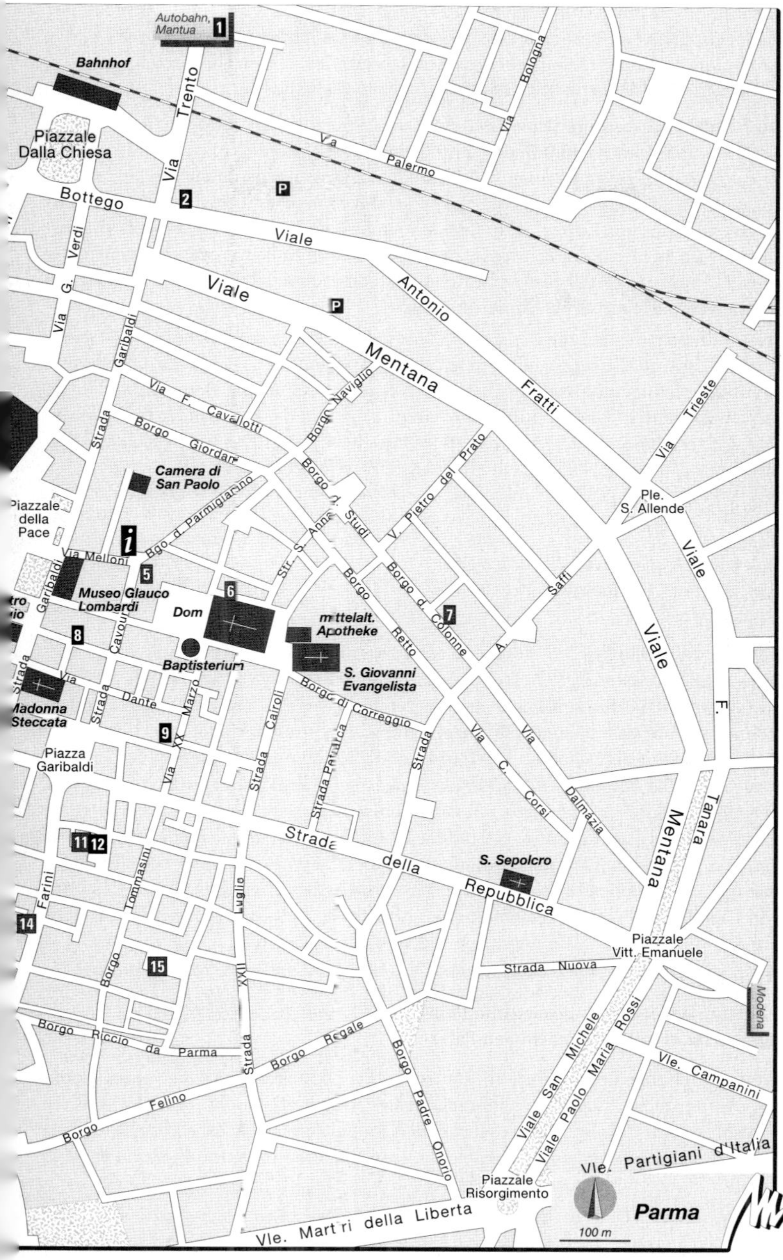

Emilia-Romagna
Karte S. 462/463

Innenraum ist mit eindrucksvollen Fresken ausgemalt, z. T. von Parmigianino, nach Correggio (→ Dom) der zweite bedeutende Maler der Stadt. In der *Krypta* die Gräber der Farnese-Herzöge, die fast zwei Jahrhunderte Parma beherrschten.

Öffnungszeiten **Madonna della Steccata**, tägl. 9–12, 15–18 Uhr.

Dom und Baptisterium: Die *Piazza del Duomo* liegt etwas versteckt am Rand und besticht durch die Harmonie der mittelalterlichen Gesamtkomposition. Das großartige *Baptisterium* mit seinen vier übereinanderliegenden Außengalerien stammt aus dem 12./13. Jh., die Marmorfassade erstrahlt in frischem Rosa. Sehr sehenswert ist der Innenraum. Kuppel und Apsiden sind völlig mit Fresken des 13. Jh. ausgemalt, die in der Kuppel wirken deutlich byzantinisch, zu erreichen auf einer Wendeltreppe. Auch der plastische Schmuck ist beachtenswert, vor allem die frisch restaurierten allegorischen Monatsstatuen.

Hinter dem Dom steht die Renaissancekirche *San Giovanni Evangelistra* mit weiteren Fresken von Correggio, eindrucksvoll ist vor allem die „Vision des Johannes" in der Kuppel. Angeschlossen an die Kirche ist ein weitläufiges Benediktinerkloster mit ausgedehntem Garten und drei Kreuzgängen. Um die Ecke findet man die *Antica Spezieria di San Giovanni*, eine mittelalterliche Apotheke, in der Holzmobiliar aus dem 17. Jh. und wertvolle, alte Arzneigefäße zu besichtigen sind.

• *Öffnungszeiten/Eintritt* **Dom**, tägl. 9–12.30, 15–19 Uhr.

Baptisterium, tägl. 9.30–12.30, 15–18.45 Uhr, Eintritt ca. 5 € (mit **Museo Diocesano** 6 €).

San Giovanni Evangelistra, Mo–Sa 8–12, 15–20, So 15–18 Uhr.

Monastero Benedettino, Mo–Mi & Fr/Sa 9–12, 15–18, So 15–18 Uhr, Do geschl., Eintritt frei.

Antica Spezieria di San Giovanni, Di–So 8.30–14 Uhr, Mo geschl., Eintritt ca. 2 €, bis 18 und über 60 J. frei.

Palazzo della Pilotta: Der riesige Palast sollte die Macht der einflussreichen Farnese-Familie unterstreichen. Er wurde Ende des 16. Jh. begonnen, jedoch nie fertig gestellt und 1944 durch Bomben schwer zerstört. Der *Piazzale della Pace* vor dem Palast ist heute als einladende Grünzone mit einem großen, eingefassten Teich gestaltet und dient als beliebter Treffpunkt und Flanierzone der Jugend. Im Inneren findet man die *Biblioteca Palatina*, ein *Archäologisches Museum* und vor allem die bedeutende *Galleria Nazionale* mit zahlreichen Werken der einheimischen Meister Correggio und Parmigianino, außerdem Piombino, Bronzino, Tiepolo, Murillo, El Greco und Holbein. Um in die Galerie zu gelangen, durchquert man das eindrucksvolle, ganz aus Holz erbaute *Teatro Farnese* von 1618 – es ist dem Teatro Olimpico von Palladio in Vicenca nachempfunden, wurde im Weltkrieg zerstört und danach mit denselben Materialien originalgetreu wieder rekonstruiert.

• *Öffnungszeiten/Eintritt* **Archäologisches Museum**, Di–So 9–14 Uhr, Di u. Do auch 15–18 Uhr, Mo geschl.; Eintritt ca. 2 €, 18–25 J. 1 €, unter 18 u. über 65 J. frei.

Galleria Nazionale & Teatro Farnese, Di–So 8.30–14 Uhr, Mo geschl., Eintritt ca. 6 €, 18–25 J. 3 €, unter 18 und über 65 J. frei.

Weitere Sehenswürdigkeiten im Zentrum: Das 1829 eröffnete Opernhaus *Teatro Regio* unmittelbar südlich des Piazzale della Pace gehört zu den renommiertesten Opernhäusern Italiens. Verdi feierte hier große Erfolge, wurde vom kritischen Publikum aber auch mehrfach abgelehnt. Der prächtige Innenraum prangt in Gold und besitzt herrliche Deckenmalereien.

Gegenüber vom Palazzo della Pilotta zeigt das *Museo Glauco Lombardi* Stücke aus der Regierungszeit (1816–47) der habsburgischen Herzogin Marie-Louise.

Die nahe gelegene *Camera di San Paolo* in der Via Melloni, ehemalige Wohnung einer Äbtissin in einem früheren Benediktinerkloster, wurde von Correggio mit Fresken ausgemalt.

• Öffnungszeiten/Eintritt **Teatro Regio**, Di–Sa 10.30–12 Uhr (außer an Tagen mit Theaterproben), Eintritt ca. 2 €.
Museo Glauco Lombardi, Di–Sa 9.30–15.30, So 9–18.30 Uhr (Juli/August 9–13.30 Uhr), Eintritt ca. 4 €.
Camera di San Paolo, Di–So 8.30–14 Uhr, Eintritt ca. 2 €.

Westlich vom Fluss: Über den Ponte Verdi kommt man in den weitläufigen *Parco Ducale* mit dem *Palazzo Ducale*. Besonders an Sonntagen blüht dort das Leben, viele Kinder tummeln sich und am Stadtteich werden die dicken Karpfen gefüttert.

Südlich vom Park, in der Via Rodolfo Tanzi, steht die *Casa natale e Museo di Arturo Toscanini*, das Geburtshaus des berühmten Dirigenten Toscanini, mit einer Fülle von Exponaten zu seinem Leben und Werk.

Öffnungszeiten/Eintritt **Palazzo Ducale**, Mo–Sa 9–12, So geschl., Eintritt ca. 3 €; **Casa natale e Museo di Arturo Toscanini**, Di–So 9–13, 14–18 Uhr, Mo geschl., Eintritt ca. 2 €.

Parma/Umgebung

Salsomaggiore Terme: Im sanften Hügelland westlich von Parma liegt die „große Salzstadt“, eins der bedeutendsten Thermalbäder Italiens. Wo man jahrhundertelang Salz gewonnen hatte, erkannte man im 18. Jh., dass die jod- und bromhaltigen Quellwasser Heilwirkung hatten. Mittels tiefer Brunnen wird seitdem das wertvolle Nass aus dem Boden gefördert, und in diversen Thermen findet der Badebetrieb statt. Über hundert Hotels beherbergen hauptsächlich Arthritis- und Rheumakranke. Etwa 6 km außerhalb liegt der gepflegte Camping „Arizona“ mit mehreren Pools (✆/℻ 0524/565648, ℻ 567589, www.camping-arizona.it).

Castello di Torrechiara: Von Parma in Richtung Langhirano fahren, der Weg führt durch Dörfer, in denen Parmaschinken, Salume und Parmigiano hergestellt werden. Das massiv ummauerte Kastell aus dem 15. Jh. gehört zu den eindrucksvollsten Italiens. Auf zwei Stockwerken kann man große und kleine Räume mit üppigen Wandfresken durchwandern. Schönster Raum ist im ersten Stock die *Camera d'Oro* mit farbigen Wandfliesen und einem Freskenzyklus, der die Liebe des Burgerbauers Pier Maria Rossi zu Bianca Pellegrini thematisiert.

Öffnungszeiten/Eintritt März bis Okt. Mi–Sa 8.30–19.30, Di u. So 10.30–19.30 Uhr (übrige Zeit nur bis 17 Uhr), Mo geschl.; Eintritt ca. 5 €, zwischen 18 und 25 J. 3 €, unter 18 und über 65 J. frei. ✆ 0521/853451.

Brescello: Unmittelbar am Po liegt dieses unauffällige Landwirtschaftsdorf. Der schläfrige Hauptplatz mit der unscheinbaren Kirche brütet in der Sonne. *Don Camillo* tritt aus dem Portal, *Peppone*, der kommunistische Bürgermeister, kommt aus dem Rathaus ... ein klassischer Gegensatz, der in den Romanen von Giovannino Guareschi auflebt. Der Po war in den fünfziger Jahren die Nahtstelle zwischen zwei katholisch und kommunistisch geprägten Landstrichen (nördlich und südlich vom Fluss) und damit geradezu prädestiniert für die legendäre Verfilmung der liebenswerten Geschichten von „Don Camillo und Peppone“. Ein paar Ecken vom Hauptplatz liegt das beschilderte *Museo Peppone e Don Camillo* mit einer liebevollen Ausstellung rund um die Entstehung der Filme. Für Cineasten hängt ein Stadtplan aus, in dem die Standorte wichtiger Filmörtlichkeiten eingezeichnet sind.

Öffnungszeiten/Eintritt **Museo Don Camillo e Peppone**, Mo–Sa 10–12, 14.30–18, Sa/So 9.30–12, 14–19 Uhr, Spende erbeten. ✆ 0522/962158.

Emilia-Romagna Karte S. 462/463

Auf den Spuren Giuseppe Verdis

Nordwestlich von Parma findet man mehrere Erinnerungsstätten an den genialen Komponisten von „Aida“, „Rigoletto“, „La Traviata“ und „Nabucco“. 1813 wurde Verdi im Dörfchen *Roncole,* 4 km östlich von Busseto, geboren. Die *Casa Natale,* ein schlichtes Bauerngehöft an der Durchgangsstraße, in der Verdis Vater eine bescheidene Schankwirtschaft betrieb, kann besucht werden. In der Kirche gegenüber hat Verdi bereits als Zehnjähriger die Orgel gespielt und später als angestellter Organist.

Eindrucksvoller als das Geburtshaus ist die *Villa Verdi* bei Sant'Agata, etwa 5 km nördlich von Busseto (beschildert). 1849 ließ der bereits damals gefeierte Komponist diesen großen Landsitz mit herrlichem Park anlegen. Eine Nachfahrin Verdis führt heute durch das Anwesen.

Ausklingen lassen kann man die Verdi-Tour mit einem Besuch *Bussetos.* Hier ging der Maestro zur Schule und es gibt kaum einen Laden, der nicht mit seinem Konterfei verziert ist. Auf dem Platz vor der *Rocca* ist der große Sohn der Stadt mit einem gewaltigen Denkmal verewigt. Im Kastell findet man das im 19. Jh. gegründete *Teatro Verdi* und das Informationsbüro, auf der anderen Platzseite steht die Backsteinkirche *Collegiata di San Bartolomeo.* Entlang der schnurgeraden Hauptgasse reihen sich prächtige alte Palazzi mit Laubengängen. Den *Palazzo Orlandi* in der Nr. 56 (geschl.) hatte der junge Maestro 1845 gekauft, er lebte hier mit der Sängerin Giuseppina Strepponi zusammen (seine spätere zweite Frau), mit der er in Mailand große Erfolge feierte, und schrieb u. a. den „Rigoletto“. Gegenüber vom Kastell steht die *Casa Barezzi* (Nr. 119), das Haus eines wichtigen Mäzen Verdis, dessen Tochter Margherita seine erste Frau war. In den original erhaltenen Räumlichkeiten findet man authentisches Mobiliar, einen Flügel, auf dem Verdi die Oper „I due Foscari“ komponiert hat, sowie zahlreiche Erinnerungsstücke an den Komponisten.

Etwas außerhalb liegt die *Villa Pallavicino* aus der Renaissance. 2009 wurde hier das große *Museo Nazionale Giuseppe Verdi* eröffnet, in dem alle 27 Werke Verdis mit Original-Bühnenbildern dargestellt sind.

• Öffnungszeiten/Eintritt **Casa Natale**, März bis Okt. Di–So 9.30–13,14.30–18.30 Uhr, Nov. nur bis 17.30 Uhr, Dez. bis Febr. Sa/So 9.30–12.30, 14.30–17.30 Uhr, Eintritt ca. 4 €.

Villa Verdi, Di–So April bis Mitte Okt. 9–11.30, 14.30–18.45 Uhr (übrige Zeit bis 16.30 bzw. 17.30 Uhr), Eintritt ca. 8 €, Kinder bis 12 J. Eintritt frei.

Sammelticket für Geburtshaus, Verdi-Theater und Casa Barezzi ca. 8,50 €.

Teatro Giuseppe Verdi, Führungen organisiert das Informationsbüro, Eintritt ca. 4 €.

Casa Barezzi, im Sommer Di–So 10–12.30, 15–18.30 Uhr, Dez. bis Febr. nur nach Voranmeldung (✆ 0524/92487), Eintritt ca. 4 €.

Museo Nazionale Giuseppe Verdi, Di–So 10–18 Uhr, Eintritt ca. 9 €, Stud. und über 65 J. 7 €.

• Information **Ufficio Turistico**, Piazza Giuseppe Verdi 10. Di–So 9.30–13, 15–18.30 Uhr, Mo 9.30–12 Uhr. ✆ 0524/92487, www.bussetolive.com.

• Übernachten/Essen & Trinken *** **I due Foscari**, mit antikem Mobiliar und Erinnerungsstücken an Verdi und seine Zeit ausgestattetes Hotel, geführt vom Sohn des berümten Tenors Carlo Bergonzi. Gutes Restaurant. DZ mit Frühstück ca. 80–105 €, Piazza Carlo Rossi 15, ✆ 0524/930031, 91625, www.iduefoscari.it.

TIPP! Baratta, historische Bottega seit 1873, eine Art Verdi-Museum voller Erinnerungsstücke. Serviert werden Wurstwaren, Schinken, Käse und Wein oder auch nur ein Kaffee – netter und gemütlicher Treff. Via Roma 76.

Von Parma nach La Spezia (Ligurien)

Schöne Fahrt über den wilden Kamm des Apennin hinunter nach La Spezia, Ausgangspunkt einer Ligurienfahrt oder für die Fahrt entlang der toskanischen Küste. Bei etwas Zeit unbedingt die SS 62 nehmen, es geht kurvig durch dicht bewaldete Hänge mit artenreicher Vegetation.

In *Ozzano Taro*, etwa 20 km südwestlich von Parma, kann man das höchst ungewöhnliche *Museo Ettore Guatelli* mit mehr als 60.000 Alltagsgegenständen des bäuerlichen Lebens besuchen.

Vor *Berceto* liegt der ganzjährig geöffnete Camping „I Pianelli" auf einem bewaldeten Hügel abseits der Straße – ideal, um ein, zwei Tage in frischer Bergluft zu verbringen (✆ 0525/64521, www.ipianelli.it).

Öffnungszeiten/Eintritt **Museo Ettore Guatelli**, So 10–12, 15–18 Uhr (Juli/Aug. nur So 16–18 Uhr), übrige Tage nach Voranmeldung; Eintritt ca. 5 €, über 65 J. frei. Via Nazionale 130, ✆ 0521/333601, www.museoguatelli.it

La Spezia und Umgebung → S. 455.

Canossa: Brennpunkt des mittelalterlichen Investiturstreits zwischen König und Papst. Der Dauerbrenner zahlloser Schulaufgaben und historischer Examensarbeiten liegt südlich von Reggio in den steilen Ausläufern des Apennin. Bis heute – und wahrscheinlich noch in Jahrhunderten – müssen zahllose Generationen von entnervten Schülern büffeln, was es mit dem „Gang nach Canossa" auf sich hatte ... Jeder geht irgendwann einmal „nach Canossa", d. h. kriecht aus taktischen Überlegungen zu Kreuz vor einem Gegner, der im Moment die besseren Trümpfe in der Hand hat. Wer jedoch das reale Canossa besuchen will, tut besser daran, zu *fahren*: handtuchschmale Serpentinensträßchen winden sich von der Poebene steil hinauf durch frische grüne Wälder und Wiesen, vorbei an kahlen Erosionshängen und mit herrlichen Rückblicken in die Ebene – bis plötzlich hinter einer Kurve der markante Felsklotz mit der bescheidenen Ruine auftaucht. Viel ist nicht mehr erhalten von der Burg der Gräfin Mathilde, die hier einst weite Landstriche besaß. Das Gefühl, an einem Platz zu stehen, wo „Geschichte gemacht wurde", ersetzt aber leicht das Fehlen spektakulärer Sehenswürdigkeiten. Man erkennt die Grundrisse einiger Räume, in erster Linie die Apsis der *Burgkapelle* mit zwei Säulenstümpfen – wahrscheinlich löste Gregor VII. an dieser Stelle Heinrich IV. vom Kirchenbann. Gegenüber der Ruine steht das kleine *Museum* mit Keramikfunden, Steinen, Säulenkapitellen und anderen Relikten aus verschiedenen Epochen. Am Parkplatz liegt das Ristorante „La Rupe" (Mi geschl., ✆ 0522/877101).

Öffnungszeiten/Eintritt **Burg und Museum**, Juni bis Sept. Di–So 9–12.30, 15–19 Uhr, Eintritt frei, Voranmeldung für Führung unter ✆ 0522/532094.

Modena

ca. 175.000 Einwohner

Der Dom ist eins der großartigsten Werke der mittelalterlichen Baukunst Oberitaliens. Das auf den Straßenzügen einer römischen Garnisonsstadt erbaute historische Zentrum ist verkehrsberuhigt, lange Gassen mit Laubengängen durchziehen die Innenstadt.

Modenas Aufstieg begann mit dem Geschlecht der Este, die wegen eines Konfliktes mit dem Kirchenstaat ihr Machtzentrum vom nahen Ferrara hierher verlagern mussten. Bis ins 18. Jh. prägten sie die Stadt und errichteten stolze Bauten, darunter den mächtigen Palazzo Ducale. Heute ist Modena Verkehrsknotenpunkt – hier trifft die Autobahn vom Brenner auf die Strecke von Mailand nach Bologna – und eine der wichtigsten Industriestädte der Poebene. Zahlreiche Autofirmen lassen hier produzieren, darunter Ferrari und Maserati.

Dass die Küche Modenas zu den besten der Poebene, ja ganz Italiens gehören, bezeugten viele Feinschmecker, darunter auch Startenor Luciano Pavarotti, der hier geboren wurde. Zu den typischen Fleischgerichten „all'aceto balsamico" sollte man nicht versäumen, den wunderbar schaumig-prickelnden „Lambrusco di Modena" zu kosten.

Anfahrt/Verbindungen/Information

• *Anfahrt/Verbindungen* **Pkw**, Modena liegt am Schnittpunkt zweier Autobahnen, der A 1 von Mailand und der A 22 von Verona. In den ruhigen Seitengassen außerhalb der Altstadt findet man Parkplätze.

Bahn, Modena liegt an der Strecke von Mailand nach Bologna, Bahnhof ca. 1,5 km nördlich vom Zentrum, ATCM-Bus 7 fährt in die Stadtmitte.

Fahrrad, an verschiedenen Stellen kann man Fahrräder leihen, z. B. im Bahnhof und beim Parco Novi Sad.

• *Information* **IAT**, Via Scuderi 8, vom Domplatz aus Richtung Osten erste Seitengasse rechts. Mo 15–18, Di–Sa 9–13, 15–18, So 9.30–12.30 Uhr. ✆ 059/206660, 📠 206659, http://turismo.comune.modena.it.

Übernachten/Essen & Trinken

• *Übernachten* *** **Libertà**, ganz zentral bei der Piazza Mazzini gelegen, neben der restaurierten Synagoge, etwa 200 m vom Dom. Gehört zur Best-Western-Kette, Zimmer mit Sat-TV, Wi-Fi und Minibar, z. T. etwas klein. DZ mit Frühstück ca. 120–180 €, Garagenplatz ca. 12 €. Via Blasia 10, ✆ 059/222365, 📠 222502, www.hotelliberta.it.

** **Cervetta**, wenige Schritte südlich vom Dom, vor wenigen Jahren völlig modernisiertes, ganz zentral gelegenes Hotel mit Garage, alles in Weiß gehalten, freundlich geführt. DZ mit Frühstück ca. 130 €, Garage 12 €. Via Cervetta 5, ✆/📠 059/238447, www.hotelcervetta5.com.

** **San Geminiano**, ordentliches Albergo südöstlich außerhalb vom Zentrum, freundlich geführt, kürzlich renovierte Zimmer mit Sat-TV, Parkplatz im Hof. DZ mit Bad und Frühstück ca. 80 €, mit Etagendusche ca. 60 €. Viale Moreali 41, ✆ 059/210303, 📠 220446, www.hotelsangeminiano.it.

* **Sole**, etwas versteckte, aber zentrale Lage, sieben Zimmer, klein und sauber. DZ mit Etagendusche ca. 60 €, Aufpreis für Klimaanlage. Via Malatesta 45, ✆ 059/214245, 📠 4399816.

• *Jugendherberge* **Ostello San Filippo Neri (IYHF)**, zentrale Lage zwischen Bahnhof und Centro storico. 80 Betten, Übernachtung ca. 17,50 €. Ganzjährig. Via Santa Orsola 48/52, ✆/📠 059/234598, www.aighostels.com

• *Camping* **International Modena**, direkt an der Autobahnausfahrt Modena Nord, ziemlich laut. Ein Platzteil mit Bäumen, dazu eine schattenlose Wiese. Sanitäranlagen einfach. Bar und Minimarkt, Pool von Juni bis Aug. Ganzjährig. ✆ 059/332252, 📠 823235, www.internationalcamping.org.

• *Essen & Trinken* *Lambrusco*, der berühmte Weinessig *aceto balsamico* und *zampone* (gefüllter Schweinsfuß) sind nur einige der Spezialitäten, mit denen Modena versucht, Bologna den Ruf als kulinarische Hauptstadt der Emilia-Romagna streitig zu machen.

Caffè Concerto, direkt an der Piazza Grande, großes „In"-Cafè mit American Bar und Restaurant in den hohen Gewölben des Palazzo Comunale, Blick auf den Dom. Menü vom Land und vom Meer, große Weingalerie, nicht billig. ✆ 059/222232.

Da Enzo, linker Hand neben der Synagoge, interessante Mischung aus urig und elegant, vornehmer Service, Preise dafür recht zivil, sehr leckere hausgemachte Pasta, z. B. *tortellini in brodo*, man spricht Deutsch. So geschl. Via Coltellini 17, ✆ 059/225177.

Zelmira, geschmackvoll eingerichtetes Lokal mit Außenterrasse an einem der wenigen Plätze der Altstadt. Etwas teurer und feiner, Schwergewicht auf Fleischgerichten. Do-/Fr-Mittag und Mi geschl. Piazza San Giacomo, ✆ 059/222351.

TIPP! Stallo del Pomodoro, in den einstigen Stallungen eines Palazzo in einer Straße, wo früher ein Tomatenmarkt stattfand. Gemütlich, interessante lokale Küche, dazu eine riesige Auswahl an Weinen. Mittlere Preise. Sa-Mittag u. So geschl. Largo Hannover 63, ✆ 059/214664.

Santa Chiara, gemütliche Altstadtosteria mit Backsteinwänden, im Sommer stehen auch einige Tische draußen. *Pasta e fagioli* und *tortellini* gehören zu den Spezialitäten. Es wird etwas Deutsch gesprochen. So geschl. Via Ruggera 3/5 ✆ 059/225302.

Ruggera, weitere kleine Osteria in derselben Gasse, auch hier wenige Tische im Freien. Die Chefin Anna Guaragno stammt aus dem Süden Italiens, so werden hier auch einige mediterrane Gerichte serviert. Di geschl. Via Ruggera 18, ✆ 059/211129.

Papillon, anheimelnder Innenraum mit Holzdecke, vor dem Haus überdachte Terrasse, große Auswahl, auch Pizza. Piazza Giacomo Matteotti 40, nördlich der Hauptstraße Via Emilia, ✆ 059/222610.

TIPP! Ermes, traditionelle Osteria in einem schön restaurierten Haus, authentische Küche der Region, vor allem leckere Pasta. Günstige Preise. Nur mittags, So geschl., außerdem im Hochsommer. Via Ganaceto/ Ecke Via Castelmaraldo, nördlich der Via Emilia, kein Telefon.

• *Preiswert* **Ghirlandina Grill**, Mensa in der Nähe vom Dom, günstige Mahlzeiten. Nur mittags, Sa/So geschl. Via Vescovo Leodoino 9.

Emilia-Romagna Karte S. 462/463

Sehenswertes

Quer durch die Innenstadt verläuft als roter Faden die *Via Emilia*, teilweise flankiert von hohen Laubengängen. An der großzügigen *Piazza Grande* trifft sich am frühen Abend die halbe Männerwelt von Modena vor der Seitenfront des Doms. Südlich der Piazza kann man durch die ruhigen Gassen der Altstadt bummeln.

Dom: Nicht nur Pisa hat seinen schiefen Turm, auch der Glockenturm des Doms, die hohe, schlanke *„Ghirlandina"*, sinkt allmählich seitwärts, ebenso die von einem Schutzgitter umgebene Apsis. Der prachtvolle romanische Bau besitzt eine vielgestaltige, weiße Marmorfassade, deren schmückende Blendarkaden sich auch noch an den Längsseiten fortsetzen, an der Platzseite außerdem zwei schöne Portale. Das reich verzierte *Hauptportal* der Kirche wird flankiert von zwei großartigen *Basreliefs*, die zu den frühesten ihrer Art gehören (zwei weitere über den Nebenportalen). Die Themen reichen von der Erschaffung von Adam und Eva und der Vertreibung aus dem Paradies bis Kain und Abel und Arche Noah. Das Innere ist düster und feierlich, hat aber seine gotische Struktur hervorragend bewahren können. Eine elegante Galerie mit Dreifachfenstern zieht sich oben entlang, unter dem erhöhten Chor liegt eine große Krypta. Viele Details sind zu betrachten – der *Lettner* (Chorbrüstung) ruht auf Säulen, die von Löwen gestützt werden. Seine prachtvollen Basreliefs zeigen das Abendmahl und die Leidensgeschichte Jesu. Ganz herrlich die gebückten Männlein, die seitlich davor mürrisch die schwere Last der Bischofskanzel tragen. Über dem Lettner hängt ein äußerst realistisches *Kruzifix* aus dem 14. Jh., im Altarbereich oben findet man *Chorgestühl* mit wundervollen Intarsien. Die Krypta ist ein ganzer Wald von Säulen, äußerst realistisch die *Krippenszene* mit lebensgroßen Figuren. Der Junge verzieht beim Essen sein Gesicht, daher der schöne Name Madonna della Pappa, die „Griesbrei-Maria".

• *Öffnungszeiten/Eintritt* **Dom**, tägl. 7–12.30, 15.30–19.30 Uhr.

Der **Turm** kann von April bis Okt. sonntags bestiegen werden, 9.30–12.30, 15–19 Uhr, August geschl., Eintritt ca. 1 € (zusammen mit Palazzo Comunale 1,50 €).

Musei del Duomo, Di–So 9.30–12.30, 15.30–18.30 Uhr, Mo geschl., Eintritt ca. 3 € (unter 18 und über 60 J. 2 €), Sammelticket siehe unter Palazzo dei Musei.

Palazzo Comunale: Die mit Fresken, Ölgemälden, Wandteppichen und historischem Mobiliar ausgestatteten Repräsentationsräume im Piano Nobile des *Palazzo Comunale* können besichtigt werden. Man erreicht den ersten Stock durch einen schönen Treppenaufgang unter den Arkaden. Ausgestellt ist hinter Glas auch der legendäre Holzeimer *Secchia rapida*, den die Modeneser den Bolognesern nach einer Schlacht geraubt hatten.

Öffnungszeiten/Eintritt Mo–Sa 8–19, So 15–19 Uhr, Eintritt ca. 1 €. ✆ 059/206660.

Markt: Nur wenige Schritte südlich der Piazza Grande steht an der Via Albinelli die schöne *Jugendstilmarkthalle* der Stadt, ein wahrer Augenschmaus. Fest montierte Verkaufskioske stehen gleich nebenan auf der schmalen Piazza XX Settembre.

Palazzo dei Musei: Der mächtige Palast steht am westlichen Beginn der Via Emilia und beherbergt die städtischen Museen, deren Grundstock bereits von den Fürsten der Este-Dynastie gelegt wurde.

Das *Museo Lapidario Estense* im Erdgeschoss zeigt eine umfangreiche Sammlung von Grabsteinen, Stelen und Sarkophagen aus römischer Zeit bis ins späte Mittelalter, die alle Wände und den Innenhof in Beschlag nehmen. Die *Biblioteca Estense* besitzt wertvolle Handschriften, darunter die von Crivelli überreich illustrierte Bibel des Borso d'Este. Die *Galleria Estense*, die große Gemäldesammlung der Este, hatte ihren Standort ursprünglich im *Palazzo Ducale*, die Werke stammen hauptsächlich von venezianischen und emilianischen Meistern. Das *Museo Civico Archeologico Etnologico* und das *Museo Civico d'Arte* zeigen Stücke von der Steinzeit bis zum Mittelalter, darunter auch vieles aus anderen Kontinenten.

Angebaut ist die mit eindrucksvollen Skulpturen und großflächigen Deckenfresken überreich ausgestattete Kirche *Sant'Agostino*.

• *Öffnungszeiten/Eintritt* **Museo Lapidario Estense**, tägl. 7.30–19.30 Uhr, Eintritt frei.
Biblioteca Estense, Mo–Do 8.30–19.15, Fr 8.30–15.45, Sa 8.30–13.45 Uhr, So geschl., Eintritt frei.
Galleria Estense, Di–So 8.30–19.30 Uhr, Mo geschl., ca. 4 € (unter 18 und über 60 J. frei).
Museo Civico Archeologico Etnologico & **Museo Civico d'Arte**, Di–Sa 9–12, So 10–13, 16–19 Uhr, Eintritt ca. 4 €.
Sammelticket für Musei Civici, Galleria Estense und Musei del Duomo ca. 6 €.

Ferraristi aufgepasst! Das Gelände um das Geburtshaus des Firmengründers Enzo Ferrari (1898–1988) in der Via Paolo Ferrari 85 (Nähe Bhf.) wird seit 2009 zu einem hochmodernen Museumskomplex ausgebaut – der Bau von 6000 qm Größe wird der knallgelben Motorhaube eines Rennwagens nachempfunden sein. Eröffnung ist für 2011 geplant. Näheres unter www.fondazionecasanataleenzoferrari.it und bei der Tourist-Info, Fotos auf facebook.

Modena/Umgebung

Maranello: Südlich von Modena finden Autofans die Ferrari-Werke. Sie sind nicht zu besichtigen, doch die *Galleria Ferrari* in der Via Dino Ferrari 43 zeigt eine Ausstellung der schönsten „Ferraris" und Formel-1-Rennwagen aus der Geschichte des Konzerns. Nach jedem Sieg Ferraris läutet der Küster des örtlichen Doms die Kirchenglocken.

• *Öffnungszeiten/Eintritt* **Galleria Ferrari**, Mai bis Sept. tägl. 9.30–19 Uhr (übrige Zeit bis 18 Uhr), Eintritt ca. 13 €, Kinder 6–10 J. 9 €, ✆ 0536/949713, www.galleria.ferrari.com.

• *Essen & Trinken* **Montana**, im Nachbarort Spezzano di Fiorano in der Nähe der Ferrari-Teststrecke. Der definitive Rennfahrertreff mit Memorabilien en masse. Sa- u. So-Mittag geschl. Via XX Settembre 3, ✆ 0536/843910.

Museo Panini: In dem alten Bauerngehöft an der Via Corletto Sud 320 beim Vorort *Cittanova di Modena* zeigt Umberto Panini (Erfinder der Automaten, mit denen man Fußballklebebilder vervielfältigen kann) die exklusivste Maserati-Sammlung der Welt. Mehr als zwanzig einzigartige Fahrzeuge aus der Historie des Konzerns mit dem Dreizack sind ständig ausgestellt, dazu weitere seltene Oldtimer und Motorräder. Für Maseratifans ein Muss.

Öffnungszeiten März bis Okt. (Aug. geschl.) Mo–Fr 9.30–12.30, 15.30–18.30 Uhr, Besichtigung nur nach Anmeldung unter ✆ 059/220022 oder online, www.paninimotormuseum.it.

Sant'Agata Bolognese: 25 km westlich von Modena lässt Lamborghini produzieren. Im angeschlossenen Museum kann man wie bei Ferrari die schönsten Lamborghinis bewundern, auch eine Werksbesichtigung ist möglich.

Öffnungszeiten/Eintritt **Lamborghini-Museum**, Mo–Fr 10–12.30, 13.30–17 Uhr, Eintritt ca. 12 €. Die Werksbesichtigung kostet 39 € und muss im Voraus über www.visit-lamborghini.com gebucht werden.

Carpi: Die Kleinstadt nördlich von Modena, direkt neben der Autobahn, wurde im 16. Jh. vom Renaissancefürsten Alberto III aus der Familie Pio zu einem prunkvollen Adelssitz gemacht. Unter seiner Regierung wurde der unglaublich große Hauptplatz Piazza dei Martiri angelegt, der an einer Seite von einem langen Arkadengang flankiert wird. Gegenüber steht der mächtige *Palazzo dei Pio*. In einem seiner Seitenhöfe erinnert das *Museo Monumento al Deportato Politico e Razziale* mit Wandgemälden, Zeichnungen und Briefen daran, dass im Zweiten Weltkrieg etwa 15.000 Italiener von Carpi in verschiedene KZs von Hitlerdeutschland und Polen verschleppt wurden.

Die Ruinen des damaligen Sammellagers kann man im wenige Kilometer nördlich liegenden Dorf *Fossoli* besichtigen, beschildert ist es mit „Ex-Campo di concentramento“, eine Stiftung kümmert sich um die Erhaltung (www.fondazionefossoli.org).

• Öffnungszeiten/Eintritt **Museo Monumento al Deportato**, Fr, Sa u. So 10–13, 15–19 Uhr. Eintritt ca. 3 €. ✆ 059/688272. **Ex-Campo di concentramento**, nur So 10–12.30, 15–19 Uhr, Eintritt frei. ✆ 059/688272.

Ferrara

ca. 140.000 Einwohner

Ruhige und sympathische Stadt in der brettflachen Ebene des Po – viele Radfahrer, weder Lärm noch Abgase in der für Autos gesperrten Innenstadt, vergleichsweise wenige Touristen und zahlreiche historische Bauten. 1391 wurde die Universität gegründet, sie ist damit die zweitälteste der Welt und hat heute etwa 12.000 Studenten.

Die mächtige Familie der Este baute Ferrara zu einem der wichtigsten Renaissance-Zentren Italiens aus, zeitweise war es gleichbedeutend mit Florenz, Mailand und Venedig. Mit dem Weggang der Este Ende des 16. Jh. nach Modena kam jedoch der rasche Niedergang, Ferrara blieb über Jahrhunderte „öde und menschenleer“, wie viele Reisende, darunter auch Goethe, feststellten. Auf Spuren des ehemaligen Reichtums trifft man heute auf Schritt und Tritt. Mitten in der Stadt dominiert das riesige Kastell der Este, wenige Schritte entfernt erhebt sich der monumentale Dom, eine 9 km lange, fast vollständig erhaltene Mauer umgibt das Zentrum. Schon seit dem 13. Jh. begannen die Este das Stadtbild zu prägen und Ende des 15. Jh. vergrößerte Ercole I d'Este Ferrara fast ums Doppelte. Mit langen, schnurgeraden Straßen und großzügigen Palazzi ließ er nördlich vom Zentrum einen geschlossenen Renaissancekomplex errichten, der für seine Zeit revolutionär war. Im reizvollen Gegensatz dazu stehen heute die eng gekrümmten Pflastergassen des mittelalterlichen Viertels im Südosten des *Centro storico*. Vor einigen Jahren wurde Ferrara in die Liste des Weltkulturerbes der UNESCO aufgenommen.

Bis zu 100.000 Fahrräder sind täglich in Ferrara unterwegs – damit wird fast die Fahrraddichte von Amsterdam erreicht.

Anfahrt/Verbindungen/Information

• Anfahrt/Verbindungen **Pkw**, das historische Zentrum ist für Autos gesperrt. Gratis parken kann man südlich vom Zentrum auf dem Parcheggio Rampari San Paolo, gebührenpflichtig z. B. auf dem Parcheggio Centro storico (→ Stadtplan). Elektronische Tafeln weisen den Weg zu den Parkplätzen. **Bahn**, Ferrara hat häufige Verbindungen nach Venedig, Bologna und Ravenna. Der Bahnhof liegt etwas westlich außerhalb vom Zentrum, den breiten Viale Cavour entlang kommt man in 15 Min. direkt zum Castello Estense mitten in der Stadt (Bus 2, 9 oder 11). **Fahrradverleih**, u. a. bei Itinerando an der Piazzale Kennedy 6/8 (vor dem südlichen Stadttor), Barlati in der Via degli Adelardi 1/3a (neben dem Dom) und Estense Bici, Via Voltapaletto 11/a (hinter dem Dom).

• Information **IAT** im Kastell, Mo–Sa 9–13, 14–18, So 9.30–13, 14–17 Uhr. ✆ 0532/209370, 📠 212266, www.ferrararaterraeacqua.it.

Übernachten

TIPP! *** **Europa (2)**, östlich vom Castello Estense, Palazzo des 18. Jh., prächtig ausgestattet mit Fresken und Gemälden, geräumige Zimmer, modern oder historisch möbliert, schon seit 1849 als Hotel in Betrieb, Verdi hat hier übernachtet. DZ mit Frühstück ca. 92–130 €. Corso Giovecca 49, ✆ 0532/205456, www.hoteleuropaferrara.com.

*** **De Prati (1)**, in einem ruhigen Gässchen, wenige Meter nördlich vom Kastell. Ein Hotel mit Kunst: In der Lobby und im Frühstücksraum werden wechselnde Ausstellungen präsentiert, auch in den sorgsam ausgestatteten Zimmern hängen Kunstwerke. DZ mit Frühstück 80–130 €. Via Padiglioni 5, ✆ 0532/241905, 📠 241966, www.hoteldeprati.com.

*** **San Paolo (13)**, modern eingerichtetes Albergo am Südrand des Centro storico, vis à vis der Stadtmauer. Ordentliche Zimmer mit Sat-TV, z. T. Klimaanlage, gute Bäder,

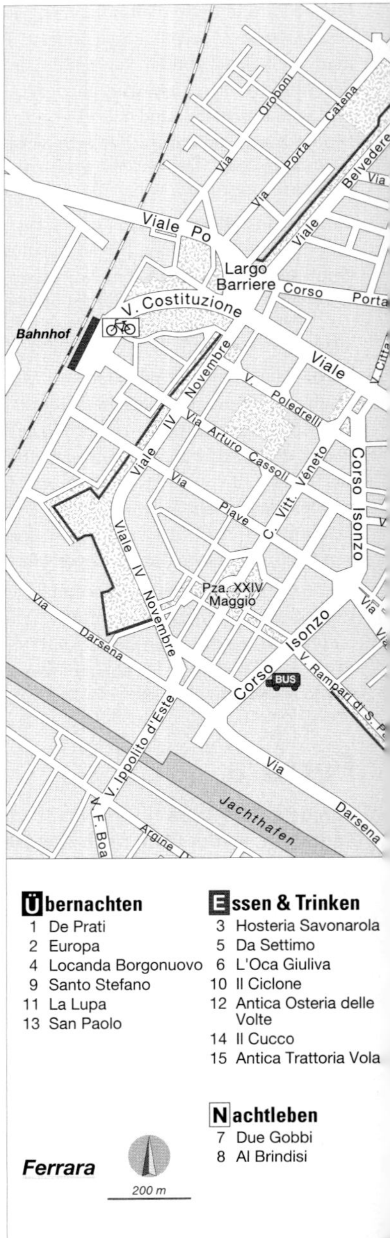

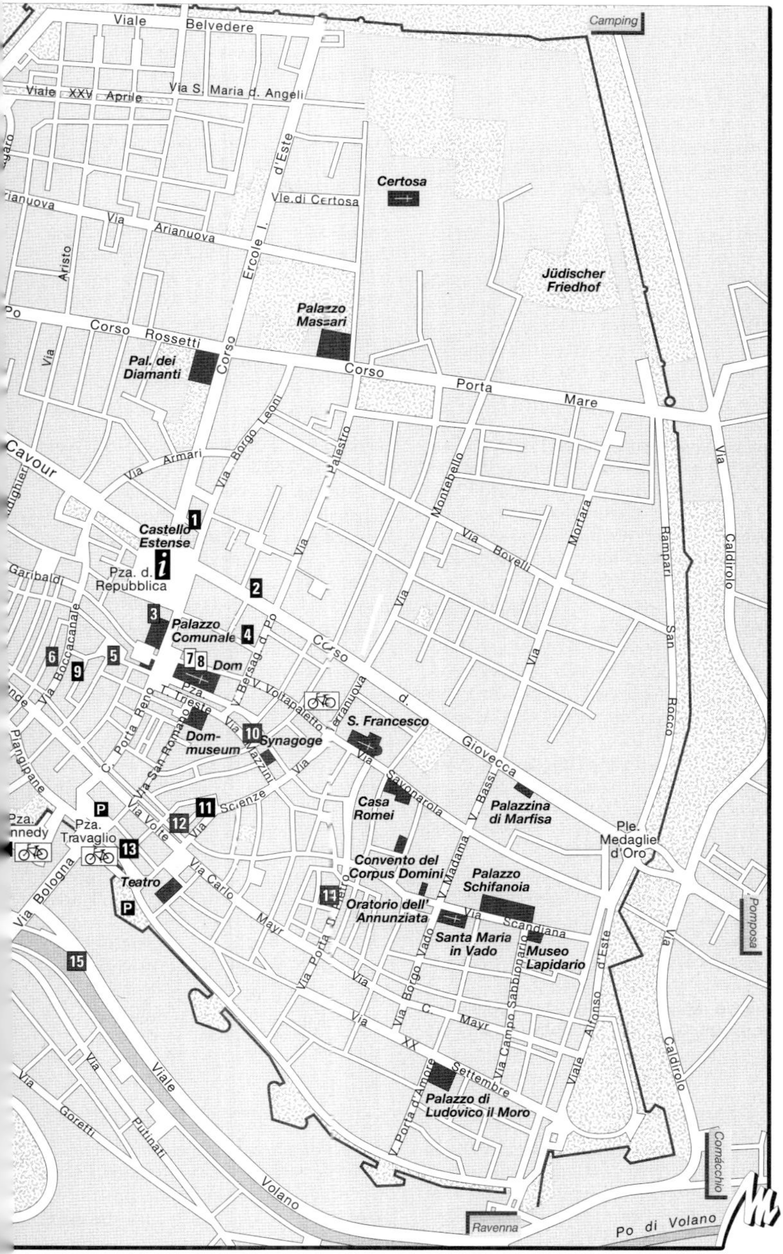

Emilia-Romagna
Karte S. 462/463

sehr sauber. Parkmöglichkeiten in der Umgebung. DZ mit Frühstück ca. 95 €. Via Baluardi 13, ✆/✉ 0532/762040, ✉ 768333, www.hotelsanpaolo.it.

*** **Santo Stefano (9)**, vollständig renoviertes und modernisiertes Haus, Zimmer mit Klimaanlage und TV, sauber und ruhig. DZ mit Frühstück ca. 75 €. Via Boccanale Santo Stefano 21, ✆ 0532/206924, ✉ 216236, www.hotelsantostefanofe.it.

* **La Lupa (11)**, kleines, gemütliches Albergo in der verwinkelten Altstadt. Neun Zimmer mit Etagendusche, DZ ca. 40–50 €, kein Frühstück. Vicolo della Lupa 8, ✆/✉ 0532/760070, ✉ 1860622, www.hotellupa.it.

TIPP! Locanda Borgonuovo (4), zentrale Lage, gegenüber vom Kastell eine Gasse hinein. Signora Adele Orlandini führt das stilvollste Bed & Breakfast der Stadt. Vier Zimmer mit ausgesuchtem Mobiliar, netter Innenhof, Gratisfahrräder. Es wird Englisch gesprochen. DZ mit Frühstück ca. 80–110 €. Via Cairoli 29, ✆ 0532/211100, ✉ 246328, www.borgonuovo.com.

• *Camping* **Estense**, Wiesengelände mit großen Bäumen, moderne Sanitäranlagen, kein Laden, Kaffeeautomat. Vom Bhf. Bus 3 (relativ selten) oder ca. 1,5 km zu Fuß nach Norden die Stadtmauer entlang. Ganzjährig geöffnet. Nördlich außerhalb der Stadtmauer, an der Via Gramicia ✆/✉ 0532/752396, campeggio.estense@libero.it.

Essen & Trinken (siehe Karte S. 476/477)

Antica Osteria delle Volte (12), in der Altstadt, zu erreichen von der Piazza Verdi an der Via Carlo Mayr. Helle, gemütliche Osteria mit dunklen Holztischen und Flaschengalerien an den Wänden. Gute Fleischgerichte, z. B. *misto di carni ai ferri*. Di geschl. Via del Volte 37a, ✆ 0532/762033.

Il Cucco (14), mitten im Gassengewirr der Altstadt, sympathische Trattoria mit gemütlichem Gastraum, dahinter eine schattig begrünte Laube. Leckere Nudelgerichte, natürlich auch *cappellacci di zucca*, anständige Preise. Mi geschl. Via Voltacasotto 3, ✆ 0532/760026.

Antica Trattoria Volano (15), das alte Wirtshaus am Flussarm südlich der Altstadt ist innen vollständig modernisiert, serviert wird typische Ferrara-Küche. Do geschl. Viale Volano 20, ✆ 0532/761421.

TIPP! L'Oca Giuliva (6), „Cucina e Cantina" – gepflegtes Weinlokal mit guter Slow-Food-Küche. Ferrareser Gerichte, häufig wechselnde Speisekarte. Schöne Sitzplätze im Laubengang. Etwas teurer. Di-Mittag und Mo geschl. Via Boccanale Santo Stefano 38 (gegenüber Hotel Santo Stefano), ✆ 0532/207628.

Hosteria Savonarola (3), einladende Enoteca mit warmer Küche, ganz zentral im Laubengang vis à vis vom Savonarola-Denkmal. ✆ 0532/208681.

Da Settimo (5), als Pizzeria vielleicht nur durchschnittlich, aber Settimo ist ein großer Jazzfan und legt gerne die eine oder andere CD ein. Nette Sitzplätze auf der Straße, gern von Studenten besucht. Do geschl. Via Cortevecchia 49/51. ✆ 0532/205145.

Il Ciclone (10), beliebtes Pizzarestaurant im mittelalterlichen Viertel, ebenfalls Studententreff mit nicht zu teuren Preisen. So-Abend und Mo geschl. Via Vignatagliata 11/ Ecke Via Mazzini, ✆ 0532/210262.

• *Kneipen/Weinlokale* **Al Brindisi (8)**, unmittelbar neben dem Dom, nach eigenen Angaben die älteste Osteria Italiens, bereits 1435 ging man hier einen heben, u. a. war der polnische Astronom Kopernikus zu Gast. Zur Auswahl von 600 Weinen nimmt man in den winzigen Räumen und auf der Straße vor dem Haus Sandwichs und andere Snacks. Ist allerdings nicht billig, das Glas Wein ca. 3–6,50 €. Mo geschl. Via degli Adelardi 11.

Due Gobbi (7), angesagte Kneipe neben dem Al Brindisi, ab 22 Uhr wird es brechend voll und man steht auf der Straße, Bier und Wein fließen in Strömen.

Feste

Am letzten Maisonntag findet der **Palio di San Giorgio** statt, ein Pferderennen der acht Stadtviertel (Contrade), gefolgt von verschiedenen populären Veranstaltungen und einem großen Reiterspiel.

Von Mitte Juli bis Mitte September läuft **Estate Ferrara** mit zahlreichen Veranstaltungen aus allen kulturellen Sparten – Tanz, Theater, klassische Musik, Rock, Jazz u. a.

TIPP! Ende August lockt das **Busker's Festival** (www.ferrarabuskers.com) Straßenmusiker aus der ganzen Welt nach Ferrara.

Jeder fährt Fahrrad in Ferrara

Sehenswertes

Beherrschend im Stadtbild ist die *Piazza Cattedrale* mit dem Dom, dem gegenüberliegenden Palazzo Comunale und dem Uhrenturm. An der Längsseite des Doms liegt die *Piazze Trento e Trieste*, beliebter Treffpunkt der radelnden Männer von Ferrara.

Ein Sammelticket für alle städtischen Museen und Museo della Cattedrale kostet 17 € (über 65 J. 10 €).

Kathedrale: mächtig wie ein Ozeanschiff und eine interessante Synthese aus romanischen und gotischen Elementen, errichtet mit Unterbrechungen im 12.–14. Jh. Schöne dreiteilige Fassade, prachtvolles Portal mit reich verziertem Überbau. An der rechten Seitenfront der Kirche ist eine *Ladenzeile* mit Säulengang angebaut – lebendiges Zeugnis einer Symbiose von Kirche und Stadt. Durch eine Vorhalle gelangt man in den monumentalen Innenraum, der im Stil des 18./19. Jh. ausgestattet ist – klassizistisch überladen, aber doch sehr feierlich mit üppiger Goldbemalung und niedrig hängenden Kristallleuchtern. Angenehm warmes Licht fällt durch die farbigen Glasfenster und Oberlichter. In der Apsis riesiges Fresko „Das Jüngste Gericht" (Beleuchtung ca. 0,75 €) von Filippo Lippi, rechts im Querschiff Altar mit lebensgroßen Bronzestatuen.

Das *Dommuseum* ist in der Kirche San Romano südlich vom Dom untergebracht (→ Mittelalterliches Viertel).

Öffnungszeiten Mo–Fr 7.30–12, 15–18.30, Sa/So 7.30–12.30, 15.30–19.30 Uhr. Während der Messen keine Besichtigung.

Castello Estense: Die trutzige Burg der Este mit vier mächtigen Ecktürmen steht mitten in der Stadt. Von einem breiten Wassergraben umgeben, bildet sie eine eindrucksvolle Dekoration. Vom ehemaligen Prunk dieses enorm reichen Fürstenhofes kann man sich heute kaum noch eine Vorstellung machen – das Innere ist fast leer, erhalten sind noch einige Fresken, z. B. im *salone dei giochi*. Interessant ist auch ein anschauliches Tonmodell der Stadt. In den unterirdischen Gefängnissen wartete u. a. Parisina, die Gattin Niccolos III d'Este, auf ihre Hinrichtung, nachdem sie ihren Gatten mit ihrem jungen Stiefsohn Ugo betrogen hatte.

Vor dem Kastell steht an exponierter Stelle das Denkmal *Savonarolas*. Der leidenschaftliche Reformator, der in Florenz gegen die Verschwendungssucht der Medici kämpfte, wurde 1452 in Ferrara geboren.

Öffnungszeiten/Eintritt Di–So 9.30–17 Uhr, Mo geschl.; Eintritt ca. 7 €, von 18–25 und über 65 J. 6 €, bis 11 J. frei. Aufstieg zum Turm 1 €.

Renaissance-Palazzi: An den schnurgeraden Straßen reihen sich viele Dutzend Palazzi, die Außenfassaden sind oft schmucklos und nüchtern, dahinter liegen aber große Gärten und auch das Innenleben lohnt zuweilen – einige sind zur Besichtigung geöffnet. Die meisten findet man an den breiten Straßen im Nordteil des Zentrums: Corso Porto Ercole d'Este und Corso della Giovecca, außerdem am Rand des mittelalterlichen Stadtviertels, z. B. Via XX Settembre und Via Scandiana.

Der breite Corso della Giovecca beginnt beim Castello und ist eine der Hauptstraßen der Stadt, an der Nr. 170 steht die *Palazzina di Marfisa d'Este* mit Fresken von Filippi. Nur zwei Ecken entfernt erreicht man an der Via Savonarola 30 die *Casa Romei*, ein ehemaliges Kaufmannshaus der Renaissance mit Skulpturen und Fresken.

Der große *Palazzo di Schifanoia* an der Via Scandiana 23 beherbergt das *Museo Civico di Arte Antica* und besitzt in seinem „Salone dei Mesi" die großartigsten, leider weitgehend sehr schlecht erhaltenen Fresken der Stadt: Szenen aus dem Leben des Borso d'Este, das höfische Leben des 15. Jh. und Monatsallegorien.

Das *Museo Lapidario* in der ehemaligen Chiesa di Santa Libera in der nahen Via Camposabbionario besitzt eine große Sammlung von römischen Marmorsteinen aus der Provinz Ferrara, hauptsächlich Grabsteine und Sarkophage.

Der *Palazzo Costabili* an der Via XX Settembre 124 ist berühmt für seinen Arkadenhof und beherbergt das *Archäologische Museum* mit Funden der nahen griechisch-etruskischen Stadt Spina.

Der *Palazzo dei Diamanti* steht am gepflasterten Corso Ercole d'Este, der vom Castello nach Norden führt – so genannt, weil die gewaltigen Fassadensteine wie Diamanten behauen sind. Die typische Rustika-Fassade glänzt in Weiß und leichten Rosatönen, was den strengen, ebenmäßigen Stil etwas mildert. Im Erdgeschoss wechselnde Ausstellungen moderner Kunst, im ersten Stock die *Pinacoteca Nazionale* mit Werken der Ferrareser Schule des 14.–16. Jh.

• Öffnungszeiten/Eintritt **Palazzina di Marfisa d'Este**, Di–So 9–13, 15–18 Uhr, Mo geschl., Eintritt ca. 4 €, über 65 J. 2 €, frei unter 18 J.

Casa Romei, Di–So 8.30–19.30, Mo geschl., Eintritt ca. 3 €, von 18–25 J. die Hälfte, unter 18 und über 65 J. frei.

Palazzo di Schifanoia, Di–So 9–18 Uhr, Mo geschl., Eintritt ca. 6 €, über 65 J. 3 €, unter 18 J. frei.

Il Lapidario, Di–So 9–18, Mo geschl., Eintritt ca. 6 € (zusammen mit Palazzo Schifanoia), über 65 J. 3 €, frei unter 18 J.

Palazzo Costabili & **Museo Archeologico**, Di–So 9–14 Uhr, Mo geschl., Eintritt ca. 4 €, von 18–25 J. die Hälfte, unter 18 und über 65 J. frei.

Pinacoteca Nazionale, Di–Sa 9–14 (Do 9–19 Uhr), So 9–13, Mo geschl., Eintritt ca. 4 €, von 18–25 J. die Hälfte, unter 18 und über 65 J. frei, Ausstellungen ca. 11 €.

Bei Urbino: typische Hügellandschaft der Marken (SB) ▲▲
Blick auf Urbino (SB) ▲

▲▲ Auf der Rocca di Calascio (ST)
▲ Trabocchi bei Vasto (SB)

▲▲ Sonnntagsspaziergang in Civitella Alfedena (S

Die herbe Hügellandschaft der Crete Senesi (südliche Toskana) (MM) ▲▲

San Galgano: roter Rundbau zu Ehren eines Heiligen (MM) ▲

▲▲ Die Basilica die San Francesco in Assisi (GW)
▲ Saturnia: warme Wasserfälle mit Heilwirkung (MM)

Mittelalterliches Viertel: Südöstlich des Doms blieb der ursprünglich verwinkelte Grundriss bis heute erhalten. Hauptgasse und Fußgängerzone ist die lebendige *Via San Romano* mit der gleichnamigen Kirche, in der das *Dommuseum* untergebracht ist. Holpriges Pflaster, alte Laubengänge und dunkle Torbögen findet man vor allem in der malerischen *Via delle Volte* im südlichen Teil der Altstadt, die im Mittelalter die Straße der Kaufleute war. Um die *Via Mazzini* lag jahrhundertelang das jüdische Viertel. Bis zum Zweiten Weltkrieg lebte in Ferrara eine der größten jüdischen Gemeinden Italiens, die von den Nazis und ihren Helfern fast völlig ausgerottet wurde. In der Nr. 95 blieb die einzige *Synagoge* der Stadt erhalten, gleichzeitig ist das Haus Sitz der israelitischen Kultusgemeinde mit einem *Museo Ebraico*. An der Fassade hängt eine Gedenktafel für die 600 in Auschwitz ermordeten Juden der Stadt. Etwa 500 m weiter östlich steht der *Convento del Corpus Domini* aus dem 15. Jh., zu erreichen über die Via Praisolo. In der Klosterkirche liegt Lucrezia Borgia begraben sowie einige Mitglieder des Hauses Este.

• Öffnungszeiten/Eintritt **Museo della Cattedrale**, Di–So 9–13, 15–18 Uhr, Mo geschl.; Eintritt ca. 6 €, unter18 J. frei.

Museo Ebraico, Führungen Sonntag bis Donnerstag 10, 11 und 12 Uhr; Eintritt ca. 4 €, Anmeldung unter ✆ 0532/210288.

Convento del Corpus Domini, Mo–Fr 9.30–11.30, 15.30–17.30 Uhr, Sa/So geschl., Eintritt frei.

Certosa und Jüdischer Friedhof: Im Norden der Stadt, jenseits des Corso Porta Mare, steht die *Certosa*, ein ehemaliges Kartäuserkloster aus dem 15. Jh. mit monumentalem Portikus, dessen Gelände heute als städtischer Friedhof genutzt wird. Die *Chiesa di San Cristofero* ist noch sehr gut erhalten und besitzt Tafelbilder aus dem 16. Jh. Benachbart liegt der jüdische *Friedhof*, eine Gedenkstätte erinnert an die Ermordung der Ferrareser Juden.

Öffnungszeiten **Certosa**, 7.30–19.30 Uhr; **Jüdischer Friedhof**, Winter 9–16.30 Uhr, Sommer 9–18 Uhr.

Emilia-Romagna Karte S. 462/463

Bologna

ca. 450.000 Einwohner

Hauptstadt der Emilia-Romagna, europäische Kulturstadt 2000, bedeutende Messe- und Modestadt, außerdem einer der wichtigsten Verkehrsknotenpunkte Oberitaliens. Wirtschaftlich das dominierende Zentrum der Poregion, obwohl am äußersten Südrand der Ebene gelegen – unmittelbar südlich der Stadt beginnen die Hänge des Apennin.

La Dotta (die Gelehrte), *la Rossa* (die Rote), *la Grassa* (die Fette) – die Spitznamen der Stadt sagen bereits einiges: in Bologna wurde 1088 die erste Universität Europas gegründet, die Stadt wurde 54 Jahre lang von einer kommunistischen Stadtregierung geführt (1999 beendete eine Koalition der rechten Mitte mit nur 3000 Stimmen Vorsprung vorübergehend den Mythos, aber bereits 2004 wurde die verlorene rote Bastion wieder zurückgewonnen) und ist zudem der kulinarische Mittelpunkt der Feinschmeckerprovinz Emilia-Romagna – so viele ausgezeichnete Trattorien findet man kaum anderswo auf einem Fleck versammelt.

Die gesamte weitläufige Altstadt bildet ein beeindruckend monumentales Ensemble von hohen, schattigen Bogengängen und ist ganz in Rot- und Ockertönen gehalten. Insgesamt 35 km Gehsteig sind überdacht. Bologna gilt in Italien als Vorbild moderner Stadtplanung, kaum eine Bausünde stört das Gesamtbild. Mittlerweile

Campus-Atmosphäre im Univiertel um die Via Zamboni

kann auch die Verkehrsplanung mit dem Denkmalschutz Schritt halten – die Innenstadt ist von Sonntag bis Freitag (7–20 Uhr) verkehrsberuhigte Zone.

Für junge Leute das lebendigste und interessanteste Viertel sind die Straßen um die Uni. 100.000 Studierende sind immatrikuliert (zweitgrößte Uni Italiens), viele davon kommen aus dem europäischen Ausland (Erasmus-Programm) und aus den USA. Zahlreiche Kneipen, Osterien und Ristoranti versprechen Abwechslung und ein für italienische Verhältnisse ausgeprägtes Nachtleben, allerdings nur während des Semesters.

Anfahrt/Verbindungen

• *Pkw* Rund um die Innenstadt zieht sich an Stelle der früheren Stadtmauer eine stark befahrene **Ringstraße**. Der Bereich innerhalb davon gehört großteils zur verkehrsberuhigten Zone. Hotels können angefahren werden, dort erhält man einen Parkausweis.

Tipp: Westlich der Porta Saragossa (an der Ringstraße) liegen die ruhigen Alleestraßen **Via Rodolfo Audinot**, **Via Francesco Roncali** und andere. Hier findet man meist noch ein gebührenfreies Plätzchen, ins Zentrum läuft man 15 Min. Zentrumsnahe kostenpflichtige Parkplätze/-häuser (oft überfüllt) gibt es z. B. an der **Piazza XX Settembre** und der **Piazza VIII Agosto**.

• *Bahn* Bologna ist neben Verona der wichtigste Eisenbahnknotenpunkt Oberitaliens, häufige Verbindungen nach Mailand, Rom, Verona, Venedig u. a. Der **Bahnhof** liegt an der Piazza Medaglie d'Oro im Norden der Stadt. Vom Ausgang links halten und an der großen Kreuzung rechts, die 1,5 km lange Via dell'Indipendenza schnurgerade zur zentralen Piazza Maggiore. Wem das zu weit ist – die Busse Nr. 25, 30 und viele weitere Linien fahren ab Bahnhofsvorplatz ins Zentrum um die Piazza Maggiore.

• *Flug* Der **Flugplatz Guglielmo Marconi** liegt wenige Kilometer nordwestlich vom Zentrum. Aerobus pendelt etwa 2-mal stündl. von und zum Bahnhof (ca. 5 €). ✆ 051/6479615, www.bologna-airport.it.

Wer in **Forli** (www.forliairport.com) landet, fährt mit dem Bus zum Bhf. von Forli und nimmt den Zug nach Bologna.

- *Fernbusse* Station bei der Piazza XX Settembre, wenige Schritte vom Bahnhof.
- *Stadtbusse* Das Netz der **ATC-Linienbusse** (www.atc.bo.it) ist gut ausgebaut, Einzelticket 1 €, Tagespass (24 Std.) 3 €, Biglietto Cumulativo (City Pass) mit zehn Fahrten ca. 8,50 €. Fahrscheine sind erhältlich in den ATC-Büros an der Piazza Maggiore, an der Piazza XX Settembre (Fernbusbahnhof), im Bahnhof an der Piazza delle Medaglie d'Oro, außerdem in Tabak- und Zeitschriftenläden.

Am 1./2. August 1980 sprengten Rechtsextremisten den halben Bahnhof in die Luft, eines der furchtbarsten terroristischen Verbrechen in der neueren Geschichte Italiens. An der Stelle der Explosion im Wartesaal wurde eine Gedenkstätte für die 85 Toten errichtet.

Information

IAT, Hauptstelle im Palazzo del Podestà, Piazza Maggiore 1, genau gegenüber vom Dom. Tägl. 9–19 Uhr. ✆ 051/239660, ✆ 6472253, www.bolognaturismo.info. Zweigstelle am **Flugplatz** „Guglielmo Marconi" (tägl. 9–19 Uhr).

Übernachten (siehe Karte S. 484/485)

Bolognas Hotellerie ist ganz auf Geschäftsreisende abgestimmt. Unter 70 € fürs DZ gibt es nichts, nach oben ist die Preisskala dagegen fast offen. Speziell während der gut zwei Dutzend Messen kann sich die Unterkunftssuche schwierig gestalten – und in diesen Tagen verdoppeln sich die Zimmerpreise oft. Die besseren Häuser haben durchweg Parkmöglichkeit. Einzige Billigunterkunft ist die außerhalb liegende Jugendherberge, außerdem gibt es einen stadtnahen Campingplatz.

Zimmer aller Kategorien in Bologna und Umgebung vermittelt kostenlos **Bologna Incoming**, Strada Maggiore 23, ✆ 051/6335093 (gratis innerhalb Italiens: 800-856065), ✆ 6487687, www.bolognaincoming.it.

*** **Orologio (39)**, wenige Meter vom Dom, edel ausgestattetes, schmalbrüstiges Haus in zentraler Lage, z. T. Blick auf den Domplatz, Garage. DZ mit Frühstück ca. 170–360 €. Via IV Novembre 10, ✆ 051/7457411, ✆ 7457422, www.bolognarthotels.it

*** **Il Canale (9)**, mitten in der Altstadt direkt am Aposa-Kanal, der nur an wenigen Stellen überirdisch verläuft. Gepflegtes Haus im antikisierenden Stil, schöne Zimmer mit Klimaanlage und Sat-TV. Mit Parkplatz. DZ mit Frühstück ca. 80–140 €. Via Bertiera 2, ✆ 051/222098, http://ilcanale.hotelsbologna.it.

*** **Albergo delle Drapperie (36)**, tolle Lage mitten im Marktviertel Bolognas, seit dem 19. Jh. als Hotel genutzt, 2004 nach aufwändiger Restaurierung neu eröffnet, 21 Zimmer, sehr schön und liebevoll gestaltet. DZ mit Frühstück ca. 85–150 €. Via delle Drapperie 5, ✆ 051/223955, ✆ 238732 www.albergodrapperie.com.

*** **Accademia (15)**, großer, alter Palazzo im interessanten Univiertel, einfaches, aber sympathisches Haus mit geräumigen Gängen, ordentlichen Zimmern und Bädern, Parken im Hof für ca. 15 €. Im Umkreis diverse preiswerte Lokale. DZ mit Bad/Frühstück ca. 80–220 €, mit Etagendusche 70–150 €. Via delle Belle Arti 6, ✆ 051/232318, ✆ 263590, www.hotelaccademia.com.

** **Centrale (31)**, gut geführte Pension im dritten Stock eines großen Palazzo, sauber und stilvoll, kann vorne raus jedoch laut sein, unbewachte Parkmöglichkeit. DZ mit Bad ca. 70–120 €. Via della Zecca 2 (Seitengasse der Via Ugo Bassi), ✆ 051/225114, ✆ 235162, www.albergocentralebologna.it.

* **San Vitale (28)**, im Universitätsviertel, Nähe Porta San Vitale. Einfaches, sauberes Albergo mit funktional eingerichteten Zimmern, alle unterschiedlich in Form und Größe. Unten Kaffeemaschine, nebenan fürs Frühstück

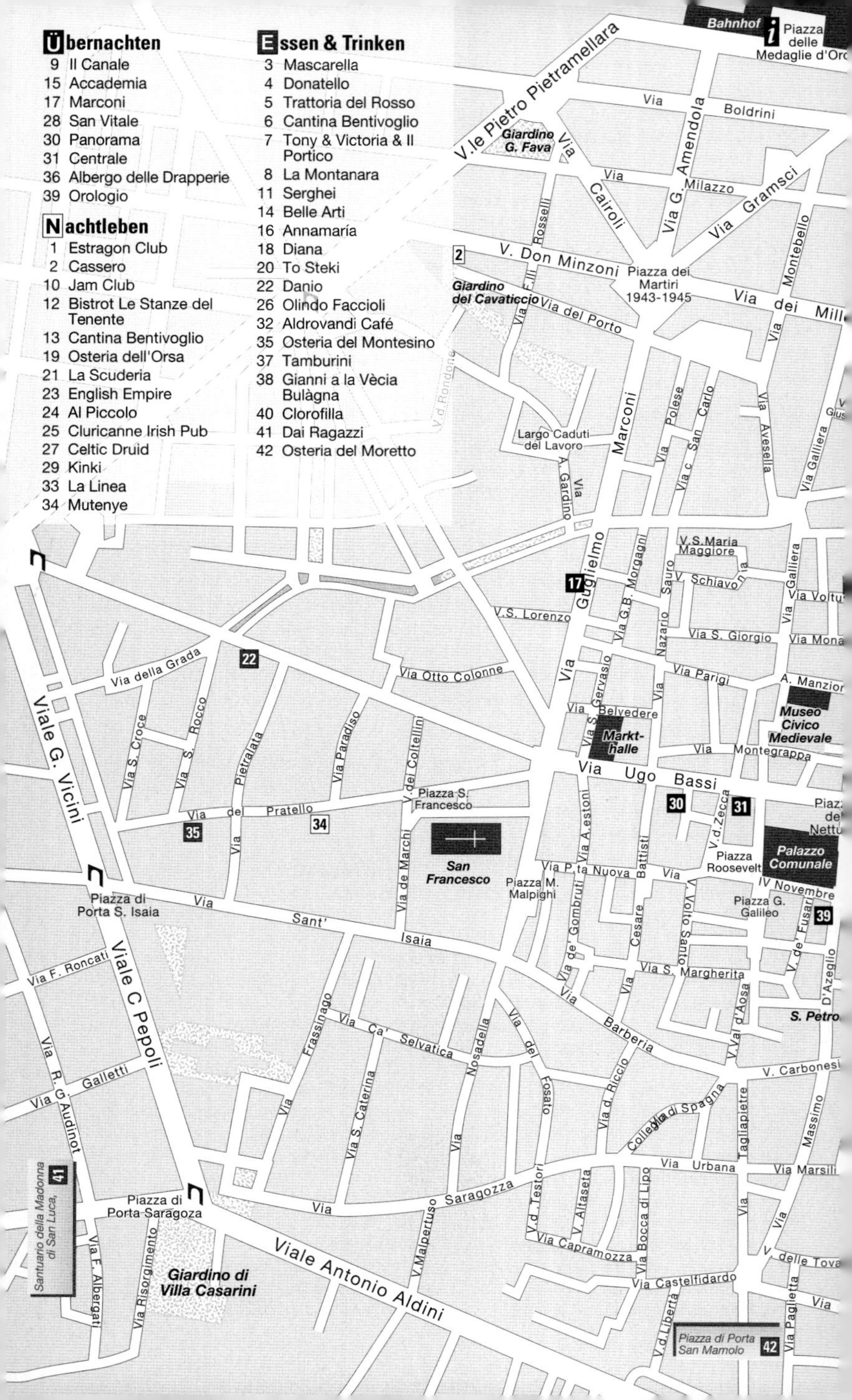
Übernachten
9 Il Canale
15 Accademia
17 Marconi
28 San Vitale
30 Panorama
31 Centrale
36 Albergo delle Drapperie
39 Orologio
Nachtleben
1 Estragon Club
2 Cassero
10 Jam Club
12 Bistrot Le Stanze del Tenente
13 Cantina Bentivoglio
19 Osteria dell'Orsa
21 La Scuderia
23 English Empire
24 Al Piccolo
25 Cluricanne Irish Pub
27 Celtic Druid
29 Kinki
33 La Linea
34 Mutenye
Essen & Trinken
3 Mascarella
4 Donatello
5 Trattoria del Rosso
6 Cantina Bentivoglio
7 Tony & Victoria & Il Portico
8 La Montanara
11 Serghei
14 Belle Arti
16 Annamaría
18 Diana
20 To Steki
22 Danio
26 Olindo Faccioli
32 Aldrovandi Café
35 Osteria del Montesino
37 Tamburini
38 Gianni a la Vècia Bulàgna
40 Clorofilla
41 Dai Ragazzi
42 Osteria del Moretto
Bahnhof
Piazza delle Medaglie d'Oro
V.le Pietro Pietramellara
Giardino G. Fava
Via Boldrini
Via G. Amendola
Via Cairoli
Via Milazzo
Via Gramsci
Rosselli
V. Don Minzoni
Piazza dei Martiri 1943-1945
Via dei Mille
Via Montebello
Giardino del Cavaticcio
Via del Porto
Largo Caduti del Lavoro
Via A. Gardino
Marconi
Via Polese
Via c San Carlo
Via Avesella
Via Galliera
V.S.Maria Maggiore
Via Guglielmo
Via G.B. Morgagni
Via Nazario Sauro
V. Schiavonia
Via Volturno
V.S. Lorenzo
Via S. Giorgio
Via Monari
Via Parigi
A. Manzoni
Museo Civico Medievale
Via Otto Colonne
Via S. Gervasio
Via Belvedere
Markt-halle
Via Montegrappa
Via Ugo Bassi
Via della Grada
Via S. Croce
Via S. Rocco
Via Pietralata
Via Paradiso
V. dei Coltellini
Piazza S. Francesco
Via del Pratello
San Francesco
Via de Marchi
Viale G. Vicini
Piazza di Porta S. Isaia
Via Sant' Isaia
Via A.estoni
Via Battisti
V.d.Zecca
Piazza Roosevelt
Palazzo Comunale
Piazza del Nettuno
Via P.ta Nuova
Piazza M. Malpighi
IV Novembre
Piazza G. Galileo
V. de' Fusari
Via de' Gombruti
Via Cesare
V. Volto Santo
Via S. Margherita
Via D'Azeglio
S. Petronio
Via Barberia
V. Val d'Aosta
Viale C Pepoli
Via F. Roncati
Via Frassinago
Via Ca' Selvatica
Via Nosadella
Via del Fosato
Via d. Riccio
Collegio di Spagna
V. Carbonesi
Tagliapietre
Via Massimo
Via R. Audinot
Via G. Galletti
Via S. Caterina
Via Saragozza
Via d. Testori
V. Altaseta
Via Bocca di Lipo
Via Urbana
Via Marsili
Piazza di Porta Saragozza
Via Capramozza
V. delle Tovaglie
Via Castelfidardo
Santuario della Madonna di San Luca, 41
Via F. Albergati
Via Risorgimento
Giardino di Villa Casarini
Viale Antonio Aldini
V. Malpertuso
V.d.Libertà
Via Paglietta
Piazza di Porta San Mamolo 42

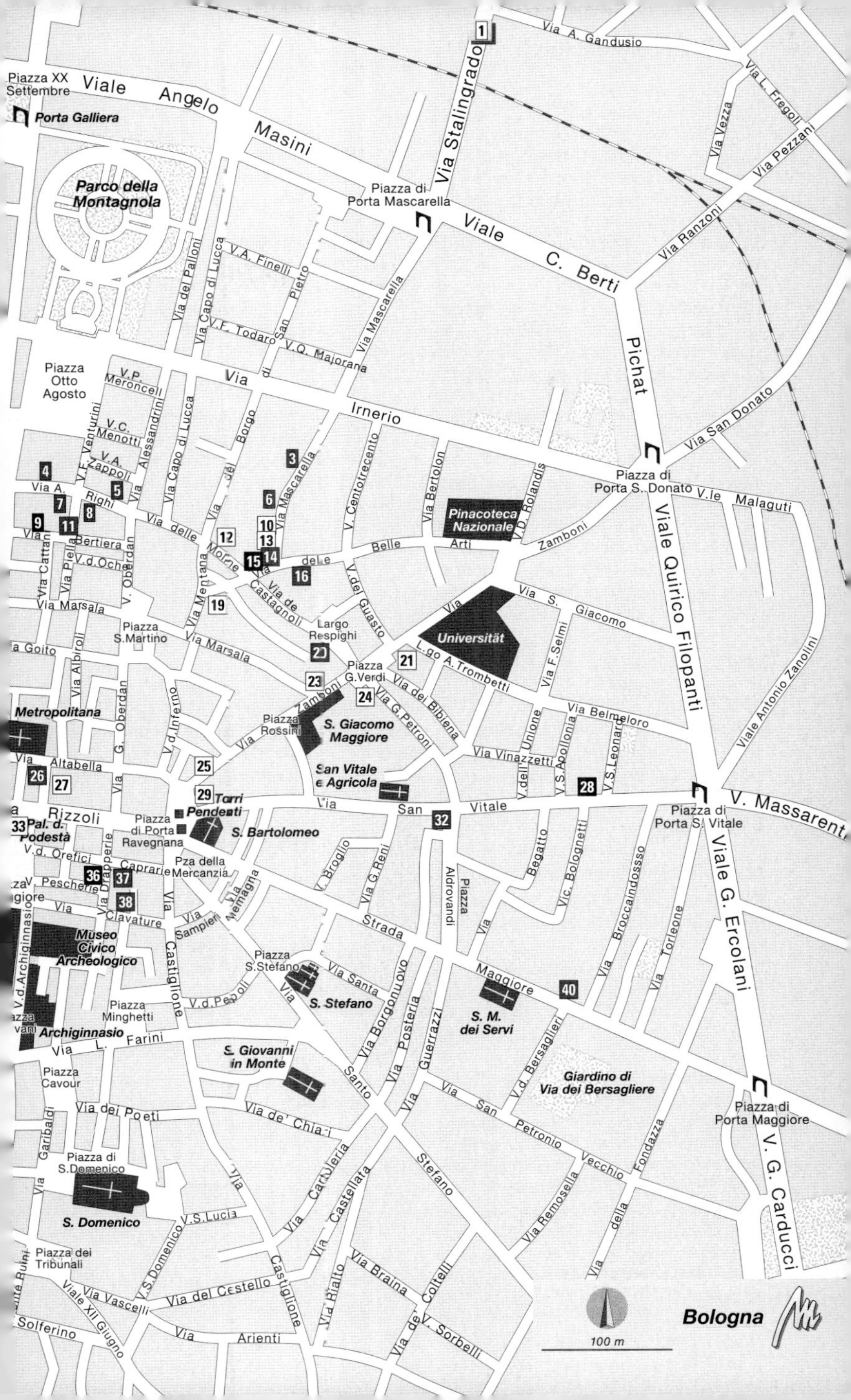
Via A. Gandusio
Piazza XX Settembre
Viale Angelo Masini
Porta Galliera
Via Stalingrado
Via L. Fregoli
Via Vezza
Via Pezzani
Parco della Montagnola
Piazza di Porta Mascarella
Viale C. Berti
Via Ranzoni
V.A. Finelli
Via del Pallone
Via Capo di Lucca
Via San Pietro
Via Mascarella
V.F. Todaro
V.Q. Majorana
Pichat
Piazza Otto Agosto
V.P. Meroncelli
Via Irnerio
Via San Donato
V.C. Menotti
V.A. Zappoli
Via Alessandrini
Via Capo di Lucca
Via del Borgo
V.F. Venturini
V. Centotrecento
Via Bertoloni
V.D. Rolandis
Piazza di Porta S. Donato
V.le Malaguti
Via A. Righi
Pinacoteca Nazionale
Via delle Moline
Via Bertiera
V.d.Oche
Via Cattani
Via Piella
V. Oberdan
Via delle Belle Arti
Zamboni
Viale Quirico Filopanti
Via de Castagnoli
V.del Guasto
Via Mentana
Via Marsala
Largo Respighi
Via Zamboni
Via S. Giacomo
Universität
Piazza S.Martino
Via Goito
Via Albiroli
Piazza G.Verdi
L.go A.Trombetti
Via F.Selmi
Via dei Bibiena
Via G.Petroni
Via Belmeloro
Via Antonio Zanolini
Metropolitana
Via G. Oberdan
V.d.Inferno
Piazza Rossini
S. Giacomo Maggiore
Via Vinazzetti
V.dell'Unione
V.S.Apollonia
V.S.Leonardo
Via Altabella
San Vitale e Agricola
Torri Pendenti
Via San Vitale
Piazza di Porta S. Vitale
V. Massarenti
Rizzoli
Pal. d. Podestà
Piazza di Porta Ravegnana
S. Bartolomeo
V.d. Orefici
Via Drapperie
Caprarie
Pza della Mercanzia
V. Broglio
Via G.Reni
Piazza Aldrovandi
Via Begatto
Vic. Bolognetti
Via Broccaindosso
Via Torleone
Viale G. Ercolani
V. Pescherie
Via Clavature
Via Sampieri
Via Castiglione
Via Gerusalemme
Strada Maggiore
Museo Civico Archeologico
V.d.Archiginnasio
Piazza S.Stefano
Via Santa
Via Borgonuovo
Via Posterla
Via Guerrazzi
S. Stefano
S. M. dei Servi
Piazza Minghetti
V.d.Pepoli
V.d. Bersaglieri
Archiginnasio
Via L. Farini
S. Giovanni in Monte
Via Santo Stefano
Giardino di Via dei Bersagliere
Piazza Cavour
Via dei Poeti
Via de' Chiari
Via San Petronio Vecchio
Piazza di Porta Maggiore
Via Garibaldi
Via Fondazza
V. G. Carducci
Piazza di S.Domenico
S. Domenico
Via Cartoleria
Via Castellata
Via Remosella
Via della
V.S.Lucia
Piazza dei Tribunali
Via Rialto
Via Braina
Coltelli
V.S.Domenico
Via del Cestello
Castiglione
Via Vascelli
Viale XII Giugno
Solferino
Via Arienti
Via de V. Sorbelli
100 m
Bologna
1
3
4
5
6
7
8
9
10
11
12
13
14
15
16
19
20
21
23
24
25
26
27
28
29
32
33
36
37
38
40

die Pasticceria Antica Bologna. DZ mit Bad ca. 70–96 €. Via San Vitale 94, ✆ 051/225966, ✆ 239396, www.albergosanvitale.com.

* **Marconi (17)**, große Pension mit 47 Zimmern in den oberen Stockwerken an einer breiten Verkehrsstraße westlich vom Zentrum, die Zimmer nach hinten sind ruhiger, Parkplatz 7 €. DZ mit Bad um die 70–90 €. Via Marconi 22, ✆ 051/262832, ✆ 235041, www.pensionemarconi.it.

* **Panorama (30)**, ungewöhnlicher Name für ein Innenstadthotel, aber korrekt – vom vierten Stock Blick über die Dächer in den Apennin, allerdings nicht von allen Zimmern. Freundlich und familiär geführt, Zimmer mit Klimaanlage und TV, nur Etagendusche. DZ ca. 60–80 €. Via Livraghi 1, ✆ 051/221802, ✆ 266360, www.hotelpanoramabologna.it.

• *Jugendherberge* **Ostello di San Sisto & Ostello Due Torri-San Sisto 2 (IYHF)**, zwei Hostels in der Via Viadagola 5 bzw. 14, ca. 6 km außerhalb Richtung Norden in San Sisto. Das erstere (ältere) hat 30 Betten, das neue funktionale „Due Torri-San Sisto 2" 75 Betten. Zu erreichen mit Bus 93 ab Via Irnerio, Seitengasse der Via dell'Indipendenza, nicht weit vom Bahnhof, aussteigen bei Station San Sisto, wenige Meter vom Hostel. Nach 20.30 Uhr fährt Bus 21b ab Via dell' Indipendenza direkt beim Bahnhof. Pro Pers. mit Frühstück ca. 17 €. Ganzjährig. ✆/✆ 051/501810, www.ostellodibologna.com.

• *Camping* **Centro Turistico Città di Bologna**, großes Wiesengelände mit Swimmingpool, Bungalows und Mobile Homes im Nordosten von Bologna, mit Pkw Ausfahrt 8 „Fiera" der Tangenziale nehmen (Camping beschildert). Ganzjährig geöffnet. ✆ 051/325016, ✆ 325318, www.hotelcamping.com.

Piccolo Paradiso, schöner und völlig ruhiger Platz etwa 20 km südlich von Bologna bei Sasso Marconi an der Autobahn A 1 (beschildert ab Ausfahrt Sasso Marconi). Hoch oben am Hang liegt das schattige Gelände mit waldähnlichem Charakter. Mitte März bis Mitte Okt. ✆ 051/842680, ✆ 6756581, www.campingpiccoloparadiso.eu.

Essen & Trinken (siehe Karte S. 484/485)

Bologna wird seinem Ruf als kulinarische Metropole völlig gerecht. In zahlreichen Schaufenstern, auf den Märkten und in Feinkostläden gibt es unglaublich viel zu bewundern und zu kosten. Zahllose exzellente Trattorien lassen die Wahl schwer fallen. Vor allem die Bologneser Pastasorten in diversen Variationen sind berühmt – die Tortellini (mit Kalbfleisch, Parmesan oder Ricotta gefüllt, besonders lecker *in brodo* – in klarer Brühe) sind eine Bologneser Erfindung, außerdem werden Tagliatelle und *spaghetti alla bolognese* (mit Fleisch und Tomatensoße) überall serviert. Auch die Lasagne stammt aus Bologna (hier meist mit Spinat).

• *Via Augusto Righi* Diese Straße, die von der Via dell'Indipendenza abzweigt, bildet eine Art längliche Piazza mit einer ganzen Reihe gemütlicher Straßenlokale.

Serghei (11),alteingesessene Trattoria mit typisch Bologneser Küche, angemessene Preise. Sa-Abend und So geschl. Via Piella 12, ✆ 051/233533.

La Montanara (8), kleiner, hübsch dekorierter Raum mit Wohnzimmeratmosphäre, auch einige Tische draußen, weitgehend fleischbetonte Küche. Fr u. Sa auch mittags, sonst nur abends, So geschl. Via Augusto Righi 15, ✆ 051/221583.

Donatello (4), klassisch-elegantes Jugendstillokal, an den Wänden zahllose Fotos, freundlicher und flinker Service, gute Bologneser Küche. Etwas teurer, aber noch im Rahmen. So geschl. Via Augusto Righi 8, ✆ 051/235438.

TIPP! Trattoria del Rosso (5), authentische Trattoria, mehrere Räume, im Sommer auch Plätze im Säulengang. Typische Bologneser Küche zu günstigen Preisen, Festpreismenü ca. 12 €, Secondi 7 €. August geschl. Via Augusto Righi 28, ✆ 051/236730.

Im Laubengang gegenüber liegen die drei folgenden Adressen:

Tony (7) auf Nr. 1 (Mo/Di geschl.) bietet Bologneser Küche zu korrekten Preisen, im **Victoria (7)** auf 9/c (Do geschl.) kann man u. a. Fisch und Risotto genießen, im **Il Portico (7)**, Nr. 11/a (kein Ruhetag), gibt es auch Pizza.

• *Universitätsviertel* **TIPP! Cantina Bentivoglio (6)**, großes, gemütliches Weinlokal in Keller und Erdgeschoss eines Palazzo im Univiertel. Neben Imbissplatten und *bruschette* gibt es auch einige warme Gerichte. Von Sept. bis Mai wird Live-Jazz gespielt (kein Eintritt), auch fürs Nachtleben ein Tipp. Via Mascarella 4/b, ✆ 051/265416.

Mascarella (3), ein paar Schritte weiter, hübsch aufgemachte Osteria mit Bollerofen. Neben Bologneser auch sardische Küche. Etwas teurer. So und im August geschl. Via Mascarella 22/a, ✆ 051/224372.

Annamaria (16), liebevoll eingerichtete Trattoria, die Wände geschmückt mit Widmungen und Fotos zufriedener Gäste. Hervorzuheben sind hier die hervorragenden Pastagerichte, z. B. *tortellini in brodo*, *tagliatelle al ragù* und *lasagne*. Di-Mittag und Mo geschl. Via delle Belle Arti 17, ✆ 051/266894.

Belle Arti (14), neben Hotel Accademia (→ Übernachten), gemütliche Osteria mit süditalienischer Küche. Via Belle Arti 6/f, ✆ 051/225581.

To Steki (20), preiswertes griechisches Lokal, auch zum Draußensitzen, studentisches Publikum. Largo Respighi 4/e, ✆ 051/268012.

• *Verstreut in der Stadt* **Diana (18)**, ein Klassiker im Herzen der Stadt, riesige Spiegel und Kerzenleuchter, livrierte Kellner, eine überdimensionale Mortadella hängt von der Decke, im Sommer kann man auch draußen sitzen. Die Bologneser Gerichte werden hier streng nach der Tradition zubereitet und sogar in den Kochtöpfen und -pfannen serviert, damit kein Aroma verloren geht. Menü um die 35 € aufwärts. Mo geschl. Via dell'Indipendenza 24/Ecke Via Volturno, ✆ 051/231302.

Gianni a la Vècia Bulàgna (38), versteckt in einer schmalen Seitenpassage mitten im Marktviertel. Man sitzt in drei kleinen Speiseräumen, wo man den Köchen zusehen kann. Hausgemachte Pasta, danach vielleicht *bollito misto* oder *stinco del vitello*. Sehr beliebt, unbedingt frühzeitig reservieren. So-Abend und Mo geschl. Via Clavature 18, ✆ 051/229434.

Clorofilla (40), keine Schönheit, aber seit über 20 Jahren Garant für vegetarische Küche im fleischlastigen Bologna. Nicht teuer. So und August geschl. Strada Maggiore 64/c, ✆ 051/235343.

Aldrovandi Café (32), modernes und angesagtes Ristorante mit Weinbar und Café, die Küche ist offen einsehbar, prima Pizza. Via San Vitale 33/c, Ecke Piazza Aldrovandi, ✆ 051/2750069.

TIPP! Danio (22), bodenständige Trattoria mit Riesenauswahl an hausgemachten Nudeln, allein fünf Tortellini-Variationen. Reichliche Portionen, günstige Preise. So geschl. Via San Felice 50/a, ✆ 051/555202.

Dai Ragazzi (41), in der Nähe des Aufstiegs zur Basilica Santuario della Madonna di San Luca (→ Sehenswertes), beste Pizza, aber auch Fisch und Bologneser Küche. Schön zum Draußensitzen. Via Porrettana 158/a, ✆ 051/6153215.

• *Osterien* **Olindo Faccioli (26)**, seit 1924 existiert bereits diese bildhübsche Osteria in ganz zentraler Lage, seitlich der Via dell'Indipendenza. Im wandhohen Regal stehen mehrere hundert Weine zur Auswahl, dazu gibt es warme und kalte Speisen. So geschl. Via Altabella 15/b.

Del Montesino (35), Wirt Mario Ribano hat lange in Sardinien gelebt, im Ausschank sind sardische Weine, dazu isst man z. B. *malloreddus* (sardische Grießnudeln) und *pane frattau* (dünne, warme Brotfladen mit Tomatensoße und Ei). Nicht teuer. Nur abends. Via Pratello 74/b, ✆ 051/523426.

TIPP! Del Moretto (42), authentische Osteria mit Atmosphäre, beliebter Treffpunkt für Jung und Alt etwas südlich außerhalb vom Zentrum, Nähe Piazza di Porta San Mamolo. Nur abends (bis 3 Uhr morgens), oft Live-Jazz, günstige Preise. So geschl. Via San Mamolo 5.

• *Enoteche* **Antica Drogheria Calzolari**, im Univiertel, Enoteca mit Riesenauswahl und Ausschank, keine Speisen, bis 21 Uhr. So geschl. Via Petroni 9.

Enoteca Italiana, auch hier geht es an der Theke oft hoch her, ebenfalls bis 21 Uhr, So geschl. Via Marsala 2/a.

• *Self-Services* **C'entro**, Via dell'Indipendenza 45, So geschl.; **Due Torri**, Via de' Giudei 6/f, nur mittags, So geschl.

• *Eis* **La Sorbetteria**, südlich der Torri Pendenti, viele Auszeichnungen eilen diesem Tempel der Eiskunst voraus. Via Castiglione 44.

Stefino, zwischen Bahnhof und Stadtzentrum, Eis aus biologischer Herstellung, exzellente Qualität, vor allem die Schokosorten werden gerühmt. Via Galiera 49.

Tamburini (37), im Marktviertel östlich der Piazza Maggiore (→ Shopping). Berühmter Feinkostladen mit Self-Service, hier kann man Tortellini, Lasagne, Cannelloni und Tagliatelle ordern, aber auch leckere Gemüse- und Salatplatten. Nur mittags 12–14.30 Uhr, So geschl. Via Drapperie 2.

Nachtleben/Unterhaltung (siehe Karte S. 484/485)

Abends lebhafte Passeggiata auf der *Via dell'Indipendenza*, die im oberen Bereich für Autos gesperrt ist. Wichtigste Treffpunkte für junge Leute sind die *Piazza Maggiore*, die benachbarte *Piazza del Nettuno*, die *Via del Pratello* (westlich vom Zentrum) und – vor allem – das *Univiertel* um Via Zamboni und Via delle Belle Arti. Die Clubs und Kneipen in der Stadt sind zahlreich, auf Aushänge und Menschentrauben vor Gebäuden achten. Allerdings sind von Mitte Juli bis Ende August Semesterferien und viele Clubs schließen. Stattdessen gibt es Open-Air-Veranstaltungen wie „Made in Bo" (→ unten).

• *Universitätsviertel* **Cluricanne Irish Pub (25)**, große, fetzige Szenekneipe auf zwei Ebenen, laute Musik, fantasievolle Ausstattung, immer gut besucht. Via Zamboni 18/b.

English Empire (23), das britische Pendant zur irischen Konkurrenz, hier geht es allerdings ein wenig ruhiger zu. Via Zamboni 24.

Al Piccolo (24), zentral an der Piazza Verdi, eins der beliebtesten Tagescafés der Studenten.

La Scuderia (21), ebenfalls Piazza Verdi, große, moderne Bar in ehemaligen Ställen, geöffnet von morgens früh bis 2 Uhr nachts, auch Livemusik (www.lascuderia.bo.it).

Osteria dell'Orsa (19), rustikal und gemütlich, oben nur eine Handvoll Tische, im Untergeschoss weiterer größerer Raum mit langen Holzbänken und Bier vom Fass. Häufig Livemusik, v. a. Jazz. Mo geschl. Via Mentana 1/f.

Le Stanze del Tenente (12), höchst ungewöhnliche Kneipe, untergebracht in der früheren Kapelle des Palazzo Bentivoglio. Wände und Tonnengewölbe sind mit Fresken des 17. Jh. bedeckt, zum Wein hört man hier gerne klassische Musik. So geschl. Via Borgo San Pietro 1/a.

• *Sonstige Örtlichkeiten* **Caffè La Linea (33)**, ganz zentral im Durchgang des Palazzo del Podestà (→ Sehenswertes), Zugang von der Via Rizzoli aus. Lockerer Treff für junge Leute, im ersten Stock gelegentlich Livemusik. Piazza Re Enzo.

Celtic Druid (27), nur wenige Meter weiter, nördliche Seitengasse der Via Rizzoli. Irish Pub mit 25 m langer Theke und hervorragender Bier-/Whiskyauswahl. Via Caduti di Cefalonia 5.

Mutenye (34), populäre Bier- und Weinkneipe, eine von vielen an dieser beliebten Nachtmeile, man steht draußen und trinkt sein Bier (auch deutsches). Via del Pratello 44.

• *Diskotheken* Man zahlt Eintritt (incl. ein Getränk) und bekommt Verzehrgutscheine, mit denen man zum Schluss seine Zeche begleicht. Nichts an den Garderoben lassen (auch bewacht), es wird viel gestohlen. Die beiden folgenden Adressen liegen im Univiertel.

Kinki (29), existiert schon seit 1975, der frühere Exklusiv-Club für Gays ist nun eine beliebte Disco für jedermann, viel Techno, auch Erasmus-Abende. Via Zamboni 1, ✆ 051/266028, www.kinkidisco.com.

Jam Club (10), im Univiertel (Tür ohne Nummer, kurz vor Cantina Bentivoglio). Via Mascarella 2/a. ✆ 051/221003.

Cassero (2), westlich vom Zentrum. Bologna gilt als Gay-Zentrum Oberitaliens (www.arcigay.it) und dies ist einer ihrer beliebtesten Treffs. Eintritt mit Tessera. Via Don Minzoni 18, ✆ 051-6494416, www.cassero.it.

• *Livemusik* **Cantina Bentivoglio (13)**, große Osteria (→ Essen & Trinken) mit Live-Jazz, zentraler Anlaufpunkt im Nachtleben Bolognas. Mo geschl. Via Mascarella 4/b.

Estragon Club (1), nördlich außerhalb beim Messegelände, im Wechsel DJs und Reggae, Ska und Hip Hop live, Eintritt ca. 10–22 €, je nach Veranstaltung, gelegentlich auch frei. Via Stalingrado 83, ✆ 051/0955199, www.estragon.it.

Made in Bo nennen sich die Großevents an den Wochenenden von Anfang Juli bis Mitte August in der Arena Parco Nord (Via Stalingrado): Open-Air-Discos, teilweise auch mit Livegruppen, Eintritt meist frei, zu erreichen ab Bhf. mit Bus 25 Richtung Via Del Gomito (Zona Fiera).

Shopping

Bologna hat sich den Ruf einer der führenden *Modemetropolen* Italiens erobert und ist nach Mailand Oberitaliens zweites Zentrum in Sachen Kleidung und Schuhe. Zahllose Boutiquen reihen sich an den Straßen Via dell'Indipendenza, Via Ugo Bassi und Via Rizzoli.

Marktgetümmel herrscht nur ein paar Schritte von der Piazza Maggiore, im Viertel um die Straßen Via Pescherie Vecchie, Via Drapperie, Via Caprarie und Via Clavature.

Mercato delle Erbe, große Markthalle zwischen Via Ugo Bassi und Via Belvedere. Mo–Sa 7–13.15, 16.30–19 Uhr, Do- und Sa-Nachmittag geschl.

La Piazzola, großer Wochenmarkt, seit 1219 auf der Piazza VIII Agosto, Lebensmittel, Second Hand und Textilien. Fr und Sa 7–14 Uhr.

Tamburini, Via Drapperie 1, im Marktviertel, fantastisches Angebot an Nudeln, Käse, Wurst, Schinken etc., dazu Schnellgerichte aller Art zum Mitnehmen.

Atti Paolo & Figli, Via Caprarie 7, traditionsreiche Pasticceria, Gebäck, Brot und Nudeln in allen Variationen.

Majani, Via Carbonesi 5, landesweit die beste Schokolade, heißt es.

Sehenswertes

Von der zentralen Piazza Maggiore gehen kreuzförmig die wichtigsten Geschäftsstraßen aus – nach Norden die *Via dell'Indipendenza*, nach Westen die *Via Ugo Bassi*, nach Osten die *Via Rizzoli* und nach Süden der einzige größere Fußgängerbereich um die *Via Massimo d'Azeglio*.

- Die **städtischen Museen** sind dank der linken Stadtregierung kostenlos.
- Von verschiedenen Unternehmen werden **geführte Stadtbesichtigungen** angeboten, Infos dazu bei IAT an der Piazza Maggiore (dort ist auch meist der Treffpunkt).

Piazza Maggiore: Der taubenumflatterte Mittelpunkt der Stadt wird abends festlich illuminiert zu einem der schönsten Plätze Italiens. Monumental und platzbeherrschend steht an der Südseite die gotische *Basilica di San Petronio*, fünftgrößte Kirche der Welt. Ursprünglich sollte sie größer als der Petersdom werden (!), doch die Geldmittel und der zur Verfügung stehende Platz wurden dann für das benachbarte ehemalige Universitätsgebäude Archiginnasio verwendet (→ unten). Karl V. wurde hier 1530 von Papst Clemens VII. zum Kaiser gekrönt. Praktisch zu jeder Tageszeit sind die breiten Stufen am Kirchenvorplatz Ruheplatz und Treffpunkt für jedermann. Die rot-weiße Marmorfassade ist nur im unteren Bereich fertig gestellt, die drei Portale sind umrahmt von hübsch-detaillierten Skulpturtafeln, in den Lünetten große Statuengruppen von Jacopo della Quercia (15. Jh.). Klein und verloren steht man im monumentalen Innenraum (132 m lang!) mit seinen riesigen, rot getönten Pfeilern und den aufwändig gestalteten Seitenkapellen. Die Fenster lassen viel Licht und Wärme herein, eine Seltenheit bei den meist düsteren italienischen Kirchen. Ein metallener Meridian zieht sich im Boden von der linken Seitenfront quer durchs Schiff zur Fassade – wenn die Sonne hoch genug steht, fällt ein Strahl durch ein winziges Loch im Dach und wandert die schmale Leiste entlang, Punkt 12 Uhr mittags zeigt er dabei Monat und Tag an.

Vis à vis von San Petronio steht der *Palazzo del Podestà* mit hohem Arkadengang, in dem der Engang zum Informationsbüro liegt. Die westliche Platzfront nimmt der große *Palazzo Comunale* ein, über dessen Portal die gewaltige Bronzestatue Gregors XIII. thront. Vom Innenhof kann man hinaufsteigen zur städtischen Kunstsammlung *Collezioni Comunali d'Arte* mit Werken der Bologneser Schule sowie zum *Museo Morandi* mit hunderten von Werken und einem Nachbau des Studios des einheimischen Malers Giovanni Morandi, der zu den bedeutendsten Künstlern des 20. Jh. in Italien zählt.

Der Neptun mit dem Dreizack: das Wahrzeichen von Bologna

Östlich vom Dom liegt das *Museo Civico Archeologico* mit einer weit gefächerten Sammlung prähistorischer, ägyptischer, etruskischer und römischer Stücke.

• *Öffnungszeiten/Eintritt* **Basilica di San Petronio**, Sommer tägl. 8.30–12, 16–18.15 Uhr. **Collezioni Comunali d'Arte**, Di–Fr 9–18.30, Sa/So 10–18.30 Uhr, Mo geschl., Eintritt frei. **Museo Morandi**, Di–Fr 9–18.30, Sa/So 10–18.30 Uhr, Mo geschl.; Eintritt frei. **Museo Civico Archeologico**, Di–Fr 9–15, Sa/So 10–18.30 Uhr, Mo geschl.; Eintritt frei.

Piazza del Nettuno: Der unmittelbar an die Piazza Maggiore sich anschließende Platz wird dominiert vom berühmten *Neptunbrunnen*, dessen Spitze die herrliche Bronzestatue des Wassergotts von Giambologna bildet (16. Jh.). Sein Dreizack wurde von Maserati zum Firmenzeichen erkoren. Im zinnengekrönten *Palazzo di Re Enzo* saß Enzio, der Sohn des Stauferkaisers Friedrich II. über zwanzig Jahre lang bis zu seinem Tod gefangen. Eine Besucherterrasse ist öffentlich zugänglich. An der Verlängerung des Palazzo Comunale sieht man ein eindrucksvolles *Denkmal* für die getöteten Widerstandskämpfer gegen die Faschisten mit hunderten von Kleinporträts der Gefallenen, dazu eine Gedenktafel für die Toten des rechtsextremistischen Terroranschlags am Bahnhof von Bologna im August 1980.

Archiginnasio: Der große Palazzo an der Piazza Galvani, schräg links hinter dem Dom, wurde 1563 erbaut und war der erste feste Sitz der Universität von Bologna. Er beherbergt heute die städtische Bibliothek, außerdem das wunderschöne Teatro Anatomico, einen anatomischen Hörsaal und Sezierraum aus dem 17. Jh. Man betritt zunächst den *Innenhof*, der mit zahllosen Skulpturen, Wappen und Schautafeln von berühmten und minder berühmten Hochschullehrern geschmückt ist.

Über einen bunt ausgemalten Treppenaufgang kommt man hinauf in den ersten Stock mit dem *Teatro Anatomico*. Es besteht vollkommen aus Holz, oberhalb der Sitzreihen stehen die Statuen bedeutender Ärzte des Altertums und wichtiger Mediziner der Universität Bolognas. An der Decke schwebt Apollo im Kreis der zwölf Sternbilder. An der Stirnseite des Raums ein Baldachin über dem Katheder des Anatomieprofessors, getragen von zwei lebensgroßen Holzstatuen ohne Haut, sodass das Zusammenspiel der Muskeln sichtbar wird.

Öffnungszeiten/Eintritt **Teatro Anatomico**, Mo–Fr 9–18.45, Sa 9–13.45 Uhr, Eintritt frei.

Markt: Die Marktgassen östlich der Piazza sind der Bauch Bolognas. In der schmalen *Via Pescherie Vecchie* und in der quer dazu verlaufenden *Via Drapperie* sitzen die Obst- und Gemüsehändler, außerdem gibt es hier den legendären Delikatessenladen „Tamburini" (→ Shopping).

Piazza Porta Ravegnana: Der Platz der Geschlechtertürme ist von der Piazza Maggiore über die Via Rizzoli zu erreichen. Verkehrsumtost stehen hier zwei der letzten hohen Adelstürme aus dem Mittelalter, die sich inzwischen bedenklich einander zu neigen, die *Torri pendenti*. Eine alte Legende erzählt von einem Wettbewerb zweier Familien, wer den höheren Turm bauen könne – eine andere behauptet, die Türme seien deshalb so schief, weil sich zwei Mitglieder der verfeindeten Familien so innig liebten. In Wirklichkeit handelte es sich aber wahrscheinlich um Ausguckposten für die Stadtverteidigung. Der erste Turm namens *Garisenda* sank im weichen Untergrund seitwärts, sodass ein zweiter gebaut werden musste. Auf den größeren, die 97 m hohe *Torre degli Asinelli*, kann man über 498 enge Holzstufen hinaufklettern, seine Neigung beträgt über 1,20 m.

Öffnungszeiten/Eintritt **Torre degli Asinelli**, Sommer tägl. 9–18, Winter 9–17 Uhr, Eintritt ca. 3 €.

Universitätsviertel: Bei den Türmen zweigt die *Via Zamboni* mit ihren langen Laubengängen ab. Auf engem Raum ballen sich hier und in den umliegenden Gassenzügen die Universitätseinrichtungen in Palästen des 17. und 18. Jh. Das Viertel hat sich zum „Szenetreff" Bolognas entwickelt, Studenten und Jugendliche bestimmen weitgehend das Straßenbild, es herrscht Campus-Atmosphäre und erfreulicherweise kaum Autoverkehr. Ristoranti und Bars sind ganz auf studentische Geldbeutel abgestimmt, die Säulen präsentieren sich bunt bemalt und sind mit Plakaten, Graffiti und Sprüchen aller Art bedeckt.

Die Kirche *San Giacomo Maggiore* an der rechten Straßenseite besitzt eine gotische Fassade und einen Renaissance-Innenraum. Sehenswert sind die *Cappella Bentivoglio* und das *Oratorio di Santa Cecilia*, die mit zahlreichen gut erhaltenen Fresken aus dem 15. und 16. Jh. ausgestattet sind. Kurz darauf passiert man die zentrale *Piazza Verdi* und gleich danach den *Palazzo Poggi*, der seit fast 200 Jahren als Hauptgebäude der Universität dient.

Wenige Meter weiter trifft man am Beginn der Via delle Belle Arti auf die *Pinacoteca Nazionale* mit einer großen Sammlung Bologneser Maler des 14.–19. Jh., ergänzt durch Tintoretto, Giotto und Raffael.

• Öffnungszeiten/Eintritt **San Giacomo Maggiore**, Mo–Fr 7.30–13, 15.30–18.30, Sa/So 8.30–13, 15.30–18.30 Uhr.

Oratorio di Santa Cecilia, tägl. 10–13, 14–18 Uhr.

Pinacoteca Nazionale, Di–So 9–19 Uhr, Mo geschl.; Eintritt ca. 4 €, von 18 bis 25 J. ca. 2 €, über 65 J. Eintritt frei.

Piazza Santo Stefano: ruhige Piazza, kieselsteingepflastert und leicht abfallend zu einem mittelalterlichen Klosterkomplex mit drei kleinen Kirchen, die dicht anein-

Emilia-Romagna
Karte S. 462/463

andergebaut sind, eine vierte im rückwärtigen Teil des Baus. Die Ursprünge dieses eigenartigen Bauwerks sind uralt, zahllose Generationen von den Römern über das Frühchristentum und die Langobarden bis zu den Benediktinern des frühen Mittelalters haben hier gebaut. *San Sepulcro*, die interessanteste Kirche, liegt linker Hand, ein reiner Backsteinbau mit vieleckigem Grundriss in annähernder Rundform und hoher Kuppel. Im Zentrum eine Nachbildung des *Heiligen Grabs* in Jerusalem aus dem 11. Jh., das die Knochen des Bischofs Petronius von Bologna enthält. Hinter der Heiliggrab-Kirche der gepflasterte *Pilatus-Hof* mit einem langobardischen Marmor-Taufbecken aus dem 8. Jh. und schönen Säulengängen an beiden Längsseiten. Rechter Hand öffnet sich ein wunderschöner, zarter *Kreuzgang* mit zwei unterschiedlichen Stockwerken, in der Mitte die alte Klosterzisterne. In der *Apotheke* an der Rückfront verkaufen die Benediktinermönche diverse Wässerchen, Säfte, Seifen, Marmelade etc.

Öffnungszeiten/Eintritt tägl. 9–12, 15.30–18.30 Uhr (außer während Messen), Erboristeria und Museum ab 10 Uhr offen.

Via dell'Indipendenza: Die breite und schnurgerade Prachtstraße ist im oberen Bereich Fußgängerzone, flankiert von hohen Säulengängen, unter denen sich eine einzige Abfolge von Edel-Boutiquen, Gelaterie, Hotels und Schnellimbissen drängt. Wenige Meter unterhalb der Piazza Maggiore steht der monumentale Renaissancedom *Metropolitana* (auch: Cattedrale di San Pietro) mit einem riesenhaften Tonnengewölbe, in den Seitenaltären schwere Ölgemälde, rechts das Grab von Papst Benedikt XIV.

In der seitlich abzweigenden Via Manzoni 4 liegt das *Museo Civico Medioevale e del Rinascimento* mit einer großen Sammlung mittelalterlicher Skulpturen, Sarkophage und Waffen.

Am nördlichen Straßenende in der Nähe vom Bahnhof gelangt man zum *Parco della Montagnola* oberhalb des Straßenniveaus. Über eine Treppe kommt man hinauf, im Schatten von Bäumen kann man auf der Wiese relaxen.

Öffnungszeiten/Eintritt **Museo Civico Medievale**, Di–Fr 9–15, Sa/So 10–18.30 Uhr, Eintritt frei.

Weitere Kirchen: Die Dominikanerkirche *San Domenico* steht südlich vom Zentrum und enthält zahlreiche Kunstwerke, darunter die reich ausgestattete Cappella di San Domenico mit dem Schrein des Ordensgründers.

San Francesco, westlich vom Zentrum, ist ein großer gotischer Baukörper mit schweren Stützbögen an den Außenseiten. Angeschlossen sind zwei Kreuzgänge, im Inneren beeindruckt vor allem der Altar. Einzigartig in Italien sind die freiliegenden Gelehrtengräber (Unirektoren etc.) vor der Kirche.

Santa Maria dei Servi steht östlich vom Zentrum und ist ebenfalls gotisch, in einer Kapelle des Chorumgangs hinter dem Altar hat die berühmte „Thronende Madonna" von Cimabue ihren Platz.

Museo d'Arte moderna di Bologna (Mambo): Die bedeutende Sammlung moderner italienischer Kunst wurde 2007 in einer früheren Brotfabrik im westlichen Zentrumsbereich eröffnet (Via Don Giovanni Minzoni 14). Künstlerische Experimente und hochkarätige Wechselausstellungen gehören zum Konzept. Zu erreichen mit Bus 35 ab Bahnhof in Richtung „Ospedale Maggiore".

Öffnungszeiten/Eintritt Di–So 10–18 Uhr (Do bis 23.30 Uhr), Mo geschl.; Eintritt frei.

Santuario della Madonna di San Luca: Die Wallfahrtskirche thront weithin sichtbar auf einem 190 m hohen Hügel südlich der Stadt, nahe der Autobahn. Ein fast 4 km langer Arkadengang mit 666 Bögen führt von der Porta Saragozza hinauf, anstrengender Anstieg (auch Busverbindung). Oben angelangt herrlicher Blick – allerdings weniger auf die Stadt, sondern ins Hinterland.

Öffnungszeiten tägl. 7–12.30, 14.30–19 Uhr (im Winter bis 17 Uhr).

Bologna/Umgebung

Tipp für Bahnliebhaber: Seit 1860 fährt die FS-Bergbahn „Porrettana" von Bologna über den Apennin nach Pistoia in der Toskana. Die reizvolle Fahrt geht über Pontecchio Marconi, Marzabotto und den Kurort Porretta Terme.

Direkt an der SS 64 nach Sasso Marconi steht bei Pontecchio Marconi das monumentale Mausoleum für den Bologneser Physiker *Guglielmo Marconi* (1874–1937), Erfinder der drahtlosen Telegrafie. In der oberhalb stehenden *Villa Grifone* lebte Marconi seit seinem ersten Lebensjahr, hier machte er auch 1895 seine ersten erfolgreichen Experimente.

Im Dorf *Marzabotto* ermordeten im Herbst 1944 Soldaten der 16. SS-Panzerdivison 771 Zivilisten, darunter viele Frauen und Kinder. Einige der mutmaßlichen Kriegsverbrecher lebten jahrzehntelang unbehelligt in Deutschland, erst Recherchen des Fernsehmagazins „Kontraste" führten 2002 zu Ermittlungen. Im Januar 2007 wurden zehn Angeklagte in Italien in Abwesenheit zu lebenslanger Haft sowie Entschädigungszahlen in Höhe von 100 Mio. Euro verurteilt – in Deutschland wurde in keinem der Fälle Anklage erhoben, der Staatsanwaltschaft wird "Ermittelnder Täterschutz" vorgeworfen. Unter der Kirche kann man das *sacrario ai caduti* besuchen, eine große Gedenkstätte mit Beinhaus. Die Schreine der Opfer sind mit Altersangaben versehen, Tafeln erinnern an Konzentrationslager und weitere Kriegsverbrechen der deutschen Wehrmacht und Luftwaffe, z. B. in Kalavryta (Peloponnes) und Guernica (Nordspanien).

Am südlichen Ortsausgang, an der Straße nach Porretta, hat man in den 60er Jahren eine der nördlichsten Etruskerstädte Italiens gefunden (neben Spina, Adria und Mantua). Das umfangreiche *Museo Nazionale Etrusco P. Aria* zeigt Stücke von der Prähistorie bis zur Römerzeit, besonders hübsch sind die filigranen Bronzefiguren.

Öffnungszeiten/Eintritt **Sacrario ai Caduti**, Di–So 9–12.15, 15–17.15 Uhr, Mo geschl.; **Museo Nazionale Etrusco P. Aria**, April bis Okt Di–So 9–13, 15–18.30 Uhr, übrige Zeit Di–So 9–13, 14–17.30 Uhr, Ausgrabungsgelände 8–19 Uhr, Mo geschl., ca. 2 €.

Imola: Kleinstadt an der Via Emilia. Am Rand des Zentrums steht die gut erhaltene Rocca di Sforzesca mit breitem Graben, bulligen Türmen und gedecktem Zinnengang (im Inneren Waffen- und Keramiksammlung, Besichtigung nur Sa/So). Südlich vom Fluss liegt die berühmte Autorennbahn *Autodromo Enzo e Dino Ferrari*, wo regelmäßig Formel-1-Meisterschaften stattfinden. 1994 fuhr hier der weltberühmte Brasilianer *Ayrton Senna* in den Tod, 1999 feierte Ferrari hier seinen ersten

Sieg seit über fünfzig Jahren. Wenn keine Rennen stattfinden, kann man jederzeit bei etwaigen Trainingsrunden zusehen.

Dozza: schönes mittelalterliches Hügelstädtchen 8 km westlich von Imola. Seit 1960 findet hier alle zwei Jahre im September ein großer Wettbewerb der Wandmaler statt und zahlreiche Hausfassaden im Zentrum sind mit großflächigen Gemälden bepinselt. Die *Rocca* (Burg) aus dem 15. Jh. kann besichtigt werden, dort ist auch die hervorragend bestückte „Enoteca Regionale Romagnola" mit einem Weinmuseum untergebracht, wo man die besten Tropfen der Emilia-Romagna kosten kann. Essen und Übernachten lässt es sich gepflegt im Canè, Via XX Settembre 27 (✆ 0542/678120, 📠 678522, www.ristorantecanet.net).

Faenza: Seit vielen Jahrhunderten ist die Stadt berühmt für ihre glasierten Keramikprodukte, die man nach dem Namen der Stadt „Fayencen„ nennt. Man findet zahlreiche einschlägige Geschäfte, auch eine renommierte Keramikschule gibt es. Sogar die Straßen- und Hausschilder sind heute aus Keramik. Zu sehen gibt es außer dem kleinen, aber eindrucksvollen Zentrum um die Piazza del Popolo vor allem eins: das berühmte *Museo Internazionale delle Ceramiche* am Viale Baccarini mit einer reichhaltigen Sammlung von Keramik und Majolika aus aller Welt – von den alten Ägyptern über vorkolumbianische Stücke Südamerikas und China-Porzellan bis zu Einzelwerken berühmter Künstler des 20. Jh., u. a. Chagall und Picasso.

• *Öffnungszeiten/Eintritt* **Museo Internazionale delle Ceramiche**, April bis Okt. Di–So 9.30–19, übrige Monate Di–Fr 9–13.30, Sa/So 9.30–17.30 Uhr; Eintritt ca. 6 €, über 65 J. 3 €.

• *Information* **IAT**, Piazza del Popolo 1, unter dem Uhrturm. Mo–Sa 9.30–12.30, 15.30–18.30, So 9.30–12.30 Uhr. ✆/📠 0546/25231, http://www.terredifaenza.it.

• *Shopping* **Estate Ceramica Pianeta Faïence**, alljährlich Ende Juni bis Ende Okt. große Verkaufsausstellung der Handwerker und Künstler im Palazzo delle Esposizioni am Corso Mazzini 92 (tägl. geöffnet).

Mondial Tornianti, internationaler Keramikerwettbewerb alljährlich im Juli auf der Piazza Nenni, dabei geht es u. a. um die Fertigung größtmöglicher Vasen und Schalen mit einer vorgegebenen Menge an Ton.

Weitere Informationen bei **Ente Ceramica Faenza**, Corso Mazzini 92, ✆/📠 0546/21145, www.enteceramica.it.

• *Essen & Trinken* **Marianaza**, Via Torricelli 21, typische Osteria im traditionellen Stil in der zentralen Fußgängerzone. Mi geschl. ✆ 0546/681461.

Osteria del Mercato, Piazza Martiri della Libertà 163, urige Osteria mit weit gefächerter lokaler Speisekarte, aber auch Pizza. So geschl. ✆ 0546/680797.

Predappio: Wenn man im lebhaften *Forlì* südwärts abbiegt, kommt man nach etwa 16 km Fahrt durch schöne, grüne Weinlandschaft des ansteigenden Apennin in die Kleinstadt Predappio. Ein zweifelhafter „Ruhm" eignet diesem Städtchen – denn 1883 wurde hier Benito Mussolini geboren und seit 1957 liegt er hier auch begraben. Auf dem *Cimitero di San Cassiano in Pennino* am südlichen Ortsende wurde eine monströse Gruft eingerichtet: der überlebensgroße Kopf des „Duce", Skulpturen der Familienmitglieder und eine Reihe gewaltiger Sarkophage warten täglich auf den Besuch von Faschisten und Schaulustigen. Erfreulich immerhin, dass der gesamte Friedhof mit seinen eindrucksvollen Grabmälern sehr sehenswert ist, ebenso die schöne, schlichte romanische *Basilica di San Cassiano* aus hellem Stein mit ihrer Krypta. Im Ortszentrum ist außerdem das *Geburtshaus* beschildert, kann aber nicht besichtigt werden.

Adriaküste (Podelta bis Ravenna)

Schöne Fahrt zwischen Küstenpineta, Kanälen und großen Lagunenseen. Bei Comacchio ballen sich sieben Badeorte, nördlich davon wird es ruhiger. Seit Ende der Achtziger steht ein Großteil der endlosen Feuchtgebiete im Podelta als *Parco Nazionale del Delta del Po* unter Naturschutz (www.parks.it). Hauptort des Gebiets ist *Comacchio.*

Abbazia di Pomposa: mittelalterliche Abtei in der Einsamkeit der Küstenebene südlich vom Podelta, direkt an der Strada Romea. Wahrscheinlich wurde sie von Benediktinern bereits im 7. Jh. gegründet und zu einem landwirtschaftlichen Großbetrieb entwickelt. Weithin sichtbar ist der markante, 48 m hohe *Turm* aus dem 11. Jh. mit Blendarkaden, nach oben sich verbreiternden Fenstern und bunten Majolika-Scheiben. Bildschön zeigt sich auch die Fassade der *Klosterkirche,* eine grazile Arkadenhalle mit Reliefbändern, Terrakotta- und Majolikaverzierungen. Das hohe dreischiffige Innere ist vollständig mit bunten Fresken der Bologneser Schule des 14. Jh. ausgemalt – in drei Reihen übereinander Szenen der biblischen Geschichte. Der Boden besteht fast vollständig aus Mosaiken. Anschließend an die Apsis der Kirche liegt der *Kapitelsaal,* ebenfalls mit Fresken ausgeschmückt, die einem Schüler Giottos zugeschrieben werden. Im ersten Stock daneben das kleine *Museo Pomposiano* mit Relikten aus der Geschichte der Abtei. Weitere großflächige Fresken findet man im *Refektorium.* Gegenüber der Kirchenfassade steht der *Palazzo della Ragione* mit elegantem Arkadengang, hier wurde einst der Besitz des Klosters verwaltet und Recht gesprochen.

Öffnungszeiten/Eintritt tägl. 8.30–19 Uhr, Eintritt ca. 5 €, von 18 bis 25 J. 2 €, frei unter 18 und über 65 J.; Kirche sonntags gratis, Rest der Anlage 3 €. ✆ 0533/719152.

Bosco della Mesola: Ein bescheidener Rest des riesigen Waldes, der einst das ganze Delta bedeckte, liegt beim Ort *Bosco Mesola.* Er ist eingezäunt, wird von der Forstverwaltung bewacht und steht unter strengem Naturschutz. Wildtiere – darunter der „cervo delle dune" (Dünenhirsch) und seltene Wasservögel – haben hier ein letztes Refugium.

Öffnungszeiten/Eintritt **Bosco della Mesola**, März bis Okt. Di, Fr, Sa/So 9 Uhr bis eine Stunde vor Sonnenuntergang, Eintritt ca. 1 €. Besuch zu Fuß oder per Fahrrad (Verleih am Eingang, ca. 3 €/Std., ✆ 0533/794730).

Comacchio

Bilderbuchstädtchen am Rand der Valli di Comacchio, des größten Lagunensees Italiens. Der ehemalige Küstenort liegt heute mehrere Kilometer landeinwärts und hat sein schönes altes Ortsbild erhalten können.

Wie Venedig und Chioggia ist Comacchio auf Inseln erbaut. Malerische Kanäle durchziehen das Zentrum, gesäumt von niedrigen, pastellfarbenen Häuschen und blitzblank geputzten Gehsteigen. Einige imposante Bauten und hübsche Backsteinbrücken setzen dekorative Akzente. Gleich am Zugang von der Durchgangsstraße zum Centro storico erreicht man die elegante Treppenkonstruktion *Trepponti* am Zusammenfluss dreier Kanäle. Wenig später trifft man auf den Hauptkanal *Canale Maggiore.* Linker Hand ist hier im *Museo della Nave Romana* die Ladung eines römischen Schiffswracks ausgestellt, das im Lagunensee gefunden wurde. Auch das Schiff selbst soll nach seiner Restaurierung hier seinen Platz finden. Gegenüber imponiert die klassizistische Fassade des restaurierten *Vecchio Ospedale San Camillo* aus dem 18. Jh. Hier soll demnächst ein Museum zur Kultur des Podeltas eingerichtet werden. Rechts führt der Hauptkanal ins Zentrum mit dem Uhrturm, der zentralen Piazza XX Settembre und dem Dom. Wenn man nun vom Hauptplatz den Corso Mazzini nach Osten nimmt, kann man den in seiner Gleichförmigkeit faszinierenden Säulengang *Loggiato dei Cappuccini* mit 143 Bögen auf Marmorsäulen entlanglaufen und erreicht am Straßenende die Wallfahrtskirche *Santuario di Santa Maria in Aula Regina* mit einer verehrten Marienstatue.

• *Öffnungszeiten/Eintritt* **Museo della Nave Romana**, Juni bis Aug. Di–So 10–13, 15–19 Uhr, Sept. bis Mai 9.30–13, 15–18.30 Uhr, Mo geschl., Eintritt ca. 4 €, bis 18 und über 65 J. die Hälfte. ✆ 0533/311316.

• *Anreise/Verbindungen* ab Ravenna oder von Norden kommend auf der „Strada Romea", ab Ferrara autobahnähnlich ausgebaute Schnellstraße (gebührenfrei).

• *Information* **IAT**, Corso G. Mazzini 4, gleich beim Hauptplatz, tägl. 9.30–12.30, 15.30–18.30 Uhr. ✆ 0533/314154, ℻ 319278, www.turismocomacchio.it.

• *Übernachten* *** **La Comacina**, ganz zentral am Hauptkanal im Ort. Aufmerksam geführtes Haus mit geschmackvoll eingerichteten Zimmern und einladender Trattoria, auch schöne Plätze am Kanal. DZ ca. 85–95 €. Via E. Fogli 21, ✆ 0533/311547, www.lacomacina.it.

Al Cantinon, fünf moderne Zimmer mit Klimaanlage und TV. DZ ca. 65 €, Frühstück extra (→ Essen & Trinken). Via L. A. Muratori (Nähe Trepponti), ✆/℻ 0533/314252, www.alcantinon.com.

B & B Al Ponticello, zentrale Lage, sechs gut ausgestattete Privatzimmer mit reichhaltigem Frühstücksbuffet. DZ ca. 85–105 €. Via Cavour 39, ✆/℻ 0533/314080, www.alponticello.it.

• *Essen & Trinken* Kulinarische Spezialitäten sind die Aale, die im Lagunensee gezüchtet werden, und der eigentümlich säuerlich mundende *Vino del Bosco Eliceo*, der auf den Sanddünen der Umgebung wächst. Kurz nach Trepponti liegen rechter Hand in der Via Muratori die beiden einladenden Trattorien **Al Cantinon** und **Le Gresine** nebeneinander an einem Kanal (→ Übernachten). In ersterer werden die traditionellen Fischgerichte von Comacchio serviert, beim Nachbarn die ländliche Küche des Hinterlands und Pizza. ✆ 0533/314252.

La Barcaccia, am Hauptplatz beim Dom, gut geführtes Fischrestaurant mit großer Auswahl, hauptsächlich Aalgerichte. Mo geschl. ✆ 0533/311081.

Da Vasco e Giulia, alteingesessene Trattoria, in der noch die authentische Küche gepflegt wird, betrieben von den Frauen der Familie Forli. Mo geschl. Via Muratori 21, ✆ 0533/81252.

• *Shopping* **La Bottega di Comacchio**, wenige Meter ortseinwärts von Trepponti, schön aufgemacht und Riesenauswahl an regionalen Produkten – eingedoster und marinierter Aal, Reis, Salami, Käse und natürlich der typische Vino del Bosco Eliceo. 10–13, 15–19 Uhr, So durchgehend geöffnet.

• *Bootsfahrten* In der Saison mehrmals täglich Fahrten mit den „Batanas" genannten Kähnen durch die Kanäle von **Comacchio**, Dauer ca. 40 Min., Abfahrt und Information unterhalb Trepponti.

Sette Lidi di Comacchio: Sieben großflächige Badeorte liegen wie Perlen an der Kette auf 20 km Länge vor Comacchio, z. T. gehen sie ineinander über. Der ganz große Rummel wie in Rimini herrscht hier nicht, viele Urlauber kommen in Ferienhäusern unter, die mit ihren Piniengärten die Straßen flankieren.

• *Übernachten* **Camping Tahiti**, bei Lido delle Nazioni, von einem großen deutschen Automobilclub als herausragend bezeichnet, schön bepflanztes Gelände, Animation für Kinder, organisierte Ausflüge. Mitte Mai bis Ende Sept. ✆ 0533/379500, ℻ 379700, www.campingtahiti.com.

Camping Mare e Pineta, Lido degli Estensi, großer Platz unter hohen Pinien und Laubbäumen. ✆ 0533/330110, ℻ 330052, www.campingmarepineta.com.

Camping Spina, Lido di Spina, schönes Gelände im Pinienwald. ✆ 0533/330179, ℻ 333566, www.campingspina.it.

Ravenna

ca. 135.000 Einwohner

Die ehemalige Residenzstadt der byzantinischen Kaiser liegt in der großen, flachen Küstenebene etwas landeinwärts der Adriaküste. Im fein herausgeputzten Kern findet man Fußgängergassen, alte Palazzi und ruhige Plätze – insgesamt eine angenehme und wenig hektische Stadt, in der man sich mit Muße der Kultur widmen kann.

Viel besuchte Attraktionen sind die in der Stadt verstreuten Kirchen mit fantastischen Mosaiken aus byzantinischer Zeit – Höhepunkte sind die großartige Basilica San Vitale mit dem kleinen, aber feinen Mausoleum der Galla Placidia gleich dahinter, die Basilica Sant'Apollinare Nuovo (Nähe Bahnhof) und einige Kilometer außerhalb die große Kirche Sant'Apollinare in Classe.

Anfahrt/Verbindungen/Information

• *Anfahrt/Verbindungen* **Pkw**, von Bologna kommend die Autobahn A 14, dann den beschilderten Zubringer nach Ravenna nehmen. Gebührenpflichtige Parkplätze beim Nationalmuseum/Basilica San Vitale und auf der zentralen Piazza Kennedy. Gratis parken: auf der relativ zentrumsnahen Piazza Mura di Porta Serrata im nördlichen Stadtgebiet.

Bahn, Bahnhof an der Piazza Farini östlich der Altstadt, der Viale Farini führt geradeaus ins Zentrum zur Piazza del Popolo.

Bus, ATR-Busse zur Küste starten am Bahnhof.

Fahrrad, Verleih bei „Coop San Vitale" links vom Bahnhof (Mo–Sa 7–20 Uhr, mit Gepäckaufbewahrung, ✆ 0544/37031), pro Tag ca. 9 €.

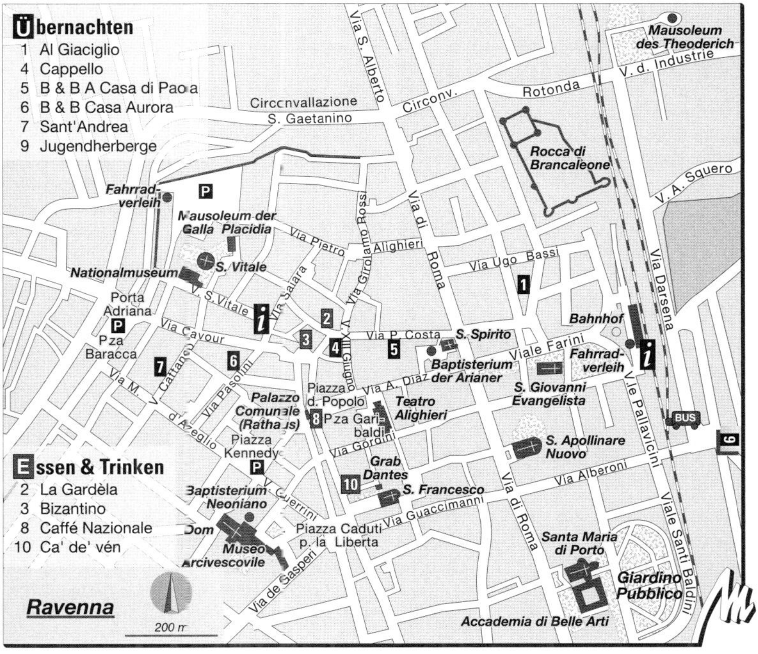

• *Information* **IAT**, Via Salara 8–12, in einer Seitengasse der Fußgängerzone Via Cavour. Mo–Sa 8.30–19 Uhr, So 10–18 Uhr. ✆ 0544/35404, 📠 482670, www.turismo.ravenna.it. Zweigstelle vor dem Bahnhof, neben dem Fahrradverleih.

Übernachten/Essen & Trinken (siehe Karte S. 497)

• *Übernachten* *** **Cappello (4)**, liebevoll restaurierter Palazzo aus dem 15. Jh. in zentraler Lage, gepflegt und komfortabel, Originalfresken, bemalte Holzdecken, Marmor im Treppenaufgang, schöne Holzböden, Muranoleuchter. Sieben Zimmer mit Klimaanlage und TV. DZ mit Frühstück ca. 130–240 €. Via IV Novembre 41, ✆ 0544/219813, 📠 219814, www.albergocappello.it.

*** **Sant'Andrea (7)**, Palazzo aus dem 17. Jh. in der Nähe der Basilica San Vitale, sehr geschmackvoll renoviert. Es gibt gut eingerichtete Zimmer in zwei Größen (die kleinen sind allerdings sehr klein). Im Garten hinter dem Haus kann man schön sitzen und auch frühstücken, Parkmöglichkeit in der Nähe. DZ ca. 110–140 €. Via Carlo Cattaneo 33, ✆/📠 0544/215564, www.santandrea-hotel.com.

B & B A Casa di Paola (5), stilvoll eingerichtetes historisches Haus in zentraler Lage, schöne Zimmer, großer Frühstücksraum, guter und freundlicher Service. DZ mit Frühstück ca. 70–90 €. Via Paola Costa 31, ✆ 0544/39425, 📠 1960203, www.acasadipaola.it.

TIPP! B & B Casa Aurora (6), mitten im Zentrum, vier frisch renovierte, geschmackvoll eingerichtete und geräumige Zimmer, gutes Frühstück, W-Lan, TV. Die sympathischen Vermieter sprechen Deutsch. DZ mit Frühstück ca. 65–110 €. Via G. Pasolini 27, ✆/📠 0544/216144, www.casaurora.com.

* **Al Giaciglio (1)**, ruhige Ecke nah beim Bahnhof, altes Stadthaus, innen besser als man von außen erwartet, hohe Zimmer mit TV, sauber, begrünter Hinterhof. DZ mit Bad ca. 70 €, mit Etagendusche ca. 60 €. Via Rocca Brancaleone 42, ✆ 0544/39403, www.albergoalgiaciglio.com.

• *Jugendherberge* **Ostello Dante (9) (IYHF)**, großes Haus in einem Außenviertel, etwa 1 km vom Bhf. (Bus 1), Schließzeit 23.30 Uhr. Übernachtung mit Frühstück ca. 16 € pro Pers. Via Aurelio Nicolodi 12, ✆/📠 0544/421164, www.hostelravenna.com.

• *Essen & Trinken* **TIPP! Ca' de' vén (10)**, Enoteca mit Küche – mit Abstand das reizvollste Lokal in der Stadt, holzgetäfeltes Gewölbe, dahinter grüner Hof, immer gut besucht. Es werden Weine der Region serviert, dazu leckere Salate. Nudelgerichte und Snacks, z. B. *crescione* (gefüllte Teigtaschen) und *piadina*, eine Art Fladenbrot. Mo geschl. Via Corrado Ricci 24, ✆ 0544/30163.

La Gardèla (2), gutbürgerliches Ristorante mit gutem Ruf, die traditionelle Küche ist vor allem auf Grillgerichte spezialisiert. Do geschl. Via Ponte Marino 3, Nähe Markthalle, ✆ 0544/21714.

Bizantino (3), modernes Selbstbedienungslokal in der Markthalle. Nur Mo- bis Fr-Mittag. Piazza Andrea Costa.

Caffè Nazionale (8), zentral an der Piazza Garibaldi, zum Aperitivo gibt es gegen Aufpreis von ein paar Euro ein tolles Antipasto-Buffet.

Sehenswertes

Ravenna besitzt ein kompaktes und angenehm ruhiges Centro storico, in dem das Bummeln Spaß macht.

Die malerische *Piazza del Popolo* bildet das Zentrum der Altstadt. Am oberen Ende steht das zinnengekrönte Rathaus, davor zwei hohe Säulen mit Stadtheiligen, seitlich schließt sich die elegante Loggia des *Palazzo Veneziano* an. Mehrere Cafés und ein Schnellimbiss bieten Sitzgelegenheiten.

Benachbart liegt die *Piazza Garibaldi* mit dem obligaten Standbild des Risorgimento-Helden und dem *Teatro Alighieri* in kräftigem Habsburger Gelb. Hier zweigt eine kleine Gasse ab, die zum *Grabmal Dantes* führt – der berühmte Dichter der „Göttlichen Komödie“ starb nach seiner Vertreibung aus Florenz 1321 in Ravenna. Ein kleines Kuppelhäuschen aus dem 18. Jh. beherbergt heute die Urne des Dichters.

Wenige Schritte weiter kommt man zum *Quadrarco di Braccioforte,* einem antiken Gewölbebau mit zwei frühchristlichen Sarkophagen. Dahinter steht die schlichte Backsteinkirche *San Francesco,* in der die Beerdigungszeremonie für Dante stattfand.

Nördlich der Piazza del Popolo steht an der Piazza Andrea Costa die viel besuchte *Markthalle.* Richtung Westen beginnt hier die verkehrsberuhigte *Via Cavour,* die schönste Flanierstraße im Zentrum. Am Straßenende liegt ein freier Platz mit der *Porta Adriana,* einem ehemaligen Stadttor. Kurz vorher zweigt eine Gasse zur berühmten Basilica San Vitale ab (→ unten).

Das byzantinische Ravenna

Ravenna war Anfang des 6. Jh. italienischer Brückenkopf des oströmischen Reiches von Konstantinopel. Unter Kaiser Justinian residierte der Ostgotenkönig Theoderich (Dietrich von Bern) hier Anfang des 5. Jh. als Statthalter. Den byzantinischen Prunk der Residenzstadt kann man noch heute anhand der vielen prächtigen Mosaike nachvollziehen. Leider stehen die verschiedenen erhaltenen Gebäude und Kirchen weit auseinander – um alle zu sehen, muss man gut zu Fuß sein.

Der Zugang zu den Sehenswürdigkeiten ist mittels **Sammeleintrittskarten** (biglietto cumulativo) organisiert: **Sammelticket 1** für Basilica San Vitale, Mausoleum der Galla Placidia, Baptisterium Neonianum und Basilica Sant'Apollinare Nuovo (ca. 8,50 €); **Sammelticket 2** für Museo Nazionale, Grabmal des Theoderich und Basilica di Sant'Apollinare in Classe (ca. 8 €); **Sammelticket 3** für Museo Nazionale und Grabmal des Theoderich (ca. 6 €).

Museo Nazionale: In den Kreuzgängen eines früheren Benediktinerklosters – hier tritt man ein, um zur direkt angebauten Basilica San Vitale durchzugehen. Im Untergeschoss hauptsächlich römische Skulpturen und Inschriftentafeln, oben Stücke aus Spätantike, Mittelalter und Renaissance – Bronzen, Ikonen u. a.

Öffnungszeiten/Eintritt: Di–So 8.30–19.30 Uhr, Mo geschl., Eintritt ca. 4 € (zwischen 18 und 25 J. die Hälfte, über 60 J. frei) oder mit Sammelticket 2 oder 3.

Basilica San Vitale: Die byzantinische Basilika wurde 525 während der Herrschaft Theoderichs begonnen und unter Justinian 548 beendet. Der Einfluss des Ostens ist in vieler Hinsicht spürbar, denn es gibt kein Längsschiff, sondern die Kirche ist ein achtseitiger Rundbau mit einer Zentralkuppel. Nach dem Eintritt bleibt man unwillkürlich überrascht stehen – das Innere ist architektonisch äußerst reizvoll, zudem mit Marmor und Mosaiken aufwendig ausgeschmückt, fast wie ein orientalischer Palast. Das warme, dämmrige Licht, das durch die gelblich getönten Scheiben fällt, verstärkt den nahezu mystischen Gesamteindruck.

Der originelle achteckige Kirchenraum wird an allen acht Seiten von hohen Bögen begrenzt, die ihrerseits wiederum von Arkaden unterteilt sind. In einem der Bögen liegt das Presbyterium mit den weltberühmten Mosaiken des Kaiserpaars *Justinian* und *Theodora* an den beiden Seiten. In der Apsis thront Jesus auf einer türkisfarbenen Weltkugel. Rechter Hand von einem Engel begleitet, der Gründungsbischof der Basilika mit einem Kirchenmodell, links der Namenspatron San Vitale. Hergestellt wurden die Mosaiken etwa 520–550 n. Chr., ihre unglaubliche Leuchtkraft und der Abwechslungsreichtum der Farben lässt das Alter von nahezu 1500 Jahren nicht vermuten.

Öffnungszeiten/Eintritt: Tägl. 9–17.30 Uhr, Eintritt nur mit Sammelticket 1.

Großartige Mosaiken in der Basilica San Vitale

Mausoleum der Galla Placidia: Der äußerlich völlig unscheinbare, kleine Backsteinbau steht auf der Rasenfläche hinter San Vitale. Das Innere ist über und über mit Mosaiken bedeckt, alles auf tiefblau leuchtendem Grund! Gebäude und Mosaiken sind hundert Jahre älter als San Vitale und damit die ältesten von Ravenna. In der Kuppel prangt ein goldenes Kreuz inmitten zahlloser Sternchen, seitlich darunter sind die Apostel dargestellt, an den Enden der Seitenschiffe Hirsche, über dem Eingang der Gute Hirte inmitten von Schafen. Das Ganze eingerahmt von herrlichen Ornamenten und bunten Mustern, die Fensteröffnungen sind mit lichtdurchlässigem Alabaster versetzt.

Öffnungszeiten/Eintritt Tägl. 9.30–17.30 Uhr, Eintritt nur mit Sammelticket 1.

Dom: durchschnittlicher Barockbau mit schönem Campanile aus dem 10. Jh., beachtenswert ist das große *Lesepult* des Erzbischofs Agnello mit seinen frühchristlichen Reliefs im Mittelschiff vorne rechts (6. Jh.). An der Rückseite ist der Erzbischöfliche Palast angebaut, im ersten Stock das beachtliche *Museo Arcivescovile* mit Mosaikfragmenten, einem berühmten Bischofsthron aus Elfenbein (6. Jh.) und einer mit Mosaiken wunderschön ausgestalteten Hauskapelle.

Öffnungszeiten/Eintritt **Museo Arcivescovile**, tägl. 9.30–17.30 Uhr, Eintritt nur mit Sammelticket 1.

Baptisterium Neoniano: Taufkapelle aus dem 5. Jh., achteckiger Ziegelbau neben dem Dom. Die Innenwände mit Arkaden, Marmorsäulen und Stuck aus verschiedenen Epochen, in der Kuppel zeigt ein großes Mosaik die Taufe Jesu im Jordan. In der Mitte des Raumes ein großes Taufbecken, in dem die Täuflinge von Kopf bis Fuß eintauchen mussten. Der ursprüngliche Boden liegt 3 m tiefer, er ist in den sumpfigen Untergrund abgesunken.

Öffnungszeiten/Eintritt Tägl. 9–17.30 Uhr, Eintritt nur mit Sammelticket 1.

Basilica Sant'Apollinare Nuovo: Die Palastkirche Theoderichs aus dem 6. Jh. steht in der Nähe des Bahnhofs an der Via di Roma. Vor der Fassade kleine Säulenvorhalle, ansonsten abgesehen vom attraktiven runden Glockenturm äußerlich wenig Besonderes. Das Innere ist absolut leer, so kommen die großartigen Mosaike noch besser zur Geltung: beide Wände des lang gestreckten Mittelschiffs sind mit großen, weiß gewandeten Menschengestalten bedeckt. Rechts ziehen die Märtyrer vom Palast des Theoderich zum Thron Jesu, links Märtyrerinnen vom Hafen Classe zu Maria mit dem Kind, angeführt von den Heiligen Drei Königen. Darüber Apostelfiguren und Szenen aus dem Leben Christi. Der prunkvolle Palast des Theoderich wurde von einem späteren Bischof retuschiert: wo jetzt Schleier in den beiden Loggien wehen, standen früher arianische Würdenträger, Spuren sind noch zu erkennen. (Theoderich war Arianer, d. h. für ihn war Jesus nicht gottgleich, sondern nur wesensähnlich.)

Öffnungszeiten/Eintritt Tägl. 9–17.30 Uhr, Eintritt nur mit Sammelticket 1.

Grabmal des Theoderich: Der Ostgotenkönig Theoderich residierte als Statthalter des byzantinischen Kaisers Justinian. Sein Grab liegt etwas außerhalb vom Zentrum, vom Bahnhof aus rechts, auf der anderen Seite der Gleise. Der monumentale zweigeschossige Bau wurde wahrscheinlich noch von Theoderich persönlich in Auftrag gegeben und wirkt gegenüber der byzantinischen Mosaikenpracht auf den ersten Blick „barbarisch“ einfach. Der untere Raum ist kreuzförmig, über eine Außentreppe gelangt man in das Obergeschoss, dort in der Mitte steht ein großer Behälter aus Porphyr, in dem vielleicht Theoderich aufgebahrt lag (seine Gebeine sind verschollen). Das Kuppeldach misst 11 m im Durchmesser und besteht aus einem einzigen Steinblock.

Öffnungszeiten/Eintritt tägl. 8.30–17.30 Uhr, Eintritt ca. 3 € (zwischen 18 und 25 J. die Hälfte, über 60 J. frei) oder mit Sammelticket 2 oder 3.

Ravenna/Umgebung

In der Ebene von Ravenna durchziehen viele Entwässerungskanäle das ehemalige Sumpfgebiet. Im weiten Umkreis dominieren Industrieanlagen – vor allem Erdgas wird hier gewonnen. Ausgedehnte Pinienwälder und ein endloser, im Sommer trotzdem meist rappelvoller Sandstrand schließen die Ebene um Ravenna zum Meer hin ab, eine ganze Reihe von Badeorten bietet Unterkunft. Von der Küste zieht sich ein breiter schiffbarer Kanal bis zum großen Wirtschaftshafen *Darsena* am Stadtrand von Ravenna – zwischen Porto Corsini und Marina di Ravenna kann man jedoch mit ständig verkehrenden Autofähren übersetzen.

Basilica Sant'Apollinare in Classe: Die größte und am besten erhaltene Kirche Ravennas steht weithin sichtbar 5 km südlich der Stadt, nahe der Schnellstraße nach Marina di Ravenna – in der Antike lag hier die stark befestigte Hafenstadt Classe. Auf dem Weg von der Stadt kommt man am *Parco Archeologico di Classe* vorbei.

Die weiträumige Backsteinkirche mit schönen Marmorsäulen und hohem Holzbalkengewölbe ist bis auf zehn große *Sarkophage* fast leer. Alles beherrschender Blickpunkt sind die herrlichen Mosaike in der Apsis. *Sant'Apollinare*, der erste Bischof der Stadt Classe, steht inmitten einer paradiesisch grünen Szene mit Schafen, darüber prangt ein güldener Himmel, in dessen Zentrum ein edelsteinbesetztes Kreuz mit dem Antlitz Jesu im Schnittpunkt die „Verklärung Christi auf dem Berg Tabor“ darstellt.

• Öffnungszeiten/Eintritt **Basilica Sant'Apollinare in Classe**, Mo–Sa 8.30–19.30 Uhr, So 13.30–19.30 Uhr; Eintritt ca. 3 € (zwischen 18 und 25 J. die Hälfte, über 60 J. frei) oder mit Sammelticket 2.

Parco Archeologico, Sommer Mo–Sa 9–19 Uhr, Winter Mo–Sa 9–16 Uhr, So 9–14 Uhr. Eintritt ca. 2 €.

• *Anfahrt/Verbindungen* **ATM-Bus 4** ab Bahnhof, auch Bahnstation in der Nähe (Linie nach Rimini).

• *Essen & Trinken* TIPP! **Casa delle Aie**, ein Bauerngehöft an der SS 16 südlich der Basilica (beschildert). Gemütlich isst man hier an langen Tischen solide Hausmannskost. Frühzeitig kommen, wird schnell voll. Nur abends (Sa/So auch abends), im Winter Mi geschl. ✆ 0544/927631.

Marina di Ravenna: Hauptort am Strand von Ravenna, vom nördlich benachbarten Porto Corsini durch den breiten Ravenna-Kanal getrennt (häufige Überfahrten mit kleiner Autofähre). An der Kanaleinfahrt ragt eine Mole kilometerweit ins Meer. Richtung Süden dichte Pineta mit diversen Hotels und Campingplätzen, davor schöner weißer Sandstrand mit Zugängen von der Durchgangsstraße.

• *Anfahrt/Verbindungen* **Busse** pendeln ab Bahnhof in Ravenna.

• *Information* Viale delle Nazioni 159, Mai bis Sept. ✆ 0544/530117.

• *Übernachten* In den zahlreichen Hotels und Pensionen läuft im Hochsommer ohne Halbpension meist nichts.

Zwei schattige Campingplätze liegen südlich vom Ort, **Rivaverde** (✆ 0544/530491, www.rivaverdecamping.com) ist der nächste, danach folgt **Internazionale Piomboni** (✆ 0544/530230, www.campingpiomboni.it). Abends oft Animation, Tanz etc. Drei weitere Plätze gibt es im benachbarten Ort **Punta Marina**.

• *Essen & Trinken* **Lucciola**, schöne Lage direkt am Strand, Nähe Camping Rivaverde. ✆ 0544/530186.

Lido di Dante: der kleinste Badeort an der Küste von Ravenna, schöner Strand und die herrliche *Pineta di Classe*, wo Reste der alten Schirmpinienwälder erhalten sind, die vor Einsetzen des Touristenbooms weite Teile der Adriaküste bedeckten. Dank der beiden Zeltplätze vor allem für Camper interessant, insbesondere auch für FKK-Liebhaber.

• *Übernachten* **Camping Classe**, 7 ha großes Wiesengelände mit Pool und angrenzendem Pinienwald. Etwa ein Fünftel ist für FKK reserviert. Zum Textilstrand sind es ca. 5 Min., etwa 30 Min. geht man bis zum 2–3 km langen FKK-Bereich am Strand. ✆ 0544/492005, www.campingclasse.it.

Diese typischen Fischernetze findet man an der gesamten Adria

Adriaküste (Ravenna bis Rimini)

Hier ballt sich der Tourismus. Höhepunkt ist natürlich das legendäre Rimini, das sich mit Vororten fast 20 km die Küste entlang zieht. Von Cesenatico bis Gabbice Mare ist die Adria praktisch zugebaut, Cervia und Milano Marittima liegen nördlich davon etwas am Rande. Insgesamt warten in der Provinz Rimini 40 km Sandstrand.

Cervia ca. 30.000 Einwohner

Der große Bade- und Thermalkurort blickt auf eine lange Vergangenheit zurück und hat sich im Zentrum ein hübsches Ensemble aus dem 17. Jh. bewahrt, die Piazza Garibaldi und die Piazza Pisacane mit Arkadengängen, Dom, Rathaus und engen Gassen, das nach außen durch die alten Wohnhäuser ehemaliger Salinenarbeiter abgeschirmt ist. Der lange Strand mit Dutzenden von Hotels liegt einen knappen Kilometer vom historischen Zentrum entfernt.

Wegen des großen Lagunensees *Saline di Cervia* (heute Naturschutzgebiet) war Cervia jahrhundertelang ein bedeutender Ausfuhrhafen für Salz, durch den *Canale delle Saline* fuhren die Schiffe zum Meer. Die noch aus etruskischen Zeiten stammende *Salina Camillone* kann im Sommer besichtigt werden, außerdem gibt es ein Besucherzentrum, von dem aus man die Salinen auf verschiedenen Wegen erforschen kann. Im Zentrum stehen bei der zentralen Piazza Andrea Costa am Kanal noch die ehemaligen *Magazzini del Sale* mit der zu ihrem Schutz erbauten *Torre di San Michele*. Das dort eingerichtete *Museo del Sale di Cervia* kann nach Voranmeldung besichtigt werden. Jeden Donnerstag findet ein großer Markt statt.

Nördlich benachbart liegt *Milano Marittima*, eine elegante „Gartenstadt" mit zahlreichen Ferienhäusern und Hotels inmitten dichter Pineta. Unmittelbar dahinter erstreckt sich die *Pineta di Cervia* mit zahlreichen Fuß- und Radwegen, einem Golfplatz und dem Schmetterlingshaus *Casa delle Farfalle*. Auch die *Terme von Cervia* liegt dort mitten im Grünen (www.terme.org).

• *Öffnungszeiten/Eintritt* **Salina Camillone**, Juni bis Mitte Sept. mit Führung Do u. So 17.30 Uhr.

Centro Visite Salina di Cervia, Mitte März bis Mitte Juni u. Mitte Sept. bis Mitte Nov. Sa/So 10.30–12.30, 14.30 Uhr bis Sonnenuntergang, Mitte Juni bis Mitte Sept. tägl. 15.30 Uhr bis Sonnenuntergang. Eintritt ca. 1,50 €. ✆ 0544/973040.

Museo del Sale di Cervia, Mitte Sept. bis Mai Sa/So 15–19 Uhr. Juni bis Mitte Sept. tägl. 20.30–23 Uhr. Eintritt frei. ✆ 0544/977592.

Casa delle Farfalle, März bis Okt. Di–So 9.30–12.30, 14.30–17 Uhr (April, Mai, Sept. 18 Uhr, Juni, Juli, August 19 Uhr), Eintritt ca. 8 €, über 65 J. 7 €.

• *Information* **IAT**, zentral in der Torre San Michele, Via Evangelisti 4. ✆ 0544/72424, ✆ 972911, www.cerviaturismo.it.

• *Übernachten* Sehr großes Angebot an Hotels und Ferienhäusern, besonders schön wohnt man in Milano Marittima.

*** **Monique**, nettes, kleineres Haus, hervorzuheben der hübsche Garten, in dem man morgens frühstückt und abends ein Unterhaltungsprogramm geboten wird. Gutes Restaurant, Zimmer klein (Sat-TV, Klimaanlage), Gästefahrräder, Parkplatz. DZ mit Frühstück ca. 60–90 €. Viale Belfiore 23, Seitengasse der Via Volturno, Nähe Infobüro. ✆ 0544/971224, ✆ 71683, www.hotelmonique.com.

B & B Noé, in Milano Marittima, einige Zimmer in einer Villa nah am Canale delle Saline. DZ mit Frühstück ca. 60–100 €. Via Isonzo 17, ✆ 333-5347035, www.bbnoe.it.

Weiter nördlich liegen einige Campingplätze, z. B. **Romagna** (✆ 0544/949326) und **Adriatico** (✆ 0544/71537, www.campingadriatico.net).

Emilia-Romagna
Karte S. 462/463

• *Essen & Trinken* **Il Cantinone**, gemütliche Osteria mit schönem, altem Säulenraum in einer schmalen Gasse, wenige Meter vom Rathaus. Gerichte in der Tradition der Romagna, häufig wechselnde Speisekarte. Mo geschl. Via XX Settembre 28, ✆ 0544/977078.

TIPP! La Pantofla, an der Straße, die parallel zum Kanal verläuft. Kooperative direkt neben dem Fischmarkt, diverse gebratene Fische mit Beilagen, kleine Auswahl, aber verhältnismäßig preiswert. Via Nazario Sauro 1, ✆ 0544/973889.

Cesenatico

ca. 20.000 Einwohner

Beliebtes Seebad mit einem pittoresken Kanal, der sich quer durch die Stadt zieht. Traditioneller Anlaufpunkt deutscher Urlauber, zahllose Hotels und kilometerlange, weiße Sandstrände. Parallel zum Strand verläuft eine lange Uferpromenade, unübersehbar ragt dort das bizarre „Wahrzeichen" Cesenaticos in den Himmel: das mit Abstand höchste Hochhaus der Adria. Direkt davor ist der Strand frei zugänglich.

Der malerische Kanal namens *Porto Canale* ist Standplatz der großen Fischerflotte, Leonardo da Vinci konstruierte ihn Anfang des 16. Jh. Abwechslung ist hier immer geboten – es gibt zahlreiche hübsche Restaurants und Kneipen, tagsüber finden Straßenmärkte statt, abends Livemusik. Eine originelle kleine Fähre pendelt in Strandnähe zwischen beiden Ufern (im Sommer bis nach Mitternacht). Originell ist auch das einzige „schwimmende Museum" Italiens – in einem stillgelegten Kanalabschnitt liegen verschiedene historische Schiffstypen der mittleren und oberen Adria vor Anker. Das dazugehörige *Museo della Marineria* am Kanal (Via Armellini 18) dokumentiert mit historischen Fotos, zweisprachiger audiovisueller Untermalung und liebevoll präsentierten Exponaten die Vergangenheit Cesenaticos als Hafen und bedeutende Fischereiwerft, im angeschlossenen *Antiquarium* werden archäologische Stücke aus der römischen Vergangenheit gezeigt. Im Umkreis erstreckt sich die hübsche Altstadt mit niedrigen, pastellfarbenen Häusern. An der *Piazza delle Conserve* sind historische Kühlmulden für Fische erhalten, die vom 16.–19. Jh. trichterförmig in die Sanddünen gegraben und ausgemauert wurden.

An beiden Seiten des Kanalausgang kann man schön bis zur Spitze der Mole bummeln, vorbei an malerischen *Trabucchi* (Fischerhäusern) mit großen Fischnetzen.

• *Anfahrt/Verbindungen* **Bahn**, der Bahnhof liegt am Rand des Centro storico, ca. 1 km landeinwärts vom Meer.

• *Öffnungszeiten/Eintritt* **Museo della Marineria/Antiquarium**, Mitte Mai bis Mitte Juni tägl. 10–12, 15–19 Uhr, Mitte Juni bis Mitte Sept. tägl. 10–12, 17–23 Uhr, übrige Zeit Sa/So 10–12, 15–19 Uhr. Eintritt ca. 3 €. ✆ 0547/79205, www.museomarineria.eu.

• *Information* **IAT**, Viale Roma 112/Ecke Viale dei Mille. Modernes Büro etwas landeinwärts vom Hochhaus, tägl. 8.30–19 Uhr. ✆ 0547/673287, 📠 79404, www.cesenatico.it/turismo.

• *Übernachten* Fast 400 Hotels und Pensionen bieten Zimmer, dazu gibt es zahllose Ferienwohnungen (Vermittlung über diverse Agenturen).

Camping Cesenatico, großes, gepflegtes Gelände mit Pool nördlich vom Ort, davor schöner, langer Sandstrand. Ganzjährig. ✆ 0547/81344, 📠 672452, www.campingcesenatico.it.

Camping Zadina, gleich benachbart, größer, eher einfacher Platz mit viel Schatten, ein Meerwasserkanal durchzieht das Gelände. Mai bis Sept. ✆ 0547/82310, 📠 672802, www.campingzadina.it.

• *Essen & Trinken* Am Kanal reihen sich zahlreiche schön aufgemachte Lokale mit leckerer Meeresküche.

An der Südseite des Kanals:

Osteria l'Angolo Divino, feines und geschmackvoll konzipiertes Fischrestaurant, preislich gehoben. Piazza Ciceruacchio 1, ✆ 0547/673066.

La Buca, Stefano Bartolini ist ebenfalls weithin bekannt für seine exzellente Fischküche, auch hier liegen die Preise recht hoch. Zum Haus gehört auch die benachbarte, sehr beliebte **Osteria**, wo man etwas günstiger isst. Mo geschl. Corso Garibaldi 41, ✆ 0547/82474.

San Marco, wenige Meter vom Kanal neben der kleinen Pescheria (Fischmarkthalle), alteingeführtes Fischlokal, angenehm lockere Atmosphäre, eigener Hauswein in Flaschen. Mi geschl. Piazza Fiorentini, ✆ 0547/80075.

Pippo, beim Museumsschiff, da etwas abseits, weniger Touristen, trotzdem immer gute Stimmung. Via Giordano Bruno 7, ✆ 0547/80378.

Gambero Rosso, schickes und teures Ristorante in traumhafter Lage am Ausgang des Kanals direkt am Strand. Meeresmenü ca. 40–60 €, aber auch Pizza ab ca. 8 €. Im Winter Mo geschl. Via Molo Di Levante 21, ✆ 0547/81260.

An der Nordseite des Kanals:

Cantina del Porto, mit seiner niedrigen Holzdecke ausgesprochen gemütlich. Via Moretti 29, ✆ 0547/82047.

La Lampara, ein fröhliches Völkchen trifft sich hier täglich am Hafenbecken Porto Canale di Leonardo. Via Moretti 45, ✆ 0547/80219.

• *Nachtleben* **Pub Osteria Maraffa**, Nordseite des Kanals, am frühen Abend wird hier gegessen (für mehrere Personen gleich in der Pfanne serviert), ab 22.30 Uhr dann Nachtbar, wo sich auch die einheimische Jugend trifft. Mo geschl. Via Moretti 11, ✆ 338-4112215.

Rimini

ca. 130.000 Einwohner

Emilia-Romagna Karte S. 462/463

Badegroßstadt mit Schuhschachtel-Architektur, größter Urlaubsort der Adria. An der 10 km langen Marina drängen sich Hotels, gläserne Ristoranti, glitzernde Diskotheken, Cafés und Kneipen, Ramschboutiquen, schäbige Spielhallen, Pizzabuden ... Knapp 2 km landeinwärts dann der unerwartete Kontrast – die stilvolle Altstadt um die großzügige Piazza Cavour.

Allabendlich im Hochsommer wird an der Marina die längste *Passeggiata* der Welt inszeniert. Gut zwei bis drei Stunden läuft man im Menschenstrom den völlig überfüllten Gehsteig rauf und wieder runter, zwängt sich dann endlich irgendwo in eins der Straßencafés, deren Stühle nicht zur Straße, sondern sämtlich zum Laufsteg der Eitelkeiten ausgerichtet sind. Falls man nicht rauf- und runterläuft – was selten ist –, kann man seine Gaudi mit den vierrädrigen *ciclocarrozzelle* haben, danach ab in die Disco oder Eisschlecken oder frustriert ins Bett, weil man in dieser toll gewordenen Urlaubsmaschine einfach nicht zurechtkommt. Rimini darf nicht sterben – diese Glitzerwelt aus Modepüppchen, italienischen Großstadt-Freaks, parfümierten Gigolos, aufgedrehten, jungen Touristen, vielen braven Familien und zahllosen Rentnern aus ganz Europa ist sehens- und erlebenswert. Sogar Fellini verfiel der Magie Riminis und verbrachte bis zu seinem Tod jeden Sommer in seiner Geburtsstadt. Das Geheimnis Riminis: für jeden etwas! Unser Rat: unbedingt im August kommen!

Anfahrt/Verbindungen

• *Pkw* Autobahn A 14, **Rimini Nord** oder **Rimini Sud**, dann immer den Schildern „Al Mare" hinterher. An der Marina steht man im Sommer ständig im Stau, Parken kann man in den Seitengassen.

Im historischen Zentrum einige gebührenpflichtige Parkplätze, z. B. am Viale Roma, Nähe Bahnhof (alle eingezeichnet im Stadtplan von Rimini, erhältlich bei den Info-Büros).

• *Bahn* Häufige Verbindungen in die Nachbarorte an der Küste, Fernzüge nach Bologna, Rom und entlang der Adria.

Bahnhof am Piazzale Cesare Battisti, auf halbem Weg zwischen Altstadt und Strand. Ins Zentrum kommt man geradeaus die Via Dante entlang, ca. 5 Min. zum Tempio Malatestiano, 10 Min. zur Piazza Cavour. Vom Bahnhof zum Strand rechts gehen bis zum Tunnel unter der Bahnlinie und dort die Via Principe Amedeo ca. 1 km geradeaus – oder Bus 10 oder 11 nehmen (→ Unterwegs in der Stadt).

• *Bus* Fernbusstation an der **Via Clementini/Via Roma**, Nähe Bahnhof. Busse ins Hinterland und nach San Marino starten direkt vor dem Bahnhof.

• *Flug* Der **Flughafen Federico Fellini** liegt südlich vom Zentrum in Rimini-Miramare, Charterflieger aus ganz Europa landen hier. Linienbus 9 pendelt von und zum Bhf. ✆ 0541/715711, www.riminiairport.com.

Information

• *Marina* **IAT**, großes Büro am zentralen Piazzale Federico Fellini (Nähe Kanalmündung). April bis Sept. Mo–Sa 8.30–19, So 9.30–12.30, 16–19 Uhr, Okt. bis März Mo–Sa 9.30–12.30, 15.30–18.30 Uhr. ✆ 0541/56902, ℻ 56598, www.turismo.provincia.rimini.it, www.riminiturismo.it, www.riviera.rimini.it.

• *Zentrum* **IAT**, Piazzale Cesare Battisti 11, gegenüber vom Bahnhof, neben Verkehrspolizei. April bis Sept. Mo–Sa 8.30–19, So 9.30–12.30 Uhr, Okt. bis März Mo–Sa 9.30–12.30, 15.30–18.30 Uhr. ✆ 0541/51331, ℻ 27927.

Unterwegs in der Stadt

Ein effektives Bussystem sorgt für den Transport durch die riesige Badestadt und ins historische Zentrum. Tickets gibt es in allen Zeitungs- und Tabakläden, am Bahnhofsvorplatz und in einem Schalter an der Piazza Tre Martiri. Neben Einzelfahrscheinen sind auch Tageskarten (ca. 3 €) und Achttageskarten (ca. 12 €) erhältlich. Die Haltestellen sind durchnummeriert und auf dem Gratis-Stadtplan eingezeichnet.

Start der orangefarbenen Busse **4**, **4a**, **10** und **11** an der zentralen Piazza Tre Martiri im Zentrum, nächste größere Station ist der Bahnhofsvorplatz. Buslinien 10 und 11 fahren runter zum Meer und pendeln die schnurgerade Küstenstraße entlang bis **Miramare**, Bus 11 fährt sogar bis ins benachbarte **Riccione**, ebenso Bus 124, allerdings auf der weiter landeinwärts verlaufenden Via Flaminia. Bus 4 und 4a fahren Richtung Norden die Küstenstraße entlang bis **Torre Pedrera**.

Übernachten (siehe Karte S. 508/509)

Rimini besitzt mehr als 1500 Hotels. An der Strandpromenade reihen sich viele hunderte gesichtslose Betonkästen, in der Regel platzsparend gebaut, hellhörig und langweilig, Zimmer meist mit Mini-Balkon, „zweckmäßig" eingerichtet und auf Pauschalgäste eingestellt, im Hochsommer durchweg Pensionspflicht. Preislich günstiger sind die Häuser in den etwas zurückliegenden Straßen ohne Meerblick. In schönerer Atmosphäre wohnt man in den wenigen Hotels der Altstadt. Preislich gibt es starke saisonale Schwankungen, denn vor Mai und nach Oktober sind kaum Urlauber im Ort. Im Sommer sollte man die Zimmervermittlung in Anspruch nehmen.

• *Zentrum* **** **DuoMo (11)**, vollständig umgebaut und nun als topmodernes Designhotel geführt. Zimmer in hellgrün, lila oder rot, TV mit Flachbildschirm, großzügige Bäder mit geschwungenen Wänden. DZ mit Frühstück ca. 160–260 €. Via Giordano Bruno 28, ✆ 0541/24215, ℻ 27842, www.duomohotel.com.

** **Giulio Cesare (14)**, in einem ruhigen Seitengässchen der Piazza Tre Martiri, einfaches Haus, altmodisch-gepflegt mit Holztäfelung und Polstermöbeln in der Lobby. DZ ca. 60–80 €. Via Battarra 9, ✆ 0541/51303.

• *Marina* ***** **Grand Hotel (4)**, ein Relikt aus vergangenen Zeiten, herrlicher Garten und gediegene Atmosphäre, in den Zimmern venezianische und französische Möbel des 18. Jh. Fellini schlich sich als Junge manchmal hinein. Seit den 1980er Jahren stand ihm eine Suite zur Verfügung, in der er sich jedes Jahr einquartierte. Am 3. August 1993 – er hatte gerade den fünften Oscar, diesmal für sein Lebenswerk, erhalten – erlitt er hier einen Schlaganfall, an dessen Folgen er dann am 31. Oktober starb. Der Platz vor dem Haus wurde nach ihm benannt. DZ mit Frühstück ca. 200–310 €. Piazzale Federico Fellini 2, ✆ 0541/56000, ℻ 56866, www.grandhotelrimini.com.

*** **Villa Lalla (7)**, etwas zurück vom Meer. Komplett renoviert, moderne Zimmer mit TV, Restaurant (Juni bis Sept.). DZ mit Frühstück ca. 60–95 €. Marina Centro, Viale Vittorio Veneto 22, ✆ 0541/55155, ℻ 23570, www.villalalla.com.

* **Villa Neri (18)**, wenige Schritte vom Meer, ordentliche Zimmer mit eigenem Bad. DZ ca. 50–80 €. Miramare, Via R. Serra 31 (Busstopp 20), ✆ 0541/381127, villaneri@libero.it.

• *Jugendherbergen* **Jammin' Rimini (15)**, zentrale Lage in Marina 100 m zum Strand. Auf vier Stockwerken 18 Zimmer mit 24 und 6–8 Betten, die meisten mit eigenem Bad. Self-Service-Küche, Fahrräder gratis, Wi-Fi gratis in den Schlafräumen, Panoramaterrasse, Gepäckaufbewahrung. Freundliches Personal. Pro Pers. je nach Saison 14–25 €, im Familienzimmer 15–30 €. Viale Derna 22, ✆ 0541/390800, ℻ 1792122, www.hosteljammin.com.

Sunflower Beach Backpacker Hostel (19), modernes Hostel mit Schlafsälen, Einzel- und Doppelzimmern, alle mit eigenem Bad. Bar mit „Chill-Out-Area", Internetpoint, Leseecke, Sat-Fernsehsaal mit Video/DVD, Billard, Tischfußball, Gemeinschaftsküche etc. Kostenloser Strandzugang in 300 m Entfernung. Übernachtung im Mehrbettzimmer ca. 17–27 €, im DZ ca. 24–40 €, jeweils mit Frühtück. Marebello, Via Siracusa 25, ✆ 0541/373432, ℻ 373432, www.sunflowerhostel.com.

• *Camping* **Maximum (20)**, großer Platz an der Küstenstraße in Miramare, im südlichen Stadtbereich von Rimini, etwa 7 km vom Zentrum (aus allen Richtungen sehr gut beschildert). Das baumbestandene und schattige Gelände besteht aus zwei getrennten Platzbereichen, die beide im Sommer völlig überfüllt sind. Busse 10/11 pendeln in die Stadt (11 auch nach Riccione), Haltestelle 33 genau gegenüber vom Eingang. Bar/Ristorante. Der Platz wird die ganze Nacht bewacht. Mitte Mai bis Sept. ✆/℻ 0541/372602, www.campingmaximum.com.

Italia, schattiger Wiesenplatz in Viserba, 4 km nördlich vom zentralen Bereich der Marina. Bus 4 und 4a pendeln ins Stadtzentrum (Bahnhof bzw. Piazza Tre Martiri), Haltestelle 14 vor dem Eingang. Große Bar mit Pizzeria, besonderer Pluspunkt ist der „free beach". Mitte Mai bis Sept. ✆ 0541/732882, ℻ 732322, www.campingitaliarimini.it.

Auf der Piazza Cavour im Centro storico

Essen & Trinken (siehe Karte S. 508/509)

Im Strandbereich wenig Niveau, oft Massenabfertigung, manchmal Nepp. Nach dem Essen spielt sich hier die große Straßenshow ab. In der Altstadt isst man mit mehr Flair.

• *Altstadt* **Il Mare in Piazza (9)**, an der Oberkante der Piazza Cavour, hübsch zum Sitzen, wie der Name sagt Meeresküche, Risotto etc. Via Poletti 8, ✆ 0541/780423.

La Bussola (10), in einer ruhigen Seitengasse gegenüber der Kirche Sant'Agostino, um die Ecke von der Piazza Cavour. Sympathisches, von einer jungen Crew geführtes Lokal, reichlich Pizza und sogar Gerichte für Vegetarier. Via Sigismondo 39, ✆ 0541/785546.

Pic Nic (13), hübsch und gemütlich aufgemachtes Ristorante mit viel originellem Dekor, hinten auch ein Garten. Großes Buffet und umfangreiche Speisekarte. Mo geschl. Via Tempio Malatestiano 30, ✆ 0541/21916.

TIPP! Osteria del Vizio (23), neue, schön renovierte Osteria hinter dem Triumphbogen, gute lokale Küche, nette Atmosphäre. Via Circonvallazione Meridionale 41/a, ✆ 0541/783822.

• _Borgo San Giuliano_ Wenn man vom Zentrum aus auf dem Ponte di Tiberio (→ Sehenswertes) den Fluss Marecchia überquert, kommt man in dieses ehemalige Fischerviertel.

TIPP! **Osteria de Börg (2)**, gemütlicher Innenraum, einige Tische auch im Freien. Fantasievolle Küche, die sich an der Tradition orientiert, hervorragend die Nudeln aus eigener Produktion, Fleisch vom offenen Grill. Werktags nur abends, an Festtagen auch mittags. Im Sommer mittags geschl. Via Forzieri 12, ✆ 0541/56074.

• _Marina_ **Taverna degli Artisti (5)**, beliebt seit 50 Jahren, vielfältige regionale Küche. Bis spät nachts geöffnet. Mi geschl. Marina Centro, Viale Amerigo Vespucci 1, beim Kreisverkehr an der Piazza Federico Fellini, ✆ 0541/28519.

Chi Burdlaz (12), „Osteria e cucina" am zentralen Laufsteg der Massen, opulent aufgemacht, viel Licht und Dekor. Viale Amerigo Vespucci 63, ✆ 0541/709900.

Osteria del mare (17), beliebtes Fischlokal direkt am Strand. Marebello, Via Regina Margherita 77, ✆ 0541/375851.

• _Cafés/Bars_ **Gelateria Nuovo Fiore (6)**, riesiges Eiscafé mit viel Chrom und Sorten wie Sand am Meer von Rimini. Zweigstelle auch im nahen Riccione (→ dort). Viale Amerigo Vespucci 7, Nähe Piazza Federico Fellini.

Nachtleben

Das Nachtleben Riminis ist das heißeste Europas – noch vor Mallorca und Ibiza, allerdings konsequent auf den Hochsommer beschränkt, vorher und nachher läuft vieles nur auf Sparflamme. Vor allem in _Marina Centro_ geht es rund. Der parallel hinter der breiten Uferstraße verlaufende _Viale Amerigo Vespucci_ und die südliche Fortsetzung _Viale Regina Elena_ fungieren als nächtlicher Laufsteg, die Kneipen, Pubs und Diskotheken gehen allein hier in die Hunderte. Das Zentrum des Trubels erstreckt sich vom Parco Federico Fellini etwa 2 km Richtung Süden, aber auch weiter südlich gibt es immer wieder Ballungszonen bis zum Campingplatz. Die ganz großen Topdiscos liegen in den Bergen des Hinterlands.

Wer kein eigenes Verkehrsmittel hat und nicht laufen will, kann bis etwa 1 Uhr morgens bequem mit dem Bussen 10 und 11 hin- und herpendeln, die Stationen sind nach Nummern benannt. Mitte Juli bis Ende August machen die Busse der _Blue Line_ ab ca. 22 Uhr bis in die frühen Morgenstunden etwa alle 30 Min. eine Rundtour zu zahlreichen Clubs, Pubs und Diskotheken von Torre Pedrera bis Riccione.

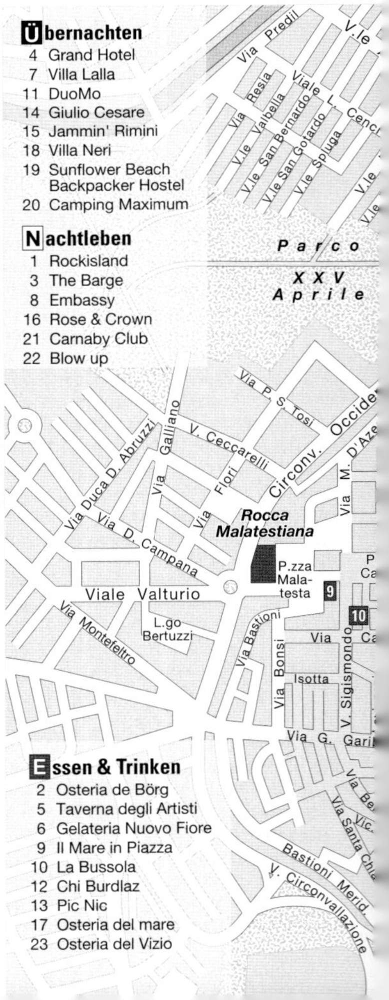

• *Discos* Eintritt je nach Marktlage, meist um die 15–30 € (incl. ein Getränk), in der Nebensaison gelegentlich frei. Außerhalb Juli/August machen viele Discos nur am Wochenende auf. Auf den Straßen werden Flyer verteilt, mit denen man Ermäßigung bekommt.

Paradiso, in den Pinienhügeln über der Stadt, bereits seit den 1960er Jahren eine der beliebtesten Discos, Platz für bis zu 2000 Besucher, auch Open Air. An-/Abfahrt mit Blue Bus oder Taxi, ein hauseigener Bus steht ebenfalls zur Verfügung. Ganzjährig. Via Covignano 260, ✆ 0541/751132, www.paradisoclub.eu.

Embassy (8), edel aufgemachte Disco mit Garten und oft Livemusik, ganz zentrale Lage, Platz für 1000 Personen. Ganzjährig. Viale Vespucci 33 (Busstopp 11), ✆ 0541/23934.

Carnaby Club (21), einer der „In"-Treffs an der Marina, drei Tanzflächen übereinander, es geht rund, fröhliche Atmosphäre. Rivazzurra, Viale Brindisi 30 (Busstopp 26), ✆ 0541/373204, www.carnaby.it.

Blow Up (22), kleinere, aber recht beliebte Disco, Szenetreff. Ganzjährig. Bellariva, Viale Regina Elena 209 (Busstopp 21), ✆ 0541/386060, www.blowupdisco.it

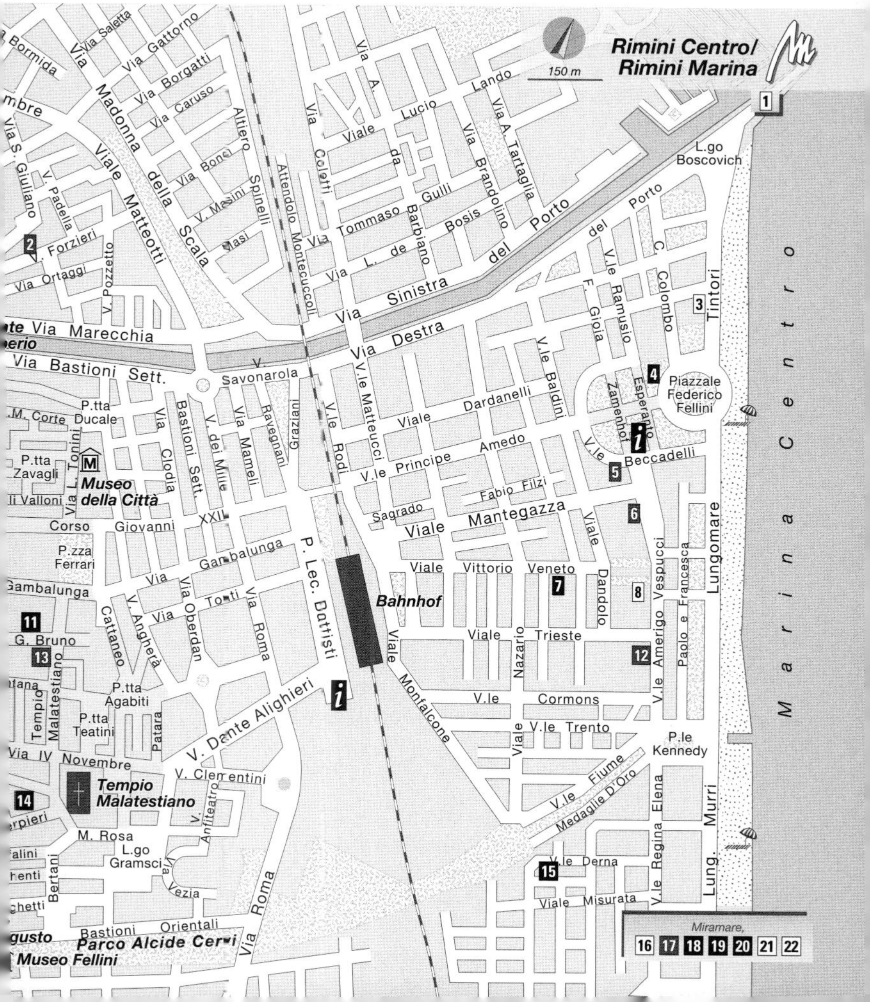

• *Treffs* **Rockisland (1)**, tolle Lage an der Spitze der Kanalmole, große Bar mit DJs und Live-Bands, kein Eintritt, aber Getränkepflicht. Piazzale Boscovich, Molo di Levante, ✆ 0541/50178.

Rose & Crown (16), seit 1964 und damit der älteste Pub Riminis. Via Regina Elena 2, ✆ 0541/391398.

The Barge (3), Irish Pub mit Livemusik, großem Bierangebot und ethnischer Küche. Lungomare Tintori 13, ✆ 0541/22685.

• *Im Centro storico* Auch in der Altstadt sind um die Pescheria an der Piazza Cavour diverse Trendlokale entstanden, z. B. das **Casablanca** und das **Caravaggio**.

Sport & Vergnügen

Jede Menge Möglichkeiten, detaillierte Hinweise und viele weitere Adressen in den entsprechenden Broschüren vom Informationsbüro.

• *Baden* Der kilometerlange Strand ist eine einzige gigantische Sonnenschirmparade, mehr als 140 durchnummerierte Badeanstalten bieten identischen Service an. Gebühren pro Tag: Liegestuhl (lettino), Sonnenschirm (ombrellone), Strandkabine (cabina) und warme Dusche in den hinteren Reihen 9–15 €/Tag, vorne 12–20 €, bei Wochenmiete Rabatt. Frei zugängliche Strandpartien in der Nähe des Hafens und in Miramare bei der Mündung des Rio Marano. An kühlen Tagen wird der Strand zur riesigen Spazierzone.

• *Fahrrad* Die **Fahrraddroschken** (riscio oder ciclocarrozzelle), die überall vermietet werden, kosten pro Stunde ca. 8 € (Zweisitzer) bzw. 13 € (Viersitzer). Außerdem zahlreiche **Mountainbike-Verleiher** vor Ort.

• *Italia in Miniatura* in Viserba, einem nördlichen Vorort von Rimini. Vergnügungspark in Form des italienischen Stiefels, in dem originalgetreu verkleinert die Modelle von 200 berühmten Monumenten des Landes stehen. Dazu kann man Bötchen, Einschienenbahn und Gokart fahren. Eintritt je nach Saison ca. 10–19 €, Kinder 7–14 €. April bis Okt. tägl. 9 Uhr bis Sonnenuntergang, Juli/Aug. bis 23 Uhr. ✆ 0541/732004, www.italiainminiatura.com.

• *Fiabilandia* in Rivazzurra an der SS 16. Fabelland, in dem der Grand Canyon, das Schloss des Zauberers Merlin, ein Märchensee und Ähnliches mehr zu bewundern sind. Eintritt ca. 22 €, Kinder ca. 15 €, Senioren über 65 J. 19 €. April bis Okt., tägl. 10–18 Uhr, Juli/August bis 23 Uhr. ✆ 0541/372064, www.fiabilandia.it.

Sehenswertes

Rimini wurde in Mittelalter und Renaissance vom Fürstengeschlecht der Malatesta beherrscht. Größte Sehenswürdigkeit ist der Tempio Malatestano, eine gotische Kirche, die während der Renaissance völlig umgestaltet wurde.

Mittelpunkt der Altstadt ist die weite, offene *Piazza Tre Martiri*, von der die Straßen kreuzförmig in vier Richtungen gehen. Richtung Osten kommt man zum Tempio Malatestiano und zum Bahnhof, nach Süden geht's zum römischen Triumphbogen Arco d'Augusto und im Norden führt die Einkaufsstraße Corso d'Augusto zur historischen Piazza Cavour.

Tempio Malatestiano: Massiger Baukörper aus fast weißem Kalkstein, die Front ist dem Augustusbogen am Südostrand der Altstadt nachgebildet, rundum laufen große Rundbögen, die heute zugemauert sind. Die ursprüngliche Franziskanerkirche wurde im 15. Jh. vom Despoten *Sigismondo Malatesta* zu einem Ruhmestempel für sich und seine Familie umfunktioniert. Der immens große, einschiffige Innenraum vermittelt etwas von dem Machtanspruch dieses skrupellosen Gewaltmenschen, der Rimini groß gemacht hatte, aber wegen seiner zahlreichen Gräueltaten von Papst Pius II. exkommuniziert wurde. Die aufwendigen Seitenkapellen sind z. T. Grabmale, so die zweite Kapelle rechts das Grab der *Isotta degli Atti*, der Mätresse und späteren dritten Ehefrau Sigismondos. Die verschlungen Initialen der beiden (S und I = $) sind überall in der Kirche zu finden, ebenso wie der Elefant, das Waptier

Der Arco d'Augusto am Ende der Via Flaminia

der Malatesta. Ein Holzkreuz von *Giotto* in der gleichen Seitenkapelle gehört zu den größten Kunstwerken der Kirche, ebenso ein Fresko von *Piero della Francesca* in der ersten Kapelle rechts.

Öffnungszeiten/Eintritt Tägl. 8–12.30, 15.30–18 Uhr.

Piazza Cavour und Umgebung: Sehr harmonische Piazza, vor allem abends, wenn im dezenten Flutlicht die Bewohner von Rimini zum Plausch angeradelt kommen. Die nördliche Längsseite wird von drei wehrhaften Palazzi gebildet, darunter der *Palazzo dell'Arengo* in der Mitte. Vom malerischen *Brunnen* mit seinem tannenzapfenförmigen Aufsatz trinkt man seit Jahrhunderten, während Papst Paul V. auf seinem Denkmalsockel sitzt. Vis-à-vis der Palazzi der alte *Fischmarkt* mit langen Reihen von Verkaufstischen aus Marmor.

Wenige Schritte hinter dem Teatro Comunale an der oberen Platzseite kommt man zur *Rocca Malatestiana*, erbaut im 15. Jh. unter Sigismondo.

Das *Museo della Città* befindet sich nördlich der Piazza Cavour in einem ehemaligen Jesuitenkollegium Via Tonini 1. In 40 Sälen ist eine reichhaltige Sammlung von der römischen Antike bis ins 19. Jh. ausgestellt: Skulpturen, Keramik, Mosaike, Gobelins und zahlreiche Gemälde.

Öffnungszeiten/Eintritt **Museo della Città**, Mitte Juni bis Mitte Sept. Di–Sa 9–13.30, 16.30–19.30 Uhr, So 16.30–19.30 Uhr, Mo geschl., übrige Zeit Di–Sa 8.30–12.30, 17–19 Uhr, So 16–19 Uhr, Eintritt ca. 4 €.

Ponte di Tiberio: Die fünfbogige Brücke über den Fluss Marecchia wurde 14–21 n. Chr. als Beginn der Via Emilia durch die Poebene nach Mailand erbaut. Sie verbindet die Altstadt mit dem volkstümlichen Viertel *Borgo San Giuliano*, wo man noch einige gute alte Trattorie findet (→ Essen). Landeinwärts der Brücke wurde der Fluss gestaut und stattdessen der große *Parco XXV Aprile* angelegt – ein perfektes Grünareal direkt neben der Stadt.

Arco d'Augusto: Der älteste aller römischen Triumphbögen, 27. v. Chr. zu Ehren von Kaiser Augustus als Endpunkt der Via Flaminia von Rom errichtet, steht am südöstlichen Ausgang der Altstadt.

Museo Fellini: Die Schau zum Werk und Leben des Regisseurs in der Via Costantino Nigra 26 (in der Nähe des Triumphbogens) zeigt Kostüme, Fotos, Zeichnungen, Filmskripte und Szenendarstellungen, dazu wechselnde Ausstellungen.

Öffnungszeiten Di–Fr 17–20, Sa/So 10–12, 16–19 Uhr, Eintritt frei. ✆ 0541-50303, www.federicofellini.it.

Friedhof: im Ortsteil Rivabella, Piazzale Bartolani. Gleich nach dem Eingang erkennt man das Grab *Federico Fellinis* an seinen beiden großen, schiffsbugartig geformten Flügeln, die in der Mitte einen schmalen Spalt lassen. Mit ihm ruhen hier seine Lebensgefährtin und sein Sohn, der 1945 im Alter von elf Wochen starb.

Südlich von Rimini

Die Reihe der Badeorte setzt sich noch bis Gabbice Mare fort, dort beendet ein Küstengebirge die touristische Expansion in der Ebene.

Riccione: Endlos ausufernder Hotel-, Ristorante- und Strandkomplex, fast mit Rimini zusammengewachsen, aber doch anders. Riccione besitzt viel Grün, eine breite, mondän aufgemachte Fußgängerzone, exklusive Läden und Chic. Im Gegensatz zum volkstümlichen Rimini, wo sich wirklich jeder und alles tummelt, kann man in Riccione auch heute noch den Stil eines gehobenen Seebades verspüren. Für Ablenkung ist reichlich gesorgt: am Viale Torino 16 gibt es ein *Thermalbad* und am Lungomare ein *Delphinarium*, weiterhin im Hinterland den riesigen Wasservergnügungspark *Aquafan*, den größten Europas, und gleich nebenan seit 2004 den ultramodernen Themenpark *Oltremare* (www.oltremare.org), wo man eine Reise ins Innere der Erde und in die Weltmeere erleben kann, auch ein IMAX Kino gehört dazu.

• *Information* **Palazzo del Turismo**, Piazzale Ceccarini 10. Tägl. 8–20 Uhr. ✆ 0541/693302, ℻ 605752, www.riviera.rimini.it.

• *Übernachten* Zahllose Möglichkeiten in allen Preisklassen.

*** **Ambassador**, modernes und gepflegtes Haus südlich vom Zentrum, Zimmer mit TV, 150 m zum Strand, Swimmingpool, Parkplatz. HP pro Pers. ca. 48–85 €. ✆ 0541/600861, ℻ 600751, Via N. Bixio 18, www.ambassadorhotel.net.

*** **Cannes**, gemütliches Haus in zentraler Lage, kürzlich vollständig renoviert, junge freundliche Leitung. HP ca. 47–81 € pro Pers. Viale Pascoli 6, ✆ 0541/692450, ℻ 425644, www.hotelcannes.net.

Am südlichen Ortsausgang bieten drei Zeltplätze große Wiesenflächen unter schattigen Bäumen: **Camping Riccione** mit Pool (www.campingriccione.it) und die beiden einfachen Plätze **Adria** (www.campingadria.com) und **Fontanelle** (www.camping fontanelle.net).

• *Essen & Trinken* **Sol y mar**, beliebtes Strandrestaurant an der frei zugänglichen Spiaggia Rio dell'Asse. Einst nur ein einfacher Kiosk, heute wird gute romagnolische Küche geboten, Tipp sind die *gamberi alla greca*. Viale Gabriele d'Annunzio 190, ✆ 0541/648528.

• *Bars/Cafés* **Green Bar** und **Blue Caffè**, die Marktführer in der Fußgängerzone, elegant, weit und offen.

Nuovo Fiore, am Beginn der Fußgängerzone, größte Gelateria der Adria, Sortenvielfalt über Dutzende von Metern.

• *Nachtleben* wie in Rimini riesiges Angebot an Discos, die größten im Hinterland. Mit dem Blue Bus kann man auch von und nach Rimini pendeln.

Makkaroni, schick und zentral, beliebter Szenetreff, auch nach Discoschluss. Viale Dante 48.

Caffè del Porto, angesagter Treff für einen „Aperitivo" an der Durchgangsstraße Richtung Rimini. Viale Gabriele d'Annunzio 4.

Hakuna Matata, tagsüber Badezone, abends ein bevorzugter Spot für einen Aperitif, später Disco. Das Café bietet Bar- und Restaurantbetrieb nah am Meer, Viale Gabriele d'Annunzio, Spiaggia 138. Ganz ähnlich sind **Mojito Beach** und **Paradise Beach**.

Cocoricò, im Hinterland vom Nachbarort Misano Adriatico. Gilt als der flippigste Club am Ort und ist landesweit berühmt, vier Tanzflächen, bis zu 3000 Leute passen rein, nur am Wochenende offen. Misano Monte, Viale Chieti 44, ✆ 0541/605183, www.cocorico.it.

Byblos, ebenfalls seit langem sehr angesagt, Platz für 2000 Gäste, Pool und drei Tanzflächen, darunter ein Außentanzbereich. Misano Monte, Via Pozzo Castello 24, ✆ 0541/697745, www.byblosclub.com.

Weitere Diskotheken: **Peter Pan** (www.peterpanclub.net), **Pascià** (www.pasciariccione.it) und **Prince** (www.princericcione.com).

Gabbice Mare → Region Marken.

Rimini/Hinterland

Die „Entroterra" Riminis bietet einiges, nicht nur das überlaufene San Marino. Fast jeden Ort krönen die Burgen der einflussreichen Malatesta-Familie aus Verucchio, die im 14. und 15. Jh. Rimini beherrschten. Durchs *Valmarecchia* (Marecchia-Tal) kommt man rasch ins grüne Hügelland.

Santarcangelo di Romagna: malerisches Städtchen kaum 10 km von der Küste, auf einem Hügel über dem Zentrum thront eine Malatesta-Burg. Bekannt für sein großes Theaterfestival im Juni – zehn Tage mit Freiluftveranstaltungen auf den Plätzen der Altstadt.

Hochinteressant ist in der Nähe vom Hauptplatz Piazza Ganganelli, am Ende der Via Denzi/Ecke Via Cesare Battisti, die *Stamperia Marchi*. Eine schwere Steinpresse aus dem 17. Jh., bewegt durch ein großes Tretrad, presst grobes Leinen glatt, danach werden die Tuche wie vor 300 Jahren mit Stempeln per Hand bedruckt. Faszinierend sind ferner die weitläufigen *Tuffgrotten* unter der hübschen Altstadt, die den Hang des Burgbergs wie einen Schweizer Käse durchlöchern. Mehr als hundert Höhlen sind es, die in drei Etagen übereinanderliegen. Früher wohnte man darin, heute lagern die Einwohner hier ihren Wein. Ein Stück weit kann man sie besichtigen, Eingang an der Piazza delle Monache am Aufgang zur Burg. Anschließend steigt man auf der „scalinata delle monache" zum *Burghügel* hinauf, wo man im mittelalterlichen Viertel mit idyllisch-schmalen Gassen und niedrigen, blumengeschmückten Backsteinhäusern schön bummeln kann. Nördlich der Durchgangsstraße SS 9, etwas außerhalb vom Zentrum, gibt es in der Via Montevecchio 41 ein ethnografisches Museum zur Romagna, das *Museo degli Usi e Costumi della Gente di Romagna.*

• *Information* **IAT**, Via Cesare Battisti 5, tägl. 9.30–12.30, 16–19.30 Uhr (Winter 9.30–12.30, 15–18 Uhr). ✆ 0541/624270, ℻ 622570, www.iatsantarcangelo.com.

• *Öffnungszeiten/Eintritt* **Antica Stamperia Marchi**, 9.30–12.30, 16–19.30 Uhr (Winter 9–12, 15.30–18 Uhr), Do u. So geschl. (außer erster Sonntag im Monat), Eintritt ca. 1,50 €. ✆ 0541/626018.

Grotte Tufacee, Anmeldung beim Informationsbüro, Eintritt mit Führung ca. 3 € (mit Stadtführung 4 €).

Rocca Malatestiana, im Sommer jeden ersten Sa/So im Monat 13.30–17.30 Uhr, Eintritt ca. 3 €. ✆ 0541/620832.

Usi e Costumi della Gente di Romagna, Mai bis Okt. Di–So 16.30–19.30, Sa auch 10.30–12.30 Uhr; Eintritt ca. 3 €.

• *Essen & Trinken* **TIPP! La Sangiovesa**, große, populäre Osteria auf der malerischen Piazza Balacchi in der Altstadt (Nähe Aufstieg zur Burg). Die Räumlichkeiten wurden vom bekannten Künstler Tonino Guerra gestaltet. Herzhafte Imbisse mit *piadine* (Fladenbrot), auch gute Nudelgerichte und komplette Mahlzeiten. Nur abends, Mo geschl. ✆ 0541/620710.

Saludécio: mittelalterliches, von einer Stadtmauer umgebenes Hügeldorf im Grenzgebiet zwischen Romagna und Marken, ca. 16 km südwestlich von Cattolica. Jedes Jahr Anfang August findet hier neun Tage lang das reizvolle *Ottocento Festival* statt (www.ottocentofestivalsaludecio.it): Konzerte, Tanz, Verkaufsstände aller Art, Gaukler, Straßenmusikanten ... Kostenloser Bustransfer ab Cattolica.

Grotte di Onferno: Bei *Gemmano*, ca. 25 km von Rimini, liegt diese mächtige Tropfsteinhöhle im Karst, entstanden durch die Auswaschungen eines unterirdischen Flüsschens.

• *Öffnungszeiten/Eintritt* Besichtigung mit Führung Mitte Juni bis Anfang Sept. tägl. 11, 15.30 und 17 Uhr, April, Mai, erste Junihälfte und zweite Septemberhälfte Sa/So 15.30 u. 17 Uhr, Okt. u. März So 15.30 u. 17 Uhr, Nov. Dez u. Febr. So 15 Uhr. Rundgang dauert ca. 1 Std. ✆ 0541/984694, www.grottedionferno.it.

San Marino

ca. 31.500 Einwohner

Der mit 61 qkm drittkleinste Staat Europas (nach dem Vatikan und Monaco) ist angeblich die älteste Republik der Welt (!) und liegt in 675 m Höhe auf dem bewaldeten Höhenzug des Monte Titano, 23 km westlich von Rimini.

Die perfekt restaurierten mittelalterlichen Burganlagen aus grauem Stein bilden eine markante Silhouette über der Altstadt. Fast das ganze Jahr über quetschen sich tagtäglich zahllose Ausflügler von der nahen Küste durch die engen Gassen mit ihren massiven Häusern aus grauem Bruchstein. Dank der niedrigen Mehrwertsteuer in San Marino verkaufen zahllose „Dutyfreeshops“ Whisky, Liköre und Weine, dazu Schmuck, Elektrogeräte, Uhren und Spielsachen etwas billiger als jenseits der Grenze – jedoch Vorsicht, man sollte die Preise in Italien kennen, denn es wird dabei auch kräftig geschummelt.

Die Legende erzählt, dass San Marino im 4. Jh. von einem Steinmetz namens *Marinus* gegründet wurde, der hier vor den Christenverfolgungen des Diokletian Schutz suchte. Im Windschatten der Küste blieb das kleine Gemeinwesen lange unbeachtet, bis es sich um 1250 eine Verfassung gab, die bis heute in Kraft ist! Napoleon zeigte sich 1797 amüsiert, aber auch beeindruckt von dem stolzen Bergstaat und soll gesagt haben „Man muss San Marino als Beispiel der Freiheit aufrechterhalten“. Im Zweiten Weltkrieg blieb San Marino neutral und nahm insgesamt 100.000 Flüchtlinge auf. Heute hat der winzige Staat 25.000 Einwohner und besteht aus der Hauptstadt auf dem Berg und acht umliegenden Dörfern. San Marino hat diplomatische Vertretungen in 35 Ländern und ist Mitglied in Europarat und UNO. Es gibt ein Parlament und an der Spitze der Regierung stehen zwei „Capitani Reggenti“, die gegenseitiges Vetorecht haben. Bis zur explosionsartigen Entwicklung des Tourismus war die Herstellung von Briefmarken die Haupteinnahmequelle San Marinos. Sie werden von Sammlern in aller Welt geschätzt, seit Anfang der siebziger Jahre sind auch Münzen dazugekommen. Das Pro-Kopf-Einkommen San Marinos zählt heute zu den höchsten auf dem Stiefel.

Telefonvorwahl aus Italien: 0549 + Teilnehmernummer; aus allen anderen Ländern: Ländervorwahl + 378 + 0549 + Teilnehmernummer

San Marino: die älteste Republik der Welt

• *Anfahrt/Verbindungen* Ab Rimini fahren 9-mal tägl. **Busse** von der Piazza Tripoli an der Uferstraße und vom Bahnhofsvorplatz, Dauer ca. 45 Min. einfach, ca. 7 € hin und zurück.

• *Parken* Südlich unterhalb vom Zentrum sind an der Straße zahlreiche kostenpflichtige Parkflächen gekennzeichnet (pro Stunde ca. 1,50–2 €, pro Tag 8 €). Die Plätze 6 und 7 liegen am nächsten bei der Altstadt, über Treppen steigt man in 10 Min. hinauf, von weiter entfernten Parkplätzen gibt es einen Shuttle-Service.

Man kann auch schon kurz vorher in der Unterstadt **Borgo Maggiore** stoppen, von dort fährt alle paar Minuten eine Seilbahn (Funivia) auf den Burgfels (hin/rück 4,50 €).

• *Information* **Info-Büro** nahe dem Palazzo Governo (Piazza della Libertà) in der Contrada del Collegio. Umfangreiches Informationsmaterial, tägl. 8–18 Uhr geöffnet, ✆ 0549/882914, www.visitsanmarino.com.

• *Übernachten* **** **Hotel Titano**, der Tipp für gehobene Ansprüche. Traditionshotel im Herzen der Altstadt, sehr schönes Terrassenrestaurant, noble Zimmer, manche auch mit Balkon. Unmittelbar nebenan, an der Piazzetta del Titano, das gleichnamige Caffè, gut geeignet, um inmitten des Trubels einmal innezuhalten, mit kostenlosem Internet Point und Crêpes im Straßenverkauf. EZ ab 95 €, DZ ab 140 €, Frühstück inbegriffen, Halbpension ca. 20 € extra pro Person. Contrada del Collegio 31 (etwas unterhalb der Piazza della Libertà), 47890 San Marino, ✆ 0549/991006, ✆ 991375, www.hoteltitano.com.

*** **Hostaria da Lino**, in Borgo Maggiore, ca. 100 m von der Talstation der Seilbahn. Unten mit beliebtem Restaurant/Osteria. DZ ca. 85 €. Piazza Grande 47, ✆ 0549/902300, ✆ 906630, www.hostariadalino.com.

** **La Rocca**, herrlicher Panoramablick, Parkplätze 6 und 7 in der Nähe. DZ mit Frühstück 80 €. Via Salita alla Rocca 34, ✆ 0549/991166, ✆ 992430.

* **Bellavista**, bei der Bergstation der Seilbahn, relativ schlichtes Haus, von den Zimmern weiter Blick. DZ ca. 60 €. ✆/✆ 0549/991212.

Für **Privatzimmer** gibt es eine Liste im Tourist-Info, DZ mit eigenem Bad ca. 30–45 €.

Camping Centro Vacanze San Marino, schönes Terrassengelände mit herrlichem Blick, Swimmingpool, ruhig. Ganzjährig geöffnet. Strada di San Michele 50 (von Rimini kommend an der SS 72 beschildert), ✆ 0549/903964, ✆ 907120, www.centrovacanzasanmarino.com.

• *Essen & Trinken* **Hostaria da Lino**, großes Weinlokal in Borgo Maggiore unten, Nähe Talstation der Seilbahn. Hübsch rustikal eingerichtet, auch im Freien kann man sitzen. Piazza Grande 47, ✆ 0549/902300.

Sehenswertes: Das *Museo di Stato* im Palazzo Pergami Belluzzi an der Piazzetta del Titano zeigt archäologische und historische Stücke zur Geschichte der Republik. Sehr sehenswert ist der elegante neugotische *Palazzo Pubblico* an der zentralen Piazza della Libertà, mit deren farbenprächtigen Wächtern, der „Guardia di Rocca", sich viele Urlauber fotografieren lassen (Wachwechsel Mitte Mai bis Ende Sept. jeweils zur halben Stunde von 8.30 bis 18.30 Uhr). Im behaglichen Sitzungssaal *Sala del Consiglio Grande* zeigt ein enormes Wandgemälde den heiligen Marino, wie er zu seinem Volk herabschwebt, und an den Wänden des Thronsaals bzw. Saal der Audienzen sind sämtliche „Capitani Reggenti" San Marinos verzeichnet.

In der *Basilica del Santo* aus dem 19. Jh. wird rechts vom Altar der Schädel des Heiligen in einer goldenen Schatulle aufbewahrt. In den Felsnischen hinter dem Altar des benachbarten Kirchleins *San Pietro* sollen die Gründungsväter San Marino und San Leo genächtigt haben.

Die *Rocca Guaita* am höchsten Punkt der Stadt ist unmittelbar an den senkrecht abfallenden Fels gebaut. Man kann die Zinnengänge entlanglaufen und den weiten Blick in den Apennin genießen, die Türme erklimmen und einen Kerker besichtigen. Über den schönen „Hexenpass" kommt man zur *Rocca Cesta* am höchsten Punkt des Monte Titano hinüber, im Inneren ist ein großes *Waffenmuseum* mit einer Unmenge Stich-, Hieb- und Feuerwaffen von 1450 bis Ende des 19. Jh. untergebracht.

Je nach Interesse kann man noch eins oder mehrere der zahlreichen privaten Museen besichtigen: Wachsfigurenkabinett *Museo delle Cere, Museo della Curiosità, Waffenmuseum, Foltermuseum, Reptilarium/Aquarium* und die Ferrari-Schau *Collezione Maranello Rosso* (10 € Eintritt) sowie im Unterdorf Borgo Maggiore das große *Museo Auto d'Epoca Oldcars* mit Oldtimern ab 1900.

• *Öffnungszeiten/Eintritt* **Museo di Stato, Palazzo Pubblico, Rocca Guita & Rocca Cesta**, jeweils Mitte März bis Mitte Sept. tägl. 8–20 Uhr, übrige Zeit 9–17 Uhr; Eintritt einzeln ca. 3 €, Sammelticket für Museo di Stato & Palazzo Pubblico bzw. für Rocca Guita und Rocca Cesta je ca. 4,50 €.
Basilica del Santo, tägl. 8–12.30, 15–17 Uhr.

Die weltberühmten San-Marino-Briefmarken und Münzen gibt es bei der **Azienda Autonoma di Stato Filatelica e Numismatica** an der zentralen Piazza Garibaldi. Dort können Sie auch schriftlich Abonnements für Neuerscheinungen erwerben (Casella Postale 1, 47031 Repubblica di San Marino). ✆ 0549/882365, 📠 882363, www.aasfn.sm.

In kurviger Berg- und Talfahrt kann man von San Marino ins nahe San Leo weiterfahren, das bereits in der Region Marken liegt (→ S. 520). Für die etwa 23 km muss man allerdings eine gute Stunde Fahrt rechnen.

Mittelitalien

Bis auf die Küstenzonen weitgehend hüglig bis bergig. Der steile Apennin bestimmt das Bild und steigt im Massiv des Gran Sasso d'Italia (Abruzzen) auf über 2900 m Höhe an. Während an den Küsten teilweise extremer Baderummel herrscht, ist das Inland in weiten Teilen fast touristenfrei. Ausnahme natürlich: die weltberühmten Kunstzentren der Toskana.

Florenz ist heute eine der führenden Kunstmetropolen Italiens. So viele Kunstwerke, wie hier auf engem Raum versammelt sind, findet man (bis auf Rom und Venedig) in keiner anderen Region des Landes. Im ausgehenden 15. Jh. wurde unter dem Herrschergeschlecht der Medici die Renaissance geprägt, zahlreiche bedeutende

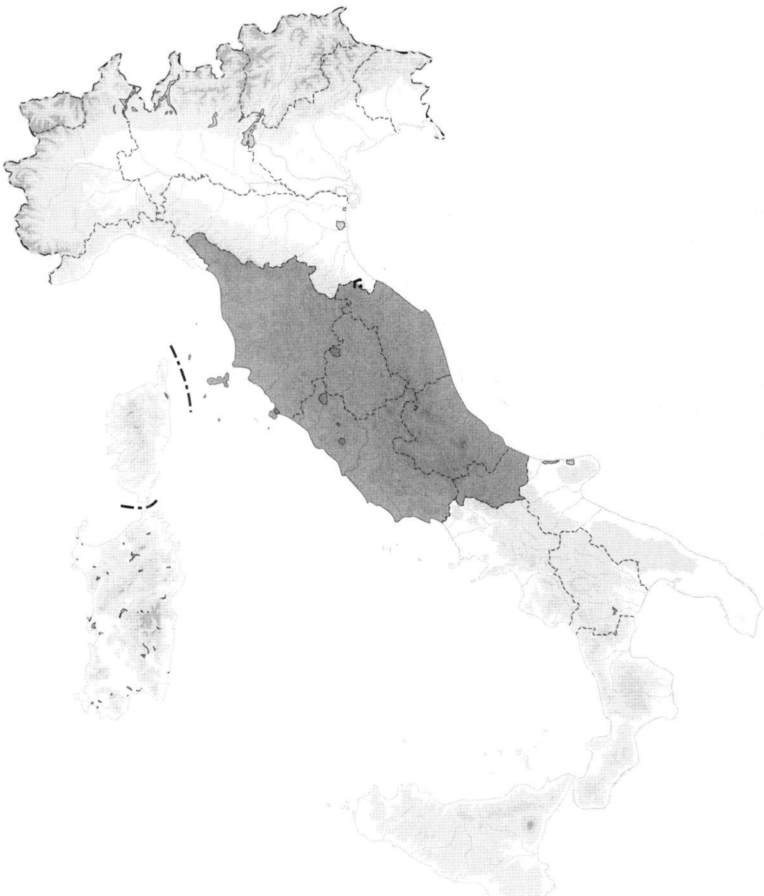

In der ewigen Stadt

Künstler schufen hier ihre wichtigsten Werke, davon zehrt die Stadt noch heute. Aber auch viele andere toskanische Städte besitzen weltberühmte Kunstwerke und Bauten: der Dom von *Siena*, die Fresken von Piero della Francesca in *Arezzo*, die Geschlechtertürme von *San Gimignano*, um nur einige zu nennen. Das Ganze schließlich eingebettet in idyllische Hügellandschaften – kein Wunder, dass die Toskana das Touristenziel Nr. 1 in Italien ist.

Das kleine Umbrien ist grüner und bergiger als die große Nachbarregion und hat sich noch die Aura eines Reisegebiets für Individualisten bewahrt. Abseits der Zentren *Perugia* und *Assisi* wird der Urlauberstrom spärlicher, doch immer mehr Besucher machen sich auf, diese unberührte Region zu entdecken.

In den Marken und Abruzzen gibt es einige wirklich hübsche Stellen an der Adriaküste, allen voran der grüne *Monte Conero* südlich von Ancona. Im Hinterland ist die Renaissance- und Universitätsstadt *Urbino* einen Abstecher wert, Naturfreunde finden in den *Abruzzen* den zweitgrößten Nationalpark Italiens mit herrlichen, unberührten Landschaften.

Das weitflächige *Latium*, die Region um die Hauptstadt Rom, besitzt die wichtigsten etruskischen Ausgrabungen Italiens und – was für viele vielleicht wichtiger ist – eine Handvoll hübscher Seen, die sich für ein paar Tage Badeurlaub fern von der Küste anbieten. Der *Lago di Bolsena* ist der größte und vielleicht auch reizvollste – der Tourismus hält sich hier noch in erträglichen Grenzen. Über *Rom* schließlich muss man nicht viele Worte verlieren – außer, dass die Weltstadt noch erstaunlich viele ruhige und ursprüngliche Ecken hat, wo auch Großstadtmuffel auf ihre Kosten kommen.

Zu guter Letzt finden auch eingefleischte Inselurlauber reichlich Auswahl: *Elba* ist mehr als bekannt und gilt als eine der reizvollsten Inseln im Mittelmeer. Eher für Individualisten geeignet – allerdings nur im Frühjahr, im Sommer ist es auch hier sehr voll – sind die kleine *Isola di Giglio* vor der südlichen Toskanaküste und die *Pontinischen Inseln* südlich von Rom.

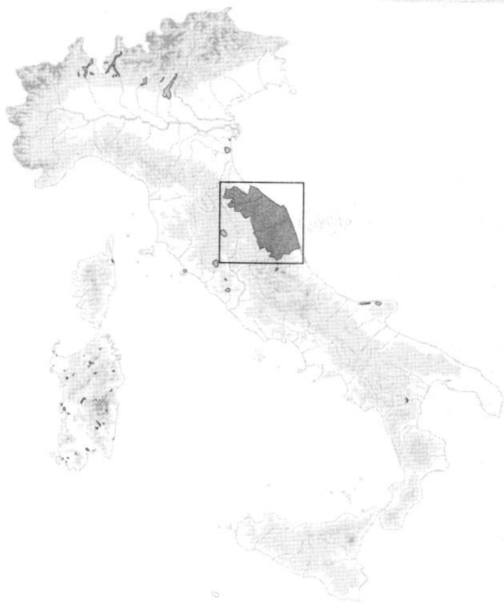

Marken

Le Marche

SCHÖNE ORTE: San Leo (S. 522), Urbino (S. 531), Fano (S. 529), Sirolo (Monte Conero, S. 544), Ascoli Piceno (S. 556).

LANDSCHAFTLICHE HÖHEPUNKTE: Monte Conero bei Ancona (S. 543), Gola del Furlo bei Urbino (S. 537), Grotta Grande del Vento (Grotte di Frasassi, S. 539), Parco Nazionale dei Monti Sibillini (S. 559).

KULTURELL INTERESSANT: Urbino, die „città ideale" der Renaissance (S. 531); Wallfahrts-Basilika von Loreto (S. 547); San Leo im Hinterland von San Marino (S. 522); die Burg von Gradara (S. 528); die „Papierstadt" Fabriano (S. 539); Festspiele von Pesaro (S. 555) und Macerata (S. 551).

BADEN: lange Sandstrände, die im Juli/August aus allen Nähten platzen, starker Tourismus fast überall. Am beliebtesten ist der Strand von San Benedetto del Tronto (S. 555). Badeplätze für Individualisten am Monte Conero südlich von Ancona (S. 543).

KURIOS: die „Santa Casa" in der Basilika von Loreto (S. 547).

EHER ABZURATEN: Ancona und die meisten Badeorte südlich vom Monte Conero.

Typische Hügellandschaft der Marken – gesehen bei Urbino

Marken

Le Marche

Das Hügelland zwischen Apennin und Adria steht kunsthistorisch im Schatten seiner berühmten westlichen Nachbarn Umbrien und Toskana. Trotzdem gibt es einige bildhübsche Städtchen, allen voran Urbino, der Inbegriff einer Renaissancestadt.

Von der Küste ist weniger Positives zu berichten: Adriatourismus in Vollendung, kilometerlange Sandstrände mit Sonnenschirmbatterien, endlose Betonpromenaden und gesichtslos-moderne Hotelkästen. Ein wirklicher Lichtblick ist jedoch der wunderschöne *Monte Conero*, wenige Kilometer südlich von Ancona – bis zum Gargano in Apulien findet man ein solch beeindruckendes Steilkap an der weitgehend flachen Adria nicht mehr. Wenige Orte am Meer besitzen bedeutende Monumente oder wichtige geschichtliche Wurzeln, „Le Marche" (hergeleitet vom deutschen Wort Marken) waren immer Grenzgebiet – in der Antike besiedelt vom Bergvolk der Picener, im Mittelalter endete hier das Heilige Römische Reich. Fano, Pesaro, Senigallia und Ancona gehörten im Mittelalter zum mächtigen Städtebund der *Pentapolis*. Ancona wurde im Zweiten Weltkrieg schwer zerstört und auch die anderen Hafenstädte leben heute eher vom massenhaften Badetourismus als von ihren gelegentlich vernachlässigten Bauwerken. Interessanter sind die Ziele im Hinterland der Küste – vor allem *Urbino* und *Ascoli Piceno* bieten genug „Stoff" für einige Tage Aufenthalt. Wer noch höher hinaus will, kann durch die bis über 2500 m ansteigenden *Sibillinischen Berge* in die Nachbarregion Umbrien reisen.

Anfahrt/Verbindungen

• *Pkw* Einzige durchgehende Schnellverbindung ist die **Küstenautobahn A 14**. Nach Ascoli Piceno führt ein schneller Autobahnzubringer (und auf der N 4 weiter nach Rom), ein weiterer in die Nähe von Urbino. Wenige Staatsstraßen und viele kurvige Provinzsträßchen ergänzen das dünne Netz.

• *Bahn* Die **FS-Küstenlinie** von Bologna über Ancona nach Bari ist die zentrale Achse. Außer einer weiteren Linie von **Ancona nach Rom** gibt es nur noch eine Stichbahn von San Benedetto del Tronto hinauf nach **Ascoli Piceno** sowie eine kaum befahrene Strecke von Fabriano nach Pergola.

Übernachten

An der **Küste** massenhaft Hotels und Campingplätze, im **Landesinneren** dagegen dünn gesät. Sowohl in Urbino als auch in Ascoli Piceno kann es in der Saison schon mal eng werden. Zu empfehlen sind der schöne Campingplatz bei Urbino und die Plätze am Monte Conero.

Jugendherbergen in Ancona, Loreto, Jesi, Macerata und Ascoli Piceno.

Essen & Trinken

Kulinarisch werden die Marken von der nördlich anschließenden Region Emilia-Romagna deutlich überflügelt, aber auch beeinflusst. Die Küche ist traditionell einfach, die Grundstoffe werden ohne viel Beiwerk, Gewürze etc. gereicht. Häufigste Nudeln sind die Bandnudeln **tagliatelle**, die oftmals handgemacht sind.

An der Küste sollte man unbedingt mal den **brodetto** kosten, die Fischsuppe der Marken, die aus mehreren Fischsorten zubereitet wird, darunter z. B. Meerbarbe, Seezunge und Knurrhahn. Zubereitung und Zutaten variieren von Ortschaft zu Ortschaft, am bekanntesten und beliebtesten ist der brodetto (oder einfach brodo) von Ancona.

Im bergigen Inland gibt es Wild und **porchetta** (Schweinerollbraten), auch **trippa** (Innereien) wird häufig serviert, **tartufo** (schwarzer Trüffel) dient als besonderes Topping. Die gerösteten Brotscheiben namens **crostini** isst man mit Fleisch oder Pilzen, berühmt sind außerdem die panierten, mit Hackfleisch oder Trüffelmischungen gefüllten **Oliven** von Ascoli Piceno.

Bekanntester von immerhin einem guten Dutzend DOC-Weine der Marken ist der **Verdicchio dei Castelli di Jesi** aus dem Hinterland von Ancona. Der trockene, strohgelbe Weiße wird zu den besten italienischen Weißweinen gezählt. Bei den Rotweinen ist der **Rosso Conero** aus dem Anbaugebiet südlich von Ancona hervorzuheben, ebenso der Rosso Piceno, der ganz aus dem Süden der Region an der Grenze zu den Abruzzen kommt, beide aus Montepulciano-Reben, die zu einem bestimmten Anteil mit Sangiovese verschnitten werden.

Das Montefeltro

Der nordwestliche Zipfel der Marken ist ein dünn besiedelter und abgeschiedener Landstrich, geprägt von nicht enden wollenden Hügelketten mit vielen Wiesen, Äckern, etwas Wald und immer wieder auch schroff aus der Landschaft aufsteigenden Felsformationen.

Die auffälligsten Erhebungen des Montefeltro sind die Felsen von San Marino und von San Leo; ganz im Westen und schon halb auf toskanischem Gebiet ragen die beiden wuchtigen Felsen der Berge *Sasso Simone e Simoncello* (Regionalpark) weit aus dem Wald heraus. Höchster Berg des Montefeltro ist mit 1415 m der Monte Carpegna, an dessen nordöstlichen Hängen im Winter Ski gefahren wird. Bodenerosionen haben vielerorts eine bizarre Mondlandschaft hinterlassen.

Die Gegend nordwestlich von Urbino ist die Heimat des Fürstengeschlechts der Montefeltro, das sich erst in Carpegna, dem Hauptort, und dann in San Leo niedergelassen und dieser Landschaft ihren Namen gegeben hat. Besiedelt wurde das Gebiet vermutlich von den Umbrern. Ab dem 3. Jh. v. Chr. entstanden zahlreiche römische Siedlungen, im 4. Jh. wurde die Gegend von Eremiten wie dem heiligen Leo christianisiert. Im Mittelalter verschanzte man sich hier so gut wie möglich vor den einfallenden deutschen „Barbaren". Seine Glanzzeit erlebte das Montefeltro im 15. Jh., was durch zahlreiche bedeutende Bauwerke – meist im Auftrag von Federico da Montefeltro entstanden – eindrucksvoll unter Beweis gestellt wird.

Touristische Highlights des Montefeltro sind das romantische *San Leo* und die elegante Renaissancestadt *Urbino*.

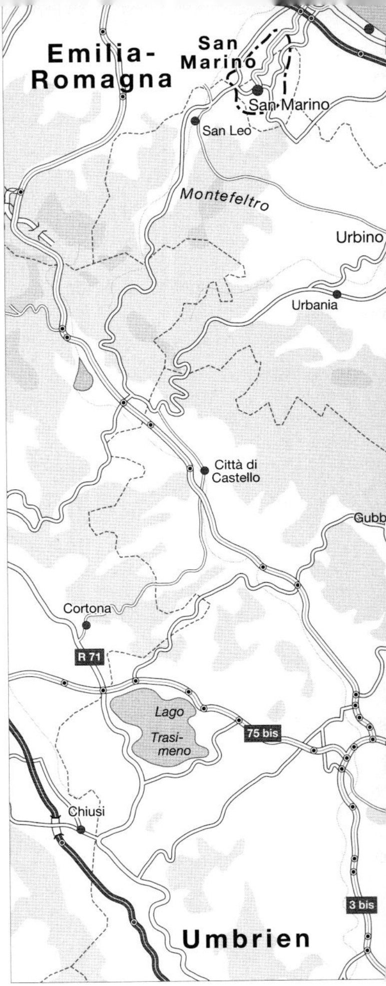

San Leo ca. 3000 Einwohner

Das wunderschöne, winzige Dörfchen schmiegt sich mit unverputzten Bruchsteinhäusern, gepflasterten Gassen und Plätzen an einen Hügel. Darüber thront ein eindrucksvolles Kastell auf einem bewaldeten Felsklotz, der nach vorne jäh und unvermutet abbricht.

San Leo wurde von einem Eremitenkollegen des San Marino (→ Emilia-Romagna, S. 514) gegründet. Beide kamen zusammen von Dalmatien herüber und suchten sich jeweils einen geeigneten Fels zum Meditieren, daraus entstanden die beiden Orte. Heute kann man sich hier bestens vom Trubel des nahen San Marino erholen. Doch unbekannt ist San Leo nicht mehr, inzwischen spürt man förmlich den touristischen Aufbruch – Kunsthandwerker haben sich niedergelassen, das zentral gelegene Hotel ist renoviert, in den Cafés an der luftig-harmonischen Piazza Dante sitzen die Tagesausflügler von der Küste.

• *Anfahrt/Verbindungen* Am besten von **San Marino** zu erreichen, es sind etwa 23 kurvige Kilometer. Mehrmals täglich fahren Busse vom Bahnhofsvorplatz in **Rimini** (ca. 1,5 Std. Fahrt, mit Umsteigen in Pietracuta).

• *Information* **I.A.T. – Ufficio Turistico** im Palazzo Mediceo am Hauptplatz, Piazza Dante 14. Sehr viel Material über die gesamte Umgebung. Im Sommer tägl. 9–18 Uhr. ✆ 0541/916306, www.san-leo.it.

• *Übernachten/Essen & Trinken* ** **Castello**, ganz zentral gelegener, alter Bruchsteinpalazzo, der durchgängig renoviert ist. Gesamteindruck hell, freundlich und sehr sauber, Blick auf die Piazza. EZ 70 €, DZ 80 €, Dreibettzimmer 90 €, Vierbettzimmer 95 €,

Frühstück inkl. Restaurant Do geschl. (außer im Hochsommer). Piazza Dante Alighieri 11, ✆ 0541/916214, 📠 926926, www.hotelristorantecastellosanleo.com.

** **La Rocca**, ehemaliger Bauernhof an der Auffahrt zur Burg beschildert, hübsch rustikal ausgestattet, sieben Zimmer mit Du/WC, DZ um 70 €. Großes Restaurant mit schöner Speiseterrasse, sehr gute Küche in freundlicher Umgebung, für das Gebotene nicht zu teuer. Via Leopardi 16, ✆ 0541/916241, 📠 926914, www.laroccasanleo.it.

La Lama, Agriturismo südlich vom Ort, auf der Straße nach Urbino nach ca. 1 km rechts ab, herrlicher Blick auf die Rocca, ruhig und schön gelegen, mit Pool und Liegewiese, ländliche Küche. DZ mit Frühstück 120 €. ✆ 340/7765518, www.agriturismolalama.it.

Sehenswertes

Dom: exponierte Lage an einem Abhang, vom Vorplatz weiter Blick in die waldreiche Umgebung. Das schmucklose, fast fensterlose Gemäuer aus lehmbraunem Sandstein stammt aus dem 12. Jh. und ist noch fast unverfälscht romanisch. Das

Innere ist gänzlich unverputzt, unebener Boden und krumme Säulen, Bögen und Gewölbe. Der Hauptaltar befindet sich erhöht auf einer Empore, durch ein Geländer abgetrennt vom Kirchenschiff, eine halb zerstörte Treppe führt hinauf. In der gedrungenen Krypta ist der der Sarkophagdeckel des San Leo zu sehen, der Heilige selbst ist bereits im Mittelalter abhanden gekommen. Tägl. 10–18 Uhr geöffnet.

Pieve Preromanica: Die frühromanische Kirche wurde im 9.–11. Jh. an der Stelle erbaut, wo bereits der heilige Leo eine Kapelle errichtet hatte, ihre Apsis ragt fast in die Piazza hinein. Ein hohes, gänzlich leeres und schmuckloses Hauptschiff mit Holzdecke, praktisch nur ein einziges Fenster an der Rückfront, die beiden Seitenschiffe sind mit Rundbögen abgetrennt. Der Altar ist mit einem Ziborium (eine Art Baldachin) aus dem 9. Jh. überdacht. Tägl. 10–18 Uhr geöffnet.

Stanza di San Francesco: An der Piazza gegenüber vom Albergo weist eine Gedenktafel darauf hin, dass Franz von Assisi am 8. März 1213 in diesem Palazzo vom Conte Orlando Catani di Chiusi den Berg *La Verna* in der nördlichen Toskana zum Geschenk bekam. Er richtete daraufhin dort eine Einsiedelei ein, die heute ein berühmtes Kloster ist (→ Toskana).

Palazzo Mediceo: Der Palast an der Unterkante der Piazza beherbergt das Informationsbüro und ein *Museo d'Arte Sacra* mit Gemälden, sakralen Gegenständen und einer kleinen archäologischen Abteilung.

Rocca di San Leo: Bereits seit römischen Zeit stand hier ein Kastell (Fortezza). Im 15. Jh. wurde es unter den Grafen von Montefeltro zur praktisch uneinnehmbaren Festung ausgebaut. Zur Dorfseite hin wurden die Mauern mehrfach verstärkt und zwei massive Rundtürme errichtet, auf der anderen Seite bot der senkrecht abfallende Fels natürlichen Schutz. Seit dem 18. Jh. diente San Leo dem Vatikan als Kerker, berühmtester Gefangener war *Graf Cagliostro*, der sagenumwobene Okkultist, Alchemist und Zauberkünstler, der der Hexerei verdächtigt wurde und hier 1795 nach grausamer, vier Jahre und vier Monate währender Haft im Kerker starb. Seine Zelle kann man noch heute ansehen – anstatt einer Tür besaß sie nur eine Luke in der Decke. Das labyrinthische Innere der Burg ist weitgehend restauriert, viele Räume sind mit historischem Mobiliar ausgestattet, eine kleine Waffensammlung ist zu besichtigen, gelegentlich finden Ausstellungen statt.

Öffnungszeiten/Eintritt **Fortezza** und **Museo Civico della Fortezza**, im Sommer tägl. 9–18.45 Uhr, im Winter 9–12.45 und 14.30–18.45 Uhr, Eintritt 8 €, erm. 5 €. **Museo d'Arte Sacra**, tägl. 9–18.45 Uhr, Eintritt 3 €.

Adriaküste

(Gabbice Mare bis Senigallia)

Gabbice Mare: Das viel besuchtes Badestädtchen mit knapp 6000 Einwohnern liegt an der Nahtstelle zwischen dem überlaufenen Küstenstreifen Cattolica-Riccione-Rimini (→ Emilia-Romagna) und einem fast unbesiedelten Küstengebirge Richtung Süden. Ein schöner Spaziergang führt hinauf ins ruhige *Gabbice Monte* mit Terrassenlokalen und herrlichem Meeresblick.

Nicht versäumen sollte man die eindrucksvolle *Strada panoramica* nach Pesaro. Es geht quer über das üppig grüne Vorgebirge des **Regionalparks Monte San Bartolo**, unterwegs passiert man Zufahrten zu versteckten Badebuchten und einige idyllisch gelegene Lokale sowie zwei Campingplätze.

• *Information* **I.A.T.**, Viale della Vittoria 61, ✆ 0541/954424, ✉ 953500 www.gabbicemare.com.

• *Übernachten* Gut hundert Hotels warten in Gabbice Mare auf Kundschaft.

Unser *Tipp*: *** **Hotel Marinella**, nahe der Piazza Matteotti im Zentrum, direkt am Strand. Ausgesprochen netter Service (Signore Walter spricht Deutsch) und hübscher kleiner Garten, Tiefgarage, Fahrradverleih. Zimmer mit Bad, TV und Balkon. DZ mit Frühstück 130 €, EZ 100 €. Via Vittorio Veneto 127, ✆ 0541/954571, ✉ 950426, www.hotel-marinella.it.

Camping Paradiso liegt südlich von Gabicce bei Casteldimezzo, an der Panoramastraße, steiles Sträßchen (und Fußweg) zum Strand hinunter. Bar, Market und Ristorante vorhanden. Pro Pers. 10 €, Stellplatz 10–12 €, Bungalow 76–100 €. ✆/✉ 0721/208579, www.campingparadiso.it.

• *Essen & Trinken* **Osteria della Miseria**, schönes Terrassenlokal an der Strada Panoramica, Menü um 25–30 €, nur abends geöffnet, Mo geschl. Via dei Mandorli, ✆ 0541/958308.

• *Nachtleben* Die weithin berühmte, mit römischen Säulen antik dekorierte Riesendisco **Baia Imperiale** mit großem Open-Air-Bereich und mehreren Pools liegt an der Via Panoramica, auf halber Strecke nach Gabicce Monte. ✆ 0541/950312.

Pesaro

ca. 94.000 Einwohner

Größere, aber durchaus angenehme Stadt. Der 4 km lange Strand mit breiter Uferstraße ist gesäumt von Hotelkästen, der Stadtkern hübsch zum Bummeln, jedoch weitgehend ohne herausragende Sehenswürdigkeiten.

Pesaro ist weit weniger überlaufen als Rimini, noch dazu ist das berühmte Urbino nicht weit, insofern ist hier eine gute Kombination von Badeaufenthalt und Sightseeing möglich: Bummel an der Strandpromenade, anschließend in die Altstadt, die großteils Fußgängerzone ist.

• *Anfahrt/Verbindungen* Station an der FS-Adriastrecke von Bologna nach Brindisi. **Bahnhof**, liegt 1,5 km vom Meer und südwestlich der Altstadt, die lange Via Branca (später Corso G. Rossini und Viale della Repubblica) führt schnurstracks zum Strand hinunter. Von und nach Rom umsteigen in Falconara Marittima nördlich von Ancona.

Busse starten am Piazzale Matteotti und am Bahnhofsvorplatz, etwa stündlich nach Urbino und auf der Panoramastraße nach Gabicce, mind. stündlich auch nach Fano.

• *Information* **I.A.T**, an der zentralen Piazza della Libertà (Uferstraße), Mo–Sa 9–13 Uhr und 15–18 Uhr, in der Hochsaison auch länger. ✆ 0721/69341, ✉ 30462, www.pesaroturismo.it.

• *Übernachten* (→ Karte S. 526/527), an der Strandstraße Viale Trieste zahlreiche, weitgehend stereotype ***-Hotels, im Sommer meist mit Pensionspflicht.

*** **Des Bains (2)**, Eckhaus ganz zentral an der Uferstraße und nahe dem Piazzale della Libertà, schönes historisches Haus aus der guten, alten Zeit des Seebads Pesaro. 68 Zimmer, geschmackvoll eingerichtet. EZ 95 €, DZ 162 €, Vollpension inkl. Viale Trieste 221, ✆ 0721/34957, ✉ 35062, www.innitalia.com.

*** **Rotonda Bruscoli (1)**, am äußersten Nordende des Stadtstrands, bei der Hafenmole, direkt am Strand. Sonnenterrasse, gutes Restaurant. EZ ab 40 €, DZ 53 €, Halbpension 54 € pro Pers. Via Caio Duilio 96, ✆ 0721/400080, ✉ 402100.

*** **Villa Serena (6)**, ca. 4 km südlich auf einem Hügel im Landesinneren. Herrliches Landhaus aus dem 17. Jh., diente bis 1950 als Sitz eines Conte, ausgestattet mit wertvollem historischem Mobiliar. Um das Anwesen ein 30.000 qm großer Park mit Pool, nur neun Zimmer, individuell eingerichtet, ruhig. EZ 118 €, DZ 169 €, Frühstück 11 €, Halbpension 140 € pro Pers. Mit Restaurant (nur für Hausgäste). Strada San Nicola 6/3, ✆ 0721/55211, ✉ 55927, www.villa-serena.it.

Camping Marinella, größerer Platz südlich von Pesaro, auf halber Strecke nach Fano direkt am Meer gelegen. Mit Bar, Restaurant, Market, auch Bungalows (100–120 € für 4 Pers.). Pro Pers. 9 €, Stellplatz 11 €, Auto 3 €. Adriatica bei km 224, Loc. Fosso-Sejore (Busse ab Piazzale Matteotti). ✆/✉ 0721/55795, www.camoingmarinella.it.

Camping Panorama, bei Fiorenzuola di Focara, 7 km nördlich, mit Pkw zu erreichen über die „Strada panoramica" nach Gabicce Mare (oder ab Piazzale Matteotti Bus Richtung Gabicce Mare nehmen), sehr schöne Lage unter Bäumen, 100 m über dem Meer,

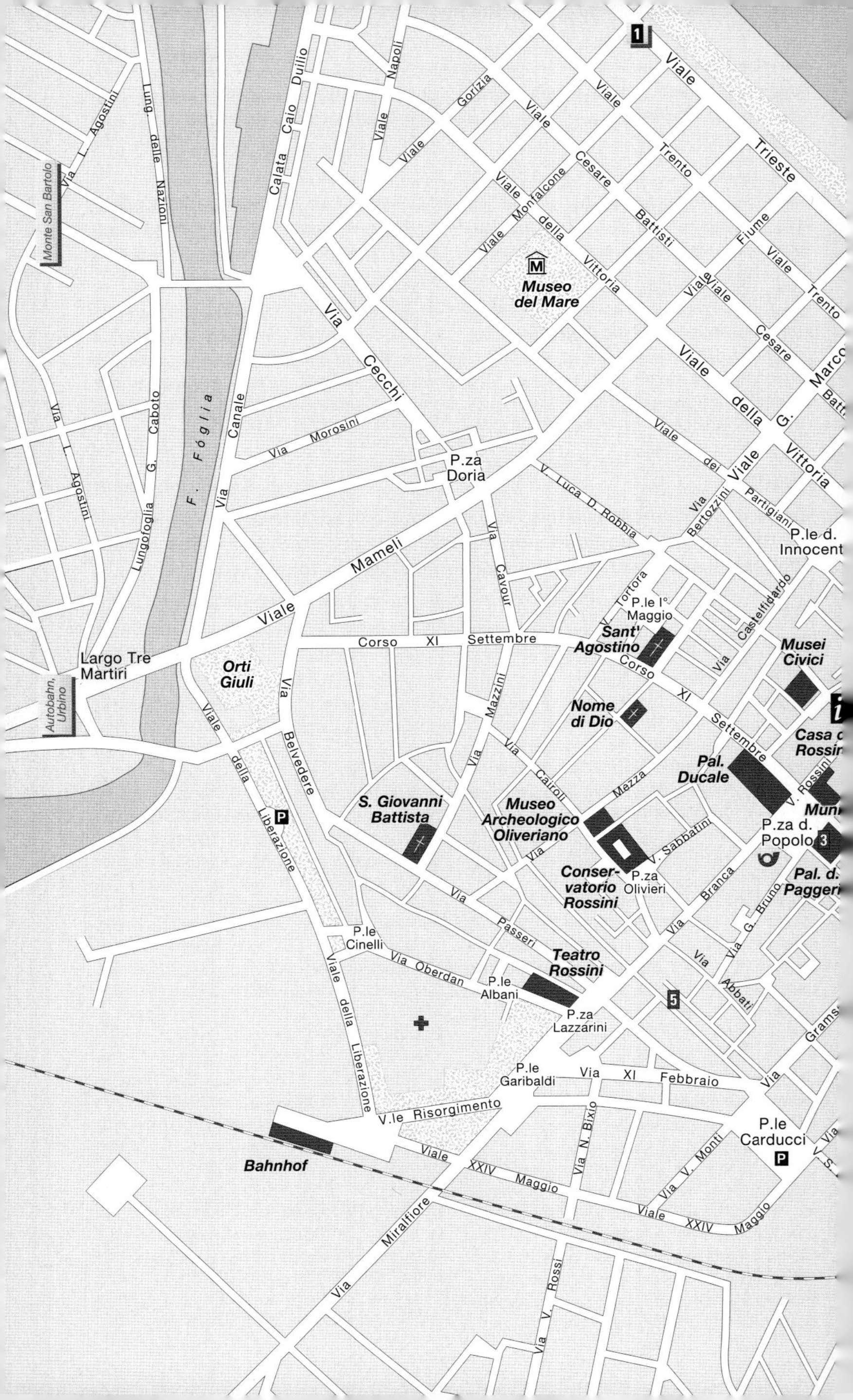

Monte San Bartolo
Autobahn, Urbino
Via L. Agostini
Lung. delle Nazioni
Calata Caio Duilio
Viale Napoli
Viale Gorizia
Viale Trieste
Viale Trento
Viale Cesare Battisti
Viale Monfalcone
Viale della Vittoria
Viale Fiume
Museo del Mare
Via Cecchi
Viale della Vittoria
Viale G. Marconi
Viale dei Partigiani
Via G. Caboto
F. Fóglia
Via Canale
Via Morosini
P.za Doria
V. Luca D. Robbia
Via Bertozzini
P.le d. Innocenti
Lungofoglia
Viale Mameli
Via Cavour
V. Tortora
P.le I° Maggio
Via Castelfidardo
Largo Tre Martiri
Corso XI Settembre
Sant' Agostino
Musei Civici
Orti Giuli
Via Belvedere
Nome di Dio
Casa di Rossini
Via Mazzini
Via Cairoli
Via Mazza
Pal. Ducale
V. Rossini
Viale della Liberazione
S. Giovanni Battista
Museo Archeologico Oliveriano
P.za d. Popolo
V. Sabbatini
Conser-vatorio Rossini
P.za Olivieri
Pal. d. Paggeria
Via Branca
Via G. Bruno
Via Passeri
P.le Cinelli
Teatro Rossini
Via Oberdan
P.le Albani
Via Abbati
P.za Lazzarini
P.le Garibaldi
Via XI Febbraio
Via Gramsci
V.le Risorgimento
Via N. Bixio
P.le Carducci
Via V. Monti
Bahnhof
Viale XXIV Maggio
Via Miralfiore
Via V. Rossi

Übernachten
1 Rotonda Bruscoli
2 Des Bains
6 Villa Serena
Essen & Trinken
3 Antica Osteria la Guercia
4 Lo Scudiero
5 Felici & Contenti
Mare Adriático
P.le d. Libertà
Villino Ruggeri
V.le d. Repubblica
Viale Trieste
Viale Zara
V.le Viale Trento
Viale Cesare Battisti
V.le R. Sanzio
P.le Trieste
Viale G. Verdi
Viale Trento
Marsala
Cattedrale
Rocca Costanza
S.M. d. Grazie
Via Piave
Viale della Vittoria
Viale Cesare Battisti
Viale F. Rosselli
T. Genica
Viale Trieste
P.le Matteotti
BUS
Viale a G. Verdi
V.le Cialdini
Viale F. Cavallotti
Viale Amendola
Manzoni
Via Giusti
V. De Gasperi
Via L. La Marca
Viale della Vittoria
Via M. Tocci
Via L. La Marca
Fano, Ancona
Via Mirabelli
Via Flaminia
Via Baracca
Via V. Locchi
Via
100 m
Pesaro

Fußweg zum Strand, Pool, Bar/Ristorante, Verleih von Mountainbikes, Kinderspielgeräte. Pro Pers. 9 €, Stellplatz 11–14 €, Auto 3 €. ✆/℻ 0721/208145, www.campingpanorama.it.

• *Essen & Trinken* (→ Karte S. 526/527)

Lo Scudiero (4), gehobene Esskultur in einem Renaissancepalazzo, hier wird u. a. nach Rezepten des Opernkomponisten und Feinschmeckers Rossini gekocht. Menü um ca. 50 €. Mittags und abends geöffnet, So geschl. Via Baldassini 2, ✆ 0721/64107.

Felici & Contenti (5), „Cucina, Pizza e Allegria" ist das heitere Motto des beliebten Ristorante an einem winzigen Platz nahe der Via Branca. Mit Terrasse, immer voll, auch Pizza. Von der Via Branca in die Via Cattaneo abbiegen. Sa-Mittag und Mo geschl. Piazzetta Esedra 34, ✆ 0721/32060.

Antica Osteria La Guercia (3), direkt an der Piazza del Popolo. Historische Osteria mit Wandgemälden und Mosaiken aus römischer Zeit. Auf der lauschigen Terrasse speist man an einfachen Holztischen, Blick auf alte Steineichen (Name). Relativ günstig. Mittags und abends geöffnet, So geschl. Via Baviera 33, ✆ 0721/33463.

Alljährlich im August veranstaltet Pesaro zu Ehren seines berühmten Sohnes das **Rossini Opera Festival (ROF)**. Die Aufführungen finden u. a. im Teatro Rossini statt, einem der schönsten Opernhäuser Italiens. Opernliebhaber kommen zu diesem Ereignis aus aller Welt, Karten deshalb rechtzeitig vorbestellen: Rossini Opera Festival, Via Rossini 24, I-61100 Pesaro, ✆ 0721/3800294, ℻ 3800220, www.rossinioperafestival.it.

Sehenswertes: Mittelpunkt der Innenstadt ist die zentrale *Piazza del Popolo* mit dem Rathaus, der protzigen Fassade der Post und dem mächtigen *Palazzo Ducale* aus dem 16. Jh. Im großen Innenhof hinter der Post täglich *Markt* (außer So), in der Seitenfront (Via Branca) blieb von der ehemaligen Kirche *San Domenico* nur das Terrakotta-Portal erhalten. Eine kunsthistorische Sensation war die Entdeckung eines 700 qm großen Mosaikbodens aus dem 2. Jh. n. Chr. unter dem nahe gelegenen *Dom*, ein herausragendes Denkmal aus der Übergangszeit vom römischen Polytheismus zum Frühchristentum. Ein zweiter Mosaikboden von 800 qm liegt über dem älteren Boden und stammt aus dem 6. Jh. (durch Glasfenster im Boden zu betrachten). Von den städtischen Museen sind vor allem die *Musei Civici* in der Via Toschi Mosca 29 (seitlich der Via Rossini) einen Besuch wert. Sie beinhalten eine Gemäldegalerie (bedeutendstes Werk das Polyptychon „Krönung der Jungfrau" von Bellini) und eine interessante Sammlung von bemalten Keramiken („Majolica") – Pesaro konkurrierte in dieser Kunst im 16. Jh. mit Faenza (→ Emilia-Romagna). An der Via Rossini 34 steht die schlichte *Casa Natale di Rossini*, das Geburtshaus des 1792 hier geborenen Opernkomponisten, ausgestattet mit zahlreichen Erinnerungsstücken. Archäologische Funde von der Frühgeschichte über die Etrusker bis zu den Römern findet man im *Museo Oliveriano*, Via Mazza 97. Über dem Museum liegt die *Biblioteca Oliveriano* mit prächtigem Lesesaal und der ersten gedruckten Amerikakarte der Welt, hergestellt nach Angaben des Atlantiküberquerers Amerigo Vespucci.

• *Öffnungszeiten/Eintritt* **Musei Civici**, Di–So 9.30–12.30 Uhr, Do–So auch 16–19 Uhr, im Juli/Aug. Mi und Fr–So 9.30–12.30 und 16–19 Uhr, Di/Do 9.30–12.30 und 16–22.30 Uhr, Mo geschl. Eintritt 4 €, erm. 2 €.

Casa Natale di Rossini, gleiche Öffnungszeiten wie Musei Civici, Eintritt 4 €, erm. 2 €.

Museo Oliveriano, 1.7.–15.9. Mo–Sa 16–19 Uhr, ansonsten nur nach telefonischer Anmeldung. Eintritt frei. ✆ 0721/33344.

Gradara: Etwas nördlich von Pesaro thront unmittelbar neben der Autobahn die Befestigungsanlage von Gradara. Die zinnenbewehrte Stadtmauer samt aller Wachtürme ist komplett erhalten, am höchsten Punkt steht eine trutzige Burg. Im Prinzip ein echtes Bilderbuchstädtchen, deshalb erheblicher Touristenrummel mit allen Begleiterscheinungen. Der Legende nach soll hier Francesca von Rimini mit ihrem Schwager ihren Mann Giovanni Malatesta betrogen haben. Beide wurden dafür von Francescas Gatten hingerichtet und wanderten in die Hölle – jedenfalls bei Dante, der dies im 5. Gesang seines „Infernos" (in der *Göttlichen Komödie*) beschreibt. In den Innenräumen gibt es zahllose historische Betten – wohl in Bezug auf die delikate Legende –, außerdem eine anschauliche Waffenkammer der Wachmannschaft. Wer will, kann anschließend auf der Stadtmauer entlanglaufen und den Blick genießen.

Öffnungszeiten/Eintritt **Gradara**, Mo 8.30–13 Uhr, Di–So bis 18.30 Uhr, in der Hochsaison Mi–Sa auch 21–23,30 Uhr, Eintritt 4 €, erm. 2 €, Stadtmauer 2 € (tägl. 9–13 und 15–19 Uhr).

Fano

ca. 63.500 Einwohner

Eines der schönsten Städtchen an der Küste der Marken, mit großem Fischereihafen und sauberen Sand-/Kiesstränden. Das Centro storico ist noch weitgehend von der mittelalterlichen Stadtmauer umgeben, innen hübsch mit geometrisch angelegten Straßenzügen, z. T. Fußgängerzonen. In der Antike endete hier die römische Via Flaminia.

An der Landseite kommt man durch den großen römischen Torbogen *Arco di Augusto* in die Altstadt. An der zentralen Piazza XX Settembre stehen der *Palazzo della Ragione* mit dem Teatro della Fortuna aus dem 19. Jh. sowie der Renaissance-Palazzo der *Malatestiano* mit einem archäologischen Museo Civico und einer kleinen Pinakothek. Über die Via Froncini und die Via San Francesco kommt man zum aufwändigen *Grabmal* der Malatesta in der *Chiesa San Francesco* und kann anschließend vom Augustusbogen aus einen Spaziergang entlang der Stadtmauer zur *Rocca Malatestiana* unternehmen, von wo es nicht mehr weit zum Fischerhafen ist. Nördlich vom Hafen erstreckt sich die *Spiaggia Lido* mit diversen Hotels, südlich schließt sich der 1 km lange Kiesstrand *Spiaggia Sassonia* an, ebenfalls mit zahlreichen Unterkünften. Eines der bekanntesten kulturellen Ereignisse ist sicherlich das Festival *Fano Jazz by the Sea*, das alljährlich Ende Juni bis Anfang Juli stattfindet. Den oft kostenlosen Konzerten kann man u. a. im Corte Malatestiana lauschen (Infos: ✆ 0721/820275).

• *Öffnungszeiten/Eintritt* **Palazzo Malatestiano**, im Sommer Di–So 9.30–12.30 und 16–19 Uhr, Juli/Aug. Mi und Sa auch 21–23 Uhr, im Winter eingeschränkt. Eintritt 3,50 €, erm. 2 €.

• *Information* **I.A.T.** am Viale Battisti 10 (zwischen Bahnhof und Strand). Im Sommer Mo–Sa 9–13 und 15–19 Uhr, ansonsten 9–13 und Di–Do 15–18 Uhr, ✆ 0721/887314, www.turismofano.com.

Ein **städtisches Infobüro** befindet sich außerdem an der Piazza XX Settembre im Centro storico.

• *Verbindungen/Anfahrt* **Pkw** an der Piazza vor dem Arco di Augusto oder an der Ringstraße um die Stadtmauer abstellen und zu Fuß ins enge Zentrum.

Bahn, Fano ist Station an der Adriastrecke Bologna-Ancona, **Bahnhof** an der südöstlichen Ecke der Stadtmauer.

• *Übernachten* Über 60 Hotels und neun Campingplätze in Fano und Umgebung.

*** **Amelia**, gleich bei der Spiaggia Lido gelegen, 24 Zimmer mit Bad, EZ 75 €, DZ 106 €, Frühstück extra. Im August Vollpension obligatorisch (74 € pro Pers.). Viale Cairoli 80, ✆ 0721/824040, ℻ 826804, www.hotelamelia.it.

** **Sassonia**, am gleichnamigen Strand, in der 2-Sterne-Kategorie durchaus empfehlenswertes Haus mit 27 Zimmern (mit Bad), typisches älteres Strandhotel, relativ günstig: EZ 45 €, DZ 65 €, in der Hochsaison mit Vollpension (61,50 € pro Pers.), Strandservice und Fahrradverleih inbegriffen. Viale Adriatico 88, ✆/℻ 0721/828229, www.pensionesassonia.it.

*** **Orfeo**, relativ zentral und etwas zurückversetzt vom Corso Matteotti bei der Rocca Malatestiana gelegen. Nur 18 Zimmer (alle mit Bad), etwas altmodisch, freundlich, mit Ristorante/Pizzeria. EZ 45 €, DZ 58 €, Früh-

Marken Karte S. 522/523

stück inkl. Corso Matteotti 5, ✆ 0721/803522, 📠 804488.

Mehrere Campingplätze am südlichen Ortsrand, z. B. **Fano** (Foce del Metauro 1, ✆ 0721/802652, www.campingfano.it), pro Pers. 8 €, Stellplatz 8–12 €, auch Bungalows für ca. 60–100 €; oder **Madonna Ponte** (Via delle Brecce 25, ✆ 0721/804520, www.campingmadonnaponte.it), pro Pers. 11 €, Stellplatz 15–24 €, Bungalows 80–95 €. Weitere sieben Campingplätze in Torrette und Marotta, den beiden südlichen Vororten von Fano.

• Essen & Trinken Fischlokale und Pizzerien an der Hafenmole und an der Strandstraße.

Casa Nolfi, eines der besten Restaurants im Stadtzentrum, bekannt für guten Fisch und Meeresfrüchte, freundlich geführt, Degustationsmenüs 34–49 €. So-Abend und Mo geschl. Via Gasparoli 59, ✆ 0721/827066, www.casanolfi.it.

Al Pesce Azzurro, am Südstrand, Nähe Hafen. Weithin bekanntes und preiswertes Selbstbedienungsrestaurant der örtlichen Fischereigenossenschaft, hat was von einem Bierzelt, schlichtes Ambiente. Menü ab 9,50 €. Mo geschl. Viale Adriatico 48, ✆ 0721/823644, www.pesceazzurro.com.

Symposium Quattro Stagioni: Gaumenschmaus im grünen Hinterland

Ins kleine Dörfchen *Cartoceto*, etwa 20 km von Fano landeinwärts, hat sich der vielleicht beste Koch der Marken zurückgezogen. Lucio Pompili kreiert im schönen Garten seines eleganten Restaurants täglich wechselnde, aber immer hervorragende Gerichte mit selbst gezogenen Kräutern, Trüffeln und wildem Spargel, z. B. süß-saures Perlhuhnfleisch und hausgemachte Tagliatelle. Degustationsmenüs kosten 70–130 €. Mo/Di geschl. Reservierung obligatorisch unter ✆ 0721/898320, 📠 898493, www.symposium4stagioni.com. Auch einige Doppelzimmer.

• *Anfahrt* Von Fano auf der Via Flaminia Richtung Fossombrone, nach ca. 13 km rechts ab nach Cartoceto, der Weg zum Restaurant ist bei Cartoceto beschildert.

Ein lohnenswerter Abstecher auf der Strecke ist das Kloster *Eremo di Monte Giove* aus dem 17. Jh., knapp 6 km von Fano (von der Flaminia rechts ab) entfernt.

Senigallia

ca. 44.000 Einwohner

Spiaggia di Velluto („Samtstrand") heißt der helle Sandstrand von Senigallia, dem beliebtesten und sicherlich auch attraktivsten Badeort des Küstenabschnitts nördlich von Ancona.

Tourismus hat in Senigallia Tradition: Bereits Mitte des 19. Jh. brachte man es hier auf eine beachtliche Zahl an Badegästen, mittlerweile ist Senigallia einer der wichtigsten Fremdenverkehrsorte der Region. Am herrlichen Strand mit der auf Pfählen gebauten *Rotonda a Mare* weht durchaus noch ein Hauch vergangener Noblesse.

Senigallia war die erste römische Kolonie an der Küste. Mitte bis Ende des 15. Jh. verhalfen die Malatesta und die della Rovere der zwischenzeitlich daniederliegenden Stadt zu neuem Aufschwung, man baute die Festung (1480) und Stadtmauern (z. T. noch erhalten), Palazzi und den Kanalhafen, durch den sich hier ein wichtiges Handelszentrum entwickelte, das seine Glanzzeit im 17. und 18. Jh. erlebte.

• Information **I.A.T.** am Piazzale Morandi 2 (zwischen Bahnhof und Strand), geöffnet im Sommer tägl. 9–13 und 16–19 Uhr, ✆ 071/7922725, www.senigalliaturismo.it.

• Verbindungen Bahnhof im Zentrum (zwischen Altstadt und Strand): etwa stündlich **Züge** nach Ancona und via Fano und Pesaro nach Rimini.

Busse ca. halbstündlich nach Ancona, große Haltestelle vor dem Bahnhof, hier stoppen alle Busse in die Umgebung und auch die Stadtbusse.

• Übernachten Etwa 80 Hotels (1–4 Sterne), außerdem 17 Campingplätze, von denen die meisten am Lungomare Leonardo da Vinci liegen.

*** **Hotel Continental**, sympathisches Strandhotel am Lungomare. Zimmer mit Fliesenboden, z. T. mit Balkon. DZ mit Halbpension 160 €, EZ 100 €. Lungomare D. Alighieri 126, ✆ 071/60047, 📠 7926518, www.ilcontinental.com.

• *Camping* Alle mehr oder minder am Meer gelegen.

** **Spiaggia di Velluto**, viel Schatten und relativ gehobene Ausstattung, ✆ 071/64873, www.campingspiaggiadivelluto.it.

* **Mare Verde**, der kleinste Platz der Gegend, relativ einfache Einrichtungen. Lungomare Leonardo da Vinci 95, ✆ 071/7929544.

Liana (Lungomare L. da Vinci 54, ✆ 071/65206, www.campingliana.it) und **Holiday** (Lungomare L. da Vinci, ✆ 071/64740, www.campingholiday.net).

• *Essen/Trinken* **Uliassi**, an Strand und Kanalhafen gelegen, Fisch in allen möglichen Variationen, gehobenes Preisniveau, mittags und abends geöffnet, Mo geschl. Banchina di Levante 6, ✆ 071/65463.

Cucinamariano, angenehme Osteria bei der Rocca Roveresca, nettes Ambiente. Preiswert, Menü um 25 €. Mittags und abends geöffnet, Mo geschl. Via Manni 25, ✆ 071/7926659.

La Madonnina del Pescatore, nobles Fischrestaurant im südöstlichen Vorort Marzocca am Meer (ca. 6 km von Senigallia). Extravagante Küche, die ihren Preis hat: Degustationsmenü ca. 100 €. Mittags und abends geöffnet, Mo geschl. Lungomare Italia 11, ✆ 071/698267.

Urbino

ca. 15.500 Einwohner

Der Inbegriff einer Renaissancestadt. Urbino liegt mit seinem unverwechselbaren Profil einmalig schön auf einer steilen Hügelkuppe und hat sich dank seiner Abgeschiedenheit zwischen Apennin und Adria seine einzigartige Geschlossenheit bis heute bewahren können.

Marken
Karte S. 522/523

Alles ist aus rötlichem bis ockerfarbenem Ziegel erbaut – Häuser, Wege, Treppen und Rampen wirken wie aus einem Guss, und über allem thront der riesenhafte *Palazzo Ducale*, einer der größten Renaissancepaläste Italiens. Dass der museale Charakter nicht zu sehr überhand nimmt, dafür sorgt die Universität. Gut 20.000 Studenten bevölkern die Gassen und Plätze, vor allem die zentrale Piazza della Repubblica ist immer belebt.

Initiator der Stadtgestaltung war *Federico da Montefeltro* (1422–1482), ein kriegerischer Herzog und Söldnerführer („Condottiere"), der sich das nötige Kleingeld für seine Kunstliebhaberei und enormen Bauvorhaben verdiente, indem er seine kampferprobten Soldaten an den Meistbietenden vermietete. Er war ein vielseitig gebildeter Mann, der Baumeister, Architekten und Künstler aus ganz Italien nach Urbino holte, um hier die *„città ideale"* der Renaissance zu verwirklichen. In vieler Hinsicht scheint ihm das geglückt zu sein – Urbino lag nach dem 15. Jh. unbeachtet im Windschatten der großen Geschichte und konnte sein Stadtbild unversehrt in die Gegenwart herüberretten. Zwei der bedeutendsten Künstler der Renaissance sind in Urbino geboren und haben hier längere Zeit gelebt und gearbeitet, bevor sie in die großen Zentren Florenz und Rom aufbrachen: *Raffael* (1483–1520), neben Michelangelo und Leonardo da Vinci der größte Maler seiner Zeit, und *Bramante* (1444–1514), einer der Baumeister des Petersdoms.

Anfahrt/Verbindungen/Information

• *Pkw* A 14, Ausfahrt Pesaro-Urbino und 30 km die SS 423 hinauf. Im Zentrum von Urbino dürfen nur Einheimische Auto fahren, am **Borgo Mercatale** vor dem Stadttor befindet sich ein großer Parkplatz (ca. 1 €/Std.), auch Tiefgarage.

• *Bus* **Busse** nach Urbino fahren von Pesaro (Piazzale Matteotti) etwa stündlich (sonntags 4-mal), gute Verbindungen auch ab Fano. Busstation in Urbino am großen Borgo

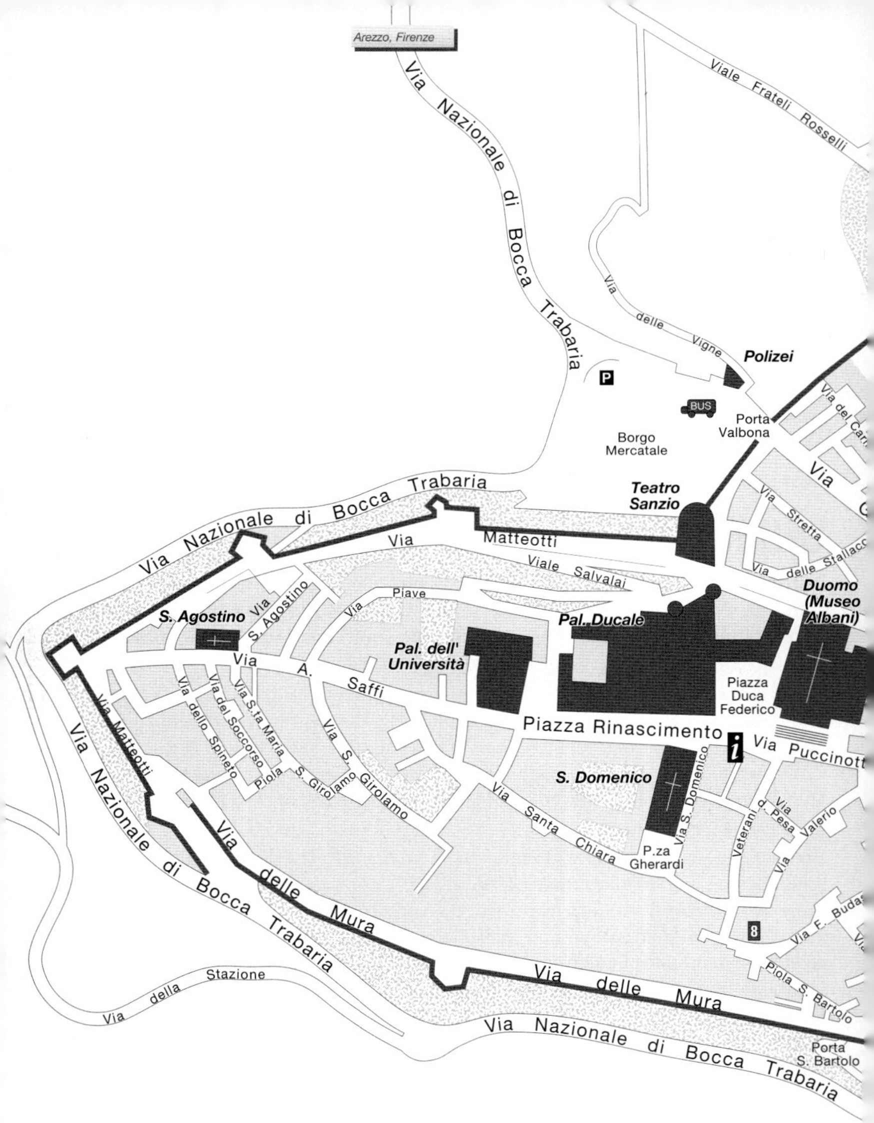

Übernachten
1 Pension Fosca
2 Raffaello
3 San Giovanni
4 Italia
7 Bonconte

Essen & Trinken
5 L'Angolo Divino
6 Vecchia Urbino
8 Al Cantuccio

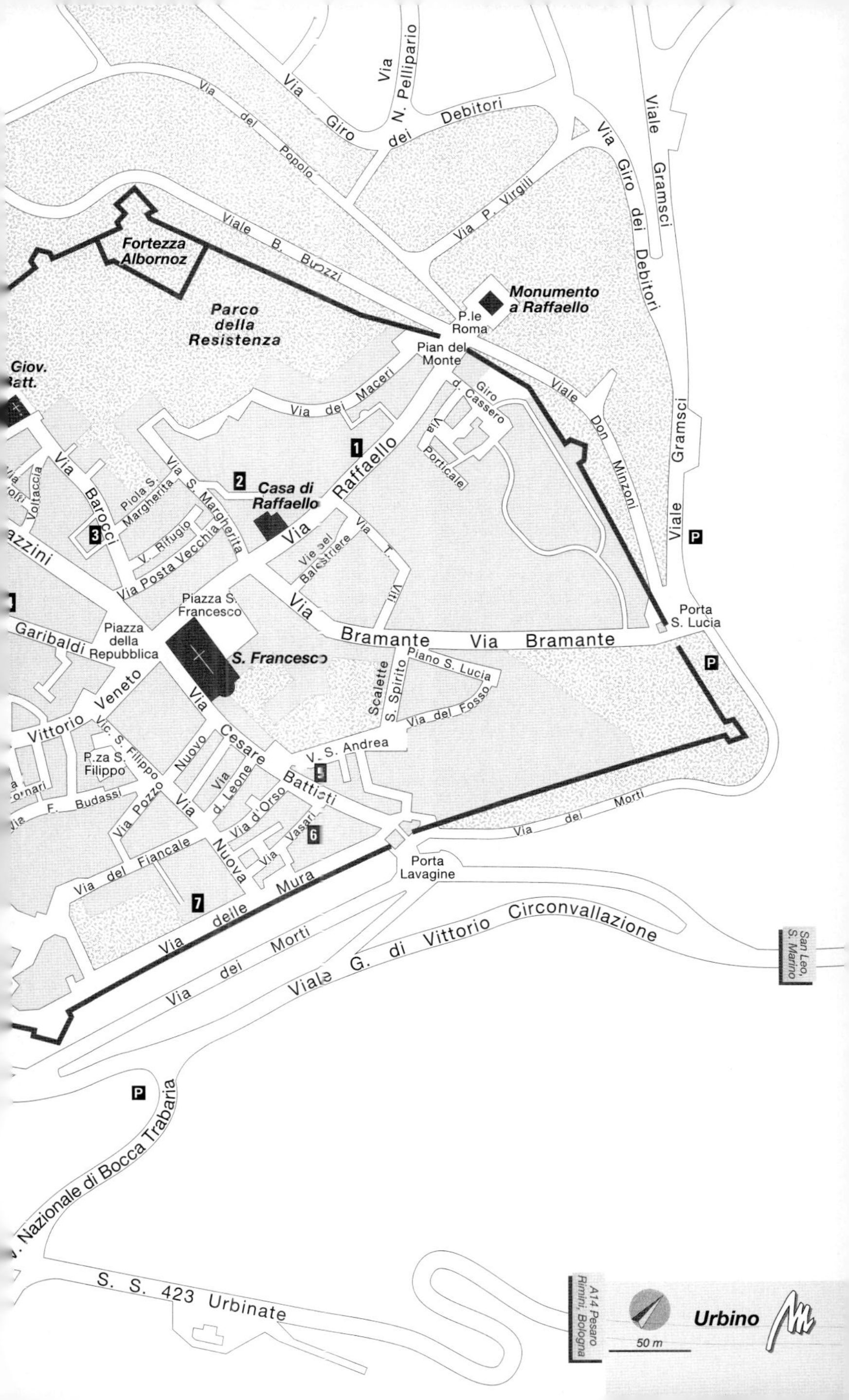

Urbino
50 m
A14 Pesaro Rimini, Bologna
San Leo, S. Marino
Fortezza Albornoz
Parco della Resistenza
Monumento a Raffaello
Casa di Raffaello
S. Francesco
P.le Roma
Pian del Monte
Piazza S. Francesco
Piazza della Repubblica
Porta S. Lucia
Porta Lavagine
Via Giro dei Debitori
Via N. Pellipario
Via del Popolo
Viale B. Buozzi
Via P. Virgili
Viale Gramsci
Viale Don Minzoni
Giro d. Cassero
Via Porticale
Via dei Maceri
Via Raffaello
Via S. Margherita
Piola S. Margherita
V. Rifugio
Via Posta Vecchia
Via Barocci
Voltaccia
Via del Balestriere
Via T. Viti
Via Bramante
Scalette S. Spirito
Piano S. Lucia
Via del Fosso
V. S. Andrea
Via Cesare Battisti
Via Vittorio Veneto
Garibaldi
Vic. S. Filippo
P.za S. Filippo
Via Nuovo
Via d. Leone
Via d'Orso
Via Vasari
Via Pozzo
Via F. Budassi
Via del Fiancale
Via Nuova
Via delle Mura
Via dei Morti
Viale G. di Vittorio
Circonvallazione
Nazionale di Bocca Trabaria
S. S. 423 Urbinate
1
2
3
5
6
7
P

Mercatale, direkt unterhalb vom Herzogspalast. Mit dem Aufzug geht es hinauf in die Stadt (→ Sehenswertes).

• *Information* **I.A.T.**, Piazza Duca Federico 35, gegenüber vom Herzogspalast. Stadtplan, Unterkunftsverzeichnis, Prospektmaterial etc. Mo–Sa 9–13 und 15–18 Uhr (im Sommer länger), nur im Juli/Aug. auch So 9–13 Uhr. ✆ 0722/2613, 📠 2441, www.urbinoculturaturismo.it.

Übernachten (s. Karte S. 532/533)

Es gibt nur wenige Hotels in zentrumsnaher Lage, besser vorher anrufen.

*** **Bonconte (7)**, stilvoll ausgestattete Villa an der östlichen Stadtmauer, Frühstücksgarten, Zimmer mit TV und Blick ins Grüne. EZ 82 €, DZ 139 €, Frühstück 13 € pro Pers. Via delle Mura 28. ✆ 0722/2463, 📠 4782, www.viphotels.it.

*** **Raffaello (2)**, im oberen Teil der Altstadt (unterhalb der Fortezza Albornoz). Modernes Interieur in historischem Gebäude, viel Marmor. Zimmer z. T. mit Balkon. EZ 70 €, DZ 115 €, Frühstück inkl. Vicolino S. Margherita 40, ✆ 0722/4896, 📠 328540, www.albergoraffaello.com.

*** **Italia (4)**, zentral gelegen bei der Piazza della Repubblica. Komfortable Zimmer, netter Service, EZ 70 €, DZ 120 €, Frühstück inkl. Corso Garibaldi 32, ✆ 0722/2701, 📠 322664, www.albergo-italia-urbino.it.

** **San Giovanni (3)**, ordentliche Unterkunft in einem historischen Haus der Altstadt, sehr zentral, mit Restaurant. EZ mit Bad 38 €, ohne Bad 26 €, DZ mit Bad 58 €, ohne Bad 40 €. Kein Frühstück, aber Bar nebenan. Via Barocci 13, ✆ 0722/2827, 📠 329622.

* **Fosca (1)**, einfache, kleine Pension im obersten Stock eines altes Stadthauses, hautnah im Zentrum, nur wenige Meter von der Casa Raffaelo, fünf renovierte Zimmer, sauber und schlicht, nur Etagendusche. EZ 21 €, DZ 35 €. Via Raffaelo 67, ✆ 0722/2542, 📠 329622.

• *Camping* **Pineta**, am Hang des Monte delle Cesane, ca. 3 km östlich oberhalb von Urbino (Richtung Fossombrone, beschildert). Naturbelassenes Gelände in einem lichten Pinienwald, Stellplätze für Caravans im unteren Platzbereich, eine urige Holzhütte fungiert als Bar, Blick auf Urbino, stündlich Stadtbus ins Zentrum. Erholsamer Kontrast zur überfüllten Küste. Pro Pers. 9 €, Stellplatz 14–16 €. April bis Sept. geöffnet. ✆ 0722/4710, 📠 4734, www.camping-pineta-urbino.it.

Essen & Trinken (s. Karte S. 532/533)

Dank der vielen Studenten gibt es hier auch ein passables Angebot an kleinen, gemütlichen Trattorien.

Vecchia Urbino (6), Familienbetrieb in einem restaurierten Kornspeicher, geschmackvoll eingerichtet, weiter Blick in die Hügel. Viel mit Trüffeln, fantasievolle Nudel- und Fleischgerichte, reichlich Anerkennung in diversen Gastroführern. Menü ab 40 € aufwärts. Mittags und abends geöffnet, Di geschl. Via dei Vasari 3/5 (von der Piazza della Repubblica die Via Battisti hinunter und dann rechts), ✆ 0722/4447.

L'Angolo Divino (5), sympathische Osteria in einem historischen Palazzo, traditionelle Spezialitäten der Region, Menü ab ca. 25 €. Mittags und abends geöffnet, So-Abend und Mo-Mittag geschl. Via Sant'Andrea 14, ✆ 0722/327559.

Ristorante-Pizzeria Al Cantuccio (8), kleines Lokal im Souterrain, oft bis auf den letzten Platz besetzt. Eher junges Publikum, bei Touristen beliebt. Flotter Service, recht einfache, aber gute Küche, leckere, große Pizza. Auf den Hauswein ist Verlass, mittleres Preisniveau. Mittags und abends geöffnet, Di geschl. Via Budassi 64, ✆ 0722/2521.

• *Nachtleben* **Bosom Pub**, junges Publikum, laut, Rockmusik und viel Bier. Bar und Gewölbe. Via Budassi 24,von der Piazza della Repubblica Richtung Dom/Palazzo Ducale, dann links ab in die Via Nazario Sauro, dann rechts ab. Kaum zu verfehlen.

Sehenswertes

Die ganze Altstadt ist von einer gut erhaltenen Stadtmauer umgeben. Vor der Mauer, am *Borgo Mercatale*, dem früheren Rindermarkt, drängen sich heute die Autos der Tagestouristen. Hier hat man den schönsten Blick auf den riesigen Her-

Urbinos eleganter Palazzo Ducale: die „Rückseite"

Marken
Karte S. 522/523

zogspalast (Palazzo Ducale) mit seinem überdimensionalen Treppenhaus. Mehrere Möglichkeiten gibt es, in die Altstadt zu gelangen: Direkt am Platz steht eine große runde *Bastion*. In ihrem Inneren verläuft eine spiralförmige *Rampe* zum Corso Garibaldi, auf der man früher zu Pferde hinaufreiten konnte, außerdem gibt es einen modernen *Aufzug* (kleine Gebühr). Neben der Bastion steigt die Treppe *Scalette Teatro* im Zickzack zum Arkadengang am Corso Garibaldi hinauf.

Oder man betritt die Stadt ganz konventionell durch die *Porta Valbona*: Vom Stadttor zieht sich die Via Mazzini steil zur zentralen *Piazza della Repubblica* hinauf, die im Sattel zwischen den beiden Hügelhängen liegt, auf denen die Stadt erbaut ist. Linker Hand klettert von dort die extrem steile Via Raffaello in einer fast 45-Grad-Steigung zum Piazzale Roma am oberen Rand der Stadtmauer hinauf. Rechts gehtes mit wenigen Schritten zur *Piazza Duca Federico* mit Dom und Herzogspalast, der Obelisk davor stammt wahrscheinlich von einem Isis-Tempel in Rom.

Palazzo Ducale

Trotz seiner Monumentalität ist er nahtlos in die Hausfronten eingepasst, kein isolierter Baukörper, sondern ein „großes Haus" inmitten vieler anderer. 1465 gab Herzog Federico da Montefeltro den Auftrag, die Bauzeit betrug siebzig Jahre.

Rein äußerlich kann von Schönheit nicht unbedingt die Rede sein. Der Anblick von vorne ist zwar höchst eindrucksvoll, vom Stadtinneren her zeigt sich dagegen ein kahler, fast schmuckloser Block neben der Kathedrale. Architektonisch einzigartig ist aber zweifellos die dreistöckige Loggia *Facciata dei Torricini* mit den beiden flankierenden Rundtürmen, die man in ihrer ganzen Höhe nur mit Weitwinkel fotografieren kann – in ganz Italien gibt es keine zweite ähnliche Konstruktion.

Öffnungszeiten/Eintritt Di–So 8.30–19.15 Uhr, Mo 8.30–14 Uhr, Einlass bis 1 Std. vor Schließung. Eintritt 4 €, erm. 2 €, Audioguide (auch in Deutsch) 3 €.

Rundgang: Das Innere des Palazzo ist zu besichtigen, der Eingang liegt an der Piazza Duca Federico. Der Innenhof *Cortile d'Onore* wirkt zunächst wenig spektakulär, war aber Vorbild für viele weitere. An der dem Eingang gegenüberliegenden Hofseite ist ein kleines *Archäologisches Museum* untergebracht.

Durch ein ebenso hohes wie breites *Treppenhaus* kommt man in den ersten Stock mit den herzoglichen Gemächern und den Gästezimmern. In den prachtvollen Sälen mit Schmuckfriesen, Deckenfresken und reich verzierten Türeinfassungen ist heute die *Galleria Nazionale delle Marche* untergebracht, ein würdiger Platz für diese beachtliche Gemäldesammlung. Man sollte sich dafür genug Zeit nehmen, es lohnt sehr – vor allem die fantastischen Werke von Piero della Francesca. Seine *„Geißelung"* ist ein Meisterwerk der Perspektive. Die abgezirkelte Darstellung der drei Männer im Vordergrund und der Loggia mit der Züchtigungsszene im Hintergrund ist im höchsten Grad perfekt und gilt als Schlüsselbild der Renaissance. Weitere bedeutende Gemälde der Galleria Nazionale sind Piero della Francescas *„Madonna di Senigallia"* und *„La Muta"* („Die Stumme") von Raffael. Und noch ein Bild ist erwähnenswert, die berühmte *„città ideale"*, früher ebenfalls della Francesca zugeschrieben, aber wahrscheinlich von einem Architekten namens Luciano Laurana gemalt. Die leblose, streng symmetrische Straßenszene mit dem markanten Rundbau in der Mitte wirkt wie eine architektonische Utopie und stellt den Urtyp der architektonischen Ästhetik der Renaissance dar.

Ein baulicher Höhepunkt ist das *Studiolo* (Studierzimmer) des Herzogs. Es ist vollständig mit Holzeinlegearbeiten ausgekleidet, die zu den großartigsten Italiens gezählt werden. Offene Schranktüren, Sitzbänke, Bücherregale, Landschaften, alles in kunstvoller Intarsientechnik – die Illusion ist verblüffend. In der oberen Raumhälfte sind 28 „uomini illustri" (bedeutende Männer) in Öl gemalt, Vorbilder Federicos von Salomon bis Petrarca – nur noch 14 sind jedoch Originale, der Rest hängt im Louvre. Vor dem Raum ein Aussichtsbalkon, der zu der großen dreistöckigen Loggia gehört, die die Außenfassade des Palastes bildet (leider nicht zugänglich). In einem der beiden runden Fassadentürme führt eine Wendeltreppe zu zwei Kapellen hinunter, der *Cappella del Perdone* mit Engelsköpfen aus Marmor und dem antikisierenden *Tempietto delle Muse*.

Während des gesamten Rundgangs durch die Galerie sollte man ab und an aus dem Fenster schauen – der Blick über die Schindeldächer von Urbino vermittelt fast noch deutlicher als in den Straßen die Geschlossenheit des Stadtbilds.

Weitere Sehenswürdigkeiten

Oratorio di San Giovanni Battista: links der Via Mazzini am Ende der Treppengasse Via Barocci. Die kleine Kapelle ist vollständig mit Fresken von Jacopo und Laurenzo Salimbeni ausgemalt (um 1416). An der Frontwand die „Kreuzigung Christi", an der rechten Längsseite „Leben und Wirken Johannes des Täufers", an der linken Wand der „Tod des Täufers". Im Anschluss kann man das benachbarte *Oratorio di San Giuseppe* mit seinen Stuckarbeiten besichtigen.

Öffnungszeiten/Eintritt **Oratorio di San Giovanni Battista** und **Oratorio di San Giuseppe**, Mo–Sa 10–12.30 und 15–17.30 Uhr, So 10–12.30 Uhr, Eintritt 2,50 bzw. 2 €.

Dom: Die Renaissancebasilika musste nach einem Erdbeben im 18. Jh. komplett wiederaufgebaut werden und besitzt heute eine klassizistische Fassade. Sie ist durch einem Gebäudeflügel direkt mit dem benachbarten Herzogspalast verbunden. Im überkuppelten Innenraum einige prächtige Altargemälde, darunter das „Abendmahl" von Barocci, ebenso im angeschlossenen *Museo Albani* (Kirchenmuseum).

Öffnungszeiten/Eintritt **Dom** tägl. 7.30–13 und 14–20 Uhr, **Museum** und Krypta tägl. 9.30–13 und 14.30–18.30 Uhr, Eintritt 3 €.

Casa Raffaello: Raffaels Geburtshaus in der Via Raffaello 57 lohnt für Kunstinteressierte nur bedingt. Von Raffael (eigentlich Raffaello Santi) gibt es hier außer einem frühen Fresko „Madonna mit Kind" nichts zu sehen, dafür umso mehr von seinem Vater und anderen Zeitgenossen (meist Reproduktionen). Das Haus selbst ist hübsch eingerichtet und gibt einen Eindruck von der Wohnkultur im 15. Jh. Im ersten Stock befindet sich das angebliche Geburtszimmer Raffaels. Bereits mit 21 Jahren verließ er die Heimatstadt, um nach Perugia, Florenz und schließlich nach Rom zu gehen, wo seine großartige Karriere im Auftrag von Papst Julius II. ihren Lauf nahm.

Öffnungszeiten/Eintritt März bis Okt. Mo–Sa 9–13 und 15–19 Uhr, im Winter 9–14 Uhr, So immer 10–13 Uhr, Eintritt 3 €.

Piazzale Roma und Fortezza Albornoz: Am oberen Ende der Via Raffaello kommt man durch die Stadtmauer auf einen freien Platz im Grünen mit einem Denkmal Raffaels (19. Jh.). Ein paar Schritte nach links stößt man auf die Bastion, die den Päpsten zur Überwachung Urbinos diente, davor der *Parco della Resistenza*, ein ruhiges Wiesengelände mit wild wachsenden Birn- und Apfelbäumen und wunderschönem Blick auf die Stadt, Zeit für eine Siesta (Getränke in der Bar).

Öffnungszeiten/Eintritt **Park** tägl. 9–19 Uhr, Eintritt frei.

Corso Estivo per Stranieri

Die Universität von Urbino veranstaltet alljährlich von Ende Juli bis Ende August Sprachkurse für Ausländer. Die Kurse dauern 2 bzw. 4 Wochen und kosten 370 bzw. 650 €, günstige Unterkünfte im Studentenwohnheim, Hotel oder Apartment können vermittelt werden. Anmeldung beim Sekretariat, Via Saffi 2, I-61029 Urbino, Auskünfte unter ✆ 0722/305360 (deutschsprachig), 📠 305287, www.uniurb.it/CorStran/, ursula.vogt@uniurb.it.

Marken
Karte S. 522/523

Südlich von Urbino

Gola del Furlo

Das landschaftliche Highlight der Gegend – der Fluss Candigliano hat sich zwischen steil aufragenden Felsen hindurchgegraben und eine höchst eindrucksvolle Schlucht hinterlassen.

Die Strecke durch die Gola del Furlo (lat. *forulus* = Felsloch) ist 3 km lang und führt auf der alten Römerstraße *Via Flaminia* (220 v. Chr. von Konsul Gaius Flaminius gebaut) durch einen echt antiken Tunnel, der allerdings erst 76 n. Chr. unter Kaiser Vespasian entstand. Damals war die Straße eine der militärischen Hauptadern zu den Gebieten im Nordosten des Imperium Romanum, sie verband Rom mit dem Adriahafen Fano. Heute laden zahlreiche Parkbuchten im Verlauf der nur wenig befahrenen Straße zum Fotostopp ein. Nach 3 km öffnet sich die Schlucht recht abrupt, auf der linken Seite der Straße befindet sich ein kleiner Park am Ufer, der zu Picknick und Sonnenbad geradezu auffordert.

Abteikirche San Vincenzo al Furlo: Die schlichte romanische Kirche aus dem 9./10. Jh. ist das einzige bauliche Überbleibsel der im 6. Jh. gegründeten gleichnamigen Abtei (links der Straße, ganztägig geöffnet).

• *Anfahrt* Wenn Sie durch die Gola del Furlo fahren wollen, sollten Sie die entsprechende Ausfahrt der N 3 hinter Fossombrone nicht verpassen. Andernfalls geraten Sie in den langen Straßentunnel und kommen erst ein Stück hinter der Schlucht heraus.

• *Übernachten/Essen* ** **Birra al Pozzo**, nahe der Gola del Furlo in San Vincenzo. Zweckmäßige Zimmer mit Bad und TV, DZ 45 €, EZ 41 €. Mit Ristorante: gute Küche zu kleinen Preisen, mit Terrasse (Mi geschl.). Via Pianacce 12, ✆ 0721/700084, 📠 0721/700042.

Val d'Esino

Interessanter Abstecher landeinwärts – nördlich von Ancona folgt die SS 76 dem anfangs breiten Tal des Esino, das sich vor der Papierstadt Fabriano zur eindrucksvollen Gola di Rossa verengt.

In der seitlich abzweigenden Frasassi-Schlucht liegt eins der bekanntesten Höhlenmassive Italiens – fast genauso berühmt ist der leichte und spritzige *Vino Verdicchio*, der nordwestlich von Jesi angebaut und zu den besten und bekanntesten italienischen Weißweinen gezählt wird.

Jesi: Das wirtschaftliche Zentrum der Gegend (ca. 40.000 Einwohner) bietet innerhalb seiner gut erhaltenen und mächtigen Stadtmauern ein hübsches Centro storico, das zum ziellosen Bummeln einlädt. Von vielen Renaissancebauten geprägt, erstreckt sich die Altstadt lang auf einem Hügel nördlich des Esino. Ausgehend von der Piazza Federico II. und über die Piazza della Repubblica mit dem bedeutenden *Teatro Pergolesi* (1796) gelangt man auf der Längsachse *Corso Matteotti*, der wichtigsten Einkaufsstraße der Stadt, zum *Arco Clementino* am südwestlichen Ende des Centro storico. Nicht nur in wirtschaftlicher, auch in kultureller Hinsicht ist Jesi eines der Zentren in der Provinz Ancona. Seit 1967 finden in der Stadt die Opernfestspiele *Stagione Lirica* statt, die zu Ehren von Giovanni Battista Pergolesi, einem der berühmtesten Söhne der Stadt, ins Leben gerufen wurde. Pergolesi, bedeutender Opernkomponist des 18. Jh., wurde 1710 in Jesi geboren und starb im Alter von nur 26 Jahren bei Neapel. Er gilt als Wegbereiter der *Opera buffa*.

• *Information* **Ufficio Turismo** an der Piazza della Repubblica. Freundliche Mitarbeiter. Im Sommer tägl. 10–18 Uhr geöffnet, ansonsten Mo–Sa 10–13 und 15–18. ✆ 0731/538420, www.comune.jesi.an.it.

• *Verbindungen* Fast stündl. **Züge** nach Ancona und Fabriano, 5-mal tägl. auch nach Rom. Der Bahnhof liegt ca. 600 m vom Zentrum.

Busse fahren an der Porta Valle (großer Platz an der Stadtmauer) ab, mindestens stündliche Verbindungen nach Ancona (mit SACSA/Crognaletti), Tickets in umliegenden Tabaccherie oder Kiosken (Edicole).

• *Veranstaltungen* **Stagione Lirica**, alljährlich Ende Sept. bis dritte Nov.-Woche finden die Opernfestspiele von Jesi im traditionsreichen Teatro Pergolesi statt. Tickets im Theater, die Biglietteria ist tägl. 9–12.30 und 17–19.30 Uhr geöffnet, ✆ 0731/206888, www.teatropergolesi.org.

• *Übernachten* *** **Mariani**, zentralstes Hotel der Stadt, nahe der Piazza della Repubblica. 33 Zimmer mit Bad und Klimaanlage. EZ 58 €, DZ 75 €, Dreibettzimmer 90 €, Vierbettzimmer 100 €, Frühstück inkl., Via dell' Orfanotrofico 10, ✆ 0731/207286, 📠 0731/200011, www.hotelmariani.com.

Ostello Villa Borgognoni, sehr schöne Villa mit Garten in der Via Crivelli 1 (relativ zentrumsnah, beschildert, auch mit dem Stadtbus zu erreichen). Übernachtung 17 € pro Pers. im Schlafsaal, im DZ 21 €, Frühstück und Bettwäsche sind im Preis inbegriffen. ✆ 0731/214264, 📠 0731/226621, www.ostellojesi.it.

• *Essen/Trinken/Enoteche* **Osteria Forno Ercoli**, von der Piazza Federico II ein Stück hinunter (Richtung Porta Valle), eher eine Enoteca, in der auch kleine Köstlichkeiten der Region angeboten werden, z. B. Wurst, Käse und kleinere Gemüsegerichte, dazu ein Glas Verdicchio. Mittleres Preisniveau. Di–Sa 19–2 Uhr, So 16–1 Uhr, Mo geschl. Piazza Nova 8, ✆ 0731/56360.

Enoteca della Regione Marche, im Palazzo Balleani nahe der Piazza Federico II (Via Federico Conti 5). In dieser von der Region und der Gemeinde Jesi eingerichteten Enoteca kann man nicht nur die hervorragenden Weine Jesis (und der ganzen Region) probieren und kaufen, sondern auch kulinarische Spezialitäten wie Käse, Wurst und Schinken. Tägl. 11–13 und 17.30–21.30 Uhr geöffnet, Mi geschl. ✆ 0731/213386.

Grotte di Frasassi: Der größte Höhlenkomplex der Marken liegt etwa 15 km nordöstlich von Fabriano. In unmittelbarer Nähe des kleinen Thermalorts *San Vittore Terme* führt eine Straße durch die 3 km lange Frasassi-Schlucht. Zwischen senkrecht aufragenden Felswänden liegt der Eingang zur *Grotta Grande del Vento*, die zu den attraktivsten Schauhöhlen Italiens gehört. Das gesamte unterirdische System hat eine Ausdehnung von 13 km, davon sind etwa 1,5 km im Rahmen einer Führung begehbar. Wer das klotzige Eingangsportal hinter sich gelassen hat, betritt eine riesige Halle von 180 m Länge, 120 m Breite und fast 200 m Höhe, in die der gesamte Mailänder Dom hineinpassen würde: eine Märchenlandschaft aus Stalagmiten und Stalaktiten, die an die Kunstwerke von Zuckerbäckern erinnert, nur ungleich gigantischer. Tipp: nach Möglichkeit Sonn- und Feiertage und den gesamten August vermeiden, dann gerät man in einen unerträglichen Ameisenhaufen von Besuchern.

- Anfahrt/Verbindungen Shuttle-Busse zur Höhle fahren ab dem 1,5 km entfernten Großparkplatz **Genga Stazione** Bahnhof der Linie Rom – Ancona).
- Öffnungszeiten/Eintritt Die Höhlen sind tägl. 10–18 Uhr zu besichtigen, im August Einlass alle 10 Min., ansonsten zur vollen Stunde bzw. nach Bedarf, im Winter nur um 11 und 16 Uhr. Mai bis Okt. werden auch deutschsprachige Führungen angeboten. Eintritt 15 €, Kinder (6—14 J.) 10 €, Erw. über 65 J. 13 €, unter 6 J. frei. Ticketreservierung unter ✆ 0732/90090, Infos ✆ 0732/90080, www.frasassi.com.

San Vittore Terme: In der Schlucht entspringt eine Quelle, deren schwefelhaltiges Wasser Kurgästen zugute kommt. Es gibt ein modernes Thermalschwimmbad, ein Kurhotel und eine romanische Kirche aus dem 11. Jh. Auf einer Tafel sind 18 Höhlen der Umgebung mit den jeweiligen Wegmarkierungen und Aufstiegszeiten eingezeichnet. Neben der Kirche zeigt das kleine *Museo speleopaleontologico* prähistorische Funde.

Öffnungszeiten Das **Museum** ist von März bis Okt. tägl. 11–14 und 15–18 Uhr geöffnet, im August und an Sonntagen 10.30–14 und 15–18.30 Uhr, im Winter Di–So 11–14 und 15–18 Uhr. Der Eintritt ist für Besucher der Grotten frei.

Fabriano

ca. 32.000 Einwohner

Die „Papierstadt" der Marken liegt in einer weiten Talebene, im Westen begrenzt vom Monte-Cucco-Massiv (→ Region Umbrien), im Osten vom Monte San Vicino und seinen Ausläufern.

In Fabriano wurde im Mittelalter das Handwerk der europäischen Papierherstellung entwickelt, das Wissen dazu brachten Einwohner während der Kreuzzüge aus Asien mit. Durch neue Herstellungsmethoden und die Erfindung des Wasserzeichens wurde damals die Qualität des Papiers entscheidend verbessert. Von den vielen florierenden Betrieben besteht heute nur noch die Firma *Miliani* – unübersehbar, wenn man von Osten kommend in die Stadt hineinfährt. Interessant ist der Besuch des Papiermuseums *Museo della Carta e della Filigrana* im ehemaligen Kloster San Domenico, Largo Fratelli Spacco. Es präsentiert eine Auswahl von Originalobjekten (Holzbottiche, Papierpressen, Metallsiebe etc.), sowie eine Ausstellung über die Geschichte der Wasserzeichen. Wenn man Glück hat, kann man den geschickten Händen eines Meisters beim Vorgang des Papierschöpfens zuschauen.

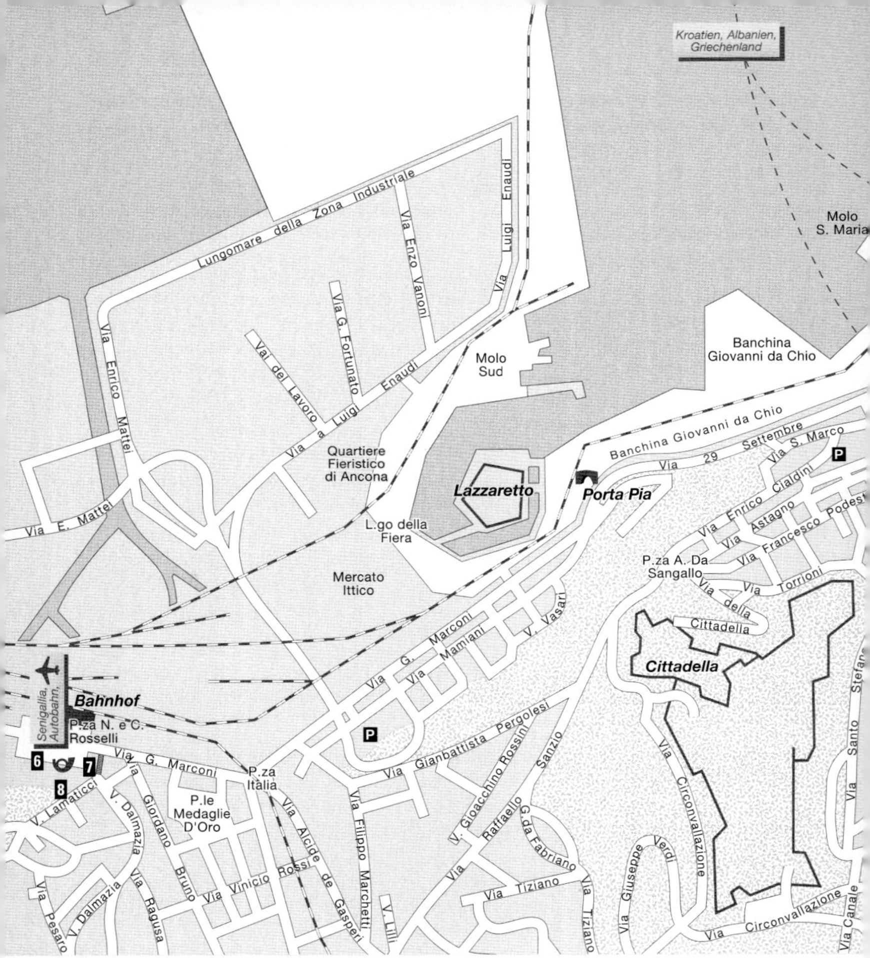

- *Öffnungszeiten/Eintritt* Di–So 10–13 und 14.30–19.30 Uhr, im Winter bis 18.30 Uhr, Mo geschl., Eintritt 5,60 €, Kinder unter 6 J. frei, über 65 J. 4,50 €, Familienkarte 15 €.
- *Information* **I.A.T.**, im Papiermuseum, Di–So 10–13 und 15–18 Uhr geöffnet. ✆ 0732/625067, www.fabrianoturismo.it.
- *Verbindungen* Bahnhof knapp 1 km außerhalb der Altstadt an der Straße Richtung Sassoferrato. Fabriano liegt an der **Zugstrecke** Ancona – Rom, ca. 10-mal tägl. Verbindungen, 1-mal tägl. über San Severino Marche, Tolentino und Macerata nach Civitanova Marche. 3-mal tägl. fährt ein Bummelzug über Sassoferrato nach Pergola.

Die **Busse** starten an der Piazza Matteotti am Rand der Altstadt. 4-mal tägl. Busse zu den Frasassi-Höhlen und nach San Vittore Terme.

- *Übernachten* **** **Hotel Janus**, moderner Bau mit schmalen Fenstern, zentral, ruhig. Mit Restaurant und eigenem Parkplatz EZ 80 €, DZ 120 €, Frühstück inkl. Piazzale Matteotti 45, ✆ 0732/4191, ℻ 5714, www.hoteljanus.it.
- *Essen/Trinken* **Trattoria Marchegiana**, Restaurant mit kleiner Terrasse an der Piazza Cairoli 1 (Centro storico), elegant-rustikales Ambiente im Gewölbe, freundlicher Service. Hervorragende traditionelle marchigianische Küche zu angemessenen Preisen, abends wird auch der Pizzaofen angeschürt. Mo geschl., ✆ 0732/250088.

Ancona

ca. 102.000 Einwohner

Typische Hafenstadt, im Weltkrieg schwer zerbombt, dazu kommen einige Erdbeben, das letzte 1972. Trotzdem ist das alte Zentrum mit seinen engen Gassen einen Bummel wert. Häufige Fährverbindungen nach Griechenland und hinüber nach Kroatien.

Eines der ungewöhnlichsten Bauwerke Mittelitaliens ist die *Mole Vanvitelliana*, ein exponierter Fünfecksbau zwischen Bahnhof und Fährhafen. „Il Pentagono Adriatico" wurde im 17. Jh. als Quarantänestation für die aus aller Welt ankommenden Seefahrer erbaut und dient heute als Veranstaltungsort für Kongresse und Kultur. Vom Hafen kommt man nach wenigen Schritten immer geradeaus den leichten Hügel hinauf zur Piazza Repubblica. Hier beginnt linker Hand (nördlich) die etwas verwitterte, aber durchaus sehenswerte Altstadt. Am oberen Ende der malerisch lang gestreckten *Piazza del Plebiscito*, einst Mittelpunkt des historischen Ancona,

Einladender Strand am Monte Conero

steht die Kirche *San Domenico* mit wertvollen Gemälden, darunter eine „Kreuzigung“ von Tizian. Die Via Pizzecolli führt allmählich ansteigend nordwärts, im Palazzo Bosdari (Nr. 17) aus dem 16. Jh. befindet sich die *Pinacoteca Comunale Francesco Podesti*, ebenfalls mit einigen Tizian-Gemälden. Weiter oben an der Via Ferretti dann das *Museo Nazionale Archeologico delle Marche* mit einer umfangreichen Sammlung von Funden aus dem Neolithikum bis in die römische Zeit. In engen Serpentinen führt die Straße weiter auf die Spitze des *Colle Guasco* (auch mit dem Pkw möglich, Parkplätze am Dom), oder man steigt ab Piazza del Senato die Treppen des *Scalone Nappi* hinauf. Von hier oben bietet sich ein herrlicher Überblick über die Stadt und auf den exponiert stehenden romanischen Dom *San Ciriaco* in der Form eines griechischen Kreuzes: unter Glas im Boden die Grundmauern einer frühchristlichen Kirche und eines Tempels, in der Krypta (linkes Seitenschiff) die sterblichen Überreste des Ciriacus und zweier weiterer Heiliger.

• *Öffnungszeiten/Eintritt* **San Domenico**, tägl. 7.15–12.30 und 16–19 Uhr. **Pinacoteca Civica Francesco Podesti**, Mo 9–13 Uhr, Di–Fr 9–19 Uhr, Sa 8.30–18.30 Uhr, So 15–19 Uhr, an Feiertagen geschl., Eintritt 4,50 €, erm. 3,40 €. **Museo Nazionale Archeologico delle Marche**, Di–So 8.30–19.30 Uhr, Mo und an Feiertagen geschl., Eintritt 4 €, erm. 2 €. **San Ciriaco**, tägl. 8–12 und 15–18 Uhr (im Sommer bis 19 Uhr).

Anfahrt/Verbindungen/Information

• *Anfahrt/Verbindungen* **Pkw**, A 14, Ausfahrt Ancona Nord, der Passagierhafen liegt gut ausgeschildert unterhalb der Altstadt, im Umkreis einige **Parkplätze und -häuser**. Die Altstadtgassen sind sehr eng und zum Teil auch gesperrt.

Flug, der internationale Flughafen Raffaello Sanzio liegt 10 km außerhalb bei Falconara. Linienflüge mit Lufthansa/Air Dolomiti von und nach München.

Bahn, Bahnhof an der Piazza Rosseli, ca. 1,5 km nordwestlich des Zentrums. Ca. halbstündlich an der Küste entlang nach Pesaro und Rimini, 10-mal tägl. Jesi – Fabriano – Rom, 8-mal in südliche Richtung nach Pescara (Abruzzen). Stadtbus 1 oder 1/4 ins Zentrum.

Bus, die meisten Überlandbusse starten an der zentralen Piazza Cavour, ca. stündl. Verbindungen nach Sirolo/Numana (Riviera del Conero, → S. 544), Loreto, Recanati, Senigallia usw.

• *Information* **A.P.T.R.** im östlichen Stadtbereich, Via Thaon de Revel 4, Mo–Fr 9–13 und 15–17 Uhr, im Juli/August auch Sa/So 9–13 Uhr, ✆ 071/358991, ℻ 3589929; im Sommer außerdem Infobüro am Fährhafen, tägl. 10–13 und 16–20 Uhr geöffnet; www.comune.ancona.it.

Übernachten/Essen & Trinken (siehe Karte S. 540/541)

• *Übernachten* ****** Grand Hotel Passetto (9)**, sehr nobel, am östlichen Stadtrand. Mit kleinem Pool und Parkgarage, Restaurant. EZ 120 €, DZ 195 €, inkl. Frühstück. Via Thaon de Revel 1, ✆ 071/31307, ℻ 32856, www.hotelpassetto.it.

***** Roma e Pace (3)**, etwas altertümliches Hotel mitten im Zentrum. EZ 59 €, DZ 95 €, Dreibettzimmer 115 €, Vierbettzimmer 130 €, Frühstück inkl. Via Leopardi 1, ✆ 071/202007, ℻ 2074736, www.hotelromaepace.it.

***** City (5)**, ähnlich zentral wie Roma e Pace, modernes Hotel mit kleiner Terrasse. EZ 63 €, DZ 98 €, Dreibettzimmer 105 €, Frühstück inkl. Via Matteotti 112, ✆ 071/2070949, ℻ 2070372, www.hotelcityancona.it.

***** Hotel della Rosa (7)**, relativ günstiges Hotel gegenüber vom Bahnhof, recht ansprechend. EZ 63 €, DZ 92 €, Dreibettzimmer 100 €, Frühstück inkl. Piazza Rosselli 3, ✆ 071/41388, ℻ 42651, www.hoteldellarosa.it.

**** Gino (6)**, ebenfalls gegenüber vom Bahnhof, für einfache Ansprüche. EZ 35 €, DZ 52 €. Via Flaminia 4, ✆/℻ 071/42179, hotel.gino@tiscalinet.it

• *Jugendherberge* **Ostello della Gioventù (8)**, nur wenige Schritte vom Bahnhof entfernt in der Via Lamaticci 7. Schlichte Herberge mit 56 Betten, Übernachtung 17 € pro Pers. ✆/℻ 071/42257, www.ostelloancona.it.

• *Camping* → Portonovo, S. 544.

• *Essen/Trinken* **La Cantineta (1)**, traditionelle Trattoria im Herzen Anconas, einfach und günstig, gute Küche, Spezialität des Hauses ist Stockfisch (Stoccafisso all'anconetana), dazu gibt es Hauswein. Mittags und abends geöffnet, Mo geschl. Via Gramsci 1 c, ✆ 071/201107.

Osteria Teatro Strabacco (4), gepflegte Weinstube mit gutem Speiseangebot, auch Tische im Freien. Tägl. mittags und abends geöffnet. Via Oberdan 2, ✆ 071/56748, www.strabacco.it.

Antica Trattoria La Moretta (2), rustikales Ambiente am wohl schönsten Platz der Stadt: Piazza del Plebiscito. Primi ab 6 €, Secondi ab ca. 10 €. Das gute Stockfisch-Menü *(menu stoccafisso)* kostet 25 €. Mittags und abends geöffnet, So geschl. ✆ 071/202317.

Riviera del Conero

Unmittelbar südlich von Ancona erreicht man die schönste Ecke der Adriaküste vor dem Gargano (→ Apulien). Der dicht bewaldete Monte Conero steigt auf 600 m an und stürzt steil ins Meer, unten liegen weiße Klippen und einsame Buchten, die nur mit dem Boot zu erreichen sind. Das ganze Kap steht unter Naturschutz und ist zum Wandern ideal, z. B. hinauf zur Kirche Badia di San Pietro am Gipfel.

Von Ancona zum Monte Conero kann man eine prächtige Panoramastraße dicht an der Küste entlang nehmen. Die wenigen Häuser von Portonovo liegen am Nordfuß des Massivs, am Südende wunderschön auf einer Bergkuppe das Örtchen Sirolo, Numana am Fuß darunter, an der weiten Uferebene Richtung Porto Recanati erstreckt sich außerdem noch der Badeort Marcelli mit prächtigem Sandstrand. Die Idylle ist allerdings nicht unentdeckt geblieben, im Sommer wird es sehr voll. Viele Informationen auch unter www.conero.it.

Anfahrt/Verbindungen Mit dem **Pkw** Ausfahrt aus Ancona über Piazza Cavour, Via Piave, Via Isonzo und Via del Conero (beschildert). **Busse** in alle Orte der Riviera del Conero fahren ab Piazza Cavour in Ancona.

Portonovo: Eine wirklich traumhafte Bucht mit blendend weißem Kiesstrand, dichten grünen Wäldchen und einem kleinem Schilfsee. Wunderbar ist der Blick auf die Küstenberge Richtung Norden, vor denen sich ein langer einsamer Strand erstreckt. Im Sommer ist Portonovo hoffnungslos überfüllt, doch ein Hauch von Exklusivität umgibt das Idyll: Ein *Küstenfort* aus napoleonischer Zeit fungiert als gepflegtes Luxushotel und es gibt drei weitere Hotels der Oberklasse sowie mehrere Restaurants am Strand, zusätzlich aber auch zwei Campingplätze und – da eine recht windige Ecke – eine Surfschule. In wunderschöner Lage befindet sich am südöstlichen Rand der Bucht das kleine romanische Kirchlein *Santa Maria di Portonovo* (11. Jh.) aus hellem Stein vom Monte Conero.

Eine schöne Wanderung führt über die Bergspitze des Monte Conero nach Sirolo. Beginn rechts vom Hotel Internazionale, Dauer ca. 3–3,5 Std., Wanderkarten gibt es vor Ort und im Nationalparkzentrum in Sirolo.

• *Öffnungszeiten* **Santa Maria di Portonovo**, im Sommer Di–So 16.30–19 Uhr, ansonsten Sa 15.15–17.15 Uhr, So 10.30–12.30 Uhr.

• *Anfahrt* Serpentinenstraße hinunter, gebührenpflichtiger Parkplatz am Wasser, der allerdings meist voll ist (ca. 10 €/Tag). Im Sommer fährt ein Shuttle-Bus von der Abzweigung hinunter nach Portonovo.

• *Übernachten* **** **Fortino Napoleonico**, exklusive Herberge in der Festung direkt am Strand, die Salons und das hervorragende Restaurant in den ehemaligen Waffenkammern sind im klassischen Empirestil eingerichtet, es gibt große Kamine und einen Flügel, man kann auch schön im Innenhof sitzen, der Wehrgang ist zur lauschigen Promenade mit Meerblick umfunktioniert. In den Zimmern wertvolle alte Stilmöbel, Garten mit Liegestühlen, Tennis, Parkplatz. EZ 130 € (gibt es nur in der Nebensaison), DZ 250 €, mit Frühstück. ✆ 071/801450, ℻ 801454, www.hotelfortino.it.

*** **Hotel Internazionale**, am Hang (beim Kreisel) gelegener Natursteinbau. Mit schickem Ristorante und netten Zimmern mit viel Rot. EZ 125 €, DZ 155 €, Frühstück inkl. ✆ 071/801001, ℻ 2139029, www.hotel-internazionale.com.

** **Camping La Torre**, schöner und schattiger Platz in Bestlage fast am Meer (nahe der Torre Clementina), in Portonovo ausgeschildert. Mit Bar und Ristorante, leider kein Mini-Market. Geöffnet 1.6.–15.9., pro Pers. ca. 7 €, Stellplatz Wohnwagen/-mobil ca. 9 €, Auto 6 €. ✆/℻ 071/801257, campeggiolatorre@libero.it.

• *Essen & Trinken* **Il Laghetto**, Holzhaus am Strand, mit Terrasse und großer Fensterfront zum Meer. Fisch und Meeresfrüchte, Menü ca. 30–35 €, mittags und abends geöffnet, Mo geschl. Via Poggio, ✆ 071/801183.

Da Giacchetti, etwas schicker als Laghetto, ebenfalls mit Terrasse und riesiger Fensterfront. Menü ca. 35 €. Mo geschl., von Juni bis Ende August täglich geöffnet. ✆ 071/801384.

• *Essen/Umgebung* **Osteria del Poggio**, in Poggio (Abzweigung an der Straße nach Sirolo). Einladende Osteria, unser *Tipp*! Kleine, wechselnde Karte, stets frische Gerichte, Tagesmenü 20–25 €, gute Weinauswahl. Nur abends geöffnet, Mo geschl. ✆ 071/2139018.

Sirolo: ausgesprochen idyllisches und adrettes Örtchen mit gut 3500 Einwohnern, auf einer Kuppe hoch über dem Meer, von der weiten Piazza Belvedere eröffnet sich ein wunderbarer Blick auf Küste und Meer, beherrschend thront hier die große Kirche aus Bruch- und Backstein. Im Ortskern flaniert man durch enge Pflastergassen mit Blumenschmuck, die Kirche *San Francesco di Sirolo* beherbergt einen „lebensechten" Jesus. Weit unterhalb des Ortes die hübsche Sandbucht *Spiaggia Urbani* (Serpentinenstraße bis Parkplatz, dort Stufen zum Strand), etwas weiter entfernt liegen die Strände *Sassi Neri* und *San Michele*.

• *Information* **I.A.T.**, an der Piazza Vittorio Veneto, nur Juni bis Sept. tägl. 9–13 und 16–22 Uhr geöffnet, in der Nebensaison Mo–Sa 9–13 und 16–20 Uhr, So geschl. ✆ 071/9330611, www.sirolo.marche.it.

• *Übernachten* *** **Monteconero**, ehemaliges Kamaldulenserkloster, wunderbare Lage 6 km nördlich auf dem Gipfel des Monte Conero, mittelalterliches Gemäuer mit modernen Anbauten, renoviert. Panoramarestaurant, Pool, Garten, Tennis. EZ 90 €, DZ 150 €, mit Frühstück, in der Hochsaison nur mit obligatorischer Halbpension: EZ 113 €, DZ 174 €. ✆ 071/9330592 ✆ 9330365, www.hotelmonteconero.it.

*** **Locanda Rocco**, eine der besten Unterkünfte in Sirolo. Schöner Natursteinbau aus dem 14. Jh. mitten im Zentrum, ruhig und stilvoll, mit erstklassigem Restaurant (auch Terrasse). Elegantes Ambiente, nur sieben Zimmer, DZ mit Frühstück 155 €, Dreibettzimmer 230 €, keine EZ. Via Torrione 1 (am Arco Gotico), ✆/✆ 071/9330558, www.locandarocco.it.

*** **Hotel Sirolo**, noch recht neues Hotel in ähnlich ruhiger und zentraler Lage, mit kleinem Pool und Sauna, Massage sowie türkischem Bad. Helle Zimmer, z. T. mit tollem Ausblick. EZ 92 €, DZ 144 €, inkl. Frühstück. Via Grilli 26 (an der Kirche S. Nicoló rechts ab), ✆ 071/9330665, ✆ 9330373, www.hotelsirolo.it.

*** **Hotel Stella**, an der Via Giulietti, der Einfallstraße ins Zentrum. Dennoch nach hinten hinaus relativ ruhig, Zimmer mit Bad und TV, DZ 120 €, Frühstück inkl. Via Giullietti 9, ✆ 071/9330704, ✆ 7360827 www.stellahotel.it.

Camping Internazionale, herrliche Lage auf grünen Baumterrassen unterhalb vom Ort, freundliches Personal, sehr steile Abfahrt, unterhalb vom Platz gibt es eine eigene Badebucht. Pro Pers. 11 €, Stellplatz 16–20 €, Meerblick 4 € Aufschlag. Via San Michele 10, ✆ 071/9330884, ✆ 9331471, www.campinginternazionale.com

Camping Green Garden, ein Stück weiter vom Wasser entfernt, relativ groß, in Sirolo beschildert. Pro Pers. 11 €, Stellplatz 20–23 €. Via Peschiera 3, ✆ 071/9331317, www.greengardencamping.it.

** **Camping Reno**, kleiner, schattiger Platz, der älteste im Ort, ca. 200 m unterhalb vom Zentrum, beschildert. Mit Pizzeria und Bar, familiäre Atmosphäre. Nur ca. 50 Stellplätze, wie in einem Garten, hier kann man auch in der Hochsaison noch ein Plätzchen finden. Ganzjährig geöffnet. Auch Appartements werden vermietet (98–120 €/Tag, in der Hochsaison nur wochenweise). Pro Pers. 9,50 €, Stellplatz 14–16 €. Via Moricone 7, ✆ 071/7360315, reno.sirolo@camping.it.

• *Essen/Trinken* **Osteria Sara**, beliebtes Lokal an der Piazza Vittorio Veneto, bereits zum Mittagessen bis auf den letzten Platz besetzt. Bodenständiges, ursprüngliches Ambiente, Mi geschl. ✆ 071/9330716.

La Taverna, neben der Osteria Sara, etwas teurer. Freundlicher Service, kleine Terrasse auf der Piazza, innen gemütlich. Nicht allzu große Auswahl, gutes Preis-Leistungs-Verhältnis. In der Nebensaison Mo geschl. Piazza V. Veneto 10, ✆ 071/9331382.

Della Rosa, an der leicht abfallenden Hauptgasse, vom schönen Garten Panoramablick. Auch Pizza, Menüs 20–30 €. Mo geschl. Corso Italia 39, ✆ 071/9330689.

Marken
Karte S. 522/523

Parco Naturale del Conero

Der etwa 6000 ha große Regionalpark wurde 1987 gegründet und ist das älteste Naturschutzgebiet der Region. Beabsichtigt war eine Integration von Kultur- und Naturraum, und so finden sich hier ordentlich angelegte Felder samt Gehöften und ganze Dörfer mit unverkennbar touristischer Ausrichtung ebenso wie dichter Wald und zum Meer hin völlig unzugängliche, felsige Abschnitte mit seltener Flora, wo einige seltene Vögel ungestörte Nistplätze finden. Gut ausgebaute und markierte Wanderwege erlauben den Besuchern einen leichten Zugang zum Regionalpark. Eine gut brauchbare Wanderkarte gibt es im Besucherzentrum des Parks in Sirolo.

Das **Centro Visite Parco Monte Conero** ist in Sirolo ab der Hauptstraße Richtung Monte Conero beschildert (rechts ab), 15.6.–15.9. tägl. 9–13 und 16–19 Uhr geöffnet, ansonsten nur 9–13 Uhr (sonntags und im Jan./Feb. geschl.). Das Centro bietet geführte Wanderungen und MTB-Touren im Park an; auch MTB-Verleih. Via Peschiera 30/A, ✆ 071/9331879, www.parcoconero.it.

Numana: Das Touristenzentrum mit Yachthafen liegt südlich unterhalb von Sirolo, am Beginn der langen Ebene, die sich weit über Porto Recanati nach Süden zieht. Die Altstadt erstreckt sich malerisch auf einem schmalen Felsgrat, davor ein langer, gepflegter Sand-/Kiesstrand mit den Neubauten von *Marcelli*, toller Blick auf das Kap von Sirolo. Die reizvolle *Spiaggia delle Due Sorelle* ist nur per Ausflugsboot zu erreichen (im Sommer mehrmals tägl., 15 €).

Der Traumstrand Due Sorelle

- *Information* **I.A.T.** an der Kreuzung Via Flaminia und Via Avellaneda, noch vor dem Zentrum. Nur Anfang Juni bis Mitte Sept. tägl. 9–13 und 16–19 Uhr, im Hochsommer auch 21–23 Uhr. ✆/📠 071/9330612, www.turismonumana.it.
- *Übernachten* *** **Hotel Eden Gigli**, im oberen Ortsteil, erstes Haus in Numana, unser *Tipp!* Mit Privatstrand, Pool und großem Sport- und Wellnessangebot, nur wenige Schritte hinunter zur eigenen Bucht. EZ 115 €, DZ 230 €, obligatorische Halbpension (im Juli/August) und Strandservice inkl., in der Nebensaison auch mit Frühstück (EZ 85 €, DZ 140 €). Via Moretti 11, ✆ 071/9330652, 📠 9330930, www.giglihotels.com.

*** **Bellavista**, im Zentrum. Von der Terrasse genießt man tatsächlich einen wunderschönen Blick. Nur wenige Meter zum Strand und zur Piazza Torre, ruhige Lage, freundlicher Service. April bis Juni und im Sept. DZ 70 € mit Bad/Balkon, Dreibettzimmer 90 €, Frühstück inkl. Im Juli/August dagegen nur wochenweise, pro Pers. mit Vollpension 500–600 €. Via C. Colombo 5, ✆ 071/9330636, 📠 9331099, www.bellavistahotel.org.

- *Essen/Trinken* **Ristorante La Torre**, eindeutig der beste Blick von der Terrasse auf den Hafen, den man in Numana kriegen kann. Degustationsmenü ca. 40 €. Mittags und abends geöffnet, man sollte reservieren. Via La Torre 1, ✆ 071/9330747.

Marcelli: moderner Badeort am langen Sandstrand, unzählige Strandbäder, Pizzerien, Snackbars usw. Am Abend wird die Hauptstraße Via Litoranea für den Verkehr gesperrt und zur Flaniermeile. Unzählige Geschäfte für Bademoden, Sportkleidung, Beach-Accessoires usw., es herrscht Rummelplatzatmosphäre.

- *Information* **I.A.T.**, am großen Parkplatz in Marcelli (beschildert), vom 15.6. bis etwa 20.9. tägl. 9.30–19.30 Uhr, in der Hochsaison außerdem Fr–So 21–23 Uhr. Via Venezia 59, ✆ 071/7390179.
- *Übernachten* *** **Hotel Marcelli**, eines der besten Hotels im Ort. Sehr gepflegt, mit Pool am Strand, DZ mit obligatorischer Halbpension in der Hochsaison 220–240 €, ansonsten kostet das DZ 150–180 € (mit Frühstück). Via Litoranea 65, ✆ 071/7390125, 📠 7391322, www.hotelmarcelli.it.
- *Essen/Trinken* Als bestes Restaurant der Gegend gilt **Il Saraghino** in der Via Litoranea 209 (Uferstraße Richtung Porto Recanati). Kreative Fischküche, nicht gerade günstig, mit Terrasse am Meer. Mittags und abends geöffnet, Mo geschl., für abends sollte man reservieren. ✆ 071/7391596.

Porto Recanati: ein flaches, lang gestrecktes Bade- und Fischerstädtchen mit schachbrettartigen Gassen. Zwar dominiert die übliche monotone Betonarchitektur, dazwischen aber auch noch einige traditionelle Häuschen und nahe der Hauptpiazza eine ganze Promenade mit alten Fischerhäusern. Mitten in der Stadt thront das backsteinerne *Castello Svevo* (16. Jh.). Nördlich ans Zentrum schließt ein modernes touristisches Ballungsgebiet mit langem Sand-/Kiesstrand, mehreren Campingplätzen und Hotels an, dahinter die Silhouette von Loreto. Südlich vom Ort endloser Sandstrand, Erdpiste und Bahnlinie gleich dahinter.

- Information **Pro Loco** an der Piazza Brancondi, im Sommer tägl. 9.30–12.30 und 16.30–23 Uhr, ✆ 071/7591872.
- Übernachten Zahlreiche Campingplätze um Porto Recanati, z. B. **Camping Pineta**, südlich vom Ort direkt am Strand, mittelgroß unter niedrigen Pinien und Stoffbahnen. Pro Pers. 9,50 €, Stellplatz 14 €, auch Bungalows (75–110 €). Via della Repubblica 3, ✆ 071/9799237, 7590983, www.pinetacamping.it.

Loreto

ca. 12.000 Einwohner

Das kleine Städtchen liegt südlich von Ancona. Unübersehbar thront die mächtige Kuppelbasilika Santuario della Santa Casa auf einem Hügel neben der Autobahn. Sie ist eines der großen Wallfahrtsziele Italiens und Zentrum des europäischen Marienkults.

Soll sie doch nichts Geringeres als das originale „Haus der Maria“ aus Nazareth beherbergen, in dem diese geboren wurde, in dem die Verkündigung geschah und wo schließlich Jesus aufwuchs. Partnerstädte sind – ganz standesgemäß – Altötting und Tschenstochau. Die Gründungslegende ist reichlich kurios: Das Haus der Maria soll nämlich nach der Eroberung Palästinas durch die Mohammedaner im Jahr 1294 „von Engeln“ nach Rijeka (Kroatien) getragen worden sein, von wo es auf mancherlei Umwegen nach Italien gelangte und schließlich in Loreto landete. Diese fantastische Geschichte konnte selbst der Vatikan nicht glauben und sprach deshalb von Kreuzfahrern, die die angebliche Marienbehausung aus dem Heiligen Land mitgebracht hätten. Eine Deutung, der sich mittlerweile auch die Kongregation vom Heiligen Haus angeschlossen hat – Originalton: *„...liegt die Vermutung nahe, dass die volkstümliche Deutung, das Heilige Haus sei durch Engelhand überführt worden, vom Familiennamen Angeli herrührt“.* Nichtsdestotrotz gilt die Madonna von Loreto heute als die Schutzpatronin der Luftfahrt.

Im 15. Jh. begann man mit dem Bau einer mächtigen Renaissance-Basilika um die „Santa Casa“. Zum Schutz vor Piratenangriffen wurde sie wie eine Festung ausgebaut. Gut zwei Millionen Pilger und Neugierige besuchen alljährlich den heiligen Ort. Kunst- und Pilgerführer in allen Sprachen werden angeboten, das Devotionaliengeschäft blüht, ganz Loreto lebt vom Marienkult.

Die Altstadt von Loreto zieht sich einen lang gestreckten Hügelkamm entlang. Alle Straßen führen zur Basilika, die sich, von starken Mauern eingefasst, auf einem Vorsprung erhebt. Der von Geschäften gesäumte *Corso Boccalini* mündet direkt auf der weiten Piazza della Madonna, die auf die gewaltigen Raummaße der Basilika vorbereitet.

Piazza della Madonna: in ihrer ganzen Anlage eine perfekte Schöpfung der Renaissance. In der Mitte wird der *Brunnen der Madonna* von Drachenmonstern und auf Delfinen reitenden Tritonen umringt, links anschließend an die Basilika der *Apostolische Palast* mit schattigen Arkadengängen, im ersten Stock Museum und Pinakothek der Kirche. Dort sind in mehreren Sälen flämische Tapisserien, Möbelstücke, Keramik, Gemälde und Sakralgegenstände untergebracht, im Mittelpunkt stehen die Sammlung von Majolikagefäßen und die Gemälde von Lorenzo Lotto (1480–1556), der hier in Loreto die letzten Jahre seines Lebens verbrachte.

Öffnungszeiten/Eintritt Di–So 9.30–13.30 und 16–19 Uhr, Mo geschl., im Winter (Nov. bis März) nur Sa/So 10–13 und 15–18 Uhr. Eine Spende wird erwartet.

Marken
Karte S. 522/523

Loreto: elegante Piazza della Madonna mit Basilika

Santuario della Santa Casa (Heiligtum des Heiligen Hauses)

Vor dem Eintritt sind die *Bronzetüren* vom Ende des 16. Jh. einen Blick wert, ihre Reliefgemälde sind von ganzen Pilgergenerationen geküsst worden. Der fast 100 m lange Innenraum besitzt drei Längsschiffe mit zahlreichen Seitenkapellen und reicher Ausschmückung. Wie ein gigantischer Sarkophag ruht die quaderförmige Santa Casa unter der hohen Zentralkuppel. Rundum reihen sich 13 prächtige Apsiden, die von verschiedenen Nationen gestiftet wurden und mit Fresken aus den verschiedensten Epochen ausgemalt sind. Am auffälligsten ist die so genannte *Amerikanische Kapelle* aus den 1970er Jahren am linken hinteren Ende des Längsschiffes, in der sich Astronauten, Flugzeuge und Politiker tummeln, gestiftet von der venezolanischen Luftfahrtgesellschaft. Zweifellos künstlerisch wertvoller sind im rechten Seitenschiff die *Kapelle des heiligen Markus* mit schwebenden Engeln von Melozzo da Forli (15. Jh.) und die *Kapelle des heiligen Johannes* mit den großartigen Apostel-Fresken von Luca Signorelli (15. Jh.). Die *deutsche Kapelle* (neben der amerikanischen) besitzt gotisierende Fresken aus der Zeit Kaiser Wilhelms II.

Santa Casa: ein einfacher Backsteinbau, vom berühmten Bramante aus Urbino mit einer aufwändigen Marmorverkleidung versehen, die im 16. Jh. mit Skulpturen und Reliefs geradezu überladen wurde. Im Inneren finden sich Reste von Wandmalereien, ehrfürchtig flüstern und beten die Gläubigen im Angesicht der *Madonna* aus schwarzem Zedernholz, die jedoch nur die Kopie einer Plastik aus dem 13. Jh. ist (das Original wurde 1921 bei einem Brand zerstört). Während die Pilger an der Statue vorbeigehen, küssen und berühren sie den Marmor.

Sala del Pomarancio: In diesen Saal gelangt man vom linken Querschiff. Sein hohes Gewölbe ist mit perspektivisch verzerrten Gemälden ausgestattet, die interessante Raumwirkungen hervorrufen. In riesigen Wandvitrinen sind zahllose Geschenke an die Madonna aufbewahrt.

• *Öffnungszeiten* Tägl. 6.15–20 Uhr, im Winter 6.45–19 Uhr, die Santa Casa ist mittags von 12.30–14.30 Uhr geschl. Zutritt nur in angemessener Kleidung.

• *Anfahrt/Verbindungen* Autobahn A 14, Ausfahrt Loreto/Porto Recanati, noch 3 km. Gebührenpflichtige Parkplätze an der Via Marconi und dem Viale Castelfidardo, seitlich unterhalb der Basilika.

Bahnhof ca. 1 km außerhalb, Busverbindung ins Zentrum.

• *Information* **I.A.T.**, Via Solari 3 Südseite der Stadtmauer). Mo–Sa 9–12 und 15–18 Uhr, So 9–13 Uhr im Winter eingeschränkt. ✆ 071/970276.

• *Übernachten* Die preiswerten Unterkünfte werden meist von kirchlichen Organisationen geleitet und sind fest in der Hand von Pilgern, in jedem Zimmer hängt ein Kruzifix.

*** **Hotel Pellegrino e Pace**, empfehlenswertes Haus. DZ mit Bad 75 €, EZ 70 €, Dreibettzimmer 105 €. Im Restaurant gibt es ein Mittagsmenü für nur 13 €! Piazza della Madonna 10, ✆ 071/977106, 978252, www.pellegrinoepace.it.

** **Hotel Giardinetto**, am Corso Boccalini, der Hauptachse im Zentrum von Loreto. Guter Standard. DZ mit Bad ca. 70 €, EZ um 45 €, Frühstück inkl. Corso Boccalini 10, ✆ 071/977135, 970067, www.hotelgiardinetto.it.

** **Hotel Loreto**, ebenfalls guter Standard und an der Hauptachse im Zentrum gelegen. In dem etwas altmodisch wirkenden Hotel werden sehr günstige Mittagsmenüs angeboten. DZ mit Bad ca. 80 €, EZ um 50 €, Frühstück inkl. Corso Boccalini 60, ✆ 071/7500106, 7500108, www.hotelloreto.it.

Ostello per la Gioventù, die große Jugendherberge von Loreto liegt südlich der Stadtmauern in der Via Aldo Moro, ab Zentrum beschildert. Übernachtung im Mehrbettzimmer 16 €, EZ 25 €, DZ 40 €, Dreibettzimmer 54 €, Vierbettzimmer 68 €, Frühstück 1,70 € pro Pers., Abendessen 10 €. Via Aldo Moro 46, ✆/ 071/7501026.

• *Essen & Trinken* Die meisten Restaurants sind auf Pilger ausgerichtet, sehr günstige Mittagsmenüs gibt es in den Restaurants der Hotels Pellegrino e Pace und Loreto (s. o.). An der Straße zwischen Loreto und Loreto Stazione auf der rechten Seite (gegenüber der Agip-Tankstelle) gibt es außerdem noch das beliebte **Ristorante La Lanterna**: apulische Küche, Holzofenpizza, mittleres Preisniveau, mittags und abends geöffnet, Di geschl. Via Manzoni 2, ✆ 071/976796.

Marken Karte S. 522/523

Recanati

ca. 21.500 Einwohner

Das Provinzstädtchen auf der Hügelkuppe südlich von Loreto ist italienweit als Geburtsort des großen Dichters Giacomo Leopardi bekannt. Recanati liegt in luftigen 300 m Höhe zwischen den Flüssen Musone und Potenza.

Wer nach Recanati kommt, dem werden sofort die kleinstädtische Enge und eine gewisse Verschlafenheit auffallen. Die urbane Geschäftigkeit, die man in den anderen Städtchen der Region vorfindet, fehlt hier, Recanati ist merkwürdig still. Dennoch hat der Ort zwei italienische Ausnahmekünstler hervorgebracht: besagten Leopardi, dem man wirklich an fast jeder Ecke der Stadt begegnet, und *Beniamino Gigli*, den berühmten italienischen Tenor (1890–1957), der im Dom der Stadt als Chorknabe den Grundstein für seine grandiose Karriere legte.

• *Information* **I.A.T.** im Palazzo Comunale an der Piazza Leopardi, Di–So 9–13 und 15–19 Uhr geöffnet, Mo geschl. Im Winter eingeschränkt. ✆ 071/981471, www.recanatiturismo.it.

• *Verbindungen* **Bus**, ca. stündlich via Loreto nach Ancona und Macerata sowie nach Porto Recanati. Abfahrt an der Ringstraße (Viale Filippo Corridoni) bei der Via Porta Cerasa, nur wenige Schritte von der Piazza Leopardi entfernt.

• *Übernachten* *** **La Ginestra**, bei der Piazza Leopardi, mit kleinem Garten und Bar/Restaurant, alle Zimmer mit Bad und TV, EZ 50 €, DZ 75 €, Dreibettzimmer 95 €, Vierbettzimmer 110 €, Frühstück 5 €/Pers. Ganzjährig geöffnet. Via Calcagni 2, ✆ 071/980355, 980594, www.hotelginestra.it.

• *Essen/Trinken* **Ristorante Borgo Antico**, eines der wenigen Restaurants im Zentrum, in einem Seitengässchen der Via Falleroni (Straße zum Dom) gelegen. Kellergewölbe, gute Pizza, auch Salat und Dessert sollte man nicht auslassen, mittleres Preisniveau. Nur abends geöffnet, Di geschl. Vicolo dell'Achilla 2, ✆ 071/7574286.

Abends trifft man sich an der Piazza Leopardi in der **Palory Bar** mit Tischen und Bänken auf dem Platz.

Sehenswertes

Casa Leopardi: Das Geburtshaus des Dichters – ein eindrucksvoller Barockpalazzo aus dem 18. Jh. – wird noch immer von Mitgliedern der Familie Leopardi bewohnt. Die Ausstellung (Mostra) im Erdgeschoss dokumentiert die Lebensstationen Leopardis, auch die *Bibliothek* der Familie Leopardi im ersten Stock des Gebäudes ist zu sehen. Auf vier Räume sind hier ungefähr 25.000 Bücher und Schriften verteilt, darunter auch die Werke des Dichters selbst.

• *Öffnungszeiten/Eintritt* Im Sommer tägl. 9–18 Uhr geöffnet, im Winter tägl. 9.30–12.30 und 14.30–17.30 Uhr. Eintritt: Mostra 4 €, Kinder und Jugendliche unter 15 J. sowie Rentner über 65 J. 2 €, Biblioteca 5 € (erm. 2 €). Empfehlenswert ist das Kombiticket für beides zum Preis von 7 € (erm. 3 €). Tickets im Souvenirshop schräg gegenüber. Der Palazzo ist vom Zentrum aus beschildert.

Museo Villa Colloredo Mels – Pinacoteca Comunale: Ein Besuch in dem vorbildlich aufgebauten Museum am nordwestlichen Rand der Altstadt (neben dem Dom) lohnt hauptsächlich wegen der Werke des Renaissancekünstlers *Lorenzo Lotto*. Zu sehen sind hier u. a. der „Polittico di San Domenico“ (1506–1508), ein riesiges Polyptychon (Flügelaltar) und die „Annunciazione“ („Verkündigung“) aus der Zeit um 1528: Das als ein Meisterwerk Lottos geltende Gemälde zeigt die Ankunft des Erz-

Der traurige Poet

Das Unglück steht ihm förmlich ins Gesicht geschrieben. Das Denkmal von Giacomo Leopardi an der gleichnamigen Piazza bestätigt, was jedes italienische Schulkind weiß: Der größte Sohn der Stadt – und einer der berühmtesten Dichter Italiens – war ein pessimistischer, durch und durch unglücklicher und am Leben verzweifelnder Mensch.

Geboren wurde Giacomo am 29. Juni 1798 als ältester Sohn des Grafen Monaldo Leopardi und dessen Gattin Adelaide. Bereits im Alter von elf Jahren hatte Giacomo Horaz übersetzt und bald darauf seinen Hauslehrer in die Arbeitslosigkeit geschickt, in den folgenden Jahren studierte er sich auf eigene Faust durch die damals schon rund 20.000 Bände umfassende Bibliothek des Vaters. Sein berühmtes Gedicht „L'Infinito“ datiert aus dem Jahr 1819, Leopardi war damals 21 Jahre alt. 1822 verließ er zum ersten Mal die Enge seiner Heimatstadt und ging für einige Monate zu seinem Onkel nach Rom. Es folgten mehr oder minder kurze Aufenthalte in Mailand, Bologna, Florenz und Pisa, die trostlosen Winter verbrachte er jedoch zumeist in Recanati. 1830 siedelte er – ausgestattet mit einer kleinen Rente, die Freunde und Bewunderer für ihn ausgesetzt hatten – nach Florenz um, wo er in Antonio Ranieri einen Freund fand, mit dem er 1833 nach Neapel zog. Am 14. Juni 1837 starb der Dichter bei Neapel an einem Asthmaanfall.

„Unheilbaren Weltschmerz“ attestiert das Kindler-Literaturlexikon dem dichterischen Werk Leopardis, dessen Lyrik gemeinhin als schwer übersetzbar gilt, was sicherlich ein Grund für seinen relativ geringen Bekanntheitsgrad außerhalb Italiens ist. Der Stellenwert des Dichters in der italienischen Literatur wird beim Besuch des Geburtshauses allerdings mehr als deutlich: Schulklassenweise pilgert man hierher, ein Ausflug nach Recanati gehört zum Pflichtprogramm.

engels Gabriel auf der Erde bei der sogar die Katze vor Schreck zur Seite springt. Eben diese Katze hat sich das Museum übrigens zum Logo gemacht.

Öffnungszeiten/Eintritt Im Juli/Aug. Di–So 10–13 und 16–20 Uhr, Rest des Jahres Di–So 9–12 und 15–19 Uhr. Mo geschl. Eintritt 4 €, erm. 2,50 €, ein Audioguide (deutsch) ist im Preis inbegriffen.

Museo Gigli: Auch dem zweiten berühmten Sohn der Stadt hat man in Recanati ein Museum gewidmet. *Beniamino Gigli* wurde am 20. März 1890 in einem Palazzo ganz in der Nähe der Cattedrale San Flaviano geboren, seiner Heimat blieb der berühmte Tenor immer verbunden. Gigli brachte es auf 41 Jahre Bühnenkarriere, darunter ein jahrelanges Engagement an der New Yorker Met und ein Repertoire von über 40 Opern. Gigli starb 1957 in Rom, sein Grab befindet sich heute in einer prachtvollen kleinen Pyramide am Rand des Friedhofes von Recanati.

Öffnungszeiten Di–So 10–13 und 16–19 Uhr, Mo geschl. Eintritt 2,50 €, erm. 1,50 €. Im Palazzo Comunale (Piazza Leopardi), ✆ 071/7570410.

Recanati – die zentrale Piazza Leopardi

Macerata

ca. 42.500 Einwohner

Provinzhauptstadt in eindrucksvoller Hügellage zwischen den Flüssen Potenza und Chienti, etwa 30 km landeinwärts. Touristen trifft man hier kaum, obwohl Macerata den toskanischen und umbrischen Hügelstädten kaum nachsteht.

Eine spätmittelalterliche Mauer umgibt den historischen Renaissance- und Barockkern um die zentrale *Piazza della Libertà*. Über den Corso della Repubblica erreicht man die Piazza Vittorio Veneto, wo das *Museo Civico* eine Gemäldegalerie mit Werken der Renaissance bis zur Neuzeit beherbergt. Ausschließlich der Moderne ist hingegen die sehenswerte Sammlung im nahe gelegenen *Palazzo Ricci* gewidmet. Beide Museen können gratis besucht werden.

Stagione Lirica

Von Mitte Juli bis Mitte August finden in Macerata alljährlich landesweit bekannte Opernfestspiele statt. Schauplatz ist die Freiluftarena *Sferisterio* unterhalb der Piazza Mazzini, ein prächtiger klassizistischer Bau vom Anfang des 19. Jh., südöstlich vom Zentrum in die Stadtmauer integriert. Wer Verona versäumt hat, findet hier eine gute Alternative. Tickets 20–150 €, Kartenvorbestellung nur schriftlich unter ✆ 0733/261570 oder boxoffice@sferisterio.it; Programm im Internet unter www.sferisterio.it.

• *Öffnungszeiten/Eintritt* **Museo Civico**, Di–Sa 9–13 und 16–19 Uhr, Mo geschl., Eintritt frei. **Palazzo Ricci**, Sa/So 10–13 und 16–20 Uhr, im Juli/August tägl., Eintritt frei.

• *Information* **I.A.T.**, zentral an der Piazza della Libertà 9, Di–So 10–13 und 16–19 Uhr. ✆ 0733/234807, www.comune.macerata.it.

• *Verbindungen* **Zug**, Bahnhof ca. 600 m vom Zentrum, gute Verbindungen nach Fabriano und zur Küste nach Civitanova Marche (dort Umsteigen Richtung Ancona und Pescara).

Bus, große Busstation unterhalb der Altstadt (Aufzug), hervorragende Verbindungen zu vielen Orten der Region.

• *Übernachten* **** **Hotel Claudiani (2)**, das beste Haus der Stadt, mitten im Zentrum, 40 komfortable Zimmer, EZ 70 €, DZ 105 € (zu den Opernfestspielen ca. 30 % teurer), inkl. Frühstück. Bar und hoteleigene Garage. Via Ulissi 8, ✆ 0733/261400, ℻ 261380, www.hotelclaudiani.it.

** **Lauri (3)**, von der Piazza della Libertà über den Corso Matteotti zu erreichen. Zentrale Lage, hübsch eingerichtete Zimmer mit TV. EZ 35–60 €, DZ 55–90 €, Frühstück inkl. Via Tommaso Lauri 6, ✆/℻ 0733/232376, www.albergolauri.it.

** **Arena (5)**, schlicht-modernes Haus mit Garage bei dem Sferisterio (Piazza Mazzini). EZ 60 €, DZ 90 €, mit Frühstück. Vicolo Sferisterio 16, ✆ 0733/230931, ℻ 236059, www.albergoarena.com.

Jugendherberge Asilo Ricci (4), nette Herberge in einem großen, mittelalterlichen Palazzo. 96 Betten. 16 € pro Pers. im Mehrbettzimmer, EZ 25 €, DZ 40 €, Dreibettzimmer 55 €, Vierbettzimmer 64 €, Frühstück und Bettwäsche inkl. Mit Restaurant. Via dell'Asilo 36, Nähe Arena Sferisferio. ✆ 0733/232515, ℻ 268015.

• *Essen & Trinken* **Da Secondo (1)**, gilt als eins der besten Restaurants der Stadt, Menü ab 35–40 €. Mittags und abends geöffnet, Mo geschl. Via Pescheria Vecchia 26, ✆ 0733/260912.

Osteria dei Fiori (6), kleines Lokal mit leckeren traditionellen Gerichten, auch einige Tische draußen. Degustationsmenü 25 €. Mittags und abends geöffnet, So geschl. Via Lauro Rossi 61, ✆ 0733/260142.

Zwischen Macerata und Tolentino

Wenn man die SS 77 im Chienti-Tal nach Westen fährt, gibt es gleich mehrere Sehenswürdigkeiten dicht beeinander: Das wehrhafte *Castello della Rancia* mit Viereckssturm und Schwalbenschwanzzinnen, das gut erhaltene Zisterzienserkloster *Abbadia di Fiastra* mit dreischiffiger Kirche und Kreuzgang in einem unbesiedelten Naturschutzgebiet (www.abbadiafiastra.net) sowie die weitläufige Ausgrabung der römischen Siedlung *Urbs Salvia* mit gut erhaltenem Amphitheater am gegenüber liegenden Hügel.

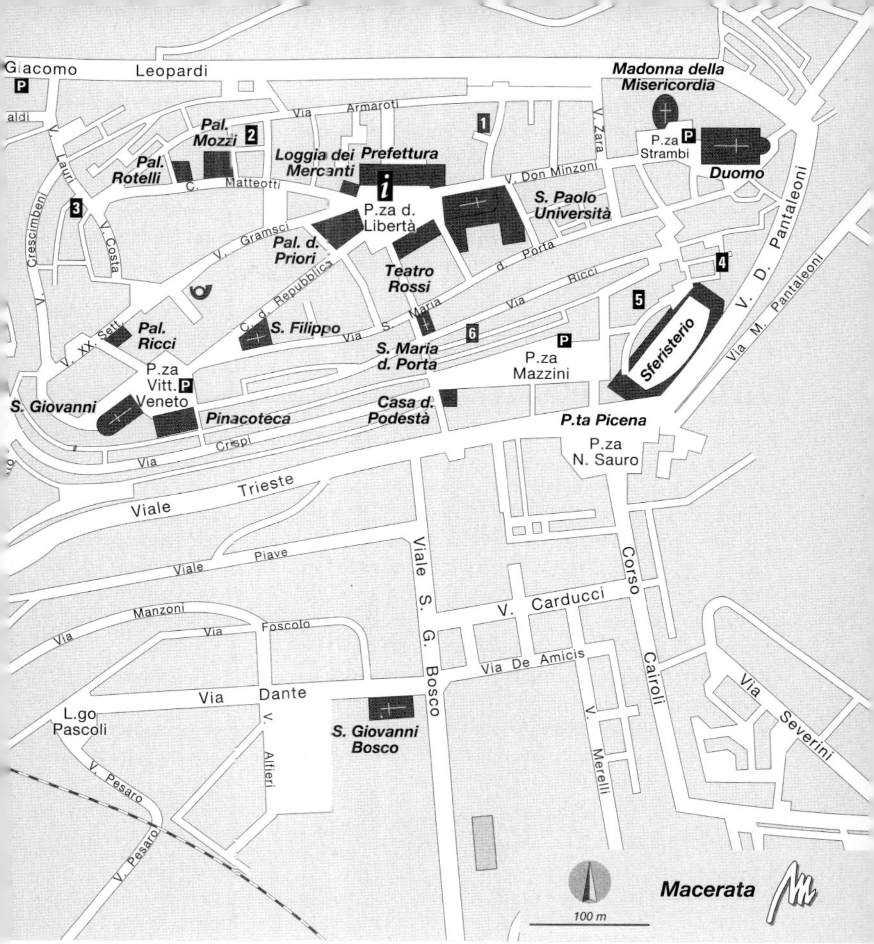

• <u>*Öffnungszeiten/Eintritt*</u> **Castello della Rancia**, Di–So 10–12.30 und 15–18.30 Uhr, Mo geschl., im Winter nur So/feiertags, Eintritt 3 €, erm. 2 €. **Abbadia di Fiastra**, im Sommer tägl. 10–12.30 und 15–18.30 Uhr, im Winter nur So/feiertags, Eintritt 4 € (Klosterkirche und Kreuzgang frei). **Urbs Salvia**, im Sommer tägl. 10–13 und 15–19 Uhr geöffnet, ansonsten nur Sa/So, Eintritt frei.

• <u>*Übernachten*</u> *** **Hotel La Foresteria**, neues Albergo in den alten Gemäuern des Klosters in einem Seitentrakt, ruhige Lage, mit Ristorante und Bar. Nur 24 komfortable Zimmer, EZ 60 €, DZ 70 €, Dreibettzimmer 90 €, Frühstück inkl., Halbpension 55–65 € pro Person. Contrada Abbadia di Fiastra 11, ✆ 0733/201125, 📠 201482, www.gruppogiustozzihotels.it.

• <u>*Essen/Trinken*</u> **Nabissa Rosa**, beliebtes Ristorante und Bar beim Kloster, Mo–Mi nur mittags, Fr–So mittags und abends, Do geschl. ✆ 0733/203552.

Tolentino: Das Industriestädtchen (ca. 20.000 Einwohner) westlich von Macerata ist Geburtsort des wundertätigen San Nicola (1245–1305). Ihm zu Ehren wurde die *Basilica di San Nicola* erbaut und seit dem 14. Jh. immer wieder erweitert und verändert. Der barocke Innenraum besitzt eine schöne Kassettendecke, doch größter Besuchermagnet ist die kleine Seitenkapelle rechts vorne, der *Cappellone di San Nicola* mit dem Grab des Heiligen. Hier ist ein farbenprächtiger gotischer Freskenzyklus aus dem 14. Jh. erhalten, geschaffen von einem unbekannten Künstler, genannt „Maestro di Tolentino". Dargestellt sind Szenen aus dem Leben des heiligen Nikolaus sowie aus dem Neuen Testament. Weitere Fresken sind im benachbarten Kreuzgang zu sehen.

Sehenswert ist auch das *Museo Internazionale della Caricatura* im Palazzo Sangallo am Hauptplatz mit tausenden von Karikaturen aus aller Welt, zusammengetragen anlässlich der seit 1961 in Tolentino regelmäßig stattfindenden „Biennale Internazionale dell'Umorismo nell'Arte".

Öffnungszeiten/Eintritt **Basilica di San Nicola**, tägl. geöffnet, über Mittag geschl. **Museo Internazionale della Caricatura**, Di–So 10–13 und 15–18 Uhr, Eintritt 3 €, erm. 1,50 €.

Adriaküste (Porto Recanati bis San Benedetto del Tronto)

Diverse Badeorte mit dem typischen Adria-Ambiente: weitgehend flach, moderne Betonklötze an geometrisch angelegten Straßen, davor endlose Sandstrände – mit Badeanstalten dicht belegt – und ebenso lange Uferpromenaden, z. T. durch Palmen angenehm verschönt und für den Verkehr gesperrt. Die zahllosen Hotels sind oft recht gesichtslos, an den Ortsrändern viel Camping. Beste Wahl ist vielleicht San Benedetto del Tronto. Im Hinterland erhebt sich die sanfte, üppig grüne Hügellandschaft des *Fermano* um das historische Städtchen Fermo. Bei klarem Wetter reicht der Blick auf die hoch aufragenden *Sibillinischen Berge (Monti Sibillini)* im Grenzland zu Umbrien, die als Nationalpark deklariert sind (→ S. 559).

Porto San Giorgio (ca. 16.000 Einwohner): großzügig angelegt, mit Palmen und Pinien entlang der Straßen, die Atmosphäre wirkt hier ein wenig wie in einer Gartenstadt mit gepflegten Häusern und Villen des 19. Jh. Entlang des endlosen Strands erstreckt sich eine etwas unaufgeräumte Promenade mit zahlreichen Badeanstalten, erfreulicherweise für den Verkehr gesperrt, nur Fahrräder.

• *Übernachten* **** **Garden**, wenige Meter vom Meer, von außen nicht besonders hübsch, jedoch frisch renoviert und mit schönem Garten, von den oberen Stockwerken weiter Blick über Stadt und Meer, Parkplatz. EZ 70 €, DZ 110 €, Frühstück 7 €. Via Battisti 6, ✆ 0734/679414, ℻ 676457, www.hotelgardensas.it.

*** **Piceno**, schon älteres, sauberes, etwas hellhöriges Haus. DZ 80 €, Frühstück inkl. Via Nazario Sauro 32, ✆/℻ 0734/678001.

Camping La Capannina, am südlichen Ortsrand beim Porto Turistico, zwischen Bahngleisen und Strand gelegen. Mit Pool, Restaurant, Market, div. Sportmöglichkeiten und Bungalows. Geöffnet Ende Mai bis etwa 10. Sept. Pro Stellplatz bis max. 4 Pers. 55 €, Bungalow für 2 Pers. ab 48 €, für 4 Pers. ab 80 €. Via San Martino 3, ✆ 0734/677003, ℻ 678644, www.villaggiolacapannina.it.

• *Essen & Trinken* **Damiani & Rossi**, auf einer Bergkuppe über dem Meer gelegen. Hervorragende Küche, Degustationsmenü 36 € (Kindermenü 15 €). Nur abends geöffnet, So auch mittags, Mo/Di geschl. Unbedingt reservieren! Via della Misericordia 9, ✆ 0734/674401. *Anfahrt:* Vom Zentrum der Beschilderung zum Hotel Bellavista folgen, dort angekommen geht es links bergauf (beschildert). Gut 1,5 km außerhalb.

Figaro Café, an der Uferpromenade, sehr schickes Ristorante (teuer), mit cooler Lounge ganz in Weiß, direkt am Strand, auch Café, abends Music-Bar. Mo geschl. Lungomare Gramsci, ✆ 0734/677708, www.figarocafe.it.

Fermo

ca. 37.500 Einwohner

Herrliche Lage auf einer exponierten Hügelspitze, entlang der engen ansteigenden Gassen Backsteinarchitektur wie aus einem Guss.

Die leicht abfallende *Piazza del Popolo* mit Arkadengängen bildet das malerische Zentrum, am Platzende steht der *Palazzo dei Priori* mit einer Statue von Papst Sixtus V., der aus dem nahen Grottammare stammt. Der große *Dom* thront in einem Park hoch oben auf der Hügelspitze, daneben eine Aussichtsterrasse mit spektakulärem Blick über die idyllische Gartenlandschaft bis zum Meer. Einzigartig in den Marken sind die *Cisterne Romane* direkt unter dem historischen Zentrum. Die dreißig weitläufigen Backsteinzisternen wurden im 1. Jh. n. Chr. unter Kaiser Augustus angelegt, um der römischen Kriegsflotte Wasservorräte zu verschaffen, wenn sie in einem der nahen Adriahäfen vor Anker ging (Zutritt an der Via degli Aceti, nahe der Piazza del Popolo).

• *Öffnungszeiten/Eintritt* **Cisterne Romane**, im Sommer tägl. 10–13 und 16–20 Uhr, im Juli/Aug. bis 23 Uhr, ansonsten Di–Sa 10–13 und 15.30–18 Uhr, So 10–12 und 15.30–19 Uhr, Mo geschl. Eintritt 3 €, erm. 2 €, im Preis ist eine Führung enthalten. Eingang in der Via degli Aceti (unterhalb der Piazza del Popolo), ✆ 0734/217140

• *Anfahrt/Verbindungen* Das historische Zentrum ist für den Verkehr gesperrt, gebührenpflichtige Parkplätze an der Zufahrtsstraße und oben am Dom. Ca. halbstündlich **Busse** von und nach Porto San Giorgio.

• *Information* **I.A.T.**, Piazza del Popolo 5, umfangreiches Material über die gesamten Marken. Mo–Fr 9–13 und 15–19 Uhr, Sa 9–13 Uhr, So geschl., im Winter eingeschränkt. ✆ 0734/228738, www.turismo.fermo.net.

• *Übernachten* *** **Astoria**, an der Zufahrt zur Altstadt, großes, nüchternes Albergo, solide Mittelklasse, aber mit tollem Blick, Parkplatz. DZ 90–100 €, EZ 60–70 €, Frühstück inkl., Halbpension ab 65 € pro Pers. Viale Vittorio Veneto 8, ✆ 0734/228601, 📠 228602, www.hotelastoriafermo.it.

Riviera delle Palme

Marken
Karte S. 522/523

Der Küstenstrich um die Badeorte Cupra Marittima, Grottammare und San Benedetto del Tronto wird „Riviera delle Palme" genannt und tatsächlich sind hier auf vielen Kilometern Länge mehr als zwanzig verschiedene Palmenarten anzutreffen, darunter in San Benedetto die laut Guinnessbuch der Rekorde „größte Palme der Welt" mit einem Durchmesser von 4,74 m.

Grottammare: Badestadt mit breiter, palmenbestandener Uferpromenade, der mittelalterliche Ortsteil *Monte Castello* liegt auf einer Anhöhe dahinter.

Landeinwärts liegt das hübsche Städtchen *Offida*, bekannt für seine Spitzenklöppelei sowie die eindrucksvoll auf einem Felskamm stehende Kirche *Santa Maria della Rocca* mit großer Unterkirche (Krypta) und Fresken des 14. Jh.

• *Übernachten* **Camping Don Diego**, großer Platz am Lungomare, 1 km südlich vom Ort, pro Pers. 9,50–12,50 €, Stellplatz 15,50–18,50 €, auch Bungalows (für 4 Pers. 125–165 €), Mai bis Mitte Sept. geöffnet. ✆ 0735/581285, 📠 583166, www.campingdondiego.it.

• *Essen & Trinken* **Osteria dell'Arancio**, beliebtes Ristorante mit Enoteca, reizvolle Lage an der malerischen Piazza Peretti in der Oberstadt (Monte Castello), nicht ganz billig, nur abends. Mi geschl., ✆ 0735/631059.

San Benedetto del Tronto: größter und bekanntester Badeort der Marken mit rund 47.000 Einwohnern, besitzt einen wichtigen Fischereihafen und eine berühmte, kilometerlange Promenade mit Palmen und Pinien samt ebenso langem Sandstrand, dahinter einige ausgedehnte Parkanlagen und Villen der Jahrhundertwende. Im Zentrum ist das Flair der Uferstraße allerdings nicht anzutreffen.

• *Information* **I.A.T.**, Via delle Tamerici 5, Mo–Sa 9–13 und 15–18 Uhr (im Sommer 16–19 Uhr), in der Hochsaison auch So 9–13 Uhr, in der Nebensaison eingeschränkt. ✆ 0735/592237, www.larivieradellepalme.it.

• *Übernachten* *** **Progresso**, an der Uferstraße, historische Villa aus dem 19. Jh., das älteste Hotel am Platz. Geschmackvoll ausgestattet, großer Speiseraum, Strandservice, Parkplatz. EZ 70 €, DZ 120 €, mit

Frühstück, im August oblig. Halbpension: EZ 83 €, DZ 160 €. Viale Trieste 40, ✆ 0735/ 83815, ✆ 83980, www.hotelprogresso.it

Camping Seaside, der einzige Platz am Ort, klein, schlicht und relativ ruhig, nur ca. 100 m vom Meer. Pro Pers. ca. 8 €, Stellplatz 10–15 €. Via dei Mille 127, ✆ 0735/ 659505, ✆ 652965, www.seaside.it.

• *Essen & Trinken* **Trattoria del Molo Sud**, hervorragende und günstige Fischgerichte in eher einfachem Ambiente, mit Terrasse (gleich am Hafen), hier sollte man die typische Fischsuppe *brodetto* probieren. Mittags und abends geöffne, Mo geschl. Für abends reservieren! Viale delle Tamerici 15, ✆ 0735/587325.

Osteria Pane e Vino, in einer versteckten Seitengasse der Piazza Matteotti, gute Küche, nettes Ambiente. Di ganztägig und So mittags geschl. Via Labertino 28, ✆ 0735/ 591050.

Ascoli Piceno

ca. 51.500 Einwohner

Neben Urbino das zweite historische Ziel der Marken. Jedoch keine von Fürstenhand geplante Stadt, sondern ein modernes Wirtschaftszentrum mit viel Arbeitsalltag. Deshalb schnell die tristen Hochhausviertel durchqueren und rein ins Centro storico mit einem der allerschönsten Plätze Italiens.

Die Altstadt liegt malerisch auf einem Plateau zwischen zwei Flüssen, der weiße Travertinstein ist von den Abgasen fast schwarz geworden, baufällige Palazzi und Geschlechtertürme drängen sich aneinander. Die Gassen sind noch immer weitgehend geradlinig wie in der ehemaligen römischen Garnisonsstadt, teils gibt es aber auch schiefe Mittelaltergässchen, die urplötzlich an Brücken über dem üppig grünen Tal des Tronto enden. Besonders empfehlenswert ist ein Spaziergang durch das älteste Viertel der Stadt, z. B. durch die malerisch enge *Via di Solesta* zum *Ponte di Solesta,* einer hohen, einbogigen Brücke aus der Römerzeit.

In der Antike war Ascoli Piceno wichtigstes Zentrum der Picener, eines Bergvolks der südlichen Marken, das lange erfolgreich den Römern widerstehen konnte. Diese eroberten die Stadt 89 v. Chr., zerstörten sie und errichteten ihr Castrum auf den Trümmern. Im 13. und 14. Jh. konnte sich Ascoli Piceno als freie *Comune* ohne Fremdherrscher behaupten, die stolzen Geschlechtertürme sind Überreste aus dieser Zeit, ebenso wie die *Giostra della Quintana,* das größte Fest der Stadt. Ebenfalls seit dem Mittelalter ist Ascoli Piceno ein bedeutendes Zentrum der Textil- und Lederverarbeitung, wie man an vielen Geschäftsauslagen ablesen kann.

Giostra della Quintana: alljährlich am ersten Sonntag im August. Großes Turnierspiel, das streng nach Regeln von 1378 ausgerichtet wird. Die Stadtviertel treten im Lanzenstechen gegeneinander an, Umzug durch die Stadt in farbenprächtigen Kostümen. Kein Touristenspektakel, sondern lebendige Tradition, die an die Epoche der Stadtfreiheit im 14. Jh. erinnert.

• *Verbindungen* **Bahn**, ab San Benedetto del Tronto ca. 10-mal tägl. Stichbahn nach Ascoli, ca. 1 Std. Fahrt. Vom Bahnhof ins Zentrum über den Ponte Maggiore einen knappen Kilometer zu Fuß (oder Bus 2, 3).

Busse, stündlich ab San Benedetto del Tronto (Bahnhofsvorplatz). In Ascoli starten die Busse nach Pescara, Ancona, Perugia und Rom ab Viale Alcide de'Gasperi hinter dem Dom.

Antico Caffé Meletti – eine Institution in Ascoli Piceno

• *Information* **I.A.T.**, an der Piazza Arringo 7, im Palazzo Comunale. Stadtpläne und Prospektmaterial zu Ascoli, außerdem Infomaterial zur gesamten Region, im Sommer Mo–Sa 9–18.30 Uhr, So 9–13.30 Uhr. ✆ 0736/244975, 📠 244976, www.comuneascolipiceno.it.

• *Übernachten* Nur wenig Auswahl, auf Touristen ist man kaum eingestellt.

**** **Hotel Palazzo Guiderocchi (4)**, nur wenige Schritte von der Piazza del Popolo in einem traditionsreichen Stadtpalast, die Zimmer mit Stilmöbeln eingerichtet, empfehlenswertes Restaurant. DZ mit Frühstück 99–169 €. Via C. Battisti 3, ✆ 0736/244011, 📠 243441, www.palazzoguiderocchi.com.

**** **Gioli (6)**, größeres, modernes Haus mit Parkplatz und Garten, nur wenige Gehminuten vom Zentrum. EZ 69 €, DZ 119 €. Frühstück inkl. Via Alcide di Gasperi 14, ✆ 0736/255550, 📠 252145, www.hotelgioli.it.

Ostello de Longobardi (1), interessant untergebrachte Jugendherberge im Palazzetto Longobardo, dem höchsten Mittelalterturm am Nordrand der Altstadt zu finden bei der Brücke über den Tronto. Nur 8-Bett-Zimmer, Übernachtung 15 € pro Pers. Via dei Soderini 26, ✆ 0736/261862, 📠 259191.

• *Essen & Trinken* Zu den Spezialitäten Ascolis gehören *olive all'ascolana* (frittierte und panierte Oliven, gefüllt mit verschiedenen Sorten Hackfleisch, Trüffel, Parmesan und Eiern) und *fritto misto all'ascolana* (verschiedene Fleisch- und Gemüsesorten, frittiert und paniert).

Gallo d'Oro (5), beliebtes Restaurant, ausgewogenes Preis-Leistungs-Verhältnis, viele Spezialitäten der Region, an manchen Tagen auch Fisch, gute Weine. Mittags und abends geöffnet, Mo geschl. Corso Vittorio Emanuele 54, ✆ 0736/253520.

Ristorante del Corso (2), gehobenes Restaurant, nur wenige Minuten von der Piazza del Popolo, mittags oft Geschäftsleute. Bekannt für seine gute Fischküche. So abends und Mo geschl. Corso Mazzini 277, ✆ 0736/256760.

• *Cafés* **Antico Caffé Meletti (3)**, legendäres Jugendstilcafé in einem Arkadenpalazzo rechts neben dem Palazzo dei Capitani, nach langjähriger Restaurierung wieder geöffnet, drinnen sitzt man an eleganten Tischchen aus Carraramarmor. Ideal, um beim Apertivo das Treiben auf der Piazza del Popolo zu beobachten. Tägl. bis Mitternacht geöffnet, im Sommer auch länger.

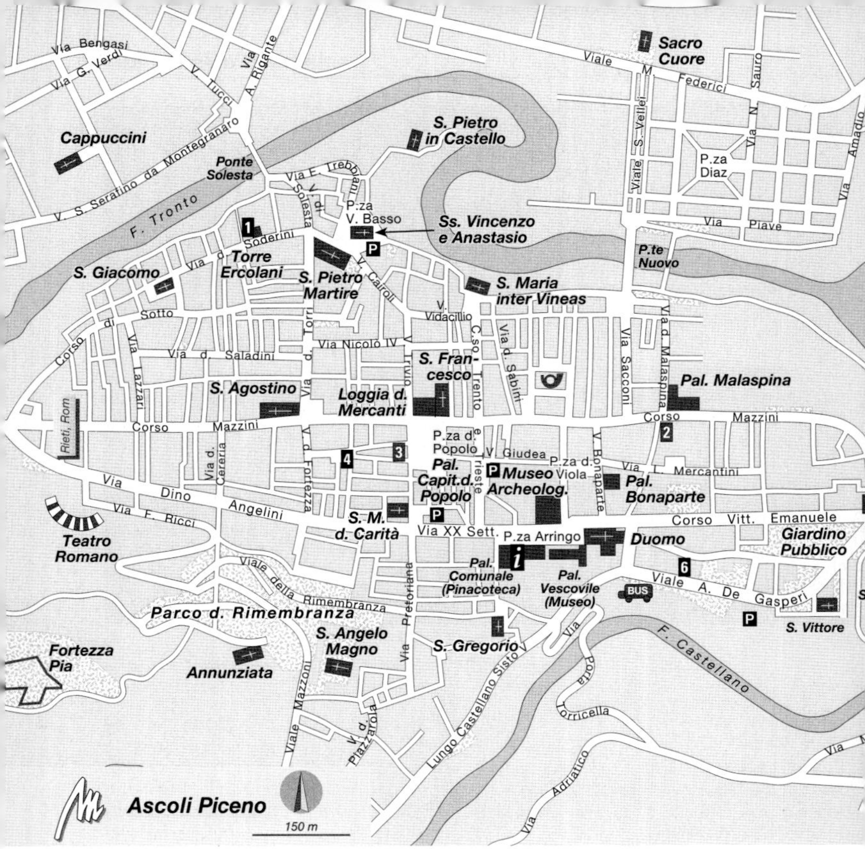

Sehenswertes

Dom und Umgebung: Der Dom *Sant'Emidio* mit seiner Renaissancefassade befindet sich an der quasi autofreien Piazza Arringo. Das Hauptschiff wird von mächtigen Säulen getragen, darüber thront mit Kreuzrippengewölben und Fresken die voll ausgemalte Decke – goldene Sterne auf blauem Grund. Im Bereich des Hauptaltars Mosaiken älteren und neueren Datums, im rechten Seitenschiff die *Cappella del Sacramento* mit großem Flügelaltar von Crivelli (15. Jh.). In der Krypta ein Wald von Säulen, Spitzbögen und Wölbungen. Benachbart, mitten auf der belebtesten Verkehrsstraße der Stadt, das *Baptisterium* aus dem 12. Jh., außen Blendarkaden, innen schmucklos, oft finden Ausstellungen statt.

Vor dem Dom linker Hand stößt man auf den *Palazzo Comunale* mit einer sehenswerten *Pinacoteca Civica*, die u. a. Werke von Tiepolo, Tizian, van Dyck und Crivelli besitzt. Gegenüber im Palazzo Panichi ist das *Museo Archeologico* mit Relikten aus picenischer und römischer Zeit untergebracht, u. a. schöne Mosaiken.

Die *Chiesa di Santa Maria della Carità* steht ein Stück weiter westlich, am Anfang der Via del Trivio, und zeigt sich als üppiger Renaissancetempel mit viel Gold, Skulpturen und Wandgemälden, über dem Eingang Schlachtengetümmel von Buratti.

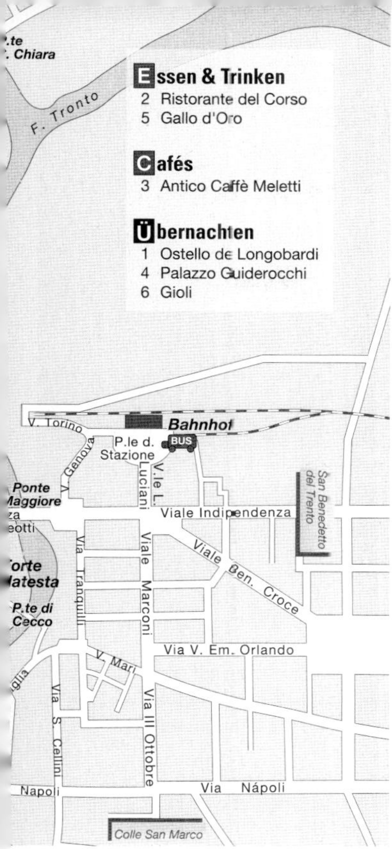

Öffnungszeiten/Eintritt **Dom**, tägl. 8–12 und 16.30–19 Uhr. **Pinacoteca Civica**, tägl. 10–19 Uhr, Aug. bis 23 Uhr, Okt. bis März Mo–Fr und So 10–17.30 Uhr, Sa 10–19 Uhr. Eintritt 8 €, erm. 5 €. **Museo Archeologico**, Di–So 8.30–19.30 Uhr, Mo geschl., Eintritt 2 €, erm. 1 €.

Piazza del Popolo: in der verkehrsberuhigten Altstadt, nur wenige Schritte vom Dom. Eine Oase der Entspannung, wirklich bildschöne und urgemütliche Piazza mit hellem, glatt gewetztem Pflaster, rundum führen niedrige Arkadengänge. Der Platz ist die gute Stube der Stadt, alltäglicher Treffpunkt und Kommunikationsbörse, mehrere Cafés, darunter das berühmte Jugendstilcafé Meletti. An der Längsseite befindet sich der monumentale *Palazzo dei Capitani del Popolo*, im 13. Jh. das Rathaus der damals freien Comune Ascoli Piceno. Über dem mächtigen Portal thront die Statue Papst Pauls III. (16. Jh.).

An der Unterkante der Piazza dann die gotische Kirche *San Francesco* mit der kleinen, aber wunderschönen *Loggia dei Mercanti*, unter deren Arkaden gerne die alten Männer der Stadt den Schatten genießen. An der Rückseite nicht den hübschen Kreuzgang *Chiostro Maggiore* verpassen, in dessen Hof vormittags ein kleiner Obst- und Gemüsemarkt stattfindet.

Marken
Karte S. 522/523

Monti Sibillini

Die von Nord nach Süd ausgerichtete Bergkette der Monti Sibillini gehört zu den schönsten Abschnitten des gesamten Apennin. Höchster Gipfel ist mit 2476 m der Monte Vettore. Zahlreiche panoramareiche Wanderwege aller Schwierigkeitsgrade führen durch die einsame Bergwelt.

1993 wurde der *Parco Nazionale dei Monti Sibillini* eingerichtet, ein Teil davon gehört zur Nachbarregion Umbrien. Mit 70.000 Hektar ist das extrem dünn besiedelte Gebiet eines der größten Naturschutzgebiete in Italien und besitzt eine reiche Vielfalt an Flora und Fauna. Als Ausgangspunkt für Touren bietet sich vor allem das Bergdorf Montemonaco an. In den Sommermonaten bieten außerdem mehrere „Rifugi" (Berghütten) Quartier.

Von Montemonaco aus kann man z. B. die *Grotta delle Sibilla* am Monte Sibilla (2175 m) besuchen oder auf knapp 6 km langer Straße zum Weiler *Foce* fahren, wo ein anspruchsvoller Wanderweg zum fast 2000 m hoch gelegenen *Lago di Pilato* unterhalb des Monte Vettore hinaufführt, in dem der Legende nach Pontius Pilatus begraben liegt. Beliebtestes Wanderziel ab Montefortino ist die tiefe „Höllenschlucht" *Gola dell'Infernaccio*. Der Monte Sibilla galt im Mittelalter als Eingang

Wogende Felder zu Füßen der Monti Sibillini

zur Hölle. Das weiter nördlich gelegene *Valle dell'Ambro* kann auf einer Autostraße durchquert werden, die an der Wallfahrtskirche *Santuario Madonna dell'Ambro* endet – errichtet zu Ehren der Madonna, die hier der taubstummen Schäferin Sabrina erschien und sie heilte.

• *Anfahrt/Verbindungen* Von der Küste über **Fermo**, **Montalto d'Marche** oder **Ascoli Piceno** und **Arquata del Tronto**.

• *Information* **Case del Parco**, es gibt diverse Infobüros des Nationalparks, u. a. in Visso, Montemonaco, Foce und Amandola. Jeweils nur Juli und August regelmäßig geöffnet (tägl. 9.30–12.30 und 15.30–18.30 Uhr). Umfassende Informationen, Wandertouren etc. Infos auch unter ✆ 0737/972711, www.montisibillini.it oder www.sibillini.net.

• *Übernachten* ** **Hotel Monti Azzurri**, an der Hauptstraße in Montemónaco, 2004 renoviertes Hotel, mit Bar und Restaurant (günstiges Touristenmenü). Ansprechende Zimmer, Übernachtung mit Frühstück 40 € pro Pers., in der Hochsaison mit oblig. Vollpension für 70 €/Pers. Via Roma 18, ✆ 0736/856127, ☏ 855270, www.hotelmontiazzurri.com.

*** **Il Guerrin Meschino**, großer Gasthof in Rocca, ca. 1,5 km südlich von Montemonaco (Straße Richtung Foce). Gemütliches Ristorante mit herzhafter Küche, ordentliche Zimmer mit Bad und TV. Pro Pers. 34 €, Frühstück inkl. ✆ 0736/856218, www.guerrin-meschino.com.

* **Taverna della Montagna**, in Foce. Oft von Wandergruppen belegt, daher ist im Sommer eine Reservierung ratsam. Mit Terrasse, Bar und günstigem Restaurant. EZ 30 €, DZ 45 €, Dreibettzimmer 55 €, Vierbettzimmer 65 €, alle Zimmer mit Bad. Frühstück an der Bar (extra), eher Rifugio als Hotel. ✆/☏ 0736/856327.

Locanda Sullavalle, familiär geführtes Apartmenthaus im Valle dell'Ambro, Località Tre Ponti. 70 €/Tag (max. 4 Pers.), für 6 Pers. 90 €, Frühstück extra. Verleih von Mountainbikes. ✆ 333/4380821, ☏ 0736/841192, www.casasullavalle.com.

Ambro, recht schlichtes Albergo mit Restaurant in der Località Ambro, Valle dell'Ambro. EZ 32 €, DZ 55 €, Frühstück 5 €. ✆ 0736/859170.

Da Peppiné, kleines Restaurant mit Zimmervermietung, ebenfalls in Ambro, ebenfalls recht schlicht. DZ 55 €. ✆ 0736/859171.

Rifugio Sibilla, Berghütte am Monte Sibilla, DZ und Schlafsäle für Gruppen, rustikales Restaurant. Bei vorheriger Anmeldung kann man an geführten Touren teilnehmen (siehe Website). Juli bis Sept. ✆ 0736/856422 oder 338/4292399, www.rifugiosibilla1540.com.

Abruzzen und Molise

Abruzzo e Molise

Schöne Orte: Civitella del Tronto (S. 564), Atri (S. 569), Vasto (S. 573), Termoli (S. 574), Civitella Alfedena (S. 586), Scanno (S. 586), Sulmona (S. 587).

Landschaftliche Höhepunkte: Gran-Sasso-Massiv und der Campo Imperatore (S. 579), Nationalpark der Abruzzen (S. 584).

Kulturell interessant: Dom von Atri (S. 569); Kirchen von Lanciano (S. 573); Abtei San Giovanni in Venere bei Fossacesia Marina (S. 573); Römerstädte Alba Fucens (S. 588) und Saepinum (S. 588).

Baden: Fast jeder Küstenort besitzt lange Sandstrände, am lohnendsten die reizvollen Städtchen Vasto (S. 573) und Termoli (S. 574), kurz vor der apulischen Grenze.

Kurios: die Ebene Piana del Fucino westlich von Sulmona (S. 582); das Mussolini-Gefängnis auf dem Campo Imperatore bei L'Aquila (S. 580).

Eher abzuraten: Pescara und das vom Erdbeben 2009 stark beschädigte L'Aquila.

Malerisch: die Kulisse von Pacentro bei Sulmona am Rand der Majella

Abruzzen und Molise

Abruzzo e Molise

Zwischen den hügeligen Marken, dem lang gestreckten Flachland Apuliens und der Campania um Neapel sind die Nachbarregionen das bergige Bindeglied zum Süden Italiens. Touristisch sind sie noch weitgehend unentdeckt, dabei bieten gerade die Abruzzen wirklich spektakuläre Landschaften. Die steilen Hänge der Region dienten früher meist als Weideland für Schafe.

Das Inland ist dünn besiedelt und besitzt einige der großartigsten Bergszenerien Italiens. Der *Gran Sasso d'Italia* ist mit 2912 m das höchste Massiv des gesamten Apennin, weiter südlich liegt der große *Parco Nazionale d'Abruzzo* mit viel unberührter Natur, ein ideales Terrain für Wanderer. Die flache Adriaküste zeigt sich dagegen über weite Strecken etwas eintönig. Die beiden hübschesten Orte sind *Vasto*

Achtung: Aufgrund des verheerenden Erdbebens in und um die Abruzzenhauptstadt *L'Aquila* vom 6. April 2009 ist diese auch zwei Jahre danach noch immer weitgehend gesperrt, viele Baudenkmäler in der Stadt und der direkten Umgebung sind zerstört oder vom Einsturz bedroht. Die Wiederaufbauarbeiten werden – wenn überhaupt möglich – Jahre und Jahrzehnte dauern, vieles ist auch unwiederbringlich verloren. Wir bitten um Verständnis, dass unsere Beschreibungen dieser Auflage des Reisehandbuches „Italien" die Stadt L'Aquila nicht erfassen können.

ganz im Süden der Abruzzen und *Termoli* an der Küste der Molise, während das wirtschaftliche Zentrum *Pescara* zwar kilometerlange Strände, aber auch hektischen Großstadtrummel bietet. Zwischen den rund 130 km Adriaküste der Abruzzen und dem Hochgebirge erstreckt sich eine Landschaft mit zahllosen Hügeln, in der sich gut erhaltene, alte Städtchen verstecken, oftmals mit hübschen, alten Gassen und schöner Kirche, und immer vom großen Rummel verschont.

Anfahrt/Verbindungen

• *Pkw* Die Autobahn **A 14** sorgt für schnelle Nord-Südverbindung am Meer entlang. Von Rom führt die **A 24** durch den Gran-Sasso-Tunnel nordöstlich von L'Aquila nach Teramo und dann auf der Schnellstraße zur Adria, die **A 25** zweigt bei Avezzano nach Pescara ab. Von Neapel kommt man am besten auf der **SS 17** über Isernia in die Abruzzen.

• *Bahn/Bus* Häufige Verbindungen auf der **Küstenlinie** von Ancona über Pescara nach Bari, außerdem viel befahrene Strecke von **Rom** über Sulmona nach Pescara (Regionalzüge). Knotenpunkt beider Linien und größter Küstenbahnhof ist **Pescara**.

Eine gute Alternative sind die **ARPA-Busse**, oft schneller als die Bahn.

Übernachten

An der flachen **Küste** besitzt fast jeder Ort mehrere Campingplätze, außerdem zahlreiche Hotels, die im Sommer meist Pensionspflicht haben. Im **Inland** Campingplätze und Hotels hauptsächlich im Nationalpark der Abruzzen, in den Städten vorwiegend einfache bis Mittelklassehotels.

Essen & Trinken

Die Abruzzen-Küche ist ihrer Herkunft nach eine schlichte Hirten- und Fischerküche. In den Bergen wird viel Lamm- und Ziegenfleisch verwendet, außerdem Kaninchen und Forelle (letztere sehr gut mit Knoblauch). Die kräftigen Gemüsesuppen werden mit Hülsenfrüchten und wilden Kräutern zubereitet.

Nudelspezialität sind die **maccheroni** bzw. **spaghetti alla chitarra** – „Gitarrennudeln" deswegen, weil bei der Herstellung über einen Holzrahmen Metallsaiten gespannt sind, durch die der Teig gedrückt wird.

Die Weine der Abruzzen sind einfache Landweine mit gutem Ruf. Einer der besten Rotweine ist der kräftige **Montepulciano d'Abruzzo**, der es als „Montepulciano d'Abruzzo Colline Teramane" als einziger zum DOCG-Status gebracht hat. Von den weißen wird besonders der **Trebbiano d'Abruzzo** geschätzt.

Adriaküste (Nord nach Süd)

Anfangs etwas eintönige Strecke mit Küstenstraße und Bahnlinie dicht am Meer entlang, lange Sandstrände, die außerhalb der Ortschaften oft frei zugänglich sind. Nur wenig Historisches, dafür zahlreiche stereotype Hotels und viel Camping. Reizvoller wird es weiter südlich um *Fossacesia Marina*, *Vasto* und *Termoli.*

Alba Adriatica: sehr beliebter Badeort mit endlosem, feinem und breitem Sandstrand (*„spiaggia d'argento"*), an dem die Strandbäder dicht auf dicht aufeinander folgen – frei zugänglichen Strand findet man nur nördlich und südlich der Hauptpromenade. An die 50 Hotels und Residenzen reihen sich entlang des Lungomare und in den Straßen in zweiter Reihe, dazu Restaurants, Bars, Spielhöllen, Hüpfburgen, Souvenirshops usw. – ein ganz typisches, aber sehr gepflegtes Adriabad. Ein kleines Pinienwäldchen hinter dem Strand lädt zum Spaziergang unter schattigen Bäumen ein. Wer es sportlicher mag, kann am Strand entlang bis hinauf nach Martinsicuro radeln. Umfangreiches (Wasser-)Sportangebot am Strand.

Giulianova: besitzt eine große, malerisch-vergammelte Altstadt, etwas zurück und oberhalb der Strandzone. Vor der großen Piazza della Libertà liegt eine Aussichtsterrasse, im Umkreis hübsche, kleine Häuschen, Kopfsteinpflaster, bunte Fassaden. Am langen Strand unten erstreckt sich eine breite Promenade, nördlich vom Zentrum liegen fünf Campingplätze in teils schöner, freier Lage.

Roseto degli Abruzzi: ein Badeort ähnlicher Art, allerdings ohne sehenswertes Zentrum, ebenfalls mit gut fünf Campingplätzen. Nur wenig südlich mündet der vom Gran Sasso kommende Fluss Vomano ins Meer. Etwa 15 km das Tal hinauf kommt man zu zwei interessanten Kirchen: *Santa Maria di Propezzano*, ein ehemaliges Kloster mit Kreuzgang und Fresken, und *San Clemente al Vomano*, bei deren Bau viele Steine aus den antiken Ruinen der Umgebung verwendet wurden.

Pineto: Noch mal einige Kilometer weiter südlich, alles eine Nummer kleiner als in Roseto (und Giulianova), mit Pinienwäldchen und eindrucksvoller *Torre*, außerdem einigen reizvollen Abschnitten an der Uferpromenade. Trotz der fast 40 Hotels ein recht ruhiger und gemütlicher Badeort, sicherlich einer der empfehlenswertesten an diesem Teil der Küste.

Civitella del Tronto

ca. 5500 Einw.

Die über 700 Jahre alte Festung, die die Landschaft überragt, sieht man schon von weitem. Ein mächtiges Bollwerk auf einem felsigen Berg, an dessen Hang sich der einladende Ort erstreckt.

Allgemeiner Treffpunkt ist die Piazza Filippi Pepe mit fantastischem Panoramablick bis hin zum mächtigen Gebirgsstock des Gran Sasso im Süden. Durch ma lerische Gassen geht es steil hinauf zur *Fortezza Spagnola* mit Museum – ein unzugänglicher Verteidigungsbau mit

San Benedetto del Tronto
Martinsicuro
Alba Adriatica
Tortoreto Lido
Tortoreto
Civitella del Tronto
Giulianova
Campli
Teramo
A 14
Roseto degli Abruzzi
Notaresco
Pineto
Montorio al Vomano
Atri
Tossicia
Silvi
Silvi Marina
Città Sant'Angelo
Castiglione Messer Raimondo
Montesilvano Marina
Isola del Gran Sasso d'Italia
Castelli
Spoltore
Pescara
Penne
Campo Imperatore
Lago di Penne
Loreto Aprutino
Francavilla al Mare
Lido Riccio
Chieti
St. Stefano di Sessanio
Castel del Monte
Ortona
Calascio
Pescara
A 25
San Vito Chietino
Torre de' Passeri
Manoppello
Capestrano
Fossacesia Marina
Lanciano
Navelli
Tocco da Casauria
Bolognano
Parco Nazionale della Majella
Guardiagrele
Salle
Salle Vecchia
Popoli
Caramanico Terme
Pennapiedimonte
Sangro
Casoli
Monte Amaro 2795 m
Vasto
Pratola Peligna
Fara San Martino
Civitella Messer Raimondo
Passo S. Leonardo
Sulmona
Sinello
San Salvo
Carrito
Cocullo
Pacentro
Grotta del Cavallone
Lama dei Peligni
Pescina
Campo di Giove
Taranta Peligna
Bomba
Gissi
Anversa degli Abruzzi
Ortona dei Marsi
Palena
Iuvanum
Lago di Bomba
Lago di Scanno
Scanno
Pescocostanzo
Passo del Diavolo
Parco Nazionale d'Abruzzo, Lazio e Molise
Rivisondoli
Monte Marsicano 2795 m
Roccaraso
Schiavi d'Abruzzo
Villetta Barrea
Pescasseroli
Opi
Lago di Barrea
Templo Italico
Trivento
Castel di Sangro
Sora
Civitella Alfedena
Alfedena
Molise
Petrella
Atina
Isernia
8 km
Abruzzen

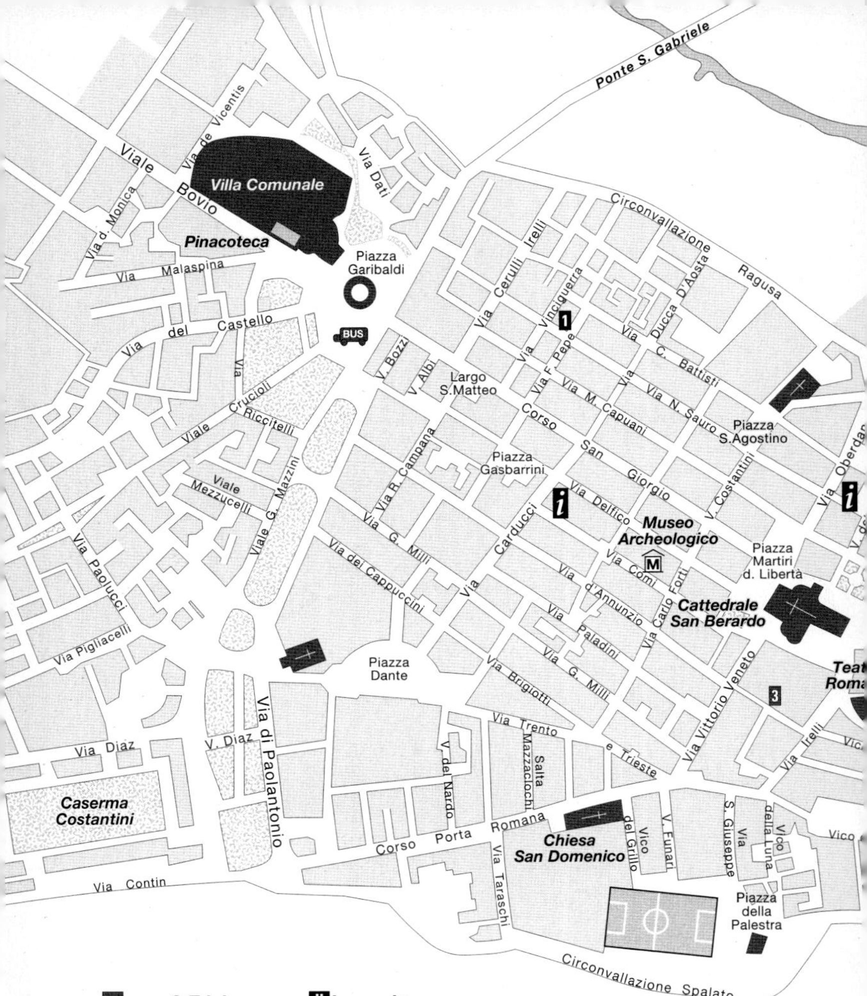

Essen & Trinken
2 Enoteca Centrale
3 Ristorante Antico Cantinone

Übernachten
1 Hotel Gran Sasso

einer Gesamtfläche von rund 25.000 qm. Die Festung entstand im 13. Jh. und war im Laufe der Zeit immer wieder heiß umkämpft, zuletzt wehrten sich hier im Jahr 1861 die Bourbonen heftig gegen die Piemonteser und deren Feldzug für ein geeintes Italien. Von besonderer strategischer Bedeutung war die Festung wegen ihrer unmittelbaren Nähe zur Grenze zwischen dem Kirchenstaat und dem bourbonischen Königreich beider Sizilien, die kaum 1 km nördlich von hier durch den Fluss *Salinello* verlief. Am Westende der Anlage erreicht man die Vista Panoramica am höchsten Punkt mit fantastischem Ausblick.

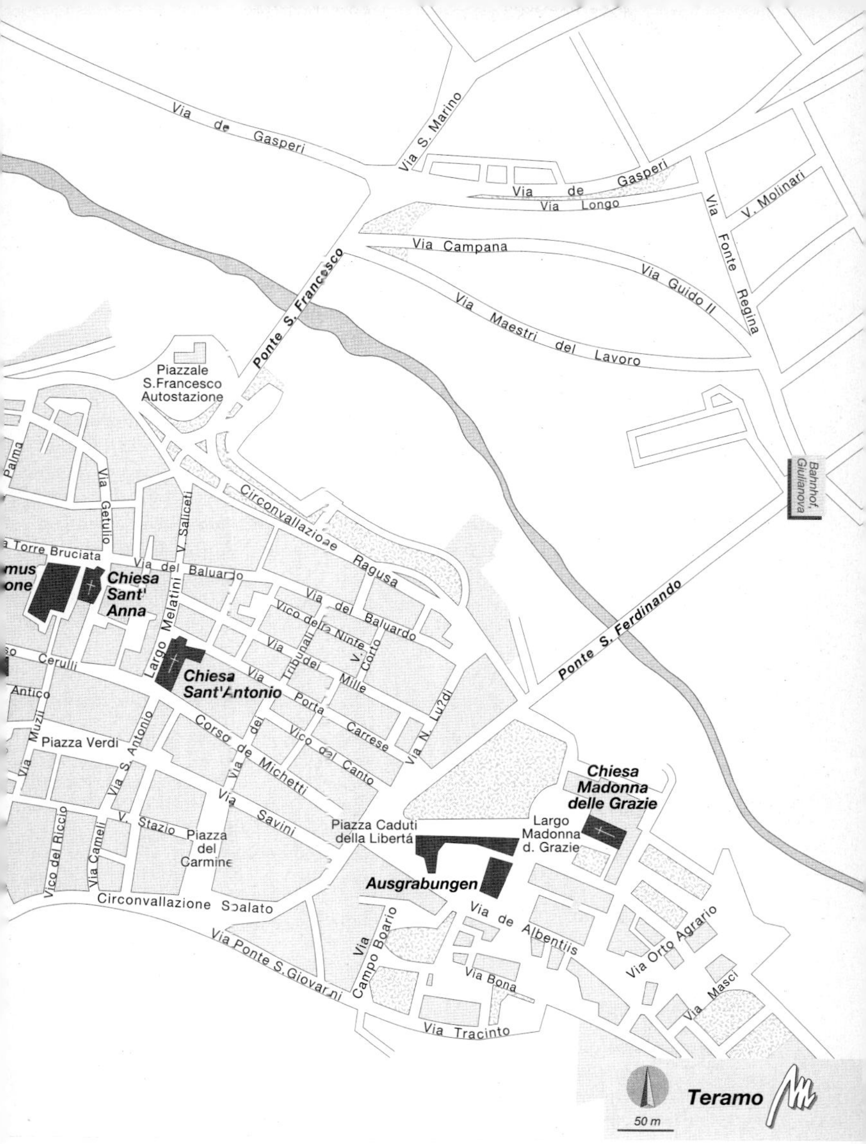

• *Öffnungszeiten/Eintritt* **Fortezza Spagnola**, im April, Mai und Sept. 10–19 Uhr, Juni bis August 10–20 Uhr, März und Okt 10–17 Uhr, Nov. bis Februar 10–16 Uhr, tägl. geöffnet. Eintritt 4 € (inkl. Museum), erm. 2 €.

• *Anfahrt/Verbindungen* Im breiten Val Vibrata von Giulianova nach Teramo, dann auf der N 81 nach Norden. 7-mal tägl **Busse** von und nach Teramo.

• *Übernachten* **** **Hotel Zunica**, erstes Haus am (zentralen) Platz, mit Ristorante. Komfortable Zimmer, relativ günstig: DZ 95 €, Frühstück inkl., empfehlenswertes Hotelrestaurant. Piazza Filippi Pepe 14, ✆ 0861/ 91319, ✆ 918150, www.hotelzunica.it.

** **Hotel Fortezza**, eher einfaches Albergo in der zentralen Gasse Corso Mazzini, schlichte Zimmer, teilweise toller Blick,

Bar im Erdgeschoss, auch Ristorante. EZ 42 €, DZ 50 €, inkl. bescheidenem Frühstück. Corso Mazzini 26–32, ✆ 0861/91321, ✆ 918221.

• *Essen/Trinken* Das **Ristorante Zunica** im gleichnamigen Hotel bietet gehobene Küche in feinem Ambiente. Degustationsmenüs zu 35 und 45 €.

Ristorante Fortezza, im Hotel Fortezza: sehr günstig, Menü mit Hauswein um15 € pro Pers., eine Pizza Capricciosa gibt es schon für 4,50 €.

Teramo

ca. 55.000 Einwohner

Unspektakuläre Provinzhauptstadt am Zusammenfluss von Tordino und Vezzola, die schon von den Picenern und Römern besiedelt war. Touristisch spielt Teramo kaum eine Rolle.

Unter den Römern war das antike *Interamnia Praetutiorum* ein bedeutendes Zentrum, Reste des *Teatro Romano* aus dem 1. Jh. v. Chr. nahe der Kathedrale sind noch zu besichtigen, ebenso einige Überreste des *Amphitheaters* mit einst mächtigen Ausmaßen. Der heutige Eindruck entspricht dagegen einem verschlafenen Provinzstädtchen mit vielen gesichtslosen und wenig reizvollen Neubauten, idyllische alte Gassen findet man nur vereinzelt in der Gegend südöstlich der Kathedrale. Durch das Zentrum führt der überwiegend autofreie *Corso San Giorgio,* die wichtigste Einkaufsstraße der Stadt. Sehenswert ist die *Cattedrale* (12. Jh.) an der autofreien Piazza Martiri della Libertà mit dem silbernen *Antependium* des Altars von Nicola da Guardiagrele: 35 filigrane Tafeln mit Bibeldarstellung aus dem frühen 15. Jh.

Information/Verbindungen

• *Information* Zwei Touristenbüros: **I.A.T.** in der Via Oberdan 16, im Sommer (15.5.–15.9.) Mo–Sa 9–13 und 16–19 Uhr, So 9–13 Uhr, im Winter Mo–Fr 9–13 und 15–18 Uhr, Sa 9–13 Uhr. ✆ 0861/244222. Das **Info-Büro der Provinz Teramo** befindet sich in der Via Carducci (neben Palazzo Delfino), im Sommer Mo–Sa 8–19 Uhr durchgehend, im Winter Mo–Sa 8–14 Uhr, Di und Do auch 15–18 Uhr. ✆ 0861/255057, www.turismo.provincia.teramo.it.

• *Verbindungen* **Busse** fahren an der großen Piazza Garibaldi ab, etwa stündl. nach L'Aquila und weiter nach Rom, halbstündlich nach Giulianova, 7-mal tägl. Civitella del Tronto, 4-mal tägl. Pescara.

Züge, Verbindungen nach Giulianova, Pescara, Sulmona, Chieti, Termoli (Molise). Der kleine Sackbahnhof liegt ein Stück außerhalb vom Zentrum an der Straße nach Giulianova.

Übernachten/Essen & Trinken (siehe Karte S. 566/567)

• *Übernachten* *** **Hotel Gran Sasso (1)**, eigentlich eher **-Niveau, ruhige Lage im Zentrum, Parkmöglichkeit. EZ 50–60 €, DZ 80–90 €, Dreibettzimmer 90–100 €, Vierbettzimmer 100–120 €, kleines Frühstück inkl., die Preise variieren je nach Wochentag. Via Vinciguerra 12, ✆ 0861/245747, ✆ 245897, www.hotelgransassoteramo.it.

• *Essen & Trinken* **Ristorante Antico Cantinone (3)**, in der Nähe vom Dom in einer Seitengasse. Kühles Gewölbe mit viel Hellblau, leider keine Terrasse. Nettes Ambiente, wechselnde Tageskarte, nicht teuer, Degustationsmenü 29 €. Mittags und abends geöffnet, Mi geschl. Via Ciotti 5, ✆ 0861/248863.

Enoteca Centrale (2), hinter dem Dom, nur wenige Gerichte, empfehlenswerte Antipasti-Platte. Gute Weine, auch glasweise (ab 3 €), aufmerksamer Service, kleine Terrasse auf dem autofreien Corso Cerulli 24. Mittags und abends geöffnet, außerhalb der Hochsaison So Ruhetag. ✆ 0861/243633.

Atri

ca. 11.000 Einwohner

Renaissancestädtchen in den küstennahen Bergen nördlich von Pescara, entspannend ruhige Atmosphäre vor dem Hintergrund des Gran Sasso.

Eine lange Hauptstraße führt durch das Zentrum mit seinem weiten, gepflasterten Domplatz, seitlich davon zweigen schmale Gassen zwischen Backsteinhäusern ab, am Ende des Corso ein wunderschöner Aussichtspunkt. Der *Dom* besteht ganz aus goldgelbem Stein, die strenge, schmucklose Fassade besitzt außer der Rosette kaum künstlerische Details. Vor dem Dom sind unter Glas römische Grundmauern zu sehen, auch im Inneren kann man unter Glas den Mosaikboden einer römischen Therme erkennen. Der Innenraum ist schlicht gehalten, in der Apsis ist jedoch ein bedeutender Freskenzyklus aus dem 15. Jh. von Andrea Delitio erhalten: In teils sehr realistischer Darstellung sind Themen wie die „Hochzeit zu Kanaa“ und „Christi Geburt“ dargestellt, eindrucksvoll ist vor allem der grausige „Kindermord von Bethlehem“. Angeschlossen an die Kirche sind ein Kreuzgang mit großer Zisterne und das *Museo Capitolare* mit Kirchenschatz und römischen Fundstücken.

• Anfahrt/Verbindungen von der A 14 Ausfahrt **Atri-Pineto**, ca. 10 km Serpentinenfahrt in die Berge. Busse fahren von und nach Pineto, Pescara und Teramo.

• Übernachten *** **Du Parc**, gehobener Standard im Parco Comunale, schöner Blick, Pool und Garage, empfehlenswertes Ristorante. EZ 65 €, DZ 109 €, Frühstück inkl., Halbpension in der Hochsaison 76 € pro Pers. Viale Umberto I 6, ✆ 085/870260, ℻ 8798326, www.hotelduparc.it.

* **San Francesco**, 100 m oberhalb vom Domplatz neben der Franziskanerkirche. Renoviertes Stadthaus und Teil eines früheren Klosters, sehr zentrale Lage, sauber und solide eingerichtet. EZ 31 €, DZ 47 €. Corso Adriano 38, ✆ 085/87473, ℻ 870305.

• Essen & Trinken **Locanda Duca d'Atri**, gemütliches Restaurant im Gewölbe, regionaltypische Küche. Di Ruhetag. Von der Piazza Duomo aus beschildert, ✆ 085/8797586.

Bar del Teatro, hier sitzen Sie in der ersten Reihe, Logenplatz an der wunderschönen ruhigen Piazza Duomo, dem Wohnzimmer der Stadt. Halb Atri schlendert hier zur Passegiata, und auf der Terrasse lässt es sich mit Aperitivo und Nüsschen stundenlang aushalten. Tägl. geöffnet, Mi nur bis 14 Uhr. ✆ 085/8797872.

Pescara

ca. 123.000 Einwohner

Die größte Stadt der Abruzzen zeigt sich nüchtern, mit kilometerlangen, geometrisch angelegten Straßenzügen und Betonfronten. Historische Substanz findet man kaum, die Stadt wurde im Zweiten Weltkrieg schwer zerbombt.

Dafür gibt es einen 16 km langen Sandstrand, der mitten in der Stadt zu beiden Seiten des Flusses beginnt – Richtung Norden Uferstraße mit Palmen, später Pineta, davor die obligaten Sonnenschirm- und Liegestuhlparaden, in südöstliche Richtung geht Pescara nahtlos in den Vorort Francavilla al Mare über. Berühmtester Sohn der Stadt ist der exzentrische Dichter *Gabriele d'Annunzio* (1863–1938), dessen Villa am Gardasee einen Abstecher wert ist (→ Lombardei, S. 290). In Pescara kann sein Geburtshaus besichtigt werden, die *Casa Natal di Gabriele d'Annunzio* am Corso Manthonè 116, nah beim Fluss. Alljährlich Mitte Juli findet im Teatro d'Annunzio das „Pescara Jazz Festival“ statt (öffentlicher Park östlich vom Zentrum).

Öffnungszeiten/Eintritt **Casa d'Annunzio**, tägl. 9–14 Uhr, im Juli/Aug. auch 18–24 Uhr, Eintritt 2 €, erm. 1 €.

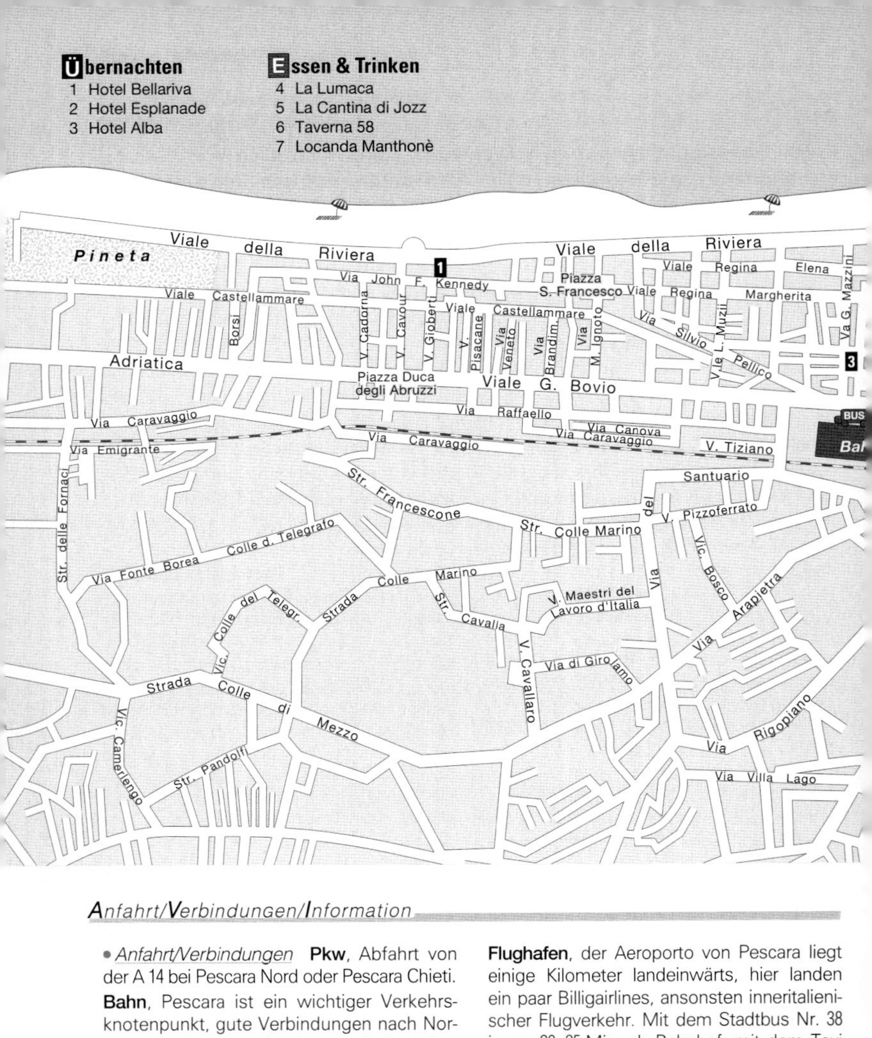

Anfahrt/Verbindungen/Information

• *Anfahrt/Verbindungen* **Pkw**, Abfahrt von der A 14 bei Pescara Nord oder Pescara Chieti.

Bahn, Pescara ist ein wichtiger Verkehrsknotenpunkt, gute Verbindungen nach Norden und Süden, außerdem nach Rom (ca. 4 Std. Fahrt). Die Stazione Centrale liegt mitten im Geschäftszentrum.

Busse, die Küste entlang und ins Hinterland fahren ab Piazza della Repubblica vor dem Bahnhof, geradeaus kommt man zu Fuß schnell zur Tourist-Info und zum Meer (Riviera Nord).

Flughafen, der Aeroporto von Pescara liegt einige Kilometer landeinwärts, hier landen ein paar Billigairlines, ansonsten inneritalienischer Flugverkehr. Mit dem Stadtbus Nr. 38 in ca. 20–25 Min. ab Bahnhof, mit dem Taxi 15 € (Festpreis). Autoverleiher am Flughafen.

• *Information* **I.A.T.**, Eckhaus des Corso Vittorio Emanuele II zur Bahnhofspiazza, umfangreiches Prospektmaterial, Mo–Fr 8–21 Uhr, Sa 8–14 Uhr geöffnet. Corso Vittorio Emanuele II 301, ✆ 085/42900212.

Übernachten/Essen & Trinken

• *Übernachten* Zahlreiche Hotels findet man an der Riviera Nord, wegen der vielen italienischen Badeurlauber herrscht im Sommer jedoch fast überall Pensionspflicht.

****Hotel Esplanade (2)**, erstes Haus am Platz, fast am Meer und ziemlich zentral. 150 komfortable Zimmer, EZ 104 €, DZ 148 €, Frühstück inkl. Piazza 1. Maggio 46, ✆ 085/

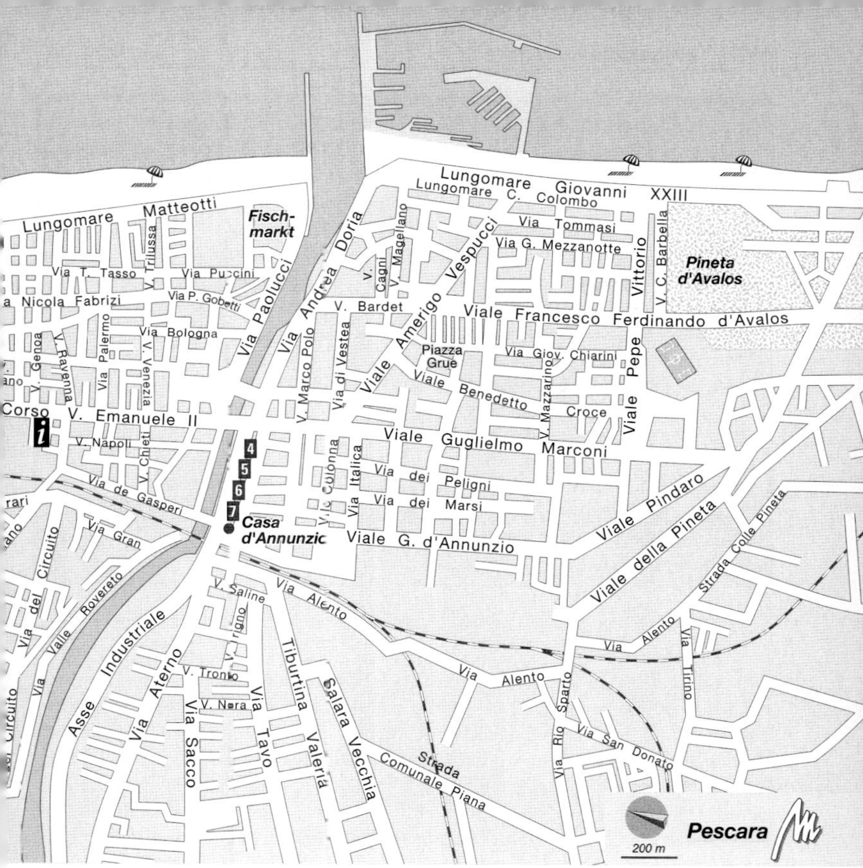

292141, ✆ 4217540, www.esplanade.net.

*** **Hotel Alba (3)**, zentrale, aber relativ ruhige Lage im Zentrum, nur 300 m zum Meer. Angenehmes Hotel, nette Zimmer, EZ 75–80 €, DZ 105–120 €, Dreibettzimmer 135–150 €, Vierbettzimmer 170–180 €, Frühstück inkl. Garage 10 €/Tag. Via M. Forti 14, ✆ 085/389145, ✆ 292163, www.hotelalba.pescara.it.

*** **Hotel Bellariva (1)**, an der nördlichen Uferpromenade, nur über die Straße zum Strand, EZ 61–71 €, DZ 86–96 €, Dreibettzimmer 106–116 €, Frühstück inkl. Viale Riviera 213, ✆ 085/4712641, ✆ 73628, www.hotelbellariva.it.

• *Essen & Trinken* Einige der besten Adressen für typische Abruzzen-Küche sind im einstigen alten Zentrum der Stadt in Flussnähe: **La Cantina di Jozz (5)** in der Via delle Caserme 61 (Di–Sa abends geöffnet, So mittags, Mo geschl.) und fast nebenan in der Via delle Caserme 51 **La Lumaca (4)**, etwas günstiger (mittags und abends geöffnet, Sa mittags und So geschl.).

Am parallel verlaufenden Corso Manthonè 58 befinden sich die etwas teurere **Locanda Manthonè (7)**: nur abends geöffnet, So geschl. Einige Schritte weiter stößt man schließlich noch auf die **Taverna 58 (6)**, Corso Manthonè 46, mittags und abends geöffnet, Sa mittags und So geschl.

Chieti

ca. 54.000 Einwohner

Auf 330 m Höhe thront die Hauptstadt der gleichnamigen Provinz auf einem Hügel, gerade mal 14 km landeinwärts von Pescara. Der Abstecher lohnt vor allem wegen des hervorragenden *Museo Nazionale Archeologico degli Abruzzi* in der großen

Cattedrale San Giustino in Chieti

Grünanlage der Villa Comunale. Neben zahlreichen römischen Relikten – die meisten aus Alba Fucens (→ S. 583) – gibt es mehrere Abteilungen zur Frühgeschichte, dort u. a. die höchst beeindruckende Statue des „Kriegers von Capestrano“, überlebensgroß mit vollem Waffenschmuck, und reiche Grabbeigaben verschiedener Nekropolen. Auch ansonsten gibt sich die Stadt – wenn man die triste Peripherie erstmal hinter sich gelassen hat – im Zentrum erstaunlich beschaulich. Highlight hier ist die *Cattedrale San Giustino* aus dem 14. Jh. mit barock ausgestattetem Innenraum und einer alten Krypta aus dem 11. Jh.

Wer mit der Bahn anreist: Züge ab Pescara stoppen in *Chieti Scalo*, von dort gibt es regelmäßige Busverbindung ins Zentrum.

Öffnungszeiten/Eintritt **Museo Nazionale Archeologico d'Abruzzo**, Di–So 9–20 Uhr (Einlass bis 19.30 Uhr), Eintritt 4 €, erm. 2 €, unter 18 und über 65 J. frei. **Cattedrale San Giustino**, tägl. 7.30–12 Uhr und 16–19 Uhr.

Von Chieti weiter ins Landesinnere

Auf der Strecke der N 5 zwischen Chieti und Sulmona (→ S. 586) lohnen gleich mehrere Abstecher, z. B. zum Bergdorf *Manoppello*, wo im *Santuario del Volto Santo* das berühmte „Schweißtuch der Veronica“ aufbewahrt wird. Etwas weiter ist der Weg zum bekanntesten abruzzesischen Kurbad *Caramanico Terme* in traumhafter Lage an der Nordwestflanke des wuchtigen Majella-Massivs; unbedingt einen Stopp wert ist auch die wunderschöne romanische Abtei *San Clemente a Casauria* aus dem späten 12. Jh. bei Torre de' Passeri (nahe der N 5 bzw. Autobahn, beschildert).

Öffnungszeiten Santuario del Volto Santo, tägl. 6–13 und 15–19 Uhr. San Clemente a Casauria, ganztägig geöffnet, im Sommer bis 20 Uhr, im Winter nur bis 17.30 Uhr.

Ortona: Die moderne Hafenstadt (ca. 24.000 Einwohner) liegt auf einem Plateau mit vorgelagertem *Castello Aragonese* und weitgehend rekonstruierter Kathedrale; der wenig ansehnliche Hafen ist über eine Fahrstraße und Treppen zu erreichen. Im Zweiten Weltkrieg war Ortona Schauplatz einer mehrwöchigen Schlacht zwischen Briten und Deutschen. In der Umgebung befinden sich mehrere Soldatenfriedhöfe, z. B. südlich der Stadt, nahe der Mündung des Flusses Moro.

• *Übernachten* Empfehlenswerte Unterkunft im Zentrum ist das *** **Hotel Ideale**, frisch renoviert, EZ 60 €, DZ 90 €, Frühstück inkl. Mit Garage, freundlicher Service. An der Zufahrtsstraße zur Innenstadt gelegen, daher möglichst ein Zimmer nach hinten nehmen. Corso Garibaldi 65, ✆ 085/9063735, 📠 9066153, www.hotel-ideale.it.

• *Essen/Trinken* **Ristorante Miramare**, im Palazzo Farnese am Anfang der Passegiata Orientale untergebracht, hervorragende Fischküche, nettes Ambiente und bester Service, nicht teuer. Mittags und abends geöffnet, Mo geschl. Palazzo Farnese 6, ✆ 085/9066556.

Fossacesia Marina: Ein sympathischer Badeort mit langem, frei zugänglichem Kiesstrand, dahinter eine luftige Promenade und viele Ferienwohnungen. Etwas landeinwärts oberhalb der Bahnstation steht die romanische Kirche und Abtei *San Giovanni in Venere* (tägl. 8–18 Uhr durchgehend geöffnet, im Sommer auch länger) an der Stelle eines früheren Venus-Tempels – ein friedlicher Ort mit schönem Blick auf die Küste. In der ruhigen Umgebung mehrere Campingplätze, ein nahezu menschenleerer Strand befindet sich um die Flussmündung des Sangro weiter südlich.

Lanciano: Etwa 15 km landeinwärts liegt das lebhafte 36.000-Einwohner-Städtchen mit sehenswertem Centro storico, im Mittelalter bekannt für seine Woll- und Textilmessen.

Am Ende des lebhaften Corso Trento e Trieste steht der Dom *Santa Maria del Ponte*, eindrucksvoll erbaut über einem Talgrund auf vier Bögen eines römischen Viadukts. Wenige Schritte entfernt dann die berühmte „Wunderkirche" *Santuario Miracolo Eucaristico*: Als im 8. Jh. ein Mönch an der Fleischwerdung Christi im Abendmahl zweifelte, wurde die Hostie tatsächlich in Fleisch, der Wein in Blut verwandelt – die dunkelbraun-klumpige Reliquie ist im Rückbau des Altars untergebracht, täglich defilieren lange Reihen von Gläubigen daran vorbei.

Öffnungszeiten **Santuario Miracolo Eucaristico**, 6.30–12.30 und 16–20 Uhr.

Abruzzen und Molise
Karte S. 564/565

Vasto/Marina di Vasto ca. 40.000 Einwohner

Angenehmer Anlaufpunkt – die malerische Altstadt liegt auf einem Plateau hoch über der Küste, darunter eine lange Promenade mit gutem Strand, zahlreichen Hotels und mehreren Campingplätzen.

Die runde, palmenbestandene *Piazza Rossetti* bildet das Zentrum der schön herausgeputzten Altstadt, benachbart steht das wehrhafte *Castello Calderesco*. Der weiträumige Renaissancepalast *d'Avalos* am meerseitigen Hügelrand beherbergt das *Museo Civico* mit archäologischer Abteilung, Pinakothek und Kostümsammlung. Einige hübsche Plätze, handtuchschmale Gassen und sehenswerte Kirchen vollenden die gelungene Komposition. Am Strand unterhalb der Altstadt (Marina di Vasto) gibt es mehrere Badeanstalten, aber auch frei zugängliche Stellen. Die Straße dahinter ist erfreulich ruhig, da nicht vom Durchgangsverkehr betroffen.

Öffnungszeiten/Eintritt **Palazzo d'Avalos**, im Juli/August tägl. 10.30–12.30 und 18–24 Uhr, ansonsten Di–So 9.30–12.30 und 16.30–19.30 Uhr, Mo geschl. Eintritt 1,50 €, Kinder unter 10 J. frei.

Anfahrt/Verbindungen/Information

• *Anfahrt/Verbindungen* **Zug**, der Bahnhof von Vasto befindet sich südlich von Marina di Vasto, ab hier jeweils etwa stündlich nach Termoli (Molise) und nach Pescara.

Überlandbusse fahren etwas außerhalb des Zentrums von Vasto am Busterminal beim Friedhof ab (Via dei Conti Ricci), dorthin gelangt man vom Zentrum mit dem Stadtbus Nr. 4. Verbindungen: 5-mal tägl. nach Rom, 4-mal nach Pescara, 8-mal nach Chieti, 6-mal nach Lanciano.

Stadtbusse fahren an der Piazza Verdi im Zentrum ab (Corso Garibaldi), Nr. 1 und Nr. 4 pendeln mind. stündlich zwischen Vasto und Marina di Vasto.

• *Information* **I.A.T.** im alten Zentrum gegenüber dem Palazzo d'Avalos. Im Sommer Mo–Sa 9–13 und 16–19 Uhr, So nur 9–13 Uhr, im Winter Mo–Fr 9–13 Uhr. Piazza del Popolo 18, ✆ 0873/367312. In Marina di Vasto befindet sich ein **Info-Büro** an der Piazza Rodi/Viale Dalmazia; Öffnungszeiten wie oben, im Sommer abends länger, im Winter geschl.

Übernachten

• *Übernachten* Große Auswahl in Marina di Vasto, rund 30 Hotels und einige Campingplätze (z. B. Camping Europa).

*** **Acquario**, kinderfreundliches Strandhotel zwischen Marina di Vasto und San Salvo, mit Pool, Garten, Tennis, Beachvolleyball, Animation etc. Auch Apartments. DZ mit Halbpension 146–180 €, EZ 94–105 €, mit Vollpension nur unwesentlich teurer. Loc. San Tommaso, ✆ 0873/801986, ✉ 802570, www.hotel-acquario.it.

*** **Principe**, typisches Badehotel in der Parallelstraße zum Lungomare, guter Standard, obligatorische Halbpension 67–100 € pro Pers., in der Nebensaison günstiger. Liegestühle und Sonnenschirm am privaten Strandabschnitt sind im Preis eingeschlossen. Ende April bis Anfang Okt. geöffnet. Viale Dalmazia 124, ✆ 0873/801457, ✉ 801628, www.hotelprincipevasto.com.

• *Essen/Trinken* Spezialität von Vasto ist *Brodetto*, die Fischsuppe.

Ristorante Castello Aragona, etwas südlich vom Zentrum in einem zinnengekrönten Nobelpalazzo. Im Garten und auf der Panoramaterrasse (wunderschöner Blick) speist gediegenes Publikum in schönem Ambiente, Menü ab 40 €. Mo geschl., Reservierung erwünscht. Via San Michele 105, ✆ 0873/69885. Anfahrt: In Vasto Zentrum dem Corso Garibaldi in südliche Richtung folgen, beschildert.

All'Hostaria del Pavone, nur wenige Schritte von der Kathedrale in einer schmalen Gasse im Centro storico. Nette Atmosphäre im Gewölbe, gute abruzzesische Fischküche zu angemessenen Preisen (Menü um 35 €). Mittags und abends geöffnet, Do geschl. Via Barbarotta 15–17 (zweite Parallelstraße hinter der Kathedrale), ✆ 0873/60227.

Ristorante Le Cisterne, am oberen Ende der panoramareichen Loggia Ambling, von der Terrasse herrlicher Blick, abends gibt es auch leckere Pizza aus dem Holzofen ab 6 €. Vico Moschetto 10/12, ✆ 0873/362926.

Pizzeria Ippocampo, in Marina di Vasto an der Durchgangsstraße. Sehr gute und saftige Riesenpizza, üppig belegt, nicht zu teuer. Mit Terrasse. Nur abends geöffnet. Viale Dalmazia 52, ✆ 0873/802402.

Zwischen Vasto und Termoli flache Küstenlandschaft mit mehreren Campingplätzen.

Termoli

ca. 32.500 Einwohner

Ein Stück Süditalien mit einer wunderschönen, kleinen Altstadt über dem Meer und überaus ansehnlichem Stadtstrand. In der Neustadt dagegen dominieren moderne Zweckbauten und Verkehrschaos.

Vom Hauptbahnhof über den *Corso Umberto I* geht es zunächst zur palmenbestandenen *Piazza Vittorio Veneto*, dem Zentrum der Neustadt. Über den langen *Corso Nazionale* (hier einige Cafés) erreicht man das Eingangstor zur deutlich ruhigeren Altstadt, dem pittoresken *Borgo Vecchio* auf einer Landzunge, die erhöht zwischen

Termoli – Blick auf die Altstadt auf der Landzunge

Hafen und Strand ins Meer ragt. Hier, im alten Termoli, scheint die Zeit stehen geblieben zu sein: Stille und Beschaulichkeit, Blumenkübel vor den Häusern, in deren Schatten Katzen dösen, in den kleinen Gassen sind Wäscheleinen gespannt und hinter geschlossenen Fensterläden hört man resolute Hausfrauen mit den Töpfen klappern. Zur Siesta ist das alte Viertel wie ausgestorben.

Die beiden wichtigen Altstadt-Sehenswürdigkeiten sind das unter *Friedrich II.* entstandene *Castello* (*Rocca Federiciana*), in dem heute die italienische Marine ihren Sitz hat (daher nicht zu besichtigen), und die romanische *Cattedrale* aus dem 13. Jh. Ein herrlicher Blick bietet sich vom *Belvedere* neben dem Castello: über die Stadtmauer auf den malerischen Trabocco und zum Strand. Vom erhöht gelegenen Borgo Vecchio führt eine moderne Beton-Wendeltreppe hinunter zum Hafen (von der Piazza Bisceglie), wo die Ausflugsboote zu den Tremiti-Inseln starten.

Anfahrt/Verbindungen/Information

• *Anfahrt/Verbindungen* **Bahnhof** in der Neustadt (Piazza Garibaldi), gute Verbindungen nach Campobasso, Vasto, Pescara, Foggia, Bari und Lecce, 2-mal tägl. nach Neapel und Rom.

Busbahnhof etwas außerhalb (Stadtbus Nr. 2 ab Bahnhof), ca. stündlich Campobasso, 8-mal tägl. Vasto, 5-mal Pescara, 7-mal Rom, 4-mal Foggi.

Fähren vom Hafen zu den Tremiti-Inseln, im Sommer mind. 1-mal tägl. (und retour), in der Hochsaison bis zu 3-mal tägl., Überfahrt 1 Std., 15,80–17,70 € pro Pers. Ticketbüro am Hafen, Infos unter www.tirrenia.it.

• *Information* **I.A.T.**, Piazza Melchiore Bega 1, Nähe Bahnhof, Eingang an der Rückseite, sparsam beschildert, das Büro befindet sich im ersten Stock. Mo–Fr 8–14 Uhr, Sa 8–13 Uhr, Mo und Mi 15–20 Uhr, Di, Do und Fr 17–20 Uhr, Sa 16–20 Uhr geöffnet, So geschl. ✆ 0875/703913.

Info-Pavillon am Bahnhof, nur im Sommer geöffnet (tägl. 9–13 und 18–21 Uhr).

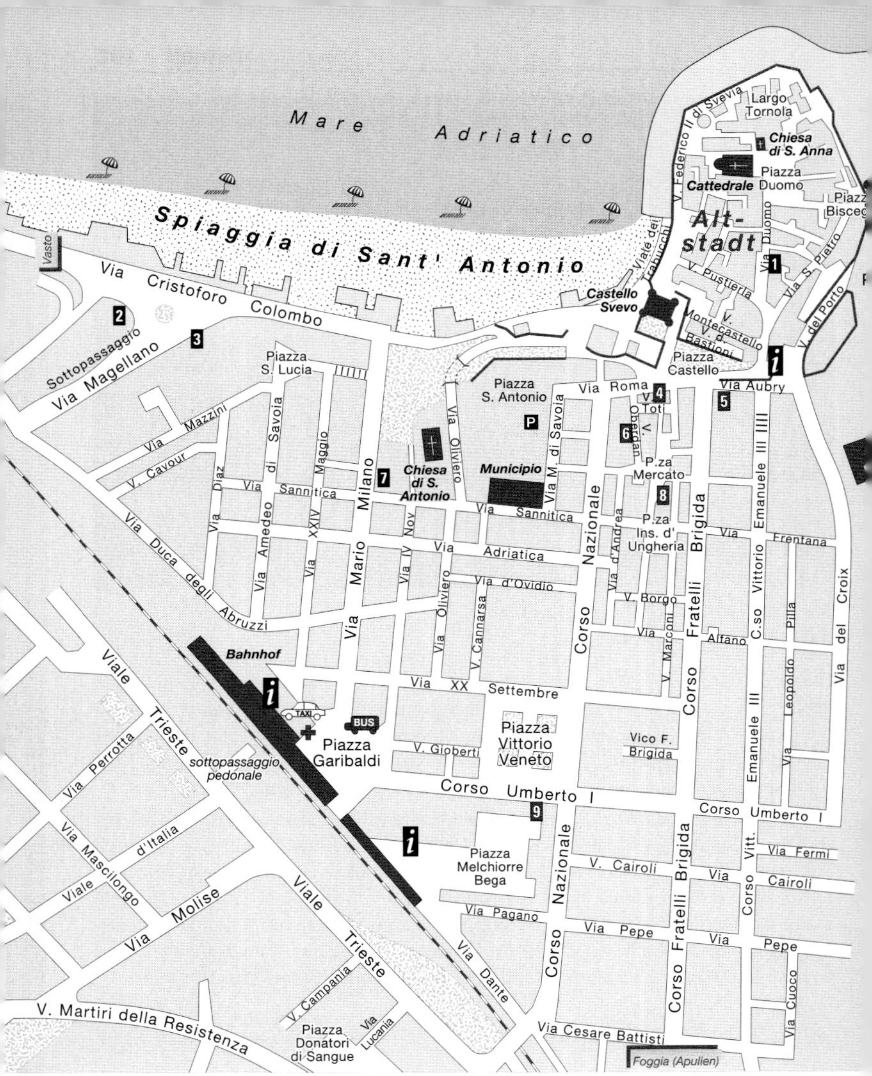

Übernachten/Essen & Trinken

• *Übernachten* ****** Hotel Mistral (3)**, großer Kasten in der Neustadt am Lungomare Nord, relativ zentral, nur über die Straße zum Strand. Komfortables 120-Betten-Hotel mit Sonnenterrasse und großem Ristorante, EZ 65–80 €, DZ 100–140 €, Dreibettzimmer 135–175 €, inkl. Frühstück, DZ mit Halbpension 140–180 €. Lungomare C. Colombo 50, ✆ 0875/705246, ℻ 705220, www.hotelmistral.net.

***** Hotel Meridiano (2)**, gleich daneben, Strandhotel mit freundlichem Service, EZ 58–70 €, DZ 86–120 €, Dreibettzimmer 116–150 €, Vierbettzimmer 146–180 €, Frühstück inkl. Lungomare C. Colombo 52 A, ✆ 0875/705946, ℻ 702696, www.hotelmeridiano.com.

B & B Locanda Alfieri (1), eine der schönsten Unterkünfte Termolis in der Altstadt, nur zehn Zimmer in historischem Gemäuer,

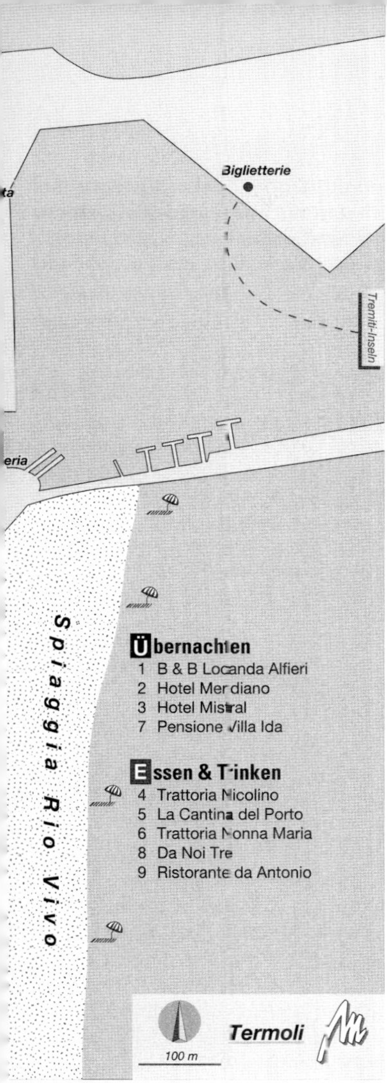

sorgsam restauriert und nett hergerichtet, EZ 50 €, DZ 100 €, Dreibettzimmer 115 €, Vierbettzimmer 150 €, Frühstück inkl. Via Duomo 39, ✆ 0875/708112, www.locandalfieri.com.

** **Pensione Villa Ida (7)**, relativ günstige Pension ein Stück oberhalb des Stadtstrandes, zwischen Bahnhof und Meer. Modern und schlicht eingerichtet, EZ um 50 €, DZ um 70 €, Frühstück inkl. Mit Restaurant. Via M. Milano 27, ✆ 0875/706666, www.pensionevillaida.it.

• *Essen/Trinken* **Trattoria Nonna Maria (6)**, in der autofreien Via Oberdan, ein kleines, gemütliches Lokal mit gelungenem Ambiente. Hervorragende Küche, die auch der *Gambero Rosso* lobt, etwas gehobene Preise (Menü um 30–35 €), freundlicher Service. Mittags und abends geöffnet, Mo geschl. Via Oberdan 14, ✆ 0875/81585.

Da Noi Tre (8), beliebtes Ristorante im autofreien Bereich um die schöne Piazza Mercato. Via C. Ruffini 47, ✆ 0875/703639.

Ristorante da Antonio (9), beim Bahnhof in der Neustadt, gegenüber der Piazza Vittorio Veneto. Auf Fisch spezialisiert und nicht allzu teuer, sehr typisches Lokal. Corso Umberto I 59, ✆ 0875/705158.

La Cantina del Porto (5), Enoteca und Ristorante gegenüber vom Eingang zur Altstadt oberhalb des Hafens, gediegenes Ambiente im Gewölbe. Hervorragende Weine, nicht ganz billig, über Jahre von *Veronelli* empfohlen. So abends und Mo geschl. Via Aubry 5, ✆ 0875/706166.

Trattoria Nicolino (4), in der Via Roma 11–13, ✆ 0875/706804, ist eine ausgezeichnete Adresse für Fischgerichte. *Lesertipp!*

Termoli/Ugebung: Südwestlich von Termoli liegen die Gemeinden *Portocannone, San Martino in Pensilis* und *Ururi*. Sie wurden im 15. Jh. von Albanern gegründet, die vor den auf den Balkan drängenden Türken auf die andere Seite der Adria geflüchtet waren. Bis heute konnte sich in diesen Dörfern ein albanisch-italienischer Dialekt erhalten, der Italienern unverständlich ist.

Trabucchi heißen die bizarren Pfahlbauten der apulischen Meeresfischer, die fast schon ein Symbol des italienischen Südostens sind. Meist sind sie unmittelbar an felsige Klippenküsten gebaut, wo sich gerne Fischschwärme tummeln. Ihre Fangbäume, Leinen und Netze baumeln wie dünne Spinnenbeine über dem Meer, die Bedienung erfordert einige Erfahrung.

Inland

(von Norden nach Süden)

Die mächtigen Berge der Abruzzen sind vom Trubel an der Küste meilenweit entfernt. Besucht wird hauptsächlich das mächtige Gran-Sasso-Massiv und vor allem der große, sehr sehenswerte Nationalpark.

Der 10 km lange Tunnel durch den Gran Sasso hat die Zufahrt von der Adria sehr erleichtert, und auch mit der Bahn kann man von Pescara und Rom bequeme Tagestrips unternehmen. Herrliche Panoramen machen den Abstecher in die wilde Bergwelt der Abruzzen sehr lohnenswert.

L'Aquila und Umgebung

L'Aquila nach dem Beben

Die Katastrophe ereilte das einst so charmant verschlafene Provinzstädtchen L'Aquila – immerhin die Hauptstadt der Abruzzen – am 6. April 2009 um 3.32 Uhr in der Nacht. Nur 30 Sekunden dauerte das Erdbeben, lang genug jedoch, um die Stadt L'Aquila und über 50 Orte in der Umgebung schwer zu beschädigen. 308 Menschen kamen bei den Erdstößen der Stärke 5,8 ums Leben, etwa 1500 wurden verletzt, geschätzte 60.000 waren plötzlich obdachlos – die Bilder der zerstörten Stadt und der hastig errichteten Zeltstädte gingen durch die Medien.

Anfang 2011 ist L'Aquila noch immer weit entfernt vom Wiederaufbau. Die Altstadt ist in weiten Teilen noch immer gesperrt, der italienische Zivilschutz sichert das Gebiet, an der Peripherie der Stadt thronen nun schnell hochgezogene, aber erdbebensichere Mietshäuser, in den Dörfern sind es kleine Holzhäuser am Ortsrand, und wer noch keine Wohnung hat, wohnt in den unversehrt gebliebenen Hotels der Umgebung. Die Regierung tat sich beim Katastrophenmanagement bzw. dem Wiederaufbau für viele L'Aquilaner hauptsächlich durch Tatenlosigkeit hervor, ihren Unmut äußern die Bürger immer öfter in Demonstrationen und Protesten gegen Berlusconi und seine Mannschaft. Durch die Bürgerinitiative „3e32" machen sie sich mittlerweile selbst an die Aufräumarbeiten in ihrer Altstadt, die einst Zuhause für über 10.000 Menschen war. Wann in L'Aquila und Umgebung wieder eine wie auch immer geartete Normalität einkehren wird, ist ungewiss – manche gehen von zehn, andere von zwanzig Jahren aus, bis sich das städtische Leben hier wieder einrichten kann, wieder andere haben das historische Zentrum L'Aquilas schon aufgegeben.

Die Katastrophe ist im Landesinneren der Abruzzen leider eine traurige Tradition: 1703 legte ein Erdbeben L'Aquila in Schutt und Asche, etwa die Hälfte der damaligen Bewohner der Stadt kamen dabei ums Leben. Viele der damals zerstörten Bauwerke wurden erst Jahrzehnte, manche auch erst im 19. Jh. wieder aufgebaut.

Einsam und wild: der Gran Sasso d'Italia

Gran Sasso d'Italia

Fast 3000 m hoch ist das höchste Massiv des Apennin, eine üppig grüne Berglandschaft mit wilden Gipfeln, ideal zum Wandern und Erholen in frischer Luft, natürlich deutlich kühler als an der Küste.

Von L'Aquila erreicht man die Talstation der Seilbahn auf der Straße nach Teramo (dann der Beschilderung nach Assergi/Fonte Cerreto folgen). Wenn man auf der A 24 von der Adriaküste kommt, kann man unmittelbar nach dem 10-km-Tunnel durch den Gran Sasso zur *Località Fonte Cerreto* in 1120 m Höhe abzweigen. Eine eindrucksvoll konstruierte Seilbahn führt von dort auf die Hochebene *Campo dell'Imperatore* hinauf (tägl. 8.30–17 Uhr, alle 30 Min., ca. Mitte März bis Ende Juni geschl., einfache Fahrt 10 €, hin/rück 16 €, Kinder die Hälfte, weitere Infos: www.ilgransasso.it), die Auffahrt ist – sofern schneefrei – aber auch über eine 27 km lange, *panoramareiche Serpentinenstraße* möglich.

Campo Imperatore: Hochebene in 2100 m Höhe, fast 30 km lang – von der Seilbahnstation genießt man einen wunderbaren Blick bis zum Horizont. Hier oben stehen ein astronomisches Observatorium und ein älteres Albergo, das in die Geschichte eingegangen ist: Als die Alliierten 1943 Sizilien erobert hatten und die Landung am italienischen Festland vorbereiteten, machte sich in Italien Kriegsmüdigkeit breit. Die faschistische Partei wurde aufgelöst, Mussolini zum Rücktritt gezwungen und auf Befehl König Vittorio Emanuele III in diesem Hotel fernab der Zivilisation inhaftiert – damals führte noch keine Straße in die einsame Bergwildnis. Doch am 12. September 1943 befreite ein deutsches Kommandounternehmen den „Duce" mit Hilfe von Lastenseglern und einer winzigen Fiesler-Storch-Maschine in einer spektakulären Aktion buchstäblich vor den Augen seiner Bewacher. Was ihm allerdings nicht mehr viel nützte – zwei Jahre später wurde er von Partisanen am Comer See erschossen (→ Lombardei).

Von der Seilbahnstation kann man einen Fußweg zum *Rifugio Duca degli Abruzzi* in 2400 m Höhe nehmen, wo von Juli bis September Übernachtung möglich ist (vorher anrufen). Weitere Wanderwege sind aus den in der Region erhältlichen Wanderkarten zu entnehmen.

• *Übernachten* Eine Handvoll ***-Hotels liegt an der Talstation der Seilbahn, z. B. das *** **Hotel Fiordigigli**: rustikal-komfortables Ambiente mit Ristorante, EZ 75 €, DZ 95 €, Dreibettzimmer 115 €, Frühstück inkl. Loc. Fonte Cerreto/Assergi, ✆ 0862/606171, 📠 606674, www.fiordigigli.com.

• *Camping* Kleiner Wald- und Wiesencamping ein Stück unterhalb der Talstation. Nur in den Sommermonaten geöffnet.

Auf der Hochebene *** **Campo Imperatore**, einziges Hotel auf weiter Flur, im Shop werden geschmacklose Duce-Souvenirs angeboten. Mit gediegenem Ristorante samt Panoramablick, Bar vorhanden. DZ mit Bad und oblig. Halbpension 220 €, EZ 115–130 €. Mai und Okt. geschl. ✆ 0862/400000, 📠 400004, www.hotelcampoimperatore.com.

Ostello Campo Imperatore, neben der Bergstation, einfache Zimmer mit Frühstück für 30 € pro Pers., mit Halbpension 45 € (Reservierung ratsam), auch Selbstbedienungsrestaurant, ganzjährig geöffnet, ✆ 0862/400000, www.hotelcampoimperatore.com.

Rifugio Duca degli Abruzzi, in 2400 m Höhe, Mitte Juni bis Mitte Sept. geöffnet. Kleinere, auch warme Gerichte, Übernachtung im Matratzenlager möglich (20 € pro Pers., Frühstück 5 €, Übernachtung mit Halbpension 42 €). ✆ 347/9309946.

Trutzig: die Rocca di Calascio

Südlich und östlich des Gran Sasso

Vom weiten Panorama des Campo Imperatore, flankiert von den Höhenzügen des Gran Sasso, wendet sich die Straße nun nach Süden, gewinnt noch ein wenig an Höhe, bevor sie kurvenreich von der Hochebene hinab nach *Castel del Monte* führt. Oberhalb der großen Piazza des Ortes (übrigens Schauplatz des Thrillers "The American" mit George Clooney aus dem Jahr 2010) ziehen sich winzige verwinkelte Gassen durch den historischen Ortskern, der sich über eine kleine Hügelkuppe erstreckt. Touristisch geht es hier nicht zu, im Gegensatz zu einigen anderen Abruzzenorten ist man hier aber Besucher durchaus gewöhnt.

• *Übernachten/Essen/Trinken* **Osteria del Lupo**, sympathische Locanda, sehr freundlicher Besitzer, traditionelle Küche, günstig: Menü mit Hauswein um 20 €. Auch vier Zimmer (DZ mit Bad und Frühstück 50 €, EZ 30 €). Restaurant mittags und abends geöffnet, im Winter Mo Ruhetag. Viale della Vittoria 34, 67030 Castel del Monte, ✆ 0862/938136 oder 338/2244437 (mobil).

Etwa 8 km südlich von Castel del Monte liegt das halb verlassene *Calascio*. Oberhalb des kleinen Ortes, in dem im Winter kaum noch ein Dutzend Häuser bewohnt sind, erhebt sich auf schroffem Fels die noch immer trutzige Festung *Rocca di Calascio*. Eine gewundene Straße führt hinauf, zuerst zu einem idyllisch verfallenen Ortsteil, der zum Teil wieder aufgebaut und bewohnt wird (hier auch das Rifugio della Rocca). Von hier aus führt ein Fußpfad zu der sehenswerten, halb verfallenen Festung. Vier mit Mauern verbundene Rundtürme bilden die Befestigung für den quadratischen zentralen Turm. Von der höchstgelegenen Festung in den Abruzzen eröffnen sich grandiose Ausblicke.

• *Übernachten/Essen/Trinken* **Rifugio della Rocca**, unser *Tipp*: In den Ruinen des alten Dorfes unter der Festung ist dieses liebevoll restaurierte Albergo entstanden. Zwölf stilvolle Zimmer stehen zur Verfügung (DZ mit Bad 80 €, neue große DZ 130 €, Frühstück inkl.), sowie ein Schlafsaal (18–20 € pro Pers., inkl. Frühstück) und ein Appartement (für 4 Pers. mit Küche und Bad 100–130 €, auch hier inkl. Frühstück). Das empfehlenswerte Restaurant ist mittags und abends geöffnet, in der Nebensaison (Sept. bis Mai) Mi geschl., günstig: Primi max. 7 €, Secondi max. 9 €. Auch Bar (Snacks, Panini). MTB-Verleih, im Winter Langlauf- und Tourenski (jeweils 15 €/Tag), das Rifugio ist ganzjährig geöffnet, im Winter nur am Wochenende und/oder auf Vorbestellung (Nov. bis Jan. meist ganz geschl.). ✆ 338/8059430 oder 340/4696928, www.rifugiodellarocca.it.

Der malerische Nachbarort *Santo Stefano di Sessanio* (6 km westlich von Calascio), den man von Calascio aus auf einer sich hoch über dem Tal entlangziehenden Straße erreicht, wurde bei dem Erdbeben vom 6. April 2009 stark beschädigt. Auch das Wahrzeichen des Ortes, die alles überragende *Torre Medicea* stürzte in sich zusammen. Mit seiner markanten Silhouette und den engen verwinkelten, teils überdachten Gassen galt Santo Stefano di Sessanio bislang als eine Art Vorzeigedorf der Abruzzen.

• *Übernachten/Essen/Trinken* **Ostello del Cavaliere**, schönes Ristorante und Albergo, wechselndes Menü mit traditionellen Gerichten, mittags und abends geöffnet (Do Ruhetag), die acht Zimmer teils mit Panoramabalkon (DZ mit Bad ca. 65 €), Reservierung ratsam. Via della Giudea, ✆ 0862/89679 oder 89361, www.ostellodelcavaliere.it.

Sextantio – Albergo Diffuso

In den alten Gemäuern einiger verlassener Häuser von Santo Stefano di Sessanio entstand ein einmaliges Hotel. Zahlreiche Gebäude wurden sorgfältig restauriert und beherbergen heute urige Gästezimmer. Eingerichtet wurde im alten Stil (teilweise mit restaurierten Originalmöbeln) und mit viel Liebe zum Detail, teilweise aber auch mit ganz „neuem" Komfort wie Wellnessbereich und Konferenzraum, modernsten sanitären Einrichtungen usw. Das alles bildet einen interessanten Kontrast zum urig-rustikalen Ambiente der alten Gewölbe mit Steinboden, Kamin, uralter Holzdecke usw. Im dazugehörigen Restaurant wird selbstredend nach historischen Rezepten und mit Zutaten aus der Gegend gekocht. Ganz günstig ist das Sextantio allerdings nicht: Das DZ mit Frühstück kommt je nach Ausstattung auf 140–240 €. Aber dennoch: Auf der Suche nach dem ganz besonderen Hotel ist man hier garantiert richtig. Auch Yoga-Wochen mit komplettem Programm und vegetarischer Vollpension (pro Pers. 950 € für 6 Tage, im EZ 1250 €). Ganzjährig geöffnet, ✆/℻ 0862/899112, www.sextantio.it.

Von Santo Stefano sind es noch 10 km hinab nach *Barisciano* im Tal und auf die große Verbindungsstraße N 17.

Noch immer finden Archäologen in Alba Fucens Beschäftigung

Piana del Fucino

Riesige Ebene um Avezzano, westlich von Sulmona. Einst dehnte sich hier der größte See Mittelitaliens aus. Zweifellos wäre er heute ein Touristenmagnet ähnlich wie der Lago Trasimeno oder Lago Bolsena – doch seit über hundert Jahren ist er von der Bildfläche verschwunden.

Schon in der Antike versuchte man immer wieder, die störende Wassermasse auszutrocknen, um neue Anbauzonen zu gewinnen. So ließ Kaiser Claudius um 50 n. Chr. einen 6 km langen Tunnel zum nahen Fluss Liri bohren, um einen künstlichen Abfluss zu schaffen – eins der kühnsten Bauprojekte der Antike. Doch das Unternehmen misslang, der Tunnel brach zusammen und blockierte den Wasserablauf. Auch dem Stauferkaiser Friedrich II. gelang es 1240 nicht, den Tunnel zu öffnen. Erst 1875 konnte ein internationales Ingenieurteam den See trocken legen. Seitdem erstreckt sich hier eine Ackerbaufläche mit schnurgeraden Wegen, an deren Ostende die Satellitenschüsseln des größten Telekommunikationszentrums Italiens in den Himmel ragen.

Avezzano: „Hauptstadt" der Ebene (ca. 39.000 Einwohner), aber wenig interessant und sehr verkehrsreich. Südlich außerhalb liegt seitlich der Straße nach Ortuccio am Fuß des Berghangs der historische Abfluss aus römischer Zeit, beschildert mit *Cunicoli di Claudio*. Es handelt sich um sieben Schächte, je 3 m hoch und 2 m breit, die schräg in den Boden führen. Leider ist das Gelände eingezäunt.

Alba Fucens: Das Ausgrabungsgelände liegt knapp 10 km nördlich von Avezzano bei dem kleinen Örtchen *Albe*. Alba Fucens ist eine antike Römerstadt von beachtlicher Größe, die zum Teil wieder freigelegt wurde. Das Forum, der städtische Mittelpunkt für bis zu 30.000 Bewohner, ist größer als das Forum in Pompeji. Um 300 v. Chr. gegründet, gewann Alba Fucens bald an Bedeutung. Mit einer Festungsanlage auf dem Hügel ausgestattet und von einer fast 3 km langen, 5 m hohen und bis zu 3 m dicken, turmlosen Mauer umschlossen, diente die wehrhafte Stadt auch als Gefängnis: *Perseus*, Sohn *Phillips V.* und letzter König Mazedoniens, war hier nach dem 3. Mazedonischen Krieg inhaftiert worden und starb in Gefangenschaft um 162 v. Chr. Relativ gut erhalten ist das etwas abseits gelegene Amphitheater. Zahlreiche auf dem Gelände ausgegrabene Funde sind in den Museen in Celano und vor allem in Chieti zu sehen.

Öffnungszeiten Tägl. durchgängig geöffnet und frei zugänglich, Info-Büro am Rand des Ausgrabungsgeländes (hier gibt es auch einen Lageplan), www.albafucens.info.

Celano: Das Dorf am Nordhang der Ebene bietet mit seiner stolzen Burg und den grau verwitterten Bruchsteinhäusern einen malerischen Anblick. Das *Castello Piccolomini* wurde 1915 durch ein Erdbeben fast völlig zerstört, ist aber hervorragend restauriert worden und bietet einen herrlichen Blick auf die Ebene. Im Inneren ist heute das interessante *Museo d'Arte Sacra della Marsica* untergebracht, in dem nicht nur sakrale Kunst der Region zu bewundern ist, sondern auch die Geschichte des Sees, das große Erdbeben vom Januar 1915 und der Wiederaufbau der Burg dokumentiert sind. Dazu gibt es eine historische Abteilung mit Wandmalereien, Gemälden und Skulpturen, u. a. sind die filigran verzierten Türen von San Pietro in Albe (s. unten) ausgestellt.

• *Öffnungszeiten/Eintritt* **Museo d'Arte Sacra della Marsica**, Di–So 9–20 Uhr, Mo geschl., Eintritt 2 €, erm. 1 €, unter 18 und über 65 J. frei.

• *Übernachten/Essen & Trinken* **** **Le Gole**, burgartiger Komplex am Ortseingang von Celano, erbaut aus traditionellem Material, stilvolles Ambiente, 39 Zimmer um einen Innenhof mit Kreuzgang. Zum Hotel gehört das Ristorante **Locanda dei Priori**, das in grüner Umgebung gute, traditionelle Küche bietet, auch schöne Sitzplätze im Freien (Mo geschl.). Großer, schattiger Garten mit Bachlauf. EZ 70 €, DZ 110 €, Frühstück inkl. Via Sardellino Sud, ✆ 0863/711009, 📠 711101, www.hotellegole.it.

Prozessione dei Serpari: Umzug der Schlangenbeschwörer

Eines der ungewöhnlichsten Feste Italiens findet alljährlich am ersten Donnerstag im Mai im kleinen Dorf Cocullo zwischen Avezzano und Sulmona statt. Eine Statue des Schutzpatrons San Domenico wird mit Schlangen behängt und in einer Prozession durch den Ort getragen. Viele Menschen legen sich dabei ebenfalls Schlangen und Nattern um den Hals, denn diese gelten als Glücksbringer. Die Wurzeln des faszinierenden Festes reichen weit in vorchristliche Zeit zurück.

Übernachtungsmöglichkeiten gibt es in Sulmona (→ S. 586) und Scanno (→ S. 585), ARPA-Busse fahren ebenfalls ab Sulmona und Scanno.

Nationalpark der Abruzzen

Im oberen Teil des Sangro-Tals, südwestlich von Sulmona, liegt der zweitgrößte Naturpark Italiens. Über 400 qkm wilde Bergketten, blühende Wiesen und dichte Wälder, in denen die letzten Braunbären der Abruzzen, außerdem Wölfe, Luchse, Gämsen, Wildkatzen, Adler, Falken und seltene Singvögel ihr streng geschütztes Refugium haben.

Der Nationalpark ist kaum besiedelt und ideal zum Wandern und Erholen. Allerdings sind in Ferienzeiten (Ostern, Hochsommer) die wenigen kleinen Orte mit

Schafherde im Nationalpark

Tagestouristen und Gelegenheitswanderern überfüllt, die Unterkünfte meist lange im Voraus ausgebucht.

Pescasseroli: Das Zentrum des Parks liegt am Fluss Sangro, Pescasseroli ist ein kleines, alpenländisch anmutendes Dorf „hinter den sieben Bergen", allerdings sehr touristisch: jede Menge Hotels und Souvenirshops, Bars, Restaurants etc. Das Klima zeigt sich rau – die Winter sind lang und hart, schon im September hängt der beißende Rauch von brennendem Holz in der Luft, jedes Haus hat seinen Brennvorrat gestapelt.

Der große Hauptplatz ist Zentrum des Lebens, benachbart liegt die kleine historische Altstadt mit der mittelalterlichen Pfarrkirche und der barocken *Chiesa Madonna del Carmelo.* Ansonsten kann man das „Centro di Visita" (Besucherzentrum) des Nationalparks mit kleinem *Museo Naturalistico* und dem *Zoologischen Garten* besuchen. Etwas außerhalb von Pescasseroli kann man mit dem Lift zur Spitze des *Monte Vitelle* auf 1846 m Höhe gondeln, hier befindet sich eines der Skigebiete der Abruzzen.

• *Öffnungszeiten/Eintritt* **Museo Naturalistico** und **Zoologischer Garten**, tägl. 9.30–19 Uhr, Eintritt 6 €, Kinder 4 €.

• *Anfahrt/Verbindungen* 6-mal tägl. Busse von und nach **Avezzano** (Bahnlinie Rom – Pescara), 5-mal **Castel di Sangro** (Bahnlinie Neapel – Pescara). Im Sommer auch tägl. ein Bus ab Piazza della Repubblica in **Rom**.

• *Information* **I.A.T.**, gut versteckt hinter dem Gebäude der Banca Popolare dell'Adriatico, schräg neben der Post, im Zentrum. Mo–Sa 9–13 und 16–19 Uhr (im Winter 15–18 Uhr) geöffnet, So nur 9–13 Uhr; Busfahrpläne hängen hier aus. Via Principe di Napoli, ✆ 0863/910461 oder 910097, iat.pescasseroli@abruzzoturismo.it.

• *Übernachten* ***** **Villa Mon Repos**, an der Durchgangsstraße, Jugendstilvilla mit allem Komfort, 17 Zimmer mit antikem Mobiliar, im Salon schwere Polstermöbel und Kamin, Restaurant, Parkplatz. EZ 130 €, DZ 160 €, Frühstück inkl. Via Santa Lucia 2, ✆ 0863/912858, ℻ 912830, www.villamonrepos.it.

*** **Valle dell'Oro**, an der Straße zum Lift, solide Mittelklasse mit angenehmen Zimmern (z. T. frisch renoviert), besonders nett sind die unterm Dach, wenn auch etwas kleiner. DZ mit Halbpension 90–120 €, in der Nebensaison auch nur mit Frühstück: DZ 60–70 €. Viale Cabinovia 20, ✆ 0863/91750, 📠 911594, www.valledelloro.com.

*** **Plistia**, Hotel und empfehlenswertes Ristorante im Zentrum, sehr einladender Gastraum, sehr gutes Menü (um 25–30 €), DZ mit Bad, TV und Frühstück 80–90 €. Restaurant Mo geschl. Via Principe di Napoli 28, ✆ 0863/910429, 📠 911741.

** **Pensione al Castello**, freundliche Locanda zentral am Hauptplatz, schräg gegenüber vom Info-Zentrum des Nationalparks, freundlich und familiär, EZ 45 €, DZ mit Bad 60 €, Halbpension 60 € pro Pers. Via G. D'Annunzio 1, ✆ 0863/910757, www.pensionecastello.it.

Um Pescasseroli mehrere Campingplätze, z. B. **La Panoramica**, kurz vor der Talstation des Lifts, pro Pers. 7 €, Stellplatz 7 €, Bungalow für 2 Pers. ab 60 €, ganzjährig (✆ 0863/910750, www.campinglapanoramica.it.); und **Camping S. Andrea** an der Straße Richtung Opi, ähnliche Preise (✆ 0863/912725, www.campingsantandrea.com).

• *Essen & Trinken* **Ristorante Alle Vecchie Arcate**, beliebtes Lokal im Gewölbekeller, gemütliche Trattoria, Familienbetrieb, in dem gute abruzzesische Küche geboten wird, angemessene Preise, Menü um 25–30 €. Im Centro storico, kaum zu übersehen. Mittags und abends geöffnet, Mo geschl. Via della Chiesa 41, ✆ 0863/910781.

Da Giuseppe, *Tipp* fürs kleinere Budget, rustikale Einrichtung, im Sommer auch einige Plätze in der Gasse. Freundlicher Service, gute und bodenständige Küche der Abruzzen, das Fleisch vom Grill ist zu empfehlen, Menü um 22 €. Mittags und abends geöffnet, Do geschl. In einer kleinen Gasse nahe der zentralen Piazza. IX Traversa Sangro 6, ✆ 0863/912205.

Wir empfehlen außerdem das **Ristorante Plistia**, s. oben unter „Übernachten".

Lago di Barrea: künstlich angelegter See inmitten von üppigem Grün, Postkartenidylle vom Feinsten, friedliche Atmosphäre. Um den See gruppieren sich drei ruhige Orte: das eher langweilige *Villetta Barrea, Barrea* – spektakulär am Ostende des Sees auf senkrecht abfallenden Felsen oberhalb der Staumauer – und *Civitella Alfedena*, ein pittoreskes Dorf mit Wolf- und Luchsgehege, das auf einer Brücke über den See zu erreichen ist.

Abruzzen und Molise
Karte S. 564/565

• *Übernachten* *** **Albergo Ai 4 camosci**, sympathisches Haus im oberen Zentrum von Civitella Alfedena, 27 schlichte Zimmer mit Bad und TV, DZ 80 €, Dreibettzimmer 93 €, Vierbettzimmer 108 €, Frühstück inkl. Ganzjährig geöffnet. Via Nazionale 25, ✆ 0864/890262, www.ai4camosci.it.

Außerhalb des Ortes gibt es auch zwei einfache **Campingplätze**.

• *Essen/Trinken* **Lupo Cerviero**, in Civitella Alfedena am oberen Ende des Centro storico, in kühlem Gewölbe. Deftige und schmackhafte Abruzzenküche, guter roter Hauswein, netter Service, nicht teuer. Mi geschl. Via Nazionale 58, ✆ 0864/890171.

Scanno und Lago di Scanno

Von Villetta Barrea führt eine panoramareiche Straße über die Berge nach Norden in Richtung Sulmona. Zunächst geht es in Serpentinen hoch hinauf, danach in das „Vorzeige"-Dorf *Scanno* (ca. 2000 Einwohner), das sich pittoresk an einen Berghang schmiegt. Früher lebte man hier von der Schafwollproduktion, heute von den Urlaubern. In Italien genießt Scanno den Ruf eines besonders ursprünglichen Bergdorfs – zu Recht, denn sein malerischer mittelalterlicher Kern gehört zweifellos zu den schönsten in den Abruzzen. Weniger attraktiv sind allerdings die modernen Hotelkomplexe, die sich im Umkreis angesiedelt haben. Im Hochsommer und Winter kann man per Sessellift zum *Monte Rotondo* (1877 m)hinaufgondeln und die herrliche Aussicht genießen.

Wenige Kilometer unterhalb liegt inmitten grüner Hänge der idyllische Badesee *Lago di Scanno*, der allerdings nur im Hochsommer die nötige Badetemperatur aufweist und dann naturgemäß stark besucht wird. Weiter fährt man auf spektakulärer Straße durch die eindrucksvolle *Gola del Sagittario* nach Sulmona hinunter.

• *Information* **I.A.T.**, Piazza Santa Maria della Valle 12, mitten im Zentrum, im Sommer tägl. 9–13 und 15–18 Uhr, Mi und So nachmittags geschl. ✆ 0864/74371.

• *Verbindungen* **Busse**, Haltestelle oberhalb vom Zentrum an der Durchgangsstraße, 8-mal tägl. Sulmona, 4-mal Rom.

• *Übernachten* Scanno besitzt fast zwanzig Hotels.

*** **Del Lago**, prächtige Lage am See, Restaurant, Seeterrasse. Schon etwas älter. DZ mit Bad und TV 90 €, EZ 60 €. Viale del Lago 202, ✆ 0864/74343, ℻ 747561.

** **Albergo Centrale**, fast an der zentralen Piazza in Scanno, auch schon etwas älter, aber gut gepflegt, alle Zimmer mit Bad, EZ 45 €, DZ 80 €, inkl. Frühstück. Mit Ristorante. Ganzjährig geöffnet. Viale del Lago 1, ✆/℻ 0864/74332.

Camping I Lupi, Wiesencamping am Westufer des Sees, freundliche Leitung. Pro Pers. 6,20 €, Stellplatz 7–10,50 €, Auto 3,20 €. Auch Bungalows. ✆ 0864/740100, ℻ 740665, www.campingilupi.it.

• *Essen & Trinken* **Osteria di Costanza e Roberto**, schickes und einladendes Restaurant, für das Gebotene nicht zu teuer, Menü um 30–35 €. Bei der zentralen Piazza Santa Maria della Valle gelegen, mittags und abends geöffnet, außerhalb der Hochsaison Mo/Di geschl. Via Roma 15, ✆ 0864/74345. Auch Zimmer werden angeboten: EZ 40–60 €, DZ 70–80 €, Apartment für 4 Pers. 100 €, Frühstück 5 € pro Pers., Halbpension 55–65 € pro Pers. und Tag. Die Unterkunft befindet sich in der Via Napoli 27, ✆ 0864/747821, www.lacasadicostanza.it.

Enoteca La Volpe e l'Uva, gemütliche Enoteca an der zentral gelegenen Piazza San Rocco, zu hunderten von Weinen kann man leckere Kleinigkeiten ordern. Leider sehr unregelmäßige Öffnungszeiten, meist nur am Wochenende (Fr–So) geöffnet, dann 11–16 Uhr.

Pizzeria-Trattoria Vecchio Mulino, im oberen Ortsteil, nettes Lokal mit überdachter Holzterrasse, mittags und abends geöffnet, im Winter Mi geschl. Via Silla 50, ✆ 0864/747219.

Sulmona

ca. 25.000 Einwohner

Hübsche Provinzstadt, eingebettet zwischen hohe Berghänge, Geburtsort des römischen Dichters Ovid. Das mittelalterliche Zentrum ist klein und kompakt. Ideal zum Bummeln ist der lange, zentrale Corso Ovidio mit zahlreichen Konfektläden – Sulmona ist berühmt für seine Süßigkeiten namens „confetti".

Am Corso stehen die Barockkirche *Santa Maria Annunziata* und der gleichnamige Renaissancepalast mit dem *Museo Civico* (archäologische Funde aus vorrömischen Zeiten bis zum Mittelalter) und einer benachbarten römischen Villa, die bei Restaurierungsarbeiten am Palazzo ans Licht gelangte. Die benachbarte Piazza XX Settembre ist der zentrale Treffpunkt der Stadt, geschmückt von der Statue des Ovid. In den engen Seitengassen findet man niedrige Palazzi und diverse Kirchen. An der großen Piazza Garibaldi findet der tägliche Vormittagsmarkt statt, die *Fontana del Vecchio* wurde früher durch den großen mittelalterlichen *Aquädukt* gespeist, der den Platz begrenzt. Schließlich kann man das *Museo e Fabrica Confetti Pelino* besichtigen, Via Introdacqua 55, seit über hundert Jahren Garant für feinste Confetti (Richtung Avezzano, beschildert).

• *Öffnungszeiten/Eintritt* **Museo Civico**, Di–So 9–16 Uhr, Eintritt frei, ✆ 0864/210216.

Museo dell'arte e della Tecnologia Confetteria, ganzjährig Mo–Sa 8–12.30 und 15–18 Uhr, So geschl., Eintritt frei, www.pelino.it.

• *Anfahrt/Verbindungen* Sulmona liegt an der Bahnlinie Rom – Pescara, Bahnhof 1,5 km außerhalb vom Zentrum, von dort fahren Busse in die Stadt zum Corso Ovidio.

• *Information* **I.A.T.-Büro**, Corso Ovidio 208, im Sommer Mo–Sa 9–13 und 16–19 Uhr, So 9–13 Uhr, im Winter Mo–Fr 9–13 und 15–18 Uhr, Sa 9–13 Uhr, ✆/℻ 0864/53276.

• *Übernachten* *** **Stella**, in einer Seitengasse des Corso Ovidio, gegenüber einer Kirche, nur zehn Zimmer, frisch renoviert, im Erdgeschoss Ristorante und Enoteca, DZ 75–85 €, Frühstück inkl. Via Panfilo Mazara 18, ✆/℻ 0864/52653, www.hasr.it.

** **Italia**, inmitten der engen Altstadtgassen bei der Piazza XX Settembre, 250 Jahre altes Haus, seit 1897 Hotel. Travellerherberge mit einfachen Zimmern (mit Bad), freundlicher Besitzer. EZ um 45 €, DZ um 60 €, kein Frühstück. Piazza Tommasi 3 ✆/℻ 0864/52308.

• *Essen & Trinken* **Ristorante Gino**, unser *Tipp*! Freundlicher Familienbetrieb, sehr gute Küche, mittleres bis leicht gehobenes Preisniveau, gute Weine, freundliche Stimmung. Leider nur mittags geöffnet. So geschl. Piazza Plebiscito 12, ✆ 0864/52289.

Ristorante Clemente, gehobenes Restaurant in einer Seitenstraße am Anfang des Corso Ovidio (Via Solimo, dann links in den Vico Quercia), nahe dem kleinen Stadtpark. Stilvolle Einrichtung, freundlicher und zuvorkommender Service, Menü um 30 €. Gute Weine. Mittags und abends geöffnet, Do geschl. Vico Quercia 5, ✆ 0864/52284.

Nur ein Stück weiter auf der Via Solimo gelangt man zum Traditionsristorante **Cesidio** auf der rechten Seite, an der Piazza Solimo (mit Parkplatz): großer Speisesaal, bodenständige abruzzesische Küche zu mittleren Preisen. Mittags und abends geöffnet, Mo geschl. Via Solimo 25, ✆ 0864/52724.

• *Shopping* Selbstverständlich **Confetti**, die Läden mit den süßen Sträußen aus Schokolade, Mandeln und bunter Glasur reihen sich entlang des Corso Ovidio auf. Preislich gibt es keine nennenswerten Unterschiede, fast alle Confetti-Geschäfte (*Di Carlo, Giorgi* und *Pepino*) sind durchgehend geöffnet.

Ovid in Denkerpose

Sulmona/Umgebung Eine wunderschöne Bergtour ist die Fahrt in das *Majellagebirge (Montagna della Majella)* hinauf nach *Pacentro* mit seinem turmbewehrten Kastell und weiter über den Passo San Leonardo (1282 m) nach *Caramánico Terme*, von dort Richtung Pescara und zur Autobahn. Weithin bekannter Essenstipp in Pacentro ist die „Taverna de li Caldora“ mit ihrer schönen Panoramaterrasse an der Piazza Umberto I (So abends und Di geschl., ✆ 0864/41139).

Archäologische und historische Funde im Molise

Isernia: Von Sulmona die SS 17 nach Süden nehmen. Kurz hinter der Grenze zur Region Molise kommt man in diese geschäftige Provinzstadt (ca. 22.000 Einwohner). 1979 machte man hier beim Bau der Superstrada von Neapel nach Vasto eine sensationelle Entdeckung: eine mehr als 700.000 Jahre alte Siedlung aus dem Paläolithikum, die zu den ältesten je entdeckten Zeichen menschlicher Zivilisation in Europa gehört. „Homo Aeserniensis“ nannte man den hier wohnhaften Urahn der Menschheit, von dem selber allerdings bisher noch keine Überreste gefunden wurden. Die Funde sind im kleinen, modernen *Museo Nazionale Santa Maria delle*

Monache neben einem ehemaligen Benediktinerkloster am Corso Marcelli 48 zu besichtigen, darunter Steinwerkzeuge, Habseligkeiten, Waffen und Tierknochen, außerdem archäologische Stücke aus anderen Epochen. Auch die Fundstelle „La Pineta" ist zu besichtigen (Mo–Fr 8–19 Uhr, ✆ 0865/413526).

• *Öffnungszeiten/Eintritt* **Museo Nazionale Santa Maria delle Monache**, Di–So 8.30–19.30 Uhr, Eintritt 2 €, erm. 1 €.

• *Information* **E.P.T.**, Via Farinacci 9, Nähe Bahnhof. ✆ 0865/3992, 📠 50771.

Isernia/Umgebung: Knapp 30 km nordwestlich liegt die *Abbazia di San Vicenzo al Volturno*, eine ehemalige Benediktinerabtei aus dem 9. Jh., die heute von amerikanischen Nonnen geführt wird. Einzigartig ist die Krypta, denn sie ist mit einem ganzen Zyklus von teilweise gut erhaltenen, byzantinischen Freskos aus dem 9. Jh. bedeckt.

Öffnungszeiten/Eintritt **Abbazia di San Vicenzo**, tägl. 9–12 und 15–17 Uhr, Eintritt frei.

Saepinum: Die SS 17 in derselben Richtung weiter nach Süden passiert die einsamen *Monti del Matese* im Grenzgebiet zu Kampanien. Weitab von den gängigen Touristenpfaden liegt hier nahe der Straße bei *Altilia* die altrömische Provinzstadt Saepinum. Errichtet wurde sie seit 293 v. Chr. auf den Trümmern einer Siedlung der Samniten, eines frühitalischen Volkes, das die Römer in einer Reihe von blutigen Kriegen unterwarfen. Ihre isolierte Lage hatte ein wichtige Folge: Die Siedlung wurde über Jahrhunderte völlig „übersehen" und ist deswegen bemerkenswert gut erhalten – das typische Bild einer großen römischen Provinzstadt. Erhalten sind Teile der langen Stadtmauer mit vier Toren und zahlreichen Bastionen, außerdem original gepflasterte Straßenzüge, das Forum, eine Basilika, Theater, Thermen und zahlreiche Wohnhäuser.

Öffnungszeiten/Eintritt **Saepinum**, Di–So 9–13.30 und 15–18.30 Uhr geöffnet, Eintritt frei.

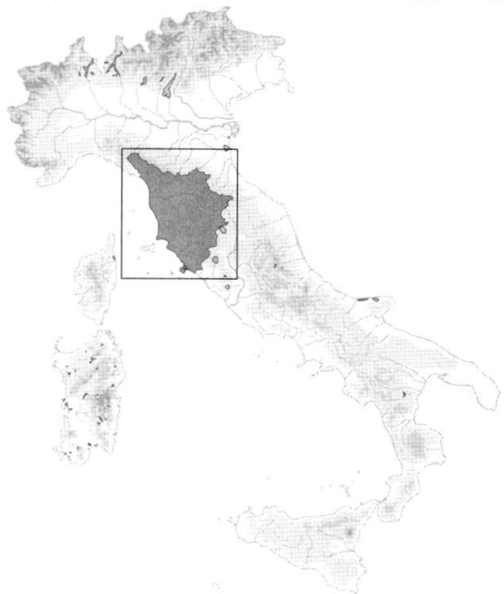

Toskana

Toscana

Schöne Orte: Florenz (S. 594), Siena (S. 651), Pisa (S. 674), San Gimignano (S. 645), Arezzo (S. 633), Lucca (S. 625), Pistoia (S. 622), Prato (S. 621), Massa Marittima (S. 689), Pitigliano (S. 666), Volterra (S. 648), Cortona (S. 637), Montepulciano (S. 661).

Landschaftliche Höhepunkte: das Chianti-Gebiet (S. 640) zwischen Florenz und Siena; die Erosionslandschaften der Crete Senensi südlich von Siena (S. 660); der Parco Naturale della Maremma (S. 693) und der Monte Argentario an der Küste (S. 693); die Berge des Pratomagno nördlich von Arezzo (S. 633); der Monte Amiata im Süden (S. 665).

Kulturell interessant: Florenz – Dom, Uffizien, Klöster und Kirchen, Medici-Kapellen, Bargello (Museum) u. v. m. (S. 605); Siena – Piazza del Campo, Dom (S. 656); San Gimignano – Geschlechtertürme (S. 646); Arezzo – Fresken von Piero della Francesca (S. 636).

Kurios: der Schiefe Turm von Pisa (S. 678); Prato, die Lumpenstadt (S. 621) die Schwefelquellen von Saturnia (S. 667); die „Balze" (Erdabbrüche) von Volterra (S. 650); der Parco di Pinocchio in Collodi (S. 625).

Baden: am schönsten auf der Insel Elba (S. 698). An der Festlandsküste gibt es zahlreiche Strände, die im Sommer überfüllt sind – schön z. B. bei Populonia (S. 686) und San Vincenzo (S. 685).

Eher abzuraten: Weite Teile der Küste, Florenz im August.

Ein Muss für jeden Kunstliebhaber: Florenz

Toskana

Toscana

Die bekannteste Region des Stiefels – für viele der Inbegriff italienischer Landschaft und Kultur. Namen wie Florenz, Siena, Pisa und San Gimignano haben einen geradezu magischen Klang und locken alljährlich riesige Besucherscharen aus ganz Europa. Wer sich für Kunst und Geschichte interessiert, findet ein Eldorado – nicht selten aber auch brechend volle Innenstädte, Blechlawinen und maßlos überzogene Preise.

Abseits der Städte lockt ein endlos-grünes Hügelland wie aus dem Bilderbuch – schlanke Zypressen, blumenübersäte Wiesen, kurvenreiche Straßen und herrliche Panoramen. Während überlaufene Metropolen wie Florenz und Siena schnell die Nerven strapazieren, kann man in Dutzenden von kleinen Renaissance- und Mittelalterstädtchen noch Beschaulichkeit finden, vor allem im weniger bekannten Süden der Toskana. Auch zum Wandern und Fahrradfahren sind die sanften Hügel bestens geeignet.

Doch Toskana bedeutet keineswegs nur Idylle – es gibt auch die stark industrialisierte Toskana mit verschmutzen Flüssen und zersiedelten Landschaften (im Arnotal und westlich von Florenz Richtung Küste), die kargen, erosionsgefährdeten Gebiete im Süden (um Volterra und südlich von Siena), die stillgelegten Minen der Colli Metallifere um Massa Marittima und die einsamen Bergregionen des Pratomagno und des Monte Amiata. Die toskanische Küste fällt gegenüber dem Inland deutlich ab: An den langen Sandstränden reiht sich ein Badeort an den anderen – Rummel à la Rimini, Stop-and-go-Verkehr, kostenpflichtige Badeanstalten und endlose Sonnenschirmparaden. Dann schon eher nach *Elba* übersetzen, auf die drittgrößte Insel Italiens, wo das Baden noch Spaß macht und üppige Vegetation vorherrscht. In der Nebensaison kann man sich auch auf der kleinen *Isola del Giglio* prächtig erholen.

Im Mittelalter und in der beginnenden Neuzeit entstanden in der Toskana zahlreiche unabhängige Stadtrepubliken, die sich gegenseitig zu übertreffen suchten. Die bedeutendsten Künstler der Zeit entwarfen und schmückten ihre öffentlichen Bauten und Kirchen – Michelangelo, Donatello, Botticelli, Brunelleschi, Ghiberti und Piero della Francesca (um nur wenige zu nennen) haben hier einige ihre bedeutendsten Werke geschaffen. In Florenz entstand unter dem Mäzenatentum der Medici der neue Kunststil der *Renaissance*, der viele Städte tief greifend veränderte.

Anfahrt/Verbindungen

• *Pkw* **Florenz** liegt im Norden der Toskana an der Autobahn A 1 von Bologna und Rom und ist zentraler Verkehrsknotenpunkt. Wer von Norden anreist, durchquert zwischen Bologna und Florenz den **Apennin**. Die Autobahn ist hier sehr bergig und kurvig, mit vielen Tunnels – nur ausgeruht fahren. Auf der Autobahn A 11 kommt man von Florenz schnell nach **Viareggio**, **Pisa** und zur Küste. Zwischen Florenz und **Siena** verläuft der autobahnähnliche Racordo (gebührenfrei), von Florenz nach **Arezzo** geht die A 1 durchs Tal des Arno (Valdarno).

Zwischen Bologna und Florenz entsteht derzeit eine **Parallelautobahn**, um die verkehrsgeplagte A 1 zu entlasten. Die neue Strecke zwischen La Quercia und Barberino di Mugello wird rund 40 km lang sein und soll 2013 eröffnet werden.

Die Staatsstraßen sind oft sehr schmal und kurvig, führen aber häufig durch wunderschöne Hügellandschaften, z. B. die SS 222 von Florenz durchs **Chianti-Gebiet** nach Siena und die SS 2 (Via Cassia) von Siena zum **Lago di Bolsena** (Latium).

• *Bahn* **Florenz** ist Bahnknotenpunkt an der wichtigsten italienischen Bahnstrecke, der Direttissima, die von Mailand über Bologna und Florenz nach Rom führt. Zwischen Bologna und Florenz wird der **Apennin** durchquert – landschaftlich schön, allerdings viele Tunnels. Weite Teile der Toskana sind nicht ans Bahnnetz angeschlossen, vor allem die hügligen Gebiete um Volterra, das Chianti-Tal und der Pratomagno. Gute Verbindungen gibt es auf der **Küstenlinie** La Spezia-Livorno-Rom und von Florenz nach **Arezzo**, **Pisa**, **Lucca** und **Livorno**. Nach Siena und Volterra gehen nur Nebenlinien, San Gimignano besitzt keinen Bahnanschluss.

Toskana
Karten S. 592/593 und 642/643

Übernachten

Dank des ständig wachsenden Tourismus ist die Gastronomie auf hohem (preislichem) Niveau. Die Küste und die bekannten Kulturstädte sind mit **Hotels** gut ausgestattet, auch **Campingplätze** und **Jugendherbergen** gibt es in den meisten Touristenstädten des Inlands, z. B. Florenz, Lucca, Pisa, Arezzo, Cortona, Siena, San Gimignano, Volterra, Massa Marittima und Livorno. Schwierig ist die Situation in **Florenz**. Die Geburtsstadt der Renaissance ist – abgesehen vom Winter – praktisch immer überlaufen; ein geeignetes Hotelzimmer zu finden ist reine Glückssache oder bedarf der langfristigen vorherigen Buchung. Die weniger bekannten, aber nicht minder hübschen Orte (vor allem im Süden) verfügen oft nur über eine Handvoll Unterkünfte, die aber selten ausgebucht sind.

Essen & Trinken

Die toskanische Küche ist ihrem Ursprung nach einfache „Hausmannskost" und kommt mit wenig Soßen oder Gewürzen aus. Der Eigengeschmack der Grundstoffe ist entscheidend, höchstens ein paar Tropfen Olivenöl dienen zur Verfeinerung. Man findet diese Art des Kochens am ehesten in einfachen Osterien und Trattorien, nicht in den Dreisterne-Restaurants von Florenz oder Siena. Generell hat der überdurchschnittliche Tourismus jedoch viele Eigenarten verwässert und die Preise oft in astronomische Höhen getrieben.

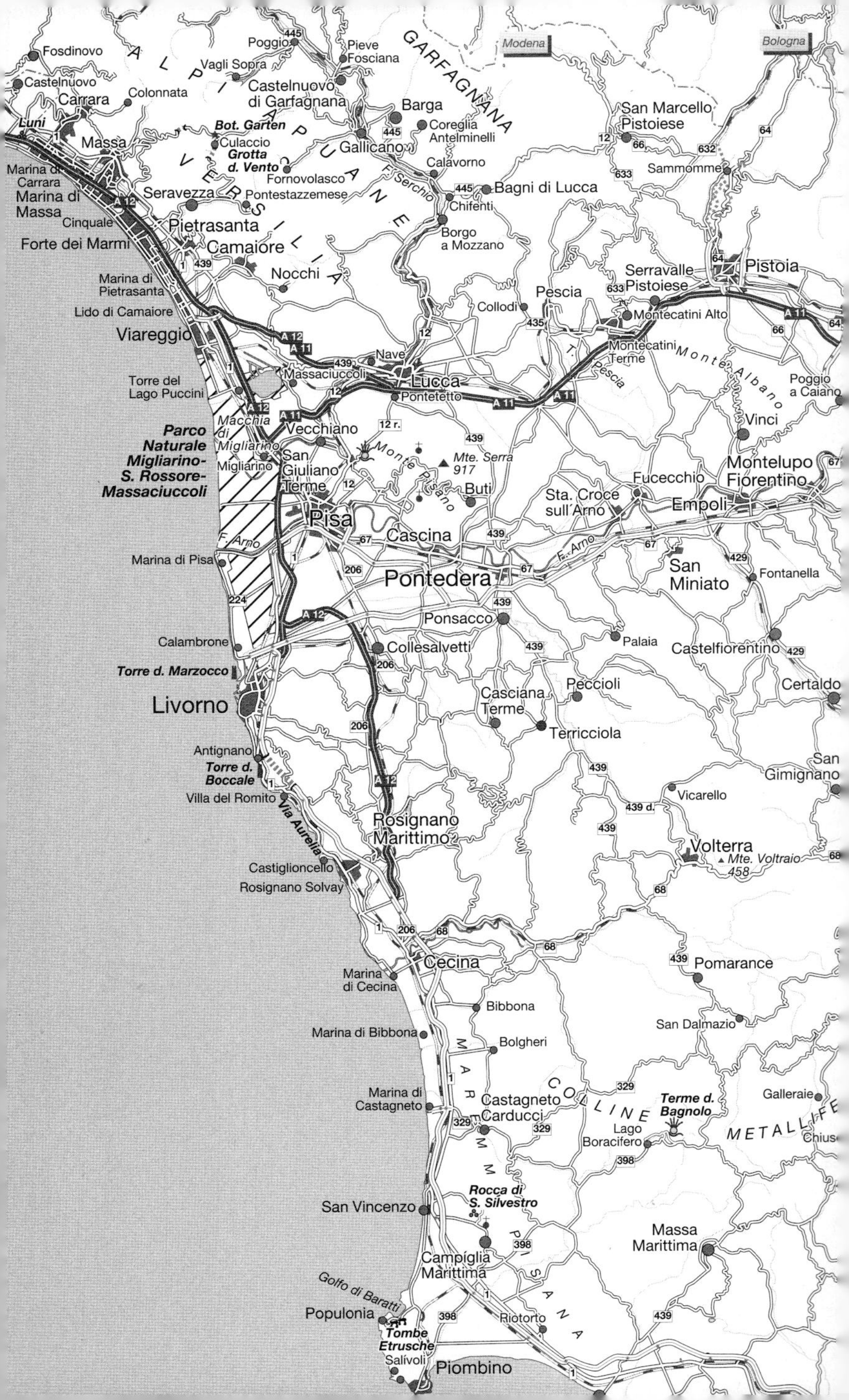
Fosdinovo
Castelnuovo
Carrara
Colonnata
Luni
Massa
Marina di Carrara
Marina di Massa
Cinquale
Forte dei Marmi
Poggio
Vagli Sopra
Pieve Fosciana
Castelnuovo di Garfagnana
GARFAGNANA
ALPI APUANE
Bot. Garten
Culaccio
Grotta d. Vento
Fornovolasco
Barga
Coreglia Antelminelli
Gallicano
Calavorno
F. Serchio
Seravezza
Pontestazzemese
Pietrasanta
VERSILIA
Camaiore
Nocchi
Marina di Pietrasanta
Lido di Camaiore
Viareggio
Modena
Bologna
San Marcello Pistoiese
Sammommè
Bagni di Lucca
Chifenti
Borgo a Mozzano
Pistoia
Serravalle Pistoiese
Pescia
Collodi
Montecatini Alto
Montecatini Terme
T. Pescia
Monte Albano
Poggio a Caiano
Nave
Massaciuccoli
Lucca
Pontetetto
Torre del Lago Puccini
Macchia di Migliarino
Parco Naturale Migliarino-S. Rossore-Massaciuccoli
Vecchiano
Migliarino
San Giuliano Terme
Monte Pisano
Mte. Serra 917
Buti
Vinci
Montelupo Fiorentino
Fucecchio
Sta. Croce sull´Arno
Empoli
Pisa
F. Arno
Cascina
Marina di Pisa
Pontedera
San Miniato
Fontanella
Ponsacco
Palaia
Castelfiorentino
Calambrone
Collesalvetti
Torre d. Marzocco
Livorno
Casciana Terme
Peccioli
Terricciola
Certaldo
Antignano
Torre d. Boccale
Villa del Romito
Via Aurelia
San Gimignano
Vicarello
Rosignano Marittimo
Volterra
Mte. Voltraio 458
Castiglioncello
Rosignano Solvay
Cecina
Marina di Cecina
Pomarance
Bibbona
Marina di Bibbona
San Dalmazio
Bolgheri
MAREMMA PISANA
COLLINE METALLIFERE
Galleraie
Terme d. Bagnolo
Lago Boracifero
Chiusdino
Marina di Castagneto
Castagneto Carducci
Rocca di S. Silvestro
San Vincenzo
Massa Marittima
Campíglia Marittima
Golfo di Baratti
Populonia
Tombe Etrusche
Riotorto
Salívoli
Piombino

Toskana – Der Norden

(Anschlusskarte 2: siehe Seite 642/643)

Das toskanische Rindfleisch gilt als das vorzüglichste in Italien und stammt im besten Fall von Rindern aus dem saftig-grünen Chiana-Tal. **Bistecca** (Beefsteak) oder **costata** (Rippenstück) **alla Fiorentina** ist eine der bekanntesten Florentiner Spezialitäten: gut abgehangenes Fleisch mit wenig Fett, auf dem Holzkohlengrill rosa gebraten. **Arista alla Fiorentina** ist gebratener Schweinerücken und wird mit Knoblauch, Rosmarin und Nelken gewürzt. Eine weitere typische Spezialität aus Florenz sind **trippa alla Fiorentina**, zu deutsch „Kutteln", in Bouillon mit Kräutern geschmort und mit geriebenem Parmesan serviert. Arezzo ist bekannt für die saftigen **Schinken** aus dem Casentino-Tal, das Arnotal für seine Hühner – **pollo alla Fiorentina** sind gut gewürzte und goldgelb frittierte Hühnerfleischstückchen.

Die Fischsuppe **cacciucco** stammt ursprünglich aus Livorno, beherrscht aber inzwischen die gesamte toskanische Küste. Man verwendet dafür ein Vielerlei aus Fischresten, Krabben, Tintenfischen, Schalentieren u. Ä., die in einem fein abgeschmeckten Sud schwimmen. In Pisa gibt es **le cèe**, junge, noch blinde Aale aus dem Arno, ausgebacken in Öl, Salbei und Knoblauch.

Als Primi kommen traditionell eher **minestre** (Suppen) oder **risotti** auf den Tisch, weniger Nudelgerichte. Aber natürlich findet man auch in der Toskana inzwischen alle erdenklichen Pastavariationen. Die **ribollita** („wieder aufgewärmt") genannte Suppe verwendet vielerlei verschiedene Gemüse und Fleisch, ursprünglich verarbeitete man in ihr die Reste vom Sonntagsessen. Bezüglich Gemüse spielen besonders **fagioli** (weiße Bohnen) eine große Rolle. Sie werden in Kombination mit zahlreichen Speisen verwendet – als Antipasti, in Suppen, mit Reis, mit Nudeln, mit Bistecca, Thunfisch u. a. m.

Olivenöl aus Lucca gilt neben dem aus Ligurien als das beste in Italien. **Panforte**, einen festen Kuchen aus kandierten Früchten und Mandeln, kann man zum Nachtisch kosten.

Auch der berühmteste aller italienischen Weine stammt aus der Toskana: der **Chianti**. „Chianti classico" darf sich allerdings nur der Wein nennen, der aus gesetzlich festgelegten Anbaugebieten zwischen Florenz und Siena stammt, der schwarze Hahn am Flaschenhals (Gallo Nero) ist sein Erkennungszeichen.

Florenz

Firenze ca. 372.000 Einwohner

Eine der großen Kunststädte Italiens. Die Altstadt drängt sich dicht an das Ufer des trüben Arno. Ende des 15. Jh. wurde hier unter der Herrschaft der Medici die Renaissance geprägt, aber Florenz ist auch ein bedeutendes Zentrum mittelalterlicher Architektur. Auf Bauwerke beider Epochen stößt man überall: Von außen eher schlicht, sind sie innen umso prunkvoller ausgestattet.

Rom, Venedig und Florenz sind die wichtigsten Städte, um einen Einblick in italienische Vergangenheit und Kunst zu gewinnen. Ein wenig verblasst Florenz neben den beiden anderen – und es gibt auch lieblichere Orte in der Toskana. Florenz ist nüchtern – seine Paläste wirken streng und ähneln oft eher Festungen als Prunkbauten. Dem Besucher wird jedoch einiges geboten: Kammermusik in altehrwürdigen Palästen, Jazzkonzerte auf historischen Plätzen und am Fluss unter den Gewölben des Uffizien-Palastes warten Porträtmaler auf Kundschaft. Neben Mailand und Rom gilt auch Florenz als Modestadt Italiens – was Rang und Namen hat unter den Designern, ist vertreten. Ein Eldorado für Schmuckkäufer ist der Ponte Vecchio, die älteste Brücke von Florenz. Viele kleine Juweliergeschäfte dicht an dicht bilden auf der Brücke eine Ladengasse. Weiter außerhalb lockt die grüne Hügellandschaft mit jahrhundertealten Sommervillen. Wer Sinn für Geschichte und Kunst mitbringt, Hitze und Staub gewöhnt ist, wird in Florenz immer wieder Interessantes kennen lernen: Fast ein Jahrhundert lang war die Stadt das „geistige Zentrum" des Abend-

landes. Es entstanden Humanismus und Renaissance – und der Kapitalismus, der hier seine ersten Blüten trieb. Die Bankiers der Medici überspannten den Kontinent mit einem Netz von Bankfilialen und Handelsniederlassungen, Hand in Hand mit der päpstlichen Weltmacht. Gleichzeitig ließen sie die Stadt zur bedeutendsten Kunststadt der damaligen Welt ausbauen.
Heute leben über 600.000 Menschen im Großraum Florenz, die Bevölkerung in der Innenstadt nimmt aber – bedingt durch überhöhte Immobilienpreise und Mieten, Smog und Straßenlärm – ständig ab. Der Tourismus boomt, derzeit kommen jedes Jahr etwa fünf Millionen Besucher. Diese Entwicklung hat die Preise in schwindelerregende Höhen getrieben – mit parallel dazu deutlich nachlassendem Bemühen um die Qualität der Dienstleistungen. Die Museumspreise wurden in den letzten Jahren verdoppelt, die Ristoranti haben auf Massenabfertigung umgestellt, der Normal-Florentiner kann die Mieten in der Innenstadt nicht mehr zahlen und überlässt internationalen Ladenketten das Feld – „big business“ und der touristische Massenbetrieb haben viel von dem zerstört, was frühere Generationen in der Geburtsstadt der Renaissance bezaubert hat. Erfreulich ist immerhin, dass inzwischen fast das gesamte historische Zentrum für den Autoverkehr gesperrt wurde.

Toskana Karten S. 592/593 und 642/643

Anfahrt/Verbindungen

• *Flug* Der Flughafen **Amerigo Vespucci** liegt im Vorort Perètola, einige Kilometer nordwestlich vom Zentrum. Shuttle-Busse (VOLAINBUS) fahren zwischen 6.30 und 20 Uhr alle 30 Min. von und zum Hauptbahnhof (Fahrtdauer 25 Min., 5 €). ✆ 055/3061700702, www.aeroporto.firenze.it.

• *Zug* Der Hauptbahnhof **Stazione Santa Maria Novella** liegt zentrumsnah. Hier stoppen alle nationalen und internationalen Fernreisezüge, z. B. Basel-Mailand-Rom und München-Bologna-Rom. Außerdem gute Verbindungen nach Venedig und Genua, Arezzo und Perugia, Nahverbindungen über Empoli nach Pisa und Siena.

Gepäckaufbewahrung am Bahnsteig 16, tägl. 6–24 Uhr, pro Gepäckstück 4 € für die ersten 5 Std., danach 0,60 € pro Std.

Hotelinformation/Reservierung am Bahnsteig 6, tägl. 11–19.30 Uhr, ✆ 055/284201.

> Nachts von 1.30 bis 4.15 Uhr ist der Bahnhof geschlossen.

• *Bus* Alle Terminals für Stadt- und Überlandbusse liegen direkt links und rechts vom Bahnhof.

LAZZI (www.lazzi.it), Piazza Adua 4–6r, Busse nach La Spezia, Livorno, Lucca, Pisa, Prato, Pistoia und Viareggio.

SITA (www.sitabus.it), Via Santa Caterina da Siena 17 (großer Terminal westlich des Bahnhofs), nach Arezzo, Assisi, Bologna, Camaldoli, Casentino, Chianciano Terme, Città di Castello, Colle Val d'Elsa, Greve, Grosseto, Gubbio, La Verna, Massa Marittima, Montevarchi, Perugia, Piombino, Poggibonsi, Siena, Volterra. u. a.

COPIT (www.copitspa.it) und **CAP** (www.capautolinee.it), Largo Fratelli Alinari 9, nach Pistoia und Prato.

Unterwegs in Florenz

Am besten zu Fuß, die meisten Sehenswürdigkeiten liegen nicht allzu weit auseinander. Vom Bahnhof zum Dom sind es nur knapp 10 Min. Die Orientierung wird etwas erschwert durch die unterschiedlichen Hausnummern: Rote (Geschäfte und Restaurants) und schwarze (Privathäuser und Hotels) Nummern laufen kreuz und quer. Rote Nummern sind im Folgenden durch „r“ gekennzeichnet.

• *Stadtbusse* Die orangen **ATAF-Busse** lohnen nur für längere Strecken, großer Terminal am Ostausgang vom Bahnhof. Das Standardticket (gilt 70 Min.) kostet 1,20 €, 24-Std.-Pass 5 €, 3-Tagesticket 12 €, Wochenticket 16 €. Tickets immer vor der Fahrt besorgen – im ATAF-Kiosk vor dem Bhf.-Osteingang, in Tabacchi-Läden und an

Automaten, im Bus nur gegen Aufpreis. Tages-/Wochenkarten sind nur im ATAF-Kiosk am Bhf. erhältlich. Tickets bei Fahrtbeginn entwerten! Infos: ✆ 800424500, www.ataf.net.

• *Straßenbahn* Anfang 2010 wurde die 7 km lange Strecke vom Hauptbahnhof nach Sandicci aufgenommen, zwei weitere Tramlinien quer durch die Stadt sollen folgen.

• *Fahrrad* Verleih u. a. bei **Alinari**, Via S. Zanobi 38r, ✆ 055/280500, www.alinarirental.com.

• *Taxi* **Standplatz** u. a. vor dem Bahnhof. ✆ 055/4390, 4242, 4798 und 4499.

• *Eigenes Auto* Die erweiterte Innenstadt ist **Zona di Traffico Limitato**, d. h. für die Anwohner reserviert. Anfahrt zum Hotel zwecks Ablieferung von Gepäck ist möglich, offiziell allerdings nur mit einem Buchungsbeleg in der Tasche.

Parken: Es empfiehlt sich, den Wagen auf einem bewachten Parkplatz außerhalb der Altstadt abzustellen. Die größten Parkplätze sind **Piazzale della Libertà** (Autobahnabfahrt Prato-Calenzano) und (etwas zentrumsnäher an den Boboli-Gärten) **Porta Romana** (Autobahnausfahrt Firenze Signa). Parkgebühren jeweils 15 € für 24 Std., in die Innenstadt ca. 15 Min. zu Fuß. **Parkhäuser** gibt es mehrere in der Innenstadt, z. B. eine riesige Tiefgarage beim Bahnhof, hier sind die Tarife allerdings sehr hoch (je nach Größe des Wagens 30–60 €/24 Std.). Gute Parkinfos, allerdings nur auf Italienisch, unter www.firenzeparcheggi.it.

Wichtig: Jeder Straßenzug wird einmal pro Woche zu nächtlicher Stunde gereinigt. Beachten Sie das Schild **pulizia strada** mit der Angabe des Wochentags. Wer dennoch parkt, findet seinen Wagen irgendwo bei der Stadtpolizei wieder (Abschleppgebühren: mind. 100 €), vielleicht aber auch in einer (bereits gereinigten) Nebenstraße.

Information

APT, 1) Piazza Stazione 4, gegenüber dem Südausgang (Hauptausgang), hinter der Kirche Santa Maria Novella. Ganzjährig Mo–Sa 8.30–19 Uhr, So 8.30–14 Uhr. ✆ 055/212245, ℻ 2381226.

2) Via Cavour 1r (Nähe Galleria dell'Accademia), Mo–Sa 8.30–18.30 Uhr, So 8.30–13.30 Uhr. ✆ 055/290832, ℻ 2760383.

3) Borgo Santa Croce 29r, ganzjährig Mo–Sa 9–19 Uhr (im Winter bis 17 Uhr), So 9–14 Uhr. ✆ 055/2340444, ℻ 2264524.

4) Flughafen, tägl. 8.30–20.30 Uhr. ✆/℻ 055/315874.

Internet: www.firenzeturismo.it.

Internetzugang: „Internet Train", zahlreiche Filialen, z. B. Via dell'Oriulo 40r und Via Guelfa 54/56r; „Caruso Jazz Café", Via Lambertesca 14/16r.

Übernachten (siehe Karte S. 598/599)

Florenz hat sehr hohe Hotelpreise, doch liegen sie immerhin noch unter denen von Venedig und Rom. Trotz des riesigen Angebots von einigen hundert Hotels aller Kategorien ist es besonders in der unteren und mittleren Preisklasse nicht immer einfach, eine Unterkunft zu finden. Sinnvoll ist es deshalb (zumindest in der warmen Jahreszeit), wenigstens einen Monat im Voraus zu buchen. Im Winter gibt es oft erhebliche Preisnachlässe. Die APT-Büros haben vollständige Listen von Hotels und Privatzimmern, letztere werden allerdings meist nur für Aufenthalte von mindestens einer Woche vermietet.

In der Altstadt findet man gelegentlich Unterkünfte in aufwändigen Kaufmannshäusern mit riesigen Zimmern, Stuckarbeiten und antiken Möbeln. Ruhige Hotels, meist solche der gehobenen Preisklasse, liegen in den Villenvororten auf den Hügeln rund um Florenz, den „Colli fiorentini". Preiswerte Pensionen konzentrieren sich hauptsächlich im Bahnhofsviertel: um die Piazza Santa Maria Novella und in den Straßen Via Fiume, Via Faenza, Via Nazionale sowie Via Guelfa.

****** Baglioni (16)**, dieses klassische Grand Hotel dominiert den Platz vor der Kirche Santa Maria Novella. Der massige, aber einnehmend elegante Jahrhundertwendebau war ursprünglich ein Prinzenpalais und ist entsprechend prunkvoll ausgestattet. 195 Zimmer, Panoramarestaurant mit Blick auf den Dom, Dachterrasse. DZ 80–288 €, EZ 60–199 €. Piazza dell'Unità Italiana 6, ✆ 055/23580, ℻ 23588895, www.hotelbaglioni.it.

Reservierung/Zimmervermittlung

Alle lizenzierten Hotels sind im Internet unter **www.apt-firenze.it** und im **Guida all'ospitalità** des APT zu finden. Die meisten Unterkünfte verfügen über Website und E-Mail und können direkt gebucht werden.

Vermittlungsbüros: **Florence Promhotel**, Viale A. Volta 72, ✆ 055/553941 (in Italien gebührenfreie Nummer 800-866022), ✆ 587189, www.promhotels.it. **Tuscany Lowcost**, günstige Unterkünfte in der gesamten Toskana. Vor allem geeignet, um die vielen Schnäppchen unter den Unterkünften aufzuspüren, die weder über Mail-Adresse noch Homepage verfügen. Deutschsprachige Filter für die bequeme Suche. www.tuscanylowcost.com, www.abbafirenze.it. Oft wird eine Anzahlung per Banküberweisung oder Scheck erwartet oder die Nummer Ihrer Kreditkarte wird zur Abrechnung Ihrer Buchung benutzt.

In Florenz: Reservierungsbüro **Consorzio ITA** im Hauptbahnhof, tägl. 8–19 Uhr, meist lange Warteschlangen, Vermittlung gegen Gebühr (je nach Kategorie), ✆ 055/282893 oder 283500. Private Vermittler, die auch anwesend sind, offerieren Alternativen.

**** **Fenice Palace (17)**, 100 m vom Dom entfernt (einige Zimmer mit Blick darauf!) an einer Hauptverkehrstraße, was aber durch den Komfort eines modernen Luxushotels wieder wettgemacht wird. DZ 265 €, EZ 190 €. Via Martelli 10, ✆ 055/289942, ✆ 210087, www.hotelfenicepalace.it.

**** **Hotel degli Orafi (46)**, in der Nähe des Ponte Vecchio, bekannt aus James Ivorys Film „Room with a View". Spektakulärer Dachgarten. Aufgrund der Lage keine Parkplätze, das Auto muss außerhalb bleiben. DZ 159–269 €, EZ 119–180 €. Lungarno Archibusieri 4, ✆ 055/26622, ✆ 2662111, www.hoteldegliorafi.it.

*** **Beacci Tornabuoni (35)**, im dritten und vierten Stock eines alten Stadtpalastes mit verwinkelten Treppen und Gängen, die ebenso wie die Zimmer hübsch mit Antiquitäten dekoriert sind. Frühstück auf der bepflanzten Dachterrasse mit toller Sicht auf die Stadt. 50 geräumige Zimmer. DZ 90–250 €, EZ 80–200 €. Via Tornabuoni 3, ✆ 055/212645, ✆ 283594, www.tornabuonihotels.com.

*** **Pendini (28)**, an der Piazza Repubblica in den oberen Stockwerken eines Monumentalbaus (Ende 19. Jh.). Ein Teil der gepflegten Zimmer mit Blick auf die Piazza, spiegelnder Parkettboden, jedes Zimmer mit einer kleinen Hausbar, halbbarockes Mobiliar. Die anderen Zimmer etwas trist zum dunklen Innenhof. EZ 65–110 €, DZ 70–155 €. Via Strozzi 2, ✆ 055/211170, ✆ 281807 www.florenceitaly.net.

*** **Vasari (4)**, gehobenes Hotel in Bahnhofsnähe, es gibt teurere, die weniger bieten. Begrenzte Parkmöglichkeit im Innenhof. DZ ca. 155 €, EZ 114 €, Auto ca. 8 €. Via B. Cennini 9–11, ✆ 055/212753, ✆ 294246, www.hotelvasari.com.

*** **Sempione (9)**, trotz Bahnhofsnähe ruhige Zimmer, hervorragend restauriert, elegant im alten Stil eingerichtet – ein bisschen Frankreich, ein bisschen Toskana –, Holzmöbel und vergilbte Fotos an den Wänden, Terrakottavasen, Keramikdekor. Herr und Frau „Receptionist" sind ausgesprochen herzlich und trotzdem professionell. In der Hauptsaison vorbestellen! DZ 79–190 €, EZ 55–117 €. Via Nazionale 15, ✆ 055/212462 und 283012, ✆ 212463, www.hotelsempione.info.

** **Azzi – Locanda degli Artisti (7)**, zwölf im alten Stil eingerichtete Zimmer, im Aufenthaltsraum Kamin, Blick auf den Garten, nette Atmosphäre, beliebt bei Künstlern. Ausgestattet mit Bibliothek, Terrasse, Sauna, Weinkeller, Bar und natürlich kostenlosem Internetzugang. Mindestens einen Monat vorher reservieren! DZ 70–110 €. Via Faenza 56/88r (Nähe Bahnhof), ✆/✆ 055/213806, www.hotelazzi.it.

** **Monica (5)**, Nähe Bahnhof. Renoviert, klein, freundlicher Inhaber, Parkplatz. Sogar eine Terrasse zum draußen Sitzen gibt es im ersten Stock. EZ 60 €, DZ 75 €. Via Faenza 66, ✆ 055/283804, ✆ 281706, www.hotelmonicaflorence.com.

Cafés/Bars/Nachtleben

12 Gelateria Badiani
15 Be Bop
18 Space Electronic
19 Meccanò
22 Rex Caffè
25 Caffè Paszkowski
29 Festival del Gelato
33 YAB
34 Caffè Giubbe Rosse
40 Gelateria La Carraia
41 Gelateria Vivoli
44 Red Garter
48 Gelateria Dei Neri
52 Cabiria
53 Caffè Notte

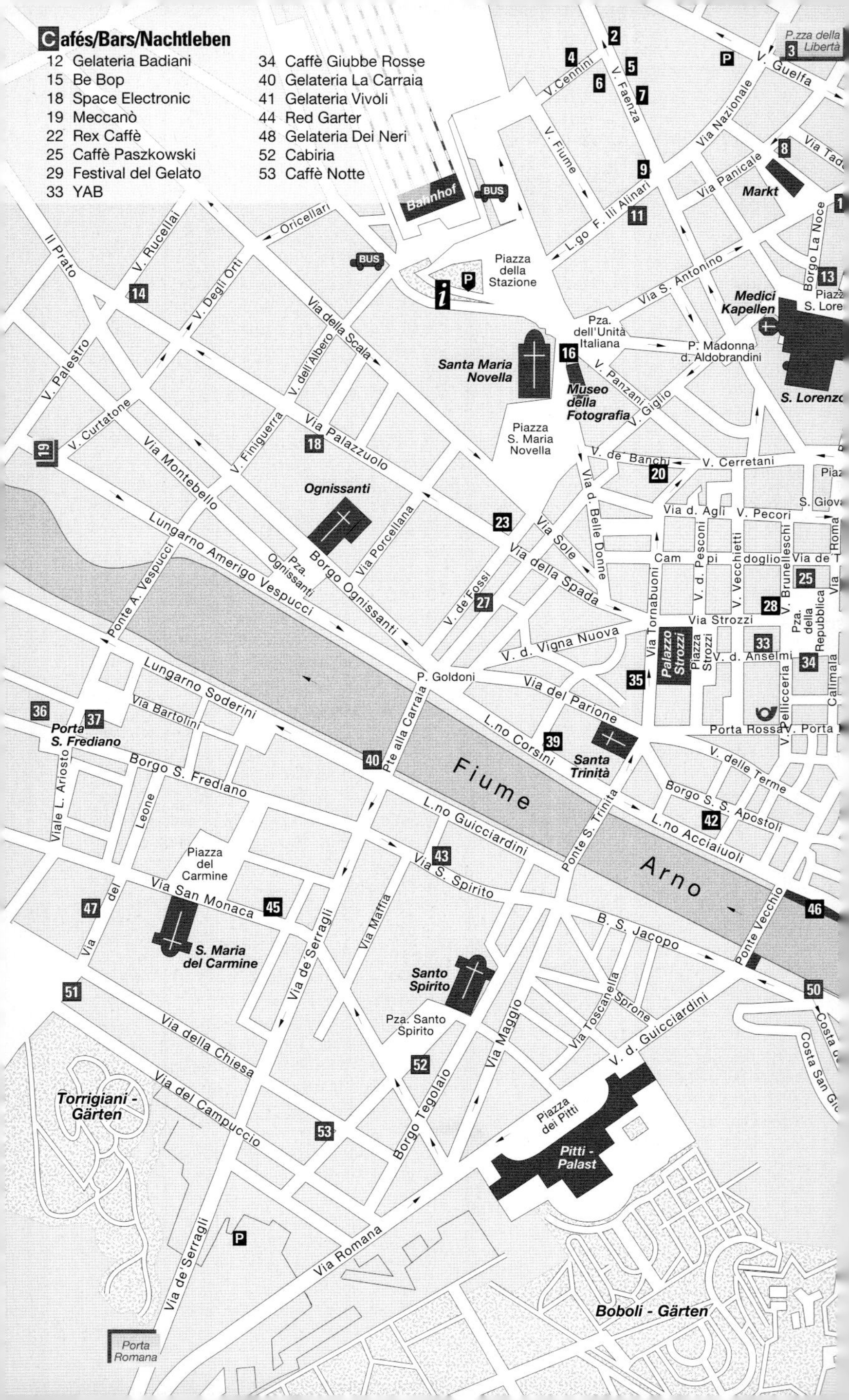

Übernachten
1 Ostello Gallo d'oro
2 Marcella
4 Vasari
5 Hotel Monica
6 JH Archi Rossi
7 Azzi - Locanda degli Artisti
9 Sempione
16 Baglioni
17 Fenice Palace
20 Abaco
23 Hotel Ottaviani
24 Medici
28 Hotel Pendini
30 Locanda Orchidea
31 Albergo Firenze
35 Beacci Tornabuoni
39 Bretagna
42 Hotel Alessandra
45 Ostello Santa Monaca
46 Hotel degli Orafi
Essen & Trinken
3 Il Vegetariano
8 La Burrasca
10 Trattoria/Fiaschetteria Mario
11 La Lampara
13 Trattoria Gozzi
14 Ristorante La Carabaccia
21 Ruth's
26 Le Mossacce
27 Tre Merli
32 Cibréo
36 Trattoria Sabatino
37 Di Cambi
38 Darvish
43 Angiolino
47 Le Barrique
49 Da Benvenuto
50 Alfredo sull'Arno
51 Al Tranvai
54 Pizzeria I Tarocchi
55 Osteria Antica Mescita San Niccolò
56 Fuori Porta
S. Marco
Pza. S. Marco
SS. Annunziata
Eingang
Galleria della Accademia
Pza. S.S. Annunziata
Archäologisches Museum
Spedale degli Innocenti
Via G. Capponi
V. Giuseppe Giusti
V. C. Battisti
Via Laura
Via della Colonna
Via Degli Alfani
V. S. Reparata
V. S. Gallo
Via Cavour
Via de' Ginori
Ricasoli
Via dei Servi
V. del Castellaccio
Via della Pergola
Borgo Pinti
Caccine
V. d. Pucci
V. Martelli
V. Bufalini
Pza. S. M. Nuova
Dom
Pza. del Duomo
V. dell'Oche
Via dell'Oriuolo
V. S. Egidio
Via Fiesolana
Via dei Pilastri
Synagoge und Jüdisches Museum
Via G. Carducci
Via della Mattonaia
Via di Mezzo
Supermarkt Standa
Via Pietrapiana
Via del Proconsolo
Via Cerchi
Via Corso
Borgo Degli Albizi
Museo Casa di Dante
V. Tavolini
V. Alighieri
Via de Pandolfini
Via dei Pepi
Orsanmichele
V. Cimatori
V. Condotta
Bargello
Via Ghibellina
Via Vigna Vecchia
Via G. Verdi
Via dell' Agnolo
Borgo Allegri
Piazza della Signoria
Via della Anguillara
Palazzo Vecchio
Borgo de' Greci
V. d. Leoni
V. Corno
Pza. Santa Croce
Via de' Macci
Via S. Giuseppe
Via delle Conce
Mus. f. Wissenschaftsgesch.
V. Castellani
Via de' Neri
V. de Rustici
Via dei Benci
B. S. Croce
V. Magliabechi
Santa Croce
Via delle Casine
Pza. d. Giudici
Corso de' Tintori
Deutsches Konsulat
L.no Diaz
L.no d. Grazie
Via Tripoli
L.no d. Zecca Vecchia
Lungarno Torrigiani
Via de' Bardi
Ponte alle Grazie
Lungarno Serristori
Via de Renai
Via San Niccolo
Piazza G. Poggi
200 m
Via di Belvedere
Piazzale Michelangelo
Camping Michelangelo
Florenz

** **Alessandra (42)**, zentrale Lage, große, weiß gekalkte Zimmer in den oberen Etagen. Schwere, geschmackvolle Holzmöbel. DZ ohne Bad 110 €, mit Bad 150 €, EZ ohne Bad 77 €, mit Bad 110 €. Borgo Santi Apostoli 17 (Quergasse zur Via de'Tornabuoni), ✆ 055/283438, ✆ 210619, www.hotelalessandra.com.

** **Medici (24)**, gleich hinter der Piazza Repubblica. Die vier Zimmer im fünften und sechsten Stock bieten eine unvergleichliche Aussicht auf den Dom (der auch auf der kürzlich restaurierten Dachterrasse zum Staunen nah ist). DZ 50–100 €, EZ 35–70 €. Via dei Medici 6, ✆ 055/284818, ✆ 216202, www.hotelmedici.it.

* **Bretagna (39)**, prächtige Lage, zentral am Arno-Ufer. Im wunderschönen Salon Kristallleuchter und dicke Plüschsessel. Die langen, verwinkelten Gänge mit grünen Teppichböden, die Zimmer dagegen eher einfach gehalten. Nur von einem der insgesamt 18 Zimmer Blick auf den Fluss. DZ 70–130 €, EZ 35–90 €. Lungarno Corsini 6, ✆ 055/289618, ✆ 289619, www.hotelbretagna.net.

• *Preiswert* Im Stadtviertel östlich neben dem Bahnhof in den Straßen **Via Fiume**, **Via Faenza**, **Via Nazionale** und **Via Guelfa** sind in manchen Häusern bis zu fünf Pensionen untergebracht, allerdings oft von Dauermietern belegt. Ebenso gibt es um die **Piazza Santa Maria Novella**, gegenüber vom Bhf., einige einfache Unterkünfte.

* **Ottaviani (23)**, einfache, saubere Pension, kürzlich renonviert, wenige Schritte von der Piazza Santa Maria Novella, am Beginn der Via de'Fossi. EZ 25–40 €, DZ 40–60 €. Piazza degli Ottaviani 1, ✆ 055/2396223, ✆ 293355.

* **Marcella (2)**, 5 Gehminuten vom Hauptbahnhof entfernt, einige Zimmer mit schöner Aussicht. DZ ohne Frühstück 60 €, EZ 40 €. Via Faenza 58, ✆/✆ 055/213232, www.maryshouse.it.

* **Firenze (31)**, zentral Nähe Via del Corso, kleine, renovierte Zimmer, freundlich geführt. DZ 83–114 €, EZ 72–89 €. Piazza Donati 4 (Via del Corso), ✆ 055/214203, ✆ 212370, www.hotelfirenze-fi.it.

* **Locanda Orchidea (30)**, nur sieben Zimmer ohne Bad, vier mit Blick in den Garten, angenehme Atmosphäre. Zimmer nach hinten ruhig. DZ 50–75 €, EZ 30–55 €. Borgo degli Albizi 11, ✆/✆ 055/2480346, www.hotelorchideaflorence.it.

* **Abaco (20)**, Hotel im alten Stil mit dunklem Holz und hohen Räumen, gemütlich, etwas teurer. DZ mit Bad 65–90 €, ohne 50–65 €. Via dei Banchi 1, ✆ 055/2381919, ✆ 282289, www.abaco-hotel.it.

• *Jugendherbergen* **Ostello Archi Rossi (6)**, private Herberge mit 22 Zimmern und 80 Betten nah beim Bahnhof, Übernachtung 20–24 €, Frühstück extra. Via Faenza 94r, ✆ 055/290804, ✆ 2302601, www.hostelarchirossi.com.

Ostello Gallo d'oro (1), sehr kleines, recht neues Ostello. Frühstück, Internetzugang und WiFi, Gepäckaufbewahrung, 24-Std.-Check-In etc. 30–35 €/Pers. Via Cavour 104, ✆ 055/5522964, www.ostellogallodoro.com.

Ostello Villa Camerata (IYHF), ca. 4 km außerhalb Richtung Fiesole, in einer Villa aus dem 17. Jh. inmitten eines Parks. Zu erreichen vom Bahnhof oder Domplatz mit Bus 17 B, Fahrtzeit ca. 25 Min., aussteigen im Viale Augusto Righi, von dort ca. 1 km eine schmale Straße bergauf. Massenbetrieb mit ca. 400 Betten, 10–20 Betten pro Saal. Übernachtung inkl. Frühstück ca. 20 €, auch warmes Abendessen. Anmeldung ab 14 Uhr (aber besser schon 1 Std. früher da sein), Schließzeit 24 Uhr. Nachteil: Da die Herberge so weit außerhalb liegt, gibt es für die Gäste kein „Florenz bei Nacht". Zum Hostel gehört auch ein Zeltplatz (→ Camping). Viale Augusto Righi 2/4, ✆ 055/601451, ✆ 610300, www.ostellofirenze.it.

Ostello Santa Monaca (45), Privatherberge in einem ehemaligen Kloster südlich vom Arno, etwa auf der Höhe des Ponte Alle Carraia. Nur ca. 10 Fußminuten vom Zentrum, oft überfüllt. Tagsüber 10–14 Uhr geschl., man kann aber schon vormittags seinen Namen auf einer Liste am Eingang notieren. Übernachtung ab 17 €, DZ ab 24 €/Pers., Frühstück extra; freies Internet und WiFi. Nur schriftliche Reservierung möglich. Via Santa Monaca 6, ✆ 055/268338, ✆ 055/280185, www.ostello.it.

• *Camping* In unmittelbarer Umgebung der Stadt liegen nur zwei Plätze, die von Juli bis Sept. quasi ausgebucht sind. Nur wer vormittags ankommt, hat eine reelle Chance.

** **Michelangelo**, der städtische Campingplatz von Florenz ist überfüllt mit Jugendlichen aus aller Welt. Hübsche Lage am Hang unterhalb des Piazzale Michelangelo, beim Zähneputzen sieht man im Spiegel die Kuppel des Doms. Nur wenig Schatten durch dünne Olivenbäume, nachts dringt viel Verkehrslärm aus der Stadt hinauf. 2 Pers. inkl. Zelt ca. 22 €, Auto 6 € extra. Ganzjährig geöffnet. Viale Michelangelo 80

(Bus 13 ab Bahnhof, etwa 20 Min. vom Zentrum), ✆ 055/6811977, 📠 689348, www.ecvacanze.it.

** **Villa Camerata**, netter Platz für ca. 200 Personen, gehört zur gleichnamigen Jugendherberge (→ Jugendherbergen), Bus 17 B. Ganzjährig geöffnet. Viale Augusto Righi 2, ✆ 055/601451, 📠 610300.

*** **Internazionale**, Impruneta, im Viertel Bottai, am Ortsausgang von Galluzzo (ca. 7 km südlich von Florenz, Straße nach Siena, nicht weit von der Autobahnausfahrt Firenze-Certosa). Etwa 2-mal stündlich Bus Nr. 37 ins Zentrum. Großzügiges Gelände auf einem Hügel. Mit Restaurant. Von der einen Seite hört man den Autobahnverkehr. Ganzjährig geöffnet. 15–17 €/Pers. für Zelt und Auto/Wohnmobil. Via S. Cristoforo 2, ✆ 055/2374704, 📠 2373412, www.florencecamping.com.

Essen & Trinken (siehe Karte S. 598/599)

Die Restaurants im Altstadtkern sind größtenteils überteuert und zu 95 % auf Touristen eingestellt. Preisgünstig ist gelegentlich das *menu a prezzo fisso* (ab ca. 15 €), viel Genuss kann man dabei aber nicht erwarten. Meiden Sie auch die Pizzastuben im Altstadtkern. Besonders an Sonntagen ist es schwierig, ein passendes Lokal zu finden, denn die meisten Familientrattorien haben an diesem Tag geschlossen.

• *Zentrum (und nähere Umgebung)* **Trattoria Cibréo (32)**, das Florentiner Feinschmeckerlokal mit der bodenständigen Note hat im Nebenhaus die gleichnamige Trattoria eröffnet. Gute Küche, Primi 20 €, alle Secondi mit Beilage 36 €. Direkt gegenüber das gleichnamige Straßencafé, in dem im Sommer Primi und Salate serviert werden. Unbedingt reservieren! So/Mo geschl. Via A. del Verrocchio 8r (neben dem Mercato S. Ambrogio), ✆ 055/2341100.

La Lampara (11), hier essen vor allem Florentiner, aber Touristen werden ebenso herzlich behandelt. Schöner Garten. Ab 25 € für ein Menü kann man die innerhalb der Baglioni-Familie überlieferten Gerichte kosten. Tägl. geöffnet. Via Nazionale 36r, ✆ 055/215164.

Trattoria Gozzi (13), viel Stammpublikum kommt mittags für 3–4 Primi und Secondi, von denen vor allem die Pappa al Pomodoro sehr lecker ist. Wenig Auswahl, aber beste Qualität, die Zutaten scheinen direkt vom Mercato Centrale zu kommen. Wer bis 12.30 Uhr hier ist, kann noch Platz finden, sonst reservieren. So Ruhetag. Piazza S. Lorenzo 8r, ✆ 055/281941.

La Carabaccia (14), hier treffen sich Feinschmecker mit mäßig gefülltem Portemonnaie. Nur kleine Auswahl an Hauptgerichten, z. B. *cinghiale ai porri* (Wildschwein mit Lauchgemüse) oder *bocconcini di vitello al curry* – man wird nicht enttäuscht. Menü ca. 40 €, Wein aus eigener Fattoria. So und Mo-Mittag geschl. Via Palazzuolo 190r (etwa auf Höhe des Ponte Vespucci). ✆ 055/214782.

Da Benvenuto (49), in einer kleinen Gasse, die hinter den Uffizien von der Via dei Benci abzweigt. Familienbetrieb, enge Tischreihen mit Bänken im kleinen Speisesaal neben der Küche, Nebenraum etwas gepflegter. Gute Auswahl an Tagesgerichten, preiswerte und sehr gut zubereitete Mahlzeiten für 9–20 €. So geschl. Via della Mosca 16r, ✆ 055/214833.

Le Mossacce (26), Trattoria alten Schlags, in der man sich um Touristen nicht schert, hier verkehren fast ausschließlich Einheimische, nahezu alles Stammgäste. Einfache, schmackhafte Küche, Menü ab 20 €. Italienischkenntnisse vorteilhaft. Sa/So geschl. Via del Proconsole 55r, ✆ 055/294361.

Tre Merli (27), der Inhaber besitzt eine Fattoria in San Gimignano und setzt hier seine Ideen der ländlichen Küche um. Secondi 12–18 €. Via dei Fossi 12r. ✆ 055/287062.

Trattoria/Fiaschetteria Mario (10), einfaches, typisches Florentiner Lokal beim Mercato di San Lorenzo, preiswert, hauptsächlich italienische Studenten und Marktbesucher essen hier. Oft muss man warten, so groß ist der Andrang. Nur Mittagstisch. So geschl. Via Rosina 2r/Ecke Piazza del Mercato, ✆ 055/218550.

La Burrasca (8), stürmisch wird es oft in dieser Trattoria in der Nähe des Marktes. Bei Einheimischen wie Touristen sind die einfachen und recht preiswerten Gerichte beliebt. Do Ruhetag. Via Panicale 6r, ✆ 055/215827.

Ruths (21), gut gewürzte, koschere Küche – köstliche Suppen, Falafel, Couscous ... Freitagabend und Samstagmittag geschl. Via Farini 2a, bei der jüdischen Synagoge, ✆ 055/2480888.

Il Vegetariano (3), vegetarischer, teils veganischer Self-Service, meist mit Bioprodukten. Für ca. 12 € kann man sich hier satt essen. Sa/So nur abends geöffnet. Mo Ruhetag. Via delle Ruote 30r, zwischen Piazza S. Marco und Piazza Indipendenza, ✆ 055/475030.

Darvish (38), erstes persisches Restaurant in Florenz, auch Gerichte aus dem Libanon, Israel und Indien. Dazu eine Cocktailbar und ein Café. Perfekt für ein romantisches Rendezvous. Tägl. geöffnet. Via Ghibellina 76r, ✆ 055/9062982.

• *Oltrarno* Südlich vom Arno liegen die meisten preiswerten Trattorie, viele von Studenten besucht.

Alfredo sull'Arno (50), besonders begehrt sind die Plätze im Vorbau, von denen man den Ponte Vecchio sehen kann. Die Preise sind trotz der Lage bezahlbar, diverse *filetti di manzo* gibt es für je 20 €, die *zuppa di porcini* für 8 €. So Ruhetag. Via de'Bardi 46r, ✆ 055/283808.

Di Cambi (37), die empfehlenswerte Familientrattoria hat jeden Tag einen komplett neuen Speisezettel mit hausgemachten Nudeln als Primi und einer guten Auswahl typisch Florentiner Secondi. Freundlicher, schneller Service und moderate Preise, Menü ca. 25 €. Abseits der Touristenströme, obwohl eines der ältesten Wirtshäuser der Stadt. So Ruhetag. Via Sant'Onofrio 1r, am Eck des kleinen Platzes (Ponte Vespucci), ✆ 055/217134.

Sabatino (36), preisgünstige Trattoria mit einladendem Speisesaal. Guter und freundlicher Service. So geschl. Via Pisana 2r (Porta S. Frediano), ✆ 055/225955.

Angiolino (43), eine der charakteristischsten Trattorien von Florenz, wo man dem Koch noch auf die Finger schauen kann. Im länglichen Saal mit Bullerofen geht es entsprechend volksnah zu. Menü ca. 25–28 €. Mo geschl. Via Santo Spirito 36r.- ✆ 055/2398976.

Al Tranvai (51), klitzekleine, legendäre Nachbarschaftstrattoria mit langer Geschichte, mittags meist brechend voll, traditionelle Speisen und gute Salate zu annehmbaren Preisen (Primi ab 7 €). Sa/So geschl. Piazza Torquato Tasso 14r, ✆ 055/225197.

Pizzeria I Tarocchi (54), preiswert und gut, Pasta und Pizza ab 5 €. Dementsprechend meist überfüllt. Wartezeiten bis zu 45 Min. keine Seltenheit. Wer in Ruhe essen will, kommt lieber erst um 22 Uhr, bis 1 Uhr ist geöffnet. Bedienung immer im Stress, aber dabei erstaunlich gelassen. Mo geschl. Via de'Renai 14r (am Weg zum Camping Michelangelo), ✆ 055/2343912.

Antica Mescita San Niccolò (55), alte Weinschenke mit einfachen Holzbänken, ungedeckten Tischen und leckeren traditionellen Gerichten zu guten Preisen: Primi ab 6 €, Hauptgerichte bis 15 €. Gute Auswahl an Weinen, der halbe Liter Rotwein für 5 €. So geschl. Via San Nioccolò 60r. ✆ 055/2342836.

Enoteca Fuori Porta (56), die ehemalige Studentenkneipe hinter dem Stadttor San Miniato (Viertel San Noccolò) hat sich in den letzten Jahren sehr gemausert. Im Sommer sitzt man draußen, im Winter etwas gedrängt an Holztischen. Mittags gibt es Primi (ab 7 €) und eine Riesenauswahl an *crostini*, *panini* und *focacce*. Man kann aber auch nur ein Glas Wein trinken, auch wenn die Auswahl aus über 600 Tropfen sicher schwer fällt. Mo–Sa 12.30–16 und 19–0.30 Uhr, So geschl. Via del Monte alle Croci 10r, ✆ 055/2342483.

Le Barrique (47), die Weinstube wurde mehrfach von Fachzeitschriften ausgezeichnet. Drinnen klein und sehr behaglich, es gibt auch einen Sommergarten. Zur Wahl stehen 250 Weine, Wert wird aber auch auf die Küche (Menü 30–45 €) gelegt. Gelegen in einer typischen Wohnstraße des Viertels San Frediano (mit kleinen Ateliers, Handwerkerstuben und Kfz-Werkstätten), an den Wänden hängen die Werke lokaler Künstler. Nur abends geöffnet. Mo Ruhetag. Via del Leone 40r, ✆ 055/224192.

• *Cafés* Wer nostalgische Café-Kultur liebt, sollte die Kaffeehäuser an der Piazza della Repubblica besuchen: Im matten Art-Déco-Glanz des **Paszkowski (25)** lauscht man dezenter Unterhaltungsmusik am Flügel, das **Gilli** an derselben Platzseite wurde 1733 gegründet und zählt zu den ältesten der Stadt. Gegenüber hat sich das ebenso elegante **Giubbe Rosse (34)** eingerichtet, das mit einem beachtlichen Angebot an Tageszeitungen aufwartet.

• *Eis* **Vivoli (41)**, der traditionsreichste Eispalast der Stadt in einer unscheinbaren Gasse hinter dem Teatro Verdi. Di–So 7.30–24 Uhr, Mo Ruhetag. Via dell'Isola delle Stinche 7r, Piazza Santa Croce.

Festival del Gelato (29), würde einer Disco Ehre machen, es glitzert und blinkt, dazu musikalische Dauerberieselung. Via del Corso 75r, Nähe Piazza Repubblica.

Dei Neri (48), der dritte im Bunde kreiert ebenfalls hervorragendes Eis. Via dei Neri 22r.

Gelateria Badiani (12), traditionsreiche Konditorei mit dem besten Eis und Gebäck in ganz Florenz, besonders zu empfehlen: *Gelato al cioccolato con peperoncino*. Mittags auch schmackhafte Primi und belegte Brötchen. Viale dei Mille 20r, in der Nähe des Stadions Campo di Marte.

Gelateria La Carraia (40), winzig, mit Anstehen muss gerechnet werden. Dafür kann man die traditionellen Eissorten auf der Brückenmauer schlecken. Via Lungarno Soderini 1, am Ponte alla Carraia, der zweiten Brücke westlich des Ponte Vecchio.

Nachtleben (siehe Karte S. 598/599)

Freunde nicht nur klassischer Musik besorgen sich den Veranstaltungskalender der Azienda di Promozione Turismo (APT), werfen einen Blick in die Zeitung *Firenze Spettacolo* oder schauen in die Broschüre *Firenze Estate*, die es beim Touristenbüro gibt. Besonders während der Sommermonate wird im Rahmen der *L'Estate Fiorentina* fast täglich etwas geboten.

Beliebter Treffpunkt mit mehreren Bars ist die *Piazza Santo Spirito* südlich vom Arno, im Zentrum natürlich der *Domplatz* und die *Piazza della Signoria*, wo sich täglich Straßenkünstler und Musiker ein Stelldichein geben.

• Kneipen & Musiklokale gibt es zahlreich, insbesondere im Universitätsviertel zwischen Dom und Piazza Santissima Annunziata (vor allem am Borgo Pinti und in der Via dei Servi). Um Steuern zu sparen, sind viele „Clubs" nur für Mitglieder zugänglich, d. h. man bekommt für den Abend eine Besucherkarte ausgestellt (manchmal umsonst). Bei anderen ist der erste Abend kostenlos, wer ein zweites Mal kommt, zahlt Clubbeitrag („tessera"), meist etwa 5 € pro Monat.

Red Garter (44), rockige Musikkneipe seit 1962, viele amerikanische Gaststudenten. Do, Fr, Sa oft Livemusik, es wird gerne wild getanzt, und zwar bis 4 Uhr morgens. Eintritt ca. 7 €, erstes Getränk frei. Via dei Benci 33r, Nähe Piazza Santa Croce.

Be Bop (15), viele Studenten, regelmäßig Livemusik. Via dei Servi 28.

Rex Caffè (22), absolut hippe Gestaltung mit Spiegeln, Glasfragmenten und Mosaiken. Tägl. 17–3 Uhr. Via Fiesolane 25r.

Cabiria (52), lebendiger Treff an der Piazza Santo Spirito 4r (im Oltrarno-Viertel), vor allem südamerikanische Klänge, im Sommer treten auch Gruppen auf.

Caffè Notte (53), hier treffen sich vor allem Künstler und Handwerker aus dem Viertel – in trauter Eintracht und ohne viele Touristen. So Ruhetag. Via delle Caldaie 28r.

• Diskotheken Eintrittspreise meist um die 15–25 €, erster Drink umsonst.

Meccanò (19), am Anfang des Parco delle Cascine. Berühmteste Disco von Florenz, Tanzfläche unter freiem Himmel. Viale degli Olmi 1.

Space Electronic (18), verrückte Einrichtung, junges Publikum, megalaut und riesengroß. Via Palazzuolo 37.

Auditorium Flog, sehr beliebt bei eher alternativ eingestellten Studenten, auch Konzertbühne für lokale Bands. Bus Nr. 8 und Nr. 14 ab Hbf. Eintritt 5 € (Disco) bis max. 10 € (Konzert). Via M. Mercati 24b.

Tenax, ca. 10 km außerhalb in Perètola, etwa auf halbem Weg nach Prato (Bus Nr. 29/30). Legendäres Theater, Livekonzerte und Disco. Eintritt 12 €, Studenten kommen während der Woche umsonst rein. Via Pratese 47.

YAB (33), Disco-Pub in der Via Sassetti 5r, immer noch hochgradig „in".

Shopping

Die *Via de'Tornabuoni* ist eine der exklusivsten Einkaufszeilen Italiens, alle namhaften nationalen und internationalen Modeschöpfer sind hier vertreten. Szeneläden finden sich vor allem an der *Via Nazionale* und Querstraßen in Richtung San Lorenzo. In den Straßen um den *Mercato di San Lorenzo* fliegende Händler, große Auswahl an Spielsachen (Plastik) Bekleidung und Secondhand-Kleidung. Am *Ponte Vecchio* wird in winzigen, dicht an dicht liegenden Läden teurer Schmuck verkauft.

• Märkte **Mercato Nuovo** (Strohmarkt), täglich innerhalb einer wuchtigen Loggia mit hohen Säulenbögen in der Via Calimala, neben der Piazza della Repubblica. Viele Lederartikel, Strohhüte und Taschen.

Toskana Karten S. 592/593 und 642/643

Mercato di San Lorenzo (Via dell'Ariento, Nähe Medici-Kapellen), größte Markthalle der Stadt, beste Einkaufsmöglichkeit für Selbstversorger. Unten Fisch, Fleisch, Geflügel und Käse, oben Gemüse und Obst. Tägl. 9–19.30 Uhr.

Mercato Cascine, großer Wochenmarkt, jeden Di 8–13 Uhr am Arnoufer zwischen Ponte della Vittoria und Fußgängerbrücke zum Stadtviertel Isolotto. Auf 2 km Länge reihen sich entlang des Cascine-Parks die Stände. Das Angebot entsprechend groß – Lebensmittel, Geschirr, Töpfe, Küchenzubehör, Kleidung, Geschenke, Taschen, Schmuck. Bei einem gewissen Maß an Verhandlungsgeschick auch günstige Preise.

Mercato di Sant'Ambrogio, kleiner, preiswerter und urtümlicher Markt auf der Piazza Ghiberti (zwischen Piazza Santa Croce und Piazza Beccaria). So geschl.

Mercato Santo Spirito, Kunsthandwerksmarkt, jeden zweiten Sonntag im Monat ab 9 Uhr an der Piazza Santo Spirito. Zum großen Teil kommen die Meister selbst und fertigen ihre Bilder, Schmuckstücke, Eisengießereien oder Verzierungen vor den Augen des Publikums an. Außerdem Antiquitäten und Möbel.

Mercato del Piccolo Antiquariato, Mo–Sa jeden Vormittag kleiner Flohmarkt an der Piazza dei Ciompi, im Winter So/Mo geschl.

• *Lohnende Einzeladressen* (kleine Auswahl): **Standa**, einer der zentralsten Supermärkte, vom Dom die Via dell'Oriuolo entlang bis zur Via Pietrapiana (gegenüber der neuen Post).

Officina di Santa Maria Novella, allein der üppig ausgeschmückte Verkaufsraum der alten Klosterapotheke vom Anfang des 17. Jh. ist einen Besuch wert, berühmt sind die würzigen Kräuterliköre. Via della Scala 16r.

Bacci, eins der ältesten Stoffgeschäfte der Stadt. Via dell'Ariento 32r (Nähe Mercato di San Lorenzo).

Lisio, riesige Auswahl an Brokat- und Seidenstoffen, als Motive u. a. Botticelli-Bilder. Via Fortini 143 (andere Arnoseite, Richtung Viale Europa).

Salvatore Ferragamo, im Palazzo Feroni residiert einer der bedeutendsten Schuhhersteller der Stadt. Im Obergeschoss Schuhmuseum (nur nach Voranmeldung, Eintritt 5 €, tägl. außer Di 10–18 Uhr, im August So geschl.). Via de'Tornabuoni 16.

Clara Lori, günstige Angebote aus Beständen berühmter Modedesigner. Viale E. de Nicola 15 (kurz vor dem Autobahnzubringer nach Firenze Sud).

• *Wein* **Antinori**, die weltberühmten Weine der Marchesi Antinori werden bis Japan und Amerika exportiert. Degustation und kleine Gerichte. Piazza degli Antinori 3.

Frescobaldi, die Frescobaldi gelten als die ältesten Weinproduzenten Italiens. Obwohl das „Unternehmen" einen außerordentlichen Ausstoß an Flaschen hat, ist die Qualität beachtlich. „Besonders empfehlenswert sind der Chianti Rufina Montesodi, der Chianti Rufina Nipozzano und der Pomino Rosso" (Leserbrief). Via Santo Spirito 11.

Feste und Veranstaltungen

Kaufen Sie sich das Heftchen *Firenze Spettacolo* mit einem vollständigen Veranstaltungskalender und den Zeiten der abendlichen Sommerkonzerte, die im Palazzo Pitti und im römischen Theater von Fiesole stattfinden (beide klassisch).

Scoppio del Carro, während am Ostersonntag im Dom die Messe gefeiert wird, fährt der von zwei Ochsen gezogene „carro" vor – ein Holzkasten, einem chinesischen Heiligtum ähnlich, bestückt mit Bildern und jeder Menge Feuerwerkskörpern. Während man das „Gloria" in der Kirche anstimmt, schlägt aus dem Portal mittels eines Seils ein Feuerschweif und entzündet das Feuerwerk auf dem Karren. Das Fest geht auf das 11. Jh. zurück.

Calcio Storico Fiorentino, das traditionelle Florentiner „Fußballspiel" am 24. Juni, dem Tag des Schutzheiligen San Giovanni, auf der Piazza della Signoria. Es spielen jeweils Mannschaften der vier alten Stadtteile gegeneinander. Der Festtag beginnt mit einem langen Zug von über 500 Teilnehmern in historischen Kostümen, der beim Dominikanerkloster Santa Maria Novella seinen Anfang nimmt. Gespielt wird mit zwei Mannschaften von je 27 Spielern, Punkte werden nicht nur durch erfolgreiche Torschüsse erzielt, sondern auch, wenn die gegnerische Mannschaft am Tor vorbeischießt.

Maggio Musicale Fiorentino, klassische Musikkonzerte von April bis Anfang Juli an verschiedenen Örtlichkeiten. Ticketvorbestellung unter ✆ 055/2779350, 📠 287222, www.maggiofiorentino.com.

L'Estate Fiorentina: Alljährlich von Juni und bis September verwandelt sich Florenz in eine riesige Schaubühne. Dann bilden Straßen und Plätze, versteckte Kreuzgänge und verwinkelte Parks altehrwürdiger Villen die eindrucksvolle Kulisse für kulturelle Ereignisse von internationalem Rang. Die Palette reicht von Jazz-, Rock-, Folklore- und klassischen Konzerten über Filmfestivals und Dichterlesungen bis hin zu bunten Stadtteilfesten. Das Meiste ist gratis! Infos in „Firenze Spettacolo" und unter www.comune.fi.it.

Sehenswertes

Die Altstadt konzentriert sich im Wesentlichen um zwei Zentren – den Domplatz und die Piazza della Signoria mit dem alten Rathaus. Die nahe Piazza della Repubblica lohnt zur gepflegten Kaffeepause. Danach vielleicht über den Ponte Vecchio auf die Südseite des Arno, wo man vom Piazzale Michelangelo einen prachtvollen Blick auf die Stadt genießt.

Florenz wurde im ausgehenden Mittelalter geplant und systematisch angelegt. Von den Stadtoberen wurde festgelegt, welche Fassade und welche Bausteine die Neubauten haben sollten. Die Berufsstände, wie Schuster, Tuchhändler, Metzger, wurden in jeweils unterschiedlichen Straßenzügen angesiedelt. Diese Bauordnung wurde erst durch die Medici und andere reiche Bankiersfamilien aufgehoben, die ihre Renaissancepaläste in der Stadt hochzogen.

Karten S. 592/593 und 642/643

- Der Besuch einiger interessanter Bauten und Ausstellungen kann sich leicht auf einen hohen zweistelligen Betrag addieren: 8 € für die Domkuppel, 10 € für die Uffizien, 4 € für den Bargello, 9 € für die Medici-Kapellen, 6 € für den Palazzo Vecchio, 10 € für die Galleria dell'Accademia ... Bei Wechselausstellungen wird generell ein höherer Preis verlangt, selbst wenn man nur die Klassiker sehen möchte. Der Eintritt in staatlichen Museen ist für Jugendliche unter 18 und Senioren über 65 J. kostenlos.
- In den **staatlichen Museen** ist es in der Saison inzwischen fast unmöglich geworden, ohne Voranmeldung oder stundenlange Wartezeiten eine Eintrittskarte zu ergattern. Zur Voranmeldung kann man unter ✆ 055/294883 (Mo–Fr 8.30–18.30, Sa 8.30–12.30 Uhr) eine Buchungsnummer erwerben (Vorverkaufspreis 4 €), mit der man bei einer der Kartenvorverkaufsstellen (Biglietteria di prenotazioni) links neben dem Eingang zu den Uffizien, im Vestibül des Palazzo Pitti oder in der Galleria dell'Accademia eine Eintrittskarte und ohne Wartezeiten Einlass erhält. Dies ist z. B. möglich – und dringend empfohlen – für die Uffizien, außerdem für die Medici-Kapellen, Museo del Bargello, Galleria dell'Accademia und Palazzo Pitti. Möglich ist auch eine Reservierung über die Weibsite www.firenzemusei.it.

Dom Santa Maria del Fiore und Umgebung

Der riesenhafte Dom ist das Wahrzeichen von Florenz und eine der größten Kirchen der christlichen Welt. Fantastisch die verschwenderische Fassade, innen ist er dagegen nüchtern gehalten, eine Mischung aus religiösem und staatlichem Bau: Bis zum 14. Jh. diente er als Versammlungsort des Stadtparlaments.

Der Bau wurde 1269 von Arnolfo di Gambio begonnen, vom berühmten Giotto und nach dessen Tod von Talenti fortgeführt. Brunelleschi vollendete das Werk, indem er die imposante Kuppel aufsetzte. Der Baustil lässt sich nicht mehr in die Gotik einordnen, er ist ein Vorläufer der Renaissance.

Die erst im 19. Jh. endgültig fertig gestellte *Fassade* bietet einen einzigartigen Anblick mit ihrer außergewöhnlichen Gestaltung aus rotem, weißem und grünem Marmor. Die Statuen in den Nischen stellen Persönlichkeiten der Dombaugeschichte dar, über den Portalen thronen die Apostel. Auf den kunstvollen vorderen Portalen finden sich ebenfalls biblische Motive. Der *Innenraum* wirkt dagegen etwas kahl, da er nicht allein der Lobpreisung Gottes, sondern eher als Versammlungsort diente. Wandmalereien von Uccello und Castagno zeigen den englischen Söldnerführer John Hawkwood, der im Dienste von Florenz Nachbarstädte eroberte und auch einen Weberaufstand blutig niederschlug. Die dunklen Glasmalereien der Kuppel stammen von Uccello und Ghiberti. In der *Krypta* liegt Brunelleschi begraben.

Wahrzeichen der Stadt – der Dom

Die *Kuppel* war die erste frei schwebende in diesem Ausmaß, mit der oben aufgesetzten Laterne erreicht der gesamte Kuppelbau eine Höhe von 107 m. Der Bau wurde schon 1366 vom Stadtrat beschlossen, aber kein Baumeister wagte sich an das monumentale Werk. Erst nach einer Ausschreibung im Jahre 1418 legte Brunelleschi seine Baupläne auf den Tisch und konnte 1436 mit den Bauarbeiten beginnen. Innen sind die Gewölbe mit Fresken bemalt, die das Jüngste Gericht darstellen. Im letzten Krieg diente das Labyrinth von Gängen und Treppchen zwischen der inneren und äußeren Kuppelschale einigen hundert Flüchtlingen als Versteck vor den Nationalsozialisten. Man kann bis zur Laterne mit *Aussichtsplattform* hinaufsteigen.

Öffnungszeiten/Eintritt **Dom**, Mo–Sa 10–17 Uhr, Do und 1. Sa im Monat bis 15.30 Uhr, Sa bis 16.45 Uhr, So/feiertags 13.30–16.45 Uhr. **Kuppel**, Mo–Fr 8.30–19 Uhr, Sa 9.30–17.40 Uhr (1. Sa im Monat und Feiertage nur bis 16 Uhr), So geschl. Eintritt 8 €, erm. 6 €.

Campanile: Der freistehende Glockenturm wurde von Giotto entworfen. Ursprünglich sollte er 122 m hoch werden, aber nachdem Giotto starb, begnügte sich die Bauleitung mit 84 m. Mit seiner Verkleidung aus farbigem Marmor diente er als Vorbild für die Domfassade. Einzigartig sind die dekorativen Flachreliefs, die das christlich-humanistische Weltbild veranschaulichen: Der von der Erbsünde belastete Mensch schlägt sich durchs Leben – geleitet von den guten Tugenden übt er sein Handwerk aus und beschäftigt sich mit Kunst und Wissenschaft, mit Hilfe der Sakramente kommt er nach dem Tod in den Himmel. Überschattet wird das menschliche Leben durch das Schicksal (rhombenförmige Reliefs weiter oben), das von den Propheten (erhöhte Statuen) angekündigt wird. Die sechseckigen Reliefs der unteren Reihe stammen von Andrea Pisano, die Statuen im dritten Geschoss von Donatello und Nanni di Banco. Da die Abgase dem Material stark zugesetzt haben, sind inzwischen alle Reliefs durch Kopien ersetzt, die Originale befinden sich im Dommuseum.

Öffnungszeiten/Eintritt tägl. 8.30–19.30, Eintritt 6 €.

Battistero San Giovanni (Baptisterium): Die Taufkirche vis-à-vis der Domfassade entstand in der zweiten Hälfte des 11. Jh., also noch vor dem Dom. Bis ins 19. Jh. wurde hier jeder Stadtbürger getauft, denn für Ungetaufte war das Betreten einer Kirche verboten. Das regelmäßige, achtseitige Baptisterium wird von Kunsthistorikern als Vorläufer der Renaissance bewertet. Damals war es zeitgemäß, antike Säulen in die mittelalterliche Bauform zu integrieren. Die Außenwände wurden mit 5 cm dicken Marmorfliesen verkleidet. Die Anordnung von weißem Marmor aus Carrara und grünem aus Prato lockert die Fassade optisch auf (Inkrustation). Weltberühmt sind die drei *Eingangstore* aus Bronze. Sie zeigen sehr deutlich den Wandel des Kunstgeschmacks: Das erste Tor wurde 1330 begonnen, das berühmte Paradiestor 1452 fertig gestellt. Die Tore werden allerdings seit vielen Jahren restauriert, die einzelnen Felder sind großteils Kopien.

Die prachtvollen Mosaiken des *Innenraums* fertigten venezianische Steinschneider. Fantastisch bis teuflisch wirkt das Deckenmosaik oberhalb der Chornische: Es zeigt einen Menschen fressenden Satan, der das Jüngste Gericht symbolisiert. Darüber thront Jesus auf einem schillernden Regenbogen. Der Marmorfußboden zeigt Tierkreiszeichen und orientalische Motive.

• *Öffnungszeiten/Eintritt* Mo–Sa 12–19 Uhr (Juli bis Sept. Do/Fr bis 23 Uhr), So und 1. Sa im Monat 8.30–14 Uhr. Eintritt 4 €, erm. 3 €.

Südtor (Richtung Piazza della Signoria): Das älteste der drei Tore wurde von Andrea Pisano geschaffen, es zeigt Szenen aus dem Leben Johannes des Täufers. In den unteren acht Feldern symbolisieren Frauengestalten die christlichen Tugenden.

Nordtor: Von Bauauftrag bis Fertigstellung dauerte es 20 Jahre, bis Lorenzo Ghiberti das Werk abliefern konnte. Auch hier 28 Felder, oben mit dem Leben Christi, unten die Evangelisten.

„Paradiestor": Michelangelo prägte diesen Namen für das dem Dom zugewandte Tor, das Meisterwerk Ghibertis. Über 25 Jahre benötigte der Meister zum Formen und Gießen der wuchtigen Torflügel mit ihren Tausenden von Figuren. Dargestellt sind zehn Szenen aus dem Alten Testament, besonders beeindruckt die Opferung des Isaak. Während bei den anderen Toren die Motive nur als einzelne hervortreten, wirken diese Reliefs sehr bildhaft komponiert. Die Szenen sind eingebettet in weite Naturlandschaften und mächtige Bauwerke: Adam und Eva inmitten üppiger Vegetation, Renaissance-Bauwerke als Hintergrund für den Betrug Jakobs an seinem Bruder Esau. Auch ein Selbstbildnis Ghibertis befindet sich am Tor: auf der rechten Leiste des linken Torflügels der dritte Kopf von unten. Das heutige Paradiestor ist allerdings weitgehend Kopie.

Museo dell'Opera di Santa Maria del Fiore (Dommuseum): etwas unscheinbar hinter dem Dom, romanische Überreste, Ornamente und Reliefs von Kirche, Campanile und Baptisterium. Das bemerkenswerteste Kunstwerk stammt von Michelangelo: Die „Pietà" blieb unvollendet und war für sein eigenes Grab gedacht. Interessant auch Donatellos „Sängertribüne", ein lustiges Marmorrelief, auf dem halbnackte Kinder balgen. Ein Teil der restaurierten Paradiestür (→ Baptisterium) hat ebenfalls seinen Weg ins Dommuseum gefunden.

Öffnungszeiten/Eintritt Mo–Sa 9–19.30 Uhr, So 9–13.40 Uhr, Eintritt 6 €, bei Wechselausstellungen meist 10 €.

Toskana
Karten S. 592/593 und 642/643

Medici-Grabkapellen

Das aufwändige Familiengrab der Medici steht an der Piazza Madonna, etwas westlich vom Dom. Es lohnt einen Besuch besonders wegen der Werke Michelangelos in der neuen Sakristei.

Zunächst betritt man eine angenehm kühle und schlichte *Krypta*. In den Boden sind die Grabplatten der weniger bekannten Familienmitglieder eingelassen. Darüber liegt die prunkvolle *Fürstenkapelle*, völlig aus Marmor. Die Wappen der einzelnen Städte des „Staates" Florenz sind Einlegearbeiten aus Halbedelsteinen. In ihrer Farbenpracht und absoluten Exaktheit wirken sie wie Malwerke. Die riesigen Sarkophage waren für die Familie Cosimos bestimmt.

In der *Neuen Sakristei* drängt sich ständig eine dichte Menschentraube. Drei Jahre arbeitete Michelangelo hier, doch das Werk blieb unvollendet. Die Grabmäler der zwei Medici-Größen sind von beeindruckender Schönheit, fast Sinnlichkeit. Michelangelo setzte lebendig wirkende, stark idealisierte Abbilder der Toten darauf. Links das Grabmal *Lorenzos*, der Herzog in nachdenklicher Haltung. Darunter, zu seinen Füßen, die „Morgenröte", daneben der „Abend", ein kraftvoller Männerkörper. Gegenüber das Grab für *Giuliano*. Er ist als Feldherr dargestellt und zu seinen Füßen liegen Mann und Frau – „Tag und Nacht". Der bärtige „Tag" wurde im Gesicht nicht fertig ausgeführt und zeugt von männlicher Anspannung und Entschlossenheit. Die „verführerische Nacht" soll ein Gefühl der Entspanntheit und Ruhe vermitteln.

Öffnungszeiten/Eintritt tägl. 8.15–16.50 Uhr, jeden 1., 3. und 5. Montag sowie 2. und 4. Sonntag im Monat geschl. Eintritt 9 €, Nebensaison 6 €.

Basilica di San Lorenzo: Die Familienkirche der Medici steht gleich benachbart zu den Medici-Kapellen, äußerlich ein nüchterner Backsteinbau, dem die Fassade fehlt, innen reichlich düster. In der *Alten Sakristei* (links neben dem Altarraum) prächtige Stuck-, Bronze- und Terrakotta-Arbeiten von Donatello. Links der Kirche schöner Kreuzgang und die eigenwillig gestaltete *Biblioteca Laurenziana* mit großer Freitreppe, die zum Lesesaal hinaufführt.

Öffnungszeiten/Eintritt **San Lorenzo**, Mo–Sa 10–17.30 Uhr, So im Sommer 13.30–17.30 Uhr, im Winter geschl. Eintritt 3,50 €. **Bibliothek**, 9.30–13.30 Uhr, Mo geschl. Eintritt 5 €.

Via dei Calzaiuoli, Orsanmichele und Piazza della Repubblica

Diese belebte Shoppingzeile stellt die Verbindung zwischen Domplatz und Piazza della Signoria her. Straßenmusiker, Akrobaten und Gaukler finden hier ein reiches Betätigungsfeld.

Wenige Schritte nördlich der Piazza della Signoria steht die Kirche *Orsanmichele*, die ganz und gar nicht wie ein Sakralbau wirkt. Kein Wunder, denn sie war als Kornspeicher gedacht und erst während der Bauarbeiten (Mitte des 14. Jh.) überlegten sich die Bauträger, eine Kirche daraus zu machen. Talenti mauerte die Arkaden zu und entwarf stattdessen wunderschön zarte Portale. In den vierzehn äußeren Mauernischen stehen Marmorskulpturen von Schutzheiligen der Zünfte, im düsteren Inneren das berühmte Marmortabernakel von Orcagna, eine einzigartige Arbeit mit einer Fülle von Flachreliefs, Engelchen und Statuetten.

Etwa 100 m westlich der Kirche liegt die *Piazza della Repubblica*, ein großer klassizistischer Platz mit den bekanntesten Kaffeehäusern der Stadt.

Piazza della Signoria und Umgebung

Der dominierende Platz in Florenz – elegante Cafés vor einer Kulisse historischer Bauten, dem strengen Palazzo Vecchio (Rathaus) und der Loggia. Im Florentiner Stadtgewühl ist er eine Oase der Ruhe, da er für den Autoverkehr gesperrt ist. Stattdessen verkehren alte Pferdedroschken.

Wem die Cafés zu kostspielig sind, der setzt sich auf die Stufen der Loggia. Hier spielen oft bis weit nach Mitternacht Straßenmusiker – wobei die Akustik wegen des hohen Gewölbebaus ausgezeichnet ist. Der große *Brunnen* vor dem Palazzo Vecchio wurde von Ammanati entworfen und rief bei der damaligen Bevölkerung den Ausspruch hervor: „Oh, Ammanati, welch schönen Marmor hast du verschwendet!" Nicht weit vom Brunnen ist eine *Schrifttafel* in den Boden eingelassen. Hier wurde 1498 der populäre Reformator Savonarola verbrannt. In einer Zeit revolutionärer Unzufriedenheit der unteren Stände gegen Macht und Willkür des Großbürgertums suchte er nach Rückbesinnung auf die demokratischen und christlichen Ideale der Stadtrepublik. Papst und Medici jedoch behielten schließlich die Oberhand und erstickten die Unruheherde.

Toskana
Karten S. 592/593 und 642/643

Palazzo Vecchio

Das ehemalige Rathaus der Zunftdemokratie Florenz. Hier lebten, jeweils für 60 Tage gewählt, die zwölf Stadtoberen. Sie mussten während ihrer gesamten Amtszeit in einem Raum zusammenleben und durften den Palast nur für Amtsgeschäfte verlassen.

Der große rechteckige Bau mit gotischen Fenstern, mittelalterlicher Brüstung und hohem Turm wurde zwischen 1298 und 1314 erbaut. Nach der Zeit der zunftdemokratischen „Wohngemeinschaften" war er Sitz Cosimos I und weiterer Medici. Vor dem Palast stehen einige bedeutende Bildwerke: *Hercules und Cacus* von Bandinelli sowie eine Kopie des *David* von Michelangelo (Original in der Galleria dell'Accademia → S. 619).

Das Innere ist aufwändig und prunkvoll gestaltet. Man betritt als erstes einen *Innenhof* mit Säulengang, geschmückt mit Fresken und Stuckarbeiten. Angrenzend der einzige Raum, der aus der Erbauerzeit noch erhalten blieb: der *Waffensaal* (geschlossen). Im ersten Stock der *Saal der Fünfhundert*, in der Zeit Savonarolas war er der Versammlungsort der Bürger, die den Volksrat bildeten. An der Decke und den Wänden kunstvolle Fresken von Vasari – blutige Schlachtenbilder, die Geschichte der Medici und der Stadt Florenz. Es folgt das *Studiolo*, das Studierzimmer Francescos I, ein kleiner, kunstvoll mit Gemälden, Fresken und Intarsien gestalteter Raum. Im zweiten Stock sind zahlreiche weitere Räume zu besichtigen, u. a. der *Saal der Elemente* von Vasari, der prunkvolle *Audienzsaal* und der *Liliensaal*, dessen Längswände mit goldenen Lilien auf blauem Grund verziert sind. Im nicht zu besichtigenden Turm des Palastes befindet sich die Zelle, in der Savonarola gefangen gehalten wurde. *Museo di Ragazzi* heißt eine Abteilung im Palazzo Vecchio, die Kindern mit Führungen die Renaissancezeit auf spannende Weise näher bringen soll.

Öffnungszeiten/Eintritt **Palazzo Vecchio**, Do und Feiertage 9–14 Uhr, sonst 9–19 Uhr, Eintritt 6 €. **Museo di Ragazzi**, Reservierung unter ✆ 055/2768224, www.museoragazzi.it.

Loggia dei Lanzi: Die Bogenhalle schräg gegenüber vom Palazzo Vecchio stammt aus der Zeit des Übergangs der Spätgotik zur Renaissance (Ende des 14. Jh.). Sie war für die Wahl der Prioren/Stadtoberen und offizielle Empfänge gedacht, im 16. Jh. auch als Unterkunft für die Leibwache Cosimos I. Heute befinden sich unter dem

Kreuzgang v. a. Skulpturen aus der römischen Antike und der Florentiner Spätrenaissance – von Giambologna „Raub der Sabinerinnen“, „Herkules und der Zentaur Nessus“ und „Menelaos hält den Körper des Patroklos“. Das bekannteste Werk ist der „Perseus“ von Benvenuto Cellini, eine Bronzearbeit aus dem Jahre 1554 – Perseus hält mit seiner Linken triumphierend den abgeschlagenen Kopf der Medusa.

Uffizien

Palazzo degli Uffizi

Ein Museum der „Superlative“. Hier wird eine solche Masse an Kunstwerken gehortet, dass mit einer genauen Beschreibung mehrere Bücher gefüllt werden könnten.

Der von Vasari im 16. Jh. entworfene U-förmige Palastbau liegt gleich benachbart zur Piazza della Signoria. Hier waren die wichtigsten Ämter des Stadtstaates untergebracht. Noch im selben Jahrhundert gründete Francesco I de'Medici im dritten Stock der Uffizien eine Galerie. Seine Nachfahren machten es sich zur Herzenssache, die Sammlung zu vergrößern, und mit dem Tod des letzten Medici ging sie als Geschenk vollständig an die Stadt Florenz über. Schwerpunkt der Sammlung sind Florentiner und Werke der Toskanischen Schule aus dem 13.–16. Jh., aber auch Werke anderer italienischer Meister sowie aus deutscher und holländischer Hand. Die 45 Säle sind chronologisch geordnet, aber nicht immer alle geöffnet.

Öffnungszeiten Di–So 8.15–18.50 Uhr, Di bis 21 Uhr, Mo geschl. Eintritt 6,50 €, bei Wechselausstellungen meist 10 €. ✆ 055/294883, 055/264406, www.uffizi.firenze.it.

Die „Neuen Uffizien“

Seit 2004 öffnen regelmäßig neue Säle im ersten Stock, die bisher in anderen Sälen gezeigte Werke präsentieren. Auf diese Weise wird mehr Raum zugunsten einer lockeren Platzierung im zweiten Stock geschaffen. So zogen beispielsweise die Werke der Barockmalerin Artemisia Gentileschi in den berühmten Vasari-Korridor um, der die Uffizien oberirdisch mit dem Palazzo Pitti verbindet. Weitere Änderungen sind geplant, um die Uffizien, wie es offiziell heißt, „an die Erfordernisse der modernen Kunstpräsentation anzupassen“.

Seit 2006 wird am Projekt „Neue Uffizien“ gefeilt; ein Bauende ist nicht abzusehen, doch allein die Zahlen versprechen einiges: Die Ausstellungsfläche wird sich von aktuell 6100 m^2 auf 12.900 m^2 mehr als verdoppeln, neben dem bisher genutzten zweiten Stockwerk soll auch das erste komplett für Ausstellungen geöffnet werden! Platz genug also für eine großzügigere Präsentation der bereits ausgestellten Werke und für weitere Schätze, die bislang notgedrungen in den Archiven schlummern. Platz genug auch für mehr Besucher: Man darf auf kürzeres Schlangestehen hoffen. Für die Besucher bedeutet dies jedoch, dass einzelne Werke kurzfristig in anderen Sälen oder Stockwerken zu sehen sein werden. Ein endgültiges Konzept der „Neuen Uffizien“ ist nicht vor 2012 zu erwarten. Projektbeschreibung und aktuelle Infos unter www.nuoviuffizi.it.

Rundgang durch die Uffizien

Kirche San Pier Scheraggio (neben dem Eingangsraum): Die 1068 eingeweihte Kirche ist kaum mehr als solche zu erkennen. Schon vor *Vasari* riss man das linke Seitenschiff ab, später wurde der Rest der Kirche in die Uffizien eingegliedert. Restaurierungsarbeiten förderten römisches Mauerwerk mit Fresken zutage. Heute kann man hier die fast lebensgroßen Porträts berühmter zeitgenössischer Persönlichkeiten bewundern, die *Andrea del Castagno* für die Medici-Villa Carducci gemalt hat – u. a. die Bildnisse Boccaccios und Petrarcas.

Kabinett für Zeichnungen und Drucke, 1. Stock (Gabinetto dei Disegni e delle Stampe): Im ehemaligen Theaterraum der Medici sind Zeichnungen und Entwürfe großer Meister wie *Leonardo da Vinci*, *Michelangelo* und *Raffael* aufbewahrt, die aber nur zu Studienzwecken einzusehen sind. Der Öffentlichkeit ist der Saal nur bei Sonderausstellungen zugänglich.

Skulpturensammlung in den drei Korridoren: Die Medici sammelten mit Leidenschaft antike und zeitgenössische Skulpturen. Die heute in den Uffizien noch vorhandenen Werke sind hauptsächlich in den Korridoren des Palastes ausgestellt

Die drei Korridore mit ihren Fensterreihen und ihrer großzügigen Bauweise wirken sehr elegant. Die Decken zieren Fresken aus dem 16. Jh. Das dichte Netz farbenfroher Pflanzen- und Tiermotive wurde unter Anleitung *Alessandro Alloris* gemalt

Saal **1 Sala archeologica**: Er zeigt Werke aus der Antike. Wenig spektakulär, v. a. Kopien hellenistischer Statuen.

Saal **2 Duecento-/Giotto-Saal**: An zentraler Stelle ist die „Thronende Muttergottes" von *Giotto* (um 1310) ausgestellt. Die Nebenwände schmücken Madonnendarstellungen aus dem späten 13. Jh. Ist die „Madonna Santa Trinità" von *Cimabue* noch ganz der byzantinischen Malerei verhaftet, sind in *Duccios* „Madonna Rucellai" bereits erste gotische Stilelemente zu entdecken.

Saal **3 Saal des sienesischen Trecento**: Die sienesische Kunst des beginnenden 14. Jh. ist charakterisiert durch ihre Lieblichkeit. *Simone Martinis* „Verkündigung" lässt den strengen Bildaufbau vermissen, der die früheren Jahrhunderte geprägt hatte Maria fährt erschreckt zusammen, als sie die Worte des Engels hört. *Ambrogio Lorenzetti* ist mit dem restaurierten Gemälde „Darbringung Jesu im Tempel" vertreten, auf dem das Jesuskind unbekümmert am Finger lutscht.

Saal **4 Saal des florentinischen Trecento**: Die florentinische Kunst der ersten Hälfte des 14. Jh. stand unter dem Einfluss *Giottos.* Die Perspektivtechnik des großen Künstlers ist im Altarbild des *Meisters der heiligen Cäcilie*, eines bisher nicht identifizierten Schülers von *Giotto*, gut erkennbar. Von *Giottino* stammt die „Beweinung Christi", eine Pietà, in der Schmerz und Trauer lebensnah zum Ausdruck kommen. Die einzelnen Figuren sind vor dem goldenen Hintergrund kontrastreich voneinander abgesetzt. Zwei Gestalten wohnen dem Ereignis beobachtend bei: eine Benediktinernonne und eine prächtig gekleidete junge Frau, vermutlich die Porträts von Zeitgenossen *Giottinos.*

Saal **5/6 Saal der Spätgotik**: Die Spätgotik gilt als Fortsetzung der alten Malweise, in der Größenverhältnisse und perspektivische Anordnung noch eine untergeordnete Rolle spielten. Besonders beachtenswert ist die prunkvoll mit Gold und Stuck ausgestattete „Anbetung der Könige" von *Gentile da Fabriano.*

Saal **7 Saal der Frührenaissance**: Mitte des 15. Jh. eroberten die Ideen des Humanismus auch die Malerei. Entsprechend änderten sich z. T. die Bildmotive, aber auch die Techniken (Komposition, Perspektive etc.). Zu sehen sind u. a. „Anna selbdritt" (Anna, Maria und Jesus), eine Gemeinschaftsarbeit von *Masolino* und seinem damals 23-jährigen Schüler *Masaccio*, der als Vater der Renaissance-Malerei gilt. Die leuchtende Muttergottesfigur und das kräftige Kind werden ihm zugeschrieben, während die heilige Anna von *Masolinos* Hand stammt.

Saal **8 Saal Filippo Lippis**: Vermutlich wegen seiner Schwäche für weibliche Reize malte *Fra Filippo* die schönsten Marien-Darstellungen. Die zarte Sinnlichkeit seiner Madonnen weist auf ein anbrechendes „heidnisch-frohes" Zeitalter hin. Auf dem Gemälde „Krönung Mariä" hat sich der Künstler wahrscheinlich selbst dargestellt: der wohlgenährte Mönch links an der Balustrade, der, den Kopf auf die Hand gestützt, etwas gelangweilt aus dem Bild schaut, trägt seine Gesichtszüge. Das bekannteste Werk *Lippis*, die „Madonna mit Kind und zwei Engeln", ist ebenfalls hier zu sehen. In der anmutigen Gestalt der Maria meint man die skandalumwitterte Geliebte des Künstlers, Lucrezia Buti, zu erkennen.

Saal **9 Saal des Pollaiuolo**: *Antonio* Pollaiuolo war wegen seiner Gold-, Silber- und Bronzearbeiten Mitte des 15. Jh. der Lieblingskünstler der wohlhabenden florentinischen Auftraggeber. Neben eigenen Gemälden, darunter auch Jugendwerke, sind auch sechs Bildnisse der Tugenden aus der

Toskana Karten S. 592/593 und 642/643

Hand seines Bruder *Piero* zu sehen. Die Darstellung der siebten Tugend, der Stärke, stammt von *Botticelli*.

Saal **10–14 Botticelli-Saal**: Mit seiner sanft-erotischen Malweise prägte *Botticelli* das 15. Jh. Mit Vorliebe malte er gut aussehende Frauen mit schmalen Gesichtern. Weltberühmt sind seine „Allegorie des Frühlings" und die „Geburt der Venus". Diese Venus lebte wirklich, hieß Simonetta Vespucci, war stadtbekannt und sehr begehrt, starb aber schon in jungen Jahren an Tuberkulose.

Saal **15 Leonardo-Saal:** Dieser Raum zeigt neben zwei Bildern *Leonardo da Vincis* auch Werke anderer Künstler, die in *Verrocchios* Werkstatt tätig waren. Die „Taufe Christi" stammt von *Verrocchio* selbst, mit Ausnahme des linken Engels und der dunstigen Landschaft, die Leonardo als Schüler gemalt hat. Auch in der „Verkündigung" ist der Einfluss seines Meisters noch bestimmend, während die unvollendet gebliebene „Anbetung der Könige" bereits den individuellen Stil Leonardos zeigt.

Saal **16 Saal der Landkarten**: ursprünglich eine offene Loggia, die später geschlossen wurde. An den Wänden Fresken von *Ludovico Buti* (nach Zeichnungen des Kartografen *Stefano Bonsignori*).

Saal **17 Saal der Mathematik**: Ursprünglich wurden hier wissenschaftliche Geräte gesammelt. Die Grotesken lassen noch verschiedene Instrumente erkennen, ansonsten sind Büsten und Skulpturen zu sehen. Die frühere Hauptsehenswürdigkeit des Saals, die römischen Marmorskulpturen „Liegender Hermaphrodit" sowie „Amor und Psyche", werden derzeit restauriert. Nach Abschluss der Arbeiten wird man sie wohl in einem anderen Saal finden.

Saal **18 Tribuna**: Der reich geschmückte, achteckige Raum war für die Meisterwerke aus der Sammlung der Medici gedacht und wurde dafür eigens beim Hofarchitekten *Buontalenti* in Auftrag gegeben. Unter den Statuen befindet sich die berühmte „Mediceische Venus", an die Napoleon sein Herz verloren hatte und die er deshalb nach Paris entführte. An den Wänden Arbeiten von *Pontormo, Rosso Fiorentino, Bronzino, Vasari* u. a.

Saal **19 Saal Peruginos und Signorellis**: *Perugino*, umbrischer Herkunft, lernte u. a. in der Werkstatt *Verrocchios.* Seine Fresken, besonders die bekannte Szene mit der „Schlüsselübergabe" in der Sixtinischen Kapelle in Rom, übten entscheidenden Einfluss auf die Entwicklung *Raffaels* aus. Seine Porträts, auch das hier gezeigte Bildnis des Francesco delle Opere, zeugen von seiner Auseinandersetzung mit der niederländischen Kunst. Auch *Signorelli*, der bekannte Schöpfer drastischer Weltuntergangsszenen (z. B. in Orvieto), ist hier mit einigen Rundbildern vertreten.

Saal **20 Saal Dürers und der Deutschen**: In diesem Saal sind Werke von *Dürer, Cranach* und anderen deutschen und flämischen Meistern des 15. und 16. Jh. ausgestellt. Man kann „Adam und Eva" in den Versionen von Dürer und Cranach vergleichen oder Dürers Radierung „Großer Kalvarienberg" mit dem gleichnamigen Gemälde von *Jan Breughel*.

Saal **21 Saal Giovanni Bellinis und Giorgiones**: Der Raum zeigt Werke der bekannten venezianischen Renaissance-Maler *Bellini* und *Giorgione*, z. B. *Bellinis* „Allegorie". Seine Heiligengestalten inmitten einer magisch wirkenden Landschaft haben recht Menschliches an sich.

Saal **22 Saal der niederländischen und deutschen Meister**: Werke deutscher und niederländischer Meister des 15. und 16 Jh., u. a. ein Selbstbildnis *Hans Holbeins d. J.* sowie zahlreiche Porträts von *Hans Memling*.

Saal **23 Saal Correggios und Mantegnas**: *Antonio da Allegri*, den man nach seinem Heimatort *Correggio* nannte, ist ein Meister der Licht- und Schatteneffekte, seine Gestalten scheinen aus Fleisch und Blut. Zudem hängen hier auch Werke des norditalienischen Malers *Andrea Mantegna* (15. Jh.).

Saal **24 Saal der Miniaturen**: Miniaturensammlung der großherzoglichen Familie.

Saal **25 Saal Michelangelos und der Florentiner**: In diesem Saal ist das einzige gesicherte Tafelbild *Michelangelos* zu sehen. Der berühmte Tondo mit der Darstellung der heiligen Familie ist in Aufbau und Bewegung seiner Figuren ein revolutionäres Werk.

Saal **26 Saal Raffaels & Andrea del Sartos**: Neben *Raffaels* „Madonna mit dem Stieglitz" sind ein Selbstbildnis des Meisters sowie Porträts der Päpste Julius II. und Leo X., Letzterer mit seinen Kardinälen, zu sehen. Für das Bild „Die Harpyien-Madonna" von *Andrea del Sarto* stand dessen Frau Lucrezia del Fede Modell.

Saal **27 Saal Pontormos und Rosso Fiorentinos**: mit Werken der Schüler *Andrea del Sartos*. Die Fresken von *Pontormo* lösten sogar bei Michelangelo Bewunderung aus. Seinen Gemälden fehlt jedoch die Weichheit und Harmonie, die Figuren sind von Unruhe und gespannter Haltung gekennzeichnet. *Rosso Fiorentino* gilt als der Begründer des florentinischen Manierismus. Seine Gemälde charakterisieren grelle Farben und ein kühner, von heftiger Bewegung geprägter Bildaufbau.

Saal **28 Saal Tizians und Sebastiano del Piombos**: Der Saal der venezianischen Renaissance mit ihrem großen Porträtisten *Tizian*, der u. a. die berühmte „Venus von Urbino" schuf, ein Frauenakt ohne jegliche Pose. *Sebastiano del Piombo*, ein weiterer Vertreter der venezianischen Schule, ist u. a. mit dem Gemälde „Tod des Adonis" vertreten, das bei einem Bombenattentat 1993 stark beschädigt und daraufhin restauriert werden musste.

Saal **29 Saal Parmigianinos und Dosso Dossis**: Hier ist u. a. die „Madonna mit dem langen Hals" zu sehen, eines der letzten Werke des berühmten Manieristen *Parmigianino*, das nach seinem frühen Tod (mit 37 Jahren) in seiner Werkstatt gefunden wurde. Rechts neben dem heiligen Hieronymus ist ein herrenloser Fuß zu erkennen: Offensichtlich sollte an dieser Stelle noch eine andere Figur erscheinen, mit der Hieronymus im Zwiegespräch steht. *Dosso Dossi* ist mit seiner „Allegorie des Herkules" vertreten (auch „Liebeszauber" genannt).

Saal **30 Kabinett der emilianischen Meister des 16. Jh.**: Werke von Künstlern aus Ferrara, u. a. von *Mazzolino*.

Saal **31 Veronese-Saal**: *Paolo Veronese* ist als Meister spektakulärer Inszenierungen voller Leuchtkraft und Farbenpracht bekannt. Wegen einer nicht unbedingt ehrerbietigen Abendmahl-Darstellung geriet er deshalb in die Mühlen der Inquisition.

Saal **32 Saal Bassanos und Tintorettos**: *Iacopo Robusti* war der Sohn eines Färbers, daher sein Spitzname *Tintoretto* (Färberlein). Es wird erzählt, dass *Tizian* ihn nach gerade einmal drei Tagen Lehrzeit wieder entließ, weil er in ihm einen großen Konkurrenten heranwachsen sah. Seine „Leda mit dem Schwan" braucht in der Tat keinen Vergleich zu fürchten.

Saal **33 Korridor des 16. Jh.**: Manieristische Werke verschiedener Schulen und Künstler dekorieren die Wände des Durchgangsraums, u. a. „Die Schmiede des Vulkans", ein Gemälde von *Vasari*.

Saal **34 Saal der lombardischen Meister des 16. Jh.**: Hervorstechend ist die „Susanna im Bade" von *Lorenzo Lotto*, die durch eine für dieses Sujet unübliche Darstellungsweise überrascht. Auch Werke des großen Porträtisten *Moroni* sind in diesem Saal zu sehen.

Saal **35 Saal Baroccis und der toskanischen Gegenreformation**: *Federico Barocci* aus Urbino verwendete bereits Elemente, die die Zeit des Barock ankündigten. Seine revolutionäre „Madonna des Volkes" lockte die Kollegen seiner Zeit herbei, deren Werke zum Teil ebenfalls in diesem Saal zu sehen sind (u. a. *Cigoli*, *Santi di Tito* und *Alessandro Allori*).

Saal **41 Rubens-Saal**: Hier sind nach ihrer Restaurierung wieder die beiden großen Leinwände mit Szenen aus dem Leben Heinrichs IV. zu sehen. Auch das Porträt Isabelle Brandts, der ersten Frau von *Rubens*, hat hier seinen angestammten Platz. Höchstwahrscheinlich wird in diesem Saal auch *El Grecos* „Der Evangelist Johannes und der heilige Franziskus" zu sehen sein.

Saal **42 Saal der Niobe**: Benannt nach der antiken Skulpturengruppe, die 1583 in einem römischen Weinberg gefunden wurde. Kardinal Ferdinand de'Medici kaufte sie und ließ sie in der Villa Medici in Rom aufstellen. Erst 1770 kam sie auf Betreiben von Großherzog Pietro Leopoldo in die Uffizien. Beim Bombenanschlag von 1993 wurde sie schwer beschädigt und erst vor einigen Jahren wieder in dem eigens für sie konzipierten Raum aufgestellt.

Saal **43 Saal der Malerei des 17. Jh.**: Die wertvollsten Gemälde aus dieser Epoche befinden sich im Palazzo Pitti, dieser Saal gibt eher einen Vorgeschmack; herausragend v. a. Werke von Annibale Carracci.

Saal **44 Rembrandt-Saal**: Werke nordeuropäischer Maler des 17. Jh.; zudem Selbstbildnisse von *Rembrandt* aus seiner Jugend und einige Alterswerke.

Saal **45 Saal der Malerei des 18. Jh.**: Wie im Vasarischen Korridor (s. u.) dominieren auch hier Gemälde von italienischen und französischen Malern.

1. Stock: seit Jahren ständig im Ausbau begriffen; das Ausstellungskonzept wird sich deshalb in nächster Zeit wohl immer wieder ändern, weshalb die neuen Säle noch keine Nummern tragen. Auf dem Weg von Saal 45 im zweiten Stock zu den Sälen im ersten Stock kommt man übrigens an Räumlichkeiten vorbei, die derzeit restauriert werden, ein interessanter Anblick. Die folgenden Säle beschließen derzeit den Rundgang:

Toskana Karten S. 592/593 und 642/643

Verone: Die großen Fenster gewähren einen schönen Blick auf den Arno. Im Mittelpunkt dieses Flügels steht die außergewöhnliche „Vase der Medici", ein neo-attischer Kelchkrater aus der zweiten Hälfte des 1. Jh. v. Chr., der das Orakel von Delphi zeigt.

Caravaggio-Saal: Wie bei der Bearbeitung seiner mythologischen Themen („Bacchus", „Medusa") brilliert *Caravaggio* auch in der Darstellung biblischer Szenen durch genaue Beobachtung und erstaunliche Licht- und Schatteneffekte („Die Opferung Isaaks").

Manfredi-Saal: Die vier Gemälde des Caravaggio-Schülers zeigen deutlich den Einfluss seines Lehrmeisters. Ein fünftes Gemälde von *Manfredi*, „Concerto", wurde beim Bombenattentat von 1993 zerstört, stellvertretend ist eine Kopie zu sehen.

Van Honthorst-Saal: Der niederländische Maler ist als einer der Utrechter Caravaggisten bekannt. Den italienischen Namen *Gherardo della Notte* verdankt er seinen vielen Bildern mit nächtlichen Szenen, deren Stimmung Kerzen- oder Lampenlicht prägt – gut im Saal zu sehen.

Caravaggisten-Saal: Caravaggios Einfluss zeigt sich auch in den Werken der hier ausgestellten Gemälde. Aus Siena, Rom, Holland und Frankreich stammten die vier Meister.

Reni-Saal: Der vorerst letzte Saal des Rundgangs (Stand 2010) verdeutlicht mit dem Madonnenbildnis und der „Verzückung des heiligen Andreas", warum Kritiker bei *Guido Reni* von einer Neigung zum Kitsch sprechen.

Der Vasarische Korridor: Der etwa 1,5 km lange Korridor, der nach Voranmeldung zugänglich ist, verbindet die Uffizien überirdisch mit dem Palazzo Pitti. Gebaut wurde er unter Cosimo I, der hier inmitten des städtischen Trubels einen ruhigen Weg zwischen Regierungspalast und Residenz schaffen wollte. Die Idee, den Weg mit Kunstwerken auszuschmücken und ihn so etwas kurzweiliger zu gestalten, machte den Vasarischen Korridor zu einer der frühesten Kunstgalerien. Über 700 Arbeiten aus dem 17.–20. Jh. sind hier untergebracht, darunter eine Reihe von Selbstbildnissen, u. a. auch von *Chagall*. Zahlreiche Fenster bieten dem Besucher einzigartige Ausblicke.

• *Öffnungszeiten* ändern sich jährlich, meist Mitte Mai bis Dez. 2–3 Tage pro Woche geöffnet. Eintritt 6,50 € plus 4 € obligatorische Reservierungspauschale.

Museo Nazionale del Bargello

Das Florentiner Museum für Bildhauerei befindet sich in der Via del Proconsole 4, wenige Straßenzüge von der Piazza della Signoria. Von außen ein schlichter, festungsartiger Bau aus dem 15. Jh., war es ursprünglich Sitz des obersten Gerichtshofs, später Staatsgefängnis mit Folterkammern und Schafott. Im Inneren schaffen riesige Säle und Bogengänge fast Kirchenatmosphäre. Man betritt den Bargello durch einen schönen Innenhof, umgeben von einem Portikus. Hier stehen Statuen aus der Hochrenaissance, darüber eine hohe Loggia. In den Sälen Skulpturen aus der Toskanischen Schule des 14. Jh. und vor allem die großen Werke von *Michelangelo*: „Bacchus", „Tondo Pitti", „Brutus" u. a. Im ersten Stock ein weiterer Genius der Renaissance: *Donatello*, der Naturalist („Heiliger Georg", „David", „Johannes der Täufer"). Außerdem Glasarbeiten, Elfenbeinschnitzereien, Hieb- und Stichwaffen, Terrakotten und weitere Werke Florentiner Künstler.

Öffnungszeiten/Eintritt tägl. 8.15–17 Uhr, am 1., 3. und 5. So im Monat sowie am 2. und 4. Mo geschl. Eintritt 4 €, bei Wechselausstellungen meist 7 €.

Ponte Vecchio: Der Ponte Vecchio ist die einzige noch erhaltene mittelalterliche Arno-Brücke in Florenz. Die übrigen wurden kurz vor Ende des Zweiten Weltkriegs von der deutschen Wehrmacht gesprengt, um die alliierten Truppen am Vormarsch zu hindern. Im Mittelalter hatten auf dem Ponte Vecchio die Florentiner Metzger ihre Verkaufsstände. Grundstücke waren damals so teuer, dass diese Art von Ladenstraßen mit ihren kleinen Buden entstanden. Erst im 16. Jh. zogen die Goldschmiede ein, die noch heute hier zu finden sind.

Der Ponte Vecchio: in den Brückenläden wird Goldschmuck feilgeboten

Klöster und Kirchen

Neben der Gemeinde, die den Dom finanzierte, waren die Ordensgemeinschaften die fleißigsten Kirchenbauer. Es entstanden wuchtige Kirchenschiffe, deren gotischer Stil von der strengen Einfachheit der Zisterzienser Klosterarchitekten beeinflusst war.

Santa Croce: Kirche und Ruhmeshalle zugleich. Hier liegen berühmte Florentiner Bürger begraben – *Michelangelo, Macchiavelli, Galilei* und viele andere. Die von den Franziskanern erbaute riesige Klosterkirche (116 m lang) ist die an Kunstschätzen reichste Kirche in Florenz. Baubeginn war 1295 und es dauerte bis 1385, bis sie vollendet war. Vasari „modernisierte" Mitte des 16. Jh. das Langschiff und übermalte einen Großteil der gotischen Fresken.

Gleich nach dem Eingang rechts ist das *Grabmal Michelangelos* kaum zu übersehen, Vasari baute die Grabstätte. Auf dem Sarkophag werden die Künste der Malerei, Bildhauerei und Architektur symbolisiert. Eine Nische weiter ein Denkmal für den berühmtesten Dichter Italiens, den in Florenz geborenen und in Ravenna gestorbenen *Dante Alighieri* (⊠ Ravenna). Als nächstes kommt man zum Grabmal *Macchiavellis* mit dem lateinischen Spruch: „Für einen so großen Namen ist kein Lob groß genug". Donatellos *„Verkündigung"* – beim fünften Altar rechts – ist ein fein bearbeitetes, vergoldetes Sandsteinrelief. Der von Gottvater gesandte Engel verkündet in Demut die wundersame Empfängnis. Maria wird von Donatello als unschuldiges Bauernmädchen dargestellt. Gleich daneben liegt der Opernkomponist *Rossini*. An der linken Wand des Längsschiffs, gegenüber dem Michelangelo-Grab, ruht *Galileo Galilei* (→ Pisa). Am Ende des rechten Querschiffs enthält die *Baroncelli-Kapelle* das Grabmal der Familie Baroncelli. Die Fresken stammen von Taddeo Gaddi, einem Schüler Giottos. Er malte weniger realistisch als sein Meister Giotto, der die „unbefleckte Empfängnis" anzweifelte.

Auf beiden Seiten des Hauptchors liegen je fünf Seitenkapellen im sachlichen Baustil der Zisterzienser Mönche. Ein Leckerbissen sind sie wegen der z. T. restaurierten Fresken von Giotto, Gaddi u. a.

• *Öffnungszeiten/Eintritt* Tägl. 9.30–17.30 Uhr, im Sommer ab 9 Uhr, So 13–17.30 Uhr, Eintritt 5 €, erm. 3 €.

Bardi-Kapelle (erste rechts): Zu Ehren der Bardi-Familie malte Giotto hier Episoden aus dem Leben des hl. Franz von Assisi. Oben im Gewölbe die drei franziskanischen Tugenden: Armut, Gehorsam, Keuschheit.

Peruzzi-Kapelle (zweite rechts): die zu ihrer Zeit reichste Bankiersfamilie Peruzzi (später pleite gegangen wie die Bardi) gab Giotto den Auftrag zur Wandbemalung (1328). 1740 übertüncht, wurden die Bilder erst Ende der 1950er Jahre wieder freigelegt. Die menschlichen Körperformen sind ausgeprägt plastisch dargestellt.

Bardi-di-Vernio-Kapelle (fünfte links): die Kapelle der Papstbankiersfamilie Bardi. Über dem Grab zeigt ein Fresko von Maso di Banco (ca. 1340) das Jüngste Gericht. Der Stifter Bettino di Bardi ist darauf abgebildet: Gerade wieder auferstanden, kniet er auf seinem Sarkophag und blickt flehend zum Himmel.

Pazzi-Kapelle (separater Eingang rechts der Kirche): Mit einem kirchlichen Bau hat dieser von Brunelleschi aufwändig konzipierte Familientempel wenig gemeinsam. Die Pazzi wurden allerdings 40 Jahre nach Fertigstellung am Palazzo Vecchio gehängt – ihre Verschwörung gegen die Medici war ein Fehlschlag.

Santa Maria Novella: Der gotische Bau aus dem 13./14. Jh. gehört zum ersten Dominikanerkloster von Florenz und steht gegenüber vom Bahnhof an einer weiten Piazza. Die Fassade ist aus Marmor, der obere Teil im Renaissancestil gehalten. Das Innere wirkt etwas kahl, ist aber reich an sakralen Kunstschätzen. Das bemerkenswerteste unter ihnen ist zweifellos das *Trinitätsfresko* von Masaccio über dem dritten Altar der linken Seitenwand. Es war eins der ersten Werke mit „Zentralperspektive", d. h. die Figuren wurden im Bildraum so platziert, dass für den Betrachter ein dreidimensionaler Eindruck entsteht. Die untere Bildhälfte zeigt ein menschliches Skelett, das die Vergänglichkeit der Welt symbolisiert. Auf den Stufen darüber das Stifterehepaar Lenzi, zwischen Tod und dem göttlichen, oberen Teil des Gemäldes. Die Hauptkapelle des Chors ist vollständig mit Fresken von Ghirlandaio ausgeschmückt, die Malereien in der ersten Seitenkapelle rechts stammen von Filippino Lippi.

Öffnungszeiten/Eintritt 9–17 Uhr, Fr, So und feiertags 13–17 Uhr.

San Marco: Das überaus harmonische Dominikanerkloster steht ein gutes Stück vom Zentrum im Nordosten der Stadt und ist vor allem für die Werke Fra Angelicos (1387–1455) bekannt. Nirgendwo finden sich so viele seiner Fresken und Bilder wie hier. Erbaut wurde es mit dem Kapital der Medici, und Savonarola war hier Prior, bevor er politisch von sich reden machte. Die Kirche selbst ist weniger aufregend, umso mehr das Museum, das den Kreuzgang des heiligen Antonius mit den angrenzenden Räumlichkeiten sowie die darüberliegenden 44 Mönchszellen und eine Bibliothek umfasst.

Den *Kreuzgang* schmückt ein fast 10 m breites Kreuzigungsfresko von Fra Angelico, das *Große Refektorium* dahinter dominiert das Fresko „Wundertätiges Mahl des heiligen Dominikus" von Sogliani, das sich an die klassische Darstellung des letzten Abendmahls Christi anlehnt – statt der Apostel sitzen aber Dominikaner zu Tisch, im Zentrum als älterer Mann der Ordensstifter selbst. Das *Kleine Refektorium* zeigt das „Letzte Abendmahl" von Ghirlandaio. Von den übrigen Sälen, die alle mit Gemälden geschmückt sind, ist die *Sala degli Ospizi* (Pilgerherberge) das Kernstück. Hier sind u. a. einige Werke von Fra Angelico zu sehen, darunter zwei monumentale Tafelgemälde: „Thronende Maria mit Kind" und „Das Jüngste Gericht". Die *Mönchszellen* im Obergeschoss sind mit jeweils einem Fresko ausgestattet. Einige stammen von Fra Angelico selbst, andere hat er nur konzipiert und die Ausführung seinen Schülern überlassen. Eine Besonderheit bildet die Zelle Savonarolas (Nr. 12) mit dem berühmten Porträt des Reformators von Fra Bartolomeo, der zu seinen glühendsten Anhängern gehörte.

Öffnungszeiten/Eintritt Mo–Fr 8.15–13.50 Uhr, Sa, So und feiertags 8.15–18.50 Uhr, geschl. am 2. u. 4. Mo sowie am 1., 3. u. 5. So jedes Monats. Eintritt 4 €.

Neptun als schwammiger Weißling auf der Piazza della Signoria

Oltrarno

Das Viertel südlich vom Arno ist einfacher und volkstümlicher als das historische Zentrum. Zentrum ist die Piazza Santo Spirito mit der gleichnamigen Kirche.

Santo Spirito: ein schönes Beispiel für die Frührenaissance. Der äußerlich schlichte Bau an der Piazza Santo Spirito veranschaulicht die neue Raumauffassung. Die 38 Kapellen im harmonischen Innenraum bergen heute aber nur noch einen kleinen Teil der ehemaligen Kunstschätze. Das Altarbild „Madonna und Kind mit dem Johannesknaben" stammt von Filippino Lippi, ein 1,34 m hohes hölzernes Kruzifix aus dem Jahr 1493 nach jüngsten Erkenntnissen von Michelangelo.

Öffnungszeiten Im Sommer Mo–Sa 9.30–12.30 und 16–17.30 Uhr, So 15–17.30 Uhr, Mi geschl.

Santa Maria delle Carmine: Barockkirche aus dem 18. Jh. mit renovierten Fresken des Meisters Masaccio aus den Jahren 1423–1428. Wie das sein kann? Die Kirche brannte ab, doch wie durch ein Wunder blieb die rechte Seitenkapelle vom Feuer verschont. Wegen seines frühen Todes konnte Masaccio nur den oberen Teil des Freskenzyklus „Szenen aus dem Leben Petri" vollenden, der Rest wurde von Filippino Lippi fertig gestellt. Das berühmte Meisterwerk „Vertreibung aus dem Paradies" (linker Pfeiler oben) zeigt deutlich den realistischen Stil, der den Beginn der Renaissancemalerei kennzeichnet.

Öffnungszeiten/Eintritt Mo–Sa 9–12 und 17–17.30 Uhr, So 9–10, 11–12 und 17–17.30 Uhr.

Palazzo Pitti: Der mächtige Stadtpalast steht an der Verlängerung des Ponte Vecchio und sollte ursprünglich der größte Bau der Stadt werden, da der reiche Kaufmann Pitti mit dem Glanz der Medici konkurrieren wollte. Doch die Pitti gingen pleite und die Medici erwarben den Palast, dessen mittlerer Renaissanceteil von Brunelleschi entworfen worden war. Heute sind hier insgesamt sieben Museen untergebracht.

Galleria Patina: über 500 von den Medici gesammelte Werke aus verschiedenen Kunstepochen, u. a. Raffael, Rubens, Tintoretto, Tizian, van Dyck und Velazcuez. Einen guten Einblick in den verschwenderisch-aufwändigen Lebensstil der Herrscherfamilie bekommt man hier. Di–So 8.15–18.50 Uhr, Mo geschl., Eintritt 8,50 €, bei Wechselausstellungen bis zu 12 €.

Toskana Karten S. 592/593 und 642/643

Galleria dell'Arte Moderna (Galerie der modernen Kunst): in der Hauptsache Bilder des Klassizismus (19. Jh.), aber auch im Macchiaiolo-Stil (der Name kommt von ital. *macchia* = Klecks) – diesen Künstlern waren jegliche akademische Malregeln ein Gräuel. Tägl. 8.15–13.50 Uhr, geschl. am 2. und 4. So sowie am 1., 3. und 5. Mo jedes Monats, Eintritt 8,50 €, bei Wechselausstellungen bis zu 12 €. Das Ticket gilt auch in der Galleria Palatina.

Museo degli Argenti (Silbermuseum): riesige Sammlung von Juwelen, Porzellan, Stoffen und Edelsteinen. Die Säle sind mit Panoramafresken prunkvoll, für manchen Geschmack etwas kitschig bemalt. Tägl. 8.15–18.30 Uhr, April, Mai und Sept. bis 19.30 Uhr, Juni, Juli und August bis 16.30 Uhr, März und Okt. am 1. und 4. Mo jedes Monats geschl., Eintritt6 €.

Darüber hinaus beherbergt der Palast eine **Galleria del Costume** mit Mode des 17. und 18. Jh., ein **Porzellan**- und ein **Kutschenmuseum**.

Außerdem kann man noch die **Appartamenti Monumentali** anschauen, die „Königlichen Gemächer". Hier wohnten die Medici, später auch die italienischen Könige. Geöffnet 8.15–18.50 Uhr, Mo geschl.

Das **Sammelticket** kostet 11,50 €, ist drei Tage gültig und berechtigt zum Eintritt zu allen Sehenswürdigkeiten des Palazzo Pitti inkl. der Boboli-Gärten.

Boboli-Gärten *(Giardini di Boboli)*: Die architektonisch kunstvoll gestaltete Gartenanlage erstreckt sich hinter dem Palazzo Pitti. Das weitflächige Gelände wird durch meterhohe Hecken unterteilt, in denen Nischen für Büsten und kleine Skulpturen ausgespart sind. Gleich am Eingang steht hinter dem linken Palastflügel der verwilderte *Bacchino-Brunnen*, das dicke Männchen auf der Schildkröte war der Hofzwerg Cosimos I. Ein Stück entfernt die *Grotta di Buontalenti*, eine künstliche Tropfsteinhöhle. Hier standen früher die „Sklaven" von Michelangelo, heute durch eine billige Tuffnachbildung ersetzt (Original in der Galleria dell'Accademia). Von den oberen Gartenanlagen bietet sich ein herrlicher Blick auf die Dächer von Florenz.

Öffnungszeiten/Eintritt tägl. 8.15–18.30 Uhr, April, Mai und Sept. bis 19.30 Uhr, März und Okt. am 1. und 4. Mo im Monat geschl., Eintritt 6 €, erm. 3 €, Sammelticket 11,50 €.

Forte di Belvedere: Teil der alten Stadtfestung auf einer Hügelkuppe oberhalb des Pitti-Palastes (hinter den Boboli-Gärten). Im Gebäude finden wechselnde Ausstellungen statt, oben schöne Aussichtspunkte mit Blick auf die Stadt. Ein wenig unterhalb ein nettes Terrassencafé. Hinter dem Forte führt die Via Belvedere an der alten Befestigungsmauer entlang ins Tal zurück. Unten angekommen, führt rechts eine Steintreppe hinauf zum Piazzale Michelangelo.

Piazzale Michelangelo: Der berühmte Aussichtspunkt von Florenz liegt am grün bewaldeten Berghang. Den riesigen asphaltierten Platz, gesäumt von einer niedrigen Balustrade, schmückt eine weitere Kopie des „David" von Michelangelo.

San Miniato al Monte: Das von Florentiner Liebespärchen gern besuchte Kirchlein steht mitten im Grün auf einer Hügelkuppe oberhalb des Piazzale Michelangelo.

Die äußerst klare Linienführung der Frontfassade entspricht der typischen Florentiner Romanik des 11. Jh., durch verschiedenfarbige Marmorverkleidung werden hübsche geometrische Muster erzeugt. Im Inneren beeindrucken feine Marmorintarsien am Boden und Freskenmalereien an der Wand. Prunkstück ist die Kanzel, eine Filigranarbeit in Marmor. Geweiht ist die Kirche dem Märtyrer San Miniato, der nach seiner Hinrichtung mit dem Kopf unter dem Arm den Arno überquert hatte und hier starb – so jedenfalls erzählt es die Legende.

Öffnungszeiten/Eintritt im Sommer tägl. 8–19 Uhr, im Winter Mo–Sa 8–12 und 15–18 Uhr, So nur 15–18 Uhr.

Weitere Museen

Florenz kann sich damit sehen lassen, über 40 sind es. Auch der kunstbeflissenste Besucher wird kaum alle besichtigen können. Hier eine kleine Auswahl.

Galleria dell'Accademia (Via Ricasoli 60): Die von Cosimo I 1562 gegründete Florentiner Kunstakademie beherbergt Gemälde und Skulpturen vom 13. bis zum 18. Jh., u. a. von Botticelli, Fra Bartolomeo, Filippino Lippi und Perugino. Doch alles wird von einem einzigen Werk in den Schatten gestellt – dem viel kopierten Original von Michelangelos „David". 1501 entstand dieses 4,10 m hohe Meisterwerk, ein Symbol der Demokratie und als Zeichen des (vorübergehenden) Sieges über die Tyrannei der Medici. Vor Anschlägen ist der David durch 2 m hohes Panzerglas und eine Lichtschranke geschützt – bei einem Anschlag wurde der Fuß der Skulptur mit einem Hammer beschädigt. Weitere Skulpturen Michelangelos stehen in den Gängen rechts und links, z. B. „Matthäus" und die bekannten „Sklaven" aus den Boboli-Gärten.

Öffnungszeiten/Eintritt Di–So 8.15–18.50 Uhr, Eintritt 6,50 €, erm. 3,25 €.

San Miniato al Monte

Museo Archeologico (Via della Colonna 38): Bedeutende Sammlung ägyptischer und etruskischer Kunst – Mumien und altägyptische Sarkophage neben etruskischen Urnen und Bronzefiguren.

Öffnungszeiten/Eintritt Mo 14–19 Uhr, Di und Do 8.30–19 Uhr, Mi, Fr und So 8.30–14 Uhr, Eintritt 4 €.

Museo di Storia della Scienza (Piazza dei Giudici 1, parallel zu den Uffizien): Eine wirkliche Fundgrube für technisch Interessierte ist das Museum zur Geschichte der Naturwissenschaften. Im ersten Stock finden sich Instrumente zur Bestimmung der Mondstellung. Im Saal 5 das Fernrohr, mit dem Galilei die Jupitermonde entdeckte.

Öffnungszeiten/Eintritt 9.30–17, Di/Sa 9.30–13 Uhr, So geschl., Eintritt 4 €, nach Restaurierung 6 €.

Casa Buonarroti (Via Ghibellina 70): Michelangelo hatte das Haus Anfang des 16. Jh. für seinen Neffen erworben, gewohnt hat er darin jedoch nie. Im 19. Jh. wurde es zu einem Museum umgewandelt, in dem unzählige Nachfahren und Bewunderer des großen Künstlers Zeichnungen, Porträts und andere Werke zusammen getragen haben. Von Michelangelo selber gibt es nur zwei Stücke: das Flachrelief „Madonna an der Treppe" und ein hölzernes Kruzifix.

Öffnungszeiten/Eintritt Mi–Mo 9.30–14 Uhr, Di geschl., Eintritt 6,50 €, erm. 4,50 €.

Toskana Karten S. 592/593 und 642/643

Florenz/Umgebung

Settignano: ruhiges Hügelstädtchen nordöstlich von Florenz, Schauplatz der Liebesbeziehung des umstrittenen Dichters Gabriele d'Annunzio und der Schauspielerin Eleonora Duse (→ Asolo, S. 190). Unterhalb des Städtchens liegt die *Villa Gamberaia* mit ihrem einzigartigen Park, der als einer der schönsten in Europa gilt und einen herrlichen Blick auf Florenz bietet.

Öffnungszeiten/Eintritt **Park der Villa Gamberaia**, im Sommer tägl. 9–19 Uhr, sonst bis 18 Uhr. Eintritt 10 €.

Fiesole (ca. 14.000 Einwohner): Der häufig besuchte Villenvorort, ehemals eine etruskisch-römische Siedlung, liegt ca. 8 km nordöstlich auf einem Hügel oberhalb von Florenz. Wegen seiner zauberhaften Lage und des angenehm kühlen Klimas war er schon immer ein idealer Ort für eine zeitweilige oder permanente Flucht aus dem Getümmel der Großstadt, zahlreiche Sommerhäuser wohlbetuchter Florentiner verstecken sich hier im Grünen. Eine malerische, von Zypressen gesäumte Straße führt in vielen Serpentinen hinauf und bietet atemberaubende Ausblicke auf das Häusermeer darunter.

Am Hauptplatz, wo in römischer Zeit das Forum lag, steht der Dom *San Romolo* vom Anfang des 11. Jh. Er wurde während der Renaissance mehrmals verändert, wirkt schlicht und ist aus Naturstein gebaut, mit einem schlanken Glockenturm obenauf. Im Inneren (Cappella Salutati) sind u. a. Skulpturen von Mino da Fiesole zu sehen. Im anschließenden *Museo Bandini* befinden sich interessante Terrakotten aus der Robbia-Schule (15./16. Jh.) und Gemälde toskanischer Künstler vom 13.–16. Jh. Hinter der Domapsis liegt das ausgedehnte etruskisch-römische *Ausgrabungsgelände* (Zona archeologica) mit Resten etruskischer Stadtmauern und Thermen, imposantem Theater, Archäologischem Museum sowie dem Antiquarium Constantini.

Auf einem Hügel oberhalb von Fiesole thront das Kloster *San Francesco*, das man schnaufend über eine steile Straße erreicht: Klosterkirche, Museum der franziskanischen Missionare, spartanische Mönchszellen und ein wunderschöner Blick auf Florenz samt Umland.

• *Öffnungszeiten/Eintritt* **Museo Bandini** und **Ausgrabungsgelände**, März bis Okt. Mo–Sa (außer Di) 10–19 Uhr, So 10–13 und 14–18 Uhr, Feiertage 10–16 Uhr, März und Okt. nur bis 18 Uhr, Nov. bis Feb. Mo–Sa 9–17 Uhr, So 10–16 Uhr, im Winter Di/Mi geschl. Eintritt für alle archäologischen Sehenswürdigkeiten und das Bandini-Museum 12 €, erm. 8 €, Wechselausstellungen 5 €, erm. 3 €.

San Francesco, im Sommer tägl. 7–12 und 15–19 Uhr, im Winter 9–12 und 15–17 Uhr, Eintritt frei.

• *Anfahrt/Verbindungen* Bus Nr. 7 fährt alle Viertelstunde ab Florenz/Hbf. zum Hauptplatz von Fiesole, Piazza Mino da Fiesole.

• *Information* **A.P.T.**, Via Portigliani 3/5. Im Sommer Mo–Fr 9.30–18.30 Uhr, Sa/So 10–13 und 14–18 Uhr, im Winter werktags nur bis 17 Uhr. ✆ 055/598720, 📠 598822, www.comune.fiesole.fi.it.

• *Übernachten* **** **Villa Aurora**, das erste Hotel am Platz mit verwunschenem Garten und überwältigendem Panoramablick über Florenz. Die Zimmer sind erlesen eingerichtet, manche sogar mit Whirlpool. DZ mit Panoramablick und Whirlpool 140–250 €, die anderen 80–150 €. Piazza Mino 39, ✆ 055/59363, 📠 59587, www.villaurora.net.

*** **Bencistà**, auf halber Höhe des Fiesole-Hügels, riesiges, altes Landhaus mit über 30 Zimmern. EZ 80–89 €, DZ 143–158 €. Via Benedetto da Maiano, ✆/📠 055/59163, www.bencista.com.

* **Villa Sorriso**, große, modern eingerichtete Zimmer über einem Restaurant, gutes Frühstück. DZ mit Bad 64 €, mit Etagendusche 60 €, EZ 38 €. Via Gramsci 21. ✆ 055/59027, 📠 5978075, www.albergovillasorriso.com.

* **Villa Baccano**, einige Kilometer außerhalb, an der Auffahrt zum Zeltplatz. Großes Haus mit vielen geräumigen Zimmern, ältere Einrichtung. DZ mit Bad 70 €, mit Etagendusche 65 €. Via dei Bosconi 4, ✆/℻ 055/59341, www.villabaccano.it.

• *Essen & Trinken* **Graziella**, im Sommer sitzt man im Freien unter einer grünen Laube und lässt sich die vorzüglichen Gerichte toskanischer und sardischer Provenienz munden. Di geschl. Via delle Cave 20, Maiano, ✆ 055/599963.

La Casa del Prosciutto, auf halbem Weg zwischen Fiesole und Olmo. Ehemalige Bauernkneipe mit hervorragender Küche, an Wochenenden deshalb oft brechend voll. Di/Mi geschl. Via Bosconi 58, ✆ 055/548830.

Castello dell'Imperatore in Prato: die Kaiserburg aus dem 13. Jh. dominiert das Zentrum

Von Florenz nach Lucca

Die A 11 und die parallel laufende Bahnlinie führen durch teils stark industrialisierte Zonen Richtung Meer. Unterwegs einige lohnende Städte, die ihr historisches Gesicht in die Neuzeit hinüberretten konnten.

Prato (ca. 187.000 Einwohner): Mittelalter pur inmitten eines wild gewachsenen Industriezentrums. Der aufblühenden Tuchindustrie wurde es damals in Florenz zu eng und zu teuer, die Medici hatten die Steuerschraube stark angezogen. Heute ist Prato einer der weltgrößten Altkleider-Verwerter, ganze Güterzüge voller Textilien kommen zur Weiterverarbeitung hierher, aber auch hochwertige Designermode wird hergestellt. Im Fabrikverkauf kann man viele Schnäppchen machen, im Infobüro gibt es ein Faltblatt mit einschlägigen Adressen.

Im Inneren der intakten alten Stadtbefestigung finden sich bemerkenswerte Bauwerke. Am augenfälligsten ist das *Castello dell'Imperatore*, eine nordisch-wuchtige Fluchtburg der Staufer aus dem Jahre 1237. Im Chor des *Doms* ein umfangreicher Freskenzyklus von Filippo Lippi, links die Lebensgeschichte des Märtyrers Stephanus, rechts der Lebensweg Johannes des Täufers. Das *Museo del Tessuto* in der Via Santa Chiara 24 dokumentiert in einer umgebauten Textilfabrik die Technik der Stoffverarbeitung in aller Welt. Das supermoderne *Centro per L'Arte Contemporanea Luigi Pecci* am Rand der Neustadt (Viale della Repubblica, nahe der Autobahnausfahrt Prato-Est) zeigt moderne Kunst aus den Bereichen Malerei, Plastik und Design.

• *Öffnungszeiten/Eintritt* **Castello dell'Imperatore**, April bis Sept. tägl. außer Di 9–13 und 16–19 Uhr, Okt. bis März 9–13 Uhr, Di geschl. Eintritt 2,50 €, erm. 1,50 €.

Museo del Tessuto, Mo–Fr 10–18 Uhr, Sa 10–14 Uhr, So 16–19 Uhr, Di geschl. Eintritt 6 €, erm. 3 €, So freier Eintritt.

Centro per L'Arte Contemporanea Luigi Pecci, Mi–Mo 10–19 Uhr, Di geschl., Eintritt 5 €, erm. 4 €.

• *Information* **A.P.T.**, Piazza Duomo 8. Mo–Fr 9–13.30 und 14–18.30 Uhr, Sa 9–13.30 und 14–18 Uhr. ✆ 0574/24112, www.pratoturismo.toscana.it.

• *Übernachten* *** **Flora**, sauberes und gepflegtes Haus mit Garage und vegetarischem Restaurant. DZ mit Bad und TV 90–150 €. Via Cairoli 31, ✆ 0574/33521, 📠 400289, www.hotelflora.info.

Ostello Villa Fiorelli, Jugendherberge in einer renovierten Villa etwas außerhalb, Bus Nr. 13 ab Bhf. Übernachtung im Mehrbettzimmer (mit Bad) 20 €. Via di Galceti 64, ✆ 0574/690786, 📠 691845, www.villafiorelli.it.

Pistoia

ca. 90.000 Einwohner

Die während des Mittelalters reich gewordene Handwerksstadt hat einiges vorzuweisen. Einflüsse der Florentiner und Pisaner Gotik entdeckt man an vielen Bauwerken. Historisches Zentrum ist die Piazza del Duomo. Das nahe gelegene, kleine Marktviertel um die Piazza della Sala ist so abwechslungsreich wie in kaum einer anderen toskanischen Stadt.

Schon bei der Anreise wirkt die Stadt offen, kaum zugebaut. Im breiten Tal sieht man viel Landwirtschaft, Baumschulen und die riesigen Glashäuser der Blumenzüchter – hier an den Ausläufern des Apennin bleibt auch während der heißen Sommermonate ein wenig Bodenfeuchte erhalten. Im 16. Jh. war Pistoia ein bedeutendes Zentrum der Waffenproduktion. Die Pistole, hier erfunden und hergestellt, kam so zu ihrem Namen.

• *Anfahrt/Verbindungen* **Pkw**, Pistoia liegt an der Autobahn A 11 (Florenz-Prato-Pistoia-Lucca-Pisa). Abwechslungsreich ist die Anreise von Norditalien durch den Apennin – von Modena über die SS 12 oder auf der SS 64 von Bologna.

Bahn, 2-mal stündl. Züge von und nach Florenz, eine interessante Anreisevariante ist die „Porrettana" von Bologna direkt nach Pistoia – eine Gebirgsbahn mit vielen Tunnels und Serpentinen.

Bus, nach Florenz (30 Min.), Lucca, Viareggio und Vinci. Station vis-à-vis vom Bhf.

• *Information* An der Piazza Duomo im Bischofspalast (Palazzo dei Vescovi). Mo–Sa 9–13 und 15–18 Uhr, So erst ab 10 Uhr. ✆ 0573/21622, 📠 34327, www.turismo. pistoia.it.

• *Übernachten* **Artemura Residence**, restaurierter Palazzo aus dem 15. Jh., in dem die sich teils über zwei Stockwerke erstreckenden Appartements mit Kassettendecken versehen sind. Mit schönen Holzmöbeln ausgestattet, das Frühstück kann im reizvollen Innenhof eingenommen werden. Unser Tipp in Pistoia! 1 Pers. ab 90 €, 2 Pers. ab 120 €, größere App. bis 400 €. Via P. Bozzi 6/8, ✆ 0573/366698, 📠 26900, www.artemuraresidence.com.

Residenza d'Epoca Puccini, Neueröffnung und gelungene Kombination von restauriertem Renaissancepalazzo mit modernen Kunst- und Designwerken ansässiger Künstler. Freundlicher Service. EZ 80 €, DZ 120 €, Dreibettzimmer 140 €, Vierbettzimmer 160 €. Viccolo Malconsiglio 4, ✆ 0573/26707, 📠 509381, www.puccini.tv.

*** **Il Convento**, ca. 5 km außerhalb, an der Straße über Montale nach Prato, bei der Fina-Tankstelle den Berg hinauf. Altes, weiß gestrichenes Franziskanerkloster am Berghang, ruhig und abgeschirmt. Aus den kleinen Fenstern schöner Blick auf die Ebene, großes Schwimmbad im Park. DZ mit Bad 90–150 €, Frühstück 8 €. Via San Quirico 33, ✆ 0573/452651, 📠 453578, www.ilconventohotel.com.

*** **Patria**, im Zentrum, freundliche Rezeption, geschmackvolle Zimmer, Stofftapeten, teures Mobiliar. DZ mit Bad 90–110 €, EZ 60–75 €. Via F. Crispi 6/8, ✆ 0573/25187, ℻ 368168, www.patriahotel.com.

Camping Barco Reale 15 km südlich Richtung Vinci, bei S. Baronto im Montalbano-Gebiet. Hübsch terrassiertes Gelände mit Baumwuchs, Pool, Restaurant, deutschsprachige Rezeption. 8,50–10,50 €/Pers., geöffnet April bis Sept. ✆ 0573/88332, ℻ 856003, www.barcoreale.it.

• *Essen & Trinken* **Da Ale (La Sala)**, urgemütliches Lokal, leckeres Essen, gute Pizza. Nur abends geöffnet, Mi geschl. Via Sant'Anastasio 4, ✆ 0573/24108.

Trattoria dell'Abbondanza, kleine, versteckt liegende Trattoria, die auch gerne von Einheimischen besucht wird. Preiswert, Menü ca. 20 €. Mi und Do jeweils mittags geschl. Via dell'Abbondanza 14, ✆ 0573/368037.

Sehenswertes: Der Dom *San Zeno* an der weitläufigen Piazza del Duomo ist im pisanischen Stil erbaut und besitzt eine filigrane Kostbarkeit, den Silberaltar in der *Cappella di San Jacopo*. Mehrere Generationen von Goldschmieden haben daran gearbeitet, auch Brunelleschi, der Architekt der Florentiner Domkuppel.
Der mächtige *Palazzo del Comune* (1339–1385) beherbergt das *Museo Civico* mit Gemälden aus dem 15.–16. Jh sowie Keramik und Münzen. Das *Giovanni Michelucci Research Center* im zweiten Stock besitzt Zeichnungen, Projekte und Modelle des gleichnamigen einheimischen Architekten, von dem u. a. der Bahnhof von Florenz stammt.

In der ansonsten recht schmucklosen Kirche *Sant'Andrea* steht die Kanzel von Giovanni Pisano, ein bildhauerisches Meisterwerk mit plastisch dargestellten Szenen des Neuen Testaments. Giovanni und sein Vater Nicola waren viel beschäftigte Kirchenbaumeister – Nicola entwarf 1260 die erste freistehende Kanzel in der berühmten Taufkapelle von Pisa.

In vielen Farben leuchten die „sieben christlichen Barmherzigkeiten" von der Fassade des alten Krankenhauses *Ospedale del Ceppo*. Die wie ein Band aneinandergereihten Tonreliefs sind die bemerkenswertesten Werke aus der Florentiner Großwerkstatt der Brüder della Robbia (1514).

Zeichnungen und Entwürfe des 1901 in Pistoia geborenen Bildhauers Marino Marini sind im *Museo Marino Marini* (Corso Sivano Fedi 72) ausgestellt.
Der *Giardino Zoologico*, ein beispielhaft angelegter Privatzoo, findet sich 4 km westlich von Pistoia.

• *Öffnungszeiten/Eintritt* **Cappella di San Jacopo**, 8.30–12.30 und 15.30–17.30 Uhr, 2 €. **Museo Civico** und **Giovanni Michelucci Research Center**, im Winter Di und Do–Sa 10–17 Uhr, Mi 15–18 Uhr, So 11–17 Uhr, im Sommer je eine Stunde länger, Mi 16–19 Uhr, Mo geschl. Eintritt 3,50 €, erm. 2 €.

Museo Marino Marini, April bis Sept. Mo–Sa 10–18 Uhr, sonst bis 17 Uhr, So geschl. Eintritt 3,50 €, erm. 2 €.

Giardino Zoologico, Mo–Fr 9–18 Uhr, Sa/So bis 19 Uhr, Eintritt 11,50 €, Kinder bis 9 J. 9 €, www.zoodipistoia.it. Busse ab Zentrum, mit dem Auto Straße Richtung Castagno nehmen.

Vinci: 20 km südlich von Pistoia, Geburtsort des Renaissance-Genies Leonardo da Vinci. Mitten im Dorf Vinci wurde im Castello das *Museo Leonardiano da Vinci* eingerichtet – anhand von Skizzen Leonardos hat man hier zahlreiche Apparate nachgebaut: Kriegsmaschinen, ein Flugapparat, das „erste Auto der Welt" und andere Geräte zur Fortbewegung, eine Taucherausrüstung usw. Das moderne *Museo Ideale Leonardo da Vinci* sorgt seit 1993 für Konkurrenz, ist aber trotz technischer Raffinessen nicht so publikumswirksam. Das Geburtshaus des Genies liegt 4 km südöstlich im Weiler *Anchiano*.

Öffnungszeiten/Eintritt **Museo Leonardiano da Vinci**, März bis Okt. 9.30–19 Uhr, Nov. bis Februar 9.30–18 Uhr, Eintritt 6 €. **Museo Ideale Leonardo da Vinci**, Di–So 10–18 Uhr, Mo geschl., Eintritt 6 €. **Geburtshaus** Öffnungszeiten wie Museo Ideale.

Toskana Karten S. 592/593 und 642/643

Montecatini Terme

ca. 21.000 Einwohner

Ein gepflegtes Thermalbad mit weitläufigen, exotischen Parkanlagen und pompösen Thermalbauten. Neben Vichy, Baden-Baden und Marienbad war Montecatini eines der prestigeträchtigsten Reiseziele der vorletzten Jahrhundertwende. Damals flossen Gelder aus der Mailänder Finanzwelt in die *Thermen-Aktiengesellschaft*, immer neue Mineralquellen wurden erschlossen, und ein Bauboom sorgte für die Unterkünfte, in denen sich die prominenten Gäste wohl fühlen konnten. Natürlich war der Glamour nicht von unbeschränkter Dauer, und Montecatini musste wie viele andere europäische Heilbäder den Abstieg in die Liga des Kurmassenbetriebs hinnehmen. Nur der klassischen Schönheit des großen Thermalparks am Viale Verde hat der Wandel der Zeiten nie etwas anhaben können.

Doch mittlerweile schwimmt Montecatini wieder ganz oben auf der Wellness-Welle und vermarktet sich erfolgreich als moderne Spa-Metropole. Und auch der (Geld-) Adel ist wieder vor Ort. Diesmal kommt er verstärkt aus Russland und genießt das gesunde Leben mit allem, was dazugehört: Golfclub, Schießplatz und Pferderennbahn ...

• *Information* **A.P.T.-Büro**, tägl. 9–13 und 15–19 Uhr. Viale Verdi 66, ✆/℻ 0572/772244, www.montecatiniturismo.it.

• *Verbindungen* **Bahn**, der Ort liegt an der Strecke Florenz–Viareggio bzw. Pisa. Die Stazione Montecatini Centro ist der „Hauptbahnhof". Etwas weiter östlich befindet sich der große Hauptbahnhof Montecatini Terme/Monsummano.

Bus, gute Verbindung nach Lucca, Pistoia und Florenz. Die Busse starten vom großen Terminal an der Via E. Toti (parallel zur Bahnlinie).

• *Kurangebot/Thermen* Umfassende Informationen zu den Kurangeboten der Bäder liefert die Website www.termemontecatini.it, allerdings nur in Italienisch. Infos auch unter ✆ 0572/7781, ℻ 778444.

Therme Excelsior, ein Prunkstück im Liberty-Stil. Anfang des 20. Jh. erbaut, war die Therme ursprünglich als Café und Casino geplant. Mitte der 1960er Jahre wurde sie durch einen Erweiterungsbau ziemlich verunstaltet (gegenüber dem APT-Büro).

Therme Leopoldine, nur noch der zentrale Säulengang aus dem Jahr 1775 ist original. Seit den Umbauten im Jahr 1920 wirkt der Bau wie eine römische Legionärskaserne.

Therme Tettuccio, sie ist eindeutig die Perle von Montecatinis Thermalbädern – ein luftig-heller Travertinbau aus dem Jahr 1920 in einem barock anmutenden Stil. Im Inneren (an der Ostseite) ist die ursprüngliche Fassade aus dem Jahr 1781 zu sehen.

• *Übernachten* ***** **Grand Hotel E la Pace**, ab 255 € nächtigen Sie hier im DZ ganz komfortabel. Geöffnet April bis Okt. Via della Torretta 1, ✆ 0572/9240, ℻ 78451, www.grandhotellapace.it.

**** **Torretta**, am Ortsausgang nach Montecatini Alto gelegen, am Rande des Thermalparks. (Lesertipp: „Sehr empfehlenswertes Haus, mit Schwimmbad, schönem Garten, reichhaltigem Frühstücksbuffet und bester Küche, deutschsprachig"). DZ 150 €. Viale Bustichini 63, ✆ 0572/70305, ℻ 70307, www.hoteltorretta.it.

*** **Corallo**, gut geführtes Mittelklassehotel. Gepflegte Lobby, eigener Parkplatz. DZ mit Bad 130 €. Viale Cavallotti 116, ✆ 0572/78288, ℻ 79512, www.golfhotelcorallo.it.

** **Loren**, von einem freundlichen kalabresischen Ehepaar gemanagt. DZ mit Du/WC 48 €. Geöffnet März bis Okt. Viale Cavallotti 44, ✆/℻ 0572/770195.

** **Splendid**, Zimmer okay, Restaurant mit kreativer Hausmannskost, DZ mit Du/WC 55 €. Via Mazzini 36, ✆ 0572/502561, ℻ 75004, www.splendid-hotel.it.

• *Camping* → unten, in Montecatini Alto.

• *Essen/Trinken* **Ristorante Corsaro Verde**, toskanische Küche, Straßenbetischung. Mittags preiswerte, leckere Tagesgerichte. In der angeschlossenen Ein-Stern-Pension werden auch Zimmer vermietet, DZ 68 €. Piazza XX Settembre 11, ✆ 0572/911650, www.corsaroverde.it.

Osteria da Guido, nahe dem Stadtzentrum. Luftig-modernes Ambiente und hervorragende Küche. Die regionalen Gerichte (empfehlenswert: *ravioli pistoiese*, 8 €) sind frisch zubereitet und der gut gewürzte *lardo* (Speck) zergeht auf der Zunge. Di geschl. Via Mazzini 2 (rechts vom Kirchenneubau).

Montecatini Alto: Ein Bergnest wie aus dem Bilderbuch. Mit der Drahtseilbahn erreicht man nach einer 10-minütigen atemberaubenden Fahrt das Oberdorf von Montecatini, das mit einer äußerst pittoresken Piazza (Restaurants mit Straßenbestuhlung), steilen Gässchen und einer mittelalterlichen Burg aufwartet. Eine Straße führt natürlich auch hinauf, allerdings dauert es länger, auch wenn die Strecke kaum weniger beeindruckend ist.

• *Drahtseilbahn* Viale Armando Diaz 22 (oberhalb des Kurparks). Von Mitte März bis Ende Okt. täglich in Betrieb, von Mitte April bis Anfang Okt. halbstündlich bis Mitternacht, sonst nur bis 19.30 Uhr. Im Winterhalbjahr geschl. Einfach 3,50 €, hin/zurück 6 €.

• *Camping* **Belsito**, knapp nördlich von Montecatini Alto (von hier aus an der Kreuzung Richtung Pistoia). 100 Stellplätze und einige Bungalows. Sehr nüchterne Anlage. Absolut großartig hingegen ist die Lage im Grünen! Eigene Sanitärkabine kann gemietet werden. Mit Pool. Stellplatz (2 Erw. und Zelt) 24 €. Ganzjährig geöffnet. Via delle Vigne 1a, Loc. Vico, ✆/℻ 0572/67373, www.campingbelsito.it.

Collodi: Auf halbem Weg zwischen Montecatini Terme und Lucca liegt in einem engen Seitental eine der schönsten Gartenanlagen der Toskana sowie das Spielzeugdorf Pinocchios, der *Parco di Pinocchio*. Zwischen 1881–1883 schrieb Carlo Collodi die Pinocchio-Geschichten aus dem Milieu der kleinen Handwerker und bald wurde der freche Lausbub weltberühmt. In den 1950er Jahren beschloss dann das literarisch zu Ruhm gekommene Städtchen den Bau einer Parkanlage, in der Motive aus den Geschichten Pinocchios dargestellt werden sollten. So trifft man hier auf Freunde und Feinde Pinocchios: Gepetto, im Bauch des „großen Walfisches“, mit Getränk und Konservenbüchse am Tisch sitzend, oder den Kater und die Füchsin im „Gasthaus zum roten Krebs“. Pinocchio, zum Eselchen verzaubert, und andere Episoden der Erzählungen sind als kindergroße Bronzestatuen dargestellt und auch „Pinocchios Dorf“ und das „Große Puppentheater“ fehlen nicht.

Der Park der *Villa Garzoni* zieht sich steil den Hang hinauf, auf der Kuppe darüber steht das Schloss. In der Mitte führt die durch Wasserspiele unterbrochene Treppe hinauf, gesäumt von imitierten Tropfsteingrotten und bröckelnden Tonfiguren. Fast wie ein Puzzle wirkt der Teil direkt unterhalb des Schlosses – Brücken und Treppen in einem dichten Bambushain. Im Garten wurde ein großzügiges Gehege, das *Butterfly House*, eingerichtet. Dort sind hunderte verschiedener Schmetterlingsarten zu bewundern, meist tropischen Ursprungs.

Öffnungszeiten/Eintritt **Parco di Pinocchio**, tägl. 8.30 Uhr bis Sonnenuntergang, Eintritt 11 €, Kinder bis 14 J. 8 €. **Giardino Garzoni/Butterfly House**, März bis Okt. 8.30 Uhr bis Sonnenuntergang, übrige Zeit nur Sa. Eintritt 13 €, Kinder (3–14 J.) 10 €. Sammelticket für beide Einrichtungen 20 € bzw. 16 €.

Lucca

ca. 85.000 Einwohner

„Der kleine Vatikan in der Toskana“, so wird Lucca gerne genannt. 99 Kirchen und Kapellen stehen in dieser von einer gut erhaltenen Verteidigungsmauer umgebenen mittelalterlichen Schatztruhe, wenn auch ein großer Teil der klerikalen Bauten schon lange als Boutique oder Metzgerladen zweckentfremdet ist.

180 v. Chr. gründeten die Römer hier im Schwemmland des Serchio eine Kolonie. Das schachbrettartige Straßenmuster ist bis heute erhalten geblieben. Seine Blütezeit hatte Lucca im 12. und 13. Jh. Damals florierte der Handel mit den hier verarbeiteten blumenbemusterten, schweren Seidenbrokatstoffen. Bereits 1369 wurde der Stadt vom Kaiser eine Universität genehmigt – aber man wollte keine, bis heute nicht,

Toskana
Karten S. 592/593 und 642/643

zwei Priesterseminare und ein Musikkonservatorium waren genug ... Auch heute noch gelten die Luccheser als konservativ, fleißig und sparsam. Industrie und Tourismus spielen in der Handels- und Verwaltungsstadt eine untergeordnete Rolle.

Anfahrt/Verbindungen/Information

• *Anfahrt/Verbindungen* **Pkw**, Lucca liegt an der A 11 von Pisa über Pistoia nach Florenz.

Bahn, Station an der Strecke Florenz – Viareggio, außerdem geht eine häufig befahrene Strecke ins nahe Pisa und eine Nebenbahn Richtung Norden durch die Garfagnana nach Aulla an der Strecke La Spezia – Parma. Der Bahnhof liegt südlich der Stadtmauer.

Bus, LAZZI-Busse ab Piazzale Verdi (an der westlichen Stadtmauer) u. a. nach Pisa, Viareggio, Bagni di Lucca und Florenz; mit C.L.A.P. in die Garfagnana und nach Collodi.

Cicli Chronò verleiht normale Straßenfahrräder (2,50/Std., 12,50 €/Tag), aber auch gute Rennräder (Karbon) für 25 €/Tag. Auch Touren durch die Stadt oder in die Umgebung werden organisiert. Reparaturservice. Corso Garibaldi 93 (Ecke Via Vitt. Veneto), ✆ 0583/490591.

• *Information* **Centro Accoglienza Turistica**, im Sommer tägl. 9–19, übrige Zeit 9.30–17.30 Uhr. Piazzale G. Verdi, ✆ 0583/817874, ℻ 582389, www.luccaitinera.it.

A.P.T.-Büro (auch Buchhandlung zu Stadt und Umgebung, Internetpoint, Toiletten). Tägl. 9–20 Uhr, im Winter 9–12.30 und 15–18.30 Uhr. Piazza S. Maria, ✆ 0583/919931, ℻ 469964, www.luccaturismo.it.

Übernachten (siehe Karte S. 628/629)

Trotz zahlreicher Hotels kann es, besonders in der unteren und mittleren Preiskategorie, oft schwierig sein, ein Zimmer zu bekommen – auch in der Nebensaison. Es gibt keinen Campingplatz, aber eine Jugendherberge.

*** **La Luna (7)**, zentral und ruhig neben der Fußgängerzone Fillungo, viel Platz im Raum, oft mit Schreibtisch und extra Lampe. Viele Zimmer in einer gegenüberliegenden Dependance. Beschränkte Parkmöglichkeit vor dem Haus. DZ 135 €, mit Früh-

Über den Dächern von Lucca

stück. Corte Compagni 12, ✆ 0583/493634, ✉ 490021, www.hotellaluna.com.

*** **Rex (16)**, direkt am Bahnhofsvorplatz, 5 Min. vom Dom. Hotel in einem luftigen Bürgerhaus mit geräumigen Gängen und Zimmern. 1990 eröffnet und noch immer top in Schuss. DZ 110 €. Piazza Ricasoli 19, ✆ 0583/955443, ✉ 954348, www.hotelrexlucca.com.

*** **Piccolo Hotel Puccini (11)**, direkt neben dem Geburtshaus von Puccini. Toplage, Zimmer in einem Altstadthaus. Parkhaus nebenan. DZ 95 €, kleines Frühstück 3,50 €. Via di Poggio 9, ✆ 0583/55421, ✉ 53487, www.hotelpuccini.com

** **Stipino (17)**, etwas außerhalb der Altstadt, freundlicher Service, gepflegte Zimmer, eigener Parkplatz. DZ mit Bad um 70 €, mit Etagendusche ca. 60 €. Via Romana 95, ✆ 0583/495077, ✉ 490309, www.hotelstipino.com.

** **Diana (15)**, zentral neben dem Dom. Freundliche Familienpension, in den Zimmern weiße Schleiflackmöbel und TV, renovierte Bäder. DZ 65 €, die Zimmer in der De-pendance 75 €. Via del Molinetto 11, ✆ 0583/492202, ✉ 467795 www.albergodiana.com.

• *Privatzimmer* **La Torre (12)**, gleich neben dem Marktplatz. DZ mit Bad und Frühstück 80 €. Via del Carmine 11, ✆/✉ 0583/957044, www.roomslatorre.com.

San Frediano (6), Lesertipp. Liebevoll eingerichtete Zimmer mitten im Zentrum, saubere Etagendusche, nette Vermieterin, aber leider mageres Frühstück. DZ 60–140 €, ohne Bad 50–90 €. Via degli Angeli 19, ✆ 0583/469630, ✉ 991772, www.albergolucca.it.

Residence Santa Chiara (14), in einem Gebäude des 16. Jh., 2005 gründlich renoviert; fünf DZ. Das Frühstück wird im Sommer auf der hübschen, kleinen Terrasse im Innenhof serviert. Sauber und charmant. DZ 50–85 €. Via Santa Chiara 12, ✆ 0583/491349, ✉ 471091, www.residencesantachiara.com.

• *Jugendherberge* **Ostello San Frediano (IYHF) (4)**, in einem riesigen Palastgebäude mit Garten zum Stadtwall. Abends preis werte Menüs. Übernachtung ab 18 € pro Pers., DZ 55 €, Frühstück 3 €. Via della Cavallerizza 12, ✆ 0583/469957, ✉ 461007, www.ostellolucca.it.

• *Camping* Der nächstgelegene Zeltplatz befindet sich in **Torre del Lago Puccini**, etwa 10 km entfernt an der Küste.

Essen & Trinken/Cafés/Unterhaltung/Shopping/Feste (siehe Karte S. 628/629)

• *Essen & Trinken* **Buca di Sant'Antonio (13)**, das gehobene Restaurant in Lucca, eine ehemalige Poststation. Die rustikalen Deckenbalken biegen sich vom Kupfergeschirr, Menü ca. 35 €. So-Abend und Mo geschl. Via della Cervia 3, ✆ 0583/55881.

Da Leo (8), sehr beliebt bei Einheimischen wie Touristen, oft voll. Abwechslungsreiche und preiswerte regionale Küche, relativ günstig. Auch Plätze im Freien. Via Tegrimi 1, ✆ 0583/492236, www.trattoriadaleo.it.

Da Giulio in Pelleria (2), seit vielen Jahren der Renner in Lucca. Auf zwei Ebenen können 100 Gäste verköstigt werden, trotzdem sind oft schon am frühen Abend alle Tische besetzt. Auch hier wird die traditionelle Luccheser Küche gepflegt, Menü ab ca. 25 €, für das Gebotene preiswert. So geschl. Via delle Conce 47, ✆ 0583/55948.

Osteria Dal Manzo (5), neu renoviert, ansprechendes Ambiente, auch vegetarische Küche, neben der üblichen leckeren lucchesischen Hausmannskost (Fleisch und Fischgerichte). Menü 20–30 €. So Ruhetag. Via Cesare Battisti 28, ✆ 0583/490649.

Locanda Buatino (1), unser Tipp! Typisch toskanische Gerichte, die Speisekarten werden jeden Tag neu geschrieben und enthalten keine Preise – doch keine Sorge: das Restaurant ist günstig und entsprechend beliebt. Viele Studenten essen hier, oft fröhliche Stimmung. Auch Zimmervermietung. So geschl. Via Borgo Giannotti 508 (zu Fuß 5 Min. außerhalb der Stadtmauer), ✆ 0583/343207.

• *Cafés/Unterhaltung* **Antico Caffè Di Simo (10)**, Terrassencafé aus der Zeit der vorletzten Jahrhundertwende, hier trafen sich die Komponisten und Literaten (Giacomo Puccini, Giovanni Pascoli u. a.). Mehrere Räume, an den Wänden zeitgenössische Malereien und Lithografien. Buffet 10 €. Mo geschl. Via Fillungo 58.

Mirò (9), angenehme Nachtkneipe abseits vom touristischen Geschehen. Di und Do oft Konzerte, vorwiegend lateinamerikanische Folklore und Jazz. Mo geschl. Via del Fosso 215.

Toskana Karten S. 592/593 und 642/643

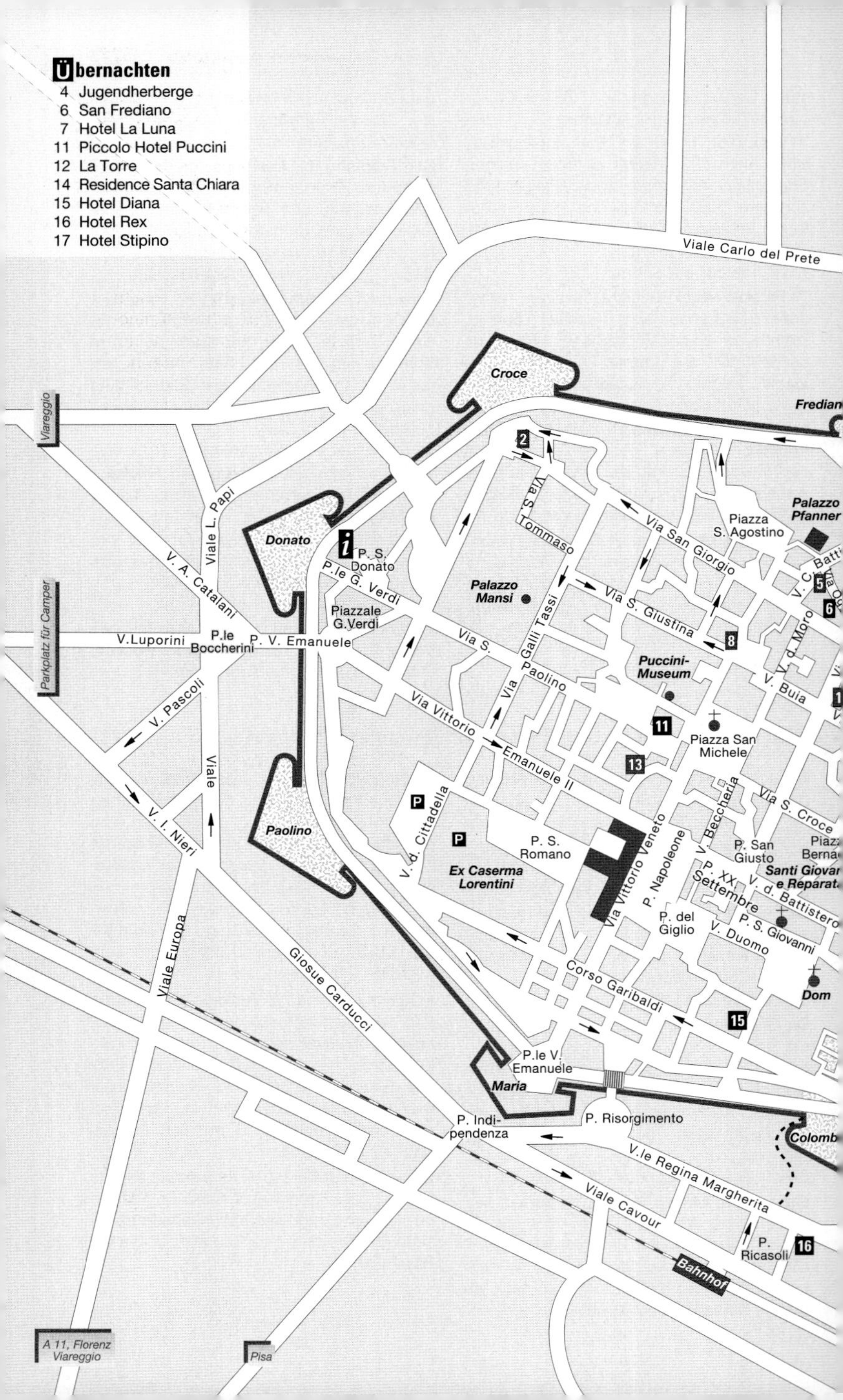
Übernachten
4 Jugendherberge
6 San Frediano
7 Hotel La Luna
11 Piccolo Hotel Puccini
12 La Torre
14 Residence Santa Chiara
15 Hotel Diana
16 Hotel Rex
17 Hotel Stipino
Viale Carlo del Prete
Croce
Viareggio
Parkplatz für Camper
Viale L. Papi
Donato
P. S. Donato
P.le G. Verdi
Piazzale G.Verdi
V. A. Catalani
V.Luporini
P.le Boccherini
P. V. Emanuele
V. Pascoli
Viale
V. I. Nieri
Paolino
Via S. Tommaso
Palazzo Mansi
Via Galli Tassi
Via S. Paolino
Via Vittorio Emanuele II
V. d. Cittadella
P
P
P. S. Romano
Ex Caserma Lorentini
Via San Giorgio
Via S. Giustina
Piazza S. Agostino
Palazzo Pfanner
V. d. Moro
V. Buia
Puccini-Museum
Piazza San Michele
Via Beccheria
Via S. Croce
P. San Giusto
Santi Giovan e Reparata
V. d. Battistero
P. S. Giovanni
P. XX Settembre
P. Napoleone
Via Vittorio Veneto
P. del Giglio
V. Duomo
Dom
Corso Garibaldi
Frediano
Viale Europa
Giosue Carducci
P.le V. Emanuele
Maria
P. Indipendenza
P. Risorgimento
Colomb
V.le Regina Margherita
Viale Cavour
P. Ricasoli
Bahnhof
A 11, Florenz Viareggio
Pisa
2
5
6
8
11
13
15
16

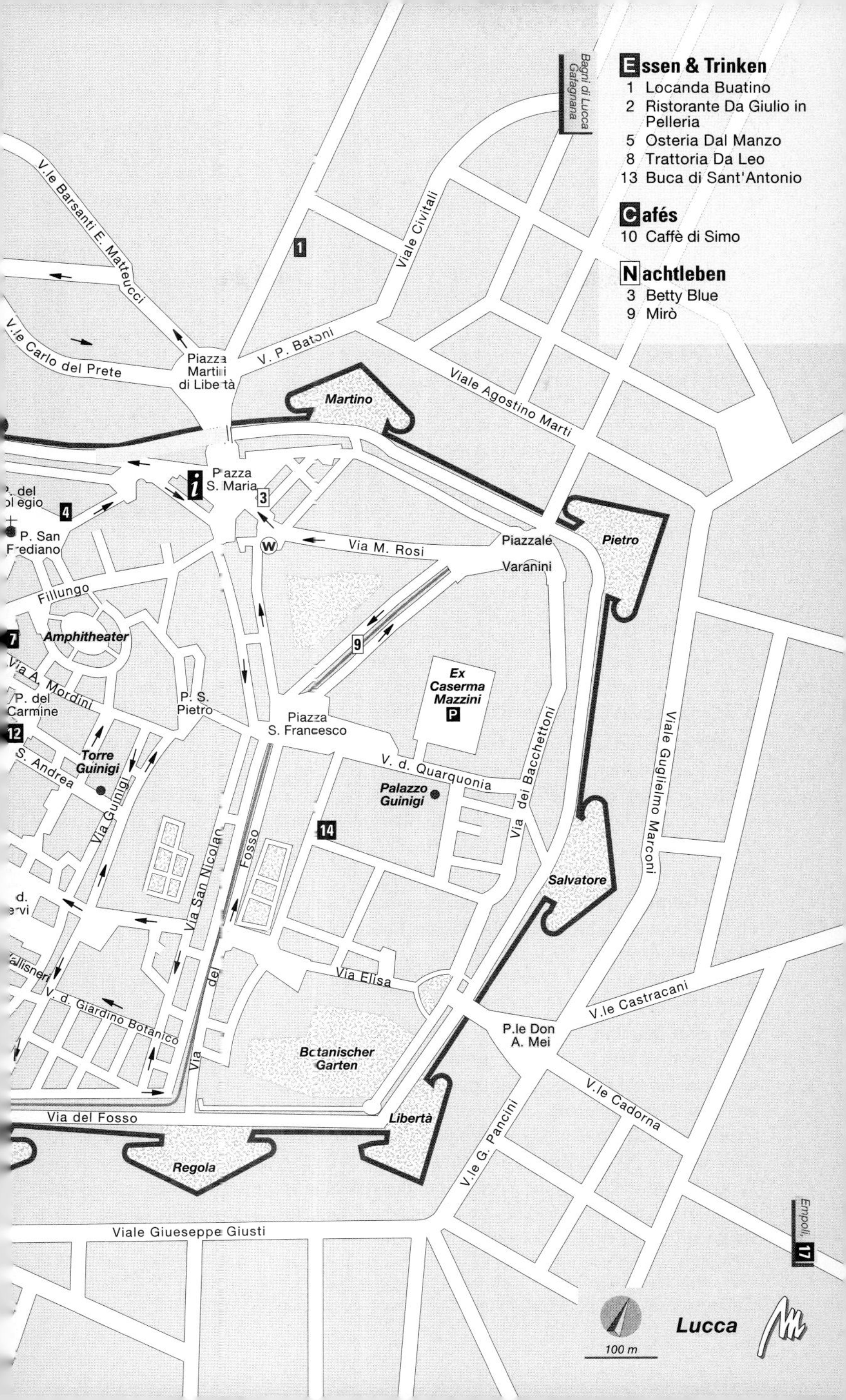
Essen & Trinken
1 Locanda Buatino
2 Ristorante Da Giulio in Pelleria
5 Osteria Dal Manzo
8 Trattoria Da Leo
13 Buca di Sant'Antonio
Cafés
10 Caffè di Simo
Nachtleben
3 Betty Blue
9 Mirò
Bagni di Lucca Garfagnana
V.le Barsanti E. Matteucci
Viale Civitali
V.le Carlo del Prete
V. P. Batoni
Viale Agostino Marti
Martino
Pietro
Piazza S. Maria
P. San Frediano
Fillungo
Amphitheater
Via M. Rosi
Piazzale Varanini
Via A. Mordini
P. del Carmine
P. S. Pietro
Piazza S. Francesco
Ex Caserma Mazzini
S. Andrea
Torre Guinigi
Via Guinigi
V. d. Quarquonia
Palazzo Guinigi
Via dei Bacchettoni
Viale Guglielmo Marconi
Via San Nicolao
Via del Fosso
Salvatore
Via Elisa
V. d. Giardino Botanico
Botanischer Garten
P.le Don A. Mei
V.le Castracani
V.le Cadorna
Libertà
Regola
V.le G. Pancini
Viale Giueseppe Giusti
Empoli
100 m
Lucca

Betty Blue (3), Hardrock-Alternativkneipe im Stadtviertel Gonfalone. Via del Gonfalone 16/18.

• *Shopping* Das beste **Olivenöl** der Toskana stammt bekanntermaßen aus der Provinz Lucca, doch gibt es auch hier deutliche Qualitätsunterschiede – deshalb möglichst vor dem Kauf verkosten.

Weitere Spezialität und Wahrzeichen Luccas sind die **buccellati**, Hefeteigringe mit Anisgeschmack, in bester Qualität zu erwerben in der **Pasticceria Taddeucci** an der Piazza San Michele.

• *Feste* **Fest der heiligen Zita** am 24.–27. April mit großem Blumenmarkt (→ Sehenswertes/Kirche San Frediano).

Festa di Santa Croce, großes Fest im September mit Umzügen in Kostümen des 17./18. Jh. Höhepunkt der Feierlichkeiten ist der Abend des 13. September. Die Fenster werden mit Öllampen dekoriert und spätabends erstrahlt die Stadtmauer im Glanz eines prächtigen Feuerwerks (bei der Bastion San Paolino).

Caffè di Simo

Sehenswertes

Die Stadt als Ganzes, bestens zu überblicken bei einem Rundgang auf dem 4 km langen Stadtwall. Mittelpunkt des Lebens ist die Piazza San Michele, schönster Straßenzug die Via Fillungo mit zahlreichen Geschäften.

Stadtmauer: ein mächtiger Verteidigungswall aus Lehm, eingefasst durch eine 12 m hohe Ziegelsteinmauer. In seinem heutigen Umfang entstand der Wall Mitte des 15. Jh. Erst im 19. Jh. erhielt das Festungswerk sein heutiges, parkähnliches Aussehen. Die Mauer machte Lucca früher oft zur Arche Noah, denn sie bewahrte die Stadt vor Überschwemmungen. Bei Hochwasser wurden alle Tore geschlossen und kleinere, undichte Stellen mit Matratzen abgedichtet.

Torre Guinigi: Der 44 m hohe Backsteinturm mit jahrhundertealten Steineichen auf der Spitze ist das Wahrzeichen von Lucca. Nach 230 Stufen ist man oben und kann den herrlichen Blick auf die Stadt genießen.

Öffnungszeiten/Eintritt Nov. bis Februar 9.30–16.30 Uhr, März und Okt. bis 17.30 Uhr, April/Mai bis 18.30 Uhr, Juni bis Sept. bis 19.30 Uhr. Eintritt 3,50 €.

Dom San Martino: Sein heutiges Aussehen bekam er zwischen dem 12. und 15. Jh. Die Fassade ist eine Mischung aus zierlichen Säulengalerien (oben) und einer mächtigen Vorhalle, dem einzigen romanischen Teil des Bauwerks. Im linken Kirchenschiff ein Tempelchen wie aus Jerusalem herbeigebracht: ein achteckiger Marmorbau, genannt *Volto Santo*. Die Legende besagt, dass das hölzerne Kreuz vom heiligen Nikodemus im Morgenland geschnitzt wurde. Am 13. September wird es in einer Prozession durch die Stadt getragen. In der Sakristei steht der Sarkophag der *Ilaria del Carretto*, ein Meisterwerk des sienesischen Bildhauers Jacopo della Quercia. Wie schlafend liegt sie da, ihr Lieblingshund hält Totenwache und wärmt ihre Füße.

Öffnungszeiten/Eintritt April bis Okt. Mo–Fr 9.30–17.45 Uhr, Sa 9.30–18.45 Uhr, So 13–17.45 Uhr; Nov. bis März Mo–Fr 9.30–16.45 Uhr, Sa 9.30–18.45 Uhr, So 13–17 Uhr. Eintritt 2 €. Sammelticket mit Dommuseum und Kirche Santi Giovanni e Reparata 5,50 €.

Santi Giovanni e Reparata: In dieser Kirche schräg gegenüber vom Dom wurde der komplette Boden abgetragen und durch eine Zwischendecke ersetzt. Das darunter liegende Ausgrabungsgelände aus römischer und frühchristlicher Zeit kann besichtigt werden.

Öffnungszeiten/Eintritt 15. März bis 2. Nov. 10–18 Uhr, 3. Nov bis 14. März nur Sa/So 10–17 Uhr. Besuch der Kirche und des links anschließenden Baptisteriums mit Einblick von oben ins Ausgrabungsgelände 2,50 € (Sammelticket mit Dom und Dommuseum 5,50 €).

San Michele in Foro: filigran geschmückter Bau an der Piazza San Michele, dem Lebensnerv der Altstadt. Im Gegensatz zum bischöflichen Dom entstand diese Kirche im 13./14. Jh. im Auftrag der Bürgerschaft. Die schöne Fassade ist mit viel Fantasie durchgestaltet. Die Marmoreinlegearbeiten haben arabische Muster – Hunde bei der Jagd, Bären und Federvieh. Die Säulen tragenden Marmorköpfe wurden im 19. Jh. durch Politikerhäupter der Neuzeit ersetzt, darunter Garibaldi und der erste italienische Ministerpräsident Cavour.

Öffnungszeiten/Eintritt tägl. 7.40–12 und 15–18 Uhr.

San Frediano: streng romanischer Bau mit schillerndem Fassadenmosaik am Giebel. Der heilige Fredianus, ein irischer Priester, der Bischof von Lucca wurde, gründete die Kirche im 6. Jh. Sie wurde die Kirche der reichen Kaufleute, einige ließen sich in den aufwändig ausgestatteten Nebenkapellen eine letzte Ruhestatt errichten. In einer Seitenkapelle rechts steht ein wunderschöner romanischer *Taufbrunnen*, an dem mehrere Künstler arbeiteten (12. Jh.). Hinter dem Brunnen die *Kapelle der heiligen Zita*, mumifiziert liegt sie aufgebahrt in einem Glasschrein. Sie war Hausangestellte und verteilte heimlich Brot aus der Speisekammer an Bedürftige. Als kein Brot mehr da war, verwandelte sie Rosen in Brot, deswegen der große jährliche Blumenmarkt im April (→ Feste).

Öffnungszeiten/Eintritt Mo–Sa 8.30–12 und 15–17 Uhr, So 10.30–17 Uhr.

San Michele in Foro

Piazza Anfiteatro Romano: Als im Mittelalter der Raum in der Altstadt nicht mehr ausreichte, wurde der Mauerring erweitert und die Ruine des römischen Amphitheaters mit Wohnhäusern umbaut. Anstatt des gewohnten Bildes einer antiken Theaterruine zeigt sich dem Besucher heute ein anmutiger ovaler Platz, rundum von Häusern gesäumt und nur durch einen der vier Torbögen zu betreten. An einigen Torbögen sind noch Steine mit römischer Inschrift zu erkennen. Das frühere Armenviertel mit Schlachthof, Gefängnis und Bordellen gehört heute zu den Topadressen Luccas.

Palazzo Mansi (Pinacoteca Nazionale): In den prunkvollen Sälen des Palastes aus dem 17. Jh. im Westen der Stadt (Via Galli Tassi 43) wurde eine stattliche Gemäldesammlung eingerichtet. Werke Tintorettos sind hier zu finden, aber auch Utensilien von Napoleon. Beeindruckend das Schlafgemach der Lucila Mansi, der Gemahlin eines wohlhabenden Patriziers. Die berüchtigte Dame soll ihre Seele dem Teufel verkauft haben, um ihre Jugend zu erhalten und auch noch im Alter ihr Männer verschleißendes Unwesen treiben zu können. Nach vollbrachter Liebesmüh machte sie dann ihre Liebhaber kalt – heißt es.

Öffnungszeiten/Eintritt Di–Sa 8.30–19 Uhr, So 8.30–13 Uhr, Mo geschl. Eintritt 4 €.

Botanischer Garten: Eine grüne Oase innerhalb der Stadtmauern. Ursprünglich verlief hier ein zweiter Verteidigungsring, als Überrest ist ein Hügel aus weißem Stein geblieben.

Öffnungszeiten/Eintritt 20. März bis 30. April und 17. Sept. bis 31. Okt. 10–17 Uhr, 1. Mai bis 30. Juni 10–18 Uhr, 1. Juli bis 16. Sept. 10–19 Uhr. 1. Nov. bis 19. März nur mit Voranmeldung (✆ 0583/583086). Eintritt 3 €.

Lucca/Umgebung

Die Ebene von Lucca ist voll von herrschaftlichen Residenzen, die in der Zeit zwischen dem 15. und 19. Jh. von Adels- und Unternehmerfamilien erbaut wurden. In San Pancrazio, ca. 7 km nördlich von Lucca, liegen drei repräsentative Villen nah beieinander, deren herrliche Parkanlagen von etwa Mitte März bis Anfang November besichtigt werden können: *Villa Grabau, Villa Reale* und *Villa Oliva.* Man nimmt dazu die SS 12 und fährt in Richtung Abetone, dabei auf die Beschilderung zu den Gärten achten.

Die SS 12 führt weiter in Richtung Norden das schöne Tal des Serchio hinauf, bei Borgo a Mozzano überspannt der mittelalterliche *Ponte del Diavolo* (Teufelsbrücke) den Fluss in kühnen Bögen.

Wenige Kilometer nördlich liegt *Bagni di Lucca* im Flusstal des Lima. Einst ein Kurort von Weltrang, ist es heute ein stilles Dorf, an dessen glorreiche Zeit Parkanlagen, alte Villen und zahllose Gedenktafeln mit Namen der illustren Gäste erinnern.

• Öffnungszeiten/Eintritt **Villa Grabau**, tägl. außer Mo-Vormittag: 1. April bis 30. Juni sowie 1. Sept. bis 1. Nov. 10–13 und 14–18 Uhr. 1. Juli bis 31. Aug. 10–13 und 15–19 Uhr. 2. Nov. bis 31. März nur So 11–13 und 14.30–17.30 Uhr. Eintritt 5 € für den Park, geführte Besichtigung der Villa 7 €. **Villa Reale**, März bis Nov. tägl. außer Mo. geführte Gartenbesichtigung 10–13 und 14–18 Uhr, im Winter nur Gruppen (mind. 10 Pers.) nach Voranmeldung. Eintritt 7 €. **Villa Oliva**, 15. März bis 15. Nov. tägl. 9.30–12.30 und 14–18 Uhr, im Winter nur Gruppen nach Voranmeldung. Eintritt 6 €.

Pisa siehe Toskanische Küste, S. 674.

Von Florenz nach Arezzo

Das Tal des Arno, das Valdarno, ist eine breite, hügelige Talebene, begrenzt von der hohen Bergkette des Pratomagno und den Chianti-Bergen (800 m). Parallel zum Fluss führt die viel befahrene Autostrada A 1 nach Rom, aber auch die reizvollere SS 69 nach Arezzo.

Wer einen Eindruck von den bis über 1500 m ansteigenden Bergen des Pratomagno bekommen will, kann über *Loro Ciuffenna* nach *Rocca Ricciarda* fahren. Die Straße klettert entlang des Wildbachs Ciuffenna den Berg hinauf – in den Staubecken unterwegs gute Bademöglichkeiten – und endet nach ca. 11 km vor dem auf Felsen erbauten Bergdorf Rocca Ricciarda, einer kleinen Idylle in Grau. Von hier hat man einen schönen Blick auf das Gipfelkreuz des Croce di Pratomagno. Zum Felsen, der dem Dorf den Namen gab, führt im Dorf eine Treppe hinauf, die bei einer Aussichtsplattform endet.

• *Übernachten/Essen & Trinken* **Il Cipresso**, am Ortseingang von Loro Ciufenna. Gutes Ristorante mit individuell gestalteten Zimmern. DZ mit Dusche 60 €, EZ 40 €. Via de Gaspari 28, ✆ 055/9172067, ℻ 9171127, www.ilcipresso.it.

Paterna, coop. agricola, im Weiler Paterna (5,5 km Richtung Arezzo, dann Schotterstraße rechts ab und weitere 700 m). Die freundliche Kooperative vermietet ganzjährig drei Apartments mit insgesamt zehn Betten. Die Apartments (30–60 qm) verfügen über Küche, Bad und Heizung, 60 €/Tag für 2 Pers., Zusatzbett je 10 €. Angeschlossen sind ein kleiner Campingplatz mit vier Stellplätzen und ein großer Verkaufsladen mit hauseigenen biologischen Produkten, auch essen kann man hier. Loc. Paterna 96, ✆ 055/977052, ℻ 9864256 www.paterna.it.

La Torre, in Loro Ciufenna, gemütliche Trattoria im ersten Stock. Di geschl. Via Dante Alighieri 20 (nach dem Torbogen rechts), ✆ 055/9172032.

Osteria Canto del Maggio, von Loro Ciuffena ca. 2 km in Richtung Terranuova Ciufenna, vor La Penna rechts zum alten Ortsteil abbiegen. Hervorragende toskanische Küche zu vernünftigen Preisen in einem Gebäude aus dem 16. Jh. Geöffnet April bis Okt. Mo/Di geschl. ✆ 055/9705147.

• *Wandern* Kurz hinter Trappola, einige Kilometer nördlich von Loro Ciuffena, endet die Straße im Wald. Von hier kann man in 1 Std. zum **Rifugio Seraio** (Wanderweg Nr. 24) wandern und in 2 Std. auf einer Panoramastraße zu den **Tre Fonti** (Wanderweg Nr. 23). Ein weiß-rot gekennzeichneter Wanderweg führt von Rocca Ricciarda in ca. 3 Std. zum Gipfelkreuz des **Croce di Pratomagno**.

Toskana
Karten S. 592/593 und 642/643

Arezzo

ca. 95.000 Einwohner

An der Peripherie moderne Zweckbauten und Wohnsilos – die Stadt ist weit in die hügelige Landschaft hineingewachsen, der kompakte mittelalterliche Kern ist jedoch trotz schwerer Bombardierung im Zweiten Weltkrieg zum größten Teil noch gut erhalten. Auf dem höchsten Punkt thront das alte Kastell, von dem nur noch die Mauern stehen.

Arezzo ist Heimat des Dichters Petrarca und des Architekten Vasari, ansonsten aber vor allem bekannt geworden durch eins der wichtigsten, wenn nicht sogar das bedeutendste Werk der Malerei des 15. Jh.: der umfangreiche Freskenzyklus von *Piero della Francesca* in der Kirche San Francesco, der die Geschichte des Kreuzes Christi darstellt. Lange Zeit verkannt, sieht man in ihm heute den „klassischsten" Meister seiner Zeit. In einzigartiger Weise hat er die mathematischen und perspektivischen Kenntnisse seiner Zeit verarbeitet. In Italien kennt man jedoch eher die Goldschmiedearbeiten der Stadt, die man in vielen Auslagen betrachten kann – Arezzo ist internationale Goldmetropole und gilt als reichste Stadt der Toskana.

• *Anfahrt/Verbindungen* **Bahn**, Arezzo liegt an der Hauptstrecke von Florenz nach Rom. **Busse** fahren u. a. von und nach Florenz, Siena und Cortona, Busterminal neben dem Bahnhof.

• *Information* **A.P.T.**, Piazza della Repubblica 28 (Bahnhofsvorplatz). Tägl. 9–13 und 15–19 Uhr. ✆/℻ 0575/20839, www.apt.arezzo.it.

• *Übernachten* ****** Cavaliere Palace (4)**, Nähe Bahnhof. 27 sehr komfortable Zimmer, ruhige Lage. DZ 150 €, EZ 100 €, Frühstück inkl., Garage 15 €/Tag. Via Madonna del Prato 83, ✆ 0575/26836, ℻ 21925, www.cavalierehotels.com.

**** Cecco (6)**, moderner Bau in der Fußgängerzone, sehr sauber. Etwa derselbe Preis wie im Astoria. DZ mit Bad 68 €, ohne 48 €, EZ mit Bad 45 €, ohne 33 €. Corso Italia 215, ✆ 0575/20986, ℻ 356730, www.hotelcecco.com.

Agriturismo Pioggio Primo, behutsam saniertes Landhaus, ein Apartment für 2–3 (80 €) und zwei Apartments für 4–7 Pers. (100 €), mit Pool, freundlich geführt von Familie Marini. Via del Fosso 2, Castiglion Fibocchi (ca. 12 km von Arezzo), ✆ 0575/47061, ℻ 431742, www.poggioprimo.com.

***** Camping Le Ginestre**, der stadtnächste Platz, 6 km von Arezzo entfernt, ist ein kleines Campingdorf. Alles sehr geordnet. Im hinteren Teil, Wiesengelände mit etwas Baumwuchs, darf auch ein Iglu aufgestellt werden. Sehr gepflegte sanitäre Anlagen, Swimmingpool. Anfahrt: Arezzo auf der A 679 in Richtung Autobahn verlassen, knapp vor dieser rechts ausgeschildert. Ruscello 100, ✆ 0575/363566, ℻ 366949, www.campingleginestre.it.

• *Essen & Trinken* **Buca di San Francesco (3)**, durch ein unscheinbares, schmiedeeisernes Türchen steigt man in den Keller hinunter. Lokale Spezialitäten in mittelalterlicher Umgebung. Üppiges Menü ab 35 €. Mo-Abend und Di geschl. Piazza San Francesco 1, ✆ 0575/23271.

Lancia d'Oro (1), gemütliches und absolut stilvolles Ristorante unter den lauschigen Arkaden der Piazza Grande, gehobene, dem Slow-Food verpflichtete Küche, teuer. Sonntagmittag und Mo geschl. Piazza Grande 18. ✆ 0575-21033.

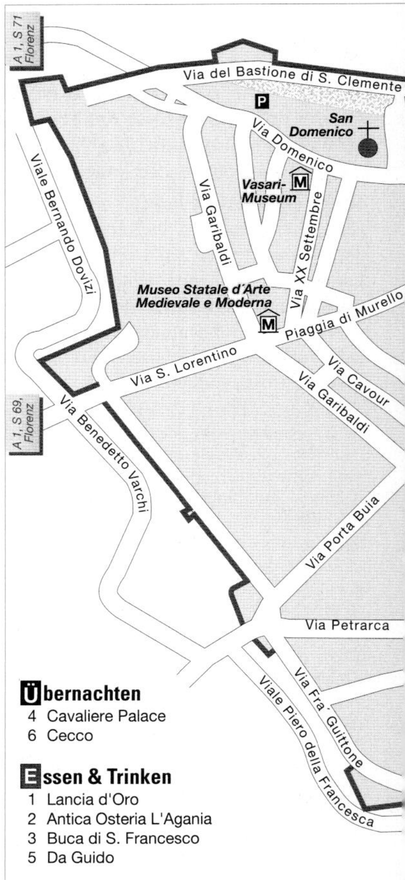

Antica Osteria L'Agania (2), ungezwungene Atmosphäre und guter Service, beliebt und demnach auch belebt. Mo geschl. Via Mazzini 10, ✆ 0575/295381.

Da Guido (5), geschmackvoller, kleiner Speiseraum, sympathischer Familienbetrieb, viele Stammgäste. Slow-Food. So geschl. Via Madonna del Prato 85, ✆ 0575/23760.

Sehenswertes

Die abschüssige *Piazza Grande*, umgeben von einer Vielzahl historischer Bauten, ist das Zentrum der Stadt. Die Kirche Pieve di Santa Maria wendet ihr die schöne

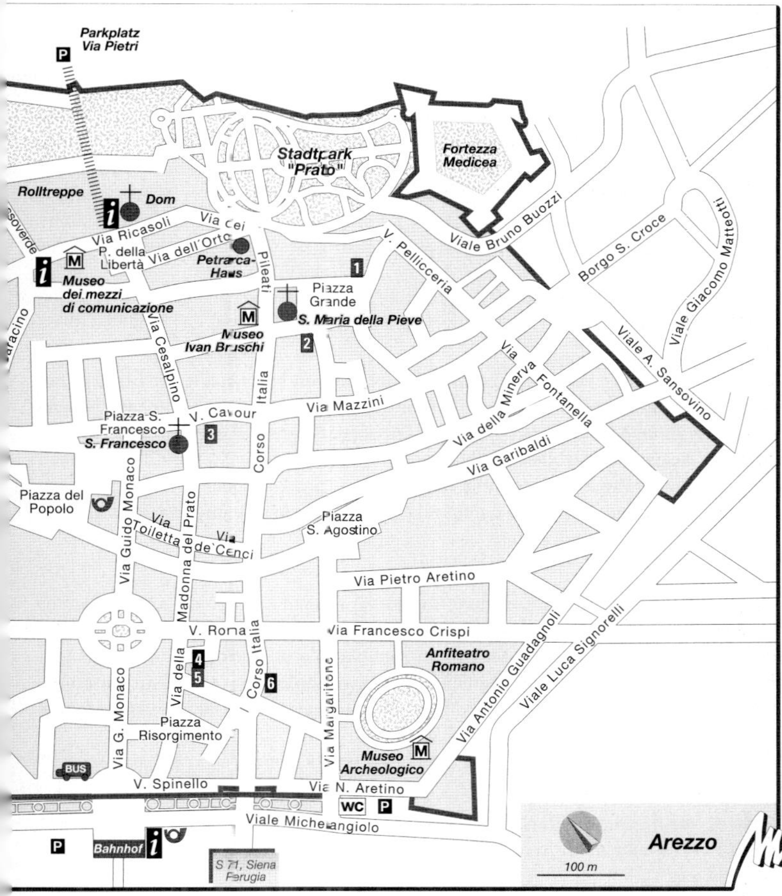

Toskana
Karten S. 592/593 und 642/643

Rückfront mit drei Loggien zu, an der Oberseite steht die lang gestreckte Loggia von Vasari aus dem 16. Jh., an der Stirnseite der fast barock wirkende Palast der Laienbruderschaft. An jedem ersten Wochenende im Monat findet auf der Piazza die „Fiera Antiquaria“ statt, der größte Antiquitätenmarkt der Toskana. Direkt oberhalb liegt der ruhige Stadtpark, von dem man einen herrlichen Blick über die Altstadt hat.

Santa Maria della Pieve: Die romanische Kirche zeigt eine überwältigende Fassade mit unzähligen Säulen. Der hohe Campanile wird wegen seiner zahlreichen Doppelbogen-Öffnungen „Glockenturm der hundert Löcher“ genannt. Im Inneren ein großartiges mehrteiliges Altarbild von Pietro Lorenzetti aus dem Jahre 1320. In der Krypta ein Reliquienschrank mit Märtyrerknochen und ein Glassarg mit dem Skelett eines Kamaldulenser-Mönchs.

Öffnungszeiten Mai bis Sept. tägl. 9–13 und 15–19 Uhr, Okt. bis April 9–12 und 15–18 Uhr.

San Francesco: Die Kirche am gleichnamigen Platz ist von außen ein schlichter Bau aus grobem Stein, der unvollendet blieb. Im Chor befindet sich jedoch das weltbekannte Fresko *„Storia della Croce"* (Geschichte des Kreuzes). Piero della Francesca schuf dieses Werk zwischen 1452 und 1466. Die Bildfolgen erzählen auf ca. 300 qm nach einer Legende die Geschichte des Holzes, aus dem später das Kreuz Christi gezimmert wurde: Adam ist gestorben, sein Sohn pflanzt in den Mund seines Vaters einen Zweig vom Baum der Erkenntnis. Der ausgewachsene Baum wird von Salomon gefällt, um damit eine Brücke zu bauen. Als die Königin von Saba auf einer Reise nach Jerusalem die Brücke überquert, bemerkt sie die schicksalhafte Bedeutung des Holzes, Salomon lässt es daraufhin in einen Sumpf werfen.

Öffnungszeiten/Eintritt April bis Okt. Mo–Fr 9–18.30 Uhr, Sa 9–17.30 Uhr, So 13–17.30 Uhr, Nov. bis März Mo–Fr 9–17.30 Uhr, an den anderen Tagen wird eine halbe Stunde früher geschl. Die Fresken sind alle 30 Min. für max. 25 Pers. zugänglich. Eintritt ca. 6 €.

Dom Santi Pietro e Donato: großer gotischer Bau mit rekonstruierter Fassade und einem Campanile aus dem letzten Jahrhundert, auch die riesige Seitenkapelle wurde im 19. Jh. angebaut. Schön sind die farbenprächtigen Glasfenster (15./16. Jh.). Im Dom liegen die sterblichen Überreste von Papst Gregor X., Erfinder der noch heute gültigen Papstwahlordnung (Konklave) – die Kardinäle werden in einen Raum gesperrt und nicht eher herausgelassen, als bis sie sich über die Person eines neuen Papstes einig sind.

Öffnungszeiten Tägl. 7–12.30 und 15–19 Uhr.

Museo Statale d'Arte Medioevale e Moderna (Via San Lorentino 8): große Sammlung von Gemälden, Skulpturen und Majolika einheimischer Künstler. Im Saal 2 ein eigenartiges Gemälde aus dem 14. Jh. von Niccolò di Pietro Gerini, das das Leiden Christi versinnbildlicht: Fragmente schweben im Raum – Hände in Unschuld, ein Messer, ein Ohr. Im Saal 5 Großfresken von Luca Signorelli, im Gang Vasaris berühmtes „Gastmahl von Esther und Ahasver".

Öffnungszeiten/Eintritt Di–So 8.30–19.30 Uhr, Mo geschl., Eintritt 4 €, EU-Bürger unter 18 und über 65 J. frei.

Casa di Vasari: Der berühmte Architekt und Maler Giorgio Vasari lebte von 1540–48 in Arezzo und malte sein Haus in der Via XX Settembre 55 eigenhändig mit Fresken aus.

Öffnungszeiten/Eintritt Mo und Mi–Sa 8.30–19.30 Uhr, So 8.30–13.30 Uhr, Di geschl., Eintritt 2 €, EU-Bürger unter 18 und über 65 J. gratis.

Casa di Petrarca: Das Geburtshaus des Poeten Petrarca, 1944 zerbombt und später wieder aufgebaut, steht in der Via dell'Orto 28, knapp unterhalb vom Dom. Die Petrarca-Akademie hat hier eine umfangreiche Bibliothek untergebracht. Petrarca kam 1304 zur Welt, gestorben ist er 1374 im Dorf *Arquà Petrarca* südlich von Padua (→ Veneto).

Öffnungszeiten/Eintritt Tägl. 10–12 und 15–17 Uhr; Besichtigung nur nach Voranmeldung: ✆ 0575/24700. Eintritt frei.

Museo Archeologico: im *Anfiteatro Romano* in Bahnhofsnähe, stattliche Sammlung von etruskischen und römischen Funden aus der Umgebung Arezzos.

Öffnungszeiten/Eintritt Tägl. 8.30–19.30 Uhr, Eintritt 4 €, unter 18 und über 65 J. frei.

Giostra del Saracino: historisches Ritterturnier am dritten Sonntag im Juni und am ersten Sonntag im September. Lanzenbewehrte Reiter in mittelalterlichen Kostümen versuchen, den Schild einer Holzpuppe zu treffen. Da die Puppe drehbar aufgehängt ist und drei Bleikugeln hält, die den Reiter aus dem Sattel werfen können, ist dieses Spektakel sehr spannend. Die jeweils zwei Mann starken Rittermannschaften rekrutieren sich aus vier verschiedenen Stadtteilen.

Cortona

ca. 23.000 Einwohner

Lohnender Stopp südlich von Arezzo, schon fast am Trasimenischen See. Unverfälschtes Mittelalterstädtchen in herrlicher Lage an einen Berg geschmiegt, hoch darüber die Burg mit ihren alten Mauern.

Viel Atmosphäre in den engen Gassen und auf den schönen Plätzen, allen voran die *Piazza della Repubblica* mit dem malerischen Palazzo Comunale und die benachbarte *Piazza Signorelli*, benannt nach dem Maler Luca Signorelli, der hier 1420 geboren wurde. Im Sommer herrscht dank der Kurse verschiedener in- und ausländischer Institute jugendlich-studentisches Flair.

Das *Museo Diocesano* in der Chiesa del Gesù gegenüber vom Dom besitzt eine hochkarätige Sammlung von Gemälden, darunter Luca Signorelli, Beato Angelico und Pietro Lorenzetti. Weiterhin gibt es im dritten Stock des imposanten Palazzo Casali an der Piazza Signorelli ein umfassendes *Museo dell'Accademia Etrusca*, denn Cortona war einst Mitglied des mächtigen etruskischen Zwölfstädtebunds. Einzigartig ist der etruskische Goldschmuck und ein 75 kg schwerer Bronzeleuchter aus dem 5. Jh. v. Chr. Schöner Spaziergang zur *Fortezza Medicea* hinauf, die auf einem grünen und baumreichen Hügel steht.

• *Öffnungszeiten/Eintritt* **Museo Diocesano**, April bis Okt. tägl. 10–19 Uhr, übrige Zeit Di–So 10–17 Uhr, Mo geschl., Eintritt 5 €.

Museo dell'Accademia Etrusca, April bis Okt. tägl. 10–19 Uhr, übrige Zeit Di–So 10–17 Uhr, Mo geschl., Eintritt 10 €.

Fortezza Medicea, April, Mai, Juni und Sept. tägl. 10–13.30 und 14.30–18 Uhr, Juli/August bis 19 Uhr. Eintritt 3 €.

• *Anfahrt/Verbindungen* Cortona liegt an der **Bahnlinie** Florenz–Arezzo–Rom. Der Bahnhof Camucia-Cortona befindet sich unten in Camucia, ca. 4 km vom Zentrum entfernt; von 6–21 Uhr fährt alle 30 Min. ein Bus zur Altstadt hinauf.

• *Information* **A.P.T.**, Mai bis Sept. Mo–Sa 9–13 und 15–19 Uhr, So 9–13 Uhr; Okt. bis April Mo–Fr 9–13 und 15–18 Uhr, Sa 9–13 Uhr, So geschl. Fahrkartenverkauf für Busse

Die Piazza Repubblica in Cortona

Toskana Karten S. 592/593 und 642/643

und Bahnen, Geldautomat im Vorraum. Via Nazionale 42, ✆ 0575/630352, 📠 630656. www.cortonaweb.net.

• *Übernachten* **** **San Michele**, 40 komfortable Zimmer in einem alten Stadtpalazzo. DZ mit Frühstück 300 €. Via Guelfa 15, ✆ 0575/604348, 📠 630147, www.hotelsanmichele.net.

*** **San Luca**, moderner, ansprechender Bau, Zimmer mit Blick auf die weite Talebene. DZ mit Frühstück 120 €. Piazza Garibaldi 2 (an der südlichen Stadtmauer, bei der Hauptzufahrt), ✆ 0575/630460, 📠 630105, www.sanlucacortona.com.

*** **Sabrina**, acht klassische Komfortzimmer, freundlicher Empfang. DZ 85 € inkl. Frühstück. Via Roma 37, ✆ 0575/630397, 📠 604627, www.cortonastorica.com.

Istituto Santa Margherita, DZ mit Bad 35 €, Mehrbettzimmer 15 € pro Pers., Frühstück 3 €. Jugendherbergsatmosphäre. Viale Cesare Battisti 15, ✆ 0575/630336, 📠 630549.

Jugendherberge Ostello per la Gioventù San Marco (IYHF), in einem ehemaligen Kloster an der südlichen Stadtmauer. Sauber und hübsch renoviert, außerdem sind die auf mehrere Räume verteilten 80 Betten selten belegt, Anmeldung ab 17 Uhr, 16 € pro Pers. inkl. Frühstück, Abendessen auf Anmeldung. Via Maffei 57, ✆/📠 0575/601392, www.cortonahostel.com.

Agriturismo Villa Assunta, schöne, ruhige Lage in den Bergen. Altes Landhaus mit Nebengebäuden, parkähnlichem Garten und kleinem Swimmingpool. Apartment für 2 Pers. 83 €/Tag. Im Hauptgebäude Gemeinschaftsküche. In Bagnolo, ca. 12 km von Cortona, ausgeschildert, ✆ 0575/690061.

• *Essen & Trinken* **Ristorante Tonino**, gehört zum Hotel San Luca. Eines der bekanntesten Restaurants der Stadt. Etwas für die feine Abendgarderobe. Piazza Garibaldi 1. ✆ 0575/630500.

La Locanda nel Loggiato, unmittelbar oberhalb der Piazza della Repubblica. „Es ist ein Traum, an einem lauen Sommerabend auf der Terrasse zu speisen. (...) Unten das Treiben auf der Piazza della Repubblica, dahinter das beleuchtete Rathaus (...) Innen ist es geschmackvoll eingerichtet. Die Speisekarte ist nicht sehr groß. Aber was auf den Tisch kommt, ist wirklich sehr gut. Die Preise sind über dem Durchschnitt." (Leserbrief). Reservierung erforderlich. Mi Ruhetag. Piazza Pescheria 3. ✆ 0575/630575.

Osteria del Teatro, sehr gemütlich, mehrfach ausgezeichnete toskanische Küche zu akzeptablen Preisen. Mi geschl. Via Maffei 5, ✆ 0575/630556.

Tacconi, vermutlich Cortonas günstigste Trattoria. Ein Fernseher im Eck und fünf Tische, von denen aus man direkt in die Küche schauen kann. Nur mittags geöffnet, Mo geschl. Via Dardano 46, ✆ 0575/603588.

Fufluns, beliebte und preiswerte Pizzeria Nähe Piazza Repubblica. Nur abends, Di geschl. Via Ghibellina 3, ✆ 0575/604140.

Oberes Tibertal — Valtiberina

Abgesehen von der Talregion eine dünn besiedelte Landschaft. In dieses schlecht zugängliche Bergland zwischen Tiber und Arno zogen sich schon im Mittelalter religiöse Querdenker zurück und gründeten Einsiedeleien. Aber auch Piero della Francesca und Michelangelo sind hier geboren.

Heute ist das Tal um eine Attraktion reicher: Nördlich von Anghiari ist ein enormer Stausee entstanden, ein mächtiger Wall aus verdichtetem Lehm hält die Wassermassen – Lehm hat gegenüber Spannbeton-Konstruktionen den Vorteil, sich bei Erdbeben zu verformen, ohne zu bersten.

Anghiari: mittelalterliche Kleinstadt in eindrucksvoller Lage am felsigen Talhang, schöner Ausblick auf das weite Becken des oberen Tibertals. Neben der terrassenförmig angelegten Piazza eine mächtige Galerie, wo ehemals der Markt stattfand. Die Hauptstraße führt wie eine Sprungschanze geradlinig den Berg hinunter ins Tal.

• *Übernachten* *** **La Meridiana**, modern eingerichtete Zimmer, teils geräumig, teils klein, auf jeden Fall gepflegt. DZ mit Bad 60 €. Piazza IV Novembre 8, ✆ 0575/788102, 📠 787987, www.hotellameridiana.it.

• *Essen & Trinken* **Da Alighiero**, hervorragende Küche, liebevoll zusammengestellt. Der Wirt stammt aus der Stadt, die Wirtin aus Deutschland. So kommt man neben den regionalen Gerichten auch zu Ochsenschwanz und Entenbrust. Teigwaren alle hausgemacht. Di geschl. Via Garibaldi 8 (Seitengasse zum Hauptplatz), ✆ 0575/788040.

Locanda al Castello di Sorci, etwa 3 km außerhalb in Richtung Monterchi. Der Landgasthof ist seit Jahren wegen seiner riesigen Portionen zu geringen Preisen weit und breit bekannt. Im Sommer und an Wochenenden herrscht Massenbetrieb. Mo geschl. ✆ 0575/789066.

Caprese Michelangelo: ein kleiner Weiler, einsam auf einer Hügelkuppe gelegen. Hier wurde der große Michelangelo am 6. März 1475 geboren. In der Burgruine von Caprese befindet sich das Geburtshaus. Ausgestellt sind Kopien und Fotos seiner wichtigsten Werke, eine Fotodokumentation illustriert den Werdegang des Meisters.

• Öffnungszeiten/Eintritt **Casa Natale Buonarroti**, April/Mai Mo–Sa 11–18 Uhr, So 11–19 Uhr; Juni/Juli und Sept. Mo–Sa 10–19, So 9.30–19.30 Uhr; Aug. tägl. 9.30–19.30 Uhr; Okt. Mo–Sa 10.30–17.30 Uhr, So 10.30–18.30 Uhr; Nov. Mo–Sa 11–18 Uhr, So 11–19 Uhr. Eintritt 3 €.

• Übernachten *** **Buca di Michelangelo**, mitten im Ortskern, alteingesessen und gut geführt. DZ 60 €, gutes Restaurant. Via Capoluogo 51, ✆ 0575/793921, ✆ 793941, www.bucadimichelangelo.it.

** **Camping Michelango**, einfacher Platz in schöner Lage, ca. 1,5 km außerhalb Richtung Anghiari. April bis Okt. ✆ 0575/793886, ✆ 791183.

La Verna: Der heilige Franz von Assisi bekam diesen waldreichen Berg 1213 von Graf Orlando Cattani di Chiusi zum Geschenk und baute sich dort eine Einsiedelei (→ San Leo/Region Marken). Heute steht hier ein viel besuchtes Kloster mit mehreren Kirchen und Kreuzgängen. In der *Chiesa delle Stigmate* ist am Boden die Stelle abgedeckt, wo der heilige Franziskus die Wundmale empfing. Außerdem zu sehen sind die *Grotte*, die der Heilige als Zelle benutzte, und die *Antonius-Kapelle*, wo 1230 der berühmte Heilige aus Padua (→ Veneto) einige Monate zu Gast war. Es gibt ein großes Ausflugslokal und im Wald kann man schöne Spaziergänge zu ausgeschilderten Quellen unternehmen.

• Übernachten ** **Letizia**, schmuckes Steinhaus mit großer Terrasse und Restaurant. DZ 50 €. In Chiusi della Verna (beim Abzweig zum Camping), ✆/✆ 0575/599020, www.hotel-letizia.net.

Camping La Verna, bei Chiusi della Verna (ausgeschildert, in Richtung Bibbiena), im Laubwald, klein und modern, mit Pool. Geöffnet Mitte April bis Sept. ✆ 0575/532121, ✆ 532041, www.campinglaverna.it.

Camaldoli: Inmitten herrlicher, dicht bewaldeter Berglandschaft liegt hier ein Kloster der Kamaldulenser-Mönche, im Jahre 1012 als Einsiedelei vom heiligen Romuald gegründet. Fast 50 Mönche leben heute im Kloster und in der Einsiedelei *Eremo di Camaldoli*, 6 km weiter oben. Sehenswert ist vor allem die Apotheke, in der verkauft wird, was die Kamaldulenser heute produzieren: Kosmetika, Tee, Marmelade, Likör u. a. Busse kommen etwa 4- bis 6-mal täglich von Bibbiena (nördlich von Arezzo).

Öffnungszeiten/Eintritt **Kloster** Mo–Sa 9–13 und 14.30–19 Uhr, **Eremo** Mo–Sa 9–12 und 15–18 Uhr.

Poppi: Zu besichtigen ist hier das reich ausgestattete *Castello* der Grafen Guidi, die einst den gesamten Casentino beherrschten. Kunstgeschichtlich besonders wertvoll sind die Fresken der kleinen Burgkapelle, die der Giotto-Schüler *Taddeo Gaddi* 1330 angefertigt hat.

• Öffnungszeiten/Eintritt **Castello**, tägl. 10–18 Uhr, Eintritt 4 €, mit Turmbesteigung 6 €.

• Übernachten/Essen & Trinken *** **Casentino**, gegenüber vom Castello, in den ehemaligen Wirtschaftsgebäuden. Unterschiedlich große Zimmer mit Holzdecke und alten Bauernmöbeln. DZ mit Bad 65 €. Gutes, relativ preiswertes Restaurant im alten Pferdestall des Schlosses, im Sommer wird im Hof gegessen. ✆ 0575/529090, ✆ 529067, www.albergocasentino.it.

Von Florenz nach Siena

Chianti-Gebiet

Südlich von Florenz findet man die Toskana aus dem Bilderbuch – malerische Dörfer, weiches Landschaftsbild, nach ein paar Hügelkuppen der Horizont. Dazwischen Ölbäume, grün-schwarze Zypressenreihen, etwas Ackerbau, oft auch Wald. Und vor allem: Wein, wohin man blickt. Hier im Zentrum der Toskana, zwischen Florenz und Siena, liegt das Anbaugebiet des Chianti Classico. Die Sträßchen zwischen den Weinhängen sind oft sehr schmal und kurvig, man benötigt reichlich Zeit.

Schon seit etruskischer Zeit wird Wein angebaut und seit etwa 600 Jahren der Chianti, ein Verschnitt aus vier verschiedenen Rebsorten. Der Chianti Classico kommt aus dem Kernland zwischen Florenz und Siena, sein Erkennungszeichen, den schwarzen Hahn, erhielt er 1925. Die Region des „einfachen" Chianti erstreckt sich von Pistoia im Norden bis Arezzo im Südosten der Toskana. Viele der Fattorie (Weingüter) können besucht werden, es gibt Probierstuben und gegen Bezahlung manchmal sogar eine ordentliche Brotzeit. Auch zahlreiche Ausländer haben renovierte Bauernhäuser und Weingüter erworben und sich als Winzer einen Namen gemacht.

„Off the beaten track"

Eine landschaftlich reizvolle Alternative zur Hauptroute Florenz – Greve in Chianti ist die **Höhenroute** von San Casciano über Mercatale nach Panzano. Auf etwa halbem Weg zwischen Mercatale und Panzano sollte man dabei den kurzen Abstecher zum Nonnenkloster Badia a Passignano nicht auslassen. Der festungsartige Bau ist zwar für Besucher geschlossen, aber das bekannte Weingut Antinori unterhält beim Kloster eine Verkaufsstelle, und im La Scuderia, genau gegenüber, isst man gut im einladenden Garten (Di geschl., ✆ 055/8071623), noch schöner ist es im Landgasthof La Cantinetta di Rignana mit Aussichtsterrasse, knapp 1 km oberhalb vom Kloster (Di geschl., ✆ 055/852601).

Greve in Chianti

ca. 14.000 Einwohner

Weinzentrum mit städtischem Charakter. Große Auswahl an Chianti-Weinen in diversen Weinstuben, z. B. in der *Enoteca del Chianti Classico „Gallo Nero"* am oberen Ende der Piazza Matteotti (Mi geschl.). Im hintersten Raum stehen die ältesten und kostbarsten Jahrgänge. In der *Enoteca Le Cantine* an der Piazza delle Cantine 2 kann man täglich über 140 verschiedene Weine probieren. Samstags findet auf der Piazza Matteotti ein attraktiver Markt statt.

• *Übernachten* *** **Del Chianti**, im Zentrum. 16 Zimmer, netter Empfang, nach hinten Garten mit Zitronenbäumchen, im Innenhof ein einladender Swimmingpool. DZ mit Bad und Frühstück 95 €, EZ 75 €. Piazza Matteotti 86, ✆/📠 055/853763, www.albergodelchianti.it.

*** **Giovanni da Verrazzano**, schöne Lage genau „über" dem Marktplatz, DZ mit Bad und Frühstück 110 €, gutes Restaurant. Piazza Matteotti 28, ✆ 055/853189, 📠 853648, www.verrazzano.it.

B & B Casale Le Masse, ein paar Minuten vom Zentrum entfernt (Straße Richtung Friedhof/San Michele). Die freundliche Besitzerin vermietet vier Zimmer, wobei sich jeweils zwei ein Bad teilen. Garten und Pool. DZ ohne Bad 75 €, mit Bad 80 €. Via Case Sparse 41, ✆ 055/8547401, www.casalelemasse.it.

Poggio all'Olmo, „Der schöne Agriturismo liegt mitten in den Weinbergen und Olivenhainen zwischen Greve und Lamole (von Greve ca. 10 Min.). Herrlich kühler Pool ist vorhanden" (Lesertipp). Freundlicher Empfang an einer winzigen Rezeption, man spricht auch etwas Deutsch. Zwei Apartments (90–130 €) in einem umgebauten Heuschober, zweiDZ mit Kochgelegenheit (ab 75 €), Frühstück 10 € Via Petriolo 30, ✆/℻ 055/8549056, www.poggioallolmo.info.

• *Essen & Trinken* **Giovanni da Verrazzano**, gehört zum gleichnamigen Hotel. Einladende Speiseterrasse über dem Platz, gute traditionelle Küche, Preise haben ziemlich angezogen. Mo Ruhetag. ✆ 055/853189.

La Torre delle Civette, oberhalb des Parkplatzes, neben dem Palazzo Torre. Einfache Pizzeria, von Einheimischen und Touristen besucht, gute Pizzen aus dem Holzofen, nicht teuer. Di geschl. ✆ 055/853480.

Ristoro di Lamole, ca. 9 km südlich von Greve, schöne Terrasse im malerischen, einsamen Weiler, gute Küche, aber mittlerweile relativ teuer. Mittags und abends geöffnet, Mi geschl. ✆ 055/8547034.

Castellina in Chianti

ca. 3000 Einwohner

Der Ort, lange Zeit im umstrittenen Grenzgebiet von Florenz und Siena gelegen, hatte häufig wechselnde Besatzer zu ertragen. Gut erhalten ist die alte Burganlage, die in den Sommermonaten für Besucher zugänglich ist. Auf einem Hügel vor dem Ort liegt das etruskische Schachtgrab *Monte Calvario* mit vier Eingängen zu den Grabkammern in den vier Himmelsrichtungen. Castellina liegt etwa in der Mitte des Chianti-Gebiets, sodass man gut Ausflüge in alle Richtungen unternehmen kann.

• *Übernachten* *** **Salivolpi**, bestens renovierter Bauernhof, geschmackvoll eingerichtet, ruhig gelegen, Garten mit kleinem Swimmingpool. DZ mit Bad 98 €. Via Salivolpi (1 km in Richtung San Donato), ✆ 0577/740484, ℻ 740998, www.hotelsalivolpi.com.

*** **Belvedere di San Leonino**, ca. 7 km außerhalb Richtung Siena (rechts abbiegen, beschildert). Großzügig renoviertes Bauernhaus aus dem 15. Jh., herrliche Umgebung, Pool vorhanden. DZ 98–156 €. ✆ 0577/740887, ℻ 740924, www.hotelsanleonino.com.

B & B Cristina, freundliche Zimmer mit Bad, die netten Damen machen für ihre Gäste auch Lunchpakete. EZ 57 €, DZ 78 €. Via Fiorentina 34 (an der Straße Richtung San Donato), ✆ 0577/741166, ℻ 742936, www.villacristina.it.

Camping Luxor, in der Locanda Trasqua, die „Weinstraße" von Castellina in Chianti über Lilliano Richtung Castellina Scalo fahren. Einige Kilometer vor Scalo, nach der Fattoria Casetta, zwischen zwei kleinen Brücken links abbiegen (ausgeschildert). Wer von Siena oder Florenz kommt: Autobahnausfahrt Monteriggioni. Der Platz (mit Swimmingpool), abgelegen auf einer dicht bewaldeten Hügelkuppe, gehört zum Areal der Chianti-Faktorei „Fattoria di Trasqua" und eignet sich ausgezeichnet als Ausgangspunkt für Ausflüge nach Volterra, San Gimignano und Siena (18 km). Relativ preiswert, allerdings nur Mitte Mai bis Mitte Sept. geöffnet. ✆ 0577/743047, www.luxorcamping.com.

Das Wohnmobil kann man auf dem **Camperparkplatz** abstellen, der an der Straße Richtung Florenz/Greve ein paar hundert Meter vom Zentrum entfernt liegt.

• *Essen & Trinken* **Antica Trattoria La Torre**, gleich oben neben der Burg, gehobenes Mittelklasserestaurant, die Küche hat einige Spezialitäten zu bieten, speziell Risotto und diverse Pastagerichte. Menü ca. 30 €. Fr geschl. ✆ 0577/740236.

Il Fondaccio, in der Fußgängerzone, schön zum Draußensitzen. Nur Pizza und Antipasti-Buffet, aber gute Stimmung und ebensolches Essen, immer voll, deshalb Zeit mitbringen, reservieren zwecklos. Mo Ruhetag. Via Ferruccio 27.

Pestello, ca. 6 km außerhalb, rechts der Straße nach Poggibonsi. Besonders an Wochenenden ist trotz der gehobenen Preise kaum ein Platz zu bekommen. Stilvolle mittelalterliche Räumlichkeiten, sehr gute Vorspeisen und Grillgerichte vom offenen Kamin. Mi geschl. ✆ 0577/740215.

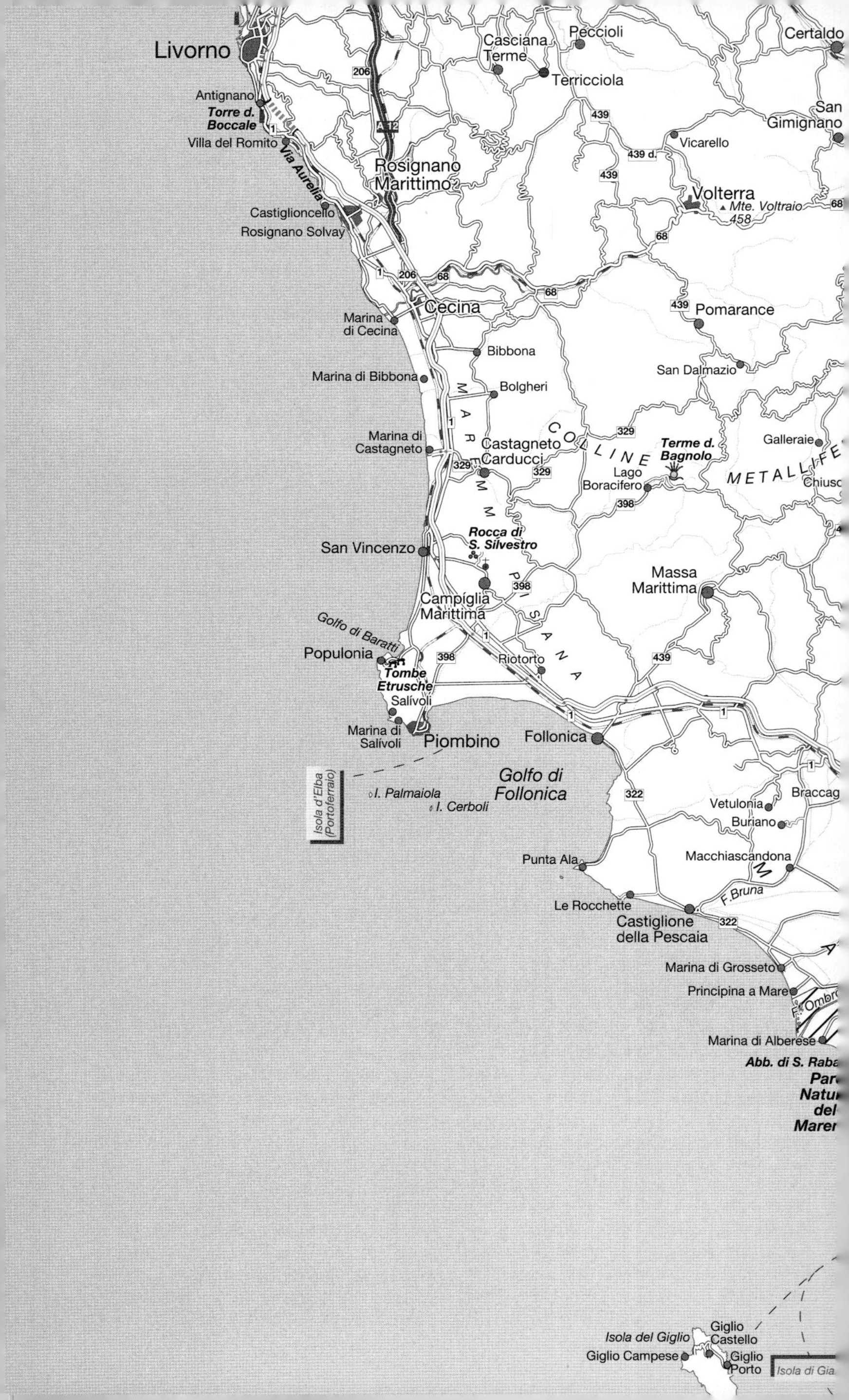

Livorno
Antignano
Torre d. Boccale
Villa del Romito
Via Aurelia
Casciana Terme
Peccioli
Terricciola
Certaldo
San Gimignano
Vicarello
Rosignano Marittimo
Volterra
Mte. Voltraio 458
Castiglioncello
Rosignano Solvay
Cecina
Marina di Cecina
Pomarance
Bibbona
San Dalmazio
Marina di Bibbona
Bolgheri
Marina di Castagneto
Castagneto Carducci
COLLINE METALLIFERE
Terme d. Bagnolo
Lago Boracifero
Galleraie
Chiusdino
MAREMMA PISANA
Rocca di S. Silvestro
San Vincenzo
Massa Marittima
Campíglia Marittima
Golfo di Baratti
Populonia
Tombe Etrusche
Riotorto
Salívoli
Marina di Salívoli
Piombino
Follonica
Golfo di Follonica
I. Palmaiola
I. Cerboli
Isola d'Elba (Portoferraio)
Vetulonia
Buriano
Braccagni
Punta Ala
Macchiascandona
F. Bruna
Le Rocchette
Castiglione della Pescaia
Marina di Grosseto
Principina a Mare
F. Ombrone
Marina di Alberese
Abb. di S. Rabano
Parco Naturale della Maremma
Isola del Giglio
Giglio Castello
Giglio Campese
Giglio Porto
Isola di Giannutri
A12
1
68
206
322
329
398
439
439 d.

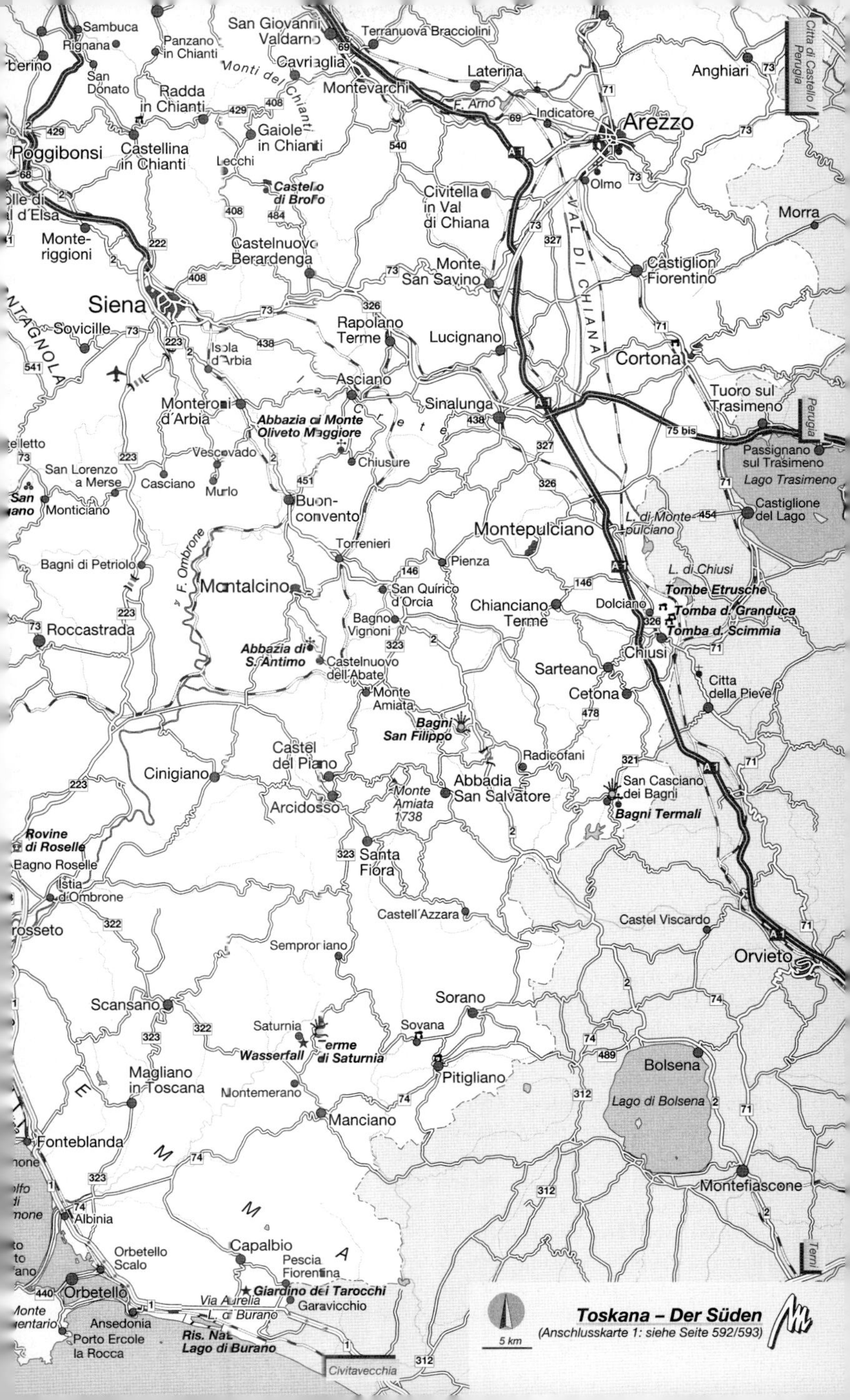

Sambuca
Rignana
San Giovanni Valdarno
Terranuova Bracciolini
Panzano in Chianti
Monti del Chianti
Cavriaglia
San Donato
Radda in Chianti
Montevarchi
Laterina
Anghiari
Città di Castello / Perugia
F. Arno
Indicatore
Arezzo
Poggibonsi
Castellina in Chianti
Gaiole in Chianti
Lecchi
Castello di Brolio
Olmo
Civitella in Val di Chiana
Val di Chiana
Morra
Monteriggioni
Castelnuovo Berardenga
Monte San Savino
Castiglion Fiorentino
Siena
Sovicille
Rapolano Terme
Lucignano
Cortona
Isola d'Arbia
Asciano
Crete
Tuoro sul Trasimeno
Perugia
Monteroni d'Arbia
Sinalunga
Abbazia di Monte Oliveto Maggiore
Passignano sul Trasimeno
Lago Trasimeno
Vescovado
Chiusure
San Lorenzo a Merse
Casciano
Murlo
Monticiano
Buonconvento
Castiglione del Lago
L. di Montepulciano
Montepulciano
F. Ombrone
Torrenieri
Pienza
Bagni di Petriolo
L. di Chiusi
Montalcino
San Quirico d'Orcia
Chianciano Terme
Dolciano
Tombe Etrusche
Tomba d. Granduca
Tomba d. Scimmia
Roccastrada
Bagno Vignoni
Abbazia di S. Antimo
Castelnuovo dell'Abate
Chiusi
Sarteano
Cetona
Città della Pieve
Monte Amiata
Bagni San Filippo
Radicofani
Castel del Piano
Cinigiano
Abbadia San Salvatore
San Casciano dei Bagni
Bagni Termali
Arcidosso
Monte Amiata 1738
Rovine di Roselle
Bagno Roselle
Santa Fiora
Istia d'Ombrone
Grosseto
Castell'Azzara
Castel Viscardo
Semproniano
Orvieto
Scansano
Sorano
Saturnia
Sovana
Wasserfall
Terme di Saturnia
Bolsena
Pitigliano
Magliano in Toscana
Montemerano
Lago di Bolsena
Manciano
Fonteblanda
Maremma
Montefiascone
Albinia
Capalbio
Orbetello Scalo
Pescia Fiorentina
Terni
Orbetello
Giardino dei Tarocchi
Garavicchio
Via Aurelia
L. di Burano
Ansedonia
Porto Ercole
la Rocca
Ris. Nat. Lago di Burano
Civitavecchia
5 km
Toskana – Der Süden
(Anschlusskarte 1: siehe Seite 592/593)

Radda in Chianti

ca. 500 Einwohner

Radda ist der vielleicht einnehmendste Ort des Chianti. Den Kern des ummauerten mittelalterlichen Städtchens schmücken ein kleiner Marktplatz und das Rathaus aus dem 15. Jh. mit einer rustikalen Loggia.

An manchen Tagen in der Hochsaison geht es hier recht international zu. Vor allem deutsche und englische Urlauber tummeln sich dann in großer Zahl in den Gassen des kleinen Orts, dessen touristische Infrastruktur seit den Chianti-Boom-Zeiten Ende der 1990er Jahre um eine Reihe (leider meist hochpreisiger) Hotels, Restaurants, Bars, Weinhandlungen und Souvenirläden bereichert wurde. Beliebter Treffpunkt ist nach wie vor die alteingesessene Bar Dante, von der aus man das Straßengeschehen im Blick hat und beim Aperitivo draußen vor der Tür wirklich einmalige Sonnenuntergänge erleben kann.

• *Übernachten* Viel Hochpreisiges, aber auch Vermietung von Privatzimmern.

**** **Vignale**, am Ortsausgang (Richtung Castellina). Nach Besitzerwechsel wurden die Preise gesenkt, hoffentlich aber nicht der Service. Stilvoll renoviertes Herrenhaus, Pool im Garten. Vornehmes Restaurant mit schöner Terrasse. DZ 120–170 €. Via Pianigiani 8, ✆ 0577/738300, 📠 738592, www.vignale.it.

Pistolesi, etwas in die Jahre gekommene Pension gegenüber vom Restaurant Girarrosto. DZ mit Du/WC und TV für 55 €. Außerdem Apartments in einer Villa am Ortsrand. ✆/📠 0577/738124, www.lodgingchianti.it.

Bottega di Giovannino, sympathischer, kleiner Familienbetrieb mit 15 Zimmern und gemütlicher Bottega im Zentrum von Radda. Die Tochter spricht Englisch. DZ mit Frühstück in der Bar 70 €, auch Mini-Apartments. Via Roma 6–8, direkt im Zentrum, ✆ 0577/735601 oder 738056, 📠 738056, www.labottegadigiovannino.it.

• *Essen & Trinken* **Le Vigne**, mitten in den Weinbergen, knapp außerhalb des Orts, Abzweigung (Schotterstraße) von der Straße nach Montevarchi. Angenehme Atmosphäre, nicht teuer. Sehr bekannt, ohne Reservierung ist kaum ein Platz zu bekommen. Spezialitäten sind das Kaninchen in Weinsoße und der berühmte Käsekuchen. Außerhalb der Saison Mi Ruhetag. ✆ 0577/738640.

Ristorante-Pizzeria La Loggia del Chianti, mit großer Panoramaterrasse, eine der unkomplizierten Alternativen zu den anderen Restaurants in Radda. Besitzer Michele hat immer gute Laune und backt an manchen Tagen bis zu 100 Pizzen mit superdünnem Teig (nur abends). Im Zentrum an der Hauptstraße. Mo Ruhetag. ✆ 0577/738491.

Radda/Umgebung: *Volpaia* auf einem Bergrücken oberhalb von Radda ist ein Juwel, das pure Mittelalter. Hinter den Gemäuern aus dem 12. Jh. verbergen sich allein sieben Weinkeller des Weinguts „Castello di Volpaia“. An der Piazza laden Bar und Enoteca zum Verweilen ein, in der Umgebung gibt es zahlreiche Wandermöglichkeiten und Übernachtungsangebote in gepflegten Landgütern.

Zum ehemaligen Bergkloster *Badia a Coltibuono* schlängelt sich ein kleines Sträßchen etwas außerhalb von Radda (erst 2 km in Richtung Greve) den Berg hinauf (es gibt auch einen Wanderweg). Oben weht meist eine leichte Brise und der tiefgrüne, alte Zedernwald bewirkt zusätzliche Frische. Die romanische Benediktinerabtei (August Geschl.) ist heute im Besitz eines Mailänder Zeitungsverlegers und Weinliebhabers, der hier eines der bekanntesten Weingüter der Toskana aufgebaut hat. Der produzierte Chianti kann in der Osteria unterhalb der Klosteranlage probiert werden. Neben dem Kloster befindet sich ein Ausflugslokal.

Parco di Cavriglia: Freilandzoo im waldreichen Gebiet zwischen Cavriglia und Castelnuova dei Sabbioni in den Chianti-Bergen, am westlichen Talhang des Arno. Auf halbfreier Wildbahn tummeln sich allerlei exotische und weniger exotische

Tiere, z. B. Braunbären (im Gehege), Lamas und Esel, aber auch unzähligen Meerschweinchen. Man kann auf zahlreichen Wegen schön spazieren, es gibt mehrere Picknickstellen und vor dem Eingang liegt ein nettes Self-Service-Restaurant (nur April bis Sept. am Wochenende abends, auch Pizza, ✆ 055/967077), ebenfalls mit einladendem Picknickgelände.

• *Öffnungszeiten/Eintritt* geöffnet tägl. April bis Okt., Eintritt kostet es nur sonntags, Fußgänger 1 €, Auto 3 €. ✆ 055/967422, www.parcocavriglia.com.

• *Übernachten* Im einfachen **Rifugio del Parco** gibt es 30 Zimmer mit Bad. DZ mit Frühstück 60 €. ✆ 055/967418, ✆ 967546, www.parcocavriglia.com.

Camping Piano Orlando, knapp oberhalb des Parks (Straße nach Radda). Einladendes, schattiges Gelände mit Pool, Tennisplatz und Boccia-Bahn. Geöffnet März bis Okt. Auch Bungalows für 4 Pers. Loc. Cafaggiolo, ✆ 055/967422, ✆ 967546, www.campingchianti.com.

San Gimignano

ca. 7500 Einwohner

Die besterhaltene mittelalterliche Stadt der Toskana, von der UNESCO 1990 zum Weltkulturerbe erklärt, zeigt sich baulich nahezu unverändert. Schon von weitem beherrschen die schlanken, hoch aufragenden Türme (bis 54 m) das Stadtbild. Die reichen Handelsgeschlechter wetteiferten miteinander durch die Höhe ihrer Geschlechtertürme.

Turmbauten waren auch in den anderen toskanischen Städten des Mittelalters dominierend. Dass sie hier erhalten blieben, ist der Vorherrschaft von Florenz zu verdanken, denn dadurch blieben der Stadt die bürgerkriegsähnlichen Zustände erspart, die vielen anderen Stadtbildern so abträglich waren. Die Türme – Wohnsitz der in der Stadt ansässigen Adelsfamilien – boten weniger Schutz vor äußeren Feinden, sondern sicherten oftmals das Leben ganzer Großfamilien bei den nicht minder blutigen Fehden rivalisierender Familien in den Städten selbst.

• *Anfahrt/Verbindungen* **Pkw**, von Florenz den kostenfreien Raccordo Richtung Siena nehmen, bei Poggibonsi abfahren und über steile Hügel hinauf nach San Gimignano. Praktisch alle Parkplätze in Zentrumsnähe sind tagsüber gebührenpflichtig, frei parken kann man nur weit außerhalb.

Bahn, von Florenz mit dem Zug nach Empoli an der Strecke nach Pisa, dort umsteigen und auf kleiner Nebenlinie Richtung Siena bis Poggibonsi. Weiter mit dem Bus, ca. 20 Min.

Bus, häufige Direktbusse ab Florenz und Siena.

• *Information* **Pro Loco**, Piazza del Duomo 1. März bis Okt. tägl. 9–13 und 15–19 Uhr; Nov. bis Feb. 9–13 und 14–18 Uhr. Verkauf von Bustickets, kostenlose Zimmer- und Agriturismovermittlung, Audioguides zur Stadtgeschichte 5 €. ✆ 0577/940008, ✆ 940903, www.sangimignano.com.

• *Übernachten* (siehe Karte S. 647) Eine Handvoll teurer Hotels, einige Restaurants vermieten Zimmer, außerdem etwas außerhalb ein Campingplatz.

*** **L'Antico Pozzo (1)**, restauriertes Stadthaus aus dem 15. Jh., jedes Zimmer anders, alle sehr einladend. DZ mit Frühstück 120–180 €, EZ 90 €. Via San Matteo 87, ✆ 0577/942014, ✆ 942117, www.anticopozzo.com.

*** **La Cisterna (3)**, am gleichnamigen Platz, sehr schöne Lage. Die meisten Zimmer gehen nach hinten, oft mit Balkon – Blick über die Dächer ins toskanische Umland. Im Haus auch empfehlenswertes Restaurant. DZ ab 100 €, EZ ab 80 €. ✆ 0577/940328, ✆ 942080, www.hotelcisterna.it.

*** **Graziano (6)**, 10 Fußminuten von der Altstadt, sechs neu eingerichtete Zimmer über dem gleichnamigen Restaurant. DZ 80 €. Via Matteotti 39/A, ✆ 0577/940101, ✆ 940655, www.hoteldagraziano.it.

Privatzimmer vermieten auch die Restaurants **Locanda Il Pino** (Via Cellolese 4, DZ 55 €), **La Stella** (DZ 65 €) an der Via San Matteo und **Le Vecchie Mura**, Via Piandornella (DZ 60 €).

Außerhalb **Camere La Fornace di Racciano**, Località Racciano, auf einem Hügel gegenüber San Gimignano, schöner Blick auf die Stadt. Fünf Zimmer mit Bad, TV und Kühlschrank, DZ 62–75 €, reichhaltiges Frühstücksbuffet für 7,50 €/Pers. Straße in südliche Richtung nach Volterra nehmen, nach 2,5 km rechts den Berg hinauf. ✆ 0577/942156, ℻ 907689, www.lafornacediracciano.it.

*** Camping Il Boschetto di Piemma**, ca. 2,5 km außerhalb in Richtung Santa Lucia, schattig, teils steile Hanglage, Pool. Ganzjährig geöffnet. ✆ 0577/940352, ℻ 907453, www.selvadelletorri.com.

• *Essen & Trinken* Weinspezialität von San Gimignano ist der „Vernaccia", ein trockener Weißwein, dessen Geschmack dem von Stachelbeeren und Äpfeln ähnelt.

Le Vecchie Mura (4), in einem liebevoll restaurierten Gewölbebau, schöne Terrasse mit Fernblick, nicht zu teuer. Nur abends, Di geschl. Via Piandornella 15, ✆ 0577/940270.

Chiribiri (5), kleine Trattoria, gut und preisgünstig. Mi geschl. Piazza della Madonna 1, ✆ 0577/941948.

Da Graziano (6), 10 Fußminuten von der Altstadt, im gleichnamigen Hotel (□ Übernachten), gute Küche und besonders leckere Pizzen. Freundlicher Service. Mo geschl. Via Matteotti 39/A, ✆ 0577/940101.

Dulcis in Fundo (2), ausgezeichnete Küche, das Huhn aus dem Ofen in Vernaccia-Wein war köstlich. Auch außerhalb der Saison gut besucht. Dezente Jazzmusik rundet das Ambiente ab. Vor dem Lokal genießt man vom Punto Panoramico einen herrlichen Blick. Mi Ruhetag. Via degli Innocenti 21, ✆ 0577/941919.

Sehenswertes: Die *Piazza della Cisterna* bildet zusammen mit dem benachbarten Domplatz das Zentrum der Stadt. Mit ihrer dreieckigen Grundform, dem gewölbten Profil und den riesigen Hausfassaden stellt sie ein Stück Mittelalter reinster Form dar. In der Mitte steht die alte Zisterne aus dem Jahre 1273.

An der *Piazza del Duomo* bieten sich vielfältige Perspektiven – eine bogenförmige Loggia, Treppen, die Pfarrkirche und der hoch aufragende Turmkoloss. Tagsüber befindet sich hier auch der Gemüsemarkt. Der *Palazzo del Popolo* steht mit seinem 54 m hohen Turm links oben. Ein architektonischer Leckerbissen ist der *Innenhof* mit überdachtem Treppenaufgang, Rundbögen und ausgebleichten Wandfresken. Fast alle Motive symbolisieren die Justiz – hier wurde im Mittelalter öffentlich Recht gesprochen. Das *Museo Civico* im ersten Obergeschoss besitzt nüchtern kahle Säle mit Wandfresken. Im ersten, dem so genannten Saal Dantes, die bemerkenswerte Maestà von Lippo Memmi, im Nebenzimmer, dem „geheimen Sitzungssaal", wertvolles Gestühl. In den oberen Stockwerken beeindrucken besonders die beiden Rundbilder von Filippino Lippi, die „Verkündigung" und der „Engel". Auf jeden Fall sollte man die *Torre Grossa* besteigen und den fantastischen Blick über die Stadt genießen.

Der äußerlich schmucklose romanische *Dom* ist innen über und über mit Wandfresken bemalt, im *linken Seitenschiff* Szenen des alten Testaments in sehr realistischer Darstellungsweise. Die Bildreihe beginnt mit der Erschaffung der Welt: „Adam und Eva". Etwas aus dem Rahmen fällt der „Durchzug durchs Rote Meer", das Heer des Pharaos trudelt ertrinkend auf der Bildfläche. Oben an der *Rückwand* das „Jüngste Gericht" von Taddeo di Bartolo. Die Details kann man nur auf den Postkarten der Kioske erkennen: „Die Unmäßigen", „Die Unzucht", viel Mord und Totschlag, gierige Teufel. Die öffentlichen Hinrichtungen und Torturen der damaligen Zeit bildeten die Vorlagen. Im *rechten Seitenschiff* dann Szenen aus dem Neuen Testament von Barna di Siena. Am Ende des Seitenschiffs befindet sich die *Cappella di Santa Fina*. Im Renaissancestil angebaut, bricht sie völlig mit dem Rest der Kirche – die Gesichtszüge spiegeln Persönlichkeit und individuelle Mimik und sind vom großen Meister Ghirlandaio gemalt.

Das *Museo di Criminologia Medioevale* in der Via del Castello zeigt eine Schrecken erregende Sammlung von mittelalterlichen Folterinstrumenten. Der Bogen zur Gegenwart

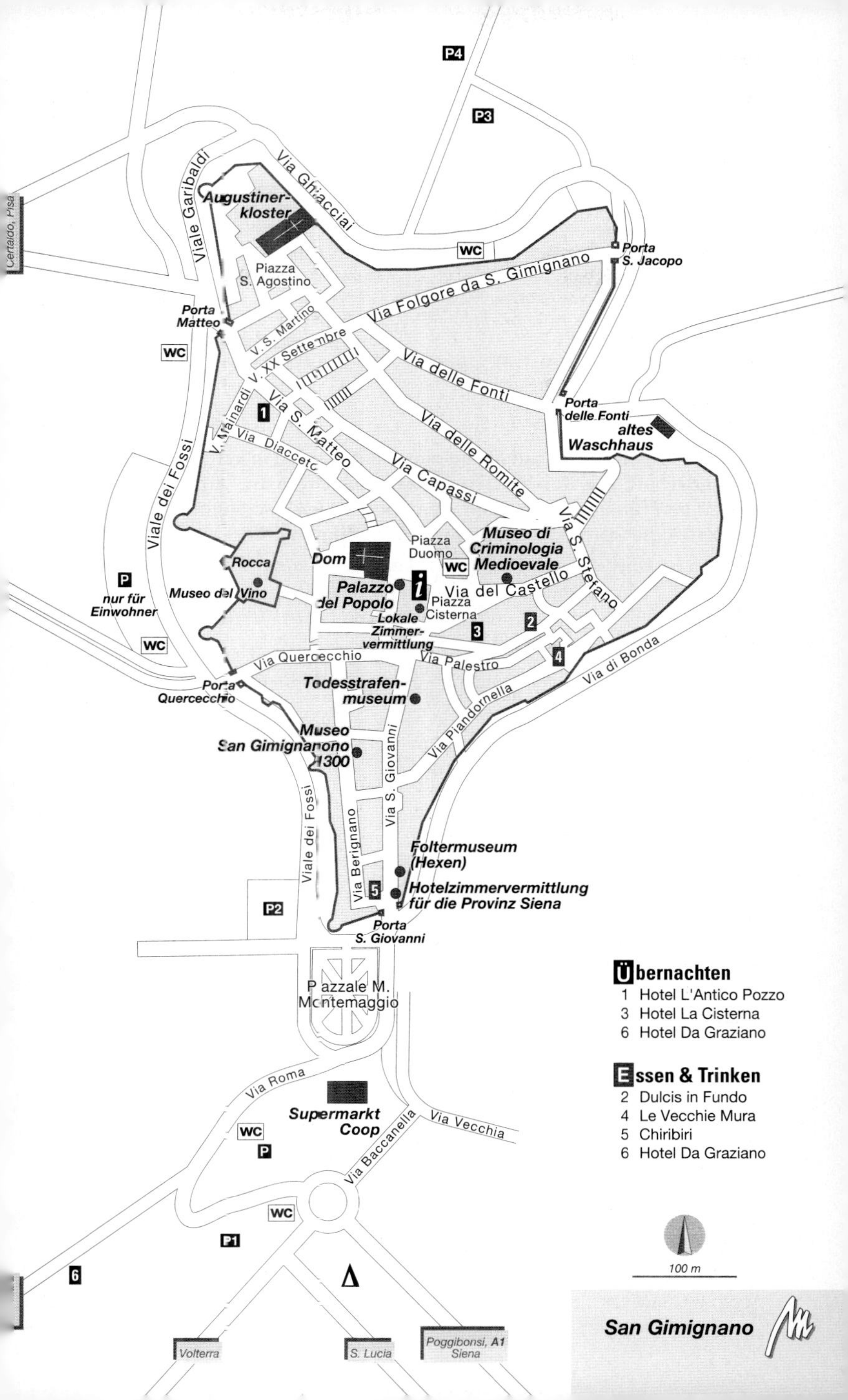

Certaldo, Pisa
P4
P3
Via Ghiacciai
Viale Garibaldi
Augustiner-kloster
WC
Porta S. Jacopo
Piazza S. Agostino
Via Folgore da S. Gimignano
Porta Matteo
V. S. Martino
V. XX Settembre
WC
Via delle Fonti
Porta delle Fonti
altes Waschhaus
1
V. Mainardi
Via S. Matteo
Via Diacceto
Via delle Romite
Viale dei Fossi
Via Capassi
Via S. Stefano
Museo di Criminologia Medioevale
Piazza Duomo
Dom
WC
Rocca
P
nur für Einwohner
Museo del Vino
Palazzo del Popolo
Via del Castello
Piazza Cisterna
Lokale Zimmer-vermittlung
3
2
WC
Via Quercecchio
Via Palestro
4
Via di Bonda
Porta Quercecchio
Todesstrafen-museum
Via Piandornella
Museo San Gimignano 1300
Via S. Giovanni
Viale dei Fossi
Via Berignano
Foltermuseum (Hexen)
5
Hotelzimmervermittlung für die Provinz Siena
P2
Porta S. Giovanni
Piazzale M. Montemaggio
Via Roma
Supermarkt Coop
Via Vecchia
Via Baccanella
WC
P
WC
P1
6
Volterra
S. Lucia
Poggibonsi, A1 Siena
Übernachten
1 Hotel L'Antico Pozzo
3 Hotel La Cisterna
6 Hotel Da Graziano
Essen & Trinken
2 Dulcis in Fundo
4 Le Vecchie Mura
5 Chiribiri
6 Hotel Da Graziano
100 m
San Gimignano

wird durch zeitgenössische amerikanische Hinrichtungsmethoden wie Elektrischer Stuhl und Gaskammer gezogen – für Kinder nicht geeignet.

Das *Augustinerkloster* im Norden der Stadt bietet im Chor der Kirche einen großartigen Bilderzyklus von Benozzo Gozzoli und seinen Schülern.

• *Öffnungszeiten/Eintritt* Es gibt ein Kombiticket für 7,50 € (erm. 5,50 €), das zu den meisten Sehenswürdigkeiten (außer Foltermuseum) Eintritt gewährt.

Museo Civico und Torre Grossa, März bis Okt. tägl. 9.30–19 Uhr, Nov. bis Febr. 10–17.30 Uhr. Eintritt 5 €, erm. 4 €.

Dom, März Mo–Sa 10.30–16.40 Uhr, So 12.30–16.40 Uhr; April bis Okt. Mo–Fr 10.30–19.10 Uhr, Sa 10.30–17 Uhr, So 12.30–17 Uhr. Eintritt 3,50 €, erm. 3 €.

Museo di Criminologia Medioevale, 10–19 Uhr, im Sommer bis 20 bzw. 24 Uhr. Eintritt 8 €, Studenten 5,50 €.

Augustinerkloster, tägl. 7–12 und 15–18 Uhr, Eintritt frei.

Volterra

ca. 11.000 Einwohner

Herbe Mittelalterstadt auf einem einsamen Plateau in karger, waldloser Hügellandschaft. Soweit man schauen kann, leuchten die Farben der Getreidefelder: im Frühling sattes Grün, den Sommer über schimmerndes Gelb und im Herbst die warmen Rottöne der umgepflügten Erde.

Volterra ist einer der wenigen Orte in Europa, wo noch Alabaster abgebaut wird. Das weiche marmorähnliche Gestein wurde schon von den Etruskern zu Urnen, Vasen u. a. verarbeitet, heute verkaufen zahllose Läden die verschiedensten Gegenstände aus Alabaster. Berühmt sind die *Balze* im Norden der Stadt – wegen der starken Erosion ist dort ein Teil der Hügelkante abgebrochen.

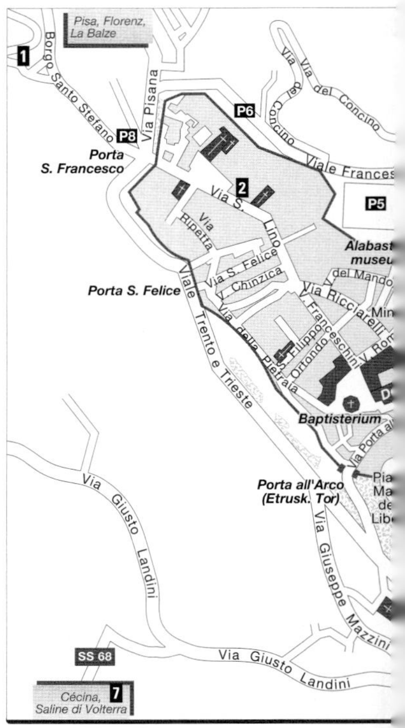

• *Anfahrt/Verbindungen* **Pkw**, von San Gimignano, Cecina und Pisa gut zu erreichen. **Bahn**, Stichbahn von der Küstenstadt Cecina bis Bahnhof **Volterra-Saline**, ca. 10 km westlich der Stadt, von dort regelmäßige Busverbindungen ins Zentrum (Züge ab Pisa und Livorno). Ansonsten **Busse** über Colle Val d'Elsa nach Siena (4-mal tägl.), S. Gimignano und Florenz; über Larderello nach Massa Marittima; über Pontedera nach Pisa. An Sonntagen meist keine Verbindungen.

• *Information* **Ufficio Turistico**, tägl. 10–13 und 14–18 Uhr geöffnet. Auch Audioguides (Stadtrundgänge). Piazza dei Priori 20, ✆/℻ 0588/87257, www.volterratur.it.

Pro Volterra, Piazza dei Priori, gegenüber vom Ufficio Turistico, April bis Okt. 9–13 und 14–18 Uhr, Nov. bis März 9–12 und 15–18 Uhr. Auch Busfahrkarten und Bahntickets. ✆ 0588/ 86150, ℻ 90350, www provolterra it.

• *Übernachten* **** **Hotel San Lino (2)**, ehemaliges Kloster mit 43 Zimmern. Innen renoviert, die Zimmer einfach mit Holz ausgekleidet, etwas eng. Pool. DZ mit Frühstück 90 €. Via S. Lino 26, ✆ 0588/85250, ℻ 80620, www.hotelsanlino.com.

*** **Villa Rioddi (7)**, ca. 1,5 km außerhalb in

Richtung Cecina, Abzweigung Montecatini. Tolle Lage und von den geräumigen Zimmern meist schöner Blick. DZ 72–95 €. SP Monte Volterrano, ✆ 0588/88053, ℻ 88074, www.hotelvillarioddi.it.

*** **Villa Nencini (1)**, rustikal aus unverputzten Steinquadern, außerhalb der Stadtmauer, sehr ruhig. Von den meisten Zimmern weiter Blick ins Umland, Swimmingpool im Garten. Zu Fuß ins Zentrum ca. 10 Min. DZ mit Bad 73–88 €. Borgo Santo Stefano 55, ✆ 0588/86386, ℻ 80601, www.villanencini.it.

Seminario Vescovile S. Andrea (3), ehemaliger Priesterkonvent in einem Kloster im Nordosten der Stadt, einfache, aber geräumige Zimmer. DZ mit Bad 36 €, mit Etagendusche 28 €, Frühstück 3 €. Oft von kirchlichen Gruppen ausgebucht, trotzdem nachfragen. Viale Vittorio Veneto 2, ✆ 0588/86028, ℻ 90791.

Agriturismo Villa Palagione, ambitioniertes Projekt mehrerer Italiener und Deutscher, ehemaliger Sitz einer Adelsfamilie, zahlreiche Gesellschaftsräume und Aktivitäten. Auch Individualreisende sind willkommen. DZ 62–95 €, Frühstück 9,50 €. Erst Richtung San Gimignano fahren, nach ca. 2 km zweigt links die Straße nach Pisa/Pontedera ab, nach 800 m rechts beschilderter Schotterweg. ✆ 0588/39014, ℻ 39129, www.villa-palagione.com.

Camping Le Balze, an der Straße nach Pisa, ca. 1 km nördlich bei den Steinbrüchen. Relativ kleiner Platz, wenig Schatten, aber gute Sicht, mit Pool, auch Bungalows zu vermieten. April bis Mitte Okt. geöffnet. Via di Mandringa 15, ✆ 0588/87880.

• *Essen & Trinken* **L'Ombra della Sera (5)**, sehr gutes Wildschweinragout in leichter Olivenölsoße mit Gewürzen. Liebevoll angemachte Salate (je nach Jahreszeit). Menü ca. 26 €, mittags günstige Tagesgerichte. Mo geschl. Via Gramsci 70, ✆ 0588/86663.

Trattoria del Sacco Fiorentino, gleich neben Ombra della Sera. Erst seit ein paar Jahren geöffnet, hat sich das Lokal einen vorzüglichen Ruf erworben. Gute Weinauswahl

Karten S. 592/593 und 642/643

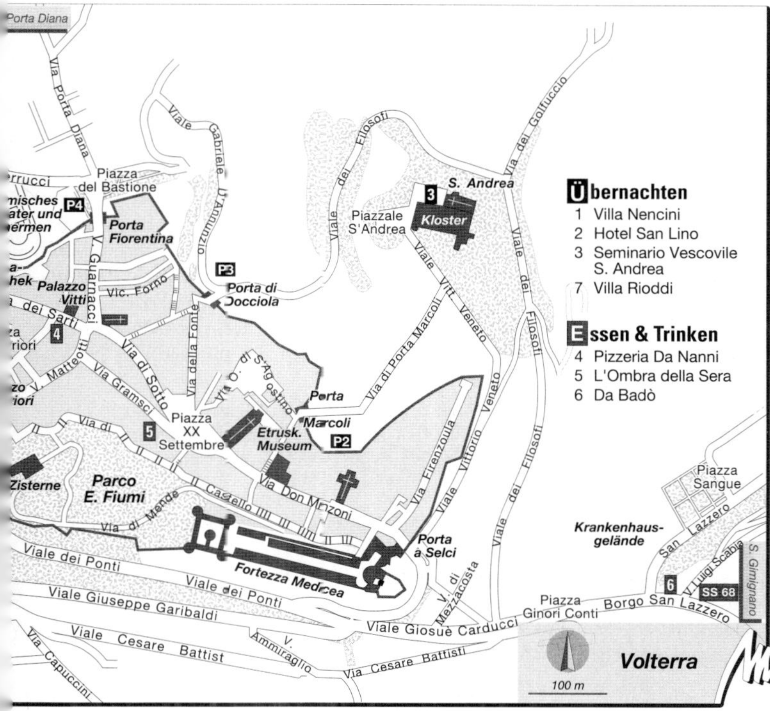

mit entsprechender Beratung. Primi ca. 7 €, Secondi ab 8,50 €, tägl. wechselnde Meeresgerichte. Mi Ruhetag. Piazza XX Settembre 18, ✆ 0588/88537.

Da Badò (6), etwa 200 m außerhalb der Stadtmauern in Richtung Siena. Alteingesessene Trattoria mit vielen Wildgerichten und eigenem Wein. Menü ca. 25 €. Mi geschl. Borgo San Lazzero 9, ✆ 0588/86477.

Da Nanni (4), kleine, heiße Pizzeria, man sitzt neben dem Backofen an zwei langen Tischreihen. An Öl wird nicht gespart, riesige Pizza. Mo geschl. Via delle Prigioni 40.

Africa, unser *Tipp* im Ortszentrum von Saline di Volterra, ca. 10 km südwestlich. Die beiden Schwestern Eva und Lorella bieten gute, preiswerte Küche und riesige Spaghettiportionen. So geschl. Borgo Lisci 8, ✆ 0588/44193.

Sehenswertes: Zentrum des Ortes ist die *Piazza dei Priori*. Ein düsterer, mittelalterlicher Platz, gesäumt von hohen Palazzi. Größter Bau ist der *Palazzo dei Priori* vom Anfang des 13. Jh., übrigens das älteste Rathaus der Toskana. Der Bau diente später einigen anderen Palastbauten als Vorbild, u. a. dem Palazzo Vecchio in Florenz. Nicht weit entfernt steht der *Dom* aus dem 12. Jh., der in den nachfolgenden Jahrhunderten im Stil Pisas umgebaut wurde. Sehenswert ist vor allem die Kanzel von Mino da Fiesole, aber auch die „Kreuzabnahme“ im rechten Querschiff. Gegenüber vom Dom steht das *Baptisterium* mit berühmtem Taufbecken von Sansovino.

Das *Museo Etrusco Guarnacci*, Via Don Minzoni 15, ist das bedeutendste etruskische Museum der Toskana mit zahlreichen Fundstücken, darunter zahlreiche Ascheurnen, gefertigt aus Marmor oder Alabaster. Oft sind darauf Beerdigungsszenen dargestellt: Der Sterbende auf einem Pferd, begleitet von Freunden und Familie.

Im herrlich restaurierten Palazzo Minucci Solaini in der Via Sarti 1 ist die *Pinakothek* untergebracht. Besonders in den oberen Ausstellungsräumen beeindrucken die Werke von Pietro de Witte – lebensgroße Figuren mit einem mimischen Ausdruck, der denkwürdig bleibt: Wahnsinn, Verzweiflung, Trauer, Besonnenheit. Berühmtestes Werk ist die „Kreuzabnahme“ von Rosso Fiorentino.

Die etruskische *Porta all'Arco* wurde von den Römern umgebaut und bildete einen Teil der Stadtmauer aus dem 4. Jh. v. Chr. Die Bürger Volterras bewahrten es vor der Sprengung durch deutsche Truppen, indem sie den ganzen Torbogen mit Steinen ausfüllten. Benachbart erstreckt sich die grüne Oase des *Parco Archeologico Enrico Fiumi*, unter schattigen Bäumen kann man hier den herrlichen Blick auf Volterra und ins Umland genießen. Zu den antiken Überreste Volterras gehört auch ein römisches *Theater* im Norden der Stadt, auf das man von der Stadtmauer einen herrlichen Blick hat.

• *Öffnungszeiten/Eintritt* **Museo Etrusco Guarnacci** und **Pinakothek**, Mitte März bis 1. Nov. 9–19 Uhr, 2. Nov. bis Mitte März 8.30–13.30 Uhr. Sammelticket 8 €, Familien-Sammelticket 18 € (max. 4 Pers.).

Römisches Theater, Mitte März bis 1. Nov. 10.30–17.30 Uhr, im Winter nur Sa/So 10–16 Uhr, Eintritt 2 €.

Le Balze: ockerbraune Steilabbrüche direkt hinter dem Campingplatz – durch Regen wird immer mehr Erdreich weggespült, ein Teil der etruskischen Stadtmauer und eine mittelalterliche Kapelle stürzten bereits hinunter. Auf einem Hügel, nur noch etwa 20 m vom Abgrund entfernt, stehen die Mauern einer einst prächtigen *Kamaldulenser-Abtei*. Das ehemals prächtige Kloster wurde 1130 errichtet und nach einem Erdbeben 1864 von den Mönchen fluchtartig verlassen.

Siena

ca. 54.000 Einwohner

Nach Florenz das zweite große Toskanaziel – durch und durch mittelalterlich, rotbraune Backsteinbauten, ein prachtvoller Dom und enge, schummrige Straßenschluchten, die gekrümmt den Hügelprofilen folgen. Das Autofahren innerhalb der Mauern ist verboten – eine Stadt zum Flanieren.

Siena war eine der mächtigsten mittelalterlichen Stadtrepubliken und die große Konkurrentin von Florenz. Die ganze Stadtanlage, ihre Bauten und Kunstwerke weisen auf diese große Zeit zurück – Siena ist ein einziges Ausstellungsstück der italienischen Gotik, die aber mit der himmelwärts strebenden nordischen Gotik nichts gemeinsam hat. Seit der Blütezeit im 14. Jh. und insbesondere nach der Eroberung durch Florenz (1555) entstanden keine herausragenden Bauwerke mehr. Für kunsthistorisch Interessierte ein unschätzbarer Vorteil, denn so blieb der mittelalterliche Baustil unversehrt erhalten. Auch heute wuchert Siena noch nicht in das grüne Hügelland der Umgebung. Die Silhouette ist geprägt durch die vollständig erhaltene Stadtmauer und die etwa 102 m (!) hohe *Torre del Mangia* an der berühmten muschelförmigen Piazza del Campo. Fast sämtliche Paläste und Gebäude sind aus Backstein erbaut – im Gegensatz dazu steht der mit Marmor verkleidete Dom, das Prunkstück von Siena.

Karten S. 592/593 und 642/643

Der Palio von Siena

Das berühmte Reitturnier aus dem 17. Jh. findet jedes Jahr am 2. Juli und 16. August auf dem Campo statt. In mehreren Durchläufen kämpfen neun der insgesamt 17 „Contrade" (Stadtteile) um das begehrte Seidenbanner (Palio). Die Teilnehmer tragen alte Kostüme aus dem 15. Jh. und jedes Stadtviertel hat sein eigenes Symbol. Das Gemeine dabei: Die Reiter behindern den Gegner durch Peitschenhiebe aufs feindliche Pferd. Der World Wide Fund of Nature (WWF) und Brigitte Bardot wollten den Reiterkampf wegen Tierquälerei abgeschafft wissen, doch beide scheiterten vor Gericht. Obgleich das Wettrennen auf den ungesattelten Pferden nur wenige Minuten dauert, ist das Ganze von genau festgelegten Zeremonien umrahmt, die schon vier Tage vorher beginnen. Zwischen 17 und 19 Uhr abends findet das Rennen statt, vorher der festliche Umzug „Corteo Storico". Wochen nach dem Fest gibt es in den Gassen der Altstadt einen riesigen Festschmaus unter freiem Himmel, der bis tief in die Nacht dauert – das glückliche Siegerpferd ist auch mit von der Partie.

Literaturtipp: „Der Palio der toten Reiter" vom bekannten Krimigespann Fruttero & Lucentini aus Turin.

Anfahrt/Verbindungen/Information

• *Anfahrt/Verbindungen* **Pkw**, kostenlose Autobahnverbindung (Raccordo) mit Florenz. Die Altstadt von Siena ist für den öffentlichen Verkehr gesperrt (frei für Touristen mit Hotelreservierung). Mehrere gebührenpflichtige Parkplätze sind um die Stadt verteilt, allerdings oft belegt (am Stadtrand kündigen Schilder an, welche Plätze noch Kapazitäten haben). Der am günstigsten gelegene ist der neue Parkplatz **Santa**

SS 2 Florenz
Jugendherberge, Bahnhof
V. V. Emanuele II
Porta Camollia
Piazza C. Saracini
Via Malta
Viale Sardegna
Viale G. Mazzini
Viale D. G. Minzoni
Via Nino Bixio
Via S. Martini
Piazza G. Amendola
Viale G. Amendola
Via Ricasoli
Via Biagio di Montluc
Via Campansi
Via d. Pignatello
Via di Camollia
V. Vitt. Tassi
V. N. Sauro
Via C. Pisacane
Strada di Pescaia
Rom, Florenz
Viale A. Diaz
Via G. Garbaldi
Piazza d. Sale
Barriera S. Lorenzo
Porta Ovile
V. Rin. Franci
La Lizza
WC
Piazza Gramsci
V. C. Maccari
BUS
Viale Cesare Battisti
Viale V. Veneto
Fortezza Medici
Viale d. Stadio
Stadio Comunale
V. Federico Tozzi
Via d. Montanini
Via d. Stufa Secca
Via del Pian d' Ovile
Via di Vallerozzi
Via d. Comune
Via d. Ort
P. d. Abbadia
Oratorio di San Bernardino
V. Malavolti
Piazza G. Matteotti
Piazza Salimbeni
Via d. Rossi
V. d. Giglio
P. Prov. Salvani
V. d. Baroncelli
Viale V. Veneto
Viale Trento
Viale Trieste
V. d. Mille
V. Curtatone
Via Paradiso
Via d. Sapienza
Via d. Terme
Via d. Termini
Banchi d. Sopra
Piazza Tolomei
Via Sall. Bandini
Viale XXIV Maggio
Viale F. Corridoni
Via Bruno Bonci
S. Domenico
Haus d. hl. Katharina
Via S. Caterina
Piazza d. Indipendenza
Fonte Branda
Via d. Fontebranda
Città
Banchi di Sotto
Loggia del Papa
Il Campo
Palazzo Pubblico
Via d. Porrione
Rolltreppe
Porta Fontebranda
Costone
V. d. Diacceto
Via Franciosa
Synagoge
Via d. Poggio
Piazza d. Selva
Dom
Via di Sotto
WC
Pizza d. Mercato
Via G. Duprè
S. Catarina Fontebranda
Strada d. Grotte
Via Esterna D. Fontebranda
V. d. F. d. S. Ansano
Ospedale di S.M. della Scala
Via del Capitano
Internet
Casato d. Sotto
V. d. Lombarde
V. d. P. Giustizia
Piazza d. Postierla
Pinakothek
SS 2 Siena-Ovest
V. d. Stalloreggi
Via S. Pietro
Casato d. Sopra
Via P. Mascagni
Via E. Bastianini
Via d. Mantellini
V. d. S. Quirico
V. T. Pendola
V. d. Cerchia
Cimitero Laterino
Via d. Laterino
Porta Laterina
Via del nuovo Asilo
Orto Botanico
Via Pier Andrea Mattioli
Via Fontanella
il Campo
Porta S. Marco
Via S. Marco
Via delle Sperandie
Stada d. Giuggiolo
Via Massetana
Porta Tufi
S. d. Tufi
1
2
3
4
5
6
7
8
9
10
11
12
13
14
15
16
17
18
P

Übernachten

5 Chiusarelli
6 Alma Domus
7 Bernini
8 Centrale
9 Tre Donzelle
10 Piccolo Hotel Etruria
11 Elda
15 Mini Residence Il Casato
18 Palazzo Ravizza

Essen & Trinken

1 Da Enzo
12 Mugolone
13 Osteria Enoteca Sotto le Fonti
14 Osteria Il Tamburino
16 Castelvecchio
17 Osteria Nonna Gina

Nachtleben

2 L'Officina
3 Enoteca Italiana
4 Caffè 115

200 m

Siena

Caterina-Fontebranda, da man von dort aus per Rolltreppe direkt zum Dom hinauffahren kann (Ausfahrt Siena Ovest). Außerdem gibt es noch einige weiter entfernte Großparkplätze, zwar kostenlos, aber unbewacht, z. B. **Due Ponti** im Osten der Stadt, Viale Pietro Tosellini (Shuttle-Bus „Pollicino" ins Zentrum, Mo–Sa 7–24 Uhr alle 15 min., So nur alle 30 Min., 0,90 € einfach).

Bahn, Siena liegt an einer Nebenstrecke von Florenz über Empoli und Poggibonsi. Aus Richtung Rom kommend, in Chiusi umsteigen. Bahnhof 2 km außerhalb vom Zentrum, Busse fahren zur Piazza Gramsci.

Bus, Abfahrt/Ankunft an der Piazza Gramsci, stündlich nach Florenz, zudem häufige Verbindungen in die meisten Orte der Toskana, mind. 1-mal tägl. nach Rom. Nach San Gimignano in Poggibonsi umsteigen.

• *Information* **A.P.T.-Büro**, ganzjährig tägl. 9–19 Uhr geöffnet. Piazza del Campo 56, ✆ 0577/280551, ℻ 281041, www.terresiena.it.

Zimmervermittlung bei **Siena Hotel Promotion**, im Sommer Mo–Sa 9–20, Winter 9–19 Uhr, So geschl. Piazza San Domenico, ✆ 0577/288084, ℻ 280290, www.hotelsiena.com.

Übernachten (siehe Karte S. 652/653)

Viele Hotels liegen innerhalb der Mauern und sind trotz der zentralen Lage relativ ruhig, da die Altstadt autofrei ist. Mit Hotelreservierung, erhältlich bei „Siena Hotel Promotion", darf man sein Gepäck bis zur Unterkunft fahren.

*** **Palazzo Ravizza (18)**, First-Class-Pension, ca. 10 Min. vom Dom. Alte Stadtvilla aus dem 17. Jh., seit 1924 Hotel, vom Terrassengarten hinter dem Haus schöner Blick. 30 Zimmer und Suiten verschiedener Kategorien. DZ (Standard und Superior) mit Frühstück 200–320 €, EZ 150 €. Via Pian dei Mantellini 34, ✆ 0577/280462, ℻ 221597, www.palazzoravizza.it.

*** **Chiusarelli (5)**, stilvoller klassizistischer Bau, zentral gelegen, einige Parkplätze im Garten. 50 Zimmer, sehr ruhig die Zimmer zum parkähnlichen Stadion von Siena. DZ mit Frühstück 88–132 €, EZ 68–91 €, Halbpension 18 €/Pers. Viale Curtatone 15, ✆ 0577/280562, ℻ 271177, www.chiusarelli.com.

Mini Residence Il Casato (15), in einem alten Palast aus dem 18. Jh., 2000 zu einer geschmackvollen Herberge umgebaut. Steile Treppen führen zu den auf mehreren Stockwerken verteilten, meist geräumigen Zimmern. Tolle Deckenfresken, auch der kleine Terrassengarten ist für die Gäste offen. DZ 75–120 €, EZ 50–80 €. Via Dupré 126, ✆ 0577/236001, ℻ 226997, www.relaisilcasato.it.

*** **Elda (11)**, alte, gepflegte Villa in ruhiger Lage, kleiner Garten ums Haus. Jedes Stockwerk hat seine eigene Farbe, die Möbel sind handgemacht. Einige Panorama-Zimmer mit schönem Blick auf die Altstadt. 2007 renoviert, seitdem auch Fußbodenheizung in den Bädern. DZ 60–180 €, EZ 50–150 €. Viale XXIV Maggio 10, ✆ 0577/247927, ℻ 221307, www.villaeldasiena.it.

** **Centrale (8)**, helle Zimmer im dritten Stock (kein Lift). Mit sieben Zimmern eines der kleinsten Hotels der Stadt, die meisten sind jedoch groß, haben Telefon und Minibar. DZ mit Bad 80 €, ohne 70 €, Frühstück auf dem Zimmer 5 € extra. Via Cecco Angiolieri 26, ✆ 0577/280379, ℻ 42152, www.hotelcentralesiena.com.

** **Piccolo Hotel Etruria (10)**, sympathisch, wenn auch etwas eng. DZ mit Bad ca. 80 €. Das preiswerte Restaurant wird gerne von Rucksackreisenden besucht. Via delle Donzelle 3 (quer zur Via Banchi di Sotto beim Campo), ✆ 0577/288088, ℻ 288461, www.hoteletruria.com.

* **Bernini (7)**, familiäre Pension, von Lesern empfohlen, schöne Terrasse mit Panorama, auch einige Zimmer mit fantastischem Blick auf den Dom. DZ mit Dusche 85 €, mit Etagendusche 65 €, EZ mit Bad 78 €. Frühzeitige Reservierung unbedingt nötig, da oft belegt. Via della Sapienza 15, ✆/℻ 0577/289047, www.albergobernini.com.

* **Tre Donzelle (9)**, der günstige Preis und die zentrale Lage sind die beiden größten Vorteile, für den romantischen Urlaub eher weniger geeignet. DZ mit Dusche 60 €, ohne 49 €, EZ ohne Dusche 38 €. Via delle Donzelle 5, ✆ 0577/280358, ℻ 223933, www.tredonzelle.com.

* **Alma Domus (6)**, schlafen im Kloster Santuario S. Caterina. Funktionale Zimmer, einige mit tollem Blick auf den Domhügel. Sogar eine Klimaanlage gibt es. Die Pforte schließt erst um 1 Uhr! DZ 55–75 €, EZ 40–45 €. Via Camporeggio 37, ✆ 0577/44177, ℻ 47601, www.hotelalmadomus.it.

• *Jugendherberge* **Guidoriccio**, im Ortsteil Stellino, außerhalb vom Zentrum, ca. 3 km vom Bahnhof (Bus Nr. 10 ab Bhf., Nr. 15 ab

Vorbereitung zum Palio – eine dicke Schicht Tuff schützt Hufe und Reiter

Karten S. 592/593 und 642/643

Piazza Gramsci). Das Haus wurde komplett renoviert und umgebaut, auch Doppelzimmer vorhanden. Kein Jugendherbergsausweis nötig. 100 Betten. Übernachtung mit Frühstück 20 €. Via Fiorentina 89, ✆ 0577/52212, 📠 50277.

• *Camping* *** **Siena Colleverde**, nordöstlich vom Bahnhof, Bus Nr. 8 ab Piazza del Sale (letzter Bus gegen 23.45 Uhr). Wie der Name schon vermuten lässt, auf einem grünen Hügel mit vielen Bäumen. Wenn der Platz überfüllt ist, muss man auch mit weniger begrünten Flächen vorlieb nehmen. In der Kantine preisgünstiges Menü, im Hochsommer Swimmingpoolbenutzung gegen Gebühr. 9,50–10.50 €/Pers., Wohnwagen 7 €. Geöffnet Ostern bis Nov./Dez. Strada di Scacciapensieri 47, ✆ 0577/332545, 📠 334005, www.campingcolleverde.com.

** **La Montagnola**, unser **Tipp!** In Sovicille, ca. 12 km südwestlich von Siena. Etwa 8 km die SS 73 Richtung San Galgano, dann rechts abbiegen. Großer, einladender Platz im schattigen Wald, absolute Ruhe. Busse nach Siena halten direkt im Campingplatz. Etliche Leser waren von dem Platz begeistert. Geöffnet Ostern bis Ende Sept. Strada della Montagnola 39, ✆ 0577/314473, 📠 349286.

Essen & Trinken/Unterhaltung (siehe Karte S. 652/653)

Gutes Essen in vielen Trattorien, preislich allerdings wenig erfreulich, vorwiegend Touristen als Publikum. Eine der bekanntesten Spezialitäten ist die *Ribollita* (die Aufgekochte), ein mit Brot angedickter Gemüseeintopf, früher ein Arme-Leute-Gericht. Typische Pastagerichte sind *pici* (spätzleartige Nudeln, nur länger) mit diversen Soßen oder *papardelle al cinghiale* (breite Nudeln mit Wildscheinragout). Als Secondi kommen vor allem Wild und Kreationen mit Steinpilzen auf den Tisch – die sienesische Küche ist eher mächtig als mediterran-leicht. Zum Nachtisch sollte man den *panforte* probieren, einen schweren Kuchen mit Mandeln und kandierten Früchten, den es auch in vielen Kaffeehäusern gibt.

Da Enzo (1), der renommierte Küchenchef führt das Lokal selbst. Preislich noch im Rahmen: Secondi ab 15 €. Mit dem kleinen Festpreismenü ab 35 € ist man ganz gut bedient. Via Camollia 49, ✆ 0577/281277

Castelvecchio (16), vielfach ausgezeichnet, trotzdem erschwingliche Preise. Die moderne Möblierung steht in angenehmem Kontrast zu den rustikalen Räumlichkeiten. Menu degustazione 25 €, auch vegetarische Gerichte. Di Ruhetag. Via Castelvecchio 65, ✆ 0577/49586.

Mugolone (12), alteingesessenes, gutbürgerliches Speiselokal mit traditioneller Küche (z. B. frittiertes Kaninchen 12,50 €) und flotter Bedienung. Viele Einheimische und Handelsreisende, besonders beim Mittagstisch. Do ganztägig und Sonntagabend geschl. Via dei Pellegrini 8. ✆ 0577/283039.

Osteria Il Tamburino (14), preiswerte, solide Küche: Pici, Ossobuco oder Kaninchen. Familiäre Atmosphäre, etwas abseits der Touristenströme. Do Ruhetag. Via di Stalloreggi 11, ✆ 0577/280306.

Osteria Nonna Gina (17), kleine, sympathische Osteria mit guter Hausmannskost, Pasta aus eigener Herstellung, leider lange Wartezeiten. Mo und im August geschl. Pian dei Mantellini 2, ✆ 0577/287247.

Osteria Enoteca Sotto Le Fonti (13), unser Tipp! Etwas abseits im Viertel der heiligen Caterina gelegen, vielleicht auch deshalb gutes Preis-Leistungs-Verhältnis (Menü abends max. 30 €). Sehr geschmackvoll eingerichtet, viele einheimische Gäste, gute Antipasti und hausgemachte Nudelgerichte. Das deutsch-italienische Betreiberpaar versteht etwas von herzlichem Service. So Ruhetag. Via Esterna Fontebranda 114 (gegenüber vom Parkplatz Santa Caterina-Fontebranda), ✆ 0577/226446.

• Unterhaltung **L'Officina (2)**, viele verschiedene Biersorten, oft Live-Bands. Mo–Sa 21–3 Uhr, So Ruhetag. Piazza del Sale 3a (nördlich von Il Campo).

Caffè 115 (4), gemütlich, viel Holz, Spiegel, fast wie ein English Pub, es gibt auch Maßkrüge. Mo Ruhetag. Via dei Rossi 115.

Enoteca Italiana (3), großzügig angelegte Weinprobierstube in den mächtigen Gewölben der Fortezza Medicea. Man kann den Wein glas- oder flaschenweise probieren, aber auch zum Mitnehmen kaufen. Über 600 verschiedene Qualitätsweine zur Auswahl. Mo–Sa 12–1 Uhr, So geschl.

Sehenswertes

Mittelpunkt des öffentlichen Lebens und zweifellos einer der schönsten Plätze Italiens ist die *Piazza del Campo*, genannt „Il Campo" („das Feld"). Muschelförmig schmiegt sie sich in die Senke der drei Hügel, auf denen Siena erbaut ist. Rundum erhebt sich eine einzigartige Kulisse von mittelalterlichen Palästen, die heute Restaurants und Cafés beherbergen. Vor allem in den kühlen Abendstunden herrscht hier oft eine berauschende Atmosphäre – spontane Aktionen, Gaudi, Straßenmusik. Der Brunnen am höchsten Punkt des Platzes heißt *Fonte Gaia* – fröhliche Quelle – und trägt seinen Namen, weil man sich Anfang des 15. Jh. so sehr freute, dass das Wasser nach einem 25 km langen Weg über einen Aquädukt hier hervorsprudelte. Die Reliefs sind Kopien (Originale im Ospedale di Santa Maria della Scala).

Für die Sehenswürdigkeiten und Museen Sienas kann man **Sammeltickets** (Biglietto cumulativo) erwerben:

Torre und Museum Civico 12 €,

Musei Comunali ca. 11 € (zwei Tage gültig),

"S.I.A. Inverno" (Nov. bis Mitte März): Museo Civico/Santa Maria della Scala/ Museo dell'Opera/Battistero S. Giovanni 14 € (sieben Tage gültig),

„S.I.A. Estate" (Mitte März bis Okt.): Museo Civico/Santa Maria della Scala/ Museo dell'Opera/Battistero S. Giovanni/S. Bernardino/Museo Diocesano/ Chiesa di S. Agostino 17 € (sieben Tage gültig),

„Duomo, Museo dell'Opera, Battistero, Cripta, Oratorio San Bernardino, Museo Diocesano": 10 € (drei Tage gültig).

Reservierung von Eintrittskarten unter ✆ 0577/2926154 oder moira.cencioni@comune.siena.it, Abholung am Palazzo Comunale.

Palazzo Pubblico: Das Rathaus mit seinem mächtigen Turm an der Unterkante der Piazza del Campo ist gotisch und wurde Ende des 13. Jh. begonnen. Mit seinen schlichten Verzierungen, den Zinnen und sienesischen Bögen über den Fenstern diente es vielen später erbauten Palästen als Vorbild. Seine Krönung ist der schlanke, ca. 102 m hohe Glockenturm *Torre del Mangia*, benannt nach dem Glöckner Mangiaguadagne, einer legendären Gestalt. Die Besteigung ist möglich – schwindelerregende Aussicht und über dem Kopf eine tonnenschwere Bronzeglocke.

Alle Säle des *Museo Civico* im Palazzo Pubblico zu beschreiben würde einen ganzen Band füllen. Aus dem reichen Angebot einige Anregungen: in der *Sala di Balia* bzw. *Sala dei Priori* (Saal 10) Fresken aus dem frühen 15. Jh., die einen plastischen Einblick in Moral und Gesellschaft der Renaissance vermitteln, darunter Episoden aus dem Leben Papst Alexanders III., eines erbitterten Gegners des Kaisers und Verbündeten der lombardischen Städte. Die *Cappella* (Saal 14) ist vollständig mit Wandmalereien von Taddeo di Bartolo ausgeschmückt, im Vorraum sind heidnische Gottheiten und die politische Prominenz des antiken Rom dargestellt. Die *Sala del Mappamondo* (Saal des Erdballs, Saal 16) besitzt prachtvolle Fresken von Simone Martini, die „Maesta" und „Guidoriccio da Fogliano belagert Schloss Montemassi". Die *Sala della Pace* (Saal des Friedens, Saal 17) war der öffentliche Sitzungsraum der „Regierung der Neun" aus der Blütezeit Sienas (1292–1355). Allegorien Lorenzettis stellen die „gute" und die „schlechte" Regierung dar. In den Farben der Stadt (schwarz/weiß) gekleidet, thront erstere inmitten der Tugenden (meist dargestellt durch Frauengestalten) – Friede, Stärke, Gerechtigkeit, Großmut. Auf der gegenüberliegenden Wand regieren Gier und Tyrannei, Grausamkeit und Betrug.

• Öffnungszeiten/Eintritt **Torre del Mangia**, im Sommer 10–18.15 Uhr, im Winter 10–15.15 Uhr. Es werden jeweils 30 Pers. eingelassen, oft muss man bis zu einer Std. anstehen. Am besten Ticket im Voraus kaufen, nicht selten ist der Turm gegen Mittag schon bis abends ausverkauft. Eintritt 7 €, mit Reservierung 6 €.
Museo Civico, im Sommer 10–19 Uhr, im Winter bis 18.30 Uhr, Eintritt 7 €, mit Reservierung 6 €, Kombiticket 12 €.

Dom: Sienas ganzer Stolz – und wegen seiner aufwändigen, zebragestreiften Zuckerbäckerfassade nicht zu Unrecht. Zuerst wird man regelrecht vom hellem Marmor geblendet – bis man die vielen feinen Details richtig erkennen kann. Vor allem der obere Teil ist mit Ornamenten, Statuen, Mosaiken und Schnitzereien überladen. Als Siena am 4. Sept. 1260 Florenz vernichtend schlagen konnte, war das ein ungeheurer Triumph, Sinnbild dafür wurde der Bau des Doms. Hätte man ihn wie geplant vollendet, wäre er heute wahrscheinlich der größte Kirchenbau der Welt: Der jetzige Dom sollte nämlich nur das Querschiff werden, ein riesiges Längsschiff hätte folgen sollen, der Plan wurde aber Mitte des 14. Jh. aufgegeben. Das *Innere* ist unterteilt von Säulen in gestreiftem Dekor, vom Deckengewölbe leuchten aufgemalte Sterne. Auffallend schön ist die mit Flachreliefs (Motive aus dem Leben Jesu) geschmückte Marmorkanzel von Nicola Pisano. Die Fresken in der Apsis stammen von Beccafumi, der Altar von Peruzzi, die Chorstühle mit einzigartigen Intarsien von da Verona. Der einzigartige Boden des Doms ist ein 52-teiliges Kunstwerk aus dem 14.–16. Jh., allerdings zum Schutz vor Schäden oft abgedeckt (meist zu bestimmten Terminen zwischen Ende August und Anfang Oktober offen). Bei den älteren Teilen erzeugen mit Teer gefüllte Fugen das Bild, die neueren sind Einlegearbeiten aus verschiedenfarbigem Marmor. Erzählt werden Episoden der Menschheitsgeschichte von den Ägyptern bis zum Neuen Testament.

Die *Libreria Piccolomini* (Dombibliothek) liegt im linken Seitenschiff und ist ein Werk der Renaissance. Pinturicchio gestaltete sie mit Szenen aus dem Leben von Papst Pius II.

Toskana Karten S. 592/593 und 642/643

Der neue Dom, der unvollendet blieb, birgt den Eingang zum *Museo dell'Opera Metropolitana* (Dommuseum) mit Gold- und Schmiedearbeiten, Skulpturen von Pisano und historischen Messgewändern.

Das *Baptisterium* liegt unterhalb der Apsis des Doms. Drei Portale führen ins Innere mit Kreuzgewölbe, das in drei Schiffe unterteilt ist. Die Fresken (bei Seitenaltären, Apsis und Gewölbe) stammen von Il Vecchietto und seinen Schülern (16. Jh.). Größtes Prunkstück ist das Taufbecken, geschmückt mit Reliefs aus vergoldeter Bronze (von Ghiberti, della Quercia, Donatello u. a.), die Szenen aus dem Leben Johannes des Täufers zeigen.

• *Öffnungszeiten/Eintritt* Im Sommer 10.30–19.30 Uhr, Juni bis August bis 20 Uhr, im Winter 10.30–18.30 Uhr (sonn- und feiertags 13.30–17.30 bzw. Uhr), Eintritt 3 €, wenn die Fußbodentafeln freigelegt sind, 6 €, erm. 5 €, Eintritt Libreria Piccolomini 3 €, Dommuseum 6 €, Baptisterium 3 €.

Der Dom Santa Maria steht an der höchsten Stelle der Stadt

Ospedale di Santa Maria della Scala: Der mächtige Palast gegenüber dem Hauptportal des Doms ist eines der ältesten kirchlichen Hospize Europas. Die Verkündigungskirche gleich im Eingangsbereich ist ohne Eintrittskarte zu besichtigen. Prunkstück ist die *Sala dei Pelegrini* (Pilgersaal), ausgemalt im 15. Jh. mit weltlichen Motiven, u. a. Szenen aus dem Alltag des Krankenhauses. Die *Cappella del Sacro Chiodo* ist komplett mit Fresken von Lorenzo Vecchietta ausgestattet. Im Keller stehen die von der Feuchtigkeit stark beschädigten Originalreliefs der Fonte Gaia auf dem Campo.

Öffnungszeiten/Eintritt Im Sommer 10–18.30 Uhr, im Winter 10.30–16.30 Uhr, Eintritt 6 €, mit Reservierung 5,50 €.

Pinacoteca Nazionale: im Palazzo Buonsignori aus dem 14. Jh., Via San Pietro 29. Über 700 Werke der toskanischen und sienesischen Malerei des 12.–15. Jh., u. a. Werke von da Siena, den Brüdern Lorenzetti und Simone Martini.

Öffnungszeiten/Eintritt Di–Sa 10–18 Uhr, So/Mo 9–13 Uhr, Eintritt 4 €, erm. 2 €.

San Domenico: gotischer Kirchenbau aus dem 13. Jh. (Erweiterung im 15. Jh.). Schöne Freskenmalereien von Sodoma und Vanni zeigen Bilder aus dem Leben der heiligen Katharina. In einer Seitenkapelle rechts werden das Haupt und ein in Silber gefasster Finger der Heiligen aufbewahrt.

Der alte Brunnen *Fonte Branda* steht genau unterhalb von San Domenico an der Via Fontebranda. Das große Bassin unter uralten Gewölben ist gefüllt mit glasklarem Wasser, in dem dicke Karpfen schwimmen.

Öffnungszeiten März bis Okt. 7–18.30 Uhr, Nov. bis Feb. 9–18 Uhr.

Casa di Santa Caterina: kleiner Gebäudekomplex mit Pilgerunterkünften und Kloster in der Nähe der Fonte Branda. Katharina wurde hier als 25. (!) Kind eines

Färbers geboren und machte Geschichte, als sie mit eindringlichen Briefen den Papst in Avignon erfolgreich beschwor, wieder nach Rom zurückzukehren. 1939 wurde sie heilig gesprochen und gilt heute als eine der bedeutendsten italienischen Nationalheiligen.

Öffnungszeiten/Eintritt Tägl. 9–18 Uhr, Eintritt frei.

Fortezza Medicea: Die Medici-Festung westlich der Altstadt ist wegen ihrer Lage einen Spaziergang wert. Sie ist noch immer das Symbol der Niederlage von 1555 gegenüber Florenz und wurde 1560 von Cosimo I. in Auftrag gegeben und an der Stelle erbaut, an der die Florentiner nach dem Sieg ihr Hauptquartier aufgeschlagen hatten. Im Inneren lohnende Enoteca (→ Essen & Trinken, S. 656).

Siena/Umgebung

Castello di Monteriggioni: zur Verteidigung Sienas im Jahr 1213 errichtetes Kastell, 14 km von Siena in Richtung Florenz. Die Rundmauer (570 m) mit ihren 14 Wehrtürmen ist noch komplett erhalten, ein mittelalterliches Schmuckstück, das man nicht versäumen sollte.

Colle di Val d'Elsa: Die zweigeteilte Oberstadt erstreckt sich auf einem Bergrücken über dem Elsa-Tal. Im Castello dominiert das Mittelalter mit dem Dom, im Borgo die Renaissance mit ihren Prachtpalästen. Obwohl die Superstrada von Florenz nach Siena nicht weit entfernt ist, finden nur wenige Touristen den Weg hierher. Seit Jahrhunderten ist die Stadt Zentrum der Kristall- und Glasherstellung in der Toskana, es gibt ein *Museo del Cristallo* und im September wird das große Kristallfest „Cristallo tra le mure" veranstaltet.

• Öffnungszeiten **Museo del Cristallo**, eine Woche vor Ostern bis Okt. 10–12 und 16–19.30 Uhr, im Winter 10–12 und 15–19 Uhr, Mo geschl. Eintritt 3 €. Via dei Fossi 8.

• Information **Pro Loco 1**, April bis Okt. tägl. 10–13 und 15–18 Uhr, Nov. bis März 15–17 Uhr. Borgo (Oberstadt), Via del Campana 43, ✆ 0577/922791, www.terrediarnolfo.it.

*** **Arnolfo**, einziges Hotel in der Altstadt (Oberstadt). Das Frühstück gibt es im Gewölbe. DZ 65–70 €, EZ 55 €. Via F. Campana 8, Borgo, ✆ 0577/922020, 📠 922324, www.hotelarnolfo.it.

B & B Le Tre Perle, unser *Tipp* in der Unterstadt. Die quirlige Wirtin, die 20 Jahre in Australien gelebt hat, empfängt ihre Gäste sehr freundlich und vermietet drei schöne Zimmer. DZ 70 €, Dreibettzimmer 90 €, EZ 45 €. Via Pieve in Piano 23 (hinter der Piazza Agostino), ✆ 0577/921489, www.letreperle.com.

• Essen & Trinken **Molino il Moro**, in der Unterstadt gleich neben der Piazza Arnolfo in der Via Ruota. Die mittelalterliche Mühle – das Wasser fließt noch durch das Gebäude – wurde originalgetreu restauriert. Das schön Ambiente entschädigt für Defizite beim Service, die Küche ist gut. Mo und Di-Mittag geschl. ✆ 0577/920862.

San Galgano: Etwas abseits der Straße von Siena nach Massa Marittima steht diese pittoreske Klosterruine wie im Traum versunken auf einer grünen Wiese. Als eine der ersten Kirchen Italiens im gotischen Baustil wurde sie im 12. Jh. von französischen Mönchen des Zisterzienserordens erbaut. Danach wurde mit ihr jahrhundertelang Schindluder getrieben – ein gewissenloser Abt verschacherte sogar das Bleidach, was den Verfall des Gewölbes bedeutete. Nach und nach trugen die umliegenden Bauern Steine vom Mauerwerk ab, um sich damit ihre Häuser zu bauen. Erst in jüngerer Zeit wurden die Außenmauern der Ruine wieder vollständig aufgerichtet. Fürs Kirchendach und Fensterglas hat es bisher nicht gereicht – trotzdem (oder gerade deshalb) ein wunderschöner weltferner Ort.

Öffnungszeiten rund um die Uhr geöffnet, Eintritt frei, abends mit Bodenstrahlern eindrucksvoll illuminiert.

Südlich von Siena

Weitgehend karge, fast herbe Hügellandschaft ohne die gewohnte toskanische „Lieblichkeit". Die *Crete Senesi* ist eine erodierte Region mit wenigen Zypressen und viel Fels, im Süden grenzt der über 1700 m hohe *Monte Amiata* die Toskana von Latium ab. Es gibt hier schöne Orte, die aber eher zu den unbekannteren zählen.

Convento Monte Olivetro Maggiore: 10 km südlich von Asciano steht eins der wichtigsten Benediktinerklöster im Land, ein wuchtiger Backsteinbau inmitten einer grünen Zypressenoase. Höhepunkt einer Besichtigung ist der Kreuzgang mit einem herrlichen Freskenzyklus von Sodoma und Signorelli zum Leben des heiligen Benedikt.

Öffnungszeiten 9.15–12 und 15.15–18 Uhr, im Winter nur bis 17 Uhr, Eintritt frei. Angemessene Kleidung erwünscht.

Montalcino

ca. 5000 Einwohner

Die grünen Weinberge um Montalcino beleben das Landschaftsbild der gleichförmigen, von Hügeln und Getreidekulturen geprägten Crete.

Auf dem steinigen Boden gedeihen die Trauben für den berühmten (und teuren!) *Brunello di Montalcino,* von dem mehr als die Hälfte exportiert wird. Der Ort selbst, auf einem schmalen Hügel gelegen und umschlossen von Verteidigungsanlagen, ist mittelalterlich und provinziell zugleich. An der *Piazza del Popolo* steht das handtuchschmale Rathaus, mehr Platz hatte man beim Bau einfach nicht zur Verfügung. Schauen Sie am Platz auch mal in die *Fiaschetteria Italiana* hinein: Das 1888 eröffnete Café mit seinen roten Plüschsesseln und Spiegelwänden könnte auch in Paris stehen (und auch die Preise haben Pariser Niveau).

Am obersten Punkt der Stadt erhebt sich die Festung (Rocca di Montalcino), ein symbolträchtiger Ort: Nach dem Fall von Siena (1555) riefen die vertriebenen Sieneser hier die „Republik von Siena in Montalcino" aus. Bis 1559 konnte die letzte freie und demokratisch regierte Stadt der Toskana noch ihre Unabhängigkeit bewahren, bevor sie der absolutistisch regierende Medici Cosimo I aus Florenz unterwarf. Heute beherbergt die Festung eine kleine Enoteca, die Tische im Innenhof eignen sich hervorragend für ein Picknick.

Öffnungszeiten/Eintritt **Festung** tägl. 9–20 Uhr, Eintritt 4 €.

Information/Verbindungen/Übernachten/Essen & Trinken

• *Information* **Pro Loco**, im Municipio (Via Costa del Municipio 1), freundlich und kompetent, auch kostenlose Zimmervermittlung und Busticketverkauf. Tägl. 10–13 und 14–17.50 Uhr, im Winter Mo geschl. ✆/℻ 0577/-849331. www.comune.montalcino.si.it.

• *Verbindung* **Bus**, die nächste Bahnstation befindet sich in Sinalunga (5 km), sie liegt an der Strecke Siena–Chiusi. Von der Bahnstation 5-mal tägl. Busse ins Zentrum. Verbindungen ab Piazza Cavour im Zentrum über Buonconvento nach Siena, Sant'Antimo und zum Monte Amiata, wer nach Montepulciano will, muss in Torrenieri (auf der Strecke nach Siena) umsteigen. In den Sommermonaten (Mitte Juni bis Anfang Sept.) fährt ab Montalcino jeden Morgen (ca. 8 Uhr) ein Bus der „Autolinea Mar Tirreno" zur Küste (nach Castiglione della Pescaia und Follonica); abends (ca. 18.30 Uhr) wieder zurück. Abfahrt in der Via del Poggiolo 2 (Bar Le Terrazze) nahe dem großen Parkplatz bei der Festung.

• *Übernachten* **** Vecchia Oliviera**, klein und fein, in der ehemaligen Ölmühle neben dem Stadttor nach Siena. Nur 13 Zimmer, die meisten mit Panoramablick, was allerdings seinen Preis hat. Alle Zimmer mit TV und Klimaanlage. Unter österreichischer Leitung, freundlich-professioneller Service. Pool im Garten. DZ ab 150 € inkl. Frühstück. Via Landi 1 (Porta Cerbaia), ✆ 0577/846028, ✆ 846029, www.vecchiaoliviera.com.

*** **Dei Capitani**, tolle Lage an der unteren Stadtmauer. 24 Zimmer mit ungetrübtem Blick in die weite Landschaft. Kleines, terrassenartiges Gärtchen mit Minipool zum Abtauchen. Auch einige Parkplätze. DZ ab 115 € inkl. Frühstück. Via Lapini 6, ✆ 0577/847227, ✆ 847239, www.deicapitani.it.

*** **Il Giglio**, im Zentrum. Gepflegte Zimmer mit TV und Telefon, die Rückfront mit Ausblick. DZ ca. 140 € mit Frühstück. Via S. Saloni 5, ✆/✆ 0577/848167, www.gigliohotel.com.

** **Giardino**, einfache, meist geräumige Zimmer. Der Wirt ist Weinkenner. DZ mit Dusche 60 €, Frühstück extra. Piazza Cavour 4 (Bushaltestelle), ✆/✆ 0577/848257, albergoilgiardino@virgilio.it.

B & B Palazzina Cesira, unser *Tipp*: Stilvolles Ambiente in einem Stadtpalast aus dem 13. Jh. Was am Eingang bescheiden als „Camere" bezeichnet wird, entpuppt sich als edle Unterkunft. Zur Palazzina gehören ein großzügiges Wohnzimmer mit kleiner Bibliothek sowie ein stilvoller Frühstücksraum mit großer Tafel. Leider nur vier Zimmer, frühzeitige Buchung ist ratsam. Jan./Feb. geschl. DZ max. 115 €. Via S. Saloni 2, ✆ 0577/846055, ✆ 847904, www.montalcinoitaly.com.

• *Essen & Trinken* **Il Grappolo Blu**, eines der besten Mittelklasserestaurants Montalcinos, freundliche Stimmung, nettes Ambiente, durchschnittliche Preise. Noy aus Laos bedient und berät in fast akzentfreiem Deutsch. Leckere Spezialität ist der „Sauerbraten" mit einer Soße aus Balsamico-Essig – so schwarz, dass man meinen könnte, ein Tintenfisch habe dran glauben müssen. Fr Ruhetag. Via Scale Moglio, ✆ 0577/847150.

Osteria al Giardino, an der Piazza hübsche, betischte Pergola, von Veronelli empfohlen. Nicht in derselben Hand wie das gleichnamige Hotel. Mi Ruhetag. Piazza Cavour, ✆ 0577/849076.

• *Cafés* **Fiaschetteria Italiana**, Montalcinos 1888 gegründetes Nobelcafé, Tradition und Ambiente. Zur Weindegustation ebenso wie zum teuren Cappuccino empfehlenswert. Auf der Terrasse an der Piazza lässt es sich stundenlang aushalten. Tägl. 8–23 Uhr. Piazza del Popolo 6.

Kloster Sant'Antimo: Die herrlich gelegene Benediktinerabtei unterhalb des kleinen Dorfes Castelnuovo dell'Abate (10 km südlich von Montalcino) wurde bereits im 8. Jh. gegründet und in den folgenden Jahrhunderten stetig erweitert. Die mächtige Kirche, im 12. Jh. aus cremefarbenem Travertin errichtet, ist ein stattliches Beispiel des italienisch-romanischen Baustils. Sie wurde nie ganz fertig gestellt, da der aufwändige Bau wahrscheinlich den finanziellen Rahmen der Abtei überstieg. Eindrucksvoll sind die gregorianischen Gesänge, mit denen die Padres mehrmals am Tag ihre Messen und Andachten untermalen.

• *Öffnungszeiten* Mo–Sa tägl. 10.30–12.30 und 15–18.30 Uhr, So 9.15–10.45 und 15–18 Uhr. **Gregorianische Gesänge**, u. a. während der 9-Uhr-Messe (ca. 1 Std.), So 11 Uhr (ca. 1½ Std.) sowie tägl. 7, 12.45, 14.45, 19, 20.30 Uhr (Juli/Aug. 21 Uhr), jeweils ca. 15–30 Min.

Toskana Karten S. 592/593 und 642/643

Montepulciano

ca. 15.000 Einwohner

Der Ort an einem Steilhang am Rande des Chiana-Tales ist bis heute über die Grenzen der alten Stadtmauern nicht hinausgewuchert – ein Stück Mittelalter, durchsetzt mit Adelspalästen aus der Renaissance.

Kurz nach dem unteren Toreingang fällt der *Palazzo Bucelli* (Nr. 73) ins Auge, dessen Gebäudesockel fast ausschließlich aus Bruchstücken etruskischer Grabmäler und römischen Schriftplatten gemauert ist. Ganz oben auf der Hügelkuppe liegt die Piazza Grande mit dem *Palazzo Comunale*, dem monumentalen *Dom* und einer fantastischen Fernsicht aufs Umland. Das nahe *Museo Civico* an der Via Ricci zeigt etruskische und römische Funde, eine Pinakothek mit Altar- und Madonnengemälden des 13.–16. Jh., Landschaftsansichten, Stillleben und Porträts des 17./18. Jh. sowie Terrakotta-Arbeiten von Andrea della Robbia. Ein Stück außerhalb der Mauern steht die honigfarbene Kirche *San Biagio*, ein durch und durch ästhetischer Kuppelbau, der prächtig mit der Landschaft harmoniert. Der Innenraum ist allerdings wenig bemerkenswert.

Weltbekannt ist Montepulciano für seinen DOCG-Wein „Vino Nobile di Montepulciano", den einst nur Adelshäuser keltern durften. Probierstuben im Palazzo der Familie *Contucci* an der Piazza Grande (tägl. 8.30–12.30 und 14.30–18.30 Uhr, ✆ 0578/757006, www.contucci.it) und bei *Redi* im Palazzo Ricci, Via di Collazzi 5 (tägl. 10.30–13 und 15–19 Uhr), beide mit sehenswerten Weinkellern.

• *Öffnungszeiten* **Dom**, tägl. 9.30–13 und 15–19 Uhr. **Museo Civico**, Di–So 10–13 und 15–19 Uhr (im August durchgehend), Mo geschl., im Winter nur Sa/So 10–13 und 15–18 Uhr. Eintritt 4,50 €, erm. 3 €.

San Biagio, tägl. 9–19 Uhr.

• *Anfahrt/Verbindungen* **Pkw**, Autobahn A 1, Ausfahrt Montepulciano.

Bahn, Nebenlinie von Arezzo, Bahnhof aber 10 km außerhalb, die Lokalzüge auf der Strecke Siena–Chiusi halten dort. Buszubringer zur Bahnstation.

• *Information* **Pro Loco**, Mo–Sa 9.30–12.30 und 15–19 Uhr, So 9.30–12.30 Uhr. Piazza Don Minzoni. ✆/℻ 0578/757341, www.prolocomontepulciano.it.

Associazione La Strada del Vino Nobile di Montepulciano, gegenüber vom Dom. Weintour mit Degustation bei verschiedenen Weingütern, ca. 25 € pro Pers. (min. 2 Pers.). Mo–Sa 10–13 und 15–19 Uhr geöffnet. Piazza Grande, ✆ 0578/717484, www.stradavinonobile.it.

Gasse in Chiusi

• *Übernachten/Essen & Trinken* *** **Marzocco**, einige hübsch renovierte Zimmer, z. T. mit Balkon und Aussicht. DZ mit Bad 95 €. Piazza Savonarola 18, ✆ 0578/757262, ℻ 757530, www.albergoilmarzocco.it.

La Grotta, Edelristorante gegenüber der Kirche San Biagio. Nobles Ambiente in zwei Speisesälen, kleiner Garten. Toskanische Spezialitäten, im Angebot selbstverständlich auch einige hervorragende Weine. Mi Ruhetag. Via di San Biagio 15, ✆ 0578/757607.

Le Logge del Vignola, schickes Ristorante im Zentrum, immer wieder von Veronelli ausgezeichnet. Gehobenes Preisniveau, in kurzen Hosen und Sandalen sollte man nicht kommen. Di Ruhetag. Via delle Erbe 6, ✆/℻ 0578/717290.

Trattoria Cittino, vermutlich das preiswerteste Restaurant von Montepulciano, TV inklusive. Speisekarte im Aushang studieren oder mit der Wirtin Marcella Italienisch parlieren. Sie hält nichts von der Cucina nobile, sondern pflegt Hausmannskost, die jedermann bezahlen kann, z. B. *Pici bianchi* mit Semmelbröseln. Weitere Spezialität ist eine Soße aus Wurstbrät mit Sahne und Pilzen. In der Nebensaison riskiert man Wartezeiten, die Wirtin ist dann oft allein für Küche, Bar und Service zuständig (ohne ihre Freundlichkeit zu verlieren). Mi Ruhetag. Vicolo della Via Nuova 2, ✆ 0578/757333.

Antico Caffè Poliziano, nobles, 1868 eröffnetes, in den 1990er Jahren rundum restauriertes Traditionscafé mit Verspiegelung auf zwei Etagen. Die grandiose Aussicht vom Jugendstilbalkon (für gerade mal drei Personen) hilft, die teuren Preise zu verdauen (an der Bar kostet der Cappuccino übrigens nur 1 €, am Tisch dagegen 3 €). Via Voltaia nel Corso 27, ✆ 0578/758615.

Bravìo delle Botti – Wettlauf mit Weinfass

Der „Palio“ der Stadt findet jedes Jahr am letzten Sonntag im August statt. Um 10 Uhr morgens startet der Wettstreit der acht *Contrade* (Stadtteile) von Montepulciano, jedes Viertel schickt zwei kräftige junge Männer ins Rennen, die von der *Piazza Savonarola* (Palazzo Avignonesi) den 1650 m langen Weg zur *Piazza Grande* zurücklegen und dabei ein 80 kg schweres Weinfass die steile Straße hoch rollen müssen. Die begehrten Startplätze in erster oder zweiter Reihe werden ausgelost, die durchschnittliche Zeit des Rennens liegt bei etwa acht Minuten (!). Wer sich das Spektakel anschauen will, sollte möglichst früh an Ort und Stelle sein.

Eröffnet wird das traditionelle Stadtfest schon in der vorhergehenden Woche mit einer Reihe von Veranstaltungen: u. a. am Sonntag zuvor mit einer historischen Prozession, am Donnerstag folgt eine Kerzenprozession. Infos und das Programm der Veranstaltungen in der Touristinformation oder unter www.braviodellebotti.it.

Toskana
Karten S. 592/593 und 642/643

Chiusi: kleine Stadt (ca. 10.000 Einwohner) ca. 22 km südöstlich von Montepulciano, nah an der A 1. Unter der Stadt liegt ein ausgedehntes Stollenlabyrinth der Etrusker, das *Porsenna-Labyrinth*, in dem sich der Legende nach irgendwo das legendäre Grab des Etruskerfürsten Porsenna befinden soll. 120 m davon sind für die Öffentlichkeit zugänglich. Im *etruskischen Museum* in der Via Porsenna 17 bekommt man einen hervorragenden Einblick in die hohe Lebenskultur der Etrusker. Ausgestellt sind Toilettenartikel (Kämme), Waffen und viele, reich mit Reliefs verzierte Sarkophage aus Alabaster. Im Anschluss kann man *etruskische Gräber* auf halbem Weg zum *Lago di Chiusi*, besichtigen. Der trübe, badeuntaugliche See liegt 6 km nördlich, man kann Ruderboote mieten.

• *Öffnungszeiten/Eintritt* **Porsenna-Labyrinth**, in der Hauptsaison Führungen ca. alle 30 Min. – die Zeiten variieren von Jahr zu Jahr. Eintritt Posenna-Labyrinth 3 €, Sammelticket für Porsenna-Labyrinth und Dommuseum 4 €. **Etruskisches Museum**, tägl. 9–20 Uhr. Eintritt 4 €. Im Eintrittspreis ist auch der Besuch der **Etruskischen Gräber Tomba della Pellegrina** und **Tomba del Leone** inbegriffen. Begleitete Führungen für die **Tomba della Scimmia** (Di, Do und Sa, im Sommer 11 und 16 Uhr, im Winter 11 und 14.30 Uhr) nur nach Anmeldung. Eintritt 2 €. Reservierung ✆ 0578/20177.

Pienza (ca. 2000 Einwohner): Papst Pius II. ließ Mitte des 15. Jh. sein Geburtsdorf, das damals noch Corsignano hieß, zur „città ideale“ umgestalten – das nach ihm benannte Pienza sollte die vollkommene Renaissancestadt und zukünftiger Papstsitz werden. Doch Pius II. starb kurz nach Fertigstellung des Stadtkerns und die späteren Päpste interessierten sich nicht mehr für das kleine Städtchen. Bis heute ist deshalb die Renaissancegestaltung unverfälscht erhalten geblieben. Von der Stadtmauer eröffnet sich ein wunderschöner Ausblick bis hinüber zum über 1700 m hohen Monte Amiata. Im Sommer herrscht erheblicher Rummel, vor allem die Wochenenden sollte man meiden.

• *Information* **Ufficio turistico**, tägl. außer Di 10–13 und 15–19 Uhr. Corso Rossellino 30, im Museo Diocesano; ✆/📠 0578/749905. www.comunepienza.it.

• *Übernachten* *** **Il Chiostro**, Nobelherberge in einem ehemaligen Kloster, geräumige Zimmer, freundlicher Service, viele amerikanische Gäste. DZ mit Frühstück 160–320 €. Corso Rossellino 26, ✆ 0578/748400, 📠 748440, www.relaisilchiostrodipienza.com.

*** **Corsignano**, moderner Bau außerhalb der Altstadt. DZ mit Frühstück 85–110 €. Via della Madonnina 11, ✆ 0578/748501, 📠 748166, www.corsignano.it.

Dal Falco, Ristorante mit Zimmervermietung, hübsch eingerichtete, aber etwas enge Zimmer. DZ mit Dusche 80 €. Piazza Dante Alighieri 3, ✆/℻ 0578/748551, www.ristorantedalfalco.it.

Agricampeggio Podere Il Casale, auf einem Hügel zwischen Pienza und Monticchiello, interessantes Agriturismo-Projekt von Schweizern, seit einigen Jahren mit kleinem Zeltplatz (Stellplatz 5,50 €, pro Pers. 8,50 €). Gegessen wird abends gemeinsam an einer großen Tafel auf der Terrasse des Anwesens. ✆/℻ 0578/755109, www.podereilcasale.it. Anfahrt: Auf der SP 146 von Pienza nach Montepulciano rechts dem Wegweiser nach Monticchiello folgen (Schotterstraße), nach ca. 3 km taucht das Il-Casale-Schild auf, dort links hoch.

• *Essen & Trinken* **Latte di Luna**, benannt nach einer Erosionszone vor der Stadt, die wegen ihrer weißen Erde „Milch des Mondes" genannt wird. Täglich wechselnde Gerichte, typisch toskanische Küche, gern von Einheimischen besucht, besser reservieren. Mittleres bis leicht gehobenes Preisniveau. Di Ruhetag. Via San Carlo 2–4 (bei der Porta al Giglio), ✆ 0578/748606.

Trattoria Fiorella, Feinschmeckerlokal auf zwei Ebenen, Spezialität: Risotto mit Brennnesselgemüse. Gehobenes Preisniveau. Kleines Restaurant, schnell voll, daher besser reservieren. Mi geschl. Via Condotti 11, ✆ 0578/749095.

Osteria Sette di Vino, nett zum draußen Sitzen, geführt vom Sohn Fiorellas. Raffinierte Snacks, darunter leckeres Gemüse, Rucolasalat, Crostini, Käse, Fladenbrot etc. Mi geschl. Piazza di Spagna 1, ✆ 0578/749092.

Monticchiello: malerischer Ort mit Stadtmauer und einer alten Burg, kein Neubaugebiet stört das Gesamtbild. In der Chiesa die Santi Leonardo e Cristoforo bemerkenswerte Fresken. In der letzten Juli- und den ersten beiden Augustwochen wird das so genannte *Teatro povero* (Armes Theater) aufgeführt, dabei werden aktuelle Themen aus der lokalen Politik und der Bauernkultur aufgegriffen (Kartenreservierung ab Mitte Juli Mo–Fr 10–13 und 16–19 Uhr, ✆ 0578/755118, www.teatropovero.it). Gut essen kann man in der „Trattoria di Moranda", Via di Mezzo 17 (Fr geschl., ✆ 0578/755050).

San Quirico d'Orcia (ca. 2500 Einwohner): mittelalterlicher Marktflecken an der Via Cassia. Außerhalb der noch fast intakten Ummauerung rauscht der Verkehr auf der vierspurig ausgebauten SS 2 vorbei, innerhalb herrscht idyllische Ruhe. Ursprünglich zogen die Reisenden über die alte Via Cassia und damit mitten durch S. Quirico. Am südlichen Tor befand sich das *Ospedale della Scala*, dessen Innenhof mit Ziehbrunnen besichtigt werden kann. Am anderen Ende der Via Dante Alighieri, der zentralen Geschäftsader, steht der *Palazzo Chigi* aus dem späten 17. Jh., einst Sitz der lokalen Herrscher, heute beherbergt er wechselnde Ausstellungen meist zeitgenössischer Künstler. Ganz in der Nähe steht die romanische *Stiftskirche* mit drei beachtenswerten Portalen. Das eine wird von zwei Ungetümen getragen, auf deren Schultern die miteinander verknoteten Tragsäulen ruhen; darüber kämpfen zwei Krokodile. Masken und Tierfratzen ergänzen die mittelalterliche Dämonen-Szenerie.

Bagno Vignoni: kleiner Thermalkurort 4 km von San Quirico. Seinen Mittelpunkt bildet ein großes antikes Schwimmbecken, das Baden im 40 Grad heißen Wasser ist allerdings verboten. Benutzen kann man aber das moderne Thermalbad (Beckentemperatur etwas über 30 Grad) gleich unterhalb des Albergo Posta Marcucci (tägl. außer Do 9–13 und 14–18 Uhr, Eintritt bis 17 Uhr, 12 € Eintritt, Kinder 6 €, Bademütze obligatorisch). Kostenlose heiße Fußbäder kann man im Rinnsal unterhalb des Parkplatzes nehmen. Unterhalb des Hangs im Tal gibt es auch ein kleines Becken zum Schwimmen (in Richtung SS 2 hinaus aus dem Ort und die Piste am Tal entlang benutzen).

Monte Amiata

„La Montagna", der Gebirgszug um den 1734 m hohen Monte Amiata, liegt weit abseits der gängigen Routen. Dichte Kastanienwälder und Wasserläufe bedecken seine Hänge, die Orte sind ruhig geblieben.

Nach der Schneeschmelze im Frühjahr kann man herrlich wandern – der *Anello della Montagna*, ein rot-weiß-rot markierter Rundwanderweg, zieht sich um den ganzen Berg und bewegt sich fast stetig zwischen 900 und 1300 Höhenmetern. Er ist gut in Etappen zu schaffen und führt an zahlreichen Hütten und Rastplätzen vorbei. Alle Ortschaften rings um den Berg sind an den Weg angeschlossen, sodass man das Auto überall stehen lassen kann. Andererseits kann man mit dem Wagen bis 200 m an den Gipfel herankommen, fantastisch ist die Aussicht auf die südliche Toskana bis zum Meer.

Abbadia San Salvatore (ca. 6500 Einwohner): alte Bergarbeiterstadt, größter und höchstgelegener Ort am Berg. Die Ausbeutung der reichen Erzvorkommen des Gebirges – hauptsächlich Quecksilber – und die damit verbundenen miserablen Arbeitsbedingungen ließen im 19. Jh. eine starke proletarische Bewegung entstehen. In den siebziger Jahren wurden die Minen geschlossen, seitdem ist die Einwohnerzahl um fast ein Viertel gesunken. Noch heute wählt die Stadtbevölkerung zu 80 % links. Am Stadtrand lohnt ein Besuch der ehemaligen Klosterkirche *Abbadia San Salvatore*, vor kurzem wurde auf dem weiten Minengelände am oberen Ortsrand ein *Museo Minerario* eröffnet.

• *Öffnungszeiten/Eintritt* **Abbadia San Salvatore**, tägl. 7–20 Uhr, **Museo Minerario**, tägl. 9.30–12.30 und 15.30–18.30 Uhr, Eintritt 6 €.

• *Information* **A.P.T.**, Mo–Sa 9–13 und 15–18 Uhr, So 10–14 Uhr. Via Adua 25 (im Zentrum der Neustadt, nahe Piazza Gramsci), ✆ 0577/775811, ℻ 775877, www.amiataturismo.it.

• *Übernachten/Essen & Trinken* *** **Parco Erosa**, sehr ruhige Lage am südöstlichen Ortsende. Das Haus präsentiert sich fast im Tiroler Stil, auch innen viel Holzverkleidung. Mit Pool. DZ mit Frühstück ab. 60 €, im Juli/August nur mit HP (ab 45 € pro Pers.). Via Remedi 108, ✆ 0577/776326, ℻ 779735, www.parcoerosa.it.

* **Cesaretti**, Ortsausgang Richtung Siena, DZ mit Bad und Frühstück 45 €, gute Küche (So-Nachmittag geschl.). Via Trento 37, ✆ 0577/778198, ℻ 775589.

Ristorante Il Cantinone, hier kann man zu reellen Preisen gut essen. Mi Ruhetag. Via Asmara 14/16 (Seitensträßchen gegenüber der ESSO-Tankstelle und unterhalb der Piazza Gramsci), ✆ 0577/776552.

Ristorante/Pizzeria Il Gatto e La Volpe, einfache Trattoria neben dem Fußballstadion. Di geschl. Via della Pace 44, ✆ 0577/778751.

Castel del Piano: kleiner Ort auf einer Hochebene an der Westseite des Bergmassivs. Im Norden öffnet er sich zum *Fondo del Lupo*, einem sanften Abhang, der nahtlos in Wein- und Olivenhänge übergeht.

• *Übernachten* *** **Silene**, 6,5 km nordöstlich in der Loc. Pescina. Hübsche Zimmer zu mäßigen Preisen, sehr gutes Restaurant, Produktion von Olivenöl. DZ mit Bad und Frühstück 65 €. Via Capo Vetra 8, ✆ 0564/950805, ℻ 950553, www.ilsilene.it.

Camping Residence Amiata, ehemaliger Bauernhof, jetzt Touristenzentrum mit Apartments (im Sommer nur wochenweise Vermietung, 324 €/Woche für 2 Pers.), schattigen Stellplätzen, Mini-Market und preiswerter Pizzeria. Ganzjährig geöffnet. Via Roma 15 (ca. 2 km außerhalb Richtung Santa Fiora), ✆ 0564/956260, ℻ 955107, www.amiata.org.

Bagni San Filippo: 8 km nördlich von Abbadia San Salvatore, nur ein paar Häuser und ein altertümliches Kurhotel mit Thermalbad, das auch Nichthotelgästen offen steht (Eintritt 10 €, ab 15 Uhr 7 €). Attraktion ist der idyllisch gelegene Wasserfall *Fosso*

Toskana Karten S. 592/593 und 642/643

Bianco. Er rieselt eine hohe Felswand aus weißen Sinterablagerungen herunter, unten kann man im je nach Jahreszeit badewannen- bis lauwarmen Wasser baden.

Santa Fiora (ca. 2800 Einwohner): Der hübscheste Ort am Monte Amiata – Mittelalter inmitten üppigen Grüns. Viele Hauseingänge im hinteren Gassengewirr (z. B. in der Via del Fondaccio, dem einstigen jüdischen Viertel) sind mit reliefgeschmückten Balken eingefasst; besonders sehenswert das Relief einer Jagdszene über der Tür der Hausnummer 7. Trotz der überwiegend grauen Häuser wirkt das kleine Centro storico von Santa Fiora recht idyllisch und ansprechend. In der ursprünglich romanischen, mehrfach umgebauten *Kirche Santa Fiora e Lucilla* findet sich eine ganze Kollektion Terrakottareliefs von *Andrea della Robbia*.

• *Übernachten* *** **Fiora**, zu beiden Seiten des Fosso del Carro, den eine hohe Brücke überspannt, befindet sich das Hotel: ein mächtiger Neorenaissance-Bau, kürzlich renoviert. Schönes und komfortables Haus, auch bei Gruppen beliebt, Zimmer mit Bad und TV, z. T. mit Blick auf die Brücke. Restaurant im Neuanbau. Unser **Tipp!** DZ mit Frühstück 60–68 €. Via Roma 8, ✆ 0564/977043, ℻ 978154, www.hotelfiora.it.

• *Essen/Trinken* **Al Barilotto**, ob Wildschwein oder zartes Lamm – hervorragende Küche zu mäßigen Preisen. Typische Gerichte: Pappardelle alla Lepre, Acquacotta. Mi Ruhetag. Via Carolina 24, ✆ 0564/977089.

Pitigliano

ca. 4400 Einwohner

Mitten im engen Tal ragt ein steiler Tuffsteinfelsen in die Höhe, obenauf liegt die Stadt. Man meint, sie nur mit riesigen Leitern erklimmen zu können. Aus der Ferne wirken die mittelalterlichen Häuser wie ein Wildwuchs des Felsens.

Die engen und düsteren Gassen lassen keinen Autoverkehr zu, Pitigliano hat sich noch nicht herausgeputzt und dafür viel von seinem ursprünglichen Charme behalten. Die in den Felsen gehauenen Keller unterhalb der Stadt (früher etruskische Gräber) werden heute noch zur Weinlagerung, als Ställe und Werkstätten benutzt. In Pitigliano war einst eine bedeutende jüdische Gemeinde beheimatet. Es gab jüdische Bibliotheken, Schulen und eine Synagoge, die vor einigen Jahren wieder hergerichtet wurde. Stilles Zeugnis der jüdischen Vergangenheit ist der verwaiste *Friedhof*, der außerhalb der Stadt auf einem wunderschönen Hügel liegt (Richtung Manciano links oberhalb der großen Brücke im Tal).

• *Öffnungszeiten/Eintritt* **Synagoge**, im Sommer Di–Fr und So 10–12.30 und 16–19 Uhr, im Winter 10–12.30 und 15–17.30 Uhr, Mo, Sa und an jüdischen Feiertagen geschl. Eintritt 2,50 €.

• *Anfahrt/Verbindungen* **Pkw**, guter Stopover auf dem Weg vom Bolsena-See (→ Latium) zur Küste, ebenso wie das nahe Saturnia.

Bus, von und nach Grosseto, Orbetello, Sorano und Sovana. Abfahrt der Busse gegenüber der Bar Golosone in der Via Santa Chiara (nahe der Fina-Tankstelle).

• *Information* **Ufficio turistico**, Di–So 9–13 und 16–19 Uhr (im Winter 15–18 Uhr). Piazza Garibaldi, ✆/℻ 0564/617111.

• *Übernachten* ** **Guastini**, gleich am ersten Platz, wenn man in den Ort hineinkommt. Die kleinen, billigeren Zimmer mit tollem Blick auf das Tal, die größeren, teureren ohne spektakuläre Aussicht, aber mit Klimaanlage. DZ mit Bad und TV je nach Saison und Größe 62–90 €, Frühstück extra. Piazza Petruccioli 4, ✆ 0564/616065, ℻ 616652, www.albergoguastini.it.

Locanda Il Tufo Rosa, sechs Zimmer, teils ziemlich klein, aber sehr gepflegt und nett eingerichtet, schöne, moderne Badezimmer. Da fast direkt am Verkehrsknotenpunkt von Pitigliano gelegen, nicht immer ganz ruhig. DZ mit Bad 55–65 €, kein Frühstück. Piazza Petruccioli 97 (gegenüber Hotel Guastini), ✆ 0564/617019, ℻ 617784, www.iltuforosa.com.

** **Valle Orientina**, schöne, ruhige Lage in einem bewaldeten Tal, ca. 5 km außerhalb.

Tennisplatz, Mountainbikes und kleines Thermalbad. Geräumige DZ mit Bad und Frühstück 90–150 €, Halbpension 60–80€/Pers. ✆ 0564/616611, 📠 617728, www.valleorientina.it.

• *Essen & Trinken* **Il Grillo**, kleine Trattoria; zwei Schwestern betreiben den Laden, eine kümmert sich mehr um den Service, die andere steht am Herd, um die gute Auswahl an Wildspezialitäten zuzubereiten. Gute Küche zu moderaten Preisen. Di Ruhetag. Via Cavour 9 (beim Aquädukt), direkt im Centro storico, ✆ 0564/615202.

Pizzeria Il Noce, hübsche Räumlichkeiten – auf der ausladenden Terrasse oder im Gewölbe des früheren Kornspeichers. An der Piazza Garibaldi die Treppe hinunter.

Trattoria La Chiave del Paradiso, in einem Seitengässchen der Dompiazza. Sehr einfache, ursprüngliche Trattoria, rustikale Küche, günstige Preise. Mo geschl. Via Vignoli 36, ✆ 0564/616823.

• *Shopping* Die typischen Weine Pitiglianos kann man z. B. in der **Cantina Cooperativa** kaufen, knapp 1 km außerhalb an der Straße nach Orvieto rechts ab. Mo–Fr 8–13 und 15–18 Uhr (Fr nur bis 17 Uhr), Sa 9–12.30 Uhr, So geschl.

Wasserfall von Saturnia

Spricht man von Saturnia, meint man zuallererst die nahen Schwefelquellen und den traumhaften Wasserfall. Wegen der konstanten Wassertemperatur von 37 Grad Celsius dauert die Saison das ganze Jahr, besonders am Wochenende strömen die Römer in Scharen hierher, im Hochsommer ist es brechend voll.

Karten S. 592/593 und 642/643

Von Manciano kommend, sieht man bereits links unten im Tal neben einer halbeingefallenen Mühle den Wasserfall. An einer Rechtskurve, ca. 1,5 km vor dem Städtchen, weist dann ein gelbes Hinweisschild zu den *Cascate del Mulino*, die man über die gleichnamige Bar erreicht. Dort stürzt das Wasser mit immenser Wucht die Felswand herunter, sammelt sich in Strudeln in einer runden Naturbadewanne und fällt aus einer halboffenen Grotte wieder in die Tiefe, wo sich in stufenförmigen, natürlichen Sinterbecken die Badenden aalen – zu jeder Tages- und Nachtzeit. Vor allem in Vollmondnächten erfreut sich das gemeinsame Bade-Happening großer Beliebtheit. Neben der kräftigen Wassermassage haben die Thermen auch eine Vielzahl von Heilwirkungen (Rheuma, Bronchitis, Arthrose etc.). Manche Besucher kratzen die lehmigen, schwefelhaltigen Ablagerungen von den Felswänden und reiben sich Gesicht und Oberkörper damit ein. Achtung: Das Gelände ist völlig schattenlos und im Sommer entsprechend heiß, Toiletten und Duschen gibt es nicht!

Ein organisiertes Thermalbad gibt es im luxuriösen Kurhotel *Terme di Saturnia* auf halbem Weg zum Wasserfall links in einer gepflegten Parkanlage (tägl. 9.30–19.30 Uhr, im Winter bis 17.30 Uhr, Eintritt 24 €, ab 15 Uhr 17 €).

• *Anfahrt/Verbindungen* Busse ab **Manciano** und **Saturnia** kommen an der Zufahrt zu den Thermen vorbei, wenn man dem Fahrer Bescheid gibt, hält er an.

• *Information* **L'Altra Maremma**, Mo–Sa 10.20–13 und 15–19 Uhr. Via Mazzini 4, ✆ 0564/601280, 📠 601257, www.laltramaremma.it.

• *Übernachten* *** **Villa Clodia**, in Saturnia, renovierte Villa, pieksauber, geschmackvoll eingerichtet, ruhige Lage, sehr schönes Gartenareal mit Swimmingpool. Alle Zimmer mit TV, Fahrradverleih an die Gäste. DZ mit Frühstück 120 €. Via Italia 43, ✆ 0564/601212, 📠 601305, www.hotelvillaclodia.com.

** **Saturnia**, saubere, gepflegte Zimmer mit TV, Kühlschrank und Ventilator. Reichhaltiges Frühstücksbuffet. 14 Zimmer. DZ mit Dusche 70–85 €, Frühstück inkl. Via Mazzini 4 (50 m von der zentralen Piazza entfernt), ✆ 0564/601007, www.hotel-saturnia.it.

Agriturismo Il Cavallino, Loc. Fibbianello, 4 km von den Thermen. Renoviertes Landhaus mit sechs DZ 60–75 € (inkl. Frühstück) und einigen neuen Apartments (100–120 €). ✆ 0564/984108, www.agriturismoilcavallino.com. An der Straße nach Semproniano, ca. 4 km von den Thermen entfernt.

Agriturismo L'Antica Sosta, 2 km östlich von Manciano (ca. 12 km südlich von Saturnia). DZ mit Frühstück ca. 68 €. Kleines Anwesen mit Mini-Apartments und vier DZ, sehr nette Wirtsleute, Vermietung im August nur wochenweise. Im Restaurant wird für Hausgäste gekocht. ✆ 0564/629706, 629626, www.anticasosta.com.

La Piggia, unser *Tipp* bei Montemerano. Landhaus mit fünf sehr schönen, gepflegten Zimmern mit Bad, teils Direktzugang zum Garten. Sehr freundliche Vermieter. DZ mit Frühstück 55 €. Via E. Fermi 21 (von der Hauptstraße beschildert), ✆ 0564/602909, www.lapiaggia.com.

L'Alveare del Pinzi, gut ausgestatteter Parkplatz für Wohnmobile, 1 km vom Wasserfall entfernt. Das großzügige, 2007 eröffnete Gelände bietet 400 Stellpätze und 80 Stromanschlüsse. Kaum Schatten, aber Gratis-Shuttle zu den Thermen und zum Wasserfall. Außerdem gibt es einen Pizza-Liefer-Service! 10 €/Tag oder Nacht, 12 € für 24 Std. sowie Wasser und Toilettenentsorgung. Strada di Proquoio, Loc. Piane del Molino, ✆ 338/3069971.

• Essen & Trinken **Bacco e Cerere**, in Saturnia, im ersten Stock über der gleichnamigen Enoteca. Kleines Restaurant mit nur 30 Plätzen, freundlicher Service, gehobenes Preisniveau. Mi geschl. Via Mazzini 4, ✆ 0564/601235.

Da Mario, ordentliche Küche zu durchschnittlichen Preisen. Do Ruhetag. Via Mazzini 18 a, ✆ 0564/601309.

Trattoria Pizza in Piazza, toskanische Küche, vor allem aber der Pizza-Spezialist von Saturnia (Holzofen). Betischung zur Piazza. Do Ruhetag. Piazza Vittorio Veneto 30, ✆ 0564/601095.

Wer die Panini-Variante, also die der belegten Brötchen bevorzugt, ist in der **Caffeteria Vittorio Veneto** richtig. Snacks und kühle Getränke auf der Terrasse oder zum Mitnehmen. Den besten Platz für ein Picknick bietet dann der Hauptplatz mit viel Schatten unter den Steineichen. Das Wasser des Brunnens hat Trinkwasserqualität. Do Ruhetag. Im Zentrum an der Straße in Richtung Ortsausgang, neben der Einfahrt zum Gemeindeparkplatz.

Il Rifugio, in Manciano, angenehme Atmosphäre und gute Küche, z. B. Wildschwein- und Steinpilzgerichte. Do geschl. Ca. 100 m von der Bar Centrale am Rand des Centro storico. Via Trieste 9, ✆ 0564/620029.

Badevergnügen besonderer Art: Von den Cascate del Mulino stürzt das 37° C warme Wasser in die natürlichen Sinterbecken

Toskanische Küste

Die Küste um Forte dei Marmi, Viareggio und Pisa war zwar mal schön, ist aber inzwischen zur Feriengroßstadt verkommen. Die weitaus interessantere Ecke ist die *Maremma-Küste* südlich von Piombino.

Versilia und Apuanische Riviera

Der nördlichste Küstenstreifen der Toskana – die Versilia ist das kleine Gebiet um Viareggio und Lido di Camaiore, nördlich angrenzend liegt die Apuanische Riviera. Beide Landstriche sind klimatisch privilegiert, denn kalte Nordwinde werden durch das fast 2000 m hohe Apuanische Gebirge abgeschirmt, in dem die größten Marmorvorkommen Italiens lagern.

Der Tourismus begann deshalb schon früh. Bereits Anfang des 19. Jh. wurde hier das Bad im Meer als Therapie empfohlen – und das erste Spielcasino eingerichtet. Adel und Geldbürger kamen zuhauf und es entstanden jene altehrwürdigen Luxushotels und Villen, die heute noch den Badeorten ihr exklusives Ambiente geben. Die schachbrettartig angelegten Badeorte gehen meist nahtlos ineinander über – eine Art Rimini mit historischem Flair. Zwischen Promenade und Meer reihen sich gebührenpflichtige Badeanstalten wie Perlen an der Kette, frei zugängliche Plätze gibt es nur vereinzelt. Entlang der Küste verläuft eine vierspurige „Autopromenade" – im Sommer ein absolutes Chaos, im Winter wie ausgestorben.

In den *Apuanischen Alpen* kann man prächtig wandern – heller Dolomitfels, weiße Abraumhalden der Marmorbrüche und schattige Kastanienwälder bestimmen das Bild. Die Wege sind gut markiert und einige Hütten des Alpenvereins (meist ganzjährig geöffnet) bieten Logis. Im Tourist-Büro von Carrara gibt es die gut gegliederte Wanderbroschüre „Versilia Alpi Apuane".

Carrara: Die „Stadt am Milchbach" wurde sie früher genannt. Wegen der zahlreichen Marmorsägereien, die das Wasser des Gebirgsbaches als Kühlmittel und zum Spülen benutzten, floss ein meist milchig-weißer Gipsbach mitten durch Carrara. Behördliche Auflagen sorgen heute – ganz unromantisch – für sauberes Wasser. Im Ortsbild mischt sich ein wenig Mittelalter mit pompösem Klassizismus, letzteren hat Carrara den Verwandten Napoleons zu verdanken, die hier im frühen 19. Jh. das Sagen hatten. Die harte Arbeit in den Marmorbrüchen hat ihre Spuren im politischen Leben hinterlassen, denn die anarchistische Bewegung besitzt in Carrara eine lange Tradition. Noch heute hält sie am 1. Mai ihre eigene Demonstration ab, und in der Altstadt hat der *Circolo culturale anarchico* seine Türen geöffnet.

In der Baubranche wird der Carrara-Marmor seit der Antike verwendet, Michelangelo hat ihn in der Kunstwelt berühmt gemacht. In der örtlichen *Bildhauerschule IPSIAM* (Istituto Professionale di Stato per l'Industria e l'Artigianato del Marmo, Via Pietro Tacca 36) dauert eine Ausbildung drei Jahre, vier verschiedene Fachrichtungen können gewählt werden: Steinmetz, Modellier, Bildhauer und Ornamentist. Ausländer können sich auch für die kürzeren, sechs Monate dauernden Kurse einschreiben. Ein *Marmormuseum*, das die Geschichte des Marmorabbaus dokumentiert, befindet sich einige Kilometer außerhalb im Viale XX Settembre, beim Stadion.

Toskana Karten S. 592/593 und 642/643

• *Öffnungszeiten/Eintritt* **Museo del Marmo**, Mai bis Sept. Mo–Sa 9.30–13 und 15.30–18 Uhr; Okt. bis April Mo–Sa 9–12.30 und 14.30–17 Uhr. Eintritt 4,50 €.

• *Anfahrt/Verbindungen* Nächster Bahnhof in **Carrara Avenza** (zwischen Marina di Carrara und Carrara), Busverbindung alle 10 Min.

• *Information* **Pro Loco** im Rathaus an der Piazza Due Giugno, ✆ 0585/7690, www.aptmassacarrara.it.

• *Übernachten* *** **Michelangelo**, Business-Hotel im Zentrum, freundlich von Künstlern gestaltet und auch geführt. 2009 renoviert. DZ 100 €. Corso Rosselli 3, ✆ 0585/777161, 📠 74545, hm.carrara@tin.it.

Dora, neben dem Milchbach. Das frühere Da Roberto wurde 2007 umfassend renoviert und hat unter neuem Namen wiedereröffnet. Die Lage bleibt inrenovabel: An der Straße (mit Marmor beladene Lkw brummen vorbei) und am Rand der Altstadt, trotzdem beliebt und oft ausgebucht. Mit Restaurant. Ganzjährig geöffnet. DZ mit Dusche ca. 60 €. Via Apuana 3/f, ✆ 0585/70634, 📠 856281, www.hotel-dora.it.

Ausweichmöglichkeiten im Nachbarort **Carrara Avenza** (Bahnhof): * **Maurin**, Via Fiorino 2, ✆ 0585/859385, und **Sergio**, Via Provinciale 180, ✆ 0585/857695, 📠 858938. Zahlreiche weitere Hotels und Pensionen im Badeort **Marina di Carrara**.

* **Radar**, 2 km unterhalb der Altstadt von Carrara zweigt links die Straße nach Santa Lucia ab, die sich 5 km den Berg hoch schraubt. Moderner Bau auf einer Bergnase, fantastischer Blick auf die Küstenebene, gutes Restaurant. DZ ca. 62 €. ✆ 0585/842840, 📠 848756.

Jugendherberge Ostello Apuano per la Gioventù, am Rand von Marina di Carrara, fast schon in Marina di Massa. An einem unbebauten Stück Küste, direkt am felsigen Strand. Busse fast stündlich ab Bahnhof Marina di Massa oder von Carrara-Avenza mit Bus Richtung Hafen (Fahrer Bescheid sagen), von hier ca. 400 m zu Fuß. Voranmeldung nötig. Übernachtung im Mehrbettzimmer 12 €/Pers., Frühstück 3 €. Viale delle Pinete 89 (Partaccia), ✆ 0585/780034, 📠 774266, www.dormireintoscana.it/ostelloapuano.

Ostello Turimar, knapp 2 km westlich vom Zentrum von Marina di Massa, Privatherberge auf dem riesigen Gelände eines ehemaligen Kindererholungsheims. 645 (!) Betten garantieren stetigen Trubel, es gibt einen riesigen Pool, zum Strand sind es 50 m, ein neueres Restaurant, abends dröhnt eine Disco. Viele Jugendgruppen kommen hier unter. DZ mit Bad 46–64 €, ohne 36–48 €, auch zahlreiche Mehrbettzimmer (bis 6 Pers.). Via Bondano a Mare 64, ✆ 0585/243282, 📠 869925, www.ostelloturimar.com.

Mehrere **Campingplätze** liegen an beiden Ortsausgängen von Marina di Carrara direkt an der Küste.

Biennale Internazionale di Scultura (www.biennalecarrara.it): Jedes zweite Jahr im August, das nächste Mal 2012, verwandelt sich die Piazza Alberica in ein riesiges offenes Atelier. Bildhauer aus aller Welt modellieren um die Wette, hautnah lassen sich die einzelnen Arbeitsgänge verfolgen.

Die Marmorbrüche: im Umkreis von 5–10 km von Carrara, meist als nummerierte Cave ausgeschildert. Michelangelo war oft hier, um sich einen Block auszusuchen. Im Zug der industriellen Revolution wurde 1876 eine Bahnlinie gebaut, auf den stillgelegten Trassen schleichen heute die schweren LKW mit 30-Tonnen-Blöcken den Berg hinunter.

Einen Besuch wert ist das kleine *Freilichtmuseum* von Walter Danesi (von Carrara der Beschilderung „Colonnata" folgen, dann nach Miseglia, ab dort beschildert). Beliebtes Ausflugsziel ist *Colonnata*, ein kleines Bergarbeiterdorf in 532 m Höhe. Im obersten Teil des Dorfes steht zwischen der Dorfkirche und halb verfallenen Gemäuern das Denkmal für die *Cavatori*, die Arbeiter in den Steinbrüchen.

Öffnungszeiten/Eintritt **Freilichtmuseum**, Ostern bis Nov. 9–19 Uhr. Gegenüber dem Freilichtmuseum starten etwa stündl. Führungen in einem **Marmorbruch** (15.30–18 Uhr, Sa/So ab 11 Uhr), Eintritt 6 €, ✆ 339/7657470.

Forte dei Marmi

ca. 7500 Einwohner

Nach Viareggio der älteste Ort an der Versiliaküste. Um das Fort aus dem 18. Jh., das etwas landeinwärts der Küstenstraße liegt, hat sich ein kleines Zentrum mit zum Teil exklusiven Läden und Straßencafés gebildet. Einen Besuch wert sind die wechselnden Ausstellungen im Obergeschoss des Festungsturmes (gratis), wo das *Museo della Satira e della Caricatura* untergebracht ist.

Früher war der Badeort Verladestation für den in den Bergen abgebauten Marmor. Die lange Landungsbrücke (inzwischen aus Beton) ist ein Relikt aus dieser Zeit. Im ausgehenden 19. Jh. wurde der Ort zu einer beliebten Sommerfrische von Industriellen, denen es in Viareggio zu laut und lebhaft zuging. Zu dieser Zeit besaß die Familie Siemens hier ein Feriendomizil, und auch die Agnellis (Fiat) hatten ihre Sommervilla an der Strandpromenade (inzwischen das 5-Sterne-Hotel Augustus Lido). Das noch heute existierende Café Roma galt als Künstlertreff, auch Thomas Mann war da und lässt in seiner Erzählung „Mario und der Zauberer" Szenen aus Forte dei Marmi aufleben.

• *Information* **A.P.T.**, im Sommer tägl. 9–13 und 15-18 Uhr, im Winter nur 9.30–12.30 Uhr (Fr/Sa auch15–18 Uhr). So geschl. Viale Achille Franceschi 8 b, ✆ 0584/80091, ✆ 83214, www.comune.fortedeimarmi.lu.it.

• *Übernachten* Forte dei Marmi hat die größte Dichte an Vier-Sterne-Hotels in der Toskana.

**** **Goya**, von deutscher Klientel bevorzugtes Hotel mit freundlichem Service, Garage, Internetservice, Babysitterservice etc. DZ 130–220 €. Via Carducci 69, ✆ 0584/787221, ✆ 787269, www.hotelgoya.it.

**** **Areion**, günstigstes Hotel seiner Klasse. Alle Zimmer mit Balkon, fast direkt am Meer, neu renoviert. DZ 75–125 €, Halbpension ab 75 € pro Pers. Via Caio Duilio 3, ✆ 0584/787404, ✆ 787055, www.hotelareion.com.

*** **Villa Rona**, kleines Hotel in einer ruhigen Seitenstraße, nur 50 m zum Meer, Familienbetrieb. Fahrräder stehen den Gästen umsonst zur Verfügung. DZ 65–100 €. Via Crispi 11, ✆/✆ 0584/787222, www.hotelvillarona.com.

** **Elbano**, mitten im Zentrum. DZ 90 €. Piazza Garibaldi 9/F, ✆ 0584/89033, ✆ 787119, www.myforte.it.

• *Essen* **Lorenzo**, edles Fischrestaurant mit Michelin-Stern, Menü ca. 90 €, Mo geschl. Via Carducci 61, ✆ 0584/874030.

Maitó, stilvolles Restaurant am Strand (einige Schritte südlich des Piers), in dem hervorragend zubereitete Fischgerichte serviert werden. Mo und Di geschl. Via Arenile 28, ✆ 0584/80940, www.maitoforte.it.

Pizzeria Valè, Foccaccia und leckere Pizza auf die Hand. Sie brauchen etwas Geduld. Piazza Garibaldi 4b.

Rosticceria, gleich links daneben, ganz frisch und wirklich lecker.

Karten S. 592/593 und 642/643

Pietrasanta (ca. 25.000 Einwohner): Während Carrara hauptsächlich auf die Gewinnung und den Export von Rohmarmor spezialisiert ist, entstand hier ein vielfältiges, künstlerisch-industrielles Zentrum zur Veredelung des zarten Steins. Rund um die Altstadt sowie an den Ausfallstraßen haben sich viele Ateliers und Marmorfabriken etabliert. Hier werden Engelchen, Madonnen, Tierfiguren u. v. m. hergestellt, Aufträge kommen aus der ganzen Welt. In Pietrasanta trifft man auf viele amerikanische, deutsche und englische Handwerker. Sie alle haben es geschafft, eine Praktikantenstelle in einem der kleinen Ateliers zu ergattern.

Mittelpunkt ist die Piazza Duomo mit einigen Straßencafés und der hübschen Fassade des dreischiffigen Doms *San Martino* aus dem 13. Jh. Den Berghang zieht sich die alte Befestigungsmauer der *Rocca di Sala* hinauf. Das *Museo dei Bozzetti* im Kreuzgang des Kloster Sant'Agostino an der Piazza del Duomo sowie das *Museo dei Bozzetti 2* in der Via Marconi 5 zeigen Skulpturenmodelle und Bildhauerstudien.

• *Öffnungszeiten/Eintritt* **Museo dei Bozzetti**, im Sommer Di–So 18.30–20 und 21–24 Uhr, Winter Di–Sa 14–19 Uhr, So 16–19 Uhr. **Museo dei Bozzetti 2**, im Sommer Do–So 17–20 Uhr, Winter Mi 9–12 und 15–18 Uhr, Do 9–12 Uhr. Eintritt in beiden Museen frei. www.museodeibozzetti.it.

• *Information* Piazza dello Statuto, 9.30–12.30 Uhr, Mai bis August auch 17–19 Uhr, Do geschl. ✆ 0584/283284, 📠 284878.

• *Übernachten* ** **Stipino**, 5 Min. nördlich vom Zentrum. Geräumige Zimmer mit TV, vorm Haus viel Verkehr, jedoch schallisolierte Fenster. DZ 95 €. Via Provinciale 50, ✆ 0584/71448, 📠 72421, stipino@ tiscalinet.it.

B & B Nonna Lory, fünf Fußminuten vom Ort. Ruhige Lage. Sieben renovierte Zimmer, alle mit Bad/WC. Im Erdgeschoss ein preiswertes Restaurant mit Terrasse, das Hausmannskost serviert. Eigener Parkplatz. Ein durch und durch freundlicher Ort. DZ inkl. Frühstück ab 65 €. Via Traversagna 3/5, ✆ 0584/790031, 📠 794196, nonnalory@tiscali.it.

• *Essen & Trinken* **Il Gatto Nero**, *das* Ausgehlokal in Pietrasanta: gut essen (allerdings auch etwas teuer) unter Kastanienbäumen zwischen der Rocchetta Arrighina und der Porta Pisa, die zum Domplatz führt. Wegen der stimmungsvollen Atmosphäre abends schnell voll. So Ruhetag. Piazza Carducci 32, ✆ 0584/70135.

Marina di Pietrasanta: Nicht so mondän wie das benachbarte Forte dei Marmi, dafür aber mit ausgeprägt vielfältigem Kulturangebot. In *La Versiliana*, der 100 Hektar großen, grünen Oase am Ortsausgang Richtung Forte dei Marmi, finden während der ganzen Saison Theater-, Operetten- und Ballettaufführungen statt. In der neben der Parkvilla liegenden *Fabbrica dei Pinoli* (ehemalige Pinienkernmühle) Ausstellungen zu Bildhauerei, Malerei und Fotografie. Viel besucht ist auch das „Literatencafé" mit prominenten Persönlichkeiten aus Kultur und Politik am östlichen Ortsausgang (Località Motrone).

• *Information* **A.P.T.**, Mo–So 9.30–13 und 15–18 Uhr, Mitte Sept. bis Ostern So geschl. Piazza America 2 (an der „Strandautobahn", dem Viale Roma), ✆ 0584/20331, 📠 24555.

• *Übernachten* *** **Gemma del Mare**, im hinteren Ortsteil, ruhig mit großem Kieferngarten, sehr gepflegt, viele deutsche Gäste. DZ mit Frühstück 90–120 €, Halbpension 88 € pro Pers. Via Leonardo da Vinci 156, ✆ 0584/745403, 📠 745458, www.gemmadelmare.com.

Viareggio

ca. 63.000 Einwohner

Aus dem einst trostlosen Fischernest im malariaverseuchten Sumpfland entstand im 19. Jh. ein mondäner Badeort. Die Sümpfe wurden entwässert, ein größerer Hafen wurde gebaut. Klassizistische Prunkfassaden und Nobelhotels der Jahrhundertwende prägen noch heute die Strandpromenade, die wie die perfekte Kulisse einer Filmstadt wirkt.

Landesweit berühmt ist der *Karneval* von Viareggio, der erstmalig 1873 stattfand und nach dem venezianischen der bekannteste in Italien ist – ein riesiger Umzug mit hydraulisch bewegten Pappfiguren, politische Satire monumental. Die Wagen und Figuren des Karnevals können während der Sommermonate in der Città del Carnevale nahe der Via Santa Maria Goretti besichtigt werden.

Zu den freien Badestränden entlang der schattigen *Pineta di Levante* südlich von Viareggio verkehren während der Saison halbstündlich Busse ab Piazza d'Azeglio.

• *Anfahrt/Verbindungen* **Bahn**, Viareggio liegt an der Hauptlinie von Genua nach Rom, außerdem geht eine Nebenlinie nach Lucca und Florenz. Bahnhof im Zentrum, 500 m sind es geradeaus zum Meer.

• *Information* **A.P.T.**, kostenloser Internetpoint, Mo–Sa 9–14 und 15–19 Uhr, So 9–14 Uhr. Viale Carducci 10, ✆ 0584/962233, 📠 47336, www.aptversilia.it. Weiteres Infobüro im Bahnhof (Piazza Dante).

Castiglione della Pescaia: sympathischer Badeort an der Küste der Maremma (MM) ▲▲
Traumlage: Elbas Hauptstadt Portoferraio (SB) ▲

▲▲ Capoliveri, einladende Badebucht am Golfo di Stella (Insel Elba) (MM)
▲ In der Ewigen Stadt: Tiberbrücke und Petersdom (SB)

Das römische Dorf: Trastevere (SB) ▲▲
Marc Aurel auf dem Kapitolsplatz (SB) ▲

Die Fontana dei Fiumi auf der ▲▲
Piazza Navona (SB)
Lebendige Geschichte (SB) ▲

▲▲ Großstadtidylle: in der Villa Borghese (SB)

▲ Blick auf Forum Romanum und Palatin (SB)

▲▲ Carabinieri bei der Arbeit (SB)

• *Übernachten* Viareggio besitzt die meisten 1-Stern-Hotels der Versilia, etwa 70. Oft in ehemaligen Privatvillen eingerichtet, bieten sie etwas nostalgischen Glanz inkl. Familienatmosphäre. Zu finden hauptsächlich um die Pineta di Ponente, den Stadtpark von Viareggio, und in den Seitenstraßen. Im Sommer jedoch oft Pensionspflicht.

Villa Amadei, in ruhigerer Seitenstraße der Promenade. Zimmer pikobello, alle mit Du/WC; es wird auch Deutsch gesprochen.

DZ 68 €, Halbpension (in der Saison Pflicht) 58 €/Pers. Via Flavio Gioia 23, ✆ 0584/45517, www.hotelamadei.it.

Neun Campingplätze liegen in der **Pineta di Levante**, südlich vom Ort.

Lago di Massaciúccoli: Der seichte See (max. 4 m tief) ist von einem dichten Schilfgürtel umzogen. Baden ist wegen der Wasserqualität und der sumpfigen Ufer nicht empfehlenswert, im Sommer kann man aber Seerundfahrten mit Ausflugsbooten unternehmen. In *Torre del Lago Puccini* zwischen See und Badestrand am Meer ist die hübsche zweigeschossige *Villa* des Opernkomponisten Giacomo Puccini (1858–1924) zu besichtigen. Heute ist hier ein Museum mit den liebsten Instrumenten des Komponisten untergebracht: Nach dem Klavier waren es seine Jagdflinten, mit denen er den Vögeln nachstellte. In einem kapellenartigen Raum mit üppiger Jugendstil-Ornamentik liegt er neben Gemahlin Elvira und Sohn Tonio begraben.

• *Öffnungszeiten/Eintritt* **Villa Puccini**, Feb./März 10–12 und 14.30–17.10 Uhr; April bis Okt. 10–12/15–17.40 Uhr; Dez./Jan. 10–12/14–16.30 Uhr. Mo-Vormittag gesch. Eintritt 7 €, im Preis enthalten ist eine deutschsprachige Audioführung.

• *Übernachten* *** **Butterfly**, in bester Lage am See, viele Zimmer mit Blick zum See. Gutes Restaurant. DZ 105–115 €. Belvedere Puccini 24/26, ✆ 0584/341024, ℻ 352006, www.albergobutterfly.it.

* **Camping Europa**, großer Platz im Pinienwald, geeignet für Familien, zu Fuß zum Meer ca. 10 Min. Viale dei Tigli, ✆ 0584/350707, ℻ 342592, www.europacamp.it.

Im Sommer wird Torre del Lago zu einem der größten Gay-Treffpunkte Italiens. Hauptschauplätze sind der Strand und der Viale Europa, wo seit geraumer Zeit eine komplette Vergnügungsstruktur für Schwule entsteht (www.friendlyversilia.it).

Küste zwischen Viareggio und Pisa: Die so genannte *Macchia di Migliarino*, ein urwüchsiges Marschland mit Pinienhainen, Macchia und Sumpfgebieten, ist als „Naturpark Migliarino-San Rossore" ausgewiesen. Nur an wenigen Wochentagen dürfen hier bestimmte Wege auf eigene Faust begangen oder per Fahrrad befahren werden, der größte Teil des Parks ist nur im Rahmen einer Führung zugänglich. In *San Rossore* steht der Sommerpalast des italienischen Staatspräsidenten (nicht zu besichtigen).

• *Öffnungszeiten/Eintritt* **Naturpark Migliarino-San Rossore**, an Wochenenden und Feiertagen 8.30–17.30 bzw. 19 Uhr. Eintritt frei. Führungen (oblig. Anmeldung unter ✆ 050/530101) können zu Fuß (ca. 2½ Std., 5,50 €/Pers.), per Rad (5,50 €/Std., 15,50 €/Tag) oder in einem kleinen Zug gebucht werden. Wenn Sie die romantischere Version in der Pferdekutsche oder als Ausritt vorziehen (1½–3 Std., 8,50–30 €), fragen Sie unter ✆ 050/523019 nach. Weitere Infos: www.parcosanrossore.it.

Lucca → S. 625.

Pisa

ca. 105.000 Einwohner

Die Stadt ist nicht so fein herausgeputzt wie etwa Florenz oder Siena. In der Altstadt bröckeln die Hausfassaden, an denen seit Generationen nichts mehr verändert wurde. Die Touristenfluten, die per Bus meist nur für einen Nachmittag kommen, nimmt man kaum wahr. Leben bringen vor allem die 40.000 Studenten in die Stadt – Pisa besitzt seit dem 14. Jh. eine bedeutende Universität.

Die *Piazza dei Miracoli*, die grüne „Wunderwiese“, liegt am Rand der Altstadt. Dort stehen sie, die weltberühmten Sehenswürdigkeiten von Pisa: der Schiefe Turm, der Dom und das Baptisterium, umgeben von der alten Festungsmauer – prachtvolle Überreste aus dem Mittelalter, als Pisa eine der mächtigsten Städte Italiens war. Der „Schiefe Turm“ ist nach langjähriger Restaurierung wieder für den Publikumsverkehr geöffnet.

Der interessanteste Teil der Altstadt mit seinen Bogengängen, Lebensmittelläden und Metzgereien befindet sich westlich neben der Einkaufsstraße Borgo Stretto um die Gassen *Omobono* und *Cavalca*. Die südliche Stadthälfte (Richtung Bahnhof) wird von den Einheimischen gerne „Mezzogiorno“ genannt. Von der *Loggia dei Banchi*, der mächtigen Loggia am Fluss, in der einst der Seiden- und Wollmarkt stattfand, zieht sich die Einkaufstraße, der Corso Italia, als Verlängerung des Borgo Stretto bis zur Piazza Vittorio Emanuele. Hier liegt die Flaniermeile der jungen Pisaner; entsprechend haben in den Seitengässchen in den letzten Jahren etliche Szenekneipen eröffnet.

Anfahrt/Verbindungen/Information

• *Anfahrt/Verbindungen* **Pkw**, Pisa liegt an der Autobahn A 12 von Genua nach Livorno, von Florenz kommt man über Empoli schnell hierher. An der Via Pietrasantina, etwa 500 m von der Wunderwiese, befindet sich ein großer gebührenfreier Parkplatz mit Shuttlebusverbindung, allerdings besteht bei allen unbewachten Plätzen Einbruchsgefahr. Neben der Wunderwiese ein kostenpflichtiger Parkplatz an der Via Cammeo (1,75 € pro Std.).

Bahn, Pisa liegt an der Hauptlinie von Genua nach Rom, außerdem häufige Verbindungen nach Lucca und Florenz. Hauptbahnhof ca. 1 km südlich vom alten Zentrum, zur Wunderwiese sind es ca. 2 km, Bus Nr. 3 fährt alle paar Minuten. Weiterer Bahnhof San Rossore in der Nähe der Wunderwiese (→ Camping).

Bus, CPT-Busse speziell für die nähere Region von Pisa, Lazzi-Busse nach Florenz, Lucca, Arezzo, Montecatini, La Spezia u. a. Abfahrt und Ankunft Piazza Sant'Antonio bzw. Piazza Vittorio Emanuele II, beide Nähe Bahnhof.

Flug, der Flughafen **Aeroporto Galileo Galilei** liegt etwa 2 km südlich von Pisa. Neben Bergamo und Brescia (→ Lombardei) ist er ein bevorzugter Anlaufpunkt der neuen Billig-Airlines geworden. Bus Nr. 3 fährt alle 15 Min. zum Bahnhof in die Stadt und umgekehrt. Der Airport besitzt sogar eine Bahnstation, zum Hbf. gibt es etwa stündlich Verbindungen, von dort hat man häufige Verbindungen nach Florenz, außerdem pendeln SITA-Busse zum Busbahnhof in Florenz (ca. 10 €). www.pisa-airport.com.

• *Information* **A.P.T.**, beim Schiefen Turm auf der Piazza del Duomo. Im Sommer tägl. 9–19 Uhr, im Winter nur bis 17 Uhr. ✆ 050/560464, www.pisa.turismo.toscana.it.

Weitere Büros an der Piazza Vittorio Emanuele beim Bahnhof (Mo–Fr 9–19 Uhr, Sa 9–13.30 Uhr, ✆ 050/42291) und am Flughafen (tägl. 11–23 Uhr, ✆ 050/502518).

Übernachten (siehe Karte S. 676/677)

*** **Royal Victoria (11)**, direkt am Arno-Ufer in der Altstadt. Ehemals beste Adresse von Pisa, heute eher Mittelklasse, seit über 160 Jahren in Familienbesitz. Viel Platz in den Gängen und Zimmern, allein die Badezimmer sind teilweise so geräumig wie ein Hotelzimmer. Schwere, massive Holzmöbel, kalkweiße, ungeschmückte Wände – viktorianisch kühl. DZ mit Bad bis 150 €, mit Etagendusche 80 €. Lungarno Pacinotti 12, ✆ 050/940111, ✆ 940180, www.royalvictoria.it.

*** **Capitol (16)**, ruhige Lage in einem Neubauviertel, 10 Min. zu Fuß von der Altstadt, gepflegte und geräumige Zimmer, einige Parkplätze. DZ mit Bad 105 €. Via E. Fermi 3, ✆ 050/49597, ✆ 27168, www.pisaonline.it/hotelcapitol.

*** **Giardino (4)**, gleich neben der Wunderwiese, deshalb relativ ruhig. Kürzlich aufwändig renoviert, wegen der zentralen Lage immer schnell ausgebucht. Mit Restaurant zur Straße. DZ mit Bad 90–120 €. Piazza Manin 1, ✆ 050/562101, ✆ 8310392, www.hotelilgiardino.pisa.it.

*** **Ariston (2)**, lärmfreie Lage gleich hinter dem Schiefen Turm. Gefrühstückt wird auf einer kleinen Terrasse zur Straße. DZ mit Bad 105 €, Frühstück extra. Via Cardinale Maffi 42, ✆ 050/561834, ✆ 561891, www.hotelariston.pisa.it.

** **Roseto (20)**, einen Katzensprung vom Bahnhof, die Zimmer zu den Gärten hinter dem Haus sind ruhig. Freundliche Wirtin. DZ mit Bad 73–78 €. Via P. Mascagni 24, ✆/✆ 050/42596, www.hotelroseto.it.

** **Amalfitana (12)**, mit Lift und Klimaanlage. Auch in der Nebensaison oft ausgebucht. DZ bis 75 €. Via Roma 44, ✆ 050/29000, ✆ 25218, www.dormireintoscana.it/amalfitana.

* **Helvetia (3)**, nur ca.100 m vom Schiefen Turm entfernt. Schlichtes, aber sauberes Hotel, freundliches Personal. DZ 45–62 €, Frühstück 5 €. Via Don Boschi 31, ✆ 050/553084, ✆ 561903.

• *Camping* **La Torre Pendente**, am Stadtrand, ca. 1 km zum Schiefen Turm. Relativ klein, wenig Schatten, aber hübsche, schattige Laube mit Frühstücks- und Imbissmöglichkeit. Geöffnet April bis Mitte Okt. Zeltplatz für 2 Pers. ca. 28 €, Bungalow für 2 Pers. ab 45 €. Anfahrt: Mit Bus LAM rosso (rot) ab Flughafen/Hauptbahnhof (letzter Bus um 21 Uhr), Haltestelle Piazza Manin, dann ca. 800 m zu Fuß. Viale delle Cascine 86, ✆ 050/561704, ✆ 561734, www.campingtorrependente.it.

Weitere Plätze in **Marina di Pisa**, **Tirrenia** und **Calambrone**.

Toskana Karten S. 592/593 und 642/643

Essen & Trinken (siehe Karte S. 676/677)

Die lokale Küche hegt eine große Vorliebe für Spaghetti in fantastischen Variationen. Eine ganz besondere Spezialität, die man jedoch nur auf Vorbestellung bekommt, sind aber *cée alla pisana* – frisch geschlüpfte (!) Aale, in Öl, Salbei und Knoblauch ausgebacken und anschließend mit Parmesan gepudert.

Osteria dei Cavalieri (6), beliebte Osteria mit leckeren Fischgerichte zu normalen Preisen (Menü 25–45 €), günstige Mittagsgerichte. Sa-Mittag und So geschl. Via San Frediano 16, ✆ 050/580858.

Antica Trattoria Da Bruno (1), großes Speiselokal in der Nähe der Wunderwiese. Zu empfehlen sind die Pappa al pomodoro, die berühmte Bistecca alla fiorentina sowie auch viele alte Gerichte der toskanischen Küche. Menü ca. 25 €. Mo-Abend und Di geschl. Via Luigi Bianchi 12, ✆ 050/560818.

Ristorante Lo Schiaccianoci (19), klein und unscheinbar. Traditionelle Küche, gute Meeresgerichte, z. B. Risotto mit Tintenfisch, auch gute hausgemachte Tagliatelle. Menü ca. 25–40 €. So geschl. Via Vespucci 104 (Nähe Bahnhof), ✆ 050/21024.

Trattoria Sant'Omobono (8), eine Trattoria, wie man sie sich in einem Marktviertel vorstellt, traditionelle Küche. So geschl. Piazza Sant'Omobono 6/7, ✆ 050/540847.

Osteria La Stanzina (7), ebenfalls Nähe Markt, der Speisesaal eine gemütliche Wohnhöhle. Mittags nur ein Tagesgericht, abends diverse Fleisch- und Fischgerichte sizilianischer Zubereitung. Spezialität ist aber auch das Curry-Gulasch. Mo geschl. Via Cavalca 30, ✆ 050/577203.

Antica Trattoria Il Campano (9), zweigeschossig, gemütliches Ambiente, viele Einheimische, auch von Lesern empfohlen. Von Fisch bis Wild, umfangreiche Weinauswahl. Mi und Do mittags geschl. Via Cavalca 19, ✆ 050/580585.

Ristorante Leopolda (18), etwas außerhalb, dafür absolut nicht touristisch. Ein ehemaliger Bahnhof aus dem 19. Jh., heute Teil eine Kulturzentrums. Die nette Besitzerin ist eine passionierte Köchin, die toskanische Küche zu günstigen Preisen anbietet. So Ruhetag. Piazza Guerrazzi 11, ✆ 050/48587.

Pizzeria Birreria Dab (17), beste Pizza in Pisa, Klassiker und viele ungewöhnliche Sorten. Via S. Bernardo 20.

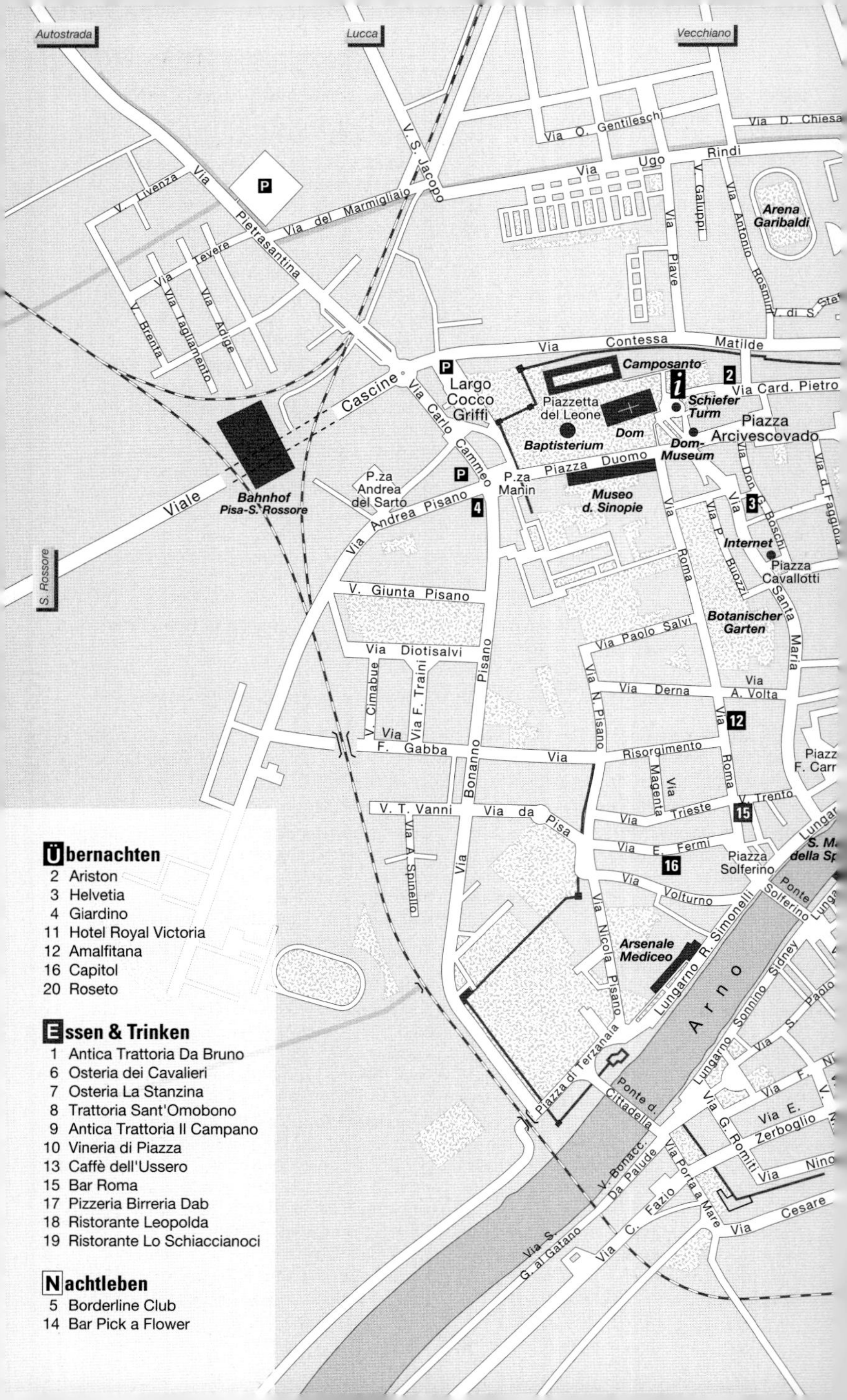

Autostrada
Lucca
Vecchiano
Via O. Gentileschi
Via D. Chiesa
Via Ugo Rindi
V. Galuppi
Via Antonio Rosmini
Arena Garibaldi
V. di S. Stef
Via Piave
V.S. Jacopo
Via del Marmigliaio
Via Pietrasantina
V. Livenza
Via Tevere
Via Tagliamento
Via Adige
V. Brenta
Via Contessa Matilde
Camposanto
Largo Cocco Griffi
Piazzetta del Leone
Baptisterium
Dom
Schiefer Turm
Dom-Museum
Piazza Arcivescovado
Via Card. Pietro
Cascine
Via Carlo Cammeo
Bahnhof Pisa-S. Rossore
Viale
S. Rossore
P.za Andrea del Sarto
P.za Manin
Piazza Duomo
Museo d. Sinopie
Via Andrea Pisano
Via Don G. Boschi
Via d. Faggiola
Via P. Buozzi
Internet
Piazza Cavallotti
Via Roma
Via Santa Maria
V. Giunta Pisano
Botanischer Garten
Via Paolo Salvi
Via Diotisalvi
V. Cimabue
Via F. Traini
Via Pisano
Via N. Pisano
Via Derna
Via A. Volta
Via F. Gabba
Via Risorgimento
Via Magenta
Via Trieste
Via Bonanno
V. T. Vanni
Via da Pisa
Via A. Spinello
Via E. Fermi
V. Trento
Piazza Solferino
Piazz F. Carr
Via Volturno
S. M. della Sp
Ponte Solferino
Lungarno
Arsenale Mediceo
Via Nicola Pisano
Lungarno R. Simonelli
Arno
Lungarno Sonnino
Sidney
Paolo
Via S.
Piazza di Terzanaia
Ponte d. Cittadella
Via G. Romiti
Via E. Zerboglio
Via Nino
V. Bonacc.
Da Palude
Via Porta a Mare
Via C. Fazio
Via Cesare
Via S. G. al Gatano
2
3
4
12
15
16
Übernachten
2 Ariston
3 Helvetia
4 Giardino
11 Hotel Royal Victoria
12 Amalfitana
16 Capitol
20 Roseto
Essen & Trinken
1 Antica Trattoria Da Bruno
6 Osteria dei Cavalieri
7 Osteria La Stanzina
8 Trattoria Sant'Omobono
9 Antica Trattoria Il Campano
10 Vineria di Piazza
13 Caffè dell'Ussero
15 Bar Roma
17 Pizzeria Birreria Dab
18 Ristorante Leopolda
19 Ristorante Lo Schiaccianoci
Nachtleben
5 Borderline Club
14 Bar Pick a Flower

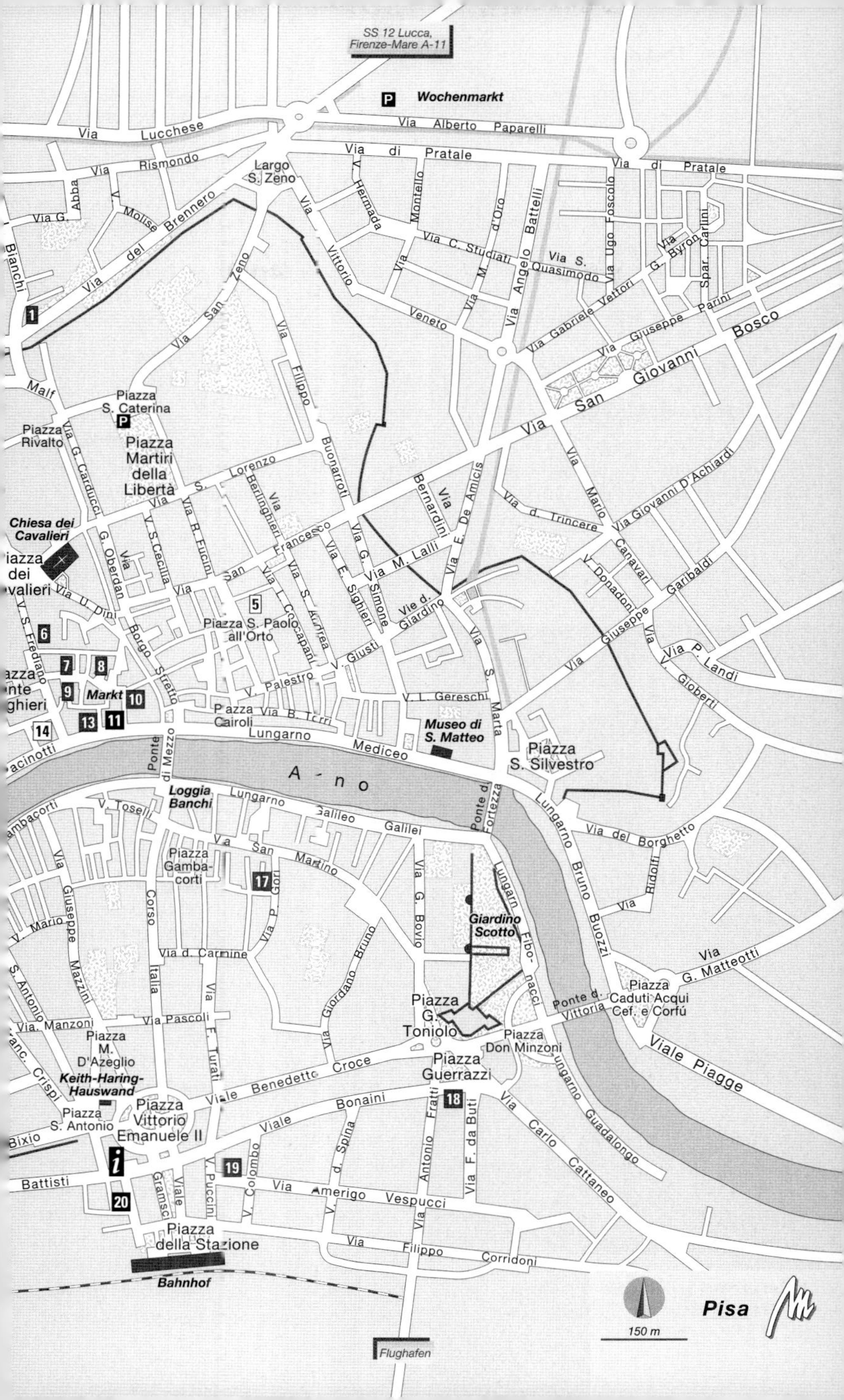

SS 12 Lucca, Firenze-Mare A-11
Wochenmarkt
Via Alberto Paparelli
Via Lucchese
Via di Pratale
Via Rismondo
Largo S. Zeno
Via del Brennero
Via Vittorio Veneto
Via C. Studiati
Via S. Quasimodo
Via Angelo Battelli
Via Ugo Foscolo
Via Gabriele Vettori
Via Giuseppe Parini
Via San Giovanni Bosco
Via San Zeno
Via Filippo Buonarroti
Piazza S. Caterina
Piazza Martiri della Libertà
Piazza Rivalto
Via S. Lorenzo
Via San Francesco
Via M. Lalli
Via Bernardini
Via E. De Amicis
Via d. Trincere
Via Giovanni D'Achiardi
Via Mario Canavari
Via Giuseppe Garibaldi
Chiesa dei Cavalieri
Piazza dei Cavalieri
Piazza S. Paolo all'Orto
Markt
Piazza Cairoli
Lungarno Mediceo
Museo di S. Matteo
Piazza S. Silvestro
Arno
Loggia Banchi
Lungarno Galileo Galilei
Via San Martino
Piazza Gambacorti
Corso Italia
Via d. Carmine
Via Giuseppe Mazzini
Via Giordano Bruno
Via G. Bovio
Giardino Scotto
Lungarno Fibonacci
Via del Borghetto
Lungarno Bruno Buozzi
Via G. Matteotti
Piazza Caduti Acqui Cef. e Corfú
Ponte d. Vittoria
Piazza G. Toniolo
Piazza Don Minzoni
Piazza Guerrazzi
Viale Piagge
Viale Benedetto Croce
Viale Bonaini
Via Carlo Cattaneo
Lungarno Guadalongo
Piazza M. D'Azeglio
Keith-Haring-Hauswand
Piazza S. Antonio
Piazza Vittorio Emanuele II
Via Amerigo Vespucci
Via Filippo Corridoni
Piazza della Stazione
Bahnhof
Flughafen
150 m
Pisa

Vineria di Piazza (10), unser *Tipp*: zum Mittagessen nur kleine Tagesgerichte zu kleinen Preisen, abends Menükarte, alles sehr lecker aus der typisch toskanischen Küche. So Ruhetag. Piazza delle Vettovaglie 14, ✆ 050/3820433.

Bar Roma (15), eine Cafébar mit kleinem Restaurant, in dem man problemlos auch nur ein Primo essen kann. Einige Tische auf dem schmalen Gehsteig. Via Roma 24.

• *Cafés/Bars* **Caffè dell'Ussero (13)** (Zum Husaren), traditionelles Kaffeehaus am Arnoufer, gegründet 1794. Süße Spezialität: *torta coi bischeri*, mit Schokoladenpulver, Rosinen und Pinienkernen. Lungarno Pacinotti 27.

Bar Pick a Flower (14), freundliche Neonkneipe in kühlem Palazzo-Gewölbe, auch zum draußen Sitzen. Gute Snacks wie Salate und Antipasti. Via Serafini 14.

Borderline Club (5), *der* Club in Pisa, oft Livemusik. Tessera von 8 € muss gekauft werden. 21–1 Uhr geöffnet, So geschl.

Sehenswertes

Piazza dei Miracoli

Die großzügig angelegte „Wunderwiese" ist ein einzigartiges Ensemble von Bauten der pisanischen Romanik und war Vorbild für viele weitere dieser Art. In der Hauptsaison verwandelt sie sich in ein einziges Getümmel auf grünem Rasen. An der Straße reiht sich ein Souvenirladen an den anderen.

Torre Pendente (Schiefer Turm): Der freistehende Glockenturm des Doms gilt – mal ganz abgesehen von seiner Neigung – als einer der schönsten Türme Italiens und ist stark von der islamischen Baukunst beeinflusst, die dank der weitreichenden Wirtschaftsverbindungen Pisas im Mittelalter hierher fand. 1173 begann man mit dem Bau, der auf Grund des sandigen Schwemmlandbodens jedoch schon wenig später seine absonderliche Neigung zeigte. Daraufhin stoppte man das Vorhaben und wagte sich erst hundert Jahre später an die Fertigstellung. Galileo Galilei nutzte im 16. Jh. die Schräglage und machte vom Schiefen Turm seine Experimente über den freien Fall. Im 20. Jh. betrug die Neigung schließlich 4,54 m – und jährlich wurden es etwa 0,7 mm mehr! Wissenschaftler berechneten daraufhin einen maximal möglichen Überhang von 4,74 m – wonach der Turm in ca. 200 Jahren umstürzen würde. In den dreißiger Jahren spritzte man Beton ins Erdreich, um die Fundamente zu stabilisieren, jedoch ohne Erfolg. 1991 wurde endlich ernst gemacht und der Turm gesperrt. In einer ebenso spektakulären wie aufwändigen Restaurierung – unter der Nordseite der Fundamente wurde Erdreich abgetragen, gleichzeitig Wasser abgesaugt und flüssiger Stickstoff

Immer im Mittelpunkt des Interesses: der Schiefe Turm

zur Stabilisierung beigegeben, der Turm währenddessen mit riesigen Stahlkabeln („Hosenträger") gestützt – gelang es in über zehn Jahren, seinen Neigungswinkel um fast 44 cm zu verringern. Damit ist der Turm wieder in einen Zustand versetzt, wie er vor etwa 300 Jahren war. Seit Ende 2001 ist die „Torre Pendente" wieder für Besucher geöffnet. Allerdings dürfen nur noch maximal 30 Personen in Begleitung zweier Führer für die Dauer von 40 Min. den Turm bis zu seiner Spitze in rund 60 m Höhe besteigen.

• *Öffnungszeiten/Eintritt* April bis Sept. tägl. 8–20 Uhr, im August bis 23.30 Uhr, im Winter 10–17 Uhr, Eintritt 15 €, Tickets auch im Internet unter www.opapisa.it. Die Verkaufsstelle vor Ort befindet sich im Sinopienmuseum (→ S. 680), dort kann man sich für eine bestimmte Zeit vormerken lassen – es kann allerdings sehr lange dauern, bis ein Termin frei ist.

Außer dem Schiefen Turm sind an der Piazza dei Miracoli zu besichtigen: Dom, Battistero, Camposanto, Museo dell'Opera und Museo delle Sinopie. Für alle fünf Monumente gibt es ein **Sammelticket** für 10 €, der Eintritt für zwei Monumente nach Wahl kostet 6 €, für drei Monumente 8 €, Eintritt nur für den Dom 2 €. Detaillierte Infos unter www.opapisa.it.

Dom: Die Vorderseite wurde in der ersten Hälfte des 12. Jh. gebaut, man dachte dabei wohl an einen römischen Tempel. Im unteren Teil wirkt das Ganze dagegen eher orientalisch. Wo Lang- und Querschiff sich kreuzen, ist das *Tor des San Ranieri* das einzige, das von den ehemals vier Toren übrig geblieben ist. Es ist stark byzantinisch beeinflusst. Dargestellt sind die Geburt Christi, die Flucht nach Ägypten und die Kreuzigung Christi.

Die *Kanzel* von Giovanni Pisano am Ende des Mittelschiffs ist das großartigste Kunstwerk des Doms. Mit seiner realistischen Darstellungsweise gilt Giovanni als Wegbereiter der Renaissance – er ist der Sohn von Nicola Pisano (s. u.), dessen Gegenstück im benachbarten Baptisterium steht. Der obere Teil der Kanzel besteht aus neun Reliefteilen mit Themen aus dem Neuen Testament. Die Säulen ruhen auf einschüchternden christlichen Symbolen – ein Löwe, Sinnbild der göttlichen Kraft der Kirche, frisst heidnische Esel.

Öffnungszeiten/Preise April bis Sept. 10–20 Uhr., Okt. bis Feb. 10–13 und 14–17 Uhr, März 10–18 Uhr; Sonntag immer erst ab 13 Uhr. Eintritt 2 € (Nov. bis Ende Feb. kostenlos).

Baptisterium: Die größte Taufkapelle der christlichen Welt vereint in sich romanische, gotische (Außenfassade), byzantinische (innere Säulen) und sizilianische Bauweise. Das kühle Innere wird beherrscht vom achteckigen Taufbecken. Daneben steht die *Kanzel* von Nicolà Pisano (1201–1278), einem der größten Bildhauer seiner Zeit. Sein Stil scheint bereits nach neuen künstlerischen Wegen zu suchen und sich in seiner naturalistischen Lebendigkeit von der verklärenden Idealisierung der Gotik zu lösen – Beispiele hierfür sein „Herkules" oder die drei Säulen tragenden Löwen unter der Kanzel.

Öffnungszeiten/Eintritt Im Sommer tägl. 8–20 Uhr, im Winter 10–17 Uhr, März 9–18 Uhr. Eintritt 5 €.

Camposanto: Der Bau des lang gestreckten, marmorummauerten Monumentalfriedhofs wurde von Giovanni di Simone 1278 begonnen. Viele berühmte Pisaner fanden in der eigens hierher gebrachten Jerusalemer Erde ihre Grabstätte. 1944 wurde er in Brand geschossen und das herabfließende Blei der Dächer richtete immensen Schaden an. Vor allem die Fresken, die den Camposanto so berühmt gemacht hatten, wurden zum großen Teil zerstört. Eine einzigartige Restaurierungsarbeit wurde in die Wege geleitet und so kann der Besucher heute den Monumentalfriedhof wieder in seiner ursprünglichen Gestalt bewundern. Zu den berühmtesten Werken zählt die „Jungfrau des Lächelns“ von Giovanni Pisano, eine familiäre Mutter-Kind-Darstellung, fast losgelöst von jeder idealisierenden Religiosität. Aufrührerisch dagegen das Kolossalgemälde „Triumph des Todes“, die Collage eines von Seuchen und Korruption geplagten Volkes im 14. Jh., während die höfische Gesellschaft daneben die Jagd genießt. Rundum findet man römische Sarkophage, einen Saal mit Rötelzeichnungen und einen weiteren Saal mit einer Schwarzweiß-Dokumentation der Fresken. Öffnungszeiten und Eintritt wie Baptisterium.

Museo dell'Opera del Duomo: In dem ehemaligen Kloster an der Piazza Miracoli sind zahlreiche Kunstwerke und Schätze des Doms ausgestellt. Interessant ist im Raum 3 das Hippogryph (Flügelpferd) aus Bronze mit arabischer Gravur, ein seltenes Werk aus der kurzen arabischen Kunstperiode der Fatimiden (10./11. Jh.). Im Raum 5 steht das Gipsmodell der Kanzel von Giovanni Pisano im Dom, im Raum 6 sind einige Werke von Nicola und Giovanni Pisano (13. Jh.) gesammelt. Giovannis Originalskulpturen aus dem Baptisterium sind stilvoll platziert, die verwitterten Statuen in halbkreisförmigen Reihen aufgestellt. Im Raum 7 zwei weitere Werke von Giovanni Pisano, die „Madonna Heinrichs VII.“ und „Madonna del Colloquio“. Im Raum 8 Werke des Bildhauers Tino Camaino, der das Mausoleum für Heinrich VII. im Dom gestaltete. Die Räume 11 und 12 beherbergen kostbare Schätze der Kathedrale. Im vorderen Raum strahlt Giovanni Pisanos „Madonna mit Kind“ aus Elfenbein, zweifellos das faszinierendste Objekt in dieser Sammlung. Im Obergeschoss u. a. eine Sammlung mittelalterlicher Schriften, darunter auch einige aufwändig illustrierte liturgische Bücher aus dem 14. und 15. Jh. Raum 21 ist Carlo Lasinio gewidmet. In der ersten Hälfte des 19. Jh. entdeckte er den Friedhof Camposanto und leistete Entscheidendes für dessen erfolgreiche Restaurierung. Öffnungszeiten und Eintritt wie Baptisterium.

Museo delle Sinopie: Gegenüber vom Baptisterium findet man die Rötelzeichnungen zu den Fresken des Camposanto. Öffnungszeiten und Eintritt wie Baptisterium.

Altstadt

Keith-Haring-Hauswand: Der bekannte Pop-Art-Künstler hat 1989 an der Piazza Sant'Antonio eine ganze Hauswand großflächig mit seinen bunten Comicmännchen bemalt. Wer vom Bhf. Richtung Innenstadt läuft, muss sich am großen Kreisverkehr Vittorio Emanuele II an der zweiten Querstraße links halten.

Santa Maria della Spina: am Arno-Ufer, über und über mit Tabernakeln, Engelchen und Heiligen dekorierter Bau aus der Schule Giovanni Pisanos. Früher lag die Kirche tiefer, doch drohte das Wasser sie zu zerstören. So wurde sie verlegt und Stein für Stein an ihrem heutigen Platz wiederaufgebaut.

Öffnungszeiten Im Sommer 10–13 und 15–18 Uhr; im Winter 10–14 Uhr. Mo geschl. Eintritt 2 €.

Piazza dei Cavalieri: Dieser Platz – ausnahmsweise ohne Straßencafé – war früher das Zentrum Pisas und ist in seinem Stil durch und durch von der Renaissance geprägt. Hier steht der völlig bemalte Palazzo dei Cavalieri, in dem sich früher die Militärschule der Ritter befand – heute Sitz der Scuola Normale Superiore, einer bekannten Elite-Universität. Neben dem Palast die Kirche Santo Stefano dei Cavalieri, die nach Plänen von Vasari entstand. Leider meist geschlossen.

Museo Nazionale di San Matteo: Im ehemaligen Kloster San Matteo am Arno-Ufer ist die gesamte toskanische Kirchenkunst vertreten, wenn auch mit z. T. zweitklassigen Werken. Ein kleiner Saal versammelt fünf Werke von Benozzo Gozzoli, Beato Angelico ist mit einer „Madonna mit Kind“ vertreten, außerdem finden sich Werke von Simone Martini und Taddeo di Bartolo.

Öffnungszeiten/Eintritt Di–Sa 8.30–19 Uhr, So 8.30–13 Uhr, Mo geschl., Eintritt 5 €.

Parkanlagen: Der *Giardino Scotto* liegt im Südosten der Stadt. 1440 bauten hier die neuen Herren von Pisa, die Florentiner, eine Zitadelle. Geblieben ist die alte Bastion. Noch üppiger zeigt sich mit meterhohen Palmen und anderen exotischen Gewächsen der *Giardino Botanico*, unweit vom Schiefen Turm. 1543 von Cosimo I. in Auftrag gegeben, gilt er als ältester botanischer Garten der Welt.

Öffnungszeiten/Eintritt **Giardino Scotto**, im Sommer 8–24 Uhr, im Winter 8–20 Uhr. Eintritt frei; **Botanischer Garten**, Mo–Fr 8.30–17 Uhr, Sa 8.30–13 Uhr. Eintritt 2,50 €, Kinder bis 12 J. 1,50 €. Via L. Ghini 5.

Etruskische Riviera

Der schöne Küstenabschnitt von Marina di Pisa bis Piombino ist im Sommer erheblich überlaufen, in der Mehrzahl sind Italiener unterwegs, Deutsche sieht man seltener. Die Strände bestehen zum größten Teil aus Sand, dazwischen liegen immer wieder Steilküsten mit Kieselstränden. Angenehm ist der breite Pinienstreifen, der sich hinter den Stränden entlangzieht. Ihren Namen hat die Küste von den zahlreichen Funden aus der Etruskerzeit.

Livorno

ca. 190.000 Einwohner

Zweitgrößte Stadt der Toskana, kilometerlange Raffinerieanlagen säumen die Küste und zeugen von der Bedeutung des Hafens. Er ist nicht nur Umschlagplatz für Öl und Handelsgüter, auch ein beträchtlicher Teil der Fährverbindungen zu den Inseln Sardinien und Korsika sowie nach Afrika führt über Livorno.

Erst im 16. Jh. wurde das bis dahin unscheinbare Städtchen Livorno unter den Medici systematisch zum Hafen und Flottenstützpunkt ausgebaut. Die geplante *città ideale* mit fünfeckigem Mauerring, Kanälen und befestigten Bastionen ist noch im Stadtbild zu erkennen, jedoch wurde Livorno im Zweiten Weltkrieg fast zur Hälfte zerstört. Heute hat sich die Stadt von diesen Kriegsschäden erholt und zu einem Geschäfts- und Einkaufszentrum mit moderner Atmosphäre gewandelt. Man kann stundenlang an den Auslagen der Geschäfte vorbeischlendern und zwischendurch in einer der unzähligen Bars eine Kleinigkeit trinken. Auch die Hafenatmosphäre und das Fehlen von Touristenströmen kann angenehm auffallen. Erlebenswert ist der *Mercato Centrale* (Via del Cardinale/Via Buontalenti), eine riesige, ockerfarbene Markthalle im klassizistischen Stil.

Das Hafenleben manifestiert sich auch im Stadtbild. Abends und an Wochenenden flanieren Matrosen durch die Straßen, und nirgendwo in Norditalien findet man so viele fahrende Händler (meist Afrikaner), die jeden Morgen mit neuem Optimismus ihre Ware auf dem Gehsteig ausbreiten. Ohnehin ist Livorno ein multikultureller Schmelztiegel, was sich auch an den zahllosen kleinen Läden mit exotischem Lebensmittelangebot zeigt. Für Kreuzfahrtschiffe ist ein Stopp in Livorno in den letzten Jahren sehr attraktiv geworden: Die Stadtverwaltung ist sehr bemüht, den Besuchern die erst auf den zweiten Blick liebenswerte Stadt etwas schmackhafter zu machen. Dabei gelten die Livorneser als besonders offenherzig, humorvoll und tolerant und tragen ihren Teil zum positiven Bild bei.

Karten S. 592/593 und 642/643

• *Anfahrt/Verbindungen* **Pkw**, man stellt sein Auto am besten entlang der Kanäle auf der Scala Azeglio nördlich des Aquariums oder im Parcheggio al Porto (5 €/Tag) ab.

Bahn, der Hauptbahnhof liegt ca. 1,5 km östlich der Altstadt. Gute Verbindungen nach Genua und Rom sowie über Pisa nach Florenz. Bummelzüge entlang der etruskischen Riviera (Richtung Grosseto).

Bus, mit ATL nach Cecina, Piombino, San Vicenzo und Pisa; mit ATM nach Baratti, Campiglia, Castagneto Carducci, Cecina, Follonica, Marina di Castagneto, Monterotondo und Monteverdi Marittima. Abfahrt an der Piazza Grande.

• *Information* **A.P.T.**, Mo–Fr 9–13 und 15–17 Uhr, Sa 9–13 Uhr. Piazza Cavour 6 (2. Etage), ✆ 0586/204611, www.costadeglietruschi.it.

In einem kleinen **Pavillon** auf der Piazza del Municipio gibt es zudem eine weitere, kleinere Informationsstelle. ✆ 0586/204611.

• *Übernachten* Diverse Hotels um den Bahnhof, besser wohnt man aber im Zentrum.

** **Giardino**, gute Mittelklasseunterkunft nah am Wasser, neu eingerichtet. Obwohl an einer Hauptverkehrsstraße gelegen, sind die Zimmer relativ ruhig, eigener Parkplatz im Innenhof, zu Fuß in 10 Min. in die Innenstadt und zum Hafen. DZ mit Dusche und Frühstück 90 €. Piazza Mazzini 85, ✆ 0586/806330, ℻ 262994, www.parkingiardinohotel.it.

** **Mini Hotel**, in zentraler Lage, am Mercato Centrale. DZ mit Du/WC, TV, Telefon, Parkplatz 85 €. Hunde erlaubt. Via Buontalenti 57, ✆ 0586/887282, ℻ 882530, mini.hotel@woow.it.

Ostello Villa Morazzana, Jugendherberge etwa 5 km vom Zentrum, zwischen Livorno und Monterotondo (Bus Nr. 3 ab Piazza Grande nach Monterotondo). Großzügige Villa in toller Hanglage. Jugendherberge und Hotel, JH-Ausweis ist für den Jugendherbergsbereich nötig (6 €). Zimmer in der Jugendherberge ohne Bad 22 €/Pers., im Hotelbereich EZ mit Bad 40 €, DZ mit Bad 60 €. Via Curiel 110, ✆ 0586/500076, ℻ 502426, www.villamorazzana.it.

*** **Camping Miramare**, südlich von Livorno, kurz nach Antignano an der Via Aurelia (SS 1). Lang gestreckter Platz zwischen Straße, Eisenbahnlinie und Meer, gut eingerichtet mit warmen Duschen, Waschmaschinen und Imbiss, aber durch die Straßenlage sehr laut. Eigener Strand, felsig, mit aufgeschütteter Mole. In der Hauptsaison schnell ausgebucht, viele Dauercamper. Zug bis Antignano oder Bus ab Piazza Municipio und noch 1 km zu Fuß. Ganzjährig geöffnet. ✆ 0586/580402, ℻ 587462, www.villaggio-miramare.it.

• *Essen & Trinken* **La Volpe e l'Uva**, gute livornesische Küche zu fairen Preisen. Nach hinten Terrasse zum Kanal. Im Sommer nur abends geöffnet. Mo Ruhetag. Viale Caprera 11, ✆ 0586/885033.

Osteria del Mare, in Hafennähe, von italienischen Gastroführern wie auch von Livornesern empfohlenes Fischspezialitätenlokal. Freundlicher und schneller Service. Do Ruhetag. Via Borgo Cappuccini 5, ✆ 0586/881027.

Cantina Nardi, empfehlenswerte Weinkellerei mit leckerer hausgemachter Kost, nicht ganz billig. Nur 12.30–15 Uhr, So geschl. Via Leonardo Cambini 8, ✆ 0586/808006.

Il Sottomarino, unser **Tipp!** Volksnahes und preiswertes Lokal mit Garten, sehr beliebt, keine Speisekarte, der Wirt berät. Die Grappa zum Schluss kommt gleich in der Flasche auf den Tisch. Mo/Di geschl. Via Terrazzini 48 (Nähe Piazza della Repubblica). ✆ 0586/887025.

• *Shopping* Bei schönem Wetter findet vor dem Mercato Centrale (→ oben) ein wild in alle Seitengassen wuchernder **Flohmarkt** statt.

Mercato Americano (auch „bric-a-brac"), Piazza XX Settembre, der kunterbunte Trödelmarkt ist aus einem Schwarzmarkt mit Utensilien amerikanischer Soldaten entstanden. Di–Sa 9–19 Uhr, Mo nur nachmittags.

Die Küste südlich von Livorno

Vom Zentrum geht es entlang der unattraktiven Hafenanlagen bis nach *Antignano*, einem verblichenen Seebad der Jahrhundertwende. Anschließend Bilderbuchküste – Kies und Fels wechseln sich ab, dazwischen immer wieder kleine Sandbuchten, oft schwer zugänglich, die grün bewaldeten Hügel reichen meist bis ans Meer. Leider verläuft hier die stark befahrene „Via Aurelia" (SS 1) in unmittelbarer Nähe zur Küste – zahlreiche Parkstreifen, fliegende Händler, Bars, Restaurants und immer wieder gut abgeschottete Feriensiedlungen.

Montenero: einige Kilometer landeinwärts von Antignano, in den Colline Livornese. Oberhalb vom Ort liegt eine bedeutende Klosteranlage, das *Santuario di Montenero* aus dem 18. Jh. Die Wallfahrtskirche in 193 m Höhe bietet eine barocke Vielfalt, die man der eher unscheinbaren Kirche von außen nicht zugetraut hätte. Weiter Blick auf die Küste, an klaren Tagen sogar bis nach Korsika. Mit einem kleinen Zahnradbähnchen (Funicolare) kann man vom Dorfplatz aus hinauffahren.

Auf der Via Aurelia nach Süden

Da bei Livorno die Autobahn endet, bildet die Via Aurelia genannte SS 1 bis hinunter nach Civitavecchia (Latium) das Rückgrat des Verkehrs an der südlichen Toskanaküste. Sie ist in weiten Teilen autobahnähnlich ausgebaut (jedoch kostenlos), deshalb kommt man in der Regel rasch voran. Nur an einigen wenigen Stellen gibt es noch Passagen mit nur einer Fahrspur in jeder Richtung.

Castiglioncello: Seebad mit Jugendstilhotels und einem alten Küstenwachturm, im Hochsommer stehen Sonnenschirme und Liegestühle am schmalen Strand dicht an dicht. Die Küste ist hier in erster Linie felsig, aber immer wieder gibt es hübsche, kleine Buchten mit rötlich leuchtendem Sand. Im Zentrum der Ortschaft steht das *Castello Pasquini*, das von einem romantischen Park umgeben ist.
Im Süden schließt sich fast übergangslos der reizlose Ort *Rosignano Solvay* mit einer großen Chemieanlage an. Hier beginnt eine flache Schwemmlandzone, die sich bis San Vincenzo zieht.

Rosignano Marittimo: hübsche Altstadt, die pittoresk am Berg klebt. Ein kleines *Museo Civico* im Schloss (Via del Castello 24) präsentiert eine Sammlung hellenistischer, etruskischer und römischer Funde.

Öffnungszeiten/Eintritt **Museo Civico**, im Juli/Aug. tägl. 9–13 Uhr, So auch 17–21 Uhr. Sonst nur vormittags geöffnet. Eintritt 3 €.

Vada: kleine Hafenanlage und winziges Straßendorf an der alten SS 1, das durch Hotels, Apartmenthäuser und Ferienwohnungen um ein Vielfaches gewachsen ist. Die Landschaft ist flach, Schilfgürtel umsäumen die Küste, der dichte Wald reicht teilweise bis zum Strand.

Zwischen Vada und Marina di Cecina liegt ein gutes Dutzend Campingplätze, fast alle am Meer und von der Hauptverkehrsstraße und der stark befahrenen Bahnlinie ein gutes Stück entfernt.

• *Übernachten* ****Molino a Fuoco, Camping Village**, moderner und gastfreundlicher Platz mit gepflegter Heckenanlage. Sandstrand. Kinderfreundlich. Neue Sanitäranlagen, Waschmaschine, Trockner, Restaurant usw. 2 Pers. mit Zelt und Auto ab 22 €. Via Cavallegger 100, ✆ 0586/770150, 770031, www.campingmolinoafucco.com.

**** Camping Tripesce**, ruhige, gepflegte Anlage mit vielen Schattenplätzen. Angenehme Atmosphäre, freundlicher Service. Der Strand ist auch für Kinder sicher, da flaches Wasser. Viele deutsche und Schweizer Familien. Kleines Lokal mit günstigen Gerichten, auch zum Mitnehmen, Pizzeria L'Approdo gegenüber. Hunde sind in der Nebensaison erlaubt. 2 Erw. mit Zelt und Auto ab 22 €. Via dei Cavaleggeri 88, ✆ 0586/788017, 789159, www.campingtripesce.it.

Marina di Cecina: Ab hier wird die Küste wieder grüner, weite Pinienwälder säumen die Schwemmlandküste, wo man auch im Hochsommer noch ein ruhiges Plätzchen am Strand findet. Der Ort selbst ist ein typisches Fremdenverkehrszentrum, der Strand mit Liegestühlen und Sonnenschirmen dicht gefüllt. An der kleinen Flussmündung ein Yachthafen und über 20 Hotelbauten, die Mündung ist so stark versandet, dass man fast hindurchwaten kann.

Das etwas landeinwärts gelegene *Cecina* entstand an der Stelle einer römischen Pferdewechselstation an der Via Aurelia. Dank der Landwirtschaft und später der Lebensmittelindustrie wuchs es rasch im Schachbrettmuster der Straßenzüge heran. Im Hinterland trifft man häufig auf kleine Hinweisschilder zu Weinbauern, die Wein, Honig und anderes verkaufen, auch Agriturismo-Unterkünfte gibt es dort oft.

• *Übernachten* Im Viale della Vittoria reihen sich direkt am Strand mehrere Herbergen nebeneinander: *** **Mediterraneo**, älteres, familiäres Hotel mit Restaurant und Pizzeria, ✆ 0586/620035, www.chiscihotels.it; *** **Aurora**, gehört zu obigem, ✆ 0586/621340, www.chiscihotels.it; Familienpension ** **La Lampara** mit renovierten Zimmern zu einem guten Preis-Leistungs-Verhältnis, ✆ 0586/620681, www.lalampara.net.

Agriturismo Le Serre, in der gleichnamigen Località, Biobauernhof mit schönen Apartments (ca. 70 €/Tag) und einem Badeteich. Von Lesern empfohlen. ✆ 0586/699100, www.leserrebio.it.

Campingplätze findet man vor allem südlich von Marina di Cecina, meist klinisch sauber angelegte Feriendomizile in Strandnähe, z. B. die komfortablen Plätze **Le Gorette** (✆ 0586/622460, www.gorette.it) und gleich dahinter *** **Mareblù** (✆ 0586/629191, ✆ 629192, www.campingmareblu.com); außerdem *** **Le Tamerici** mit großem Schwimmbad (✆ 0586/620629, info@letamerici.it).

Casale Marittimo: ein idyllisches Hügelstädtchen, nur wenige Kilometer vom Baderummel. Im Umkreis mehrere Fattorie, die das Degustieren wert sind.

Übernachten/Essen & Trinken **Le Volte**, ordentliche DZ mit Bad ab 90 €, davon zwei in separaten Häuschen. Nette Trattoria mit luftiger Terrasse. Via Roma 59/61, ✆/✆ 0586/652018, www.locandalevolte.com.

Marina di Bibbona: belebter Badeort mit einer alten Festung aus dem 17. Jh., der lange Hauptbadestrand (mit einigen Imbissbuden) ist ca. 15 m breit.

• *Übernachten* *** **Flora**, in der Hauptstraße, die parallel zum Meer verläuft. DZ ab 70–80 €. Via del Mare 12, ✆ 0586/600015, ✆ 602612, www.florahotel.eu.

** **Paradiso Verde**, freundlicher Familienbetrieb mit 15 teilweise renovierten Zimmern, einige mit Balkon. DZ mit Halbpension ab 100 €, inkl. Privatstrandbenutzung. Piazza del Forte, ✆ 0586/600022, ✆ 602654, www.hotelparadisoverde.it.

Mehrere Campingplätze, z. B. **Il Ginepro** mit Pool und Bungalowvermietung (✆ 0586/600550, www.ilginepro.it).

Bolgheri: Etwas südlich von Bibbona zweigt von der SS 1 eine schnurgerade Zypressenallee landeinwärts nach Bolgheri ab – sicher die schönste der Toskana. Der Ort bietet einen reizvoll abgeschlossenen Kern, der um die Burg des grausamen pisanischen Herrschers Gherardesca entstand. Der Dichter und Nobelpreisträger *Giosuè Carducci* (1835–1907) verbrachte hier einen Teil seiner Jugend und stimmte später Hymnen auf die Zypressen an. Der in Bolgheri angebaute *Sassicaia* zählt zu den besten Rotweinen des Landes und ist entsprechend teuer.

Marina di Castagneto: ähnlich wie Marina di Bibbona, vielleicht sogar etwas schöner, da weniger verbaut. Vorgelagert sind 14 km Sandstrand, wovon der überwiegende Teil „Spiaggia libera", also ohne Anmietung von Sonnenschirmen etc. frei zugänglich ist. Der Freizeitpark „Cavallino Matto" ist zwar eine Nummer kleiner als Disneyland, aber immerhin der größte der Toskana. Es gibt u. a. eine Achterbahn, Colorado Boat (Kanufahrt mit mehreren Gefällestrecken), Nautic Jet (Schanzenspringen in einem Boot), Karusselle, Riesenrutschbahn etc.

• *Öffnungszeiten/Eintritt* **Cavallino Matto**, Mitte Mai bis Mitte Sept. tägl. 10–18/19 Uhr. Eintritt 20 € (bis 10 J. 16 €). ✆ 0565/745720, 📠 746770, www.cavallinomatto.it.

• *Übernachten* mehrere Apartmentanlagen und zwei große Campingplätze namens ** **Belmare** (✆ 0565/744264, www.campingbelmare.it) und ** **Continental** (✆ 0565/744014, www.campingcontinental.it).

Castagneto Carducci: Inmitten immergrüner Macchia liegt der Ort malerisch auf einem Hügel, von der Piazza Belvedere genießt man einen fantastischen Blick über das Land. *Giosuè Carducci* zu Ehren, der auch hier wohnte, wurde Castagneto Marittima nach Verleihung des Nobelpreises (1906) in Castagneto Carducci umbenannt. Ein kleines Museum und ein Centro Carducciano sind in seinem ehemaligen Wohnhaus untergebracht. Seit Sarah Ferguson (eine ehemalige Windsor-Gattin) mit dem hiesigen Conte Gado della Gherardesca liiert ist, hat der Ort spürbar an Beliebtheit gewonnen.

• *Übernachten* **Villa Le Luci**, sechs elegante DZ und eine edle Suiten in einer restaurierten antiken Villa. Exklusives, romantisches Ambiente. DZ ab ca. 120 €. Via Umberto 47, ✆ 0565/763601, www.villaluci.it.

*** **Camping Le Pianacce**, Straße nach Bolgheri, dann ausgeschildert. Schönster Camping weit und breit, ruhiges, bewaldetes Gelände, zwei Pools, Restaurant, 6 km zum Meer. Geöffnet April bis Anfang Okt. ✆ 0565/763667, 📠 766085, www.campinglepianacce.it.

• *Essen & Trinken* **Il Vecchio Frantoio**, gemütlich mit schöner Terrasse, gute regionale Küche, auch Pizza, freundlicher Service. Im Winter Do geschl. Via Gramsci 8, ✆ 0565/763731.

Il Cappellaccio, man sitzt im Kellergewölbe oder draußen an langen Tischen, die Pizza klappt über den Tellerrand. Oft herrscht ein Mordstrubel. Unbedingt reservieren! Di Ruhetag. Via Vittorio Emanuele 7, ✆ 0565/766005.

San Vincenzo: Das Dorf gruppiert sich um einen mittelalterlichen Turm und liegt am Südende der bei Rosignano beginnenden Schwemmlandzone. Hier reichen die Hügel schon fast bis zur Küste. Ein 3 km langer Sandstrand bietet gute Bademöglichkeiten, der Ort ist zu einer zersiedelten Hotel- und Ferienhauslandschaft gewachsen.

• *Übernachten* Insgesamt gibt es in San Vincenzo über 20 Hotels, aber auch zahlreiche Ferienwohnungen.

*** **Stella Marina**, neu restauriertes Hotel im Zentrum mit Privatstrand, Restaurant mit Terrasse, Bar, Garage. DZ mit Halbpension ab 60 €/Pers. Via Costa 9, ✆ 0565/704256, 📠 701730, www.stellamarina.it.

*** **Camping Park Albatros**, inmitten eines Pinienhains (ca. 5 km südlich von San Vincenzo in Richtung Piombino). Riesiges Gelände mit 700 Plätzen (viel Schatten) und 120 Bungalows, gut organisiert, 5 Min. zum Strand. Geöffnet Juni bis Mitte Sept. Hunde erlaubt. 2 Pers. inkl. Zelt/Camper ca. 26–46 €/Tag. Pineta di Torre Nuova, ✆ 0565/701018, 📠 701400, www.ecvacanze.it.

• *Essen & Trinken* **La Bussola**, gemütliches Restaurant (und Pizzeria am Abend) mit guter Küche. Mi Ruhetag. Via V. Emanuele, ✆ 0565/702445.

Bagno Nettuno, der Tipp für alle, die gern frischen Fisch und Meeresfrüchte essen. Kleines Strandrestaurant mit Veranda und Meerblick inkl. Meeresrauschen. Via Costa 2, ✆ 0565/701056.

Il Sale, exklusives Restaurant auf dem Gut Pioggio ai Santi, Chef Denny kochte vorher in Australien. Essen und Ambiente ein einziger Genuss! Menü ab 30 € ohne Wein. Ganzjährig geöffnet. Via San Bartolo 100, ✆ 0565/798032.

Osteria dal Conte, mit Weinhandlung, sehr gute Küche. Wie wäre es zur Abwechslung mit einer toskanischen Suppenspezialität? Mo Ruhetag. Etwas außerhalb in der Via S. Bartolo, zweigt von der südlichen Via Aurelia ab, ✆ 0565/705430.

Il Cantuccio, beste Holzofenpizza! Keine Vorbestellung, daher evtl. Wartezeit. Mo Ruhetag. Via Biserno 11.

Rosso di Sera, Enoteca mit Kelleratmosphäre, gute Weine. Abends ab 18.30 Uhr geöffnet, Di geschl. Via del Castelluccio 51 a (außerhalb, ausgeschildert).

Zanzibar, Giovanna Bellagoti hat hier eine Hafenbar mit einer Prise Fernweh geschaffen, Cocktails, frischer Fisch, gute Musik und originelle Einrichtung. Piazza Porto 2.

Karten S. 592/593 und 642/643

Campiglia Marittima (ca. 2500 Einwohner): kleine Agrar- und Industriestadt mittelalterlicher Prägung. Die Innenstadt ist am Morgen für den Autoverkehr gesperrt – auf die Parkplätze an den Ortseingängen ausweichen. Einen spektakulären Blick auf den Golf von Follonica hat man von der Piazza della Vittoria vor dem Tor zur Altstadt. Sehenswert ist der *Palazzo Pretorio* aus dem 15.–16. Jh., dessen Fassade mit den Wappenschildern der Stadtvorsteher geschmückt ist und in dem eine Enoteca untergebracht ist. Unterhalb des Orts steht inmitten des Friedhofs die romanische Marmorkirche *San Giovanni* aus dem 12. Jh.

Stadtfest in Campiglia Marittima

B & B Tos' camere, unser **Tipp!** Zimmer mit Frühstück auf einer tollen Panoramaterrasse mit schönstem Meerblick, von Renato sehr freundlich geführt. DZ 55–90 €. Via Guerrazzi 11, ✆ 0565/838129, ℻ 838129, www.toscamere.it.

Populonia (ca 35.000 Einwohner): Populonia gliedert sich in die Oberstadt *Populonia Alta* und eine Ansiedlung direkt am *Golfo di Baratti*, einer traumhaften Badebucht mit Sandstrand. Ausgedehnte Wiesen bieten viel Platz zum Sonnen und Ballspielen, an Sommerwochenenden ist es jedoch meist gnadenlos voll.

1908 wurden unter Metallschlacken die bedeutenden etruskischen Nekropolen von *Pupluna* entdeckt. Pupluna ist die einzige bisher bekannte etruskische Stadt direkt am Meer und war eine regelrechte Industriestadt mit Bronze- und Kupferhütten. Die Etrusker holten die Eisenerze von der Insel Elba, um sie hier zu schmelzen. Ihre Reste können im Sommer in einem umzäunten Areal am Ortseingang besichtigt werden, insbesondere verschiedene Nekropolen mit Grabkammern und Hochöfen aus dem 8.–1. Jh. v. Chr.

Die Oberstadt liegt auf einem 180 m hohen Hügel und besteht nur aus einer Hauptstraße mit zwei Häuserzeilen und der dominierenden *Rocca* mit ihrem wuchtigen Turm, auf den sehr enge und äußerst steile Holztreppen hinaufführen – herrlich weiter Blick über den Golfo di Baratti bis nach Elba. An der Hauptstraße 21 ein kleines *etruskisches Museum* mit Funden aus den Nekropolen.

• *Öffnungszeiten/Eintritt* **Pupluna**, Jan./-Feb./Nov. nur Sa/So/Feiertage 10–16 Uhr. März bis Mai und Okt. Di–So 10–18 Uhr; Juni/Sept. Di–So 10–19 Uhr; Juli/Aug. (auch Mo) tägl. 10–19 Uhr; Dez. Sa/So 10–16 Uhr; 27.–31. Dez. tägl. geöffnet.

Eintritt für San Cerbone (= Nekropolen), den vorderen Parkbereich, für die Grotten oder die Akropolis in Populonia Alta jeweils 9 €, Kinder unter 6 J. frei, 6–14 J. und Rentner 6 €. Für den gesamten Park, also alle drei Optionen, zahlt man 16 € (Rentner 10 €, Kinder 9 €). Familienticket für max. 5 Pers. für den ganzen Park 39 €. Mit dem Ticket 50 % Rabatt im Archäologiepark von San Silvestro (S. 687) sowie im Museo di Cittadella in Piombino. Der untere Eingang zum Park befindet sich an der Zufahrtsstraße nach Populonia Alta; www.parchivaldicornia.it.

Rocca, im Sommer tägl. 9–19 Uhr, Mi

geschl., Eintritt 2 €, Kinder 1 €.

Etruskisches Museum Juni bis Sept. tägl. 10.30–13.30 und 15–18.30 Uhr, ansonsten je nach Aufkommen. Eintritt 2 €, Kinder 1 €.

• *Übernachten* * **Alba** unser **Tipp!** Gemütliches Hotel an der Zufahrtsstraße zum Golfo di Baratti rechts ab. Schöner Garten, sympathischer Service, großartige Lage nah am Meer. Im Sommer oft ausgebucht. DZ mit Bad und Frühstück ca. 75 €, Abendessen 20 €. Loc. Baratti, ✆ 0565/29521.

Ansonsten gibt es ein paar **Privatunterkünfte**, zu denen man sich durchfragen muss, z. B. im Restaurant Canessa (nur Juni bis Sept.).

** **Camping Sant'Albinia**, auf halber Strecke zwischen San Vincenzo und Piombino bei Populonia/Golfo di Baratti, ca. 800 m zum Strand (Golfo di Baratti). Sehr schattiger Platz mit hohen Pinien, ca. 100 Stellplätze und heiße Duschen, Restaurant. Geöffnet Anfang Mai bis Mitte Sept. Via della Principessa, ✆ 0565/29598, ✆ 29599, www.santalbinia.it.

• *Essen & Trinken* **Canessa**, Fischrestaurant an der Bucht, letztes Haus hinter dem Hafen. Herrlicher Blick durch die rundum verglaste Front und luftige Terrasse. Auch Zimmer, DZ 60–100 €. Mo Ruhetag. Loc. Baratti 43, ✆ 0565/29530.

La Pergola, gemütliches, kleines Restaurant neben dem Bootshafen, Familienbetrieb, Spezialitäten aus dem Meer, mittlerweile recht teuer geworden. Loc. Baratti 23, ✆ 0565/29596.

Toskana
Karten S. 592/593 und 642/643

Archäologiepark Rocca San Silvestro: begehbare, kühle Bergwerksstollen, z. T. aus etruskischer Zeit, ein kleines Museum und auf der Hügelspitze eine verlassene Bergarbeiterstadt aus dem 10./11. Jh.

• *Öffnungszeiten/Eintritt* März bis Mai nur Sa/So, Feiertage 10–18 Uhr; Juni/Sept. Di–So 10–19 Uhr; Juli/Aug. tägl. (auch Mo) 10–19 Uhr; Okt. Sa/So, Feiertage 10–18 Uhr; Jan./Feb. und Nov./Dez. geschl. Eintritt 9 €, zwei Besichtigungen (z. B. San Silvestro und Bergwerksführung) 13 €, Familienticket (bis 2 Erw., 3 Kinder) für den gesamten Park 39 €. Vorbestellung, Infos und Führungen unter ✆ 0565/226445, www.parchivaldicornia.it. Bar/Restaurant auf dem Gelände, Öffnungszeiten wie der Park. Gute und ausgedehnte Wandermöglichkeiten im Park.

Mittelalterliche Geisterstadt San Silvestro

Piombino

Der Hauptfährhafen zur Insel Elba, außerdem gibt es täglich Verbindungen nach Sardinien und Korsika. Piombino war lange ein bedeutendes Zentrum der Schwerindustrie – im Hafenviertel qualmen noch immer die Schlote der Hochöfen, schon in der Antike verarbeitete man hier das Eisenerz Elbas.

Die hübsche Altstadt liegt auf einem Plateau, das steil zum Meer abfällt. An der *Piazza Giovanni Borio* bietet sich eine wundervolle Aussicht über das Meer – nicht nur auf stinkende Hüttenwerke und stampfende Fähren. Die Kirche *Sant'Antimo* wurde so oft umgestaltet, dass vom Originalbau nur noch der Spitzbogen an der Fassade erhalten ist. Ihr Innenraum ist in zwei ungleiche Schiffe unterteilt. Der *Palazzo Comunale* an der Piazza Verdi wurde im 13. Jh. von den Pisanern errichtet und ebenfalls mehrmals restauriert und umgestaltet.

Südlich von Piombino erstreckt sich der 40 km lange *Golfo di Follonica*, dessen feiner Sand aber nicht zum Baden einlädt, denn Industrieanlagen prägen das Bild.

• Anfahrt/Verbindungen Fast stündlich gehen Autofähren nach **Portoferraio**, dem Hauptort von Elba.

• Information **A.P.T.** am Hafen (✆ 0565/226627) und im Turm des Palazzo Comunale (✆ 0565/225639).

• Übernachten **** **Hotel Central**, wer komfortabel wohnen möchte, checkt gleich hier ein. Moderne, helle Zimmer. Kein Parkplatz! EZ 100 €, DZ 140 €. Am Eingangstor zur Altstadt, Piazza Verdi 2, ✆ 0565/220188, ✆ 220220, www.hotel-centrale.net.

*** **Albergo Italia**, einziges Hotel in der Altstadt (ausgeschildert), Tiefgarage vorhanden. Signora Giovanna und ihre Familie sind sehr um ihre Gäste bemüht. Die zwölf DZ (ab 72 €) wurden renoviert und im maritimen Stil eingerichtet. In der benachbarten Dependance ab 60 € inkl. Frühstück (an der Bar außerhalb). Via XX Settembre 39, ✆ 0565/220922, ✆ 228035.

** **Il Piave**, gegenüber vom Bahnhof, daher eher etwas für ruhelose Geister, die Zimmer schlicht mit Dusche, DZ 50 €. Piazza Niccolini 18, ✆ 0565/226050.

** **Roma**, kleines Stadthaus in einer relativ ruhigen Seitenstraße, nur wenige Minuten vom Zentrum entfernt. EZ mit Bad 60 €, DZ mit Bad 80 €. Ganzjährig geöffnet. Via San Francesco 43, ✆ 0565/34341, ✆ 34348, www.hotelromapiombino.it.

Camping Sant'Albinia ist der stadtnächste Campingplatz (→ Populonia), weitere liegen an der Straße nach Follonica, z. B. der gepflegte **Pappasole**, ✆ 0565/20414, www.pappasole.it.

Maremma

Der Küstenstrich südlich von Piombino ist traditionell eine der ärmsten Regionen der Toskana. Landwirtschaft, Bergbau und seit einigen Jahrzehnten der Tourismus stellen die wichtigsten Wirtschaftszweige dieses Landstrichs dar. Entlang des gesamten Küstenstreifens wechseln lange Sandstrände mit felsigen Vorsprüngen und Sanddünen.

Die Maremma war Teil des etruskischen Stammlandes. Die Etrusker machten sich die reichen Erzvorkommen der Gegend zunutze und bauten Städte mit Mauern und Festungen. Die Römer besannen sich auf die fruchtbaren Böden, die sie durch Entwässerungssysteme urbar machten, die Maremma wurde zur Kornkammer der Toskana. Mit dem Niedergang Roms verwilderte auch die Maremma, das kunstvoll angelegte Entwässerungssystem verfiel, das Land versumpfte und die Malaria wütete. In den späteren feudalistischen Großbetrieben wurde auf den sauren und ertragsschwachen Böden extensive Weidewirtschaft betrieben. Leibeigenschaft und die Verarmung der Landbevölkerung waren der ideale Nährboden für Räuberbanden nach Robin-Hood-Manier, die in der zweiten Hälfte des 19. Jh. die Gegend verunsicherten (→ Capalbio, S. 697). Mittlerweile bringt die hoch subventionierte Landwirtschaft etwas Wohlstand selbst ins entlegenste Dorf und der Tourismus boomt nicht nur an der Küste, sondern auch im Hinterland, denn die Italiener selbst haben Gefallen an dieser Region gefunden.

Follonica (ca. 22.000 Einwohner): Industriestadt und Badeort zugleich. Bereits im 19. Jh. wurde unter der Herrschaft der Großherzöge der Toskana eine Eisenhütte angelegt und noch bis vor kurzem befand sich in Follonica die Verwaltung der im Hinterland gelegenen, mittlerweile jedoch stillgelegten Gruben der *Colline Metallifere*. Von Norden kommend, erblickt man die moderne Kulisse des stark auf

Fremdenverkehr zugeschnittenen Orts. Je weiter man sich dem alten Stadtzentrum nähert, desto mehr ist der Charakter dieses alten, lebendigen Geschäfts- und Handelszentrums zu spüren.

• *Information* **A.P.T.**, Mo–Sa 9–13/16–20 Uhr, Via Roma 51. ✆ 0566/52012, 📠 53833, www.prolocofollonica.it.

• *Übernachten* jede Menge Möglichkeiten in jeder Preislage.

*** **Piccolo Mondo**, am Strand auf Pfählen gebaut, wenn schon Follonica, dann hier mit garantiertem Meerblick. Mit Restaurant. DZ 75–120 €. Piazza Guerrazzi 2, ✆ 0566/40361, 📠 44547, www.piccolomondohotel.it.

*** **Parrini**, ebenfalls am Strand. DZ 80–135 €, im Sommer Pensionspflicht. Viale Italia 103, ✆ 0566/40293, 📠 44017, www.parrinihotel.com.

B & B Casa Margherita, 10 Min. südlich vom Zentrum, 5 Min. vom Strand. DZ 75 € (im Sommer nur mit Halbpension, 60 € pro Pers.). Via Palermo 49, ✆ 0566/52611, 📠 52611.

Camping Pineta di Golfo, kleiner, schattiger Platz am nördlichen Ortsausgang, ✆ 0566/53369, 📠 844381, www.pinetadelgolfo.it.

Camping Tahiti, weitaus größer und komfortabler, an der Ausfallstraße zur SS 1 (Ortsausgang Richtung Punta Ala). ✆ 0566/260255, 📠 261963, www.campeggiotahiti.it.

Colline Metallifere: Erzgewinnung seit der Antike

Die Bergkette zwischen Massa Marittima und Siena – ein wellenförmiges Gebilde aus rostig-roter Erde vulkanischen Ursprungs – lieferte bereits den Etruskern und Römern wertvolle Erze zur Eisen-, Silber- und Kupfergewinnung, aber auch Kohle zum Betreiben der Schmelzöfen. Später wurden die Gruben von den Pisanern weiter betrieben und waren eine der wichtigsten wirtschaftlichen Grundlagen ihrer Machtstellung. Inzwischen sind die Erzflöze erschöpft, die letzte Grube wurde in den neunziger Jahren des 20. Jh. geschlossen.

Toskana Karten S. 592/593 und 642/643

Massa Marittima

ca. 9000 Einwohner

Die schöne, alte Bergbaustadt wacht auf einem fast 400 m hohen Berg über die flache Maremma. Von „Marittima" ist heute nichts mehr zu spüren, denn das Meer liegt fast 20 km entfernt.

Unter der Herrschaft der Pisaner wurde Massa Marittima im 12.–13. Jh. zum Zentrum des Erzbergbaus in der Toskana. Damals war es ein blühendes Gemeinwesen mit eigener Gesetzgebung. Aus der großen Vergangenheit ist viel erhalten, was den Abstecher lohnt. Seit 1994 die letzte Erzmine der Stadt geschlossen wurde, ist der Tourismus die einzige nennenswerte Einnahmequelle Massa Marittimas.

• *Information* **Tourist-Information**, Mo–Sa 9.30–12.30 und 15.30–18.30 Uhr, So 10–13 Uhr (im Sommer auch nachmittags). Via Todini 3, ✆ 0566/902756, 📠 940095, www.altamaremmaturismo.it.

• *Übernachten* ** **Il Girifalco**, Familienbetrieb mit Terrasse und eigenem Parkplatz. Die Zimmer wirken wie das ganze Hotel kühl, sind aber geschmackvoll möbliert und besitzen alle Du/WC, 5 Min. zu Fuß in die Altstadt. DZ 55–95 €. Via Massetana Nord 25, ✆ 0566/902177, 📠 902339, www.ilgirifalco.com.

Ostello Santa Anna Massa Marittima, auf einem Berg im Norden der Stadt. Jugendherberge in einem ehemaligen Nonnenkloster, schöne, helle Räume mit 4–8 Betten. Übernachtung 15 €/Pers. Via Gramsci 3, ✆ 0566/904611, 📠 904600, leclarisse@libero.it.

Podere Riparbella, Veronica und Christian, beide aus der Schweiz, haben mit ihrem biologischen Agriturismo ein Paradies geschaffen. Sorgfältig wurden die alten Gebäude eines Guts umgebaut, wobei offensichtlich ein begnadeter Innenarchitekt die Hand im Spiel hatte. Die Produkte (Wein, Olivenöl, Marmelade) sind alle biologisch zertifiziert. Halbpension (herzhaftes Frühstück, auch vegetarisches Abendmenü) 67–75 € pro Pers. Loc. Sopra Pian di Mucini, 6 km außerhalb an der Straße nach Siena, bei der Straßengabelung Volterra-Siena noch 1 km. ✆ 0566/915557, 📠 915558, www.riparbella.com.

• *Essen & Trinken* **Taverna del Vecchio Borgo**, das kleine Kellerrestaurant beim Dom gilt als beste Adresse im Ort, vor allem für „Carne alla brace" (Fleisch vom Holzkohlengrill). Mo Ruhetag. Via Norma Parenti 12, ✆ 0566/903950.

Il Gatto e la Volpe, in der Altstadt verstecktes Restaurant mittlerer Preisklasse mit lauschigem, kleinem Hof. Mo geschl. Vicolo Ciambellano 12, ✆ 0566/903575.

Osteria da Tronca, urige Wirtschaft mit guter Küche. Mi geschl. Vicolo Porte 5, ✆ 0566/901991.

Sehenswertes: Das „Juwel der mittelalterlichen Toskana" zeigt eine auffällige Zweiteilung: Die Unterstadt *Città Vecchia* ist romanisch, die Oberstadt *Città Nuova* gotisch geprägt. Die *Piazza Garibaldi* ist das malerische Zentrum der Città Vecchia. Der Platz ist das vollendete Beispiel der Harmonie des Asymmetrischen. Von den Stufen, die zum Dom hinaufführen, hat man den besten Überblick. Eingerahmt ist der schräg abfallende Platz vom romanischen *Palazzo Pretorio* und dem *Palazzo Comunale* mit zweistöckigen Arkadengängen. Der *Duomo San Cerbone* am unteren Ende der Piazza wurde vermutlich auf Resten einer frühromanischen Kirche des 11. Jh. im romanisch-gotischen Baustil der Pisaner errichtet. Im Inneren zahlreiche Fresken und Freskenreste, ein romanisches Flachrelief und im rechten Seitenschiff ein monolithisches Travertin-Taufbecken. Links vom Hochaltar führt die Treppe hinunter in eine Kapelle mit elf Apostelstatuen aus dem 14. Jh.

In der Città Nuova oberhalb der Altstadt kann man die *Torre del Candeliere* besteigen, es bietet sich ein weiter Blick auf den Golf von Follonica. Ein paar Schritte weiter stößt man in einer Seitengasse auf den *Antico Frantoio*, eine Ölmühle aus dem 18. Jh., die seit einigen Jahren zu besichtigen ist.

Der Eingang zum *Museo della Miniera* liegt in der Via Corridoni. In einer ehemaligen Mine wurde ein 700 m langer Stollen zum Bergwerksmuseum umfunktioniert. In diesem auch im Sommer sehr kühlen Schacht sieht man u. a. altertümliche Werkzeuge und Maschinen, die die Geschichte des Bergbaus dokumentieren.

Öffnungszeiten/Eintritt **Torre del Candeliere**, Di–So 10–13 und 15–18 Uhr, Eintritt 2,50 €. **Antico Frantoio**, April bis Okt. Di–So 10.30–13 Uhr, Eintritt 1,50 €. **Museo della Miniera**, nur mit Führung (Termine 10, 11, 12, 12.30, 15, 16, 17, 17.30 Uhr), Mo geschl., Eintritt 5 €.

Vetulonia: Zwischen Folonica und Grosseto liegt das malerische Dorf auf einem Hügel. Aufgrund seiner Bodenschätze war es im 6. Jh. v. Chr. eine bedeutende etruskische Stadt. Ein kleines *Museum* am Ortseingang zeigt Funde aus etruskischer und römischer Zeit; die Ausgrabung einer etruskischen *Nekropole* liegt 3 km nördlich des Dorfs. Gut und bodenständig essen kann man im winzigen Lokal „La Vecchia Cantina", gegenüber vom Museum (✆ 0564/948007).

Öffnungszeiten/Eintritt **Museum**, März bis Mai 10–13 und 15–18 Uhr, Juni bis Sept. 10–13 und 16–20 Uhr, Okt. bis Februar 10–16 Uhr (Mo geschl.), Eintritt 4,50 €. **Nekropole**, je nach Jahreszeit tägl. 9–18/19.30/20.30 Uhr, Eintritt frei.

Punta Ala: Die landschaftlich reizvolle Halbinsel wurde 1955 einer italienischen Großgrundbesitzerfamilie abgekauft und zu einem luxuriösen (Promi-)Badezentrum umgewandelt. Es entstanden hauptsächlich Apartments und Villen, Hotels gibt es nur wenige, diese gehören aber zur Spitzenklasse. Die Hafenpromenade ist nur mit Plastikkarte (members only!) erreichbar, vermittelt den Eindruck gediegener Clubatmosphäre und verfügt über 900 Anlegeplätze. Ist die Saison dann vorbei, reist der Jetset wieder ab, und der ohnehin sterile Ort fällt in den Winterschlaf – nur die schönen Bötchen bleiben dann noch hier.

Übernachten Zwei große und schöne Campingplätze liegen im Pinienwald direkt am Strand, **** **Camping Puntala** (✆ 0564/922294, 920379, www.campingpuntala.it) und ** **Camping Baia Verde** (✆ 0564/922298, 923044, www.baiaverde.com).

Castiglione della Pescaia: Unbestritten der schönste Badeort der Maremma, im Sommer italienischer Familientrubel an der Strandpromenade, in der Nebensaison in deutscher Hand. Der Hafen liegt zu Füßen der *Rocca Aragonese*, hinter deren mächtigen Mauern eine pisanische Burg aufragt. Die Altstadt hat noch den Charakter eines Fischerdorfs.

Beiderseits der Bruna-Mündung erstreckt sich ein langer Sandstrand mit mehreren freien Zugängen zum Meer. Der Strand *Le Roccette* nördlich von Castiglione ist teilweise frei, Richtung Süden führt die Strada delle Collacchie kerzengerade durch die *Pineta del Tombolo*, von der nur wenige passierbare Feldwege zum hellen Sandstrand führen.

• *Übernachten* *** **Piccolo Hotel** kleines, gepflegtes Haus mit 24 Zimmern. DZ mit Frühstück 102–126 €. Via Montecristo 7 (südliche Flussseite), ✆ 0564/937081, 932566, www.hotel-castiglione.com.

*** **Mirella**, ruhige, familiäre Atmosphäre, DZ mit Frühstück 100 €, im Sommer Pensionspflicht (60–80 €/Pers.). Via Sardegna (südliche Flussseite), ✆/ 0564/933068, www.albergomirella.it.

* **La Portaccia**, bescheidene Zimmer, gute Pizzeria. DZ mit Etagendusche 50 €. Via San Benedetto Po 5/7, ✆/ 0564/933825.

* **Bologna**, Billighotel am Hafen, DZ 53–72 €, die billigeren nur mit Etagendusche. Piazza Garibaldi 8, ✆/ 0564/933746.

Ein gutes Dutzend **Campingplätze** bietet Platz für fast 8000 Personen – im Norden besser ausgestattet und teurer, günstiger in der Pineta del Tombolo. Weitläufig und komfortabel (mit mehreren Strandzugängen und SB-Restaurant) ist **Camping Sans Souci** am nördlichen Ortsausgang. ✆ 0564/933765, 933759, www.maremmasanssouci.it.

Toskana Karten S. 592/593 und 642/643

Marina di Grosseto: Das modernste Badezentrum der Maremma liegt in der Mitte der Bucht, die im Norden von Hügeln und im Süden von der Mündung des Ombrone begrenzt wird. Die schematisch angeordneten Häuserzeilen vermitteln keinerlei Atmosphäre und werden in der kalten Jahreszeit zur Geisterstadt. Hinter dem Piniengürtel am Ortsausgang Richtung Castiglione findet man einen breiten, feinkörnigen Strand.

• *Übernachten* **Camping Rosmarina**, am nördlichen Ortsende in der Pineta del Tombolo, propere Anlage mit knapp 100 schattigen Stellplätzen in unmittelbarer Strandnähe, gute sanitäre Anlagen, gute und preiswerte Pizzeria. Gelegentlich Tieffluglärm vom Militärflugplatz hinter Grosseto. Geöffnet Mitte Mai bis Mitte Sept. ✆ 0564/36319, 34758, www.campingrosmarina.it.

Camping Le Marze, riesiges Gelände im Pinienhain zwischen Marina di Grosseto und Castiglione, wunderbar einsame Lage, nur einen Katzensprung zum Strand. Mai bis Mitte Okt. geöffnet. ✆ 0564/35501, 35534, www.ecvacanze.it.

Grosseto

ca. 70.000 Einwohner

Geschäftige Großstadt und wichtiger Verkehrsknotenpunkt. Wer sich durch die Vororte, Einbahnstraßen und Staus geplagt hat, trifft auf eine kleine, gepflegte und autofreie Altstadt, in der das Fahrrad ein wichtiges Fortbewegungsmittel ist.

Noch im 18. Jh. war Grosseto nicht mehr als ein Dorf, dessen malariaverseuchtes Umland ein Wirtschafts- und Bevölkerungswachstum unmöglich machte. Erst im 20. Jh. konnten Entsumpfungspläne und Entseuchung erfolgreich beendet werden. Heute ist die Stadt das wirtschaftliche Zentrum der Maremma und Hauptstadt der gleichnamigen Provinz.

Das historische Zentrum umschließt eine Mauer in Form eines Sechsecks, was Grosseto den Beinamen „Piccola Lucca" einbrachte. 1835 wurde die Befestigungsanlage zu Promenaden und Gärten umgestaltet. Der Dom *San Lorenzo* an der Piazza Dante wurde um 1300 erbaut und später mehrmals umgestaltet. Die Front ist reich dekoriert und fällt wegen ihrer rot-weiß gestreiften Fassade aus Marmor auf. Das *Museo Archeologico e d'Arte della Maremma* an der Piazza Baccarini besitzt eine frühgeschichtliche Abteilung mit Funden aus prähistorischer, etruskischer und römischer Zeit, im zweiten Stock befindet sich das Diözesanmuseum mit Silberschmiedearbeiten und Gemälden.

• *Öffnungszeiten/Eintritt* **Museo Archeologico e d'Arte della Maremma** und **Diözesanmuseum**, Di–So 10–13.30 und 17–20 Uhr, Fr/Sa abends bis 23 Uhr geöffnet, Mo geschl., Eintritt 5 €.

• *Anfahrt/Verbindungen* **Bahn**, Grosseto ist Station an der Küstenlinie nach Rom, außerdem geht eine Nebenlinie nach Siena.

• *Information* **Infopoint** Mo–Sa 7.30–19.30 Uhr. In einem Kiosk an der Via Gramsci, gleich außerhalb der Altstadtmauer, Porta Corcica, ✆ 0564/462639.

A.P.T.-Büro, Mo–Fr 8.30–13.30 und 15–18 Uhr, Sa 8.30–12.30 Uhr. Via Monterosa 206, ✆ 0564/462611, 📠 454606, www.lamaremma.info.

• *Übernachten* **** **Bastiani Grand Hotel**, beste Adresse vor Ort, man wohnt ruhig und gediegen in der Altstadt (nahe Porta Nuova Richtung Dom). DZ mit Frühstück 123–275 €. Piazza Gioberti 64, ✆ 0564/20047, 📠 29321, www.hotelbastiani.com.

*** **Maremma**, ebenfalls in der Altsstadt, Empfang eher unambitioniert, die Zimmer aber groß und sehr sauber. DZ mit Frühstück 75–110 €. Via F.P. de Calboli 11, ✆ 0564/22293, 📠 22051, www.hotelmaremma.it.

*** **Mulinacci**, DZ mit kleinen Bädern 80–90 € inkl. Frühstück im schönen Gewölbe, in dem abends auch gespeist werden kann. Via Mazzini 78, ✆/📠 0564/28419, www.kompass.com/c/mulinacci.

• *Essen & Trinken* Der Tipp in der Altstadt: **Il Canto del Gallo**, regionale Spezialitäten aus biologischem Anbau in einer kleinen, gemütlichen Taverne (in der Stadtmauer), die Wirtin kocht selbst. Reservierung empfohlen. Nur abends geöffnet. So Ruhetag. Via Mazzini 29, ✆ 0564/414589.

Il Mago di Oz, zwischen Grosseto und Marina di Grosseto. Familienfreundlich (viel Platz zum draußen Sitzen, Spielplatz) und bekannt für hervorragende Pizzen, Marke Wagenrad. ✆ 0504/400115.

Ruinen von Roselle *(Roselle Scavi)*: Der Ort auf einem etwa 300 m hohen Hügel war eine der bedeutendsten etruskischen Städte der Region. Durch die Malaria wurde er später vollkommen entvölkert. Die Ausgrabung liegt wenige Kilometer nördlich des heutigen Roselle („Parco Archeologico"). Gefunden wurden die Überreste einer römischen Stadt mit Forum, Straßen, Basiliken und einem kleinen Amphitheater. Die unter der Römerstadt verborgene Etruskersiedlung mit Wohnhäusern und Werkstätten wurde inzwischen ebenfalls ans Tageslicht befördert. Eines der beeindruckendsten Zeugnisse ist die über 3 km lange zyklopische Stadtmauer der Etrusker.

Öffnungszeiten/Eintritt März bis Okt. 8.30–19.30 Uhr, Nov. bis Feb. 8.30–17.30 Uhr. Eintritt 4 €, erm. 2 € (inkl. Infoblatt auf Deutsch).

Talamone: einsam gelegenes Fischerdorf und Badeort mit einer trutzigen Burg an den südlichen Ausläufern der *Monti dell'Uccellina*. Im Sommer ist die 5000-Seelen-Gemeinde von Touristenschwärmen heiß umkämpft, wie auch schon in grauer Vorzeit – damals waren es allerdings Römer, Etrusker, Umbrer, Gallier und Venetier. Auf dem Hügel am Ortsende lag das etruskische *Tlamu*. Prominentester Bewohner ist der legendäre ehemalige FC-Bayern-Trainer Giovanni Trappatoni („Ich habe fertig"), der hier ein Häuschen sein eigen nennt.

• *Öffnungszeiten/Eintritt* **Acquario della Laguna**, Di–So 10.30–12.30 und 15–19 Uhr, Mo geschl., Eintritt 3 €, Kinder 2 €.

• *Übernachten* *** **Capo d'Uomo**, am Vorgebirge oberhalb der Stadt, modernes Hotel mit Flair, kleine Zimmer mit Terrassen und spektakulärem Blick auf Burg und Meer. DZ 120–135 €. Geöffnet April bis Mitte Okt. Via Cala di Forno 7, ✆ 0564/887077, 📠 887298, www.hotelcapoduomo.com.

Talamone Camping Village, ca. 1 km vor dem Ort. 300 Stellplätze und Bungalows am Hang, schöner Blick. Freundliche Mitarbeiter, Swimmingpool und nette Bar – allerdings teuer. Geöffnet Mitte April bis Mitte Sept. Via Talamone, ✆ 0564/887026, 📠 887170, www.talamonecampingvillage.com.

Weitere Campingplätze findet man im schmalen Pinienwald zwischen Via Aurelia und Küste, z. B. **Il Gabbiano** mit schönen, schattigen Stellplätzen. ✆/📠 0564/870202.

• Essen **Hosteria Da Flavia**, bekannt für Fisch und Meeresfrüchte, gehobene Preise. Di Ruhetag. Via IV Novembre 1, ✆ 0564/887091.

Pizzeria La Scesa, gegenüber vorgenanntem Lokal, mit Betischung auf der großen Terrasse zwischen den beiden. Pizza aus dem Holzofen. Mo Ruhetag. Via Garibaldi 13, ✆ 0564/887069.

Erlebnis Natur: Parco Naturale della Maremma

Einer der wenigen unberührten Küstenstriche Italiens. Trotz der Trockenlegung der Sümpfe und der agrarischen Erschließung der Maremma blieb dieses wunderschöne und sehenswerte Naturschutzgebiet erhalten. In den Wäldern und Wiesen der Monti dell'Uccellina weiden heute frei lebende Maremma-Rinder, Pferde, Wildschweine und Rehe, es gibt Flamingos und sogar Wildkatzen. Das Örtchen *Alberese* liegt ruhig und verträumt am Rand dieses Paradieses, vorgelagert ist *Marina di Alberese* am 15 km langen Strand, der wegen allerlei angeschwemmtem Unrat nicht zum Baden geeignet ist.

Im „Centro Visite di Alberese", kurz vor dem Dorfeingang von Alberese, erhält man Informationen über Wanderungen und Eintrittskarten für die interessantesten Rundgänge (Tickets 3–6 €). Einige Touren kann man nur mit Führer unternehmen (✆ 0564/407098, 📠 407278, www.parco-maremma.it). Achtung: Im ganzen Park Hundeverbot!

Übernachten kann man im * **Albergo Rispescia**, Via della Costituzione 6, Rispescia (DZ mit Frühstück 55–70 €, ✆ 0564/405309, 📠 405735), und in diversen Agriturismohöfen.

Toskana
Karten S. 592/593 und 642/643

Monte Argentario

Das markante, felsige Vorgebirge mit steilen, macchiabewachsenen Hängen war einst wie die Isola del Giglio eine Insel. Durch angeschwemmte Sandablagerungen bildeten sich drei schmale Verbindungen zum Festland, dazwischen breitet sich die Lagune von Orbetello aus.

An jeder der drei Landzungen gibt es ein Städtchen, auf der nördlichen Landzunge *Giannella* liegen zahlreiche Campingplätze dicht nebeneinander im Pinienwald. Die 26 km lange *strada panoramica* rund um die Halbinsel ist nicht durchgehend geteert und deshalb nur für Fahrzeuge mit genügend Bodenfreiheit zu empfehlen (verkürzte Route auf Asphalt: ab Porto Santo Stefano etwa 10 km nach Süden, dann auf einer Straße durch das Landesinnere wieder zurück).

Porto Santo Stefano (ca. 9000 Einwohner): größter Ort des Argentario mit einem gut ausgebauten Hafen. Im lang gezogenen Hafenbecken liegen Motorboote und schnittige Yachten, hier legen auch die Fähren zur Insel Giglio ab. Porto Santo Stefano ist ein Nobeldorf für italienische Jet-Setter geworden, seit sich hier vor vielen Jahren die Schwester des Fiatchefs Agnelli ihre Sommerresidenz bauen ließ. Vorsicht: Im Sommer ist die einzige Zufahrtsstraße oft extrem staubelastet.

• *Anfahrt/Verbindungen* Täglich Fähren zur **Isola del Giglio** (→ S. 695).

• *Information* **A.P.T.** in einem Pavillon am Ostende des Hafens. Vermittlung von Zimmern auf dem Monte Argentario und der Isola del Giglio. April bis Sept. Mo–Sa 9–13 und 16–20 Uhr, Okt. bis März Mo–Sa 9–13 und 16–20 Uhr. So 9–12.30 Uhr. ✆ 0564/814208, ✆ 814052, infoargentario@lamaremma.it.

• *Übernachten* *** **Belvedere**, einladendes Haus in Hanglage, umgeben von Olivenbäumen und Palmen. Terrasse mit Tischen, kleiner Park, ein kurzer Spaziergang führt zum Strand hinunter. April bis Mitte Okt. geöffnet. DZ mit Frühstück 110 €. SS 440, kurz vor der Ortseinfahrt, ✆ 0564/812634, ✆ 810258, www.belvedereargentario.it.

* **Week End**, nette, einfache Pension mitten in der Altstadt, familiäre Atmosphäre, der freundliche Besitzer spricht ausgezeichnet Deutsch. Küche nach Hausfrauenart, ganzjährig geöffnet. DZ mit Bad und Frühstück 80 €. Via Martiri d'Ungheria 3, ✆/✆ 0564/812580, www.pensioneweekend.it.

Diverse **Campingplätze** auf der Landzunge Giannella.

• *Essen & Trinken* Jede Menge Fischrestaurants, Trattorien und Pizzerien rund um den Hafen.

Da Siro, wenn Sie sich von Einheimischen ein Fischrestaurant empfehlen lassen, werden Sie mit großer Wahrscheinlichkeit zu diesem Terrassenrestaurant unweit der Fischermole geschickt. Sympathischer Service, frischer Fisch und liebevoll angemachte Salate – alles allerdings zu den ortstypisch hohen Preisen. Mo Ruhetag. Über dem Aquarium am Lungomare, Eingang Corso Umberto I 104, ✆ 0564/812538.

• *Essen/Außerhalb* **La Sorgente**, idyllisch gelegene Waldschänke in 280 m Höhe, man bestellt am Tresen und isst an Holztischen im Freien. Gleich nebenan der Klosterkonvent Convento dei Padri Passionisti. Von der SS 440 zwischen Porto Santo Stefano und Orbetello zum beschilderten Konvent abbiegen. Ostern bis Ende Sept. Do, Sa/So 9.30–17 Uhr, Juli/Aug. tägl. geöffnet. ✆ 0564/818770.

Orbetello (ca. 7000 Einwohner): kleines, freundliches Städtchen in interessanter Lage auf der mittleren Landzunge, in der Antike wegen seines Fischreichtums und der Salzgewinnung interessant. Mitte des 16. Jh. von den Spaniern zum Flottenstützpunkt ausgebaut, aus dieser Zeit stammt auch die *Stadtmauer* mit ihren drei Torbauten, durch die man heute noch in den Ort gelangt. Der *Dom* mit seiner gotischen Fassade ist 1376 auf den Grundmauern einer älteren Kirche errichtet worden. In der Fußgängerzone findet im Sommer ein großer Trödelmarkt statt.

Die *Riserva naturale ed Oasi della Laguna di Orbetello*, ein Naturpark des WWF, in dem Flamingos und Reiher leben, bietet von September bis April Führungen an (jeden Do, Sa und So 10 und 14 Uhr, Eintritt 5 €, Info: ✆ 0564/820297).

• *Übernachten* ** **Verdeluna**, unser *Tipp* in Orbetello: freundliche Rezeption, neun DZ mit Du/WC ab 60–100 € (ohne Frühstück). Nebengasse zum Corso Italia, Via Banti 1, ✆ 0564/867451, ✆ 862378, www.albergoverdeluna.eu.

• *Essen & Trinken* **La Taverna**, in der Fußgängerzone im Zentrum, gute Pizza aus dem Holzofen. Via Roma 48, ✆ 0564/867969.

Cooperativa I Pescatori, unser **Tipp!** Die Adresse für frischen Fisch, der von den Fischern der Fischereigenossenschaft in der Lagune Orbetellos gefangen wird. Es gibt noch immer gute Portionen zu nicht zu unterbietenden Preisen in unkonventioneller Einrichtung. Im Sommer nur abends ab 19.15 Uhr geöffnet, in der Nebensaison auch Sa/So zur Mittagszeit, dann aber Mo geschl. Via Leopardi 9 (östlich der Altstadt, durch den Torbogen, dann scharf links einbiegen), ✆ 0564/860611.

Porto Ercole (ca. 4000 Einwohner): Der dritte wichtige Ort auf dem Argentario ist beidseitig eingefasst von spanischen Festungsanlagen, die heute von betuchten Eigentümern und Mietern in Beschlag genommen sind. Vom Hafen, wo etliche Nobelyachten dümpeln, kann man über viele steile Treppen zur südlichen Festung hinaufklettern. Von dieser führt ein schmaler Weg an den kleinen Gärten der Dorf bewohner entlang zum *Leuchtturm* – teilweise anstrengend, aber die tolle Aussicht am Leuchtturm versöhnt.

• *Übernachten* *** **Bi Hotel**, kleines, frisch renoviertes Albergo mit angenehm kühler Ausstrahlung direkt an der Hafenpromenade. Auf der Hotelterrasse kann man mit herrlichem Blick auf Stadt und Meer frühstücken. Zwölf DZ mit Frühstück und Klimaanlage 115–160 €. Lungomare A. Doria 30, ✆ 0564/833055, ℻ 835057, www.bi-hotel.it.

** **La Conchiglia**, kleines Hotel im Zentrum mit zwölf Zimmern mit Bad, kleinem Kühlschrank, teils mit Terrasse. DZ 80–100 €. Via della Marina 4, ✆/℻ 0564/833134.

Villa Azzurra, kleine Zimmervermietung im Zentrum (über dem Ristorante Sirena). Fünf DZ mit Bad 40–60 €, ohne Bad ca. 30–50 € (ohne Frühstück). Via Caravaggio 93, ✆ 0564/833037.

Isola del Giglio

ca. 1700 Einwohner

Zweitgrößte Insel des toskanischen Archipels, sehr bergig, teils üppige Vegetation und blühende Macchia. Man lebt von Fischerei, etwas Weinbau und vor allem vom Fremdenverkehr. Im August überschwemmen Römer das kleine Eiland, viele haben ihre Yachten dort liegen. In der Nebensaison dagegen sehr zu empfehlen und auch zum Wandern schön – zahlreiche Feldwege und Eselspfade durchziehen das weitgehend menschenleere Inland.

Vom idyllischen Hafen *Giglio Porto* sind es nur 2 km bis hinauf nach *Giglio Castello*, doch überwindet die Straße dabei 400 Höhenmeter. Der von einem engen Gassenlabyrinth durchzogene Ort bietet einen herrlichen Blick aufs Meer, die Festungsanlagen stammen von den Pisanern. Steil geht es im Anschluss hinunter zum Touristenort *Campese*, der an einer schönen Bucht mit lang gezogenem Sandstrand liegt, überragt von einem Rundturm der Medici aus dem 18. Jh.

• *Anfahrt/Verbindungen* Bis zu 8-mal tägl. gehen Fähren (ca. 1 Std.) der beiden Reedereien **Maregiglio** (✆ 0564/812920, www.maregiglio.it) und **Toremar** (✆ 0564/809349, www.toremar.it) ab **Porto Santo Stefano**, einfach 9,30–10,90 €. Auto besser nicht mitnehmen, die gerade mal 10 km lange Straße lohnt den hohen Überfahrtspreis nicht (je nach Länge 35–47 € einfach) und die Busverbindungen sind gut. Wer den Pkw trotzdem mitnehmen will, sollte unbedingt frühzeitig reservieren.

Inselbusse pendeln im Stundentakt nach Castello und Campese und erwarten jedes ankommende Schiff, einfache Fahrt 1,80 €.

• *Übernachten* Ohne Vorbuchung hat man in der Hochsaison keine Chance.

*** **Castello Monticello**, schönes und komfortables Haus, 1,5 km oberhalb von Giglio Porto. DZ mit Frühstück 136–150 €, Halbpension plus 25 € pro Pers. und Tag. Via Provinciale, ✆ 0564/809252, ℻ 809473, www.hotelcastellomonticello.com

** **La Pergola**, kleine Pension im Hafen von Giglio Porto, DZ mit Frühstück 110 €. Geöffnet Ostern bis Ende Okt. ✆ 0564/809051.

In Castello nur Privatzimmer oberhalb der Piazza Gloriosa (beschildert), z. B. **Angelo Landini**, DZ mit Bad 75 €, ✆/℻ 0564/806074.

** **Giardino delle Palme**, in Campese, kleines Haus im Palmengarten gegenüber dem Medici-Turm. DZ mit Frühstück ca. 95 €. Via del Torre, ✆/℻ 0564/804037, www.giardinolepalme.it.

Camping Baia del Sole, der einzige Zeltplatz der Insel, kurz vor Campese. Kleiner, terrassenförmig angelegter Platz, einige Stellplätze herrlich über dem Meer, auch Holzbungalows (42–62 €, im Sommer nur wochenweise). Achtung: absolutes Hundeverbot. ✆ 0564/804036, ℻ 804101, www.campingbaiadelsole.net.

• *Essen & Trinken* **Arcobalena**, urgemütliches Ristorante im Gassenlabyrinth der Festung von Giglio Castello. Geöffnet mittags und abends, Di Ruhetag. In der Hochsaison abends unbedingt reservieren. Via Cavour 48, ✆ 0564/806106.

Toskana Karten S. 592/593 und 642/643

Ansedonia

Der südlichste Badeort der toskanischen Maremma-Küste ist eher eine Ansammlung eleganter Villen, die sich gut versteckt hinter Gartenmauern auf einem Vorgebirgshang der felsigen Halbinsel verteilen.

Etwa 200 m oberhalb liegen in einem uralten Olivenhain die beeindruckenden Überreste der etruskisch-römischen Siedlung *Cosa*. Im nahe gelegenen *Museo Nazionale di Cosa* wurden die Funde gesammelt.

Unten am Strand findet man den einstigen Hafen und die *Tagliata Etrusca*, ein technisches Meisterwerk römischer Ingenieure: ein in den Fels geschlagener Kanal, der den Hin- und Rückfluss des Wassers aus dem Hafenbecken sichern sollte, um es vor dem Versanden zu schützen. Über einen kleinen Steg des parallel zum Meer verlaufenden Kanals kommt man zum Eingang einer engen und tiefen Felsschlucht, in die kaum Licht fällt. Der *Sparco della Regina* ist eine teils natürliche, teils von Menschenhand erweiterte Felsspalte von 260 m Länge.

Öffnungszeiten/Eintritt **Cosa** und **Museo Nazionale di Cosa**, Di–So 9 Uhr bis Sonnenuntergang, Mo geschl., Museum 2 € Eintritt, Gelände frei zugänglich. ✆ 0564/881421.

Lago di Burano (*Riserva Natural del Lago di Burano*): Das Naturschutzgebiet steht unter der Obhut des WWF. Der Lago ist ein mit dem Meer verbundenes Sumpfgebiet, eines der letzten der Maremma, das vor allem Wasservögeln Lebensraum bietet. Das Centro Visite liegt ein paar hundert Meter südlich der Stazione di Capalbio.

• *Centro Visite* Geführte Besichtigung 1. Sept. bis 1. Mai So 10 und 14.30 Uhr; im Juli/Aug. nur nach Anmeldung: ✆ 0564/898829. Eintritt 5 €, Kinder 3 €. www.wwf.it.

Man erreicht den Lago über die Via Aurelia (Richtung Tarquinia) oder direkt von Ansedonia auf einer schmalen Straße in Küstennähe.

Giardino dei Tarocchi: Märchengarten im Nirgendwo

Auf einem kleinen, einsamen Hügel, etwa 10 km von Capalbio, hat die französische Künstlerin *Niki de Saint Phalle* in den neunziger Jahren bunt bemalte und überlebensgroße Tarot-Skulpturen in die Maremma-Landschaft gestellt – eine traumhaft schöne, sehr persönliche Märchenwelt der Künstlerin, die auch für Kinder ein tolles Erlebnis ist.

• *Besichtigung* April bis Mitte Okt. tägl. 14.30–19.30 Uhr, Eintritt 10,50 €, Kinder (7–16 J.) 6 €. Nov. bis März ist jeweils am ersten Samstag im Monat 9–13 Uhr geöffnet (falls dieser Tag ein Feiertag ist, ist der Park am darauf folgenden Samstag geöffnet). Nach dem Willen von Niki de Saint Phalle ist an diesen Tagen der Eintritt frei. ✆ 0564/895122, www.nikidesaintphalle.com.

• *Anfahrt* von der Via Aurelia Ausfahrt Chiarone Scalo, dann Richtung Pescia Fiorentina. Knapp hinter der Abzweigung nach Carige links hoch. Man sieht die Kunstwerke im Sonnenlicht glitzern.

Strand von Capalbio/Chiarone Scalo: Vom Lago di Burano bis weit nach Latium hinein erstreckt sich dieser wunderschöne Sandstrand mit glasklarem Wasser. Im Süden sieht man die Türme des großen Kraftwerks von Montalto, aber das stört hier nicht wirklich. Es gibt mehrere (teure) Strandrestaurants und den schönen Campingplatz von Capalbio.

• *Übernachten* *** **La Palma**, beim Bahnhof von Chiarone Scalo, östlich vom Lago di Burano. Ruhige Lage zum Strand knapp 500 m. Gut eingerichtete Zimmer mit TV, Minibar und Klimaanlage, Garten mit Liegestühlen und kleinem Pool. DZ mit Frühstück ca. 110–180 €. ✆/℻ 0564/890341, www.albergolapalma.com.

Campeggio di Capalbio, unser **Tipp!** Reizvoller Platz bei Chiarone Scalo, direkt am kilometerlangen Sandstrand, tolle Stellplätze z. T. in den macchiabewachsenen Hügeldünen! Bar, Ristorante/Pizzeria am Strand, Minimarkt. Fahrzeuge müssen am Eingang abgestellt werden. Beschildert ab Via Aurelia. ✆ 0564/890101, ℻ 890437, www.ilcampeggiodicapalbio.it.

In Capalbio: Bummel entlang der Stadtmauer

Capalbio: kleines, friedliches Dorf auf einer Hügelkette unweit vom Meer. Wohlerhalten und gepflegt präsentiert sich das alte Dorf – viele Römer haben dieses Kleinod entdeckt und die alten Häuser liebevoll renoviert. In den engen, kleinen Gässchen und Treppchen, die immer wieder überraschende Ausblicke auf die Küste und das grüne, hüglige Hinterland bieten, atmet man noch das Flair dieses ehemaligen Räubernests. Die Bewohner gewährten hier dem Räuber *Domenico Tiburzi* Unterschlupf – ein italienischer Robin Hood, der den Armen gab, was er den Reichen genommen hatte. Erst nach 25-jähriger Hetzjagd setzten die Carabinieri am 23. Oktober 1896 seinem Leben bei einer Schießerei ein Ende.

• *Übernachten* ** **La Mimosa**, kleine, aber saubere Zimmer, gute Küche im hauseigenen Restaurant (Tipp: Wildschweinbraten!). DZ mit Bad 70–110 €. Via Torino (ca. 4 km unterhalb von Capalbio), ✆/℻ 0564/890220, www.capalbio.it/mimosa.

• *Essen & Trinken* Die **Trattoria Da Maria** ist seit Jahren berühmt für ihre Wildschweingerichte. Viel Prominenz (entsprechend teuer). Di Ruhetag. Am Eingang zur Altstadt, ✆ 0564/896014.

Ristorante La Porta, an der Wand hängen die Jagdtrophäen, im offenen Holzofen der Gaststube wird das Wildschwein gegrillt. Man kann auch einen Blick in die Küche werfen und der Zubereitung der Speisen zusehen. Neben Wildschweinvariationen wird hier traditionelle maremmanische Küche angeboten. Di Ruhetag (außer Juli/Aug.). Via Vittorio Emanuele 1, ✆ 0564/896311.

Trattoria Toscana, etwas günstiger als La Porta. „Riesige Portionen und gut zubereitet", schreibt ein zufriedener Leser, der der Pasta mit Wildschwein ein *Captiolo alla griglia* folgen ließ. Via IV Novembre 2, ✆ 0564/896028.

Osteria al Pozzo, Restaurant mit kleiner Karte in der Altstadt. Ab 15 Uhr, Do Ruhetag. Via V. Emanuele 17, ✆ 0564/896539.

Bar/Osteria Il Frantoio, nette Stimmung, Terrasse, Live-Musik am Sonntag. Unterhalb am Platz von Capalbio, noch bevor man in die Altstadt hoch fährt oder läuft. Piazza della Providenza. ✆ 0564/896484.

Einer der vielen Strände an der Nordküste bei Portoferraio

Elba

Isola d'Elba • ca. 29.000 Einwohner

Während die toskanische Küste hauptsächlich von Italienern besucht wird, tummelt sich auf Elba ein internationales Ferienvolk. Bis zu 1000 m hohe, kahle Granitgipfel besitzt das bergige Eiland, in den Küstenregionen gedeiht z. T. üppige Vegetation, darunter alte Kastanienwälder mit dichtem Unterholz. Außerdem: felsige Küsten mit vielen kleinen Buchten, teils kiesig, teils mit Sandstränden – und kristallklares Wasser!

Die Insel lebt zwar hauptsächlich vom Tourismus, aber Unterkunft gibt's durchwegs in kleinen, ein- bis zweigeschossigen Hotels, die weit verstreut an den Berghängen der Badebuchten stehen, meist überragt von Pinien und mit großen Grünflächen dazwischen. Viele einsame Buchten sind nur zu Fuß oder mit dem eigenen Boot zu entdecken. Am wenigsten erschlossen sind der Westen, die Küste nordöstlich von Portoferraio bis zum Capo Vita und der Südzipfel im Osten.

Elba ist die drittgrößte italienische Insel, ca. 30 km lang und 18 km breit, mit einer Küstenlänge von ca. 150 km. Die Bevölkerung ist eine Mischung verschiedener Einwanderungsströme vom Festland und von Korsika, die Gegensätze sind allerdings längst verwischt. In der Antike lagen auf Elba die wichtigsten Eisenvorkommen des Mittelmeeres. Etrusker, Griechen und Römer hielten sich an den wertvollen Bodenschätzen schadlos und in den vorchristlichen Jahrhunderten war die Insel ein einziger rauchender Schmelzofen. Berühmtester Inselbewohner aller Zeiten war sicherlich *Napoleon Bonaparte*. Nach dem katastrophalen Russlandfeldzug von 1812 wurde er in Frankreich als Kaiser abgesetzt und bekam als „angemessene Entschädigung" die Herrschaftsgewalt über Elba zugestanden. Gerade zehn Monate hielt sich der kleine Korse hier auf, bevor er wieder loszog, Europa in Angst und Schrecken zu versetzen – doch von diesen 300 Tagen zehrt die Insel heute noch.

Wer mit dem eigenen Wagen anreist, sollte in der Hauptreisezeit – also Juli/August, zu Ostern, Pfingsten und an den so genannten Brückentagen („ponti") – auf jeden Fall für Hin- und Rückreise **vorbuchen**. Die Stellplätze können schon Wochen vorher vergeben sein. Generell ist anzuraten, den Ankunftstag möglichst nicht auf einen Samstag zu legen.

Anfahrt/Verbindungen

• *Schiff* Hauptfährhafen am Festland ist das ca. 10 km entfernte **Piombino**. Von dort geht fast stündlich eine Autofähre nach **Portoferraio**, dem Hauptort von Elba, Fahrtzeit ca. 1 Std. Schneller aber weniger reizvoll, ist die Überfahrt mit dem Tragflügelboot (Aliscafo) via **Cavo** (ca. 15 Min.) nach Portoferraio (noch mal 20 Min.).

Zwei Reedereien bedienen die Strecke: **Moby Lines**, I-57025 Piombino, Piazzale Premuda, ✆ 0565/276077 (Vertretung in Deutschland: Moby Lines Europe GmbH, Wilhelmstr. 36–38, D-65183 Wiesbaden, ✆ 0611/14020, ✆ 1402244, www.mobylines.de) und **Toremar**, I-57025 Piombino, Nuova Stazione Marittima, ✆ 0565/226590 oder 31100, ✆ 35294, www.toremar.it.

Überfahrtspreise für Toremar (Moby Lines etwas teurer, dafür aber mit zahlreichen Sonder- und Spartarifen): Pers. ca. 7 € (Tragflügelboot ca. 10 €), Autos 31–36 € (an Wochenenden der Hauptsaison 36–41 €, Wohnmobil/-wagen 10,20 € pro Meter, Motorrad ca. 11,50 €, Fahrrad ca. 5 €, hinzu kommt Hafentaxe 4,80 €/Pers. und ca. 9 €/Fahrzeug (Motorrad ca. 5 €).

Weitere Verbindungen: Fährverbindung von Piombino nach Rio Marina und Porto Azzurro sowie von Piombino nach Cavo (Aliscafo).

• *Flug* Bei **Marina di Campo** ein kleiner Flugplatz. Verschiedene kleine Chartergesellschaften aus dem Ausland landen hier. So bietet beispielsweise **InterSky** (Bahnhofstr. 10, A-6900 Bregenz, ✆ 0043/5574/4880046, ✆ 488008, www.intersky.biz) Flüge ab München, Zürich und Friedrichshafen. Ab Bern fliegt **Sky Work Airlines** nach Elba (buchbar über Aaretal Reisen, Südstr. 8, CH-3110 Münsingen, ✆ 0041/31/7202500, ✆ 7202509, www.aaretal-reisen.ch). Außerdem gibt es Inlandsflüge, z. B. von Mailand, Bergamo oder Brescia.

Übernachten

• *Übernachten* **Hotels** sind zahlreich und meist nicht sehr billig, Mittel- und Oberklasse überwiegen. Oft besteht Pensionspflicht. Starke Preisunterschiede gibt es zwischen Neben- und Hauptsaison. Die zahlreich angebotenen **Apartments** (meist zwei DZ mit Küche und Bad) sind eine gute Alternative, der Mindestaufenthalt beträgt allerdings in der Regel eine Woche. Viele Unterkünfte werden pauschal von Reiseveranstaltern belegt, sodass im Hochsommer kaum noch Betten frei sind. Vor allem im August sollte man keinesfalls ohne Reservierung anreisen. In den übrigen Monaten kann man sich zunächst in der Tourist-Info von Portoferraio informieren (**A.P.T.**, Calata Italia 43, 57037 Portoferraio, ✆ 0565/914671, ✆ 14672, www.aptelba.it).

Auf Elba gibt es rund 30 **Campingplätze**, die meisten sind klein und liegen direkt am Meer. Die Preise bewegen sich (in der Hochsaison) bei den generell gut ausgestatteten Anlagen für 2 Pers., Zelt und Auto um die 43–48 €. Die bevorzugten Campingregionen sind wegen ihrer langen Sandstrände die Buchten von Lacona und Marina di Campo. Die meisten Plätze haben nur zwischen April/Mai und Sept./Okt. geöffnet.

Sport

• *Sport* **Segeln**, es gibt auf Elba drei deutschsprachige Segelschulen: das *Segelzentrum Elba* in **Bagnaia** (www.segelzentrum-elba.de), die *DHH-Yachtschule* in **Le Grotte** (www.dhh.de) und den *Segel Club Elba* in **Magazzini** (www.segel-club-elba.de).

Tauchen, eine deutschsprachige, qualifizierte Tauchschule, die zur Erlangung der Brevets führt, ist *Spiro Sub* in **Marina di Campo** (www.spirosub.isoladelba.it).

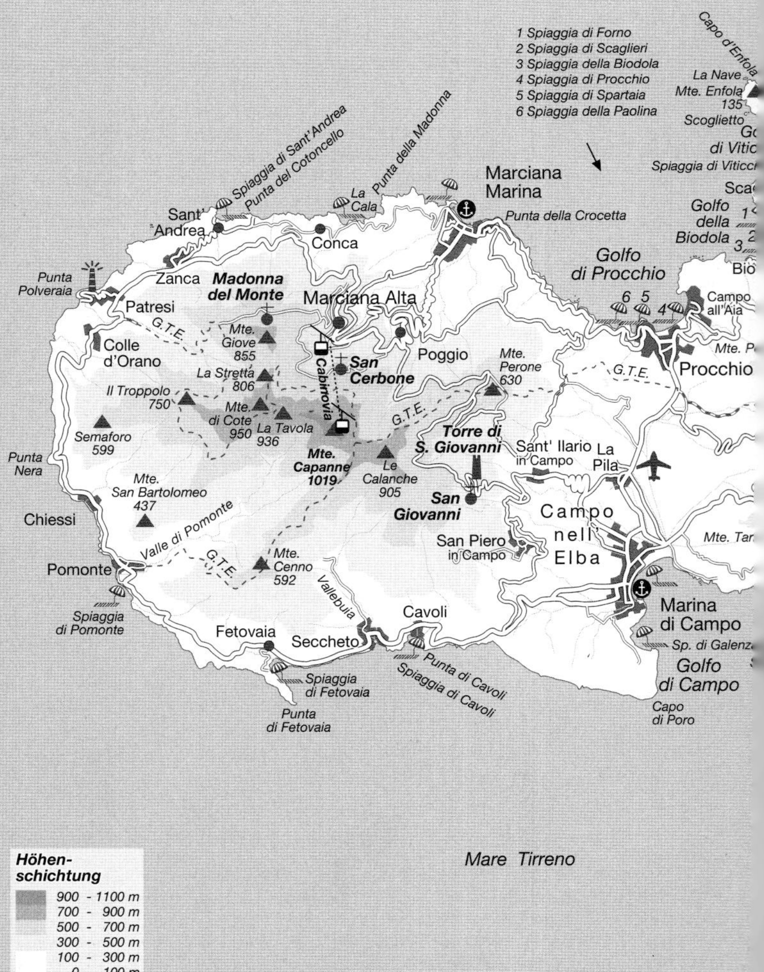

Mare Tirreno
1 Spiaggia di Forno
2 Spiaggia di Scaglieri
3 Spiaggia della Biodola
4 Spiaggia di Procchio
5 Spiaggia di Spartaia
6 Spiaggia della Paolina
Capo d'Enfola
La Nave
Mte. Enfola 135
Scoglietto
Spiaggia di Sant'Andrea
Punta del Cotoncello
Punta della Madonna
La Cala
Marciana Marina
Punta della Crocetta
Sant' Andrea
Conca
Golfo di Procchio
Golfo della Biodola
Punta Polveraia
Zanca
Madonna del Monte
Marciana Alta
Campo all'Aia
Patresi
G.T.E.
Mte. Giove 855
Colle d'Orano
Cabinovia
San Cerbone
Poggio
Mte. Perone 630
Procchio
La Stretta 806
Il Troppolo 750
Mte. di Cote 950
La Tavola 936
Semaforo 599
Torre di S. Giovanni
Sant' Ilario in Campo
La Pila
Punta Nera
Mte. Capanne 1019
Le Calanche 905
Mte. San Bartolomeo 437
San Giovanni
Campo nell' Elba
Chiessi
Valle di Pomonte
San Piero in Campo
Pomonte
Mte. Cenno 592
Vallebuia
Spiaggia di Pomonte
Cavoli
Marina di Campo
Fetovaia
Seccheto
Sp. di Galenzana
Punta di Cavoli
Spiaggia di Cavoli
Spiaggia di Fetovaia
Golfo di Campo
Punta di Fetovaia
Capo di Poro
Mare Tirreno
Höhen-schichtung
900 - 1100 m
700 - 900 m
500 - 700 m
300 - 500 m
100 - 300 m
0 - 100 m

Piombino
Capo Vita
Isola dei Topi
Capo Castello
Cavo
1 Spiaggia di Bagnaia
2 Spiaggia dell'Ottone
3 Spiaggia Magazzini
4 Spiaggia Schiopparello
5 Spiaggia San Giovanni
Mte. Grosso 346
Spiaggia Le Fornacelle
Piombino
Capo Pero
Cala Seregola
Torre del Giove
Cala Nisportino
Nisportino
Mte. Serra 422
Spiaggia di Nisporto
Spiaggia Acquaviva
Punta Acquaviva
Punta di Nisporto
Mte. Strega 427
Santa Caterina
Spiaggia I Topetti
Capo Bianco
Sp. La Padulella
Spiaggia di C. Bianco
Sp. Le Viste
Nisporto
Rio nell'Elba
Pianosa
Portoferraio
Mte. Capannello 496
Bagnaia
Rio Marina
Rada di Portoferraio
Castello del Volterraio
Mte. Fico 268
Punta delle Grotte
Il Porticciolo
G.T.E.
Terme di San Giovanni
Villa Romana
Magazzini
Capo Ortano
Cima del Monte 516
Spiaggia d'Ortano
Mte. Arco 278
Isolotto d'Ortano
Mte. Castello 390
Madonna di Monserrato
G.T.E.
Mte. Petriciaio 347
San Martino
Mte. Mar di Capanna 292
Punta delle Cannelle
Forte di Longone
Spiaggia Reale
Capo Bianco
Spiaggia di Barbarossa
Lacona
Porto Azzurro
Baia di Mola
Capo Sp. Piri Margidore
Sp. di Norsi
Sp. del Lido
Spiaggia di Naregno
Forte Focardo
Sp. della Contessa
Sp. di Zuccale
Capoliveri
Spiaggia di Straccoligno
Golfo Stella
Golfo di Lacona
Sp. di Barabarca
Spiaggia della Madonna delle Grazie
Capo di Stella
Morcone
Mte. Calamita 413
Capo Calvo
Capo di Fonza
Isola Corbella
Punta Morcone
Spiaggia di Morcone
Pareti
Spiaggia dell'Innamorata
Isole Gemini
Costa dei Gabbiani
Punta della Calamita
Punta dei Ripalti
Elba
1000 m

Wandern, die Insel ist von zahlreichen reizvollen Wanderwegen durchzogen, deren Niveau vom Spaziergang bis zur anspruchsvollen Bergwanderung reicht. Die herrlichsten Möglichkeiten finden sich vor allem rund um den Monte Capanne. Zustand und Markierung sind in der Regel gut. Attraktiv ist auch die Elba-Durchquerung auf der **G.T.E** (Grande Traversata Elbana), die von Pomonte im Westen bis in den äußersten Nordosten nach Cavo reicht.

Windsurfen, den o. g. Segelschulen sind auch Windsurfschulen angeschlossen, es sind aber noch wesentlich mehr davon an den großen Stränden zu finden.

Portoferraio

ca. 11.500 Einwohner

Die quirlige Inselhauptstadt liegt auf einer Landzunge im Nordwesten der großen Bucht von Portoferraio. Die sehenswerte Altstadt, das Centro storico, erstreckt sich hinter der Porta a Mare am alten Hafen Darsena den Hang hinauf. Auf der Nordseite der Landzunge laden saubere Kiesstrände zum Baden ein.

In der Stadt lebt mehr als ein Drittel der Gesamtbevölkerung der Insel. Portoferraio ist etwa stündlich mit der Hafenstadt Piombino an der etruskischen Küste verbunden, im Sommer herrscht reger Fährverkehr, aber auch Kreuzfahrtschiffe und Yachten legen hier an. Letztere ankern im romantischen, hufeisenförmigen alten Hafen *Darsena,* der durch einen von den Medici erbauten Torbogen, die *Porta a Mare,* mit der Altstadt verbunden ist. Die Grenze zwischen der modernen, wenig ansprechenden Neustadt und der idyllischen Altstadt mit ihren winkeligen Gassen bildet das ebenfalls von den Medici errichtete *Forte Falcone,* die Falkenfestung, mit deren Bau im Jahr 1548 begonnen wurde.

Zahlreiche schicke Geschäfte befinden sich an der lang gezogenen Hafenpromenade und in der Altstadt rund um die *Piazza Cavour*. Hier und am Yachthafen *Darsena* spielt sich auch das Nachtleben von Portoferraio ab. Und das heißt wie in ganz Italien: flanieren bis spät in die Nacht hinein. Die Straßen werden zu diesem Zweck abends für den Verkehr gesperrt, fliegende Händler bauen ihre Stände auf, Straßencafés und Bars sind bis auf den letzten Platz besetzt.

• *Anfahrt/Verbindungen* **Fähren**, Toremar an der Calata Italia (Hafenstraße), Moby Lines am Viale Elba (Busbahnhof). Im Sommer für die Rückfahrt unbedingt frühzeitig reservieren (weitere Infos s. o. unter Schiffsverbindungen).

Bus, ATL-Busse fahren mehrmals täglich in alle größeren Orte. Busbüro am Viale Elba (beim Hochhaus), Fahrpläne sind hier erhältlich. Verbindungen in alle größeren Orte mehrmals tägl., Tickets im ATL-Büro bzw. in den jeweiligen Orten (meist Tabacchi-Bar). Im Hochsommer fährt die Lineablu 2 zu Stränden im Nordwesten.

Mietfahrzeuge, Mopeds, Vespas und Fahrräder z. B. bei **TWN** im Viale Elba 32, ✆ 0565/914666 (Filialen in Marina di Campo und Lacona), Liste von weiteren Vermietern bei der Tourist-Info; Autos bei fast allen Reisebüros, z. B. **Tesi Viaggi**, Calata Italia 8, ✆ 0565/930222.

• *Information* **APT**, Calata Italia 26, beim Moby-Lines-Anleger. Bus-/Stadtplan, Unterkunftslisten. Im Sommer Mo–So 9–19 Uhr, in der Nebensaison Mo–Sa 9–19 Uhr, So 9–13 Uhr, im Winter nur Mo–Fr 9–13 Uhr sowie Di und Do 15–17 Uhr. ✆ 0565/914671, Fax 914672, www.aptelba.it.

• *Übernachten* *** **Acquamarina**, Loc. Padulella, ca. 1 km außerhalb vom Zentrum, ruhige Lage hinter dem Ghiaie-Strand. Privates Ambiente, modern und geschmackvoll eingerichtete Zimmer, mit Balkon und schönem Blick auf die grüne Bucht. Ein Fußweg führt hinunter zum Paduella-Strand. EZ 99–119 €, DZ ca. 188–198 €, jeweils mit Frühstück. ✆ 0565/914057, Fax 915672, www.hotelacquamarina.it.

** **Ape Elbana**, das älteste Hotel Elbas, mitten im Zentrum an der Piazza della Repubblica. 24 renovierte Zimmer, meist geräumig und teils mit nettem Blick auf die Piazza. Auch beliebtes und empfehlenswertes Restaurant mit überwachsener Terrasse.

Portoferraio – einst von den Medici befestigt

DZ ab 120–150 € (inkl. Frühstück). Salita Cosimo de'Medici 2, ✆/📠 0565/914245, www.ape-elbana.it, apelbana@elba2000.it.

* **Albergo Le Ghiaie**, direkt am gleichnamigen Stadtstrand, überdachte Terrasse, nebenan die *Bagni Elba* (Sonnenschirm- und Liegestuhlverleih). Recht schlicht, nette Atmosphäre, eher jüngeres Publikum, ca. 500 m vom Zentrum. Nur wenige Zimmer, alle mit Bad und Terrasse, oft ausgebucht. EZ 65 €, DZ 90 €, Preise inkl. Frühstück. Loc. Le Ghiaie, in Portoferraio beschildert.- ✆/📠 0565/915178.

Camping → Capo d'Enfola.

• *Essen & Trinken* **Osteria Libertaria**, kleines Lokal am Darsena-Hafen, jung und ambitioniert, hervorragende Küche guter Hauswein. Menü mit Hauswein 30–35 €, mittags und abends geöffnet. Calata Matteotti 12, ✆ 0565/914978.

Da Lido, eines der besten Restaurants im Centro storico, schöne, kleine Terrasse, stilvoller Innenraum. Schwerpunkt Fisch, hervorragende Weinauswahl. Gehobene Preisklasse, nur abends geöffnet, Mo geschl., Salita Falcone 2, ✆ 0565/914650.

Trattoria La Barca, gediegenes Restaurant in der ruhigen Via Guerrazzi (60–62) gelegen, von den Bewohnern der Stadt vor allem für Fisch und Meeresfrüchte geschätzt, gute Weinauswahl. Nur abends geöffnet, außerhalb der Saison Mi Ruhetag, ✆ 0565/918036.

L'Ombelico del Mondo, der „Nabel der Welt" liegt am Anfang der Via Carducci bei der Piazza Citi. Winzige Pizzeria und Bar, leckere *Schiaccine*, gute Musik, nur abends geöffnet.

Sehenswertes: In der Fortezza della Lingua mit dem wuchtigen Martello-Turm am östlichen Hafenende ist ein ansprechendes *Archäologisches Museum* eingerichtet.

Öffnungszeiten/Eintritt **Archäologisches Museum**, Ostern bis 31. Okt. geöffnet, tägl. 10–13 u. 15.30–19 Uhr (Do geschl.), in der Hochsaison Mitte Juni bis Mitte Sept. tägl. 9–14.25 und 18–24 Uhr. Eintritt 3 €, ✆ 0565/944024.

Vom Zentrum kann man auf den Sattel zwischen Fort Stella und Fort Falcone hinaufgehen und die *Villa dei Mulini* besichtigen, Napoleons Stadtwohnung in bester Lage der Oberstadt. Der kleine Palazzo ist als Museum eingerichtet. Im Garten wird gerne Bonapartes Lieblingsplatz gezeigt, eine Steinbank an einem kleinen Mäuerchen, wo der Fels über 100 m steil abfällt. Hier soll er oft stundenlang gesessen und gebrütet haben – der Blick geht weit übers Meer bis nach Korsika, wo er geboren wurde.

Die *Villa di San Martino*, die zweite Residenz Napoleons, liegt etwa 6 km südwestlich (Busverbindung). Nachdem Napoleon den Platz auf dem Felshügel erworben hatte, ließ er sich dort einen repräsentativen Landsitz aufbauen. Vom damaligen Luxus ist heute jedoch nicht mehr allzu viel zu spüren. Beim Mobiliar handelt es sich größtenteils um Imitationen, da fast der ganze Besitz von den Erben verkauft wurde. Die einzige Überraschung ist das Speisezimmer, der etwas kitschige *ägyptische Saal*. Weit prachtvoller als die Villa von San Martino ist das ihr vorgelagerte Gebäude, die *Galerie Demidoff*. Anatoli Demidoff war ein glühender Verehrer des Kaisers. Der bedeutende Kunstsammler erwarb die Villa San Martino und ließ hier die 1859 fertig gestellte Galerie im klassizistischen Stil errichten. Zu den ständigen Ausstellungsstücken der Galerie zählen heute alte Stiche aus der Zeit des Kaisers. Prachtstück der kleinen Ausstellung ist zweifelsohne die von *Antonio Canova* (1757–1822) aus weißem Marmor gearbeitete „Galatea", für die Napoleons Lieblingsschwester Paolina persönlich Modell saß.

• Öffnungszeiten/Eintritt **Villa dei Mulini**, März bis Mitte Okt. tägl. 9–19, So 9–13 Uhr, im Winter eingeschränkte Öffnungszeiten. Eintritt 5 €.

Villa di San Martino und **Galerie**, Di–Sa 9–19, So 9–13 Uhr, 3 € (erm. 1,50 €). Eine kombinierte Eintrittskarte für Villa dei Mulini und Villa San Martino kostet ca. 5 € (erm. 2,5 €), die Kombikarte ist drei Tage gültig, ✆ 0565/915846.

Am Weg von Portoferraio zur Villa San Martino weist ein gelbes Hinweisschild zum *Museo di Italo Bolano/Giardino dell'Arte*. In diesem Freilichtmuseum sind u. a. bunte Keramiken des bekannten zeitgenössischen Künstlers *Italo Bolano* zu sehen. Oft ist der Künstler selbst anwesend oder man lässt sich von seinem Kollegen *Aldo Guasti* herumführen.

Öffnungszeiten/Eintritt **Museo di Italo Bolano/Giardino dell'Arte**, Juni bis Sept. Mo–Sa 10–13 und 16–19.30 Uhr, So geschl., Eintritt frei.

Bucht von Portoferraio

Capo d'Enfola: kleine, lang gezogene Halbinsel westlich von Portoferraio, an der Landenge am Ende der Straße sauberer Kiesstrand. Die alte Thunfischfabrik soll restauriert und irgendwann als „Museo del Mare" wiedereröffnet werden. Der *Monte Enfola* am Kap kann auf markiertem Rundweg umwandert werden (ca. 2,5 Std.). Mehrere Campingplätze.

• Übernachten **Camping Acquaviva**, ca. 5 km ab Portoferraio, gemütlich-familiärer Platz in der gleichnamigen, schmalen Bucht, die von Felsen umrahmt ist, Kinderspielgeräte, Fahrradverleih, Pizzeria. 13,70 €/ Pers., Stellplatz 13–17 € ✆/℻ 0565/919103, www.campingacquaviva.it.

Camping La Sorgente, ca. 6 km ab Portoferraio, gepflegter Platz mit zwei Badebuchten, kein Ristorante, gleiche Preise wie Acquaviva. ✆ 0565/917139, www.campinglasorgente.it.

Camping Enfola, am Ende der Straße, 8 km von Portoferraio. Schöner, schattiger Platz terrassenförmig am Hang, davor kleine Kiesbucht. Etwas teurer als Acquaviva. Tauchzentrum nebenan. ✆ 0565/939001, ℻ 918613, www.campingenfola.it.

• Essen & Trinken **Emanuel**, freundliches Strandrestaurant am Ende der Straße, bekannt für seine ausgezeichnete Küche, gehobenes Preisniveau. Abends Cocktailbar, ✆ 0565/939003.

San Giovanni Terme: Thermalbadeanstalt, in der Lagunenschlamm zu Heilzwecken in Form von Bädern und zu Inhalationen verwendet wird. Die Besonderheit des Schlamms ist seine natürliche Anreicherung mit Eisen und Schwefel, da hier über 40 Jahre hinweg die Schlacken der Eisenerz-Hochöfen abgelagert wurden.

• *Essen & Trinken* **Pizzeria 2001**, im alten Ortskern, ausgezeichnete Pizzen und dazu preiswert, auch mittags geöffnet, der Pizzaofen wird aber nur abends befeuert, (im Winter Di Ruhetag), Via Damiani 24, ✆ 0565/915903.

La Rada, Panoramalage am kleinen Hafen von San Giovanni, herrlicher Blick auf die Bucht und hinüber nach Portoferraio, gute einheimische Küche. Tägl. mittags und abends geöffnet, ✆ 0565/915662.

Le Grotte: Auf der Anhöhe vor der kleinen Ortschaft wurden Reste einer römischen Landvilla aus der Zeit des Kaisers Augustus ausgegraben, fantastischer Rundblick. *Öffnungszeiten/Eintritt* April bis Sept. tägl. 8–20Uhr, Eintritt frei.

Magazzini: beschauliche, kleine Bucht mit 200 m langem Kiesstrand, stark mit angeschwemmten Wasserpflanzen durchsetzt, nur wenige Häuser. Davor die Terrasse, von der man bei Sonnenuntergang die Rückkehr der Segelboote, die zur Yachtschule des deutsch geführten „Segelclubs Elba" gehören, genießen kann. In unmittelbarer Nähe des gleichnamigen Hotels steht die Kirche *Santo Stefano*, mit reicher Ornamentik erinnert sie an die Epoche der pisanischen Herrschaft vom 11.–14. Jh.

• *Übernachten/Essen & Trinken* * **Santo Stefano**, kleines Hotel in einer ehemaligen Klosteranlage, ca. 1 km landeinwärts. Von der Terrasse herrlicher Blick auf die Bucht, DZ mit Bad 122 €, in der Hochsaison mit obligatorischer HP. ✆ 0565/933161, ℻ 933383, www.elbahotelelba.de.

Camping Rosselba le Palme, auf halbem Weg zwischen Magazzini und Bagnaia, inmitten des 2 ha großen Geländes befindet sich auch ein botanischer Garten mit riesigen Palmen und exotischen Pflanzen. Großer, sehr schöner Swimmingpool mit Kinderbecken, Tennisplätzen, Bungalow-Hütten. 10 Min. zum Strand Ottone. 14,40 €/Pers., Stellplatz 14,10–19,70 €, ✆ 0565/933101, ℻ 933041, www.rosselbalepalme.it.

La Carretta, preiswerte und gute Pizzeria, nur abends geöffnet, kurz vor Magazzini rechts an der Straße, Reservierung unter ✆ 0565/933223.

Toskana/Elba
Karte S. 700/701

Bagnaia: gemütliches ehemaliges Fischerdorf, sehr hübsch in einer kleinen Bucht gelegen. Durch zwei große Feriensiedlungen hat sich der Charakter des Orts allerdings stark verändert: Bagnaia ist inzwischen zum familienfreundlichen und lebhaften Badeort mit autofreier Promenade geworden. Am nördlichen Strandende liegt das deutsch geleitete „Segel-Zentrum Elba" (www.segelzentrum-elba.de).
Eine Schotterpiste führt von Bagnaia ins 5 km entfernte *Nisporto*, dort liegt der schattige *Camping Sole e Mare* an einer hübschen Bucht mit Sand-/Kiesstrand (✆ 0565/934907, ℻ 961180, www.soleemare.it). Über eine weitere 5-km-Piste ist von dort *Nisportino* zu erreichen – einsamer Strand, keine Bars, dafür aber das Ristorante La Battigia (auch Apartments, ✆ 0565/917355, www.appartamentilabattigiaelba.it).

• *Übernachten/Essen & Trinken* *** **La Feluca**, etwas oberhalb von Bagnaia in Hanglage, gepflegt und komfortabel, schöner Garten mit Pool, jedoch nicht unnötig touristisch aufgepeppt. 10 Min. zu Fuß vom Strand. DZ ca. 88–120 € in der Hochsaison mit obligatorischer HP 150 €. ✆ 0565/961084, ℻ 961085, www.hotellafeluca.it.

La Palme, Bar und Ristorante im Zentrum von Bagnaia, mit angeschlossener Pension (DZ mit Bad 90 €). Via del Mare 25, ✆ 0565/961096.

Ostküste

Rio Marina: kleiner Hafenort, touristisch weniger bedeutsam. In der Umgebung wurde früher Eisenerz abgebaut und im Hafen auf Frachter verladen. Im *Palazzo del Burò*, dem ehemaligen Sitz der Bergbaudirektion, ist das *Museo Minerali dell' Elba e Arte Mineraria* untergebracht, eine Mischung aus Mineralienmuseum mit sämtlichen auf Elba gefundenen Mineralienarten (über 170 an der Zahl), Museum für Bergbaugeschichte und Ausstellung für zeitgenössische Kunst. An der

Hafenmole führt eine Treppe zu einem kleinen, weißen Kiesstrand hinab. Weitere wenig besuchte Strände unterhalb der Steilküste nördlich von Rio Marina.

• *Öffnungszeiten/Eintritt* **Museum**, Ostern bis Juni und Sept./Okt. tägl. 9.30–12.30 und 15.30–18.30 Uhr, Juli/Aug. 9.30–12.30 und 16.30–19.30, Eintritt 2,50 €.

• *Information* **Pro Loco**, am unteren Ende des winzigen Parks im Zentrum Richtung Hafen, im Sommer tägl. 9.30–19.30 Uhr (Mi nachmittag geschl.). Lungomare G. Marconi 2, ✆ 0565/962004.

• *Übernachten* **Camping Canapai**, 5 km südlich von Rio Marina in der Località Ortano, 10 Fußminuten vom Meer. 12,80 €/Pers., Stellplatz 13,50–15 €. ✆/℻ 0565/939165, www.campingcanapai.it.

• *Essen & Trinken* **La Canocchia**, zwei kleine Speiseräume im Souterrain, gemütlich, bekannt für gegrillten Fisch, gehobenes Preisniveau. Mittags und abends geöffnet, Mo geschl. Via Palestro 3, ✆ 0565/962432.

Cavo: einer der ältesten Badeorte auf Elba, mit prächtigen Villen aus der Zeit um die Jahrhundertwende, mehrheitlich aber bescheidenen Privathäusern. Kleiner Hafen und Sandstrand, der mit Kieseln durchsetzt ist. Zu empfehlen ist die Mokambo-Bar. Der Ausflug in den Nordostzipfel der Insel lässt sich mit einer hübschen Wanderung zum *Capo Castello* und weiter zum *Capo Vita* verbinden.

• *Übernachten* *** **Pierolli**, in zweiter Reihe vom Hafen, nicht mehr ganz neues Haus, DZ mit obligatorischer HP 180 €, außerhalb der Hauptsaison auch DZ lediglich mit Frühstück 100 €, Lungomare Kennedy 1, ✆ 0565/931188, ℻ 931044, www.hotelpierolli.it.

** **Ginevra**, etwas älteres Hotel im hinteren Teil des Orts, ruhig gelegen. DZ mit HP 144 €. Via De Gasperi 63, ✆ 0565/949845, ℻ 931084, www.albergoginevra.it.

Rio nell'Elba: eins der charakteristischen Bergdörfchen, die sich ihre Ursprünglichkeit bewahrt haben. Ein Ausflug lohnt wegen des mittelalterlichen Kerns, der schönen Piazza, der erhabenen Lage und wegen des reizvollen Gegensatzes, den Rio zu den Badeorten darstellt. Von allen Gemeinden der Insel hat dieser Ort die stärkste Abwanderung erfahren: Waren es Ende des 18. Jh. noch 5000 Einwohner, so sind es heute keine 1000 mehr, die meisten sind alte Leute. Einen Besuch wert ist das kleine, aber gut und informativ aufgebaute *Mineralienmuseum Alfeo Ricci*.
Eine Straße führt in Serpentinen zu den Ruinen des *Castello Volterraio* (394 m) hinauf und stößt bei Ottone auf die Hauptstraße nach Portoferraio.

Öffnungszeiten/Eintritt **Mineralienmuseum Alfeo Ricci**, Ostern bis Ende Okt. tägl. außer Mi 15–21 Uhr, Eintritt 2,50 €.

Porto Azzurro ca. 3200 Einwohner

Einer der schönsten Häfen der Insel. Hier legen die Fährschiffe aus Piombino an, außer schweren Motoryachten sieht man auch einige Fischkutter.

Entlang des Hafens die breite Avenida mit der Piazza, Straßencafés und Restaurants. Dahinter das Centro storico mit seinen zwei- bis dreigeschossigen Häusern aus dem 17./18. Jh. Oft wurden die Häuser bereits in Eigentumswohnungen aufgeteilt, was zu kuriosen Fassaden führte – der erste Stock erstrahlt in frischer Farbe, während das restliche Gebäude Spuren des Verfalls zeigt. Die Quadratmeterpreise kommen inzwischen einer deutschen Großstadtlage nahe. Höchste Erhebung ist eine von den Spaniern 1603 erbaute Festung, in der sich heute das drittgrößte Gefängnis Italiens befindet. Bis zum inneren Mauerring ist die Burg zu besichtigen, außer Mauern ist aber nicht viel zu sehen.

• *Information* **Mantica Viaggi**, privates Reisebüro in der Via dei Martiri (zweite Parallelstraße hinter der Hafenpromenade), Unterkunftsvermittlung und Fährtickets. ✆ 0565/95351, ℻ 95443, www.manticaviaggi.it.

• *Übernachten* *** **Belmare**, am südöstlichen Ende der Hafenpromenade, gepflegte Zimmer. EZ 60–70 €, DZ 120–150 €, jeweils

Blick auf den Hafen von Porto Azzuro

mit Frühstück. Banchina IV Novembre 21, ☏ 0565/95012, ✆ 921077, www.elba-hotelbelmare.it.

*** **Due Torri**, der *Tipp* für Porto Azzurro! Ruhige, aber zentrale Lage, gepflegte Mittelklasse, angenehme Einrichtung. EZ 80 €, DZ 160 € inkl. Frühstück. Via XXV Aprile (Nebenstraße des Viale Italia, beschildert), ☏ 0565/95132, ✆ 957797, www.elbaresidence.net

** **Villa Italia**, direkt an der Hauptstraße, eine der preiswertesten Adressen, oft ausgebucht. DZ 90–94 €, jeweils mit Frühstück. Viale Italia 41, ☏/✆ 0565/95119, www.villaitaliahotel.it.

Drei Campingplätze in der Nachbarbucht **Barbarossa**, etwa 1 km von Porto Azzurro. Fast hübscher ist aber **Camping Reale** (☏ 0565/95678, ✆ 920127, www.isolaelbacampingreale.com) in der gleichnamigen Bucht, noch etwas weiter östlich. Kleiner, schattiger Platz am Meer, Strand mit kleinen Kieselsteinen, Felsen zu beiden Seiten der Bucht.

• Essen & Trinken/Unterhaltung **Paride – Il Delfino Verde**, in den Hafen hineingebauter Pfahlbau, tolles Panorama. Bekannt ist das Lokal wegen seiner Fischsuppe *cacciucco*, allerdings gehobenes Preisniveau. Nur abends. Via Vitaliani 1, ☏ 0565/95197

La Travernetta, an der Uferpromenade. Terrasse zur Straße hin. Ambitionierte, feine Küche zu moderaten Preisen, hervorragendes Risotto mit Languste, die Portionen sind allerdings nicht allzu groß. Mittags und abends geöffnet, Via Vitaliani 42/44, ☏ 0565/95110.

Osteria dei Quattro Gatti, an der ruhigen Piazza del Mercato im Centro storico. Ausgefallene Küche. Gemütliche, überdachte Holzveranda, nur abends geöffnet, Reservierung unter ☏ 0565/95240 empfohlen, Mo Ruhetag.

Porto Azzurro/Umgebung: Gute Bademöglichkeiten findet man in der *Barbarossa-* und *Reale-Bucht*, 1 bzw. 3 km nordöstlich von Porto Azzurro. Geht man vom Camping Reale (→ oben) den Strand entlang, kommt man (wenn man die Verbotsschilder ignoriert) zu der ehemaligen Mine „Miniera Terra Nera“. Tolle Farbpalette: schwarzer, glitzernder Sand auf roter Erde, dazu die Grünschattierungen der Pinien und des Schilfs. In der nächsten Bucht liegt der ovale Süßwassersee *Laghetto di Terra Nera*.

1,5 km außerhalb, in Richtung Rio nell'Elba, führt eine Abzweigung nach links zur *Cappella Madonna di Monserrato*. Sie wurde im 17. Jh. von den Spaniern erbaut und ist heute Wallfahrtsort. Ein eindrucksvoller Platz, unbeschreiblich schön gelegen.
Öffnungszeiten Mitte Juni bis Ende Sept. tägl. ca. 9.30–12 und 15–19 Uhr.

Capoliveri

ca. 3000 Einwohner

Malerisches Bergdorf 170 m über dem Meer. Die Einwohner haben seit jeher vom Abbau des Eisenerzes gelebt. Über Generationen wurde an die jeweiligen Elternhäuser angebaut. So entstanden die winklig ineinander verschachtelten Häuser und Treppengässchen (*vicoli* genannt), wie sie gerade für Capoliveri charakteristisch sind. Der Wandel setzte, wie in anderen Inseldörfern auch, vor etwa 25 Jahren ein, als das Minensterben begann und das Bergarbeiterdorf sich zum Urlaubszentrum entwickelte. Heute ist der Ort fest in touristischer Hand, viele Deutsche und Römer haben sich ein Haus zugelegt.

• *Information* **Reisebüro Ideamare**, Via Mellini 9, Fährtickets, Unterkunftsvermittlung. ✆ 0565/935117, www.ideamareelba.com.

Reisebüro Pianeta Elba, gleiches Angebot wie Ideamare, Via Roma 93, ✆ 0565/935482, ℻ 935421, www.pianetaelba.it.

• *Übernachten* Hotels und Pensionen v. a. in den Buchten von Naregno, Lido, Innamorata, Lacona, Morcone und Pareti.

* **Albergo Golfo Azzurro**, nur fünf sympathisch altmodische Zimmer, EZ 70 €, DZ mit Bad 120 €, Bad auf dem Flur 80 € (kein Frühstück). Via Appiani 5, ✆/℻ 0565/968167, www.golfoazzurro.it.

Drei Campingplätze in *Lido di Capoliveri*: **Europa** (✆ 0565/940121, www.elbacamping europa.it), terrassenförmig angelegt, **Lido** (✆ 0565/933414) und **Calanchiole** (✆ 0565/920049, www.lecalanchiole.it) mit Miniapartments.

Weiter südlich in der Morcone-Bucht **Camping Croce del Sud**, deutsche Leitung, viel Grün. Alle Plätze direkt am Meer, schöne Sandstrände, 12 €/Pers., Stellplatz 8–12,50 €. ✆/℻ 0565/968640, www.campingcrocedelsud.it.

• *Essen & Trinken* **Osteria dei Quattro Rioni**, im Herzen von Capoliveri. Genau an dieser Stelle befand sich die im Mittelalter erbaute „Fortezza". Heute spannt sich zwischen den Überresten der Festungsmauern die Terrasse des Restaurants. Obere Preisklasse, mittags und abends geöffnet, Mo geschl. Via della Fortezza 1, ✆ 0565/935022.

Osteria delle Grazie, sehr gemütlich zum Sitzen unter Pergolen in der schmalen Gasse, leckere Pasta, sympathischer Service. Nur abends geöffnet. Via delle Grazie 2 (von der Piazza Mateotti die Treppen hinunter), ✆ 0565/968044.

Pizzeria L'Oasi, nahe Piazza Garibaldi. Mit Orangenbaum im Inennhof und ausgesprochen günstig: Pizza ab 5 €. Bei Touristen sehr beliebt, oft voll, nur abends geöffnet. Via S. Pellico 4, ✆ 0565/968841.

• *Nachtleben* **Sugar Reef**, 1 km außerhalb an der Straße nach Morcone, einer der wenigen Nachtunterhalter der Insel. Breites Programm, während der Saison täglich Live-Bands.

Monte Calamita: Der Eisenberg (413 m) hat schon manchen Yachtbesitzer in Ver(w)irrung gebracht. Die magnetische Ausstrahlung des Bergs ist so stark, dass die Kompassnadeln verrückt spielen, wenn man die Halbinsel passiert. Wirtschaftlich ausgebeutet wird der Berg seit 1819. Bis in die Gegenwart völlig umgegraben, wurde er danach wieder aufgeforstet.

Von Capoliveri führt eine breite, gut befahrbare Schotterpiste an der Steilküste entlang. Nach etwa 5 km erreicht man das stillgelegte *Erzbergwerk* mit rot leuchtender, aufgerissener Erde. Etwa 200 m nach der Mine führt rechts eine schmale Straße zu einem Badestrand hinunter. Eine Schranke macht das Passieren mit dem Auto unmöglich, Wagen stehen lassen und zu Fuß 2 km hinunter. Eine Rundfahrt um den Monte Calamita ist wegen einer Schranke etwas südlich der Straccoligno-Bucht nicht möglich.

Cotoncello – einer der schönsten Strände der Insel

Südküste

Lacona

Große Sandbucht mit Pinienwäldchen an beiden Flanken. Im Sommer findet man eine richtige Zelt- und Caravansiedlung vor, denn sechs Campingplätze erstrecken sich zu beiden Seiten der Bucht.

In der Saison herrscht Hochbetrieb, trotzdem haben sich bisher nur wenige Hotels etabliert. Direkt am Strand mehrere Restaurants und das Strandbad Bagno Lacona mit Verleih von Surfbrettern, Motor-, Tret- und Segelbooten.

• *Übernachten* ** **Giardino**, 200 m vom Strand, sympathisches kinderfreundliches Haus mit 32 Zimmern, großer, verwilderter Garten. DZ mit obligatorischer HP 156 €, Kinder bis zu 50 % Rabatt. ✆ 0565/964059, ℻ 964363, www.elbahotelgiardino.it.

** **Mini-Hotel**, unser **Tipp!**, 20 kleine Apartments für 2–4 Pers. (85–128 €), jeweils mit Terrasse und Balkon. Nette deutsch-italienische Leitung. Ruhig am Berghang gelegen, tolle Aussicht, ca. 1,5 km vom Strand entfernt. ✆ 0565/964041, ℻ 964278, www.minihotelelba.it.

Camping Stella Mare, in bester Lage auf der dicht bewaldeten Landzunge am östlichen Buchtende. Viel Schatten durch Pinien und Eukalyptusbäume, ordentliche sanitäre Einrichtungen, Bar, Restaurant, Laden, 14 €/Pers., Stellplatz 14–19 €. ✆ 0565/964007, www.stellamare.it.

Direkt am Strand die beiden Zeltplätze **Tallinucci** (✆ 0565/964069, ℻ 964333, www.campingtallinucci.it) und **Valle Santa Maria** (✆ 0565/964188, ℻ 964355, www.vsmaria.it).

Camping Lacona Pineta liegt in einem Pinienhain (✆ 0565/964322, ℻ 964087, www.campinglaconapineta.com).

Camping Laconella, terrassenförmiger Platz auf der kleinen Landzunge *Punta della Contessa*. Schatten unter den Eukalyptusbäumen und noch jungen Pinien. Großer Vorteil: Vom Platz führen ein direkter Zugang über Treppen zur Spiaggia Grande und ein kurzer Weg zu der herrlichen Laconella-Bucht. Etwas günstiger als die anderen Plätze. Kleiner Laden, Cafébar mit schöner Terrasse. 15.3.–31.10. geöffnet. Straße Richtung Marina di Campo, dann links ab, beschildert. ✆ 0565/964228, ℻ 964080, www.campinglaconella.it.

Marina di Campo

Rund 1,5 km lang erstreckt sich der breite und feine Sandstrand vom eigentlichen Ort in östliche Richtung bis zur schwer zugänglichen *Costa di Segagnana.* Entlang dem *Viale degli Etruschi,* der parallel zum Strand verläuft, haben sich viele Hotels angesiedelt, im Osten schließt dann die „Straße der Campingplätze" an. Das moderne Zentrum von Marina di Campo wirkt hektisch; viel Verkehr und neuere Zweckbauten vermitteln nicht gerade Idylle. Das Bild ändert sich jedoch schlagartig, wenn man die großen Hauptverkehrsstraßen des Orts verlässt und sich durch die Fußgängerzone in Richtung alter Hafen begibt: schmale Gassen, sorgsam restaurierte Häuser und malerische, kleine Plätze. Der alte Ortskern von Marina di Campo um den Fischer- und Yachthafen strahlt noch immer viel Charme aus.

• *Information* **A.P.T.**, am großen Parkplatz. Freundlich, viel Material, Hilfe bei der Zimmersuche. Nur in den Sommermonaten Mo–Sa 9–19 Uhr. Piazza dei Granatieri 5, ✆/℡ 0565/977969, www.aptelba.it.

• *Übernachten* *** **Meridiana**, sehr gut geführtes Hotel, eins der wenigen in dieser Preisklasse. EZ 100–120 €, DZ 186 €, jeweils mit Frühstück. Viale degli Etruschi 465, ✆ 0565/976308, ℡ 813113, www.hotelmeridiana.info.

*** **Punto Verde**, 100 m vom Strand, zentrumsnah, gepflegtes und modernes Hotel, DZ (mit Bad und teilweise Balkon) 150 €, EZ 87–117 €, je inkl. Frühstück. Viale degli Etruschi 23, ✆ 0565/977482, ℡ 977486, www.hotelpuntoverde.it.

** **Elba**, nettes, kleines Hotel an der Hauptstraße. DZ mit obligatorischer HP 128–162 €, EZ 79–96 €. Via per Portofino 319, ✆ 0565/976224, ℡ 977280, www.hotel-elba.it.

Drei Campingplätze am östlichen Ende der Bucht, Entfernung nach Marina di Campo ca. 3 km: **Ville degli Ulivi** (✆ 0565/976098, www.villedegliulivi.it), **La Foce** (✆ 0565/977385, www.campinglafoce.com), **Del Mare** (✆ 0565/976237, www.campingdelmare.it). Preise pro Pers. jeweils ca. 12–13,50 €, Stellplatz ca. 10–18 €. Es werden auch kleine Bungalows vermietet.

• *Essen & Trinken* **Il Cantuccio**, mehrere gemütliche Räume in „rustikal-maritimem" Ambiente und schöne Terrasse an der Via Firenze im kleinen Centro storico. Sehr gute Fischküche zu angemessenen Preisen (mittleres Preisniveau), flotter Service, ganzjährig mittags und abends geöffnet, für abends sollte man reservieren. Largo Garibaldi 6, ✆ 0565/976775, ℡ 979847.

• *Wassersport* sehr umfangreiches Angebot. Der Tauchclub **Spiro Sub** bietet Ausflüge in die Unterwasserwelt, u. a. zur muschelbewachsenen Madonnenstatue, die in 12 m Tiefe in der Nähe von Marina di Campo vor dem „Scoglio della triglia" liegt. ✆/℡ 0565/976102, www.spirosub.isoladelba.it.

Cavoli: feiner Sandstrand in einer sehr schönen Bucht, die von glatten Felsen umschlossen ist. Wie so oft, ist er teilweise für Hotelgäste reserviert – gelb gestreifte Sonnenschirme zur rechten, grüne zur linken Seite. Im Sommer hoffungslos überlaufen und nahezu unmöglich, einen Parkplatz am Strand (1 €/Std.) zu finden.

Übernachten ** **La Conchiglia**, direkt am Strand, 30 Zimmer mit Bad, TV und Balkon, DZ mit obligatorischer HP 162 €, EZ 90 €, sehr beliebtes Restaurant. ✆ 0565/987010, ℡ 987257, www.laconchigliacavoli.it.

Seccheto: weniger überlaufen und insgesamt besser ausgestattet als Cavoli, immerhin sind hier noch die Konturen eines Dorfs auszumachen. Baden am Sand- oder Felsstrand.

Übernachten *** **La Stella**, gepflegtes Mittelklassehotel am Ortsausgang Richtung Fetovaia, nette Bar, Zimmer mit Bad, TV, Klimaanlage. DZ mit obligatorischer HP 150–220 €. ✆ 0565/987013, ℡ 987215, www.hotelstella.it.

Fetovaia: Traumstrand an der Westküste – breiter Sandstrand, unverbaut und zur Westseite hin durch eine Landzunge geschützt. In Küstennähe und im bewaldeten Hinterland Hotels und einige Pensionen.

Übernachten ** **Da Alma**, bei der Ortseinfahrt (von Seccheto kommend), familiär geführtes Hotel über der Bucht. DZ mit Frühstück 120–160 €, EZ 85–105 €. ✆ 0565/988040, ℻ 988074, www.hotelalma.com.

Sant'Andrea: An der Nordwestspitze der Insel, der Ort liegt am Hang inmitten einer verschwenderischen Vegetation, eine wunderschöne, aber auch ziemlich teure Ecke Elbas. Mehrere sehr gute Hotels laden zum Entspannen ein, die kleine Cotoncello-Bucht etwas östlich zählt zu den schönsten der Insel.

Übernachten *** **Cernia – Isola Botanica**, gepflegtes Hotel mit herrlichem botanischem Garten, Pool und Restaurant, DZ mit obligatorischer HP 172–270 €. An der Straße zur Bucht hinunter. ✆ 0565/908210, ℻ 908253, www.hotelcernia.it.

Nordküste

(Von Portoferraio nach Westen)

Biodola: Die große Bucht mit breitem Sandstrand wird von zwei Luxushotels dominiert. Ein kurzer Fußweg nach Osten führt zur winzigen Bucht von *Scaglieri*, die deutlich ruhiger, aber auch deutlich kleiner ist.

• *Übernachten* *** **Danila**, geschmackvolles Hotel in ruhiger Lage, rückwärtig in einem schönem Garten gelegen. DZ mit HP 188 €, EZ ca. 160 €. ✆ 0565/969915, ℻ 969865, www.hoteldanila.it.

Camping Scaglieri, besonders schöne Anlage, terrassenförmig über der Bucht, deutschsprachige Leitung. Pro Pers. 14,50 €, Stellplatz 21–25 €. ✆ 0565/969940, ℻ 969834, www.campingscaglieri.it.

• *Essen & Trinken* **Da Luciano**, in der Scaglieri-Bucht, nettes Restaurant und Bar mit schattiger Terrasse direkt am Meer. Mittags und abends geöffnet, abends Pizza aus dem Holzofen. Mi geschl., ✆ 0565/969952.

Weißer Strand an der Nordküste

Procchio: ein Touristenort ohne Vergangenheit. Im grünen Tal liegen einige Pensionen und Hotels verstreut. „Zentrum" des Dorfs ist die Durchgangsstraße mit Cafébars und Andenkenläden zu beiden Seiten. Schöne Kulisse im Hintergrund: die auslaufenden Berghänge des Monte Capanne. Eine Attraktion ist der herrliche, ca. 1 km lange und bis zu 20 m breite Strand. Am linken Ende der Bucht gute Schnorchelmöglichkeiten.

• *Übernachten* Hauptsächlich Hotels der gehobenen Kategorie, nur wenige Pensionen, kein Campingplatz.

*** **Monna Lisa**, am Ortsausgang Richtung Marciana Marina links ab, beschildert. Relativ ruhige Lage in einer Seitenstraße, gepflegtes, etwas altmodisches Mittelklassehaus, im Salon lächelt die Namensgeberin (natürlich als Kopie und mit einem „n"). DZ mit obligatorischer HP 210–250 €. ✆ 0565/907519, ✆ 907279, www.hotelmonnalisa.it.

• *Essen & Trinken* Strandbars und -restaurants versorgen die Badegäste tagsüber mit Snacks, abends bieten sie neben der herrlichen Terrasse am Meer oft auch das volle Menü-Programm, z. B. das **Ristorante Il Delfino**. Weitere Restaurants (z. T. auch gehoben) auf der Promenade zum Strand.

Marciana Marina: lebhafter Hafenort mit schönem, geschlossenem Ortsbild. Eine lange Uferpromenade mit vielen Bars, Restaurants und kleinen Läden zieht sich ca. 1 km bis zum Hafen am anderen Ende der Bucht. Er wird vom alten Festungsturm *Torre pisana* überragt. Daneben der Strand *La Fenicia* aus großen, glatten Kieselsteinen. Der Ort ist ein gutes „Basislager" für Wandertouren auf dem Monte Capanne.

• *Übernachten* *** **Marinella**, zentrale Lage am wenig attraktiven Dorfstrand. Großer Swimmingpool und Tennisplatz. DZ mit obligatorischer HP 140–200 €. Lungomare Regina Margherita 38, ✆ 0565/99018, ✆ 996895, www.elbahotelmarinella.it.

** **Imperia**, angenehmes, kleines Mittelklassehotel in zentraler Lage. EZ 74–94 €, DZ 98–138 €, Frühstück inkl. Viale Principe Amedeo 12 (Seitenstraße der Uferpromenade), ✆ 0565/99082, ✆ 998742, www.hotelimperia.it.

• *Essen & Trinken* **La Scaletta**, unser **Tipp!** Hervorragende Pizzeria und Ristorante, sehr günstig (keine Pizza über 7 €), flotter und freundlicher Service, immer bis auf den letzten Platz besetzt, nette Atmosphäre, sicher das beliebteste Restaurant in Marciana Marina. Nur abends ab 19 Uhr geöffnet. Via della Fossa 6 (Seitengasse der Piazza Vittorio Emanuele), ✆ 0565/997071.

After Love, viel gelobt, gute Pizzen, vielfältiges Antipasto (Self-Service) und guter Service. Via G. Dussol 9, ✆ 0565/904382.

Ristorante/Pizzeria La Fiaccola, in der „Fressmeile" um die Piazza della Vittoria gelegen. Gute Küche zu angemessenen Preisen, guter Hauswein, nette Terrasse, mittags und abends geöffnet, abends auch Pizza. In der Nebensaison Do geschl. Piazza della Vittoria 6, ✆ 0565/99094.

Publius, teures Feinschmeckerlokal im nahe gelegenen Bergdörfchen *Poggio*. Über der Glut im Kamin braten Pilze, Geflügel, Wildschwein und Fisch. Ein Besuch lohnt auch der Abgeschiedenheit und schönen Aussicht wegen. Menü ca. 30 € aufwärts. Mo geschl. ✆ 0565/99208.

Monte Capanne: Der mit 1019 m höchste Berg Elbas ist mit der „Cabinovia", einer knallgelben Korbgondel-Seilbahn, von *Marciana Alta* aus zu erreichen (800 m außerhalb von *Marciana Alta* an der Straße Richtung Poggio). Die 15-minütige Fahrt kostet 17 € (hin/rück, oneway 11 €), oben berauschender Blick über die Insel. Der markierte Aufstieg zu Fuß auf Wanderweg Nr. 2 dauert etwa 2 Std. und beginnt im Bergdorf *Poggio* beim Hotel Monte Capanne. Nach gut 45 Min. erreicht man den Wanderweg Nr. 1, der aus Marciana heraufkommt. Danach folgt man weiter der Markierung, geht ein gutes Stück auf dem Kamm des Vorbergs und nach insgesamt 1,5 Std. halbrechts ab (beschildert), um das letzte steile Stück hinauf zum Gipfel zu erklimmen.

Erlebnis Natur: Isola Capraia

Das kleine, wilde Felseiland mit seinen schroff ins Meer abfallenden Steilküsten liegt zwischen Korsika und Elba und ist 1- bis 2-mal täglich mit Toremar ab Livorno zu erreichen (Überfahrt ca. 2,5 Std.). In den 1980er Jahren wurde die ehemalige Gefängnisinsel zum geschützten Naturpark erklärt. Es gibt nur einige Häuser am Hafen und ein etwa 2 km entferntes Dorf, kaum 300 Menschen leben während der Saison auf Capraia, im Winter sind es nicht mal 100. Die wenigen Unterkünfte sind im Hochsommer komplett ausgebucht. Das Inselinnere ist einsam, ideal für Naturliebhaber und Wanderer und bietet eine Vielzahl an endemischen Pflanzen. Strände gibt es kaum.

Umbrien

Umbria

Schöne Orte: Perugia (S. 729), Assisi (S. 733), Spoleto (S. 741), Todi (S. 749), Gubbio (S. 719), Orvieto (S. 751), Narni (S. 748).

Landschaftliche Höhepunkte: Monte Cucco und Umgebung (S. 722), Hochebene von Castelluccio (S. 745), der Wasserfall Cascata delle Marmore bei Terni (S. 747).

Kulturell interessant: die Dome von Assisi (S. 736) und Orvieto (S. 753) mit Fresken; der Dom und die Fassade der Kirche San Pietro in Spoleto (S. 742).

Kurios: das Museum der Mumien in Ferentillo (Valnerina, S. 746).

Baden: Lago Trasimeno (S. 723).

Von Nord nach Süd zieht der Tiber mitten durch Umbrien

Umbrien

Umbria

Umbrien ist das „grüne Herz“ Italiens. Dunkelgrün sind die heiligen Wälder über Spoleto und die bewaldeten Abhänge des Valnerina, hellgrün sind die Hügel um Perugia, die Olivenhaine und Weinberge.

Mitten durch Umbrien fließt als Hauptader der Tiber, nicht mehr ganz so klar wie in seinem Oberlauf in der Toskana und noch nicht so trüb wie in der Metropole Rom. Im Nordwesten zeigt das grüne Herz einen blauen Fleck: Es ist der Trasimenische See, der den Umbriern das Meer ersetzt.

An Kunstschätzen ist Umbrien nicht so reich wie die Nachbarprovinz Toskana, wartet dafür aber mit bildhübschen mittelalterlichen Kleinstädten auf, meist auf Hügeln gelegen, in den es viel zu entdecken gibt.

Die Besucherzahlen halten sich noch in Grenzen, die Preise sind korrekt, und die Einheimischen verlieren noch leichter ein freundliches Lächeln.

Anfahrt/Verbindungen

• *Pkw* Die **Autostrada del Sole** (A 1) von Florenz nach Rom streift Umbrien am Westrand – besonders günstig ist die Abfahrt zum Lago Trasimeno und weiter ins nahe Perugia. Orvieto liegt direkt an der Autobahn. Den Norden kann man am besten über Arezzo erreichen. Eine alternative Anfahrt aus dem Norden ist die E 45. Von Bologna auf der A 14 in Richtung Rimini, dann bei Cesena in die Schnellstraße nach Perugia abzweigen. Im Frühjahr ist die Apenninüberquerung bei Bagno di Romagna oft noch vereist, dort ist die Straße gelegentlich etwas holprig, sonst aber kommt man auf der E 45 schnell voran..

• *Bahn* Die **FS-Hauptlinie** von Florenz nach Rom, die so genannte „Direttissima“, führt am Lago di Trasimeno vorbei, Schnellzüge halten in Chiusi (fast am Trasimenischen See) und Orvieto. Gute Verbindungen nach Perugia gibt es von Florenz über Arezzo, von Rom über Terni. Die einzige Strecke von der Adria geht ab Ancona nach Foligno. Von Norden nach Süden durchquert die private **Ferrovia Centrale Umbra** Umbrien mehrmals täglich.

Übernachten

Hotels gibt es reichlich nur in den viel besuchten Touristenzentren, ansonsten sind oft nur eine Handvoll Herbergen am Ort. **Campingplätze** vor allem am Lago di Trasimeno und in der Nähe der größeren Touristenorte, **Jugendherbergen** in Perugia, Assisi und Norcia.

Essen & Trinken

Die umbrische Küche ist einfach und zeigt Parallelen zur toskanischen. **Gegrilltes Fleisch** aller Art gehört zu den Standardgerichten, in den Bergen werden geräucherter Schinken und Salami produziert.

In der Gegend von Città della Pieve wird **Safran** angebaut und findet gelegentlich in die Küche Eingang. Norcia ist landesweit berühmt für seine **Würste** wie für seine **Linsen**, Gubbio und Città di Castello für ihre **Trüffeln**. Die Baci di Perugia sind weltbekannt und finden sich in jeder italienischen Bar.

Orvieto classico, ein guter, strohgelber Weißwein, reift an den Hängen des Flusses Paglia und wird im Untergrund Orvietos in Tuffsteinkellern gelagert.

Città di Castello

ca. 40.500 Einwohner

Das mittelalterliche Städtchen, heute das Handels- und Industriezentrum des oberen Tibertals, ist zwar kein touristisches Highlight, dafür pulsiert auf den Straßen und in den Bars noch unverfälschte Italianità.

Wie im nahen toskanischen Sansepolcro war auch in Città di Castello die Textilherstellung noch bis in die jüngste Zeit ein wichtiger Wirtschaftsfaktor. Die regionale Tradition wird heute in der *Webmanufaktur Tela Umbra* fortgesetzt, die in ihren Räumen ein schmuckes Museum eingerichtet hat.

Einen Kontrapunkt zu diesem der soliden Tradition verbundenen Museum bildet die *Sammlung Alberto Burri*. Der Künstler mit internationalem Renommee hat seiner Heimatstadt zahlreiche Werke vermacht – zu sehen im Palazzo Albizzini und in den Trockenräumen einer ehemaligen Tabakfabrik.

Umbrien
Karte S. 718/719

Information/Verbindungen

• *Information* **Ufficio Turistico**, Piazza Matteotti. Kompetentes Personal. Geöffnet Mo–Fr 8.30–13.30 und 15.30–18.30 Uhr, Sa 9.30–12.30 und 15.30–18.30 Uhr, So 9.30–12.30 Uhr. ✆ 075/8554922, 📠 075/8552100, info@iat.citta-di-castello.pg.it.

• *Verbindungen* **Bahn**: Ausreichend Verbindungen nach Perugia und weiter in die Valle Umbra oder nach Norden bis Sansepolcro.

Bus: Verbindung nach Arezzo, Gubbio, Perugia. Busbahnhof an der Piazza Garibaldi.

Übernachten (Karte S. 717)

*** **Hotel Le Mura (4)**, geschmackvoller Neubau mit zwei Konferenzsälen und deutschsprachigem Manager. Die große Mosaikwand im Innern ist übrigens das Werk einer Gruppe von Menschen mit Down-Syndrom. DZ 60–85 €. Via Borgo Farinario 24, ✆ 075/8521070, 📠 075/8521350, www.hotellemura.it.

** **Hotel Umbria (1),** modernisierter Altbau in einer Seitenstraße der Via S. Antonio. Kleine Zimmer, aber alle mit Du/WC. Kleiner, hoteleigener Parkplatz gleich ums Eck. DZ 50 €. Via S. Antonio 6, ✆ 075/8554925, 📠 075/8520911, www.hotelumbria.net.

*** **Camping La Montesca**, ca. 4 km westlich von Città di Castello, an der kurvenreichen und steilen Straße nach Monte S. Maria (schlecht ausgeschildert). An einem Berghang gelegen, mit freiem Blick auf die Stadt. Schöner, terrassenförmig angelegter Platz mit Schwimmbecken, Feuerstelle, Bar, Laden und gepflegten sanitären Einrichtungen. Busverbindungen in die Stadt – der letzte fährt allerdings bereits um 19.30 Uhr zum Campingplatz zurück. Ca. 45 Stellplätze. Geöffnet Mitte April bis Mitte Sept. Loc. Montesca, ✆ 075/8558566, 📠 075/8520786, www.lamontesca.it.

Essen & Trinken

Enoteca Altotiberina (2), erlesenes Angebot an DOC-Weinen der Gegend. Mittags bietet die Küche im stimmungsvollen Kellergewölbe ein einfaches Gericht an (z. B. Taglioni mit Bohnen, Gnocchi, Polenta oder Risotto mit Pilzen), für dessen Zubereitung nur frische, einheimische Produkte verwendet werden, abends auch Pizza. Di geschl. Piazza Gabriotti.

Trattoria degli Amici Miei (3), täglich frisch zubereitete Spezialitäten zum Einheitspreis von 16 € (Wein und Wasser extra). Aus Prinzip Mineralwasser nur ohne Kohlensäure und kein Espresso. Davon abgesehen ein sehr sympathisches Kellerlokal. Mi geschl. Via del Monte 2.

Sehenswertes

Sammlung Alberto Burri: Eine Kunstausstellung ganz anderer Art ist im *Palazzo Albizzini* (Via Albizzini) zu sehen. Dort hat der berühmte Künstler *Alberto Burri* (1915–1995), geboren in Città del Castello, eine größere Kollektion seiner Werke der Öffentlichkeit zugänglich gemacht. Charakteristische Merkmale für Burris Plastiken sind die auf Weiß, Schwarz und Rot basierende Farbenpalette und die ungewöhnliche Wahl der Materialien: Säcke, Lumpen, einzelne Kleidungsstücke, angekohlte Hölzer, Metalle, Plastikfolien. Ausstellungen Burris fanden auf der ganzen Welt Beachtung, darunter auch auf der Documenta II in Kassel und 1980 zusammen mit Joseph Beuys im Haus der Kunst in München.

1990 schenkte Burri seiner Heimatstadt weitere 128 Werke, vor allem großformatige Bilder und Plastiken – Grund genug, um eine *ehemalige Tabakfabrik* zum Kunstmuseum umzufunktionieren.

Das Gebäude liegt an der alten Straße nach Perugia und ist leicht zu übersehen; knapp nach der Esso-Tankstelle bestätigt links auf der Wiese eine rostrote abstrakte Burri-Skulptur, dass man angekommen ist.

Öffnungszeiten/Eintritt (für beide Ausstellungsorte, die frühere Tabaktrocknerei ist nur April bis Okt. geöffnet): Di–Sa 9–12.30 und 14.30–18 Uhr, So 10.30–12.30 und 15–18 Uhr. Eintritt (für beide Ausstellungsorte zusammen) 6 €.

Webmanufaktur Tela Umbra: Die Textilmanufaktur an der Via S. Antonio hat eine stolze, bald hundertjährige Tradition. In den 1920er Jahren beschäftigte Tela Umbra bis zu sechzig Weberinnen, nach dem Zweiten Weltkrieg schrumpfte die Zahl rapide. Heute arbeiten im *Laboratorio* in der ersten Etage noch sieben Frauen an den Handwebstühlen. Die Werkstatt kann während der Arbeitszeiten besichtigt werden.

In der zweiten Etage hat Tela Umbra ein kleines Museum eingerichtet: Spinnräder, Webstühle, Klöppelarbeiten. In sieben Schaukästen mit Stoffmustern wird die ganze Palette der hier produzierten Stoffe gezeigt, ein Saal mit Gobelins aus den 1980er- und 90er Jahren. Fotos an den Wänden erinnern an die bewegte Geschichte der Werkstatt.

Öffnungszeiten/Eintritt Di–Sa 10–12 und 15.30–17.30 Uhr, So 10.30–13 und 15–17.30 Uhr. Eintritt 3,50 €.

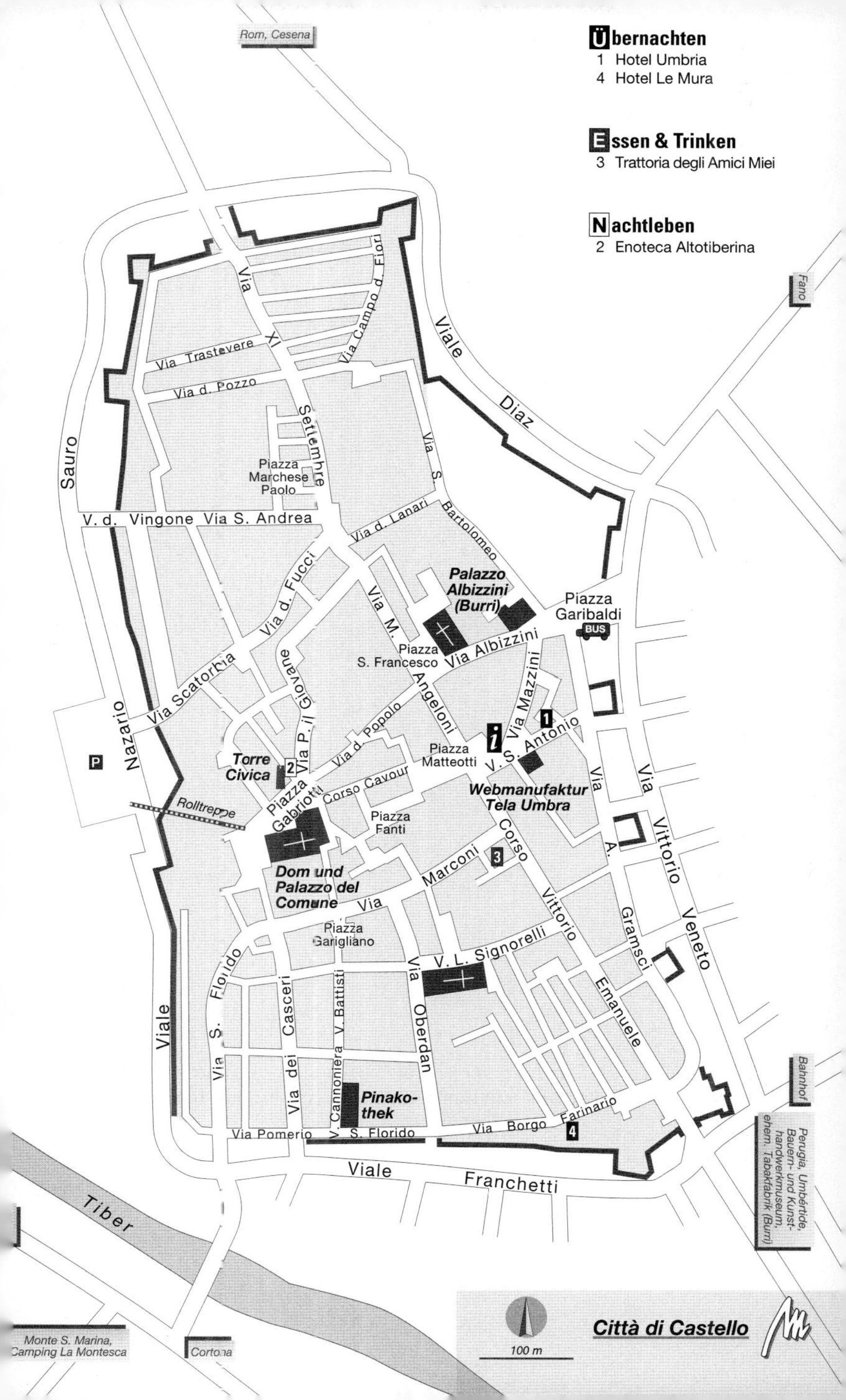

Übernachten
1 Hotel Umbria
4 Hotel Le Mura
Essen & Trinken
3 Trattoria degli Amici Miei
Nachtleben
2 Enoteca Altotiberina
Rom, Cesena
Fano
Bahnhof
Perugia, Umbértide, Bauern- und Kunsthandwerkmuseum, ehem. Tabakfabrik (Burri)
Monte S. Marina, Camping La Montesca
Cortona
Tiber
Viale Diaz
Via XI Settembre
Via Campo d. Fiori
Via Trastevere
Via d. Pozzo
Piazza Marchese Paolo
Via S. Bartolomeo
Via d. Lanari
V. d. Vingone
Via S. Andrea
Sauro
Viale Nazario Sauro
Via d. Fucci
Via Scatorbia
Via P. il Giovane
Via M. Angeloni
Palazzo Albizzini (Burri)
Piazza Garibaldi
BUS
Piazza S. Francesco
Via Albizzini
Via Mazzini
V. S. Antonio
Via d. Popolo
Piazza Matteotti
Torre Civica
Piazza Gabriotti
Corso Cavour
Rolltreppe
Webmanufaktur Tela Umbra
Via A. Gramsci
Via Vittorio Veneto
Piazza Fanti
Corso Vittorio Emanuele
Via Marconi
Dom und Palazzo del Comune
Piazza Garigliano
Via S. Florido
Via dei Casceri
V. Cannoniera
V. Battisti
Via Oberdan
V. L. Signorelli
Pinakothek
Via Pomerio
V. S. Florido
Via Borgo Farinario
Viale Franchetti
Viale
P
100 m
Città di Castello

Umbrien
5 km
TOSCANA
LATIUM
Appennino Umbro
Arezzo
Città di Castello
PERUGIA
Gubbio
Assisi
Foligno
Spoleto
Todi
ORVIETO
TERNI
Narni
Viterbo
Sansepolcro
San Giustino
Bocca Trabaria 1049
Bocca Serriola 1730
M. Nerone 1525
Candigliano
Cagli
Pergola
Fano
Cesena
Bibbiena
Lago di Montedigilo
Burano
Parco del Monte Cucco
Mte. Cucco 1566
Sassoferrato
Sentino
Scheggia
Costacciaro
Sigillo
Colle di Fossato
Pietralunga
Carpina
Montone
Trestina
Nestore
Tevere (Tiber)
Carfone
Mte. Favalto 1082
Castiglion Fiorentino
San Andrea di Sorbello
Umbertide
Assino
Saonda
Chiáscio
Mte. Urbino 836
Mte. Acuto 926
Niccone
Cortona
Tuoro sul Trasimeno
Passignano sul Trasimeno
Isola Maggiore
Lago Trasimeno
Isola Polvese
Magione
Corciano
San Felicano
Solomeo
Castiglione del Lago
Lago di Montepulciano
Lago di Chiusi
Gualdo Tadino
Mte. Penna 1433
Valfábbrica
Parco del Monte Subasio
Mte. Subasio 1290
Nocera Umbra
Topino
Sta. Maria d. Angeli
Bastia
Torgiano
Bettona
Spello
Colfio
Fabr
Fontignano
Caina
Panicale
Tresa
Astrone
Città della Pieve
Piegaro
Montegabbione
Montegiove
Monteleone d'Orvieto
Deruta
Marsciano
Bevagna
Gualdo Cattaneo
Puglia
Teverone
Montefalco
Trevi
Bastardo
Fratta Todina
Mte. Martano 1094
Campello sul Clitun
Marroggia
Fabro
Lago di San Casciano
Ficulle
Mte. Peglia 837
Massa Martana
Paglia
Collevalenza
Naia
Lago di Corbara
Civitella del Lago
Baschi
Acquasparta
Dunarobba
Mte. Torre Maggiore 1121
Montecastrilli
San Gémini
Valnerina
Bolsena
Lago di Bolsena
Lago di Alviano
Alviano
Amélia
Montefiascone
Marta
Capecchio
Leia
Vezza
Attigliano
Bomarzo
Orte
Soriano nel Cimino
L. di S. Liberato
Nera
L'Aia
Sant' Urbano
Calvi dell'Umbria
Otricoli
Stroncone
Piediluco
Lago di Piediluco
Velino
L. di Ripa Sottile
Siena
Florenz
Orbetello
Civitavecchia, Rom
A 1
3 bis
75 bis
452
298
73
71
146
75
77
3
448
74
2
204
209
79
Mentor
Sche
Fere

Gubbio

Lang gestreckt am Abhang des Monte Ingino, zeigt die alte umbrische Stadt eine seltene architektonische Geschlossenheit: mittelalterliche Bauten und dunkle Kopfsteinpflastergassen, keinerlei Verunstaltungen durch moderne Bauten. Oben auf dem Monte thront, abends effektvoll angestrahlt, die Basilika San Ubaldo.

Neuzeitliche Gebäude – Wohnblocks, Tankstellen, eine Zementfabrik – mussten sich außerhalb der historischen Mauern ansiedeln. So bleibt Gubbio ein verschlafenes Städtchen, sobald die Touristen es verlassen haben. In den Sommermonaten kommen sie zwar zuhauf und durchstreifen die Gassen, doch meist nur für einige Stunden.

*I*nformation/*D*iverses

- *Information* **IAT-Büro**, Via della Repubblica 15. Geöffnet März bis Okt.: Mo–Fr 8.30–13.45 und 15.30–18.30 Uhr, Sa 9–13 und 15.30–18.30 Uhr, So 9.30–12.30 und 15.30–18.30 Uhr; Nov. bis März: Mo–Fr 8.30–13.45 und 15–18 Uhr, Sa 9–13 und 15-18 Uhr, So 9.30–12.30 und 15–18 Uhr. ✆ 075/9220693, 📠 075/9273409, www.gubbio-altochiascio.regioneumbria.eu.
- *Verbindungen* Täglich **Busse** nach Perugia, Città di Castello (umsteigen in Umbértide), Assisi und über Fossato (Bahnlinie Rom–Ancona) nach Gualdo Tadino. Werktags früh am Morgen auch nach Florenz und Rom. Fahrkarten und Auskunft: Via della Repubblica 15. Abfahrt: Piazza 40 Martiri (an der Loggia dei Tiratori.
- *Märkte* **Trüffelmesse**, Ende Oktober/Anfang November. Die kostbaren weißen Trüffeln (tartufi bianchi) stehen im Mittelpunkt dieser gastronomischen Messe auf der Piazza 40 Martiri.
- *Feste* **Wettlauf der Ceri**, am 15. Mai. Gubbios spektakulärstes Stadtfest (→ Kasten).

*Ü*bernachten (*K*arte *S*. 721)

- *Übernachten* **** **Hotel Relais Ducale (2)**, das Luxushotel zieht sich von der Piazza della Signoria (Piazza Grande) bis zum Palazzo Ducale hoch, letzterer ist durch den so genannten „Geheimtunnel der Grafen" direkt vom Hotel aus zugänglich. Von der obersten Etage Zugang zu einem schmucken Dachgarten mit Blick über die Dächer Gubbios – man befindet sich auf der Höhe der Zinnen des Palazzo dei Consoli. Rezeption im Caffè Ducale an der Piazza della Signoria 5 (Piazza Grande). DZ 155–242 €. Via Galeotti 19/Via Ducale 2, ✆ 075/9220157, ℻ 075/9220159, www.mencarelligroup.com.

** **Hotel Oderisi (4)**, an der Stadtmauer bei der Piazza 40 Martiri gelegen. Angenehmer Familienbetrieb. Zimmer zur Straße etwas laut. DZ mit Bad 58–72 €. Via Mazzatinti 2, ✆ 075/9220662, ℻ 075/9220663, www.rosatihotels.com.

• *Camping* **** **Camping Villa Ortoguidone**, nur wenige Kilometer vom Zentrum entfernt, an der Straße nach Perugia. Kaum Schatten, dafür mit Swimmingpool. 14 Stellplätze. Geöffnet April bis Sept. Loc. Ortoguidone, ✆ 075/9272037, ℻ 075/9276620, www.gubbiocamping.com.

Essen & Trinken

Taverna del Lupo (3), benannt nach dem legendären Wolf, den der heilige Franz in Gubbio gezähmt haben soll. Ein gehobenes Restaurant mit typisch eugubinischer (so das Adjektiv zu Gubbio) Küche: Polenta mit Bohnen und Knoblauchwurst, dicke Linsen- und Gemüsesuppen, gemischte Fleischspieße. Die Lasagne alla taverna ist mit frischen Pilzen und Schinken gefüllt. Mo geschl. Via Ansidei 21.

Locanda del Duca (1), eine junge Crew hat ein ehemaliges Hotelrestaurant übernommen. Getrüffelte Küche, ambitionierte Pläne, leicht überfordertes Personal. Mi geschl. Via Piccardi 1.

Der Wettlauf der Ceri

Jedes Jahr am 15. Mai, dem Todestag ihres Schutzpatrons Sant'Ubaldo, feiert die ganze Stadt die *Festa dei Ceri*. Ein „Cero" (Kerze) ist eine vier Zentner schwere Holzkonstruktion, die auf einer Bahre befestigt wird. Drei Ceri sind im Spiel, jeder von der Statue eines Heiligen gekrönt: Ubaldo ziert den Cero der Maurer-Zunft, Giorgio den der Handwerker und Kaufleute, der Abt Antonio schließlich den der Bauern.

Jährlich am ersten Sonntag im Mai ziehen die Statuenträger *(Ceraioli)* bei Sonnenaufgang die zwei Kilometer zur Basilika S. Ubaldo auf den Monte Ingino hinauf, um die dort verwahrten Ceri in die Stadt zu holen.

Am 15. Mai dann werden die Ceri von jeweils mehreren Trägern geschultert und feierlich durch Gubbio getragen. Den spektakulären Höhepunkt der Festivitäten bildet jedoch der Wettlauf am späten Nachmittag. Trotz ihres Gewichts werden die Ceri mit ihren Heiligen im rasanten Staffellauf – durch das Spalier der jubelnden Menschenmengen und surrender Kameras – die steilen Gassen hinauf auf den Berg zurückgebracht, wobei zwei kurze Rastpausen eingelegt werden. In 8½ Minuten schaffen die Cerioli mit ihrer beträchtlichen Last eine Strecke, für die der betuliche Spaziergänger eine knappe Stunde braucht. Dann ruhen die Ceri wieder für ein Jahr in der Basilika S. Ubaldo.

Sehenswertes

Palazzo dei Consoli: Der wuchtige Bau aus der ersten Hälfte des 14. Jh. mit seinen hohen Stützpfeilern, Zinnen und eleganter Freitreppe zum Eingangsportal ist das Wahrzeichen Gubbios. Der Palazzo ist Teil eines größeren Komplexes von Palästen, in deren Mitte sich die *Piazza della Signoria (Piazza Grande)* erstreckt. Angesichts

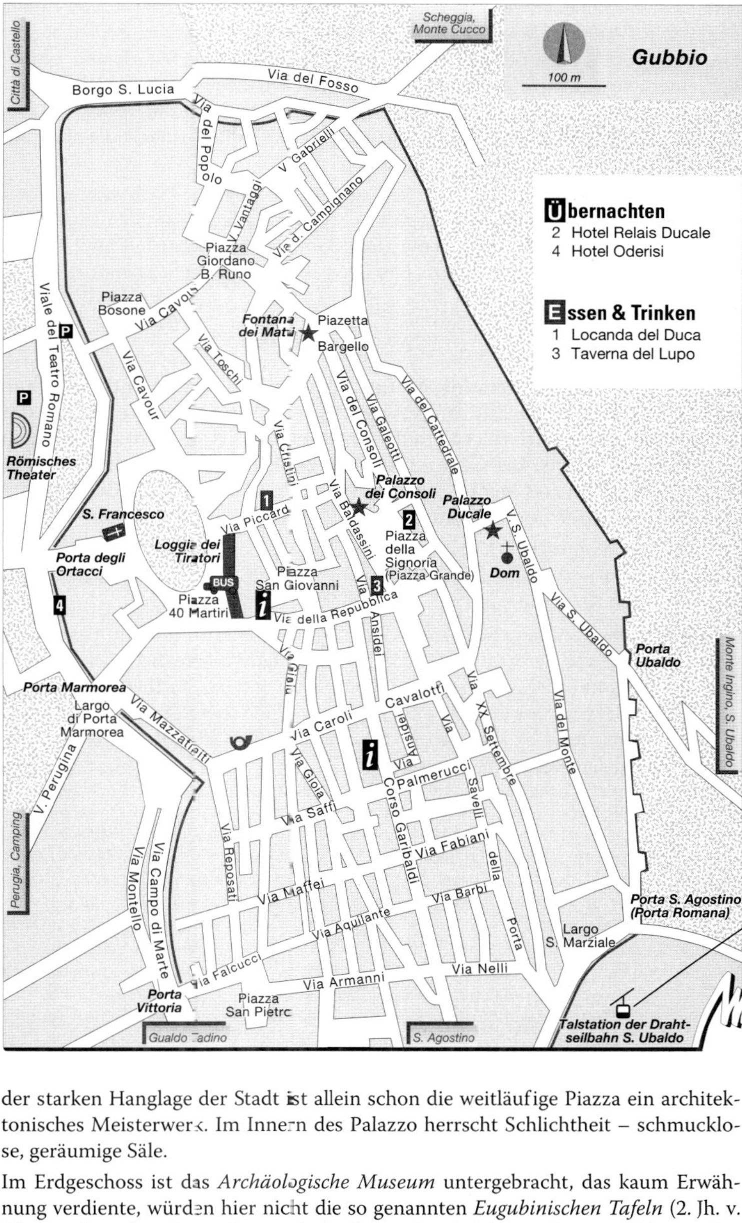

Umbrien
Karte S. 718/719

der starken Hanglage der Stadt ist allein schon die weitläufige Piazza ein architektonisches Meisterwerk. Im Innern des Palazzo herrscht Schlichtheit – schmucklose, geräumige Säle.

Im Erdgeschoss ist das *Archäologische Museum* untergebracht, das kaum Erwähnung verdiente, würden hier nicht die so genannten *Eugubinischen Tafeln* (2. Jh. v. Chr.) aufbewahrt. Die sieben, teils beidseitig beschriebenen Bronzetafeln wurden im 15. Jh. von einem Bauern in den unterirdischen Kammern des römischen Theaters gefunden und gelten als das wichtigste Zeugnis der umbrischen Kultur schlechthin. Die Tafeln I–IV sind in einem vom Etruskischen abstammenden Alphabet verfasst (von rechts nach links zu lesen), Tafel V zeigt dieselbe Schrift und zusätzlich einen Abschnitt in lateinischem Alphabet, auf den Tafeln VI–VII ist nur noch das lateinische Alphabet vertreten. Inhaltlich handeln die Texte von Vorschriften für Rituale, Opfer und Gebete; und in welchen Schriftzeichen auch immer: die Sprache ist Umbrisch.

Loggia dei Tiratori: Die lang gestreckte Loggia gegenüber dem Franziskanerkloster hat nichts mit einem Schützenhaus zu tun, wie der Name suggerieren könnte. Sie datiert aus dem Jahr 1603 und diente einst Gubbios Wollweberzunft als Trockenboden. Hier wurden die nach dem Einfärben feuchten Stoffe gespannt und zum Trocknen ausgebreitet.

Monte Cucco

Dichte Buchenwälder, karstige Weiden, tiefe Felsschluchten und ein hinreißender Panoramablick auf sanfte, gerundete Berge und weite Täler – das Bergmassiv des Monte Cucco, an der Ostflanke des Apennins, bietet einen erhebenden Anblick. Die Gegend ist ein Eldorado für Drachenflieger, Alpinisten, Wanderer und nicht zuletzt auch für die Speläologen – das Berg-Innere birgt eine der weitläufigsten Höhlen Europas.

Stützpunkte für sportliche Aktivitäten rund um den Monte Cucco sind das mittelalterliche Dörfchen *Costacciaro* und das vom Bergtourismus belebte *Sigillo*. Auch *Scheggia* ist als Basis geeignet.

Wanderungen: Dreißig gut markierte Wanderrouten gibt es rund um den Monte Cucco. Eine genaue Karte (1:16.000) mit ausführlicher (italienischer) Beschreibung des Gebiets ist im Informationsbüro in Costacciaro und bei der Informationsstelle in Gubbio erhältlich. Gelegentlich allerdings scheint die Karte Mangelware zu sein. Am sichersten ist es, man kümmert sich bereits in Gubbio darum.

• *Information* **Punto Informazioni**, am Ortsrand von Costacciaro. Zentrale Anlaufstelle für das ganze Monte-Cucco-Gebiet. Viel Material, sehr freundliches, kompetentes Personal, das auch Englisch spricht. Juli/Aug. tägl. 8.30–12.30 und 16–18 Uhr, in der Nebensaison tägl. 9.30–12.30 Uhr. Corso Mazzini, ✆/℻ 075/9171046, www.comunecostacciaro.it.

• *Verbindungen* **Zug**: sehr umständlich. Von Perugia nach Foligno, dort umsteigen in Richtung Ancona, bis Fossato di Vico. Von da aus mit dem Bus weiter nach Sigillo bzw. Costacciaro.

Bus: Verbindungen von Perugia (Piazza Partigiani) oder Gubbio nach Costacciaro bzw. nach Sigillo.

• *Übernachten* *** **Hotel Dominus**, in Sigillo, am Ortsausgang Richtung Costacciaro. Die beste Adresse im Monte-Cucco-Gebiet. Große Zimmer mit Komfort – von der Zahnbürste bis zur Minibar. Gediegenes Restaurant. DZ 60–70 €. Via Matteotti 55/57, ✆ 075/9179074, ℻ 075/9178203, www.dominushotel.it.

• *Im Val di Ranco (1566 m)* ** **Albergo Monte Cucco da Tobia**, freundlicher Familienbetrieb. Die Wirtsleute sprechen auch Deutsch. Im Restaurant (Mo geschl.) wird Cucina casalinga serviert; die Nudelgerichte sind selbst gemacht und schmecken sehr lecker. DZ 50 €, ohne 40 €. Loc. Val di Ranco, ✆/℻ 075/9177194, www.albergomontecucco.it.

• *Camping* ** **Camping Rio Verde**, 3 km außerhalb von Costacciaro. Liegt mit seinen 50 Stellplätzen ganz versteckt in einer bewaldeten Flussebene, alter Fichten- und Pinienbestand. Es können auch Zimmer gemietet werden (DZ ca. 30 €). Geöffnet Ostern bis Sept. Loc. Fornace, ✆/℻ 075/9170181.

• *Essen & Trinken* **Ristorante Dal Lepre**, auf dem Pian del Monte (knapp vor dem „Decollo Sud" ausgeschildert). Stefano und Francesca servieren bodenständige Küche, die Pasta ist hausgemacht. Die Aussicht auf die Ebene von Sigillo ist einmalig. Mo geschl. ✆ 338-1863355 (Handy)

Rundwanderweg am Monte Cucco

Folgende Rundwanderung an der Nordseite des Monte Cucco ist nur ein Beispiel der zahlreichen markierten Wandermöglichkeiten. Dauer: ca. 4 Std.; Ausgangspunkt: Casa Il Sasso.

Wegbeschreibung: Der Beginn der Wanderung (Wanderweg Nr. 5) führt vom *Casa Il Sasso* rechts am ersten Haus vorbei – anfangs eben am Fluss entlang, es folgt ein leicht ansteigender Pfad durch die Felsenschlucht *Valle delle Prigioni*. Ca. 30 m muss man in gebückter Haltung einen engen Felsentunnel passieren und geht dann weiter durch den Wald. An der Stelle, wo rechts der Wanderweg Nr. 22 einmündet, kommt man an einem Brunnen und einem Wasserreservoir vorbei. Dann steigt der Pfad stetig an – durch einen Wald und später über Wiesen, bis man auf eine breite Schotterstraße trifft. Die letzte Etappe führt auf Weg Nr. 4 – zum Teil steil abwärts – am *Eremo di Monte Cucco* vorbei, zurück zum Ausgangspunkt.

• *Anfahrt zur Casa Il Sasso* **Variante 1**, von Scheggia aus: Richtung Sassoferrato, nach ca. 11 km die Asphaltstraße rechts ab in Richtung Pascelupo. Kurz hinter Pascelupo das Auto stehen lassen und einen Schotterweg hinunter zu zwei leer stehenden Häusern (= Casa Il Sasso) am Rio Freddo gehen. **Variante 2**, von Sigillo aus: auf die Panoramastraße, die in Richtung Val di Ranco führt. Kurz unterhalb des Sendeturms rechts abbiegen in eine Schotterstraße Richtung Bastia (kein Hinweisschild). Durch die Ortschaften Bastia, Rucce und Perticano. Kurz unterhalb von Pascelupo das Auto stehen lassen – dann wie Variante 1.

Weiter Blick über den Lago Trasimeno

Lago Trasimeno

Kaum mehr als 20 km westlich von Perugia erstreckt sich inmitten von grünen Hügeln der Lago Trasimeno, Umbriens „Meer“. Im 128 qkm großen See liegen drei Inseln: die Isola Polvese, die Isola Maggiore und die Isola Minore. Die ersten beiden werden regelmäßig von kleinen Dampfern angefahren, die dritte ist in Privatbesitz und nicht zugänglich.

Leider ist der Trasimenische See relativ seicht; mit nur sechs bis sieben Metern Tiefe ist er zum Baden und Angeln nur bedingt geeignet, da sich besonders im Sommer das Wasser zu sehr erwärmt („umkippt“) – tote Fische am Strand sind keine Seltenheit.

Baden: In den Sommermonaten steigt die Wassertemperatur bis auf 25° C, Badegelegenheiten findet man vor allem an der Ost- und der Nordseite des Sees sowie in Castiglione. Aber Vorsicht: Der Sage zufolge soll eine Seejungfrau sich in den Prinzen Trasimenus verliebt und ihn zu sich in die Tiefe gezogen haben!

• *Information* Das ganze Jahr über in Castiglione del Lago, Passignano und Città della Pieve (Details siehe dort). Während der Sommermonate auch in San Feliciano.

• *Verbindungen* **Bahn**: Castiglione di Lago (Westufer) liegt an der Strecke Florenz–Rom. Nach Tuoro und Passignano (Nordufer): in Terόntola (Strecke Florenz–Rom) in den Zug nach Perugia umsteigen.

Bus: Relativ häufig Verbindung zwischen Passignano und Castiglione; seltener verkehren Busse am Süd- und Ostufer.

• *Festivals* **Trasimeno Blues**, jährlich Ende Juli bis Anfang August. Zehn Tage lang Openair-Konzerte rund um den Trasimenischen See. Jazzgruppen mit internationaler Besetzung.

Castiglione del Lago

ca. 15.600 Einwohner

Das auf einer Halbinsel an der Westseite des Sees gelegene Castiglione ist ein ganz und gar malerischer Ort. Um den mittelalterlichen Kern, geprägt vom Palast der Herzöge della Corgna, zieht sich eine hohe Befestigungsmauer. Der Besuch des Palazzo mit seinen Renaissance-Fresken ist allein schon wegen des Rundgangs auf der Zitadellenmauer zu empfehlen: Von der Festung bietet sich eine traumhafte Aussicht auf den Lago.

Durch das Zentrum der Altstadt zieht sich die schmale *Via Vittorio Emanuele*, Treffpunkt und Marktplatz zugleich.

Eine einladende Promenade führt unterhalb der Zitadelle um die Halbinsel, mancher Einheimische angelt sich hier den Hauptgang zum Mittagessen. Badegelegenheiten finden sich sowohl nördlich wie südlich der Halbinsel.

• *Information* **IAT-Büro**, Piazza Mazzini 10. Geöffnet April bis Sept.: Mo–Fr 8.30–13 und 15.30–19 Uhr, Sa 9–13 und 15.30–19 Uhr, So 9–13 und 16–19 Uhr; in den übrigen Monaten reduzierte Öffnungszeiten. ✆ 075/9652484, 📠 075/9652763, info@iat.castiglione-del-lago.pg.it, www.trasimeno.regioneumbria.eu.

• *Verbindungen* **Bahn**: täglich mehrere Züge nach Chiusi, Florenz und Rom. Der Bahnhof befindet sich 2,5 km außerhalb des Orts.

Bus: täglich mehrere Verbindungen nach Perugia.

• *Fahrradverleih* **Marinelli Ferrettini**, Via B. Buozzi 26 (Richtung Bahnhof). Fahrräder, Mountainbikes und Mofas. Auch Reparaturen. ✆ 075/953126.

• *Übernachten* *** **Hotel La Torre**, mitten im historischen Kern gelegen. Modern, sehr sauber und für den Komfort (alle Zim-

„Netzwerk-Spezialist“

mer mit TV, einige sogar mit Kühlschrank) preiswert. Reichliches Frühstück mit Produkten aus der eigenen Bäckerei. Allerdings sind die acht Zimmer schnell ausgebucht. DZ 45–80 €. Via Vittorio Emanuele 50, ✆/℡ 075/951666, www.trasinet.com/latorre.

** **Hotel Fazzuoli**, kleines, modernes Hotel unterhalb des alten Ortes. Zimmer mit Radio, Bad und kleinem Balkon. DZ mit Bad 41–60 €. Piazza Marconi 11, ✆ 075/951119, ℡ 075/951112.

• *Camping* ** **Camping Listro**, knapp 1 km außerhalb, direkt am Seeufer, mit großen Bäumen und einer Wiese zum Strand. Blauweiß gestreifter Sichtschutz zum Dorf hin. Kleiner Lebensmittelladen, Bar. 100 Stellplätze. Geöffnet April bis Okt. Via Lungolago, Lido Arezzo, ✆/℡ 075/951193, www.listro.it.

• *Essen & Trinken* **Ristorante/Pizzeria La Cantina**, relativ preiswert. Große Auswahl, auch an lokalen Fischgerichten wie Schleien, Karpfen etc., große Portionen. Mo sowie Okt. bis Mai geschl. Via Vittorio Emanuele 93.

Baden: Der Sandstrand beginnt gleich nördlich des Orts *(Lido Arezzo)*. Das Wasser ist extrem seicht, 20 m vom Ufer kann man noch immer stehen. Nach dem Camping Listro folgt ein kleines, dünnes Wäldchen mit einer Steinpromenade. Hier sitzen die Angler. Südlich des alten Stadtkerns setzt sich der Strand mehrere hundert Meter fort *(Lido Comunale)*. Nur am Wochenende, wenn die ganze Familie in der Sonne schmort, ist er überlaufen.

Sehenswertes

Palazzo della Corgna: Im äußerlich etwas heruntergekommenen Renaissance-Palast am Ende des Corso Vittorio Emanuele, teilweise von der Stadtverwaltung in Beschlag genommen, teilweise als Kunstgalerie genutzt, sind in mehreren Sälen noch die originalen Fresken aus dem 16. Jh. erhalten. Besonders beeindruckend sind die restaurierten Gemälde von *Niccolò Circignani, Il Pomarancio* genannt. Die gesamte *Sala dell'Investitura* ist von ihm dekoriert: Geschichten aus dem Leben der Familie della Corgna, denen Papst Julius III. im 16. Jh. die Herrschaft über Castiglione übertrug, Schlachten um Castiglione, Fechtszenen und mythologische Gestalten. Ebenfalls komplett mit Fresken ausgeschmückt, aber nicht restauriert ist die *Sala di Cesare*, in der der manieristische Stil dominiert: Cäsars Vita bis zu seiner Erdolchung, Kleopatra taucht in einer Lünette auf. In der *Sala d'Annibale* schließlich wird auf einem großflächigen Deckengemälde die Schlacht am Trasimenischen See nachgespielt – Inszenierung 16. Jh.

Umbrien Karte S. 718/719

Ein langer Tunnel in der Mauer führt zur mittelalterlichen *Rocca del Leone* (Löwenburg). Der Rundgang auf der Festungsmauer – rund um den als Open-Air-Kino verwendeten Innenhof – ist einfach großartig: eine Vogelperspektive auf den Lago, wie sie die Herzöge della Corgna genossen haben.

Öffnungszeiten/Eintritt April: 9.30–13 und 15.30–19 Uhr; Mai/Juni: 10–13.30 und 16–19.30 Uhr; Juli/August: 10–13.30 und 16.30–20 Uhr; Sept./Okt.: 10–13.30 und 15.30–19 Uhr; Nov. bis März: Sa/So 9.30–16.30 Uhr. Eintritt 4 €.

San Feliciano

Am verträumten Fischerhafen reicht das Wasser zum Teil bis zur Straße. Es lässt sich leicht ermessen, welche Ausmaße der Trasimenische See einst hatte und wie er zusehends verlandete und verschilfte. Südlich des Orts ist auf den „Feldern" das Schilf in großen Bündeln zum Trocknen aufgestellt. Eine lokale Werkstatt hat sich darauf spezialisiert, Matten zu flechten.

Vielleicht aus der Sorge heraus, dass die Tage des Fischereigewerbes am Lago gezählt sein könnten, wurde in der Via Lungolago (Uferpromenade) ein *Fischereimuseum* eingerichtet. Aber noch flicken die Fischer ihre Netze am Strand, nicht im Museum.

• *Information* **Pro Loco**, im Zentrum an der Durchgangsstraße. Nur im Sommer geöffnet: Mo–Sa 10–13 und 14.30–19.30 Uhr, So 10–12.30 Uhr, ✆/℻ 075/8476027.

• *Übernachten* * **Hotel Da Settimio**, bei der Schiffsanlegestelle. Das Haus ist vor allem wegen seines Restaurants beliebt (s. u.). DZ mit Du/WC 62 €. Via Lungolago 1, ✆ 075/8476000, ℻ 075/8476275.

* **Camping Porto Cervo**, am südlichen Ortsrand – genügend Schatten, klein und gepflegt, am See gelegen! Morgens besorgen die Frösche den Weckdienst. 35 Stellplätze. Geöffnet April bis Sept. Via Case Sparse, ✆ 075/8479352, spunzy@libero.it.

• *Essen & Trinken* **Ristorante Da Settimio**, im gleichnamigen Albergo. Im geräumigen Speisesaal zeigt sich die Leidenschaft des Wirts – die Wände hängen voll mit ausgestopftem Federvieh vom See. Viele Fischgerichte frisch aus dem See (z. B. Coregone, Aal). Beliebt sind die frittierten Fische, auch die Fischsuppe ist nicht zu verachten. Do und im Nov./Dez. geschl. Via Lungolago 1.

Isola Polvese

Die größte Insel im Lago weist eine Fläche von knapp 70 ha auf, sie ist weniger bewaldet als die Isola Maggiore, hat aber durchaus ihre Reize. Im Sommer bietet sich nach einem Spaziergang, vorbei an den Überresten menschlicher Siedlungen, ein erfrischendes Bad an der Spaggia an.

Die Insel-Chronik vermerkt im Jahr 1342 um die 500 Einwohner; aufgrund der Malaria im 17. Jh. schrumpfte die Zahl beträchtlich, und 1772 waren gerade noch 80 Einwohner registriert. Heute ist die Isola Polvese unbewohnt. Vom Landungssteg führt der Weg an einer Burgruine mit dem Kirchlein San Giuliano vorbei. Etwas weiter oben steht eine Ruine des 20. Jh., ein verlassener Bauernhof – Zeuge eines Landwirtschaftsprojekts, das sich als unrentabel erwies. Ebenfalls Relikte aus hoffnungsvolleren Zeiten sind eine zinnenbewehrte Villa, die aus den Olivenhainen hervorragt, sowie die Mauerreste des Klosters San Secondo im hinteren Teil der Insel.

Verbindungen 10-mal täglich ab San Feliciano, Retourticket 4,90 €.

Passignano sul Trasimeno

Der einstige Fischerort an der Hauptverkehrsstraße, die seit Jahrhunderten Umbrien mit der Toskana verbindet, war im Mittelalter ein Zankapfel zwischen Arezzo und Perugia, das sich letztlich die Herrschaft über das Gebiet des Lago Trasimeno erkämpfte – für die Bewohner Passignanos eine leidvolle Geschichte von Plünderungen, Bränden und Schlachten.

Fast gespenstisch wachen die ramponierten Türme der Oberstadt über das pulsierende Leben am Seeufer. Steile Treppen führen ins alte Passignano hinauf. Die *Rocca Medievale*, soweit sie nicht in Privatbesitz ist, wird heute für Kunstausstellungen genutzt. Ihr 32 m hoher Turm ist zugänglich, eine Ausstellung dokumentiert die aufwändigen Restaurierungsarbeiten.

• *Öffnungszeiten/Eintritt* **Rocca Medievale**, tägl. 10.30–12.30 und 15.30–19.30 Uhr. Eintritt 2 €.

• *Information* **Informazioni Turistiche**, Piazza Trento e Trieste 6 (hinter dem rosa Rathaus). Di–So 10–12 und 15–18 Uhr. Informationen über das ganze Trasimeno-Gebiet, auch in englischer Sprache. ✆ 075/827635.

• *Verbindungen* **Bahn**: gute Verbindungen nach Perugia und Assisi–S. Maria degli Angeli (Eisenbahnstrecke Terentóla–Foligno). **Bus**: in beide Richtungen am See entlang. Häufiger wird die Nordstrecke (nach Castiglione del Lago) gefahren.

• *Fest* Meist am letzten Julisonntag findet der traditionelle **Palio delle Barche** statt. Der „Wettlauf der Boote" wird von den vier traditionellen Stadtteilen ausgetragen und macht seinem Namen alle Ehre: Die mittlere der drei Etappen führt quer durch die Altstadt, die Ruderboote werden geschultert und im flotten Lauf durch die Straßen getragen.

• *Übernachten* *** **Hotel Trasimeno**, Seestraße. Relativ neuer Bau, von der Hauptstraße etwas zurückversetzt und daher ruhig. Mit hoteleigenem Parkplatz. Freundlicher Besitzer, der sich rund um den Lago Trasimeno hervorragend auskennt. DZ 55–75 €. Via Roma 16/A, ✆ 075/829355, 📠 075/829267, info@hoteltrasimeno.com.

• *Essen & Trinken* **Trattoria del Pescatore**, Hübsche Plätze unter dichtem Blätterdach, das die Gasse überspannt. Fischspezialitäten vom Lago. Di geschl. Via San Bernardino 5.

Isola Maggiore

Der Ausflug lohnt wirklich, auch wenn das beinahe schon legendäre Schloss Isabella nicht mehr zu besichtigen sein sollte. Die einzige noch bewohnte Insel im Lago Trasimeno ist von Tuoro nach zehnminütiger Überfahrt erreicht. Üppiges Grün empfängt den Besucher, weiter oben erstrecken sich Olivenhaine.

An der Anlegestelle liegt das einzige Dorf, eine Reihe einfacher Steinhäuser. Jedes hat seinen eigenen kleinen Kanal bis vor die Haustür – Autos gibt es keine. Vor den Häusern sitzen die Männer und flicken Fischreusen. Die Frauen sitzen bei Klöppelarbeiten, die im kleinen Pavillon am Landungssteg verkauft werden. Ihr Spitzenprodukt ist der *Pizzo d'Irlanda*, gefertigt in einer um die Jahrhundertwende von einer irischen Meisterin eingeführten Klöppeltechnik.

Ein schattiger Fußweg führt vom Süden des Dorfes zur *Klosterkirche San Francesco* aus dem 14. Jh., die naturliebenden Mönche haben vor dem Eingang Palmen und andere heute von Efeu umrankte Bäume gepflanzt. Hier, an der Nordseite, ist die Insel besonders üppig grün. 1890 wurde das Kloster mitsamt Kirche in das *Schloss Isabella* des Marchese *Giacinto Guglielmi* integriert. Seit 1999 ist das fürstliche Anwesen offiziell nicht mehr zugänglich.

• *Öffnungszeiten/Eintritt* 10.30–13 und 15–18 Uhr. Das Kircheninnere (Fresken) ist eintrittspflichtig. Zusammen mit dem winzigen Museo Merletto (Spitzenklöppeleien) bei der Informationsstelle 3 €.

• *Verbindungen* 10-mal pro Tag ab Tuoro für 4,90 €; noch häufiger ab Passignano für 6,10 €, seltener ab Castiglione für 6,70 € (Preise jeweils hin und zurück).

• *Übernachten/Essen* *** **Albergo/Ristorante da Sauro**, am Ende der Dorfstraße. Einziges Hotel auf der Insel, daneben gleich ein Badestrand. Traumhafte Lage und obendrein preiswert. Im Erdgeschoss geräumiger Speisesaal. DZ 60–70 €, auch 4-Bett-Zimmer im Angebot. Halbpension 52–57 €/Person. Zwölf Zimmer. Restaurant Mi geschl.

Reservierung dringend empfohlen, an Wochenenden oft von Perugianern ausgebucht. Via Guglielmi 1, ✆ 075/826168, 📠 075/825130.

Baden: Um die Insel zieht sich ein breiter Schilfgürtel. Baden kann man an einigen Stellen, wo Felsen dem oft alles überwuchernden Schilf keine Chance bieten. Die besten Plätze findet man hinter dem Albergo da Sauro.

Città della Pieve

ca. 7800 Einwohner

Landeinwärts, etwa 25 km vom Lago Trasimeno entfernt auf einer Anhöhe über dem Val di Chiana, liegt der alte Bischofssitz der trasimenischen Region. Die gesamte Altstadt besteht aus unverputzten, roten Ziegelsteinbauten – ein ungewohntes und überaus eindrucksvolles Bild.

In Città della Pieve wurde 1445 *Pietro Vannucci* geboren, der unter dem Namen *Perugino* Kunstgeschichte machte. Er war der große Meister der umbrischen Schule und Lehrer Raffaels, des Klassikers der Hochrenaissance.

Werke von Perugino sind nicht nur im *Dom*, sondern auch in der *Kirche Santa Maria dei Servi*, im *Oratorium Santa Maria dei Bianchi* sowie in der *Kirche San Pietro* zu sehen. Die Besichtigung der Gemälde lässt sich ideal mit einem kleinen Stadtrundgang verbinden – aber aufgepasst: Von 12.30 bis 15.30 Uhr hält der Meister Siesta; sämtliche Kirchen sind dann geschlossen.

• *Information* Piazza Matteotti. Geöffnet Mai bis Okt.: 9.30–13 und 15.30–19 Uhr; Nov. bis April: 10–12.30 und 15–18 Uhr. ✆ 0578/-299375, www.cittadellapieve.org.

• *Verbindungen* **Bus** zum ca. 10 km entfernten Bahnhof von Chiusi-Scalo (Strecke Florenz–Rom).

• *Übernachten* *** **Hotel Vannucci**, nach einem kompletten Umbau hat die einstige Villa Mirafiori unter neuer Regie wiedereröffnet Sämtliche Zimmer sind neu eingerichtet, alle mit Klimaanlage, Minibar, Safe und Internetanschluss. Via Icilio Vanni 1, ✆ 0578/298063, 📠 0578/297054, www.hotel-vannucci.com.

• *Essen & Trinken* **Ristorante Da Bruno Coppetta**, alteingesessene Adresse für gute umbrische Küche in gepflegtem Interieur. Mo geschl. Via Pietro Vannucci 90, ✆ 0578/298108.

Sehenswertes

Kathedrale: Der lokale Tourismus-Prospekt beschreibt den Sachverhalt freundlich: „Von der Romanik bis zum Neoklassizismus sind hier alle wichtigen Baustile vorhanden." Prunkstück der Kathedrale ist die über dem Hauptaltar thronende *Madonna mit Heiligen* von Perugino Auf einer Terrasse stehen Petrus und Paulus, flankiert von zwei Standartenträgern, Gervasius und Protasius, den Schutzheiligen der Stadt, denen die Kathedrale gewidmet ist. Über dem heiligen Quartett und über der angedeuteten umbrischen Landschaft schwebt auf einer zarten Wolke Maria mit Kind. An der Terrassenmauer ist das Gemälde datiert: 1504.

Ein weiteres Perugino-Gemälde findet man in der ersten Seitenkapelle links: die *Taufe Christi*; an der Wand daneben schaut unter der roten Mütze ein skeptischer Perugino den Besucher an. Das berühmte Selbstporträt ist hier lediglich Kopie, das Original ist Teil eines Freskos im Collegio del Cambio, Perugia.

Oratorium der Santa Maria dei Bianchi: Das kleine Oratorium beherbergt ein Meisterwerk von Perugino: *Die Anbetung der Könige.* Auf einem Schemel sitzt unter einer klassizistischen Holzüberdachung Maria, zu der das Volk, Hirten und Ritter, zusammenströmen. Die in sehr zarten Farben gehaltene Szene spielt vor dem Hintergrund der umbrischen Landschaft mit dem Trasimenischen See.

• *Öffnungszeiten/Eintritt* Mai: Fr–So 9.30–13 und 15.30–19 Uhr; Juni bis Sept.: tägl. 9.30–13 und 15.30–19 Uhr; Okt. bi April: Fr–So 10–12.30 und 15.30–18 Uhr. Eintritt 2 € oder Sammelticket „Percorso Museale" (Oratorium, Palazzo della Corgna, Kirche Santa Maria dei Servi) für 4 €.

Perugia

ca. 167.000 Einwohner

Die Hauptstadt Umbriens präsentiert sich als moderne Großstadt in uraltem Kleid. Dicht gedrängt stehen die Häuser des historischen Zentrums auf einer 500 Meter hohen Hügelgruppe: viel treppauf, treppab, tiefe Straßenschluchten, düstere Gassen. Ganz oben lockt die ausladende, sonnige Piazza IV Novembre mit dem Fonte Maggiore als Schmuckstück; sie geht über in die Flanierzone des Corso Vannucci mit seinen noblen Läden und Straßencafés. Am anderen Ende des Corso, an der Piazza Italia, öffnet sich ein weiter Blick ins Tibertal.

Perugia ist lebendig, jugendlich und hat dank der vielen ausländischen Studenten auch internationales Flair. Die Stadt ist Sitz der *Università per Stranieri*, in der Studienanfänger aus aller Herren Ländern Italienisch lernen und ein Sprachexamen ablegen können. Während der Sommerferien belegen zusätzlich mehrere tausend Gäste Kurse in Italienisch, aber auch in anderen Disziplinen wie Kunstgeschichte oder Etruskologie.

Information/Verbindungen/Diverses

• *Information* **Informazioni Turistiche**, Piazza Matteotti 18. Ausführliches Informationsmaterial über Perugia und Umgebung. Öffnungszeiten: Tägl. 8.30–13.30 und 15.30–18.30 Uhr. ✆ 075/5736458 ℻ 075/5720988, info@iat.perugia.it.

• *Verbindungen* **Bahn**: Züge nach Spoleto, Terni und Rom. Mit Umsteigen in Terόntola nach Orvieto und – z. T. ebenfalls mit Umsteigen in Terόntola – nach Arezzo und Florenz. Der Hauptbahnhof Fontivegge liegt an der Piazza V. Veneto, ca. 1 km außerhalb der Stadtmauer im Süden; von da aus gelangt man problemlos mit Stadtbussen ins Zentrum.

Bus: Für Fahrten nach Assisi (ca. 8-mal tägl.) und nach Gubbio (ca. 10-mal tägl.). Eine elektronische Fahrplanauskunft befindet sich am oberen Ausgang der Rolltreppe unter den Arkaden des Palazzo della Provincia, eine weitere am Busterminal an der Piazza dei Partigiani.

MiniMetro: Das schickste städtische Verkehrsmittel – 3,2 km lange Strecke, teils ober-, teils unterirdisch, sieben Stationen. Pro Wagen, der fast geräuschlos über die Schiene gleitet, haben 25 Personen Platz.

• *Parken* Direkt außerhalb der Stadtmauer wurden an verschiedenen Stellen Parkplätze angelegt, teils unbewacht und gebührenfrei, mehrheitlich bewacht gegen Gebühren. Einige Plätze sind rund um die Uhr bewacht, andere nur von 6–22 Uhr. Empfehlenswert sind die Parkhäuser bzw. Parkplätze an der **Piazza Partigiani** im Süden (24 Std. Bewachung) und am **Piazzale Europa** ebenfalls im Süden sowie **Cupa** im Westen, da man von ihnen aus mit der Rolltreppe bequem ins Zentrum gelangt.

• *Feste/Veranstaltungen* **Umbria Jazz**, im Juli. Das bekannteste Jazzfestival Italiens. Eröffnungskonzert in Terni, alle anderen Abende in Perugia auf verschiedenen Bühnen und Plätzen, z. T. freier Eintritt.

Übernachten (siehe Karte S. 731)

*** **Hotel Fortuna (4)**, zentrale Lage. Vom dunklen Gässchen ins Entree und mit dem Lift hoch ins helle Zimmer, teils mit Balkon und Blick ins Grüne. Einzelne Terrässchen im verwinkelten Bau – kaum zu glauben, welch freundliche Seite sich hinter Perugias düsterstem Winkel auftut. DZ 70–126 €. Via Bonazzi 19, ✆ 075/5722845, ℻ 075/5735040, www.umbriahotels.com.

*** **Hotel Eden (5)**, unterhalb der Piazza Italia, in der dritten Etage. Nach kompletter Renovierung schicke, angenehm eingerichtete Zimmer verschiedener Größe. Etwas kühler Empfang. DZ 59–119 €. Via Cesare Caporali 9, ✆ 075/5728102, ℻ 075/5720342, www.hoteleden.perugia.it.

** **Hotel Sant'Ercolano (7)**, gepflegte, freundliche Bliebe. Mit jeder Etage werden die

Zimmer eine Stufe heller, und ganz oben von der Nr. 53 genießt man dann einen traumhaften Ausblick über die Dächer der Stadt auf die Valle Umbra. DZ mit Du/WC 50–75 €. Via del Bovaro 9, ✆/📠 075/5724650, www.santercolano.com.

** **Hotel Rosalba (8)**, ebenfalls außerhalb der Stadtmauer und noch näher an der Rolltreppe zur Piazza Italia als das Iris. DZ mit Du/WC 65–70 €. Das rostrot-orange Haus ist ein ausgesprochen freundlicher Familienbetrieb. Via del Circo 7, ✆ 075/5728285, 📠 075/5720626, www.hotelrosalba.com.

• *Jugendherberge* **Spagnoli**, in einem öffentlichen Park außerhalb der Stadt, 700 m vom Bahnhof Fontivegge entfernt. Via Cortonese 4, Loc. Pian di Massiano. ✆ 075/5011366, 📠 075/5026805, www.umbriahostels.org.

• *Camping* Zwei Plätze liegen ca. 8 km außerhalb, oberhalb von Fontana (westlich der Stadt, Richtung Lago Trasimeno). Beide in sehr schöner Lage, von viel Grün umgeben, an den Hängen des „Dreifaltigkeitshügels" (Colle della Trinità). Busverbindung: Nr. 36 ab Piazza Italia. Bus fährt nur bis Olmo; von dort noch ca. 2–3 km zu Fuß.

*** **Camping Paradis d'Eté**, von der Hauptstraße ca. 3,5 km bergauf. 50 Stellplätze. Geöffnet März bis Mitte Okt. Strada Fontana 29/H, Loc. Colle della Trinità, ✆/📠 075/5173121, www.wel.it/cparadis.

** **Camping Il Rocolo**, ca. 300 m oberhalb der Hauptstraße. 100 Stellplätze. Geöffnet Mitte April bis Mitte Okt. Str. Fontana 1/N, Loc. Colle della Trinità, ✆/📠 075/5178550, www.ilrocolo.it.

Essen & Trinken

Ristorante Il Falchetto (2), hinter der Kathedrale. Eines der empfehlenswerten Lokale der Stadt. Reiche Auswahl an vorzüglichen Spezialitäten – u. a. leckere Vorspeisen, z. B. Fischsalat mit kleinen Kraken, Muscheln etc. Das Menü ca. 25 €. Mo geschl. Via Bartolo 20.

Ristorante Dal Mi'Cocco (1), groß, relativ neu, mit rustikalem Touch. Hier werden ausschließlich traditionelle, zum Teil wieder entdeckte Peruginer Gerichte serviert. Das Tagesmenü besteht aus vier reichlichen Gängen, die kaum zu bewältigen sind. Dazu wird warmes, selbst gebackenes Brot gereicht oder „la Schiacciata", eine spezielle Zwiebelpizza auf trasimenische Art, sowie ein guter roter Tischwein. Wenn das Essen etwas heißer serviert würde, wäre unsere Begeisterung noch größer. Menü mit Getränken (Wein, Vinsanto und Kaffee) ca. 13 €. Junges, studentisches Publikum. Reservierung empfohlen. Mo geschl. Corso Garibaldi 12, ✆ 075/5732511.

Ristorante/Pizzeria Il Cantinone (3), vor dem Dom links hinunter. Gemütliche Atmosphäre im Kellergewölbe. Aufmerksamer, unaufdringlicher Service. Durchschnittliche Preise. Die Portionen sind nicht groß, Heißhungrigen sei deshalb ein Antipasto empfohlen. Im Sommer Außenbetischung in angenehm ruhiger Nebenstraße. Di geschl. Via Ritorta 6.

Osteria del Ghiottone (6), nur wenige Tische. Mit Haut und Haar der umbrischen Küche verpflichtet. Di geschl. Via Cesare Caporali 12.

Sehenswertes

Natürlich die Stadt als Ganzes mit ihren mittelalterlichen Toren, Palästen, Kirchen und Bogengängen – jeder Spaziergang im romantischen, mittelalterlichen Gewirr der Gassen und Treppen verheißt neue Entdeckungen.

Große Kunstwerke wurden, mit Ausnahme der *Fontana Maggiore* und der Malereien von *Perugino*, in Perugia wenige geschaffen. Die Stadt war die meiste Zeit damit beschäftigt, die umliegenden Gemeinden und Burgherren unter dem Joch zu halten und sich gegen übermächtige Feinde zu verteidigen.

Dom San Lorenzo: ein gutes Beispiel für die typische halbfertige Bauart, die man in Perugia häufig antrifft – von 1345 bis 1490 (!) wurde am Kirchenbau gewerkelt. Die Fassade sollte ursprünglich vollständig mit Marmor verkleidet werden. Außer einem kümmerlichen Anfang wurde nichts daraus. Ein Schmuckstück hingegen ist die kleine Steinkanzel rechts vom Eingang. Sie wurde eigens für den heiligen Bernardin von Siena gebaut, der 1425 von hier aus die Bürger der Stadt segnete. Das Ereignis ist auf

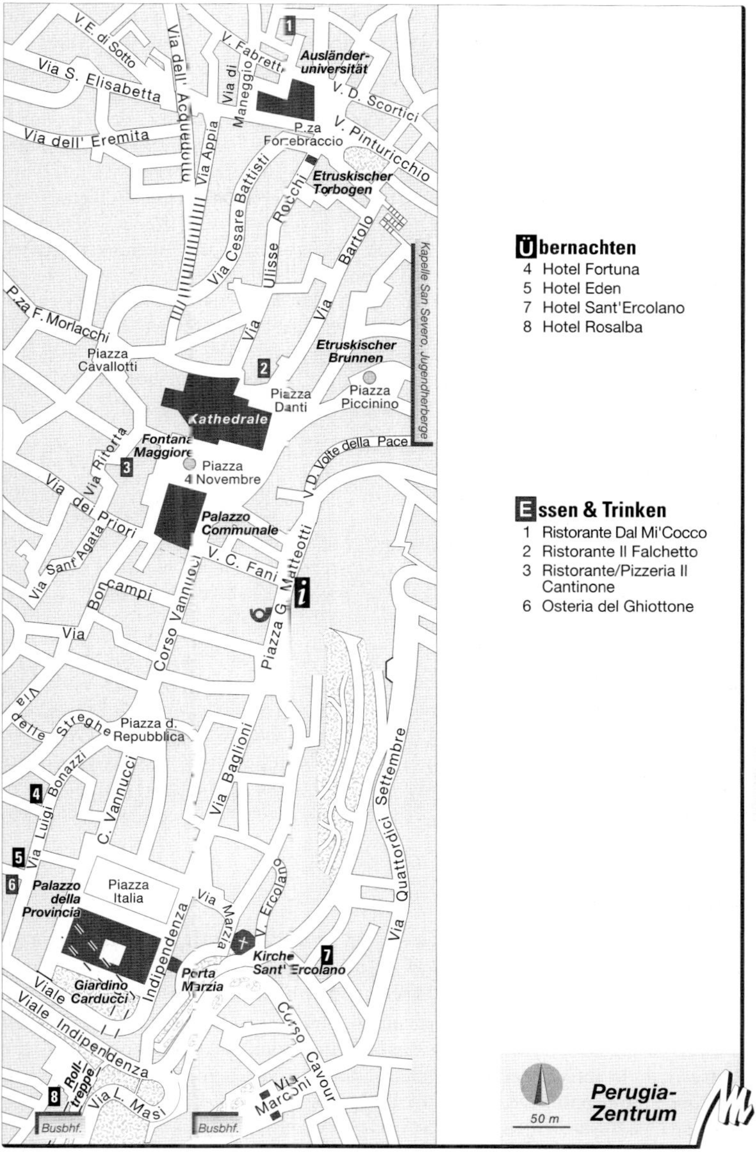

einem Glasfenster in der ersten Seitenkapelle rechts festgehalten. In einer weiteren Seitenkapelle, ebenfalls rechts, hat *Luca Signorelli* eine Madonna mit zwei Heiligen hinterlassen, einer – nur dürftig bekleidet, ausgemergelt und langhaarig – ist der Eremit Onofrius.

Umbrien Karte S. 718/719

Fontana Maggiore: Der prächtige, dreistöckige Marmorbrunnen vor der Kathedrale, der sich vom dunkelgrauen Stadtbild abhebt, wurde 1275 vom Architekten *Fra Bevignate* für den einstigen Marktplatz entworfen, die Reliefs stammen von *Niccolò Pisano* und seinem Sohn Giovanni, den berühmtesten Bildhauern seiner Zeit.
Das untere Becken ist ein von Säulen gegliedertes 25-Eck, wobei jede Seite durch eine weitere Säule halbiert wurde, sodass insgesamt 50 Felder für 50 fein gearbeitete Flachreliefs entstanden, die das Auge zur Entdeckungsreise anregen: Darstellungen aus der Bibel, aus der Literatur (Äsop), Zyklus der zwölf Monate, Allegorien auf Wissenschaft und Künste u. a. Das mittlere Becken basiert auf einem von Statuetten gegliederten 24-Eck, wobei jede zweite Ecke gleichsam nach innen geklappt ist. Der unterschiedliche Aufbau der beiden polygonalen Becken (25-Eck und 24-Eck) verhindert, dass die Statuetten des mittleren Teils exakt über den Säulen des unteren Teils zu stehen kommen und erzeugt damit eine gewisse Dynamik. Die Statuetten stellen schicksalsentscheidende Persönlichkeiten der Stadt dar, Gestalten aus dem Alten Testament sowie die Nymphen des Trasimenischen Sees. In der obersten Etage wird die Fontana Maggiore von drei in Bronze gegossenen Wasserträgerinnen gekrönt.

Umbrische Nationalgalerie *(Galleria Nazionale dell'Umbria)*: im drittenStock des Palazzo Comunale. Hier ist die umfangreichste Sammlung umbrischer Kunst untergebracht. Während im 15. Jh. in Florenz die Renaissance erblühte, befand sich in Umbrien die Malerei noch im mystischen Mittelalter. Die größten Meister dieser Zeit waren *Piero della Francesca, Benozzo Gozzoli* und *Pietro Vannucci*, heute unter dem Namen *Perugino* bekannt, der Vorgänger und Lehrer von Raffael.
Öffnungszeiten/Eintritt 8.30–19.30 Uhr, Mo geschl. Eintritt 6,50 €.

Kapelle San Severo: in der Nähe des Etruskischen Brunnens (s. u.) und von dort aus ausgeschildert. Die Kapelle gehört zu einem ehemaligen Camaldulenserkloster und behütet Umbriens einziges Fresko von *Raffael*, die Trinität Gottes (Gottvater ist nicht mehr erhalten), von fünf Heiligen umgeben. Als dritter von rechts wird Romualdo porträtiert, Begründer des Camaldulenserordens und Auftraggeber des Freskos. Erst nach dem Tod des Meisters – er starb mit 37 Jahren – fügte 1521 sein damals bereits 76-jähriger Lehrer *Perugino* unten eine Reihe von weiteren sechs Heiligen hinzu.
Öffnungszeiten/Eintritt April bis Okt. 10–13.30 und 14.30–18 Uhr; Nov. bis März 11–13.30 und 14.30–17 Uhr. Eintritt Sammelticket (Etruskischer Brunnen/Kapelle S. Severo/Museum der Mauern und Tore) 2,50 €.

Etruskischer Brunnen: In der Nähe des Doms, auf der malerischen *Piazza Piccinino*, steht der vermutlich älteste Brunnen Perugias. Er ist etruskischen Ursprungs (4.–3. Jh. v. Chr.), 36 m tief und wird von kräftigen Wasseradern gespeist. Der Eingang zur unterirdischen Besichtigung befindet sich an der Piazza Danti 18. Aus halber Höhe kann man hier die Einfassung des Brunnens (16. Jh.) betrachten. In antiker Zeit wurde das Wasserschöpfen durch an ein Seil geknüpfte Eimer durchgeführt. Der Brunnen zeigt deshalb an der Innenseite der Tuffsteinquader starke Schleifspuren.
Öffnungszeiten/Eintritt Wie Kapelle S. Severo (s. o.). Eintritt Sammelticket (Etruskischer Brunnen/Kapelle S. Severo/Museum der Mauern und Tore) 2,50 €. Max. acht Besucher dürfen sich gleichzeitig auf der nassen, unterirdischen Treppe aufhalten.

Museum der Mauern und Tore von Perugia *(Museo delle Mura e delle Torre di Perugia)*: Das in der Porta Sant'Angelo untergebrachte Museum zeigt auf drei Etagen

Modelle der verschiedenen historischen Stadtummauerungen (etruskisch, mittelalterlich, Renaissance) sowie Modelle einiger Stadttore, aus Toren und Mauern gerettetes Originaldekor sowie zahlreiche Fotos. Wesentlich interessanter als die Ausstellung ist das Panorama, das man oben von den Zinnen genießt – eine bessere Aussicht auf die Stadt und das hügelige Umland findet man nirgends in Perugia.

Öffnungszeiten/Eintritt April bis Okt. 10–13.30 und 15–18 Uhr; Nov. bis März: 11–13 und 15–17 Uhr. Sammelticket (Etruskischer Brunnen/Kapelle S. Severo/Museum der Mauern und Tore) 2,50 €.

Assisi

ca. 27.700 Einwohner

Hellrot liegt die Stadt des heiligen Franz an den Hängen des Monte Subasio. Den besten Blick hat man von unten, bei der Anfahrt von Santa Maria degli Angeli aus. Über der Stadt thront stolz die mittelalterliche Rocca Maggiore und vor ihr, auf riesigen Stützpfeilern, der Franziskanerkonvent mit der doppelten Basilika.

Vor fast 800 Jahren gründete Franz von Assisi den später nach ihm benannten Franziskanerorden. Dem Heiligen verdankt die Stadt ihre heutige Größe und einige Kirchen aus dem roten Subasiostein, die zu seinen Ehren gebaut wurden. Den mystisch-religiösen Hauch wird man in Assisi nicht so leicht los, der heilige Franziskus empfängt in seiner Gruft den katholischen Tourismus busladungsweise.

Doch gibt es in Assisi noch einiges mehr zu sehen – nicht zuletzt die mittelalterliche Altstadt selbst, die dem, der sich nicht scheut, die engen Seitengassen und Treppen bergauf, bergab zu gehen, immer wieder überraschende Ansichten und Ausblicke bietet.

Information/Verbindungen/Diverses

• *Information* **IAT-Büro**, Piazza del Comune. Öffnungszeiten: Mo–Fr 8–14 und 15–18.30 Uhr, Sa 9–13 und 15–18 Uhr, So 10–13 und 14–17 Uhr. ✆ 075/812534, 📠 075/813727, www.assisi.regioneumbria.eu.

• *Verbindungen* **Bahn** Der Bahnhof liegt ca. 4 km weiter unten im Tal, in S. Maria degli Angeli, gute Bahnverbindung nach Perugia. Busse zum Bahnhof im 30-Minuten-Takt (Bushaltestellen Piazza Matteotti, Largo Properzio und Piazza Unità d'Italia).

Bus: Gute Verbindungen nach Perugia, Gubbio, Città di Castello. Abfahrt am Largo Properzio oder an der Piazza Unità d'Italia.

• *Parkplätze* Mehrere Parkplätze unterhalb der Stadt, zum Teil auch gebührenfrei, von den untersten fährt ein Pendelbus ins Zentrum. Gebührenpflichtig und zentrumsnah sind die Parkplätze unterhalb des Largo Properzio (Rolltreppe) und an der Piazza Matteotti.

Übernachten (siehe Karte S. 734/735)

*** **Hotel Umbra (3)**, unterhalb der Piazza del Comune. 25 Zimmer, zum Teil mit kleinem Balkon und Blick auf die Stadt. DZ 96–125 €. Via degli Archi 6, ✆ 075/812240, 📠 075/813653, humbra@mail.caribusiness.it.

** **Hotel Posta Panoramic (1)**, restauriertes Gebäude in zentraler Lage. Nach hinten Panorama-Zimmer mit Ausblick auf die Ebene, zwei Häuser weiter das relativ preiswerte Hotelrestaurant. DZ 60–75 €. Via S. Paolo 17, ✆ 075/816202, 📠 075/812558, postph@libero.it.

* **Hotel Anfiteatro Romano (4)**, etwas abseits vom Rummel, aber sehr hübsche und ruhige Lage in den Ruinen des römischen Amphitheaters – unsere Low-Budget-Empfehlung. DZ mit Dusche 50 €, ohne 40 €. Via Anfiteatro Romano 4, ✆ 075/813025, 📠 075/815110.

Jugendherberge Fontemaggio, gleich neben dem Campingplatz Fontemaggio und in selber Regie, von der Stadtmauer aus zu Fuß in ca. 10 Min. über einen schön bewachsenen

Umbrien Karte S. 718/719

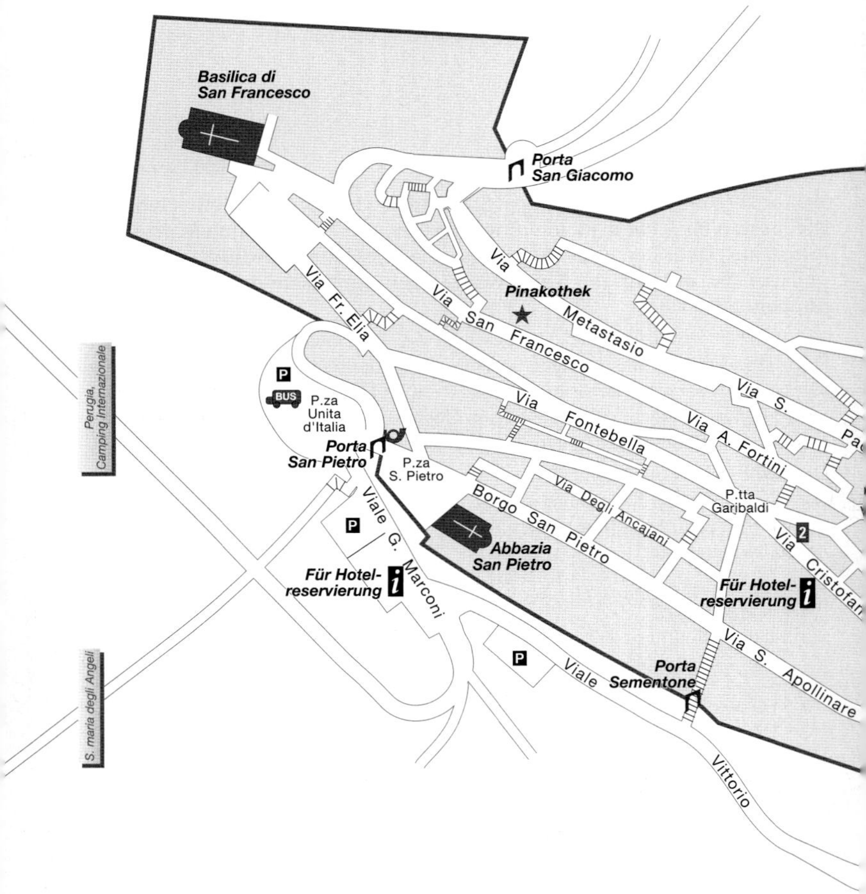

Assisi

100 m

Übernachten

1 Hotel Posta Panoramic
3 Hotel Umbra
4 Hotel Anfiteatro Romano

Essen & Trinken

2 Buca di S. Francesco
5 Osteria Pozzo della Mensa
6 Pizzeria dal Carro

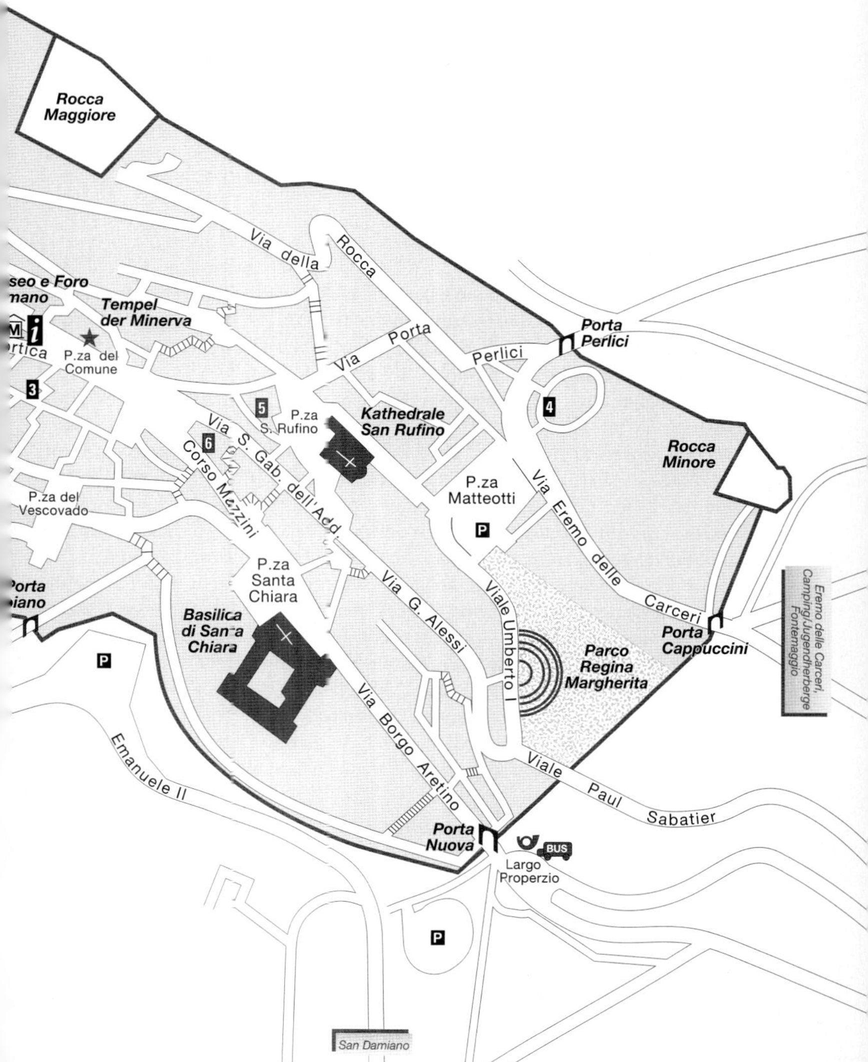

Rocca Maggiore
Via della Rocca
seo e Foro
mano
Tempel der Minerva
rtica
P.za del Comune
3
5
P.za S. Rufino
Kathedrale San Rufino
Via Porta Perlici
Porta Perlici
4
Rocca Minore
6
Via S. Gab. dell'Add.
Corso Mazzini
P.za del Vescovado
P.za Matteotti
P
Via Eremo delle Carceri
Porta
iano
P.za Santa Chiara
Via G. Alessi
Viale Umberto I
Basilica di Santa Chiara
Parco Regina Margherita
Porta Cappuccini
Eremo delle Carceri, Camping/Jugendherberge Fontemaggio
P
Via Borgo Aretino
Emanuele II
Viale Paul Sabatier
Porta Nuova
BUS
Largo Properzio
P
San Damiano

Weg erreichbar. Übernachtung ca. 20 €, kein IYHF-Ausweis nötig. Via S. Rufino Campagna 8, Loc. Fontemaggio, ✆ 075/813636, 📠 075/813749.

** **Camping Fontemaggio**, Adresse wie Jugendherberge (s. o.), von der Stadtmauer aus zu Fuß in ca. 10 Min. über einen schön bewachsenen Weg erreichbar. Schöne Hanglage mit Blick ins Tal, größtenteils schattig, terrassenförmig angelegt. Die sanitären Anlagen wurden 2002 komplett renoviert. Ca. 250 Stellplätze. Ganzjährig geöffnet. Via S. Rufino Campagna 8, Loc. Fontemaggio, ✆ 075/813636, 📠 075/813749.

Essen & Trinken (siehe Karte S. 734/735)

Buca di San Francesco (2), Nähe Piazzetta Garibaldi, im Souterrain eines alten Palastes (12. Jh.). Eines der besten Lokale Assisis und für das Gebotene preiswert. Spezialitäten sind Agnello alla brace, Filetto al Rubesco di Torgiano, Asce francescano ... Mo geschl. Via Brizi 1.

Osteria Pozzo della Mensa (5), im Gemäuer versteckt, abends weisen Öllichter den Weg zum Lokal. Mittags empfehlenswerte Tagesgerichte. Jugendlich-dynamische Bewirtung in angenehmer Atmosphäre. Mi geschl. Via del Pozzo della Mensa 11b.

Pizzeria dal Carro (6), zwischen Piazza del Comune und S. Chiara. Preisgünstig und zentral. Wenn man sich einmal mit dem hellen Saal angefreundet hat, in dem jeder und jede jeden und jede sieht, lässt sich's ungeniert speisen. Geeignet auch für größere Gruppen (Biertische). Fröhliche Bewirtung. Mi geschl. Vicolo dei Nepis 2.

Sehenswertes

Basilica di San Francesco: Die Franziskus-Basilika besteht aus zwei übereinander gebauten Kirchen. Obwohl dieser Aufwand dem Prinzip der Armut, das Franz predigte, widersprach, bestand *Fra Elia*, einer der frühen Gefolgsleute des Heiligen und angeblich Architekt der Basilika, auf der Errichtung des Doppelbaus. Die Grundsteinlegung fand 1228 statt, ein Tag nach der Heiligsprechung des Franz von Assisi.

Die *Oberkirche* war für Andachten geplant, ist reinste Gotik und birgt in ihrem Inneren Fresken der berühmten Maler *Cimabue* und *Giotto*. Eine Reihe von 28 Fresken, die das Leben des heiligen Franziskus schildern, wird Giotto zugeschrieben, doch wirken sie im Vergleich zu seinen anderen Werken etwas zu surrealistisch. Neueren Forschungen zufolge kommt auch Giottos Lehrer *Pietro Cavallini* als Urheber in Betracht. Die Predigt des heiligen Franz zu den Vögeln in der Nähe des Eingangs hingegen ist mit Sicherheit Giottos Werk. Über dem berühmten Freskenzyklus sind in der Fensterzone – jeweils zwei Darstellungen übereinander – an der rechten Wand Szenen aus dem Alten Testament, an der linken Wand Szenen aus dem Neuen Testament zu sehen. Beide Zyklen beginnen jeweils beim Querschiff, wobei zuerst die obere Reihe der ganzen Länge nach, erst dann die untere zu lesen ist, sofern man die Chronologie beachten will. Außerdem findet man in der Oberkirche zwei schöne Arbeiten von *Pietro Lorenzetti* („Madonna mit Kind", „Jesus verlässt das Kreuz").

Die *Unterkirche*, romanisch und wesentlicher dunkler als die Oberkirche, ist vollständig mit Fresken ausgeschmückt. Auch hier werden einige Fresken *Cimabue*, andere *Giotto* zugeschrieben. Bemerkenswert ist die *Kapelle des Antonius von Padua*. Die Episoden aus dem Leben des Heiligen entstanden erst im 17. Jh. und zeigen den „Fortschritt" in der Malerei: mehr Bewegung, plastische Darstellung.

Von der Mitte des Längsschiffs führen zwei Treppen hinunter zur *Krypta*. Gebetsgemurmel empfängt den Besucher beim Eintritt, sodass es ihm, je nach Veranlagung, mystisch oder mulmig zumute wird. Hier wurde 1230 der heilige Franziskus beigesetzt. Die heutige schlichte Ausgestaltung der Krypta, in der neben dem Stadtheiligen in bescheidenen Grabnischen auch vier seiner Weggefährten ihre letzte Ruhe fanden, stammt aus den Jahren 1926–30.

Basilica di Santa Chiara: Neben Franziskus führt die zweite Stadtheilige von Assisi fast ein Schattendasein. Die ihr geweihte Basilika hat keine so großen Kunstwerke vorzuweisen wie der Franziskanerkonvent – eine stille, andachtsvolle Atmosphäre herrscht hier vor.

In einer Nebenkapelle hängt eine der meistverehrten Franziskus-Reliquien: das Christuskreuz, das mit Franz gesprochen und ihm den Auftrag übermittelt haben soll, die Kirche wieder auf den richtigen Weg zu führen (→ Assisi/Umgebung, San Damiano).

Kathedrale San Rufino: Der Dom zu Ehren des ersten Bischofs von Assisi, der im 3. Jh. als Märtyrer starb, stammt aus dem 12. Jh. Seine romanische Fassade verdient sowohl wegen der Skulpturen über dem Hauptportal als auch wegen ihrer Rosetten Beachtung. Im Inneren dominiert Barock, da der gesamte Komplex im 16. Jh. umgestaltet wurde und im 17. Jh. eine teilweise neue Ausstattung bekam.

Das Gewölbe der *Krypta* wurde in den 1990er Jahren saniert. Im Geviert über dem Sarkophag, in dem der heilige Rufinus begraben lag, sind noch Reste von Fresken auszumachen. Vom Ende der Krypta führt ein Kanal zu einer *römischen Zisterne* aus dem 1. Jh. n. Chr. Bei der Restaurierung der vom Erdbeben 1997 lädierten Kirche hat man teilweise den Boden mit Glasplatten versetzt, um die römischen Reste sichtbar zu machen. Das viereckige antike Wasserreservoir befindet sich links des Eingangs.

Im Kirchenkomplex wurde ein kleines *Museum* eingerichtet: drei Säle mit Kapitellen einer früheren Basilika aus dem 11. Jh. und Fresken der Giotto-Schule.

Öffnungszeiten/Eintritt Krypta und Museum: Mitte März bis Juli und Sept. bis Mitte Okt.: 10–13 und 15–18 Uhr; August 10–18 Uhr; Mitte Okt. bis Mitte März: 10–13 und 14.30–17.30 Uhr (Sonntagvormittag geschl.). Eintritt inkl. Kreuzgang 3 €.

Tempel der Minerva: inmitten der mittelalterlichen Bauten an der *Piazza del Comune*. Neben dem Bürgerturm aus dem frühen 14. Jh. wirkt der kleine antike Tempel leicht deplatziert. Der schmucke Heidentempel mit seinen sechs korinthischen Säulen wurde vermutlich bereits im 16. Jh. christianisiert – zur *Santa Maria Sopra Minerva*, der kleinen Barockkirche, wie sie sich dem Besucher heute präsentiert.

Assisi/Umgebung

Eremo delle Carceri (*Einsiedelei*): Ein Kleinod in idyllischer Lage – 3,5 km von Assisi in einem Bergeinschnitt, inmitten von viel Grün und Eichenwäldern. Ursprünglich war die verschachtelt gebaute Eremitage für 12 Padres angelegt, heute leben nur noch drei das ganze Jahr über hier. Im Garten steht der „Vogelbaum" – eine uralte, morsch gewordene Steineiche, die an die Predigt des Heiligen zu den Vögeln erinnert. Und tatsächlich hat sich in der Eremitage eine Kolonie weißer Tauben angesiedelt.

Der Wald ums Eremo bietet schöne Wandermöglichkeiten; hier liegen viele Grotten versteckt, einst Behausungen von Einsiedlern.

Öffnungszeiten Ostern bis Okt.: 6.30–19 Uhr; Nov. bis Ostern: 6.30–18 Uhr.

San Damiano: Die etwas unterhalb von Assisi gelegene Kirche spielt in den Biographien der Heiligen von Assisi – Franz und Klara – eine große Rolle und ist deshalb Ziel zahlreicher Pilger. Christus soll hier Franziskus vom Kreuz aus aufgefordert haben, die Kirche wieder auf den rechten Weg zurückzuführen. San Damiano war aber vor allem das Zentrum der heiligen Klara und ihrer Anhängerinnen.

Umbrien
Karte S. 718/719

Ein kurzer Rundgang führt zur *Capella del Crocifisso*, wo eine Kopie des legendären Kreuzes zu sehen ist (das Original hängt in der Basilika Santa Chiara), zum *Oratorium Santa Chiara* und zu einem kleinen Kreuzgang. Wer an Kunstgeschichte interessiert ist, kommt im Kellergewölbe auf seine Kosten. Die spätmittelalterlichen Fresken dort sind restauriert.

Basilica Santa Maria degli Angeli: Ein monumentales Bauwerk, halb Renaissance, halb Barock, erhebt sich wuchtig im Talgrund. Es dominiert den nach ihm benannten Ort Santa Maria degli Angeli (übrigens Partnerstadt von Los Angeles). 1569 wurde der Bau begonnen und erst hundert Jahre später fertig gestellt. Was man heute besichtigt, stammt zum größten Teil aus der Zeit des Wiederaufbaus, nachdem ein Erdbeben 1832 große Schäden anrichtete. Im Inneren des mächtigen Hallenbaus steht das bunt bemalte Kapellchen *Porziuncola* (= kleine Portion). Das Heiligtum wurde der Legende nach im 4. Jh. von vier heimgekehrten Jerusalem-Pilgern erbaut. Später war es ein beliebter Aufenthaltsort des heiligen Franz.

Valle Umbra

Spello

ca. 8700 Einwohner

Das Städtchen, aus demselben hellen Stein des Monte Subasio gebaut wie Assisi, ist alten umbrischen Ursprungs. Die Römer unterhielten in Spello eine kleine Kolonie (Hispellum), deren Stadtmauer fast vollständig erhalten ist.

Im Mittelalter war Spello wie die meisten Orte Umbriens in die päpstlich-kaiserlichen Auseinandersetzungen verwickelt. Das 15. und auch fast das ganze 16. Jh. hindurch war es das peruginische Geschlecht der *Baglioni*, das die Geschicke der Stadt bestimmte. Aus dieser Zeit stammt auch die einzige nennenswerte kunsthistorische Sehenswürdigkeit Spellos, die von *Pinturicchio* ausgestaltete *Baglioni-Kapelle* in der Kirche *Santa Maria Maggiore*.

• *Information* **Pro Spello**, Piazza Giacomo Matteotti 3. Geöffnet 9.30–12.30 und 15.30–17.30 Uhr. ✆/℻ 0742/301009, prospello@libero.it, www.prospello.it.

• *Übernachten* *** **Albergo del Teatro**, im oberen Ortsteil. 1997 eröffnete, gepflegte Herberge mit nur elf Zimmern. DZ 95–110 €. Via Giulia 24, ✆ 0742/301140, ℻ 0742/301612, www.hoteldelteatro.it.

*** **Hotel Il Cacciatore**, im oberen Ortsteil. Einladende, helle Zimmer. DZ mit Du/WC 85–95 €. Via Giulia 42, ✆ 0742/651141, ℻ 0742/301603, www.ilcacciatorehotel.com.

• *Essen & Trinken* **Ristorante La Bastiglia**, im gleichnamigen Hotel, ganz oben beim Klarissinnenkloster Vallegloria. Nach Meinung der Einheimischen, der sich auch Leser anschließen, Spellos beste Küche. Junges kreatives Team. Großes Angebot an umbrischen Spezialitäten, aber auch ein viergängiges Fischmenü sowie ein viergängiges vegetarisches Menü. Im Sommer Außenbetischung – in jeden Tisch ist eine Keramikplatte eingelassen, z. . mit Darstellungen historischer Gebäude von Spello. Reservierung angebracht. Mi ganztags und Do mittags geschl. Via dei Molini 17, ✆ 0742/651277.

Ristorante/Pizzeria Il Trombone, im oberen Ortsteil. Alternative zu dem vorgenannten für den etwas schmaleren Geldbeutel. Einladende Aussichtsterrasse. Di geschl. Via Fontanella 1.

Sehenswertes

Altstadt: Vorschlag für den Stadtbesuch: Fahrzeug unten stehen lassen, das Centro storico durch die römische Porta Consolare betreten und die Hauptgasse (Via Sant' Angelo, Via Cavour) zur Piazza Matteotti hochgehen. Auf dem Weg begegnet man rechts der *Kirche Santa Maria Maggiore* mit einem dekorativen holzgeschnitzten

Portal. Die Kirche beherbergt die berühmte Baglioni-Kapelle von Pinturicchio, einem Zeitgenossen und zeitweiligen Mitarbeiter Peruginos. Um sich – von einer Glaswand auf Abstand gehalten – das Verkündigungsgemälde anzusehen, muss man allerdings erst für die Beleuchtung zahlen. Ein weiteres Pinturicchio-Gemälde – die „Madonna mit Heiligen" – befindet sich in der *Franziskanerkirche Sant'Andrea*: Der Knabe mit dem roten Umhang, der sich zum Schreiben auf dem Sockel des Madonnenthrons niedergelassen hat, ist Johannes der Täufer. Ins Gewand des heiligen Lorenz sind zwei Bilder eingelassen, unten sein Martyrium, oben die Auferstehung Christi.

Foligno

ca. 57.800 Einwohner

Neben Nocera Umbra ist Foligno das zweite große Opfer der Erdbebenkatastrophe von 1997. Inzwischen sind die Häuser von ihrem Stützkorsett befreit, die meisten Schäden sind behoben.

Das moderne Foligno hat die mittelalterliche Ummauerung längst gesprengt – nach allen Seiten breitet sich die blühende Kleinstadt in die Ebene aus.
In Foligno ist richtig, wer nach den großen Touristenorten und den schmucken Mittelalterstädtchen Umbriens einfach mal wieder in den stinknormalen italienischen Alltag eintauchen will: Shopping ohne Souvenir-Schnickschnack, Abgasgestank, lärmende Schülergruppen ... Sehenswertes gibt es wenig. Vielleicht macht man an der zentralen Piazza della Repubblica einen Halt, lässt den Blick über die eigenartige Fassade der *Kathedrale San Feliciano* wandern oder stört sich am *Palazzo Comunale* aus dem 15. Jh. den die Architekten nicht in Ruhe ließen, bis er im 19. Jh. seine klassizistische Gestalt bekam.

• *Information* **-Büro**, Corso Cavour 126 bei der Porta Romana (Südeingang zum Centro storico). Geöffnet Mo–Sa 9–14 und 16–20 Uhr, So 9–12.30 Uhr. Freundliches und kompetentes Personal. ✆ 0742/691219, 📠 0742/354165, info@iat.foligno.pg.it.

• *Verbindungen* **Bahn** Foligno liegt an der Strecke Rom–Ascona, problemlos ist auch die Verbindung nach Perugia.

• *Übernachten* *** **Hotel Italia**, hinter dem Palazzo Comunale. Zentral gelegen und doch ruhig. Komplett renovierte Komfortzimmer unterschiedlicher Größe. Restaurant angeschlossen. DZ 60–110 €. Piazza Matteotti 12, ✆ 0742/350412, 📠 0742/352258, www.hotelitaliafoligno.com.

Umbrien
Karte S. 718/719

Trevi

ca. 8200 Einwohner

Auf einem steilen Hügel inmitten des weitläufigen Olivenanbaus thront Trevi, direkt an der Straße zwischen Foligno und Spoleto. Wer von mittelalterlicher Romantik noch nicht genug hat, legt hier einen Stopp ein. Aber auch wer nach all den mittelalterlichen Eindrücken das Bedürfnis nach Moderne verspürt: Das "Centro per l'arte Contemporanea Palazzo Lucarini Contemporary" ist einzigartig.

Das ambitionierte Museum kontrastiert hart mit der alten Stadt, die im Gegensatz zum etwa gleich großen Spello noch wenig auf den Tourismus eingestellt ist. Das wird sich aber wohl bald ändern. Der städtische Museumskomplex im ehemaligen Franziskanerkloster sowie ein großer Parkplatz am Eingang zur Stadt sind erste Anzeichen dafür, dass die verantwortlichen Behörden die Zukunft Trevis nicht nur in der Olive sehen.

• *Information* **Pro Loco**, Piazza Mazzini 5. Geöffnet 15.30–18 Uhr. ✆/📠 0742/781150, www.protrevi.com.

• *Übernachten/Essen & Trinken* *** **Trevi Hotel**, gediegene Herberge an der Stadtmauer. DZ 80-165 €. Via Fantosati 2, ✆ 0742/780922, 📠 0742/780772, www.trevihotel.net.

Sehenswertes

Centro per l'Arte Contemporanea Palazzo Lucarini Contemporary: Die Kommune hat das frühere „Trevi Flash Art Museum“ übernommen und umbenannt. Ob dem Haus unter dem neuen Namen und unter der neuen Regie mehr Erfolg beschieden sein wird, steht noch in den Sternen. Zumindest ist die Informationspolitik besser geworden, die ohnehin schon sehr knappen Öffnungszeiten hingegen wurden weiter gekürzt. Das Ausstellungsprogramm in den strahlend weißen Räumen hat sich gänzlich der zeitgenössischen italienischen Kunst verschrieben.

Öffnungszeiten Di–So 16–19 Uhr (Winter bis 18 Uhr). Eintritt frei.

Museen von San Francesco: Im ehemaligen Franziskanerkloster hat die Stadt gleich drei Museen untergebracht, die *städtische Kunstsammlung*, ein *Heimatmuseum* (unbedeutend) sowie ein *Olivenölmuseum* (eröffnet 1999).

Die *Pinakothek (Raccolta d'Arte di San Francesco)* versammelt die gesamte Kirchenkunst von Trevi und Umgebung. Die schönsten Werke kommen aus der heute geschlossenen Kirche Santa Croce: ein monumentales Kreuzigungs-Fresko aus dem 14. Jh., eingerahmt von Madonna mit Kind und einer Verkündigungsdarstellung, sowie ein golden leuchtendes Triptychon mit der Darstellung der Vita Christi (15. Jh.). Bestandteil des Museums ist auch die Klosterkirche – sehenswert sind die Freskenreste sowie eine wunderschöne Orgel mit bemaltem Holz, Baujahr 1509.

Das *Museum der Olivenölkultur (Museo della Civiltà dell'ulivo)* ist wohl eine Konzession an Trevis Landwirtschaft. Neben einer Ölpresse, einer Ölmühle, einer riesigen Amphore und landwirtschaftlichem Gerät ist wenig zu sehen. Wer zuvor das ambitionierte Lungarotti-Museum in Torgiano (→ dort) gesehen hat, wird eher enttäuscht sein.

Öffnungszeiten/Eintritt April/Mai und Sept.: Di–So 10.30–13 und 14.30–18 Uhr; Juni/Juli: Di–So 10.30–13 und 15.30–19 Uhr; August: täglich 10.30–13 und 15–19.30; Okt. bis März: Fr–So 10.30–13 und 14.30–17 Uhr Uhr. Eintritt 4 €.

Trevi – Olivenbäume bis an die Stadtmauer

Tempel von Clitunno: etwa 5 km südlich von Trevi, an der Straße nach Spoleto. Über das antike Tempelchen mit Säulenvorhalle und skulptiertem Tympanon weiß man recht wenig. Möglicherweise stammt die Kultstätte aus dem 4. Jh. n. Chr., vielleicht ist sie aber auch ein paar hundert Jahre jünger. Von späterem christlichen Einfluss zeugen die ziemlich heruntergekommenen Fresken über dem Steinaltar.

Öffnungszeiten April–Oktober: 8.45–19.45 Uhr; November–März: 8.45–17.45Uhr. Eintritt 2 €.

Spoleto

ca. 39.300 Einwohner

Pures Mittelalter zeigt sich hier gepaart mit der Moderne – düstere Winkel im Centro storico, Kunstgalerien und, wo sich ein Platz auftut, gelegentlich Skulpturen. Das Festival dei Due Mondi, Umbriens renommiertestes Kunstereignis, hat Spoletos Stadtbild leise, aber nachhaltig verändert.

Die mittelalterliche Stadt am Rande des breiten Valle Spoletina breitet sich auf einem Hügelrücken aus, obenauf die Burg aus dem 14. Jh., die später oft als Gefängnis diente. Darunter gruppieren sich, aus düsterem schwarzgrauen Stein, die Kirchen und Häuser der Altstadt. Zahlreiche steinerne Bogen überspannen die engen Treppengässchen und stützen das uralte Gemäuer.

Information/Verbindungen

• *Information* **IAT-Büro**, Piazza della Libertà 7. Hier werden auch die künstlerisch wertvollen Festivalposter verkauft. Geöffnet April bis Okt.: Mo–Fr 8.30–13.30 und 16–19 Uhr, Sa/So 9.30–12.30 und 16–19 Uhr; Nov. bis März: Mo–Fr 8.30–13.30 und 15.30–18.30 Uhr, Sa 9.30–12.30 und 15.30–18.30 Uhr, So 9.30–12.30 Uhr; ✆ 0743/218620, ℻ 0743/218641, info@iat.spoleto.og.it.

• *Verbindungen* **Bahn**: Spoleto liegt an der häufig befahrenen Strecke Rom–Ancona, auch Züge nach Perugia (ca. 10-mal tägl.). Ein halbes Dutzend Züge nach Orvieto (umsteigen in Orte).

Busse nach Assisi und Perugia.

Umbrien
Karte S. 718/719

Übernachten/Essen & Trinken (siehe Karte S. 743)

• *Übernachten* *** **Hotel Charleston (3)**, ebenfalls sehr zentrale Lage. Kleine, gepflegte Zimmer mit Mini-Bar und TV. Die Sauna kostet extra und wird auch von hotelfremden Gästen benutzt. Parkmöglichkeit am kleinen Platz davor. DZ 52–135 €. Piazza Collicola 10, ✆ 0743/220052, ℻ 0743/221244, www.hotelcharleston.it.

** **Hotel Aurora (5)**, gegenüber dem Informationsbüro. Modern eingerichtet, im Flur Dauerausstellung mit Festivalplakaten. Eigener kleiner Parkplatz direkt vor dem Eingang. DZ mit Bad 55–100 €. Via Apollinare 3, ✆ 0743/220315, ℻ 0743/221885, info@hotelauroraspoleto.it.

** **Hotel Il Panciolle (2)**, kleines, 1992 eröffnetes Hotel in ruhiger Altstadtlage. Alle Zimmer renoviert. Vor dem Haus ein kleiner, von Linden beschatteter Platz mit Brunnen. Unser Tipp für die 2-Sterne-Kategorie. DZ mit Bad 45–85 €. Via Duomo 4, ✆/℻ 0743/45677, www.albergopanciolle.it.

** **Camping Monteluco**, gleich hinter der Kirche S. Pietro. Tolle Lage, terrassenförmig am Hang, viel Schatten. Neben dem Platz eine Pizzeria. Nur 35 Stellplätze! Geöffnet April bis Sept. Loc. S. Pietro, ✆/℻ 0743/220358, www.campingspoleto.com.

• *Essen & Trinken* **Trattoria La Barcaccia (4)**, hinter der Piazza del Mercato. Preislich etwas über dem Durchschnitt, dafür in wunderbar ruhiger Lage. Geräumiger Speisesaal, dekoriert mit Festivalplakaten, und eine hübsche, überdachte Terrasse. Spoletinische Spezialitäten à la carte. Di geschl. Piazza Fratelli Bandiera.

Trattoria Pecchiarda (1), riesiger, überwachsener Innenhof, in dem sich preiswert speisen lässt. Ausgezeichnete Antipasti della casa. Für das Secondo ist das Angebot nicht besonders groß, das Restaurant ist trotzdem sehr populär. Unser Tipp für die heißen Sommernächte. Do geschl. Vicolo S. Giovanni 1.

Sehenswertes

Altstadt: Etwas oberhalb der zentralen Piazza della Libertà, in der Via Arco di Druso, überspannt der vom Verkehr geschwärzte, aus mächtigen Travertinquadern gefügte *Drususbogen* die Straße. Er misst heute nicht einmal mehr die Hälfte seiner ursprünglichen Höhe, so weit ist er in den Boden eingesunken. Er wurde im Jahre 23 zum Gedenken an die beiden römischen Konsuln *Drusus* und *Germanicus* errichtet. Unweit des Triumphbogens liegt – mit einem auffallend schönen Brunnen aus dem 18. Jh. – die *Piazza del Mercato,* das pulsierende Herz des Centro storico. Am Ende des Platzes gelangt man über die Via del Municipio zum *Rathaus,* dessen Fassade gleich mit drei Uhren die Zeit zu bestimmen versucht.

Dom *(Santa Maria Assunta):* Der romanische Kirchenbau wurde im 12. Jh. begonnen. Für die Vorhalle und den Turm wurden zahlreiche römische Steinquader verwendet. Dann waren die Geldmittel ausgegangen, erst wesentlich später wurde der obere Teil im gotischen Stil angebaut.Das Innere „modernisierte" man 1640 in üppigem Barock. Die Fresken der Apsis, Szenen aus dem Leben Mariens, stammen vom berühmten Florentiner *Filippo Lippi* und seinen Schülern, sie sind Lippis letztes Werk, der Meister verstarb 1469, noch vor der Beendigung der Arbeiten. Sein Grabmahl findet sich im rechten Querschiff, die Gebeine allerdings sollen während der zahlreichen Umzüge verloren gegangen sein. Auch *Pinturicchio* hat im Spoletiner Dom ein Kunstwerk hinterlassen, sein Fresko „Maria mit Kind, Johannes der Täufer und Leonhard" ziert die erste Seitenkapelle rechts. An sie schließt sich eine weitere Kapelle an, komplett mit Fresken ausgeschmückt und mit separatem Ausgang zum Portikus.

Kirche San Pietro: ein einzigartiges Juwel wegen seines phantasiereichen Reliefdekors aus dem 13. Jh. an der Fassade. Man findet die romanische Kirche, die vermutlich Spoletos frühere Kathedrale war, am Fuß des Berges San Giuliano, am Ortsende Richtung Terni. Einige Details der berühmten Fassade: oben links das Jüngste Gericht – Petrus schlägt dem Teufel, der die Seelenwaage zu seinen Gunsten zu manipulieren versucht, den Himmelsschlüssel auf den Kopf. Unten links macht sich ein Löwe daran, einen Soldaten zu verspeisen. In der Mitte rechts stellt sich ein schlauer Fuchs tot und lockt so zwei Raben an. Auf der rechten Hälfte sind einige Szenen aus dem Neuen Testament dargestellt.

Rocca Albornoziana: Die mittelalterliche Burganlage auf dem höchsten Punkt der Stadt wurde im 14. Jh. als wichtige Bastion der päpstlichen Macht errichtet, hier residierten die Statthalter des mächtig gewordenen Kirchenstaats.

Die Rocca ist nur mit Führung zu besichtigen; man lässt sich im Kleinbus hochfahren und genießt oben erst einmal die herrliche Aussicht auf den mittelalterlichen *Ponte delle Torri* und den dicht bewaldeten Abhang des *Monteluco* dahinter.

Die Burg, die sich von außen so trutzig-militärisch präsentiert, entpuppt sich in ihrem Inneren eher als Palast. Der gesamte erste Innenhof ist auf zwei Geschossen von Arkaden eingesäumt. Päpstliche Wappen verzieren den Renaissance-Ziehbrunnen. In den oberen Arkaden sind zwischen den Fresken die Familienwappen der Gouverneure eingemeißelt. Von hier gelangt man zu einer großen Halle, heute Lucrezia-Borgia-Saal genannt. Freskenreste verraten, dass der Raum einst wesentlich weniger kahl war, vermutlich war er ähnlich ausgeschmückt wie der kleine Saal daneben. Dieser zeigt unter dem puttenverzierten Gewölbe einen

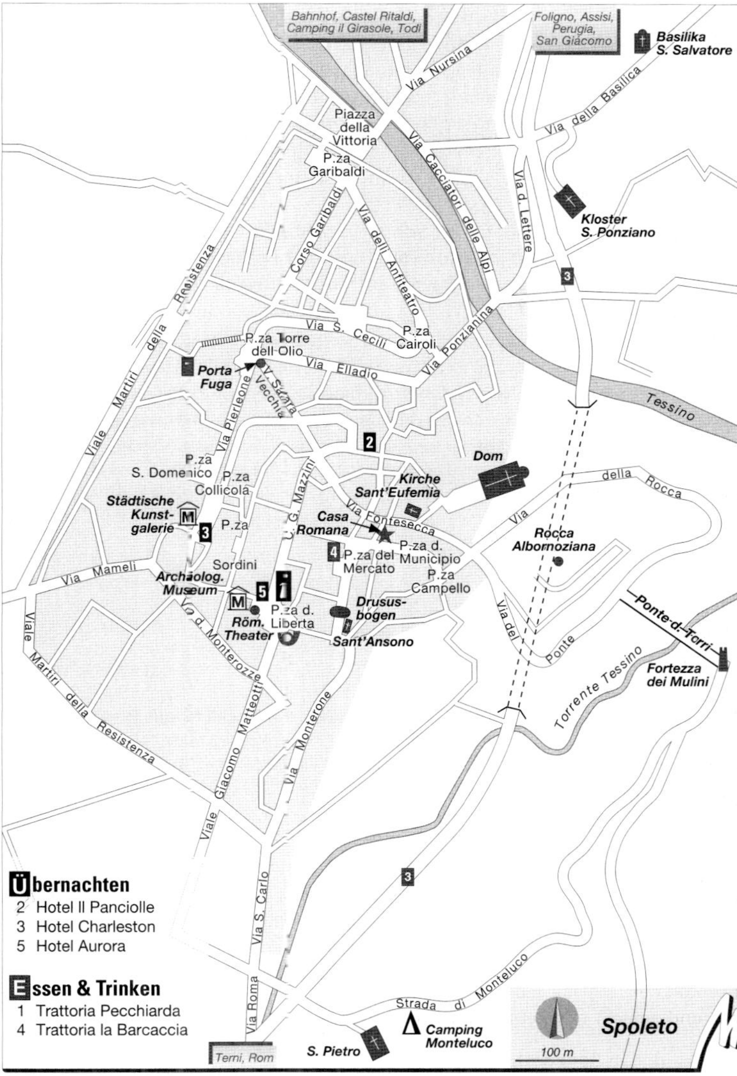

Umbrien Karte S. 718/719

großartigen Freskenschmuck: Szenen aus dem abenteuerlichen höfischen Leben. Komplett zugeblechte Ritter prügeln aufeinander ein, derweil friedlichere Zeitgenossen den Jungbrunnen austesten.

• *Öffnungszeiten/Eintritt* Mitte März bis Mitte Juni und Mitte Sept. bis Oktober: Mo–Fr 10–12.30 und 15–19 Uhr, Sa/So 10–19 Uhr; Mitte Juni bis Mitte Sept.: täglich 10–20 Uhr; Nov. bis Mitte März: Mo–Fr 14.30–17 Uhr, Sa/So 10–17 Uhr (letzter Kleinbus jeweils eine Stunde vor Schließung). Eintritt 7,50 € (Fahrt im Kleinbus inkl.).

Ponte delle Torri: Der mächtige Aquädukt, der östlich der Altstadt das üppig-grüne Tessino-Tal überspannt, wurde von Goethe als „das dritte Werk der Alten" gepriesen. Der Bau der 230 m langen und 80 m hohen Brücke wurde im Jahre 1250 begonnen und erst ein Jahrhundert später fertig gestellt. Zu ihrem Namen kam die „Brücke der Türme" aufgrund der mittleren drei Pfeiler, die nicht massiv gemauert, sondern mit Räumen für die Stadtwache ausgestattet wurden.

Nórcia

ca. 5000 Einwohner

In einer weiten Hochebene im Schutz der Sibillinischen Berge und eingefasst von einer rundum intakten mittelalterlichen Mauer liegt Nórcia. Italiener denken bei dem Namen zuerst an Würste und Linsen, für die die Stadt berühmt ist.

In der Bergwelt von Nórcia kursieren noch viele mündlich überlieferte Hexengeschichten, die der Bevölkerung so vertraut sind wie die Vita des heiligen Benedikt. Dieser wurde im Jahr 480 in Nórcia geboren, verbrachte hier seine ersten zwölf Lebensjahre und ging später als Begründer des abendländischen Mönchstums in die Geschichte ein.

• *Information* **Ufficio Informazioni Turistiche**, Piazza Benedetto 1. Informationen zur Stadt und nützliche Adresse für Wanderer. ✆ 0743/828173.

• *Verbindungen* **Busse** nach Castelluccio, Terni, Rom, Perugia, Spoleto, Foligno, S. Maria degli Angeli (Assisi).

• *Übernachten* *** **Hotel Europa**, außerhalb der Stadtmauer. Wenig attraktive Lage und oft von Reisebussen ausgebucht. Ein großes Plus hingegen ist der Swimmingpool. DZ 65–75 €. Viale Europa 7, ✆ 0743/816304, www.norciahoteleuropa.com.

* **Grotta Azzurra (Dipendenza)**, die „Bianconi Ospitalità" hält hier zehn Zimmer für Minderbemittelte bereit, drei davon mit Blick auf die Piazza Vittorio Veneto, wo man dem abendlichen Flanieren zusehen kann. DZ mit Bad 44–83 €. Corso Sertorio 22. ✆ 0743/816513, ℻ 0743/817342, www.bianconi.com.

• *Essen & Trinken* **Trattoria dal Francese**, zwischen Palazzo Comunale und Basilica di S. Benedetto hinauf. Feinschmeckerlokal mit ausgesuchten Trüffelgerichten, ein komplett getrüffeltes Menü kostet ca. 40 €. Tipp für den dünneren Geldbeutel: Würstchen mit Linsen. Via Riguardati 16.

Taverna Il Focolare dal Boscaiolo, nahe der Piazza Veneto. Focolare nennt man den häuslichen Herd, und so ist es: einfache Hausmannskost. Mo geschl. Via Bandiera 9.

Sehenswertes

Piazza San Benedetto: Der kreisrunde Platz mit dem Standbild des Stadtheiligen ist das Zentrum Nórcias. Auf der einen Seite steht *La Castellina,* ein schmuckes, quadratisches Kastellchen mit vorspringenden Ecktürmen, dessen Eingang von zwei freundlich blickenden Löwen bewacht wird. Es stammt aus dem 16. Jh. und findet als lokalhistorisches Museum Verwendung..

Gleich daneben steht Nórcias touristische Attraktion Nummer eins, die *Basilica di San Benedetto,* an sie anschließend der *Palazzo Vescovile.*

Basilica di San Benedetto: Die Kirche stammt aus dem 14. Jh., wurde aber seither mehrere Male umgebaut. Sehenswert ist vor allem die gotische Fassade. Links und rechts über dem Portal in zwei Nischen der heilige Benedikt sowie seine ebenfalls heilig gesprochene Zwillingsschwester *Scholastica*; über dem Portal eine fein gearbeitete Rosette, umrahmt von den Symbolen der vier Evangelisten.

Im Innern lohnt die *Unterkirche* einen Besuch. An dieser Stelle, so wird vermutet, wurden 480 die heiligen Zwillinge geboren, und ihnen zu Ehren errichtete man hier im 6. Jh. – auf römischen Fundamenten aus dem 1. Jh. n. Chr. – eine kleine Kapelle. Im 14. Jh. führte der Bau der Oberkirche zur teilweisen Zerstörung der kleinen Anlage.

Hier wurde der Begründer des abendländischen Mönchtums, der heilige Benedikt, geboren

Hochebene um Castelluccio

Über eine steile Bergstraße erreicht man dieses wunderschöne, 30 qkm große Wiesenplateau, umrahmt von den Sibillinen mit ihren 72 Berggipfeln. Mit über 2500 m Höhe ist das Gebirge nach dem Gran Sasso-Maiella das höchste des Apennins.

Umbrien Karte S. 718/719

Der riesige weiße Fleck auf der Landkarte unterteilt sich in den so genannten *Piano Grande* (= Große Ebene, 8 km auf 4 km), den *Piano Piccolo* (= Kleine Ebene) und den *Piano Perduto* (= Verlorene Ebene, weil sie von Nórcia in einem Scharmützel an das märkische Visso verloren wurde) – sie alle bildeten in der letzten Eiszeit einen einzigen See, der später austrocknete.

Im Südosten erstreckt sich quer durch die Hochebene der sumpfige *Fosso di Mergari* – eine Erdspalte von 2,5 km Länge, 30 m Breite und 10 m Tiefe. Hier sammeln sich im Frühjahr die Wassermengen und verschwinden in einem trichterförmigen Abflussloch *(Inghiottitóio)*, etwa auf halber Strecke zwischen Castelluccio und Forca Canapine von der Straße aus sehr gut sichtbar.

• Übernachten ** **Hotel Sibilla**, am Dorfplatz von Castelluccio und einziges Hotel im Ort. Mit Restaurant und Bar. DZ mit Bad 65 €. Via Pianogrande 2, Loc. Castelluccio, ✆/℻ 0743/821113, www.sibillacastelluccio.com.

Campingmöglichkeit auf dem Piano Grande, bei der Verpflegungsstation. Eingezäuntes Wiesengelände für Zelte und Wohnmobile, daneben Container-WC, Bar, mehr nicht.

Sportliches

Wanderungen und Bergtouren: Wer Lust auf lange Wanderungen hat, findet in der Umgebung von Castelluccio Möglichkeiten zur Genüge. Über die ganze Bergkette verteilt gibt es *Rifugi*, allerdings in unterschiedlich gutem Zustand. Möglichkeiten für Touren von drei bis vier Tagen.

Mountainbike: Das Mountainbike hat auch den Nationalpark der Sibillinen erobert. Gutes Kartenmaterial ist unabdingbar.

Mountainbike-Vermietung **Associazione Pian Grande**, beim Verpflegungspunkt auf dem Piano Grande. ✆ 0743/817279.

Drachenfliegen: Castelluccio ist ein beliebtes Ziel für Gleitschirm- und Drachenflieger. Mehrere Startplätze bieten sich an, Höhenunterschiede bis 1000 m!

Information **Prodelta** in Castelluccio. Die Organisation führt auch Kurse in Paragliding und Drachenfliegen sowie Flüge im Zweisitzer durch. Via delle Frate 3, ✆ 0743/821156, prodelta@rdn.it.

Das Tal der Nera

Halb verlassene Ortschaften und steile, bewaldete Abhänge über dem rauschenden Fluss: Das wilde Nera-Tal ist eine landschaftlich bezaubernde Gegend, in die sich ausländische Besucher nur selten verirren.

Doch gibt es leise Anzeichen einer Änderung sind in den Dörfern des Valnerina. Wo jahrelang der Wind durch offene Fensterrahmen blies, sind heute wieder richtige Fenster zu sehen. Stadtmenschen aus Rom und Terni haben das Tal entdeckt.

San Pietro in Valle: Im Mittelalter eines der reichsten Klöster der Umgebung – heute, mit Ausnahme der Kirche, eine Nobelherberge mit Charme. Die Legende schreibt die Klostergründung dem Langobardenfürsten Faroaldo II. zu, der im 8. Jh. Spoleto regierte. Im Traum soll ihm Petrus erschienen sein und einen Kirchenbau befohlen haben. Faroaldo II. gehorchte und ging sogar noch weiter: Er dankte als Herrscher von Spoleto ab, um den Rest seines Lebens als Mönch in dem von ihm gestifteten Kloster zu verbringen. Die machtpolitische Wirklichkeit hinter der beschönigenden Darstellung: Der Sohn Faroaldos II. putschte sich an die Macht und steckte seinen Vater kurzerhand ins Kloster. Den Sarkophag des Klostergründers findet man rechts vor dem Hauptaltar.

Sehenswert sind vor allem die restaurierten Fresken aus dem ausgehenden 12. Jh.: Szenen aus dem Alten Testament an der linken Kirchenwand (besonders beeindruckend die Erschaffung der Eva), Szenen aus dem Neuen Testament an der rechten. Die Fresken an der Rückwand kamen erst im 16. Jh. hinzu: „Madonna von Loreto" und „Madonna mit dem heiligen Sebastian" (letzterer lebensgefährlich von drei Pfeilen getroffen, ein vierter erweist sich als Streifschuss am Oberschenkel).

Öffnungszeiten Mitte Juni bis Mitte Sept.: Mo–Fr 15.30–18 Uhr, Sa/So 10.30–12.30 und 15.30–18 Uhr.

Ferentillo: Die zwei mittelalterlichen Burgruinen, die beiderseits der Nera den Ort bewachen, gehörten einst zum Verteidigungsring des Klosters San Pietro in Valle (s. o). Die Natur half zusätzlich bei der Abwehr allfälliger Eindringlinge.

Eine eher makabre Sensation in Ferentillo ist der *Friedhof der Mumien*. Dank der „besonderen chemischen Zusammensetzung der porösen Erde von Ferentillo" wurden die vor über 200 Jahren in der Krypta der Kirche San Stefano beerdigten Toten perfekt mumifiziert. Bei einigen Mumien sind noch die Haare auszumachen, bei anderen stecken noch die Augäpfel in ihren Höhlen. Eine der ausgestellten Gestalten zeigt sich samt ihrer bäuerlichen Kleidung, eine andere, besonders große Mumie wird als Schweizergardist vorgestellt, und dann gibt es auch noch zwei leibhaftige Chinesen – angeblich auf der Pilgerreise nach Rom in Ferentillo gestorben.

Öffnungszeiten/Eintritt März und Okt.: 9.30–12.30 und 14.30–18.30 Uhr; April bis Sept.: 9–12.30 und 14.30–19.30 Uhr; Nov. bis Februar: 10–12.30 und 14.30–17 Uhr. Eintritt 3 €.

Terni

ca. 113.000 Einwohner

Terni ist nach Perugia zwar die zweitgrößte Stadt Umbriens, doch berühmte Sehenswürdigkeiten findet man hier nicht. Ganz gleich, von welcher Seite man sich Terni nähert: Industrieanlagen und Wohnsilos bestimmen das Bild schon bei der Einfahrt.

Bereits im 19. Jh. wurde die Stadt planmäßig industrialisiert. Eisen- und Stahlproduktion sollten in Umbrien Arbeitsplätze schaffen. Im 20. Jh. wuchs Terni zu einer der größten Rüstungsschmieden Italiens heran und war deshalb im Zweiten Weltkrieg eines der vorrangigsten Ziele der alliierten Bombardements. Von August 1943 bis Juni 1944 wurden über hundert Angriffe geflogen – mit dem Resultat, dass nicht nur militärische und zivile Produktionsanlagen zerstört wurden, sondern auch die historische Bausubstanz der Stadt.

• *Information* **IAT-Büro**, vom Bahnhof Richtung Zentrum, am Ende der Piazza Tacito rechts. Geöffnet Mo–Fr 9–13 Uhr, Di und Do zusätzlich 15–18 Uhr. ✆ 0744/423047, 📠 0744/427259, info@iat.terni.it.

• *Verbindungen* Hervorragende **Bahnverbindungen** nach Rom, Florenz, Orvieto (umsteigen in Orte), Spoleto und Foligno. **Busse** nach Todi.

• *Übernachten* In Terni ist man eher auf Spesenritter als auf Touristen eingestellt. Eine befriedigende Bleibe ist nur schwer zu finden.

*** **Hotel de Paris**, vom Bahnhof Richtung Innenstadt. Auch das angeschlossene Nobelrestaurant gibt sich französisch: „La Lumière". DZ 50–100 €. Viale della Stazione 52, ✆/📠 0744/58047, www.hoteldeparis.it.

Camping, → Terni/Umgebung, „Cascate delle Marmore.

• *Essen & Trinken* **Pizzeria Il Chiodo Fisso**, an der Nera, stadtabgewandte Seite. Populäres Lokal mit hervorragenden Pizzen aus dem Holzofen, auch Primi Piatti. Den Straßenlärm muss man allerdings in Kauf nehmen. Viale L. Campofregoso 54. Mo geschl.

Sehenswertes

CAOS *(Centro Arti Opificio Siri)*: Auf dem Geländer der 1983 stillgelegten Chemiefabrik Siri wurde 2009 Ternis hypermoderner Kulturkomplex eröffnet. Ein neuer Theaterbau, die städtische Bibliothek, das archäologische Museum, die Pinakothek, das Museum für moderne Kunst sowie ein Art-Bookshop und ein großes Café, in dem man bequem Platz findet, sind die Hauptbestandteile des farbigen Caos. Interessant für Kulturreisende sind vor allem die Pinakothek und das Museum für moderne Kunst.

Öffnungszeiten/Eintritt Di–So 10–13 und 16–19 Uhr. Eintritt 5 € (Sammelticket Pinakothek, Museum für moderne Kunst und Archäologisches Museum).

Terni/Umgebung

Cascate delle Marmore: Die Kaskaden, in einer grünen, kühlen Oase gelegen, bieten ein einmaliges Schauspiel: In drei Stufen stürzt das Wasser 165 m tief ins Tal hinab. Im Jahre 271 v. Chr. wurde das eigenwillige Projekt von Menschenhand geschaffen, der Cavo-Curiano-Kanal leitete das Wasser des Velino hierher, um Überschwemmungen zu verhindern.

Vom obersten Aussichtspunkt bietet sich ein schöner Blick auf die *Cascate* und den kleinen See darunter, alles eingebettet in grün wuchernde Vegetation. Unterhalb des Hauptbeckens liegen noch mehrere kleine Wannen, von denen das glasklare, kalte Wasser in die tiefer gelegenen Bassins strömt. Ein kurzer Wanderweg führt den steilen Abhang entlang zum Fuß des Wasserfalls. Überall tropft es von den Felsen, schmale Bäche rauschen ins Tal. Werden die Schleusen geöffnet, verwandeln

Umbrien Karte S. 718/719

sich die Rinnsale in tosende, wirbelnde, gischtaufspritzende Wassermassen. Auf halbem Weg ein Tunnel im Fels: Nebelschwaden und angenehm kühle Luft wehen heraus. Der Tunnel endet an einem Balkon direkt unterhalb des Wasserfalls. Wenn die Wassermassen sich voller Kraft ins Tal ergießen, steht man hier inmitten der aufspritzenden Gischt – und wird klitschnass – ein erfrischendes Erlebnis!

• *Schleusen-Öffnungszeiten* Die Öffnung der Schleusen wird jeweils 15 Min., 10 Min. und 5 Min. vorher von einer nicht zu überhörenden Sirene angekündigt. Spätestens dann sollten Sie sich vom Wasserspiegel entfernen!!! Die Öffnungszeiten über das Jahr hinweg folgen einem sehr ausgeklügelten Stundenplan:

Mitte März–April: Mo–Fr 12–13 und 16–17 Uhr, Sa/So 10–13 und 16–21 Uhr.

Mai: Mo–Fr 12–13 und 16–17 Uhr, Sa 10–13 und 16–22 Uhr, So 10–13 und 15–22 Uhr.

Juni: Mo–Fr 16–17 und 21–22 Uhr, Sa 11–13 und 15–22 Uhr, So 10–13 und 15–22 Uhr.

Juli/August: Mo–Fr 12–13, 17–18 und 21–22 Uhr, Sa 11–13 und 15–22 Uhr, So 10–13 und 15–22 Uhr.

September: Mo–Fr 12–13, 16–17 und 21–22 Uhr, Sa 11–13 und 16–21 Uhr, So 10–13 und 15–21 Uhr.

Oktober: Sa 11–13 und 16–20 Uhr, So 10–13 und 15–20 Uhr.

Nov. bis Mitte März: So 15–16 Uhr. Eintritt 5 €.

• *Anfahrt/Verbindungen* Es gibt zwei Zugänge zu den Wasserfällen, einen oberen und einen unteren.

Oberer Zugang: Von Terni führt die Straße in Richtung Rieti erst in ein Tal hinein und dann in Serpentinen den Berg hinauf. Nach wenigen Kilometern erreicht man den kleinen Ort *Marmore*, in dessen unmittelbarer Nähe das Schauspiel gegeben wird. **Busse** von Terni.

Unterer Zugang: Von Terni aus auf der Straße Nr. 209 ins Valnerina. Nach wenigen Kilometern sieht man rechts die Wasserfälle. Großer Eintrittspavillon direkt an der Straße.

• *Camping* ** **Camping Cascata delle Marmore**, in Marmore, am Ortsausgang Richtung Rieti. Sehr ruhig mitten im Wald. Dahinter ein Grillplatz, der besonders am Wochenende beliebtes Ausflugsziel der Städter aus Terni ist. Ca. 140 Stellplätze. Geöffnet April bis Mitte Okt. Loc. I Campacci, Fraz. Marmore, ✆/℻ 0744/67198.

Narni

ca. 20.400 Einwohner

Auf einem Bergrücken über der Nera drängen sich die Kirchen, Palazzi und Häuser der mittelalterlichen Stadt. Zahlreiche Verstrebungen und teils bewohnte Brückenbögen zwischen den Häusern halten die steinerne Architektur zusammen. Am Fluss unten stehen als Zeugnis römischer Brückenarchitektur die imposanten Überreste des Ponte d'Augusto aus dem Jahr 27 v. Chr.

Die einst 128 m lange Brücke aus hellem Travertin hielt den Fluten der Nera über tausend Jahre stand. Eine Hochwasserkatastrophe im Jahr 1053 besiegelte dann ihr Schicksal. Seither zogen die trutzigen Pfeiler und der noch erhaltene Brückenbogen Kupferstecher, Maler und Fotografen in ihren Bann.Heute überspannt auf hohen Pfeilern eine neue Betonbrücke die Nera.

• *Information* **IAT-Büro Narni** im Palazzo Comunale, Piazza dei Priori 3. Geöffnet Di–So 9.30–12.30 und 17–19 Uhr. ✆/℻ 0744/715362, iatnarni@comune.narni.tr.it.

• *Verbindungen* **Bahn**: Gute Verbindung nach Terni, gelegentlich halten auch die Züge der Strecke Rom–Ancona. Der Bahnhof liegt in Narni Scalo; ab hier **Busse** zum Centro storico (Piazza Garibaldi).

• *Märkte* **Trödelmarkt** (Mercato del rigattiere), auf der Piazza dei Priori, jeweils am dritten Wochenende des Monats, 9–20 Uhr.

Wochenmarkt: samstags auf dem großen Parkplatz unterhalb der Stadt.

• *Übernachten* *** **Hotel dei Priori**, oberhalb des Palazzo Comunale, Eingang Ristorante La Loggia. Ein überaus freundlicher Wirt sorgt für angenehmen Aufenthalt. Narnis beste Adresse, unauffällig in der Altstadt gelegen. DZ 65–90 €. Vicolo del Comune 4, ✆ 0744/726843, ℻ 0744/726844.

• *Essen & Trinken* **Ristorante La Loggia**, im Hotel dei Priori (s. o.), mit schmuckem, kleinem Hinterhof. Ob Fasan, Wildschwein oder Lamm: preiswert und gut. Mo geschl.

Sehenswertes

Dom San Giovenale: Narni hat keinen Platz für große frei stehende Kirchenbauten, und so fällt der Dom mit seinem gedrungenen Turm dem Besucher kaum auf. Die Kirche ist vierschiffig, wobei das vierte Schiff – durch Arkaden abgetrennt – erst später hinzugefügt wurde.

Rechts findet man die von den Narnesen verehrte *Capella San Cassio*. Die Steinplatte über dem Eingang mit den Flachreliefs zweier Lämmer (die fast wie Pferde aussehen) stammt aus dem 6. Jh., links in einer Nische thront der heilige Juvenal, der im 4. Jh. Narni christianisierte – die 1991 restaurierte Holzstatue des Stadt- und Kirchenpatrons datiert aus dem 15. Jh. Über zwei Stufen gelangt man hinunter zu einer kleinen Grotte mit dem heute leeren Sarkophag Juvenals. Hier wurden im Jahr 880 seine Gebeine versteckt. Sie wurden vom Markgrafen der Toskana zurückgegeben, der sie zwei Jahre zuvor geraubt hatte. Nach dem frevelhaften Diebstahl wollte man erst einmal auf Nummer sicher gehen. Die versteckte Grotte wurde erst 1642 entdeckt; seither ruhen die Gebeine Juvenals in der Krypta, direkt unter dem Hauptaltar.

Piazza dei Priori: Oberhalb des Doms mündet die Via Garibaldi in eine lang gestreckte Piazza, an deren Ende ein unauffälliger, kleiner bronzener Brunnen aus dem Jahr 1303 steht.

Die Ostseite des Platzes dominiert der *Palazzo dei Priori* mit großer Loggia und einer hübschen, kleinen Steinkanzel. Hier verkündete der städtische Ausrufer im Mittelalter der Bevölkerung die neuesten Nachrichten und Verfügungen.

Todi

ca. 17.300 Einwohner

Die Piazza del Popolo von Todi wird mit Recht zu den schönsten mittelalterlichen Plätzen Italiens gezählt – die Kulisse ist filmreif. Regisseur Joseph L. Mankiewicz hatte dies erkannt, als er 1963 Elizabeth Taylor als Kleopatra die breite Freitreppe des Platzes hinabschreiten ließ.

Die Geschichte hat in der uralten umbrischen Stadt, die von ihrem pyramidenförmigen Hügel ins Tibertal hinabschaut, Spuren aus vielen Epochen hinterlassen. Wer durch die *Porta Romana* (mittelalterlich) die Via Matteotti hinaufgeht, stößt auf die *Porta Catena* (römisch), dann auf die *Porta Marzia* (etruskisch) und hat somit – wenn auch gegen die Chronologie – einen kompakten geschichtlichen Parcours hinter sich gebracht.

• *Information* **IAT-Büro**, Piazza del Popolo 38. Kompetentes Personal und viel Material über Todi und Umgebung. Geöffnet: Mo–Sa 9.30–13 und 15–18 Uhr, So 10–13 Uhr. ✆ 075/8945416, ℻ 075/8942406, info@iat.todi.pg.it.

• *Verbindungen* Die **Bahn** (Linie Perugia–Terni) fährt nicht auf den Hügel, hält aber an dessen Fuß. Von den beiden Stationen wählt man besser *Ponte Rio*, da von hier oft Busse in die Innenstadt (Piazza Jacopone) fahren.

Etwas näher ins Zentrum fahren **Busse** von Perugia und Orvieto aus. Haltestelle ist der Parkplatz beim Tempio di S. Maria della Consolazione.

• *Übernachten* *** **Hotel Villa Luisa (3)**, vor der Porta Romana. Größerer Bau mit Parkanlage, oft von Gruppen ausgebucht. „Hotel sauber und gut, Essen ausgezeichnet", urteilt kurz und bündig eine Leserin. DZ 75–140 €. Viale Angelo Cortesi 147, ✆ 075/8948571, ℻ 075/8948472, www.villaluisa.it.

*** **Hotel Tuder (4)**, vor der Porta Romana, in der Nähe des vorgenannten. Obere Mittelklasse. DZ 88–115 €. Via Maestà dei Lombardi 13, ✆ 075/8942184, ℻ 075/8943952, www.hoteltuder.com.

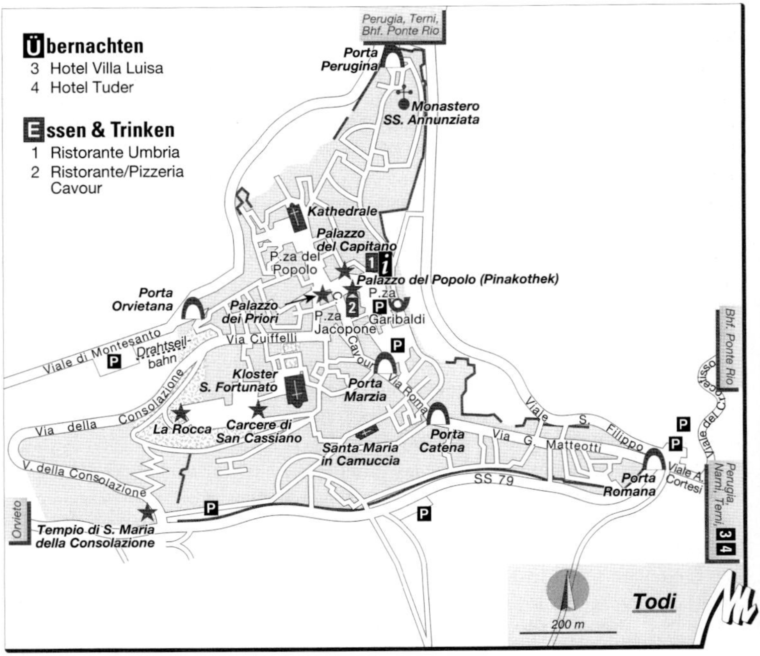

• *Essen & Trinken* **Ristorante Umbria (1)**, beliebt und populär. Regionale Küche. Großartige, teilweise überwachsene Speiseterrasse mit Ausblick auf die Ebene. Preise leicht über dem Durchschnitt. Di geschl. Via S. Bonaventura 13.

Ristorante/Pizzeria Cavour (2), bei Einheimischen und Touristen gleichermaßen beliebtes Restaurant. Sowohl Pizza als auch à la carte zu vernünftigen Preisen. Nicht nur das Bier wird hier vom Fass gezapft, sondern – eine Seltenheit – auch der leicht perlende, frische Prosecco! Mittags preiswertes Menu turistico. Mi geschl. Corso Cavour 23.

Sehenswertes

Piazza del Popolo: Am schönsten ist das Erlebnis, wenn man den längeren Aufstieg von der *Porta Romana* her wählt. Einfach immer der Hauptgasse entlang. Erst heißt sie *Via Matteotti*, dann *Via Romana*, dann *Corso Cavour*. Oben tut sich unvermittelt die spektakuläre Piazza auf: am Kopfende die *Kathedrale* mit einer breiten Treppe, ihr gegenüber der *Palazzo dei Priori* (größtenteils 13./14. Jh.), heute Verwaltungsgebäude, und ums Eck der *Palazzo del Popolo* mit der eingangs erwähnten filmreifen Freitreppe zur Piazza. Er stammt ebenso wie der angebaute *Palazzo del Capitano* aus dem 13. Jh. Vor allem das Gesamtbild dieser drei Paläste ist es, das der wunderschönen Piazza den Stempel aufdrückt: Keiner der drei stellt den anderen in den Schatten (und man bekommt sie sogar zusammen vors Objektiv).

Kathedrale: Ihr Gründungsdatum ist ungewiss. Vermutlich stammt sie aus dem 11. Jh., einige Quellen deuten aber auch auf einen früheren Bau aus dem 9. Jh. hin. Im Jahr 1190 wurden große Teile durch einen Brand zerstört, der Wiederaufbau erfolgte im lombardischen Stil. Erneute Änderungen, vor allem an der Fassade, fallen ins 16. Jh.

Zu den Schmuckstücken im Innern gehört zweifellos das fein gearbeitete *Chorgestühl* (1530) mit seinen Intarsien – teils Trompe-l'œil-Technik – ein schier unbegrenzter Bilderreichtum. Leider ist das Gestühl nicht aus der Nähe zu betrachten; wer keinen Operngucker mit sich führt, muss sich an die Postkarten halten. Bevor der Besucher die Kathedrale verlässt, wird er noch aufgerufen, seinen Lebenswandel zu überdenken: Im *Jüngsten Gericht*, einem Fresko aus dem 16. Jh. an der Rückwand der Kirche, entschwinden die Geretteten nach oben – unten ächzen die Verdammten.

Kloster San Fortunato: Eine großzügig breit angelegte Treppe führt zum Kloster hinauf, das sich an Todis höchster Stelle erhebt. An der Fassade besticht einzig das reich verzierte gotische Portal, der obere Teil kam wesentlich später dazu und wirkt noch heute provisorisch. Im Innern überrascht die Helligkeit. Das Spiel mit dem Lichteinfall – die gotischen Architekten entwickelten darin eine Meisterschaft – wird hier exemplarisch vorgeführt.

In der Krypta ruht der um 1230 in Todi geborene Jacobus de Benedictis, *Jacopone da Todi* genannt. Jacopone war ein begüterter und sinnenfroher Rechtsanwalt, bevor er seinen Besitz an die Armen verteilte und Franziskaner wurde. Berühmt geworden ist Jacopone da Todi vor allem als Verfasser von Satiren und geistlicher Poesie.

Tempio di Santa Maria della Consolazione: ein großes Bauwerk um ein kleines Madonnenfresko. Die Legende will, dass im Jahr 1508 ein auf einem Auge erblindeter Bauarbeiter im Schutt einer verfallenen Kirche das kleine Fresko entdeckte. Er zückte sein Taschentuch und säuberte es von Staub und Spinnweben. Dass er mit demselben Taschentuch danach den Schweiß von seiner Stirn wischte, war sein Glück. Fortan sah er die Welt wieder mit zwei Augen. Das Wunder sprach sich schnell herum, Pilger strömten herbei, um das Fresko zu sehen, und ein Jahr später hatten sich genug Spenden angehäuft, um mit dem Bau einer Kirche zu beginnen.

Die byzantinisch inspirierte Kirche ist zweifellos eines der faszinierendsten Bauwerke der italienischen Renaissance. Der außerhalb der Stadtmauer im Freien stehende „Tempel“ zeigt vier kurze Apsiden, drei polygonal, die vierte halbrund, und über dem Mittelbau eine wuchtige Kuppel. Hundert Jahre lang (1509–1607) wurde an der gedrungenen Kirche gearbeitet. Ob der berühmte Renaissance-Architekt *Bramante* am Bau beteiligt war oder zumindest die Pläne vorgab, ist in Fachkreisen umstritten.

Karte S. 718/719

Orvieto

ca. 21.100 Einwohner

Auf der Autostrada del Sole sieht man schon von weitem die plastisch aus der Landschaft ragende Stadt auf dem hohen Tuffsteinblock. Im Frühsommer und im Herbst, wenn das Paglia-Tal noch von dickem Nebel bedeckt ist, scheint oben in Orvieto oft die Sonne. Mit ihren Türmen, Kirchen und dem Dom präsentiert sich die Stadt dann wie ein mächtiges Schiff, das lautlos auf schäumenden Wogen dahingleitet – ein zauberhafter Anblick!

Die mittelalterliche Altstadt mit ihren gewundenen, schmalen Gassen ist gut erhalten. Hinter Mauern und geschlossenen Portalen verbergen sich oft schöne Gärten und Innenhöfe. Von den Weinbergen rechts und links des Paglia-Flusses stammt der vorzügliche *Orvieto classico*, ein strohgelber Weißwein, der in den Tuffkellern unter der Stadt reift.

Diese seit der Etruskerzeit gegrabenen Vorratsgrotten bereiten den Orvietanern immer wieder Sorgen: In Schlechtwetterperioden verwandeln sich die Stollen in unterirdische Wasserläufe, die bereits gefährliche Erdrutsche am Sockel des Tuffklotzes und oben an den Plateaurändern ausgelöst haben.

Information/Verbindungen/Diverses

• *Information* **IAT-Büro**, Piazza del Duomo 24. Professionell geführt. Geöffnet Mo–Fr 8.30–15.30 und 16–19 Uhr, Sa/So 10–13 und 15–18 Uhr. ✆ 0763/341772, 📠 0763/344433, info@iat.orvieto.tr.it.

• *Verbindungen* **Bahn**: direkte Anschlüsse nach Rom, Bologna, Mailand, Florenz, indirekte nach Perugia und Assisi (umsteigen in Terόntola), nach Terni und Spoleto (umsteigen in Orte) sowie nach Siena (umsteigen in Chiusi).

Der Bahnhof liegt unten im Tal, in der Neustadt Orvieto Scalo. Er ist durch eine moderne **Drahtseilbahn** mit der Altstadt auf dem Tuffblock verbunden. Ab- bzw. Auffahrt alle 15 Min., Fahrtdauer 116 Sekunden,

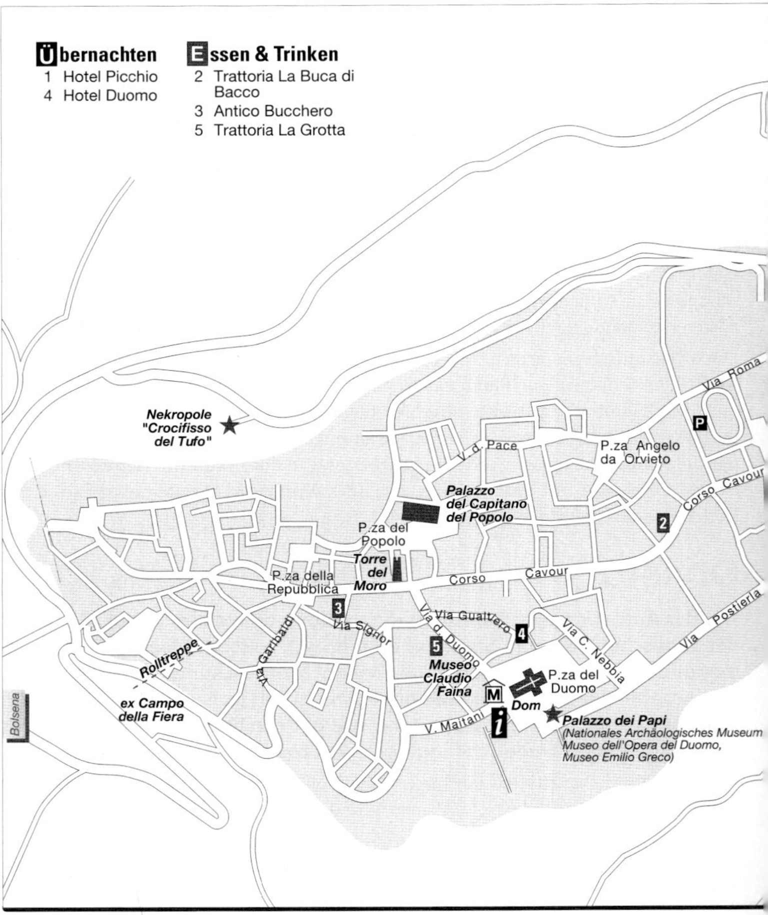

Preis 1 €, inkl. anschließendem Busticket bis zum Dom. Letzte Talfahrt: 20.30 Uhr!

Busse: Nach Bolsena 2-mal tägl., um 13.10 und 18 Uhr, seltsamerweise fährt jedoch nach 16 Uhr von Bolsena kein Bus mehr zurück. Nach Todi 1-mal tägl. um 13.30 Uhr.

• *Parken* Es gibt einige kleinere gebührenpflichtige Parkplätze in Orvieto. Doch ist es sinnvoller – vor allem in der Saison – den Großparkplatz (gratis) am Bahnhof zu benutzen und mit der Drahtseilbahn hochzufahren.

Übernachten

*** **Hotel Duomo (4)**, zentrale Lage und doch ruhig. Hat nach einer Totalrenovierung 2001 zu Recht einen Stern dazugewonnen. Alle Zimmer geschmackvoll eingerichtet. Professioneller und freundlicher Empfang im großen Foyer. Unsere Empfehlung für die 3-Sterne-Klasse. DZ mit Dusche 90–110 €. Vicolo di Maurizio 7, ✆ 0763/341887, ℻ 0763/394973, www.orvietohotelduomo.com.

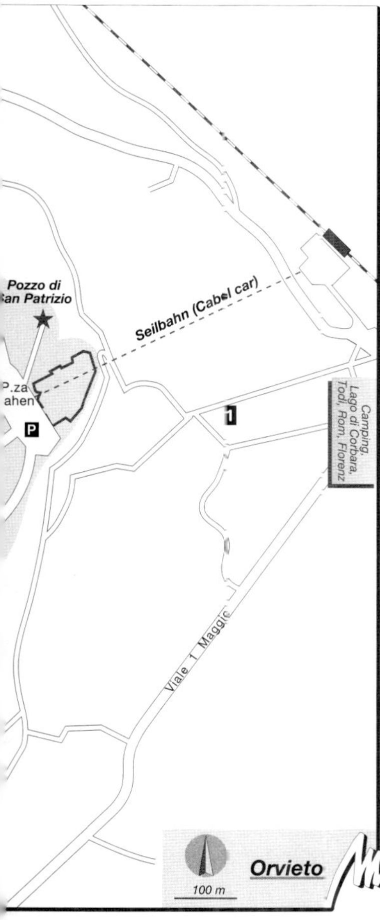

*** **Hotel Picchio (1)**, in Orvieto Scalo. Preiswertes, familiär geführtes Hotel, abseits vom Straßenlärm und 5 Fußminuten von der Drahtseilbahn entfernt. Eigene Garage. Zimmer etwas klein, darüber tröstet am Morgen ein kuchenreiches Frühstück hinweg. Unser Tipp! DZ mit Dusche 45–62 €. Via G. Salvatori 17. ✆/℻ 0763/301144, www.bellaumbria.net/hotel-picchio.

Essen & Trinken

Antico Bucchero (3), klein und edel, aufmerksame und freundliche Belegschaft mit Fliege. Als Pasta empfehlen wir hausgemachte Lombrichelle (Regenwürmchen, was der Form nach die Sache trifft), zur Pilzzeit gibt es ein ausgezeichnetes Agnello ai funghi. Mi geschl. Via dè Cartari 4.

Trattoria La Buca di Bacco (2), ausgezeichnete Küche in gepflegtem Ambiente. Gemütliches Gärtchen nach hinten. Degustationsmenü mit Bocconcini di Bacco als Hauptgang (Bocconcini = Leckerbissen) ca. 30 €, Menu turistico ca. 15 €. Vom Restaurant aus führt eine Treppe tief hinunter in den Tuffkeller, wo die gelagerten Weine degustiert werden können. Di geschl. Corso Cavour 299–301.

Trattoria La Grotta (5), „Preise angemessen, angeboten werden Spezialitäten des Hauses, Wildschwein, Trüffel (zur Saison) und gute Weine zu erschwinglichen Preisen. Die Schau ist der Chef, der fast mit jedem ein Schwätzchen hält." (Lesertipp). Di geschl. Via Luca Signorelli 5.

Sehenswertes

Dom: Der Dom von Orvieto mit seinen aus schwarzem Basalt und grau-gelbem Kalkstein gestreiften Außenmauern und der reich verzierten Front in Form eines dreiteiligen Altarbildes gilt zu Recht als einer der schönsten in ganz Italien. *La nuvola d'oro* – die Wolke aus

Umbrien
Karte S. 718/719

Gold – heißt dieses Prunkstück somit auch im Volksmund. Der über drei Jahrhunderte dauernde Bau soll 33 Architekten, 90 Mosaikkünstler, 152 Bildhauer und 68 Maler beschäftigt haben.

In den Flachreliefs an der Fassade verliert sich der Blick des eiligen Besuchers schnell. Man muss sich Zeit nehmen für diese plastische Bilderbibel von der Schöpfungsgeschichte (Eva wird förmlich aus der Rippe Adams hervorgezaubert) bis zum Jüngsten Gericht, wo die ewig Verdammten mit Schlangen und Drachen zu kämpfen haben.

Die große Überraschung im Inneren ist die *Brizio-Kapelle* (rechts vorn). Der Freskenzyklus von *Luca Signorelli* über das Ende der Welt ist ein Meisterwerk. „Die Taten des Antichrist" an der linken Wand zeigen den Verderbten als Prediger, dem der Teufel die Worte einflüstert; wer sich verführen lässt, wird umgebracht. An der Wand gegenüber wird die „Auferstehung des Fleisches" ist in aller Fleischlichkeit dargestellt, aus einer monoton grauen Fläche steigen die zu neuem Leben erweckten Leiber hervor. Im „Inferno der Verdammten" an der Stirnwand saust ein beflügelter Teufel mit einer Sünderin durch die Lüfte, eine andere Verdammte wird mit einem Fuß auf dem Kopf zu Boden gedrückt, während ihr die Zehen ausgerissen werden.

• *Öffnungszeiten/Eintritt* (Brizio-Kapelle): Jan./Febr. und Nov./Dez.: Mo–Sa 9–13.15 und 14.30–17.15 Uhr, So 14.30–17.45 Uhr; März und Okt.: Mo–Sa 9–18.15 Uhr, So 13–17.45 Uhr; April bis Sept.: Mo–Sa 9–19.15 Uhr, So 13–17.45 Uhr (Juli bis Sept. bis 18.45 Uhr). Max. 25 Personen dürfen sich in der Kapelle aufhalten und zwar möglichst nicht länger als 15 Min. Eintritt im Sammelticket (Brizio-Kapelle, Museo Emilio Greco und Museo dell'Opera del'Duomo) 6,50 €. Die Tickets bekommt man – in der Kirche werden schließlich keine Geschäfte getätigt – bei der Biglietteria Opera del'Duomo im Museo Emilio Greco.

Brunnen des heiligen Patrick *(Pozzo di San Patrizio)*: eine genial durchdachte Brunnenkonstruktion! Papst Clemens VII., der während der Plünderung Roms 1527 in Orvieto Zuflucht suchte, ließ einen Quellbrunnen graben, um im Falle einer Belagerung der Stadt die Festung Albornoz mit ausreichend Trinkwasser versorgen zu können. Als Architekt und Baumeister beauftragte er Antonio Sangallo. Der Papst segnete 1534, noch vor der Fertigstellung, das Zeitliche, der Brunnen wurde in seiner eigentlichen Funktion nie genutzt. Fast 62 m tief und 13,4 m im Durchmesser ist der Patricksbrunnen. Von den beiden Eingängen führen zwei übereinander liegende Spiralen mit jeweils 248 abgeflachten Stufen hinab zur Quelle. Die Treppengänge sind so angelegt, dass sie sich nicht berühren. Nur durch einen kleinen Steg am Grund des Brunnenschachts, knapp über dem Wasserspiegel, sind sie miteinander verbunden – die zum Wasserholen vorgesehenen Esel sollten einander beim Ab- und Aufstieg nicht in die Quere kommen.

Öffnungszeiten/Eintritt März/April und Sept./Okt.: 9–18.45 Uhr; Mai bis August: 9–19.45 Uhr; Nov. bis Februar: 10–16.45 Uhr. Eintritt 4,50 €.

Nekropole Crocifisso del Tufo: die am besten erhaltene etruskische Totenstadt ganz Umbriens. Sie wurde 1830 bei Straßenbauarbeiten entdeckt. Die in mehreren Reihen gradlinig ausgerichteten, rechteckigen Kammergräber sind aus Tuffsteinblöcken gehauen. Über den meisten Eingängen ist noch der eingemeißelte Name des Bestatteten zu lesen – in der von rechts nach links laufenden etruskischen Schrift.

• *Öffnungszeiten/Eintritt* Sommer: 8.30–19 Uhr; Winter: 8.30–17 Uhr. Eintritt 3 €. (Sammelticket Nekropole Crocifisso del Tufo und Nationales Archäologisches Museum 5 €.)

• *Anfahrt* Die Nekropole liegt auf halber Höhe an der Straße zwischen der Stadt und dem Bahnhof. Gut beschilderter Weg – mit Auto oder Bus leicht zu erreichen (Buslinie Nr. 1 ab Dom).

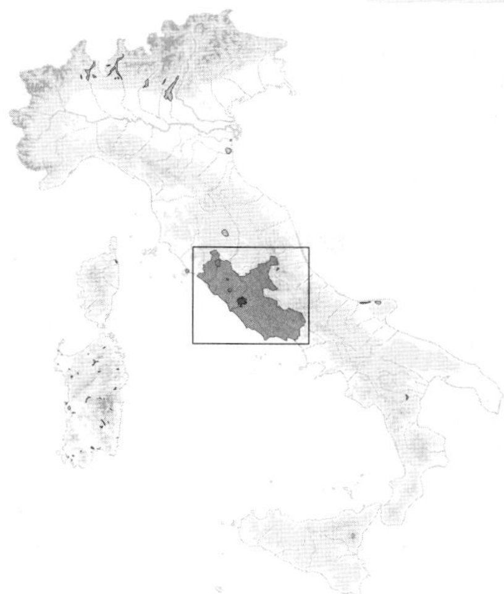

Rom und Latium

Roma e Lazio

Schöne Orte: Rom (S. 760), Viterbo (S. 822), Sutri (S. 827), Gaeta (S. 841), Bolsena (S. 819), Sperlonga (S. 840) und Ponza (S. 843).

Landschaftliche Höhepunkte: Lago di Bolsena (S. 818); Lago di Vico (S. 826); Colli Albani (S. 834); Parco Nazionale del Circeo (S. 838); Küstenstreifen von Terracina nach Gaeta (S. 840); Pontinische Inseln (S. 843).

Kulturell interessant: Rom (S. 760); die etruskischen Ausgrabungen von Tarquinia (S. 815) und Cerveteri (S. 817); die Parkanlagen in Tivoli (S. 812); Klöster von Montecassino (S. 833), Subiaco (S. 830), Casamari (S. 832) und Fossanova (S. 840).

Baden: Lago di Bolsena (S. 818), Lago di Bracciano (S. 827) und Parco Nazionale del Circeo (S. 838).

Kurios: Parco dei Mostri in Bomarzo (S. 826); Cestius-Pyramide in Rom (S. 810), Monte Testaccio in Rom (S. 809) und Santa Maria della Concezione in Rom (S. 809).

Eher abzuraten: Badeaufenthalt an der Küste im Hochsommer; die Städte Civitavecchia, Frosinone und Latina.

Rom: bedeutende Zeugnisse der Antike dicht an dicht

Rom und Latium

Roma e Lazio

Rom wird von ausländischen Besuchern förmlich überschwemmt, Latium ist dagegen touristisch weitgehend unbekannt. Sein Reiz liegt in der Vielfalt der Landschaften: Von der weitgehend flachen Küste kann man durch sanft ansteigende Hügel innerhalb weniger Kilometer ins Gebirge fahren, das in weiten Teilen vulkanisch geprägt ist. Ins weiche Tuffgestein sind tiefe Schluchten gegraben, in denen die geheimnisvollen Etrusker ihre riesigen Totenstädte gruben und an deren Rändern heute stille, kleine Orte liegen.

Während der hüglige Norden eine überraschend üppige Vegetation, prachtvolle Kastanienwälder und sogar einige kreisrunde Seen in ehemaligen Kratern besitzt, ist der Süden karger, verfügt aber über die weitaus schönere Küste. In den meernahen Gebieten lagen früher ausgedehnte Malariasümpfe, die z. T. erst im 20. Jh. ausgetrocknet werden konnten. Obwohl seit etlichen Jahren die Industrialisierung vorangetrieben wird, hat sie Latium kaum geprägt. Lediglich an der überlaufenen Küste trifft man auf die hässlichen Zeugnisse unserer Zeit und damit verbundene Verschmutzungen. Im hügeligen Hinterland und im Gebirge ist davon nichts mehr zu spüren. Manche Dörfer und Provinzstädte scheinen seit dem Mittelalter in eine Art Dornröschenschlaf verfallen zu sein. An vielen Stellen wird die einstige Machtstellung von Kirche und Adelsfamilien deutlich. Dicht gedrängt winden sich Gassen mit schmalen Häuschen um eine Kirche oder einen mächtigen Palazzo.

Auf jeden Fall einen Abstecher wert sind die Gebirgsketten – die wichtigsten sind die Monti Volsini, Monti Cimini, Monti Sabini, Monti della Tolfa und die Colli Albani. Zum großen Teil sind sie vulkanischen Ursprungs, in ihren größten Kratern liegen die reizvollen Seen *Bolsena, Vico, Bracciano, Albano* und *Nemi*. Vor allem ersterer hat sich zu einem beliebten Bade- und Erholungsgebiet entwickelt.

Latium hat eine interessante Geschichte, die noch heute durch zahlreiche Kirchen, Ruinen und archäologische Funde den Reiz dieser Landschaft mitbestimmt. Beinahe jeder Ort – sei er noch so klein – kann irgendein Zeugnis seiner Geschichte vorweisen, das aus prähistorischer, etruskischer, römischer oder mittelalterlicher Zeit stammt. Vor allem im Norden kommen an immer mehr Stellen Zeugnisse des von den Römern vernichteten Volks der Etrusker zum Vorschein. Am eindrucksvollsten sind die großen Totenstädte, die meist in Schluchten aus dem Tuff gehauen wurden – die bekanntesten bei *Cerveteri* und *Tarquinia*.

Anfahrt/Verbindungen

• *Pkw* Hauptachse des Anreiseverkehrs ist die **Autobahn A 1** von Florenz nach Rom. Um zum Lago di Bolsena und Viterbo zu gelangen, muss man bei Orvieto abfahren – oder ab Siena die längere, aber sehr reizvolle SS 2 nehmen.

Die toskanische Autobahnlücke setzt sich südlich von Livorno bis Civitavecchia fort, doch verläuft entlang der gesamten Nordküste Latiums die teilweise autobahnähnlich ausgebaute **Via Aurelia**. Von Civitavecchia nach Rom führt die **A 12**. Die parallel laufende Via Aurelia ist hier aber trotzdem stark von Lkw befahren, denn viele wollen die Autobahngebühr sparen.

• *Bahn* Rom ist Dreh- und Angelpunkt. Wichtigste Durchgangslinie und Achse des staatlichen Bahnnetzes ist die „Direttissima" von **Mailand** über **Florenz** nach **Rom**, in Richtung Süden fortgesetzt nach **Neapel**. Häufig befahren ist auch die Küstenlinie zwischen Rom und **Pisa**, außerdem die Linie von Rom hinüber zur Adriaküste nach **Pescara**.

Innerhalb Latiums kommt man mit dem Zug zwar fast überall hin, jedoch sind die Verbindungen auf vielen Nebenstrecken schlecht und die Bahnstationen von kleineren Städten liegen oft ein großes Stück außerhalb. Zusätzlich zu den staatlichen FS-Linien betreibt die private **Ferrovia Roma-Nord** ab Stazione Flaminio in Rom eine Bahnlinie über Civita Castellana nach Viterbo.

• *Busse* Günstiger als Regionalzüge sind im Allgemeinen die Busverbindungen. Die blauen Busse von **Linee Laziali** (COTRAL) starten von Rom (→ S. 766) in die meisten größeren Provinzstädte.

Übernachten

Die Weltstadt **Rom** besitzt hunderte Hotels aller Kategorien. Unsere Mittelklasse-Empfehlungen liegen überwiegend im historischen Zentrum, einige auch etwas außerhalb davon. Einfache Hotels und Pensionen findet man vor allem in der **Bahnhofsgegend**, schöner wohnt man aber in der Innenstadt, z. B. um den Marktplatz **Campo de'Fiori**. Außerdem gibt es ein gutes Dutzend Campingplätze um Rom und einen (kleinen) Stellplatz für Wohnmobile in der Stadt.

Am **Meer** wird man im Sommer freie Zimmer nur unter großen Schwierigkeiten finden – halb Rom macht dort Urlaub! Im **Inland** von Latium findet man nur wenige Unterkünfte, Ausnahme sind die Handvoll Seen, an dessen Ufern zahlreiche Hotels liegen, die aber im Sommer meist belegt sind.

An der gesamten Küste und an den Seen gibt es viele **Campingplätze**, die im Sommer jedoch vor allem am Meer hoffnungslos überfüllt sind.

Essen & Trinken

In **Rom** isst man am schönsten und authentisch, wenn man die kleinen, unscheinbaren Osterien aufsucht, die nicht um die Gunst der Touristen buhlen. Die traditionelle Küche basiert auf kräftigen Fleischgerichten wie **porchetta** (Spanferkel) und Innereien.

In der Region **Latium** speist man gegenüber vielen anderen Regionen Italiens noch relativ günstig. Das typische Nudelgericht ist **fettuccine alla ciociara** (Bandnudeln mit einer kräftigen Soße). Unter den Fleischgerichten sind besonders die Spieße und die Würste hervorzuheben, die alle mit viel Knoblauch zubereitet sind. Man sollte auch nicht versäumen, als Nachspeise den hiesigen Käse zu probieren, z. B. **provolone**, **ricotta** und **marzolina**. Spezialität der Gegend um Sperlonga ist der aus Büffelmilch

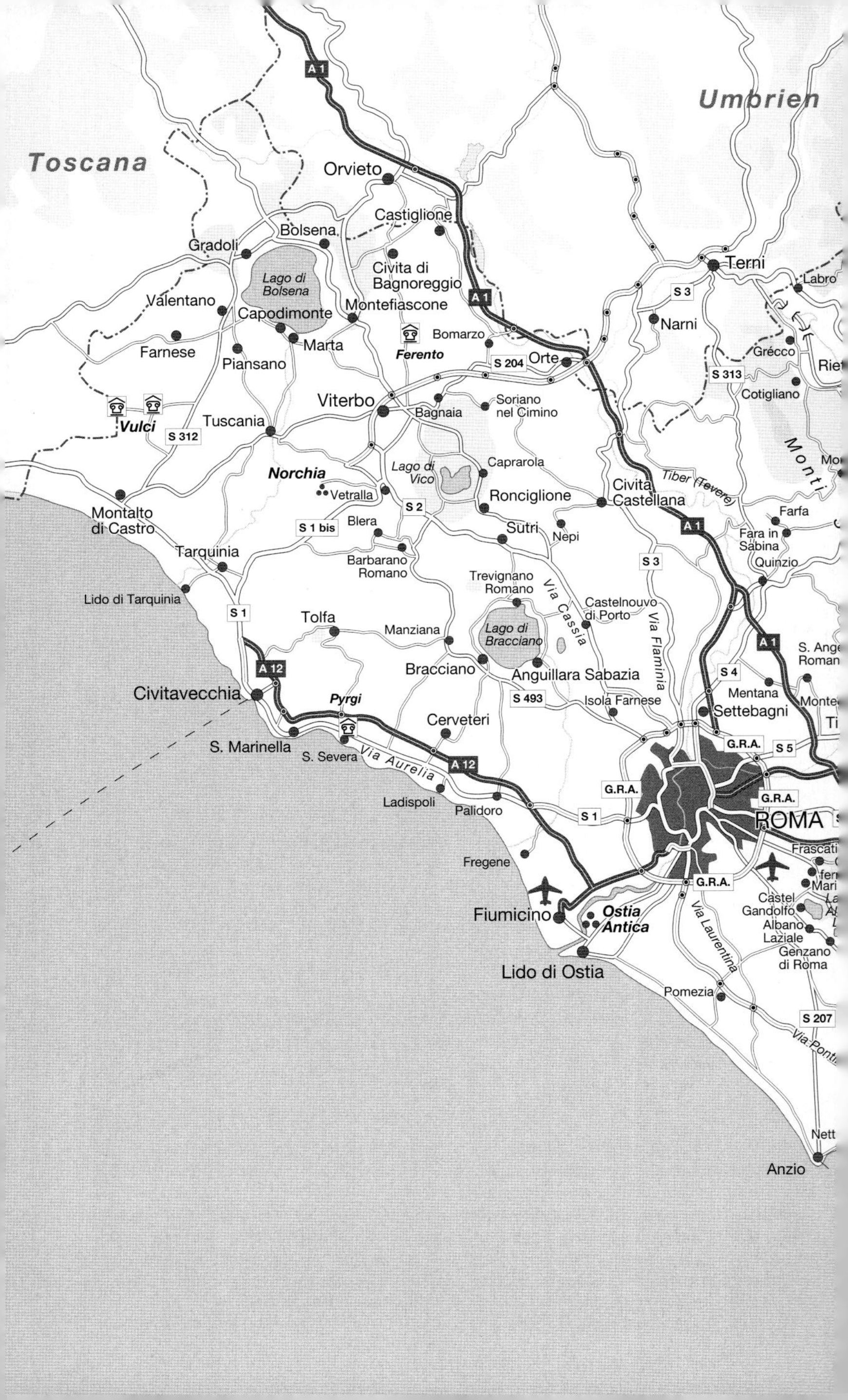

Toscana
Umbrien
A 1
Orvieto
Castiglione
Bolsena
Gradoli
Lago di Bolsena
Civita di Bagnoreggio
Valentano
Capodimonte
Montefiascone
Farnese
Marta
Piansano
Bomarzo
Ferento
S 204
Orte
Terni
Labro
S 3
Narni
Grécco
S 313
Cotigliano
Viterbo
Bagnaia
Soriano nel Cimino
Vulci
S 312
Tuscania
Norchia
Vetralla
Lago di Vico
Caprarola
Ronciglione
Civita Castellana
Tiber (Tevere)
Monti
Montalto di Castro
S 2
S 1 bis
Blera
Sutri
Nepi
Farfa
Fara in Sabina
Tarquinia
Barbarano Romano
Trevignano Romano
Via Cassia
S 3
Quinzio
Lido di Tarquinia
S 1
Tolfa
Manziana
Lago di Bracciano
Castelnouvo di Porto
Via Flaminia
S. Angelo Romano
A 12
Bracciano
Anguillara Sabazia
S 4
Mentana
Civitavecchia
Pyrgi
S 493
Isola Farnese
Settebagni
Cerveteri
S. Marinella
S. Severa
Via Aurelia
G.R.A.
S 5
Ladispoli
Palidoro
S 1
ROMA
Frascati
Fregene
Castel Gandolfo
Albano Laziale
Genzano di Roma
Fiumicino
Ostia Antica
Via Laurentina
Lido di Ostia
Pomezia
S 207
Anzio

Pescara
A 24
Abruzzen
Leonessa
Posta
Chieti
Antrodoco
S 4
L'Aqui a
S 578
Fiamignano
Lago di
Salto
A 25
S 5
Avezzano
Licenza
Arsoli
Cervara di Roma
A 24
S 411
Subiaco
Monti Simbruini
S. Scolastica
Sacro Speco
Olevano
Romano
Monte
Livata
Guarcino
Trisulti
Palestrina
Fiuggi
S 155
Collepardo
Paliano
Sora
Valmontone
S 509
A 1
Anagni
Alatri
Veroli
Abtei
Casamari
Ferentino
Molise
Artena
Colleferrro
Arpino
Frosinone
Atina
Segni
S 82
S 509
Cori
Carpinelo
Monte Lepini
Supino
S 6
Abbazia di
Montecassino
Cassino
Ceprano
Ceccano
Cisterna
Norma
A 1
Sermoneta
Pastena
Priverno
Latina
Abbazia di
Fossanova
Ausonia
Garigliano
Monti Ausoni
Via Appia
S 82
Fondi
S 630
Parco Nazionale del Circeo
Lago di
Fondi
Itri
Sabaudia
Lido di Fondi
Terracina
Formia
Sperlonga
S 213
Gaeta
San Felice
Circeo
Latium
10 km

hergestellte **mozzarella**. Zubereitet mit Öl, Tomaten und Basilikum schmeckt er besonders gut zu einem kräftigen Weißwein aus den Albaner Bergen.

Die Weine Latiums gehören nicht zu den „großen" Weinen Italiens – der einzige, der über die Regionalgrenzen bekannt wurde, ist der berühmte **Est! Est!! Est!!!** aus Montefiascone – jedoch kein Spitzenwein, sondern höchstens solide Mittelklasse. Weiterhin gut sind die Weine der **Castelli Romani** aus den Albaner Bergen südlich von Rom, von denen der strohgelbe **Frascati** der bekannteste ist.

Rom

Roma • ca. 2,7 Mio. Einwohner

Seit Jahrhunderten zieht die Ewige Stadt Reisende aus aller Welt in ihren Bann. Heute sind es jährlich etwa fünf Millionen Besucher, die eine Annäherung an diese faszinierende Stadt suchen, die man mit noch so vielen Worten wohl nie erschöpfend beschreiben kann.

Die Liste prominenter Rom-Reisender liest sich lang und viele von ihnen haben der Nachwelt oft umfangreiche Zeugnisse ihrer Eindrücke hinterlassen. Goethe fand hier eine „Sehnsucht von dreißig Jahren" gestillt und der Schweizer Historiker Jacob Burckhardt befürchtete gar, „außerhalb Roms nie wieder recht glücklich" werden zu können. Auf den Punkt gebracht hat es der Kunsthistoriker und Archäologe Johann Joachim Winckelmann: „Außer Rom ist fast nichts Schönes in der Welt."

Die Spanische Treppe

Den Reiz dieser Stadt machen sicher nicht nur die vielen Zeugnisse ihrer langen Geschichte aus, die man als Sehenswürdigkeiten aus Antike, Renaissance und Barock quasi an jeder Straßenecke findet. Rom strahlt heute vielmehr einen lebendigen und sehr lässigen Charme aus, zu dem die monumentalen Hinterlassenschaften vergangener Zeiten das passende Ambiente liefern, das ohne viel Aufhebens Eingang in den römischen Alltag gefunden hat.

Einen Blick auf die „Standards" des touristischen Sightseeing – z. B. Kolosseum, Forum, Kapitol, Pantheon, Vatikan, Spanische Treppe und Trevi-Brunnen – wirft sicher jeder Rom-Reisende, auch wenn der Besuch noch so kurz ist. Genügen wird dieser erste Blick den wenigsten. Denn die Stadt fordert ihre Besucher geradezu auf, immer wieder zurückkommen und dabei immer neue Facetten zu entdecken – und das sicher auch abseits der „großen" Sehenswürdigkeiten.

Stadtgeschichte im Überblick

Lässt man die Mythologie außer Acht, entstanden wahrscheinlich schon im 10. Jh. v. Chr. erste Ansiedlungen auf dem Palatin und bald darauf auch auf dem Esquilin und Quirinal. Ab ca. 600 v. Chr. wurde die Stadt für fast ein Jahrhundert von etruskischen Königen regiert. In dieser Zeit wurde mit dem Bau der *Cloaca Maxima* das sumpfige Gebiet um den Tiber trockengelegt, das *Forum* gebaut und die Stadt von einer ersten Mauer umgeben.

Das Jahr 753 – das mythologische Datum der Stadtgründung

Der Legende nach war es eine Wölfin, die bei der Stadtgründung Roms eine entscheidende Rolle spielte: Kriegsgott Mars hatte die Königstochter Rhea Silvia geschwängert, die bald darauf Zwillinge zur Welt brachte. Deren Vater setzte die Neugeborenen auf dem Tiber aus, wo sie ins Meer hinaustreiben sollten. Der Korb mit den Zwillingen verfing sich jedoch im Schilf, eine Wölfin fand die beiden und säugte die Kinder, bis sie vom Hirten Faustulus aufgenommen wurden, der ihnen die Namen *Romulus* und *Remus* gab. Am 21. April des Jahres 753 v. Chr. entschlossen sich die mittlerweile herangewachsenen Brüder, eine Stadt zu gründen, deren zukünftiger Herrscher durch ein göttliches Zeichen bestimmt werden sollte. Als Romulus die Gunst der Götter auf seiner Seite sah und die Herrschaft auf dem Palatin für sich in Anspruch nahm, kam es zum Streit, bei dem er seinen Bruder Remus erschlug.

Rom und Latium
Karten S. 774/775 u. S. 758/759

Rom zur Zeit der Republik: Nachdem der letzte Etruskerkönig vom römischen Volk aus der Stadt gejagt worden war, entstand 507 v. Chr. die römische Republik mit zwei patrizischen (adligen) *Konsuln* an der Spitze. Höchster Priester war der *Pontifex Maximus*, der über alle Bereiche des religiösen Lebens wachte. Mit dem *Zwölftafelgesetz* von 450 v. Chr., das auf dem Forum ausgehängt wurde, entstand eine erste verbindliche Gesetzgebung für alle Römer. Das Emblem des Zwölftafelgesetzes ist noch heute überall in Rom zu sehen: *S.P.Q.R. – Senatus Populusque Romanus* („Der Senat und das Volk Roms").

Der verheerende Einfall der Gallier um ca. 380 v. Chr. veranlasste Rom zum Bau einer neuen Stadtmauer die nun alle sieben Hügel der Stadt einbezog: Palatin, Kapitol, Aventin, Quirinal, Viminal, Esquilin und Celius. Außenpolitisch errang Rom auf dem Weg zur Weltmacht seine größten Erfolge vom 3. bis 1. Jh. v. Chr.: Nach dem Sieg über die Etrusker, Latiner und Samniten wurde bald ganz Mittelitalien beherrscht, es folgten Unteritalien und die ersten griechischen Städte. Dabei gestand Rom den Besiegten eine gewisse Autonomie zu, einige Städte erhielten sogar das volle römische Bürgerrecht.

Im Streit um die Vorherrschaft auf Sizilien kam es zu den drei *Punischen Kriegen* gegen Karthago, aus denen Rom 146 v. Chr. siegreich hervorging. Eroberungsfeldzüge nach Griechenland und Kleinasien dehnten den Herrschaftsbereich der Römer dann auch nach Osten hin aus.

In den Jahren 136–132 v. Chr. kam es zu ersten Sklavenaufständen, die 73–71 v. Chr. unter der Führung von Spartacus erneut aufflammten und von Crassus blutig niedergeschlagen wurden. Zur Seite stand ihm Pompejus, der sich 60 v. Chr. mit

Crassus und Julius Caesar zum ersten Triumvirat (Dreibund) zusammenschloss. Nach Crassus' Tod wurde das Triumvirat aufgelöst und Pompejus zum alleinigen Konsul über Rom erklärt. Diesen Machtverlust wollte Caesar nicht hinnehmen und sammelte seine Truppen zum Kampf gegen Pompejus, aus dem er 48 v. Chr. in der Schlacht bei Pharsalus siegreich hervorging. Im April 45 v. Chr. ließ sich Caesar zum Alleinherrscher des Römischen Reiches ausrufen. Die Herrschaft dauert jedoch nur ein knappes Jahr: Am 15. März 44 v. Chr. wurde er von Mitgliedern des Senats ermordet.

Rom in der Kaiserzeit: Erneut kam es zu Unruhen und Bürgerkrieg, bis der junge Octavian, der Neffe und Adoptivsohn Caesars, nach 17 Jahren Krieg den Frieden in Rom sicherte (Pax Romana) und als *Princeps* (erster Bürger) die alleinige Macht übernahm. Zwar verlieh Octavian, dem bald der Ehrentitel *Augustus* („der Erhabene") zuteil wurde, dem Senat zunächst neues Ansehen, gleichzeitig jedoch baute er seine eigene Stellung konsequent aus und legte so den Grundstein für eine Monarchie. In seiner 45-jährigen Regierungszeit sorgte Augustus nicht nur für stabile innenpolitische Verhältnisse, sondern sicherte auch die äußeren Grenzen des riesigen Reiches. In der mittlerweile zur Millionenstadt gewachsenen Metropole setzte eine rege Bautätigkeit ein; repräsentative öffentliche Gebäude und Tempel wurden nun erstmals in Marmor gebaut. Unter Augustus erfuhr Rom eine kulturelle Blüte, die sich z. B. in der Literatur in den Werken Vergils, Ovids und Horaz' niederschlug. Die Römer wurden großzügig mit Lebensmitteln versorgt und durch ein umfangreiches Unterhaltungsangebot bei Laune gehalten: „Brot und Spiele" hieß die Strategie, die spätere Kaiser übernahmen.

Als Augustus 14 n. Chr. starb, wurde er vom Senat zum Gott erhoben. Seinen Stiefsohn *Tiberius* hatte er noch zu Lebzeiten zum Nachfolger erklärt. Die darauf folgenden Herrscher des Julisch-Claudischen Kaiserhauses, unter ihnen auch *Caligula* (37–41) und *Nero* (54–68), zeichneten sich mehr durch exzessives Machtgebaren als durch besonnene Politik aus.

Geordneter waren die Zustände im Kaiserreich unter den Flaviern: *Vespasian* (69–79) trug zur innenpolitischen Stabilisierung bei, unter *Trajan* (98–117) erreichte das Reich seine größte territoriale Ausdehnung und *Hadrian* (117–138) sicherte die ausgedehnten Grenzen (u. a. durch den Ausbau des Limes). Während seiner Herrschaft zählte Rom über eine Million Einwohner in einer inzwischen viel zu klein gewordenen Stadt – die meisten von ihnen lebten in engen sechsstöckigen *Insulae* (Mietshäusern) ohne sanitäre Einrichtungen. Die Oberschicht lebte dagegen in ihren weitläufigen Villen in purem Luxus. Trotz dieser Gegensätze erlebte Rom damals eine große politische Stabilität. Zu einem Krieg (gegen die Parther im Osten) kam es erst wieder unter *Marc Aurel* (161–180). Im Jahr 212 verlieh *Caracalla* (211–217) allen freien Bewohnern des Reiches das volle Bürgerrecht.

Der Niedergang des Weltreichs: Zu einer ernsthaften Schwächung des Römischen Reiches kam es zur Zeit der *Soldatenkaiser* (235–284): Von Norden bedrohten die Germanen die Grenzen des Weltreiches, von Osten die Perser. Innerhalb des römischen Imperiums kam es zu schweren Wirtschaftskrisen, Hungersnöten, Aufständen und Seuchen, die die Bevölkerung der Hauptstadt dezimierten. Eine weitere Gefahr war das *Christentum*, das zunehmend mehr Anhänger fand. Ab ca. 250 reagierte der Staat mit groß angelegten Christenverfolgungen, die letzte – besonders grausame – fand unter *Diokletian* (284–305) im Jahr 303 statt. Diokletian war es auch, der die Herrschaft über das Reich erstmals aufteilte und drei Mitregenten er-

Reste eines Weltreiches: das Forum Romanum

nannte. *Konstantin*, einer seiner Nachfolger, schlug seinen Mitregenten Maxentius 312 bei der Schlacht an der Milvischen Brücke und kehrte zur Alleinherrschaft (323–337) zurück. Ein Jahr später erkannte Konstantin mit dem *Toleranzedikt von Mailand* das Christentum an und verlegte 330 die neue, christliche Hauptstadt an den Bosporus nach Byzanz, das er in Konstantinopolis umbenannte. Rom blieb zwar weiter *Caput Mundi* (Hauptstadt der Welt), wurde aber zusehends entvölkert – hauptsächlich Christen siedelten in die neue Hauptstadt im Osten über. 391 erklärte Konstantins Nachfolger *Theodosius I.* (379–395) das Christentum zur Staatsreligion. Die endgültige Teilung in ein weströmisches und ein oströmisches Reich wurde im Jahr 395 vollzogen.

Die einstige Hauptstadt der Weltmacht Rom war in der Folgezeit schutzlos den einfallenden Westgoten (410) und bald darauf den Hunnen (455) ausgeliefert. Der endgültige Niedergang war mit der Absetzung von Romulus Augustulus, dem letzten weströmischen Kaiser, im Jahr 476 besiegelt.

Rom im Mittelalter: Nach dem Einfall der Langobarden im Jahr 568 wurde die Stadt erneut schwer gebeutelt. Ende des 6. Jh. hatte sich die Zahl der Einwohner auf ca. 50.000 reduziert, bald darauf grassierte die Pest. Unter Papst Gregor I. (590–604) wurde das Christentum erstmals durch Missionare in ganz Europa verbreitet und bald darauf kamen zahlreiche Pilger in die Stadt, die ihr zu einem bescheidenen Wohlstand verhalfen. Antike Tempel und andere Bauten wurden in christliche Kirchen umgewandelt. Als Gregor starb, hatte er ein gut organisiertes Papsttum hinterlassen, das aus den Einnahmen durch die Pilger über ein beachtliches Vermögen verfügte und auch eigene Truppen finanzieren konnte.

Eine entscheidende Änderung brachte die *Pippinische Schenkung*: Als Rom 753 erneut von den Langobarden belagert wurde, bat Papst Stephan II. den Frankenkönig Pippin um Hilfe. Er salbte den König zum „Schutzherrn der Römer" und erhielt von ihm im Gegenzug Unterstützung beim Kampf gegen die Langobarden und die

Rom und Latium
Karten S. 774/775 u. S. 758/759

Zusicherung eines eigenen kirchlichen Territoriums, das weite Teile Mittelitaliens umfasste – die Basis für den späteren *Kirchenstaat*. Als Papst Leo III. an Weihnachten des Jahres 800 Karl dem Großen die Kaiserkrone aufsetzte, war die Verbindung zwischen geistlicher und weltlicher Macht zunächst gefestigt. Die folgenden Jahrhunderte waren dann allerdings von permanenten Konflikten zwischen Papst- und Kaisertum geprägt.

Während des so genannten Großen abendländischen Schismas (1378–1417) standen sich zwei, zeitweise sogar drei Päpste gegenüber, die sich mit ihren jeweiligen Anhängerschaften unversöhnlich gegenüberstanden und gegen ihre Feinde Bannsprüche verhängten.

Rom in der Renaissance: Nach Beendigung des Schismas durch das *Konstanzer Konzil* wählte man 1417 erstmals wieder einen Römer zum Papst: Oddo (Ottone) Colonna, der sich Martin V. nannte. Unter ihm und seinen beiden Nachfolgern erfuhr Rom endlich den ersehnten Aufschwung, die Renaissance kam in die Stadt und mit ihr eine Aufbruchstimmung, die sich u. a. in der Errichtung zahlreicher prächtiger Bauwerke niederschlug. Unterbrochen wurde der stetige Aufstieg Roms (die Bevölkerung war bald wieder auf 100.000 Bewohner angewachsen) nur durch den *Sacco di Roma*, die Plünderung der Stadt in den Jahren 1527/1528 durch die Truppen Karls V. Unbeirrt ging im weiteren Verlauf des 16. Jh. der Ausbau der weltlichen Macht der Kirche weiter, zur Finanzierung bediente man sich der immensen Ablasszahlungen und Steuergelder.

Gegenreformation und Barock: Der neu gegründete *Jesuitenorden* stand gänzlich im Dienste der Gegenreformation, seine Mitglieder waren in ganz Europa tätig. Zu den Opfern der Bewegung zählten zahlreiche Kirchenkritiker, die von der Inquisition als Ketzer verurteilt wurden. Der bekannteste unter ihnen war Giordano Bruno, der 1600 auf dem Campo de'Fiori auf dem Scheiterhaufen starb.

Unter Papst Sixtus V. (1585–1590) wurde eine neue Gestaltung der Stadt in Auftrag gegeben, bei der die Hauptkirchen Roms durch große Straßenzüge miteinander verbunden wurden. Eine Weiterführung der prestigeträchtigen Neugestaltung Roms fand mit den prachtvollen Bauwerken des Barock im 17. Jh. statt. Als Baumeister federführend waren *Francesco Borromini* (1599–1667) und vor allem der herausragende *Gianlorenzo Bernini* (1598–1680), die das Stadtbild Roms entscheidend prägten. Wichtigster Förderer Berninis war Papst Urban VIII.

Im 18. Jh. wurde zwar noch kräftig weitergebaut (z. B. die Spanische Treppe und der Trevi-Brunnen), doch erfuhr der über Jahrhunderte mächtige Kirchenstaat eine erste bedeutende Schwächung: 1798 wurde die Stadt von *Napoleons* Truppen besetzt und der Papst entmachtet. Erst mit der Wiederherstellung der alten Verhältnisse durch den Wiener Kongress von 1814/15 erhielt er seine Position zurück.

Rom während des Risorgimento: Die Autonomie des Kirchenstaates geriet allmählich stark unter den Druck des Risorgimento, der nationalen Einheitsbewegung Italiens. Zwar konnte sich der Kirchenstaat zunächst noch mit Hilfe französischer Truppen gegen die von *Giuseppe Garibaldi* (1807–1882) geführten Revolutionäre zur Wehr setzen; als die französischen Helfer jedoch ausblieben, marschierten die Revolutionäre am 20. April 1870 ungehindert in Rom ein. 1871 riefen sie das geeinte *Königreich Italien* unter der Regentschaft von König Vittorio Emanuele II aus. Dem Papst blieb nur der Vatikan als Rückzugsgebiet. Rom wurde zur Hauptstadt des jungen Königreichs und erlebte bald einen neuen Bauboom: Neben repräsentativen Straßenzügen wie der Via Veneto, der Via del Tritone oder der Via Nazionale entstanden staatliche Gebäude wie der Justizpalast (neben der Engelsburg) und natürlich das Nationalmonument Vittorio Emanuele II (1885–1911) an der Piazza Venezia.

Roma Fascista: Ein maroder Staat mit rechten und linken Extremisten, Terrorakten und anarchischen Zuständen waren der Nährboden für die Machtübernahme Benito Mussolinis (1883–1945). Mit seinem „Marsch auf Rom" übernahm er 1922 die Regierungsgeschäfte. Durch die *Lateranverträge* von 1929 sicherte er der Kirche neue Autonomie zu – wenn auch auf das winzige Gebiet des Vatikans beschränkt. Den Höhepunkt seiner Macht erreichte das faschistische Regime Mussolinis Mitte der 1930er Jahre. In Rom ließ er große Straßenzüge wie die Via dei Fori Imperiali und die Via della Conciliazione bauen; aber auch das Stadion Foro Italico. Darüber hinaus plante er den Bau des Weltausstellungsgeländes E.U.R. (Esposizione Universale Romana) im Süden der Stadt. Im Juni 1940 trat Italien an der Seite Deutschlands in den *Zweiten Weltkrieg* ein. 1943 marschierten die Alliierten in Rom ein und nahmen den „Duce" gefangen. Die Deutschen befreiten ihn zwar wieder, doch zwei Jahre später wurden Mussolini und seine Geliebte am Comer See von Partisanen ermordet. Während des Zweiten Weltkriegs wurden unter der deutschen Besatzung ab September 1943 über 2000 römische Juden deportiert und in den Konzentrationslagern getötet. 1944 wurde die Stadt von den Alliierten kampflos eingenommen.

Rom ab 1945: Nachdem der italienische König Vittorio Emanuele III 1946 abgesetzt worden war, wurde am 2. Juni die *Republik* mit der Hauptstadt Rom ausgerufen. Seitdem zählt man die mittlerweile 62. (!) Nachkriegsregierung und politisch hat sich Rom in jüngerer Vergangenheit nicht immer mit Ruhm bekleckert. Anfang der 1990er Jahre kam ans Licht, was die italienischen Regierungen seit Ende des Zweiten Weltkrieges angerichtet hatten: Verbindungen zur Mafia und Bestechungsskandale in vielfacher Millionenhöhe, die Politiker aller Parteien betrafen. Verhaftungen im römischen Parlament waren bis Anfang der 1990er Jahre fast schon an der Tagesordnung.

Mit seinen etwa 2,5 Millionen Einwohnern ist Rom heute mit Abstand die größte Stadt des Landes (Mailand ist gerade mal halb so groß). In den letzten Jahrzehnten hat sich die Hauptstadt zu einem multikulturellen Zentrum entwickelt. Viele Einwanderer kommen aus Asien (Philippinen, China), Nordafrika, zunehmend aus Osteuropa (Rumänien) und aus den ehemaligen Kolonien in Ostafrika (Äthiopien und Somalia). Die größte Moschee Europas steht in Rom und von den eineinhalb Millionen legalen Einwanderern in ganz Italien ist ein Drittel muslimischen Glaubens. Die jüdische Gemeinde der Stadt zählt etwa 16.000 Mitglieder, das ist fast die Hälfte aller Juden in Italien.

Rom und Latium
Karten S. 774/775 u. S. 758/759

Anfahrt/Verbindungen

• *Pkw* Von Norden kommend beim **Autobahndreieck Roma Nord** rechts nach Rom abzweigen (geradeaus geht es auf die Umgehungsautobahn nach Neapel). Etwa 25 km sind es jetzt noch zum Autobahnring **Grande Raccordo Anulare (G.R.A.)**, der Rom kreisförmig umgibt. Von dort führen zahlreiche Einfallstraßen nach Rom hinein, im Norden z. B. die **Via Flaminia (Ausfahrt Nr. 6)** und die **Via Salaria (Nr. 8)**. Die **Via Aurelia (Nr. 1)** führt vom Westen zum Vatikan, von Osten gelangt man auf einem Autobahnzubringer über **Roma Tangenziale Est (Nr. 14)** bis in die Nähe vom Hbf. Letztere Abfahrt ist auch aus Richtung Süden gut geeignet.

Wichtig: Auto fahren in Rom ist kein Spaß, Staus sind obligatorisch und die Straßen völlig überlastet. **Achtung: Das gesamte historische Zentrum ist für den auswärtigen Verkehr gesperrt!**

Parkplätze sind äußerst rar und i. d. R. gebührenpflichtig. Parken in der **blauen Zone** (durch blaue Striche gekennzeichnet) kostet tagsüber von 8 bis 20 Uhr (z. T. auch bis

23 Uhr) 1 €/Std. Eine der wenigen Tiefgaragen liegt unter der **Villa Borghese** (*Park SI*, Einfahrt an der Porta Pinciana/Via Veneto; 24 Std. geöffnet, 1,15 €/Std., 16 €/Tag, ✆ 06/3225934). Im Parkhaus *Terminal Park* in der **Via Marsala** neben dem Bahnhof Termini wird das Auto mit elektronisch gesteuerter Hebebühne zu einer nicht zugänglichen Plattform befördert (tägl. 6–1 Uhr, die ersten beiden Stunden kosten hier 5 €, 3.–12. Std. 1,50 €/Std., 1. Tag 28,40 €, ab dem 2. Tag 16,80 €, ✆ 06/4454694). An den **Metro-Endstationen** gibt es außerdem günstige Park-and-Ride-Parkplätze.

• *Bahn* **Stazione Termini** (Hauptbahnhof), moderner Riesenbahnhof mit zahllosen Einrichtungen. Häufig Züge nach Neapel, Florenz, Venedig und Mailand, immer endlose Schlangen vor den Fahrkartenschaltern. **Fahrplanauskunft** in der Eingangshalle (7–23.45 Uhr). **Gepäckaufbewahrung** bei Bahnsteig 24 im UG, geöffnet 6–24 Uhr, die ersten 5 Std. 4 € pro Gepäckstück, 6.–12. Std. 0,60 € pro Std., ab der 13. Std. 0,20 €. Meist lange Warteschlangen bei der Abgabe (bei Abholung dagegen kaum), Schließfächer gibt es aus Sicherheitsgründen keine mehr. **Zuginformationsbüro** im Bahnhof (tägl. 7–21.45 Uhr geöffnet) **Touristeninformation** an der Piazza Cinquecento vor dem Hauptbahnhof (tägl. 9.30–19 Uhr geöffnet).

Stazione Tiburtina, Piazzale della Stazione Tiburtina (Metro B), nordöstlich vom Hbf. Hier halten die Durchgangszüge von Nord- nach Süditalien, um nicht extra in den Termini reinfahren zu müssen. Gute Bus- und U-Bahn-Verbindungen zum Termini.

Roma Ostiense, Porta San Paolo (Metro B), südlich vom Zentrum. Züge nach Ostia und zum Flughafen Leonardo da Vinci bei Fiumicino (→ Flug).

Ferrovia Roma-Nord, Piazzale Flaminio (Metro A), nördlich vom Zentrum, neben Villa Borghese. Private Bahnlinie in den Norden Latiums, u. a. nach Viterbo.

• *Busse* Busse der Gesellschaft **Linee Laziali (COTRAL)** fahren ganz Latium an – Busbahnhöfe liegen bei der **Station Lepanto** der Metro A (Busse nach Norden, z. B. Viterbo, Cerveteri, Tarquinia, Lago di Bracciano), bei der **Station Rebibbia** der Metro B (Busse nach Osten, z. B. Tivoli, Subiaco und Cassino) und bei der **Station Anagnina** der Linie A (Busse nach Westen und Süden – Frascati und Castelli Romani).

• *Flug* Der große Flughafen **Leonardo da Vinci** liegt bei der Küstenstadt **Fiumicino**, ca. 30 km westlich vom Zentrum. Es gibt eine bequeme Zugverbindung in die Stadt, mit dem Shuttle-Zug **LeonardoExpress** (im Flughafen Beschilderungen „treno" folgen) kommt man von 6.37 bis 23.37 Uhr jede halbe Stunde *nonstop* zum Hauptbahnhof Termini (11 €, 30 Min. Fahrtzeit). Im Hbf. bekommt man Fahrkarten zum Flughafen in Automaten sowie bei Tabacchi- und Zeitschriftenläden, Abfahrt von 5.52 bis 22.52 Uhr von Gleis 24 jede halbe Stunde nonstop zum Flughafen.

Der Regionalzug **FM 1** ab Flughafen fährt von morgens bis Mitternacht etwa alle 30 Min. zur Station **Roma Ostiense** (5,50 €), dort kann man direkt in die Metro B umsteigen (Station Piramide), die einen schnell ins Zentrum bringt.

Nachts kann man den **Bus** nehmen, der stündlich zwischen Flughafen und Stazione Termini pendelt (4,50 €, Tickets beim Tabacchi-/Zeitschriftenladen). Ein Taxi vom/zum Flughafen Fiumicino kostet ab Stadtgebiet 40 € (Festpreis).

Viele Billig-Airlines und manche inneritalienischen Flüge starten und landen am Flughafen **Ciampino**, mit **SIT-Bussen** alle halbe Stunde ab Stazione Termini (4.30–21.30 Uhr, Dauer 45 Min., 6 €) und in umgekehrter Richtung. Ein Taxi vom/zum Flughafen Ciampino kostet 30 € (Festpreis).

Information

Den Besuchern stehen in der Innenstadt mehrere (grüne) **Informationspavillons** zur Verfügung: u. a. an der Piazza Pia (Engelsburg), der Piazza Sonnino (Trastevere), an der Via dell'Olmata bei der Kirche Santa Maria Maggiore, an der Piazza delle Cinque Lune (Piazza Navona), an der Via Nazionale (Palazzo delle Esposizioni) und an der Piazza Cinquecento vor dem Hauptbahnhof Termini, außerdem an den Flughäfen Fiumicino und Ciampino jeweils bei den „Arrivi Internazionali". Die Pavillons sind tägl. 9.30–19 Uhr geöffnet (an Flughäfen: 9–18.30 Uhr). Man erhält neben allgemeinem Infomaterial auch einen kostenlosen Stadtplan (ohne Straßenregister).

Informationen im Internet unter www.turisroma.it und www.060608.it, den beiden offiziellen Tourismus-Websites der Stadt.

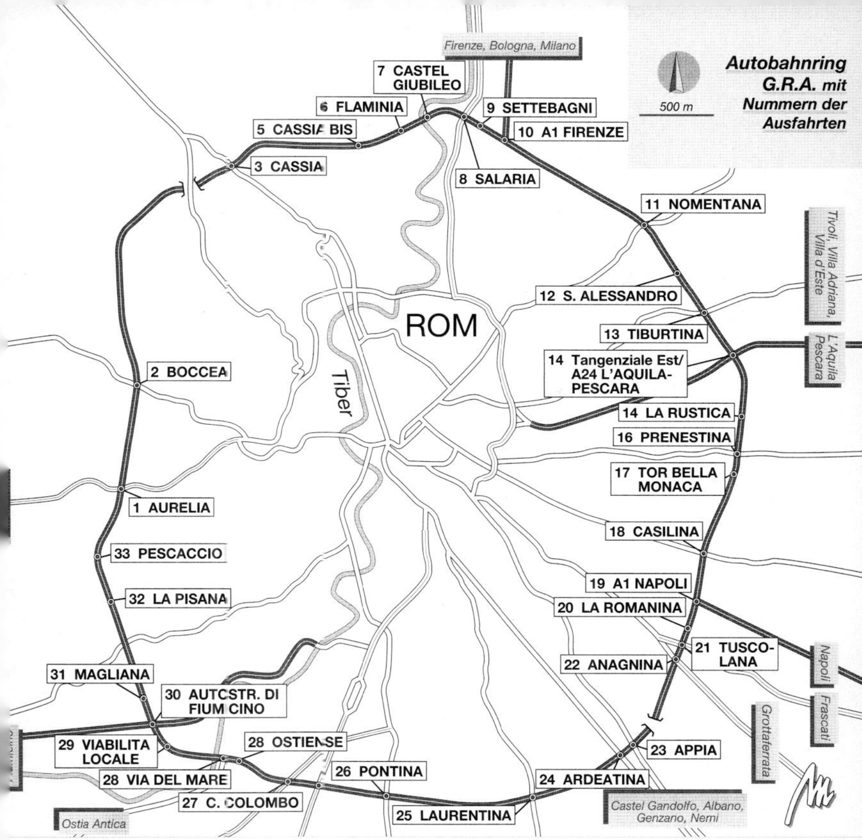

Unterwegs in Rom

• *Metro* Es gibt nur **zwei U-Bahnlinien** („Metropolitana"), beide kreuzen sich in der zentralen Haltestelle im Untergeschoss des Hauptbahnhofs Termini. Eine dritte Linie soll im Jahr 2015 fertig sein, aber da der römische Untergrund voller archäologischer "Hindernisse" steckt, wird mit Verzögerungen gerechnet. Eine einfache Fahrt kostet 1 €, das Ticket ist 75 Min. gültig und erlaubt auch Umsteigen (→ Kasten, S. 770). Betriebszeiten 5.30–23.30 Uhr, Sa nachts bis 0.30 Uhr.

Linie A: Battistini (westliche Peripherie) – Cipro (Vatikanische Museen) – Ottaviano (Nähe Peterskirche) – Flaminio (Piazza del Popolo) – Spagna (Spanische Treppe) – Piazza Barberini (Via Veneto) – Stazione Termini – Vittorio E. (Piazza Vittorio Emanuele II) – San Giovanni (Lateran) – Ponte Lungo – Porta Furba – Cinecitta – Anagnina (Terminal für Überlandbusse)

Linie B: Rebibbia (nordöstliche Vorstadt) – Tiburtina (Umsteigebahnhof Durchgangszüge, Regionalzüge, Busse) – Stazione Termini – Via Cavour – Colosseo – Circo Massimo – Piramide (Umsteigebahnhof Ostiense) – Garbatella – San Paolo (gleichnamige Basilica) – Magliana – EUR Palasport – EUR Fermi – Laurentina (Stadtteil E.U.R.).

• *Busse/Trams* (ATAC) Über 300 Buslinien gibt es in der Ewigen Stadt, ergänzt durch einige wenige Straßenbahnen. Das Einzelticket kostet 1 € (→ Kasten S. 770), einen festen Fahrplan gibt es nicht, Verkehrszeiten 5.30–24 Uhr meist ca. alle 10 Min., einige Linien machen schon um 21 Uhr Feierabend. Die zentrale Bushaltestelle befindet sich an der Piazza dei Cinquecento (Bahnhofsvorplatz).

Buslinien (Auswahl): **64** oder **40 Express**, ab Bhf. quer durch die Innenstadt zum Vatikan; **175**, von Termini zur Piazza Barberini

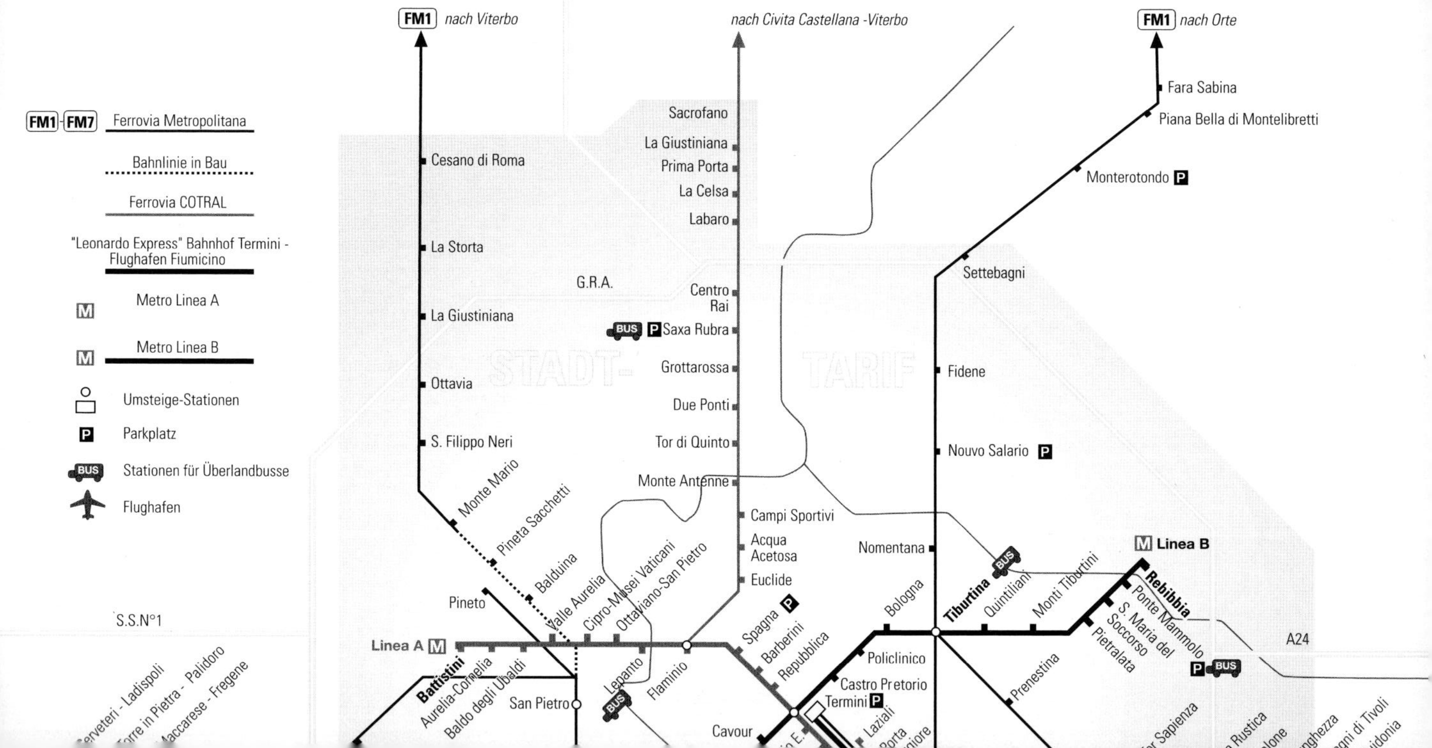
FM1-FM7 Ferrovia Metropolitana
Bahnlinie in Bau
Ferrovia COTRAL
"Leonardo Express" Bahnhof Termini - Flughafen Fiumicino
Metro Linea A
Metro Linea B
Umsteige-Stationen
Parkplatz
Stationen für Überlandbusse
Flughafen
S.S.N°1
FM1 nach Viterbo
nach Civita Castellana -Viterbo
FM1 nach Orte
Fara Sabina
Piana Bella di Montelibretti
Monterotondo
Settebagni
Fidene
Nouvo Salario
Nomentana
Cesano di Roma
La Storta
La Giustiniana
Ottavia
S. Filippo Neri
Monte Mario
Pineta Sacchetti
Balduina
Valle Aurelia
Pineto
San Pietro
Sacrofano
La Giustiniana
Prima Porta
La Celsa
Labaro
G.R.A.
Centro Rai
Saxa Rubra
Grottarossa
Due Ponti
Tor di Quinto
Monte Antenne
Campi Sportivi
Acqua Acetosa
Euclide
STADT- TARIF
Linea A
Battistini
Aurelia-Cornelia
Baldo degli Ubaldi
Cipro-Musei Vaticani
Ottaviano-San Pietro
Lepanto
Flaminio
Spagna
Barberini
Repubblica
Cavour
Termini
Castro Pretorio
Policlinico
Bologna
Tiburtina
Quintiliani
Monti Tiburtini
Linea B
Rebibbia
Ponte Mammolo
S. Maria del Soccorso
Pietralata
Prenestina
A24
Laziali

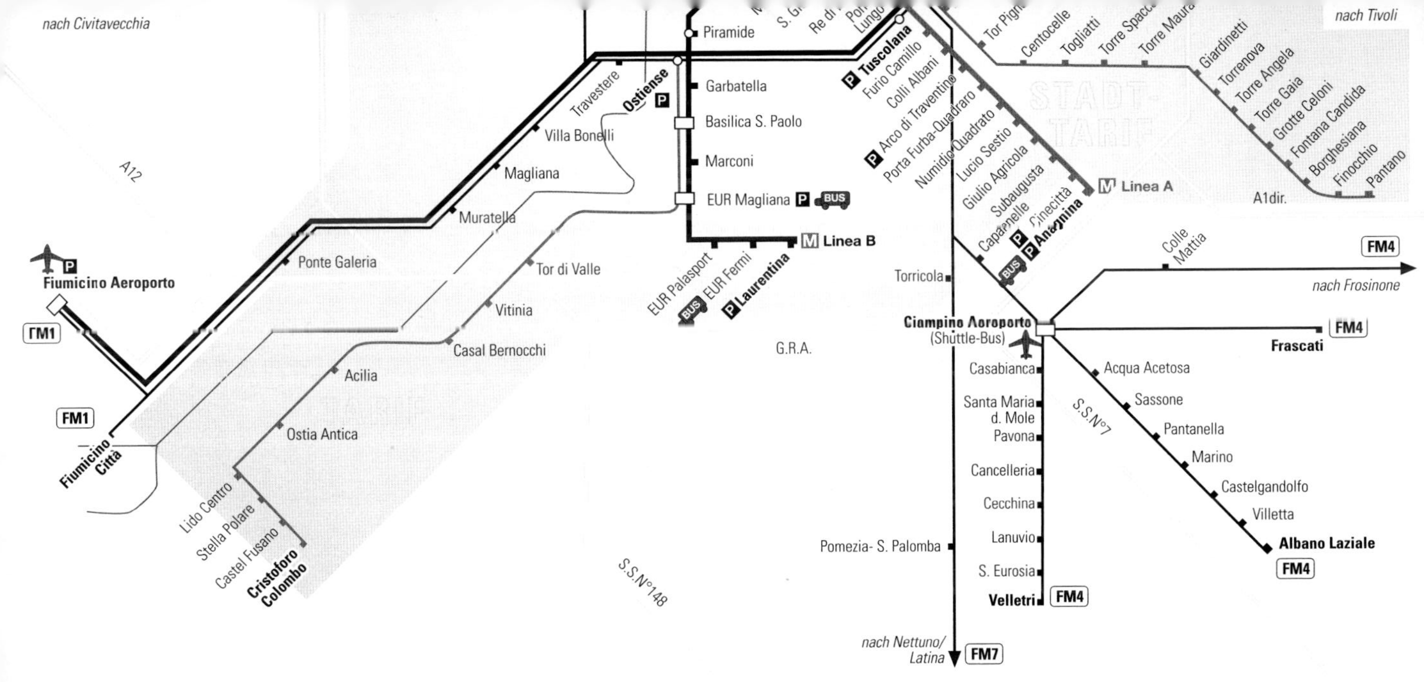

Metro und Nahverkehr

(Spanische Treppe, Trevi-Brunnen) und weiter durch die Innenstadt zum Kolosseum; **492**, verläuft auf ähnlicher Route wie 175 und über den Largo Argentina bis zu den Vatikanischen Museen (Metrostation Cipro); **780**, von der Piazza Venezia nach Trastevere; **170**, von Termini über Via Nazionale, Piazza Venezia und Piazza Bocca della Verità am Tiber entlang nach Testaccio; **218**, von San Giovanni in Laterano zur Via Appia Antica; **714**, vom Bhf. zur Kirche San Giovanni in Laterano; **910**, vom Bhf. zur Villa Borghese.

Preiswerte Stadtrundfahrten durch das *Centro storico* bieten werktags die Elektrobuslinien **116** (ab Porta Pinciana/Villa Borghese), **117** (ab Lateran) und **119** (ab Piazza del Popolo) – auch hier kostet der normale Fahrschein 1 €.

• *Taxi* Achten Sie darauf, dass Sie eins der regulären gelben oder weißen Taxis **mit Taxameter** erwischen (Fahrzeuge ohne Taxameter fahren ohne Lizenz und verlangen Fantasiepreise). Der generelle Grundpreis beträgt 2,33 € und 0,78 € alle 141 m (bei einer Geschwindigkeit unter 20 km/h wird ein Stundenpreis von 20,66 € veranschlagt). Sonntags beträgt der Grundpreis 3,36 €, von 22–7 Uhr sind es 4,91 €. Pro Gepäckstück werden 1,04 € berechnet, Fahrten außerhalb des Autobahnrings (G.R.A.) schlagen mit 1,29 € alle 141 m zu Buche. *Achtung*: Wer ein Taxi telefonisch bestellt, muss auch die Anfahrt des Wagens zum Abholpunkt bezahlen!

Funktaxi unter ✆ 06/3570, ✆ 06/4994, ✆ 06/5551, ✆ 06/4157, ✆ 06/8822, ✆ 06/6645 oder ✆ 199/106601. **Taxistände** z. B. am Bahnhof Termini, an Piazza della Repubblica, Piazza Barberini, Piazza Venezia, Largo Argentina, Largo Goldoni (Via del Corso), Piazza di Spagna, Piazza del Popolo und Petersplatz.

Tramlinien (Auswahl): **3**, von Trastevere über Circus Maximus und Kolosseum zum Lateran und im weiten Bogen zum Piazzale Thorwaldsen in der Villa Borghese; **8**, von Trastevere zum Largo Argentina.

Nachtbusse (gekennzeichnet mit einem „N") fahren ab Mitternacht etwa jede halbe Stunde, jedoch oft auf anderen Routen als tagsüber, zudem sehr eingeschränktes Netz, die entsprechenden Haltestellen sind mit einer Eule gekennzeichnet. Bus **N 1** befährt die Route der Metro A, **N 2** die der Metro B. **N 7** fährt von Termini über Piazza Venezia und Corso Rinascimento (Altstadt) zur Piazza del Popolo und zurück, **N 10** vom Vatikan (Piazza Risorgimento) über Colosseo zur Station Piramide (Piazzale Ostiense) und retour.

• *Fahrrad* Ideal, um den weitläufigen Stadtpark Villa Borghese zu erkunden oder eine Fahrt auf der Via Appia Antica stadtauswärts zu unternehmen. Für den Innenstadtverkehr allerdings nur bedingt empfehlenswert, es sei denn, man will sich ausschließlich im quasi autofreien historischen Zentrum bewegen. *Unser Tipp:* **Collalti Bici**, Via del Pellegrino 82 (beim Campo de'Fiori), ✆ 06/68801084 (Mo geschl.), 4 €/Std., 10 €/Tag. Mehrere Fahrradverleiher auch in der Villa Borghese und an der Via Appia Antica.

• *Stadtrundfahrten* Die Verkehrsbetriebe *atac* bieten mit der **Linie 110 open** (also ohne Dach) eine etwa zweistündige Stadtrundfahrt zu den wichtigsten Sehenswür-

Für **U-Bahn**, **Busse** und **Trams** werden die gleichen Tickets benutzt. Sie sind an Automaten (nur Einzeltickets) in U-Bahn-Stationen, in kleinen Schalterhäuschen an Bushaltestellen sowie in Tabakläden und Kiosken erhältlich und gelten 75 Min. lang (mit Umsteigen). Beim Betreten des Metrobahnsteigs bzw. des Busses *muss das Ticket entwertet werden!*

Außer den **Einzeltickets** (BIT) für 1 € gibt es auch **Tageskarten** (BIG) für 4 € (gültig bis 24 Uhr) sowie **Wochenkarten** (CIS) für 16 €, außerdem ein Touristenticket (BTI): drei aufeinanderfolgende Tage Gültigkeit im gesamten Stadtgebiet und auf der Strecke nach Ostia und nach Viterbo, 11 €. Gültig sind die Karten auf dem gesamten Bus-, Metro und Straßenbahnnetz. Tageskarten müssen abgestempelt werden, sonst sind sie ungültig. Für Wochenkarten ist der Ausweis nötig. Schwarzfahren kostet 60 €, die Kontrolleure lassen nicht mit sich reden.

Bei den Informationsstellen sind kostenlose Pläne der öffentlichen Verkehrsmittel erhältlich, für 6 € kann man außerdem an Zeitungsständen einen umfangreichen und detaillierten Netzplan kaufen.

digkeiten an. Täglich zwischen 8.30 Uhr und 20.30 Uhr etwa alle 15 Min. ab Piazza Cinquecento (Stazione Termini), Preis: 20 € (Kinder 6–12 J. 15 €, darunter frei), man kann die Rundfahrt beliebig oft unterbrechen. Insgesamt elf Haltestellen, u. a. Kolosseum, Piazza Venezia, Piazza Navona, Petersdom, Engelsburg, Trevi-Brunnen, Via Veneto. Tickets werden am *atac*-Kiosk vor dem Hauptbahnhof (Stazione Termini) oder direkt im Bus verkauft.

Einkaufen

• *Märkte* **Campo de'Fiori**, das schönste Gemüse (teurer als auf anderen Märkten) vor malerischer Kulisse in der Altstadt, auch Haushaltswaren und Kleidung.

Markthalle, Piazza dell'Unità an der Via Cola di Rienzo (Nähe Engelsburg).

Mercato di Testaccio, Piazza Testaccio im gleichnamigen Stadtviertel südlich des Aventin-Hügels. Einfacher, ursprünglicher Markt (kaum Touristen) mit sehr großer Auswahl an Früchten, Gemüsen, Käse, Salami und Fisch.

Der größte und bekannteste Flohmarkt der Stadt findet jeden Sonntagvormittag bei der **Porta Portese** in Trastevere statt.

• *Shopping/Kaufhäuser* **Coin**, an der Porta S. Giovanni (Lateran) und in der Via Cola di Rienzo (Nähe Vatikan). Modische, teilweise sogar trendige Bekleidung und Accessoires für Damen und Herren, nicht allzu teuer.

La Rinascente, Via de Corso (gegenüber der Piazza Colonna mit der Marc-Aurel-Säule). Großes Kaufhaus für Bekleidung, eher konservativ.

• *Mode* Das Modeviertel der kaum bezahlbaren Spitzen-Couturiers befindet sich in dem Dreieck **Via del Corso**, **Via del Tritone** und **Via del Babuino** mit der **Via dei Condotti** als teuerster und vornehmster Einkaufsstraße. Hier sind von Armani bis Zegna alle Götter des Modeolymps vertreten.

Bezahlbare Mode finden Sie in anderen Gegenden, z. B. im letzten Abschnitt der **Via del Corso** vor der Piazza del Popolo. Hier reihen sich Läden für junge Mode aneinander, darunter auch Ketten wie Benetton, Stefanel, Sisley, Diesel und Energie. Exklusivere Geschäfte befinden sich in den Gassen, die von der Via del Corso in Richtung Pantheon und weiter in Richtung Piazza Navona abgehen.

Mit einem PS über die Piazza di Spagna

Erschwingliche **Designer-Mode** hauptsächlich für Damen ist außerdem in mehreren Geschäften der **Via del Governo Vecchio** zu finden. In dieser Straße gibt es auch einige ausgefallene Secondhand-Läden.

• *Bücher* **Herder**, bei der internationalen Buchhandlung an der Piazza Montecitorio 117–120 können Sie aus einem umfangreichen Sortiment an deutschsprachigen Büchern wählen: Belletristik, Sachbücher, Reiseführer zu Rom und Italien. Mo–Sa 9.30–13.30 und 15–19.30 Uhr, So geschl. ✆ 06/6795304, www.herder.it.

Rom und Latium
Karten S. 774/775 u. S. 758/759

Übernachten

Römische Hotels sind teuer. In ***-Häusern muss man in der Regel mindestens 160–180 € pro Nacht für ein DZ hinblättern, ca. 70 € für ein DZ mit Etagendusche ist das absolut günstigste in der untersten Kategorie (*). Im Winter wohnt man etwas preiswerter. Einfache Hotels findet man zu Dutzenden in der Bahnhofsgegend, schöner (und teurer) wohnt man in der Altstadt, z. B. um den Marktplatz Campo de'Fiori und die Piazza Navona. Man sollte unbedingt vorher buchen, viele der schöneren Altstadthotels sind häufig ausgebucht.

• *Um Piazza del Popolo und Piazza di Spagna (→ Karte S. 778/779)* ***** **L De Russie (24)**, Luxusherberge nur wenige Meter von der Piazza del Popolo entfernt. Zum Hotel gehören ein herrlicher Garten und eine Terrasse, außerdem diverse Bars und mehrere Restaurants, das Spa soll zu den besten der Stadt zählen. Ruhige Lage, sehr entspannend. EZ mit allem erdenklichen Komfort ab 345 €, DZ ab 510 €, Frühstück um 20 € pro Pers. Mit Parkplatz. Via del Babuino 9, ✆ 06/328881, ✆ 32888888, www.hotelderussie.it.

***** **L Hassler Villa Medici (36)**, spektakulärste Aussicht (auf Spanische Treppe und Peterskirche) und prominente Gäste, Dachterrasse und idyllischer Innenhof, Luxus in Vollendung, beim traditionsreichen Hassler bleibt kaum ein Wunsch offen. EZ ab 330 €, DZ ab 450 €, Suiten mit Aussicht sind um einiges teurer. Piazza Trinità dei Monti 6 (oberhalb der Spanischen Treppe) ✆ 06/699340, ✆ 69941607, www.hotelhasslerroma.com.

*** **Scalinata di Spagna (37)**, oberhalb der Spanischen Treppe, unscheinbarer Eingang gegenüber dem Hassler. Nur 16 elegante Zimmer, herrlicher Blick von der Terrasse. EZ 130–190 €, DZ 150–230 €, Frühstück inkl. Piazza Trinità dei Monti 17, ✆ 06/69940896, ✆ 69940598, www.hotelscalinata.com.

*** **Locarno (27)**, wenige Schritte von der Piazza del Popolo, ruhige Lage, geschmackvolles Haus, z. T. noch im Art-déco-Stil der zwanziger Jahre, angenehme Atmosphäre, Dachterrasse, Fahrradverleih. 68 Zimmer, alle mit Bad, TV und AC. EZ um 195 €, DZ ab 225 €, Frühstück inkl., Garage vorhanden (25 €/Tag). Via della Penna 22, ✆ 06/3610841, ✆ 3215249, www.hotellocarno.com.

** **Suisse (41)**, nahe der Spanischen Treppe, am Rand der noblen Einkaufsviertel. EZ 110 €, DZ 170 €, Frühstück inkl. Via Gregoriana 54, ✆ 06/6783649, ✆ 6781258, www.hotelsuisserome.com.

• *Um Pantheon und Piazza Navona (→ Karte S. 782/783)* **** **Albergo del Sole al Pantheon (67)**, gegenüber dem Pantheon, 1467 eröffnet und damit wohl das älteste Hotel der Stadt. Schlichte Eleganz. DZ 306–428 € (inkl. Frühstücksbuffet). Piazza della Rotonda 63, ✆ 06/6780441, ✆ 69940689, www.hotelsolealpantheon.com.

*** **Portoghesi (58)**, in der schmalen Via dei Portoghesi 1 (wenige Meter nördlich der Piazza Navona). Äußerst malerische Ecke, ruhige Lage, einladendes Hotel in einem kleinen Palazzo neben der gleichnamigen Kirche. Herrliche Dachterrasse, gute Ausstattung, alle Zimmer mit Bad, TV und AC. EZ 180 €, DZ 200 € (inkl. Frühstücksbuffet). ✆ 06/6864231, ✆ 6876976, www.hotelportoghesiroma.com.

*** **Due Torri (55)**, stilvolles und empfehlenswertes Haus in ruhiger Gasse nahe der Piazza Ponte Umberto I. Gepflegte Zimmer mit viel Rot, freundlicher Service, Zimmer mit Bad, TV und AC. EZ 100–150 €, DZ 170–230 €, Frühstück inkl. Vicolo del Leonetto 23, ✆ 06/68806956, ✆ 6865442, www.hotelduetorriroma.com.

*** **Albergo Abruzzi (71)**, einmalige Lage gegenüber dem Pantheon, die Zimmer sind mit TV, AC und Doppelglasfenstern ausgestattet. EZ 170 €, DZ 220 €, kleines Frühstück inkl. Piazza della Rotonda 69, ✆ 06/6792021, ✆ 69788076, www.hotelabruzzi.it.

* **Mimosa (80)**, ideale Lage bei der Piazza Minerva (Pantheon), kleine, sympathische Herberge im zweiten Stock, nur elf Zimmer: EZ ohne Bad 80 €, mit Bad 90 €, DZ 95 bzw. 120 €; Frühstück 10 € pro Pers. Via di Santa Chiara 61, ✆ 06/68801753, ✆ 6833557, www.hotelmimosa.net.

* **Navona (79)**, über 100 Jahre alte Traditionsherberge nahe der gleichnamigen Piazza, im ersten Stock eines Palazzo. Jüngst renoviert, gemütlich und für die Kategorie durchaus komfortabel. Ruhige, aber ganz zentrale Lage. 21 Zimmer mit Bad. EZ 120–140 €, DZ 145–200 €, Dreibettzimmer 180–240 €, Frühstück inkl. Via di Sediari 8, ✆ 06/6864203, ✆ 68803802, www.hotelnavona.com.

• *Um Campo de'Fiori und jüdisches Viertel (→ Karte S. 782/783)* *** **Teatro di Pompeo (86)**, winziges Hotel (nur 13 Zimmer), nur wenige Schritte vom Campo de'Fiori entfernt, sehr ruhig. Das Haus befindet sich auf einem Abschnitt der Zuschauertribüne des antiken Pompejustheaters (55 v. Chr.), wo Julius Caesar angeblich ermordet wurde; im Hotel sind noch Reste des antiken Gemäuers erhalten. Alle Zimmer mit Bad und TV. EZ 140–160 €, DZ 180–210 € (inkl. Frühstücksbuffet). Largo del Pallaro 8, ✆ 06/68300170, ✆ 68805531, www.hotelteatrodipompeo.it.

**** Campo de'Fiori (87)**, an einem der malerischsten Plätze im historischen Zentrum gelegen, mit Dachterrasse. Nur zwölf Zimmer, EZ 170–200 €, 190–200 €, Dreibett-Zimmer 260–300 €, Frühstück inkl. Via del Biscione 6, ✆ 06/68806865, 📠 6876003, www.hotelcampodefiori.com.

**** Albergo del Sole al Biscione (89)**, ebenfalls in unmittelbarer Nähe des Campo de'Fiori, sehr beliebtes Haus mit angemessenem Preis-Leistungs-Verhältnis. Familiäre Atmosphäre, mit Dachgarten und kleinem Innenhof, nette, kleine Zimmer, teilweise jedoch recht hellhörig. Hoteleigene Garage (18–23 €/Tag). EZ ohne Bad 75 €, mit Bad 100–130 €, DZ ohne Bad 100–110 €, mit Bad 125–145 €, mit Dachterrasse kostet das DZ 160 €. Frühstück wird nicht angeboten. Via del Biscione 76, ✆ 06/68806873, 📠 6893787, www.solealbiscione.it.

• *Um Fontana di Trevi und Piazza Barberini (→ Karte S. 778/779)* ***** Trevi (52)**, gepflegtes, kleines Hotel in einem alten Palazzo, nur wenige Schritte vom Trevi-Brunnen. Mit Dachterrasse und 25 komfortablen Zimmern mit Bad, TV und AC. EZ 139–240 €, DZ 189–340 €, Frühstück 15 €/Pers., Garage ca. 25 € am Tag. Vicolo del Babuccio 20/21, ✆ 06/6789563, 📠 6994107, www.hoteltrevirome.com.

***** Fontana (50)**, unschlagbare Lage gleich gegenüber der Fontana di Trevi, entsprechend groß ist hier der Rummel, nachts wird es kaum ruhiger. 25 geschmackvoll eingerichtete Zimmer, einige mit Blick auf den berühmten Brunnen, schöner Blick von der Dachterrasse. EZ 165–195 €, DZ 215–280 €, Dreibettzimmer 300–340 €, Frühstück inkl. Piazza di Trevi 96, ✆ 06/6786113, 📠 6790024, www.hotelfontanatrevi.com.

*** Boccaccio (48)**, eine der günstigsten Unterkünfte in relativ zentraler Lage, das Hotel befindet sich im ersten Stock eines Eckhauses an der Via Rasella (bei der Piazza Barberini). EZ ohne Bad 45 €, DZ ohne Bad 80 €, mit Bad 100 €, kein Frühstück. Via del Boccaccio 25, ✆/📠 06/4885962, www.hotelboccaccio.com.

• *Um den Bahnhof Termini (→ Karte S. 774/775)* ***** Astoria Garden (4)**, relativ ruhig nahe der Piazza Indipendenza beim Bahnhof gelegen, mit nettem Garten nach hinten hinaus. Gediegene Zimmer mit Bad, TV und AC. EZ ab 95 €, DZ ab 140 €, Dreibettzimmer ab 155 €, Frühstück inkl., Garage gegen Aufpreis. Via Bachelet 8, ✆ 06/4469908, 📠 4453329, www.hotelastoriagarden.it.

**** Tre Stelle (3)**, recht komfortables Hotel nahe dem Hauptbahnhof, alle Zimmer mit Bad und AC. EZ 75 €, DZ 93–112 €, Dreibettzimmer 135 €, Frühstück inkl. Via S. Martino della Battaglia 11, ✆ 06/4463095, 📠 4468229, www.hoteltrestelle.

**** Papa Germano (2)**, familiär-freundliche Atmosphäre, das Hotel ist besonders bei Rucksackreisenden aus aller Welt beliebt. Nur neun einfache, saubere Zimmer (z. T. mit TV und Kühlschrank), überwiegend renoviert. Im EG Internetpoint und kleine Bibliothek. EZ ohne Bad 55 €, DZ ohne Bad 85 €, DZ mit Bad 110 €, Dreibettzimmer ohne Bad 95 € (mit Bad 125 €), Vierbettzimmer ohne Bad 125 € (mit Bad 145 €), Bett im Schlafsaal (ohne Bad) 30 €, Frühstück jeweils inkl. Relativ ruhige Lage zwischen Piazza Indipendenza und Finanzministerium beim Bahnhof. Via Calatafimi 14 a, ✆ 06/486919, 📠 47825202, www.hotelpapagermano.com.

• *Um Kolosseum und Forum Romanum (→ Karte S. 774/775)* ****** Forum (10)**, in Bestlage direkt neben dem Forum des Augustus, ursprünglich ein Kloster aus dem Mittelalter, das 1962 zur Luxusherberge umfunktioniert wurde. Einmaliger Blick von der Dachterrasse auf das antike Rom. 76 Zimmer mit Bad, TV und AC. EZ 170–240 €, DZ 280–340 €, Frühstück (Buffet) inkl. Via Tor de'Conti 25, ✆ 06/6792446, 📠 6786479, www.hotelforum.com.

• *In Trastevere (→ Karte S. 790/791)* **** Cisterna (112)**, nettes, recht schlichtes, kleines Hotel im malerischen Trastevere. 20 Zimmer, alle mit Bad, TV und AC, sehr freundlicher Service. EZ 90–100 €, DZ 130–140 €, Frühstück inkl. Via della Cisterna 8, ✆ 06/5817212, 📠 5810091, www.cisternahotel.it.

• *Um den Vatikan (→ Karte S. 806/807)* ****** Atlante Star (118)**, ungewöhnliche Aussicht von der Dachterrasse auf die nahe Peterskirche samt Vatikanpalast. Komfortables Haus mit hervorragendem Service, alle Zimmer mit Bad, TV, AC. EZ ab 180 €, DZ ab 215 €, Dreibettzimmer ab 250 €, Frühstück inkl. (wird auf der Dachterrasse serviert). Zwischen Engelsburg und Piazza Risorgimento. Via G. Vitelleschi 34, ✆ 06/6873233, 📠 6872300, www.atlantehotels.com.

***** Sant'Anna (120)**, nur wenige Schritte von der Peterskirche entfernt in einer ruhigen Straße, aber dennoch zentral. Angenehme Atmosphäre, komfortable Ausstattung, Zimmer z. T. mit Wandbemalung, alle mit Bad, TV, AC und Kühlschrank. EZ 160 €,

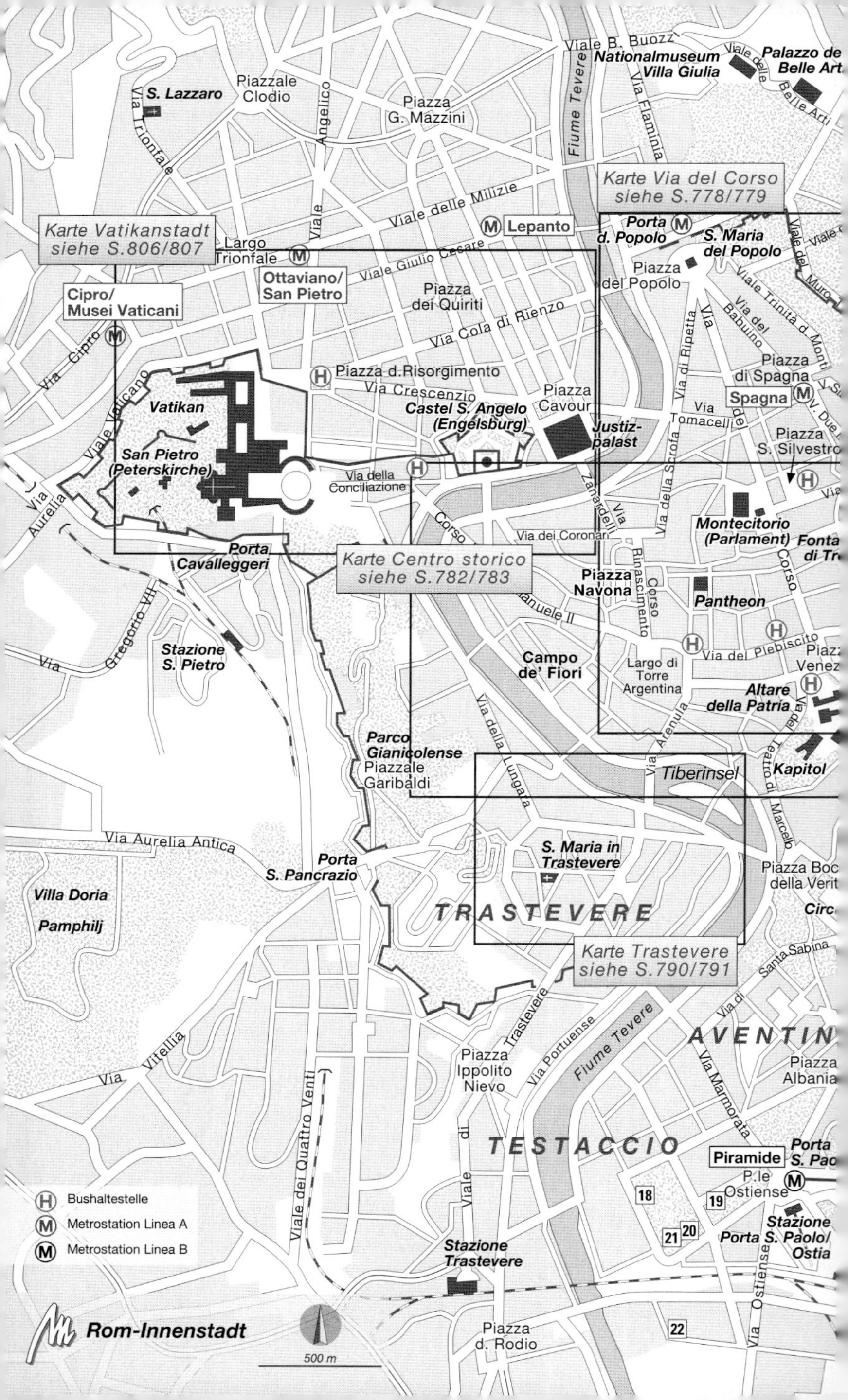

Rom-Innenstadt
S. Lazzaro
Via Trionfale
Piazzale Clodio
Viale Angelico
Piazza G. Mazzini
Fiume Tevere
Viale B. Buozzi
Nationalmuseum Villa Giulia
Via Flaminia
Palazzo delle Belle Arti
Viale delle Belle Arti
Karte Via del Corso siehe S.778/779
Karte Vatikanstadt siehe S.806/807
Viale delle Milizie
Lepanto
Largo Trionfale
Viale Giulio Cesare
Ottaviano/ San Pietro
Porta d. Popolo
S. Maria del Popolo
Piazza del Popolo
Viale Trinità d. Monti
Viale del Muro Torto
Cipro/ Musei Vaticani
Piazza dei Quiriti
Via Cola di Rienzo
Via Cipro
Via di Ripetta
Via del Babuino
Piazza di Spagna
Spagna
Viale Vaticano
Piazza d.Risorgimento
Via Crescenzio
Vatikan
Castel S. Angelo (Engelsburg)
Piazza Cavour
Justizpalast
Via Tomacelli
Piazza S. Silvestro
San Pietro (Peterskirche)
Via della Conciliazione
Via Zanardelli
Via della Scrofa
Montecitorio (Parlament)
Via Aurelia
Corso Vittorio Emanuele II
Via dei Coronari
Porta Cavalleggeri
Karte Centro storico siehe S.782/783
Piazza Navona
Corso Rinascimento
Pantheon
Via Gregorio VII
Stazione S. Pietro
Campo de' Fiori
Largo di Torre Argentina
Via del Plebiscito
Piazza Venezia
Altare della Patria
Via della Lungara
Via Arenula
Parco Gianicolense
Piazzale Garibaldi
Tiberinsel
Kapitol
Via del Teatro di Marcello
Via Aurelia Antica
S. Maria in Trastevere
Porta S. Pancrazio
Piazza Bocca della Verità
Villa Doria Pamphilj
TRASTEVERE
Karte Trastevere siehe S.790/791
Via di Santa Sabina
AVENTIN
Via Vitellia
Viale Trastevere
Via Portuense
Fiume Tevere
Piazza Ippolito Nievo
Via Marmorata
Piazza Albania
Viale dei Quattro Venti
TESTACCIO
Piramide
Porta S. Paolo
P.le Ostiense
Viale di Trastevere
18
19
20
21
22
Bushaltestelle
Metrostation Linea A
Metrostation Linea B
Stazione Trastevere
Stazione Porta S. Paolo/ Ostia
Via Ostiense
Piazza d. Rodio
500 m

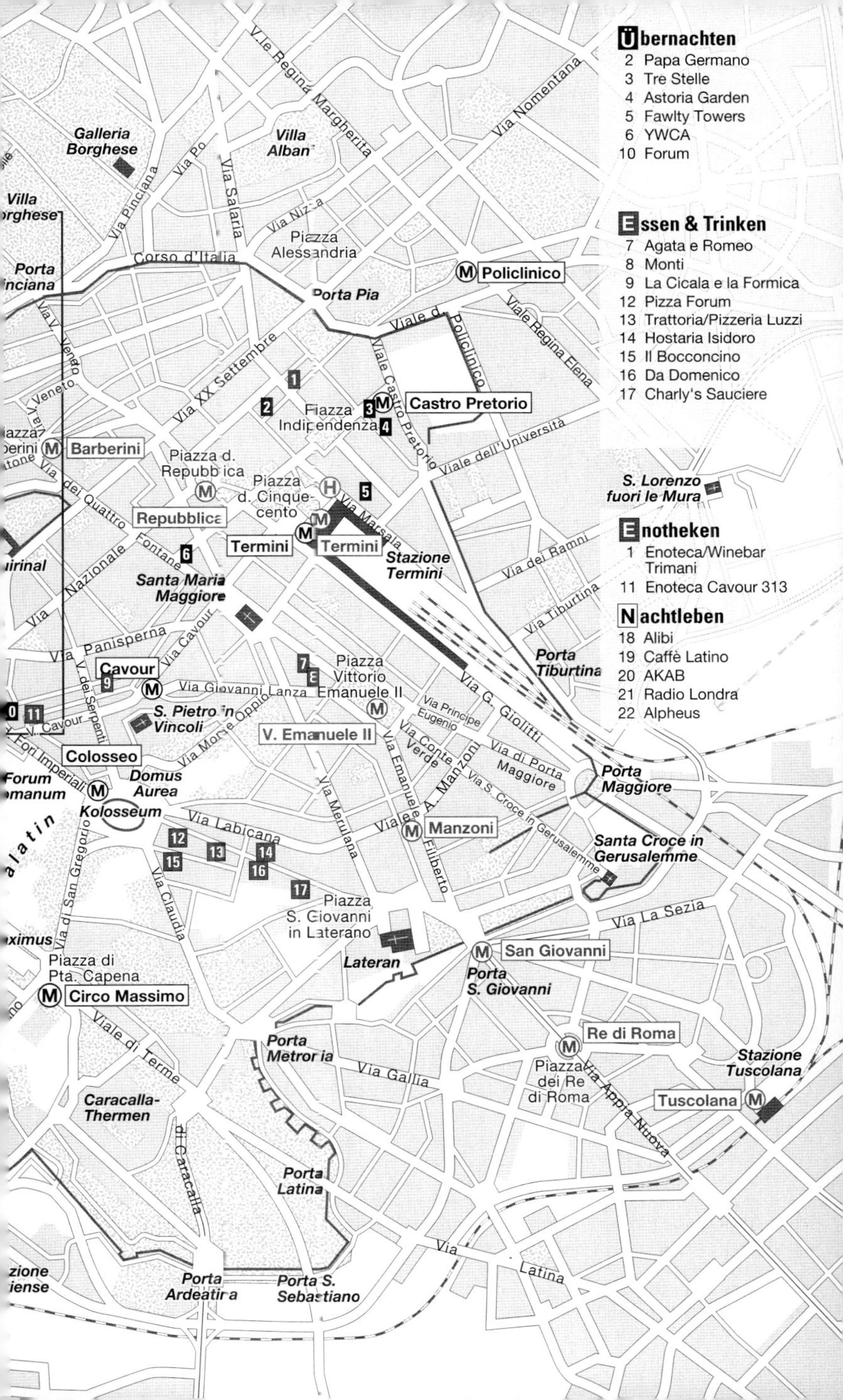

Übernachten
2 Papa Germano
3 Tre Stelle
4 Astoria Garden
5 Fawlty Towers
6 YWCA
10 Forum
Essen & Trinken
7 Agata e Romeo
8 Monti
9 La Cicala e la Formica
12 Pizza Forum
13 Trattoria/Pizzeria Luzzi
14 Hostaria Isidoro
15 Il Bocconcino
16 Da Domenico
17 Charly's Sauciere
Enotheken
1 Enoteca/Winebar Trimani
11 Enoteca Cavour 313
Nachtleben
18 Alibi
19 Caffè Latino
20 AKAB
21 Radio Londra
22 Alpheus
Galleria Borghese
Villa Albani
V.le Regina Margherita
Via Nomentana
Via Pinciana
Via Po
Via Salaria
Via Nizza
Piazza Alessandria
Corso d'Italia
Porta Pia
Policlinico
Viale d. Policlinico
Viale Regina Elena
Via XX Settembre
Viale Castro Pretorio
Piazza Indipendenza
Castro Pretorio
Via V. Veneto
Barberini
Piazza d. Repubblica
Piazza d. Cinquecento
Viale dell'Università
S. Lorenzo fuori le Mura
Via dei Quattro Fontane
Repubblica
Via Marsala
Termini
Stazione Termini
Via Nazionale
Santa Maria Maggiore
Via dei Ramni
Via Tiburtina
Via Panisperna
Via Cavour
Porta Tiburtina
Cavour
Via Giovanni Lanza
Piazza Vittorio Emanuele II
Via Principe Eugenio
Via G. Giolitti
V. dei Serpenti
S. Pietro in Vincoli
Via Monte Oppio
V. Emanuele II
Via Conte Verde
Via di Porta Maggiore
Colosseo
Fori Imperiali
Domus Aurea
Via Merulana
Via Emanuele Filiberto
Viale A. Manzoni
Via S. Croce in Gerusalemme
Porta Maggiore
Kolosseum
Via Labicana
Manzoni
Santa Croce in Gerusalemme
Via di San Gregorio
Via Claudia
Piazza S. Giovanni in Laterano
Via La Sezia
Lateran
San Giovanni
Porta S. Giovanni
Piazza di Pta. Capena
Circo Massimo
Viale di Terme
Re di Roma
Porta Metronia
Via Gallia
Piazza dei Re di Roma
Via Appia Nuova
Stazione Tuscolana
Tuscolana
Caracalla-Thermen
di Caracalla
Porta Latina
Via Latina
Porta Ardeatina
Porta S. Sebastiano

DZ 220 €, Frühstück inkl., Garage ca. 25 €/ Tag. Borgo Pio 133, ✆ 06/68801602, 📠 68308717, www.hotelsantanna.com.

• *Außerhalb des Zentrums* ***** **L Cavalieri Hilton**, am Monte Mario. Mit einzigartigem Blick über die Stadt, herrlichem Garten, Pool, Wellness- und Fitnesszentrum. Weit über die Grenzen Roms hinaus berühmt ist das angeschlossene 3-Sterne-Restaurant *La Pergola* unter der Leitung von Heinz Beck. Luxusklasse in jeder Beziehung. Die Preise variieren stark: Unter bestimmten Voraussetzungen und bei frühzeitiger (Online-)Buchung ist das EZ ab 270 €, das DZ ab 300 € zu haben (möglich ist aber auch das Dreifache), Frühstück ca. 45 € pro Pers. Mit Garage, der Hotelbus verkehrt etwa stündl. zur Piazza Barberini und zurück. Via Cadlodo 101, ✆ 06/35091, 📠 35092241, www.romecavalieri.it.

*** **Marc'Aurelio**, vergleichsweise ruhig und mit guter Ausstattung (Tennisplatz, Garten, AC). EZ 110–120 €, DZ 150–170 €, Frühstück inkl. Bewachter Parkplatz, die Metrostation Cornelia (Linea A) ist einige hundert Meter entfernt, zur Innenstadt gelangt man aber auch bequem mit dem Bus. Via Gregorio XI 141, ✆ 06/6637630, 📠 6625269, www.hotelmarcoaureliorome.it. *Anfahrt:* Ab der Autobahn über Via Aurelia, dann links halten, die Via Gregorio XI geht links von der breiten Via di Boccea ab.

• *Bed & Breakfast* **Casa Howard (45)** *(→ Karte S. 778/779)*, äußerst gepflegte Herberge, persönliche Atmosphäre und individuelles, stilvolles Ambiente. Nur fünf Zimmer, alle mit eigenem Bad (z. T. allerdings auf dem Flur), TV, AC. Weitere fünf Zimmer (samt türkischem Bad) in einer Dependance in der Via Sistina 149 (quasi ums Eck). EZ 140–220 €, DZ 170–250 €, Frühstück 10 € pro Pers. Postanschrift: Via Due Macelli 97, ✆ 06/69924555, 📠 6794644, www.casahoward.com.

Bed & Breakfast Italia (76) *(→ Karte S. 782/783)*, die größte Agentur in Italien, Büro am Corso Vittorio Emanuele II 282 (Palazzo Sforza Cesarini, beschildert). Die Unterkünfte können vor der Buchung im Internet „besichtigt" werden. Wer früh genug bucht, findet bei Bed & Breakfast Italia ein günstiges Zwei-Kronen-Haus in der Altstadt, aber Achtung: Diese Unterkünfte sind rar und schnell ausgebucht! Aufgrund zahlreicher Sonderangebote, Last-Minute- und sonstiger Aktionen können die folgenden Angaben nur als Orientierungswerte dienen. Es gibt drei Kategorien von Unterkünften: *due corone* (zwei Kronen), Zimmer mit Gemeinschaftsbad, EZ ab ca. 38 €, DZ ab ca. 61 €, Dreibettzimmer ab ca. 85 €; *tre corone*, Zimmer mit eigenem Bad, EZ ab ca. 52 €, DZ ab ca. 88 €, Dreibettzimmer ab ca. 125 €; *quattro corone*, Zimmer mit eigenem Bad in historischen Gebäuden (fast ausnahmslos Innenstadt), EZ ab ca. 68 €, DZ um 120–130 €, Dreibettzimmer ab ca. 155 €, kleines Frühstück jeweils inkl. Corso Vittorio Emanuele II 282, ✆ 06/6878618 (auch deutschsprachig), 📠 6878619, www.bbitalia.it.

• *Jugendherberge* Es gibt in ganz Rom nur eine Jugendherberge, und die liegt außerhalb des Zentrums beim Foro Italico bzw. Stadio Olimpico (im Norden der Stadt): **Ostello per la Gioventù**, nichts für Anspruchsvolle, die Übernachtung kostet 19 € pro Pers. (inkl. Frühstück) im nach Geschlechtern getrennten, sehr schlichten Mehrbettzimmer. Man sollte unbedingt vorher anrufen, die 334 Betten sind oft belegt. Generell empfiehlt es sich allerdings, bereits von zu Hause zu buchen. In der Jugendherberge kann man max. drei Nächte bleiben, ein Jugendherbergsausweis wird verlangt (und auch an der Rezeption verkauft). Die Zimmer sind von 7–9 und 14–24 Uhr zugänglich, die Bar ist 10–22.30 Uhr geöffnet. Mittag- bzw. Abendessen je ca. 10 €. Viale delle Olimpiadi 61, ✆ 06/3236267, 📠 3242613, www.aighostels.com. *Anfahrt:* Metro Linea A bis Ottaviano, dann ab Piazza Risorgimento weiter mit dem Bus Nr. 32 oder ab Piazza Venezia (Innenstadt) mit Bus Nr. 628 sowie mit der Nr. 280 ab Castel Sant'Angelo.

• *Hostels* **YWCA – Foyer di Roma (6)** *(→ Karte S. 774/775)*, nur für junge Frauen oder verheiratete Paare, nahe Stazione Termini. Zwei Zimmer sind behindertengerecht ausgestattet. Übernachtung mit Frühstück 33–40 € pro Pers. im DZ, im Mehrbettzimmer 28 €. Via Cesare Balbo 4, ✆ 06/4880460, 📠 4871028, www.ywca-ucdg.it.

** **Fawlty Towers Hotel & Hostel (5)** *(→ Karte S. 774/775)*, in der Via Magenta am Bahnhof Termini. Bei überwiegend englischsprachigen Travellern sehr beliebte Herberge. 15 schlichte Zimmer, über mehrere Stockwerke verteilt. Alle Zimmer mit TV; Küchennutzung, Dachterrasse. EZ ab 55 € (mit Dusche 60 €), DZ ab 70 € (mit Dusche 80 €), Dreibettzimmer mit Dusche oder Bad ab 100 €, Vierbettzimmer ohne

Bad 100 € (mit Dusche 110 €), inkl. Frühstück. Via Magenta 39, ☏ 06/4450374, 📠 45435942, www.fawltytowers.org.

*** Colors Hotel (116)** *(→ Karte S. 806/807)*, nur wenige Gehminuten vom Vatikan, eher Hostel als Hotel, ebenfalls bei jungen Travellern aus aller Welt beliebt. Auf drei Stockwerke in einem Mietshaus verteilt, die 21 Zimmer sind einfach und auf junge Leute ausgerichtet, manche auch etwas komfortabler. EZ ohne Bad ab 75 €, DZ ohne Bad ab 90 € (mit Bad 110–120 €), Dreibettzimmer ab 150 €, Frühstück inkl. Via Boezio 31, ☏ 06/6874030, 📠 6867947 www.colorshotel.com

• *Übernachten im Kloster* Die Preise für ein DZ liegen bei 70–100 €, für ein EZ bei 40–60 € (Zimmer nur zum Teil mit eigenem Bad), Frühstück meist inbegriffen. Schließzeit der Häuser ist etwa 23 Uhr, in einigen wenigen Klöstern wird allerdings auf Anfrage ein Schlüssel herausgegeben, etwas großzügiger sind diesbezüglich die kirchlichen Gästehäuser. Generell sollte man diese Unterkünfte so früh wie möglich buchen. Informationen erhält man beim: **Deutschsprachigen Pilgerzentrum**, Via del Banco di Santo Spirito, ☏ 06/6897197, 📠 6869490, www.pilgerzentrum.de. Geöffnet Mo–Fr 8.30–18, Sa 8.30–12.30 Uhr, in den Sommermonaten Juli/Aug. eingeschränkte Öffnungszeiten. Im Internet hält das Pilgerzentrum eine Liste der Klöster und Gästehäuser bereit, in denen auch Touristen übernachten können.

• *Camping* Drei Campingplätze liegen innerhalb des Autobahnrings G.R.A. sodass man mit Stadtbussen das Zentrum relativ gut erreichen kann. Für 2 Pers., Stellplatz (Zelt) und Auto muss man mit 30 € pro Nacht rechnen, mit Wohnwagen bzw. Wohnmobil etwa 35–40 €. Eine Auswahl:

Roma Camping, günstiger, weitläufiger Platz an der stark befahrenen Via Aurelia, daher sind viele der 600 Stellplätze ziemlich laut. Viel Schatten, Sanitäranlagen okay, Pool, Bar, Ristorante und Disco-Pub sind vorhanden. Großer Supermarkt gegenüber. Ganzjährig geöffnet. Via Aurelia 831 (bei km 8200), ☏ 06/6623018, 📠 66418147, www.ecvacanze.it. *Anfahrt:* Vom Autobahnring Ausfahrt Nr. 1 auf die Via Aurelia, der Beschilderung folgen. Mit öffentlichen Verkehrsmitteln: Metro A bis Station Cornelia, dann mit Bus Nr. 246 die Via Aurelia entlang, gegenüber vom Supermarkt Panorama aussteigen.

Camping Flaminio Village, nicht allzu weit vom Zentrum, Stellplätze teilweise auf Terrassen eine Anhöhe hinauf, mit kleinem Pool, Liegewiese, Bar und Restaurant. Es werden auch einige Bungalows angeboten: für 2 Pers. 70–112 €, für 4 Pers. 126–168 €. Ganzjährig geöffnet. Via Flaminia Nuova 821 (km 8200), ☏ 06/3332604, 📠 3330653, www.campingflaminio.com. *Anfahrt:* Vom Autobahnring Ausfahrt 6 (Via Flaminio), gute Beschilderung. Mit öffentlichen Verkehrsmitteln: ab Termini mit Bus Nr. 910 bis Piazza Mancini, dann Bus Nr. 200 zum Camping.

Seven Hills Camping, ausgesprochen schöner, ruhiger Platz außerhalb des Autobahnrings und sehr weit vom Zentrum. Gute Schattenplätze auf Terrassen zwischen Hügeln, zur Ausstattung des Platzes gehören Pool, Tennis- und Squashcourt, Bar und Restaurant. Auch hier Bungalows: für 2 Pers. 55 €, für 3 Pers. 78 €, 4 Pers. zahlen 102 €. Nachteil: Die Anfahrt mit öffentlichen Verkehrsmitteln ist recht mühsam. Ganzjährig geöffnet. Via Cassia 1216 (bei km 8), ☏ 06/303310826, 📠 303310039, www.sevenhills.it. *Anfahrt:* Autobahnring Ausfahrt 3, dann auf der Via Cassia in nordwestliche Richtung (La Giustiniana), beschildert. Mit öffentlichen Verkehrsmitteln: Metro Linea A bis Station Valle Aurelia, dort in den Zug Richtung Viterbo, bei der Station Giustiniana aussteigen und noch gut 1 km weiter zu Fuß die Via Italo Piccagli entlanglaufen – mühsam.

• *Camperstellplatz* **Air Terminal Ostiense**, der zentrumsnächste Stellplatz auf der Südseite der Stazione Ostiense; mit guten Metroverbindungen (Linea B Station Garbatella oder Piramide) – in wenigen Minuten ist man im Zentrum. 50 Camperstellplätze mit entsprechender Ausstattung, 24Std. geöffnet, in der Hochsaison besser reservieren. 1 €/Std. (Mindestpreis 5 €). Piazzale XII Ottobre 1942, ☏ 06/5781358, www.parkbus.it. G.R.A.-Ausfahrt 28 (Ostiense–S. Paolo).

Rom und Latium
Karten S. 774/775 u. S. 758/759

Essen/Trinken

Unzählige Restaurants in der Innenstadt, darunter auch viel Nepp. Faustregel: Je unscheinbarer ein Lokal und je mehr italienische Gäste, desto eher die Möglichkeit, gute römische Küche zu erschwinglichen Preisen zu bekommen. Die kleinen, einfachen Trattorien existieren noch, auch wenn sie weniger werden. Wer noch weniger zahlen möchte, muss auf Pizza ausweichen, die fast überall serviert wird, oder eine „Tavola calda" bzw. „Rosticceria" aufsuchen, dort gibt es einfachen Mittagstisch für vergleichsweise wenig Geld. Die günstigsten lokale findet man im Univiertel San Lorenzo nordöstlich vom Bahnhof. Unverschämt teuer bei oft schlechter Qualität speist man dagegen in den Touristenlokalen bei den bekannten Sightseeing-Punkten, z. B. Vatikan, Piazza Navona, Pantheon etc.

Die römische Küche ist ursprünglich keinesfalls elegant, raffiniert oder gar „weltstädtisch". Sie ist vielmehr einfach und bäuerlich geprägt, eine echte *cucina povera* (Küche der Armen). Innereien wie Kutteln, Hirn, Leber etc. spielen eine Hauptrolle, *trippa alla Romana* (Kutteln mit Tomaten, Minze und dem geriebenen Schafskäse Pecorino) gehört zu den Standard-Spezialitäten, ebenso wie *fritto misto Romana* (gegrillte Innereien mit diversen Zutaten) und *coda alla vaccinara* (Ochsenschwanz). Typisch römisch sind auch das *porchetta* (Spanferkel mit Kräutern gefüllt und geröstet), das in vielen Restaurants portionsweise serviert wird, und *abbacchio* (Milchlamm, das noch nie Gras gefressen hat). Pasta gibt es in zahlreichen Versionen, z. B. *spaghetti all'amatriciana* (mit einer würzig-scharfen Soße aus Speck, Peperoncini, Tomaten und Knoblauch) oder *alla carbonara* (Soße aus Eiern, Speck, geriebenem Käse und Olivenöl). Auch die Kartoffelklößchen namens *gnocchi* (sprich: *njocki*) sind unbedingt einen Versuch wert. Gemüse spielt ebenfalls eine wichtige Rolle, vor allem *carciofi*, die römischen Artischocken.

• *Um Pantheon und Piazza Navona* (→ *Karte S. 782/783*) **Da Armando al Pantheon (75)**, familiäres Restaurant mit etwas dunklem Gastraum und traditioneller Küche mit typisch römischen Gerichten (freitags gibt es *baccalà* – Stockfisch) und einem vegetarischen Menü. Weine aus ganz Italien. Menü um 40 €. Sa-Abend und

Übernachten
24 De Russie
27 Locarno
36 Hassler Villa Medici
37 Scalinata di Spagna
41 Suisse
45 Casa Howard
48 Boccaccio
50 Fontana
52 Trevi

Essen & Trinken
23 Pizzeria Il Buchetto
25 Dal Bolognese
28 Il Margutta RistorArte
30 Trattoria Edy
31 La Buca di Ripetta
32 Fior-Fiore
33 Gusto
34 Al 34
39 Nino
40 Settimio all'Arancio
43 Matricianella
46 Pizza Ciro
47 Colline Emiliane
49 Piccolo Arancio
51 Al Moro
53 L'Archetto

Cafés/Gelaterie
26 Caffè Rosati
35 Babington's
38 Antico Caffè Greco

Enotheken/Nachtleben
29 Enoteca Buccone
42 Enoteca Palatium
44 Gilda
54 Trinity College

Um die Via del Corso

150 m

Ponte Milvio
23
Flaminio
P.le Flaminio
Viale Valadier
Viale del Muro Torto
V.le d. Magnolie
Viale
S. M. del Popolo
Piazzale Napoleone I
Pincio
Viale d. Obelisco
Piazza del Popolo
Galoppatoio
Via G. Romagnosi
Via L. di Savoia
V. Cristina
Via di Savoia
25
26
24
27
S. Maria di Montesanto
S. Maria d. Miracoli
della Penna
d. Oca
28
Via A. Brunetti
V. Fontanella
V.le Villa Medici
29
Casa di Goethe
30
Villa Medici (Accademia di Francia)
Viale Trinità dei Monti
Via del Vantaggio
V. Laurina
Via Margutta
31
V. Gesù e Maria
Gesù e Maria
V. S. Giacomo
S. Giacomo
Campo Marzio
Via del Greci
Babuino
Passeggiata di Ripetta
Lungotevere in Augusta
Fiume Tevere
Via d. Frezza
Via Vittoria
32
Ara Pacis
Via Ara Pacis
33
Mausoleo di Augusto
Corso
Trinità dei Monti
S. Rocco
Via d. Croce
34
Piazza di Spagna
35
36
37
Via Belsiana
Via Bocca di Leone
Via Mario de' Fiori
Via delle Carrozze
P.zza Augusto Imperatore
38
Keats-Shelley Memorial
Via Sistina
S. Girolamo d. Illirici
Ss. Ambrogio e Carlo al Corso
Via Condotti
39
Via Gregoriana
V. d. Artisti
Piazza Mignanelli
Ponte Cavour
Via Tomacelli
40
Largo Goldoni
Via Borgognona
Propaganda
Lungotev. Marzio
Pal. Borghese
Via d. F. Borghese
43
Pal. Ruspoli
42
Via Frattina
41
Via Sistina
Via Due Macelli
44
V. Capo le Case
45
Barberini
Piazza Barberini
S. Lorenzo in Lucina
Via della Vite
Posta Centrale
Via della Mercede
46
S. Andrea delle Fratte
Via F. Crispi
V. d. Clementino
P.zza Nicosia
Via della Scrofa
Div. Amore
Vic. del
V. in Lucina
P.zza Silvestro
Via del Tritone
47
48
V. del Traforo
V. d. Prefetti
Piazza del Parlamento
V. S. Claudio
Via del Tritone
V. d. Stelletta
Via di Campo Marzio
Pal. di Montecitorio
Parlament
Palazzo Chigi
Piazza Colonna
Via d. Panetteria
Galleria Alberto Sordi
Fontana di Trevi
Giardino del Quirinale
Piazza di Montecitorio
Marc-Aurel-Säule
49
50
51
Via d. Muratte
V. d. Maddalena
S. Maria Maddalena
V. Pozzo Cornacchie
Piazza di Pietra
Teatro Quirino
52
Via d. Dataria
Palazzo del Quirinale
V. Minghetti
Via d'Umiltà
Via del Quirinale
Dogana Vecchia
P.zza d. Rotonda
P.zza S. Ignazio
Via del Seminario
Via di S. Ignazio
54
53
Palazzo Sciarra
P.zza del Quirinale
Via Piacenza
S. Marcello al Corso
P.zza d. Pilotta
Scuderie del Quirinale
Pantheon
Collegio Romano
Corso
Time Elevator
Palazzo Colonna
P.zza Coll. Romano
Ss. Apostoli
S. Maria Sopra Minerva
Pal. Doria Pamphilj
Via Monterone
Via Torre Argentina
Via del Cestari
Via del Gesù
Via C. Battisti
Petersdom
Pal. Altieri
Via d. Plebiscito
Piazza Venezia
Corso Vittorio Emanuele II
L. Torre Argentina
S. Andrea della Valle
Pal. Venezia
Pal. Valentini
V. Panisperna
Via T. Argentina
Area Sacra
Chiesa del Gesù
Via d. Astalli
Chiesa San Marco
P.zza S. Marco
Via d. Botteghe Oscure
V. S. Marco
Vittoriano/Altare della Patria
Via Arenula
Kolosseum
S. M. in Aracoeli

So geschl. Salita de'Crescenzi 31 (nur wenige Schritte vom Pantheon entfernt), ✆ 06/68803034.

Fortunato al Pantheon (69), dieses Ristorante gehört zu den Klassikern Roms. Früher trafen sich hier fast nur Politiker, heute sind es vor allem mittags viele Geschäftsleute. Schöne Holzmöbel und ein untadeliger Service. Die Speisekarte ist seit vielen Jahren dieselbe, was zwar etwas langweilig sein kann, doch dafür hat das bei den Köchen zur Perfektion der Gerichte geführt. Bringen Sie etwas Zeit mit, im Fortunato hat man es nicht eilig. Menü um 40–50 €. So geschl. Via del Pantheon 55, ✆ 06/6792788.

La Rosetta (68), eine Institution in Sachen Fisch, teures Restaurant, die Preise sind durch die Frische und Qualität der Produkte aber gerechtfertigt. Wer es sich leisten kann und gerne guten Fisch isst, sollte die 140 € für das große Menü am Abend anlegen (Mittagsmenü 50 €). Via della Rosetta 8/9, ✆ 06/6861002.

Il Bacaro (59), für einen romantischen Abend in schönem Ambiente sind Sie hier genau richtig, im Sommer sitzt man bei Kerzenschein unter einem Blätterdach in dieser ruhigen Ecke unweit der Piazza delle Coppelle. Den guten Service und die überzeugende Qualität der Küche schätzen viele Römer. Das Menü kostet um die 45 €. So geschl. Nur 20 Plätze, daher unbedingt reservieren. Via degli Spagnoli 27, ✆ 06/6872554.

Santa Lucia (65), sehr schickes und sehr angesagtes Restaurant, entsprechend teuer, Hauptgerichte kaum unter 20 €, Menü ca. 45–55 €. Schöne Terrasse am idyllischen Largo Febo 12 (keine 5 Min. von der Piazza Navona), abends auch Bar. Di geschl. ✆ 06/68802427.

Trattoria La Campana (56), Traditionslokal in einer Gasse nahe dem Tiberufer, angeblich das älteste Restaurant der Stadt (seit 1518). Sehr einladend, viele römische Stammgäste, typische römische Küche (besonders gut ist das Vorspeisenbuffet). Menü 45 €. Mo Ruhetag.Vicoletto della Campana 18, in einer Seitenstraße der Via della Scrofa, nahe Ponte Umberto I, ✆ 06/6875273.

Maccheroni (64), zurzeit beliebtes Restaurant an der schönen Piazza delle Coppelle, im Sommer einige Tische draußen, drinnen kann man dem Treiben in der Küche durch die Glasscheibe zusehen. Angeboten werden die klassischen römischen Gerichte. Menü um 35 €. Piazza delle Coppelle 44, ✆ 06/68307895.

Da Mario (62), gleich oberhalb des Maccheroni an der Piazza, ebenfalls sehr beliebt, bodenständiger und günstiger als obiges. Nette Terrasse mit karierten Tischdecken, auch innen recht gemütlich. Menü um 30 €. So geschl. Piazza delle Coppelle 51, ✆ 06/68806349.

Trattoria Gino (57), achten Sie (vom Parlamentsplatz kommend) auf der rechten Seite der kleinen Gasse Vicolo Rosini auf das Schild „Trattoria". Dahinter verbirgt sich in zwei Räumen das alteingesessene Lokal der Familie del Grosso, das vor allem in der Mittagszeit immer bis auf den letzten Platz besetzt ist. Hauptsächlich Römer genießen hier die hervorragende Küche, Touristen sieht man kaum. Große Auswahl an gut zubereiteten Gerichten, das Menü kostet ca. 25–28 €. So Ruhetag. Vicolo Rosini 4 (die kleine Gasse zweigt von der Piazza del Parlamento ab), ✆ 06/6873434.

Pizzeria Il Baffetto (77), fast jeden Abend das gleiche Bild: Eine große Menschenmenge auf der Via del Governo Vecchio wartet geduldig auf einen Platz in der Pizzeria Baffetto. Dabei ist der Raum gar nicht so klein, und über eine schmale Stiege geht es in den ersten Stock mit weiteren Tischchen. Im Sommer gibt es auch noch draußen Platz. Die Nachfrage ist berechtigt, denn die Pizza ist großartig und noch dazu preiswert. Wenn Sie nicht lange auf einen Platz warten wollen, sollten Sie früh (19.30 Uhr) oder sehr spät (nach 22 Uhr) kommen. Aufgrund des riesigen Andrangs kein Ort, an dem man den Abend verbringt – wer gegessen hat, bekommt die Rechnung und es wird erwartet, dass man dann geht. Nur abends geöffnet (18.30–1 Uhr). Via del Governo Vecchio 114, ✆ 06/68612617.

• *Um Campo de'Fiori und jüdisches Viertel* *(→ Karte S. 782/783)* **Sora Lella (101)**, das edle Restaurant auf der Tiberinsel bietet neben einem einladend eleganten Ambiente auch erstklassige römische Küche und hervorragenden Service. Gehobenes Preisniveau, ein Menü kostet um 50 €. So und Di-Mittag geschl. Bar und Gelateria nebenan. Via di Ponte Quattro Capri 16, ✆ 06/6861601.

Ditirambo (85), unser **Tipp!** Das sympathische kleine Lokal liegt zwischen Corso Vittorio Emanuele II und Campo de'Fiori. Innen rustikaler Schick, auf den Tisch kommt eine feine, raffinierte Küche. Die Speisekarte wechselt saisonal, es sind immer auch vegetarische Gerichte dabei, die Weinkarte ist exzellent, auch der Hauswein absolut empfehlenswert, ebenso wenig sollte man die köstlichen hausgemachten Desserts auslassen. Menü ca. 35–40 €. Mo-Mittag geschl. Reservierung erforderlich. Piazza della Cancelleria 74, ✆ 06/6871626.

La Quercia (94), beliebtes Ristorante schräg gegenüber dem Palazzo Spada unweit der Piazza Farnese und dem Campo de'Fiori. Draußen sitzt man herrlich auf der schönen Piazza della Quercia unter der Eiche. Umsichtiger Service, der auch in der größten Hektik die Nerven behält. Wir probierten leckere *Filetti di Baccalà* und *Fiori di Zuccha* gefüllt mit Mozzarella und Anchovis. Das Preisniveau ist für das Gebotene völlig in Ordnung. Möglichst reservieren oder etwas Zeit mitbringen. Piazza della Quercia 23, ✆ 06/68300932.

Ar Galletto (92), der alteingesessene, freundliche Familienbetrieb in einer Ecke der herrlichen Piazza Farnese bietet gut zubereitete, traditionelle römische Gerichte, z. B. die *Fiore di zucca fritti* (frittierte Zucchiniblüten) oder aber das hervorragende *Saltimbocca alla romana*. Menü um 40 €. Mit Terrasse, die oft auch mittags bis auf den letzten Platz besetzt ist, deshalb besser reservieren. So geschl. Piazza Farnese 102, ✆ 06/6861714.

Monserrato (91), ca. 100 m von der Piazza Farnese entfernt liegt diese alteingesessene Trattoria. Auf der Speisekarte hauptsächlich Fisch und Meerestiere, je nach Saison z. B. *Spaghetti al astice* (Spaghetti mit Hummer) und *Sauté di vongole* (große Venusmuscheln, in Weißwein und Kräutern gegart). Gute Flaschenweine, guter Service. Menü um 50 €. Das Restaurant wurde auch von Lesern mehrfach empfohlen. Mo Ruhetag. Via Monserrato 96, ✆ 06/6873386.

Ristorante Pierluigi (83) großes gutbürgerliches Restaurant, dessen Tische die malerische kleine Piazza dei Ricci (an der Via Monserrato) fast ausfüllen. Römische Küche und viele Fischgerichte. Drinnen wie draußen nett zu sitzen, wirkt aber ein wenig wie Massenspeisung. Sehr beliebt sowohl bei Römern als auch bei (oft amerikanischen) Touristen, Reservierung daher dringend empfehlenswert. Menü ca. 50 €. Mo geschl. Piazza dei Ricci 144, ✆ 06/6861302.

Hostaria Romanesca (88), direkt am Campo de'Fiori und bei Touristen sehr beliebt. Die Preise sind noch okay, die Qualität ebenfalls. Für abends sollte man reservieren. Menü um 30 €. Mo Ruhetag. Piazza Campo de'Fiori 40, ✆ 06/5864024.

Filetti di Baccalà (95), auf dem kleinen Platz mit der Kirche S. Barbara erkennt man das Lokal allein schon an der Menschenmenge davor und darin. Wie der Name schon sagt, dreht sich hier alles um den *baccalà*, den Stockfisch. Bei der Bestellung muss man angeben, wie viele Stücke man vom Fisch haben möchte (serviert wird ohne Teller nur auf einer Serviette). Herrlich römisch! Man sollte allerdings etwas Geduld mitbringen und auch mal eine Weile anstehen. Man zahlt für das Essen ca. 15–18 €. Nur abends ab 17.30 Uhr geöffnet, So geschl. Largo dei Liberari 88 (Ecke Via dei Giubbonare).

Il Pompiere (99), wie fast überall im ehemaligen Ghetto pflegt man hier eine ganz besondere, sehr traditionsreiche und speziell römisch-jüdische Küche. Es soll hier die besten frittierten Artischocken der Stadt geben. Das Lokal verfügt über 120 Plätze (im ersten Stock). Mittags werden mindestens drei verschiedene Primi und drei Secondi angeboten. Als schneller, vergleichsweise günstiger Mittagstisch ist das Lokal meist überfüllt. Abends wird es ruhiger, der Preis für ein Menü liegt um die 35 €. So Ruhetag. Via S. Maria dei Calderari 38 (zweigt gegenüber der Piazza B. Cairoli von der Via Arenuela ab), ✆ 06/6868377.

Da Giggetto (100), weithin bekanntes Traditionsrestaurant direkt neben dem Tempel am Marcellustheater; im Sommer sitzt man draußen auf der Straße neben antiken Säulen. Das labyrinthartige Innere des Lokals ist riesig, aber oft bis auf den letzten Platz besetzt, gepflegt wird die klassische römisch-jüdische Küche – wir probierten *Fior di Zucca* (2 €/Stück), *Carciofo* (gebackene Artischocke) und ein leckeres *Filetto di Baccalà* (6 €). Trotz der vielen Touristen angemessenes Preis-Leistungs-Verhältnis, Menü ca. 30–40 €. Mo Ruhetag. Via del Portico d'Ottavia 22, ✆ 06/6861105.

Sora Margherita (98), nur wenige Tische im kleinen Gastraum, schlichte Einrichtung, deftige Hausmannskost. Serviert werden jeden Tag wechselnde traditionelle Gerichte, darunter immer frische Pasta und eine kleine Auswahl an Hauptgerichten. Typischer Hauswein, familiäre Atmosphäre. Menü um 20–25 €. Etwas komplizierte Öffnungszeiten: Im Winter Di–So mittags und Fr/Sa auch abends, Mo geschl.; im Sommer Mo–Fr mittags und nur Fr abends, Sa/So geschl. Abends wird in zwei Schichten gegessen, die eine beginnt um 20 Uhr, die

Karten S. 774/775 u. S. 758/759

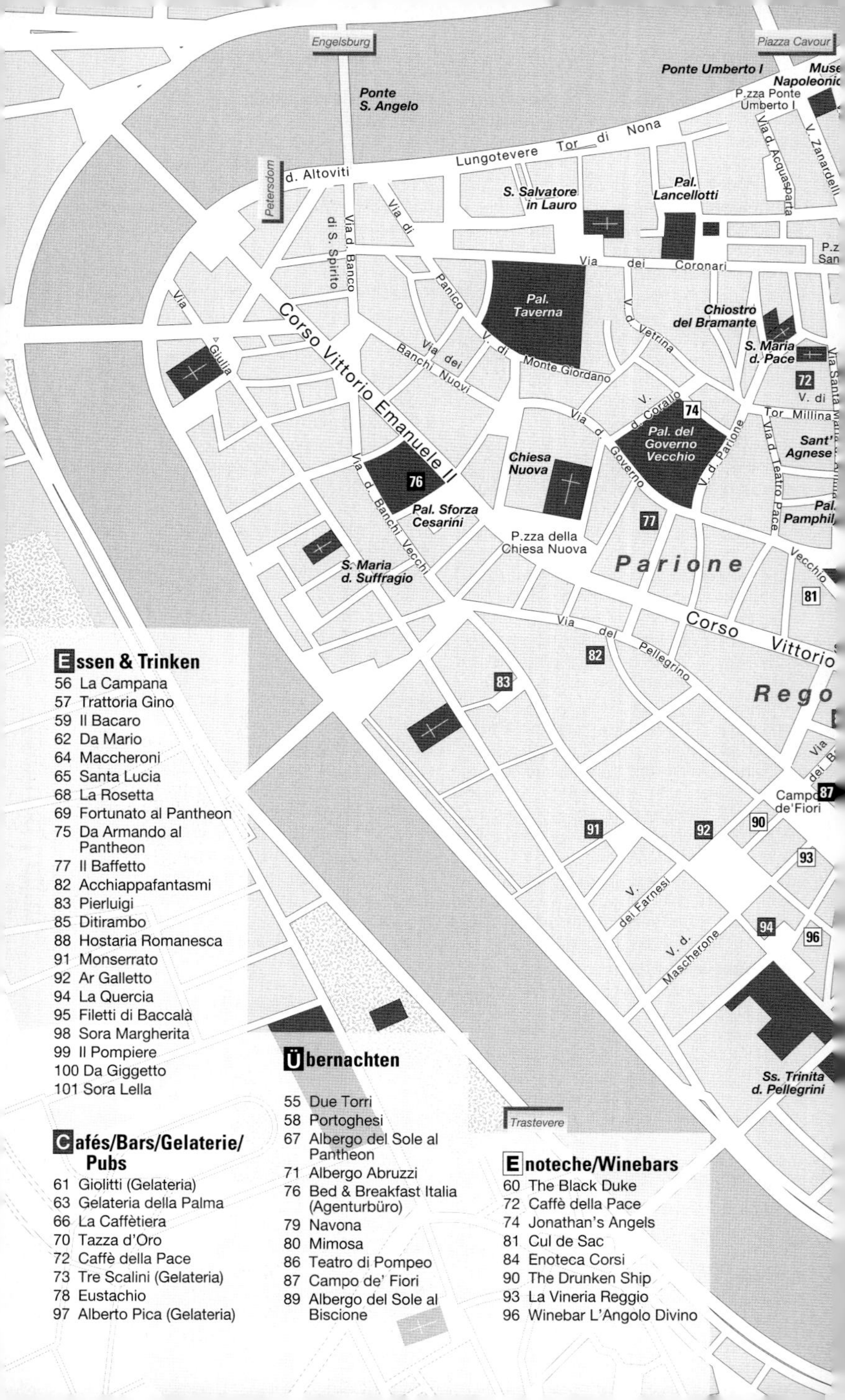

Essen & Trinken

56 La Campana
57 Trattoria Gino
59 Il Bacaro
62 Da Mario
64 Maccheroni
65 Santa Lucia
68 La Rosetta
69 Fortunato al Pantheon
75 Da Armando al Pantheon
77 Il Baffetto
82 Acchiappafantasmi
83 Pierluigi
85 Ditirambo
88 Hostaria Romanesca
91 Monserrato
92 Ar Galletto
94 La Quercia
95 Filetti di Baccalà
98 Sora Margherita
99 Il Pompiere
100 Da Giggetto
101 Sora Lella

Cafés/Bars/Gelaterie/Pubs

61 Giolitti (Gelateria)
63 Gelateria della Palma
66 La Caffètiera
70 Tazza d'Oro
72 Caffè della Pace
73 Tre Scalini (Gelateria)
78 Eustachio
97 Alberto Pica (Gelateria)

Übernachten

55 Due Torri
58 Portoghesi
67 Albergo del Sole al Pantheon
71 Albergo Abruzzi
76 Bed & Breakfast Italia (Agenturbüro)
79 Navona
80 Mimosa
86 Teatro di Pompeo
87 Campo de' Fiori
89 Albergo del Sole al Biscione

Enoteche/Winebars

60 The Black Duke
72 Caffè della Pace
74 Jonathan's Angels
81 Cul de Sac
84 Enoteca Corsi
90 The Drunken Ship
93 La Vineria Reggio
96 Winebar L'Angolo Divino

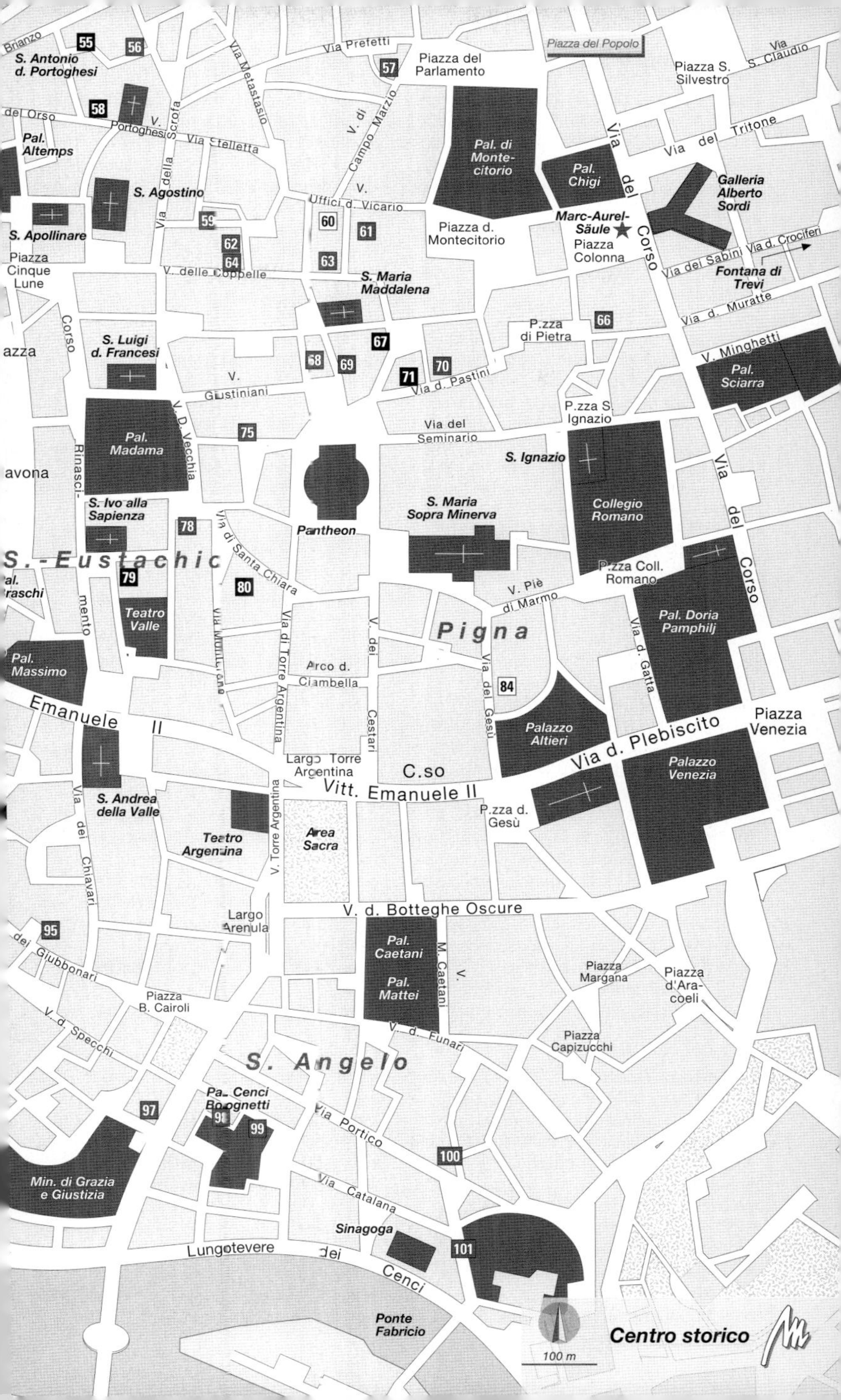

Centro storico
100 m
Piazza del Popolo
Brianzo
S. Antonio d. Portoghesi
55
56
58
57
Via Prefetti
Piazza del Parlamento
Piazza S. Silvestro
Via S. Claudio
del Orso
Portoghesi
Via della Scrofa
Via Metastasio
Via Stelletta
V. di Campo Marzio
Pal. di Montecitorio
Pal. Chigi
Via del Corso
Via del Tritone
Galleria Alberto Sordi
Pal. Altemps
S. Agostino
S. Apollinare
Piazza Cinque Lune
V. Uffici d. Vicario
59
60
61
62
63
64
Piazza d. Montecitorio
Marc-Aurel-Säule
Piazza Colonna
Via dei Sabini
Via d. Crociferi
Fontana di Trevi
V. delle Coppelle
S. Maria Maddalena
Via d. Muratte
66
P.zza di Pietra
V. Minghetti
Pal. Sciarra
Corso
azza
S. Luigi d. Francesi
67
68
69
70
71
Via d. Pastini
V. Giustiniani
P.zza S. Ignazio
Pal. Madama
V. D. Vecchia
75
Via del Seminario
S. Ignazio
avona
Rinasci-mento
S. Ivo alla Sapienza
78
Pantheon
S. Maria Sopra Minerva
Collegio Romano
Via di Santa Chiara
S.-Eustachio
79
80
Pal. Braschi
Teatro Valle
P.zza Coll. Romano
V. Piè di Marmo
Pigna
Via d. Gatta
Pal. Doria Pamphilj
Pal. Massimo
Via di Torre Argentina
V. dei Cestari
Arco d. Ciambella
Via del Gesù
84
Palazzo Altieri
Emanuele II
Via d. Plebiscito
Piazza Venezia
Palazzo Venezia
Largo Torre Argentina
C.so Vitt. Emanuele II
S. Andrea della Valle
Via dei Chiavari
Teatro Argentina
V. Torre Argentina
Area Sacra
P.zza d. Gesù
V. d. Botteghe Oscure
Largo Arenula
95
Pal. Caetani
Pal. Mattei
V. M. Caetani
dei Giubbonari
Piazza B. Cairoli
Piazza Margana
Piazza d'Aracoeli
V. d. Specchi
V. d. Funari
Piazza Capizucchi
S. Angelo
97
99
100
Via Portico
Via Catalana
Min. di Grazia e Giustizia
Sinagoga
101
Lungotevere dei Cenci
Ponte Fabricio

andere um 21.30 Uhr, dementsprechend muss man für einen der Termine am Abend auch reservieren. Piazza delle Cinque Scole 30 (rechts neben der Kirche), ✆ 06/6874216.

Pizzeria Acchiappafantasmi (82), gute und reichlich belegte Pizza ab 7 € (auch mittags frisch gebacken) und andere Gerichte (vieles davon aus der Küche Kalabriens), Menü ca. 20 €. Mo geschl. Via dei Cappellari 66, ✆ 06/6873462.

• *Um Piazza del Popolo und Piazza di Spagna* (→ *Karte S. 778/779*) **Dal Bolognese (25)**, auf einem der schönsten Plätze Roms bekommen Sie hier noch hausgemachte Nudelgerichte und gute Saison- und Fischgerichte. Gehobenes Preisniveau, Antipasti und Primi je um 15–20 €, Secondi 20–30 €. Schick, viele formell gekleidete Geschäftsleute, auch bei gut betuchten amerikanischen Touristen beliebt, die Terrasse (sehen und gesehen werden) ist meist bis auf den letzten Platz besetzt. Mo Ruhetag. Piazza del Popolo 1/2, ✆ 06/3611426.

Ristorante Nino (39), Nino bietet eine Mischung aus römischer und toskanischer Küche auf hohem Niveau, Di und Fr gibt es frischen Fisch. So Ruhetag. Menü etwa 45–50 €. Via Borgognona 11, ✆ 06/6795676.

Settimio all'Arancio (40), gepflegte Trattoria, beliebt bei Römern, besonders bei Politikern und Journalisten, aber auch bei Touristen. Man sollte daher reservieren. Im Sommer kann man draußen sitzen. Menü um 35 €. So geschl. Via dell'Arancio 50, ✆ 06/6876119.

Matricianella (43), das enge Lokal mit netter Atmosphäre ist trotz zweier Gasträume und Terrasse an der Straße stets ausgebucht, man sollte daher immer reservieren. Geboten wird eine verfeinerte klassisch-italienische Küche (Sie können sich ganz auf die Tagesempfehlung verlassen), zum Abschluss hausgemachte Desserts und vorzügliche Käseplatte. Gute Weinkarte. Menü um 35–38 €. So geschl. Via del Leone 2, ✆ 06/6832100.

La Buca di Ripetta (31), die Tische sind hier so eng aneinandergerückt, dass sie sich fast berühren und die Kellner nur mit Akrobatik und etlichen Verrenkungen ihre Gäste erreichen. Davon abgesehen ist das angenehme Lokal mit seiner guten Küche bei akzeptablen Preisen empfehlenswert. Gute Weinkarte, Menü um 35 €. So-Abend und Mo Ruhetag. Via di Ripetta 36, ✆ 06/3219391.

Al 34 (34), in angenehmem Ambiente mit schnellem und freundlichem Service wird hier ordentliche Küche geboten, in erster Linie für Touristen. Menü ca. 40 €. Mo Ruhetag. Via Mario de'Fiori 34, ✆ 06/6795091.

Trattoria Edy (30), eine der wenigen Trattorien im Centro storico, die traditionelle Gerichte zu noch akzeptablen Preisen bieten und die auch die Römer gerne aufsuchen. Einfache und perfekt zubereitete römische Küche. Menü ca. 35–40 €. So geschl. Vicolo del Babuino 4, ✆ 06/36001738.

Gusto (33), nicht nur Ristorante, sondern auch Osteria, Fischrestaurant, Winebar, Pizzeria, Formaggeria, (kulinarische) Buchhandlung und Haushaltswarengeschäft – mittlerweile auf mehrere Gebäude an der Piazza Augusto Imperatore verteilt und bei Römern sehr „in". Gehobenes Preisniveau, relativ günstig sind Pizza und Salate. Mit Terrasse. Piazza Augusto Imperatore 9, ✆ 06/3226273.

Il Margutta RistorArte (28), das einzige rein vegetarische Restaurant im Centro storico, innen ziemlich groß, modern und elegant und sehr beliebt bei den Römern. Das Preisniveau ist leicht gehoben, Menüs zu 29, 34 und 44 €, das vegane Menü kostet 32 €, Salate gibt es für 10 €. Brunch Mo–Fr für 15 € pro Pers., am Wochenende 25 €. Auch draußen in der autofreien Via Margutta ein paar Tische. Via Margutta 118, ✆ 06/32650577.

Pizzeria Fior-Fiore (32), knusprige und lecker belegte Pizza, auch Panini, nahe der Spanischen Treppe. Tägl. durchgehend geöffnet. Via della Croce 17/18.

Pizzeria Il Buchetto (23), jenseits der Porta del Popolo in der Via Flaminia (linke Straßenseite, gleich hinter der Piazza della Marina). Hier wird gute Pizza gebacken und es geht schnell – viele Angestellte kommen in der Mittagspause her. Die Pizzeria wirkt daher wie ein Imbiss, auch wenn alles frisch zubereitet wird. Preise um 12–15 €. Di-Abend geschl., Sa/So mittags geschl. Via Flaminia 119, ✆ 06/3201707.

• *Um Fontana di Trevi, Piazza Barberini und Via Veneto* (→ *Karte S. 778/779*) **Colline Emiliane (47)**, dieses beliebte, kleine Restaurant bietet traditionelle römische Küche und klassische *Cucina bolognese*. Etwa 35–40 € für ein Menü. Fr Ruhetag. Via degli Avignonesi 22 (verläuft parallel zur Via del Tritone), ✆ 06/4817538.

Al Moro (51), gehobenes, gediegenes Ambiente (allerdings etwas beengt). Die Küche ist ordentlich, große Fischauswahl, recht teuer: Menü um 55–60 €. So Ruhetag. Vicolo delle Bollette 13 (wenige Schritte vom Trevi-Brunnen in die Via delle Muratte). ✆ 06/6783495.

Piccolo Arancio (49), sehr kleine, familiäre Trattoria (im Sommer auch Tische draußen auf der schmalen Gasse); typische regionale Küche, die auf Jahreszeiten und Marktangebot abgestimmt ist; es gibt auch ein Tagesmenü. Ansonsten Menü um 30–35 €. Mo Ruhetag. Via Scanderberg 112, ✆ 06/6786139.

Pizzeria Ciro (46), großes, modernes und helles Lokal, umfangreiche Pizzaauswahl. Der Pizzateig ist hier dicker als sonst üblich und deshalb nicht jedermanns Geschmack. Bei jungen Römern und Touristen ist Ciro recht beliebt, günstig. So geschl. Via della Mercede 43/44, ✆ 06/6786015.

Spaghetteria/Pizzeria L'Archetto (53), nur wenige Schritte vom Teatro Quirino und ca. 5 Min. vom Trevi-Brunnen entfernt. Günstiges, gemütliches Lokal, gute Pasta, nur abends Pizza, Menü ca. 25 €. Von Lesern empfohlen. Via dell'Archetto 26, ✆ 06/6789064.

• *Um den Bahnhof Termini* (→ *Karte S. 774/775*) **Agata e Romeo (7)**, Agata beherrscht die Küche und Romeo den Service. Für ein Menü zahlt man etwa 70 €. Intime Atmosphäre, gehobenes Ambiente. Mittags und abends geöffnet, Sa und So geschl. Via Carlo Alberto 45 (Verbindungsstraße zwischen Maria Maggiore und Piazza Vitt. Emanuele II), ✆ 06/4466115.

Monti (8), einladende Trattoria nahe der Piazza Vittorio Emanuele II. Schlauchförmiges, etwas dunkles Lokal, im Sommer auch ein paar Tische draußen. Klassische und sorgfältig zubereitete Gerichte, köstliche hausgemachte Desserts. Freundlicher Service, Menü um 35 €. So-Abend und Mo geschl. Via S. Vito 13 a, ✆ 06/4466573.

La Cicala e la Formica (9), zwei Schwestern führen dieses kleine Restaurant im Stadtviertel Monti (zwischen Termini und Kolosseum gelegen). Hier wird leichte Mittelmeerküche angeboten. Kleine Weinkarte und ein sympathischer Service, einige Tische draußen. Mittags gibt es sehr günstige Menüs (um 10 €), abends wird es deutlich teurer (Menü um 25 €). Via Leonina 17, ✆ 06/4817490.

• *Um Kolosseum und Lateran* (→ *Karte S. 774/775*) **Charly's Sauciere (17)**, wohltuendes Ambiente und traditionelle italienisch-französische Küche, gute Weinkarte. Menü um die 45 €. So Ruhetag, Mo und Sa nur abends geöffnet. Via San Giovanni in Laterano 270, ✆ 06/70495666.

Trattoria Da Domenico (16), typisches römisches Gasthaus (schon seit über 40 Jahren), in dem die traditionelle Küche gepflegt wird. Ein komplettes Menü kostet um die 35 €, nicht gerade günstig zwar, aber noch im Rahmen. So-Abend und Mo geschl. Via San Giovanni in Laterano 134, ✆ 06/77590225.

Osteria Il Bocconcino (15), sympathisches, noch recht neues Lokal etwas abseits gelegen, von diversen Gastro-Guides geadelt. Einige Tische auch draußen, karierte Tischdecken, freundlicher Service. Serviert wird klassische römische Küche wie auch die der Region Latium, dazu saisonale Angebote. Relativ günstige Preise, auch einiges Vegetarisches, das Menü kommt auf ca. 25–30 €. Mi Ruhetag. Via Ostilia 23, ✆ 06/77079175.

Hostaria Isidoro (14), große Auswahl an Primi und Hauptgerichten. Für ein Menü zahlt man um die 25–30 €. Sa-Mittag geschl. Via San Giovanni in Laterano 59–63, ✆ 06/7008266.

Trattoria/Pizzeria Luzzi (13), bodenständiges und schlichtes Lokal, immer voll, viele Römer verbringen hier ihre Mittagspause. Sehr günstig. Im Sommer kann man draußen sitzen. Pizza auch mittags. Menü mit Hauswein ca. 20 €. Mi geschl. Via S. Giovanni in Laterano 88, ✆ 06/7096332.

Pizza Forum (12), hier bekommen Sie eine dünne Pizza mit hohem Rand und leckerem Belag, dazu gibt es Bier oder offenen Wein. Pizza 5–11 €, auch viele Nudelgerichte. Keine 5 Min. vom Kolosseum entfernt, viele Touristen. Mo geschl. Via San Giovanni in Laterano 34/38, ✆ 06/7002515.

• *In Trastevere* (→ *Karte S. 790/791*) **Augusto (106)**, typische, einfache Trattoria, Familienbetrieb, guter Hauswein und hervorragende Küche, die darüber hinwegtröstet, dass der Service alles andere als optimal ist. Im Sommer sitzt man draußen an wackligen Tischen auf der Piazza, im Winter wird es im Lokal etwas enger. Sehr günstig: Secondi um 6–8 €, der halbe Liter Hauswein 3,50 €, ein Menü kommt auf 20–25 €. Sehr großer Andrang, vor allem abends steht man schon lange vor Lokalöffnung

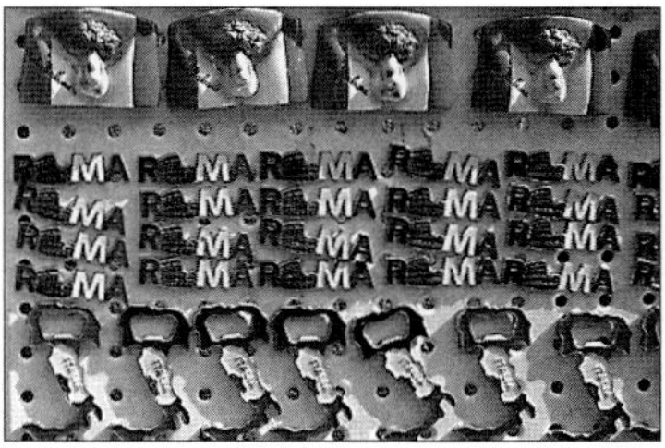

Rom und Latium
Karten S. 774/775 u. S. 758/759

(um 20 Uhr) Schlange! Sa-Abend und So geschl. Piazza de Renzi 15, ✆ 06/5803798.

Da Lucia (107), alteingesessene Trattoria in einer dunklen Gasse (nahe der Piazza della Scala) mit ordentlicher, römischer Küche, empfehlenswert sind z. B. die Suppen und der gute Baccalà. Auch bei Touristen beliebt. Menü um 30 €. Mo Ruhetag. Vicolo del Mattonato 2, ✆ 06/5803601.

Da Paris (111), in dem von Dario Cappellanti und seiner Frau Lole familiär geführten Restaurant wird die gehobene römisch-jüdische Küche gepflegt, und das seit vielen Jahren gleichbleibend gut. Spezialität des Hauses sind frittiertes Gemüse und Stockfisch. Das Preis-Leistungs-Verhältnis ist gut, Qualität und Frische der Produkte sind bemerkenswert. Gute offene Weine, hervorragende hausgemachte Desserts. Menü um 45–55 € (Degustationsmenü 50 €), Reservierung empfohlen! So-Abend und Mo geschl. Piazza San Calisto 7a, ✆ 06/5815378.

La Parolaccia (104), bekannte, urige Trattoria mit nettem Service und typisch römischen Gerichten, in der Regel gibt es ein festes Menü: Preis um 30 €. Nur abends geöffnet, So Ruhetag. Vicolo del Cinque 3, ✆ 06/5803633.

Osteria della Gensola (109), sehr gute sizilianische Fischküche, dazu eine große Auswahl an vegetarischen Vorspeisen und Nudelgerichten. Zum Fisch trinkt man am besten den offenen Weißwein aus den Castelli. Diese interessante Alternative zur römischen Küche kostet pro Menü ca. 40 €, Mittagstisch etwas günstiger. Sa-Mittag und So geschl. Piazza della Gensola 15, ✆ 06/5816321.

Pizzeria Panattoni (113), die bei jüngeren Römern sehr beliebte Pizzeria in Trastevere ist fast immer bis auf den letzten Platz besetzt, man muss oft Wartezeiten in Kauf nehmen, was sich hier aber durchaus lohnt. Sympathische Preise, um 15–18 €. Nur abends geöffnet, Mi Ruhetag. Viale Trastevere 53–59, ✆ 06/5800919.

Pizzeria Da Gildo (102), gehört zu den traditionellen Lokalen von Trastevere und ist seit über 35 Jahren in Familienbesitz. Pizza gibt es in allen Variationen, aber auch gute Nudelgerichte sowie verschiedene Salate. Gutes Bier und einige interessante Flaschenweine. Do Ruhetag (im Sommer immer offen). Via della Scala 31 A, ✆ 06/5800733.

Pizzeria Dar Poeta (103), ausgezeichnete Pizza im Herzen von Trastevere; auch Bruschette in vielen Variationen, Calzoni usw. Etwa 15–18 € fürs Essen bei üppig bemessenen Portionen. Nur abends geöffnet, Mo Ruhetag. Vicolo del Bologna 45, ✆ 06/5880516.

• *Um den Vatikan (→ Karte S. 806/807)*

An der Verbindungsmauer vom Palast zur Engelsburg befindet sich das **Ristorante Tre Pupazzi (121)**. Ganz so typisch römisch wie versprochen ist die Küche zwar nicht, doch ist das Angebot durchaus akzeptabel, außerdem gibt es hier gute Pizza (auch mittags). Menü ca. 30 €. So geschl. Borgo Pio 183, ✆ 06/6868371.

Osteria dell'Angelo (115), Ex-Rugbyspieler Angelo Croce bietet deftige traditionelle römische Küche, sehr schmackhaft und authentisch. Sehr beliebt auch zum Mittagessen (um 20 €), abends gibt es nur ein festes Menü zum Preis von 25 €. Mo und Sa nur abends, So geschl. Via G. Bettolo 24–26, ✆ 06/3729470.

Taverna Angelica (119), purististisch anmutendes Ambiente mit moderner Kunst an den Wänden; ordentliche mediterrane Küche mit einigen Fischgerichten. Menü um 40 €. Tägl. abends ab 19 Uhr geöffnet, So auch mittags. Reservierung empfohlen. Piazza Amerigo Capponi 6 (Nähe Piazza del Risorgimento), ✆ 06/6874514, www.tavernaangelica.it.

Enotheken/Enoteche

• *In der Innenstadt* **Enoteca Cavour 313 (11)** *(→ Karte S. 774/775)*, die seit 1978 geöffnete Enoteca nahe dem Forum Romanum ist eigentlich eher eine Winebar (einer Osteria vergleichbar), was schon an den Öffnungszeiten erkennbar ist: mittags 12.30–14.45 Uhr, am Abend 19.30–0.30 Uhr. Angeboten werden viele kalte Gerichte (Schinken, Salami, Käse, Räucherfisch, Salate und Desserts), einige warme Suppen und wechselnde Tagesgerichte, preislich noch im Rahmen: Kleinigkeiten um 10–12 €, Fleischgerichte 11–14 €, Käse-/Salumiplatte je 8 €, Salate etwas günstiger. Für den kleineren Hunger am Mittag, dazu ein Glas Wein – ideal. Ca. 500 Flaschenweine, von denen einige auch im Ausschank sind (3–8 €/Glas). Für ein Mittag- oder Abendessen bezahlen Sie ca. 25 €. Im Sommer So geschl., im August Betriebsferien. Via Cavour 313, ✆ 06/6785496.

Cul de Sac (81) *(→ Karte S. 782/783)*, unweit der Piazza Navona. Die erste Enoteca, die vom Verkauf offener Weine und Öle aus Fässern abkam, Flaschenweine ins Sortiment aufnahm und auch glasweise verkaufte. Dazu wurden Kleinigkeiten zu essen angeboten. Aus dieser Idee sind die heutigen Winebars entstanden. Cul de Sac ist seiner Tradition treu geblieben und bietet noch immer verschiedene kleine kalte und warme Gerichte an. Umfangreiche, vielseitige Weinkarte. Preis für ein Essen ca. 30 €. Tägl. 12.30–16.30 und 19–0.30 Uhr, Mo-Mittag geschl. Piazza Pasquino 73 (schräg gegenüber dem Palazzo Braschi), ✆ 06/68801094.

Enoteca Buccone (29) *(→ Karte S. 778/779)*, nahe Piazza del Popolo. In den Regalen dieser alteingesessenen Enoteca finden Sie die besten Weine aus allen Regionen Italiens sowie internationale Tropfen (z. B. aus Griechenland, Chile und den USA). Angeboten werden auch verschiedene Delikatessen, Öle und Essigsorten. Täglich wechselnde Weine im Ausschank. Darüber hinaus kann man bei Buccone aber auch zu Mittag essen: Im Nebenraum gibt es eine Handvoll Tische, täglich wechselnd gibt es eine kleine Auswahl an Primi und ein, zwei Secondi, außerdem auch Salate, kalte Gerichte etc. Preis um 18 € für ein Mittagessen. Fr und Sa auch Abendessen. Mo–Do 9–20.30 Uhr, Fr/Sa bis 23.30 Uhr, So geschl. Via di Ripetta 19, ✆ 06/3612154.

Palatium (42) *(→ Karte S. 778/779)*, die Enoteca Regionale der Region Latium: ein modernes Lokal mit minimalistischem Ambiente, in dem man sich zum Mittagessen (wechselnde Karte mit nicht allzu großer Auswahl) und einem Glas Wein trifft (4–5 €). Leichte Gerichte, gekonnt zubereitet, Mittagsmenü ca. 25 €. Im ersten Stock auf der Empore etwas ruhiger und gemütlicher als unten. Mo–Sa 11–1 Uhr, So geschl. Via Frattina 94, ✆ 06/69202132.

Winebar L'Angolo Divino (96) *(→ Karte S. 782/783)*, Nähe Campo de'Fiori, die Enoteca besteht seit über 50 Jahren. Die Flaschenpreise beginnen für einfache Weine bei ca. 5 €, bessere Weine kosten bis zu 35 €. Große Auswahl an Olivenöl aus den Regionen Latium und Toskana. Mo-Mittag geschl. Via d'Balestrani 12, ✆ 06/6864413.

Enoteca Corsi (84) *(→ Karte S. 782/783)*, nahe Pantheon, immer sehr voll und laut. Diese spartanische, typisch römische Osteria mit den wenigen, stets frischen, traditionellen Gerichten hat für viele Geschäftsleute der Umgebung die Funktion einer Kantine; bestes Preis-Leistungs-Verhältnis; sehr empfehlenswert! Menü um 25 €. Nur mittags geöffnet, So geschl. Via del Gesù 88, ✆ 06/6790821.

• *Um Stazione Termini* **Trimani – Il Winebar (1)** *(→ Karte S. 774/775)*, die elegante Winebar gehört zur Enoteca Trimani (gleich um die Ecke, s. u.). Jeden Tag sind ca. 20 verschiedene Weine im Ausschank, das Glas ab 3,50 €. Zum Essen werden Crostini, Quiche, Salate, Räucherfisch und verschiedene Käsesorten, aber auch Suppen, Austern, Filets und feine Desserts angeboten. Der Service ist überaus freundlich und zuvorkommend. So geschl. Via Cernaia 37b, ✆ 06/4469630.

Enoteca Trimani (1) *(→ Karte S. 774/775)*, dieses seit 1821 existierende Weingeschäft (ohne Ausschank, dafür gibt es ja die Winebar gleich nebenan) ist heute eines der modernsten, vielfältigsten und größten ganz Italiens. Weinkenner und -liebhaber werden begeistert sein! Mo–Sa 8.30–13.30 und 15.30–20 Uhr, So geschl. Via Goito 20 (bei *Il Winebar* um die Ecke), ✆ 06/4469661.

• *Um den Vatikan* **Enoteca Costantini (117)** *(→ Karte S. 806/807)*, an der Piazza Cavour (gleich bei der Engelsburg). Piero und Rosy Costantini haben in den 1970er Jahren diese außergewöhnliche Enoteca gegründet. In den großen, alten Gewölbekellern lagern über 2000 verschiedene Etiketten, im Erdgeschoss befinden sich Liköre, Brände, Schaumweine, Champagner und andere Spirituosen. Dazu gehört das feine Restaurant **Il Simposio**. Gehobenes Preisniveau. So geschl. Piazza Cavour 16, ✆ 06/3203575.

Cafés/Gelaterie

• *Cafés um Pantheon und Piazza Navona (→ Karte S. 782/783)* **Tazza d'Oro (70)**, hier bekommen Sie alles, was die Kaffeebohne hergibt, z. B. arabischen Kaffee oder verschiedenste andere Mischungen (auch koffeinfrei). Es werden auch hochwertige Teesorten, Marmeladen und Schokoladen angeboten. An der Theke können Sie den vorzüglichen *Tazza d'oro* genießen oder sich im Sommer mit einer *Granita di café con panna* (halbgefrorener Kaffee mit Sahne) aufmuntern. Via degli Orfani 84, gleich beim Pantheon.

Eustachio (78), bis Mitternacht ein beliebter Treffpunkt. Die Spezialität dieser Bar ist der *Gran Caffè Sant'Eustachio:* In einer großen Cappuccinotasse wird eine cremige Geheimmischung serviert. Es gibt auch Torten und Eis. Piazza Sant'Eustachio 82.

La Caffèttiera (66), der Duft des Kaffees erfüllt den ganzen Platz. Zum Frühstück gibt es u. a. *plum cake* oder Brot, Butter und Marmelade (für römische Verhältnisse ungewöhnlich); gegen Mittag werden auch einige Snacks angeboten, außerdem Mittagstisch. Gediegenes Café mit ebensolchem Publikum, viele Geschäftsleute. Piazza di Pietra 65.

Caffè della Pace (72), in der gleichnamigen Via, sehr stimmungsvoll und nett zum Draußensitzen, abends Bar, hier lässt es sich Stunden aushalten. Teuer. Via della Pace.

• *Cafés um Piazza di Spagna und Piazza del Popolo* (→ *Karte S. 778/779*) **Babington's (35)**, der 1894 von der Britin Anna Maria Babington eröffnete Tea Room direkt an der Spanischen Treppe zeichnet sich auch nach über einem Jahrhundert durch vornehmes britisches Ambiente aus und wirkt dabei etwas altmodisch. Die Preise sind entsprechend hoch. Englisches und amerikanisches Frühstück, teurer Mittagstisch. Di Ruhetag. Piazza di Spagna 23, ✆ 06/6786027.

Antico Caffè Greco (38)

Das älteste und traditionsreichste Café der Stadt wurde erstmals 1742 in den Memoiren Casanovas erwähnt und erhielt seinen heutigen Namen, als es 1760 von einem leutseligen Griechen namens Georgios übernommen wurde. Er machte guten Kaffee, plauderte gern und die Gäste kamen zahlreich. Das Caffè Greco wurde bald zum Treffpunkt berühmter Zeitgenossen wie Schopenhauer, Liszt, Wagner, Balzac und Lord Byron. Auch Goethe war hier Gast und schrieb an einem der runden Marmortische an seiner „Iphigenie". Heute sind in dem sehr teuren Café allerdings fast nur noch Touristen anzutreffen. Dennoch: Allein die Atmosphäre lohnt einen Besuch des traditionsreichen Hauses in der Via Condotti 86.

Caffè Rosati (26), schicke Terrasse, meist voll besetzt, das Publikum setzt sich hauptsächlich aus reichen amerikanischen Touristen und römischer Oberschicht zusammen. Schöne Lage. Eckhaus in der Via Ripetta an der Piazza del Popolo, der Cappuccino auf der Terrasse ist für 5,50 € zu haben. Etwas günstiger und nicht ganz so exklusiv ist das **Caffè Canova** auf der gegenüberliegenden Seite an der Piazza del Popolo (Anfang der Via del Babuino), hier sitzt man am Abend länger in der Sonne.

• *Cafés in Trastevere* (→ *Karte S. 790/791*) **Marzio (110)**, die auf dem wunderschönen Platz in Trastevere gelegene Bar ist wegen des Ausblicks zwar teuer (besonders draußen am Tisch), doch einer der besten Plätze, um sich beim Aperitivo auf ein gutes Abendessen einzustimmen. Piazza S. Maria in Trastevere 14 a.

Ziemlich angesagt ist derzeit auch das **Caffè Ombre Rosse (108**an der Piazza Egidio 12 (gegenüber vom Museum): tägl. 7.30–2 Uhr, nettes Straßencafé, ideal auch für den Aperitivo.

Für den Drink nach dem Essen eignet sich dann das **Caffè della Scala (105)** in der gleichnamigen Straße (vom Museum geradeaus weiter).

• *Gelaterie in der Innenstadt* (→ *Karte S. 782/783*) **Giolitti (61)**, die wohl beste Eisdiele Roms. Im Sommer werden in diesem Familienbetrieb mit 40 Angestellten pro Tag neun Doppelzentner Eis (es gibt bis zu 60 Sorten!) hergestellt, wofür 9000 Eigelb (!) benötigt werden. In einem Nebenraum kann man in vornehmer Rokoko-Atmosphäre auch sitzen (sonst unüblich). Mo Ruhetag, sonst bis 2 Uhr nachts. Via degli Uffici del Vicario 40 (nicht weit vom Parlament).

Gelateria della Palma (63), die große, moderne Eisdiele ist für ihre gigantische Auswahl an ausgefallenen Eissorten (auch Süßigkeiten) bekannt. Hier ist auch noch spätabends etwas los, manchmal finden Musikveranstaltungen statt. Mit Bar. Via della Maddalena 20, nur wenige Schritte vom Pantheon entfernt.

Tre Scalini (73), probieren Sie hier unbedingt ein Tartufo-Eis (besser zum Mitnehmen, sonst wird es sehr teuer). Es gibt in Rom nichts, was mit dieser süßen Kalorienbombe aus Schokoladenstückchen und kandierten Kirschen in einem Klumpen Schokoladeneis vergleichbar ist. Mi geschl. Piazza Navona.

Alberto Pica (97), das angeblich einzig wahre Eis kredenzt nur Alberto Pica, *„il presidente del sindacato italiano gelatieri artigianali"* (der Präsident der italienischen Gewerkschaft selbst herstellender Eisverkäufer). Im Sommer hat der selbst ernannte Eiskönig ungefähr 50 verschiedene Eissorten im Repertoire, darunter gelegentlich *Crema di fragoline di bosco* (Walderdbeereis), *Baileys* und Pinienkern-Eis, aber manchmal auch ganz andere, sehr eigenwillige Kreationen (lassen Sie sich überraschen). Auch Bar und Panini. Tägl. durchgehend, So erst ab 16 Uhr. Via della Seggiola 12 (bei der Via Arenula).

Nachtleben

In der Innenstadt trifft man sich abends in den Cafés, Bars und Kneipen um die großen Plätze wie Piazza Navona und Campo de'Fiori. Zum „richtigen" Nachtleben zieht es das jüngere Publikum vor allem ins Viertel Testaccio (südlich des Aventin), wo sich in der Via d Monte Testaccio eine Disco/Bar an die andere reiht. Diskotheken in der Innenstadt sind rar gesät und tendenziell sehr teuer. Veranstaltungs- und Konzerttermine stehen in der Donnerstagsbeilage (Trovaroma) der Tageszeitung *La Repubblica*. Um die Stadt in den Sommermonaten attraktiver zu machen, werden seit Jahren zu dieser Zeit aufwändige **Festivals** auf öffentlichen Plätzen veranstaltet (Estate Romana). Hinweise darauf sind auf Plakaten oder ebenfalls im Veranstaltungsmagazin *Trovaroma* zu finden.

• *Oper/Klassikkonzerte* **Teatro dell'Opera**, Via Firenze 72, Piazza Beniamino Gigli 1 (Nähe Via Nazionale), von außen leicht zu übersehen. Vorverkauf Di–Sa 9–17 Uhr, So nur bis 13.30 Uhr, Mo geschl. Karten ab 11 € (Loge ca. 130 €), ✆ 06/48160255, www.operaroma.it. Im Rahmen des Sommerkulturprogramms finden oft Freilichtaufführungen statt, z. B. in den Ruinen der Caracalla-Thermen (Tickets 25–110 €).

Auditorium Parco della Musica, vom italienischen Stararchitekten Renzo Piano entworfener Gebäudekomplex im Norden der Stadt (beim Stadio Flaminio), drei futuristische Konzerthallen, deren panzerartige Außenhaut Assoziationen zu eher ungeliebten Insekten weckt – die Römer nennen das Gebilde die „drei Kakerlaken". Das Auditorium bietet heute den Rahmen für Konzerte, Ausstellungen, Kinofestivals und sonstige Aufführungen und Veranstaltungen, außerdem gibt es im Komplex auch Café und Restaurant, dazu das Ausgrabungsgelände einer römischen Villa und in der Mitte ein Amphitheater. Viale Pietro de Coubertin 30, zu erreichen mit der Metro A bis Station Flaminio und dann Bus Nr. 2, abends auch Shuttle-Service (Linea "M") zwischen Auditorium und Stazione Termini (ca. alle 15 Min.). Tickets täglich 11–20 Uhr bei der Verkaufsstelle des Auditoriums, telefonische Ticketbestellung unter ✆ 060608 oder (aus dem Ausland) unter ✆ 0039/06/3700106 bzw. unter www.auditorium.com.

Führungen durch das Auditoriumsgelände täglich zwischen 11.30 und 16.30 Uhr, pro Person 9 €, erm. 5–7 €. Infos und Buchungen unter ✆ 06/80241281.

• *Theater* Das **Teatro Argentina** existiert bereits seit 1731, heute inszeniert man hier meist italienische Klassiker und Komödien. Die Bühnenbilder des Theaters sind berühmt. Vorverkauf Di–So 10–14 und 15–18 Uhr sowie 20–22 Uhr. Karten 12–27 €. Largo Argentina 52, ✆ 06/684000311, www.teatrodiroma.net.

Teatro Sistina, hauptsächlich ist das Theater für seine Musical-Inszenierungen bekannt, es finden auch Shows und Chansonabende statt. Karten 22–60 €. Kartenvorverkauf Mo–Sa 10–19 Uhr, So 11–18 Uhr. Via Sistina 129 (Nähe Piazza Barberini), ✆ 06/4200711, www.ilsistina.com.

Sala Umberto, hier gastieren oft ausländische Ensembles. Tickets 20–35 €, Vorverkauf Mo–Sa 10.30–19 Uhr, So 14–17 Uhr. Via della Mercede 50, ✆ 06/6794753, www.salaumberto.com.

Il Puff ist nicht das, was Sie jetzt womöglich glauben, sondern eine der besten Kleinkunst- und Kabarettbühnen Roms. Das Programm und die Anfangszeiten entnimmt man der *Trovaroma*, der Donnerstagsbeilage der Zeitung *La Repubblica*, oder aber der Website www.ilpuff.it. Via Giggi Zanazzo 4 (an der Piazza Sonnino in Trastevere), ✆ 06/5810721. Tickets 32–37 €.

• *Kino* Neben den unzähligen Multiplex-Kinos im ganzen Stadtgebiet mit den üblichen Blockbustern (z. B. das **Metropolitan**

Rom und Latium
Karten S. 774/775 u. S. 758/759

in der Via del Corso 7) bietet das Programmkino **Nuovo Sacher** immer montags Filme im OmU. Largo Ascianghi 1 (bei der Porta Portese, Trastevere), ✆ 06/5818116.
Deutsche Filme laufen manchmal im **Goethe-Institut**, Via Savoia 15, ✆ 06/8440051.

• *Bars/Kneipen in der Innenstadt (→ Karte S. 782/783)* **La Vineria Reggio (93)**, hier trifft man sich abends zu Aperitivo (und Wein), nicht allzu teuer, allerdings ist dank allergrößter Beliebtheit nur schwer ein Tisch an der Piazza zu bekommen. Bis 2 Uhr nachts. Campo de'Fiori 15.

The Drunken Ship (90), Campo de'Fiori, Eckhaus am Vicolo del Gallo, vor allem junge Amerikaner und Engländer, auch römische Studenten. Ab und zu Live-Auftritte, 16–18 Uhr Happy Hour, ansonsten ist das Preisniveau hoch (aber das ist es überall in der Innenstadt). Tägl. 16–2 Uhr. Campo de'Fiori 20–21.

Café/Bar della Pace (72), eine der bekanntesten und beliebtesten Bars der Innenstadt, viele bestens gestylte Römerinnen und Römer. Wer von der stilvollen Einrichtung des Cafés etwas mitkriegen will, sollte tagsüber kommen. Tägl. 9–3 Uhr. Via della Pace 5, ✆ 06/6861216.

Jonathan's Angels (74), hauptsächlich wegen der kuriosen Einrichtung einen Besuch wert: Selbstporträts des Besitzers zieren die Kneipe von oben bis unten. Gelegentlich Livemusik, der Gegend entsprechend hohes Preisniveau. Di–So 16–2 Uhr, im Mai geschl. Via della Fossa 16 (eine kleine Gasse in der Nähe der Piazza Navona), ✆ 06/6893426.

The Black Duke (60), Nähe Pantheon, im Stil eines irischen Pubs mit irischem Essen und Getränken (z. B. Guinness). Tägl. 12–2 Uhr, im Mai geschl. Via della Maddalena 29, ✆ 06/68300381.

• *Bars/Kneipen um die Via del Corso (→ Karte S. 778/779)* **Trinity College (54)**, sehr großer Pub nach irischer Art auf zwei Etagen, sehr beliebt, viele Studenten und Touristen, berühmt sind die zahlreichen Varianten des Irish Coffee. Zu essen gibt es Burger, Steaks, Pasta etc. Happy Hour 16–20 Uhr, geöffnet 11.30–2 Uhr, im Mai geschl. Via del Collegio Romano 6 (Via del Corso, hinter dem Palazzo Doria), ✆ 06/6786472.

• *Bars/Kneipen in Trastevere (→ Karte S. 790/791)* Besonders in der **Via della Scala** oder ihren Seitengassen reihen sich Kneipen und Bars aneinander, z. B. das **Caffè della Scala (105** an der Piazza della Scala 4, fast noch beliebter ist hier in der Gegend das nahe Café **Ombre Rosse (108)** an der Piazza Egidio 12. Hier auch Aperitivo.

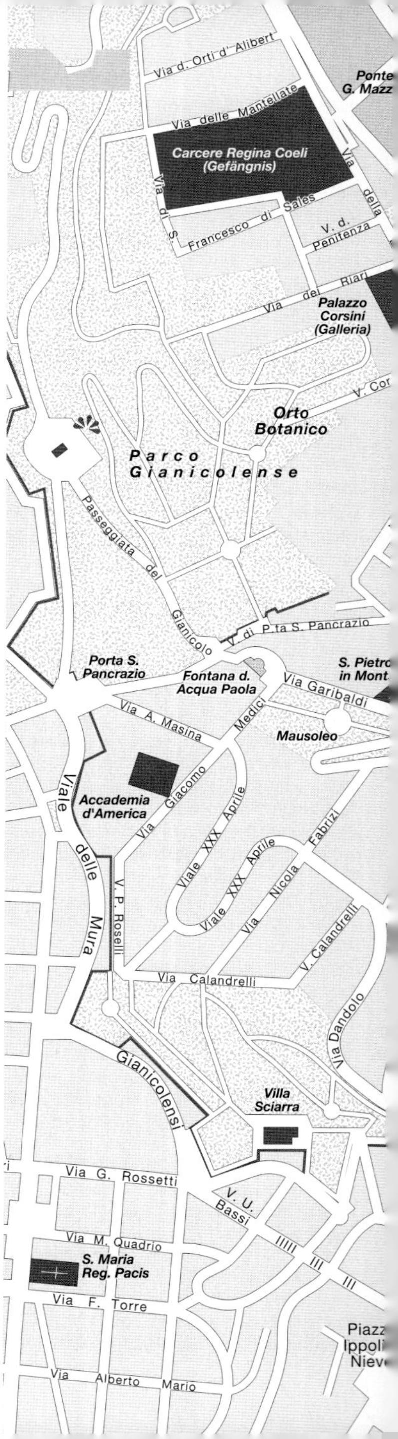

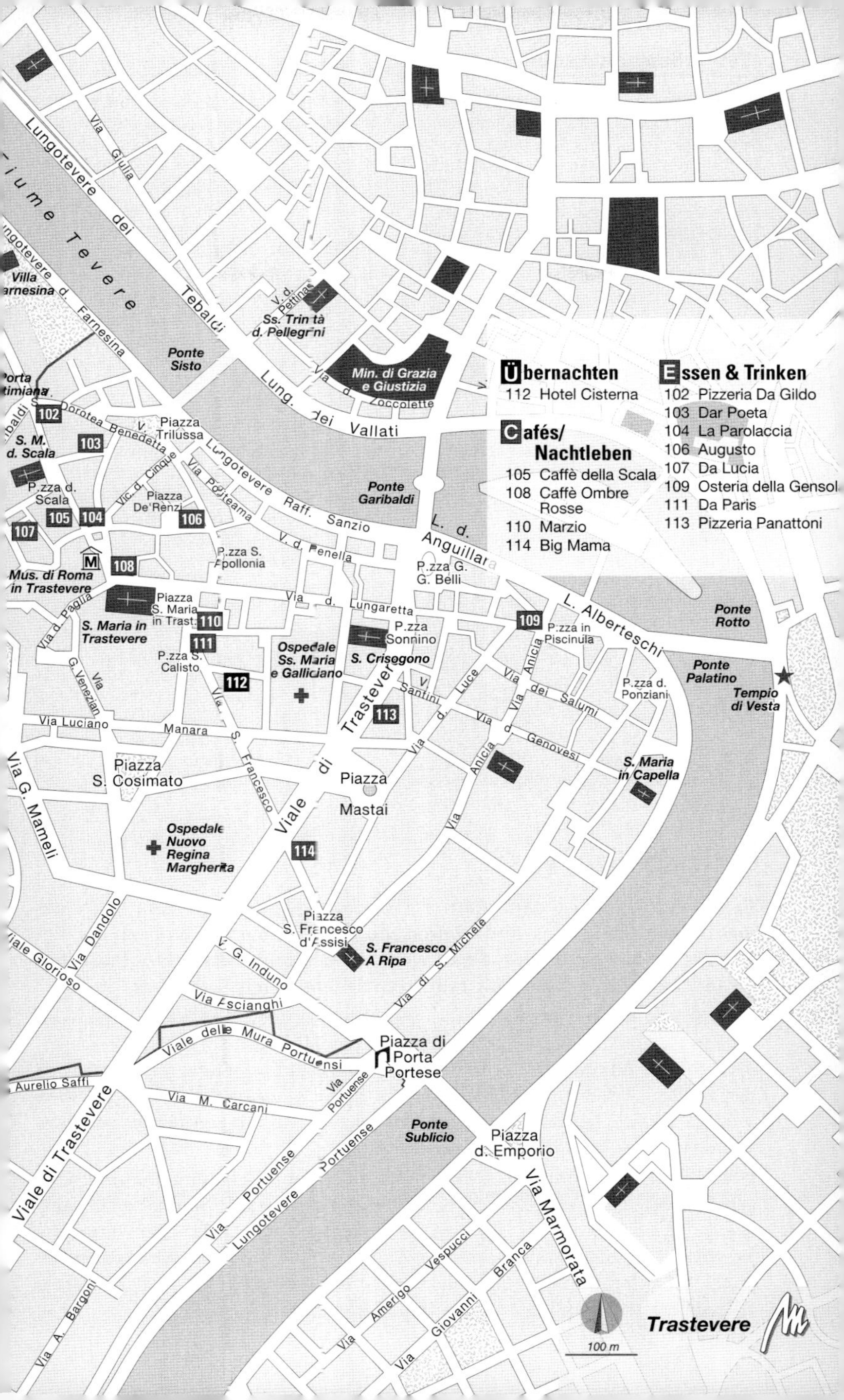

Übernachten
112 Hotel Cisterna
Cafés/ Nachtleben
105 Caffè della Scala
108 Caffè Ombre Rosse
110 Marzio
114 Big Mama
Essen & Trinken
102 Pizzeria Da Gildo
103 Dar Poeta
104 La Parolaccia
106 Augusto
107 Da Lucia
109 Osteria della Gensol
111 Da Paris
113 Pizzeria Panattoni
Fiume Tevere
Lungotevere dei Tebaldi
Via Giulia
Villa Farnesina
Lungotevere d. Farnesina
Ponte Sisto
Porta Settimiana
V. d. Pettinari
Ss. Trinità d. Pellegrini
Min. di Grazia e Giustizia
Via d. Zoccolette
Lung. dei Vallati
Piazza Trilussa
Via Dorotea
Via Benedetta
S. M. d. Scala
P.zza d. Scala
Vic. d. Cinque
Piazza De' Renzi
Via Politeama
Lungotevere Raff. Sanzio
Ponte Garibaldi
L. d. Anguillara
V. d. Penella
P.zza S. Apollonia
P.zza G. G. Belli
Mus. di Roma in Trastevere
Via d. Paglia
Piazza S. Maria in Trast.
S. Maria in Trastevere
Via d. Lungaretta
P.zza Sonnino
S. Crisogono
L. Alberteschi
P.zza in Piscinula
Ponte Rotto
Ponte Palatino
Tempio di Vesta
P.zza S. Calisto
Ospedale Ss. Maria e Galliciano
Via G. Venezian
Via Luciano Manara
Via S. Francesco
Viale di Trastevere
V. Santini
Via d. Luce
Via dei Salumi
Via Anicia
P.zza d. Ponziani
Via d. Genovesi
S. Maria in Capella
Piazza S. Cosimato
Piazza Mastai
Via G. Mameli
Ospedale Nuovo Regina Margherita
Via Dandolo
Viale Glorioso
Piazza S. Francesco d'Assisi
S. Francesco A Ripa
V. G. Induno
Via di S. Michele
Via Ascianghi
Viale delle Mura Portuensi
Piazza di Porta Portese
Via Aurelio Saffi
Via M. Carcani
Via Portuense
Lungotevere Portuense
Ponte Sublicio
Piazza d. Emporio
Via Marmorata
Via Amerigo Vespucci
Via Giovanni Branca
Via A. Bargoni
100 m
Trastevere

Big Mama (114), die Kellerkneipe ist ein Muss für jeden Jazzkenner, es gibt kaum eine Jazz-Größe, die hier noch nicht aufgetreten ist. Bier vom Fass und kleine Gerichte.

Mitgliedschaft *(Tessera)* 14 €, damit sind die meisten Konzerte kostenlos. Geöffnet 21–1.30 Uhr (es lohnt nicht, vor 22 Uhr herzukommen), So/Mo geschl. Vicolo S. Francesco a Ripa 18 (ein Gässchen links vom Viale Trastevere), ✆ 06/5812551.

• *Discos in der Innenstadt* (→ *Karte S. 778/779*) **Gilda (44)**, in dieser feinsten und teuersten Disco mit bequemen Sofas und hohen Decken trifft sich hauptsächlich Roms Schickeria und Prominenz. Entsprechend sorgfältig wird das Publikum aus den am Eingang Wartenden ausgewählt (sofern Sie nicht zur Prominenz gehören: Sakko für Herren obligatorisch, Damen kommen bevorzugt in Schwarz, tief ausgeschnitten und mit *high heels*). Man kann hier auch Kleinigkeiten essen. Zum Gilda gehört eine der meistbesuchten Pianobars in Rom. Eintritt ca. 25 €. Do–So ab 23 Uhr, von Mai bis Sept. geschl., dann zieht Gilda nach Fregene an den Strand (dort auch Strandbad, Ristorante, Sportprogramm etc. und natürlich die Diskothek Gilda). Via Mario de'Fiori 97 (Nähe Spanische Treppe).

• *Discos in Testaccio* (→ *Karte S. 774/775*) **Alibi (18)**, hauptsächlich Disco, schrillster Treffpunkt der römischen Schwulenszene, bei Heteros aber ebenfalls beliebt. Am Wochenende finden oft Themenpartys oder Shows auf der kleinen Bühne statt. Drei Säle auf zwei Etagen mit jeweils unterschiedlichen Musikrichtungen, im Sommer wird die Dachterrasse geöffnet. Mo–Mi geschl., sonst 23–4.30 Uhr (im Sommer auch mal länger). Eintritt je nach Veranstaltung 5–10 €. Via di Monte Testaccio 40/44.

AKAB (20), früher Fabrik, heute Konzertsaal und Club, in den letzten Jahren sind hier schon hochkarätige Musiker aufgetreten. Einige der besten DJs von Rom legen hier auf, auch Konzerte. Di–Sa 23–4.30 Uhr. Eintritt je nach Event 10–15 €. Via di Monte Testaccio 69.

Caffè Latino (19), fast jeden Abend Livemusik, danach Disco (Musik variiert je nach Abend), die sehr populär ist. Drei Säle und Café nebenan. 22.30–2.30 Uhr, Mo geschl. Eintritt 8 €, am Wochenende 15 €. Via di Monte Testaccio 96, ✆ 06/57288556.

Radio Londra (21), jüngeres Publikum, verschiedene DJs. Mi–So geöffnet. Via di Monte Testaccio 65b.

• *Discos südlich von Testaccio (Ostiense)* (→ *Karte S. 774/775*) **Alpheus (22)**, in der Nähe des Gasometers, Kulturzentrum mit riesiger Disco, Bühne für Livemusik, Kabarett, beliebter Studententreff, viel Latino und Blues. Sa manchmal Gay-Partys. Eintritt je nach Wochentag 8–10 €. Via del Commercio 36, ✆ 06/5747826.

Sehenswertes

Bekanntermaßen ist ganz Rom ein einziges Freilichtmuseum. Doch die weltberühmten Sehenswürdigkeiten wie Forum Romanum, Vatikan und Peterskirche sind nicht alles. Es ist vielmehr das unverfälschte Alltags- und Straßenleben, was diese Weltstadt so anziehend macht.

Zwar umtost der heftige Verkehr die römische Innenstadt, aber in den engen Gassen des Centro storico kann man auch zu Beginn des 21. Jh. in aller Ruhe schlendern. Ruhige Winkel gibt es viele und hier trifft man noch immer auf die „Bar an der nächsten Ecke“, wo die Bewohner der Straße schnell auf einen *caffè* vorbeischauen und die letzten Neuigkeiten austauschen. Mit am ergiebigsten in dieser Hinsicht ist die Gegend um den Campo de'Fiori.

Die großen Sehenswürdigkeiten der Antike (Kolosseum und Forum Romanum) liegen dicht beieinander, sodass ein Besuch hier gut an einem Nachmittag zu bewältigen ist. Ebenfalls liegen die Highlights der Innenstadt – Trevi-Brunnen, Spanische Treppe, Piazza Navona, Pantheon und Campo de'Fiori – in bequemer Laufentfernung. Wer sich Richtung Vatikan und Vatikanische Museen auf der anderen Tiberseite aufmacht, sollte dafür einen ganzen Tag einplanen.

Historisches Zentrum

Centro storico

Die Altstadt drängt sich ins Knie des Tibers. Hier findet man die großen staatlichen Repräsentationsbauten wie Parlament, Präsidentenpalast und Ministerien ebenso wie kleine, krumme Gässchen fern vom Trubel. Weite Zonen sind für den Autoverkehr gesperrt. Die großen, berühmten Plätze sind gleichermaßen Treffs für Römer wie für Touristen.

Via del Corso und Umgebung

Die lange, schnurgerade Via del Corso ist Roms beliebteste Flanier- und Einkaufsstraße, gleichzeitig die Schlagader des historischen Zentrums. Sie beginnt an der Piazza Venezia und endet etwa 2 km weiter nördlich an der Piazza del Popolo, der letzte Teil ist Fußgängerzone. Von hier kommt man schnell zu allen wichtigen Punkten der Innenstadt.

Piazza Venezia: bedeutendster Verkehrsknotenpunkt der Innenstadt, Nahtstelle zwischen Forum Romanum und Altstadt. Der *Altare della Patria* (Vaterlandsaltar), meist *Vittoriano* genannt, das riesige Denkmal für Vittorio Emanuele II, den ersten König des neu gegründeten italienischen Nationalstaats im 19. Jh., beherrscht den Platz. Das Bauwerk bestimmt optisch nicht nur die Piazza Venezia, sondern auch das gesamte Stadtbild. Nicht von ungefähr wurde dafür der Platz am kapitolinischen Hügel, dem einstigen Mittelpunkt der Welt, gewählt (unter dem „Altar" liegt noch ein Teil der Kaiserforen). Der König ist in der Mitte als 12 m hohes Reiterstandbild verewigt. Von den Römern wird das monströse Etwas aus blendend weißem Kalkstein mit Engeln, antik nachempfundenen Säulen, Triumphwagen und Freitreppen sarkastisch, aber treffend „unser falsches Gebiss" oder „Schreibmaschine" genannt. Einige Kunsthistoriker nennen den Vaterlandsaltar auch einen „Scherz des schlechten Geschmacks" und erheben immer wieder die Forderung, ihn abreißen zu lassen. Das Vittoriano ist für die Öffentlichkeit zugänglich, man kann auf den Balkonen des Monuments herumspazieren und die schöne Aussicht vom Dach (gläserner Aufzug) genießen – der Blick reicht über die ganze Innenstadt und hinüber bis zum Piazzale Garibaldi (Gianicolo) in Trastevere. Im Inneren befindet sich das *Grabmal des Unbekannten Soldaten* und das *Museo del Risorgimento* – eine Sammlung an Büsten, Waffen, Gemälden und historischen Schriften aus der Zeit des Risorgimento (1815–1870). Ein Seitentrakt des Gebäudes ist wechselnden, oft hochkarätigen *Kunstausstellungen* vorbehalten.

Rom und Latium
Karten S. 774/775 u. S. 758/759

Der *Palazzo Venezia* am selben Platz wurde im 15. Jh. von Papst Paul II. in Auftrag gegeben, später hatte der Gesandte Venedigs hier seinen Sitz und von 1922 bis 1943 residierte Mussolini in dem alten Gemäuer und schwang vom kleinen Balkon aus seine Propagandareden. Heute ist hier eine sehenswerte Sammlung von Kunstgegenständen aus dem 13.–18. Jh. untergebracht.

Der weitläufige *Palazzo Doria Pamphilj* gleich neben dem Palazzo Venezia entstand Anfang des 16. Jh. Im 17. Jh. ging das Gebäude in den Besitz der Fürsten Doria-Pamphili-Landi über, die mit Innozenz X. (Pontifikat 1644–1655) einen bedeutenden Papst stellten. Die hier untergebrachte *Gemäldegalerie* umfasst über 400 Kunstwerke, die meisten aus dem 13.–18. Jh.

• *Öffnungszeiten/Eintritt* **Vittoriano** tägl. 9–16.30 Uhr. **Ausstellungen im Vittoriano**, zuletzt galten folgende Öffnungszeiten: Mo–Do 9.30–19.30 Uhr, Fr/Sa 9.30–23.30 Uhr, So 9.30–20.30 Uhr. Eintritt 10 €, erm. 6,50 € (variiert je nach Ausstellung). **Aufzug**, Mo–Do

9.30–18.30 Uhr, Fr–So 9.30–19.30 Uhr, 7 €, erm. 3,50 €, Kinder bis 10 J. frei. **Museo del Risorgimento**, tägl. 9.30–18.30 Uhr, Eintritt frei. Eingang auf der rechten Seite des Monuments (Via San Pietro in Carcere). **Museo del Palazzo di Venezia**, Di–So 8.30–18.30 Uhr, Mo geschl., Eintritt 4 € (erm. 2 €). **Galleria Doria Pamphilj**, tägl. außer Do 10–17 Uhr, Eintritt 9 €, erm. 7 €. Kinder unter 12 J., Studenten und Rentner über 65 J. frei. Piazza Collegio Romano 2, ✆ 06/6797323; www.doriapamphilj.it.

Piazza Colonna: etwa an der Hälfte der Via del Corso. Hier steht die 42 m hohe *Triumphsäule des Marc Aurel*. Ähnlich wie die Trajansäule (→ Forum Romanum, S. 802) ist sie vollkommen mit Schlachtenreliefs bedeckt. Im Inneren führt eine Treppe zu einer kleinen Plattform hinauf (nicht zugänglich). Am Nordende der Piazza Colonna befindet sich der *Palazzo Chigi*, der Sitz der italienischen Regierung.

Piazza di Montecitorio/Parlament: Wenige Schritte hinter der Piazza Colonna gelangt man zur Piazza di Montecitorio, auf der einer der größten ägyptischen Obelisken der Welt steht. Dahinter befindet sich das Parlamentsgebäude, von Papst Innozenz X. Mitte des 17. Jh. ursprünglich als Strafgericht in Auftrag gegeben.

Ara Pacis: Der *Friedensaltar des Augustus* am Tiberufer stellt unbestritten einen Höhepunkt der römischen Bildhauerkunst dar. Das Heiligtum weihte man nach knapp vier Jahren Bauzeit am 30. Januar des Jahres 9 v. Chr. feierlich dem Frieden, den Augustus im Römischen Reich wiederhergestellt hatte. Die historischen Reliefs auf der Ara Pacis zählen zu den bedeutendsten antiken römischen Staatsdenkmälern. Dargestellt ist der feierliche Prozessionszug mit Augustus, seiner Familie, seinen Ahnen, Priestern und hohen Staatsbeamten. Sie vereinen sich zu Ehren des Friedens, der Pax Romana, nach hundert Jahren Krieg und Bürgerkrieg. Nach langer Restaurierung wird das Bauwerk heute von einem lichten Glas- und Travertinschrein des US-Architekten Richard Meier umhüllt. Im Untergeschoss zeigt eine sehenswerte Ausstellung die Baugeschichte der Ara Pacis. Das Mausoleum des Augustus, ein fast 40 m hoher Grabhügel gleich neben der Ara Pacis, ist nicht zugänglich.

Öffnungszeiten Di–So 9–19 Uhr, Mo geschl. Eintritt 6,50 €, erm. 4,50 €, Audioguide in Deutsch 3,50 € (kann als Podcast kostenlos unter www.arapacis.it heruntergeladen werden). Lungotevere in Augusta.

Casa di Goethe: 1997 wurde im dreistöckigen Haus in der Via del Corso 18, in dem der Dichterfürst Goethe über ein Jahr lang lebte, die *Casa di Goethe* eröffnet, das einzige Goethe-Museum außerhalb Deutschlands. Auf 600 qm wird in wechselnden Ausstellungen auf Goethes „Italienische Reise" Bezug genommen. Bis auf einige Erstausgaben in der Bibliothek ist aus Goethes Zeit aber nichts ausgestellt und auch über die Einrichtung der Wohnung ist nichts bekannt.

Öffnungszeiten/Eintritt Di–So 10–18 Uhr, Mo geschl. Eintritt 4 €, erm. 3 €, www.casadigoethe.it.

Piazza del Popolo: Der Platz am Nordende der Via del Corso war lange Zeit das Erste, was Besucher aus dem Norden von der Ewigen Stadt sahen. Durch die *Porta del Popolo*, ein früheres Stadttor Roms (die Innenfassade stammt von Bernini, das Äußere hat Michelangelo gestaltet), betrat man den heute erfreulich autofreien Platz. Besonders beeindruckt die elegante Piazza durch die Symmetrie der beiden Kirchen *Santa Maria dei Miracoli* und *Santa Maria in Monte Santo*. Sie flankieren die Via del Corso am Südende. In der Mitte prangt ein schlanker Obelisk, der unter Augustus nach Rom transportiert wurde. Neben der Porta del Popolo steht die äußerlich unauffällige Kirche *Santa Maria del Popolo*, die dem Platz seinen Namen gab. Das Innere ist reich mit Kunstwerken der Renaissance ausgestattet, darunter die prächtige Chigi-Kapelle im linken Seitenschiff, entworfen von Raffael, außerdem

Touristenmagnet Nr. 1: der Trevi-Brunnen

zwei Meisterwerke von Caravaggio. Oberhalb der Piazza del Popolo kann man zum Aussichtspunkt am *Monte Pincio* hinaufsteigen (→ S. 798).

Fontana di Trevi: Der berühmteste aller römischen Brunnen steht an der Piazza di Trevi, etwas östlich der Via del Corso. Man muss schon fast von einer Brunnenlandschaft sprechen, so weitläufig ist das kunstvolle Ensemble aus dem 18. Jh. Über natürlich belassenen Felsen erhebt sich ein Triumphbogen, in der Mitte steht überlebensgroß Neptun. Wasser plätschert über mehrere Ebenen hinunter, sich aufbäumende Pferde bringen Dramatik ins Bild.

Am Grund des Brunnens sieht man es glitzern. Jeder, der hier eine Münze über seine Schulter hineinwirft, wird irgendwann wieder nach Rom kommen, so heißt es. Für die Stadt Rom ist diese Einnahmequelle mittlerweile fest im Etat eingeplant, jeden Montagmorgen werden die Münzen herausgesaugt (der Jahresabschluss beläuft sich auf etwa 200.000 €). 2002 ging durch die Presse, dass ein Arbeitsloser zwanzig (!) Jahre lang von dem Geld gelebt hat, das er fast täglich im Morgengrauen aus dem Wasser fischte – seitdem wird der Brunnen streng bewacht. Auf den Stufen rund um den Brunnen sitzt man gemütlich, aber Vorsicht vor Taschendieben. Wer es dem Kultfilm „La Dolce Vita" nachtun will, in dem Anita Ekberg in den Brunnen steigt, muss eine saftige Strafe zahlen! Um die Fontana di Trevi haben sich zahlreiche Souvenirhändler und teure Snackbars angesiedelt, tagsüber und selbst am späten Abend ist der Platz gedrängt voll von Touristen – der Brunnen zählt schließlich zu den größten Attraktionen der Stadt.

Spanische Treppe und Umgebung: Etwa an der Mitte der Via del Corso zweigt östlich die Via dei Condotti ab und führt direkt zum Fuß der berühmten Treppe.

Mindestens einmal kommt jeder Rom-Besucher hierher. Die weich geschwungenen Stufen, die von der Piazza di Spagna zur hoch darüber thronenden Kirche *Santissima Trinità dei Monti* hinaufsteigen, sind schon seit dem 19. Jh. eines der bekanntesten Symbole der Weltstadt. Die Stufen sind immer dicht besetzt von jungen Leuten aus aller Welt, auch wenn Essen, Trinken, Rauchen, Musik machen und Tanzen (!) auf der Treppe mittlerweile verboten ist. Je höher man steigt, desto weiter reicht der Blick über die Dächer und die kleinen, grünen Dachgärten. Da die Treppe genau nach Westen ausgerichtet wurde, ist sie ein bevorzugter Platz für Sonnenanbeter – im Frühjahr genießt man hier die ersten warmen Strahlen, im Spätherbst die letzten.
Die Treppe entstand Anfang des 18. Jh. und hat, wie auch der Platz, ihren Namen von der hier gelegenen Spanischen Botschaft am Heiligen Stuhl. Der Brunnen *La Barcaccia* am Fuß der Treppen in Form eines Bootes ist das letzte Werk von Pietro Bernini, dem Vater des berühmten Gianlorenzo. Er erinnert an das verheerende Hochwasser von 1598. Links der Treppe befindet sich der feine Babington's Tearoom (→ „Cafés“, S. 788) – Ende des 19. Jh., als der Tourismus erstmals massiv einsetzte und die Briten keinen Platz hatten, um ihren nachmittäglichen „cup of tea“ zu trinken, von einer geschäftstüchtigen Engländerin gegründet und bis heute ein voller Erfolg. Im Haus Nr. 26 (rechts der Treppe) starb 1821 der englische Dichter John Keats im Alter von 25 Jahren an Schwindsucht. Heute erinnert das *Keats-Shelley Memorial Museum* an ihn, in fünf liebevoll eingerichteten Räumen sind zahlreiche Bücher und Originalbriefe sowie Manuskripte von Keats, Shelley und Lord Byron zu sehen. Lord Byron lebte im Haus Nr. 66 an der Piazza di Spagna und auch viele andere Künstler (z. B. Richard Wagner, James Joyce, Franz Liszt) verbrachten eine Zeitlang im magischen Zirkel um die Spanische Treppe.
Die Dreifaltigkeitskirche *Santissima Trinità dei Monti* mit dem davor aufragenden Obelisken setzt einen Endpunkt über die Stufen. Das Innere ist mit einem Gitter versperrt (nur zu Gottesdiensten geöffnet), Besuchern bleibt nur ein Blick durch die Eingangstür – in der zweiten Seitenkapelle links eine „Kreuzabnahme“ von Daniele da Volterra, dessen Lehrer Michelangelo war. Noch heute ist sie französische Stiftskirche, in der täglich (außer sonntags) ein Gottesdienst in französischer Sprache stattfindet. Vom Portal der Kirche hat man einen herrlichen Blick über die Dächer der Innenstadt bis hinüber zur Peterskirche.
In den umliegenden Straßenzügen ist heute die nationale und internationale „Haute Couture“ zu Hause. Interessante Schaufenster gibt es vor allem an der *Via dei Condotti*, die von der Via del Corso direkt zur Spanischen Treppe führt (Gucci, Bulgari etc.) und natürlich muss man auch mal ins berühmte Caffè Greco schauen (→ „Cafés“, S. 788). In der *Via Margutta* arbeiten noch einige Möbelrestauratoren sowie Rahmenmacher und Antiquitätenhändler.

Öffnungszeiten/Eintritt **Keats-Shelley Memorial Museum**, Mo–Fr 10–13 und 14–18 Uhr, Sa 11–14 und 15–18 Uhr, So geschl. Eintritt 4 €, erm. 3 €. Mit Bookshop.

Pantheon: Die autofreie *Piazza della Rotonda* westlich der Via del Corso wird völlig vom riesigen Pantheon beherrscht. Der ehemalige Tempel ist eines der besterhaltenen Bauwerke des alten Rom und vermittelt noch heute einen hervorragenden Eindruck von den architektonischen Meisterleistungen seiner Epoche. Er stammt aus den letzten Jahrzehnten vor Christus und wurde laut Inschrift über dem Portikus unter Konsul Marcus Agrippa erbaut. Wegen schwerer Zerstörung durch Brände musste er aber 150 Jahre später unter Kaiser Hadrian völlig neu errichtet werden. Während Mittelalter und Renaissance veränderte man viel an dem monumentalen Bau, der

1607 in eine Kirche umgewandelt wurde. Hinter der turmhohen Vorhalle mit ihren massiven Säulen erhebt sich eine gewaltige Kuppel, die Vorbild für zahllose weitere Kuppelbauten war. Das Loch (Durchmesser 9 m) im Scheitel der Kuppel bildet die einzige Lichtquelle im Raum! Die Kassettendecke war früher mit vergoldeter Bronze ausgekleidet. Papst Urban VIII. ließ sie einschmelzen und den gewaltigen Baldachin des Papstaltars der Peterskirche daraus gießen. Raffael liegt hier begraben, ebenso die italienischen Könige Vittorio Emanuele II und Umberto I. Die *Piazza della Rotonda* gehört zu den beliebtesten abendlichen Treffpunkten in Rom, man sitzt auf den Stufen des Brunnens mit dem ägyptischen Obelisk und in den Straßencafés rundum.

Öffnungszeiten/Eintritt Mo–Sa 8.30–19.30, So 9–18 Uhr, Eintritt frei.

Piazza Navona und Umgebung

Die lang gestreckte Piazza Navona gleich in der Nähe der Piazza della Rotonda ist die gute Stube von Römern und Touristen gleichermaßen. Um drei opulente Marmorbrunnen ballen sich zahllose Krimskrams-Verkäufer, Straßenmusiker, Porträtmaler, Gaukler, Feuerschlucker, Artisten, Wahrsager etc. Die Straßencafés am Platz sind extrem teuer. Das berühmte „Tartufo"-Eis lohnt trotzdem bei „Tre Scalini", einer der bekanntesten Eisdielen Roms (→ Gelaterie, S. 788).

Der mittlere der drei Brunnen auf der Piazza, die mächtige *Fontana dei Fiumi*, stammt vom berühmten Barockarchitekten und -bildhauer *Gianlorenzo Bernini*. Ein großer Obelisk thront in der Mitte, vier große Marmorfiguren samt schmückendem Beiwerk verkörpern die vier Flüsse Nil, Ganges, Donau und Rio della Plata und sollen damit die vier Kontinente symbolisieren (Australien war noch unbekannt). Bernini gestaltete seinen „Nil" mit einem über die Augen gezogenen Tuch und den „Rio della Plata" mit entsetzt erhobenen Armen. Angeblich beziehen sich diese Missfallensäußerungen auf die Kirche *Sant'Agnese* vis-à-vis vom Brunnen – ein Werk von Francesco Borromini, einem erbitterten Konkurrenten Berninis. Borromini soll daraufhin die Statue der heiligen Agnes auf die Front gesetzt haben, die hochmütig über den Brunnen hinwegblickt, als ob sie das „Machwerk" nicht im mindestens registriert.

In Richtung Tiber ziehen sich viele verwinkelte, kleine Gassen mit Werkstätten und Handwerksbetrieben, die *Via dei Coronari* ist für ihre Antiquitätenläden bekannt.

Palazzo Altemps: Nördlich der Piazza Navona vereint der mächtige Renaissancepalazzo an der Piazza di Sant'Apollinare mehrere Kunstsammlungen in sich, darunter die so genannte *Ludovisi-Sammlung* der gleichnamigen Familie, die Kardinäle und Päpste stellte und so reichlich Mittel zur Verfügung hatte, ihrer Kunstleidenschaft zu frönen. Die zahlreichen Skulpturen und Bildwerke, darunter der berühmte *Ludovisi-Thron* aus dem 5. Jh., stehen vor dem Hintergrund barocker Fresken.

Öffnungszeiten/Eintritt Di–So 9–19.45 Uhr, Mo geschl. Eintritt 7 €, erm. 3,50 €. Das Ticket ist auch für Palazzo Massimo, Terme di Diocleziano und Crypta Balbi gültig.

Campo de'Fiori: Südlich der Piazza Navona findet seit hunderten von Jahren an jedem Vormittag (außer Sonn- und Feiertage) der schönste Obst- und Gemüsemarkt Roms statt. Bis heute hat sich hier wenig geändert – ein typischer Markt mit bunten Ständen und viel Leben, das durch den Tourismus nur wenig angekratzt wurde. Über dem Markttreiben erhebt sich düster das Denkmal des Mönchs *Giordano Bruno*. Im Jahr 1600 wurde er hier nach einem kirchlichen Inquisitionsprozess öffentlich verbrannt, nachdem er sich geweigert hatte, seine fortschrittlichen, auf Kopernikus fußenden Ideen zum Aufbau des Weltalls zu widerrufen.

Rom und Latium
Karten S. 774/775 u. S. 758/759

Um die Piazza ziehen sich Handwerkergässchen, vor allem in der *Via del Pellegrino* und der *Via dei Cappellari* reiht sich Tischlerei an Tischlerei. Über den nahen *Ponte Sisto* kann man nach Trastevere hinüberlaufen.

Ausgrabungen am Largo di Torre Argentina: Im Zentrum des verkehrsreichen Largo Argentina liegt unterhalb des Straßenniveaus die *Area Sacra*, der „heilige Bezirk", in dem vier antike Tempel aus republikanischer Zeit ausgegraben wurden. Da nicht bekannt ist, welchen Göttern die Tempel geweiht waren, nannte man sie einfach A, B, C und D. Von Tempel D ist nur ein kleiner Teil sichtbar, der Rest liegt unter der Via delle Botteghe Oscure, die das Areal im Süden begrenzt. Einige Historiker gehen davon aus, dass sich an der Stelle, wo heute zwei Zypressen zu sehen sind, die *Curia Pompeja* befand, in der am 15. März des Jahres 44 v. Chr. Julius Caesar ermordet wurde. Wahrscheinlicher ist allerdings, dass der Schauplatz des Geschehens am Pompejus-Theater beim Campo de'Fiori lag. Das von außen unscheinbare *Teatro Argentina* am Platz gibt es bereits seit 1731. Hier wurde 1816 Rossinis „Barbier von Sevilla" uraufgeführt.

Jüdisches Viertel: Südlich vom Verkehrsknotenpunkt Largo Argentina findet man um die *Via del Portico d'Ottavia* das ehemalige Ghetto Roms. Bis heute erstreckt sich hier ein Gewirr von mittelalterlichen Gassen mit vielen kleinen Plätzen und einer fast familiären Atmosphäre. In den Geschäften werden auch koschere Lebensmittel verkauft und in den Restaurants serviert man typisch jüdische Gerichte. Einer der schönsten Plätze hier ist die kleine *Piazza Mattei* mit ihrem hübschen Schildkrötenbrunnen, der *Fontana delle Tartarughe.*

Wahrzeichen des Ghettos ist die große *Synagoge* vor dem Ponte Fabricio, im angeschlossenen *Museo Ebraico* sind neben sakralen Gegenständen auch zahlreiche Dokumente zur Geschichte der jüdischen Gemeinde in Rom zu sehen.

In bezeichnendem Kontrast zur Schlichtheit des Viertels zeigt sich *Il Gesù* am gleichnamigen Platz, die Mutterkirche des Jesuitenordens – eine größere Anhäufung von Pomp ist fast nicht vorstellbar. Im linken Querschiff liegt der Ordensgründer Ignatius von Loyola begraben, der Altar über seinem Grab soll der prunkvollste der Welt sein.

• *Öffnungszeiten/Eintritt* **Museo Ebraico**, Mitte Juni bis Mitte Sept. So–Do 10–18.15 Uhr, Fr 10–15.15 Uhr; Mitte Sept. bis Mitte Juni So–Do 10–16.15 Uhr, Fr 10–13.15 Uhr, Sa und an jüdischen Feiertagen geschl. Eintritt (inkl. Führung) 7,50 €, Studenten 4 €, Kinder unter 10 J. frei. **Il Gesù**, tägl. 7–12.30 und 17–19.45 Uhr.

Villa Borghese

Ganz in der Nähe von Piazza del Popolo und der Spanischen Treppe liegt der größte und schönste Stadtgarten Roms mit vielen Spazierwegen und (abgesehen von den Wochenenden) viel Ruhe und Beschaulichkeit. Die Aussichtsterrasse am *Monte Pincio* oberhalb der Piazza del Popolo bietet einen wunderbaren Blick über Rom. Im eigentlichen Park gibt es einen winzig kleinen See mit Bootsverleih sowie einen Zoo mit mehreren hundert Tierarten. Von den folgenden drei Museen im Park ist das Highlight zweifellos die Galleria Borghese, die zu den bedeutendsten Kunstsammlungen Europas zählt.

Galleria Borghese: Das berühmte Museum im restaurierten Borghese-Palast aus dem Jahr 1620 besitzt unglaublich prunkvolle und kostbare Gemälde von Malern der Renaissance und des Barock, darunter Caravaggio, Raffael und Tizian, aber auch die großartigen Skulpturen von Bernini.

Die Galleria Borghese, eines der schönsten Museen der Welt

Öffnungszeiten/Eintritt Di–So 9–19.30 Uhr, Mo geschl. Einlass alle 2 Stunden, Tickets nur mit oblig. Reservierung für feste Zeiten. Eintritt 8,50 €, erm. 5,25 €. Ticketvorbestellung unter ✆ 06/32810 oder www.ticketeria.it.

Museo di Villa Giulia: Am Piazzale di Villa Giulia, eine bedeutende Sammlung etruskischer Funde, außerdem schöner Garten und kleine Wasserfälle. Früher war der Palast eine Sommerresidenz der Päpste.

Öffnungszeiten/Eintritt Di–So 8.30–19.30 Uhr, Mo geschl. Eintritt 4 €, erm. 2 €, unter 18 und über 65 J. frei.

Galleria Nazionale d'Arte Moderna (Palazzo delle Belle Arti): In der Nähe des etruskischen Museums, Viale delle Belle Arti. Weit gefächerte Sammlung italienischer Maler des 19. und 20. Jh.

Öffnungszeiten/Eintritt Di–So 8.30–19.30 Uhr, Mo geschl. Eintritt 10 €, erm. 8 €, unter 18 und über 65 J. frei. Audioguide (Engl./Ital.) 4 €.

Um die Stazione Termini (Hauptbahnhof)

Diokletians-Thermen und Palazzo Massimo: Die größten Thermen Roms, errichtet unter Kaiser Diokletian, liegen nicht weit vom Bahnhof an der Via Enrico di Nicola. Im Inneren wurden später die Kirche Santa Maria degli Angeli und ein Karthäuser-Kloster eingerichtet, seit Ende des 19. Jh. auch ein großes Museum der Antike. Das *Römische Nationalmuseum* (Museo Nazionale Romano Terme di Diocleziano) enthält zahlreiche griechische und römische Skulpturen, Büsten und Epigraphe, auf Schaubildern wird das Alltagsleben der antiken Römer dargestellt. Außerdem gibt es eine große archäologische Abteilung. Besonders sehenswert ist der Klostergarten.

Ganz in der Nähe steht der *Palazzo Massimo alle Terme*, in den der größte Teil der umfangreichen Sammlung ausgelagert wurde, darunter besonders schöne Fresken aus römischen Villen.

Öffnungszeiten/Eintritt Di–So 9–19.45 Uhr, Mo geschl., Eintritt für **Museo Nazionale Romano Terme di Diocleziano** und **Palazzo Massimo alle Terme** 7 € (erm. 3,50 €, unter 18 und über 65 J. frei), das Ticket ist auch für Palazzo Altemps und Crypta Balbi gültig.

Rom und Latium
Karten S. 774/775 u. S. 758/759

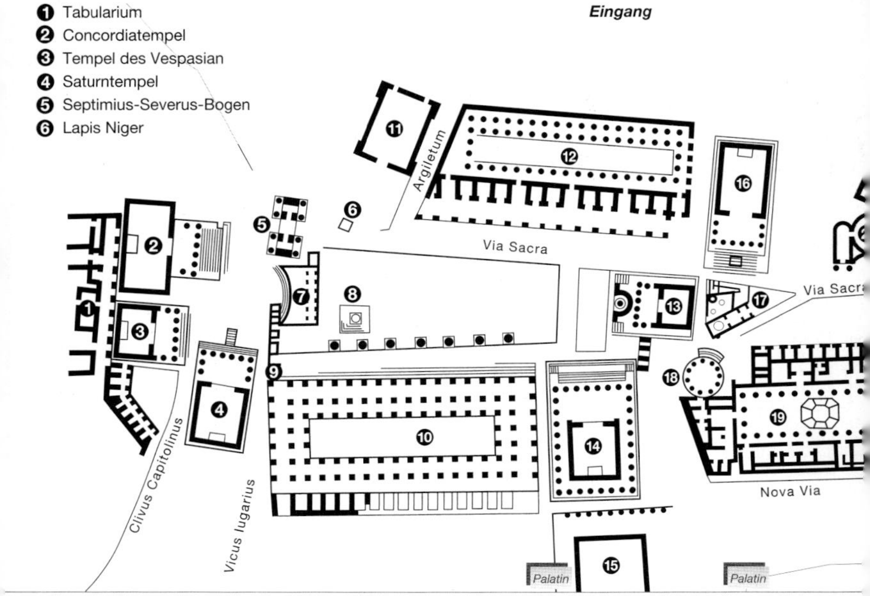

Forum Romanum, Kapitol und Umgebung

Die Reste des altrömischen Machtzentrums liegen zentral in der Stadtmitte. Etwas Fantasie braucht man heute, damit der Mittelpunkt des einstigen Weltreichs vor dem geistigen Auge entsteht, dennoch: was die Römer hier hinterlassen haben, ist immens.

Kapitol: Hinter der Piazza Venezia mit dem Denkmal für König Vittorio Emanuele II führen Stufen zum Kapitol hinauf und enden zwischen den im 17. Jh. entdeckten kolossalen antiken Plastiken der Götterbrüder Castor und Pollux. Oben hat man einen schönen Blick auf die Ausgrabungen des Forum Romanum. In altrömischer Zeit war hier der Sitz des höchsten Staatsgottes Jupiter mit einem gewaltigen Tempel, dessen Ziegel aus Gold gewesen sein sollen. Diesen „Mittelpunkt der Welt" vor Augen, errichteten die Römer in jeder größeren Stadt einen (oft künstlichen) kapitolinischen Hügel als Göttersitz.

Heute flankieren Renaissancepalazzi den trapezförmigen Platz. Im Palazzo Nuovo ist das beachtliche *Kapitolinische Museum* mit zahlreichen antiken Kunstwerken untergebracht, im Palazzo dei Conservatori gibt es das *Museum der Konservatoren* (antike Kunst), eine *Pinakothek* (Gemälde des 14.–17. Jh. und Porzellan) und die *Konservatorensäle* mit Historiengemälden und der berühmten Wölfin, die die Zwillinge Romulus und Remus säugt. Dem Aufgang gegenüber steht der *Senatorenpalast*, das heutige Rathaus von Rom. Unübersehbar die zentral auf dem Kapitolsplatz aufgestellte Kopie des antiken Reiterstandbilds von Kaiser Marc Aurel, dessen Sockel Michelangelo entworfen hat (wie auch den ganzen Platz). Nach jahrelanger Restaurierung befindet sich der originale Bronzekaiser aus dem 2. Jh. n. Chr. nun im Palazzo dei Conservatori (Esedra di Marco Aurelio).

Linker Hand führt eine steile Treppe hinauf zur Kirche *Santa Maria in Aracoeli*, ein wichtiges Marienheiligtum, erbaut an der Stelle eines ehemaligen Tempels der

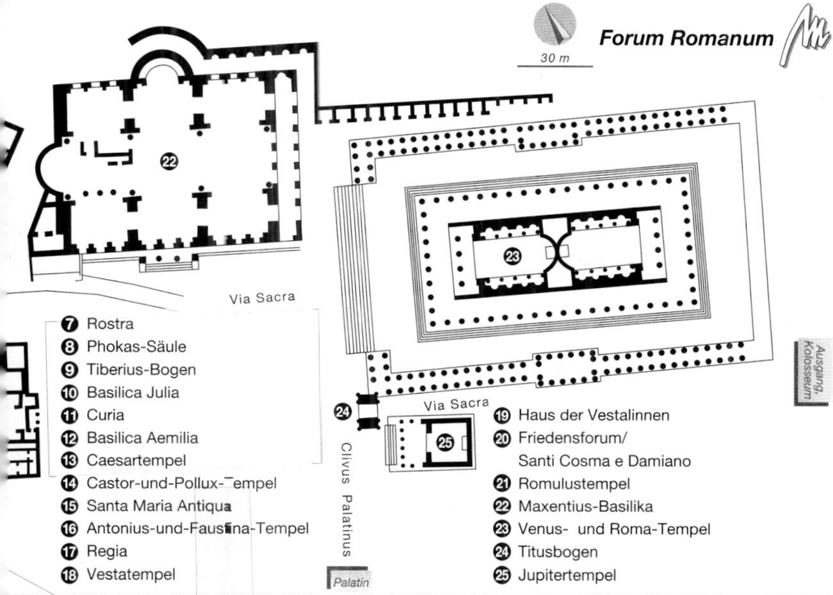

Juno. Besondere Attraktion der Kirche ist das hoch verehrte *Santo Bambino*, eine aus Olivenholz vom Garten Gethsemane geschnitzte Statue des Jesuskindes (Kopie, das Original wurde 1994 gestohlen), der die Kraft zugesprochen wird, kranke Kinder zu heilen.

• *Öffnungszeiten/Eintritt* **Kapitolinische Museen**, Di–So 9–20 Uhr, im Sommer teilweise bis 21 bzw. 23 Uhr, Mo geschl., Eintritt 6,50 €, erm. 4,50 €, unter 18 und über 65 J. frei. Audioguide in deutscher Sprache 5 €. **Santa Maria in Aracoeli**, tägl. 9–12.30 und 15–18.30 Uhr (im Winter 14.30–17.30 Uhr).

Forum Romanum und Palatin: Das Zentrum des öffentlichen Lebens im alten Rom ist über den Largo Romolo e Remo (Via dei Fori Imperiali) zugänglich. Die schwer mitgenommenen Überreste aus der Kaiserzeit sind vielleicht für den einen oder anderen enttäuschend, denn im Lauf der Jahrhunderte wurde das Forum mehrmals gründlich von Eroberern eingestampft, während der Renaissance diente es sogar als Kuhweide. Trotzdem kann man sich mit etwas Fantasie das geschäftige Leben von einst noch gut vorstellen. Gleich zu Beginn trifft man auf die Fundamente der *Basilica Aemilia*. Benachbart steht die besonders gut erhaltene *Curia*, das Gebäude des Senats, in dem die großen römischen Redner auftraten. Südlich davon führt die *Via Sacra*, eine ehemalige Prozessionsstraße, vom *Septimius-Severus-Bogen* durch das Ausgrabungsgebiet und endet an den Resten des *Tempels von Venus und Roma*. Benachbart steht der eindrucksvolle *Titusbogen* mit schönen Reliefs im Bogendurchgang. Von hier aus kommt man zum Ausgang beim Kolosseum.
Vom Titusbogen geht es aber auch zum *Palatin* hinauf, im alten Rom der Wohnhügel der High Society. Später wurde der Hügel jedoch zu eng und die Kaiser zogen um. Im frühen Mittelalter zerstörten Normannen genussvoll die traurigen Überreste des ehemaligen Luxusviertels. Zwischen Pinien und romantischen Ruinen lässt es sich heute wunderschön spazieren gehen, man kann das ganze Forum überschauen und hat auch einen guten Blick auf das heutige Rom. Sehenswert sind vor

allem der verwinkelte *Palast des Domitian* und das *Haus der Livia* (Ehefrau des Augustus) mit wunderschönen Fresken. Lohnend ist ein Besuch des *Antiquarium Palatino* im südlichen Teil des Palatin: Die Exponate aus der Siedlungsgeschichte des Hügels sind in verschiedenen Sälen nach den jeweiligen Herrscherperioden geordnet.

• Öffnungszeiten/Eintritt **Forum Romanum**, tägl. 8.30–19 Uhr, im Frühjahr/Herbst bis 17.30 Uhr, im Winter bis 16.30 Uhr, Eintritt nur mit dem **Kombiticket** (zwei Tage gültig) für **Forum Romanum**, **Palatin** und **Kolosseum**: 9 €, erm. 4,50 €, unter 18 und über 65 J. frei. Hinzu kommen 3 € für die Ausstellung im Kolosseum. Führungen (4 € pro Pers.) nur in italienischer und englischer Sprache nach Anmeldung unter ✆ 06/39967700. Einen Audioguide in deutscher Sprache bekommt man an der Biglietteria, für Forum und Palatin je 4 €, für beide zusammen 6 €. Eingang am Largo della Salara Vecchia. (Via dei Fori Imperiali, hier auch der Bookshop und Toiletten).

Kaiserforen und Trajansäule: Beiderseits der breiten Prachtstraße *Via dei Fori Imperiali* liegen die Ruinen weiterer Foren, die sich die römischen Imperatoren großteils zu ihrem eigenen Ruhm erbauen ließen. Mussolini ließ die Straße gnadenlos quer durch das Ausgrabungsgelände hindurchziehen, um das Kolosseum mit dem „Altar des Vaterlandes" an der Piazza Venezia verbinden. Zugänglich ist nur das *Trajansforum* (Eingang Via IV Novembre 94), von der Straße aus hat man aber einen guten Überblick über das *Augustusforum* (neben dem Trajansforum) und das *Forum des Julius Caesar* (schräg gegenüber vom Augustusforum, auf der anderen Straßenseite). Seit Ende der 1990er Jahre finden wieder verstärkt Ausgrabungen statt, außerdem gibt es Pläne, die Kaiserforen mit dem Forum Romanum unterhalb der Straße zu verbinden.

Die 35 m hohe *Trajansäule* steht gleich am westlichen Beginn der Via Foro dei Imperali, schräg gegenüber der stark befahrenen Piazza Venezia. Sie ist von oben bis unten von einen spiralförmigen Reliefband umzogen, auf dem von den Feldzügen gegen die Daker berichtet wird. Die berühmten Reliefs wurden aufwändig restauriert, doch manche der durch die Luftverschmutzung verursachten Schäden sind irreparabel.

Öffnungszeiten/Eintritt **Trajansforum**, Di–So 9–19 Uhr, im Winter bis 17 Uhr, Mo geschl., Eintritt 6,50 €, erm. 4,50 €.

Kolosseum und Umgebung: Gleich neben dem Forum steht die größte noch existierende Vergnügungshalle des römischen Reiches, im Jahr 80 unserer Zeitrechnung nach acht Jahren Bauzeit von Kaiser Titus eröffnet. Etwa 50.000 Zuschauer konnten auf den steilen Rängen Platz finden. Die römischen Kaiser ergötzten sich hier köstlich, wenn Kriegsgefangene, Gladiatoren, Sklaven und wilde Tiere um ihr Leben kämpften. Heute fehlt der Boden der Arena und man sieht die Kellerräume und Kerker darunter. In einigen waren Flaschenzüge und Winden untergebracht, mit denen man Menschen und Tiere in die Arena aufsteigen lassen konnte – die grausigen Kampfspiele waren perfekt inszeniert. Neuere Forschungen bezweifeln, dass im Kolosseum Christen um ihr Leben kämpfen mussten (wahrscheinlich fanden diese Gemetzel im Circus Maximus statt). Dieser – früheren – Ansicht verdankt das Kolosseum jedoch seine Restaurierung durch die Päpste und noch heute schreitet der Papst alljährlich am Karfreitag den Kreuzweg im Kolosseum in einer feierlichen Prozession ab. Generationen von Päpsten haben allerdings auch gewaltige Mengen Marmor aus den Mauern schlagen lassen, um ihre vatikanischen Bauten damit auszustatten. Seit einigen Jahren wird das Kolosseum umfassend restauriert. Teilstücke des Riesenbaus werden gründlich auf Vordermann gebracht, der rußverschmutzte Marmor soll wieder im alten Glanz erstrahlen.

Gleich neben dem Kolosseum befindet sich der *Triumphbogen des Konstantin*, errichtet nach seinem Sieg über Maxentius an der Milvischen Brücke. Seitdem er restauriert und gereinigt wurde, zählt er wieder zu den schönsten Zeugnissen der Antike.

Dagegen sind die unterirdischen Räume des *Domus Aurea* („Goldenes Haus") von Kaiser Nero im Parco del Colle Oppio gegenüber vom Kolosseum wegen Restaurierungsarbeiten zurzeit geschlossen. Von den 500 vermuteten Räumen des einzigartigen Labyrinths aus Gängen und Passagen mit Wandgemälden und Stuckfragmenten wurden bisher 88 freigelegt. Der Bau dieser Anlage ruinierte den römischen Staatshaushalt unter Nero komplett, einige Jahrzehnte später wurde das Goldene Haus zugeschüttet.

• Öffnungszeiten/Eintritt **Kolosseum**, im Sommer tägl. 8.30–19 Uhr, im Frühjahr/Herbst bis 18.30 bzw. 17 Uhr, ab dem letzten So im Okt. bis 15. Feb. 8.30–16.30 Uhr. Eintritt nur mit dem **Kombiticket** (zwei Tage gültig) für **Forum Romanum**, **Palatin** und **Kolosseum**: 9 €, erm. 4,50 € (EU-Bürger von 18 bis 24 J.), unter 18 und über 65 J. frei. Hinzu kommen 3 € für die Ausstellung im Kolosseum. Führungen in englischer Sprache ab 9.45 Uhr bis ca. 17 Uhr jede volle Stunde, 4 €. Audioguide in Deutsch 4,50 €. Tagsüber oft lange Schlangen am Eingang, wir empfehlen daher, das Eintrittsticket am Forum Romanum zu kaufen, dann kann man sich das Warten sparen. **Domus Aurea**, wegen Restaurierungsarbeiten ist die Domus Aurea voraussichtlich bis Ende 2011 geschl. Näheres bei den Pavillons der Touristeninformation.

Circus Maximus: Die lang gestreckte Arena liegt südlich vom Palatin. Ihre Tribünen konnten bis zu 200.00 Besucher fassen, die hier blutigen Wagenrennen zujubelten, spektakulär nachempfunden im Filmklassiker „Ben Hur". Von der gesamten Anlage ist leider kaum etwas erhalten, es handelt sich heute mehr oder minder um einen unspektakulären Rasenplatz, auf dem Jogger ihre Runden drehen und Hunde ihr Geschäft verrichten.

Piazza della Bocca della Verità: Der viel befahrene Platz nordwestlich des Circus Maximus verdankt seinen Namen und seine Anziehungskraft dem „Mund der Wahrheit" – die *Bocca della Verità* am Eingang zur Kirche Santa Maria in Cosmedin (→ S. 808). Im Mittelalter musste jeder, der eine Aussage machte, die Hand in den Mund des Ungeheuers legen. Der düsteren Legende zufolge wurde Lügnern die Hand abgebissen und gelegentlich frischte jemand mit einem Schwert hinter der Marmorplatte die abschreckende Wirkung des Höllenmauls wieder auf. In den 1950er Jahren erfuhr das alte Steingesicht durch Audrey Hepburn und Gregory Peck in „Ein Herz und eine Krone" neue Popularität.

Öffnungszeiten tägl. 9.30–17.50 Uhr, eine "Spende" von 0,50 € wird erhoben.

Caracalla-Thermen: Die riesigen Mauerreste der größten öffentlichen Badeanlage im alten Rom erreicht man vom Circus Maximus über die breite Via delle Terme.

Öffnungszeiten/Eintritt Di–So 9 Uhr bis 1 Std. vor Sonnenuntergang, Mo 9–14 Uhr. Eintritt 6 €, erm. 3 €, unter 18 und über 65 J. frei.

Engelsburg, Peterskirche und Vatikan

Engelsbrücke: Die schönste erhaltene antike Brücke der Stadt, den *Ponte Sant'Angelo*, ließ Kaiser Hadrian 134 n. Chr. bauen, um so einen würdigen Weg über den Tiber direkt zu seinem Mausoleum zu schaffen. Ihren heutigen Namen erhielt der alte *Pons Aelius* erst im 17. Jh., als Bernini zehn marmorne Engelsfiguren zur Verschönerung der Brücke hinzufügte.

Engelsburg: Das wuchtige *Castel Sant'Angelo* war ursprünglich das Mausoleum für Kaiser Hadrian, das er nach eigenen Plänen gestalten ließ. In späteren Krisenzeiten nutzten die Päpste die Engelsburg als Festung, zeitweise auch als ausbruchsicheres Gefängnis und Folterkammer der Inquisition. Hier waren u. a. Giordano Bruno, Galileo Galilei, Caravaggio und Cagliostro inhaftiert. Über die gewundene Rampe

Blick auf den Petersplatz

nach oben gelangt man durch den *Cortile dell'Angelo* zu den ehemaligen Gemächern der Päpste. Hier beeindruckt besonders die unter Papst Paul II. Mitte des 16. Jh. entstandene *Sala Paolina* mit prunkvollen Fresken. Über eine schmale Treppe geht es hinauf zur oberen Aussichtsplattform (oben gibt es ein Café mit Blick).

Öffnungszeiten/Eintritt Di–So 9–19 Uhr, Mo geschl. Eintritt 8,50 €, erm. 6 €, unter 18 und über 65 J. frei, bei Sonderausstellungen 10 €, erm. 7,50 €. Audioguide in deutscher Sprache 4 €.

Vatikan: Zum Gebiet des kleinsten Staates der Welt gehören die Peterskirche mit dem Vatikanischen Palast, seinen Nebengebäuden, den Gärten und Vatikanischen Museen. Umgeben ist der Vatikan seit 854 von der unter Papst Leo IV. entstandenen *Leoninischen Mauer*, einem Schutzwall gegen die einfallenden sarazenischen Piraten des 9. Jh. Die Mauer wird nur auf der Ostseite des Territoriums durch den Petersplatz mit seinen halbrunden Kolonnaden unterbrochen. Während Kirche und Museen der Öffentlichkeit zugänglich sind, gelangt man auf das übrige Gelände nur mit einer Sondergenehmigung.

Die etwa 500 Bürger des Staates zahlen übrigens keine Steuern. Alleiniger weltlicher Herrscher über den Vatikan ist der Papst. Der Vatikanstaat verfügt über eine eigene Post, eine leistungsstarke Radiostation (Radio Vaticano) und bereits seit 1861 über die Wochenzeitung L'Osservatore Romano, außerdem ist der Vatikan auch im Internet unter *www.vatican.va* zu besuchen. Zum Schutz des Vatikanstaates steht neben der Vigilanza, der Vatikan-Polizei, natürlich auch die 110 Mann starke Schweizer Garde bereit, die seit Anfang des 16. Jh. aus Schweizer Söldnern rekrutiert wurde. Ihre Uniformen stammen übrigens noch aus der gleichen Zeit. Heute stehen die Gardisten dem Papst auch als zivile Bodyguards zur Seite.

Petersplatz (Piazza San Pietro): Die Idee für den ovalen Platz mit seinen harmonischen Proportionen stammt von Bernini: Die halbrunden Kolonnaden mit insgesamt 140 Heiligenstatuen sollten wie durch zwei ausgebreitete Arme die Gläubigen schützend aufnehmen. Den 340 x 240 m großen Platz schuf Bernini nach der Fertigstellung der Kirche in den Jahren 1657–1665. Der ägyptische Obelisk befindet sich hier seit 1586, ebenso stand der rechte Brunnen bereits, als es den Platz noch nicht gab. Der linke Brunnen wurde aus Gründen der Symmetrie hinzugefügt.

Peterskirche (San Pietro in Vaticano, Petersdom): Die größte Kirche der Welt hat gigantische Ausmaße: eine Länge von 211 m, eine Fassadenbreite von 114 m und eine Gesamthöhe von 132 m. Bei ihrem Bau gaben sich fast alle bedeutenden Baumeister dieser Zeit quasi das Werkzeug in die Hand. Die 45 m hohe Fassade stammt von Carlo Maderno, sie wird von 13 jeweils 5,60 m hohen Statuen gekrönt. In der Mitte steht Jesus mit erhobenem Arm, umgeben von Johannes dem Täufer und elf Aposteln (Petrus steht unten). Im gewaltigen Innenraum (15.160 qm) finden sich 778 Säulen, 396 Statuen, 44 Altäre, 135 Mosaike und unzählige Gemälde und Fresken, über die im Folgenden nur ein kurzer Überblick gegeben werden kann:

Nach der Eingangshalle gleich im rechten Seitenschiff stößt man auf *Michelangelos Pietà* (1499–1500), eines der schönsten Kunstwerke der Kirche. Auf der rechten Seite im Mittelschiff befindet sich die besonders verehrte *Petrusstatue*, die schon in der alten Peterskirche aufgestellt war. Seit Jahrhunderten berühren oder küssen die Pilger den rechten Fuß der Statue.

Mittelpunkt der Kirche ist der 29 m hohe *Bronzebaldachin* über dem Papstaltar, den Bernini zwischen 1624 und 1633 im Auftrag seines Gönners Papst Urban VIII. fertigte. Darüber wölbt sich die *Kuppel*, deren Durchmesser knapp unter dem ihres antiken Vorbildes, der Kuppel des Pantheon, liegt.

Vor dem Altar wird durch eine Balustrade die *Confessio* abgegrenzt, eine Öffnung im Boden mit der Treppe hinunter zum wertvoll geschmückten *Petrusgrab*. Rechts in der *Apsis* hat Bernini das Grabmahl für Urban VIII. geschaffen; im linken Seitenschiff befindet sich mit dem pompösen Grab Alexanders VII. ein weiteres Meisterwerk Berninis (sein letzter Auftrag, den er im Alter von 80 Jahren ausführte).

Zu den *Vatikanischen Grotten* im Untergeschoss der Peterskirche führt eine Treppe am linken hinteren Kuppelpfeiler. Vorbei an der reich geschmückten *Petruskapelle* erreicht man die *Krypta* mit zahlreichen Papstgräbern. Zur *Kuppel* gelangt man, wenn man die Vorhalle der Peterskirche auf der rechten Seite verlässt, die lange Schlange vor dem Aufzug ist nicht zu übersehen.

- *Information* Infobüro auf der linken Seite der Kolonnaden, Mo–Sa 8.30–19 Uhr, So geschl., ✆ 06/69881662. Hier kann man Eintrittskarten für die Vatikanischen Gärten bestellen. Daneben die Vatikanpost und öffentliche Toiletten.
- *Öffnungszeiten* **Peterskirche**, tägl. 7–19 Uhr (Okt. Bis März bis 18 Uhr), Zutritt nur in angemessener Kleidung, Handys müssen ausgeschaltet werden. Strenge **Sicherheitskontrollen**, man sollte Taschenmesser oder andere metallene Gegenstände besser im Hotel lassen. Während der Generalaudienz am Mittwochvormittag ist die Peterskirche geschl. **Kuppel**, 8 € sowohl für den Aufzug als auch zu Fuß (537 Stufen), geöffnet 8–17 Uhr (April bis Sept.), im Winter 8–16.30 Uhr. Achtung: Wer unter Platzangst leidet, sollte auf den Aufstieg vom Dach (bis hierhin Aufzug) zur Kuppel verzichten: sehr schmaler Weg im Einbahnstraßensystem, späteres Umkehren nicht möglich.

Karten S. 774/775 u. S. 758/759

Vatikanische Museen

Für die Besichtigung der wichtigsten Museen Roms sollten Sie sich ein paar Stunden Zeit nehmen, denn es erwarten Sie 42.000 qm (!) Ausstellungsfläche. Damit die Tour durch die unzähligen Räume (bei einem ausgedehnten Rundgang legt man bis zu 7 km zurück) nicht zur Tort(o)ur wird, haben wir uns hier auf die wichtigsten Highlights beschränkt. Die Vatikanischen Museen gehören zum 1929 konstituierten Vatikanstaat. Über Jahrhunderte haben sich hier unter den verschiedenen Päpsten unglaubliche Kunstschätze angesammelt, die heute in dem Museumskomplex zu besichtigen sind. Als Gründer der Museen gilt Papst Julius II., der Anfang des 16. Jh. im Belvederehof eine erste Ausstellung antiker Statuen einrichten ließ.

Über eine Rolltreppe hinauf gelangt man zunächst zu besagtem Belvederehof mit dem riesigen bronzenen *Pinienzapfen,* flankiert von zwei bronzenen Pfauen. Von hier erreicht man folgende Museen und Sehenswürdigkeiten (Auswahl):

Museo Egizio: Das Museum wurde 1839 eröffnet und beherbergt eine bedeutende Sammlung ägyptischer Kunst.

Museo Pio-Clementino: Die älteste Antikensammlung des Vatikans, hier beeindruckt besonders die *Laokoon-Gruppe* aus dem 1. Jh. v. Chr.

Museo Gregoriano Etrusco: Das 1837 von Gregor XVI. eröffnete Museum beherbergt zahlreiche Funde aus den etruskischen Metropolen Todi und Cerveteri.

Stanzen Raffaels: Die einzigartigen Fresken Raffaels befinden sich in den ehemaligen Gemächern von Papst Julius II. und sind einer der Höhepunkte in den Vatikanischen Museen. An den Stanzen arbeitete der Künstler bis 1517. Die *Stanza della Segnatura* (1508–1511) mit dem berühmten Fresko der „Athener Schule" hat die neuplatonische Philosophie zum Thema. Hier hat Raffael auch seine Zeitgenossen Bramante (als Euklid) und Michel-angelo (als Heraklit) porträtiert, Leonardo da Vinci ist in der Gestalt Platons zu sehen, sich selbst hat Raffael als zweite Person rechts hinter der Säule hervorschauend dargestellt. Es folgt die *Stanza d'Elidoro* mit der „Vertreibung Heliodors aus dem Tempel" sowie die „Messe von Bolsena"; auf eigenes Drängen hin ist auch Papst Julius II. auf beiden zu sehen. Die *Stanza dell'Incendio* schließlich widmet sich dem Thema „Konstantin der Große".

Cappella Sistina (Sixtinische Kapelle): Das berühmteste Gebäude der Vatikanischen Museen ist Ziel aller Besucher, sodass man nur selten mit Muße die weltberühmten Arbeiten des Universalgenies Michelangelo bewundern kann. Sixtus IV. della Rovere ließ die nach ihm benannte Kapelle 1474–1483 als seine Hauskapelle bauen. Besonders berühmt ist Michelangelos *Jüngstes Gericht,* das fast 200 qm große Gemälde an der Altarwand. Seine Darstellung des Weltendes erregte über Jahrhunderte hinweg die Gemüter und sollte des Öfteren übermalt werden – was glücklicherweise nur in Ansätzen (mit der Übermalung einiger nackter Stellen) gelang. Michelangelos *Deckenfresken* haben die Entstehung der Welt zum Thema – besonders berühmt hier die *Erschaffung Adams* mit den wohl bekanntesten Zeigefingern der Kunstgeschichte: Gott streckt seinen Arm aus, um dem schon vollendeten Leib Adams die Seele zu geben. Die anderen Deckenfresken stellen weitere Themen der Schöpfungsgeschichte dar.

• *Öffnungszeiten/Preise* Die Öffnungszeiten wechseln, als Orientierung können folgende Zeiten gelten: Mo–Sa 9–18 Uhr (letzter Einlass 16 Uhr), So und an kirchlichen Feiertagen geschl. Am letzten So im Monat 9–14 Uhr geöffnet (letzter Einlass 12.30 Uhr), an diesem Tag freier Eintritt. Eintritt 14 €, erm. (Kinder und Jugendliche 6–14 J. sowie Studenten unter 26 J.) 8 €, Kinder unter 6 J. frei. Audioguide (deutsch) 7 €. Führungen finden Mo–Fr um 10.30, 12 und 14 Uhr statt (in Englisch oder Italienisch), Sa nur 10.30 und 11.30 Uhr; im Winter Mo–Sa 10.30 Uhr (Nov. bis Februar), der Preis für eine Führung inkl. Eintrittspreis Museen liegt bei 30 €, erm. 25 €. Reservierungen (Führungen) per Fax unter ✆ 06/69873250 bzw. im Internet unter www.vatican.va. Die Museumstickets kann man auch **online** (www.vatican.va) kaufen und somit die lange Warteschlange am Eingang umgehen (Online-Gebühr: 4 € pro Ticket). *Achtung*: Eintritt auch hier nur in angemessen sittsamer Kleidung!

Die Hauptkirchen Roms

Hier nur eine kleine Auswahl. Die ersten drei sind *Basilicae Maiores,* denen der Papst als Patriarch vorsteht, zwei weitere *Basilicae minores.*

San Giovanni in Laterano: die älteste Basilika Roms – im 4. Jh. wurde mit dem Bau begonnen – und die erste wirklich große Kirche des Christentums, sozusagen die Mutterkirche aller katholischen Kirchen, genannt auch *caput et mater omnium ecclesiarum.* Der Innenraum ist aufwändig geschmückt: überall verschiedenfarbiger Marmor, eine Holzdecke mit vergoldeten Schnitzereien und die riesigen Gestalten der zwölf Apostel. Links vor dem linken Querschiff führt eine Tür zu einem der schönsten *Kreuzgänge* Roms. Rechts vom Hauptaltar gelangt man zum *Baptisterium,* das als älteste christliche Taufkirche gilt.

Auf dem Platz vor der Kirche steht der größte *Obelisk* der Welt (31,5 m), neben der Kirche der *Lateranspalast,* die früheste Residenz der Päpste. Schräg gegenüber vom Palast das Gebäude der *Scala Santa* („Heilige Treppe") mit Resten von Marmorstufen (unter schützender Holzverkleidung), die angeblich aus dem Pilatuspalast stammen. Am Tag seiner Verurteilung soll Jesu hier gegangen sein, man selbst darf sie nur kniend und auf jeder Stufe einen Rosenkranz betend erklimmen. Martin Luther widersetzte sich dem, stand auf halber Höhe auf und schritt erhobenen Hauptes hinauf. Durch Sichtfenster kann man auf verschiedenen Stufen „Blutspritzer Christi" sehen.

• *Öffnungszeiten/Eintritt* **San Giovanni in Laterano**, tägl. 7–19.30 Uhr (im Winter bis 18.30 Uhr), **Baptisterium**, tägl. 7–12.30 und 16–19.30 Uhr, **Kreuzgang** 9–18 Uhr, Eintritt 2 €, mit Audioguide (deutsch) 3 €, Kinder/Stud. frei. **Scala Santa**, tägl. 6.15–12 und 15–18.45 Uhr (im Winter bis 18.15 Uhr).

Santa Maria Maggiore: an der Via Cavour, ganz nah am Bahnhof. Die größte Marienkirche der Welt ist aufwändig ausgestattet. Die kostbar geschnitzte Kassettendecke besteht aus Gold, das aus den ersten Beutezügen im gerade erst entdeckten Amerika stammt. In der Apsis ist ein berühmtes Mosaik aus dem 13. Jh. zu sehen, das die Krönung Marias darstellt. In der Confessio vor dem Hauptaltar sollen angeblich Bretter aus der Krippe zu Bethlehem liegen. Hier in der Kirche ist auch der Barockkünstler *Gianlorenzo Bernini* in einem relativ bescheidenen Grab beigesetzt, deutlich pompöser nimmt sich dagegen die von Bernini entworfene *Cappella Sistina* aus, in der Papst Sixtus V. ruht.

Öffnungszeiten tägl. 7–19 Uhr.

San Paolo fuori le Mura: Die zweitgrößte Kirche Roms steht an der Via Ostiense, südlich der Pyramide in Richtung EUR (zu erreichen mit Metro B bis „San Paolo"). Sie wurde zu Ehren des Apostels Paulus errichtet, der in Rom enthauptet und hier außerhalb der Stadtmauern – fuori le mura – beigesetzt wurde. Die fünf Schiffe werden durch 80 Granitsäulen getrennt, der wunderschöne romanische *Kreuzgang* aus dem frühen 13. Jh. ist vom rechten Querschiff aus zu erreichen. Unter dem Hochaltar befindet sich das Grab des Paulus.

Öffnungszeiten tägl. 9–19 Uhr, von Sept. bis März nur bis 18 Uhr.

Santa Maria in Cosmedin: Diese unverfälschte, frühmittelalterliche Kirche (6. Jh.) bei der Piazza Bocca della Verità (→ S. 803) am Fuß des Aventin besitzt einen schönen Innenraum ganz ohne barocken Zierrat. Besonders sehenswert ist die wertvolle Ausstattung des Bodens mit Cosmatenarbeiten aus dem 12. Jh.

Öffnungszeiten tägl. 9.30–17.50 Uhr.

San Pietro in Vincoli: etwas nördlich vom Kolosseum. In einem Tabernakel unter dem Hochaltar kann man die „Originalfesseln“ von Petrus bewundern, vor allem aber rechts vom Hauptaltar den riesigen gehörnten *Moses* von Michelangelo im Denkmal für Papst Julius II. Ursprünglich war das Monument als Grabmal für Julius im Petersdom gedacht, doch nach dessen Tod verlor der Nachfolger auf dem Stuhl Petri das Interesse an dem Projekt und man schaffte das unvollendete Werk hierher. Von Michelangelo stammen nur drei Figuren, der Moses gilt als eines der Meisterwerke des Künstlers. Die Hörner sind übrigens auf einen Übersetzungsfehler der Bibel zurückzuführen.

Öffnungszeiten tägl. 8–12.30 und 15–18 Uhr, im Sommer bis 19 Uhr.

Santa Maria della Concezione: für starke Nerven! Am oberen Ende der Piazza Barberini (Nähe Spanische Treppe), ganz am Anfang der Via Vittorio Veneto auf der rechten Seite. An der Treppe rechts vom erhöhten Haupteingang der Kirche befindet sich die Tür zum *Cemeterium*, dem „Friedhof“ der Kapuzinermönche. In sechs Kapellen hintereinander werden hier die Knochen von etwa 4000 Mönchen aufbewahrt und als Raumschmuck verwendet: in einer Kapelle nur Schädel, in einer anderen nur Beckenknochen, fein säuberlich zu Rosetten zusammengesetzte Knochenlampen, kunstvoll verzierte Knochenornamente, im letzten Raum Kinderskelette und dergleichen mehr. Die Mönche dokumentieren so ihre Einstellung zum hinfälligen Körper, der nur als sterbliche Hülle für den Geist angesehen wird.

Öffnungszeiten/Eintritt tägl. 9–12 und 15–18 Uhr. Eine „Spende“ von einigen Euro wird als Eintrittsgeld erwartet. Das Fotografieren ist strikt verboten.

Trastevere

Das Viertel südlich des Tibers – einst Wohngebiet der armen Leute vor der Stadt – ist dörflich geblieben. Dank dieser erfreulichen Optik ist Trastevere eines der „In“-Viertel der Hauptstadt geworden. In den kleinen, verwinkelten Gassen haben sich zahllose Trattorien niedergelassen und nach Einbruch der Dunkelheit verwandelt sich Trastevere in eine Art Vergnügungsviertel (→ Essen & Trinken, S. 785/786).

Am hübschesten zum Schlendern sind die Gassen am Hang des *Gianicolo-Hügels.* Oft enden sie in Sackgassen und man hat einen herrlichen Blick aufs Stadtzentrum, z. B. vom *Piazzale Garibaldi* mit dem riesigen Reiterstandbild des gleichnamigen Risorgimento-Helden. Auch die zentrale *Piazza Santa Maria in Trastevere* ähnelt trotz ihrer Größe eher einer Dorfpiazza. Sehr sehenswert ist die gleichnamige Kirche am Platz (12. Jh.). Abends wird sie angestrahlt und die Mosaiken über dem vorgebauten Portikus kommen dadurch erst richtig zur Geltung. Die Kassettendecke der dreischiffigen Kirche ist vergoldet und in der Apsis gibt es herrliche Mosaiken, die hauptsächlich Maria zum Thema haben. Abends ist der autofreie Platz ein beliebter Treff für junge Leute.

Testaccio

Monte Testaccio, der „Scherbenberg“, liegt südwestlich von Forum Romanum und Caracalla-Thermen, in der Nähe der Metrostation Piramide. Hier hat man in der Antike die Scherben der zahllosen zu Bruch gegangenen Amphoren deponiert. Ein Schuttberg von 40 m Höhe ist entstanden und noch heute erhalten.

Um den Berg wurden seit dem 19. Jh. Schlachthöfe und andere Versorgungsbetriebe für die Hauptstadt errichtet, ein einfaches, volkstümlich strukturiertes Viertel entstand. In den 1970er Jahren wurden die Großschlachtereien stillgelegt, kleine

Auf der Via Appia

Werkstätten und illegale Wohnungen machten sich in den verfallenden Hallen breit. Seit Mitte der Neunziger hat die römische Kulturszene das Viertel entdeckt – Clubs, Experimentiertheater, Discos und Lokale mit Livemusik sind aus dem Boden geschossen und in den zahlreichen, meist preiswerten Trattorien des Viertels kann man sehr gut essen. An der Piazza di Testaccio findet werktags von 8 bis 13 Uhr einer der besten Lebensmittelmärkte Roms statt, bekannt vor allem für hervorragenden Fisch.

Cestius-Pyramide: Bei der Metrostation Piramide steht eines der ungewöhnlichsten Grabmäler der an solchen gewiss nicht armen Stadt. Der Volkstribun Gaius Cestius ließ sich nämlich im 1. Jh. v. Chr. als besonders extravagante letzte Ruhestätte eine 37 m hohe Pyramide errichten. Im 3. Jh. n. Chr. wurde die Pyramide in die *Aurelianische Mauer* integriert, die noch heute in weiten Teilen erhalten ist.

Cimitero Acattolico: Der protestantische Friedhof ist eine kleine Oase der Ruhe in der viel befahrenen Gegend um den Piazzale Ostiense. Unter hohen Zypressen befinden sich hier oftmals sehr kunstvoll gearbeitete Marmorgräber, darunter auch die zweier berühmter englischer Romantiker, Percy Bysshe Shelley und John Keats sowie das Grab von Goethes Sohn August.

Öffnungszeiten/Verbindung Mo–Sa 9–17 Uhr (letzter Einlass 16.30 Uhr), So geschl. Eintritt frei, es wird jedoch eine Spende erwartet. Mit der **Metro B** bis zur Station Piramide, zum Friedhof von der breiten Via Marmorata gleich links ab in die Via Caio Cestio.

Via Appia Antica und Katakomben

Die längste und wichtigste der römischen Heeres- und Handelsstraßen beginnt südlich der Caracalla-Thermen an der Porta San Sebastiano und führte einst bis Brindisi in Süditalien, dort am Hafen steht noch die Endsäule. Die meisten christlichen Katakomben liegen entlang dieser Straße. Am Anfang ist die Straße noch ziemlich hässlich und vom Verkehr geplagt, der weit außerhalb liegende Abschnitt mit dem alten römischen Straßenbelag, der herrlichen Weite und dem antiken Flair wirkt dagegen höchst beeindruckend. Die unterirdischen Grabanlagen der Christen entstanden etwa 150–350 n. Chr. Damals war der christliche Glaube verboten, seine Anhänger wurden verfolgt und mussten sich ihre Grabanlagen meist heimlich unterirdisch anlegen. Es gibt über 60 Katakomben in Rom, von denen die archäologische Forschung noch gar nicht alle in Angriff genommen hat. Zu besichtigen sind sie nur mit Führung.

Katakomben des heiligen Calixtus: Die ältesten und bekanntesten Katakomben Roms liegen an der Via Appia Antica 110. Diese Grabanlage allein hat mit mehreren Stockwerken eine Weglänge von 20 km, aber nur 350 m werden davon besichtigt. Unter anderem liegen hier neun Päpste begraben.

Katakomben der Domitilla: Die größte christliche Grabanlage liegt an der Via delle Sette Chiese 283, nicht weit von den Calixtus-Katakomben. Durch eine Basilika aus dem 4. Jh. betritt man die Katakomben mit zahlreichen Inschriften und Malereien des 1.–4. Jh.

Katakomben des heiligen Sebastian: ein Stück weiter außerhalb, Via Appia Antica 136. Zutritt über die dem gleichnamigen Märtyrer geweihte Basilika, unten dunkle verwinkelte Gänge mit Nischen und Räumen, die als Familiengräber dienten.

• *Anfahrt/Verbindungen* Metro A bis San Giovanni in Laterano, weiter mit Bus 218. Alternativ: Metro A bis Station Colli Albani, ab hier Bus Nr. 660 bis zur Einmündung der Via C. Metella in der Via Appia Antica.

• *Öffnungszeiten/Eintritt* **Katakomben des heiligen Calixtus**, Do–Di 9–12 und 14–17 Uhr, Mi und im Februar geschl., Eintritt 8 €, Kinder bis 15 J. 5 €, unter 6 J. frei. **Katakomben der Domitilla**, Mi–Mo 9–12 und 14–17 Uhr, Di und im Januar geschl., Eintritt 6 €, erm. 3 €. **Katakomben des heiligen Sebastian**, Mo–Sa 9–12 und 14–17 Uhr, So und 10. Nov.–10. Dez. geschl., Eintritt 6 €, erm. 3 €.

Katakomben der heiligen Priscilla: Diese Katakomben liegen in einer ganz anderen Ecke von Rom, nämlich nördlich vom Bahnhof bei der Villa Ada, Via Salaria Nuova 430 (Bus ab Termini). An der Stelle des ehemaligen Hauses der Christin Priscilla steht heute ein kleines Kloster, die Nonnen sprechen gut Deutsch und bieten Führungen an. Unten sieht man außer den vielen Gräbern (erstaunlich viele Kindergräber) auch Fresken aus dem 1. und 2. Jh., darunter die, wie es heißt, erste Mariendarstellung der Christenheit.

Öffnungszeiten/Eintritt Di–So 8.30–12 und 14.30–17 Uhr, Mo und im Januar geschl., Eintritt 8 €, erm. 5 €. Bus Nr. 86, 92 oder 310 ab Stazione Termini, an Piazza Crati aussteigen.

Rom und Latium
Karten S. 774/775 u. S. 758/759

Rom/Umgebung

E.U.R. *(Esposizione Universale Romana):* Die von Mussolini zur Weltausstellung von 1942 geplante Musterstadt liegt am südlichen Stadtrand (Metro B). Monumentalgebäude, breite Straßen und großzügige Grünanlagen sollten den Faschismus angemessen repräsentieren. Wer sich auf den Weg hierher macht, sollte auch unbedingt das *Museo della Civiltà Romana* am Ende des Viale della Civiltà Romana ansehen. In 59 Sälen gibt es Rekonstruktionen aller bedeutenden Bauwerke, die heute in Trümmern liegen, dazu ein fantastisches, 200 qm großes Modell des antiken Rom.

Öffnungszeiten/Eintritt Di–Sa 9–14 Uhr, So 9–13.30 Uhr. Mo geschl., Eintritt 6,50 €, erm. 4,50 €.

Ostia Lido und Ostia Antica: etwa 25 km vom Zentrum, zu erreichen ab Hbf. mit U-Bahn B bis Piramide, dann mit der S-Bahn vom benachbarten Bhf. Porta San Paolo alle 15 Min. weiter bis Station Ostia Antica bzw. bis Station „Cristoforo Colombo“ (Lido di Ostia). Hier ergießen sich die braunen Fluten des Tiber ins Meer. Trotzdem ist der 7 km lange, fast schwarze Strand mit einer achtspurigen Autostraße dahinter der beliebteste Stadtstrand von Rom und wirkt im Sommer wie ein wimmelnder Ameisenhaufen. Da alles von Badeanstalten in Beschlag genommen ist, muss man Eintritt zahlen, um ans Wasser zu kommen.

Hochinteressant und ein echtes Muss für Fans der Antike ist dagegen das 4 km vom Meer entfernte, vollständig ausgegrabene *Ostia Antica*, der ehemalige Handels- und Militärhafen von Rom. Die gut erhaltenen Ruinen, Straßen und Mosaikböden unter schattigen Bäumen lohnen einen Besuch. Meist herrscht wenig Rummel und es gibt kaum Absperrungen. Insgesamt ist das weitläufige Gelände fast interessanter als das Forum Romanum – ein mit Pinien und Zypressen begrünter archäologischer Park, in dem man stundenlang auf Besichtigungstour gehen kann.

Öffnungszeiten/Eintritt **Ostia Antica**, Di–So 8.30–18 Uhr (Auslass bis 19.30 Uhr), März und Okt. bis 17 Uhr, im Winter bis 16 Uhr, Mo geschl. Eintritt 6,50 €, erm. 3,25 €.

Tivoli

ca. 56.000 Einwohner

Weltberühmt wegen seiner Parkanlagen Villa Gregoriana, Villa d'Este und Villa Adriana, letztere beiden wurden von der UNESCO in die Liste des Weltkulturerbes aufgenommen. Wer im Rahmen eines Tagesausflugs von Rom alle drei sehen will, muss früh aufstehen.

Leider hat sich die Stadt an der Via Tiburtina, die früher von reichen Römern und später von Fürstenfamilien zur Erholung aufgesucht wurde, mittlerweile in einen hektischen Touristenanziehungspunkt verwandelt. Die zahllosen Souvenirstände bieten scheinbar allen Kitsch Italiens.

• *Anfahrt/Verbindungen* **Pkw**, von Rom über die Via Tiburtina oder über die A 24 Richtung L'Aquila, dort Abfahrt Tivoli.

Bahn, häufige Verbindungen von und nach Rom, Bahnstation außerhalb des Zentrums am Viale Mazzini, ca. 1 km von der Villa Gregoriana.

Bus, Verbindungen von und nach Rom schneller und häufiger als per Bahn (5.30–24 Uhr etwa alle 30 Min., Dauer ca. 50 Min.). Abfahrt in Rom an der Station Ponte Mammolo der Metro B, Ankunft und Abfahrt der Busse in Tivoli an Largo Garibaldi (Informationsbüro) und Piazza Massimo.

• *Übernachten/Essen & Trinken* Die ****-Hotels in Tivoli sind relativ teuer.

**** **Hotel Sirene**, von der Terrasse dieses schönen Hauses hat man einen Blick auf das Tal des Aniene-Flusses und den kleinen Vestatempel darüber, den man von vielen romantischen Gemälden deutscher Maler kennt. 31 Zimmer, Parkmöglichkeit. DZ 130–160 €, Frühstück inkl. Piazza Massimo 4, ✆ 0774/330605, ℻ 330608.

Adriano, Hotelrestaurant gegenüber dem Eingang zur Hadriansvilla, Gourmettreff in Tivoli, Menü um 40–50 €, DZ mit Frühstück 100–120 €. Restaurant So-Abend und Mo geschl. Via di Villa Adriana 194, ✆ 0774/382235, ℻ 535122, www.hoteladriano.it.

L'Angolino, gute traditionelle Küche, Menü um 25 €. Via della Missione, ✆ 0774/312027.

Sehenswertes

An der Piazza Trento steht die Kirche *Santa Maria Maggiore* aus dem 15. Jh. Sie ist reich mit Gemälden und Statuen ausgestattet, der Fußboden mit wundervollen Cosmatenarbeiten verziert. Rechts daneben liegt der Eingang zur Villa d'Este.

Villa d'Este: Eine der ganz großen Attraktionen in Latium, weniger der Palazzo als vielmehr die großartigen Terrassen- und Fontänenanlagen mit unzähligen

Brunnen und Statuen – erbaut im 16. Jh. für Kardinal Ippolito d'Este, einen der reichsten und vornehmsten Kardinäle seiner Zeit. Die Säle des *Palazzo* sind mit Fresken geschmückt, von der Loggia hat man einen herrlichen Blick auf den Garten. Im Mittelsalon zeigt ein großes Wandgemälde, wie das Areal im 16. Jh. ausgesehen hat. Von den symmetrischen Terrassen gelangt man zum *Viale delle Cento Fontane* (Allee der hundert Springbrunnen), der rechts vom Ovalbrunnen und links von der *Rometta* (Kleines Rom) begrenzt ist. Kardinal Ippolito hat sich hier einen Abschnitt des Tibers mit Insel und einigen antiken Ruinen im Modell nachbauen lassen. Dahinter die Brunnen der Drachen, der Eule, der Diana u. a. Auch die Zypressenrotunde, die Liszt so sehr beeindruckte, steht noch in ihrer alten Pracht. Von Mai bis September werden die Brunnen an bestimmten Abenden ab 21 Uhr beleuchtet – ein reizvolles Schauspiel, das man sich nicht entgehen lassen sollte. Café in der Villa.

Öffnungszeiten/Eintritt Di–So 8.30–18.45 Uhr, im Winter bis Sonnenuntergang, Mo geschl., Eintritt 6,50 €, erm. 3,25 €. Der Eingang zur Villa befindet sich im Zentrum von Tivoli.

Villa Gregoriana: Fantastisch angelegter Park um einen Wasserfall, den der Fluss Aniene bildet. Lange nicht so überlaufen wie die Villa d'Este. Die Villa Gregoriana wurde 1835 von Papst Gregor XVI. eröffnet und liegt am Largo Sant'Angelo im Nordosten der Stadt. Vom Eingang ist der Weg durch die große Grünanlage gut beschildert. Man gelangt zuerst zur oberen Aussichtsplattform der *Grande Cascata* (großer Wasserfall). Von dort sieht man, wie der Fluss durch einen künstlichen Felsstollen gelenkt wird. Weiter gelangt man zur *Sibyllengrotte*, zu den *Kleinen Wasserfällen* und zum *Bernini-Wasserfall*. Das Schauspiel des schäumenden Wassers, das beim Großen Wasserfall immerhin aus einer Höhe von 160 m hinunterstürzt, ist faszinierend. Vom mittleren Belvedere kommt man über die *Sirenengrotte* und die *Neptungrotte* zum *Vestatempel*. Der elegante Rundbau mit seinen zehn korinthischen Säulen stammt noch aus der Zeit der ausgehenden römischen Republik. Er steht auf einem felsigen Untergrund am Rand der Schlucht der Wasserfälle, daneben der gleichaltrige *Sibyllentempel*.

Öffnungszeiten/Eintritt Im Sommer Di–So 10–17.30 Uhr, im Winter bis 14.30 Uhr, Mo geschl., Eintritt 7 €, erm. 4,50 €.

Villa Adriana: 6 km von Tivoli entfernt ließ sich Kaiser Hadrian (117–138 n. Chr.), weit weg vom Lärm der Hauptstadt und vom einfachen Volk, einen kolossalen Landsitz errichten. Umgeben von einem schönen Park vermitteln die Ruinen noch heute einen Eindruck von der einstigen Pracht einer der größten Kaiservillen. Hadrian bereiste alle Provinzen seines riesigen Imperiums. Als Ästhet und Philosoph war er empfänglich für Schönheiten der antiken Metropolen. Nach Rom zurückgekehrt, ließ er sich außerhalb der Stadt (auf einer Fläche von 60 ha) eine Residenz erbauen. Vorbilder für die zahlreichen Bauten waren berühmte Flussläufe, Täler und Gebäude, die den Kaiser auf seinen Reisen besonders beeindruckt hatten. In freier Abwandlung entstand so in Tivoli eine verkleinerte Fassung des Weltreiches, das Hadrian beherrschte. Die einst prachtvolle Ausstattung ist heute auf viele Museen verteilt – für einen Eindruck reichen aber die vorhandenen Reste noch aus.

• Anfahrt/Verbindungen Von Rom mit Bus ab Ponte Mammolo, aber bereits vor der Stadt an der Station „Bivio Adriana" aussteigen (den Fahrer fragen). Oder ab Largo Garibaldi in Tivoli mit Stadtbus Nr. 4.

• Öffnungszeiten/Eintritt Di–So 9 Uhr bis eine Stunde vor Sonnenuntergang, Mo geschl. Eintritt 6,50 €, erm. 3,25 €. Bar am Eingang.

Rom und Latium
Karten S. 774/775 u. S. 758/759

Nördliche Küste Latiums (Montalto bis Ladispoli)

Am Küstenstreifen nördlich von Rom dominieren weitgehend überlaufene und verschmutzte Badestrände. Die Touristenorte im Einzugsbereich Roms sind nicht gerade schön und ab Herbst wirken sie wie Geisterstädte. Interessant sind jedoch die etruskischen Ausgrabungen, die einige Kilometer landeinwärts liegen.

Die Etrusker: Ein rätselhaftes Volk

Trotz eifrigen Suchens und Forschens ist wenig über die Etrusker bekannt. Die Theorien über ihre Herkunft reichen von östlichen Einwanderern bis hin zur Annahme, dieses Volk habe sich von Anfang an in Italien befunden. Ungefähr lässt sich feststellen, dass sie von 1000 v. Chr. bis zum 2. Jh. v. Chr. als Volk existierten. Ihre Kultur wurde stark von Griechenland beeinflusst. Sowohl im wirtschaftlichen als auch im religiösen Bereich herrschte reger Austausch. Intensiver Handel mit den Erzeugnissen des fruchtbaren vulkanischen Bodens brachte Wohlstand und Reichtum. Über die Organisation des etruskischen Staatswesens ist nur wenig bekannt. Zwölf Städte schlossen sich zu einem Bund zusammen, der ihnen jedoch nicht ihre Eigenständigkeit nahm. Jede Stadt hatte ursprünglich einen Priesterkönig. Etwa zur selben Zeit wie in Rom verschwand auch in Etrurien allmählich das Königtum und die Städte wurden von gewählten Beamten regiert. Zum Untergang Etruriens trugen entscheidend die Römer bei. Funde, Eigennamen und Schriftdenkmäler verweisen auf ihre ursprüngliche Zugehörigkeit zum etruskischen Kulturkreis. Doch schon früh strebte Rom nach Expansion und ging dazu über, sich etruskisches Gebiet einzuverleiben. Durch die jahrelangen Kriege geschwächt und wegen der Anziehungskraft der entstehenden Großstadt Rom von seinen Bewohnern mehr und mehr verlassen, wurde das Land schließlich erobert und ins Römische Imperium eingegliedert.

Vulci: Abgetrennt durch eine Schlucht liegen die Reste einer ehemaligen Etruskerstadt in reizvoller Landschaft. Der eindrucksvolle *Ponte dell'Abbadia* aus dem 6. Jh. v. Chr. wölbt sich über die Schlucht von Fiora bis zu einer mittelalterlichen Burg (*Castello dell'Abbadia*), in deren Innerem sich ein kleines, aber hübsch präsentiertes Heimatmuseum mit etruskischen Fundstücken verschiedener Herkunft und Epochen befindet. In den nahen *Nekropolen* (auf der anderen Seite der Brücke) wurden auf einem weiten Areal seit den ersten Ausgrabungen von 1828 etwa 30.000 Gräber entdeckt, die meisten sind allerdings inzwischen völlig verfallen.

• Öffnungszeiten/Eintritt tägl. 9–19 Uhr, Mo geschl. Im Museum erfahren Sie auch, welche Nekropolen gerade für eine Besichtigung freigegeben sind. Informationen und Anmeldung eines Besuchs der Nekropolen unter ✆ 0766/879942 od. 89298. Eintritt 2 €, erm. (18–25 J.) 1 €, unter 18 und über 65 J. frei.

• Anfahrt/Verbindungen Vulci liegt 55 km von Viterbo und 123 km von Rom entfernt. Von der Via Aurelia auf die SS 312 nach Montalto di Castro abbiegen und noch 12 km weiter bis zum Ponte dell'Abbadia. Nächste **Bahnstation** bei Montalto.

Tarquinia

ca. 16.500 Einwohner

Schöne Hügellage mit Meerblick, bekannt für seine romanischen Kirchen, die Altstadt und das bedeutende archäologische Nationalmuseum, vor allem aber wegen der berühmten etruskischen Nekropole, in der einzigartige Fresken gefunden wurden.

Wie so viele Städte Latiums hat auch Tarquinia eine etruskische Vergangenheit. Es war anfangs mächtiger als Rom und stellte sogar zeitweise deren Könige. Im 4. Jh. v. Chr. konnten die Römer das wirtschaftlich geschwächte Tarquinia erobern und zur einfachen Provinzstadt degradieren.

Bademöglichkeiten gibt es im 6 km entfernten *Tarquinia-Lido* (Bus ab Bhf. mindestens stündl.). Der lange Sandstrand ist aber nur über Badeanstalten zu erreichen und im Sommer hoffnungslos überlaufen.

• *Anfahrt/Verbindungen* **Pkw**, Tarquinia liegt ca. 90 km nordwestlich von Rom, zu erreichen auf der Via Aurelia bzw. über die A 12.

Bahn, Bahnhof 3 km außerhalb an der Linie Rom–Pisa, Busverbindung ins Zentrum und zum Strand.

Busse, Abfahrt nach Rom von der Barriera San Giusto (an der Stadtmauer). Ankunft und Abfahrt in Rom an der Via Lepanto (Metro A).

• *Information* Piazza Cavour 13, gegenüber der Barriera San Giusto, wo die Fernbusse halten. Geöffnet Mo–Sa 8–14 und 16–19 Uhr. ✆/℻ 0766/840479, www.tarquinia.net.

• *Übernachten* *** **Hotel Tarconte**, eines der besten Hotels am Platz, bewachter Parkplatz. DZ mit Frühstück 80–125 €. Via Tuscia 19, ✆ 0766/856141, ℻ 856585, www.hoteltarconte.it.

• *Übernachten außerhalb* **Agriturismo Poggio Nebbia**, sieben Zimmer, vier Apartments und Restaurant in einem sorgfältig restaurierten Landhaus mit Bruchsteinwänden. DZ mit Frühstück 70–80 €, Apartment 90 € pro Tag, 600 € pro Woche. Loc. Farnesiana, Via Aurelia bei km 84,100, ✆ 0766/841268, www.poggionebbia.it.

Agriturismo Valle del Marta, Panoramablick, Pool, großes, rustikales Restaurant (Mo geschl.). Fünf Zimmer und acht Suiten, alle liebevoll und individuell gestaltet. DZ mit Frühstück 80–90 €. Loc. Ponte Marta, Via Aurelia Vecchia bei km 93, ✆ 0766/855475, www.valledelmarta.it.

• *Camping* Mehrere Plätze am Strand in Tarquinia Lido.

• *Essen & Trinken* Spezialitäten der Region sind Fischgerichte, Schneckensuppe, Lammbraten und Weine aus der Gegend.

Trattoria Arcadia, im Zentrum des etruskischen Städtchens, wenige Schritte von Dom und Museum entfernt. Abwechslungsreiche Küche, die von Meeresfrüchten über Fisch bis zu Pilz- und Wildgerichten reicht. Außerdem hausgemachte Desserts und einige sehr gute Weine der Region. Menüpreis um 35 €. Mo Ruhetag (im Aug. geschl.). Via Manzini 6, ✆ 0776/855501.

Trattoria Le due Orfanelle, in dieser einfachen Trattoria mitten in der Altstadt gibt es gute Fleisch- und Nudelgerichte, empfehlenswert ist das Carpaccio vom Fisch *(di pesce)*; Menüpreis ca. 35 €. Di Ruhetag. Vicolo Breve 4, ✆ 0766/856276.

Sehenswertes: Das mittelalterliche Viertel mit Mauerring, Wohntürmen und verwinkelten Gassen liegt im Norden der Stadt. An der Piazza Matteotti steht der *Palazzo Comunale* mit Resten eines romanischen Baus. Von dort führt eine Straße zur Kirche *San Pancrazio* aus dem 13. Jh., die romanische, aber auch bereits gotische Elemente aufweist. Daneben die Türme des *Palazzo dei Priori*, ebenfalls aus dem 13. Jh.

Im Castello vor der Stadt wurde die romanische Kirche *Santa Maria di Castello* errichtet. Die schlichte Fassade wird von drei Portalen unterbrochen, im Inneren sind zahlreiche Marmorwerke aus der Werkstatt römischer Steinmetze zu sehen. Die erstmals hier nachgewiesenen Rippengewölbe kündigen zaghaft die Gotik in Italien an.

Latium
Karte S. 758/759

Das *Nationalmuseum* ist im Palazzo Vitelleschi an der Piazza Cavour untergebracht, schräg gegenüber der Busstation. Die Fassade zählt zu den Meisterwerken der gotischen Renaissancearchitektur – Rustikafassade, elegante dreibogige Fenster und schönes Renaissanceportal. Im Inneren erhält man einen umfassenden Einblick in die Kultur der Etrusker. Der Eingang führt durch einen Spitzbogengang mit Grabtafeln aus dem 6. Jh. v. Chr., im Erdgeschoss Grabsteine und bemalte Sarkophage des 3.–1. Jh. v. Chr. Im ersten Stock sind Funde aus den umliegenden Gräbern zu sehen, darunter auch bemalte Keramiken, Vasen etc. Im Saal zwischen erstem und zweitem Stock befindet sich eine berühmte Tonskulptur aus dem 4./3. Jh. v. Chr.: „Die geflügelten Pferde“. Im zweiten Stock dann Rekonstruktionen etruskischer Gräber mit besonders schönen Fresken.

Die *Etruskische Nekropole* liegt etwas außerhalb und ist eine der wichtigsten bisher entdeckten Grabstätten dieses geheimnisvollen Volkes. Die zahlreichen Grabkammern aus dem 6.–2. Jh. v. Chr. sind zum überwiegenden Teil mit wundervollen Fresken geschmückt. Die Malereien sind von der griechischen Kunst stark beeinflusst und stellen ein einzigartiges Zeugnis antiker Kunst dar. Allerdings dürfen nur wenige Gräber betreten werden. Zu erreichen ist das Ausgrabungsgebiet mehrmals tägl. mit Bus ab Barriera San Giusto zum „Cimitero“ oder in etwa 20 Min. zu Fuß (gut beschildert).

• *Öffnungszeiten/Eintritt* **Nationalmuseum**, Di–So 8.30–19.30 Uhr, Mo geschl., Eintritt 6 €, Museum und Nekropole 8 €, 18–25 J. halber Preis, unter 18 und über 65 J. frei, ✆ 0766/856036; **Nekropole**, Di–So 8.30–19.30 Uhr, im Winter 8.30–14 Uhr, Mo geschl. Eintritt 6 €, mit Museum 8 €, 18–25 J. halber Preis, unter 18 und über 25 J. frei.

Civitavecchia (ca. 52.000 Einwohner): Die Industrie- und Hafenstadt wurde im Zweiten Weltkrieg schwer zerstört, vom historischen Stadtkern ist kaum etwas erhalten. Besucher kommen hauptsächlich, um nach Sardinien überzusetzen, oft machen auch die großen Kreuzfahrtschiffe für den Tagesausflug nach Rom hier fest. Den Hafen beherrscht das *Forte Michelangelo,* eine mächtige Festung, die Bramante 1508 auf antiken Hafenfundamenten begann und Michelangelo 1558 fertig stellte (Militärzone, Zutritt verboten). Hübsch ist der Fischerhafen, in der Kaimauer haben die Fischer ihre Verkaufsstände. Am Largo Cavour oberhalb vom Hafen steht das *Archäologische Nationalmuseum* mit etruskischen und römischen Fundstücken aus dem Umland. Die Ruinen der römischen *Terme Taurine* liegen in der Nähe der Autobahnauffahrt „Civitavecchia Nord“, vom Zentrum 4 km den steilen Hügel hinauf.

• *Öffnungszeiten/Eintritt* **Archäologisches Nationalmuseum**, Di–So 8.30–19.30 Uhr, Mo geschl., im Winter eingeschränkt, Eintritt frei. **Terme Taurine**, Di–So 9–14 Uhr, Mo geschl., Eintritt frei.

• *Information* Viale Garibaldi 42 (nahe Hafen), Mo–Sa 8.30–12.30 und 15.30–18.30 Uhr. ✆ 0766/25348, ℻ 21834, www.civitavecchia.net.

• *Anfahrt/Verbindungen* **Pkw**, 72 km nördlich von Rom, zu erreichen über die A 16 in nördlicher Richtung oder über die Via Aurelia. Der Fährhafen ist ausreichend beschildert. **Bahn**, Civitavecchia liegt an der Bahnlinie von Livorno nach Rom. Häufige Nahverkehrszüge ab Rom Hbf. (Stazione Termini), Fahrtzeit von Rom 90 Min., von Tarquinia nur 15 Min. In Civitavecchia vom Bhf. den Viale Garibaldi nach rechts zum Hafen hinunter. **Bus**, Linee-Laziali-Busse fahren ab Rom/Via Lepanto (Metro A). **Fähren**, mit *Tirrenia* mehrmals tägl. nach Olbia (außerdem nach Arbatax und Cagliari), weitere Überfahrten mit *Sardinia Ferries* und *Moby Lines*. Achtung: im Hochsommer ohne Vorreservierung erhebliche Wartezeiten.

• *Übernachten* *** **Traghetto**, zentral in der Stadt an einer großen Kreuzung etwa 200 m von der Mole entfernt, von der die Fähre ablegt. 39 Zimmer, fast alle mit Balkon; hoteleigene Garage und Parkplatz (10 €/Tag). DZ ca. 95–130 €. Via Braccianese Claudia 2, ✆ 0766/25920, ℻ 23692.

De la Ville, schönes, altes Grandhotel aus dem 19. Jh. mit Stilmöbeln und gediegen

Die pittoreske Altstadt von Vieste ragt auf einem Felssporn weit ins Meer (Apulien) (EF) ▲▲

Schneeweiße Trullihäuser im Valle d'Itria (EF) ▲

▲▲ Badebucht bei Castro Marina (Salento-Halbinsel) (EPT)

▲ Siesta in einem apulischen Dorf (FE)

▲▲ Tremiti-Inseln: Blick von San Domino auf San Nicola (EPT)

Fischer vor der Stadtmauer von Gallipoli (Apulien) (EF) ▲▲

Traumhafter Ausblick von Ravello auf die Amalfitanische Küste (FES) ▲

▲▲ Die prächtige Kathedrale von Amalfi (FES)

komfortablen Zimmern. Stimmungsvoll ist das Restaurant im Gewölbekeller. 34 Zimmer, Parkmöglichkeiten vorhanden. DZ mit Frühstück ca. 160 €. Viale della Repubblica 4, ✆ 0766/580507, ℻ 505801, www.roseshotels.it.

• *Camping* **Traiano**, ein Stück nördlich bei San Agostino direkt am Meer in einem Pinienwäldchen, mit Supermarkt, Selbstbedienungsrestaurant, Pizzeria, auch Bungalows für 4–6 Pers. Mitte Mai bis Mitte Sept. geöffnet, ca. 500 Stellplätze. 2 Pers. mit Caravan 25–35 €. Loc. La Frasca, Via di Sant'Agostino, ✆/℻ 0766/560248, www.campingtraiano.it.

• *Essen & Trinken* **L'Angoletto**, zentral gelegenes Fischlokal mit gutem Ruf. Menü ca. 40 €. So-Abend und Mo geschl. Via Guglielmotti 2, ✆ 0766/32825.

La Bomboniera, nettes Lokal hinter der alten Stadtmauer am Hafen, geführt von einer Familie aus Sardinien, serviert werden hauptsächlich typische Gerichte und Weine von der Insel. Menü um 45 €. Mo geschl. Corso Marconi 50, ✆ 0766/25744.

Santa Marinella: Zusammen mit dem südlich gelegenen Ortsteil *Santa Severa* ein viel besuchtes Badezentrum, außerdem kleiner Fischer- und Yachthafen. Im Juni großes Blumenfest mit Prozession In der Nähe von Santa Severa liegen südlich eines Kastells am Meer die Reste von *Pyrgi*, einst der Haupthafen des etruskischen Cerveteri.

• *Öffnungszeiten/Eintritt* **Pyrgi**, Di–So 9–14, Mo geschl.

• *Anfahrt/Verbindungen* an der Via Aurelia, Bahnstation an der Linie Rom – Pisa.

• *Information* Piazza Civitavecchia, ✆ 0766/511505, www.castellosantamarinella.it.

• *Übernachten* Mehrere Hotels, außerdem zahlreiche Campingplätze an der Via Aurelia Richtung Civitavecchia, im Sommer allerdings überfüllt und laut.

• *Übernachten/Essen & Trinken* *** **Hotel-Ristorante Pino al Mare**, das Haus liegt direkt am Meer (nur die Straße überqueren) und ist recht komfortabel ausgestattet. 57 Zimmer, hoteleigener Strand, Garage. DZ ca. 110 €. Restaurant mit guter Fischküche. Zu empfehlen sind die *Pasta e fagioli con gamberi* und die *Spaghetti alle vongole veraci.* Menüpreis um 35 €. Santa Severa, Via C. Domizio 32, ✆ 0766/570027, ℻ 571541, www.pinoalmare.it.

Cerveteri

ca. 35.000 Einwohner

44 km nordwestlich von Rom, hoch über der Küstenebene und umgeben von Weinhängen. Die heutige Kleinstadt mit mittelalterlichem Kern war eines der bedeutendsten etruskischen Zentren im Mittelmeerraum. Etwas außerhalb wurde eine große Nekropole freigelegt.

Das *Museo Nazionale Cerite* im Schloss Ruspoli aus dem 16. Jh. (Eingang an der Piazza Maria Maggiore) bietet eine gute Einstimmung auf die Ausgrabungen. Auf zwei Etagen werden etruskische Grabbeigaben gezeigt, hauptsächlich Vasen, Urnen, Sarkophage und Schmuck.

Die weitläufige etruskische *Totenstadt* liegt etwa 3 km außerhalb auf einem Hügel, ein gut beschilderter Weg führt vom Museum dorthin. Die aus dem Tuffstein gehauenen Gräber stammen aus dem 7.–1. Jh. v. Chr. und sind etruskischen Häusern nachgebildet – entweder große, runde Grabhügel oder rechteckige Bauwerke. Durch die verwinkelte Totenstadt windet sich die noch gut erhaltene *Antike Straße*, die tiefe Wagenspuren aufweist. Dort stehen auch die interessantesten und größten Gräber, darunter kurz nach dem Eingang die *Tomba dei Capitelli* (Kapitellengrab) mit mächtiger Kassettendecke. Die eindrucksvolle *Tomba dei Rilievi* (Reliefgrab) zeigt auf ihrem farbigen Wandschmuck Waffen, Werkzeuge und Haushaltsgeräte, die dem Toten im Jenseits zur Verfügung stehen sollten.

• *Öffnungszeiten/Eintritt* **Museo Nazionale Cerite**, 9–14 und 16–19 Uhr, Mo geschl. Eingang an der Piazza Maria Maggiore. Freier Eintritt. **Nekropole**, Mai bis Ende Sept. Di–So 9–19 Uhr, Okt. bis Ende April Di–So 9–16 Uhr, Mo geschl. Eintritt 4 €, 18–25 J. 2 €, unter 18 und über 65 J. frei, ✆ 06/9940001.

Latium Karte S. 758/759

• *Anfahrt/Verbindungen* **Pkw**, von Rom über die Via Aurelia gut zu erreichen oder auf der A 16, Ausfahrt Cerveteri-Ladispoli. **Bahn**, Bahnstation im Küstenort Ladispoli an der Strecke Rom–Pisa, noch ca. 6 km nach Cerveteri (nur selten Busse). **Linee Laziali-Busse** fahren ab Rom/Via Lepanto (Metro A).

• *Essen/Trinken* **Antica Locanda Le Ginestre**, dieses empfehlenswerte, gehobene Restaurant am schönen Platz im Zentrum bietet verfeinerte traditionelle Küche und gute Fischgerichte; kleine Weinkarte. Menü ca. 45 €. Mo geschl. Piazza Santa Maria 5, ✆ 06/9940672.

Preiswerter ist die **Trattoria Da Fiore** mit ausgesprochen freundlichem Service und wunderbaren hausgemachten Desserts. Di Ruhetag. Ca. 4 km entfernt im Ortsteil Procoio, Via San Paolo 4, ✆ 06/99204250.

Der Norden Latiums/Inland

Das weitgehend hüglige bis bergige Terrain bietet drei ungewohnt saubere Seen: Lago di Bolsena, Lago di Vico und Lago di Bracciano.

Vor allem der Lago di Bracciano und der Lago di Bolsena sind bis zum Ufer bewachsen und eignen sich gut zum Baden und Segeln. An Sommerwochenenden sind sie allerdings dementsprechend überlaufen. Dazu kommen die große Provinzhauptstadt Viterbo und ihre kunsthistorisch reiche Umgebung, diverse Ausgrabungen, mittelalterliche Abteien und Kirchen.

Lago di Bolsena

Der See von Bolsena ist der größte See vulkanischen Ursprungs in Italien. Das fast kreisrunde und ungewohnt saubere Gewässer wird von einem Hügelkranz umgeben, ist 14 km lang und 12 km breit, die tiefste Stelle liegt bei 151 m.

Der Bolsena-See ist für deutsche Urlauber ein beliebtes Ferienziel abseits der überfüllten Strände. Die Landschaft strahlt eine geradezu himmlische Ruhe aus, was besonders auffällt, wenn man aus Florenz, Rom oder einer anderen Stadt kommt. Rundum liegen kleine Orte, von denen der zentralste und hübscheste Bolsena ist. Zwischen den Ortschaften zweigen unzählige Wege zum See ab, die von den Gemüsebauern mit landwirtschaftlichen Fahrzeugen befahren werden. Mit dem Auto kann man unter Mühen rund um den See fahren – am fast unbewohnten Westufer führt eine Holperpiste direkt am See entlang. Baden lässt es sich an vielen Stellen, geeignete Plätze finden sich vor allem bei Hotels und Campingplätzen oder am Westufer des Lago di Bolsena.

Anfahrt/Verbindungen

Pkw, der Lago di Bolsena liegt nicht weit von der Autobahn A 1. Von Norden kommend, Abzweig bei **Orvieto** und schöne Strecke auf der SS 71, insgesamt 28 km; die letzten 10 km äußerst kurvige Abfahrt zum Hauptort Bolsena hinunter. Auch die SS 2 von **Siena** ist malerisch und führt durch einsame toskanische Hügellandschaften. Von Viterbo aus über die Via Cassia (ca. 18 km).

Bahn/Bus, von Viterbo Nebenlinie in Richtung Sipicciano, Bahnstation bei **Zepponami**, ca. 3 km von Montefiascone. Nächste größere Bahnstation ist **Orvieto** an der Linie Rom–Florenz. Von dort geht ca. 2-mal tägl. ein Bus nach Bolsena und zurück. Von und nach **Viterbo** fahren Busse etwa 12-mal tägl., von und nach **Rom** 2-mal tägl. (ab Viterbo stündl. Verbindung nach Rom und zurück). Busse um den See gehen von Bolsena nach Montefiascone und Gradoli, nach Marta in Montefiascone umsteigen.

Schiff, sowohl von **Bolsena** als auch von **Capodimonte** kann man mehrmals tägl. eine Seerundfahrt starten.

Bolsena

ca. 4200 Einwohner

Der Ort direkt am Nordostufer des Bolsena-Sees wird von einer Burg aus dem 15. Jh. mit ihren hohen Türmen überragt. Rund um sie drängt sich der mittelalterliche Kern mit engen Gassen, steilen Treppen und schönen Torbögen.

Zum See hin breitet sich „Neu-Bolsena" aus. Mittendurch verläuft schnurgerade eine Allee, die an einem platanenbestandenen Platz mit Zierbrunnen endet. An der Uferpromenade mit kleinem Hafen reihen sich Cafébars, Hotels und Pensionen. Trotzdem herrscht kein Touristentrubel, sondern die entspannende Atmosphäre eines kleinen, ruhigen Seeorts. Jeden Dienstagvormittag ist bis ca. 13 Uhr Markt auf der Piazza Matteotti.

• *Information* Auf der zentralen Piazza Matteotti, während der Saison Mo–Sa 10–12.30 und 16.30–19.30 Uhr, So 9.30–13 Uhr. ✆ 0761/799923, www.comunebolsena.it.

• *Übernachten* *** **Columbus Hotel sul Lago**, zentral am unteren Platz, wenige Meter vom Seeufer entfernt. 39 Zimmer. Seeblick nur von Zimmer 220. Gepflegte Atmosphäre, gute Ausstattung, passables Restaurant mit Seeblick, Garage. DZ 60–95 €. Via Colesanti 27, ✆ 0761/799009, ℻ 798172.

*** **Lorianda Park Hotel sul Lago**, zwei Häuser an der Uferpromenade (am Ende der Allee links), moderner, etwas unpersönlicher Backsteinbau mit kleinem Strand, Garten, Pool und Parkmöglichkeiten. Die ordentlichen, großen Zimmer verfügen z. T. über Terrasse oder Balkon. DZ 60–135 €, Frühstück inkl., Halb- und Vollpension möglich. Viale Cadorna 33, ✆ 0761/799272, ℻ 799273, www.bolsenahotels.it.

*** **Le Naiadi Park Hotel sul Lago**, etwa 1 km südlich vom kleinen Hafen, direkt am Ufer, ruhige Lage, zwei Pools. Zimmer mit Balkon zum See. Derselbe Besitzer und gleiche Preise wie Hotel Lorianda. Viale Cadorna 95, ✆ 0761/799017, ℻ 798538, www.bolsenahotels.it.

• *Camping* Im Umkreis mehrere Plätze am Seeufer.

**** **Lido Camping Village**, schwarzer Sandstrand, abgegrenzte, kindersichere, stehtiefe Badebucht, gute Sportmöglichkeiten (Tennis, Fußball, Basketball, Beachvolleyball, Tischtennis, Surfen), Café, Restaurant, Supermarkt, Kinderbetreuung (ab 3 J.), Disco, Animation, regelmäßig Open-Air-Buffet, organisierte Ausflüge etc. Ca. 600 Stellplätze, 36 Bungalows. 2 Erw. mit Auto und Caravan 31 €. Via Cassia bei km 111,500, ca. 1,5 km südlich von Bolsena (im Zentrum bei der Ampel Richtung Montefiascone/Viterbo), ✆ 0761/799258, ℻ 796105, info@bolsenacamping.it.

Camping Massimo, einer der kleinsten Plätze, sauber, familiäre Atmosphäre, kindergeeigneter Strand, alter Baumbestand. Auch vier Apartments mit Seeblick, zwei Bungalows mit Küche inkl. Spülmaschine und zwei Minihäuser jeweils für 4–6 Pers. Grundpreis pro Woche 550–1010 € je nach Größe und Jahreszeit. Zwei Studios für 2 Pers. 410–530 €. Via Cassia bei km 116,3, ca. 3,5 km westlich von Bolsena, ✆ 0761/798738, www.massimo.info.

Blu International Camping, für ca. 700 Pers., alter Baumbestand, Laden und Restaurant mit Pizzeria. Es gibt auch Hütten für 4 Pers. (ca. 60–110 € Grundpreis pro Tag, je nach Saison). In Pietre Lanciate, Via Cassia km 111,650 (von Bolsena in Richtung Rom), ✆/℻ 0761/798855, www.blucamping.it.

• *Essen & Trinken* **Trattoria da Picchietto** traditionsreicher Familienbetrieb mit überaus freundlichem Service, stimmungsvollem Garten und typischen Spezialitäten der Region – sehr zu empfehlen z. B. *Pizzaiola*, ein Fischgericht mit Tomatensauce, oder „Coregone", ein Fisch aus dem See in süßlicher Sauce, und der sehr gute Aal. Menü um 25 €. Mo Ruhetag. Via Porta Fiorentina 15, ✆ 0761/799158.

Birreria/Pizzeria Tanaquilla, bis spät in die Nacht kann man hier Kleinigkeiten und Pizza essen, dazu gibt es Bier vom Fass. Besonders bei Jugendlichen beliebt, samstags wird es sehr voll. Mi geschl., sonst 19–2 Uhr. Via Marconi 100, ✆ 0761/799686.

Latium Karte S. 758/759

Sehenswertes: An der zentralen Piazza Matteotti steht die Kirche *San Francesco* mit Freskenresten, durch den Torbogen linker Hand kommt man in die Altstadt. Über Treppenwege kann man zum *Castello* hinaufsteigen, in dem ein kleines archäologisches Museum eingerichtet ist, wo man aber auch einen herrlichen Blick über den See hat. Etwas oberhalb der Burg, an der Straße nach Orvieto, wurden großartige Überreste des etruskisch-römischen *Volsinii* ausgegraben, darunter eine etwa 4 km lange Einfriedungsmauer, eine Basilika, Thermen und das Justizgebäude, ferner viele Fresken und Mosaike.

Der ungewöhnliche Kirchenkomplex *Santa Cristina*, den man über Jahrhunderte hinweg veränderte und erweiterte, wurde zu Ehren einer Märtyrerin aus der Zeit Diokletians errichtet, die im zarten Alter von zwölf Jahren als „Hexe" bzw. entschiedene Christin grausam ermordet worden war und später zur Schutzpatronin Bolsenas wurde (→ s. Kasten). Am 24. Juli findet jedes Jahr das Santa-Cristina-Fest statt, wo unter anderem die „Mysterien" der Heiligen aufgeführt werden. Vorne links im Kirchenschiff steht die Holzstatue der Heiligen. Links schließt sich die *Wunderkapelle* mit der *Grotte der Santa Cristina* an. Die Grotte ist der älteste Teil, früher war sie in das unterirdische Gewirr der anschließenden Katakomben integriert, später trennte man diesen Bereich ab. In der Mitte der *Altar des Wunders*, in dessen Front eine Steinplatte mit den angeblichen Fußabdrücken der Heiligen eingelassen ist, die an ihre Leidensgeschichte erinnern.

• *Öffnungszeiten/Eintritt* **Archäologisches Museum**, im Sommer Di–So 10–13 und 16–20 Uhr, (im Frühjahr/Herbst nachmittags 15.30–19.30 Uhr), im Juli und Aug. Do bis 23 Uhr mit abendlichen Konzerten, im Winter Di–Fr 10–13 Uhr, am Wochenende und an Feiertagen auch 15.30–19 Uhr, Eintritt 3,50 €, erm. 2 €. **Grotte der Santa Cristina**, Ostern bis Sept. 9.30–12 und 15.30–18.30 Uhr; Okt. bis Ostern 9.30–11.30 und 15–16.30 Uhr. Eintritt 4 €, Kinder 2 €. **Kirche S. Cristina**: Ostern bis Sept. 7.15–12.45 und 15.30–19.45 Uhr; Okt. bis Ostern 7.15–12.30 und 15–17.30 Uhr.

Das Wunder von Bolsena

Cristina, die Tochter des „heidnischen" Stadtpräfekten Urbanus, war im Jahr 304 n. Chr. zum Christentum übergetreten und sollte deshalb mit einem schweren Stein am Hals im See ertränkt werden. Dies gelang jedoch nicht, da der Stein auf wundersame Weise auf dem Wasser schwamm. Sie stieg auf den Stein – daher die Fußabdrücke – und kehrte so unversehrt ans Ufer zurück. Nach furchtbaren Folterungen starb sie schließlich an einem mitten durchs Herz geschossenen Pfeil.

Das „zweite Wunder von Bolsena" ereignete sich 960 Jahre nach dem ersten am „Altar des Wunders". 1264 pilgerte der böhmische Priester Peter von Prag nach Rom. Er war geplagt von heftigen Zweifeln an der Transsubstantiationslehre der katholischen Kirche (Verwandlung von Hostie und Wein in Fleisch und Blut Christi während des Abendmahls). In Bolsena machte er Zwischenstation, um in der Krypta der Santa Cristina eine Messe zu feiern. Da geschah es: Plötzlich tropfte Blut aus der Hostie auf das Priesterhemd und auf den Steinboden (Raffael hat dieses Ereignis in seinen Stanzen im Vatikan verewigt). Papst Urban V., der sich zu dieser Zeit im nahen Orvieto aufhielt, veranlasste die sofortige Überführung des Beweisstücks, das ihm wegen der zunehmenden kirchenkritischen Strömungen seiner Zeit (Katharer, Waldenser etc.) gerade recht kam. Es wurde der Entschluss gefasst, in Orvieto einen grandiosen Dom zu bauen, in dem dieses heilige Kleidungsstück bis heute in einem kostbaren Reliquiar verschlossen ist. Zweimal im Jahr wird es geöffnet: am Nachmittag des Ostertags und am Fronleichnamstag, jenem Feiertag, der eigens wegen dieses Wunders eingeführt wurde.

Cività di Bagnoregio: östlich von Bolsena, bekannt als die sterbende Stadt, „La città che muore". Das kleine Örtchen ragt auf einem Tuffsteinfels pittoresk in den Himmel und ist ausschließlich über eine hohe Fußgängerbrücke vom benachbarten Bagnoregio aus zu erreichen. Nur noch wenige Einheimische wohnen in den alten Gemäuern, doch der zunehmende Tourismus bringt neues Leben in das fast schon ausgestorbene Bergnest.

Montefiascone

ca. 13.500 Einwohner

Oben am Kraterrand gelegen, mit tollem Blick auf den See. Das Bild des Ortes wird geprägt von der großen Kuppel der Kathedrale Santa Margherita. Von der zentralen Piazza Vittorio Emanuele führt die Straße zum mächtigen *Dom* hinauf, der 1519 begonnen und im 17. Jh. vollendet wurde. Der hohe achteckige Innenraum ist von einer großen Kuppel überdacht. Durch eine schmale Gasse kommt man mit ein paar Schritten zu einem wunderschönen Aussichtspunkt, oberhalb davon stehen noch einige Reste des ehemals mächtigen *Papstschlosses*, das sich Urban IV. im Jahre 1261 erbauen ließ, heute eine gepflegte Grünanlage.

Berühmt wurde Montefiascone durch seinen Wein *„Est! Est!! Est!!!"*, dessen Namensgebung einem Wein liebenden Prälaten aus Augsburg zu verdanken ist (→ Kasten). Sein Grab liegt in der Doppelkirche *San Flaviano* an der Ausfahrt nach Orvieto.

• Übernachten/Essen & Trinken *** **Hotel Urbano V**, aufwändig restaurierter Palazzo aus dem 16. Jh. mitten in der Altstadt. Die Zimmer sind gut ausgestattet, Parkmöglichkeiten vorhanden. Sechs Suiten, 16 Zimmer, DZ mit Frühstück ca. 90 €. Corso Cavour 107, ✆ 0761/831094, ✆ 834152, www.hotelurbano-v.it. Im winzigen ** **Gasthaus Dante**, in dem man auch recht gut essen kann, geht es familiärer zu. Die Ausstattung ist sehr einfach, aber ordentlich (zehn Zimmer, DZ 40–50 €). Via Nazionale 2, ✆ 0761/830870.

Himmlisches Tröpfchen

Der deutsche Prälat Johann Fugger reiste mit Kaiser Heinrich V. in Sachen Investiturstreit nach Italien – doch galt sein Interesse offenbar weniger den Staatsgeschäften als dem Wein. Zu diesem Zweck hatte er eigens einen Diener abgestellt, der ihm vorausfuhr und überall dort, wo er einen guten Tropfen fand, „est!" an die Türe schrieb. Schließlich gelangte der treue Diener nach Montefiascone, und als er den dortigen Wein schlürfte, war er so begeistert, dass er an die Tür des Weinlokals „est! est!! est!!!" schrieb. Sein Herr teilte diesen Enthusiasmus und ließ Heinrich allein weiterziehen, um sich nur noch dem göttlichen Rebensaft zu widmen. Das tat er dann auch gründlich, bis er starb. Auf seiner Grabplatte in der Kirche San Flaviano kann man noch heute (auf lateinisch) die verwitterten Worte seines Dieners lesen: „EST EST EST – wegen allzu viel EST ist mein Gebieter Johannes Fugger hier gestorben".

Latium
Karte S. 758/759

Marta: reizvolles Fischer- und Bauerndorf, die breite, gerade Hauptstraße verläuft parallel zum Ufer. Am Dorfstrand liegen Fischerboote, die Fischer sitzen im Schatten der Bäume, flicken Netze und bessern Reusen aus.

Capodimonte: Der ruhige Ort drängt sich auf einen in den See ragenden Fels, darüber thront ein prunkvolles *Farnese-Schloss* aus dem 15. Jh. (keine Besichtigung). Am Ortsrand beginnt eine schöne Baumallee, die in einen breiten Sandstrand übergeht.

Die *Isola Bisentina* liegt zum Greifen nah, ist jedoch in Privatbesitz – ein zauberhaftes Stückchen Erde und Wildpark mit seltener Vogelwelt und üppigen Pflanzen.

Übernachten/Essen & Trinken ** **Riva Blu**, Restaurant mit Zimmervermietung, gute und große Pizza sowie Fischgerichte, dazu einen Est! Est!! Est!!! Do geschl. DZ mit Du/WC ca. 60 €. Via dei Pini 3, ✆ 0761/870255.

Gradoli: Auch hier gibt es ein *Farnese-Schloss*, in dem ein kleines Heimatmuseum eingerichtet ist. Bekannter sind jedoch die Weine von Gradoli, der liebliche Grechetto und der gehaltvolle Aleatico. Am Campingplatz „La Grata" wohnt man schön direkt am See (✆ 0761/456552).

Einen Ausflug kann man ins nahe *Grotte di Castro* unternehmen, das malerisch auf einem Felsrücken liegt, in der Nähe findet man außerdem die etruskische *Nekropole von Pianezze.*

Viterbo

ca. 62.000 Einwohner

Die zweitgrößte Stadt Latiums, historisch betrachtet nach Rom auch die bedeutendste. Im Zweiten Weltkrieg wurde zwar viel zerstört, der mittelalterliche Kern blieb aber unversehrt erhalten, außerdem die 5 km lange Stadtmauer. Am beeindruckendsten ist das Viertel San Pellegrino mit jahrhundertealten Häusern, kleinen Plätzen, verwinkelten Gässchen und romantischen Höfen.

Im Mittelalter war Viterbo – bedingt durch seine geografische Lage in der Nachbarschaft von Rom – ein Spielball zwischen Papst- und Kaisertum; meist stand es auf Seiten des Kaisers bzw. unter seiner Herrschaft. Nach dem Bruch mit dem Kaiser war Viterbo dann Schauplatz mehrerer Papstwahlen. Dabei war man nicht zimperlich: Als sich die Kardinäle 1271 wieder einmal nicht einigen konnten, sperrten sie die Viterbesen im Konklavesaal ein, trugen das Dach ab und schränkten die Mahlzeiten ein. Die „widrigen Umstände" machten die Kardinäle entscheidungsfreudiger – nach einem fast dreijährigen Interregnum erhoben sie rasch Gregor X. auf den Papstthron.

• Anfahrt/Verbindungen **Pkw**, Viterbo liegt an der Via Cassia, 75 km nördlich von Rom, 230 km von Florenz, 45 km von Orvieto. Von der Autobahn A 1 Ausfahrt Orte (28 km auf der SS 204). Bewachte und unbewachte Parkplätze entlang der Stadtmauer, z. B. gegenüber dem Bahnhof an der **Porta Fiorentina**.

Bahn: Zugverbindungen, z. B. nach Rom (ab/bis Roma-Nord oder Stazione S. Pietro), Orvieto, Siena, Florenz.

Bus: Busbahnhof auf der Piazza Martiri d'Ungheria. Es bestehen gute Busverbindungen nach Rom; außerdem gute Verbindungen ans Meer und in die meisten größeren Orte der Provinz (z. B. Tarquinia, Caprarola, Bolsena).

• Information **Fremdenverkehrsamt für die Provinz** (A.P.T.), Piazza San Carluccio, ✆ 0761/304795, 📠 220957, www.tusciainforma.it.

• Übernachten *** **Tuscia**, nördlich der Piazza Martiri d'Ungheria, großes Mittelklassehotel im Zentrum, DZ 70–82 €, Frühstück inkl. Via Cairoli 41, ✆/📠 0761/345976, www.tusciahotel.com.

** **Roma**, ordentliches Albergo, z. T. TV in den Zimmern. DZ 50–60 €. Via della Cava 26, ✆ 0761/227274, 📠 305507.

B & B dei Papi, in einem efeubewachsenen Haus aus dem 14. Jh., elegante Zimmer mit Ziegelböden und Holzbalkendecken. Drei Fremdenzimmer und eine Suite. DZ 90–100 €, inkl. Frühstück. Via del Ginnasio 8 (zentral zwischen Dom und Stadtviertel San Pellegrino gelegen), ✆ 0761/309039, www.bbdeipapi.it.

B & B San Pellegrino, drei DZ in einem herrschaftlichen, mittelalterlichen Palazzo mit großem offenem Kamin in der Halle. DZ 60–80 €, inkl. Frühstück. Via San Pellegrino 4, ✆ 0761/325082, www.bbsanpellegrino.com.

Prächtig: der Papstpalast

B & B Il Cardinale, funktional eingerichtete Räume mit Frühstücksgelegenheit draußen auf der kleinen Terrasse. DZ 70 € (eine Woche: 190–250 €). Via Ottusa 8 (zentral in der Altstadt gelegen), ✆ 0761/309053.

Campingplätze am Bolsena-See, 30 km nördl. → S. 819.

• Essen & Trinken **Il Richiastro**, untergebracht in einem pittoresken, alten Palazzo, schöner, kleiner Garten. Es werden typische Gerichte der Region angeboten, die alle sehr zu empfehlen sind, Menü um 35 €. Geöffnet Fr bis So-Mittag. Via della Marrocca 18, ✆ 0761/228009.

Porta Romana, traditionelle Trattoria mit Grillspezialitäten, für die die Region bekannt ist, z. B. *pignattaccia* (Ragout aus Schwein, Kalb und Rind, im Ofen gegart). Menü um 25 €. So geschl. Via della Bontà 12, ✆ 0761/307118.

Il Labirinto, bietet neben einer großen Pizzaauswahl auch andere recht ordentlich zubereitete Gerichte. Mo Ruhetag. Via S. Lorenzo 46, ✆ 0761/307026.

• Weinlokale Die Enoteca **La Torre** im historischen Zentrum bietet eine exzellente Weinkarte, dazu leckere kleine und große Gerichte. Di ganztags und Mi mittags geschl. Via della Torre 5, ✆ 0761/226467.

Sehenswertes

In den alten Stadtteilen sind Wegweiser zu den interessantesten Punkten angebracht.

Piazza del Plebiscito: Das historische Zentrum der Stadt ist an den Schmalseiten eingerahmt vom *Palazzo della Prefettura* und dem *Palazzo del Podestà* mit wunderschönem *Torre dell'Orologio* (Uhrturm). An den Ecken des Platzes stehen auf Granitsäulen die Wappentiere Viterbos, die Löwen. An der Längsseite befindet sich der *Palazzo dei Priori* aus dem 13. Jh., der aber später noch einige Male umgebaut wurde. In der Mitte des Innenhofs ein sehenswerter Brunnen aus dem 17. Jh. Die Säle im ersten Stock sind mit Fresken zur Stadtgeschichte ausgemalt (können besichtigt werden).

Öffnungszeiten Eingang durch den Palazzo Comunale, Via Ascenzi 1 (durch den Arkadenbogen über der Zufahrtsstraße rechts), dort beim Pförtner melden. Mo–Sa 9–13 und 15.30–18.30 Uhr; So 10–13 und 15.30–18.30 Uhr; Eintritt frei.

Auf der gegenüberliegenden Seite steht die kleine Kirche *Sant'Angelo* aus dem 12. Jh., nicht zuletzt bekannt wegen eines mit Jagdszenen dekorierten Sarkophages. Er birgt den Leichnam eines Mädchens namens Gallina, die einst wegen ihrer Schönheit berühmt war und um die sich die fantastischsten Sagen ranken.

Corso Italia: Hauptgeschäftsstraße mit exklusiven und teuren Geschäften, Boutiquen, Cafés, Bars und viel Trubel. Abends lebhafte Passeggiata, Mittelpunkt ist die *Piazza dell'Erbe* mit schönem Löwenbrunnen.

Via San Lorenzo: führt von der Piazza del Plebiscito zur Piazza San Lorenzo mit Kathedrale und Papstpalast. Rechter Hand trifft man auf die Via Chigi mit dem *Palazzo Chigi*, einem Bauwerk aus dem 15. Jh., daneben ein imposanter Turm.
Ein Stück weiter die Via San Lorenzo entlang trifft man auf die *Piazza della Morte* mit dem gleichnamigen Brunnen und der *Loggia di San Tommaso*. Direkt hinter dem Todesbrunnen folgt die *Dombrücke*, die auf etruskischem Unterbau ruht. Hinter der Dombrücke steht der *Palazzo Farnese*. Er ist der älteste Palazzo dieser einflussreichen Familie, deren Name seit dem 12. Jh. mit dem nördlichen Teil Latiums verbunden ist.

Cattedrale San Lorenzo: Ein ursprünglich romanischer Bau mit zweifarbigem Glockenturm aus dem 14. Jh., die Fassade stammt in ihrer jetzigen Form aus dem 16. Jh. Gleich am Eingang links wertvolle Fresken aus dem 14. Jh. sowie das Grabmal des Papstes Johannes XXI. – der einzige Portugiese auf dem Stuhl Petri und einer derjenigen, die in Viterbo gewählt wurden. Im rechten Seitenschiff begegnet man der Büste von Letitia Bonaparte, der Mutter Napoleons.
Öffnungszeiten 8.30–12 und 15.30–17.30 Uhr (im Sommer bis 18.30 Uhr).

Papstpalast: neben der Cattedrale, der Stolz der Stadt. An ihm haben drei Päpste gebaut, von Alexander IV., der 1257 damit begann, über Urban IV. bis zu Klemens IV., der ihn 1267 vollendete. Das Gebäude zählt zu den typischen Monumenten der gotischen Architektur Viterbos. Eine breite Treppe führt hinauf zum Palast, dessen Fassade von sechs Doppelbogenfenstern und Zinnen geschmückt ist. Daran schließt sich eine wunderschöne Loggia mit einem eleganten Gewölbe aus sieben Doppelsäulen an. Im großen Saal des Palastes fanden einige Konklaven statt, u. a. das von 1271, als das Dach abgedeckt wurde, um die Entscheidung der Kardinäle zu beschleunigen.
Öffnungszeiten **Dommuseum**, **Konklavesaal** und **Papstloggia**, Di–So 10–13 und 15–18 Uhr (im Sommer bis 20 Uhr), Eintritt 5 €, Kinder unter 12 J. frei.

San Pellegrino: Dieses Viertel im Süden der Altstadt ist ein wahres Schmuckstück mittelalterlicher Prägung. Es ist in einzigartiger Weise völlig einheitlich gestaltet, perfekt ist die Harmonie der alten Handwerkerhäuser und Palazzi mit Außentreppen, kleinen Plätzen und überwölbten Durchgängen. Hier und dort laden Antiquitätenläden zum Stöbern ein. Die kleine *Piazzetta San Pellegrino* im Zentrum gehört zu den stimmungsvollsten Orten von Viterbo.

Piazza Verdi und Umgebung: Hier stehen ein klassizistisches Theater und die mittelalterliche Kirche *San Marco*. Die Via di Santa Rosa führt zur *Chiesa di Santa Rosa*, die der Stadtheiligen geweiht ist. Im Inneren befindet sich in einem gläsernen Sarg aus dem 17. Jh. der Leichnam der Heiligen. Ihr zu Ehren feiert man noch heute am 3. September den populären Umzug der Macchina di Santa Rosa (→ unten).

Piazza della Rocca: Die *Rocca Albornoz* wurde im 14. Jh. errichtet und erinnert an den Bauherrn Kardinal Gil Albornoz. Sie wurde von mehreren Päpsten erweitert und verschönert. Im Inneren befindet sich das *Museo Nazionale* mit antiken Funden aus der Umgebung. Gleich um die Ecke steht die Porta Fiorentina, die im vergangenen Jahrhundert umgestaltet wurde.

An die Piazza della Rocca schließt sich die Piazza San Francesco an. Dort befindet sich die *Basilica San Francesco* aus dem 13. Jh. mit dem Grab Papst Hadrians V., der 1276 (in dem Jahr mit vier Päpsten!) in Viterbo starb – seine Regierungszeit währte nur vier Wochen. Sein Mausoleum wurde von Alforno di Cambio gestaltet, dem auch das lebendige Porträt des Toten zu verdanken ist.

Öffnungszeiten/Eintritt **Museo Nazionale**, Di–So 8.30–19.30 Uhr, Mo geschl. Eintritt 4 €, erm. 2 €, unter 18 und über 65 J. frei. Piazza della Rocca 21b, ✆ 0761/325929.

Fest der heiligen Rosa

Das große Stadtfest beginnt am 3. September um 21 Uhr mit einem Festzug durch die Straßen zur Chiesa di Santa Rosa. Mittelpunkt des Zugs ist die *macchina di Santa Rosa*, ein 30 m hoher, spiralförmiger Turm mit der Heiligenstatue, der von über 100 Trägern transportiert wird. Wer sich auf die Treppe der Kirche Santa Rosa stellt, kann mit ansehen, wie der Turm die letzte Strecke im Laufschritt getragen wird.

Viterbo/Umgebung

Bagnaia: rund 6 km östlich von Viterbo (an der alten SS 204 in Richtung Orte), bekannt geworden durch seine einmalige *Villa Lante* und deren herrliche Gärten. Der Gebäudetrakt, bestehend aus zwei Pavillons, wurde im Auftrag zweier Kardinäle errichtet und liegt in einem großen Park mit 15 Brunnen, deren Wasserspiele in ganz Italien berühmt sind. Vor den beiden Gebäuden befindet sich ein quadratischer, im barocken Stil angelegter Garten. In seiner Mitte steht der riesige *Mohrenbrunnen*, der seinen Namen wohl von dem dunklen Material erhalten hat, aus dem er besteht. Hinter den Pavillons schließt sich ein riesiger *Park* an, der ehemals auch als Jagdrevier fungierte.

Öffnungszeiten/Eintritt **Garten der Villa Lante**, im Sommer 9–19 Uhr, im Winter nur bis 16.30 Uhr, Mo geschl., Eintritt 4 €, erm. 2 €. Man muss am Eingang warten, bis sich eine genügend große Gruppe formiert hat, die dann durch den Garten geführt wird. Keine Besichtigung der Pavillons. ✆ 0761/288007, www.villalante.it.

Ferento: 10 km nördlich von Viterbo, Ruinen einer ehemaligen Etrusker-/Römerstadt. Zu erreichen über die parallel zur Via Cassia verlaufende Straße nach Bagnoregio, von der man nach 7 km rechts abbiegt. Ferento hatte seine Glanzzeit in der Augustusepoche, zu sehen sind noch eindrucksvolle Mauerreste, darunter ein römisches Theater und Thermen, die mit der stimmungsvollen Landschaft eine wunderbare Atmosphäre schaffen.

Öffnungszeiten im Sommer Di–So 9–17 Uhr, Mo geschl., im Winter eingeschränkt. Eintritt frei.

Soriano nel Cimino: größter Ort der *Monti Cimini*, umgeben von Wäldern, Haselnuss- und Kastanienplantagen. Heute als Luftkurort bekannt und entsprechend auf Touristen eingestellt, die besonders im Sommer die angenehme Bergluft genießen wollen. Reizvoll ist ein Ausflug zum *Monte Cimino*, dem höchsten Gipfel der Bergkette (1053 m).

• Anfahrt/Verbindungen **Pkw**, Soriano liegt 17 km östlich von Viterbo, in der Nähe der Autobahn A 1 (Abfahrt Orte, dann Richtung Vasanello und weiter nach Soriano). **Bahn**, nächster Bahnhof in Viterbo. **Busse** ab Viterbo und Rom.

Latium Karte S. 758/759

Der Park der Monster

Bomarzo ist eine kleine Hügelstadt abseits der großen Straßen, 19 km nordöstlich von Viterbo. Das Ortsbild wird beherrscht von einem mächtigen Orsini-Schloss aus dem 16. Jh. Eigentlicher Anziehungspunkt ist aber der berühmte „Parco dei Mostri", der seinen Namen von den merkwürdigen steinernen Skulpturen in urwaldartig wuchernder Vegetation erhielt. Zwischen 1552 und 1554 ließ ihn ein gewisser Vicino Orsini anlegen, um seiner toten Frau Giulia ein Denkmal zu setzen. Die Figuren spielen auf sehr komplizierte Weise auf philosophische und mythologische Themen an. Das Gelände liegt außerhalb von Bomarzo auf der anderen Seite der Schlucht, der Weg ist gut beschildert. Die Anlage mit den (alb)traumartigen Skulpturen erscheint wie eine begehbare Seelenlandschaft ihres Schöpfers. Das eindrucksvollste Werk ist der *Giulia-Tempel*, der hoch oben auf einer Wiese steht. Er dokumentiert am intensivsten die tiefe Liebe, die Vicino für seine Frau empfunden hat. Merkwürdige Gestalten säumen den Weg zu diesem Tempel: Eine Meerjungfrau mit riesigem Fischschwanz, eine schlafende Diana, die von einem kopflosen Hund bewacht wird, eine riesige Schildkröte, die die Göttin der Zeit auf dem Rücken trägt, der Riesenkopf eines Ungeheuers mit weit aufgesperrtem Maul, ein schief gebautes Haus, in dem man jedes Gefühl für oben und unten verliert u. v. a.

• *Anfahrt/Verbindungen* Straße von Viterbo nach Orte, dort Abzweig nach Bomarzo, in der Nähe die Autostrada A 1, Abfahrt Attigliano. 66 km von Rom, 27 km von Orvieto.

• *Öffnungszeiten/Eintritt* tägl. 8 Uhr bis Sonnenuntergang, Eintritt 9 €, Kinder 4–8 J. 7 €, unter 4 J. frei. ✆ 0761/924029, www.parcodeimostri.com.

Lago di Vico

Wunderschöne Lage, eingebettet in einen ehemaligen Vulkan und umgeben von den dicht bewaldeten Monti Cimini. Im Südosten führt die panoramareiche Via Ciminia ein Stück um den See herum.

Dank der reizvollen Landschaft und der guten Luft sind hier viele Kurorte entstanden. Trotzdem ist das Gebiet um den Lago di Vico ruhig geblieben, es gibt keine Orte direkt am See, die Ufer sind meist bewachsen und zum Baden nicht besonders geeignet. Nur einige Hotels verfügen über kleine „Strände". Die Auswahl an Trattorien und Restaurants, in denen man gut essen kann, ist groß. Spezialität sind natürlich die Fische aus dem See, vor allem Barsche und Hechte.

• *Anfahrt/Verbindungen* **Pkw**, 15 km von Viterbo, 57 km von Civitavecchia. Von Viterbo die Via Ciminia nehmen, gut zu erreichen auch über die Via Cassia. **Bahn**, Ronciglione und Caprarola sind Stationen an der Bahnlinie von Rom über Capranica nach Orte (Bahnhof von Caprarola liegt jedoch gut 4 km außerhalb). **Busse**, fahren von Viterbo und Rom, Abfahrt in Rom am Piazzale Flaminio und Bahnhof Roma Nord.

• *Übernachten* *** **Il Cardinale**, an der Panoramastraße Via Cimina (bei km 19) gelegen, 23 Zimmer, Garten, DZ 70–110 €, Halb- und Vollpension möglich für 18 bzw. 30 € pro Pers. ✆ 0761/624051, ℻ 612377.

• *Camping* **Campingplatz Natura**, mit vielen Bäumen am Seeufer (4 km von Capodimonte und Ronciglione entfernt). 2 ha für max. 220 Pers., zehn Bungalows, geöffnet von Juni bis Sept., ✆ 0761/612347.

Caprarola (ca. 5600 Einwohner): Kurort in den Colli Cimini, ganz in der Nähe des Lago di Vico. Die Region ist geprägt von der Landwirtschaft, vor allem Haselnussplantagen beherrschen das Bild. Wenn im August die Ernte beginnt, wird die „Sagra delle Nocciole" gefeiert. Über dem Dorf thront majestätisch der großartige *Palazzo Farnese*, einstmals eine der schönsten Fürstenresidenzen Europas. Er wurde von 1559 bis 1573 auf den Grundmauern einer fünfeckigen Burg errichtet. Einzigartig ist die Ausstattung des Palastes: Die meisten Räume sind mit plastisch wirkenden Fresken ausgeschmückt, deren Thematik meist der Mythologie entstammt, verbunden mit der Glorifizierung und Mystifizierung der Familie Farnese. Hinter dem Palazzo liegt ein terrassenförmig angelegter *Park* mit vielen Brunnen, im Hintergrund ein kleines Palais.

• Öffnungszeiten/Eintritt **Palazzo Farnese**, Di–So 9–18.30 Uhr (im Winter bis 16 Uhr), Mo geschl., nur mit italienischsprachiger Führung (2,50 €), Eintritt 2 €, erm. 1 €, unter 18 und über 65 J. frei. **Park**, werktags um 10, 11, 12 und 15 Uhr; an Sonn- und Feiertagen 10.30, 12 und 15 Uhr; Eintritt 2 €.

Ronciglione (ca. 8900 Einwohner): kleiner Ferienort und Handelszentrum 2 km vom Vico-See. Am Eingang der Altstadt stehen die Ruinen der Kirche *Sant'Andrea*, von der nur noch der Campanile aus dem 15. Jh. zu sehen ist. Ein anderer Teil der Stadt stammt aus dem 17. Jh. und ist barock gestaltet. Man sollte sich die Zeit nehmen und gemütlich hindurchschlendern, denn dort findet man elegante kleine Paläste und hübsche Kirchen. Sehenswert ist der Ende des 17. Jh. erbaute barocke *Dom*, davor steht ein wunderschöner Brunnen.

Sutri (ca. 6000 Einwohner): Die historische Stadt liegt an der Via Cassia. Sie war sowohl zur Zeit der Etrusker als auch im Mittelalter von großer Bedeutung und beherbergt noch heute viele Zeugnisse ihrer Vergangenheit. Die engen, gepflasterten Straßen, durch die kaum ein Auto passt, führen hinauf zum Dorfplatz. In der Krypta des *Doms* soll am 20. Dezember 1046 eine Synode Weltgeschichte gemacht haben: An diesem Tag setzte der damals 29-jährige Kaiser Heinrich III. drei rivalisierende Päpste ab. Außerhalb der Stadtmauer, an der anderen Seite der Via Cassia, befindet sich ein *Amphitheater*. Es wurde in den dort vorhandenen Tuff geschlagen und stammt vielleicht noch von den Etruskern. An der Außenseite des Theaters steht die kleine Grottenkirche *Madonna del Parto* („Madonna der guten Niederkunft"), eine Kuriosität, da sich hier bereits Heiligtümer verschiedener Religionen befunden haben und von allen noch Reste vorhanden sind: Die Kapelle hat eine kleine Vorhalle, die ursprünglich eine etruskische Grabkammer war, der anschließende Raum war in der Antike ein Mithras-Heiligtum.

• Information An der zentralen Piazza del Comune, links neben dem Torbogen; geöffnet Do–So 10–13 und 15–18 Uhr. ✆ 0761/609380, www.comune.sutri.vt.it.

• Übernachten ** **Hotel Sutrium**, das kleine, etwas antiquiert wirkende Hotel bietet acht schlichte, aber saubere Zimmer mit Bad. DZ ca. 60 €. Piazza S. Francesco 1, ✆ 0761/608690, ✆ 600057, www.sutriumhotel.it.

• Essen/Trinken **La Locanda di Saturno**, rustikales Lokal im ehemaligen Getreidespeicher des Palazzo Conti Cecconi, ausgezeichnete traditionelle Küche. Menü ca. 35 €. Mo geschl., Di–Fr nur abends geöffnet, am Wochenende auch mittags. Via Agneni 37, ✆ 0761/608392.

Lago di Bracciano

Nur 33 km von Rom, vulkanischen Ursprungs, seine Nordufer sind bewaldet, die Südufer dagegen eher sumpfig. Das Wasser ist ausgesprochen erfrischend kalt und sauber, an einigen Stellen, z. B. bei Vigna di Valle im Süden, kann man herrlich schwimmen. Auch für Windsurfer geeignet.

Rund um den See ist ein Straßennetz angelegt, und wer Lust hat, kann ihn umfahren, es sind ca. 36 km. Drei schöne kleine Städte liegen hier: Bracciano, Anguillara

Sabázia und Trevignano Romano. An Wochenenden und im August wird es allerdings extrem voll, denn der See ist eines der beliebtesten Naherholungsgebiete der Römer. In der übrigen Zeit kann der See ein gutes Standquartier für Tagesausflüge mit Bahn oder Bus nach Rom sein.

• *Anfahrt/Verbindungen* **Pkw**, auf der Via Cassia von Rom schnell zu erreichen, Abzweig bei km 36/VI (Settevene). **Bahn**, Vigna di Valle und Bracciano sind Stationen an der FS-Strecke von Rom nach Viterbo. **Busse** fahren ab Rom/Via Lepanto.

Bracciano: kleine Stadt (ca. 18.000 Einwohner) mit verwinkeltem, mittelalterlichem Stadtkern und einer alles beherrschenden Burg, am See unten ein Badestrand. Das im 15. Jh. erbaute *Orsini-Odescalchi-Kastell* ist von mächtigen Mauern und sechs Türmen mit Zinnenkrönung umgeben, der Grundriss ist fünfeckig. Der dreieckige Innenhof ist mit Säulenhalle und Loggia ausgestattet, eine großartige Außentreppe führt zum oberen Stockwerk, dort kann man 17 Zimmer und Säle der drei ursprünglichen Wohntrakte mit ihren üppigen Einrichtungen und Fresken aus dem 15. und 16. Jh. besichtigen.

• *Öffnungszeiten/Eintritt* **Orsini-Odescalchi-Kastell**, Di–Sa 10–12 und 15–18 Uhr, So 9–12.30 und 15–18.30 Uhr, Mo geschl., Eintritt 7 €, erm. 5 €, nur mit Führung (ca. 1 Std.). ✆ 06/99804348, www.odescalchi.it.

• *Übernachten* **** **Villa Clementina**, ruhig gelegen in einem schönen Garten mit Tennisplatz und Pool; nur sieben wunderbare Zimmer, DZ 140–225 €. Traversa Quarto del Lago 12, ✆ 06/9986268, www.hotelvillaclementina.it.

*** **Alfredo Hotel**, mit schönem Garten und eigenem Seezugang, 48 Zimmer, DZ 87–120 €. Via Circumlacuale 7 A, ✆ 06/99802168, www.alfredohotels.com.

** **Casina del Lago**, eher einfache Zimmer und Parkmöglichkeit. Zwölf Zimmer, DZ ca. 65 €. Via del Lago 4, ✆ 06/99805475.

Etwas außerhalb gibt es mehrere Campingplätze, z. B. **Camping Porticciolo**, baumreiche Anlage in schöner Lage am See, guter Service. Busstopp nach Rom direkt gegenüber. Zeltplatz und 2 Pers. 20–30 €/Tag je nach Saison. Auch Bungalows, Mobilhomes etc. April bis Sept. geöffnet. Via del Poticciolo, ✆ 06/99803060, www.porticciolo.it.

• *Essen & Trinken* Viele Trattorien, in denen man gut und manchmal auch teuer Fisch essen kann. Außerdem mal den Weißwein von Bracciano kosten.

Empfehlenswert ist das **Ristorante Al Fresco** im Zentrum, nahe der Piazza del Castello. Terrasse mit fantastischem Seeblick, köstlich die frischen Fischgerichte (z. B. Pesce di paranza oder Aal aus dem See), hausgemachte Desserts. Menü um 30 €. Di Ruhetag. Via Fioravanti 46, ✆ 06/99804536.

Ausgezeichnet essen Sie auch in der **Winebar Vino e Camino** in zentraler Lage nahe der Burg, im Sommer auch draußen. Dieses kleine, romantische Lokal in der historischen Altstadt bietet zu hervorragenden Weinen eine sehr gute, kreative Küche. Preis pro Menü ca. 33 €. Mo geschl., nur abends geöffnet. Piazza Manzzini 11, ✆ 06/99803433.

Trevignano Romano: malerische Lage auf einer Halbinsel, die von einem Orsini-Schloss gekrönt in den See hineinragt.

• *Übernachten* *** **Il Casale**, 26 Zimmer, Schwimmbad und Parkplatz. Apartment für 2 Pers. 80–95 €. Via dell'Acquarella 11, ✆ 06/9985003, ✆ 9985151, www.hotel-ilcasale.it.

• *Essen & Trinken* **La Grotta Azzura**, gutes Fischlokal mit traditioneller Küche, z. B. Hecht mit frischen Kräutern oder Aal in Tomaten, es gibt auch Fleischgerichte; im Sommer sitzt man draußen sehr schön; Menüpreis um 35 €. Di Ruhetag. Piazza Vittorio Emanuele 4, ✆ 06/9999420.

Anguillara Sabázia: kleine Stadt am Südufer des Sees. Die mittelalterliche Burg der *Anguillara* ist von 15 m dicken Mauern umgeben und ragt über die wenigen Häuser. Die Anguillara waren Feudalherren germanischer Abstammung und wegen ihrer Grausamkeit berüchtigt.

• *Übernachten* *** **Poggio dei Pini**, das Haus verfügt über Garten, Pool und Tennisplatz. Die geräumigen Zimmer sind recht schlicht möbliert und auch das große Restaurant wirkt spartanisch, das Essen ist aber durchaus ordentlich. 33 Zimmer, DZ

70–90 €. Via Beethoven 10, bei Marchione, ✆ 06/9995609, 📠 9995603.

Camping Parco del Lago, etwas nördlich von Anguillara, wunderschöne, schattige Lage direkt am See, sehr gute sanitäre Einrichtungen. Pro Pers. 8 €, Stellplatz und 2 Pers. für ca. 29 € pro Tag. Geöffnet April bis Sept. Lungolago di Polline, km 4,1, ✆ 06/99802003, 📠 99802000, www.parcodellago.it.

• *Essen & Trinken* Viele Trattorien und Restaurants, in allen kann man Fisch essen. Spezialität: Spaghetti mit Muscheln, Brokkoli mit Weißweinsoße.

Ristorante Pizzeria Harvey, riesiges Lokal am Ortsausgang an der Straße nach Bracciano, sehr beliebt. Im Sommer sitzt man angenehm draußen, gute und preiswerte Küche. Mi Ruhetag. Via Anguillarese 96.

Isola Farnese: in der Nähe der Via Cassia von Rom zum Lago di Bracciano. Die kleine, verschlafene Stadt mit der gestrengen Ritterburg war das etruskische Zentrum, das Rom am nächsten lag. Vor allem landschaftlich interessant sind die etruskischen *Ausgrabungen von Veji* etwas außerhalb von Isola Farnese, in der Nähe eines Wasserfalls. Man kann zu Fuß dorthin gehen, nach etwa 1 km kommt man zu einer alten Mühle, dort auch eine kleine Kneipe (Di geschl.).

Öffnungszeiten Durch das Ausgrabungsgelände werden geführte Touren angeboten, Infos unter ✆ 06/9042774 und www.parcodiveio.it.

Der Süden Latiums/Hinterland

Neben den weltberühmten Gärten von Tivoli (→ Rom/Umgebung) sind die *Colli Albani* die am meisten besuchten Ziele. Vor allem *Frascati* zieht die Massen an – hier kann das ganze Jahr über der bekannte gleichnamige Wein gekostet werden. Die zwei Seen, *Lago di Albano* und *Lago di Nemi,* sind zum Baden nicht sonderlich reizvoll, aber landschaftlich sehr lohnend.

Ciociaria

Das hüglige Gebiet um Frosinone und Palestrina, das breite Tal des Sacco und die nördlich ansteigenden Monti Ernici sind nach der geschnürten Sandale „Ciocia" benannt, die hier einst getragen wurde.

Überall gibt es reichliche Wasservorkommen, die unter anderem auch Heilbäder versorgen, darunter im bekannten Kurort *Fiuggi.* Da die Region aber weder einen Zugang zum Meer hat, noch Seen bietet, ist sie vom Tourismus kaum entdeckt und entsprechend ruhig. Die Berge, die hier allmählich in die Abruzzen übergehen, sind stellenweise recht hoch und ermöglichen auch Wintersport. Während sich der Norden Latiums durch etruskische Funde auszeichnet, trifft man hier eher auf Zeugnisse der vorrömischen und voretruskischen Zeit.

Palestrina

ca. 21.000 Einwohner

Die Stadt am Südhang der Prenestini-Berge zählt zu den ältesten Siedlungen Latiums. Ein Teil schmiegt sich an den Berg und statt Straßen gibt es hauptsächlich Treppen.

Auf vier Terrassen liegen, durch gigantische Stützmauern gesichert, die riesigen Ruinen des *Tempels der Göttin Fortuna Primagenia.* Der gewaltige Gebäudekomplex nahm in der Antike fast den gesamten Berghang ein, seine Überreste ziehen sich bis zum höchsten Punkt der Stadt, von dem man weit in das Flusstal des Sacco blicken kann. Auf der zweiten Terrasse steht heute der *Dom* der Stadt, erbaut auf den Resten eines Junotempels, der wahrscheinlich der Mittelpunkt des Fortunaheiligtums war. Neben dem Dom befindet sich das ehemalige Seminargebäude, das ebenfalls auf antiken Bauruinen errichtet ist. Im Hof des Seminars liegt der *Antro delle Sorti* (Höhle der Geschicke), eine kleine Orakelgrotte. Auf der obersten Terrasse beherbergt der Colonna-Barberini-Palast das *Museo Nazionale Archeologico Prenestino*, wertvollstes Stück ist das herrliche Fußbodenmosaik „Überschwemmung des Nils".

• Öffnungszeiten/Eintritt **Museo Nazionale Archeologico Prenestino**, Di–So 9–20 Uhr, Mo geschl. Eintritt 5 €, erm. 2,50 €, unter 18 und über 65 J. frei.

• Anfahrt/Verbindungen **Pkw**, von Rom über die Via Prenestina 32 km, über die Via Casilina ca. 40 km.

Busse, Abfahrt in Rom bei Metrostation Anagnina (Endstation Metro A), etwa stündlich Verbindungen.

• Information Via della Cortina, ✆ 06/9573176, www.comune.palestrina.rm.it.

• Übernachten *** **Stella**, einfaches, aber ordentlich geführtes Haus mit Restaurant und Garage. 30 Zimmer, DZ ca. 60 €. Piazzale della Liberazione 3, ✆ 06/9538172, 9573360, www.hotelstella.it.

• Essen & Trinken Zahlreiche gute Lokale in der Stadt sind zu empfehlen, z. B. das gehobene **Ristorante Il Palestrina** nahe des Doms, bekannt für seine Fischspezialitäten, Via E. Toti 4, Mo geschl. ✆ 06/9534615.

Subiaco

ca. 9400 Einwohner

Kleine, gemütliche Stadt im tiefen Tal des Flusses Aniene. Hier gründete der heilige Benedikt seinen Orden. Attraktion sind die 3 km außerhalb liegenden Benediktinerklöster. Man kann sie gut zu Fuß erreichen, zum Felsenkloster San Benedetto geht es allerdings steil bergauf, die Serpentinen kann man durch Treppen abkürzen.

Der *Convento di Santa Scolastica* ist das einzige, das von 13 Klöstern übrig blieb, die Benedikt im 6. Jh. gegründet hatte (zum Leben Benedikts → Nórcia/Umbrien, S. 744). Vom Eingang gelangt man direkt in den *ersten Kreuzgang* aus dem 16. Jh., er ist gartenartig angelegt. Von dort geht es durch ein gotisches Portal zum *zweiten Kreuzgang*, der im 14. Jh. gebaut wurde. Von hier aus kann man einen Blick auf das Kirchengebäude und den romanischen Glockenturm werfen. Ein weiteres gotisches Portal führt zu einem *dritten Kreuzgang* aus dem 13. Jh.

Der *Convento di San Benedetto* lehnt sich hoch über dem Tal an eine Felswand. Er wurde um die Höhle errichtet, in der der Heilige seine ersten Mönchsjahre meditierend verbrachte. Eine wunderschöne Allee aus Steineichen säumt den steilen Weg zum Gebäudetrakt, der aus Unterer und Oberer Kirche besteht. Die drei Gänge, in die man vom Eingang gelangt, sind wie die gesamte Anlage mit Fresken geschmückt, die als „Literatur" für die gläubigen Analphabeten dienten. Die Gänge führen zur *Oberen Kirche*, die aus mehreren Räumen besteht. Besonders erwähnenswert ist die Gregoriuskapelle, rechts neben der Eingangstür das älteste Porträt des Franz von Assisi, das im Jahr 1224, also noch zu seinen Lebzeiten, angefertigt wurde. Dem Altar gegenüber führt eine aus dem Felsen gehauene Treppe zur *Unteren Kirche*. Dort liegt auch der Eingang zur *Grotte*, in der Benedikt lange Zeit lebte. An den Wänden brennen 13 ewige Lichter, die die Klostergründungen Benedikts symbolisieren. Hinter einem Garten mit Rosensträuchern führt ein Weg zur Oberkirche an einem vergitterten Fenster vorbei. Dahinter liegt eine kleine Zelle, in der der an die Wand gemalte Teufel eingesperrt sein soll.

• *Öffnungszeiten/Eintritt* **Convento di Santa Scolastica**, tägl. 9–12.30 und 15.30–19 Uhr, Besichtigung in Begleitung eines Mönches (an der Pforte nachfragen); **Convento di San Benedetto**, 9–12.30 und 15.30–18 Uhr, So-Vormittag wegen Messe geschl. Kostenlose Führung, man muss läuten.

• *Anfahrt/Verbindungen* **Pkw**, von Rom über die A 24, Abfahrt Vicovaro-Mandela. Bahnhof weit außerhalb, besser per **Cotral-Bus** ab Rom und Fiuggi.

• *Information* Mo 8–14 Uhr, Di–Sa 8–14 und 15.30–19.30 Uhr, So 9–12 Uhr. Via Cadorna 59, ✆/℻ 0774/822013, www.comune.subiaco.rm.it.

• *Übernachten* * **Hotel Aniene**, mit Restaurant (s. u.), sechs spartanische Zimmer, DZ ca. 50 €. Via Cavour 21, ✆/℻ 0774/85565.

• *Essen/Trinken* **Ristorante Aniene**, (rechts neben der Kirche S. Andrea), die Auswahl ist groß, die Preise sind günstig, hausgemachte Nudeln und Forellen. Mit Terrasse, schöner Blick in das Tal der Aniene. Di geschl. ✆ 0774/85565.

Papst Bonifaz VIII. an der Domfassade

Anagni (ca. 21.000 Einwohner): kleines, gemütliches Städtchen auf einem Landvorsprung, der in das Sacco-Tal hineinragt, im Mittelalter Sitz vieler Päpste, deshalb auch „Stadt der Päpste" genannt. Der Dom *Santa Maria* auf der Piazza Innocenzo III gilt als einer der wichtigsten Bauten der italienischen Romanik. Errichtet 1074–1105, großer Glockenturm, an der Fassade die Statue des Papstes Bonifaz VIII., der hier geboren wurde. Wertvolle Fresken schmücken die Wände. Neben dem Altar steht der Bischofsstuhl mit einer Löwendarstellung als Zeichen der weltlichen Macht und einer kreisrunden Scheibe, die über dem Haupt des Thronenden wie ein Heiligenschein aussah. Aus der gleichen Zeit stammt der Osterleuchter in Form eines knienden Kindes. Sehenswert ist auch die überreich ausgeschmückte *Hallenkrypta* mit Cosmatenfußboden.

• *Öffnungszeiten/Eintritt* **Dom**, im Sommer 9–13 Uhr (So nur bis 11 Uhr) und 16–19 Uhr (im Winter 15–18 Uhr). **Krypta**, 9–12.30 und 16–18.30 Uhr, Eintritt 3 €, Kinder 1,30 €.

• *Anfahrt/Verbindungen* **Pkw**, über die Via Casilina von Rom, die gleiche Straße von Frosinone aus (25 km).

Bahn, Linie von Rom nach Capua, Station in Anagni Scalo. **Bus**, Linie Nr. 63 pendelt mehrmals tägl. nach Frosinone und Rom (dort ab Metrostation Anagnina).

• *Übernachten* ** **Federico**, recht gutes Hotel mit Restaurant und Bar. Eigener Parkplatz, DZ 55–60 €. Via Anticolana 85, ✆ 0775/70049, ℻ 705079, www.ristorantefederico.it.

Alatri (ca. 29.000 Einwohner): Die kleine Stadt liegt am Beginn der Monti Ernici, mitten auf einem runden Bergkegel. Auf der Hügelkuppe, um die sich die mittelalterlichen Straßenzüge gruppieren, steht eine riesige *Akropolis*, die sehr gut erhalten ist. Die sie umgebende *Zyklopenmauer* ist trapezförmig und besteht aus riesigen

Steinblöcken, die nicht mit Mörtel zusammengehalten werden. Die *Porta di Civita*, einer der Eingänge in die Mauer, besitzt einen über 5 m langen Torsturz und befindet sich in der Via Gregoriana in der Nähe der Kirche Santa Lucia. Von dort gelangt man über zwölf Stufen auf den großen Akropolisplatz. Der Ausblick ist einer der überwältigendsten in ganz Latium.

• *Anfahrt/Verbindungen* **Pkw**, von Frosinone über die SS 214 in Richtung Sora bis zur Abzweigung nach Alatri (SS 155).

Busverbindungen nach Frosinone (13 km entfernt).

• *Essen/Trinken* **La Rosetta**, in dem gepflegten Familienbetrieb gibt es typische Gerichte aus der Ciociaria. Menüpreis um 35 €. Di geschl. Via Duomo 35, ✆ 0775/434568.

Abtei von Casamari: Das Kloster liegt nur wenige Kilometer vom kleinen Städtchen Veroli an der Straße von Frosinone nach Sora. Es gilt als Musterbeispiel gotischer Zisterzienserarchitektur und gehört zu den faszinierendsten Sehenswürdigkeiten von Latium. Im *Torhaus* wird ein ausgezeichneter Kräuterlikör verkauft, den die Mönche nach 250 Jahre alten Rezepten selbst zusammenbrauen. Zur Abteikirche führt eine große Freitreppe hinauf. Rechter Hand kommt man zum mächtigen Klostergebäude. Ein Torbogen führt zum sorgfältig gepflegten *Garten*. Eine *Apotheke* aus dem 18. Jh. liegt im Durchgang zum wunderschönen *Kreuzgang* – romantisch verschwiegen bietet er dem Auge einen reizvollen Gegensatz zu den kühlen gotischen Gebäudeteilen. Am Ende des Rundgangs erreicht man die *Kirche*. Der Innenraum im reinen gotischen Stil ist von würdevoller Schlichtheit. Die Mauern bestehen aus gelblichem Stein, der in seiner Farbgebung durch die Fenster noch intensiviert wird.

• *Öffnungszeiten/Eintritt* **Abtei**, 9–12 und 15–18 Uhr; **Bibliothek**, Mo–Fr 8.30–18.30 Uhr, Sa 8.30–12.30 Uhr. Eintritt frei, eine Spende wird erwartet. ✆ 0775/282371, www.casamari.it.

• *Übernachten* Von Frosinone kommend, zweigt vor Casamari rechts eine Straße in das 420 m hoch gelegene Monte San Giovanni Campano ab. Im Schatten eines Kastells findet man das herrlich gelegene, sehr ruhige ** **Albergo L'Orione**. Die Ausstattung ist zwar eher bescheiden, doch dafür geht es familiär zu. Das vorhandene Restaurant (Di Ruhetag) bietet typische Gerichte der Region. DZ mit Frühstück 70–95 €. Da nur elf Zimmer vorhanden sind, besser vorher anrufen, ✆ 0775/288677, www.lorione.it.

Cassino

ca. 33.000 Einwohner

Die im Zweiten Weltkrieg in schrecklichen Schlachten zerstörte Stadt Cassino wurde modern und großzügig wieder aufgebaut. Heute ist die Universitätsstadt eines der wichtigsten Industrie- und Handelszentren Süditaliens.

Über der Stadt thront einsam und gewaltig die weltberühmte *Abtei von Montecassino*. Über die Via Montecassino gelangt man nach 9 km hinauf. Unterwegs kommt man am Monte Calvario mit einer kleinen archäologischen Zone vorbei. Sie beherbergt u. a. die Ruinen eines römischen *Amphitheaters* aus dem 1. Jh. n. Chr. und ein halbkreisförmiges *Theater*, dessen Ränge noch vollständig erhalten sind.

• *Anfahrt/Verbindungen* **Pkw**, von Rom über die Autobahn A 2, Abfahrt Cassino. Von Frosinone auf der SS 6.

Bahn, Cassino liegt an der FS-Bahnlinie **Rom–Frosinone–Neapel**, Bahnhof an der Piazza Garibaldi.

Bus, tägl. mehrmals von und nach Frosinone, zum Kloster mehrmals tägl. ab Piazza San Benedetto.

• *Information* Via G. Di Biasio 54, ✆ 0776/221292, ✆ 25692.

• *Übernachten* *** **Hotel Alba**, etwas antiquiert wirkendes, kleines Hotel zentral am Fuß des Berges; familiäre Atmosphäre, zweckmäßig ausgestattete Zimmer, Garage und ein empfehlenswertes Restaurant („Da Mario") bei recht gutem Preis-Leistungs-Verhältnis; einige Zimmer haben Balkon; 35 Zimmer, DZ 75–90 €, Frühstück inkl. Via G. Di Biasio 53, ✆ 0776/21873, ℻ 270000, www.albahotel.it.

Camping Terme Varroniane, direkt unterhalb der Bahnstation, schattiger Platz in der Nähe der Varronianischen Thermen. Ganzjährig geöffnet. Via delle Terme 5, ✆ 0776/22144.

Abtei von Montecassino

Die Abtei, die zu den bedeutendsten in Europa gehörte, wurde 1944 durch amerikanische Bombenangriffe völlig zerstört, da sich hier ein hartnäckig gehaltener Stützpunkt der Deutschen befand. Nach dem Krieg hat man sie originalgetreu wiederaufgebaut. Von oben genießt man einen herrlichen Blick in das Flusstal des Rapido. Benedikt von Nursia gründete das Kloster 529, nachdem er zuvor drei Jahre lang in Subiaco in einer Grotte meditiert hatte (→ S. 830). Er machte den Ort zum Hauptsitz des von ihm ins Leben gerufenen Benediktinerordens. Im Jahr 547 wurde er hier neben seiner Zwillingsschwester, der heiligen Scolastica, beerdigt. 1349 wurde die Abtei von einem Erdbeben völlig vernichtet und musste neu aufgebaut werden. So entstand nach einigen Verschönerungen der prunkvolle Benediktinersitz, den man heute (nach der modernen Rekonstruktion) wieder bewundern kann. Der Haupteingang befindet sich rechts unter den Arkaden. Der Weg durch das Kloster führt an insgesamt vier *Kreuzgängen* vorbei, die jeder für sich eine Besonderheit darstellen. Zum letzten, dem Wohltäterkreuzgang, gelangt der Besucher über eine breite Treppe. Durch drei wertvolle Bronzetore (das mittlere ein Original aus dem 11. Jh.) kommt man in die *Kirche*, die zu den prächtigsten Barockkirchen Italiens zählt. Decke, Wände und Säulen sind über und über mit Stuck und Gold verziert, die zerstörten Fresken wurden z. T. durch zeitgenössische Werke ersetzt. An der zum Chor gewandten Rückseite des Hochaltars steht die *Bronzeurne* mit der Asche des heiligen Benedikt und seiner Schwester. Unter dem Chorraum liegt die *Krypta*. Auch ein *Museum* ist zu besichtigen, dort eine Fotodokumentation zur Zerstörung im Februar 1944.

• *Öffnungszeiten/Eintritt* **Abtei**, tägl. 8.30–12 und 15.30–18.30 Uhr, im Winter bis 17.30 Uhr, Zutritt nur in angemessener Kleidung (keine kurzen Hosen oder Sonnentops), Eintritt frei, **Museum**, April bis Okt. tägl. 8.30–12.30 und 15.30–17.30 Uhr, im Winter nur an Sonn- und Feiertagen geöffnet. Eintritt 2 €.

Die traditionsreiche Abtei von Montecassino

Rom und Latium
Karte S. 774/775

Colli Albani (Albaner Berge)

Die „Grünen Lungen von Rom" wird das teils dicht bewaldete Gebiet südlich der Hauptstadt mit einem Kranz von historischen Städtchen, den so genannten Castelli Romani, zwei kleinen Seen und intensivem Weinanbau gerne genannt.

Schon in der Antike war die üppig grüne Region, die bis heute durch die Via Appia Antica mit Rom verbunden ist, eine beliebte Sommerfrische. Später wurde sie von Adel, Kardinälen und Päpsten geschätzt, heute auch von Literaten und Künstlern – Luise Rinser (gest. 2002) lebte in Rocca di Papa, Michael Ende verbrachte viel Zeit in Genzano am Nemi-See.

Die Nähe zu Rom hat jedoch Spuren hinterlassen. Die einst malerischen Orte an den Berghängen sind heute zu beliebten Wochenendzielen geworden und von unattraktiven Neubaugebieten umgeben, oft herrscht dichter Verkehr. Auch die Landschaft ist inzwischen zusehends verbaut – nicht zuletzt durch die vielen Begüterten, die hier ihre Sommervillen besitzen. Naturschützer, u. a. die Stiftung Europäisches Naturerbe (*Euronatur*) versuchen, die letzten Reste der alten Waldgebiete vor der Umwandlung in Bauland zu bewahren.

In den Albaner Bergen soll einst das sagenhafte Albalonga gelegen haben, wo sich nach dem Fall ihrer Stadt im Trojanischen Krieg die Trojaner niedergelassen haben sollen - nach alten Legenden der Beginn der Gründung Roms.

Frascati

ca. 21.000 Einwohner

Die größte und bekannteste Stadt der Castelli Romani liegt mit vielen hübschen, kleinen Gassen und dicht aneinandergedrängten Häusern terrassenförmig an einem Hang der Albaner Berge. Das Stadtbild wird von Parks und verschiedenen Grünanlagen geprägt, es gibt viele gemütliche Restaurants und Weinschenken.

Frascati ist berühmt wegen seines gleichnamigen strohgelben Weins, den man in jedem Laden kaufen und in jedem Restaurant in offenen Karaffen trinken kann. Vor allem im Sommer rollen aus dem nahen Rom täglich Dutzende von Reisebussen zur abendlichen Weinprobe an, die man im Freien an einfachen Holztischen mit herrlichem Blick ins Umland genießt.

• *Anfahrt/Verbindungen* **Pkw**, von Rom direkt über die Via Tuscolana.

Bahn, etwa 1- bis 2-mal stündl. von Rom/ Stazione Termini über Ciampino, Fahrtzeit 30 Min. Bahnhof in Frascati zentral an der Via Letitia Bonaparte.

Bus, Busse starten in Rom am Busbahnhof Anagnina (Endstation Metro A) etwa alle 30 Min., Ankunft und Abfahrt in Frascati an der Piazza Marconi.

• *Information* An der Piazza Marconi, wo die Busse ankommen. Mo–Sa 9–13 Uhr, Di–Fr auch nachmittags 15–18 Uhr, So geschl. ✆ 06/9420331, ℻ 9425498.

• *Übernachten* **** **Hotel Flora**, in einem kürzlich restaurierten Palazzo aus dem 19. Jh. im Grünen gelegen, aber dennoch nahe am Zentrum. Große, elegante Zimmer mit schönen Bädern, modern gestaltetes, schickes Restaurant, Garten und Dachterrasse, Garage vorhanden. 37 Zimmer. DZ inkl. Frühstücksbuffet ca. 90–170 €, mit Balkon und Fernblick ca. 20 € Zuschlag. Viale Vittorio Veneto 8, ✆ 06/9416110, ℻ 9416546, www.hotel-flora.it.

*** **Hotel Colonna**, kleines, modernes Hotel mitten im Zentrum. 20 sehr gepflegte Zimmer; im obersten Stockwerk Sonnenterrasse mit schönem Blick. Parkmöglichkeiten. DZ 95–140 €, Frühstück inkl. Piazza del Gesù 12, ✆ 06/94018088, ℻ 94018730, www.hotelcolonna.it.

*** **Hotel Bellavista**, fantastischer Blick bei zentraler Lage und 13 funktionale Zimmer, Garage vorhanden. DZ mit Frühstück 110–120 €. Piazza Roma 2, ✆/📠 06/9421068, www.hbellavista.it.

• *Essen & Trinken* **Cacciani**, eines der besten Lokale der Castelli Romani, schöne Panoramaterrasse. Hier pflegt man die Tradition und kreiert gleichzeitig interessante neue Gerichte. Preise gehoben, Menü ca. 55 €. Auch empfehlenswertes *** Hotel: DZ ca. 90 €, Frühstück inkl., von den Zimmern teilweise schöner Blick. Mo geschl. Via Armando Diaz 13, ✆ 06/9401991, 📠 9420440, www.cacciani.it.

Za'Raza, in dieser Trattoria mit herrlichem Blick bekommt man außergewöhnliche römische Küche zu maßvollen Preisen, z. B. *polenta con le spuntature di maiale* (Maisbrei mit in Tomaten geschmorten Schweinerippen). So-Abend und Mo geschl., im August Betriebsferien. Via Regina Margherita 45, ✆ 06/9422053.

Enoteca Frascati, empfohlenes Restaurant und Enoteca in einem, über 500 Weine aus ganz Italien. Nur abends geöffnet, So und im August geschl. Via Armando Diaz 42, ✆ 06/9417449.

Sehenswertes: Am Eingang der Stadt liegt die terrassenförmige *Piazza Marconi*, von der man einen herrlichen Ausblick hat, an dunstfreien Tagen sogar bis Rom. Die *Villa Aldobrandini* an der Via Cardinale Massaia 112 (etwa 1 km vom Zentrum) wurde 1598 für Kardinal Aldobrandini erbaut. Der Kirchenfürst war nicht gerade bescheiden: Die Villa ist ein ausgewachsenes Schloss und sehr aufwändig gestaltet. Besichtigt werden kann der riesige Park mit Panoramablick, Skulpturen und wunderschönen Wasserspiele. Die anschließende *Villa Torlonia* fungiert heute als Stadtpark von Frascati.

Etwa 5 km außerhalb der Stadt gelangt man über eine winzige, kurvenreiche Straße zu den Ruinen des antiken Luftkurorts *Tusculum* hinauf.

• *Öffnungszeiten/Eintritt* **Park der Villa Aldobrandini**, zum Betreten des Parks ist eine Erlaubnis erforderlich, die vom Touristenbüro am Piazzale G. Marconi sofort und kostenlos ausgestellt wird. Der Eingang liegt nur oberhalb der Villa (kein Zugang vom Piazzale G. Marconi aus!). Dazu folgt man (mit Blick auf die Villa) links vom Piazzale G. Marconi der Straße nach Monte Porzio Catone (Via Catone, dann rechts gegenüber vom Largo Pistricci in die Via G. Massaia).

Lago di Albano

Elliptisch geformter See in einem steil abfallenden, bewaldeten Krater. Er hat unterirdische Wasserquellen und keinen natürlichen Abfluss.

Oben an den Hängen führen Straßen entlang, die z. T. einen herrlichen Blick auf das gesamte Becken des Albanersees freigeben. Die besten Aussichten hat man von der *Via dei Laghi*, die Marino mit Velletri verbindet, und von der Via Appia, die von Castel Gandolfo nach Albano Laziale führt. Bei Touristen ist der Lago di Albano wegen seiner schönen Landschaft sehr beliebt und auch Bootssportler kommen auf ihre Kosten (1960 wurden hier die Ruderwettbewerbe der Olympischen Sommerspiele ausgetragen). Zum Schwimmen ist der See nicht so sehr geeignet – wegen seiner großen Tiefe ist er sehr kalt und es gibt kaum Strände.

Anfahrt/Verbindungen **Pkw**, problemlos über die Via Appia. **Bahn**, FS-Linie, Bahnhöfe in Castel Gandolfo und Albano Laziale. **Busse** ab Rom-Anagnina (Endstation Metro A).

Castel Gandolfo (ca. 8900 Einwohner): kleiner Ort am Albanersee, berühmt wegen der Sommerresidenz der Päpste. Traditionell verlagert der Heilige Vater ab Juli, wenn die Hitze in Rom unerträglich werden kann, seinen Hof in die luftige Höhe von Castel Gandolfo mit dem wunderbaren Blick auf den tiefen Kratersee und die umliegenden grünen Hügel.

Rom und Latium
Karte S. 774/775

- *Information* Piazza Libertà 5, ✆ 06/9380340.
- *Übernachten* *** **Hotel Culla del Lago**, am See, mit eigenem Zugang zum Wasser und Parkplatz. 15 liebevoll eingerichtete Zimmer, DZ mit Frühstück ca. 140 €. Via Spiaggia del Lago 33, ✆ 06/93668231, 93668243, www.culladellago.com.
- *Essen/Trinken* Das **Antico Ristorante Pagnanelli** gibt es seit 1882. In gehobenem Ambiente und mit freundlichem Service kann man hier nicht nur vorzügliche Küche, sondern auch einen herrlichen Blick über den ganzen See genießen. Im Sommer auch Balkon, besondere Spezialitäten sind Wildschweinschinken mit Trüffelöl, hausgemachte Fettuccine, verschiedene gratinierte Gemüse und Fische aus dem See; gute gehobene Weinkarte; Menüpreis um 45 €. Di Ruhetag. Via. A. Gramsci 4 (direkt am Ortseingang aus Richtung Marino kommend), ✆ 06/9360004, www.pagnanelli.it.

Lago di Nemi

Winzig und dunkelblau liegt der See in einem Kraterkessel, der von grün bewaldeten Bergrücken umschlossen ist.

Das Umland ist fruchtbar, an den Ufern sind Gemüsefelder und kleine Felder angelegt, vor allem Walderdbeeren werden angebaut, es gibt aber auch Esskastanien und Steinpilze. Baden kann man in der Regel nicht, nur von einigen Hotels kommt man ins Wasser. Die Temperaturen sind allerdings niedrig, denn der Kratersee ist tief. Die Umgebung ist trotz der kleinen Städte *Nemi* und *Genzano di Roma* beschaulich geblieben. Indiz für den Jahrtausende alten Waldreichtum der Region ist, dass in etruskischer Zeit, vielleicht auch noch früher, eine Kultstätte am Seeufer lag, die von den Römern später „Der heilige Wald der Diana“ genannt wurde. Auch Cäsar besaß hier eine Villa.

Anfahrt/Verbindungen von Rom über die Via Appia Nuova, 29 km südöstlich. Mit dem Bus von Rom Abfahrt von der Piazza dei Cinquecento.

Genzano di Roma (ca. 24.000 Einwohner): Die kleine, lebhafte Stadt liegt malerisch längs der Via Appia, gegenüber von Nemi an der flacheren Seite des Sees. Das beliebte Ausflugsziel Genzano ist besonders wegen seiner Blütenprozession berühmt. Nördlich vom Ort steht am Seeufer das ehemalige *Museo Nemorense*. Bis 1944 beherbergte es zwei prunkvolle, aus dem See geborgene Schiffe aus der Zeit Caligulas, auf denen der Genuss liebende Kaiser seine Gelage abhielt. Bei Kämpfen zwischen Amerikanern und Deutschen gerieten die Schiffe jedoch in Brand und wurden vollständig zerstört.

L'Infiorata, die „Blütenprozession“

Auf der Via Belardi kommt man zur Kirche Santa Maria della Cima hinauf. Seit 1778 verwandelt sich diese Straße am Sonntag nach Fronleichnam alljährlich in einen riesigen Blumenteppich aus Bildern mit religiösen Motiven. Sie sind so kunstvoll gestaltet, dass sie von weitem wie gemalt aussehen. Sogar die Treppe, die zur Kirche hinaufführt, ist mit einem Blumenbild geschmückt. Wenige Stunden bevor das Fest beginnt, beginnen die Gestalter – meist Frauen und Kinder – mit der Arbeit. Für den riesigen Blumenteppich werden angeblich insgesamt 4000 kg Pflanzen gebraucht, die durch die Füße der Prozessionsteilnehmer dann binnen Minuten zerstört werden.

Nemi (ca. 1900 Einwohner): Der Ort, der den gleichen Namen wie der See trägt, liegt hoch darüber auf einem bewaldeten Felssporn. Nemi ist ziemlich klein und von einer himmlischen Ruhe, die der kleine, tiefe See und die dunkelgrünen Wälder noch verstärken. Im dicht gedrängten alten Kern steht auf der Piazza Umberto I der *Palazzo Ruspoli* im Renaissancestil mit einem mächtigen Rundturm. Um den kleinen Ort kann man schöne Spaziergänge unternehmen, z. B. auf alten Wegen, die vor einigen Jahren freigelegt wurden, zum See hinuntersteigen.

• *Übernachten* **** **Diana Park**, bestes Hotel der Gegend, eine gut ausgestattete Villa mit herrlicher Aussichtsterrasse und Park. Gehobenes, etwas überdekoriertes Restaurant. 30 Zimmer, DZ 90–150 €, Frühstück inkl. Via Nemorense 44, ✆ 06/9364041, ℻ 9364063, www.hoteldiana.com.

*** **Al Rifugio**, etwas außerhalb, an der Straße nach Genzano. Ruhige Lage, herrlicher Seeblick, Garten mit Kinderspielgeräten und gutem Restaurant. DZ 80–90 €, Frühstück inkl. Via Nemorense 30, ✆ 06/93659026, ℻ 93659025, www.alrifugio.com.

• *Essen & Trinken* **Capriccio sul Lago**, hübsches Restaurant, dessen Besitzer die Walderdbeeren am Seeufer selbst sammelt, sehr gute Gerichte mit frischen Pilzen, Wild und Süßwasserfischen. Mo geschl. Via del Lago 13, ✆ 06/93953002.

Südliche Küste Latiums (Nettuno bis Formia)

Vielfältige Küstenlandschaft mit langen, dünenbesetzten Sandstränden und wildromantischen Felsbuchten. Letztere bestimmen vor allem südlich der Pontinischen Sümpfe das Bild.

Bei etwas Zeit durchaus interessant als Alternativroute zur Autobahn zwischen Rom und Neapel, für ein oder zwei Tage Aufenthalt bieten sich mehrere Orte an. Bei schönem Wetter wimmelt es hier jedoch von sonnenhungrigen Italienern und die sonst ausgestorbenen Badeorte bekommen Rummelplatzcharakter. Im Landesinneren liegen dagegen verschlafene Dörfer und Städte, die noch vom Mittelalter geprägt sind.

Nettuno (ca. 47.000 Einwohner): Die mittelgroße Küstenstadt liegt landschaftlich reizlos in einer großflächigen Ebene, ist jedoch ein von Römern viel besuchtes Badezentrum mit langem Strand aus feinem Sand. Die Außenbezirke sind geprägt von hässlichen Betonbauten. Dagegen gibt es eine schöne mittelalterliche Altstadt mit engen Gässchen, teilweise noch umgeben von einer Stadtmauer mit Rundtürmchen.

Rom und Latium
Karte S. 774/775

• *Anfahrt/Verbindungen* **Pkw**, von Rom die SS 148 oder Via Appia nehmen, nach Anzio abzweigen und weiter nach Nettuno.

Bahn, Nettuno ist Endstation einer Stichlinie von Rom, Bahnhof relativ zentral in der Stadt.

Bus, häufige Verbindungen von Latina und Rom.

Fähren und Schnellboote zu den Inseln Ponza und Ventotene vom benachbarten Anzio (→ Pontinische Inseln, S. 843).

• *Information* **Pro Loco** am Porto Turistico, Via Cristoforo Colombo 6, ✆ 06/9803335.

• *Übernachten* Hotels und Campingplätze massenweise. Die Gegend ist allerdings nicht sonderlich schön, besser Richtung Lido di Latina und Nationalpark Circeo ausweichen.

Lido di Latina: typischer Bade- und Hotelort, während der Hauptsaison überlaufen und wenig reizvoll. Lohnend ist dagegen ein Besuch des südlich sich anschließenden Nationalparks (→ Kasten S. 838)

Etwa 7 km landeinwärts liegt die stark industrialisierte Provinzhauptstadt *Latina* (ca. 115.000 Einwohner), Verkehrsknotenpunkt für Straßen und Züge in Richtung Rom und Neapel (von Lido di Latina auf gut ausgebauter Straße zu erreichen, im Sommer pendeln häufige Busse).

• *Übernachten* *** **Hotel Gabriele**, unmittelbar am Strand. Zweckmäßig eingerichtete Zimmer mit Balkon und Meerblick. Am hoteleigenen Strand gibt es ein Beachvolleyball-Feld und manchmal Stranddisco. 39 Zimmer, DZ ca. 100–120 €, Frühstück inkl.

Strada Lungomare 1013, ✆ 0773/645800, ✆ 648696, www.hotelgabriele.it.

Allein in Lido di Latina gibt es neun **Campingplätze**, weitere reihen sich entlang der Küste.

• *Essen & Trinken* **Ristorante Impero**, traditionsreiches, aber einfaches Lokal mit bodenständiger Küche. Menü um 30 €. Sonntagabend und Mo geschl. Piazza della Libertà 19, ✆ 0773/693140.

Unter den vielen guten Pizzerien ist z. B. die **Pizzeria Da Gennaro** zu empfehlen. Hier gibt es auch Couscous und Büffelmilch-Mozzarella. Via Tasso 6, ✆ 0773/694296.

Erlebnis Natur: Parco Nazionale del Circeo

Eine der interessantesten Naturlandschaften Mittelitaliens beginnt südlich von Lido di Latina und erstreckt sich entlang der Küste bis San Felice Circeo. In dem 1934 eingerichteten Naturpark will man einen Teil der Tier- und Pflanzenwelt erhalten, wie sie vor der Trockenlegung der Pontinischen Sümpfe hier bestand. Der strenge Schutz hat inzwischen zu Erfolgen geführt, viele Tierarten wurden wieder heimisch. An der Küste zwischen Meer und einer Handvoll Lagunenseen verläuft ein kilometerlanger, schmaler Dünenstreifen mit feinem, weißem Sand. Wer übernachten und baden will, findet um *Sabaudia* mehrere Hotels und gut ausgestattete Campingplätze. Im südlichen Teil des Parks ragt der markante *Monte Circeo* auf, der so genannte „Felsen der Zauberin Circe", die hier Odysseus angeblich mit ihrem Gesang betörte, festhielt und seine Begleiter in Schweine verwandelte. *San Felice Circeo* am Osthang des Berges ist ein hübsches Örtchen mit Charme und einem gut besuchten Badestrand. Eine Straße führt hinauf zur Spitze des Monte Circeo mit den spärlichen Resten der römischen Siedlung *Circeii*, eine weitere mit herrlicher Aussicht aufs Meer zum nahen Leuchtturm *Faro di Torre Cervia*.

• *Übernachten* **** **Oasi di Kufra**, nettes Haus mit Kinderbetreuung und Privatstrand. 120 Zimmer, DZ mit Frühstück 130–212 € (im August nur mit Halbpension, 83–152 € pro Pers.). Lungomare di Sabaudia, km 29,800, ✆ 0773/5191, ✆ 51988, www.oasidikufra.it.

Camping Marelago Lilandà, der größte und wohl auch der modernste Platz der Gegend mit Bungalows, Laden und Restaurant. Anfang März bis Ende Sept. geöffnet. Lungomare bei km 33,600, ✆ 0773/515504, www.lilanda.it.

• *Essen/Trinken* **Lo Scoglio**, die Brüder Natale betreiben diese Trattoria/Pizzeria/Bar und bieten für die (gehobenen) Preise angemessene Qualität. Die Pizza ist empfehlenswert und natürlich auch die gute, frische Fischküche. Kein Ruhetag. Loc. Caterattino, Via Lungomare, ✆ 0773/55581.

Terracina

ca. 44.500 Einwohner

Der bekannte Badeort ist geprägt durch den schroffen Gegensatz zwischen reizvollem mittelalterlichem Stadtkern und modernen Industrie- und Wohnanlagen. Das kleine historische Viertel liegt unbekümmert am Hang des Berges und wirkt so, als hätte es gar nichts mit den neuen Teilen zu tun, die sich in Richtung Strand ausdehnen.

Terracina ist Fährterminal für die Pontinischen Inseln und besitzt auch einen komfortablen Yachthafen. In erster Linie hat es sich aber zu einem groß angelegten Badezentrum entwickelt – mit all der damit verbundenen Enge, viel Dreck und Lärm und den allgegenwärtigen Strandverkäufern. In Richtung San Felice Circeo erstreckt sich über eine Länge von 15 km ein beinahe schnurgerader, feiner Sand-

Am Strand von Terracina

strand mit zahllosen Hotels und Apartmenthäusern, die in der Hauptsaison fest in römischer und deutscher Hand sind. Die Restaurants sind völlig auf Touristen eingestellt: Das „Ristorante Schwarzwaldgrotte“ aus Gerhard Polts bissiger Urlaubersatire, die hier spielt („*Man spricht deutsh*“, 1988 ein Kinohit), haben wir allerdings nicht entdeckt.

• *Anfahrt/Verbindungen* Autobahn A 1 Rom–Neapel (Abfahrt Frosinone), dann weiter SS 156 Richtung Terracina. Von Rom die Via Appia oder die SS 148 über Latina.

Bus, von Latina, San Felice Circeo, Gaeta und Fondi.

Fähren und Tragflügelboote zu den Pontinischen Inseln: **Linea Mazzella**, Verbindungen von Terracina nach Ponza (etwa 30,5 Seemeilen, d. h. 57 km entfernt, Fahrzeit pro Strecke etwa 2 Std. 30 Min.): von Juni bis 15. Sept. zwei Abfahrten am Morgen in Terracina und am Nachmittag zwei Rückfahrttermine von Ponza. Außerhalb der Saison nur eine Hin- und Rückfahrt pro Tag. Fahrpreis pro Pers. ca. 25 € hin/rück. Via del Moro, ✆ 0773/723406.

• *Information* Via G. Leopardi ✆ 0773/727759, 📠 721173.

• *Übernachten* **** **Hotel L'Approdo**, das Hotel verfügt über einen eigenen Strand. Zentrale Lage, alle Zimmer mit Balkon und Meerblick, Restaurant, Garage Fitnessraum. 54 Zimmer. DZ mit Frühstücksbüffet 118–200 €, im Aug. 180–230 € (günstiger bei Buchung über deutsche Reiseveranstalter). Via Lungomare Circe 2, ✆ 0773/726221, 📠 723598, www.approdograndhotel.it.

*** **Cinque Pini**, nicht direkt am Meer, deshalb etwas günstiger als die Hotels am Strand, kleiner Garten, Parkplatz. DZ ca. 100 €, Frühstück 5 € pro Pers. Viale Europa 201, ✆ 0773/732040, 📠 732016, www.albergo5pini.it.

Es gibt insgesamt 15 Campingplätze in der Umgebung, von denen **Costazzurra** der nächste ist, 2 km östlich von Terracina an der Via Appia (km 104), ✆ 0773/702589, 📠 700839, www.costazzurravillaggio.it.

• *Essen & Trinken* **Il Caminetto da Nazareno**, rundum empfehlenswerte Trattoria mit leckerer Meeresküche, gutem Service und vorzüglicher Weinkarte, Menü ca. 45 €. Mo geschl. Via Cavour 19–21 (ganz in der Nähe der Felsnadel), ✆ 0773/702623.

La Marina, gut besuchte Pizzeria auf einem schönen Platz. Mo geschl. Piazza della Repubblica 16–17, ✆ 0773/702424.

Sehenswertes: Zentrum des mittelalterlichen Stadtteils am Hügel ist die *Piazza del Municipio*, die noch mit römischen Steinplatten gepflastert ist. Hier steht der *Dom*, der auf den Resten eines antiken Tempels errichtet wurde. Im Inneren schöner Mosaikboden und ein von den Cosmaten gearbeiteter, wertvoller Osterleuchter. Gleich in der Nachbarschaft befindet sich das Rathaus, an das sich der alte Getreideturm mit dem *Archäologischen Museum* anschließt.

Am südlichen Stadtausgang ragt die 36 m hohe Felsnadel *Pisco Montano* empor, ein Wahrzeichen der Stadt. Sie ist künstlich geschaffen – Kaiser Trajan ließ hier den Berg durchschneiden, um die Via Appia weiterzuführen. Hoch über Terracina, auf dem Gipfel des Monte Sant'Angelo, liegen die Reste des *Tempels von Jupiter Anxurus* aus dem 1. Jh. v. Chr. Von der Altstadt führt eine 3 km lange „strada panoramica" hinauf. Viel ist nicht erhalten, aber der Blick ist einmalig.

Öffnungszeiten/Eintritt **Archäologisches Museum**, Mai bis Sept. Mo–Sa 9.30–13.30 Uhr, Di–Sa zusätzlich 15–21 Uhr, So 10–13 und 17–21 Uhr. Eintritt 1,55 €. ✆ 0773/707313.

Abtei von Fossanova: landeinwärts in der Nähe von Priverno gelegen. Die Abtei wurde von Benediktinern gegründet, später den Zisterziensern übertragen und sie zählte zu den wichtigsten mittelalterlichen Kulturzentren von Latium. Ihre beeindruckende gotische Architektur zeichnet sich vor allem durch einen fast völligen Verzicht auf jeden Schmuck aus und erinnert in vielem an die Tochtergründung Casamari (→ S. 832).

Die *Kirche* wurde 1208 von Papst Innozenz III. geweiht. Über dem Portal befindet sich eine sehr schöne Rosette, im schlichten, hellen Innenraum bilden die Pfeiler den einzigen Schmuck. Es gibt keine Seitenkapellen, nur einen Hauptaltar – nichts soll von Meditation und Gebet ablenken. Ein feierlicher Ort, dessen Ruhe sich auf den Besucher überträgt. Vom rechten Seitenschiff gelangt man in das *Klostergebäude*, der Weg führt durch den Kapitelsaal und das Refektorium. Ein Wegweiser führt zu einem kahlen, hohen Raum, in dem 1274 Thomas von Aquin gestorben ist.

- Öffnungszeiten April bis Sept. 7–12 und 16–19.30 Uhr, im Winter 7–12 und 15–17.30 Uhr.
- Anfahrt Von Terracina über die Via Appia zunächst in Richtung Rom, nach ca. 14 km rechts ab, dann noch etwa 10 km in Richtung Priverno.

Von Terracina nach Gaeta: Die einmalig schöne Küstenstraße gibt an vielen Stellen herrliche Blicke in wildromantische, felsige Buchten mit kleinen Sandstränden frei. Schroffe Berge erheben sich aus dem Meer. Wer schwimmen will, kann das am lang gezogenen *Lido di Fondi* tun, zu dem eine gut beschilderte Straße führt. An den Wochenenden und in der Hochsaison ist aber auch hier alles überfüllt. Im weiteren Verlauf gelangt man nicht überall leicht zum Wasser, denn vieles ist in Privatbesitz ist oder gehört zu Hotels und Campingplätzen.

Sperlonga

ca. 3200 Einwohner

Etwa auf halbem Weg zwischen Terracina und Gaeta liegt das kleine Städtchen mit seinen weiß gekalkten Häusern und steilen Gassen malerisch auf einem Landvorsprung am Wasser.

Westlich liegt der Sandstrand *Canzatora*, östlich *Angolo* und *Bazzano delle Bambole*. In der Hochsaison ist auch hier alles sehr voll und manchmal auch recht laut.

Ungefähr 2 km weit östlich entdeckte man 1957 die *Höhle des Tiberius*. Der römische Kaiser muss eine große Vorliebe für Grotten und Höhlen besessen haben, denn er feierte dort oft und gern seine berüchtigten Orgien. Die Öffnung der Höhle gibt den Blick auf das Meer und das nahe Sperlonga frei. Fundstücke aus der einst reich geschmückten Höhle und der nahen Kaiservilla sind im benachbarten *Museum* zu besichtigen.

• *Öffnungszeiten/Eintritt* **Höhle des Tiberius** und **Museum**, tägl. ab 9 Uhr, von April bis Sept. schließt das Museum je nach Sonnenstand zwischen 17 und 19 Uhr, von Okt. bis März wird schon um 16 Uhr geschl. Eintritt 2 €, erm. 1 €, unter 18 und über 60 J. frei. ✆ 0771/548028.

• *Anfahrt/Verbindungen* **Pkw**, von Rom auf der Via Appia nach Terracina und auf der Via Domitiana weiter nach Sperlonga. Über die A 2 (Ausfahrt Frosinone) auf die SS 156, dann weiter nach Terracina, Sperlonga.

Bahn, Stazione di Fondi-Sperlonga liegt bei Fondi, ein ganzes Stück landeinwärts, von dort Busverbindung in die Stadt.

Bus, u. a. häufig von Terracina und Gaeta.

• *Information* Piazza della Rimembranza, ✆ 0771/54796, 📠 549798, www.comune.sperlonga.lt.it.

• *Übernachten* *** **Hotel Aurora**, sehr schöne Lage, das letzte Haus am westlichen Strand unterhalb der Altstadt und direkt am Meer. 44 nette Zimmer. DZ 110–155 €, im August 175 €, Frühstück inkl. Via C. Colombo 115, ✆ 0771/549266, 📠 548014, www.aurorahotel.it.

*** **Parkhotel Fiorelle**, recht komfortables Haus mit einem großen Park, im Restaurant ausgezeichnetes Essen. DZ mit kleinem Frühstück 110 €. ✆/📠 0771/548092, www.parkhotelfiorelle.com.

Camping Nord-Sud, 45 ha großes Gelände (Schatten durch Olivenbäume) direkt am Meer, sauber, gute Sanitäranlagen und ansprechende Ausstattung (Bungalows für 4 Pers., Laden, Restaurant, Pizzeria, Sportmöglichkeiten). 2 Pers. (mit Stellplatz) 30–40 €, Bungalow 90–130 € (4 Pers.). Geöffnet von April bis Sept. Via Flacca bei km 15.300, am Ortsrand, ✆ 0771/548255.

• *Essen & Trinken* **Gli Archi**, kleines, hübsches Restaurant an einer idyllischen Piazzetta, sehr gute Tagesgerichte, allerdings nicht billig, Menü um 60 €. Mi geschl. Via Ottaviano 17, ✆ 0771/548300, www.gliarchi.com.

Am Weststrand (in Richtung Terracina) gibt es mehrere gute Restaurants. Empfehlenswert ist z. B. das **Ristorante Tramonto**, wo man auf der Terrasse mit Blick auf das Meer und die Altstadt wunderbare Fischgerichte (abends auch Pizza) genießen kann; Menü um 40 €. Mi Ruhetag. Via C. Colombo 53, ✆ 0771/549597, www.ristorantetramonto.it.

Gaeta

ca. 22.000 Einwohner

Quirliger Badeort in malerischer Lage mit Festungsanlage und Glockenturm, mit dem benachbarten Formia fast zusammengewachsen. Gaeta ragt mit dem ältesten Stadtteil auf einer Landzunge direkt ins Meer hinein. Die anderen Teile der Stadt liegen direkt an dem Ausläufer eines Bergvorsprunges.

Wie so viele Städte dieser Gegend hat Gaeta schweren Schaden im Zweiten Weltkrieg genommen (die Engländer landeten hier 1944), der jedoch nicht so weit ging wie z. B. in Formia. Die *Spiaggia di Serapo* ist der längste und stadtnächste Strand, aber fast völlig von Badeanstalten und Restaurants in Beschlag genommen. Andere Strände liegen versteckt in kleinen Buchten.

• *Anfahrt/Verbindungen* **Pkw**, Anfahrt über die A 1 bis Ausfahrt **Cassino**, weiter über die SS 630, vorbei an Formia nach Gaeta; wesentlich kurvenreicher, aber auch landschaftlich abwechslungsreicher ist die SS 82 bei der Abfahrt Ceprano. Noch reizvoller ist die Küstenstraße von Terracina.

Busverbindungen nach Terracina und Neapel.

• *Information* Piazza Traniello 19, in der Altstadt, ✆ 0771/462767, 📠 465738, Mo–Fr 9–12 und 17–20 Uhr. Im Sommer auch in der Via Cavour, ✆ 0771/461165, www.comune.gaeta.lt.it.

• *Übernachten* **Pensione Villa Maria Teresa**, weiße klassizistische Strandvilla mit märchenhaften Dachterrassen, fantastischem Blick auf die Altstadt von Gaeta, Garten und Pool. Die 22 Zimmer dieses von Nonnen geleiteten Hauses sind eher karg, doch dafür gibt es direkten Strandzugang, Liegeterrasse und Pool. DZ ca. 50–65 €, Frühstück 6 € pro Pers., Halbpension 44–

65 €, Vollpension 54–75 € jeweils pro Pers. im DZ ohne Getränke. Via Unita d'Italia, ✆/📠 0771/770557, www.villamariateresa.com.

*** **Hotel Serapo**, vergleichsweise preiswert, 176 Zimmer mit Meerblick. Garage, Schwimmbad, Tennisplätze und hoteleigener Strand vorhanden. DZ 70–110 €, Frühstück inkl. Via Firenze 11 (im Stadtteil Spiaggia di Serapo), ✆ 0771/450037, 📠 311003, www.hotelserapo.com.

• *Camping* In der Umgebung gibt es neun größere Plätze. Über einen eigenen Strand (auf der anderen Straßenseite) verfügt **Cajetas** an der Via Flacca (SS 213) bei km 20, im Vorort S. Agostino, ✆ 0771/743040, 📠 465040, geöffnet Mai bis Sept.

• *Essen & Trinken* **Antico Vico**, sympathisches Fischlokal im Herzen der Altstadt von Gaeta. Hervorragend zubereiteter frischer Fisch, kleine Weinkarte, faire Preise, um 35 € à la carte, das Tagesmenü ist oft preiswerter. Mi Ruhetag. Vicolo del Cavallo 2, ✆ 0771/465116.

Taverna del Marinaio, sehr schick gestylt, gehobene Küche, Menü ca. 35 €. Mi geschl. Via Faustina 36 (Altstadt), ✆ 0771/461342.

Sehenswertes: Im alten Stadtkern auf der Landzunge kann man gemütlich durch mittelalterlich verschlungene Gassen flanieren, deren gegenüberliegende Häuser teilweise mit Stützbögen verbunden sind. In der *Via Annunziata* steht die gleichnamige Kirche, um 1320 errichtet, aber jetzt mit barocker Fassade. Vom ursprünglich romanischen *Dom* in der Nähe der Via Bausan ist nur noch der 57 m hohe Glockenturm in seiner ursprünglichen Form erhalten. Das höher gelegenen *Castello* ist militärisches Sperrgebiet.

Auf den Gipfel des Orlando führt eine kleine, kurvenreiche Straße, die sich in Serpentinen bis zum *Grab des Lucius Munatius Plancus* (85–15 v. Chr.) schlängelt. Eine schönere Ruhestätte hätte sich der erfolgreiche Feldherr, der mit Caesar Frankreich eroberte und die Städte Lyon und Basel gründete, nicht wünschen können – die Aussicht von der Vorderseite des mit einem Fries geschmückten Rundbaus ist umwerfend! Eine Panoramastraße, die ständig den Blick aufs Meer freigibt, führt weiter zum *Santuario della Montagna Spaccata* am äußersten Südwesthang des Berges – drei tiefe Risse im Felsen wurden hier von den Benediktinern als Heiligtum verehrt. In der so genannten *Türkengrotte* kann man auf einer steilen Treppe bis zum Meer hinuntersteigen.

Öffnungszeiten **Grab des Lucius Munatius Plancus**, im Sommer Mo–Sa 10–13 und 16.30–19.30 Uhr, So 9–13 und 16–20 Uhr, im Winter nur Sa/So 9–13 Uhr. **Santuario**, im Sommer 8–12 und 15–19 Uhr, im Winter 8–12 und 15–17 Uhr.

Formia ca. 37.000 Einwohner

Fast übergangslos gelangt man von Gaeta nach Formia, denn die beiden Städte wachsen zusammen. Der Bade- und Luftkurort liegt am Ende der Bucht von Gaeta direkt am Meer. Das Stadtbild ist überwiegend modern, da der Zweite Weltkrieg auch hier große Verwüstungen angerichtet hat. Formia besitzt einen wichtigen Hafen für die Fähren zu den Pontinischen Inseln, ist außerdem Hauptverkehrsknotenpunkt auf dem Weg von Rom nach Neapel. Nicht zuletzt kommt man auch bequem zur berühmten Abtei von Monte Cassino, ca. 40 km landeinwärts.

• *Anfahrt/Verbindungen* **Pkw**, von Rom über die A 1 Richtung Neapel, Abfahrt Ceprano, dann weiter auf der SS 82 über Itri. Alternative: Von Rom aus direkt auf der Via Laurentina (über Latina, Terracina, Gaeta), ab Terracina wunderschöne Küstenstraße.

Bahn, FS-Linie Rom – Neapel, Bahnstation an der Piazza IV Novembre, ca. 300 m vom Hafen.

Bus, Linien von und nach Terracina, Fondi, Cassino und Neapel.

Fähren und Tragflügelboote zu den Pontinischen Inseln Ponza und Ventotene, nach Capri und Ischia. **Linie Caremar**: Von Formia nach Ponza (36,7 Seemeilen) und Ventotene (28,5 Seemeilen) mit Fähre oder Tragflächenboot. Auskünfte unter ✆ 0771/22710 und 23800, www.caremar.it. Tickets im Hafen am Anleger.

Verbindung mit dem **Fährschiff**: **Formia – Ponza** (ca. 2,5 Std. Fahrzeit): Abfahrt in Formia tägl. um 8, 9, 10, 14.30 und 17 Uhr; Rückfahrt ab Ponza Mo–Sa um 5.30 Uhr (So um 7 Uhr) und tägl. um 8 und 16.30 Uhr; Fahrpreis pro Strecke ca. 11 €.

Formia – Ventotene (ca. 2 Std. Fahrzeit): Abfahrt in Formia Mo–Sa um 9.15 Uhr, So 10 Uhr und tägl. um 15 und 18 Uhr; Rückfahrt ab Ventotene Mo–Sa um 15 Uhr, So um 16.30 Uhr und tägl. um 6.45 Uhr; Fahrpreis pro Strecke ca. 8 €.

Schneller und teurer ist das **Tragflächenboot** („aliscafo"); es gibt weniger Verbindungen: **Formia – Ponza** (ca. 1 Std. 20 Min. Fahrzeit), nicht ganzjährig und nur eine Verbindung pro Tag: Juni bis Sept. tägl. ab Formia um 18.15 Uhr; Rückfahrt ab Ponza Mo–Sa um 8 Uhr, So um 10 Uhr. Fahrpreis pro Strecke 18 €.

Formia – Ventotene (ca. 1 Std. Fahrzeit): April bis Sept. ab Formia Mo um 18 Uhr, Di–Sa um 11.20 und 18 Uhr, So um 11.20 und 18.30 Uhr; Rückfahrt ab Ventotene Mo um 6.45 Uhr, Di–Sa um 6.45 und 16.30 Uhr, So um 10 und 17 Uhr. Okt. bis März ab Formia Mo–Sa um 15.30 Uhr, So um 16 Uhr; Rückfahrt ab Ventotene Mo–Sa um 6.45 Uhr, So um 7.30 Uhr; Fahrpreis pro Strecke ca. 14 €.

Achtung: Die Abfahrtszeiten können sich saisonal ändern.

Weitere Schnellbootverbindung von Formia nach Ponza (Fahrzeit pro Strecke etwa 70 Min.) mit **Aliscafo Vetor**, www.vetor.it, ✆/℻ 0773/723406.

• *Information* Viale Unità d'Italia 30/40, ✆ 0771/771490, ℻ 771386.

• *Übernachten* **** **Grande Albergo Miramare**, schönes Hotel mit Garten, Pool, eigenem Strandzugang, von den 76 Zimmern haben viele Meerblick, Terrasse mit großartiger Sicht. DZ zum Garten 105 €, mit Meerblick 120 € (im Juli/August 120 € bzw. 135 €); Frühstück 9 €, auch Halbpension/Vollpension möglich. Via Appia 44 lato Napoli, SS 7 (etwas außerhalb von Formia, direkt am Meer gelegen), ✆ 0771/320047, ℻ 320050, www.grandealbergomiramare.it.

*** **Fagiano Palace**, ca. 3 km östlich am Meer gelegen. Modernes, größeres Hotel mit eigenem Strandzugang und zwei Tennisplätzen, 57 Zimmer meist mit Meerblick, von der Frühstücksterrasse aus hat man eine fantastische Sicht auf Formia bis nach Gaeta auf der anderen Seite der Bucht. DZ 80–95 €, Frühstück inkl. Via Appia 80 (SS 7), ✆ 0771/720900, ℻ 723517, www.grandhotelfagiano.it.

Preiswert ist das ** **Hotel del Golfo** im Zentrum beim Bahnhof. 35 Zimmer, Parkmöglichkeit. DZ 50–65 € (keine Frühstücksmöglichkeit). Piazzale della Stazione 1, ✆ 0771/790037, ℻ 771874.

• *Camping* Es stehen drei Campingplätze zur Verfügung, die jeweils von Juni bis Sept. geöffnet sind. Der größte Platz ist **Gianola** in der Loc. Gianola, ✆/℻ 0771/720223. Die anderen Plätze sind **La Foce**, Loc. Gianola, ✆ 0771/720025, und **Internazionale Santojanni** in der Loc. S. Janni, Via Appia bei km 138, ✆ 0771/723037.

• *Essen & Trinken* **Sirio**, eines der besten Restaurants der Gegend, gehobene Qualität, sympathischer Familienbetrieb. Im Sommer kann man auch draußen sitzen. Menü um 40 €. Von Mitte Sept. bis Mitte Juni Mo-Abend und Di, im Sommer Di-Mittag und Mi geschl. Viale Unità d'Italia, ✆ 0771/790047, www.ristorantesirio.it.

Karte S. 774/775

Pontinische Inseln

Die Inselgruppe vulkanischen Ursprungs liegt etwa 60 km westlich von Formia. Bewohnt sind von den sechs Inseln nur Ponza und Ventotene.

Vor allem Ponza hat sich dank der großartigen, wilden Landschaft und der schönen Bade- und Tauchmöglichkeiten zu einem viel besuchten Anziehungspunkt für Italiener, speziell Römer, entwickelt. Wer nicht gerade im Hochsommer kommt, kann hier jedoch sehr ruhige und beschauliche Tage verbringen.

Ponza wurde in der Antike als Verbannungsort genutzt und war seit dem 18. Jh. Gefängnisinsel. In der Zeit des Faschismus wurden zahlreiche Oppositionelle hier gefangen gehalten, doch 1943 war auch der Duce selbst kurzzeitig in Ponza inhaftiert, bevor er auf den Gran Sasso verlegt wurde (→ Abruzzen, S. 579). Der Hafenort wurde von den Bourbonen angelegt und bietet mit seinen kleinen, weiß und rosa getünchten Häusern einen hübschen Anblick. Von der Promenade führt ein Tunnel zum schönen Strand *Chiaia di Luna*.

• *Anfahrt/Verbindungen* **Fährschiffe** von Formia, Gaeta und Terracina das ganze Jahr über, von Anzio und S. Felice Circeo aus vom 1. Juni bis zum 15. Sept. Fahrzeiten und Preise → „Formia", S. 842.

• *Übernachten* Es gibt gute, aber auch recht teure Hotels auf Ponza. Die Hotels von Ventotene sind ebenfalls teuer, aber von der Ausstattung her eher bescheiden.

Auf Ponza Am Rand des Hafens mit Blick auf die Bucht und den Landungssteg befindet sich das unübersehbar blaue, kleine Hotel *** **Gennarino a Mare**. Der Gastraum des dazu gehörigen Restaurants ruht direkt am Yachtanleger auf Pfählen über dem Wasser und bietet einen wunderbaren Blick auf den Hafen und den Ort am Hang. Zwölf gut ausgestattete Zimmer, alle mit Balkon und Hafenblick. DZ mit Frühstück 120–240 € (im Juli/August 240–270 €). Via Dante, ✆ 0771/80071, ℻ 80140, www.gennarinoamare.com.

*** **Hotel Mari**, eine preiswertere Unterkunft bietet das Hotel im Ort Ponza an der Hafenpromenade. Die Zimmer sind klein und schlicht, aber ordentlich. Es gibt ein uriges Restaurant. 15 Zimmer. DZ mit Frühstück 92–132 €, mit Blick auf den Hafen 122–182 €. Corso Pisacane 19, ✆ 0771/80101, ℻ 80239, www.hotelmari.com.

Auf Ventotene **Hotel Villa Giulia**, ursprüngliches Fischerhaus aus dem 18. Jh. am kleinen Strand. DZ mit Frühstück um 100 €. Piazza XX Settembre 2, ✆ 0771/854038.

• *Essen & Trinken auf Ponza* **La Laterna da Silverio**, hier bekommen Sie die traditionelle Küche Ponzas serviert, so wie sie die typische Hausfrau auch ihrer Familie vorsetzen würde. Empfehlenswert sind z. B. schon die ganz einfachen Spaghetti mit Tomatensoße oder der Reis mit Fischsoße und als Hauptgang frittierte oder gefüllte Tintenfische. Wenn Sie Glück haben, können Sie auch in den Genuss von Fischfrikadellen *(polpette di pesce)* kommen, einer Glanzleistung des Küchenchefs. Ordentlicher Hauswein. Menüpreis um 35 €. Kein Ruhetag. Corso C. Pisacane.

Pizzeria da Luciano, direkt am Strand gelegen, ausgezeichnete Pizza aus dem Holzofen, um 15 €. Mi Ruhetag (im Sommer immer geöffnet). Via Spiaggia 1, Loc. Spiaggia Santa Maria.

Auf Ventotene **Trattoria Il Giardino**, sympathischer Familienbetrieb mit traditioneller Küche; besonders empfehlenswert ist die leckere Gemüsesuppe *(zuppa di legumi)* mit den je nach Saison frischen Zutaten vom Markt. Probieren sollte man auch das hausgemachte Eis. Mo-Mittag geschl. Strada Ulivi 43, ✆ 0771/85020.

Der Hafen von Ponza

Süditalien

Mezzogiorno – der tiefe Süden jenseits einer unsichtbaren Grenze, die ganz Italien teilt. Die wohlgeordneten Agrarlandschaften Norditaliens und die weichen Hügelgemälde der Toskana sind hier weit weg. Der Apennin wird zum kargen und rauen Bergland – verbrannte und erodierte Hänge, Dörfer, zusammengepresst auf Hügelkuppen, vertrocknete Erde, dornige Macchiawildnis.

Doch es gibt Ausnahmen: die wunderschöne Halbinsel des *Gargano* mit blendend weißen Kalkklippen, duftenden Pinienwäldern und kristallklarem Wasser, die subtropisch üppige Halbinsel von *Amalfi* südlich von Neapel, die dichten Wälder des *Sila-Massivs*, die malerischen Küsten von *Cilento* und *Maratea* ...

Süditalien ist uraltes Kulturland. In der Antike war es Schauplatz der großen griechischen Kolonisation, deren Städte sich hier zur *„Magna Grecia“* zusammenschlossen, später entstanden große Reiche der Byzantiner, Normannen, Staufer und Aragonesen. Vor allem in *Apulien* entwickelte sich durch die Vermischung der

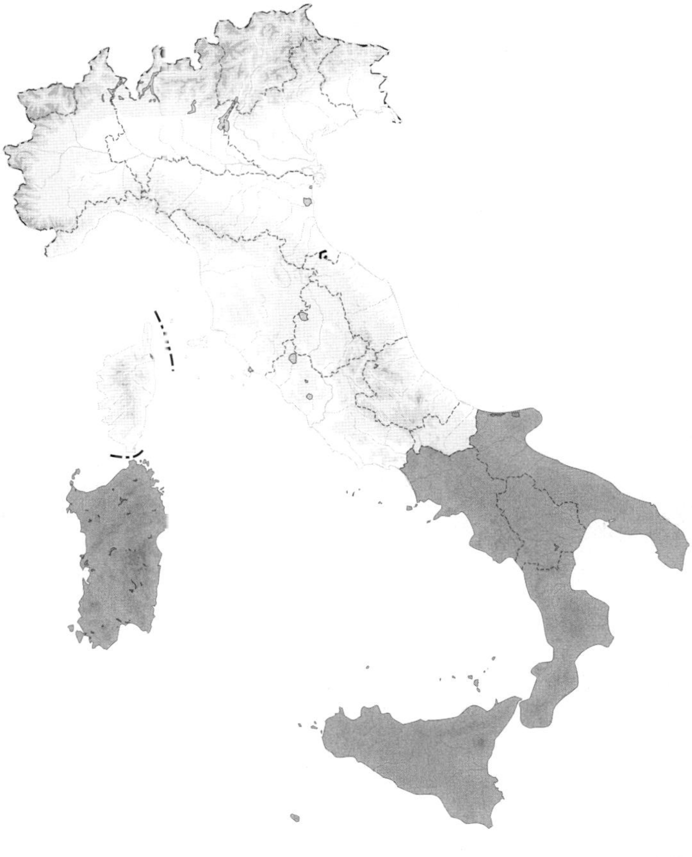

Stile eine interessante und eigenständige Architektur, die von nordischen, byzantinischen und islamischen Elementen geprägt war. Von der verspielten „apulischen Romanik" über die strengen Kathedralen und Kastelle der Normannen bis zum üppigen „Lecceser Barock" reicht die Spannweite der Bauten. Apulien war immer Nahtstelle zwischen West und Ost: Manches erinnert an Griechenland – das helle Licht, die weißen verschachtelten Dörfer. Aber auch Afrika ist nicht mehr weit. Albanien, das Armenhaus Europas, ist gar nur 80 km entfernt. Die Flüchtlinge, die durch brutale Schlepperbanden über die Adria gebracht werden, sind seit Jahren ein Thema.

Die *Basilikata* ist weitgehend erosionsgeplagtes Hügelland, dünn besiedelt und wirtschaftlich arm. Nicht von ungefähr existiert in Matera eine einzigartige Höhlenstadt. Im Lauf der Jahrhunderte wurde hier ein riesiges Labyrinth von Wohngrotten in die weichen Tuffhänge gegraben, die nur bescheidenen Ersatz für Häuser bieten.

Kalabrien erhielt erst Anfang der siebziger Jahre Autobahnanschluss nach Neapel und Rom – bezeichnend für den Stellenwert, den Norditalien den Regionen im tiefsten Süden des Stiefels zumaß und wohl noch zumisst: Seit Jahrhunderten ist Süditalien weitgehend vernachlässigtes Entwicklungsland. Feudale Pachtsysteme hielten die Einwohner in Armut und Abhängigkeit. Millionen Menschen mussten in die Industriegebiete Mitteleuropas, nach Amerika und Australien auswandern, um zu überleben. Der schwache bzw. uninteressierte Staat machte es möglich, dass hier die Mafia fruchtbaren Boden fand. Die Probleme sind z. T. bis heute geblieben. Anstatt die agrarischen Strukturen zu verbessern, forcierten die Reißbrettplaner in Rom in den sechziger und siebziger Jahren gigantische Industrieprojekte und Edeltourismus-Enklaven. Diese Politik scheiterte völlig. „Kathedralen in der Wüste" nannte man bald die Industrie- und Chemiekomplexe, an denen vor allem die norditalienischen Bauträger verdienten. Die Arbeitslosigkeit ist hoch, der Agrarwirtschaft fehlt die Modernisierung – Probleme, die sich in den Großstädten nicht zuletzt auch in der erhöhten Rate von Kleinkriminalität äußern.

Fischer in Gallipoli

Kampanien ist dank seines vulkanischen Bodens die fruchtbarste Region im Süden. Um den Vesuv ist jeder Quadratmeter ausgenutzt und so dicht besiedelt wie bei keinem anderen Vulkan der Welt. Ein unbedingtes „Muss" ist natürlich die 79 n. Chr. von ausströmender Lava verschüttete Stadt *Pompeji*. Immer wieder faszinierend auch *Neapel*, ein brodelnder Millionenkessel, in dem wir nüchternen Mitteleuropäer noch das Staunen lernen können. Im schroffen Gegensatz dazu steht die mondäne Welt der *Amalfiküste*, vor allem in den fünfziger Jahren weltbekanntes Refugium des Jet-Sets, vieler Schriftsteller und Künstler – malerische Küstenstädtchen, eingeschmiegt in üppige, tropisch anmutende Vegetation und steile Felshänge.

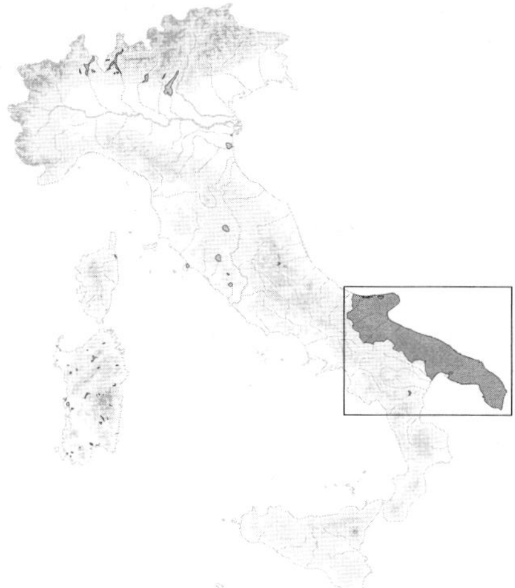

Apulien

Puglia

Schöne Orte: im Norden die Gargano-Orte Rodi Garganico (S. 854), Peschici (S. 855) und Vieste (S. 856), im Süden Locorotondo (S. 876), Ostuni (S. 879), Martina Franca (S. 877), Otranto (S. 886), Lecce (S. 881) und Gallipoli (S. 891).

Landschaftliche Höhepunkte: Rundfahrt um den Gargano (S. 853), das Innere des Gargano (S. 860 ff.), die Schluchten nordwestlich von Taranto (S. 893).

Kulturell interessant: Kirchen von Troia bei Foggia (S. 863), Trani (S. 866), Bari (S. 868), Lecce (S. 881) und Gallipoli (S. 891); das Castel del Monte des Stauferkaisers Friedrich II. (S. 867); das Archäologische Nationalmuseum in Taranto (S. 893).

Baden: beste Strände rund um die Gargano-Halbinsel (S. 855 ff.), bei Gallipoli (S. 893) und nördlich von Otranto (S. 888).

Kurios: Höhlenheiligtum Monte Sant'Angelo im Gargano (S. 860); die faszinierende Trulli-Region mit Tausenden steinerner Hirtenhütten in Zipfelmützenform (S. 874); das riesige Bodenmosaik von Otranto (S. 887); die freskengeschmückten Grottenkirchen im Tuff nordwestlich von Taranto (S. 894).

Eher abzuraten: die Städte Foggia und Brindisi.

Der Pizzomunno-Fels, das Wahrzeichen von Vieste

Apulien

Puglia

Der äußerste Südosten des Stiefels – teils ausgesprochen fruchtbar mit riesigen Olivenhainen, weitgehend aber wasserarm, karstig und öde. Fast überall dominiert leicht welliges Flach- und Hügelland aus durchlässigem Kalkgestein, die Ebene des Tavoliere um Foggia ist sogar völlig flach. Eine erfrischende Ausnahme bildet der felsige Gargano. Die weit ins Meer ragende Halbinsel ist im Inneren über 1000 m hoch, die Küste wild zerrissen mit prachtvoller Pineta, bildhübschen Orten und weißen Sandstränden. Badeurlaub vom Feinsten an der schönsten Stelle der hier noch sauberen Adria! Die lang gezogene Stiefelferse, das so genannte Salento, ist weithin flach und steinig, trotzdem ungewöhnlich und keinesfalls uninteressant.

In der Architektur vieler Dörfer und Städte sind griechische und afrikanisch-arabische Einflüsse spürbar. In den staubigen Küstenorten mit pastellfarbenen Flachbauten zwischen Otranto und Lecce fühlt man sich manchmal an die Südküste des Mittelmeers versetzt, *Ostuni* hat dagegen eine schneeweiße Altstadt, wie man sie sich auf einer griechischen Insel kaum schöner denken kann. Dörfer mit klangvollen griechischen Namen, wie z. B. Calimera (griech.: Guten Tag), verweisen auf den hohen griechischen Bevölkerungsanteil Apuliens. Die Großstädte sind dagegen leider oft chaotisch gewachsen mit sozialen Problemen wie hoher Arbeitslosigkeit und Kleinkriminalität. Jedoch hat die apulische Mafia noch nicht den Wirkungsgrad der kalabrischen. Abschreckend wirkt auf den ersten Blick vor allem *Taranto*, dort gibt es allerdings eins der besten archäologischen Museen im Land. Trotz erheblicher Wasserarmut besitzt Apulien viel ertragreiches Ackerland, das apulische Olivenöl gehört zu den besten Italiens. Die Märkte in den Städten sind oft wunderschön fürs Auge: riesige Mengen leuchtend roter *peperoncini* und Tomaten, lange

Gläserreihen voll eingelegter Artischocken, Pilze, Früchte und Oliven, Berge riesiger Melonen. Das Hügelland der *Murge* westlich und südlich von Bari zeigt sich dagegen ausgetrocknet, kahl und beinahe faszinierend in seiner Eintönigkeit. Im Rahmen eines Apulien-Aufenthaltes kann man nachhaltige Kulturerlebnisse mit Bade- oder Campingurlaub verknüpfen. Für Camping ist allerdings nur die *Gargano-Halbinsel* uneingeschränkt empfehlenswert, bedingt allenfalls noch die langen Dünenstrände um *Gallipoli*. Der Rest ist fast durchweg überlaufen und teils zersiedelt.

Apulien als Kulturland: Die Stiefelferse war für Italien immer das Tor nach Osten. In der römischen Antike endete hier die Via Appia von Rom, im Mittelalter schifften sich die Kreuzfahrer nach Palästina ein und über Jahrhunderte fungierte Apulien als wichtigste Drehscheibe für den europäischen Nahosthandel. Umgekehrt besiedelten altgriechische Kolonisten schon früh die Region um Brindisi und Otranto und im frühen Mittelalter war Apulien eine Provinz des Oströmischen Reiches. Byzantinisch-griechische und islamisch-arabische Einflüsse prägten die Region mehr als alle anderen des Stiefels. Dazu kam das große Reich der Normannen, die aus Palästina zurückkehrend unter Robert Guiscard ganz Unteritalien und später auch Sizilien eroberten. Durch diese groß angelegte Vermischung der Kulturen entstand in Apulien ein äußerst vielschichtiger, eigenständiger Baustil, heute sichtbar vor allem in den zahlreichen Kirchenbauten im apulisch-romanischen bzw. normannischen Stil, die sich die Küste entlang reihen. Spanische Vizekönige brachten im 16./17. Jh. schließlich den Barock ins Salento, der hier zu einer fantastischen lokalen Ausprägung kam – die Kirchen von Lecce als bestes Beispiel.

Anfahrt/Verbindungen

• *Bahn* Von Norden bequeme **FS-Küstenlinie** Ancona – Foggia – Brindisi – Lecce. Vom Westen gute Verbindungen ab Rom und Neapel, vom Süden weniger häufige Verbindungen die Küste des Ionischen Meeres entlang nach Taranto.

Ein Netz von lokalen Privatbahnen ergänzt die staatlichen Linien.

Ferrovia del Gargano (FG), von San Severo an der Nordküste des Gargano entlang nach Peschici (www.ferroviedelgargano.com).

Ferrovia del Sud-Est (FSE), Bari – Castellana Grotte – Martina Franca – Taranto, Lecce – Gallipoli und andere Strecken im Salerno (www.fseonline.it).

Ferrovie del Nord Barese (Ferrotramviaria), Bari – Bitonto – Ruvo di Puglia – Andria – Barletta (www.ferrovienordbarese.it).

Ferrovia Appulo-Lucane (FAL), Bari – Altamura – Gravina in Puglia – Matera – Potenza (www.fal-srl.it).

Achtung: Fahrplanwechsel der FS und der Privatbahnen an verschiedenen Tagen!

• *Pkw* Rasche Anfahrt auf der **A 14** entlang der Adria, problemlos auch die Staatsstraße **SS 106** an der Stiefelsohle (Ionisches Meer).

• *Flug* Die Flughäfen von **Bari** und **Brindisi** werden von Billigfliegern angeflogen und haben sich zu populären Urlaubsdestinationen entwickelt.

Apulien
Karte S. 850/851

Übernachten

Preiswerte *- oder **-**Hotels** sind eher rar, aber in den wichtigen Zentren doch meist zu finden. Im Sommer gibt es fast überall an der Küste Pflicht zur Halb- oder Vollpension. Eine Alternative bilden die zahlreichen Masserie (Gutshöfe), die zu **Agriturismobetrieben** umgebaut wurden, z. B. um Castel del Monte und Ostuni. Nicht wenige gehören jedoch ebenfalls gehobenen Preiskategorien an. Dazu kommt eine wachsende Zahl von „Bed and Breakfast"-Adressen in den Städten.

Der Gargano ist eine der reizvollsten **Campingzonen** Süditaliens und entsprechend gut ausgestattet, so gut wie jede Bucht besitzt mindestens einen Platz. Einige Plätze sind sogar ganzjährig geöffnet, z. B. bei Bari, Lecce und Gallipoli.

Jugendherbergen gibt es in Bari, Brindisi, Tarent und bei Lecce.

Campomarino
Marina di Chieuti
Marina di Lesina
Torre Mileto
Rodi Garganico
Peschici
A 14
Lago di Lesina
Lago di Varano
Lido del Sole
Vico del Gargano
Vieste
Cliternia Nuova
Chieuti
Lesina
Poggio Imperiale
Sannicandro
Cagnano Varano
Testa del Gargano
Serracapriola
Apricena
Pugnochiuso
Grotta Campana
San Marco in Lamis
Monte Sant'Angelo
Mattinata
La Capraia
San Domino
Cretaccio
Tremiti-Inseln
San Severo
Stignano
San Matteo
San Giovanni Rotondo
Santa Maria di Pulsano
Casalnuovo Monterotaro
Rignano Garganico
Siponto
Manfredonia
Castel Fiorentino
San Leonardo di Siponto
Golf von Manfredonia
Arpi
Volturara Appula
Lucera
Tavernola
ADRIA
Zapponeta
Tertiveri
Foggia
Monte Cornacchia 1150
Troia
Carapelle
Margherita di Savoia
Trinitapoli
Barletta
Costa di B
Kampanien
Ordona
Herdonia
S. Ferdinando di Puglia
Cannae
Trani
Bisceglie
Montaguto
Castelluccio dei Sauri
Cerignola
A 14
Valleverde
Deliceto
Corleto
Canosa di Puglia
Andria
Dolmen di Chianca
Molfetta
Pulo di Molfetta
A 16
Ariano Irpino
Sant'Agata di Puglia
Montegrosso
Corato
Candela
Posta Piana
Castel del Monte
Bitonto
A 16
Minervino Murge
Mariotto
Lavello
Lacedonia
Vallata
Bisaccia
Quasani
Melfi
Spinazzola
Rapolla
Venosa
Pulo di Altamura
Andretta
Calitri
Rionero
Poggiorsini
Genzano di Lucania
Gravina in Puglia
Altamura
Lioni
Pescopagano
Basilikata
Irsina
Muro
Avigliano
Tolve
L. di S. Giuliano
Potenza
Eboli
Grotte di Pertosa
Monti Alburni
Monti della Maddalena
San Angelo a Fasanella
Monte Soprano 1082
Paestum
Roccadaspide
A3
Ogliastro
Monte Cervati 1898
Certosa di San Lorenzo
Castellabate
Grumentum
Monte Sacro (Monte Gelbison) 1705
Pollica
M. Sirino 2005
Velia (Elea)
L. di Monte Contugno
Nova Siri Stazione
Torre Orsaia
Rocca Imperiale Marina
Monte Bulgheria 1225
Parco
Capo Palinuro
Marina di Amendolara
Golfo di Policastro
A 3
Nazionale
Grotta del Romito
M. Pollino 2248
M. Ciagola 1452
del Pollino
Castrovillari

Apulien
13 km
ADRIA
IONISCHES MEER
Bari
Carbonara
Mola di Bari
San Vito
Polignano a Mare
Noicattaro
Monopoli
Casamassima
Turi
Grotte di Castellana
Castellana
Egnazia
Savelletri
Monte Sannace
Fasano
Rosa Marina
Villanova
Noci
Locorotondo
Alberobello
Ostuni
Ris. Naturale Marina Torre Guaceto
Cisternino
S. Basilio
Martina Franca
Carovigno
San Vito
Brindisi
Ceglie
Mottola
Crispiano
San Paolo
San Michele Salentino
Villa Castelli
Cerano
Palagiano
Grottaglie
Torre San Gennaro Lindinuso
Tavoliere di Lecce
Santa Maria di Cerrate
Frigole
Squinzano
Castellaneta Marina
Tarent
Surbo
Murge Tarantine
Lecce
Ris. Naturale Le Cesine
Golf von Tarent
Monteroni di Lecce
Acaia
Vernole
Roca Vecchia
Cavallino
Copertino
Calimera
Punta Prosciutto
Galugnano
Martano
Nardo
Galatina
Otranto
Parco Naturale Portoselvaggio
Melpignano
Maglie
Uggiano
Salentinische Murgia
Collepasso
Minervino
Dolmen di Scusi
Gallipoli
Alezio
Grotta Zinzulusa
Parabita
Baia Verde
Ruffano
Castro
Casarano
Tricase
Tricase Porto
Ugento
Presicce
Castrignano
Marina San Giovanni
Torre Vado
Gagliano
Punta Ristola

Essen & Trinken

Die apulische Küche lebt traditionell von ihrem Gemüse und der Pasta, dazu kommen natürlich die Fänge aus dem nahen Meer. Fleisch ist, wie im ganzen Süden, wegen des geringen Viehbestands eher Mangelware. Nudeln werden noch häufig in Eigenproduktion hergestellt, überall in Apulien bekommt man die **orecchiette** – feste Nudeln in Ohrform aus Hartweizengrieß. Die charakteristische ohrmuschelförmige Vertiefung wird mit gekonntem Daumendruck hergestellt. Was Gemüse angeht, sind **pomodori** (Tomaten), **melanzane** (Auberginen) und **peperoncini** (Pfefferschoten) am weitesten verbreitet, da sie in dem heißen und trockenen Klima am besten gedeihen. Speziell die knallroten Peperoncini sieht man überall in meterlangen Strängen von Hauswänden baumeln. Auf den Märkten findet man in Olivenöl eingelegte Köstlichkeiten wie Pilze, **lampascioni** (Zwiebeln), Tomaten und Artischocken. Die verschiedenen apulischen Gemüse wie **rucola** (Rauke), **finocchio** (Fenchel), **cicoria** (Chicorée) u. a. erscheinen als „verdure" (Gemüse) auf der Speisekarte – charakteristisch ist ihr bitterer Beigeschmack. In Apulien (und anderen Regionen Italiens) wird gerne **bruschetta** serviert – verschiedene Gemüse auf gerösteten Brotscheiben. Das Olivenöl von **Bitonto** gilt als das beste im Süden Italiens.

Apulien hat, abgesehen von Sizilien und Sardinien, die längste Küstenlinie Italiens. Fischgerichte bestimmen dementsprechend oft die Speisekarte, u. a. **anguille** (Aal), **pesce spada** (Schwertfisch) und Meerbarbe. Im Mar Grande und Mar Piccolo bei Taranto werden **Austern** und andere Muscheln gezüchtet, dort herrscht allerdings erhebliche Meeresverschmutzung. Nach Sardinien und Latium gibt es in Apulien die meisten Schafe Italiens. **Trippa**, die Innereien also, werden in der ländlichen Küche Apuliens häufig verwendet. Auch **salsicce** (Würste) stellt man gerne aus Schaffleisch her.

Apulien als Weinland ist bekannt für seine riesigen, von Subventionsspekulanten angelegten Plantagen. Dort erzeugt man Massenweine, mit denen nord- und mittelitalienischen Tropfen gestreckt werden. Doch stellt das bisher immer noch die Ausnahme dar. Vor allem im Salento, dem südlichsten Teil Apuliens, werden dagegen ausgezeichnete Tropfen produziert, darunter die Rotweine **Salice Salentino** und **Brindisi** und verschiedene geschätzte Rosé-Weine. Beliebt sind aber auch die trockenen Weißweine von **Locorotondo** und **Martina Franca** in der Trulli-Region. Leider beeinträchtigt ihre „süditalienische" Herkunft die Marktchancen, die die Weine eigentlich hätten.

Gargano

Der Sporn des Stiefels, eine gut 1000 m hohe Felshalbinsel mit kleinen Städtchen hoch über dem Meer, dazwischen kräftige, alte Pinienwälder und blendend weiße Kalkklippen mit eingestreuten Sandstränden – bizarrer Kontrast zur brettflachen Ebene um Foggia. Die intakte Natur, das glasklare, türkisblaue Wasser und die bildhübschen Orte lohnen den Besuch, auf der zentralen Hochebene liegt zudem der letzte große Wald Apuliens. Der Gargano ist in jeder Hinsicht die schönste Stelle der gesamten italienischen Ostküste!

Geologisch gehört der Gargano nicht zur italienischen Adria, sondern zum gegenüberliegenden Albanien. Wahrscheinlich war er in erdgeschichtlicher Vorzeit eine vorgelagerte Insel. Die Küstenorte sind ausgesprochen malerisch – schneeweiß getüncht, unglaublich verwinkelt, mit zahllosen Treppen, immer wieder stößt man auf Ausblicke, wo einem der frische Seewind um die Nase weht. In den schmalen Gassen wird das Waschwasser über die Stufen gekippt, vor den Türen brutzeln mittags auf kleinen Öfchen die Grillsardinen. Wenn die Touristen nicht wären, eine der harmonischsten und entspannendsten Ecken im Land. Dringender Rat deshalb: nicht im August kommen! Brutale Hitze, sämtliche Unterkünfte überfüllt, Verkehrschaos in den steilen Orten. Praktisch alle Küstendörfer besitzen lange Sandstrände, aber

auch dazwischen liegen immer wieder Badebuchten. In jeder Bucht mindestens ein Zeltplatz – der Gargano ist eins der lohnendsten Campingreviere im Süden.

• *Anreise/Verbindungen* **Pkw**, auf der **A 14** von Norden kommend, Abfahrt Poggio Imperiale. Oder auf der Küstenstraße **SS 16** Abfahrt Gargano – die Schnellstraße **SS 89** führt an den Küstenseen Lago di Lésina und Lago di Varáno vorbei nach Rodi Garganico. Von Süden auf der Autobahn kommend Abfahrt Foggia.

Bahn, Zugfahrer können von der FS-Küstenlinie Ancona – Bari in **San Severo** in die private „Ferrovia del Gargano" umsteigen – etwa 7-mal tägl. schöne gemächliche Fahrt die Nordküste entlang bis kurz vor Peschici, dort weiter mit Bahnbussen. Oder von Foggia an derselben Strecke einen der häufigen FS-Züge nach Manfredonia im südlichen Gargano nehmen. Von dort weiter mit SITA-Bussen oder dem kleinem Fährschiff zu den malerischen Orten der Ostküste.

Bus, die Verbindungen an der Garganoküste mit SITA und anderen Gesellschaften sind gut, sehr zäh dagegen im Inneren der Halbinsel. Wer häufig Ausflüge machen will, sollte über ein eigenes Fahrzeug verfügen.

Rundfahrt von Nord nach Süd

Von Norden kommend, die Schnellstraße SS 89 nehmen, die ausschließlich für die ständig wachsenden Touristenmassen gebaut wurde. Anfangs noch völlig flach, zwei große Lagunenseen liegen unmittelbar hinter langen Stränden, die hier jedoch reichlich verschmutzt sein können.

Isola di Varáno: Auf der Landenge vor dem *Lago di Varáno* erstrecken sich dichte Pineta und Eukalyptuswälder, davor liegt ein kilometerlanger Sandstrand. Direkt an der schnurgeraden Straße mehrere, teils sehr große Campingplätze. Durch den Wald Fußpfade zum Strand mit wacholderbewachsenen Dünen. An der Mündung zum Lago di Varáno schaukeln Fischerboote im Wasser, an der Straße Fischbratereien.

• *Übernachten* **Camping Uria**, riesiger Platz unter Pinien mit kräftigem Waldboden (✆ 0884/917541, www.campinguria.it).

Camping Rancho, gepflegte Platzanlage, Pappeln und Eukalyptus (✆/📠 0884/917814, www.rancho.it).

Camping Viola, komfortables Anwesen, mit Pool und viel Grün (✆/📠 0884/917548, www.villaggioviola.it).

Foce di Varáno: wild durcheinander gewürfelte Strandsiedlung in Einfachbauweise, endlose Durchgangsstraße. Camping La Perla (✆ 0884/917331) liegt am östlichen Ortsausgang direkt am Meer, familiäre Atmosphäre.

Lido del Sole: große Feriensiedlung an langem Sandstrand, der sich bis Rodi Garganico zieht, zahlreiche Campingplätze nebeneinander (→ Rodi Garganico). Erst jetzt beginnt die eigentliche Gargano-Landschaft. Nach Rodi Garganico geht es auf einer Serpentinenstraße durch Obst- und Olivenbaumkulturen hinauf.

Rodi Garganico

ca. 4000 Einwohner

Sowohl von Lage wie Architektur ein vollendet malerisches Städtchen auf einer Bergkuppe steil über dem Meer. Die labyrinthische Altstadt wird von einer palmenbestandenen Panoramastraße umrundet, die östlich unterhalb des Hügels am Hafen mündet. Im August sollte man Rodi Garganico trotzdem besser meiden – fast rund um die Uhr heftiger Stop-and-go-Verkehr, an den Stränden endlose Sonnenschirmparade.

Die weite Piazza Rovelli im Zentrum bietet im Sommer allabendlich Straßenstände, Buden und Menschengetümmel. Abseits davon findet man ein echtes Bilderbuchdorf: weiß getünchte Häuser, bis zu fünf Stockwerke hoch, versteckte Winkel, wo sich selten Urlauber verirren, teils herrliche Ausblicke aufs Meer. Die Stimmung erinnert an Griechenland. Zu beiden Seiten der Stadt schöne lange Strände, gleich dahinter Bahnlinie und Küstenstraße.

• *Anfahrt/Verbindungen* Die **Bahn** umrundet den Stadthügel unten am Meer. Bahnhof am Hafen, ca. 7-mal tägl. fahren Züge in beide Richtungen – nach Peschici und nach San Severo.

In der Sommersaison (April bis Sept.) täglich Schiffsverbindungen auf die **Tremiti-Inseln**, Abfahrt vormittags, Rückfahrt am späten Nachmittag.

• *Information* **Pro Loco**, am Hauptplatz. ✆ 0884/965576, www.rodigarganico.info.

• *Übernachten* Einfache Hotels hauptsächlich im Hafenbereich östlich unterhalb vom Zentrum.

*** **Albano**, renoviertes Strandhotel direkt an der Bahnlinie, solide Einrichtung, vorne raus Balkons, Dachterrasse, beliebtes Ristorante. DZ ca. 92–190 €. Mai bis Ende Sept. ✆/℻ 0884/965138, www.hotelalbano.it.

* **La Scogliera**, ein paar Schritte weiter, einfaches Haus mit Ristorante, Zimmer mit TV, Gratisparkplatz. DZ ca. 50–80 €. ✆ 0884/965422, ℻ 965860, www.pensionelascogliera.it.

B & B Arancio, eher Hotel als Privatlogis am Hafen, zwölf kleine Balkonzimmer mit Blick auf Meer, Restaurant und Bar im Erdgeschoss. DZ mit Frühstück ca. 70–104 €. ✆/℻ 0884/966787, www.hotelarancio.it.

Westlich vom Ort geht von der SS 89 ein Abzweig zum Strand hinunter mit Hinweistafeln zu zahlreichen Campingplätzen. Ein gutes halbes Dutzend liegt direkt am Strand, z. B. **Stella del Sud** (✆/℻ 0884/917022, www.villagestelladelsud.it) und **Lido del Gargano** (✆ 0884/917044, www.lidodelgargano.it), weitere an der Straße oberhalb davon.

Camping Siesta, gut geführter ***-Platz mit zahlreichen Extras, u. a. Swimmingpool, auf Ruhe wird Wert gelegt, nur ein Teil der Stellplätze darf mit Pkw angefahren werden, Strand ca. 100 m entfernt. April bis Ende Sept. ✆ 0884/917009, ℻ 917111, www.siestacamping.it.

• *Essen & Trinken* **Borgo San Pietro**, volkstümliche Trattoria in der Altstadt, auch Tische im Freien. Leckerer Fisch und wechselnde Tagesgerichte. Do Ruhetag. Via Mazzini 28, ✆ 0884/966187.

Gianpizzaiolo, lebhafte Pizzeria etwas erhöht über der Durchgangsstraße, Nähe Hauptpiazza. Corso Madonna della Libera 2, ✆ 0884/966363.

L'Enopolio Musicheria, gemütliche Weinschenke, etwas versteckt an der Hauptpiazza, Weine vom Fass, dazu bruschette, die „Musik" gibt es abends gratis. ✆ 0884/966445.

Capriccio, unten im Hafen, gute Adresse für Fisch, Meerestiere und Muscheln. ✆ 0884/966268.

Zwischen Rodi Garganico und Peschici: zunächst ein einziges Sandband, an dem sich auch im Hochsommer alles verläuft. Im hübschen Ort *San Menaio* begann in den 1930er Jahren der Gargano-Tourismus. Eine exquisite Unterkunft mit gepflegtem Garten ist *** Villa Maria (DZ mit Frühstück ca. 60–140 €, ✆ 0884/968700, 📠 968800, www.parkhotelvillamaria.it).

Danach herrliche Fahrt durch alte gewachsene Pineta, zwischen den hohen Bäumen lugt immer wieder das Meer hindurch. Kurz vor Peschici die weite *Bucht von Calenella* mit langem Sandstrand und zwei schönen Campingplätzen: Calenella und Lido di Calenella. Hier auch Endstation der Bahnlinie, weiter nach Peschici geht es per Bus.

Peschici

ca. 4400 Einwohner

Schon von weitem bietet sich ein traumhafter Anblick – die alten Häuser drängen sich auf einer steilen Felsnase über dem Meer, darunter verlockt ein langer Strand mit weichem Sand zum genussvollen Baden.

Auf kurviger Straße hinauf zum *Centro storico*, das auf einem Grat balanciert und architektonisch Rodi Garganico noch übertrifft – alte Bruchsteinhäuser, teils grau und unverputzt, teils grell weiß, Gassen und Treppen bilden die unmöglichsten Winkel und Ecken, Blumenschmuck hier und dort, abends ist alles hübsch illuminiert. In den Treppengassen viele kleine Boutiquen und Kunsthandwerksläden. An der Spitze der Landzunge Reste eines früheren Kastells mit Panoramablick aufs Meer.

• *Anfahrt/Verbindungen* Endstation der Bahn in der Bucht von **Calenella**, wenige Kilometer westlich vom Ort. Weitertransport nach Peschici und Vieste mit Bussen der Bahngesellschaft. Von Juni bis Sept. jeden Vormittag Schiffe auf die **Tremiti-Inseln**.

• *Übernachten* Viele Hotels, Privatzimmer und Apartments im Ort.

** **Villa a Mare**, am Eingang zur Hafenbucht, nur wenige Meter zum Meer. Landhaus im eigenwilligen Stil, Zimmer mit TV und Klimaanlage, gutes Restaurant, Parkplatz unter schattigen Pinien. DZ mit Frühstück ca. 80–120 €. April bis Okt. Via Marina 1, ✆/📠 0884/963444, www.villaamare.it.

*** **La Torretta**, an der Treppe von der kurvigen Auffahrtsstraße zur Altstadt. DZ und kleine Apartments mit Klimaanlage und herrlichem Blick auf den Strand. HP ca. 42–90 € pro Pers., Apartment ca. 170–600 € pro Woche. Via Torretta 13, ✆/📠 0884/962935, www.latorrettapeschici.it.

Camping Parco degli Ulivi, in der großen Badebucht unterhalb von Peschici, landeinwärts der Straße. Schönes Gelände mit alten Olivenbäumen. ✆ 0884/963404, 📠 963390, www.parcodegliulivi.it.

Camping Bellariva, ebenfalls an der Baia di Peschici, einfacher, schattiger Platz direkt am Strand. ✆/📠 0884/963423, www.villaggiobellariva.it.

TIPP! **Locanda al Castello**, pittoreske Lage an der Spitze der Felszunge, auf der die Altstadt liegt. Freundlicher Betrieb in einem kürzlich renovierten Palazzo, DZ mit Frühstück ca. 70–120 €, im Sommer Pensionspflicht. Gutes Ristorante mit schönem Ambiente. ✆ 0884/964038, 📠 962254, www.peschicialcastello.it.

• *Essen & Trinken* **La Grotta delle Rondini**, im Hafen unten, z. T. in die Felsen hineingebaut. Hervorragende Fischküche mit interessanten Zutaten, Menü ab ca. 30 €. ✆ 0884/964007.

La Torretta, gehört zur gleichnamigen Apartmentanlage, Terrasse mit wunderschönem Panoramablick auf den Strand, hauptsächlich Fisch, lecker auch die *orecchiette al sugo di melanzane ripiene*. Via Torretta 13, ✆ 0884/962935.

Il Pescatore, nettes Terrassenlokal an der Straße von der Altstadt zum Hafen, auch hier wird in erster Linie Fisch serviert. Viale Kennedy 39, ✆ 0884/964448.

Vecchia Peschici, am Anfang der Hauptgasse durch die Altstadt, nett eingerichtet und schöne Terrasse mit Blick aufs Meer. Via Roma 31, ✆ 0884/962053.

TIPP! **Al Trabucco**, Mimis Lokal thront auf einem felsigen Vorsprung östlich von Peschici, direkt über einem Trabucco. Tolle Lage und sehr leckere Fischküche. ✆ 0884/962556.

Apulien
Karte S. 850/851

Manacore Gargano: schöner, zerklüfteter Küstenabschnitt zwischen Peschici und Vieste, viele Sandbuchten zwischen Kalkklippen und dichtem Pinienwald. Beliebte Ecke für Camper – zahlreiche ausgezeichnete Plätze, aber auch gehobene Preise. Der lange Sandstrand von *Santa Maria di Merino* ist das absolute Surfzentrum des Gargano, dort liegt der beliebte Camping Capo Vieste.

• *Übernachten* **Camping Baia San Nicola**, 2 km östlich von Peschici, sehr schönes und gepflegtes Gelände in einer Sandbucht mit alten Pinien, eingerahmt von Felsen. ✆/℻ 0884/964231, www.baiasannicola.it.

Camping Internazionale Manacore, riesiges Gelände 10 km östlich von Peschici, das eine ganze Bucht einnimmt. ✆ 0884/911020, ℻ 911049, www.villaggiomanacore.it.

Camping Holiday Village, direkt an einem breiten Sandstrand, 10 km nordwestlich von Vieste. ✆ 0884/706138, ℻ 705350, www.vieste.it/holiday.

Camping Capo Vieste, schattiger Platz in einer riesigen Bucht mit kilometerlangem Sandstrand, etwa 8 km vor Vieste, viel besuchte Surferzone. ✆ 0884/706326, ℻ 705993, www.capovieste.it.

Vieste

ca. 13.500 Einwohner

Größte Stadt und touristisches Zentrum der Gargano-Küste. Vieste erstreckt sich malerisch über und zwischen zwei verwitterten Felsarmen und wird zu beiden Seiten von prächtigen Sandstränden flankiert.

Unbedingt sehenswert ist das *Centro storico* auf dem südlichen der beiden Felsgrate. Enge, parallel laufende Treppengassen durchziehen leicht abfallend das Zentrum, gegenüberliegende Häuser sind immer wieder durch gemauerte Bögen gestützt, hier und dort verstecken sich Ristoranti. Viel Atmosphäre, die auch die Urlaubermassen noch nicht zerstört haben. Wer den Gargano besucht, sollte Vieste gesehen haben. Jedoch platzt die Stadt im August völlig aus den Nähten, allabendlich turbulente Passeggiata auf dem Corso Fazzini, dutzende Cafés mit Videowänden, von denen fetzige Rockmusik dröhnt, Straßenhändler dicht an dicht ...

Von den beiden Sandstränden ist der nördliche rau und windig, der südliche namens *Spiaggia Scialara* dagegen gut gepflegt und mit Lokalen aller Art versehen. Dort befindet sich auch der 20 m hohe, schneeweiße *Pizzomunno-Fels*, das Wahrzeichen der Stadt.

Anfahrt/Verbindungen/Information

• *Anfahrt/Verbindungen* **Busbahnhof** am Piazzale Manzoni, der Viale XXIV Maggio führt ins Zentrum. Busse der **Ferrovia del Gargano** fahren von und nach Peschici und San Severo an der FS-Bahnlinie. Häufig **SITA-Busse** über Manfredonia nach Foggia, ca. 3-mal tägl. nach Monte Sant'Angelo.

Im Sommer täglich **Schnellboote** auf die Tremiti-Inseln, ca. 30–35 € hin und zurück.

• *Information* **Ufficio Informazioni**, viel Prospektmaterial über Vieste (auch ausgezeichneter Stadtplan), den Gargano und Apulien. Piazza Kennedy 1, Nähe Piazza Vittorio Emanuele, ✆ 0884/708806, ℻ 707130, www.vieste.it.

Übernachten/Camping

*** **Seggio (6)**, stilvolle Unterkunft mitten im historischen Zentrum, alter Palazzo (das ehemalige Rathaus), komplett renoviert, eine Wendeltreppe führt runter zum Meer, dort Bade- und Bootssteg, abends das Freiluft-Ristorante des Hauses. Einrichtung sachlich-elegant, kühl geflieste Zimmer, nach vorne optimaler Meerblick. DZ mit Frühstück ca. 80–170 €, im August nur mit Halbpension. Via Vieste 7, ✆ 0884/708123, ℻ 708727, www.hotelseggio.it.

*** **Punta San Francesco (4)**, fast an der Spitze der Landzunge, auf der die Altstadt liegt. Restaurierter historischer Bau am Aufgang zum Konvent San Francesco. Dachterrasse mit herrlichem Meerblick. DZ mit

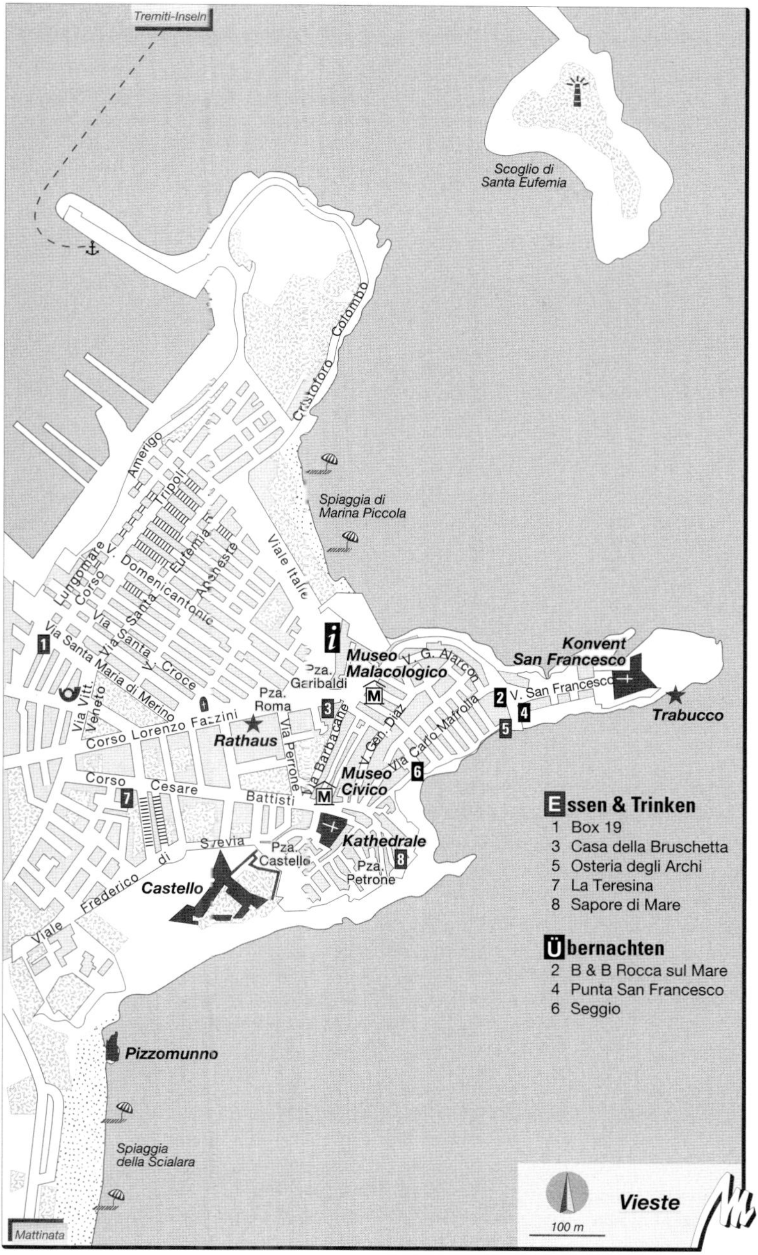

Apulien
Karte S. 850/851

Frühstück ca. 65–120 €. Via San Francesco 2, ✆ 0884/701422, ✆ 701424, www.hotelpuntasanfrancesco.it.

B & B Rocca sul Mare (2), schräg gegenüber von der Punta San Francesco. Uriges, altes Gemäuer mit steilen Treppen, im Salon historisches Mobiliar, Zimmer schlicht und sauber, herrliche Frühstücksterrasse mit Meerblick, freundlich geführt. DZ mit Frühstück ca. 50–140 €. Via Carlo Mafrolla 32, ✆ 0884/702719, ✆ 704168, www.roccasulmare.it.

• *Camping* Zahlreiche Plätze an den Stränden nördlich und südlich, die meisten an der Strandstraße südlich von Vieste (Spiaggia della Scialara).

Baia Turchese, 2 km nördlich von Vieste, Busse der Ferrovie del Gargano stoppen vor dem Eingang. ✆/✆ 0884/708587, www.villagebaiaturchese.it.

Verdemare, am südlichen Ende der Spiaggia della Scialara, kleines Gelände direkt am Strand, kinderfreundlich. ✆ 0884/700948, ✆ 704890, www.villaggioverdemare.it.

Del Sole und **Del Turco**, zwei große Plätze unter gemeinsamer Verwaltung am Scialara-Strand. ✆ 0884/707153, ✆ 708084, www.villagedelsoledelturco.it.

Spiaggia Lunga, 7 km in Richtung Peschici, riesiger, gut ausgestatteter Platz, u. a. mit Pool, Disco und großem Sportangebot. ✆ 0884/706171, ✆ 705308, www.spiaggialunga.it.

Essen & Trinken/Nachtleben (siehe Karte S. 857)

La Teresina (7), große, beliebte Pizzeria in der Neustadt, kurz vor dem Torbogen, durch den man das alte Zentrum betritt. Tische auf der Straße und im schlauchförmigen Hof, oft geht es hoch her. Corso Cesare Battisti 55, ✆ 0884/701773.

Sapore di Mare (8), Fischlokal am Aussichtspunkt (→ Sehenswertes), romantisches Plätzchen, herrlicher Blick. Frühzeitig kommen, wird sehr schnell voll. Außer Fisch auch *bruschetta* und *orecchiette al ragu*. Via Judeca 30, ✆ 0884/707979.

Osteria degli Archi (5), lokale Küche im kühlen Kellergewölbe, besonders gut die Fischgerichte, von Gourmetführern empfohlen. Preise bisher im Rahmen. Via Ripe 2, ✆ 0884/705199, www.osteriadegliarchivieste.it.

Casa della Bruschetta (3), an der zentralen Piazza Vittorio Emanuele, folkloristisch aufgemacht, auf Holzbrettern wird die *bruschetta* in mehreren optisch ansprechenden Variationen serviert – Brot als Grundlage, dazu Mischungen verschiedener Gemüse. Fruchtiger Hauswein. ✆ 0884/705825, www.casadellabruschetta.it.

Box 19 (1), populärer Gastro-Tempel für Fisch und Krustentiere in allen möglichen Varianten. Ganzjährig geöffnet (außer Mo), Menü ca. 20 €. Via S. Maria di Merino 13, ✆ 0884/705229.

• *Nachtleben* Vieste ist im Sommer Zentrum des Gargano-Nachtlebens und Treffpunkt der Szene aus Bari und den umliegenden Städten. Am Strand läuft immer etwas ab, an Wochenenden werden Strandlokale zu Freiluft-Discos umfunktioniert.

Sehenswertes: den *Corso Cesare Battisti* entlang und durch den Torbogen in die Altstadt. Linker Hand führen die langen, weißen Treppengassen schnurgerade zur Piazza Vittorio Emanuele hinunter, ein kleines *Archäologisches Museum* mit Funden aus Vieste und Umgebung liegt in der Via Celestino V 67. Wenige Meter geradeaus stößt man auf einen absolut fantastischen *Aussichtspunkt*, von dem aus sich ein traumhafter Blick auf die Landzunge mit der Altstadt bietet. Der weiße Kalkfels bricht hier in gewaltigen Höhlungen ins Meer ab, direkt darauf sind die Häuser gebaut, am Abbruchrand z. T. wegen Einsturzgefahr verlassene Ruinen. Kirche und Konvent *San Francesco* bilden den Abschluss der Halbinsel.

Rechter Hand oberhalb des Torbogens kommt man zur Kathedrale *Santa Maria Oreta* mit barock verschnörkeltem Turm. Im Inneren gibt es ein Riesendeckengemälde und Stucksäulen, verehrt wird hier eine hölzerne Marienstatue. Nach einer Restaurierung vor einiger Zeit kam die frühromanische Struktur wieder zum Vorschein. Das nahe *Castello* am höchsten Punkt der Altstadt ist von Militär in Beschlag genommen – keine Besichtigung möglich, aber vom Plateau wunderschöner Blick auf den Südstrand mit dem Monolithen *Pizzomunno*.

Dominierendes Zentrum des Stadtlebens bildet die große *Piazza Vittorio Emanuele* am unteren Rand des historischen Bezirks. Von dort sind es nur wenige Meter zur Palmenpromenade am Wasser. Ansonsten gibt es in der Neustadt wenig Besonderes, abgesehen vom *Markt* am Piazzale Manzoni neben dem Busbahnhof – ein Stand farbenprächtiger als der andere, eingelegte und getrocknete Peperoncini, dazu Oliven, Kapern und Artischocken, Kräuter, kleine feste Tomaten, Pyramiden aus Melonen und anderes Obst.

Sehr reizvoll sind Bootsausflüge, denn die weiße Felsküste südlich von Vieste ist mit zahllosen *Grotten* unterhöhlt. Motorboote starten jeden Morgen am Hafen, in einige der Höhlen fährt man sogar hinein, je nach Tour ab ca. 15 € pro Pers.

Öffnungszeiten/Eintritt **Archäologisches Museum**, nur im Sommer abends (außer So), Eintritt ca. 1 €.

Von Vieste nach Mattinata

Südlich von Vieste passiert die Straße die schöne Bucht *Lido di Portonuovo*, eingefasst von bizarren, weißen Klippen. Dann wendet sich die SS 89 landeinwärts, steigt bis über 400 m an, schöne, einsame Fahrt, kaum Besiedlung. Alternative ist die Fahrt über die kurvige Küstenstraße nach *Pugnochiuso* tief unterhalb, wo einige versteckte Sandstrände und Buchten warten. Die spektakuläre *Baia delle Zagare* weiter südlich bietet zwar fantastische Fotomotive, ist jedoch nur für Hotelgäste zugänglich (z. B. Baia dei Faraglioni, ✆ 0884/559584). Auch der nahe Strand von *Mattinatella* ist reizvoll.

Mattinata: Großes Dorf auf sanfter Hügelkuppe inmitten ausgedehnter Ölbaumpflanzungen, niedrige Häuser säumen die langen, geraden Straßen. Wenige Kilometer unterhalb erstreckt sich ein langer Kiesstrand, dahinter liegt ein gutes Dutzend meist kleiner Campingplätze. Zufahrt zum Strand über holprige Wege zwischen Olivenbäumen, gebührenpflichtige Parkplätze. In der Saison unglaublicher Rummel.

• *Übernachten* *** **Torre del Porto**, Anlage mit 14 Zimmern zwischen Zitronen- und Olivenbäumen, ca. 150 m zum Kiesstrand. Zweckmäßig eingerichtete, saubere Zimmer, gutes Essen aus eigenem Anbau, Pool, Kinderspielgeräte, Besitzer spricht Deutsch. DZ ca. 74–122 €. ✆/℻ 0884/550429 (Winter: 559371), www.torredelporto.it.

*** **La Veranda**, sympathische, weiß gekalkte Hotelanlage beim Strand, schöne Terrasse über dem Meer, Spaziergang zum nahen Hafen. DZ ca. 70–90 €, im August deutlich teurer und sieben Tage Aufenthaltspflicht. Anfang April bis Ende Sept. ✆/℻ 0884/550521, www.hotellaveranda.it.

Agriturismo San Giorgio, 2 km vom Meer in üppigem Grün, Produktion von Olivenöl, über 20 einfache Ferienwohnungen (ca. 75–90 €) und DZ (ca. 50–65 €). Fahrräder, Privatstrand. Juni bis Sept. geöffnet. ✆ 0884/551477, ℻ 552070, www.agriturismogiorgio.it.

** **San Michele**, einfache Pension mit nettem Restaurant in Mattinatella, etwa 11 km nördlich. DZ ca. 50–80 €, im Sommer Pensionspflicht. ✆ 0884/550314, www.pensionesanmichele.it.

Camping Ombra degli Ulivi, gepflegter, sauberer Platz unter Oliven, freundliche Platzleitung, Familienbetrieb. ✆/℻ 0884/559076.

• *Essen & Trinken* **Dalla Nonna**, sehr schöne Lage direkt über dem Strand, Jugendstileinrichtung, reichhaltige und ausgewogene Speisekarte, gehobene Preise. Mo geschl. ✆ 0884/559205, www.dallanonna.it.

Giardino del Monsignore, großes Restaurant über dem Strand, etwas günstiger, zudem gibt es gute Pizza aus dem Holzofen. ✆ 0884/559934.

TIPP! Belvedere, 3 km nördlich, zu erreichen von der Küstenstraße nach Vieste. Ristorante mit herrlichem Blick, zudem recht preiswerte Zimmer. DZ ca. 40–50 €. ✆ 0884/550428, www.ristorantebelvedere.com.

Apulien Karte S. 850/851

Monte Sant'Angelo: faszinierend ist die Gleichförmigkeit seiner Häuserreihen

Monte Sant'Angelo

ca. 13.500 Einwohner

Reizvoller Ausflug von Mattinata ins hoch gelegene Innere des Gargano. Etwa 15 km Serpentinenstraße durch karge Felsen bis in fast 800 m Höhe, merklich kühler als an der Küste und im Sommer fast unwirklich klares Licht. Monte Sant'Angelo liegt ausgebreitet über eine Hügelspitze, faszinierend ist die Architektur der gleichförmigen Reihenhäuser mit verblichenen Schindeldächern und unförmigen Kaminen im unteren Ortsbereich Rione Junno.

Größte Attraktion ist der *Santuario di San Michele,* das Höhlenheiligtum des Erzengels Michael, der sich hier Ende des 5. Jh. Schafhirten zeigte, seinen roten Mantel und einen Fußabdruck zurückließ – heute eine in ganz Italien bekannte Wallfahrtstätte, große Patronatsfeste am 8. Mai und 29. September. Durch eine reich verzierte Eingangshalle mit zwei Torbögen geht es auf breiter Treppe zu einer Grotte tief im Berg, unten vorgebaut ein Vestibül mit großen reliefgeschmückten Bronzetüren aus dem 11. Jh. Hinter dem Altar mit der Marmorstatue des Erzengels gibt es eine Öffnung, wo Wunder wirkendes Wasser austritt. Bedeutendstes Kunstwerk ist der reliefverzierte Bischofsthron aus Marmor.

Wieder zurück am Tageslicht, sieht man schräg gegenüber der Eingangshalle das eigenartige *Battistero in tumba* (Tomba di Rotari), ein turmhohes Baptisterium mit verblassten Freskenresten und gotischen Spitzbögen, das man einst für das Grab des Langobardenkönigs Rotari (7. Jh.) hielt. Daneben steht die von einem Erdbeben zerstörte romanische Kirche *San Pietro,* von der nur noch die Apsis erhalten ist. Die benachbarte Kirche *Santa Maria Maggiore* besitzt ein romanisches Portal und einige Fresken. Ein Aufstieg zum *Kastell* lohnt vor allem wegen des herrlichen Panoramablicks. In der Unterstadt findet man an der Piazza San Francesco außerdem das *Museo Giovanni Tancredi* mit traditionellem Handwerk, Kunst und Trachten der Region.

San Giovanni Rotondo: Heimat von Padre Pio

Die weltberühmte Kleinstadt am Hang des Monte Calvo war viele Jahre Wirkungsstätte des verehrten *Padre Pio* (1887–1968), eines zunächst einfachen Priesters und Mönchs, der weit über die Grenzen Italiens hinaus berühmt wurde, zum einen wegen der blutenden Wundmale (Stigmata), die er die längste Zeit seines Lebens trug und die erst kurz vor seinem Tod verschwanden, aber auch weil er die Gabe der „Bilokation" besaß – angeblich erschien er in Rom vor der Kurie, während sein Körper im Gargano tief und fest schlief. Padre Pios Grab in der Basilika *Santa Maria delle Grazie* ist ein täglich massenhaft besuchtes Pilgerziel, auch seine Zelle kann besichtigt werden. Es sollen mehr Gläubige nach San Giovanni Rotondo kommen als nach Lourdes. Wegen der vielen Kranken gibt es hier außerdem eins der besten Krankenhäuser Italiens, dessen Gründung Padre Pio initiiert hat. Anfang Mai 1999 wurde Padre Pio von Papst Johannes Paul II. in Rom selig gesprochen und bereits drei Jahre später, am 16. Juni 2002, fand am Petersplatz die Heiligsprechung statt – die größte derartige Zeremonie, die es dort je gegeben hat. Schon 1993 hatte Stararchitekt Renzo Piano (→ Genua) in San Giovanni mit dem kühnen Bau der riesigen *Nuova Chiesa* begonnen, die seit kurzem fertig gestellt ist und zu den größten Sakralbauten der Welt zählt. 7500 Gläubige finden in ihr Platz, auf dem Vorplatz können sich weitere 30.000 Menschen versammeln. Avantgardistische Kunstwerke, u. a. von Roy Liechtenstein, schmücken das Innere.

Den zahllosen Pilgern bieten Dutzende von Herbergen Unterkunft, die Tourist-Info liegt an der Piazza Europa 104 (✆/🖷 0882/456240).

• *Öffnungszeiten/Eintritt* **Santuario di San Michele**, im Sommer tägl. 7.30–19.30 Uhr, übrige Zeit etwa 12.30–15 Uhr geschl. Eintritt frei (nur mit angemessener Kleidung, Spende erwünscht).
Kastell, Juni bis Sept. tägl. 9–19 Uhr, übrige Zeit 9–13, 14.30–18 Uhr, Eintritt ca. 2 €.
Museo Giovanni Tancredi, im Sommer Di–So 9.30–13, 14.30–19 Uhr, übrige Zeit bis 18 Uhr. Eintritt ca. 2 €.

• *Anfahrt/Verbindungen* Mit **Pkw** am besten von Mattinata zu erreichen. Parken kann man auf mehreren Großparkplätzen oder in der Stadt, alles gebührenpflichtig. Häufige **SITA-Busse** verkehren ab Manfredonia.

• *Information* **Pro Loco** an der Hauptstraße, Via Reale Basilica 40, gegenüber vom Ristorante San Michele. ✆ 0884/565520.

• *Übernachten* *** **Michael**, ganz zentral vor dem Santuario, zehn gut eingerichtete Zimmer mit TV, von der Panoramaterrasse Blick auf Basilica und Altstadt. DZ ca. 60–80 €. Via Reale Basilica 86, ✆ 0884/565519, 🖷 563079, www.hotelmichael.com.

Casa del Pellegrino, nüchterne Pilgerherberge beim Santuario, alles sehr sauber und korrekt. Nachtruhe im Sommer ab 23.30 Uhr, sonst 22.30 Uhr. DZ ca. 55–83 €. Via Carlo d'Angio, ✆ 0884/561150, 🖷 568126, www.santuariosanmichele.it.

*** **Rotary**, etwas außerhalb, an der Straße in Richtung Pulsano. Herrlicher Blick in die Berge. DZ ca. 60–75 €. ✆ 0884/562146, www.rotaryhotel.com.

• *Essen & Trinken* **Medioevo**, gepflegtes Ristorante beim Santuario, *orecchiette* aus eigener Produktion, Fleisch von Zicklein und Kalb etc. Mittlere Preise. Mai bis Sept. tägl., sonst Mo geschl. Via Castello 21, ✆ 0884/565356, www.ristorantemedioevo.it.

Da Costanza, alteingesessene Trattoria, familiär geführt, ländliche apulische Küche. Im Sommer tägl., sonst Fr geschl. Corso Garibaldi 67, ✆ 0884/561313.

TIPP! **Li Jalantuùmene**, empfehlenswertes Lokal mit Sitzgelegenheiten auf einer netten Piazza im unteren Ortsbereich Rione Junno. Gute traditionelle Küche mit Hang zu Experimenten, ordentliche Weinauswahl.

Apulien Karte S. 850/851

Menü um die 30 € aufwärts. Im Winter Di geschl. Piazza de Galganis 5, ✆ 0884/565484, www.li-jalantuumene.it.

• *Shopping* Von Straßenhändlern werden überall **Ostie Ripiene** angeboten, ein Oblatengebäck mit Honig und Mandeln.

Foresta Umbra: ein herrlich schattiger Laubwald mit vielen Spazier- und Wanderwegen, ganz zentral im Gargano-Massiv – letzter Rest der großen Wälder, die einst Apulien bedeckten. Eigener Pkw sehr sinnvoll, nur 1- bis 2-mal täglich durchquert den Wald ein SITA-Bus von Monte Sant'Angelo nach Vico del Gargano (Nord-Gargano). Im Zentrum des Naturschutzgebiets liegt ein *Centro Visitatori* mit kleinem Forstmuseum, wo man auch Wanderkarten erhält. An Wochenenden strömen die Besucher zu Hunderten und bevölkern die Picknickplätze im kühlen Grün.

Öffnungszeiten/Eintritt **Centro Visitatori**, Juni bis Sept. 9–18 Uhr, Eintritt ca. 1 €, ✆ 0884/88055, www.mediterraneambiente.it.

Tremiti-Inseln

Die reizvollen Felseninselchen etwa 40 km vor dem Gargano sind im Sommer ein beliebtes Ziel für Tagesausflüge, dementsprechend voll wird es dann. Nur noch wenige Dutzend Menschen leben hier ständig.

Hauptinsel ist das felsig-kahle *San Nicola*, wo bereits im 8. Jh. eine erste schlichte Einsiedelei entstand. Benediktiner aus Montecassino errichteten dann im 11. Jh. ein größeres Kloster, das sie über 200 Jahre bewohnten. Die trutzige Festungsanlage über dem Hafen, die einen Großteil des Dorfs umschließt, wurde im 15. Jh. unter Karl von Anjou zum Schutz vor Sarazenenüberfällen erbaut. Seit dem 18. Jh. nutzte man die Insel, wie so viele abgelegene Eilande rund um den Stiefel, als Staatsgefängnis, noch unter Mussolini wurden hier Regimegegner inhaftiert. Besichtigt werden kann die über dem Ort thronende Abteikirche *Santa Maria* aus blendend weißem Kalkstein. Sie besitzt einen schönen Mosaikboden aus dem 11. Jh., ein mächtiges, bemaltes Holzkreuz, das laut Inschrift 747 auf die Insel kam, sowie eine „Schwarze Madonna", die aus Byzanz stammt.

Die große Badeinsel *San Domino* ist fast vollständig von schattigen Pinienwäldern bedeckt, durch die sich beschauliche Wanderwege ziehen. Bester und meist überfüllter Strand ist die *Cala delle Arene* im Nordosten, gleich bei der Fähranlegestelle. In den felsigen Küsten gibt es aber auch viele einsame Buchten und zahlreiche Grotten, vor allem um die Südspitze.

Die dritte Insel namens *Caprara* ist unbewohnt.

• *Anfahrt/Verbindungen* Mehrere Reedereien unterhalten regelmäßige Verbindungen von **Ortona**, **Vasto** und **Termoli** (→ Abruzzen/Molise), außerdem in den Sommermonaten von den Gargano-Orten **Vieste**, **Peschici**, **Rodi Garganico** sowie **Manfredonia**. Zwischen San Nicola und San Domino kann man ebenfalls die Fähre benutzen. **Inselrundfahrten** per Boot kosten ca. 15 € pro Pers.

• *Übernachten* Die wenigen **Hotels** sind teuer und häufig ausgebucht, im Sommer besteht oft Pflicht zur Vollpension. Günstige Alternative sind **Privatzimmer**, die es auf San Nicola und San Domino gibt.

Ziele um Foggia

Foggia im Zentrum der Tavoliere-Ebene ist touristisch uninteressant, jedoch lohnt ein Abstecher in die nahe Hügelstadt *Lucera*. Dort thront oberhalb der kompakten Altstadt die riesige *Fortezza Svevo-Angioina*, eins der größten Kastelle Süditaliens. Der orientbegeisterte Stauferkaiser Friedrich II. hatte 1233 in Lucera eine gewaltige Militäranlage errichten lassen und 20.000 Sarazenen seiner sizilianischen Leibwache hier angesiedelt – diese besaßen völlige Glaubensfreiheit, errichteten Moscheen und Religionsschulen. Für fast ein Jahrhundert erstrahlte der Burgpalast in orientalischem Glanz. Doch nach der Niederlage Friedrichs Sohns Manfred gegen die französischen Anjou massakrierten die Südfranzosen die Araber und errichteten die heutige Festung auf den Trümmern von Friedrichs Palast. Nur der fast 1 km lange Mauerring sowie Fundamente der Wachtürme und des Palastes sind erhalten geblieben.

Der gotische Dom *Santa Maria Assunta* wurde ebenfalls unter den Anjou erbaut, außerdem gibt es am östlichen Stadtrand ein großes römisches *Amphitheater*. Das *Museo Civico* in der Via di Nicastri zeigt Stücke von der Antike bis zum Mittelalter.

• *Öffnungszeiten/Eintritt* **Fortezza Svevo-Angioina**, April bis Sept. Di–So 9–14, 15–18 Uhr, übrige Zeit 9–14 Uhr, Eintritt frei. **Amphitheater**, wie Fortezza Svevo-Angioina. **Museo Civico**, Di–So 10–13 Uhr, im Sommerhalbjahr zusätzlich Di, Do und Sa 16–19 Uhr. Eintritt frei.

• *Anfahrt/Verbindungen* Bahn- und Busverbindung mit Foggia, Bahnhof 1 km südlich vom Zentrum.

• *Übernachten* **B & B Le Foglie di Acanto**, höchste Wohn- und Lebensqualität mitten im Zentrum, nur vier Zimmer. DZ mit Frühstück ca. 100 €. Via L. Frattarolo 3, ✆ 0881/546691, www.lefogliediacanto.it.

Troia: 18 km südlich von Lucera, einen Abstecher wert wegen seiner bedeutenden romanisch-apulischen *Kathedrale*, in der sich arabische und byzantinische Einflüsse niedergeschlagen haben. Berühmtes Bronzeportal von 1120, in dessen Einzelfeldern sich Fabeltiere tummeln, darüber herrliche Rosette mit filigranen Steinmetzarbeiten, jedes der elf Felder unterscheidet sich von den anderen. Im harmonisch gegliederten Langhaus stehen 13 Marmorsäulen, besonders schön ist auch die reich geschmückte Kanzel von 1158.

Verbindung/Übernachten Bus ab Foggia. Übernachten im **Albergo Alba d'Oro**, Viale Kennedy 28 (✆ 0881/970940, ℻ 970425).

Küste von Manfredonia bis Bari

Apulien Karte S. 850/851

Südlich vom Gargano wird die Küste zunächst flach und monoton – Ackerbau, Sand und Salinen prägen die Randzone der Tavoliere. Der *Lido di Siponto* zieht sich von der Industriestadt Manfredonia als endloses graues Band nach Süden. Nur ganz vereinzelt gibt es Campingplätze und Feriensiedlungen.

Manfredonia

ca. 53.000 Einwohner

Seit den sechziger Jahren wurde die einstige Stauferstadt südlich des Gargano zur Industriemetropole hoch gerüstet, die großen Blöcke der Petrochemie sind schon von weitem zu sehen. Zwar wurden sie Mitte der neunziger Jahre weitgehend geschlossen, verunstalten aber noch immer das Bild. Manfredonia ist Endpunkt der Bahnlinie von Foggia und insofern guter Ausgangspunkt für Gargano-Trips, Busse fahren in alle wichtigen Küstenorte.

Sehenswert ist das wehrhafte *Stauferkastell* – gegründet von Stauferkönig Manfred und vollendet von Karl I. von Anjou – mit dem bedeutenden *Museo Nazionale del Gargano*: archäologische Funde aus der Frühgeschichte Apuliens, darunter quaderförmige Stelen der Daunier, die Apulien zwischen dem 1. und 2. Jt. v. Chr. besiedelten.

• *Öffnungszeiten/Eintritt* **Museo Nazionale di Manfredonia**, tägl. 8.30–19.30 Uhr, außer 1. und 4. Mo im Monat. Eintritt ca. 2,50 €.

• *Anfahrt/Verbindungen* Häufig **Züge** von und nach Foggia, **SITA-Busse** entlang der Küste, nach Monte Sant'Angelo und Mattinata.
Von Juni bis Sept. fährt ein Schnellboot von **Adriatica Navigazione** um den ganzen Gargano herum und hinüber auf die Tremiti-Inseln, unterwegs tolle Ausblicke auf Buchten, Grotten und Felsarkaden. Tickets gibt es an der südlichen Hafenmole „Molo di Ponente".

• *Information* **APT**, viel Material über die gesamte Küstenregion. Mo–Fr 8–14 Uhr. Piazza del Popolo 10, ✆/℻ 0884/581998, www.comune.manfredonia.fg.it.

• *Essen & Trinken* **Coppola Rossa**, freundlich geführter Familienbetrieb mit guter Fischküche. Via dei Celestini 13, ✆ 0884/582522, www.coppolarossa.com.

Siponto und Umgebung: Der Badevorort Siponto liegt etwa 3 km südlich von Manfredonia. Von der verlassenen Bischofsstadt Sipontum steht nur noch am nordwestlichen Ortsrand der kleine, fast quadratische Dom *Santa Maria di Siponto* mit seinem schönen Portal aus Säulen tragenden Löwen. Daneben wurden Reste der antiken Stadtmauer sowie Fundamente und Mosaikböden einer frühchristlichen Basilika entdeckt.

Öffnungszeiten tägl. 9.30–12.30, 15.30–19 Uhr, Ruinen nach Voranmeldung unter ✆ 0884/541367.

Margherita di Savoia: wenig reizvoller Bade- und Kurort mit modernen Wohnblocks und zahllosen Badeanstalten, die den ganzen Strand in Beschlag nehmen. In Italien ist Margherita di Savoia bekannt für seine Salzkuren – höchst eindrucksvoll sind die weiß glitzernden Salinenfelder, die sich nach Norden gut 20 km entlang der Küste ziehen.

Barletta

ca. 95.000 Einwohner

Große Küsten- und Hafenstadt. Auf den ersten Blick wenig einladend, doch im alten Zentrum findet man einige historische Relikte aus der Zeit der Kreuzzüge, als Barletta ein wichtiger Einschiffungshafen für Fahrten ins Heilige Land war.

Das Kastell, das früher direkt am Meerufer stand, gehört nach einer umfangreichen Restaurierung zu den eindrucksvollsten spätmittelalterlichen Wehrbauten Apuliens. Und auch die nahe Kathedrale ist einer der mächtigsten romanischen Sakralbauten an der Küste. Info für Filmfans: Der Patricia-Highsmith-Thriller „Nur die Sonne war Zeuge" wurde im Hafen von Barletta mit Alain Delon eindrucksvoll verfilmt.

• *Anfahrt/Verbindungen* **Pkw**, von der Autobahn A 14 auf kerzengeradem Zubringer zu erreichen. **Bahn**, Station an der FS-Strecke von Ancona nach Bari. Außerdem ist Barletta Endstation der **Ferrotranviaria Bari-Nord** (→ Bari).

• *Information* **IAT**, Mo–Sa 9–13 Uhr, Di und Do auch 16–19 Uhr. Corso Garibaldi 208, Nähe San Sepolcro, ✆ 0883/331331.

• *Übernachten* **** **Itaca**, großes, modernes Strandhotel östlich vom Zentrum. DZ mit Frühstück ca. 75–110 €. Viale Regina Elena 30, ✆ 0883/37741, ℻ 37786, www.itacahotel.it.

B & B Saint Patrick, schön gestaltete Privatherberge im Zentrum, Zimmer im Altbau auf 2 Stockwerken, tadellose Bäder. DZ ab 60 €. Corso Garibaldi 145, ✆ 0883/880748, www.saint-patrick.it.

B & B de Nittis, in der Nähe der Kirche San Giacomo. Einige Zimmer (z. T. eigenem Bad, z. T. teilt man sich eins) in einem restaurierten historischen Palazzo, geführt von einem jungen Paar. DZ ca. 55–65 €. Vico del Lupo 9, ✆ 0883/571310, ℻ 519114, www.bbdenittis.it.

• *Essen & Trinken* **Antica Cucina**, traditionsreiche Trattoria mit apulischer Küche. Menü 35 € aufwärts. So-Abend und Mo geschl. Via Milano 73, ✆ 0883/521718.

Baccosteria, stilvoll-rustikale Osteria nicht weit von der Kathedrale, durch den Glasboden sieht man den Weinkeller. Gute lokale Küche, lecker z. B. die mit Ricotta gefüllten Calamari, ein Michelinstern ist der Lohn für die Mühe. Menü um die 35 € aufwärts. So-Abend und Mo geschl. Via San Giorgio 5, ✆ 0883/534000.

• *Nachtleben* in der Altstadt findet man zahlreiche Kneipen und Pubs, vor allem im Umkreis der **Piazza della Sfida**.

Sehenswertes: Die mittelalterliche Kreuzfahrerkirche *Chiesa San Sepolcro* steht dort, wo der Corso Vittorio Emanuele auf den Corso Garibaldi trifft. Sie wurde 1972 umfassend restauriert, wobei man versucht hat, ihren ehemaligen, sehr schlichten Charakter zu rekonstruieren. Das Innere wirkt dank des fast weißen Steins hell und luftig und ist frei von jeglichem barocken Zierrat. Vom Originalbau aus dem 13. Jh. stammen jedoch nur noch Teile der Fassade und ein großes Taufbecken (innen links neben dem Eingang). Beherrschend vor der Seitenfront ist die riesenhafte Bronzestatue des *Colosso*. Der 5 m hohe Gigant mit hoch erhobenem Kreuz und halbmeterdicken Waden soll die größte Gussskulptur Italiens sein! Er stammt aus dem 4. Jh., stellt wahrscheinlich einen spätrömischen Kaiser dar (vielleicht Valentinian I.) und stand ursprünglich in Konstantinopel, der Hauptstadt des byzantinischen Kaiserreichs. 1204, nach der Eroberung der Stadt durch Kreuzfahrer, wurde der Colosso nach Westen verschifft, das Transportschiff erlitt jedoch Schiffbruch vor der apulischen Küste. Die Küstenbewohner schmolzen Teile der angeschwemmten Statue zu Kirchenglocken um, erst später wurde er wieder zu einer Skulptur ergänzt.
Das *Kastell* ist ein imposanter Flügelbau mit weit vorspringenden Eckbastionen und gehört zu den größten seiner Art in Italien. Es beherbergt seit 1992 die Gemäldesammlung des örtlichen Bildhauers Giuseppe de Nittis, der den französischen Impressionisten nahe stand.

Die Kathedrale *Santa Maria Maggiore*, eine dreischiffige Basilika mit fünf Chorkapellen in unmittelbarer Kastellnähe, zeigt sich nach einer Restaurierung wieder in voller Schönheit.

Öffnungszeiten/Eintritt **Kastell/Gemäldesammlung**, Di–So 9–13, 15–19 Uhr, Mo geschl., Eintritt ca. 4 €.

Disfida di Barletta: Ein historischer Sieg

Am zweiten Wochenende des September steht Barletta ganz im Zeichen der Disfida, eines großen Festspiels mit Reiterturnier und Umzügen. Das populäre Stadtfest geht auf ein Duell von 13 italienischen mit ebenso vielen französischen Rittern im Jahre 1503 zurück, das die Italiener für sich entscheiden konnten – in dem damals von französischen und spanischen Truppen besetzten Land ein viel bejubeltes Signal der Stärke. Der Konflikt war in der Altstadtschenke „Cantina della Disfida“ ausgebrochen, deren Gewölbe besichtigt werden kann (Via Cialdini 1, Di–So 9–13, 15–20 Uhr, Eintritt frei).

Parco Archeologico di Canne della Battaglia: Etwa 8 km landeinwärts von Barletta liegt nördlich der SS 93 dieses weitläufige Ausgrabungsfeld, wo 216 v. Chr. angeblich die weltberühmte Schlacht von Cannae stattgefunden hat, in der Hannibal seinen größten Sieg über die Römer errang. 50.000 Römer wurden getötet, eine der verheerendsten Niederlagen, die das Imperium Romanum je erlitt. Da jedoch bisher keinerlei Waffen und Rüstungen gefunden wurden, bestehen seit langem erhebliche Zweifel an der Authentizität des ausgewiesenen Schlachtfelds. Nicht wenige Experten vermuten es erheblich weiter nördlich, nämlich bei Castelluccio Valmaggiore westlich von Troia. Trotzdem wird im modernen *Antiquarium* am Eingang die Schlacht von Cannae noch einmal im Computer simuliert.

Apulien Karte S. 850/851

TIPP!: Von Barletta kann man mehrmals täglich mit dem „Treno dell'Archeologica e dell'Ambiente" auf einer alten, kürzlich wiedereröffneten Bahnlinie nach Canne della Battaglia fahren.

Öffnungszeiten/Eintritt tägl. 8.30–19.30 Uhr, im Winter kürzer, Eintritt ca. 2 €.

Trani

ca. 55.000 Einwohner

Ruhiges Adriastädtchen mit – für süditalienische Verhältnisse – geradezu penibel gepflegtem Stadtkern und einem der harmonischsten Dombauten der gesamten Küste.

Direkt am Meer liegt etwas erhöht der hübsche Stadtpark, gleich benachbart der weiträumige Fischerhafen mit viel Licht und Luft, dahinter beginnt die Altstadt mit ihren engen Gassen. Ein paar Schritte nördlich erstreckt sich ein schöner, offener Platz direkt am Meer, dort steht der weithin sichtbare Dom aus fast weißem Stein.

• *Anfahrt/Verbindungen* **Pkw**, gute Parkmöglichkeiten an der Piazza Plebiscito (Haupteingang zum Stadtpark), bewachter Parkplatz in Domnähe.

Bahn, wer mit dem Zug kommt, hat nicht die reizvollste Ecke der Stadt vor sich. Auf dem schnurgeraden Corso Cavour und über die baumbestandene Piazza Vittorio Emanuele geht es hinunter zum Hafen.

• *Information* Piazza Trieste 10, Palazzo Palmieri, beim Hafen. Mo–Fr 8.30–13.30 Uhr, Di und Do 15–18 Uhr. ✆/📠 0883/588830.

• *Übernachten* **** **Regia**, perfekte Lage vis-à-vis vom Dom, stilvoll renovierter Palazzo mit Ristorante und Meerblick, gut ausgestattete DZ für stolze 130–150 € mit Frühstück. ✆ 0883/584444, 📠 202389, www.hotelregia.it..

*** **Trani**, großzügiger Bau in Bahnhofsnähe, mit Garage und Restaurant, 50 Zimmer. DZ mit Frühstück ca. 75–86 €, Garagenplatz extra (ca. 6 €). Corso Imbriani 137, ✆ 0883/588010, 📠 587625, www.hoteltrani.it.

TIPP! ** **Lucy**, am Eingang zur schönen Villa Comunale, um die Ecke vom Hafen, älteres Haus, aber vor einigen Jahren renoviert, sogar mit Lift. Große Zimmer mit Bädern, z. T. auch Balkon. DZ ca. 65 €, kein Frühstück. Piazza Plebiscito 11, ✆ 0883/481022, www.albergolucy.com.

• *Essen & Trinken* **La Darsena**, in einem historischen Palazzo an der Hafenfront, alteingesessenes Fischrestaurant mit entsprechenden Preisen. Mo geschl. Via Statuti Marittimi 98, ✆ 0883/487333.

Corteinfiore, gehobene Küche in einem wunderschönen grünen Innenhof. So-Abend und Mo geschl. Via Ognissanti 18, ✆ 0883/508402, www.corteinfiore.it.

Ai Platani, hübsche Osteria mit Außenterrasse, nah bei Hafen und Stadtpark. Hausgemachte Pasta und frischer Fisch, freundlich geführt durch Signora Vincenza Simone. Mo und im Jan. geschl. Via Elena Comneno 16, ✆ 0883/482421.

Caccianferno, behagliche Osteria in einer Seitenstraße vom Domplatz, Primi und Hauptgerichte auf Fleisch- und Gemüsebasis. Mo geschl. Via San Nicola 9, ✆ 0883/585978, www.osteriacaccianferno.it.

La Nicchia, familiär geführtes Fischlokal in der Nähe der Piazza della Repubblica, leckere Antipasti, mittlere Preise. Do geschl. Via S. Gervasio 69, ✆ 0883/482020.

Sehenswertes: in allererster Linie der Dom *San Nicola Pellegrino*, in seiner ganzen Anlage und Konzeption eins der schönsten Baudenkmäler Apuliens. Erbaut wurde der mächtige Bau mit seinem hohen Campanile im 11. Jh. aus hellem, fast weißen Kalkstein. Er steht auf zwei Vorgängerkirchen, die ebenfalls noch erhalten sind und besichtigt werden können. Eine doppelte Freitreppe führt zum Portal hinauf. Das einzigartige Bronzetor, das Barisanus di Trani im 12. Jh. schuf, ist nach zehnjähriger Restaurierung im Inneren der Kirche ausgestellt. Der Innenraum ist ein lichtdurchflutetes romanisches Gewölbe mit Doppelsäulen, gehalten im betont schlichten normannischen Stil. Darunter liegt die lange schmale Vorgängerkirche *Santa Maria della Scala* mit Resten von Wandmalereien, anschließend eine erstaunlich hohe

Säulenkrypta mit dem Gebeinen des heiligen Nicola il Pellegrino. Noch darunter aus rohem Bruchstein die frühchristliche Gebetszelle (Ipogeo) des *San Leucio* (6. Jh.). Vom Domvorplatz sieht man Richtung Norden das massive, unter Friedrich II. erbaute und unter Ferdinand I. von Aragon stark veränderte *Castello Svevo* mit drei mächtigen Türmen, das seit 1831 als Gefängnis diente und erst seit kurzem wieder öffentlich zugänglich ist (alle Räume mehrsprachig beschriftet).

In den alten Gassen hinter dem Hafenbecken findet man die ehemalige *Chiesa d'Ognissanti* des Templerordens aus dem 12. Jh., die zeitweise als Hospital für verwundete Kreuzfahrer diente, allerdings wochentags verschlossen ist.

Im Anschluss noch ein kleiner Bummel durch den hervorragend gepflegten Stadtpark *Villa Comunale*, wo man von der kleinen Festung am Ende der Halbinsel den Blick auf die Stadt genießen kann.

Öffnungszeiten/Eintritt **Dom**, 8.30–12, 16–19 Uhr; **Castello Svevo**, tägl. 8.30–19 Uhr, Eintritt ca. 2 €. **Chiesa d'Ognissanti**, Sa/So 11–13 Uhr.

Zwischen Trani und Bari: Im großen Fischereihafen *Molfetta* sollte man sich die Hafenkathedrale ansehen, den Duomo Vecchio, der vor allem im Inneren viele orientalische Elemente aufweist. Im Kontrast dazu steht das mittelalterliche Gassenlabyrinth der Altstadt. Sehr hübsch ist außerdem das kleine Küstenstädtchen *Giovinazzo* mit idyllischem Hafenbecken, stolzer romanischer Kathedrale und ebenfalls malerischem Gassengewirr.

• *Übernachten* **** **San Martin**, ein ehemaliges Benediktinerkoster in der Altstadt wurde wunderbar restauriert, Zimmer mit Stilmöbeln, TV und Klimaanlage. DZ mit Frühstück ca. 100–150 €. In Giovinazzo, Via Spirito Santo 4, ✆ 080/3942627, 📠 3901238, www.smartinhotel.it.

Camping La Baia, freundlicher, kleiner Platz an der nördlichen Stadteinfahrt von Giovinazzo, geführt von Signora Carmella Binelli, hübsche, felsige Badeküste. Mai bis Sept. ✆/📠 080/3945165, www.campinglabaia.it.

Castel del Monte

Die „Steinerne Krone Apuliens" – Weltkulturerbe der UNESCO und obligatorischer Anlaufpunkt deutscher Reisebusgesellschaften auf den Spuren der Staufer. Das faszinierende Schloss Kaiser Friedrichs II. thront auf einer leichten Anhöhe in der flach-hügligen Landschaft der Murge, die im Mittelalter – zu Kaisers Zeiten – dicht mit Wald bedeckt war. Schon von weitem sichtbar ist der eigenwillige achteckige Bau mit acht achteckigen Türmen und achteckigem Innenhof, um den sich in zwei Stockwerken je acht Säle gruppieren.

Mitte des 13. Jh. wurde das Kastell erbaut. Den früheren Prunk hat man in den letzten Jahrhunderten gründlich geplündert, trotzdem lohnt der Besuch. Von dem monumentalen Bau mit seinen über zwei Meter dicken Mauern geht noch immer eine eigenartige Wirkung aus. Die hohen gotischen Innenräume waren einst vollständig mit Marmor und anderen edlen Materialien verkleidet, die Tür- und Fensterumrahmungen sind noch heute mit Porphyrsäulen bestückt. Rundum laufen Sitzbänke, Reste von meterhohen Kaminen sind erhalten, ebenso das raffinierte System von Lüftungsschächten und Wasserleitungen über mehrere Stockwerke. Zu guter Letzt Siesta im wunderbar schattigen Innenhof, schön zu verbinden mit einer Meditation über die wundersame Achterkombination.

Öffnungszeiten/Eintritt März bis Sept. tägl. 10–20, übrige Zeit bis 19 Uhr. Eintritt ca. 4 €.

Apulien Karte S. 850/851

Beeindruckende Symmetrie in herber Landschaft: das Stauferschloss Castel del Monte

Castel del Monte: magischer Platz für Esoteriker

Zahllose dickleibige Wälzer sind über die rätselhafte Architektur des Oktagons verfasst worden. Der Goldene Schnitt, Planeten- und Sonnenkonstellationen, Bezug zu antiken Heiligtümern und orientalischen Moscheen – alles wurde herangezogen, um die Geheimnisse des Baus zu lüften. Warum er errichtet wurde, ist bis heute unklar. Friedrich hielt sich nie lange hier auf. Für ein Jagdschloss, wie es lange Zeit hieß, war es trotz allem Prunk mit seinen kleinen Fenstern wohl zu trist. Als Befestigung war es unbrauchbar, es fehlen Verteidigungsmauern, Zinnen und Schießscharten. Bekannt ist nur, dass es eine Zeitlang als Gefängnis diente. Wahrscheinlich diente es an dieser exponierten Stelle als Repräsentativbau Friedrichs.

• *Anfahrt/Verbindungen* **Pkw**, Autobahnausfahrt Trani, auf der Umgehungsstraße an Corato vorbei, dann der Beschilderung folgen (SP 238). Der Parkplatz beim Castel ist gebührenpflichtig.
Bahn/Bus, von Trani mit Bus bzw. ab Bari oder Barletta mit Ferrovia Bari-Nord bis Andria, weiter im Sommer mehrmals tägl. mit Bus zum Castel del Monte (Richtung Spinazzola).

• *Übernachten/Essen & Trinken* **** **Park Hotel Castel del Monte**, ca. 2 km entfernt, an der Straße nach Andria beschildert, ehemaliger Bauernhof, der zum geschmackvollen Landhotel umgebaut wurde, mit Garten, Restaurant und Swimmingpool, Blick auf Castel del Monte. DZ in modernen Bungalows ca. 80–110 €. ✆ 0883/569866, ℻ 569977, www.casteldelmonteparkhotel.it.

Bari

ca. 400.000 Einwohner

Chaotisch-lebendige Mezzogiorno-Großstadt mit viel Industrie, hoher Arbeitslosigkeit und ständig steigenden Einwohnerzahlen. Die Gegensätze zwischen der mondänen Neustadt und der heimeligen Altstadt stechen ins Auge. In den letzten Jahren haben umfangreiche Sanierungsmaßnahmen den historischen Stadtkern vom ärmlichen Schmuddelkind-Image befreit.

Der Hauptstadt Apuliens eilt ein schlechter Ruf voraus: Nachdem wir zum fünften Mal eindringlich gewarnt wurden, um Himmelswillen auf unsere Umhängetaschen aufzupassen, sahen wir in jedem Passanten einen finsteren Unhold. In der Realität entpuppt sich Bari heutzutage als sehenswerte Metropole mit zwei gegensätzlichen

Gesichtern: auf der einen Seite die am Reißbrett angelegte Neustadt mit endlosen Einkaufsstraßen im Schachbrettmuster, die sich wie ein Ei dem anderen gleichen, Boutiquen Tür an Tür, oft aufwändig mit Außenheizung vor den Schaufenstern, damit auch an kalten Tagen die Käufer nicht ausbleiben. Und unmittelbar daneben die sympathische, fast kleinstädtisch wirkende Altstadt mit ihren zahlreichen Kirchen und einem Kastell. Heimarbeit ist hier lebensnotwendig, ganze Familien sitzen vor ihrer Tür und formen Nudeln.

Anfahrt/Verbindungen

• *Pkw* Abfahrt von der Autobahn in **Bari Nord**. In der Stadt herrscht chaotischer Verkehr! Wer sich trotzdem hineinwagt, am besten sofort eine der zahlreichen Parkgaragen in der Neustadt aufsuchen (ca. 25 €/Tag). Keinesfalls das Fahrzeug auf der Straße abstellen – bevorzugte Objekte für organisierte Kleinkriminalität.

• *Bahn* Bari ist Knotenpunkt mehrerer Bahngesellschaften, deren Bahnhöfe sich alle um die Piazza Aldo Moro am Südrand der Neustadt gruppieren.
Vom Bahnhof der staatlichen **Ferrovia dello Stato (FS)** gehen mehrmals tägl. Fernzüge über Foggia und Ancona nach Norditalien (etwa 10-mal tägl. von und nach Mailand), außerdem 2- bis 3-mal tägl. von und nach Rom. Auf derselben Strecke verkehren häufige Nahverkehrszüge nach Trani und Barletta. Weitere Verbindungen bestehen nach Brindisi/Lecce und Taranto.
Die private **Ferrovia Sud-Est (FSE)** startet auf den hintersten Gleisen des FS-Bahnhofs in die Trulli-Region (Alberobello, Locorotondo), nach Martina Franca, Taranto und zu anderen Zielen.
An der Westflanke des Bahnhofsplatzes (links, wenn man aus dem FS-Bhf. kommt) liegt der moderne Bahnhof der **Ferrovia Tranviaria Bari-Nord (FTV)** (Linie Bitonto – Ruvo di Puglia – Andria – Barletta), unmittelbar dahinter der Bahnhof der **Ferrovia Apulo-Lucane (FAL)** (Linie: Altamura – Matera – Potenza), Abfahrt im ersten Stock.

• *Bus* **SITA**- und **STP**-Busse starten am Bahnhofsvorplatz, eine Handvoll weiterer Busgesellschaften haben verschiedene andere Startpunkte in der Stadt.
Die meisten orangefarbenen **Stadtbusse (AMTAB)** fahren ab Bahnhof, weitere zentrale Haltestelle vor dem Teatro Petruzzelli am Corso Cavour. Bus 20 fährt ab Bahnhof zur Altstadt und zum Fährterminal.

• *Fähren* Der Passagierhafen liegt westlich der Altstadt, vom Bahnhof ca. 1,5 km geradeaus quer durch die Neustadt (auch Busverbindung). Eine Reihe von Fährgesellschaften pendelt hinüber nach **Griechenland**.

• *Flug* Der **Aeroporto di Bari** liegt bei Palese, wenige Kilometer nördlich der Stadt und wird von diversen Billigfliegern angeflogen, u. a. Ryanair und Air Berlin. Etwa stündlich pendelt ein Bus zum Hauptbahnhof und zurück (ca. 4,50 €). ✆ 080/5800200, 📠 5800225, www.seap-puglia.it.

Information

APT-Kiosk auf dem Bahnhofsvorplatz. Hier sollte man unbedingt einen Stadtplan mitnehmen, ansonsten Material zu ganz Apulien. Mo–Sa 9–19 Uhr, So 9–13 Uhr. ✆ 080/9909341, www.infopointbari.com.

Übernachten (siehe Karte S. 871)

***** Adria (11)**, rechter Hand vom Bahnhof, gute Ausstattung, da vor einiger Zeit renoviert, schöne Zimmer mit TV. DZ mit Bad ca. 90–120 €, Parken 13 €. Via Luigi Zuppetta 10, ✆ 080/5246699, 📠 5213207, www.adriahotelbari.com.

***** Costa (10)**, modern eingerichtete Zimmer mit TV. DZ mit Frühstück ca. 77–90 €, mit Etagendusche ca. 60–70 €. Via Crisanzio 12 (im dritten Stock), ✆/📠 080/5219015, www.hotelcostabari.com.

**** Giulia (10)**, hübsch ausstaffiert und familiär geführt. DZ mit Bad und Frühstück ca. 75 €, mit Etagendusche ca. 65 €. Via Crisanzio 12 (im ersten Stock), ✆ 080/5216630, 📠 5218271, www.hotelpensionegiulia.it.

B & B La Uascézze (2), zwei komfortable Altstadt-Apts. mit allen Schikanen, Zimmer sind etwas dunkel, Inhaber führt das gleichnamige und ebenfalls empfehlenswertes

Apulien Karte S. 850/851

Ristorante in der Nachbarschaft. DZ ab 80 €. Vico Sant'Agostino 20, ✆ 320/0318334, www.lauascezze.com.

• *Camping* **Baia San Giorgio (6)**, direkt an der Küste, etwa 10 km südöstlich vom Zentrum, zu erreichen über die SS 16. Einer der wenigen Plätze, die ganzjährig geöffnet sind. Lang gestrecktes Gelände direkt an der niedrigen Klippenküste mit Bademöglichkeit, Schatten durch Eukalyptusbäume, Vermietung von Trulli-Hütten, Ristorante/Pizzeria, Market, Tennis. Ideal für Autofahrer, die nicht nach Bari reinfahren wollen: gute Verbindung ins Zentrum, mit dem Bus 12 bis Hauptbahnhof. Via Michelangelo Interesse 80, ✆ 080/5494027, 📠 5497259, www.baiasangiorgio.it.

Essen & Trinken

In den langen Geschäftsstraßen der Neustadt gibt es kaum Restaurants, dafür massenhafte Stehcafés, Gelaterie etc. In der Altstadt findet man dagegen einige äußerst authentische Trattorien. Große Fischmarkthalle an der Piazza Ferrarese.

• *Neustadt* **Terranima (7)**, gepflegte Osteria im Geschäftsviertel, hübsch folkloristisch aufgemacht, fantasievolle apulische Küche, auch viel Vegetarisches. Menü ab ca. 25 €. So-Abend geschl. Via Putignani 213, ✆ 080/5219725, www.terranima.com.

La Taverna Verde (8), hinter dem Teatro Petruzzelli in Meeresnähe. Großes, bekanntes Lokal mit guter apulischer Küche. Menü ca. 20 € aufwärts. So geschl. Largo Adua 19, ✆ 080/5540870.

El Pedro (5), brauchbares Self-Service-Restaurant, nur mittags geöffnet, So geschl. Via Piccini 152, ✆ 080/5211294.

• *Altstadt* **Al Pescatore (1)**, beliebtes Fischlokal mit stets frischem Angebot am Castello Svevo, hübsch aufgemacht, große Terrasse, zur Straße hin durch Blätterwerk geschützt. Menü ca. 30 € aufwärts. Piazza Federico II di Svevia 6, ✆ 080/5237039, www.ristorantealpescatorebari.com.

Vini e Cucina (4), am Beginn der Altstadt, urige Nachbarschaftstrattoria, hinten ein einfaches Gewölbe, schlicht aufgemacht und preiswert. Nur abends, So geschl. Strada Vallisa 23.

TIPP! Antica Osteria delle Travi (3), am kleinen Platz Largo Chiurlia, Verlängerung der Via Sparano di Bari, beim Eingang in die Altstadt gleich links. Kleine Trattoria in hübscher Lage, abends allerdings etwas düstere Umgebung. Althergebrachte apulische Küche, alles sehr lecker und preislich erfreulich. Seit über hundert Jahren in Besitz derselben Familie. August und Mo geschl. Largo Chiurlia 12, ✆ 339/1578848.

• *Cafés* Nicht gerade üppige Auswahl, am Corso Vittorio Emanuelle II wird man am ehesten fündig.

Gran Caffè (9), am breiten Corso Cavour 121, weit und breit das einzige Straßencafé, stolze Preise.

Batafobrle La Puglia (7), gehört zur Osteria Terranima, kulturhistorische Dekoration, klein und gemütlich. Via Putignani 213.

Neu gestaltet wurde in den letzten Jahren das früher heruntergekommene Gebiet um die **Piazza Ferrarese** und die **Piazza Mercantile**, seitdem haben sich viele neue Cafés und Pubs angesiedelt.

Sehenswertes

Neustadt

Die Neustadt mit ihren streng geometrischen Straßenzügen wird abends zur gleißenden Shopping-Line, am Corso Cavour ballen sich zusätzlich zahllose Straßenstände. Die weitgehend zur Fußgängerzone ausgebaute *Via Sparano da Bari* ist neben dem Corso Cavour die Hauptschlagader der Konsum-City. Sie beginnt am Bahnhof und durchzieht den Palmenpark an der Piazza Umberto I mit dem *Palazzo Ateneo*, in dem die Universität ihren Sitz hat. Das eindrucksvolle *Teatro Petruzzelli* am Corso Cavour brannte im Oktober 1991 völlig aus und wurde nach Abschluss der Restaurierungsarbeiten im Dezember 2009 feierlich wiedereröffnet. Die *Pinacoteca Provinciale* im Palazzo della Provincia am Lungomare Nazario Sauro ist die umfangreichste Gemäldesammlung Apuliens und zeigt hauptsächlich Werke

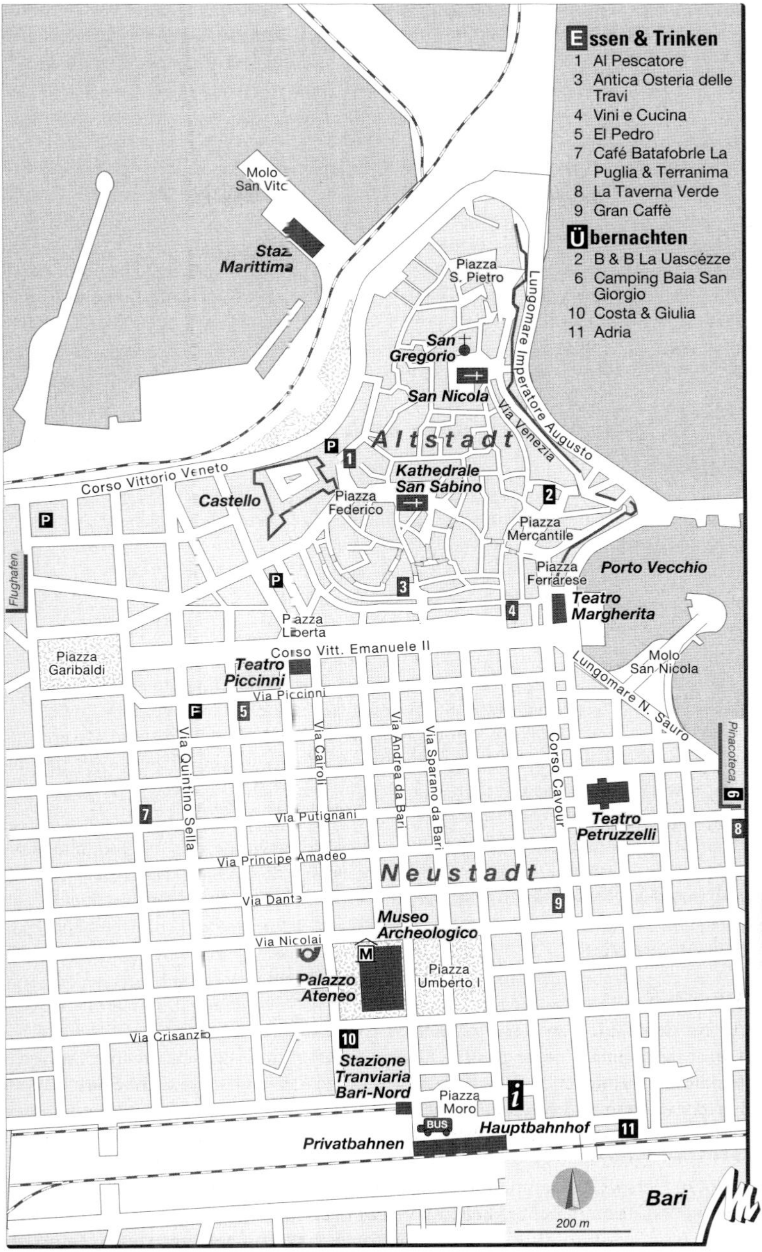

Apulien Karte S. 850/851

süditalienischer Künstler. Auf der Hafenmole *Molo San Nicola*, kurz vor dem Eingang zum Centro storico, findet täglich ein turbulenter *Fischmarkt* statt, die sehenswerte *Fischmarkthalle* befindet sich an der Piazza Ferrarese am Beginn der Altstadt.

Öffnungszeiten/Eintritt **Pinacoteca Provinciale**, Di–Sa 9–13, 16–19, So 9–13 Uhr, ca. 2,60 €.

Altstadt

Über den breiten Corso Vittorio Emanuele gelangt man mit wenigen Schritten in eine völlig andere Stadt – größer kann ein städtebaulicher Gegensatz kaum ausfallen. Immerhin wurde das Gebiet um die *Piazza Ferrarese* und die *Piazza Mercantile* in den letzten Jahren aufwändig saniert, seitdem kann man sich hier auch wieder abends aufhalten. An der Piazza Mercantile mit täglichem Vormittagsmarkt beginnen die engen Gässchen des Centro storico, das auf eine weit vorspringende Halbinsel gebaut ist. Dunkle Torbögen, knatternde Mopeds, immer wieder landet man in Sackgassen – ein Gewirr von Häusern und Wegen, das abends im Schein der diffusen Lampen zum unheimlichen Labyrinth wird.

In der Altstadt unbedingt zu jeder Tageszeit auf Umhängetaschen, Kameras etc. aufpassen. Jugendliche „scippatori", hier auch „topini" (Mäuse) genannt, brausen auf ihren Mopeds vorbei und entreißen arglosen Passanten ihre Habseligkeiten. Allerdings hat die Polizeipräsenz in den letzten Jahren stark zugenommen und die Straßenräuber haben kein leichtes Spiel mehr. Nachts sollte man die Altstadt trotzdem besser meiden!

Kathedrale San Sabino: massiver Block mitten im Gassengewirr des Centro storico, hat sich seit dem 12. Jh. ihr mittelalterliches Aussehen perfekt bewahrt. Es dominiert der strenge Stil der apulischen Romanik, kaum barocker Zierrat. Links und rechts vom Hauptschiff zwei schöne Galerien, auch Reste eines alten Fußbodenmosaiks sind noch erhalten. In der Krypta die byzantinische Ikone der *Panagia Odigitria*, die vor den Bilderstürmern aus dem Osten gerettet wurde und als größtes Heiligtum Baris verehrt wird. Linker Hand kann man die Leiche von Santa Colomba bestaunen, einer spanischen Märtyrerin, die 273 im Alter von 17 Jahren in Frankreich getötet worden sein soll.

Basilica di San Nicola: ebenso mächtig wie die Kathedrale, aus fast weißem Kalkstein. Ende des 12. Jh. erbaut, um die Gebeine des Bischofs *Nikolaus von Myra* an der türkischen Südküste aufzunehmen, auf den unsere Nikolaus-Geschichte zurückgeht. Kaufleute aus Bari hatten um 1087 die Reliquien des verehrten Schutzpatrons der Seeleute aus der Türkei entführt und kamen damit den Venezianern zuvor, die dasselbe vorhatten. Alljährlich am 8. Mai wird dieser gelungene Coup mit einer großen Bootsprozession gefeiert (jedoch halten sich ernst zu nehmende Gerüchte, dass die Italiener den falschen Sarg erwischt haben).

Das ausgesprochen festungsartige Äußere täuscht nicht – der rechte Turm gehörte wirklich ursprünglich zu einem Kastell. Durch das reichhaltig geschmückte Hauptportal gelangt man ins Innere, gleich rechter Hand liegt das *Museo Nicolaiano* mit Geschenken an den Heiligen, Urkunden und den Resten der Kiste, in der die Gebeine des heiligen Nikolaus ihren Weg nach Bari gefunden haben. Die reich verzierte, barocke Holzdecke stammt aus dem 17. Jh., der Altar ist mit einem prächtigen Baldachin überdacht, dahinter steht auf einem byzantinischen Mosaikboden ein wertvoller *Bischofsthron* (11. Jh.), dessen Sitzfläche von schmerzverzerrten Menschlein getragen wird. Die angeblichen Überreste von „Santa Claus" befinden sich in der

Krypta, ein viel besuchtes Pilgerziel nicht nur für Italiener, inzwischen wurde auch eine griechisch-orthodoxe Kapelle eingerichtet. Der Kirchenvorplatz ist weiträumig umbaut, durch einen Durchgang kommt man zur Ringstraße, die die Altstadt auf der Meerseite umgibt.

Monastero di Santa Scolastica: Der wehrhafte Komplex in der Nähe der Piazza San Pietro geht zurück auf das 12. Jh. Sehenswert im Kircheninnern ist der Barockaltar aus farbigem Marmor. Das ehemalige Kloster beherbergt heute Einrichtungen der Universität. Wann dort das wichtige *Museo Archeologico* für das Publikum wieder eröffnet wird, steht in den Sternen: Die Sammlung enthält Ausgrabungsobjekte aus ganz Apulien, der Schwerpunkt liegt auf der griechisch-römischen Antike.

Castello Normanno-Svevo: vom Stauferkaiser Friedrich II. an der Stelle eines normannischen Wehrbaus mit trapezoidförmigem Grundriss erbaut. Mit seinen starken Bastionen hinter einem breiten Graben wirkt es von außen beeindruckender als innen. Nur ein Teil ist öffentlich zugänglich, der Rest von der Stadtverwaltung in Beschlag genommen. Schön ist der große Innenhof, außerdem ist eine *Gipsoteca* mit Rekonstruktionen reichhaltig verzierter Portalreliefs apulischer Kirchen zu betrachten.

Öffnungszeiten/Eintritt Do–Di 9–19 Uhr, Eintritt ca. 2 €.

Bari/Umgebung

Von Bahnhof in Bari kann man mit der „Ferrovia Tranviaria Bari Nord" gemütlich ins nahe Bitonto und weiter nach Ruvo di Puglia fahren, wo man allmählich ins Gebiet der Murge kommt. Die Stationen liegen jeweils etwa 1 km außerhalb des Zentrums.

Bitonto: ländlich geprägte Provinzstadt inmitten völlig flacher Landschaft mit Olivenbaumkulturen, Bitonto produziert einen Großteil des apulischen Öls. Die ausgesprochen hübsche, verwinkelte Altstadt ist für Autos nicht geeignet, vorher abstellen. Den *Dom* muss man etwas suchen, was sich aber lohnt – prächtiger apulisch-romanischer Bau aus weißem Kalkstein mit filigraner Außengalerie, an der linken Seite durch Bögen mit einem benachbarten Palazzo verbunden. Das kunstvoll-arabeske Portal ist flankiert von zwei Löwen und Fabelwesen. Im Inneren bunt bemalte Holzdecke und reich verzierte Kanzel mit Reliefs, die Szenen aus dem Leben Friedrichs II. darstellen. In der großen Krypta Fresken aus dem 14. Jh.

Ruvo di Puglia: hübsches, kleines Städtchen, in dem man gerne mal etwas Zeit verbummelt. Der Dom *Santa Maria Assunta* aus dem 12. Jh. ähnelt dem von Bitonto, herrliche Fassade mit vielen Details, vor dem reich verzierten Portal nahezu vollständig verwitterte Löwen und Fabeltiere auf schmalen Säulen, oben eine zwölfteilige Rosette. Bedeutend ist auch das *Museo Jatta* an der Piazza Bovio mit einer Unmenge gut erhaltener antiker Keramik, entdeckt von Giovanni Jatta Anfang des 19. Jh. in einer nahe gelegenen Nekropole. Prunkstück ist der „Cratere di Talos", eine große attische Vase aus dem 5 Jh. v. Chr.

• *Öffnungszeiten/Eintritt* **Museo Jatta**, Mo–Do, So 8.30–13.30, Fr/Sa 8.30–19.30 Uhr, Eintritt frei.

• *Übernachten* *** **Talos**, von der Besitzerin aufmerksam geführtes Haus, 30 komfortable, gemütliche Zimmer mit TV, gutes Restaurant und Bar. DZ ca. 75–80 €. Via Rodolfo Morandi 12, ✆ 080/3611645, ✆ 3602640, www.hoteltalos.com.

• *Essen & Trinken* **Hostaria Pomponio**, nette, kleine Trattoria in der Altstadt, viel besucht, lecker die *legumi con pasta fresca*, aber auch typische Gerichte auf Fleischbasis und *tiella al forno*, ein Auflauf aus Gemüse, Kartoffeln und Reis. Di geschl. Via Pomponio 3, ✆ 349/4015480, www.pomponio.it.

Apulien Karte S. 850/851

Le Murge

Altamura und Gravina in Puglia, die beiden Hauptorte des bis über 500 m ansteigenden Kalksteinplateaus Le Murge mit seinen verkarsteten Böden und in den höheren Lagen tiefen, canyonartigen Schluchten, bieten sich als Ausflugsziele im ländlichen Inneren Apuliens an. Ohne eigenes Fahrzeug kann man die 50 km von Bari auch bequem mit der „Ferrovia Apulo-Lucane" fahren.
Das moderne *Archäologische Museum* von *Altamura* (Via Santeramo 88) präsentiert Funde von der Frühgeschichte bis zum Mittelalter. Interessant ist vor allem die prähistorische Abteilung mit einer Dokumentation zum „L'uomo di Altamura", dem etwa 250.000 Jahre alten Skelett eines Neandertalers, das 1993 in einer schwer zugänglichen Tropfsteinhöhle in der Nähe der Stadt entdeckt wurde. Da die Knochen völlig von Tropfstein überwachsen und versintert sind, können sie vom Fundort nicht entfernt werden. Einmalig für Apulien ist außerdem der so genannte „Osso a globuli", ein mit geometrischen Zeichen verzierter Knochen aus dem 2. Jt. v. Chr., wie man sie mehrfach in Troja (Kleinasien) gefunden hat.
12 km westlich von Altamura liegt *Gravina in Puglia* über einer tiefen Schlucht (Gravina), in deren Höhlen sich schon in frühesten Zeiten die Einheimischen vor fremden Invasoren versteckten. Ähnlich wie in Matera (→ Basilikata) wurden sie bis ins 20. Jh. für Wohnzwecke genutzt. Besichtigen kann man die mächtige *Kathedrale* mit dem *Museo di Arte Sacra*, das neue *Museo Civico Archeologico* mit eindrucksvoll rekonstruierten Kriegergräbern aus dem 5. Jh. v. Chr. und die nahe gelegene *Chiesa del Purgatorio* mit Verzierungen in Form von Knochen und Totenschädeln über dem Portal. Danach kann man zur tief in den Tuff gegrabenen Höhlenkirche *San Michele delle Grotte* hinuntersteigen. Hier sind noch Reste byzantinischer Fresken erhalten, im Ossario werden außerdem die Knochen der Menschen aufbewahrt, die 983 bei einem Sarazenenüberfall getötet wurden.

• *Öffnungszeiten/Eintritt* **Archäologisches Museum Altamura**, Di–Fr 8.30–19.30, Sa/So 8.30–13 Uhr, Eintritt ca. 2 €.
Museo di Arte Sacra, Di–So 9–13, 17–20 Uhr, Eintritt frei.
San Michele delle Grotte, nur mit Führung, Auskunft im Museo di Arte Sacra.

• *Übernachten/Essen & Trinken* Ordentlich unterkommen kann man im *****-Hotel Svevia** in Altamura (Via Matera 2/a, ✆ 080/3111742, DZ mit Frühstück ca. 105 €), gut essen in der **Osteria di Salvatore Cucco** in Gravina in Puglia (Piazza Pellicciari 4, So-Abend und Mo geschl., ✆ 080/3261872).

Trulli-Region

In der sanft hügeligen Landschaft des Valle d'Itria um Alberobello und Locorotondo liegt eine der großen Sehenswürdigkeiten des Südens – über viele Quadratkilometer ein ganzer Wald von eigenartigen, oft blendend weiß gekalkten Häuschen, so genannten Trulli, die oben pyramidenförmig spitz zulaufen.

Wie Zipfelmützen ragen sie überall aus den grünen Olivenplantagen und Weinfeldern, z. T. schlichte Bauernhäuser aus rohem Feldgestein, z. T. kunstvoll gemauerte Landwohnsitze. Oft sind mehrere Trulli zu ganzen Komplexen verbunden. Sie haben große Ähnlichkeit mit Hirtenhütten und reichen in ihren Ursprüngen vielleicht bis in prähistorische Zeiten zurück. Die Trulli, die heute hier stehen, sind aber höchstens 200 Jahre alt. Traditionell wurden sie ohne Mörtel aus übereinander geschichteten Steinen errichtet – so konnte man Grundsteuern sparen, denn diese wurden nur für fest gemauerte Häuser eingezogen.

Es lohnt sehr, mit Auto oder Bahn das fruchtbare Land zu durchfahren, immer wieder hat man eindrucksvolle Perspektiven. Allerdings sind die Trulli mittlerweile weltweit bekannt. Spätestens seit die UNESCO sie Mitte der Neunziger ins Weltkulturerbe aufgenommen hat, gehören sie zum touristischen Pflichtprogramm in Süditalien. Entsprechender Andrang herrscht den ganzen Sommer über.

• *Anfahrt/Verbindungen* Die Privatbahn **Ferrovia del Sud-Est** durchquert das Valle d'Itria und die Trulli-Region auf ihrem Weg von Bari nach Taranto an der Sohle des Stiefels. Wichtige Stationen sind Grotte di Castellana Grotte, Putignano, Alberobello, Locorotondo und Martina Franca.

Grotte di Castellana: 2 km außerhalb der Stadt *Castellana Grotte*, an der Straße nach Putignano, liegt eine Landschaft bizarrer Kalksteinfelsen. Tief verborgen erstreckt sich darin eine der schönsten Grotten des Stiefels, die erst 1938 entdeckt wurde. Zugänglich sind heute etwa 1,6 km des unterirdischen Höhlensystems, Besichtigung im Rahmen einer kurzen (1 km, 50 Min.) oder langen Führung (3 km, 2 Std.). Beide beginnen im größten Höhlenraum namens *La Grave*, zu erreichen per Aufzug oder auf einer Treppe mit nahezu 300 Stufen. Am beeindruckendsten ist die weiß schimmernde *Grotta Bianca*, die nur im Rahmen der längeren Führung besichtigt wird.

• *Anfahrt/Verbindungen* Von Bari fährt die **Ferrovia del Sud-Est** etwa 15-mal täglich die Strecke über **Grotte Castellana** nach Taranto. 4-mal davon hält sie an der folgenden Station **Grotte di Castellana**, von dort sind es noch etwa 300 m bis zum Grotteneingang. Vom Stadtbahnhof sind es etwa 2 km.

• *Öffnungszeiten/Eintritt* **Kurze Führung**, Mitte Okt. bis Mitte März 9.30–12.30 Uhr stündlich. Mitte März bis Mitte Okt. 8.30–12.30 stündlich, 13 Uhr, 14.30–18.30 stündlich und 19 Uhr. Eintritt ca. 10 €, Kinder (6–14 J.) 8 €.

Lange Führung, Mitte Okt. bis Mitte März 10 und 12 Uhr. Mitte März bis Mitte Okt. 9–12 und 15–18 Uhr stündlich. Eintritt ca. 15 €, Kinder (6–14 J.) 12 €. ✆ 080/4998211, www.grottedicastellana.it.

Hausskulpturen im Trulli-Land

Apulien Karte S. 850/851

Alberobello

Die geschäftstüchtige Hauptstadt der Trulli besitzt weit über tausend „Hexenhäuschen", die zwei eigene Viertel bilden, Rione Monti und Rione Aia Piccola.

Rione Monti liegt steil im Süden der Stadt und ist erster Anlaufpunkt aller Besucher. In langen Schlangen schiebt man sich durch die Gässchen, die Häuschen sind voller Souvenirs oder wurden zu Weinstuben und folkloristischen Restaurants verwandelt – trotzdem sehenswert. Rione Aia Piccola im Osten ist authentischer geblieben, hier werden die Trulli nach wie vor zum Wohnen genutzt. Der einzige zweistöckige Trullo ist der *Trullo Sovrano* hinter der Kirche SS. Medici Cosma e Damiano am Ende des Corso Vittorio Emanuele. Ausgangspunkt für einen Bummel durch die gepflegte Neustadt ist die hübsche *Piazza del Popolo*. Nicht weit entfernt liegt das *Museo del Territorio*, das Einblick gibt in die Wohnkultur der Trulli und die bäuerliche Arbeitswelt der letzten Jahrhunderte.

• Öffnungszeiten/Eintritt **Trullo Sovrano**, April bis Okt. tägl. 10–19 Uhr, sonst bis 18 Uhr, Eintritt ca. 1,50 €.

Museo del Territorio, tägl. außer Mo 10–13, 15.30–19 Uhr, Eintritt ca. 3 €.

• Information **Ufficio Turistico** an der Piazza Ferdinando IV, u. a. werden Führungen und Unterkünfte vermittelt. ✆ 080/4325171, www.tuttoalberobello.it.

Pro Loco im Trulli-Viertel, Via Monte Nero 1, ✆ 080/4322822, www.prolocoalberobello.it.

• Übernachten *** **Lanzillotta**, nettes Haus an der zentralen Piazza mit gepflegten Zimmern, Parkplatz und passablem Restaurant. DZ mit Frühstück ca. 70–90 €. Piazza Ferdinando IV 30, ✆ 080/4321511, 📠 4325355, www.hotellanzillotta.

*** **Casa Sant'Antonio**, nüchterne Herberge in einem ehemaligen Kloster im Trulli-Stil, bezaubernde Lage am oberen Ende des Rione Monti. DZ mit einfachem Frühstück 60–80 €. Via Isonzo 8a (neben der Chiesa S. Antonio), ✆/📠 080/4322913, www.santantonioalbergo.it.

Trullidea, originell wohnen in verschiedenen Trulli im Dorf, DZ mit Frühstück ca. 95–112 €. Via Monte San Gabriele 1, ✆/📠 080/4323860, www.trullidea.it.

Camping dei Trulli, an der Landstraße nach Castellana Grotte (1,5 km), schöner, schattiger Platz mit Pool. Ganzjährig. ✆ 080/4323699, 📠 4322145, www.campingdeitrulli.com.

• Essen & Trinken **La Cantina**, kleine, ganz zentral gelegene Trattoria, sehr gemütlich und beliebt, authentische Küche, hausgemachte Pasta, leckere Grillgerichte. Di geschl. Vico Lippolis 9, Corso Vittorio Emanuele. ✆ 080/4323473, www.ilristorantelacantina.it.

Trullo del Conte, lokale Spezialitäten und Pizza in einem schönen Hoflokal in der Nähe der Chiesa di Sant'Antonio. Di geschl. Via Cadore 1, ✆ 080/4322124, www.trullodelconte.it.

Locorotondo

Ein strahlend weißer Häuserkranz thront auf einer Hügelspitze, im Umkreis bedecken Weinterrassen die Hänge.

In der „città del vino bianco" stehen nur wenige Trulli, charakteristisch sind vielmehr die zahlreichen kleinen *Giebelhäuser*, die dem äußerst gepflegten Zentrum fast musealen Charakter verleihen. Große Sehenswürdigkeiten gibt es nicht, aber ein geruhsamer Bummel macht

Spaß, da wesentlich weniger Rummel herrscht als in Alberobello. Üppiges Grün schmückt überall die weißen Fassaden. Am höchsten Punkt, vor einer Reihe vorbildlich restaurierter Giebelhäuser, die die Etiketten des geschätzten örtlichen DOC-Weißweins zieren, genießt man das herrliche Panorama der weiß-grauen Zipfelmützen im Valle d'Itria.

• *Information* **Pro Loco** an der Piazza Vittorio Emanuele 27. Im Sommer tägl. 10–13, 14–19 Uhr. ✆ 080/4313099, www.prolocolocorotondo.it.

• *Übernachten/Essen & Trinken* ** **Al Casale**, ruhiges, kleines Stadthotel. DZ ca. 51–55 €. Via Gorizia 39, ✆ 080/4311377, www.hotelalcasale.it.

Centro Storico, ausgesprochen gemütliches Altstadtrestaurant mit leckerer lokaler Küche. Mi geschl. Via Eroi di Dogali 6, ✆ 080/4315473.

U'Curdunn, nettes, kleines Lokal in der Nähe der Pfarrkirche San Giorgio, Menü ca. 20–30 €, Mo geschl. Via Dura 19, ✆ 080/4317281, www.ucurdunn.it.

• *Shopping* **Cantina del Locorotondo**, hier kann man die sehr guten Weißweine der Region kaufen. Via Madonna della Catena 99, ✆ 080/4311644, www.locorotondodoc.com.

Martina Franca

ca. 50.000 Einwohner

Die europäische Barockstadt – in exponierter Hügellage eins der interessantesten und schönsten Stadtensembles der Region. Die Altstadt ist vom Allerfeinsten und ein Paradebeispiel dafür, wie der oft schwülstig und überladen wirkende barocke Baustil dezenter eingesetzt werden kann. Weg von protzigen Fürstenpalästen und Adelslogen, hin zur wirklichen „Wohnkultur", die jedem Bewohner zugute kommt.

Von der leicht ansteigenden Piazza XX Settembre gelangt man durch die monumentale *Porta di Santo Stefano* in die Altstadt und betritt die hübsche, palmenbestandene *Piazza Roma* mit dem imposanten *Palazzo Ducale*. Die enge Shoppingzeile Via Vittorio Emanuele führt anschließend zum unerwartet auftauchenden, alles überragenden Dom *San Martino* mit prachtvoller Barockfassade. Ein paar Schritte unterhalb liegt die wunderschöne halbrunde *Piazza Maria Immacolata* mit rundum laufenden Säulengang. Hier beginnt ein völlig verschlungenes Netz von Pflastergassen, in dem man sich am besten treiben lässt, um irgendwann irgendwo wieder herausgespült zu werden. Die Häuser niedrig, weiß oder pastellfarben, barocke Formen spielerisch verfeinert auf höchstem Niveau. Fensterumrahmungen mit eleganten Skulpturen, weich geschwungene Balkongitter, Lampenfassungen in Blumenform – das Ganze wohlgemerkt keine Adelsbehausungen, sondern schlichte Wohnhäuschen, wo die Mammas vor der Tür sitzen und alle Fremden neugierig mustern. Alles wirkt wie aus einem Guss, ein urbanes Gesamtkunstwerk, wie man es in der europäischen Stadtarchitektur nur noch selten findet.

Apulien Karte S. 850/851

• *Anfahrt/Verbindungen* **Pkw**, gebührenpflichtige Parkplätze im Bereich der Piazza XX Settembre.

Bahn, Knotenpunkt der Ferrovia del Sud-Est, Bahnhof südwestlich der Neustadt, zur Altstadt geht es den Viale della Libertà hinauf.

• *Information* **AAST** im Palazzo Ducale, Piazza Roma 37, ✆ 080/4836283, 4805706, www.martinafrancatour.it

• *Übernachten* **** **Park Hotel San Michele**, herrschaftliche Villa im Stadtpark, 85 komfortable Zimmer, Ristorante und Pool. DZ ca. 110 €. Viale Carella 9, ✆ 080/4807053, 4808895, www.parkhotelsanmichele.it.

TIPP! **Villaggio In**, nahezu 50 geschmackvoll eingerichtete Apartments für 2–6 Pers., verstreut in der ganzen Altstadt. Gut essen kann man im Ristorante „In" (→ Essen & Trinken). Preis für 2 Pers. ca. 75–85 €, auf Wunsch mit Roomservice, kein Frühstück. Via Arco Grassi 8, ✆ 080/4805911, 4805017, www.villaggioin.it.

• *Essen & Trinken* **In**, gehobene Küche im eleganten Rahmen, romantische Panoramaterrasse. Menü ca. 25–30 €. Mo geschl. Via Arco Grassi 23, ✆ 080/4805021.

La Tavernetta, am Beginn der Altstadt, nette, kleine Trattoria mit erträglichen Preisen. Mo geschl. Via Vittorio Emanuele 30, ✆ 080/4306323.

Ai Portici, hervorragende lokale Küche im Zentrum der Altstadt, gehobenes Preisniveau. Mi geschl. Piazza Maria Immacolata 6, ✆ 080/4801702.

Küste von Bari nach Brindisi

Zunächst fast durchweg flache Klippenküste, eingelagert jedoch viele kleine Buchten, vor allem hinter Monopoli. Schöne Dünenstrände bei Torre Canne und Marina di Ostuni. Im Hinterland endlose Ölbaumpflanzungen und rostbraune Felder, viel Agriturismo. Sehenswert sind vor allem Polignano a Mare, die Ausgrabung von Egnazia und die Hügelstadt Ostuni.

In Bari endet die Autobahn, weiter geht es auf der vierspurigen Schnellstraße SS 16, wo es wegen erheblichem LKW-Verkehr oft reichlich zäh vorangeht, Meer in Sichtweite. Die Bahnlinie verläuft meist etwas weiter landeinwärts und durchzieht in den Orten nur die Außenbezirke, Bahnhöfe meist ein gutes Stück außerhalb vom Zentrum. Im Einzugsbereich von Brindisi viel Industrie.

Polignano a Mare: Das Städtchen thront auf hohen Kalksteinklippen über dem Meer. Die schmalen Gassen der schneeweiß getünchten Altstadt führen an verschiedenen Stellen zu spektakulären Aussichtsplattformen. Die tief ins Felsinnere verzweigte *Grotta Palazzese* ist von dem gleichnamigen Hotel-Restaurant überbaut. Vom Molo Lungo kann man Ausflugsfahrten entlang der Küste mit zahlreichen spektakulären Höhlen machen.

• *Anfahrt/Verbindungen* Der Bahnhof liegt ungünstig in der Neustadt.

• *Übernachten/Essen & Trinken* **** **Grotta Palazzese**, First-Class-Hotel direkt über der gleichnamigen Grotte, einzigartig ist das teure Höhlenrestaurant des Hauses mit seiner geradezu suggestiven Atmosphäre (nur Mai bis Sept.). DZ mit Frühstück ca. 120–200 €. Via Narciso 59, ✆ 080/4240677, ℻ 4240767, www.grottapalazzese.it.

B & B Dei Serafini, reizendes Privatlogis in der Altstadt, familiär und freundlich, nur neun unterschiedlich eingerichtete Zimmer. DZ mit Frühstück ca. 75–120 €. Piazza Vittorio Emanuele 43, ✆ 349/5776033, www.bebdeiserafini.com.

Monopoli: mittelgroße Hafen- und Industriestadt mit einem Hafenviertel voller Atmosphäre. Das Kastell, errichtet unter den spanischen Habsburgern, schützte die Stadt gegen die Türken. Auch die barocke Kathedrale ist sehenswert. In den frühen Abendstunden findet der größte Fischmarkt der Region statt. Mehrere Campingplätze liegen südlich der Stadt.

Öffnungszeiten **Castello Carlo V**, tägl. 10–12, 18–20 Uhr, Eintritt frei.

Egnazia: an der Küstenstraße südlich von Monopoli liegen die weitläufigen Ausgrabungen einer messapischen Stadt, die im 3. Jh. v. Chr. von den Römern übernommen und ausgebaut wurde. Die römische Heerstraße Via Traina führt durch den Ort. Zu sehen sind u. a. eine fast 2 km lange Befestigungsmauer aus dem 5. Jh. v. Chr., ausgedehnte Ruinenfelder, zwei frühchristliche Basiliken und ein gut konzipiertes *Archäologisches Museum*.

Öffnungszeiten/Eintritt Museum tägl. 8.30–19 Uhr, die Ausgrabungsstätte schließt eine Stunde vor Sonnenuntergang, Eintritt ca. 3 €.

Fasano: Bei der Stadt liegt „Fasanolandia“, der größte Safaripark Italiens, wo sich zwischen großen Olivenbäumen Giraffen, Zebras und andere afrikanische Wildtiere tummeln. Vor allem für Kinder ein Erlebnis. Man fährt mit dem Auto durch.

Öffnungszeiten/Eintritt **Fasanolandia**, März bis Sept. tägl. 9.30–16/17/17.30 Uhr (So ab 9 Uhr), Okt./Nov. 10–16 Uhr, ca. 19 €/Pers., Kinder unter 4 J. frei. ✆ 080/4414455, www.zoosafari.it.

Torre Canne: Thermalbad mit langem Sandstrand, beste Bademöglichkeiten zwischen Bari und Brindisi. Der gut ausgestattete Camping „Le Dune" (****) liegt südlich vom Ort (✆ 080/4829810, ✉ 4829795, www.villaggioledune.com), Dünenstrand unmittelbar davor.

Marina di Ostuni: ausufernde Feriensiedlung mit schönem Dünenstrand und gutem Familiencamping „Pilone" mit Pool und grünen Rasenflächen am Strand (✆ 0831/350135, ✉ 350224, www.campingpilone.it).

Ostuni

ca. 34.000 Einwohner

Große Hügelstadt wenige Kilometer von der Küste, genannt „Città bianca" (weiße Stadt). Wenn man sich irgendwo in Süditalien nach Griechenland versetzt fühlt, dann hier: In der weitläufigen Neustadt ziehen sich lange schnurgerade Gassen in perfektem Weiß, eng um einen steilen Hügel drängt sich dagegen die ebenso weiße Altstadt, deren mittelalterliche Struktur samt Resten der Stadtmauer mit Rundtürmen so gut wie unversehrt erhalten ist.

Am Fuß der Altstadt die große *Piazza Libertà* mit einem 21 m hohen Obelisken, gekrönt von der Statue des San Onofrio. Hier beginnt der steile Aufstieg zum barocken *Dom*, der dominierend die Hügelspitze beherrscht, eingebunden ins Häusergewirr. Sehr beachtenswert seine filigrane Rosette, das Innere ist weniger attraktiv. Im Anschluss zielloser Bummel durch das wunderschön verwinkelte Labyrinth mit weißen Treppen, verzweigten Gewölben und schmalen Durchgängen, im Kontrast dazu die grün gestrichenen Tür- und Fensterrahmen. Wenn nicht immer wieder prächtige Barockportale die Hausfronten schmücken würden, könnte man meinen, sich auf einer der Kykladeninseln zu befinden. Wenige Schritte vom Dom Aussichtspunkt mit wunderschönem Blick über die dunkelgrünen Olivenplantagen zur Küste.

• *Anfahrt/Verbindungen* Ostuni liegt an der FS-Bahnlinie nach Brindisi, Bahnhof einige Kilometer unterhalb der Stadt in der Ebene, Busverbindung ins Zentrum.

• *Information* **IAT**, Corso Mazzini 8, bei der Piazza Libertà (Platz mit Obelisk am Fuß der Altstadt). Mo–Fr 9.30–12.30, 16–19 Uhr, im Sommer auch Sa/So. ✆/✉ 0831/301268.

• *Übernachten* ** **Tre Torri**, korrektes Hotel in zentraler Lage. DZ ca. 45–70 €. Corso Vittorio Emanuele II 298, ✆/✉ 0831/331114, www.hoteltretorri.net.

B & B Nonna Isa, nicht weit vom Stadtpark, DZ ca. 40–75 €. Via Alfieri 9, ✆/✉ 0831/332515, www.nonnaisa.it.

Die Umgebung von Ostuni ist reich an gepflegten Masserie, die Agriturismo anbieten. Nicht wenige wurden zu hochpreisigen Luxusdomizilen umgebaut. Zu den erschwinglichen gehören die **Masseria Asciano** an der Straße nach Torre Pozzella (✆/✉ 0831/330712, www.agriturismoasciano.it) und die **Masseria Salinola** an der Straße nach San Michele, die einen Pool besitzt, DZ mit Frühstück ca. 82–100 € (✆/✉ 0831/308330, www.masseriasalinola.it).

TIPP! *** **Novecento**, schöne, alte Villa mit historischem Flair, gut eingerichtete Zimmer mit Klimaanlage und TV, im Garten Pool. DZ mit Frühstück ca. 100–130 €. Contrada Ramunno, 3 km südöstlich außerhalb, ✆ 0831/305666, ✉ 305668, www.hotelnovecento.com.

• *Essen & Trinken* Vor allem am Altstadthügel gibt es einige sehr stimmungsvolle Trattorien.

Osteria del Tempo Perso, hinter der Kathedrale. Stimmungsvolles Lokal in einer ehemaligen Höhlenbäckerei, Eingang zwischen weiß gekalkten Felsen, zwei hübsch eingerichtete Säle. Menü ab 25 €. Nur abends geöffnet, Mo geschl. Via Tanzarella 47, ✆ 0831/303320, www.osteriadeltempoperso.com.

Porta Nova, edles Ristorante mit Panoramaterrasse im Rundturm eines ehemaligen Stadttors, prächtiger Blick über Olivenhaine. Menü ca. 30 € aufwärts. Mi geschl. Via Petrarolo 38, ✆ 0831/338983, www.ristoranteportanova.com.

Apulien
Karte S. 850/851

Spessite, untergebracht in einer ehemaligen Ölmühle, authentische Küche zu normalen Preisen. Nur abends geöffnet, Mi geschl. Via Clemente Brancasi 43, ✆ 0831/302866, www.spessite.it.

Vecchia Ostuni, Nähe Piazza della Libertà, nettes Lokal mit solider lokaler Küche. Largo Lanza 9, ✆ 0831/303308.

Brindisi

ca. 95.000 Einwohner

Wer nicht Griechenland ansteuert, macht meist einen weiten Bogen um Süditaliens wichtigsten Fährhafen. Doch die typische, früher stark heruntergekommene Hafenstadt ist sichtlich um ein neues Image bemüht - die Altstadt wird hier und dort restauriert, die Sehenswürdigkeiten sind gut beschildert, die lange Straße, die vom Bahnhof zum Hafen hinunterführt, säumen Palmen und an der mit Platten belegten Piazza Cairoli sprudelt sogar ein Brunnen. Allerdings lebt man nach wie vor vom Durchgangsverkehr, im Sommer gibt es tägliche Abfahrten nach Hellas.

Am Meer unten liegt ein kleiner Palmenpark. Wenn man hier die Straße am Wasser ein Stück nach links geht, kommt man hinter der nächsten Biegung zur breiten Treppe *Scalinata Virgiliana*, an deren oberem Ende die *Colonna Romana* steht, eine hohe römische Säule mit herrlichem Kapitell, die seit gut 2000 Jahren das Ende der antiken Via Appia von Rom markiert (eine zweite wurde nach Lecce gebracht, siehe dort). Am selben Platz soll der Dichter Vergil gestorben sein, eine marmorne Gedenktafel erinnert an ihn. Blickfang gegenüber der Hafenmole ist das überdimensionierte *Monumento al Marinaio*, 1933 zu Ehren der Gefallenen des Ersten Weltkriegs errichtet, 52 m hoch und einem Steuerruder nachgeformt. Fährboote setzen ständig über (Abfahrt etwas nördlich von der römischen Säule), ein (nicht immer funktionstüchtiger) Aufzug fährt im Inneren zur Spitze hinauf, fantastischer Blick auf Hafen und Küste.

Im alten Zentrum steht der ursprünglich romanische *Dom*, der 1746 durch ein Erdbeben stark beschädigt wurde und seit 2010 wieder im frisch restaurierten Glanz erstrahlt. Der *Portico dei Cavalieri Templari* aus der Zeit der Kreuzfahrer erhebt sich auf der Dompiazza, das *Museo Archeologico* zeigt Statuen, Sarkophage, Kapitelle, Vasen und andere Keramik aus diversen Ausgrabungen der Provinz. Die „Bronzi di Brindisi" sind zwei Bronzestatuen, die aus dem Meer geholt wurden. Eine weitere wichtige Sehenswürdigkeit ist die Kirche *Santa Maria del Casale*, etwa 4 km nördlich vom Zentrum (gut ausgeschildert) in Richtung Flughafen. Die ungewöhnliche Fassade ist rot-weiß gestreift, im restaurierten Inneren findet man zahlreiche gut erhaltene Fresken, sehenswert ist vor allem das „Jüngste Gericht" an der Eingangswand.

• *Öffnungszeiten/Eintritt* **Museo Archeologico**, Di–So 9–13, Di und Do auch 15.30–18.30 Uhr, Eintritt frei.

Santa Maria del Casale, tägl. 8–12, 16–20 Uhr.

• *Anfahrt/Verbindungen* **Pkw**, ab Bari keine Autobahn, sondern **Staatsstraße**, die weitgehend vierspurig ausgebaut ist, Fährhafen beschildert („Porto").

Bahn, vom **Hauptbahnhof** den Corso Umberto und Corso Garibaldi 1,5 km geradeaus hinunter zum Hafen, viele Züge fahren aber bis zum **Hafenbahnhof** durch. In beiden Bahnhöfen **Gepäckaufbewahrung**, in der Hochsaison aber oft am Rande ihrer Kapazität.

Fähren, mehrmals täglich gehen verschiedene Fährlinien über Korfu und Igoumenitsa nach Patras und zurück, Abfahrt meist abends.

Flug, der Aeroporto Papola Casale liegt 5 km nördlich der Stadt und wird auch von Billigfliegern aus Deutschland angeflogen. Busverbindungen nach Brindisi und Lecce (www.seap-puglia.it).

• *Information* **AAST** am Lungomare Regina Margherita 44, am Hafen, nicht weit von der römischen Säule. Tägl. 8.30–12.30, 15–20.30 Uhr. ✆ 0831/562126, 📠 562149, www.brindisiweb.com.

• *Übernachten* *** **La Rosetta**, Nähe Piazza del Popolo, modernes Stadthotel mit viel

Marmor. DZ mit Frühstück ca. 80–100 €. Via San Dionisio 2, ✆ 0831/590461, 563110, www.hotelbrindisi.it/rosetta.

*** **Regina**, in der Altstadt, Nähe Bahnhof. Äußerlich hässlich, aber freundlicher Empfang, Garage gegenüber, Zimmer recht unterschiedlich. Viele Russen als Dauergäste, was die Atmosphäre prägt. DZ mit Frühstück ca. 90 €. Via Cavour 5, ✆ 0831/562001, 563883, www.hotelreginaweb.com.

Ostello della Gioventù Carpe Diem, 2 km nördlich vom Zentrum. Stadteigenes Hostel in einem Bau der dreißiger Jahre, im Sommer oft voll, internationale Atmosphäre, abgewohnt. Mehrbettzimmer und DZ, Bus 3 oder 4 ab Hbf. oder 15 Fußminuten, bei Anruf auch Abholung am Hafen oder Bahnhof. Übernachtung mit Frühstück ca. 15 €, im DZ ca. 20–25 €. Via Nicola Brandi 4, ✆ 338/3235545, www.hostelcarpediem.it.

• *Essen & Trinken* **Pantagruele**, nettes Plätzchen in der Altstadt, leckere Antipasti und Primi. Menü 25 €. Sa/So geschl. Via Salita di Ripalta 1, ✆ 0831/560605.

Il Pescatore laccato, authentische Fischtrattoria am Lungomare, nicht überteuert. Mi geschl. Via L. Flacco 32, ✆ 0831/524084.

Salento-Halbinsel

„Land's End“ von Apulien. Welliges Kalkplateau mit rostbrauner Erde, unzähligen Steinmäuerchen und tausenden pyramidenförmiger Bauern- und Hirtenhäuschen. Die Küste meist niedrig, im Osten bizarr zerrissen mit zahlreichen Grotten, lange Dünenstrände und Pinienwälder im Westen, zum Teil reichlich verbaut mit Ferienhäusern.

Die Salento-Umrundung mit Stopp in Santa Maria di Leuca, dem äußersten Südkap Apuliens, muss nicht sein – stattdessen von Lecce rüber nach Gallipoli oder Otranto. Weiter südlich nur noch wenig, was reizt, in der Nebensaison außerdem so gut wie tot.

Lecce

ca. 95.000 Einwohner

Wichtigste Stadt des Salento und kultureller Höhepunkt. Berühmt für seine zahlreichen Barockbauten, die im 17. Jh. unter der Herrschaft der Spanier entstanden. Vor allem die zahlreichen Kirchen schwelgen in prächtigen Verzierungen und Ornamenten – der goldgelbe Sandstein „Pietra Leccese“ ist extrem leicht zu bearbeiten, verfällt aber auch genauso leicht. Dementsprechend stehen die von Abgasen mitgenommenen Monumente häufig unter Restaurierung.

Ein architektonischer Höhepunkt ist die Kirche Santa Croce mit ihrer fantastischen Fassade, deren grundlegende Restaurierung Anfang der Neunziger abgeschlossen wurde. Auch einige römische Relikte sind in Lecce erhalten, darunter ein großes Amphitheater mitten im Zentrum. Insgesamt ist das Stadtbild aber nicht unbedingt so betörend, wie man manchen Reiseführern entnehmen kann. Historische Beinamen wie „Athen Apuliens“ oder „Florenz des Barocks“ kann man nur noch schwer nachvollziehen. Die Altstadt wirkt heute eher düster und ist mit neuen Betonbauten durchsetzt, der Barock zeigt sich pompös und von oft sehr vordergründiger Äußerlichkeit und Schwere, in der sich der Machtanspruch der spanischen Vizekönige widerspiegelt. Wenn man sehen will, wie sich Barock auch „demokratisch“ einsetzen lässt, sollte man nach Martina Franca fahren (→ S. 887). Nichtsdestotrotz erstrahlt Lecce vor allem nachts in großartiger Pracht.

Anfahrt/Verbindungen/Information

• *Anfahrt/Verbindungen* **Pkw**, die 40 km von Brindisi nach Lecce kann man auf der schnurgeraden, autobahnähnlich ausgebauten **SS 613** schnell bewältigen.

Bahn, Lecce ist Endstation der **FS-Bahnlinie**, weiter geht es mit der Privatbahn

Ferrovia del Sud-Est, u. a. nach Gallipoli, Otranto und Gagliano. Der Bahnhof beider Linien liegt 1 km südlich vom Zentrum, am Ende des Viale Oronzo Quarta.

• *Information* **Ufficio informazioni**, in der Altstadt, Via Vittorio Emanuele 24, ✆ 0832/248092, 📠 310238.

Übernachten/Essen & Trinken

• *Übernachten* Lecce besitzt zahlreiche Bed & Breakfast-Adressen.

** **Cappello (16)**, linker Hand vom Bahnhof, die Via Don Bosco entlang und wieder links. Zwar nah an den Gleisen, aber freundlich und sauber. Mit Garage. DZ mit Bad und Frühstück ca. 60 €. Via Montegrappa 4, ✆ 0832/308881, 📠 301535, www.hotelcappello.it

B & B Centro Storico (15), gut ausgestattete Zimmer und Suiten in einem Palazzo des 16. Jh., ansprechend möbliert, TV, Klimaanlage. Schöne, 200 qm große Terrasse und Frühstücksraum. Mauro Bianco gibt gerne Tipps zur Umgebung. DZ mit Frühstück ca. 55–60 €, Apartment ca. 90–100 €. Via Andrea Vignes 2/b (südlich der Piazza Sant'Oronzo), ✆ 0832/242727, 📠 242860, www.bedandbreakfast.lecce.it.

B & B Chiesa Greca (3), in einem alten Palazzo neben der griechisch-orthodoxen Kirche eröffnet. Sehr schön restaurierte Räumlichkeiten, geschmackvoll eingerichtet, Dachterrasse. Kleine Suiten mit Kochgelegenheit für ca. 80–110 €. ✆/📠 0832/302330, www.chiesagreca.it.

B & B Prestige (14), an der Hauptgasse von der Porta Rudiae zum Dom. Gepflegte Zimmer mit Bad und kleinem Balkon. Auch hier eine herrliche Dachterrasse mit Blick auf die benachbarte Kirche San Giovanni Battista. Gutes Frühstück, täglich Reinigung. DZ mit Frühstück ca. 70–90 €. Via Santa Maria del Paradiso 4, ✆ 349/7751290, www.bbprestige-lecce.it.

Camping Namastè (IYHF) (12), ca. 4,5 km nördlich außerhalb an der Straße nach Novoli. Der an einen Biobauernhof angeschlossene Zeltplatz fungiert als Jugendherberge der Stadt. Zelt ca. 8 €, Pers. ca. 5 €, auch einfache Bungalows für ca. 50–60 €. Bus 26 ab Hbf. Erste Julihälfte geschl. ✆ 0832/329647, www.camping-lecce.it.

Ostello del Sole (9), privat geführte Herberge im Pinienwald von San Cataldo am Meer. Das frühere Flüchtlingslager besitzt DZ und kleine Mehrbettzimmer, man kann auf dem Gelände auch zelten. Übernachtung pro Pers. ca. 10–15 €, im DZ ca. 20 €, Zelt ca. 5–6 €. Jan. bis März geschl. ✆ /📠 0832/650890, www.ostellodelsole.it.

Camping Torre Rinalda (1), im gleichnamigen Ort, 15 km nordwestlich (→ Lecce/Baden und Umgebung), viel Grün, weitgehend Rasen, direkter Zugang zum Dünenstrand. Ganzjährig geöffnet. ✆ 0832/382161, 📠 382165, www.torrerinalda.it.

• *Essen & Trinken* **Villa Giovanni Camillo della Monica (6)**, stilvolles Ambiente in einem Palazzo aus dem 16. Jh., hübscher Innenhof. Mittlere Preise. Di geschl. Via Santi Giacomo e Filippo 40, ✆ 0832/458432, www.villadellamonica.it.

Le Zie (2), alteingesessene Trattoria, in der ehrliche Hausmannskost serviert wird (seit 1966). Preislich günstig. So-Abend und Mo geschl. Via Costadura 19, ✆ 0832/245178, www.lezie.it.

Alle due Corti (4), im nördlichen Zentrum. Nette Trattoria mit schönen Sitzgelegenheiten im Gewölbe und Blick auf zwei Corti (Höfe). Speisekarte im lokalen Dialekt. So geschl. Via Leonardo Prato 42, ✆ 0832/242223, www.alleduecorti.com.

Osteria degli Spiriti (8), kleine Osteria mit leckerer lokaler Küche und guter Weinauswahl. So-Abend und Mo-Mittag geschl. Via Battisti 4 (am Stadtpark), ✆ 0832/246274, www.osteriadeglispiriti.it.

Carlo V (7), beliebtes Pizzalokal in schöner Lage, Tische im Freien, Bier vom Fass. Mo geschl. Piazza Falconieri 1, ✆ 0832/243509.

Personè Caffè (5), lobende Leserzuschrift für dieses neu eröffnete Lokal mit Blick auf die Basilica Santa Croce, preiswerte Menüs, Cocktailbar, auch Zimmervermietung (sechs DZ ab 90 € mit Frühstück). Via Umberto I 5/9, ✆ 0832/246302, www.palazzopersone.com.

• *Cafés & Bars* **Il Fornaio (11)**, Café und Bäckerei mit Sitzgelegenheiten drinnen und draußen. Piazza Sant'Oronzo 23.

All'Ombra del Barocco (10), auf der Piazza gegenüber der Chiesa Sant'Irene, gemütlich zum Sitzen.

Corte dei Pandolfi (13), Enoteca mit einer Auswahl an Vorspeisen, über 250 Weine, Grappa und Whisky. Piazzetta Orsini (Nähe Dom).

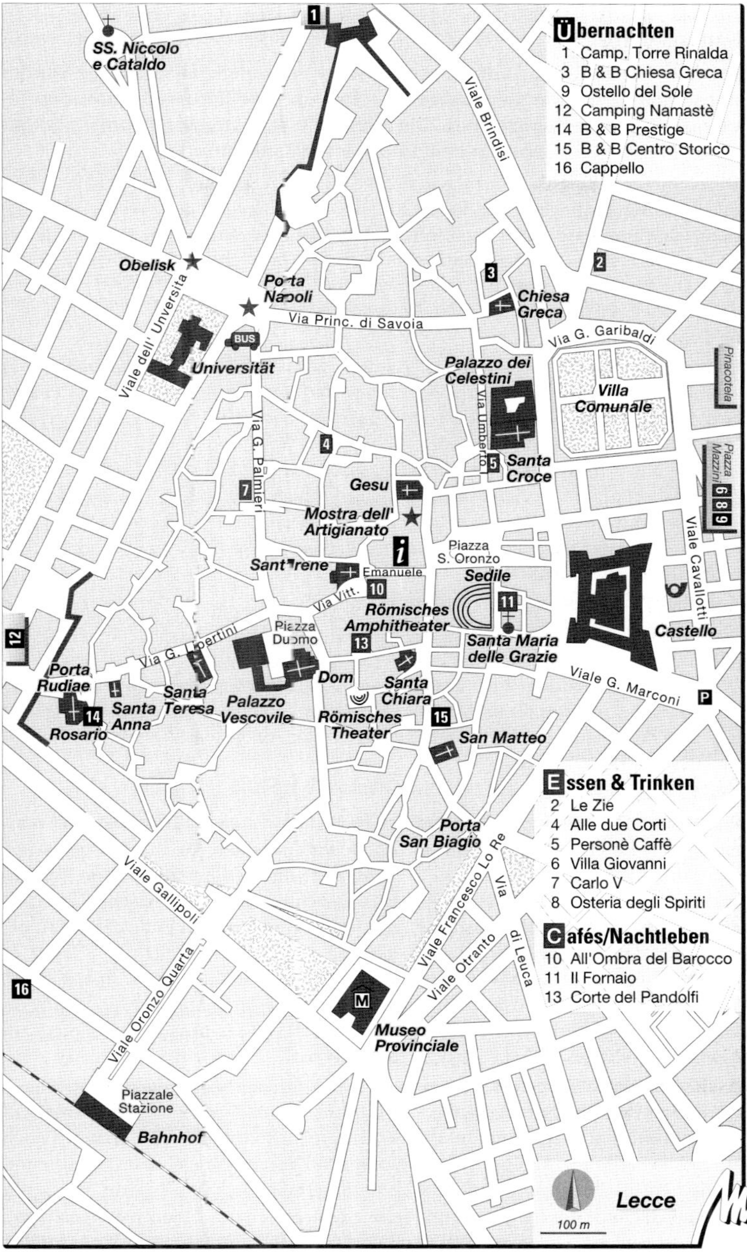

Apulien
Karte S. 850/851

Sehenswertes

Lecceser Barock ist von verschwenderischer Formenvielfalt – üppige Blumenornamente, filigran gewundene Säulen und vielfältige Dekorationselemente sind seine Kennzeichen. Die meisten Werke stammen vom einheimischen Meister Giuseppe Zimbalo und seinem Vater Antonio.

Durch mehrere Tore kommt man in den historischen Stadtkern, der noch teilweise mit einer Mauer umgeben ist. Bester Einstieg ist die *Porta Rudiae* an der Südwestecke. Gleich hinter dem Tor steht rechts die *Chiesa del Rosario* mit reich verzierter Fassade, das letzte und gleichzeitig eins der ungewöhnlichsten Werke von G. Zimbalo. Die Via Libertini entlang geht es, vorbei an der kleinen Kirche *Sant'Anna* und der unvollendeten *Chiesa di Santa Teresa,* zum Domplatz – rechter Hand das kleine Gässchen nicht verpassen.

Piazza del Duomo: Geschlossene, rundum gebäudebestandene Platzanlage mit schmalem „Eingang", der links und rechts von trichterförmig angeordneten Propyläen flankiert wird. Geradeaus der Dom *Santa Maria dell'Assunta* aus dem 12. Jh. mit 70 m hohem Campanile, im 17. Jh. von G. Zimbalo in seine heutige Barockform gebracht. Er besitzt zwei Fassaden, das Innere ist reich vergoldet, vor allem die Holzdecke, an den Seiten üppige Altäre mit den typischen Lecceser Säulen. Rechter Hand anschließend der *Palazzo Vescovile* (Bischofspalast) und an der rechten Platzseite der lang gestreckte *Palazzo del Seminario* mit wunderschönem Barockbrunnen im Innenhof.

Zwischen Piazza del Duomo und Piazza Sant'Oronzo: Die Via Vittorio Emanuele führt an der großen *Chiesa di Sant'Irene* mit sehenswerten Barockaltären vorbei zur Piazza Sant'Oronzo.

Wenn man kurz vorher noch seitwärts einbiegt, findet man einige Ecken hinter dem Dom ein schönes römisches *Theater,* dessen Sitzreihen und Orchestra freigelegt wurden. Ein kleines *Museum* zeigt hier Fresken und Mosaiken von verschiedenen Fundstellen.

Öffnungszeiten/Eintritt **Museo del Teatro Romano**, Mo–Sa 10–13, Eintritt ca. 2,50 €.

Piazza Sant'Oronzo: Zentraler Platz der Stadt und Verkehrsmittelpunkt, an Sonntagen versammeln sich die Männer vor dem *Sedile* aus dem 16. Jh. Der eigenartige Bau mit auffallenden gotischen Stilelementen fungierte früher als Rathaus und beherbergt heute wechselnde Ausstellungen. Daneben ragt eine römische *Säule* auf, die der Stadt Lecce von Brindisi geschenkt wurde und einst am Ende der Via Appia stand. Auf der Spitze thront die Statue des Stadtpatrons Sant'Oronzo.
Dahinter liegt das große römische *Amphitheater* der Stadt aus dem 2. Jh. n. Chr. Es konnte über 20.000 Personen Platz bieten und noch heute finden hier Konzerte und Theateraufführungen statt. Da jedoch sämtliche Verzierungen, Statuen etc. im Museum verschwunden sind, wirkt es ziemlich kahl.

Basilica di Santa Croce und Umgebung: Die Basilika ist wohl die größte Sehenswürdigkeit der Stadt, geschaffen in fast 150 Jahren (1549–1689) von drei Architekten. Fantastische Fassade mit unglaublich vielen Einzelheiten. Im unteren Teil noch strenge Renaissance, darüber aber ausschweifend barock – Fabelwesen, Löwen und Menschenfiguren tragen die Brüstung unterhalb der riesigen Rosette. Großartig gelungen ist auch der lichte Innenraum mit zahlreichen prachtvollen Seitenaltären, deren gewundene Säulen mit Blättern und Ornamenten geschmückt sind. An den verschnörkelten Kapitellen der Seitenschiffe bärtige Gesichter, kleine Engelsfigu-

ren, Pferdeköpfe und Widder. Giuseppe Zimbalo und Cesare Penna haben mit dieser Kirche ihr Meisterwerk vollbracht, vom Vater Giuseppes stammt der linke Seitenaltar neben der Apsis.
Unmittelbar an die Kirche schließt sich der *Palazzo dei Celestini* an, das ehemalige Kloster mit seinen kunstvollen Fensterumrahmungen ist heute Sitz der Stadtverwaltung. Hinter dem Palast erstreckt sich der weitläufige *Stadtpark*.

Castello: Das massive Kastell aus der Zeit Karls V. beherbergt manchmal Ausstellungen und kann besichtigt werden.

Öffnungszeiten/Eintritt tägl. 9–13, 17–20 Uhr, Eintritt frei.

Weitere Kirchen: *Chiesa del Gesù*, sehenswert sind die bemalte Decke und der riesige Altar mit Säulen und Skulpturen; *Chiesa di Santa Chiara*, reich verzierte Fassade an der Piazza Vittorio Emanuele, im Inneren zahlreiche Altäre; *Chiesa di San Matteo*, ungewöhnliche Fassade, in der unteren Hälfte konvex, darüber konkav; *SS. Niccolò e Cataldo*, die Friedhofskirche (nördlich der Altstadt) gilt mit ihren vollplastischen Fassadenfiguren als einzigartiges Kunstwerk.

Öffnungszeiten/Eintritt **Friedhof** tägl. 7–12 Uhr.

Museo Provinciale Sigismundo Castromediano: Das archäologische Museum im Viale Gallipoli 28, nicht weit vom Bahnhof, zeigt zahlreiche Ausgrabungsfunde der Region, besitzt außerdem eine Gemäldesammlung.

Öffnungszeiten/Eintritt Mo–Sa 9–13.30, 14.30–19 Uhr, So nur vormittags, Eintritt frei.

Lecce/Baden und Umgebung

Eine breite, schnurgerade Straße führt von Lecce zum Meer nach *San Cataldo*, ein an sich schöner geschwungener Sandstrand, der aber mit Badeanstalten, Ristoranti etc. weitgehend zugebaut ist (Jugendherberge → unter Lecce). Im Hochsommer völlig überfüllt, wird das Strandgebiet bereits im September zur menschenleeren Geisterstadt. An der Küste Richtung Norden folgt zunächst ein Militärsperrgebiet. Schöne, weiße Dünenstrände gibt es dann um *Frigole* und vor allem bei *Torre Chianca*, die weit ausufernden Badesiedlungen bieten ein ähnliches Bild wie in San Cataldo. Bei Torre Rinalda liegt der gleichnamige Campingplatz (→ Lecce/Übernachten).

Richtung Süden schöne Fahrt, anfangs führt die Straße ein Stück vom Meer entfernt durch dichte Eukalyptus- und Pinienwäldchen und umgeht das Naturschutzgebiet *Le Cesine* mit einem Centro Visite des WWF (beschildert). Landeinwärts liegt das reizvolle Wehrdorf *Acaia* mit aragonesischem Kastell. Wo die Straße ans Wasser stößt, erstreckt sich bei *Torre Specchia Ruggeri* ein Dünenstrand, dann folgt nur noch niedrige Klippenküste ohne Baumwuchs. *San Foca* ist ein lang gestreckter Badeort mit Fischerhafen und mehrere hundert Metern Sand. Bei *Roca Veccia* wurden die Reste einer vorrömischen Stadtmauer ausgegraben (beschildert). Zwischen Roca und Torre dell'Orso interessante Küstenlinie mit von Wind und Wellen bizarr ausgehöhlten Pools, Grotten und Felstoren, kleine Sandbuchten sind eingelagert.

Öffnungszeiten/Eintritt **Le Cesine Centro Visite Oasi WWF**, So ab 10.30 Uhr bis Sonnenuntergang, Führungen nach Voranmeldung unter ✆ 329/8315714, www.wwf.it/cesine.nt.

Küste von Torre dell'Orso bis Otranto → Otranto/Umgebung.

Galatina: 15 km südlich von Lecce, eine Stadt mit starken griechischen Wurzeln, bis ins Mittelalter lebten hier hauptsächlich Kolonisten aus dem östlichen Mittelmeer. Sehenswert ist die Kirche *Santa Caterina*, die mit zahlreichen, gut erhaltenen Fresken des 15. Jh. zum Leben der heiligen Katharina aus Alexandrien ausgeschmückt ist.

Öffnungszeiten/Eintritt **Santa Caterina**, tägl. 9–12, 17–19 Uhr.

Apulien Karte S. 850/851

Der Tarantula-Tanz von Galatina

Bis vor wenigen Jahrzehnten wurde in Galatina alljährlich zum Fest der Heiligen Pietro e Paolo (Petrus und Paulus) am letzten Wochenende im Juni ein Brauch gepflegt, der bis ins 13. Jh. zurückgeht. Damals war in Süditalien die Tarantula-Spinne (Tarantel) gefürchtet, deren Biss heftige Schmerzen verursachte und oft tödlich war. Als einziges Mittel für die Betäubung der Schmerzen und im besten Fall sogar Heilung galt Tanzen bis zum Umfallen. So wollte man buchstäblich das Gift aus dem Körper schwitzen. Die Gebissenen, aber auch gleich gesinnte Interessierte – hauptsächlich Frauen – pilgerten nach Galatina zum genannten Patronatsfest und taten sich zum gemeinsamen Tanz zusammen. Diese Tänze konnten mehrere Tage dauern (es wird sogar von Wochen berichtet) und versetzten die Tänzer in ekstatische Zustände. „Wie von der Tarantel gestochen" ergingen sie sich in wilden Zuckungen, Schreien, Obszönitäten u. Ä., was oft auch mit exorzistischen Praktiken einherging. Die tieferen Ursprünge für diese rauschhaften Zusammenkünfte vermutet man in alten „heidnischen" bzw. „dionysischen" Kulten. Bis heute soll der Tarantula-Tanz nicht vollständig ausgestorben sein.

Otranto

ca. 6000 Einwohner

Außerhalb der Hochsaison eine ruhige Kleinstadt zwischen niedrigen weißen Kalkklippen, Gesamteindruck hell, heiter und friedlich. Das kompakte Zentrum ist ein Schmuckstück, umgeben von einer gut erhaltenen Festungsmauer und – sehr erholsam – für den Autoverkehr weitgehend gesperrt.

In den gepflasterten Altstadtgassen mit ihren weißen und pastellfarbenen Häuschen trifft man auf eine mediterrane Leichtigkeit und Anmut, wie sie viele italienische Städte oft vermissen lassen. Nicht zuletzt deswegen ist Otranto zu einem bevorzugten Ferienort italienischer Urlauber und der Lecceser Oberschicht geworden. Teure Restaurants, luxuriöse Bars und Edelboutiquen haben die authentische Wohnkultur des wunderschön gelegenen Küstenorts weitgehend verschwinden lassen.

Otranto spielte als Hafen vor allen während der Kreuzzüge des Mittelalters eine wichtige Rolle. 1480 wurde es von den Türken unter Achmet Pascha eingenommen und ein Jahr später wieder zurückerobert. Die Spanier bauten Otranto daraufhin zur mächtigen Festung aus, die erst unter Napoleon zerstört wurde. Ein Höhepunkt der Stadtbesichtigung ist der äußerlich unansehnliche Dom, dessen gewaltiges Fußbodenmosaik eins der schönsten und ungewöhnlichsten Italiens ist.

Anfahrt/Verbindungen/Information

• *Anfahrt/Verbindungen* **Pkw**, von Lecce die vierspurig ausgebaute **SS 16** bis Maglie nehmen, dort zur Küste abzweigen. Auch auf der Küstenstraße ab San Cataldo kommt man gut voran.

Bahn, die **Ferrovia del Sud-Est** verkehrt mehrmals tägl. zwischen Lecce und Maglie, von Maglie geht es etwa 9-mal tägl. weiter nach Otranto. Der Bahnhof von Otranto liegt ca. 10 Fußminuten vom Hafen.

Fähren, Otranto ist ein unbedeutender Fährhafen mit nur einer Linie, bietet aber die billigste und kürzeste Möglichkeit, nach Griechenland überzusetzen. Überfahrten Mitte Juni bis Mitte Sept. 4- bis 6-mal wöch.

• *Information* **APT**, Piazza Castello 5. Im Sommer Mo–Sa 9–13, 16–21 Uhr, sonst Mo–Fr 9–14 Uhr. ✆ 0836/801436.

Übernachten/Essen & Trinken

• *Übernachten* Im August fast überall Pensionspflicht.

*** **Rosa Antico**, von Maglie kommend bei der Einfahrt in die Stadt, stilvoller, rosafarbener Palazzo, schön aufgemacht, viel Grün, Parkplatz, kein Restaurant. DZ mit Frühstück ca. 70–100 €, im August bis 160 €. ✆ 0836/801563, ℻ 802097, www.hotelrosaantico.it.

*** **Albània**, großes, geschmackvoll modernisiertes Haus, Restaurant mit Dachterrasse und herrlichem Blick auf die Altstadt. DZ mit Frühstück ca. 80–130 €, im August teurer. Via San Francesco di Paola 10, ✆ 0836/801877, ℻ 801183, www.hotelalbania.com.

*** **Bellavista**, beim Stadtpark, nah an der Altstadt, einfach und korrekt. DZ ca. 75–140 €. Via Vittorio Emanuele 19, ✆ 0836/801058, ℻ 801435, www.hotelbellavistaotranto.it.

Agriturismo Tenuta Torre Pinta, etwa 2 km südwestlich in einem sanften Tal gelegene Masseria, vermietet werden einige geschmackvoll eingerichtete Zimmer, in einem mittelalterlichen Saal wird ausgezeichnete Küche serviert. Der Namen gebende Turm steht über einem unterirdischen Gewölbebau der Antike. DZ mit Frühstück ca. 70–90 €, HP ca. 60–70 € pro Pers. ✆/℻ 0836/428358, www.torrepinta.it.

Camping Idrusa, kleiner Platz unmittelbar am Hafen, schattiges Wäldchen aus hohen Nadelbäumen, für eine Stadtbesichtigung die ideale Lage. Juni bis Sept. ✆ 0836/801255, ℻ 802389, www.campingidrusa.it.

Camping Mulino d'Acqua, ca. 2 km nördlich von Otranto, gut ausgeschildert. Große, gepflegte Anlage direkt am Strand. ✆ 0836/802191, ℻ 802196, www.mulinodacqua.it.

• *Essen & Trinken* Vor allem in der Altstadt findet man stilvolle, allerdings hochpreisige Möglichkeiten.

Da Sergio, alteingesessene Trattoria an der Hauptgasse der Altstadt, leckere Fischküche und gute Antipasti aus dem Meer. Mi geschl. Corso Garibaldi 9, ✆ 0836/801408.

Zia Fernanda, landestypische Osteria mit guter Meeresküche, etwas abgelegen, wenige Schritte von der Promenade entfernt, Menü ab 20 €. Via XXV aprile, ✆0836/801884, www.ziafernanda.it.

La Pignata, ein paar Häuser nach Vecchia Otranto, alte, restaurierte Trattoria, gute lokale Küche, preislich im Rahmen. Mo geschl. ✆ 0836/801284.

Acmet Pascià, Nähe Kathedrale, integriert in die Festungsmauer. Terrasse mit schönem Blick auf die Hafenbucht und den Lungomare, ausgeprägte Meeresküche, nicht billig. Mo geschl. Via Lungomare degli Eroi, ✆ 0836/801282.

Sehenswertes

Vom Lungomare mit der hübschen kleinen Markthalle kommt man in wenigen Schritten zur gewaltigen Stadtbefestigung mit dem Eingang zur Altstadt.

Kathedrale: die größte aller apulischen Kirchen, im 11. Jh. erbaut von den Normannen. Einziger Schmuck der 25 m breiten Kalksteinfassade sind das Barockportal und die Rosette im gotisch-arabischen Stil. Daneben der freistehende Glockenturm. Der *Innenraum* ist 54 m lang, zwei Säulenreihen, deren Kapitelle jeweils verschieden sind, trennen die zwei Seitenschiffe ab. Die vergoldete Kassettendecke im Hauptschiff ist ein Meisterwerk des 17. Jh., in den Flügeln Reste byzantinischer Fresken. Der gesamte Boden der Kirche ist ein riesiges *Mosaik* – unregelmäßige Klötzchen aus verschiedenfarbigem, besonders hartem Kalkstein bilden den Baum des Lebens. Von 1163–1165 hat das Mosaik ein Mönch des nahen Klosters San Nicola di Casole gefertigt. Einfach, fast plump, aber unglaublich bildhaft und lebensecht ist eine Art Menschheitsgeschichte dargestellt: zahllose mythologische, biblische, antike, sogar bretonische und skandinavische Szenen vermischen sich zu einem eindrucksvollen Ganzen, eine Art Volkskunst des Mosaiks.

Vor der *Cappella Aragonese* in der Apsis des rechten Seitenschiffs wacht der Riese Atlas im Mosaikboden. In der Kapelle sieben große Wandschränke, in der die Gebeine von über achthundert Bürgern ruhen, die 1480 von den Türken unter Großwesir

Achmet Pascha ermordet wurden, weil sie ihren Glauben nicht aufgeben wollten. Im Altar wird der Steinblock aufbewahrt, auf dem die Märtyrer angeblich geköpft wurden.

Beim Hinuntersteigen zur *Krypta* sieht man Reste eines alten Kirchenbaus im Souterrain. Die Krypta selber ist ein Wald aus 68 Säulen und Halbsäulen mit den verschiedensten dorischen, korinthischen und romanischen Kapitellen. In den Apsiden sind Reste byzantinischer Wandfresken erhalten.

Öffnungszeiten tägl. 8.30–12, 15–17, im Sommer bis 19 Uhr.

Basilica di San Pietro: ebenfalls in der Altstadt, kleine byzantinische Kreuzkuppelkirche, die von den im Salento ansässigen Griechen erbaut wurde. Im Inneren schöne Fresken im byzantinisch-griechischen Stil: Abendmahl, Fußwaschung, Taufe Jesu, Vertreibung aus dem Paradies.

Öffnungszeiten tägl. 10–12.30, 15–18 Uhr, Custode in der Nachbarschaft, Spende.

Castello: am höchsten Punkt der Altstadt, erbaut unter Ferdinand von Aragon nach der Zurückeroberung von den Türken. Nach mehrjähriger Restaurierung ist es teilweise wieder begehbar, auch zur Mauer kann man hinaufsteigen.

Italienisch lernen am Meer

Die Sprachschule „Porta d'Oriente" liegt in der Nähe der Altstadt von Otranto. Kursgebühren ab 240 € pro Woche. Unterbringung in Wohnungen in Schulnähe, zwei Wochen ca. 325 € pro Pers. im Doppelzimmer. Kurse ganzjährig (Nov. bis Februar nur auf Anfrage), Beginn alle zwei Wochen.

Information Scuola Porta d'Oriente, Via Antonio Primaldo 70, I-73028 Otranto, ✆/℻ 0836/804431, www.porta-doriente.com.

Otranto/Baden und Umgebung

Hinter der Küste nördlich von Otranto liegen die beiden Seen *Alimini Piccolo* und *Alimini Grande*, hübsch eingebettet in Grün, sehr fischreich, vor allem der kleinere, in den eine kräftige Süßwasserquelle mündet. Der größere ist durch einen Kanal mit dem Meer verbunden, am Ausfluss langer, weißer Dünenstrand mit Pineta, der sich weit nach Norden zieht. Dieses Badeparadies befindet sich noch im Naturzustand, die üblichen Badeanstalten fehlen hier weitgehend – eine der saubersten Badeküsten Italiens! In der Pineta liegen einige Campingplätze und Feriendörfer.

Nach dem netten, kleinen Fischerdorf *Sant'Andrea* folgt niedrige Klippenküste, ausgehöhlt mit Spalten und Grotten, optisch interessant, zum Baden weniger.

Torre dell'Orso: reiner Badeort mit Ferienvillen und viel Grün. Schöne halbrunde Sandbucht, seitlich eingefasst von Kalkklippen, felsiger Aussichtspunkt mit der Ruine der Namen gebenden Torre, darunter tiefe Spalten und Höhlen. Sehenswert ist nördlich vom Ort direkt an der Küste eine ausgedehnte *Nekropole* aus dem 4. Jh. v. Chr., die in den weichen Stein gegraben ist (z. T. frei zugänglich).

• *Übernachten* Nördlich der Seen reiches **Agriturismo-Angebot**, diverse Bauernhäuser bieten Camping, Zimmer und „cucina tipica", das meiste durchaus preiswert.

Camping Frassanito Internazionale, großer Platz im Pinienwald hinter dem Strand, 2 Min. läuft man zwischen die hohen Dünen. ✆ 0836/803005, www.campeggiofrassanito.it.

*** **Li Tamari**, in Torre dell'Orso, hübsches Strandhotel mit Pineta, mit gutem Restaurant und eigenem Strandabschnitt. DZ ca. 60–90 €. ✆ 0832/841122, ℻ 841886.

• *Essen & Trinken* **Il Porticciolo**, authentisches Fischerlokal in Sant'Andrea. ✆ 0832/841675.

Rund um den Salento

Von Otranto über Santa Maria di Leuca nach Gallipoli kann man die Ferse des italienischen Stiefels umrunden. Die weitgehend flache bzw. leicht hügelige Landschaft bietet insgesamt nichts Spektakuläres und ist teilweise reichlich zersiedelt. Das Wasser ist dagegen glasklar und sauber.

Südlich von Otranto abrupter Landschaftswechsel – keine Strände mehr, dafür rostbraunes, welliges Acker- und Weideland ohne Baum und Strauch, das zur großteils unerschlossenen Küste in steilen, weißen Kalkklippen abfällt. Immer wieder erreicht man tiefe, fjordartige Einschnitte, z. B. beim Fischerörtchen *Porto Badisco.* In den Uferfelsen verbergen sich zahlreiche Höhlen, in denen man früheste menschliche Spuren und Wandmalereien entdeckt hat (zugänglich ist jedoch nur die unbemalte Grotta Zinzulusa). Vereinzelt sieht man alte Wachtürme, aber auch Horchposten der Armee – Albanien ist gerade 80 km entfernt. Kilometerweite Ausblicke, undramatisch, aber reizvoll in seiner Weite und Leere, die Straße teils kurvig zwischen Kalkfelsen eingefräst.

Santa Cesarea Terme: aufwändig angelegtes Thermalbad an niedriger Felsenküste, lange Promenade und Zuckerbäckerbauten, teils im orientalisierenden Stil. Warme Schwefelquellen entspringen am Meer, unterhalb der Straße eine große medizinische Thermalanstalt – Kuren, Fangopackungen, Inhalationen etc. Südlich vom Ort bizarre Fjorde und alte Steinbrüche am Meer, die heute zum Baden genutzt werden.

• *Übernachten* *** **Le Macine**, hübscher Flachbau am südlichen Ortsausgang. DZ ca. 50–70 €. ✆/℡ 0836/949942, www.hotellemacine.it.

** **Archi**, gepflegte, kleine Pension, Neubau. Via Umberto I 76 (im Ortszentrum). DZ ca. 50–60 €. ✆ 0836/944097, ℡ 944210, www.albergoarchi.com.

Camping Porto Miggiano, 2 km südlich, schöner Platz unter Olivenbäumen, direkt über den Klippen. Juni bis Sept. ✆ 0836/944303, www.campingportomiggiano.it.

Camping La Scogliera, noch ein Stück weiter südlich, Terrassenplatz unter Pinien, mit Pool. Offiziell ganzjährig geöffnet, in der Realität oft ab Mitte Sept. geschl. ✆ 0836/949802, ℡ 949794, www.campinglascogliera.it.

Grotta Zinzulusa: Die Tropfsteingrotte („zinzulusi" bedeutet im salentinischen Dialekt etwa „herabhängende Fetzen") liegt kurz vor Castro Marina unterhalb der Straße, in einer großen Meeresbucht mit senkrechten Felswänden. Gleich daneben lädt ein Pool zum Baden ein.

Öffnungszeiten/Eintritt geführte Touren von Mitte Juli bis Mitte Sept. tägl. 9.30–18.30 Uhr, sonst von 10–16.30 Uhr, Eintritt ca. 4 €. ✆ 0836/947005, www.grottazinzulusa.it.

Castro/Castro Marina: kleines historisches Städtchen hoch über der Küste, darunter lebhafter Badeort und Hafen mit diversen Hotels.

Tricase/Tricase Porto: geschützter Hafen mit einigen herrschaftlichen Villen, Baden kann man auf niedrigen Felsplatten und der Mole, zwei kleine Campingplätze.

Im Folgenden ein eigenartiges Landschaftsbild – überall hohe Steinmauern und kreisrunde, zur Oberseite hin abgeplattete Hirtenhütten (caselle), Pinien und Ölbäume auf steinigen Terrassen. Insgesamt erheblich zersiedelt, zahlreiche Ferienhäuser, dennoch recht schön. Straße verläuft zwischen hohen Mauern und Felshängen, in Richtung Capo di Leuca steil ansteigend.

Santa Maria di Leuca: „Land's End" bzw. die „fines terrae" von Apulien – großer, staubiger Ferienort an flacher, felsiger Küste, jedoch auch wichtiges Wallfahrtsziel am „Ende der Welt". Von weitem arabisch anmutendes weißes Kubengewirr, hohe

Mauern, die die Sommerhitze abhalten, einige orientalische Paläste mit Kuppeln, Spitzbögen und Ornamenten. Lange Promenade, die wie der ganze Ort drei Viertel des Jahres völlig tot ist.

Auf dem Kap östlich vom Ort ein hoher Leuchtturm (Sperrzone) und das Ziel der Wallfahrer: *Santuario Santa Maria di Leuca*, eine schlichte Barockkirche. Im rechten Seitenarm des Vorraums die angebetete Madonna mit Kind in blauem Faltengewand. Das Heiligtum wurde 1990 in den Rang einer Basilika Minore erhoben, großes Fest am 7. Oktober. Herrlicher Blick auf den Ort und das Meer Richtung Afrika. Auf der *Punta Ristola*, dem Kap westlich vom Ort, ist der südlichste Punkt Apuliens mit der *Grotta del Diavolo* (beschildert).

• *Information* **Pro Loco** in einer großzügigen Villa am Lungomare 53, ✆ 0833/758161, www.prolocoleuca.it.

• *Übernachten* **** **Terminal**, modernes Großhotel am Lungomare, Zimmer mit Balkon und Meerblick. DZ mit Frühstück ca. 80–115 €. ✆ 0833/758242, 📠 758246, www.attiliocaroli.it.

*** **Rizieri**, ebenfalls am Lungomare, aber ansprechend und deutlich günstiger. DZ ca. 70–100 €. ✆ 0833/758007, www.hotelrizieri.it.

Camping Santa Maria di Leuca, weit zurück im Hinterland, ca. 3 km in Richtung Gagliano, flaches Gelände mit niedrigen Pinien und Eukalyptusbäumen, Pool. Ganzjährig geöffnet. ✆ 0833/548157, 📠 548485, www.campingsmleuca.com.

Westküste bis Gallipoli: weitgehend flach, gute Bademöglichkeiten an langen, schattenlosen Dünenstränden, die Orte wild gewachsen und meist reizlos, Tendenz zur Zersiedlung. Schöner, langer Strand gleich nördlich von *Torre Vado*. Der gepflegte Camping „La Grotta“ liegt etwa 1 km von der Küste, gepflegter Rasen unter Olivenbäumen, Pool und Tennis, Buszubringer zum Strand (Juni bis Sept., ✆ 0833/712108, 📠 712112). Hübschester Ort ist im Folgenden *Marina San Giovanni* mit seiner geschwungenen Hafenbucht. Danach Richtung Gallipoli nur wenig, was zum Bleiben reizt. Eine Ausnahme bildet der Camping „Riva di Ugento“ in dichter Pineta, ein riesiger, gut ausgestatteter Platz mit Pool, Disco und Tennis, davor langer Strand mit Dünen (Mai bis Sept., ✆ 0833/933600, 📠 933601). Um *Marina di Mancaversa* sind die Orte praktisch zusammengewachsen, dann aber als schöner Kontrast die weit geschwungene Bucht *Baia Verde* südlich von Gallipoli (→ Gallipoli/Baden).

Gallipoli

ca. 21.000 Einwohner

Apulien Karte S. 850/851

Eine der schönsten Küstenstädte im tiefen Süden, gegründet von griechischen Kolonisatoren (Kalí pólis = schöne Stadt). Die luftige Altstadt liegt bildhübsch auf einer Insel, umzogen von einer trutzigen Mauer, auf der heute eine Ringstraße verläuft – ideal für einen Spaziergang.

Ein breiter Autodamm führt vom Festland hinüber, bewacht durch ein massives Kastell mit mächtigen Rundtürmen. An den Kais flicken die zahlreichen Fischer ihre Netze, es gibt einen großen Fischereihafen und einen sehenswerten Fischmarkt. In der Neustadt pulsiert um den kilometerlangen Corso Roma allabendlich das Leben, zahllose elegante Shops, moderne Boutiquen und gut sortierte Lebensmittelläden reihen sich aneinander. Fürs Badevergnügen findet man ausgezeichnete Sandstrände südlich und nördlich der Stadt.

• *Anfahrt/Verbindungen* Die **Ferrovia del Sud-Est** fährt gut 9-mal tägl. von und nach Lecce, außerdem über Casarano nach Gagliano del Capo. Bahnhof in der Neustadt, Nähe Corso Roma.

• *Information* in der Markthalle am Beginn der Altstadt, Piazza Imbriani. ✆ 0833/262529.

• *Übernachten* **** **Al Pescatore**, am Beginn der Ringstraße um die Altstadt. Liebevoll renovierter Palazzo, spiegelnder Marmorfußboden, Innenhof mit eleganter Brüstung, Zimmer mit Blick auf den Hafen, dazu

unten eine lohnende Trattoria. DZ mit Frühstück ca. 90–110 €. Riviera Cristoforo Colombo 39, ✆/📠 0833/263656, www.al-pescatore.it.
B & B La Casa del Mare, in der Nähe der Spiaggia della Puritate, restauriertes Altstadthaus mit einem Dreibett-Zimmer und zwei DZ, jeweils mit TV. Gästefahrräder stehen zur Verfügung. DZ ca. 50–120 €. Piazzetta de Amicis, ✆ 0833/261368, www.lacasadelmare.com.
Camping Baia di Gallipoli, 5 km südlich von Gallipoli, 1 km vom Strand entfernt. Schönes, großes Gelände mit Gras, flach abfallend unter Olivenbäumen, in den Duschen heißes Wasser, Pool, in der Saison Zubringerbus zum Strand. Ganzjährig offen. ✆ 0833/273210, 📠 275405, www.baiadigallipoli.com.
Camping La Vecchia Torre, schöner, großer Platz im dichten Pinienwald direkt am Sandstrand, 3 km nördlich der Stadt. Juni bis Sept. ✆ 0833/209083, 📠 209009, www.lavecchiatorre.it.
Camping La Masseria, ebenfalls nördlich von Gallipoli im Pinienwald und direkt am Strand, gehört zu einem Landwirtschaftsgut. In Bau ist ein großer Pool. ✆ 0833/202295, 📠 274447, www.lamasseria.net.

• *Essen & Trinken* **Marechiaro**, großes Ristorante in bester Lage, auf einer Art Insel unterhalb der Brücke zur Altstadt. Tische draußen auf der Terrasse, davor Boote, Blick auf die Festung. ✆ 0833/266143, www.ristorantemarechiaro.net.
L'Aragosta, alteingesessenes Lokal am Eingang zur Altstadt, gegenüber der Markthalle, gemütlicher Speisesaal mit Terrasse. ✆ 0833/262032.
Al Pescatore, gehört zum gleichnamigen Hotel an der Ringstraße um die Altstadt, beliebte Trattoria mit ausgezeichneter Fischküche. Auch Plätze im Freien. Mo geschl.
La Puritate, gepflegtes Lokal in der Altstadt, nahe der gleichnamigen Kirche, man kann auch im Freien sitzen, Blick auf die Spiaggia della Puritate. Leckere Antipasti, Primi und Secondi mit Fisch. Menü ca. 30 €. Mi geschl. Via Sant'Elia 18, ✆ 0833/264205.
Scoglio delle Sirene, schlichte Fischtrattoria an der Ringstraße, ein paar Stufen runter in den kleinen Speiseraum, keine große Auswahl, aber freundlich. Tische im Freien mit Meerblick. Di geschl. Riviera Sauro 83, ✆ 0833/261091, www.scogliodellesirene.com.

Sehenswertes: Vor der Brücke linker Hand steht der spätantike Brunnen *Fontana Greca* mit verwitterten Reliefs, vormals Teil eines Thermalbads. Hier am Kai haben die Fischer ihre Stammplätze. Wenige Schritt entfernt, unterhalb der Autobrücke, wird am lebhaften *Fischmarkt* mit viel Temperament der nächtliche Fang an den Kunden gebracht.
Oben am Beginn der Altstadt steht die uralte Markthalle, ringsum werden Fischreusen verkauft. Das Centro storico zeigt sich mit seinen verwinkelten Gassen von der Betonmoderne gänzlich unangetastet, trotzdem wirkt alles hell und freundlich. Kleine Einraumläden und Werkstätten, in den Innenhöfen trocknen Peperoncini, abends gibt es keinerlei Scheu, das hell erleuchtete Innenleben der Wohnungen zu zeigen. Mitten in der Altstadt steht sehr breit und wuchtig die Kathedrale *Sant' Agata* mit einer Fassade im üppigsten Salentiner Barock. Auch das Innenleben ist prachtvoll: rundum laufender Schmuckfries, Holzdecke mit zahllosen eingelegten Ölbildern, die Seitenaltäre mit mächtigen Gemälden. Das kuriose *Museo Civico Emanuele Barba* in der Via de Pace 108 hält neben zahlreichen archäologischen Stücken einige verstaubte Überraschungen bereit, u. a. ein Walskelett, medizinische Skurrilitäten und eine Bibliothek mit 12.000 Bänden. Gleich in der Nähe (Via di Pace 87) kann man im Untergrund den *Frantoio Ipogeo* besichtigen, eine historische Olivenölpresse aus dem 18./19. Jh., als Gallipoli führend im Handel mit Öl war, das vor allem als Leuchtmittel verwendet wurde.

Ebenso schön wie ein Bummel durch die alten Gassen ist ein Spaziergang auf der *Ringstraße* um das Centro storico. Etwa am Scheitelpunkt der Straße trifft man auf die ungewöhnliche *Chiesa della Purità*. Sie ist innen über und über mit Ölgemälden aller Größen bedeckt, in barock überladener Pracht sind blutige Geschichten aus dem Alten Testament dargestellt. Der Boden besteht aus Majolika-Kacheln, links vorn steht die Marienstatue „Nostra Signora della Purità", die bei Prozessionen durch die Stadt getragen wird. Ein paar Schritte weiter trifft man auf die *Chiesa di San Francesco*, ebenfalls im verschlungenen Lecce-Stil, mit gedrechselten Halbsäulen, Ölgemälden und vielen Details. In Glaskästen stehen lebensgroße Heiligenfiguren, darunter der *Mallatrone*, die Verkörperung des Bösen und Teuflischen im Menschen. Auf der anderen Seite der Altstadt hat man dann einen wunderschönen Blick auf die Fischerboote unterhalb der Mauer.

Öffnungszeiten/Eintritt **Museo Civico Emanuele Barba**, Mo–Fr 9–13, 14–16 Uhr, Sa 9–13 Uhr. ✆ 0833/264224, www.museocivicogallipoli.it. **Frantoio Ipogeo**, tägl. 10–13, 16–19 Uhr, im Sommer auch länger, Eintritt ca. 1,50 €.

Gallipoli/Baden: Südlich der Stadt erstreckt sich die *Baia Verde*, ein langes Dünenband, das nur gelegentlich von ausgewaschenen, niedrigen Klippen unterbrochen wird, dahinter dichte Pineta, in die Stichpisten führen. Zwei Großhotels (bei Reiseveranstaltern zu buchen) und der Camping Baia di Gallipoli (⊠ Gallipoli/Übernachten) bestreiten den Großteil der Infrastruktur.

Nördlich von Gallipoli findet man eine abwechslungsreiche Felsenküste, die von zahlreichen Buchten und Sandstränden unterbrochen wird. Einige Sandstrände liegen etwa 3 km nördlich der Stadt, dort auch der Camping La Vecchia Torre (→ Gallipoli/Übernachten), die größere Sandbucht *Lido Conchiglie* folgt wiederum 3 km nördlich. Die Gegend um *Santa Maria al Bagno* und *Santa Caterina* ist eine recht mondäne Baderegion mit Villenarchitektur und Sporthafen. Weiter nördlich liegt der Naturpark *Portoselvaggio* (beschildert), ein schöner, fjordartiger Küsteneinschnitt in unberührter Natur.

Gallipoli/Hinterland: Im nahen *Alézio* lohnt das archäologische Museum einen Besuch, es steht in einem frühgeschichtlichen Ausgrabungsgelände mit zahlreichen freigelegten Grabkammern.

Das ruhige Städtchen *Nardò* ist nach Lecce die zweite Barockstadt im Salento. Vieles wurde und wird derzeit noch restauriert.

Öffnungszeiten/Eintritt **Archäologisches Museum**, Mo bis Sa 16–18 Uhr, Eintritt frei.

Tarent

Taranto • ca. 195.000 Einwohner

Das sagenumwobene Tarent – bedeutendstes Zentrum der altgriechischen Kolonisation und Hauptstadt Großgriechenlands (Magna Grecia). Heute prägt die größte Industriezone Süditaliens die nördliche Peripherie.

Die Schwerindustrie von Taranto sollte ein Vorzeigeprojekt des Mezzogiorno werden, tatsächlich aber haben diese „Kathedralen in der Wüste" die Arbeitslosigkeit des italienischen Südens kaum verringert. Im Sommer fallen immer wieder die vielen deutschen Nummernschilder von Süditalienern auf, die in der Bundesrepublik arbeiten und nur für einen kurzen Urlaub zurückkommen.

Die Altstadt liegt interessant auf einer Insel, befand sich jedoch bislang in einem verheerenden Zustand der Verwahrlosung. Heute sind die Restaurierungsversuche unübersehbar, langsam kehrt wieder Leben in die verfallenen Gassen ein. Sehenswert sind die normannische Kathedrale *San Cataldo* mit ihrer Krypta in der Mitte der Altstadt und der turbulente *Fischmarkt* an der Via Cariati im Nordosten der Altstadtinsel.

Die Neustadt im Süden Tarantos ist dagegen im großzügigen Schachbrettmuster angelegt und mit imponierenden Jahrhundertwendebauten bestückt. Sie beherbergt auch die größte Attraktion der Stadt, das *Museo Nazionale Archeologico* am

Corso Umberto I (Piazza Garibaldi), das neben denen in Neapel und Reggio di Calabria zu den wichtigsten in Italien gehört. Diese vollständigste Sammlung der griechischen Kultur und ihrer Vorläufer in Unteritalien beinhaltet fantastische Keramikvasen, Mosaiken und Terrakottafiguren, außerdem zahlreiche Plastiken aus Griechenland und Tarent. Höhepunkt sind die „Ori di Taranto", filigraner Goldschmuck aus hellenistischer Zeit.

• *Öffnungszeiten/Eintritt* **Museo Nazionale**, Via Cavour 10, tägl. 8.30–19 Uhr, ca. 5 €.

• *Anfahrt/Verbindungen* **Pkw**, von Bari A 14 bis Massafra, parallel dazu die gebührenfreie SS 100. Von Brindisi SS 7, von Lecce gut ausgebaute Schnellstraße durch die Murge Tarantine (Weinbaugebiet).

Bahn, FS-Bahnhof im Norden der Stadt, ins Zentrum läuft man die Via Duca d'Aosta ca. 1 km geradeaus nach Süden, über eine Brücke geht es in die Altstadt (oder Bus 8). Fernzüge von und nach Rom und Norditalien, häufige Verbindungen nach Bari, Brindisi und Lecce, außerdem die endlose Strecke ums Ionische Meer nach Reggio di Calabria. Die **Ferrovia del Sud-Est** fährt über Martina Franca, Locorotondo und Alberobello nach Bari.

• *Information* Info-Kiosk in der Neustadt, Piazza Garibaldi. Mo–Fr 9–12, 15–18.30 Uhr, Sa/So 9–12 Uhr, ✆ 099/4532392, ℻ 4532397, www.tarantoturismo.it.

• *Übernachten* **** **Akropolis**, neu eröffnet in der Altstadt, schicker alter Palazzo mit Dachterrasse und tollem Blick, 13 Zimmer mit historischen Fußböden, TV und Klimaanlage, Restaurant mit Panoramablick. DZ ca. 145–175 €. Vico I Seminario 3, ✆/℻ 099/4704110, www.hotelakropolis.it.

** **Pisani**, einfaches Albergo in einem Palazzo der Neustadt. DZ ohne Frühstück ca. 50 €. Via Cavour 43, ✆ 099/4534087, ℻ 4525441.

Ostello La Locanda, private Low-Budget-Herberge in der Altstadt, 20–25 € pro Pers. im Mehrbettzimmer mit Frühstück. Vico Civitanova 12 (Nähe Chiesa San Domenica), ✆ 099/4760033, ℻ 4761327, www.ostellolalocanda.it.

• *Essen & Trinken* In den Tavernen der Altstadt, in der Nähe vom Fischmarkt isst man authentisch und gut, z. B. im **Ponte Vecchio** am Fuß der Brücke, die zum Bahnhof hinüber führt (✆ 099/4706374). Gut ist auch das beliebte **Al Gambero** auf der anderen Seite der Brücke mit Blick von der Terrasse auf Hafen und Altstadtinsel (✆ 099/4608324).

Al Gatto Rosso, beliebte Trattoria in der Neustadt, Fisch und Fleisch, gemütlich und immer gut besucht. Mo geschl. Via Cavour 2, ✆ 099/4529875.

Taranto/Umgebung

Region der Höhlenkirchen: Nordwestlich, in Richtung Matera, erstreckt sich ein Gebiet tiefer Schluchten, die so genannten *Gravine*. Frühchristliche Mönche haben hier zahlreiche freskenverzierte Grottenkirchen, die *chiese rupestri*, in den weichen Tuff gegraben. Bekannteste und spektakulärste dieser Höhlenstädte ist Matera in der Basilikata (→ dort). Aber auch schon am Weg von Taranto dorthin liegen viele dieser Kirchen, z. B. mitten im eindrucksvollen Stadtgebiet von *Massafra* in der *Gravina di San Marco*. In der großen *Gravina Principale* am nördlichen Ortsrand schmiegt sich die barocke Wallfahrtskirche *Santuario della Madonna della Scala* an die Felswand. Dahinter beginnt ein faszinierendes Höhlenareal, das bereits in grauer Vorzeit von Menschen geformt und bewohnt wurde. Das trutzige normannische Kastell von Massafra kann ebenfalls besichtigt werden, ein *Civico Museo Storico Archeologico della Civiltà dell' olio e del vino* wurde darin eingerichtet.

• *Öffnungszeiten/Eintritt* Die **Höhlenkirchen** sind nur mit Führung zu besichtigen, ca. 5 €. Führungen zur Kirche Madonna della Scala finden nur statt, wenn Pkw vorhanden (zu weit außerhalb). Anmeldung in der Tourist-Info.

• *Information* Piazza Garibaldi, Zugang über Via Cavour. Mo–Sa 9–12, 15–17 Uhr. ✆ 099/8804695.

• *Übernachten* **** **Appia Palace Hotel**, großes, komfortables Haus am südwestlichen Stadtrand, direkt an der SS 7. DZ mit Frühstück ca. 80–110 €. ✆ 099/8851501, ℻ 8851506, www.appiapalacehotel.altervista.org.

Kampanien

Campania

Schöne Orte: Amalfi (S. 943), Positano (S. 940), Ravello (S. 945), Atrani (S. 945), Castellabate (S. 951), Sorrento (S. 935).

Landschaftliche Höhepunkte: die Amalfiküste (S. 938), der Vesuv (S. 918) und die Küste des Cilento (S. 951), die Inseln Ischia (S. 927) und Capri (S. 930).

Kulturell interessant: Neapel als Ganzes (S. 900); Cuma (S. 917), Certosa di San Lorenzo (S. 954), Baia (S. 917), Bacoli (S. 917) und die Ruinenstädte Herculaneum (S. 919) und Pompeji (S. 921); die Griechentempel von Paestum (S. 948); Ausgrabung von Velia (S. 952), Palazzo Reale in Caserta (S. 934)

Baden: kilometerlanger Sandstrand bei Paestum; die landschaftlich reizvollen Strände im Cilento.

Kurios: Neapel als Ganzes (S. 900), im Speziellen die Cappella San Severo (S. 911) und das Blutwunder des heiligen Gennaro (S. 910); der Solfatara-Krater in den Phlegräischen Feldern (S. 916); die Piscina Mirabile in Bacoli (S. 917).

Eher abzuraten: Das zersiedelte Hinterland nördlich von Neapel.

Der Fischerhafen von Sorrento

Kampanien

Campania

Der Beginn des italienischen Südens, ganz anders als Rom und doch nur einen Katzensprung von dort – für den Philosophen und Schriftsteller Umberto Eco ist die Hauptstadt Italiens sogar nur ein „Vorort von Neapel". Aber auch südlich der temperamentvollen Riesenstadt am Golf besitzt Kampanien echte Attraktionen: Capri, wo die Sonne im Meer versinkt, und Pompeji, das unter einer gewaltigen Ascheschicht des explodierenden Vesuv versank ...

Im Norden Kampaniens reißt der Sog Neapels alles an sich. Die ständige Expansion der Millionenmetropole hat im weiten Umkreis heftige Industrialisierung, Zersiedlung und extreme Verkehrsdichte bewirkt. Die Dunstglocke über dem Golf ist oft kilometerweit zu sehen – und lässt leicht vergessen, dass sich darunter die vielleicht faszinierendste Stadt Italiens verbirgt. Neapel ist für uns nüchterne Mitteleuropäer sicher gewöhnungsbedürftig – trotzdem wird man in diesem einzigartigen menschlichen „Hexenkessel" Erfahrungen machen können, wie sie der Norden Italiens kaum bietet. Und wer genug hat – täglich mehrmals kommt man hinüber auf die Inseln *Procida, Ischia* oder *Capri,* vor allem letztere seit langem Sinnbild für Urlaub in Italien.

Südlich von Neapel lässt sich Kampanien in klar voneinander abgegrenzte Gebiete gliedern – zum einen die Region des *Vesuv* mit den weltberühmten verschütteten Städten *Herculaneum* und *Pompeji,* dann die nicht minder berühmte *Halbinsel von Amalfi,* zweifellos eine der schönsten Küsten des Mittelmeers mit einer abenteuerlichen Panoramastraße und üppigster Vegetation – Sorrento, Positano, Amalfi und Ravello werden alljährlich von vielen hunderttausend Menschen aus aller Welt besucht.

Die südlich sich anschließende Sele-Ebene hat bis auf die ebenfalls weltbekannten griechischen Tempel von *Paestum* wenig zu bieten, während das folgende Küstengebirge des *Cilento* wieder alle Register zieht: lange Sandstrände, wilde Felsbuchten, Grotten und Steilhänge im Wechsel. Eine interessante Badelandschaft, die man aber im August besser meiden sollte.

Gegen diese vielen Attraktionen der Küste nimmt sich das Hinterland eher blass aus und wird dementsprechend von Touristen kaum beachtet.

Anfahrt/Verbindungen

• *Pkw* Bester Ausgangspunkt für Neapel ist **Rom**, die Autobahn **A 2** führt durch flaches oder leicht hügliges Terrain, Fahrtdauer höchstens 2 Stunden.

• *Bahn* Neapel ist die Verkehrsdrehscheibe Kampaniens. Sehr gute Verbindungen von Norditalien über Rom, von Pescara an der Adriaküste, von Reggio di Calabria im tiefsten Süden über Salerno, von Brindisi und Taranto über Potenza.

Übernachten

Neapel besitzt zahlreiche Hotels und Pensionen aller Qualitätsstufen. An der **Amalfi-Küste** viel Luxustourismus mit entsprechenden Herbergen und Preisen, im Sommer außerdem überfüllt, als Standquartier ist eher **Sorrento** zu empfehlen. An der **Cilento-Küste** viele Badehotels und Bed & Breakfast.

Zeltplätze in Pompeji und Sorrento, ausgeprägter Camping-Tourismus bei Paestum und in vielen Orten der reizvollen Cilento-Küste.

Jugendherbergen in Neapel, Positano, Salerno und Agropoli.

Zahlreiche **Zimmerangebote** in Neapel und für andere Ziele in Kampanien unter www.rentabed.it.

Essen & Trinken

Neapel gilt als die kulinarische Metropole des Südens. Die **pizza** hat von hier ihren Siegeszug um die Welt angetreten (→ Neapel). Daneben sind die Pasta-Variationen äußerst vielfältig: **rigatoni**, **orecchiette**, **linguine**, **spaghetti**, **gnocchi** u. v. m., ebenso die Soßen, die meisten mit Tomaten (al pomodoro). Von den Spaghetti behaupten die Neapolitaner gerne, dass sie aus ihrer Stadt stammen. Aber es war wohl Marco Polo, der die Nudeln aus China nach Venedig mitbrachte.

Ansonsten ist die kampanische Küche wie im übrigen Süditalien ländlich einfach, traditionell herrscht Gemüse vor, man isst wenig Fleisch. Tomaten, **peperoncini** (Chilischoten) und Auberginen werden gefüllt oder mit pikanten Soßen serviert, die leckeren Blätterteigtaschen namens **sfogliatelle** sind mit Ricotta oder Pudding und kandierten Früchten gefüllt, berühmt ist der echte **mozzarella**, gewonnen aus der Milch von Büffeln.

Die Weine Kampaniens gelten dank der fruchtbaren vulkanischen Böden als die besten im italienischen Süden. Jeder Hang um Neapel ist mit Reben bedeckt, ebenso die Ebenen nördlich der Stadt. An den Hängen des Vesuv wächst der Wein **Lacrimae Christi** (Tränen Christi) und an der Amalfi-Küste um Ravello reifen Süditaliens renommierteste Tropfen, bekannteste Sorten sind **Episcopio**, **Sammarco** und **Gran Caruso**. Sehr geschätzt werden auch die Weiß- und Rotweine der Insel **Ischia**.

Der vollmundige Zitronenlikör **Limoncello** wird auf der Halbinsel von Sorrento, an der Amalfiküste und auf den Inseln im Golf von Neapel in Hülle und Fülle angeboten – Zitronenschalen, Zucker und Alkohol sind die Ingredienzien. Vor allem als kalter Aperitif ist er sehr wohlschmeckend.

Kampanien
Karte S. 898/899

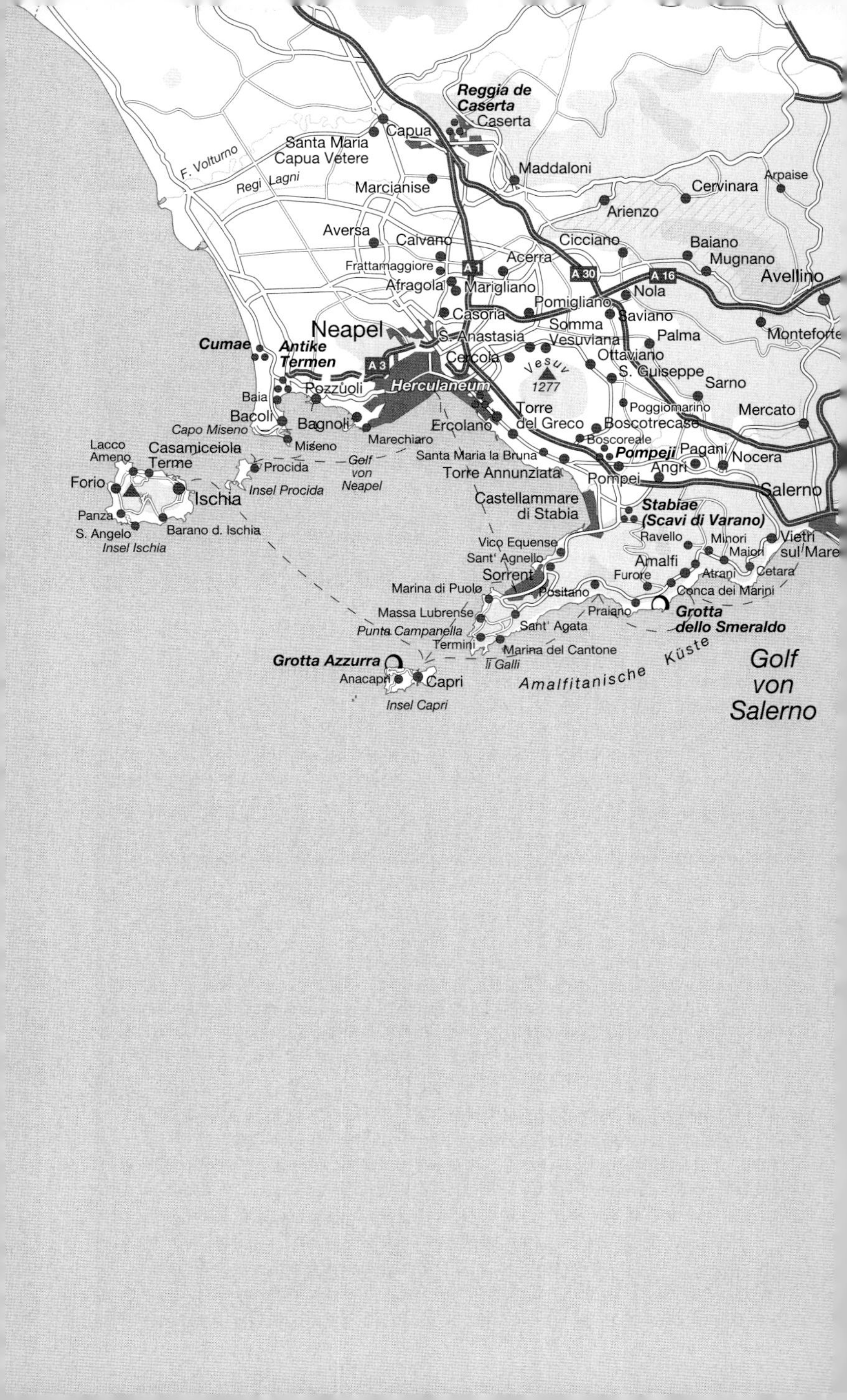
Reggia de Caserta
Caserta
Capua
Santa Maria Capua Vetere
F. Volturno
Regi Lagni
Maddaloni
Marcianise
Cervinara
Arpaise
Arienzo
Aversa
Caivano
Cicciano
Baiano
Mugnano
Frattamaggiore
A 1
Acerra
A 30
A 16
Avellino
Afragola
Marigliano
Nola
Pomigliano
Casoria
Saviano
Neapel
S. Anastasia
Somma Vesuviana
Palma
Monteforte
Cumae
Antike Termen
A 3
Cercola
Ottaviano
Vesuv
1277
S. Guiseppe
Sarno
Pozzuoli
Herculaneum
Baia
Poggiomarino
Mercato
Bacoli
Torre del Greco
Capo Miseno
Bagnoli
Ercolano
Boscotrecase
Boscoreale
Lacco Ameno
Miseno
Marechiaro
Casamiciola Terme
Pompeji
Pagani
Nocera
Santa Maria la Bruna
Golf von Neapel
Procida
Torre Annunziata
Angri
Forio
Pompei
Insel Procida
Salerno
Ischia
Castellammare di Stabia
Stabiae (Scavi di Varano)
Panza
Barano d. Ischia
S. Angelo
Insel Ischia
Ravello
Minori
Vietri sul Mare
Vico Equense
Maiori
Sant' Agnello
Amalfi
Atrani
Cetara
Sorrent
Furore
Marina di Puolo
Positano
Conca dei Marini
Massa Lubrense
Praiano
Grotta dello Smeraldo
Punta Campanella
Sant' Agata
Termini
Marina del Cantone
Grotta Azzurra
Li Galli
Anacapri
Capri
Insel Capri
Amalfitanische Küste
Golf von Salerno

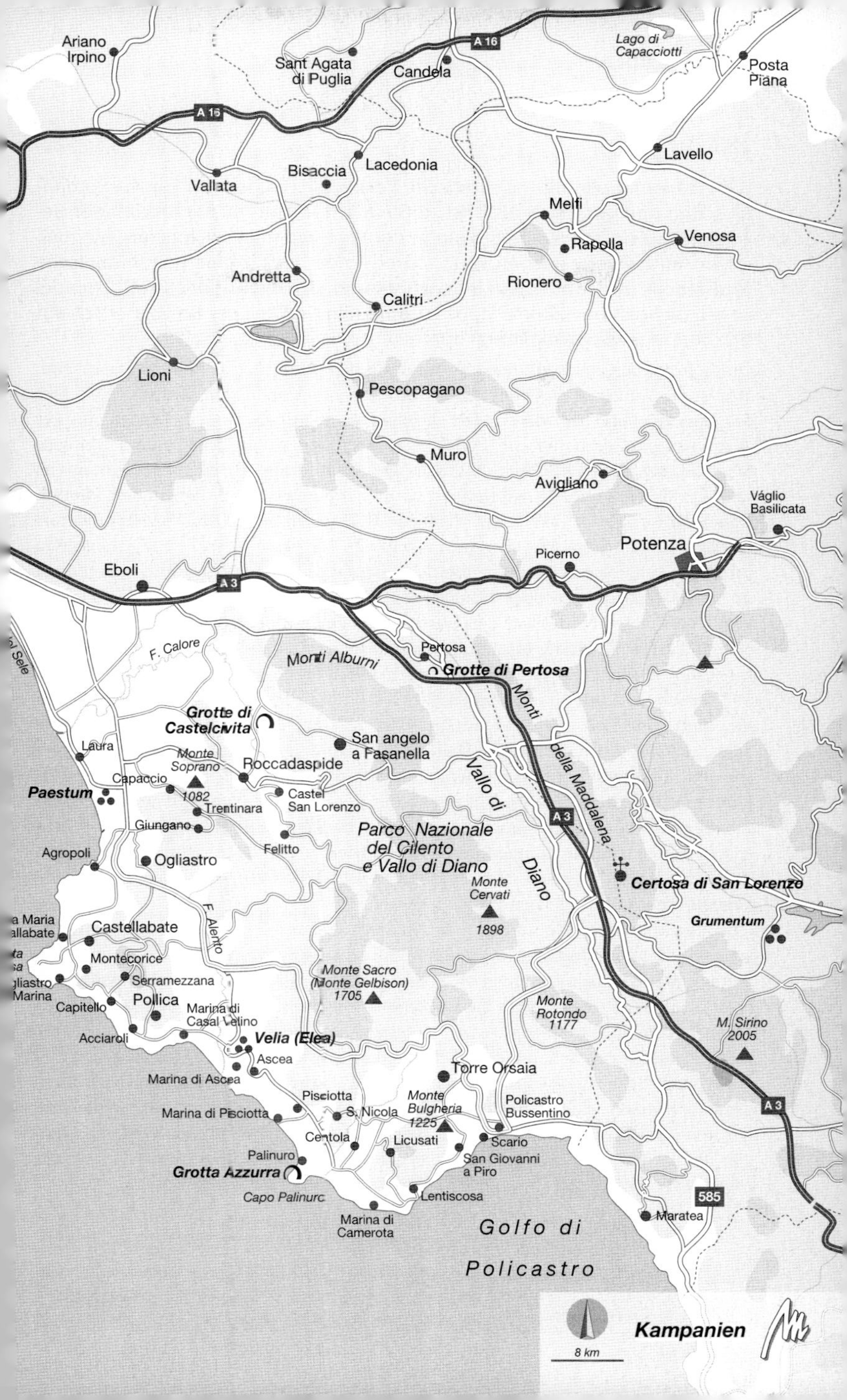

Ariano Irpino
Sant Agata di Puglia
Candela
A 16
Lago di Capacciotti
Posta Piana
Lavello
Bisaccia
Lacedonia
Vallata
Melfi
Rapolla
Venosa
Andretta
Rionero
Calitri
Lioni
Pescopagano
Muro
Avigliano
Váglio Basilicata
Potenza
Picerno
Eboli
A 3
F. Calore
Monti Alburni
Pertosa
Grotte di Pertosa
Monti della Maddalena
Grotte di Castelcivita
San angelo a Fasanella
Laura
Monte Soprano 1082
Roccadaspide
Capaccio
Paestum
Castel San Lorenzo
Trentinara
Giungano
Vallo di Diano
Parco Nazionale del Cilento e Vallo di Diano
Felitto
Agropoli
Ogliastro
Certosa di San Lorenzo
Monte Cervati 1898
Grumentum
Castellabate
F. Alento
Montecorice
Serramezzana
Monte Sacro (Monte Gelbison) 1705
Capitello
Pollica
Marina di Casal Velino
Monte Rotondo 1177
M. Sirino 2005
Acciaroli
Velia (Elea)
Ascea
Torre Orsaia
Marina di Ascea
Pisciotta
Monte Bulgheria 1225
Policastro Bussentino
Marina di Pisciotta
S. Nicola
Centola
Licusati
Scario
Palinuro
San Giovanni a Piro
Grotta Azzurra
Capo Palinuro
Lentiscosa
585
Maratea
Marina di Camerota
Golfo di Policastro
8 km
Kampanien

Neapel

Napoli•ca. 1.050.000 Einwohner

Der tiefblaue Golf, der majestätische Vesuv, die Fischer von Capri – Romantik schön und gut, doch die drittgrößte Stadt Italiens ist ein brodelnder Hexenkessel. Es gibt wenige Stellen in der Welt, wo man solch einen infernalischen Autoverkehr erleben kann – drei Autos besitzt eine neapolitanische Großfamilie im Schnitt. Man lebt, wohnt und arbeitet auf der Straße. Neapel ist die dichtest bevölkerte Stadt Europas, ein Großteil der Bewohner schlägt sich hart am Existenzminimum durch.

Die hohe Arbeitslosigkeit zeichnet für viele den Weg zur Kriminalität fast schon vor. In den Häuserschluchten der Altstadt leben tausende vom Verkauf gefälschter Markenartikel und Hehlerware. Der illegale Handel mit Zigaretten ist noch eins der harmlosesten Geschäfte. Die Polizei kümmert sich wenig darum, denn zahllose Neapolitaner finden in dieser „Branche" ihr Auskommen. Arbeitsplätze gibt es viel weniger als Einwohner – jeder sieht, dass er irgendwie über die Runden kommt. Dabei wird auch der reichlich vorhandene Nachwuchs eingesetzt, illegale Kinderarbeit ist weit verbreitet. Für ein paar Euro in der Woche arbeiten 7- und 8-Jährige in unzähligen „Schwarz-"Fabriken, die sich weder um Sicherheitsbestimmungen noch um Sozialversicherung oder Schulpflicht kümmern: Die hohen, dunklen Häuser und schmutzigen Hinterhöfe der Altstadt sind voll mit derartigen Werkstätten und Manufakturen. Auch die miserablen hygienischen Zustände sind nicht übersehen: In vielen Straßen von Neapel türmt sich seit Jahrzehnten der Müll (→ Kasten), 1973 brach sogar die Cholera aus. 1980 verschlimmerte ein verheerendes Erdbeben die Lage zusätzlich. Viele Wohnhäuser der Altstadt um die berühmt-berüchtigte *Spaccanapoli* erlitten schwere Schäden, die bis heute nur notdürftig ausgebessert wurden, Tausende wurden obdachlos, einige wohnen noch immer in Notunterkünften. Und die Camorra, die neapolitanische Mafia, verdiente noch an dem Elend, denn die meisten Sanierungsgelder „versickern" auf ihren Konten. – in den letzten Jahren sind die blutigen Bandenkriege der verfeindeten „Familien" häufig in den Schlagzeilen gewesen. Neapel ist in weiten Teilen eine heruntergekommene, kaputte Stadt mit immensen Problemen.

Und doch ist das nur eine Seite der Medaille. Neapel – das bedeutet auch übersprudelnde Lebensfreude, überzeugter Individualismus, eine fast schon mystisch anmutende Religiosität und ein an Manie grenzendes Fußballfieber. Für den Besucher ist die Stadt ein einziges faszinierendes Theater mit ständig wechselnder Kulisse. Sich einen Tag einfach treiben zu lassen kann mehr bringen als das pflichtgemäße Abhaken von Sehenswürdigkeiten. Alles spielt sich auf der Straße ab, ein faszinierendes Schauspiel – an Abgasgestank und Staubpartikel muss man sich allerdings gewöhnen, ebenso an das Trommelfeuer der Hupen und das permanente Dröhnen von Zwei- und Viertaktern aller Art. Im August wird man die Stadt dagegen nicht wieder erkennen. Es ist „Ferragosto" – halb Neapel macht Urlaub am Meer, still ruhen die Straßen, viele Läden und Ristoranti sind geschlossen.

Anfahrt/Verbindungen

• *Flug* **Aeroporto Capodichino**, der wichtigste Flughafens Süditaliens liegt am nordöstlichen Stadtrand, etwa 8 km vom Zentrum (✆ 848/888777, vom Ausland und von Handys ✆ 39-081-7515471, www.gesac.it). Wer am **Terminal 2** ankommt, muss für einige hundert Meter den Shuttle-Bus zum Hauptgebäude nehmen bzw. laufen. Unmittelbar vor dem relativ kleinen Flughafengebäude startet der **Alibus** im 20-Min.-Rhythmus, er fährt direkt zum Hauptbahnhof und anschließend weiter zur Piazza Municipio (Castel Nuovo/Fährhafen Molo Beverello); Einzelfahrschein (3 €) im Bus erhältlich bzw. freie Fahrt mit Artecard.

Taxi, unbedingt auf die verbindlichen Festpreise (Tariffe predeterminate) bestehen, zum Hauptbahnhof ca. 16 €, zum Hafen Molo (Molo Beverello) ca. 20 €.

• *Pkw* Wenn man mit süditalienischem Großstadtverkehr nicht vertraut ist, unbedingt abzuraten – hohe Gefahr von Blechschaden, außerdem gibt es hier wirklich schon genug Autos, sprich Staus. Auch auf den Ringautobahnen um die Stadt herrscht horrender Verkehr mit abenteuerlicher Fahrweise der Ortskundigen. Am besten **außerhalb der Stadt** unterkommen, z. B. auf einem der Campingplätze, das Auto dort stehen lassen und mit der Circumvesuviana bzw. Ferrovia Cumana bequem hineinpendeln, Verbindungen sind häufig. Wer es nicht lassen kann – auf der A 2 von Rom kommend die **Tangenziale** nehmen, die weiter nach Pozzuoli geht, Ausfahrt **Napoli Centro**. Parken im Zentrum ist schwierig, es gibt aber einige gebührenpflichtige Parkplätze, z. B. den großen **Parcheggio Brin**, ca. 1 km südöstlich vom Bhf.

• *Bahn* Häufige Fernverbindungen von und nach **Rom**, **Mailand**, **Pescara**, **Ancona**, **Foggia**, außerdem über Potenza und Taranto nach **Brindisi** und über Salerno nach **Reggio di Calabria**.

Der große Bahnhof **Stazione Termini** liegt im Zentrum von Neapel an der lang gestreckten Piazza Garibaldi. Der breite Corso Umberto führt von der gegenüberliegenden Platzseite geradeaus in Richtung Königsschloss und Hafen (Stazione Marittima). In die Altstadt kommt man von der Westseite der Piazza.

Der zweite Bahnhof **Stazione Mergellina** liegt einige hundert Meter vom Hafen Mergellina entfernt.

• *Schiff* Fähren der Gesellschaft Tirrenia fahren ab Stazione Marittima etwa 1-mal tägl. nach **Palermo** (Sizilien) und 1- bis 2-mal wöch. nach **Cagliari** (Sardinien).

Nach **Capri**, **Procida** und **Ischia** gehen mehrmals täglich Fähren und Aliscafi (Tragflügelboote) ab Molo Beverello (Stazione Marittima), Tragflügelboote fahren ab Mergellina. Siehe auch unter den jeweiligen Inseln.

Auf die **Liparischen Inseln** fahren Fähren und Aliscafi im Sommer ab Molo Beverello mindestens 1- bis 2-mal tägl. Siehe auch unter den jeweiligen Inseln.

Die Unendliche Geschichte: Müll in Napoli

Im November 2010 war es wieder soweit – über 2000 Tonnen Müll stapelten sich auf den Straßen und Plätzen der Stadt und drohten zur ernsten Umweltgefahr zu werden. Erst vor zwei Jahren hatte Neapel mit ähnlichen Schlagzeilen von sich reden gemacht und auch schon in den Jahrzehnten zuvor immer wieder. Das ständig wiederkehrende Chaos in der Stadt am Golf ist das Resultat struktureller Defizite, denn die Müllhalden an der Peripherie haben seit Langem ihre Kapazitätsgrenzen überschritten und die Anwohner leider unter Gestank, giftigen Dämpfen und der hohen Schwermetall- und Dioxinbelastung des Bodens. 2008 erklärte Premierinister Silvio Berlusconi vollmundig die Beendigung der Müllkrise zur Chefsache. Tatsächlich ließ er neue Verbrennunganlagen planen und exportierte den Müll bis nach Nordrhein-Westfalen. Doch die projektierten Anlagen haben ihren Betrieb bis heute nicht aufgenommen und die Einwohner der Gemeinden rund um den Vesuv protestierten erfolgreich gegen die Ausweisung einer neuen (Gift-)Mülldeponie bei Terzigno. Mülltransporte ins europäische Ausland sollen nun wieder helfen, die Situation in den Griff zu bekommen.

Kampanien Karte S. 898/899

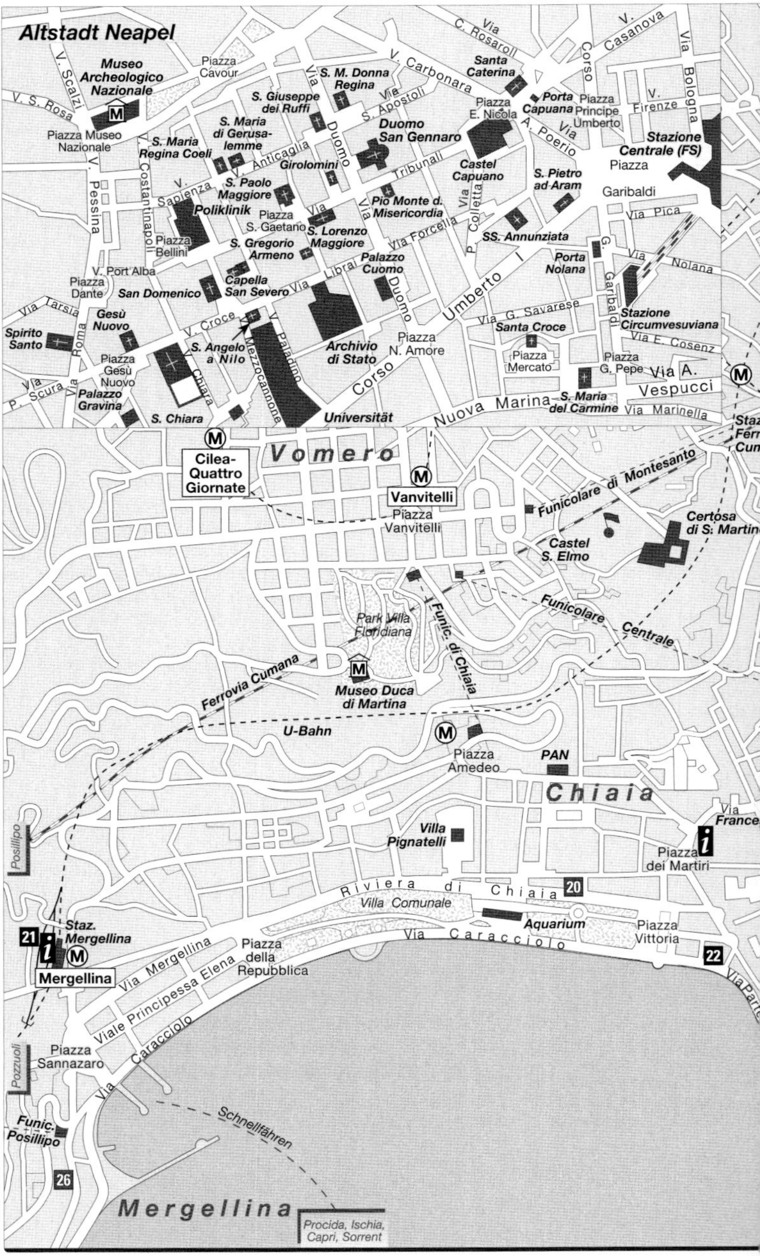
Altstadt Neapel
Museo Archeologico Nazionale
Piazza Cavour
S. M. Donna Regina
Santa Caterina
Porta Capuana
Piazza Principe Umberto
S. Giuseppe dei Ruffi
S. Maria di Gerusalemme
Duomo San Gennaro
Piazza E. Nicola
Piazza Museo Nazionale
S. Maria Regina Coeli
Girolomini
Castel Capuano
S. Pietro ad Aram
Stazione Centrale (FS)
Piazza Garibaldi
S. Paolo Maggiore
Poliklinik
Piazza S. Gaetano
Pio Monte d. Misericordia
S. Lorenzo Maggiore
SS. Annunziata
S. Gregorio Armeno
Palazzo Cuomo
Porta Nolana
Piazza Bellini
Piazza Dante
San Domenico
Capella San Severo
Stazione Circumvesuviana
Gesù Nuovo
Spirito Santo
S. Angelo a Nilo
Archivio di Stato
Piazza N. Amore
Santa Croce
Piazza Mercato
Piazza G. Pepe
Piazza Gesù Nuovo
Palazzo Gravina
S. Chiara
Universität
S. Maria del Carmine
V. Scalzi
V. S. Rosa
V. Pessina
V. Costantinopoli
V. Port'Alba
Via Tarsia
Via Roma
Via P. Scura
Via Chiara
Via Mezzocannone
V. Paladino
Via Duomo
Via Tribunali
Via Anticaglia
V. Sapienza
Via Libra
V. Croce
Via Forcella
Corso Umberto I
Via C. Rosaroll
V. Carbonara
Via S. Apostoli
Via P. Colletta
Via A. Poerio
Corso Garibaldi
V. Casanova
Via Bologna
V. Firenze
Via Pica
Via Nolana
Via G. Savarese
Via E. Cosenz
Via A. Vespucci
Via Nuova Marina
Via Marinella
Vomero
Cilea-Quattro Giornate
Vanvitelli
Piazza Vanvitelli
Funicolare di Montesanto
Castel S. Elmo
Certosa di S. Martino
Funicolare Centrale
Funic. di Chiaia
Park Villa Floridiana
Ferrovia Cumana
Museo Duca di Martina
U-Bahn
Piazza Amedeo
PAN
Chiaia
Villa Pignatelli
Via Francesco
Piazza dei Martiri
Posillipo
Riviera di Chiaia
20
Villa Comunale
Aquarium
Piazza Vittoria
Via Caracciolo
22
21
Staz. Mergellina
Mergellina
Via Mergellina
Piazza della Repubblica
Viale Principessa Elena
Via Caracciolo
Piazza Sannazaro
Pozzuoli
Schnellfähren
Funic. Posillipo
26
Mergellina
Procida, Ischia, Capri, Sorrent

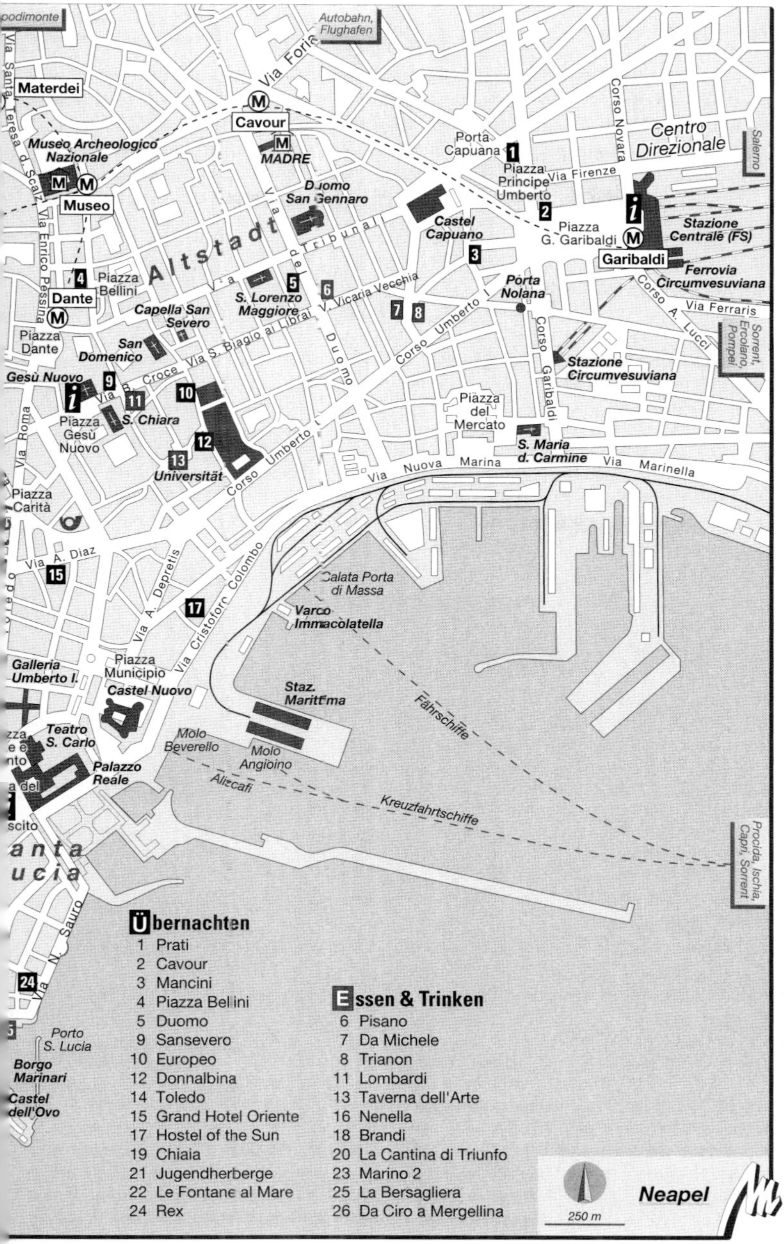

Kampanien Karte S. 898/899

Unterwegs in Neapel und Umgebung (siehe Karte S. 902/903)

Es verkehren zwei Metrolinien, Busse, Trams und Schienenseilbahnen. In all diesen Verkehrsmitteln gelten dieselben Fahrscheine („UnicoNapoli"). Ein Einzelfahrschein kostet ca. 1,10 €, die Tageskarte ca. 3,10 € (Sa und So 2,60 €), erhältlich sind sie an Kiosken sowie in Bars und Tabacchi-Läden, außerdem an den Schaltern der Endbahnhöfe. *Unico Campania 3T* heißt das Drei-Tages-Ticket für Touristen, es kostet 20 € und schließt auch den Alibus (Flughafen) sowie den EAVBus (Vesuv) ein. Außerdem hat man mit den *Artecards* (→ S. 908) freie Fahrt. Zusätzlich gibt es drei verschiedene Bahnnetze für die Orte westlich und östlich von Neapel, die sehr nützlich sind, falls man außerhalb untergekommen ist (z. B. in Sorrento), sowie für Touren im Golf.

• *Metropolitana* (www.metro.na.it) Die neapolitanische U-Bahn wird seit Langem ausgebaut und soll irgendwann bis zum Flughafen führen. Züge fahren in der Zeit von 5.30–23 Uhr alle 6–15 Min.

Die **Linie 1** verbindet das Zentrum mit dem Vomero-Hügel, vorerst nur bis zur neuen Metrostation Piazza Dante, später bis Piazza Municipio/Castel Nuovo und Hauptbahnhof.

Die **Linie 2** mit den Endbahnhöfen Gianturco/Piazza Garibaldi und Pozzuoli bietet sich z. B. an für das archäologische Nationalmuseum (Piazza Cavour), Mergellina (FS-Bahnhof und Hafen) und Pozzuoli/Solfatara.

• *Busse und Trams* (www.anm.it) Die Busse der Verkehrsbetriebe **ANM** sind zahllos und ständig überfüllt. **Vorsicht vor Taschendieben!** Die elektronischen Anzeigetafeln funktionieren gut, ansonsten ist Durchfragen die beste Methode. An den Knotenpunkten des dichten Busnetzes steht tagsüber meistens uniformiertes Personal. Die wichtigsten Haltestellen befinden sich an der Piazza Garibaldi, Piazza Municipio und Piazza Vittoria. Im Altstadtbereich verkehren kleine Elektrobusse.

Entlang der Uferstraße kann man eine Fahrt mit der **Tram** unternehmen.

• *Funicolare* Vier **Funicolari** (Schienenseilbahnen) führen von Neapel auf die umliegenden Hügel – drei auf den Vomero (Stadtplan), ein weiterer vom Hafen Mergellina auf den Hügel Posilippo. Am zentralsten liegt der Funicolare Centrale von der Via Toledo, Nähe Galleria Umberto I.

• *Mit dem Vorortzug* Zwei Nahverkehrsbahnen führen östlich bzw. westlich aus Neapel heraus.

Die **Ferrovia Circumvesuviana** hat ihren städtischen Endbahnhof am Corso Garibaldi/Stazione centrale. Eine Strecke führt um den Vesuv herum, die andere an der Küste entlang nach Sorrent. Die Circumvesuviana ist die ideale Verbindung zu den antiken Museumsstädten Herculaneum und Pompeji.

Die **Ferrovia Cumana e Circumflegrea** verbindet Neapel mit der Bucht von Pozzuoli; der städtische Endbahnhof Montesanto liegt ein Stück südwestlich der Piazza Dante. Diese Schnellbahn bietet sich z. B. für Fahrten zu den antiken Ausgrabungsstätten von Pozzuoli und Baia an.

• *Taxi* Standplätze u. a. am **Hauptbahnhof**, **Piazza Dante** und **Piazza Treste e Trento**. Gefahren wird in der Regel nach Taxameter, die Gebühren für längere Strecken zum Festpreis kann man in den Informationsbüros erfahren. Funktaxi ✆ 081/5564444.

Information

Es gibt eine ganze Reihe von Büros, erhältlich sind in der Regel ein Stadtplan, eine Hotelliste und die monatlich erscheinende Infobroschüre „Qui Napoli" mit vielen Adressen und Veranstaltungshinweisen.

• *AAST* (www.inaples.it) **Via Santa Lucia 107**, ✆ 081/2400914.

Piazza del Gesù Nuovo, ganz zentral an der Spaccanapoli, ✆ 081/5512701.

Via San Carlo 9, Galleria Umberto I, ✆ 081/402394.

Alle Mo–Sa 9–19 Uhr und So 9–14 Uhr.

• *EPT* (www.eptnapoli.info) **Piazza dei Martiri 58**, im Viertel Chiaia, Mo–Fr 9–14 Uhr, ✆ 081/4107211.

Stazione Termini (Hauptbahnhof), am Durchgang von der Schalterhalle zu den Zügen, tägl. 9–18 Uhr. ✆ 081/268779.

Stazione Mergellina, tägl. 9–18 Uhr. ✆ 081/7612102.

Übernachten (siehe Karte S. 902/903)

Die zahlreichen Hotels in Bahnhofsnähe (Piazza Garibaldi und Seitengassen) sind aufgrund der verrufenen Umgebung nicht unbedingt erste Wahl, wir beschränken uns auf zwei Empfehlungen. Eine gute Alternative ist das atmosphärisch reizvolle *Centro storico*, dort gibt es mittlerweile einige gut geführte Drei-Sterne-Hotels sowie B & B-Unterkünfte und kleine Etagenhotels.

• *Um den Bahnhof* *** **Cavour (2)**, großer Palazzo am Westende der Platzes, 90 Zimmer, ordentlich ausgestattet, z. T. renoviert. DZ mit Frühstück ca. 60–90 €. Piazza Garibaldi 32, ✆ 081/283122, ℻ 287488, www.hotelcavournapoli.it.

*** **Prati (1)**, gut ausgestattet und aufmerksam geführt, Garage (16 € pro Tag). DZ mit Frühstück ca. 70–100 € Via C. Rosaroll 4 (nördlich der Piazza Garibaldi), ✆ 081/268898, ℻ 261006 , www.hotelprati.it.

• *Centro storico* *** **Toledo (14)**, renovierter Palazzo mitten im Quartiere spagnolo, neben dem Teatro Nuovo. Gute Zimmer, Frühstück auf der Dachterrasse. Wer authentische Altstadtatmosphäre unmittelbar vor der Hoteltür sucht, ist hier richtig und obendrein gut aufgehoben. DZ mit Frühstück ca. 75–180 €. Via Montecalvario 15, ✆/℻ 081/406800, www.hoteltoledo.com.

*** **Piazza Bellini (4)**, Neueröffnung an der Piazza Bellini, helles, frisches Ambiente. Vollständig modernisierter Barockpalazzo, große, minimalistisch-modern eingerichtete Zimmer auf drei Etagen mit Internetanschluss. DZ mit Frühstück ca. 90–145 €. Via S. Maria di Costantinopoli 101, ✆ 081/451732, ℻ 081/4420107, www.hotelpiazzabellini.com.

* **Duomo (5)**, zentrale Lage in einem hübschen Altstadtpalazzo Nähe Dom. Der alteingesessene Familienbetrieb wird mittlerweile von den beiden Söhnen geführt. Ungezwungene Atmosphäre, überwiegend jüngeres Publikum. DZ ca. 55–65 €, Frühstück 4 €. Via Duomo 228, ✆ 081/265988, ℻ 081/2142918, www.hotelduomonapoli.it.

* **Europeo (10)**, ordentliches Etagenhotel im Herzen der Altstadt, relativ ruhig gelegen. Zimmer unterschiedlicher Größe und Ausstattung. Kein Frühstück. DZ ab 50 €. Via Mezzocannone 109, ✆ 081/5517254, ℻ 081/5522112, www.sea-hotels.com.

Sansevero (9), Verbund von zwei kleinen Etagenhotels im Bereich Piazza San Domenico Maggiore und Piazza Gesù. Ohne Sterne, aber mit Charme. Die Zimmer sind geräumig, ruhig gelegen und behaglich eingerichtet. DZ mit Frühstück ca. 80–100 €. Rezeption an der Piazza San Domenico Maggiore 9, ✆ 081/7901000, www.albergosansevero.it.

B & B Donnalbina (12), schickes Quartier in der südlichen Altstadt, modern eingerichtet und gut geführt. Das Frühstück wird auf dem Zimmer serviert. DZ mit Frühstück ca. 65–90 €. Via Donnalbina 7, ✆ 081/19567817, www.donnalbina7.it.

• *Piazza Municipio und Umgebung* **** **Grand Hotel Oriente (15)**, beste zentrale Lage, vergleichsweise komfortable Ausstattung, acht Stockwerke hoch, in den oberen Etagen herrlicher Blick über Stadt, Golf und Vesuv. DZ mit Frühstück ab ca. 110 €. Via Armando Diaz 44. ✆ 081/5512133, ℻ 5514915, www.grandhoteloriente.it.

*** **Chiaia Hotel de Charme (19)**, in der ersten Etage eines Adelspalazzo aus dem 17. Jh. an der verkehrsberuhigten Shoppingmeile Via Chiaia. Stilmöbel im kleinen Salon und im hellen Frühstücksraum. Klimatisierte und hübsch eingerichtete Zimmer. DZ mit Frühstück 100–165 €. Via Chiaia 216, ✆ 081/415555, ℻ 081/422344, www.hotelchiaia.it.

• *Santa Lucia und Hafen* nah am Wasser, gute Fischlokale in der Nähe, außerdem nicht weit vom Zentrum.

*** **Rex (24)**, ca. 50 m vom Wasser in einer ruhigen Straße, großer, klassizistischer Palazzo, etwas sparsam eingerichtet, aber brauchbar, Garage in der Nähe. Kein Frühstücksraum, deshalb wird das Frühstück auf dem Zimmer serviert. DZ mit Frühstück ab ca. 100 €. Via Palepoli 12, ✆ 081/7649389, ℻ 7649227, www.hotel-rex.it.

** **Le Fontane al Mare (22)**, freundlich–altmodische Pension in den oberen Stockwerken eines alten Palazzo, herrlicher Blick auf den Golf, die vorbeiführende Straße ist ziemlich laut. DZ mit Bad ca. 60–70 €, mit Etagendusche ca. 50–60 €. Kein Frühstück. Via Niccolo Tommaseo 14, ✆ 081/7643811, ℻ 7643470.

• *Hostels* **Ostello Mergellina Napoli (21) (IYHF)**, großes Gebäude mit 200 Betten, ab

Kampanien
Karte S. 898/899

Hbf. U-Bahn bis Mergellina, die empfehlenswerte Herberge liegt ein Stück hinter der U-Bahnstation. Zwar fahren ständig Züge vorbei, stören aber nicht übermäßig. Mit Frühstück etwa 16 € im Mehrbettzimmer, im DZ ca. 20 €. Geschl. von 9.30–16 Uhr, Schließzeit 0.30 Uhr. Im Sommer darf man höchstens drei Tage bleiben, Reservierung sinnvoll. Salita della Grotta a Piedigrotta 23, ✆ 081/7612346, 📠 7612391, www.ostellonapoli.com.

Hostel of the Sun (17), privat geführtes Hostel in zentraler Lage, Nähe Molo Beverello und Castel Nuovo. Rezeption rund um die Uhr besetzt. Nicht nur für Backpacker geeignet. Im Mehrbettzimmer ca. 20 €, DZ mit Bad ca. 50–60 €, jeweils mit Frühstück. ✆ 081/4206393, www.hostelnapoli.com.

* **Mancini (3)**, direkt im Forcella-Viertel (→ Sehenswertes/Altstadt). Hostelähnliche Pension zwischen Piazza Garibaldi und Centro storico, freundlich geführt. Es gibt eine Handvoll DZ mit TV und zwei Mehrbettzimmer. DZ mit Bad ca. 50 €, mit Etagendusche 45 €, Platz im Mehrbettzimmer ca. 15–18 €, jeweils mit Frühstück. Via Mancini 33, ✆ 081/5536731, 📠 5546675, www.hostelpensionemancini.com.

• *Camping* Die drei Campingplätze in **Pompeji** (→ dort) sind mit der Circumvesuviana vom Hauptbahnhof in Neapel in ca. 30 Min. bequem zu erreichen.

Schöner und ruhiger sind die Plätze bei **Sorrento** (→ dort), Endstation der Circumvesuviana (ca. 50 Min. ab Neapel) und Ausgangspunkt für Trips an die Amalfiküste.

Westlich von Neapel liegt der große Camping Vulcano Solfatara oberhalb von **Pozzuoli** im Krater des Vulkans Solfatara (April bis Okt. → dort), zu erreichen mit Ferrovia Cumana ab Stazione di Montesanto bzw. Metro bis Pozzuoli und noch 20 Min. zu Fuß.

Viele B & B-Adressen unter www.bb-napoli.com

Essen & Trinken (siehe Karte S. 902/903)

Ein Gericht, das fast zum Synonym für Italien geworden ist, stammt aus Neapel: die *Pizza*! Die mit Tomaten und Mozzarella-Käse überbackenen Teigfladen haben hier seit dem 16. Jh. ihren Siegeszug um die Welt begonnen, bevor sie sich im übrigen Italien durchsetzen konnten. Sie werden in Neapel sehr einfach und nur mit einer Handvoll Zutaten zubereitet. Mit den Händen formt der „Pizzaiolo", der Pizzabäcker, aus geknetetem Teig einen Fladen von ca. 20 cm Durchmesser und belegt ihn sparsam. Mit einer großen Holzschaufel werden die Fladen dann in den holzbefeuerten Steinofen geschoben, knusprig gebacken und nach wenigen Minuten wieder herausgeholt. Man bekommt sie überall in der Stadt zum Mitnehmen in kleinen Friggitorie, kann sie natürlich aber auch in den legendären Pizzerien der Stadt essen. Und auch die weltberühmten *Spaghetti* sehen Neapolitaner gerne als Originalprodukt ihrer Stadt, am liebsten werden sie mit Muscheln serviert: *alle vongole* oder *alle cozze*.

• *Spaccanapoli und Umfeld* In den Abend- und Nachtstunden z. T. etwas zweifelhaftes Umfeld – eher ein Tipp für mittags.

TIPP! Antica Osteria Pisano (6), echtes Napoli-Erlebnis mitten auf der Spaccanapoli, an der Ecke der Via Duomo zur Via Vicaria Vecchia. Schlichter, aber freundlicher Familienbetrieb, lokaltypische Küche, zwischen fröhlichen Neapolitanern kann man drinnen oder draußen sitzen. Günstige Preise. So geschl. ✆ 081/5548325.

Lombardi a Santa Chiara (11), legendäre Pizzeria im Zentrum der Spaccanapoli, wegen zentraler Lage und Beliebtheit Wartezeit einkalkulieren. Mo geschl. Via Benedetto Croce 59, ✆ 081/5520780.

Taverne dell'Arte (13), kleine, gemütliche Trattoria mit Terrasse, bekannt für ihre sorgsam zubereiteten Gerichte, die häufig wechseln. Menü ab ca. 30 €. Nur abends geöffnet, So und August geschl. Rampe San Giovanni Maggiore 1/a, ✆ 081/5527558.

La Chitarra, nur wenige Schritte weiter, klein und gemütlich, familiär geführt. So geschl., außerdem Sa-Mittag und Mo-Abend. Rampe San Giovanni Maggiore 1/b, ✆ 081/5529103.

• *Corso Umberto* **TIPP! Antica Pizzeria da Michele (7)**, eine neapolitanische Legende, kleine, traditionsbewusste Pizzeria seit 1870, die nur exakt zwei Pizzen herstellt: Margherita und Marinara. Sehr schlicht gehalten und preiswert. Mo–Sa 9–23 Uhr, So geschl. Via Cesare Sersale 1, ✆ 081/5539204.

Trianon da Ciro (8), fast vis-à-vis von Michele, unten einfach gehaltener, marmorgetäfelter Speiseraum mit Marmortischen, weitere Räume im ersten und zweiten Stock. Mittagstisch der Angestellten der Umgebung, abends oft unglaublich voll, der reinste Fließbandverkehr. Die rasenden Pizzabäcker schwitzen vor einem bunten Majolikabild von Neapel. Mo geschl. Via Pietro Colletta 42–46, ✆ 081/5539426.

• *Santa Lucia* Im Schatten des mächtigen Castel dell'Ovo drängen sich einige der bekanntesten Fischrestaurants der Stadt – eine der wenigen Möglichkeiten, in Neapel stimmungsvoll unmittelbar am Meer zu speisen, die Preise sind allerdings meist recht gehoben.

La Bersagliera (25), 1919 eröffnet, elegantes Jugendstillokal mit bestem Ruf, viele Prominente haben schon die hausgemachten Nudeln und den sorgfältig zubereiteten Fisch gekostet, entsprechend teuer isst man hier. Di geschl. Borgo Marinari 10/11, ✆ 081/7646016.

Marino (23), einfaches Lokal mit wenigen Tischen und ungezwungener Atmosphäre, Fisch und Pizza. Mo geschl. Via Santa Lucia 118, ✆ 081/7640280.

• *Piazza Trieste e Trento und Umgebung*

Brandi (18), das „Pizzamuseum" von Neapel, seit 1780 als Pizzeria in Betrieb, hier wurde zu Ehren der italienischen Königin Margherita die gleichnamige Pizza kreiert – in den Nationalfarben rot, grün und weiß (Tomaten, Basilikum und Mozzarella). Traditionsreiches Ambiente, mehrere klimatisierte Speisesäle, einige Tische auf der Gasse, flinke Kellner. Di geschl. Salita Sant'Anna di Palazzo 1/2 (Seitengasse der Via Chiaia), ✆ 081/416928.

Nennella (16), hemdsärmelige Nachbarschaftstrattoria im ärmlichen Quartiere spagnolo, Tische auch draußen, deftige Hausmannskost, immer voll, kleine Preise. Nur etwas für Fortgeschrittene! Via Lungo Teatro Nuovo 104, Mo–Sa mittags und abends geöffnet.

• *Chiaia* **La Cantina di Triunfo (20)**, beliebtes Weinlokal vis-à-vis vom Stadtpark, leider keine Tische im Freien. Es gibt offene Weine der Region und eine große Auswahl an Flaschenweinen. Abends kann man hier auch gut essen, das Angebot wechselt täglich. Reservierung angebracht. So und im August geschl. Riviera di Chiaia 64, ✆ 081/668101.

• *Mergellina* **Da Ciro a Mergellina (26)**, eine Institution am Hafen, Fisch und Meeresfrüchte in allen Variationen. Menü ca. 30 € aufwärts. Mo geschl. Via Mergellina 21, ✆ 081/681780.

• *Marechiaro* Der malerische Fischerhafen von Marechiaro liegt einige Kilometer südwestlich vom Zentrum am Capo Posillipo. Hier kann man besonders schön am Wasser sitzen und authentische Fischküche genießen, z. B. im **La Vela**, dessen Wirt Deutsch spricht. Anfahrt mit Bus 140 ab Piazza Garibaldi oder Via Santa Lucia (fährt bis 24 Uhr), ✆ 081/5751095.

• *Cafés* In der riesigen **Galleria Umberto I** an der Via Toledo kann man für viel Geld, aber stimmungsvoll Kaffee nippen, ebenso vis-à-vis im **Gran Caffè Gambrinus**, am Beginn der Via Chiaia – eins der berühmtesten Kaffeehäuser der Stadt, 150 Jahre alt, mit reichlich Stuck und Gold im Stil der Belle Époque und hervorragendem Gebäck. Di geschl.

La Caffettiera, beliebtes Café an einer ruhigen Piazza im Chiaia-Viertel, schöne Sitzplätze im Freien, gediegene Einrichtung, tolle Leckereien. Piazza dei Martiri 26.

Scaturchio, Traditionspasticceria am Spaccanapoli, tolle Leckereien, z. B. *ministeriale* (Schokopralinées, mit Rum gefüllt). Sitzplätze auf der Piazza, mittags immer sehr voll. Piazza San Domenico Maggiore.

TIPP! Die palmenbestandene Piazza Bellini in der Nähe der Piazza Dante ist eine der nettesten Ecken der Altstadt und beliebt bei jungen Leuten. Mehrere Cafés laden zum Verweilen ein, z. B. das populäre Kulturcafé **Intra Moenia** mit Internetpoint, Buchladen und eigenem Verlag.

• *Snacks* **Pintauro**, *Sfogliatelle* (Blätterteiggebäck mit warmer Ricottafüllung) muss man in Neapel einmal kosten, eine der besten Adressen ist diese 200-jährige Bäckerei. Via Toledo 275.

Nachtleben

Treffpunkt der nächtlichen Szene ist die *Piazza Bellini* (→ Cafés), viel Leben herrscht außerdem zum „Apertivo" und danach in den quirligen Gassen des *Chiaia-Viertels*.

Stark im Trend sind die beiden Clubs **Bourbon Street** und **Volver** in der kleinen Via Bellini (Nr. 8 und 52, Nähe Piazza Bellini), wo vorwiegend Jazz und House gespielt wird.

Bluestone und **La Mela** sind zwei angesagte Discos im vornehmen Chiaia-Viertel (Via Alabardieri und Via dei Mille).

Tongue, beliebte Musikkneipe im Posillipo-Viertel, Via Manzoni 207.

Virgilio, große Disco mit Open-Air-Terrasse und Blick über die Stadt. Nur Juni bis Sept. Via Lucrezia Caro 6, am Posillipo-Hügel.

Sehenswertes

Die **Campania Artecard** (www.napoliartecard.it) bietet drei Tage lang freie Benutzung aller öffentlichen Verkehrsmittel sowie ermäßigte Eintrittspreise in Museen und Ausgrabungsstätten. Es gibt sie in verschiedenen Varianten, z. B. Napoli Centro antico (12 €), Napoli e Campi Flegrei (16 €), Cilento (13 €) und ganz Kampanien (ca. 27 €), aber auch als Wochenpass für Kampanien (30 €). Erhältlich sind die Artecards in allen Museen, am Flughafen und in den Bahnhöfen, nicht aber in den Informationsbüros.

Piazza Garibaldi und Corso Umberto I

Die große Piazza Garibaldi mit dem Hauptbahnhof Stazione Termini ist zentraler Punkt für die Stadtbesichtigung. Man hat beste Verkehrsverbindungen in alle Richtungen, und zu Fuß ist man in wenigen Minuten hautnah im Altstadtgetümmel. Die unmittelbare Bahnhofsnähe sollte man allerdings rasch hinter sich lassen, denn die Kleinkriminalität ist hier ziemlich hoch.

Nicht weit entfernt befinden sich zwei stimmungsvolle Märkte, auf denen vormittags das pralle Leben tobt: Im Bereich der *Porta Capuana* erstreckt sich der größte Markt für Haushaltswaren und in Richtung Meer liegt um die *Porta Nolana* der größte Fischmarkt der Stadt.

Der *Corso Umberto I*, die breite Hauptstraße Neapels, führt von der Piazza Garibaldi schnurstracks in die Nähe des Hafens. Im 19. Jh. wurde sie nach dem Vorbild der

Chaotische Metropole mit Herz

Pariser Boulevards rücksichtslos quer durch das Gassengewirr der Altstadt geschlagen. Zwischen den Prachtfassaden stehen Alleebäume und schöne eiserne Straßenlaternen, hier tummelt sich das pralle Leben, leider herrscht fast immer auch katastrophaler Verkehr.

Schon bei der Ankunft am Hafen oder am Bahnhof wird man vor **Taschendieben** gewarnt. Wertsachen gehören in den Hotelsafe. Nachts sollte man die Altstadt meiden.

Altstadt

Nur ein paar Schritte von der Piazza Garibaldi und man steht mitten im Herzen des volkstümlichen Neapels. Seit Jahrhunderten pulsiert hier das Leben, quirlig und voller Temperament, lautstark und farbig, aber auch voller sozialer Härte. Seit dem Erdbeben von 1980 (!) sind noch immer viele Häuser eingerüstet, der Rest ist schwarz und düster. Daran hat auch die schützende Hand der UNESCO nichts geändert, die das Centro storico 1995 zum Weltkulturerbe erklärt hat. Die Camorra regiert überall unsichtbar mit. Erfreulicherweise ist das Centro storico weitgehend verkehrsberuhigt.

Vom Westende der Piazza Garibaldi nimmt man gegenüber vom Denkmal die Via Mancini und durchquert einen großen Straßenmarkt. Danach geht man auf der Via Annunziata weiter und erreicht die Via Forcella, ebenfalls mit zahlreichen Straßenhändlern, diese setzt sich in die enge Spaccanapoli fort. Hier im *Forcella-Viertel* zwischen Piazza Garibaldi und Corso Umberto I befindet sich das Zentrum des berühmt-berüchtigten neapolitanischen Schwarzmarkts. Wo tagsüber zahllose Waren fragwürdiger Herkunft und Qualität verschoben werden, blühen abends die einträglichen Camorra-Branchen Prostitution und Drogenhandel.

Spaccanapoli: *„Spalte Napoli"*, so heißt die zentrale Altstadtgasse, die das historische Zentrum gradlinig wie ein Schnitt durchläuft. Das Kernstück dieses insgesamt ca. 3 km langen Altstadtrückgrats durchquert nördlich parallel zum Corso Umberto die ganze Altstadt, bis sie auf die Via Toledo (= Via Roma) trifft. Offiziell heißt sie *Via Vicaria Vecchia*, *Via San Biagio dei Librai*, *Via Benedetto Croce* und *Via Pasquale Scura*, aber unter diesen Namen kennt sie nur der Stadtplan. Früher war sie bevorzugtes Wohngebiet der Reichen, als diese aber im 19. Jh. zur Via Toledo und auf den Vomero zogen, teilten sich die Armen die Luxuswohnungen auf. Heute leben und arbeiten hier zahlreiche kleine Händler und Handwerker in katastrophalen Wohnverhältnissen, oft besitzen ganze Familien nur ein Zimmer, die meisten ebenerdig und zur Straße hin offen, die sogenannten *bassi*.

Kampanien
Karte S. 898/899

Wenn man die Via Duomo quert, kann man einen Abstecher zum Dom San Gennaro hinauf machen (→ nächster Abschnitt). Zwischen Via Duomo und Piazza Gesù Nuovo reihen sich zahlreiche kleine Läden und Lädchen aneinander, darunter auffallend viele mit Devotionalien und Kirchenkitsch.

Die abzweigende *Via San Gregorio Armeno* ist ein Touristenmagnet der Altstadt – hier arbeiten die berühmten Krippenmacher von Neapel, seit Jahrhunderten und auch heute noch ein florierendes Handwerk, obwohl mittlerweile vieles industriell hergestellt wird.

Um die *Piazza Gesù Nuovo* liegt das Universitätsviertel, die Uni befindet sich in der nahen Via Mezzocanone, dort gibt es viele Buchhändler. Schließlich mündet die Spaccanapoli auf die breite *Via Toledo* (bzw. Via Roma), die Hauptgeschäftsstraße der Stadt.

Dom San Gennaro: strenger, grauer Bau, Anfang des 14. Jh. begonnen, die Fassade um 1900 im neugotischen Stil erneuert. Der große, hohe Innenraum prangt in prunkvollem Barock, die Decke ist vergoldet mit Ölgemälden. Im linken Seitenschiff kommt man zur Basilika *Santa Restituta* aus dem 4. Jh., der ältesten Kirche von Neapel, allerdings sind nur noch die Säulen original erhalten. Ein mächtiges Deckengemälde von Luca Giordano (17. Jh.) schmückt die Decke. Hinter der Apsis steht ein Baptisterium mit Mosaiken aus dem 5. Jh.
Im rechten Seitenschiff liegt die *Kapelle des heiligen Gennaro* (heiliger Januarius) bzw. das *Museo del Tesoro di San Gennaro,* des Schutzheiligen der Stadt, der 305 während der Christenverfolgungen in Pozzuoli enthauptet wurde. Dreimal im Jahr geschieht ein Wunder – dann verflüssigt sich das eingetrocknete Blut des Märtyrers und wird vor dem Domportal den gläubigen Neapolitanern gezeigt: am ersten Samstag im Mai, am 19. September und am 16. Dezember. Die Legende erzählt, eine Neapolitanerin habe das Blut des Gennaro bei dessen Hinrichtung aufgefangen. 1389 soll es sich zum ersten Mal verflüssigt haben, seit 1610 geschieht das regelmäßig. Falls das Wunder einmal nicht stattfindet, bedeutet das großes Unglück für Neapel. Gott sei Dank klappt es meistens, 1980 jedoch nicht – und tatsächlich kam es wenige Wochen später zu dem schweren Erdbeben, das weite Teile Kampaniens in Mitleidenschaft zog. Das Blut wird in zwei versiegelten Glasgefäßen in der Kapelle aufbewahrt, dort liegt auch der Schädel des Heiligen.

• Öffnungszeiten/Eintritt **Dom und Restituta-Kirche**, Mo–Sa 8–12.30, 16.30–19 Uhr, So 8–13.30, 17–19.30 Uhr. **Museo del Tesoro di San Gennaro**, Di–Sa 9.30–17 Uhr, So 9.30–14 Uhr, Mo geschl. Eintritt ca. 6 € bzw. mit Artecard.

> Wissenschaftler sind sich sicher, dass es sich bei der rätselhaften Substanz um ein sogenanntes **thixotropes Gel** handelt. Diese Gel ist im Ruhezustand etwa so fest wie Pudding, wird aber flüssig, sobald man es bewegt. Auch die Alchemisten des 14. Jh. hätten es aus drei einfachen Salzen herstellen können (Kalziumkarbonat, Kochsalz und eine Eisenverbindung). Bezeichnenderweise lässt die katholische Kirche die Analyse des „Heiligenbluts" nicht zu.

Museo d'Arte Contemporanea Donna Regina (MADRE): Neapels Museum für internationale Gegenwartskunst wurde 2005 in Domnähe eröffnet und belebt damit auch diesen etwas vernachlässigten Teil der Altstadt. Liebhaber zeitgenössischer Kunst kommen hier unbedingt auf ihre Kosten, das Museum braucht keine internationalen Vergleich zu scheuen. Auch deutsche Künstler sind repräsentativ vertreten.
Öffnungszeiten/Eintritt Mo u. Mi–Fr 10–21 Uhr, Sa/So 10–24 Uhr, Di geschl. Eintritt 7 € bzw. mit Artecard, Mo freier Eintritt. Via Settembrini 79, www.museomadre.it.

San Lorenzo Maggiore und antike Ausgrabung: Schräg gegenüber vom Dom in die Via dei Tribunali einbiegen und bis zur nahen Piazza San Gaetano gehen. Die große Klosterkirche des Franziskanerordens in französischer Gotik beherbergt zahlreiche Grabmäler, darunter das Grab von Katharina von Österreich. Im angrenzenden Kloster mit Kreuzgang war einst Petrarca zu Gast gewesen.
Im Untergrund hat man eine frühchristliche Kirche ausgegraben, außerdem einen gut erhaltenen Teil der griechischen Agora und des römischen Forums.
Öffnungszeiten/Eintritt **Archäologischer Ausgrabungskomplex** unterhalb der Kirche, Mo–Sa 9.30–17.30 Uhr, So 9.30–13.30 Uhr. Eintritt ca. 9 € bzw. mit Artecard.

Piazza Gesù Nuovo: Der einzige größere Platz an der Spaccanapoli wird von der *Guglia dell'Immacolata* dominiert, einer hohen barocken Mariensäule. An der Unterseite der Piazza steht die beeindruckend große Klosterkirche *Santa Chiara* im klaren gotischen Stil, zahlreiche Grabmäler und Sarkophage der Anjou flankieren die Seitenfronten, in der letzten Kapelle rechts das Grabmal Roberts des Weisen von Anjou. Der Kreuzgang *Chiostro delle Maioliche* im angeschlossenen Kloster ist eine Oase der Ruhe und vollständig mit bunten Majolika-Kacheln ausgekleidet (Eingang links der Kirche). Ein kleines Museum beherbergt eine römischen Thermalanlage und dokumentiert den Bau der Kirche. Gegenüber fällt die abweisend „stachlige" Rustikafassade der Jesuitenkirche *Gesù Nuovo* auf, die einst zu einem Renaissancepalazzo gehörte. Im Inneren dominiert barocke Prachtentfaltung mit farbigen Fresken und viel Marmor.

Öffnungszeiten/Eintritt **Chiostro delle Maioliche/Museum**, Mo–Sa 9.30–17.30 Uhr, So 9.30–13.30 Uhr, Eintritt ca. 4 €.

San Domenico Maggiore: große, äußerlich schmucklose Kirche aus dem 14. Jh., mehrfach restauriert und verändert. Eingang von der Piazza durch ein zweiteiliges Treppenhaus, das überraschenderweise im Altarbereich mündet. Der hohe lichte Innenraum ist ungeheuer aufwendig eingerichtet, zwar eindeutig gotisch in der Grundstruktur, die prachtvollen Marmoreinlegearbeiten und reichlich vergoldeten Ausschmückungen stammen aber aus dem Barock und späteren Zeiten. Der mittelalterliche Theologe Thomas von Aquin lebte im angeschlossenen Kloster – in der *Kreuzkapelle* im Westschiff ein Bild des Gekreuzigten, das mit Thomas Zwiesprache geführt haben soll.

Cappella San Severo: Etwas versteckt steht in der kleinen Via de Sanctis oberhalb der Piazza Santo Domenico Maggiore die einstige Privatkapelle eines skurrilen Adeligen des 18. Jh. Der Gesamteindruck überwältigt – der ganze Innenraum ist über und über mit Skulpturen und Fresken neapolitanischer Künstler bedeckt, dazu ertönt leise Hintergrundmusik. An der Decke erblickt man zahlreiche kunstvoll verschlungene Figuren, in der Mitte vorne eine Skulpturengruppe, die aus einem einzigen Marmorblock gehauen ist, vorne rechts *Il Disinganno* (die Enttäuschung) – eine Gestalt, die versucht, sich mit Hilfe eines Engels von einem übergeworfenen Fischernetz zu befreien – das „Netz" ist aus Marmor! Höhepunkt ist aber in der Mitte der *Christo Velato* (verschleierter Christus), der 1753 von Sammartino geschaffen wurde. Der Leib des toten Christus ist mit einer hauchdünnen Marmordecke überzogen, die wie ein feuchtes Tuch über dem Körper liegt.Frappierend sind im Untergeschoss die vor über 200 Jahren mit einem geheimnisvollen Elixier konservierten Leichname eines Mannes und einer schwangeren (!) Frau. Außer den Weichteilen ist alles erhalten: das unglaublich dichte Adergeflecht – von zweifingerdick bis haarfein –, die inneren Organe und sogar der Sprössling. Es scheint glaubhaft, dass den beiden Unglücklichen die Flüssigkeit, die ihre Blutbahnen quasi versteinern ließ, bei lebendigem Leib eingespritzt wurde.

Öffnungszeiten/Eintritt Mi–Sa u. Mo 10–18, So 10–13.30 Uhr, Eintritt ca. 6 € bzw. mit Artecard.

Via Toledo/Via Roma und Umgebung

Die lange schnurgerade Straße ist gleichzeitig Präsentierzeile und Durchgangsstraße mit reichlich Monumentalbauten, trotz horrendem Verkehr aber auch eine der beliebtesten Flanierstraßen der Stadt. Die *Galleria Umberto I* ist eine monumentale Glas- und Stahlkonstruktion mit Zentralkuppel aus dem 19. Jh., die der wenige Jahre vorher gebauten Galleria Vittorio Emanuele in Mailand sehr ähnelt.

Kampanien Karte S. 898/899

Eins von vielen fantastischen Mosaiken im Archäologischen Nationalmuseum, einst Wanddekoration in Pompeji

Piazza Trento e Trieste, Piazza del Plebiscito und Umgebung: repräsentativer Mittelpunkt der Stadt, abends festlich illuminiert. Hier dominiert der *Palazzo Reale* (Königspalast) mit mächtigen Steinskulpturen früherer Herrscher in der Front. Im Obergeschoss können gut zwei Dutzend der kostbar möblierten und z. T. freskenverzierten königlichen Gemächer *(Appartamenti storici)* besichtigt werden, in denen sich auch eine vergleichsweise bescheidene Gemäldegalerie befindet. Die Innenhöfe und der Garten sind frei zugänglich. Neben dem Palast steht das berühmte Opernhaus *Teatro San Carlo*, 1737 errichtet und seinerzeit das größte Opernhaus Europas. An der Oberseite der Piazza thront die Kirche *San Francesco di Paola* mit halbmondförmigen Kolonnaden und einer dem Pantheon in Rom nachempfundenen Kuppel.

Die nach Westen abzweigende *Via Chiaia* ist die Shoppingmeile Neapels mit zahlreichen exklusiven Boutiquen und schicken Schuhgeschäften. Durch dieses sichtlich elegante Viertel kann man zur Villa Comunale am Meer abkürzen, andernfalls über das Viertel Santa Lucia laufen (→ Neapel am Meer). In der abzweigenden *Salita Sant'Anna* gibt es einen aus zahllosen winzigen Lebensmittelläden bestehenden Markt.

Castel Nuovo: Nahe der Piazza Municipio (seit Jahren Großbaustelle wegen der neuen Metro-Station) steht die mittelalterliche Trutzburg Neapels mit markanten Rundtürmen, den Eingang bildet ein zweistöckiger Triumphbogen aus dem 15. Jh. Die Stadtburg kann nahezu vollständig besichtigt werden. Sehenswert ist neben der restaurierten Hofkapelle vor allem die riesige *Sala dei Baroni*, in der gelegentlich das Stadtparlament tagt. Einen weiteren Höhepunkt bilden die *Prigioni* (Verliese). In den oberen Stockwerken ist das große *Museo Civico* mit Gemälden und Skulpturen vom 14.–20. Jh. untergebracht. Hinter der Burg liegt der Passagierhafen von Neapel. Zum Abschluss sollte man unbedingt den Blick von der Panoramaterrasse genießen!

Öffnungszeiten/Eintritt **Palazzo Reale**, Do–Di 9–19 Uhr, Mi geschl., Eintritt ca. 4 € bzw. mit Artecard. **Castel Nuovo u. Museo civico**, Mo–Sa 9–19 Uhr, So geschl.; Eintritt ca. 5 € bzw. mit Artecard.

Quartiere spagnolo (Spanisches Viertel): Während der spanischen Herrschaft über Neapel waren die Besatzungssoldaten an den Hängen des Vomero westlich der Via Roma untergebracht. Heute erstreckt sich hier ein Wohnviertel echt neapolitanischer Prägung, zweifellos das ärmste der Stadt. Überall hängt Wäsche über den engen Treppengässchen, der Müll häuft sich, Mopeds röhren über die Stufen. Die uralten mehrstöckigen Palazzi sind in erbärmlichem Zustand, einige Stadtplaner sähen das Viertel heute am liebsten rigoros abgerissen. Touristen verirren sich hier nur selten, vor allem abends gilt das Viertel als unsicher.

Piazza Dante und Piazza Bellini: Die palmenbestandene *Piazza Dante* ist seitlich von einer halbkreisförmigen Gebäudefront begrenzt. Durch einen Torbogen im Uhrturm kommt man zur benachbarten *Piazza Bellini* – dort wurden unter dem Trottoir die massiven Mauern der antiken griechisch-römischen Stadt ausgegraben. Die Cafés am Platz laden tagsüber zur Ruhepause ein und sind abends eins der Zentren des Nachtlebens.

Archäologisches Nationalmuseum: ein ganzes Stück die Via Roma hinauf, noch jenseits der Piazza Dante (Metro bis Piazza Cavour oder alle Busse, die die Via Roma hinauffahren). In einem mächtigen Palazzo wird hier eine der bedeutendsten archäologischen Sammlungen der Welt zur Schau gestellt, hauptsächlich mit Funden aus Pompeji und Herculaneum, aber auch aus Rom und Latium. Man betritt die Ausstellung zunächst durch eine Halle mit riesigen *Steinskulpturen* (die größten der Antike), rechter Hand und im Hof stehen dutzende weiterer Statuen der Farnese-Sammlung. In neuen Räumlichkeiten im Untergeschoss findet man *Le Gemme Farnese*, eine exquisite Sammlung antiker Schmuckstücke, Siegel etc. Im Hochparterre (auf halber Höhe der majestätischen Freitreppe) finden sich die Prunkstücke des Hauses: zahlreiche großartige *Mosaike* aus Pompeji, darunter detailgetreue Tierabbildungen, menschliche Porträts und die berühmte „Alexanderschlacht", in der allein 1,5 Mio. Steinchen verarbeitet sind. Weiterhin gibt es hier prächtige Bronzeköpfe und -skulpturen, ein eindringlicher Charakterschädel von Seneca fällt besonders in Auge. Ebenfalls im Hochparterre ist das *Gabinetto Segreto* zu besichtigen, die größte erotische Sammlung der Antike (→ Öffnungszeiten/Eintritt): sämtliche Funde aus Pompeji und Herculaneum mit entsprechendem Inhalt, insgesamt mehr als tausend Fresken, Mosaike, Skulpturen, Kleinplastiken und Inschriften, die im 19. Jh. als verderbt angesehen wurden und noch im 20. Jh. jahrzehntelang unter Verschluss geblieben waren. Die augenscheinliche Offenheit der antiken Römer bei dem Umgang mit dieser Thematik wird hier sehr deutlich. Im ersten Stock kommt man zunächst in den riesigen Saal des Atlas (Grande Salone dell'Atlante) mit Gemälden und Deckenfresken aus Pompeji und Herculaneum, anschließend folgen Geschirr, Waffen, Bronzefiguren und Glas aus den verschütteten Vulkanstädten. Besonders eindrucksvoll ist das detaillierte *Modell* von Pompeji.

• *Öffnungszeiten/Eintritt*: Im Sommer Mi–Mo 9–19.30 Uhr, Eintritt ca. 6,50 €. Für das **Gabinetto Segreto** muss man ein kostenloses Sonderticket für eine der halbstündlich stattfindenden Führungen lösen (auch Englisch), Mindestalter 12 J.

Kampanien
Karte S. 898/899

Neapel im Untergrund

Was vielen Besuchern unbekannt ist: Die ganze Stadt ist auf einem gewaltigen unterirdischen Höhlenlabyrinth erbaut. Schon seit Jahrtausenden gibt es im weichen Sandstein hunderte von Grotten, Gängen und Grabkammern – mehr als 1 Mio. qm sollen es sein. Die alten Griechen brachen hier Steine für ihre Tempel und Stadtmauern, danach zogen die Römer ausgedehnte Wasserleitungen durch den Untergrund. Im Zweiten Weltkrieg wurden die Höhlen als Luftschutzkeller genutzt, später als Verstecke für Schmuggler und Mafia. Seit einigen Jahren kann ein kleiner Bereich des Labyrinths besichtigt werden. Geführt wird man von Mitgliedern der „Associazione Napoli Sotteranea“, Piazza San Gaetano 66/68, nicht weit von der Kirche San Lorenzo Maggiore.

Catacombe di San Gennaro: Diese frühchristlichen Katakomben mit gut erhaltenen Wandmalereien, die bis ins 2. Jh. n. Chr. datieren, liegen hinter der Chiesa Madre del Buon Consiglio unter der Basilica San Gennaro extra moenia an der Via di Capodimonte, etwas unterhalb von Parco di Capodimonte (→ Museo e Galleria Nazionale di Capodimonte). Im 5. Jh. wurden hier die Gebeine des heiligen Gennaro beigesetzt, der später Schutzpatron Neapels wurde (→ Dom).

• Öffnungszeiten/Eintritt **Napoli Sotteranea**, Führungen ganzjährig Mo–Fr um 12, 14 und 16 Uhr, Sa/So um 10, 12, 14, 16 und 18 Uhr, Dauer ca. 1,5 Std., Eintritt ca. 9 €, ermäß. mit Artecard. ✆ 081/296944, www.napolisotterranea.org. **Katakomben des Gennaro**, Führungen (Dauer ca. 45 Min.) Di–Sa stündlich 10–17 Uhr, So bis 13 Uhr, Eintritt 8 €. ✆ 081/7443714, www.catacombedinapoli.it. Anfahrt mit Stadtbus R4.

Neapel am Meer

Santa Lucia: Das ehemalige Fischerviertel um das ins Meer gebaute *Castel dell'Ovo* trennt die Bucht von Neapel in zwei Hälften. Der Name des Kastells geht auf eine Legende zurück, nach der Vergil hier ein Ei versteckt hat – zerbricht es, wird Neapel untergehen. Im Schatten der ockerfarbenen Burgmauern liegen traditionsreiche und teure Fischrestaurants sowie ein kleiner Yacht- und Bootshafen. Das Kastell kann besichtigt werden, ein Rundgang zwischen den schweren Mauern lohnt vor allem wegen des schönen Blicks.

Öffnungszeiten/Eintritt **Castel dell'Ovo**, Mo–Sa 8.30–19, So 8.30–14 Uhr, Eintritt frei.

Villa Comunale (Stadtpark) und Villa Pignatelli: Der lang gestreckte Stadtpark westlich von Santa Lucia ist eine der wenigen Grünanlagen Neapels. Mittendrin steht ein *Aquarium* mit 30 Aquarien und über 200 verschiedenen Tier- und Pflanzenarten, der deutsche Künstler Hans von Marées malte den großen Institutssaal im Obergeschoss mit heroisch-monumentalen Fresken aus. Auf der Via Carraciolo, der mehrspurig befahrenen Uferstraße davor, tost der Verkehr rund um die Uhr.

Landeinwärts der Riviera di Chiaia liegt der ruhige Park der *Villa Pignatelli*. Die klassizistische Villa, einst im Besitz einer Adelsfamilie, kann besichtigt werden, in den historisch eingerichteten Räumen sind Mobiliar, Porzellan und Gemälde zu betrachten, außerdem gibt es ein schönes Kutschenmuseum.

Öffnungszeiten/Eintritt **Aquarium**, Di–Sa 9–18, So bis 19.30 Uhr, Mo geschl., Eintritt ca. 2 €. Die Fresken im Institutssaal können besichtigt werden,an der Kasse fragen. **Villa Pignatelli**, Di–So 8.30–13.30 Uhr, Eintritt ca. 2 €.

Mergellina: Am Fuß vom Hügel Posillipo, Anziehungspunkt ist vor allem der große *Fischerhafen* mit diversen Lokalen. Tragflügelboote und Fähren starten hier zu den Inseln. Von den höher gelegenen Straßenzügen herrlicher Blick auf Neapel. Der winzige Fischerhafen *Marechiaro* zu Füßen des Posillipo-Hügels ist ein verschachteltes Konglomerat aus alten Fischerhäusern am Felsufer, wie es pittoresker kaum sein könnte. Zahlreiche Fischrestaurants laden zum Essen ein (Essen & Trinken → S. 907).

Neapel auf den Hügeln

Vomero: Raus aus dem Dunst und mit einem der drei *Funicolari* (Schienenseilbahn) hinauf ins luftige Wohnviertel direkt oberhalb der Altstadt. Am längsten ist der Funicolare Centrale (Talstation an der Via Roma, gegenüber der Galleria Umberto I).

Den besten Blick über die Stadt hat man von den Mauern des wuchtigen *Castel Sant'Elmo*. Die vollständig restaurierte und abends pittoresk angestrahlte Festung ist komplett begehbar. Im ehemaligen Gefängnistrakt (Carcere) ist jüngst das *Museo del Novecento Napoli* mit neapolitanischer Kunst des 20. Jh. eröffnet worden.

Benachbart steht die barocke *Certosa San Martino*, ein ehemaliges Kloster, das das reich bestückte *Museo Nazionale di San Martino* beherbergt. Ausgestellt sind Kultur und Brauchtum aus der Geschichte Neapels – Gemälde, Mobiliar, Münzen, Schiffsmodelle, Skulpturen etc., besonders hübsch ist die große Krippenausstellung. In der üppig ausgestatteten Klosterkirche findet man zahllose Gemälde Neapolitaner Künstler, ansonsten gibt es einige Kreuzgänge, den Aussichtspunkt Belvedere und den schönen Klostergarten mit tollem Blick auf Napoli.

Zum Ausruhen kann man im Anschluss in den herrlichen Park der *Villa Floridiana* spazieren, nahe der Endstation des Funicolare.

• Öffnungszeiten/Eintritt **Castel Sant'Elmo**, Festung Mi–Mo 8.30–19.30 Uhr, Museum 10–19 Uhr, Di geschl.; Eintritt jeweils 3 € bzw. mit Artecard.

Certosa e Museo Nazionale di San Martino, Do–Di 8.30–19.30 Uhr, Mi geschl.; Eintritt ca. 6 € bzw. mit Artecard.

Villa Floridiana, Mi–Mo 8.30–13.30 Uhr, Di geschl.; Eintritt 2,50 € bzw. mit Artecard.

Posillipo: Der zweite Stadthügel Neapels, oberhalb von Mergellina, ist heute ein wohlhabendes Viertel mit eleganten Villen und großen Gärten. Schon zur Römerzeit waren die Küstenhänge des Posillipo ein begehrtes Wohngebiet. Eine der berühmtesten antiken Villen ist die *Villa Pausilypon*, die sich über einen ganzen Küstenhang erstreckte. Das weitläufige Areal war von der Landseite aus nur durch einen ca. 800 m langen Tunnel mit hohen Gewölbebögen zugänglich, der heute als *Grotta di Seiano* bekannt und in voller Länge begehbar ist. Die Besichtigung mit den imposanten Überresten und dem einzigartigen Panoramablick auf die gesamte Bucht von Neapel ist ein besonderes Highlight.

Anfahrt/Öffnungszeiten Bus C1 ab Fußballstadion San Paolo. Führungen (Grotta di Seiano e Pausilypon) Mo–Sa 9.30, 10.30 und 11.15 Uhr, Eintritt frei.

Museo e Galleria Nazionale di Capodimonte: Auf einem Hügel nördlich vom Archäologischen Nationalmuseum (Bus R4 ab Piazza Dante) steht, umgeben von einem riesigen Waldpark, der an Wochenenden ein beliebtes Ausflugsziel der Neapolitaner ist, der *Palazzo Reale di Capodimonte*, das ehemalige Königsschloss der Bourbonen. Im ersten Stock zunächst eine umfassende Gemäldegalerie vom 14.–18. Jh., darunter Botticelli, Lippi, Raffael, Masaccio, Rubens und Tizian, zwei Bilder von Breughel und eine Zeichnung von Michelangelo. Im Anschluss die prachtvollen königlichen Gemächer, u. a. mit einer umfangreichen Porzellansammlung, darunter der großartige *salottino di porcellana* (Porzellanzimmer) aus dem Rokoko, dessen Wände von Boden bis Decke mit floraler Keramik und Spiegeln verziert sind. Im zweiten Stock weitere Gemälde, darunter viele neapolitanische Künstler, im Dachgeschoss moderne Kunst.

Öffnungszeiten/Eintritt Do–Di 8.30–19.30 Uhr, Eintritt ca. 7,50 € bzw. mit Artecard.

Kampanien Karte S. 898/899

Golf von Neapel

Ganz vom Vulkanismus geprägt, der auch für die Weltsensation Pompeji gesorgt hat. Vor allem südöstlich von Neapel ist das Land jedoch kilometerweit zugebaut, auch vor dem Vesuv reihen sich triste Vororte.

Im Westen lohnt ein Ausflug nach Pozzuoli mit dem Solfatara-Krater und zur griechischen Ausgrabung von Cumae. Größte Anziehungspunkte sind aber in erster Linie die Ruinenstädte von Herculaneum und Pompeji, außerdem natürlich der Vesuv selbst. Die „Ferrovia Circumvesuviana“ ist dabei ideal zum Pendeln.

Umfangreiche Informationen zu den Ausgrabungen von **Pompeji**, **Herculaneum**, **Boscoreale**, **Oplontis** und **Stabiae** in der Website der Altertümerverwaltung von Pompeji: www.pompeiisites.org.

Campi Flegrei (Phlegräische Felder)

Westlich von Neapel brodeln seit Jahrtausenden heiße Quellen und Vulkanseen. In der Antike vermutete man in dieser unheimlichen Dampf- und Schwefellandschaft den Eingang zur Unterwelt, was die Griechen und nach ihnen die Römer aber nicht hinderte, in großem Maßstab Villen und Prachtbauten hierher zu setzen.

Pozzuoli

Der industrialisierte Vorort von Neapel, der beim Erdbeben von 1980 stark beschädigt wurde, war in der Antike einer der bedeutendsten Handelsplätze im westlichen Mittelmeerraum.

Im Hafenviertel steht der so genannte *Tempio di Serapide*, der jedoch eigentlich eine Markthalle war. Im Umfeld liegen Ruinen des antiken Stadtmarktes. Die Säulen sind bis in 3 m Höhe von Muscheln zerlöchert, Hinweis darauf, dass sich die Anlage im Lauf ihrer Geschichte mehrfach gehoben und gesenkt hat (nicht zugänglich, aber gut einsehbar). Im hinteren Hafenviertel findet täglich vormittags ein turbulenter Obst-, Gemüse- und Fischmarkt statt.

Das alte Stadtviertel *Rione Terra* wurde bei den Erdbeben von 1970 und 1983 schwer zerstört und musste von den Einwohnern verlassen werden. Die umfangreichen antiken Überreste, die man bei der Sanierung gefunden hat, werden nach und nach in ein großes Freilichtmuseum transformiert. Ein unterirdischer Teilbereich kann bereits besichtigt werden. Ansonsten beeindruckt in der Oberstadt nördlich vom Zentrum (ab Metrostation 5 Min. zu Fuß) das gewaltige *Anfiteatro Flavio* mit seinen langen, unterirdischen Gängen, das eins der größten der Antike war.

Am interessantesten ist jedoch oberhalb der Stadt der mysteriöse *Vulcano Solfatara*, ein Vulkankrater mit heißen Schwefeldampfquellen (Fumarole) und blubberndem Schlamm, der seit tausenden von Jahren nicht mehr ausgebrochen ist und in der Antike als Natursauna genutzt wurde. Er liegt etwa 900 m oberhalb der Metrostation Pozzuoli-Solfatara (30 Min. zu Fuß oder SEPSA-Bus P 9 ab Hafen). Der Krater hat knapp 800 m Durchmesser und kann begangen werden, die Schritte auf dem gelblichen, teils kochend heißen Untergrund klingen hohl. In ausgebauten Felsspalten saunierten hier die alten Römer, gemauerte Schwitzkammern sind noch im nördlichen Kraterbereich erhalten.

• *Öffnungszeiten/Eintritt* **Rione Terra**, Führungen nur Sa und So 9–19 Uhr, Sammelticket (2 Tage gültig) ca. 5 €, gilt auch für das Anfiteatro Flavio, den Parco Archeologico di Cuma und Baia (antike Thermen und Museum), bzw. mit Artecard.

Anfiteatro Flavio, Mi–Mo 9 Uhr bis 1 Std. vor Sonnenuntergang, Di geschl.

Vulcano Solfatara, tägl. 9 Uhr bis 1 Std. vor Sonnenuntergang, Eintritt ca. 6 €, Ermäßigung mit Artecard, für Campinggäste gratis, Eingang zum Campingplatz ist gleichzeitig Eingang zum Krater.

• *Anfahrt/Verbindungen* **Pkw**, Autobahnumgehung **Tangenziale** bis Ausfahrt 11 (Agnano).

Bahn, von Neapel nach **Pozzuoli** mit Ferrovia Cumana (Bahnhof in Hafennähe) oder Metro 2 (Bahnhof in der Oberstadt). Zwischen Pozzuoli und **Cuma** verkehren SEPSA-Busse.

• *Übernachten* **** **Solfatara**, gepflegtes Hotel in der Oberstadt, Nähe Solfatara-Krater, schöner Blick hinüber nach Procida und Ischia. DZ mit Frühstück ca. 60–90 €. Via Solfatara 163, ✆ 081/5262666, ℻ 5263365, www.hotelsolfatara.it.

Camping Vulcano Solfatara, 1,5 km außerhalb von Pozzuoli, schattiger Platz am Rande des erloschenen Solfatara-Kraters, kleiner Pool (Juni bis Sept.), Waschmaschine, Internetzugang. Zu empfehlen, allerdings schwefliger Geruch. Guter Standort für Ausflüge nach Neapel. Anfang April bis Ende Okt. ✆ 081/5262341, ℻ 5263482, www.solfatara.it.

Baia: Heute ein wenig ansehnlicher Küstenort mit alten Hafenanlagen und Werften. In römischer Zeit war Baia jedoch eine viel besuchte Badestadt mit Thermalquellen und berühmt-berüchtig als Vergnügungsstätte der römischen Oberschicht, insbesondere seiner Kaiser, die hier einen großen Palast besaßen. Der Großteil der antiken Pracht ist heute im Meer versunken, lediglich hinter dem Bahnhof der Ferrovia Cumana ziehen sich die monumentalen Ruinen ausgedehnter Thermalanlagen den Berghang hinauf, beschildert mit „Parco Archeologico di Baia" (Treppenweg ab Hafen). Die eindrucksvollen Unterwasserfunde sind im sehenswerten *Museo Archeologico dei Campi Flegrei* im Kastell am westlichen Ortsrand zu besichtigen.

Öffnungszeiten/Eintritt **Parco Archeologico di Baia** u. **Museo Archeologico dei Campi flegrei**, Di–So 9 Uhr bis 1 Std. vor Sonnenuntergang, Eintritt mit Sammelticket (→ Pozzuoli) bzw. Artecard.

Bacoli: kleiner Fischer- und Badeort mit zwei Sehenswürdigkeiten (beschildert), Überreste einer großen römischen Hafenanlage im *Lago Miseno*, einer tief eingeschnittenen Bucht südlich vom Ort. Unbedingt sehenswert ist zunächst die *Piscina Mirabile*, eine riesige Zisterne, 70 m lang, 25 m breit und 15 m hoch. 48 gewaltige Säulen unterteilen das kathedralenartige Innere und stützen die Decke des mächtigen Felsensaals. Weiterhin gibt es im Zentrum die *Cento Camerelle*, einen antiken Wasserspeicher mit zwei Stockwerken.

Recht schön Baden kann man an der *Spiaggia di Miliscola* südlich von Miseno.

Öffnungszeiten/Eintritt Beide Anlagen sind verschlossen, nach dem „Custode" fragen, freiwilliger Obolus wird erwartet.

Cuma: gegründet im 8. Jh. v. Chr., damit eine der ältesten griechischen Kolonien in Unteritalien und Mutterstadt von Neapel (zu erreichen mit Bussen ab Pozzuoli/Hafen). Auf einem Hügel am Meer und im Umkreis weitläufige Überreste der griechischen Akropolis. Unbedingt sehenswert ist der Tempelbezirk mit der *Grotte der Sibylle*, ein 130 m langer, dunkler Schlauch mit Luftschächten und Seitenarmen, in der die bedeutendsten Seherinnen der Antike wirkten. Der Kult der Sibylle war mit den griechischen Kolonisatoren aus Kleinasien gekommen, die sogenannten „Sibyllinischen Bücher" spielten später sogar in der Verfassung der römischen Republik eine große Rolle. Nach der Besichtigung sollte man unbedingt den Burgberg mit den imposanten Ruinen eines *Zeustempels* an der Spitze besteigen und den Panoramablick beiderseits die Küste entlang und auf den Golf von Neapel mit den Inseln genießen.

Öffnungszeiten/Eintritt tägl. 9 Uhr bis 1 Std. vor Sonnenuntergang, Eintritt mit Sammelticket (→ Pozzuoli) bzw. Artecard.

Kampanien Karte S. 898/899

Vesuv

Der 1281 m hohe Vulkankegel dominiert die Bucht von Neapel. Wegen seiner geringen Höhe bietet er allerdings ein landschaftlich eher undramatisches Bild. Im Gipfelbereich zeigt er sich völlig kahl, weiter unten sind die Lavahänge dicht mit Pinien, Ginster und Blumen begrünt.

Im Umkreis drängen sich zahllose Ortschaften, die den Monte Vesuvio zum am stärksten umsiedelten Vulkan der Welt machen. 700.000 Menschen leben weniger als 10 km vom Krater entfernt, die Stadtgrenzen von Neapel sind gerade 15 km entfernt. Mit über hundert Ausbrüchen prägt der Vesuv seit der Antike die Region. Außer den Städten Herculaneum und Pompeji hat er immer wieder zahlreiche Dörfer und Kleinstädte verwüstet, natürlich auch das Ackerland und die Weinfelder rund um den Berg. Beim großen Ausbruch von 1631 gab es mehrere tausend Tote, 1794 zerstörte er den neapolitanischen Vorort Torre del Greco. Die jüngste Eruption war 1944, als gerade die Amerikaner in Süditalien vorrückten (die Kriegshandlungen mussten für eine Woche unterbrochen werden), damals wurde die Seilbahn zum Gipfel lahm gelegt und seitdem nicht wieder aufgebaut. Im Gegensatz zum Etna (→ Sizilien) ist der Vesuv heute ein ruhiger Zeitgenosse – ein gewaltiger Gesteinspfropf versperrt den Krater und die vulkanischen Kräfte stauen sich auf. Je länger der Berg ruhig bleibt, desto heftiger wird aber eines Tages die Eruption sein. Erst in den letzten Jahren wurde in 8 km Tiefe unter dem Vulkan ein riesiger Magmasee von der Größe Bremens entdeckt. Damit ist nach Aussage des Direktors des Vulkanobservatoriums von Neapel einwandfrei belegt, dass der Vesuv noch immer aktiv sei und ausbrechen könne. Die Neapolitaner sitzen auf einem Pulverfass.

Gipfelbesteigung: Mit der Circumvesuviana morgens bis *Ercolano*, direkt vom Bahnhofsvorplatz fährt zwischen 9 und 14 Uhr alle 40 Min. ein Bus bis zu einem Parkplatz unterhalb vom Krater (Dauer der Fahrt ca. 20 Min., ca. 10 € hin/rück). Dort zahlt man etwa 6,50 € Eintritt und geht zur Kraterbesichtigung noch etwa 30 Min. bergauf. Oben kann man an der Meerseite ein Stück um den Kraterrand herumgehen und in den Krater hineinblicken, dessen Boden in 951 m Höhe liegt. Zur anderen Seite hin hat man einen herrlichen Panoramablick über den gesamten Golf, vom Endpunkt der Wanderung sieht man auch Pompeji. Achtung: Letzten Bus zurück nicht verpassen, meist spätnachmittags, vorher erkundigen (Fahrplan auch im Tourist-Büro von Sorrento). Wer einen eigenen Pkw hat, kann problemlos bis zum erwähnten Parkplatz hinauffahren, ca. 13 km ab Ercolano (beschildert), Parkgebühr ca. 2,50 €. Ordentliches Schuhwerk und Sonnenschutz, gegebenenfalls auch Verpflegung mitnehmen, die Preise oben sind überhöht.

Bei klarem Wetter ist der Gipfelsturm ein Genuss. Sieht man jedoch den Gipfel schon von unten im Dunstschleier, kann man sich die Auffahrt gleich sparen.

Ercolano

Mitten in dem weitgehend unattraktiven Vorort von Neapel liegen die Ausgrabung von Herculaneum. Der Eingang befindet sich am Corso Ercolano, etwa 300 m unterhalb vom Bahnhof der Circumvesuviana.

• *Anfahrt/Verbindungen* **Pkw**, Autobahn A 3, Ausfahrt Ercolano, noch ca. 1 km bis zur Ausgrabung nahe am Meer (gut beschildert), bewachte Parkplätze im Umkreis.

Bahn, mit der Circumvesuviana fährt man ab Neapel/Stazione Termini etwa 15 Min. bis Ercolano. Von der Station kann man in wenigen Minuten geradeaus zur Ausgrabung der römischen Stadt hinunterlaufen. Von der FS-Station Portici-Ercolano muss man einen Bus zur Ausgrabung nehmen.

Herculaneum

Neben Pompeji die zweite antike Ruinenstadt am Golf von Neapel. Beim Ausbruch des Vesuv am 24. August 79 n. Chr. wurde Herculaneum nicht wie Pompeji von Asche, sondern von einer meterdicken Schlammschicht begraben – diese erhärtete zu einem weichen Stein und konservierte die Bauten dauerhaft, sie sind deshalb weitgehend besser erhalten, oft sogar noch mit mehreren Stockwerken und Fachwerkbalken.

Herculaneum ist kleiner als Pompeji, jedoch noch nicht vollständig ausgegraben, denn weite Teile liegen unter den angrenzenden Wohnhäusern des heutigen Ercolano. Die kleine Hafenstadt war dank ihrer (damals) landschaftlich reizvollen Lage auf einem niedrigen Vorgebirge nah am Meer ein beliebter Erholungsort der begüterten Oberschicht. An den streng rechtwinkligen Gassenzügen reihen sich zahlreiche herrschaftlich wirkende Häuser, dazwischen finden sich Läden von Handwerkern und Kaufleuten. Besonders interessant ist das reich verzierte Innenleben mit Mosaikböden, Wandgemälden und verkohltem Holzinterieur.

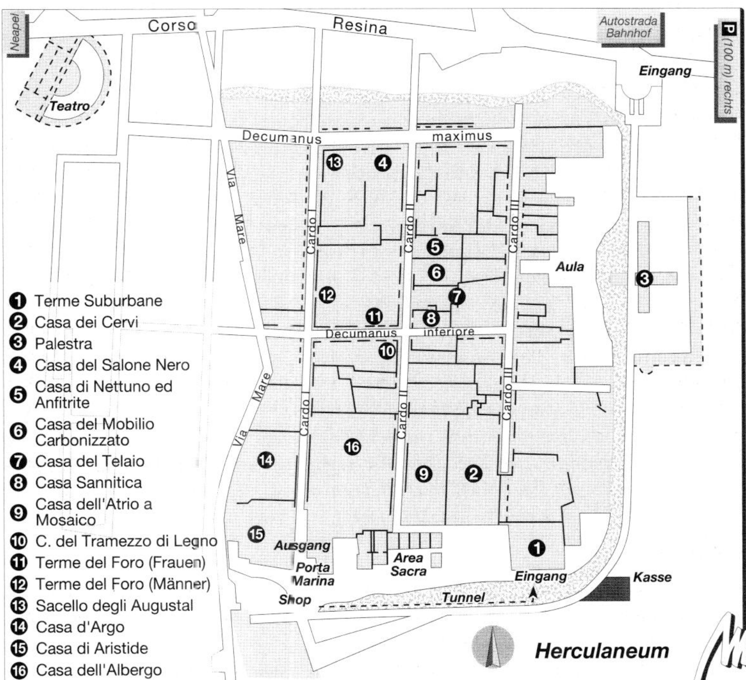

Kampanien
Karte S. 898/899

Bald wird auch die außerhalb der Stadtmauern stehende *Villa dei Papiri* zu den Herculaneum-Attraktionen gehören. Es handelt sich um eine der größten Vorstadtvillen des Vesuvgebiets, in deren Bibliothek ca. 2000 verkohlte Papyrusrollen zutage gefördert wurden.

• Öffnungszeiten/Eintritt April bis Okt. tägl. 8.30–19.30 (letzter Eintritt 18 Uhr), übrige Zeit 8.30–17 Uhr (letzter Eintritt 15.30 Uhr). Eintritt mit Artecard, Einzelticket ca. 11 €. Ein drei Tage gültiges Sammelticket für Herculaneum, Pompeji, Oplontis, Stabiae und Boscoreale kostet ca. 20 €. Auf alle Tickets jeweils 50 % Ermäßigung für 18- bis 24-Jährige und EU-Lehrer, Eintritt frei unter 18 und über 65 J.

Besichtigung: Von der Kasse führt ein abschüssiger Weg seitlich am Ausgrabungsgelände entlang bis hinunter zum meerseitigen Stadttor von Herculaneum, der *Porta Marina*. Auf dem erhöhten Weg überblickt man das rechtwinklige Gelände gut: Drei schmale Längsgassen in Nord-Süd-Richtung *(Cardo I, II und III)* werden von zwei Querstraßen (*Decumanus maximus* und *Decumanus inferiore*) gekreuzt. Auf dem freigelegten Gebiet befinden sich einige Dutzend Stadthäuser, die teilweise noch mehrstöckig erhalten sind. Sie sind jedoch nicht immer alle zur Besichtigung freigegeben.

Zunächst kommt man durch einen Tunnelzugang zu den erst vor kurzem restaurierten *Terme Suburbane (1)*, einem großzügigen Badekomplex mit mehreren Räumen und großem Schwimmbecken, reich verziert mit Wanddekorationen, Malereien und Marmorböden. Durch die Fenster konnte man damals wahrscheinlich das Meer sehen. Am unteren Ende des Cardo III steht die *Casa dei Cervi (2)* (Haus der Hirsche) mit prächtigen Wandbildern und einer lebensechten Statue des völlig betrunkenen Herkules. An der ersten Straßenecke, dort wo sich die deutlich zu erkennende Ladentheke mit den eingemauerten Tonkrügen befindet, gelangt man zum unvollständig ausgegrabenen Sportplatz von Herculaneum, der *Palästra (3)*, mit zwei freigelegten Säulenreihen. Auf dem Decumanus maximus, einst die Hauptstraße von Herculaneum, kann man nun hinübergehen zum mittleren Cardo II. Am oberen Ende rechts passiert man die *Casa del Salone Nero (4)*, ein vornehmes Patrizierhaus. Eindrucksvoll ist dort vor allem der schwarze Fußboden des Säulenhofs, während die Böden der angrenzenden Räume in Weiß gehalten sind. Ein Stück weiter unten kommt man links zur *Casa di Nettuno ed Anfitrite (5)* mit Wandbildern der beiden Götter und einem mit Mosaiken verkleideten Nymphäum. Daneben steht die *Casa del Mobilio carbonizzato (6)* mit gut erhaltener Fassade, verbrannten Holztüren und verkohltem Holzinterieur. Es folgt an der Ecke zum Decumanus inferiore die *Casa Sannitica (8)*, eins der ältesten, vorrömischen Stadthäuser Herculaneums. Am unteren Ende des Straßenzugs findet man schließlich die *Casa dell'Atrio a mosaico (9)*, einst eine großzügige Stadtvilla mit kunstvoller Ausstattung und Garten, in der Wandgemälde und ein verbeulter Mosaikboden im Atrium zu besichtigen sind. Zurück an der Kreuzung von Cardo II und Decumanus inferiore steht linker Hand die *Casa del Tramezzo di Legno (10)*, in der noch eine antike Holzwand erhalten ist. Gegenüber liegt der Frauentrakt der zentralen *Terme del Foro (11)* mit schönen Mosaikböden. Den größeren und insgesamt etwas besser erhaltenen Männertrakt *(12)* kann man vom Cardo I aus betreten, hier sind die Baderäume noch vollständig mit Mosaikböden ausgestattet, auf denen sich Meeresgestalten, der Gott Neptun und Delfine tummeln. An der Ecke zum Decumanus maximus liegt der *Sacello degli Augustali (13)*, ein öffentliches Gebäude mit gut erhaltenen Wandfresken. Am unteren Ende des Cardo I stehen gleich zwei der für Herculaneum typischen Fachwerkhäuser mit hölzernem Vordach, die *Casa d'Argo (14)* und die *Casa di Aristide (15)*, schräg gegenüber die *Casa dell'Albergo (16)*, das bisher größte Wohnhaus der Stadt. Von hier kommt man mit wenigen Schritten zum Ausgang.

Pompeji

Am 24. August des Jahres 79 n. Chr. brach der Vesuv völlig überraschend aus und begrub Pompeji unter einer 10 m dicken Asche- und Lapillischicht. Zahlreiche Bewohner konnten sich nicht rechtzeitig in Sicherheit bringen und erstickten. Ihre von glühender Asche eingeschlossenen Körper verbrannten, zurück blieben originalgetreu proportionierte Hohlräume. Pompeji ist einzigartig, weil man nirgendwo in der Welt die Ruinen einer vollständig erhaltenen antiken Stadt so hautnah betrachten kann. 1998 hat die UNESCO Pompeji zum Weltkulturerbe erklärt, jährlich besuchen mehr als 2 Mio. Touristen die Stadt.

Der Apollo-Tempel

Pompeji wurde im 8. Jh. v. Chr. von den Oskern gegründet, im 5. Jh. von den Samniten erobert und entwickelte sich seit dem 1. Jh. unter den Römern zur mächtigen Handelsstadt. Schon bei einer ersten Eruption des Vesuvs im Jahr 62 n. Chr. wurde es schwer in Mitleidenschaft gezogen. Als man endlich mit den Wiederaufbauarbeiten fertig war, besiegelte der gewaltige Ausbruch vom August 79 das abrupte Ende. Seit dem 18. Jh. begannen Ausgrabungen und ab der zweiten Hälfte des 19. Jh. begann das heutige Freilichtmuseum Pompeji Form anzunehmen. Damals legte man fast die gesamte Stadtanlage einschließlich der Stadtmauern frei und machte sie der Öffentlichkeit zugänglich.

Pompeji besteht aus zahlreichen rechtwinklig zueinander verlaufenden Straßenzügen, die mit Gehsteigen gesäumt und mit holprigen Granitquadern gepflastert sind. Aus den verschiedenartigen Haustypen samt Kaufläden, Tempeln, öffentlichen Plätzen, Theatern, Thermalbädern etc. konnte man ein perfektes Bild von den sozialen Verhältnissen in einer typischen Stadt der Römerzeit gewinnen. Viele der Häuser sind von innen zu besichtigen, die meisten besitzen einen offenen Atriumhof und z. T. prachtvoll erhaltene Fresken und luxuriöse Dekorationen. Ein Großteil wurde jedoch ins Museo Nazionale von Neapel geschafft, das man ebenfalls besuchen sollte.

Leider zeigt sich derzeit immer deutlicher, dass Italien trotz des riesigen Publikumsinteresses nicht gewillt ist, eine angemessene Pflege und Erhaltung des riesigen Areals zu leisten. Das Budget des zuständigen Kultusministeriums ist lächerlich gering und selbst die hohen Eintrittsgelder bedeuten nur einen Tropfen auf dem heißen Stein. Schleppende Renovierungsarbeiten und fehlende Konzepte tun das Ihrige, permanent sind weite Teile der Ausgrabung gesperrt. Es kam, wie es kommen musste: Im November 2010 stürzte das freskenverzierte "Haus der Gladiatoren" an der Via dell'Abbondanza ein, in dem vor 1000 Jahren die Schwertkämpfer für ihre Auftritte im Amphitheater trainierten – Dach und Mauern der alten Gladiatorenschule waren von massiven Regenfällen so durchweicht worden, dass sie zusammenbrachen. Weitere Gebäude wurden schwer beschädigt.

• *Anfahrt/Verbindungen* **Pkw**, Autobahn A 3, Ausfahrt „Pompei Ovest“. Vor dem Gelände liegen mehrere Parkplätze (ca. 5–7 €). Kostengünstiger parkt man weiter entfernt.

Bahn, von Neapel oder Sorrento mit der **Circumvesuviana** bis Station **Pompei-Villa dei Misteri** (hin/rück ca. 4 €). Die Porta Marina, der Haupteingang zu den Ausgrabungen, liegt gleich schräg gegenüber.

• *Öffnungszeiten/Eintritt* April bis Okt. tägl. 8.30–19.30 (letzter Eintritt 18 Uhr), übrige Zeit 8.30–17 Uhr (letzter Eintritt 15.30 Uhr). Eintritt mit Artecard, Einzelticket 11 €. Ein drei Tage gültiges Sammelticket für Pompeji, Herculaneum, Oplontis, Stabiae und Boscoreale kostet ca. 20 €. Auf alle Tickets jeweils 50 % Ermäßigung für 18- bis 24-Jährige und EU-Lehrer, Eintritt frei unter 18 und über 65 J. Einen detaillierten Faltplan sowie einen Leitfaden gibt es gratis, Gepäckaufbewahrung vorhanden.

• *Übernachten* ** **Villa dei Misteri**, ordentlicher Zweckbau an der Straße zur gleichnamigen Villa, nicht weit vom Haupteingang zu Pompeji. Swimmingpool, Restaurant und Parkplatz, 40 Zimmer mit Bad. DZ mit Frühstück ca. 84 €. ✆ 081/8613593, 📠 8622983, www.villadeimisteri.it.

B & B Casa Country Villa Pompei, kleines, hübsches Landhaus mit Parkplatz, unmittelbar am Ausgrabungsgelände (Porta Marina). DZ mit Frühstück ca. 60–80 €. Via Traversa Andolfi 23, ✆ 081/5369869, www.villapompei.it.

Camping Zeus, 200 m vom Eingang des Ausgrabungsgeländes, von der Station Circumvesuviana aus links (wenn man herauskommt). ✆ 081/8615320, 📠 8617536, www.campingzeus.it.

Zwei weitere einfache Campingplätze, **Pompei** und **Spartacus**, liegen unterhalb des Ausgrabungsgeländes bei einem zentralen Parkplatz (von der Station rechts, ca. 150 m). Achtung: die Bahnlinie führt direkt an den Plätzen entlang. Ruhiger sind die Plätze um Sorrento, auch von dort hat man gute Neapel-Verbindung mit der Circumvesuviana, allerdings längere Fahrtzeit.

Besichtigung: Ein ausgedehnter Rundgang kann bis zu fünf Stunden dauern – es handelt sich immerhin um eine ganze Stadt. Es gibt eine mensaähnliche Cafeteria und ein neues Restaurant, ansonsten Proviant und Getränke selber mitbringen.

Durch die *Porta Marina* gelangt man zum lang gestreckten *Forum (27)*, dem Zentrum des öffentlichen Lebens, umgeben von einem Säulengang, mehreren Tempeln und städtischen Bauten. In der sogenannten *Basilica (32)* war der Gerichtshof untergebracht, am Nordende des Platzes liegt der erhöhte *Jupiter-Tempel (20)*, im *Apollo-Tempel (25)* steht in der Mitte des Portikus eine elegante Bronzestatue des Gottes (Kopie), in der Flucht dahinter erblickt man die Silhouette des Vesuvs. An der Ecke zur Via dell'Abbondanza steht das *Edificio di Eumachia (28)*, das einzige Privathaus am Forum, vermutlich eine Art Woll- und Textilbörse. Das *Horreum* (39) an der Nordwestecke des Forums fungiert als archäologisches Lager, dort sind zahlreiche der eindrucksvollen Gipsabdrücke von Menschenkörpern untergebracht. Gleich hinter dem Torbogen am nördlichen Platzende befindet sich die Cafeteria, benachbart liegen die hervorragend erhaltenen *Thermen des Forums (17)* mit Heizvorrichtungen, Badebecken, Skulpturen- und Stuckresten – besonders

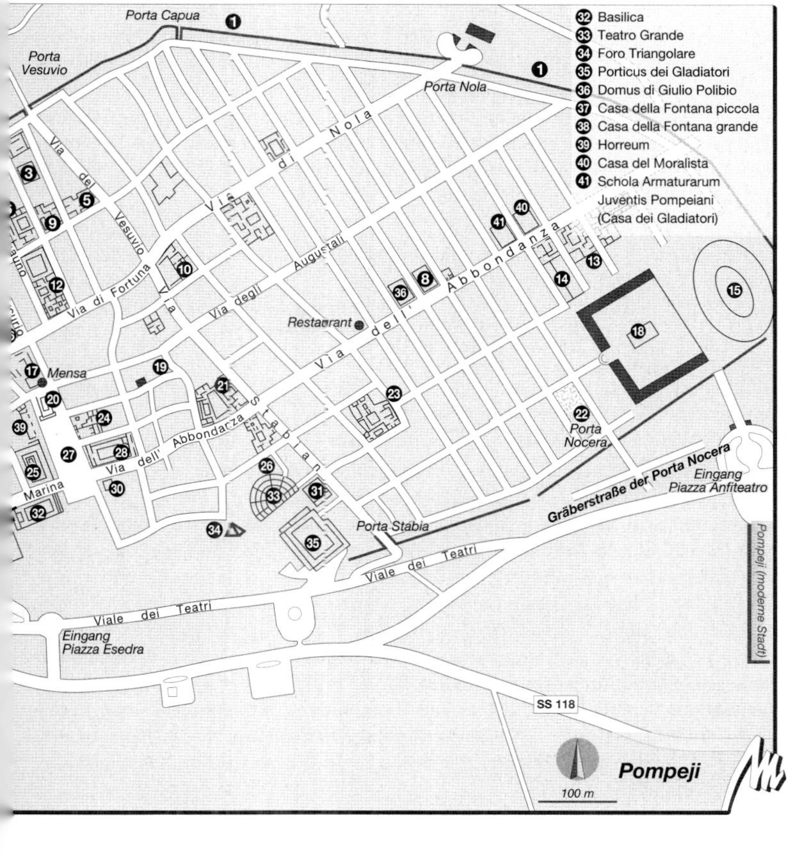

Kampanien
Karte S. 898/899

eindringlich wirken die effektvoll platzierten Gipskörper unter Glas, die hier gefunden wurden. Ein paar Schritte weiter steht die *Casa del Poeta tragico (16)* (Haus des tragischen Dichters), in dessen Eingangsbereich man das berühmte Mosaik des Kettenhunds mit der bekannten Inschrift „cave canem" gefunden hat. Die meisten Malereien dieses Haus sind heute im Nationalmuseum von Neapel. Ein Stückchen weiter nördlich kann man in der *Casa della Fontana grande (38)* (Haus des großen Brunnens) einen wunderschönen Mosaikbrunnen betrachten, einen weiteren in der benachbarten *Casa della Fontana piccola (37).* In einer nahen Seitenstraße liegt die *Casa del Fauno (12)* (Haus des Fauns), benannt nach einer kleinen Faun-Statue, die man hier entdeckt hat. Das weitläufige Wohnhaus besitzt mehrere Innenhöfe und eine Reihe von Mosaikböden, im hinteren Teil der Villa hatte die weltberühmte „Alexanderschlacht" ihren Platz (heute im Nationalmuseum von Neapel).

Noch ein Stück weiter erreicht man das vielleicht eindrucksvollste Haus Pompejis, die *Casa dei Vettii (9)* (Haus der Vettier). In dieser luxuriösen Kaufmannsvilla sind die Wandgemälde ungewöhnlich zahlreich, farbenprächtig und hervorragend erhalten. Gleich im Vestibül rechts legt Priapus, der Gott der Fruchtbarkeit, seinen monströsen Penis in Größe eines Baseballschlägers auf eine Waage – Anlass für verlegenes bis erheitertes Gekicher bei den Besuchern. Angeblich war dieses obszöne Bild deswegen am Eingang angebracht, um die neugierigen Blicke von Bittstellern, Lieferanten etc. vom Reichtum im Inneren des Hauses abzulenken. Hinter dem Atrium öffnet sich ein großer Innengarten, dort liegt im rechten Gebäudeflügel das *Triclinium* (Speisezimmer) mit einigen der berühmtesten Malereien der Antike – auf Wänden in tiefrotem „pompejanischem Rot" kleine, filigrane Amoretten und mythologische Figuren.

Nun am besten zurück zum Forum: Die *Via dell'Abbondanza* (Straße des Überflusses) ist die Hauptstraße Pompejis und verläuft von hier bis ans Ostende der Stadt. Entlang dieser zentralen Wohn- und Geschäftsstraße standen öffentliche Gebäude, gewerbliche Betriebe, Werkstätten, Ladenwohnungen und Stadtvillen. An den Hauswänden sind Freskenreste und sogar Wandinschriften erhalten. Erst seit 2010 wird im *Domus di Giulio Polibio (36)* eine aufwändige Multimediashow gezeigt, während man in der *Casa dei Casti Amanti (8)* den Archäologen und Restauratoren bei der Arbeit zuschauen kann (Voranmeldung für geführte Besichtigung unter ✆ 199-104114, Eintritt pro Haus 5 €, beide Häuser 7 €, www.ticketone.it).

Linker Hand kommt man bald an den *Stabianischen Thermen (21)* vorbei. Sie waren die größten und ältesten Badeanlagen Pompejis und mit allem Komfort ausgestattet wie Kaltbäder, Schwitzbäder, lauwarme Bäder und Heizung. In der Mitte des Komplexes liegt die Palästra, ein ausgedehnter Hof. An der Kreuzung der Via dell'Abbondanza mit der Via Stabiana steht ein hübscher Brunnen. Wie bekannt, war auch das älteste Gewerbe der Welt in Pompeji reichlich vertreten – eins der insgesamt 35 *Lupanari (19)* genannten Bordelle findet man im Vicolo del Balcone Pensile, vor den Stabianischen Thermen links den Vicolo del Lupanare hinein (→ Skizze). In jedem der kleinen Räume steht ein Bett und pornografische Wandbilder verdeutlichen, zu welchen Spezialitäten die Zimmerdamen bereit waren. Im Eingang wieder ein Priapus, diesmal gleich mit zwei Geschlechtsorganen (eine große Sammlung erotischer Funde aus Pompeji kann man im Nationalmuseum von Neapel betrachten).

Richtung Süden kann man nun einen Abstecher zum *Großen Theater (33)* der Stadt machen, benachbart das später erbaute *Kleine Theater (31)*, südlich davon der große *Portikus der Gladiatoren (35)*, in dessen Zellen man viele Waffen der Schaukämpfer gefunden hat. Ein paar Ecken weiter steht die *Casa di Menandro (23)* (Haus des Menander), eins der größten und besterhaltenen Wohnhäuser der Stadt mit reichem Freskenschmuck und Dekorationen sowie eigenem Thermalbad.

Im östlichen Bereich der Via dell'Abbondanza kommt man an der 2010 eingestürzten *Casa dei Gladiatori (41)* vorbei (→ Einleitung), beschädigt wurde auch die benachbarte *Casa del Moralista (40)*. Schräg gegenüber steht die *Casa di Loreius Tiburtinus (14)* mit einer langen Loggia, geräumigem Garten und Wasserbecken. An der Gartenmauer der benachbarten *Casa di Venere (13)* (Haus der Venus) zeigt ein großes Wandgemälde die nackte Venus, die in einer Muschel schwimmt.

Den Abschluss bildet das große *Amphitheater (15)*, ein ruhiger Platz zum Entspannen mit schönem Blick über die Dächer des heutigen Pompeji in die Berge. Daneben liegt die *Palästra (18)*, ein weitläufiger Sportplatz mit Schwimmbecken in der Mitte. Die *Gräberstraße der Porta Nocera* weiter südlich ist flankiert von Grabkammern und Mausoleen. Im *Garten der Flüchtlinge (22)* wurden 13 Erwachsene und Kinder von dem plötzlichen Ascheregen des Vulkans überrascht. Sie liegen an der Stelle, wo man sie aufgefunden hat.

Westlich vom eigentlichen Ausgrabungsgelände, etwas außerhalb der Stadtmauer, kann man nun noch die berühmte *Villa dei Misteri (2)* besuchen. Man erreicht sie auf der *Via dei Sepolcri*, die durch die *Porta Ercolano* führt, vorbei an einer großen *Nekropole*. Höhepunkt ist im *Triclinium* das 17 m lange und damit größte Gemälde der Antike, das mit seinen leuchtenden Farben alle Wände eines Saals bedeckt. Der Inhalt ist rätselhaft, wahrscheinlich die Vorbereitung junger Frauen auf die hedonistischen Mysterien des Dionysus.

Weitere Ausgrabungen um den Vesuv

Boscoreale: Nördlich von Pompeji kann man das *Antiquarium di Boscoreale* besichtigen, das die antike Kulturlandschaft an den Vesuvhängen thematisiert. Dazu gehört das kleine archäologische Grabungsfeld der römischen *Villa Regina*.

Villa Oplontis: römische Luxusvilla mit ausgedehntem Grundstück in *Torre Annunziata* direkt am Meer. Von den ehemals üppigen Fresken sind noch Reste erhalten.

Stabiae: zwei weitere antike Villen in Panoramalage am Varanohügel über der ausufernden Industrie- und Hafenstadt *Castellamare di Stabia*.

• *Öffnungszeiten/Eintritt* tägl. 8.30–19.30 Uhr, von Nov. bis März nur bis 17 Uhr. Eintritt mit **Artecard** bzw. dem Kombiticket Pompeji/Herculaneum, Sammelticket (Oplontis, Boscoreale und Stabia) 5,50 €.

Tipp: Von Castellamare di Stabia aus kann man mit der Seilbahn auf den 1131 m hohen **Monte Faito** fahren und den spektakulären Ausblick über den Golf genießen. Die Talstation liegt direkt in der Stadt beim Bahnhof der Ferrovia Circumvesuviana, Abfahrten zwischen 9 und 18 Uhr etwa halbstündlich, ca. 8 € hin und zurück.

Kampanien Karte S. 898/899

Die Inseln im Golf von Neapel

Die drei Inseln unterscheiden sich stark voneinander – das mondän-aufregende Capri, die große grüne Thermal- und Badeinsel Ischia und das kleine Procida fast unbeachtet am Rande.

Procida

ca. 11.000 Einwohner

Die kleinste der Inseln im Golf, knapp 4 qkm groß und mit steilen Felsküsten, hat sich trotz seiner Nähe zu Neapel bisher dem Touristenrummel erfolgreich widersetzt. Es gibt nur eine Handvoll Hotels und wenig Ablenkung, leider aber auch allzeit heftigen Verkehr, denn das kleine Procida ist die dichtest besiedelte Insel Italiens.

Der quirlige Hafenort *Marina di Procida* mit seinen pittoresk verwitterten Pastellfassaden wird noch von der Idylle der Fischersiedlung *Corricella* übertroffen – der mit Abstand harmonischste Ort der Insel wird in der Werbung und zahlreichen Filmen gerne als Sinnbild für ein unverfälschtes und romantisches Italien verewigt. Hoch darüber thront auf dem steilen Fels *Terra Murata* eine mittelalterliche Festung, zu erreichen zu Fuß (ca. 1 km) oder per Bus. Am höchsten Punkt steht die düstere Kathedrale *San Michele*, in deren goldüberzogener Kassettendecke ein Gemälde des neapolitanischen Malers Luca Giordano eingelassen ist. Zu besichtigen sind hier außerdem schaurige Katakomben mit Särgen und Gebeinen von Benediktinermönchen.

Im Westen liegt der kleine Ort *Chiaiolella* mit einer kreisrunden Hafenbucht vulkanischen Ursprungs. Benachbart erstreckt sich der beste Inselstrand namens *Ciracciello*. Eine Fußgängerbrücke führt hinüber auf die kleine, unter Naturschutz stehende *Isola Vivara* (Zutritt nur mit Genehmigung).

Weithin berühmt ist die Karfreitagsprozession von Procida, zu der von Neapel in aller Morgenfrühe eine Armada von Ausflugsbooten aufbricht.

• *Anfahrt/Verbindungen* ganzjährige **Fährverbindungen** gibt es ab Pozzuoli und Napoli/Calata Porta di Massa mit den Traghetti (Fährschiffe/Autofähren) der staatl. Gesellschaft **Caremar** sowie der privaten Reederei **Medmar**. Außerdem verkehren häufig **Aliscafi** (Schnellboote) mehrerer Gesellschaften ab Pozzuoli und Neapel (Molo Beverello und Mergellina). Preise: Aliscafo ab Napoli/Molo Beverello ca. 8 €. Die meisten Traghetti und Aliscafi laufen nach dem Zwischenstopp in Procida auch Ischia an.

EAV-Busse fahren im Anschluss an die Fähren zur Festung Terra Murata und zum Strand von Chiaiolella.

• *Öffnungszeiten/Eintritt* **Kathedrale** und **Katakomben**, tägl. 10–12.45 Uhr und 15–17.30 Uhr, So und Mo nachmittags geschl., Eintritt ca. 2 €.

• *Information* **Graziella Travel** (Island Tour) im Fährhafen. ✆ 081/8969594, www.isoladiprocida.it.

• *Übernachten* Wegen der begrenzten Hotelkapazitäten ist eine Reservierung unbedingt ratsam. Beliebtester Ort ist Chiaiolella

*** **La Corricella**, schöne, erhöhte Lage am Ende der Marina von Corricella. Geschmackvoll ausgebauter, alter Gebäudekomplex, große Zimmer, klimatisiert. Terrasse mit Blick auf die Hafenbucht. DZ mit Frühstück ca. 70–140 €. Via Marina Corricella 88, ✆/℻ 081/8967575, www.hotelcorricella.it.

*** **Crescenzo**, gepflegtes, älteres Haus mit gutem Fischrestaurant direkt an der Hafenpromenade von Chiaiolella. DZ mit Frühstück ca. 70–120 €. ✆ 081/8967255, ℻ 8101260, www.hotelcrescenzo.it.

*** **Savoia**, altes Inselhaus an der Hauptstraße zwischen Olmo und Centane, jüngst komplett renoviert und modernisiert. Geschmackvoll eingerichtete Zimmer, teils mit Balkon. Garten mit Pool, Restaurant. DZ mit Frühstück ca. 70–130 €. Via Lavadera 32, ✆ 081/8967616, ℻ 081/8967215, www.mediturhotels.it.

Es gibt mehrere kleine **Campingplätze** auf Procida. Die meisten liegen an der Straße zum Strand von Ciracciello an der Westseite Procidas.

Ischia

ca. 47.500 Einwohner

Die größte Insel im Golf, geprägt durch den 788 m hohen Monte Epomeo. Landschaftlich nicht so spektakulär wie Capri, jedoch üppig grün mit vielfältiger Vegetation – und es gibt einige herrliche Strände. Der Süden mit seinen wild zerklüfteten Steilküsten ist das reizvollste Gebiet Ischias, nur ein einziger, aber besonders malerischer Ort liegt dort direkt am Meer.

Ischia bietet im Golf von Neapel die besten Möglichkeiten für Badeurlaub und ist dementsprechend ein bevorzugtes Ziel für Pauschaltouristen, aber auch seit langem Stammplatz mitteleuropäischer, vorwiegend deutscher Rheumakranker. Heilkräftiger Schlamm und 29 heiße Thermalquellen bescheren seit der Antike Linderung der Schmerzen, schon Homer erwähnt sie in seiner „Ilias“. Die Ortschaften unterscheiden sich in Ambiente und Aussehen deutlich voneinander: Im Osten der geschäftige Hafenort *Ischia Porto* und das idyllische *Ischia Ponte* mit dem vorgelagerten aragonesischen Kastell, an der stark besuchten Nordküste die typischen Thermalorte *Casamicciola Terme* und *Lacco Ameno*, im Westen das hübsche *Forio* und im Süden der Bilderbuchort *Sant'Angelo*. Nicht versäumen sollte man den Aufstieg zum Monte Epomeo.

• *Anfahrt/Verbindungen* Traghetti mit Autobeförderung ab **Napoli/Calata Porta di Massa** und **Pozzuoli**. Aliscafi ab **Napoli/ Molo Beverello**, **Napoli/Mergellina** und **Pozzuoli**. Fahrzeit der Traghetti ca. 90 Min., Aliscafi ca. 45 Min. Man hat die Wahl zwischen der staatlichen Gesellschaft Caremar und mehreren privaten Reedereien, am günstigsten ist Caremar (Traghetto ca. 5 € pro Pers., Auto ab 22 €, Aliscafo ca. 13 € pro Pers.). Preisgünstigste Fährverbindung mit Autobeförderung ab Pozzuoli.

Gute Verbindungen mit **EAV-Bussen** auf der ganzen Insel. Der zentrale Busbahnhof liegt in Porto am Hafen.

• *Information* im **Hafen** von Ischia Porto, Nähe Fähranleger. Tägl 9–20 Uhr. ✆ 081/ 5074231, www.infoischiaprocida.it.

• *Übernachten* In der Hochsaison (Mai bis Sept.) sollte man nicht ohne Reservierung kommen, im frühen Frühjahr und Herbst findet man dagegen ausreichend Möglichkeiten. Die meisten Häuser haben im Sommer Pensionspflicht.

Ischia Porto *** **Oriente**, hübsche Anlage mit Thermalpool. DZ mit Frühstück ca. 92–144 €. Via delle Terme 9, ✆/℻ 081/991306, www.orientehotel.it

** **Macri**, einfache Pension an der Hafenstraße. DZ ohne Frühstück ca. 60 €. Via Jasolino 96, ✆/℻ 081/992603

Ischia Ponte ** **Il Monastero**, unvergleichlich gelegen, hoch oben im Castello Aragonese, vor kurzem komfortabel restauriert, die ehemaligen Klosterzellen dienen als Zimmer, herrlicher Blick, kleines, aber feines Hotelrestaurant. DZ mit Frühstück ca. 100–160 €. ✆/ 081/992435, www.albergoilmonastero.it.

Sant'Angelo * **Casa Garibaldi**, im oberen Ortsteil, freundlich geführt von Familie di Lorio, einfache, nette Zimmer, mit Garten, schönem Blick und Pool. DZ ca. 80 €. Via Sant'Angelo 52, ✆/℻ 081/999420, www.casagaribaldi.com.

Jugendherberge **Ring Hostel**, privates Hostel in der Altstadt von Forio, ehemalige Klosteranlage aus dem 16. Jh., gut geführt von der sympathischen Familie Colella, ideal für kommunikative Backpacker. Im Mehrbettzimmer ca. 16–22 €/Pers., im DZ ca. 30–35 €, jeweils mit Frühstück. Via Gaetano Morgera 72, ✆ 081/987546, ℻ 081/987942, www.ringhostel.com..

Camping Zwei Zeltplätze gibt es auf Ischia, auch hier ist Vorbestellung sinnvoll.

Eurocamping dei Pini, im Pinienwald, etwa 1 km landeinwärts vom Hafen. April bis Okt. Via delle Ginestre 28, ✆ 081/982069, ℻ 3334038, www.ischia.it/camping.

Mirage, direkt am schönsten Strand Ischias, der Spiaggia dei Maronti, unterhalb von Testaccio. ✆/℻ 081/990551, www.campingmirage.it.

Ziele auf der Insel

Ischia Porto: Hier legen die Fähren an, geschäftiger Thermalbadeort mit fast kreisrundem Hafen (ehemaliger Vulkankrater, der erst im 19. Jh. von den Bourbonen ausgebaut wurde), Uferpromenade, zahlreichen Hotels, eleganten Boutiquen und Restaurants – das Ganze reizvoll garniert mit Palmen, Agaven und Bougainvillea. Zentrale Straße ist die Via Roma, die in den Corso Vittorio Colonna übergeht, am südöstlichen Ende ein Pinienwald mit Fußgängerwegen. Parallel dazu der Ortsstrand *Lido*, weitere Strände in Richtung Ischia Ponte.

Ischia Ponte: Das ehemalige Fischerdorf südlich von Porto besitzt mehr Ambiente und ist ruhiger als Porto. Sehr sehenswert ist das *Museo del Mare* im Palazzo dell'Orologio am Ende der Via Mazzella mit einer Fülle von Exponaten. Vorgelagert und über einen 200 m langen Damm zu erreichen ist der berühmte, bereits von der Fähre weithin sichtbare Fels mit dem malerisch-verfallenen *Castello Aragonese* an der Spitze, sozusagen das Wahrzeichen Ischias und bereits in vielen Filmen verewigt, z. B. in der Neuverfilmung „Der talentierte Mr. Ripley" von Patricia Highsmith. Über zahllose Stufen oder per Aufzug gelangt man hinauf, oben stehen mehrere Kirchen, darunter die Ruinen einer Kathedrale mit freskenbemalter Krypta sowie ein Klarissinnenkloster, dessen *Friedhof* in der Klosterkirche mit steinernen Sitzen versehen ist, in die man die toten Klosterfrauen setzte, bis sie verwesten – als Mahnung an die lebenden Nonnen, dass im irdischen Jammertal alles vergänglich ist. In einem Turm der Festung ist ein Foltermuseum untergebracht, auch eine stilvolle Pension gibt es hier oben (→ Übernachten). Wunderbar ist der Blick von der Terrasse des Cafés auf die grüne Insel tief unten.

Der felsige Strand *Cartaromana* liegt südlich von Ponte. Im Bereich der Sant'Anna-Felsen mischen sich 40–50 Grad warmes Thermalwasser und Meerwasser – eine der ganz wenigen Stellen der Insel, wo man das Thermalvergnügen in freier Natur genießen kann.

Öffnungszeiten/Eintritt **Museo del Mare**, März–Nov. tägl. 10–12.30, 17–20 Uhr, Eintritt ca. 2,50 €. **Castello Aragonese**, März–Nov. tägl. 9 Uhr bis 1 Std. vor Sonnenuntergang, Eintritt ca. 10 €.

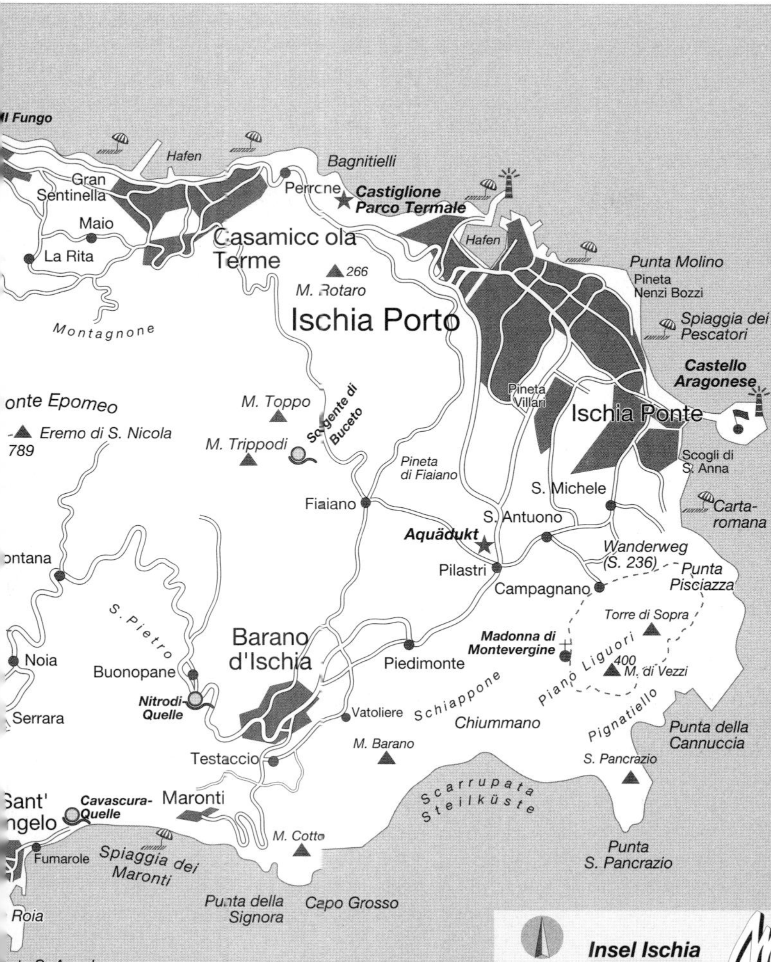

Kampanien Karte S. 898/899

Sant'Angelo: an der Südküste, schönster und gepflegtester Ort der Insel, ein Hauch von Capri, der Ortskern für Autos gesperrt. Das Fischer- und Badedörfchen schmiegt sich mit weiß, gelb, rosa und hellblau gestrichenen Häuschen, engen Gassen und Treppenwegen auf mehrere Terrassen gegenüber einer schmalen, felsigen Halbinsel. Gute Hotels und die großartige, mehrere Kilometer lange *Spiaggia dei Maronti* (ca. 1 km östlich) machen den Aufenthalt reizvoll. Heiße Dämpfe, die so genannten Fumarolen, steigen hier neben dem Strandrestaurant Emanuela an den küstennahen Klippen aus dem Boden und bieten Schwitzbäder zum Nulltarif.

Forio: lebhafter Badeort an der Westküste, dörfliches Ambiente im Zentrum, aber ebenfalls zahlreiche Hotels und Kurgäste. Südlich von Forio liegt die fast 2 km lange

Spiaggia di Citara, der mit Abstand meistbesuchte Strand auf Ischia (Busverbindung). Im Norden bilden die *Spiaggia di Chiaia* und die *Spiaggia di San Francesco* den längsten Badestrand der Insel. Gute Schwimmer machen es den Einheimischen nach und schwimmen zu den unterseeischen Thermalquellen, die dem San-Francesco-Strand vorgelagert sind.

Lacco Ameno: Der ehemals mondänste Badeort der Insel liegt vor der beeindruckenden Naturkulisse des Monte Epomeo, in den fünfziger Jahren war er Treffpunkt des Jet Set. Im botanischen Garten *La Mortella* wachsen hunderte von exotischen Pflanzen, vor dem Hafenbecken ragt der bizarre Tuffsteinpilz *Fungo* aus dem Wasser, baden kann man in der Bucht *San Montano*. Hochinteressant ist das *Museo Archeologico* in der Villa Arbusto mit Funden aus über tausend Gräbern einer Nekropole, darunter der berühmte „Becher des Nestor" aus der Zeit Homers. Auch der schöne Garten ist einen Bummel wert.

Das unscheinbare Bergdorf *Fango* oberhalb von Lacco Ameno ist Ursprungsort des weltweit bekannten Heilschlamms und noch heute die größte Kurschlammgrube der Insel.

Öffnungszeiten/Eintritt **La Mortella**, Di, Do, Sa, So 9–19 Uhr. Eintritt ca. 12 €. **Museo Archeologico**, Di–So 9.30–13, 15–19 Uhr, Eintritt ca. 5 €.

Monte Epomeo: Die Besteigung des 789 m hohen Vulkans unternimmt man am besten von *Fontana* aus, das 400 m hoch über Sant'Angelo liegt (Busverbindung). Dauer des Aufstiegs ca. 60 Min., auch per Maultier möglich (ca. 20 €). Oben zwei herrlich gelegene Panoramalokale und ein umfassender Blick über den gesamten Golf von Neapel.

Capri

ca. 13.000 Einwohner

Zweifellos eine der schönsten Mittelmeerinseln und zu Recht weltberühmt – bis zu 600 m hoch, prachtvolle Felsformationen und Steilklippen mit üppig blühender Vegetation (über 800 Arten!), Wein- und Zitronengärten, wunderbar zum Spazierengehen, immer wieder spektakuläre Ausblicke. Sandstrände gibt es auf Capri zwar nicht, dafür viele kleine Klippenbuchten.

Die frühere Lieblingsinsel der Künstler und Schriftsteller zieht heute Jetset und Massentourismus gleichzeitig an. Die Hotelpreise sind allerdings so hoch, das sich spätestens über Nacht ersterer von letzterem scheidet. In einem bequemen Tagesausflug ab Neapel oder Sorrento kann man etwas von der unvergleichlichen Atmosphäre schnuppern, zurück fahren die letzten Boote am frühen Abend.

• Anfahrt/Verbindungen **Napoli/Calata Porta di Massa**: Traghetti Veloci (Caremar) ca. 5-mal tägl., Fahrtzeit 50 Min., ca. 15 € pro Pers.;

Napoli/Molo Beverello: Aliscafi (N.L.G., Neapolis und Snav) ca. 20-mal tägl., Fahrtzeit 45 Min., ca. 17 € pro Pers.

Ischia: Aliscafi (Alilauro) nur 1-mal tägl., Fahrtzeit 45 Min.;

Sorrento: Aliscafi ca. 15-mal tägl., Fahrtzeit 25 Min.;

Positano/Amalfi: Aliscafi ca. 3-mal tägl., Capri–Amalfi Fahrtzeit 50 Min.

Auf der Insel existiert ein gutes **Busnetz**: Fahrten von frühmorgens bis Mitternacht. Verbindungen zwischen **Marina Grande**, **Capri-Ort**, **Marina Piccola** und **Anacapri**. Ab Anacapri zur **Grotta Azzurra** und zur **Punta Carena** im äußersten Südwesten. Tickets können im Bus gelöst werden, ca. 1,40 €.

• Information **AAST** (www.capritourism.com) unterhält drei Büros, die in der HS durchgehend von 9–20 Uhr geöffnet sind:

Marina Grande, direkt an der Hafenmole, ✆ 081/8370634;

Capri-Ort, im Glockenturm an der Piazzetta, ✆ 081/8370686.

In **Anacapri** an der Hauptgeschäftsstraße Via G. Orlandi 59, ✆ 081/8371524.

• *Übernachten* Generell sehr teuer, im Sommer trotzdem ausgebucht, oft Pensionspflicht. Vorbestellung unbedingt notwendig. Im Winter sind die meisten Hotels geschlossen. Kein Zeltplatz auf der Insel.

Capri-Ort und Umgebung *** **La Prora**, freundliche Pension mit netten Zimmern, zu erreichen durch die überwölbte Via Madre Serafina. DZ mit Frühstück ca. 130–200 €. Via Castello 6, ✆/℻ 081/8370281, www.albergolaprora.it.

*** **Villa Krupp**, ältere herrschaftliche Villa in herrlicher Südlage oberhalb der Augustusgärten, familiäre Atmosphäre. Unbedingt Zimmer mit Meerblick verlangen: DZ ca. 130–170 €, Frühstück 5 € pro Pers. Via Matteotti 12, ✆ 081/8370362, ℻ 8376489, www.villakrupp.it.

* **La Tosca**, einfache Pension, oberhalb der Certosa, guter Gesamteindruck, freundliche Atmosphäre. DZ mit Frühstück ca. 75–150 €. Via Briago 5, ✆ 081/8370989, ℻ 8374803, www.latoscahotel.com.

Anacapri ** **Villa Eva**, stilvolle Pension inmitten eines idyllischen Gartens mit großem Pool, familiär geführt. Man wohnt im Haupthaus oder in separaten Gartenhäuschen, alles sehr sorgfältig eingerichtet. DZ mit Frühstück ca. 90–130 €. Via La Fabbrica 8, ✆ 081/8371549, ℻ 8372040, www.villaeva.com.

• *Essen & Trinken* Inselspezialität sind die mit Käse und Gewürzen gefüllten *ravioli alla caprese*. Am besten isst man in den ländlichen Ausflugslokalen außerhalb der Orte.

Da Gemma, früheres Künstlerlokal in einer malerisch überdachten Gasse im Ort Capri. Gemütlich-rustikal, Meerblick durch die verglaste Front, gute Fischgerichte und Pizza aus uraltem Backofen. Faire Preise. Mo geschl. Via Madre Serafina 6, ✆ 081/8370461.

Buca di Bacco – Da Serafina, nettes, kleines Lokal mit leckerer Küche, gut z. B. die hausgemachten *ravioli caprese* und *pescado all'acqua pazzo*. Mi geschl. Via Longano 35 (von der Piazzetta der Via Longano folgen), ✆ 081/8370723.

Le Grottelle, am Weg zum Arco Naturale (→ Ziele auf der Insel), kleine Trattoria in einer ausgebauten Felshöhle mit Panoramaterrasse, originell. Einfache Küche, mittlere Preise. April bis Okt., Juni bis Sept. auch abends. ✆ 081/8375719.

Da Paolino, am Weg zu den Bagni di Tiberio (→ Ziele auf der Insel) in einem wunderschönen Zitronengarten, freundlich geführtes Landlokal mit guter Küche. ✆ 081/8376102.

Mamma Giovanna, Nähe Torre Materita, capresische Land- und Meeresküche wie bei Muttern, hübsche Speiseterrasse, viel Grün. Der Weg lohnt sich. Via Chiusarano 4, ✆ 081/8372057.

Materita, Pizzeria an der zentralen Kirchenpiazza, nett zum Sitzen. ✆ 081/8373375.

TIPP! **Da Gelsomina**, südlich außerhalb von Anacapri, beim Belvedere Migliera, man muss etwas laufen, aber es lohnt sich. Das Bauernhaus inmitten von Gärten mit herrlichem Meerblick bietet ländliche Leckereien von Capri, hauptsächlich vom Grill, dazu gibt es eigenen Wein. Tagsüber kann man in den Swimmingpool hüpfen (Eintritt). Via Migliara 72, ✆ 081/8371499.

• *Nachtleben* **Medi Pub**, einfache Kneipe bei der Piazza, junges Publikum, coole Musik, lange geöffnet, kleine Preise. Via Oratorio 9, gleich neben der Chiesa Santo Stefano.

Le Clochard, angesagte Diskothek, Via Camerelle 63, Eintritt.

• *Shopping* Der Limoncello von Capri ist weithin beliebt (www.limoncello.com), ebenso ist Capri dank seiner Zitronenhaine und Blumenvielfalt berühmt für die Produktion von Parfüm. **Carthusia**, eine von mehreren kleinen Parfümfabriken (mit Verkauf), liegt an der Via Matteotti 2, Nähe Certosa (www.carthusia.it).

Kampanien Karte S. 898/899

Ziele auf der Insel

Capri-Ort: Mit dem „Funicolare“ (Standseilbahn) geht es vom Hafen *Marina Grande* rauf in den malerischen und autofreien Hauptort (ca. 1,40 € einfach). An der zentralen Piazzetta Umberto I zwischen engen Gassen und weißen Häusern herrscht immer buntes Treiben, vor allem am frühen Abend nimmt hier jeder seinen Aperitif. Breite Stufen führen hinauf zur Kirche *San Stefano* mit ihren orientalisch wirkenden Kuppeln. Danach Bummel durch den Ort, in der Via Vittorio Emanuele und der benachbarten Via Camerelle konzentrieren sich elegante Boutiquen, die urige Via Madre Serafina ist zum Schutz gegen die Sonne überwölbt und ähnelt einem orientalischen Souk.

Südlich unterhalb vom Zentrum liegt die große *Certosa di San Giacomo*, eine ehemalige Zisterzienser-Kartause mit zwei Kreuzgängen und einer Sammlung von Capri-Gemälden des Romantikers Karl Wilhelm Diefenbach, der 13 Jahre auf Capri lebte. Oberhalb benachbart kann man die subtropische Gartenanlage *Giardini di Augusto* besuchen, von der man einen Postkartenblick auf die berühmten *Faraglioni-Felsen* hat, zwei über 100 m hohe, schroffe Klippen vor der Küste, das Wahrzeichen Capris.

Öffnungszeiten/Eintritt **Certosa di San Giacomo**, Di–So 9–14 Uhr, Mo geschl., Eintritt frei.

Marina Piccola: Hauptbadestrand an der Südseite Capris, über eine steile Serpentinenstraße geht es vom Hauptort hinunter (Busverbindung). Als Fußweg dient seit 2009 wieder die grandios in den Fels gehauene *Via Krupp*, die bei den Giardini di Augusto beginnt. Unterwegs kann man die *Grotte dell'Arsenale* anschauen (ein steiler Naturpfad führt zum Grotteneingang). Mehrere Bagni und Restaurants teilen sich das kostbare Uferterrain in der verbauten Bucht, nur die beiden winzigen Kiesstrände sind gebührenfrei zugänglich.

Bagni di Tiberio: an der Küste nordwestlich von Marina Grande, Standort eines Palastes von Kaiser Augustus. Auf dem antiken Ruinenfeld wird heute gebadet (Eintritt). Zu erreichen zu Fuß ab Hafen.

Villa Jovis: Die imposanten Überreste der Villa des Kaisers Tiberius liegen auf dem Monte Tiberio im exponierten Nordostzipfel der Insel, vom Hauptort in etwa 45 schweißtreibenden Fußminuten zu erreichen (Rast bietet sich unterwegs in der kleinen „Bar Jovis" mit Gartenterrasse). Am Ziel herrlicher Rundblick auf den Golf. Vom fast 300 m steil zum Meer abfallenden *Salto di Tiberio* soll hier der Imperator unbequeme Zeitgenossen gezwungen haben, sich in den Abgrund zu stürzen.

Öffnungszeiten/Eintritt Tägl. 9 Uhr bis 1 Std. vor Sonnenuntergang, ca. 2 €.

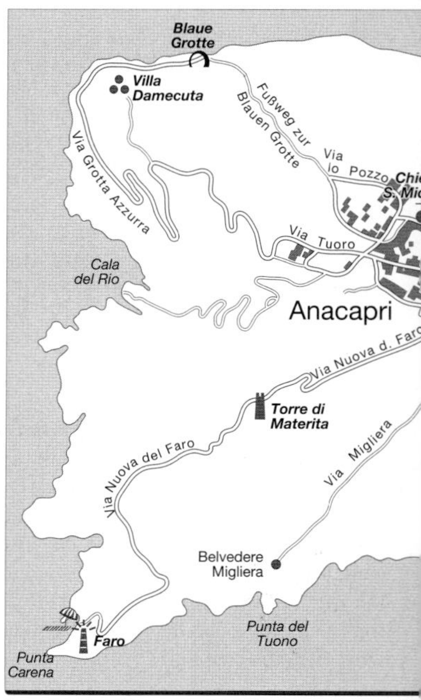

Arco Naturale: großes, natürliches Felsentor über der Ostküste, zu erreichen über die Via Matermania auf idyllischem Fußweg, herrlicher Ausblick auf's Meer. Besichtigen kann man dort auch die *Grotta Matermania*, die von den Römern zum Heiligtum der Gö ttin Cibele ausgebaut wurde (steiler Treppenweg ab Trattoria Le Grottelle). Rückweg nach Capri-Stadt um die Südostspitze der Insel, vorbei an den berühmten *Faraglioni-Felsen* (Gesamtdauer ca. 2 Std.).

Anacapri: Der zweite, höher gelegene Inselort ist deutlich ruhiger und weniger mondän als Capri. Größte Sehenswürdigkeit ist die spektakulär am Abgrund schwebende *Villa San Michele*, in der der schwedische Arzt und Schriftsteller Axel Munthe jahrelang lebte und antike Ausgrabungsstücke, Antiquitäten, Kunst und Trödel von Capri sammelte. Vom wunderschönen Garten hat man einen herrlichen Blick auf Marina Grande. Nicht versäumen sollte man auch den prachtvollen Majolika-Fußboden in der Kirche *San Michele*, eine Paradiesdarstellung mit zahlreichen Tiermotiven. Den besten Blick hat man von der Galerie.

Im Sommer kann man außerdem per Seggiovia (Sessellift) zum Gipfel des *Monte Solaro* schippern, mit 589 m höchster Inselberg. Der Rückweg auf schmalem Fußweg dauert ca. 45 Min.

Öffnungszeiten/Eintritt **Villa San Michele**, Mai bis Sept. tägl. 9–18 Uhr, sonst kürzer, Eintritt ca. 6 €. **San Michele**, tägl. 9–19 Uhr, ca. 2 €.

Grotta Azzurra: Die legendäre „Blaue Grotte" in einer Steilwand an der Nordwestspitze der Insel ist wirklich bemerkenswert blau bzw. hellblau bis türkis – dank der Lichtstrahlen, die durch das Wasser reflektiert werden. Große Motorboote pendeln ab Marina Grande ständig zur Höhle, wegen des großen Andrangs müssen sie aber dort oft schauklige Warteschleifen fahren, manchem wird dabei schlecht. Die anschließende Einfahrt in die erschreckend winzige Öffnung ist fast erlebenswerter als das Innere: Man steigt in kleine Nussschalen um, die höchstens fünf Personen fassen, kauert sich am Boden zusammen und der wettergegerbte Bootsführer zieht das Bötchen an einer Kette in die Höhle. Abenteuerlich wird's bei unruhiger See – dabei muss exakt der richtige Moment zur Einfahrt abgewartet werden, andernfalls presst der Wellenkamm das Boot an die felsige Oberkante der Öffnung. Preis: Motorboot ab Hafen ca. 11 € (oder per Bus ab Anacapri, dann deutlich günstiger, zu Fuß ca. 45 Min.), Einfahrt in die Höhle ca. 7,50 €, Besichtigung ca. 4 €, dazu noch „Trinkgeld für den Matrosen" – kein preiswerter Spaß also. Achtung: Bei starkem Wellengang keine Besichtigung.

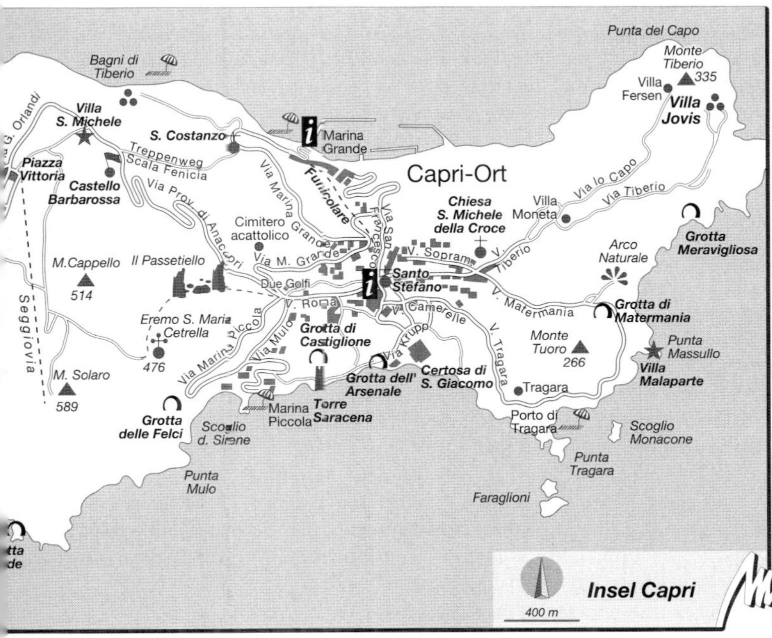

Kampanien Karte S. 898/899

Hinterland von Neapel

Die brettflache Ebene nördlich von Neapel bis Capua ist weitgehend hässlich und durchgehend bebaut, ein lohnender Anlaufpunkt ist jedoch der Palast von Caserta. Weiter östlich und südlich wird es bergig und reizvoller, es gibt dort kaum größere Orte, einzige Stadt ist Benevento.

Reggia di Caserta

Als Stadt ist Caserta kaum interessant, weil weitgehend modern und erst vor 200 Jahren an Stelle eines bescheidenen Dorfes gegründet. Den Anstoß dazu gab 1752 der Bau des riesenhaften Palazzo Reale von Caserta (genannt „Reggia"), einer der größten Paläste Europas, an den sich ein ebenso überdimensionaler Park anschließt. Nach Pompeji ist er die meist besuchte Attraktion Süditaliens.

Karl III. von Bourbon wollte mit der gigantischen Anlage das Schloss von Versailles nachahmen, möglichst übertreffen. Nach 22 Jahren stand zwar der Bau, für die Innenausstattung brauchte man aber noch mal hundert Jahre länger. Und das Bedauerlichste: Karl konnte nie einziehen, da er auf den spanischen Thron abberufen wurde. Allein die pompöse Fassade ist 250 m lang, die über 1200 Zimmer gruppieren sich in vier Baukörpern um vier Innenhöfe. Besichtigt werden können die *Königlichen Gemächer*, zu denen man in einem gewaltigen Treppenhaus hinaufsteigt: reich vergoldete Räume mit Statuen, Stuck und Malereien im klassizistischen Empire-Stil (am eindrucksvollsten der monumentale *Thronsaal* mit seinen vergoldeten Wand- und Deckendekorationen), eine neapolitanische Krippenausstellung, eine Pinakothek sowie die Ausstellung „Terrae Motus", eingerichtet anlässlich des Erdbebens von 1980.

Der klassisch angeordnete *Schlosspark* mit Wasserspielen, Kaskaden und Brunnen ist äußerst schmal, mit über 3 km aber schlicht zu lang zum Spazierengehen, es verkehren Pendelbusse, auch Fahrräder kann man leihen. Von einem Hügel am hintersten Ende ergießt sich ein künstlicher, 75 m hoher Wasserfall in einen kunstvoll gestalteten Brunnen, oben hat man einen weiten Blick über den Golf von Neapel. Der benachbarte *Englische Garten* mit seiner vielfältigen Pflanzenwelt ist mit kleinen Teichen und römischen Ruinen dekoriert.

• *Anfahrt/Verbindungen* **Pkw**, Caserta liegt nah an der Autobahn A 2, Ausfahrt Caserta Nord, von dort kommt man direkt zum Schloss.

Bahn, häufige Verbindungen ab Hauptbahnhof Neapel (30 Min., ca. 3 €), bei der Einfahrt in den Bahnhof erblickt man bereits das Schloss.

• *Öffnungszeiten/Eintritt* **Palazzo Reale**, Mi–Mo 8.30–19.30 Uhr, Di geschl., **Terrae-Motus-Ausstellung** 9–18 Uhr; **Schlosspark** und **Giardino Inglese** (Englischer Garten), Mi–Mo 8.30 Uhr bis 2 Std. vor Sonnenuntergang, Di geschl. Eintritt ca. 10 €.

Benevento: einst eine wichtige Etappe an der Via Appia. Im Zweiten Weltkrieg wurde die große Provinzhauptstadt durch Bombenangriffe schwer zerstört, doch vieles wurde wieder ansprechend aufgebaut und einige römische Relikte sind erhalten geblieben (gut beschildert), vor allem der kompakte *Trajansbogen* und ein *Theater* in der Altstadt, das 20.000 Personen fassen konnte. Der Dom aus dem 13. Jh. musste nach schweren Bombenschäden wieder ganz neu aufgebaut werden. Das archäologische *Museo del Sannio* im Kreuzgang der frühmittelalterlichen Kirche *Santa Sofia* ist eins der reichhaltigsten in Kampanien außerhalb von Neapel.

Öffnungszeiten/Eintritt **Museo del Sannio**, Di–So 9–19 Uhr, ca. 4 €.

Halbinsel von Sorrento

Die weit vorspringende Halbinsel liegt am Südrand des Golfs von Neapel. Nach dem dicht besiedelten Küstenstreifen um Neapel mit Industrieanlagen, trübem Dunst und erheblicher Umweltverschmutzung beginnt hier unvermittelt eine der schönsten italienischen Küstenlandschaften – bergig, viel Wald und reiche Vegetation. Vor allem die atemberaubende Südküste um Amalfi ist eins der großen Tourismusziele Süditaliens. Bahn und Autobahn umgehen die Halbinsel in weitem Bogen landeinwärts. Wer zur Amalfi-Küste will, sollte Sorrento oder Salerno als Ausgangspunkt einer Rundfahrt nehmen.

Sorrento

ca. 17.500 Einwohner

Kleinstadt am Südrand des Golfs von Neapel, großartige Lage auf einem Felsplateau, das hier 50 m tief senkrecht ins Meer stürzt. Betörender Blick auf den Golf, Neapel und den Vesuv – dementsprechend seit Jahrhunderten Anlaufpunkt begüterter Reisender aus aller Welt, prunkvolle Hotelkästen des 19. Jh. säumen die Steilkante am Meer.

Heute viel Pauschaltourismus – in erster Linie Briten und US-Amerikaner, erst danach Deutsche – mit den üblichen Begleiterscheinungen, trotzdem kein seelenloser Ferienort, Sorrento hat seine Atmosphäre bewahrt. Das kleine Altstadtviertel mit engen, schachbrettartigen Gässchen ist für den Verkehr gesperrt. Einen Abend hier zu verbringen macht Spaß – es gibt nette Ristoranti, Cafés und Pubs, Musikgruppen sorgen für den romantischen Teil des Abends.

Sorrento ist ein hervorragendes Standquartier für Ausflüge im gesamten Golf von Neapel. Man kann das Auto stehen lassen und mit der Circumvesuviana in 40 Min. nach Neapel fahren. Oder in der anderen Richtung eine Tagesfahrt per Pkw oder Leihmoped über die bergige Halbinsel zur legendären Amalfi-Küste unternehmen. Zudem fahren täglich Fähren zu den Inseln Capri und Ischia.

Anfahrt/Verbindungen/Information

• *Anfahrt/Verbindungen* **Pkw**, Autobahnende im hektischen Castellammare, weiter auf kurviger Küstenstraße. In Sorrento herrscht heftiger Verkehr, oft kommt es zu Staus, Parkplätze sind schwer zu finden.

Bahn, Sorrento ist Endstation der **Circumvesuviana**, die über Pompei und Ercolano ins Zentrum von Neapel fährt, Verbindungen mind. 1-mal stündl., Dauer ca. 50 Min. Bahnhof liegt im östlichen Stadtgebiet oberhalb vom langen Corso Italia, ins alte Zentrum läuft man etwa 5 Min.

Bus, Station für Stadtbusse und SITA-Busse (ins Hinterland und zur Amalfiküste) am Bahnhof.

Schiff, ab Hafen Marina Piccola gehen Aliscafi (Schnellboote) und Traghetti (Fähren mit Autobeförderung) mehrmals tägl. nach **Capri** (mit ca. 8 € preiswerteste Überfahrt), außerdem nach **Ischia** und **Neapel**. Verbindungen nach **Positano** und **Amalfi** gibt es nur in der Hauptsaison.

• *Information* **AAST**, im Circolo del Forestiere, unterhalb der Piazza Sant'Antonio. Hilfsbereite mehrsprachige Auskünfte. Via Luigi de Maio 35, ✆ 081/8074033, ℻ 8773397, www.sorrentotourism.com.

Kampanien Karte S. 898/899

Übernachten

Riesenauswahl – von Hotelpalästen alter Grandezza bis zu einfachen Pensionen ist alles vorhanden, in den oberen Kategorien aber durchweg von Reiseveranstaltern in Beschlag genommen, im Sommer oft Pensionspflicht. Auch einige Campingplätze liegen in Ortsnähe.

TIPP! *** **La Badia**, komfortable Adresse westlich außerhalb, hoch über der Stadt in einem Olivenhain. Ehemalige Abtei mit 40 geräumigen und hellen Zimmern, die meisten bieten einen fantastischen Blick über den Golf von Neapel. Mit gutem Restaurant, im Garten kleiner Pool. Freundliche Besitzerfamilie. DZ mit Frühstück ca. 115–130 €. Via Nastro Verde 8, ✆ 081/8781154, 📠 8074159, www.hotellabadia.it.

*** **La Tonnarella**, am westlichen Ortsausgang unterhalb der Straße auf die Klippen gebaut, herrliche Lage, viel gelobtes Ristorante mit großartigem Blick, ebenso von den 16 Zimmern, Lift zum Privatstrand unterhalb. DZ mit Frühstück ca. 112–225 €. Via Capo 31, ✆ 081/8781153, 📠 081/8782169, www.latonnarella.com.

** **Astoria**, mitten in der Altstadt in der Nähe der Piazza Sant'Antonino, modernisiertes Haus mit freundlicher Atmosphäre. DZ mit Frühstück ca. 70–130 €. Via Santa Maria delle Grazie 24, ✆ 081/8074030, 📠 5324842, www.hotelastoriasorrento.com.

** **Sorrento City**, an der lauten Hauptstraße zwischen Bahnhof und Piazza Tasso, modernisiertes Haus, ordentliche Zimmer mit kleinen Balkonen. DZ mit Frühstück ca. 70–135 €. Corso Italia 221, ✆/📠 081/8772210, www.sorrentocity.com.

* **Nice**, ebenfalls laute Lage, aber sonst ganz nett, wenige Minuten von Bhf. und Hafen. DZ ca. 70–80 €. Corso Italia 257, ✆ 081/8781650, www.hotelnicesorrento.com.

* **Linda**, einfache Unterkunft an der Südseite vom Bahnhof. DZ mit Bad ca. 50–75 €. Via degli Aranci 125, ✆ 081/8782916.

• *Jugendherberge* **Seven Hostel**, neues privates Ostello für Jung und Alt, modernisierter Gebäudekomplex aus dem 19. Jh., hell und ansprechend durchgestylt, relaxte Atmosphäre, einladende Bar. Vom Circumvesuviana-Bahnhof Sant'Agnello in wenigen Min. zu Fuß zu erreichen. Übernachtung im Mehrbettzimmer (6–12 Pers.) ca. 19–30 €/Pers., im DZ mit Bad 33–47 €, jeweils mit Frühstück. Via Iommella Grande 99, ✆ 081/8786758, 📠 8788513, www.sevenhostel.com.

• *Camping* **Nube d'Argento**, direkt am westlichen Ortsrand, oberhalb der Marina Grande, steile Zufahrt an der Ausfallstraße zur Amalfiküste. In Terrassen unter Olivenbäumen angelegt, angenehmes Freiluftristorante mit Bar. Kleiner Pool im unteren Platzbereich, im Sommer abends gelegentlich Animation. Ins Zentrum ca. 10 Fußminuten. Via del Capo 21, ✆ 081/8781344, 📠 8073450, www.nubedargento.com.

Santa Fortunata Campogaio, 2 km westlich, an der Küstenstraße zur Punta del Capo. Großes, gepflegtes Hanggrundstück mit Öl- und Zitrusbäumen, Zugang zum Ufer (ca. 200 m), Pool. Via del Capo 41, ✆ 081/8073579, 📠 8073590, www.santafortunata.com.

Essen & Trinken/Unterhaltung

Die bekanntesten Sorrentiner Spezialitäten sind *gnocchi alla sorrentina* (Gnocchi mit Tomaten-Käse-Sauce) und der leckere *Limoncello* (Zitronenlikör). Das Preisniveau der Restaurants ist relativ hoch.

Il Buco, Gewölbelokal mit kreativer lokaler Küche, an der Treppe, die zur Marina Piccola hinunterführt, nicht weit von der Piazza Tasso. Menü ab ca. 60 €. Ein Michelinstern! Mi geschl. Seconda Rampa Marina Piccola 5, ✆ 081/8782354.

L'Antica Trattoria, zentral in der Altstadt, gemütlich nach Urlaubergeschmack aufgemacht, zur Straße hin kleine Terrasse mit Korblampen, regionale und italienische Spezialitäten, gehobene Preise, Menü ca. 50 €. Mo geschl. Via Padre Reginaldo Giuliani 33, ✆ 081/8071082.

Sant'Antonino, populäres Gartenlokal in der Altstadt. Riesenauswahl, preislich im Rahmen. Via Santa Maria delle Grazie 6, ✆ 081/8771200.

Da Gigino, mitten in der Altstadt, gemütlich und beliebt, früh kommen, um einen Platz zu ergattern, prima Pizza. Juni bis Sept. tägl., sonst Di geschl. Via degli Archi 15, ✆ 081/8781927.

Giardiniello, uriges Gartenlokal mit echter Napoli-Stimmung, nicht auf schick getrimmt. Offener Wein und angenehm lockere Stimmung, Preise günstig. Juni bis Sept. tägl., sonst Do geschl. Via Accademia 7, ✆ 081/8784616.

TIPP! **Da Emilia**, alteingesessene Hafentrattoria in Marina Grande. Nette, familiäre

Bewirtung durch die Tochter der mittlerweile verstorbenen Emilia Di geschl. Marina Grande, ✆ 081/8072720.

• *Unterhaltung* **Fauno Bar**, Piazza Tasso, im Zentrum des Trubels, allabendlich bis auf den letzten Platz besetzt, jeder lässt sich hier mal sehen. Angeschlossen ist der Nachtclub **Fauno Notte Club**, wo auch die Tarantella getanzt wird (✆ 081/8781021, www.tarantellashow.it).

The Club, eine riesige Amüsiermaschine auf 2000 qm und sieben Ebenen, an der Steiluferseite der Piazza Tasso gelegen. Wechselndes Outfit, mit Bar, Lounge, Pianobar, Disco und Überraschungsevents.

Circolo dei Forestieri, herrliche Lage über der Steilküste, große Terrasse, Snacks und Getränke, nicht teuer. Häufig Musikveranstaltungen, eher für ältere Gäste. Via Luigi de Maio 35, unterhalb der Piazza Sant'Antonio.

The English Inn, einer der beliebtesten Pubs, mit Open-Air-Tanzfläche. Corso Italia 55.

Diverses

• *Shopping* In den engen Gassen von Sorrento gibt es traditionel viele **Antiquitäten-** und **Kunsthandwerksläden** sowie **Kunsttischlereien** mit teils interessanten Intarsienarbeiten.

Den berühmten Limoncello von Sorrento erhält man in bester Qualität z. B. bei **Piemme**, dazu Erdbeer-, Pfirsich- und Orangenlikör (Sant'Agnello, Corso Italia 374).

• *Baden* Die Möglichkeiten sind eher bescheiden. An der **Marina Grande** befinden sich einige gebührenpflichtige Bagni, nördlich von Sorrento liegt der beliebte Sandstrand von **Meta**. Reizvoller ist ein Ausflug zur **Punta del Capo** westlich von Sorrento – Bus ab Piazza Tasso, dann 10 Min. zu Fuß hinunter zu den Ruinen der römischen **Villa di Pollio Felix** am Meer mit malerischer Felsszenerie

Sehenswertes: Die Sehenswürdigkeiten Sorrentos sind nicht zahlreich. Der mehrfach umgebaute Dom *Filippo e Giacomo* am Corso Italia ist nichtssagend, mitten im Centro storico findet man aber den hübschen *Sedile Dominova*, die mit Fresken ausgemalte Loggia der Stadtregierung aus dem 15. Jh., heute ein beliebter Treffpunkt der Einheimischen zum Kartenspielen und Plaudern. Vom Stadtpark *Villa Comunale*, oberhalb der Marina Grande, genießt man herrliche Ausblicke auf die Küste und das Meer. In der Nähe stehen die ehemalige Klosterkirche *Chiesa di San Francesco* mit schönem Kreuzgang und die unscheinbare *Casa del Tasso*, in der 1544 der Dichter *Torquato Tasso* geboren wurde. Eine historische Villa am östlichen Ortsrand beherbergt das *Museo Correale di Terranova* mit archäologischen Stücken, historischen Möbeln, Intarsienarbeiten, Majolika- und Porzellanarbeiten, sowie Gemälden. Hinter dem Museum liegt der schwindelerregende Aussichtspunkt *Belvedere*.

Öffnungszeiten/Eintritt **Museo Correale di Terranova**, Mi–Mo 9–14 Uhr, Di geschl., Eintritt ca. 7 €.

Kampanien
Karte S. 898/899

Von Sorrento zur Amalfi-Küste

Eine höchst eindrucksvolle Fahrt – kurz nach dem westlichen Ortsausgang beginnt eine kurvige Straße quer über den steilen Sorrentiner Bergrücken zur Südseite, vorbei an *Sant'Agata*. Hinter *Colli di Fontanelle* und *San Pietro* öffnet sich dann ein spektakuläres Küstenpanorama, hier beginnt die „Amalfitana", die spektakuläre Straße entlang der Amalfi-Küste. Eine besonders schöne Badestelle ist die abgelegene *Marina del Cantone* an der Spitze der Sorrentiner Halbinsel (Busverbindung mit Umsteigen ab Sorrento). An Wochenenden wird es zwar sehr voll, sonst ist es aber recht ruhig, man kann in mehreren Hotels und auf dem Camping „Nettuno" unterkommen (April bis Okt., ✆ 081/8081051, ✆ 8081706, www.villaggionettuno.it).

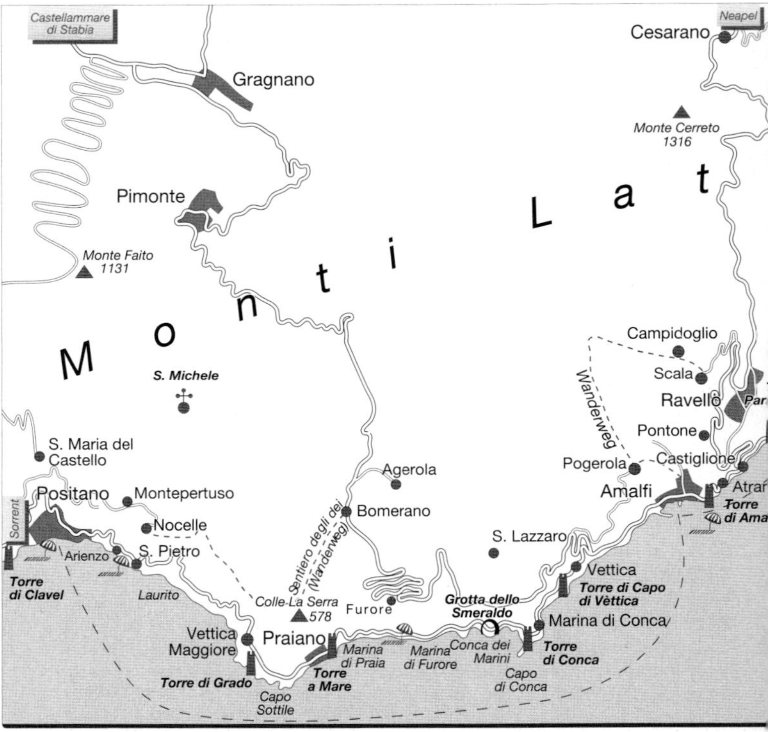

Amalfi-Küste

Costiera Amalfitana

Wild zerklüftete Steilküste mit üppigster, teilweise tropisch anmutender Vegetation. Schroffe Berghänge, überzogen von kräftig grünen Pinien, Zypressen, Blumen- und Weingärten. Kleine Städtchen in Nischen gedrängt und stufenförmig übereinander gestaffelt. Weiße und pastellfarbene Hausfronten dicht an dicht und durch enge Treppenwege verbunden, davor schaukelnde Fischerboote und das leuchtend blaue Meer ...

Die Amalfi-Küste – 1997 von der UNESCO als Weltkulturerbe deklariert – ist für viele der Inbegriff des Südens und zweifellos eine der großartigsten Küstenlandschaften Italiens – noch immer, trotz erheblichem Besucherstrom, der schon im 19. Jh. massiv einsetzte. Positano und Amalfi sind weltbekannte Urlaubsorte, doch die Unwegsamkeit und Steilheit der Felsen verhinderte bisher die völlige Erschließung der *Costiera Amalfitana* – an einigen Stellen fällt das Gebirge fast senkrecht 700 m zum Meer ab. Bis auf wenige Fischerdörfer und Städtchen fehlt die Bebauung weitgehend, nur gelegentlich kleben Bauernhöfe, Villen und Luxushotels an den Steilhängen. Eine extrem schmale Straße ist in 30–150 m Höhe in die Felsen gesprengt und führt um die ganze Südseite der Halbinsel herum. Egal mit welchem Transportmittel, die Fahrt ist abenteuerlich – vor allem in der

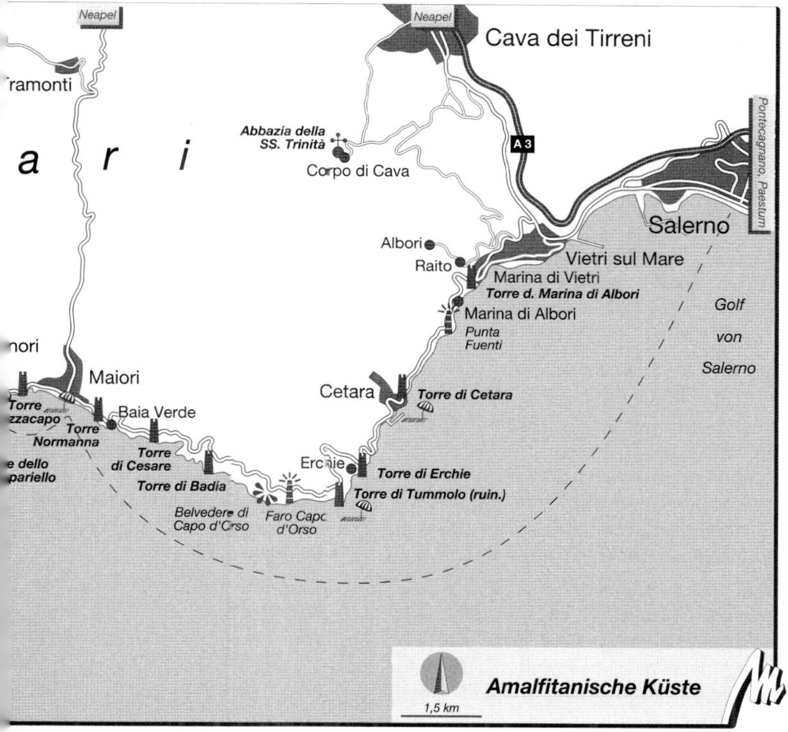

warmen Jahreshälfte und an Wochenenden herrscht extremer Ausflugsverkehr, Busse rangieren in Millimeterarbeit durch die Kurven, Pkw müssen oft zurückstoßen bzw. warten, weil die riesigen Pullmans die Straße völlig ausfüllen. Seit 2007 ist das Befahren für Wohnmobile und Camping-Gespanne verboten, die früher immer mal wieder stecken blieben und den gesamten Verkehr blockierten. In den Städten gibt es kaum Parkplätze und die Ausfallstraßen sind in beiden Richtungen über mehrere Kilometer mit parkenden Pkw zugepflastert. Wer halten will, muss weit zu Fuß gehen, um in den Ortskern vorzustoßen. Doch die Strapaze lohnt – überall prachtvolle Vegetation und herrliche Ausblicke auf die Steilküste, es geht hoch über Talbrücken und Galerien, durch Weinberge und Zitronenplantagen, je nach Tageszeit ein tolles Spiel von Sonnenlicht, Farben und Schatten.

Für den Badeurlaub ist die Amalfiküste eher ungeeignet, denn Strände sind rar gesät. In den Orten liegen meist kleine Buchten mit grauem Sand oder Kies, nur stellenweise gibt es längere Strände, die dann hoffnungslos überfüllt sind. Interessant sind dagegen die Abstecher nach oben: In den steilen Tälern, die zu einer Hochebene hinaufführen, kleben die Bauernhäuser zwischen Weinfeldern praktisch am Abhang. Die kleinen, von der Moderne vergessenen Orte haben mit dem mondänen Treiben an der Küste nichts zu tun– zu erleben z. B. bei Aufstiegen auf uralten Treppenwegen von Positano und Amalfi.

Kampanien
Karte S. 898/899

• *Anfahrt/Verbindungen* **Pkw**, Zufahrt zur Amalfi-Küste entweder ab Sorrento oder ab Autobahn A 3, Ausfahrt Vietri bei Salerno. Die Fahrt ab Sorrento hat den Vorteil, dass man auf der meerzugewandten Seite der Straße fährt, was bei der extrem steilen Küste von Vorteil ist, zumindest für den Beifahrer. Nur gut ausgeruht und vorausschauend fahren, vor allem bei Kurven und bei unübersichtlichen Stellen hupen.

Bahn/Bus, mit der Bahn bis **Salerno** oder mit der Circumvesuviana bis **Sorrento**. Weiter per SITA-Bus die Amalfiküste entlang, häufige Verbindungen.

• *Übernachten* Von Richard Wagner bis John F. Kennedy, von Sophia Loren bis Humphrey Bogart – alles, was Rang und Namen hatte, stattete der Amalfi-Küste bereits einen Besuch ab. Der Nobeltourismus hat hier lange Tradition und die Preise der Luxusherbergen gehören zu den höchsten im Süden. Daneben gibt es eine Fülle von einfachen und Mittelkasse-Unterkünften, die im Sommer jedoch oft monatelang im Voraus ausgebucht sind, vieles auch durch Reiseveranstalter. Wer spontan unterkommen will, sollte im Frühjahr oder Spätherbst kommen. Wegen der Steilheit des Terrains gibt es keine Campingplätze an der gesamten Küste.

Positano

ca. 4000 Einwohner

Viel bestaunter Höhepunkt der Amalfi-Küste: Wie eine Lawine stürzt Positano die Hänge hinunter, labyrinthisch verschachtelt sind die weißen und pastellfarbenen Häuser treppenförmig in den Talauschnitt gebaut. Für Autos ist hier überhaupt kein Platz, man parkt in großen Parkdecks im oberen Ortsteil und bahnt sich seinen Weg über steile Treppenwege zur Spiaggia im Zentrum des Geschehens – immer dem Menschenstrom nach.

Der untere Ortsbereich zeigt sich als fast arabisch anmutendes Gewirr von Gässchen, die man jedoch im Wald von Boutiquen nahezu nicht mehr sieht – der Kommerz nimmt Positano ein wenig von seiner natürlichen Anmut, schafft aber auch eine „mondäne" Atmosphäre: Sehen und Gesehen werden heißt die Devise. Das schlägt sich selbstverständlich auf Angebot und Preise nieder: In Positano kann man Luxusurlaub vom Feinsten machen – jedoch nur mit mindestens halbjährlicher Vorbestellung. Für einen Badeaufenthalt ist Positano nur bedingt geeignet, der kiesige, graue Ortsstrand *Spiaggia Grande* ist nicht allzu groß, weitgehend kostenpflichtig und zur Hälfte mit Booten belegt. Ein Weg führt an der pinienbestandenen Steilküste entlang nach Westen zur *Spiaggia del Fornillo.*

Wen die zahllosen schweißtreibenden Treppenwege noch nicht befriedigen, der kann durch den schlichten und weitgehend touristenfreien oberen Ortsteil hinauf zum Aussichtspunkt *Belvedere* steigen, ins Bergdorf *Montepertuso* oder bis zum Dörfchen *Santa Maria del Castello.* Die spektakulären Ausblicke lassen die Strapazen bald vergessen.

Anfahrt/Verbindungen/Information

• *Anfahrt/Verbindungen* Für **Pkw** gibt es ein gutes halbes Dutzend Parkdecks entlang der kurvigen Straße ins Zentrum hinunter. Nach dem Parken lässt man seinen Schlüssel stecken, wenn ein Fahrzeug nämlich raus will, bugsieren Rangierkünstler alle im Weg stehenden Autos zur Seite.

SITA-Busse halten oben an der Durchgangsstraße, nach unten geht es über endlose Treppen zu Fuß oder mit dem kleinen, orangefarbenen **Ortsbus**, der auf einem Rundkurs alle Ortsteile miteinander verbindet und auch in die höher gelegenen Ortsteile fährt (alle 30 Min.).

Fähren gehen mehrmals tägl. nach Amalfi, Capri und Salerno.

• *Information* **AAST**, zu Füßen der Kirchentreppe, in Strandnähe. Mehrsprachig, Hilfe bei der Suche nach Privatzimmern. Im Sommer Mo–Sa 8.30–14 Uhr, in der HS auch 15–20 Uhr, So geschl. Via del Saracino 4, ✆ 089/875067, 📠 875760, www.aziendaturismopositano.it.

Übernachten

Große Auswahl an Luxusherbergen, familiär geführten Pensionen, Apartments, Privatzimmern und B&Bs. Unbedingt rechtzeitig reservieren, vor allem im Juli/August ist alles weit im Voraus ausgebucht. Besonders die Hotels mit angeschlossenem Restaurant bestehen gern auf Halbpension.

*** **Casa Albertina**, herrliche Lage am Hang oberhalb der Spiaggia del Fornillo, über die lange Treppe „Scalinatella" zu erreichen (kein Auto). Komfortable Zimmer, meist mit Balkon und herrlichem Blick, mehrere Sonnenterrassen, vom italienischen Besitzer mit deutscher Gattin freundlich geführt. DZ mit Meerblick ca. 140–240 €, ohne Blick ca. 120–170 €. Via della Tavolozza 4, ✆ 089/875143, 📠 811540, www.casalbertina.it

*** **Pupetto**, prima Lage direkt an der Spiaggia del Fornillo, einfache Zimmer mit Meerblick, unten großes Restaurant mit Terrasse. Preise wegen der Lage deutlich gehoben, DZ mit Frühstück ca. 130–170 €, Superior bis 220 €. Via Fornillo 37, ✆ 089/875087, 📠 811517, www.hotelpupetto.it.

** **Le Sirene**, kleine Strandpension in der Bucht von Laurito, tolle Lage, zu erreichen von der Küstenstraße in Richtung Amalfi. Nur im Sommer geöffnet. Bootsservice nach Positano. DZ ca. 100–180 €. ✆ 089/875490, www.lesirenepositano.com.

* **Maria Luisa**, einfache Pension, vom Busstopp aus beschildert, der nette Besitzer Giovanni Carlo spricht Deutsch, Terrasse mit schönem Blick. DZ mit Terrasse ca. 80–85 €, ohne ca. 70 €, Frühstück extra. Via Fornillo 40, ✆/📠 089/875023, www.pensionemarialuisa.com.

* **Casa Guadagno**, gleich in der Nähe, sieben Zimmer, alle mit Meerblick, beliebter Travellertipp. DZ mit Frühstück ca. 60–130 €. Via Fornillo 36, ✆ 089/875042, 📠 811407, www.pensionecasaguadagno.it.

Ostello Brikette, etwa 150 m oberhalb der Busstation, nettes, privat geführtes Hostel mit herrlichem Blick auf Positano und das Meer. Platz im Schlafsaal ca. 22–25 €, auch einige DZ gibt es (mit Bad ab ca. 75 €, ohne ab 65 €). Frühstück ca. 3–5 €. Via Giuseppe Marconi 358, ✆/📠 089/875857, www.brikette.com.

Die Amalfi-Küste

Kampanien
Karte S. 898/899

Essen & Trinken

Brennpunkt des Geschehens ist natürlich der Ortsstrand Spiaggia Grande. Hervorragende Fischküche und fröhliche Stimmung erlebt man im beliebten **La Cambusa** (kein Ruhetag), aber auch das nahe **Chez Black** genießt einen guten Ruf (kein Ruhetag). Die Preise sind allerdings sehr gehoben.

Osteria O'Capurale, nur wenige Schritte vom Strand entfernt sitzt man bei etwas günstigeren Preisen an der Gasse, die zum Strand hinunterführt. Via Regina Giovanna 12, ✆ 089/811188.

Lo Guarracino, Terrassenlokal am Uferweg zur Spiaggia del Fornillo, schöner Meerblick, auch Pizza, mittlere Preise. Di geschl. ✆ 089/875794.

Pupetto, Hotelrestaurant am Fornillo-Strand, große Speiseterrasse, freundliche Bedienung, Preise im Rahmen (→ Übernachten).

Valle dei Mulini, am Talgrund landeinwärts der Spiaggia Grande, grün überwucherte Terrasse, Meeresspezialitäten und Pizza. Via Vecchia 5, ✆ 089/875232.

Da Vincenzo, geräumiges Ristorante an der Ortsdurchgangsstraße, eine echte Alternative zu den Fischlokalen an der Uferpromenade, gute amalfitanische Küche und ein Stück günstiger als am Meer unten. Viale Pasitea 178 (an der Hauptstraße), ✆ 089/875128.

• *Außerhalb* **Il Ritrovo**, beliebtes Ausflugslokal an der Piazzetta des Bergdorfs Montepertuso, Gemüse aus eigenem Anbau, leckere Meeresküche, mittlere Preise. Im Sommer tägl. geöffnet, sonst Mi geschl. ✆ 089/812005.

TIPP! **La Tagliata**, bei Luigi an der Straße von Montepertuso nach Nocelle isst man in einfachem und unverfälschtem Ambiente Gerichte vom Holzkohlengrill. Do geschl. ✆ 089/875872.

Praiano: weiträumiger Villenort ohne festen Kern am Berghang, ruhiger und nicht so überlaufen wie Positano oder Amalfi, deshalb auch preiswerter. Kirche mit herrlicher Majolikakuppel und schönem Bronzetor, der kleine steinige Strand tief darunter ist auf langem beschwerlichem Weg zu erreichen. In der steilwandigen Bucht *Marina di Praia* liegt in zwei Höhlen die an der ganzen Küste beliebte Diskothek „Africana", wo man auf Glasböden über dem Meer tanzt (Mai bis Sept. jeden Sa, in der Hauptsaison tägl. geöffnet, Eintritt ca. 20–30 €).

Am Weg nach Amalfi passiert man auf einer Brücke die extrem steile Schlucht *Vallone di Furore*, von der sarazenische Seeräuber einst ihre Opfer gestürzt haben sollen, deren Familien das geforderte Lösegeld nicht aufbringen konnten: Über eine Treppe kann man hinuntersteigen zum winzigen Kiesstrand, wo sich ein jüngst eingerichtetes *Ecomuseo* befindet (Mitte Mai bis Mitte Sept.). Es informiert über die Zeit, als die Papiermühlen im Vallone di Furore noch aktiv waren. Landeinwärts kann man die Schlucht entlanglaufen.

• *Übernachten* *** **Onda Verde**, schöne und ruhig gelegene Anlage oberhalb der Badebucht Marina di Praia, die Zimmer verteilen sich in Villen entlang des Steilhangs, großteils mit Meerblick. Hoteleigenes Parkdeck an der Küstenstraße, Fahrstuhl zur Rezeption, Panoramarestaurant, freundlicher Service. DZ mit Frühstück ca. 100–250 €. ✆ 089/874143, ℻ 8131049, www.ondaverde.it.

* **La Conchiglia**, einfache Pension, bescheidener, weißer Flachbau in Marina di Praia, ganzjährig geöffnet. Acht DZ mit Meerblick und Klimaanlage. Schräg gegenüber das gleichnamige Ristorante, herzhafte Hausmannskost, ehrliche Preise. DZ mit Frühstück ca. 60–100 €. Via Lamberti 1, ✆/℻ 089/874313, www.laconchigliapraiano.it.

Grotta dello Smeraldo: große, grün schimmernde Meeresgrotte 6 km westlich von Amalfi bei *Conca dei Marini*, von der Straße per Aufzug zu erreichen, mit einem Boot wird man hineingefahren. Zwischen 12 und 14 Uhr ist das Licht am intensivsten.

Öffnungszeiten/Eintritt tägl. 9–16 Uhr, Eintritt ca. 5 €.

Amalfi

ca. 5600 Einwohner

Die älteste der vier historischen Seerepubliken Italiens (neben Pisa, Genua und Venedig). Nach prosperierendem Beginn im frühen Mittelalter vernichtete im 14. Jh. ein See- und Erdbeben einen Großteil der Stadt samt Hafen – damit war der Aufstieg jäh gestoppt. Heute ist Amalfi wie Positano ein weltbekannter Urlaubsort, im Gegensatz dazu jedoch mit eher städtischer Atmosphäre. Am Ausgang eines engen Tals staffeln sich die Häuser hoch übereinander, davor eine große stimmungsvolle Piazza, wiederum davor Sandstrand, Promenade und Hafen. Im Ortskern extrem enge Gässchen und Treppen, teilweise überwölbt und fast alles in Weiß gehalten.

Die Piazza Duomo ist ein Schmuckstück, überragt von einem dem heiligen Andreas geweihten *Dom* mit prachtvoller, schwarz-weiß gestreifter Marmorfassade im verspielten normannisch-arabischen Stil. Der ursprünglich aus dem 9. Jh. stammende Kirchenbau wurde im 19. Jh. durch einen Erdrutsch zerstört, nach Originalplänen aber wieder aufgebaut. Eine Freitreppe führt hinauf zur schattigen Loggia mit Bogenfenstern, durch ein im 11. Jh. in Konstantinopel gefertigtes Bronzetor (noch original erhalten) betritt man den barocken Innenraum mit kunstvollen Marmorpfeilern, vergoldeter Decke und Gemälden. Am linken Ende der Loggia der orientalisch anmutende Kreuzgang *Chiostro del Paradiso* mit Zwillingssäulen und gotischen Arkaden, von dort Zutritt zum modernen *Kirchenmuseum* und zur verschwenderisch ausgestatteten *Krypta*.

Piazza Duomo, der schöne zentrale Platz in Amalfi

An der Uferstraße kann man die großen, alten *Arsenale* besuchen, in denen früher die Schiffe der Seerepublik gebaut wurden. Heute finden hier gelegentlich Ausstellungen statt. Amalfi war im Mittelalter aber auch führend in der Papierherstellung: Im *Valle dei Mulini* wird noch eine historische Papiermühle (Cartiera) betrieben, angeblich die älteste Italiens (beschildert). Im nahe gelegenen *Museo della Carta*, ebenfalls eine Papiermühle, werden Geschichte und Herstellung des Büttenpapiers dokumentiert.

Von der Via delle Cartiere kann man beiderseits auf Treppenwegen in etwa 1 Std. in die Dörfchen *Pontone* und *Pogerola* hinaufsteigen – das Richtige, um dem Rummel am Meer zu entkommen.

Anfahrt/Verbindungen/Information/Öffnungszeiten

• *Anfahrt/Verbindungen* Kurzparker finden an der **Hafenpiazza** gebührenpflichtige Parkplätze (ca. 3 € pro Std.). In der HS wird außerdem in endlosen Schlangen an der Küstenstraße geparkt, wo man allerdings einen Strafzettel riskiert.

SITA-Busse halten am großen Platz am Meer, Piazza Flavio Gioia.

Fähren gehen mehrmals täglich nach Capri, außerdem gibt es Ausflugsboote zur Grotta dello Smeraldo.

• *Information* **AAST**, an der Durchgangsstraße, wenige Meter vom zentralen Platz. Mo–Sa 9–13, 15–18 Uhr, So geschl. Corso delle Repubbliche Marinare 19, ✆/℻ 089/871107, www.amalfitouristoffice.it.

• *Öffnungszeiten/Eintritt* **Chiostro del Paradiso**, **Museum** und **Krypta**, tägl. 9–19 Uhr, Eintritt 3 € (der Dom ist vom Kreuzgang aus zugänglich).

Museo della Carta, tägl. 10–18.30 Uhr, Eintritt ca. 4 €.

Arsenale, tägl. 9.30–12.30, 16–19 Uhr, Eintritt frei.

Übernachten

*** **Amalfi**, vom Domplatz die Hauptstraße nach hinten und linker Hand eine Treppe hinauf. Gepflegtes Haus mit ordentlichen Zimmern und Dachterrasse. DZ mit Frühstück ca. 80–170 €. Via dei Pastai 3, ✆ 089/872440, 872250, www.hamalfi.it.

Villa Lara, stattliche Villa am Eingang zum Mühlental, toller Blick auf Amalfi, ruhige Randlage im Grünen, geschmackvoll eingerichtete Zimmer, kein Restaurant. DZ mit Frühstück ca. 90–195 €. Via delle Cartiere 1, ✆ 089/8736358, ℻ 9830119, www.villalara.it.

** **La Conchiglia**, am Westende des Lungomare dei Cavalieri direkt am Strand, hübsche Pension mit Meerblick, 5 Min. ins Zentrum. DZ ca. 90–106 € incl. Parkplatz, Frühstück 7 €, zwei Strandliegen und Sonnenschirm 10 €/Tag. Piazzale dei Protontini 9, ✆/℻ 089/871856, www.amalfihotelconchiglia.it.

** **Sant'Andrea**, ganz zentrale Lage direkt am Hauptplatz, Eingang in einem Seitengässchen. DZ ca. 70–80 €, Frühstück extra. ✆ 089/871145, www.albergosantandrea.it.

Essen & Trinken/Shopping

Da Baracca, einfache Trattoria an der kleinen Piazza dei Dogi, freundlicher Familienbetrieb, preislich im Rahmen. Menü ca. 30–40 €. ✆ 089/871285.

Da Gemma, Altstadtrestaurant mit Tradition und seit Jahrzehnten ein Tipp für gehobene Ansprüche. Lauschige Terrasse oberhalb der Altstadtgasse, drinnen historische Fotos von Amalfi. Wenige, aber spezielle Gerichte regionaler Tradition, hausgemachte Pasta und Fisch. Menü ca. 50 €. Mi geschl. Via Frà Gerardo Sasso 11, ✆ 089/871345.

Il Teatro, etwas versteckt im hinteren Teil der Altstadt gelegen. Schlichtes Ambiente, tadellose Hausmannskost, auch Pizza, moderate Preise. Via E. Marini 19, ✆ 089/872473.

Da Meme, stimmungsvolle Trattoria in den Sakralräumen des ehemaligen Klosters San Nicola, wenige Außenplätze, auch Pizza. Menü 30–40 €. Salita Marino Sebaste 8, ✆ 089/8304549.

TIPP! Il Mulino, ganz hinten in der Nähe der Papiermühle. Bei Einheimischen beliebt, deftige Hausmannskost und Pizza, günstig. ✆ 089/872223.

• *Shopping* Zahlreiche Geschäfte mit kulinarischen Spezialitäten säumen die Hauptgasse, die das Tal entlang landeinwärts führt.

Antichi Sapori d'Amalfi, Familienbetrieb an der Piazza Duomo 39, winziger Laden voller Limoncello-Flaschen aller Art und Größe.

La Regatta Storica: Die Regatta der vier historischen Stadtrepubliken, ein großes Spektakel mit Paraden, farbenprächtigen Kostümen und historischen Schiffen findet alle vier Jahre im Wechsel in Venedig, Pisa, Genua und Amalfi statt. Der nächste Termin in Amalfi ist der erste Sonntag im Juni 2012.

Atrani: idyllisches Örtchen zehn Fußminuten östlich von Amalfi, der Glockenturm mit dem farbigen Majolikadach ist sein weithin sichtbares Wahrzeichen. Die Häuser sind z. T. in die Arkaden der großen Autobrücke hineingebaut, durch einen Torbogen erreicht man die kleine, anmutige *Piazza Umberto I* mit mehreren Freiluftbars. Von dort staffelt sich die Ortschaft steil das Tal hinauf. Vor dem Zentrum bescheidener, dunkler Ortsstrand mit Fischerbooten.

• *Übernachten* **A'Scalinatella**, direkt an der zentralen Piazza Umberto I. Das wie ein Hostel geführte Haus hat DZ und Mehrbettzimmer ab ca. 35 bzw. 25 € pro Pers. Ganzjährig geöffnet, keine Altersbeschränkung, Waschmaschine. ✆ 089/871492, ℻ 871930, www.hostelscalinatella.com.

• *Essen & Trinken* **TIPP! A'Paranza**, landeinwärts der Piazza Umberto I, beliebte Trattoria mit guter Meeresküche und hausgemachten Nudeln. Di geschl., im Sommer tägl. geöffnet. Traversa Dragone 1, ✆ 089/871840.

Ravello

ca. 2500 Einwohner

In bestechender Lage 365 m hoch über Amalfi, eine endlose Serpentinenstraße windet sich hinauf. An den steilen Hängen überall intensiver Anbau von Wein, der als bester der Halbinsel gilt.

Das stilvolle Bergstädtchen zeigt sich nach dem Rummel in Amalfi erholsam ruhig und hübsch zum Bummeln, wenngleich auch hier mittlerweile ständig Reisebusse ihre Passagiere ausladen. Der romanische *Dom* am Hauptplatz ist äußerlich wenig bemerkenswert, besitzt aber berühmte Bronzetüren aus dem 12. Jh. mit großartigen, kassettenartig angeordneten Basreliefs. Im Inneren eine mosaikgeschmückte Kanzel auf sechs gedrehten Säulen, die von Löwen getragen werden, kleines, gut bestücktes Museum in der Krypta rechts unter dem Hauptschiff.

Ravello war seit dem Mittelalter ein bevorzugter Wohnort begüterter Adelsfamilien und ist berühmt für seine prächtigen Wohnpaläste und ausgedehnten Gartenanlagen. So spielt in der zentral gelegenen *Villa Rufolo* eine Erzählung des „Decamerone" von Boccaccio, später ließ sich hier Richard Wagner für das Motiv zu „Klingsors Garten" seiner Oper Parsival inspirieren. Man kann die Anlage direkt vom Hauptplatz durch einen mittelalterlichen Turm betreten, im Park steht ein halb überwachsener Palast im arabisch-sizilianischen Stil, der Innenhof prunkt mit orientalisch verschlungenen Arkadenverzierungen. Von den üppigen Terrassenanlagen hat man einen herrlichen Blick die Küste hinunter und auf's Meer.

Die *Villa Cimbrone* liegt an der äußersten Spitze des Bergrückens von Ravello, ca. 10-minütiger schöner Spaziergang von der Piazza Vescovado (rechts neben Villa Rufolo hinein). Die gotisch anmutende Villa stammt vom Anfang des 20. Jh. und wird als Luxushotel genutzt, Hillary Clinton war hier vor einigen Jahren zu Gast. Bis auf einen mittelalterlichen Kreuzgang kann sie nicht besichtigt werden, durch den sorgfältig arrangierten Park mit seinen hübschen Tempeln, Statuen, Säulen und Brunnen (im 19. Jh. von britischen Architekten angelegt) kommt man aber zum spektakulären Aussichtspunkt *Terrazza dell'Infinito* (Terrasse des Unendlichen) mit großartigem Blick über den Golf von Salerno.

Traumhafte Atmosphäre herrscht alljährlich von Ende Juni bis Ende September bei den Konzerten des klassischen **Festivale musicale di Ravello** in den Gärten der Villa Rufolo sowie auf anderen Freilichtbühnen. Auskünfte und Tickets bei Fondazione Ravello (✆ 089/858360, ℻ 8586278, www.ravellofestival.com) bzw. im AAST-Infobüro.

Kampanien Karte S. 898/899

• *Anfahrt/Verbindungen* Busse ab Amalfi fahren etwa stündlich ab Piazza Flavio Gioia. Gebührenpflichtig parken kann man an der Zufahrtsstraße und auf dem Domplatz.

• *Information* **AAST**, in der Nähe des Doms (ausgeschildert), tägl. 9–20 Uhr, im Winter 9–17 Uhr. Via Roma 18 bis, ✆ 089/857096, 📠 857977, www.ravellotime.it.

• *Öffnungszeiten/Eintritt* **Dommuseum**, tägl. 9–12, 17–19 Uhr, Eintritt ca. 2 €.

Villa Rufolo, tägl. 9–20 Uhr, Eintritt ca. 5 €.

Villa Cimbrone, tägl. 9 Uhr bis 1 Std. vor Sonnenuntergang, Eintritt ca. 6 €.

• *Übernachten* Ravello ist traditionelles Refugium von Prominenten mit einigen Luxusherbergen, allen voran das

***** **Palumbo**, ein arabisch anmutender Palazzo aus dem 12. Jh., der u. a. schon Richard Wagner, Edvard Grieg, Humphrey Bogart, Greta Garbo, Romy Schneider und John F. Kennedy beherbergt hat. DZ mit Frühstück ab ca. 400 €. Via San Giovanni del Toro 16, ✆ 089/857244, 📠 8586084, www.hotelpalumbo.it.

*** **Parsifal**, etwas außerhalb vom Zentrum, ehemaliges Augustinerkloster mit Kreuzgang, heute geschmackvoll ausgestattet, herrlicher Blick, schöne Terrassen, Panoramarestaurant. DZ mit Frühstück ca. 100–130 €, im Sommer Pensionspflicht. Via G. D'Anna 5, ✆ 089/857144, 📠 857972, www.hotelparsifal.com.

*** **Garden**, direkt neben der Villa Rufolo mit denselben Vorzügen der Lage, herrlicher Blick. Nur zehn Zimmer, gut ausgestattet mit Balkon. Unten verglastes Restaurant mit Panoramaterrasse, gute lokale Küche. DZ mit Frühstück ca. 130 €. Via Boccaccio 4, ✆ 089/857226, 📠 858110, www.hotelgardenravello.it.

*** **Villa Amore**, am Weg zur Villa Cimbrone, freundlich geführtes Albergo mit Restaurant, perfektem Blick und sehr ruhiger Lage. DZ mit Frühstück ca. 95–105 €. Via dei Fusco 5, ✆/📠 089/857135, www.villaamore.it.

*** **Toro**, wenige Schritte von der Piazza, alte Villa in zentraler Lage, ruhig, mit nettem Garten. DZ ca. 120 €. Via Roma 16, ✆ 089/857211, 📠 858592, www.hoteltoro.it.

Agriturismo Monte Brusara, kleiner Bauernhof ca. 3 km außerhalb in Richtung Valico di Chiunzi (ausgeschildert), viel Ruhe, viel Grün. Nur zwei Zimmer, bodenständige Küche. Man spricht Deutsch! DZ mit Frühstück ca. 80 €. Via Monte Brusara 32, ✆ 089/857467, www.montebrusara.com.

• *Essen & Trinken* **TIPP!** **Cumpà Cosimo**, enge Gasse, die vom Hauptplatz abzweigt. Alteingesessene Trattoria (seit 1929 in Familienbesitz), deren authentische Küche durch die Touristen bisher nicht angekratzt wurde. Gerichte nach alter Tradition, handgemachte Nudeln, Grillfleisch und Fisch, *crespelle* und offener Ravello-Wein. Menü um die 25–30 €. Mo geschl. Via Roma 42, ✆ 089/857156.

Da Salvatore, außerhalb des Zentrums, Nähe Tunnelausgang, herrliche Panoramalage, gemütliche Speiseterrasse, freundliche Wirtsfamilie. Raffinierte *Cucina terra e mare* mit Akzent auf Fisch, auch Pizza. Menü ca. 30 €. Via della Repubblica 2, ✆ 089/857227.

Von Amalfi bis Salerno

Im hübschen *Minori* kann man am westlichen Ortseingang die Ausgrabungen einer römischen Villa besichtigen. Vor der schattigen Strandpromenade mit hohen Dattelpalmen erstreckt sich ein grauer Sand-Kies-Strand.

Der historische Ortskern von *Maiori* wurde 1954 durch Hochwasser des Flusses Reginna fast völlig zerstört, heute dominieren stereotype Hotelkästen.

Ein Stopp lohnt im sympathischen Küstenort *Cetara* mit kleinem Kiesstrand. Es gibt kaum Touristen und nur ein Hotel, Ferienwohnungen vermietet „Cetour" (www.cetour.it).

Vietri sul Mare ist berühmt für seine Keramikproduktion, die man an der gesamten Amalfi-Küste findet. In den engen Gassen der Altstadt schmücken überall fantasievolle und motivreiche Kachelbilder die Fassaden der Werkstätten, Läden und Wohnhäuser. Ein großes Museum kann im benachbarten *Raito* besichtigt werden. Ebenfalls reizvoll ist ein Abstecher ins Hinterland zur nahen Benediktinerabtei *Abbazia della Santissima Trinità di Cava* bei Cava dei Tirreni.

• *Öffnungszeiten/Eintritt* **Römische Villa**, tägl. von 9 Uhr bis 1 Std. vor Sonnenuntergang, Eintritt frei. **Keramikmuseum Raito**, Di–Sa 8–13.15, 14–15 Uhr, Eintritt frei. Abbazia della Santissima Trinità di Cava, Mo–Sa 9–12 Uhr, Eintritt ca. 3 €.

Salerno

ca. 150.000 Einwohner

Großstadt mit süditalienischem Temperament, die krasse architektonische Gegensätze vereint: Die uniforme Neustadt erstreckt sich an der kilometerlangen Uferpromenade, dahinter zieht sich die verwinkelte mittelalterliche Altstadt den Stadthang hinauf, überragt vom prächtigen romanisch-normannischen Dom San Matteo und beherrscht vom wuchtigen Castello di Arechi.

Die betriebsame süditalienische Großstadt im gleichnamigen Golf wurde bei der Landung der Alliierten 1943 stark zerstört, das Erdbeben von 1980 verursachte ebenfalls schwere Schäden. Doch mit einer klugen Sanierungspolitik gelang es der Verwaltung, die Meerseite des kilometerlangen *Lungomare* und den anschließenden Stadtpark *Villa Comunale,* ein Bindeglied zwischen Hafen und Altstadt, fein herauszuputzen. Auch der jahrzehntelang vernachlässigten Altstadt wurde neues Leben eingehaucht, wie die gezielten Sanierungen von Wohn- und Ladengassen, Plätzen und öffentlichen Gebäuden erkennen lassen. Das Nachtleben spiegelt die neue Attraktivität der Stadt wider: Abend für Abend, besonders an den Wochenenden, füllen sich die Plätze der Altstadt und die breite Via Roma mit Menschen, die von Lokal zu Lokal ziehen, nach der neuesten Mode gekleidet – in diesem Ausmaß fast einzigartig im Süden Italiens.

Größte Sehenswürdigkeit ist der normannische *Dom San Matteo* aus dem 12. Jh., damals war Salerno Hauptstadt des Reichs von Robert Guiscard. Zum Bronzetor, das aus Konstantinopel stammt, kommt man durch einen großen, orientalisch anmutenden Hof mit Arkaden, deren Säulen aus Paestum hergebracht wurden. Der Innenraum ist mit byzantinischen Mosaiken ausgeschmückt, in der rechten der drei halbkreisförmigen Apsiden befindet sich die *Cappella della Crociate* (Kapelle der Kreuzritter), in der die normannischen Kreuzritter ihre Waffen segneten. In der prachtvollen *Krypta* liegen die Gebeine des Apostels Matthäus, der als Stadtheiliger San Matteo verehrt wird. Im angeschlossenen *Dommuseum* sind dutzende von Elfenbeintafeln zu sehen, die zu einem großen Altarvorsatz gehörten.

Der Aufstieg über Treppenwege zum restaurierten *Castello di Arechi* am Gipfel des Monte Bonadies (260 m) lohnt wegen des herrlichen Blicks über den gesamten Golf. Im Burgmuseum ist die Entstehungsgeschichte von Castello und Stadt ausführlich dokumentiert.

• Öffnungszeiten/Eintritt **Duomo**, tägl. 7.30–12, 16–19 Uhr. **Museum**, Mo–Fr 9–13 Uhr, Eintritt frei.

Castello di Arechi, tägl. 9–14 Uhr und 16 Uhr bis 1 Std. vor Sonnenuntergang, Eintritt frei.

• Anfahrt/Verbindungen Salerno ist **Bahnknotenpunkt** mit Linien nach Neapel und Paestum, in Richtung Reggio di Calabria, landeinwärts nach Potenza und zum Ionischen Meer (Metaponto, Taranto). Der **Bahnhof** liegt südlich vom Zentrum an der Piazza Vittorio Veneto.

SITA-Busse zur Amalfi-Küste, nach Pompeji und Neapel starten am Bahnhofsplatz.

Tägliche **Fähren** gehen ab Piazza della Concordia nach Amalfi und Positano.

• Information **EPT** vor dem Bahnhof, ✆ 089/231432, www.eptsalerno.it.

AAST, Lungomare Trieste 7/9, Nähe Molo Manfredi. ✆ 089/224916, www.aziendaturismo.sa.it.

• Übernachten *** **Italia**, ideal gelegenes Mittelklassehotel in der Fußgängerzone, Nähe Bhf. Internationaler 3-Sterne-Standard, Garage in der Nähe. Ganzjährig geöffnet. DZ mit Frühstück ab ca. 80 €. Corso Vittorio Emanuele 84, ✆/℻ 089/226653.

* **Santa Lucia**, kleine Pension des gleichnamigen Ristorante, einfache Zimmer, zentrale Lage am Rand der Altstadt im Zentrum des Nachtlebens. DZ mit Frühstück ca. 60 €. Via Roma 184, ✆/℻ 089/225828.

Kampanien
Karte S. 898/899

TIPP! **B&B Villa Avenia**, ruhige Lage Nähe Minerva-Garten, Aufzug von der Piazza d'Aiello. Herrliche Aussicht, idyllischer Hinterhofgarten mit Säulenterrasse, gemütliche Zimmer. DZ mit Frühstück ca. 100 €. Via Torquato Tasso 83 (Via Porta di Ronca 5), ✆ 089/252281, www.villaavenia.com.

TIPP! **Ostello Ave Gratia Plena (IYHF)**, Jugendherberge in einem ehemaligen Kloster, ganz zentral in der Altstadt, Nähe Piazza Amendola, nicht weit vom Dom. Schöne Location, saubere Zimmer, gute Atmosphäre. Übernachtung mit Frühstück im 4- bis 8-Bettzimmer ca. 15–18 €/Pers., im DZ ca. 25,50 €. Bar, Restaurant und Internetpoint vorhanden. Guter Standort für Touren im Golf von Neapel. Via dei Canali, ✆ 089/234776, ✆ 2581874, www.ostellodisalerno.it.

• *Essen & Trinken* **Antica Pizzeria del Vicolo della Neve**, leckere Pizza in einer der ältesten Trattorien der Stadt, auch die übrigen Gerichte sind empfehlenswert. Nur abends geöffnet, Mi geschl. Vicolo della Neve 24, ✆ 089/225705.

Piana di Sele

Unmittelbar südlich der steilen Amalfi-Küste erstreckt sich die riesige Ebene des Flusses Sele. Begrenzt wird sie von einem kilometerlangen Sandstrand, jedoch gibt es einiges an Industrie und mit seinen nichtssagenden Orten ist sie reines Durchgangsgebiet. Ein Muss ist jedoch Paestum am Südende, wie so viele Städte in Unteritalien eine Gründung griechischer Kolonisten.

Paestum

Ein ungewöhnlicher Anblick: Zwei gewaltige griechische Tempel und ein weiterer kleiner thronen auf einem weiten Wiesengelände direkt an der Durchgangsstraße. Generationen von Althistorikern haben hier bereits vor Ehrfurcht ihre Knie gebeugt – die Sakralbauten von Paestum sind die wahrscheinlich schönsten dorischen Tempel Europas und zählen zu den bedeutendsten Überresten griechischer Kultur in Italien. Vom Rest der Stadt ist bis auf eine lange Stadtmauer nur wenig erhalten geblieben.

Paestum, das zunächst Poseidonia hieß, wurde im 7. Jh. v. Chr. von Siedlern aus Sibaris (→ Basilikata) gegründet, im 5. Jh. von den Lukanern erobert und 273 dem Römischen Imperium unter der Bezeichnung Paestum einverleibt. Im 9. Jh. n. Chr. zerstörten Malaria, Überschwemmungen und Sarazenenüberfälle alles Leben und erst im 18. Jh. wurde Paestum beim Bau der Küstenstraße im sumpfigen Gelände wieder entdeckt.

Was nicht jeder weiß, der Paestum besichtigt: 2 km vor den Tempeln erstreckt sich dichte Uferpineta und davor ein schier endloser Sandstrand. Mit Restaurants, Hotels und Campingplätzen ist diese Küstenregion zwar zersiedelt, bietet sich aber vor allem für Camper als ausgezeichneter Standort an, nicht zuletzt wegen der idealen Lage nahe der Amalfi-Küste, Neapel, Ercolaneo, Vesuv und Pompeji – gute Verbindung von Sightseeing und Badeurlaub. Die Zone um Paestum ist allerdings weitgehend ländlich strukturiert und besitzt nur einige bescheidene Siedlungskerne. Ein eigenes Fahrzeug ist sehr nützlich.

• *Anfahrt/Verbindungen* **Pkw**, an der Straße vor den Tempeln gibt es mehrere gebührenpflichtige Parkplätze.

Bahn, Paestum ist ein kleiner, einsamer Bahnhof an der Strecke von Salerno nach Agropoli. Lokalzüge von Salerno stoppen mehrmals tägl., Schnellzüge halten nicht! Vom Bhf. sind es noch ca. 700 m zu den Ausgrabungen, dafür schnurstracks in die gegenüberliegende Porta della Sirena hinein und den Ostteil der alten Stadt durchqueren, der noch vollständig von einer Stadtmauer umgeben ist.

Eindrucksvoll: einer der Tempel von Paestum

Bus, Linie Salerno (am Hafen, Piazza della Concordia) – Paestum – Agropoli, von Salerno ca. 1 Std. Fahrtzeit, fährt etwa stündlich.

• *Information* **Informationsbüro**, in Museumsnähe, neben der sehenswerten frühchristlichen Basilika. Mo–Sa 9–14 Uhr, ✆ 0828/811016, www.paestum.it.

• *Übernachten* Hotels über viele Kilometer verteilt, ohne fahrbaren Untersatz problematisch.

**** **Schuhmann**, Traditionshaus direkt am Strand, dahinter dichte Pineta. Großer Garten, Garage, Ristorante. DZ mit Frühstück ca. 80–160 €, im Sommer HP obligatorisch. Via Laura Mare, ✆ 0828/851151, ✆ 851183, www.hotelschuhmann.com.

*** **Villa Rita**, in der Zona Archeologica, ruhig gelegenes Haus mit Pool in einem großem Park. DZ mit Frühstück ca. 90–100 €, im August Pensionspflicht. Via Nettuno 9, ✆/✆ 0828/811081, www.hotelvillarita.it.

** **Delle Rose**, ordentliches Albergo mit Pizzeria/Ristorante gleich bei den Tempeln. DZ mit Frühstück ca. 50–70 €. Via Magna Graecia 193, ✆ 0828/1990692, www.hotelristorantedellerose.com.

• *Camping* Am kilometerlangen Strand von Paestum liegen zahlreiche **Campingplätze** in der Pineta (geöffnet meist April/Mai bis Sept.).

Camping Athena, direkt am Strand im schattigen Pinienwald, Sanitäranlagen sauber, beliebt bei deutschen Urlaubern. Nettes Personal, auch im Ristorante. ✆/✆ 0828/851105, www.campingathena.com.

Camping Ulisse, ansprechender Platz gleich in der Nähe, mit Eukalyptusbäumen. ✆/✆ 0828/851095, www.campingulisse.com.

• *Essen & Trinken* **Nettuno**, lauschiges Gartenrestaurant am Südeingang der Ausgrabungsstätte, mit Barbetrieb. Akzeptables Menu turistico für ca. 25 €, ✆ 0828/811028.

Sehenswertes

Die „Zona Archeologica" von Paestum ist sehr weitläufig, da sie praktisch die gesamte antike Stadt umfasst. Noch heute ist sie von einer massiven Stadtmauer umgeben, die aus römischer Zeit stammt. Die Durchgangsstraße trennt das Gelände in zwei Teile, in der Westhälfte liegt der Heilige Bezirk mit den Tempeln und verschiedenen öffentlichen Bauten. Der Innenbereich der Tempel darf nicht betreten werden.

Heiliger Bezirk: Außer den drei Tempeln sind in dem flachen Wiesengelände nur lange Pflasterstraßen, Grundmauern und Ruinen erhalten. Zwei Eingänge gibt es –

unmittelbar an der Straße und die Porta della Giustizia an der Südseite der Stadt. An der *Porta della Giustizia* beginnt die gepflasterte *Via Sacra*, die hinter den Tempeln schnurgerade nach Norden verläuft. Die beiden großen dorischen Tempel namens *Basilica* und *Tempel des Poseidon* stehen fast benachbart. Ihre Namen sind allerdings irreführend, beide dienten dem Kult der Hera, der Schutzgöttin der Stadt. Man muss sich die heute recht nüchternen Baukörper mit Dach, bunt und reich geschmückt inmitten einer blühenden Stadt vorstellen, um eine Ahnung von ihrem früheren Aussehen zu bekommen. Auch wenn man es auf den ersten Blick nicht sieht, ihre Architektur ist äußerst raffiniert – so sind die Kanten der Tempelbasen leicht nach außen bzw. oben gebogen, was von weitem den Eindruck einer perfekten Geradlinigkeit vermittelt (wie auch beim Parthenon in Athen). Das lang gestreckte römische *Forum* (vormals griechische Agora) liegt zentral im Ausgrabungsfeld. Die *Läden* an der Südseite wurden rekonstruiert, benachbart erkennt man Reste eines *Amphitheaters*. Richtung Norden findet man die Grundmauern verschiedener weiterer Bauten, u. a. *Palestra* (Sportzentrum), *Bouleuterion* (Sitzungsgebäude) und das rätselhafte *Sacellum* (Scheingrab). Im nördlichen Bereich der Zona Archeologica steht der kleinste der drei Paestum-Tempel, der *Tempel der Ceres*. Im Mittelalter wurde er als Kirche benutzt, im Innenraum erkennt man einige christliche Gräber.

Öffnungszeiten/Eintritt tägl. 9 Uhr bis 1 Std. vor Sonnenuntergang, letzter Einlass zwei Stunden vor Sonnenuntergang. Eintritt ca. 4 €, Kombiticket mit Museum 6,50 €.

Museum: großer, moderner Bau an der Straße gegenüber vom Ausgrabungsgelände, dessen Hauptraum selber in Form eines Tempels konzipiert ist. Hier findet man eine Vielzahl von Ausgrabungsstücken, darunter die wunderschön gearbeiteten Metopen eines *Tempels der Hera Argiva* an der Mündung des Flusses Sele (nördlich von Paestum). Grandios und sehr beeindruckend sind aber vor allem die zahlreichen Freskenreste, die aus griechischen Gräbern des 5. Jh. v. Chr. stammen, die einzigen derartigen Wandgemälde, die man gefunden hat. Großartig ist das *„Grab des Tauchers“*, dessen Deckplatte das Bild eines Jünglings zierte, der in elegantem Bogen von einem Sprungbrett in die Tiefe springt. Hinter dem Museum steht eine frühchristliche *Basilika*, etwa 3 m unter dem Straßenniveau.

Öffnungszeiten/Eintritt tägl. 9–19.45 Uhr, Eintritt ca. 4 €, Kombiticket mit Ausgrabungsgelände ca. 6,50 €. Freier Eintritt für EU-Bürger unter 18 und über 60 J.

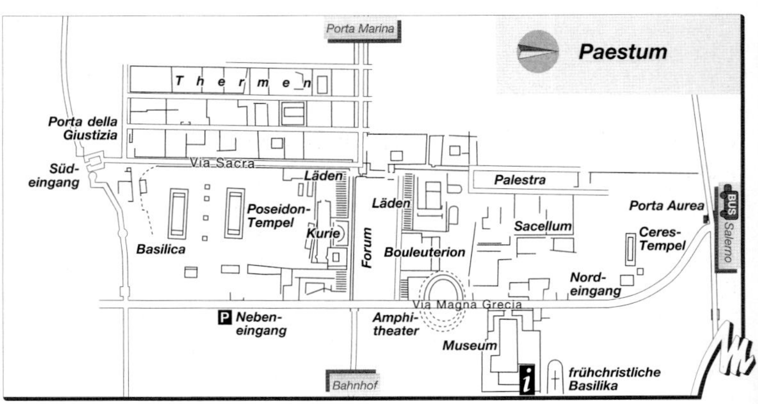

Cilento

Südlich von Paestum endet die lange Ebene von Sele, es beginnt eine abwechslungsreiche Berg- und Buchtenlandschaft mit langen Sandstränden, verschwiegenen Buchten, üppiger Vegetation und bizarr zerklüfteten Felsformationen. Seit 1998 ist der Cilento Biosphärenreservat und Weltkulturerbe unter dem Schutz der UNESCO.

Die Bademöglichkeiten sind hervorragend, im Juli/August wird es allerdings übervoll. Tipp ist der Herbst, wenn das Meer immer noch Badetemperaturen hat, die Strände aber fast menschenleer sind. Die kleinen Orte liegen oft auf Bergkuppen hoch über dem Meer, unten sind neue „Marinas" entstanden. Das Hinterland lädt hingegen zum Wandern ein.

• *Anfahrt/Verbindungen* **Küstenstraße** kurvig, aber problemlos befahrbar, nur in den Orten wird es gelegentlich eng, schöne Panoramen. Die Bahn macht ab **Agropoli** einen Abstecher landeinwärts und lässt die Küstenregion um Castellabate rechts liegen, etliche Tunnels. Bei **Marina di Ascea** trifft sie wieder ans Meer.

• *Übernachten* Für **Camper** zahlreiche Möglichkeiten, besonders zwischen Palinuro und Marina di Camerota. **Hotels** sind im Sommer ohne Vormerkung kaum zu bekommen, neben den typischen Badehotels mit Pflicht zu Halb- oder Vollpension gibt es auch **Pensionen** und **Bed & Breakfast**. **Agriturismo** findet man vor allem im Hinterland der Badeorte. Eine einzige **Jugendherberge** gibt es in Agropoli.

Agropoli

ca. 20.500 Einwohner

Ausgesprochen städtischer Charakter, lange, gerade Straßen zwischen mehrstöckigen Häuserfronten, viel Trubel am Lungomare. Die malerisch verwinkelte Altstadt ist auf steilen Felsklippen erbaut, am höchsten Punkt thront ein altes Sarazenenkastell. Hübsch ist der Ortsstrand beim Hafen, der lange Strand am Lungomare platzt oft aus allen Nähten.

• *Übernachten* ** **La Tombola**, familiäre Unterkunft im Grünen, 4 km vom Zentrum entfernt. 19 einfach eingerichtete Zimmer, Garten mit Pool, Restaurant. DZ ca. 50–80 € mit Frühstück. Via Trentova 8, ✆ 0974/821412, ℻ 821188, www.la-tombola.it.

B&B U'Torrione, Altstadtquartier mit vier Zimmern, Gemeinschaftsküche, Terrasse mit Meerblick, rustikales Restaurant im Erdgeschoss mit Freiplätzen auf der Piazza Mainenti. DZ ca. 70–80 €, Frühstück in der Bar. Via Passaro 4, ✆ 338/4618207.

Ostello La Lanterna (IYHF), Jugendherberge nördlich der Altstadt, 100 m landeinwärts vom Lungomare, Nähe Schnellstraße. Familienbetrieb, etwa 50 Betten in Mehrbett- und Familienzimmern. Übernachtung mit Frühstück ca. 15–16 € pro Pers. März bis Okt. Via Lanterna 8, ✆/℻ 0974/838364, www.cilento.it/lanterna.

Kampanien Karte S. 898/899

Castellabate und Santa Maria di Castellabate

Der alte Ort *Castellabate* liegt wunderschön auf einer Hügelspitze, 280 m über dem Meer. Ein Bummel durch die alten Gassen und über die kleinen Plätze lohnt sehr, immer wieder hat man herrliche Ausblicke aufs Meer.

Santa Maria di Castellabate an der Küste unterhalb ist das wichtigste Strand- und Badezentrum des nördlichen Cilento: netter Ortskern mit Fischerkirche Santa Maria a Mare und einer belebten Fußgängerzone. Die 2 km lange Spiaggia di Pozzillo zählt zu den schönsten Badestränden der nördlichen Cilento-Küste. Der Sandstreifen verbindet den Ort mit dem weiter südlich gelegenen *San Marco*. Leichte

Küstenwanderungen führen von San Marco zum Kap *Punta Licosa* sowie vom nördlich gelegenen Ortsteil *Lago* nach Agropoli (einfache Wegstrecke ca. 1,5 Std.).

• *Übernachten* **** **New Sonia**, modernes, gut geführtes Haus im Zentrum von Santa Maria di Castellabate, komfortable Zimmer (zum Teil mit Meerblick), eigener Strandabschnitt, gutes Restaurant. DZ mit Frühstück ca. 110–170 €. Mitte April bis Anfang Okt. geöffnet. ✆/📠 0974/961172, www.hotelsonia.it.

*** **Il Castello**, gemütliche Pension im alten Zentrum von Castellabate, geführt von Franca Di Biasi. Nette Zimmer in einem alten Palazzo, z. T. mit weitem Blick, sonnige Terrasse. DZ mit Frühstück ca. 70–100 €. Via Amendola 1, ✆/📠 0974/967169, www.hotelcastello.co.uk.

B&B L'Elisea, reizende Villa im südlichen Ortsteil San Marco, stilvoll eingerichtet, mit romantischem Garten. Sieben freundliche Zimmer, zum Teil mit Meerblick. DZ mit Frühstück ca. 110–130 €. März bis Okt. geöffnet. ✆/📠 0974/966278, www.lelisea.it.

Acciaroli: netter, kleiner Ortskern mit gemütlichem Hafen, nördlich davon langer Sandstrand. Ein Wanderweg verbindet das Fischerstädtchen mit dem Hauptort der Kommune *Pollica*. Wahrzeichen des Slow-Food-Zentrums 370 m über dem Meer ist das mittelalterliche Kastell (Ende des 13. Jh.).

Velia: Auf einem Hügel oberhalb von *Castellamare di Velia* thront der markante Rundturm einer normannischen Festung. Dort im Umkreis erstrecken sich die weitläufigen Ausgrabungen der griechisch-römischen Stadt *Elea*(Velia), im Altertum für ihre von Parmenides (geb. 540 v. Chr.) gegründete und von seinem Schüler Zenon fortgeführte Philosophenschule bekannt („Paradoxon von Achilles und der Schildkröte"). U. a. sieht man Wohnviertel, Augustus-Thermen, Agora, Akropolis und die gewaltige, über 5 m hohe Porta Rosa mit Tonnenwölbung, eins der ersten Tore dieser Art. Auch einige Mosaikböden sind erhalten. Von der Bergspitze traumhafter Blick.

Öffnungszeiten/Eintritt tägl. 9 Uhr bis eine Stunde vor Sonnenuntergang, ca. 2 €.

Marina di Casalvelino und Marina di Ascea: zwei unscheinbare, jedoch viel besuchte Badeorte in der breiten Küstenebene des Flusses Alento (der Name Cilento kommt vielleicht vom Lateinischen „Cis Alento", also „jenseits des Alento"). Der kilometerlange Sandstrand ist einer der besten weit und breit, zwar ohne ein Fleckchen Schatten, dafür im Sommer sehr sauber. In Marina di Ascea gibt es mehrere Strandlokale, gleich dahinter verläuft eine breite Uferstraße mit Platz zum Parken. Die Bahnlinie von Agropoli stößt hier ans Meer, der Bahnhof liegt erfreulicherweise ziemlich zentral.

Camping Mehrere große Zeltplätze am Meer, u. a. das Wiesengelände **Camping Alba** (✆/📠 0974/972331) und der gut geführte **Campingplatz Le Palme** (✆ 0974/972036, 📠 972572).

Das Capo Palinuro mit bergigem Hinterland wird von der Bahn landeinwärts umfahren, letzte Bahnstation an der Küste ist Pisciotta-Palinuro auf halber Höhe zwischen Pisciotta und Meer.

Palinuro

Beliebter Ferienort am gleichnamigen Kap, landschaftlich reizvoll mit diversen Buchten und bizarr ausgehöhlter Felsküste, im Sommer herrscht allerdings erheblicher Trubel. Nördlich vom Kap langer Sandstrand, weitere Strände liegen südlich vom Kap, berühmt ist dort der *Arco Naturale*, ein hohes Felsentor am Meer. Die zahlreichen Grotten können im Rahmen von organisierten Ausflugsfahrten besucht werden.

• *Übernachten/Essen & Trinken* ** **Da Carmelo**, das Restaurant ist seit mehr als zwei Jahrzehnten ein kulinarischer Eckpfeiler des Cilento. Carmelo steht selber in der Küche und bereitet die leckeren Fischgerichte, Menü ca. 30 €. Im Sommer tägl., sonst

Mi geschl. Oberhalb des Restaurants vermietet der Inhaber einige sorgfältig eingerichtete Zimmer mit TV und dekoriert mit Stücken einheimischer Künstler. DZ mit Frühstück ca. 50–120 €. Mitte März bis Anfang Nov. geöffnet. Loc. Isca, Nähe der Küstenstraße. ✆ 0974/931138, ✆ 930705, www.dacarmelo.it.

* **Palinuro**, kleine Pension oberhalb vom Hafen, DZ ca. 60–75 €. Via Porto 12, ✆/✆ 0974/931313.

Zahlreiche Campingplätze liegen an den Stränden im Umkreis, z. B. der **Arco Naturale Camping Club** direkt neben dem Felsentor Arco Naturale. ✆ 0974/931157, ✆ 931975, www.arconaturaleclub.com.

Zwischen Palinuro und Marina di Camerota liegt die Badeküste des Cilento. Panoramafahrt entlang der felsigen Küste, wo die Straße durch mehrere Tunnels führt. An den Badestränden stauen sich im Sommer die Pkw auf der Suche nach Parkplätzen.

Marina di Camerota

Am Ausgang eines steilen Tals liegt dieser hübsche, im Sommer äußerst turbulente Urlaubsort mit vielen steilen Gassen und einem ansprechend gepflasterten Dorfplatz mit der Kirche *San Domenico.* Von der sonnendurchglühten Uferpromenade mit Palmen blickt man auf den großen Fischereihafen, der durch einen langen Wellenbrecher geschützt ist. Daneben liegt die schöne *Spiaggia Lentiscelle,* weiter östlich folgt wilde Klippenküste mit eingelagerten Buchten, die mit Ausflugsbooten erforscht werden kann. Richtung Westen schließen sich längere Sandbuchten mit Zeltplätzen an. Schönstes Ausflugsziel ist die hafenähnlich eingeschnittene Bucht *Porto degli Infreschi* östlich von Marina di Camerota, benannt nach den Süßwasserquellen, die hier ins Meer münden. Zu erreichen ist die Bucht mit Ausflugsbooten oder im Rahmen einer reizvollen Wanderung (ca. 3 Std. einfach). Im dortigen Ausflugslokal kann man gemütlich und stilecht essen.

Im hoch gelegenen *Camerota* lässt es sich schön bummeln, es gibt auch ein kleines Kastell.

• *Übernachten* Zahlreiche Unterkünfte im Ort, z. B. das moderne *** **La Scogliera** am Hafen. Anfang Mai bis Ende Sept. geöffnet. DZ mit Frühstück ca. 70–110 €. ✆/✆ 0974/932019, www.lascoglierahotel.it.

Mehrere **Campingplätze** liegen an den großen Sandbuchten in Richtung Palinuro, einer an der Spiaggia Lentiscelle östlich des Ortszentrums.

• *Essen & Trinken* **La Cantina del Marchese**, gemütliche Osteria in einer kleinen Gasse, die an der Piazza San Domenico beginnt. Man sitzt an einfachen Holztischen, u. a. gibt es leckeren Käse und Würste aus eigener Produktion. Preislich im Rahmen. Im Sommer tägl., sonst nur Sa/So geöffnet. Via del Marchese, ✆ 0974/932570.

Al Castello, Panoramalokal in Camerota, etwas unterhalb vom Kastell. Nicht teuer, abends auch günstige Pizza. April bis Sept. tägl. außer Mo, ✆ 0974/935009.

Kampanien Karte S. 898/899

Von Marina di Camerota nach Sapri

Reizvolle Strecke hoch über den Bergkamm, in Haarnadelkurven hinauf, anregende Fahrt durch gänzlich unbesiedelte Regionen, anfangs nur Macchia, später kräftiges Grün, prächtige Kastanien und Steineichen. *San Giovanni a Piro* liegt hoch oben in den Bergen, eine Pause lohnt. Beim hübschen Villenort *Scario* stößt die Straße ans Meer. Über *Policastro Bussentino* und *Capitello* geht es an der Küste entlang nach *Sapri,* unterwegs gibt es diverse Campingplätze an langen Sandstränden und viel üppige Vegetation. Sapri liegt in einer weiten Bucht mit bewaldeten Hängen. Vor dem Zentrum verläuft die dicht befahrene Uferstraße, davor liegt der Ortsstrand.

Bei *Morigerati,* etwa 10 km landeinwärts, entspringt der Fluss Busseto nach unterirdischem Lauf in einer spektakulären, tiefen Schlucht.

Der innere Cilento

Das bergige Inland ist dünn besiedelt, besitzt aber einige interessante Anlaufpunkte, die man von der Autobahn aus bequem ansteuern kann.

Certosa di San Lorenzo

Wenn man auf der Autobahn nach Kalabrien unterwegs ist, sollte man den kurzen Abstecher zum größten Klosterbau Italiens nicht auslassen. Der Monumentalbau der Kartäuser liegt etwas außerhalb des Hügelstädtchens Padula, nahe der Autobahn zwischen Sala Consilina und Lagonegro (Ausfahrt: „Buonabitacolo-Padula"). Vorbild für die in Form von großen Rechtecken und Quadraten angelegte Kartause des heiligen Laurentius war das spanische Königskloster El Escorial. Mit seinen zahlreichen, von Kreuzgängen umgebenen Höfen nimmt es eine Grundfläche von 52.000 qm ein und besitzt 320 Räume. In seiner weitläufigen Eleganz ähnelt es eher einer Fürstenresidenz als einem Kloster. Bauherr war Anfang des 14. Jh. Graf Tommaso di San Severino, zahlreiche Um- und Anbauten in den folgenden Jahrhunderten haben die Anlage aber weitgehend barock geprägt. Legendär war der komfortable Lebensstil der Mönche, so sollen sie Kaiser Karl V. nach seinem Sieg über die Türken in Tunesien im Jahre 1535 ein Omelett aus tausend Eiern serviert haben. Im 19. Jh. wurde das Kloster aufgelöst. Im Zweiten Weltkrieg wurde der leer stehende Bau zeitweise als Kriegsgefangenenlager verwendet.

Zunächst betritt man einen großen Hof, an dem die Ställe, Wirtschafts- und Gasträume sowie die Mönchszellen lagen. Eine barocke Fassade trennt diesen Bereich vom so genannten *Domus Alta* mit der reich geschmückten Klosterkirche, der Schatzkammer und mehreren Kapellen, in dem die Mönche in Klausur lebten. Zu besichtigen sind auch das Refektorium und die großzügige, mit Majolikakacheln reich verzierte Küche. Im hinteren Klosterbereich liegt der *Chiostro grande*, mit 12.000 qm Bodenfläche und den Abmessungen von 149 x 104 m der größte Kreuzgang der Welt, 60.000 Menschen können hier Platz finden. Besonders beeindruckend ist außerdem der *Scalone*, eine mächtige, zweigeteilte Freitreppe aus Marmor am rückwärtigen Ende des Baus, die sich über zwei Stockwerke zieht. Im riesigen *Klosterpark* kann man anschließend unter großen Pinien ein Picknick machen.

Öffnungszeiten/Eintritt tägl. außer Di von 9–19 Uhr, Eintritt ca. 4 €.

Weitere Sehenswürdigkeiten im inneren Cilento: Im Hügelstädtchen Padula kann man das *Museo Joe Petrosino* besichtigen. *Giuseppe Petrosino* wurde hier 1860 geboren, wanderte im Alter von 13 Jahren nach New York aus, wurde dort Polizist und wollte sein Leben dem Kampf gegen die Mafia widmen. Bei einem Aufenthalt in Palermo wurde er 1909 erschossen. Das Museum in seinem früheren Wohnhaus (Via Joe Petrosino 6) dokumentiert neben dem Leben Petrosinos auch die Lebensumstände der vielen Emigranten, die im 19. und 20. Jh. aus dem Süden Italiens in die USA auswanderten.

Die viel besuchten *Grotte di Pertosa* liegen weiter nördlich, jedoch ebenfalls nahe der Autobahn (Ausfahrt: „Polla"). Das ausgedehnte Tropfsteinhöhlensystem ist etwa 2 km weit begehbar, mit Booten wird man über einen unterirdischen See gebracht, dann geht es auf verschiedenen Routen zu Fuß weiter.

Öffnungszeiten/Eintritt **Museo Joe Petrosino**, tägl. 10–13, 15–18 Uhr, Eintritt ca. 2 €. **Grotte di Pertosa**, April bis Sept. tägl. 9–19 Uhr, übrige Zeit 10–16 Uhr, Eintritt ca.10 € (kurze Tour), 16 € (lange Tour).

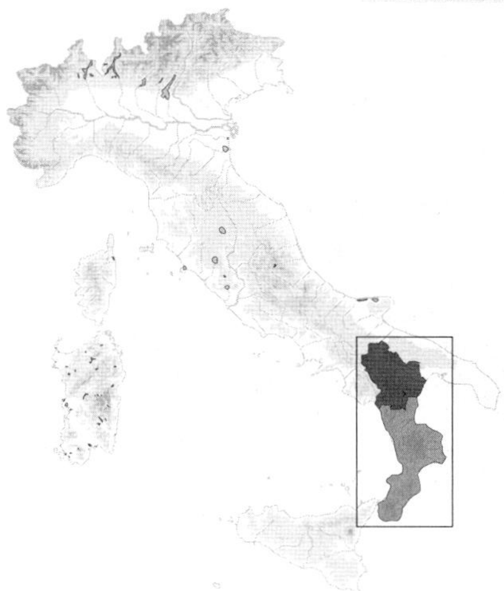

Kalabrien und Basilikata

Calabria e Basilicata

SCHÖNE ORTE: Maratea (S. 977), Matera (S. 965), Diamante (S. 981), Pizzo (S. 984), Tropea (S. 986), Scilla (S. 992), Gerace (S. 996), Santa Severina (S. 1002).

LANDSCHAFTLICHE HÖHEPUNKTE: Vulture (S. 960), Lukanische Dolomiten (S. 961), Pollino-Nationalpark (S. 963 u. 971), Sila (S. 973), Aspromonte (S. 975), Golf von Policastro (Maratea, S. 977), Capo Vaticano (S. 988), Costa Viola (S. 991), Golf von Squillace (S. 998).

KULTURELL HERAUSRAGEND: die Griechen- und Römerstädte Grumentum (S. 962), Venosa (S. 960), Metaponto (S. 1007), Locri (S. 995), Sibari (S. 1006) und Crotone (S. 1001), Kastelle von Melfi (S. 960), Santa Severina (S. 1002), Sassi von Matera (S. 966), Santuario di San Francesco di Paola (S. 982), Dom von Gerace (S. 996), Bronzi di Riace im Nationalmuseum von Reggio Calabria (S. 992).

BADEN: felsdekorierte Strandabschnitte in Maratea (S. 977), karibisch anmutende Traumstrände in Tropea (S. 986) und am Capo Vaticano (S. 988), weitläufige Sandstrände an der lukanischen und nordkalabrischen Ostküste (S. 1007).

KURIOS: Murales in Diamante (S. 981), Peperoni-Museum von Maierà (S. 981), der Skulpturenpark Santa Barbara (S. 997), Weinkeller von Barile (S. 961), Chiesa Piedigrotta in Pizzo (S. 984).

EHER ABZURATEN: Reiner Badeurlaub im äußersten Süden der Provinz Reggio Calabria, Gebirgswanderungen auf eigene Faust.

Badefreuden an der Costa dei Cedri (Cirella)

Kalabrien und Basilikata

Calabria e Basilicata

Die beiden südlichsten italienischen Festlandsregionen bieten knapp 900, vornehmlich badefreundliche Strandkilometer und beeindrucken durch karge, zerklüftete Gebirgslandschaften, dicht bewaldete Höhen und von Weinstöcken und Olivenhainen überzogene sanfte Hügelketten. Beide Regionen sind nahezu flächendeckend mit antiken Mauerresten, mittelalterlichen Kirchen, Klöstern und Kastellen übersät, können kulinarisch durchaus mit dem Rest des Bel Paese konkurrieren und überzeugen nicht zuletzt durch die unvergleichliche Gastfreundschaft ihrer Bewohner.

Dennoch wurden die Basilikata und Kalabrien bis zur Jahrtausendwende von internationalen Reiseveranstaltern weitgehend verschmäht und von den meisten Individualtouristen als lästige Durchgangsstationen auf dem Landweg nach Sizilien verkannt. Das liegt daran, dass das kaum industrialisierte „Ende Italiens" besonders erdbebengefährdet, überdurchschnittlich von Armut, Arbeitslosigkeit und Auswanderung betroffen, infrastrukturell unterversorgt und verkehrtechnisch relativ schlecht angebunden ist. Zudem macht die kalabrische Mafiavariante Ndrangheta gebietsweise ihren fatalen schattenwirtschaftlichen Einfluss geltend, was für Kalabresen, nicht jedoch für Touristen, ein ernstes, bisweilen lebensbedrohliches Problem ist.

Mit modernen Großstädten und mondänen Seebädern kann der seit den 1990er Jahren dank großzügiger EU-Strukturförderung relativ rasant tourismusentwickelte südliche Mezzogiorno (noch) nicht aufwarten. Seine mit mehr oder minder gefälligen Altstadtkernen gesegneten sieben Provinzhauptstädte – Potenza und Matera in der Basilikata sowie Cosenza, Catanzaro, Vibo Valentia, Crotone und Reggio di Calabria in Kalabrien – geben sich tatsächlich provinziell. Manche Küstenorte wirken wie „Versorgungsstationen“ der vielerorts unkontrolliert an den Strand geworfenen Hotelbauten, privaten Feriendomizile und halbfertigen Eigenheime zurückgekehrter Emigranten.

Dass vor langweiligen Neustädten oft überraschend schöne Strände locken, auf der nächsten Erhebung vor der Kulisse nahezu naturbelassener Gebirgszüge wie Pollino, Sila oder Aspromonte der oft kastellgekrönte historische Stadtkern wacht, versöhnt jedoch wieder mit dem tristen Anblick streckenweise wild zubetonierter Küsten, an denen obendrein die eine oder andere „Kathedrale in der Wüste“, sprich niemals in Betrieb gegangene verwitterte Industrieanlage, verblüfft. Landschaftlich wohlsituierte, architektonisch gefällige mediterrane Bilderbuchstädtchen wie Maratea, Pizzo, Tropea, Bagnara oder Scilla lassen derlei Schönheitsfehler schnell vergessen, zumal die imposanten steinernen und alltagskulturellen Hinterlassenschaften von Griechen, Römern, Sarazenen und Langobarden, Byzantinern, Normannen oder Staufern den südlichen Mezzogiorno nicht zuletzt als Kulturreiseziel profilieren.

Anfahrt/Verbindungen

- *Pkw* Die **Autostrada del Sole** (A 3) von Neapel bis Reggio di Calabria ist landschaftlich gefällig, gebührenfrei, im Hochsommer allerdings stark befahren und nicht selten durch Baustellen gestört. Alternativ dazu kann man die südliche Basilikata und Kalabrien auf der **SS 18** im Westen und der **SS 106** im Osten küstennah von Nord nach Süd durchmessen, wobei die vierspurige **Basentana** (SS 407) zwischen Potenza und Metaponto, die **SS 598** zwischen Atena und Policoro in der Basilikata, die **SS 280** zwischen Lamezia Terme und Catanzaro-Lido und die **SS 111** zwischen Gioia Tauro und Locri in Kalabrien relativ gut ausgebaute Straßenverbindungen zwischen beiden Meeren herstellen. Ansonsten überspannt ein Netz oft kurvenreicher und schlecht asphaltierter Nationalstraßen das überwiegend bergige Landesinnere beider Regionen.
- *Bahn* Der südliche Mezzogiorno wird von Bahnschienen der früher staatlichen **FS** umrundet, wobei der Nord-Süd-Fernverkehr vornehmlich an der Westküste entlangrauscht, während am Ionischen Meer nur die Regionalzüge von Taranto nach Reggio Calabria unterwegs sind. Im Landesinneren ergänzen die Privatbahnen **Ferrovie Appulo-Lucane** (www.fal-srl.it) und **Ferrovie della Calabria** (www.ferroviedellacalabria.it) das dort recht eingeschränkte Angebot der FS. (Recht praktikable Verbindungen zwischen Paola und Cosenza, Lamezia Terme und Catanzaro-Lido und landschaftlich reizvolle Strecken zwischen Cosenza und Camigliatello Silano, Gioia Tauro und Cinquefrondi, von Lamezia Terme zum Capo Vaticano.)
- *Bus* **Busverbindungen** zwischen den Provinzhauptstädten und ihren Gemeinden sind grundsätzlich überall vorhanden, allerdings fahren die Busse relativ selten, sodass ein autofreier Urlaub im Landesinneren viel Zeit- und Planungsaufwand erfordert.
- *Information* **Sistema Turistico Regionale**, Via S. Nicola 8, Galleria Mancuso, 88100 Catanzaro, ✆ 0961/856861, 800550001, www.turiscalabria.it; **A.P.T. Basilicata**, Via del Gallitello 89, ✆ 0971/507611, www.aptbasilicata.it.

Übernachten

In beiden Regionen gibt es an den Küsten eine größere und im Landesinneren kleinere Auswahl an zweckmäßigen bis gediegenen Hotels, eleganten Ferienclubs und Campingplätzen, schlichten und luxuriösen Agriturismi und B&Bs. Viele Unterkünfte am Meer sind nur von Mai bis Sept./Okt. geöffnet, und die meisten Hotelanlagen belegen ihre Gäste im August mit Pensionspflicht. Campingplätze sind im Inland rar, sie konzentrieren sich an den Küsten, vornehmlich nördlich und südlich von Metaponto (Basilikata), an der kalabrischen Nordwestküste, am Capo Vaticano sowie auf der Isola di Capo Rizzuto an der Ostflanke der kalabrischen Halbinsel.

Essen & Trinken

Die regionalen Varianten der süditalienischen *cucina povera* (Armeleuteküche) basieren auch hier auf *pasta*, etwa hausgemachten *lagane*, *fusilli* oder *filej*. Dazu, davor und danach gibt es eine breite Palette an heimischen Gemüsesorten, die die Nudelsoßen bereichern, als *antipasto* (Vorspeise) in Öl und Essig eingelegt oder gedünstet und geschmort als *contorno* (Beilage) serviert werden. Besonders beliebt sind (dicke) Bohnen und Kichererbsen (*fave*, *fagioli*, *ceci*), Auberginen (*melanzane*), Rüben (*rape*), Zichorie (*ciccoria*), grüner Spargel (*asparago verde*) und Steinpilze (*porcini*).

Als fleischliche Alternativen und Ergänzungen kommen (Wild-)Schweinefleisch, Zicklein, Huhn, Kaninchen und Kalb, lokale Spielarten der Schweinswürste *salsiccia* und *soppressata* und rund um das Capo Vaticano die sehr pikante, streichfähige *n'duja* auf den Tisch. Letztere wird wie viele andere Speisen im südlichen Mezzogiorno mit dem hier unverzichtbaren *peperoncino* (Peperoni) gewürzt.

An den Küsten dominieren Fisch und Schalentiere die Speisekarten, wobei der Schwertfisch (*pesce spada*) von Bagnara und Scilla oder die Thunfischspezialitäten (*tonno*) von Briatico oder Pizzo zu den kulinarischen Aushängeschildern Kalabriens gehören.

Das gilt auch für den *tartufo di Pizzo*, eine innen wie außen mit viel Schokolade angereicherte Speiseeisspezialität. Überhaupt haben die Kalabresen in Sachen *dolci* viel Unwiderstehliches in petto, wobei die süßen Gebäck- und Eiskreationen im äußersten Süden der Halbinsel mit Essenzen aus *bergamotto* und im Norden Kalabriens gern mit der Schale des *cedro* aromatisiert werden.

Auf Basis dieser besonderen Zitrusfrüchte, die allein in Kalabrien in herausragender Qualität gedeihen, werden auch Liköre hergestellt. Als Digestif bieten sich ferner verschiedene regionale Kräuterschnäpse, z. B. der in Pisticci (Basilikata) destillierte *Amaro Lucano* oder der bei Tropea abgefüllte *Vecchio Amaro del Capo* an.

Schließlich seien noch zahlreiche lokale Käsesorten (z. B. der *pecorino* von Moliterno aus der Basilikata) erwähnt und die hochwertigen Olivenöle und süffigen lukanischen und kalabrischen Weine angepriesen, von denen einige mit dem D.O.C.-Siegel dekoriert sind. Zu den Qualitätsweinen gehören z. B. der tiefrote lukanische *Aglianico del Vulture*, die Weißweine aus Lamezia Terme (z. B. die der Cantina Lento), der *Pollino D.O.C.* aus Frascineto und Castrovillari und die nach ihrem Anbaugebiet mit *Cirò* etikettierten Roten und Weißen aus der Provinz Crotone (z. B. aus den Häusern Librandi, Zito oder Ceraudo).

Basilikata – das Landesinnere

Potenza

ca. 80.000 Einwohner

Die mehrfach und zuletzt 1980 erdbebengeschüttelte Hauptstadt der Basilikata ist Italiens höchstgelegene (819 m), durch umfangreiche Neubebauung im Talbereich inzwischen „mehrstöckige" Provinzhauptstadt.

Ihre Altstadt auf der obersten Stadtetage ist mit einer Rolltreppe und Aufzügen mit den unteren Stockwerken verbunden. Sehens- und atmosphärisch erlebenswert sind ihre Hauptflaniermeile *Via Pretoria*, die großzügige *Piazza Pagano* mit dem *Palazzo del Governo* und dem *Teatro Stabile* aus dem 19. Jh. und der Domplatz, der von der hochmittelalterlichen *Cattedrale di San Gerardo*, dem dahinter liegenden Bischofspalast und dem imposanten *Palazzo Loffredo*, beide aus dem frühen 17. Jh., flankiert wird. In Letzterem dokumentieren die nach historischen

Epochen und/oder Fundorten sortierten Exponate des *Museo Archeologico Nazionale* die Kulturgeschichte der gesamten Basilikata von der Stein- bis zur Römerzeit,

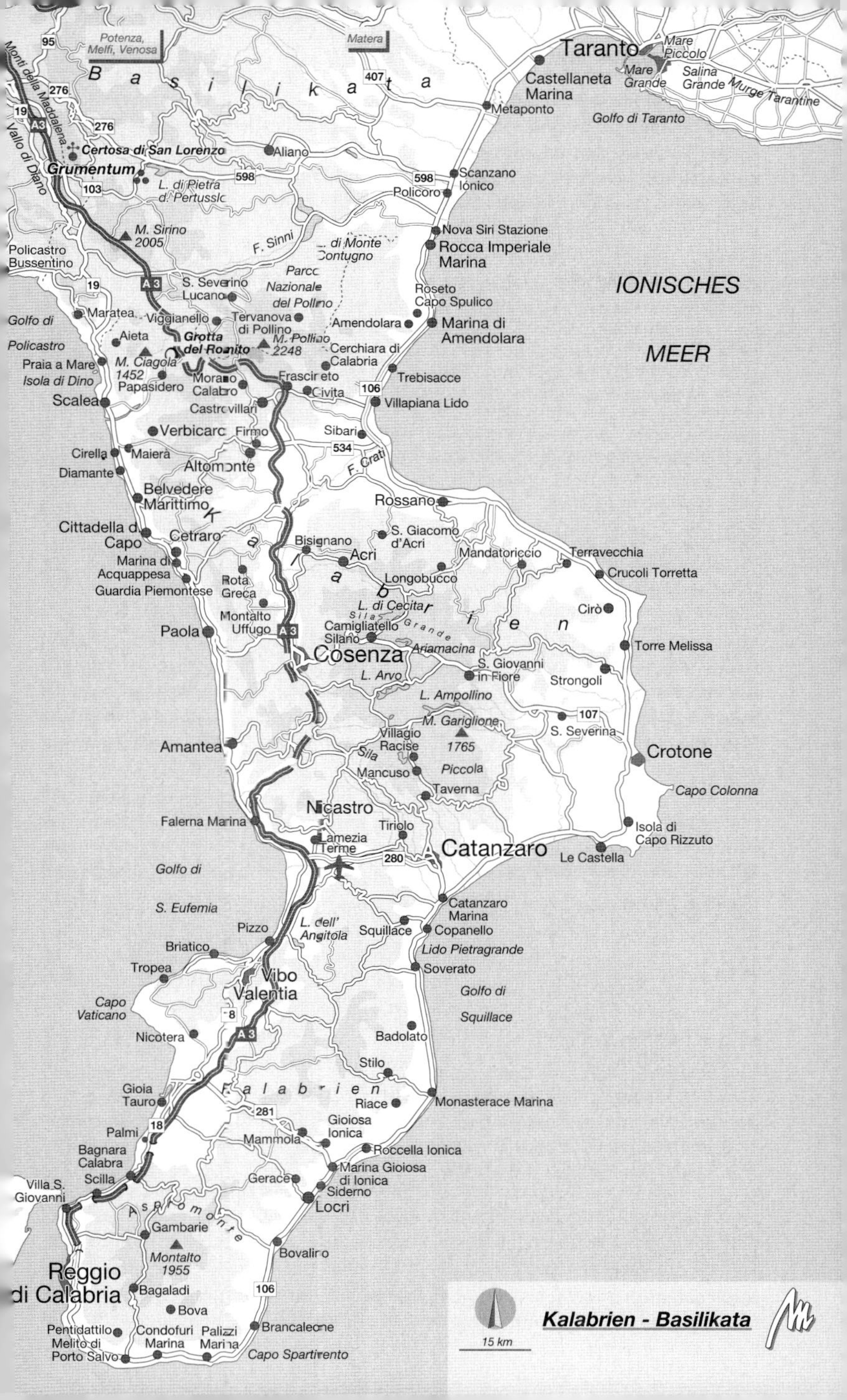

Potenza, Melfi, Venosa
Matera
Basilikata
Taranto
Mare Piccolo
Mare Grande
Salina Grande
Murge Tarantine
Castellaneta Marina
Metaponto
Golfo di Taranto
Monti della Maddalena
Vallo di Diano
Certosa di San Lorenzo
Grumentum
Aliano
L. di Pietra d. Pertusillo
Scanzano Iónico
Policoro
M. Sirino 2005
F. Sinni
L. di Monte Cotugno
Nova Siri Stazione
Rocca Imperiale Marina
Policastro Bussentino
Parco Nazionale del Pollino
S. Severino Lucano
Roseto Capo Spulico
IONISCHES MEER
Golfo di Policastro
Maratea
Viggianello
Tervanova di Pollino
Amendolara
Marina di Amendolara
Aieta
Grotta del Romito
M. Pollino 2248
Cerchiara di Calabria
Praia a Mare
Isola di Dino
M. Ciagola 1452
Papasidero
Morano Calabro
Frascineto
Civita
Trebisacce
Scalea
Castrovillari
Villapiana Lido
Verbicaro
Firmo
Sibari
Cirella
Maierà
F. Crati
Diamante
Altomonte
Belvedere Marittimo
Rossano
Kalabrien
Cittadella d. Capo
Cetraro
Bisignano
Acri
S. Giacomo d'Acri
Mandatoriccio
Terravecchia
Crucoli Torretta
Marina di Acquappesa
Guardia Piemontese
Rota Greca
Longobucco
L. di Cecita
Cirò
Sila Grande
Montalto Uffugo
Paola
Camigliatello Silano
Ariamacina
Torre Melissa
Cosenza
L. Arvo
S. Giovanni in Fiore
Strongoli
L. Ampollino
S. Severina
M. Gariglione 1765
Villagio Racise
Amantea
Sila Piccola
Crotone
Mancuso
Taverna
Capo Colonna
Nicastro
Falerna Marina
Tiriolo
Isola di Capo Rizzuto
Lamezia Terme
Catanzaro
Le Castella
Golfo di S. Eufemia
Catanzaro Marina
L. dell' Angitola
Pizzo
Squillace
Copanello
Lido Pietragrande
Briatico
Soverato
Tropea
Vibo Valentia
Golfo di Squillace
Capo Vaticano
Nicotera
Badolato
Stilo
Gioia Tauro
Monasterace Marina
Riace
Palmi
Gioiosa Ionica
Mammola
Bagnara Calabra
Roccella Ionica
Scilla
Villa S. Giovanni
Gerace
Marina Gioiosa di Ionica
Siderno
Locri
Aspromonte
Gambarie
Montalto 1955
Bovalino
Reggio di Calabria
Bagaladi
Bova
Pentidattilo
Melito di Porto Salvo
Condofuri Marina
Palizzi Marina
Brancaleone
Capo Spartivento
15 km
Kalabrien - Basilikata

während die im selben Gebäude untergebrachte *Galleria Civica Comunale* mit spektakulären Wechselausstellungen zeitgenössische künstlerische Akzente setzt.

Öffnungszeiten/Eintritt **Museo Archeologico Nazionale**, Mo 14–20, Di–So 9–20 Uhr. Eintritt 3 €. Via Serrao 11/Largo Duomo, ✆ 0971/21719. **Galleria Civica Comunale**: Di–So 9–13 u. 16–21 Uhr. Eintritt 3 €. Eingang Piazza Pignatari, ✆ 0971/21785.

• *Information* **A.P.T.**, Via del Gallitello 89, ✆ 0971/507611, www.aptbasilicata.it; **Sportello Tourpass**, Piazza XVIII Agosto, ✆ 0971/415150.

• *Anfahrt/Verbindungen* Mit dem **Pkw** auf der A 3 Ausfahrt Sicignano-Potenza. SS 93 nach Vulture/Apulien und SS 407 (Basentana) via Matera zur ionischen Küste. **Parken**: Viale G. Marconi und Via Armelini, von wo man jeweils mit der Rolltreppe in die Altstadt hinauffahren kann.

Bahnhöfe, Via Sicilia (Potenza Superiore) und Viale Marconi (Potenza Inferiore), von beiden stündlich **Züge** über das Vulture-Gebiet nach Foggia (Apulien), nur von Potenza Inferiore nach Salerno/Napoli und Taranto. Rolltreppen zwischen Neu- und Altstadt, mehrere intra- und extraurbane **Buslinien**, z. B. nach Matera, Pisticci und Policoro (vom Busterminal am Ospedale S. Carlo).

• *Übernachten/Essen & Trinken*

*** **Pretoria**, sehr kleines, gepflegtes Haus im Herzen der Altstadt. DZ 100 €, EZ 80 € (ohne Frühstück). Via XX Settembre 4, ✆ 0971/37100, www.hotelpretoria.it.

Trattoria al Duomo, hier kann man in städtebaulich gefälliger Umgebung und rustikal-stilvoller Atmosphäre die deftige lukanische Küche genießen. Via Serrao (direkt am Dom), ✆ 0971/24848. So Ruhetag.

Due Torri, verfeinerte lukanische Bauernküche, die von der Vorspeise bis zum Dessert überzeugend ist und in einem stilvollen Kellergewölbe im Herzen der Altstadt serviert wird. Dazu gibt es hervorragenden *Aglianico del Vulture*. Via Due Torri 6–8, ✆ 0971/411661. Mo Ruhetag.

Il Vulture

Der erloschene Vulkan Monte Vulture im Nordwesten der Basilikata dominiert eine weiche Hügellandschaft mit Kraterseen und ausgedehnten Laubwäldern. Auf dem fruchtbaren Boden reift mit dem *Aglianico del Vulture* einer der besten Weine Süditaliens und zahllose Olivenbäume liefern den Rohstoff für hochwertiges Öl. Kulturbeflissenen Reisenden bietet das Vulture-Gebiet so geschichtsträchtige Orte wie Melfi und Venosa, die mit bemerkenswerten steinernen Hinterlassenschaften ihrer antiken und mittelalterlichen Vergangenheit aufwarten.

Melfi: Zu Füßen des 1326 m hohen Berges liegt das weltgeschichtsträchtige Melfi mit dem zum archäologischen Nationalmuseum umgewidmeten mächtigen normannisch-staufischen *Kastell*, das ab 1059 als Hauptstadt des süditalienischen Normannenreiches und Veranstaltungsort mehrerer päpstlicher Konzile fungierte. Friedrich II. proklamierte hier im Jahre 1231 die *Konstitutionen von Melfi*, die als rechtliche Grundlagen moderner Staatsverfassungen gelten. Vor den mittelalterlichen Toren der zudem mit einer barock verkleideten normannischen Kathedrale gesegneten Stadt sorgt ein Fiat-Werk für Arbeitsplätze.

Venosa: Die alte Römerstadt an der historischen Via Appia, in der der berühmte Dichter Horaz 65 v. Chr. geboren wurde, bietet einen u. a. mit einem eindrucksvollen römischen Thermalbad bestückten archäologischen Park. Hinter diesem erhebt sich mit der dreiteiligen, seit frühchristlichen Tagen „gewachsenen“ schlicht-schönen *Abbazia della Trinità* einer der faszinierendsten Sakralbauten Süditaliens. Die Stadt wartet außerdem mit einem Archäologischen Nationalmuseum – untergebracht in einem wuchtigen Schloss aus dem 15. Jh. – und einer Reihe weiterer steinerner Zeugnisse ihrer seit 291 v. Chr. protokollierten Geschichte auf.

Laghi di Monticchio: Mehr Natur denn Kultur bieten die von üppigen Wäldern und markierten Wanderwegen (u. a. auf den Spuren des berühmt-berüchtigten Brigan-

Im Tempelbezirk von Paestum (EF) ▲▲
Keramikteller aus Vietri, Amalfiküste (EF) ▲

▲ Zyklopisch: Cala Rossa auf Favignana (TS)

Einst schneeweiß: Campo Bianco, Lipari (TS) ▲▲

Pollara und sein Strand (TS) ▲▲

»Tante Emma«: auf Sizilien noch allerorten präsent (TS) ▲

▲▲ In der Granitwildnis des Capo Testa im Norden Sardiniens (EF)
▲ Der berühmte Bärenfels von Palau (EF)

ten Carmine Crocco) eingerahmten Laghi di Monticchio, über denen die *Abbazia San Michele Arcangelo* schneeweiß aufleuchtet. Die Geschichte der Abtei reicht bis ins 8. Jh. zurück, wobei das heutige Klostergebäude mit integrierter historischer Grottenkirche erst aus dem 18. Jh. datiert. 2008 wurde darin das *Museo di Storia Naturale del Vulture* eröffnet, das über das Vulture-Gebiet in prähistorischen Zeiten und die heimische Fauna informiert.

Barile: Wer sich vornehmlich für Wein und Öl interessiert, sollte in Barile Station machen, das einst von albanischen Einwanderern gegründet wurde und 1964 neben Matera die Kulisse für Pasolinis Matthäusevangelium abgab. Es besticht v. a. durch seine in kühlen Erdgrotten untergebrachten Weinkellereien.

• Öffnungszeiten/Eintritt **Museo Archeologico Nazionale (Melfi)**, Mo 14–20, Di–So 9–20 Uhr, Eintritt 2,50 €; **Museo Archeologico Nazionale (Venosa)**, Di 9–14, sonst 9–20 Uhr, Eintritt 2,50 €; **Museo di Storia Naturale del Vulture**, Juni Sa/So, Jul./Aug. tägl. 16–20 Uhr.

• Anfahrt/Verbindungen Mit dem **Pkw** über die A 16 Neapel–Bari Ausfahrt Candela bzw. Cerignola West (von Bari kommend), A 3 Ausfahrt Sicignano-Potenza, ab Potenza SS 93 Richtung Foggia.

Bahnverbindung an der Strecke Potenza – Foggia (Bahnhöfe in Rionero del Vulture und Melfi).

Busse zwischen den einzelnen Orten, nach Potenza und Bari.

• Übernachten/Essen & Trinken *** **Villa Maria**, liegt in der Nähe der Seen im Wald und verfügt über mehrere Terrassen, Garten und Pool. Das Haus ist mit Vulkanstein und Kastanienholz minimalistisch-modern renoviert, die Zimmer sind groß und hell und haben komfortable Bäder. Dazu kommen die Freundlichkeit des Inhaberehepaares Angelo und Concetta und ein empfehlenswertes Restaurant. DZ 70 €, EZ 45 €. Laghi di Monticchio, Via Belvedere, ✆/℻ 0972/731025, www.hotelvillamaria.net.

Camping Parco Naturale Europa, einfacher, kleiner Platz am Seeufer. Bar, kleines Fährboot zur Überquerung des Sees und Bootsverleih. März bis Nov. geöffnet. Via Lago Grande 26, ✆/℻ 0972/731008 u. 716287 (Winter), www.campingeuropa.net.

*** **Grandhotel Garden**, modernes Hotel inmitten eines Olivenbaumparks. Es überzeugt durch seine harmonisch in die Landschaft eingefügte zeitgenössische Architektur, komfortable Zimmer, ein passables Restaurant und Wellnessbereich. DZ 110 €, EZ 65 €. Loc. Giardino, SS 93, ✆ 0972/761533, ℻ 761560, www.grandhotelgarden.com.

TIPP! La Maddalena Agriturismo, gepflegte Zimmer in ehemaligen Ställen und Futtersilos, leckeres Essen (auch für externe Gäste) mit Produkten aus dem eigenen Garten und Stall, ein Pool zur Erfrischung und aufmerksamer Service. Das Ganze inmitten von Weinreben und Olivenhainen und nur gut 2 km von Venosas Altstadt entfernt an der Straße nach Cerignola. DZ 80–120 €, EZ 40–80 €, HP 60–80 €. ✆ 0972/32735, ℻ 374000, www.agrilamaddalena.it.

Al Frantoio, Gourmettempel für den etwas teureren (Menü ab 40 €), aber äußerst lohnenswerten kulinarischen Genuss im gediegenen Ambiente einer umgebauten Ölmühle. Venosa, Via Roma 211, ✆ 0972/36925. Mo Ruhetag.

Lukanische Dolomiten

Die bizarren Felsformationen, die sich südwestlich von Potenza abrupt aus einer ansonsten lieblichen, von Laubwäldern und Olivenhainen bedeckten Mittelgebirgslandschaft in den Himmel recken, sind die Attraktion des regionalen Naturparks *Parco Naturale Regionale di Gallipoli Cognato e delle Piccole Dolomiti Lucane*. Der von 198 auf 1367 m ansteigende teilweise dicht bewaldete Park ist ein Eldorado für Wanderer, Kletterer und Mountainbiker, die hier landschaftlich reizvolle Kilo- und Höhenmeter zurücklegen können.

Wie angelehnt an die nackten Felswände erscheinen die sympathischen Dörfer *Castelmezzano* und *Pietrapertosa*. Ihre größte Touristenattraktion ist die „Engelsfluglinie“ *Volo dell'Angelo*, mit der man von Mai bis September an einem Stahlseil befestigt auf maximal 400 Höhenmetern und mit 120 km/h die 1,5 km Luftlinie von einem Dorf zum anderen fliegen kann.

• *Öffnungszeiten/Eintritt* **Volo dell'Angelo**, Mitte Mai bis Juni nur So, Juli bis Mitte Sept. tägl. außer Mo 9.30–18.30 Uhr (jährlich leicht variierende Betriebszeiten!). Tickets online oder in den örtlichen Bars, Di–Fr 30 €, Sa/So 38 €. Mindestalter 16 J. www.volodellangelo.com.

• *Anfahrt/Verbindungen* Beide Orte sind mit dem **Pkw** von der SS 407 (Basentana) zu erreichen. **Busse** nach Potenza, von Pietrapertosa nach Campomaggiore, wo sich der nächste Bahnhof (Linie Potenza – Foggia) befindet, von Accettura Busse nach Matera.

• *Übernachten* *** **La Locanda di Castromediano**, bestes Hotel in Castelmezzano, das gepflegt und umsichtig geführt wird. DZ 100 €, EZ 65 €, HP 55 €. Vico I Maglietta 7, ✆ 0971/986249, www.beccodellacivetta.it.

TIPP! **La Casa di Penelope & Cirene B & B**, adrettes, antik möbliertes und mit Familienfotos dekoriertes Häuschen in Pietrapertosa unter der Regie der lebhaften Teresa Colucci. Vier Zimmer mit ebenso schönen wie bequemen Betten, gepflegte Bäder und eine kleine Wohnküche schaffen eine gemütliche Atmosphäre. 25 €/Pers. Via Garibaldi 32 (auf jeden Fall vorher anrufen oder mailen!), ✆ 0971/983013 u. 338/3132196, teresa.colucci@tiscali.it.

• *Essen & Trinken* **Al Becco della Civetta**, das nach einem der Gipfel der Lukanischen Dolomiten (Käuzchenschnabel) benannte Restaurant des o. g. Hotels. Es serviert lukanische Küche, die u. a. wegen der hausgemachten Pasta der sympathischen Köchin und Hausherrin Antonietta Santoro in der ganzen Region gepriesen wird. 13–15 u. 20–22 Uhr. Okt. bis Mai So-Abend u. Di Ruhetag.

Oberes Agrital/Grumentum

Zwischen den römischen Ausgrabungsstätten von Grumentum sowie den Gemeinden Montemurro und Spinoso zum Lago Pertusillo gestaut, durchfließt der Agri ein im Frühling von blühenden Wiesen und rot leuchtenden Mohnfeldern koloriertes hügeliges Tal.

Einige exponiert gelegene Bergstädtchen, darunter Viggiano, Moliterno und Grumento Nova, bewachen diese landschaftliche Idylle vor der Gebirgskulisse von Volturino und Sirino, die allein durch einige Erdölförderanlagen gestört wird.

Die imposanten Hinterlassenschaften der im dritten vorchristlichen Jahrhundert gegründeten antiken Stadt Grumentum, darunter die gut erhaltenen Reste des antiken Straßensystems, das Forum, zwei Theater aus dem 1. Jh. v. Chr. und die Grundmauern eines römischen Wohnhauses, werden vom *Museo Nazionale dell'Alta Val d'Agri* am Eingang des archäologischen Parks anschaulich kommentiert. Das kunsthistorisch spektakulärste Exponat ist ein auf dem nahen Forum entdeckter Marmorkopf, der die Frau des Augustus – Livia – darstellt.

• *Öffnungszeiten/Eintritt* **Museum u. archäologischer Park**, Mo 14–20 Uhr, sonst 9–20 Uhr. 2,50 €.

• *Anfahrt/Verbindungen* Mit dem **Pkw** auf der A 3 Ausfahrt Atena Lucano oder Padula, über die SS 598 nach Scanzano am Ionischen Meer. **Busverbindungen** nach Potenza.

• *Übernachten/Essen & Trinken* ** **Vecchio Ponte**, sympathisches, einfaches Landhotel unter familiärer Regie am grünen Fuße des Monte Sirino, das mit ordentlichen Zimmern und einem guten Restaurant aufwartet. Es liegt an der Straße von Moliterno nach Lauria. DZ 60 €, EZ 50 €. Contrada da Piani di Maglie, ✆ 0975/64941, www.albergovecchioponte.it.

TIPP! **Osteria del Gallo**, wegen der ausgezeichneten „neulukanischen" Küche, die Traditionsgerichte etwas leichter und kreativer serviert, zu Recht allseits beliebtes Restaurant (Menü ca. 25 €). Es liegt gut 10 km nordwestlich der Römerstadt in Villa D'Agri, Via Nazionale 2, ✆ 0975/352045.

Aliano

ca. 1000 Einwohner

Carlo Levis literarisches „Gagliano" alias Aliano liegt inmitten der kalkigen, sonnenverbrannten Faltengebirgslandschaft der Calanchi, die in ihrem Erscheinungsbild dem türkischen Kappadokien gleicht.

Carlo Levis 1945 erstmals publiziertes, später in 37 Sprachen übersetztes und 1978 von Francesco Rosi verfilmtes Verbannungstagebuch *Christus kam nur bis Eboli* hat die Gemeinde über dem unteren Agrital auf der ganzen Welt bekannt gemacht. Wie viele Oppositionelle unter Mussolini ins unfreiwillige Exil in den bitterarmen italienischen Süden geschickt, lebte der Turiner Arzt, Maler und Schriftsteller von September 1935 bis Mai 1936 in Aliano, auf dessen Friedhof er 1975 seine letzte Ruhe fand. Heute ist der ganze Ort als *Parco Letterario Carlo Levi* ausgewiesen und mit Zitaten aus Levis Bestseller gespickt.

Leider sind die Bestände des *Museo Carlo Levi* (Dokumente, Zeitungsartikel, Fotografien, Briefe etc. zu Levis Aufenthalt) seit geraumer Zeit eingelagert. Zu sehen sind die *Pinacoteca Carlo Levi (Museo delle Tele)* an der Piazza Garibaldi, die einige Originalgemälde von Levi hütet und das *Museo della Civiltà Contadina*, das in einer restaurierten alten Ölmühle vom historischen Alltagsleben und den Festbräuchen der Dorfbewohner erzählt. Es befindet sich im Kellergeschoss der *Casa di Confino*, Carlo Levis Verbannungsdomizil, in dem man einen gleichzeitig auf zwei Wände projizierten, kommentierten, allegorisch angehauchten Videofilm über Aliano auf sich wirken lassen kann (auch in deutscher Sprache).

• Öffnungszeiten/Eintritt **Museen**, tägl. außer Mi 10–12.30 u. 16–18.30 Uhr. Eintritt 4 €. Die Besichtigungstour beginnt an der Piazza Garibaldi, bei verschlossener Tür wähle man ✆ 0835/568181 (Donata Latronico) oder 0835/568315 (Mimma Villone), www.aliano.it.

• Anfahrt/Verbindungen **Pkw**, A 3 Abfahrt Atena-Lucano, dann SS 598, von der SS 106 bei Scanzano auf die SS 598, dann kurvige Provinzstraßen. **Busverbindungen** nach Stigliano und S. Arcangelo, von dort nach Matera und Potenza und zur ionischen Küste.

• Übernachten/Essen & Trinken **Taverna La Contadina Sisina**, serviert lokale Spezialitäten, die neben der hausgemachten Pasta vornehmlich aus unterschiedlich zubereiteten Lamm- und Ziegenfleischgerichten bestehen. Auch Vermietung von Wohnungen und Zimmern in der Nachbarschaft. DZ 50 €. Via Roma 13, ✆/📠 0835/568239.

Pollino Lucano

Die mit viel frischer Luft gefüllte grüne Lunge des Pollino, die sich die Basilikata und Kalabrien miteinander teilen, ist ein mit einer artenreichen Pflanzen- und Tierwelt gesegnetes Paradies für ruhebedürftige Naturfreunde und Wandervögel.

Die auf 2266 m ansteigende Wald- und Gebirgslandschaft wurde 1993 zum *Parco Nazionale del Pollino* ernannt. Als Besonderheit ihrer vielfältigen Flora und Fauna und Symbol des Parks gilt der in der Zone zwischen 1500 und 2000 Höhenmetern gedeihende Pino Loricato, ein Nadelbaum mit einer schuppenförmigen, rüstungsähnlichen Rinde. Darunter präsentiert der Pollino nahezu die gesamte Palette der Laub- und Nadelbäume, Pilze, Waldfrüchte, Kräuter- und Blütenpflanzen, z. B. üppige Ginsterbüsche, die die Wiesen am Fuße des Bergmassivs im Frühjahr in ein sattes Gelb tauchen. Zu den tierischen Bewohnern des Naturparks zählen Wölfe und Steinadler. Kulinarische Aushängeschilder des Pollino sind luftgetrockneter Schinken,

Kalabrien und Basilikata
Karte S. 959

aromatische Pilzgerichte und gebietstypische Spielarten der Käsesorten Pecorino, Ricotta und Caciocavallo. Seine touristischen Zentren bieten allesamt Beratung und Begleitung bei Wander-, Mountainbike-, Reit- und Langlaufexkursionen an.

Rotonda: Das freundliche, auf Obst- und Gemüseanbau spezialisierte Landwirtschaftsstädtchen auf 580 m Höhe wird von einem mittelalterlichen Kastell gekrönt. Es ist Sitz der Zentrale des Pollino-Nationalparks, die im ehemaligen Priesterseminar am Santuario di S. Maria della Consolazione residiert. Gleich nebenan erklärt das *Museo di Storia Naturale* das ökologische System des Pollino und zeigt u. a. das Skelett eines urzeitlichen Elefanten.

San Severino Lucano: Das beschauliche Centro storico und seine im Grünen verstreuten Ortsteile *Magnano, Mezzana* oder *Cropani* wirken wie Baldrian auf gestresste Großstadtseelen. Sie sind in das Flusstal des Frido eingebettet, werden von Wiesen und Wäldern umarmt und im Süden von den höchsten Gipfeln des Pollino-Massivs, dem *Monte Pollino* (2248 m) und der *Serra Dolcedorme* (2266 m) überragt. Zu den Sehenswürdigkeiten der Gemeinde zählen historische Mühlen aus dem 18. und 19. Jh. und neuerlich ein von Carsten Höller kreiertes entschleunigtes Karussell namens *RB Ride*. Letzteres soll zusammen mit weiteren zeitgenössischen Kunstobjekten namhafter internationaler Künstler zur Attraktivitätssteigerung des lukanischen Pollino beitragen (www.artepollinobasilicata.it).

Viggianello: Wer Naturberührung sucht, bei der Unterbringung dennoch nicht auf einen gewissen Stil und Komfort verzichten möchte, ist in der Gemeinde zu Füßen der *Serra del Prete* (2180 m) gut aufgehoben. Ihre stimmungsvollen Gassen und Plätze entwickelten sich um ein unterdessen in ein gediegenes Hotel verwandeltes Schloss aus dem 16. Jh.

Terranova del Pollino: Der Ort auf 926 m Höhe ist architektonisch eher unspektakulär. Zum Ausgleich gewährt er jedoch fantastische Aussichten in die Bergwelt und genießt einen ausgezeichneten Ruf hinsichtlich seiner Gastronomie.

• *Öffnungszeiten/Eintritt* **Museo di Storia Naturale in Rotonda**, tägl. 9–13, 16–19 Uhr, Eintritt 2 €.

• *Anfahrt/Verbindungen* Mit dem **Pkw** auf der A 3 Ausfahrt Lauria-Nord, dann SS 653, die auch von der Küstenpiste SS 106 anzufahren ist.

• *Information/Exkursionen* **Ente Parco Nazionale del Pollino**, Mo–Fr 9.30–13 Uhr, Mo/Mi auch 16–17 Uhr (u. a. Vermittlung von autorisierten Bergführern). Via delle Frecce Tricolori 6, 85048 Rotonda (PZ), ✆ 0973/669311, 📠 667802, www.parcopollino.it. In den Touristenbüros und Hotels der anderen Orte ebenfalls Wanderkarten und -infos und Vermittlung von Bergführern.

• *Übernachten/Essen & Trinken in Rotonda* *** **Sirio**, zweckmäßiges, modernes Hotel mit komfortablen Balkonzimmern nahe der lebhaften Piazza V. Emanuele III. DZ 75 €, EZ 55 €. Via dei Rotondesi in Argentina 1, ✆ 0973/667600, 📠 667656, www.hotelsirio-pollino.com.

TIPP! Rifugio Fasanelli, die komfortable Berghütte mit Drei-Sterne-Niveau liegt einige Kilometer außerhalb von Rotonda auf 1350 Höhenmetern in friedlich-grüner Abgeschiedenheit. Es gibt dort nicht nur zwölf ordentliche Zimmer und leckeres Essen, sondern rund ums Jahr ein spannendes Exkursionsprogramm unter fachkundiger Leitung des sympathischen Nationalparkführers Pino di Tomaso. DZ 70 €, EZ 40 €, HP 55–60 €. Loc. Pedarreto, ✆/📠 0973/667304, www.rifugiofasanelli.it.

Da Peppe, genießt das größte kulinarische Renommee und empfiehlt sich mit raffinierter lukanischer Küche und guter Weinauswahl. Menü 30 €. Corso Garibaldi 13, ✆ 0973/661251.

In San Severino Lucano **** **Mulino Iannarelli**, das neueste, luxuriöseste und attraktivste Hotel im frisch restaurierten historischen Gemäuer der Iannarelli-Mühle. Es liegt mitten im Grünen, bietet komfortable Zimmer und ein rustikal-elegantes Restaurant. DZ 100 €, EZ 80 €. Loc. Mezzana Salice, ✆ 0973/570205, 📠 570207, www.mulinoiannarelli.com.

Auch Matera wurde durch Carlo Levi zum Schauplatz der Weltliteratur

Camping Il Pollino, etwa 9 km südlich von San Severino (im Ortsteil Mezzana-Salice) offeriert der einzige Campingplatz des lukanischen Pollino 20 Stellplätze für Zelte und Wohnwagen. Mai bis Ende Okt. geöffnet. ✆ 340/3749086.

La Fontana del Brigante, tischt u. a. hausgemachte Nudeln mit Wildschwein- oder Steinpilzsoße, Zicklein, Lamm und Bohnensuppe auf. Corso Garibaldi 199, ✆ 0973/576729, 347/8020468, Di Ruhetag.

Da Agostino, ebenfalls im Ortszentrum und ähnliches kulinarisches Profil. Via Circumvallazione, ✆ 0973/576710, Fr Ruhetag.

<u>In Viggianello</u> TIPP! *** **Locanda di San Francesco**, in einem 200 Jahre alten Haus untergebrachtes, stilvolles Hotel im alten Ortskern. Es offeriert 20 großzügige Zimmer (z. T. mit Blick auf die höchsten Gipfel des Pollino), Garten, freundliche Atmosphäre und ein gutes Restaurant. Die sympathischen Hausherren-Brüder sind bei der Planung von Exkursionen behilflich und betreiben neuerdings noch eine Berghütte auf 1400 Höhenmetern namens **La Baita**. DZ 76 €, EZ 48 €. Via San Francesco 4, ✆/℻ 0973/664384, www.locandasanfrancesco.com.

<u>In Terranova del Pollino</u> *** **Hotel Picchio Nero**, im Alpenstil gehaltene Hotelanlage mit Garten, Pool und anerkannt guter Küche (Pilzgerichte und luftgetrocknete Wurstwaren aus eigener Herstellung). „Hauseigene" Exkursionsangebote und Vermittlung von Wanderführern. DZ 78 €, EZ 65 €, HP 68 €. Via Mulino 1, ✆/℻ 0973/93170, www.picchionero.com.

Karte S. 959

Matera

ca. 56.000 Einwohner

Das seit dem 13. Jh. gewachsene, zuletzt von den Ärmsten der Armen bevölkerte Stadtviertel der Sassi von Matera ist nicht erst seit dem Kinostart von Mel Gibsons blutgetränktem Passionsspiel (Die Passion Christi, 2004) eine internationale Touristenattraktion.

Schon in Levis *Christus kam nur bis Eboli* (1945) eindrucksvoll beschrieben und in den 1960er Jahren von Kultregisseur Pier Paolo Pasolini als Drehort für seinen Film *Matthäuspassion* erwählt, wurden die in den 1950er und 60er Jahren wegen der katastrophalen hygienischen Verhältnisse geräumten Grottenwohnungen im Sasso

Barisano und Sasso Caveoso 1993 von der UNESCO zum Weltkulturerbe erklärt. Seither wurden viele der halb verfallenen alten Gemäuer, Gewölbe und in Fels gehauenen Gotteshäuser kostenträchtig restauriert. Sie beherbergen nun kleine Museen, schicke Büros und Ateliers, gediegene Bars und Restaurants, stilvolle Hotels und zahlreiche B&Bs.

Sehenswertes

Die zum „Monument der Armut" stilisierten und zum teuren In-Viertel städtebaulich aufgepeppten Sassi, über denen sich die der Ortsheiligen Madonna della Bruna geweihte romanische *Kathedrale* aus der Mitte des 13. Jh. erhebt, sind auf markierten Rundgängen allein oder in Begleitung autorisierter Stadtführer zu erkunden. Hier eine Auswahl der Besichtigungshöhepunkte:

MUSMA – Museo Della Scultura Contemporanea: Die im Palazzo Pomarici untergebrachte Dauerausstellung zeitgenössischer Bildhauerei schlägt künstlerische Brücken zwischen Vergangenheit, Gegenwart und Zukunft, indem sie im historischen Ambiente der Sassi Skulpturen der jüngeren internationalen Künstlergenerationen, darunter Werke von Niki de Saint-Phalle, Joseph Beuys, Hans Arp oder Fritz Wotruba, präsentiert.

Öffnungszeiten/Eintritt Nov. bis März Di–So 10–14 Uhr. April bis Okt. auch 16–20 Uhr. Eintritt 5 €. Via San Giacomo, ✆ 0835/330582, www.zetema.org.

Piazza del Sedile: Der von netten Cafés und Restaurant belebte Platz, an dem früher die Silberschmiede ihrem Handwerk nachgingen, wird heute von den Geigen- und Klavierklängen aus dem benachbarten Musikkonservatorium beschallt.

Piazza S. Francesco: Angesichts der gleichnamigen, zwar schon im 13. Jh. gegründeten, aber erst später prächtig verzierten Kirche kommen die Fans üppigen Barocks auf ihre Kosten.

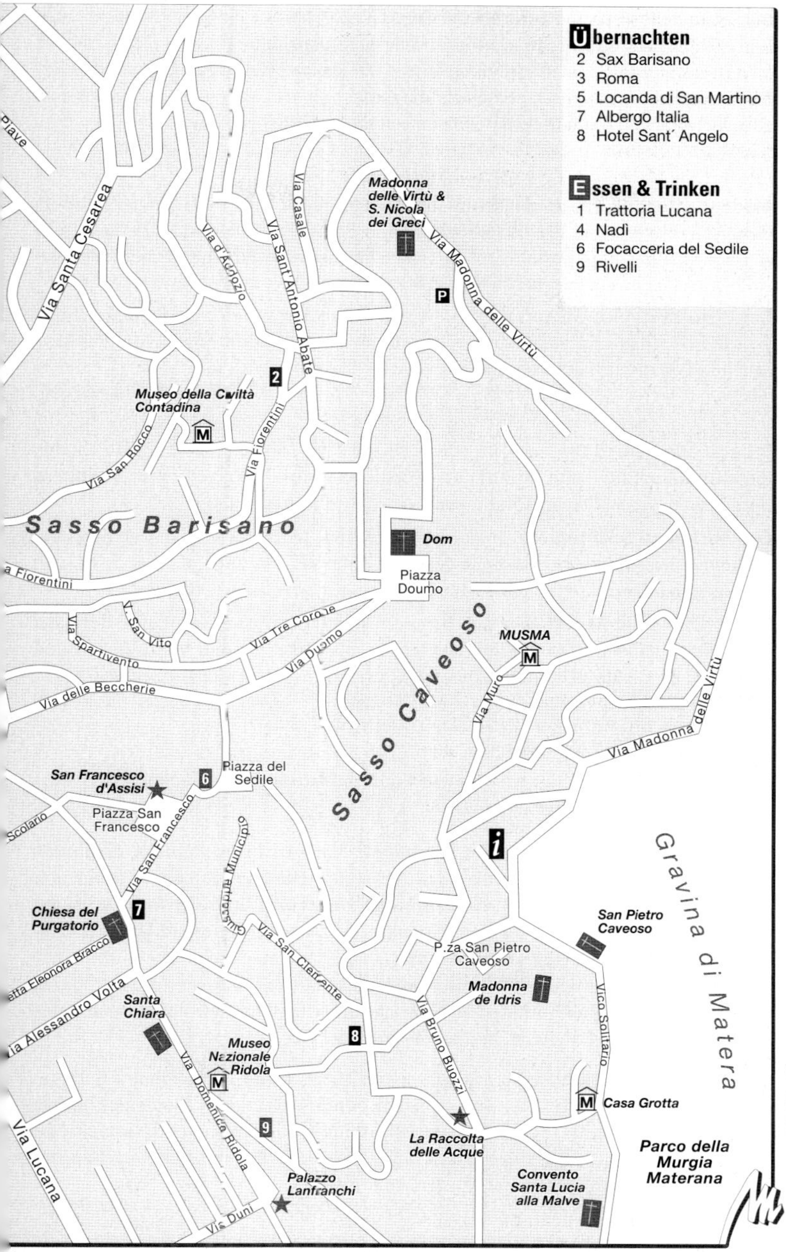
Übernachten
2 Sax Barisano
3 Roma
5 Locanda di San Martino
7 Albergo Italia
8 Hotel Sant´ Angelo
Essen & Trinken
1 Trattoria Lucana
4 Nadì
6 Focacceria del Sedile
9 Rivelli
Via Santa Cesarea
Via d'Addozio
Via Sant'Antonio Abate
Via Casale
Madonna delle Virtù & S. Nicola dei Greci
Via Madonna delle Virtù
Museo della Civiltà Contadina
Via San Rocco
Via Fiorentini
Sasso Barisano
Dom
Piazza Doumo
Via Tre Corone
Via Duomo
V. San Vito
Via Spartivento
Via delle Beccherie
Sasso Caveoso
MUSMA
Via Muro
Via Madonna delle Virtù
San Francesco d'Assisi
Piazza del Sedile
Piazza San Francesco
Via San Francesco
Via Giuseppe Municipio
Chiesa del Purgatorio
Via San Clemente
P.za San Pietro Caveoso
San Pietro Caveoso
Madonna de Idris
Gravina di Matera
Vico Solitario
Via Alessandro Volta
Santa Chiara
Museo Nazionale Ridola
Via Domenico Ridola
Via Bruno Buozzi
La Raccolta delle Acque
Casa Grotta
Parco della Murgia Materana
Convento Santa Lucia alla Malve
Palazzo Lanfranchi
Via Duni
Via Lucana

Madonna delle Virtù und S. Nicola dei Greci: Höhlenkloster im Sasso Barisano, dessen ältester Teil, die Kirche Madonna delle Virtù, aus dem 10. oder 11. Jh. datiert (allerdings wurde sie im 17. Jh. umgebaut). Darüber wurde später das zweite Gotteshaus errichtet, die Kirche S. Nicola dei Greci, mit sehenswerten Fresken aus dem 13. und 14. Jh. und sporadischen Ausstellungen zeitgenössischer Kunst.

Öffnungszeiten/Eintritt Juni bis Okt. Di–So 10–20 Uhr, Nov. bis Mai auf Anfrage. Eintritt 6 €. ✆ 0835/336726.

Madonna de Idris: Die zur Hälfte in Tuffstein gehauene Kirche Madonna de Idris im Sasso Caveoso ist eines der beeindruckendsten Bauwerke der Sassi. Allerdings präsentiert sich das ungewöhnliche Gotteshaus nach einem Einsturz des Tuffsteingewölbes in einer im 16. Jh. rekonstruierten Form.

Casa Grotta di Vico Solitario: Das Museum inszeniert eine original eingerichtete Grottenwohnung und dokumentiert gleichsam Levis Schilderungen von den bäuerlichen Lebensverhältnissen in den Sassi.

Öffnungszeiten/Eintritt Nov. bis März 9.30–17 Uhr, April bis Okt. 9.30–20 Uhr. Eintritt 1,50 €. Vico Solitario 11, ✆ 0835/310118, www.casagrotta.it.

S. Lucia alle Malve: Die im 9. Jh. von basilianischen Mönchen gegründete Kirche, die zwischenzeitlich zum Wohnraum profanisiert worden war, ist in ihrem Innern mit Fresken, Gemälden und Statuen aus dem 12.–17. Jh. geschmückt.

Convincinio di S. Antonio: Aus vier zwischen dem 14. und 15. Jh. in den Stein getriebenen Felsenkirchen zusammengesetzter Komplex am Südzipfel der Sassi, von dessen kleiner Terrasse das Panorama des Sasso Caveoso zu genießen ist.

La Raccolta delle Acque: Wer sich für die historische Wasserversorgung der Sassi interessiert, kann hier in ein vor 200 Jahren angelegtes System von Kanälen und Zisternen unterhalb der (alten) Chiesa del Purgatorio Vecchio abtauchen.

Öffnungszeiten/Eintritt April bis Okt. tägl. 9.30–13.30 u. 14–19 Uhr, Nov. bis März 9.30–13.30 Uhr. Eintritt 2,50 €. Via Bruno Buozzi (Sasso Caveoso), ✆ 340/6659107, www.laraccoltadelleacquematera.it.

Oberhalb des stets von Turmfalken überkreisten historischen Armenquartiers warten weitere Sehenswürdigkeiten:

Piazza Vittorio Veneto: Der urban anmutende Platz wird vom Rathaus, dem örtlichen Gefallenendenkmal, der im 13. Jh. erbauten (Kloster-)Kirche *S. Domenico,* dem seit 1230 „gewachsenen" *Convento dell'Annunziata* und der 1680 erbauten einschiffigen Kirche *Mater Domini (Cavalieri di Malta)* eingerahmt. Unter Letzterer wurde 1993 die vermutlich bereits um 1000 gegründete Kirche *Spirito Santo* mit einem Fresko der heiligen Sofia aus dem 14. Jh. entdeckt. In der Mitte der Piazza tut sich das Pflaster auf, um den Blick in das unterirdische Gewölbe eines historischen Straßen- und Kanalsystems *(Ipogei)* freizugeben.

Museo Nazionale Ridola: Das in dem ehemaligen Kloster Santa Chiara untergebrachte Museum wurde 1911 von dem Arzt und Archäologen Domenico Ridola (1841–1932) gegründet, der dem Staat 1910 seine umfangreichen archäologischen Funde vermacht hatte, die unterdessen durch weitere in Matera und Umgebung zu Tage geförderte Objekte ergänzt worden sind.

Öffnungszeiten/Eintritt Mo 14–20 Uhr, Di–So 9–20 Uhr. Eintritt 2,50 €. Via Ridola 24, ✆ 0835/310058.

Museo Nazionale dell'Arte Medievale e Moderna: Die Exponate des Museums, darunter mittelalterliche Kunstobjekte, die Sammlung *Pinacoteca D'Errico* mit Hunderten von

Gemälden aus der Neapolitanischen Schule des 17. und 18. Jh. und der gemalte Nachlass von Carlo Levi (Sala Levi), füllen den Mitte des 17. Jh. errichteten **Palazzo Lanfranchi.**
Öffnungszeiten/Eintritt D–So 9–13 u. 16–19 Uhr. Eintritt 2 €. Piazetta G. Pascoli 1, ✆ 0835/256262.

Unterhalb der Sassi schließt sich nahtlos der *Parco Archeologico Storico Naturale delle Chiese Rupestri del Materano* an, eine zum Natur- und Kulturpark aufgewertete schroffe Steinwüste, die gut hundert hochmittelalterliche Felsenkirchen und -klöster birgt. In diese hatten sich im 10. und 11. Jh. sowohl nach griechisch-byzantinischem als auch nach lateinischem Ritus betende Mönche zur inneren Einkehr zurückgezogen. Einige sind ausschließlich unterirdisch angelegt, andere später durch Außenkonstruktionen erweitert worden, viele mit teilweise verblüffend farbenfroh gebliebenen Fresken ausgeschmückt.

• *Anfahrt/Verbindungen* Mit dem **Pkw** von der A 3 (Ausfahrt Sicignano) über Potenza und die SS 407 (Basentana). Von der A 14 (Adriatica) Ausfahrt Bari-Nord.

Bahnhöfe der Apulisch-Lukanischen Eisenbahn mit Verbindungen nach Bari an der zentral gelegenen Piazza Matteotti (dort auch der Busbahnhof) und in den Stadtteilen Villa Longo und La Nera. **Busverbindungen** nach Taranto, Potenza und fast allen Orten der Provinz Matera.

• *Information* **APT**, Mo–Sa 9–13 Uhr, Mo/Do auch 16–18.30 Uhr. Via De Viti De Marco 9, ✆ 0835/331983, ℻ 333452, www.aptbasilicata.it.

• *Führungen* **Nuovi Amici dei Sassi**, jahrelange Erfahrungen in Sachen Sassi-Führungen. Piazza Sedile 20, ✆ 0835/331011 u. 338/4786354, www.amicisassiguide.it.

Sassi Tourism, Besichtigungstouren zu den o. g. Felsenkirchen in den Sassi. Info und Tickets: Mo–So 9–13 u. 15–19 Uhr, So/Fei 9-19 Uhr. Büros: Via Lucana 238 und Via Bruno Buozzi 141/143, ✆ 0835/319458 u. 338/2370498, www.sassitourism.it.

• *Übernachten* ****** Hotel Sant'Angelo (8)**, die komfortable Hotelanlage inmitten der Sassi integriert 16 stilvoll restaurierte und möblierte Grottenwohnungen mit insgesamt 45 Bettplätzen, kleine Gassen, Treppen, Terrassen und Höfe. DZ 160 €, EZ 135 €. Piazza San Pietro Caveoso, ✆ 0835/314010, ℻ 314735, www.hotelsantangelosassi.it.

***** Albergo Italia (7)**, Traditionshotel in einem historischen Palazzo am Rande der Sassi. Die Zimmer sind unterschiedlich eingerichtet (von modern bis antik). Herausragend ist die Suite 115 mit großzügiger Balkonterrasse über den Sassi (130 €). DZ 98 €, EZ 75 €. Via Ridola 5, ✆ 0835/333561, ℻ 33008, www.albergoitalia.com

TIPP! ***** Locanda di San Martino (5)**, reizendes Sassi-Hotel, das sich auf mehrere Gebäudetrakte verteilt, mit hübschen, kleinen Terrassen, stimmungsvollem Thermalbad, schlicht-geschmackvoll möblierten Zimmern und aufmerksamem Service. DZ 90–130 €, EZ 87–102 €, Suite 120-180. Via Fiorentini 71, ✆ 0835/256600, ℻ 256472, www.locandadisanmartino.it.

B & B Sax Barisano (2), zwei Zimmer, die aber für Familien mit mehreren Betten möbliert sind. Das herzliche ältere Inhaberpaar betreibt das *Sax Café* gleich nebenan. DZ 75 €. Via Fiorentini 247, ✆ 0835/331687 oder 335/8075669, www.saxbarisano.it.

**** Roma (3)**, weil außerhalb der Sassi preislich günstiger, gleichwohl zentral gelegen, bietet ordentliche Zimmer und freundliche familiäre Betreuung. DZ 65 €, EZ 43 €. (ohne Frühstück) Via Roma 62, ✆/℻ 0835/333912, www.albergo-roma-matera.it.

• *Essen & Trinken* **Trattoria Lucana (1)**, Traditionstrattoria mit gepflegter Hausmannskost, (z. B. lukanische Lasagne mit Auberginen) und während der Dreharbeiten zur *Passion Christi* Lieblingslokal von Mel Gibson, der deshalb zum Paten eines Nudelgerichts namens „Fettuccine Mel Gibson" erwählt wurde. Via Lucana 48, ✆ 0835/336117, So Ruhetag.

TIPP! **Focacceria del Sedile (6)**, Focaccia, Salate und Snacks, Eis oder Granita auf der hübschen gleichnamigen Piazza. Die Inhaber sind herzlich, die Atmosphäre quirlig-sympathisch, das Essen lecker und preisgünstig. Piazza del Sedile 1, ✆ 0835/337337.

Nadì (4), köstliche Fleisch- und Gemüsegerichte (Menü ca. 30 €) nach alter lukanischer Tradition, drinnen unter Sassi-Gewölben oder draußen auf einer kleinen Terrasse, hier wie dort freundliches Ambiente. Via Fiorentini 1–3, ✆ 0835/332892.

Rivelli (9), der vergleichsweise hohe Menüpreis von gut 40 € ist kulinarisch gut angelegt. Spezialität des Hauses sind „Cavatelli funghi e salsiccia". Via Casalnuovo 27, ✆ 0835/311568. Mo Ruhetag.

Kalabrien und Basilikata
Karte S. 959

Kalabrien – das Landesinnere

Cosenza

ca. 70.000 Einwohner

Die Altstadt von Cosenza liegt auf dem von Busento und Crati umflossenen Colle Pancrazio, auf dessen Gipfel ein monumentales normannisch-staufisches Kastell über die geschichtsträchtige und gleichzeitig innovativste Stadt Kalabriens wacht.

Spätestens seit der von eleganten Geschäften und Büros gesäumte *Corso Mazzini* mit den künstlerisch hochkarätigen Exponaten (darunter eine Skulptur von Dalí) des *Museo All'Aperto Bilotti* dekoriert ist, lohnt sich auch ein Spaziergang durchs neue Zentrum der insbesondere dank ihrer international anerkannten Universität wirtschaftlich aufstrebenden Provinzmetropole, bevor man über den *Corso Telesio* den Altstadthügel erklimmt.

Nach dem Jawort im Cosentiner Dom

Die stetig ansteigende Flaniermeile wird von kleinen Läden und Lokalen gesäumt und verläuft quer durch das Mitte der 1990er Jahre restaurierte und revitalisierte Centro storico, das sich unterdessen zwar wieder etwas verwahrlost gibt, aber dennoch durch einige ansehnlich renovierte Adelspaläste mit prächtigen Portalen und Balkonen besticht. Außerdem beeindrucken dort einige jahrhundertealte Sakralbauten, darunter ein Augustinerkonvent vom Beginn des 16. Jh., in dem 2009 das *Museo Civico dei Brettii e degli Enotri* eröffnet wurde, dessen archäologische Exponate einen historischen Bogen von der Prähistorie bis zur römischen Kaiserzeit spannen. (Via G.V. Gravina, Di–Fr 9.30–18.30 Uhr, Sa/So 10–13, 15.30–18.30 Uhr, Eintritt frei). Der Corso Telesio öffnet sich auf halber Strecke zur Piazza Duomo mit der 1222 nach erdbebenbedingter Renovierung von Friedrich II. wieder eröffneten *Normannischen Kathedrale,* um nach weiterem Anstieg in die repräsentativ bebaute *Piazza XV Marzo* zu münden, die vom Palazzo Governo, dem Teatro Rendano und der von Cosenzas Stadtphilosophen Bernardino Telesio gegründeten Accademia Cosentina flankiert wird. Von der Piazza XV Marzo, hinter der der großzügige Stadtpark (Giardini Pubblici) grünt und blüht, geht es weiter hinauf zum mittelalterlichen *Kastell,* einem stattlichen Bauwerk mit achteckigem Turm, imposanten Sälen und mystisch wirkenden Innenhöfen.

• *Anfahrt/Verbindungen* **Pkw**, Ausfahrt der A 3, Von Cosenza führt die SS 107 durch die Sila Grande nach Crotone. **Parkplätze**: Viale Mancini 32, Piazza Fera und Piazza Vittimi Civili di Guerra (Centro storico). **Bahnhöfe**, **Cosenza Centro** an der Piazza

Matteotti (Ferrovie della Calabria) und **Cosenza Vaglio Lise** an der Piazza Sila (FS und Ferrovie della Calabria), vom ersten Züge nach Catanzaro und Spezzano (Sila), vom zweiten außerdem nach Paola und Sibari.

Gut organisierter innerstädtischer **Busverkehr**, Rolltreppenverbindungen in der Altstadt, Überlandbusse zu fast allen Orten der Provinz vom zentralen Busbahnhof (autostazione) an der Via delle Medaglie d'Oro.

• *Information* **Informazioni Turismo**, Piazza Toscano (Altstadt), ✆ 0984/813336.

• *Übernachten* **** **Hotel Royal**, sehr gepflegtes, unlängst um einen neuen Gebäudetrakt erweitertes Haus mit einem eigenen Parkplatz in einer relativ ruhigen Seitenstraße des Corso Mazzini (zentral zwischen altem und neuem Stadtzentrum). DZ 100 €, EZ 75 €. Via Molinella 24/E/Via delle Medaglie d'Oro, ✆/℡ 0984/412165, www.hotelroyalsas.it.

*** **Hotel Excelsior**, Familienhotel mit historischem Flair, Stuckdecken und Mosaikböden. Die Zimmer sind modern möbliert und haben teilweise riesige Bäder. DZ 70 €, EZ 50 €. Piazza Matteotti 14, ✆/℡ 0984/74383, www.htlexcelsior.it.

• *Essen & Trinken* **Calabria Bella**, gute Lokalküche und abends Pizza mitten in der Altstadt. Piazza Duomo 20, ✆ 0984/793531.

L'Arco Vecchio, zwischen Centro storico und Kastell in einem stimmungsvollen Gewölbelokal an einem ebensolchen Platz. Auf der Karte stehen raffiniert zubereitete cosentinische Spezialitäten. (Menü 30 €). Piazza Archi di Ciaccio 21, ✆ 0984/72564.

Gran Caffè Renzelli, Traditionscafé direkt neben dem Dom. Viele süße Spezialitäten und guter Kaffee. Piazza Duomo/Corso Telesio 46, ✆ 0984/26814.

Pollino Calabro

Im Hinterland der cosentinischen Westküste erstreckt sich der kalabrische Teil des Pollino-Nationalparks, in dem sich dessen höchster Gipfel Serra Dolcedorme (2267 m) erhebt und sich die Flüsse Lao, Argentino und Raganello ihren streckenweise von hohen Felswänden flankierten Weg zur tyrrhenischen bzw. ionischen Küste bahnen. Einige kulturgeschichtsträchtige Städte und Dörfer unterstreichen die natürliche Schönheit.

Papasidero: Touristen besuchen das kleine Dörfchen über den Ufern des Flusses Lao hauptsächlich wegen der (gut 10 kurvige Straßenkilometer vom Zentrum entfernten) *Grotta del Romito,* die mit einer Höhlenzeichnung aus der Altsteinzeit dekoriert ist. Neben dem urzeitlichen Ochsenbildnis wurden in der Grotta del Romito insgesamt sieben menschliche Skelette aus vorgeschichtlicher Zeit entdeckt (Juni bis Sept. tägl. 9–19 Uhr, Okt. bis Mai 9–17 Uhr, Eintritt 2,60 €).

Morano Calabro: Vor der Kulisse der schneebedeckten Gipfel des Monte Pollino (2248 m) und der Serra Dolcedorme schmiegen sich die Häuser von Morano Calabro in konzentrischen Kreisen um einen fast 700 m hohen, kegelförmigen Hügel, auf dessen Spitze die Reste eines gerade aufwändig restaurierten und bald kulturell und gastronomisch genutzten normannischen Kastells das imposante städtebauliche Ensemble krönen. Der seit dem Mittelalter gewachsene Stadtkern ist in seiner Bausubstanz noch nahezu unverändert, sodass durch die Gassen und Gässchen und über die Treppen und Treppchen, die die eng übereinander geschichteten Häuserreihen voneinander trennen, noch heute der Hauch vergangener Jahrhunderte weht. Auffälligster Sakralbau ist die *Chiesa di S. Bernardino da Siena* nebst angeschlossenem Kloster direkt am Ortseingang, dessen kunsthistorisch spektakulärer Flügelaltar von *Bartolomeo Vivarini* (1477) in der nahen *Collegiata della Maddalena* aufbewahrt wird, die ihrerseits als eine der prächtigsten Barockkirchen der Region gehandelt wird.

Cívita und Frascineto: In Cívita ist die Geschichte der Ende des 15. Jh. auf der Flucht vor den Türken nach Kalabrien zugewanderten Albaner präsenter als in den meisten anderen Gemeinden albanischen Ursprungs, weil deren Nachfahren hier stärker als anderswo nach alter Väter Sitte leben. Diese im *Museo Etnico Arberesh* dokumentierte besondere Alltagskultur des Ortes entfaltet sich vor und über der natürlichen Kulisse des Pollino-Gebirges und der wildromantischen Raganello-Schlucht. Wer noch mehr über die größte kalabrische Bevölkerungsminderheit wissen will, findet im *Museo del Costume Albanese* in der zudem als Weinstadt profilierten, ebenfalls albanischen Nachbargemeinde Frascineto (Pollino D.O.C.) weiteres Anschauungsmaterial.

Öffnungszeiten/Eintritt **Museo Etnico Arberesh**, Piazza Municipio, tägl. 17–19.45 Uhr, **Museo del Costume Albanese**, Via della Montagna, Juni bis Sept. 10–12.30, 16–20 Uhr. Eintritt 3 €.

Castrovillari: Die Wein- und Hauptstadt des Pollino besteht aus einer seit dem 18. Jh. kontinuierlich gewachsenen Neustadt in der Ebene und dem höher gelegenen, als „Civita" bezeichneten historischen Ortskern. Einer der bedeutendsten Sakralbauten der Stadt ist der heute für vielfältige kulturelle Zwecke genutzte *Protoconvento di Francesco d'Assisi,* der auffälligste Profanbau das um 1490 von Ferdinand von Aragón in Auftrag gegebene raumfordernde *Castello Aragonese.* Atmosphärisch erlebenswert ist der zentrale Corso Garibaldi, ein fast urban anmutender, schnurgerader Boulevard, der während des vormittäglichen Gemüsemarkts von quirligem Leben erfüllt ist.

Altomonte: Der sensibel restaurierte und kulturell ambitionierte mittelalterliche Ort am Südrand des Pollino-Massivs rangiert sozusagen als „Gesamtkunstwerk" ganz oben auf der Liste der regionalen Sehenswürdigkeiten. Wichtigstes Detail ist die 1380 fertig gestellte Kirche *Santa Maria della Consolazione.* Das stilistisch schlicht gehaltene Gotteshaus wurde später durch ein Kloster erweitert, in dem heute das *Museo Civico di Santa Maria della Consolazione* wertvolle sakrale Kunstwerke zeigt.

• *Öffnungszeiten/Eintritt* Okt. bis März 10–13 u. 16–19 Uhr, April bis Sept. 9–13 u. 15–20 Uhr. Eintritt 3 €. ✆ 0981/948041.

• *Anfahrt/Verbindungen* **Pkw**, A 3 (Ausfahrten Laino Borgo, Castrovillari-Frascineto, Altomonte).

Die nächsten **Bahnhöfe** sind in Scalea oder Sibari.

Busverbindungen zwischen den Gemeinden, nach Scalea, Castrovillari, Cosenza und an die ionische Küste.

• *Information* **Ufficio Turistico Provinciale**, von Norden kommend, kurz vor der Ausfahrt Frascineto neben der Tankstelle Stazione di Servizio Frascineto Ovest. Mo–Fr 8–14 Uhr, Mo u. Do 14.30–17.30 Uhr. ✆ 0981/32382.

• *Übernachten/Essen & Trinken in Morano*

**** **Villa San Domenico**, gepflegte Gastlichkeit und ein empfehlenswertes Restaurant in einem respektablen historischen Palazzo Nobile mit Garten am Rande der Altstadt, schräg vis-à-vis der Chiesa di S. Bernardino. DZ 110 €, EZ 80 €. Via Sotto Gli Olmi, ✆/℻ 0981/399991, 399881, 30588, www.albergovillasandomenico.it.

B & B La Panoramica, die zitronengelbe Pension zum Wohlfühlen liegt mitten im Grünen und eröffnet einen Panoramablick auf die Altstadt von Morano. Ein Pool krönt die perfekte Gastfreundschaft von Christa Gretzmeier und ihrem kalabrischen Ehemann Rocco Aita, die gute Betten, ein üppiges Frühstück und eine Gästeküche zur Selbstversorgung bereithalten. DZ 45 €, EZ 25 €. Contrada da Mangioppo (nahe der Autobahnausfahrt), ✆/℻ 0981/31043 u. 346/4213763, www.lapanoramicabb.it.

TIPP! La Cantina, wegen seiner leckeren Lokalküche, der abendlichen Pizza und des angemessenen Preis-Leistungs-Verhältnisses überaus empfehlenswerter, gemütlich-lebhafter Familienbetrieb im oberen Teil der Altstadt. Reservierung angeraten! Piazza Croce 21, ✆ 0981/31034 u. 348/2632838. Mo Ruhetag.

In Cívita **B & B Il Belvedere**, schöne, stilvoll möblierte Zimmer, gute Aussicht auf die Raganello-Schlucht, nette Betreuung und besonders leckeres Frühstück. 25–30 € pro Nacht und Nase. Corso Cavallotti 27, ✆ 0981/73232, www.bebparcopollino.it.

Kamastra, Traditionslokal im historischen Ambiente einer alten Wollspinnerei, in dem albanische Pasta- und Fleischspezialitäten (z. B. Zicklein) und dazu der leichte Rote aus

Frascineto serviert werden. Piazza Municipio 3/6, ✆ 0981/73387. Mi Ruhetag (außer August).

In Castrovillari **** **La Locanda di Alia**, dem Luxusrestaurant unter der Leitung zweier Brüder ist ein ebensolches Hotel in modernem Design, mit Garten und Pool angeschlossen. DZ 120–140 €, EZ 90–110 €. Kulinarisches Profil des Hauses ist eine auf moderne Bedürfnisse zugeschnittene, kreativ abgewandelte kalabrische Traditionsküche und eine große Auswahl erlesener Weine. So Ruhetag. 10.–20.8. u. 24.12.–2.1. geschl. Via Jetticelle 55, ✆/℻ 0981/46370, www.alia.it.

In Altomonte **** **Hotel-Restaurant Barbieri**, von der großen Aussichts- und Restaurantterrasse des Traditionshotels genießt man einen schönen Blick auf das gegenüberliegende mittelalterliche Altomonte. Es gibt einen Pool, ein Wellnesscenter und eine kleine Bottega mit kulinarischen Souvenirs, die Zimmer sind modern-elegant eingerichtet. DZ 90–105 €, EZ 65–70 €. Besonders zu empfehlen ist das exzellente Restaurant, das sich mit seiner variationsreichen kalabrischen Küche einen überregionalen Ruf erkocht hat. Die Spezialität des Hauses sind Pilzgerichte. Via Italo Barbieri 30, ✆ 0981/948072, ℻ 948073, www.barbierigroup.it.

Sila

Mit der Sila Greca und der Sila Grande verfügt die Provinz Cosenza über den Löwenanteil an der hügelig bis gebirgigen, gebietsweise zum Nationalpark erklärten Wald- und Seenlandschaft der Sila, deren südliche Ausläufer namens Sila Piccola sich die Provinzen Catanzaro und Crotone teilen.

Unter der Obhut des höchsten Gipfels der eher mitteleuropäisch anmutenden Landschaft, dem Monte Botte Donato (1929 m), gedeiht eine üppige und variationsreiche Vegetation mit Pinien-, Tannen-, Buchen- und Kastanienwäldern. Vielfältig ist auch die Tierwelt der Sila, wo noch Wölfe zu Hause sind. In den künstlich angelegten, jedoch harmonisch in die Landschaft eingefügten Seen Lago Cecita, Lago Arvo und Lago Ampollino tummeln sich die auf dem silanischen Speisezettel äußerst beliebten Forellen. Weitere kulinarische Aushängeschilder sind Pilzgerichte, Wurst- und Käsespezialitäten. Die städtebaulich wenig attraktiven Touristenzentren der ganzjährig frequentierten Sila sind mehrheitlich auch auf Skiurlauber eingerichtet.

- Anfahrt/Verbindungen: **Pkw**, A 3 (Ausfahrt Cosenza), von dort auf die SS 107 Richtung Spezzano; von der ionischen Seite kommend ab Rossano über die SS 177.

Vom zentrumsnahen **Bahnhof von Camigliatello** kommt man (allerdings nur 1- bis 2-mal am Tag) nach Cosenza (der Dampfzug durchs Sila-Gebirge ist bis auf Weiteres außer Betrieb!). Ansonsten stellen verschiedene **Busgesellschaften** regelmäßige Verbindungen nach Cosenza und zu den Orten der Umgebung her.

Camigliatello: Dort, wo sich noch bis in die 1930er Jahre lediglich einige wenige Holzhäuser in den Wäldern versteckten, hat sich seither eine stetig verdichtete touristische Infrastruktur mit Hotels, Ferienwohnungen, Restaurants, Spezialitätengeschäften, Souvenirläden, Abfahrtspisten und Langlaufloipen entwickelt.

Zu den landschaftlichen Attraktionen der näheren Umgebung gehören die *Giganti della Sila,* eine Gruppe jahrhundertealter Baumriesen in der Località Fallistro, die zum Nationalpark erklärten Ufer des *Lago Cecita* sowie die *Fossiata,* ein Pinien- und Lärchenwald. Der *Parco Letterario Old Calabria* am Rande von Camigliatello pflegt die Erinnerung an den historischen Kalabrienreisenden Norman Douglas. Das nach dem gern zitierten Hauptwerk (*Old Calabria,* erschienen 1915) des englischen Adeligen benannte Kulturzentrum residiert in einem ansehnlichen Adelspalazzo aus dem 17. Jh. namens *Torre di Camigliata.* In einem umgebauten Kuhstall

Karte S. 959

gleich nebenan residiert das Emigrationsmuseum *La Nave della Sila,* das in der musealen Inszenierung eines Schiffsdecks mit großformatigen historischen Fotografien, geschriebenen, gesprochenen und gesungenen Texten italienische Emigrationsgeschichte(n) aus dem 19. und 20. Jh. „erzählt".

• *Öffnungszeiten/Eintritt* Juli u. Sept. Fr–So 10–14 u. 15.30–18.30 Uhr, August (außer 15.8.) tägl. Eintritt 2 €. Loc. Camigliati, www.oldcalabria.org.

• *Information* **Altipiani**, Kooperative, die Exkursionen zu Fuß, auf dem Rad und auf Skiern und ortskundige Informationen aller Art anbietet. Via Roma 101, ✆ 0984/578766, www.inaltipiani.it; **Centro Visite Cupone**, an der SS 177 in bzw. aus Richtung Rossano, www.parcosila.it.

• *Übernachten/Essen & Trinken*

**** **Aquila & Edelweiss**, außen modernes, innen holzverkleidetes und entsprechend rustikal-gemütliches Haus, dessen Restaurant wegen seiner Pilz-, Wurst- und Wildspezialitäten einen herausragenden Ruf hat. DZ 70–100 €, EZ 55–80 €. Viale Stazione 15, ✆ 0984/578044, 578753, www.hotelaquilaedelweiss.com.

La Forestiera del Parco, die landschaftlich schönste Unterkunft von Camigliatello. Die gepflegten, geschmackvollen Zimmer gruppieren sich um einen nobel-gemütlichen Salon im o. g. Torre di Camigliata. Alternativ zu den B & B-Zimmern gibt es möblierte Ferienwohnungen auf dem Gelände des (Literatur-)Parks. B & B 50 € pro Pers., Wohnungen für 2 Pers. ca. 500 € pro Woche. ✆/ 0984/578200, www.torrecamigliati.it.

Lorica: Sommerfrische und Wanderparadies nebst Wintersportanlagen in 1314 m Höhe am Fuße des *Monte Botte Donato* und am nordöstlichen Ufer des *Lago Arvo.*

• *Übernachten/Essen & Trinken* **** **Hotel Park 108**, modernes 48-Zimmer-Hotel am See, mit Garten, Restaurant und hauseigenem Exkursionsprogramm. DZ 90–110 €, EZ 60–80 €. Via Nazionale 86, ✆ 0984/537077, www.hotelpark108.it.

San Giovanni in Fiore: Besuchenswert ist die „Hauptstadt der Sila" allenfalls wegen der 1189 von Giacchino da Fiore gegründeten Abtei *Abbazia Florense* (tägl. 8–12, 14.30–19 Uhr) und dem benachbarten volkskundlichen Museum (Mo–Sa 8.30–18.30 Uhr, vom 15.6.–15.9. auch So 9.30–12.30 u. 15.30–18.30 Eintritt 1,50 €.). Darüber hinaus hat sich der insgesamt gesehen eher abschreckende Ort durch seine Webe- und Goldschmiedearbeiten einen überregionalen Ruf erworben.

Hier dachte Joachim von Fiore über Gott und die Welt nach

Longobucco: Die Markenzeichen des mittelalterlichen, architektonisch fast alpin anmutenden Bergstädtchens sind der eindrucksvolle Blick auf seine Dächer und seine nach alter Väter und Mütter Sitte gefertigten farbenfrohen Teppiche, Bett- und Tischdecken im byzantinisch-orientalischen Stil.

Taverna: In Taverna wurde der international bekannte Barockmaler *Mattia Preti* (1613–1699) geboren. Seine Werke schmücken die beiden Kirchen S. Domenico und S. Barbara (9–12.30 Uhr). Die erstgenannte Kirche ist dem *Museo Civico* im ehemaligen Konvent S. Domenico zugeordnet (Di–So 9.30–12.30 Uhr u. 16–19 Uhr).

Die relativ behutsam in die Buchen- und Kiefernwälder nördlich von Taverna eingefügten Einfamilienholzdomizile wohlsituierter Catanzaresi, die sich dort schon seit den 1930er Jahren von den hochsommerlichen Hitzewellen an den Küsten erholen, bilden zusammen mit einigen Hotels und Pensionen die Hauptferienorte *Villagio Mancuso* und *Villaggio Racise* auf 1319 bzw. 1277 Höhenmetern.

• *Anfahrt/Verbindungen* **Pkw**, A 3 (Ausfahrt Lamezia Terme), dann die SS 280 bis Catanzaro, von dort die SS 109.

Nächste **Bahnhöfe** in Catanzaro und Catanzaro Marina.

Täglich **Busverbindungen** vom und zum Bahnhof der Ferrovie delle Calabrie in Catanzaro.

Serre

Serra San Bruno

In dieser waldreichen Mittelgebirgslandschaft versteckt sich am Rande des gleichnamigen Ortes eines der touristischen Aushängeschilder Kalabriens: die geheimnisumwitterte *Certosa di Serra San Bruno.*

In das im 11. Jh. unter normannischer Protektion von dem Mönch Bruno von Köln gegründete, unterdessen mehrmals durch Erdbeben zerstörte und in seiner heutigen Form seit Ende des 18. Jh. gewachsene Kartäuserkloster soll sich seinerzeit einer der Hiroshima-Piloten zur inneren Läuterung zurückgezogen haben. Genau weiß man das freilich nicht, weil die wenigen Mönche von Serra San Bruno immer anonym waren bzw. sind. Das sehens- und erlebenswerte klostereigene Museum gibt zumindest einen kleinen Einblick in das ansonsten von der Öffentlichkeit abgeschirmte Klosterleben.

• *Öffnungszeiten/Eintritt* April bis Sept. 10–13 u. 14–19 Uhr, Okt. bis März 10–13 u. 14–17 Uhr. Eintritt 2 €. ✆ 0963/70608, www.certosini.org.

• *Anfahrt/Verbindungen* **Pkw**, A 3 (Ausfahrt Pizzo), dann auf die SS 110.

Busverbindungen nach Pizzo und Vibo Marina und an die ionische Küste.

Aspromonte

Aspromonte heißt übersetzt „rauer Berg" und ist dennoch keine ausschließlich karge und öde Gebirgslandschaft. Er präsentiert sich tatsächlich als äußerst kontrastreich, ist teilweise sogar dicht bewaldet und verfügt über eine variationsreiche Flora und Fauna.

An seinen Ausläufern gedeihen hier dichte Oliven- und Bergamottekulturen, während sich an anderer Stelle tiefe, im Sommer ausgetrocknete Flussbetten (fiumare) durch spärlich bewachsene Felsschluchten ihren Weg zur Küstenmündung bahnen. Dann wiederum bedeckt das üppige Grün ausgedehnter Buchen-, Kastanien- oder Fichtenwälder bisweilen selbst die höchsten Erhebungen, von denen sich – mancherorts in drei Himmelsrichtungen – atemberaubende Aussichten auf das Meer, auf Sizilien und den Äolischen Archipel eröffnen.

Der Aspromonte, der 1994 zum Nationalpark erklärt wurde, ist jedoch nicht nur ein landschaftliches Faszinosum und Wanderparadies, sondern wegen seiner meist pittoresk postierten Dörfer, darunter eine Reihe (alt-)griechischer Sprach- und Kulturinseln, auch kulturgeschichtlich interessant.

Der Aspromonte ist schließlich trotz aller hartnäckig gepflegter Vorurteile kein lebensbedrohliches Terrain. Wenn sich in den unwegsamen Wäldern des Aspromonte tatsächlich einige gesuchte (mafiöse) Kriminelle verbergen sollten, so bleiben Touristen von diesen dunklen Machenschaften doch unberührt. Dass dennoch davor

Karte S. 959

gewarnt wird, größere Exkursionen auf eigene Faust oder gar allein zu unternehmen, hat vielmehr damit zu tun, dass man sich in der gebietsweise wildromantischen und zivilisationsfreien Gebirgslandschaft leicht verirren und verletzen kann.

Deshalb bieten die offiziellen Wanderführer des Nationalparks und lokale Kooperativen in den Gebirgs- und Küstengemeinden im und um den Aspromonte ihre ortskundige Hilfe an. Sie organisieren Wanderungen, beraten und begleiten bei individuell geplanten Exkursionen und kümmern sich um Unterkunft und Verpflegung der Wanderer. Die bekanntesten Ausflugsziele im oder am Rande des Aspromonte sind aber auch mit dem eigenen Fahrzeug und grundsätzlich auch mit dem Bus zu erreichen. Die Qualität der Straßen ist allerdings nicht immer die beste, und die Frequenz der Busverbindungen gering.

Pentedattilo: Die seit Ende der 1960er Jahre wegen Erdbeben- und Überschwemmungsgefahr geräumten, geisterhaft verfallenen Häuser von Pentedattilo bilden ein pittoreskes Ensemble mit einer in den Himmel weisenden felsfingrigen Hand, der das von nah und fern gleichermaßen imponierende Dorf seinen Namen („Fünf Finger") verdankt.

Bova: Der landschaftlich gut situierte Ort in 915 m Höhe ist wegen seiner intensiv gepflegten griechischen Traditionen und als idealer Ausgangspunkt für Exkursionen in den Aspromonte von Interesse. Hier residiert die rührige (Wander-)Kooperative *San Leo* (s. u.), die sich auch in Sachen griechischer Traditionspflege engagiert. Kultureller Höhepunkt des Jahres ist das inzwischen zum kleinen Weltmusikfestival aufgestiegene *Festivale Paleariza,* an dem sich auch die übrigen grecanischen Gemeinden beteiligen (Ende Juli/Anfang August, www.paleariza.it).

Amendolea (Condofuri): Wenn man sich von der Küste (Melito Porto Salvo) über die Straße nach Condofuri Richtung Gallicianò bewegt, folgt man dem Lauf der Fiumara Amendolea, wobei es sich lohnt, etwa auf halber Strecke auszuscheren und die kleine Ansiedlung Amendolea anzusteuern, über der auf knapp 800 m Höhe die Ruinen des mittelalterlichen Amendolea ruhen, von denen sich ein grandioser Ausblick auf Berge und Meer bietet.

Gallicianò (Condofuri): Ein kleines Bergnest, wo die Straßen Zeus, Penelope und Odysseus heißen, die älteren Leute noch (Alt-)Griechisch sprechen und der Rest der Welt ganz weit weg scheint. In der Kirche S. Giovanni Battista wird bis heute nach griechisch-orthodoxem Ritus gebetet.

Gambarie (S. Stefano Aspromonte): Einziges Touristenzentrum der südkalabrischen Gebirgslandschaft, das für die Versorgung von Sommerfrischlern, Wintersportlern und Wanderern auf 1310 m Höhe mitten im waldreichen Herzen des Aspromonte aus dem Boden gestampft wurde. Wer im Aspromonte wandern oder gar Ski fahren und auf Hotelkomfort nicht verzichten möchte, findet in Gambarie, wo die Verwaltung des Nationalparks residiert, die entsprechende Infrastruktur.

Montalto und Santa Maria di Polsi: Gut 3 km südlich von Gambarie beginnt die schlecht ausgebaute und für einen normalen Pkw herausfordernde, knapp 20 km lange Zufahrt (Straße nach Santa Maria di Polsi/San Luca) zum höchsten Gipfel der Gebirgslandschaft, dem Montalto (1955 m), wobei das letzte Stück in einem markierten Aufstieg in ca. 30 Min. zu Fuß zurückzulegen ist. Das Dach des Aspromonte bietet eine herrliche Aussicht, die an klaren Tagen bis zum Ätna reicht.

Wenn man es weiter mit der schlechten Straße aufnimmt, gelangt man zum Wallfahrtsort Santa Maria di Polsi nordöstlich des Montalto, wo sich angeblich auch die „Ehrenwerte Gesellschaft" den Segen für ihre zweifelhaften Aktivitäten abholt.

San Luca: Von der eindrucksvollen Pilgerstätte geht es holprig weiter nach San Luca, das sich nicht nur als Geburtsort des Dichters Corrado Alvaro, sondern v. a. als operatives Zentrum der regionalen Mafiavariante Ndrangheta einen Namen gemacht hat, die bekanntlich auch international ihr überaus einträgliches Unwesen treibt. In dem Geburtshaus des 1895 geborenen Autors von *Gente in Aspromonte* hat eine ortsansässige Kooperative ein kleines Museum eingerichtet (Via Garibaldi 8, ✆ 0964/986017, www.fondazionecorradoalvaro.it).

• *Anfahrt/Verbindungen* Pentedattilo fährt man mit dem **Pkw** von Melito Porto Salvo, die übrigen griechischen Dörfer von ihren Küstenquartieren Condofuri und Bova Marina an. Gambarie ist von Süden/Melito Porto Salvo über die SS 183, von Westen/Gallico (nördlich von Reggio di Calabria) über die SS 184 auf aussichtsträchtigen und von einigen interessanten Orten gesäumten Straßen zu erreichen.

Busverbindungen von Gambarie nach Villa S. Giovanni und Reggio Calabria, von Bova, Condofuri und Pentedattilo in die Küstenorte.

• *Information/Exkursionen* Die **Cooperativa San Leo** in Bova ist eine der ersten ihrer Art und bietet schon seit den 1990er Jahren ihre Begleitung bei Wanderungen an. Darüber hinaus organisiert sie (u. a. in Kooperation mit Naturaliter oder ausländischen Veranstaltern) mehrtägige Trekkingtouren und vermittelt Unterkünfte im Ort. Via Polemo, ✆ 0965/762227 u. 347/3046799 (Andrea Laurenzano).

IAT, hier gibt es (ebenso wie bei der u. g. Verwaltung des Nationalparks) die nützliche *Carta Escursionistica della Calabria „Aspromonte"*, Maßstab 1:50.000. Ganzjährig Mo–Fr 9–13 Uhr. Gambarie, Piazza Mangeruca, ✆ 0965/743295, www.gambarie.com.

Ente Parco Nazionale dell'Aspromonte, Mo–Fr 8–14 Uhr, Di/Do auch 15–18 Uhr. Via Aurora, ✆ 0965/743060, www.parcoaspromonte.it.

• *Übernachten/Essen & Trinken* *** **Hotel Centrale**, gepflegtes Hotel mit großen, modern ausgestatteten Zimmern und einem guten Restaurant mit typischer Aspromonteküche. Spezialität ist eine Bohnensuppe mit Steinpilzen. Die Hotelleitung kümmert sich auch um die Organisation von Exkursionen und (Mountainbike-) Wanderungen. DZ 70–80 €, EZ 50–60 €. Gambarie, Piazza Mangeruca 23, ✆ 0965/743133, ℻ 743141, www.hotelcentrale.net.

TIPP! **Il Bergamotto Agriturismo**, ein herrliches Fleckchen Erde mit großem (Bergamotte-)Garten über der Fiumara Amendolea. Unterbringung in liebevoll eingerichteten Zimmern, leckeres Essen und reizende Gastgeber, die bei der Planung von Exkursionen und Vermittlung von Wanderführern behilflich sind. B & B 30 €, HP 40 €. Nov. bis Jan. geschl. Condofuri, Contrada Amendolea, ✆/℻ 0965/727213, ugosergi@yahoo.it.

Tyrrhenische Küste

Maratea (Basilikata) ca. 5500 Einwohner

Mit ihrem zwischen die Strände Kampaniens und Kalabriens eingeklemmten, nur knapp 30 km langen Küstenstreifen unterhalb des malerischen, am Fuße des Monte San Biagio klebenden Städtchens Maratea verfügt die Basilikata über eine der schönsten Küstenlandschaften Italiens.

Über einem in allen Nuancen der grün-blauen Farbskala schimmernden Meer, das von einer wildromantischen Steilküste begrenzt wird, wachsen Pinien, Olivenbäume und Steineichen die Berge hinauf. Hier und da macht die Vegetation verstreuten Häuseransammlungen, imposanten Villen und quadratischen Wehrtürmen Platz.

Maratea besticht durch unzählige größere und kleinere, mit Sand- und Kieselstränden ausgefüllte Buchten, eine durch Farben und Düfte betörende Mittelmeervegetation, die stattliche Anzahl bemerkenswerter weltlicher und sakraler Baudenkmäler – darunter allein 44 Kirchen und Klöster –, einen romantisch

Karte S. 959

anmutenden kleinen Hafen, den sich einfache Fischerboote und luxuriöse Yachten teilen, und eine sensibel in die gefällige Natur- und Kulturlandschaft eingefügte, teilweise recht exklusive touristische Infrastruktur. Die verteilt sich auf Maratea Borgo mit seiner hübsch herausgeputzten, blumengeschmückten Altstadt und die kleinen feinen Badeorte Acquafredda, Cersuta, Ogliastro, Fiumicello, Porto, Marina und Castrocucco.

Auf dem Gipfel des Monte San Biagio steht die im 6. und 7. Jh. auf den Fundamenten eines antiken Tempels errichtete, im 18. Jh. um- und ausgebaute gleichnamige Wallfahrtskirche, der 1963 eine Erlöserstatue im Stil von Rio de Janeiros Christo-Redentor zur Seite gestellt wurde, die seither mit weit ausgebreiteten Armen über das kleine mediterrane Paradies am Golf von Policastro wacht.

• *Anfahrt/Verbindungen* **Pkw**, A 3 (Ausfahrt Lagonegro-Nord), dann SS 585 oder die SS 18 (entlang der Küste). Am Bahnhof von Maratea halten die **Fernzüge** Mailand – Reggio Calabria bzw. Sizilien. **Busverbindungen** zwischen den (kilometerweit voneinander entfernten) einzelnen Ortsteilen bzw. nach Lagonegro, Lauria, Potenza, Sapri und Praia a Mare. Vom 1. Juli bis zum 12. Sept. verdichteter innerstädtischer Verkehr der Linea SITA.

• *Information* **Consorzio Sotto il Segno del Delfino**, Mo–Sa 9–13 u. 16–19 Uhr. Via S. Nicola 43, ✆ 0973/876499, www.basilicata hotels.it (am meerzugewandten Rande des alten Ortskerns).

APT, Mo–Sa 8–14 Uhr, Di/Do auch 15–18 Uhr, Juli und Aug. Mo–Sa 8–20, So 9–13 u. 16–20 Uhr. Piazza Gesù 32 (in Fiumicello). ✆ 0973/876908.

• *Übernachten* ****** La Locanda delle Donne Monache**, in einem ehemaligen Frauenkloster untergebrachtes, bis ins kleinste Detail geschmackvoll restauriertes und eingerichtetes Hotel mit Pool, Restaurant und Bar im historischen Ortskern. DZ 120–280 €, Suite 300–350 €, manchmal günstigere Angebote. Via Carlo Mazzei 4, ✆ 0973/876139, 📠 876203, www.locandamonache.com.

******* Santavenere**, mit dem Bau dieses noblen Anwesens, das an drei Seiten vom Meer flankiert wird und von einem großen Garten umgeben ist, begann Mitte der 1950er Jahre die (edel-)touristische Entwicklung von Maratea. Ortsteil Fiumicello. DZ 280–660 €. April bis Nov. geöffnet. Via Santavenere, ✆ 0973/876910, 📠 877654, www.hotelsantavenere.eu.

TIPP! ***** Hotel Gabbiano**, direkt am Strand von Acquafredda. Sehr schönes, kleines Hotel mit 39 komfortablen Zimmern auf zwei Etagen, gutem Restaurant (viele Fischgerichte) und Pool. Alle (Balkon-)Zimmer blicken aufs Meer. DZ 60–130 €, EZ 50–90 €, HP 60–110 €. April bis Okt. geöffnet. Via Luppa 24, ✆ 0973/878011, 📠 878076, www.hotelgabbianomaratea.it.

***** Hotel Villa delle Meraviglie**, freundlich-elegantes Hotel mit Pool in einem lauschigen Garten direkt über einem felsigen Strandabschnitt zwischen Cersuta und Fiumicello. DZ 92–200 €, EZ 70–98 € (vom 4.–20.8. nur DZ). Contrada Ogliastro, ✆/📠 0973/877816, www.hotelvilladellemeraviglie.it.

Villaggio Camping Maratea, einziger Campingplatz im weniger herausgeputzten, flachen und vornehmlich von Feldern und Bauernhöfen bedeckten Castrocucco, einen Steinwurf vom Strand entfernt. Neben Stellplätzen werden kleine mobile Häuschen zur Miete angeboten. Vom 1.6. bis Anfang Sept. geöffnet. ✆ 0973/871680, 📠 871699, www.costadimaratea.com./campeggiomaratea.

• *Essen & Trinken* **Za' Mariuccia**, nur abends geöffnetes Fischrestaurant gehobener Preisklasse (Menü ca. 60 €) mit einem romantischen Speisebalkon über dem Hafen. Porto, ✆ 0973/876163. Außerhalb der Saison Do Ruhetag.

Lanterna Rossa, innen wie außen (Speisebalkon über dem Hafen!) attraktives, kleines Fischrestaurant mit guter Küche und freundlicher Atmosphäre. Porto, ✆ 0973/876352. Di Ruhetag, Nov. bis März nur am Wochenende.

Taverna Rovita, nach zwischenzeitlich krankheitsbedingtem Ausscheiden kocht Francesco Gambardella (Ciccio), der dem kleinen Restaurant im historischen Ortskern seinen internationalen Ruf erkocht hat, wieder selbst verfeinerte lukanische Bauernküche auf hohem Niveau. Menü 60 €. Via Rovita 13, ✆ 0973/876588.

Peppe, schlichtes Ambiente, Fisch und Pizza (abends), gut und günstig, was auch die Einheimischen zu schätzen wissen. Acquafredda (nahe Hotel Gabbiano), ✆ 0973/878346.

Von Praia a Mare bis Amantea

Die nordkalabrische Westküste zwischen Tórtora-Marina und Cetraro wird wegen der hier kultivierten gleichnamigen Zitrusfrüchte (citrus medica) auch *Riviera dei Cedri* genannt. Sie empfiehlt sich mit ausgedehnten, hellgrauen Kieselstränden und einer Reihe mehr oder minder freundlicher Badestädtchen vor den Ausläufern des Pollino-Gebirges.

Südlich der touristisch recht gut erschlossenen *Riviera dei Cedri,* in deren küstennahem Hinterland sich einige pittoresk-verschlafene Bergdörfer mit Meerblick verstecken, schmälert eine recht stillose, streckenweise geisterstadtmäßige Bebauung die Anziehungskraft der dahinter liegenden Strände.

Praia a Mare: Eine Kette von mehr funktionalen denn schönen Hotels und Ferienanlagen sowie ein „Acquapark" versorgen entlang der Stadtstrände die im Hochsommer massenhaft anrückenden Badegäste. Der freundlichste Strandabschnitt liegt unter dem Sarazenenturm *Torre di Fiuzzi,* über den landeinwärts das normannische Kastell *Rocca di Praia* wacht. Freundlich gibt sich auch die Hauptstraße Viale della Libertà, eine von Platanen, Palmen und Oleander beschattete Allee, die von Geschäften, Bars und einigen Hotels gesäumt und von kleinen, belebten Plätzen flankiert wird. Natürliches Wahrzeichen von Praia a Mare ist die ihm nur wenige Meter vorgelagerte *Isola di Dino* mit ihren lichtreflektierenden Grotten, sein kulturell-religiöses Kleinod die Wallfahrtskirche *Santuario della Madonna della Grotta* am landzugewandten Rand der Stadt.

• *Verbindungen* **Bahnhof** im Stadtzentrum, Regional- und Nord-Süd-Fernzüge. **Busverbindungen** nach Aieta sowie Maratea, Lagonegro, Trecchina und Rivello in der Basilikata (Linea Rocco) und entlang der Küste nach Cosenza (Linea Preite, www.autoservizipreite.it).

• *Übernachten* *** **Hotel Le Arcate**, gepflegtes, gut frequentiertes Hotelrestaurant im Stadtzentrum, das gut 40 Jahre gastronomische Erfahrung hat. DZ 70 €, EZ 50 €. Im Juli/August Vollpensionspflicht. Via Turati 12, ✆ 0985/7229, ℻ 777163, www.learcate1968.com.

B & B Rocca di Praia, im hochherrschaftlichen Ambiente des normannischen Kastells, mit stilvoll antik möblierten Zimmern, Park und Panoramaterrasse. DZ 150 €. Loc. Foresta, ✆ 349/324099, www.roccadipraia.it.

B & B Al Vecchio Pioppo, stadtzentral, gut 100 m zum Strand, ordentliche Zimmer, familiäre Atmosphäre. 30–50 € pro Pers. Via Turati 77, ✆ 0985/777352 u. 333/2865378, www.alvecchiopioppo.com.

Villaggio Turistico Internazionale, schattige Stellplätze für Zelt und Camper, Apartments, Spiel- und Sportplätze. Mitte Mai bis Mitte Sept. Lungomare Sirimaco, ✆/℻ 0985/72211, www.campinginternational.it.

• *Essen & Trinken* Einheimische raten wegen der guten Fischgerichte zum **Ristorante Chiaia** (Via Leonardo Da Vinci, ✆ 0985/72445), der Guide Michelin und andere gedruckte Autoritäten in Sachen Meeresküche zur **Taverna Antica** (Piazza dei Martiri 3, ✆ 0985/72182).

Aieta: Von Praia a Mare empfiehlt sich ein Abstecher ins wenige Kilometer entfernte, auf 530 Höhenmetern exponierte, hinsichtlich seiner Geschichte, Bebauung und aktuellen Bewohnerschaft alte und deshalb nostalgisch anmutende Aieta mit Millionärsblick auf den Golf von Policastro.

• *Übernachten/Essen & Trinken* ** **Hotel-Ristorante Le due Lanterne**, rustikales Landhotel, in dessen Restaurant Ziege, Lamm, Schwein, Huhn und Kaninchen, hausgemachte Pasta und selbst gebackenes Brot auf den Tisch kommen. Zwölf einfache Zimmer. DZ 40–80 €, EZ 30–50 €, HP 30–50 €. Via Cantogrande 7, ✆ 0985/71096 u. 338/7653238, www.leduelanterne.it.

San Nicola Arcella: Das kleine Örtchen vor den Ausläufern des Pollino-Gebirges liegt 110 m über dem Meer und eröffnet einen traumhaften Panoramablick über den Golf von Policastro. Es schmückt sich mit einem wuchtigen Sarazenenturm, einem kleinen, aber feinen historischen Ortskern und dem von Felsbögen und Grotten dekorierten Hausstrand *Spiaggia Arco Magno*.

• *Übernachten* *** **Hotel Villa Principe**, familiengeführtes Hotel in traumhafter Lage über dem Golf von Policastro. Gepflegte, modern möblierte Zimmer mit und ohne Balkon bzw. Meerblick. DZ 70–110 €, EZ 50–70 €. Corso Umberto I 8, ✆ 0985/3125, 📠 3126, www.hotelvillaprincipe.it.

• *Essen & Trinken* **Il Furano**, von Einheimischen wie Gästen hoch gelobtes Fischrestaurant (Menü 40 €) an der Spiaggia Arcomagno. Reservierung angeraten. Loc. Marinella, ✆ 0985/300644.

Scalea: Lebhaftes Badestädtchen entlang der SS 18, die im Ortsbereich von Scalea „Corso Mediterraneo" heißt und parallel zu einem langen, streckenweise von Felsen gesäumten Kieselstrand verläuft. Die architektonisch eher abschreckende Neustadt geht nahtlos in den oberhalb gelegenen mittelalterlichen Ortskern über, der in steilen Treppengassen Haus für Haus den Berg erklimmt. Die hübsche *Piazza de Palma* im unteren und die *Piazza Cimalonga* im oberen Bereich des Centro storico schaffen etwas Luft in dem engen Gassengewirr, über dem die Reste eines normannischen *Kastells* ruhen, während unten am Strand seit 400 Jahren die *Torre Talao* wacht.

• *Übernachten* **** **Grand Hotel de Rose**, bestes und teuerstes Haus am Platz über einem der schönsten, mit Felsen dekorierten Strandabschnitte Scaleas. Mit Privatstrand, Swimmingpool und angeschlossenem Nobelrestaurant *I Faraglioni*. DZ 108–175 €, EZ 75–116 €. Lungomare Mediterraneo 22, ✆ 0985/20273, 📠 920194, www.hotelderose.it.

Eines der schönsten Hotels der Region: Villa Ducale in Cirella

** **Hotel Lucia**, hübsches, kleines Hotel mit nur neun Zimmern im neuen Stadtzentrum, nur knapp 100 m von Torre Talao und Strand entfernt. Ganzjährig geöffnet. DZ 50–65 €, EZ 35–45 €. Via Nazario Sauro 20, ✆ 0985/20223, www.hoteluciascalea.it.

Camping Villaggio La Pantera Rosa, in der Nähe zum Ortszentrum und direkt am Meer. Schlicht eingerichtete Ferienhäuschen mit Bad und Kochecke, Stellplätze für Zelt und Wohnwagen, Bar-Restaurant. Ganzjährig geöffnet. www.panterarosa.org.

• *Essen & Trinken* **La Rondinella**, am Eingang zum mittelalterlichen Ortskern (gegenüber dem Palazzo dei Principi). Alles, was hier auf den Tisch kommt, ist in der eigenen *azienda agricola* selbst produziert worden. Kostproben zum Mitnehmen gibt es in einem kleinen Laden nebenan. Via Vittorio Emanuele III 21/Piazza Principi, ✆ 0985/91360. Okt. bis Juni So Ruhetag. Im Sommer Reservierung angeraten (Menü 40 €).

Cirella: Freundlicher Vorort von Diamante mit Blick auf die vorgelagerte Isola di Cirella und mit einem Küstenturm aus dem 16. Jh. und breitem, streckenweise von Felsbuchten parzelliertem Kieselstrand. Beim Dorfspaziergang verblüffen moderne Wandmalereien. Die lange Geschichte von Cirella lässt sich angesichts der ca. 1,5 km oberhalb des Dörfchens verbliebenen Ruinen von *Cirella Vecchia* erahnen.

• *Übernachten* *** **Hotel San Daniele**, nach gründlicher Renovierung und unter neuer Leitung hat sich die zuvor etwas vernachlässigte Pension zu einem passablen Hotel-Restaurant gemausert. Von seinem Garten und den Zimmern in den oberen Stockwerken genießt man den Blick aufs Meer, dessen felsiges Ufer nur eine Nebenstraßenbreite entfernt ist. DZ 60–90 €, EZ 40–60 €. Vom 26.7. bis 24.8. Pensionspflicht (HP 70–85 €). Via Vittorio Veneto 24, ✆ 0985/86834, ℻ 86935, www.ristorantehotelsandaniele.com.

*** **Hotel Guardacosta**, größtes Haus am Platz, mit modern möblierten Zimmern (teilweise mit Meerblick), Pool und Tennisplatz. DZ 70–170 €, EZ 40–85 €. Via Vittorio Veneto 76, ✆ 0985/86012, ℻ 86227, www.hotelguardacosta.it.

*** **Hotel Ducale**, das Hotel in einer Gutsbesitzervilla aus dem 18. Jh. mit einem schönen Garten über dem Meer wurde im April 2010 leider aus familiären Gründen geschlossen, wird aber vielleicht 2011 wieder seine Pforten öffnen, weshalb es hier dennoch erwähnt sei. Via Vittorio Veneto 254.

• *Essen & Trinken* **A Tartana**, großes Fischrestaurant der oberen Preisklasse (und Pizzeria). Das, was später auf den Teller kommt, kann man teilweise in noch lebendem Zustand in großen Aquarien aussuchen. Die Küche ist offen und mitten im Restaurant, in dem bei schönem Wetter bei automatisch geöffnetem Dach gespeist wird. Via Veneto 170, ✆ 0985/86564.

A Cantinella, rustikale Osteria, in der kalabrische Hausmannskost auf den Teller und selbst gekelterter Wein ins Glas kommt. Via Diaz 101, ✆ 347/6191508.

Diamante und Maierà: Die Altstadt von Diamante mit ihren engen Gassen, blumengeschmückten Treppenaufgängen und Balkonen ragt direkt ins Meer und wird von einer gepflegten, Palmen bestandenen Promenade gesäumt.

Die seit 1981 von vornehmlich süditalienischen, aber auch einigen ausländischen Künstlern an ihre Hauswände gepinselten knapp 200 farbenfrohen „murales" sind seither das Aushängeschild von Diamante, das sich mit dem *Festivale del Peperoncino* Anfang September zudem als Hauptstadt der kleinen scharfen Schote feiert. Das pikante Spektakel mit unzähligen Essensständen und buntem Theater- und Musikprogramm wird von der bemerkenswerten *Accademia del Peperoncino* organisiert, die in einem restaurierten Adelspalazzo im wenige Kilometer entfernten Maierà das weltweit einzige *Museo del Peperoncino* betreibt.

Öffnungszeiten/Eintritt Juni bis Sept.17–23 Uhr, sonst auf Anfrage, ✆ 0985/81130. Eintritt 1 €. Palazzo Ducale Maierà, Via Duomo (Piazza Castello).

Das auf 465 Höhenmetern liegende, ansehnlich herausgeputzte Maierà ist aber auch ohne Museumsbesuch die steil ansteigende Anfahrt wert. An den Abgrund einer tiefen Schlucht gebaut, eröffnet das nostalgisch-verschlafene Dörfchen mit Resten eines mittelalterlichen Kastells und der Chiesa Santa Maria del Piano mit ihrem verspielt barocken Innenleben eine atemberaubende Aussicht auf Berge und Meer.

• *Übernachten* *** **Hotel Riviera Bleu**, südlich des Ortszentrums von Diamante, ca. 100 m hinter dem Ende der Strandpromenade, nur durch ein schmales Sträßchen vom Strand getrennt. Passable Zimmer mit Meer- oder Bergblick. DZ 45–140 €, EZ 35–95 €. Via Poseidone, ✆/℻ 0985/81363, www.hotelrivierableu.it.

• *Essen & Trinken* **La Taverna del Pescatore**, Fisch und Meeresfrüchte, abends Pizza, recht elegantes Ambiente. Via Calvario 2, ✆ 0985/81482. Di Ruhetag.

La Guardiola, von den Brüdern Perrone beliefertes und bekochtes Fischrestaurant am Meer. Via Lungomare Riviera Bleu, ✆ 0985/876759. Mi Ruhetag.

Pizzeria A Cannarutia, gut frequentierte Pizzeria mit Außenterrasse direkt am Lungomare von Diamante, in der man riesige, in Portionsstücke geschnittene Pizzen von der Hand in den Mund befördert. Via Santa Lucia 43, ✆ 0985/87057.

TIPP! Caffè Ninì, das Lokal an der Spitze der Altstadt von Diamante bietet unwiderstehliche, vom Chef persönlich kreierte und vielfach prämierte Eis- und Kaffeespezialitäten (z. B. die Klassiker Tartufo Diamante in den Geschmacksrichtungen Nuss, Café und Cedro). Lungomare, ✆ 0985/81212, www.caffenini.com.

TIPP! Il Ristorante di Aligia, Landgasthaus zwischen Bergen und Meer auf halber Strecke zwischen Diamante und Maierà. Wahre Vorspeisenorgien mit unterschiedlich zubereiteten Gemüsesorten, Wurst-, Schinken- und Käsespezialitäten eröffnen das Menü, das mit einfachen Pastagerichten, z. B. lagane con ceci (hausgemachte breite Bandnudeln mit Kichererbsen), Wildschwein oder Zicklein seinen schmackhaften Verlauf nimmt. Einer der Hausherrn ist Angelo Aligia, ein in Italien recht bekannter Bildhauer, dessen Skulpturen aus Stein und Olivenholz den Vorhof des Restaurants zieren. Loc. Vrasi, Maierà, ✆ 0985/876609.

Belvedere und Cittadella del Capo: Das auf einer Anhöhe postierte und mit einem normannischen Kastell dekorierte Belvedere macht seinem Namen aufgrund des grandiosen Meeresblicks alle Ehre. Architektonischer Blickfang des wenige Kilometer südlich gelegenen Bonifati ist ein zur Luxusherberge umfunktionierter Adelspalast, der in dessen Küstenquartier Cittadella del Capo dekorativ ins Meer ragt. Beide Gemeinden warten mit passablen Kieselsandstränden auf, wobei im ansonsten tristen Marina Belvedere mit dem *Sabbia D'Oro* das beste und „schärfste" Fischrestaurant der Gegend zu kulinarischen Hochgenüssen einlädt.

• *Essen & Trinken* **Sabbia D'Oro**, Fischrestaurant zwischen Diamante und Belvedere, dessen direkt am Wasser genossene Speisen vom Antipasto bis zum Dessert (z. B. die unvergleichliche Crostata del diavolo!) mit Peperoni gewürzt werden. Die ca. 50 € fürs komplette Menü sind gut und kulinarisch unvergesslich angelegt. Belvedere, Via Piano delle Donne, ✆ 0985/88456. Di Ruhetag (außer im Hochsommer).

Cetraro: Das freundlich-geschäftige Hafenstädtchen markiert den südlichsten Punkt der *Costa dei Cedri* und das Ende des badetouristisch attraktiven Teils der cosentinischen Westküste. Es windet sich in engen Gassen von seinem kleinen Touristenhafen, von dem im Sommer Ausflugsschiffe zu den Äolischen Inseln in See stechen, den Berg hinauf. Die zentrale Piazza del Popolo im oberen Teil der Stadt bietet ein eindrucksvolles Küstenpanorama, das auch die Gäste des Grand Hotel San Michele genießen, das zu den ältesten und gediegensten Feriendomizilen der Region zählt.

• *Übernachten/Essen & Trinken* **** **Grand Hotel San Michele**, wunderschöne alte Villa in herrlicher Lage, bezaubernder Garten, Golfplatz, Pool, Aufzug zum Strand, hauseigener Motorsegler und Autoverleih. Auf dem großen Gelände des Hotels werden zudem Ferienapartments in zwei historischen Gesindehäusern vermietet. DZ 120–200 €, EZ 90–160 €. Loc. Bosco, ✆ 0982/91012 oder 91013, ℻ 91430, www.sanmichele.it.

Guardia Piemontese (Marina)

ca. 1300 Einwohner

Hier leben die Nachfahren einer Gruppe von Waldensern, die sich um das 13. Jh. auf der Flucht vor der Inquisition aus dem Piemont in die kalabrischen Berge zurückzogen, um dort erneut zum Opfer blutiger Verfolgung zu werden. Ihre von den Schergen des Kardinals Ghislieri im Jahre 1560 fortgeschriebene Leidensgeschichte ist angesichts der *Porta del Sangue* (Bluttor) an der *Piazza di Strage* (Platz des Blutbades) nachzuvollziehen. Im *Museo della Civiltà Contadina* erfährt man dann Genaueres über die kleinste kalabrische Bevölkerungsminderheit, die noch heute eine eigene Sprache namens *Occitano* spricht.

Auf halber Höhe zwischen dem Centro storico und *Guardia Piemontese Marina,* das abgesehen von einem passablen Badestrand und einem dekorativ vorgelagerten Felsen namens „La Regina" nicht viel zu bieten hat, dampfen und stinken die seit der Antike wegen ihrer heilenden Kräfte geschätzten *Terme Luigiane.*

Paola

ca. 18.000 Einwohner

Am nördlichen Ortseingang von Paola zweigt eine steil ansteigende „Pilgerstraße" zur Wallfahrtsstätte ab (bivio santuario). Wenn man sie fährt oder geht, passiert man mehrere „capelle dei miracoli". Die kleinen Tabernakelhäuschen, die die Wundertaten des Heiligen Francesco von Paola (1416–1507) – z. B. seinen Gang übers Wasser nach Sizilien – preisen, stimmen schon während des Aufstiegs auf den heiligen Ort ein.

Der liegt in der üppig bewaldeten Schlucht des Baches Isca, wo der später als Schutzheiliger Kalabriens und der Seeleute im gesamten Mezzogiorno verehrte San Francesco im Jahre 1435 eine Kapelle zu Ehren seines Namensvetters Franz von Assisi errichtete. Daraus ist im Laufe der Jahrhunderte ein riesiger, um eine moderne Kirche erweiterter Kirchen- und Klosterkomplex geworden. Man betritt ihn vom *Piazzale del Santuario,* auf dem aufgrund des Menschenandrangs und der bunten „bancarelle" (Verkaufsstände) fast immer Volksfeststimmung herrscht, die allerdings nach Eintreten in die mit zahlreichen Kunstwerken veredelte Basilika in fast devote Ehrfurcht umschlägt.

Öffnungszeiten/Eintritt Santuario di San Francesco di Paola, tägl. 6–12.30 u. 14.30–18 Uhr.
Anfahrt/Verbindungen Ab **Paola Marina** „U"-Bahnlinie ins bergige Inland nach **Cosenza**, durchgehende Züge ab Neapel.

Amantea

ca. 12.000 Einwohner

Dass Amantea einige Jahrhunderte auf dem Buckel hat, erschließt sich schon von weitem, weil hoch über Stadt und Meer die Reste eines mittelalterlichen Kastells dem Zahn der Zeit trotzen und eine dekorativ verwinkelte Altstadt dominieren.

Im Unterschied zu manch anderem, relativ schnell „zusammenbetonierten" Küstenquartier in der Nachbarschaft hat sich auch der meerzugewandte Teil der Gemeinde namens *Amantea Marina* seit Beginn des 19. Jh. allmählich entwickelt, sodass sein quirlig-mediterranes Alltags- und Badeleben (am mäßig attraktiven Strand) vor gefälliger, historisch gewachsener Kulisse pulsiert.

• *Übernachten/Essen & Trinken* *** **Hotel Mediterraneo**, heller Mittelmeerpalazzo mit ansprechenden, mit Palmen und Oleander geschmückten Gartenterrassen, modern eingerichteten Zimmern, freundlicher Atmosphäre und gutem Restaurant. DZ 65–90 €, EZ 40–50 €. Via Dogana 64, ✆ 0982/426364, ℻ 426247, www.mediterraneopalacehotel.com.

**** **Mediterraneo Palace Hotel**, dem o. g. Hotel wurde eine in zeitgenössischem Design gehaltene, luxuriösere Alternative mit großer Dachterrasse und schickem Wellnessbereich zur Seite gestellt. DZ 75–100 €, EZ 50–70 €. Via Stromboli 79, ✆ 0982/42209, ℻ 426364, www.mediterraneopalacehotel.com.

Palazzo delle Clarisse, geschmackvoll renovierter, historischer Palazzo mit Garten und Meerblick in der Altstadt, darin stilvolle Zimmer und ein ebensolches, kulinarisch vornehmlich maritim orientiertes Restaurant. DZ 70–100 €, EZ 50–70 €. Via Indipendenza 27, ✆ 0982/42033, www.palazzodelleclarisse.com.

Von Lamezia Terme bis Nicotera

Lamezia Terme

ca. 70.000 Einwohner

Die Stadt am Golf von Sant'Eufemia firmiert erst seit 1968 unter dem Namen Lamezia Terme und ist aus einer Fusion der bis dahin selbstständigen Gemeinden Nicastro, Sambiase und Sant'Eufemia Lamezia hervorgegangen.

Alt und geschichtsträchtig ist allein *Nicastro,* dessen ansehnliche Altstadt nebst normannischem Kastell die intensiv landwirtschaftlich genutzte Ebene dominiert. Vom küstennahen Bahnhof des nur 2 km von der Autobahn entfernten kleinsten

Siedlungskerns *S. Eufemia Lamezia* fahren Züge nach Norditalien, Sizilien und Catanzaro ab, und von seinem Flughafen werden direkte Luftbrücken ins europäische Ausland gebaut.

Bade- und kulturtouristisch nicht übermäßig attraktiv, ist das von Rebstöcken und Olivenbäumen überzogene Hinterland der Dreiergemeinde für Weinkenner eine wichtige Adresse. Die lokalen Kellereien haben sich mit ihren weißen und roten D.O.C.-Weinen einen internationalen Ruf erworben, was auch für das vor Ort kalt gepresste Olivenöl Lametia D.O.P. (Denominazione di Origine Protettata) gilt.

• *Einkaufen* **Qualitätswein** gibt es u. a. bei: Cantine Lento, Via del Progresso 1, ✆ 0968/23804, www.cantinelento.it; Cristiano, S. Eufemia, Loc. Angillito, ✆ 0968/51610; Statti, Tenuta Lenti, ✆ 0968/456138, www.statti.com.

Gutes **Öl** gibt es u. a. bei Azienda Le Carolee (s. u.) und Statti.

• *Übernachten/Essen & Trinken* **TIPP! Le Carolee Agriturismo**, im 18. Jh. erbautes, edel saniertes, mattrosa leuchtendes historisches Landgut mit lichtem Innenhof und eigenem Kirchlein. Es liegt inmitten von ausgedehnten, von „Olivenbaron" Armando Gaetano leidenschaftlich und erfolgreich bewirtschafteten Oliven- und Orangenhainen. In dieser *Casa Rossa* werden sieben stilvoll möblierte Zimmer, in der etwas bescheideneren, gleichwohl imposanten *Casa Gialla* sechs bis acht Bettplätze (nur wochenweise) vermietet. Ein mit biologischen Produkten bekochtes Restaurant und ein gepflegter Pool krönen den erlesenen Wohnkomfort mit Meerblick. DZ 80–100 €, EZ 50–60 €, HP 65–75 €, „Casa Gialla" 800–1200 € pro Woche. Pianopoli (südöstlich von Nicastro), Contrada Gabella, ✆/📠 0968/35076, www.lecarolee.com.

Pizzo

ca. 8500 Einwohner

Spätestens bei einem Tartufo di Pizzo auf der Piazza della Repubblica ist man dem Charme des pittoresken Thunfischerstädtchens erlegen, dessen mediterran-idyllische Gassen steil und geradewegs vom Stadtzentrum zum Meer führen.

Dabei genießt man eine schöne Aussicht auf das Meer und das 1492 erbaute aragonesische Kastell, das Jahrhunderte später zum bedeutenden Schauplatz süditalienischer Geschichte wurde: Napoleon Bonapartes Schwager Joachim Murat, dessen Mission es war, den Mezzogiorno von den Bourbonen zu befreien, wurde hier inhaftiert und am 13. Oktober 1815 erschossen, weshalb das Schloss im Volksmund *Castello Murat* genannt wird. Murats im Schlossmuseum dokumentierte Lebens- und Leidensgeschichte endete in einem Grab in der *Cattedrale di S. Giorgio,* die mit ihrer barocken Fassade aus weißem Marmor aus dem insgesamt gefälligen städtebaulichen Ensemble hervorsticht. Etwa 2 km außerhalb des Ortszentrums verblüfft am Strand von Prangi die *Chiesa Piedigrotta,* in deren feuchtem Innern von lokalen Künstlern geformte Tuffsteinskulpturen zu bestaunen sind, die sich um ein der Legende nach im 17. Jh. von schiffbrüchigen neapolitanischen Seeleuten hinterlassenes Marienbildnis gruppieren (9–13 u. 15–17.30 Uhr, im Sommer bis 19.30 Uhr).

• *Verbindungen* **Bahnhof** in Pizzo Marina (ca. 2 km südlich des Ortszentrums, kein Fahrkartenschalter!). Verbindungen nach Lamezia Terme und (über Tropea und Rosarno) nach Reggio Calabria. Innerstädtische **Busverbindungen** zwischen Ortskern und Bahnhof, außerdem nach Catanzaro (über Flughafen Lamezia Terme), Vibo Valentia und zu den südlichen Küstenorten.

• *Übernachten/Essen & Trinken* **TIPP! A Casa Janca Agriturismo**, wegen seiner exzellenten Fisch- und Gemüseküche und ebenso herzlichen wie selbstbewussten Hausherrin Rita Callipo empfehlenswertes kleines Landgasthaus mit sechs Gästezimmern in einer umgebauten alten Tonnara der Thunfisch-Dynastie Callipo. Das gastliche Haus der Enkelin des Firmengründers liegt in einem Garten nördlich von Pizzo auf der landzugewandten Seite der Küstenstraße. Nov. bis Januar Geschl., Restaurant Mi Ruhetag. DZ 60–100 €, Menü 40 €. Loc. Marinella, ✆/℻ 0963/264364 u. 349/5747135, acasajanca@libero.it.

Villaggio Pineta Mare, pinienbeschattete Anlage direkt am Strand, ca. 6 km nördlich von Pizzo (von der SS 18 anzufahren), die von Juni bis Sept. mehrere Übernachtungsvarianten (Zelt, Apartments, Ferienhäuser) bietet. Preisbeispiel: Bungalow für 2 Pers. ab 600 € pro Woche. ✆ 0963/246067, 534871, www.villaggiopinetamare.it.

La Lampara, auf der Speisekarte der zünftigen Trattoria stehen pizzetanische Meeresspezialitäten, darunter z. B. *filei vongole e fagioli* (hausgemachte Nudeln mit Babymuscheln und grünen Bohnen). Via Marcello Salomone 128, ✆ 0963/537296. Mi Ruhetag.

Vibo Valentia (Marina)

ca. 35.000 Einwohner

Die Griechen nannten sie „Hipponion", die Römer „Vibo Valentia" und die Staufer „Monteleone". Seit 1928 firmiert die heute quirlige, mediterrane Provinzhauptstadt mit ihrer hübschen Altstadt und dem zum archäologischen Nationalmuseum umgestalteten normannisch-staufischen Kastell wieder unter ihrem römischen Namen. In ihrem Küstenquartier „Vibo Marina" pulsiert vor der Kulisse moderner Neubauten und eines riesigen Zementwerks das bunte Leben eines geschäftigen Fischerei- und Touristenhafens.

• *Verbindungen* **Bahnhof Vibo-Pizzo** mit Anschluss nach Norditalien und Sizilien. **Bahnhof Vibo Marina** an der Regionalstrecke Lamezia Terme – Reggio Calabria (via Tropea und Rosarno).

Busverbindungen innerhalb der Stadt, zu den Bahnhöfen, zwischen Vibo Valentia und Vibo Marina, nach Reggio Calabria, Lamezia Terme und Catanzaro.

Schiffsverbindungen (nur Mai bis Sept.) zu den Äolischen Inseln. Agenzia Foderaro, ✆ 0963/573301, www.foderaro.it.

• *Übernachten* **** **La Locanda Daffinà al Palazzo d'Alcontres**, stilvoll möbliertes, kleines Hotel im gediegenen Ambiente eines geschmackvoll restaurierten historischen Altstadt-Palazzo mit elegantem, kulinarisch betörendem, auf den Namen der Besitzerfamilie getauftem **Restaurant Daffinà** (Menü ca. 50 €). DZ 130–150 €, EZ 90–118 €. Corso Umberto I 160, ✆ 0963/472669, ℻ 541025, www.lalocandadaffina.it.

Camping Baia di Trainiti, schattiger Platz am Meer in Porto Salvo an der SS 522 zwischen Vibo Valentia und Briatico. Auf demselben Gelände befindet sich ein gleichnamiges Hotel. ✆ 0963/567217, ℻ 567485, www.baiaditrainiti.it.

• *Essen & Trinken* **L'Approdo**, das elegante Fischrestaurant am Touristenhafen in Vibo Marina gilt als erste, aber auch teuerste Adresse für den Genuss kreativ angerichteter Fischspezialitäten. Via Roma 22, ✆ 0963/572640.

Briatico, Zambrone und Parghelia

Das nach dem Erdbeben von 1783 bis auf die Reste eines mittelalterlichen Kastells fast vollständig zerstörte Briatico liegt an einem landschaftlich reizvollen Küstenabschnitt, an dem sich steil abfallende, wild felsige Ufer mit badefreundlichen Sandstränden abwechseln. Die 1496 erbaute Tonnara Mulino della Rocchetta und der halbverfallene Küstenturm Torre La Rocchetta aus dem 16. Jh. unterstreichen den unprätentiösen mediterranen Charme der kleinen Thunfischergemeinde.

Die Gemeinde Zambrone mit kleinem Zentrum 200 m über dem Meer trumpft mit schönen Stränden auf, an denen sich mehrere Campingplätze und Ferienclubs aufreihen. Größte Attraktion der touristischen Infrastruktur ist der *Acquapark Zambrone,* ein Spaßbad mit mehreren Becken, Bars und Buden.

An den Stränden des wegen historischer Erdbebenschäden 1926 neu aufgebauten, freundlich rosa gestrichenen Parghelia glänzen zwei luxuriöse Hotelanlagen.

Kalabrien und Basilikata
Karte S. 959

• *Übernachten/Essen & Trinken* **Villaggio Camping L'Africano**, schattige Anlage am Ortsrand von Briatico. Stellplätze und kleine Häuschen, das Ganze in ca. 200 m Entfernung von einer kleinen Felsenbucht. April bis Okt. Preisbeispiel: Einraumhäuschen mit zwei Betten 240–875 € pro Woche. Loc. Brace, an der SS 522 Richtung Tropea, ✆ 0963/391150, 📠 391043, www.villaggiocampinglafricano.it.

TIPP! ****** Villaggio Hotel Lido San Giuseppe**, Hotelperle von Briatico! Das Hotel verteilt sich auf das kleine, feine Mutterhaus nebst Restaurant, das allein in einer Bucht und direkt an einem wunderschönen Sandstrand liegt, und eine geschmackvolle neue Anlage mit komfortabel ausgestatteten Zimmern über der Bucht. Die Zimmerpreise variieren je nach Größe und Ausblick. Familien mit Kindern sind dort besonders willkommen. In der Regel wird dort wochenweise gebucht und Halbpension gewählt, in der Nebensaison (20.4.–17.6. und 3.9.–15.10.) aber auch kürzere Aufenthalte und B & B. HP im DZ 65–180 €, DZ/B & B 80–140 €, DZ als EZ (nur 20.4.–18.6.) 60–90 €. Von Juni bis Sept. Ausflugs- und Sportangebote. Loc. Brace, ✆ 0963/393037, 0422/967 (im Winter), 📠 395828, www.villaggiosangiuseppe.it.

****** Villaggio Camping Sambalon**, Stellplätze für Zelte und Wohnwagen und kleine Ferienhäuschen direkt am Meer. Mitte Mai bis Sept. Preisbeispiel: Minivilla, 36 qm, max. vier Betten, 200–920 € pro Woche. Zambrone, Loc. Marina, ✆ 0963/392828, 📠 392828, www.sambalon.it.

******* Porto Pirgos**, gediegener Hotelkomfort in einem Ensemble luxuriöser Ferienhäuser, das von einem nach historischem Vorbild gestalteten Küstenaussichtsturm überragt wird. Das Ganze in einem wunderschönen Garten mit atemberaubendem Blick aufs Meer und traumhaftem Privatstrand. Mai bis Sept. HP im DZ 180–300 €. Parghelia, Loc. Marina di Bordila, ✆ 0963/600351, 📠 600690, www.portopirgos.com.

A Pittara Agriturismo, DZ und Apartments mit fünf bis sechs Bettplätzen, Pool und zünftig bekochte Trattoria inmitten von Oliven und Wein ca. 3 km über dem Meer. DZ (ohne Frühstück) 40–70 €, Apartments 400–800 € pro Woche. Zambrone, Loc. Qualtride (Zufahrt nach ca. 2 km abzweigend von der Straße nach Zambrone Centro), ✆/📠 0963/600025, 337/870825, www.agriturismo-apittara.it.

Tropea

ca. 7.000 Einwohner

Abgesehen von Mitte Juli bis Ende August, wenn wahre Menschenmassen tagsüber den Strand bevölkern und sich bis tief in die Nacht über die Hauptflaniermeile Corso Vittorio Emanuele schieben, hat das auf einem Tuffsteinfelsen über dem Meer klebende Städtchen mit Aussicht auf die rauchende Vulkaninsel Stromboli und die dekorativ vorgelagerte Inselkirche Santa Maria dell'Isola das Attribut „Perle des Tyrrhenischen Meeres" zweifellos verdient.

Seit dem frühen Mittelalter war Tropea, das vermutlich griechischen Ursprungs ist, ein bedeutender Adels- und Bischofssitz sowie ein anerkanntes geistiges Zentrum der Region. Das dokumentieren die Reste der alten Stadtmauer, mehr als 50 Adelspaläste mit imposanten Portalen und Innenhöfen, der normannische Dom und eine Reihe weiterer Kirchen, Kapellen und Klöster. Infolgedessen beeindruckt Tropea mit einer bilderbuchreifen Altstadt mit engen Gassen und kleinen Plätzen, die südwärts in den eher zweckmäßig gestalteten neuen Teil des Ortes übergeht.

Unterhalb des Centro storico breiten sich der Fischer- und Touristenhafen und die insgesamt gut 3 km langen, traumhaften tropeanischen Hausstrände aus. Die sind von mehreren „Meeresbalkonen" am Rande der Altstadt aus der Vogelperspektive zu betrachten und über Straßen und Treppen von mehreren Punkten des Stadtzentrums in fünf bis zehn Gehminuten zu erreichen, mit weißem Sand ausgelegt und kristallklarem, blau-türkis schimmerndem Wasser überspült.

Hausgemachte Pasta, verschiedene Gemüsesorten, allen voran die rund um den Ort kultivierten, in alle Welt exportierten, milden roten Zwiebeln, Fisch und Schalentiere bestimmen die leichte tropeanische Küche. Deren Spezialitäten sind in zahlreichen Restaurants, Osterien und Trattorien zu genießen, wobei aufgrund der wachsenden Nachfrage mitteleuropäischer Gäste Cocktailbars, Kneipen und Weinstuben das traditionelle gastronomische Angebot ergänzen.

• *Verbindungen* **Bahnhof** ca. 10 Fußminuten vom Centro storico, von dort regelmäßige Verbindungen nach Lamezia Terme und über Rosarno nach Reggio di Calabria.

Innerstädtische **Busverbindungen** von der Altstadt zum Bahnhof und zum Strand, im Sommer mit deutlich höherer Frequenz. Außerdem Busse zu den benachbarten Küstenorten, v. a. zum Capo Vaticano, nach Vibo Valentia, Reggio di Calabria und Catanzaro.

Im Sommer **Schiffsausflüge** zu den Äolischen Inseln: Tropeamar, Via Stazione, Hafen und Corso V. Emanuele 12, ✆ 0963/603047, ✆ 666098, www.tropeamar.it; Comerci Navigazione, Corso Vittorio Emanuele 36, ✆ 0963/395849, www.comerci.it.

• *Information* **Pro Loco**, 9–13 u. 16–20 Uhr (Sommer), 9–13 u. 15–19 Uhr (Winter). Piazza Ercole 29, ✆ 0963/61475, www.prolocotropea.eu.

• *Übernachten* *** **Hotel Terrazzo Sul Mare (8)**, einigermaßen zentral und altstadtnah und über Treppen mit dem Strand verbunden. Vom (guten) Restaurant und der ihm vorgelagerten Terrasse schöner Meerblick. DZ 60–130 €, EZ 50–70 €. Via Libertà (Zona Croce), ✆/✆ 0963/61020 (Saison), 0963/666228 (Winter), www.hotelterrazzosulmare.it.

TIPP! B & B Residenza Il Barone (2), luxuriöse, stilvolle Unterkunft in einem Palazzo Nobile im Herzen des Centro storico unter der sympathischen Regie von Roberto und Rossella Mesiano. Postmodernes Mobiliar aus edelsten Materialien, Frühstück auf einer Dachterrasse mit Blick auf Stadt und Meer und herzliche Betreuung zu einem überaus fairen Preis. DZ 70–180 €. Largo Barone, ✆ 0963/607181, www.residenzailbarone.it.

*** **Camping Marina dell'Isola (3)**, schattiger Platz unterhalb der Stadt und direkt am Strand (neben der Insel), mit Stellplätzen für Zelte, einigen Ferienwohnungen, akzeptablen Sanitäranlagen, Lebensmittelladen und in der Hauptsaison Bar/Restaurant. Ganzjährig geöffnet. Apartments 25–40 € pro Pers., bei längerem Aufenthalt günstiger. ✆/✆ 0963/61970, www.maregrande.it.

Stilvoll wohnen: Palazzo Nobile in Tropea

B & B La Giada (7), liebevoll möblierte, komfortable Zimmer im Hauptgebäude und ein hübsches, kleines Ferienhäuschen in einem Gärtchen direkt vor dem Strand. Lungomare, ✆ 0963/607050 u. 320/0518322, www.villagiadatropea.com.

• *Essen & Trinken* **Tre Fontane (6)**, neben den von der Hausherrin selbst zubereiteten Pasta- und (leckeren) Fischgerichten gibt es auch Pizza. Hinsichtlich Qualität, Preis-Leistungs-Verhältnis und freundlichem Service ist sich dieses Restaurant an der Hauptflaniermeile ungeachtet des wachsenden touristischen Andrangs seit vielen Jahren treu geblieben. Corso Vittorio Emanuele, ✆ 0963/61419.

TIPP! Osteria del Pescatore (4), die in einem Keller untergebrachte (bei gutem Wetter werden einige Tische in der Gasse gedeckt), einfach eingerichtete Osteria wird von einer reizenden tropeanischen Fischerfamilie betrieben, die fangfrische und delikate Fischgerichte in allen Variationen serviert. Via del Monte, ✆ 0963/6031018. Nov. bis März geschl.

Kalabrien und Basilikata
Karte S. 959

Vecchio Forno (5), Pizza und Focacce, Paprika, Zwiebeln und Auberginen – gebacken im ehemals zentralen Backofen des Ortes – stehen auf der Speisekarte des rustikalen und preisgünstigen Lokals, das seine Tische in einer engen Altstadtgasse aufstellt. Via Caivano, ✆ 347/3112416. April bis Nov. abends geöffnet.

Pinturicchio (1), kulinarisch überzeugendes Lokal in einem tropeanischen Altstadtgewölbe, das neben Fischigem auch deftige Bauerngerichte, z. B. Pennette alla N'duja (pikante Wurstspezialität der Gegend) anbietet. Via Dardano, ✆ 0963/603452.

Capo Vaticano/Ricadi

Da sich vom Capo Vaticano traumhafte Ausblicke auf ein von Klippen und Felsen bewachtes, grün-blau schimmerndes Meer eröffnen, versteht man durchaus, warum so viele Menschen seine Nähe suchen, zumal sich zwischen Tropea und Joppolo die attraktivsten Strände der Region aufreihen.

Von der deshalb intensiv ausgebauten touristischen Infrastruktur, die relativ harmonisch in den von Gemüsefeldern, Weinreben und Obstplantagen bewirtschafteten Küstenstreifen eingefügt ist, profitiert in erster Linie die Gemeinde Ricadi. Auf ihrem Territorium locken die begehrten Badebuchten *Praia 'i Focu, Baia di Riaci, Formicoli, Torre Ruffa, Grotticelle* und *Santa Maria.* Ihre einzelnen Siedlungskerne, unter denen das direkt am Meer postierte S. Domenica der lebhafteste ist, kleben im nahen Hinterland an den Hängen des *Monte Poro* (710 m), von dessen Gipfel man das kalabrische Badeparadies aus der Vogelperspektive betrachten kann.

- *Verbindungen* **Bahnhöfe** an der wunderschönen Küstenstrecke Lamezia Terme – Reggio Calabria in S. Domenica, Ricadi-S. Nicolo und Coccorino. **Busverbindungen** entlang der Küste, im Sommer mit erhöhter Frequenz, v. a. zwischen Tropea und den Stränden des Capo Vaticano.
- *Information* **Pro Loco Capo Vaticano**, Via Vaissette 40, S. Nicolò di Ricadi, ✆ 0963/663119, www.prolococapovaticano.it.

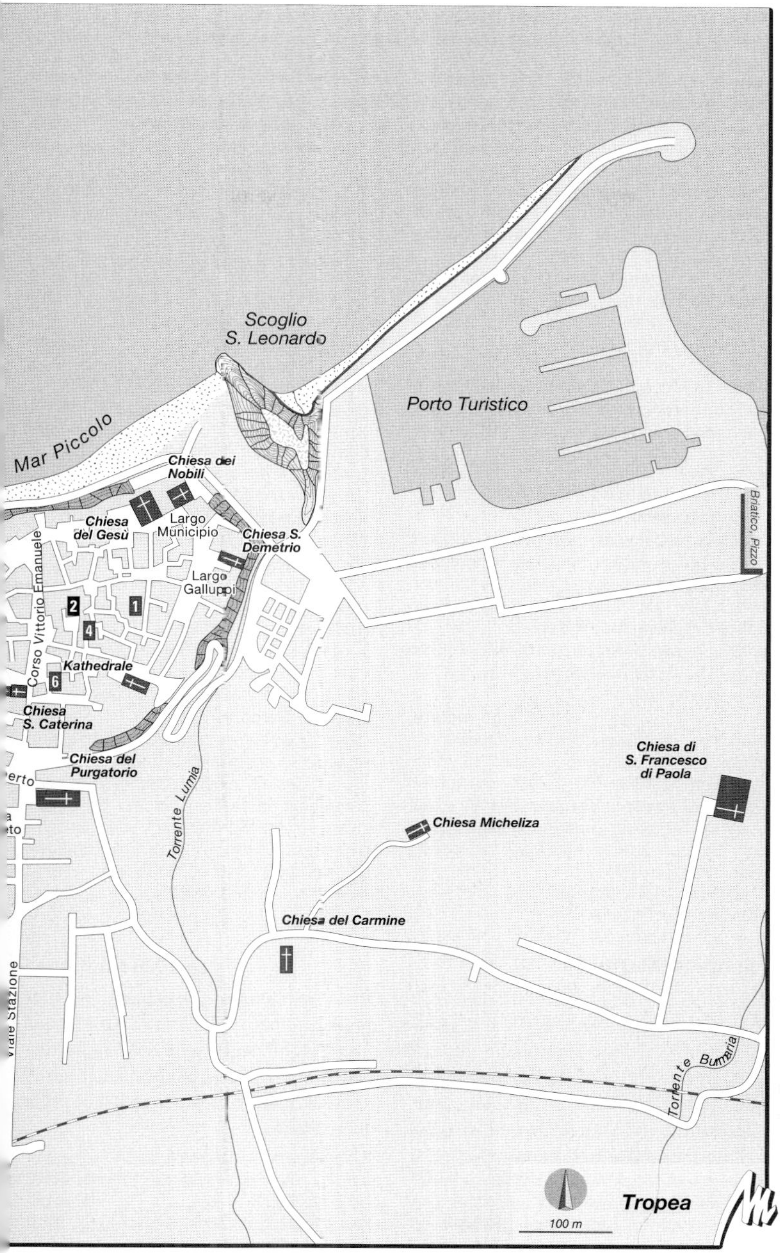

Kalabrien und Basilikata
Karte S. 959

• *Übernachten/Essen & Trinken am Strand Baia di Riaci* *** **Residence Le Playe**, Ferienhausanlage mit Pool inmitten von Feldern 70 m über dem Meer und 500 m Fußweg vom Strand entfernt. Die Gäste dürfen im großen Garten nebenan Gemüse ernten. Daneben steht ein Apartmenthaus unter derselben Regie. Ganzjährig geöffnet. Preisbeispiel: Zweiraumwohnung 200–900 €/Woche. Contrada Beluscia, S. Domenica di Ricadi, ✆ 0963/669573 u. 669151, 📠 660800, www.leplaye.it.

am Strand Torre Ruffa **** **Villaggio Club Baia del Sole**, hübsches Ensemble rund gebauter Wohneinheiten in einem gepflegten Garten direkt am Meer. Die Anlage profiliert sich durch ihre Kinderfreundlichkeit (Babysitterservice, Spielplätze, kindgerechter Speisesaal) und ein variationsreiches Freizeitprogramm, z. B. Mountainbiketouren und Segeltörns. Mai bis Okt. DZ 90–250 €, Zweiraumapartment mit drei Betten 75–240 €. ✆ 0963/663302, 📠 663450, www.baiadelsole.com.

*** **Villaggio Camping Costa Verde**, schlichte Anlage an einem schönen Sandstrand mit Bungalows, Stellplätzen, Restaurant und Supermarkt. Ganzjährig geöffnet. Preisbeispiel: Zweiraumbungalow 203–870 €/Woche. S. Nicolò di Ricadi, ✆ 0963/663090 (Saison), 011/3190080 (Winter), 📠 663792, www.costaverde.org.

Am Strand Grotticelle *** **Albergo Incoronato**, von Bananenstauden umgebenes, auf zwei Gebäudetrakte verteiltes, freundliches Familienhotel mit einigen Balkonzimmern mit jeweils separatem Eingang. Mit Pool und Restaurant und nur wenige Meter vom Strand entfernt. Mai bis Sept. geöffnet. EZ/DZ 60–90 €. Loc. Grotticelle, ✆/📠 0963/663428 (Saison), ✆ 665115 (Winter), www.hotelincoronato.com.

*** **Villaggio Camping 4 Scogli**, sehr schöne Anlage mit Ferienhäuschen, Hotelbetrieb, Stellplätzen, Bar und Restaurant über einem ebensolchen Strandabschnitt. Preisbeispiel: 2-Bett-Apartment 400–1100 €. Mai bis Okt. geöffnet. Loc. Grotticelle, ✆ 0963/663126 (Saison), ✆ 663115 (Winter) u. 340/-727208, www.quattroscogli.it.

Am Capo Vaticano **Resort L'Arcobaleno**, palmenbeschattete Ferienhausanlage mit zentraler Bar, Pool und Wohlfühlatmosphäre. April bis Okt. geöffnet. Zweiraumwohnung mit zwei Betten: 300–950 € pro Woche. Capo Vaticano S. Nicolò, ✆ 0963/665232, www.larcobalenoresort.it.

Am Strand von Santa Maria *** **Villaggio Hotel Calispera**, Hotel, Ferienhaus- und Campingbetrieb hoch über Santa Maria mit Blick auf den Strand von Grotticelle. Mai bis Sept. geöffnet. Preisbeispiel: Zweiraumwohnung mit vier Betten 400–1200 €. Loc. S. Maria, Via Torre S. Maria, ✆ 0963/663183, 📠 663143, www.villaggiocalispera.it.

** **Ciccio sul Mare**, freundlicher Familienbetrieb am Strand von Santa Maria, der ordentliche Zimmer mit separatem Eingang vermietet und in ein passables (Fisch-) Restaurant einlädt. Mai bis Sept. geöffnet, in der Hauptsaison Pensionspflicht. DZ 40–90 €, EZ 35–60 €, HP 36–72 €. Santa Maria di Ricadi, ✆ 0963/663400 (Saison) 📠 663529, ✆ 65292 (Winter), www.cicciosulmare.it.

TIPP! Da Barbone, Barbone ist Fischer, und sein Restaurant serviert frischen Fisch, der äußerst schmackhaft zubereitet wird, z. B. in Gestalt einer *stroncatura*, einem Fischgericht mit frischen Nudeln. Dass man ihn bei schönem Wetter auf einer lauschigen Terrasse direkt am Meer genießt, steigert das kulinarische Vergnügen. Piazza Santa Maria, ✆ 0963/665159.

Nicotera (Marina) ca. 7000 Einwohner

Nicoteras gut erhaltener mittelalterlicher Ortskern inklusive imposantem Kastell und ehrwürdiger Kathedrale und seine stimmungsvollen Plätze mit Weitblick auf die Ebene von Gioia Tauro sind die Anfahrt wert, wohingegen sein Küstenquartier eher enttäuscht. Weil die Strände in und um Nicotera Marina äußerst badefreundlich sind, haben sich in der Nähe der trist vernachlässigten Meeressiedlung der Club Valtur und andere „Ferienfabriken“ niedergelassen.

• *Übernachten/Essen & Trinken* Cally Cally Agriturismo, attraktives Domizil in schöner Lage mit Aussicht auf Stadt und Meer, das allerdings nur für Motorisierte geeignet ist. Clou der Anlage, in der man von der Inhaberfamilie Rosarno freundlich betreut und lecker saisonal bekocht wird, ist der randlose Pool, der scheinbar nahtlos ins Meer übergeht. B & B 65–80 € pro Pers., abendliches Menü 35 €. Colle Gagliardo, ✆ 0963/81196, 📠 81732, www.agriturismocallycally.com.

Von Gioia Tauro nach Villa San Giovanni – Costa Viola

In der mit Orangen- und Olivenhainen überzogenen Piana di Gioia Tauro liegt der flächenmäßig größte Mittelmeerhafen. Südlich davon schließt sich die Costa Viola an, die ihren Namen dem dort (tatsächlich!) violett schimmernden Wasser des Tyrrhenischen Meeres verdankt.

Die modernen Hafenanlagen von Gioia Tauro sind die große ökonomische Hoffnung der Stadt, die in den 1970er Jahren als Paradebeispiel einer gescheiterten Industrialisierung negative Schlagzeilen gemacht hatte. Während davon übrig gebliebene Betonskelette das Landschaftsbild der Ebene von Gioia Tauro bis heute verschandeln, schieben sich die Badeorte *Palmi, Bagnara* und *Scilla* pittoresk zwischen die Ausläufer des westlichen Aspromonte und die veilchenfarbene See. Die *Costa Viola* endet an der Meerenge von Messina bzw. in der verkehrstechnisch bedeutenden Industrie- und Handelsstadt *Villa S. Giovanni,* von wo mit Autos und Zügen beladene Fähren nach Sizilien auslaufen.

Palmi: Die nach den Erdbeben von 1783 und 1908 komplett neu aufgebaute Stadt am Fuße des aussichtsträchtigen, 579 m hohen *Monte S. Elia* („Balkon des Tyrrhenischen Meeres") ist architektonisch entsprechend unspektakulär, trotz passabler Strände badetouristisch nicht gerade eine Offenbarung, wegen seines überaus interessanten Volkskundemuseums aber dennoch einen Ausflug wert.

Das *Museo di Etnografia e Folclore* befindet sich in der Casa della Cultura Leonida Répaci, die außerdem eine moderne *Pinacoteca* integriert. Es gewährt nicht nur einen anschaulichen Einblick in die Geschichte der regionalen Alltagskultur, sondern auch in die von Glauben und Aberglauben getröstete und/oder beunruhigte kalabrische Seele, zeigt Gebrauchsgegenstände aus Haushalt, Handwerk, Landwirtschaft, Viehzucht und Fischerei und zahlreiche religiös-rituelle und magische Objekte.

• *Öffnungszeiten/Eintritt* Mo–Fr 9–13 Uhr, Mo u. Do auch 15.30–17.30 Uhr. Eintritt 2 €. Via Felice Battaglia (oberhalb des Stadtzentrums).

• *Fährverkehr nach Sizilien* Die FS-Fähren setzen etwa alle 40 Min. nach Sizilien über, Caronte befördert obendrein nach Salerno. Genaue Fahrplan- und Preisinformationen erhält man bei **FS**, Piazza Stazione, ✆ 0965/758241, www.trenitalia.com, und **Caronte**, Via Marina 30, ✆ 0965/793131, www.carontetourist.it.

• *Bahnverbindungen* Eisenbahnromantiker können mit einer **Schmalspurbahn** der Ferrovie della Calabria von Gioia Tauro ins bergige Inland nach Cinquefrondi und zurück (oder ins benachbarte Palmi) fahren.

Bagnara: Bagnara, dessen älterer Teil inmitten terrassierter Weinberge an den Ausläufern des westlichen Aspromonte klebt, zieht sich allmählich zum Meer hinunter, wo sich vor einem halbmondförmigen Sandstrand das neuere Stadtzentrum ausbreitet. Sein städtebauliches Profil lässt – inzwischen verflogenes – mondänes Flair der vorletzten Jahrhundertwende erahnen. Die Markenzeichen der freundlichen Stadt sind der Schwertfischfang und eine verführerische Mandel-Honig-Kreation namens *Torrone di Bagnara* .

• *Übernachten* **** **Grand Hotel Victoria**, recht neues, luxuriöses Hotel in Toplage direkt an der Strandpromenade, von vielen Zimmern, Restaurant und Dachterrasse wunderbarer Blick aufs Meer. DZ 85–130 €, EZ 60–110 €. Piazza Marconi 4, ✆/📠 0966/376126, www.victoriagrandhotel.it.

• *Essen & Trinken* **Taverna Kerkira**, überregional gepriesenes Restaurant, in dem neben lokalen Spezialitäten (z. B. *pesce spada alla griglia*) einige griechische Gerichte serviert werden. Corso Vittorio Emanuele 217, ✆ 0966/372260. Mo und Di sowie im August geschl., Sa und So muss man einen Tisch vorbestellen.

Karte S. 959

Scilla

ca. 5000 Einwohner

Das pittoreske Fischerstädtchen Scilla an der Meerenge von Messina entspricht in vielerlei Hinsicht den romantischen Idealvorstellungen einer mediterranen Idylle.

Auf dem Felsen, auf dem seit 1255 das klotzige, 1533 erweiterte *Castello dei Ruffo* thront, lauerte nach Homers Odyssee das Ungeheuer Skylla. Das verschlang bekanntlich sechs der Gefährten des antiken Helden, als sie betört vom Gesang der Sirenen und bedroht vom Strudel Charybdis vor der Küste Siziliens durch die Meerenge von Messina segelten.

Von der Balkonpiazza S. Rocco in Scillas Oberstadt *S. Giorgio* eröffnet sich eine eindrucksvolle Aussicht auf die größte Mittelmeerinsel und die Küstenquartiere *Marina Grande* und *Chianalea* rechts und links des schlossgekrönten Felsens. Ersteres besticht durch einen wunderschönen langen Sandstrand, das malerische Fischerviertel Chianalea durch steile und schmale Gässchen, deren unterste Häuserreihen fast das Meer berühren. In seinem kleinen Hafen kann man im Mai und Juni dem imposanten Schauspiel der frühabendlichen Rückkehr der Schwertfischerboote und des Ab- und Verladens der stattlichen Fische beiwohnen.

• *Übernachten* ****** Principe di Scilla**, Nobelherberge und -restaurant in einem ehemaligen Palazzo der Adelsfamilie Ruffo, nach deren Mitgliedern (u. a. Königin Paola von Belgien) die exklusiven Suiten des Luxushotels benannt sind – die ganze Pracht mitten im romantischen Fischerviertel Chianalea. DZ (Suite) 170–320 €. Via Grotte 2, ✆/℻ 0965/704324, www.hotelubais.it.

TIPP! **** Albergo Le Sirene**, freundliche Etagenpension, deren Wände mit hellen mediterranen Farben und Motiven aus der Odyssee koloriert sind. Der Eingang der Pension liegt in einer belebten Straße in Bahnhofsnähe, während an ihrer Rückfront zwei Terrassen mit Aussicht aufs Meer und den langen Sandstrand von Marina Grande überraschen. DZ 60–100 €, EZ 30-60 €. Via Nazionale 57, ✆/℻ 0965/754019, www.hotellesirenecscilla.com.

• *Essen & Trinken* **Il Pirata**, direkt am bzw. im Wasser gelegenes Fischrestaurant mitten im Fischerleben von Chianalea. Im Angebot natürlich Fischspezialitäten, v. a. kulinarische Variationen des *pesce spada*. Via Grotte 22, ✆ 0965/704292.

Alla Pescatora, Fischrestaurant am Lungomare von Marina Grande, in dem der Schwertfisch ebenfalls an erster Stelle der Speisekarte rangiert und ansonsten der Tagesfang das Angebot bestimmt. Lungomare 32, ✆ 0965/754147.

Reggio di Calabria

ca. 180.000 Einwohner

Schon allein wegen des Lungomare Falcomatà, den der berühmte italienische Dichter Gabriele d'Annunzio als den „schönsten Kilometer Italiens" pries, und der Bronzi von Riace ist die als Schaltzentrale der Ndrangheta verrufene größte kalabrische Stadt einen Ausflug wert.

Die von Palmen, Pinien, Fikusbäumen und Blumenbeeten gesäumte Prachtstraße verläuft vor der Kulisse Siziliens zwischen der Meerenge von Messina, in der sich an heißen, windstillen Sommertagen die Häuser Siziliens wie eine Fata Morgana spiegeln (sollen), und dem Corso Vittorio Emanuele mit seinen in Pastellfarben gestrichenen, eleganten Jugendstilvillen.

Die 743 v. Chr. als „Rhegion" gegründete Hafenstadt musste nach zwei desaströsen Erdbeben (1783 und 1908) zu Beginn des 20. Jh. fast vollständig neu aufgebaut werden, sodass nur wenige architektonische Zeugnisse ihre lange Geschichte dokumentieren.

Die berühmten *Bronzi di Riace* harren in der Abteilung Unterwasserarchäologie im *Museo Archeologico Nazionale* der Bewunderung. Die stattlichen Mannsbilder, fast

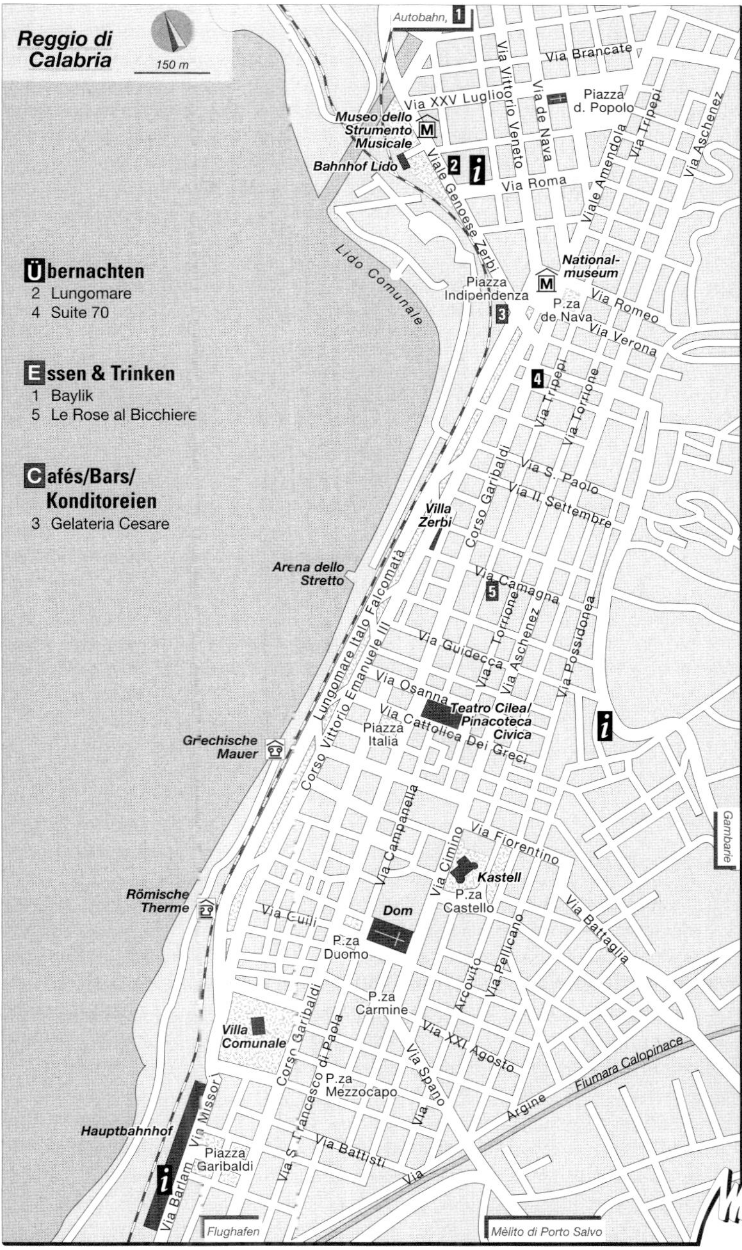

Kalabrien und Basilikata
Karte S. 959

2 m große, wohlproportionierte, bis zum Verlauf von Muskelsträngen, Adern und Sehnen realitätsgetreu gestaltete Bronzeskulpturen aus dem 5. Jh. v. Chr., wurden im Jahre 1972 vor der Küste von Riace von Tauchern im Meer entdeckt. Sie sind die spektakulärsten Hinterlassenschaften der kulturell blühenden Vergangenheit der Magna Graecia, von der man sich auch in den übrigen Abteilungen des Museums ein eindrucksvolles Bild machen kann. Weitere Objekte der kulturellen Besichtigungsbegierde sind die anno 1908 im romanischen Stil restaurierte größte *Kathedrale* Kalabriens, das *Teatro Cilea* und die *Pinacoteca Civica* im selben klassizistischen Palazzo mit einer bemerkenswerten Gemälde- und Skulpturenkollektion (u. a. Werke von Mattia Preti und Renato Guttoso).

• Öffnungszeiten/Eintritt **Museo Archeologico Nazionale**, Di–So 9–19.30 Uhr. Eintritt 6 €. Piazza de Nava 26, ✆ 0965/812255, www.museonazionalerc.it; **Pinacoteca Civica**, Di–So 9–12.30 Uhr, 16.30–19.30 Uhr. Eintritt 4 €. Corso Garibaldi, ✆ 0965/324822.

• Verbindungen Vom **Hauptbahnhof** am südlichen Ende des Lungomare Falcomatà Fernverbindungen nach Norditalien und nach Sizilien, vom **Bahnhof Reggio Calabria Lido** am nördlichen Ende des Lungomare regionale Verbindungen bis Paola.

Busverkehr innerhalb der Stadt und zum Flughafen, Verbindungen nach Gambarie im Aspromonte sowie entlang der ionischen Küste. Zentrale Haltestellen an der Piazza Italia und an der Piazza Garibaldi/Hauptbahnhof.

Die lokale Busgesellschaft ATAM (✆ 800/433310, www.atam-rc.it) bietet im Sommer für 5 € **Stadtrundfahrten** durchs Centro storico an.

Vom Hafen **Fähren und Tragflügelboote** nach Messina, zu den Äolischen Inseln und nach Malta: Ustica Lines (✆ 0965/29568, www.ustica.lines.it), Meridiano Lines (✆ 0965/810414, www.meridianolines.it), Navette FF. SS (✆ 0965/8176759), Caronte (✆ 800/627414, www.carontetourist.it.).

Täglich **Flüge** nach Rom und Mailand vom Aeroporto dello Stretto „Tito Minniti" in Ravagnese (5 km südlich der Stadt), ✆ 0965/642681, www.sogas.it.

• Information **Ufficio Turistico della Provincia**, Mo–Sa 8–20 Uhr. Via Roma 3, ✆ 0965/22530, turismo.reggiocal.it.

• Übernachten *** **Lungomare (2)**, stilvolles Hotel in einem ansehnlichen Jugendstilpalazzo in der Nähe des Nationalmuseums mit aussichtsreicher Dachterrasse (zum Meer). DZ 110, EZ 80 €. Viale G. Zerbi 13, ✆ 0965/20486, ℻ 21439, www.hotellungomare.rc.it.

Suite 70 (4), designermöbliertes Edel-B & B an der zentralen Einkaufs- und Flaniermeile. DZ 120–150 €, EZ 70–90 €. Corso Garibaldi 70, ✆ 0965/896674, 333/2697538, www.suite70.it.

• Essen & Trinken **Baylik (1)**, 1950 eröffnetes, wegen seiner delikaten Meeresküche über die Stadt hinaus bekanntes Fischrestaurant („baylik" ist arabisch und bedeutet Fisch) in der Nähe des Hafens in Reggios nördlichem Stadtteil S. Caterina. Via Leone 1, ✆ 0965/48624. Mo und 10.–25.8. geschl.

Le Rose al Bicchiere (5), Kombination aus Weinbar und mit dem „Segen" der Organisation Slow Food regionaltypisch bekochtem Restaurant. Via Demetrio Tripepi 118, ✆ 0965/22956.

Gelateria Cesare (3), im Sommer bis in die Nacht verführerisches Eis in einem nostalgisch anmutenden Kiosk am Rande der Piazza Indipendenza.

Von Reggio di Calabria nach Bovalino – Costa dei Gelsomini

Der wohlklingende Name Costa dei Gelsomini (Jasminküste) kann nicht darüber hinwegtäuschen, dass sich am Südzipfel Kalabriens die wirtschaftlichen, sozialen und landschaftsästhetischen Probleme der Region konzentrieren.

Der Reiz dieses Küstenstreifens liegt in der stets genossenen Doppelaussicht auf Sizilien und die Rauchsäulen des Ätna auf der See- und den Aspromonte auf der Landseite, sodass sich Melito Porto Salvo und die in östlicher Richtung folgenden, allesamt wenig einladenden Küstengemeinden u. U. als Ausgangspunkte für Ausflüge in den Aspromonte eignen. Für Touristen gefährlich ist der in besonderem Maße von den dunklen Machenschaften der Ndrangheta entwicklungsgehemmte Küstenstreifen freilich nicht!

Saline Ioniche: In dem Ort wenige Kilometer südlich von Reggio Calabria ist man mit einem monströsen, in den 1970er Jahren gebauten, niemals in Betrieb gegangenen Chemiewerk konfrontiert.

Melito Porto Salvo: Vor dem ansonsten unspektakulären Städtchen landeten im Jahre 1860, von Sizilien kommend, Garibaldis „Mille", um von dort ihren Marsch zur Einigung Italiens zu vollenden. Im Palazzo Ramirez auf einer Anhöhe westlich des Stadtzentrums, in dem Giuseppe Garibaldi seinerzeit logierte, steckt bis heute eine vom Meer abgefeuerte Kanonenkugel seiner bourbonischen Widersacher.

Condofuri Marina, Bova Marina, Palizzi Marina und Bovalino Marina: Zwischen Schnellstraße und Eisenbahnlinie eingeklemmt, ist das architektonisches Profil dieser Gemeinden – abgesehen von dem einen oder anderen ganz ansehnlichen Palazzo Nobile – von gesichtslosen 70er-Jahre-Bauten und grauen Betonskeletten geprägt. Ihre Strandpromenaden, die meist über schmale und holprige Bahnunterführungen anzusteuern sind, versprühen bestenfalls den rauen Charme des „wilden Südens". In kultureller Hinsicht sei auf die (alt-)griechischen Traditionen der Gemeinden, in kulinarischer auf überdurchschnittlich viele Eisdielen und Konditoreien verwiesen. Deren Spezialitäten sind oft – übrigens ebenso wie Kölnisch Wasser oder Earl-Grey-Tee – mit den Essenzen der hier weltweit am erfolg- und ertragreichsten angebauten Bergamottefrucht (citrus bergamia) aromatisiert.

• *Übernachten/Essen & Trinken* Entlang der Küste eine Handvoll mäßig attraktiver Campingplätze, z. B. **Villaggio Camping La Perla Jonica**, baumbeschattete Stellplätze für Zelte, kleine Holzbungalows und Restaurant direkt an einem „naturbelassenen" Sandstrand, von dem man auf den Ätna schaut. Von der SS 106 durch eine holprige Zufahrt zu erreichen. Bungalows mit vier Betten 240–450 € pro Woche. Ganzjähriger Betrieb. Bova Marina, Loc. San Pasquale, ✆ 0965/764366, www.campinglaperlajonica.it.

*** **Hotel Il Girasole**, nagelneuer, kleiner weißer Rundbau am Strand von Bova Marina, mit hellen, schlicht möblierten Meerblickzimmern und Restaurant. DZ 80–100 €. Via Marina 64, ✆ 0965/766193, 📠 764749, www.hotelilgirasole.com.

Ionische Küste

Von Locri nach Stilo – Locride

Im Hinterland der Locride genannten Ostflanke der Provinz Reggio Calabria „hängen" wenige Kilometer von der Küste entfernt Kalabriens kulturtouristische Aushängeschilder Gerace, Stilo und Mammola.

Locri: Die steinernen Hinterlassenschaften der Ende des 8. Jh. v. Chr. (vermutlich) von Frauen aus dem griechischen Lokroi gegründeten großgriechischen Metropole Lokroi Epizephyrioi präsentieren sich heute als weitläufiger *archäologischer Park*, in dem es u. a. die Reste der einst 5 km langen Stadtmauer und die Ruinen eines Persephone-Heiligtums zu sehen gibt. Neben Gebäuderesten der antiken 40.000-Einwohnerstadt sind zahllose kleinere archäologische Kostbarkeiten ausgegraben worden, darunter z. B. Münzen, Bronzestatuen und eine Kollektion locresischer Votivkeramik, die im *Museo Nazionale Archeologico Locri* im Eingangsbereich des Ausgrabungsgeländes und im Nationalmuseum von Reggio Calabria gehütet werden.

Öffnungszeiten/Eintritt **Museum und archäologischer Park**, Di–So 9–19.30 Uhr. Eintritt 2 €. Contrada Marasà, ca. 3 km südlich des Ortszentrums, ✆ 0964/3900023, www.locriantica.it.

Kalabrien und Basilikata
Karte S. 959

Das moderne Locri gehört(e) zu den Hochburgen der Ndrangheta, die aufgrund des antimafiösen Engagements vieler aufrechter Locresi in den vergangenen Jahren allerdings nicht mehr ganz so leichtes Spiel hat, was sich positiv auf das vielerorts sanierte Stadtbild und den recht ansehnlichen Lungomare ausgewirkt hat.

Gerace: Das seit dem 10. Jh. gewachsene, schmucke architektonische Ensemble von Gerace wenige Kilometer oberhalb von Locri ist gleichsam ein städtebauliches Gesamtkunstwerk, aus dem hier nur wenige Details hervorgehoben seien: An der Piazza delle Tre Chiese empfehlen sich gleich drei architektonische Kleinode: Die *Chiesa del Sacro Cuore* aus dem 19. Jh., die bereits 800 Jahre zuvor errichtete *Chiesa S. Giovanni Crisostomo* (S. Giovanello) und die 1252 im gotisch-puristischen Stil erbaute *Chiesa di S. Francesco.*

Absoluter Besichtigungshöhepunkt ist jedoch die im Jahre 1045 eingeweihte normannisch-romanische *Kathedrale,* deren meditativ-feierliche Atmosphäre vermutlich selbst Kunstbanausen und „Gottlose" tief durchatmen lässt. Ihre teilweise aus einzelnen Mauerfragmenten „zusammengestückelten" Säulen, die den Innenraum der Kirche in drei Schiffe aufteilen, sind antiker Herkunft und wurden höchstwahrscheinlich aus dem griechischen Locri den Berg hinaufgeschafft (9.30–12.45 und 15–18 Uhr, Besichtigung der Schatzkammer 2 €.).

• *Übernachten/Essen & Trinken* **** **La Casa di Gianna**, in einem renovierten alten Palazzo untergebrachtes Hotelrestaurant (acht Zimmer und Suiten), in dem Alt und Neu eine stilistisch gelungene Symbiose eingehen. DZ 110–130 €, EZ 70–85 €, Suite 150–180 €. Via Paolo Frascà 6, ✆ 0964/355024, ℻ 355081, www.lacasadigianna.it.

B & B Lo Sparviero, zweckmäßig möblierte Zimmer über der Bar Nazionale in Gerace Borgo. Via Nazionale 15, Übernachtung/Frühstück 30–35 €/Pers. ✆ 0964/355015, 347/1689511, francesco.tersite@libero.it.

Trattoria Lo Sparviero, die hier servierten, übrigens auch von Slow Food gelobten, typisch kalabrischen Gerichte schmecken gut, die Portionen sind beachtlich, die Preise günstig, die Atmosphäre ist angenehm. Mitten in Gerace Città. Via Luigi Cadorna 3, ✆ 0964/356826 u. 329/1011408.

TIPP! **Bar del Tocco**, die Granite mit frischen Früchten sind ein Traum und auch die anderen Süßigkeiten eine Sünde wert. Piazza del Tocco 7.

Gerace ist unbedingt einen Besuch wert

(Marina) di Gioiosa Ionica und Mammola: Ungeachtet des recht gefälligen Lungomare gibt sich die zweigeteilte Gemeinde in ihrem neuen Küstenquartier recht grau und trist. Zum Ausgleich besitzt sie 116 m höher ein fast malerisches Centro storico mit dekorativ verfallenem mittelalterlichen Kastell.

Wenn man sich auf der Straße zwischen den beiden Meeren (SS 281) von Gioiosa Ionica aus in Richtung Inland bewegt, sieht man nach etwa 20 km auf einer Anhöhe ein altes Kloster, neben dem inmitten von Palmen, Oliven- und Orangenbäumen eigenwillig gestaltete Skulpturen in den Himmel ragen. Bei dem imposanten Ensemble geschichtsträchtiger Gemäuer, moderner Kunst und mediterraner Vegetation handelt es sich um den *Parco Museo Santa Barbara,* der seit 1970 gewachsen und von dem kalabrisch-holländischen Künstlerpaar Nik Spatari und Hiske Maas betrieben wird. Spektakulärstes Exponat ist Spataris Gemälde *Jakobs Traum,* das auf 240 farbenfroh bemalten Quadratmetern der alten Klosterkuppel die Vita der biblischen Figur erzählt.

Öffnungszeiten/Eintritt April bis Okt. 9–12 u. 15–17 Uhr (15.7.–15.9. bis 20 Uhr), sonst 9–12 Uhr. Eintritt 4 €. Infos über Workshops (Hiske Maas spricht Englisch): ✆/℻ 0964/414220, www.musaba.org.

Roccella Ionica: Kulturell lebendiges Mittelmeerstädtchen mit relativ neuem Yacht- und Freizeithafen, dessen gefälliges Ortsbild durch die fast von jedem Punkt des Zentrums sichtbaren Ruinen eines mittelalterlichen Kastells und einiger anderer dekorativ zusammengefallener alter Gemäuer bereichert wird. Hier findet alljährlich das viel beachtete Jazzfestival *Rumori Mediterranei* statt.

Riace: Am Strand von Riace wurden die berühmten *Bronzi di Riace* aus dem Meer gefischt. Im alten Ortskern arbeitet die sozial ambitionierte, für einen nachhaltigen Tourismus und Flüchtlinge aus aller Welt engagierte Initiative *Città Futura,* die dort alte Handwerkstraditionen am Leben erhält, eine zünftige Trattoria betreibt und zu Ferienwohnungen umgebaute alte Häuser (und Zimmer) mit Meerblick vermietet.

Monasterace: Monasterace hat einen gepflegten Lungomare, hinter dem ein ebenso attraktiver Strand lockt und liegt in der Nähe der direkt am Strand zu Tage geförderten Grundmauern eines dorischen Tempels des antiken Caulonia. Die ruhen unterhalb der SS 106 etwas nördlich von Monasterace Marina an der SS 110.

Stilo: Eine der größten kunsthistorischen Attraktionen der Region liegt wenige Kilometer landeinwärts von Monasterace am Fuße des Monte Consolino in den südöstlichen Ausläufern der Serre. Von der im 10. Jh. erbauten *Cattolica* genießt man einen schönen Blick auf Stilos Centro storico und die tief ins Gebirge eingegrabene, nur spärlich bewachsene Schlucht Fiumara Stilare. Die hübsche Miniaturkirche ist eines der besterhaltenen baulichen Zeugnisse aus byzantinischer Zeit. Der auf einer Fläche von nur 36 qm aus rot-braunen Ziegelsteinen errichtete Bau hat einen quadratischen Grundriss und verfügt über fünf zylinderförmige Kuppeln. Sein schlichter Innenraum ist lediglich mit einigen verblassten Fresken verziert (Sept. bis April 7–19, sonst 8–20 Uhr).

• Übernachten/Essen & Trinken **Città Futura „G. Puglisi“**, die Initiative in Riace (s. o.) bietet mehrere renovierte Dorfhäuser mit insgesamt gut 100 Schlafplätzen an. Übernachtung ca. 25 € pro Nase, auf Wunsch auch HP in der eigenen Trattoria. Via Pinnarò 20, ✆ 0964/778008, www.cittafuturariace.it.

*** **Federica**, das kleine Strandhotel nahe dem Fundort der Bronzi bietet 17 geschmackvoll eingerichtete Zimmer, sehr schöne Außenanlagen und aufmerksamen Service. DZ 80–100 €, EZ 65 €, HP 47–78 €. Riace Marina, ✆ 0964/771302, ℻ 771305, www.hotelfederica.it.

Le Giare Agriturismo, freundliche Gästehäuser einige Kilometer südlich der Stadt unter

Kalabrien und Basilikata
Karte S. 959

Oliven- und Orangenbäumen. Produkte aus eigenem Anbau, durch eine Unterführung geht es zu einem schönen Sandstrand. Ein- bis Dreiraumhäuschen mit Küche. Einraumhäuschen 80–160 €. Roccella Ionica, SS 106, ✆/📠 0964/85170, www.agriclublegiare.it.

La Cascina, wegen seiner kreativen Fischküche allgemein empfohlenes, stets gut frequentiertes Lokal. Etwas außerhalb des Ortes. SS 106 (in Richtung Gioiosa Ionica), ✆ 0964/866675.

Die Schokoladenseite der kalabrischen Ostküste: Golf von Squillace

Catanzaro und der Golf von Squillace

Zwischen dem Küstenquartier der Regionalmetropole Catanzaro Lido und Soverato zeigt sich die ionische Küste Kalabriens von ihrer Schokoladenseite. Von den pittoresken alten Ortskernen der recht gepflegten Seebäder genießt man Millionärsblicke auf den sagenumwobenen Golf von Squillace, über dem sich die dicht bewaldeten Höhen der Serre erheben. Dagegen erreicht man einige Kilometer weiter südlich gleichsam badetouristisches Entwicklungsland, obgleich auch dort passable Strände und malerisch-verschlafene alte Dörfer wie z. B. Badolato locken.

Catanzaro (Lido) ca. 97.000 Einwohner

Catanzaro wacht auf 341 Höhenmetern über zwei Flusstäler, von denen eines seit 1960 mit dem Viadotto Morandi überbrückt ist. Die Betonbrücke ist eine der längsten Europas und eines der Wahrzeichen der kalabrischen Regionalhauptstadt, deren Altstadt durchaus einen Spaziergang wert ist. Wenn man der Hauptflaniermeile *Corso Mazzini* von der Piazza Matteotti bis zu seinem südlichen Ende folgt und unterwegs hin und wieder über steile Gässchen und Treppenaufgänge auf diesen oder jenen kleinen Platz ausschert, bekommt man en passant die wichtigsten Sehenswürdigkeiten zu Gesicht. Dazu gehören der mittelalterliche

Dom und der hübsche Stadtpark Villa Trieste, von dem man eine schöne Aussicht auf eines der Flusstäler genießt.

13 Straßenkilometer unterhalb des alten Stadtzentrums erstreckt sich mit einer Kette mehrstöckiger, grauer Mehrfamilienhäuser der mit einer Funicolare (Drahtseilbahn) ans Centro storico angebundene Stadtteil *Catanzaro Lido* mit dem von einer grauen Mauer abgeschirmten, von zahlreichen Lokalen gesäumten „Hausstrand" der Regionalmetropole.

• *Anfahrt/Verbindungen* **Pkw**, SS 280, SS 19, SS 109.

Bahnhof der **Ferrovie della Calabria**, von dort Zugverbindungen nach Catanzaro Lido und Cosenza. Bahnhof der **FS**, von dort Verbindungen nach Lamezia Terme und Catanzaro Lido, von dort Züge nach Taranto bzw. Reggio Calabria.

Haltestellen der **Funicolare** (Drahtseilbahn) an der Piazza Roma und in Catanzaro Sala (werktags 7–21 Uhr alle 10–15 Min.).

Innerstädtische **Busverbindungen** (zentrale Haltestelle an der Piazza Roma). Außerdem Verbindungen in viele kalabrische Orte inner- und außerhalb der Provinz von der Autostazione nahe dem Bahnhof.

• *Information* **Ufficio Turistico Provinciale**, Via San Nicola 8, ✆ 0961/741842, www.mycatanzaro.it.

• *Übernachten* *** **Hotel San Giuseppe**, komfortabel ausgestattete Zimmer in günstiger Altstadtlage am Rande des Corso Mazzini. DZ 90 €, EZ 60 €. Salita Piazza Roma 7, ✆/℻ 0961/726172, www.sangiuseppehotel.it.

• *Essen & Trinken* **Ristorante Amici Miei**, beliebte Trattoria mit ortstypischer (Fisch-) Küche und Pizza mitten in der Altstadt. Via Discesa S. Rocchello 4, ✆ 0961/742196. So Ruhetag.

Caffè Imperiale, sympathisches Traditionscafé in einem alten Palazzo zentral in der Altstadt, in dem man schon seit 1892 einkehrt und sich heute verführerischen Süßigkeiten hingibt (darunter viele Sorten Eis) oder herzhafte Kleinigkeiten bestellt. Corso Mazzini 161, ✆ 0961/743231.

Tiriolo

ca. 4000 Einwohner

Wenn das Wetter mitspielt, hat man von dem mittelalterlichen Örtchen am Fuße des Monte Tiriolo eine einmalige Aussicht auf beide kalabrischen Meere, die schon den antiken Sagenhelden Odysseus betört haben soll.

Die meisten Häuser des malerischen alten Ortes oberhalb von Catanzaro sind mit auffälligen Keramikmasken versehen, die deren Bewohner vor dem „malocchio" bzw. Missgunst und Unheil schützen sollen. Eine Reihe von Geschäften und Webstuben signalisieren, dass sich Tiriolo wegen seiner textilen Handwerkstradition, insbesondere mit den dort aus Wolle oder Seide gefertigten schwarz-weißen Schals namens *vancali* einen Namen gemacht hat.

• *Anfahrt/Verbindungen* **Pkw**, von Catanzaro über die SS 280 (Ausfahrt Sarrottino) oder die kurvenreiche SS 19 zu erreichen.

Busverbindungen von/nach Catanzaro.

• *Übernachten/Essen & Trinken* **TIPP!**
*** **Hotel Residence Due Mari**, das Hotel-Restaurant bietet auf seiner Terrasse den wetterbedingten Zweimeeresblick, überzeugt durch die herzliche Inhaberfamilie und komfortabel ausgestattete Zimmer, die wahlweise im modernen Haupthaus oder restaurierten historischen Wohnhäusern in einer kleinen Altstadtgasse direkt vis à vis bezogen werden können. Kulinarischer Hit seines auch ansonsten lecker bekochten Restaurants ist das unvergleichliche *Pollo al Diavolo*. DZ 80–100 €, EZ 60 €, HP 15 €/Pers. Restaurant im Winter Mo geschl. Via Seggio 2/Via Cavour 46, ✆ 0961/991064, ℻ 990984, www.duemari.com.

Copanello und Montepaone-Lido: Im für kalabrische Verhältnisse mondänen Copanello, das zur einige Kilometer höher gelegenen Gemeinde Staletti gehört, reichen die mehrheitlich recht gefälligen Villensiedlungen und Ferienanlagen fast bis zum Wasser. Das gilt gleichermaßen für die ebenso badefreundlichen Nachbarge-

Karte S. 959

stade von *Caminia* und Montepaone-Lido, zwischen die sich die wunderschöne Felsenbucht *Lido Pietragrande* schiebt.

• *Übernachten/Essen & Trinken* *** **Il Gabbiano**, kleiner Familienbetrieb mit gepflegten Zimmern im Haupthaus und in separaten Häuschen unmittelbar am Strand, Terrasse am Meer, gute (Fisch-)Küche und eine aus Deutschland remigrierten Inhaberfamilie, deren Oberhaupt noch sehr gut Deutsch spricht. DZ 65–98 €, EZ 42–70 €, HP 55–80 €. Via Lido 8 (Copanello), ✆ 0961/911343, ✆ 911437, www.hotelilgabbiano.it.

La Cabana, die richtige Adresse für kulinarisch hervorragendes, stimmungsvoll-elegantes Fischessen mit Blick aufs Meer. Lido di Caminia, Via del Mare, ✆ 0961/911093. Okt. bis April nur am Wochenende.

Squillace und Roccelletta di Borgia: Squillaces hübscher Ortskern liegt 8 km landeinwärts von der Küstenstraße SS 106 und wartet mit den Resten eines normannischen Kastells und einer mehrmals veränderten, aber wohl schon aus dem 5. oder 6. Jh. stammenden Kathedrale auf.

Die römische Vergangenheit von Squillace (röm. Scolacium), wo 490 der Staatsmann und Schriftsteller Cassiodorus geboren wurde und der antike Sagenheld Odysseus gen Ithaka in See stach, erschließt sich im *Parco Archeologico Roccelletta di Borgia*. Dort sind neben der vermutlich im 12. Jh. errichteten Kirche Roccelletta del Vescovo di Squillace stattliche römische Mauerreste zu besichtigen. Das malerisch verfallene, fast mystisch anmutende Gotteshaus und die steinernen Spuren der antiken Zivilisation verteilen sich in einem wunderschönen, weitläufigen Olivenhain.

Öffnungszeiten/Eintritt **Parco Archeologico Roccelletta di Borgia**, tägl. von 9 Uhr bis Sonnenuntergang, der Eintritt ist frei. **Museum**: 9–13 Uhr, stündlich Führungen, auch in englischer Sprache. Direkt an der Küstenstraße SS 106, der Eingang nach ca. 100 m an der von ihr abzweigenden Straße nach Borgia. ✆ 0961/391356.

• *Übernachten/Essen & Trinken* **L'Ovile Agriturismo**, das Anwesen gleich neben dem archäologischen Park versprüht gediegenes historisches Gutshausflair. Es bietet B & B im historischen Palazzo, einige moderne Ferienhäuschen, einen Pool und am Abend ein lokaltypisches Menü (25 €). B & B 40–45 €/Pers., Ferienhäuschen 30–35 € pro Tag. Loc. Giordano, Roccelletta di Borgia, ✆/✆ 0961/391156.

Soverato: Wenn die Einwohnerzahl der seit Mitte des 19. Jh. direkt am Meer gewachsenen Stadt in der Sommersaison explodiert, präsentiert sich das badetouristische Zentrum der Provinz Catanzaro äußerst lebhaft bis chaotisch. Der sympathische Lungomare wird dann zur Vergnügungsmeile mit Rummelplatzatmosphäre, und die Straßen sind mit Autos verstopft, zumal man in Soverato in einer Reihe von Bars und Diskotheken die Sommernacht zum Tage machen kann.

• *Übernachten/Essen & Trinken* *** **Nettuno**, nicht weit vom Meer und standardmäßig ausgestattet. DZ 60–120 €, EZ 40–100 €. Via Magna Grecia, ✆ 0967/25371, ✆ 25660, www.hotelnettunosoverato.it.

La Lanterna Rossa, in einem ansehnlichen Palazzo aus dem 17. Jh. untergebrachte, lokaltypisch bekochte Osteria mit gutem kulinarischem Ruf und Speiseterrasse mit Blick aufs Meer. Corso Umberto I, ✆ 0967/25802.

Osteria Lo Sciamano, kreative Land- und Meeresküche im gediegenen Ambiente und abseits des badetouristischen Trubels in Soverato Superiore. Via G. Marconi 28, ✆ 0967/522564. Mi Ruhetag.

Badolato: Die Gemeinde inmitten von sanft ansteigenden Olivenhainen zu Füßen der bewaldeten Serre hat 1997 rund 400 an ihrer Küste gestrandete kurdische Flüchtlinge aufgenommen. Aus dieser spontanen Geste der Solidarität entwickelte sich ein von der Europäischen Union gefördertes Pilotprojekt, das sich als Initialzündung für die „sanfte" Tourismusentwicklung des damals fast verlassenen Dorfes erweisen sollte. Inzwischen sind die Kurden gen Norden weiter gezogen, und die ehrenamtliche Initiative hat sich in eine kommerzielle Agentur verwandelt, die alte Häuser mit viel Geschmack umgebaut und (v. a. an Amerikaner) verkauft hat bzw. als komfortable, nostalgische Ferienwohnungen vermietet. Zugleich wertete die Gemeinde die zentrale Meerblickpiazza durch ein neues Pflaster auf. Dennoch ist sie allenfalls im Hochsommer von Bewohnern und Besuchern belebt, zumal das gastronomische Angebot hier oben eher spärlich ist.

Badolato Marina ist städtebaulich eher profillos, wobei seine fast „naturbelassene" Strandpromenade durchaus badefreundliche, helle Kieselstrände säumt.

• *Übernachten/Essen & Trinken* **Costa degli Angeli**, der sympathische Domenico Leuzzi, der in Deutschland studiert hat, und sein Team vermieten die o. g. Wohnungen für ca. 30 € pro Nacht und Nase, wobei der Preis bei längerem Aufenthalt sinkt. Piazza Castello, ✆ 0967/815807 u. 328/1655773. www.calabrianproperties.com.

Zangarsa Agriturismo, auf halber Strecke zwischen dem Meer und dem alten Ortskern von Badolato. Seit dem stimmungsvollen historischen Gutshaus mit schönem Vorhof mit Blick aufs Meer ein Neubau mit komfortabel ausgestatteten Zimmern, großräumigem Restaurant und Pool zur Seite gestellt wurde, hat das Anwesen leider ein wenig von seinem ursprünglichen Charme eingebüßt. Nicht zuletzt, weil es nach wie vor von der reizenden Familie Epifani geführt und lecker bekocht wird, ist es gleichwohl ein angenehmes Urlaubsdomizil. DZ 60 €, EZ 30 €, HP 40–45 €. ✆ 0967/85226, 333/3074690, www.agriturismozangarsa.it.

Von der Isola di Capo Rizzuto bis Cirò – Marchesato

Der noch bis zu Beginn der 1950er Jahre als Latifundium bewirtschaftete Marchesato bedeckt fast die gesamte Provinz Crotone. Er ist das wichtigste und bekannteste Weinanbaugebiet Kalabriens und wölbt sich mit der touristisch gut erschlossenen Halbinsel Isola di Capo Rizzuto ins Meer.

Crotone

ca. 60.000 Einwohner

Hafenstadt mit großgriechischer und schwerindustrieller Vergangenheit, die sich seit der Jahrtausendwende durch gezielte Pflege ihres glanzvollen kulturellen Erbes und der historischen Bausubstanz der Altstadt profiliert.

Das moderne *Museo Archeologico Nazionale* gewährt Einblicke in die bedeutende Geschichte Krotons, das Ende des 8. Jh. v. Chr. von Achäern gegründet wurde und sich im Verlauf des 6. und 5. Jh. zur mächtigsten Griechenstadt auf süditalienischem Boden entwickelte. Die war Sitz der Schule des später weltbekannten *Pythagoras* und verschaffte sich durch spektakuläre Eroberungsfeldzüge respektvolle Anerkennung.

Öffnungszeiten/Eintritt Di–So 9–19.30 Uhr. Eintritt 2 €. Via Risorgimento 120, ✆ 0962/23082.

Unter dem faschistischen Regime erhielt Crotone erneut eine Sonderstellung unter den Städten des Mezzogiorno, denn seit 1925 wurden hier mittlerweile abgewirtschaftete und unschön verrottende Chemie- und Hüttenwerke angesiedelt. Durchaus sehens- und erlebenswert sind dagegen der sanierte Lungomare nebst Touristenhafen und das weitgehend restaurierte Centro storico. Letzteres präsentiert sich als städtebauliches Ensemble aus dem wuchtigen *Castello Carlo V* (16. Jh.), respektablen Adelsdomizilen und Sakralbauten aus der Zeit vom 16. bis 19. Jh. und zeigt sich im *Museo di Arte Contemporanea Krotone*, kurz *MACK*, aufgeschlossen für zeitgenössische Kunst (Piazza Castello 20, Mo–Fr 9–13 Uhr, Sa/So 10.30–12.30 Uhr).

Karte S. 959

Nicht zu vergessen der lebhafte allmorgendliche Fisch- und Gemüsemarkt hinter den Arkaden der Via Vittoria, die die Grenze zwischen Alt- und Neustadt markiert.

Das bekannteste Besichtigungsobjekt der alten Griechenstadt liegt jedoch 11 km außerhalb des Stadtzentrums am *Capo Colonna.* Es handelt sich um die von römischen Tempel- und Mauerfragmenten umringte einzige verbliebene Säule des größten und meistverehrten Tempels der Magna Graecia. Dass er der Hera Lacinia geweiht war, erfährt man im benachbarten *Museo Archeologico di Capo Colonna,* das die antike Geschichte des Ortes dokumentiert. (Di–So 9–13, 15–19 Uhr).

• *Verbindungen* **Bahnhof** außerhalb des Stadtzentrums in der Via M. Nicoletta mit Anschluss an die Züge der Linie Taranto – Catanzaro Lido. Innerstädtische **Busverbindungen** sowie Busse in alle Orte der Provinz, in die Sila, nach Cosenza und Catanzaro z. B. von der Piazza Pitagora (Linea Romeo).

• *Information* **Ufficio Turistico della Provincia**, Via Nicoletta 28, ✆ 0962/952423, www.crotoneturismo.it.

• *Übernachten* ** **Concordia**, stadtältestes Hotel, das die ersten mitteleuropäischen Kalabrienreisenden Gissing, Lenormant und Douglas beherbergte. DZ 90 €, EZ 50 €. Piazza Vittoria 12, ✆ 0962/23910 u. 329/4188308, www.hotelconcordiakr.it.

• *Essen & Trinken* **Ristorante da Ercole**, Ercole ist in ganz Kalabrien wegen seiner Kochkünste berühmt und verwendet ausschließlich lokalen Fisch (Menü 40–60 €). Viale Gramsci 122, ✆ 0962/901425. Außer Juli/Aug. So Ruhetag.

La Nuova Scarampola, eine der beliebtesten Pizzerien am Ort. Via Vecchia Carrara 9/11, ✆ 0962/25818. Im Sept. Di Ruhetag.

Santa Severina

ca. 2.700 Einwohner

Im küstennahen Hinterland von Crotone liegt auf einem 326 m hoch emporragenden Kalksteinplateau über dem Neto-Tal das hübsche Städtchen Santa Severina, das mit einem baugeschichtsträchtigen Kastell, einer barock eingekleideten Kathedrale und dem hübschen Kirchlein Santa Filomena im byzantinischen Stil besticht.

Die historisch lange Liste der Bau- und Schlossherren des *Kastells* beginnt bei den Byzantinern, deren Fresken und Gräber in der Schlosskirche freigelegt wurden, und setzt sich fort mit den Normannen, die vermutlich den vierflügeligen Kernbau konstruierten. Dessen charakteristische Rundtürme wuchsen jedoch erst unter der Herrschaft der Anjou im 14. Jh., die wiederum den Staufern gefolgt waren, deren architektonische Spuren infolge späterer Modifizierungen durch Aragonier und Spanier nahezu gelöscht worden sind.

• *Öffnungszeiten/Eintritt* Juni bis Sept. 9–13, 15–20 Uhr, sonst 9–13, 15–18 Uhr. Eintritt 5 €. Kontakt Kooperative Aristippo, ✆ 0962/51069, www.aristippo.it.

• *Übernachten/Essen & Trinken* **Le Puzelle Agriturismo**, freundlicher, landschaftlich gut situierter und lecker bekochter Agriturismo am Rande des Städtchens mit gepflegten Zimmern und schönem Pool. B & B pro Pers. 28–35 €, Menü 20 €. Das Restaurant steht auch externen Gästen offen (Di Ruhetag). Loc. Le Puzelle, ✆ 0962/51004, www.lepuzelle.it.

Isola di Capo Rizzuto

Die Anziehungskraft der von einer Kette mehr oder weniger gut erhaltener alter Küstentürme und zahlreichen Campingplätzen umrandeten Isola di Capo Rizzuto geht von ihren feinen, rotgolden schimmernden Sandstränden aus. Weil der Küstenabschnitt zudem mit einer variationsreichen Meeresflora und -fauna gesegnet ist und im Wasser immer wieder Relikte aus der Zeit der Magna Graecia gefunden werden, wurde 1991 rund um die im Innern mit Getreide- und Maisfeldern, Oliven- und Zitrusfruchthainen überzogene Landzunge die *Riserva Naturale Marina Capo Rizzuto* abgesteckt. Die Verantwortlichen des Meeresschutzgebiets kooperieren mit ortsansässigen Tauch- und Segelschulen, Bootsverleihen und Fischern, mit denen man unter und in See stechen kann, um – im Taucheranzug oder Glasbodenboot – die Unterwasserwelt zu erkunden.

Le Castella: Der kleine Siedlungskern im Süden der Halbinsel ist das touristische Zentrum der Isola di Capo Rizzuto, weil hier außer attraktiven Stränden mit dem dekorativ vom Meer umspülten *Aragonierkastell* ein imposantes historisches Monument Langzeiturlauber und Tagesbesucher anlockt. Um das wuchtige Schloss, das auf einer vorgelagerten, kleinen (Halb-)Insel Ende des 15. Jh. auf den Resten antiker Befestigungsanlagen erbaut worden war und das einige Jahrzehnte später erweitert und unterdessen in ein Museum umgewandelt wurde, gruppieren sich Ferienwohnungen, Hotels, Restaurants, Bars, Eisdielen und Souvenirgeschäfte.

• *Öffnungszeiten/Eintritt* Di–So 9–14, 15.30–17.30 Uhr, im Sommer bis 24 Uhr. Eintritt 5 €.

• *Verbindungen* **Bahnhof** in Crotone, **Busverbindungen** zwischen den größeren Ortsteilen Isola di Capo Rizzuto, Capo Rizzuto und Le Castella und von dort nach Crotone. Von Isola di Capo Rizzuto und Le Castella auch nach Catanzaro.

• *Information* **Riserva Naturale Marina Protetta Capo Rizzuto**, allgemeine Infos zur Halbinsel, zum Meeresschutzgebiet, zu Tauchschulen, Ausflügen mit Fischern (Pescaturismo), Segelyachten oder Glasbodenbooten. Juni bis Sept. 9–14 u. 15–18 Uhr. Piazza Ucciali, Le Castella, ✆ 0962/795511, www.riservamarinacaporizzuto.it.

• *Übernachten/Essen & Trinken*

*** **Hotel/Ristorante Da Annibale**, rustikal-elegantes Traditionsrestaurant und Hotel mit schönem Innenhofgarten, das lokale Meeresküche und (im Garten) Pizza serviert. DZ 80–100 €, EZ 50–70 €. Le Castella, Via Duomo 35, ✆ 0962/795004, 📠 795384, www.hotelannibale.it.

** **Hotel/Restaurant Villa Aurora**, mit einer sehr schönen Gartenterrasse ausgestattetes Haus zum Wohlfühlen. Es steht unter der Regie der überaus charmanten Signora Aurora Ranieri und liegt etwas nördlich vom Ortskern von Le Castella (200 m von den Badestränden entfernt). DZ 70–120 €, EZ 40–70 €, HP 50–75 €. Via Volandrino, ✆/📠 0962/795137, www.hotelvillaaurora.it.

Einer von vielen Campingplätzen rund um die Halbinsel: *** **Villaggio Camping Costa Splendente**, Bungalows, Apartments und Stellplätze ca. 2 km nördlich von Le Castella. Bungalow mit vier Betten 300–850 € pro Woche. 1.6.–15.9. geöffnet. ✆ 0962/795131, www.costasplendente.it.

Touristenattraktion der Marchesato-Halbinsel: Le Castella

Cirò, (Torre) Melissa und Strongoli

Weinstöcke, wohin das Auge reicht, dazwischen Olivenhaine, darüber stimmungsvolle, verschlafene alte Ortskerne, darunter architektonisch unspektakuläre Küstenquartiere mit recht passablen Kieselsandstränden und bescheidener badetouristischer Infrastruktur und im Falle von Cirò mit einem freundlichen, quirligen Fischerstadtleben.

Rund um die Gemeinden Cirò, Melissa und Strongoli werden zu Qualitätsweinen (D.O.C.) gekürte, mit Cirò etikettierte Rot-, Weiß- und Roséweine gekeltert. Die zahlreichen privaten und genossenschaftlichen Kellereien (case vinicole) können damit werben, dass der rund um das antike Krimisa gereifte Wein schon von den alten Griechen so sehr geschätzt wurde, dass laut zeitgenössischen Chronisten siegreich zurückgekehrte Olympioniken mit einer Auswahl der besten Tropfen belohnt wurden.

Der alte Ortskern von Melissa ist in Kalabrien zum Symbol für den durch Landbesetzungen geführten Kampf der kleinen Bauern des Marchesato für die Abschaffung des Latifundiums geworden. Der Grund: Am 29. Oktober 1949 war er der Schauplatz eines blutigen Massakers, das eine von den Großgrundbesitzern gerufene Einheit der Polizei unter den Landbesetzern anrichtete. Den noch jugendlichen Todesopfern des Polizeiübergriffs wurde zwischen den Feldern und Olivenhainen von Fragalà ein *Denkmal* gesetzt.

• *Einkaufen* Die **Casa Vinicola Librandi** hat außer mehreren Rot- und Weißweinen auch Grappa, Likörwein und ein Olivenöl im Angebot. SS 106, nur wenige Kilometer außerhalb von Cirò Marina. Contrada S. Gennaro, ✆ 0962/31518, 📠 370542, www.librandi.it. Guten Wein gibt es in Cirò auch bei **Caparra & Siciliani**, **Ippolito** oder **Zito**.

Den D.O.C.-Wein von Melissa bekommt man z. B. bei den **Cantine Riunite del Cirò del Melissa**, Torre Melissa, SS 106, ✆ 0962/865857, www.cantineciromelissa.it. In Stron-

Zeugnis byzantinischer Baukunst: San Marco in Rossano

goli ist die biologisch bewirtschaftete **Azienda Agricola Dattilo** die erste Adresse für Wein- und Ölkauf, Kost und Logis. Contrada Dattilo, ✆/℻ 0962/865613 u. 328/4823088, www.dattilo.it.

• *Übernachten/Essen & Trinken* **Trattoria Enoteca Max**, eines der beliebtesten Lokale von Cirò Marina! Hier hat man die Auswahl zwischen Land- und Meeresküche mit Slow-Food-Siegel und Holzofenpizza, und selbstverständlich gibt es guten Wein. Mo Ruhetag. Via P. Togliatti, ✆ 0962/373009.

TIPP! Dattilo Agriturismo, wunderschönes altes Landgut aus dem 17. Jh. inmitten von Oliven- und Weinkulturen, über die man auf das ca. 3 km entfernte Meer schaut. Die schlicht möblierten Apartments mit Kamin und Küche gruppieren sich rund um den stimmungsvollen Innenhof. Dazu kommt ein romantisch postierter Pool inmitten von Olivenbäumen und v. a. die Herzlichkeit und Gastfreundschaft von Hausherr Roberto Ceraudo und seiner Familie. Die kümmern sich um Haus und Hof und das von Küchenchefin Margherita Amasino auf allerhöchstem kulinarischem Niveau bekochte, elegante **Restaurant Dattilo**, in dem man a là carte speisen (Menü ca. 60 €) oder die hier auf jeden Fall empfehlenswerte HP genießen kann. Das kleine mediterrane Paradies liegt zwischen Torre Melissa und Marina di Strongoli. B & B 30–34 €, HP 55–60 € pro Pers. Adresse s. o.

Von Rossano nach Rocca Imperiale – Alto Ionio

Bei einem Besuch der stimmungsvollen Altstadt von Rossano kann man gleichsam in die byzantinische Vergangenheit der Region eintauchen, während der neue Teil der Stadt nicht sonderlich attraktiv ist. Die sich anschließende kalabrische Nordostküste zwischen Sibari und Rocca Imperiale wird von mal steinigen, mal feinsandigen Stränden gesäumt, wobei die Küstenquartiere der mehrheitlich zweigeteilten Orte städtebaulich eher abschreckend sind und Autos und Züge bisweilen unmittelbar am Meer entlangrauschen. Gleichwohl lohnt der Besuch im archäologischen Park von Sibari, der eine oder andere kulturell motivierte Seitenblick oder Badestopp.

Rossano ca. 34.000 Einwohner

Das „Ravenna des Südens" und einstige Zentrum des byzantinischen Kalabrien empfiehlt sich mit einem architektonisch und atmosphärisch eindrucksvollen alten Ortskern inmitten olivenbaumgetupfter Hügel, einer geschäftigen, baulich gesichtslosen Neustadt und einer im Sommer fröhlich belebten Strandpromenade namens Lido Sant'Angelo.

Die Vergangenheit Rossanos reicht vermutlich bis ins zweite vorchristliche Jahrhundert zurück. Seine große „historische Stunde" schlug jedoch in der Zeit vom 6. bis zum 11. Jh.: Nicht zuletzt infolge der massenhaften und kontinuierlichen Zuwanderung orientalischer Mönche, die vor Persern und Arabern auf seinem Territorium Zuflucht suchten und hier basilianische Klostergründungen forcierten, avancierte Rossano zum militärischen, politisch-administrativen und religiös-kulturellen nördlichen Mittelpunkt des byzantinischen Kalabrien.

Die architektonischen Monumente und Kunstschätze dieser Phase der Stadtentwicklung wurden in den folgenden Jahrhunderten um weitere imposante Kirchen und Palazzi im alten Ortskern erweitert, während sich der neue, in der Ebene gewachsene Teil der Stadt namens Rossano Scalo erst mit dem Eisenbahnbau im letzten Drittel des 19. Jh. formierte.

Karte S. 959

Im *Museo Diocesano D'Arte Sacra* wird der kunsthistorische Stolz der Stadt aufbewahrt, der *Codex Purpureus Rossanensis.* Dabei handelt es sich um 188 Seiten einer ursprünglich 376 Seiten umfassenden, mit kunstvollen farbigen Miniaturen illustrierten und mit Gold- und Silberbuchstaben versehenen griechischen Evangelienhandschrift aus dem 4. bis 6. Jh., die basilianische Mönche einst aus Kleinasien nach Rossano mitbrachten, von denen allerdings nur jeweils eine Seite pro Jahr im Original zu sehen ist.

• *Öffnungszeiten/Eintritt* Di–So Juli bis Sept. 9.30–13 u. 16.30–20 Uhr, sonst 9.30–12 u. 16.30–19.30 Uhr. Eintritt 3 €. Via Arcivescovado 5.

• *Information* **Cooperativa Neilos**, die Kooperative bietet Informationen, geführte Stadtrundgänge, Ausflüge und einen auch in Deutsch besprochenen Audioguide zur selbstständigen Stadterkundung an. Mit dem wird man zu den vor Ort beschilderten Sehenswürdigkeiten der Altstadt geleitet. Di–Sa 9.30–12.20, 16–19 Uhr, So 10–12, 16.30–18.30 Uhr. Piazza Duomo 25, ✆ 0983/525263, 340/4759406, neilos@tiscalinet.it.

• *Übernachtung/Essen & Trinken* *** **Hotel San Nilo**, einziges Hotel in Rossanos Altstadt, klein und gemütlich und im antiken Stil möbliert. DZ 70–80 €, EZ 40–45 €. Via Interzati, ✆/℻ 0983/520742, www.hotelsannilo.com.

Il Giardino di Iti Agriturismo, historisches Gutsbesitzeranwesen zwischen Oliven- und Zitronenbäumen mit geschmackvollen Zimmern und ebensolchem Restaurant. B & B 30–40 € pro Pers., HP 45–55 €. Von der SS 106 bei Rossano abbiegen, Contrada Amica (Straße Richtung Paludi), ✆/℻ 0983/64508 u. 360/237271, www.giardinoiti.it.

Le Arcate, lokaltypische Spezialitäten in einer netten Trattoria unter der Obhut der Kathedrale. Piazza Duomo 41, ✆ 0983/520321.

Per Bacco, zur Kooperative Neilos gehörendes Lokal, das mit netter Atmosphäre, leckerem Essen und guten regionalen Tropfen überzeugt. Nur Juli bis Sept. Piazza Duomo 23, ✆ 0983/520299.

Sibari: Auf dem fruchtbaren Boden der heute intensiv landwirtschaftlich genutzten Ebene von Sibari (Piana di Sibari) wurde zwischen 730 und 720 v. Chr. eine Stadt namens *Sybaris* gegründet, die später 100.000 Einwohner zählen sollte. Ihre Bürger pflegten einen so luxuriösen Lebensstil, dass der Begriff „sybaritisch" als Synonym für „genusssüchtig" in den europäischen Sprachgebrauch einging.

Macht, Wohlstand und Dolce Vita sollten jedoch nur bis zum Jahre 510 v. Chr. währen, als Sybaris von den Krotonen zerstört wurde. 444 v. Chr. gelang mit Unterstützung von so berühmten historischen Persönlichkeiten wie Perikles oder Herodot die Neugründung der Stadt, die fortan unter dem Namen *Thourioi* firmierte. Die wurde wiederum im Jahre 194 v. Chr. von den Römern übernommen, um fortan *Copia* zu heißen und im 4. Jh. n. Chr. wegen zunehmender Versumpfung und Malariaplagen endgültig von der historischen Bühne zu verschwinden.

Das in die Grabungszonen Stombi (Parco dei Tori), Casa Bianca und Parco del Cavallo unterteilte *archäologische Gelände,* auf dem die bis dato zu Tage geförderten Reste der drei alten Städte zu bewundern sind, liegt direkt an der der Küstenpiste SS 106. Im Nordosten des Ausgrabungsgeländes vertiefen die Exponate des *Museo Archeologico Nazionale della Sibaritide* das Gesehene.

Öffnungszeiten/Eintritt **Archäologischer Park**, 9 Uhr bis eine Stunde vor Sonnenuntergang. **Museum**, Di–So 9–19.30 Uhr. Eintritt 2 €. Via Casoni, ✆ 0981/794869. Eintritt für Park und Museum 2 €.

Außer seiner sinnfällig dokumentierten Vergangenheit bietet Sibari einen mäßig attraktiven Touristenhafen namens *Laghi di Sibari* und von Pinienwäldern abgeschirmte, lange und breite, meist sehr gepflegte Sandstrände.

Übernachten **Camping Villaggio Pianeta di Sibari**, schöner, pinienbeschatteter Platz direkt am badefreundlichen Strand mit Stellplätzen für Zelte und kleinen Bungalows. Loc. Fuscolara, ✆ 0981/74135, 392/5828269 ℻ 74302, www.pinetadisibari.it.

Von Villapiana nach Rocca Imperiale

Kilometerlange, breite Sandstrände am flachen Wasser sind für diejenigen, die es mögen, auch das Plus von *Villapiana-Lido,* wo nördlich von Sibari die einst von Sarazenenüberfällen und Malariaplagen heimgesuchte *Costa dei Saraceni* beginnt. Von dort (Torre Cerchiara) empfiehlt sich eine streckenweise kurvenreiche Hinterlandpartie nach *Cerchiara di Calabria,* unter dem sich das grottenunterhöhlte Flusstal des Caldanella ausbreitet, wo mehrere gesundheitsfördernde Thermalquellen sprudeln. Über dem Dorf lädt auf gut 1000 Höhenmetern und nach zehn Straßenkilometern das *Santuario S. Maria delle Armi* zum Besuch ein.

Trebisacce offeriert durchaus badetaugliche, feinsandige Strände, von denen man allerdings den vorbeifahrenden Zügen hinterherwinken kann. *Amendolara* wartet mit einigen mittelalterlichen Schlossruinen und römischen Mauerresten an der Küstenstraße auf.

Etwas weiter nördlich ragt das Respekt einflößende, heute als gediegenes Hotel genutzte Kastell von *Roseto Capo Spulico* direkt ins Meer. Es gilt als eines der besterhaltenen Beispiele militärischer Architektur in Italien und nahm seine jetzige Gestalt im 16. Jh. an, wobei seine Baugeschichte bis in normannische Zeit zurückreicht.

Über dem alten Ortskern von *Rocca Imperiale* an der Grenze zur Basilikata ist schließlich eine unter Friedrich II. erbaute, mächtige Stauferfestung aus dem 13. Jh. in Augenschein zu nehmen, deren Einfriedungen, Gräben und zinnengekrönte Türme noch im Originalzustand erhalten sind.

Von Scanzano Ionico zum Lido di Metaponto – die Ostküste der Basilikata

Der gut 40 km lange Küstenstreifen, der die natürliche (Ost-)Grenze der Basilikata markiert, ist mit ausgedehnten Obstplantagen bedeckt, respektablen steinernen Zeugnissen seiner großgriechischen Vergangenheit dekoriert und attraktiven Sandstränden gesegnet. Davon profitieren einige „auf freiem Feld" postierte, große Ferienclubanlagen wie der Club Med in Pisticci-Marina, wohingegen die Küstengemeinden selbst und ihre touristische Infrastruktur nicht besonders einladend sind.

Metaponto Lido: Die eindrucksvollsten Hinterlassenschaften der Magna Graecia, darunter die direkt an der SS 106 aufragenden 15 noch vollständig erhaltenen

Karte S. 959

Säulen eines dorischen Tempels aus dem 6. vorchristlichen Jahrhundert (Tavole Palatine), konzentrieren sich in und um *Metaponto*, dessen Ursprünge bis ins 8. Jh. v. Chr. zurückreichen. Zu jener Zeit gründeten die griechischen Achäer die antike Metropole, die zwischen dem 6. und 4. Jh. v. Chr. ihre wirtschaftliche und kulturelle Blüte erlebte. Im *Archäologischen Park* erkennt man die Agora der Griechenstadt, neben der die Reste von mehreren Tempeln zu bewundern sind, darunter die des Santuario di Apollo Liceo, einem einst von 32 hohen Säulen formierten Apollotempel aus dem 7. Jh. v. Chr. Im modernen *Museo Archeologico Nazionale* in Metaponto Borgo werden archäologische Fundstücke aus Metaponto, Pisticci und Policoro präsentiert.

Öffnungszeiten/Eintritt **Archäologischer Park**, Mo 9–14 Uhr, sonst 9 Uhr bis eine Stunde vor Sonnenuntergang. Eintritt frei. ✆ 0835/745327. **Museum**, Mo 14–20, sonst 9–20 Uhr. Eintritt 2,50 €. Via Aristea 21, ✆ 0835/745327, www.archeobasi.it.

Strandpromenade, Hotels und Restaurants des in den 1950er Jahren als moderne Gartenstadt angelegten und bis vor wenigen Jahren recht herausgeputzten Küstenquartiers von *Bernalda* wirken unterdessen etwas vernachlässigt und in der Nebensaison allzu trist.

Policoro, Tursi, Nova Siri und Scanzano: Die südlich benachbarten Küstenquartiere von Policoro und Nova Siri sind ebenfalls aus den (teilweise noch erhaltenen) Ruinen ihrer sagenumwobenen hellenistischen Vergangenheit auferstanden. Dass die Reinkarnationen der großgriechischen Machtzentren genau wie das 1974 als selbstständige Gemeinde von Montalbano Ionico abgespaltene Scanzano vornehmlich in Gestalt von grauen Betonsiedlungen daherkommen, trübt bisweilen den Blick auf ihre an sich sehr schönen, kilometerlangen Sandstrände, die von gepflegten, palmenbepflanzten Promenaden und üppigen Pinienwäldern gesäumt werden, in deren Schatten sich mehrere familienfreundliche Campingplätze aufreihen. Von Policoro aus empfehlen sich Ausflüge ins Hinterland zum landschaftlich reizvoll gelegenen, innen wie außen schlichten, schönen *Santuario della Madonna di Anglona* (11.–13. Jh.) und ins Centro storico von Tursi, das in Erinnerung an die Raubzüge der Sarazenen bis heute den arabischen Namen *Rabatana* führt und in verhaltener Revitalisierung begriffen ist.

• Anfahrt/Verbindungen **Pkw**, A 3 (Ausfahrt Sicignano-Potenza), dann über die SS 407 auf die SS 106.

Der **Bahnhof** Metaponto liegt ca. 2 km vom Strandort entfernt (nahe dem archäologischen Park); von dort Verbindungen zu den Zielen der Linie Salerno – Potenza – Taranto und der Küstenstrecke Taranto – Sibari – Catanzaro Lido.

Busverbindungen nach Senise, Taranto, Bernalda, Matera, Scanzano, Policoro und Nova Siri.

• Übernachten **Camping Riva dei Greci**, ca. 700 m vom Meer und jeweils 2 km von Ort und Archäologiepark entfernter Campingplatz unter Bäumen mit Zeltplätzen, Holzbungalows, diversen Sportangeboten, Kinderspielplatz, Bar und Pizzeria. Juni bis Mitte Sept. geöffnet. Bungalow mit zwei Betten 380–530 € pro Woche. Metaponto Lido, Strada Turistica Archeologica Santa Palagina, Casella Postale 38, ✆ 0835/741818 (im Winter: ✆ 0835/543488), www.rivadeigreci.it.

*** **Orohotel**, recht attraktives, neues Hotel mit komfortablen Zimmern, Pool und Garten, nur 500 m vom badefreundlichen Sandstrand entfernt. DZ 80–170 €, EZ 52–110 €. Policoro, Via Lido, ✆ 0835/910190, ℻ 910140, www.orohotel.it.

San Teodoro Nuovo Agriturismo, das imposante hochherrschaftliche Anwesen aus dem 18. Jh. inmitten biologisch bewirtschafteter Obst-, Gemüse- und Weinkulturen bietet gehobenen Übernachtungskomfort und erlesene lokale Küche. In Pisticci-Marina (von Norden kommend SS 106, etwa auf halber Strecke zwischen Metaponto und Pisticci-Marina rechts abbiegen). DZ 90–130 €, EZ 80 €, HP 80–95 €. Loc. Marconia, ✆ 0835/470042, www.santeodoronuovo.com.

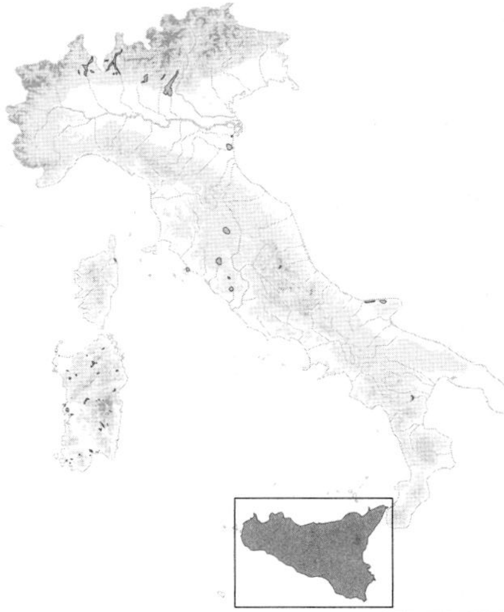

Sizilien

Sicilia

Schöne Orte: Siracusa (S. 1027), Taormina (S. 1016), Cefalù (S. 1069), Agrigento (S. 1040), Noto (S. 1033), Ragusa (S. 1036), Mòdica (S. 1034), Erice (S. 1048), Enna (S. 1074) u. a.

Landschaftliche Höhepunkte: Vulkan Etna (S. 1020); Naturpark Zingaro (S. 1050); Enna und Umgebung (S. 1074); Erice (S. 1048); Liparische Inseln (S. 1078).

Kulturell interessant: Tal der Tempel bei Agrigento (S. 1043); Altstadt und Parco Archeologico von Siracusa (S. 1030); Bodenmosaike der Villa Romana Casale bei Piazza Armerina (S. 1076); Ausgrabungen von Selinunte (S. 1046); Tempel von Segesta (S. 1051); Theater von Eraclea Minoa (S. 1044); Dom und Mosaike von Monreale (S. 1067) u. v. a.

Baden: Die besten Strände und das sauberste Wasser gibt es an der Südküste, z. B. bei Eraclea Minoa (S. 1043). Fantastisch ist aber auch das Mare Secco („trockenes Meer") (S. 1072) an der Nordküste, ebenfalls erfreulich sind die Strände auf den Liparischen Inseln (S. 1078).

Kurios: die mumifizierten Leichen im Convento dei Cappuccini von Palermo (S. 1066); die Felsköpfe von Castello Incantato bei Sciacca (S. 1044); das verlassene, mit Beton überzogene Dorf Gibellina Vecchia (S. 1047) im Südwesten.

Eher abzuraten: mit dem Pkw durch Catania und Palermo zu fahren.

Das griechisch-römische Theater von Taormina

Sizilien

Sicilia

Fast eine Welt für sich, denn mit dem italienischen Festland standen die Beziehungen noch nie zum Besten. Und eine Insel der Kontraste: blühende Orangenplantagen und kahle Wüstengegenden, chaotische Metropolen und idyllische Barockstädtchen, verbaute Badesiedlungen und einsame Strände. Die mit einer Fläche von über 25.000 qkm größte Insel des Mittelmeers ist weit mehr als ein bloßes Anhängsel des italienischen Stiefels. Über Jahrtausende war die Insel Zankapfel und wechselnder Besitz einer schier endlosen Zahl von Eroberern und Kolonisatoren. Deren Einflüsse haben Sizilien und die Sizilianer nachhaltig geprägt.

„Noi siamo arabi", „Wir sind Araber", meint die Dame im Fremdenverkehrsamt von Caltanisetta. Ganz unrecht hat sie damit sicher nicht, doch fließt in den Adern der Sizilianer auch das Blut von Griechen, Römern, Normannen, Staufern, Franzosen und Spaniern. Wohl nirgendwo in Europa kam es zu einer solch ausgeprägten Vermischung von Kulturen wie auf Sizilien – das Wort vom „Schmelztiegel" ist hier sicher nicht übertrieben. Die wechselnden fremden Herren brachten der Insel vieles, für das sie heute gerühmt wird: die griechischen Tempel, die normannischen Kathedralen oder die reichen Gärten, die den Arabern zu verdanken sind. Gleichzeitig aber beuteten sie die Bevölkerung rücksichtslos aus, raubten, versklavten und mordeten. In dieser Jahrtausende langen Unterdrückung liegt der Grund für das noch immer spürbare Misstrauen der Sizilianer gegenüber allem, was von außen kommt – und „außen" ist auch die Regierung in Rom, die trotz teilautonomem Status der Insel deren Geschicke noch weitgehend bestimmt.

Mafia: meist die erste Assoziation überhaupt beim Gedanken an Sizilien. Kann man denn da überhaupt hinfahren? Man kann, denn der Reisende hat von der sizilianischen Cosa Nostra nichts zu befürchten. Schließlich kassiert die „Ehrenwerte Gesellschaft" am Tourismus-Geschäft kräftig mit und möchte die Devisenbringer nicht vergraulen.

Anfahrt/Verbindungen

• *Pkw* Auf der A 3 von Neapel durch Kalabrien bis **Villa San Giovanni**, dort kürzeste und preisgünstigste Überfahrt mit der Fähre. Oder schon von **Neapel** aus übersetzen, damit spart man die baustellenintensive Strecke durch Kalabrien.

Siziliens Straßen sind besser als ihr Ruf, in den letzten Jahren wurde viel gebaut und ausgebessert. Gut in Schuss sind die **Autobahnen**: Messina-Catania (A 18, Gebühr), Messina-Palermo (A 20/A 19, Gebühr), Catania-Palermo (A 19, über Enna, frei) und Palermo-Trapani/Mazara del Vallo (A 29, frei).

• *Schiff* Zwischen **Villa San Giovanni** und **Messina** verkehren im Schnitt alle 40 Min. Fähren der italienischen Staatsbahn FS/Bluvia, Preis pro Pers. 1,50 €, Autos etwa 30 € (Sondertarife für Hin- und Rückfahrt); eine flottere Alternative ist die private Fährgesellschaft Caronte & Tourist. Dauer der Überfahrten etwa 20–35 Min.

Zwischen **Reggio di Calabria** und **Messina** pendeln tagsüber Tragflügelboote der FS und der Gesellschaft USTICA LINES (www.usticalines.it).

Die Strecken **Genova – Palermo** und **Civitavecchia – Palermo** sind interessant für alle, die sich die lange Autoanreise sparen möchten. Grandi Navi Veloci (www.gnv.it) fahren ab Genua in 20 Std., ab Civitavecchia in 12 Std. bis Palermo. Vorausbuchung ist für Autos und Kabinen zumindest im Sommer dringend geraten!

Weitere Fährgesellschaften und Linien: TIRRENIA (www.tirrenia.it, mit sehr unsicherer Zukunft): Neapel – Palermo, Cagliari – Palermo und Cagliari – Trapani. SNAV (www.snav.it): Neapel – Palermo und (saisonal) Civitavecchia – Palermo. TTT-Lines (www.tttlines.it): Neapel – Catania. SIREMAR (www.siremar.it, wie die Mutter Tirrenia ebenfalls mit sehr unsicherer Zukunft): Neapel – Eolische (Liparische) Inseln; auf derselben Route fahren USTICA LINES (www.usticalines.it) und ALILAURO (www.alilauro.it) saisonal mit schnellen Tragflügelbooten. CARONTE & TOURIST (www.carontetourist.it): Salerno – Messina. GRIMALDI FERRIES (www.grimaldi-ferries.com): Salerno – Palermo und Civitavecchia – Trapani sowie Civitavecchia – Catania.

• *Bahn* Prinzipiell ist jede große Stadt auf Sizilien ans Schienennetz angeschlossen. Wer nicht entlang der Hauptrouten reist, muss sich aber auf häufigeres Umsteigen an den Knotenpunkten einstellen. Die Hauptlinien **Messina – Palermo** an der Nord- und **Messina – Siracusa** an der Ostküste bieten gute Verbindungen, beide Endpunkte sind auch mit Direktzügen vom Festland zu erreichen. Die Barockstädte im Südosten werden von der Nebenstrecke Siracusa–Gela eher schlecht als recht bedient, die Bahnhöfe liegen oft ein ganzes Stück außerhalb des Zentrums. Im Westen ist das Schienennetz weitmaschig, es besteht nur die Rundverbindung **Palermo – Trapani – Marsala – Mazara – Castelvetrano – Palermo**, Umsteigebahnhof ist Alcamo Diramazione. Die Inlandsbahnhöfe sind oft kilometerweit von den zugehörigen Ortschaften entfernt – nicht immer gibt es eine Busverbindung! Hier sind Fernbusse eindeutig vorzuziehen. Entlang der Südküste existiert keine Bahnlinie, nur Agrigento, Licata und Gela sind per Zug zu erreichen. Bonbon für Eisenbahnfreunde ist die Privatbahn **Ferrovia Circumetnea (FCE)** rund um den Etna.

• *Bus* Kaum teurer als der Zug und für Rucksackreisende das Verkehrsmittel schlechthin. Vorteile: Verbindungen bis ins kleinste Nest, deutlich pünktlicher, meist auch schneller als die Bahn, zudem liegen die Stationen immer im oder beim Zentrum. Neben den beiden großen Gesellschaften AST und SAIS existieren viele örtliche Busunternehmen. **Wichtig**: an Sonn- und Feiertagen generell extrem schlechte Verbindungen.

Sizilien Karte S. 1012/1013

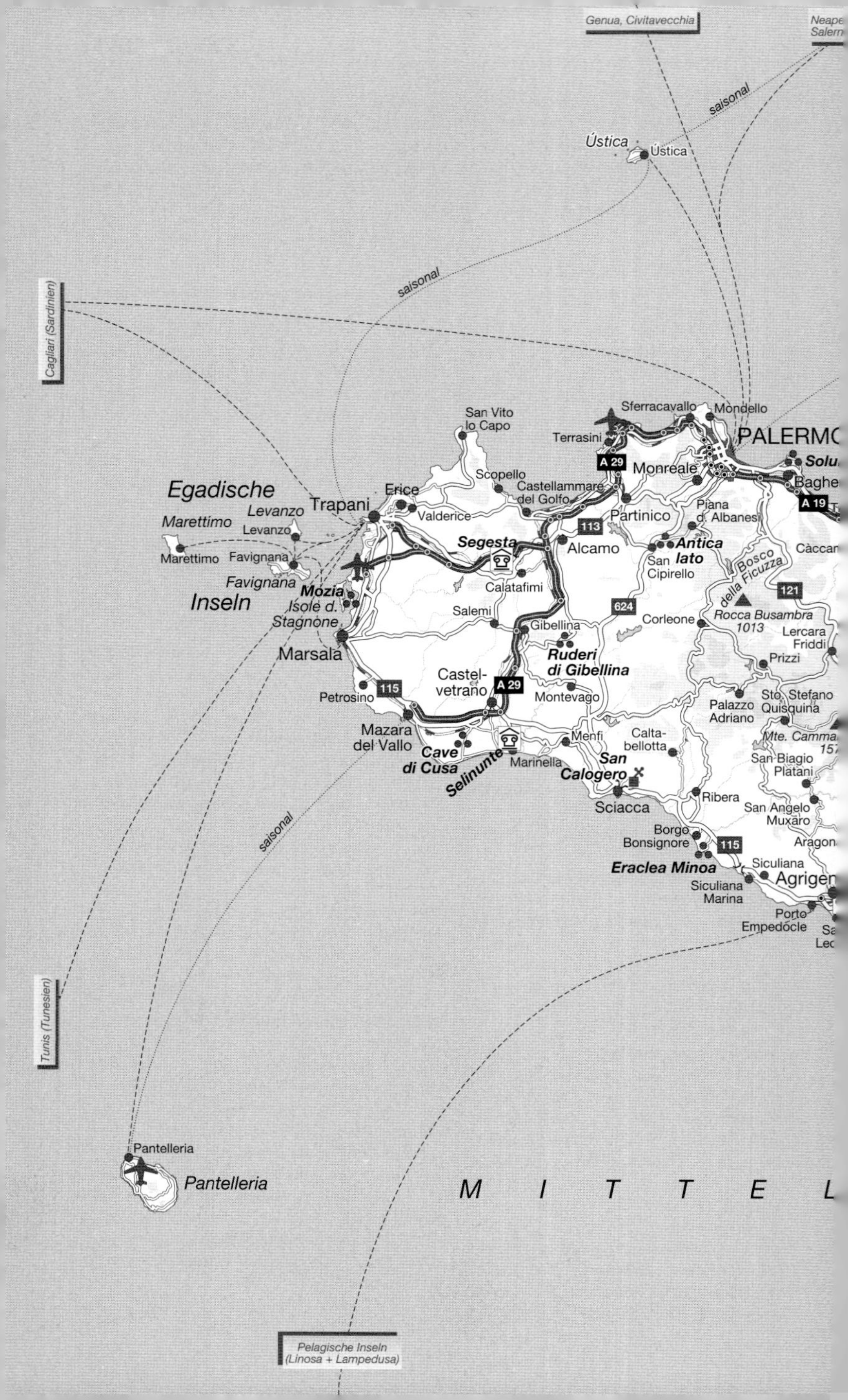
Genua, Civitavecchia
Neape
Salern
saisonal
Ústica
Ústica
saisonal
Cagliari (Sardinien)
San Vito
lo Capo
Sferracavallo
Mondello
Terrasini
PALERMO
A 29
Monreale
Scopello
Castellammare
del Golfo
Bagheria
A 19
Egadische
Erice
Trapani
Levanzo
Marettimo
Levanzo
Valderice
Partinico
Piana
d. Albanesi
113
Marettimo
Favignana
Segesta
Alcamo
Antica
Iato
San
Cipirello
Bosco
della Ficuzza
Favignana
Mozia
Isole d.
Stagnone
Inseln
Calatafimi
121
Salemi
624
Corleone
Rocca Busambra
1013
Gibellina
Lercara
Friddi
Marsala
Ruderi
di Gibellina
Prizzi
Castel-
vetrano
A 29
115
Petrosino
Montevago
Sto. Stefano
Quisquina
Palazzo
Adriano
Mazara
del Vallo
Menfi
Calta-
bellotta
Cave
di Cusa
Selinunte
Marinella
San
Calogero
San Biagio
Platani
Sciacca
Ribera
San Angelo
Muxaro
saisonal
Borgo
Bonsignore
115
Aragona
Eraclea Minoa
Siculiana
Siculiana
Marina
Porto
Empedocle
Tunis (Tunesien)
Pantelleria
Pantelleria
M I T T E L
Pelagische Inseln
(Linosa + Lampedusa)

Neapel
Neapel, Salerno
Tyrrhenisches Meer
Stromboli
Ginostra
Panarea
San Pietro
Liparische
Salina
Malfa
Sta. Marina
Salina
Filicudi
Filicudi
Porto
Alicudi
Alicudi
Porto
Rinella
Lipari
Lipari
Porto di Levante
Inseln
Vulcano
saisonal
saisonal
Mortelle
Capo
di Milazzo
Milazzo
Capo
Calava
Gioiosa
Marea
Tindari
Oliveri
Messina
Barcellona
Capo
d'Orlando
Patti
Monti
Peloritani
Italà
Reggio
di Calabria
Sant'Agata
di Militello
San Marco
d'Alunzio
Caronia
Marina
Rocche d. Castro
1315
Novara
di Sicilia
Nizza
di Sicilia
Savoca
Santa Teresa
di Riva
Cefalù
Finale
Castel
di Tusa
Alcara
li Fusi
Gola d'Alcántara
Forza
d'Agrò
Santo Stefano
di Camastra
San
Fratello
Castiglione
di Sicilia
Letojanni
Pollina
Tusa
Collesano
Castelbuono
Mistretta
1524
Randazzo
Madonie
Nebrodi
Cesarò
Linguaglossa
Giardini Naxos
Fiumefreddo
di Sicilia
Polizzi
Generosa
Etna
3340
Gangi
Sperlinga
Troina
Bronte
Sant'Alfio
Petralia
Sottana
Giarre
Rifugio
Sapienza
Nicosia
Adrano
Zafferana
Etnea
Santa Venerina
Regalbuto
Acireale
Leonforte
Agira
Centuripe
Nicolosi
Aci Trezza
Calascibetta
Paternó
Aci Castello
Enna
Catania
Fergusa
Morgantina
Caltanissetta
Aidone
Villa Romana
d. Casale
Piazza Armerina
Canicattì
Lentini
Agnone Bagni
Brucoli
San Michele
di Ganzaria
Militello
Carlentini
Augusta
Megara Hyblea
Grammichele
Caltagirone
Sortino
Palma
di Montechiaro
Ferla
Eurialo
Pantálica
Siracusa
Chiaramonte
Gulfi
Licata
Falconara
Gela
Palazzolo
Acrèide
Vittoria
Noto
Antica
Fontane Bianche
Avola
Noto
Scoglitti
Mòdica
Marina di Noto
Rosolini
Donnafugata
Kamarina
Eloro
Scicli
Cava
d'Ispica
Ispica
Marzamemi
Pachino
Marina
di Ragusa
M E E R
Marina
di Mòdica
Pozzallo
Portopalo
di Capo Passero
Malta
Malta
10 km
Sizilien
A 20
A 18
A 19
113
114
116
120
121
284
192
117
640
417
626
626 d.
194
124
115
514
287

Übernachten

Die meisten Hotels in den Badeorten haben in der Hauptsaison Pensionspflicht, sind zudem im Juli/August fast immer hoffnungslos ausgebucht. Jugendherbergen gibt es in **Taormina**, **Catania**, **Nicolosi**, **Noto**, bei Palermo, in **Castroreale** (Nordküste) und in **Canneto** (Lipari). Sizilien besitzt etwa 90 **Zeltplätze**, einige sind ganzjährig geöffnet.

Essen & Trinken

Die sizilianische Küche vereint die Kochkünste all ihrer Vorfahren, ohne Pasta geht es aber hier natürlich auch nicht. Typisch sind **Pasta con le sarde**, Makkaroni mit Sardinen, wildem Fenchel und Pinienkernen (Palermo), **pasta alla Norma** mit Tomatensauce, Auberginen, Ricotta und Basilikum (Catania) oder **pasta con nero di seppie**, schwarz gefärbt mit Tintenfischtinte (Messina).

Cuscus, örtliche Spezialität der Provinz Trapani (das nahe Afrika lässt grüßen), ist ein Grießgericht, das meist mit Fisch zubereitet wird – oft eine verkappte Hauptspeise, man merkt's am Preis.

Bei den Hauptgerichten steht an der Küste natürlich Fisch auf dem Programm, beispielsweise **pesce spada alla ghiotta** (oder: **alla messinese**), Schwertfisch mit Zwiebeln, Knoblauch, Oliven und Kapern, oder auch **sarde a beccafico**, gefüllte Sardinen. Nicht gerade billig ist die **zuppa di pesce**, eine höchst gehaltvolle Fischsuppe.

Involtini sind die sizilianische Version von Rouladen, aus Schwertfisch, Tonno (Thunfisch) oder Fleisch. Das Inland bevorzugt naturgemäß Fleischgerichte, besonders delikat die Version **agrodolce**, süßsauer mit Gemüse, Kapern und Oliven.

Siziliens Tradition in preisgünstigen Kleinigkeiten ist groß und mit dem bei uns angebotenen „Fastfood" absolut nicht zu vergleichen. **Arancine** heißen nicht nur so ähnlich wie Orangen, sondern sehen auch so aus – frittierte Reisbälle mit einer Füllung aus Ragout und Erbsen oder Käse. **Panelle** werden aus Kichererbsenmehl frittiert und dann in ein Brötchen gepackt, **calzone** und **focacce** sind Teigkrapfen mit salziger Füllung wie Schinken und Käse.

Gute Weine der Insel sind der **Corvo**, der **Etna** (beide weiß oder rot), der rote **Rosso del Conte** und die Weißweine aus Alcamo, z. B. **Rapitala**. Sizilien ist auch bekannt für seine hervorragenden Süß- und Likörweine, berühmtester Tropfen ist der **Marsala**.

Ostküste

Die Ostküste Siziliens ist die reichste und meistbesuchte Region der Insel. Neben dem klassischen Touristenziel Taormina erwarten den Besucher das quirlige Catania und der über 3300 m hohe Etna, größter Vulkan Europas und bis heute immer wieder tätig. Die fruchtbare Lavaasche sorgte für die üppigste Gartenlandschaft der Insel.

Dieser Reichtum und der Tourismus sind allerdings auch für eine beispiellose Zersiedelung der Küste verantwortlich, vor allem zwischen Messina und Taormina scheint eine Ortschaft die nächste abzulösen.

Messina

ca. 240.000 Einwohner

Das „Tor zu Sizilien" sieht nicht gerade so aus, wie man sich eine „typisch" sizilianische Stadt vorstellt. Mit breiten, oft kilometerlangen Straßenzügen, großen Plätzen, vielen Hochhäusern und planmäßig angelegten Grünflächen macht Messina einen aufgeräumten, aber auch recht langweiligen Eindruck.

Grund für das nüchterne Stadtbild sind die vielen Erdbeben und anderen Katastrophen, die Messina in der Vergangenheit fast schon regelmäßig in Trümmer legten. Fast alle Bauten stammen aus dem 20. Jh., in dem die Stadt gleich zweimal verwüstet wurde: 1908 bei einem schrecklichen Erdbeben und bei den Bombenangriffen im Zweiten Weltkrieg. Die meisten Reisenden legen hier nur einen kurzen Zwischenstopp ein – wenn überhaupt.

Information/Anfahrt/Verbindungen

• *Information* **Ufficio Informazione Turistica**, Piazza della Repubblica (Bahnhofsvorplatz), aus dem Hauptbahnhof kommend rechts; ✆ 090/672944. Öffnungszeiten Mo–Fr 9–13.30, Di/Do auch 15–17 Uhr.

• *Anfahrt/Verbindungen* **Schiff**, Abfahrt der **FS/Bluvia-Fähren** nach Villa San Giovanni im südlichen Teil des Hafens bei der Stazione Marittima; Autofahrer schiffen um die Ecke ein (Beschilderung folgen, etwas kompliziert). Private Fähren der **Caronte & Tourist** nach Villa San Giovanni starten knapp 3 km nördlich der Staz. Marittima.

Schönes Ensemble: am Domplatz

Aliscafi (Tragflügelboote) der **Ustica Lines** fahren zu den Eolischen (Liparischen) Inseln und nach Reggio di Calabria. Abfahrt am Südende des Hafenbeckens.

PKW, Durchreisende Richtung **Taormina** sollten den nächsten Weg zur Autobahn (A 18 Catania, gut beschildert) wählen, das Stadtgebiet und sein Verkehrschaos erstrecken sich weit nach Süden. Richtung **Nordküste** bietet die SS 113 schöne Panoramablicke zurück, die gebührenpflichtige Autobahn A 20 Richtung Palermo ist allerdings deutlich schneller.

Bahn, die Stazione Marittima (Verladung auf die Fähren) und die Stazione Centrale liegen etwa 300 m auseinander, Verbindung über Bahnsteig. Tagsüber sehr gute Verbindungen nach Palermo und Catania/Siracusa, nachts kaum Züge.

Fernbusse, verschiedene Gesellschaften und Abfahrtsstellen:

SAIS sowie **Interbus** bzw. **Etna** für die Ostküste nach Taormina und Catania (laufend), Catania Airport (16-mal), Palermo (6-mal) und Rom (1-mal). Abfahrt an der Piazza della Repubblica, aus der Staz. Centrale kommend links. Von hier auch **GIUNTABUS TRASPORTI**-Busse nach Milazzo (Fähren/Tragflügelboote Liparische Inseln) über die Autobahn bis zu 18-mal tägl., So nur 3-mal täglich.

TAI, für die Nordküste bis Capo d'Orlando (6-mal), Tindari direkt 1-mal tägl. Station in der Via Santa Maria Alemana, meerwärts der Piazza Cairoli.

GIUNTABUS, nach Milazzo über Villafranca bis zu 17-mal tägl. Abfahrt: Via Terranova, eine Seitenstraße des Viale San Martino.

ATM, Busse für den Stadtverkehr starten vor dem Bahnhof, Piazza della Repubblica.

Übernachten

Für eine Stadt dieser Größe gibt es in Messina entschieden zu wenig Hotels.

**** **Grand Hotel Liberty**, nahe beim Bahnhof, Parkhaus in der Nähe. Ketten-Hotel in einem schön restaurierten Gebäude, geschmackvolle und komfortable Zimmer. DZ/F etwa 95–165 €. Via I Settembre 15, ✆ 090/6409436, ℻ 6409340, www.framon-hotels.com.

*** **Villa Morgana**, außerhalb der Stadt bei Ganzirri, kleineres Haus mit Garten, durch eine Straße von der Lagune getrennt. DZ/F etwa 80–110 €. Via C. Pompea 237, ✆/℻ 090/325575, www.villamorgana.it.

*** **Sant'Elia**, nettes, kleines Hotel, einigermaßen ruhig und in Gehdistanz zum Bahnhof gelegen. Feines Frühstücksbuffet und viele gute Tipps für die Gäste. DZ/F rund 100 €. Via I°Settembre 67, Ecke Via Sant'Elia, ✆/℻ 090/6783750, www.messinahotels.it.

** **Cairoli**, ordentlich geführtes Mittelklassehotel in zentraler, aber lauter Lage. Zimmerpreise je nach Komfort unterschiedlich, Richtwert etwa 80 € für das DZ mit Bad, im Winter etwas günstiger. Viale San Martino 63 (Ecke Piazza Cairoli), ✆/℻ 090/673755.

Taormina

ca. 11.000 Einwohner

Siziliens meistbesuchter Urlaubsort und schon im 19. Jh. Ziel begüterter Zeitgenossen, die vor dem mitteleuropäischen Winter flüchteten. Heute ist Taormina Tourismus pur, Rummelplatz und Freiluftzirkus pauschal gebuchter Ferienfreuden. Charme konnte sich der Ort trotzdem bewahren.

Der Corso Umberto I, zwischen den Stadttoren Porta Messina und Porta Catania, ist die Flaniermeile des spätmittelalterlichen Zentrums. Hier reiht sich ein Souvenirgeschäft an das nächste, warten Schnellimbisse und teure Cafés, spazieren die Tagesausflügler. Im Sommer sieht man vor Menschen kaum das Pflaster. Doch trotz allen Andrangs lohnt ein Besuch noch immer: Taorminas Lage, wie ein Balkon hoch über der Küste, den gigantischen Etna immer im Blick, ist einfach traumhaft. Abseits des Gewühls kommen die gut erhaltenen Fassaden, blumengeschmückten kleinen Piazze und winkligen Treppengässchen noch zur Geltung. Schließlich lockt auch das berühmte griechisch-römische Theater, in Szene gesetzt vor einer fantastischen Landschaftskulisse, die schon Goethe ins Schwärmen brachte.

Information/Anfahrt/Verbindungen

• *Information* **Servizio Turistico Regionale N° 20**, Palazzo Corvaja, im vorderen Teil des Corso Umberto, Eingang Via Teatrino Romano. ✆ 0942/23243, ℻ 24941. Geöffnet Mo–Sa 8–14, 16–19 Uhr. www.gate2taormina.com.

• *Anfahrt/Verbindungen* **PKW**, Zufahrt von der Autostrada am besten über Taormina-Nord. Auf dem Weg in die Stadt gibt es etwa einen Kilometer vor dem Zentrum das große Parkhaus Lumbi; zentraler liegt jedoch das Parkhaus Porta Catania (beste Zufahrt aus Richtung Giardini Naxos); Gebühr pro Tag jeweils 15 €. Die Altstadt ist autofrei, Parken ist nur mit Anwohnerausweis gestattet (in Hotels gehobener Kategorie für Gäste erhältlich).

Bahn, Stazione Taormina-Giardini mit häufigen Anschlüssen an der Hauptlinie Messina-Catania. Der Bahnhof liegt unterhalb der Stadt, Busverbindung mindestens alle 30 Min. Zu Fuß: Abkürzung ins Zentrum über einen schweißtreibenden Treppenpfad (ca. 25 Min.): aus dem Bhf. kommend rechts, nach ca. 450 m links.

Bus, Autostazione an der Zufahrtstraße Via Pirandello, gut 600 m vor der Porta Messina, dem Eingang zur Altstadt. INTERBUS- bzw. ETNA-Busse nach Messina, Acireale, Catania (hier Anschlüsse in alle Richtungen) etwa stündlich, 12-mal tgl. Catania Airport. Lokalbusse Richtung Letojanni 7-mal täglich (HS häufiger), nach Giardini Naxos alle 30–60 Min., zur Gola d' Alcántara 1- bis 3-mal (siehe aber auch dort), nach Castelmola 6-mal täglich.

Seilbahn, die Funivia ist die kürzeste Verbindung zum Strand bei Mazzaro; Station in der Via Pirandello, etwas oberhalb des Busbahnhofs, Hin- und Rückfahrt kosten 3,50 €.

Übernachten

Teuer, teuer ... und im Hochsommer gnadenlos voll! Außerhalb des Hauptreisemonats August kann es sich dagegen durchaus lohnen, nach einem Nachlass zu fragen – kaum ein Hotel ist dann ausgelastet.

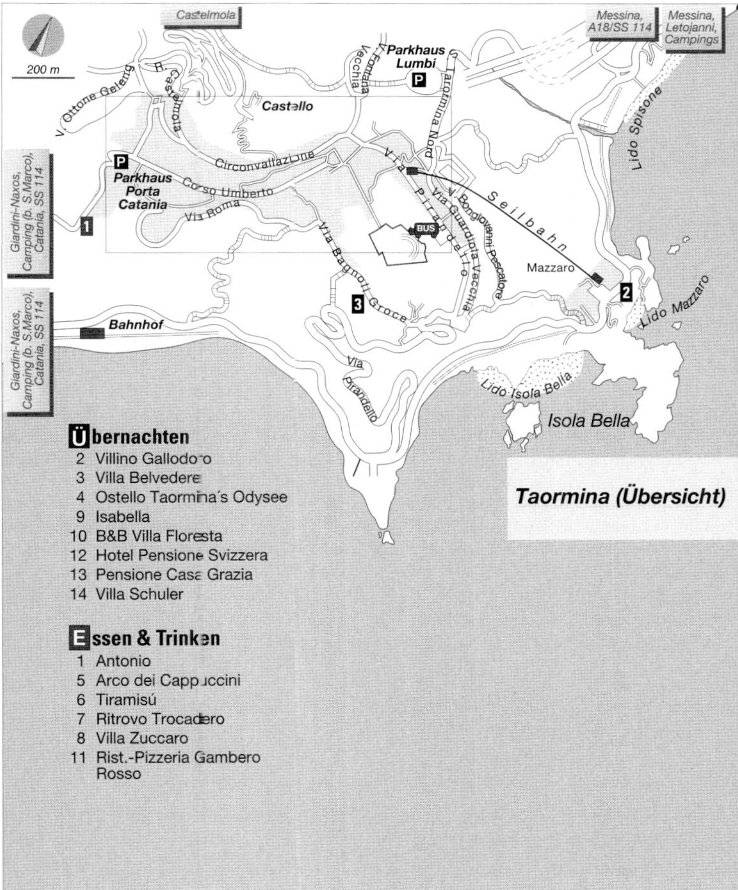

Übernachten
- 2 Villino Gallodoro
- 3 Villa Belvedere
- 4 Ostello Taormina's Odysee
- 9 Isabella
- 10 B&B Villa Floresta
- 12 Hotel Pensione Svizzera
- 13 Pensione Casa Grazia
- 14 Villa Schuler

Essen & Trinken
- 1 Antonio
- 5 Arco dei Cappuccini
- 6 Tiramisú
- 7 Ritrovo Trocadero
- 8 Villa Zuccaro
- 11 Rist.-Pizzeria Gambero Rosso

Sizilien
Karte S. 1012/1013

*** **Villa Belvedere (3)**, hervorragendes Hotel in bester Lage, historisches Ambiente, geschmackvolle Zimmer, tropischer Garten mit Pool. Dementsprechend die Preise, DZ mit Frühstück ca. 120–230 €. Via Bagnoli Croci 79, ✆ 0942/23791, ℻ 625830, www.villabelvedere.it.

*** **Isabella (9)**, obere Mittelklasse, gut geführt, deutschsprachig, alle Zimmer mit Aircondition, Terrasse mit Blick aufs Griechische Theater, Etna und Küste. DZ/F 115–170 €. Corso Umberto 58, ✆ 0942/23153, ℻ 23155, www.gaishotels.com.

*** **Hotel Pensione Svizzera (12)**, knapp außerhalb der Altstadt, Nähe Busbhf. Hübsche und sehr solide geführte Villa mit Garten und schöner Aussicht, komplett renoviert. DZ/F ca. 85–125 €. Reservierung ratsam. Via Pirandello 26, ✆ 0942/23790, ℻ 625906, www.pensionesvizzera.com.

** **Villa Schuler (14)**, sorgsam gehütete, alte Villa unter deutscher Leitung, sehr angenehmes und gepflegtes Haus, komfortable Zimmer mit Loggia, Balkon oder Terrasse. Parkähnlicher Garten. Piazzetta Bastione 16, DZ/F 135–190 €. ✆ 0942/23481, ℻ 23522, www.hotelvillaschuler.com.

* **Villino Gallodoro (2)**, unten in Mazzaro, zwei Fußminuten von der Seilbahn. Ein herziges kleines Hotel aus der „guten alten Zeit", engagiert und deutschsprachig geführt. 15 Zimmer unterschiedlicher Größe, alle ordentlich neu möbliert, schöne Gemeinschaftsterrasse mit Bar. Gratis-Parkplatz. DZ/Bad/F ca. 90–110 €. Geöffnet April bis Okt. Via Nazionale 147, ✆ 0942/23860, ℻ 623001, www.hotelgallodoro.it.

* **Pensione Casa Grazia (13)**, nur sieben Zimmer, etwas eng, aber sehr gepflegt mit angenehm kühlem Marmorboden, freundliche Besitzer. DZ/Bad 55–65 €, ohne Bad 50 €. Via Iallia Bassa 20 (Nähe Griechisches Theater), ✆ 0942/24776.

B & B Villa Floresta (10), geführt von einer englischsprachigen jungen Besitzerin und praktisch direkt am Domplatz; nur vier unterschiedlich ausfallende Zimmer, z. T. mit Balkon. DZ 60–70 €, im Juli/August 75–95 €, Mini-Frühstück (pro Pers. 3 €) in der nächsten Bar. Via Damiano Rosso, ✆/℻ 0942/620184, www.villafloresta.it.

• *Jugendherberge* **Ostello Taormina's Odyssee (4)**, private JH, seit 2009 mit neuer Adresse oberhalb des Corso Umberto I in der Nähe der Piazza Andromaco. Kleiner Schlafsaal und fünf einfache Zimmer mit 2 bis 3 Betten, nur eines davon mit eigenem Bad. Ü um die 20 € pro Pers., DZ 45–65 €. Via di Paternò di Biscari 13, außerhalb der Porta Catania Primo bergauf, ✆ 0942/24533, www.taorminaodyssey.com.

• *Camping* Die nächsten zuverlässig geöffneten Plätze finden sich bei Letojanni im Norden und bei San Marco im Süden, siehe jeweils unten.

Essen & Trinken (siehe Karte S. 1017)

Wer über das nötige Kleingeld verfügt, kann in Taormina aufs Feinste speisen; die preiswerteren Restaurants dagegen sind häufig auf Schnellabfütterung ausgelegt.

Arco dei Cappuccini (5), etwas abseits der Touristenströme. Konstant gute Qualität, prima Service, exquisite Weinauswahl. Gutes Preis-Leistungs-Verhältnis, Menü ab etwa 30 €. Tipp: Reservieren und Zeit mitbringen. Via Cappuccini, unweit der Porta Messina; Mi Ruhetag. ✆ 0942/24893.

Tiramisú (6), nahe Ristorante Arco dei Cappuccini. Auch bei den Einheimischen beliebtes Gartenlokal mit guter Küche und prima Pizza ab 8 €; Menü à la carte ab etwa 25 €. Via Cappuccini 1.

Ristorante-Pizzeria Gambero Rosso (11), netter Familienbetrieb mit Tischen in den umliegenden Treppengassen. Flotte Bedienung. Auch mittags Holzofenpizza, ansonsten typische Fisch- und Gemüseküche. Menü 25–30 €. Via Naumachie 11. Januar, Februar und Do geschl.

Villa Zuccaro (8), Gartenlokal knapp oberhalb des westlichen Corso, ein Lesertipp von Martin C. Hünerhoff: „Tolle Pizza und leckere Salate in sehr schön gestyltem Ambiente". Piazza Carmine 5.

Ritrovo Trocadero (7), direkt vor der Porta Messina. Trotz der stark frequentierten Lage keine schlechte Adresse: Auch mittags leckere Pizza zu vernünftigen Preisen, kein Aufpreis für Gedeck oder Service. Via Pirandello 1.

Antonio (1), etwa 600 m außerhalb der Porta Catania, an der Umgehungsstraße nach Giardini. Wohl die besten Pizzen der Stadt und den etwas weiteren Weg wert, flinker Service, große Terrasse. Mo geschl.

Sehenswertes

Palazzo Corvaja: am Corso, kurz nach der Porta Messina, rechter Hand der Piazza Vittorio Emanuele. 1410 in vorwiegend gotischem Stil errichtet, gilt er als schönster Stadtpalast Taorminas. Im Innenhof tagte im 15. Jh. das sizilianische Parlament, heute finden hier und in der Halle Ausstellungen statt. Im Palazzo ist die städtische Information untergebracht, außerdem das kleine Volkskunstmuseum *Museo Siciliano di Arte e Tradizioni Popolari.*

Öffnungszeiten/Eintritt **Palazzo Corvaja**, tägl. 8–14, 16–20 Uhr. **Museo Siciliano di Arte e Tradizioni Popolari**, Di–So 9–13, 16–20 Uhr, Eintritt 2,60 €.

Flanierzone Nummer eins: Taorminas Corso

Griechisch-römisches Theater: Zugang von der Piazza Vittorio Emanuele über die Via Teatro Greco. Das mit Abstand berühmteste Bauwerk der Stadt, vielleicht Siziliens. Ob seiner Panoramalage riss es schon den alten Goethe zu literarischen Begeisterungsausbrüchen hin. Wahrscheinlich im 3. Jh. v. Chr. von Griechen in den Fels gehauen, übernahmen es wenig später die Römer und führten statt feinsinniger Theaterstücke Gladiatorenkämpfe auf. Sie errichteten – unsensibel – auch eine Ziegelwand hinter der Bühne, die erfreulicherweise großteils wieder eingestürzt ist und den Blick auf die Küste und den dampfenden Etna freigibt.

Öffnungszeiten/Eintritt 9 Uhr bis eine Stunde vor Sonnenuntergang, Eintritt 6 €.

Piazza 9 Aprile: noch ein Aussichtspunkt, diesmal direkt am Corso. Die Terrasse ist Mittelpunkt und allabendlicher Treffpunkt der Stadt.

Piazza del Duomo: Zentrum des mittelalterlichen Taormina. Der Dom stammt aus dem 13. Jh. und wurde später mehrfach umgebaut, mit hübschem Portal und schlichtem Inneren. Vor dem Dom ein Barockbrunnen von 1635, vom Platz führen Stufen zum ehemaligen Kloster *San Domenico,* heute eines der edelsten Hotels von Taormina.

Giardino pubblico (Villa Communale): Stadtpark von Taormina, an der Via Bagnoli Croce, vom Corso über Treppen zu erreichen. Vielfältige Pflanzenpracht und Ruhe vor der Hektik des Zentrums.

Taormina/Umgebung

Castelmola: mittelalterliches Bergdörfchen oberhalb Taorminas, berühmt für seinen zuckersüßen „Vino alla mandorla“ (Mandelwein) – die tagsüber reichlich vertretenen Reisegruppen treten den Heimweg in entsprechender Stimmung an. Toller Blick von den Ruinen des Kastells. 5 km Straßenentfernung von Taormina (Ab-

Sizilien Karte S. 1012/1013

zweig Via Circonvallazione), Busverbindung, oder zu Fuß über einen von der Straße abzweigenden Treppenweg (1 Std.).

Letojanni: Der Badeort, 6 km nördlich von Taormina, wirkt freundlicher als seine nördlich gelegenen Konkurrenten. Der Pauschaltourismus hat bereits Fuß gefasst.

• *Camping* *** **Eurocamping Marmarucca**, abseits des Meeres und extrem laut gelegen. Viele Dauercamper; zum Meer zehn Fußminuten. Ausstattung recht komfortabel, geöffnet April bis Dez. ✆ 0942/36676.

** **Camping Paradise International**, knapp 3 km Richtung Messina. Bahn und Straßen in Hörweite, aber auch das Rauschen des Meeres: Sand- und Kiesstrand vor der Zelttür. Geöffnet April bis Okt. ✆ 0942/36306, www.campingparadise.it.

Giardini Naxos: reiner Badeort ohne jedes Flair, trotzdem mit Wahnsinnsbetrieb – die Nähe zu Taormina macht's möglich. Vom antiken Erbe (in Naxos entstand 735 v. Chr. die erste griechische Kolonie Siziliens) ist kaum etwas erhalten; die Ausgrabungen im *„Parco Archeologico"* (tägl. 9–19 Uhr, im Winter bis 16.30 Uhr; Eintritt 2 €) zeigen wenig mehr als Grundmauern; Funde im kleinen *Museum*.

• *Übernachten* ** **Hotel Costa Azzurra**, 2009 komplett renoviert mit geräumigen Zimmern aufs Meer bzw. auf die ruhige Nebengasse (die Bahnlinie hinter dem Haus stört nicht besonders). Der Besitzer kocht auf Wunsch für seine Gäste. Offen April bis Okt. DZ/F etwa 65–100 €. Via Naxos 35 (unweit der Infostelle), ✆ 0942/51458, www.hotelcostazzurra.net.

** **Villa Mora**, nicht weit entfernt. Nostalgische Atmosphäre (eröffnet 1973!), dabei alles topp in Schuss, freundliches deutsch-italienisches Besitzerpaar. Ausschließlich Privatgäste, keine Pensionspflicht. DZ/F 65–130 €. Dez. bis März geschl. Via Naxos 47, ✆/℻ 0942/51839, www.hotelvillamora.com.

San Marco: keine Ortschaft, nur ein Campingplatz, ein Hotel und ein Restaurant am wohl schönsten Strand in der Umgebung von Taormina. Allerdings trübt manchmal umherliegender Müll die Badefreuden.

• *Anfahrt/Verbindungen* San Marco liegt unterhalb von Calatabiano, 8 km südlich vom Bhf. Taormina-Giardini, und ist praktisch nur mit eigenem Fahrzeug ohne Schwierigkeiten zu erreichen. Busse halten auf Verlangen am Bivio (Kreuzung) San Marco an der Hauptstraße nach Catania, 2 km entfernt (keine offizielle Haltestelle).

• *Camping* **Almoetia**, an der Zufahrtsstraße zum Strand, etwa 600 m entfernt. Persönliche Atmosphäre und freundliche Besitzerfamilie, gutes Restaurant. Ganzjährig. ✆/℻ 095/641936, www.campingalmoetia.it

Etna

Dekorativ und unschuldig sieht er aus, der größte – und mittlerweile gefährlichste – Vulkan Europas. Sanft steigt er auf seine stolze Höhe von über 3300 m an, auf dem bis in den Frühsommer schneebedeckten Gipfel die typische Rauchfahne …

Doch die vermeintliche Sanftmut täuscht. Immer wieder kommt es zu Ausbrüchen. Die letzten wirklich schweren Eruptionen datieren von 2002/2003. Damals wurde das hoch über Linguaglossa gelegene Gebiet der Bergstation Piano Provenzana praktisch vom Erdboden verschluckt und das Refugio Sapienza auf der Südseite des Vulkans schwer beschädigt. Auch in den folgenden Jahren kam es immer wieder zu Ausbrüchen. Experten diskutieren nun, ob der Etna womöglich in eine neue Lebensphase eintritt, sich vom „guten" zum „bösen" Vulkan wandelt.

Die blühenden Gärten, ausgedehnten Plantagen und dichten Wälder, die sich die Hänge hochziehen, sind nur dünne Tünche über der nackten Gewalt des Vulkans.

Unterbrochen werden sie von schwarzen Lavafeldern, die auf ihrem Weg alles vernichteten, was ihnen im Weg stand. Der Etna gibt und nimmt: Die Lavaasche macht den Boden äußerst fruchtbar, die seit Menschengedenken immer wiederkehrenden Eruptionen zerstörten ganze Dörfer. Beim bisher schwersten Ausbruch 1669 kroch die Lava bis Catania und begrub die halbe Stadt unter sich.

Aktueller Stand: Die früheren Zugangsbeschränkungen zum Etna gibt es nicht mehr, mit ausgebildeten Führern (und sogar auf eigene Faust, obwohl dies nur Etna-Kennern zu empfehlen ist) darf – temporäre Sperrungen natürlich ausgenommen – jeder Punkt des Vulkans besucht werden; über die Einführung einer Art Eintrittsgebühr zum Etna wird spekuliert. **Grundsätzlich sollten folgende Vorsichtsmaßnahmen beherzigt werden**:

- Eine Etna-Besteigung ist eine ausgewachsene Bergtour, warme Kleidung und entsprechendes Schuhwerk sind unverzichtbar.
- Nicht von den sonnigen Temperaturen an der Küste täuschen lassen: In den höheren Regionen ist auch im Sommer Frost keine Seltenheit, zudem sind schnelle Wetterumschwünge häufig.
- Gesperrte Gebiete nie betreten, es kommt immer wieder zu Todesfällen durch Gasausbrüche und Steinbombardements. Die Bergführer wissen, was geht und was nicht geht, sie stehen in Kontakt mit den vulkanologischen Instituten.
- Wer zu Fuß hoch will und kein mit Wanderkarte und sonstigen Utensilien versehener ausgesprochener Bergprofi ist, sollte die Fahrwege nicht verlassen; in den Lavawüsten verirrt man sich schnell, mehrere Menschen sind in den letzten Jahren spurlos verschwunden.
- Noch ein Tipp: Möglichst früh hoch, dann ist die Sicht am besten – an besonders klaren Tagen kann man die ganze Insel überschauen. Wenn Wolken zu sehen sind, kann man sich die Auffahrt sparen.

Etna-Nord: Der Rummel ist hier zwar deutlich geringer, doch sind die vulkanischen Phänomene vielleicht auch nicht ganz so eindrucksvoll wie auf der Südseite des Vulkans. Anfahrt über *Linguaglossa* an der SS 120 zwischen Fiumefreddo di Sicilia und Randazzo. Von dort geht es auf der Panoramastraße Mareneve (keine Busverbindung) vulkanwärts. Die Touren beginnen auf 1800 Meter Höhe bei der früheren Ski- und Hotelsiedlung *Piano Provenzana*, die beim Ausbruch 2002 zwar zerstört wurde, aber wieder aufgebaut werden soll; zuletzt residierten die Vulkanführer freilich noch in einer provisorischen Hütte. Von Frühjahr bis Herbst starten hier Allradbusse bis auf ca. 2800 Meter Höhe; letzte Auffahrt gegen 14 Uhr. Die etwa zweistündige Tour beinhaltet auch einen 30-minütigen Spaziergang und kostet inklusive Führer rund 50 €; einmal pro Woche wird auch eine sechsstündige Tour bis in den Gipfelbereich angeboten (zuletzt Do, pro Pers. 65 €).

Etna-Süd: Die viel genutzte Standardroute für die Auffahrt zum Etna beginnt in *Nicolosi*, 15 km von Catania. Von dort geht es über eine kurvenreiche Straße zum *Rifugio Sapienza* auf 1910 m Höhe, in dessen Umfeld meist erheblicher Rummel herrscht. Wer nicht höher will, kann sich hier mit der Besichtigung der 1892 entstandenen *Crateri Silvestri* begnügen. Vom Rifugio führt eine Seilbahn bis zur Bergstation *La Montagnola* auf etwa 2500 m Höhe; dort warten Allradbusse für die Fahrt in höhere Regionen. Deren Tour endet im Normalfall bei der zerstörten Berghütte im Gebiet des *Torre del Filosofo* auf 2920 m Höhe, benannt nach dem griechischen

Sizilien
Karte S. 1012/1013

Multitalent Empedokles: Der Philosoph soll sich in einen Krater des Etna gestürzt haben, um mit den Naturkräften zu verschmelzen. Ganz in der Nähe liegen neue Krater, die durch den Ausbruch von 2002/2003 entstandenen *Nuovi Coni*. Das Komplettprogramm dauert normalerweise rund zwei Stunden und schlägt mit über 50 € zu Buche.

• *Anfahrt/Verbindungen* **AST-Busse** nach **Nicolosi** gehen etwa 13-mal tägl. von Catania (Nähe Bhf.), außerdem Verbindungen von Acireale. 1-mal tägl. fährt ein Direktbus der AST von Catania (Abfahrt ca. 8 Uhr) zum **Rifugio Sapienza**, unterwegs Zwischenstopp in Nicolosi.

• *Übernachten* In Nicolosi gibt es mehrere Hotels und B & Bs, darunter das **Etna Garden Park Hotel** (DZ/F 70 €. Via della Quercia 7, ab Zentrum beschildert, ✆ 095/7914686) sowie das **B & B Sotto il Vulcano** (DZ/F etwa 50–70 €. Via Mompilieri, Traversa V, ✆/℻ 095 914851.

Rifugio Sapienza, ebenda auf 1910 m Höhe. 24 geräumige Zimmer mit eigenem Bad. DZ/F rund 110 €. Ganzjährig, ✆ 095/915321, www.rifugiosapienza.com

*** **Corsaro**, 300 m entfernt. Komfortable Ausstattung, vulkankundiger und englischsprachiger Besitzer. DZ/F 90–100 €. Piazza Cantoniera, ✆ 095/914122, ℻ 911206. www.hotelcorsaro.it.

Camping Etna, gut ausgestatteter Platz etwa 200 m oberhalb von Nicolosi, ganzjährig. ✆/℻ 095/914309.

Etna-Rundfahrt per Bahn: Seine verschiedenen Seiten zeigt der Vulkan erst bei einer Umrundung. Eisenbahnfreunde können die private Schmalspurbahn der FCE, die *Ferrovia circumetnea* benutzen: Abfahrt in Giarre oder Catania an der FS-Hauptlinie Messina-Catania, umsteigen muss man teilweise in Randazzo oder Bronte. Länge der FCE-Bahn 114 km. In den Schulferien und besonders am Sonntag fahren nur wenige bis gar keine Züge. Reine Fahrtzeit mindestens vier Stunden, Verspätungen sind nicht selten, Preis knapp 7 €.

Riviera dei ciclopi– die Zyklopenküste

Ihren Namen hat sie von dem Menschen fressenden Zyklopen Polyphem, dem auch Odysseus in die Falle ging. Mit einer List konnte der Grieche sich und seine Freunde retten – auf Kosten des einzigen Auges des Riesen. Vom abfahrenden Schiff aus auch noch verspottet, warf der blinde Polyphem Felsbrocken nach den Fliehenden: Erklärung Homers für die bis zu 70 m hohen Klippentürme der Lavaküste. Prosaischer ist die Annahme, dass sie von einem anderen Giganten, dem Etna, geschleudert wurden. Oder sind die beiden identisch? Von einer wilden Schönheit ist die Küste jedenfalls; so schön, dass sie von den Catanesi flugs mit Ferienhäusern, Restaurants und Stabilimenti bepflastert wurde, die noch die winzigste Klippe einnehmen.

Catania

ca. 300.000 Einwohner

Bunt, aufregend, dynamisch und quicklebendig, wirtschaftlich den anderen Inselstädten um Längen voraus - die eine Seite von Catania. Die andere: weiträumige Zersiedlung, düstere Ecken und eine extrem hohe Kriminalitätsrate.

Das Stadtbild wird bestimmt von breiten, sich rechtwinklig kreuzenden Straßen und einer Fülle an Barockbauten. Catania, der nach Palermo zweitgrößte Ballungsraum Siziliens (offiziell: 300.000 Einwohner im Stadtbereich), ist immer wieder „auferstanden aus Ruinen“. Schuld hatte meist der Etna, dessen Lavaströme im

Ein Augenschmaus: Catanias Märkte

westlichen Teil Catanias noch zu sehen sind. Nachdem der Ausbruch von 1669 schon die halbe Stadt weggefegt hatte, besorgte das große Erdbeben von 1693 den Rest. Beim Neuaufbau diente als Material großteils, was ohnehin reichlich zur Hand war: Lava! Eine besonders heitere Note vermögen das dunkle Gestein und die allzu geraden Straßen der Stadt nicht zu geben. Erst auf den zweiten Blick fallen die Details der vielen Barockkirchen auf, realisiert man die befreiende Anlage der Plätze, die die strenge Straßenführung auflockern.

Information/Anfahrt/Verbindungen

• *Information* **Bureau del Turismo**, städtisches Touristenbüro an der Via Vittorio Emanuele II 172 (in der Nähe der Piazza Duomo; ✆ 095/7425573 Geöffnet Mo–Fr 8.15–19.20 Uhr, Sa 8.15–12.20 Uhr.

• *Anfahrt/Verbindungen* Catania ist der große Umsteigepunkt im Osten Siziliens, gute Anschlüsse in alle Richtungen

Flug, **Aeroporto Fontanarossa**, für die meisten Flugreisenden der Einstieg nach Sizilien. Busverbindung von und zum Bahnhof besteht von 5–24 Uhr alle 20 min. mit ALIBUS 457, die Busse fahren auch ins Zentrum zur Piazza Duomo.

Pkw, nicht erfreulich! Echte Bruch-, sogar Diebstahlsgefahr, gelegentlich auch fixe Griffe in an der Ampel stehende Autos. Undurchsichtiges Einbahnstraßensystem, kaum Parkplätze und ein Fahrstil, der Palermo zahm erscheinen lässt.

Bahn, **FS-Bahnhof** östlich des Zentrums, Piazza Papa Giovanni XXIII, häufige Verbindungen nach Taormina, Messina und Siracusa, etwas seltener auf der Linie über Enna nach Caltanissetta Xirbi (Knotenpunkt), nach Agrigento 4-mal tägl.

FCE-Etnabahn, Bahnhof Stazione Borgo weit im Norden an der Via Caronda 352 a, einer Parallelstraße der oberen Via Etnea, ✆ 095/54125. Verbindung ab FS-Bahnhof per U-Bahn „Metropolitana".

Bus, Abfahrt der meisten Gesellschaften rund um den Bahnhofsvorplatz (sonntags nur sehr wenige Fahrten). ATM, diverse Stadtbuslinien vom Bahnhof ins Zentrum (Piazza Duomo), ca. 2 km. SAIS, im nördlichen Teil, Via d'Amico: Palermo tagsüber etwa stündl., Enna 8-mal tägl., Agrigento 13-mal; Messina tagsüber mindestens stündlich. ETNA/INTERBUS, direkt neben SAIS: Taormina etwa stündl., Siracusa 16-mal, Noto 9-mal, Ragusa 12-mal, Piazza Armerina 6-mal täglich. AST, Via L. Sturzo, westlich des Platzes: Busse für die Provinz Catania, z. B.

Sizilien Karte S. 1012/1013

Nicolosi, Rifugio Sapienza (Etna-Süd, 1-mal morgens), außerdem Verbindungen in den Südosten: Siracusa, Noto, Módica.

Metropolitana, Catanias U-Bahn fährt im Bogen östlich ums Zentrum und ist in erster Linie interessant als Verbindung zwischen FS-Bahnhof und Etna-Bahn.

Übernachten

Die Auswahl ist groß, der Andrang auch, manchmal muss man schon etwas suchen.

*** **Savona (9)**, gut geführtes Hotel mit ordentlichen, hellen Zimmern. Freundlicher und hilfsbereiter Direktor. DZ etwa 85 €, tagesaktuelle Preise auf der Website. Via Vittorio Emanuele 210, Nähe Piazza Duomo, ✆/℻ 095/326982, www.hotelsavona.it.

** **Gresi (2)**, hübsches Quartier in zentraler Lage. Große, ansprechend möblierte Zimmer mit TV und Klimaanlage. DZ/F 70–80 €. Oft belegt, Reservierung ratsam. Via Pacini 28, eine Seitenstraße der Via Etnea bei Nr. 246, ✆ 095/322709, www.gresihotel.com.

* **Rubens (4)**, gemütliches, kleines Familienhotel, immer wieder von Lesern gelobt. Sieben geräumige Zimmer mit TV, Klimaanlage und Heizung, freundliches Personal. DZ/F 50–75 €. Zentral an der Via Etnea 196, ✆ 095/317073, www.rubenshotel.it.

Affittacamere La Collegiata (7), in einer Seitenstraße der Via Etnea. Von der Ausstattung her auf Dreisterne-Hotelstandard, sehr hübsch gestaltet. Die Räume zur Via Etnea und Via Vasta allerdings können recht laut sein, nach hinten wird es ruhiger. DZ/F etwa 70–85 €. Via Vasta 10, ✆ 095/315256, www.lacollegiata.com.

Affittacamere I Vespri (5), Nähe Via Etnea. Zentral, aber doch recht ruhig in einem frisch restaurierten Palazzo untergebracht. DZ ohne Bad (nur eins) 40–45 €, DZ/Bad 50–70 €. Via Montesano 5, ✆ 095/310036, www.ivesprihotel.it.

• *Jugendherberge* **Agorà Hostel (10)**, in einer etwas düsteren Gegend nahe der Bahnlinie. 70 Betten, nette internationale Atmosphäre. Ü/F im Schlafsaal 19 €, im August 21 €; kein JH-Ausweis nötig. Ein echter Clou ist die Kellerbar, ein täglich geöffnetes Restaurant gibt es auch. Piazza Curró 6, ✆ 095/7233010, www.agorahostel.it.

• *Camping* Trotz mehrerer Plätze nur beschränkte Kapazitäten, viele Dauercamper. **Jonio**, im Nobelvorort Ognina. Schattig, viele Wohnwagen, teils mit angebauter Nasszelle. Hübsch gelegen, unterhalb Lavastrand, sanitär okay. Bester Platz bei Catania. Ganzjährig. ✆ 095/491139.

Essen & Trinken

Große Auswahl an preiswerten Trattorien um die Märkte herum – gut und nicht teuer.

Art Café Il Sale (1), in einer noch recht jungen Restaurantzone, die auch beliebt bei Catanias Studenten ist. Schickes Ambiente; prima Küche, kunstvoll auf dem Teller präsentiert. Menü ab etwa 25 €, auch leckere Pizza. Im Umfeld noch weitere Lokale. Via Santa Filomena 10.

Turi Finocchiaro (8), in einer Seitenstraße der Via Etnea und direkt im Nachtleben. Eins der ältesten Lokale der Stadt, nette Atmosphäre. Menü ab 18 €, auch Pizza. Via Euplio Reina 13, Mi geschl.

Coppola (6), ein paar Straßen nördlich. Vielfältige Karte mit sizilianischer Küche, frischen Antipasti, guten Salaten und Menüs ab ca. 20 €, Pizza ab 7 €. Via Coppola 49–51. Im Umfeld weitere interessante Lokale.

Aldo (3), hier essen die Verkäufer vom Markt „Fera o Luni". Speisesaal im Obergeschoss, helles Holz und immer voll. Man probiere *sarde a beccafico*, mit Weißbrot und Käse gefüllte Sardinen, oder *spezzantino*, eine Art Gulasch. Nur mittags, So geschl. Piazza Giuseppe Sciuti.

Märkte/Nachtleben

• *Märkte* Eine Sehenswürdigkeit ersten Ranges sind die farbenprächtigen Märkte Catanias, aber: auf Wertsachen achten!

La Pescheria, großer Fisch- und Lebensmittelmarkt Nähe Piazza Duomo.

Fera o Luni, Gemischtwaren von Gemüse bis Kochtöpfen, billig. Zugang bei der Piazza Stesicoro/Corso Sicilia.

• *Nachtleben* Im Gebiet zwischen Piazza Università und Piazza Bellini öffnen ab etwa

Übernachten
2 Gresi
4 Rubens
5 Aff.camere I Vespri
7 Aff.camere La Collegiata
9 Savona
10 Agorà Hostel

Essen & Trinken
1 Art Café Il Sale
3 Aldo
6 Coppola
8 Turi Finocchiaro

200 m

Catania

22 Uhr fast zwei Dutzend Bars, Pubs und Jazzschuppen ihre Pforten.

Nievski, an der Via Alessi, jenseits der Via Etnea. Treff der alternativen Szene, rammelvoll bis auf die Treppen draußen, oft Konzerte, Internetzugang.

Sehenswertes

Piazza Duomo: der Hauptplatz mit dem *Dom*, einer gelungene Barockkomposition, geweiht der Stadtheiligen Sant'Agata. Prächtig geschmückte Fassade, rechts nach dem Eingang das Grab des großen Komponisten Bellini. In der Mitte des

Platzes zieht die *Fontana dell'Elefante* die Blicke auf sich. Der drollige Lavaelefant aus grauer Vorzeit ist das Wahrzeichen Catanias, auf seinem Rücken trägt er einen Obelisken.

Via Etnea: Die kilometerlange Geschäftsstraße ist die Hauptschlagader Catanias, mit teuren Geschäften, Gelaterie und Cafés, und für den individuellen Autoverkehr gesperrt. Sie läuft direkt auf den Etna zu. Bald nach dem Domplatz die *Piazza Università*, ebenfalls durchgängig in Barock, noch ein Stück weiter die weitläufige *Piazza Stesicoro*, heute der gesellschaftliche Mittelpunkt Catanias (im Sommer oft Konzerte). Im linken Teil sind Reste eines römischen Amphitheaters zu sehen. Weiter die Via Etnea entlang folgt links die *Villa Bellini*, der Stadtpark Catanias, später der *Botanische Garten* (Mo–Fr 9–18 Uhr, Sa 9–13 Uhr).

Das Wahrzeichen der Stadt: Fontana dell'Elefante

Teatro Bellini: Das 1890 erbaute Theater an der gleichnamigen Piazza wird als eins der schönsten Italien gerühmt. Spielzeit ist im Herbst, Winter und zeitigen Frühjahr.

Via Crociferi: Die barocke Prachtstraße beginnt ab der Piazza San Francesco/ Ecke Via Vittorio Emanuele, westlich der Piazza Duomo. Zuerst lohnt es sich jedoch, ein kleines Stück weiterzugehen und einen Blick in das *Teatro Romano* (Zugang bei Haus-Nr. 266–268; Mo–Sa 9–13, 14.30–19 Uhr, So 9–13 Uhr; Eintritt 3 €) zu werfen. Zurück an der Piazza San Francesco steht auf Nr. 3 die *Casa Bellini*, das Geburtshaus des Komponisten, heute ein kleines Museum (Mo–Sa 9–13.30 Uhr, So 9–12.30 Uhr; gratis). In der ansteigenden Via Crociferi folgt fast eine Barockkirche der nächsten. Am Ende der links abzweigenden Via Gesuiti die unvollendete Riesenkirche *Chiesa di San Nicolo*.

Castello Ursino: an der Piazza Federico di Svevia, gut 500 m südwestlich der Piazza Duomo, etwas außerhalb des Zentrums. Das wehrhafte Kastell wurde im 13. Jh. für den Stauferkönig Friedrich II. erbaut, aus Lava, versteht sich. Ursprünglich stand es direkt am Meer: Die glühenden Massen des Etnaausbruchs von 1669 wälzten sich an seinen Mauern vorbei, ohne es zu beschädigen, und schoben die Küstenlinie weit hinaus. Im Inneren ist das Museo Civico untergebracht, dessen reiche Gemäldesammlung erst teilweise öffentlich zugänglich gemacht wurde.

Öffnungszeiten Mo–Sa 9–13, 15–19 Uhr, So 8.30–13.30 Uhr; Eintritt frei, außer zu besonderen Ausstellungen.

Südosten

Der Südosten Siziliens wäre allein schon eine Reise wert: Seine lange Geschichte, die schönen Städte und eine atemberaubende Landschaft machen ihn zu einer der interessantesten Gegenden der Insel.

Absolutes Highlight ist *Siracusa*, einst die mächtigste Stadt der westlichen Welt, mit einer Fülle an Sehenswürdigkeiten und sympathischer Altstadt. Die Barockstädte *Noto, Ragusa* und *Mòdica* lohnen ebenfalls einen Besuch – allesamt in neuem Glanz auferstanden nach dem Erdbeben von 1693, das den ganzen Landstrich verwüstete. Und auch Badefans kommen auf ihre Kosten: Zwischen *Avola* und dem *Capo Passero*, der äußersten Südspitze Siziliens, liegen einige schöne Sandstrände.

Siracusa

ca. 125.000 Einwohner

Ein großer, ein berühmter Name. Assoziationen von Dionysios und Archimedes, von Reichtum und Kultur, Grausamkeit und Geist. Die einst mächtigste Kapitale der westlichen Welt fasziniert durch bedeutende Altertümer, facettenreiche Umgebung und eine der schönsten Stadtlandschaften Siziliens.

Spätestens an den Grenzen des heutigen Siracusa wird der Reisende zunächst aus allen romantischen Träumen gerissen. Industrie, Lagerhallen und tobender Verkehr bestimmen die Szene. Auch die Neustadt wirkt nichtssagend. In *Ortygia* (ital.: Ortigia), dem auf einer Halbinsel gelegenen Kern von Siracusa, hat man dann die architektonischen Entgleisungen der Moderne hinter sich – und ist restlos versöhnt. Enge Gässchen, schmucke Palazzi und Kirchen, großzügige Plätze und viel Barock machen Ortigia zu einem wirklich liebenswerten Fleckchen. Doch Siracusa hat noch mehr zu bieten als „nur" eine schöne Altstadt. Der *Parco Archeologico* umfasst einen ganzen ehemaligen Stadtteil, mit zwei Theatern, einem gigantischen Altar und den Steinbrüchen mit dem legendären „Ohr des Dionysos". Relikte der langen Vergangenheit der Stadt finden sich auch im Archäologischen Museum, das zu den besten Italiens zählt.

Information/Anfahrt/Verbindungen

• *Information* **Infopoint Turismo**, auf Ortigia im Innenhof des Palazzo della Provincia, Via Roma 31. Geöffnet Mo–Fr 9–13, 14–17.30 Uhr, Sa 9–13 Uhr. www.provincia.siracusa.it.

Ufficio Turismo, städtisches Tourismusbüro auf Ortigia in einer Querstraße des Corso Matteotti. Geöffnet Mo–Fr 9–12.30 Uhr, Di und Do auch 15–17 Uhr. Via V. Mirabella 29, ✆ 0931/464657. www.comune.siracusa.it.

• *Anfahrt/Verbindungen* **Pkw**, auf Ortigia besteht oft Parkbeschränkung für Anwohner. Besser, gleich einen Abstellplatz in den Uferstraßen vor dem Damm zu suchen.

Bahn, Bahnhof recht abgelegen am Ende der Via Francesco Crispi in Achradina, nach Ortigia oder Neapolis je etwa 2 km. Gute Verbindungen nach Catania/Messina, Lokalverbindung 9-mal tägl. nach Avola/Noto/ Mòdica, weiter bis Ragusa 3-mal täglich.

Bus, Abfahrt der meisten Busse in Nähe des Bahnhofs. AST-Büro in der Via Rubino, e nach Catania und Ávola/Noto tagsüber etwa stündlich, Mòdica und Ragusa 8-mal, Gela 2-mal, Palazzolo Acreide 13-mal täglich, INTERBUS: Die meisten Abfahrten am Corso Umberto I in Bahnhofsnähe, besser genau nachfragen. Busse via Ávola und Noto nach Pachino 13-mal täglich, Catania tagsüber etwa stündlich, z. T. auch Catania-Flughafen; Palermo 3-mal täglich. Keine Direkt-

Karte S. 1012/1013

busse nach Agrigento; am schnellsten geht es via Gela oder via Catania, in beiden Orten oft Direktanschluss.

Stadtbusse der AST ebenfalls meist ab Via Rubino/Bahnhof. Zum Parco Archeològico und damit auch in Nähe des Archäologischen Museums (Corso Gelone, Ecke Viale Teocrito) u. a. die Nummern 6, 8, 12 und 25, vom zweiten Knotenpunkt Riva N. Sauro am Nordende von Ortigia fahren die Nummern 1, 2, 3, 4 und 12.

Übernachten

*** **Gran Bretagna (3)**, auf Ortigia. Hübsch verwinkelte Herberge, die überraschend großen Räume teilweise mit Stuckdecken etc. Im Erdgeschoss eine mittelalterliche Mauer. DZ/F 100-125 €. Via Savoia 21, ✆ 0931/68765, 📠 449078, www.hotelgranbretagna.it.

*** **Gutkowski (1)**, auf Ortigia. Hübsch gestaltetes Interieur; recht gute Chance auf einen Parkplatz. Die Zimmer zum Lungomare sind lauter, aber auch heller als die nach innen gelegenen. Ebenfalls schmuck gestylte Dependance. DZ/F 110 €. Lungomare Vittrini 26, ✆ 0931/465861, 📠 480505, www.guthotel.it.

Centrale (10), nahe Bahnhof. Ein freundlich geführtes und 2007 komplett renoviertes Quartier. DZ/Bad je nach Saison und Lage etwa 65–90 €. Corso Umberto I 141, ✆ 0931/60528, 📠 61175, www.hotelcentralesr.com.

B & B Oikos (7), fast um die Ecke vom Domplatz. Gut möblierte, teilweise sehr geräumige Zimmern, von denen einige sogar Meerblick besitzen. DZ/F nach Saison und Zimmergröße 60–90 €. Via delle Carceri Vecchie 21-23, ✆ 0931/483073, 📠 462947, www.bboikos.it.

B & B L'Approdo delle Sirene (2), edle „Anlegestelle" am Porto Grande mit insgesamt acht hellen, hohen Zimmern, die sich über zwei Stockwerke eines Eckpalazzo verteilen – das Ambiente erinnert an einen Luxusliner. Das Frühstück wird auf der Dachterrasse serviert, ein prima Platz auch für den Sundowner. DZ/F etwa 70–85 €. Riva Garibaldi 15, ✆ 0931/24857, 📠 483765, www.apprododellesirene.com.

B & B Giuggiulena (9), am Festland ca. 20 Min. Fußmarsch nördlich von Ortigia, in einer kleinen Sackgasse, die meerseitig der Riviera Dionisio il Grande abzweigt. Der Salon und die meisten der sechs komfortablen Zimmer öffnen sich mit großen Fenstern aufs Meer. Sabrina Perasole spricht gut Englisch, serviert ein opulentes Frühstück und ist nie um gute Tipps verlegen. Treppen ans Meer, Garage. DZ/F je nach Lage und Saison 80–110 €. Via Pitagora da Reggio 35, ✆/📠 0931/468142, www.giuggiulena.it.

• *Camping* * **Camping Agriturist Rinaura**, etwa 6 km außerhalb der Stadt, Richtung Fonte Ciane, Abzweig von der SS 115 Richtung Ávola nach einer Tankstelle, dann beschildert; Busse Nr. 21 bis 23 und (im Sommer) 24 ab Via Rubino/Bahnhof dann noch zehn Minuten zu Fuß. Schlichter Platz; ganzjährig, ✆ 0931/721224. Viel schöner direkt am Strand liegen die beiden familiär geführten Plätze **Sabbiadoro** (ganzjährig; ✆ 0931/822415) und **Paradiso del Mare** (✆ 0931/5600025) nördlich von Ávola.

Essen & Trinken

Viele Restaurants auf Ortigia, die Preise entsprechen oft der touristischen Lage, die Kochkünste leider auch. Aber es gibt Ausnahmen.

Don Camillo (6), in einem alten Palast auf Ortigia, ein Restaurantklassiker von Siracusa. Spezialitäten sind Fisch und Meeresfrüchte aller Art, umfangreiche Weinauswahl. Menü ab etwa 40 € aufwärts. So Ruhetag. Via Maestranza 96, ✆ 0931/67133.

Rist.-Pizzeria Le Baronie (4), etwas versteckt im Gassengewirr von Ortigia, ein Lesertipp: „Exzellentes Restaurant in einem schönen Herrschaftshaus des 18. Jh. Man isst sehr gut von Pasta und Pizza über Fleisch-Fischgerichte, alles frisch zubereitet. Die Preise sind trotzdem moderat." Freitags gibt es hier oft Musikveranstaltungen, dazu Festpreismenüs (etwa 22 €). Via Gargallo 26, Mo Ruhetag.

Spaghetteria do Scogghiu (5), in einer Seitengasse der Via Cavour. Große Spaghetti-Auswahl zu relativ bescheidenen Preisen (um die 7,50 €), Fleisch und Fisch gibt es auch. Sehr preiswerter Wein aus der Karaffe. Via Scinà 11, Mo Ruhetag.

Taverna Sveva (8), am stillen Ende von Ortigia in der Nähe des Stauferkastells, im

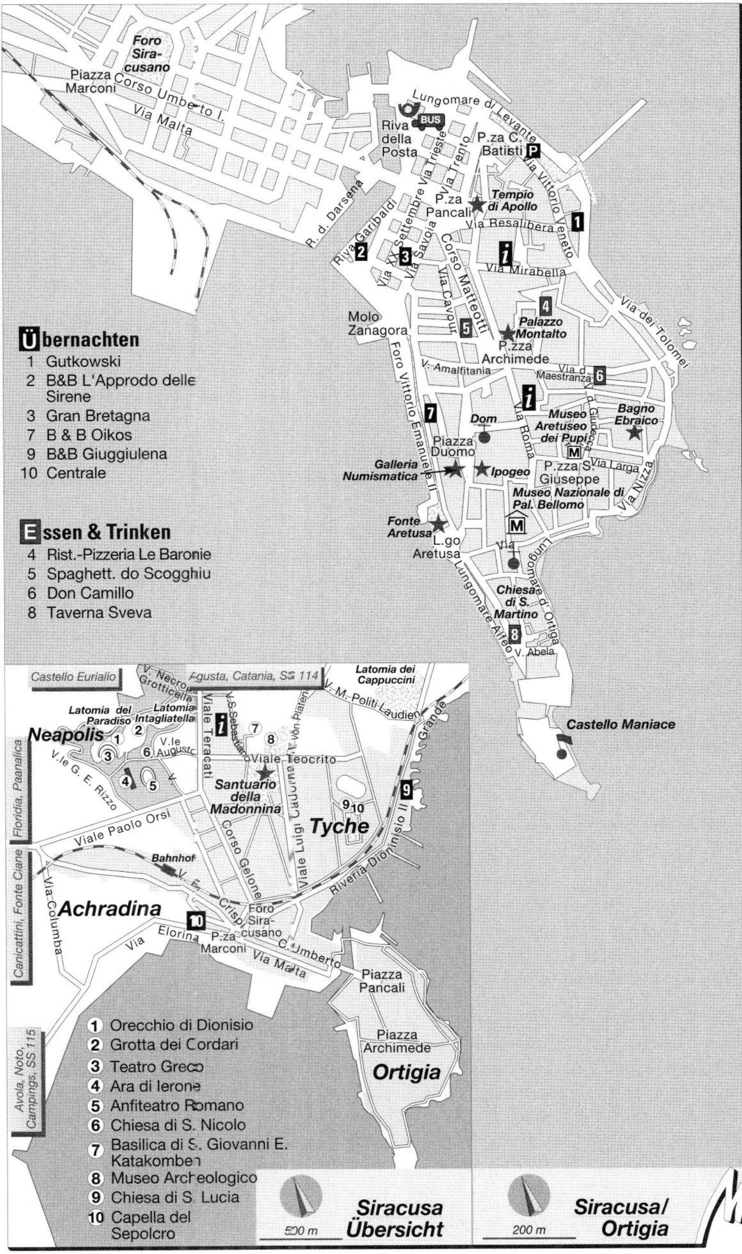
Übernachten
1 Gutkowski
2 B&B L'Approdo delle Sirene
3 Gran Bretagna
7 B & B Oikos
9 B&B Giuggiulena
10 Centrale
Essen & Trinken
4 Rist.-Pizzeria Le Baronie
5 Spaghett. do Scogghiu
6 Don Camillo
8 Taverna Sveva
Foro Siracusano
Piazza Marconi
Corso Umberto I.
Via Malta
Lungomare di Levante
Riva della Posta
P.za C. Batisti
Tempio di Apollo
P.za Pancali
Via Resalibera
Via Vittorio Veneto
R. d. Darsena
Riva Garibaldi
Via XX Settembre
Via Trieste
Via Trento
Via Savoia
Corso Matteotti
Via Cavour
Via Mirabella
Via dei Tolomei
Molo Zanagora
Palazzo Montalto
P.zza Archimede
V. Amalfitania
Via d. Maestranza
Foro Vittorio Emanuele II
Via Roma
Dom
Museo Aretuseo dei Pupi
Bagno Ebraico
Piazza Duomo
Galleria Numismatica
Ipogeo
P.zza S. Giuseppe
Via Larga
Via Nizza
Museo Nazionale di Pal. Bellomo
Fonte Aretusa
L.go Aretusa
Lungomare d. Ortigia
Lungomare Alfeo
Chiesa di S. Martino
V. Abela
Castello Maniace
Castello Eurialio
Agusta, Catania, SS 114
Latomia dei Cappuccini
V. M. Politi Laudien
Latomia del Paradiso
Latomia Intagliatella
Neapolis
Viale Teracati
Viale Teocrito
Santuario della Madonnina
Tyche
Viale Paolo Orsi
Bahnhof
Corso Gelone
Viale Luigi Cadorna
Riviera Dionisio il Grande
Achradina
Via Columba
Via Elorina
P.za Marconi
Via Malta
C. Umberto
Piazza Pancali
Piazza Archimede
Ortigia
Floridia, Palazzolo
Canicattini, Fonte Ciane
Avola, Noto, Campings, SS 115
1 Orecchio di Dionisio
2 Grotta dei Cordari
3 Teatro Greco
4 Ara di Ierone
5 Anfiteatro Romano
6 Chiesa di S. Nicolo
7 Basilica di S. Giovanni E. Katakomben
8 Museo Archeologico
9 Chiesa di S. Lucia
10 Capella del Sepolcro
500 m
Siracusa Übersicht
200 m
Siracusa/ Ortigia

Sommer Tische auch auf der Piazza. Die Qualität der frisch zubereiteten Gerichte und das gute Preis-Leistungsverhältnis loben Leser wie auch Einheimische. Piazza Federico di Svevia 1, Mi Ruhetag.

Sehenswertes

Ortigia

Das alte Herz der Stadt birgt nicht nur zahlreiche Sehenswürdigkeiten, die heitere und romantische Atmosphäre verlockt auch zu planlosen Streifzügen durch die engen Gassen –zwischen den Mauern blitzt immer wieder das Meer auf.

Piazza Archimede: Der runde Platz ist Mittelpunkt von Ortigia, beliebter Treffpunkt mit vielen Straßencafés und Restaurants, spätmittelalterliche Gebäude geben ihm ein hübsches Aussehen. Die *Fontana di Artemide* in der Mitte der Piazza symbolisiert die Verwandlung der Nymphe Arethusa (ital.: Aretusa) in die gleichnamige Quelle. Das „Original“ steht ein Stück weiter südlich am Meer.

Piazza Duomo: schönster Platz der Stadt, halbrund geschwungen und von prachtvollen Barockpalazzi aus dem 17. und 18. Jh. umgeben. Der *Dom* selbst wurde im 7. Jh. um den griechischen Athena-Tempel herum gebaut – taktisches Kalkül der Kirche, die uralte Mythen gern ins Christliche transferierte. Es entstand eine ungewöhnlich gelungene Kombination, eine Mixtur verschiedener Architekturstile, die ihresgleichen sucht. Von außen ist die antike Bausubstanz am besten an der Nordseite zu erkennen, der freie Raum zwischen den äußeren Säulen wurde einfach zugemauert. Im Inneren sieht man deutlich die Vorhalle und die Cella (Haupthalle) des Tempels. Letztere bildet heute das Mittelschiff des Doms. Unverkennbar barocken Ursprungs ist die reich geschmückte Fassade des Doms, die normannische Vorgängerin war beim Erdbeben von 1693 eingestürzt.

Fonte Aretusa: südlich des Domplatzes, am Meer. Die Süßwasserquelle direkt neben den salzigen Fluten ermöglichte es den Syrakusanern, längere Belagerungen ohne Wassermangel durchzustehen. Inzwischen allerdings dringt auch Meerwasser in das Becken ein. Um den von Enten und Fischen bevölkerten, heute in ein Becken gefassten Quellteich stehen dichte Papyrusstauden.

Palazzo Bellomo: Via Capodieci 16, direkt östlich der Fontana Arethusa. Der Stauferpalast des 13. Jh. erhielt im 15. Jh. eine kosmetische Auffrischung, die wie vieles auf Ortigia in gotisch-katalanischem Stil ausfiel. Heute enthält der Palazzo das *Museo Regionale* mit einem bunten Sammelsurium von Exponaten (herausragend die „Verkündigung“ von Antonello da Messina), darunter viele Gemälde, alte Kutschen, Architekturfragmente, sakrale Kunstgegenstände und Keramik.
Öffnungszeiten/Eintritt Di–Sa 9–18 Uhr, So 9–13; Eintritt 8 €.

Museo Aretuseo dei Pupi: Erst 2006 eröffnet wurde dieses Museum der jungen Brüder Mauceri, die in der Nähe auch ein traditionell sizilianisches Puppentheater betreiben. Es liegt an der Piazza San Giuseppe unweit des Doms und präsentiert eine Puppenwerkstatt sowie diverse Marionetten und Puppen verschiedener Epochen.
Öffnungszeiten/Eintritt Sept. bis Mai 11–13 Uhr, 16–18 Uhr; Juni bis August 10.30–13 Uhr, 16–18.30 Uhr; So und im Januar, Februar und Nov. geschl. Eintritt 2 €.

Castello Maniace: Ihren Namen bekam die elegante Festung an der Südspitze von Ortigia von dem byzantinischen Feldherrn *Maniakes*, der im 11. Jh. mit ihrem Bau beginnen ließ; ihr heutiges Aussehen verdankt sie allerdings *Friedrich II.* Beeindruckend ist besonders der weite, kirchenartige und von Säulen gestützte Saal.
Öffnungszeiten/Eintritt Di–So 9–12.30 Uhr, Eintritt 4 €.

Neapolis

Das ausgedehnte Areal der griechischen „Neustadt" war in der Antike das kulturelle Zentrum der Stadt. Mittlerweile ist das hügelige Gelände mit den vielen antiken Monumenten bevorzugtes Ziel der Touristenbusse. Etwas nach hinten versetzt steht die kleine Kirche *San Nicolo*. Die für das gesamte Gelände gültigen Eintrittskarten erhält man in einem Kiosk in der Mitte des Fußwegs.

Öffnungszeiten/Eintritt Tägl. 9 Uhr bis 2 Std. vor Sonnenuntergang, an Sonn- und Feiertagen im Winter nur bis 13 Uhr; Eintritt 8 €.

Ara di Ierone II: links auf dem Weg zum Griechischen Theater, gut sichtbar, aber in der Regel nicht direkt zugänglich. Den riesigen Altar ließ *Hieron II.* errichten, er zeigt in seinen Ausmaßen die ganze Gigantomanie, der das reiche Syrakus so gern huldigte.

Teatro Greco: Mit einer Kapazität von 15.000 Zuschauern und einem Durchmesser von fast 140 m war es das größte Theater der Antike und setzte lange Zeit Maßstäbe der Bühnenkunst. Im Jahr 472 v. Chr. fand die Uraufführung der „Perser" von *Aischylos* statt, nur wenig später erlebte das Teatro Greco die Geburt der Komödie. Die Römer, die von Schauspielkunst wenig, von Gladiatorenkämpfen aber umso mehr hielten, vergrößerten den Bühnenbereich, um Raum für ihre blutigen Spektakel zu schaffen. Oberhalb des Teatro Greco liegt eine künstliche Grotte, das so genannte *Nymphaeum*. Die in Resten erhaltene Wasserleitung diente wohl zur Versorgung von Darstellern und Zuschauern. Links davon beginnt die *Via dei Sepulcri*, eine von Votivnischen gesäumte Gräberstraße.

Hellhörig: das „Ohr des Dionysios"

Latomie: wegen lang andauernder Restaurierungsarbeiten nur teilweise zu besichtigen. Die Steinbrüche, aus denen der Rohstoff für Syrakusas antike Bauten stammt, wurden erstmals im 6. Jh. v. Chr. genutzt. Heute sind sie üppige, von Blumenpracht überwucherte Gärten, zwischen denen bizarr geformte Felstürme stehen: eine einmalige Parklandschaft, bis zu 40 m tiefer als die Umgebung. Angesichts dieser Schönheit kann man sich nur schwer die unmenschlichen Bedingungen vorstellen, unter denen Syrakus' Sklaven hier die Blöcke aus dem Kalkstein brechen mussten. Neben dem Griechischen Theater liegt die am häufigsten besuchte *Latomia del Paradiso*. Der Grund dafür ist die legendäre Grotte *Orecchio di Dionisio*, das „Ohr des Dionysios". Die fast 60 m lange, aus dem Fels gehauene Höhle besitzt eine derart fabelhafte Akustik, dass man behauptet, der Tyrann Dionysios habe hier seine gefangenen

Karte S. 1012/1013

Feinde belauscht. Tatsächlich wird jedes Flüstern laut verstärkt, kräftiges Fußstampfen klingt fast wie ein Pistolenschuss.

Anfiteatro: beim Hinausgehen aus dem Park rechts. Der Großteil der Arena ist aus dem Fels gehauen, in den geräumigen Ausmaßen von 140 x 120 m. Man erkennt noch gut die Einlässe für die Gladiatoren und Kampftiere. Heute wird die Arena in den Sommermonaten durch Plastikstühle und einen Bühnenaufbau verfremdet, u. a. finden hier dann Rockkonzerte statt.

TecnoParco Archimede: Der 2009 in Privatinitiative eröffnete Technikpark in der Via Agnello 26 südlich des Teatro Greco zeigt im Freigelände Rekonstruktionen der von Archimedes entwickelten Maschinen, wie z. B. Wasseruhren, Katapulte, Kräne sowie die berühmten Hohlspiegel, mit denen der antike Ingenieur 214 v. Chr. die Segel angreifender römischer Kriegsschiffe in Brand setzte.

Öffnungszeiten/Eintritt März bis Okt. Di–So 9.30–18.30 Uhr, sonst für Gruppen auf Anfrage; Eintritt 6 €. ✆ 0931/758807, www.tecnoparco-archimede.com.

Tyche

Ein geschäftiger Stadtteil mit einigen hochkarätigen Sehenswürdigkeiten.

Basilica e Catacombe di San Giovanni: etwa einen halben Kilometer von Neapolis entfernt. Syrakus war eine der ersten christlichen Gemeinden, stolz wird auf den Besuch des Apostels Paulus verwiesen. Die Basilika San Giovanni entstand schon im 3. Jh. und wurde unter Byzanz und den Normannen mehrfach umgebaut. Das Erdbeben von 1693 ließ sie großteils einstürzen. Unter den Resten der Kirche liegt die *Cripta di San Marziano*. Vor dem Altar in dem Grabgewölbe soll Paulus gepredigt haben. Die ausgedehnten christlichen Grabanlagen dienten bei Verfolgungen auch als Zufluchtsort. Zu besichtigen sind derzeit nur die Katakomben von *San Giovanni* aus dem 4. Jh. Von einer „Hauptstraße" zweigen diverse Seitengänge ab, von denen einige zu kleinen Kapellen führen, in die Wände sind Begräbnisnischen geschlagen.

Öffnungszeiten/Eintritt Di–So 9.30–12.30, 14.30–16.30 Uhr; Eintritt 6 €.

Museo Archeologico Paolo Orsi: Fast um die Ecke von San Giovanni liegt das Archäologische Museum im Park Villa Landolina (Viale Teocrito, gegenüber dem riesigen Pilzdach der Kirche Madonna delle Lacrime). Es ist ein Prachtstück, das wohl schönste Museum Siziliens. Mustergültig präsentiert, mit vielen Querverweisen auf Fundstellen und Hintergründe, wartet eine Unmenge an Exponaten.

- *Öffnungszeiten/Eintritt* Di–Sa 9–19 Uhr (häufige Wechsel), letzter Einlass 18 Uhr, Eintritt 6 €.
- *Sektion A* Vorgeschichte. Eine geologische Ausstellung dokumentiert Siziliens Veränderungen im Lauf der Erdgeschichte. Breiten Raum nehmen die frühen Kulturen ein, die vor der Kolonisation durch die Griechen die Insel besiedelt hatten.
- *Sektion B* Griechische, römische und christliche Funde, hauptsächlich aus Syrakus und Megara Hyblea, darunter mehrere „Kuroi" (Jünglingsstatuen).
- *Sektion C* Unter anderem Exponate aus dem „Vorort" Eloro, den Subkolonien von Syrakus (Akrai, Kasmenai und Kamarina), sowie Funde aus Agrigento und Gela. Einen besonderen Kunstschatz stellt der **Ephebe von Mendolito** dar, eine bronzene Jünglingsstatue aus dem 5. Jh. v. Chr.
- *Sektion D* Das Syrakus der hellenistischen und römischen Zeit. Leider befindet sich das marmorne Glanzstück dieser Abteilung, die **Venus Anadyomene** (auch: Landolina), manchmal auf Reisen.

Santuario Madonna delle Lacrime (9–12, 16–19.30 Uhr): Das futuristische, mit 80 m höchste Bauwerk von Siracusa beherbergt eine schlichte Madonnenstatue, die in den 50er-Jahren Tränen vergossen und Wunder bewirkt haben soll, heute ein inselweit bekanntes Pilgerziel. Nachmittags ist manchmal ein Besuch der riesigen Kuppel möglich.

Die Barockstädte im Südosten

Nach der Erdbebenkatastrophe von 1693, die fast die ganze Region in einen Trümmerhaufen verwandelte, entstanden wie Phönix aus der Asche neue Städte. Geplant und erbaut wurden sie im Zeichen des Barock. 2002 wurden sie von der UNESCO in die Liste des Weltkulturerbes aufgenommen.

Durch die günstige Lage an SS 115 und Bahnlinie sind sie heute verkehrstechnisch gut erschlossen, wichtig für Bus- und Bahnreisende, die in diesem Teil Siziliens entlang der Küste kaum Verbindungen vorfinden. Nicht alle lohnen gleichermaßen den Besuch. Nicht auslassen sollte man in jedem Fall Noto, Siziliens Kapitale des Barock. Die Landschaft der Gegend zeigt sich spektakulär: tiefe Schluchten, von Flüssen in die weichen Kalkschichten der Berge gefressen.

Noto

ca. 24.000 Einwohner

Völlig zu recht als „schönste Barockstadt Siziliens" apostrophiert und oft mit einem Bühnenbild verglichen. Überreich an Palästen und Kirchen, in seiner Pracht fast schon ein bisschen arrogant, staffelt sich Noto einen Ausläufer der Monti Iblei hoch – der weite Blick reicht bis zum Meer.

Das alte, 10 km landeinwärts liegende Noto fiel 1693 dem berüchtigten Erdbeben zum Opfer. Als reiche und blühende Stadt konnte es sich nach der Katastrophe einen ordentlichen Wiederaufbau leisten. Die Chance, eine Stadt planmäßig aus dem Nichts zu schaffen, ließen sich die berühmtesten Architekten der Insel nicht entgehen: Aus dem honigfarbenen Kalkstein der Gegend errichteten *Gagliardi*, *Sinatra* und *Labisi* eine Kulisse, die dem genießerischen und theatralischen Lebensgefühl des Barock angemessen war. Heute wirkt die Stadt allerdings ein wenig museal, Überalterung und Abwanderung der Einwohner haben der grandiosen Szenerie viele ihrer Darsteller geraubt. Anfang 1996 kam es zudem zu einer Katastrophe: Nach schweren Unwettern stürzte der berühmte Barockdom *San Nicolo* in sich zusammen.

• *Information* **Ufficio Informazione Turistica**, Piazza XVI Maggio, im westlichen Teil des Corso. Etwas versteckt hinter dem Brunnen unterhalb der Kirche San Domenico. Geöffnet tägl. 9–13 Uhr, 15–20 Uhr. ✆ 0931/573779 und 0931/836744.

• *Anfahrt/Verbindungen* **Bahn**, Bahnhof am Ende der Via Principe di Piemonte, von dort zum Zentrum gut 1,5 km bergauf. Gute Anschlüsse Richtung Àvola-Siracusa 12-mal, Mòdica 9-mal, weiter nach Ragusa 3-mal tägl.

Bus, Abfahrt an der Südseite der Giardini Pubblici, gleich am östlichen Rand der Altstadt; Fahrpläne im dortigen Café.

• *Übernachten* **B & B Villa Ambra**, etwa 10 Min. Fußweg westlich der Altstadt. Neun Zimmer in einem großen Wohnhaus, unterschiedlich eingerichtet und dekoriert, Bäder modern. Dachterrasse, familiäre Atmosphäre, netter Besitzer Salvatore Pricone, Parkmöglichkeit. DZ/Bad mit gutem Frühstück 50–80 €. Via Francesco Giantommaso 14, ✆/℻ 0931/835554, www.roomsambra.com.

B & B Centro Stòrico, nur ein paar Schritte von der Infostelle. Ruhige Lage im Hof, sehr freundliche Besitzer. DZ/Bad kosten etwa 55–70 €. Corso Vittorio Emanuele 64, ✆ 0931/573967, www.centro-storico.com.

JH Ostello per la Gioventù Il Castello, in der Altstadt. 36 Betten in sechs Schlafsälen, Ü/F pro Pers. 15–20 €. Kein Zugang von 10–15 Uhr. Via Fratelli Bandiera 1, ✆ 0931/894062, mobil 334/7059139.

• *Essen & Trinken* **Trattoria del Crocifisso**, prima Adresse in der Oberstadt, einfache Einrichtung, die Küche jedoch gut und preiswert. Die Familie hat lange in Deutschland gelebt. Menü ab 20 €. Via Principe Umberto 48, Mi geschl.

Trattoria Mannarazzi, ebenfalls in der Oberstadt. Hausgemachte Pasta, täglich wechselndes Angebot. Ähnliche Preise wie oben. Vico Alderucci 2, Di Ruhetag.

Karte S. 1012/1013

Sehenswertes

Mehr noch als einzelne Sehenswürdigkeiten begeistert in Noto das Gesamtensemble der Bauwerke, Gassen und Plätze. Ein Bummel lohnt besonders am späten Nachmittag, wenn die Fassaden goldfarbene Tönung annehmen.

Giardini Pubblici: Die Gartenanlage, schon etwas östlich des Zentrums, wird am Abend zum Treffpunkt der Einwohner, an Sommerwochenenden finden oft kleinere Feste oder Jahrmärkte statt. Von hier gelangt man westwärts zum Stadttor *Porta Reale*, dem Eingang zur Altstadt.

Corso Vittorio Emanuele: die schnurgerade verlaufende Lebensader der Stadt, zwischen Porta Reale im Osten und der Piazza Bixio im Westen. Kurz nach dem Stadttor liegt rechts die *Chiesa San Francesco dell'Immacolata* mit schöner Freitreppe; daneben der *Convento del Santissimo Salvatore*, gegenüber die Kirche *Santa Chiara*, erbaut um 1730 nach Plänen des Architekten Gagliardi, seinerzeit der gefragteste Baumeister Siziliens. Der Eingang an der Straßenecke führt zum *Museo Civico* (Di–So 9.30–13.30, 16–20 Uhr; 1,50 €) mit archäologischen Funden.

Piazza Municipio: Der zentrale Platz ist eine wahre Orgie in Barock. Links steht der arkadengeschmückte *Palazzo Ducezio* (heute Rathaus), gegenüber Notos Prunkstück, die *Cattedrale San Nicolo*, mit deren Bau noch im Jahr des Erdbebens begonnen wurde. Der Wiederaufbau der 1996 eingestürzten Kuppel wurde im Jahr 2007 abgeschlossen.

Oberstadt: Neben dem Palazzo Landolina führt die Via Nicolaci vom Corso bergauf. Der linker Hand gelegene *Palazzo Villadorata* hat die verrückteste Balkondekoration der Stadt – Fratzengesichter, Fabelwesen und Ungeheuer stützen die Plattformen. Weiter aufwärts gelangt man in die nächste Etage des Stadtbilds, die *Via Cavour*. Auch sie ist reichlich mit Palästen versehen.

Piazza XVI Maggio: Der zweite große Platz am Corso, ein Stück westlich des Doms, wird überragt von der edel geformten *Chiesa San Domenico*.

Mòdica

Dramatisch am Schnittpunkt zweier Schluchten platziert, enge Treppengassen und dicht gestaffelte Häuserreihen, die sich bis auf 450 m Höhe die Hänge hinaufziehen: Schon bei der Anfahrt erfreut Mòdica das Auge und macht Appetit auf einen ausgedehnten Streifzug.

Ganz so durchgehend prunkvoll wie in Ragusa-Ibla oder gar in Noto fiel das barocke Ergebnis zwar nicht aus. Dennoch ist Mòdica eine sehr ansehnliche Stadt; die gelungene Anpassung an die wildromantische Landschaft trägt stark zu ihrem Reiz bei. Gemäß den natürlichen Gegebenheiten präsentiert sich das Stadtbild deutlich abgestuft in Unter- und Oberstadt, *Mòdica Bassa* und *Mòdica Alta*.

• *Information* **Ufficio Turistico Comunale**, in Mòdica Bassa am zentralen Corso Umberto Primo 151, ✆/℻ 0932/753324. Geöffnet Mo–Sa 9–13, 15.30–18.30 Uhr.

• *Verbindungen* **Zug**, Bahnhof im Süden der Stadt, 1,5 km vom Zentrum. Verbindungen in Richtung Noto-Siracusa 9-mal tägl., nach Ragusa 7-mal.

Bus, Station am Ortsrand in Richtung Ragusa, noch stadtauswärts an der Infostelle vorbei, Tickets in der Bar Barycentro gegenüber. Häufige AST-Busse Richtung Ragusa sowie nach Noto-Avola-Siracusa und Pozzallo, Marina di Mòdica 4- bis 7-mal, Gela 2-mal täglich.

• *Übernachten* *** **Hotel Relais Mòdica**, in einem alten Palazzo, hübsche Zimmer mit Klimaanlage und TV, Dachterrasse mit

Barockes Mòdica: Blick auf die Oberstadt

Blick. DZ/F etwa 85–110 €. Via Tommaso Campanilla 99, vom Corso Umberto Primo nahe dem Teatro Garibaldi die Stufen hoch; ✆ 0932/754451, www.hotelrelaismodica.it.

Casa per Ferie I Tetti di Siciliando, von einer Kooperative geführt freundliche Atmosphäre und geräumige Zimmer. DZ/F nach Saison und Ausstattung (ohne/mit Bad) ca. 50–70 €. Via Cannata 24, am Corso Umberto I. bei Nr. 292 die Treppen hoch und rechts; ✆ 0932/942843, www.siciliando.it.

• *Essen & Trinken* **Fattoria delle Torri**, Vico Napolitano 17, Nähe Piazza Matteotti. Fantasievolle „neue Küche", basierend auf traditionellen Rezepten, hausgemachte Nudeln, umfangreiche Weinkarte. Um die 35 € für ein komplettes Menü muss man allerdings rechnen.

Sehenswertes

Das geschäftige, in den Talsohlen zweier Flüsse gelegene *Mòdica Bassa* ist das Zentrum des täglichen Lebens. Auch die Mehrzahl der Barockbauten findet sich hier. An die verstreut liegenden Palazzi sollte man ruhig einen genauen Blick verschwenden, um die oft bis ins Groteske gehenden Verzierungen besonders der Balkone zu würdigen.

Chiesa di San Pietro: Am Corso Umberto in der Nähe der Busstation steht der Dom der Unterstadt. Auch diese mächtige, ursprünglich bereits im 14. Jh. errichtete Kirche musste nach dem Erdbeben praktisch neu aufgebaut werden.

Museo Civico F. L. Belgiorno: Nahe der Kirche San Pietro und direkt neben der Infostelle beherbergt ein alter Stadtpalast diese Sammlung von Kunstobjekten und archäologischen Funden der Provinz Ragusa, von denen ein Teil aus dem Museum Etnográfico hierher verlegt wurde.

Öffnungszeiten/Eintritt Mo–Sa 10–13, 16.30–19 Uhr, Eintrittsgebühr 2 €.

Chiesa rupestre di San Nicolò inferiore: unweit der Kirche San Pietro (den Schildern „Casa Natale di Quasimodo" folgen, vor der Treppe rechts). Eine archäologische Sensation war die erst 1987 erfolgte Entdeckung dieser wahrscheinlich bereits

Karte S. 1012/1013
Sizilien

seit dem großen Erdbeben vergessenen Höhlenkirche. Sie birgt gleich drei Zyklen von Fresken. Die ältesten, nur schwer erkennbaren Gemälde stammen aus dem 12. Jh. und sind byzantinischen Ursprungs. Im 14. Jh. wurde die Kirche latinisiert, die bisherigen Fresken übermalt; deutlich sichtbar sind die lateinische Schrift und das lateinische Kreuz des Erzengels. Ganz rechts ist ein weiteres Gemälde zu sehen, das der Inschrift zufolge von 1594 stammt und das Martyrium des heiligen Jakobus zeigt, des Nationalheiligen der Spanier, die damals ja Sizilien beherrschten.

Öffnungszeiten/Eintritt Nach Saison 10–13, 16/17–19/20 Uhr (Winter 15.30–18.30 Uhr); Mo bzw. im Juli/August So-Vormittag geschl. Eintritt 2 €.

Casa Natale di Quasimodo: Ebenfalls der Öffentlichkeit zugänglich ist das Geburtshaus des Lyrikers *Salvatore Quasimodo* (1901–1968). Der Weg zur Wohnstatt des Literaturnobelpreisträgers von 1959 ist ab Kirche San Pietro ausgeschildert. Öffnungszeiten und Preise wie oben.

Chiesa di Santa Maria in Betlem: Das Gotteshaus in der Via Marchese Tedeschi wurde schon um 1400 errichtet und nach dem Erdbeben aufwendig restauriert. Fassade im Stil der Spätrenaissance, im Inneren eine spätgotische Sakramentskapelle. Der kleine Platz vor der Kirche war 1474 Zeuge eines Blutbads. Unter der Anschuldigung, die Madonna beschimpft zu haben, wurden hier 360 Juden hingerichtet.

Museo Etnográfico Guastella: Weit im Süden der Stadt beherbergt der nahe des Viale Medaglie d'Oro gelegene *Palazzo dei Mercedari* ein sehenswertes Volkskundemuseum, dessen zahlreiche Exponate viel über das städtische und ländliche Leben vergangener Zeiten verraten.

Öffnungszeiten/Eintritt Zuletzt wegen Renovierung geschlossen, sollte aber bald wieder öffnen; Öffnungszeiten bis dato wie die Chiesa rupestre di San Nicolò inferiore, Eintritt 2,50 €.

Mòdica Alta: das Gegenstück zur quirligen Welt des Tals. Der vorspringende Bergklotz am Schnittpunkt der beiden Täler ist dicht an dicht bis oben bebaut – keine spektakuläre Architektur, sondern ein von Treppen, engen Gassen und winzigen Plätzen durchzogenes ruhiges Wohnviertel. Der schönste Weg in die Oberstadt führt über die 250 Stufen des Treppenwegs, der am Corso Umberto neben San Pietro beginnt und bei der barocken Kathedrale *San Giorgio* endet.

Ragusa

Auch Ragusa wird von tiefen Schluchten im Kalkfels der Monti Iblei geprägt. Das Wachstum des Ortes musste sich über die Jahrhunderte mit den Gegebenheiten arrangieren. Entstanden ist eine geografisch und architektonisch dreigeteilte Stadt. Die älteste und kleinste Zone, das barocke Ibla, ist mit Abstand am eindrucksvollsten.

Offiziell besteht Ragusa aus nur zwei Ortsteilen, die erst im 20. Jh. zusammengefasst wurden: Ragusa und das höher gelegene Ibla. Wer per Bus oder Bahn in der Provinzhauptstadt eintrifft, landet in aller Regel in der abschreckenden *Neustadt* von Ragusa. Jenseits eines tiefen Tals, durch drei Brücken verbunden, liegt *Alt-Ragusa,* nach dem Erdbeben von 1693 erbaut. Der ältere Teil der Oberstadt ist gekennzeichnet durch barocke Stadtplanung im damals beliebten Schachbrettmuster, wirkt aber nicht sonderlich glanzvoll. Die Verlängerung der abschüssigen Hauptstraße Corso Italia führt in Serpentinen hinab ins Tal des Flusses Irminio, an dessen Rand auf einem Hügel *Ibla* liegt. Die Keimzelle der Stadt war lange durch Abwanderung recht verwaist. Spätestens seit der Aufnahme in die UNESCO-Liste des

Weltkulturerbes scheint hier aber das Leben wieder zurückzukehren, immer mehr Hotels und Restaurants eröffnen. Für den Besucher liegt hier dank der Fülle an Kirchen und Palästen ohnehin der Mittelpunkt des Interesses.

• *Information* **Ufficio Turistico**, früher in Ragusa-Ibla, soll jedoch durch ein Tourismusbüro im Gebäude der Provinzregierung in der Neustadt ersetzt werden: Viale del Fante 10, ✆ 0932/675382, 675334, www.ragusaturismo.it. Vorgesehene Öffnungszeiten Mo–Fr 9.30–13 Uhr, Di auch 15.30–17.30 Uhr.

• *Verbindungen* **Zug**, Bahnhof in der Neustadt, über Piazza Libertà und Ponte Nuovo in 5 Min. nach Alt-Ragusa, nach Ibla ein ganzes Eck mehr. Die Station von Ibla selbst ist stillgelegt. Züge nach Modica 8-mal, Noto-Siracusa 5-mal, Vittoria/Gela 4-mal täglich.

Bus, Abfahrten in der Via Zama, außerhalb des Zentrums der Neustadt. AST-Busse nach Mòdica 15-mal, Noto-Siracusa 7-mal, Pozzallo 2-mal, Gela (Anschluss Agrigento) ebenfalls 2-mal täglich. TUMINO-Busse nach Marina di Ragusa 14-mal täglich. ETNA-Busse nach Catania via Airport Catania 11-mal täglich.

Stadtbusse nach Ibla ab Bahnhof, unter anderem Bus Nr. 1 und 3.

• *Übernachten* *** **Il Barocco**, ziegelrotes Haus, hübsche Zimmer mit Klimaanlage, TV und Kühlschrank. DZ/F etwa 90–110 €. Ibla, Via Santa Maria La Nuova 1, ✆ 0932/663105, 228913, www.ilbarocco.it.

Le Stanze del Sole, 2009 eröffnete Pension in einem geschickt restaurierten Mini-Palazzo. Die modern gestylten, hellen Zimmer verteilen sich über drei Stockwerke, das junge, sympathische Besitzerpaar Adele und Rino versorgt seine Gäste mit guten Tipps. DZ/F 60–80 €. Via A. Diaz 15, Ecke Via Ibla, ✆ 0932/686282, 317901, mobil 368/3179601, www.lestanzedelsole.it.

• *Essen & Trinken* **Locanda Don Serafino**, in einem alten Palazzo. Edles Interieur, gehobene Küche, ebenso gehobene Preise: Menü ab etwa 35 € aufwärts. Auch „American Bar". Ibla, Via Orfanotrofio 31. Di Ruhetag.

La Rusticana, ein weiteres Restaurant in Ibla. Schönes altes Gewölbe, beflissener Service. Menü ab etwa 18 €. Corso XXV. Aprile 68, zwischen Dom und Giardini Iblei.

Sehenswertes

Mit übermäßig viel Sehenswürdigkeiten beeindruckt der ältere Teil der Oberstadt nicht gerade. Immerhin ist die Atmosphäre um einiges angenehmer als in der Neustadt und um einiges lebendiger als in Ibla.

Das *Museo Archeologico* (tägl. 9–13.30, 16–19.30 Uhr; 2 €) unterhalb des Ponte Nuovo zeigt Funde aus der Vorgeschichte und der griechisch-römischen Periode; ein Umzug nach Ibla ist geplant. Mit dem Bau der Kathedrale *San Giovanni* wurde 1706 begonnen. Sie zeigt zwar die übliche barocke Pracht, kann aber nicht mit San Giorgio in Ibla konkurrieren. Unterhalb der Terrasse lockt dafür das herrlich altmodische Caffè Italia. Die Kirche *Santa Maria delle Scale* liegt an der Serpentinenstraße Corso Mazzini nach Ibla, die Verlängerung des Corso Italia. Benannt ist sie nach der Treppe, die von hier in 242 Stufen nach Ibla hinunter führt. Die Kirche wurde beim Erdbeben nicht völlig zerstört und konnte restauriert werden; die Portale und der Glockenturm sind original.

Ibla: Wer nicht per Straße kommt, wählt am besten den malerischen Treppenweg neben Santa Maria zum Abstieg. So oder so trifft man an der *Piazza Repubblica* auf den Rand der Altstadt und auch gleich auf ein sehenswertes Barockensemble aus Kirchen und Palästen. Von der Piazza Repubblica führt ein Gassengewirr in östliche Richtung; hier wird das heimelige Flair der alten Sträßchen und Häuser deutlich, das den Reiz der Unterstadt ausmacht. Früher oder später erreicht man schließlich den Domplatz, an dem die Kuppel von *San Giorgio* nicht zu übersehen ist. Das ab 1738 errichtete Bravourstück des sizilianischen Barockbaumeisters Gagliardi ist wirkungsvoll platziert. Am Ende des lang gestreckten, palmenbewachsenen

Sizilien Karte S. 1012/1013

Domplatzes führt eine breite Freitreppe hinauf zur Kirche. Ihre elegant geschwungene Fassade wird auf drei Etagen von Säulen unterteilt. Die klassizistische Kuppel wurde erst im 19. Jh. dem Dom aufgepflanzt. Am Ostende des Corso XXV Aprile liegt die schöne Gartenanlage *Giardini Iblei*. An ihrem Ende hat man einen guten Ausblick auf das unterhalb liegende Tal des Fiume Irminio und die Schluchten in der Umgebung.

Küste von Noto nach Portopalo di Capo Passero

Die Straße in den äußersten Südostzipfel Siziliens verläuft etwas abseits des Meeres durch landwirtschaftlich intensiv genutztes Gebiet. Autofahrern bieten sich kleine Abstecher zu Stränden an, die außerhalb der Saison noch ruhig sind.

Noto Marina: Die übliche Strandsiedlung, kilometerlang am Meer entlang. Immerhin ist der Sandstrand hübsch und das Wasser sauber, zwischen den gebührenpflichtigen Stabilimenti viele freie Abschnitte.

Eloro: Die etwa 8 km südöstlich von Noto gelegene Stadt wurde im 7. Jh. v. Chr. gegründet. Die spärlichen Ausgrabungen umfassen die Reste des Theaters, der Stadtmauer und eines Demeterheiligtums. Weit anziehender als die archäologische Stätte ist die schöne Badebucht mit feinkörnigem Sandstrand nebenan, die über einen anderen Weg zu erreichen ist.

• *Anfahrt* Von der Straße Noto-Lido di Noto rechts Abzweig, beschildert. Ein Stück weiter, bei einem Gehöft (in Sichtweite Tunnel und Ferienkomplex) erneut rechts, beschildert u. a. „colonna pizzuta". Ein Stück weiter, genau in einer Rechtskurve, führt ein Feldweg geradeaus unter der ehemaligen Bahnlinie hindurch. Diesem folgen, bald zweigt links eine Piste zu den Ausgrabungen ab. Geradeaus noch etwa 1 km zur Bucht.

Riserva Naturale Orientata Vendicari: Die von Menschen nur wenig berührte Küstenlandschaft südlich von Eloro steht seit 1974 unter Naturschutz. Es gibt viele Wanderwege und ausgedehnte Sandstrände. Der Haupteingang ist über die Straße Noto-Pachino zu erreichen: etwa 11 km südlich von Noto, in der Nähe eines ehemaligen Bahnwärterhäuschens auf einer Steinbrücke die alte Bahnlinie überqueren, noch 2 km schmale Straße bis zum gebührenpflichtigen Parkplatz vor der Sperre, dann 500 m zu Fuß.

Öffnungszeiten/Eintritt tägl. 8–20 Uhr. Am Eingang Verkauf einer guten Karte.

Portopalo di Capo Passero: sympathischer, im Schachbrettmuster aufgebauter Ort nahe der äußersten Südspitze Siziliens – vom Tourismus zwar berührt, aber nicht verschlungen. Portopalo ist kein im Winter verwaistes Ferienghetto wie manch anderer Strandort im Süden, sondern ein gewachsenes und familiäres Städtchen.

• *Anfahrt/Verbindungen* Busse mehrmals tägl. nach Pachino, dort Umsteigen in Richtung Ispica (Anschluss nach Ragusa) oder Noto-Siracusa. Wochentags zwei Direktbusse nach Noto-Avola.

• *Übernachten* ** **Hotel Perseo**, zentral in einer Seitengasse meerwärts der Via V. Emanuele. Schlicht-hübsche Zimmer mit Klimaanlage, DZ/F 45–75 €, im August ab 80 €. Via Carducci 11, ✆/℻ 0931/842701, www.scala-sicilia.com.

* **Thomas**, gute und geräumige Zimmer mit TV, freundliche Leitung. DZ ca. 40–85 €, keine Pensionspflicht. Via Europa 11, ✆ 0931/844233, ℻ 844148.

* **Pensione Scala**, gegenüber dem Hotel Perseo und diesem zugehörig. Zimmer schlicht, aber in Ordnung, Dachterrasse mit Meerblick. DZ/Bad/F je nach Saison ab 35–70 €, im August ab 80 €. Via Carducci 6, ✆ 0931/842133, www.pensionescala.com.

Camping Capo Passero, etwa 1,5 km westlich des Orts, am Meer, beschildert. Ausgedehnter Platz, ziemlich schattig, Bar mit Imbiss, Markt; Sandstrand in der weiten Hafenbucht. Geöffnet Mai bis Mitte Sept. ✆ 0931/842333.

Camping Captain, 6 km westlich Portopalo,

den Schildern „Isola delle Correnti" folgen, vorbei am Camping Capo Passero. Fast völlig kahler Platz, reizvolle Atmosphäre „am Ende der Welt" – hier ist Siziliens südlichster Punkt! Juni bis Sept. ✆ 0931/842595.

Küste zwischen Portopalo und Gela

Flache, oft windgepeitschte Landschaft, Bäume fehlen weitgehend. Die Küstenstraße verläuft direkt am Meer oder nur wenig entfernt. Die Strandsiedlungen sind oft lieblos gebaut, an guten Bademöglichkeiten mangelt es dafür nicht.

Marina di Ragusa: der mit Abstand größte Badeort im weiten Umkreis, dabei dank seiner immerhin rund 3000 Einwohner auch außerhalb der Saison nicht völlig verwaist.

Punta Bracetto: schöne Sandbucht mit winziger Feriensiedlung, im Sommer bringen die drei Campingplätze „Baia dei Coralli", „Scarabeo" und „Rocca dei Tramonti" Leben in die Bude.

Südküste

Die Küste zwischen Gela und der Mündung des Belice bei Selinunte ist dünn besiedelt. An Bademöglichkeiten besteht kein Mangel, Sehenswürdigkeiten sind dagegen rar. Die strahlende Ausnahme ist natürlich Agrigento.

Das Meer bekommt der Autofahrer nur selten zu sehen, meist verläuft die Straße in einiger Entfernung landeinwärts. Die vielen schönen Sandstrände, die die Südküste zum Badeparadies Siziliens machen, sind nicht immer leicht zu erreichen. Der Kultur auf der Spur ist man vornehmlich in Agrigento: Das *Tal der Tempel* ist die bedeutendste griechische Ausgrabungsstätte Siziliens. Die Ruinen von *Eraclea Minoa* dagegen begeistern eher wegen des paradiesischen Strands.

• *Anfahrt/Verbindungen* **Bahn**, die Bahn verkehrt nur noch zwischen Gela und Agrigento, ab Licata verläuft sie in großem Bogen durchs Inland.

Bus, gute Anschlüsse zwischen den Städten über die Hauptstraße SS 115. Die kleineren Küstenorte an den Stichstraßen sind schwieriger zu erreichen, oft sind einige Kilometer Fußweg ab der nächsten Kreuzung nötig.

Gela: Schon weit vor der Stadt grüßen die stinkenden Schlote der Chemiefabriken und die Fackeln der Raffinerien. Trotz Industrie ist Gela für manchen Touristen Pflichtprogramm: Archäologisch Interessierte locken die Ausgrabungen des altgriechischen Gela mit seinem gut bestückten Museum im Osten der Stadt, ebenso die antike *Fortificazione di Capo Soprano* im Westen am Meer.

Öffnungszeiten/Eintritt **Museo e Parco Archeologico**, tägl. 9–18.30 Uhr. **Fortificazione di Capo Soprano**, tägl. 9 Uhr bis eine Stunde vor Sonnenuntergang. Eintritt ca. 3 €, gültig für beide Ausgrabungen.

Falconara: kein Ort, sondern eine verstreute Ansammlung von Ferienvillen. Mit seinen von Felsen unterbrochenen, kilometerlangen Sandstränden ein guter Badeplatz, leider steht es mit der Pflege nicht zum besten. Mittelpunkt ist ein direkt am Meer liegendes *Kastell* aus dem 14. Jh., das allerdings nicht zu besichtigen ist.

• *Anfahrt/Verbindungen* Bahnstation an der Linie Gela-Licata, nicht jeder Zug hält; zum Meer etwa 1 km.

• *Camping* **Eurocamping Due Rocche**, am Meer, etwa 2 km westlich von Falconara. Moderner und sehr komfortabler, aber etwas steril wirkender Platz. Schmaler, langer Sandstrand mit kleinem Felskap vor der Tür. Ganzjährig. ✆ 0934/349006.

Karte S. 1012/1013

Licata: Früher verdiente das Städtchen sein Geld mit dem Fischereihafen, heute hauptsächlich mit Chemieanlagen, die rund um Licata vor sich hinkokeln. Aus Licata stammt die Schriftstellerin *Lara Cardella*, die 1989 mit ihrem Buch *„Volevo i pantaloni“* (deutsch: „Ich wollte Hosen“, erschienen im Fischer-Verlag) einen riesigen internationalen Erfolg landete. Erstmals kritisierte sie die „ehrenwerte“ sizilianische Männergesellschaft aus weiblicher Sicht – und was dabei ans Tageslicht kam, war alles andere als schmeichelhaft.

Agrigento

ca. 60.000 Einwohner

Das berühmte Valle dei Templi (Tal der Tempel) ist weit größer als die heutige Stadt und eine der interessantesten archäologischen Stätten der Insel. Als Kulisse eine Skyline von Hochhäusern, die auf Sizilien ihresgleichen sucht. Unsichtbar dahinter das reizvolle, mittelalterlich und barock geprägte Zentrum. Agrigento hat viele Gesichter.

Die Reste des mächtigen griechischen *Akragas*, die beeindruckende Reihe von Tempeln inmitten einer heiteren, lichten Landschaft, sind völlig zu Recht der Hauptanziehungspunkt der Stadt. Aber auch die malerische Altstadt mit ihren engen, steil ansteigenden Treppengässchen, den überwölbten Gängen und kleinen Plätzen ist einen Besuch wert. In Agrigento kann man also durchaus ein paar angenehme Tage verbringen – und *San Leone*, die Strandsiedlung von Agrigento und Zentrum des abendlichen Freiluftvergnügens, bietet kilometerlange Sandstrände.

Information/Anfahrt/Verbindungen

• *Information* **Ufficio Informazione Turistica**, Kiosk am Parkplatz im Valle dei Templi unterhalb des Tempio di Ercole, von privater Kooperative geführt. Piazza Agora, ✆ 0922/26191, www.consorzioarcadia.it. Geöffnet Mo–Sa 8.30–13 Uhr, zur HS auch 15–19.30 Uhr.

• *Anfahrt/Verbindungen* **PKW**, Parken am besten am Rand der Altstadt, innen ist garantiert nichts zu finden; zudem engste Gassen und Einbahnregelung. Im Tal der Tempel gebührenpflichtiger **Parkplatz**.

Bahn, die **Stazione Centrale** liegt wirklich zentral an der Piazza Marconi, zur Altstadt links über die Treppen. Direktverbindung nach Palermo 12-mal tägl., nach Caltanissetta (umsteigen in den Osten) 5-mal, nach Catania 3-mal.

Bus, Busbahnhof an der Piazzale Rosseli, schräg hinter der Post. CUFFARO- und CAMILLERI-Busse nach Palermo 9-mal tägl., SAL nach Gela 4-mal, SAIS-Busse nach Catania via Airport Catania 13-mal, D.S.LUMIA 3-mal die Küste entlang der SS 115 nach Westen, also u. a. Sciacca, Castelvetrano, Mazara und Marsala, Endpunkt ist Trapani. Die **Stadtbusse** haben Haltestellen entlang der Via Atenea und vor dem Bahnhof; Tickets am Kiosk oder im Tabakgeschäft. Wichtige Linien: Nr. 1, 1/ (durchgestrichen), 2, 2/, 3 und 3/ zum Museo Archeologico/Valle dei Templi; Nr. 2 und 2/ weiter zum Badevorort San Leone.

Übernachten

Im August wird es eng – auch Italiener wollen ihre Kunstschätze entdecken, dann besser vorher anrufen.

*** **Amici (8)**, in der Nähe des Bahnhofs. Gut ausgestattete Zimmer samt Klimaanlage und TV sowie bewachter Gratis-Parkplatz. 26 Zimmer auf vier Etagen, DZ/F 60–80 €. Reservierung ratsam. Via Acrone 5, bei der Piazza Marconi, Autoanfahrt über die Via Esseneto, vor den Bahngleisen dann rechts in die Via Acrone; ✆/℻ 0922/402831, www.hotelamici.com.

*** **L'Antica Foresteria Catalana (3)**, in der Altstadt. Hübsch dekorierte Zimmer mit Klimaanlage und TV, DZ/Bad 75 €. Piazza Lena 5,

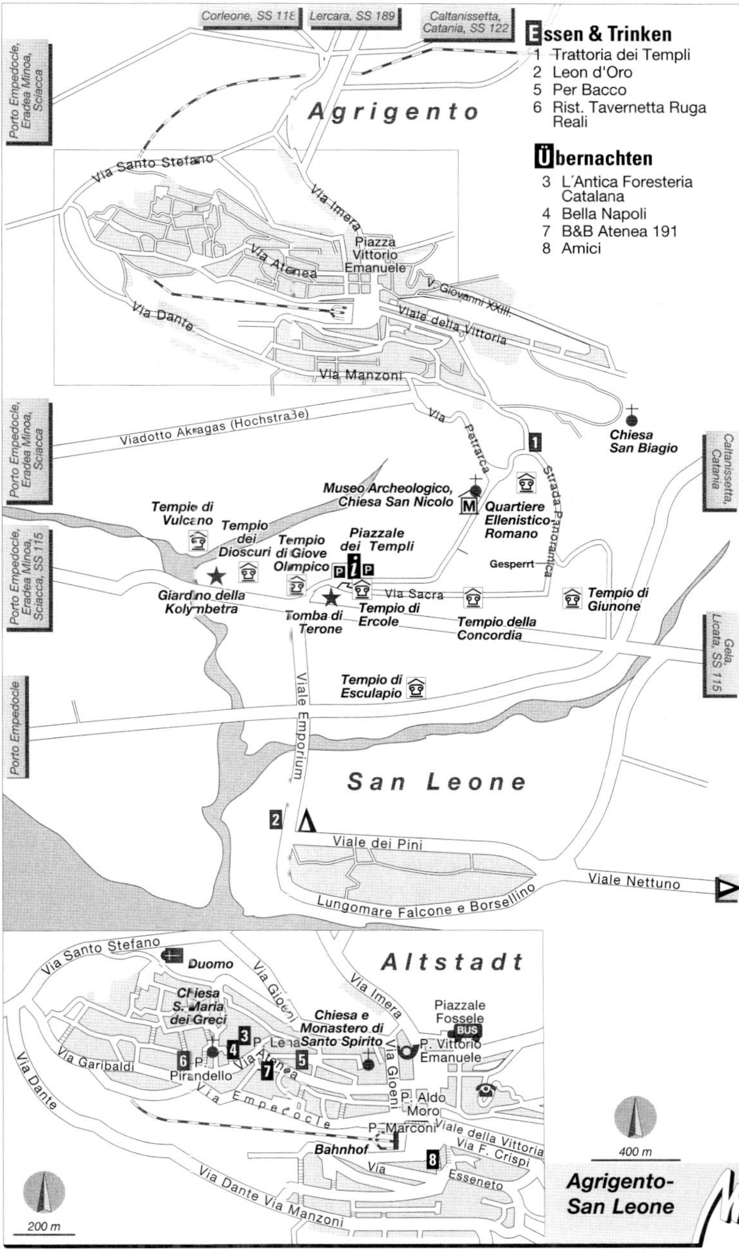

Sizilien
Karte S. 1012/1013

vom hinteren Teil der Via Atenea bei der Eden-Bar die steile Via BacBac rechts hoch; falls niemand anzutreffen ist, bei der Rezeption im zugehörigen, nahen und etwas preisgünstigeren Hotel **Bella Napoli (4)** fragen. ✆/✆ 0922/20435.

B & B Atenea 191 (7), direkt an der Hauptachse der Altstadt. Hübsche Zimmer, zum Teil mit Aussicht; Dachterrasse mit Meerblick. DZ/F 65–85 €, auch Vierbettzimmer. Via Atenea 191, ✆ 0922/595594, www.atenea191.com.

• *Camping* **Nettuno**, einer von zwei Plätzen in San Leone. Bar, preiswerte Pizzeria/Restaurant mit freundlichem, deutschsprachigem Wirt. Zugang zum schönen Sandstrand. Vom Bahnhof mit Bus 2 und 2/(durchgestrichen), tagsüber etwa alle 40 Min., So und abends seltener. Ganzjährig. ✆/✆ 0922/416268.

Essen & Trinken (siehe Karte S. 1041)

Rist. Tavernetta Ruga Reali (6), im westlichen Bereich der Altstadt. Unweit des Theaters gelegen, genoss das angenehme Lokal bislang auch unter den Schauspielern besten Ruf. Nach Besitzerwechsel weiterhin empfehlenswert. Menü etwa 25–30 €. Cortile Scribani 8, oberhalb der Piazza Pirandello. So Ruhetag.

Per Bacco (5), ebenfalls in der Altstadt. Restaurant mit Weinbar, nur abends geöffnet. Tische im Freien auf einem kleinen Platz, gute Küche, gehobenes Preisniveau. Vicolo Lo Presti 2, oberhalb der Via Atenea bei Hausnr. 114; Mo Ruhetag.

Trattoria dei Templi (1), in einer Art Vorort nahe dem Tal der Tempel, mit einer kleinen Terrasse zur lauten Straße. Die Küche jedoch ist solide und typisch: hausgemachte Nudeln, frischer Fisch. Oft Touristengruppen. Menü ab etwa 25 € aufwärts. Strada Panoramica dei Templi 15, ✆ 0922/403110. Fr Ruhetag, im Juli/August stattdessen So.

Leon d'Oro (2), in San Leone, angenehmes Restaurant der höheren Preisklasse mit vielseitiger und traditionsbezogener Küche. Menü etwa 20–25 €. Mo geschl. Viale Emporium 102.

Sehenswertes

Altstadt: ganz anders, als man beim Hochhausblick vom Tal der Tempel annehmen möchte – heimelige enge Gässchen, die sich den Hügel hoch ziehen, Torbögen und kleine Innenhöfe. Lebensader ist die schmucke *Via Atenea* mit vielen eleganten Geschäften. Die *Chiesa e Monastero di Santo Spirito* , oberhalb der Via Atenea, am Ende der Via Fodera, stammt aus dem 13. Jh. Beachtlich die reiche Stuckdekoration aus dem 18. Jh. Im angeschlossenen früheren Kloster ist ein Museum (Mo–Fr 9–13, 15–17.30 Uhr, Sa 9–13 Uhr; 2,50 €) untergebracht. Ganz oben auf dem Altstadthügel steht der *Duomo*, in griechischer Zeit beherrschte hier ein großer Zeustempel die Umgebung. Errichtet im 11. Jh., wurde der Dom mehrfach umgebaut, der unvollendete Glockenturm steht noch in arabisch-normannischer Tradition.

Tal der Tempel

Die Reihe von Tempeln, die den Ruhm von Agrigento ausmacht, wird heute von der Via dei Templi in den westlichen und östlichen Bezirk geteilt.

• *Öffnungszeiten/Eintrittsgebühren* Tal der Tempel geöffnet täglich 8.30–19 Uhr, im Sommer auch länger; häufige Änderungen. Eintrittsgebühr 8 €, Kombi-Ticket mit Archäologischem Museum (andere Öffnungszeiten, siehe dort) 10 €. Parkgebühr auf dem Hauptparkplatz 2 €.

Museo Archeologico (Di–Sa 9–19 Uhr, So/Mo 9–13.30 Uhr, 8 € oder Kombiticket): nahe der Kreuzung Via Petrarca und Via dei Templi, Parken gebührenpflichtig. Neben den Museen von Palermo und Siracusa das bedeutendste auf Sizilien. Die Fülle von Fundstücken aus Akragas und der Provinz ist bestens beleuchtet und in Szene gesetzt. Der zeitliche Rahmen erstreckt sich von der Vorgeschichte bis zur Römerzeit. In mehreren Sälen ist eine sehr schöne Sammlung von Vasen zu sehen, bemalt mit

Motiven aus Kampf, Sport, Religion und Musik. Das imposanteste Ausstellungsstück steht in Saal 6: einer der steinernen *Telamone* (Atlanten) aus dem 5. Jh. v. Chr., die den Oberbau des Tempels des Olympischen Zeus stützten. Mit einer Höhe von fast 8 m beansprucht der stark verwitterte Gigant gleich zwei Etagen. Die Rekonstruktion des Zeus-Tempels im gleichen Saal macht das frühere Aussehen dieses Monumentalbauwerks anschaulich – das Original ist nur mehr ein Trümmerfeld.

Chiesa San Nicola: direkt neben dem Museum, eine Spende zum Erhalt des Bauwerks wird erwartet. Die Hauptsehenswürdigkeit steht in einer Seitenkapelle: der *Sarkophag der Phaedra*, eine römische Arbeit nach griechischer Vorlage. An den Seiten wird in feinster bildhauerischer Arbeit die Geschichte der Theseus-Gattin Phaedra erzählt, die sich in ihren Stiefsohn Hippolytos verliebt hatte.

Westlicher Tempelbezirk: Zugang ab dem Parkplatz mit Infostelle. Gleich hinter dem Eingang liegen die Ruinen des *Tempio di Giove Olimpico*. Eine ausgedehnte Steinhalde ist alles, was heute von dem einst monumentalen Tempel zu sehen ist. Ein Erdbeben zerstörte den riesigen, wahrscheinlich nie fertig gestellten Bau. Der Tempel des Olympischen Zeus war einst einer der größten des Mittelmeerraums – Grundfläche über 110 x 50 m, die Säulen, die das Dach trugen, hatten eine Höhe von ca. 21 m! Auf einer halb hohen Mauer standen zwischen den Säulen 38 steinerne Telamonen, die den Oberbau stützten. Auf dem Gelände ist auch der einzige erhaltene Gigant zu sehen, allerdings eine Kopie (Original im archäologischen Museum). Neben dem Zeus-Tempel steht der *Tempio dei Dioscuri* aus dem 5. Jh. v. Chr. Die vier über Eck stehenden Säulen wurden im 19. Jh. wieder aufgerichtet; sie bilden das viel fotografierte Wahrzeichen Agrigentos.

Östlicher Tempelbezirk: vom Parkplatz über die Straße, dann hoch zum *Tempio di Ercole*. Der Herkulestempel stammt aus dem 6. Jh. v. Chr. und ist damit der älteste der Via Sacra. Nach einem Erdbeben eingefallen, wurden die acht Säulen, die noch zu sehen sind, erst im 20. Jh. wieder aufgestellt. Vorbei an der Villa Aurea, in deren Garten Felsgräber zu sehen sind, kommt man zum *Concordiatempel*. Etwa 425 v. Chr. entstanden, gehört er zu den am besten erhaltenen griechischen Tempeln überhaupt. Zu verdanken ist diese Tatsache dem Bischof von Agrigento, der im 6. Jh. die Säulen mit Mauern verbinden ließ und den Tempel in eine christliche Kirche verwandelte. So gestützt, überstanden die 34 mächtigen Säulen alle Erdbeben. Ein Stück weiter östlich steht auf einer Anhöhe der letzte Tempel der Reihe, der *Tempio di Giunone*. Von dem gegen 450 v. Chr. erbauten Tempel blieben 25 Säulen erhalten. Die Brandspuren, die an manchen Stellen im Inneren zu sehen sind, stammen von den Karthagern, die den Tempel 406 v. Chr. in Brand setzten.

Eraclea Minoa

Karte S. 1012/1013

Einer der schönsten Badestrände Siziliens, auch zur Hochsaison kein Ölsardinengefühl. Die Ruinen der griechischen Siedlung oberhalb der Küste sind fantastisch gelegen.

Nur eine kompakte kleine Feriensiedlung liegt an der kilometerlangen, geschwungenen Strandbucht; ein Lebensmittelladen, zwei Restaurants und ein allerdings riesiger Campingplatz. Auch die Optik stimmt: grünblaues Meer, hellgelber Sand, im Hintergrund eine lang gezogene Pinienaufforstung und westlich das Capo Bianco, weiße Kreideklippen, auf denen die griechischen Ruinen stehen. In den letzten Jahren wurde der Sandstreifen allerdings deutlich vom Meer angenagt und dadurch auffallend schmaler.

Das antike *Eraclea Minoa* war ein Außenposten von Selinunte, in dem später Spartaner siedelten. Ein Erdrutsch im 1. Jh. v. Chr. brachte das Ende der Stadt. Außer Gebäuderesten und Teilen der Stadtmauer blieb vor allem das kleine Theater gut erhalten; die Sitze sind zum Schutz mit bräunlichem Plexiglas abgedeckt. Am Eingang zur Ruinenstätte (tägl. 9 Uhr bis eine Std. vor Sonnenuntergang, 2 €) ein kleines Museum mit Funden aus Eraclea Minoa.

• Anfahrt/Verbindungen Von Juni bis Sept. verkehren 4-mal täglich Kleinbusse der Gesellschaft CACCIATORE ab Cattolica Eraclea, letzter am frühen Nachmittag; nach Cattolica mit D. S. LUMIA ab Sciacca oder Agrigento. Sonst müssen Busreisende an der Kreuzung Bivio Eraclea Minoa aussteigen (dem Fahrer Bescheid sagen) und dann noch knapp 4 km marschieren.

• Übernachten Zahlreiche Privatzimmer, im August trotzdem fast aussichtslos.

Camping Eraclea Minoa Village, Riesengelände, durch dichten Pinienwald fast völlig schattig, gute Sanitäranlagen, direkter Zugang zum Strand. Ostern bis Mitte Okt. ✆ 0922/847310.

Sciacca: bekannter Thermalort mit interessanter Altstadt, einigen sehenswerten Bauten und schönen Stränden in der Umgebung. Das alte Zentrum thront balkonartig über dem Meer, der Corso Vittorio Emanuele wird abends für den Durchgangsverkehr gesperrt und zum „Wohnzimmer“ der Stadt.

Castello Incantato (Di–So 10–12, 16–20 Uhr, im Winter nur bis Sonnenuntergang; gratis), das „verzauberte Schloss“, ist eine bizarre Ansammlung mehrerer tausend aus dem Fels geschlagener Köpfe und liegt etwa 4 km außerhalb der Stadt, zu erreichen über die alte Straße nach Ribera; den Corso immer geradeaus in östliche Richtung, beschildert (Stadtbus Nr. 4 Richtung Contrada San Antonio, Haltestellen am Corso).

• Information **Ufficio Informazione Turistica,** Via Roma, Ecke Via Vittorio Emanuele (Corso), ✆ 0925/86247, geöffnet Mo–Fr 8–14, Di/Do auch 15–18 Uhr.

• Anfahrt/Verbindungen **Bus**, Haltestellen an und im Umfeld der Via Agatocle beim Stadtpark Villa Comunale, D. S. LUMIA nach Ribera-Agrigento 10-mal (Cattolica E. bis zu 7-mal), Castelvetrano-Marsala-Trapani 3-mal täglich. Nach Palermo häufige Verbindungen mit GALLO und SAIS.

• Übernachten **B & B Aliai**, moderne Frühstückspension mit 15 Zimmern im Hafenviertel auf Höhe der Capitaneria di Porto, Parkplätze vor dem Haus. DZ/F etwa 60–85 €. Via Gaie di Garaffe 60, ✆/℻ 0925/905388, www.aliai.com.

** **Paloma Blanca**, Via Figuli 5, Nähe Piazza Friscia. Recht große Zimmer, nicht mehr ganz jugendfrisch, aber brauchbar. DZ/Bad etwa 65 €, Mitte Juli bis Mitte Sept. HP obligatorisch. Via Figuli 5, ✆ 0925/25667, ℻ 25130.

Agriturismo Azienda Montalbano, Bauernhof in einem Olivenhain, acht geräumige Apartments. Zwei Personen zahlen mit Frühstück ca. 60–70 €. Via Montagna Ferraro 6, Loc. Scunchipani; Richtung Trapani, dann im oberen Bereich eines steil aufwärts führenden mehrspurigen Teilstücks der SS 115 rechts ab, noch 4 km, beschildert. ✆/℻ 0925/80154. www.aziendamontalbano.com.

Westküste

Eine verhältnismäßig selten besuchte Region. Viele Besucher Siziliens starten ab Selinunte geradewegs durch nach Palermo.

Im Landesinneren beherrscht hügeliges Wein- und Getreideland die Szenerie, gegen Westen zu dann völlig flache, stark landwirtschaftlich genutzte Ebene. Die Küste ist in diesem Bereich leider fast völlig zugebaut und mit hastig hochgezogenen Feriensiedlungen verschandelt. Doch es gibt Plätze, die den Weg in den Westen absolut lohnen: etwa die ausgedehnten Tempelruinen der Griechenstadt *Selinunte*, dessen Umgebung auch mit schönen Sandstränden aufwarten kann, das mittelalterliche Bergstädtchen *Erice* in faszinierender Höhenlage und der einsame Tempel von *Segesta*.

• *Anfahrt/Verbindungen* **PKW**, schnelle Inlandstrecke über die A 29 von Mazara/Castelvetrano bzw. von Trapani nach Palermo. Keine Autobahngebühr, aber auch **keine Tankstellen**!

Bahn, weitmaschiges Schienennetz, Züge im Schneckentempo auf der Rundverbindung Palermo-Alcamo-Castelvetrano-Mazara-Marsala-Trapani-Palermo. Umsteigebahnhof ist **Alcamo Diramazione**. Im Inland sind viele Bahnhöfe oft kilometerweit von den zugehörigen Städten entfernt.

Bus, in diesem Teil der Insel der Bahn eindeutig überlegen. Gute Verbindungen zwischen den Städten; selbst der weitab liegende Tempel von Segesta ist per Sonderbus ab Trapani zu erreichen.

Selinunte und Marinella

Die weitläufigen Ruinen der einst mächtigen, durch Karthagerangriffe zerstörten Griechenstadt liegen in verführerischer Nachbarschaft zum Ferien- und Fischerort Marinella, der mit weiten Sandstränden lockt.

Eine interessante Kombination: Obwohl großteils ein Trümmerfeld, gehören die Tempel der Ruinenstadt Selinunte zu den bedeutendsten Siziliens. Marinella, als Ausgangspunkt für die Besichtigung der antiken Stätten, macht einen sympathischeren Eindruck als die vielen schnell aus dem Boden gestampften Küstensiedlungen der Umgebung Selinuntes. Der kleine Ort ist noch nicht völlig zum Touristenghetto degeneriert und deshalb auch außerhalb der Saison nicht so verwaist wie so manche Apartmentsiedlung an der Küste. Der Ortsstrand unterhalb der Promenade ist feinsandig und mit Bars gut bestückt. Etwa 1 km östlich von Marinella liegt der Strand *Mare Pineta*. Von Pinienwald begrenzt und kilometerlang, bietet er auch bei hochsommerlichem Andrang genügend Platz und eine freundliche Strandbar.

• *Information* **Ufficio Informazione Turistica**, vor dem Eingang zum östlichen Tempelbezirk, ✆/℡ 0924/46251. Geöffnet Mo–Sa 9–14 Uhr.

• *Anfahrt/Verbindungen* Marinella ist am besten über **Castelvetrano** zu erreichen, dort auch Bahnanschluss. SALEMI-Busse nach Castelvetrano 5-mal tägl.

• *Übernachten* Im August ist in Marinella fast grundsätzlich alles besetzt, dann ist Reservierung dringend geraten.

*** **Garzia**, an der Strandpromenade. Gut ausgestattete, wenn auch hellhörige Zimmer, üppiges Frühstück. Das Restaurant genießt einen guten Ruf. DZ/F etwa 80–130 €. Via Pigafetta 6, ✆ 0924/46024, ℡ 46196. www.hotelgarzia.com.

*** **Hotel Miramare**, gleich nebenan. Zimmer schlicht möbliert, aber ordentlich ausgestattet, geräumig und gepflegt. DZ/F 60–80 €. Via Pigafetta 2, ✆ 0924/46045, ℡ 46744, www.hotelmiramareselinunte.com.

B & B Holiday House, nahe dem ehemaligen Bahnhof. Das freundliche, deutsch-italienische Ehepaar Russo führt seine kleine Pension schon seit vielen Jahren, das DZ/F ist mit etwa 40–50 € erfreulich günstig. Via Apollonio Rodio 23, ✆/℡ 0924/46035.

• *Camping* **Athena**, wie auch der folgende Platz direkt an der Zufahrtsstraße von Castelvetrano. Zum östlichen Tempelbezirk ist es etwa 1 km, zum Meer gut 2 km. Relativ einfache Ausstattung, Schatten durch einzelne Bäume; große Bar mit bekannt gutem und günstigem Restaurant. Ganzjährig. ✆/℡ 0924/46132. www.campingathenaselinunte.it.

Maggiolino, von Castelvetrano kommend 200 m vor Camping Athena. Ganzjährig. ✆ 0924/46044, www.campingmaggiolino.it.

• *Essen & Trinken* An der Strandpromenade reiht sich ein Lokal ans nächste, Preisniveau gehoben.

Baffo's, unterhalb der Strandpromenade. Eine Filiale des Klassikers Baffo's Castle, siehe unten; auch hier deshalb gute Antipasti (nach Gewicht), üppige Portionen und prima Pizza. Menü ab ca. 18 €. Via Marco Polo.

Baffo's Castle, kurioser Bau etwas außerhalb, an der Kreuzung SS 115 Marinella-Castelvetrano und Campobello-Menfi, ordentliches Preis-Leistungsverhältnis.

Sizilien Karte S. 1012/1013

Wieder aufgerichtet: Tempel E im östlichen Bezirk

Das antike Selinunt

Die Gliederung der Griechenstadt ist immer noch deutlich erkennbar: Aus Richtung Castelvetrano kommend, liegt rechts der Straße, noch vor dem Ortskern von Marinella, der *Östliche Tempelbezirk*, der außerhalb der Stadtmauern lag. Etwa 1,5 km südwestlich, zu erreichen über die Strada dei Templi, erhebt sich auf einem Hügel die *Akropolis* von Selinunt. Nördlich der Heiligtümer stand einst die eigentliche *antike Stadt*, ihre Reste sind bisher noch nicht ausgegraben.

Öffnungszeiten/Eintritt Tägl. 9 Uhr bis 1 Std. vor Sonnenuntergang (letzter Einlass zwei Std. vor Sonnenuntergang), Eintritt 6 €. Innen zwei Parkplätze, z. B. unterhalb der Akropolis.

Östlicher Tempelbezirk: Die etwas trockene Bezeichnung der Tempel durch Buchstaben beweist Ehrlichkeit. Die Archäologen sind nämlich bei den meisten Heiligtümern unsicher, welchen Göttern sie geweiht waren.

Tempel G ganz im Norden des Gebiets ist nur noch ein wild durcheinander geworfener Steinhaufen – mit den Ausmaßen von 113 x 54 m war er einst einer der größten Tempel der Antike.

Tempel F ist ebenfalls weitgehend verfallen. Der mittlere der drei Tempel ist der kleinste und älteste; er wurde um 530 v. Chr. errichtet.

Tempel E wurde als einziger der Ostgruppe wieder aufgerichtet. In Zukunft sollen auch andere Tempel folgen. Tempel E, gegen 450 v. Chr. fertig gestellt, gilt als der dem klassischen dorischen Ideal am nächsten kommende Tempel von Selinunt.

Akropolis: Ein Teil der Stadtmauern, die das auf einem Hügel liegende Areal umgaben, ist noch gut zu erkennen. Innen verblüfft die schachbrettartig angelegte Straßenführung mit zwei sich rechtwinklig kreuzenden Hauptstraßen – ein für die damalige Zeit ungewöhnliches Beispiel planmäßiger Stadtentwicklung.

Tempel O und A, ganz im Süden der Akropolis, vom Aufbau her fast identisch; ein Grund für die spekulative Zuordnung zu den unzertrennlichen Zwillingen Kastor und Polydeukes (lat.: Castor und Pollux), die nach ihrem Tod von Zeus in das Sternbild der Zwillinge verwandelt wurden.

Tempel B liegt jenseits der in Ost-West-Richtung verlaufenden früheren Hauptstraße, bei der Südwestecke von Tempel C. Im 3. Jh. v. Chr. erbaut, spiegelt der jüngste Tempel von Selinunt mit seinen vergleichsweise winzigen Ausmaßen deutlich den armseligen Zustand der Stadt kurz vor ihrem Untergang.

Tempel C wurde als einziges der Heiligtümer auf der Akropolis teilweise wieder aufgerichtet. Er stammt aus der Mitte des 6. Jh. v. Chr. und ist der älteste Tempel der Akropolis.

Tempel D ist völlig eingestürzt und liegt gleich nördlich von Tempel C. Er wurde nur wenig später erbaut und zeigt große Ähnlichkeit mit diesem.

Nördliche Befestigung: ganz im Norden, am Ende der in Nord-Süd-Richtung verlaufenden Hauptstraße, gelangt man zum Haupttor der Akropolis. Der dahinter liegende Verteidigungskomplex aus Wehrmauern, Türmen und Gräben stammt wahrscheinlich aus der Spätzeit von Selinunt. Weiter nördlich beginnt das Gebiet der eigentlichen, noch nicht ausgegrabenen Stadt.

Castelvetrano

Von Landwirtschaft, Kleinindustrie und vielen Kirchen geprägtes Hügelstädtchen etwas abseits der Küste; für die meisten Bus- und Bahnreisenden Sprungbrett nach Selinunte. Auf den ersten Blick macht Castelvetrano einen etwas düsteren und verlassenen Eindruck – schuld sind wohl die vielen halb eingestürzten und verfallenden Häuser am Rand der Altstadt. Das lebendige Zentrum um die Piazza Garibaldi zeigt sich dagegen von einer freundlicheren Seite, das *Museo Civico* (Mo–Sa 9–13, 15–18.30 Uhr; So 9–13 Uhr; 2,50 €) in der Via Garibaldi 65 präsentiert eine recht gute Sammlung griechischer Funde.

• *Anfahrt/Verbindungen* **Bahn**, Bahnhof 1,5 km östlich vom Zentrum. Züge Richtung Palermo 5-mal tägl., Marsala-Trapani 13-mal. **Bus**, SALEMI-Busse nach Marinella/Selinunte ab Bahnhof via Bar Selinus (s.u.) 5-mal tägl., AST ab Stadtpark 6-mal tägl. nach Trapani, 3-mal nach Marsala. Busse von D. S.LUMIA, die zu den Städten entlang der SS 115 3-mal täglich Richtung Trapani/Agrigento unterwegs sind, stoppen bei der Bar Selinus, vom Zentrum Richtung Selinunte/Marinella, 500 m nach dem Bahnübergang bei einer Tankstelle.

Castelvetrano/Umgebung: 1968 wurden die Dörfer im Hinterland von Castelvetrano durch ein schweres Erdbeben verwüstet, völlig zerstört wurde dabei der Ort Gibellina. Etwa 16 km weiter westlich errichtete man daraufhin *Gibellina Nuova*; keine besonders reizvolle Siedlung, jedoch interessant durch die großformatigen Skulpturen auf Straßen und Plätzen, die in den 70ern von Künstlern dem Ort gespendet wurden. Weitere Werke sind im *Museo Civico d'Arte Contemporanea* am östlichen Ortsrand zu finden. Die Ruinen des alten Dorfs Gibellina (Ruderi di Gibellina bzw. Gibellina Vecchia) sind auf der SS 119 Richtung Salapurata zu erreichen. Eindrucksvoll: Der Bildhauer Alberto Burri ließ einen Teil des zerstörten Dorfs weiträumig mit Beton überziehen; fast der gesamte Hang ist mit etwa 1,60 m hohen Betonwänden überzogen, zwischen denen der Besucher umhergehen und den Verlauf der alten Gassen nachvollziehen kann.

Trapani

ca. 70.000 Einwohner

Karte S. 1012/1013

Betriebsame Hafenstadt, ein Hauch von Fernweh, von „großer weiter Welt", ist spürbar. Reisende aus allen Kontinenten warten auf ihre Passage nach Tunesien, darunter viele Nordafrikaner.

Die Altstadt zwängt sich auf eine schmale, weit ins Meer reichende Landzunge. Überwiegend im Barockstil gehalten, ist sie mit zahlreichen, etwas heruntergekommenen Palazzi und Kirchen, mit engen Winkeln und schmalen Gässchen die gute Stube Trapanis. Pittoresk, aber heute wirtschaftlich eher unbedeutend ist das verzweigte Netz von Salinen südlich der Stadt.

Information/Verbindungen

• *Information* **Info Point Trapani**, modernes Info-Büro an der zentralen Via Torrearsa. Piazza Saturno, ✆ 0923/544533. Geöffnet tägl. 9–13, 16.30–20 Uhr, im Winter evtl. eingeschränkt.

• *Verbindungen* **Flug**, Regionalflughafen Aeroporto Birgi etwa 15 km in Richtung Marsala. AST-Busse mehrmals täglich von und zur Stazione Marittima und Piazza Ciaccio Montalto (Ex-Piazza Malta).

Bahn, kleiner Bahnhof nahe der Altstadt; häufige Verbindung nach Palermo via Calatafimi (9-mal tägl., drei davon halten bei Segesta), über Marsala/Castelvetrano geht es deutlich langsamer.

Bus, Station an der Piazza Ciaccio Montalto, früher bekannt als Piazza Malta, ums Eck vom Bahnhof. AST-Busse nach Marsala/Mazara 3-mal, nach Castelvetrano 5-mal tägl.; Richtung Norden nach Erice 10-mal, San Vito lo Capo 9-mal, Castellammare del Golfo 4-mal täglich; mit TARANTOLA nach Segesta 4-mal und nach Calatafimi 6-mal tägl., SEGESTA nach Palermo etwa stdl. (Airport Palermo 2-mal täglich) sowie D. S. LUMIA nach Agrigento 3-mal täglich.

Schiff, Abfahrten an der Mole bei der Piazza Garibaldi und östlich Richtung Siremar-Büro. Auf die **Egadischen Inseln** und nach **Pantelleria** fahren Fähren und Aliscafi (Tragflügelboote) der Siremar bzw. evtl. deren Nachfolger, außerdem Aliscafi der Ustica Lines. Nach **Cagliari** (Sardinien) mit Tirrenia oder einem Nachfolger, nach **Ustica** und **Neapel** nur im Sommer mit Tragflügelbooten der Ustica Lines.

Übernachten

**** **Hotel Tiziano**, in Bahnhofsnähe. Neueröffnung von 2007 mit 34 hellen, modernen Zimmern. Top-Betten und -Bäder, großes Frühstücksbüffet, sicherer Parkplatz. DZ/F etwa 100–120 €. Via G. Rubino 4, Ecke Piazza Ilio, ✆ 0923/22111, 📠 549795, www.hoteltizianotrapani.it.

** **Hotel Maccotta**, angenehmes Altstadthotel, Zimmer mit Klimaanlage. DZ/Bad etwa 65–75 €. Via degli Argentieri 4, eine Seitenstraße der Piazza S. Agostino, ✆ 0923/28418.

** **Hotel Moderno**, nicht wirklich modern, aber ganz ordentlich, 2004 renoviert. Zentrale und relativ ruhige Lage in einem Hinterhof. DZ/Bad etwa 50–55 €. Via Tenente Genovese 20, ✆ 0923/21247, 📠 23348.

Abita Appartamenti, mitten in der Altstadt und zugleich in Hafennähe. In einem alten, schön restaurierten Palazzo finden sich 20 sehr individuell geschnittene, gut ausgestattete Apartments. Ganztags Frühstücksbuffet. DZ/F 60–90 €. Via S. Francesco d'Assisi 53, ✆ 0923/437595, 📠 21756, www.abita-appartamenti.com.

• *Camping* **Lido Valderice**, Loc. Cortigliolo, 12 km nördlich der Stadt in Meeresnähe. Busse 6-mal tägl. ab Busstation. März bis Okt. ✆ 0923/573086.

Erice

ca. 30.000 Einwohner

Nur 15 km von Trapani entfernt, und doch eine andere Welt: Das bildhübsche Städtchen auf dem 751 m hohen Monte Erice scheint aus Mitteleuropa in den tiefen Süden versetzt.

Fast heimatliche Gefühle kommen auf, wenn Nebel über den grauen Mauern hängt. Doch selbst unter solch widrigen Bedingungen bewahrt Erice seinen Charme. Das gesamte Ortsbild, die gepflasterten engen Gassen, die Torbögen und blumengeschmückten Innenhöfe haben sich seit dem Mittelalter kaum verändert. Im Sommer herrscht emsiger Besucherverkehr, reihen sich Blechschlangen auf der Zufahrt zu den Parkplätzen. Wer dagegen außerhalb der Feriensaison kommt, erlebt ein ganz anderes, verträumtes Erice.

• *Anfahrt/Verbindungen* **Seilbahn** (Funivia) ab Trapani, Nähe Hospital; einfache Fahrt 3 €. www.funiviaerice.it.

Bus, ab Trapani (Busstation) 10-mal tägl.

PKW, gebührenpflichtiger Parkplatz nahe der Porta Trapani, unterhalb der riesigen

Radartürme. Die Weiterfahrt ins Zentrum ist nur Einwohnern gestattet.

• *Übernachten* Erice ist ein teures Pflaster, zudem oft voll.

*** **Elimo**, hübscher alter Palazzo im Zentrum, dessen Zimmer sehr elegant und mit viel Geschmack eingerichtet sind. DZ/F etwa 130–220 €, Suiten deutlich teurer. Via Vittorio Emanuele 23, ✆ 0923/869377, ℻ 869252, www.elimohotel.it.

** **Edelweiß**, zentral gelegen, freundlich geführt und von Lesern gelobt. DZ/F etwa 85 €. Cortile P. Vincenzo, eine Seitengasse der Piazza San Domenico; ✆ 0923/869420, ℻ 869158.

Villa Giovanni, kirchliche Pension, die aber auch Touristen offen steht. DZ/F ca. 75–80 €. Via Nunzio Nasi 12, Nähe Kirche San Giovanni. ✆ 0923/869171.

• *Essen & Trinken* **La Pentolaccia**, hübsches Restaurant in einem früheren Kloster, erfreuliche Küche. Via Guarnotti 17, Di Ruhetag.

La Vetta da Mario, ein paar Tische auf schrägem Pflaster, umgeben von mittelalterlichen Mauern. Abends Pizza. Do geschl. Via Giuseppe Fontana 3.

Golf von Castellammare

Anders als die sonst weitgehend flachen Küstenregionen im Westen Siziliens reichen hier mächtige Küstenberge z. T. direkt bis ans Meer.

Die westliche Seite des Golfs ist nur wenig besiedelt und besitzt mit dem *Naturpark Zingaro* einen der letzten absolut intakten Küstenstreifen der Insel. Die Orte *San Vito lo Capo* im Norden und *Scopello* im Süden des Naturparks sind von völlig unterschiedlichem Charakter und bieten gute Bademöglichkeiten.

San Vito lo Capo

ca. 4000 Einwohner

Ein Badeort der angenehmeren Art. Statt Betonburgen weiß gekalkte Häuser, viele mit nur zwei Stockwerken. Die Besucher kommen im Sommer reichlich wegen des langen Sandstrands, trotzdem lässt es sich auch zur Hauptsaison ganz gut aushalten; die Atmosphäre ist betriebsam-fröhlich, und der Strand bietet genug Platz für alle. Die schöne Lage nah beim Nationalpark Zingaro tut ein Übriges.

• *Information* **Ufficio Informazione Turistica**, Via Savoia 57, ✆ 0923/974300. Gut informiertes Büro Nähe Hauptplatz, in der Regel geöffnet Mo-Fr 9-13 Uhr, zur Saison auch am Nachmittag und an Wochenenden. Angeschlossen ein kleines Museum für Meeresarchäologie, Eintritt frei.

• *Verbindungen* **Busse** halten an der Via B. Napoli, der zweiten Parallelstraße westlich der Via Savoia; von und nach Trapani 9-mal tägl., Castellammare del Golfo und Palermo je nach Saison 2- bis 4-mal.

• *Übernachten* Im Juli und August Vorbestellung geraten. In beiden Monaten fast überall Verpflichtung zur Halbpension.

** **Piccolo Mondo**, quadratischer, weißer Bau, kleine Terrasse und sehr freundliche, gut ausgestattete Zimmer. DZ/F 70–120 €, im Juli und August nur mit HP (pro Pers. 55–100 €). Via Nino Bixio 7, eine der östlichen Parallelstraßen zur Via Savoia. ✆/℻ 0923/972032, piccolomondohotel.net.

*** **Hotel Sabbia d'Oro**, in einer Parallelstraße zur Fußgängerzone, östlich des Hauptplatzes. Solider Familienbetrieb mit passablen Zimmern zu vernünftigen Preisen, Restaurant, Strandservice. Geöffnet April bis Ende Okt. DZ/F 55–90 €. Via Cavour 90, ✆ 0923/972508, ℻ 621163, www.sabbiadorohotels.com.

Mehrere Privatzimmervermieter in der Via del Mulino, z. B. **Eden**, Nr. 41, ✆ 0923/972460.

• *Camping* Alle Plätze sind gut in Schuss und im August gestopft voll.

La Pineta, 1,5 km östlich des Orts; zum Strand etwa 300 m. Recht komfortabel, Pool, Tennis, Disco. Ganzjährig außer im Nov. ✆ 0923/972818, ℻ 974070.

Soleado, östlich in Ortsnähe, zum Strand etwa 300 m. Gut ausgestattet, Laden und Restaurant, Sanitäranlagen okay. Ganzjährig. ✆ 0923/972166, ℻ 974051.

La Fata, zentral im Ort, westlich der Hauptstraße. Gepflegter Platz, moderne Sanitäranlagen, winzige Bar. Juni bis Sept. ✆ 0923/972133.

Sizilien Karte S. 1012/1013

Scopello

Ein winziges Dörfchen in kahler Berglandschaft oberhalb der Küste. Steinmauern, gepflasterte Wege, Oleanderbüsche. Perfekte Idylle – außerhalb der Saison. Im Hochsommer Fahrzeugschlangen auf der Zufahrtstraße, überfüllte Parkplätze am Meer, in den engen Dorfgassen verzweifelte Wendemanöver von Wohnmobilen. Eine hübsche Badebucht findet man unterhalb des Orts bei einer ehemaligen *Tonnara* (Thunfischverarbeitung). Nur ca. 1 km entfernt liegt der Südeingang zum Nationalpark Zingaro.

• *Anfahrt/Verbindungen* **Bushaltestelle** beim Tor zum Hauptplatz; mit RUSSO von und nach Castellammare 4-mal täglich.

• *Übernachten/Essen & Trinken* Mehrere gemütliche Pensionen bieten familiäre Atmosphäre und herzhaft-rustikale Küche.

*** **Torre Bennistra**, aus einer ehemaligen Pension entstandenes Komforthotel. Schöne Aussicht. Auch das Restaurant ist interessant, Eigentümer Nino Lentini fischt selbst. DZ/F 85–90 €, im August bis 145 €. Via Natale di Roma 19, ✆ 0924/541128, www.torrebennistra.it.

Pensione Tranchina, an der „Hauptstraße". Hübsch eingerichtet, vier größere Zimmer speziell für Familien. Man spricht Englisch. DZ mit Frühstück ca. 75–95 €, HP zur Saison Pflicht (gute Küche). ✆/℻ 0924/541099.

Affittacamere Vito Mazzara, schönes altes Haus, renoviert, mit Garten und Parkmöglichkeit. Zimmer und Apartments unterschiedlicher Größe und Lage, keine Pensionspflicht. DZ 60–80 €, Via Monte Grappa 6, rechter Hand der aus Scopello heraus führenden Straße. Vito spricht Englisch. ✆ 0924/541135.

• *Camping* **Baia di Guidaloca**, dorfnächster Platz, etwa 3 km vor dem Ort. Durch die Straße von einer hübschen Kiesbucht getrennt. Weitläufiges Gelände in kleinem Tal, Schatten mäßig. Ostern bis Sept. ✆ 0924/541262.

Erlebnis Natur: Riserva Naturale dello Zingaro

Der erste Naturpark Siziliens wurde 1981 auf öffentlichen Druck hin eingerichtet. Das etwa 5,5 x 2,5 km große Gebiet steigt von der Küste bis zum Gipfel des Monte Speziale auf immerhin 913 m Höhe an. Die urwüchsige Landschaft wird geprägt von steilen Felsabstürzen und dichter Macchia. Auch die Küste ist großteils felsig und unzugänglich, die wenigen Sand- und Kiesbuchten aber sind von fast paradiesischer Schönheit. Der Nordeingang liegt 12 km südöstlich von San Vito lo Capo, der Südeingang 1 km nördlich von Scopello. Kurz hinter dem Südeingang zweigt rechts ein beschilderter Weg zu einem hochinteressanten Museum ab, das die vielfältigen Lebensformen im Park dokumentiert. Über 700 verschiedene Pflanzen wachsen hier, darunter endemische Arten, die nur im Nordwesten Siziliens vorkommen. An Vögeln wurden 39 Arten gezählt, darunter einige seltene Greifvogelarten, außerdem leben Stachelschweine, Füchse, Fledermäuse und auch Vipern im Zingaro. Die Tierwelt unter Wasser zeigt sich ebenso vielfältig. Eine Wanderkarte ist im Eintrittspreis enthalten, alle Wege sind zudem beschildert. Die Standardroute verläuft auf rund 6 km Länge oberhalb der Küste bis zum Nordende des Parks, Dauer einfach – ohne Abstecher zu Badebuchten – etwa 2 Std. Zugänglich ist der Park von April bis September 7–19 Uhr (bis 21 Uhr darf man dann bleiben), sonst 8–16 Uhr. Die Eintrittsgebühr beträgt 3 € und gewährt auch Zugang zu verschiedenen Museen im Park. www.riservazingaro.it.

Castellammare del Golfo

ca. 15.000 Einwohner

Ausgedehnte Kleinstadt, die halbkreisförmig von der Hafenbucht ansteigt. Von Tourismus ist wenig zu spüren, die ausgedehnten Sandstrände der zersiedelten Küstenebene, die die Massen aus Palermo und Umgebung anziehen, beginnen erst einige Kilometer östlich. Ein Kastell bewacht die Hafenbucht.

• *Anfahrt/Verbindungen* **Bahn**, von Palermo kommend letzte Station der Küste. Der Bahnhof liegt ungünstig etwa 3 km östlich des Zentrums, es gibt aber Stadtbusse. Gute Verbindungen Richtung Palermo (10-mal tägl.), ebenso zum Umsteigebahnhof Alcamo Diramazione.

Bus, zentrale Abfahrtstelle an der Piazza della Repubblica. AST-Busse nach Trapani 3-mal, RUSSO nach Palermo 6-mal tägl., San Vito und Scopello je 4-mal.

• *Übernachten* **** **Hotel Cetarium**, direkt an der Hafenstraße, an der in manchen Wochenendnächten schon mal die Post abgeht. Eine zum Hotel umgebaute ehemalige Tonnara, komfortable Ausstattung. Viele unterschiedliche Zimmertypen, auch Suiten. DZ/F 85–140 €, Suiten bis 190 €. Cala Marina, ✆ 0924/533401, ✆ 533416, www.hotelcetarium.it.

*** **Hotel Cala Marina**, im westlichen Hafenbereich. Erst vor wenigen Jahren eröffnetes Hotel mit hübschen Zimmern und Organisation diverser Ausflüge; Garage. DZ/F nach Lage, Ausstattung und Saison 60–120 €. Via Don Leonardo Zangara 1, ✆ 0924/531841, www.hotelcalamarina.it.

Camping Nausicaa, etwa 4 km östlich des Zentrums, am Sandstrand. Kleiner Platz, ein paar Bäume, sonst Mattendächer. Bar/Restaurant. Nicht billig. Mai bis Sept. ✆ 0924/33030.

• *Essen & Trinken* **La Cambusa**, am Hafen, unterhalb vom Kastell, Tische auch im Freien, gute Küche.

Weiter am Golf: Zwischen Castellammare und Balestrate erstrecken sich lange Sandstrände, die Umgebung wird durch verstreute Feriensiedlungen und die küstennahe Bahnlinie aber nicht gerade verschönt. *Trappeto* ist ein freundliches Fischerdorf mit brauchbarem Sandstrand. *Terrasini* besitzt in seinem *Palazzo d'Aumale* (Mo–Sa 10–19 Uhr, So 10–13 Uhr, 5 €) an der Uferstraße gleich drei interessante Museen: Glanzpunkt der „Sezione Naturalistica“ ist die ornithologische Ausstellung, mit über 5000 präparierten Vögeln eine der größten Europas. Die „Sezione Etno-Antropoligica“ (auch: „Museo del Carretto Siciliano“) prunkt mit einer Sammlung bunter sizilianischer Eselskarren, und in der „Sezione Archeologica“ liegt der Schwerpunkt auf Unterwasserarchäologie.

Segesta

Der berühmte dorische Tempel und ein Amphitheater, beide wunderbar in die hügelige Landschaft gefügt. Sehenswert.

Tempel und Theater gehörten zu einer der größten Städte der Elymer, von der heute nur wenige Grundmauern erhalten blieben. Viele Rätsel ranken sich noch um dieses Volk, das zu den frühen Einwohnern der Insel zählte. Historiker vermuten, dass die Elymer eine Mischung einheimischer Stämme mit Trojanern, Phöniziern und anderen Völkern darstellten. Aus dem Schatten der Geschichte trat das antike *Egesta* ab dem 6. Jh. v. Chr. durch den Zwist mit den griechischen Kolonien, besonders mit *Selinunt*. Den Schlusspunkt in seiner Geschichte setzten Vandalen und Araber, die die Stadt dem Erdboden gleichmachten.

Der Tempel: ein griechischer Tempel in einer Elymerstadt – seltsam. Noch seltsamer: Das 61 x 26 m große Heiligtum mit den 36 Säulen wurde nie fertiggestellt. Der Rätsel mögliche Lösung ist in der Geschichte Egestas zu suchen. Der Tempel entstand wahrscheinlich zur Zeit einer Allianz mit Athen. Anlass für den plötzlichen Baustopp könnte der Schock über die Vernichtung der verbündeten Flotte gewesen sein. Wenn man den Tempel aus einiger Entfernung zum ersten Mal sieht, wirkt er einfach großartig. Perfekt in den Proportionen, scheint er Teil der Landschaft zu sein und drückt ihr gleichzeitig seinen Stempel auf. Erst aus der Nähe lässt sich erkennen, dass der Bau tatsächlich nie beendet wurde: Aus den Steinquadern der Stufen ragen noch die Zapfen, die dem Transport dienten und später abgeschlagen werden sollten; von der üblichen Kannelierung (Rinnen) der Säulen keine Spur. Doch trotz seiner Unfertigkeit hat der Tempel von Segesta eine ganz eigene Faszination.

Amphitheater: Östlich, dem Tempel gegenüber, erhebt sich der 431 m hohe *Monte Barbaro*, an dessen Hängen einst das antike Egesta lag. Eine für öffentlichen Verkehr gesperrte Asphaltstraße (Busdienst) führt hinauf auf den Gipfel und zum Amphitheater auf der Nordseite des Berges.

• *Öffnungszeiten/Eintritt* Möglichst am frühen Morgen kommen, bevor die Reisebusse anrollen. Geöffnet theoretisch 9 Uhr bis 1 Std. vor Sonnenuntergang, morgens Zugang aber früher möglich, Eintritt ca. 6 €. Gebührenpflichtige Busse zum Amphitheater ab Parkplatz; reizvoll ist der Abstieg zu Fuß.

• *Anfahrt/Verbindungen* **Pkw**, über die A 29, Ausfahrt Segesta, bzw. über die SS 113 Richtung Calatafimi.

Bahn, 3- bis 4-mal tägl. Halt eines Zugs aus Alcamo und Trapani am mustergültig restaurierten Bahnhof Stazione di Segesta, etwa 1,5 km unterhalb des Tempels. Schweißtreibender Aufstieg, Segesta liegt deutlich höher als die Bahnhöfe.

Bus, bequemste Anreise per TARANTOLA-Bus ab Trapani (4-mal tägl.) und Palermo (3-mal), es bestehen auch saisonale Busverbindungen mit Scopello.

• *Essen & Trinken* **Stazione di Segesta**, im restaurierten Bahnhofsgebäude, Tische im Freien und im Inneren, an warmen Sommerabenden als Pizzeria beliebt, als Bar rund um die Uhr geöffnet.

Palermo

ca. 660.000 Einwohner

Die Hauptstadt Siziliens mag man lieben oder hassen: Neutralität lässt Palermo nicht zu. Der morbide Moloch vereinigt in sich alle Fragwürdigkeit, alles Elend, aber auch alle Farbenpracht und Vielfalt der Insel. Palermo hat, gleichgültig, wie man zu der Stadt sonst steht, eine spezielle Faszination.

Die Begeisterung der Reisenden früherer Jahrhunderte – Goethe war hingerissen – versteht am besten, wer sich Palermo übers Meer nähert. Vom Schiff und aus einiger Entfernung gesehen, trägt die Bucht von Palermo ihren schwärmerischen Namen immer noch zu Recht: *Conca d'Oro*, die „goldene Muschel". Eine einst grüne und mit Zitronen- und Orangenplantagen bestandene Ebene, flankiert vom Kalkklotz des *Monte Pellegrino* im Norden und dem *Capo Mongerbino* im Osten. Im Näherkommen wird deutlich, dass die durch starke Landflucht auf 660.000 Einwohner angewachsene „Perle" Palermo die Muschel heute völlig ausfüllt. Die Stadt ist längst mit den Vororten zusammengewachsen, an Stelle der berühmten Obstgärten erstreckt sich ein Ring von Neubauvierteln – billig erstellte Wohnwaben, die mit künstlich hochgetriebenen Grund- und Baukosten vor allem den Profit der „ehrenwerten Gesellschaft" vermehrt haben.

All die krassen Gegensätze, die Palermo prägen, sammeln sich in der Innenstadt, gleich hinter den Hochhäusern der Hafenfront. Die eine Seite: elegante Boutiquen an lebendigen Geschäftsstraßen, Restaurants mit befrackten Obern, glänzende Theateraufführungen, prachtvolle Gebäude aus verschiedenen Epochen, reich aus-

Normannische Kirchen im Zentrum: La Martorana und San Cataldo

gestattete Museen. Nur ein paar Schritte weiter glotzen leere Fensterhöhlen, öffnen eingestürzte Fassaden den Blick auf Unkraut, das in ehemaligen Wohnzimmern wächst – die Ruinen einstiger Paläste, von Fliegerangriffen des Zweiten Weltkriegs zerstört und bis heute nicht restauriert. Nur einen Steinwurf entfernt dann wieder pralles Leben: die berühmten Märkte von Palermo, auf denen vom Anzug über die Bohrmaschine bis zur Seebarbe alles zu haben ist. Das grelle Durcheinander von Farben und Gerüchen kommt einem orientalischen Basar schon sehr nahe; hier scheint ein wenig vom Palermo der Araberzeit überlebt zu haben. Nordafrikanisches Temperament bricht sich auch im Stadtverkehr seine Bahn. Fast rund um die Uhr sind Palermos Straßen ein einziger Hexenkessel. Kilometerlange Blechschlangen, Abgaswolken und infernalischer Lärm gehören zum Alltag.

Kleinkriminalität: Drogensucht und trostlose Lebensbedingungen sorgen in Palermo für einen hohen Prozentsatz an „Schmalspurganoven". Beachtet man aber die üblichen Regeln, ist die Wahrscheinlichkeit unangenehmer Erfahrungen kaum höher als in anderen Großstädten. Geld und Pass gehören unsichtbar an den Körper und nicht in die Handtasche, besonders aufpassen mit Fotoapparat, Videokamera etc. Abgelegene Gassen meidet man besser nicht nur nachts, sondern auch in der menschenleeren Zeit der Siesta.

Diese widersprüchliche, faszinierende Großstadt sollte man als Sizilienreisender nicht versäumen, zumal es Palermo in den letzen Jahren geschafft hat, das drückende Joch der Mafia abzuschütteln, und sich deutlich zu seinem Vorteil verändert hat. Die Stadt befindet sich in Aufbruchstimmung, will an ihr reiches Erbe erinnern und verfallenden Monumenten zu früherer Schönheit zurückverhelfen. Vor allem in den alten, heruntergekommenen Vierteln werden Wohnungen saniert, verwandeln sich halb verfallene Paläste und Klöster in reizvolle kulturelle Stätten. Im Zentrum haben viele neue Bars und Restaurants eröffnet, auch die Straßen wirken nachts nicht mehr gar so ausgestorben wie einst. Palermo hat zu seiner Vitalität zurückgefunden.

Karte S. 1012/1013

Palermo
100 m
Sferracavallo, Mondello
Parco dell Favorita, Mondello
Salerno, Napoli, Genova, Civitavecchia, Cagliari, Ustica, Eolische Inseln, Tunesien
Via Cristoforo Colombo
Villa Malfitano
Via Spallitta
Via Filippo Parlatore
Via Malaspina
Via Giacomo Cusmano
Via Rosario Riolo
Via Sammartino
Via G. de Spuches
Via Principe di Villafranca
Via Nicolo Garzilli
Via XX Settembre
Via della Libertà
V. Enrico Albanese
Via P. Calvi
Via G. Daita
Via La Lumia
Via Isidoro
V. Carini
V. Puglisi
Via Archimede
Piazza Ucciardone
Scina
Corso
Borgo Vecchio
V. Collegio di S. Maria
Molo S. Lucia
Molo Piave
Via del Mare
Stazione Maritima
Molo V. Veneto
Piazza Lolli
Piazza Virgilio
Via Dante
Via Carducci
Teatro Politeama Garibaldi
Piazza Sturzo
Piazza Castelnuovo
Piazza Amendola
Via B. Latini
Via Ben. Gravina
Via Emerico Amari
Via Francesco Crispi
Via Alessio Narbone
Via Antonio Veneziano
Via Villa Florio
V. Re Federico
Via P. D'Asaro
Via Houel
Via Polara
Via M. Gutelli
Via Goethe
Piazza S. Oliva
Via Villareale
Via Ruggiero Settimo
Via Principe di Belmonte
Via Princ. Granatelli
Via Roma
Via Mariano Stabile
Via F. Cretea
Via Onorato
Via Rosolino Pilo
Via Francesco Guardione
Piazza S. Francisco di Paola
Via N.Turrisi
Corso C. Finocchiaro
V. Tripoli
Via P. Aragona
Piazza Verdi
Via Volturno
Via Marco Polo
Ranzano
1
2
3
4
5
P
i

Übernachten
2 Joli
4 Grande Albergo & Des Palmes
5 Mediterraneo
6 Posta
8 Centrale Palace
9 Letizia und B & B Ai Bottai
14 Sicilia und Alessandra
15 Concordia
17 Cavour
Essen & Trinken
1 I Cuochini
3 Il Mirto e la Rosa
7 Osteria DiVino Rosso
10 Antica Focacceria S. F.
11 Bellini
12 Pergamene
13 Osteria dei Vespri
16 Ristorante Kursaal Kalhesa
Capo
Albergheria
La Kalsa
La Cala
Foro Italico
Palazzo dei Normanni
Palazzo Arcivescovile
Kathedrale
Villa Bonanno
S. Giovanni degli Eremiti
Ballarò
Chiesa del Gesù
La Martorana/ San Cataldo
Fontana Pretoria
I Lattarini
Vucciria
Oratorio del Rosario
Chiesa di San Domenico
Oratorio di Santa Cita
Chiesa S. Agostino
Mercato delle Pulci
Chiesa di S. M. della Catena
Porta Felice
Museo Int. delle Marionette
Palazzo Chiaramonte
Palazzo Mirto
Oratorio di S. Lorenzo
Chiesa di S. Francesco d'Assisi
Galleria d'Arte Moderna
Chiesa della Gancia
Palazzo Abatellis e Galeria Regionale di Sicilia
Chiesa di S. M. dello Spasimo
Villa Giulia
Orto Botanico
Chiesa del Carmine
Hauptbahnhof
Piazza G. Cesare
Piazza Indipendenza
Porta Nuova
Via Vittorio Emanuele
Via Maqueda
Via Roma
Corso Tukory
Via Lincoln
Corso dei Mille
Via Oreto
SS 113 Messina
Viale Regione Siciliana (Umgehungsstraße), Monreale

Information

Servizio Informazioni Turistiche, Piazza Castelnuovo 34, 90141 Palermo; ✆ 091/6058351, 📠 586338. Stadtbus 101 fährt ab Bahnhof zur nahen Piazza Politeama. Geöffnet Mo–Fr 8.30–14, 14.30–18 Uhr. **Zweigstellen** im Bahnhof (✆ 091/6165914, geöffnet wie oben) und am Flughafen (✆ 091/591698, geöffnet Mo–Fr 8.30–24 Uhr, Sa/So 8–20 Uhr).

Centro Informazione Turistica, Infokioske der Stadt an vielen touristisch interessanten Punkten: beim Bahnhof, an der Piazza Bellini, am Hafen, beim Politeama-Theater, der Via Cavour (Nähe Via Maqueda) und der Via Vittorio Emanuele (Nähe Palazzo dei Normanni). Geöffnet ist die Mehrzahl täglich 9–13, 15–19 Uhr, der Hafenkiosk nur vormittags.

Anfahrt/Verbindungen

• *Flug* Der **Aeroporto Falcone e Borsellino** (✆ 800/541880) liegt etwa 30 km westlich. Etwa halbstündlich Busverbindung mit PRESTIA & COMANDE von/zu Bahnhof und Politeama-Theater, ca. 5,50 €; Zugverbindung zum Hauptbahnhof via Stazione Notarbartolo mit dem „Trinacria Express", einem Teil der städtischen Metropolitana, Fahrtdauer 45 min, 5 €. Taxi kostet mindestens 50 €, Preis vorher festmachen.

• *Schiff* Alle Verbindungen ab der **Stazione Marittima**, in Fußentfernung zur Altstadt.
Die Zukunft der Gesellschaften TIRRENIA (soll privatisiert werden) und ihrer Tochter SIREMAR war bei Redaktionsschluss noch unsicher.

Fähren: TIRRENIA (bzw. ein eventueller Nachfolger) 1-mal täglich nach Neapel, 1-mal wöchentlich nach Cagliari (Sardinien); SNAV je 1-mal täglich nach Neapel sowie 3-mal wöchentlich nach Civitavecchia bei Rom; GRANDI NAVI VELOCI 6- bis 7-mal wöchentlich nach Genua, 3- bis 4mal wöchentlich nach Civitavecchia sowie 1-mal wöchentlich nach Tunesien. GRIMALDI 1- bis 2-mal wöchentlich nach Salerno und Tunesien. SIREMAR (siehe aber oben) 1-mal täglich nach Ústica.

Aliscafi (Tragflügelboote) der Gesellschaft SIREMAR (siehe jedoch oben) nach Ústica 1- bis 3-mal täglich, der Gesellschaft USTICA LINES zu den Eolischen (Liparischen) Inseln an 3 bis 7 Tagen pro Woche.

• *Bahn* Bahnhof (Info: ✆ 091/6031111) am südlichen Altstadtrand, am Beginn der Via Roma. Direktverbindungen nach Messina (14-mal tägl.), Catania (1-mal), Agrigento (10-mal), Trapani (7-mal) und Caltanissetta Centrale (6-mal). Zusätzliche Möglichkeiten über die wichtigen Umsteigebahnhöfe Caltanissetta Xirbi (für den Osten und Südosten) und Alcamo Diramazione (Südwesten). Direktverbindungen zum Festland: Neapel und Rom je 6-mal tägl.

• *Bus* Von Palermo fahren Busse mehrerer Gesellschaften in fast alle Ecken Siziliens, zu den meisten Städten weit schneller als per Zug. Wermutstropfen ist das Fehlen eines zentralen Busbahnhofs, die einzelnen Gesellschaften starten an unterschiedlichen Abfahrtsstellen. Der Großteil fährt ab der **Via Rosario Gregorio** und **Via Balsamo** östlich vom Bahnhof. Sonntags stark eingeschränkter Busverkehr. Detaillierte Infos bei den Fremdenverkehrsämtern.

Unterwegs in Palermo

• *Pkw* Wenn es sich vermeiden lässt, besser verzichten! An den absolut chaotischen und hektischen Verkehr kann mancher sich vielleicht noch gewöhnen; die permanenten Staus, verwirrenden Einbahnstraßenregelungen und der Mangel an Parkplätzen gehen aber sehr an die Nerven. **Nichts** im abgestellten Fahrzeug lassen (CD-Player! Handschuhfach offen!). Sicherer steht das Auto in gebührenpflichtigen Garagen oder auf einem der wenigen bewachten Parkplätze, z. B. in der Via Guardione 81 bzw. 12 b am Hafen oder an der Piazza Ungheria nördlich vom Teatro Massimo.

• *Stadtrundfahrten per Bus* „City Sightseeing Palermo" bietet Touren mit Doppeldeckerbussen an, die ein offenes Oberdeck (Sonnenschutz!) besitzen. Informationen unterwegs per Kopfhörer auch in Deutsch, an den Haltestellen kann beliebig ein- und ausgestiegen werden. Zwei Rundfahrtlinien, halbstündliche bis stündliche Abfahrten jeweils ab Teatro Politeama, Preis pro Pers. deftige 20 €, das Ticket ist 24 Stunden gültig. ✆ 091/589429.

• *Stadtbusse* Ein ausgedehntes Liniennetz der orangefarbenen **AMAT-Busse** durchzieht Palermo und reicht auch bis in die umliegenden Ortschaften wie Monreale, Mondello und Sferracavallo. Tickets für etwa 1,20 € (außerdem verbilligte 20er-Blocks und Tageskarten für etwa 3,50 €) gibt es bei den Verkaufsstellen am Bahnhof, an der Piazza Castelnuovo/Ecke Via Libertà und an der Piazza Verdi sowie in vielen Tabacchiläden. Eine Fahrplanübersicht ist bei den Fremdenverkehrsämtern erhältlich. Das Bussystem von Palermo ist zwar anfangs etwas verwirrend, da die meisten Linien für Hin- und Rückfahrt unterschiedliche Routen benutzen oder Umwege fahren – nach einer Weile gewöhnt man sich aber daran und spart dann manchen Fußweg. Charakteristisch sind die über die Stadt verstreuten Umsteigepunkte, „Nodo" (Knoten) genannt.

Wichtige Linien: ab Bahnhof Nr. 101 und 102 zur Piazza Politeama, Nr. 109 und 110 zur Piazza Independenza, Nr. 139 zur Via Francesco Crispi am Hafen. Entlang des Cassaro, zwischen Piazza Indipendenza und Porta Felice Nr. 105, von Piazza Indipendenza zur Via Roma auch Nr. 104, dann weiter Richtung Politeama.

• *Metropolitana* Eine Art S-Bahn, die als Linie A bzw. „Trinacria Express" vom Bahnhof über den Vorort-Bahnhof Notarbartolo und die westlichen Nachbarorte wie Isola delle Femmine (Achtung, nicht jeder Zug hält!) zum Flughafen fährt; die wesentlich kürzere Linie B führt von Notarbartolo zur Piazza Giachery im westlichen Hafenbereich.

Übernachten/Camping (siehe Karte S. 1054/1055)

Kein Mangel an preiswerten Hotels, vor allem in der Altstadt zwischen Bahnhof und Via Cavour. Trotzdem ist es ratsam, zu reservieren oder zumindest schon früh am Tag mit der Suche anzufangen. Zur Siestazeit ist in manchen der einfacheren Hotels kein Mensch zu erreichen.

• *Altstadt* **** **Centrale Palace (8)**, Nähe Quattro Canti – zentraler geht es wirklich nicht. Ein Adelspalast aus dem 17. Jh., seit etwa 80 Jahren Hotel. Säulen, hohe Säle, Kronleuchter... Garage (15 €). DZ/F nach Saison und Ausstattung etwa 200–250 €. Corso Vittorio Emanuele 327, ✆ 091/336666, ✆ 334881, www.centralepalacehotel.it.

*** **Letizia (9)**, ein sehr angenehmes Haus. Ruhige Lage in einer Seitenstraße des Cassaro, Nähe Piazza Marina. Schön eingerichtete, zum Teil sehr geräumige Zimmer mit Klimaanlage etc., kleine Innenterrasse fürs Frühstück. DZ/F („Superior") 100–130 €, Standard-DZ/F 70–115 €; auch Suiten gibt es. Angeschlossen das **B & B Ai Bottai (9)**, DZ/F 50–85 €. Via Bottai 30, ✆/✆ 091/589110, www.hotelletizia.com.

*** **Posta (6)**, in einer Seitenstraße der Via Roma gegenüber der Post. Von außen unscheinbar, innen modern und zweckmäßig eingerichtet. Vom Straßenlärm weitgehend abgeschirmt. DZ/F 80–120 €. Via A. Gagini 77, ✆ 091/587338, ✆ 587347. www.hotelpostapalermo.it.

** **Alessandra (14)**, ein familiengeführtes kleines Hotel mit 24 ordentlichen Zimmern, nicht weit vom Bahnhof an der lauten Via Maqueda: Zimmer nach hinten nehmen. Weitgehend renoviert, die Bäder hinken noch etwas nach, sind aber in Ordnung. DZ/Bad etwa 70–90 €. ✆ 091/6173958, ✆ 665180. www.hotel-alessandra.it.

** **Sicilia (14)**, im gleichen Haus. Einrichtung und Bäder gepflegt, die Zimmer besitzen Klimaanlage, TV und Kühlschrank. Insgesamt ebenfalls eine gute Wahl. DZ/Bad rund 50–75 €. Via Divisi 99 (Ecke Maqueda), ✆ 091/6168460, ✆ 6163606. www.hotelsiciliapalermo.it.

* **Concordia (15)**, an der lauten Via Roma, viele Räume liegen jedoch nach hinten. Geräumige Zimmer mit Stuckdecken und TV. Prima Preis-Leistungs-Verhältnis: DZ/F 50–80 €. Via Roma 72, ✆/✆ 091/6171514.

* **Hotel Cavour (17)**, gut geführtes Haus sehr nah beim Bahnhof, trotzdem recht ruhig. Einfache, aber geräumige und saubere Zimmer, viele mit Klimaanlage. Immer wieder von Lesern gelobt. DZ/Bad 55–65 €, ohne Bad 40–45 €; Via Manzoni 11, eine Seitenstraße der Via Lincoln; ✆ 091/6162759. www.albergocavour.com.

• *Jenseits der Via Cavour* **** **Grande Albergo & Des Palmes (4)**, auch unter dem italienischen Namen „Grande Albergo & delle Palme" bekannt. Ein traditionsreicher Hotelpalast an der Via Roma, Jugendstil de luxe. Richard Wagner beendete hier seinen „Parsifal", zeitweise diente das Haus auch

Karte S. 1012/1013

als Stützpunkt von „Lucky“ Luciano. Eigene Garage, sehenswerte Bar. Manche der Zimmer fallen allerdings insgesamt etwas weniger prächtig aus als die allgemein zugänglichen Räumlichkeiten. DZ/F kosten je nach Ausstattung etwa 120–225 €. Via Roma 396, ✆ 091/583933, 📠 331545, www.grandhoteletdespalmes.it.

*** **Mediterraneo (5)**, in einer ruhigen Seitenstraße zwischen Via Roma und Via Ruggiero Settimo, bzw. zwischen Piazza Verdi und Piazza Castelnuovo. Gemütliches Haus, große, gut ausgestattete Zimmer mit teilweise schon etwas älteren Möbeln; hoteleigene Garage. DZ/F etwa 80–120 €. Via Rosolino Pilo 43, ✆ 091/581133, 📠 586974. www.abmedpa.com.

** **Joli (2)**, Nähe Piazza Don Sturzo. Moderne, geräumige Zimmer, recht ruhig, freundliche Einrichtung – eine gute Wahl in dieser Klasse. DZ ca. 70–150 €. Via Michele Amari 11, eine Seitenstraße der Via Enrico Amari, ✆ 091/6111765, 📠 6111766, www.hoteljoli.com.

• *Jugendherberge* **Ostello della Gioventù Baia del Corallo**, küstennah im Vorort Sferracavallo gelegen, zur Anreise siehe gleich unten unter „Camping“. 40 Betten in Doppel- und Viererzimmern mit eigenem Bad, Übernachtung pro Pers. etwa 18 €. Ganzjährig. Sferracavallo, Via del Plauto 27, ✆ 091 6797807, 📠 6912376, ostellodipalermo@libero.it.

• *Camping* Beide Plätze liegen im nordwestlichen Vorort *Sferracavallo*, gut 10 km vom Zentrum. Häufige Busverbindung ab Bahnhof, zunächst mit Linie 101, dann entweder ab Station Vittorio Veneto weiter mit Linie 616, oder aber ab der Endstation De Gasperi Stadio weiter mit Linie 628. Weitere Campingplätze bei *Isola delle Femmine* (Bahnverbindung), allerdings weiter entfernt.

Camping Trinacria, östlicher Ortsrand, durch die Uferstraße vom (unschönen) Felsstrand getrennt. Ausgedehntes Gelände, Schatten durch Mattendächer; im Sommer Restaurant und Laden. Ganzjährig. ✆ 091/530590, www.campingtrinacria.it

Camping degli Ulivi, der angenehmere und preisgünstigere Platz. In einer Wohngegend (rechts der Straße von Palermo). Klein, familiär; der freundliche Besitzer Pasquale Matranga sorgt für blitzsaubere Sanitäranlagen. Etwas Schatten durch Olivenbäume, hübsche Terrasse zur allgemeinen Nutzung. Ganzjährig. ✆/📠 091/533021.

Parcheggi Olimpo-Camper Service, ein Wohnmobil-Parkplatz der Verkehrsbetriebe AMAT am nordwestlichen Stadtrand, die Linienbusse ins Zentrum und nach Mondello halten in unmittelbarer Nähe. Anfahrt am besten über Autobahnausfahrt Richtung Tommaso Natale und weiter auf dem Viale Rosario Nicoletti zur Piazza Simon Bolivar. Wasser- und Stromanschluss etc. Stellplatz etwa 15–20 €. Via dell'Olimpo 29, ✆ 091/244206.

Essen & Trinken (siehe Karte S. 1054/1055)

Auch in kulinarischer Hinsicht gibt sich Palermo (für italienische Verhältnisse) relativ preiswert. Berühmter Klassiker der lokalen Küche ist *pasta con le sarde*, Nudeln mit Sardinen, wildem Fenchel und Pinienkernen. Mit die preiswertesten und sehr bodenständige Lokale finden sich rund um den Markt *Vucciria*, der auch ein Paradies für sizilianischen Imbiss ist.

Osteria dei Vespri (13), laut Eigenwerbung eine „Weinstube mit Restaurant“, gelegen an einem hübschen kleinen Platz nur wenige Schritte meerwärts der Via Roma. Feine Küche, das Degustationsmenü kommt auf stolze 75 €, à la carte geht es auch etwas günstiger. Piazza Croce dei Vespri 6, ✆ 091/6171631; So und um Mitte August geschlossen.

Ristorante Kursaal Kalhesa (16), Teil des gleichnamigen Kulturzentrums (siehe auch Kapitel „Nachtleben“). Hübsches Ambiente, gehobene Küche, Menü ab etwa 25 € aufwärts. Im Anschluss vielleicht ein Schlückchen in der Bar? Foro Umberto I 21, Mo Ruhetag.

Bellini (11), an der Piazza Bellini, nahe Quattro Canti. Die schöne Lage, von Kirchen und alten Gebäuden umgeben, schlägt sich auf die Preise durch (Menü ab ca. 20 €), man kann es aber auch bei einer Pizza belassen. Bis 3 Uhr morgens geöffnet, Mo geschl.

Pergamene (12), eines der vielen Lokale an der Piazza Marina. Man sitzt hübsch neben Palmen und alten Palazzi. Der Service vielleicht etwas irritierend (das Gewünschte muss auf einem Zettel angekreuzt werden), die Pizzen sind jedoch ordentlich und mit durchschnittlich 6 € auch nicht teuer. Wie auch in so manch anderem Lokal scheint der günstige Tarif freilich über den Bier-Preis subventioniert zu werden... Piazza Marina 48.

Il Mirto e la Rosa (3), edel in alten Gewölben, sparsam eingesetzte Jugendstildekoration, ruhige Atmosphäre; auch mittags beliebt. Komplettes Festmenü ab etwa

13 €, à la carte ab 20 €. Via Principe Granatelli 30, eine Seitenstraße der Via Roma zwischen Via Cavour und Piazza Don Sturzo. Sonntag Ruhetag, im August geschlossen.

Osteria DiVino Rosso (7), von der Kreuzung Corso V. Emanuele, Via Roma aus mit wenigen Schritten zu erreichen. Beliebter Mittagstisch, die Gasträume liegen über mehrere Etagen verteilt. Keine große Auswahl, aber beste Qualität für wenig Geld. Menü etwa 10–15 €. Via Salita S. Antonino 9, ✆ 091/7495015. So Ruhetag.

Antica Focacceria San Francesco (10), bei der gleichnamigen Kirche, in einer Seitengasse des Cassaro. Palermos traditionsreichster Imbiss, 1834 gegründet! Seit dem letzten Facelift in mehrere Bereiche unterteilt, u. a. Self-Service, Sushi-Bar und eine Art Restaurant mit Tischen am Platz vor der nachts angestrahlten Kirche. Großes Angebot an sizilianischem „Fast-Food" wie Arancine (gefüllte Reiskugeln), Pani ca' meusa (Brötchen mit gekochter Milz und/oder Lunge) oder eben Focacce (pikant gefüllte Teigkrapfen). Immense Auswahl an Biersorten, allerdings relativ teuer. Insgesamt einen Besuch unbedingt wert! Via A. Paternostro, Abzweig vom Cassaro bei Haus Nr. 176; Mo Ruhetag.

I Cuochini (1), unweit der Piazza Castelnuovo. Noch einmal sizilianischer Imbiss, und wieder ganz anders – bei den „kleinen Köchen" gibt es eine breite Spezialitäten-Auswahl zum Mitnehmen oder vor Ort verzehren. Der Clou dabei: Arancine & Co. sind kleiner (und günstiger) als üblich, ideal zum Ausprobieren. Da stört es nicht, dass der Laden eher Metzgerei-Ambiente hat. Via Ruggero Settimo 68, versteckt im Hinterhof (beim Keramikschild durchs Tor), dann rechts. Im Sommer nur bis 14.30 Uhr geöffnet, So Ruhetag.

Diverses

• *Nachtleben* **Mondello** mit seinen vielen Bars und Open-Air-Discos ist das Zentrum nächtlicher Aktivitäten. In Palermo findet sich das eher spärliche Nachtleben z. B. auf der **Piazza Olivella** vor dem Archäologischen Regionalmuseum und im hinteren Bereich der **Via Candelai** und **Via Gelso**.

Kursaal Kalhesa, 2001 eröffnet und längst eine Institution in Palermo. Mit EU-Geldern finanziertes Kulturzentrum; tolle Architektur, im Inneren u. a. eine Buchhandlung, ein Restaurant (siehe oben) und eine Weinbar, in der häufig Livemusik gespielt wird. Foro Umberto I 21, schräg hinter einer Tankstelle, von außen nur am Schild „Urban Tour" zu erkennen.

C.C.P. Agricantus, eine Art Kulturkooperative, in der Rock-, Folk und Jazzkonzerte, Theateraufführungen etc. stattfinden. Mit Restaurant, Bar bis drei Uhr morgens geöffnet. Via Nicolo Garzilli 89, nahe Giardino Inglese.

Nuovo Montevergini, im Zentrum nahe Via Gelso. Ein ehemaliges Kloster, in dem gelegentlich Jazzkonzerte etc. stattfinden. Älteres Publikum mit Intellektuellentouch. Via Montevergini 8.

Kandisky Florio Club, in der ehemaligen Tonnara Florio (in Meeresnähe etwas stadtauswärts des Hotels Villa Igiea), reizvolles Ambiente mit Livemusik, an Wochenenden Disco.

Grilli Giù, beliebte, lebendige Bar, nette Atmosphäre neben alten Mauern.Largo Cavalieri di Malta 2, nördlich der Vucciria, im Erdgeschoss des Restaurants Grilli.

• *Shopping* Auf den Märkten ist außer bei Lebensmitteln Feilschen geradezu Pflicht. Alle genannten Märkte haben werktags vormittags, am späten Nachmittag und frühen Abend geöffnet; in der Siesta-Zeit und am Sonntag ist alles dicht. Am meisten los ist in der Regel vormittags. Vorsicht vor Taschendieben!

Die berühmte **Vucciria** unterhalb der Piazza San Domenico und nahe der Kreuzung Via Roma/Cassaro hat leider ihre besten Zeiten hinter sich. Wurde auf dem kleinen Platz und in den Gässchen früher noch eine bunte Fülle von Lebensmitteln angeboten, mischen sich jetzt immer mehr Verkäufer asiatischer Billigelektronik unter die traditionellen Fischstände.

I Lattarini, Campingartikel, Militärkleidung, Lederjacken etc. finden sich jenseits des Cassaro, etwas meerwärts der Via Roma. Wie auch in der Vucciria ist das Angebot jedoch rückläufig.

Capo, ein wirklich urwüchsiger und bunter Markt, dessen Zentrum das Gebiet zwischen dem oberen Ende der Via Sant'Agostino und der Porta Carini ist, hier hauptsächlich als Lebensmittelmarkt. Unbedingt sehenswert.

Ballarò, ebenfalls ein bunter Markt. Obst und Gemüse, aber auch reichlich Second-Hand-Ware. Er erstreckt sich rund um den gleichnamigen Platz und die nahe Piazza

Karte S. 1012/1013

Casa Professa; zu erreichen über die Via del Bosco, die unweit des Bahnhofs von der Via Maqueda abzweigt.

„Mafiafreier Einkauf" Addiopizzo („Tschüss Schutzgeld") entstand 2004 in Palermo aus studentischer Initiative. Auf der Website sind Adressen aller Mitglieder gelistet, die erklärt haben, kein Schutzgeld (den „Pizzo" eben) an die Mafia zu zahlen, darunter Geschäfte, aber auch Hotels und Restaurants. Einen entsprechenden Stadtplan gibt es auf www.addiopizzo.org als Download sowie vor Ort (in den Infokiosken der Stadt oder in manchen Unterkünften) auch auf Papier und dies neuerdings sogar auf Deutsch.

• *Veranstaltungen* Ausstellungen, Theateraufführungen und Konzerte reichlich – Palermo ist auch kulturell die Hauptstadt Siziliens, allerdings hart bedrängt von Catania. Monatlicher Programmkalender über alle Aktivitäten bei den Info-Büros.

U Fistinu di Santa Rosalia, am 15. Juli, das bedeutendste religiöse Fest der Stadt. Der Ausdruck „das Festchen" ist vornehme Untertreibung – eine große Prozession, Hafenfeuerwerk und Straßenmusik sorgen für gewaltiges Remmidemmi in der Stadt.

Opera dei Puppi, die berühmten sizilianischen Puppentheater, über Jahrhunderte hinweg erregten die heldenhaften Kämpfe der Paladine Karls des Großen gegen die Sarazenen die Gemüter der Sizilianer. Die uralte Tradition war dem Aussterben nahe, und es ist auch dem Tourismus zu verdanken, dass sie nicht völlig von der Bildfläche verschwand. Gelegentlich finden Aufführungen im **Museo delle Marionette** und im **Museo Etnografico Pitrè** statt. Volksnäher sind die Spektakel der wenigen verbliebenen originalen „Pupari" – vor allem die Familie Cuticchio hält noch die Fahne dieses Gewerbes hoch, darunter Anna Cuticchio, die erste weibliche Pupara, im **Teatro Argento**, Via Pietro Novelli 1, ✆ 091/329194 **Teatro Ippogriffo**, Vicolo Ragusi 6. Aktuelle Termine jeweils bei den Infostellen.

Sehenswertes

Kombi-Tickets für Museen und Monumente

Für eine Reihe von Museen und anderen Sehenswürdigkeiten der Stadt und ihrer Umgebung werden Sammeltickets („Biglietti cumulativi") zu vergünstigtem Eintrittspreis angeboten. Die teuersten sind zwei Tage gültig.

Museo Archeològico Regionale + Galleria Regionale della Sicilia 10 €

Museo Archeològico Reg., Galleria Reg. d. Sicilia + Palazzo Mirto 12 €

Museo Archeològico Regionale + Palazzo Mirto 7 €

Galleria Regionale della Sicilia + Palazzo Mirto 7 €

San Giovanni d. Eremiti, Zisa, Cuba, Kreuzgang Monreale 12 €

EU-Bürger unter 18 J. sowie über 65 J. genießen in den meisten Sehenswürdigkeiten freien Eintritt, für 18- bis 25-Jährige ist der Preis oft halbiert.

Zentraler Orientierungspunkt in Palermos Innenstadt sind die *Quattro Canti* an der Kreuzung der *Via Maqueda* mit dem *Cassaro* (Via Vittorio Emanuele). Die Quattro Canti bilden den Schnittpunkt von vier traditionellen Vierteln: Auf der dem Meer abgewandten Seite der Via Maqueda erstrecken sich die Viertel *Albergheria* (südlich Cassaro) und *Capo*; zum Meer hin liegen *La Kalsa* (südlich des Cassaro) und das Viertel um die *Vucciria*. Fast alle Monumente und die meisten Museen liegen in Fußwegentfernung innerhalb dieses Bereichs.

Um die Quattro Canti

Der Mittelpunkt der Innenstadt ist fast rund um die Uhr ein Opfer des Verkehrs. Trotzdem sollte man dem im 17. Jh. angelegten Platz einen Blick gönnen: In den Nischen an den konkav gewölbten „vier Ecken" stehen von oben nach unten jeweils die Statuen einer Stadtheiligen, eines spanischen Königs und die Symbolfigur einer Jahreszeit; alle von den Abgasschwaden schon recht angenagt.

Piazza Pretoria: an der Via Maqueda Richtung Bahnhof, nur ein kleines Stück von den Quattro Canti. Einen Großteil des Platzes nimmt die kuriose *Fontana di Piazza Pretoria* ein. Ursprünglich war der riesige Brunnen (Umfang über 130 m) für eine Villa in Florenz bestimmt. Nachdem die Komposition aus Dutzenden von marmornen Nymphen, Göttern und Fabelgestalten dort keinen Anklang fand, wurde sie 1574 nach Palermo verkauft. Im Süden der Piazza steht das 1463 errichtete und mehrfach umgebaute Rathaus *Palazzo del Municipio*.

Mittelpunkt Palermos: die „Vier Ecken": Quattro Canti

La Martorana und San Cataldo: Die beiden Kirchlein stehen nebeneinander an der *Piazza Bellini*, einen Katzensprung südlich der Piazza Pretoria.

La Martorana wird zu den bedeutendsten Werken der normannischen Kunst gezählt, eine Einschätzung, die vor allem auf der Qualität der Mosaiken im Inneren beruht. Äußerlich wurde der im byzantinischen Stil geplante Zentralkuppelbau mehrfach bis zur Unkenntlichkeit verändert. Noch im 12. Jh. entstanden Vorhalle, ein (später überbauter) Vorhof und der schöne, viergeschossige Campanile, durch den man das Kircheninnere betritt. Die Innenausstattung bildet eine etwas wunderliche, aber durchaus attraktive Mixtur normannischer Mosaike und barocker Gemälde. Es dominiert das leuchtende Gold, das als Hintergrundfarbe der Mosaiken gewählt wurde. Der Bilderzyklus (in der Kuppel Christus als Pantokrator, in den Seitenschiffen die Apostel) gilt als ältester Siziliens.

La Chiesa di San Cataldo (gegenüber) blieb von Umbauten weitgehend verschont. An der Konstruktion der um 1160 errichteten Kirche ist die Verbindung normannischer und arabischer Stilelemente deutlich erkennbar: ein rechteckiger Grundriss, geschmückt von umlaufenden Zinnen, darüber drei rote Kuppeln in orientalischer Tradition. Der Innenraum ist schmucklos, glänzt aber mit schönem Spiel des Lichts.

Öffnungszeiten/Eintritt **La Martorana**, Mo–Sa 9.15–13, 15.30–18.30 Uhr, So 8.30–10, 12–13 Uhr. **San Cataldo**, Mo–Sa 9–14, 15.30–19 Uhr, So 9–14 Uhr; Eintritt 1,50 €.

Albergheria-Viertel und Normannenpalast

Das alte, im Krieg schwer getroffene Viertel südwestlich der Via Maqueda beherbergt in seinen Randbezirken einige bedeutende Sehenswürdigkeiten: das Kloster *San Giovanni degli Eremiti* und der *Palazzo dei Normanni*, dessen *Cappella Palatina* zweifellos das schönste Schatzkästlein Palermos darstellt. Ein Bummel dorthin führt direkt durch die bunten Märkte des Viertels Albergheria.

Sizilien Karte S. 1012/1013

San Giovanni degli Eremiti: Die 1132 durch den Normannen Roger II. errichtete Klosterkirche steht auf den Resten einer arabischen Moschee und eines noch älteren Benediktinerklosters. Sie ist ein weiteres Beispiel für das Zusammenwirken normannischer und islamischer Architekturtradition. Der schmucklose Unterbau in Form eines so genannten „Antonius-Kreuzes" und der Campanile werden von fünf roten Kuppeln gekrönt. Das Schönste an San Giovanni ist jedoch der romantische *Kreuzgang* aus dem 13. Jh. mit seinen im islamischen Stil verzierten Säulen und Bögen.

Öffnungszeiten/Eintritt tägl. 9–17 Uhr, im Sommer bis 18 Uhr. Eintritt 6 €.

Palazzo dei Normanni

Auch Palazzo Reale genannt, ein kleines Stück nordwestlich von San Giovanni gelegen. Mit der fantastischen Cappella Palatina birgt er die mit Abstand größte Sehenswürdigkeit der Stadt.

Die Araber wählten dieses Areal für ihren Herrscherpalast *Al-Kasr*, Namenspatron des von hier meerwärts verlaufenden „Cassaro" (Via Vittorio Emanuele). Die Grundzüge des heutigen Gebäudes stammen von der prachtvollen Residenz der Normannen, die auf den Ruinen des arabischen Palastes entstand. Unter Stauferkaiser Friedrich II. wurde sie zum Schmelztiegel orientalischer und westlicher Kunst und Wissenschaft. Nach dem Untergang des Stauferreiches begann der verlassene Bau zu bröckeln. Jahrhunderte vergingen, bis sich die spanischen Vizekönige daran machten, das heruntergekommene Prachtstück zu sanieren. Die Umbauten des 16.–18. Jh. verwandelten den riesigen Palast in eine verwirrende Mixtur verschiedener Stilrichtungen. Heute ist er Sitz des sizilianischen Parlaments.

Cappella Palatina: zwischen 1132 und 1140 errichtet. Die ursprünglich frei im Hof stehende, zweigeschossige Privatkapelle Rogers II. verschmolz im Lauf der Zeit mit den umgebenden Gebäuden. Der Zugang erfolgt jetzt über eine Treppe in den ersten Stock. Im Dämmerlicht schimmert die gesamte dreischiffige Kapelle in schier märchenhafter Pracht. Arabische, byzantinische und normannische Einflüsse vereinigen sich in unübertrefflich harmonischer Weise. Eingelegte Marmorfußböden und antike Granitsäulen bilden den Rahmen für die berühmten goldglänzenden Mosaiken. Am ältesten sind die der Kuppel (Christus Pantocrator, umgeben von Engeln und Heiligen) und der Apsiden. Ein für eine Kirche sehr ungewöhnliches Ausstattungsstück ist die geschnitzte arabische Holzdecke im Mittelschiff, wie sie in manchen Moscheen anzutreffen ist. In ihre Stalaktitenform sind, mit dem bloßen Auge kaum erkennbar, menschliche Figuren eingearbeitet. Weitere Glanzstücke der Cappella Palatina sind der Hochaltar, ein über 4 m hoher, reich verzierter Kerzenhalter aus Marmor und der Thron Rogers II.

Appartamenti Reali: Die Privaträume des Königs liegen einen Stock höher. Interessant ist vor allem die *Sala di Ruggero*, deren Wände schöne Mosaiken aus dem 12. Jh. bedecken.

• *Öffnungszeiten/Eintritt* **Palazzo** ge[illegible] Mo/Fr/Sa 8.30–12, 14–17 Uhr, Eintritt [illegible] Verbindung mit Cappella Palatina mög[illegible] (siehe unten). Wenn man Pech hat, erhalten Schulklassen am Eingang Vorrang.
Cappella Palatina geöffnet Mo–Sa 8.15–17.45 Uhr, So 8.15–13 Uhr. Am So während [illegible]esse von 9.45–11.15 Uhr kein Touris[illegible]such. Man bittet um „christliche" Klei[illegible]also kein Zugang in Shorts, mit tie[illegible]sschnitt, etc. Eintritt 8,50 € inkl. Pala[illegible] Di/Mi/Do (wenn der Palazzo geschlosse[illegible]eibt) 7 €.

Capo-Viertel

Das Gebiet nördlich des Cassaro, auf der meerabgewandten Seite der Via Maqueda, ist – von der am Rand des Capo liegenden Kathedrale abgesehen – nicht so dicht mit Sehenswürdigkeiten gespickt wie die anderen Viertel. Immerhin hat auch der Capo seinen lebendigen Markt, der sich von der Piazza Monte di Pietà bis zur Via Maqueda erstreckt.

Kathedrale: am Cassaro, also der Via Vittorio Emanuele. Hinter einem weiten Vorplatz erstreckt sich die Südflanke des riesigen Gebäudes. Schon im 6. Jh. stand an dieser Stelle eine christliche Kirche, die zur Zeit der Araberherrschaft in eine Moschee umgewandelt wurde. Die Normannen schließlich gaben 1170 den Auftrag zum Bau der Kathedrale, der 1185 beendet war. Leider gaben sich spätere Generationen mit dem Ergebnis nicht zufrieden. Nachdem schon im 15. Jh. eine gotisch-katalanische Vorhalle an die Südfassade gebaut worden war, setzte man dem geplagten Gebäude im 17./18. Jh. die völlig unpassende große Kuppel auf. Wie schön die Kathedrale ohne diese Verunzierungen aussehen würde, lässt sich am besten von der stadteinwärts weisenden Ostseite aus beurteilen. Hier zeigt sich der normannische Ursprungsbau mit der zinnenbekrönten Mittelapsis noch im reinen Stil. Auch das Innere der dreischiffigen Kirche wurde bei den Umbauten des 18. Jh. nicht verschont und langweilt jetzt im klassizistischen Stil. Ausgesprochen sehenswert sind immerhin die nur auf einer Führung zu besichtigenden *Herrschergräber*. In zwei Seitenkapellen (vom Eingang links halten) ruhen die sterblichen Überreste der Crème normannischer und staufischer Kaiser und Könige: in der ersten Reihe links der von Löwen gestützte Sarkophag des großen *Friedrich II.*, rechts der seines Vaters *Heinrichs VI.* Hinten rechts der Sarg seiner Ehefrau (und Mutter Friedrichs), der normannischen Prinzessin *Konstanze von Aragon* – durch ihre Heirat ging die Erbfolge von den Normannen auf die Staufer über. Links der Sarg ihres Vaters *Roger II.*, des ersten Königs von Sizilien. Der *Domschatz* lohnt eine Besichtigung, Prunkstück ist die reich verzierte goldene Krone der Konstanze.

Immer wieder umgebaut: Palermos Kathedrale

• Öffnungszeiten/Eintritt Kathedrale geöffnet 9.30–17.30 Uhr; Eintrittsgebühr für Herrschergräber, Domschatz und Krypta 2,50 €, zusammen mit dem Museo Diocesano (Di–Fr sowie So 9.30–13.30, Sa 10–18 Uhr) im Bischofspalast gegenüber der Kathedrale 5 €.

Chiesa Sant'Agostino: Die im 14. Jh. von den Adelsfamilien Chiaramonte und Sclàfani gestiftete Kirche liegt an der belebten Marktstraße Via Sant'Agostino, im Herzen des Capo-Viertels. Auch sie wurde im 17./18. Jh. umgebaut; die schöne Rosette über dem Haupteingang ist allerdings original. Der Innenraum steht ganz im Zeichen von Giacomo Serpotta, des Meisters der Stuckdekoration.

Um die Vucciria

In dem kleinen Viertel zwischen Cassaro, Via Maqueda, Via Cavour und dem Meer bestimmen Straßenverkauf und Kleingewerbe das Bild.

Museo Archeologico Regionale A. Salinas: in einem ehemaligen Kloster an der Piazza Olivella, nahe der Hauptpost (Via Roma). Eins der wichtigsten Museen seiner Art in Italien. Mit Funden aus vielen bedeutenden archäologischen Stätten Siziliens ist es wie geschaffen für Vorbereitung oder Nachlese einer Inseltour. Das Museum gliedert sich in drei Stockwerke und bietet eine überwältigende Fülle von Exponaten.

• *Öffnungszeiten/Eintritt* Di–Fr 8.30–14, 14.30–18.45 Uhr, Sa–Mo 8.30–13.45 Uhr; Eintrittsgebühr 8 €.

• *Erdgeschoss* Eingang durch den **Kleinen Kreuzgang**, in dem hauptsächlich Funde aus gesunkenen Schiffen präsentiert werden. In zwei Seitensälen finden sich Objekte, die den frühen Kontakt zum östlichen Mittelmeer belegen: phönizische Sarkophage und Plastiken sowie der so genannte „Stein von Palermo", eine Aufzählung ägyptischer Pharaonen in Hieroglyphenform.

Über den **Großen Kreuzgang** gelangt man in die Museumsräume. In den ersten drei Sälen finden sich griechische Inschriften, Doppelstelen vom Demeter-Heiligtum in Selinunte und Architekturfragmente. Die anschließende **Sala Marconi** enthält unter anderem sehr schöne Wasserspeier (5. Jh. v. Chr.) in Form von Löwenköpfen aus dem Tempel von Himera. Absolutes Highlight des Museums ist der **Salone di Selinunte** mit den berühmten Metopen (Reliefs am Tempeldach) der dortigen Tempel. Angrenzend vier weitere Säle mit etruskischen Fundstücken aus der Toskana.

• *Erster Stock* Zugang vom Kleinen Kreuzgang. Eine überwältigende Menge an Exponaten erwartet hier den Besucher, darunter allein etwa 12.000 Terrakottafiguren vom Demeter-Heiligtum in Selinunte. Trotz der etwas ermüdenden Fülle sollte man den Gang in den **Saal der Bronzen** nicht versäumen. Der dortige Bronzewidder aus Siracusa entzückte schon Goethe.

• *Zweiter Stock* Nach langer Renovierung erst seit wenigen Jahren wieder zugänglich. Sein Glanzlicht bilden die Kopien der steinzeitlichen Felszeichnungen aus den **Grotte dell'Addaura** am Monte Pellegrino, die im Original nicht zu besichtigen sind.

Oratorio di Santa Cita: Im meerwärts liegenden Teil des Viertels, an der Via Valverde, Nähe Via Sqarcialupo; eine recht heruntergekommene Gegend. Unbedingt sehenswert ist die Kapelle speziell des Innenraums wegen, in dem sich Stuckspezialist *Giacomo Serpotta* so richtig austobte. Höhepunkt der üppigen Dekoration ist eine plastische Darstellung der Seeschlacht bei Lepanto.

Öffnungszeiten/Eintritt Mo–Sa 9–13 Uhr, Sammelticket zusammen mit Oratorio del SS. Rosario in San Domenico und Chiesa Santa Maria di Valverde 5 €.

Piazza San Domenico: Die riesige Dominikanerkirche *Chiesa di San Domenico* entstand im 14. Jh. und wurde im 17. Jh. im Barockstil komplett umgebaut. Neben einer Reihe von Arbeiten der Bildhauerfamilie Gagini enthält sie Gräber, deren Aufschriften sich wie ein Who's who sizilianischer Vergangenheit lesen. Das *Oratorio del Rosario di San Domenico* in der 1578 errichteten kleinen Kapelle hinter San Domenico beeindruckt mit prächtiger Innenausstattung.

Öffnungszeiten/Eintritt **Chiesa di San Domenico**, tägl. 9–11.30, Sa/So auch 17–19 Uhr.

Vucciria: Von der Piazza San Domenico taucht man über eine Treppe direkt in das (heute nicht mehr gar so heftige) Marktgetümmel ein. Der zentrale Platz der Vucciria ist Refugium der verbliebenen Fischverkäufer. Rote Sonnensegel schützen die verderbliche Ware, nackte Glühbirnen erhellen das Zwielicht, halbe Schwertfische hängen neben Kisten mit streichholzkurzen Silberlingen.

Verfallene Herlichkeit: Palazzo im Kalsa-Viertel

La Kalsa

Die Gegend meerwärts der Via Maqueda und südlich des Cassaro war in früheren Jahrhunderten eine der feinsten Adressen Palermos. Im Zweiten Weltkrieg von Bombenangriffen schwer getroffen, hat sich der einstige Glanz heute ins Gegenteil verkehrt. Von einem Besuch sollte man sich dennoch nicht abhalten lassen, schließlich hat La Kalsa trotz aller Zerstörungen einige hochkarätige Sehenswürdigkeiten zu bieten.

Museo Internazionale delle Marionette: An der Piazzetta Niscemi 5, nahe Piazza Marina. Ein Fest für Fans der sizilianischen *Opera dei Pupi* (→ „Veranstaltungen"): Marionetten von Ritter Orlando nebst Konsorten sind in diversen Variationen ebenso zu sehen wie seine dunkelhäutigen Gegenspieler, außerdem eine Sammlung bemalter Bühnen sowie orientalische Puppen. Über „Live"-Auftritte der Puppen Infos bei den Büros der AAPIT.
Öffnungszeiten/Eintritt Mo–Fr 10–13, 15.30–18.30 Uhr (läuten, falls geschl.); Eintritt 5 €.

Piazza Marina: Der hübsche Platz gleich neben dem Cassaro hat sich zu einem beliebten abendlichen Treffpunkt entwickelt und lockt mit Bars, Pizzerias und Restaurants aller Couleur von der Hühnerbraterei bis zum feinen Ristorante.

Palazzo Mirto: An der Via Merlo, nur ein paar Schritte von der Piazza Marina. Der Palast war viele Jahrhunderte lang im Besitz einer reichen Palermitaner Familie und gelangte nach dem Tod der letzten Angehörigen in die Hände der Region Sizilien, die ihn der Allgemeinheit öffnete. Ein Rundgang durch die prunkvollen Gemächer zeigt sehr anschaulich den einstigen Lebensstil der sizilianischen Oberschicht.
Öffnungszeiten/Eintritt täglich 9–18.30 Uhr. Eintritt 3 €.

Galleria Regionale di Sicilia: Siziliens bedeutendste Sammlung von Gemälden und Skulpturen birgt Objekte vom Mittelalter bis zum 17. Jh. Untergebracht ist sie im *Palazzo Abatellis* (Via Alloro 4), einem gut erhaltenen Adelspalast an der Schwelle der Gotik zur Renaissance, 1495 erbaut. Zugang zur Galerie über den Hof. Das Erdgeschoss ist der Bildhauerei gewidmet, darunter Arbeiten der Familie *Gagini*; Prunkstück der Gemäldegalerie im Ersten Stock ist die Sammlung der Werke von *Antonello da Messina*.
Öffnungszeiten/Eintritt Mi, Fr, Sa 9–13 Uhr, Di und Do 9–18 Uhr. Eintritt 8 €.

Chiesa di Santa Maria dello Spasimo: am südlichen Rand des Kalsa-Viertels, Zugang über die Via dello Spasimo. Durch den Hof eines ehemaligen Ospedale gelangt man zu der nie fertig gestellten Klosterkirche aus dem 16. Jh. Die dachlose Ruine, in deren Innerem Bäume wachsen, dient gelegentlich als Bühne und ist ein romantischer Ort von ungewöhnlichem Reiz, geöffnet täglich von 8–23.45 Uhr, sonntags erst ab 9 Uhr.

Sizilien Karte S. 1012/1013

Orto Botanico: Der botanische Garten am östlichen Rand der Kalsa (Anfang Via Lincoln) gilt – mit Recht – als einer der schönsten Europas. Schon im 18. Jh. gegründet, beherbergt er heute eine kaum überschaubare Anzahl exotischer Gewächse; allein die hier gedeihenden Palmenarten zählen nach Dutzenden. Eine grüne Ausweichmöglichkeit mit südlichem Flair bietet der benachbarte Stadtpark *Villa Giulia*, ebenfalls eine Oase der Ruhe.

Öffnungszeiten/Eintritt Orto Botanico tägl. 9–18 Uhr, im Sommer länger, Nov. bis Februar am So nur 9–14 Uhr. Eintritt 5 €.

Äußere Stadtbezirke

Convento dei Cappuccini: Die makaberste „Sehenswürdigkeit" Siziliens ist nichts für Sensible. Tausende mumifizierter Leichname warten in den Katakomben unter dem Kapuzinerkloster auf die Ewigkeit. Bis ins Jahr 1881 wurden die mit verschiedenen Verfahren konservierten Körper hier bestattet. Völlig bekleidet stehen und liegen sie, Frauen und Männer getrennt und nach Berufen geordnet, in Glassärgen oder Wandnischen. Ein schauerliches Bild, schief hängende Köpfe, verzerrte Gesichter oder deren Überreste, mumifizierte Kleinkinder. Das zweijährige Mädchen Rosalia kam noch 1920, als diese Bestattungsform schon längst verboten war, in das Schreckenskabinett. Mit einem nicht mehr bekannten Verfahren behandelt, scheint das tote Kind in seinem Sarg nur zu schlafen.

Öffnungszeiten/Eintritt An der Piazza Cappuccini, von der Piazza Indipendenza etwa einen Kilometer über den Corso Cappuccini, dann rechts in die Via Pindemonte. Geöffnet Mo–Sa 9–12, 15–17.30 Uhr; Eintrittsgebühr 1,50 €.

Museo Etnografico Pitrè: Das Volkskundemuseum liegt im hinteren Teil des *Parco della Favorita*, Palermos etwas verwildertem Stadtpark, der sich im Norden der Stadt unterhalb des Monte Pellegrino erstreckt. Siziliens bedeutendstes Museum dieser Art beherbergt neben einer Sammlung bunter Karren auch Marionetten nebst dazugehörigem Theater, Krippenfiguren, Trachten, landwirtschaftliche Geräte und vieles mehr – ein kompletter Überblick über ausgestorbene und noch existierende Details des Alltagslebens der Insel.

Öffnungszeiten/Eintritt Zugang nahe der Piazza Niscemi am Viale del Fante; gut 5 km von den Quattro Canti (Stadtbusse). Geöffnet Di–Sa 9–19.30, So 9–12.30 Uhr; Eintritt 5 €.

Palermo/Umgebung

Monte Pellegrino: Der markante, 606 m hohe Klotz fällt bei der Anreise per Schiff schon von weitem ins Auge. In der Nähe des Grand Hotels Villa Igieia zweigt die Panoramastraße Via Bonnano ab, die in vielen Serpentinen über den Berg und nach Mondello führt. Auch per Bus ab der Piazza Don Sturzo zu erreichen ist das *Santuario di Santa Rosalia*. Das Heiligtum der Stadtheiligen Palermos ist ein beliebter Wallfahrtsort mit entsprechendem Rummel und Souvenirkitsch. Hinter einer Kapelle liegt die 25 m tiefe Höhle, in der die Gebeine Rosalias entdeckt wurden. Den vielen Pilgern gilt das an den Wänden herabfließende und in Metallrinnen gesammelte Wasser als wundertätig.

Mondello: Die Sommerfrische der Hauptstadt liegt etwa 12 km nördlich des Zentrums. Das einstige Fischerdorf wurde schon zu Beginn des 20. Jh. von reichen Palermitanern „entdeckt"; zahlreiche hübsche Villen sind das Ergebnis. Das heutige Mondello ist im Sommer Palermos Strandbad und Zentrum des Nachtlebens zugleich. Am 2 km langen Strand reihen sich die *stabilimenti*, deren Gebäude z. T. noch aus der Zeit des Jugendstils stammen.

Anfahrt/Verbindungen Stadtbus 806 ab Politeama/Piazza Sturzo direkt nach Mondello, oder Nr. 101 vom Bahnhof bis Endstation De Gasperi Stadio, weiter mit Linie 603.

Monreale

ca. 37.000 Einwohner

Das Bergstädtchen ist der unbestrittene Star unter den Ausflugszielen der Umgebung Palermos. Zu Recht, bildet doch der hiesige Normannendom mit seinen prachtvollen Mosaiken einen Anziehungspunkt allerersten Ranges.

Monreale liegt am Hang des *Monte Caputo* in etwa 300 m Höhe, 8 km südwestlich der Hauptstadt. Bei der Anfahrt über die Serpentinenstraße bietet sich ein weiter Blick über Palermo und die Conca d'Oro.

- *Verbindungen* Vom Bahnhof Stadtbus 109 zur Piazza Indipendenza, weiter mit Nr. 389. Ein normales Stadtbusticket reicht aus.
- *Essen* **Taverna del Pavone**, wenige Schritte vom Domplatz. Frische sizilianische Küche zu vernünftigen Preisen. Menü ab etwa 25–30 €. Vicolo Pensato 18, ✆ 091/6406209, Mo Ruhetag.

Der Dom: Normannenkönig Wilhelm II. („der Gute") ließ die mächtige Kathedrale ab 1174 in nur wenigen Jahren erbauen. Sie ist die größte Kirche Siziliens und mit der von Mosaiken schier überquellenden Innendekoration auch die blendendste. Als Baumeister des Prachtstücks gelten fatimidische Architekten aus dem Orient. Zwischen zwei Türmen – der linke blieb unvollendet – erhebt sich zurückgesetzt die Fassade; die Vorhalle über dem sehenswerten Bronzeportal von 1186 ist ein Anbau des 18. Jh. Aus späterer Zeit stammt auch die lang gestreckte Vorhalle der linken Domseite, in der sich der heutige Haupteingang mit einer ebenfalls interessanten Bronzetür befindet. Völlig original ist nur noch die schöne Ostseite, deren Spitzbögen sich mit eingelegten Ornamenten aus Lava und Kalkstein schmücken. Im Dämmerlicht des dreischiffigen, von antiken Säulen unterteilten Inneren fallen sofort die weltberühmten *Mosaiken* ins Auge. Goldglänzend bedecken sie den gesamten Innenraum, insgesamt über 6000 qm Fläche! Im Stil orientieren sich die Mosaiken an byzantinischen Vorbildern, angelegt wurden sie aber von sizilianischen und venezianischen Künstlern in der erstaunlich kurzen Zeit von nur vier Jahren. Gedacht war die Bilderpracht als eine Art Bibel in Comic-Form, verständlich auch für das „einfache Volk". Vor Ort sind bebilderte Führer erhältlich, die das gesamte Mosaikwerk einzeln aufschlüsseln. Gegen eine Eintrittsgebühr kann man zudem über den Turm im rechten Seitenschiff der Kirche aufs Dach steigen oder den Domschatz besichtigen.

- *Öffnungszeiten/Eintritt* täglich 8–12.30, 15.30–18 Uhr, häufig Änderungen. Der Sonntag-Vormittag ist wegen des Gottesdienstes eine ungünstige Zeit für Besichtigungen; Eintritt frei (über die Einführung einer Gebühr wird spekuliert), zu den Terrassen Terrazze 1,50 €. Der Kirchenschatz Tesoro (1,50 €) ist nur bis 12 Uhr zugänglich.

Chiostro dei Benedettini: Der Kreuzgang, einzig unversehrt erhaltener Rest des etwa zeitgleich mit dem Dom errichteten Benediktinerklosters (Eingang rechts vor dem Hauptportal des Doms), ist eine Oase der Schönheit und Ruhe – falls ihn nicht gerade wieder einmal Reisegruppen überschwemmen. Arabisch beeinflusst, erinnert er ein wenig an die Alhambra im spanischen Granada: Spiele von Licht und Schatten, aus einem Brunnen rinnt träge das Wasser.

Öffnungszeiten/Eintritt täglich 9–18.30 Uhr (im Winter So nur bis 13.30 Uhr), häufig Änderungen. Eintritt 6 €.

Sizilien Karte S. 1012/1013

Nordküste

Mit ihren steil ins Meer hin abfallenden Bergen, den fruchtbaren Zitronen- und Orangenhainen und den abwechslungsreichen Stränden gehört sie zu den schönsten Landstrichen der Insel.

Östlich Palermos bis hinter Termini Imerese trüben allerdings zunächst Umweltverschmutzung und Bauwut das Bild, immer wieder tauchen Industrieansiedlungen auf. Zwischen der Tourismuskapitale *Cefalù* und *Milazzo* wartet dann der attraktivste Teil der Nordküste. Die Küste glänzt teils mit langen Sand- und Kiesstränden, teils mit felsgerahmten, kleinen Badebuchten. Höhepunkt des nassen Vergnügens sind sicher die Lagunenstrände unterhalb des alten und neuen Heiligtums *Tindari*.

• *Anfahrt/Verbindungen* **Pkw**, die gebührenpflichtige Autostrada A 19/A 20 Palermo-Messina entlastet die reizvolle Küstenstraße.

Bahn, für Reisende mit öffentlichen Verkehrsmitteln die beste Wahl. Häufige Züge, immer dicht an der Küste entlang; schöne Panoramen, falls nicht gerade einer der zahlreichen Tunnels die Sicht nimmt.

Bus, der starken Schienenkonkurrenz wegen sehr mäßige Verbindungen, die Strecke Palermo-Cefalù wird gerade mal 3-mal tägl. bedient. Gut versorgt ist nur die Strecke Milazzo-Messina.

Cefalù

ca. 14.000 Einwohner

Der Pauschalreisenden liebstes (und einziges) Kind an der Nordküste, nach Taormina das größte Tourismuszentrum der Insel. Ein Besuch lohnt dennoch: Cefalù besitzt Flair zwischen Trubel und Fischer-Romantik. Ähnlich wie in Taormina sind die Häuser der Altstadt gefällig restauriert, die Gassen blitzblank, der Strand wird von Putzkolonnen gesäubert.

Klar abgegrenzt von den neueren Ortsteilen drängt sich die pittoreske Altstadt mit ihren gepflasterten Gassen und engen Bogendurchgängen zwischen dem Meer und dem wuchtigen, 270 m hohen Felsen *Rocca di Cefalù*. Neben diesem gigantischen Klotz schrumpft selbst der mächtige *Normannendom*, der im Ortskern alles überragt, auf Spielzeugmaße. Im Westen erstreckt sich eine kilometerlange Bucht mit feinem Sandstrand. – Cefalù ist nur eine Zugstunde von Palermo entfernt, insofern ein guter Standort für die Besichtigung der Inselmetropole.

Information/Anfahrt/Verbindungen

• *Information* **Servizio Turistico Regionale Cefalù**, mitten in der Altstadt am Corso Ruggero 77, ✆ 0921/421050, 📠 422386. Geöffnet ist Mo–Sa 8–20 Uhr.

• *Anfahrt/Verbindungen* **Pkw**, Parken am besten in den neueren Stadtvierteln oder an der Uferstraße (zur Saison Gebühr).

Bahn, Bahnhof 10 Fußminuten südwestlich des Zentrums in der Neustadt. Tagsüber mind. stündlich Züge Richtung Palermo und Messina.

Bus, entlang der Küste kaum Verbindungen (Palermo 3-mal tägl.); etwas besser sieht's Richtung Inland (Madonie) aus.

Übernachten

Viele Ferienhotels und happiges Preisniveau, kleine Pensionen sind selten. Außerhalb der Hauptsaison verläuft die Quartiersuche meist problemlos; im Juli/August häufig Pensionspflicht.

*** **Riva del Sole (7)**, zentrumsnah an der Strandstraße. Solides Mobiliar, teils Meerblick. DZ/F etwa 130–145 €; im August nur mit HP, tägl. wechselnde Menüs à la carte.

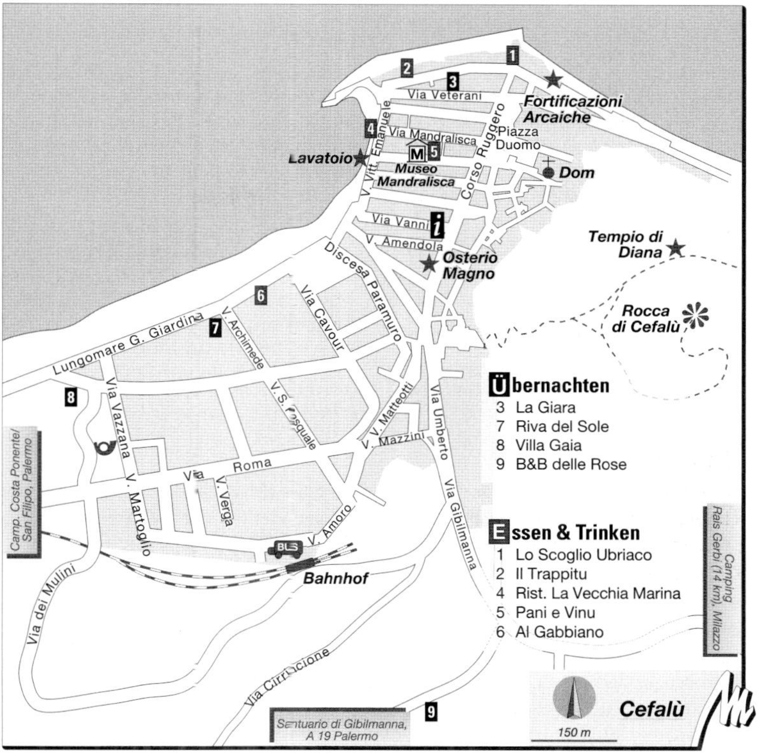

Via Lungomare 25, ✆ 0921/421230, 📠 421984. www.rivadelsole.com.

*** **Hotel Villa Gaia (8)** ein kleines Stück stadtauswärts. Kleineres und familiäres Quartier mit gut ausgestatteten Zimmern und Suiten. Geöffnet etwa Mitte/Ende März bis Oktober, DZ/F 110–160, im August 190 €. Via V. Pintorno 101, ✆ 0921/420992, 📠 925151, www.villagaiahotel.it.

** **Hotel La Giara (3)**, zentrale Lage in der Altstadt, durch Mopedlärm allerdings nicht immer ganz ruhig. 21 solide Zimmer (Achtung, manche gehen nur auf einen Lichtschacht), Dachterrasse mit Aussicht; Garage. DZ/F etwa 70–100 €, um Mitte August 140 €. Via Veterani 40, ✆/📠 0921/421562, www.hotel-lagiara.it.

B & B delle Rose (9), moderne Villa am Ortsrand an der Zufahrtsstraße Ri. Gibilmanna und Autobahn, etwa 1 km vom Zentrum. Der Chef spricht Deutsch. Hellhörig und nicht übermäßig charmant, aber sauber und mit Parkplatz. Fünf Zimmer, ganzjährig geöffnet. DZ/F 60–90 €. Via Gibilmanna, ✆ 0921/421885, 📠 923824, www.dellerosebb.it.

• *Camping* **Costa Ponente** und **San Fillipo**, direkt nebeneinander im Ortsteil Ogliastrillo, gut 3 km außerhalb in Richtung Palermo; Busverbindung. Von beiden Plätzen Zugang zu hübscher Sand- und Kiesbucht. San Filippo ist der bei Reisenden mit kleinen Zelten beliebteste Platz bei Cefalù und auch in der Nebensaison einigermaßen belebt. Freundliches älteres Besitzerpaar, Einkaufsmöglichkeit (viel gibt es nicht), Sanitäres okay. April bis Anfang Okt. ✆ 0921/420184., www.campingsanfilippo.com.

Rais Gerbi, komfortabler Ferienplatz beim Örtchen Finale, etwa 14 km östlich. Vom Bahnhof Polina ca. 2,5 km durch den Ort. Ganzjährig. ✆ 0921/426577, www.raisgerbi.it.

Sizilien Karte S. 1012/1013

Essen & Trinken (siehe Karte S. 1069)

Wie nicht anders zu erwarten, bewegen sich die Preise auf hohem Level; die Qualität hält da selten Schritt. Zur Schonung des Geldbeutels gibt's fast überall Pizza.

Lo Scoglio Ubriaco (1), am Ende des Corso. Gutes Essen, reizvolles Ambiente in ehemaligen Lagerräumen, hübsch und edel umgebaut: Spitzbögen und Kreuzkuppeln, Terrasse direkt über dem Meer. Menü ab etwa 25 €, auch Pizza. Di Ruhetag.

Il Trappitu (2), mit ähnlich schöner Architektur wie Lo Scoglio, auch hier eine reizvolle Terrasse zum Meer, ein hübscher Platz besonders am Abend. Festes Menü mit Fisch 24 €, mit Fleisch 20 €, auch Pizza. Via Bordonaro 96.

La Vecchia Marina (4), auf maritime Genüsse spezialisiert, gemütliches Tonnengewölbe mit ein paar wenigen Tischen und Glasveranda zum Meer. Menü ab etwa 30 €. Via Vittorio Emanuele 75, nur ein paar Schritte vom alten Waschhaus Lavatoio entfernt.

Pani e Vinu (5), gegenüber vom Museo Mandralisca. Zeitgemäße Interpretation einer Trattoria, lokaltypische Küche und Wein zu fairen Preisen. Menü etwa 20 €. Via Mandralisca 66.

Ristorante Al Gabbiano (6), eines von mehreren Lokalen am Lungomare. Lesertipp: „Leckere Antipasti, ausgezeichnete Pasta, gute und fair kalkulierte Flaschenweine. Mittleres Preisniveau. Lungomare G. Giardina 17."

Sehenswertes

Aus arabischen Zeiten stammt noch der Grundriss der Altstadt, die Mehrzahl der Häuser dagegen aus dem 16. Jh. Die Hauptachse bildet der *Corso Ruggiero*, der sich von der *Piazza Garibaldi* bis an die Fassaden der nördlichen Uferfront hinzieht.

Osteria Magno: am Corso Ruggero Nr. 75. Der einstige Palast des Normannenkönigs Roger II., von dem nur Teile der Mauern und einige Fenster erhalten blieben, wurde vielleicht ein wenig überrestauriert. Im Eingangsbereich sind unter Glas die Reste einer Zisterne zu sehen, eine archäologische Sammlung schließt sich an.

Duomo: an der Piazza Duomo, dem abendlichen Treffpunkt im hinteren Teil des Corso. Ab 1131 ließ Roger II. die mächtige (90 x 40 m) Kirche erbauen; er verlor aber später wohl das Interesse daran: die Fassade wurde erst ein gutes Jahrhundert später vollendet, Teile der Außendekoration sind noch immer unfertig. An den Seiten der Eingangsfront verleihen zwei trutzige Türme dem Dom ein fast festungsähnliches Aussehen; die Vorhalle ist ein Anbau des 15. Jh. Weitgehend original erhalten ist der dreischiffige normannische Bau noch am Querhaus und an den Apsiden, die sich fast schon an die Felswand des Rocca anlehnen. Im Kircheninneren ziehen vor allem die großflächigen *Mosaiken* die Blicke auf sich. Die ältesten Arbeiten sind in Chor und Hauptapsis zu sehen. Sie entstanden ab 1148 und stammen wahrscheinlich von Künstlern aus Byzanz.

Museo Mandralisca: In der Via Mandralisca 13, Abzweig vom Corso gegenüber Piazza Duomo. Ein „Gemischtwarenladen", in dem besonders zwei Stücke Beachtung verdienen: eine *griechische Vase*, die einen Thunfischverkäufer beim Feilschen mit einem Kunden zeigt, und vor allem das ausdrucksvolle, rätselumwobene *„Bildnis eines unbekannten Mannes"* von Antonello da Messina (um 1470).

Öffnungszeiten/Eintritt Juni bis Sept. tägl. 9–19 Uhr, im Hochsommer bis 23 Uhr, Okt. bis Mai tägl. 9–13, 15–19 Uhr. Eintritt 5 €.

Rocca di Cefalù: Der markante Felsklotz über Cefalù war schon in vorgeschichtlicher Zeit Siedlungs- und Kultstätte. Von der Piazza Duomo geht man auf dem Corso Ruggero ein Stück nach Süden und biegt in den Vicolo dei Saraceni ein, ein Schild weist den Weg zum „Tempio di Diana". Über eine eiserne Treppe und auf der ansteigenden Treppenrampe verlässt man den Ort, nach wenigen Schritten

Wehrhafte Festung: Bergdorf Cáccamo

steigt links ein Treppenweg in Serpentinen rasch zum Burgberg an. Bei einer großen Zisterne gabelt sich der Weg, links trifft man bald auf die Ruinen des in einem Wäldchen liegenden *Tempio di Diana*. Ein Stück weiter liegt ein *Aussichtspunkt* mit großartigem Blick auf Stadt und Dom.

Santuario di Gibilmanna: Anfahrt von Cefalù über eine aufregende Panoramastraße, Höhenunterschied 800 m auf einer Strecke von knapp 14 km! Das Marienheiligtum ist ein viel besuchter Wallfahrtsort, Höhepunkt ist der erste Sonntag im September, wenn wahre Heerscharen von Gläubigen zur Madonna pilgern. Angeschlossen ein schönes *Museum* mit Exponaten aus dem Leben und Wirken der Brüder.

Öffnungszeiten/Eintritt tägl. 10.30–13, 15.30–17.30 Uhr, im Sommer bis 19.30 Uhr; Eintritt 2 €

Nordküste

(Cefalù bis Milazzo)

Östlich von Cefalù beginnt der attraktivste Abschnitt der Tyrrhenischen Küste. Große und kleinere Sand- und Kiesbuchten wechseln sich ab.

Castel di Tusa: winzige sympathische Siedlung, östlich davon erstreckt sich ein kleiner Sand- und Kiesstrand, dort auch Camping Lo Scoglio (April-September). Das ungewöhnliche Hotel *L'Atelier sul Mare*, dessen Zimmer nach und nach in Kunstwerke verwandelt werden (normale DZ/F ca. 80–180 €, „Kunstzimmer" ca. 160–220 €, ✆ 0921/334295, ℻ 334233, www.ateliersulmare.com) und der weitläufige Skulpturenpark *Fiumara d'Arte* locken kunstinteressierte Besucher aus aller Welt an.

Capo d'Orlando: Ein bei italienischen Urlaubern sehr beliebtes Städtchen mit grobem Sandstrand. Während der Saison herrscht reichlich Trubel. Dementsprechend exzessiv gestaltete sich die Bautätigkeit in und um den Ort. Im Kern freilich bemühte man sich durchaus erfolgreich um Auflockerung durch Grünanlagen und eine kleine Fußgängerzone. Reizvoll zeigt sich auch der Strand östlich des kleinen Kaps am Ostrand des Städtchens.

• *Information* **Servizio Turistico Regionale Capo d'Orlando**, Via Amendola 11, 100 m südlich der Piazza Matteotti; ✆ 0941/912784, www.aastcapodorlando.it. Geöffnet Mo–Fr 9–13, 17–20 bzw. im Winter 16–19 Uhr, Sa 9–13 Uhr.

• *Anfahrt/Verbindungen* **Zug**, Bahnhof zentrumsnah südwestlich des Ortskerns; häufige Anschlüsse Richtung Palermo und Messina. **Bus**, Haltestelle an der Piazzale Sardo; mit mehreren Gesellschaften insgesamt 9-mal täglich Anschlüsse nach Messina.

• *Übernachten* *** **La Tartaruga**, im Villen- und Fischerdorf San Gregorio östlich des Kaps. Weißer Klotz mit umlaufenden Balkonen, vom Meer durch die Straße getrennt. Geöffnet April bis Okt. DZ/F etwa 110–130 €. ✆ 0941/2955012, 📠 2955056. www.hoteltartaruga.it.

Camping Santa Rosa, etwa fünf fast durchgehend verbaute Kilometer westlich des Zentrums. Küstennah gelegen, der steinige Strand aber wenig begeisternd. Geöffnet Mitte Juni bis Mitte Sept. ✆ 0941/901723, 📠 912384.

Gioiosa Marea: Das Städtchen auf einem Hügelrücken über der Küste ist bislang noch weniger vom Bauboom betroffen als seine Nachbarn. Westlich des Städtchens erstreckt sich ein langer Kies- und Sandstrand, der durch die nahe Bahnlinie allerdings etwas beeinträchtigt wird. Zwischen Gioiosa Marea und Kap *Capo Calavà* führt eine schmale Serpentinenstraße hinab zu einer ca. 1 km breiten, gut begrünten Bucht mit schönem, sauberen Kiesstrand und glasklarem Wasser. Das fast paradiesische Fleckchen teilen sich Hotelsiedlungen und zwei Campingplätze.

Tindari

Markanter Felsklotz hoch über dem Meer, seit Tausenden von Jahren der Sitz heiliger Stätten. Schon Griechen und Römer verehrten hier ihre Götter, in christlicher Zeit strandete unterhalb gar eine wundertätige Madonnenstatue. Tindari gehört seitdem zu den meistbesuchten Wallfahrtsorten der Insel, vor allem am großen Pilgerfest am 7. September.

Der Abstecher zu dem etwa 10 km östlich von Patti gelegenen *Santuario* (Heiligtum) lohnt sich aber auch für diejenigen, die für Madonnenverehrung wenig übrig haben. Zum einen ist die Aussicht von hier oben einfach grandios; zum anderen warten in unmittelbarer Nähe der Wallfahrtskirche die Ruinen der antiken Stadt *Tyndaris*. Und natürlich locken die blendend weißen Strände des *Mare Secco* direkt unterhalb bei Oliveri, zweifellos eine der schönsten Badestellen Siziliens.

Sagenumwoben: Lagunen von Tindari

Anfahrt/Verbindungen beschilderter Abzweig von der SS 113 (Zufahrt zum Heiligtum oft gesperrt, ca. 1 km zu Fuß). **Busse** ab Patti, selten auch ab Milazzo. Für **Zugreisende** schweißtreibender Fußpfad ab Bahnhof von Oliveri, ca. 30–40 Min.

Oliveri

Das Örtchen liegt bei einem der ungewöhnlichsten Strände Siziliens. Besonders in Vor- und Nachsaison zeigt sich das *Mare Secco* („trockenes Meer“) als ein einziger Traum: direkt unter dem Felsen von Tindari verläuft sichelförmig eine breite Sandbank, die mehrere flache Lagunen umschließt. Erst verhältnismäßig spät hat man hier auf den Tourismus gesetzt, Bausünden blieben bisher vermieden.

- *Anfahrt/Verbindungen* Bahnhof unweit der Küste, nur Lokalzüge halten.
- *Übernachten* **Residence La Tonnara**, in einer ehemaligen Thunfischfabrik 200 m landeinwärts der Küste. Ausgedehnte, überwiegend pauschal gebuchte Ferienan-

lage mit allen Einrichtungen, Pool etc., zur Privatbuchung nur wochenweise (Sa–Sa). Apartment für 2 Pers. zur NS ab 200 €/Woche, im Hochsommer bis 670 €. Via del Mare 2, ✆ 0941/313122, ✆ 313123.

Camping Marinello, ganz hinten an der Uferstraße und direkt am Strand; vom Bahnhof etwa 500 m. Weitläufiges, ebenes und bewaldetes Gelände; Tennis, Windsurfkurse, Restaurant, Bar und Laden; Bungalows und Miniapartments. Sanitäres einwandfrei. Ganzjährig. ✆ 0941/313000, ✆ 349195, www.camping.it/sicilia/marinello.

• *Essen & Trinken* **Donna Rosa**, nettes Lokal mit Sitzgelegenheiten im Innenhof; auch Pizza. Via Roma 27.

Milazzo

ca. 33.000 Einwohner

Den Hauptfährhafen zu den Eolischen Inseln sehen viele Reisende nur als Durchgangsstation. Ganz so unattraktiv, wie der erste Augenschein suggeriert, ist Milazzo aber gar nicht.

Lebendig, betriebsam und kleinstädtisch überschaubar präsentiert sich das großteils erst im 19. Jh. entstandene Zentrum zwischen *Via Umberto* und dem Lungomare. Die mächtige Verteidigungsanlage des *Castello* entstand schon unter den Arabern, die Grundzüge der heutigen Anlage gehen auf Friedrich II. zurück, die Spanier errichteten den äußeren Befestigungswall.

Information/Anfahrt/Verbindungen

Information **Servizio Turistico Regionale Milazzo**, am Hauptplatz Piazza Caio Duilio 20, ✆ 090/9222865. Öffnungszeiten Mo–Sa 8.30–13.30 Uhr, Mo auch 15–18 Uhr.

• *Anfahrt/Verbindungen* **PKW**, wer den Wagen nicht zu den Eolischen Inseln mitnehmen will, findet mehrere Garagen zum Abstellen, z. B. in der Via Giorgi Rizzo 58. Kostenpunkt etwa 10–15 €/Tag.

Bahn, Bahnhof etwa 5 km außerhalb, sehr zur Freude der Taxifahrer (ca. 15 €). AST-Busse fahren Mo–Sa etwa halbstündlich und sonntags stündlich in die Stadt. Züge nach Messina tagsüber fast stündlich, nach Cefalù/Palermo alle 1–2 Std.

Bus, Abfahrt bei der Tankstelle am Fährhafen und etwas weiter nördlich an der Piazza Repubblica. Nach Messina mit GIUNTA-BUS bis zu 28-mal tägl., außerdem 2-mal tägl. (April bis Sept.) direkt zum Flughafen Catania.

Schiff, als Hauptfährhafen für die Eolischen Inseln ganzjährig gute Verbindungen. Agenturen der Autofähren (langsam und preiswert) von Siremar (auch nach Napoli) und NGI an der Hafenstraße Via dei Mille in der Nähe der Abfahrtsstelle. TAR-NAV veranstaltet Tagesausflüge auf die Eolischen Inseln (ca. 40–60 €), Buchung an der Via dei Mille 40. Tickets für Aliscafi (Tragflügelboote, schnell und teuer) der Ustica Lines und Siremar direkt am Aliscafo-Terminal am Hafen.

Übernachten/Camping

Im Juli/August kann es Engpässe geben, bei Italienern ist Milazzo als Ferienort recht beliebt.

**** **La Bussola**, südlich des Fährhafens. 2008 renoviert und um zwei Sterne aufgestiegen, ein sehr solides Quartier mit ordentlich ausgestatteten Zimmern inklusive Klimaanlage; Garage gegen Gebühr. DZ/F 90–120 €, im August bis 150 €. Via XX Luglio 29, ✆ 090/9221244, www.hotelabussola.it.

* **Hotel California**, im Zentrum in der Nähe der Piazza Mazzini. Freundliche, familiäre Atmosphäre; Zimmer und Bäder in Ordnung. DZ/Bad etwa 50 €. Via del Sole 9, ✆ 090/9221389.

B & B Le Soleil, im ersten Stock eines Neubaus wenige Schritte vom Info-Büro. Freundlicher Empfang, drei sehr ordentliche, fröhlich-bunte Zimmer mit sehr guten Betten und Duschen. Parkmöglichkeiten in der Nähe. Von Juni bis Sept. oft belegt. DZ/F 50–80 €. Via Cumbo Borgia 8, ✆/✆ 090/924545, www.lesoleilmilazzo.it.

• *Camping* **Riva Smeralda**, einer von mehreren Plätzen am 6 km entfernten Capo di Milazzo (Stadtbusse). Ganzjährig, ✆ 090/9282980, www.rivasmeralda.it.

Sizilien Karte S. 1012/1013

Inselinneres

Eine Welt für sich – fast menschenleere Landschaften, weite Berge, Hügel und Hochebenen. Im zeitigen Frühjahr ein grünes, blühendes Paradies, im Sommer eine kahle, menschenfeindliche Wüstenei. Die wenigen Ortschaften kleben in der Art von Adlerhorsten auf den Kuppen der Berge – eine monotone und gleichzeitig großartige Szenerie.

Noch immer leben hier viele Menschen als Tagelöhner, die gerade mal drei bis vier Monate im Jahr Arbeit haben, oder als kleine Pächter unter Bedingungen, die an Sklaverei grenzen. Die Emigrationsrate ist gewaltig, in vielen Orten scheinen nur alte Menschen und Kinder zu wohnen. Touristen verirren sich nur selten ins Inselinnere – die öffentlichen Verkehrsverbindungen sind mäßig, und mit Übernachtungsmöglichkeiten steht es auch nicht zum Besten. Unbedingt lohnend und relativ gut zu erreichen sind die Bergstadt *Enna* und die römische *Villa Casale* bei *Piazza Armerina*, eine der archäologisch wichtigsten Sehenswürdigkeiten Siziliens.

• *Anfahrt/Verbindungen* **Pkw**, grundsätzlich auf ausreichend Spritreserve achten, denn die einzelnen Ortschaften (und damit die Tankstellen) liegen oft weit auseinander.

Bahn, weitmaschiges Schienennetz. Hauptlinie ist die Strecke Palermo-Enna-Catania. Unterwegs zwei Knotenpunkte mit Nebenlinien: Roccapalumba (Abzweig nach Agrigento) und Caltanissetta-Xirbi (für Caltanissetta Centrale, Agrigento und den Südosten bis Siracusa). Großer Haken ist die Tatsache, dass viele der Bahnhöfe weitab der zugehörigen Ortschaft liegen – Busverbindung gibt es nicht immer.

Bus, für die Städte okay, da die Haltestellen in der Regel zentral liegen und die Verbindungen gut sind. Schlechter zu erreichen sind die kleineren Orte – das Busnetz verläuft sternförmig von den Provinzhauptstädten aus, sodass man sich oft erst dorthin bemühen muss.

Enna

ca. 28.000 Einwohner

In Enna liegt dem Besucher Sizilien zu Füßen. Die Provinzhauptstadt hockt auf dem Gipfel eines schroffen, fast 1000 m hohen Berges und geizt nicht mit schönen Panoramen. Auch die gut erhaltene Altstadt erfreut das Auge.

Die Lage im Mittelpunkt der Insel brachte Enna das Attribut „Nabel Siziliens" ein – und natürlich die Besitzgier diverser Eroberer. Wer die Stadt besaß, überwachte ohne Schwierigkeiten das Inselinnere. Die Festung *Castello di Lombardia* beherrscht die Stadt, Friedrich II. erweiterte es, der Spanier Friedrich III. ließ sich hier zum König über Sizilien krönen. Die fantastische Fernsicht begeistert noch heute. Tief unten erstrecken sich geometrisch sauber abgegrenzte Felder, einzelne Höfe, kleine Wäldchen – und das Netz aus Fernstraßen und Autobahn. In der Ferne wellt sich schier unendlich die Hügellandschaft Innersiziliens, darüber thronen kleine Bergdörfer auf felsigen Kuppen. Und am Horizont schmaucht der Etna seine Wölkchen.

• *Information* **Servizio Turistico Regionale Enna**, Piazza N. Colajanni 6, neben dem Grande Albergo Sicilia, ✆ 0935/500875, www.ennaturismo.info. Geöffnet Mo–Fr 8–14.30 Uhr, Mi auch 15.30–19 Uhr.

• *Anfahrt/Verbindungen* **Pkw**, in der Altstadt extreme Parkplatznot, enge Gassen und Einbahnregelung. Parkplätze am Castello Lombardia (beschildert), sonntags über die Via Roma nicht zu erreichen, da dann gesperrt.

Bahn, Bahnhof einige Kilometer nördlich im Tal; 6-mal tägl. Busverbindung mit SAIS. Nach Palermo 6-mal tägl., Catania und Caltanissetta Centrale je 7-mal, Agrigento 5-mal (teilweise mit Umsteigen in Caltanissetta Xirbi).

Bus, Station im äußersten Nordwesten der Altstadt an Viale Diaz. SAIS-Busse nach

Palermo 7-mal tägl., Catania 8-mal, Caltanissetta 6-mal, Piazza Armerina 9-mal.

• *Übernachten* *** **Grande Albergo Sicilia**, ein traditionsreiches, kürzlich renoviertes Haus. Gute Zimmer, manche mit Aussicht; freundliches Personal. DZ/F etwa 75–120 €. Piazza Colaianni 5, nahe der Via Roma; ✆ 0935/500850, www.hotelsiciliaenna.it.

B & B Proserpina, in der Nähe des Belvedere. Restauriertes Altstadthaus mit vier Zimmern, DZ/F etwa 50–55 €. Piazza Scelfo 108, ✆ 0935/531719, mobil 333/2991957, www.bbenna.it.

Sehenswertes

Piazza Vittorio Emanuele: Der Hauptplatz Ennas ertrinkt mittags im Verkehr, abends im Menschengewimmel. Die *Chiesa di San Francesco* an der Nordseite des Hauptplatzes wurde mehrfach umgebaut, einzig ihr Glockenturm stammt aus dem 15. Jh. Früher war er, wie alle Kirchtürme der Stadt, in das Mauersystem des damals noch viel größeren Kastells eingebunden. In der Nordostecke des Platzes schließt sich die *Piazza Francesco Crispi* an, mit einem Brunnen, der den mythischen Raub der Proserpina (Persephone) am Lago di Pergusa darstellt.

Belvedere: östlich der Piazza Francesco Crispi, herrlicher Blick. Gegenüber sitzt auf einem Felsklotz das Schwesterstädtchen *Calascibetta*, von den Arabern während der zwanzigjährigen Belagerung Ennas gegründet.

Duomo: 1307 von Eleonore von Aragonien gestiftet, brannte er 1446 fast völlig aus und wurde im 16. Jh. in barockem Stil erneuert. Das Innere ist reich ausgestattet. Schwarze Alabastersäulen stützen die drei Kirchenschiffe, viele Gemälde und eine schöne Holzdecke ergänzen den prachtvollen Eindruck.

Castello di Lombardia: am Ende der Via Roma. Trotz vieler Zerstörungen – nur noch sechs der ursprünglich 20 Türme stehen – immer noch ein gewaltiger Bau. Die heutige Anlage (tägl. 9 Uhr bis 1 Std. vor Sonnenuntergang, Eintritt frei) ist großteils auf Friedrich II. zurückzuführen; manche Strukturen gehen aber bis in byzantinische Zeit zurück. Durch den erst 1939 angelegten nördlichen Zugang (der alte liegt im Süden) gelangt man ins Innere und zum Innenhof *Piazzale degli Armati*. Ein Stück weiter liegt die *Torre Pisana*, der höchste der erhalten gebliebenen Türme.

Piazza Armerina

ca. 21.000 Einwohner

Viele Besucher interessieren sich nur für die – zugegebenermaßen fantastischen – Bodenmosaiken der 6 km entfernten römischen „Villa Casale". Doch auch Piazza Armerina selbst hat schöne Seiten.

Das Gebiet um die Landstadt zeigt sich erstaunlich grün und fruchtbar, es gibt sogar Laubwälder. Zentrum der Neustadt ist die lang gestreckte *Piazza Generale Cascino*. Von hier ist es über die *Via Garibaldi* nicht weit in die gemütlichen alten Viertel. In den hübschen, zum Bummeln einladenden Sträßchen finden sich barocke Palazzi und eine ganze Reihe von Kirchen. Vom romantischen Domplatz bietet sich ein weiter Blick auf die grünen Hügel der Umgebung. Alljährlich am 13./14. August feiert Piazza Armerina zur Erinnerung an den Sieg der Normannen über die Araber ein farbenprächtiges Reiterspiel, den *Palio dei Normanni*, ein sehenswertes Spektakel in alten Kostümen.

• *Information* **Ufficio Informazione Turistica**, an der zentralen Piazza Santa Rosalia, Nähe Piazza Garibaldi; ✆ 0935/683049. Geöffnet Mo–Fr 9–13.30 Uhr, 15–18 Uhr.

• *Anfahrt/Verbindungen* **Bus**, alle Busse starten an der Piazza Generale Marescalchi in der Nähe des ehemaligen Bahnhofs (die Bahnlinie ist aufgelöst) im Norden der

Sizilien
Karte S. 1012/1013

Stadt; mit AST und ETNA nach Catania 11-mal tägl., AST nach Siracusa 1-mal. Mit SAIS (Info und Tickets im Caffè Mirus, Via Generale Cascino 8, nahe der gleichnamigen Piazza) nach Palermo 6-mal, 9-mal täglich von/nach Enna.

Verbindungen zur Villa Casale: Die Villa liegt etwa 6 km südwestlich von Piazza Armerina und ist aus Richtung Enna gut, in der Gegenrichtung praktisch nicht beschildert. Zwischen Mai und September verkehren 6-mal tägl. städtische Kleinbusse (orange Farbe) der ATAN; sie stoppen u. a. an der Piazza Generale Marescalchi (Bushaltestellen AST etc.) und der zentraleren Piazza Generale Cascino, beide in der Neustadt.

• *Übernachten/Essen & Trinken* *** **Gangi**, im neueren Siedlungsbereich Richtung Enna, die Altstadt liegt in lockerer Fußentfernung. Klein und sympathisch, Zimmer mit ordentlichem Standard. DZ/F rund 70–100 €. Via Generale Giancio 68–70, ✆ 0935/682737, ✆ 687573, www.hotelgangi.it.

** **Mosaici**, nahe der Villa Casale, direkt an der Abzweigung von der Landstraße. Großes Restaurant mit Zimmervermietung, schön möbliert und gut in Schuss. DZ/F mit Bad ca. 60 €. ✆ 0935/685453.

L'Ostello del Borgo, in einem alten Benediktinerkloster im Zentrum, geführt von Salesianern. 15 Zimmer, z. T. sehr hübsch möbliert, z. T. mit Stockbetten. Auch für unverheiratete Paare kein Problem. DZ/Bad/F etwa 60 €, ohne Bad 45 €. Reservierung ratsam. Largo San Giovanni 2, am Ende der Via Umberto I, ✆ 0935/687019, ✆ 686943. www.ostellodelborgo.it.

Camping Trattoria La Ruota, 800 m vor der Villa Casale, gegenüber Hotel Mosaici. Zeltmöglichkeit, Sanitäres sehr schlicht. Wenig Platz, im Sommer oft voll, kein Schatten. Gute Hausmannskost in der Trattoria. ✆ 0935/680542, ✆ 89842.

Villa Romana Casale

Die römische Villa gehört zu den ganz großen Attraktionen Siziliens und wurde 1997 von der UNESCO in die Liste des Weltkulturerbes aufgenommen. Höhepunkt der Besichtigung sind die über 3500 qm Mosaikfußböden, die hunderte farbenreiche und lebendige Geschichten aus Mythologie und Jagd erzählen.

Die Bikini-Mädchen: wohl das bekannteste Mosaik

Errichtet wurde die Villa im 4. Jh. n. Christus, also in der Spätphase des Römischen Reiches. Der hervorragende Zustand der Mosaiken ist unter anderem einem Erdrutsch zu verdanken, der sie für über 700 Jahre mit Schlamm bedeckte. Erst im 20. Jh. wurde man wieder auf die Villa aufmerksam, ab 1950 begannen die systematischen Ausgrabungen. Ans Licht kamen bisher fast 50 Räumlichkeiten, darunter eine komplette Thermenanlage mit Swimmingpool und Fußbodenheizung, außerdem Empfangssäle, Gästezimmer etc.

• *Öffnungszeiten* täglich 8–18.30 Uhr bzw. bis Sonnenuntergang, Einlass bis eine halbe Stunde davor. Eintritt 6 €, unter 18 J. und über 65 J. mit Ausweis frei. Gebührenpflichtiger Parkplatz.

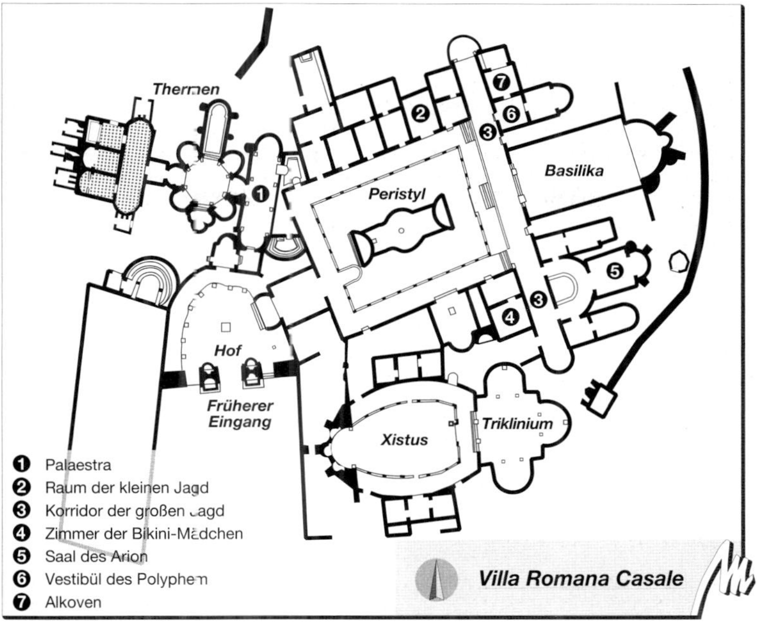

Besichtigung: Der Haupteingang lag früher im Südosten; heute gelangt man zunächst zur ausgedehnten Anlage der *Thermen*. Von hier betritt man das von Säulen umgebene *Peristyl* der Villa. In der Mitte des großen Innenhofs steht, von Pflanzen umgeben, ein schöner Brunnen. Über einen Gang erreicht man die so genannte *Palästra*, eine Art Turnhalle; auf dem Boden Darstellung eines Wagenrennens im Circus Maximus, vom Start über die Wendepunkte bis ins Ziel. Zurück aus der Palästra links, etwas erhöht, die Gästezimmer, geschmückt mit Tanzszenen, fischenden Eroten, einer personifizierten Darstellung der vier Jahreszeiten etc. Besonders schön sind die Jagdszenen *im Raum der kleinen Jagd*. Weit spektakuläreres Wild wird im *Korridor der großen Jagd* erbeutet. Auf insgesamt 60 m Länge zeigen die Mosaike den kompletten Ablauf einer Großwildjagd in Afrika. Am Ende des Korridors ist Afrika personifiziert: eine lockige schwarze Schönheit, umgeben von Elefant, Tiger und Vogel, in der Hand einen Stoßzahn. An den Korridor schließen sich weitere Zimmer an, darunter das vielleicht berühmteste der Villa. Im *Zimmer der Bikini-Mädchen* sieht man neun Grazien bei Spiel und Sport, die tatsächlich so etwas wie Bikinis tragen. Südlich außerhalb des Korridors folgen der so genannte *Xistus*, ein offener Hof, und das *Triclinium*, der Speisesaal. Die Mosaiken behandeln die Heldentaten des Herkules. Im *Raum der Ehefrau* ist die Sage von Arion zu sehen; der *Raum des Hausherrn* schmückt sich mit Szenen von Odysseus und dem Zyklopen. An den Raum schließt sich ein *Alkoven* mit einer „erotischen Szene" (absolut jugendfrei) an, wahrscheinlich das Schlafzimmer.

Sizilien
Karte S. 1012/1013

Badebucht mit Blick: Cala Junco auf Panarea

Eolische (Liparische) Inseln

Ein Urlaubsparadies par excellence. Sieben Inselchen bilden den vom Massentourismus noch verschonten Archipel – und jede besitzt ihren eigenen Charakter. Gemeinsam ist ihnen der vulkanische Ursprung, eine fantastische, abwechslungsreiche Landschaft und kristallklares, sauberes Wasser. Im Jahr 2000 wurden die Liparischen Inseln in die UNESCO-Liste des Welterbes der Menschheit aufgenommen.

Lipari ist als Hauptinsel die lebendigste und meistbesuchte, gleichzeitig landschaftlich höchst abwechslungsreich. Grün und fruchtbar präsentiert sich *Salina*, eine relativ wenig besuchte Insel für Individualisten; *Panarea* zieht vor allem gut betuchte Ästheten an. Auf *Vulcano* dampft und brodelt es allerorten, aus dem Inneren der Erde drängt sich Schwefelgeruch durch die Ritzen im Gestein. Dramatischer zeigt sich der vulkanische Charakter auf *Stromboli,* für viele der Höhepunkt der Eolie. Einen Vulkan, der mit schöner Regelmäßigkeit mehrmals pro Stunde rauchende Lavafontänen Hunderte von Metern hoch in die Luft schleudert, sieht man wirklich nicht alle Tage. Die schweren Ausbrüche von 2002/2003 haben aber auch gezeigt, dass mit dem Stromboli nicht zu spaßen ist.

Nach Möglichkeit sollte man die Eolischen Inseln nicht zwischen Mitte Juli und Ende August besuchen, wenn sich allein auf Lipari 30.000 meist italienische Feriengäste zu den 10.000 Einheimischen gesellen und um Plätze in Hotels, Restaurants und auf den Campings raufen. Außerhalb der Hochsaison dagegen sind Unterkunftsprobleme ein Fremdwort und die Strände weitgehend leer.

Anfahrt/Verbindungen

• *Schiff* Flotte Aliscafi und behäbige, aber preiswertere Fähren verbinden die „sette perle" im Nordosten Siziliens untereinander, mit Sizilien und dem italienischen Festland. Preiswertester Abfahrtshafen, zugleich der mit den ganzjährig besten Verbindungen, ist **Milazzo**. Vorbuchungen sind hier in der Regel nicht erforderlich, Fähren und Aliscafi fahren mehrmals tägl. auf die Hauptinseln.

Interessant für die direkte An- und Abreise vom und zum italienischen Stiefel sind die Autofähren und Aliscafi ab **Neapel** (Fähren ganzjährig mehrmals wöch., Aliscafi nur ab etwa Ende Juni bis Ende Sept.); die Abfahrtsstelle liegt nicht allzu weit vom Bahnhof (→ Neapel).

Weitere Aliscafo-Häfen sind in Kalabrien **Reggio di Calabria** und auf Sizilien **Messina**, **Cefalù** und **Palermo**

Lipari ist Drehkreuz der Inselverbindungen. Da verschiedene Reedereien die Eolie bedienen, sollte man Tickets nur bis Lipari lösen und vor Ort nach der schnellsten Verbindung forschen – die Tickets gelten nur für die jeweilige Gesellschaft. Wichtig: sonntags und außerhalb der Sommersaison (etwa Juni bis Sept.) fallen die Fahrpläne deutlich dünner aus.

Internet: **www.siremar.it**, eine Fähragentur, die sowohl mit Autofähren als auch mit Aliscafi die Inseln bedient. Unsichere Zukunft.

www.usticalines.it, die Site der Ustica Lines, die ausschließlich mit Aliscafi (Tragflügelboote) die Inseln anfährt.

www.ngi-spa.it ist die Seite der NGI, einer weiteren, seltener bzw. nur eingeschränkt - verkehrenden Fährgesellschaft.

www.eolieferries.it informiert über Schiffsverbindungen und Transfers von den Flughäfen nach Milazzo.

• *Pkw* Einigermaßen lohnend höchstens auf **Lipari** (Juli bis Sept. nur mit Reservierungsbestätigung eines Hotels etc. über mind. sieben Nächte gestattet) und **Salina**. Auf Vulcano existiert praktisch nur eine einzige Straße. Nach Stromboli ist die Mitnahme inselfremder Fahrzeuge verboten.

Übernachten

Das Preisniveau ist ausgesprochen hoch und erreicht im August fast astronomische Höhen. Im Juli und August, teilweise auch außerhalb dieser Monate, drücken viele Betriebe mit Restaurant dem Gast mindestens Halbpension aufs Auge. Im Juli und August wird es außerdem in punkto freie Betten sehr eng auf den Inseln; wer nicht reserviert hat, mache sich wenigstens schon früh am Morgen auf Quartiersuche – bei durchaus möglichen Fehlschlägen ist dann wenigstens noch die Rückfahrt nach Sizilien zeitlich drin.

Privatzimmer und **Apartments** gibt es auf allen Inseln. Die Preise für Doppelzimmer liegen je nach Saison und Ausstattung zwischen etwa 40 und (im August) 100 €, Apartments kosten ab ca. 50 bis weit über 100 €. Hilfreich bei der Vermittlung ist das Fremdenverkehrsamt von Lipari.

Je einen einzigen **Campingplatz** findet man auf Lipari und Salina, einen inoffiziellen Platz auf Vulcano. „Wild" zelten ist verboten und auch nicht ratsam, will man nicht eine ganze Menge Ärger bekommen.

Lipari (ca. 10.000 Einwohner)

Karte S. 1012/1013

Die größte der Inseln (37,6 qkm) kann als einzige mit einer Ansiedlung aufwarten, die die Bezeichnung „Stadt" verdient – einer hübschen und lebendigen dazu.

Trotz reichlich vorhandener Boutiquen und Souvenirgeschäfte hat sich *Lipari-Stadt* (ca. 5000 Einwohner) seine Identität weitgehend bewahrt. Das Städtchen schmiegt sich um einen mächtigen Felsklotz, der sich aus dem Meer erhebt und das alte Kastell und die große Kathedrale trägt. Auf dem schon in der Vorgeschichte besiedelten Stadtberg hat man zahlreiche Relikte aus allen Epochen entdeckt. Gesammelt wurden sie in der größten Sehenswürdigkeit der Inseln, dem *Museo Regionale Eoliano Luigi*

Bernabò Brea (Mo–Sa 9–13.30 Uhr; klassische Sektion zusätzlich 15–19 Uhr und sonntags von 9–13, 15–19 Uhr; 6 €), das sich auf mehrere Gebäude verteilt, die alle im Umkreis der Kathedrale liegen. Von der Präsentation und den Fundstücken her gehört es zu den schönsten Siziliens, absolut einmalig ist vor allem die Sammlung von Theatermasken und kleinen Theaterstatuetten aus griechischer Zeit.

Das 3 km entfernte *Canneto* ist zwar vom Ambiente her mit Lipari-Stadt nicht zu vergleichen, verfügt aber über den einzigen Campingplatz Liparis und eine Jugendherberge, liegt außerdem näher an den meisten Stränden.

Im Inselinneren zeigt sich Lipari bergig und von karger Macchia bewachsen. Die Küste fällt besonders im Westen steil ab; im Osten und Norden finden sich dagegen auch flache Zonen und die Mehrzahl der Strände. Eine Tour entlang der Insel-Ringstraße gestaltet sich höchst abwechslungsreich und bietet prächtige Panoramen gleich im Dutzend – unbedingt zu empfehlen.

Information/Anfahrt/Verbindungen

• *Information* **Servizio Turistico Regionale Arcipelago Eolie**, am Corso Via Vittorio Emanuele 202. Geöffnet Mo–Fr 8.30–13.30, 16.30–19.30 Uhr, von Mitte Juli bis August auch Sa 8.30–13.30 Uhr. ✆ 090/9880095, 📠 9811190, www.aasteolie.info.

• *Anfahrt/Verbindungen* **Schiff**, als Drehkreuz des Schiffsverkehrs zwischen den Eolie bietet Lipari die besten Verbindungen zu allen anderen Inseln. Agenturen am oder im im Umfeld des Hafens Marina Lunga, Fahrplanübersicht bei der Infostelle.

Bus, die Agentur **Urso Guglielmo** betreibt einen sehr effektiven und preiswerten Inselbus-Service. Abfahrt in der Nähe der Marina Lunga, Fahrpläne im dortigen Büro, bei der Esso-Tankstelle am nördlichen Ende des Corso. Häufige Busse von und nach Canneto, weiter zur Spiaggia Bianca und Acquacalda 10-mal tägl., von Juli bis September häufiger. Richtung Quattrocchi, Pianoconte und Quattropani ebenfalls 10-mal tägl. Sonntags eingeschränkter Fahrplan.

Fahrzeugverleih, breites Angebot in verschiedenen Büros direkt am Hafen sowie bei **Roberto Foti**, Via Francesco Crispi 31 (Uferstraße nördlich des Zentrums). Fahrräder gibt's auch – allerdings sind die Höhenunterschiede an der Küstenstraße erheblich. ✆ 090/98113702, 📠 9811627, www.robertofoti.it

Übernachten

Nochmals sei geraten, im Juli und August möglichst schon vorher alles klar zu machen (telefonisch z. B. ab Milazzo) oder wenigstens am Morgen anzureisen.

**** **Hotel Villa Meligunis**, Nähe Marina Corta und eins der Spitzenhäuser der Eolie. Untergebracht in einem restaurierten Palazzo des 18. Jh., der mit Stilmöbeln und allem Komfort ausgestattet ist. DZ/F rund 135–295 €, HP pro Pers. zusätzlich 35 €. Via Marte, ✆ 090/9812426, 📠 9880149, www.villameligunis.it.

** **Villa Diana**, Località Diana-Tufo, etwa 1 km oberhalb der Stadt in toller Lage. Alte Villa, Stilmöbel, Dachbalken, Superblick von der großen Terrasse, weites Gartengelände. Keine Pensionsverpflichtung. DZ mit Frühstück ca. 80–100 €, August 145 €. April bis Okt. ✆/📠 090/9811403, www.villadiana.com.

** **Poseidon**, im Zentrum nahe der Infostelle. Gefällige, verwinkelte Anlage, zwei Terrassen, Innenhof. Die geschmackvoll möblierten Zimmer fallen in der Größe sehr unterschiedlich aus. Kein Restaurant, kein Pensionszwang. DZ/F 75–120 €, im August 130–150 €. Offen Mitte März bis Mitte Nov. V. Ausonia 7, ✆ 090/9812876, 📠 9880252, www.hotelposeidonlipari.

** **Oriente**, etwas westlich vom Zentrum. Ansehnliches Hotel mit großem Garten, in dem einige Bungalows stehen. Dass der Besitzer Antiquitätenfan ist, merkt man den Gemeinschaftsräumen an, die Zimmer sind eher zweckmäßig eingerichtet. Kein Pensionszwang. DZ/F etwa 70–95 €, im August 130 €. Via G. Marconi 35, eine Seitenstraße des südlichen Corso, ✆ 090/9811493, 📠 9880198, www.hotelorientelipari.com.

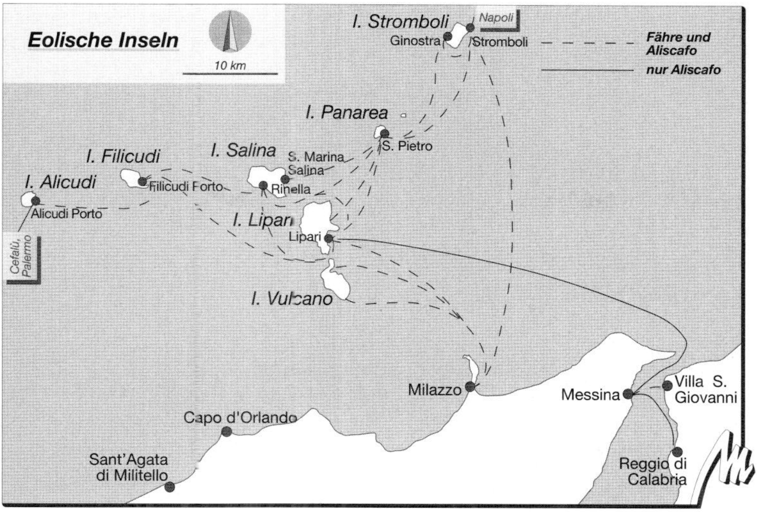

Privatzimmer **Diana Brown**, versteckt nahe dem Corso. Komfortable und ruhige Zimmer und Studios mit Klimaanlage, Kühlschrank und Heizung. Freundliche Leitung. DZ/Bad etwa 40-70 €, im August bis 100 €. Frühstück auf der Dachterrasse geht extra. Ganzjährig. Vico Himera, ✆ 090/9812584, ℻ 9813213, www.dianabrown.it.

Lo Nardo, im Ortskern nahe Fährhafen. Moderne und blitzsaubere Zimmer mit Klimaanlage und Kochmöglichkeit, Dachterrasse mit schöner Aussicht. Ruhige Lage in einem Gässchen. DZ/Bad 40–80 €, im August 90 €. Reservierung ratsam. Vico Ulisse 34, ✆ 090/9880431, ✆ 368/3605136 (mobil), www.lonardo.it

Villa Rosa, an der Uferstraße im Norden, Richtung Canneto. Die Besitzerin wartet meist schon am Hafen auf Gäste. Gute, saubere Zimmer, mit Bad und Kochgelegenheit sowie Terrassenbenutzung. DZ/Bad ca. 40–60 €, im August 90 €. Via Francesco Crispi 134, ✆ 090/9812217.

Essen & Trinken

Am Corso ist man auf Laufkundschaft eingestellt – saftige Preise, mäßiges Essen. Die angenehmeren Lokale liegen überwiegend etwas abseits.

Filippino, an der dem Stadtberg nördlich vorgelagerten Piazza Mazzini. Das Traditionsrestaurant der Inseln, 1910 gegründet. Die Küche ist tatsächlich hervorragend, und auf der Terrasse vor dem alten Haus sitzt man hübsch. Menü mit Fisch ab etwa 35 € aufwärts, im Winter Mo Ruhetag.

La Nassa, ebenfalls eine erste Adresse für Feinschmecker. Besitzerin Donna Teresa bietet „das Beste aus dem Meer", so die nicht einmal übertriebene Eigenwerbung, aber auch die Gerichte auf Gemüsebasis können sich schmecken lassen. Gute Weinauswahl, preislich etwa wie oben.

La Piazzetta, an einem kleinen Platz nahe dem Corso. Hübsch herausgeputzt. Hier sollte jeder seine Lieblingspizza finden, es gibt 40 Sorten. Menü ab etwa 25 €. Piazza Luigi Salvatore d'Austria,

Kasbah Café, Via Maurolico, nur ein paar Schritte vom Corso. Das orientalisch angehauchte Café besitzt auch ein Restaurant, man sitzt schön in einem lang gezogenen, idyllischen Garten. Menü ab etwa 25 €, auch gute Pizza. Nur abends, dann aber lange. Mo und im Winter geschl.

Pescecane, direkt am Corso, mit Tischen im Freien auf der gegenüberliegenden Straßenseite. Als Pizzeria trotz der Lage eine echte Empfehlung, gute Pizzen ab etwa 6 €. Corso Vittorio Emanuele 223, im nördlichen Bereich. Ebenfalls gut und günstig: das nahe **Sacha**.

Lipari und sein Stadtberg

Ziele auf der Insel

Eine etwa 27 km lange Ringstraße erschließt den größten Teil der Insel; von ihr führen Stichsträßchen ins Innere und in den Süden Liparis.

Canneto: zweitgrößte Siedlung der Insel, etwa 3 km nördlich von Lipari-Stadt. Vom Ortsbild her keine Offenbarung: ein lang gestreckter, schmaler Häuserschlauch zwischen der Uferpromenade und einer landeinwärts verlaufenden Parallelstraße. Doch hat man sich in den letzten Jahren um eine optische Aufwertung bemüht, zudem besitzt Canneto eine recht lebendige Infrastruktur. Wer gerne strandnah wohnt, ist hier durchaus an der richtigen Adresse, zumal die schöne Spiaggia Bianca noch in Fußentfernung ist.

• *Übernachten* **Giallo Rosso**, Privatzimmer und Apartments an der Uferstraße im Zentrum. Der nette Besitzer Marco Scoglio spricht Deutsch. DZ/F ca. 50–80 €, im August 100–120 €, dann aber durch Stammgäste stets belegt. ✆ 090/9811298, ℻ 9811358, www.giallorossolipari.it.

Ostello Baia Unci, private Jugendherberge, gleich neben dem Campingplatz. Bett im Schlafsaal pro Pers. nach Saison 15–20 €. März-Oktober, ✆ 090/9812527.

Camping Baia Unci, der einzige Zeltplatz der Insel; eben, schattig und gut gepflegt. Alle Camper müssen ein nicht demontierbares Plastikarmband tragen. Geöffnet ca. April bis Okt. ✆ 090/9811909, ℻ 9811715.

Spiaggia Bianca: Der Hauptstrand von Lipari, etwa 1 km nördlich vom Ortsrand von Canneto, über Treppen ab der Küstenstraße zu erreichen (Busverbindung), es gibt aber auch einen Fußweg ab Canneto. Nicht weiß, wie der Name suggeriert, sondern dunkler Kies, teilweise mit Sandpartien durchsetzt – der leichte, weiße Bimsstein, dem er seinen Namen verdankt, wurde schon längst weggeschwemmt.

Campo Bianco: Etwa 1 km nördlich der Spiaggia Bianca durchquert die Straße das schneeweiße Gebiet der Bimssteinwerke *Cave di Pomiche* an den Hängen des *Monte Pilato* (476 m). Der Tagebau hat praktisch die gesamte Ostseite des Bergs angefressen, treffend genannt Campo Bianco – „Weißes Feld". Von der Uferstraße fällt ein gletscherweißer und puderweicher Hügel unglaublich steil zum Meer hin ab. Lkw kippten hier bis vor einigen Jahren den weißen Abraum der umliegenden Bimssteinwerke ab, inzwischen hat man diese Praxis jedoch auf Proteste von Umweltschützern hin eingestellt. Bims, früher ein begehrter Exportartikel, wird heute für die Herstellung von Scheuermitteln verwendet – oder auch um Jeans die „Stone-Washed"-Optik zu verleihen.

Acquacalda: kleines Örtchen mit feinem, schwarzem Kieselstrand an der Nordküste. Dahinter steigt die Küstenstraße an und verläuft im Folgenden inseleinwärts zurück nach Lipari.

Quattrocchi: Einer der schönsten Aussichtspunkte Liparis liegt oberhalb der Westküste, etwa 5 km von Lipari-Stadt (Bushaltestelle). Besonders bei Sonnenuntergang bietet sich hier ein Bild von fast märchenhafter Schönheit: Über 200 m tiefer verläuft die gezackte Steilküste, Segeljachten kreuzen auf dem tiefblauen Wasser zwischen den *Faraglioni*-Klippen, im Hintergrund dampft der Krater von Vulcano und am Horizont erstreckt sich, soweit das Auge reicht, Sizilien.

Spiaggia Valle Muria: westlich von Lipari-Stadt, schöne Bucht unterhalb des Belvedere Quattrocchi, teils Lavakiesel teils dunkler Lavasand. Barnjs kleine Bar vermietet Kajaks und Tretboote, organisiert außerdem einen Bootspendeldienst vom Fährhafen und zurück. Am Strand vermitteln einige Strohsonnenschirme fast Hawaii-Feeling, toller Blick auf die liparische Steilküste und die Insel Vulcano.

Vulcano

Auf der südlich von Lipari liegenden Insel brodelt es im Meer und strömt Dampf aus Erdspalten. Der Vulkan ruht nur und kann jederzeit wieder ausbrechen, die letzte Eruption liegt schon über hundert Jahre zurück.

Das ehemals nur von wenigen Bauern und Winzern bewohnte Vulcano hat sich in den letzten Jahrzehnten touristisch stark entwickelt, der Hafenort *Porto di Levante* ist eine einzige Anhäufung von Boutiquen, Schnellrestaurants, Souvenirgeschäften und Hotels. Zu den Urlaubern gesellt sich eine große Zahl von Tagesbesuchern, die von Sizilien oder Lipari herüberkommen. Viele von ihnen steigen zum 391 m hohen Vulkan hinauf; mit festen Schuhen ein problemloser Ausflug, für den insgesamt etwa zwei Stunden und 3 € Zugangsgebühr einzukalkulieren sind. Knapp abseits des Strands von Porto di Levante liegt der Thermaltümpel *Vasca di Fanghi* (2,50 €), in dessen warmem, schwefelhaltigen und heilfördernden Schlamm (Achtung, brennt in den Augen wie Feuer!) man sich nach Herzenslust suhlen kann.

• *Übernachten*: Sehr hohe Preise, noch höher als auf Lipari – viele belassen es deshalb bei einem Tagesausflug.

*** **Hotel Rojas**, in zentraler Lage unweit des Schlammbads Vasca di Fanghi. Erst wenige Jahre alt, Zimmer mit teilweise recht großer Terrasse. Nur von Juni bis September geöffnet, zur HS Störung durch die nahe Disco Il Castello möglich. DZ/F etwa 90–110 €, im August bis zu 160 €. Via Porto Levante, ✆/℻ 090/9852080, www.hotelrojas.com.

* **Torre**, acht einfache, aber ordentliche und in Schuss gehaltene Zimmer mit guten Bädern, Klimaanlage, TV und Heizung; zur Saison Störung durch eine nahe Disco möglich. DZ 50–60 €, im August 80 €, dann aber natürlich meist belegt. Ganzjährig geöffnet außer zu Restaurierungsarbeiten im Winter. Reservierung ratsam. Via Favaloro, ✆/℻ 090/9852342.

Selfotel Eden Park, im hinteren Bereich von Porto di Ponente. Internationale, kommunikative Atmosphäre; der hilfreiche und humorvolle Besitzer Rino Giuffrè spricht Deutsch. Schlichte Zweier-Apartments nach Saison etwa 50–80 €, im August bis 130 €. Weiterhin gibt es sehr einfache „Economic"-Zimmer

Sizilien
Karte S. 1012/1013

mit Stockbetten, DZ 36–60 €, im August bis 80 €. Campingmöglichkeit im Garten. Dieses Buch vorzuzeigen, kann nicht schaden! Geöffnet März bis Nov., ☎/📠 090/9852120, www.isolavulcano.it.

Camping Togo Togo, inoffizieller, recht schön gelegener Platz an der Bucht von Porto di Ponente. Schwarzer Lavasandboden, nur teilweise Schatten durch Eukalyptusbäume. Auch Bungalowvermietung. April bis Sept. ☎ 090/9852303. www.campingvulcano.it.

Stromboli

Wooouummm!!! Fontänen glühender Lava fauchen hoch in den Nachthimmel. Der Boden bebt, Donnergrollen lässt die Eingeweide erzittern. Mehrmals stündlich liefert der Vulkan Stromboli ein Schauspiel, das in Europa seinesgleichen sucht – mit etwas Mühe ist man live dabei.

Stromboli ist ganz Vulkan. Sichtbar ist nur die Spitze des Giganten, der sich aus einer Tiefe von 2000 m unter dem Meeresspiegel bis auf 924 m Höhe erhebt. Viel Platz für Siedlungen ist an den schwarzkahlen, zerfurchten Hängen des Vulkans nicht. Der Hauptort *Stromboli* dehnt sich in der flacheren Nordostecke der Insel aus und steigt von der Anlegestelle *Scari* zum Hügel von *San Vincenzo* hinauf, nordwestlich davon liegen die Strände von *Ficogrande* und *Piscità*. Das Örtchen *Ginostra* drängt sich an den Ausläufern des Westhangs des Vulkans. Ein besonderes Highlight sind Strombolis Strände, mit Abstand die schönsten der Eolie, bestehend aus pechschwarzem, feinem Lavasand.

• *Anfahrt/Verbindungen* Haupthafen von Stromboli-Ort ist **Scari**, zum Zentrum geht es den Berg hoch. Bei hohem Wellengang können Fähren und Aliscafi nicht immer anlegen; das gilt erst recht für den winzigen Hafen des Dörfchens **Ginostra**. Automitnahme nicht gestattet. Busse existieren auf Stromboli nicht.

• *Übernachten*: Recht vielfältige Möglichkeiten, die meisten in Ficogrande und Piscità. Großer Preisspielraum zwischen Haupt- und Nebensaison.

** **Villaggio Stromboli**, zwischen Ficogrande und Piscita. Zimmer etwas kitschig, aber ordentlich eingerichtet; zudem in sehr schöner Lage über dem Meer, unten ein kleiner Sandstrand in Schwarz. DZ/F 100–130 €, im August 170–190 €. Der Ape-Abholservice vom und zum Hafen kostet extra. Geöffnet April bis Okt., ☎ 090/986018,

Stromboli: die ganze Insel ein Vulkan

📠 986258, www.villaggiostromboli.it

* **Miramare**, an der Strandstraße von Ficogrande. Hübsche, kleine Anlage, in Stufen den Hang hoch gebaut, angenehme Zimmer mit Terrasse. DZ mit Bad und Frühstück ca. 80–130 €, im August 170 €. April bis Sept. ✆ 090/986047, 📠 986318, www.miramarestromboli.it.

• *Privatzimmer/Essen* **La Nassa**, angenehme, kleine Anlage in Ficogrande. Zwölf ordentliche Zimmer mit Bad, Terrasse und Meerblick, freundlicher Besitzer. DZ/Bad je nach Saison 50–70 €, im August 90 €. Zu suchen oberhalb der Strandstraße, gegenüber dem Ristorante Punta Lena. Ostern bis Mitte Okt. Via Fabio Filzi, ✆ 090/986033, www.lanassastromboli.it.

Casa del Sole, in Piscità, Nähe Kirche San Bartolo. Einfaches, aber reizvolles Quartier, das sich vor allem an junge Kundschaft wendet. Großes, altes Haus, ausgedehnter Innenhof, gepflegte Sanitäranlagen. DZ mit Etagendusche ca. 50–80 €, mit Bad 60–100 €, auch Mehrbettzimmer. Ostern bis Nov. ✆ 090/986017.

Rist.-Pizzeria La Lampara, in San Vincenzo. Tische und Stühle im Freien auf großer, überdachter Terrasse; im Sommer trubelige Atmosphäre. Sehr gute und ausgesprochen üppig dimensionierte Pizzen. Die Besitzer betreiben auch ein **B & B**, DZ/F 60–90 €, im August 120 €. März bis Nov., ✆ 090/986409.

• *Besteigung des Stromboli* Seit den schweren Ausbrüchen von 2002 und 2003 darf der Stromboli nur noch mit autorisierten Vulkanführern bestiegen werden. Alle Bereiche der Insel, die oberhalb von 400 m Seehöhe liegen, sind für den Besuch ohne Führer gesperrt; wer erwischt wird, hat mit hohen Strafen zu rechnen, Kontrollen sind üblich. Prinzipiell kann jeder, der bei guter Gesundheit ist und über ein germaßen passable Kondition verfügt, an der Exkursion teilnehmen. Menschen mit Herz-Kreislauf-Erkrankungen oder Asthma jedoch ist in jedem Fall vom Aufstieg abzuraten. Achtung Kontaktlinsenträger: Unbedingt eine Brille aufsetzen, es staubt ganz immens. **Ausrüstung**: Pullover, Windjacke und ein Hemd oder T-Shirt zum Wechseln. Hut, Sonnenschutz. Ausreichend Wasser, Proviant. Wichtig: Berg- oder feste Trekkingschuhe mit gutem Profil, Taschenlampe mit Batterien (alles notfalls im Geschäft „Totem" am Kirchplatz zu leihen).

• *Vulkanführer* **Reservierung ist praktisch**

Strombolis kleine Schwester: Strombolicchio

Pflicht! Die Aufenthaltsdauer am Gipfel ist limitiert, ebenso die Gruppenstärke. Fast immer bleiben mehrere verhinderte Vulkanbesteiger enttäuscht zurück. Die Führer raten, mind. zwei, drei Tage vorab telefonisch zu reservieren, meist spricht man Englisch.

Guide Vulcanologiche, Piazza San Vincenzo, ein Büro unterhalb der Bar Ingrid am Kirchplatz. ✆ 090/986139, 📠 986185, www.stromboliguide.it.

Magmatrek, professionelle Organisation, deren Büro zwischen der Kirche San Vincenzo und dem „Ingrid-Bergman-Haus" liegt. Freundlich und vielsprachig, auf Wunsch auch Touren für Einzelpersonen. ✆/📠 090/9865768, www.magmatrek.it.

Stromboli Adventures, direkt benachbart. ✆ 090/986264, www.stromboliadventures.it.

• *Termine/Preise* Von März bis Oktober sind die Besteigungen genau geregelt, wer jedoch völlig außerhalb der Saison kommt, wird eventuell über Zeiten etc. verhandeln müssen. Abmarsch am späten Nachmittag, Aufenthalt am Gipfel teilweise, Abstieg nach San Vincenzo völlig im Dunkeln. Das „Gesamtprogramm" dauert etwa sechs Stunden: Aufstieg drei Stunden, Aufenthalt am Gipfel eine Stunde, Abstieg knapp zwei Stunden. Preis bei voller Gruppenstärke zuletzt 25 € zuzügl. einer „Vulkansteuer" in Höhe von 3 €.

Karte S. 1012/1013

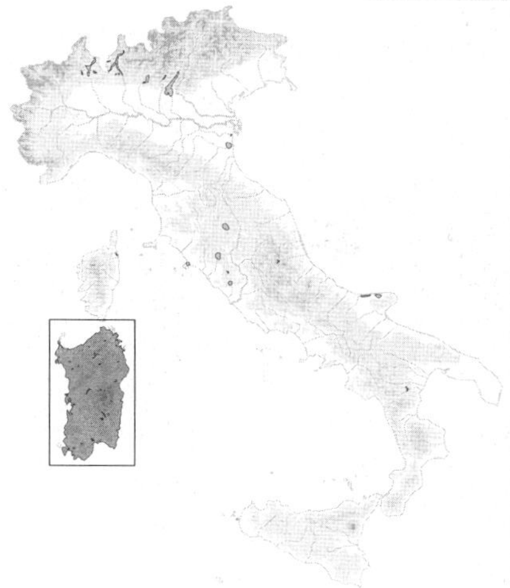

Sardinien

Sardegna

Schöne Orte: Alghero (S. 1104), Bosa (S. 1108), Cagliari (S. 1115), Orosei (S. 1121), Posada (S. 1120) und Tempio Pausania (S. 1100).

Landschaftliche Höhepunkte: die Halbinsel Capo Testa bei Santa Teresa di Gallura (S. 1099), die Inseln La Maddalena und Caprera im Norden (S. 1097), die Sanddünen der Costa Verde an der Westküste (S. 1113), die Costa del Sud bei Cagliari (S. 1114), der Golf von Orosei (S. 1121) und das Massiv des Supramonte bei Nuoro (S. 1125).

Kulturell herausragend: die zahlreichen Relikte der Vor- und Frühgeschichte; die mächtige Nuraghenfestung Su Nuraxi bei Barumini (S. 1128); die archäologischen Museen von Cagliari (S. 1119) und Sassari (S. 1102) und das Volkskundemuseum in Nuoro (S. 1125); die Wandmalereien von Orgosolo (S. 1128).

Baden: zahllose Sandstrände rund um die Insel, z.B. der 3 km lange Strand „La Cinta" bei San Teodoro (S. 1120), die Dünenstrände der Costa Verde (S. 1113) sowie die Costa del Sud (S. 1114) und die Costa Rei im Süden (S. 1124).

Kurios: die Restaurant- und Hotelpreise an der Costa Smeralda (S. 1095).

Eher abzuraten: der Großraum Cagliari an Wochenenden und Campingurlaub in der ersten Augusthälfte.

Das frühere „Hippietal" Valle di Luna endet in einer malerischen Bucht am Meer

Sardinien

Sardegna

Sardinien ist nicht Italien. Die wilden, archaisch wirkenden Fels- und Macchialandschaften haben wenig mit den kultivierten Agrar- und Ferienregionen des Stiefels gemein. Steine, Macchia, „Tancas" (Steinmauern) und Schafweiden prägen das Profil der spröden Insel. Die Siedlungen lassen oft den Charme mediterraner Inseldörfer vermissen. Sardinien wirkt auf den ersten Blick eher streng und herb. Doch eh man sich versieht, ist man fasziniert von der „vergessenen Insel" im Mittelmeer.

Inzwischen sind natürlich auch Sardiniens Küsten in weiten Bereichen touristisch erschlossen. Die mondäne Costa Smeralda des Aga Khan machte in den sechziger Jahren den Anfang und heute wuchern allerorten Ferienhaussiedlungen in die duftende Macchia. Diese Entwicklung kam nicht von ungefähr, denn tatsächlich gehören die zahllosen, oft kilometerlangen Sandstrände Sardiniens zu den schönsten im Mittelmeer – herrlich weicher, weißer Sand ist die Regel und abseits der größeren Ortschaften findet man auch im Sommer noch reichlich Platz. Richtig voll wird es eigentlich nur im August, wenn die Festlandsitaliener anreisen. In der Vor- und Nachsaison hat man die Insel dagegen mehr oder minder für sich allein.

Sardinien ist aber auch eine Insel der Felsen. Man findet sie in allen Arten, Formen und Größen, am ausgeprägtesten in den bizarren Steinlandschaften der Gallura im Inselnorden. Mit am schönsten ist dort das bizarre Capo Testa, eine Jahrmillionen alte, vom Meer umspülte Granitszenerie und früherer Hippie-Geheimtipp. Auch an der mittleren Ostküste ragen felsige Steilhänge empor, eingelagert dazwischen liegen Buchten und Sandstrände. Der Westen ist dagegen flacher, mit großen, langen Strandpartien und der steppenartigen Sinis-Halbinsel. Die Costa Verde bei Arbus wirkt sogar wie eine Wüstenlandschaft, die Dünen ziehen sich kilometerweit ins Land hinein. Im Inneren gibt es ausgedehnte Korkeichenwälder (vor allem im Norden um Tempio), ansonsten dominiert die alles überwuchernde Macchia. Im rauen Gennargentu-Massiv leben die meisten der 33.000 Hirten von Sardinien. Viele von ihnen mussten im 19. und 20. Jh. auswandern, weil die karge Insel sie nicht mehr ernähren konnte.

Sardinien war immer ein Spielball in der Hand fremder Kolonisatoren und wurde bereits seit der Antike von den Festländern ausgebeutet. *Furat chie venit da'e su mare* („Wer übers Meer kommt, will uns bestehlen"), heißt ein häufig zitiertes Wort, das die geschichtliche Situation Sardiniens durchaus treffend beschreibt, denn von außen kam selten Gutes. Die alte eigenständige Inselkultur zeigt sich besonders deutlich in den eigentümlichen „Nuraghen" (*Nurakes* bedeutet Steinhaufen), die überall auf Sardinien stehen. Diese kegelförmige Festungstürme aus roh aufeinander geschichteten Steinblöcken stammen aus dem 2. Jt. v. Chr. Mehr als 7000 hat man bisher gezählt, doch wahrscheinlich gab es wesentlich mehr. Zahlreiche Siedlungen hatten ihren eigenen Turm, die Insel bestand aus Clans, die sich gegeneinander abgrenzten und argwöhnisch ihre Ländereien bewachten. Später wurden die anfänglichen Einzeltürme zu immer komplexeren Burgen ausgebaut, vielleicht auch wegen einer zunehmenden Bedrohung durch äußere Feinde.

Doch trotz der schweren Geschichte – wenn man das Glück hat, außerhalb der touristischen Zonen Kontakte zu finden und die anfängliche Zurückhaltung überwunden ist, kann man nicht selten eine Gastfreundschaft erleben, die ihresgleichen sucht.

Anfahrt/Verbindungen

• *Schiff* Fährverbindungen nach Sardinien gibt es vom italienischen Festland tägl. (z. T. ganzjährig, z. T. nur im Sommer) ab **Genua**, **Livorno**, **Piombino** und **Civitavecchia**, 1- bis 2-mal wöch. ab **Neapel Palermo** und **Trapani** (Sizilien). Civitavecchia hat dabei die meisten Abfahrten pro Tag. Ankunftshäfen sind **Olbia**, das benachbarte **Golfo Aranci** und **Porto Torres**, außerdem **Arbatax** und **Cagliari**.

> Achtung: **August** ist der traditionelle Ferienmonat der Italiener. Die Badeorte, Hotels und Campingplätze sind dann bis zum letzten Fleck ausgebucht – und die Fähren oft ebenfalls. In der Zeit von Mitte Juli bis Mitte August sollte man deshalb Schiffspassagen auf jeden Fall vorbuchen. Dasselbe gilt für die Rückreise ab der dritten Augustwoche bis Mitte September.

Die wichtigsten Fährlinien sind Tirrenia (www.tirrenia.it), Moby Lines (www.mobylines.de), Sardinia Ferries (www.sardinia-ferries.de) und Grandi Navi Veloci (www.gnv.it). Die großen Fährschiffe benötigen je nach Hafen und Leistungsfähigkeit zwischen 8 und 12 Std. für die Überfahrt. Auf einigen Strecken werden jedoch Schnellfähren eingesetzt, die die Überfahrtszeiten um mehrere Stunden verkürzen, ab Civitavecchia z. B. ca. 5 Std. Genereller Tipp sind die Tagüberfahrten, bei denen man keine Kabine buchen muss und die preiswerter sind als Nachtüberfahrten.

• *Flug* Folgende „Billigflieger" fliegen Sardinien an (Stand 2010):

Air Berlin (www.airberlin.com): Flüge u. a. von Berlin, Düsseldorf, Hamburg, Hannover, Köln, Nürnberg, Wien und Zürich nach Olbia.

easyJet (www.easyjet.com): Flüge von Berlin-Schönefeld nach Olbia und Cagliari sowie von Genf nach Cagliari.

InterSky (www.intersky.biz): Flüge von Friedrichshafen nach Olbia.

Ryanair (www.ryanair.com): Der irische „Low cost carrier" fliegt von Frankfurt-Hahn, Bremen, Weeze (70 km von Düsseldorf) und

Sardinien Karte S. 1090/1091

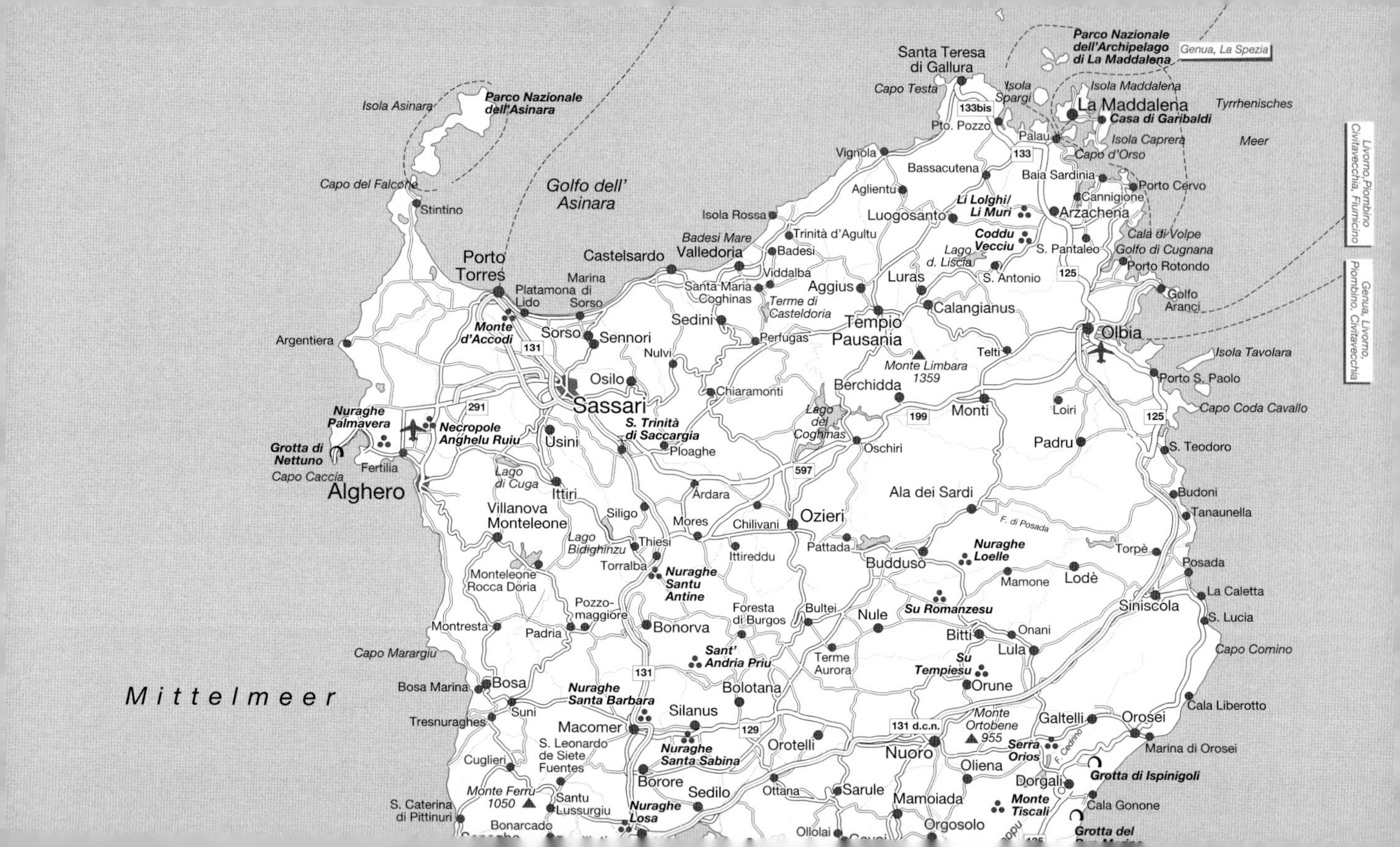

Livorno, Piombino
Civitavecchia, Fiumicino
Genua, Livorno,
Piombino, Civitavecchia
Genua, La Spezia
Tyrrhenisches
Meer
Parco Nazionale
dell'Archipelago
di La Maddalena
La Maddalena
Casa di Garibaldi
Isola Maddalena
Isola Caprera
Capo d'Orso
Porto Cervo
Cala di Volpe
Golfo di Cugnana
Porto Rotondo
Golfo
Aranci
Isola Tavolara
Porto S. Paolo
Capo Coda Cavallo
S. Teodoro
Budoni
Tanaunella
Posada
La Caletta
S. Lucia
Capo Comino
Siniscola
Torpè
Lodè
Cala Liberotto
Marina di Orosei
Orosei
Grotta di Ispinigoli
Cala Gonone
Grotta del
Galtelli
F. Cedrino
Dorgali
Serra
Orios
Monte
Tiscali
Monte
Ortobene
955
Oliena
Orgosolo
Mamoiada
Nuoro
131 d.c.n.
Sarule
Ollolai
Ottana
Orotelli
Olbia
Loiri
Padru
125
Cannigione
Arzachena
S. Pantaleo
Baia Sardinia
Palau
Isola
Spargi
133
133bis
Pto. Pozzo
Santa Teresa
di Gallura
Capo Testa
Li Lolghi/
Li Muri
Coddu
Vecciu
S. Antonio
Lago
d. Liscia
Calangianus
Telti
Monti
Bassacutena
Luogosanto
Luras
Aglientu
Vignola
Monte Limbara
1359
Tempio
Pausania
Berchidda
199
Oschiri
Ala dei Sardi
F. di Posada
Nuraghe
Loelle
Mamone
Onani
Lula
Bitti
Su
Tempiesu
Orune
Su Romanzesu
Budduso
Nule
Trinità d'Agultu
Aggius
Badesi
Viddalba
Terme di
Casteldoria
Perfugas
Lago
del
Coghinas
597
Ozieri
Pattada
Bultei
Terme
Aurora
Isola Rossa
Badesi Mare
Valledoria
Santa Maria
Coghinas
Sedini
Chiaramonti
Chilivani
Ittireddu
Foresta
di Burgos
Bolotana
129
Ardara
Mores
Ploaghe
S. Trinità
di Saccargia
Nulvi
Nuraghe
Santu
Antine
Sant'
Andria Priu
Bonorva
Silanus
Nuraghe
Santa Sabina
Sedilo
Borore
Nuraghe
Losa
Castelsardo
Sennori
Osilo
Sassari
Thiesi
Siligo
Torralba
131
Nuraghe
Santa Barbara
Macomer
Golfo dell'
Asinara
Marina
di
Sorso
Sorso
Usini
Ittiri
Lago
Bidighinzu
Pozzo-
maggiore
S. Leonardo
de Siete
Fuentes
Santu
Lussurgiu
Parco Nazionale
dell'Asinara
Porto
Torres
Platamona
Lido
Monte
d'Accodi
291
Lago
di Cuga
Villanova
Monteleone
Monteleone
Rocca Doria
Padria
Bosa
Suni
Cuglieri
Monte Ferru
1050
Bonarcado
Stintino
Necropole
Anghelu Ruju
Montresta
Tresnuraghes
Isola Asinara
Capo del Falcone
Fertilia
Alghero
Nuraghe
Palmavera
Capo Marargiu
Bosa Marina
S. Caterina
di Pittinuri
Argentiera
Grotta di
Nettuno
Capo Caccia
Mittelmeer

Sardinien
10 km
Tyrrhenisches Meer
Genua, Arbatax, Civitavecchia, Neapel, Palermo, Trapani
Civitavecchia, Genua, Fiumicino
Cagliari
Quartu S. Èlena
Golfo di Cagliari
Iglesias
Carbonia
Oristano
Cabras
di Cabras
Tharros
Marina di Torre Grande
Simaxis
Olastra
Fordongianus
Samugheo
Golfo di Oristano
Capo di Frasca
Arborea
S. Antonio di Santadi
Terralba
Uras
Ales
Monte Arci 812
Morgongiori
Mogoro
Sini
Gesturi
Giara di Gesturi
Tuili
Nuraghe Su Nuraxi
Barumini
Gergei
Isili
Nurallao
Laconi
Senis
Meana Sardo
Tonara
Desulo
Aritzo
Gadoni
Bruncu Spina 1829
Punta la Marmora 1834
Lago alto d. Flumendosa
Seulo
Seui
Talana
Villanova Strisaili
Villagrande Strisaili
Baunei
Su Golgo
di Orosei
S. Maria Navarrese
Lotzorai
Arbatax
Tortoli
Arzana
Lanusei
Bari Sardo
Torre di Bari
Gairo Cardeddu
Ussassai
Ulassai
Grotta su Marmuri
Jerzu
Sadali
Nurri
Lago d. Flumendosa
Orroli
Serri
Perdasdefogu
Marina di Gairo
Tertenia
Sa Foxi Manna
Collinas
Villanovaforru
Sardara
Nuraghe Genna Maria
Villamar
Mandas
Lago Mulargia
Nuraghe Arrubiu
Escalaplano
Sanluri
Suelli
Pranu Muteddu
Goni
Guasila
Senorbì
S. Basilio
Silius
Ballao
Armungia
Villasalto
125
Quirra
Marina di Arbus
Costa Verde
Montevecchio
Ingurtosu
Guspini
Arbus
Gonnosfanadiga
S. Gavino Monreale
Samassi
Serrenti
Capo Pecora
Fluminimaggiore
Buggeru
Villacidro
Tempio di Antas
Nuraminis
Donori
Masua
Nebida
Golfo di Gonnesa
Domusnovas
130
S. Sperate
Monastir
131
Serdiana
Dolianova
S. Vito
Villaputzu
Porto Corallo
Muravera
Burcei
Gonnesa
Villamassargia
Siliqua
Decimoputzu
Decimomannu
Uta
Assemini
Sestu
Sinnai
S. Priamo
Colostrai
Portoscuso
Isola di S. Pietro
Portovesme
Monte Sirai
M. Arcosu 948
Stagno di Cagliari
Monserrato
Monte dei Sette Fratelli 1023
Capo Ferrato
Carloforte
la Caletta
S. Giovanni Suergiu
Montessa
Calasetta
Tratalias
Villaperuccio
Capoterra
Costa Rei
S. Antioco
Isola di S. Antioco
Giba
Santadi
Torre delle Stelle
Solanas
Villasimius
Isola Serpentara
Cannai
Porto Botte
Golfo di Palmas
Grotta Is. Zuddas
Sarroch
S. Anna Arresi
Capo Carbonara
Isola dei Cavoli
Capo Sperone
Pto. Pino
Teulada
Pula
Nora
militär. Sperrgebiet
Domus de Maria
S. Margherita di Pula
Costa del Sud
P. di Teulada
Capo Spartivento

Memmingen nach Alghero im Nordwesten Sardiniens, außerdem von Frankfurt-Hahn, Düsseldorf-Weeze und Karlsruhe-Baden nach Cagliari. Tipp: Seit 2010 gibt es auch Ryanair-Flüge zwischen Cagliari und Trapani (Sizilien) – so kann man beide Inseln zeitsparend miteinander verbinden.

TUIfly (www.tuifly.com): Flüge von Frankfurt, Hamburg, Köln-Bonn, München und Stuttgart nach Olbia und von Köln/Bonn, München und Stuttgart nach Cagliari.

Achtung: Die Angebote ändern sich ständig, deshalb immer auf den Websites die aktuellen Flugstrecken abchecken.

Unterwegs auf Sardinien

• *Zug* Das Bahnnetz Sardiniens ist nur mäßig entwickelt. Neben der Hauptlinie der **staatlichen Eisenbahn FS** (Ferrovie dello Stato), die die Insel der Länge nach durchquert, gibt es lediglich einige **Schmalspurstrecken der FdS** (Ferrovie della Sardegna, www.ferroviesardegna.it). Für den Badeurlaub bringt die Bahn wenig – abgesehen von den Anfangs- und Endpunkten der Strecken führen die Schienen nur durchs Innere der Insel. Zeit muss man in jedem Fall mitbringen, Schnellzüge sind auch auf der staatlichen Strecke die Ausnahme, und auf den Schmalspurstrecken verkehren hauptsächlich ältere Fiat-Triebwagen, die oft nur aus einem oder zwei Waggons bestehen.

„Trenino Verde": Auf schmaler Spur durch Sardinien

In der warmen Jahreszeit befahren mehrmals wöch. touristische Sonderzüge die Kleinbahnstrecken. Infos unter www.treninoverde.com.

• *Bus* Die blauen Busse der Gesellschaft **ARST** (Azienda Regionale Sarda Trasporti, www.arst.sardegna.it) fahren zahlreiche Orte an, ergänzt durch Bahnbusse der Tochtergesellschaft **ARST Gestione FdS**. Auf Langstrecken, zwischen Flughäfen, Häfen, Provinzhauptstädten und wichtigen Touristenorten fahren weitere Gesellschaften. In der Sommersaison sind die Verbindungen an der Küste und in touristisch erschlossenen Gebieten einigermaßen ausreichend, abgelegene Orte werden dagegen oft nur ein- oder zweimal tägl. angefahren (Rückfahrt am gleichen Tag ist oft nicht möglich). Auch bei größeren Entfernungen ist die Fahrthäufigkeit eher gering und nicht selten ist mehrfaches Umsteigen erforderlich, wobei die Fahrpläne der verschiedenen Gesellschaften nicht aufeinander abgestimmt sind, sodass man u. U. lange unterwegs ist. Außerhalb der Badesaison stellen einige Gesellschaften den Betrieb ganz ein, die anderen fahren deutlich seltener.

Übernachten

In den Badeorten gibt es zahlreiche **Hotels** von Mittelklasse bis zu gehobener Kategorie. Das Preisniveau ist insgesamt hoch und steht in den Sommermonaten nicht mehr überall in einem gesunden Verhältnis zur Leistung. Eine gute Alternative sind **Privatzimmer** (Bed & Breakfast) und **Ferienwohnungen**, die zahlreich angeboten werden. Im Landesinneren dünnt das Hotelnetz stark aus, jedoch gibt es vermehrt komfortable Landhotels und man kann häufig auf **Agriturismo-Höfe** zurückgreifen, wo man meist ordentliche Übernachtungsmöglichkeiten, typisches Essen sowie eine freundliche Atmosphäre vorfindet. Für Camper ist Sardinien dank seiner fast hundert **Zeltplätze** ein ideales Terrain, weit verbreitet ist auch das freie Übernachten in Wohnmobilen, das im Hochsommer aber nicht gestattet ist. Wild zelten ist generell verboten.

Essen & Trinken

Die sardische Küche ist ursprünglich eine Küche der Hirten und Bauern: Wurstwaren und gebratenes Fleisch samt Innereien, z. B. Wildschwein und Spanferkel, dazu reichlich Brot und Käse, Gemüse dagegen eher spärlich. **Pane karasau** sind hauchdünne, knusprige Brotfladen, das Standardgericht **Pane frattau** ist die Weiterentwicklung davon zur warmen Mahlzeit: Die dünnen Scheiben werden mit kochendem

Wasser überbrüht, dann werden Tomatensoße und Ei darüber geschlagen.

An der Küste liegt dagegen der Schwerpunkt natürlich eher auf Fisch und Meeresfrüchten, kulturelle Unterschiede schlagen sich dabei in regionalen Eigenheiten nieder: Im katalanisch geprägten Alghero kann man häufig **Paella** bestellen, um Oristano sorgen die fischreichen Lagunenseen für Nachschub an **Meeräschen** und **Aalen** und auf den südwestlich vorgelagerten Inseln Sant'Antioco und San Pietro steht **Thunfisch** im Mittelpunkt.

Die genuine Inselküche genießt man am ehesten in den vielen ländlichen Agriturismo-Betrieben, denn dort wird in der Regel noch authentisch gekocht. In den Restaurants wird dagegen fast überall eine sardisch-italienische Mischküche serviert: sardische Nudeln wie **malloreddus** oder **culurgiones**, Fleisch à la Sardegna, italienisch oder international, gegrillter Fisch und **frutti di mare** – und natürlich Pizza.

Olbia

ca. 46.000 Einwohner

Wegen seiner Festlandsnähe und der benachbarten mondänen Costa Smeralda der wichtigste Hafen Sardiniens. Bei der Einfahrt schöner Blick auf den klippenreichen Golf von Olbia und die imposante Granitinsel Tavolara. Zudem liegt hier der von Mitteleuropa aus meistangeflogene Flughafen der Insel.

Das Städtchen selbst hat wenig zu bieten – Frühstückspause unter den schattigen Bäumen der Piazza Margherita, kurzer Bummel auf dem granitgepflasterten Corso Umberto, dann geht es meist weiter. Einzige wirkliche Sehenswürdigkeit ist *San Simplicio* auf einem niedrigen Hügel hinter dem Bahnhof. Die romanisch-pisanische Kirche aus dem 11./12. Jh. besticht durch ihre schlichte Harmonie. In der Apsis sind zwei Freskos erhalten, das linke stellt den Namen gebenden *San Simplicio* dar, einen frühchristlichen Märtyrer, wahrscheinlich Bischof in der Zeit Kaiser Diokletians. Ein neues Archäologisches Museum soll demnächst auf einer Insel neben dem Hafendamm eröffnet werden.

Schönster Strand in Stadtnähe ist *Pittulongu*, einige Kilometer nördlich (Stadtbus 4).

Anfahrt/Verbindungen & Information

- *Flug* Der moderne **Aeroporto Olbia-Costa Smeralda** liegt 3 km südlich der Stadt, von der SS 125 gibt es eine beschilderte Abzweigung. ✆ 0789/563400, www.geasar.it.

Rechts vor der Ankunftshalle stehen **Überlandbusse**, die in die großen Städte und Badeorte fahren, u. a. von ARST Turmo Travel und Deplano.

Der Stadtbus 2 (ASPO) fährt werktags von 7.30–20 Uhr halbstündlich (sonn- und feiertags stündlich) ins Zentrum von Olbia. Zusätzlich verkehrt der Stadtbus 10 (Circolare INPS) auf einem Rundkurs Flughafen – Olbia Zentrum und wieder zum Flughafen.

- *Schiff* An der Spitze des 2 km langen Hafendamms Isola Bianca liegt die **Stazione Marittima**, wo die Fähren vom Festland anlegen und wieder abfahren. ARST-Busse starten nach Ankunft der Fähren an die Costa Smeralda, nach Santa Teresa, Palau, Nuoro und zu anderen Inselzielen.

- *Zug* Der **Bahnhof** liegt in einem kleinen Seitengässchen des Corso Umberto (Via Giacomo Pala), ein paar Meter von der zentralen Piazza Margherita. Züge mehrmals tägl. nach Sassari (ca. 2,5 Std.) und Cagliari (4,5–8 Std.), z. T. umsteigen in Chilivani.

- *Fernbusse* Die **Busstation** liegt etwas unscheinbar am Corso Vittorio Veneto, etwa 300 m von der Piazza Margherita. Busse fahren u. a. 12-mal tägl. nach Palau, 8-mal nach San Teodoro und 6-mal nach Santa Teresa di Gallura.

- *Information* **Ufficio Provinciale del Turismo**, Via Alessandro Nanni 39, neues Büro beim Kreisverkehr am Fuß des Hafendamms. ✆ 0789/557732, 557726, assturismolbiatempio@email.it.

Ganzjährig sind die Infobüros im **Flughafen** (tägl. 8–22 Uhr, ✆ 0789/563444) und in der **Stazione Marittima** (tägl. 8–14, 16–22 Uhr) geöffnet.

Sardinien
Karte S. 1090/1091

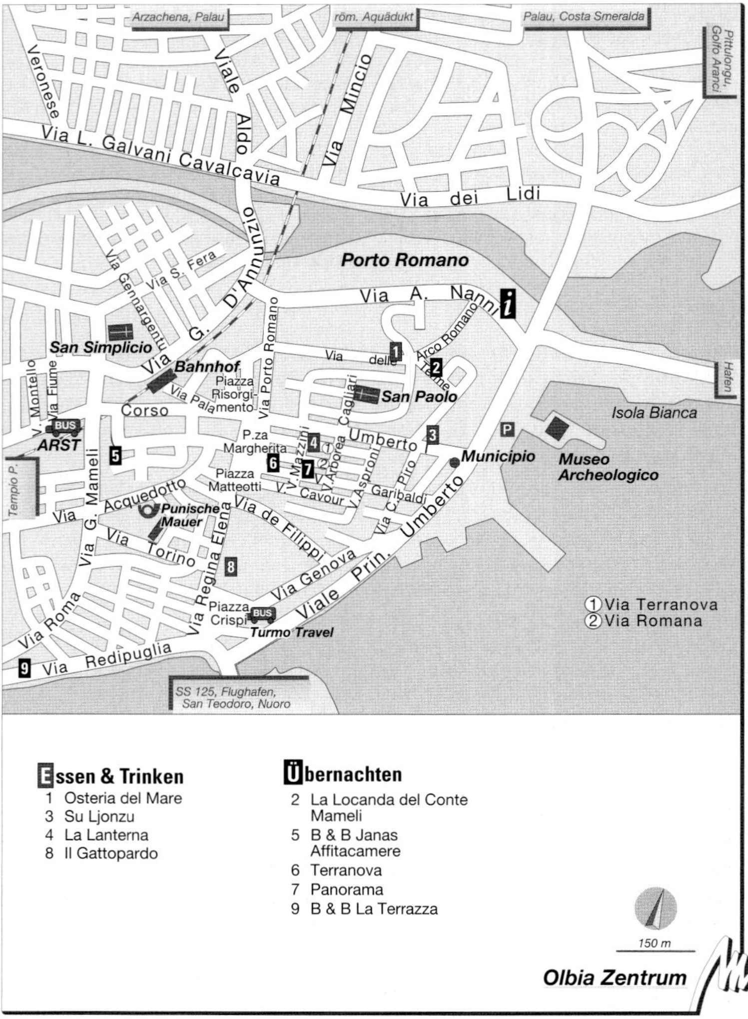

Übernachten

****** La Locanda del Conte Mameli (2)**, der hundertjährige Palazzo wurde 2009 als Hotel eröffnet, freundlich geführt von Angelo, der gut Englisch spricht. Geschmackvolle Zimmer mit freigelegten Natursteinwänden und LCD-TV, Bäder aus Orosei-Marmor mit Bambusböden. Im Souterrain das hauseigene Restaurant, Dachterrasse mit Blick über Olbia. DZ mit Frühstück ca. 100–130 €. Via delle Terme 8, ✆/℻ 0789/23008, www.lalocandadelcontemameli.com.

****** Panorama (7)**, komfortables Haus in einer Seitengasse des Corso Umberto I, etwas unterhalb der Piazza Margherita, aufwändig und detailverliebt restauriert, 2009 eröffnet. Jedes Stockwerk farblich unterschiedlich, beste Materialien, viel Marmor, Parkettböden. Dachterrasse mit Liegestühlen und herrlichem Blick über den Golf, kleines Wellnesscenter mit Jacuzzi, Hamam, Sauna und Aromadusche, Parkplatz in der Nähe. DZ mit Frühstück ca. 95–150 €. Via Mazzini 7, ✆ 0789/26656, 📠 0789/27521, www.hotelpanoramaolbia.it.

*** **Terranova (6)**, am oberen Ende der Piazza Margherita links um die Ecke. Hübsche Zimmer mit TV sowie gutes hauseigenes Restaurant. Personal freundlich, Frühstück gut, Parkmöglichkeit gegen Gebühr. DZ mit Frühstück ca. 80–130 €. Via Garibaldi 3, ✆ 0789/22395, 📠 27255, www.hotelterranova.it.

B & B La Terrazza (9), Anna Balzano vermietet sechs DZ mit schöner, offener Terrasse an der Hafenbucht südlich vom Zentrum, bequem, zentral und sonnig gelegen, Meerblick. DZ mit Frühstück ca. 55–85 €. Via Redipuglia 7, ✆ 0789/25294, 📠 0789/383922, www.beb-laterrazza.com.

B & B Janas Affittacamere (5), drei ordentliche Zimmer mit Klimaanlage und Bad, zentrale, trotzdem ruhige Lage, kleiner Garten mit Orangen- und Zitronenbäumen. DZ mit Frühstück ca. 55–90 €. Via Lamarmora 61, ✆ 339-1092836, www.janasaffittacamere.com.

Camping Cugnana, etwa 11 km nördlich von Olbia, Anfang Mai bis Ende Sept. ✆ 0789/33184, 📠 33398, www.campingcugnana.it.

Camping Tavolara, etwa 18 km südlich von Olbia im Porto della Taverna. Mai bis Sept. ✆ 0789/40166, 📠 40000, www.camping-tavolara.it.

Essen & Trinken

Su Ljonzu (3), bequeme Lage im unteren Abschnitt des Corso Umberto I, schräg gegenüber der Schule. Große Außenterrasse, Preise okay, Pizza ab ca. 4,50 €. Mo geschl. ✆ 0789/209121.

Osteria del Mare (1), gemütlich maritim eingerichtete Osteria mit kleiner Außenterrasse, etwas versteckt in der Via delle Terme, gegenüber vom Hotel La Locanda del Conte Mameli. Meeresküche in erfreulicher Qualität und ebensolcher Service. ✆ 0789/25801.

La Lanterna (4), geräumiges Kellerlokal mit hohen, hellen Räumen, freundliche Atmosphäre. Hauptsächlich Pizza, preislich im Rahmen. Mi geschl. Via Olbia 13 (parallel zum Corso Umberto I), ✆ 0789/23082.

TIPP! Il Gattopardo (8), populäres Lokal mit großem Speisesaal und schönem Innenhof, immer gut besucht. Große Pizzen, Fisch, Risotti und sardische Gerichte wie *pane frattau*. Preise im Rahmen. Mi geschl. Via Elena Regina 85, ✆ 0789/21614.

Costa Smeralda

Die buchtenreiche Küstenlandschaft nördlich von Olbia wurde seit den 1960er Jahren von einem Bankenkonsortium unter Prinz Aga Khan im hochpreisigen touristischen Sektor vermarktet. Die zahlreichen Bungalows und Feriensiedlungen sind geschickt der Felsen- und Macchialandschaft angepasst, es gibt mehrere Luxushotels, die Preise sind deutlich gehoben.

Hauptort ist das mondäne *Porto Cervo*, ein vermeintlicher VIP-Treff mit fantasievoll gestalteten Fassaden und frischen, bunten Farben – nett, wenn auch lange nicht so aufregend, wie es die Boulevardpresse verkündet. Die *Marina Porto Cervo* ist einer der sichersten Yachthäfen im Mittelmeerraum.

Hübsch ist etwas landeinwärts das kleine Dorf *San Pantaleo* zwischen Granitzacken, am besten zu erreichen von *Portisco* am Golf von Cugnana. Die schlicht grauen Häuser wurden für die Urlauber hübsch pastellfarben getüncht, Künstler haben sich niedergelassen, dienstags kann ein Markt besucht werden. Am höchsten Punkt liegt die nette Piazza Vittorio Emanuele, im Umkreis gibt es ein paar Kunsthandwerksläden und Bars.

Cala Liscia Ruia: der längste Strand der Costa Smeralda, etwa 600 m lang, feinsandig und hellbraun, markanter Blick auf vorgelagerte Inselchen und das imposante *Capo Figari* bei Golfo Aranci. Man erreicht ihn, wenn man unmittelbar nach der Abzweigung von der Hauptstraße in Richtung zur Halbinsel Capriccioli rechter Hand eine 2 km lange, holprige Staubpiste nimmt (beschildert). Parken ist kostenpflichtig.

Sardinien Karte S. 1090/1091

Arzachena: Die geschäftige Kleinstadt ist das administrative Zentrum der Costa Smeralda. Häuser in fröhlichen Pastellfarben, schöne Lage am Fuß eines Granitplateaus. Lohnt einen Abstecher von der Küste – nicht so sehr wegen des schlichten Ortskerns, jedoch als Ausgangspunkt für Ausflüge in die Umgebung: Diverse vorgeschichtliche Funde machen Arzachena zum archäologischen Zentrum im Nordosten Sardiniens.

Folgende Relikte können gegen Eintrittsgebühr besichtigt werden: der *Nuraghe Albucciu* und der *Tempietto Malchittu* am südlichen Ortseingang, das Gigantengrab *Coddu Vecciu* und der *Nuraghe La Prisciona* südlich der Straße nach Luogosanto, außerdem das Gigantengrab *Li Lolghi* und das Gräberfeld *Li Muri* nördlich der Straße nach Luogosanto. Auskünfte und Kartenverkauf zu den ersten vier im Info-Center am südlichen Ortseingang von Arzachena, zu Li Lolghi und Li Muri vor Ort.

• *Öffnungszeiten/Eintritt* **Albucciu**, **Malchittu**, **Coddu Vecciu** und **Nuraghe La Prisciona** tägl. 9–19 Uhr (Mitte Juni bis Mitte Sept. 9–20 Uhr), Eintritt für ein Monument nach Wahl ca. 3 €, zwei Monumente 5 €, drei 7,50 €, vier 11 €.

Li Lolghi und **Li Muri** tägl. 9–19 Uhr (Mitte Juni bis Mitte Sept. 9–20 Uhr), Eintritt einzeln ca. 3 €, zusammen 5 €.

Nordküste

Der äußerste Norden um Palau und Santa Teresa di Gallura ist von bizarren Granitfelsen geprägt, dazwischen liegen aber immer wieder herrliche Sandstrände. Westlich vom imposanten Capo Testa dominiert der heftige „Maestrale“, der verlängerte Arm des Mistral aus dem Rhônetal. Wenige größere Ortschaften existieren, die steile Felsküste ist zum größten Teil unzugänglich. In den Nischen liegen aber auch hier Strände, die zu den schönsten Sardiniens gehören. Im Hinterland dominieren kahle Berg- und Hügelkuppen, verstreutes Granitgeröll, hohe Felszacken und dichte Korkeichenwälder, letztere vor allem um Tempio Pausania.

Palau

ca. 4000 Einwohner

Der Fährhafen zum vorgelagerten Madalena-Archipel ist ein beliebter Badeort inmitten einer Szenerie aus malerischem Granit. Bester Strand ist die *Spiaggia Sciumara*, einige Minuten westlich vom Ort. Sehenswert ist die *Fortezza Monte Altura* westlich von Palau, ein Kanonenfort des 19. Jh., angelegt an der Nordküste Sardiniens, um den sich konstituierenden Nationalstaat Italien vor dem Nachbarn Frankreich zu schützen.

• *Öffnungszeiten/Eintritt* **Fortezza Monte Altura**, nur mit Führung, April/Mai stündl. 10.15–12.15 Uhr u. 15.15–17.15 Uhr; Juni bis Aug. stündl. 10.15–12.15 Uhr u. 17.15–19.15 Uhr; Sept. bis Mitte Okt. 10.15–11.15 Uhr u. 15.15–17.15 Uhr. Eintritt ca. 4 €. Coop. Lithos, ✆ 335-1276849.

• *Übernachten* *** **La Roccia**, wenn man zum Hafen hinunterfährt, in der Parallelgasse links oberhalb, nettes Haus in ruhiger Lage. Der freundliche Besitzer spricht gut Deutsch. Ordentliches Frühstück. DZ mit Frühstück ca. 80–150 €. Via dei Mille 15, ✆ 0789/709528, 📠 707155, www.hotellaroccia.com.

TIPP! **B & B Campo di Farfalle**, farbenfrohes Haus seitlich der Hauptstraße, schöne, saubere Zimmer mit Sat-TV und Klimaanlage, z. T. mit Balkon. Von Paula aus Australien aufmerksam geführt. DZ mit Frühstück ca. 65–100 €. Via Gallura 5, ✆/📠 0789/708909, www.bbilcampo.it.

Camping Baia Saraceno, großer Platz östlich vom Ort, davor am Meer Sand und Felsen. Anfang März bis Ende Okt. ✆ 0789/709403, 📠 709425, www.baiasaraceno.com.

Camping Acapulco, westlich von Palau, 5 Fußmin. zum schönen Sandstrand. Anfang März bis Ende Sept. ✆/📠 0789/709497,

Malerische Felsbadebucht bei Palau

www.campingacapulco.com.

• Essen & Trinken **Zio Nicola**, großes Lokal beim Parkplatz im Hafen, serviert werden Pizzen, die über den Tellerrand lappen, außerdem „Autentica Focaccia". ✆ 0789/708520.

Il Pirata, von der Fähranlegestelle die Uferpromenade ein Stück nach Westen, so ziemlich das einzige Restaurant nah am Meer. Auch Pizza wird serviert. Via Palau Vecchio 2, ✆ 0789/708566.

Da Robertino, direkt an der Hauptstraße. Vorzügliches Fischrestaurant mit schönem Ambiente in hellen Räumen und qualitativ hochwertigen Fischgerichten. Nicht billig, aber seinen Preis wert. Via Nazionale 20, ✆ 0789/709610.

• Sonstiges **Flore di Maggio**, exzellente Eisdiele mit 26 leckeren, teils exotischen Sorten, im Sommer herrscht Riesenandrang. Via Nazionale 31, Nähe Hafen.

Isola La Maddalena und Isola Caprera: Rund um die Uhr pendeln Fährschiffe von Palau zu den vorgelagerten Inseln. Man landet in der Kleinstadt *La Maddalena*, die viel historische Substanz besitzt und zum Bummeln einlädt.

Die anschließende Rundfahrt auf der „Strada Panoramica" führt an der hübschen Badebucht *Cala Spalmatore* vorbei zum weißen Sandstrand *Baia Trinità* auf der windumtosten Landzunge *Punta Abbatoggia* im äußersten Inselnorden – zwar stark den Nordwinden ausgesetzt, dafür mit flachem Einstieg und super zum Schnorcheln. Der Camping Abbatoggia liegt dort in wild zerklüfteter Klippenlandschaft (✆ 0789/739173, ✆ 738742, www.campingabbatoggia.it).

Die fast unbesiedelte *Isola Caprera* erreicht man über eine Brücke. Highlight ist hier neben der unberührten Natur aus üppigen Pinienwäldern und Granit die *Casa-Museo di Garibaldi*, das historische Landgut Giuseppe Garibaldis, auf das er sich im Alter zurückzog und wo er 1882 gestorben ist.

• Öffnungszeiten/Eintritt **Casa-Museo di Garibaldi**, Di–So 9–20 Uhr, Mo geschl., außerdem 25. April, 1. Mai und 15. Aug. Eintritt ca. 5 €, von 18–25 J. 2,50 €, frei unter 18 und über 65 J., nur mit Führung. ✆ 0789/727162.

Sardinien
Karte S. 1090/1091

Mit dem Zug nach Tempio Pausania

Auf der Schmalspurstrecke der FdS (Ferrovie della Sardegna) von Palau nach Tempio Pausania (→ S. 1001) verkehrt von Ende Juni bis Anfang Sept. 3-mal wöch. (Do, Fr, Sa) der **Trenino verde „Gallura"** (Fahrtzeit 1 Std. 45 Min., Preis hin/zurück ca. 15 €). Der kleine Bahnhof von Palau liegt an der Zufahrt zum Hafen, Ticketreservierung dort oder im nahe gelegenen Reisebüro Orsus.

Porto Pollo: Zwischen Palau und Santa Teresa di Gallura liegt diese vorgelagerte Insel, die mittels eines Damms mit dem Festland verbunden ist, in großartiger Lage darauf der Camping Isola dei Gabbiani. Zu beiden Seiten erstrecken sich zwei lang gezogene Buchten mit weichen, weißen Sanddünen der besten Sorte. Jeder Windsurfer kennt diese Traumbucht mit nahezu idealen Bedingungen, denn zusammen mit den vorgelagerten Inseln wirkt das Meer hier fast wie ein riesiger Binnensee. Weil der Wind meist von West oder Nordwest bläst, kann man sich links und rechts vom Damm für an- bzw. ablandigen Wind entscheiden.

• *Übernachten* **Camping Isola dei Gabbiani**, exzellente Lage auf der vorgelagerten Insel, durch einen Sanddamm mit dem Festland verbunden. Wegen interner Streitigkeiten wurde allerdings 2009 der gesamte vordere Teil des einstmals riesigen Geländes geschlossen! Der Restplatz liegt nun weit hinten auf der Halbinsel. Ostern bis Mitte Okt. ✆ 0789/704019, 📠 0998053, www.isoladeigabbiani.it.

Santa Teresa di Gallura

ca. 4800 Einwohner

Der nördlichste Ort Sardiniens liegt auf einem windigen Plateau an der Nordspitze Sardiniens und wurde zu Beginn des 19. Jh. unter König Vittorio Emanuele I von Sardinien-Piemont planmäßig angelegt. Er besitzt streng rechtwinklige Straßenzüge, hat aber dennoch Atmosphäre und ist ein beliebtes Touristenzentrum. Der hübsche Stadtstrand *Rena Bianca* liegt gleich unterhalb.

• *Anfahrt/Verbindungen* Der **Busbahnhof** liegt unterhalb vom Ortskern, in der Via Eleonora d'Arborea/Kreuzung Via Berlinguer.

ARST fährt 5- bis 6-mal tägl. von und nach Olbia (über Palau und Arzachena), 3-mal von und nach Sassari (über Vignola, Castelsardo und Porto Torres), 2-mal nach Tempio und Golfo Aranci.

Turmo Travel fährt in den Sommermonaten ca. 6-mal tägl. über Palau zum Flughafen von Olbia, **Digitur** von Juni bis Sept. 1-mal tägl. zum Flughafen Alghero.

Mit Autofähren von **Saremar** und **Moby Lines** kann man 3- bis 5-mal tägl. nach Bonifacio auf Korsika übersetzen. Tickets gibt es im fjordartigen Hafen neben dem Ort.

• *Information* **A.A.S.T.**, kleines Büro an der erhöhten Ostseite der zentralen Piazza Vittorio Emanuele I. ✆ 0789/754127, 📠 754185, www.santateresagallura.com.

• *Übernachten* im Sommer stark von italienischen Stammgästen belegt.

*** **L'Ancora**, ordentliches Haus mit gutem Preis-Leistungs-Verhältnis, Zimmer ruhig und sauber, mit TV und Kühlschrank, zum Strand Rena Bianca ca. 300 m. Frühstücksbuffet reichhaltig. DZ mit Frühstück ca. 60–140 €. Via Calabria, ✆ 0789/754564, 📠 754652, www.hotellancora.it.

*** **Da Cecco**, schöne Lage über dem Hafenfjord, Zimmer mit Balkon, teils an einer großen Terrasse. Dank der netten Wirtin familiäre Atmosphäre. DZ mit Frühstück ca. 65–110 €. Via Po 3 (Nähe Piazza Libertà), ✆ 0789/754220, 📠 755634, www.hoteldacecco.com.

TIPP! ** **Bellavista**, von der Piazza Libertà ein paar Schritte die Gasse zum Strand hinunter. Einfaches Hotel in optimaler Lage, vor einigen Jahren renoviert, erfreuliche Bäder und vor allem – wie der Name sagt – großartiger Blick auf Strand, Meer und Korsika. DZ mit Frühstück ca. 65–85 €. Via Sonnino 8, ✆/📠 0789/754162, hotelbellavista.stg@libero.it.

Camping La Liccia, etwa 7 km südlich von Santa Teresa, kurz vor dem langen Dünenstrand Rena Maiore. Anfang Mai bis Ende

Sept. ✆ 0789/755190, www.campinglaliccia.com.

• *Essen & Trinken* **Papè Satan**, ein paar Schritte unterhalb des Kirchplatzes Piazza San Vittorio. Populäre Pizzeria mit hübschem Innenhof. Via la Marmora 20, ✆ 0789/755048.

Il Grottino, gemütlich und gut besucht, leckere Menüangebote, mittlere Preisklasse. Via del Mare 14/Ecke Via Torino. ✆ 0789/754232.

Capo Testa: Ein Traum in Granit

Die felsige Halbinsel *Capo Testa* liegt etwa 4 km westlich von Santa Teresa und ist der wohl faszinierendste Ort im Norden Sardiniens. Nach der Autobrücke mit schönem Sandstrand fährt man weiter bis zum Ende der Asphaltstraße, dort kann man parken (leider oft sehr voll). Geradeaus kommt man ins ehemalige militärische Sperrgebiet um den Leuchtturm, eine faszinierende Wildnis aus riesigen Granitbrocken, an denen sich die Brandung bricht und wo man an klaren Tagen einen herrlichen Blick nach Korsika hat.

Etwas die Straße zurück steht am höchsten Punkt rechter Hand zwischen zwei abgerundeten Granitsteinen ein Holztor. Dahinter beginnt der Fußweg ins *Valle di Luna*. Dieses wunderschöne Tal, das in zwei Buchten am Meer endet, ist umrahmt von bizarr ausgehöhlten Felsen, die nicht selten Tieren oder Menschen ähneln. In der früheren Hippie-Enklave wohnen auch heute noch „Alternativurlauber" – in Zelten oder gut versteckt in den Höhlen der umliegenden Seitenwände. Abends werden Lagerfeuer entzündet, weiter oben im Tal tröpfelt eine Quelle.

Von Santa Teresa nach Porto Torres

Vignola: nur eine Handvoll Häuser, aber ein langer Sandstrand, außerdem zwei große Campingplätze – der sehr gut ausgestattete Platz „Baia Blu La Tortuga" (Anfang April bis Ende Sept., ✆ 079/602060, ℻ 602040, www.baiablu.com) und der etwas einfacherere „Comunale Saragosa" (Mitte Mai bis Ende Sept., ✆ 079/602077, ℻ 602037, www.campingsaragosa.it).

Badesi Mare: kilometerlanger, windexponierter Strand mit feinem Sand, flankiert von einer kaum bebauten Uferstraße. Schöne, weithin ruhige Ecke.

Isola Rossa: lebhafter Badeort, viele jüngere Leute, zwei Diskotheken. Ein langer Sandstrand liegt östlich außerhalb zwischen rötlichen Porphyrfelsen, neben dem modernen Hafen im Ort gibt es ebenfalls einen Strand.

Valledoria

ca. 3800 Einwohner

Landwirtschaftszentrum in der Ebene des Coghinas, vorgelagert ein langer Sandstrand mit herrlichem Blick auf die Silhouette von Castelsardo. Der Coghinas-Fluss bildet hier eine ausgedehnte Lagune, auf dem Campingplatz „La Foce" kann man Kajaks und Kanus mieten und flussaufwärts paddeln.

Ein Ausflug lohnt zur nahen *Terme di Casteldoria* – bis zu 70 Grad heiße Thermalquellen temperieren den Coghinas, man kann genüsslich baden und sich von Kopf bis Fuß mit dem schwefelhaltigen Schlamm einschmieren.

• *Übernachten* **TIPP! Camping La Foce**, großer Platz an der Lagune, kostenloser Transfer zum breiten Sandstrand. Mit Pool. Mitte Mai bis Ende Sept. ✆ 079/582109, ℻ 582191, www.foce.it.

Camping Valledoria International, 3 km

Sardinien Karte S. 1090/1091

westlich von Valledoria. Großer, gut ausgestatteter Platz direkt am Strand, Stellplätze unter windgekrümmten Pinien und Wacholderbäumen. Mitte Mai bis Ende Sept. ✆ 079/584070, ℻ 584058, www.campingvalledoria.com.

Ausflug ins Inland: *Tempio Pausania*, das städtische Zentrum des Nordostens liegt inmitten dichter Korkeichenwälder. Das alte Zentrum zeigt sich ausgesprochen reizvoll: winklige Granitgassen, ehrwürdige Bürgerhäuser mit schmiedeeisernen Balkonen, blank getretenes Pflaster – die authentische Atmosphäre einer sardischen Kleinstadt. In einem Wäldchen am Stadtrand liegt die Mineralquelle *Fonte Rinaggiu*. An Wochenenden kommen die Sarden von weither, um ihre großen Wasserbehälter aufzufüllen.

Südlich von Tempio liegt der *Monte Limbara*, mit 1362 m das höchste Bergmassiv Nordsardinien, zu dessen Gipfel eine Asphaltstraße hinaufführt.

• *Anfahrt/Verbindungen* Tempio liegt an der Schmalspurbahnlinie der **FdS** von Sassari nach Palau, die nur noch in den Sommermonaten vom „Trenino verde" befahren wird (→ S. 1092).

ARST-Busse starten am Bahnhof, es gibt u. a. Verbindungen nach Olbia und Sassari, Palau nach Santa Teresa.

• *Übernachten* *** **Limbara**, von Tempio kommend an der Strasse Richtung Monte Limbara Abzweigung linker Hand, gut ausgeschildert in einer Rechtskurve. Schönes Hotel am Fuss des Bergs, Blick auf Tempio. Recht große Zimmer mit TV/Klima/Kühlschrank, ausgezeichnetes Restaurant mit typischer Inlandsküche, kleines Hallenbad mit Wellnesszone geplant. DZ mit Frühstück ca. 70–120 €. Località Curadoreddu, ✆ 079/674090, www.limbarahotel.it.

Castelsardo

ca. 5400 Einwohner

Ein hoher Fels, an drei Seiten vom Meer umspült, auf der windzerzausten Spitze die altersgrauen Granitmauern eines genuesischen Kastells, am Hang darunter übereinander gestaffelte Häuserfronten, an der Westseite der Glockenturm der Kathedrale mit farbenprächtigem Majolikadach.

In der Altstadt mit ihren steilen Treppengässchen und uralten Wohnhäusern aus groben Steinquadern sitzen im Sommer hier und dort Frauen vor ihren Türen und fertigen aus Riedgras und Zwergpalmfasern Körbe, Schalen und Behälter. Das Kastell *Fortezza dei Doria* kann besichtigt werden, im *Museo dell'Intreccio* sind traditionelle Flechtarbeiten aus verschiedenen Teilen Sardiniens ausgestellt. Die Kathedrale *Sant'Antonio Abate* besitzt mit der „Madonna degli Angeli" ein Altarbild des so genannten „Meisters von Castelsardo" (15./16. Jh.) sowie ein uriges *Museo Diocesano*.

Roccia dell'Elefante (Elefantenfels) wird ein meterhoher Trachytfels genannt, der direkt an der SS 134 nach Sedini steht, etwas südlich von der Kreuzung mit der SS 200. Im Lauf der Jahrtausende ist er so eigentümlich verwittert, dass er die Gestalt eines Elefanten annahm.

Zum Baden ist Castelsardo nicht geeignet – direkt beim Ort gibt es nur einige bescheidene Sandbuchten, die nächsten Strände sind kilometerweit entfernt.

• *Öffnungszeiten/Eintritt* **Fortezza dei Doria**, März bis Sept. 9–13, April zusätzlich 15–19.30 Uhr, Mai 15–20.30 Uhr, Juli & Sept. 15–21 Uhr, Okt. 15–18.30 Uhr; Juli/August 9–24 Uhr, von Okt. bis März Mo geschl.; Eintritt ca. 3 €.

Museo Diocesano, April bis Sept. tägl. 10–13, 15.30–19.30 Uhr; Eintritt ca. 2 €.

• *Verbindungen* **ARST** fährt täglich mehrmals nach Santa Teresa, Porto Torres und Sassari, **Digitur** 1-mal tägl. von Juni bis Sept. nach Sassari und zum Flughafen von Alghero, in der anderen Richtung nach Santa Teresa.

• *Übernachten* **B & B Casa Doria**, drei stilvoll eingerichtete DZ (zwei davon mit Gemeinschaftsbad) mitten in der Altstadt, jeweils TV und Klimaanlage. Großer Gemeinschaftsraum mit Kamin und Küche, schöner Blick aufs Meer. DZ mit Frühstück ca. 55–80 €. Via Garibaldi 10, ✆ 349-3557882, www.casadoria.it.

B & B La Fortezza, Neubau in Lu Bagnu westlich von Castelsardo, etwa 300 m vom Strand. Schöne, große Zimmer mit ordentlichem Bad, sehr sauber und nette familiäre Atmosphäre. DZ mit Frühstück ca. 60–80 €. ✆ 338-9936337, www.bblafortezza.com.

Jugendherberge Golfo dell'Asinara (IYHF), 110-Betten-Haus im benachbarten Lu Bagnu, Ostern und Juni bis Mitte Sept. Pro Pers. mit Frühstück ca. 14–19 €, DZ ca. 40–45 €. Via Sardegna 1, ✆/📠 079/474031, 📠 587142, www.aighostels.com.

Porto Torres: unattraktive Hafenstadt, westlich außerhalb steht eine große petrochemische Anlage, die 2009 stillgelegt wurde. Der lange Sandstrand von *Platamona* liegt östlich der Stadt und wird an Wochenenden von den Einwohnern der nahen Großstadt Sassari bevölkert.

• *Verbindungen* Neben Olbia ist Porto Torres der wichtigste Passagierhafen der Insel mit den häufigsten Verbindungen nach Genua, Verbindungen gibt es mit **Tirrenia**, **Grandi Navi Veloci** und **Moby Lines**. Der Terminal liegt im Porto Industriale, westlich der Stadt.
Porto Torres ist Endpunkt der **FS-Bahnlinie** von Sassari, Anschlüsse bis zu 10-mal tägl., von dort mehrmals tägl. nach Olbia und Cagliari. Der Bhf. liegt ein Stück landeinwärts vom Hafen.

Die **Busstation** liegt unmittelbar vor dem Hafen. ARST-Busse fahren ca. 13-mal tägl. nach Sassari, 3- bis 4-mal tägl. nach Stintino und 6-mal nach Alghero. Weitere Verbindungen ab Sassari.

• *Übernachten* **Camping Golfo dell'Asinara**, am Dünenstrand bei Platamona, 8 km westlich von Porto Torres. April bis Okt. ✆ 079/310230, www.campingasinara.it.

Sassari

ca. 130.000 Einwohner

Große Provinzhauptstadt im Norden, verwinkeltes Altstadtviertel mit engen Gassen und einigen schönen Plätzen, gutes archäologisches Museum, wegen der Universität auch einiges an studentischem Leben. Unbedingt lohnend während der beiden großen Trachtenfeste: *Calvacata Sarda* (Sardischer Ritt) am Himmelfahrtstag und *Festa dei Candelieri* (Leuchterprozession) am 14. August.

• *Anfahrt/Verbindungen* Der **Bahnhof** von Sassari liegt am unteren Ende des Corso Vittorio Emanuele II, hier treffen sich staatliche Normalspur (FS) und Schmalspur (FdS).

FS: bis zu 10-mal tägl. nach Porto Torres, mehrmals nach Olbia (1-mal direkt, 2 Std.) und Cagliari (2-mal direkt, 4,5 Std.).

FdS: tägl. etwa 11-mal nach Alghero (50 Min.) und 14-mal ins nahe gelegene Städtchen Sorso (ca. 20 Min.). Von Ende Juni bis Ende August verkehrt außerdem mittwochs ein „Trenino Verde" von und nach Tempio, Abfahrt ca. 9.05 Uhr, ca. 12,50 €.

Knotenpunkt aller **Überlandbusse** ist der große Busbahnhof in der Nähe vom Bahnhof. **ARST** und **FdS** bieten häufig Verbindungen in alle Richtungen: Porto Torres mind. 1-mal ständl., Osilo ca. 16-mal tägl., Alghero ca. 8-mal, Flughafen Alghero 10-mal, Torralba und Ozieri 6-mal, Sorso und Castelsardo 5-mal, Stintino 3-mal, Santa Teresa 2-mal, Bosa und Olbia 1-mal u. a. **FdS** fährt außerdem ca. 3-mal tägl. über Macomer und Oristano nach Cagliari sowie 3-mal nach Nuoro. Dazu gibt es Verbindungen mit **Logudoro Tours**, **Turmotravel** (zum Hafen von Olbia) und **Digitur**.

• *Information* **Azienda Autonoma di Soggiorno e Turismo (A.A.S.T.)**, im Palazzo Infermeria San Pietro mitten in der Altstadt, Largo Infermeria San Pietro. ✆ 079/279954 o. 279960.

• *Übernachten* *** **Vittorio Emanuele (3)**, restaurierter Palazzo direkt am Corso, moderne Zimmer mit Sat-TV und Internetzugang, im Haus Gemälde sardischer Künstler, das gute Restaurant „Platha de Cothinas" und ein Weinkeller. DZ mit Frühstück ca. 85–120 €. Corso Vittorio Emanuele 100/102, ✆ 079/235538, 📠 2006696, www.hotelvittorioemanuele.ss.it.

B & B La Serra sui Tetti (4), wunderschöne Stadtwohnung mitten in der Altstadt, wenige Schritte von der Piazza Azuni, geführt von der sehr herzlichen und hilfsbereiten Signora Marilena Fronteddu. Vermietet werden drei Zimmer mit Bad und Klimaanlage. DZ mit Frühstück ca. 70 €. Via al Carmine 18, ✆ 393-356151581, www.laserrasuitetti.it.

Sardinien
Karte S. 1090/1091

• *Essen & Trinken* Sassari-Spezialitäten sind *cavallo* und *asino* (Pferde- und Eselsfleisch), *cordula* und *trippa* (Innereien) sowie Schnecken, *lumachine* bzw. *lumache oder monzette* genannt. Die Studenten treffen sich gerne in der Nähe der Universität, Via Torre Tonda und Umkreis.

Da Peppina (1), uriges Gasthaus am unteren Ende des Corso links ab, etwas versteckt. Viele Sassaresen kommen zum Essen, herzhafte Innereien wie Kutteln in Tomatensauce, Leber und Herz vom Grill. Preiswert. So geschl. Vicolo Pigozzi, ✆ 079/236146.

Antica Posta (7), im Univiertel, modernes Ristorante/Enoteca im coolen Industriedesign, Außenbestuhlung auf der verkehrsberuhigten Straße. Hervorragende Küche, darunter Pastaspezialitäten, aber auch Pizza. Via Torre Tonda 26, ✆ 079/2006121.

Zia Forica (6), Studentenkneipe gegenüber vom Stadtpark, wenige Schritte von der Universität. Man sitzt auf Holzbänken, trinkt Bier und isst preiswert. Auch tagsüber geöffnet. Corso Margherita di Savoia 39.

Sassu (5), in der kleinen Backstube in der Altstadt gibt es *fainè*, eine Art Pizza aus Kichererbsenmehl, die im Holzofen knusprig gebacken wird und von der bekannten genuesischen „Farinata" abstammt. So geschl. Via Usai 17.

TIPP! **L'Assassino (2)**, versteckt im Gassengewirr der Altstadt, Nähe Piazza Tola. Der „Meuchelmörder" ist seit vielen Jahren Garant für herzhaft-deftige Sassari-Spezialitäten zu günstigen Preisen. So geschl. Vicolo Ospizio dei Cappuccini 1/b, ✆ 079/235041.

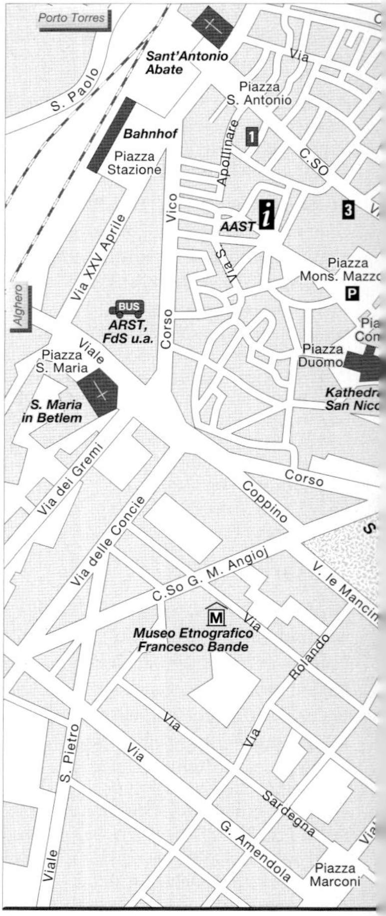

Sehenswertes

Der schnurgerade *Corso Vittorio Emanuele* durchzieht die ganze Altstadt, links und rechts flankiert von engen Gässchen. Beeindruckend ist die filigrane Fassade der Kathedrale *San Nicola*. Von der Piazza Castello am oberen Ende des Corso erreicht man durch Arkaden die weite *Piazza d'Italia*, den zentralen Platz von Sassari. Das moderne *Museo Giovanni Antonio Sanna* liegt einige hundert Meter weiter in der klassizistischen Neustadt, Via Roma 64, und beherbergt eine große archäologische Sammlung mit Funden aus allen Epochen der sardischen Vor- und Frühgeschichte, wobei vor allem die riesige Zeitspanne vor der Nuraghenzeit besonders deutlich wird.

Öffnungszeiten/Eintritt Di–So 9–20 Uhr, Mo geschl.; Eintritt ca. 3,50 €, 18–25 J. 1,50 €, frei unter 18 und über 65 J. ✆ 079/272203.

Südlich von Sassari

Die Kirche *Santissima Trinità di Saccargia* steht allein auf weiter Flur im breiten Tal des *Riu Murroni* südöstlich von Sassari. Mit ihrem hoch aufragenden Glocken-

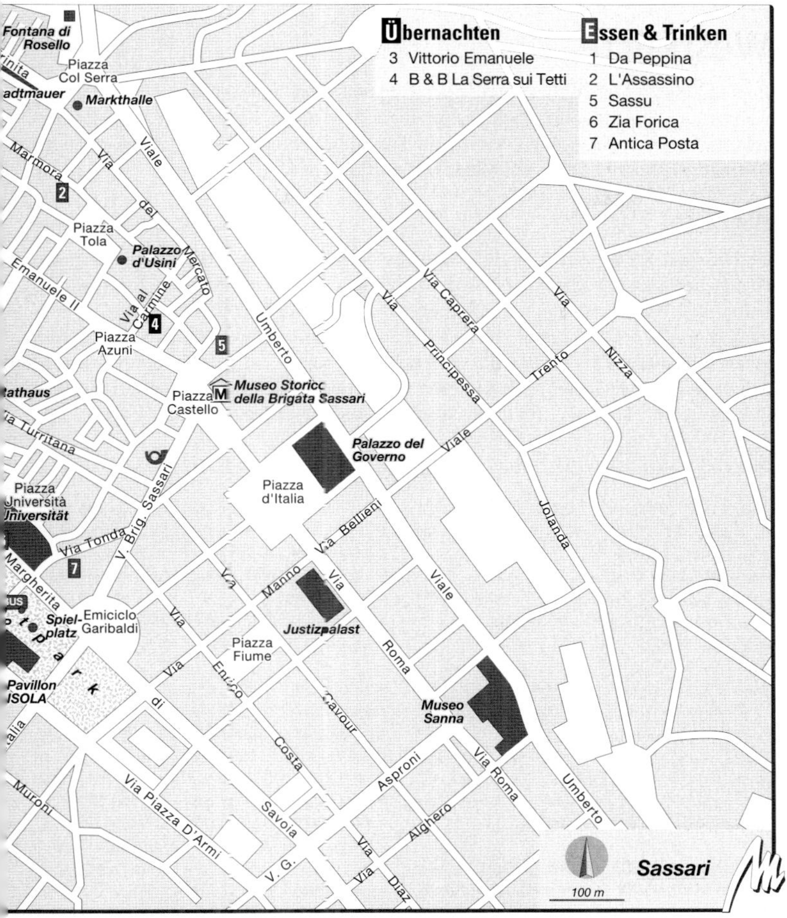

turm und der unverwechselbaren Zebrahaut aus weißem Kalk und schwarzem Basalt ist sie die vielleicht markanteste Kirche Sardiniens und eine der typischsten im pisanisch-toskanischen Stil. Die Apsis ist mit Fresken ausgemalt. Künstler war ein unbekannter Pisaner, der vor allem byzantinische Anregungen aufgenommen hat.

Santu Antine, einer der bedeutendsten Nuraghenkomplexe Sardiniens, steht imposant in einer nahezu baumloser Ebene bei Torralba (FS-Bahnstation). Im 13./12. Jh. v. Chr. wurde als erstes der mächtige Mittelturm errichtet, die ihn umgebende Dreiecksmauer mit den drei niedrigeren Wachtürmen entstand etwa 300 Jahre später.

Öffnungszeiten/Eintritt **Saccargia**, tägl. 9–20 Uhr, Eintritt ca. 2 €. **Nuraghe Santu Antine**, tägl. 9 Uhr bis Sonnenuntergang; Eintritt ca. 4 €. ✆ 079/847145.

Westküste

Populärstes Ziel ist Alghero und das schon seit über hundert Jahren. Bosa ist ein weiteres malerisches Städtchen, weiter südlich befinden sich auf der Sinis-Halbinsel und an der abgelegenen Costa Verde Strände der Spitzenklasse. Die ehemaligen Bergbaugebiete im Südwesten bieten einiges fürs Auge.

Alghero

ca. 42.000 Einwohner

Alghero gilt als schönste Stadt Sardiniens. Aus der Zeit der jahrhundertelangen spanischen Besetzung ist das malerische Centro storico mit Mauerbefestigung erhalten. Ein 6 km langer Sandstrand beginnt nördlich der Stadt. Touristisch ist Alghero schon seit Ende des 19. Jh. entdeckt und somit die traditionsreichste Badestadt Sardiniens. Die *Kathedrale Santa Maria* steht an der Stelle einer früheren Moschee, von der Teile in den späteren Kirchenbau (16./17. Jh.) integriert wurden. Der Campanile kann mehrmals die Woche erklommen werden.

Anfahrt/Verbindungen/Information/Öffnungszeiten

• *Flug* Der **Aeroporto Fertilia-Alghero** liegt ca. 10 km außerhalb und wird von Ryanair angeflogen. ✆ 079/935011, www.aeroportodialghero.it.
Busse von **FdS** pendeln im Anschluss an Flüge zwischen Airport und Alghero/Via Catalogna, weiterhin gibt es mehrmals tägl. Verbindungen mit **ARST**, zu weiteren Zielen fahren **Digitur**, **Logudoro Tours** und **Redentours**. Eine Taxifahrt nach Alghero kostet ca. 25 €.

• *Zug* Etwa 11-mal tägl. fahren Zweiwaggon-Triebwagen von **FdS** nach Sassari (etwa 30–40 Min., ca. 2,20 € einfach). Der kleine Bahnhof **San Agostino** liegt 1,5 km nördlich vom Stadtkern.

• *Fernbusse* **ARST**, **FdS** und **Redentours** starten an der Via Catalogna am unteren Rand vom Stadtpark: etwa stündl. (sonntags seltener) über Fertilia und Santa Maria La Palma nach Sassari (FdS), 4- bis 5-mal zum Airport (FdS), 5- bis 7-mal Porto Torres (ARST), 3-mal über den Airport nach Nuoro (Redentours) und bis zu 7-mal Bosa (FdS/ARST), davon fünf entlang der Küste und zwei auf der reizvollen, aber langwierigen Inlandsstrecke über Villanova Monteleone (Küstenstrecke 1 Std. 15 Min., über Villanova 1 Std. 45 Min.). Außerdem gibt es mit FdS-Bussen 3-mal tägl. Nahverbindungen zur Weinkellerei Sella & Mosca und zur Nekropole Anghelu Ruju, 2-mal nach Porto Ferro sowie 3-mal zur Grotta di Nettuno und 4-mal nach Ittiri. ARST fährt 1- bis 2-mal tägl. über Ittiri und Bonorva nach Macomer und Abbasanta.

• *Stadtbusse* Die zentrale Haltestelle für die orangen Stadtbusse liegt an der Straße, die quer durch den Stadtpark verläuft, Verbindungen gibt es u. a. zu den Stränden und Orten nördlich der Stadt. Der **Bus Al.F.A.** („Alghero–Fertilia–Airport") fährt alle 60 Min. nach Fertilia und weiter zum Airport.

• *Information* **A.A.S.T.**, Piazza Porta Terra 9 (Platz mit Rundturm am Stadtpark). Bestausgestattetes Büro von Sardinien. April bis Okt. Mo–Sa 8–20, So 8–14 Uhr, übrige Zeit Mo–Sa 8–14 Uhr. ✆ 079/979054, 📠 974881, ufficioturismo@comune.alghero.ss.it.
Zweigstelle im Flughafen, 8.30–19.30 Uhr. ✆ 079/935150.

• *Öffnungszeiten* **Kathedrale**, 7–12, 17–19.30 Uhr.
Campanile, Juli bis Sept. Di, Do und Sa 19–21.30 Uhr (übrige Zeit nach Vereinbarung unter ✆ 079/979222); Eintritt ca. 1,50 €.

Übernachten

** **San Francesco (15)**, in einem Seitengässchen der Via Carlo Alberto (Hauptstraße der Altstadt), zentral hinter der gleichnamigen Kirche. Das einzige Hotel im historischen Zentrum bietet reizvolle Unterkunft in einem ehemaligen Franziskaner-Kloster. Die Zimmer liegen im ersten und zweiten Stock um einen großen Innenhof mit romanischem

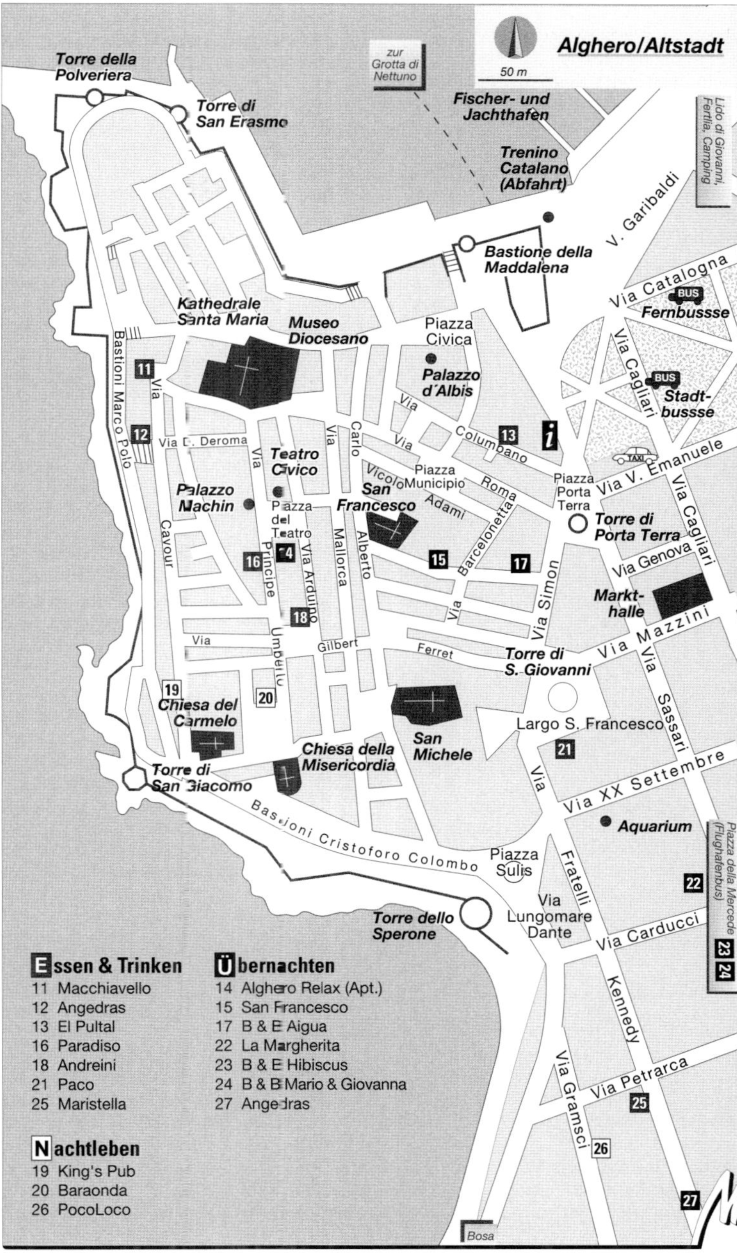

Sardinien
Karte S. 1090/1091

Kreuzgang. DZ mit Frühstück ca. 82–105 €. Garage in der Nähe, Stellplatz ca. 8 €. Achtung: keine Anfahrtsmöglichkeit mit dem Auto, man muss das Gepäck einige hundert Meter weit schleppen. Via Ambrogio Machin 2, ✆/℻ 079/980330, www.sanfrancescohotel.com.

*** **La Margherita (22)**, nah am Zentrum. Altehrwürdiger Hotelkasten mit 50 Zimmern und Garage (4–6 €), Betten okay, vorne raus Balkon, Bäder z. T. etwas alt. Von den oberen Etagen Blick auf Stadt, Meer und Capo Caccia. Nette Rezeption, z. T. wird fließend Deutsch gesprochen. DZ mit Frühstück ca. 90–120 €. Via Sassari 70, ✆ 079/979006, ℻ 976417, www.hotellamargherita.it.

*** **Angedras (27)**, neu eröffnetes Hotel etwas zurück vom Lungomare, moderne Zimmer mit TV, Internetanschluss, Klimaanlage und Balkon, schöne Abend- und Frühstücksterrasse. DZ mit Frühstück ca. 65–150 €. Via Frank 2, ✆ 079/9735034, ℻ 974928, www.angedras.it.

Alghero Relax (14), geräumiges Apartment mit Terrasse an der Piazza del Teatro sowie die Casa Arancio, ein frisch renoviertes Mini-Apartment mit kleinem Duschbad und Kochzeile in der Via Gilbert Ferret 39. Die herzliche Besitzerin Nicola betreibt die Sprachschule Pintadera und spricht fließend Deutsch. Sie vermittelt auf Anfrage auch andere Unterkünfte. Ganzjährig geöffnet. Apartment ca. 60–90 €, DZ ab ca. 50 €. Via Gilbert Ferret 39, ✆ 328-8857367, www.algherorelax.info.

B & B Aigua (17), zentrale Lage in der Altstadt. Ein junges Geschwisterpaar vermietet eine doppelstöckige Suite mit Holzfußboden, Minibar und TV (für 2 Pers. ca. 78–100 €), dazu zwei doppelstöckige Mini-Apartments (für 2 Pers. 70–85 €). Via Ambrogio Machin 22, ✆ 339-5912476 (Englisch), www.aigua.it.

B & B Mario & Giovanna (24), ruhige Straße in der südöstlichen Neustadt, etwa 10 Fußminuten vom Centro storico. Drei nett eingerichtete DZ und ein geräumiges Zimmer mit Platz für zusätzliche Betten. Mario spricht gut Englisch. DZ mit Frühstück ca. 55–80 €. Via Porrino 17, ✆ 339-8903563, www.marioandgiovanna.com.

B & B Hibiscus (23), gleich in der Nähe. Die freundliche Signora Angela Marello vermietet mehrere ordentlich eingerichtete Zimmer in einer Wohnung im Erdgeschoss, Frühstück im nett hergerichteten Hinterhof. DZ ca. 50–70 €. Via Porrino 49, ✆ 079/9734115, amarello@tiscali.it.

• *Jugendherberge* **Hostal de l'Alguer (IYHF) (xx)**, in Fertilia, 7 km nördlich von Alghero. 130 Betten in mehreren Pavillons auf geräumigem Grundstück. Mit Frühstück ca. 18–20 € pro Pers., auch DZ mit eigenem Bad (mit Frühstück ca. 26 € pro Pers.). Für jeweils 11 € gibt es Mittag- bzw. Abendessen. Ganzjährig geöffnet. JH-Ausweis nötig (wird auch ausgestellt). Via Parenzo 79, ✆ 079/930478, ℻ 932039, www.aighostels.com.

• *Camping* **La Mariposa**, schöne Lage auf den Sanddünen, ca. 2 km nördlich vom Zentrum (Bus AP), allerdings direkt an der stark befahrenen Durchgangsstraße und oft sehr voll und beengt. Auch Bungalows. Anfang April bis Ende Okt. ✆ 079/950360, ℻ 984489, www.lamariposa.it.

Calik Blu, weitläufiges Terrain unter hohen Eukalyptusbäumen, unmittelbar an der großen Lagune (Stagno di Calik) am südlichen Ortseingang von Fertilia (ca. 5 km von Alghero), durch die Straße vom Strand getrennt (Bus AF). 2010 von einer Campingkette übernommen und grundlegend renoviert. April bis Okt. ✆ 041/5301210, www.campeggiocalik.it (www.baiaholiday.com).

Essen & Trinken (siehe Karte S. 1105)

Andreini (18), neu, schick und trendy, Haute Cuisine in ausgewogener Mischung aus sardischer, italienischer und internationaler Küche, romantische Plätze im Garten vor der Tür. Natürlich teuer. Mo geschl. Via Arduino 47, ✆ 079/982098.

Osteria Taverna Paradiso (16), die fröhliche Taverne von Pasquale und Miriam bietet eine große Vielfalt an interessanten Gerichten, z. B. gute argentinische Steaks, aber auch Vegetarisches. Via Principe Umberto 27, ✆ 079/978007.

Angedras (12), herrliche Lage direkt auf der meerzugewandten Stadtmauer, innen elegant-modern und mit Azulejos geschmückt, draußen isst man abends bei Kerzenlicht mit Blick aufs Meer. Nicht billig, Servizio 10 %. Via Cavour 43/Bastioni Marco Polo, ✆ 079/9735078.

Macchiavello (11), gemütliche Osteria mit lang gestrecktem Innenraum, hinten ebenfalls stimmungsvolle Tische auf der Stadtmauer. Regionale Spezialitäten mit Schwergewicht auf Fleisch, z. B. *ragu d'asino* (Eselsragout), aber auch Fisch vom Grill, leckere Antipasti und *primi piatti di mare e terra*. Mittlere Preise. Di geschl. Via Cavour 7/Bastioni Marco Polo, ✆ 079/980628.

TIPP! **Paco (21)**, gepflegtes Lokal mit guter Küche am ruhigen Largo San Francesco, im Schatten der Torre di San Giovanni. Stets frische Fischgerichte, z. B. *zuppa di pesce* und *grigliata mista di pesce*. Etwas teurer, aber das Geld wert. ✆ 079/975785.

El Pultal (13), von Lesern empfohlen, von anderen bestätigt, hauchdünne, knusprige Pizzen, seit Jahren konstante Qualität. Mo geschl. Via Columbano 40, ✆ 079/974720.

TIPP! **Maristella (25)**, zwischen Markthalle und Lungomare, etwa 200 m von der Bastion entfernt. Nicht direkt in der Altstadt und darum etwas günstiger. Gute Küche und ebensolcher Service, einige Tische auf der Gasse. So abends geschl. Via Kennedy 9, ✆ 079/978172.

Nachtleben (siehe Karte S. 1105)

Spielt sich in erster Linie im Freien ab, nämlich um die Piazza Sulis und vor allem am Lungomare Dante nach Süden. Abends trifft sich hier die ganze Stadt, von Juni bis September trägt der Straßenmarkt „Mercatino Notturno" zur Stimmung bei.

Baraonda (20), angesagter Abend- und Nachttreff an der Piazza Misericordia, man steht in dichten Trauben vor der Tür. Via Principe Umberto 75.

King's Pub (19), kommunikativer Treffpunkt mit guter Musik, oft live, schöne Sitzmöglichkeiten auf der meerzugewandten Stadtmauer. Via Cavour 123/Bastioni Marco Polo.

TIPP! **PocoLoco (26)**, hier ist man am Nabel des nächtlichen Geschehens – die großzügige, mit einfachen Holztischen rustikal eingerichtete Bierkneipe wirkt so, dass man sich fast in Berlin wähnt. Ein Teil ist abgetrennt, dort kann man Pizza u. a. essen. Ungezwungene Atmosphäre, mehrmals wöch. live Jazz und Blues, außerdem Internetcafé und Bowling. Tägl. ab 19 Uhr (im Sommer 20 Uhr). Via Gramsci 8 (zweigt vom Lungomare Dante ab), ✆ 079/983604, www.pocolocoalghero.it.

Alghero/Umgebung

Die 38 in den Kalksteinboden gegrabenen „Domus de janas" (Grabkammern) der *Nekropole Anghelu Ruju* stammen aus der Ozieri-Zeit (4000–2700 v. Chr.). Sie liegen etwa 10 km nördlich von Alghero, linker Hand der Straße nach Porto Torres, unmittelbar nördlich vom Abzweig zum Flughafen.

Am Weg zur felsigen Halbinsel Capo Caccia nördlich der Stadt steht der Komplex des *Nuraghen Palmavera* direkt an der Straße.

Auf dem *Capo Caccia* führt eine lange Treppe (652 Stufen) hinunter zur *Grotta di Nettuno*, der bekanntesten Tropfsteinhöhle Sardiniens. Mehrmals tägl. fahren Busse ab Alghero, man kann aber auch per Schiff (nur bei ruhiger See!) ab Fischerhafen fahren (hin/zurück ca. 14 € für Erw., Kind 7 €, Dauer mit Höhlenbesichtigung und Rückfahrt ca. 2,5 Std.).

• *Öffnungszeiten/Eintritt* **Anghelu Ruju & Nuraghe Palmavera**, April und Okt. tägl. 9–19 Uhr, Mai bis Sept. 9–19 Uhr, Nov. bis März 10–14 Uhr; Eintritt jeweils ca. 3 €, mit Führung ca. 5 €, Kombiticket ca. 5 € (inkl. Führung 9 €).

Grotta di Nettuno, April bis Sept. tägl. 9–19 Uhr, Okt. 10.30–16 Uhr, Rest des Jahres 9–13 Uhr. Besichtigung nur mit italienischsprachiger Führung (stündlich), Erw. ca. 12 €, Kind ca. 6 €.

Von Alghero nach Bosa kann man eine der schönsten Küstenstraßen der Insel genießen – sehr kurvig, herrliche Panoramen und wenig Verkehr.

Sardinien Karte S. 1090/1091

Bosa

ca. 8500 Einwohner

Eins der hübschesten Städtchen der Insel inmitten eindrucksvoller Tafelberge – malerisch-enge Gassen, bröckelnde Balkonfassaden und eine Palmenallee am Fluss Temo, wo die Fischerboote im Wasser schaukeln. Vom Genueserkastell oberhalb der Stadt hat man einen herrlichen Blick das Flusstal entlang. In den Cafés und Kneipen kann man den lokalen Malvasia di Bosa kosten, einen gehaltvollen Süßwein.
Das nahe *Bosa Marina* besitzt einen schönen, etwa 1 km langen, braunen Sandstrand.

• *Anfahrt/Verbindungen* **FdS-Busse** fahren bis zu 7-mal tägl. von und nach Alghero (5-mal entlang der Küste, 2-mal Inlandsroute) sowie bis zu 10-mal tägl. von und nach Macomer, **ARST-Busse** mehrmals tägl. von und nach Oristano (über Cuglieri und Santa Caterina), 1-mal tägl. von und nach Sassari und Olbia. Abfahrt aller Busse an der **Piazza Angelico Zannetti**.

• *Übernachten* **TIPP!** *** **Corte Fiorita**, historisches Stadthaus an der Flusspromenade von Bosa, dazu die beiden Dependancen „Le Palme" und „Le Conce". Gut eingerichtet und freundlich geführt von Maria Cristina Macchiavello und ihrem Mann, es wird Deutsch gesprochen. Alte Steinmauern, Türbalken aus Granit und das ansprechende Holzinterieur verleihen viel Atmosphäre. Hinten Innenhof zum Frühstücken. DZ mit gutem Frühstücksbuffet ca. 65–115 €. Lungo Temo de Gasperi 45, ✆ 0785/377058, 📠 372078, www.albergo-diffuso.it.

B & B Belvedere, Anna Maria Ruggiu führt ein Domizil oberhalb der Altstadt mit herrlichem Blick bis zum Meer. Vier Zimmer mit Bad und Klimaanlage, mit Liebe eingerichtet, die Tochter spricht Englisch. Auto an der Straße zur Burg abstellen und noch 3 Min. zu Fuß. DZ mit Frühstück ca. 60–75 €. Via Belvedere 21, ✆ 349-5947875, www.bosa.it/belvedere.

TIPP! **B & B Vecchia Bosa**, hervorragend renoviertes historisches Haus in der Altstadt, etwa sechs Zimmer, alle in verschiedenen Farben. DZ mit Frühstück ca. 60–80 €. Via Bonaria 23, ✆ 0785/377035 o. 320-1725966, www.vecchiabosa.com.

Ostello Malaspina (IYHF), Jugendherberge in einer Seitengasse am Hafen, modern und sauber. Übernachtung mit Frühstück ca. 18 €. In Bosa Marina, Via Sardegna 1. ✆ 346-2363844, 📠 0785/375649.

• *Essen & Trinken* **Borgo San Ignazio**, kleines Lokal im ältesten Teil der Stadt, am Hang des Burgbergs. Serviert werden sardische Spezialitäten zu mittleren Preisen. Di geschl. Via Sant'Ignazio 33, ✆ 0785/374662.

Al Gambero Rosso, keine schöne Lage, wird aber von Einheimischen gerne empfohlen und von unseren Lesern bestätigt – Fisch, Fleisch, Pizza und Pasta gut, Preise moderat, relativ gemütlich, schneller Service. Mo geschl. Via Nazionale 12, ✆ 0785/374150.

Sehenswertes

Der *Corso Vittorio Emanuele* ist die Hauptstraße des „Centro storico", ein langes Band aus holprigem Granitpflaster zwischen hohen Palästen mit schmiedeeisernen Balkonen. Vom späten Vormittag bis nachmittags lässt die tiefe Häuserschlucht kaum einen Sonnenstrahl herein, eine Ausnahme bildet nur die hübsche *Piazza Costituzione* mit einem Brunnen und dem gediegenen Caffè Chelo. In der restaurierten *Casa Deriu* (Nr. 59) ist die „Pinacoteca Civica" untergebracht, im ersten Stock kann man Stücke aus der Gerbereitradition Bosas und wechselnde Kunstausstellungen betrachten, das oberste Stockwerk ist dem einheimischen Maler Melkiorre Melis (1889–1982) gewidmet. Nur wenige Schritte von der *Cathedrale dell' Immacolata* am Ostende des Corso Vittorio Emanuele wurde in einer Seitengasse (Via Solferino) eine jahrhundertealte Ölmühle – *Il Vecchio Mulino* – zu einem kleinen Ausstellungsraum umgebaut.
Die malerische Palmenpromenade am stadtseitigen Ufer ist Stammplatz der Fischer, die unterhalb davon ihre Boote liegen haben und ihre Netze flicken. Auf der

anderen Flussseite stehen die alten Gerbereigebäude *Sas Conzas* (ital.: le concerie). Wegen seines Wasserreichtums war Bosa im 19. Jh. ein Zentrum der Lederverarbeitung. Die Gebäude sind großteils Ruinen, doch immerhin gibt es ein bescheidenes Ein-Raum-Museum mit alten Gerbergerätschaften, das *Casa-Museo „Industria Conciaria“* an der Gasse hinter den Gerberhäusern.

Vom trutzigen *Castello Malaspina* über der Stadt sind nur die massiven Umfassungsmauern und Reste der bulligen, nach innen offenen Wachtürme erhalten. Der Aufstieg ab der Piazza del Carmine lohnt vor allem wegen des überwältigenden Ausblicks. Ein Blick lohnt in die kleine Burgkapelle *Nostra Signora di Regnos Altos* mit einem Freskenzyklus der toskanischen Schule des 14. Jh.

Das schlichte Kirchlein *San Pietro Extramuros* wurde 1073 aus rötlichem Trachyt erbaut, später von Zisterziensermönchen im frühgotischen Stil umgestaltet. Es steht „außerhalb der Stadtmauern“ und ist mit einem schönen Spaziergang vom Zentrum aus in etwa 30–40 Min. zu erreichen. Man geht über die dreibogige Temo-Brücke, biegt unmittelbar danach links ab, vorbei an der kleinen spanisch-gotischen Kapelle *Sant' Antonio* und folgt der Asphaltstraße etwa 2 km.

• Öffnungszeiten/Eintritt **Casa Deriu**, Di–So 11–13, 18–21 Uhr, Mo geschl., Eintritt ca. 1,50 €.

Il Vecchio Mulino, Juli–Sept. 9.30–13, 17–23 Uhr, Eintritt frei. ✆ 0785/372054.

Casa-Museo „Industria Conciaria“, tägl. 10.30–13, 18–23 Uhr, Eintritt ca. 3 €. Falls geschl., ✆ 329-4144921.

Castello Malaspina, April bis Juni und Sept./Okt. 10.30–13, 15.30–18 Uhr, Juli 10–13, 16–19.30 Uhr, August 10–19.30 Uhr; Eintritt ca. 2,50 €.

San Pietro Extramuros, Juli/August Di–So 10–13, 16–19 Uhr, übrige Zeit bis 18 Uhr, Eintritt ca. 1 €.

Fischer am Temo, dem einzigen schiffbaren Fluss Sardiniens

Oristano

ca. 30.000 Einwohner

Die Stadt südlich der großen Sinis-Halbinsel hatte ihre große Zeit als Hauptstadt fast ganz Sardiniens im 14./15. Jh. unter der legendären Richterin Eleonora von Arborea und auch die folgende lange Herrschaft der Spanier hat ihre Spuren hinterlassen. Der historische Kern mit seinen hübschen Fassadengassen, den offenen Plätzen und dem großen Fußgängerbereich ist einen ausgedehnten Bummel wert.

• *Anfahrt/Verbindungen* Der **FS-Bahnhof** liegt an der Piazza Ungheria, im Osten der Stadt, geradeaus geht es in Zentrum, ca. 10 Min. zu Fuß. Täglich häufig Verbindungen nach Cagliari, ca. 5-mal Olbia, 4-mal Sassari, 6-mal Carbonia und 10-mal Iglesias. **Busbahnhof** in der Via Cagliari (Ringstraße ums Zentrum). ARST fährt etwa 4-mal tägl. zur Ausgrabung von Tharros (→ S. 1112), außerdem nach Abbasanta, Arbus, Barumini, Bosa und Cagliari. FdS-Fernbusse fahren ab Via Lombardia 30, etwas nördlich vom Zentrum, mehrmals tägl. nach Cagliari, Nuoro und Sassari, Logudoro Tours 2-mal tägl. nach Cagliari und zum Flughafen von Alghero.

• *Information* **EPT**, Piazza Eleonora 19. Freundliche Auskünfte und umfassendes Prospektmaterial zur gesamten Region. Mo–Fr 9–13, 15–18.45, Sa 9–13 Uhr. ✆ 0783/36831, ℻ 3683206, www.inforistano.com.

• *Übernachten* **** **Duomo (8)**, gegenüber vom Dom in einem Palazzo aus dem 17. Jh. Zehn komfortable Zimmer und Suiten mit geräumigen Badezimmern, TV und Internetanschluss. Gutes hauseigenes Restaurant. DZ mit Frühstück ca. 135 €. Via Vittorio Emanuele 34, ✆ 0783/778061, ℻ 763536, www.hotelduomo.net.

*** **Villa delle Rose (1)**, etwas nördlich außerhalb vom Zentrum. Ordentliches Haus mit 36 geräumigen Zimmern, Bar und Restaurant. DZ mit Frühstück ca. 80 €. Piazza Italia 5, ✆/℻ 0783/310101, www.isarose.net.

B & B Eleonora (6), ganz zentral an der Piazza Eleonora, schräg gegenüber vom Infobüro, geführt von der jungen Paola Pirina mit ihrem Lebensgefährten Andrea. DZ mit Frühstück und Bad ca. 60–70 €. Piazza Eleonora 12, ✆/℻ 0783/70435, www.eleonora-bed-and-breakfast.com.

TIPP! B & B L'Arco (7), direkt hinter der Uni, geführt vom freundlichen Ehepaar Cubadda. Schöne Terrasse im ersten Stock, Zimmer hell und sauber, Betten tadellos, dazu ein opulentes Frühstück. Vermietet werden zwei Zimmer mit großem Gemeinschaftsbad. DZ mit Frühstück ca. 60–70 €. Vico Ammirato, ✆/℻ 0783/72849, www.arcobedandbreakfast.it.

• *Essen & Trinken* **TIPP! Antica Tra... del Teatro (4)**, nur wenige Schritte v... Piazza Roma. Klein, aber fein, angenehmes Ambiente, interessante „Cucina nuova Sarda" mit Schwerpunkt Fisch, dazu perfekter Service – und das alles zu zivilen Preisen. Di geschl. Via Parpaglia 11, ✆ 0783/71672.

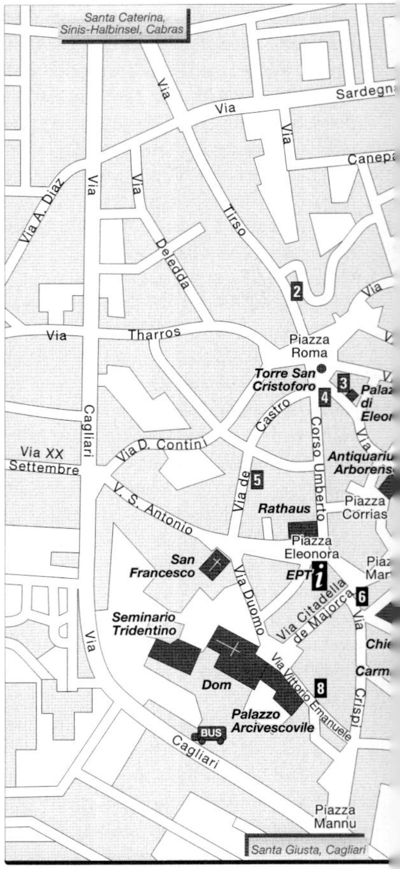

Da Gino (2), einfache, aber angesehene Trattoria, bereits seit zwei Generationen von derselben Familie geführt. Spezialisiert auf Fisch und Meeresfrüchte, Mittlere Preise. So geschl. Via Tirso 13, ✆ 0783/71428.

Craf (5), familiär geführtes Ristorante in einer Gasse östlich parallel zur Fußgängerzone, ein paar Stufen hinunter in den lang gestreckten Gewölbekeller. Service ein wenig r... aber gute Küche mit großen Portionen, ... vom sardischen Inland geprägt, Ravio... ...cheddu und viel mit Pilzen. So geschl. ...l Castro 34, ✆ 0783/70669.

...**fé (3)**, schräg gegenüber der Trattoria ... Teatro, man kann dort zu kleinen Preisen ... essen, nette Bedienung, auch Tische auf ... Gasse. Via Parpaglia 6, ✆ 0783/302069.

Sehenswertes

Die Altstadt besitzt reichhaltige historische Substanz. Die *Piazza Roma* mit der zinnenbewehrten *Torre di San Cristoforo* aus dem 13. Jh. ist das Zentrum der Innenstadt. Unmittelbar hinter dem Turm beginnt die Fußgängerzone und führt zur harmonischen *Piazza Eleonora* mit dem Rathaus, dem Justizpalast und dem Denkmal der Eleonora d'Arborea aus dem 19. Jh., dessen Seitenfronten Bronzereliefs mit Themen aus ihrer Regierungszeit zieren.

Der üppige Kuppelbau des *Doms* steht nur wenige Schritte von der Piazza Eleonora entfernt. Er stammt ursprünglich aus dem 12./13. Jh., als das Judikat Arborea mit seiner Machtentfaltung begann, doch wegen Umbauten im 18./19. Jh. ist der gotische Charakter weitgehend verschwunden. Blickpunkt ist der oktogonale Glockenturm mit verzerrten Gesichtsmasken unterhalb des zwiebelförmigen Kacheldachs.

Vom Dom führt die Via Duomo zum klassizistischen Kirchenbau *San Francesco*. Höhepunkt ist im Inneren linker Hand das *Nikodemus-Kruzifix* aus dem 14. Jh., ein

Sardinien
Karte S. 1090/1091

katalanisches Holzkreuz mit dem gepeinigten Jesus in großartig realistischer Darstellung. Angeschlossen ist ein *Franziskaner-Konvent*, dessen Sakristei meist offen steht und mit zahlreichen Gemälden ausgestattet ist.

Das archäologische *Antiquarium Arborense* in der Via Parpaglia (Zugang Piazza Corrias) besitzt eine umfangreiche Sammlung aus der Umgebung von Oristano, hauptsächlich aus der nahe gelegenen punisch/römischen Stadt Tharros (→ unten). Weiterhin gibt es im Obergeschoss eine Sammlung von Tafelbildern aus dem 15./16. Jh. sowie häufig wechselnde Ausstellungen.

Öffnungszeiten/Eintritt **Antiquarium Arborense**, im Sommer tägl. 9–14, 15–20 Uhr (Di & Do bis 23 Uhr); Eintritt ca. 3 €, bis 14 J. 1,50 €, über 65 J. und Schül./Stud. ca. 1 €.

Oristano/Umgebung

Der große *Stagno di Cabras* ist bekannt für seinen Fischreichtum, was man vor allem in *Cabras* kulinarisch erkunden kann (→ unten). Das nahe gelegene *Marina di Torre Grande* besitzt einen langen Sandstrand, ist aber als Ort nicht besonders reizvoll.
Nördlich von Oristano schließt sich die große *Sinis-Halbinsel* an, bekannt für ihre weißen Sandstrände: *Mari Ermi* und *Is Arutas* an der Westküste sowie *Is Arenas* an der Nordseite. An Letzterem liegen eingebettet in der dichten Pineta drei Campingplätze, besonders beliebt ist Camping Nurapolis.
Die Ausgrabungen der punisch-römischen Stadt *Tharros* liegen auf einer schmalen Landzunge am Südrand der Halbinsel Sinis. Erhalten sind hauptsächlich die schulterhohen Grundmauern von Häusern, Thermen und Tempeln aus römischer Zeit, doch gibt es auch Reste punischer Tempel und ein nuraghisches Dorf, außerdem mehrere Nekropolen. Unter den Straßen durchziehen Wasserkanäle die Siedlung.
Auf der autobahnähnlich ausgebauten Superstrada Carlo Felice kommt man schnell nach *Santa Cristina*, einem bedeutenden Brunnenheiligtum der Nuraghier – vom trapezförmig gemauerten Einlass führen 25 Stufen zwischen säuberlich abgeschrägten und fugengenau aneinander gesetzten Basaltquadern hinunter in die wassergefüllte Brunnenkuppel, die sich zu einem Lichtloch an der Spitze elegant verjüngt. Nur wenige Kilometer weiter nördlich steht an der SS 131 (eigene Ausfahrt) der *Nuraghe Losa*, einer der besterhaltenen Nuraghen Sardiniens. Umfassende Erläuterungen und Fundstücke findet man im angeschlossenen Antiquarium.

• *Öffnungszeiten/Eintritt* **Tharros**, im Sommer tägl. 9–19.30, im Winter 9–17 Uhr; Eintritt ca. 5 € (incl. Museum von Cabras), Kinder von 6–16 J. und Schül./Stud. die Hälfte.

Santa Cristina, Mai bis Sept. tägl. 8.30–21.30 Uhr, übrige Zeit 8.30–21 Uhr; Eintritt ca. 5 €, 6–13 J. 3 € (Ticket gilt auch für das Museum in Paulilatino).

Nuraghe Losa, im Sommer tägl. 9–19 Uhr; Winter 9–17 Uhr. Eintritt ca. 3,50 €, Kind 6–13 J. 2 €.

• *Übernachten* **TIPP!** *** **Villa Canu**, seriös geführte Unterkunft in einem typischen Stadthaus in Cabras, harmonisches Zusammenspiel traditioneller und moderner Elemente, geschmackvolle Zimmer, schöne Terrasse und Innenhof mit Olivenbaum. DZ mit Frühstück ca. 78–130 €. Via Firenze 7–9, ✆ 0783/290155, ℻ 395242, www.hotelvillacanu.com.

Camping Torregrande, am Ortseingang von Marina di Torre Grande, einfacher Platz mit Stellplätzen unter dichten Pinien und Eukalyptusbäumen. Anfang Mai bis Ende Sept. ✆/℻ 0783/22228.

TIPP! Camping Nurapolis, im Wald hinter dem Strand Is Arenas, schönes, naturbelassenes Gelände, geführt von einer Kooperative. Die Bar ist Brennpunkt aller Aktion – in der Hochsaison läuft allabendlich unter dem Schilfdach heiße Musik, Treffpunkt vieler junger Urlauber. Das Ristorante hat eine gemütliche Außen- und Innenterrasse und ist preislich relativ günstig. Ganzjährig geöffnet. ✆ 0783/52283, ℻ 52255, www.coopsinis.it.

• *Essen & Trinken* **TIPP! Il Caminetto**, großes Lokal in Cabras, 250 m von der Villa Canu entfernt, treffliche „Cucina casalinga" mit Schwergewicht auf Fisch. Menü um die 30–35 €. Mo geschl. Via Battisti 11, ✆ 0783/391139.

Costa Verde

Etwa 60 km südlich von Oristano liegt abseits der gängigen touristischen Routen eine der schönsten Strandlandschaften Sardiniens. Kilometerweit reicht die Dünenlandschaft ins Land, es gibt kaum Bebauung, lediglich ein Hotel und zwei Campingplätze bieten Quartier.

Die *Spiaggia della Piscinas* ist über *Ingurtosu* zu erreichen, die Piste wurde erst 2009 neu befestig und begradigt. Am Strand steht das Hotel „Le Dune", davor gibt es eine Badezone mit Parkplatz, Liegestühlen, Sonnenschirmen und Strandbar. Hinter dem Strandareal liegt ein verlassenes Bergwerksgebiet, eindrucksvolle Relikte findet man z. B. am Weg von Ingurtosu zum Strand Piscinas.

Weiter südlich liegt die *Spiaggia Scivu*, zu erreichen auf beschilderter Asphaltstraße. Parken ist im Sommer an beiden Stränden gebührenpflichtig.

• *Übernachten* Das Übernachten in Wohnmobilen und wildes Zelten sind im gesamten Bereich der Costa Verde streng verboten.

*** **Le Dune**, direkt am Strand Piscinas, das einzige Hotel weit und breit, nach alten Plänen erbaut auf den Ruinen ehemaliger Erz-Lagerräume. Im Aufenthaltsraum Holzdecken, gemütliche Sitzecken und Kamin. Die 25 relativ kleinen Zimmer haben jeweils eine schmale Außenterrasse. Das Restaurant tischt im Sommer auch draußen auf.HP pro Pers. ca. 105–140 €. Ganzjährig geöffnet. ✆ 070/977130, 📠 977230, www.leduneingurtosu.it.

Camping Sciopadroxiu, an der Straße von Ingurtosu zum Strand Piscinas. Einfaches Gelände in steiler Hanglage, einige terrassierte Flächen im Eukalyptuswäldchen, alles sehr sandig und erdig, nur wenige Sanitäranlagen. Ristorante ansprechend in einem restaurierten Bruchsteinhaus mit schöner Außenterrasse und Blick in die Hügel. In umgebauten Bergwerkshäusern werden auch Zimmer vermietet. ✆ 349-7707938, www.campingsciopadroxiu.com.

Camping Le Palme, einfacher Platz, etwa 2 km von der Spiaggia Scivu, direkt an der Zufahrtsstraße. Ristorante, Zimmervermietung (60–70 €). Ganzjährig. ✆ 3479303741, www.campinglepalme.com.

Buggeru

ca. 200 Einwohner

Südlich der Costa Verde liegt dieses ehemaliges Bergarbeiterdorf mit 2 km langem Strand, kargen Geröllhalden und steilen Felsabstürzen im Golf von Buggeru. Die *Galleria Henry* auf der Hochebene Planu Sartu südlich vom Ort wurde restauriert und ist zur Besichtigung freigegeben.

Oben an der SS 126 nach Iglesias kann man den kleinen Abstecher zum *Tempio di Antas* machen, einem restaurierten Tempel aus römischer Zeit, erbaut auf den Resten eines punischen Heiligtums. In der Nähe liegt außerdem die *Grotta di Su Mannau*, ein ausgedehntes Höhlenlabyrinth, das 5 km südlich von Fluminimaggiore an der SS 126 gut beschildert ist.

• *Öffnungszeiten/Eintritt* **Galleria Henry**, Igea SpA veranstaltet im Sommer täglich Führungen, sonst nur am Wochenende. Eintritt ca. 8 €. Nur mit Anmeldung unter ✆ 0781/491300, 348-1549556 (Handy), www.igeaspa.it.

Tempio di Antas, Juli bis Sept. tägl. 9.30–19.30 Uhr (sonst kürzer), Eintritt ca. 3 €.

Grotta di Su Mannau, April bis Okt. tägl. 9.30–18.30 Uhr. Führungen macht der Gruppo Grotte Fluminese. Eintritt ca. 7 €, Kinder 6–12 J. 5 €. ✆/📠 0781/580189.

• *Übernachten* TIPP! *** **Sardus Pater**, ein wenig erhöht über der Straße nach Portixeddu, über eine Piste zu erreichen, geführt von Familie Corveas. Im wohnlich ausgestatteten Haupthaus ist das Restaurant untergebracht, man sitzt gemütlich unter Sonnenschirmen und genießt den herrlichen Strandblick. In einem lang gestreckten Flachbau etwas höher liegen die geschmackvoll ausgestatteten Zimmer nebeneinander,

Sardinien Karte S. 1090/1091

jeweils mit Klimaanlage, großzügigem Bad und Terrasse. DZ mit Frühstück ca. 100–160 €. Loc. Portixeddu, ✆ 0781/54949, ☏ 0781/54036, www.hotelsarduspater.it.

TIPP! Agriturismo Biologico Fighezia, etwa 4 km landeinwärts vom Meer, kurz vor Portixedu beschildert. Schlichte Zimmer in ökologischer Bauweise, von den Terrassen wunderbarer Panoramablick. Reichhaltiges Frühstücksbuffet, sardisch-kreatives Essen, viele Zutaten aus eigenem Anbau. Nette und engagierte Wirtsfamilie, Francesco spricht Englisch. ✆ 348-0698303, www.agriturismofighezia.it.

Camping Ortus de Mari, direkt an der Zufahrtsstraße von der SS 126 nach Buggeru, einfacher Platz kurz vor dem Ostende vom Sandstrand, etwa 500 m vom Meer. Stellplätze unter schattigen Pappeln und Eukalyptusbäumen. Sanitäranlagen pikobello sauber, Warmduschen gratis, allerdings ohne Dach. Ende Mai bis Ende Sept. ✆/☏ 0781/54964.

Wohnmobile finden Stellplätze mit Strom- und Wasseranschluss beim Ristorante „San Nicolao" am südlichen Strandende.

Von Buggeru zum Golfo di Gonnesa

Eine Asphaltstraße führt vorbei an der schönen Bucht *Cala Domestica* nach *Masua*, das von der stillgelegten Minenanlage *Porto Flavia* geprägt ist. Draußen im Meer beherrscht der malerische, 132 m hohe Felskegel *Pan di Zucchero* das Bild. Ein kilometerlanger Strand liegt weiter südlich im *Golfo di Gonnesa*. Landeinwärts kommt man rasch nach *Iglesias*, eine alte Bergbaustadt mit sehenswertem historischem Zentrum.

• *Übernachten* **TIPP! B & B S'Anninia**, im Dorf Gonnesa, direkt an der Durchgangsstraße, geschmackvolle Einrichtung, vielseitiges Frühstück, freundlich geführt von der jungen Marcella, die sehr gut Englisch spricht. Neuerdings gibt es auch ein gutes Restaurant im Haus. DZ mit Frühstück ca. 64–80 €. Ganzjährig geöffnet. Via Iglesias 107, ✆ 0781/45132, www.sanninnia.it.

Südlich vom Golfo di Gonnesa

Die Inseln *Sant'Antioco* und *San Pietro*, der weiße Dünenstrand bei *Porto Pino*, der ruhige *Porto di Teulada* mit nettem Campingplatz und die herrlichen, leider stark überteuerten Strände der *Costa del Sud* sind die Attraktionen an dieser Küste. In Sant'Antioco hat man umfangreiche Reste einer phönizisch-punischen Siedlung auf einem Hügel nahe der Altstadt entdeckt, darunter auch ein so genanntes *Tophet*, wo die Phönizier Babys und Kinder bis zu acht Jahren rituell bestattet haben (wahrscheinlich eines natürlichen Todes gestorben). Die Funde sind in einem archäologischen Museum untergebracht. Südlich von Cagliari liegt schließlich noch die eindrucksvolle Ausgrabung der phönizischen Stadt *Nora*.

Im Hinterland kann man die *Grotta Is Zuddas* besuchen, eine große Tropfsteinhöhle an der Straße nach Santadi, ca. 12 km nördlich von Teulada. Höhepunkt der Führung ist die *Sala delle Eccentriche*. Dort findet man die exzentrischen Aragoniten, das sind hohle Kalkröhren, die kreuz und quer in alle Richtungen wachsen und ganze Wände bedecken.

• *Öffnungszeiten/Eintritt* **Sant'Antioco**, tägl. durchgehend bis 19 Uhr geöffnet (Winter bis 18 Uhr). Eintrittspreise 3–13 €, je nachdem, was man alles sehen will. Besichtigung nur mit Führung durch die Coop. Archeotour, ✆ 0781/800596, www.archeotur.it.

Nora, Frühjahr bis Herbst tägl. 9–19.30 Uhr, im Winter bis 18 Uhr; Eintritt ca. 5,50 €.

Grotta Is Zuddas, April bis Sept. tägl. 9.30–12, 14.30–18 Uhr, sonst nur Mo–Sa 12 und 16 Uhr, außerdem So 9.30–12, 14.30–18 Uhr; Eintritt ca. 9 €. ✆ 0781/955741, www.grotteiszuddas.com.

• *Übernachten* **B & B Berenice**, in Sant'Antioco, wenige Schritte hinter der Pfarrkirche den Hügel hinunter, kleines Haus mit drei DZ, Frühstücksraum und Küche, geführt von Frau Maria Efisia. DZ mit

Frühstück ca. 55–80 €. Via Petrarca 16, ✆ 0781/840625, 347-1710055, www.berenicebb.com.

B & B La Rosa dei Venti, im südlichen Stadtgebiet von Sant'Antioco, komfortables B & B mit drei Zimmern, jeweils mit Bad, schöner mediterraner Garten und Patio. DZ mit Frühstück ca. 70–120 €. Piazza Sardegna 30 (Via Goceano), ✆ 347-6364566, www.rosaventi.it.

Camping Porto Tramatzu, terrassiertes Gelände in ruhiger Lage im Porto di Teulada, gleich unterhalb ein weißer Sandstrand. Mai bis Okt. ✆ 070/9283027, Fax 9283028, www.portu-tramatzu.com.

*** **Camping Torre Chia**, an der Costa del Sud, ebener Platz mit Sandboden im dichten Eukalyptuswald, wenige Meter von der Sandbucht Torre Chia. Juni bis Ende Sept. ✆ 070/9230054, Fax 9230055, www.campeggiotorrechia.it.

Cagliari

ca. 160.000 Einwohner

Eingekeilt zwischen trägen Salzseen steigt die turbulente Hauptstadt Sardiniens einen Felsklotz hinauf. Die breite Via Roma führt vom Bahnhof am Hafen entlang, in den Cafés unter den schattigen Arkaden sitzt man gemütlich.

Wer Cagliari näher kennen lernen will, muss ins alte Castello-Viertel auf dem ehemaligen Festungshügel hinaufsteigen. Dort erlebt man die ungeschminkte Realität der Stadt, die an Neapel erinnert – Elendsquartiere inmitten morbider Prachtfassaden, hohe Eingangshallen mit verblichenem Stuck, oft bestehen die Wohnungen nur aus einem Zimmer. Interessant sind hier oben vor allem der Dom und das Archäologische Nationalmuseum mit einer bedeutenden Sammlung prähistorischer Bronzefiguren.

Zum Baden fährt man hinaus zum kilometerlangen Stadtstrand von *Poetto*, einige Kilometer östlich der Stadt (Bus PF oder PQ ab Bahnhofsvorplatz).

Imposant: das neugotische Rathaus am Hafen

Anfahrt/Verbindungen & Information

• *Flug* Der **Flughafen Elmas** (www.aeroportodicagliari.com) liegt ca. 7 km nordwestlich vom Zentrum. Ein **Busdienst** pendelt etwa alle 30 Min. zwischen Elmas und ARST-Busbahnhof schräg gegenüber vom Bahnhof (ca. 15 Min., ca. 4 €). Ein **Taxi** kostet ca. 25 €.

• *Schiff* Von der **Stazione Marittima** gibt es etwa 2-mal wöch. Verbindungen mit Neapel, 1-mal wöch. mit Palermo und Trapani auf Sizilien.

• *Zug* Der **FS-Bahnhof** liegt an der zentralen Piazza Matteotti am Hafen. Er ist Ausgangspunkt für das gesamte Liniennetz der italienischen Staatsbahn auf Sardinien.

• *Fernbusse* Alle Busse starten am Busbahnhof neben dem Bahnhof.

ARST fährt in alle größeren Städte Sardiniens, außerdem in alle Orte der Provinz Cagliari und in die Badeorte der Umgebung. ✆ 800-865042.

ARST Gestione FdS fährt mehrmals tägl. über Oristano und Macomer nach Sassari und über Macomer nach Nuoro.

Logudoro Tours fährt 2-mal tägl. zum Flughafen von Alghero.

Turmo Travel fährt über Oristano, Nuoro, Olbia (Flughafen und Hafen), Arzachena und Palau nach Santa Teresa di Gallura.

• *Stadtbusse* Die städtischen **CTM-Busse** (www.ctmcagliari.it) haben ihre Haupthaltestelle vor dem Bahnhof, Piazza Matteotti. An der Haltestelle kleiner Fahrkartenschalter, ansonsten muss man die Tickets an Zeitungskiosken kaufen oder im Buchladen vom Bhf. Einzelticket ca. 1,20 €, Tagesticket ca. 3 € (bis 24 Uhr gültig), Carnet mit zwölf Fahrten ca. 12 €. Das Zentrum von Cagliari ist nicht allzu groß, man erkundet es am besten zu Fuß. Wichtig sind deshalb nur **Bus PF** und **PQ** an den Strand von Poetto.

• *Information* **AAST**, Kiosk unter Palmen vor dem Bahnhof. Juni bis Sept. Mo–Fr 8.30–13.30, 14–20, Sa/So 8–20 Uhr, sonst Mo–Sa 8–14 Uhr, So geschl. Piazza Matteotti 9, ✆ 070/669255, 800-203541 (Numero Verde). Weitere Info-Büros im **Flughafen** und in der **Stazione Marittima**.

Übernachten

**** **Miramare (14)**, noble Pension in den oberen Stockwerken über dem Arkadengang der Via Roma. Alle 18 Zimmer und vier Suiten haben Klimaanlage und Sat-TV und sind mit Stilmöbeln des 19. Jh. eingerichtet, z. T. mit Himmelbetten. Frühstück okay. DZ ca. 98–180 €. Via Roma 59, ✆/℻ 070/664021, www.hotelmiramarecagliari.it.

** **AeR Bundes Jack Vittoria (12)**, ebenfalls über den Arkaden am Hafen, Pension im zweiten und dritten Stock eines alten Palazzo, geführt von einem älteren Ehepaar. Umgebaute Stadtwohnung voll alter Grandezza, die Böden kunstvoll gefliest, Zimmer mit Stuckdecken und solidem Mobiliar. Fenster mit alten Rahmen, deshalb nicht ganz leise, schöner Blick auf Hafen und Meer. DZ mit Du/WC ca. 84–88 €, mit Etagendusche 76–78 €, unten im Haus Café fürs Frühstück. Via Roma 75, ✆ 070/657970, ℻ 667970, www.hotelbjvittoria.it.

** **La Terrazza (2)**, oberhalb der Piazza Yenne über einem China-Restaurant. Gute Lage und ordentlicher Standard, Zimmer teils mit TV, netter Frühstücksraum und junge Leitung. DZ mit Du/WC und Frühstück ca. 70–80 €, mit Etagendusche ca. 55–60 €. Via Santa Margherita 21, ✆ 070/668652, ℻ 660863, www.laterrazzahotel.com.

* **Aurora (3)**, am Aufgang von der Piazza Yenne zum Castello-Viertel. Ein alter Stadtpalazzo wurde von Grund auf renoviert. Die acht Zimmer besitzen jeweils Bad und TV und sind mit Terracotta-Kacheln gefliest, an vielen Wänden wurde das Bruchsteinmauerwerk dekorativ freigelegt. DZ mit Bad und Frühstück ca. 70–75 €, mit Etagendusche ca. 54–60 €, jeweils incl. Frühstück. Salita Chiara 19, ✆ 070/658625, ℻ 070/6405050, www.hotelcagliariaurora.it.

• *Bed & Breakfast* **Sardinia Domus (9)**, zentrale Lage zwischen Hafen und Piazza Yenne in einem restaurierten Stadtpalazzo, geschmackvolle Zimmer (auch Drei- und Vier-Bett), jeweils mit Klimaanlage, TV und ADSL-Anschluss. DZ mit Frühstück ca. 75–100 €. Largo Carlo Felice 26, ✆/℻ 070/659783, www.sardiniadomus.it.

Old Caralis (16), direkt im Marina-Viertel (beim Palazzo der Provinzregierung), gepflegte Unterkunft in einem Palazzo des 19. Jh., zwei eher kleine Zimmer mit Bad, TV und Internetanschluss. DZ mit Frühstück ca. 60–90 €. Via Vittorio Porcile 11, ✆/℻ 070/666991, www.oldcaralis.it.

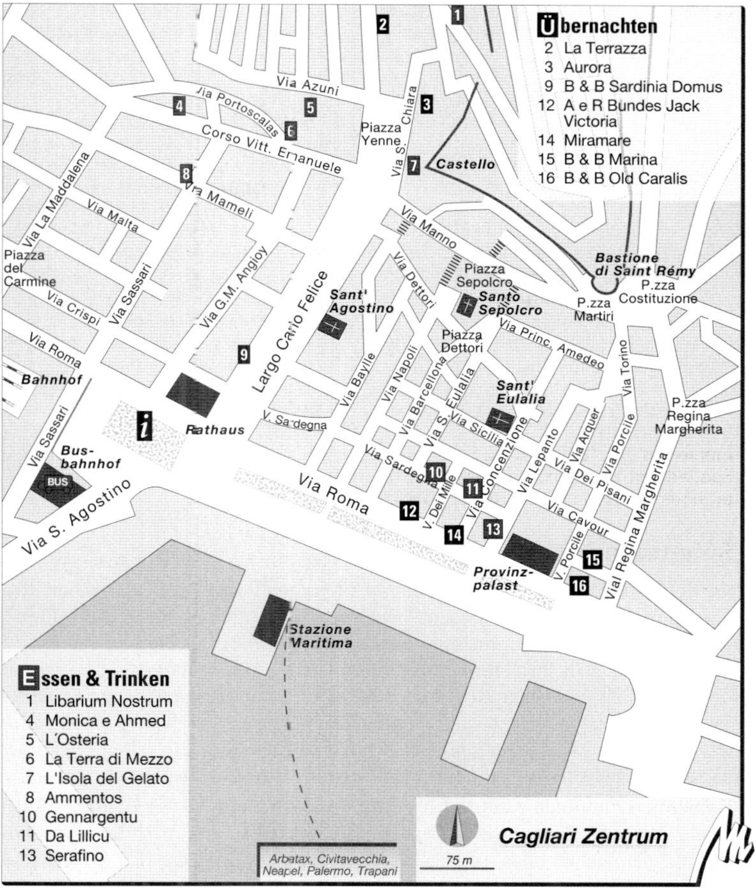

Marina (15), vier saubere Zimmer in einem restaurierten Stadthaus, geführt von einem älteren Ehepaar. DZ mit Frühstück ca. 70–80 €. Via Vittorio Porcile 23, ✆ 070/670065, 349-1767368, www.la-marina.it.

• *Camping* **Pini e Mare**, Riviera Capitana, hügliges Terrassengelände im lichten Pinienwald an der Ausfallstraße nach Villasimius, vom Ende des Strands von Poetto noch etwa 8 km. Einfach ausgestattet, reiner Übernachtungsplatz für Sightseeing im 22 km entfernten Cagliari. Ostern bis Ende Okt. ✆/℻ 070/803103, www.piniemare.com.

Eine Alternative bieten die beiden Plätze **Flumendosa** und **Cala d'Ostia** bei Santa Margherita di Pula, etwa 40 km südlich der Stadt.

Essen & Trinken

Hinter der Via Roma liegt das Marina-Viertel mit zahlreichen Trattorien und Restaurants.

Gennargentu (10), einfacher Speiseraum mit gemütlicher Atmosphäre, große Karte, hauptsächlich Fleisch, z. B. *cinghiale* und *cavallo*. Die freundliche Bedienung manchmal etwas gestresst, da oft sehr voll. So geschl. Via Sardegna 60, ✆ 070/658247.

Sardinien
Karte S. 1090/1091

Serafino (13), am Ende der Via Sardegna um die Ecke, unprätentiöses Lokal, jedoch ausgezeichnete Qualität und wirklich preiswert, auch von Einheimischen gern besucht. Serviert wird leckere Hausmannskost und Meeresküche. Via Lepanto 6. Mo geschl. ✆ 0707651795.

TIPP! **Da Lillicu (11)**, kulinarischer Eckpfeiler des Marina-Viertels, großes Gewölbe mit Marmortischen, auch viele Einheimische. Die Fischgerichte („arrosto") sind gut und reichhaltig, es gibt diverse Antipasti, hausgemachte Pasta und als Spezialität *gran premio di cavallo* (Pferdesteak). So geschl. Via Sardegna 78, ✆ 070/652970.

• *Außerhalb vom Marina-Viertel* **L'Osteria (5)**, gemütliche Taverne mit karierten Tischdecken und herzhafter Küche, z. B. *culurgiones* und *filetto di Cannonau*. Via Azuni 56, ✆ 070/3110168.

Ammentos (8), 2008 eröffnet, sardische Spezialitäten, hauptsächlich Fleischgerichte, leckeres Essen und freundlicher Service zu fairen Preisen. Via Sassari 120, ✆ 070/651075.

Monica e Ahmed (4), bestes und reichhaltiges Seafood mit freundlicher und kompetenter Bewirtung. So abends geschl. Corso Vittorio Emanuele 119, ✆ 070/6402045.

La Terra di Mezzo (6), Seitengasse des Corso Vittorio Emanuele, biologisch-vegetarische Küche, Essen vom reichhaltigen Büffet kostet ca. 15 € incl. Getränk, während der Woche nur mittags geöffnet, Fr/Sa/So auch abends. Via Portoscalas 1, ✆ 070/662889.

• *Cafés* **Libarium Nostrum (1)**, im Castello-Viertel, Via Santa Croce, historisch eingerichtetes Gewölbecafé an der Stadtmauer, behaglicher Kneipencharakter, davor eine Terrasse direkt auf der Bastion mit tollem Blick auf Cagliari. Mo geschl.

• *Eis* **L'Isola del Gelato (7)**, „die" Eisdiele der Stadt, wenn nicht Sardiniens. Von außen unscheinbar, gehen einem drinnen die Augen über: mehr als 60 Sorten, aufgetürmt zu kunstvollen Gebilden. Piazza Yenne 35.

Sehenswertes

Von der Via Roma am Hafen folgt man dem breiten Largo Felice, der neben dem imposanten neugotischen Rathaus beginnt und zur *Piazza Yenne* hinaufführt. Auf steiler Treppe (oder Aufzug) kommt man von dort ins Castello-Viertel (→ unten) – oder man folgt der rechter Hand leicht ansteigenden *Via Manno* mit Barockfassaden und vielen Boutiquen. Von der Piazza Costituzione am Ende der Via Manno kann man auf einer breiten Doppeltreppe zur weiten *Bastione di Saint Rémy* (auch: Terrazza Umberto I) hinaufsteigen und den weiten Blick über die Stadt genießen. Von dort kommt man ebenfalls in Castello-Viertel.

Castello: Das morbide Altstadtviertel mit seinen langen, düsteren Parallelgassen thront über dem Zentrum von Cagliari. Von den einst drei mächtigen Verteidigungstürmen stehen noch zwei. Nach innen sind sie offen, um den Verteidigern problemlos Nachschub und Verstärkung zukommen lassen zu können.

Die Kathedrale *Santa Maria* ist nahtlos in die Häuserreihen eingereiht, das Innere prunkt in barocker Prachtentfaltung, wertvollstes Stück ist die zweigeteilte Kanzel

beim Haupteingang. Die Krypta beherbergt etwa 300 Grabkammern, in die man im 17. Jh. die Toten des Friedhofs der Kirche San Saturno umgebettet hat. In ihr spanisch-barockes Gewölbe sind 600 kunstvolle Rosetten gemeißelt.

Im Museumskomplex „Citadella dei Musei" an der Piazza Arsenale findet man das *archäologische Nationalmuseum* mit der bedeutendsten Sammlung prähistorischer und historischer Funde auf Sardinien, darunter eine prächtige Sammlung nuraghischer Bronzefiguren des 5.–8. Jh. v. Chr.

Die benachbarte *Pinacoteca Nazionale* besitzt großartige katalanische Tafelbilder des 15. und 16. Jh., die einzige derartige Sammlung außerhalb Spaniens.

• *Öffnungszeiten/Eintritt* **Santa Maria**, Mo–Fr 8–12.30, 16.30–20 Uhr, Sa/So 8–13, 16–20 Uhr (nicht während der Gottesdienste am So um 9, 10, 11 und 19 Uhr).
Archäologisches Nationalmuseum, Di–So 9–20 Uhr, Mo geschl.; Eintritt ca. 4 € (mit Pinacoteca Nazionale 5 €), zwischen 18 und 25 J. die Hälfte, unter 18 und ab 65 J. frei.
Pinacoteca Nazionale, Di–So 9–20 Uhr, Mo geschl.; Eintritt ca. 2 € (mit Museo Archeologico 5 €), frei unter 18 und ab 65 J.

Amphitheater: Nordwestlich vom Castello-Viertel liegt das im 3. Jh. n. Chr. erbaute römische Theater. Es ist das größte römische Bauwerk Sardiniens, bis zu 10.000 Personen fanden hier Platz. Indem man die Arena mittels eines unterirdischen Kanals überschwemmte, konnte man sogar Seekampfspektakel darstellen. Heute finden während der Saison gelegentlich Theateraufführungen und Konzerte statt.

Öffnungszeiten/Eintritt April bis Okt. Di–Sa 9–13.30, So 15.30–17.30 Uhr, übrige Zeit Mo–Sa 10–13.30, So 10–13 Uhr; Eintritt ca. 4,50 €, Schül./Stud. bis 26 J. 3 €, frei ab 65 J.

Wallfahrtskirche Santuario di Bonaria: Das wichtigste Heiligtum Sardiniens steht östlich vom Zentrum und besteht aus einem Klosterkomplex mit zwei Mauer an Mauer gebauten Kirchen. Die Legende erzählt von einer Holzkiste, die 1370 am Fuß des Bonaria-Hügels angeschwemmt wurde. Die Mönche des damaligen Klosters entdeckten darin eine Marienstatue. Diese begann kurz darauf Wunder zu wirken, das Kirchlein wurde auf ganz Sardinien bekannt und zum viel besuchten Wallfahrtsziel. Im 18. Jh. errichtete man dann unmittelbar daneben eine großzügig konzipierte Basilika, deren majestätische Kuppel weithin sichtbar ist. Zur 500-Jahr-Feier der Auffindung der Statue kam Papst *Pius IX.* am 24. April 1870 nach Cagliari – das größte Fest zu Ehren der Jungfrau Bonaria, die seit 1907 die Schutzpatronin Sardiniens ist, findet seitdem alljährlich an diesem Tag statt.

Öffnungszeiten **Santuario di Bonaria**, April bis Okt. tägl. 6.30–12, 16.30–19.30 Uhr, übrige Zeit 6.30–12, 16–18.30 Uhr; Spende. Alle Stadtbusse nach Poetto kommen hier vorbei.

Basilica di San Saturno: Auf der Piazza San Cosimo in der östlichen Neustadt Villanova steht umgeben von Palmen und Pinien eine der ältesten Kirchen Sardiniens, wenn nicht des gesamten Mittelmeerraums, Der Kreuzkuppelbau wurde im 5. Jh. an der angeblichen Hinrichtungsstätte des Märtyrers Saturnus (304 n. Chr.) errichtet, erst fünf Jahrhunderte später vollendeten Benediktiner aus Marseille die vier Schiffe. Heute steht nur noch der Ostflügel mit der Apsis. Unter der Kirche und im Umfeld hat man römische und byzantinische Gräberfelder entdeckt, zu sehen durch gläserne Wände im Inneren.

Öffnungszeiten Mo–Sa 9–13 Uhr, So geschl.

Cagliari/Umgebung

Südwestlich von Cagliari erreicht man nach Santa Margerita di Pula die *Costa del Sud* mit ihren Dünenstränden (→ S 1114), Richtung Osten kommt man auf herrlicher Panoramastrecke in den Badeort *Villasimius* in der südöstlichen Ecke der Insel.

Ostküste

Touristisch gut erschlossen und landschaftlich reizvoll. Es gibt zahlreiche Sandstrände, vor allem zwischen Olbia und Budoni. Cala Gonone liegt in der eindrucksvollen Felsenküste des Golfo di Orosei, in der Umgebung sind malerische Sandbuchten eingelagert, die man mit Bootsausflügen erreichen kann.

San Teodoro

ca. 3600 Einwohner

Südlich von Olbia liegt einer der beliebtesten Badeorte Sardiniens mit dem gut 3 km langen, schönen Sandstrand *La Cinta*. Im Sommer wird es hier sehr voll. In der Umgebung gibt es weitere schöne Strände, die ebenfalls überfüllt sind (Parken fast überall gebührenpflichtig).

• *Information* **Pro Loco**, an der zentralen Piazza Mediterraneo. Im Hochsommer Mo–Sa 8.30–13, 15.30–24 Uhr, sonst kürzer. So geschl. ✆ 0784/851117, www.visitsanteodoro.com.

• *Übernachten* In San Teodoro wird viel pauschal gebucht.

***** Il Viandante**, geschmackvoll konzipiertes Haus mit Garten wenige Schritte von der Piazza. Hübsche Zimmer im sardischen Stil, jeweils Sat-TV und Terrasse/Balkon. Kostenloser Parkplatz, gutes Frühstück und freundliche Betreuung. DZ mit Frühstück ca. 60–170 €. Via Cala d'Ambra 8, ✆ 0784/-865407 o. 339-5672449 (Deutsch), 📠 852315, www.ilviandantehotel.com.

Camping San Teodoro „La Cinta", großes Gelände unmittelbar am Beginn vom Strand, seit vielen Jahren beliebtester Platz der Region, hier trifft man immer viele Deutsche. Juli und August sind bereits Monate im Voraus ausgebucht. Zum Zentrum ist es etwa 1 km. 1. Mai bis 15. Okt. ✆ 0784/865777, 📠 865333, www.campingsanteodoro.com.

Camping Cala d'Ambra, ebenfalls unmittelbar am Wasser, allerdings nur ein Stück grober Kiesstrand. Schatten durch hohe Eukalyptusbäume, Ristorante und Bar. Juni bis Sept. ✆/📠 0784/865650, www.campingcaladambra.com.

• *Essen & Trinken* **TIPP! Alba Chiara**, an der Straße zum Strand La Cinta, schöne, blumenbewachsene Terrasse, freundliche und sachkundige Bedienung, normale Preise. ✆ 0784/867039.

Lu Brutoni, wenige Schritte von Zentrum, sympathische Vineria im norditalienischen Stil, gemütliche Einrichtung. Zum abendlichen Aperitivo bedient man sich vom Buffet. Via dei Gerani. ✆ 334-5282669.

Budoni: Große Bucht mit langem Sandstrand, der Ort nicht über die Maßen attraktiv, viel Ferienhaustourismus, ein Campingplatz.

• *Übernachten* **Casa San Paolo**, an der Ortsdurchgangsstraße von Tanaunella, etwas südlich von Budoni. Frau Raimonda ist in Süddeutschland aufgewachsen und hat das Schwäbeln nicht verlernt. Vier Zimmer und ein Apartment, alle sauber und gepflegt, DZ ca. 35–60 € (Klimaanlage extra), Apartment ca. 64–95 €. Via Agamemnone 94, ✆/📠 0784/837261, www.casasanpaolo.com.

• *Essen & Trinken* **Su Gustu**, etwas abseits am Ortsrand, verglaster Speiseraum, gute Pizza ab 4,50 €, Fisch zum Festpreis (!) und auch sonst sättigende Portionen zu angemessenen Preisen (kein Coperto). Via Oristano 17, ✆ 0784/844294.

Lu Nibaru, Ristorante/Pizzeria direkt am Strand, schattige Terrasse, ordentliche Küche, hübsch gedeckt und beliebt bei Familien mit Kindern, die in den Dünen viel Platz zum Spielen finden. ✆ 0784/844082.

Posada: Ein steil aufragender, knorriger Kalkklotz inmitten der grünen Flussebene des Posada-Flusses. An der Spitze die Reste des *Castello della Fava* aus dem 12. Jh., darunter klammern sich die Häuser an den Fels. Der Fluss schlängelt sich durch reiche Obst- und Weinfelder, die zum Meer hin durch einen kilometerlangen Sandbogen begrenzt sind.

Öffnungszeiten/Eintritt **Castello della Fava**, tägl. 9.30–19 Uhr; Eintritt ca. 2,50 €, Kinder frei.

Santa Lucia: Kleiner Ort mit großem Sandstrand, umgeben von dichter Pineta. Zwei schattige Campingplätze liegen direkt beim Ort, zwei weitere in den Pinienwäldern weiter südlich. Nach etwa 45 Min. zu Fuß Richtung Süden kommt man zum weißen Dünenstrand *S'Ena e s'acchitta*.

• Übernachten **Camping Selema**, Eingang an der Zufahrtsstraße nach Santa Lucia, 100 m zum Strand. Schattiger Platz im Pinienwald. Anfang April bis Ende Okt. ✆/✆ 0784/819068, www.selemacamping.com.

Camping La Mandragola, gleich neben Selema, ebenfalls sehr schattig, geführt von einer Kooperative. Mitte Mai bis Ende Sept. ✆/✆ 0784/819119, www.villaggiomandragola.com.

• Essen & Trinken **Agriturismo Manasi**, an der Straße zwischen Santa Lucia und Siniscola. Man sitzt im Sommer auf zwei gedeckten Terrassen mit schönem Blick bis zum Meer. Gekocht wird großteils mit Produkten vom eigenen Hof. ✆ 0784/877402, www.manasi.it.

Orosei

ca. 6200 Einwohner

Das sehenswerte Kleinstädtchen liegt in üppig grüner Umgebung etwa 3 km landeinwärts von einem fast schnurgeraden, kilometerlangen Sandstrand, entstanden durch Anschwemmungen des Cedrino-Flusses. Im alten Ortskern gibt es viel historische Bausubstanz, winklige Gässchen und diverse verwitterte Kirchlein, die großteils beschildert sind und auf einem gekennzeichneten Rundweg („itinerario storico") besichtigt werden können.

• Übernachten *** **S'Ortale**, familiär geführtes Haus mit angenehmer Atmosphäre, Zimmer einfach, aber okay. Mit Restaurant. DZ mit Frühstück ca. 60–90 €. Via S'Ortale (Abzweigung von der Durchgangsstraße in Richtung Meer), ✆ 0784/998055, ✆ 998056, www.sortale.it.

B & B Sa Thilikerta, ganz zentral im Ortskern, Zimmer im Erdgeschoss mit Gemeinschaftsbad, Wohnküche und TV, oben ein Zimmer mit eigenem Bad. DZ ca. 50–70 €. Via San Paolo 3, ✆ 0784/98547, www.bebinsardegna.com.

Cala Gonone und Umgebung

Südlich von Orosei beginnt der große Golf von Orosei, dessen Felswände fast senkrecht ins Meer stürzen. Beim Städtchen *Dorgali* gelangt man durch einen Tunnel hinunter nach Cala Gonone, wo man baden kann und täglich Ausflugsboote zu Stränden fahren, die an den Ausgängen mehrerer Schluchten liegen: *Cala Luna*, *Cala Sisine* u. a. (Fahrtkosten je nach Entfernung ca. 16–35 €). Außerdem kann die *Grotta del Bue Marino* besichtigt werden, in der vor Einsetzen des Tourismus Mönchsrobben („Meerochsen") ungestört leben und sich fortpflanzen konnten.

Vom Tal des Riu Flumineddu im Hinterland von Dorgali kann man zum Nuraghierdorf *Monte Tiscali* aufsteigen oder ein Stück weit in die spektakuläre Schlucht *Gola su Gorroppu* vordringen.

• Öffnungszeiten/Eintritt **Grotta del Bue Marino**, ganztägig geöffnet, Eintritt ca. 8 €, Kinder 6–12 J. 4 €.

Monte Tiscali, ganztägig geöffnet, Eintritt ca. 5 €, Kinder 1,50 €, zehnminütige „Führung" auf Italienisch.

• Übernachten TIPP *** **L'Oasi** auf der Steilküste links oberhalb vom Hafen, zu erreichen auf steiler Straße. Herrliche Lage mit Superblick, leider nicht alle Zimmer zum Meer, Ristorante mit großer Terrasse und leckerer Meeresküche, großer Garten. DZ mit Frühstück ca. 68–136 €. ✆ 0784/93111, ✆ 93444, www.loasihotel.it.

*** **Cala Luna**, schöne Lage an der Uferpromenade, nur wenige Schritte vom Strand. Vor einigen Jahren vollständig renoviert, moderne Zimmer mit Sat-TV und Klimaanlage, die meisten mit Balkon und Meerblick, Sonnenterrasse am Dach. DZ mit Frühstück ca. 74–154 €. Viale Lungomare Palmasera 6, ✆ 0784/93133, ✆ 0784/93162, www.hotelcalaluna.com.

** **Piccolo**, zentral an der Zufahrtsstraße zum Hafen, wenige Schritte oberhalb vom Ortsstrand. Alle 13 Zimmer mit Bad, funktionell

Sardinien Karte S. 1090/1091

In der Felsenküste bei Cala Gonone liegen zahlreiche Höhlen

eingerichtet, aber sauber, schöne Balkone und im obersten Stock auch herrlicher Meerblick. Im Sommer allerdings einiges an Verkehr vor dem Haus. DZ ca. 50–70 €. ✆ 0784/93232, ✆ 93235.

Camping Cala Gonone, ansprechendes Gelände in leichter Hanglage, viele schattige Pinien und Wacholder. Zum Strand läuft man knapp 10 Min. Ostern bis Ende Okt. ✆ 0784/93165, www.campingcalagonone.it.

Palmavera, gut ausgestatteter Standplatz für Wohnmobile, etwa 15 € pro Nacht (incl. Strom). Etwa 25 € pro Nacht (incl. Strom). ✆ 0784/93105.

Die Straße von Dorgali nach Süden gehört zu den schönsten Strecken Sardiniens. Es geht durch die Ausläufer der Monti del Gennargentu, die weiter inseleinwärts in der Punta La Marmora (1834 m) gipfeln und das höchste Bergmassiv Sardiniens bilden. Ab Baunei kurvt die Straße steil hinunter in die Ebene von Tortoli.

Santa Maria Navarrese

Der sympathische Badeort besitzt mehrere Badebuchten und einen langen Sandstrand, der sich bis zum Fährhafen Arbatax zieht. Der Campingplatz „Mare Blu" ist ein beliebtes Ziel deutscher Urlauber.

• *Übernachten* *** **Nicoletta**, sehr sauber, schöne Zimmer (zwei davon mit riesigen Balkonen), jeweils Klimaanlage und TV, reichhaltiges Frühstücksbuffet. DZ mit Frühstück ca. 70–150 €. Via Lungomare, ✆ 0782/614045, ✆ 614047, www.hotelnicoletta.info.

TIPP! ** **Ostello Bellavista**, die frühere Jugendherberge ist nun ein gut geführtes Hotel in perfekter Hügellage mit umwerfendem Meer- und Hafenblick. Es gibt 18 Zimmer, davon fünf mit Balkon. DZ mit Balkon und Frühstück ca. 60–110 €, ohne Balkon 12 € günstiger. ✆ 0782/614039, www.ostelloinogliastra.com.

Camping Mare Blu, einfacher Platz im schattigen Pinienwald am langen Sandstrand südlich vom Zentrum. Kein Platz für Wohnmobile, weil die Bäume eng stehen, Pkw und Kleinbusse möglich. An Wochenenden leider Lärmbelästigung durch die benachbarte Disco „Gazebo". Mai bis Sept. ✆ 0782/615041, 📠 61504.

Camper Service „Costa Orientale", Stellplatz für Wohnmobile am Beginn des langen Sandstrands. Fahrzeug ca. 10–20 €, Strom 3 €, warme Duschen und Entsorgungsmöglichkeit. Mitte Mai bis Mitte Sept. ✆ 0782/669696.

Arbatax: Fährhafen mit Verbindungen nach Civitavecchia, Fiumicino und Genua am italienischen Festland, außerdem beginnt hier die schönste Bahnlinie Sardiniens.

Von Arbatax nach Mandas: Mit dem Trenino Verde ins Bergland

Mitte Juni bis Mitte Sept. startet im Hafen von Arbatax 2-mal täglich außer Mo um 7.50 und 14.35 Uhr der „Trenino verde" der FdS (Ferrovie della Sardegna) zu einer langen Serpentinenfahrt ins Bergland. Zunächst fährt er in die Kreisstadt *Lanusei*, dann über *Ussassai, Seui, Sadali* und *Orroli* bis *Mandas*. Fast fünf Stunden dauert die Tour (an: 12.46 bzw. 19.30 Uhr), zurück geht es um 15.25 Uhr und um 20.20 Uhr ist man wieder in Arbatax (Achtung: Für den Zug, der um 14.35 Uhr in Arbatax startet, gibt es keine Rückverbindung, wohl aber einen Anschluss in die Hauptstadt Cagliari, s. u.). Hin und zurück kostet der Spaß ca. 22 € (einfach 16,50 €), Kinder von 4–11 J. zahlen die Hälfte.

Wer nicht mehr nach Arbatax zurückkehren will, kann von Mandas mit einem der normalen Schmalspurzüge der FdS nach *Cagliari* weiterfahren (12.58, 15.40 oder 19.31 Uhr, ca. 6 € einfach), die an Sonntagen allerdings durch Busse ersetzt werden. Oder man fährt per Bus zur berühmten Nuraghenfestung *Su Nuraxi* bei Barumini weiter (→ S. 1128), wo man mit Bus und FS-Bahn ebenfalls Anschluss nach Cagliari hat.

Reservierung und Fahrkarten im kleinen Bahnhofsgebäude im Hafen von Arbatax (✆ 0782/567285), das gleichzeitig Sitz des Pro Loco ist.

Barisardo/Torre di Bari

Das Landwirtschaftsstädtchen Barisardo liegt 3 km von einem kilometerlangen Strandareal entfernt. Die Zufahrtsstraße zum Meer endet an einem spanischen Wachturm, „Torre di Bari" genannt. Mehrere Hotels und drei Campingplätze bieten Quartier.

• *Übernachten* TIPP! *** **Bajazzurra**, gepflegter Komplex, umgeben von grünem Rasen, zum Meer 200 m. 24 Zimmer, Ristorante mit guter Küche, schöner Pool mit Kinderbecken. Luigi, der lange in Deutschland gearbeitet hat, führt sein Haus liebevoll und aufmerksam. DZ ca. 70–120 €. ✆ 0782/28987, 📠 28985, www.hotelbajazzurra.com.

* **Belvedere**, auf einem Hügel am südlichen Ortsausgang von Barisardo, zu erkennen an den Fahnen am Haus. Die freundliche Familie Mulas führt die Pension seit vielen Jahren. Neun einfache, saubere DZ mit ordentlichem Mobiliar für ca. 40–55 €. In der Küche mit Kühlschrank und Gaskochern kann man sich ein Frühstück machen. ✆ 0782/29313.

Camping L'Ultima Spiaggia, zu erreichen von der Straße nach Torre di Bari (beschildert). Großes Areal, leicht abfallend zum langen Sandstrand südlich vom Turm. Mai bis Sept. ✆ 0782/29363, 📠 28963 (Winter ✆ 070/381105), www.campingultimaspiaggia.it.

Camping Marina, sehr schattiges Gelände am Nordende des Sandstrands, neben der Mündung des Riu Mannu. ✆/📠 0782/29969, www.campingmarina.it.

TIPP! **Camping La Pineta**, kurz vor L'Ultima Spiaggia, kleiner Platz unter hohen Eukalyptusbäumen, von jungen Leuten freundlich geführt, es wird auch Deutsch gesprochen. Gemütliches Ristorante/Pizzeria mit Terrasse. Anfang April bis Mitte Okt. ✆/📠 0782/29372, www.campingbungalowlapineta.it.

Sardinien Karte S. 1090/1091

• *Essen & Trinken* **San Giorgio**, im südlichen Ortsteil von Barisardo, bei der Agip-Tankstelle in Richtung Meer abbiegen. Der Wirt hat in Deutschland gelebt und spricht sehr gut Deutsch. Guter Fisch und Pizza zu günstigen Preise. ✆ 0782/29500.

Grotta di Marmuri: Die sehenswerte Tropfsteinhöhle liegt in den Bergen landeinwärts von Barisardo. Am Ortsausgang von *Ulassai* in Richtung Jerzu führt eine beschilderte Asphaltstraße in engen Windungen durch monumentale Berglandschaft bis zum Parkplatz unterhalb der Höhle. Die Grotte gehört zu den eindruckvollsten in Sardinien, besteht aus mehreren Sälen und ist ungefähr 1 km weit begehbar (aber tatsächlich viel größer).

Öffnungszeiten/Eintritt **Grotta di Marmuri**, Führungen (nicht deutschsprachig) im April u. Okt. um 11, 14.30 und 17 Uhr; im Mai, Juni, Juli und Sept. um 11, 14, 16 und 18 Uhr; im August um 11, 13, 15, 17 und 18.30 Uhr; Eintritt Erw. ca. 8 €, Kinder 5 €. ✆ 0782/79859.

Costa Rei

Die Königsküste – ein fast 10 km langer Traumstrand, nur gelegentlich unterbrochen von felsigen Kaps, dahinter menschenleere Macchiahänge.

Am Hang des *Monte Nai* hat sich eine große Ferienhausstadt etabliert, die eine vielfältige touristische Infrastruktur bietet. Abgesehen davon und den drei Campingplätzen ist die Costa Rei jedoch nur wenig erschlossen, vor allem im nördlichen Teil.

Weiter südlich schließt sich die *Cala di Sinzias* an, ein schöner Sandstrand mit einem Campingplatz und prächtigem Bergpanorama im Hintergrund.

• *Übernachten* **Camping Capo Ferrato**, seit 1965 von Familie Fanni geführt, die charmante Patrizia ist Ansprechpartnerin in allen Belangen. Ostern bis Mitte Okt. ✆/℻ 070/991012, www.campingcapoferrato.it.

Camping Limone Beach, gut ausgestatteter und teurer Platz an der Cala di Sinzias, kein direkter Meerzugang (150 m Fußweg), Sportzentrum mit Pool, zwei Tennisplätze, Rasenplatz für Fußball. Achtung: An Sommerwochenenden dröhnt eine Disco bis 5 Uhr früh. April bis Sept. ✆ 070/995006, ℻ 995026, www.limonebeach.com.

• *Essen & Trinken* **La Quercia**, schönes Ristorante/Pizzeria etwas außerhalb in der Loc. Camisa (in Richtung San Priamo). ✆ 070/9949271.

Capo Ferrato, urige Pizzeria an der Straße zum Capo Ferrato, wo man schön im Freien essen kann – allerdings nur Pizza und *pollo arrosto* (Hühnchen), kein Salat etc.

An der Costa Rei

Barbagia

Das Gebiet um den steilen Supramonte und das sich südlich anschließende Gennargentu-Massiv ist die wildeste Region der Insel. Uralte Steineichenwälder, endlose Kurvenstraßen, Schafherden und versengte Erde vermitteln das Gefühl von Einsamkeit. Ein guter Anlaufpunkt ist die Kooperative Enis bei Oliena.

Nuoro

ca. 3700 Einwohner

Größte Stadt der Barbagia. Hübsche Fußgängerzone Corso Garibaldi und kleines Altstadtviertel mit dem Geburtshaus der Nobelpreisträgerin Grazia Deledda, dem großen Volkskunstmuseum *Museo della Vita e delle Tradizioni Popolari Sardi* und einem neuen Archäologischen Museum. Schön ist der Busausflug auf den Monte Ortobene, den Hausberg von Nuoro.

Die *Festa del Redentore* am 29. August ist eins der größten Feste der Insel. Am Sonntag unmittelbar vor oder nach diesem Datum finden zwei große farbige Festzüge statt.

• *Öffnungszeiten/Eintritt* **Geburtshaus von Grazia Deledda**, Mitte Juni bis Mitte Sept. Di–So 9–19 Uhr, übrige Zeit 9–13, 15–19 Uhr, Mo geschl. Eintritt ca. 3 €.
Museo Archeologico, Mi, Fr u. Sa 9–13, Di u. Do 9–13, 15–17 Uhr, So/Mo geschl., Eintritt frei. ✆ 0784/31688.
Volkskunstmuseum, Mitte Juni bis Ende Sept. tägl. 9–20 Uhr, übrige Zeit tägl. 9–13, 15–19 Uhr; Eintritt ca. 3 €, unter 18 und über 60 J. 2 €.

• *Anfahrt/Verbindungen* Nuoro erreicht man mit der **FdS-Schmalspurbahn** ab Macomer an der Bahnlinie Olbia-Cagliari oder per **Bus** von der Ostküste, u. a. von Olbia und Siniscola. Die Busstation liegt an der Piazza Sardegna in der Nähe vom Bhf.

• *Information* **Info Point**, zentral am Corso Garibaldi 155. Mo–Sa 9–13, 15.30–19 Uhr. ✆ 0784/38777.

• *Übernachten* *** **Euro Hotel (2)** komfortables Haus im Zentrum, 54 Zimmer mit Parkett, Sat-TV, Wi-Fi und Klimaanlage, Ristorante. DZ mit Frühstück ca. 80–130 €. Viale Trieste 44, ✆ 0784/34071, Fax 33643, www.eurohotelnuoro.it.

*** **Grillo (5)**, nur wenige Meter unterhalb der Markthalle. Unten Granithalle, Zimmer modern und funktional gehalten, geräumige Bäder und TV, zum großen Teil Balkon. Mit Ristorante. DZ mit Frühstück ca. 75–95 €. Via Monsignor Melas 14, ✆ 0784/38678, Fax 32005, www.grillohotel.it.

B & B Silvia e Paolo (3), ganz zentrale Lage am Corso Garibaldi, drei gute Zimmer mit Klimaanlage, gemütlicher Frühstücksraum, große Außenterrasse. DZ mit eigenem Bad ca. 60 €, mit Gemeinschaftsbad 50 €. Corso Garibaldi 58, ✆ 0784/31280, 328-9212199, Fax 0784/1944314, www.silviaepaolo.it.

• *Essen & Trinken* **Antica Trattoria Il Rifugio (4)**, im sardischen Stil gemütlich aufgemacht, traditionelle Barbagiaküche und Pizza aus dem holzbefeuerten Ofen. Mi geschl. Via Antonio Mereu 34, ✆ 0784/232355.

Su Nugoresu (1), am oberen Ende des Corso Garibaldi. Man sitzt hübsch in einer Loggia mit Blick auf die palmenbestandene Piazza. Sardisch-nuoresische Küche, auch Pizza. So geschl. Piazza San Giovanni, ✆ 0784/258017.

Nördlich von Nuoro

Su Tempiesu, der einzige nuraghische Brunnentempel Sardiniens, dessen oberirdische Abdeckung noch erhalten ist, liegt in einem Taleinschnitt etwa 5 km östlich vom Ort *Orune*. In etwa 15 Min. steigt man hinunter zu der dekorativen Anlage. Die nach oben spitz zulaufenden Seitenwände aus Trachytblöcken treffen sich in einem Dreiecksgiebel, der Vorraum wird von Rundbögen elegant überdacht. Der Eingang zur Brunnenkammer ist klein, symbolische Treppenstufen führen hinunter in den meist vollständig unter Wasser stehenden Raum.

Sardinien Karte S. 1090/1091

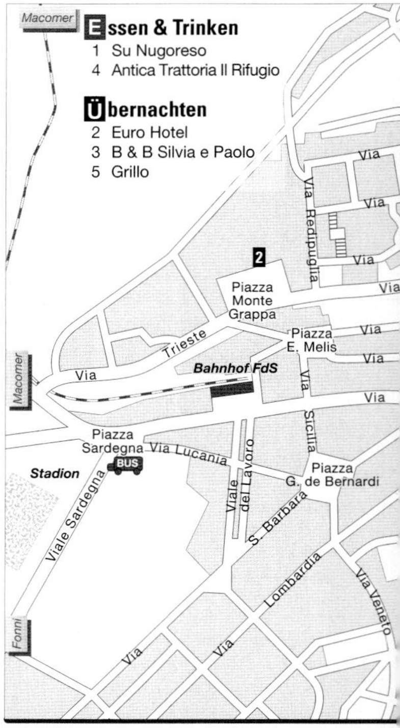

Das große Brunnenheiligtum *Su Romanzesu* mit nuraghischem Dorf liegt 8,5 km nördlich von Bitti. Inmitten einer pittoresken Kulisse aus flechtenbewachsenen Bäumen, Blumen, Disteln und hohen Gräsern erstreckt sich die weitläufige Anlage in einem schattigen Korkeichenhain.

Der große Bergort *Pattada* liegt noch ein Stück weiter nördlich. Schon bei einem kurzen Bummel entlang der Hauptstraße fallen einem die vielen Messerwerkstätten auf – „Sa Resolza Pattadesa", die qualitativ hochwertigen Hirtenmesser aus Pattada, sind mittlerweile international bekannt und überall auf der Insel zu haben. Die Messerschmiede, „frailalzos" genannt, freuen sich über Interesse an ihrer Arbeit, gerne kann man ihnen ein wenig zusehen.

• *Öffnungszeiten/Eintritt* **Su Tempiesu**, im Sommer tägl. 9 Uhr bis Sonnenuntergang, im Winter 9–17 Uhr, Eintritt ca. 3 €.

Su Romanzesu, April bis Sept. Mo–Sa 9–13, 15–19, So 9.30–13, 14.30–19 Uhr. Führungen etwa stündl., Eintritt ca. 3,10 €, zusammen mit Museum in Bitti 4 €.

• *Übernachten/Essen & Trinken* **** **Su Lithu**, geschmackvoll gestaltetes Haus oberhalb von Bitti. Elegantes Interieur, unten großes Ristorante, draußen Sonnenterrasse und Pool. DZ mit Frühstück ca. 110–200 €, HP ca. 80–120 € pro Pers. ✆ 0784/413012, 413205, www.sulithu.it.

*** **Liberty Hotel Pattada**, ansprechendes Haus im Zentrum von Pattada, hübsch eingerichtete Zimmer mit Klimaanlage, TV und Minibar, gutes Restaurant. DZ mit Frühstück ca. 70–90 €. Piazza dei Poeti, ✆/℻ 079/755384, www.libertyhotelpattada.it.

Oliena

ca. 7600 Einwohner

Das große Bergdorf liegt am Fuß des Supramonte. Auf steiler Straße ist im Steineichenwald oberhalb vom Ort die „Cooperativa Turistica Enis" zu erreichen, wo man ein Zimmer bekommt und auch gut essen kann – ideal zum Relaxen, für Bergwanderungen etc.

Etwa 8 km östlich von Oliena entspringt *Su Gologone*, die stärkste Quelle der Insel. Ein schimmernd grüner, unergründlich tiefer Teich weitet sich zu einem Flusslauf, mächtige Eukalyptusbäume, Pappeln, Oleander und Schilf bilden eine erfrischend grüne Oase.

• *Öffnungszeiten/Eintritt* **Su Gologone**, tägl. durchgehend, Eintritt ca. 2 €.

• *Übernachten* **** **Su Gologone**, in der Nähe der gleichnamigen Quelle. Das beliebte Hotel ist mit sardischem Kunsthandwerk dekorativ eingerichtet, im Umkreis erstrecken sich saftige Rasenflächen mit Swimmingpool und wunderbarem Blick in die Berge. Reichhaltiges Angebot an Veranstaltungen und Ausflügen. Auch

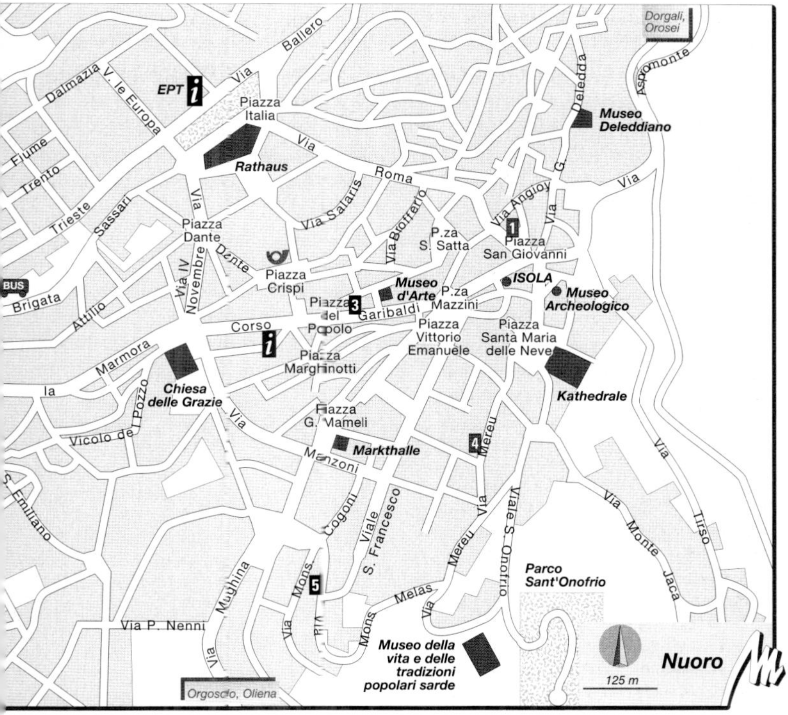

das Essen im Su Gologone ist ein Genuss: knuspriges *porcheddu* über offenem Feuer gebraten, hausgemachte *ravioli*, die zahlreichen Antipasti werden in Holzschalen und auf Schiebern serviert. Fürs Menü zahlt man ca. 40–50 €. DZ mit Frühstück ca. 160–280 €, HP ca. 120–160 €/Pers. ✆ 0784/287512, ℻ 287668, www.sugologone.it.

TIPP! *** **Monte Maccione (Coop. Turistica Enis)**, siebzehn 1-, 2-, 3- und 4-Bett-Zimmer mit Bad sowie ein 10-Bett-Zimmer, z. T. mit wundervollem Blick über das Tal. DZ mit Frühstück ca. 64–80 €. Außerdem kann man im unebenen Steineichenwald vor dem Haus sein Zelt aufschlagen. Speisesaal mit Terrasse im ersten Stock, serviert wird gute innersardische Küche, im Untergeschoss Bar mit großer Panoramaterrasse. ✆ 0784/288363 ℻ 288473, www.coopenis.it.

B & B Santa Maria, zentrale Lage an der gleichnamigen Piazza, Zimmer mit sardischem Mobiliar, jeweils Klimaanlage und Bad, tolle Dachterrasse. DZ mit Frühstück 50–80 €. ✆/℻ 0784/287278, www.bbsantamaria.it.

B & B Sa Tappa, ca. 100 m von der Piazza Santa Maria entfernt, nettes Haus mit Panoramablick auf Monte Ortobene und Monte Corrasi, geführt von einer jungen Familie. DZ mit Frühstück ca. 45–60 €. Via Nuoro 40, ✆/℻ 0784/287419, www.satappa.com.

• *Essen & Trinken* **Sa Corte**, geschmackvoll gestaltetes Haus im mediterranen Stil, umgeben von einem schönen Garten. Man isst gut, und der Service ist freundlich. Via Nuoro, ✆ ✆ 0784/1876131.

Ristorantino Masiloghi, etwas außerhalb vom Zentrum an der Straße zur Quelle Su Gologone. In griechisch anmutendem Blau-Weiß gehalten, schöne Plätze auf der Veranda, ausgezeichnetes Essen mit lokalen Produkten. Via Galiani 68, ✆ 0784/285696.

Orgosolo

ca. 4600 Einwohner

Zahlreiche Hausfassaden des ehemaligen „Banditennests“ sind mit wuchtigen Farbgemälden bepinselt – eindrucksvolle politische Manifeste, die mit elementarer Ausdruckskraft den italienischen Staat anklagen (Ausbeutung Sardiniens, Unterdrückung der Autonomie), aber auch internationale Konflikte thematisieren: von Protesten gegen Vietnamkrieg und die Militärdiktatur Pinochets bis hin zum Irakkrieg.

Die „Banditen von Orgosolo“ haben ihre Wurzeln in den verantwortungslosen Landgesetzen der festländischen Besetzer im 19. Jh. Diese beraubten den größten Teil der sardischen Hirten ihrer Existenzgrundlage: Das traditionell freie Weideland wurde eingezäunt und fortan mussten hohe Abgaben für die Benutzung gezahlt werden. Viele konnten die immensen Summen an die Großgrundbesitzer nicht aufbringen und gingen als Banditen in die Macchia. Einige von ihnen sind noch heute in ganz Sardinien berühmt und auch geachtet.

• *Übernachten* ** **Sa 'e Jana**, im Neubauviertel nördlich vom Zentrum. Viel Platz auf mehreren Stockwerken, teils geräumige Arkadenbalkons mit herrlichem Blick auf den Supramonte. Im Ristorante gute Barbagia-Küche. DZ mit Frühstück ca. 45–60 €. Via Emilio Lussu, ✆ 0784/402437, ℻ 401247, http://web.tiscali.it/saejana.

* **Petit Hotel**, im Zentrum unterhalb der Hauptstraße. Einfaches Haus, Zimmer unterschiedlich groß, teilweise mit Balkon, ordentliches Ristorante. DZ mit Bad und Frühstück ca. 46–55 €. Via Mannu 1, ✆ 0784/401070, ℻ 403010.

Cultura e Ambiente Orgosolo, Restaurant, Exkursionszentrum und Camping auf der Hochebene Pratobello oberhalb von Orgosolo. Der kleine Zeltplatz liegt herrlich ruhig, leider ist kaum ein ebenes Plätzchen zu finden. Auch Zimmer werden vermietet. ✆ 0784/401015, ℻ 402535, www.supramonte.it.

Su Nuraxi: Größte Nuraghenburg Sardiniens

Die massive Trutzburg liegt ca. 1 km außerhalb vom kleinen Ort *Barumini* in der südlichen Inselmitte. Auf einer niedrigen Anhöhe thront der Kegelstumpf aus schweren Basaltblöcken. Angeschmiegt im Schutz der Festung liegen die verschachtelten Mauerreste von etwa 150 Rundhütten. Ältester Teil ist der Mittelturm, der um die Mitte des 2. Jt. v. Chr. errichtet wurde. Nach und nach wurde die Anlage dann mit Mauerringen und weiteren Türmen verstärkt und zur kompakten Festung umgebaut. Seit 1997 steht sie unter dem Schutz der UNESCO – das einzige Monument Sardiniens, das dem „Weltkulturerbe der Menschheit“ zugerechnet wird.

• *Öffnungszeiten/Eintritt* tägl. 9–19 Uhr. Besichtigung nur mit Führung (etwa alle halbe Stunde) in Italienisch, manchmal Englisch; Eintritt ca. 7 €, 6–17 J. 5 €.

• *Anfahrt/Verbindungen* Täglich etwa drei Busse Isili–Barumini–Sanluri. Letzteres liegt an der FS-Bahnlinie Oristano–Cagliari.

• *Übernachten/Essen & Trinken* **TIPP!** *** **Sa Lolla**, freundlicher Landgasthof am Ortsrand, an der zentralen Kreuzung ausgeschildert, trotzdem schwer zu finden (entgegengesetzte Richtung vom Nuraghen, dann gleich links). Im Kellergewölbe schönes Ristorante mit guter Küche (Mi geschl.), sieben ordentliche Zimmer, ruhiger Garten, zur anderen Seite sonniger Pool. DZ mit Frühstück ca. 65–80 €. Via Cavour 49, ✆ 070/9368419, ℻ 9361107, www.wels.it/salolla.

Etwas Italienisch

Aussprache (Hier nur die Abweichungen von der deutschen Aussprache)

c: vor e und i immer *"tsch"* wie in *rutschen*, z. B. *centro* (Zentrum) = *"tschentro"*. Sonst wie *"k"*, z. B. *cannelloni* = *"kannelloni"*.

cc: gleiche Ausspracheregeln wie beim einfachen **c**, nur betonter: *faccio* (ich mache) = *"fatscho"*; *boccone* (Imbiss) = *"bokkone"*.

ch: wie *"k"*, *chiuso* (geschlossen) = *"kiuso"*.

cch: immer wie ein hartes *"k"*, *spicchio* (Scheibe) = *"spikkio"*.

g: vor e und i *"dsch"* wie in *Django*, vor a, o , u als *"g"* wie in *gehen;* wenn es trotz eines nachfolgenden dunklen Vokals als *"dsch"* gesprochen werden soll, wird ein i eingefügt, das nicht mitgesprochen wird, z. B. in *Giacomo* = *"Dschakomo"*.

gh: immer als *"g"* gesprochen.

gi: wie in *giorno* (Tag) = *"dschorno"*, immer weich gesprochen.

gl: wird zu einem Laut, der wie "lj" klingt, z. B. in *moglie* (Ehefrau) = *"mollje"*.

gn: ein Laut, der hinten in der Kehle produziert wird, z. B. in *bagno* (Bad) = *"bannjo"*.

h: wird am Wortanfang nicht mitgesprochen, z. B. *hanno* (sie haben) = *"anno"*. Sonst nur als Hilfszeichen verwendet, um c und g vor den Konsonanten i und e hart auszusprechen.

qu: im Gegensatz zum Deutschen ist das u mitzusprechen, z. B. *acqua* (Wasser) = *"akua"* oder *quando* (wann) = *"kuando"*.

r: wird kräftig gerollt!

rr: wird noch kräftiger gerollt!

sp und **st**: gut norddeutsch zu sprechen, z. B. *specchio* (Spiegel) = *"s-pekkio"* (nicht *schpekkio*), *stella* (Stern) = *"s-tella"* (nicht *"schtella"*).

v: wie *"w"*.

z: immer weich sprechen wie in *Sahne*, z. B. *zucchero* (Zucker) = *"sukkero"*.

Elementares

Frau ...	*Signora*
Herr ...	*Signor(e)*
Guten Tag	*Buon giorno*
Guten Abend (ab nachmittags!)	*Buona sera*
Gute Nacht	*Buona notte*
Auf Wiedersehen	*Arrivederci*
Hallo/Tschüss	*Ciao*
Wie geht es Ihnen?	*Come sta?*
Wie geht es dir?	*Come stai?*
Danke, gut.	*Molto bene, grazie*
Danke!	*Grazie*
Entschuldigen Sie	*(Mi) scusi*
Entschuldige	*Scusami/Scusa*
Entschuldigung, können Sie mir sagen...?	*Scusi, sa dirmi...?*
ja	*si*
nein	*no*
Tut mir leid	*Mi dispiace*
Macht nichts	*Non fa niente*
Bitte! (*gern geschehen*)	*Prego!*
Bitte (als Einleitung zu einer Frage oder Bestellung)	*Per favore...*

Sprechen Sie Englisch/Deutsch?	*Parla inglese/ tedesco?*
Ich spreche kein Italienisch	*Non parlo l'italiano*
Ich verstehe nichts	*Non capisco niente*
Könnten Sie langsamer sprechen?	*Puo parlare un po` più lentamente?*
Ich suche nach...	*Cerco...*
Okay, geht in Ordnung	*va bene*
Ich möchte	*Vorrei*
Warte/Warten Sie!	*Aspetta/Aspetti!*
groß/klein	*grande/piccolo*
Geld	*i soldi*
Ich brauche ...	*Ho bisogno ...*
Ich muss ...	*Devo ...*
in Ordnung	*d'accordo*
Ist es möglich, dass ...	*È possibile ...*
mit/ohne	*con/senza*
offen/geschlossen	*aperto/chiuso*
Toilette	*bagno*
verboten	*vietato*
Wie heißt das?	*Come si dice?*
Bezahlen, bitte	*Il Conto, per favore*

Fragen

Gibt es/Haben Sie...?	*C'è ...?*	Wo? Wo ist?	*Dove?/ Dov'è?*
Was kostet das?	*Quanto costa?*	Wie?/Wie bitte?	*Come?*
Gibt es (mehrere)	*Ci sono?*	Wieviel?	*Quanto?*
Wann?	*Quando?*	Warum?	*Perché?*

Smalltalk

Ich heiße ...	*Mi chiamo ...*
Wie heißt du?	*Come ti chiami?*
Wie alt bist du?	*Quanti anni hai?*
Das ist aber schön hier	*Meraviglioso!/Che bello!/Bellissimo!*
Von woher kommst du?	*Di dove sei tu?*
Ich bin aus München/Hamburg	*Sono di Monaco, Baviera/di Amburgo*
Bis später	*A più tardi!*

Orientierung

Wo ist bitte...?	*Per favore, dov'è..?*
... die Bushaltestelle	*...la fermata*
... der Bahnhof	*...la stazione*
Stadtplan	*la pianta della città*
rechts	*a destra*
links	*a sinistra*
immer geradeaus	*sempre diritto*
Können Sie mir den Weg nach ... zeigen?	*Sa indicarmi la direzione per..?*
Ist es weit?	*È lontano?*
Nein, es ist nah	*No, è vicino*

Bus/Zug

Fahrkarte	*un biglietto*	... der letzte?	*...l'ultimo?*
Stadtbus	*il bus*	Abfahrt	*partenza*
Überlandbus	*il pullman*	Ankunft	*arrivo*
Zug	*il treno*	Gleis	*binario*
hin und zurück	*andata e ritorno*	Verspätung	*ritardo*
Ein Ticket von X nach Y	*un biglietto da X a Y*	aussteigen	*scendere*
Wann fährt der nächste?	*Quando parte il prossimo?*	Ausgang	*uscita*
		Eingang	*entrata*

Auto/Motorrad

Auto	*macchina*	Reifen	*le gomme*
Motorrad	*la moto*	Kupplung	*la frizione*
Tankstelle	*distributore*	Lichtmaschine	*la dinamo*
Volltanken	*il pieno, per favore*	Zündung	*l'accensione*
Bleifrei	*benzina senza piombo*	Vergaser	*il carburatore*
Diesel	*gasolio*	Mechaniker	*il meccanico*
Panne	*guasto*	Werkstatt	*l'officina*
Unfall	*un incidente*	funktioniert nicht	*non funziona*
Bremsen	*i freni*		

Bank/Post/Telefon

Wo ist eine Bank?	*Dove c' è una banca*	Briefkasten	*la buca (delle lettere)*
Postamt	*posta/ufficio postale*	Briefmarken	*i francobolli*
Postkarte	*cartolina*	Wo ist das Telefon?	*Dov' è il telefono?*
Brief	*lettera*		

Hotel/Camping

Haben Sie ein Einzel/ Doppelzimmer?	*C'è una camera singola/doppia?*
Können Sie mir ein Zimmer zeigen?	*Può mostrarmi una camera?*
Ich nehme es/wir nehmen es	*La prendo/la prendiamo*
Zelt/ kleines Zelt	*tenda/canadese*
Schatten	*ombra*
mit Dusche/Bad	*con doccia/ bagno*
ein ruhiges Zimmer	*una camera tranquilla*
Wir haben reserviert	*Abbiamo prenotato*
Schlüssel	*la chiave*
Vollpension	*pensione completa*
Halbpension	*mezza pensione*
Frühstück	*prima colazione*
Hochsaison	*alta stagione*
Nebensaison	*bassa stagione*

Zahlen

0	*zero*
1	*uno*
2	*due*
3	*tre*
4	*quattro*
5	*cinque*
6	*sei*
7	*sette*
8	*otto*
9	*nove*
10	*dieci*
11	*undici*
12	*dodici*
13	*tredici*
14	*quattordici*
15	*quindici*
16	*sedici*
17	*diciassette*
18	*diciotto*
19	*diciannove*
20	*venti*
21	*ventuno*
22	*ventidue*
30	*trenta*
40	*quaranta*
50	*cinquanta*
60	*sessanta*
70	*settanta*
80	*ottanta*
90	*novanta*
100	*cento*
101	*centuno*
102	*centodue*
200	*duecento*
1.000	*mille*
2.000	*duemila*
100.000	*centomila*
1.000 000	*un milione*

Uhr & Kalender

Uhrzeit

Wie spät ist es?	*Che ore sono?*
mittags	*mezzogiorno* (für 12 Uhr gebräuchlich)
Mitternacht	*mezzanotte*
Viertel nach	*... e un quarto*
Viertel vor	*... meno un quarto*
halbe Stunde	*mezz'ora*

Tage/Monate/Jahreszeit

Tag	*giorno*
Woche	*settimana*
Monat	*mese*
Jahr	*anno*
Frühling	*primavera*
Sommer	*estate*
Herbst	*autunno*
Winter	*inverno*

Wochentage

Montag	*lunedì*
Dienstag	*martedì*
Mittwoch	*mercoledì*
Donnerstag	*giovedì*
Freitag	*venerdì*
Samstag	*sabato*
Sonntag	*domenica*

Monate

Januar	*gennaio*
Februar	*febbraio*
März	*marzo*
April	*aprile*
Mai	*maggio*
Juni	*giugno*
Juli	*luglio*
August	*agosto*

September	*settembre*
Oktober	*ottobre*
November	*novembre*
Dezember	*dicembre*

Gestern, heute, morgen ...

heute	*oggi*
morgen	*domani*
übermorgen	*dopodomani*
gestern	*ieri*
vorgestern	*l'altro ieri*
sofort	*subito*
später	*più tardi*
jetzt	*adesso*
der Morgen	*la mattina*
der Nachmittag	*il pomeriggio*
der Abend	*la sera*
die Nacht	*la notte*

Arzt/Krankenhaus

Ich brauche einen Arzt	*Ho bisogno di un medico*
Erste Hilfe	*pronto soccorso*
Krankenhaus	*ospedale*
Schmerzen	*dolori*
Ich bin krank	*Sono malato*
Biss/Stich	*puntura*
Fieber	*febbre*
Durchfall	*diarrea*
Erkältung	*raffreddore*
Halsschmerzen	*mal di gola*
Magenschmerzen	*mal di stomaco*
Zahnschmerzen	*mal di denti*
Zahnarzt	*dentista*

Restaurant

Haben Sie einen Tisch für x Personen?	*C'è un tavolo per x persone?*
Ich möchte zahlen	*Il conto, per favore*
Gabel	*forchetta*
Messer	*coltello*
Löffel	*cucchiaio*
Aschenbecher	*portacenere*
Mittagessen	*pranzo*
Abendessen	*cena*
Eine Quittung, bitte	*Vorrei la ricevuta, per favore*
Es war sehr gut	*Era buonissimo*
Trinkgeld	*mancia*
Extra-Preis für Gedeck, Service und Brot	*coperto/ pane e servizio*
Vorspeise	*antipasto*
erster Gang	*primo piatto*
zweiter Gang	*secondo piatto*
Beilagen	*contorni*
Nachspeise (Süßes)	*dessert*
Käse	*formaggio*

Getränke

Wasser	*acqua*
Mineralwasser	*acqua minerale*
mit Kohlensäure	*con gas (frizzante)*
ohne Kohlensäure	*senza gas*
Wein	*vino*
weiß	*bianco*
rosé	*rosato*
rot	*rosso*
Bier	*birra*
hell/dunkel	*chiara/scura*
Saft	*succo di ...*
Milch	*latte*
heiß	*caldo*
kalt	*freddo*
(einen) Kaffee (das bedeutet Espresso)	*un caffè*
(einen) Cappuccino (mit aufgeschäumter Milch, niemals mit Sahne!)	*un cappuccino*
(einen) Kaffee mit wenig Milch	*un latte macchiato*
(einen) Eiskaffee	*un caffè freddo*
(einen) Tee	*un tè*
mit Zitrone	*con limone*
Cola	*coca*
Milkshake	*frappè*
(ein) Glas	*un bicchiere di ...*
(eine) Flasche	*una bottiglia*

Alimentari/Diversi – Lebensmittel, Verschiedenes

aceto	Essig	*olio*	Öl
brodo	Brühe	*olive*	Oliven
burro	Butter	*pane*	Brot
marmellata	Marmelade	*panino*	Brötchen
minestra/zuppa	Suppe	*l'uovo/le uova*	Ei/Eier
minestrone	Gemüsesuppe	*zucchero*	Zucker

Erbe – Gewürze

aglio	Knoblauch	*prezzemolo*	Petersilie
alloro	Lorbeer	*sale*	Salz
capperi	Kapern	*salvia*	Salbei
pepe	Pfeffer	*senape*	Senf
peperoni	Paprika	*timo*	Thymian

Preparazione – Zubereitung

affumicato	geräuchert	*cotto*	gekocht
ai ferri	gegrillt	*duro*	hart/zäh
al forno	überbacken	*fresco*	frisch
con panna	mit Sahne	*fritto*	frittiert
alla pizzaiola	Tomaten/Knoblauch	*grasso*	fett
allo spiedo	am Spieß	*in umido*	im Saft geschmort
al pomodoro	mit Tomatensauce	*lesso*	gekocht/gedünstet
arrosto	gebraten/geröstet	*morbido*	weich
bollito	gekocht/gedünstet	*piccante*	scharf
alla casalinga	hausgemacht	*tenero*	zart

Contorni – Beilagen

asparago	Spargel	*finocchio*	Fenchel
broccoletti	wilder Blumenkohl	*insalata*	allg. Salat
carciofo	Artischocke	*lattuga*	Kopfsalat
carote	Karotten	*lenticchie*	Linsen
cavolfiore	Blumenkohl	*melanzane*	Auberginen
cavolo	Kohl	*patate*	Kartoffeln
cetriolo	Gurke	*piselli*	Erbsen
cicoria	Chicoree	*polenta*	Maisbrei
cipolla	Zwiebel	*pomodori*	Tomaten
fagiolini	grüne Bohnen	*riso*	Reis
fagioli	Bohnen	*spinaci*	Spinat
funghi	Pilze	*zucchini*	Zucchini

Pasta – Nudeln

cannelloni	gefüllte Teigrollen	*penne*	Röhrennudeln
farfalle	Schleifchen	*tagliatelle*	Bandnudeln
fettuccine	Bandnudeln	*tortellini*	gefüllte Teigtaschen
fiselli	kleine Nudeln	*tortelloni*	große Tortellini
lasagne	Schicht-Nudeln	*vermicelli*	Fadennudeln
maccheroni	Makkaroni	*gnocchi*	(Kartoffel-) Klößchen
pasta	allg. Nudeln		

Pesce e frutti di mare – Fisch & Meeresgetier

aragosta	Languste	*polpo*	Krake
aringhe	Heringe	*razza*	Rochen
baccalà	Stockfisch	*salmone*	Lachs
calamari	Tintenfische	*sardine*	Sardinen
cozze	Miesmuscheln	*seppia/totano*	großer Tintenfisch
gamberi	Garnelen	*sgombro*	Makrele
merluzzo	Schellfisch	*sogliola*	Seezunge
muggine	Meeräsche	*tonno*	Thunfisch
nasello	Seehecht	*triglia*	Barbe
orata	Goldbrasse	*trota*	Forelle
pesce spada	Schwertfisch	*vongole*	Muscheln

Carne – Fleisch

agnello	Lamm	*lombatina*	Lendenstück
anatra	Ente	*maiale*	Schwein
bistecca	Beafsteak	*maialetto*	Ferkel
cinghiale	Wildschwein	*manzo*	Rind
coniglio	Kaninchen	*pollo*	Huhn
fagiano	Fasan	*polpette*	Fleischklöße
fegato	Leber	*trippa*	Kutteln
lepre	Hase	*vitello*	Kalb

Frutta – Obst

albicocca	Aprikose	*lamponi*	Himbeeren
ananas	Ananas	*limone*	Zitrone
arancia	Orange	*mandarino*	Mandarine
banana	Banane	*mela*	Apfel
ciliegia	Kirsche	*melone*	Honigmelone
cocomero	Wassermelone	*pera*	Birne
dattero	Dattel	*pesca*	Pfirsich
fichi	Feigen	*pompelmo*	Grapefruit
fragole	Erdbeeren	*uva*	Weintrauben

Verlagsprogramm

Ägypten
- Ägypten
- Sinai & Rotes Meer

Australien
- Australien – der Osten

Baltische Länder
- Baltische Länder

Belgien
- *MM-City* Brüssel

Bulgarien
- Schwarzmeerküste

China
- *MM-City* Shanghai

Cuba
- Cuba
- *MM-City* Havanna

Dänemark
- *MM-City* Kopenhagen

Deutschland
- Allgäu
- *MM-Wandern* Allgäuer Alpen
- Altmühltal & Fränkisches Seenland
- Bayerischer Wald
- *MM-City* Berlin
- Berlin & Umgebung
- Bodensee
- *MM-City* Dresden
- Fehmarn
- Franken
- Fränkische Schweiz
- *MM-City* Hamburg
- Harz
- *MM-City* Köln
- Mainfranken
- Mecklenburgische Seenplatte
- Mecklenburg-Vorpommern
- *MM-City* München
- *MM-Wandern* Münchner Ausflugsberge
- Nürnberg, Fürth, Erlangen
- Oberbayerische Seen
- Ostfriesland und Ostfriesische Inseln
- Ostseeküste – von Lübeck bis Kiel
- Ostseeküste – Mecklenburg-Vorpommern
- *MM-Wandern* Östliche Allgäuer Alpen
- Pfalz
- Rügen, Stralsund, Hiddensee
- Südschwarzwald
- Schleswig-Holstein Nordseeküste
- Schwäbische Alb
- Sylt
- Usedom
- *MM-Wandern* Westallgäu und Kleinwalsertal
- *MM-Wandern* Zentrale Allgäuer Alpen

Dominikanische Republik
- Dominikanische Republik

Ecuador
- Ecuador

Frankreich
- Bretagne
- Côte d'Azur
- Elsass
- *MM-Wandern* Elsass
- Haute-Provence
- Korsika
- *MM-Wandern* Korsika
- Languedoc-Roussillon
- Normandie
- *MM-City* Paris
- Provence & Côte d'Azur
- *MM-Wandern* Provence
- Südfrankreich
- Südwestfrankreich

Griechenland
- Athen & Attika
- Chalkidiki
- Griechenland
- Griechische Inseln
- Karpathos
- Kefalonia & Ithaka
- Korfu
- Kos
- Kreta
- *MM-Wandern* Kreta
- Kykladen
- Lesbos
- Naxos
- Nord- u. Mittelgriechenland
- Nördl. Sporaden – Skiathos, Skopelos, Alonnisos, Skyros
- Peloponnes
- Rhodos
- Samos
- Santorini
- Thassos, Samothraki
- Zakynthos

Großbritannien
- Cornwall & Devon
- England
- *MM-City* London
- Schottland
- Südengland

Irland
- *MM-City* Dublin
- Irland

Island
- Island

Italien
- Abruzzen
- Apulien
- Adriaküste
- Chianti – Florenz, Siena, San Gimignano
- Cilento
- Dolomiten – Südtirol Ost
- Elba
- Friaul-Julisch Venetien
- Gardasee
- Golf von Neapel
- Italien
- Kalabrien & Basilikata
- Lago Maggiore
- Ligurien – Italienische Riviera, Genua, Cinque Terre
- *MM-Wandern* Ligurien & Cinque Terre
- Liparische Inseln
- Marken
- Mittelitalien
- Oberitalien

- Oberitalienische Seen
- Piemont & Aostatal
- *MM-Wandern* Piemont
- *MM-City* Rom
- Rom & Latium
- Sardinien
- *MM-Wandern* Sardinien
- Sizilien
- *MM-Wandern* Sizilien
- Südtirol
- Südtoscana
- Toscana
- *MM-Wandern* Toscana
- Umbrien
- *MM-City* Venedig
- Venetien

Kanada
- Kanada – der Osten
- Kanada – der Westen

Kroatien
- Istrien
- Kroatische Inseln & Küste
- Mittel- und Süddalmatien
- Nordkroatien – Kvarner Bucht

Malta
- Malta, Gozo, Comino

Marokko
- Südmarokko

Montenegro
- Montenegro

Neuseeland
- Neuseeland

Niederlande
- *MM-City* Amsterdam
- Niederlande

Norwegen
- Norwegen
- Südnorwegen

Österreich
- Salzburg & Salzkammergut
- Wachau, Wald- u. Weinviertel
- *MM-City* Wien

Polen
- *MM-City* Krakau
- Polnische Ostseeküste
- *MM-City* Warschau

Portugal
- Algarve
- Azoren
- *MM-City* Lissabon
- Lissabon & Umgebung
- Madeira
- *MM-Wandern* Madeira
- Nordportugal
- Portugal

Russland
- *MM-City* St. Petersburg

Schweden
- Südschweden

Schweiz
- Genferseeregion
- Graubünden
- Tessin

Slowakei
- Slowakei

Slowenien
- Slowenien

Spanien
- Andalusien
- *MM-Wandern* Andalusien
- *MM-City* Barcelona
- Costa Brava
- Costa de la Luz
- Gomera
- *MM-Wandern* Gomera
- Gran Canaria
- *MM-Touring* Gran Canaria
- Ibiza
- Katalonien
- Lanzarote
- La Palma
- *MM-Wandern* La Palma
- *MM-City* Madrid
- Madrid & Umgebung
- Mallorca
- *MM-Wandern* Mallorca
- Menorca
- Nordspanien
- Spanien
- Teneriffa
- *MM-Wandern* Teneriffa

Tschechien
- *MM-City* Prag
- Südböhmen
- Tschechien
- Westböhmen & Bäderdreieck

Türkei
- *MM-City* Istanbul
- Türkei
- Türkei – Lykische Küste
- Türkei – Mittelmeerküste
- Türkei – Südägäis von İzmir bis Dalyan
- Türkische Riviera – Kappadokien

Tunesien
- Tunesien

Ungarn
- *MM-City* Budapest
- Westungarn, Budapest, Pécs, Plattensee

USA
- *MM-City* New York

Zypern
- Zypern

Aktuelle Informationen zu allen Reiseführern finden Sie im Internet unter

www.michael-mueller-verlag.de

Michael Müller Verlag GmbH, Gerberei 19, 91054 Erlangen
Tel. 0 91 31 / 81 28 08-0; Fax 0 91 31 / 20 75 41; E-Mail: info@michael-mueller-verlag.de

Fotonachweis:

Sabine Becht 50, 378, 385, 390, 404, 408, 414, 416, 421, 424, 431, 434, 436, 442, 445, 448, 453, 515, 518, 520, 535, 542, 546, 548, 551, 557, 560, 562, 575, 584, 587, 698, 703, 707, 709, 711, 760, 763, 771, 785, 795, 799

ENIT München 234

Eberhard Fohrer 12, 13, 15, 18, 21, 23, 25, 26, 28, 30, 32, 63, 82, 90, 128, 130, 132, 136, 153, 161, 166, 170, 179, 185, 188, 198, 201, 204, 206, 220, 223, 225, 237, 240, 242, 244, 251, 256, 263, 267, 269, 275, 278, 280, 288, 293, 296, 299, 304, 308, 323, 331, 338, 341, 344, 345, 357, 359, 361, 365, 367, 369, 388, 460, 479, 482, 490, 500, 502, 507, 511, 615, 678, 846, 848, 860, 868, 912, 921, 941, 943, 949, 1003, 1086, 1088, 1097, 1109, 1115, 1118, 1122, 1124, 1138

Ghilardi 626

Andreas Haller 875, 876, 889, 896

Hagen Hemmie 756, 804, 810, 823, 839, 844

Hans-Peter Koch 1023

Annette Krus-Bonaza 956, 965, 970, 974, 980, 987, 996, 998, 1004, 1007

Michael Machatschek 908

Michael Müller 76, 78, 80, 89, 92, 144, 590, 606, 617, 619, 621, 630, 631, 655, 658, 668, 686, 687, 697

Jan Negelen 42, 46, 831, 833

Regione Abruzzo 572

Markus X. Schmid 637, 662

Thomas Schröder 31, 37, 66, 69, 1010, 1015, 1019, 1026, 1031, 1035, 1046, 1053, 1061, 1063, 1065, 1071, 1072, 1076, 1078, 1082, 1084, 1085

Sven Talaron 14, 16, 374, 394, 401, 579, 580, 582

Azienda di Promozioine Turistica: 205

Giorgio J. Wolfensberger 714, 723, 724, 727, 740, 745

Register